les usuels du Robert

■ **les usuels du Robert** ■
(volumes reliés)

collection dirigée par
Henri Mitterand et Alain Rey

DICTIONNAIRE DES DIFFICULTÉS DU FRANÇAIS
par Jean-Paul COLIN.
prix Vaugelas.

DICTIONNAIRE ÉTYMOLOGIQUE DU FRANÇAIS
par Jacqueline PICOCHE.

DICTIONNAIRE DES SYNONYMES*
par Henri BERTAUD DU CHAZAUD,
ouvrage couronné par l'Académie française.

DICTIONNAIRE DES IDÉES PAR LES MOTS...
(dictionnaire analogique)
par Daniel DELAS et Danièle DELAS-DEMON.

DICTIONNAIRE DES MOTS CONTEMPORAINS
par Pierre GILBERT.

DICTIONNAIRE DES ANGLICISMES
(les mots anglais et américains en français)
par Josette REY-DEBOVE et Gilberte GAGNON.

DICTIONNAIRE DES STRUCTURES DU VOCABULAIRE SAVANT
(éléments et modèles de formation)
par Henri COTTEZ.

DICTIONNAIRE DES EXPRESSIONS ET LOCUTIONS*
le Trésor des manières de dire anciennes et nouvelles
par Alain REY et Sophie CHANTREAU.

DICTIONNAIRE DE PROVERBES ET DICTONS*
par Florence MONTREYNAUD, Agnès PIERRON et François SUZZONI.

DICTIONNAIRE DE CITATIONS FRANÇAISES
par Pierre OSTER.

DICTIONNAIRE DE CITATIONS DU MONDE ENTIER
par Florence MONTREYNAUD et Jeanne MATIGNON.

* Existe aussi en format poche.

Ouvrages édités par les DICTIONNAIRES LE ROBER
107, avenue Parmentier - 75011 PARIS (Fran

DICTIONNAIRE DES EXPRESSIONS ET LOCUTIONS

*le Trésor des manières
de dire anciennes et nouvelles*

par

Alain Rey et **Sophie Chantreau**

DICTIONNAIRES
LE ROBERT

LES USUELS
DU ROBERT
■ poche ■

107, avenue
Parmentier
PARIS XIe

correction
JACQUELINE KLAPKOWSKI-QUÉNY, ANNE-MARIE LENTAIGNE,
NADINE NOËL-LEFORT, BRIGITTE ORCEL
et CATHERINE FAVEAU, MICHEL HERON, ÉDITH ZHA

maquette
GONZAGUE RAYNAUD

Nouvelle édition (1989)

Tous droits réservés pour le Canada.
© 1989, DICOROBERT INC.
Montréal, Canada.

Tous droits de reproduction, de traduction
et d'adaptation réservés pour tous pays.
© 1989, DICTIONNAIRES LE ROBERT
107, av. Parmentier - 75011 PARIS

ISBN 2 85036 103-8

INTRODUCTION

> « Profondeur immense de pensée dans les locutions vul-
> gaires, trous creusés par des générations de fourmis. »
> BAUDELAIRE, *Journaux intimes*, « Fusées », I.

PRÉAMBULE ET DÉFINITION

Parmi les éléments de la langue qu'il faut acquérir pour s'exprimer figurent non seulement les mots, mais aussi des groupes de mots plus ou moins imprévisibles, dans leur forme parfois, et toujours dans leur valeur. Cette constatation, les étrangers qui apprennent le français la font quotidiennement. Connaître le sens de *mors,* celui de *dent* et les règles de syntaxe qui permettent de les assembler, ne suffit pas pour comprendre, et *a fortiori* pour bien employer : **prendre le mors aux dents.** On dira volontiers qu'il s'agit là d'un « gallicisme », dans la mesure où les traductions anglaise, allemande, italienne ou russe des mots *prendre, mors* et *dent,* avec la grammaire adéquate, ne produiront pas (ou pas forcément) des équivalents de la locution française. Il en va de même, on le sait, pour la formation des mots, dérivés et composés : là où le français fabrique *téléphone* avec des éléments tirés du grec, et *pomme de terre* avec des mots déjà utilisés, telle autre langue recourra à la composition (all. *Fernsprecher*) ou utilisera un signe simple et inanalysable (angl. *potato,* all. *Kartoffel*).

Ainsi, un lexique ne se définit pas seulement par des éléments minimaux, ni par des mots, simples et complexes, mais aussi par des suites de mots convenues, fixées, dont le sens n'est guère prévisible : *donner le feu vert à qqn* n'est pas lui « offrir une source lumineuse ayant la couleur de l'herbe ». Ces séquences, on les appelle en général des *locutions* ou des *expressions*.

Définir ces unités, qu'il faut apprendre comme on apprend la forme et le sens de tout signe, est une tâche difficile. Mais les linguistes sont accoutumés à ces difficultés : si l'élément minimum porteur de signification, le « morphème » (*table* seul ; *table* et *-ette* dans *tablette; en-, table* et *-ment* dans *entablement;* etc.), si la « phrase », si le « syntagme » (*il mangeait sur sa table de cuisine* est une phrase ; *table de cuisine* est un syntagme nominal) sont convenablement définis, il n'en va pas de même pour ces unités qui figurent dans les dictionnaires, qu'on sépare dans l'écriture — mais pas toujours dans la parole — et qu'on appelle sans hésiter des « mots ». Aussi curieux que cela puisse paraître au profane, le « mot », pas plus que la « locution », n'est une réalité nettement appréhendée ; il s'agit là, en fait, de notions traditionnelles, commodes, indispensables, mais peu claires.

Dans la pratique, ces notions sont essentielles ; aucune langue ne peut s'apprendre, ni être décrite, sans elles. De même qu'un élément simple comme *table* doit être appris (forme — prononciation, orthographe —, et sens), de même les mots complexes que sont *tablette* et *entablement* ne résultent pas seulement de la règle qui permet de les produire, car on ne sait jamais si cette règle va s'appliquer complètement *(maisonnette)*, partiellement *(fourchette* n'est pas « petite fourche »), ou pas du tout *(chaisette* n'existe pas, bien qu'il soit virtuel). Enfin, les règles de formation du discours (grammaire, au sens large) ne suffisent pas à produire, par exemple, ***mettre cartes sur table***. Ni pour la forme (on « devrait » dire : *mettre les cartes sur la table*), ni pour le sens. Voilà un élément de la langue française qui fait partie du système même, du *code ;* qu'il faut donc maîtriser en tant que tel, et qu'il ne suffit pas de considérer comme un simple produit de règles syntaxiques ou sémantiques (ce qui est le cas pour : *je mets, je pose... les cartes sur la table*).

Mettre cartes sur table, sera donc appelé une « locution » ou une « expression » française. C'est aussi un *gallicisme*, puisqu'on ne peut pas le traduire mot à mot ; c'est aussi un emploi *figuré*, résultat d'une *métaphore*, tout comme ***donner le feu vert, prendre le mors aux dents***, etc. Il en résulte qu'il faut décrire ces locutions tout comme on décrit les mots, et que, même avec une bonne connaissance du français, on n'en a jamais « fait le tour » (autre locution).

De surcroît, les clichés stylistiques, ou *lieux communs*, suites de mots fréquents et banalisés, ne sont pas tous des locutions, mais certains peuvent le devenir.

Enfin, ce que les dictionnaires appellent « locutions adverbiales, conjonctives, prépositionnelles » sont plutôt des mots complexes (des adverbes, des conjonctions...), comme les composés « lexicalisés » que sont *pied d'alouette* ou *point de vue*.

Qu'appelle-t-on donc ici une locution, une expression ? Un mot sur notre terminologie sera peut-être utile. Nous écarterons les termes *idiome*, trop savant, et *idiotisme* (forme fâcheuse), dont l'utilité n'est évidente que lorsque des langues différentes sont comparées : les *gallicismes* (par rapport à l'allemand, l'anglais...), *germanismes, américanismes* (par rapport à l'usage britannique, par exemple), sont des *idiomes*, c'est-à-dire des combinaisons intraduisibles mot à mot. Ce dictionnaire peut certes fonctionner comme un dictionnaire de gallicismes (d'*idiomes*, d'*idiotismes* français), mais sa conception est plus interne et sa description plus élaborée que s'il s'agissait d'un recueil bilingue. Cet ouvrage n'est pas un dictionnaire de *clichés*, ni de *citations*, bien qu'il contienne des clichés rhétoriques, des lieux communs particulièrement stables et des phrases citées à valeur aphoristique ou proverbiale. Ce n'est pas non plus un recueil de *tours* ou de *tournures*, façons d'assembler des signes du lexique pour former une structure de phrase, et relevant de la stylistique, c'est-à-dire du discours ou d'un certain usage, restreint et souvent littéraire.

Il s'agit de *phraséologie*, c'est-à-dire d'un système de particularités expressives liées aux conditions sociales dans lesquelles la langue est actualisée. Ceci recouvre deux aspects d'une même réalité, *expression* et *locution* étant très généralement employés comme deux synonymes. L'un et l'autre sont indispensables à l'idée courante, concrète, pratique que nous avons du langage.

Pour reprendre une tentative de définition «savante» — et peut-être naïve — de la *locution,* c'est «une unité fonctionnelle plus longue que le mot graphique, appartenant au code de la langue (devant être apprise) en tant que structure stable et soumise aux règles syntactiques de manière à assumer la fonction d'*intégrant* (au sens de Benveniste)[1]». On pourrait dire la même chose d'*expression*, mais une distinction réapparaît pour peu qu'on mette l'accent sur la genèse. *Locution* (du latin *locutio*, de *loqui*, «parler») est exactement «manière de dire», manière de former le discours, d'organiser les éléments disponibles de la langue pour produire une *forme fonctionnelle.* C'est pourquoi on peut parler de «locutions adverbiales» ou «prépositives», alors que ces mots grammaticaux complexes ne seraient jamais appelés des expressions. L'*expression* est cette même réalité considérée comme une «manière d'exprimer quelque chose»; elle implique une rhétorique et une stylistique; elle suppose le plus souvent le recours à une «figure», métaphore, métonymie, etc. C'est ici le sémantisme, avec ses complexités, son jeu entre contenus originels et effets de sens, qui est évoqué, plus que la forme linguistique. Ces distinctions concernent d'ailleurs de simples tendances, et les limites entre *locution* et *expression*, entre ces deux termes et *énoncé fréquent* ou *codé*, ou avec *tournure* et *idiotisme*, ne sont ni franches ni nettes[2].

OBJET ET CONTENU DE CE DICTIONNAIRE

Si les frontières de ce recueil sont, par la force des choses, indécises, son noyau essentiel, correspondant à 90 % de l'information au moins, est clairement défini.

En effet, nous décrivons à la fois des façons de s'exprimer et des formes figées du discours, formes convenues, toutes faites, héritées par la tradition ou fraîchement créées, qui comportent une originalité de sens

---

1. A. REY, «La phraséologie et son image dans les dictionnaires de l'âge classique», *Travaux de linguistique et de littérature* (Strasbourg) XI, l. — L'*intégrant* de Benveniste est une unité apte à être reprise pour être intégrée dans une unité de niveau supérieur : élément dans le mot, mot dans le syntagme, syntagme dans la phrase minimale, etc.

2. En outre, *expression* souffre de désigner des notions bien différentes, le mot étant fortement polysémique. La valeur commentée ici n'a rien à voir avec le sens que la théorie (depuis Louis Hjelmslev) donne à *expression* opposé à *contenu* et organisé par une *forme* et une *substance.* De même *locution* a pu être employé avec une valeur plus précise et bien différente par André Jolles, qui en fait l'une des «formes simples» issues des formes linguistiques et nécessaires à la constitution des formes littéraires (à côté de l'*énigme* ou de la *fable,* cf. A. JOLLES, *Formes simples,* Paris, 1972).

(parfois de forme) par rapport aux règles normales de la langue. Ces locutions et expressions sont le plus souvent imagées, et familières : elles mettent dans le discours une couleur que les énoncés régulièrement produits n'ont pas. En même temps, elles sont fixées, traditionnelles et souvent caractéristiques d'une classe, d'un milieu, d'un état de la société. En les conservant, la langue produit des effets bizarres : les locutions véhiculent des mots archaïques, incompréhensibles aujourd'hui (*fur* dans *au fur et à mesure ; maille* dans *avoir maille à partir*) ; ou des assemblages de mots obscurs (*gorges chaudes* dans *faire des gorges chaudes de...*). Et même si tous les mots de la locution sont clairs, on peut s'interroger sur son existence, sur sa raison d'être, sur son sens (pourquoi : *faire des châteaux en Espagne ?* ou *être mi-figue, mi-raisin ?*).

Cet ensemble de faits de langue est considérable. Toute conversation familière et bien des textes littéraires sont truffés de telles expressions, que les dictionnaires généraux sélectionnent, et se contentent de définir. Beaucoup d'entre elles, qui ne s'emploient plus, ont caractérisé un état de langue et une mentalité. La langue contemporaine en fabrique constamment ou en emprunte à l'argot, à des langues étrangères (ce ne sont plus alors des «gallicismes», mais des adaptations d'idiotismes étrangers).

Pour toutes ces raisons, la nécessité d'une description nouvelle, plus systématique, se faisait sentir.

Cette description suppose des limites, si l'on veut éviter l'écueil des dictionnaires antérieurs du même genre, où l'on trouve un peu de tout : des mots dans des emplois figurés (que l'on trouve analysés plus sérieusement dans les dictionnaires généraux et étymologiques), des proverbes et des dictons, des citations célèbres..., alors que des centaines de véritables locutions en étaient absentes.

Notre recueil ne prétend pas cependant à l'exhaustivité, mais il est raisonné et extensif. Raisonné en ce qu'il exclut ce qui n'appartient pas à son objet : emplois figurés de mots simples ; groupes de mots à valeur stable, techniques, scientifiques ou simplement usuels (*pied de biche, chemin de fer, scie circulaire,* en allant du plus métaphorique au plus plat). Ces unités, simples ou complexes, sont décrites ailleurs (on se reportera, par exemple, au *Petit Robert* et aux dictionnaires généraux en plusieurs volumes, depuis Furetière jusqu'à nos jours) : nous avons simplement mentionné, sous les entrées concernées, l'aptitude de tel ou tel mot à former ce genre de composés.

De même, nous n'avons que très partiellement noté les mots grammaticaux complexes que sont, on vient de le dire, les «locutions adverbiales, prépositives», etc.

L'essentiel de la description concerne des *expressions toutes faites et figurées,* qui ont pris naissance d'une image, d'une métaphore, d'un glissement de sens, et qui ont — ou ont eu — dans l'usage social une vitalité.

Ces expressions sont le plus souvent de nature nominale, verbale, adverbiale ou adjective (voir plus loin) ; mais il s'agit parfois de phrases

complètes : parmi ces phrases, certaines ont un contenu de « sagesse »
traditionnelle : ce sont les *locutions proverbiales*. Elles figurent ici, mais en
tant que formes figées, alors qu'un recueil de proverbes s'intéressera plus
à leur contenu (précepte, aphorisme) qui pourra être traduit.

Dans ces limites, nous avons tenté de décrire l'essentiel des locutions
en usage de nos jours, en y ajoutant une large sélection d'expressions
disparues, mais pittoresques, et bien attestées dans les textes anciens. Sans
prétendre contribuer à faire renaître ces façons de parler si plaisantes, et
qui seraient souvent très claires dans la langue contemporaine (*compter
les étoiles* pour « entreprendre une chose impossible » ou *juger du bois
par l'écorce* pour « s'arrêter aux apparences »), ou encore les expressions
cocasses et grivoises qui abondent dans les recueils du XVIIᵉ siècle (Oudin)
ou du XVIIIᵉ siècle (Le Roux), il nous a paru important d'en rappeler
l'existence, la valeur, et d'en montrer la cohérence avec la phraséologie
moderne. Celle-ci, même très récente, est décrite ici, à l'exception de
locutions franchement argotiques, qui ne sont en usage que dans les
milieux restreints : on renverra ici aux ouvrages spécialisés, dictionnaires
d'argot ou du français populaire et « non conventionnel ».

ORGANISATION GÉNÉRALE

Trois possibilités s'offraient à nous : classer les locutions
formellement, ou par champs sémantiques et métaphoriques, enfin selon
le domaine d'origine des mots qui la forment (les noms des parties du
corps, ceux des animaux sont, on le verra, particulièrement riches).
Nous avons opté par commodité pour un classement alphabétique, toute
autre organisation étant largement subjective et arbitraire : en effet, de
nombreuses expressions sont ambiguës, jouent sur plusieurs domaines, et
ces domaines eux-mêmes sont interreliés et passablement flous.

On trouvera chaque locution sous le premier *substantif* qu'elle
comporte, à moins que l'effet de sens ne porte sur un *verbe*, un *adjectif*, ou
sur le second substantif : dans les expressions formées sur *coup de...*, c'est
en général le second nom qui importe. La nomenclature est donc surtout
nominale. De nombreux verbes figurent aussi, ainsi que des adjectifs.

CONTENU DES ARTICLES

Chaque article de ce dictionnaire, sous une entrée lexicale, substantif,
verbe, adjectif..., présente une ou plusieurs expressions formées avec
le mot-entrée.

Ces expressions, lorsqu'elles sont nombreuses (voir, par exemple, *nez,
pied, coup,* etc.) sont organisées selon un ordre régulier.

Prenons l'exemple de *œil*. Après une remarque liminaire sur la
productivité de ce mot, on trouve :
a) Des locutions nominales, comme *œil au beurre noir,* qui comprennent
des figures de rhétorique usées *(des yeux de braise)* ou plaisantes *(des
yeux de merlan frit),* et des emplois transférés, où *œil* désigne un autre
« trou ». Certaines locutions sont traitées au second élément, plus significatif ; mais dans ce cas, s'agissant d'une exception à la règle du premier
substantif, un renvoi dirige la consultation (*yeux en vrille* → VRILLE).

L'ordre général de ces éléments est *œil* + qualificatif (adj., participe passé, élément construit avec une préposition : *de, en...*), ensuite locutions formées avec un adjectif précédant *œil*, puis avec un substantif qualifié par *d'œil (clin, coup d'œil)*. Dans certains cas, des locutions verbales ou adverbiales peuvent être rattachées à une locution nominale (*jeter le mauvais œil*, à MAUVAIS ŒIL ; *avoir le coup d'œil* et *pour le coup d'œil* sont regroupés sous COUP D'ŒIL).

b) Des locutions adjectives (*frais comme l'œil*, etc.), adverbiales (*à l'œil, entre quat'zyeux, les yeux fermés*), prépositives, conjonctives, etc.

c) Des locutions verbales, comme *avoir l'œil sur qqn, avoir un œil qui dit merde à l'autre, se battre l'œil de...*, rangées par ordre alphabétique des verbes (sauf quand des rapprochements de sens s'imposent), avec des renvois pour les expressions fréquentes traitées ailleurs (*jeter de la poudre aux yeux,* à POUDRE).

d) Des locutions-phrases, qui peuvent être exclamatives (*mon œil!*) ou proverbiales. Ces locutions, à la différence de *a), b),* et *c),* ne sont pas des syntagmes, que l'on doit insérer dans une phrase, mais se suffisent à elles-mêmes. Elles sont souvent des allusions textuelles (bibliques, littéraires, etc.).

À ce propos, il faut noter que seules quelques locutions adverbiales, adjectives et prépositives sont signalées comme telles [LOC. ADV., ADJ., PRÉP.], pour éviter des fausses interprétations. Mais en général, la place des locutions suffit à caractériser leur nature, étant posé que locutions nominales et verbales (les plus fréquentes) sont facilement reconnaissables.

En revanche, les locutions de nature proverbiale sont données comme [LOC. PROV.] ou [PROV.].

Les autres abréviations couramment employées sont celles qui signalent l'abandon de la forme en français actuel (Vx : vieux, ou Vieilli) et le niveau de langue (Fam. : familier, etc.).

Ce classement formel (syntaxe pour les groupes distingués ci-dessus, ordre alphabétique des autres éléments à l'intérieur de chaque groupe) permettra au lecteur de se repérer plus rapidement — dans les articles complexes — qu'avec une répartition par sens et par valeur, plus intuitive et plus incertaine. Cependant, quelques articles concernant des mots « polysémiques » (à sens très différents) proposent l'organisation formelle exposée ci-dessus à l'intérieur de grandes valeurs d'emploi (voir, par exemple, CŒUR).

On n'oubliera pas, en cherchant une locution, que sa forme peut être légèrement variable. Le choix de la variante n'est pas arbitraire, et dépend de la forme dominante, dans les textes ou dans les dictionnaires. Même si le lecteur est plus familiarisé avec une autre version, les différences sont trop faibles pour créer une grande difficulté de consultation.

Le fait que l'on peut répartir certaines expressions dans plusieurs groupes est plus gênant. Ainsi, une forme verbale comme *avoir le pied à l'étrier* n'est pas la seule possible : on dit aussi *mettre le pied à l'étrier* (soi-même), et *mettre le pied à l'étrier à qqn.* Il ne semble pas que *pied à l'étrier* (locution nominale) puisse apparaître seul, mais on aurait pu regrouper sous cette présentation les formes verbales mentionnées ci-dessus. De nombreuses expressions formées avec *avoir* et *être* (verbes très neutres, quant au contenu) sont dans cette situation : on les trouvera en général dans le groupe des locutions verbales, mais parfois, si des variantes sont possibles, sous l'élément nominal. Pour tous ces cas, il est recommandé de chercher l'expression dans les deux séries, nominale et verbale.

Chaque forme traitée est donnée sous son aspect le plus neutre (comme les mots dans le dictionnaire) : les noms et adjectifs sont au masculin singulier, les verbes à l'infinitif; ceci, chaque fois que l'expression peut s'employer librement. S'il existe des contraintes ou des formes très fréquentes, elles sont signalées, comme le sont les variantes.

Toute locution mentionnée est définie : la glose entre guillemets correspond au sens fonctionnel, à la valeur globale et normale de l'expression. Si elle est archaïque, et inusitée au XXᵉ siècle, elle est qualifiée de Vx (vieux) ou de Vieilli (qui suppose un reste d'usage, au moins passif); si elle est littéraire, poétique, désuète, ou au contraire familière, vulgaire, voire obscène, le fait est signalé. En l'absence de telles «marques», indispensables notamment au lecteur dont le français n'est pas la langue maternelle, on considérera la locution comme moderne et usuelle, utilisable tant dans la langue écrite qu'oralement.

D'autres renseignements sont très souvent fournis : la date, approximative ou précise (texte, recueil) du premier emploi connu, chaque fois que l'information a semblé intéressante; l'origine et l'évolution du sens, chaque fois que celles-ci n'étaient pas claires, et que l'on a pu aboutir à des explications raisonnables. En effet, l'étymologie des locutions est un domaine extrêmement difficile, où les dictionnaires généraux sont d'une pauvreté déconcertante[1]. Quant aux recueils spécialisés, après les travaux de l'humaniste Pasquier, au XVIᵉ siècle, ils ont accumulé des explications artificielles, souvent ingénieuses, mais plus souvent encore anecdotiques, rationalisantes et pseudo-historiques, au mépris des considérations philologiques et linguistiques les plus élémentaires. Le sommet de l'artifice et de la confusion a été atteint au XIXᵉ siècle, avec l'école (pseudo-) historique. Les études de Quitard, notamment, reprises au XIXᵉ siècle par Pierre Larousse, plus récemment par Maurice Rat, manient les contrevérités, inventent des anecdotes grecques ou latines, médiévales ou exotiques sans preuves sérieuses, pour justifier rationnellement des expressions obscures *(prendre des vessies pour des lanternes, faire des châteaux en Espagne,* etc.*)*. Cette tradition remonte au XVIIᵉ siècle, et on en trouvera ici, en exemples et dans nos commentaires, des illustrations frappantes.

Grâce aux recherches systématiques sur l'histoire du français, et en premier lieu à W. von Wartburg, nous sommes souvent en mesure de

---

. Même les dictionnaires étymologiques, à commencer par l'indispensable Wartburg, d'une richesse inégalée, sont sur ce point décevants.

rectifier ces aberrations, sans pour autant — et de loin — pouvoir répondre à toutes les questions. Ceci, d'autant plus que les spécialistes récents et sérieux (Gottschalk, encore très influencé par l'historicisme, Pierre Guiraud) n'ont étudié qu'un nombre limité de ces locutions[1]

À l'occasion, notons ici que ce dictionnaire est de loin le plus riche parmi ceux qui proposent des explications systématiques. Seuls des recueils bilingues, comme l'excellent *Dictionnaire phraséologique* paru en 1963, en U.R.S.S., sont aussi copieux, mais ils se contentent de décrire et d'illustrer par des textes, sans commenter.

Enfin, on remarquera vite que de très nombreuses expressions sont illustrées par leur emploi chez quelque auteur classique ou moderne. Le recours à l'observation philologique trahit un effet de fréquence et apporte des témoignages irrécusables de vitalité pour l'élément que ces discours mettent en œuvre.

L'EFFET MÉTAPHORIQUE

La fréquence des assemblages de mots que l'on nomme ici «locutions» ou «expressions» ne suffit pas à justifier l'intérêt que l'on peut leur porter, et qui vient surtout de leur caractère interne. Celui-ci procède en premier lieu du transfert métaphorique.

Le sens des mots relie arbitrairement une forme — des sons, des lettres — à des objets de connaissances, à un découpage du monde. Cette constatation élémentaire cache des relations complexes et subtiles entre les mots et les choses, où l'arbitraire d'une convention cède le pas à des lois qui rétablissent quelque régularité, quelque «motivation» dans notre façon de dire les choses. En particulier, les formes du langage sont susceptibles d'être déviées de leur emploi premier par des mouvements simples, réguliers, comparables aux transformations, translations, rotations... des géomètres. Si je dis d'un homme que c'est *un chien, un lion, un aigle, un ver de terre, une vache...*, je pratique une figure de rhétorique et, tout en utilisant les mots par un emploi dévié, je ne compromets nullement par cette déviation mon intention d'exprimer. C'est que la valeur désignative nouvelle des noms d'animaux est prise en charge par la convention sociale, qui interdit toute ambiguïté. Du coup, tout emploi analogue est rendu possible, et le bestiaire humain, s'il possède un noyau bien déterminé où les caractères concrets et abstraits servent de points d'appui à la métaphore, devient potentiel et illimité. Un *zèbre* pourra ainsi être un coureur rapide ou une personne vêtue de rayures, un *escargot*, un traînard ou un casanier. La sélection des critères, impliquant un système de comparaisons où se trahit la culture, pourra être étrange et apparemment arbitraire. Ainsi, *être vache*, qui était pour Flaubert être mou, avachi, est devenu bizarrement «être méchant». *Âne*, en dépit de la sympathie qu'inspire en général un quadrupède avisé, désigne un ignorant ou un imbécile.

---

1. Il en va de même pour Claude Duneton, dont le sympathique recueil (*La Puce à l'oreille*, Stock, 1978) a rencontré un succès mérité auprès du grand public.

L'intérêt de la métaphore, en contraste avec les sens figés et séparés de leur origine, comme *l'aile d'un bâtiment,* ou *une plume pour écrire,* est qu'elle met en rapport deux réalités liées par une relation analogique sans abandonner la première. À côté de sa nouvelle valeur, qui correspond à des désignations stables (*vache,* comme *salaud,* désignera tel personnage malfaisant), le mot métaphorisé évoque, suggère, si peu que ce soit, si bizarrement que ce soit, sa première fonction.

Ce flottement, cette incertitude sémantique donne au monde des expressions figurées un caractère, non pas unique — puisque de simples mots entraînent ce type d'effet — mais particulièrement riche. Les locutions grossissent des processus plus généraux, en combinant les significations de mots en usage dans leur valeur première, pour une signification globale toute différente. Or ces significations ne demandent qu'à parasiter, par leur valeur persistante, le fonctionnement normal de l'expression. Tous les Français savent aujourd'hui qu'*en avoir ras le bol,* c'est «en avoir assez»; beaucoup s'interrogent sur l'adverbe *ras,* sur le nom *bol;* la plupart y trouvent des significations variables, mais compatibles avec ces mots. *Mettre les pieds dans le plat, avoir le vent en poupe* sont plus clairs, mais non moins doubles : à côté de leur sens fonctionnel et global, «gaffer» et «aller vers le succès», ces expressions mobilisent la description d'une action incongrue et imprécise, où *plat* peut avoir divers sens, et celle d'un phénomène de navigation, où une *voile* implicite est requise, mais où le mot *poupe* n'est pas compris de tous, à preuve la déformation que rapporte Balzac dans *César Birotteau (avoir le vent en pompe).* Le signe évident des hésitations, des ratés plus ou moins poétiques du sens, se trouve dans les altérations spontanées qui affectent des éléments incompréhensibles — comme des noms propres — faisant de *fier comme Artaban, fier comme un petit banc* (ou *comme bartabac),* constructions «absurdes», mais certainement pas plus absurdes que *fier comme un pou,* si l'on n'est pas étymologiste, ou que *faire des gorges chaudes de quelqu'un,* si l'on ignore que *gorges chaudes* est un terme ancien de fauconnerie (→ GORGE). Malgré les incompréhensions, les locutions les plus obscures peuvent vivre des siècles, parfois sans changer de sens, et constituer le seul témoin vivant de mots, de sens perdus depuis longtemps (*il n'y a pas péril en la demeure,* etc.).

Les lois générales de la «démotivation», de l'oubli des origines, qui rend si étonnante la lecture d'un dictionnaire étymologique et qui peut alimenter la création poétique (Mallarmé), sont combattues, en matière de phraséologie, par des effets de sens proliférants, nés du contact entre la connaissance des mots et l'imaginaire. Ainsi la valeur de *prendre des vessies pour des lanternes* est constante depuis des siècles («se tromper grossièrement»), comme celle d'un mot courant ou d'une expression transparente. Mais, alors que les mots vivent très souvent sur l'oubli complet de leurs sources, la locution laisse jouer des éléments qui refusent de s'effacer : *prendre* (une chose) *pour* (une autre), construction claire qui implique l'idée de méprise, *lanterne,* généralement suggestif d'une source de lumière assez archaïque et plus ou moins artistique, et *vessie,* qui peut

orienter l'imaginaire sur la physiologie et les fonctions excrétrices ou ver
des objets fabriqués avec cet organe, prélevé sur un animal (vessies de
porc, etc.). On imagine qu'au cours des siècles, les mots *lanterne* et *vessie*
ont pu véhiculer bien des images et bien des interprétations, qui fon
partie de la vie multiple de l'expression.

Voici donc la caractéristique fondamentale des locutions e
expressions figurées : alors que leur sens global est relativement fixé e
constant, ce qu'elles suggèrent — leurs «valeurs connotatives», par
opposition à cette valeur «dénotative» — peut varier selon les époques
selon les connaissances et les références de ceux qui les emploient. Au
lieu de la raison analytique qui permet au commentateur de révéler
(parfois) leur source et leur organisation, et par exemple d'assigner à
prendre son pied une origine argotique où *pied* veut d'abord dire «par
de butin», les locutions mettent en œuvre des associations mentale
où s'expriment le symbolisme et l'inconscient culturels. Le rôle du
dictionnaire est — quand il le peut — de révéler le chemin qui mène
de la combinaison initiale et de l'image qu'elle autorise à l'effet de sen
stable de l'expression; il est aussi de relier des familles d'expression
(par exemple, de rapprocher *avoir le pied à l'étrier* de *être en selle*)
À l'occasion, il peut suggérer des interprétations mettant en œuvre le
symbolisme, l'inconscient et l'implicite qui gouvernent sans aucun doute
l'apparition de certains «modes de dire», notamment celles où le corps
humain, les animaux, les forces de la nature prêtent leurs noms chargé
de force occulte à l'imaginaire du langage. De grands esprits, comme
Cassirer ou Bachelard, ont frayé la voie en exposant les règles psychique
(après Freud et Jung) et sociales (avec les mythologues, tel Lévi-Strauss
de ces phénomènes langagiers et symboliques, en tentant de révéler le
«structures anthropologiques de l'imaginaire» — pour reprendre le titr
du beau livre de Gilles Durand.

Mais cet «exposé des motifs profonds», en matière de locutions
est extraordinairement difficile. À côté des petites études qui, dan
cet ouvrage, tentent d'éclairer l'origine d'expressions courantes et asse
mystérieuses *(reprendre du poil de la bête, avoir la puce à l'oreille, êtr
sur les dents),* on trouvera ici maintes locutions sans aucune explicatio
que leur sens courant, maintes locutions issues d'une image très clair
en apparence, et où les mots, semble-t-il, ont gardé leur valeur banale
Qu'on y prenne garde : même dans ce cas, la locution pose toujours u
problème, qui peut être exprimé par la question : pourquoi cet assemblag
de mots pour exprimer telle idée? Pourquoi, par exemple : *du bou
des lèvres,* et pas *du bord des lèvres?* Pourquoi même une locutio
grammaticale, *à cause de...,* plutôt qu'une autre (*à motif de* n'existe pas)

Notre dictionnaire, comme les autres études en ce domaine, n
répond que rarement à de telles questions. Il fallait souligne
honnêtement ce point et insister sur un fait essentiel : le langage cré
ses effets au moyen de choix subtils parmi les possibilités mille foi
plus grandes, par une sélection dont nous ignorons presque tout. Cett
constatation fonde une opposition théorique que, malgré le caractèr

Les éléments de départ qui permettent d'exprimer cette « sagesse de la nation » ne sont pas quelconques : on y trouve les traces des coutumes et des attitudes du passé, du droit, de la féodalité, de l'Église, de la chasse et des jeux, de la guerre et de l'agriculture, de la musique et des techniques, en un curieux conservatoire partiel de la civilisation, depuis le Moyen Âge jusqu'à nos jours, sauvegardant des réalités archaïques qui, grâce aux locutions, vivent encore, tel *maille,* dans *ni sou ni maille.*

Un dictionnaire de locutions, s'il n'est pas un simple recueil de traductions, ne peut être qu'historique.

En outre, toute une tradition textuelle conserve des bribes de l'Antiquité gréco-romaine *(de Charybde en Scylla),* de la Bible *(si le grain ne meurt)* et de la littérature française ancienne.

Mais les textes connus et célèbres, qu'il s'agisse de l'*Odyssée* ou des *Fables* de La Fontaine, ne sont pas l'essentiel ici. La constatation la plus enrichissante est qu'aucun discours ou presque ne peut faire l'économie des locutions, lieux communs éculés ou produits plaisants de l'imagination populaire.

Selon les époques et les auteurs, ce réemploi volontaire de procédés éprouvés, de formules dont on finit par oublier qu'on les *cite,* envahit plus ou moins les textes. La fréquence relative des locutions est un indice très significatif dans la caractérisation des discours. Le Moyen Âge, le XVIe siècle en sont étonnamment riches lorsqu'ils expriment la réalité quotidienne ou qu'ils critiquent la société : fabliaux, romans satiriques (à commencer par l'immortel *Roman de Renart*), et en général toute la littérature bourgeoise fourmille de témoignages de la « façon de dire » familière des classes moyennes. Au XVIe siècle, les plus grands, tels Rabelais, font une consommation énorme de phraséologie figurée et l'enrichissent généreusement, tandis que le théâtre comique aime à mettre en scène la parole familière (Turnèbe, *La Comédie des proverbes,* etc.). Cette tradition se continue au XVIIe siècle, où le genre burlesque, l'anti-roman qu'est le récit satirique (Sorel, Scarron, Cyrano, puis Furetière), comme la comédie (jusqu'à Molière et à Regnard) laissent passer ces traces du discours vulgaire que l'esthétique classique bridera et tentera d'éliminer, au moins dans les genres nobles. Sous Louis XIV, l'opposition entre les genres pourrait être testée et chaque œuvre mesurée par le plus ou moins grand envahissement du texte par les locutions figurées. La situation ne change guère au XVIIIe siècle, où la prose de Diderot, par exemple, excelle à caractériser les psychologies et les milieux par l'emploi de façons de parler propres à chaque situation. Le souci d'ouverture sociale, la représentation des discours et des usages populaires après ceux de la bourgeoisie, fait du grand style romanesque du XIXe siècle, avec Balzac, le Hugo des *Misérables,* Flaubert (beaucoup plus que Stendhal ou Constant, peintres des milieux plus élevés), les transmetteurs fidèles et inspirés de la variété des usages langagiers de leur temps. Une étude des types de locutions prêtées à César Birotteau ou à Grandet, aux Thénardier ou à Gavroche, à Homais ou à Pécuchet dégagerait sans doute leurs caractères sociaux tout autant que la description de leurs gestes et de leur vêtement. L'éclatante confirmation de l'importance romanesque des habitudes et des manies de la parole se trouve chez Proust, avant de se confirmer chez les maîtres du «style indirect», tel l'Aragon des *Beaux Quartiers*. La poésie même, lorsqu'elle joue avec le discours spontané, peut se servir de ce modeste matériau : le cas de Prévert est assez flagrant.

D'une manière générale, la richesse en locutions, dans un texte, correspond à l'intérêt porté au langage oral, spontané, au langage symptôme de comportement social.

La consultation du présent dictionnaire donnera une idée, certes incomplète, mais significative, de cette utilisation des locutions dans le récit littéraire. On y retrouvera la plupart des noms cités plus haut, et bien d'autres, répertoriés dans une bibliographie.

Un tel recueil, malgré des insuffisances dont nous avons conscience, se justifie par l'intérêt anthropologique du domaine. Avant de pouvoir commenter avec profondeur et analyser avec finesse la genèse et le fonctionnement, symbolique et social, des expressions françaises, il fallait répertorier celles qui sont ou furent les plus vivantes, les plus usuelles (un relevé exhaustif serait, même en excluant les usages dialectaux, bien plus nourri), les définir et les situer dans le temps. Il fallait montrer par quels procédés rhétoriques elles se forment. L'obscurcissement de leurs éléments formateurs manifeste de manière frappante comment se condense l'épaisseur symbolique et métaphorique du langage, partout présente, mais plus discrètement. Cette épaisseur, qui trahit ou masque l'inconscient de la société et les fantasmes de l'histoire, Nietzsche, Mallarmé, Anatole France (dans *Le Jardin d'Épicure*) l'ont admirablement ressentie. La locution est l'un des lieux du langage où affleure cet inconscient, où les signifiants, abandonnés de leur sens premier, agissent obscurément pour leur propre compte. C'est aussi le lieu où le discours se fait langue, où le social se fait symbole.

Comme le suggèrent les variations que des langues différentes imposent aux mêmes procédés rhétoriques, dans des cultures voisines (là où nous disons **muet comme une carpe,** les Anglais emploient «bouché comme une huître» — *dumb as an oyster*), les structures symboliques sous-jacentes sont prises en charge par les moyens (lexique et syntaxe) propre à chaque langue. En apparence plus superficielle, cette loi du signe trahit en fait un inconscient plus obscur encore, un impensé, pour ne pas dire un impensable. Puisse ce modeste recueil donner à son lecteur le plaisir de la découverte (ou de la confirmation de son savoir), mais aussi suggérer, sous la familiarité joviale de l'imagination collective, l'insondable mystère du signe.

Alain REY.

TABLEAU DES PRINCIPALES ABRÉVIATIONS
ET SIGNES CONVENTIONNELS

absolt	absolument.	interj.	interjection.
Acad.	Dictionnaire de l'Académie française (avec la date de l'édition).	iron.	ironique.
		lat.	latin.
		littér.	littéraire.
		loc.	locution.
adv.	adverbe.	LOC. ADJ.	locution adjective.
anc. fr.	ancien français.	LOC. ADV.	locution adverbiale.
angl.	anglais.	LOC. NOM.	locution nominale.
all.	allemand.	LOC. PRÉP.	locution prépositive.
apr.	après (suivi d'une date).	LOC. PROV.	locution proverbiale.
arg.	argot ou argotique.	LOC. VERB.	locution verbale.
art.	article.	mod.	moderne.
av.	avant.	n. f.	nom féminin.
av. J.-C.	avant Jésus-Christ.	n. m.	nom masculin.
ch., chap.	chapitre.	n. pr.	nom propre.
cf.	confer : «se reporter à».	num.	numéral.
cit.	citation.	onomat.	onomatopée.
compl.	complément.	p.	page.
conj.	conjonction.	p. p.	participe passé.
déf.	définition.	péj.	péjoratif.
dict.	dictionnaire (dans un titre, ex. : Grand Dict. universel).	pl., plur.	pluriel.
		pop.	populaire.
		prép.	préposition.
didact.	didactique.	pron.	pronominal.
éd.	édition.	PROV.	proverbe.
ellipt.	elliptique.	prov.	provençal.
esp.	espagnol.	qqch.	quelque chose.
etc.	et cætera.	qqn	quelqu'un.
ex.	exemple.	rég.	régional, régionalisme.
exclam.	exclamation, ou (locution) exclamative.	rel.	religieux.
		rem.	remarque.
expr.	expression.	s.	siècle.
ext.	(par) extension.	spécialt	spécialement.
fam.	familier.	subst.	substantif.
fig.	figuré.	suj.	sujet.
ibid.	dans le même ouvrage.	s. v.	sub verbo : «sous le mot...» (dans un dictionnaire, un glossaire...).
in	dans.		
ind.	indicatif.		
inf.	infinitif.		

syn.	synonyme.	v. tr.	verbe transitif.
t.	tome.	vulg.	vulgaire.
trad.	traduction.	vx	vieux (emploi non
trad. bibl.	traduction biblique.		seulement archaïque et
triv.	trivial.		anormal en français
v.	vers (suivi d'un chiffre).		contemporain — ce qui
v. impers.	verbe impersonnel.		correspond à *vieilli* —
v. intr.	verbe intransitif.		mais aussi peu ou mal
v. pron.	verbe pronominal.		compris de nos jours).

→ (suivi de PETITES CAPITALES) : se reporter à tel mot* où la locution est traitée.

→ aussi : se reporter à... (tel mot) où l'on trouvera des informations supplémentaires.

Abréviations des titres d'ouvrages : voir la bibliographie détaillée à la fin du volume.

a

A n. m. Nom de la première lettre de l'alphabet latin, identique au son qu'elle sert à noter.

De A jusqu'à Z «du début à la fin». L'alphabet symbolise ici l'ordre absolu qui est le temps → ALPHA (L'ALPHA ET L'OMÉGA). Le classement des caractères servant à noter les *sons* du langage et qui sont en nombre limité, à la différence des caractères d'écriture qui notent des *signes* (comme certains hiéroglyphes ou les caractères chinois) apparaît en même temps que les écritures alphabétiques elles-mêmes : cette réduction de la signification à des éléments non signifiants, les sons et les lettres, donne aux cultures «alphabétiques» une illusion d'ordre, de classement et d'exhaustivité qu'exprime bien cette locution. — Var. : *de A à Z*.

> La salle est pleine : le grand jury est au complet. Le bureau vient d'être élu.
> J'ai la parole.
> J'ai conté tout, depuis A jusqu'à Z [...].   J. VALLÈS, *L'Insurgé*, p. 202.

Démontrer (prouver) par A + B «démontrer (prouver) rigoureusement par un raisonnement en forme». La var. *par A et B* ne s'emploie guère :

> Renan, dodelinant sa grosse tête au milieu de politiciens et de salonnards ébahis, expliquant Notre-Seigneur par A et B [...].   L. DAUDET, *La Recherche du beau*, in *T.L.F.*

Les lettres A et B sont ici des symboles mathématiques.

Vx. **N'avoir pas fait une panse d'A** «n'avoir rien écrit, rien composé». La panse de l'*a* est sa partie renflée ; les écoliers qui apprenaient à écrire commençaient par former des *a*.

Vx. **Être marqué à l'A** «avoir un grand mérite» (XVIᵉ s.). L'expression vient «des monnaies qu'on marquait aux villes de France, par ordre alphabétique selon leur primauté : *la monnaie de Paris, réputée de meilleur aloi, était marquée à l'A*» (Littré).

> Quant à ce proverbe, *il est des bons, il est marqué à l'A*, il sent plus son menu peuple que les autres ; il est toutefois fondé sur quelque raison, ou pour le moins apparence de raison, car [...] la monnoye faicte à Paris est marquée à l'A [...] et on a opinion qu'elle soit la meilleure.   H. ESTIENNE, *Précellence du langage françois*, p. 147.

Ne savoir ni A ni B «être complètement ignorant» (1572, *ne savoir a, b*). L'analphabétisme complet qui était la règle au Moyen Âge (sauf pour les clercs, naturellement) ayant sérieusement reculé avec la Renaissance, l'ignorance absolue, scandaleuse, pouvait être exprimée par référence à la connaissance de l'écriture → ABC.

ABATTEUR n. m.

Vx. *Un grand abatteur de bois* « un homme qui fait des prouesses amoureuses » (plus précisément, selon Wartburg, « homme qui est capable de faire l'amour plusieurs fois de suite », avec réf. à Rabelais, Tallemant des Réaux, etc.). Au sens propre c'est un bûcheron qui travaille vite et bien ou, par extension, un « travailleur rapide et efficace » (XVIe s.). Le jeu de mots est sur *renverser, tomber* (les femmes). Béroalde de Verville emploie la forme *abatteur de bois remuant,* apposé à *et culbuteur de comères,* qui montre bien la source de l'expression. La variante « en clair », *abatteur de femmes,* se rencontre dans les *Cent Nouvelles nouvelles* (XVe s.). D'ailleurs les deux expressions semblent contemporaines : plus qu'une allusion à la virilité des bûcherons ou, plus tard, des joueurs de quilles, on verra dans *abatteur de bois* l'exploitation d'une expression technique, du sens de *abattre* « renverser » et des valeurs évocatrices de *bois* souvent employé dans des expressions grivoises concernant le cocuage (→ Bois). D'après une Satire de 1469, le Cardinal La Balue, aujourd'hui célèbre pour son emprisonnement inhumain, avait une réputation de vert galant, ainsi exprimée : « *De les traictier* [les belles filles] *la voix avois : Ung très grand abatteur de bois !* ». Le contexte est intéressant, il exprime que la « hache » de cet *abattage* est faite de belles paroles.

> — Vos intrigues ne me semblent rien que du temps perdu et de l'énergie gaspillée.
> — Oh, que c'est peu ça... et la recherche de la « sensation physique ».
> — Mais vous n'y êtes pas du tout... Et d'abord ceci entre nous, je ne suis pas grand abatteur de bois [...].   V. LARBAUD, *Barnabooth,* p. 239, in *T.L.F.*

Vx. *Abatteur de quilles,* est postérieur à la loc. précédente (début XVIIe s.) et a une signification spécialisée par rapport à elle, car l'expression désigne plutôt « celui qui se vante de prouesses amoureuses » : elle vient de la terminologie du jeu de quilles où l'on disait d'un fort joueur : *C'est un grand abatteur de quilles* (Monet, 1636) et : *C'est un grand abatteur de bois* (Trévoux, 1752). Peut-être faut-il voir là la source lointaine du sens familier de *quille* : « fille ». L'expression semble avoir survécu jusque vers 1900, comme la précédente (A. France l'emploie dans *Putois* [1904]).

> Vous êtes, je vois bien, grand abatteur de quilles
> Mais au reste honnête homme et payez bien les filles.   Mathurin RÉGNIER, *Satire* XI.
> À la nouvelle que Putois avait séduit Gudule, la ville fut pleine de surprise, d'admiration et de gaieté. Putois fut célébré comme un grand abatteur de quilles et l'amoureux des onze mille vierges.   A. FRANCE, *Crainquebille,* p. 83-84.

ABATTIS n. m.

Ce dérivé d'*abattre* a vieilli dans ses emplois généraux (« action d'abattre » ; ce qui est abattu »). La spécialisation dans le sens des « pattes coupées d'une volaille », comprenant non seulement les abats mais les pattes et les ailes, conduit à l'emploi argotique au sens de « bras » ou de « bras et jambes ».

Numéroter ses abattis « se préparer à une lutte, à un combat corps à corps, comme si on risquait de perdre l'intégrité et la disposition de ses membres ». Souvent employé à l'impératif comme menace ou comme avertissement. Liée au contexte de la guerre, l'expression est à rapprocher des emplois métaphoriques de *abattoir* ; elle met en œuvre l'image menaçante du dépeçage, que l'on rencontre fréquemment avec les mots désignant les membres. En 1802, on trouve : *numéroter ses membres.* L'emploi de l'expression dans son sens le plus normal : « vérifier le bon état de ses membres (après une chute, un accident) », est beaucoup moins fréquent, d'où l'emploi du verbe *vérifier* dans l'exemple suivant, qui renouvelle l'expression :

> Fatalité ! Le pied en plein sur la banane. La glissade. La culbute... Étourdi sur le coup. Des officieux s'empressent, nous aident à nous relever. Nous nous époussetons, vérifions nos abattis. Plus de peur que de mal.   A. ARNOUX, *Double chance,* in *Ph. Sl.*

ABATTRE v. tr.

Ce verbe donne lieu à de nombreuses expressions figées, comme *abattre ses cartes, son jeu ; abattre de la besogne,* etc., où *abattre* conserve sa valeur lexicale. On peut cependant signaler deux expressions, pour leurs connotations.

L'homme (la femme) à abattre « l'homme (la femme) qui doit être supprimé(e), éliminé(e) ».

Ne pas se laisser abattre « rester calme, placide, dans une circonstance difficile ». Dans la langue familière, l'expression s'emploie non seulement pour réconforter qqn après une peine, mais aussi pour motiver un plaisir que l'on se donne, notamment à table. On entendra ainsi : *allez! faut pas se laisser abattre! ne nous laissons pas abattre!* etc., au moment de la tournée d'apéritifs, du petit verre de fine, etc.

> tout le monde respire
> Ouf
> il ne faut pas se laisser abattre
> il faut se soutenir […]   J. PRÉVERT, *Paroles*, p. 55.

Petite pluie abat grand vent → PLUIE.

ABBAYE n. f.

L'abbaye de Monte-à-Regret « la potence »; puis « la guillotine ». L'expression est ancienne (1628) → MONTER. — Une expression plus rare est l'*abbaye de Saint-Pierre* (= de cinq pierres sur lesquelles était dressé l'échafaud à la Roquette; selon H. France, *Dict. d'argot*) désignant la guillotine.

D'autres expressions avec *abbaye* ont désigné divers lieux assez peu religieux : *abbaye des sots bougres* « prison » (Dict. d'argot de 1847), *abbaye des s'offre à tous* (« maison de tolérance », au XIXᵉ s., G. DELVAU, *Dict. de la langue verte*). Dans ces expressions, on n'a pas déguisé le déterminant en nom de lieu. Dans *Monte-à-Regret*, la langue moderne a retenu le sens psychologique *(à regret)*, mais il se pourrait que l'expression première soit *a regrès* « à reculons », car on faisait monter les degrés au condamné à reculons avant de lui passer la *cravate de chanvre*.

> Aussitôt les forçats, les ex-galériens, examinent cette mécanique placée sur les confins monarchiques de l'ancien système et sur les frontières de la justice nouvelle, ils l'appellent tout à coup l'Abbaye de Monte-à-Regret!
> H. de BALZAC, *Splendeurs et Misères des courtisanes*, p. 1045.

ABBÉ n. m.

Vx. **Face d'abbé** « visage rubicond » (XVIᵉ-XVIIᵉ s.). La réputation des titulaires d'abbaye, prospères et enviés, était à l'époque classique un intensif par rapport à celles des moines (voir le suivant).

Vx. **Table d'abbé** « table où l'on mange bien » (XVIᵉ-XVIIᵉ s.). Les deux expressions ont dû tomber en désuétude avec le changement du sens dominant de *abbé*. Ce mot, dans la langue classique, évoquait le premier personnage d'une abbaye, et joignait l'idée d'importance, de richesse, à celle de « bon vivant » attachée à *moine*.

Attendre qqn comme les moines font l'abbé → MOINE.

ABC n. m. L'alphabet symbolisé par ses trois premiers éléments.

L'ABC du métier « les rudiments, les éléments qu'il est indispensable de connaître ». Toute activité est ainsi comparée à celle de l'écriture.

En être, en rester, à l'ABC de… « aux premiers rudiments ». C'est, à la lettre, l'avant-dernier degré de l'ignorance, avant NE SAVOIR NI A★ NI B.

> […] j'en ferai une femme charmante, elle a de la race, tandis qu'à vous deux vous en resterez à l'ABC de l'amour.   BALZAC, *La Duchesse de Langeais*, p. 285, in *T.L.F.*

Vx. **Remettre (renvoyer) qqn à l'ABC** « le traiter d'ignorant, le renvoyer aux rudiments » (Du Cange, d'Aubigné, *in* Littré).

ABCÈS n. m.

Abcès de fixation « événement ou phénomène mauvais en lui-même mais qui empêche un principe dangereux de se répandre, en le fixant » (suppl. du Robert).

Crever, vider l'abcès « prendre des mesures violentes, une décision entraînant des conséquences graves, de manière à extirper la cause d'un mal durable ».

ABÎME n. m. Le mot entre dans de nombreuses expressions métaphoriques *(au bord de l'abîme, être au fond de l'abîme)* sans originalité sémantique.

La course à l'abîme → COURSE.

Creuser un abîme (entre..., sous...) « créer une différence, un obstacle insurmontable ».

> Les idées sociales le préoccupent : il a fait sortir du bordel une fille qu'il voulait régénérer, etc. Cela creuse un abîme entre moi et lui.
>
> G. FLAUBERT, *Correspondance*, III⁰ série, p. 108.

L'abîme appelle l'abîme [prov.] « un malheur en attire un autre plus grand ». Évoque l'expression *tomber de Charybde en Scylla.* Ce proverbe biblique (Psaume 41, 8) a toujours été du style élevé : l'exemple qu'en donne Littré, sous une forme un peu différente, est tiré des *Pensées* de Bourdaloue.

ABOIS n. m. pl. Dans le vocabulaire de la vénerie, *les abois* sont le moment où l'animal poursuivi est entouré par la meute. Dans l'usage actuel et métaphorique de *aux abois,* le mot ne suggère presque plus les *aboiements*.

Aux abois « à la dernière extrémité ». L'expression est souvent employée dans un contexte métaphorique de « chasse à l'homme », qui est à rapprocher des emplois du verbe *traquer*. Malgré la célèbre *biche aux abois* de Vigny, la personne *aux abois* est le plus souvent dangereuse (*un criminel aux abois,* etc.). La langue classique employait l'expression dans de plus nombreux contextes, notamment en parlant de choses abstraites (*l'idolâtrie,* chez Bossuet, la *prudence,* chez Voltaire) et pour les personnes, au sens de « dans un état désespéré ». L'emploi de la locution s'est donc restreint selon la motivation initiale de « chasse ». L'expression correspondante au XVI⁰ s. était : *rendre les abois* « être dans une situation désespérée » — « proprement se dit du pauvre cerf quand ne pouvant plus courir, il s'accule en quelque lieu [...] et là attendant les chiens endure d'être abbayé par eux » (H. ESTIENNE, *Précellence du langage françois,* p. 124).

Aux derniers abois « à la dernière extrémité, à la mort », ne se dit plus (Rotrou, La Fontaine, cités par Littré). Var. : *aux abois de la mort.*

> La nuit que son gentil pucelage [de Laurette] estoit aux abbois de la mort, Valderan amena un musicien de ses amis devant nos fenêtres [...].
>
> Ch. SOREL, *Histoire comique de Francion,* p. 132.

ABOMINATION n. f.

L'abomination de la désolation « le comble du détestable, du mal ». C'est la traduction française reçue d'une expression biblique qui ne s'emploie qu'ironiquement, hors de son contexte original. *Abomination,* dans les textes sacrés traduits en français (1560) correspond à « péché », « faute contre Dieu » et notamment à « idolâtrie » (en 1560, Livre des Rois 11, 5) ; l'expression *abomination de la désolation* apparaît en français dans la Bible de Louvain en 1555 (Évangile selon saint Matthieu 24, 15, se référant à Daniel 9, 25-27) et vise précisément la profanation du temple interrompant le sacrifice.

L'exemple ci-après illustre une var. personnelle de la locution, qui en conserve le rythme et la sonorité.

[...] la carte d'un acteur du boulevard, qui est un précieux travail et un curieux renseignement sur le goût cabotin. Cette carte est un décrassoir — on le jurerait en ivoire —
et avec les cheveux, les tannes, toutes les saletés d'une tête, engagées dans les dents
du peigne. Il n'y manque pas même au milieu, à côté de la signature du propriétaire,
le sang d'un pou écrasé, — tout cela imité merveilleusement avec de la plume, de la
mine de plomb, une goutte d'aquarelle, et les dents du peigne brèche-dents découpées
dans le carton. Cette carte est l'*abomination* de la dégoûtation.

                                                           GONCOURT, *Journal*, t. I, p. 288.

ABONDANCE n. f.

D'abondance de cœur «en s'épanchant [idée de flux] avec une entière confiance». L'expression est dans les traductions courantes de l'Évangile (Matthieu 12,
34); elle s'emploie surtout avec des verbes comme *dire, parler, répondre*, etc. On
emploie aussi : *avec abondance de cœur*. Littré remarque que, sans article, le complément d'*abondance* se construit avec *de*, alors qu'on peut dire : *avec (de) l'abondance
de cœur*. Il s'agit du *cœur* en tant que source de la «parole vraie, sincère» → Cœur.
Le latin dit : *ex abundantia cordis*, que des traductions récentes (Bible de Jérusalem, Pléiade) rendent par «du trop plein du cœur».

Parler d'abondance «en improvisant librement». La métaphore originelle de
abundere n'est plus sentie, mais elle reste sous-jacente, car la parole est toujours
représentée métaphoriquement par un «flux», un «flot». L'orateur qui *parle d'abondance* est métaphoriquement une «source» et s'oppose à celui qui pratique la sèche
répétition de paroles apprises ou la lecture. On retrouve là une opposition fondamentale entre la parole vive (le *logos* grec, le *verbum* latin), ici assez platement réduite à
l'idée d'expression de la «vérité psychologique», et la formule, entre l'Esprit et la
Lettre. L'exemple suivant croise cette loc. avec *d'abondance de cœur*.

    Comme elles écoutent des cours toute la journée, je n'avais rien rédigé, me fiant à
    cette sympathie qui se crée très vite, quand l'auditoire est jeune et passionné. Je leur
    ai donc parlé «d'abondance du cœur».   MAURIAC, *Le Nouveau Bloc-Notes*, p. 142.

Abondance de biens ne nuit pas [PROV.], se dit quand on accepte, par mesure
de prévoyance, une chose dont on a déjà suffisamment. La langue du droit employait
l'expression *ce qui abonde ne nuit pas* (*ne vicie pas*, au XVIIᵉ s.) «les formalités faites
en trop n'empêchent pas la validité d'un acte».

ABONDER v. intr. Du latin *abundare*, dont le radical est *unda* «flot, onde».
La valeur originelle est celle d'*affluer*.

Abonder dans le sens de qqn «parler selon son opinion, apporter des arguments à l'appui de son opinion». Alors que cette expression n'apparaît qu'au début
du XIXᵉ siècle, on disait depuis longtemps *abonder en (dans) son sens* «être trop attaché à sa propre opinion» (Rabelais, Sévigné, *in* Littré); l'idée de base est exactement celle du verbe familier moderne : *en remettre*.
La locution actuelle est rattachée par ceux qui l'emploient aux valeurs figurées de
abonder dans des phrases comme «*elle abondait en saillies charmantes*» (Rousseau);
mais dans ce cas il y a une relation interne, sinon transitive, entre *abonder* et
son complément : le sujet «produit une abondance de...» [saillies charmantes, dans
notre exemple]. Au contraire, l'expression dont il est question ici donne à *abonder*
une valeur absolue : le sujet «donne des arguments» dans la même direction et
selon les mêmes types de signification (réunissant les deux emplois principaux de
sens) que celui qui s'est exprimé avant.

Ce qui abonde ne vicie pas [LOC. PROV.], locution juridique traduite du latin
→ ci-dessus ABONDANCE (DE BIENS).

ABORD n. m. Ce dérivé (déverbal) de *aborder* signifie donc étymologiquement «le fait de toucher au *bord*, au rivage». Son évolution sémantique en français moderne est organisée en deux valeurs principales : «rencontre entre humains» et «début d'un phénomène temporel».

D'abord. Cette locution est si fréquente et familière qu'elle fait partie du lexique en tant qu'adverbe signifiant «avant le reste», «immédiatement». Elle n'est signalée ici que comme exemple de démotivation complète, alors que dans la langue classique elle signifiait encore «dès le premier contact». De nombreuses phrases du XVIIe siècle sont ainsi sujettes à contresens. Quand Sganarelle dit (dans *Le Malade imaginaire*) : *«nous autres grands médecins, nous connaissons d'abord les choses»*, il entend : «dès que nous prenons contact avec elles». Il en est de même pour *tout d'abord*. On disait aussi *dans l'abord,* loc. qui n'a pas vécu, et *dès l'abord,* encore vivant dans l'usage littéraire.
La langue populaire connaît un renforcement : *d'abord et d'une* «tout d'abord, avant toute chose» (v. 1747, *d'abord et d'un*).

Vx. *D'abord après* «aussitôt après» (Massillon, *in* Littré).

De prime abord (où l'ancien adj. *prime* «premier» s'est conservé), a gardé la valeur ancienne de *d'abord :* «au premier contact».

ABREUVOIR n. m.

Vx. *Abreuvoir à mouches* «large blessure» (XVIe s.). Exemple de métaphore basée sur une image pittoresque qui doit être d'origine rurale et pourrait cacher une métonymie : les bestiaux qui vont à l'abreuvoir portent parfois des plaies où les mouches, les taons se pressent (comme leurs victimes se pressent autour de l'abreuvoir).

> Vous le recognoistrez à ses grandes moustaches noires, retroussées en dents de sanglier, et à un grand abreuvoir à mouches qu'il a sur la joue gauche.
> TOURNEBU, *Les Contens*, III, 1, *in* Huguet.

ABSENCE n. f.

Avoir une absence, des absences «être distrait». La métaphore par laquelle la conscience est assimilée à une personne qui s'absente d'un lieu est lexicalisée ; il s'agit plus d'un sens de *absence* que d'une locution.

Briller par son absence, se dit ironiquement d'une absence remarquée. *Briller* signifie métaphoriquement «se faire remarquer, être remarquable», le complément introduit avec *par* marquant un caractère particulièrement notable. L'idée mallarméenne de considérer l'«absence» comme une qualité propre à rendre son support remarquable montre à quel point les tendances collectives inconscientes qui se manifestent dans le langage quotidien peuvent contrevenir au plat bon sens de la «sagesse des nations». La valeur ironique de l'expression est assez récente, si l'on en juge par les vers solennels de Marie-Joseph Chénier, où «entre tous les héros qui, présents à nos yeux, provoquaient la douleur et la reconnaissance, Brutus et Cassius brillaient par leur absence» *(Tibère)*. L'expression est attestée en 1842.

ABSENT adj.

Les absents ont toujours tort [PROV.] «il faut être présent pour défendre ses intérêts». Cette locution abstraite et générale, à la fois banale, cynique et contestable, fait regretter la formule en usage au XVIIIe s. *les os sont pour les absents,* qui signifiait, évidemment, «qu'on dîne sans eux, ou qu'on ne leur laisse que les restes» (Le Roux), mais exprimait, grâce aux connotations de *os,* la dureté des relations sociales et l'égoïsme glouton qui y prévaut.

CÉCILE. — [...] L'Afrique. l'Asie. l'Amérique... c'est le tour du monde.
LOUIS *(se levant à son tour après un silence).* — Et savez-vous ce qu'on rapporte de si loin? La triste conviction que les absents ont tort.
E. AUGIER, *Maître Guérin*, III. 2, p. 255.
Que les absents aient tort (quand c'est vous qui êtes *l'absente*) je n'admets pas cela!
G. FLAUBERT, *Correspondance*, Vᵉ série, p. 307.

ABSTRACTEUR n. m.

Vx. *Abstracteur de quinte essence* «celui qui subtilise, raffine à l'excès, dans un raisonnement, une discussion». Initialement, l'expression désignait l'alchimiste qui extrayait la partie la plus subtile d'un corps, la cinquième *(quinte)* essence. Rabelais s'approprie la désignation pour l'appliquer à l'auteur de *Pantagruel*, maître Alcofribas; elle est à la fois ironique et positive, ces deux valeurs étant plus ou moins perdues : la loc. n'est aujourd'hui qu'un intensif pour «amateur d'abstractions».

ABUS n. m.

Fam. *Y a de l'abus* «c'est excessif, exagéré, insupportable».

Ah! ça. alors. Y a de l'abus. tu nous embêtes. à la fin. J'en ai marre. moi! j'en ai marre!   MONTHERLANT, *Fils de personne*. III. 1, in *T.L.F.*

ACABIT n. m. Ce mot du XVᵉ siècle apparaît avec le sens de «achat, débit»; il vient peut-être de l'occitan *cabir, caber* «employer», du latin *capere*. Il ne survit que dans quelques locutions.

Péj. *De cet acabit, de même acabit* [LOC. ADJ.] «de cette, de même nature». L'obscurité totale du mot *acabit* hors de ces expressions, pour le locuteur actuel, en ferait de véritables adjectifs composés si *acabit* n'y conservait une très relative autonomie (on peut dire : *d'un tout autre acabit*, etc.). La valeur péjorative, comme dans *de la même farine, du même tonneau*, est attachée ici à l'«amalgame»; on compare et on rapproche souvent pour déprécier, et l'emploi que Proust fait de l'expression *(... en braves gens de même acabit)* n'est plus la norme. En effet, Balzac parlait en ces termes du parti que constituait un marquis, futur pair de France : «Trouvez donc des Mariages *de cet acabit!*», et Stendhal, dans *Le Rouge et le Noir*, «mon fils et ses brillants amis *de même acabit* ont du cœur...».

ACCÉLÉRATEUR n. m.

Coup d'accélérateur «mesure destinée à rendre un processus plus rapide». On emploie aussi la métaphore *appuyer sur l'accélérateur*.

ACCOMMODER v. tr. Du latin *accommodare* «rendre convenable» *(commodus)*. Dans ses valeurs figurées, le mot est vieilli. La langue moderne utilise *arranger* avec cette valeur.

Vx. *Accommoder de toutes pièces* «décrier qqn systématiquement, en médire de toutes les façons». L'expression plaisait à Molière; elle est dans *L'Avare*, dans *L'École des femmes*, dans *George Dandin*.

Vx. *Accommodez-vous, le pays est large* «pour se moquer d'un homme qui se met à son aise, ou qui prend ses commodités sans beaucoup de cérémonies» (Le Roux, 1752). Version ironique et ancienne de *faites comme chez vous*.

ACCORDÉON n. m.

En accordéon [LOC. ADJ. et ADV.] «qui forme de nombreux plis parallèles». *Chaussettes en accordéon.*

Faire l'accordéon «s'allonger et se raccourcir par à-coups en parlant d'une file (de personnes, de voitures)».

ACCORDER v. tr.

Accordez vos violons «mettez-vous d'accord». Ce jeu sur les deux sens d'*accorder* est ancien : *accorder ses vielles* est dans Commynes, *accorder les flûtes* dans Calvin, au sens de «concilier des opinions différentes». Dans l'argot du XIXᵉ s., un *accordeur de flûtes* est un juge de paix.

ACCOUCHÉE n. f.

Vx. *Les caquets de l'accouchée* «les conversations et les bavardages des réunions féminines qui se tenaient autour du lit des femmes en couches».

Vx. *Faire l'accouchée* «se prélasser au lit», «se disait tant d'un homme que d'une femme» (Le Roux). C'est bien sûr en parlant des hommes que l'expression prenait sa pleine valeur ironique.

Vx. *Parée comme une accouchée* «très parée» (par allusion aux réceptions que donnaient les jeunes mères à leurs amies, avant les relevailles).

ACCOUCHER v. tr.

La montagne accouche. d'une souris → Montagne.

Accoucher sans douleur. Ce groupe de mots n'avait rien d'une locution, avant que l'on ne désigne par *accouchement sans douleur* un procédé médical spécifique de préparation à l'accouchement. Mais il arrivait, avant la médecine psychosomatique, que des femmes puissent *accoucher sans douleur* sans y avoir été préparées (Prévost, Mém., II, 154).

ACCROC n. m.

Avoir, faire un accroc (des accrocs) à (la réputation, la conscience) «un léger manquement». Il s'agit plutôt là d'un emploi métaphorique lexicalisé; on peut cependant le signaler en le rapprochant d'une loc. comme *donner un coup de canif au contrat*, qui utilise la même métaphore (trou ou déchirure d'étoffe, de papier = défaut moral) → Canif.

Le premier accroc coûte X francs. Cette phrase, affichée auprès des billards dans les lieux publics, a été reprise par Elsa Triolet comme titre de roman *(Le premier accroc coûte 200 francs);* elle évoque la responsabilité financière, comme les expressions : Qui casse les verres* les paie et Les casseurs* seront les payeurs.

ACCROCHER v. tr.

Le cœur (l'estomac) bien accroché, se dit de celui qui est «peu sensible aux émotions fortes, aux dégoûts». *Faut avoir le cœur bien accroché, pour supporter de voir ce carnage!*

Tu peux te l'accrocher «tu n'auras rien»; l'expression abrège *s'accrocher (se mettre) la ceinture* → Ceinture.

Accrocher les wagons! Exclamation qui salue une éructation particulièrement sonore par allusion à l'ordre donné après le choc bruyant des tampons d'un wagon. La forme exclamative se retrouve dans la loc. de structure comparable *(faites chauffer la colle* !,* etc.).

ACCROIRE v. intr. Le verbe *accroire* (du latin *accredere* qui signifie simplement «croire») est archaïque, sauf dans quelques emplois où il est précédé de *faire*, de *laisser*, et notamment dans la locution suivante :

En faire accroire à qqn «abuser de la crédulité de qqn; essayer de tromper». On dit aussi : *s'en laisser accroire* (synonyme de *s'en laisser conter*). Au XVIᵉ s.

Pasquier, Brantôme) et au XVIIe s. (Scarron), *s'en faire accroire* signifiait « agir à son gré, imposer sa volonté ». L'expression est un peu archaïque, mais encore vivante dans l'usage ironiquement distingué *(Vous voudriez nous en faire accroire, mon cher !)*.

ACCUS n. m. pl.

Recharger les accus « reprendre des forces ». *Accus* est en concurrence avec *batterie, pile,* pour réaliser cette métaphore électrique.

ACIER n. m.

Un moral d'acier « à toute épreuve ». → FER (de fer).

ACQUIT n. m.

Par acquit de conscience « pour en être absolument assuré » (milieu XVIe s.). Littré donne encore la forme ancienne : *faire quelque chose à l'acquit* (ou *pour l'acquit*) *de sa conscience,* qu'il a trouvé dans Saint-Simon, et qui se rencontre encore dans la langue littéraire.

> Les Rosenberg. J'ai résisté longtemps. J'avais déjà donné deux fois ma signature, mais pour l'acquit de ma conscience, le cœur n'y était pas comme on dit [...].
> MAURIAC, *Bloc-Notes*, p. 33.

Vx. Par manière d'acquit « par pure convenance ; pour *s'acquitter* d'une obligation ». On dirait aujourd'hui : *pour la forme.*

> Il ne saluait que par manière d'acquit.   BOURSAULT, *Poésies.*
> On n'en fit qu'une commémoration fort légère et par manière d'acquit au concile de Nicée.   VOLTAIRE, *Phil.*, II, 353, *in* Littré.

1. ACTE n. m. Du latin *actum,* participe passé de *agere,* « se mettre en mouvement, agir ». Comme la plupart des termes abstraits (même très courants) *acte* n'entre que dans quelques expressions plus ou moins lexicalisées ; la plupart de ses emplois sont libres.

Acte de foi → FOI.

Acte manqué. Comme bien des expressions employées en psychanalyse, celle-ci a pris des valeurs approximatives : « acte révélateur d'un contenu inconscient ; indice d'un désir caché, etc. ».

Passage à l'acte ; passer à l'acte « (fait de) passer de la conception à l'exécution, du projet à l'action ». L'expression a servi à traduire l'allemand *agieren,* l'anglais *acting out* pour désigner en psychanalyse la conduite, généralement impulsive, par laquelle le sujet fait émerger dans son comportement un contenu qui était refoulé.

Faire acte de présence « être présent, sans plus » (se dit notamment de qui se contente d'aller dans un lieu sans y accomplir ce pour quoi il doit y aller).

Donner acte à qqn (de qqch.) « reconnaître la vérité » (de ce qu'il a dit, fait, etc.). Dans cette expression et dans la suivante, *acte* est pris au sens juridique de « déclaration constatée devant le tribunal ».

Prendre acte de qqch. « en conserver le souvenir pour s'en servir, s'en prévaloir plus tard ».

2. ACTE n. m.

Avaler son acte de naissance « mourir » → AVALER.

ACTIF n. m.

Avoir à son actif « compter comme succès, comme réussite ». S'emploie souvent ironiquement en parlant d'actions blâmables.

1. ACTION n. f. Comme *acte, action* se trouve dans des expressions nominales *(action de...)* formant de véritables mots composés : *action d'éclat* « exploit » ; *action de grâce,* « prière de remerciement » ; → ACTE DE FOI*.

En action [LOC. ADV.] « en train d'agir, de produire son effet ». *Être, entrer... en action* « agir ; commencer d'agir ».

Dans le feu de l'action → FEU.

2. ACTION n. f.

Ses actions baissent (montent) « il a moins (plus) de chances de réussir » (XIXe s., *in* Littré). Cette métaphore boursière assimile le « crédit moral » à la confiance financière, à la *fiducie,* comme disait Valéry (qui employait le mot dans le domaine linguistique), et en assimile les changements à des variations spatiales. Var. plus moderne : *ses actions sont en hausse, en baisse.*

ADAM n. pr.

Costume d'Adam, du père Adam → COSTUME.

La côte d'Adam → CÔTE.

Fourchette, peigne... d'Adam « la main ».

Ne connaître ni d'Ève ni d'Adam → ÈVE.

ADÈLE n. pr.

Elle est morte, Adèle! Due à Franc-Nohain *(Flûtes,* 1898), cette scie fondée sur le calembour *(mortadelle)* est assez typique du comique 1900.

ADIEU n. m. Le mot s'emploie surtout dans des constructions figées *(dire adieu, faire ses adieux),* mais on ne signalera ici que deux emplois, métaphorique (le premier) ou démotivé (le second).

Dire adieu à qqch. « y renoncer ». *Tu peux dire adieu à ta nomination! Tu peux lui dire adieu!*

Fam. *Adieu Berthe, adieu la valise!* « tout est perdu! ».

ADRESSE n. f.

Sans laisser d'adresse (employé avec *partir* et des verbes de sens analogue) « subrepticement, sans laisser d'indication pour être joint, retrouvé ». L'expression apporte des connotations précises : il s'agit d'une volonté de disparaître sans laisser de traces, et souvent après quelque action répréhensible.

> Je ferais mes malles d'avance et je ficherais le camp sans laisser d'adresse.
> M. PROUST, *À la recherche du temps perdu,* t. II, p. 1008.
> ... Négligeant l'assurance, le changement de propriétaire et le respect du bien d'autrui, il m'avait fait un beau petit caramboIage — heureusement limité à des dégâts matériels — et mis les voiles sans laisser d'adresse, laissant par contre la voiture complètement caput-mortuum sur les lieux. A. SARRAZIN, *La Traversière,* p. 56.

ADVENIR v. intr. Du latin *advenire* « arriver ». L'orthographe ancienne (encore préconisée par Littré) est *avenir* qui s'est conservé pour noter le substantif signifiant « temps futur ».

Advienne que pourra [LOC. PROV.] « qu'il arrive ce qui pourra arriver » ; équivaut aux formules du genre *à la grâce de Dieu, inch'Allah.* La syntaxe archaïque (que = ce qu'il, impersonnel) montre l'ancienneté de la phrase, qui exprime le fatalisme (cf. l'italien *che sera sera*).

Fais ce que dois, advienne que pourra «il arrivera ce qui doit arriver mais il faut de toute façon faire son devoir». Littré cite un fabliau du XIIIe siècle où l'on lit : *fai que dois, aviegne que puet.*

> ... je me suis mis à mon bouquin. Le début n'a pas été commode... mais à présent, ça va, j'y suis, advienne que pourra!
>
> FLAUBERT, *Lettres à G. Sand, in Ph. Sl.*

AFFAIRE n. f.

Affaire classée «problème résolu, question (délicate, mauvaise...) qu'on ne soulèvera plus».

Des affaires d'or «des affaires excellentes; une activité (commerciale, etc.) où l'on gagne beaucoup d'argent». La nuance est faible entre cette expression et *une affaire, des affaires en or* (→ OR). La première forme semble plus ancienne.

> Eh bien! — a repris M. le Vicomte — achetez-moi le tout à ce prix-là, à condition que pour les 12 000 francs que vous me redevrez, vos avances remboursées, vous entretiendrez et laisserez à ma disposition chevaux, gens et voitures pendant six mois.
> — Et vous avez sagement accepté le marché, Edwards! C'était une affaire d'or.
>
> E. SUE, *Les Mystères de Paris,* t. III, chap. X.

La belle affaire! Exclamation ironique par laquelle on dénie de l'importance à ce qui vient d'être dit.

> Mais du côté que vous me proposez, il n'y a pas de train après neuf heures. — Hé bien, la belle affaire! neuf heures c'est parfait.
>
> M. PROUST, *À la recherche du temps perdu,* t. II, p. 800.

Vx. ***Point d'affaires!*** «ne faites pas de difficultés, d'embarras» ou «je ne veux rien avoir à faire avec vous». On dirait aujourd'hui dans le même sens : *pas d'histoires!*

Toutes affaires cessantes. Expression adverbiale qui s'emploie en parlant d'une action que l'on fait en priorité absolue. Ex. *Il faut vous mettre à ce travail toutes affaires cessantes.* Var., au singulier :

> Une lumière matinale baignait Paris. Fraîche, bleutée, déjà saupoudrée d'or brillant, elle annonçait une de ces journées miraculeuses qui exigent impérativement, toute affaire cessante, d'être contemplées avec des yeux éblouis.
>
> A. SERGENT, *Je suivis ce mauvais garçon,* p. 12.

Avoir affaire à (qqn) «se trouver en rapport avec lui». Ce verbe composé s'emploie dans plusieurs phrases toutes faites, comme *avoir affaire à forte partie* et avec une valeur de menace, dans le ton impératif (futur). *Vous aurez affaire à (moi...)!*

> Quiconque rira aura affaire à moi.   MOLIÈRE, *M. de Pourceaugnac,* IV, 1.
> On avait affaire à des gens très clairvoyants, le petit Tanbeau était certainement un espion, mais Mathilde et lui n'étaient pas non plus sans adresse.
>
> STENDHAL, *Le Rouge et le Noir,* p. 540.
>
> Je crains qu'il n'y ait beaucoup de vrai là dedans; et de toute manière les Alliés ont affaire à forte partie, à des hommes résolus, convaincus, préparés depuis longtemps et désindividualisés au point de ne plus exister qu'en fonction du combat.
>
> GIDE, *Journal,* t. II. p. 163.

Vieilli. ***Avoir affaire de (qqch.)*** «avoir besoin».

> Qu'ai-je affaire d'aller me tuer à travailler pour des gens [...].
>
> MONTESQUIEU, *Lettres persanes,* 11.

Fam. ***Avoir ses affaires*** «avoir ses règles». Fait partie des emplois euphémistiques du mot.

Être l'affaire de... (suivi d'un nom exprimant une durée considérée comme brève) «être réglé en (peu de temps)».

> Le voir, le tirer par sa grande jaquette, le faire tomber de son siège et l'accabler de coups de cravache ne fut que l'affaire d'un instant.
>
> STENDHAL, *Le Rouge et le Noir,* p. 471.

Être à son affaire «faire ce qu'on aime et ce qu'on sait faire, exercer une activité qu'on aime».

> Elle-même était un excellent médecin, son diagnostic était très sûr et ses mains étaient d'une habileté extraordinaire pour palper, soigner, apaiser. Elle avait le don de ça, elle le savait, c'était sa fierté et, en général, dès qu'elle se trouvait en face d'un représentant du corps médical, on sentait qu'elle était à son affaire.
> M. CARDINAL, *Les Mots pour le dire*, p. 334.

Être hors d'affaire «être sorti d'une situation difficile». Syn. ancien de *être tiré d'affaire*.

Être rond en affaires → ROND. — *Être sûr de son affaire* → SÛR.

Faire l'affaire (choses ou personnes) «convenir». S'emploie aussi avec un compl., dans *faire l'affaire de qqn*.

> Nier la valeur individuelle, de sorte que chacun, fondu dans la masse et faisant nombre, soit indéfiniment remplaçable ; que, si Friedrich ou Wolfgang se fait tuer, Hermann ou Ludwig feront aussi bien l'affaire, et que de la perte de tel ou tel, il n'y a pas lieu de beaucoup s'affliger.
> GIDE, *Journal*, t. II, p. 24.

Faire son affaire de qqch. «s'en charger, en répondre» (Littré), ou encore «savoir utiliser, mettre à profit». On disait aussi dans le premier sens *mettre son affaire, toute son affaire dans...*, *se faire une affaire de...* (Diderot).

> Voulez-vous être mon secrétaire, avec huit mille francs d'appointements ou bien avec le double ? J'y gagnerai encore, je vous jure ; et je fais mon affaire de vous conserver votre belle cure, pour le jour où nous ne nous conviendrons plus.
> STENDHAL, *Le Rouge et le Noir*, p. 415.

Faire son affaire à qqn «le châtier, le vaincre, le tuer». La langue familière ne fait ici que reprendre la valeur donnée à *faire les affaires de qqn* dans l'ancienne expression passive : *ses affaires sont faites* «il est perdu». Aujourd'hui, on dirait au singulier : *son affaire est faite*, mais l'expression est ambiguë → L'AFFAIRE EST FAITE. Il semble que l'expression ait été au XIXᵉ s. moins familière que de nos jours ; Littré écrit : *l'espion fut découvert, et on lui fit son affaire*, exemple qui sonne un peu canaille un siècle plus tard.

> On va me tuer, pensa Paulo. Comme il ne pourra pas m'accuser ouvertement, on va m'empoisonner. Ou bien un coup de revolver. On me fera mon affaire en vitesse, dans un jardin.
> J. GENET, *Pompes funèbres*, p. 90.

Faire des affaires «exercer une activité lucrative capitaliste (commerce, finances, etc.)». Le pluriel a ici une valeur absolue, comme dans *homme d'affaires*. *Faire des affaires* n'est pas seulement *faire* une pluralité d'opérations commerciales, mais est synonyme de *être dans les affaires*, qui exprime le caractère essentiel de l'activité concernée. Au contraire, on peut *faire une affaire, une bonne affaire* «une transaction où l'on gagne de l'argent», d'une manière occasionnelle. Dans la langue classique, *les affaires* avait un sens beaucoup plus large et désignait toutes les activités d'un homme dans la société.

Vieilli. *Faire ses affaires* «en style familier signifie décharger son ventre, mettre bas les culottes» (LE ROUX, 1752).

Se mêler de ses affaires → MÊLER.

Tirer qqn d'affaire, se tirer d'affaire «faire cesser d'être dans une situation pénible, difficile ou dangereuse ; être (mettre) hors de danger (pour un malade, etc.)». *Être tiré d'affaire*, syn. (METTRE) HORS D'AFFAIRE.

> L'abbé Pirard était parti pour sa cure. Si Julien est un faible roseau, qu'il périsse ; si c'est un homme de cœur, qu'il se tire d'affaire tout seul, pensait-il.
> STENDHAL, *Le Rouge et le Noir*, p. 454.

Vx. *Les affaires font les hommes* [LOC. PROV.] «le maniement de nombreuses affaires, l'expérience, finissent par suppléer le talent».

Les affaires sont les affaires, slogan adapté de l'américain *(business is business)* et qui cache le cynisme le plus éhonté derrière l'apparence innocente et insignifiante de la tautologie. Le sens caché en est «l'intérêt d'argent justifie tous les moyens», comme l'illustre durement la pièce satirique de Mirbeau qui porte ce titre.

L'affaire est faite «l'entreprise est réussie, menée à bien». Avec le possessif, **son affaire est faite** signifie plutôt «il est perdu».

L'affaire est dans le sac «l'entreprise est sûre, ne peut pas échouer». À la différence de *l'affaire est faite,* cette métaphore indique que l'affaire doit ou va réussir (au futur). Le *sac* est celui où l'on rangeait les papiers d'un procès. Syn. *l'affaire est dans la poche.*

> Lili avait tout organisé. Elle m'avait fait passer une audition au théâtre du quartier Latin que dirigeait Michel de Ré. Elle m'avait fait rencontrer Rougeul qui s'occupait de la Rose Rouge. L'affaire était dans le sac : j'allais faire ma tournée en Algérie; puis je reviendrais à Paris pour chanter, la nuit.   M. CARDINAL, *Autrement dit,* p. 58.

Ce n'est pas une petite (mince) affaire «c'est une entreprise importante, difficile».

> Ce dieu fripon ressemble assez aux rois.
> Le bien servir n'est pas une petite affaire.   VOLTAIRE, *Poésies mêlées,* p. 150, *in* Littré.

C'est son (mon, votre...) affaire «cela le (me, vous...) concerne; il doit s'en occuper».

C'est une affaire entendue, faite «nous sommes d'accord sur le projet».

C'est toute une affaire «une chose compliquée, difficile».

Cela ne fait rien à l'affaire «cela n'a pas de rapport, n'exerce pas d'influence sur la chose en question».

> [...] cela ne me revient pas, ça n'a aucune importance, le nom ne fait rien à l'affaire.
>   B. CENDRARS, *Bourlinguer,* p. 150.

En voilà une affaire! Formule exclamative par laquelle on reproche à quelqu'un d'accorder trop d'importance à une chose insignifiante, de se plaindre injustement, etc.

Vx. **Ceux qui n'ont point d'affaires s'en font** [PROV.] «les oisifs se font des occupations».

À demain les affaires (sérieuses) «remettons à plus tard les questions sérieuses, amusons-nous».

1. AFFICHE n. f.

Tenir l'affiche «être joué, attirer l'attention du public pendant une certaine période». La même métaphore est à l'origine du changement de sens du mot *vedette* (d'abord être *en vedette* sur l'affiche) et de l'expression *une tête d'affiche.*

Être à l'affiche «se donner», en parlant d'un spectacle.

2. AFFICHE n. f.

Très fam. **Faire l'affiche, jeter de l'affiche** «s'afficher ostensiblement pour paraître affranchi» (Caradec). Le mot est ici un substantif d'action de afficher, «action de s'afficher», inusité hors de cette construction.

AFFINITÉ n. f.

Affinités électives «affinités profondes (entre des personnes) qui font qu'elles se choisissent mutuellement». La traduction française de l'œuvre célèbre de Goethe, *Die Wahlverwandtschaften,* s'emploie quelquefois comme locution (dans un usage assez littéraire, il est vrai). L'expression est empruntée par Goethe au *Dictionnaire de Physique* de Gehler; elle traduit la formule du physicien suédois Bergman, *attractio electiva duplex,* désignant un phénomène chimique d'échange moléculaire. Alors que dans Goethe, la métaphore chimique est strictement filée, l'expression s'emploie généralement avec une valeur moins précise, voisine de celle qu'a prise la locution *des atomes crochus* → ATOME.

AFFÛT n. m.

Être à l'affût de... « rechercher avec une attention soutenue, avec âpreté ». La métaphore cynégétique est plus ou moins ressentie, selon les contextes (→ AGUETS).

ÂGE n. m.

Vx. *Âge d'or, de fer...,* la désignation traditionnelle des quatre périodes de l'histoire humaine, dans l'imaginaire poétique, recourait à quatre métaux symboliques : l'argent, l'or, l'airain et le fer. L'expression *âge d'argent* n'a pas eu de succès et les trois autres correspondent aux valeurs métaphoriques de *or, airain* et *fer.*

Qualifiant la durée de la vie humaine, le mot *âge* est associé d'une manière stable à une série d'adjectifs. *L'âge tendre* est celui de l'adolescence *(tendre* y signifie « fragile », puis évoque la sentimentalité) ; *l'âge ingrat,* celui de la puberté ; le *bel âge,* la jeunesse... (également → CANONIQUE, CRITIQUE [ÂGE...], RAISON [ÂGE DE...]).

> [...] de son œil resté bon, vivant et clair, elle regardait fixement les personnes ; et il y avait bien des choses dans cet œil-là, des regrets du bel âge, des tristesses à voir les siens si pressés de se débarrasser d'elle [...].   É. ZOLA, *L'Assommoir,* t. II, p. 79.
> De nouveaux cinéastes ont surgi, d'âge tendre — mais il n'y a que l'âge en eux qui soit tendre. Et déjà ils chassent les aînés dans la force de l'âge.
> MAURIAC, *Le Nouveau Bloc-Notes,* p. 225.

Le troisième âge « l'âge de la retraite, après 60 ou 65 ans » (on parle parfois de *quatrième âge* après 75 ans). Ces euphémismes découpant la vie humaine en tranches arbitraires reflètent la rage taxinomique d'une société bureaucratique. Formellement, le syntagme *troisième âge* s'était déjà employé en parlant d'une époque de la vie des jeunes enfants, en pédiatrie. Les syntagmes *premier* et *deuxième âge* sont peu employés.

La force de l'âge « la période de l'âge mûr ». L'expression originelle est *être dans la force de l'âge* « dans toute la vigueur, la vitalité qu'apporte le développement biologique de l'âge adulte ». Dans *force de l'âge,* l'âge devient une sorte de vertu du temps, qui apporte la force aux hommes, avant de la leur retirer ; il n'est pas interdit de jouer sur le mot *âge,* et de voir aussi dans l'expression une allusion au « dynamisme de l'histoire, tel qu'il s'incarne dans les générations actives » ; *La Force de l'âge* est le titre d'un volume des *Mémoires* de Simone de Beauvoir.

> Nous ne sommes pas des croulants, mais eux, ce sont des voyous dans la force de l'âge.
> A. SARRAZIN, *La Cavale,* p. 398.

D'un certain âge « qui n'est plus jeune, sans pouvoir être dit vieux ».

> Un certain âge est un âge trop certain.   LITTRÉ, *Dict.*

Entre deux âges « ni jeune, ni vieux ». Ici, la vie humaine est découpée en périodes si nettement séparées qu'on peut se trouver « entre deux ». La métaphore spatiale construit un temps cloisonné, qui est d'ailleurs celui des calendriers. On disait autrefois dans le même sens *(être dans) le moyen âge,* en respectant la notion du continuum temporel (l'expression a été éliminée par le succès de *Moyen Âge* au sens historique).

Dans la fleur de l'âge → FLEUR.

Avoir passé l'âge « être trop âgé » (pour ce qui est réservé aux jeunes). La même idée est exprimée par :

Ce n'est plus de mon (ton, son) âge « c'est une activité réservée à des plus jeunes ».

Il y a bel âge que... «il y a bien longtemps que...». Expression archaïque ou régionale (le *T.L.F.* l'illustre par un exemple tiré de *Terres lorraines,* de Moselly) → Il y a belle lurette*.

On apprend à tout âge [LOC. PROV.] «l'enrichissement des connaissances n'est pas réservé à la jeunesse; on ne sait jamais suffisamment de choses».

Vx. *L'âge n'est fait que pour les chevaux* «pour dire qu'il faut considérer seulement la beauté, la force ou la santé d'une personne, plutôt que son âge» (Le Roux, 1752).

Chaque âge a ses plaisirs [LOC. PROV.]. Cette constatation d'apparence banale «à chaque période de la vie, ce sont des activités différentes qui plaisent») est visiblement destinée à compenser la constatation non moins banale de la disparition des plaisirs — et notamment du plaisir sexuel — avec le vieillissement. Comme bien d'autres produits de «la sagesse des nations», la locution veut faire triompher le fantasme.

AGNEAU n. m.

Une candeur d'agneau «une candeur extrême». L'expression redonne à *candeur* sa valeur première : «blancheur», par l'image concrète de l'agneau; en même temps elle définit la valeur symbolique de l'agneau par le sens abstrait (seul normal en français) de «naïveté pure».

Doux, tendre comme un agneau «très doux». → Mouton. L'agneau, par rapport au mouton, comporte l'idée de naïveté enfantine plutôt que celle de docilité excessive. L'expression est attestée en 1643.

> Ces noceurs-là étaient raides comme la justice et tendres comme des agneaux. Le vin leur sortait par les yeux, quoi! Quand le refrain recommença, plus ralenti et plus larmoyant, tous se lâchèrent, tous viaupèrent dans leurs assiettes, se déboutonnant le ventre, crevant d'attendrissement.   É. Zola, *L'Assommoir*, t. 1, p. 293.

AGUETS n. m.
Ce dérivé (déverbal) de *agaiter,* ancienne forme de *guetter,* n'est plus vivant que dans la locution adverbiale et adjective, lexicalisée, *aux aguets,* qui s'emploie dans le domaine concret ou abstrait («très attentif; qui épie, observe», cf. *En embuscade*). On disait aussi *en aguet* (XVIe s.), *d'aguet* (M. Régnier, *in* Littré).

L'œil (l'oreille) aux aguets «en observant (en écoutant) avec une grande attention, tout en cherchant à n'être pas surpris».

AIDE n. f.

Vx. *Un peu d'aide fait grand bien* [PROV.] «une aide, même peu importante, peut stimuler grandement celui qui la reçoit». L'opposition *un peu... grand* n'est plus ressentie, à cause de l'expression figée *(faire) grand bien*.

Vx. *Bon droit a besoin d'aide* «quelle que soit l'excellence d'une cause, il ne faut pas compter qu'elle l'emporte sans aide extérieure». Cette maxime de bon sens manifeste quelque scepticisme sur l'efficacité de la justice dans la société humaine; l'Alceste de Molière, en refusant d'en tenir compte, achetait par la perte d'un procès le droit de mépriser la société où il vivait.

AIDER v. tr.

Vx. *Aider à la lettre* «suppléer à ce qui manque, ou excuser des défauts mineurs». Cette expression vient du déchiffrement des manuscrits anciens, où il fallait *aider,* c'est-à-dire suppléer certains signes (par ex. restituer des abréviations) selon le sens.

Aide-toi, le ciel t'aidera « il faut commencer par agir avant de compter sur la providence, le hasard, la chance... ». La forme première du proverbe était *aide-toi, et Dieu t'aidera* (par ex. dans le *Thrésor des sentences* de G. MEURIER, 1617).

Vx. **Dieu aide à trois personnes : aux fous, aux enfants et aux ivrognes** [PROV.]

AIGLE n. m.

Ce n'est pas un aigle « c'est un médiocre, une personne ordinaire ». Le sens figuré de *aigle* « homme supérieur », a donné naissance à plusieurs expressions, comme *l'aigle d'une société* « la personne la plus éminente d'un groupe », ou *un regard d'aigle* « des vues géniales ». Seule l'expression négative, dépréciative, a persisté, ainsi que des tournures équivalentes par le sens.

> Oriane n'est pas un aigle, mais elle n'est tout de même pas stupide.
> <div align="right">M. PROUST, <i>À la recherche du temps perdu</i>, t. II, p. 101.</div>
> ... Brichot, qui est loin d'être un aigle, qui est un bon professeur de seconde que j'ai fait entrer à l'Institut tout de même [...].
> <div align="right">M. PROUST, <i>À la recherche du temps perdu</i>, t. II, p. 971.</div>

AIGUILLE n. f.

De fil en aiguille → FIL.

Vx. **Pourvu (garni, fourni) de fil et d'aiguille** « pourvu de tout le nécessaire » (dans Montaigne, I, 35).

Chercher une aiguille dans une botte (un tas,...) de foin « chercher une chose presque introuvable ».

> Vous lui avez dit de vous trouver une femme dans Paris [...]. Autant valait chercher une aiguille dans une charretée de foin que de chercher dans Paris une femme soupçonnée d'aller au bois de Vincennes, et dont le signalement ressemblait à celui de toutes les jolies femmes de Paris.
> <div align="right">BALZAC, <i>Splendeurs et Misères des courtisanes</i>, éd. de 1845, t. I, p. 320.</div>
> Il y avait un office des réfugiés. Mais tu parles qu'ils étaient un peu débordés. [...] Le surlendemain, je tombe nez à nez avec une infirmière de la maison d'Orléans. L'aiguille dans la botte de foin.
> <div align="right">L. ARAGON, <i>Blanche ou l'Oubli</i>, p. 171.</div>

Vx. **Ne pas savoir faire un point d'aiguille**, se disait d'une fille ignorante ou fainéante.

Raisonner (discourir, disputer) sur des pointes d'aiguille → POINTE.

Passer par le trou d'une aiguille → TROU.

AIGUILLETTE n. f. Tissu, cordon servant à nouer, notamment à attacher les hauts de chausse. Équivaut aux modernes boutons ou fermetures de braguette, ce qui explique les emplois figurés.

Vx. **Courir l'aiguillette,** équivalent archaïque de COURIR LE GUILLEDOU★.

> Elle deffioit à ce choc impudique les plus fortes putains, qui toute leur vie n'avoient fait que courir l'aiguillette.
> <div align="right">CHOLIÈRES, <i>Après Disnée</i>, II, p. 83, <i>in</i> Huguet.</div>

Vx. **Lâcher l'aiguillette** « satisfaire aux nécessités naturelles ; faire ses affaires » (Le Roux). On disait aussi, par métonymie, *aller à l'aiguillette* (XVIe s.).

Nouer l'aiguillette « jeter un sort sur un homme de manière à le rendre impuissant ».

> Il me souvient que ce jeune Gentil-homme m'avait imputé que la longueur de mes ans avoit noué l'aiguillette à mon corps [...]. Je veux voir si le mesme auroit noué l'aiguillette à mon esprit.
> <div align="right">É. PASQUIER, <i>Lettres</i>, XXII, 4, <i>in</i> Huguet.</div>

AILE n. f. La plupart des expressions formées sur *aile* concernent l'observation des mœurs des oiseaux et la chasse. La valeur symbolique de l'aile dans l'imaginaire est un prolongement de la verticalité humaine par emprunt au monde ani-

mal, mais cet emprunt est «désanimalisé» dans les mythologies (Mercure, à la différence d'Icare, qui s'était fabriqué des ailes, porte des ailes naturelles, mais aux talons). Pour Bachelard *(L'Air et les Songes)*, l'aile, comme la flèche, la lumière, a une valeur symbolique indépendante de la référence animale, l'oiseau étant même «un simple accessoire de l'aile» (G. Durand). Mais dans l'idiomatisme souvent concret et terre-à-terre, l'aile est parfois encore un membre fonctionnel de l'oiseau, sans que l'on doive s'interdire toute interprétation symbolique. D'ailleurs cet organe est souvent humanisé, comme on va le voir, dans certaines expressions (cf. aussi le sens familier de *ailes, ailerons* : «bras»).

N'aller (ne battre) que d'une aile «fonctionner ou se dérouler imparfaitement, avec peine» (dans Oudin : «estre a demy abbatu»). La métaphore de l'oiseau blessé est à peu près effacée dans cette expression équivalente à celle formée avec *patte*, ce qui n'était évidemment pas le cas quand elle s'employait en parlant des personnes, avec le verbe *battre* (par ex. au XVIIIᵉ s.).

> ... Je crois que cela ne bat plus que d'une aile et qu'ils ne tarderont pas à être séparés.
> M. PROUST, *À la recherche du temps perdu*, t. II, p. 217.

Battre de l'aile, s'emploie avec une valeur voisine, le singulier étant le moyen formel le plus économique pour exprimer la paralysie partielle. La loc. peut être reprise comme métaphore poétique :

> L'oiseau qui vole si doucement [...]
> C'est ton cœur jolie enfant
> Ton cœur qui bat de l'aile si tristement
> Contre ton sein si dur si blanc.
> J. PRÉVERT, *Paroles*, p. 153.

Avoir du plomb dans l'aile → PLOMB.

Fam. **Avoir un coup dans l'aile** «être un peu ivre». Par la forme, cette expression est presque identique à la précédente, mais sa valeur est inattendue. On peut évidemment évoquer l'image de l'oiseau ou de l'insecte qui titube après s'être heurté l'aile, mais ce genre d'évocation *a posteriori* n'explique rien. Les métaphores exprimant l'ivresse n'utilisent guère le sémantisme du «coup», de la «blessure» (mais celui de «remplissage», d'«obscurité», etc.); d'autre part, les effets de l'ivresse mettent en cause la *tête* avant toute autre partie du corps *(aile* renvoie normalement à *bras).* Il faut plutôt voir dans l'expression un croisement entre *boire un coup, coup de vin* (qui a donné des locutions régionales, comme *avoir un coup,* «être ivre», qui se dit en Normandie (Wartburg); loc. qui peuvent être renforcées : *avoir reçu un coup de soleil,* même sens (en 1808). L'élément de renfort, avec *aile,* vient probablement d'un croisement entre deux expressions : *il a un coup* (ivresse), et *il en a dans l'aile.*

Vx. **En avoir dans l'aile** «être battu, compromis, ou surpris et paralysé par l'amour, etc.» (1629, Saint-Amant). On disait aussi : *l'oiseau en a dans l'aile.* Comme l'écrit Le Duchat en 1738 «ce proverbe est emprunté de l'estat d'un oiseau qui, pour avoir esté blessé dans l'aile ne sauroit plus se remettre au vol» *(Ducatiana,* p. 450).

> Cette manière de parler se dist pour l'ordinaire en raillant une personne, qui tout à coup s'est laissée surprendre par l'amour, ou à qui on a joué quelque pièce sanglante.
> «J'en ai dans l'aile, je suis perdu, j'ai regardé Cloris».
> SCARRON, *Chant 2 de la Gigant.,* in LE ROUX, *Dictionnaire comique,* 1752.

L'expression était parfois altérée en *il en a dans l'aine* «il a attrapé la vérole», et plus souvent en *il en a dans le L,* «il a dépassé la cinquantaine» (L = 50, en chiffres romains).

> [...] tu dis qu'il en a, non pas dans l'*eine,* c'est-à-dire qu'il n'est pas entaché du mal vénérien, dont les bubons qui paraissent aux eines [...] sont les indices apparens; mais qu'il en a dans le L (car c'est ainsi qu'il faut dire, non pas l'aile), c'est-à-dire qu'il est quinquagénaire.   FLEURY DE BELLINGEN, *Étymologie des proverbes,* I, 21, p. 81.

Vx. **Ne pas avoir l'aile assez forte** « ne pas avoir de moyens suffisants (pour une entreprise) ». Attestée au XVIIᵉ s. chez Furetière, la locution est rapprochée de *il a voulu voler avant que d'avoir des ailes* employée dans le même sens.

Battre de l'aile → ci-dessus N'ALLER QUE D'UNE AILE*.

Se brûler les ailes « perdre un avantage important, sa réputation, etc. », n'évoque pas l'oiseau, mais l'insecte qui s'approche trop près de la flamme.

Vx. **Donner (s'escrimer) du bec et de l'aile** « se défendre avec ardeur, se démener ». L'image, au contraire de la précédente, est fort claire et évoque les combats d'oiseaux.

Donner des ailes à qqn (avec un sujet généralement inanimé : la peur, la colère, etc.) « donner de la rapidité, de l'énergie ». L'expression est employée surtout ironiquement.

Prendre qqn sous son aile, sous sa protection.

Vx. **Rogner, couper les ailes à qqn** « lui enlever ses moyens d'action » (*in* Oudin). À rapprocher d'une loc. encore plus archaïque : *tirer une plume de l'aile à qqn* « lui extorquer qqch. », qui correspond au sens figuré, bien vivant, de *plumer*.

Voler de ses propres ailes « être capable d'agir sans aide extérieure ». L'image est celle de l'oisillon qui devient capable de voler seul.

> Ce n'est pas un homme de notre milieu malgré les apparences et malgré sa naissance. Car il est d'une bonne famille française, sans prétention et tout à fait correcte. Il a rompu avec elle très jeune, pour voler de ses propres ailes.
> M. CARDINAL, *Les Mots pour le dire*, p. 145.

Vx. **À qui veut jouir d'aile, il (lui) faut lever la cuisse** [LOC. PROV.], équivoque à la mode au XVIIᵉ s. (« C'est, par équivoque d'*elle*, qui veut jouir d'une femme » [Oudin]), que certains commentateurs s'efforçaient de maintenir dans son sens plus honnête (« il faut procéder selon l'ordre naturel pour obtenir certains avantages » emprunté à l'art de découper les volailles :

> Qui veut jouyr d'aile, il luy faut lever la cuisse. Je dis d'aile, et non d'elle, parce que les Escuyers tranchans tiennent pour maxime, que pour despecher adroictement et commodément une volaille, il faut lever la cuisse avant que lever l'aile.
> FLEURY DE BELLINGEN, *Étymologie des Proverbes*, I, 16, p. 64.

AIMER v. tr.

Aimer mieux « préférer ». Dans ce sens, l'expression suppose deux compléments, dont l'un sert de référence *(j'aime mieux telle chose que telle autre, faire telle chose que telle autre).*

> Il y a telle femme qui aime mieux son argent que ses amis, et son amant que son argent.
> LA BRUYÈRE, *Les Caractères*, 3.

Locutions proverbiales :

Quand on n'a pas ce que l'on aime, il faut aimer ce que l'on a « il faut non seulement se résigner, mais apprécier les choses dont on peut profiter ».

> Force est aujourd'hui de se contenter de ce que l'on trouve et de faire sien le proverbe : « Quand on n'a pas ce que l'on aime, il faut aimer ce que l'on a ». Je dirais qu'il n'en est pas de meilleur, s'il invitait plus à la résignation qu'à l'action.
> GIDE, *Journal*, t. II, p. 178.

Qui m'aime, aime mon chien « quand on aime quelqu'un, on aime ce qui l'accompagne ».

Qui aime bien châtie bien (ou vx. **Qui bien ayme bien chastie** [*in* Meurier *appendice*, 1617]) « c'est une preuve d'intérêt, d'amitié, que de corriger qqn de ses défauts ». *Châtier* (lat. *castigare*), c'est d'abord « rendre pur *(castus)* ».

[...] ces ames viles ne cognoissans pas le bien que je leur voulois, et ne considérans pas que qui bien ayme bien chastie, se cabroient a tous les coups [...].
Ch. SOREL, *Histoire comique de Francion*, p. 169.

[...] elle [Collantine la plaideuse] avoit reformé ce proverbe commun : Qui aime bien, bien chastie, et disoit, pour le tourner à sa maniere. Qui aime bien, bien poursuit.
A. FURETIÈRE, *Le Roman bourgeois*, p. 1063.

Qui m'aime me suive! « que ceux qui ont de l'affection pour moi, des liens avec moi, le prouvent en m'accompagnant, en me soutenant, en faisant comme moi ! ».

Je t'aime, moi non plus, paroles d'une chanson de Serge Gainsbourg, reprises pour stigmatiser non un paradoxe logique mais l'hypocrisie sentimentale.

1. **AIR** n. m. Le mot *aer* évoque en latin l'idée de « vent », de « souffle ». L'élément aérien est symbolique du transparent et du lumineux, c'est le milieu de la parole (tradition philosophique indienne), du souffle de vie et du schéma de l'ascension. Les locutions du français en portent quelques traces très faibles. Un certain nombre d'expressions poétiques désuètes désignent les êtres qui vivent dans l'air », qui volent : *les habitants de l'air* « les oiseaux » ; *la fille de l'air* « l'abeille » ; *le roi des airs* « l'aigle », etc.

Air libre « espace ouvert ». Ces deux mots sont à peu près synonymes de *plein air. Libre* indique les connotations anthropomorphiques du « vent » : mouvement sans contrainte. Dans *à l'air libre,* la préposition *à* indique qu'il s'agit d'un élément plutôt que d'un milieu → ci-dessous EN PLEIN AIR.

Grand air « atmosphère naturelle et pure ». *Grand* transfère l'idée d'« espace sans limite » à celle de « pureté d'atmosphère ».

Baptême de l'air → BAPTÊME. — *Bol d'air* → BOL. — *Le fond de l'air* → FOND.

Libre comme l'air « complètement libre, sans aucune contrainte ».

En l'air « sans appui sur terre », d'où « sans fondement » (avec des mots comme *conte, histoire, promesse,* etc.). S'emploie aussi avec des verbes : *dire qqch. en l'air* « sans vérifier, sans preuve ».

En l'air « en désordre » → ci-dessous FICHER... EN L'AIR.

En plein air « dans un lieu non abrité, où l'atmosphère est pure et ses mouvements sans contraintes (→ AIR LIBRE) ». Ici l'*air* est un milieu ; on est *dedans (en)* et plus on est à l'intérieur, plus ses qualités se manifestent (*en plein...*).

Dans une rue transversale, un petit cinéma en plein air, où nous entrons.
GIDE, *Voyage au Congo*, t. II, p. 684.

Changer d'air « aller dans un autre endroit ». Le changement spatial et le changement de situation sont symbolisés par une différence d'atmosphère.

Cracher en l'air → CRACHER.

Se donner de l'air « s'en aller, filer ». La métaphore peut porter sur l'air libre (idée de « sortie ») ou sur l'espace à mettre entre un lieu, une chose et soi.

On arrache au corps son portefeuille avec des papiers encore chauds, ses jumelles, son porte-monnaie et ses guêtres...
— Maintenant, donnons-nous de l'air en vitesse. H. BARBUSSE, *Le Feu*, t. II, p. 11.

S'envoyer en l'air « jouir, prendre le plaisir (sexuel) ». La métaphore d'ascension, de vol, est associée au plaisir, sexuel ou non (cf. les emplois modernes de *planer*) ; dans le premier cas, une base organique peut être invoquée, l'érection ; elle illustre le caractère masculin des structures sociales du langage.

Être dans l'air «être en préparation, commencer à être senti, à se répandre» (d'une idée). La métaphore du milieu gazeux est utilisée pour exprimer une diffusion progressive.

Faire de l'air «partir, s'écarter». La métaphore ne porte pas ici sur l'espace, mais sur le déplacement d'air causé par un mouvement, une course rapide (syn *faire du vent*).

> Querelle à ses camarades : «Fais de l'air!» ou : «Fais du vent!» C'est alors qu'il
> avance, gonflé, sûr comme un navire à voiles.   J. GENET, *Querelle de Brest*, p. 263.

Ficher (foutre), mettre en l'air «mettre en désordre (un lieu); mettre dans une situation difficile (faillite, etc.); renvoyer, se débarrasser de (qqn, qqch.)».

Jouer la fille de l'air «s'enfuir». Cette expression viendrait d'une opérette du milieu du XIXᵉ s. où une *fille de l'air*, une sylphide, disparaît en s'évaporant (→ FILLE). Gottschalk évoque la légende de la «fiancée du vent» vouée à voyager avec la tempête, mais cette mythologie poétique semble bien étrangère au ton initial, familier et gouailleur, de l'expression française.

Il ne manque pas d'air «il a de l'audace, du culot». L'emploi positif *(manquer d'air)* ne nous est pas connu au figuré. L'expression est une glose sur *être gonflé*.

Pomper l'air → POMPER.

Prendre l'air «respirer l'air du dehors», (1510). Fam. : «s'en aller, fuir» [1634] (plus souvent : *se donner de l'air*). En parlant d'une chose : «disparaître».

> Ces gens-ci me ruinent, cria-t-il à Julien, j'ai promis de chanter demain à Mayence. Sept
> princes souverains sont accourus pour m'entendre. Mais allons prendre l'air, ajouta-t-il
> d'un air significatif.   STENDHAL, *Le Rouge et le Noir*, p. 584.
> Avant peu, les diamants et la dot prendraient l'air, et ils en ont besoin; toujours dans
> les mêmes coffres, c'est contre les lois de la circulation.
>   H. de BALZAC, *Vautrin*, acte III, scène I.

Vx. *Tirer en l'air* «mentir, se vanter» (milieu XVIIIᵉ s.).

Vivre de l'air du temps «n'avoir aucune ressource».

> Ce gaillard-là, toutefois, comme disait Coupeau, ne vivait pas de l'air du temps. (...) il
> lui fallait bien de l'argent pour se payer du linge blanc et des cravates de fils de famille.
>   É. ZOLA, *L'Assommoir*, t. II, p. 5.

2. AIR n. m.

Le bel air, expression stéréotypée pendant toute la période classique pour exprimer les «manières à la mode», le «bon ton», tel qu'il était défini par la partie la plus raffinée de la société. Comme il était naturel, l'expression est vite devenue péjorative. Molière la place évidemment dans la bouche des Précieuses. Employée au XXᵉ siècle, elle ajoute à la valeur critique et ironique des connotations historiques de «préciosité».

> Nous saisissons sur le vif le procédé du critique et des gens du bel air : ils se soucient
> moins d'apprécier la valeur d'un écrit que de supputer d'emblée son action et sa posté-
> rité.   SARTRE, *Situations*, II, p. 36.

Airs penchés «attitude affectée, plaintive, etc., pour attirer l'attention» (fin XVIIᵉ s.). L'expression indique dès le début l'«air tendre et mélancolique» et acquiert une valeur ironique. La *tête penchée* (souvent assortie de mouvements d'yeux → ŒIL) est une expression corporelle convenue du sentimentalisme. Cette loc. est à mettre en relation avec plusieurs textes bibliques où la tête penchée, courbée, est l'indice d'une dévotion hypocrite (Isaïe 58, 5-6, par exemple).

Avoir l'air «paraître, sembler». C'est un véritable verbe composé, où les éléments ne sont plus analysés comme dans AVOIR UN AIR (DE)..., ci-dessous.

N'avoir l'air de rien «ne rien manifester (de son activité, de ses intentions)».

Félicien qui secouait sa lèchefrite sur le feu, n'avait l'air de rien, mais il tendait l'oreille
et clignait de l'œil.   B. CENDRARS, *Bourlinguer*, p. 280.

Sans en avoir l'air «sans se manifester, sans rien révéler» → MINE★ DE RIEN.

Avoir l'air, un air... s'emploie avec divers adjectifs, pour former des expressions parfois fréquentes et stables : *Avoir un faux air de* «les seules apparences
de...». — *Avoir l'air fin* (par antiphrase), *idiot*, etc. Par plaisanterie, *Avoir un air
d'en avoir deux* «avoir un air bizarre, hypocrite».

Tu les vois guetter avec la queue de l'œil les portes des casbas pour voir si des fois
des poilus n'en sortent pas en douce, avec un air d'avoir deux airs, en r'luquant d'droite
et d'gauche et en se léchant les moustaches.   H. BARBUSSE, *Le Feu*, t. I, p. 50.

Construit avec un pronom complément : *Il m'a l'air d'un imbécile* «pour moi, il a
l'air d'être...». Surtout avec le démonstratif neutre, *air* étant renforcé par *tout* : *Ça
m'en a (tout) l'air* «cela me semble vrai...»

Se donner, prendre des airs, des grands airs «avoir des manières affectées,
faire l'important». *Grand air* signifiait aussi «une belle et noble apparence», mais
l'expression s'est spécialisée au pluriel dans des emplois péjoratifs. On dit encore
avoir grand air (au singulier et sans article) mais plus souvent *grande allure*. Cf. ci-
dessus LE BEL AIR.

Ces nobles enfants de l'antique Bisontium ne parlaient qu'en criant ; ils se donnaient
les airs de guerriers terribles.   STENDHAL, *Le Rouge et le Noir*, p. 368.

3. AIR n. m.

L'air et la chanson «l'apparence, l'*air* (2) et la réalité». Le jeu de mot sur *air*,
«musique» et «apparence», entraîne la valeur métaphorique de *chanson*, «paroles,
texte (chanté)», d'où «réalité qui se cache sous l'apparence que constitue la mélodie». — *Il en a l'air et la chanson* «il est bien tel qu'il paraît, il n'en a pas seulement l'apparence».

L'air des lampions → LAMPION.

Vx. *Avoir l'air à la danse* «sembler apte à réussir dans ce qu'on fait» (jeu de
mot sur *air*).

Arg. vieilli. *En jouer un air* «se sauver, s'enfuir» (fin XIXᵉ s.). L'expression complète est *jouer un air de flûte*, *flûte* désignant les *jambes* (→ SE TIRER DES FLÛTES★).
Par calembour sur le *Chant du Départ*, l'argot militaire de la guerre 1914-1918 a
formé : *jouer un air du Départ* «s'en aller».

Oui, oui, faut qu'ils en jouent un air : y a pas d'erreur ; autrement, quoi ? C'est pas la
peine de se fatiguer le ciboulot à penser à aut' chose. Seul'ment c'est long.
                                                              H. BARBUSSE, *Le Feu*, t. I, p. 16.

AIRAIN N. m. Cet alliage de cuivre et d'étain avait déjà en latin *(aes)* des
connotations néfastes ; c'est le métal des armes, qui porte la mort.

Vieilli. *L'âge d'airain* «la période mythologique qui précède l'*âge de fer*» et «période
de calamités». La qualification *d'airain* évoque un caractère impitoyable et terrible.

Vx. *Un ciel d'airain* «d'une sécheresse absolue». L'expression évoquerait
aujourd'hui une blancheur éblouissante, mais dans la langue classique, elle pouvait
qualifier tout ciel d'où ne tombe aucune pluie (J.-J. Rousseau parlant de l'Égypte,
dans ses *Lettres*).

Vx. *Un front d'airain* «un front sans pudeur qui ne rougit jamais», selon Littré.
Au figuré «attitude inébranlable».

1. AISE n. f.

À l'aise, à son aise [LOC. ADV.] «sans être gêné, avec facilité, liberté». *Se
mettre à l'aise* «prendre tout l'espace dont on a besoin» et plus souvent «se mettre

dans la tenue où l'on se sent le mieux». ***Mal à l'aise*** est l'antonyme syntaxique de
à l'aise (*aise* étant archaïque, l'opposition lexicale *aise-malaise* ne peut jouer, le sens
des deux mots ayant d'ailleurs évolué différemment). ***À votre aise!*** «quand vous vou-
drez, selon vos préférences», souvent avec une valeur d'avertissement : «faites ce
que vous voulez, mais vous en subirez les conséquences».

> Aussitôt Sienne délivrée, le général de Montsabert y court pour offrir à sainte Catherine
> son corps d'armée. Ce geste, je laisse à d'autres de le trouver sublime. Quant à moi,
> je pense qu'il a dû mettre fort mal à l'aise la conscience de certains, tant juifs que pro-
> testants ou sceptiques.   A. GIDE, *Journal*, t. II, p. 274.

Vieilli.   ***Être à son aise*** «être aisé, financièrement».

En parler à son aise «discuter d'une chose sans passion, parce qu'on n'y est
pas directement intéressé, qu'on ne risque rien». L'expression est dans les *Provinciales*. *En parler à l'aise* (Molière) ne se dit plus.

En prendre à son aise «ne faire que ce qu'on aime, ne travailler qu'à ses
heures». Littré donne l'expression sous la forme ***n'en prendre qu'à son aise***.

Prendre ses aises «ne pas se gêner» (souvent péjoratif). Le pluriel correspond
à une valeur modale «fréquentative», indiquant l'habitude. De même dans ***avoir ses
aises*** «être dans une situation où l'on n'éprouve aucune gêne».

> Victor prend ses aises aux dépens d'autrui. Voici qui le peint : aux cabinets, ce petit
> saligaud s'installe de travers et pousse sa crotte de côté, par crainte des éclaboussures.
>   A. GIDE, *Journal*, t. II, p. 201.

2. AISE adj. Cet adjectif qui signifie «heureux, content» est archaïque sauf
dans l'expression :

Être bien aise (de, que...) «être très heureux». Déjà dans la langue classique
l'adjectif *aise* est précédé très souvent des adverbes *fort* et *bien* (cf. la fourmi de La
Fontaine : «*Vous dansiez, j'en suis fort aise...*»). Tous les autres emplois sont vieux
(*être aise, si aise*. etc.) et *fort aise* est un archaïsme délibéré. ***Être bien aise*** reste
vivant, mais la connotation «grand siècle» lui donne une valeur ironique.

> Et Julien dut essuyer la citation tout entière. L'Espagnol était bien aise de chanter en
> français.   STENDHAL, *Le Rouge et le Noir*, p. 595.

ALAMBIC n. m.

Vieilli.   ***Passer par (à) l'alambic*** «être travaillé, subir de nombreuses opérations».
Cette affaire a passé par l'alambic «on en a tiré le meilleur». Cf. l'idée de *quint
essence* (→ ABSTRACTEUR).

Mettre (ou tirer) à l'alambic, signifiait «subtiliser (sur un texte)»; ce sens a
passé au dérivé *alambiquer*.

> Ils mettent leurs avis à l'alambic et les réduisent à néant à force de subtiliser.
>   GUEZ DE BALZAC, *3ᵉ Discours sur la Cour, in* Littré.

ALARME n. f.

Donner (sonner) l'alarme «annoncer un danger». On disait plutôt *crier
l'alarme*, en ancien et en moyen français.

Vieilli.   ***Jeter, mettre l'alarme au camp*** «donner l'alarme en annonçant l'arrivée de
l'ennemi» ou «éveiller la peur par son arrivée (en parlant de l'ennemi)». L'expression s'est employée métaphoriquement.

ALBION n. pr. Nom donné à l'Angleterre par allusion au géant *Albion*, fils
de Neptune (la «fille des mers») et à la blancheur de ses falaises (latin *albus*
«blanc»).

La perfide Albion «l'Angleterre». La rhétorique politique du XVIIᵉ siècle associait volontiers à l'Angleterre l'adjectif *perfide* (Mme de Sévigné : «*Le roi et la reine d'Angleterre sont bien mieux à Saint-Germain que dans leur perfide royaume*»). Bossuet se sert de l'expression avec une noble indignation, mais sa valeur poétique n'était plus évidente quand elle se répandit (sous le Premier Empire, avec des motifs politiques évidents) et Pierre Larousse, vers 1860, note dans son *Grand Dictionnaire* qu'on ne saurait plus l'employer que sur le mode plaisant.

ALBUM n. m.

Album de famille «collection des portraits de malfaiteurs, dans les dossiers de la police». Fig. d'une expression courante, à valeur ironique, alors que la *photo de famille* (d'un nouveau ministère) n'implique pas de moquerie trop sévère.

ALGÈBRE n. f.

C'est de l'algèbre «c'est incompréhensible». La difficulté de compréhension est fréquemment exprimée par des noms de langues dont les écritures diffèrent de notre écriture romaine (*c'est de l'hébreu, du chinois;* si l'on ne dit pas c'est du basque, du hongrois, malgré l'extrême différence entre ces langues et le français, c'est sans doute qu'elles sont notées avec les mêmes caractères). Or l'*algèbre* comporte une notation symbolique qui est ici assimilée à une écriture.

ALLEMAND n. m.

Vieilli. *Querelle d'allemand* «querelle sans sujet sérieux». L'origine de l'expression a donné lieu à une abondante littérature. Mais toute explication par un nom de famille se heurte à l'ancienne forme, courante au XVIᵉ s. : *Querelle d'Allemagne*. L'allusion à une famille dauphinoise, les *Alleman,* est une fantaisie d'historien, et le jeu de mot sur *allemand/à la main* n'est guère plus convaincant. «*Querelle d'Allemand* c'est une querelle faite de gayeté de cœur. Les Allemands étaient autrefois toujours prêts à entrer en France, parce que le pays est bon [...]. Ou bien c'est une équivoque pour dire, *querelle faite à la main,* comme *peigne d'Aleman* pour *peigne à la main.*» (J. Le Duchat, *Ducatiana,* t. II, 1738, p. 533.)

> Cet autre s'arme de pires injures, et cherche une querelle d'Alemaigne, pour se défaire de la société et conférence d'un esprit qui presse le sien.
> MONTAIGNE, *Essais,* III, 8.

> [...] une dispute que j'eus avec un colonel hongrois, commandant de la ville, qui [...] voyant qu'il s'était bien fort trompé, chercha à nous faire une autre querelle d'allemand, dans notre qualité de français. Ch. DE BROSSES, *Lettres d'Italie,* t. I, p. 86.

Vieilli. *C'est de l'allemand, du haut allemand* «c'est incompréhensible». Allusion à l'écriture gothique, plus qu'aux difficultés d'une langue parlée → C'est du *chinois,* de l'*hébreu,* de l'*algèbre,* et l'adage médiéval *Græcum est, non legitur* (c'est du grec, ce n'est pas lisible). L'expression est dans le *Quart Livre* de Rabelais.

1. ALLER v. intr.

Aller et venir. Ces deux verbes, coordonnés par *et,* indiquent le mouvement alternatif (*venir* correspondant à l'identité de direction et à l'inversion de sens, par rapport à *aller*) et par extension un ensemble de déplacements impliquant de nombreux changements de direction et de sens. Il en est de même du nom composé *va-et-vient.*

> Le père prit de l'humeur [...]. Il envoya durement coucher ses autres enfants. Sa femme s'assit sur un banc et prit sa quenouille. Lui, allait et venait; et en allant et venant, il lui cherchait querelle sur tout. DIDEROT, *Jacques le Fataliste,* p. 515.

Aller à... suivi d'un nom de lieu (de ville, en général) sert à former en argot de nombreuses expressions verbales. Le sens est celui d'un verbe paronyme du nom de lieu (ex. *aller à Niort* «nier»; *aller à Angoulême* → ANGOULÊME; *aller à Cachan* «se cacher»...). On trouve aussi *aller chez* avec des noms réels ou forgés (*aller chez Briffe* «briffer; manger»).

> **Aller de soi** «être évident».
>
> > [...] il finit par oser parler de l'assurance, comme d'une garantie dont il lui semblait logique de faire au moins mention. Alors, tous eurent des gestes étonnés : A quoi bon? la chose allait de soi; et l'on signa vivement. É. ZOLA, *Pot-Bouille*, t. I, p. 176.

> **À tout va.** Locution adverbiale familière où la troisième personne du présent de *aller* est employée comme un substantif avec le sens de «à toute vitesse».

Loc. phrases et loc. impératives :

> **Ça va.** La valeur du démonstratif uni au verbe aller *(ça va)* est difficile à décrire. *Cela (ça) va* indique normalement la constatation d'un bon fonctionnement, d'un état favorable, d'une bonne santé (valeur normale du verbe *aller bien*); *cela (ça) va mal* a la valeur inverse. *Cela ne va pas* correspond à *aller mal*, mais *ça (ne) va pas!* a pris une valeur spéciale («vous êtes fou!»); de même : *ça va pas, la tête!*

> **Ça va tout seul,** indique un bon fonctionnement, une réussite sans effort.

> **Ça va,** avec une intonation d'irritation, signifie «ça suffit». Parfois renforcé en *ça va bien,* ou *ça va comme ça.*

> **Ça va et ça vient** «il y a du pour et du contre», «du bon et du moins bon», «il y a à prendre et à laisser», etc.

> **Cela (il) va sans dire** → DIRE.

> **Va (te promener, te cacher, te faire fiche, te faire voir...).** L'impératif *aller,* suivi d'un verbe pronominal réfléchi à l'infinitif, sert d'invective. Les verbes compléments expriment en général la «disparition» et l'«inaction» *(va te cacher, te cacher)* ou la «passivité (sexuelle)», que ce soit d'une manière directe ou par euphémisme *(va te faire voir chez les Grecs,* etc.).

> **Vas-y! Allez-y!** L'impératif du verbe *aller* suivi de *y,* n'indique pas forcément la détermination de se rendre en un lieu, mais aussi par une métaphore très profonde du «déplacement» à l'«action», l'intention de «commencer à agir». De même, *on y va!* dans la langue familière, signifie simplement «nous partons» et acquiert le même sens que le verbe complexe *s'en aller* ou encore «je viens, nous venons». Le rôle de *y* est euphonique, dans la mesure où *on va!* semblerait trop bref, mais *y* représente cependant l'«intentionnalité» sous la forme spatiale de but, de lieu visé. **Allons-y, Alonzo!** Renforcement plaisant par allitération de *allons-y!*

> **(Et) allez donc!** (1807). Impératif ironique, qui souligne une action malheureuse, qu'on désapprouve : *allons! allez!* employés seuls sont des interjections servant à inciter à l'action — plutôt qu'au déplacement, voir ci-dessus.

> **Allons donc!** utilise un autre emploi de l'impératif de *aller,* réservé à la première personne du pluriel, et qui indique l'incrédulité.

> **Va comme je te pousse** «va n'importe comment; avance comme ça peut, au gré des circonstances». L'expression s'emploie parfois normalement, comme un impératif (emploi désuet) :

> > Va, mon vieux, va comme j'te pousse,
> > À gauche, à doit, va, ça fait rien,
> > Va, pierr' qui roule amass' pas mousse,
> > J'm'appell' pas Pierre et je l'sais bien. A. BRUANT, *Dans la rue*, p. 11.

Dans un contexte général, cet impératif prend une valeur d'assertion : «les choses se passent selon les forces du destin».

> Mon choix est fait. Il faut être mangeant ou mangé. Je mange. Mieux vaut être la dent que l'herbe. Telle est ma sagesse. Après quoi, va comme je te pousse, le fossoyeur

est là, le Panthéon pour nous autres, tout tombe dans le grand trou. Fin. *Finis.* Liquidation totale.   V. HUGO, *Les Misérables*, Pléiade, p. 33.
[...] les rapports continuaient de bric et de broc, va comme je te pousse, sans que
l'un ni l'autre y eût beaucoup de plaisir ; un reste d'habitude, des complaisances réciproques, pas davantage.   É. ZOLA, *L'Assommoir*, t. II, p. 109.

L'emploi le plus usuel est la loc. adverbiale *à la va comme je te pousse.*

Va pour..., s'emploie pour exprimer l'acceptation.

À Dieu vat → DIEU.

Comme tu y vas (comme vous y allez)! sert à exprimer la réaction devant ce
qu'on juge excessif, en paroles ou en actes. *Vous allez bien!* (vieilli) ; *vous allez fort!*
ont à peu près la même valeur.

Vous allez bien, vous... des témoins officiels... j'en ai naturellement convoqué des douzaines, mais ils n'ont jamais voulu venir.
Claude FARRÈRE, *Quatorze Histoires de soldat*, in *Ph. Sl.*

Il y va de... « (telle chose) est en jeu ; on court le risque de... ».
Ainsi que de ta vie, il y va de ta gloire.   CORNEILLE, *Le Cid*, V, 1.

Fam.   *Ça y va! Ça y va à la manœuvre* « ça marche bien, l'opération se
déroule vite ».

Vx.   *Ça (cela) va bien* [LOC. PROV.] :
Nous avons accoustumé de dire, *cela va bien* ou *bon prou luy fasse*, quand nous ne
voulons point de quelque chose, ou que nous ne l'acceptons point.
AMYOT, *Comment il faut lire les poetes*, 6, in Huguet.

2. ALLER n. m.

Un aller et retour « une situation où deux mouvements inverses se succè-
dent ». Syn. *Va et vient.* L'expression s'emploie concrètement pour désigner un parcours double, et le titre de transport qui y correspond. Au fig., elle transpose l'espace
en donnée temporelle.

[...] elle avait entrepris de reconquérir laborieusement pièce par pièce ce qu'elle possédait en naissant (aller et retour qui ne sont pas rares).
M. PROUST, *À la recherche du temps perdu*, t. II, p. 707.

Fam.   « Gifles données sur les deux joues, par un double mouvement de la main ».
— Y'aura jamais de saltimbanque dans la famille, rugissait papa, mets-toi bien ça
dans l'crâne...
Pour mieux m'en pénétrer, il me flanquait souvent un aller et retour de première.
M. MICHEL-BAHSI, *Poupoune*, p. 68.

Au pis aller → PIS-ALLER.

ALLUMAGE n. m.

Avance (retard) à l'allumage « rapidité (lenteur) de réaction ». Utilisation
métaphorique d'une expression du langage technique, qui utilise elle-même le
sémantisme de « lumière » pour exprimer l'idée de « contact électrique ».

ALMANACH n. m.

Vx.   *Faire des almanachs* « se repaître de chimères et de fantaisies [...] bâtir des
châteaux en l'air » (Le Roux). Le sens originel de l'expression, que Mme de Sévigné et La Fontaine emploient, renvoie aux prédictions des astrologues ou *faiseurs
d'almanachs* → FAISEUR.

Laisse, laisse, imprudent, ces vaines impostures
Aux faiseurs d'Almanachs et diseurs d'aventures.   Bertaut, *Élégies*, p. 389, in Huguet.

Vx.   *Je ne prendrai pas vos almanachs* « je ne suivrai pas vos conseils, vos prédictions ne sont pas sûres » (Le Roux).

ALOI n. m. Dérivé du verbe *aloier*, forme ancienne de *allier*. Le sens originel est donc « alliage », appliqué aux métaux précieux.

De bon (mauvais) aloi « de bonne (mauvaise) qualité ». Cette métaphore existe dès l'ancien français (XIIIᵉ s.) ; sa valeur exacte n'était plus comprise au XIIIᵉ s. car Ménage voulait que l'on dise de *mauvaise loy* (loi), pensant que *aloi* était une altération populaire de *loi*. Pour rajeunir la métaphore, des écrivains se servent de mots appartenant au même domaine (voir ci-dessous Bloch, qui en fait une loc. adv.), mais seul *de bon aloi* est d'usage courant.

> Les expressions tendres coulent des lèvres maternelles, comme tombent d'une bourse des pièces de monnaie usées. Elles ont eu cours autrefois pour leur valeur marquée. Elles ont été émises d'aloi, dans la première effusion du bonheur et de l'orgueil. Mais dix-huit années ont passé.   J.-R. BLOCH, *La Nuit kurde*, p. 58.
> Tout le monde avait l'air de s'amuser et se récriait devant eux sur la gaieté du bal. C'était, selon le mot de Campardon, une gaieté de bon aloi.
>   É. ZOLA, *Pot-Bouille*, t. I, p. 190.

ALORS adv.

Vx. **Alors comme alors** « la chose se fera en temps et lieu, selon les circonstances » (XVᵉ-XVIIIᵉ s.).

> Mes oreilles auront beaucoup à souffrir quelques fois à la Cour, si je ne trouve moyen de les bien boucher. Mais alors comme alors : maintenant poursuivons notre propos.
>   H. ESTIENNE, *Dialogue de lang. franç. ital.* I. 61, *in* Huguet.

ALOUETTE n. f.

Miroir aux alouettes → MIROIR.

(Attendre que) les alouettes tombent toutes rôties « ne faire aucun effort et s'attendre à des succès faciles » (XVIᵉ s.). Variante ancienne et ironique : *les alouettes luy tomberont toutes rosties dans la bouche* (Oudin).

> Ah ! mon garçon, disait-il, tout n'est pas rose à la Reine des Roses [la parfumerie], et les alouettes n'y tombent pas toutes rôties ; faut d'abord courir après, puis les prendre, enfin, faut avoir de quoi les accommoder.
>   BALZAC, *César Birotteau*, éd. de 1838, t. 1, p. 57.
> Il parle trop de mon grand pouvoir, il doit croire que les alouettes me tombent toutes rôties, que j'ai autant de voix que j'en veux, et c'est pour cela qu'il ne m'offre pas la sienne, mais je n'ai qu'à le mettre au pied du mur, là, entre nous deux, et à lui dire : Hé bien ! votez pour moi, et il sera obligé de le faire.
>   M. PROUST, *À la recherche du temps perdu*, t. II, p. 258.

Vx. **Si le ciel tombait, il y aurait bien des alouettes prises** [LOC. PROV.] « avec des hypothèses absurdes, on pourrait obtenir bien des résultats » (cf. *Avec des si, on mettrait Paris en bouteille*).

ALPHA n. m.

L'alpha et l'oméga « le commencement et la fin » ou « le contenu intégral » (d'un texte, d'une doctrine...). La totalité de l'alphabet (grec), depuis la première jusqu'à la dernière lettre, symbolise dans l'Apocalypse de saint Jean (21, 6 ; 22, 13...) Dieu considéré comme principe et fin de tout, et parfois identifié au Verbe (→ D᪂ A★ JUSQU'À Z).

> Une visite dominicale à l'église quelques minutes avant l'*ite missa est* constituait l'alpha et l'oméga de sa dévotion. C'était une visite de politesse.
>   R. QUENEAU, *Un rude hiver*, p. 35.

AMADOU n. m.

Être d'amadou « s'enflammer facilement (par métaphore) ». « *L'imagination provençale... est d'amadou* », écrit Daudet (*Trente ans de Paris*, in *T.L.F.*). On trouve

ıssi : *avoir un cœur d'amadou* « être facilement amoureux » ; *une peau d'amadou*
être facilement excité ».

> — Ah! non, mademoiselle Clémence, remettez votre camisole. Vous savez, je n'aime
> pas les indécences [...].
> La grande Clémence la traita de vieille bête, entre ses dents. Elle suffoquait, elle pou-
> vait bien se mettre à l'aise ; tout le monde n'avait pas une peau d'amadou.
>
> É. ZOLA, *L'Assommoir*, t. 1, p. 176.

AMAN n. m. En arabe maghrébin, *amân* signifie « sûreté, sécurité », et est
mployé comme interjection pour demander la fin d'un combat. Le mot s'est
mployé en français (notamment Voltaire).

Demander l'aman « demander la fin du combat en s'avouant vaincu ».
'expression n'est guère vivante en dehors de son contexte ethnique originel. Elle a
ɔnnu une certaine vogue dans les années qui ont précédé la fin du conflit de
ındépendance algérienne.

> La différence entre demander l'*aman* et rendre les armes m'échappe. Il y aurait bien
> une autre issue qui serait de gagner la guerre, comme une guerre se gagnait jadis : cha-
> cun rentrait chez soi, les vaincus chez les vaincus, les vainqueurs chez les vainqueurs.
>
> MAURIAC, *Le Nouveau Bloc-Notes*, p. 309.

AMBASSADEUR n. m.

Vx. *Ambassadeur d'amour* « entremetteur ». L'expression était courante au XVIIᵉ s.
ar ex. Molière, *George Dandin*) et relevait un peu la bassesse d'une pratique géné-
ilement désignée de façon plus brutale : « C'est une manière de parler qui exprime
ɔnnêtement ce qu'on appelle en termes libres un Maquereau [...]. Cette différence
st cependant à remarquer qu'*Ambassadeur* se dit d'une personne qui porte les pou-
ts et billets doux d'un grand Seigneur à sa Maîtresse, comme Mercure portait ceux
e Jupiter... » (Le Roux, 1752).

ieilli. *Un pas d'ambassadeur* « une allure grave et compassée » (*in* Balzac).

AMBLE n. m.

Vx. *Sortir de son amble* « changer de ton » (Pasquier). Comme la suivante cette
ɔcution est propre au moyen français ; elle paraît vieillie au XVIIᵉ s.

Vx. *Perdre le trot pour l'amble, perdre les ambles* « échouer ; être déconcerté ».

> Cestuy-ci me pense faire perdre mes ambles.   LARIVEY, *Les Jaloux*, IV, 6.

AMBRE n. m.

Fin comme l'ambre « très fin, intelligent, subtil ». D'abord « rusé » (1821).
'ambre gris était ajouté au musc pour en atténuer l'odeur ; son essence était consi-
érée comme particulièrement subtile.

> Oriane de Guermantes, qui est fine comme l'ambre, maligne comme un singe, douée
> pour tout [...].   M. PROUST, *À la recherche du temps perdu*, t. II, p. 447.

AMBULANCE n. f.

Tirer sur l'ambulance « accabler qqn qui est dans une situation désespérée ».
a loc., créée par Françoise Giroud, est courante dans le vocabulaire politique.
'idée est celle du blessé que l'on achève.

ÂME n. f. (→ aussi MORT, VAGUE).

Bonne âme « personne bonne et simple ». Souvent ironique, en parlant des
ien-pensants hypocrites.

Âme damnée de qqn «celui qui inspire à un autre des actions criminelles»
Allusion au démon qui donne son pouvoir à un sorcier, dans les légendes (*in* Qui
tard, *Dict.*, 1842).

> La chicane s'estoit emparée du corps de ce petit homme, de la mesme maniere que le
> demon se saisit du corps d'un possédé. On avoit sans doute grand tort de l'appeler
> comme on faisoit, ame damnée, car il le falloit plûtost appeler ame damnante, parce
> qu'en effet il faisoit damner tous ceux qui avoient à faire à luy [...].
>   A. FURETIÈRE, *Le Roman bourgeois*, p. 913.

L'âme sœur, une âme sœur «une personne avec laquelle on a des affinité
sentimentales». *Rencontrer l'âme sœur*, s'emploie le plus souvent ironiquement, er
parlant d'une rencontre amoureuse.

Comme une âme en peine (surtout avec des verbes comme *errer*) «tristement
solitairement (en parlant d'une personne qui marche, se promène, etc.)».

En mon âme et conscience, formule traditionnelle du serment des témoin●
en justice.

> Brevet, regardez bien l'accusé, recueillez vos souvenirs, et dites-nous, en votre âme et
> conscience, si vous persistez à reconnaître cet homme pour votre ancien camarade de
> bagne Jean Valjean.   V. HUGO, *Les Misérables*, Pléiade, p. 288.

À fendre l'âme [LOC. ADJ.] «déchirant, très émouvant». Se dit surtou●
des soupirs.

> L'entrevue des amants fut vraiment touchante! Delphine pleurait à faire fondre ce que
> la route avait laissé de maquillage à ses yeux et à ses joues! Lui aussi, larmoyait et
> poussait des soupirs à fendre l'âme!   GORON, *L'Amour à Paris*, t. I, p. 393.

Dans cet emploi stylistique, l'expression prend sa valeur originelle de «capable d●
faire souffrir, de déchirer le cœur».

> Corbillard dur à fendre l'âme.   Et du piteux enterrement
> Vers en bas l'attire un aimant;   Rit la Lorette notre dame...
>   T. CORBIÈRE, *Les Amours jaunes*, p. 779.

Avoir l'âme chevillée au corps «résister à ce qui serait normalement un●
cause de mort».

> Condamné pour société secrète à cinq ans, renvoyé quelques mois plus tôt parce
> qu'il crachait le sang, rentré sans le sou à Paris, n'ayant pu cicatriser ses poumons —
> mais ayant l'âme de la Révolution chevillée dans le corps! J. VALLÈS, *L'Insurgé*, p. 113.

Recommander son âme à Dieu «se préparer à mourir en priant Dieu».

Rendre l'âme «mourir». *Âme* reprend ici sa valeur originelle de «souffle»
malgré le contenu religieux conservé par ce mot.

> Or régna puis après quatorze ans tout seul pacifiquement, et enfin rendit l'âme en
> l'autre monde d'une mort calme.   PASQUIER, *Recherches de la France*, V, 25.

Vendre son âme au diable «compromettre son salut par une action impar●
donnable».

AMEN adv.

Dire (répondre) amen à qqch. «accepter sans protester» (milieu XVIIe s.).

> [...] les institutions dont il [le général de Gaulle] va doter la République et qui seront
> telles, espérons-le, que nos amis socialistes pourront dire : amen.
>   MAURIAC, *Le Nouveau Bloc-Notes*, p. 76.

Vx. *Jusques à amen* «jusqu'à la fin» (fin XVIe s.). Littré donne encore cett●
expression, de même que : *de pater à amen* «du début à la fin», mais l'une e●
l'autre ne semblent pas avoir été employées après le XVIIe s.

AMENDE n. f.

Faire amende honorable «demander publiquement pardon : reconnaîtr●
qu'on a tort». Le sens originel (XVIe s.) est très fort et entraîne l'idée de pénitenc●

publique (voir l'exemple de Scarron); de nos jours, l'expression s'emploie à propos de simples excuses. L'adjectif *honorable* signifiait « relative à l'honneur », l'*amende honorable* étant une peine infamante (« privation d'honneur »).

> Le petit Ragotin la beut une douzaine de fois, [...] mais, la dernière fois, il la beut à genoux et teste nue, comme s'il eust fait amende honorable à la porte de quelque Eglise.   SCARRON. *Le Roman comique*, p. 805.

Mettre qqn à l'amende « lui infliger une punition légère, plus ou moins symbolique ».

AMI, IE n.

Vx.   *Ami de cour* « celui qui n'a que de fausses apparences d'amitié » (Littré). Expression popularisée par une célèbre tirade du *Misanthrope* (II, 5).

Vieilli.   *Ami jusqu'à la bourse* « ami sauf en ce qui concerne les prêts d'argent ».

Ami jusqu'aux autels, signifiait de même « ami, sauf s'il s'agissait de religion » (quand les amis en question ont des opinions différentes). Cette dernière expression est adaptée du latin (Aulu-Gelle) et du grec (Plutarque).

Bon ami, bonne amie « amoureux (euse), ou amant, maîtresse ». Cette expression familière a plus ou moins remplacé *ami de cœur*.

Amis comme cochons → COCHON.

Faire ami-ami « faire des démonstrations d'affection ». La répétition correspond à une familiarité un peu enfantine dans la réciprocité (cf. *Être copains-copains*).

> [...] Cabral put débarquer et planter le drapeau du roi du Portugal sur cet immense territoire vierge [...] et le Père Anchieta dresser la Croix, tout cela sans effusion de sang et en faisant ami-ami avec le chef et les vieux de l'aldée.
> B. CENDRARS, *Bourlinguer*, p. 182.

Les amis de nos amis sont nos amis [PROV.], (Quitard, 1842).

AMOUR n. m.

Aimer d'amour. Cette redondance n'est pas un pléonasme. Elle lève l'ambiguïté du verbe *aimer* en précisant qu'il s'agit bien de son sens fort.

Faire l'amour. De nos jours c'est « faire l'acte sexuel ». Dans la langue classique, c'était « courtiser (une femme) ». *Faire l'amour* s'employait avec un complément introduit par *à*, ou pronominalement, comme on dit *se faire la cour*. — Au sens moderne :

> O beauté des yeux sévères aux heures du travail où l'ouvrière craignait tant la médisance de ses compagnes, des yeux qui fuyaient nos obsédants regards et qui maintenant que nous l'avons vue seule à seul, font plier leurs prunelles sous le poids ensoleillé du rire quand nous parlons de faire l'amour !
> M. PROUST, *À la recherche du temps perdu*, t. III, p. 142.

Il faut donc se garder d'interpréter à la moderne cette locution, dans les textes antérieurs au XIXe s. en tout cas.

> À présent que vous êtes Amants déclarés, et presque mari et femme, faites-vous l'amour, que j'apprenne, moi qui suis la cadette.
> RESTIF DE LA BRETONNE, *La Vie de mon père*, p. 97.

Cependant, on trouve dès le XVIIe s. des emplois très érotisés de l'expression où l'ambiguïté est fréquemment exploitée. *Faire l'amour* peut correspondre à « avoir des rapports sexuels », mais avec une idée de raffinement que l'expression a malheureusement perdue.

> Pour recompenser le charitable traittement qu'il en avoit receu, il [Cupidon] leur aprit à faire l'amour ; car vous apprendrez, si vous ne le sçavez, que l'amour estoit jusqu'alors

inconnu parmy les hommes ; tous les accouplements s'y estoient faits à la maniere des bestes, par un instinc de nature, et pour servir seulement à la generation.

A. FURETIÈRE, *Le Roman bourgeois*, p. 986.

L'expression est aujourd'hui usuelle ; elle acquiert divers emplois figurés, plus ou moins stylistiques, et entre dans des slogans : *Faites l'amour, pas la guerre* (en Mai 1968 et ensuite).

Le vers doit faire l'amour dans la tête des populations. À l'école de la poésie, on n'apprend pas : on se bat.　　　　L. FERRÉ, *Poète... vos papiers !*, p. 13.

Filer le parfait amour « s'aimer longtemps et avec constance ». L'expression est généralement ironique.

Le comte de la Manche plaide son innocence avec une expression candide : ce n'est pas lui qui est coupable, c'est elle, madame que voilà. Oui, c'est elle, qui pour être libre de filer le parfait amour avec son capitaine, a occupé son mari en lui jetant dans les bras trois modistes de bonne volonté.　　　GORON, *L'Amour à Paris*, t. I, p. 500-501.

Vivre d'amour et d'eau fraîche « se contenter des sentiments et ne pas se préoccuper des nécessités matérielles ». Souvent employé proverbialement et négativement *(on ne vit pas d'amour et d'eau fraîche)* pour décourager des projets sentimentaux ou matrimoniaux qui contreviennent à la morale financière bourgeoise.

On ne badine pas avec l'amour « l'amour est une chose sérieuse ». Titre de l'une des *Comédies et Proverbes*, d'A. de Musset.

Ce n'est pas de l'amour, c'est de la rage, s'emploie pour qualifier ironiquement une passion excessive.

— Ce n'est plus de l'amour, c'est de la rage, plaisanta Marie-Jo, en lui chipant le menu.

— Ce serait plutôt de la rage, en effet.　　　A. BLONDIN, *Un singe en hiver*, p. 111.

AMOUREUX n. m.

Amoureux des onze mille vierges → VIERGE.

Amoureux d'une chèvre coiffée → CHÈVRE, COIFFÉ.

AMPOULE n. f.

Ne pas se faire d'ampoules (aux mains) « ne pas travailler manuellement alors qu'on le devrait ; être paresseux ». L'expression a diverses variantes : *il ne risque pas de se faire d'ampoules, il ne va pas attraper des ampoules*, etc.

AMYGDALE n. f.

Se caler les amygdales « bien manger » ; *s'humecter les amygdales* « boire (du vin, de l'alcool) ». Variantes pittoresques de *se caler les joues* et *s'humecter le gosier*, utilisant un terme savant entré dans la langue courante.

Fam. *Se lécher, se sucer les amygdales* « échanger des baisers profonds ». La pénétration de la langue est exprimée comiquement et hyperboliquement par un organe profond de la bouche.

AN n. m. Du latin *annus,* désignant l'année et parfois aussi la récolte. Comme *heure* et *jour,* le mot est en rapport avec des noms de divinités ; il a dû signifier à l'origine le retour périodique d'un moment annuel.

L'an de grâce... Formule par laquelle on désignait chaque année de l'ère chrétienne et qui s'emploie encore pour évoquer le Moyen Âge. Les romanciers et auteurs de scénarios en ont fait grand usage, d'une manière fréquemment anachronique, car l'expression n'est pas attestée avant le XIVe siècle.

Le bout de l'an → BOUT.

(Pendant...) **cent sept ans** «une durée immense» (à l'échelle de la vie humaine). On pense à la Guerre de *cent ans* et à celle de *sept ans*.

Bon an, mal an [LOC. ADV.] «en moyenne, en tenant compte des bonnes comme des mauvaises années». Déjà employé par figure au XVIIᵉ siècle : *elle portait [..] sur elle, bon an, mal an, trente quintaux de chair* (Scarron, *Roman comique, in* Littré).

> Une bonne partie de la presse se délecte encore visiblement à entretenir cette piètre image : solution de facilité qui fournit bon an mal an aux journalistes un contingent d'articles bien parisiens et de plaisanteries éculées.
>
> B. GROULT, *Ainsi soit-elle*, p. 148.

Vx. **Bon jour (et) bon an.** Formule de salut pour les premiers jours de l'année, en usage dans le peuple, aux XVIIIᵉ et XIXᵉ siècles.

S'en moquer, s'en ficher... comme de l'an quarante «s'en moquer complètement». L'origine de cette expression, attestée en 1791, est incertaine. Une explication par l'altération de *Comme l'Alcoran* est à écarter, faute d'exemples. Restent deux hypothèses, abondamment discutées au XIXᵉ s., mais qui paraissent peu fondées. Selon la première (la Mésangère, Quitard), il s'agirait de l'an *mil quarante*, assigné à la fin du monde (l'an mille + les quarante années de la vie de Jésus); d'après la seconde, il s'agit de l'an Quarante de la République et l'expression serait une moquerie royaliste à l'égard du calendrier révolutionnaire, le régime haï ne pouvant atteindre quarante ans (c'est le point de vue de Littré). Toutefois, la date d'apparition de l'expression (années 1790) et les textes où on la trouve (essentiellement la presse révolutionnaire) indiqueraient qu'il s'agit plutôt d'une expression à tendance «patriotique», d'une plaisanterie des sans-culottes sur l'année 40 du règne de Louis XVI. Le choix du chiffre demeure obscur; mais celui-ci a pu être retenu en raison de son importance dans la symbolique des nombres (cf. *L'An deux mille quatre cent quarante* de Mercier).

ANCRE n. f.

Jeter l'ancre et **lever l'ancre.** Ces expressions de marine sont utilisées métaphoriquement au sens de «s'arrêter, s'installer, s'asseoir» et de «partir, s'en aller». Le Roux signale la seconde («s'en aller, sortir, s'éloigner»).

En moyen français, le mot *ancre* donnait lieu à plusieurs locutions métaphoriques : *ancre de dernier répit* «dernier secours» (cf. PLANCHE DE SALUT), *in* Pasquier; *jeter l'ancre sacrée* (c'est-à-dire l'ancre maîtresse) «recourir au dernier expédient», et *à l'ancre* «dans l'inaction» (Rabelais, du Fail).

ANDOUILLE n. f.

Dépendeur d'andouilles → DÉPENDEUR.

Andouille pelée «imbécile». Injure renforçant le sens métaphorique du mot.
> — Ce que je vas dire là-bas? En v'là une question! Eh ben, la même chose qu'au docteur.
> — Ah! reprit l'autre avec un petit rire de blague. Et tu te figures que ça prendra!
> — Tiens pourquoi pas là-bas aussi bien comme ici?
> — Parce que, répondit Laigrepin, les médecins de l'hôpital ne sont pas des andouilles pelées comme le major. G. COURTELINE, *Les Gaîtés de l'escadron*, p. 216.

Vx. **Rompre l'andouille au genou** «faire un travail absurde, impossible et inutile», et notamment, «user de violence mal à propos». C'est prendre l'andouille pour un morceau de bois sec, que l'on rompait «au genou» (XVIᵉ s., Rabelais; XVIIᵉ s., Nicot, etc.).

> ***Quand les andouilles voleront, il sera (tu seras...) chef d'escadrille*** « c'est
> roi des andouilles ». Expression diffusée par une chanson ; *andouille* y est souver
> remplacé par un mot plus bref et plus énergique.
>> Quand les andouilles voleront
>> Tu seras chef d'escadrille,
>> Quand elles auront des éperons,
>> Tu seras chef d'escadron !...
>>
>> Chanson de Georgius, 1936.

ÂNE n. m. Cet animal symbolise la stupidité et l'entêtement (il partage cett
dernière réputation avec le mulet), dans la tradition gréco-latine (cf. les emplois d
asinus chez Plaute).

Âne bâté « imbécile ». Cette expression très courante illustre le mécanisme d
bien des locutions. Une fois établie la valeur métaphorique d'*âne* « homme stupide »
l'épithète qui caractérise l'âne concret ne sert plus qu'à renforcer la métaphore, san
rien garder de son contenu propre. Un *âne bâté*, métaphoriquement, n'est qu'un ân
dûment caractérisé (par le bât) comme un cheval le serait par la selle ou l'attelage
un « âne en bonne et due forme ». Si l'on tient à motiver le bât, on peut penser qu
l'expression s'applique à une fierté stupide, comme dans l'ancienne expression : *fie
comme un âne qui a un bât neuf* (De Marnix, au XVIe s.). À noter que la langu
du XVIe siècle était moins systématiquement défavorable à l'âne : *un asne débasté* s
disait d'un étourdi (« *le bon frère estoit toujours joyeux et brusque comme un petit asn
débasté* », La Noue).

L'âne de Buridan, n'est pas une locution métaphorique, mais une allusion
la parabole philosophique de Jean Buridan (qui fut un très important logicien e
philosophe du XIVe siècle). L'âne qu'elle met en scène symbolise l'indécision, mai
on ne dit pas d'un indécis que c'est un *âne de Buridan* comme on dit d'un imbécil
que c'est un *âne bâté*. La parabole de l'âne est attribuée à Buridan par une trad
tion orale, mais on ne l'a « retrouvé nulle part en ses écrits » (É. Gilson).

Méchant comme un âne rouge « très méchant ». Cette expression se trouv
chez Oudin, en 1640, mais doit être bien antérieure. De fait, on trouve au XVIe s
la phrase suivante : « afin que je ne vous soye double (perfide, plein de *duplicit*
comme un asne rouge... » (Cholières).
Par ailleurs, *rouge*, aux XVe et XVIe siècles, signifie « rusé » (chez Villon, Moline
etc.) et aussi « roux » (*bêtes rouges* désigne encore les bovins, dans certains dialecte
Ce sens figuré provient de la réputation de déloyauté qu'avaient au Moyen Âge le
personnes rousses (*roux* signifie « déloyal » dès le XIIIe s.), peut-être par assimilatio
avec le renard. Par ailleurs, *roucin*, désignant le « cheval de bât » (donc un cheva
médiocre) a été altéré en *rossin, roussin* par influence de *roux* (signifiant dès lor
cheval de poil roux) ; le terme étant dépréciatif a subi l'influence de *rosse* et s'es
appliqué aux mauvais chevaux et aux ânes. Un *âne rouge* serait donc, à la fois, u
« âne qui est une monture médiocre » (c'est-à-dire un *méchant* âne, au sens ancien d
méchant, qui signifiait « de peu de valeur, misérable ») et un « âne traître ». D'ailleur
on dit (ou on a dit) en Normandie : ***traître comme un âne rouge*** et la valeur péjora
tive de *rouge* se retrouve dans une autre expression relevée par Rolland *(Faune popu
laire de la France)* : ***bête comme un veau rouge***. L'expression s'articule donc sur u
double jeu de mots dont le trait commun est la « méchanceté » (*Méchant* = « médio
cre » et « méchant » ; *rouge* = « roux, roussin, médiocre » et encore « méchan
traître »). Ce jeu de mots s'applique à l'âne en tant que médiocre monture. Cette his
toire compliquée explique comment la valeur habituelle d'âne (sottise) est absent
de l'expression.
Une autre explication a été proposée, par le provençal *ase aurouge* « âne sauvage »
mais ni l'histoire des mots, ni la tradition folklorique ne la soutiennent. Quant

l'interprétation anticléricale qui voit dans l'*âne rouge* un imbécile cardinal, elle est plaisante mais bien postérieure à l'expression.

> Tu es donc opiniastre comme un Cardinal ignorant : car ce sont telles sortes de gens que l'on nomme Asnes rouges [...] on les nomme Asnes parce qu'ils sont ignorans, et rouges parce qu'ils portent la calotte, et le bonnet rouge.
>
> FLEURY DE BELLINGEN, *Étymologie des proverbes*, II, 10, p. 155.

Var. **Mauvais comme un âne rouge.**

> [...] une manière de petit pète-sec haut et gros comme deux liards de beurre, mais mauvais comme un âne rouge et qui, du matin au soir, ahurissait des éclats de voix perçante les quatre pelotons tombés sous sa coupe.
>
> G. COURTELINE, *Les Gaîtés de l'escadron*, p. 119-120.

> Le Fallec prétendait lui faire comprendre les choses petit à petit. Quand je lui disais : « Dimitri, c'est une petite saleté, il est mauvais comme un âne rouge, s'il pouvait il te boufferait le foie. » Il me répondait : « Jean, tu as tort, c'est un pauvre gosse qui a le jugement déformé. C'est à nous d'être indulgents. »
>
> A. SERGENT, *Je suivis ce mauvais garçon*, p. 212.

Saoul comme un âne « complètement saoul », est sans doute un jeu de mots sur *gris* (on trouve aussi *gris comme un âne* [ROLLAND]), l'âne étant appelé *grison*. L'influence de *soûl comme une bourrique* est évidente, mais peut n'être que secondaire.

Bonnet d'âne « bonnet à longues oreilles, qui signale la stupidité de celui qui le porte ».

Dos d'âne → DOS. — **Le pont aux ânes** → PONT.

Le coup de pied de l'âne « l'insulte ou la méchanceté faite par un faible contre celui dont il ne craint plus la force, le pouvoir ». L'expression fait allusion à l'âne de la Fable, qui allonge un coup de pied au lion vieux et épuisé (La Fontaine, *Fables*, II, 14, « Le Lion devenu vieux », où n'est cependant raconté que l'arrivée de l'âne et non son coup de pied).

Vx. **Brider l'âne par la queue** « faire qqch. maladroitement ». *Brider* signifie « mettre la bride à (un animal) » et au figuré « arrêter »; l'expression substitue donc la queue à la tête et figure parmi celles qui signifiaient la maladresse (ou la précipitation, etc.) par une interversion des éléments dans le contexte des activités agricoles (→ METTRE LA CHARRUE* AVANT LES BŒUFS). Ici, le mot *âne* est choisi (au lieu de *cheval, mulet*) pour sa valeur péjorative.

> Mais de quelle brutale stupidité luy peut venir un si grossier aveuglement ? Il lui faut faire brider l'asne par la queue.   MONTAIGNE, *Essais*, I, XX.

Vx. **Faire l'âne pour avoir du son (du chardon...)** « faire l'imbécile pour obtenir un avantage ». L'expression est dans Rabelais, avec une syntaxe assez fréquente en moyen français, avec le verbe *faire* : Gargantua « *faisait de l'âne pour avoir du bren* » (son] (livre I, ch. 11.).

> Faire l'âne pour avoir du chardon. C'est faire le fou pour attraper de l'argent. C'est le propre de bien des gens, à la réserve qu'ils font les ânes, c'est-à-dire les fous différemment; l'un élève jusqu'aux cieux les actions d'un tel Seigneur qui n'en fit jamais; l'autre fait le plaisant et le diseur de bons mots, qui dans le fond n'est qu'un âne; celui-ci ne promet pas moins dans ses vers que l'immortalité à son Roi; celui-là loue les richesses, l'esprit et la dépense d'un tel Prince; et mille âneries de cette nature, dont le ridicule tombe moins sur ceux qui les commettent que sur ceux qui sont assez simples que de donner du *chardon*, c'est-à-dire des récompenses pour des sottises qu'on leur débite... Enfin le monde est plein d'âneries. Peut-être que moi qui parle si haut en fais-je une plus grande que tous les autres d'entreprendre ce *Dictionnaire burlesque*.
>
> LE ROUX, *Dictionnaire comique*, article *Âne*.

> [...] j'étais consciente de l'importance du moment et, finalement, fière d'entrer enfin dans les confidences de ceux de mon milieu. Car, au fond, je comprenais ce qu'elle voulait me dire. Je faisais l'âne pour avoir du son, je voulais qu'elle me parle encore.
>
> M. CARDINAL, *Les Mots pour le dire*, p. 142.

Gueuler (beugler...) comme un âne «crier, hurler». Le braiement de l'âne es
en effet d'une intensité sonore remarquable.

> Eh bien, nom de dieu, c'est du propre! En voilà des prisonniers! On arrive : ils gueu-
> lent comme des ânes. On entre : ils fument comme des Suisses!
>
> G. COURTELINE, *Les Gaîtés de l'escadron*, p. 144.

> Quelquefois, un lion venait qui mangeait un âne ; alors tous les ânes se sauvaient en
> criant comme des ânes, mais le lendemain ils n'y pensaient plus et recommençaient à
> braire, à boire, à manger, à courir, à dormir...   J. PRÉVERT, *Histoires*, p. 164.

Vieilli. *Tirer un pet d'un âne mort* «obtenir une chose impossible».

> Et ne fut possible de tirer de luy une parole, non plus qu'un pet d'un asne mort.
>
> RABELAIS, I, 15.

Vx. *Cela ne vaut pas le pet d'un âne mort* «cela ne vaut rien» → PET.

L'âne frotte l'âne [LOC. PROV.], adaptation française de l'expression latine *as
nus asinum fricat* «les sots se complimentent mutuellement». L'expression a s
source dans l'habitude qu'ont les ânes de se frotter l'un à l'autre pour apaiser leur
démangeaisons. Comme bien d'autres, elle a été remotivée par La Fontaine :

> Deux ânes qui prenant tour à tour l'encensoir
> Se louaient tour à tour, comme c'est la manière
> [...]
> Ces ânes, non contents de s'être ainsi grattés,
> S'en allèrent dans les cités.   *Fables*, XI, 4 : «Le Lion, le Singe, et les deux Asnes».

Vieilli. *Il y a plus d'un âne à la foire qui s'appelle Martin,* se disait plaisamment
d'un nom (ou d'un caractère) très répandu.

Vx. *Chantez à l'âne, il vous fera des pets* «cela se dit proprement des incorrig.
bles, qui font la sourde oreille à toutes les remontrances». C'est en ce sens que Gui.
laume Cretin a employé ce proverbe dans le quatrain suivant :

> Juge ignorant et conseiller suspects
> Font le droict tort, et malle cause bonne ;
> Et si raison y veult mettre sa bonne,
> Chantez à l'asne, il vous fera des petz.   J. LE DUCHAT, *Ducatiana*, t. II, 454.

À laver la tête d'un âne, on perd sa lessive, se dit pour «prendre une pein
inutile» → LAVER. Date du XVIe s. au moins :

> Aussi ceste raison est vive
> Qu'à laver la teste d'un asne
> On n'y perd rien que la lessive.   *Sotties*, III, 147, *in* Huguet.

Le plus âne des trois n'est pas celui qu'on pense, vers de La Fontaine (*L
Meunier, son Fils et l'Âne*, III, 1) passé en proverbe (il s'agit du meunier et de so
fils qui portent l'âne à la foire pour qu'il y arrive plus dispos). Les ânes de La For
taine font parfois l'objet d'allusions proverbiales : *l'âne chargé de reliques* (V, 14
«un personnage pompeux et ridicule»; *l'âne vêtu de la peau du lion* (V, 21) «u
peureux qui se fait passer pour redoutable» (→ MONTRER LE BOUT DE L'OREILLE★
D'autres loc. prov., moins répandues, se rencontrent :

> Les moindres bisbilles, maintenant, finissaient par des attrapages, où l'on se jetait la
> débine de la maison à la tête : et c'était le diable pour se rabibocher, avant d'aller
> pioncer chacun dans son dodo. Quand il n'y a plus de son, les ânes se battent, n'est-
> ce pas ?   É. ZOLA, *L'Assommoir*, t. II, p. 74.

ANGE n. m. *Ange* est joint à quelques adjectifs d'une manière stable, san
qu'on puisse parler de locutions : *bon ange (mauvais ange),* personne qui exerce un
influence bonne (ou mauvaise), *ange déchu, l'ange exterminateur,* etc.

Ange gardien «protecteur». Souvent employé ironiquement pour désigner le
gardes du corps, des policiers, etc., plus vigoureusement appelés *gorilles.*

Vx. *Ange de grève* «crocheteur». Métaphore plaisante qui assimile les crochets portés sur les épaules à des ailes. La *grève*, c'est-à-dire le bord du fleuve non encore aménagé par un quai, était le lieu de travail de ces dockers de l'époque classique (XVIᵉ-XVIIIᵉ s.).

> Il y eut quelque crocheteur, en portant ses faiz par ville, qui le heurta [...] assez lourdement, et puis il lui dit gare, il estait temps ou jamais; auquel Maistre Jourdain va dire : «Viença, pourquoy fais-tu cela, ange de grève?»
>
> Bonaventure des PÉRIERS, *Nouvelles Récréations*, 68, in Huguet.

Faiseuse d'anges → FAISEUSE.

Patience d'ange «patience à toute épreuve». Cette valeur est lexicalisée par l'adj. *angélique*. On entend dans le Sud-Ouest l'expression *patience des anges!* employée ironiquement pour réprimer une irritation montante.

> Mais aussi je dois dire qu'il faut parfois une patience d'ange pour supporter Saniette, et surtout se rappeler que c'est une charité de le recueillir. Pour ma part, j'avoue que la splendeur de sa bêtise fait plutôt ma joie.
>
> M. PROUST, *À la recherche du temps perdu*, t. II, p. 973.

Comme un ange «à la perfection». S'emploie avec de nombreux verbes : *il chante, elle brode*, etc. *comme un ange*. (On trouve dans Littré : *chanter* [Sévigné], *parler* [La Fontaine], *être belle* [Sévigné], *jolie* [Hamilton], *avoir de l'esprit* [Vauvenargues], *comme un ange*, ou *comme les anges*.)

Pour mettre en vedette un point d'érudition, Champollion-Figeac a voulu faire de : *écrit comme un ange*, une locution particulière, et après l'avoir formulée pour l'occasion, il l'explique anecdotiquement :

> Enfin Vergèce [Ange Vergèce] vint, qui de 1535 à 1576 laissa de nombreux monuments de l'admirable écriture cursive grecque, dont il règle la forme et le modèle de manière à en faire un parfait modèle que nul n'a surpassé, et qui a donné lieu au proverbe : *Écrire comme un ange.*
>
> CHAMPOLLION-FIGEAC, article *Manuscrits*, in *Le Moyen Âge et la Renaissance*.
>
> Vraiment ça en vaut la peine : vous verrez les progrès qu'il a faits. Et d'ailleurs on lui a découvert un nouveau talent, mon cher, il écrit comme un ange. Comme un ange je vous dis.
>
> M. PROUST, *À la recherche du temps perdu*, t. III, p. 220.

Comme un ange peut signifier aussi le comble du comportement calme, patient selon une rhétorique saint-sulpicienne qu'explicite Leiris :

> «Sage comme une image», «gentil comme un amour», «tranquille comme un ange», je ne sais si je méritais souvent qu'on me décernât de telles épithètes. Mais en ce temps où la première des règles morales était pour moi de me montrer docile, figures fades des images pieuses, amours poupins jouant avec leurs arcs et leurs flèches, anges en œufs à la neige aux visages jeunes et graves se présentaient à moi comme les modèles d'un zèle, d'une facilité de caractère et d'une douceur sans pareils.
>
> M. LEIRIS, *Biffures*, p. 192.

Être aux anges «être ravi, très heureux». Dans les pays de culture religieuse, le bonheur est fréquemment assimilé au paradis promis aux hommes après leur mort : «être parmi les anges» équivaut à *être au septième ciel*. L'expression est encore souvent liée à un contexte moral :

> Pendant ce temps-là, à la cuisine, on s'activait à fabriquer des cakes, des gâteaux de Savoie, des galettes sablées. Ça embaumait toute la maison. J'étais aux anges! Comme nous étions bons chez nous! D'abord les pauvres et nous ensuite, une fois le devoir accompli.
>
> B. GROULT, *Ainsi soit-elle*, p. 170.

Discuter sur le sexe des anges, «avoir des discussions byzantines» → QUERELLES BYZANTINES★.

Rire (sourire) aux anges «avoir un air béat et heureux, sans s'adresser en particulier à qqn».

> Voilà, dit le chevalier, un réveil assez gai, et à qui en as-tu donc, ou si c'est aux anges que tu ris?
>
> Chev. DE GRAMMONT, *Mémoires*, ch. 1.

Un ange passe (a passé) « il y a un silence prolongé dans l'assemblée ; tout l
monde s'est tu en même temps ». *L'ange* en question est sans doute évoqué pour cor
jurer la gêne et le début d'angoisse que suscite le silence dans toute réunion mor
daine.

> On avait un peu l'impression en face d'eux, que des malaises passaient, vous connais-
> sez l'expression : des anges... Eh bien c'était un peu ça, des anges passaient...
> F. NOURISSIER, *Le Maître de maison*, p. 94.

ANGLAIS, AISE n. m. et f.

À l'anglaise (filer, partir, s'en aller, se sauver...) « sans dire au revoir san
se faire remarquer ». L'attribution aux Britanniques d'une conduite discrète jusqu'
l'impolitesse semble être récente (l'expression n'est pas dans Littré) et recevrait diffi
cilement une explication rationnelle, si l'on n'y voit pas une vengeance par laquell
la langue française renvoie la balle aux Anglais qui disent précisément la mêm
chose par l'expression *to take the French leave* (« prendre la fuite française »). O
cherchera l'origine de l'expression dans le jeu argotique sur le signifiant (comm
dans *aller à Niort* « nier », etc.). Un rapprochement avec *anguille* n'est pas à exclur
De même le sens ancien de *Anglais* « créancier » (XVIᵉ s.), qu'on a voulu expliqu
par des raisons historiques, pourrait n'être qu'un jeu sur l'ancien verbe *s'angler* (d
haut allemand) « prendre à l'hameçon », l'*anglois* étant celui qui vous *angle*, vou
tient comme un poisson *anglé ;* en outre *angleux* (de *angle*) signifiait dialectalemen
« irascible ». D'une manière générale, lorsque la réputation d'un peuple n'est pa
clairement utilisée dans ce type d'expression ou de sens péjoratifs, il faut en cher
cher la source dans des à-peu-près qui permettent à la xénophobie du momen
de s'exprimer.

> D'un naturel très modeste, Croquignol, Ribouldingue et Filochard se sont dérobés aux
> félicitations et ont filé à l'anglaise, emportant sans le faire exprès probablement tout ce
> qu'ils ont recueilli dans l'automobile.
> L. FORTON, *Les Aventures des Pieds nickelés*, in *L'Épatant*, 1908, p. 9.
> Par la suite, les citations des « Pieds nickelés », bandes dessinées de Forton, seront
> référencées sous le titre de *L'Épatant*, journal où elles furent d'abord publiées ; voir
> la Bibliographie.
> C'était un jeune espion engagé par Levadoux pour surveiller Miquent nuit et jour afin de
> savoir à quels moments il était possible de s'en aller à l'anglaise, histoire de boire
> un pot ou de courir le guilledou. B. VIAN, *Vercoquin et le Plancton*, p. 79.

Zola atteste une extension plaisante d'emploi :

> [...] une après-midi, sur la place de la Bastille, elle avait demandé à son vieux trois sous
> pour un petit besoin, et que le vieux l'attendait encore. Dans les meilleures compagnies,
> on appelle ça pisser à l'anglaise. É. ZOLA, *L'Assommoir*, t. II, p. 194.

Vx. *Soûl comme un Anglais,* ancienne locution citée par Érasme *(Adages)* et qu
se trouve dans Rabelais (I, 15). *Soûl* n'y signifie pas « ivre » mais « repu », cf. *mange
tout son soûl.*

Les Anglais ont débarqué « elle a ses règles ». Jeu de mots populaire sur *habi
rouges.* On dit aussi : *elle a ses Anglais.* J. Cellard et A. Rey notent *(Dict. du frança
non conventionnel)* que cette loc. condense métaphoriquement tous les éléments d
sens du contenu (surprise, flux, etc.).

ANGLE n. m.

Sous un certain angle [LOC. ADV.] « sous un point de vue, un aspect particu
lier ».

Arrondir les angles « atténuer les oppositions, les causes de dispute
L'expression utilise les valeurs métaphoriques de *rond, rondeur,* en les opposant
celles du mot *angle.*

ANGOULÊME n. pr.

Vx. *Aller à Angoulême* «bien manger, s'empiffrer». Cette loc. usitée au XVIIe s. (Oudin) est un jeu de mots sur *engouler* «mettre dans la goule (le gosier)» et correspond à un modèle très fréquent → ALLER.

ANGUILLE n. f.

Mince, souple comme une anguille «très souple».

> Cet amour de femme, grande comme un fagot, mince comme une anguille, adroite comme un singe [...] m'a ouvert la porte de la maison.
> BALZAC, *Splendeurs et Misères des courtisanes*, p. 1075.

Fam. *Anguille de caleçon* «sexe de l'homme». C'est l'une des innombrables métaphores désignant le pénis — et explicitant la valeur symbolique constante des mots désignant des êtres ayant une forme comparable.

Vx. *Écorcher l'anguille par la queue* «faire le contraire de ce qu'il faudrait pour réussir»; «prendre les choses à l'envers» → METTRE LA CHARRUE AVANT LES BŒUFS.

> Je ne veux point faire aussi de fictions poétiques, ny écorcher l'anguille par la queue, c'est-à-dire commencer mon histoire par la fin [...].
> A. FURETIÈRE, *Le Roman bourgeois*, p. 903.

Échapper (glisser) comme une anguille «être agile et insaisissable». On dit aussi *se faufiler comme une anguille.*

Vx. *Rompre l'anguille au genou* «user de force, de violence mal à propos», (comme celui qui voudrait casser une anguille sur son genou, à la manière d'une branche). Là encore, l'*anguille* symbolise la ruse, l'astuce qu'on ne peut vaincre par la force brutale (→ aussi ANDOUILLE).

> Nous devons supporter les ignorans et les infirmes [...] si [aussi] est-ce que petit à petit on les doit réduire, plustost que de rompre l'anguille au genouil (comme on dit).
> CALVIN, *Sermon sur l'Épître aux Galates*, 10.

Il y a anguille sous roche «il y a quelque chose de caché; l'affaire n'est pas claire». L'absence d'article (on dirait aujourd'hui *une* anguille sous *la* roche) montre que la locution est très ancienne. L'anguille étant au Moyen Âge un des poissons les plus recherchés (cf. le célèbre *pâté d'anguilles* des fabliaux), il est curieux que l'expression ne signifie pas «il y a un profit caché». L'idée de manœuvre souterraine, selon P. Guiraud, viendrait de l'influence formelle de l'ancien verbe *guiller.* Il y a même deux verbes *guiller.* Le premier, qui vient du néerlandais et signifie proprement «fermenter», en parlant de la bière, était employé au sens de «couler, glisser, éviter le combat, se faufiler», tous sens qui s'intègrent facilement dans les connotations du mot *anguille;* le second, du francique *wigila* «ruse, astuce», signifiait «tromper» et le jeu de mots entre *guile, guilde* «tromperie» et *anguille* («il y en a une toujours cachée»), est très vraisemblable. Si l'on ajoute que *Guillot, Guillaume* étaient très employés pour suggérer la tromperie, et que le radical de *Guille* a donné lieu à d'innombrables allusions sexuelles (il nous en reste le *guilledou*) qui s'accordent fort bien avec la valeur symbolique de l'anguille (→ SERPENT), on sera convaincu de la genèse complexe de cette expression.
La valeur métaphorique de *sous* (qui indique une «chose cachée, secrète») ne devait pas être essentielle au départ puisqu'on rencontre la forme *anguille sur roche.*

> Il y eut quelque autre anguille *sur* roche qui me causa ceste prison.
> É. PASQUIER, *Recherches de la France*, VI, 15.
> Il est hors de conteste, répondit M. de Norpois, que la déposition du colonel devenait nécessaire pour peu que le gouvernement pensât qu'il pouvait bien y avoir là l'anguille sous roche. M. PROUST, *À la recherche du temps perdu*, t. II, p. 240.

Vx. *Il fait comme les anguilles de Melun qui crient avant qu'on ne les écorche* [LOC. PROV.] «il crie, il se plaint de peur d'avoir mal» (XVIe s.). Ces anguilles vociférantes ont à juste titre excité la curiosité des commentateurs qui ont déniché une explication anecdotique malheureusement invérifiable et que voici :

> — Et l'anguille de Melun n'oubliez pas de l'escorcher.
>
> — Je la tiens par la queue : Dans Melun qui est une Ville de la Province de Brie, située sur la Rivière de Seine [...] il y avait un jeune homme nommé l'Anguille, lequel en une comédie qui se jouait publiquement, représentait le personnage de Sainct Barthelemy. Comme l'exécuteur le voulut approcher, le cousteau à la main, pour faire semblant de l'escorcher, il se prit à crier, auparavant qu'il le touchat, ce qui donna [...] commencement au proverbe, il fait comme les Anguilles de Melun, il crie devant qu'on l'escorche.   Fleury DE BELLINGEN, *Étymologie des proverbes*, II, 3, p. 140.

Le Roux de Lincy évoque, au mépris de la forme de l'expression, les cris des vendeurs d'anguilles, assez perçants pour être comparables à des cris d'écorchés vifs.

ANSE n. f.

Faire danser l'anse du panier «faire des profits illicites sur les denrées qu'on achète», se dit — depuis la fin du XVIIIe s. — des domestiques qui profitent des achats pour falsifier les prix. On a d'abord parlé simplement de *l'anse du panier* (1622) pour désigner le «profit» [*l'anse*] tiré des achats [*le panier*].

> Les servantes appellent l'*anse du panier* le profit qu'elles font à ferrer la mule.
>   LE ROUX, art. «Mule», in *Dict. Comique*, 1752.

Mais la métaphore serait insuffisamment motivée sans l'existence de l'ancienne expression *faire panier, faire le panier* (XIIe-XIVe s., mais certainement postérieure dans certaines régions) qui signifiait «tromper, tricher» (→ PANIER). Le *panier* entraîne par métonymie l'*anse*, qui devient alors le «moyen de la tromperie» en même temps que le «profit» tiré des «achats». En outre *lancer* signifie encore couramment au XVIIe s. «percer» (comme avec une lance), et *lance du panier* pouvait être «le percement du panier». Enfin *anse* ou *anche* (du germanique *ankya*) signifie régionalement «robinet, petit conduit» et il n'est pas impossible que l'anse ne soit ici un «moyen de prélever une partie du contenu du panier». Ces hypothèses qui surdéterminent l'expression n'expliquent pas la forme moderne *faire danser...* Celle-ci proviennent sans doute du croisement de *l'anse du panier* et des locutions *faire danser quelqu'un* (XVIIe s.) «lui donner du tracas, s'en moquer, etc.», *mener la danse* «souffrir le premier de qqch.», etc., facilité par la paronymie *l'anse-danse* (d'ailleurs la langue familière du XIXe s. écrivait *faire danser qqch.* «escamoter», mais son attestation tardive ne permet pas d'en faire état avant 1850 environ) → DANSE.

> — Il faut la retrouver pourtant, dit-il. C'est peut-être toi qui l'auras empruntée à Rachel, et vous ne vous en souvenez plus.
> Berthe, du coup, fut très blessée.
> — Accuse-moi de faire danser l'anse du panier !... Ah ! tu es gentil !
>   É. ZOLA, *Pot-Bouille*, t. I, p. 53.

Faire le pot (le panier) à deux anses «tenir une personne à chaque bras ; se faire tenir par le bras par deux personnes». L'expression s'employait dans la langue classique avec un sens différent : «mettre les poings sur les hanches», d'où «prendre une attitude de défi ou de colère».

> Comment vilain, dit-elle en faisant le pot à deux anses, tu es donc si audacieux que de medire de celuy qui a pris tant de peine a acquerir le bien dont tu jouys ?
>   Ch. SOREL, *Histoire comique de Francion*, p. 107.

ANTENNE n. f.

Du latin *antenna* «vergue (d'un navire)». Le sens zoologique est attesté au XVe s. en latin scientifique, mais on n'a parlé en français des *antennes des insectes* qu'au début du XVIIIe s.

Avoir des antennes «avoir de l'intuition, percevoir avant les autres». Le sens est voisin de celui des expressions qui utilisent l'odorat des animaux supérieurs (*avoir du flair, du nez*, etc.), mais la référence est ici aux systèmes de communica-

ion des insectes. Les emplois métaphoriques et technologiques de *antenne* contri-
uent à donner à la locution une valeur moderne. On remarquera que le «sixième
ens» de l'homme a été exprimé métaphoriquement par les organes sensoriels des
mammifères, puis des insectes, alors que l'on parle des communications animales en
erme de technologie humaine (le *radar* des chauves-souris, le *sonar* des dauphins).
Le circuit métaphorique animal ↔ homme est ainsi bouclé, et le mot *antenne*
ayant lui-même effectué l'aller et retour *(antennes d'un navire → antennes d'insecte
→ antenne de radio)* y occupe une position significative.

ANTIPODE n. m.

Être aux antipodes de... «être tout à fait opposé à..., avoir des goûts, des dis-
ositions, des opinions contraires». On disait dans la langue classique : *être l'antipode de...*, qui impliquait le sens initial du mot «celui qui marche les pieds op-
osés aux nôtres». Ce sens étant archaïque, on a recours au pluriel *les antipodes*
désignant «les lieux habités par les *antipodes*», avec la préposition *à* marquant la
situation dans ce lieu. Ainsi, dans Molière (*Les Précieuses ridicules*, 10), «*il faudrait
être l'antipode de la raison pour....*» marque une opposition métaphorique essen-
ielle (= il faudrait avoir les pieds opposés à ceux de la raison), alors que l'expres-
ion moderne *aux antipodes de la raison* correspond à la métaphore géographique
des «pôles opposés».

APOTHICAIRE n. m.

Vx. *Apothicaire sans sucre* «celui qui ne possède rien de ce qui est nécessaire
pour exercer sa profession» (fin XVIᵉ s.). Jusqu'au règne de Louis XIII, les apothicai-
es avaient le monopole de la vente du sucre, denrée encore très rare.

> Un autel sans images est autant qu'une vache sans cymbales [cloches], un aveugle sans
> baston et un Apothicaire sans sucre.
>
> Ph. DE MARNIX, *Différence de la religion*, II, I, 21, *in* Huguet.

Compte d'apothicaire «compte minutieux et très compliqué (qu'on ne peut
donc ni vérifier ni mettre en doute)». On disait au XVIIIᵉ s. *mémoire d'apothicaire,*
dans ce sens, alors que des *parties d'apothicaire* désignait une facture excessive,
comme on le voit au début du *Malade imaginaire*, où Argan conteste point par point
l'addition de son apothicaire. Un *quiproquo d'apothicaire*, au XVIᵉ s. (H. Estienne,
Brantôme), était une «erreur grave, dangereuse». Toutes ces expressions se rejoi-
gnent pour donner à *...d'apothicaire* la valeur de «compliqué et trompeur, excessif».

APÔTRE n. m.

Faire le bon apôtre «avoir une apparence hypocrite de bonté, de douceur,
etc.». L'expression *bon apôtre* s'emploie aussi sans le verbe *faire;* on la trouve dans
les deux textes classiques les plus riches en locutions, *Les Plaideurs* et les *Fables* de
La Fontaine *(«Grippeminaud le bon apôtre...»)*.

Vx. *Prêcher comme un apôtre* «avec talent et persuasion» (fin XVIᵉ s.).

APPAREIL n. m. Ce mot (d'un dérivé latin de *apparatus,* du radical *par*
«semblable, égal») signifie en général «préparation, préparatifs».

Dans le plus simple appareil «en négligé, très peu vêtu(e)». La valeur des
mots n'est plus sensible dans cette expression, dont l'archaïsme emporte le caractère
plaisant ou ironique. Dans les célèbres vers de Racine (*Britannicus*, II, 2) où Néron
évoque Julie «Belle, sans ornement, dans le simple appareil D'une beauté qu'on
vient d'arracher au sommeil», l'association des mots *simple appareil* est presque
aussi remarquable que dans l'*obscure clarté* de Corneille (c'est la figure de rhétorique appelée oxymoron). En effet, appareil supposait une disposition, plus ou moins

grandiose, des apprêts, de la magnificence. L'héroïne racinienne est donc «dans u
apprêt d'une grandeur simple», celui qui donne la beauté surprise. Ces richesse
stylistiques sont perdues, depuis qu'*appareil* est devenu un mot modeste et tech
nique.

APPARENCE n. f.

Sauver (garder...) les apparences «ne rien laisser paraître (d'une situatio
pénible, désagréable, condamnable)». On dit aussi *les apparences sont sauves.*

Se fier (ne pas se fier) aux apparences «se contenter (ne pas se contente
de l'aspect extérieur, notamment encourageant, des choses».

APPÂT n. m.

Mordre (se laisser prendre) à l'appât «se laisser séduire par une trompe
rie, par des apparences flatteuses». *Appât*, comme *leurre* et *hameçon*, transpose le
moyens cruels de la chasse et de la pêche dans le domaine humain; les expression
qui en résultent désignent en surface les effets d'une tromperie dont on peut rir
et en profondeur, des relations impitoyables où l'homme est réduit à l'état de bê
traquée, de proie.

APPEAU n. m.

Vx. *Appeau de cocu* «jolie femme» (1616). Témoignage ironique d'une misogyni
héritée des fabliaux, cette expression jouait sur le mot *cocu,* désignant aussi l'oisea
coucou (→ NI CHAIR* NI POISSON).

APPEL n. m.

Appel au peuple «demande d'argent (adressée à plusieurs personnes)». Util
sation plaisante d'une expression politique, désignant une proclamation demanda
au peuple quelque pouvoir, un plébiscite.

Appel du pied «invite discrète». Sans doute croisement entre *faire du pied*
l'expression technique d'escrime *appel du pied,* qui ne saurait avoir pris cette valeu

Sans appel «irrévocable, définitif». Se dit d'une décision que l'expressio
assimile à un jugement sans recours.

Faire appel à (la générosité,...) «demander (des secours, de l'argent)». *Fai
appel à ses souvenirs* «faire des efforts pour se rappeler qqch.».

APPELÉ adj.

Beaucoup d'appelés, mais peu d'élus «peu obtiennent le succès dans la con
pétition». L'expression biblique concernant les admissions au paradis, et employe
en français au XVIIᵉ s., a acquis cet emploi profane au début du XIXᵉ s. (Balzac).

APPELER v. tr.

Appeler les choses par leur nom «ne pas affaiblir ce qu'on a à dire; parl
avec vigueur et franchise» → aussi CHAT (APPELER UN CHAT UN CHAT).

Cela s'appelle (+ infinitif) «c'est vraiment...» (depuis le XIXᵉ s.). *Cel
s'appelle parler* (ou *voilà qui s'appelle parler*), se dit pour approuver une déclaratio

[...] *ou je ne m'appelle plus X* «avec une certitude absolue» ou «d'un
manière inéluctable». S'emploie pour attester un fait rapporté, soutenir une asse
tion ou garantir l'exécution d'un projet. On rencontre parfois des variantes, comm
aussi sûr que je m'appelle X... L'expression est linguistiquement intéressante, en c
qu'elle constitue un renforcement de la valeur de vérité par la «signature» même d

cuteur, qui identifie la force de son acte de parole non à son identité, mais à la
arque sociale de cette identité qu'est le nom propre.

> — [...] nous allons te tirer gentiment d'affaire... C'est imbécile, tu ne peux
> pas te battre.
> Personne ne parut surpris de cette conclusion. [...] L'oncle continua :
> — Je vais monter avec monsieur chez ton particulier, et l'animal te fera des
> excuses, ou je ne m'appelle plus Bachelard... É. ZOLA, *Pot-Bouille*, t. II, p. 147-148.

APPÉTIT n. m.

Avoir bon appétit (de l'appétit) « rechercher les places, l'argent, etc., avec avi-
té ». L'expression serait comprise aujourd'hui comme une métaphore sur la « faim »
→ AVOIR LES DENTS* LONGUES). Au XVIIᵉ s., il s'agit du sens général *d'appé-
t* « désir, envie ».

Couper l'appétit « écœurer ou dégoûter ».

Demeurer (rester) sur son appétit, « ne pas se rassasier ; limiter ses désirs,
es prétentions ».

(Se) mettre en appétit « (se) donner l'envie de faire, avoir qqch. ».

Ouvrir l'appétit « donner faim » et, au sens ancien de *appétit*, senti
ujourd'hui comme métaphorique, « donner envie ». *Avoir l'appétit ouvert de bon
atin* (Corneille, *Le Menteur*) signifiait « aller trop vite en besogne, être avide de
uelque plaisir sans vouloir attendre ».

L'appétit assaisonne tout, est le meilleur assaisonnement « le désir rend son
bjet délectable ». Plusieurs proverbes expriment la même idée : *il n'est chère (il
'est sauce) que d'appétit.*

L'appétit vient en mangeant, s'emploie au sens propre comme au sens figuré :
plus on a de succès, de biens, plus on en veut ». Fleury de Bellingen, dans son
tymologie des proverbes français (1656), donnait à l'expression, selon la coutume du
emps, une origine anecdotique. Amyot, précepteur d'Henri III, ayant été pourvu
'un bénéfice dont il avait prétendu se contenter, en avait demandé d'autres. Pour
'excuser auprès du roi de cette avidité révélée, il aurait répondu plaisamment : *Sire,
appétit vient en mangeant.* Si le mot a été prononcé, c'est sans doute déjà comme
ne phrase proverbiale. Sentie aujourd'hui exclusivement comme une métaphore
e la faim, la locution jouait sur le sens général d'*appétit* « ce qui appète (attire) »,
lus proche en fait de la *libido* freudienne que des sensations de l'estomac.

APPRENDRE v. tr.

Apprendre à vivre à qqn « constituer pour lui une sévère leçon » (quand le
ujet est un nom de chose) ; « le punir, le châtier » (avec un nom de personne pour
ujet). *Ça lui apprendra à vivre* est en fait quasi synonyme de : *ça lui fera les pieds*
→ PIED). L'idée de base est celle de la « leçon » assimilée à la « punition » (de même
ue la notion de « rendre pur » [*castus*] a donné en français le mot *châtier* [*casti-
are*]). Dans l'inconscient linguistique « punir, faire du mal » est assimilé à « ensei-
ner », ce qui jette une lueur révélatrice sur la nature fondamentalement sadique de
'enseignement dans la société latino-chrétienne (qui n'en a sans doute pas l'exclusi-
ité, mais qui a profondément perverti l'idéal socratique).

N'avoir rien appris, rien oublié « conserver les mêmes idées, malgré tous les
émentis apportés par les faits, par l'histoire ». La formule a été appliquée d'abord
ux émigrés français, tenants de l'Ancien Régime, après leur retour d'exil à la Res-
auration. L'obstination politique est exprimée par la double négation (→ NI PLUS,
I MOINS) qui garantit l'identité du contenu mental. La rhétorique l'emporte ici sur
a rigueur logique, car s'il peut être vrai de dire que les misonéistes n'ont « rien

oublié» du passé auquel ils se raccrochent, ils n'en ont pas moins «tout oublié» des modifications sociales et historiques qui n'ont ainsi rien pu leur apprendre.

ARAIGNÉE n. f.

Vx. **Doigts d'araignée** «c'est-à-dire doigts d'une souplesse à faire craindre d'en être filouté» (Le Duchat, *Ducatiana*, 1738, p. 452). À ne pas confondre avec la loc. érotique *(faire) patte d'araignée*, désignant une caresse.

Avoir une araignée au plafond «être fou». Variantes : *avoir l'araignée* (ou *une araignée*) *dans le* [au] *cerveau (dans la tête, dans la coloquinte)*. La variante elliptique : *avoir une (l')araignée*, ne s'emploie plus.

— Mais j'aime mon mari, moi Monsieur !
— Hein ! Vous !... Mais je n'en doute pas, Madame. *(À part)* Qu'est-ce qui lui demande quelque chose ? Encore une qui a l'araignée.   FEYDEAU, *Chat en poche, in Ph. Sl.*

Araignée du matin, chagrin; araignée du soir, espoir [LOC. PROV.]. L'araignée donne lieu à de nombreuses formules de présage, où *matin* rime avec *chagrin* (le caractère néfaste attribué à l'animal déclenche cette première assonance), *tantôt* avec *cadeau* et *soir* avec *espoir*, par souci d'antithèse.

Solange, autrefois, était la fée des araignées du matin — Chagrin, dit la chronique. Je m'interromps ici pour observer «ce matin» une araignée qui tisse dans le coin le plus noir de ma cellule. Le destin a mené sournoisement mon regard sur elle et sa toile. L'oracle se manifeste. Je n'ai qu'à me courber sans maudire : «Tu es ton propre sort, tu as tissé ton propre sortilège».   J. GENET, *Notre-Dame-des-fleurs*, p. 124.

1. ARBITRE n. m.

L'arbitre des élégances «une personne très élégante» (qui pourrait servir de modèle et de référence en matière d'élégance).

2. ARBITRE n. m.

Libre arbitre «volonté libre, possibilité de décision». Cette expression forme aujourd'hui un mot et a remplacé *arbitre* au sens de «volonté» (du latin *arbitrium*), éliminé par l'homonymie avec *arbitre* «celui qui juge un différend» (du latin *arbiter*). On a dit *franc arbitre* (XIIIᵉ s.) et *libéral arbitre* (fin XVIᵉ s.) mais c'est le dernier venu, *libre arbitre* (XVIIᵉ s., dans Pascal) qui l'a emporté.

ARBRE n. m. Outre les locutions traitées ci-dessous, le mot *arbre*, suivi d'un déterminant (adjectif ou nominal), sert à former des noms composés désignant des formes ramifiées, des noms techniques (au sens de «axe» : *arbre de couche*, etc.), sans parler des nombreuses espèces particulières d'arbres *(arbres aux anémones, arbre d'argent*, etc. : voir les dict. généraux) et des arbres pourvus d'une valeur symbolique *(arbre de Noël, arbre de mai, arbre de la liberté)*.

Vx. **Arbre des philosophes** «le mercure». L'ancienne chimie et l'alchimie ont plusieurs expressions formées avec *arbre* : *arbre de Jupiter* («sels d'étain qui précipitent en arborescences»), *arbre de Saturne* («plomb en arborescences»), etc.

Arbre de la science du bien et du mal «arbre du paradis terrestre, dont le fruit était interdit à l'homme»; métaphoriquement «les connaissances que désapprouverait Dieu, les connaissances qui doivent rester cachées à l'homme».

Bien plus : j'avais encore trop peu mordu aux fruits de l'Arbre de la Science pour entrevoir la possibilité de pareilles discriminations et c'est, à chaque phrase que je lisais, un vaste pan de nature qu'il me semblait toucher du doigt, tant j'étais envoûté par les mots.
M. LEIRIS, *Biffures*, p. 57.

Les arbres (qui) cachent la forêt «les détails (qui) cachent l'ensemble».

Couper (abattre) l'arbre pour avoir le fruit «supprimer une source de profit pour un avantage immédiat». La même idée est exprimée dans le domaine animal, avec *tuer la poule pour avoir l'œuf* → POULE. Cette locution proverbiale est commentée par Montesquieu (*De l'Esprit des Lois*, V, 13).

Faire l'arbre fourchu « se tenir la tête en bas et les jambes en l'air ». Variante : *faire l'arbre droit* (qui implique les pieds joints, à la différence de la première locution).

Mettre le doigt entre l'arbre et l'écorce « s'immiscer dans une affaire où il y a des intérêts contradictoires, vouloir concilier à ses dépens les inconciliables ». Généralement en phrase négative : *il ne faut pas...* Molière utilise comiquement l'expression dans *le Médecin malgré lui* : « apprenez que Cicéron dit qu'entre l'arbre et le doigt il ne faut pas mettre l'écorce » (acte I, scène 2). À l'origine, le contexte est généralement celui des disputes matrimoniales.

Monter à l'arbre « être victime d'une mystification », équivaut au sens familier de *marcher*. *Faire monter à l'arbre* « mystifier, tromper » → MONTER.

> Ce que vous m'amusez ! s'écria-t-elle tout à coup en plongeant sa figure dans ses mains.
> Et moi, bonne bête, qui discutais sérieusement, sans m'apercevoir que vous me faisiez monter à l'arbre.   M. PROUST, *À la recherche du temps perdu*, t. I, p. 215.

C'est au fruit qu'on connaît l'arbre [LOC. PROV.] « à l'œuvre, au résultat qu'on peut juger l'auteur ou la cause » → FRUIT.

(Il ne faut pas) juger de l'arbre (du bois) par l'écorce [LOC. PROV.] « (il ne faut pas) se fier aux apparences, ou juger les gens sur leur mine ».

> On juge du bois par l'écorce
> Et du dedans par le dehors,
> Considérez de près nos corps,
> Et jugez quels nous devons être.   SCARRON, *Virg. trav.*, *in* Le Roux.

ARC n. m.

Avoir plusieurs cordes à son arc → CORDE.

ARCHE n. f.

Arche de Noé. L'expression, dans son emploi biblique (le vaisseau fermé construit par Noé sur le commandement de Dieu) est très ancienne (XIIᵉ s.). Elle a pris plusieurs sens métaphoriques : au XVIIᵉ s., « maison contenant une population hétéroclite » (« On dit d'une maison où il y a plusieurs ménages, *c'est l'arche de Noé, où il y a toutes sortes de bêtes* » [Furetière, 1690]) ; au XIXᵉ s., « lieu de refuge ».

Arche d'alliance (XIIIᵉ s.) « le coffre où les tables de la loi étaient conservées (chez les Hébreux) ». L'expression est calquée de l'italien *arco dell' allianza,* elle a gardé sa valeur biblique, cf. Exode 25, 10 ; 26, 34.

Vx. *C'est l'arche sainte, l'arche du Seigneur* « c'est une chose qui doit être respectée » (fin XVIIIᵉ s.).

ARCHIDIACRE n. m. C'était une sorte de *vicaire général,* investi par l'évêque d'une juridiction sur les prêtres d'un diocèse.

Vx. *Être crotté en archidiacre* « très sale » (XVIᵉ s.). Les archidiacres faisaient, paraît-il, leurs visites à pied ; mais ils n'étaient certes pas les seuls. L'expression utilise doublement le préfixe *archi-* et satisfait un besoin de plaisanterie anticléricale. Pasquier juge le proverbe « assez ordurier et sale » (É. PASQUIER, *Recherches de la France*, 8, 33).

ARCHITECTE n. m. Plusieurs expressions avec le mot *architecte* désignent Dieu en tant qu'auteur de l'Univers : *le divin, le grand, le suprême architecte; l'architecte du Monde,* etc. Sauf la première qui est dans Bossuet, elles semblent dater de la Restauration.

Vx. *C'est un grand architecte de fourbes* « un grand trompeur » (fin XVIIᵉ s.). *Fourbe* signifie ici « fourberie, action commise par une personne fourbe », comme dans la phrase de Bossuet : *sa fourbe fut bientôt découverte.* Le vieillissement de ce sens suffirait à expliquer la disparition de cette locution, intéressante parce qu'elle met en œuvre la métaphore de la construction pour exprimer un plan malveillant (cf. *monter un bateau*, ou *échafauder des projets*).

ARÇON n. m. D'un dérivé latin de *arcus* « arc » pour désigner les côtés latéraux et arqués de la selle.

Vieilli. *Être ferme sur ses arçons* « défendre ses opinions, sa position avec vigueur ». La locution est voisine de *bien se tenir en selle*.

Vieilli. *Vider (perdre) les arçons* « être déconcerté, embarrassé ». La métaphore est lexicalisée dans *désarçonner* (= faire vider les arçons). Les deux expressions représentent l'assurance intellectuelle par la bonne position, l'« assiette » du cavalier ; leur vieillissement n'est pas lié au caractère archaïque de cette référence car de nombreuses locutions héritées de la civilisation du cheval sont restées dans l'usage (cf. *boire le coup de l'étrier*, etc.) mais plutôt au fait que le mot *arçon* n'est plus compris que par les cavaliers et plus ou moins confondu avec *étrier* par de nombreux locuteurs.

ARDOISE n. f.

Avoir une ardoise « avoir un compte, des dettes, dans un débit de boisson, etc. ». Les cafetiers notaient les dettes de leurs habitués sur des ardoises.

Arg. *Prendre une ardoise (à l'eau)* « se servir de l'édicule appelé *ardoise*, c'est-à-dire d'une pissotière », la désignation étant une synecdoque (la partie : paroi en ardoise, pour le tout).

ARÈNE n. f. Latin *arena* « sable ». Le mot est vieux dans ce sens.

Vieilli. *Descendre (entrer) dans l'arène* « accepter de se battre ; engager une controverse ». De nos jours, on comprend l'expression comme « aller dans l'amphithéâtre nommé *arènes* pour s'y battre », alors qu'il s'agit, en fait, de « descendre sur le sable de la piste, sur la partie sablée (de l'amphithéâtre) ». C'est le même type de métaphore que *entrer dans la carrière*, utilisant les jeux sportifs ou les combats spectaculaires de l'Antiquité pour exprimer l'âpreté des luttes intellectuelles et sociales.

ARGENT n. m.

Vx. *L'âge d'argent* « l'époque mythique qui aurait succédé à l'âge d'or ». → Or.

Argent comptant « argent versé, compté sur le champ » et, par métaphore, « avantage, qualité manifestés sans délai » (d'abord employé avec les verbes *accepter, prendre,* voir ci-dessous).

> Je n'ai point de naissance, moi, il me faut de grandes qualités, argent comptant, sans suppositions complaisantes, bien prouvées par des actions parlantes...
> STENDHAL, *Le Rouge et le Noir*, p. 531.

Argent liquide « argent sous forme de pièces, de billets de banque pouvant circuler librement, sans formalités ». Ce syntagme, comme *argent comptant* (ci-dessus), est en général enregistré dans les dict. sans autre commentaire, alors qu'il est démotivé et que la métaphore de la « liquidité » n'est pas nettement sentie. Il n'en était pas ainsi au début du XIXᵉ s., où, au moins régionalement, on parlait encore *d'argent sec et liquide*. La loc. est remotivée par un slogan des cafés : *l'argent liquide est fait pour être bu !*

> Au moment où on les dépouillera de leur veste de ratine pour leur faire endosser la robe noire, leur éducation se bornait à un respect immense et sans borne pour l'argent sec et liquide, comme on dit en Franche-Comté.
> STENDHAL, *Le Rouge et le Noir*, p. 387.

Accepter (prendre...) pour argent comptant « accepter sans esprit critique, être crédule ». On trouve aussi la forme plus logique : *prendre pour argent conté* (compté), au XVIᵉ s. (N. du Fail).

> Sans énergie devant la maladie, il était également sans force devant le malade, acceptait pour argent comptant les histoires à dormir debout que les militaires lui contaient
> [...].   G. COURTELINE, *Les Gaîtés de l'escadron*, p. 241-242.
> En somme, mon petit, dit rudement Bouilton, [...] votre affaire à vous est cuite... —
> Oh! patron, l'on ne sait jamais. J'ai pu me tromper, prendre pour de l'argent comptant des politesses de surface...
>   J. ROMAINS, *Les Hommes de bonne volonté*, t. XXII, p. 81.

En avoir pour son argent « avoir une chose, obtenir un plaisir proportionné à la dépense ou à l'effort ». Au contraire, **en être pour son argent** signifie « avoir dépensé ou perdu son argent sans contrepartie ». On dit aussi : **en donner à quelqu'un pour son argent** « lui donner autant ou plus qu'il n'était en droit d'exiger, qu'on ne lui avait promis », ou, plus concrètement, « qu'il a été payé pour qqch. ».

> Une fainéante dont je ne peux rien tirer ! [...] Je la flanque à la porte, si elle ne m'en
> donne pas pour mon argent !   É. ZOLA, *Pot-Bouille*, t. I, p. 126.

Vx. **Avoir le drap et l'argent** « garder la marchandise et le prix ». C'est une des locutions tirées de la *Farce de Maître Pathelin*.

Faire argent de tout... « tirer un profit matériel, financier à chaque occasion ». Syn. *faire profit, tirer profit de tout.*

> Enfin, cette grotte m'est chère, et l'on ne peut disconvenir qu'elle ne soit située d'une
> façon à faire envie à l'âme d'un philosophe... eh bien! ces bons congréganistes de
> Besançon font argent de tout ; si tu sais t'y prendre, ils te vendront ma dépouille
> mortelle...   STENDHAL, *Le Rouge et le Noir*, p. 696.

Dans un autre sens : « échanger tous ses biens contre de l'argent liquide ».

> Le négociant était devenu l'esclave de la jolie femme. Pour satisfaire ses moindres
> caprices, il faisait argent de tout. Son commerce périclitait.
>   GORON, *L'Amour à Paris*, t. I, p. 464.

Jeter l'argent par les fenêtres « être très dépensier ». L'argent dispensé aux mendiants, chanteurs de rue, etc., était effectivement lancé par les fenêtres, sans qu'on puisse assurer que l'origine de l'expression soit dans cette coutume.

Vx. **Jouer bon jeu bon argent** → JEU.

Vx. **Mettre argent sous corde** « jouer argent comptant ». C'est une métaphore tirée du jeu de paume, où l'on plaçait les enjeux sous la corde divisant le terrain (qui jouait le même rôle que le filet au tennis).

Prendre qqch. pour argent comptant → ci-dessus ACCEPTER POUR ARGENT COMPTANT.

Vx. **Être chargé d'argent comme un crapaud de plumes** [LOC. PROV.] « ne pas avoir un sou » (début XVIIᵉ s.). La comparaison n'est pas aussi arbitraire qu'il y paraît : *plume* entre dans de nombreuses expressions où le mot représente l'argent (*ôter, tirer, arracher une plume à qqn* ont signifié le dépouiller, comme *plumer*) et *crapaud* a plusieurs emplois péjoratifs appliqués à l'homme.

L'argent (trouvé) n'a pas de maître « l'argent circule sans jamais s'attacher à celui qui le possède un instant ».

L'argent n'a pas d'odeur « l'argent gagné de manière malhonnête, illicite ou honteuse ne trahit pas son origine ».

La parole est d'argent → PAROLE.

L'argent ne fait pas le bonheur. La dissociation de la richesse et du bonheur est moins anodine qu'il n'y paraît. Prétendre que le bonheur est totalement indépendant des conditions matérielles justifie et garantit l'ordre économique imposé, en persuadant les plus défavorisés que le bien suprême n'est pas la richesse. Même riches, ces défavorisés ne seraient donc pas à l'abri du malheur ; s'ils sont pauvres et malheureux, leur malheur est considéré comme indépendant de leur situation sociale. Le mythe du malheureux milliardaire illustre la même philosophie utilitaire.

Pas (point) d'argent, pas (point) de Suisse « on ne donne ou on ne fait rien pour rien » (1640, Oudin). Locution proverbiale rendue célèbre par *les Plaideurs* de Racine (I, 1). Les Suisses auxquels l'expression fait allusion sont les mercenaires. Bien que peu compréhensible aujourd'hui, l'expression reste assez vivante pour inspirer des déformations plaisantes :

> Chez l'épicier, pas d'argent, pas d'épices,
> Chez la belle Suzon, pas d'argent, pas de cuisse...
> Les morts de basse condition,
> C'est pas de ma juridiction.   Georges BRASSENS, *Poèmes et Chansons*, p. 129.

Plaie d'argent n'est pas mortelle → PLAIE.

Le temps c'est de l'argent → TEMPS.

Vx. *Argent ard [brûle] gens* (*in* Meurier, 1617) « l'argent détruit l'homme ».

ARGENTIER n. m.

Grand Argentier, désignation familière du « ministre des finances » ou du « trésorier, responsable des comptes ». Le mot argentier, dans le sens de « trésorier », était parfaitement normal. C'est la disparition de ce sens, le mot *argentier* étant peu à peu réservé à « meuble, coffre où l'on range l'argenterie », qui a donné à l'expression sa valeur ironique ou familière.

1. ARME n. f.

Armes blanches « armes métalliques tranchantes, coupantes, opposées aux armes à feu ». Cette expression fait partie du lexique ; elle mérite néanmoins un mot d'explication. Le sens originel en est « arme en acier *blanc,* non bronzé, à la différence des parties métalliques des armes à feu ». Cette expression technique ne renvoie plus aujourd'hui qu'au sens « armes qui coupent, qui blessent en tranchant », peut-être avec un vague rappel de SAIGNER★ À BLANC.

Compagnon, frère, fait, veillée... d'armes (→ ces mots).

Avec armes et bagages « avec tout son matériel, tout ce dont on a besoin ». D'abord dans *capituler, se rendre avec armes et bagages* (« se rendre en livrant ses armes et son matériel au vainqueur »), puis employé familièrement dans d'autres contextes.

> Notre retraite prenait même une petite allure héroïque, le genre : « Il faut se sacrifier pour son pays. Vivons donc comme des paysans. » [...]
> Nous étions donc allés vivre à la ferme, avec armes et bagages, pour moi c'était le bonheur.   M. CARDINAL, *Les Mots pour le dire*, p. 116.

L'arme au pied « prêt pour l'action ». *Rester l'arme au pied* se dit d'une personne qui est en mesure d'agir et à qui on ne donne pas le signal, comme un soldat équipé et armé qui ne reçoit pas l'ordre de départ *(Arme sur l'épaule !).*

Aux armes ! cri par lequel on ordonne au soldat de prendre ses armes et de combattre. S'emploie au fig. pour exhorter qqn ou s'exhorter soi-même à la lutte, au combat.

> En sortant, Julien crut voir du sang près du bénitier, c'était de l'eau bénite qu'on avait répandue : le reflet des rideaux rouges qui couvraient les fenêtres la faisait paraître du sang.
> Enfin, Julien eut peur de sa terreur secrète.
> — Serais-je un lâche ! se dit-il, aux armes !   STENDHAL, *Le Rouge et le Noir*, p. 238.

Sous les armes « armé, prêt à combattre ». S'est employé métaphoriquement dans la langue classique en parlant d'une femme « qui emploie tous les moyens de plaire ». Saint-Simon écrit que « toutes les dames de la cour » étaient « en deshabillé, mais sous les armes » (*in* Littré). L'idée n'était donc pas tant celle de « parure » (comme le pense Littré), que de « moyens de séduire ». Au XIXe s., la métaphore guerrière a quitté le champ de la galanterie pour celui des activités économiques et commerciales :

> Derrière les étoffes qui le pavoisaient, on sentait le magasin vide, sous les armes, et attendant la pratique, avec ses parquets cirés, ses comptoirs débordant de marchandises.   É. ZOLA, *Au Bonheur des Dames*, t. I, p. 104.

Se battre (combattre...) à armes égales « (s')affronter avec des moyens égaux, des chances équivalentes ».

> Ils doivent surtout avoir peur de cette classe d'hommes de cœur qui, après une bonne éducation, n'a pas assez d'argent pour entrer dans une carrière. Que deviendraient-ils ces nobles, s'il nous était donné de les combattre à armes égales !
> STENDHAL, *Le Rouge et le Noir*, p. 303.

Déposer les armes « se rendre, s'avouer vaincu » → ci-dessous RENDRE LES ARMES. Var. *Mettre bas les armes* :

> Oh ! je viens d'être frappé en plein cœur, j'ai ressenti le mal qui envahit soudain les veines des déshonorés ! [...] le maire s'est levé :
> « Nous allons signer l'ordre de mettre bas les armes ! »   J. VALLÈS, *L'Insurgé*, p. 276.

Vx. *Faire arme de tout* « utiliser tous les moyens » (voir Corneille et Voltaire, *in* Robert).

Faire ses premières armes « débuter dans une activité, une carrière ». Au sens propre « faire sa première campagne » (Brantôme), « recevoir le *baptême du feu* ».

> Avant de prendre mes galons comme directeur du Grand-Hôtel, j'ai fait mes premières armes sous M. Paillard.   M. PROUST, *À la recherche du temps perdu*, t. II, p. 755.

Passer par les armes « fusiller ». D'abord *faire passer par les armes* (comme on faisait *passer par les baguettes*) « faire exécuter militairement ».

Passer l'arme à gauche « mourir ». Locution du langage militaire (début XIXe s.), plus précisément des maîtres d'armes, comme l'indique un passage du *Stello* de Vigny qui jette une certaine clarté sur l'expression :

> Je continuais à examiner ses hiéroglyphes de caserne [des tatouages sur le bras d'un soldat] avec l'attention d'un peintre en miniature. Immédiatement au-dessus du cœur [...] on voyait peint en bleu un grand sabre, tenu par un petit blaireau debout [...] et au-dessus, en gros caractères : *Honneur à Blaireau, le bourreau des crânes!* Je levai vite la tête, comme on ferait pour voir si un portrait est ressemblant.
> — Ceci, c'est toi, n'est-ce pas ? [...]
> — Oui, oui, c'est moi. Les crânes sont les six maîtres d'armes à qui j'ai fait passer l'arme à gauche.
> — Cela veut dire tuer, n'est-ce pas ?
> — Nous disons ça comme ça, reprit-il avec la même innocence.
> En effet cet homme primitif, habile sans le savoir [...], avait gravé sur son bras jaune, au bout du sabre du blaireau, six fleurets renversés qui semblaient l'adorer.
> VIGNY, *Stello*, XXIII, *Sur les hiéroglyphes du bon Canonnier.*

Le fleuret étant dans la main droite du duelliste (s'il n'est pas gaucher), le faire *passer à gauche*, c'est le lui « arracher des mains », euphémisme très acceptable pour « tuer », dans ce contexte. Bien entendu, cette explication rationnelle est insuffisante si l'on ne tient pas compte de la valeur maléfique du côté *gauche* (voir ce mot) qui ajoute à *senestre* (cf. latin *sinistra* « main gauche »), qu'il a remplacé, les connotations de « déviation » par rapport à ce qui est *droit*, de « maladresse », etc. À *gauche*, depuis le XIXe s., signifiait « mal, de travers », dans plusieurs expressions. *Faire passer l'arme* (l'épée) *à gauche*, c'est donc à la fois « renverser » (l'arme et l'homme [l'âme ?]), « priver » (de l'arme) et finalement « tuer ».

> [...] bien sûr, elle sauverait son homme, tandis qu'à l'hôpital les médecins faisaient passer l'arme à gauche aux malades trop détériorés, histoire de ne pas se donner l'embêtement de les guérir.　　　　　　　　　　　É. ZOLA, *L'Assommoir*, t. I, p. 147.

> Avant de passer l'arme à gauche
> Avant que la faux ne me fauche
> Tel jour telle heure en telle année
> Sans fric sans papier sans notaire
> Je te laisse ici l'inventaire
> De ce que j'ai mis de côté　　　　　　　L. FERRÉ, *Poète... vos papiers!*, p. 108.

Porter les armes « être soldat ». C'est l'aspect actif de ce qui est exprimé dans *être sous les armes.*

Prendre les armes « s'apprêter à combattre ».

Rendre les armes « cesser de se battre, de se défendre ; s'avouer vaincu ». L'expression s'est beaucoup employée dans le langage galant de la préciosité, où les rapports amoureux sont assimilés à un combat ; elle ne s'emploierait plus avec un sujet et un complément noms de choses, comme dans ce vers de *Rodogune* : « *Leur haine à nos douleurs aurait rendu les armes* » (III, 5), alors qu'on dirait encore : « leur haine aurait désarmé... ».

> Qui que tu sois, tape [*sic*]-là, je te rends les armes ; je n'ai pas de chance aujourd'hui :
> tu es le diable...　　　　　　　　　　BALZAC, *Vautrin*, acte III, scène 8.

2. ARME n. f. Armoiries.

Armes parlantes « formées de la représentation de plusieurs objets dont les noms prononcés dans l'ordre où ils sont figurés forment celui de la famille en question ». On cite fréquemment le *rat* et le *cygne* (prononcé *sine*) des *armes parlantes* des *Racine.*

ARMOIRE n. f.

Fam.　**Armoire à glace** « individu de forte carrure ». À la différence de *armoire normande,* qui renvoie surtout à la massivité, et peut s'employer en parlant des deux sexes, *armoire à glace* ne se dit guère que d'hommes athlétiques et éventuellement offensifs. Le choix de *à glace* (qui se dit d'une armoire à vêtements munie d'un miroir sur la porte) est obscur, alors que les *armoires normandes,* volumineuses et massives, suscitent ce type de métaphore.

Arg. et vx.　**Armoire à linge** « torse ». Équivalent plaisant de *coffre, buffet,* le linge évoquant sans doute les vêtements.

> Moi, j'suis pas méchant, dit Blaire. J'ai des gosses, et ça m'turlupine, chez nous, quand il faut que je tue un cochon que je connais, mais, de ceux-là, j'en embrocherais bien un — dzing — en pleine armoire à linge.　　　　　H. BARBUSSE, *Le Feu*, t. I, p. 18.

ARRACHEUR n. m.

Mentir comme un arracheur de dents « effrontément », comme les dentistes qui, autrefois, sur les places publiques et dans les foires, offraient leurs services aux volontaires et prétendaient, pour attirer les clients réticents, que l'opération serait indolore. L'expression date du début du XVIIe s. et est toujours usuelle dans la langue familière. Le syntagme *arracheur de dents* (1585) s'emploie dès le début au sens de « menteur effronté » (Noël du Fail, *Contes d'Eutrapel*).

ARRÊT n. m. Le mot entre dans des syntagmes fréquents, où il garde sa valeur générale (*coup, point d'arrêt, arrêt de..., du..., sans arrêt,* etc.).

En arrêt [LOC. ADV.], s'emploie en parlant du chien de chasse qui s'immobilise lorsqu'il sent le gibier, et donne lieu à des expressions figurées : *être, tomber, rester en arrêt* « rester immobile, aux aguets (devant qqn ou qqch.) ».

ARRIVER v. intr.

Croire que c'est arrivé «croire qu'on a entièrement réussi; estimer qu'on est un personnage important». Le sens n'est pas identique à l'emploi de *arrivé* au sens de «qui a réussi socialement». On peut en effet *se croire (un homme) arrivé* «avoir une impression de réussite sociale» et ne pas *croire que c'est arrivé*. Cette dernière expression est très voisine de *se prendre au sérieux*.

> [...] comme une orange abîmée, lancée très fort contre un mur par un gamin mal élevé, la Marseillaise éclate et tous les spectateurs... se dressent congestionnés [...]. Tous sont debout, sauf l'homme à tête de Rouget de l'Isle qui croit que c'est arrivé, et qui trouve qu'après tout ce n'est pas si mal exécuté [...].   J. PRÉVERT, *Paroles*, p. 10.

ARROSER v. tr. D'un composé latin de *ad* et *rorare* «répandre la rosée *(ros, roris)*». L'emploi fondamental de *arroser* est donc une imitation des phénomènes naturels (rosée, mais aussi pluie) par l'homme, dans la culture.

Ça s'arrose, formule par laquelle on propose de célébrer un succès, un heureux événement par l'absorption de boissons (on dit aussi : *on va arroser ça,* etc.). L'assimilation hyperbolique de la boisson à l'arrosage (de la terre) suppose la neutralisation de la nature des liquides (par une sorte d'euphémisme) et l'accent mis sur la quantité (on retrouve les mêmes caractères dans : *se rincer la dalle*) → ARROSOIR.

ARROSOIR n. m.

Fam. *Coup d'arrosoir* «coup à boire». Formé sur le sens spécial de *arroser* «accompagner (un aliment) de vin» → ARROSER. L'effet plaisant vient de ce que l'arrosoir sert habituellement à verser de l'eau.

> Ça n'était pas salé; mais, juste à cause des pommes de terre, ça demandait un coup d'arrosoir toutes les minutes. On cassa le goulot à quatre nouveaux litres.
>   É. ZOLA, *L'Assommoir*, t. I, p. 272-273.

ART n. m.

Le noble art «la boxe» (une citation-commentaire de Jean Prévost, dans le supplément du Robert, attribue la noblesse de la boxe aux qualités morales exigées des combattants, à l'égalité créée par les catégories de poids et enfin au fait que les coups sont réservés aux parties nobles du corps).

Le septième art «le cinéma». On a créé depuis les *huitième* et *neuvième arts* (télévision; bande dessinée).

L'art et la manière «la bonne façon de procéder». Loc. très courante où les deux substantifs sont à peu près synonymes et se réfèrent à la maîtrise d'une technique, à l'application d'un savoir-faire. *Art* y est pris au sens classique de «technique, procédé réglé».

Pour l'amour de l'art «pour le plaisir de l'activité elle-même; sans aucune finalité pratique, intéressée». *Art* a ici son sens ancien de «technique».

> Tu ne me veux pas en rêve,
> Tu m'auras en cauchemar !
> T'écorchant au vif, sans trêve,
> — Pour moi... pour l'amour de l'art.   T. CORBIÈRE, *Les Amours jaunes*, p. 750.

Les règles de l'art «les principes établis ou reçus par les spécialistes» (1627).

> Du reste cette attaque de vive force avait été préparée par un tir à distance, selon toutes les règles de l'art.   M. PROUST, *À la recherche du temps perdu*, t. II, p. 232.

ARTABAN n. pr.

Fier comme Artaban « très fier ». *Artaban* est le nom de plusieurs rois parthes de la dynastie des Arsacides, mais ce n'est pas l'histoire du Proche-Orient, ni la personnalité de l'un de ces rois qui a donné naissance à l'expression. Celle-ci est d'origine littéraire, et le fier Artaban est un personnage important de l'immense roman historique de Gautier de la Calprenède, intitulé *Cléopâtre*. Cette « énorme épopée en prose de douze volumes, vingt-quatre livres et 4 153 pages » (A. Adam), à la fois roman d'amour, feuilleton d'aventures guerrières et recueil de considérations politiques sous l'enveloppe historique (l'ouvrage était dédié à Condé), parut au milieu du XVIIe s. De son succès ne reste aujourd'hui que l'apparition, dans la langue courante, d'un nom de souverains parthes du IIe s. avant l'ère chrétienne. *Fier* a bien dans l'expression son sens moderne ; pour Boileau, l'arrogance des héros de la Calprenède n'est que la projection de la superbe de leur auteur : « tout à l'humeur gasconne en un auteur gascon » *(Discours sur le dialogue des héros de roman)*.
La sonorité du nom propre a certainement aidé à la conservation de l'expression qui a subi diverses altérations populaires ou stylistiques (par ex. : *fier comme un tapant*, dans Balzac, selon M. Rat). Les dernières en date sont : *fier comme bar-tabac, comme un p'tit banc* :

> Je me pointe à la gare, fier comme un petit banc. À ces heures, l'agitation est intense.
> Je m'approche d'un guichet et je prends une first classe pour Paris.
>   SAN ANTONIO, *Au suivant de ces messieurs*, p. 63-64.

ARTICHAUT n. m.

Avoir un cœur d'artichaut « un cœur inconstant ». Un *cœur d'artichaut* se dit d'« un amoureux volage ». L'expression utilise le sens du mot *cœur* « partie centrale des végétaux ». Le sens évoque les feuilles multiples qui se détachent du *cœur* (du fond) de l'artichaut. La forme développée et proverbiale en était *« cœur d'artichaut, une feuille pour tout le monde »*.

> [...] le lendemain, je lisais dans les canards qu'une Mme Claire... — mettons Dupont... c'est comme ça que j'ai connu son nom... — avait ingurgité une dose massive de véronal et que mort s'en était suivie. Elle a eu tort, comme quoi il ne faut jamais s'affoler. Remarque que claquer comme ça ou autrement... Mais, à l'époque, j'étais encore un petit peu cœur d'artichaut.   A. SERGENT, *Je suivis ce mauvais garçon*, p. 62.

ARTICLE n. m. Du latin *articulus* « articulation », d'où la valeur commune des différents sens abstraits (« division, partie »).

Vieilli. *Article de foi* « chose à laquelle on croit fermement ». *Prendre pour article de foi* et *croire qqch. comme article de foi* signifient « croire fermement ».

À l'article de la mort, calqué du latin *in articulo mortis* où *articulus* signifie « division (du temps) », d'où « moment » → MORT.

Pour (sur) l'article de..., sur cet article « sur ce sujet ». L'image est exactement la même que dans *sur ce chapitre*.

Faire l'article « vanter la marchandise, faire valoir quelqu'un ou quelque chose ». L'*article* est ici une marchandise ; hors du contexte commercial, la locution est péjorative.

Vx. *Être fort sur l'article*. Équivalent du moderne *être porté sur la chose*. L'*article* par excellence, le « sujet » qui n'a pas besoin d'être déterminé, c'est évidemment l'Éros.

> M. Cambredon était fort sur l'article, comme disent les paysans ; il courait les filles du village.   H. DUVERNOIS, cité par M. RAT.

ARTILLERIE n. f. Dérivé de l'ancien verbe *atilier* «garnir, parer», avec l'adjonction d'un *r* par influence de *art* (au sens de «technique»). Avant l'usage généralisé de la poudre, l'*artillerie* (XIIIᵉ s.), c'est le «matériel de guerre».

Vx. *Artillerie de gueule* «vivres» (XVIᵉ s.). Cette expression d'allure rabelaisienne était moins cocasse au XVIᵉ s. qu'il ne nous semble : elle équivalait simplement à *matériel de gueule.*

> Tout ce qu'il avait de pain, chair, vin et autre artillerie de gueule, fut desploié, mangé et beu.   Noël DU FAIL, *Contes d'Eutrapel*, 8.

AS n. m.

Vx. *As de carreau* «havresac de soldat» (de forme carrée comme la figure de carreau aux cartes et, surtout, roux comme le carreau est rouge : le sac était fait en poil de vache).

> Je ne veux pas parler du havresac qu'en argot militaire on nomme «as de carreau».
>   M. LEIRIS, *Biffures*, p. 145.

As de pique se dit de nos jours d'un personnage bizarre et comique. L'expression évoque au physique un grand escogriffe mal vêtu et est à peu près synonyme de termes comme *numéro.* Au XVIIᵉ s., elle était nettement plus péjorative et signifiait «personnage stupide ou ridicule et mal bâti» (dans Scarron, Molière). Quant au sens de «mauvaise langue» que lui attribue Littré, il correspond peut-être à un à-peu-près entre *as de pic* et (langue) *d'aspic,* mais aucun des exemples invoqués pour l'illustrer ne permet d'appuyer cette interprétation. Enfin, le sens argotique d'*as de pique* «anus», vient de la comparaison entre la figure des cartes et le «croupion d'une volaille» (attestée en 1866 et donc très postérieure au sens de «personnage ridicule»). Surtout sous la forme *être fait (fichu, foutu) comme l'as de pique* «être mal fait ou mal habillé».

L'as des as «le plus remarquable dans son genre, dans son domaine». Renforcement, quelque peu ironique, de l'emploi mélioratif de *as.* Enregistré par le *Dict.* de l'Académie en 1932.

Être plein aux as «avoir beaucoup d'argent». Croisement vraisemblable de *être plein* «rempli d'argent», «bien en fonds», dans l'argot des joueurs en 1886 (Esnault) et *être aux as* «avoir de la chance, avoir un jeu avec des as». La forme *aux as* pourrait venir de *full aux as* du poker (c'est l'opinion de Esnault).

> Y avait des choses qu'on payait. L'pognon, i'dansait aussi, va. On était encore aux as, en c'temps-là.   H. BARBUSSE, *Le Feu*, t. I, p. 17.
> L'Arabe qui s'appelait bou Amou ben Tobler me mena dans le petit hôtel où il habitait car étant un peu plus aux as que les autres il avait plaqué les baraquements.
>   R. QUENEAU, *Loin de Rueil*, p. 215.

Passer qqch. à l'as «l'escamoter, le passer sous silence».

Vx. *Veiller à l'as* «surveiller attentivement».

ASCENSEUR n. m.

Renvoyer l'ascenseur «répondre à un acte, généralement obligeant, par un acte de même nature ; permettre à son interlocuteur d'utiliser les procédés qu'on a soi-même employés». Devenue extrêmement fréquente dans la langue familière, la loc. utilise une image de bon procédé social.

> Les vrais potes, ceux envers qui on aurait des devoirs, seraient seulement ceux qui renvoient l'ascenseur, l'ont renvoyé, ou paraissent capables de le faire.
>   A. SIMONIN, *Hotu soit qui mal y pense*, p. 215.
> Voilà quelles étaient mes relations avec les filles et le genre de service que nous rendions à la police, bien souvent oublieuse de renvoyer l'ascenseur.
>   M. ROLLAND, *La Rouquine*, p. 131.

ASPERGE n. f.

Fam. *L'asperge du pauvre* « le poireau ».

> Quand il avait des poireaux, il criait bottes d'asperges ! parce que les poireaux sont les
> asperges du pauvre.   A. FRANCE, *Crainquebille*, p. 13.

Vx. *Une asperge montée* « une personne grande et maigre ». La langue moderne lexicalise l'expression et dit *c'est une asperge, une grande asperge*. La comparaison porte sur *l'asperge montée en graine*.

Arg. et fam. *Aller aux asperges* « faire le trottoir ». Jeu de mots sur *asperge* « légume de bon profit », et par métaphore « sexe de l'homme ».

ASPHALTE n. m. Le mot a pris les valeurs figurées de *trottoir*.

Faire l'asphalte « faire le trottoir, se livrer à la prostitution ». L'expression a été précédée au XIXe s. par *polir l'asphalte* (employée par Balzac), *se balader sur l'asphalte*, au sens plus innocent de « flâner dans les rues » (à Paris).

ASPIRINE n. f.

Blanc comme un cachet d'aspirine « d'un teint très pâle » (se dit des personnes à peau blanche par moquerie, notamment sur les plages où il est de bon ton d'être bronzé). L'emploi erroné de *cachet* (pour *comprimé*) est passé dans l'usage courant. Var. ironique : *bronzé comme un cachet d'aspirine*.

ASSAILLIR v. tr.

Vx. *Bien assailli, bien débattu* (ou *bien défendu*) [LOC. PROV.] « dans (ou après) un combat animé, où les chances sont égales ». Le parallélisme de l'expression est fréquent pour indiquer la lutte, le combat (cf. *À bon chat, bon rat ; œil pour œil, dent pour dent*, etc.) ; on le constate dans l'exemple suivant :

> Fort contre fort, fin contre fin
> Bien assailly, bien débattu,
> Le bon homme fut abattu.   MAROT, *La Vierge repentie*, II, p. 254, *in* Huguet.

ASSASSIN n. m. Le mot, par l'italien, vient de l'arabe. Il désignait par un sobriquet (« fumeur de haschisch ») une secte d'Ismaëliens de Syrie, coupables d'assassinats systématiques. Cette origine a été remise à jour par les romantiques, avec la forme *haschischin*.

Le temps des assassins « l'époque actuelle, faite de violences ». L'allusion littéraire à un célèbre passage de Rimbaud (*Illuminations*, « Matinée d'ivresse ») tend à passer dans la langue. Comme l'écrivait Mauriac dans son *Nouveau Bloc-Notes* : « la prophétie de Rimbaud est accomplie : voici venu le temps des assassins » (*in* Supplément du Robert).

Que Messieurs les assassins commencent. L'habile formule d'Alphonse Karr resserre, malgré son simplisme, lorsque l'on veut s'opposer à l'abolition de la peine de mort, sans remarquer qu'elle assimile exactement l'exécution capitale à un meurtre crapuleux.

ASSASSINER v. tr.

Avoir assassiné (être capable d'assassiner) père et mère « être absolument sans scrupules ». Le superlatif de la mauvaise conduite est ici le parricide ; l'excès même de la formule emporte un caractère ironique. D'autres verbes que *assassiner* sont possibles.

Les Courvoisier se faisaient de l'intelligence une idée moins favorable et, pour peu qu'on ne fût pas de leur monde, être intelligent n'était pas loin de signifier « avoir probablement assassiné père et mère ».

M. PROUST, *À la recherche du temps perdu*, t. II, p. 441.

ASSAUT n. m.

Faire assaut de... « lutter à qui fera mieux, dans un domaine donné, ou à qui aura le plus (d'une qualité) ». *Faire assaut de générosité, d'intelligence*. L'expression suppose un compl. sans déterminant (général) et un sujet pluriel.

Bouilloux et Labbé, curiosités gargantuesques, font assaut de gueule, chez les Septmance comme partout où l'on se marie. Labbé boit le vin dans un seau à traire les vaches, Bouilloux se voit apporter un gigot entier dont il ne cède rien à personne, que l'os dépouillé.   COLETTE, *La Maison de Claudine*, p. 85.

Prendre (emporter...) d'assaut « entrer de force dans (un lieu) » et, par métaphore « prendre de haute lutte ». *Emporter d'assaut le cœur d'Hermine*, écrit Ponson du Terrail (in *T.L.F.*), qui fait bizarrement de *d'assaut* une loc. adv. signifiant « promptement ».

Et, à cette heure dernière, au milieu de cet air surchauffé, les femmes régnaient. Elles avaient pris d'assaut les magasins, elles y campaient, comme en pays conquis, ainsi qu'une horde envahissante, installée dans la débâcle des marchandises.

É. ZOLA, *Au Bonheur des Dames*, t. II, p. 70.

1. ASSIETTE n. f.

Assiette au beurre → BEURRE.

Casseur d'assiettes « fanfaron, faiseur d'embarras » (1re moitié du XIXe siècle). *Casseur* s'emploie au sens de « tapageur » depuis le début du XIXe s.
La forme vient sans doute d'expressions antérieures mal comprises (*casseur d'acier*, XVIe s.; *casseur de raquettes*, XVIIe s. → CASSEUR). On emploie aussi l'expression verbale *casser les assiettes* avec une valeur voisine de *casser les vitres* → VITRE.

Ils aspirent à l'Élysée comme pour se reposer d'avoir cassé tant d'assiettes.

MAURIAC, *Bloc-Notes*, p. 51.

Vieilli. *Piquer les assiettes* « vivre en parasite, en cherchant à manger chez les autres ». La forme vivante *un pique-assiette* fait partie du lexique.

2. ASSIETTE n. f.

Dans son assiette (être, ne pas être) « dans son état normal, dans un équilibre physique et moral ». Les gens cultivés savent que l'*assiette,* c'est la « manière d'être placé », la « disposition », tant au physique (*l'assiette d'un cavalier*) qu'au moral (voir l'expression suivante), mais pour la plupart des locuteurs, *n'être pas dans son assiette* représente une métaphore (pas plus bizarre que d'autres) où l'équilibre alimentaire symbolise la santé, le bien-être.

LA CÈNE

Ils sont à table

Ils ne mangent pas

Ils ne sont pas dans leur assiette

Et leur assiette se tient toute droite

Verticalement derrière leur tête   J. PRÉVERT, *Paroles*, p. 161.
Je suis bien aise, mon Caro, de voir que tu es rétablie dans ton assiette. Espérons que toutes nos agitations sont terminées et que le calme va succéder à la tempête.

G. FLAUBERT, *Correspondance*, Ve série, p. 126.

Dans la langue classique, il n'y avait aucune ambiguïté quant au sens, et *assiette* pouvait être qualifié par un adjectif.

Il est pâle comme un mort !

— [...] Il a la physionomie toute renversée. Allez vous coucher [...].

(BAZILE). — En effet, Messieurs, je crois que je ne ferai pas mal de me retirer ; je sens que je ne suis pas ici dans mon assiette ordinaire.

BEAUMARCHAIS, *Le Barbier de Séville*, III, 11.

Vx. **Sortir de son assiette** «cesser d'être dans son état normal, perdre son sang-froid». L'expression est de la langue classique (par ex. : Massillon) ; on la trouve encore chez George Sand.

ASTRE n. m.

L'astre du jour «le soleil» ; **l'astre des nuits** «la lune». Clichés poétiques usés, qui ne sont jamais vraiment passés dans la langue commune → JOUR, NUIT.

Beau comme un astre «très beau». Dans ses emplois actuels, l'expression est légèrement ironique ; le genre masculin du mot *astre,* entièrement arbitraire, fait réserver l'expression aux hommes (le féminin est néanmoins possible en parlant d'un enfant).

[...] à l'heure fixée, tout fut prêt, et les hommes, debout dans les espaces des lits, attendirent les événements, droits comme des piquets et beaux comme des astres.

G. COURTELINE, *Les Gaîtés de l'escadron*, p. 131.

Le jour des fiançailles, Pigeon et Vidal firent leur apparition au bureau vers deux heures et demie de l'après-midi, beaux comme des astres.

B. VIAN, *Vercoquin et le Plancton*, p. 159.

Vieilli. **Être né sous un bon (mauvais) astre** «avoir de la chance (malchance)». Cette formule est généralement remplacée par *sous une bonne (mauvaise) étoile*.

Vieilli. **Lire dans les astres** «deviner l'avenir». Malgré le succès durable de l'astrologie et des horoscopes, qui témoigne de la résistance de l'imaginaire aux connaissances rationnelles, les expressions formées avec *astre* dans ce contexte sont archaïques.

ATHÉNIEN n. m. Habitant d'Athènes (notamment en parlant de la cité antique).

C'est là que les Athéniens s'atteignirent (s'éteignirent) «c'est à ce moment que les choses se gâtèrent, n'allèrent plus». La loc., malgré sa forme passée, s'emploie aussi en parlant du présent ou du futur. La paronymie et l'à-peu-près expliquent le fonctionnement de cette expression plaisante, mais ne rendent pas compte de son origine, ni même de sa syntaxe (*s'atteignirent,* pour *furent atteints*). Quelque allusion comique à l'antiquité (cf. *La Belle Hélène* d'Offenbach) pourrait peut-être en rendre compte. La forme *...s'éteignirent* est postérieure.

On entendait précisément la voix dudit professeur qui, embarrassé par un coup, disait en tenant ses cartes : «C'est ici que les Athéniens s'atteignirent».

M. PROUST, *À la recherche du temps perdu*, t. II, p. 959.

ATMOSPHÈRE n. f.

Fam. **Être dans l'atmosphère** «avoir disparu, avoir été volé». La métaphore est la même que dans le verbe *subtiliser* ou dans *jouer la fille de l'air**. «*Mon vélo est dans l'atmosphère, la division aussi !*» dit un soldat en 1940 (cité par Esnault).

ATOME n. m.

Des atomes crochus «des ressemblances (entre deux personnes) qui font naître la sympathie». C'est en somme, une variante des *affinités électives* et une utilisation métaphorique intéressante, parce qu'assez rare, du discours scientifique ou philosophique dans le domaine sentimental. Alors que les *affinités* venaient de la chimie, les *atomes crochus* proviennent de la philosophie matérialiste de Démocrite. Cette origine, bien ressentie au début du XIXᵉ s. dans un champ métaphorique mécaniste (voir la citation de Jacquemont), n'est plus perçue par les utilisateurs de l'expression, mais il semble que l'évolution récente du mot *atome,* son réemploi dans la science moderne et sa disparition du discours philosophique n'ont pas affecté l'expression. Dans : *il y a entre eux des atomes crochus,* rien n'évoque la physique nucléaire ; c'est *crochu,* renforcé par les associations avec les sens métaphoriques de *accrocher,* qui domine.

> Sir Charles Grey est peut-être la plus forte tête du pays. Sa place est très considérable, il est le second en rang dans l'Inde. Nos atomes crochus se sont engrenés les uns dans les autres fort lestement.   V. JACQUEMONT, *Correspondance,* t. I, p. 95.
> Il faut, ajoutait la femme du docteur, qui ne l'avait jamais vu faire « autant de frais », que vous ayez ensemble des atomes crochus.
>   M. PROUST, *À la recherche du temps perdu,* t. I, p. 608.
> Voici le type même de l'offense secrète qui empoisonne lentement la vie de deux êtres et qu'aucun juge présidant une affaire de divorce ne veut reconnaître, qualifiant cet impondérable qui rend la vie à deux désormais impossible d'inconsistant. Comme s'il n'y avait pas des atomes crochus !   B. CENDRARS, *Bourlinguer,* p. 320.

ATOUT n. m.

Avoir (mettre) tous les atouts dans son jeu « avoir (mettre) toutes les chances de son côté ». Expression assez récente (Gide, Duhamel, *in* Robert) empruntée aux jeux de cartes et dont la valeur métaphorique est très claire.

ATTAQUE n. f.

Être d'attaque « être capable d'*attaquer* un travail, une entreprise ; être en bonne forme, prêt à l'action ». L'expression, d'origine populaire, semble dater du milieu du XIXe s. *Aller, faire quelque chose d'attaque* « avec énergie », se trouve dans le dictionnaire de Larchey (1861), *être d'attaque* dans celui de Delvau (1867). Wartburg enregistre l'expression en Suisse (au XIXe s.), en pays manceau, en Bourgogne (un homme *d'attaque* « solide, en bonne santé, courageux »). L'exemple de Balzac qu'allègue (sans référence) M. Rat est probablement emprunté à la langue de Touraine *(« à quatre-vingts ans, le bonhomme était toujours d'attaque »).* Dans cette expression, *attaque* est évidemment dérivé de l'un des sens figurés d'*attaquer,* « commencer, entreprendre, travailler », attesté dans de nombreux dialectes et dans la langue familière. La forme est analogue à celle d'*être d'aplomb.* Des expressions comme *chien d'attaque* « destiné à faire lever le gibier », ou *chef d'attaque* « choriste chargé des attaques » (début XIXe s.), se situent à d'autres niveaux de langue et n'ont aucun rapport avec l'expression traitée ici.

> ...une guerre de mouvement... La vraie bagarre cette fois. Et bien menée, à fond, avec un matériel éblouissant et des gars fantastiques, toujours d'attaque et qui ne cessaient d'avancer.   F. CARCO, *Nostalgie de Paris,* p. 234.

ATTELAGE n. m.

Changer d'attelage au milieu du gué « changer les responsables d'un travail en pleine exécution ». La métaphore est très claire ; elle appartient au même registre de la sagesse paysanne que *mettre la charrette avant les bœufs,* etc.

ATTENDRE v. tr.

Le verbe donne lieu à plusieurs expressions exprimant l'intensité ou l'impatience de l'attente : *attendre qqn comme le Messie, comme les moines font l'Abbé* (→ MESSIE, MOINE).

Attendre son heure « patienter jusqu'à ce que l'occasion soit propice ».

Attendre qqn au tournant → TOURNANT. — *Attendre (attendez-moi) sous l'orme* → ORME. — *Ne rien perdre (n'avoir rien perdu) pour attendre* → PERDRE.

J'ai failli attendre, se dit par plaisanterie (et par allusion au mot que l'on prête à Louis XIV dont le carrosse n'était pas arrivé avant l'heure prévue) lorsqu'on a très peu attendu.

Charles attend (dans des variantes : *je fais comme Charles, j'attends*, etc.). Calembour sur *charlatan*, de pur style Vermot.

Tout vient à point (à) qui sait attendre [PROV.] → VENIR.

ATTENTE n. f.

Contre toute attente « d'une manière absolument imprévisible ».

AUBADE n. f. Mot emprunté du provençal *aubada*, dérivé de *auba* « aube ».
L'*auba* ou *alba* était, dans la poésie des troubadours, un poème qui célébrait le matin.

Donner l'aubade. L'emploi originel de *donner une aubade* « un concert, une chanson du matin » (comme la *sérénade* est en principe le concert du soir), est encore bien compris. Il n'en est pas de même des deux acceptions familières que connaissait la langue classique, « battre, chagriner en jouant un mauvais tour » ; et, selon la définition de Le Roux (1752) « faire [à une femme] ce qu'un mari fait à son réveil à sa moitié ».

AUBERGE n. f.

Auberge espagnole « lieu, et fig., situation, où l'on ne trouve que ce qu'on a soi-même apporté ». L'expression vient d'une comparaison avec les auberges d'Espagne, où selon les voyageurs venus du Nord, il était recommandé d'apporter de quoi manger et boire, si l'on ne voulait pas être réduit à la portion congrue. On trouve la comparaison, par ex. chez Montherlant, *Notes de théâtre* (Pléiade, p. 1072), qui écrit de la *IXᵉ Symphonie* de Beethoven : « On y arrive extasié d'avance, y apportant *comme dans les auberges espagnoles*, tout ce qu'on souhaite d'y trouver. »

On n'est pas sorti de l'auberge « on n'en a pas fini avec les ennuis, les difficultés, etc. ». *Auberge* signifie « prison » en argot, et il est probable que la valeur péjorative du mot dans l'expression procède de cet emploi. À rapprocher de *changer de crèmerie.*

> Trente tonnes de fromage à débarquer en hypocrite, on n'est pas sortis de
> l'auberge remarqua Lydro. On y sera encore à Noël.   L. DURAND, *Le Caïd*, p. 219.

AUDACE n. f.

Payer d'audace « montrer de l'audace, faute d'autre chose ». Équivalent noble de *le faire au chiqué, à l'esbrouffe. Payer de* équivaut ici à *payer avec, en...; audace* est complément de moyen.

AUGURE n. m. Les mots latins *augur* (« devin ») et *augurium* (« présage ») ont
donné naissance aux deux sens du français *augure.* Seul le sens abstrait, le second, est représenté dans les locutions. Les mots latins dérivent du verbe *augere* « augmenter » (d'où *augmen, augmentum*) pour désigner « l'accroissement d'une entreprise, consenti par les dieux ». L'*augure* est donc étymologiquement le « signe d'un développement futur ».

De bon (mauvais) augure « qui constitue un signe favorable (défavorable) ».

> Pendant ce temps il y avait une personne qui ne quittait pas des siens [ses yeux] ce qui
> pouvait se deviner des traits modifiés de ma grand'mère que sa fille n'osait pas voir,
> une personne qui attachait sur eux un regard ébahi, indiscret et de mauvais augure :
> c'était Françoise.   M. PROUST, *À la recherche du temps perdu*, t. II, p. 319.
> ...la porte de la boutique était fermée, mais la poignée n'avait pas été enlevée, c'était
> de bon augure, l'antiquaire ne devait pas être bien loin...
>   N. SARRAUTE, *Le Planétarium*, p. 75.

Oiseau (corbeau...) de mauvais augure « personne qui annonce quelque malheur ». Cette expression évoque la divination par le vol des oiseaux (*auspicium*, qui a donné *auspice*) et utilise les valeurs péjoratives du mot *oiseau*. Celles-ci ont fait la rareté de l'expression symétrique : *oiseau de bon augure*.

Accepter l'augure de « recevoir comme un signe de ce qui va arriver ».

— [...la postérité]
Donnera votre exemple aux plus généreux princes.
— J'en accepte l'augure et j'ose l'espérer.   CORNEILLE, *Cinna*, V, 1.

AUNE n. f. Mot d'origine francique, désignant une mesure de longueur supérieure au mètre. Depuis son abolition définitive en 1840, le sens du mot s'est perdu. De là vient que les locutions ci-dessous, très courantes jusqu'au milieu du XIXe s., sont vieillis.

Vieilli. **Long d'une aune** « très long » (fin XIXe s.). **Tout du long de l'aune** « très longuement » (1623, Sorel).

Vx. **Avoir une (dix, vingt) aune(s) de boyaux vides** « être gros mangeur » (XVIIe-XVIIIe s.).

Mesurer à son aune « juger d'après ses propres critères, ses préjugés ». Encore employé dans la langue littéraire, comme **mesurer à l'aune de...** « juger, estimer d'après... ».

« [Les chiffres] qui sont cités sont assez accablants pour dispenser d'en fournir d'autres [...]. C'est à leur aune qu'il faut mesurer les propositions de « politique nouvelle » du logement que présente cette semaine le gouvernement.
                                                                    G. MATHIEU, in *Le Monde*, 9 juin 1971.

Savoir ce qu'en vaut l'aune « connaître par expérience », fait référence à la juste estimation du prix des étoffes. La locution est le plus souvent péjorative.

GIBOYER. — Le discours de Maréchal ! un ramas de sophismes et de vieilles déclamations !
MAXIMILIEN. — Qu'en sais-tu ?
GIBOYER. — Parbleu, c'est moi qui l'ai fait !
MAXIMILIEN. — Toi ?
GIBOYER, *après une hésitation.* — Eh bien, oui, moi ! Par conséquent, tu vois ce qu'en vaut l'aune.   É. AUGIER, *Le Fils de Giboyer*, III, 16, p. 113.
Pour la traduction de ces deux langues [...] il dit s'être adressé à des spécialistes qui lui avaient été recommandés par la direction de la bibliothèque ; on sait ce qu'en vaut l'aune, surtout au point de vue du style.
                                                                    B. CENDRARS, *Bourlinguer*, p. 19.

Vx. **Au bout de l'aune faut le drap** « tout a une fin ». Cette expression qui date du XVIe s. est tombée en désuétude à cause de l'incompréhension qui porte sur le verbe *faillir* (*faut* = « manque »).

Quand je le veiz [vis] ainsi bien convers je m'en allay à eux rendre à l'abri, ce que je ne peuz tant ils estoient ; comme l'on dict, au bout de l'aulne fault de drap.
                                                                    RABELAIS, II, 32.

AUSSITÔT adv.

Aussitôt dit, aussitôt fait « l'exécution, la réalisation étant immédiate ; sans aucun délai, immédiatement » (1594, *Satire Ménippée*). La construction où *aussitôt* est suivi d'un participe passé, puis répété et suivi d'un second, est plutôt littéraire : elle exprime la quasi-simultanéité de deux actions.

AUTANT adv. Comme la plupart des mots à fonction grammaticale, *autant* sert à former plusieurs formes complexes que les dict. considèrent comme des locutions (*autant de..., autant que... ; autant vaut...,* etc.), mais qui ne concernent pas le présent recueil. On peut néanmoins signaler une expression populaire.

Autant comme autant « en grande quantité ; autant qu'on veut ». *Autant comme...* appartient à la syntaxe populaire (y en a *autant comme* on veut, *comme* t'en veux). La répétition d'*autant* correspond à un intensif, et non pas à une comparaison d'égalité (interprétation du *T.L.F.*) comme le montrent d'ailleurs les exemples observés :

> Au Bureau à la «Coccinelle», il continuait à souffrir... Ça n'arrêterait plus du tout les meurtrissures d'amour-propre!... Autant comme autant! Il subissait de telles misères [...].
> CÉLINE, *Mort à crédit*, Pléiade, p. 968.

AUTEL n. m.

Vx. **Ami jusqu'aux autels** «ami sauf si la religion est en cause» → AMI.

S'approcher de l'autel «dire la messe (d'un prêtre); communier (des fidèles)».

Vx. **Conduire, mener... qqn à l'autel** «l'épouser chrétiennement». L'homonymie *autel-hôtel*, qui peut dans le cas présent donner lieu à des calembours, suffit à expliquer le vieillissement de l'expression. On rencontre des var. plus ou moins populaires (*être conduite devant, au pied de l'autel...*) jusque vers les années 1900, et plus tard, avec une valeur ironique croissante.

> Car, une fille bien élevée comme je le fus, peut-elle songer un instant à tromper son mari? Est-ce qu'elle peut s'imaginer un instant qu'il existe pour elle un autre homme que celui avec lequel elle a été mise aux pieds des autels? [*sic*]
> GORON, *L'Amour à Paris*, t. I, p. 488.

Vx. **Élever autel contre autel** «faire un schisme» (Bossuet cité par Littré). Il est possible que la formule ne soit qu'une figure d'auteur et n'ait été reprise que par les lexicographes.

Vx. **Qui sert à l'autel doit vivre de l'autel** [LOC. PROV.] «il faut trouver sa subsistance dans sa profession». L'adage prend son origine dans les critiques adressées au clergé qui, sous l'ancien régime, était bien loin de *vivre* exclusivement *de l'autel*. Cette expression utilise le texte de saint Paul (1re Corinthiens 9, 13-14).

Vx. **Il en prendrait sur le grand autel** «il est avide et sans scrupules». H. Estienne rapproche «le proverbe» des suivants : «il fait son profit de tout; rien ne luy est trop chaud ne trop froid; il prend à toutes mains...; tout lui est bon» (*Précellence*, p. 110). C'est donner un poids bien faible au sacrilège que la locution évoque. Dès le XVIe s., le sens en était donc affaibli.

AUTEUR n. m. Comme le mot *augure*, *auteur* (latin *auctor*) se rattache étymologiquement au verbe *augere* «augmenter». L'*auctor* est celui qui augmente, fait avancer, avant d'être celui qui crée. Le sens le plus général en français «celui qui est la cause, qui est à l'origine de quelque chose» s'est effacé devant l'emploi particulier (*auteur littéraire*).

L'auteur de mes (ses) jours «mon (son) père». Courante dans la langue classique, l'expression fait partie de l'arsenal des périphrases poétiques qui ont été chassées de la littérature par le romantisme.

AUTRE pron.

À d'autres! est fort bien défini dans l'usage que nous connaissons, par Le Roux, au XVIIIe s. : «sorte d'interjection qui veut dire autant que, bon, vous vous moquez, ou prenez votre dupe ailleurs. On s'en sert ordinairement pour répondre à une promesse qui paraît impossible, ou lorsqu'on nous paye de quelque menterie». Le verbe sous-entendu est *dire*, *raconter* (cela).

Entre autres «parmi d'autres (personnes ou choses)». Cette expression très courante s'employait déjà au XVIe s.

N'en faire jamais d'autres «faire toujours les mêmes sottises». *D'autres* s'emploie en complément dans diverses expressions «elliptiques» (*j'en ai vu bien d'autres*, etc.).

Comme dit l'autre «comme on dit parfois», s'emploie pour présenter une expression ou une opinion amusante ou cocasse, etc., que l'on ne veut pas prendre à son compte. La locution est attestée en 1613 : «C'est une façon de parler du vulgaire, pour addition ou authorité à ce qu'il dit» (Oudin) ; il semble que la valeur ironique soit attestée.

> Le père Pétain servait de paravent, ou s'occupait surtout de se tenir à carreau côté Fritz et Anglais. Moi, j'avais le crâne assez solide pour me rendre compte que si on ne changeait rien à l'intérieur et que la grande combine continue, tout le reste péterait en trente-six morceaux et que mes petits calculs ne tenaient plus debout. J'ai révisé mes positions, comme dit l'autre.   A. SERGENT, *Je suivis ce mauvais garçon*, p. 162.

Fam. *Tu me prends (vous me prenez) pour un autre* «tu me prends pour un naïf, un imbécile».

AUTRUCHE n. f.

Estomac d'autruche → ESTOMAC.

La politique de l'autruche «le fait de refuser de prendre conscience du danger». L'expression vient de la légende selon laquelle l'autruche en danger enfouit sa tête dans le sable pour éviter de voir ce qui la menace. L'expression française vient de l'anglais (*ostrich policy*, fin XIXe s.). Elle repose sur une tradition assez ancienne (on la trouve dans des textes anglais du XVIIe s.) mais les naturalistes modernes n'en font pas cas.

Linguistiquement, la légende zoologique donne lieu à diverses expressions : *faire l'autruche, faire comme l'autruche* «refuser de voir la vérité», ou, plus explicitement, *se cacher la tête, cacher sa tête (dans le sable) comme l'autruche* (le *T.L.F.* donne un ex. tiré du *Journal* d'Amiel, en 1866). Maupassant donne une autre valeur au comportement de l'oiseau en parlant d'une *pudeur d'autruche*. De nos jours, on dit encore *être une autruche*, au sens signalé ci-dessus. À noter qu'au début du XIXe s. l'autruche avait plutôt une réputation d'imprudence, comme l'atteste une phrase de Balzac (*Physiologie du mariage*, 1826), mais l'expression «une imprudence d'autruche» n'est pas attestée. Cet emploi est plutôt stylistique et correspond à la réputation bien établie d'imbécillité de nombreux oiseaux (poule, etc.; cf. *avoir une cervelle d'oiseau*).

AVALER v. tr.

Avaler son acte (son bulletin) de naissance, avaler sa chique... «mourir». De nombreuses loc. sur ce modèle peuvent être répertoriées (*avaler sa fourchette, sa cuiller, sa gaffe...*). L'hétérogénéité des compl. montre que c'est le sémantisme du verbe qui prévaut. *Avaler* est ici symbolique de l'arrêt de l'expiration (donc, de la respiration) ou de l'étouffement. En même temps, *avaler* s'emploie métaphoriquement pour «subir, recevoir (un affront, etc.)» — voir plus loin —. Les compl. du type *acte, bulletin de naissance*, rationalisent l'expression en opposant la naissance à sa suppression.

> Pierrot descend au rez-de-chaussée, soi-disant pour perquisitionner dans un autre bureau qu'il avait visé en arrivant, mais au fond plutôt pour ne pas assister au spectacle. Moi, je reste, je voulais voir Gonzalès en action et la bouille qu'allait montrer Vitrago en avalant son bulletin de naissance.
> A. SERGENT, *Je suivis ce mauvais garçon*, p. 96.

Avaler des couleuvres → COULEUVRE.

Avoir avalé sa langue «rester obstinément silencieux; refuser de parler». Souvent sous la forme de question : *alors, tu as avalé ta langue ?*

Avaler une pilule → Pilule.

Avoir avalé sa canne, son parapluie (ou : *on dirait qu'il a avalé...*) « se comporter avec une raideur solennelle ».

Avaler qqn tout cru, tout rond (ou *vouloir, avoir l'air de vouloir avaler...*) « s'adresser à qqn d'un air menaçant ».

Vouloir tout avaler « être trop prétentieux dans ses objectifs, faire des rodomontades ».

Dur à avaler « difficile à supporter ». L'identification des choses désagréables à supporter avec l'ingestion, la pénétration dans le corps, est normale (→ Avaler des couleuvres). Le sémantisme d'une expression comme *bouffer de la vache* enragée* s'explique sans doute de cette façon.

AVANT n. m.

Aller de l'avant « entreprendre sans cesse de nouvelles choses ; avancer dans une entreprise malgré les obstacles ». L'audace et la détermination sont ici exprimées par l'image de la marche en avant.

AVANTAGE n. m.

Être (paraître) à son avantage « être (paraître) plus beau, plus jeune... que d'habitude ». La locution prépositive *à l'avantage de...* signifie, soit « d'une manière qui profite à..., en donnant un avantage à... », soit « d'une manière qui fait ressortir les qualités ». C'est dans ce dernier sens qu'on dit *être à son avantage* « se trouver dans un état où l'on paraît avantagé ».

Prendre avantage de..., tirer avantage de « se prévaloir de... ».

AVARE adj.

À père avare, fils prodigue [LOC. PRÉP.] → Père.

AVEC prép.

Avec ça « en plus ». Var. *et avec ça.* Cette construction est particulièrement employée dans le langage du commerce : *et avec ça ?* = « qu'est-ce que vous achèterez en plus ? ».

Avec ça que... « comme si... » (1820), marque l'indignation, l'incrédulité, etc. *Avec ça qu'il a pas d'argent !* (cf. *et comment ?* « qu'il en a »).

Faire avec (emploi adv. de *avec*) « se contenter de... ». *Faudra faire avec* « il faudra s'en contenter ».

AVENTURE n. f. Du latin *adventura*, de *ad* et *venire* (« les choses qui doivent venir, arriver à [qqn] »).

La bonne aventure « l'avenir (d'une personne) tel qu'il est prédit par la divination ». En moyen français et jusqu'au xviie s. (Malherbe, Régnier), *bonne, mauvaise aventure* s'employait au sens de « destin, avenir heureux ou malheureux ». On comprend que le commerce des devins réclamait l'éventualité optimiste de la *bonne aventure*. Avec l'évolution de sens, *bonne aventure* n'est plus compris comme « bon avenir, destin heureux », mais comme un mot composé qui signifie la « divination » elle-même.

À l'aventure [LOC. ADV.] « au hasard, sans dessein précis » (se dit d'une action humaine). Par contre *d'aventure, par aventure* « par hasard » (adverbes de phrase), se disent d'un événement quelconque.

Vx. *À la grosse aventure*, s'est dit d'une entreprise comportant un risque important. L'expression, qui est dans La Fontaine, s'est spécialisée dans le contexte des
affaires et notamment des risques assumés par une expédition maritime (elle est
restée un terme de droit maritime).

AVERSE n. f.

Laisser passer l'averse « attendre la fin (d'une explosion de colère, de reproches, etc.) ». Cette métaphore est réalisée avec les mots qui signifient « courte période
de mauvais temps », et notamment *orage* et *averse*. Ce dernier implique l'idée d'une
attaque brève et peu redoutable.

De la dernière averse, var. de *de la dernière pluie. Toutes les stars nées de la
dernière averse...* (Mauriac, *Nouveau Bloc-Notes, in* Robert, Supplément) → PLUIE.

AVERTI n. m.

Un bon averti en vaut deux « la personne prévenue, étant sur ses gardes, est
aussi redoutable que deux, pour ses ennemis ». Le vieillissement et l'emploi substantif de *averti (un averti)* fait que la var. **un homme averti en vaut deux** (1643) est
plus courante. La locution proverbiale est très claire, et il n'était pas besoin d'évoquer l'utilisation d'un terme technique de typographie ancienne, comme le faisait
J. Le Duchat :

> *Un bon averti en vaut deux.* Un a avec titre, autrement â, en vaut deux, comme dans
> le mot *âge* qu'anciennement on écrivait *aage* [...]. D'*a avec titre* on a fait par corrup-
> tion *averti.*   J. LE DUCHAT, *Ducatiana,* t. II, p. 466.

AVEU n. m. Substantif verbal de *avouer,* du latin *advocare* « convoquer ».

De l'aveu de (qqn) « selon l'opinion de... ». *Aveu* a ici le sens archaïque de
« fait de reconnaître pour vrai ». L'expression est d'ailleurs littéraire. Parfois renforcée en *de son propre aveu.*

Sans aveu « sans moralité ». *Aveu* correspond ici à « reconnaissance du vassal
à l'égard de son seigneur », impliquant le détail de son patrimoine et de ses ressources. *L'homme sans aveu* était celui qui n'était pas intégré dans le réseau hiérarchique des liens féodaux, qui n'était *avoué* par aucun seigneur.

1. AVEUGLE adj.

Bouillon aveugle « maigre, sans *'yeux'* ». Prolongement de la valeur métaphorique de *œil* (les yeux du bouillon).

N'être pas aveugle « être clairvoyant ». *Je ne suis pas aveugle* « je me rends
parfaitement compte... ».

Changer (troquer) son (un) cheval borgne pour un aveugle → CHEVAL.

2. AVEUGLE n.

L'aveugle et le paralytique « deux personnes associées dont les défauts, les
lacunes s'additionnent ». Thème utilisé dans la pédagogie pour illustrer les avantages de l'entraide, mais qui est le plus souvent évoqué pour en souligner l'inutilité,
dès lors que les incapacités s'accumulent. Voir aussi le prov. SI UN AVEU-
GLE... (ci-dessous).

Vx. *Crier comme un aveugle qui a perdu son bâton* « crier bien fort pour quelque
mal léger » (1611).

Juger (parler) de qqch. comme un aveugle des couleurs « en juger (parler)
sans connaissance ni expérience personnelle ».

Ils jugent·des affaires d'Estat comme un aveugle des couleurs, et celuy qui avoit parlé
de sa terre, faisant extremement le capable, dit que depuis que le Roy l'avoit desmis
d'une certaine charge qu'il avoit, il n'y avoit rien eu que du desordre dans la France.
Ch. SOREL, *Histoire comique de Francion*, p. 247.

Au royaume des aveugles, les borgnes sont rois «un médiocre paraît remarquable, parmi des gens sans aucune valeur».

[...] c'estoient des Seigneurs et des gentilshommes, estimez pour les meilleurs esprits de
la France; je luy repliquay là dessus qu'en la contrée des aveugles, les borgnes sont
les Roys.   Ch. SOREL, *Histoire comique de Francion*, p. 248.

**Si un aveugle conduit un aveugle (en conduit un autre), ils tomberont tous
deux** [PROV.], proverbe évangélique tiré de la parabole des aveugles conducteurs
d'aveugles (Matthieu 15, 14; Luc 6, 39).

AVOCAT n. m.

Avocat du diable «celui qui défend une cause généralement considérée
comme mauvaise; celui qui prend le contrepied d'une accusation, d'une critique
habituelle». L'expression est empruntée au droit ecclésiastique; c'est le nom familier du *Promoteur de la foi* chargé de contester la sainteté, d'opposer des objections
à une canonisation. C'est donc celui qui discute toujours les mérites, allègue l'éventualité du mal. Dans le langage courant, l'*avocat du diable* n'est plus celui qui met
en cause le bien en évoquant l'œuvre du Malin. L'expression est remotivée plus simplement avec la valeur de «celui qui défend ce que les autres croient être le mal».
Balzac reprend la loc. à propos de Satan lui-même.

Attendu que ces gueux-là sont menteurs comme des marchands de salade, dit Satan à
son ministre, charge quelque damné de répondre à leurs plaidoyers [...].
Astaroth tire de son gousset un filet en épervier [...]. Il comptait y pêcher quelque
grand homme, pour en faire l'avocat du Diable.
BALZAC, *La Comédie du diable*, éd. de 1837, t. I, p. 19-20.

AVOIR v. tr. Ce verbe entre dans de très nombreuses loc., traitées au substantif complément.

Malgré (quoique, en dépit) qu'en ait «quoiqu'il puisse éprouver, penser;
malgré ses réserves...».

En avoir contre qqn «lui en vouloir, ressentir, éprouver des griefs, de l'hostilité contre lui».

En avoir, en avoir deux. Euphémisme pour «avoir des couilles, être viril». La
valeur de *en* reste ambiguë, et l'on a pu traduire, apparemment sans ironie, le récit
de Hemingway, *To Have or Have not* par *En avoir ou pas*. L'équivoque était utilisée en français, ici par rapport à la formule *si ma tante en avait ce serait mon oncle*,
pour présenter une hypothèse sans solidité (cf. *avec des si...*).

[...] elle pourrait [une vieille tante]
Me léguer sa fortune
Coquin!... Si ma tante en avait!
Chanson de PACRA, vers 1880, in ROMI, *Gros succès et petits fours*, p. 190.

N'avoir que faire de... «n'avoir aucun besoin de..., aucun intérêt pour...».

N'avoir qu'à... s'emploie pour signifier que l'action mentionnée par le compl
est en soi suffisante pour obtenir un résultat. *Avoir à...* correspondant au devoir, à
l'obligation (*avoir à faire qqch.*), *n'avoir qu'à* n'en est pas la restriction, mais passe
du domaine du «devoir» à celui de la «possibilité» (*il n'a qu'à se décider pour obtenir
ce qu'il veut*). *Vous n'avez qu'un mot à dire, vous n'avez qu'à parler*, signifie ainsi
«vous obtiendrez tout ce que vous demanderez».

L'amour-propre bientôt lui dit à l'oreille qu'il n'aurait qu'à paraître pour triompher
comme César.   Th. GAUTIER, *Le Capitaine Fracasse*, p. 203, in *T.L.F.*

Il y a est un impersonnel servant de présentateur : il fait partie du lexique. *Il n'y a qu'à...*, suivi d'un infinitif, représente le sémantisme de *n'avoir qu'à*, et n'est plus analysé. On parle des *n'yaqu'à*, pour désigner ironiquement ceux qui pensent qu'il *suffit de...* pour tout résoudre.

Il n'y a pas de... (suivi d'un mot, d'un énoncé rapporté) « il est inutile de dire..., on ne tiendra aucun compte de... ». *Il n'y a pas de « mais »* : obéissez ! (*in* Robert, Supplément).

Quand il n'y en a plus, y en a encore « c'est inépuisable » (l'expression est au futur chez Charles Nodier, *in* Robert, Supplément). La même syntaxe et le même sémantisme sont employés dans : *quand il y en a pour deux,... il y en a pour trois,* etc.

Il n'y en a que pour lui « il accapare tout ».

AVRIL n. m.

Poisson d'avril → POISSON.

En avril ne quitte (ne te découvre) pas (d') un fil, en mai fais ce qu'il te plaît. Les innombrables proverbes qui expriment l'expérience météorologique paysanne ont généralement vieilli. Celui-ci est resté très vivant, à cause de sa forme rimée et de ses nombreuses allitérations (non seulement *avril-fil* et *mai-plaît*, mais le jeu vocalique des *i*, avril, quitte, fil et le rappel de *il* (ce qu'il te plaît) et des *è* (*mai-fait-plaît*).

AZIMUT n. m.

Dans tous les azimuts « dans toutes les directions, de tous les côtés ». L'expression s'est lexicalisée sous la forme *tous azimuts,* qui joue une fonction d'adjectif, d'abord dans *défense tous azimuts, armes tous azimuts.* L'expression est du style d'état-major : on la trouve dans les *Mémoires* du général de Gaulle en 1954 ; elle a été diffusée par les polémiques autour de la politique militaire et de la stratégie dite de dissuasion, et s'emploie aujourd'hui dans d'autres contextes.

b

B n. m.

Le B, A, BA « les premiers éléments (de connaissance), les rudiments (d'un métier) ». Allusion aux pratiques traditionnelles de l'apprentissage de la lecture ; équivaut à : *en être à l'ABC* → A.

Vx. *Être marqué au B* « être bigle, borgne, boiteux, ou bossu », qui sont, selon les croyances anciennes, « gens dont on se doit défier » (Le Roux). D'autres y ajoutent « bègue » :

> Ces autres personnes marquées au B sont bien moins sensibles à la raillerie [que les bègues] et la raison en est simple. Elles ont une langue pour riposter.
>
> J.-Ch. TUET, *Matinées senonaises*, p. 319.

Vx. *Parler par B et F, ne parler que par B et F* « être très grossier », c'est-à-dire employer fréquemment les mots *bougre* et *foutre*. Ces deux termes symbolisaient au XVIIIe s. la vulgarité et l'obscénité dans le langage. On sait l'utilisation politique qu'en fait Hébert pendant la Révolution, dans son célèbre *Père Duchesne*, pour évoquer la « colère du peuple ». Si *foutre* n'a pas perdu sa valeur première, on ignore en général aujourd'hui que *bougre* signifiait injurieusement « homosexuel » (mœurs qu'on prêtait généreusement aux habitants de la Bulgarie).

BABA adj. et n. On rattache le mot au radical de *ébahir*, du latin *batare*, par redoublement de la syllabe *ba*. La valeur centrale de la famille de *béer*, *ébahir*, est « bouche ouverte », d'où « étonnement, ahurissement ». Pourtant, le radical latin *balbus* « bègue », qui a donné *ébaubi*, épargnerait le recours au redoublement (le phonétisme normal produisant *bab-* et non *bad-* ou *bay-*, comme avec *batare*). Le « bâillement », l'« ouverture » de la bouche (*batare*) comme le « bégaiement » (*balbus*), sont exprimés par des onomatopées : toutes les langues indo-européennes ont des mots en *b-* pour exprimer le bafouillement, le bredouillement, le bavardage. *Bouche* lui-même, du latin *bucca*, est considéré comme un mot « expressif ». Enfin *baba* « ébahi » n'est peut-être pas sans rapport avec *babine*, autre mot onomatopéique ; ce rapport est évident pour le sens argotique de *baba* → L'AVOIR DANS LE BABA*.

En être, en rester baba « stupéfait ». L'expression apparaît sous une forme différente dans la langue populaire de la fin du XVIIIe s., où l'on disait **rester comme Baba, rester comme Baba la bouche ouverte,** en employant le mot comme un nom propre. *Être (rester) baba* (adjectif) est beaucoup plus récent. Dans l'usage familier actuel, l'expression est influencée par le sens de la locution L'AVOIR DANS LE BABA*, « être stupidement trompé, roulé ».

L'avoir dans le baba « être refait ». Ici *baba* est un nom qui désigne argotiquement le « postérieur » (→ CUL) et initialement le « sexe de la femme ». Le séman-

tisme est « possession sexuelle », « tromperie » (cf. les sens des mots *posséder*, *avoir*).
Le mot est apparenté à *babine* (la métonymie-métaphore « bouche-vulve » est attestée
par les sens de *lèvres*, par des mots patois sur le radical de *babine*) et n'a aucun rapport
étymologique avec *baba* « gâteau », qui vient du turc par le polonais.

BABINE n. f. Mot d'origine onomatopéique (→ BABA, BABOUIN).

Se lécher (pourlécher) les babines « se lécher les lèvres en signe de satisfaction après un bon repas ». Le léchage des lèvres signifie le désir d'un plaisir gustatif prolongé après l'absorption des aliments. D'une manière significative, l'activité gustative avant et après le passage des aliments dans la bouche est représentée en français par des locutions courantes, comme AVOIR L'EAU* À LA BOUCHE. L'expression s'emploie aussi en contexte abstrait au sens de « se régaler, se délecter ». *Babine* (ou *badigoince*) remplace *lèvre* avec la figure sémantique animal-homme, si fréquente dans le contexte de la nourriture (cf. les emplois de *gueule*). Le plaisir narcissique et oral s'y exprime naïvement à l'état pur.

> Un classique se lamente et se désole.
> Vous avez joué le jeu de l'adversaire ; Thiers ne demandait que ça, et va s'en lécher
> les babines, la petite hyène !...   J. VALLÈS, *L'Insurgé*, p. 285.

S'en donner par les babines « bien manger », est vieilli comme son équivalent *s'en donner par les joues*.

BABOUIN n. m.

Vx. *Baiser le babouin* « se soumettre d'une façon honteuse ». Cette ancienne locution ne s'emploie plus, mais mérite d'être étudiée, car elle explique CROQUER LE MARMOT*. Interprétée métaphoriquement au XVIIIe s. (*babouin* signifiant « le visage... ou la bouche seule, on dit *baiser le babouin d'une Belle* » [Le Roux]), l'expression a été justifiée plus tard par l'injurieuse coutume de faire baiser une image de singe à des soldats, par brimade (Littré invente ainsi un pseudo-sens pour « motiver » l'expression). Aucun texte n'appuie cette hypothèse, alors que la locution est très fréquente à partir du XIVe s. Or, il suffit de jeter un coup d'œil aux dictionnaires d'ancien français pour constater que, pour ce mot, le sens de « singe » est loin d'être le plus fréquent dans l'ancienne langue. *Babouin* est une des nombreuses formes en *bab-* qui expriment le mouvement des lèvres (*babiller* et toutes ses variantes dialectales), les lèvres elles-mêmes *(babines)*, la grimace (*faire la baboue*, par ex. dans Rabelais), un visage joufflu et laid, etc. En ancien français, *babouin* désigne surtout un vilain personnage (un voleur, un infidèle, un hypocrite, selon les contextes) ou n'est qu'un simple terme injurieux. *Baiser le babouin* signifie « s'humilier » et correspond au moderne LÉCHER* LES BOTTES (LE CUL) ; la métaphore est « donner un baiser à une face grotesque et méprisable », sans que l'idée de « singe » n'ait à intervenir. La même métaphore se retrouve dans CROQUER LE MARMOT* ; *babouin*, comme *marmot*, signifie à la fois « petit enfant » (avec une valeur originellement péjorative, moqueuse) et « singe » (→ MARMOT). Enfin, l'allitération des *b-* renforce le jeu des évocations métonymiques entre la bouche et d'autres organes (→ BABA), comme l'atteste aussi le glissement de sens du verbe *baiser*.

BAGAGE n. m. Dérivé de l'ancien mot *bagues*, « paquets », d'origine obscure, et en rapport avec l'anglais *bag*, « sac ».

Avec armes et bagages → ARME.

(Avoir) pour tout bagage « avoir uniquement comme matériel ; n'emporter avec soi que... ». Var. *Il est venu*, etc., *avec pour tout bagage sa brosse à dents*.

Plier bagage « s'en aller, partir ». Dans la langue classique, signifiait notamment « abandonner un lieu en hâte et sans bruit » (Le Roux). On continue à employer cette expression, aujourd'hui que les bagages, devenus des contenants fabriqués pour cet usage, et souvent rigides, ne se *plient* plus, mais se ferment. On a dit aussi *trousser bagages* (Pasquier, Estienne), dans le même sens.

> Elle trousse bagage, et faisant la gentille,
> Je vous verray demain, à Dieu, bonsoir, ma fille.   M. RÉGNIER, *Satires*, 13.
>
> Il n'y a pas une semaine que je suis au *Figaro*, et voilà qu'ils en ont assez. [...] On savait à qui on avait affaire. Il paraît que non. Il ne me reste qu'à plier bagage.
>
> J. VALLÈS, *L'Insurgé*, p. 58.

BAGATELLE n. f.

Vx. ou litt. *Les bagatelles de la porte* «des choses sans importance, comme les propos qu'on échange sur le pas de la porte». L'expression a reçu une valeur érotique (due au sens figuré de *bagatelle* → loc. suivante, et à une métaphore sur *porte*) : «les préliminaires au coït».

La remarquable documentation du *T.L.F.* montre que l'expression a été plusieurs fois remotivée : signifiant d'abord les «boniments débités par un forain pour inciter les badauds à franchir la porte de sa baraque» (cf. Nerval, *Bohème galante*, p. 145), elle signifie ensuite toute chose sans importance *(s'attarder, s'arrêter aux...)* ; le sens érotique apparaît enfin chez Zola (mais doit être antérieur). La valeur initiale, archaïque, se rencontre encore dans la langue littéraire :

> Il s'arrêta dans cet équipage dans tous les châteaux qu'il connaissait sur le chemin. Il en connaissait beaucoup. Et quand, après les bagatelles de la porte, ses hôtes d'une heure ou d'une nuit lui demandaient où était la princesse, il répondait tout naturellement qu'elle était en bas...   Jean d'ORMESSON, *Au plaisir de Dieu*, p. 152.

Être porté sur (aimer, ne penser qu'à) la bagatelle «n'avoir d'intérêt que pour les plaisirs de l'amour». Cf. ÊTRE PORTÉ SUR LA CHOSE*. L'emploi absolu de *bagatelle* correspondait dans la langue classique à «choses frivoles», dans quelque domaine que ce soit. Le mot s'est spécialisé dans le domaine amoureux, mais d'abord au sens de «galanterie amoureuse». Lorsque Littré donne cet exemple dans le dictionnaire : *on ne peut rien faire de ce jeune homme; il n'aime que la bagatelle*, il veut parler de ce que nous exprimons par l'anglicisme *flirt*. À tel point que la locution *ne pas s'amuser à la bagatelle* «ne pas se contenter de la simple galanterie», ne serait plus comprise aujourd'hui.

> Les choses étaient entre elle et le duc à ne plus s'amuser à la bagatelle.
>
> HAMILTON, *Grammont*, 8, in Littré.

En somme, *ne pas s'amuser à la bagatelle,* au XVIIIe s., est l'équivalent de notre *aimer la bagatelle.* La même évolution qui conduit les termes exprimant la galanterie amoureuse à désigner l'amour physique s'observe avec FAIRE L'AMOUR*.

BAGUE n. f.

La bague au doigt «avec promesse de mariage». L'expression s'employait au figuré : *c'est une bague au doigt* signifiant «c'est un avantage assuré» (emploi attesté tout au long du XIXe s., Balzac, de Voguë, in *T.L.F.*).

Vx. *Courir la bague* «faire rapidement une excursion» (Littré, qui cite Mme de Sévigné). Au sens propre, *courir la bague*, c'était «s'exercer au jeu de bague, en cherchant à enfiler un anneau». *Emporter la bague*, «l'emporter, gagner», est également archaïque.

Courir la bague, repris au sens de «poursuivre un avantage», réalise par la métaphore sur le *jeu de bague,* une métaphore surdéterminée : le cercle accompli par le joueur pour obtenir le cercle, l'anneau en jeu.

> [...] dans la carrière philosophique et littéraire, on voudrait obliger l'esprit humain à courir sans cesse la bague de la vanité autour du même cercle.
>
> Mme DE STAEL, *De l'Allemagne*, t. IV, p. 167, in *T.L.F.*

BAGUES n. f. pl. C'est le mot d'où vient *bagage,* qui l'a remplacé.

Vx. *Sortir, revenir bagues sauves* «se tirer sans mal d'un danger» (en sauvant non seulement sa vie, mais tout son bagage). L'expression a survécu au mot pendant quelque temps ; on la trouve encore dans les dictionnaires jusqu'au XIXe s., mais en fait elle ne semble plus couramment employée après le XVIe s. ; elle est encore dans le Dictionnaire de l'Académie en 1798, ce qui ne prouve nullement sa survivance.

BAGUETTE n. f.

Baguettes de tambour «cheveux raides». Renforcement plaisant d'une comparaison *(avoir des cheveux* [raides] *comme des baguettes).*

Coup de baguette magique «transformation heureuse, rapide et incompréhensible». La *baguette,* attribut des sorciers et des mages, relève du symbolisme viril, comme le sceptre, le bâton ; son association à un personnage féminin et surnaturel (la fée) unit la notion du double sexe à celle du pouvoir magique. On trouve l'expression sous la forme simplifiée : *coup de baguette.*

> Un tel souvenir, comme un coup de baguette, m'avait de nouveau rendu l'âme que j'étais en train de perdre depuis quelque temps.
> M. PROUST, *À la recherche du temps perdu,* t. II, p. 785.

Baguette magique peut s'employer dans d'autres constructions qui font allusion au même mythe.

> Dès le début de cette scène, une révolution, pour mes yeux dessillés, s'était opérée en M. de Charlus, aussi complète, aussi immédiate que s'il avait été touché par une baguette magique. M. PROUST, *À la recherche du temps perdu,* t. II, p. 613.

Faire marcher (mener) à la baguette, commander à la baguette «avec une autorité sans réplique». L'expression symétrique, *obéir à la baguette,* est vieillie. L'ancienne langue disait *à baguette* et on trouve encore cette forme archaïque au XVIIIe s. (dans *commander à baguette* et *servir à baguette* «ramper et se soumettre comme un esclave» [Le Roux]).

> Le meschant a la terre en sa main, il y commande à baguette.
> DU VAIR, *Méditation sur Job,* 9, *in* Huguet.

> Elle menoit Valere [son amant] à baguette, et croyoit qu'encore qu'il eust pris la peine de l'accompagner, elle pouvoir jouyr d'une franchise de femme, et donner librement à un autre la place qu'il esperoit en ses bonnes graces.
> Ch. SOREL, *Histoire comique de Francion,* p. 354.

> Votre amour n'est pas vrai [dit la fée]
> Marchez à ma baguette
> Et passez la monnaie PRÉVERT, *Histoires,* p. 223.

Vx. *Passer par les baguettes* «faire subir le supplice militaire des baguettes», consistant à faire passer le condamné, torse nu, entre deux rangs de soldats qui le frappaient. L'expression figure dans un passage littéraire célèbre, repris avec une signification symbolique claire, par Apollinaire *(Les onze mille verges).*

> On lui demanda juridiquement ce qu'il aimait le mieux d'être fustigé trente-six fois par tout le régiment, ou de recevoir à la fois douze balles de plomb dans la cervelle [...] il se détermina, en vertu du don de Dieu qu'on nomme *liberté,* à passer trente-six fois par les baguettes ; il essuya deux promenades. Le régiment était composé de deux mille hommes ; cela lui composa deux mille coups de baguettes, qui depuis la nuque du cou jusqu'au cul, lui découvrirent les muscles et les nerfs. VOLTAIRE, *Candide,* chap. 2.

BAHUT n. m.

Vx. *Piquer le bahut* «attendre, faire antichambre». *Bahut* désignait les grands coffres garnissant les antichambres des riches hôtels. Pasquier oppose les courtisans qui, «ployans à toutes les volontez de [leurs] maistres» risquent de «mourir sur le bahus, au milieu de la corruption de la cour», à ceux qui font une «honneste retraite en [leurs] maison[s]».

Vous estes bien aises, vous autres, quand on vous conte quelques combats, quelques duels, et sur tous, vous autres courtisans, vous n'avez en la bouche autres discours en picquant le bahut.   D'AUBIGNÉ, *Baron de Fœneste*, IV, 9, *in* Huguet.

BAHUTIER n. m.

Vx. ***Faire comme les Bahutiers*** «faire plus de bruit que de travail effectif». L'expression est chez Montluc (1616). Furetière (1690) note :

> Quand un homme fait plus de bruit que de besogne, on dit qu'*il fait comme les Bahutiers*. Car en effet les bahutiers, après avoir cogné un clou, donnent plusieurs coups de marteau inutiles, avant que d'en cogner un autre.

Cette explication rationnelle et insultante pour une corporation d'artisans est sans doute a posteriori; il est vraisemblable que la forme du mot et quelque calembour implicite sur *bahut(er)* est en cause; en outre *bahutier* signifiait aussi (XVIe s.) «porteur de bagages», cf. *Transbahuter*.

BAIGNER v. intr.

Fam. ***Baigner dans l'huile (dans le beurre, dans la margarine)*** «aller très bien, ne poser aucun problème». Souvent avec un sujet indéfini : *tout* (ça, etc.) *baigne dans l'huile*. La métaphore porte très probablement sur les rouages d'un mécanisme, d'un moteur, qui fonctionnent sans à-coups, sans «gripper», lorsqu'ils baignent dans l'huile. Les compléments (postérieurs) *beurre, margarine* montrent qu'une autre métaphore s'est surimposée : celle de l'aliment à cuire dans un corps gras; cette interprétation est parfois très explicite :

> C'est une ville cossue, Genève... aseptique... dents blanches, haleine suisse. Ça baigne dans le beurre, la crème fraîche... confort, bedaine, café au lait [...].
>
> A. BOUDARD, *Cinoche*, p. 185.

L'emploi absolu : *ça baigne!* est de plus en plus courant.

BAIL n. m. Le *bail* est l'action de *bailler* («donner»); le mot était à l'origine synonyme de *don*, et il s'est spécialisé au XVIe s.

Faire un bail (un nouveau bail) avec la vie «recouvrer la santé». On trouve cette expression sous la forme comparative dans une lettre de Mme de Sévigné du 28 mai 1676; vantant les mérites de la cure de Vichy, elle écrit «*c'est comme si je renouvelais un bail de vie et de santé*».

Ça fait un bail «ça fait très longtemps». Le contrat de louage ou de fermage est généralement long (six ans, neuf ans, sans parler des baux emphytéotiques de dix-huit à quatre-vingt-dix-neuf ans!). Avec une complétive : «*Ça fait un bail qu'on ne s'est vu*». Syn. *Ça fait une paye!*

Vx. ***Cela n'est pas de mon bail*** «je n'en suis pas chargé; ou, cela concerne une époque où je n'y étais pas intéressé» (dans les recueils du XIXe s.).

BAILLER v. tr.

La bailler belle «chercher à faire accroire qqch.». C'est le seul emploi vivant du verbe *bailler* «donner». Il n'y a pas à proprement parler d'ellipse, comme le supposent les exégètes classiques (voir la citation de Le Duchat), mais l'emploi du pronom neutre *la* (la chose, cela, cf. L'ÉCHAPPER BELLE). *Belle* est une antiphrase ironique, et l'expression signifie «vous m'en donner une qui ne me plaît pas du tout».

> La *bailler belle* à qqn, c'est lui en faire accroire, et aussi lui faire peur, et l'*avoir belle*, avoir peur dans toutes les formes. Cette expression suppose un substantif, comme *bourde, peur*, etc.   J. LE DUCHAT, *Ducatiana*, t. II, p. 461.

> — [...] Tranquillisez-vous! le vôtre [nom] ne sera pas prononcé. Il pensait :
> — Vous me la bailler belle. Une fois sur la piste, il faudra bien que la justice, d'échelon en échelon, remonte jusqu'à mon nom! R. ROLLAND, *L'Âme enchantée*, *in* Ph. Sl.

— Tu as raison, vieux Blaise, mais qu'y puis-je ? Les affaires...

— Ta, ta, ta. Tu me la bailles belle. Tu m'as promis dix fois de rentrer avec moi en France.   B. CENDRARS, *Bourlinguer*, p. 44.

BAIN n. m.

Bain de pieds « liquide renversé dans la soucoupe, hors de la tasse » (1823).

Dieu sait pourtant si vous le servez mal ! Pas un café sans bain de pieds..
                                    GIRAUDOUX, *Cantique des Cantiques*, in *Ph. Sl.*

Bain de foule « le fait de se mêler pendant un instant à la foule, en parlant d'un personnage important ».

Un bain qui chauffe, expression encore bien vivante, qui a gardé la valeur qu'elle avait au XVIIe s. et qu'explique clairement Oudin : « C'est en Esté lors que l'on sent une extrême chaleur et que l'air se couvre de nuages, et se prepare à la pluye. Vulg. » [nous dirions « familier »].

Envoyer au bain « envoyer promener ; éconduire ». Expression populaire de la fin du XIXe s., dérivée d'expressions comme *va te baigner* (1844, *in* Esnault), à rapprocher de *va te laver.*

Être dans le bain « être dans une situation dangereuse et compromettante » (1921, *in* Esnault) est à l'origine une expression d'argot, le *bain* étant l'« inculpation ». Dans la langue familière actuelle, *être, se mettre, se trouver... dans le bain* signifient plutôt « être (se mettre, etc.) pleinement engagé dans une entreprise ou une situation » → ÊTRE DANS LE COUP★.

— [...] Au fait, je dois vous féliciter, cette réunion, en somme, était assez bien préparée... [...].

— Oui, coupa le Major, mais enfin, sans moi vous étiez dans le bain.
                                    B. VIAN, *Vercoquin et le Plancton*, p. 154.

Des syntagmes comme *sortir du bain,* etc., illustrent le caractère lexical de *bain* dans cet emploi (au moins avec la valeur argotique initiale) :

Parce que je ne sortirai pas. Je sais ce que tu racontes au juge, il me lit des bouts de tes P.V. Mais tu auras beau essayer de me sortir du bain... Il n'est pas fou, va.
                                    A. SARRAZIN, *La Cavale*, p. 206.

Mettre dans le même bain, qui peut signifier « impliquer dans la même affaire, la même situation » (cf. ÊTRE DANS LE BAIN) se rencontre aussi au sens de « juger de la même manière », en tant que substitut approximatif de METTRE DANS LE MÊME SAC★.

BAISER n. m.

Baiser de Judas « témoignage d'affection trompeur et perfide ». Dans le récit évangélique (Matthieu 26, 48), le *baiser de Judas* est en fait un signal en code. Sa signification « naturelle », évidente, est « témoignage de l'affection de Judas pour Jésus », sa signification dans le code convenu entre Judas et les gardes est « voici l'homme que vous recherchez ». L'expression n'a pas gardé cette valeur précise et fait simplement allusion aux signes d'amitié, d'affection, prodigués à la personne qu'on veut perdre.

Baiser Lamourette « réconciliation (→ BAISER DE PAIX) éphémère ». Allusion à une anecdote politique de la Révolution (le député Lamourette avait patronné une réconciliation générale à l'Assemblée législative, en 1792, et les embrassades des adversaires n'avaient eu aucune suite).

Baiser sans moustache « baiser auquel il manque l'élément érotique qu'est censée constituer la moustache chez l'homme ». Équivalent sexualisé — et féminin — du *repas sans fromage.*

Voilà. dis-je, un dimanche sans viatique, pour moi, c'est comme — il leva la main. Pas
de comparaisons profanes surtout, dit-il. Peut-être pensait-il au baiser sans moustaches ou au rosbif sans moutarde.   S. BECKETT, *Molloy*, p. 155.

Vx.   *Baiser de nourrice* «gros baiser innocent et bruyant».

[...] puis on compta les suffrages. Donato fut élu et nous sortîmes [...], c'était une vraie
comédie que de voir en sortant les protestations de Donato et les baisers de nourrice
qu'on lui donnait. D'honneur ils sonnaient à se faire entendre au milieu de la place.
Ch. de BROSSES, *Lettres d'Italie*, t. I, p. 128.

Baiser de paix «baiser donné en signe de réconciliation». Se dit en particulier d'un rite religieux, qui prend place au cours de la messe, avant la communion.

BAISSER v. tr. Ce verbe donne lieu à de nombreux syntagmes courants,
avec des mots désignant les parties du corps, pour désigner des sentiments et attitudes (voir aux compl.) : BAISSER LES BRAS («abandonner»), LE NEZ («être confus»), LES
YEUX («par timidité»), etc.

Il n'y a qu'à se baisser (pour le prendre...) «c'est extrêmement facile (à obtenir)». On trouve de légères variantes, comme : *il n'y a qu'à se baisser et en prendre,
n'avoir que la peine de se baisser pour prendre*, etc.

Il semble à vous entendre
Que vous n'ayez ici qu'à vous baisser et prendre.   REGNARD, *Les Ménechmes*, V, 6.

BAL n. m.

Bal de têtes → TÊTE. — *Bal des pompiers* → POMPIER.

Vieilli et fam.   *Donner un (le) bal à qqn* «le battre, lui donner des coups», ou «le
réprimander fortement». L'utilisation des termes exprimant l'idée de «danse» pour
désigner les coups ou la violence est habituelle en français (cf. FAIRE VALSER, etc.).

BALAI n. m.

Coup de balai «brusque licenciement; renvoi massif». L'idée de base est
celle du «nettoyage», par lequel on rejette ce que l'on considère comme inutile ou répugnant.

Et, pour ne pas être vu plus longtemps en compagnie de ces messieurs, il entra dans
l'église, où la voix grêle de l'abbé Mauduit répondait aux lamentations des chantres. —
Il y couche, maintenant, murmura le docteur, avec un haussement d'épaule. Ah! quel
coup de balai il faudrait donner dans tout ça!   É. ZOLA, *Pot-Bouille*, t. II, p. 25.
Antonetti qui parlait, à son passage, de «coup de balai»! Il n'y avait déjà personne, et
il voulait encore renvoyer du monde!   A. GIDE, *Voyage au Congo*, p. 776.

Balai de crin → PEAU* DE BALLE.

Manche à balai. Le syntagme donne lieu à des comparaisons : *maigre, sec
comme un manche à balai*, d'où *(c'est) un manche à balai* «une personne maigre».
Le thème mythique du *manche à balai* des sorcières (qu'elles enfourchent pour se
rendre au sabbat) donne à l'expression des résonances plus ou moins fuligineuses,
lorsqu'elle est employée hors du contexte aérien.

Fam.   *Balai de chiottes*, désignant la balayette employée pour nettoyer les cabinets, a acquis une grande fréquence et s'emploie dans les mêmes métaphores que
balayette, notamment pour désigner une moustache court taillée.

Con comme un balai «complètement con». Comparaison obscure, peut-être
motivée par *manche* (n. et adj.), «imbécile». Les valeurs symboliques des deux sexes
sont réunies dans cette expression (on trouve d'ailleurs, dans le registre trivial, la
forme : *con comme une bite*, où la dévalorisation réunit les «parties honteuses»
des deux sexes).

Être du balai, ramasser les balais «être le bon dernier (dans une course, une compétition)». Remotivation d'un emploi de *balai* lié à une métaphore de *balayer*. Le ramassage des derniers est assimilé à un balayage et, dans le Tour de France cycliste, par exemple, la voiture affectée à cette fonction est appelée *voiture-balai*. Mais *ramasser les balais* marque l'oubli de cette explication et la remplace par l'ultime rangement après un nettoyage.

Vx. *Faire balai neuf* «montrer un grand empressement, en parlant d'un nouveau serviteur». La loc. est employée au XVIIIe s. D'autres sens, signalés dans des recueils du début du XXe s. (*in* Gottschalk), semblent être plus ou moins inventés ou sollicités («renouveler son personnel», peut-être par croisement avec COUP DE BALAI*; «se transformer»).

Vx. *Rôtir le balai* «mener une vie de désordre, de débauche». Le premier sens de l'expression, qui équivaut à peu près à MANGER DE LA VACHE* ENRAGÉE, «vivre dans la pauvreté et dans une condition subalterne», s'explique aisément par *en être réduit à brûler son balai*, faute de bois. On rencontre aussi au XVIe s. *traîner le balay* pour «mener une vie difficile». Seule la deuxième locution, plus expressive, a vécu, mais elle a changé de sens au XVIIIe s. Alors que Saint-Simon l'emploie dans son ancienne valeur, Rousseau, dans les *Confessions*, lui donne le sens de «vivre dans la débauche». On a généralement interprété ce sens par référence aux sorcières qui se rendent au sabbat en chevauchant un balai (ou plutôt son manche) et s'approchent des flammes de l'enfer. L'innocent balai brûlé de la première expression se voit donc métaphoriquement chargé d'allusions infernales (niveau explicite) et de valeurs sexuelles d'autant plus repérables que la locution s'est surtout appliquée dès lors aux femmes débauchées (cf. cependant la citation de Maupassant, ci-dessous).

> — Et M. de Belvigne?
> — Celui-là, c'est autre chose. C'est un homme du monde... de province, honorable... jusqu'à un certain point... mais seulement un peu brûlé... pour avoir trop rôti le balai...
> G. de MAUPASSANT, *Yvette*, p. 110.
> Elle trouvera toujours sur son chemin cette Courtebiche arrogante, qui a rôti le balai en son jeune temps et pose maintenant à la vertu [...].
> G. CHEVALLIER, *Cloche-Merle*, in *Ph. Sl.*

BALANCE n. f.

Emporter la balance «avoir l'avantage». L'expression est courante dans la langue classique (Corneille, Racine). On dit plutôt de nos jours *faire pencher la balance*, car cet emploi du verbe *emporter* ne correspond plus à l'usage actuel.

Litt. *Entrer dans la (en) balance* «intervenir dans un jugement, dans une comparaison».

Vx. *Être en balance* «hésitant».
> Cessez d'être en balance et de vous défier.
> CORNEILLE, *Le Menteur*, III, 5.

Jeter dans (sur le plateau de) la balance «faire intervenir (un argument) dans l'examen, le jugement d'une question».

Mettre dans la balance «comparer les mérites». On dit aussi *mettre en balance*, qui s'employait au XVIIe s. sans idée de comparaison au sens de «examiner, juger» : «*Quand on rend la justice on met tout en balance*», écrit Corneille (*Le Cid*, IV, 5).

Vieilli. *Tenir la balance (égale)* «ne pas montrer de préférence, être équitable dans son jugement».
> Il faut qu'entre eux et lui je tienne la balance.
> RACINE, *Britannicus*, I, 1.

BALANCER v. tr. et intr.

S'en balancer «s'en moquer». Il y a une grande différence entre cet emploi très familier et le sens métaphorique de *balancer* qui signifie dans la langue classique «hésiter». L'hésitation, l'angoisse même, qu'exprime *balancer,* au XVIIᵉ ou au XVIIIᵉ s., marque l'importance de l'objet, alors que *s'en balancer* est à rapprocher des emplois de *balançoire;* la forme est en relation avec *s'en moquer, s'en foutre* (bien qu'on ne dise pas : *se balancer de qqch.*).

> Heureusement qu'on s'en balance
> Et qu'on les emmerde en silence
> Du plus petit jusqu'au plus grand
> Du Chancelier au paysan,
> Nous les mettons, nous prisonniers,
> Tous dans le même panier.
>
> Chanson citée par F. AMBRIÈRE, *Les Grandes Vacances : 1939-1945*, p. 181.

BALANÇOIRE n. f.

Envoyer à la banlançoire «se débarrasser de qqn». Équivalent plus imagé de *envoyer promener, balader.*

Vx. *Raconter des balançoires* «mentir, inventer des histoires». C'est plus un emploi privilégié de *balançoire,* dans ce sens fig. et vieilli, qu'une locution.

BALAYER v. tr.

Balayer devant sa porte «s'attaquer aux erreurs et aux faiblesses de sa propre situation, de son pays, etc., avant de critiquer ce qui se passe ailleurs». Cette locution semble récente; elle s'emploie beaucoup dans un contexte politique, pour indiquer qu'un critique sévère de ce qui se passe ailleurs ferait mieux de *s'occuper de ses affaires.*

> Quant à ceux de mes correspondants qui me renvoient au fascisme français et m'invitent à balayer devant ma porte, la réponse que je leur donne est bien flatteuse pour l'Allemagne : c'est que nos fascistes, qui feraient notre malheur, ne seraient peut-être pas capables de faire celui du monde.   F. MAURIAC, *Le Nouveau Bloc-Notes*, p. 166.

BALAYETTE n. f.

Fam. et triv. *Dans le cul la balayette* ou (par euphémisme) *dans le dos la balayette,* s'emploie dans le même sens que L'AVOIR DANS LE CUL*, «être trompé, volé, etc.». L'expression correspond au sémantisme de *être baisé (possédé)* et y ajoute l'idée d'un artifice humiliant.

BALCON n. m.

Il y a du monde au balcon → MONDE.

BALEINE n. f. Le nom du plus gros mammifère sert évidemment à désigner la grosseur (*être gros comme une baleine, une grosse baleine* en parlant d'une personne).

Rire (se tordre...) comme une baleine «rire sans retenue». On pense à l'ouverture impressionnante de la bouche du cétacé, mais l'hypothèse de *se tordre comme une baleine de parapluie* (retourné) n'est pas à écarter.

> Et le veilleur de nuit s'esclaffe [...]
> Il s'esclaffe comme une girafe
> Il se tort comme une baleine   PRÉVERT, *Paroles*, p. 131.

1. BALLE n. f.

Enfant de la balle → ENFANT. — *Peau de balle* → PEAU.

Trou de balle « anus » → Trou. Cette expression, comme la précédente joue sur les divers homonymes (→ Balle 2 et 3).

Raide comme (une) balle « avec rudesse » (deuxième moitié du XIXᵉ s.). Vient sans doute des jeux de balle, par analogie d'une réplique sèche, cinglante, avec la balle renvoyée « raide », tendue.

> Un soir, elle s'approcha du monsieur et lui envoya raide comme balle que ce qu'il faisait là n'était pas bien.　　　　　　　　É. Zola, *L'Assommoir*, t. II, p. 173.

Rond comme une balle « complètement soûl ». Comparaison destinée — parmi d'autres — à renforcer ce sens de *rond*.

> Les jours de fête, chez les Coupeau, on mettait les petits plats dans les grands ; c'étaient des noces dont on sortait ronds comme des balles, le ventre plein pour la semaine.
> 　　　　　　　　É. Zola, *L'Assommoir*, t. I, p. 250.

Vx. **Avoir (tenir) la balle** « être dans une situation favorable pour faire qqch. ». **Avoir la balle en main** (1649), **avoir la balle belle** (milieu XIXᵉ s.) avaient la même signification. C'est, dans la métaphore du jeu, qui met en œuvre un échange entre adversaires, le moment où un des joueurs est en mesure de répliquer, de Renvoyer la balle, ci-dessous.

Vx. et arg. **Faire la balle élastique** (milieu XIXᵉ s.) « se passer de nourriture ». C'est évidemment une équivalence synonymique de La sauter*, en rapport avec l'autre loc. populaire : Faire ballon*.

Prendre (saisir, attraper...) la balle au bond « profiter rapidement et à propos d'une occasion favorable » (fin XVIIᵉ s.). Le Roux (1752) rapproche cette expression de Prendre l'occasion aux cheveux*.

> Henri m'a prise tout de suite au sérieux... Didier et Marion Delorme, quoi ! Tu comprends : j'ai pris la balle au bond... et... je l'ai épousé...
> 　　　　　　　　É. Augier, *Le Mariage d'Olympe*, p. 172, in *T.L.F.*

Renvoyer la balle « répliquer par un argument aussi fort ». **Se renvoyer la balle** « se répliquer », et, surtout, « se renvoyer la responsabilité, l'initiative ».

> Tout le monde se renvoie la balle et chacun dit : « Ce n'est pas moi, ce n'est pas moi ».
> 　　　　　　　　Flaubert, *Correspondance*, IVᵉ série, p. 149.

À vous (lui...) la balle « cela vous (le...) regarde ; c'est à vous (à lui) de répliquer, d'agir, etc. ». Cette expression est encore employée, mais elle est concurrencée par **la balle est dans votre (son...) camp**, très courante aujourd'hui.

Vx. **La balle au bon joueur** « l'occasion favorable se présente à celui qui le mérite » (Sévigné).

2. BALLE n. f.

Balle perdue « balle qui n'atteint pas l'objectif contre lequel elle a été tirée et qui continue sa trajectoire ». Malheureusement les balles ainsi perdues ne le sont pas toujours pour tout le monde, comme le montrent la plupart des exemples où figure ce syntagme (*il a été blessé par une balle perdue*, etc.). L'ancienne expression figurée : *balle perdue* « efforts inutiles » (XVIIIᵉ s.) renvoie plutôt à Balle 1 (on dirait de nos jours : *une balle pour rien*).

Donner (flanquer, foutre...) douze balles dans la peau « fusiller ». Syn. *coller au mur, au poteau*. Le nombre *douze* correspond au nombre de soldats figurant dans un peloton d'exécution (→ ci-dessus Baguette, citation de Voltaire).

Faire balle « frapper, toucher (comme une balle qui atteint le but) », cf. Faire mouche*.

> [...] mille observations oubliées dont la réunion fait balle.
> 　　　　　　　　Balzac, *Le Cousin Pons*, in Robert.

3. BALLE n. f. Mot d'origine francique, désignant un gros paquet de marchandises (cf. *emballer*, *déballer*).

Vx. *C'est ma balle, ça fait ma balle* «cela me convient». S'est employé populairement à partir de 1830. *Balle* correspond ici à «part», «lot».

4. BALLE n. f. Désigne l'enveloppe des grains de céréales; c'est l'un des rares mots français d'origine gauloise.

Vx. *De balle* «mauvais, sans valeur» (*in* Oudin). Cette expression, qui oppose l'enveloppe du grain à son contenu, utilise la répartition symbolique; extérieur (sans valeur) — intérieur (cf. La gangue et le diamant; l'os et la substantifique moelle, etc.). Mais la rareté relative du mot par rapport à ses homonymes (BALLE 1 et 2) a transféré la valeur péjorative de *de balle* à des expressions telles que *peau de balle* (→ PEAU).

BALLET n. m.

Ballets roses «réunion de petites filles, qui, sous le prétexte d'exhibitions chorégraphiques, se prêtent aux désirs érotiques d'adultes». La variante *ballets bleus,* concernant de petits garçons, est postérieure et moins connue. L'affaire scandaleuse des *ballets roses* où fut compromis, à la fin de la IVe République, un Président de l'Assemblée nationale, lança l'expression.

BALLON n. m.

Ballon rond; ballon ovale «ballon de football»; «ballon de rugby» et, par métonymie, ces deux sports (*les fanatiques du ballon ovale*).

> Le ballon ovale de rugby, le melon d'Espagne aérien, pneumatique, couturé aux côtes, dégonflé aujourd'hui et concave.   A. ARNOUX, *Suite variée*, p. 40.
>
> Mais enfin, la foule que j'observe, qu'un ballon rond intéresse plus que tout au monde, sait-elle ce qui se passe en ce moment?   F. MAURIAC, *Le Nouveau Bloc-Notes*, p. 398.

Ballon d'essai «ballon lancé pour connaître la direction des vents (à l'origine)» et métaphoriquement «expérience, tentative faite pour sonder l'opinion, etc.». L'expression apparaît au sens concret et au figuré vers 1830; elle témoigne de l'utilisation métaphorique rapide des expressions scientifiques ou techniques.

Ballon d'oxygène «mesure destinée à soutenir, à faire survivre une entreprise, etc., menacée d'asphyxie». L'expression se rattache à un champ métaphorique de l'«asphyxie», et emprunte sa forme au vocabulaire médical.

Attraper (avoir) le ballon «devenir (être) enceinte». Une expression antérieure (attestée en 1888) est *gonfler son ballon.*

Fam. et vx. *Enlever le ballon* «donner un coup de pied au derrière». *Ballon* signifie «derrière» dans la langue populaire du XIXe s.

> — Cachez moi donc, vous autres!... Il me cherche, il m'a promis de m'enlever le ballon, s'il me pinçait encore à traîner ma peau.   É. ZOLA, *L'Assommoir*, p. 713, in *T.L.F.*

Faire ballon «jeûner, se priver de qqch.» (1875). Le *ballon* est ici le gonflement sur le vide, le creux, l'air qui remplit un ballon. Le sémantisme est appliqué au ventre ou à l'estomac dans *se bomber* et (avec un autre effet) dans *du bide, du bidon* (d'ailleurs *du ballon,* comme *du bidon,* signifie «du bluff» en argot). L'interjection résultante : *ballon!* est à rapprocher de PEAU★ DE BALLE! Elle constitue une métonymie joignant l'enveloppe (peau) du ballon et son contenu d'air pour exprimer une péjoration déjà suscitée par l'expression *de balle* (→ Balle 4).

> C'est ça qu'c'était ben mon affaire!...
> Mais un beau soir a s'a fait faire :
> Les mœurs l'ont fourrée au ballon
> Et, depuis qu'alle est disparue,

> J'sorgue à la paire et j'fais ballon
> Dans la rue.
>
> A. BRUANT, *Dans la rue.*

BALLOT n. m. Le passage du sens propre : « petite BALLE 3 de marchandises », au sens figuré : « lourdaud, imbécile », s'explique par la métaphore habituelle, de l'objet inerte, transporté sans précaution, à la personne sans réactions.

Au bout du quai les ballots « que les imbéciles s'éloignent, s'en aillent ». Jeu de mots ferroviaire opposant les voyageurs aux marchandises rangées à la hauteur du fourgon, au bout du quai.

BALLUCHON (ou BALUCHON) n. m.

Faire son baluchon « s'en aller ». La métonymie temporelle entre la préparation du départ et le départ proprement dit est très fréquente (*faire sa valise, plier bagages* → BAGAGES, etc.).

BAMBOU n. m.

Avoir le coup de bambou « avoir un accès de folie, un comportement bizarre ». L'expression vient des soldats de l'infanterie coloniale, vraisemblablement de l'Indochine. Elle est attestée en 1919 (*in* Esnault). Elle remplace, avec un équivalent pittoresque et exotique, les expressions synonymes : *coup de barre, coup de marteau,* etc. (→ *Coup*). La forme du mot *bambou* n'est pas étrangère au succès de l'expression, puisque le radical expressif *bamb-* sert à désigner l'ivresse, la débauche (cf. *Bamboche*) et divers excès de comportement (*bambou* signifie populairement « membre viril » : *avoir le bambou*). *Coup de bambou* désignait aussi le coup de soleil, l'insolation, dans le même contexte colonial. L'expression s'est diffusée en France avec le sens de « commotion brusque », mais son emploi initial (coup de folie) est resté vivant.

> [...] il ne s'agit qu'exceptionnellement d'histoires de femme, ou de règlements de comptes, ou de crimes crapuleux, car la vie des uns et des autres est bien assez dure comme ça et cela n'en vaut réellement pas la peine, quoi que les journaux puissent raconter, mais neuf fois sur dix, de folie collective, de panique, de tristesse, de cafard, de coup de bambou qui dégénèrent en émeute, voire en révolte gratuite.
>
> B. CENDRARS, *Bourlinguer,* p. 264.

Autres valeurs possibles, en synonymie avec *coup de barre* → COUP.

BAN n. m. Mot d'origine francique, désignant une proclamation officielle, et mis en rapport très anciennement avec le verbe *bannir*.

Au ban de... « renvoyé, condamné par... ». S'emploie surtout avec le verbe *mettre*, notamment dans un contexte de politique internationale (*mettre un pays au ban des nations*, etc.).

Convoquer (appeler) le ban et l'arrière-ban « s'adresser à tous ceux dont on espère de l'aide, du secours ». Ce terme de féodalité a été repris avec des emplois métaphoriques au début du XIXe s. ; c'est l'atmosphère réactionnaire de la Restauration qui a favorisé le retour de certaines expressions de l'Ancien Régime ainsi que le goût romantique pour le Moyen Âge.

Vx. *Rompre le ban, son ban* « revenir au lieu d'où l'on est banni ». Seul le dérivé nominal : *rupture de ban* (→ RUPTURE) est encore en usage.

BANANE n. f.

Peau de banane « procédé déloyal destiné à « faire tomber qqn ». D'abord dans des phrases métaphoriques, du type : « [des] gens sur votre chemin qui ont intérêt à glisser sous vos pas la peau de banane. » (P. VIALAR, *La mort est un commencement,* in *T.L.F.*)

BANC n. m.

Sur les bancs (de l'école) « pendant le temps de la scolarité ». *Je l'ai connu sur les bancs de l'école,* ou (rare) *sur les bancs* (Gide écrit, de manière analogue : *à peine sorti des bancs,* in *T.L.F.*), mais *les bancs* « l'école », ne semble pas être lexicalisé.

Banc d'essai « épreuve à laquelle est soumise une chose, une personne ». Métaphore issue de la technique, moins courante que BALLON★ D'ESSAI.

(Être) au banc des accusés « dans une situation d'accusation ».

BANDE n. f.

Bande dessinée « série linéaire de dessins ayant une unité narrative ». Adaptation française de l'expression anglaise *comic strip,* forgée vers 1929, mais qui ne s'est répandue qu'après 1950, avec la diffusion du procédé dans les journaux. Alors que *comics* désignait seulement des dessins satiriques, caricatures, etc., *bande dessinée* s'applique aussi à des dessins réalistes. On dit surtout B.D. [bédé], sauf en emploi métaphorique *(c'est de la bande dessinée,* cf. *c'est du cinéma).*

Donner de la bande « pencher d'un côté (d'un navire) ». L'expression date du début du XIXe s. ; elle a été précédée de *mettre à la bande* « faire incliner (un navire) de côté », *tomber, être à la bande.* Littré donne la variante inusitée : *donner la bande.*

Prendre par la bande « par des moyens détournés, en n'attaquant pas de front ». Métaphore issue du jeu de billard, où l'on peut jouer en faisant rebondir la bille sur les bandes latérales.

2. BANDE n. f.

Faire bande à part « se séparer de ceux avec qui on était en groupe » (milieu XVIe s.). L'expression signifie clairement « former un groupe (une bande) séparée d'un groupe plus important ». Elle s'applique donc normalement à un sujet au pluriel.

> [...] tant que le violoniste n'était pas là (et si les dames et Albertine, faisant bande à part pour ne pas gêner la conversation, se tenaient éloignées), M. de Charlus ne se gênait pas pour ne pas avoir l'air de fuir certains sujets [...].
> M. PROUST, *À la recherche du temps perdu,* t. II, p. 1042.
> [des enfants] dont les parents, fournisseurs de la Cour, fonctionnaires supérieurs, grands bourgeois, officiers, faisaient maintenant bande à part, s'invitant mutuellement et passant le dimanche dans telle ou telle propriété de famille des environs, à la campagne ou au bord de la mer.
> B. CENDRARS, *Bourlinguer,* p. 126.

Bande de... construit avec un subst. plur. est très fréquent pour former des injures collectives (ex. le plus usuel : *bande de cons).*

BANDEAU n. m.

Avoir un bandeau sur les yeux « s'aveugler, refuser d'admettre, de comprendre la vérité ». Il s'agit plutôt d'une métaphore devenue lieu commun que d'une locution, car on peut employer *bandeau* avec le mot *yeux* et avec ce sens, dans un grand nombre de phrases. On dira par exemple *mettre, placer un bandeau devant les yeux de qqn* « l'empêcher de voir la réalité, la vérité » ; *arracher le bandeau des yeux de qqn* « lui faire admettre la vérité », etc.

BANDER v. tr. Spécialisation érotique d'un verbe autrefois courant dans d'autres contextes.

Bander à part, formation plaisante sur BANDE★ À PART (FAIRE), signifiant la même chose.

Bander mou « ne pas être très convaincu, très décidé ; ne pas aimer beaucoup qqch. ». On trouve dans le même sens une expression pittoresque : *ne bander que d'une* (= à moitié).

BANDIÈRE n. f. Ancien synonyme de *bannière*.

Vx. *Front de bandière* « ligne formée par les drapeaux en tête d'une armée ; armée en ordre d'attaque ». L'expression, bien qu'archaïque, se rencontre encore de nos jours ; elle était employée dans la langue classique (Voltaire, *in* Littré) alors que *bandière* ne se disait plus depuis le XVIIᵉ s.

> Puis, sur le front de bandière, un reflet de lune aiguise la pointe d'une arme, tandis qu'un sifflement doux et long éveille, sur le mont, un écho très doux et très long. Rappel d'oiseau ? Appel de veilleur ?   J.-R. Bloch, *La Nuit kurde*, p. 154.

BANNIÈRE n. f.

Vx. *À bannière levée* « avec une hostilité ouverte » (Saint-Simon, *in* Littré).

En bannière « en pan de chemise ». Le mot *bannière* a été utilisé plusieurs fois pour désigner plaisamment l'étoffe des vêtements. *Bannière d'Orléans* (XVIIᵉ s.) se disait d'un « vêtement déchiré ».

La croix et la bannière → CROIX.

Vx. *Faire bannière de qqch.* « en tirer argument ». Expression courante au XVIᵉ s.

Vx. *Porter la bannière* « être le premier, le plus en vue ».

> Quand tous les cocus s'assembleront, tu porteras la bannière.   RABELAIS, III, 25.

Cet exemple réalise une association très fréquente entre l'idée de « confrérie » et celle de « cocus ». On la retrouve, toujours avec le mot *bannière* pour signe, dans l'ancienne locution, plus burlesque (et donc littéraire) que familière : *suivre la bannière de Vulcain* « être cocu, cornard » (Le Roux). Quant à la forme de la phrase, elle est fréquemment employée pour former des insultes plaisantes (*quand les cons voleront, tu seras chef d'escadrille*, etc. ; → ANDOUILLE).

Se ranger (se mettre, etc.) sous la bannière de... « se ranger dans le parti de... » (fin XVIIIᵉ s.). Quoique très littéraire et d'une hauteur de ton démodée, l'expression se rencontre encore de nos jours. C'est le seul témoin actuel (la locution *en bannière* étant ironique) des métaphores militaires formées avec ce mot.

> [...] je crois l'Empire solide. On ne trouverait pas vingt hommes pour se ranger sous une bannière, le mot d'ordre manque à tous les partis : donc immobilité complète d'ici à longtemps.   G. FLAUBERT, *Correspondance*, Vᵉ série, p. 363.

Vx. *Cent ans bannière, cent ans civière* [LOC. PROV.] « après une période de gloire, de succès, vient une période de misère, d'échec, etc. ».

> Ceci [une inscription dans une église] vous indique que ce qui est aujourd'hui un très saint lieu, en était autrefois un très mauvais, où de vilains empereurs païens envoyaient les pauvres filles souffrir pour la foi chrétienne. Voilà ce que deviennent les choses : cent ans bannière, cent ans civière, dit le proverbe.   Ch. De BROSSES, *Lettres d'Italie*.

BANQUEROUTE n. f.

Vx. *Faire banqueroute à...* « manquer à..., ne pas honorer... ».

> Je bannis ces plaisirs et leur fais banqueroute.   M. RÉGNIER, *Épître*, II.

BANQUET n. m.

Vx. *Banquet du diable* (XVIIᵉ-XIXᵉ s.) « repas où il n'y a pas de sel ». Selon la croyance populaire, le diable et tous les personnages surnaturels, maléfiques craignent le sel, symbole de l'éternité (car il se conserve indéfiniment, et il conserve). À rapprocher des expressions où la présence du diable représente l'absence d'un objet (dans AVOIR LE DIABLE* DANS SA BOURSE, c'est l'argent qui manque).

BANQUETTE n. f.

Jouer devant les banquettes «devant une salle presque vide». La variante moins courante *jouer pour les banquettes* est plus intéressante et plus vigoureuse puisqu'elle transfère le contenu du mot *banquette* au plan humain (grâce à la préposition *pour*).

Région. *Faire banquette* «se dit d'une femme qui reste assise sans avoir pu danser (au bal)» → TAPISSERIE.

BAPTÊME n. m.

Baptême de l'air «premier voyage en avion». L'assimilation du premier vol à l'immersion des catéchumènes est doublement métaphorique : elle confère une valeur sacramentelle (et à travers elle, une valeur initiatique préchrétienne) à la première expérience de transport par air et elle assimile l'élément de l'atmosphère au liquide de la purification symbolique.

Baptême du feu «premier combat». Là encore, la valeur initiatique du contact des armes à feu est combinée avec la permutation des éléments (d'où le choix de *feu* et non de *balle, canon, arme,* etc.). L'initiation est ici liée au danger. D'autres expressions (outre BAPTÊME* DU SANG) sont formées par analogie.

> On n'est qu'un zéro devant le numéro des compagnies. On ne devient réellement un *preu* que pendant le combat, si l'on a sauté le premier dans le danger. Alors, parce qu'un est en avant, les autres suivent. Et pour cela le baptême du vote est inutile : il n'y a que le baptême du feu !   J. VALLÈS, *L'Insurgé,* p. 177.

Baptême de la ligne (du tropique) «cérémonie burlesque que l'on fait subir à ceux qui passent pour la première fois la ligne de l'équateur ou le tropique». Le caractère parodique de ce «baptême» marque la tendance générale à la laïcisation des références chrétiennes.

Baptême de sang «martyre de catéchumènes qui n'étaient pas encore baptisés». Dans cette expression, *baptême* garde sa valeur initiale de «sacrement», le martyre faisant fonction du véritable baptême, dont l'eau symbolique est remplacée par le sang. Chateaubriand a assimilé l'exécution de Louis XVI au martyre par cette expression (*Mémoires d'Outre-Tombe,* IV, 9), en supprimant sa valeur initiale pour lui donner un caractère métaphorique (Louis XVI étant déjà chrétien et baptisé). On emploie aussi *baptême de sang* en parlant de la guerre et avec une valeur proche de BAPTÊME DU FEU* (*le feu* produisant *le sang,* blessures ou mort → SANG).

BARAQUE n. f.

Casser la baraque «remporter un succès triomphal». Expression issue de l'argot des spectacles, en rapport avec la loc. adv. À TOUT CASSER*, la *baraque* étant sans doute la salle, par allusion à la baraque des forains. — Dans un sens tout différent, «démolir, faire échouer brutalement une entreprise ; faire un coup d'éclat, un scandale».

> À peine s'il [un co-adaptateur] lit votre travail. Il trouve que ça va toujours. Si la vedette ne vient pas casser la baraque, il vous tourne l'ours [le scénario] sans coup férir...
> A. BOUDARD, *Cinoche,* p. 50.

BARBE n. f.

Vieille barbe «vieillard ennuyeux». L'ancienne locution *jeune barbe* signifiait «jeune homme sans expérience». Après avoir été longtemps associé à la sagesse, le mot *barbe* est lié en français moderne à l'idée d'ennui (cf. les emplois lexicalisés : *la barbe ! barber, barbifier, ça me rase,* etc.). *Barbon,* qui exprime la même idée, est archaïque, et *vieille barbe* ne s'emploie plus guère pour désigner un personnage concret, mais d'une manière abstraite, un professeur, un auteur ennuyeux, etc.

> Nous considérions, à part nous, Sénèque comme une vieille barbe et nous aimions
> Napoléon à la folie.   J. DUTOURD, *Le Fond et la Forme*, in *Ph. Sl.*

Barbe à papa « confiserie formée d'une pâte de sucre prenant la consistance filamenteuse et colorée en teintes tendres (bleu, rosâtre...) ». Le mot est en rapport avec la chose, vendue surtout dans les baraques foraines et les foires. La syntaxe en marque l'origine populaire et bon enfant.

Barbe à poux. Désignation plaisante d'une barbe fournie, frisée, etc.

Barbe-bleue « personnage cruel pour son épouse, et, en général, pour les faibles qui sont en son pouvoir » (l'allusion au célèbre conte de Perrault est encore sentie).

À la barbe de qqn, au nez et à la barbe de qqn « devant qqn, à sa vue, sans se cacher de lui » (le verbe exprimant un acte que le témoin désapprouve ou qui lui est hostile). L'expression reste métaphorique, c'est-à-dire que sa valeur première est encore active ; on ne l'emploierait en parlant d'une femme qu'avec un effet comique → aussi SOUS LE NEZ*.

> [...] badine dont j'eus immédiatement envie et que Rogovine se refusait d'acheter, et
> que je me procurai au prix fort au bout de huit jours de marchandage, ce qui mit
> mon patron en fureur non pas parce que j'avais l'air de vouloir voler de mes propres
> ailes et venais de réaliser une affaire à sa barbe avec l'argent que j'avais gagné chez
> lui, mais parce que cette canne avait un secret [...].   B. CENDRARS, *Bourlinguer*, p. 94.

Vx. **Faire la barbe à qqn** « s'en moquer ouvertement, le narguer ».

> Soit que ce conte soit vray ou non [...] pour le moins, l'Autheur du Roman [Ogier le
> Danois] estimoit estre grand injure, de faire la barbe à quelqu'un contre sa volonté, et
> paraventure de cela est procédé par un commun Proverbe nous disons faire la barbe à
> quelqu'un, quand on l'a bravé de parole ou d'effect.
>   É. PASQUIER, *Recherches de la France*, VIII, ch. 8.

Vx. **Faire la barbe de paille (de feurre) à Dieu** « le tromper, être hypocrite ». C'est offrir à Dieu une gerbe *(barbe)* de paille au lieu de blé. L'expression est, dans sa signification, d'origine païenne ; elle évoque les sacrifices agraires, puis, à l'époque classique, les redevances au clergé. Elle s'est employée du XVe au XVIIIe s., ainsi que la variante *faire gerbe de feurre*. Avec *barbe*, l'expression acquiert le sens de « moquerie » → FAIRE LA BARBE*.

Rire dans sa barbe « ne pas exprimer ouvertement sa gaieté » (l'expression est synonyme de *rire sous cape*). On disait aussi *rire sous barbe* (Le Roux).

> Louis paraissait attristé et riait dans sa barbe.   M. DU CAMP, *Souvenirs*, in *Ph. Sl.*

On emploie de même **parler (marmonner,...) dans sa barbe** « parler de manière incompréhensible ou indistincte ».

Vx. **Se lécher les barbes** « se régaler ». Le pluriel renvoie ici au sens « longs poils que certains animaux portent autour de la gueule » → BABINE.

BARBU n. m.

Croire au barbu « être très naïf, s'illusionner sur qqch. » Variante récente et familière de CROIRE* AU PÈRE NOËL, plus générale dans la mesure où le vieillard barbu représente aussi traditionnellement le Père éternel.

BARGUIGNER v. intr.

Sans barguigner « sans hésiter ». C'est à peu près la seule survivance de ce ancien verbe, vivant du XIIe au XVIe s., et qui signifiait « marchander ». La forme *sans barguigner* est elle-même du registre littéraire et archaïsant.

BARQUE n. f.

Mener (conduire) la barque « avoir la direction des affaires ». *Conduire sa barque* « s'occuper (bien ou mal) de ses affaires ». Ces expressions sont courantes à partir du XVIIᵉ s. (Sévigné, Molière).

> En quittant la rue de Braque, Lucien était heureux [...]. « Je côtoie le mépris public. et la mort », se répétait-il souvent, mais j'ai bien mené ma barque.
> STENDHAL, *Lucien Leuwen*, XLV.

> Il paraissait surtout estimer Virginie, une femme de tête, disait-il, et qui saurait joliment mener sa barque.
> É. ZOLA, *L'Assommoir*, t. II, p. 75.

Fam. *Mener en barque* « tromper, abuser ». Var. de *mener en bateau*★.

> [...] notre patron avait lâché : « Foutaises. Bourgeois vous a menés en barque ! »
> BORNICHE, *Le Gang*, p. 337.

Vx. *Passer dans la barque (de Caron)* « mourir ». Métaphore mythologique à la mode pendant la période classique, dans le style élevé.

1. BARRE n. f.

Vx. *Barre de fer*, s'est dit d'une personne inflexible. Saint-Simon l'a employé en adjectif (« Mme des Ursins le trouvait droit, ferme..., *barre de fer* »). La même idée se retrouve dans la comparaison : *raide comme une barre (de fer)*. En emploi adverbial :

> Mon juif était un homme qui savait sa loi et qui l'observait raide comme une barre [...].
> DIDEROT, *Le Neveu de Rameau*, p. 497.

Coup de barre a) « malaise soudain, accès de fatigue brusque et violent » 1929, Esnault). Syn. COUP DE BAMBOU★; b) « addition très élevée chez un restaurateur ou un hôtelier ». Syn. COUP DE FUSIL★. L'image qui s'impose est celle du coup ssené avec violence.

De l'or en barre → OR.

Avoir barre sur quelqu'un « avoir l'avantage sur lui » (XVIᵉ s., Cholières). Expression tirée du jeu de barres, et que Littré écrit pour cette raison au pluriel : *voir barres*. Le joueur qui *a barre* est celui qui peut prendre un adversaire sans être pris (le jeu se définit par les relations entre joueurs). Outre TOUCHER BARRE★, e jeu avait donné naissance à d'autres locutions métaphoriques : *jouer aux barres vec quelqu'un* « le chercher sans pouvoir le rencontrer » (cf. l'analogue actuel *jouer cache-cache*), *tenir barre à quelqu'un* « lui résister », etc. Seul *avoir barre sur...* emeure vivant. *Prendre barre sur quelqu'un* n'est pas courant; l'expression trahit ans doute l'influence de PRENDRE LA BARRE★.

> CÉCILE. — [...] je vous ai tant d'obligations, tant d'obligations que...
> ARTHUR. — Que j'aurais trop barre sur vous, n'est-ce pas ?
> É. AUGIER, *Maître Guérin*, p. 332.

> [...] chacun d'eux avait bien cherché à s'instruire sur les autres, soit pour assouvir un désir, ou plutôt une rancune, empêcher un mariage, avoir barre sur l'ami découvert.
> M. PROUST, *À la recherche du temps perdu*, t. II, p. 405.

> Ce dont nous demeurons persuadés, c'est que si les ultras prenaient finalement barre sur lui [le général de Gaulle], s'il disparaissait de la scène, nous entrerions dans cette apocalypse que peut-être vous attendez, que peut-être vous désirez. [...]
> F. MAURIAC, *Le Nouveau Bloc-Notes*, p. 219.

Être au-dessous de la barre « être au-dessous du niveau requis ou normal ». La métaphore initiale (XVIIᵉ s.) ne porte pas sur la barre du saut en hauteur, comme on ourrait le penser aujourd'hui, mais sur la barre de bois transversale qui étayait les nneaux par le milieu, et au-dessous de laquelle le vin restant, altéré par l'air et éventé », était de qualité inférieure. L'idée de base est donc à la fois celle de l'épui-ement du liquide (diminution quantitative) et d'affaiblissement qualitatif.

> Ils ont en cela je ne sçay quoy de commun avec le vin, qui ne vaut plus rien quand il
> est au-dessous de la barre, quoy qu'il fust excellent quand il estoit frais percé.
>
> FURETIÈRE, *Le Roman bourgeois*, p. 977.

Vieilli. **Faire barre à...** « arrêter » (aujourd'hui : *faire barrage*).

> Dussions-nous y périr [...], il faut par tous les moyens possibles faire barre au flot de
> merde qui nous envahit.   G. FLAUBERT, *Correspondance*, IVᵉ série, p. 20.

Placer haut la barre « opérer une sélection sévère (de critères de choix). La barre est celle du saut en hauteur.

Vx. **(Ne faire que) toucher barre** « ne s'arrêter qu'à peine en un lieu » comme le joueur qui, ayant atteint la barre qui délimite son camp, y acquiert l'impunité et peut se remettre à la poursuite des joueurs de l'autre camp.

> Votre ambition aura donc été un peu désappointée en me voyant revenir de la haute
> vallée du Spiti, sans y avoir touché barre.
>
> V. JACQUEMONT, *Correspondance*, t. II, p. 157.

2. BARRE n. f. Spécialisation de sens du précédent, pour *barre du (de) gouvernail*.

Être à la barre « être responsable de la conduite des affaires ». Sert à former des slogans politiques, lorsque la forme des noms propres s'y prête (cf. *Giscard à la barre*, avec assonance interne); à noter que si la ressemblance est trop grande (comme dans le cas du Premier ministre Raymond *Barre*), le système ne fonctionne pas.

Prendre, tenir la barre, utilisent la même métaphore favorisée par la paronymie avec *barque* (CONDUIRE, MENER LA BARQUE*).

> Peut-être certains de ceux qui l'appellent [de Gaulle] seront-ils trop heureux de le lais-
> ser seul à la barre, et d'en être quittes à si bon compte.
>
> F. MAURIAC, *Le Nouveau Bloc-Notes*, p. 58.

BARREAU n. m.
Barreau de chaise « très gros cigare ».

BARRICADE n. f.
Être de l'autre côté de la barricade « dans le camp opposé ». C'est la même image qu'avec *barrière*, mais en insistant sur l'idée d'affrontement, de guerre civile Péguy attribue l'expression à Clemenceau.

Sur les barricades « dans les combats d'une insurrection, d'une révolution ». L'expression a été particulièrement fréquente à propos de Mai 68.

BARRIÈRE n. f.
Être de l'autre côté de la barrière « dans l'autre camp ; parmi ceux qui appartiennent à un autre camp » (→ BARRICADE). On dira ainsi à un étudiant devenu enseignant, ou examinateur : *maintenant que vous êtes de l'autre côté de la barrière...*

BARRIQUE n. f.
Gros, plein comme une barrique « très gros, plein de nourriture ou de boisson ». Tant par la forme renflée et massive du contenant que par la nature du contenu, les mots *barrique, tonneau* sont employés en comparaison pour évoquer l'obésité et surtout la réplétion (sens originel de *soûl*), enfin l'ivresse. P. Guiraud y voit l'origine de SOÛL COMME UNE BOURRIQUE*.

1. BAS, BASSE adj. Cet adjectif sert à former de nombreuses loc. nominales, traitées aux noms (→ notamment CHAPEAU, MAIN, QUEUE, TÊTE, VUE, VOIX (

Messe entre autres). Les loc. adverbiales : *à bas* (mettre *à bas* « renverser », *sauter à bas de...*, *à bas!* → ci-dessous) et *en bas* (« vers le bas ; au-dessous ») sont intégrées au lexique.

Bas du cul « qui a les jambes courtes ». Var. *Bas sur pattes* (cette dernière forme ne s'emploie pas adjectivement : on ne dit guère que : *être bas sur pattes*).

À bas...! (suivi d'un nom commun ou d'un nom propre), exclamation d'hostilité, formant avec *vive...!* un couple antonymique. Les variantes expressives, renforcées *(au poteau!)* ou triviales *(aux chiottes!)* correspondent à l'expédition métaphorique de l'objet en un lieu d'exil ou de destruction. Au contraire, *à bas* modifie, non pas la localisation, mais la position supposée verticale de l'objet humain et correspond au sémantisme de *renverser, abattre*. La forme est restée ultra-fréquente.

2. BAS adv.

Plus bas que terre (avec des verbes comme *mettre*) « très bas, dans une situation méprisable » → TERRE.

Être bien bas « être très malade ». On emploie aussi *être bas* avec divers adverbes *(fort, extrêmement...)* et *être au plus bas*.

Bas les pattes → PATTE.

3. BAS n. m.

Bas-bleu « femme pédante » (loc. employée comme adjectif : *elle est un peu bas-bleu*, et nom masculin : *Mme X. est un bas-bleu*). Traduction littérale de l'expression anglaise *blue stocking*, cette locution s'est répandue en France après 1830, son origine étant oubliée. Gautier écrivait : *le Bas-bleu, sans doute ainsi appelé parce qu'il porte des bas noirs.*

> Il y avait, vers 1781, un club littéraire qui se réunissait chez Mme Montague, et que l'on appelait le club des bas bleus *(blue stocking club)*. Un des membres les plus éminents de cette société était M. Stillingfleet, dont l'habillement se distinguait par un caractère de gravité ; on remarqua surtout qu'il portait toujours des *bas bleus*. Telle était l'excellence de sa conversation que, quand il lui arrivait d'être absent, on avait coutume de dire : Nous ne pouvons rien faire ce soir sans les bas bleus. Peu à peu, des clubs s'établirent sous ce titre, et le terme de *bas bleu* s'étendit aux femmes de lettres ridicules et pédantes.   ESQUIROS, *Revue des Deux-Mondes*, avril 1860, p. 778 *in* Littré.
>
> Le jour de la représentation est venu. [...] Il y aura aussi toute la jeune opposition ; des journalistes, des avocats, des bas-bleus qui, de leur jarretière, étrangleraient l'empereur s'il tombait sous leurs griffes roses, et qui ont mis leur chapeau des dimanches en bataille.   J. VALLÈS, *L'Insurgé*, p. 36.
>
> [...] telle phrase qu'on cite comme un modèle de grâce légère m'a toujours fait supposer que pour arriver à une telle légèreté l'auteur avait dû posséder autrefois une science un peu lourde, une culture rébarbative, et que, jeune fille, elle semblait probablement à ses amies un insupportable bas-bleu.
>
>   M. PROUST, *À la recherche du temps perdu*, t. II, p. 186.

Bas de laine « économies ». Au XIXe s., les paysans français avaient la réputation de garder leurs économies — notamment en pièces d'or — dans des bas de laine. À cette coutume, qui pourrait dater d'une réaction de thésaurisation après la banqueroute de Law, succéda celle qui consistait à remplir de billets de banque une lessiveuse (mais l'allusion à cette pratique plus ou moins mythique de la *lessiveuse* tenant lieu de compte en banque, n'a pas suscité un sens figuré du mot, alors que *bas de laine* est quasi lexicalisé au sens de « économies » et synonyme de *tire-lire*). Gottschalk a relevé l'expression : *avoir un vieux bas quelque part*, dans le même sens.

> Les jours de sortie, les jours d'amour, ils s'en vont chercher au hasard l'hospitalité d'un hôtel meublé pas cher ; car si l'homme est auvergnat la femme est normande, et tous

deux ont une passion égale pour le bas de laine. Aux heures de tendresse, ils rêvent d'un petit bouchon dans la banlieue parisienne où l'on serait enfin maître chez soi.
GORON, *L'Amour à Paris*, t. I, p. 57.
On trouve dans le même texte (p. 636) l'expression : *arrondir son bas de laine*.

BASCULE n. f.

Jeu de bascule « suite de réactions opposées, destinée à assurer un équilibre par la composition des forces ».
Littré parle de *système de bascule*, avec la signification exclusivement politique de « système qui consiste à donner des satisfactions alternatives à chacun des partis... qui se partagent l'influence ». *Politique de bascule* a les mêmes valeurs.

BASKET n. f. Ellipse récente pour *chaussure de basket*, type de chaussure de sport très répandue.

Être bien (à l'aise) dans ses baskets « être à l'aise, décontracté ». S'oppose à être à côté de ses pompes.

Lâche-moi les baskets ! « fiche-moi la paix, laisse-moi tranquille ».
« Lâche-moi les baskets ! » éclaire de façon vive l'avertissement lancé à celui ou celle qui vous agace, ou commence franchement à vous porter sur les nerfs.
G. SAINT-BRIS, *La Chaussure et ses pompes*, in *Le Monde*, 13 sept. 1978.

1. BASQUE n. f.

S'accrocher (être pendu, suspendu) aux basques de qqn « le suivre, ne pas le quitter d'un pas » (fin XVIIIe s.). La variante *ne pas quitter la basque de qqn* n'est guère employée. L'intérêt de la première expression est de montrer qu'une locution métaphorique peut fort bien survivre à la désuétude de son principal élément.

2. BASQUE adj. et n.

Vx. *Aller (courir, marcher, trotter) comme un Basque* « courir très vite ». Au XVIIe s., les valets basques avaient la réputation d'être de remarquables messagers, de par leur aptitude de montagnards à la marche.
Parler français comme un Basque espagnol → VACHE.

BASSE n. f.

Doucement les basses ! « n'exagérez pas, modérez-vous ». L'expression fait partie des injonctions au calme et à la mesure, avec une nuance de menace ironique (cf. *Vas-y mou !... mollo !*). Le sémantisme renvoie à la musique chorale, mais c'est bien plutôt le redoublement du sens (*doucement* et *plus bas, baissez le ton !*) qui motive le choix des *basses* parmi les voix.

BASSINET n. m.

Cracher au bassinet (au bassin) « payer, donner de l'argent ». On disait seulement, jusqu'au XIXe s., *cracher au bassin,* mais les évolutions de sens de *bassin* ont fait préférer le dérivé, moins polysémique et plus rare. Pourquoi *cracher,* se demandait au XIXe s. Quitard ; et il répondait avec le sérieux positiviste de son temps : « parce qu'on éprouve autant de peine à tirer son argent de sa bourse qu'un catarrheux en éprouve à expectorer ses mucosités ». En réalité *cracher* suit la règle des verbes qui désignent des expectorations et signifie depuis le XVe s. « parler » (→ BAVER, etc.), c'est-à-dire « émettre » ; or, par l'intermédiaire de la parole ou selon une symbolique plus profonde, ce qui sort du corps de l'homme est assimilé à l'or, à la richesse. *Cracher* sera donc métaphoriquement « émettre, donner de l'argent ». Bien entendu, la tendance à la rétention donne à *faire cracher* une valeur voisine de *faire rendre gorge*

Le *bassin*, puis le *bassinet*, est le récipient de la quête, mais l'expression *cracher au bassin* existait aussi au XVIe s. avec la valeur concrète ou métaphorique de «cracher dans les plats» (Rabelais, *ancien Prologue du Quart-Livre*).

> — Qu'est-ce que ça me fait à moi, disait Mass… (je demande pardon du jargon), qu'est-ce que ça me fait à moi, pourvu qu'elle *crache au bassinet* (qu'elle donne de l'argent)?   STENDHAL, *Mémoires d'un touriste*, t. I, p. 271.
>
> La femelle d'à-côté s'est enhardie : elle se soûle, maintenant, et amène des hommes qui boivent avec elle. Un jour, un de ces pochards a refusé de cracher au bassinet et a voulu la battre ; elle a appelé au secours.   J. VALLÈS, *L'Insurgé*, p. 29.

BÂT n. m.

Porter son bât «avoir sa part de peine, de souffrance». Contrepartie laïque et modeste de *porter sa croix**, employée par Voltaire, peut-être avec malignité.

Savoir où le bât blesse «connaître les peines cachées, les ennuis secrets de qqn» (XVe s.). La forme proverbiale : *chacun sait où le bât le blesse*, est vieillie. La locution peut s'employer avec de nombreux verbes : *je vois, je devine, etc, où le bât vous blesse, c'est là que le bât le blesse*. Elle provient évidemment de l'observation rurale selon laquelle les bêtes de somme mal bâtées ou trop chargées portent des plaies (à des endroits variables selon la position du bât et l'anatomie de l'animal).

> MAXIMILIEN. — Vous auriez dû me prévenir, monsieur le marquis, que j'entrais ici pour être le patito de madame Maréchal.
>
> LE MARQUIS. — Ah! c'est là que le bât vous blesse? Vous avez donné dans l'œil à la bonne dame? Rassurez-vous ; elle ne vous obligera pas à lui laisser votre manteau.
>   É. AUGIER, *Le Fils de Giboyer*, acte II, sc. 13, p. 81.

BATAILLE n. f.

Bataille rangée «lutte, combat entre deux groupes». *Bataille* signifie ici «troupes disposées pour le combat» (sens usuel au XVIe s.), *rangée* voulant dire «en rangs» (par opposition à *en carré, en colonne*). Mais de nos jours, l'expression est prise au sens actuel de *bataille* et signifie «combat général» (où les troupes sont assez nombreuses pour former des rangs, si l'on tient à analyser l'expression).

> Cette fosse était la mieux disciplinée, la grève ne l'avait pas atteinte, près de sept cents hommes devaient y être descendus ; et cela exaspérait, on les attendait à coups de trique, en bataille rangée, pour voir un peu qui resterait par terre.
>   É. ZOLA, *Germinal*, t. II, p. 46.

Champ de bataille → CHAMP. — *Cheval de bataille* → CHEVAL. — *Plan de bataille* → PLAN.

En bataille «en désordre (cheveux, etc.)». Outre son emploi au sens propre («en ordre déployé»), la locution adverbiale *en bataille* s'est employée métaphoriquement. Balzac (cité par P. Larousse) écrit : «*plus on met en bataille de raisons pour et de raisons contre…*», pour «plus on met en présence». En emploi concret, mais transféré, *en bataille* s'est employé au XIXe s. comme terme de marine : *mettre une vergue en bataille*, c'est l'«orienter dans l'axe longitudinal du navire», et populairement : *mettre son chapeau en bataille* se disait en parlant d'un chapeau à cornes, «la corne de devant retournée en arrière» (P. Larousse). Ces emplois d'une précision quasi technique, où *bataille* conserve sa valeur de «disposition agressive, comme pour un combat» (la vergue pointe en avant, la corne du chapeau est retournée pour mieux protéger le front, en enfonçant le chapeau sens devant derrière), ont vieilli. *Mettre son chapeau, sa casquette en bataille* ne signifient plus aujourd'hui «bien l'assujettir» (en retournant, en enfonçant, etc.) mais «mettre de travers» et *bataille* évoque seulement le désordre. Quant aux *cheveux en bataille*, ce sont des cheveux «en mêlée» *(emmêlés)*, qu'il y ait ou non un calembour explicite, on rencontre aussi *des sourcils en bataille* «broussailleux»). L'idée de «désordre» est explicite dans l'exemple suivant, qui exploite, en outre, le sens le plus courant de *rangé* (*en bataille rangée* = « en désordre ordonné », dans ce contexte).

> La cravate négligemment nouée, le chapeau en bataille, pas trop, une bataille rangée, les cheveux en brosse [...].   G. BAISSETTE, *La Clef des sources*, in *Ph. Sl.*

BATAILLON n. m.

Inconnu au bataillon « complètement inconnu ». Allusion aux noms qui sont répertoriés pour l'appel, dans les corps de troupe. Attesté chez Jean Richepin en 1888 *(T.L.F.)*.

Les gros bataillons « les masses, les gros effectifs ». S'emploie dans l'expression : *s'assurer le vote des gros bataillons,* et dans le proverbe *Dieu (la fortune) est toujours pour les gros bataillons* (pour ceux qui sont les plus forts, étant en nombre), qu'emploie Voltaire.

BATEAU n. m.

Capitaine de bateau-lavoir « marin incompétent (terme dépréciatif) ». Les bateaux-lavoirs, anciens bateaux définitivement fixés à un quai pour servir de lavoir, ne sont évidemment pas très propices à développer les qualités de marin.

Vx. *Arriver en trois (quatre) bateaux* « en grande pompe, en se donnant une importance exagérée ». De même, on a employé la phrase proverbiale : *il n'en vient que deux en trois bateaux* pour qualifier une chose ou une personne célébrée avec excès.

Vieilli. *Être du (même) bateau* « être du même genre, du même caractère » ou « appartenir au même groupe » (plus ou moins ironique).

Vx. *Être (encore tout) étourdi du bateau* « n'être pas remis d'une émotion, d'un ennui » (Saint-Simon, *in* Littré). Malgré l'étymologie réelle de l'expression (→ MON-TER UN BATEAU), elle était comprise à l'époque classique comme « être mal remis d'un voyage agité, du mal de mer, etc. ».

Être du dernier bateau « de la dernière mode » (fin XIXᵉ s.). À rapprocher de LA NOUVELLE VAGUE⋆ ; la valeur dépréciative de l'expression vient du caractère péjoratif de toutes les locutions formées avec *bateau,* dû sans doute à l'homonymie *bateau-baastel* (→ ci-dessous MONTER UN BATEAU).

> Le caractère — ce qui, à en croire les romanciers du dernier bateau, n'existe pas [...].
> F. MAURIAC, *Le Nouveau Bloc-Notes*, p. 55.

Mener (emmener) qqn en bateau « tromper, duper ». Équivaut à peu près à *faire monter à l'arbre,* avec l'effet commun « déplacement imposé » = « tromperie », selon l'idée que le trompeur qui en fait accroire emmène avec lui sa victime. La forme *bateau,* dans ce contexte, s'explique par la confusion initiale avec les mots de la famille de *bateleur* (voir le suivant).

> Le journal titre en deuil la putain des frontières
> La fleur fane au fusil et meurt sous un drapeau
> Et les télescripteurs nous mènent en bateau   L. FERRÉ, *Poète... vos papiers !*, p. 131.

Monter un bateau à qqn « tromper, mystifier ». Le sens est voisin de MENER EN BATEAU⋆ (ci-dessus), mais il s'analyse différemment. *Monter* y est employé avec le sens de « élaborer, fabriquer », comme dans *monter un coup* (*monter un bateau,* « le construire », se dit depuis le XVIIᵉ s.). Mais, comme le fait remarquer Wartburg, l'expression (attestée en 1867) continue d'anciennes locutions comme *estre estonné du bateau, être étourdi du bateau* (du XVIᵉ au XIXᵉ s.), où *bateau* est en réalité l'ancien mot *baastel* « instrument de l'escamoteur » (qui a donné *baasteler, baasteleur* : *bâteleur*). La présence du mot *bateau* dans les deux expressions qui signifient « tromper, mystifier, duper », se justifie en effet par cette confusion. Mais il reste que dans *mener qqn en bateau* comme dans *monter un bateau* (à qqn), *bateau* a définitivement pris la valeur de «moyen de transport», cohérent avec le verbe *mener*, et de «bâtiment», qui s'articule avec le verbe *monter*, ces deux valeurs aboutissant à celle de «construction échafaudée pour mieux emmener sa dupe».

BÂTER v. tr.

Âne bâté → ÂNE.

Vx. *L'âne du commun est toujours le plus mal bâté* [PROV.] «on a toujours plus de soin pour les intérêts privés (ou pour ses propres intérêts) que pour ceux du public». Cet ancien proverbe mériterait de renaître pour caractériser la défaillance des équipements collectifs face à la prospérité de l'entreprise privée, ou un certain mépris des individus pour les équipements collectifs (en France).

Vx. *Qui bâte la bête la monte,* proverbe cynique et plaisant qui signifie, selon Le Roux, «que celui qui habille quelque femelle en a les dernières faveurs».

BÂTIMENT n. m.

Être du bâtiment «faire partie d'un milieu professionnel». Syn. restreint de *être de la partie.*

> Je suis à même... un écrivain de ma valeur, d'améliorer les dialogues... [...]. Il me laisse entendre qu'il pourra me donner un coup de pogne, il est du bâtiment...
> A. BOUDARD, *Cinoche*, p. 129.

Quand le bâtiment va, tout va [PROV.]. Le mot *bâtiment* a ici sa valeur active («action de bâtir, de construire»), devenue extrêmement rare. Cela n'empêche pas cette locution proverbiale de s'employer de nos jours pour exprimer le caractère d'indice de prospérité économique que l'on accorde aux activités de construction.

BÂTIR v. tr.

Bâtir à chaux et à ciment, à chaux et à sable → CHAUX. — *Bâtir de boue et de crachat* → BOUE. — *Bâtir sur du sable* → SABLE.

Vx. *Bâtir sur le devant* (milieu XVIIᵉ s.) «prendre un gros ventre». La métaphore porte sur les constructions ajoutées en façade. On a employé plaisamment l'expression en parlant des femmes enceintes.

BÂTON n. m.

Bâton blanc «bâton des agents de police français, servant à régler la circulation». De signal, le *bâton blanc* est devenu symbole, avec la cape et le képi. Il est curieux de constater qu'à l'époque classique le *bâton blanc* était attribué aux mendiants et non aux représentants de la force publique. On disait : *venir, sortir,... le bâton blanc à la main,* pour «dans la misère, dans le dénuement». Enfin, le *bâton d'aveugle* est devenu *canne* avant d'être blanchi → CANNE (BLANCHE).

Bâton de maréchal «cylindre orné d'étoiles, insigne de la dignité de maréchal». L'expression s'emploie dans *emporter (avoir, porter) son bâton de maréchal dans sa giberne,* «avoir des chances de promotion suprême». Cette phrase proverbiale met en image le mythe de l'égalité absolue des chances (attribuée ici à l'armée, sans doute à cause de sa démocratisation incontestable après la Révolution de 1789 et bien évidemment pour stimuler, au même titre que les décorations et les grades, l'enthousiasme des candidats au massacre).

Bâton merdeux «chose, situation ou personne extrêmement déplaisante, dont aucun côté, aucun aspect n'est acceptable ou maniable». La forme développée est : *c'est un bâton merdeux, on ne sait par quel bout le prendre.*

> — Mais par cette chaleur, je boirais bien un petit Ricard. Pas vous, Paule?
> — Oh, moi je bois pas tous ces trucs de riche...

— Ça y est, je l'ai vexée. Qué bâton merdeux, cette femme-là !
                                                    A. SARRAZIN, *La Cavale*, p. 342.

Bâton de vieillesse « personne qui est le soutien, la consolation d'un vieillard ». L'expression correspond au sémantisme de *s'appuyer* (sur quelqu'un).

Retour de bâton « réaction imprévue en sens opposé ». Cf. *Choc* en retour, retour de manivelle**. Probablement récente, la loc. paraît être un amalgame de *tour de bâton* (cf. *infra*) et de *retour de manivelle**.

Tour de bâton (ou *du bâton*) « profit secret, illicite » (Saint-Simon, *in* Littré). La locution viendrait du petit bâton utilisé dans les tours de passe-passe (→ GOBELET, MUSCADE). Var. plus tardive : *retour de bâton*. L'abbé Tuet n'acceptait pas cette origine et voyait dans l'expression un jeu de mots sur *bas ton* « ton secret ». Sans même insister sur le fait que cette expression *de bas ton* n'est pas attestée, on remarquera que le mot *tour* est peu compatible avec cette interprétation. Enfin la forme **le tour de leur baston,** attestée au XVe s., ruine cette explication, dont voici la référence :

> On appelle *le tour du bâton* des profits secrets et illicites. Cette expression vient de deux mots *bas* et *ton* pour signifier les tours dont on ne dit le secret qu'à l'oreille et à *voix basse*. La Monnoye la tire du petit *bâton* avec lequel les joueurs de gobelet font leurs tours de passe-passe.   J.-Ch. TUET, *Matinées senonaises*, p. 453.

À bâtons rompus, ne se dit plus que de la parole, du discours. La langue classique employait aussi : *faire qqch. à bâtons rompus* « avec de nombreuses interruptions », *travailler* (Rousseau), *dormir à bâtons rompus,* et l'on pouvait aussi *entendre à bâtons rompus* (Sorel, *Francion*, Pléiade, p. 191). Au sens concret, une *batterie de tambour à bâtons rompus* était exécutée en donnant deux coups de suite avec chaque baguette, en produisant un son différent du roulement habituel. De nos jours, cette origine musicale et militaire n'est plus sentie. Se dit surtout de la parole, de la conversation ; plus rarement de l'écriture.

> Je vous écris ainsi à bâtons rompus.   V. JACQUEMONT, *Correspondance*, II, p. 217.
> La conversation continue à bâtons rompus au sein de cette grange fantastique, traversée de grandes ombres mouvantes, avec des entassements de nuit aux coins et les points souffreteux de quelques chandelles disséminées.   H. BARBUSSE, *Le Feu*, t. I, p. 75.

Vx. **À coups de bâton** « par force ». *Sa mère l'avait fait prêtre à coups de bâton,* écrit Saint-Simon (cité par Littré), sans vouloir dire par là que cette femme avait eu recours à la bastonnade pour stimuler la vocation religieuse de son fils.

Fam. **Avoir le bâton** « être en état d'érection ». Métaphore réalisée par une série de mots (*trique, bambou, gourdin,* etc.) et contenant implicitement celle du « coup », utilisée pour signifier l'acte sexuel.

Vx. **Changer son bâton d'épaule** « changer d'opinion ». Variante de CHANGER SON FUSIL* D'ÉPAULE.

Donner des bâtons (vx. : *des verges*) *pour se faire battre* « fournir à quelqu'un des raisons et des occasions d'agir contre soi ».

Mettre des bâtons dans les roues « susciter des difficultés, chercher à gêner une entreprise » (1807). La méthode la plus simple pour freiner une charrette est de faire frotter un bâton sur la roue ; enfoncer un bâton entre les rayons la bloque brutalement. L'idée métaphorique est celle de la « traverse ».

> Son père m'a fait une crasse pareille au milieu des démarches que je faisais pour la nomination d'Achille [...], il a mis tout à coup des bâtons dans les roues.
>   FLAUBERT, *Correspondance*, IVe série, p. 98.
> [...] Bloch croyait maintenant que non seulement je ne pouvais rester une seconde loin de gens élégants, mais que, jaloux des avances qu'ils avaient pu lui faire (comme M. de Charlus), je tâchais de mettre des bâtons dans les roues et de l'empêcher de se lier avec eux.   M. PROUST, *À la recherche du temps perdu*, t. II, p. 1104.

Mener une vie de bâton de chaise « une vie désordonnée ou trop agitée ». Malgré son obscurité si l'on se réfère aux chaises actuelles, l'expression est très usitée. La métaphore qu'elle réalise a son origine dans les *bâtons* de la *chaise* à porteurs, qui menaient une vie itinérante et secouée, étant soulevés, posés, tirés, pour dégager la porte de la chaise, remis en place, etc. Comme le montre la citation de Cendrars, l'idée initiale de « déplacements incessants » a fait place à celle d'« activité excessive » (ou plus souvent ; de « vie désordonnée »).

> Se trouvant derechef dorés sur tranche avec l'argent barboté, les trois associés, oubliant leurs bonnes résolutions, menèrent une vie de bâtons de chaise et passèrent des journées entières à se déguiser en piliers de cabaret pour remédier à la mévente des vins et autres spiritueux.   *L'Épatant*, 1909, p. 58.
> — Non, mon vieux, c'est sérieux et il faut que je t'engueule. Tu mènes une vie de bâton de chaise. Tu te perds. On n'a pas idée de rester dix ans à Rio sans jamais prendre un jour de vacances. Tu travailles trop et c'est un sale climat.
>   B. CENDRARS, *Bourlinguer*, p. 44.

Vx. *Sauter le bâton* « prendre une résolution » (XVIe-XVIIIe s.). → FRANCHIR, SAUTER LE PAS*. L'expression s'était spécialisée au sens de « faire qqch. à contrecœur », selon Littré, qui ne cite que des exemples du sens général. Les bâteleurs faisaient sauter un bâton à divers animaux dressés. On trouve aussi *faire sauter le bâton (à qqn) ; être obligé de sauter le bâton*.

Vx. *Tirer au court bâton* « tirer à la courte paille » (XVIIIe s.) ; enregistré et commenté par Littré.

BATTERIE n. f.

Batterie de cuisine « ensemble des décorations, des médailles portées par un militaire ». L'image est celle d'une série de casseroles, de récipients circulaires et brillants, pendus comme le sont les médailles.

Changer (déplacer...) ses batteries ; changer de batterie « changer de plan d'action contre qqn ». L'expression prend sa source à l'époque des sièges, où l'artillerie était peu mobile : un *changement de batterie* correspondait à un remaniement du dispositif militaire.

> [...] j'occupai la Comédie-Française au début de l'insurrection avec d'autres membres de ce Comité, faillis exécuter une mission un peu aventureuse (des armes, qu'il fut un moment question d'aller chercher place de la République) mais changeai mes batteries lorsque le Front National qui s'était constitué au Musée de l'Homme comme dans les autres établissements du Palais de Chaillot eut décidé l'occupation de ce bâtiment.
>   M. LEIRIS, *Fourbis*, p. 154.

Démasquer (dévoiler...) ses batteries « dévoiler ses plans ». Autre expression issue de la guerre à la Vauban, ou de la guerre navale, les bouches à feu étant masquées par les sabords.

Dresser ses batteries « préparer son action ». D'abord dans des comparaisons (*comme un ruzé capitaine, devant que de dresser sa batterie contre le lieu qu'il avait résolu d'attaquer...*, écrit Furetière, *Roman bourgeois*, p. 994, Pléiade).

> [...] comme les grosses dots qu'ils convoitaient n'étaient qu'au nombre de quatre ou cinq, plusieurs dressaient sourdement leurs batteries pour la même fiancée.
>   M. PROUST, *À la recherche du temps perdu*, t. III, p. 404.

BATTEUR n. m.

Vx. *Batteur d'estrade* « aventurier menant une vie errante ». → ESTRADE.

Vieilli. *Batteur de pavés* « vagabond ».

BATTRE v. tr.

Battre en brèche → BRÈCHE.

Battre froid à qqn «être froid et désagréable avec lui». L'expression employée sans complément a signifié «être d'un naturel froid»; on disait aussi **battre chaud** pour «être ardent» :

> M. Dandelot [...] estoit très vaillant [...] encor qu'il battist froid, et ne disoit mot de ce qu'il voyoit là faire à M. de Martigues, qui estoit fougeux et battoit chaud.
>
> BRANTÔME, *Couronnels françois*, VI, 49, in Huguet.

Cet emploi est vieux, mais **battre froid à quelqu'un** est aussi vivant que *être en froid avec...* → FROID.

> Ce directeur, qui rencontra M. de Rênal dans le monde, lui battit froid. Cette conduite n'était pas sans habileté : il y a peu d'étourderie en province : les sensations y sont si rares, qu'on les coule à fond. STENDHAL, *Le Rouge et le Noir*, t. I, p. 352.

Vx. **Battre l'eau, l'air, le vent** «faire des efforts inutiles» (→ AIR, EAU...). Var. *donner des coups de bâton dans l'eau.*

Se battre comme des chiffonniers → CHIFFONNIER. — **Se battre les flancs** → FLANC. — **Se battre contre des moulins à vent** → MOULIN. — **Battre son plein** → PLEIN.

De nombreuses loc. sont formées avec le verbe *battre* employé transitivement (→ BRELOQUE, BRIQUET, BUISSON, CAMPAGNE, CHAMADE, FER, PAVÉ, SEMELLE...) ou avec un compl. prépositionnel *(battre de l'aile; battre en brèche, en retraite...).*

1. BATTU participe passé adj.

Se tenir pour battu «s'avouer vaincu». Employé plus souvent à la forme négative : «ils insistent et ne se tiennent pas pour battus» (Littré).

Sentiers battus → SENTIER.

Battu, cocu et content, la phrase de Molière s'utilise parfois pour qualifier une personne qui s'accommode avec une satisfaction apparente d'une situation dont elle est la victime.

2. BATTU n.

Vx. **Les battus paient l'amende** [LOC. PROV.] «ceux qui ont subi un dommage sont en outre pénalisés (au lieu d'être dédommagés)».

BAUDET n. m.

Ce mot assez tardif (XVIᵉ s.) est dérivé de l'ancien français *bold, baud* «plein d'ardeur», qui est un mot germanique. Il est probable que le mot ait été appliqué à l'âne en tant que dérivé de *bald* au sens de «lascif» (cf. *S'esbaudir*). En français moderne, *baudet* n'évoque pas d'abord la «bêtise» (comme *âne*).

Être chargé comme un baudet «très chargé, embarrassé de paquets».

BAUME n. m.

Mettre (verser...) un baume (du baume) sur la plaie (la blessure) «consoler, adoucir une peine». Métaphore du style noble, employée depuis l'époque classique. Le *baume*, qui évoque surtout aujourd'hui l'idée de «parfum» (cf. *Embaumer*) était dans l'ancienne médecine l'équivalent de nos tranquillisants.

> Ce peu de lignes semblait distiller un baume salutaire sur sa blessure.
>
> J.-J. ROUSSEAU, *Nouv. Héloïse*, I, 64.

> Enfin les lettres des vrais et vieux amis versaient un baume sur les égratignures et les plaies. G. DUHAMEL, *Voyage de Patrice Périot*, III, in Robert.

BAVE n. f.

La bave du crapaud n'atteint pas la blanche colombe, s'emploie ironiquement pour repousser une calomnie ou une insulte, par le mépris.

BAVER v. tr.

En baver « souffrir, être soumis à des conditions très pénibles ». L'expression forme un véritable verbe composé, distinct de *baver* par la forme et le sens. On a employé aussi *en baver*, absolument, pour « baver d'admiration, être béat » (→ EN BAVER DES RONDS* DE CHAPEAUX), mais la fréquence du premier sens tend à éliminer cet emploi.

BAVETTE n. f.

Vx. *Être à la bavette* « être trop jeune pour se mêler de qqch. ». On dirait aujourd'hui : *être au berceau*.

Tailler une (des) bavette(s) « bavarder » (depuis la deuxième moitié du XVIIe s.). L'assimilation de la « salive » à la « parole » se retrouve dans de nombreux emplois et expressions des mots de la famille de *bave* (*baver*, comme *cracher* signifie « parler » dans de nombreux dialectes et usages populaires). Quant au verbe *tailler*, il s'est employé dans le contexte de la parole dès le début du XIIIe s. (*tailler bien la parole à qqn* « lui parler avec éloquence », *in* Wartburg), selon un effet de sens qui s'est réalisé en français avec *débiter*. *Tailler une bavette* est donc « débiter de la salive », et la forme de l'expression est renforcée par le sens concret « tailler, couper des bavoirs d'enfant ». Tant et si bien qu'une explication toute naïve a été forgée sur le tard : « la locution fait illusion sans doute aux commères qui bavardaient sur le pas de leur porte ou dans leur chambre en *taillant une bavette à leur enfant* » (M. Rat, *Dictionnaire des locutions françaises*).

> *Tailler des bavettes* : caqueter. Allusion au mot *baver*, qu'on disait autrefois dans la signification de *caquet*, d'où bavard.   J. LE DUCHAT, *Ducatiana*, t. II, p. 461.
>
> Il me semble qu'il y a déjà bien longtemps que je n'ai vu ta chère trombine !
> J'imagine que nous taillerons ici, dans le silence du cabinet (loin des cours et des femmes), une fière bavette ! C'est pourquoi accours dès que tu seras libre.
>   G. FLAUBERT, *Correspondance*, t. V, p. 92.
>
> Huit jours plus tard, Virginie ne passait plus devant la boutique de Gervaise sans entrer ; et elle y taillait des bavettes de deux et trois heures, si bien que Poisson, inquiet, la croyant écrasée, venait la chercher, avec sa figure muette de déterré.
>   É. ZOLA, *L'Assommoir*, t. I, p. 229.

Tailler la bavette (Céline, *Mort à crédit*, p. 73) est plus rare. — L'expression peut donner lieu à un jeu de mots sur *tailler*, avec un compl. concret :

> Je suis là depuis minuit.
> Nous sommes nombreux. Il y a presque tous les chefs du Ve et du XIIe qui n'avaient pas un commandement militaire. On taille un jambonneau, et une bavette.
>   J. VALLÈS, *L'Insurgé*, p. 275.

BAVIÈRE n. pr. f.

Vx. *Aller à/en Bavière* « avoir la vérole ». Jeu de mots sur *baver*, la maladie occasionnant des sudations (on disait aussi : *aller en Suède*), des claquements de dents (*aller à Claquedent*) et donc une abondante émission de salive.

> Je me vis en peu de temps infectée d'une vilaine maladie [...].
> C'est assez de vous dire que j'alloy, comme l'on dit, à Bavières voir sacrer l'empereur, et qu'estant de retour je me trouvoy si changée, que je fus contrainte de recourir aux artifices.   Ch. SOREL, *Histoire comique de Francion*, p. 126.

BAVURE n. f.

Sans bavure(s) « d'une manière parfaite, irréprochable, sans erreur et complètement » (en parlant d'une opération matérielle ou abstraite). Renforcé au fig. par *net* (*net et sans bavures*, notamment en parlant d'un « règlement de comptes »).

> Il découpait ainsi, sans à-coup, sans bavure, un disque presque parfait qui, à la fin, ne tenait plus que par un fil.   R. MERLE, *Week-end à Zuydcoote*, p. 31.

BAYER v. tr. Ce verbe est une variante de *béer* (latin *batare*) et se distingue de *bailler* qui dérive du latin *bataculare* (dérivé de *batare*). L'origine des deux mots latins est l'onomatopée *ba-* ou *bat*. En français, *béer, bayer* signifient « avoir la bouche ouverte » et doivent être distingués de *bailler*. La bouche *bée*, ouverte, dénote l'*ébahissement*, l'étonnement niais.

Bayer aux corneilles « regarder en l'air, rester sans rien faire » (cf. REGARDER LES MOUCHES★ VOLER). On ne s'est pas soucié d'expliquer les *corneilles*, dans cette locution, sinon par des remarques immotivées (« regarder des *corneilles* dans le ciel ajoute encore à la niaiserie de l'attitude », écrit sans se troubler M. Rat). *Corneille* représente en fait au XVIᵉ s. un « objet insignifiant, sans importance », tant lorsque le mot désigne l'oiseau (*voler pour corneille,* terme de fauconnerie, signifie « chasser un gibier sans valeur » et figurément « s'attacher à un objet sans valeur, indigne de soi ») que lorsqu'il désigne le fruit du *cornouiller* (*corneille, cornouille* s'emploie dépréciativement : ainsi, en Picardie : *des corgnolles !* signifie « rien du tout » → DES NÈFLES !). *Bayer aux corneilles* signifie donc « ouvrir niaisement la bouche en contemplant (ou en désirant) une chose aussi insignifiante que l'est la corneille pour le chasseur ou la cornouille pour l'amateur de fruits ». Enfin, il n'est pas impossible de déceler un effet de redondance dans la paronymie *corneille-coniole* (du latin *corneolus*), c'est-à-dire « gosier, gueule » (le mot *corniole* est du début du XVIIᵉ s.). *Bayer,* c'est « avoir la *coniole* ouverte ».

> Allons, vous, vous rêvez, et bayez aux corneilles.   MOLIÈRE, *Tartuffe*, I, 1.
> *Épigramme de H. Becque (auteur de la pièce,* Les Corbeaux) :
> Comme les deux Corneille, il était deux Dumas,
> Mais aucun ne fut Pierre, et tous deux sont Thomas.
> *Réponse de Dumas fils :*
> Si ce coup de bec, de Becque, t'éveille,
> O Thomas Corneille en l'obscur tombeau,
> Pardonne à l'auteur qui baye aux Corneille
> Et songe au public qui baille aux *Corbeaux*.
>   In L'Esprit français, recueil de Stéphane PRINCE, p. 318.

L'interprétation par *bâiller* conduit la loc. vers le sens « s'ennuyer, être inoccupé »

> Autant bâiller aux corneilles que de se nourrir de toutes les turpitudes quotidiennes qui sont la pâture des imbéciles.   G. FLAUBERT, *Correspondance*, IIᵉ série, p. 366.

BAZAR n. m.

... de bazar « de piètre qualité (en parlant d'objets concrets — *une camelote, des articles de bazar* —, d'abstractions — *une galanterie de bazar*, Maupassant — ou de personnes — *une vamp de bazar*, Genevoix in T.L.F.) ».

Et (tout) le bazar « et tout le reste » → ET TOUT LE BORDEL★, etc. Parfois renforcé par des compl. prépositionnels :

> Tout ça a des directeurs, des commandants, des branches et des sous-branches, et c'est pourri de scribes, de plantons et d'ordonnances, et tout l'bazar à la voile. Tu vois d'ici au milieu d'quoi s'trouve un général commandant de Corps !
>   H. BARBUSSE, *Le Feu*, t. I, p. 43.

BEAU, BELLE adj. et n.

Beau comme... un ange, un astre, un cœur, un dieu, le jour... → ces mots.

En apprendre (savoir) de belles, s'emploie pour « apprendre (savoir) des choses défavorables, honteuses, sur qqn ». D'autres verbes sont possibles : *en faire, en voir, en raconter de belles* → EN CONTER★...

> — C'était un reproche. Il est étrange que la marquise souffre de telles folies... Le mari de cette grande fille en verra de belles !   STENDHAL, *Le Rouge et le Noir*, t. I, p. 503.

Vx. **L'avoir belle** « être dans une situation heureuse, favorable ». Il n'y a pas proprement parler d'ellipse, dans ce tour. *L'* représente l'ancien pronom neutre

mme dans L'ÉCHAPPER* BELLE (*la* = la chose, le féminin étant substitué au mascu-
 avec la désuétude du neutre); on disait *l'avoir beau* « avoir l'occasion favorable ».

Avoir beau... (et infinitif) «(faire quelque chose) inutilement, sans obtenir de
sultat ». Littré explique historiquement cette expression aujourd'hui lexicalisée :

> La locution *avoir beau* pour dire faire inutilement peut s'expliquer ainsi : *avoir beau*,
> c'est toujours avoir beau champ, beau temps, belle occasion : *avoir beau faire* c'est pro-
> prement avoir temps favorable pour faire. Voilà le sens ancien et naturel. Mais par une
> ironie facile à comprendre, *avoir beau* a pris le sens d'avoir le champ libre, de pou-
> voir faire ce qu'on voudra et, par suite, de se perdre en vains efforts. *Vous avez beau
> dire*, c'est, primitivement, il est bien à vous de dire; puis vous pouvez dire, on vous
> permet de dire, mais cela ne servira à rien.   LITTRÉ, *Dictionnaire*, s. v. *Beau*.

La bailler belle → BAILLER.

En conter (dire, raconter...) de belles, a la même valeur ironique que EN
PRENDRE DE BELLES* (ci-dessus), mais *de belles* correspond ici à «discours,
cit, histoire ».

> On m'en a conté de belles sur son peu de probité. HAMILTON, *Grammont*, 9, L.

> Donc, mon vieux, vers le mois d'Octobre il est probable que je te saluerai de la main
> en passant, et quand nous nous reverrons, j'en aurai de belles à te raconter.
>   G. FLAUBERT, *Correspondance*, IIe série, p. 87.

Se faire beau (ou belle) « faire sa toilette et s'apprêter avec soin » (avec une
leur généralement ironique, donnant lieu à des plaisanteries, du type : *Elle est
ée se faire belle. — Ce sera difficile !*) → SE FAIRE UNE BEAUTÉ*.

> Je ne m'étais pas fait beau, hier soir, comme le billet m'y invitait (tenue de soirée
> recommandée), pour aller à l'Opéra-Comique [...].   F. MAURIAC, *Bloc-Notes*, p. 82.

Il fait beau... (suivi d'un infinitif) « il est agréable, bon de... ».

> Il fait beau croire aux prodiges lorsque les prodiges nous arrangent et lorsque les pro-
> diges nous dérangent il fait beau ne plus y croire [...].
>   COCTEAU, *La Machine infernale*, acte III.

tte construction est archaïque ou très littéraire, sauf dans *il fait beau voir...* « il
t plaisir, il est agréable de voir, de constater », construit avec un subst. ou un infi-
if compl. — **Il ferait beau voir que...,** s'emploie ironiquement : « il serait plaisant
e ; ce serait bien le comble... » et aussi « ce serait trop commode... ». Ne s'emploie
e dans le discours tenu.

C'est trop beau pour être vrai, se dit pour mettre en doute une nouvelle
réable et inattendue.

> Bulkaen ne m'appartiendrait jamais et, sur le point de départ que peut être une uni-
> que rencontre, toute une nuit d'amour même, je ne pouvais pas tisser solidement. Voici
> l'emploi de l'expression : «C'était trop beau pour être vrai ». Je pressentais qu'à peine
> elle nous avait réunis, la vie allait nous séparer pour ma honte et mon chagrin.
>   GENET, *Miracle de la rose*, p. 221.

À beau (ou belle), suivi d'un nom, d'une partie du corps notamment,
mployait beaucoup au XVIe s., au sens de «avec ». Il nous en reste *manger, dévorer
belles dents* (→ DENT). On trouve dans le dictionnaire de Huguet *à belles armes, à
le langue* («en parlant d'abondance »), *à belle main, à deux belles mains, à beaux
gles, à beaux pieds, à quatre beaux pieds* (à quatre pattes).

De plus belle « de nouveau et encore plus ». Cf. *De mieux en mieux*. On disait
plus beau* au XVIe s. Là encore, le féminin correspond à la désuétude du neutre.

> Les dents serrées, en proie à une rage mélangée de terreur, le patient bondissait
> comme une balle élastique, s'envolait, les membres écartés, ne retombant que pour
> repartir de plus belle, s'efforçant, de ses doigts en crocs, de se cramponner à la cou-
> verte, donnant de la tête et du dos dans les poutres blanches du plafond.
>   G. COURTELINE, *Les Gaîtés de l'escadron*, p. 78-79.

Le ciel est bleu très foncé, de la couleur à peine délavée de la terre. La pluie donne
de plus belle. On marche péniblement dans ces masses limoneuses.

H. BARBUSSE, *Le Feu*, t. II, p. 55.

Vx. *Tout beau* « doucement, modérez-vous ». L'expression au XVIIe s. s'employa
comme injonction au calme, à la mesure, dans le style noble (Corneille, *Horace*
Cinna, Polyeucte, etc.). Peut-être sa spécialisation comme interjection pour calmer
les chiens (Sévigné) est-elle la cause de sa valeur de plus en plus familière.

Comment, infame [dit le narrateur à un procureur qui vient de se moquer de son habit
misérable], vous prenez donc la Noblesse à l'habit, repartis-je, et j'en eusse dit davantage, si un honneste homme de moyen âge [...] ne m'eust parlé ainsi : tout beau, tout
beau, il faut respecter le lieu ou vous estes et les personnes a qui vous parlez.

Ch. SOREL, *Histoire comique de Francion*, p. 216.

Sois belle et tais-toi! [LOC. PROV.], apostrophe proverbiale exprimant avec économie les principes du phallocrate cynique : la femme n'est faite que pour fournir
à l'homme un bel objet — caractérisé par le silence. Toute parole féminine (implicitement jugée comme sotte, et non pas comme agressive ou dangereuse) peut rompre le charme.

Tout nouveau, tout beau → NOUVEAU.

BEAU n. m.

Beau fixe « un beau temps stable, l'indication *beau* auquel se tient le baro-
mètre » (*in* Littré). S'emploie métaphoriquement pour désigner la stabilité dans la
réussite, le bonheur, etc., notamment adverbialement (*au beau fixe*).

Un beau ténébreux « un homme d'une beauté romantique, sombre et fatale ».
Cette expression, souvent ironique, est, avec UN VIEUX BEAU* (→ ci-dessous), le seul
emploi vivant de *beau* substantif désignant un homme.

Vieux beau « homme âgé qui cherche à séduire par un habillement, une
mise d'élégant ».

[...] pour des raisons qui se perdaient dans la nuit des temps et qu'aurait pu nous dire
seul quelque vieux beau de cette époque [...].

M. PROUST, *À la recherche du temps perdu*, t. II, p. 195.

Vx. *Être dans son beau* « être dans sa plus belle phase » → BATTRE SON PLEIN*

Alors, le bal fut dans son beau. Les danseurs s'en donnaient à cœur joie, riant et se
poussant.

É. ZOLA, *Une page d'amour*, in *Ph. Sl.*

Vieilli. *Faire le beau* « faire l'élégant » ou « parader, chercher à plaire » (ironique). Alors que *se faire beau* concerne la toilette et l'habillement, *faire le beau* met
en cause le comportement tout entier. La loc. est tombée en désuétude à cause de
l'emploi suivant :

Un collégien en goguette, voulant faire le beau, ramait avec des mouvements d'aile de
moulin, et se heurtait à tous les canots, dont tous les canotiers l'engueulaient...

MAUPASSANT, *Yvette*, p. 79.

Faire le beau « se dresser sur ses pattes de derrière, en parlant d'un chien »

[...] j'avais appris que Maurice faisait son droit — pour moi, c'était un peu comme si
on m'eût dit qu'il « faisait le beau » debout sur ses pattes de derrière.

COLETTE, *La Maison de Claudine*, p. 130.

Se mettre au beau (en parlant du temps) « se rétablir, devenir beau ».

Voir (les choses, tout) en beau « être optimiste » → VOIR TOUT EN ROSE*.

C'est du beau! Exclamation ironique d'indignation. → C'EST DU JOLI!

BEAUTÉ n. f.

La beauté du diable → DIABLE.

En beauté « parfaitement, admirablement » (surtout avec des verbes signifiant conclusion d'une action : *finir, terminer,* etc.).

De toute beauté « extrêmement beau ». Les Français utilisent couramment ᵗtte expression, sans en remarquer la forme anormale. La langue classique disait *de dernière beauté,* d'une façon aujourd'hui archaïque, mais régulière. *De toute beauté* ᵗt absent de Littré, mais est employé au XVIIIᵉ s. (par le président de Brosses, ᵢir le Robert).

Être en beauté « avoir, à un moment précis, une apparence de beauté plus ᵣande que d'ordinaire ». Emploi comparable à *être en colère, en forme,* etc. La beauté est conçue comme un milieu où l'on entre.

Se faire (refaire) une beauté « s'apprêter », en particulier « se maquiller, se ₑigner, etc., en parlant d'une femme ». Le sens est le même que SE FAIRE ₑAU* (BELLE).

BÉBÉ n. m.

Jeter le bébé avec l'eau du bain « supprimer l'objet même de la préoccupa-ₒn avec les difficultés qu'il entraîne ». Expression adaptée de l'anglais.

> Jean-Paul Enthoven, en disant « *le psychanalyste* », propose un portrait « du » psychana-
> lyste qui semble se donner comme représentatif de l'ensemble des psychanalystes fran-
> çais d'aujourd'hui. Il n'expose en fait que les travers insupportables et pernicieux de
> quelques vedettes et de leur cour panurgesque. [...]
> Poser le problème ainsi, c'est jeter le bébé avec l'eau du bain. La question n'est pas :
> « Un psychanalyste, en fin de compte, à quoi ça sert ? », mais plutôt : « Un psychana-
> lyste, *à qui* ça sert ? ».
> F. JANDROT, *J.M. Louka,* Lettre au *Nouvel Observateur,* n° 706, mai 1978, p. 9.

ₐm.   *Refiler le bébé à qqn* « se débarrasser sur qqn d'un problème encombrant ». ₑbé est lexicalisé dans ce sens (ex. *Il a hérité du bébé*).

1. BEC n. m. Du latin *beccus* (mot gaulois). Le mot évoque rarement l'oiseau, ᵢr il a de nombreux emplois métaphoriques où il vaut pour « bouche » ; les locutions ₐsées sur l'image de l'oiseau recourent à un autre mot concret *(ongle, claquer)* pour ₐblir l'image fondamentale.

Blanc-bec « jeune homme prétentieux et inexpérimenté », forme un véritable ₒm composé. (Cf. aussi le mot *Béjaune* issu de l'expression *bec jaune,* signifiant ₙaïveté, sottise ») → ci-dessous MONTRER À QQN SON BEC JAUNE.

ᶠam.   *Bec d'acier* « pou ».

> Et ce qui le fait parler ainsi n'est pas le souci de l'hygiène, mais la joie mauvaise de
> trouver plus sale qu'elle ; son trac énervé n'est pas celui des becs d'acier — qu'elle a
> dû connaître aussi —, mais celui de se faire engueuler ; parce qu'après tout, ces bêti-
> ses, elle aurait dû les signaler hier.   A. SARRAZIN, *La Cavale,* p. 239.

Bec d'aigle, de faucon... « nez en forme de bec (aquilin) ». *En bec d'aigle...* ₙême sens).

> Les traits de la duchesse de Guermantes qui étaient épinglés dans ma vision de Com-
> bray, le nez en bec de faucon, les yeux perçants [...].
> M. PROUST, *À la recherche du temps perdu,* t. II, p. 80.

Bec de... (et nom d'animal servant lui-même de terme injurieux), a servi à ᵣmer des expressions injurieuses ; il a alors le sens de « tête, gueule ».

> — Pourquoi tu t'es pas défaussé, bec de moule ?
> — J'n'avais que l'roi, j'avais l'roi sec.   H. BARBUSSE, *Le Feu,* t. II, p. 25.
> — Ça, c'est des 150 fumants.
> — C'est même des 210, bec de veau.   ID., *ibid.,* p. 13.

Vx.   *Fin bec* « gourmand, raffiné ». On trouve aussi *avoir le bec fin.*

Prise de bec « dispute ». Nominalisation de la loc. verbale ancienne *se prendre de bec* (PRENDRE PAR LE BEC* avait un tout autre sens, voir ci-dessous).

> Je supportais mal leurs propos sur des amis à moi que j'estimais parce qu'ils n'avaient pas changé d'opinion, eux, quand c'était devenu dangereux. J'avais eu une prise de bec avec l'un d'eux à propos de Moussinac. Moi, je l'aimais bien, Moussinac.
> ARAGON, *Blanche ou l'Oubli*, p. 96.

Vieilli. *Avoir bec et ongles* « être bien armé pour répondre, répliquer », évoque clairement l'oiseau et ses armes naturelles. On trouve plutôt aujourd'hui : *se défendre bec et ongles* « de toutes ses forces ».

Fam. *Avoir le bec salé* « avoir soif ».

> Ribouldingue, sérieux comme un gorille qui boulotte une puce, empocha la somme et se retira suivi de son acolyte, Croquignol, qui, ayant le bec salé, était d'avis de boire une tournée.
> *L'Épatant*, 1909, p. 63

Être, rester le bec dans l'eau « être frustré, déçu ; ne rien obtenir ». L'expression ancienne (fin XVI⁰ s.-début XII⁰ s.) était : *tenir le bec dans l'eau (à qqn)*, « (repaître de belles espérances, amuser par de belles paroles, suspendre, tenir en attente » (Le Roux). Au XVI⁰ s., *ne point tenir à qqn le bec en l'eau*, c'est « l'empêcher de s'enivrer ».

> [...] elle ne veut pas répéter une pièce, qu'après cinq ou six représentations, on s'arrêtera, laissant les auteurs le bec dans l'eau.   GONCOURT, *Journal*, VIII, p. 107
>
> Je me suis déjà adressé à pas mal de personnes et on ne m'a pas répondu ; je reste le bec dans l'eau avec trois pages blanches.
> G. FLAUBERT, *Correspondance*, V⁰ série, p. 417.

Boucler (fermer) le bec à qqn « faire taire », utilise le sens figuré de *bec* « bouche » sans référer à l'oiseau. Il en était de même pour d'anciennes locutions comme *mener par le bec* (on dirait *par le bout du nez*), *prendre par le bec* « faire parler ; attraper à ses propres paroles ».

Fam. *Claquer du bec* « ne rien avoir à manger ; être privé », à cause du verbe *claquer*, évoque plus précisément l'oiseau affamé.

> À quoi que l'caporal pense de nous faire claquer du bec ? Le v'là, J'vais l'agrafer.
> Eh ! caporal, à quoi qu'tu penses d'pas nous faire croûter ?
> H. BARBUSSE, *Le Feu*, t. II, p. 23

Clouer le bec, n'est rien que *clore* (fermer) *le bec* et n'a pas de rapport étymologique avec *clou*. *Cloer* « clore » est chez Maurice Scève, *clouer* chez Marot, chez Brantôme (Wartburg). Mais si l'expression est restée *clouer* (et non *clore*) le bec, c'est sans doute par la vertu du jeu de mots expressif fourni par la forme archaïque du mot (*clore* étant par ailleurs vieilli et remplacé par *fermer*).

> Alors, Lantier lui poussant toujours l'image sous le nez d'un air goguenard, il laissa échapper ce cri, en arrondissant les bras :
> — Eh bien, après ? Est-ce que ce n'est pas dans la nature ?
> Lantier eut le bec cloué par cette réponse.   É. ZOLA, *L'Assommoir*, t. II, p. 14
>
> Même il dispose de tout un arsenal d'arguments pour défendre sa position ; car il ergote volontiers, ne cherchant du reste pas à convaincre l'adversaire, mais à lui « clouer le bec » et à avoir le dernier mot, dût-il redire la même phrase obstinément après que l'autre a parlé.   GIDE, *Journal*, t. II, p. 171

Donner du bec et de l'aile → AILE.

Vx. *Montrer (faire voir) à qqn son bec jaune* « convaincre qqn en lui montrant son erreur, son mensonge ; démontrer à qqn son impertinence » (*in* Oudin, 1640). C'est « montrer à qqn sa vraie nature (qu'il essayait de cacher) ; démasquer ». À l'idée originelle de naïveté (le jeune oiseau niais) se substitue une autre métaphore, fondée sur la qualité symbolique du jaune (tromperie) → BÉJAUNE.

> « Vraiment [...] il nous en feroit bien accroire si n'avions de quoy le convaincre ». Et appelant la servante, elle luy dit : « Julienne, allez quérir un papier là-haut [...] que je lui fasse voir son bec jaune !   FURETIÈRE, *Le Roman bourgeois*, p. 947

Vx. **Passer sous le bec de qqn** «lui échapper (choses)». Attestée en 1800 et remplacée par *passer sous le nez*, cette locution montre l'ambiguïté du sémantisme de
c, qui est assimilé fonctionnellement à la bouche humaine, mais garde sa valeur de
se («partie saillante») qui permet la substitution *bec-nez*.

es locutions anciennes de sens très analogue étaient : *passer à qqn la paille* (ou
plume) *par le bec* (Brantôme, Régnier); *torcher le bec* (Régnier). Allusions à des
rces — probablement de clercs ou d'écoliers, pour la *plume* — consistant à frotter
nez et la bouche (le bec) de qqn.

Se rincer le bec «boire». — **Rincer le bec à qqn** «faire boire».

> J'ai rincé le bec à des chevaliers d'industrie qui me promettaient un héritier ou un usu-
> rier... et qui se fichaient de moi.   J. VALLÈS, *L'Insurgé*, p. 66.

Vx. **Le bec de l'oie est ourlé** [LOC. PROV.] «l'affaire est faite».

> — Venez, le bec de l'oye est orlé.
> — Comme se porte le tout ?
> — Bien, bien, la chose est allée selon nos désirs.
>
> LARIVEY, *Le Morfondu*, V. 9, *in* Huguet.

es anatidés (canard, cane, oie) ont en effet le bord du bec orné d'un ourlet. D'où
dicton insultant : *il n'y a plus que le bec à ourler* (on ajoutait parfois : *et le cul à
udre*), *et ce sera une cane*.

> Et à quoi rêves-tu ? Que tu voudrais bien avoir fait ou faire quelque chose qui excitât
> l'admiration de l'univers. Hé oui, il n'y a qu'à souffler et remuer les doigts, il n'y a
> qu'à ourler le bec et ce sera une cane.   DIDEROT, *Le Neveu de Rameau*, p. 497.

Il n'est bon bec que de Paris, vers de Villon, souvent cité pour rappeler le
rbe facile des Parisiens.

> Prince, aux dames parisiennes,
> De beau parler donnez le prix ;
> Quoi qu'on die d'Italiennes,
> Il n'est bon bec que de Paris.   Fr. VILLON, *Le Testament*, *Ballade des femmes de Paris*.

2. BEC n. m.

am. **Tomber sur un bec** «sur une difficulté importante», est l'apocope de *tomber
r un bec de gaz* (avec des variantes : *rencontrer un bec de gaz, tomber sur un
verbère*). Cf. *Tomber sur un os*.

> — Mathias, tu es la plus lamentable ordure qu'un ramasseur de poubelles ait jamais
> coltinée... Pigeon et crapule ! Agent double et triple ! Crétin et malin !
> — Oh, ça va !
> — Seulement tu es tombé sur un bec, mon petit garçon ! Je connais mon métier. Je
> ne suis pas un génie, mais j'ai de la technique, ceci remplace cela...
>
> SAN-ANTONIO, *Au suivant de ces messieurs*, p. 215.

BÉCARRE n. m. De *béquarre* (b carré), traduction de l'italien *b quadro*,
mol étant le *b mol* (italien *b molle* «b rond»).

Vx. **Par bécarre et par bémol** «de toutes les façons». On trouve aussi chez Rabe-
s *sot (fol)* de *bécarre et de bémol*. La morphologie incitait à considérer le couple
carre-bémol comme signe de totalité; le couple *dièse-bémol* (*dièse* est attesté au
lieu du XVIe s.) ne présentait pas les mêmes avantages formels pour servir de sup-
rt au sens «de toutes les manières».

> Si on le croit, Pasquier qu'il appelle Pasquin, est [...] un sale et vilain Satyre, Archi-
> maistre sot ; sot par nature, par bécarre et par bémol, sot à la plus haulte game, sot à
> triple semelle.   É. PASQUIER, *Lettres*, XXII, 12, *in* Huguet.

BÉCASSE n. f. Les locutions formées avec le nom de cet oiseau sont toutes
illies. On employait encore au XVIIIe s. : *aile de perdrix, cuisse de bécasse* («les
eilleurs morceaux») et *la bécasse est bridée* (se disait «lorsqu'une personne a donné

dans le panneau qu'on lui a tendu» [Le Roux]). Cette dernière loc. est une allusion
à la chasse à la bécasse au moyen de collets. On trouve dans les recueils du XIXᵉ
ces loc. qui n'ont pas reçu la sanction de l'usage : *être sourd comme une bécasse*
tendre le sac aux bécasses «user de procédés si grossiers qu'on ne peut rien prendre
(→ ATTRAPER LES MOUCHES* AVEC DU VINAIGRE).

BÉGONIA n. m.

Vx. *Charrier (cherrer, vx.) dans les bégonias* «exagérer». *Charrier* est facile
expliquer, le sémantisme de «transporter» (du latin *carrus*, français *char*) s'app
quant métaphoriquement à la tromperie (→ FAIRE MONTER EN VOITURE) ou à un tra
tement méprisant (ENVOYER PROMENER). *Charrier* signifiait donc dès le moyen fra
çais «tourmenter (qqn)» et en argot, au XIXᵉ s., «escroquer, voler». Le sens actu
d'«exagérer» est plus récent, et provient de l'influence de *cherrer*, de *cher*
sens argotique de «fort, important» (début XIXᵉ s.). Vers 1915, on a donc plusieu
emplois de *cherrer*, «exagérer, renchérir» avec pour complément le nom d'une de
rée, introduit par une préposition (*cherrer avec le beurre, sur les ananas, dans
brie* [Esnault]). On peut présumer que *cherrer dans les bégonias* s'est employé de
même façon et que, les bégonias étant des plantes ornementales de jardin, cultivé
en massifs, en plates-bandes, elle a été interprétée avec *charrier* remotivé au se
propre («conduire une voiture dans les massifs» comme PIÉTINER LES PLATES-BA
DES). Le choix du mot *bégonia* est inexpliqué.

BÉJAUNE n. m.

Vx. *Montrer son béjaune à qqn* «lui prouver son inexpérience» (XVIIᵉ s.). *Béjau*
est la forme contractée de *bec jaune*, les jeunes oiseaux encore au nid ont en effet
bec jaune. Cette loc. ne s'emploie plus guère aujourd'hui, mais le terme de *béjau*
«blanc-bec, jeune homme niais» se rencontre encore en emploi isolé.

BEL adv.

Bel et bien «véritablement, sans aucun doute». L'expression a survécu à *bi*
et beau et forme un véritable adverbe composé.

> Chose assez particulière, on n'avait jamais entendu le duc de Guermantes se servir de
> l'expression assez banale «bel et bien»; mais depuis l'élection du Jockey, dès qu'on
> parlait de l'affaire Dreyfus, «bel et bien» surgissait : «Affaire Dreyfus, affaire Dreyfus,
> c'est bientôt dit et le terme est impropre, ce n'est pas une affaire de religion, mais *bel*
> *et bien* une affaire politique». Cinq ans pouvaient passer sans qu'on entendît «bel et
> bien» si pendant ce temps on ne parlait pas de l'affaire Dreyfus, mais si, les cinq ans
> passés, le nom de Dreyfus revenait, aussitôt «bel et bien» arrivait automatiquement.
> M. PROUST, *À la recherche du temps perdu*, t. II, p. 40

BÉLIER n. m.

Coup de bélier «choc violent» et «choc dans une canalisation d'eau
L'expression vient des emplois de *bélier* au sens de «machine de guerre» et
«machine hydraulique», tous deux issus de l'image du bélier fonçant tête baissée

> Quant au coup de bélier de la révolution, qui ouvre des perspectives plutôt qu'il ne
> fait place nette à une société dont le plan préexisterait, il survient d'ordinaire au bou
> d'une série [à vrai dire jamais close] d'avances et de reculs, de chances et de malchan
> ces, de coups d'audace mais aussi d'erreurs, éventuellement d'échecs sanglants [...].
> M. LEIRIS, *Frêle bruit*, p. 356

Vx. *Croire que vessies de bélier sont lanternes* [PROV.] → PRENDRE DES VESSIE
POUR DES LANTERNES.

BELLE fém. de BEAU et n.f.

De belles; de plus belle → BEAU.

BÉMOL n. m.

Fam. ***Mettre un bémol*** « radoucir son ton, devenir moins arrogant, moins agressif ». Métaphore musicale à rapprocher de l'injonction : DOUCEMENT LES BASSES → BAS. De même que cette locution jouait sur *baisser* (le ton), *mettre un bémol* utilise la présence de *mol* (cf. *Mollir*) qui, à l'origine, ne veut dire que « rond, arrondi » (en parlant de la panse de la note, opposée à la note carrée, le *bécarre*).

BÉNÉDICTIN n. m.

Travail de bénédictin « travail intellectuel de longue patience ». Allusion aux travaux d'érudition des Bénédictins, de Saint-Maur, assez tardive (on ne la rencontre pas avant la seconde moitié du XIXᵉ s.). On trouve aussi ***patience de bénédictin***, dans le même contexte, ainsi que ***travailler comme un bénédictin*** et l'emploi lexicalisé : ***c'est un (véritable) bénédictin***.

> [...] ce livre, c'est bien le cas de dire, est un véritable travail de bénédictin.
>   M. PROUST, *À la recherche du temps perdu*, t. II, p. 925.
> N.B. Il s'agit d'un ouvrage d'érudition concernant la toponymie, écrit par un curé et que cite Brichot.

BÉNÉFICE n. m.

Vx. ***Bénéfice du temps*** « l'avantage qu'apporte le temps à celui qui peut attendre » (Saint-Simon, Vertot, *in* Littré).

Vx. ***Bénéfice de nature*** « évacuation spontanée qui soulage » (Littré). L'expression la plus commune, dans ce contexte médical, était ***bénéfice de ventre***.

> [Claude] fut délivré du premier danger [le poison] par un bénéfice de ventre.
>   PERROT D'ABLANCOURT, *Tacite*, 396, *in* Littré.

Sous bénéfice d'inventaire « à condition de ne pas subir d'éventuels inconvénients, seulement après avoir examiné la situation en détail ». Métaphore tirée du droit, où le *bénéfice d'inventaire* est la faculté de n'hériter les dettes et charges d'une succession qu'à proportion des biens légués établis par l'inventaire. *Accepter une succession sous bénéfice d'inventaire*, c'est l'accepter à condition que l'inventaire établisse la limite et la quote-part des charges légales que l'on risque de recevoir.

BÉNITIER n. m.

Vx. ***Être comme le bénitier, près de la porte et loin du cœur*** « ne pas être dans les bonnes grâces d'une personne ». Jeu de mots sur *cœur-chœur*.

Vx. ***Pisser au bénitier*** → PISSER. — ***Grenouille de bénitier*** → GRENOUILLE. — ***Comme un diable dans un bénitier*** → DIABLE.

BERCAIL n. m. Du latin populaire *berbicalix*, de *berbix* « brebis ».

Ramener au bercail « ramener dans le lieu où l'on doit être, dans le droit chemin, etc. ». ***Rentrer (revenir...) au bercail*** s'emploie avec la même valeur. Ces deux expressions se sont d'abord employées exclusivement dans le contexte religieux, *bercail* signifiant « le sein de l'Église » ; *rentrer dans le bercail de Jésus-Christ* (Fléchier) ; *lorsqu'un pécheur retourne au bercail* (Chateaubriand). Le champ métaphorique comprend les mots *brebis, pasteur*. De nos jours, ***rentrer, revenir au bercail***, s'emploie dans un contexte laïque, avec une valeur familière et ironique, au sens de « rentrer ou revenir au domicile qu'on avait quitté » (lequel peut être le domicile paternel, conjugal, etc.).

> [...] arrivé au terme prématuré de sa vie, comme une bête fatiguée qu'on harcèle, il exécrait ces persécutions et rentrait au bercail religieux de ses pères.
>   M. PROUST, *À la recherche du temps perdu*, t. II, p. 581.

BERCEAU n. m. Le mot, au sens métaphorique de «très jeune âge»,
employé dans des expressions plus ou moins figées, mais plutôt stylistiques : *du be-
ceau à la tombe, depuis le berceau*. On peut néanmoins signaler une loc. fam. :

Fam. *Prendre (qqn) au berceau* «le prendre très jeune». Le contexte est habitu-
lement professionnel *(il prend ses employés au berceau, ma parole!)* ou érotique
t'ai vu(e) avec un (une) vrai(e) môme : tu les prends au berceau, maintenant!).

BERGER n. m.

Étoile du berger «la planète Vénus».

L'heure du berger «le moment favorable à l'amour». L'expression vient d
personnages des *bergeries* du début du XVIIᵉ s. et signifie «l'heure de l'amar
du soupirant».

> Quand ils arrivèrent au dessert, ils étaient déjà dans une douce intimité.
> Devant les avances de la dame, l'invité n'avait pas tardé à voir tomber toute sa timidité
> du début, et, quand sonna l'heure du berger, la fée l'introduisit dans son sanctuaire.
> GORON, *L'Amour à Paris*, t. I, p. 463
> — Voulez-vous, par exemple, samedi à l'heure de la soupe du soir, celle que les civils
> disent communément être celle du berger?
> R. QUENEAU, *Le Dimanche de la vie*, p. 32

La réponse du berger à la bergère «celle qui conclut, qui termine une d
cussion» → LE MOT DE LA FIN.

BESACE n. f.

Vx. *Mettre (réduire) à la besace* «à la misère», la besace étant le symbole du me
diant, avec le *bâton blanc* (→ BÂTON). L'expression employée au XVIIIᵉ s., a vie
avec le mot, dont la valeur symbolique n'est plus présente.

> Compère, tout ce que vous dites est vrai. Il est aussi que les huissiers sont chez moi
> et que dans un moment nous serons réduits à la besace, ma fille, mon garçon et moi.
> DIDEROT, *Jacques le Fataliste*, p. 585

Vx. *Être jaloux de qqch. comme un gueux de sa besace* «y tenir beaucoup»,
besace étant le seul bien du gueux, il y tient plus qu'un capitaliste à son compte
banque et craint de la perdre (sens ancien de *jaloux*).

BÉSICLES n. m. pl.

Vx. *Vous n'avez pas (bien) mis vos besicles* «vous vous trompez grossièreme
vous n'y voyez pas clair» → LUNETTES.

BESOGNE n. f.

Abattre de la besogne «travailler vite, efficacement».

Vx. *Aimer besogne faite* «être paresseux; aimer que le travail soit fait (p
d'autres)». On employait aussi l'expression : *avoir besogne faite* «ne plus rien avoi
faire, trouver le travail terminé».

Aller vite en besogne «être précipité dans ses conclusions, aller trop vite (da
l'exposé d'un projet, etc.)».

S'endormir sur la besogne «ne pas avancer dans un travail».

Mâcher la besogne à qqn «lui préparer le travail».

BESOIN n. m. La locution verbale *avoir besoin de*, les locutions impers
nelles formées avec *être (point n'est besoin..., s'il n'est besoin...)* relèvent de la le
cologie proprement dite. On en trouvera la description dans les dictionn
res généraux.

Le besoin de la cause « ce qu'il est nécessaire de dire pour bien défendre une cause ». *Pour les besoins de la cause* « pour obtenir un résultat, pour réussir quelque chose, et non pas pour une raison désintéressée ou spontanée ».

Les besoins naturels, les petits besoins. Euphémismes désignant les fonctions d'excrétion.

1. BÊTE n. f. Ce mot, très fréquent dans la langue familière, comporte des connotations plus fortes que *animal*, quand il est transposé dans le domaine humain « stupidité », réalisé dans le dérivé *bêtise*; « méchanceté » ou « bassesse morale »). D'où sa fréquence dans les injures et les qualifications injurieuses. De nombreuses expressions nominales formées avec *bête* désignent une catégorie d'animaux, notamment d'animaux domestiques *(bêtes à cornes, bêtes de somme)*, et d'animaux chassés *(bêtes noires, bêtes puantes)*. On trouvera ces expressions dans les dictionnaires généraux; certaines sont employées ou l'ont été métaphoriquement (ex. *bête de somme* « personne assujettie à de durs travaux ») sans toutefois former des locutions fréquentes et stables.

Bête à bon dieu, nom familier de la coccinelle, appelée autrefois *bête à Dieu, bête à Martin.*

> Assez, l'abbé, assez. Gardez pour vous vos stupides histoires d'anges gardes-chiourme [...] et sachez qu'à partir d'aujourd'hui, dans cette maison, ce ne seront plus les coccinelles mais les punaises qui porteront le nom de bête à bon Dieu.
>
> PRÉVERT, *Paroles*, p. 32.

Vx. **Bête à deux dos**, s'est dit d'un homme et d'une femme accouplés. Si Rabelais ne l'a pas inventée, il a fait la fortune de cette locution, qui survit en tant qu'allusion littéraire. *Bête* y représente l'animalité de la vie sexuelle, et l'expression suggère l'apparition d'une espèce nouvelle dans l'accouplement, par la forme *bête à...* suivi du nom d'une partie du corps (cf. *Bête à cornes*, etc.).

> Le seul reproche, au demeurant,
> Qu'aient pu mériter mes parents,
> C'est d'avoir pas joué plus tôt
> Le jeu de la bête à deux dos.   G. BRASSENS, *Poèmes et Chansons*, p. 311.

Bête curieuse « personne ou chose que l'on considère avec un étonnement parfois hostile ». Souvent dans des comparaisons : *regarder, dévisager qqn comme une bête curieuse.*

> Il était âgé d'à peine six ans, et déjà il [Mozart] errait d'une ville à l'autre, accablé par son talent, considéré comme une bête curieuse [...].   A. BLONDIN, *Quat'saisons*, p. 98.

Vx. **Bête épaulée** « animal — bête de trait — qui a une épaule démise et qui, par conséquent, ne vaut plus rien, est inutilisable »; métaphoriquement, « personne sans capacité », « fille de mauvaise réputation ». « *On l'a trompé, on lui a fait épouser une bête épaulée* » (Littré).

La bête noire de quelqu'un « personne ou chose que quelqu'un déteste, qu'il ne peut supporter ». L'expression n'a rien à voir avec les *bêtes noires* (sangliers) des chasseurs; elle ne fait que renforcer par l'adjectif péjoratif *noir* la locution ancienne : *être la bête de qqn* (Saint-Simon, Sévigné). On a dit aussi : *c'est sa bête d'aversion* (in Littré). — Insatisfaits par cette explication trop simple, des mythologues (tel Brinkmann) ont voulu voir dans cette loc. une allusion à l'origine mythique des rois mérovingiens engendrés par les amours d'un taureau noir sorti de la mer et de la reine endormie sur le rivage. Agréable au freudien — et au lévi-straussien — amateurs, cette hypothèse s'applique mal à une expression qui n'apparaît qu'en français moderne (probablement au XVIIIᵉ s.).

> [...] des opinions avancées, — pas jusqu'au socialisme, cependant, qui était la bête noire de Mme de Villeparisis.
>
> M. PROUST, *À la recherche du temps perdu*, t. I, p. 709.

Bonne bête «personne peu intelligente mais bonne». S'emploie surtout en opposition à un pronom personnel *(moi, lui)* et signifie alors «bonne dupe».

> Ah! c'est plus chic? dit Mme Verdurin. Alors il y a du chic dans les maladies, maintenant? Je ne savais pas ça... Ce que vous m'amusez! s'écria-t-elle tout à coup en plongeant sa figure dans ses mains. Et moi, bonne bête, qui discutais sérieusement, sans m'apercevoir que vous me faisiez monter à l'arbre.
>
> M. PROUST, *À la recherche du temps perdu*, t. I, p. 215.

Comme une bête. La comparaison est ancienne avec quelques verbes et adjectifs, et connote soit la sauvagerie et la férocité, soit l'impuissance rationnelle de la bête *(malade comme une bête)*. Elle s'est très récemment étendue pour prendre la valeur d'un intensif et l'on entend fréquemment *travailler comme une bête* «de manière inhumaine», *s'éclater comme une bête* «sauvagement», etc. Mais on rencontrait déjà cette comparaison, motivée et avec des connotations différentes,

> Avez-vous repris votre histoire de l'Anjou? Et vos mémoires? En se fixant une tâche et en l'exécutant comme une bête de somme, la vie passe assez vite.
>
> G. FLAUBERT, *Correspondance*, Vᵉ série, p. 383.

Sale bête! terme d'injure à l'égard d'une personne, méchante, équivalant à peu près à *chameau, vache*. Cette expression, plus courante à la fin du XIXᵉ s. qu'aujourd'hui, sélectionne le sémantisme de «méchanceté», fréquent dans les emplois métaphoriques littéraires de *bête* (une *bête sauvage, assoiffée de sang*, etc.). L'adjectif *sale*, substituable ici à *méchant, mauvais*, a une valeur très généralement dépréciative, que manifeste clairement son dérivé *salaud* (d'abord «personne très sale», puis «grossière», «ignoble», «indécente», enfin «méchante, nuisible»).

Chercher la petite bête «être extrêmement méticuleux dans la recherche des erreurs, dans la critique». À rapprocher de CHERCHER DES POUX* (DANS LA TÊTE DE QQN).

> Or il m'était impossible de lui faire des reproches ou de lui poser des questions à propos de choses qu'elle eût déclarées si minimes, si insignifiantes, retenues par moi pour le plaisir de «chercher la petite bête».
>
> M. PROUST, *À la recherche du temps perdu*, t. II, p. 89.

Faire la bête «affecter la bêtise», cf. *faire l'âne* pour avoir du son.

> [...] une femme arriva près de lui [...]
> — Bonjour, mon petit homme, dit-elle.
> Il ne répondit point. Elle reprit :
> — Laisse-toi aimer, mon chéri [...]
> Il prononça :
> — Vous vous trompez, madame.
> Elle passa un bras sous le sien :
> — Allons, ne fais pas la bête, écoute...
>
> G. de MAUPASSANT, *Promenade*, in *Yvette*, p. 245.

N.B. L'emploi moderne de l'expression incite au contresens les lecteurs inattentifs de Pascal, chez qui le célèbre *qui veut faire l'ange fait la bête*, ne concerne évidemment pas l'intelligence, mais les passions animales.

Prendre, reprendre du poil de la bête → POIL.

Remonter sur sa bête «se retrouver dans une position meilleure, après un échec, une difficulté». Variante expressive de *se remettre en selle*, beaucoup plus usuel.

> La belle avance, lorsqu'elle n'aurait plus sa boutique! Ça ne lui donnerait pas du pain. Elle allait, au contraire, reprendre des ouvrières et se faire une nouvelle clientèle. Elle disait cela pour se défendre contre les bonnes raisons du chapelier, qui la montrait par terre, écrasée sous les frais, sans le moindre espoir de remonter sur sa bête.
>
> É. ZOLA, *L'Assommoir*, t. II, p. 77-78.

Vx. Au (du) temps que les bêtes parlaient. Formule commençant un conte, laquelle on ajoutait souvent : *il n'y a pas (deux heures, trois jours...)*.

Pareillement, se dit par dérision, *Du temps que les bestes parloyent.* Car c'est autant que si on disait, *Au temps jadis que les hommes estoyent si sots qu'ils se laissoyent persuader que les bestes parloyent.* Ce qui est dict (comme je croy) pour le regard des fables d'Ésope, lesquelles se trouvoyent dès lors traduites en nostre langue.

> H. ESTIENNE, *Apologie pour Hérodote*, ch. 27.

« Du temps que les bêtes parlaient... » : formule aussi merveilleuse que « Il était une fois.... », indicatrice d'un temps encore plus chimérique si possible, d'un monde au sein duquel se coudoyaient — sans toutefois se confondre — bêtes féeriques et animaux savants, bêtes capables de parler, peut-être, parce qu'elles existent seulement dans un monde qui n'est lui-même que récit ou parole, animaux qui savent exécuter des tours visibles, mais sur le plan de pure apparence où se situe l'autre type de fiction qu'est le spectacle.

> M. LEIRIS, *Biffures*, p. 151.

Morte la bête, mort le venin → MORT.

2. BÊTE adj.

Bête à manger du foin « tout à fait stupide ». Attesté en 1774 (Gresset). On dit aussi : *Bête à manger des chardons**.

Bête à pleurer « très bête », se dit surtout des choses. *Pleurer* a dans cette expression une valeur factitive (= faire pleurer). *Bête à...* peut donner lieu à diverses expressions stylistiques, signifiant l'intensité de la bêtise :

> Et je puis, par raccroc, qui sait, être un génie
> Ou bien un *[illisible]*, enfin toute ma vie
> J'ai le droit de me taire et tout ce qui s'ensuit.
> Je puis être bête à m'en réveiller la nuit.   T. CORBIÈRE, *Poèmes retrouvés*, p. 886.

Bête comme..., la liste des comparaisons exprimant la stupidité n'est pas limitée. Les plus fréquentes utilisent comme second terme un nom d'animal *(un âne, une oie)*, un nom d'objet *(une cruche, un panier)*, le nom d'une partie du corps *(bête comme ses pieds)*. Voir ces mots.

Bête et méchant. Devenue le slogan d'un journal d'humour noir, cette expression dérive de *plus bête que méchant* qui qualifie l'auteur d'une action nuisible mais non inspirée par la méchanceté. Elle suggère — ce qui est fort moral et quelque peu platonicien — que l'intention de nuire et la stupidité sont indissolublement liées, ce que la langue avait depuis longtemps mis en œuvre par les emplois de *bête* → BÊTE 1).

Pas si bête! « (je ne suis) pas assez sot pour me laisser duper ».

fam. et vieilli. *Être (n'être pas) bête de ses mains* « être maladroit (adroit) ».

> [...] Salavert qui a la juste réputation de n'être pas bête de ses mains, adapte une bougie dans la suspension qu'il a fabriquée avec une boîte de camembert et du fil de fer.
> H. BARBUSSE, *Le Feu*, t. I, p. 74.

BÉTON n. m.

Faire du béton, le béton « s'incruster dans un même lieu ». D'abord en termes de sports, « protéger les buts au rugby, en formant une ligne de défense compacte » (lexicalisé avec le verbe *bétonner*). Au football, on parle de *faire le mur*.

BEURRE n. m.

Beurre frais « d'une couleur blonde ». Qualifie traditionnellement les gants en peau claire pour homme, avec une connotation ironique de solennité petite-bourgeoise, aujourd'hui très archaïque.

Assiette au beurre « source de profits plus ou moins licites ; situation qui rapporte de l'argent », notamment en parlant des avantages associés au pouvoir politique (l'expression doit dater des débuts de la IIIe République : 1876, *in* Esnault).

Ce fut le titre d'une célèbre publication illustrée (1901). À rapprocher de FAIRE SON BEURRE (ci-dessous).

Œil au beurre noir «œil poché, entouré d'une ecchymose à la suite d'un coup». L'expression, qui est dans Littré, a été précédée de : *œil poché au beurre noir,* qui en révèle l'origine probable, l'équivoque entre *œil* et *œuf* (le *beurre noir* beurre roussi par la cuisson, colore le blanc des œufs sur le plat), cf. *Œil sur le plat,* vieilli.

> J'ai refusé héroïquement de répondre à leurs questions, j'y ai gagné quelques gifles ; un œil au beurre noir, même pas un passage à tabac en règle comme chez Peter Cheney.
> R. VAILLAND, *Bon Pied, Bon Œil,* p. 160.
> Son œil beurre noir lui faisait un peu mal, mais est-ce que la souffrance physique a jamais empêché le bonheur ?
> R. QUENEAU, *Pierrot mon ami,* p. 20.

Vx. Terre de beurre «brouillard ou nuage lointain (qui s'évanouira avec un autre éclairage, comme le beurre fond au soleil)». L'expression est du langage maritime au XIXᵉ s.

Comme dans du beurre, se dit de ce qui entre, pénètre facilement, sans résistance.

> Je viens de tuer ma femme. J'ai pris mon rasoir. Elle a crié : «Non, non.» J'ai poussé devant moi. C'est rentré comme dans du beurre.
> A. SERGENT, *Je suivis ce mauvais garçon,* p. 129.

Avoir des mains de beurre → MAIN.

Baigner dans le beurre → BAIGNER.

Compter pour du beurre (pour du beurre fondu) «être négligé ou méprisé, ne pas être pris en considération». L'expression est récente et peut paraître contradictoire avec celles qui mettent en œuvre la valeur métaphorique de «richesse» (*assiette au beurre, faire son beurre,* etc.). L'aspect péjoratif du mot doit s'appuyer sur la mollesse, la fusibilité du beurre. L'ancienne locution adjective *de beurre* signifiait «sans valeur».

> À côté de cette fille brune et importante, Clé avait l'air d'une gamine qui comptait pour du beurre [...].
> M. AYMÉ, *Maison basse,* p. 116.
> [...] merveilleusement libre : pas de travaux ennuyeux à faire, pas de mains sales à serrer, pas de soucis d'argent, aucune sorte de responsabilité, il était hors de combat, hors de jeu, il comptait pour du beurre, ses camarades assumaient son destin à sa place.
> R. VAILLAND, *Bon Pied, Bon œil,* p. 160.

Faire son beurre «faire des profits, gagner beaucoup d'argent». L'expression est assez péjorative ; elle apparaît au début du XIXᵉ s. (Balzac, *in* P. Larousse). On dit au XVIIᵉ s. *faire du beurre net* (1625).

> On vend les fleurs à Rouen, on en embarque des bouquets par le vapeur. Vois-tu la balle du jardinier «faisant son beurre» chez les bourgeois et le bourgeois pas content ?
> G. FLAUBERT, *Correspondance,* IIIᵉ série, p. 265.
> X... ne m'inspirerait pas le quart de la mésestime que je ressens à le voir faire son beurre, s'il ne se disait chrétien et s'il n'en vivait.
> F. MAURIAC, *Bloc-Notes,* p. 312.

Une var. moins usuelle et plus explicite dit : *battre son beurre.*

> [...] c'était une baraque qui avait deux bourgeois. Et le bourgeois d'occasion, plus malin, tirait à lui la couverture, prenait le dessus du panier de tout, de la femme, de la table et du reste. Il écrémait les Coupeau, quoi ! Il ne se gênait plus pour battre son beurre en public.
> É. ZOLA, *L'Assommoir,* t. II, p. 72.

Faire son beurre de qqch. «faire son profit ; utiliser avec profit».

> — Écoute donc, rapporte-moi du dessert, moi j'aime les gâteaux... Et, si ton monsieur est bien nippé, demande-lui un vieux paletot, j'en ferai mon beurre.
> É. ZOLA, *L'Assommoir,* t. II, p. 230.

Ne pas avoir inventé le fil à couper le beurre → FIL.

(Mettre) du beurre dans les épinards «améliorer les conditions, le mode
le vie...».

> — Dis donc, ma biche, je ne te retiens pas... T'es pas encore trop mal, quand tu te
> débarbouilles. Tu sais, comme on dit, il n'y a pas si vieille marmite qui ne trouve son
> couvercle... Dame! si ça devait mettre du beurre dans les épinards!
>
> É. ZOLA, *L'Assommoir*, t. II, p. 209.

Promettre plus de beurre que de pain «promettre des choses agréables en
mettant de parler des autres»; et, selon Littré, «promettre plus qu'on ne
peut tenir».

Vx. *Vendre du beurre* «être négligé en société, rester seul comme un marchand
derrière son comptoir». Cette locution s'appliquait notamment aux femmes dont on
dit aujourd'hui qu'elles *font tapisserie**.

> Savez-vous ce que les jeunes filles, même du meilleur monde, appellent *vendre du
> beurre?* c'est être au bal et ne pas y danser faute de danseurs.
>
> A. LEGENDRE, *in* P. Larousse.

Il n'y en a pas plus que de beurre en branche «il n'y en a pas du tout». À
part l'allitération expressive, on ne voit pas la motivation de cette expression; par
ontre les variantes triviales : *...pas plus de... que de beurre aux fesses, au cul,* impliquent une comparaison scatologique d'autant plus intéressante que le mot *beurre*
symbolise souvent l'argent (ce qui illustre l'équivalence symbolique freudienne entre
l'argent et les excréments). Des variantes formelles *(... que de beurre en bro-
che)* existent aussi.

> Quant au fromgi, macache, et pas pus d'confiture que d'beurre en broche.
>
> H. BARBUSSE, *Le Feu*, t. II, p. 5.
>
> Plus d'espoir, rien. Le père Taupe était réellement pauvre, misérable. Il n'y
> avait pas plus de trésor que de beurre au cul.   R. QUENEAU, *Le Chiendent*, p. 362.

(On ne peut pas avoir, réclamer) le beurre et l'argent du beurre «on ne peut
voir tout à la fois, il faut choisir entre deux choses». La maxime, usuelle depuis le
début des années 1980 (d'abord dans les milieux politiques), évoque un bon sens pay-
an. On peut la rapprocher d'expressions comme l'*assiette au beurre, faire son beurre*
cf. *supra). Le beurre et l'argent du beurre* peut s'employer isolément.

BEURRÉ, ÉE adj. Au sens de «ivre», altération de *bourré.*

Fam. *Beurré comme un petit beurre, comme un petit Lu* (marque de petit beurre)
complètement soûl». Plus fréquent, de par la répétition et l'idée que le petit beurre
st «rempli», «fait» de beurre, que *beurré comme une tartine.*

> Je me levais souvent de table, la prunelle moutonneuse, la démarche en spirale, beurrée
> comme un petit beurre.   M. MICHEL-BAHSI, *Poupoune*, p. 238.

BEURRIÈRE n. f.

Vx. *Les beurrières et les rats,* désignation, assez usuelle au XVIIe s., des ennemis
le tout auteur dont les livres, s'ils étaient méprisés du public et invendus, servaient
l'emballage aux produits de crèmerie et de matériel pour la nidification ratière. On
arlait de livres *bons pour les beurrières et les rats.*

> Et quand je l'aurois deffendu [cet ouvrage]
> Contre l'envie et l'ignorance,
> Et la haine et la medisance,
> J'aurois encore sur les bras
> Et les Beurrieres, et les Rats.   A. FURETIÈRE, *Le Voyage de Mercure.*

BIAIS n. m.

Prendre qqn de biais «d'une manière détournée». Le sens correspond à celui
lu dérivé *biaiser.* Dans l'espace métaphorique, la ligne droite correspond à la fran-

chise (cf. *Direct, droit, droiture*...) et l'oblique, comme le détour, à une com
plexité hypocrite.

Vx. **Prendre (trouver) le (bon) biais** « le bon moyen ». Cette expression n'a pas la
valeur péjorative de la précédente. On trouve aussi au XVIIe s. *prendre une chose de
ce biais-là* « de telle façon ».

> Vous avez pris le bon biais pour toucher son cœur.
>
> MOLIÈRE, *Le Bourgeois Gentilhomme*, III.

BIBERON n. m.

Prendre qqn au biberon « le prendre dès son plus jeune âge ». Syn. PRENDRE
AU BERCEAU★ (avec une valeur ironique plus nette).

1. BIDET n. m. Dérivé de l'ancien verbe *bider* « trotter », pour désigner un
petit cheval, une monture (qui trotte).

Vx. **Pousser son bidet** « continuer ses affaires sans se laisser démonter » (Saint-
Simon, *in* Littré).

2. BIDET n. m. Emploi métaphorique du précédent, déjà attesté en 175(
(« cuvette que l'on chevauche »). En français moderne, le mot est associé à l'idée
d'ablutions intimes, surtout féminines.

Vulg. **Eau de bidet.** L'expression fait allusion aux usages contraceptifs des ablutions
comme le montre l'exemple suivant :

> Un garçon de vingt-quatre ans qui ne fiche rien et qui ne fichera jamais rien ! non
> jamais ! pas seulement l'étoffe d'une petite crapule ! rien, du vent, du vide. Sa mère
> était enceinte à l'eau de bidet. M. AYMÉ, *Travelingue*, p. 128.

Résidu de bidet. Injure équivalant à *avorton* (voir le précédent).

> Grâce à ce tuyau, si vous vous débrouillez bien, vous pouvez coincer le grand Jo. Ça
> lui apprendra à m'appeler résidu de bidet parce que je suis petit.
>
> BORNICHE, *Le Gang*, p. 309.

BIDON n. m.

C'est du bidon « du bluff, du boniment ». Il s'agit plutôt d'un sens argotique
du mot *bidon*, qu'on rencontre dans de nombreux contextes, que d'une locution.
L'origine en est dans le sens de *bidon*, « ventre », appliqué à une pièce de drap que
l'on faisait bouffer pour tromper sur la marchandise (ou à un portefeuille gon
flé de papier).

> La poétique libérée c'est du bidon
> Poète prends ton vers et fous-lui une trempe
> Mets-lui les fers aux pieds et la rime au balcon
> Et ta Muse sera sapée comme une vamp L. FERRÉ, *Poète... vos papiers!*, p. 21.

Vx. **Attacher un bidon** « fausser compagnie à qqn » (argot des malfaiteurs, 1876, in
Esnault). **Ramasser** (ou **s'attacher**) **un bidon** « s'enfuir ». Le *bidon*, comme la *gamelle*
symbolisent l'abandon et la dérision. Le passage de *attacher un bidon* « laisser, pla
quer », à *s'attacher un bidon* « s'enfuir », suppose un transfert d'image, et évoque
peut-être le chien auquel on attache un instrument de cuisine à la queue et qui
court d'autant plus vite qu'il est effrayé par le bruit. On ne peut pas faire état de
l'expression ATTACHER LA CASSEROLE★ « s'enfuir », car elle est bien postérieure.

1. BIEN n. m.

Du bien au soleil → SOLEIL. — *Corps et bien* → CORPS.

En tout bien tout honneur « avec des intentions honorables ». La forme *e
tout bien et en tout honneur* (Molière, *L'Avare*, III, 1) est vieillie. Dès l'époque clas

sique, l'expression s'est appliquée aux relations galantes, et signifie soit «sans relations sexuelles illicites», soit «en vue du mariage».

> L'Hôtesse. — [...] Savez-vous que j'ai été pendant dix ans la ressource des militaires, en tout bien et tout honneur? J'en ai obligé nombre qui auraient eu bien de la peine à faire leur campagne sans moi.   Diderot, *Jacques le Fataliste*, p. 603.
>
> Je vous assure qu'il m'a baisé les pieds et les mains avec une ardeur dont la plus vertueuse des femmes aurait été attendrir. Il m'aime en tout bien tout honneur.
>   Balzac, *Maître Cornélius*, p. 940-941.

Conduire (mener) à bien «terminer (une affaire) avec succès». **Aller, venir, se terminer à bien** (La Fontaine, Molière) ne se disent plus.

Vx. **Faire du bien** «secourir, rendre service».

> Nous nous affectionnons de plus en plus aux personnes à qui nous faisons du bien.
>   La Bruyère, *Caractères*, 4.

Prendre son bien où on le trouve «s'approprier tout ce que l'on peut; considérer comme son bien ce que l'on peut prendre impunément». Se dit notamment des plagiaires.

Vx. **Sentir son bien** «avoir des sentiments dignes de sa naissance» (selon Littré, qui signale que l'expression a vieilli et qui ne l'illustre que par un exemple de Voiture).

Locutions proverbiales : leur sens est évident et leur morale d'une rassurante platitude (ce qui ne signifie pas qu'elles correspondent à une réalité d'expérience!).

Bien donné ne se reprend plus. Plusieurs expressions et proverbes illustrent ce thème, comme pour conjurer les litiges et fixer une règle de droit naturel.

Abondance de biens ne nuit pas → Abondance.

Bien mal acquis ne profite jamais. Destiné à décourager la malhonnêteté, ce proverbe est constamment illustré sur le mode narratif (X. s'empare de quelque chose, ou vole quelqu'un et en est puni), par le livre, le film, etc.

Vx. **Nul bien sans peine** «on n'obtient rien sans mal».

Grand bien lui (vous) fasse! souhait ironique signifiant «qu'il fasse comme il voudra, je souhaite qu'il en tire du bien — mais j'en doute fort». La syntaxe archaïque correspond à : *que cela (lui, vous...) fasse un grand bien.*

> Plus, plus d'obligations à un vilain homme comme vous. Empochez bien l'argent de mes bœufs, de mes chevaux et de mes ustensiles : grand bien vous fasse.
>   Diderot, *Jacques le Fataliste*, p. 586.

2. BIEN adv. Les locutions grammaticales formées avec *bien (bien que, ou bien, si bien que,* etc.) appartiennent de plein droit au lexique.

Bel et bien → Bel. — **Tant et si bien que...; tant bien que mal →** Tant.

BIENFAIT n. m.

Un bienfait n'est jamais perdu [loc. prov.]. Ce proverbe combat l'égoïsme et l'avarice par ses propres armes, en affirmant que le bienfait est une bonne affaire (ou du moins n'est pas une perte). La morale qu'il exprime étant battue en brèche, les emplois actuels sont le plus souvent moqueurs.

Vieilli. **Les bienfaits s'écrivent sur le sable** «ils sont vite oubliés» (généralement combiné avec : *et les injures sur l'airain*).

1. BIÈRE n. f. (boisson fermentée).

C'est (ce n'est pas) de la petite bière «c'est (ce n'est pas) une chose importante, remarquable» (1790). *Petite bière*, expression du XVIIᵉ s., s'oppose à *forte bière* et désigne une bière faible brassée avec le grain qui a servi à faire la bière.

Une vingtaine de garçons épiciers couchaient au sixième étage, et leurs chambres étaient voisines de celles des bonnes.
Les orgies romaines n'étaient que de la petite bière à côté de ce qui se passait là.

GORON, *L'Amour à Paris*, t. 1, p. 571.

Le château de ma tante est devenu une sorte de lieu d'accaparement de leurs portraits, authentiques ou non, sous le flot grandissant desquels certains Guermantes et certains Condé, qui ne sont pourtant pas de la petite bière, ont dû disparaître.

M. PROUST, *À la recherche du temps perdu*, t. II, p. 294.

Vx. *Enseigne à bière* «mauvais tableau (peint comme une enseigne de cabaret)» Équivalent ancien de *croûte*.

2. BIÈRE n. f. (cercueil).

Vx. *Avoir un pied dans la bière* «être très vieux». → TOMBE (AVOIR UN PIED DANS LA).

Vx. *Mettre son corps en bière* «boire de la bière (1)». Cette locution «vulgaire» (c'est-à-dire familière) apparaît dans Oudin. On a dit aussi : *ne pas mettre le corps en bière* pour «préférer le vin». L'homonymie des deux mots *bière* alimente un thème funèbre extrêmement fréquent dans les chansons à boire.

BIFTECK n. m.

Gagner son bifteck «gagner sa vie». L'évolution de l'alimentation et du niveau de vie a modifié les nourritures fondamentales, et si l'on dit encore *gagner son pain*, les expressions familières *gagner son bifteck, son entrecôte, son bœuf*, sont plus représentatives des soucis quotidiens actuels de la ménagère française.

BIJOU n. m. Le mot a eu des emplois métaphoriques et phraséologiques désignant des personnes : *bijou de parvis* «individu condamné à une peine infamante» (loc. enregistrée par Littré, et explicable par allusion à la coutume d'exposer les condamnés sur les parvis d'église, au Moyen Âge). Avec un possessif, *bijou* forme un appellatif affectueux ou tendre *(mon petit... bijou)*.

Bijoux de famille «parties sexuelles viriles; testicules». Le mot *bijou* a eu très tôt cette valeur métaphorique et euphémistique («sexe de la femme»); il a été à la mode au XVIIIe s., comme l'atteste *Les Bijoux indiscrets* de Diderot. Mais on aurait tort d'y voir la marque d'une «possessivité masculine», puisque, sans doute par ironie, *bijou* désigne aussi (XVIIIe-XIXe s.) le pénis. De nos jours, *bijoux de famille* est encore en usage argotique.

BIJOUTIER n. m.

Bijoutier du clair de lune «cambrioleur, truand». Allusion poétique au transport nocturne des objets précieux volés. Un film de Vadim a popularisé l'expression.

BILAN n. m.

Déposer son bilan «se déclarer vaincu». Métaphore commerciale; le *dépôt de bilan* est l'acte par lequel un commerçant en état de cessation de paiement arrête ses activités et fait connaître son bilan au tribunal de commerce. La locution est analogue à *être en banqueroute;* cf. Hugo : *les existences en banqueroute, les consciences qui ont déposé leur bilan...* (*Les Travailleurs de la mer, in* Robert).

Faire (dresser) le bilan de... «évaluer les résultats».

BILE n. f. Les emplois métaphoriques de ce mot et les expressions formées avec lui proviennent de l'ancienne physiologie des humeurs et de ses utilisations psychologiques et caractérologiques. La *bile*, sécrétion du foie, correspond dans la cul-

ture gréco-latine à la «mauvaise humeur» (irritation, colère) et à la «tristesse», à la «mélancolie» *(bile noire).*

Vx.   *Échauffer la bile à qqn* «l'irriter, le mettre en colère».

Vx. ou litt.   *Épancher, décharger sa bile* «se mettre en colère».

> Ne croyez pas cependant par là que je veuille exagérer les peines du voyage [...] mais je suis bien aise, puisque j'en trouve l'occasion de décharger un peu ma bile, contre les détails contenus dans les livres de voyages, que j'ai actuellement sous les yeux, dans une partie desquels il n'y a pas un mot de vrai.
> Ch. de BROSSES, *Lettres d'Italie,* t. I, p. 112.

Se faire de la bile «se faire du souci». Cette expression est de loin la plus courante en français moderne. L'emploi de *bile* «chagrin, souci», s'est lexicalisé et a donné lieu à des dérivés *(se biler, bileux).* Plusieurs locutions avec *se faire* + complément expriment la même idée, par la même figure (SE FAIRE DU MAUVAIS SANG*) ou autrement (SE FAIRE DE LA MOUSSE, DES CHEVEUX*). La forme *se faire* avec un complément qui désigne une sécrétion naturelle, correspond à une rupture entre le conscient (celui qui *fait* qqch. à soi) et le physiologique (cette *bile* que l'on fabrique).

> Une paresse heureuse l'engourdissait, la tenait tassée au bord de la table, avec le seul besoin de n'être pas embêtée. Mon Dieu! à quoi bon se faire de la bile, lorsque les autres ne s'en font pas, et que les histoires paraissent s'arranger d'elles-mêmes, à la satisfaction générale ?   É. ZOLA, *L'Assommoir,* t. I, p. 296.

> C'était un excellent garçon, sobre et adroit, mais avec une de ces figures mélancoliques où le regard, trop fixe, signifie qu'on se fait pour un rien de la bile, même des idées noires.   M. PROUST, *À la recherche du temps perdu,* t. II, p. 895.

Se tourner la bile «se contrarier à l'excès». Croisement de *se faire de la bile* et de *être retourné, (re)tourner les sangs* → SANG.

> [...] Virginie lui répondait qu'elle était bien bonne de se tourner la bile. Pardi! si Lantier s'avisait de la suivre, elle appellerait un agent et le ferait coffrer
> É. ZOLA, *L'Assommoir,* t. I, p. 253.

BILLARD n. m. Dérivé de *bille,* avec le sens initial de «instrument servant à pousser la bille» (c'est-à-dire queue de billard). Le sens actuel est plus récent.

Avoir un œil qui joue au billard → AVOIR UN ŒIL* QUI...

Décoller (dévisser) son billard «mourir» (1865, Larchey). *Billard,* signifie très probablement ici la «queue de billard», ce qui suggérerait que l'expression est assez ancienne. Il y a certainement dans la locution un à-peu-près entre *bille* «tête» et *billard,* comme le montrent les expressions contemporaines *dévisser le coco, la tête de qqn* «étrangler, tuer» *(dévisser* remplace plaisamment *tordre).*

Passer (monter) sur le billard «aller sur la table d'opération, se faire opérer» (début XXᵉ s., *in* Sainéan). Ici, c'est l'analogie entre la table d'opération et la table de billard qui est évoquée, mais il est possible que l'idée de «risque de mort» rattache cette locution à la précédente.

C'est du billard «c'est très facile, cela va (ira) tout seul». Ce n'est sans doute pas la facilité du jeu de billard (dont on sait qu'il demande une grande habileté et de savants calculs) mais le roulement aisé des billes sur la surface absolument plane du billard, qui est évoquée.

BILLE n. f.

Bille de clown «visage comique, ridicule». En argot, *bille* désigne la tête.

Vx.   *Faire bille pareille* «être à égalité». Cette expression tirée des jeux (de boules, etc.) a succédé à toute une série de formes courantes au XVᵉ s. : *être bille pareille* «être semblable», *rendre bille pareille* «rendre la pareille».

> Tout ainsi qu'elles par faintes caresses scavent allecher et attraire beaucoup de gens à soy, aussi par contre ruse en trouvent beaucoup de bon esprit qui leur rendent bille pareille.
> É. PASQUIER, *Le Monophile*, l. II, *in* Huguet.

Reprendre ses billes «cesser le jeu, la participation à une affaire». Cette expression, répandue après 1950, assimile les affaires à un jeu enfantin. *Je reprends mes billes* équivaut à *je ne joue plus.*

> Saqué qu'il était, le Henri, elle *reprenait ses billes*, la modiste! Fini, le pognon, les lettres, le colis et tout le toutim. Elle tirait un trait sur les nuits de Paris, la romance, les parties de canotage. Plus de Julot! Plus jamais; c'était terminé.
> M. ROLLAND, *La Rouquine*, p. 253.

Toucher sa bille «s'y connaître, être compétent». Métaphore issue du billard. *Il touche sa bille en mécanique* (Petit Robert).

BILLET n. m.

Billet doux «message galant». L'expression, qui est dans Molière *(George Dandin)*, trouve son origine dans les emplois de *doux* dans le vocabulaire de la tendresse, cf. *yeux doux, mots doux...*

En donner (ficher, foutre) son billet; ficher son billet que... «assurer fortement» (1821). *Donner son billet* équivaut à DONNER SA PAROLE* avec la solennité d'une promesse écrite.

> Oh! mon bon, si j'étais le gouvernement, reprit le chapelier [...], les choses iraient un peu mieux, je vous en flanque mon billet...
> — Toi, Vingtras, tu en auras bien pour six mois.
> — J'en aurai peut-être pour six mois, ça c'est possible; seulement je vous fiche mon billet que je m'arrangerai pour ne pas le faire!
> J. VALLÈS, *L'Insurgé*, p. 209.
> É. ZOLA, *L'Assommoir*, t. II, p. 190.

Billet vert «dollar».

Prendre (ramasser) un billet de parterre «tomber». Jeu de mots sur *par terre*, par l'expression *billet de parterre* employée au théâtre.

Vx. **Tirer au billet** «tirer au sort» (ou «être tiré au sort»). Au XVIIe s., les soldats pris sur le fait en train de marauder ou de piller pouvaient être fusillés par *tirage au billet* (cf. Saint-Simon, *in* Littré).

Vx. **Ah, le bon billet qu'a La Châtre!** Cette exclamation proverbiale, aimée des dictionnaires, est complètement oubliée. Elle signifiait «voilà une promesse sans aucune valeur» et faisait allusion à la naïveté du marquis de La Châtre qui, partant pour la guerre, avait exigé de sa maîtresse, Ninon de Lenclos, une promesse écrite de fidélité. L'ayant signée, Ninon ne se contenta pas de tromper le détenteur du billet, mais le ridiculisa en rendant proverbiale son inconduite par l'exclamation en question. Celle-ci a été réemployée par Voltaire, Marie-Joseph Chénier, etc.; elle était encore à la mode au XIXe s. (cf. les exemple de Jules Janin et quelques autres dans le *Grand Dictionnaire universel*).

BILLON n. m. (de *bille* «lingot»). Monnaie de faible valeur, faite d'un alliage de cuivre et d'un peu d'argent; cet alliage lui-même.

Vx. **Mettre au billon** «mettre au rebut» (XVIIe s.). Var. plus explicite : *faire (de qqch.) la monnaie de billon de...*

BILLOT n. m.

La tête sur le billot «même sous la menace la plus grave». Souvent dans *j'en mettrai ma tête sur le billot* «je continuerai à l'affirmer sous la menace; j'en suis absolument certain» (var. plus rare de J'EN METTRAIS MA MAIN* AU FEU, M. TÊTE* À COUPER).

BIQUE n. f. Mot apparenté à *bouc*. Il a en français moderne une valeur péjorative pour désigner une femme *(une vieille bique)*.

Crotte de bique → CROTTE.

Fam. *Bique et bouc* «à la fois homosexuel passif et actif (ou hétérosexuel)». La concordance du sens et de la forme fait de cette expression très récente (vers 1970) un petit chef d'œuvre linguistique. Syn. : *À voile(s) et à vapeur, Du poil et de la plume* (en référence à la marine et à la chasse). S'emploie en fonction d'adjectif.

BISCUIT n. m.

S'embarquer sans biscuit «s'engager sans précautions dans une affaire». Sous la forme proverbiale : *il ne faut pas s'embarquer sans biscuit,* dans Le Roux. Le *biscuit* en question n'est pas le gâteau sec délicat que nous connaissons, mais une sorte de galette très dure, ayant subi double cuisson, et qui servait de provision aux marins. L'expression a son équivalent en néerlandais (langue de marins) et en italien; elle est usuelle au XVIIe s. De nos jours, ce sens du mot ayant vieilli, on trouve *sans biscuits,* au pluriel.

> Vous ne croiriez pas qu'il a déjà son aller-retour de chemin de fer, son parcours d'autobus dans les Courriers Picard, sa chambre d'hôtel retenue [...]. Il n'aime pas s'embarquer sans biscuits, n'est-ce pas Albert?   A. BLONDIN, *Un singe en hiver*, p. 183.

Tremper son biscuit «coïter (en parlant d'un homme)». Métaphore naïve et transparente. *Biscuit* est probablement choisi à cause de son initiale *bi-* (*biroute*, etc.).

BISE n. f.

À toute bise «à toute vitesse». Locution régionale, fréquente dans le Centre. La forme est calquée sur *à toute vitesse; bise* désigne un «vent fort, rapide» (→ COMME LE VENT*). Cf. le nom composé *Fend-la-bise,* appliqué à une personne qui va vite.

Vx. *Être frappé du vent de bise* «être atteint par le malheur, courir à la ruine» (fin XVIIe s.).

BISQUER v. intr.

Bisque! bisque! rage! Série d'impératifs formant une injonction destinée à faire enrager qqn. Appartient au répertoire enfantin.

BITURE n. f. Dérivé de *bitte,* «pièce de bois sur laquelle s'enroulent les câbles d'amarrage d'un navire», mot emprunté à l'ancien nordique *biti.*

Se donner (se flanquer, prendre) une biture «s'enivrer, boire tout son soûl». L'idée de base est «se donner, prendre la totalité de ce qui est disponible». En effet la *biture,* en marine (mot attesté en 1515), est la «partie du câble qui se déroule au moment du mouillage de l'ancre», *une bonne biture* signifie «longueur de câble suffisante»; métaphoriquement, *se donner une biture,* c'est «tirer sur le câble» (→ TIRER SUR LA FICELLE*, qui a un sens différent, mais procède du même sémantisme de base), c'est-à-dire «en prendre tout ce qu'on peut». La chronologie établie par Warthurg (*F.E.W.*, art. *biti*) montre que le mot *biture* a d'abord signifié métaphoriquement «repas copieux» (1825) — sens conservé dans de nombreux dialectes —, puis «forte dose de spiritueux» (avant 1867). Quant à l'expression, elle est attestée dans la langue générale en 1888, mais elle doit être antérieure dans les régions maritimes, notamment de l'Ouest (Nantes) et du Nord (Boulogne). L'expression, et le sens «ivresse» du mot *biture,* semblent s'être répandus dans les régions de l'Ouest (Saintonge, pays manceau).

À *toute biture* « à toute vitesse » (1921, dans l'argot de l'automobile) vient du sens argotique de *biture* « grand nombre », avec la forme de à *toute vitesse* → aussi À TOUTE BISE*.

BLAGUE n. f. Le mot est relativement récent. Il est emprunté du néerlandais *balg* « sac de cuir », pour désigner le « petit sac à tabac » (1721), puis métaphoriquement une « plaisanterie, vantardise », selon l'idée de base « gonfler » → C'EST DU BIDON*.

Blague à part « sérieusement, toute intention de plaisanterie mise à part ». Cette expression familière est dans Flaubert (1856).

> L'Albin s'approcha aussitôt de la porte. Moi, je tirai un peu vers l'écart. Les amoureux, ça aime d'être entre soi, blague à part.   J. GIONO. *Un de Baumugnes*. p. 154.

Blague dans le coin (1859, Monselet) est une équivalence plaisante de *blague à part* (mettre *dans le coin*, c'est « reléguer, mettre de côté »).

Sans blague (d'abord *sans blague aucune*, Flaubert, 1850) « sérieusement ». Ne s'emploie guère avec un verbe, comme les deux locutions précédentes, mais en incise ou sous forme interrogative et exclamative.

1. BLANC, BLANCHE adj.

Armes blanches « en métal non bronzé, ni gravé, ni doré » → ARME.

Canne blanche « canne d'aveugle » et, par métonymie, « aveugle ».

Carte blanche → CARTE. — *Chou blanc* → CHOU. — *Cousu de fil blanc* → FIL. — *Marqué d'une pierre blanche* → PIERRE. — *Merle blanc, Oie blanche* → MERLE, OIE. Emplois métaphoriques : *Mariage blanc* « non consommé ». — *Nuit blanche* « où l'on ne dort pas ». — Vx. *Vent blanc* « non suivi de pluie » (au XVIIIe s., puis encore régionalement). — *Voix blanche* « sans timbre » (début XIXe s.).

Blanc comme... s'emploie surtout pour qualifier le teint, la couleur de la peau *(blanc comme un cachet d'aspirine*, *comme un lavabo*)*, en suggérant généralement une cause (maladie, peur...) : *Être blanc comme un linge, comme un drap. Être blanc comme un cadavre, comme un mort.*

Blanc comme neige, ne fait que renforcer un sens métaphorique de *blanc*, « innocent », aujourd'hui vieilli (on dirait plutôt *blanchi*) : ex. *Sortir blanc d'une affaire*, 1690.

> [...] j'ai recommencé les interrogatoires de mes prévenus, en les rendant blancs comme neige.   BALZAC. *Splendeurs et Misères des courtisanes*. p. 1023-1024.

2. BLANC n. m.

Blanc de blancs « vin blanc fait avec des raisins blancs ». Cette loc. non métaphorique est mentionnée pour sa fréquence et sa relative obscurité, due à une forme qui évoque l'intensif (comme *Rois des rois*). On ne parle jamais en effet, de *blanc de noirs*, dont l'apparence contradictoire serait plus rhétorique que publicitaire.

Le blanc des yeux → ŒIL. Outre les expressions verbales *se manger*, *s'arracher le blanc des yeux* et *se regarder dans le blanc des yeux*, on rencontre au XIXe s. : *montrer le blanc de ses yeux* « avoir des yeux révulsés » (voir citation de Musset). *Rougir jusqu'au blanc des yeux* est déjà dans Saint-Simon.

> Lui a-t-on appris, quand Rubini chante. à ne montrer que le blanc de ses yeux, comme une colombe amoureuse.   A. de MUSSET. *Il ne faut jurer de rien*.
> [...] C'est toujours un peu ridicule, on le sait bien, les poses qu'ils [les photographes] vous font prendre dans ces cas-là, se regardant dans le *blanc* des yeux, se tenant la main [...].   N. SARRAUTE. *Le Planétarium*. p. 59.

Les hommes en blanc «les chirurgiens, les médecins». La blouse blanche des médecins est ici utilisée avec des connotations symboliques pour soutenir une mythologie (pureté, éloignement...) mise en œuvre par des récits à succès, dont l'un porte précisément ce titre. *Les femmes en blanc* ne s'est dit que plus tard, des médecins et infirmières; cf. le titre d'un roman traduit de D. Krein (1957).

De but en blanc → BUT.

Aller (changer, passer) du blanc au noir «passer d'un extrême à l'autre, changer complètement d'avis». L'expression est dans d'Aubigné.

> Voici l'homme en effet, il va du blanc au noir.   BOILEAU, *Satires*, VIII.

Dire blanc et (puis) noir; dire tantôt blanc tantôt noir «se contredire». Expression plus vivante que la précédente.

> Je suis comme toi, tu vois bien, je perds la boule; je dis alternativement blanc et noir.
> On y voit très mal dans les questions qui vous intéressent trop.
>   G. FLAUBERT, *Correspondance*, Vᵉ série, p. 124.

Mettre (du) noir sur (du) blanc «écrire» → NOIR.

Chauffer à blanc «chauffer (un métal) jusqu'à ce qu'il devienne blanc». S'emploie parfois métaphoriquement : «exciter au dernier degré».

Saigner à blanc «soutirer à qqn tout ce qu'il a». On a dit au XIXᵉ s. *saigner qqn jusqu'au blanc* «le saigner jusqu'à épuisement». L'expression métaphorique continue les locutions plus abstraites *mettre au blanc* (fin XVIIᵉ s.), *réduire, mettre à blanc* (XVIᵉ s.), «ruiner».

Tirer à blanc, charger à blanc «sans projectile».

Vx. *Voir tout en blanc* «être optimiste» (Saint-Simon). Remplacé par *voir tout en rose*.

BLANCHISSEUSE n. f.

Vx. *Porter le deuil de sa blanchisseuse* «porter du linge sale» (*in* Furetière 1690, Le Roux, etc.). À rapprocher de *avoir les ongles en deuil* → DEUIL. La locution joue sur deux métaphores : *porter le deuil* équivalant à «avoir des vêtements noirs» (du linge noir de crasse) et *le deuil de la blanchisseuse* impliquant «être privé (par une mort fictive) de la personne qui nettoie le linge».

BLASON n. m.

Redorer son blason «redonner à ses finances l'éclat qui correspond à son titre, à son nom». S'est rapidement employé avec une valeur ironique, surtout en parlant du mariage d'un noble avec une riche roturière.

Vx. *Ternir son blason* «déshonorer sa famille, son nom (en parlant d'un noble)».

BLÉ n. m.

Blond comme les blés → BLOND.

Fauché comme les blés «sans argent». Renforcement de *fauché* au sens fig. par *blé* qui signifie populairement «argent», dans une image cohérente.

> [Sur les «épouvantables billets de banque», on voit le travailleur]
> éclatant de santé
> dans un ravissant paysage d'été
> et fauchant en chantant alertement les blés
> mais on ne voit jamais
> l'image simple et vraie
> le travailleur en sueur et fauché comme les blés   PRÉVERT, *Paroles*, p. 94.

Vieilli. *Crier famine sur un tas de blé* → FAMINE.

Manger son blé en herbe « dépenser, dilapider son capital ». L'expression est très courante au XVIe s. (voir notamment Rabelais, III, ch. II, à propos de Panurge ; Pierre Gringore, *La Comédie des Proverbes*, I, IV). Une variante était : *manger son blé en vert*, ou *manger blé en verdure.*

> Il vouloit imiter ce qu'avoient fait autrefois La Sarre et autres autheurs gagistes des libraires, qui mangeaient leur bled en herbe, c'est-à-dire qui traitoient avec eux d'un livre dont ils n'avoient fait que le titre. FURETIÈRE, *Le Roman bourgeois*, p. 1044.

Vx. *Être pris comme dans un blé* (1615) « être surpris sans pouvoir se dérober ». *Blé* signifie ici « champ de blé » et l'expression est empruntée au langage de la chasse. Les proverbes avec *blé* sont tous archaïques, comme de nombreux proverbes et locutions proverbiales suscités par la vie rurale. Ex. *Ne nous remets pas au gland quand nous avons du blé* (in Voltaire). *Neige au blé est bénéfice comme au vieillard la pelisse. Bon champ semé, bon blé rapporte.*

1. BLEU, BLEUE adj. De nombreuses expressions nominales sont formées avec *bleu*. On trouvera les plus courantes aux substantifs.

Bas bleu → BAS. — *Col bleu* → COL. — *Conte bleu* → CONTE. — *Cordon bleu* → CORDON. — *Fleur bleue* → FLEUR. — *Menton bleu* → MENTON. — *Peur bleue* → PEUR. — *Ruban bleu* → RUBAN. — *Sang bleu* → SANG.

Vx. *Vin bleu*, équivalent ancien de *gros rouge* → VIN, et BLEU 2.

En être, en rester bleu « stupéfait » (milieu XIXe s.). À rapprocher de l'emploi argotique ancien de *bleu* « invraisemblable, surprenant » *(c'est bleu !).*

2. BLEU, n.

La grande bleue « la mer, notamment la Méditerranée ».

Vx. *Gros bleu* « gros vin rouge de mauvaise qualité ». L'expression a été remplacée par *gros rouge*, moins exact sur le plan concret, mais qui utilise la valeur symbolique de *rouge* → ROUGE.

Vx. *Petit bleu* « dépêche, télégramme ».

Être (nager) dans le bleu « vivre dans le rêve, l'irréel ». On a employé aussi *voir tout en bleu*, avec la même valeur que *voir tout en rose*. Le *bleu* est ici le « ciel bleu », milieu idéal de l'illusion (comme *la lune, les nuages*), mais de l'illusion agréable et « ensoleillée ».

Passer qqch. au bleu « ne plus s'en occuper ; le subtiliser... » (1867). Il serait plus normal de dire : *passer au blanc*, pour suggérer l'idée d'effacement, *bleu* provient ici de l'emploi de *bleu* en lessive pour mieux blanchir le linge.

N'y voir que du bleu « se laisser tromper ». Plus ou moins influencée par N'Y VOIR QUE DU FEU, cette expression utilise l'équivalent sémantique « couleur bleue » = « illusion » (→ ÊTRE DANS LE BLEU, ci-dessus). On rencontre chez Hugo (*Les Misérables*, IV, 6, chap. 1) la variante stylistique, trop noble pour avoir eu du succès, *n'y voir que de l'azur.*

En voir de bleues « supporter des choses désagréables » (1877). Variante apparemment arbitraire de *en voir de toutes les couleurs, en voir des vertes et des pas mûres ;* avec *bleu*, on attendrait plutôt le sens « être trompé par des apparences illusoires ». Il est possible que le choix de *bleu* provienne du sens « marque de coup » *(recevoir des bleus).*

BLOC n. m.

À bloc (bourré, gonflé...) « complètement, au maximum ». D'abord argotique (début du XXe s.), cette locution emploie *à bloc* au sens abstrait de « au maximum » en effaçant complètement le contexte original (*à bloc* signifiait « serré, coincé au maximum » comme l'illustre l'ancienne expression *être à bloc* « être à bout de ressource, n'en pouvoir plus »).

En bloc « tout ensemble, sans détailler ». Cette locution adverbiale est dans Amyot ; elle appartient à l'origine au langage commercial. Des emplois métaphoriques ont existé, tel celui qui a donné naissance aux locutions expressives du moyen français : *frapper en bloc et en blac* « à tort et à travers », et *en bloc et en blic* « sans entrer dans le détail ».

Tout d'un bloc « tout d'une pièce, d'un seul mouvement ».

Rég. (le Havre). *Être sur ses blocs* « être d'aplomb, bien portant » (même métaphore que dans *poteau* « jambe »).

Faire bloc « former une unité, être solidement unis (personnes) ». Expression récente, à rapprocher de l'emploi du mot *bloc* en politique (*le bloc des gauches*, etc.).

> Cependant il s'agit aujourd'hui d'opposer une unité de front à une autre, et, partant, d'entrer dans le rang et de faire bloc.   A. GIDE, *Journal*, t. I, p. 12.

Un emploi récent dans le domaine concret au sens de « se bloquer » ne paraît pas correspondre à l'usage normal :

> Pour mieux obstruer ces orifices mon corps fabriquait en abondance les matières adéquates dont certaines s'épaississaient au point de ne plus passer, de faire bloc, dont d'autres au contraire s'écoulaient sans cesse, interdisant ainsi l'entrée à quoi que ce soit.
> M. CARDINAL, *Les Mots pour le dire*, p. 10.

Fourrer (foutre, mettre) au bloc « mettre en prison, au cachot ». Il s'agit plutôt d'un sens de *bloc* (selon Esnault, par l'emploi de *bloc* « entrave jouant le rôle des fers, aux colonies ») que d'une locution.

> Il a sûrement été fourré au bloc, il n'y a pas d'autre explication à sa fugue. Ah ! dame, vous savez, dans le métier militaire, avec ces gaillards-là, il suffit d'un adjudant grincheux.   M. PROUST, *À la recherche du temps perdu*, t. II, p. 884.

Ce bloc enfariné ne me dit rien qui vaille. Ce vers de La Fontaine (*Fables*, III, 18), appliqué au chat enfariné, blotti dans une huche pour mieux prendre les souris, a été quelquefois réutilisé pour exprimer la méfiance à l'égard d'un piège tendu, d'un hypocrite.

BLOND, BLONDE adj.

(Être) blond(e) comme les blés « très blond ; d'un blond clair ».

> Le soldat s'éloigna au pas gymnastique, et reparut quelques instants après, faisant escorte au visiteur. Celui-ci était un tout jeune monsieur, blond comme les blés, orné d'une chevelure frisée, et qui semblait descendu d'une vignette de sucre de pomme.
> G. COURTELINE, *Les Gaîtés de l'escadron*, p. 57-58.

BLOT n. m. Altération du mot *bloc*, prononcé régionalement *blo*, et réorthographié d'après la finale courante *-ot*.

C'est mon blot, ça fait mon blot (1866, *in* Esnault) « ça me convient ». Cette expression argotique provient des emplois commerciaux de *bloc (en bloc)*. *Avoir son blot* s'emploie aussi ironiquement, pour « en avoir assez » → AVOIR SON COMPTE*.

BLOUSON n. m.

Blouson noir « jeune appartenant en général à une bande, plus ou moins soupçonné de délinquance ou de violence ». L'expression apparaît vers 1950-1960, dans le contexte des bandes de jeunes à motos, vêtus de blousons de cuir, et d'après une image relativement exotique (américaine) : c'est aussi l'époque des *beatniks*. Après 1970, les bandes sont sociologiquement liées aux banlieues des grandes villes : les *blousons noirs*, image assez romantique, laissent la place aux *loubars*.

L'expression *blouson doré* «blouson noir d'origine bourgeoise, fils de famille jouant les blousons noirs», s'est périmée encore plus vite ; elle a l'intérêt de marquer, par l'opposition avec *blouson noir*, le caractère social de la seconde expression.

BOBÈCHE n. f. Pièce cylindrique à rebord, sur un chandelier ; fig. et fam. (vieilli), tête. Au sens de «tête», le mot a donné lieu à quelques syntagmes verbaux : *perdre la bobèche, se monter la bobèche* → TÊTE.

BOBINE n. f.

Fam. *Rester en bobine* «rester tout seul». Du sens figuré de *bobine* «figure». *En bobine* s'est dit aussi (1883, *in* Esnault) des objets mis en gage (donc abandonnés, laissés seuls). Syn. *Rester en carafe, en rade.*

BOCAL n. m.

(Se) remplir le bocal «(se) remplir l'estomac». Le sens métaphorique populaire de *bocal* «estomac», donne lieu à quelques locutions.

Se rincer le bocal «boire». Ici, *bocal* signifie «gosier».

BŒUF n. m. On ne fera que mentionner le véritable nom composé qu'est *œil-de-bœuf*, ainsi que le *bœuf gras* du Carnaval (appelé aussi *bœuf viellé*, car on le promenait au son de la vielle ; le jeu de Gargantua qui s'appelle *bœuf violé* est une altération plaisante de *bœuf viellé*, cf. ci-dessous *promener qqn comme le bœuf gras*.

Vieilli. *La pièce de bœuf* «le morceau de résistance» et, autrefois, «chose habituelle» (*Adages françois*, XVIᵉ s.).

Un vent à décorner (vx *écorner*) *les bœufs* «un vent très violent». Attesté au XIXᵉ s. et usuel.

Comme un bœuf [LOC. ADV.] s'emploie avec des verbes comme *travailler* (on dit aussi *c'est un bœuf, un bœuf de labour*), *saigner* (*saigner comme un bœuf* «abondamment» ; image de l'abattoir), *souffler* (*souffler comme un bœuf*, «très fort», cf *comme un phoque*).

> Il luy baille un quarteron de coups de poing dans le nez qui le fait saigner comme un bœuf que l'on assomme.   Ch. SOREL, *Histoire comique de Francion*, p. 261.
> Je continue à travailler comme un bœuf. J'ai recopié cette semaine tout ce que j'ai écrit depuis mon retour de Dieppe.   G. FLAUBERT, *Correspondance*, Vᵉ série, p. 243.
> Rem. Ailleurs [*Ibid.*, t. V, p. 412], Flaubert intensifie l'expression en écrivant «je travaille à mon roman comme plusieurs bœufs».
> Il s'est mis à me parler, il me demandait mon nom, il faisait des sourires mielleux, fourbes, il respirait fort. Je ne comprenais pas son regard, je le trouvais opaque. Il soufflait comme un bœuf. Ma voix ne parvenait pas à sortir de ma gorge, j'aurais pourtant voulu dire qu'il me laisse tranquille.   M. CARDINAL, *Les Mots pour le dire*, p. 298.

Fort comme un bœuf «très vigoureux, avec une idée de calme», est resté très vivant, alors qu'on ne dit plus guère *lourd comme un bœuf*. Reste de cette valeur du mot l'helvétisme *c'est bœuf !* «c'est bête».

Les valeurs métaphoriques de *bœuf* restent clairement motivées (force, pesanteur obstination). Il n'en est pas de même de l'adjectif *bœuf* (*un effet, un succès bœuf*) dont le point de départ est *fort* (comme un bœuf), mais qui ne fait plus image.

Avoir un bœuf sur la langue «garder un silence obstiné, avoir qqch. qui empêche ou retient de parler». Image tirée du grec, par le latin. À l'origine de la loc. prov. grecque, le *bœuf* mis sur la langue est la pièce de monnaie (marquée d'un bœuf) qui paie le silence (le grec *bous*, le latin *pecus*, «bétail», sont en relation dans le langage avec l'argent, cf. *pecunia*, d'abord «richesse que constitue le bétail» et *pécuniaire*).

Mettre la charrue avant les bœufs → CHARRUE. À noter que cette locution a été précédée par une expression avec *char*. Un célèbre texte du XIIIᵉ s. *(Tristan)* affirme que, si l'on ne faisait pas une chose prescrite, *devant les buefs irait li chars*.

Vx. *Ne dire ni œuf ni bœuf* «ne pas dire des insultes, des gros mots (à qqn)». Évidemment motivé par le son analogue des mots, substitué par euphémisme à des séries comparables *(bougre, foutre*, etc.). Il faut aussi savoir que *bœuf* était un juron qui remplaçait le nom de Dieu, au XVIᵉ s. *(cor bœuf, par la mort bœuf*, etc. sont dans Rabelais).

Fam. *Gagner, faire son bœuf* «gagner bien sa vie; avoir une profession lucrative» → BIFTECK.

Vieilli. *Promener qqn comme le bœuf gras* «le promener en grande pompe, triomphalement». Allusion au cortège du Carnaval, qui comportait un bœuf engraissé, paré, que les compagnons bouchers promenaient pour les réjouissances précédant le jeûne de carême.

Enlevez le bœuf! «enlevez l'objet» (sous-entendu, le travail est terminé, etc.). Ce doit être une allusion au travail de l'abattoir, comme le souligne la formule développée : *enlevez le bœuf, c'est de la vache!* (maintenant que la vache est tuée, on va l'appeler bœuf). → VACHE.

Fam. *On n'est pas des bœufs!* «il ne faut pas nous prendre pour des imbéciles, des niais, mal nous·traiter». La loc. est due à Alphonse Allais.

> De plus, nous voulons de l'avoine tous les jours; de l'eau fraîche tous les jours et puis des vacances et qu'on nous respecte, nous sommes des chevaux, on n'est pas des bœufs.   PRÉVERT, *Histoires*, p. 159.

Qui vole un œuf vole un bœuf → ŒUF.

1. BOIRE v. tr. (→ aussi VIN).

Boire comme... Les comparaisons convenues concernent toutes l'usage et l'abus du vin, de l'alcool. Les termes de comparaisons sont physiques, avec un substantif concret (objet absorbant ou trou : *boire comme une éponge, un tonneau, un trou)*, ou humaines *(boire comme un Polonais, un Suisse, un templier, un sonneur)*. *Boire comme un musicien* (allusion aux instruments à vent, cf. *siffler)*, *comme un pompier* (qui éteint le feu), *un fiancé* (qui vidait souvent son verre à la santé des convives), sont apparemment vieillis. *Boire comme un chantre* (qui «entonne» allègrement) s'emploie encore.

Vx. *Boire aux anges* «boire sans savoir à la santé de qui».

Boire un bouillon → BOUILLON. — *Boire du petit lait* → LAIT. — *Boire l'obstacle* → OBSTACLE (équivalent métaphorique entre *boire* et *avaler)*. — *Boire la tasse* → TASSE.

Il y a à boire et à manger «il y a de bons et de mauvais aspects, du bon et du mauvais» (au sens concret, se dit d'un liquide trouble, avec des particules solides en suspension).

> Dans chaque page, il doit y avoir à boire et à manger, de l'action et de la couleur.
>   G. FLAUBERT, *Correspondance*, IVᵉ série, p. 237.

Qui a bu boira «on retourne toujours à ses anciennes habitudes, on recommence les mêmes actions».

> CÉCILE. — [...] elle vendit tous les biens, sauf le parc et le château ; elle liquida les dettes et manœuvra si bien les débris de sa fortune, qu'elle parvint en peu de temps à la reconstruire.
> ARTHUR, *se rasseyant*. — C'est un trésor, cette fille-là.
> CÉCILE. — C'est mieux : c'est un trésorier.

ARTHUR. — Mais qui a bu boira : le vieux fou aura une rechute. et alors gare dessous !
E. AUGIER, *Maître Guérin*, p. 184.

Croyez (crois) cela (ça) et buvez (bois) de l'eau fraîche → EAU. Variantes
anciennes : *croyez, faites cela et buvez frais, et buvez du meilleur* (Voltaire, *in* Littré), « ... et vous n'en serez pas plus avancé ».

— Il ne s'agit que de savoir si j'ai du talent et du courage !
— Pauvre garçon ! crois cela et bois de l'eau. de cette eau sale que tu as lappée si
longtemps. dans les cruches ébréchées des garnis.   J. VALLÈS, *L'Insurgé*. p. 43.

Ce n'est pas la mer à boire → MER.

2. BOIRE n. m.

En oublier (perdre) le boire et le manger « être entièrement absorbé par une
occupation, un souci ».

Elle courut à sa chambre. s'enferma au verrouil. et se mit à lire jour et nuit avec tant
d'ardeur qu'elle en perdoit le boire et le manger.
FURETIÈRE. *Le Roman bourgeois*. p. 1005.

Vieilli. *Être réglé comme le boire et le manger* « d'une manière stable et précise ».
Allusion à la coutume de prendre les repas à heures fixes.

Maintenant. c'était réglé comme le boire et le manger ; chaque fois que Coupeau rentrait soûl. elle passait chez Lantier. ce qui arrivait au moins le lundi. le mardi et le
mercredi de la semaine.   É. ZOLA, *L'Assommoir*. t. II, p. 57.

1. BOIS n. m. Plusieurs expressions sont formées avec *bois* et un détermi-
nant (ex. *bois de fer*, composé d'un bois très dur, *bois joli*, « bourdaine », etc.). D'autres
syntagmes, où *de bois* est le déterminant, sont lexicalisés et figurent dans des locutions : *chevaux de bois* → CHEVAL ; *cloche de bois* → CLOCHE ; *jambe de bois*
→ JAMBE ; *gueule de bois* → GUEULE ; *visage de bois* → VISAGE.

Comme du bois forme une comparaison convenue avec l'adjectif *dur*, ce qui
est assez étonnant car les métaux, le diamant auraient fourni un meilleur symbole
de dureté (mais *dur comme fer* s'est spécialisé dans un emploi abstrait → FER).

Vx. *Abattre du bois* (XVIIᵉ s.) « faire de la besogne » (allusion au travail du bûcheron). C'est un *grand abatteur de bois* s'employait ironiquement → ABATTEUR.

Vx. *Casser du bois sur le dos de qqn* « le battre ».

Casser du bois, c'est, de nos jours en argot d'aviation, faire un atterrissage
brutal en détériorant l'avion. L'expression date évidemment du temps où les appareils étaient en bois.

Faire flèche de tout bois « utiliser tous les moyens de fortune ». On disait
aussi : *ne savoir de quel bois faire flèche* « n'avoir plus aucun moyen de subsistance » (dans Rabelais). L'expression fait partie d'une série de métaphores anciennes sur l'arc (cf. *Avoir plusieurs cordes à son arc*, etc.).

Faire feu de tout bois (même sens) paraît être une remotivation de
la précédente.

C'est un des esprits les plus malhonnêtes que je connaisse. qui fait feu de tout bois
lorsque c'est pour brûler autrui.   GIDE, *Journal*. t. II. p. 70.

Mettre les bouts de bois → BOUT.

Mettre le doigt entre le bois et l'écorce, variante ancienne de la locution avec
arbre → ARBRE.

Montrer de quel bois on se chauffe « ce dont on est capable (en matière de
défense, etc.) ». S'emploie en général dans des phrases de menace : *je vais lui montrer de quel bois je me chauffe,* ou *il verra de quel bois...* Se dit depuis le XVIᵉ s. sous
diverses variantes ; au début, *le bois dont on se chauffe,* ne désigne que la façon de

vivre, et *savoir, connaître de quel bois qqn se chauffe* n'est que « savoir comment il se conduit » (voir la citation de Sorel). L'aspect de menace apparaît au XVIIᵉ s.

> Mais je vous veux [...] conter toute sa vie, afin que vous sachiez de quel bois elle se chauffe.
> SOREL, *Histoire comique de Francion*, p. 104.

> On dit en menaçant, il verra de quel bois je me chauffe, pour dire, je le bâtonnerai du bois que j'ai à mon feu.
> LE ROUX, *Dictionnaire comique.*

> Il liquide avec tout le monde, même avec nous, mais je me vengerai, se disait le bonhomme. Je n'ai jamais rien demandé à Corentin, je lui demanderai de m'aider à me venger de cette stupide caisse. Sacré baron ! tu sauras de quel bois je me chauffe, en trouvant un matin ta fille déshonorée...
> BALZAC, *Splendeurs et Misères des courtisanes*, p. 780.

Vx. **Charger qqn de bois** « lui donner des coups de bâtons ».

Donner à qqn une volée de bois vert → VOLÉE.

N'être pas de bois « ne pas manquer de sensualité ». Une expression homonyme ancienne signifiait « avoir de la valeur » (voir ci-dessous).

> Car, pour combler les vœux, calmer la fièvre ardente
> Du pauvre solitaire et qui n'est pas de bois,
> Nulle n'est comparable à l'épouse inconstante.
> Femmes de chefs de gar', c'est vous la fleur des pois.
> Georges BRASSENS, *Poèmes et Chansons*, p. 381.

Avec un complément, « être sensible à (un partenaire éventuel), être excité par... » :

> Si son mari n'était pas de bois... pour les autres, l'épouse n'était pas de marbre, et, dame ! l'envie d'avoir de la toilette, le désir d'être belle, l'ardeur d'un tempérament qui avait besoin d'épanchements, tout cela lui avait un peu fait perdre la notion du devoir.
> GORON, *L'Amour à Paris*, t. I, p. 214.

Être du bois dont on fait les flûtes « être extrêmement complaisant ». La variante ancienne employée depuis le début du XVIIᵉ s., **être du bois dont on fait les vielles,** montre qu'il s'agit du bois souple servant à fabriquer les instruments de musique. La métaphore s'articule vraisemblablement sur l'idée d'« accord » (Le Roux [1752] lui donne pour syn. : *être de tous bons accords*).

Être du bois dont on fait les... (suivi d'un nom de personne) équivaut à *être de la même trempe,* mais fait appel à la technologie du bois.

> — Bien ! vous ne voudriez pas, vous, tromper un forçat évadé. Vous êtes du bois dont sont faits les Turenne et vous tenez votre parole à des voleurs...
> BALZAC, *Splendeurs et Misères des courtisanes*, p. 1116.

Une locution plus énigmatique était *il est du bois dont on les fait,* qui signifiait à la fin du XVIᵉ s., « il est peu intelligent », et au XVIIᵉ s., selon Oudin, « il ne l'est pas [gentilhomme] » ; cette expression se rattache à **un homme qui n'est pas de bois** « un homme de valeur » (Oudin), où *bois* connote la matière dont on fait les mannequins, les marionnettes, etc. Cette valeur péjorative est bien exploitée dans l'anecdote suivante :

> Un gentilhomme disait au maréchal de la Meilleraye : Si je ne suis pas maréchal de France, je suis du bois dont on les fait. Vous avez raison, répartit le maréchal ; quand on en fera de bois, vous y pourrez prétendre.
> J. Ch. TUET, *Matinées senonaises*, p. 159.

> J'ai plaqué mon chêne
> Comme un saligaud,
> Mon copain le chêne,
> Mon *alter ego.*
> On était du même bois
> Un peu rustique, un peu brut.
> Dont on fait n'importe quoi
> Sauf, naturell'ment, les flûtes...
> G. BRASSENS, *Poèmes et chansons*, p. 89.

L'expression s'étend à toutes sortes de compl. (cf. *Être de la même étoffe*). avec la valeur « être de la même nature que... ».

Je ne pouvais faire que de la diplomatie, et j'estime m'en être assez bien tiré, en sauvant une grosse lettre à vue de deux cents louis sur Cachemyr et le khela du roi, en sauvant si complètement les formes aussi, pour croire que [...] mes anciens camarades du lycée, mais maintenant de hauts et puissants seigneurs très capables, et du puis dont on fait des ambassadeurs.   V. JACQUEMONT, *Correspondance*, II, p. 53.

Vx. ***Pousser le bois*** « jouer aux échecs » (voir Diderot, *Le Neveu de Rameau*, p. 427, Pléiade).

Toucher du bois. Il ne s'agit pas ici d'une locution métaphorique mais de la désignation d'un geste superstitieux. L'énoncé *touchons du bois ! je touche du bois*, est en général accompagné du geste concret (ou de son ébauche) et ce geste se justifie métaphoriquement « je conjure le mauvais sort ». On rencontre aussi la forme elliptique : *du bois* !

— Viens par ici, dit alors Valentine à Gaby ; autant pas discuter. Y en a toujours qu'est bonne qu'à vous empoisonner. Oh ! la ! la ! Des poupées, porter poisse !
— Touche du bois ! se récria vivement Gaby.   F. CARCO, *Rue Pigalle*, p. 11.
Le plus dangereux, c'est que je suis restée sérieuse, que je le resterai, vite du bois.
                      M. AYMÉ, *Le Passe-Muraille*, p. 254.

Je ne suis pas superstitieux
mais je voudrais toucher du bois
pour ne pas le devenir   PRÉVERT, *Histoire*, p. 209.

La plupart des loc. proverbiales sont archaïques, telles : *il n'est bois si vert qui ne s'allume* (« les personnes les plus calmes sont sujettes à l'irritation »), *le bois tortu fait le feu droit* (« les moyens détournés peuvent atteindre un but honnête » [fin XVIIᵉ s.]), *il n'est feu que de bois vert* (« seule la jeunesse est capable d'ardeur » [début XIXᵉ s.]). On peut signaler aussi : *(être) malheureux comme le bois dont on fait le gibet* (var. au XVIIIᵉ s. : *malheureux comme un gibet*) explicable par l'opinion répandue que le peuplier, l'aulne et l'orme, qui servaient éventuellement à la construction des gibets, étaient maudits.

2. BOIS n. m. (ramure du cerf).

Vx. ***Porter bien son bois*** « être bien habillé, paré ; porter beau ».

Vx. ***Porter haut son bois*** « mener une vie fastueuse ». Ces deux expressions font allusion au cerf qui dresse fièrement sa ramure ; elles ont vieilli à cause du sens de la suivante, et aussi parce qu'on emploie aujourd'hui le pluriel *(les bois)* dans cette acception.

Vieilli. ***Porter du bois*** « porter des cornes, être cocu ». On disait aussi : *il lui a poussé du bois*. Le jeu de mots sur *être chargé de bois* « battu », et *porter du bois* « être cocu », était courant au XVIIᵉ s. (cf. Molière, *Sganarelle*, 17 ; Furetière, *Le Roman bourgeois*, in Robert) → BATTU.

3. BOIS n. m. (lieu planté d'arbres).

Belle au bois dormant (titre d'un conte de Perrault). Sans avoir acquis une valeur stable, cette expression s'emploie encore sous la forme archaïque — pour *la belle dormant au* (dans le) *bois* — pour faire allusion à une attente calme ou oisive du « prince charmant ». La syntaxe de... *au bois dormant* évoque aussi de nos jours le sommeil de la nature.

Homme des bois « homme sauvage » (s'est dit aussi de l'orang-outan).

Au coin d'un bois s'emploie avec la valeur de « dans un endroit désert », dans des phrases comme : *je n'aimerais pas le rencontrer au coin d'un bois* « il a une mine de bandit ; il me fait peur ».

Vx. ***Aller au bois sans cognée*** « entreprendre qqch. sans s'assurer les moyens nécessaires » (*in* Furetière, 1690).

Être volé comme dans un bois «être véritablement et complètement volé». Allusion tardive — l'expression est attestée en 1834 — aux brigands de grands chemins qui exerçaient de préférence leurs talents sur les routes traversant les forêts.

> Tout a dégénéré dans ce siècle, même les coquins. Morbleu! Ce n'est pas ainsi qu'on doit voler un homme de ma sorte. Je suis volé comme dans un bois, mais mal volé. *Silvae sint consule dignae!*
> V. HUGO, *Les Misérables*, III, II, VI.

> — Parfaitement, ne faites pas l'étonnée... Et si mon père a éprouvé des malheurs, le vôtre s'est conduit d'une façon indigne à notre égard. Jamais je n'ai vu clair dans sa succession. [...] Nous avons été volés comme dans un bois.
> É. ZOLA, *Pot-Bouille*, t. I, p. 37.

La faim chasse (fait sortir) le loup du bois [LOC. PROV.] → LOUP.

Vx. *Qui a peur des feuilles n'aille pas au bois* → FEUILLE *(Voir, regarder la feuille à l'envers)*.

BOISSEAU n. m. Ce mot, de même origine que *boîte,* désigne un récipient à grains servant d'unité de mesure.

Sous le boisseau (mettre; garder; tenir; rester...) «dans un lieu caché, secret». L'expression vient des traductions de l'Évangile (Luc 11, 33) où il est dit qu'«on n'allume pas une lampe pour la mettre sous le boisseau, mais sur un chandelier».

> Ayant appris par l'expérience que tel propos important que nous avions souhaité vivement être propagé [...] s'est trouvé souvent, à cause de notre désir même, immédiatement mis sous le boisseau.
> M. PROUST, *À la recherche du temps perdu*, t. II, p. 272.

BOÎTE n. f. Le mot *boîte* suivi des prépositions *à* ou *de* et d'un substantif, forme de nombreuses expressions nominales désignant des récipients *(boîte de conserve, boîte aux lettres)*, des mécanismes *(boîte à musique, boîte de vitesses)*, etc. On ne mentionnera ici que les expressions donnant lieu à un transfert de sens ou réalisant des valeurs socio-culturelles.

Vx. *Boîte à cailloux, aux cailloux* «prison» (du XVe au XVIIIe s.). C'est la plus ancienne expression où *boîte* désigne un bâtiment.

Fam. *Boîte à camembert* «chargeur circulaire (d'un pistolet mitrailleur)».

Fam. *Boîte à dominos* «cercueil» (allusion aux ossements).

Fam. *Boîte à lait* «sein de femme».

Boîte à malice «ensemble des moyens secrets, des ruses, dont dispose une personne» (à comparer avec *sac à malices*). *Boîte à malice,* comme *boîte à surprise,* désigne concrètement (milieu du XIXe s.) la boîte-attrape d'où surgit un diablotin monté sur un ressort que le couvercle tient pressé.

Fam. *Boîte à ouvrage* «sexe de femme». L'expression se fonde sur l'euphémisme *ouvrage,* désignant l'acte sexuel (imaginé, comme toujours dans la langue, par l'homme).

Vx. *Boîte à Perrette* «caisse secrète d'un groupe; caisse noire». Cette acception date du XIXe s., mais on trouve dans le dictionnaire de Furetière (1690) l'acception «boîte des aumônes dans les temples réformés». *Boîte* s'est employé au sens de «tronc» depuis le XIIIe s. La valeur dépréciative de l'expression provient donc de l'hostilité envers les protestants; le nom paysan de *Perrette* est à rapprocher de celui de *Colas* dans *la vache à Colas*. Littré refuse d'y voir un nom propre précis : «Perrette est ici un nom arbitraire».

Fam. *Boîte à ragoût* «estomac, ventre».

Boîte à savon «vieille automobile», par allusion à la forme cubique.

> Vous pensez, depuis trente ans que je fais le taxi. Tenez, ma première boîte à savon.
> c'était une Brasier, une vraie voiture de maître.
>
> R. QUENEAU, *Le Dimanche de la vie*, p. 94.

Boîte de nuit « cabaret ». Cette expression est lexicalisée (c'est un mot composé). Elle utilise le sens figuré de *boîte* « maison ; lieu de travail, etc. ».

Boîte de Pandore → PANDORE.

Mettre en boîte « se moquer de quelqu'un, rire de lui à ses dépens en utilisant sa crédulité ». Équivaut à peu près à *faire marcher**, *faire monter à l'arbre**, *emmener en bateau**, par un mécanisme inverse : la personne dont on se moque n'est plus « transportée », mais « enfermée, immobilisée ». Cf. les emplois figurés de *ficeler*, *empaqueter*. L'expression est récente (1910 en argot, répandue vers 1930) mais très courante ; elle a été précédée par *emboîter* (1882, *in* Esnault), « railler » et « conspuer, siffler ».

> Tonton l'écarta pour regarder dehors puis il se retourna vers Valentine et dit :
> — J'aime guère qu'on m'mette en boîte. t'sais !
> — J'pense bien.   F. CARCO, *Rue Pigalle*, p. 89.
> N'était-ce point là la vérité vraie ? Cependant l'inquisiteur s'ébaubit et. s'adressant de nouveau aux personnes présentes. sussura ces mots qui recèlaient des tonnes d'ironie :
> — Il veut me mettre en boîte. ce petit gars-là ?
> Il reprit plus sévèrement :
> — Ce petit gars-là veut me mettre en boîte.   R. QUENEAU, *Pierrot mon ami*, p. 26.

Mise en boîte « action de mettre en boîte » (→ loc. précédente).

> Cette mise en fiches — cette mise en boîte — des fausses dévotions, par un Anatole
> France aux semelles de plomb. servira peut-être à ouvrir les yeux des autorités responsables.   A. MAURIAC, *Bloc-Notes*, p. 179.

Sembler sortir d'une boîte « être très soigné, d'une propreté méticuleuse » (1690). S'applique surtout à la toilette : « *il semble toujours que cette femme sorte d'une boete* » (Le Roux, 1752).

Ce n'est qu'en 1821 que La Mésangère interprète la loc. d'après un sens supposé de *boîte* « chaise à porteur », mais l'expression s'emploie couramment sans cette allusion, au début du XVIIe s.

(C'est) dans la boîte. Formule traditionnelle signifiant « la prise est faite », au cinéma.

> Le film. maintenant. c'est comme s'il était déjà dans la boîte. J'avais juste à modifier
> le début... et puis trouver une autre fin.   A. BOUDARD, *Cinoche*, p. 207.

Dans les petites boîtes, les bons onguents [LOC. PROV.] (début XVIIe s.) « les choses précieuses occupent peu de place », puis « les personnes de petite taille ont beaucoup de mérite » → aussi POT.

BOITEUX n.

Vx. Attendre le boiteux « attendre la confirmation d'une nouvelle, une occasion » (dans Corneille, *Suite du Menteur*, I, 1). Ce qu'on attend est assimilé à un *boiteux*, qui avance trop lentement.

> Car quand on dit *mais*. sans ajouter autre chose. c'est une ellipse comme pour dire :
> *mais. attendons le boiteux* et ne nous flattons pas mal à propos.
>
> LEIBNIZ, *Nouveaux Essais*, III. VI.

Vx. Il ne faut pas clocher devant les boiteux → CLOCHER 2.

Vx. Au pays des culs-de-jatte, les boiteux sont rois. Variante peu fréquente de *au royaume des aveugles*, les borgnes sont rois.*

BOL n. m.

Avoir du bol « de la chance ». *Bol*, comme *pot*, signifie en argot « anus », et figurément « chance ».

Un bol d'air « un moment où l'on peut respirer l'air frais ». C'est l'idée de la *bolée*, ou *goulée*.

> « À tour de rôle. on se promènera dans la rue. il n'y a pas moyen de faire autrement.
> Messieurs, ça vous fera un bol d'air ». Quinze interminables journées d'oxygénation ont
> passé [...].   BORNICHE. *Le Gang*, p. 265.

(En avoir) ras le bol → RAS. — Var. récente : *en avoir son bol* « en avoir assez ». *Bol* a le sens de « cul » → PLEIN LE CUL*.

> Il répond à la secrétaire qu'il n'y est plous [plus] pour personne. Il en a son bol ! il
> est fatigué... à bout !   A. BOUDARD. *Cinoche*. p. 72.

1. BOMBE n. f. (de l'italien *bomba*).

En bombe (être, foutre, se foutre) « en colère, en fureur ». La syntaxe est celle de *en colère*. La substitution du mot *bombe* utilise la valeur de sens « explosion », comme dans les expressions comparatives : *arriver, tomber, éclater... comme une bombe* « soudainement ».

2. BOMBE n. f.

Fam. Faire la bombe « faire la fête, la noce » (vers 1890, attesté en 1881 sous la forme *partir en bombe, in* Esnault). Le mot *bombe* est une abréviation de *bombance* « ripaille », lui-même issu de l'ancien français *bobance*, forme féminine de *bobant* « luxe, pompe ». Les expansions comme *une petite bombe, une bombe à tout casser* sont fréquentes.

BON, BONNE adj. et n.

Bon à rien. L'expression verbale *il n'est bon à rien*, a donné naissance au substantif masculin *un bon à rien* « un incapable » (en arg. familier, *bon à lappe*).

> Il fallait vous croire traité quand je ne réussissais pas dans ma négociation :
> j'étais un butor. un balourd. je n'étais bon à rien ; je ne valais pas le verre d'eau qu'on
> me donnait à boire.   DIDEROT. *Le Neveu de Rameau*. p. 472.

Une bien bonne « une histoire drôle ». La fréquence de la formule : *elle est bien bonne!* « elle est très drôle », après une histoire, une anecdote, a produit cette expression nominale familière (voir une citation de Vallès à BOUCHE* EN CUL DE POULE).

> Et tu te souviens. reprit Julie en riant déjà de la bien-bonne commune à leur mémoire
> qu'elle allait encore évoquer.   R. QUENEAU. *Le Dimanche de la vie*. p. 23.

Elle est bien bonne! s'emploie aussi pour qualifier un événement, une situation.

> ...Il était suffoqué. moins d'avoir couru pour ne pas manquer le train. que par l'émer-
> veillement de l'avoir attrapé si juste. Il en éprouvait plus que la joie d'une réussite.
> presque l'hilarité d'une joyeuse farce. « Ah! elle est bien bonne! dit-il quand il se fut
> remis. Un peu plus! nom d'une pipe. c'est ce qui s'appelle arriver à pic ! »
>   M. PROUST. *À la recherche du temps perdu*. t. II. p. 869.

Avoir à la bonne « avoir de la sympathie pour... ». L'expression adverbiale argotique *à la bonne* s'emploie avec plusieurs verbes (*se mettre à la bonne avec qqn, prendre qqn à la bonne* [cf. ci-dessous la citation de Genet], etc.). Seule la locution avec le verbe *avoir* (attestée en 1929, *in* Esnault) est passée dans la langue familière.

> Le type d'Iéna non plus il les avait pas à la bonne les Prussiens qui s'énervaient.
>   R. QUENEAU. *Le Dimanche de la vie*. p. 234.
> — Il t'avait drôlement à la *bonne*, tu sais. On parlait de toi souvent. il t'estimait bien.
> « Avoir à la bonne » était l'expression que l'on employait à Mettray pour désigner une
> amitié de marle à vautour [de protecteur à protégé. dans une relation érotique]. « Il l'a
> à la bonne », signifiait : il se l'envoie.   GENET. *Miracle de la rose*. p. 283.
> — Alors, je pars cette nuit ?
> — Oui. faut que tu les mettes. Ça me fait un peu chier de te voir foute le camp. Ma
> parole. petit Gil. je t'avais pris à la bonne.

— Moi aussi, je t'avais à la bonne. Mais on se reverra. Je t'oublierai pas.
>   GENET, *Querelle de Brest*, p. 323.

En avoir de bonnes « plaisanter ». Employé en général à la deuxième personne *(tu en as, vous en avez de bonnes !)* pour récuser un jugement, une suggestion, une proposition que l'on considère comme une *bonne* plaisanterie.

> Il m'a fait dire, au lieu de s'annoncer, que c'était la reine de Suède qui demandait à me voir.
> — Ah ! il vous a fait dire cela froidement comme cela ! Il en a de bonnes ! s'écria Bloch en s'esclaffant [...].   M. PROUST, *À la recherche du temps perdu*, t. II, p. 193.

Fam. **Avoir tout bon** « avoir réussi, fait comme il fallait ». Récente, cette loc. fait clairement référence à l'univers scolaire des bons élèves qui ne font pas de fautes dans leurs devoirs, qui ont « tout bon ». → FAUX (avoir tout faux).

Être bon pour... « être dupe ; être obligé de faire ou d'accepter (qqch.) ». Ce sens argotique de *bon* date du début du XIXe s. *(le bon* « la dupe »); il provient des emplois ironiques de *bon trop bon* « naïf, dupe », déjà courants au XVIIe s. et que l'on retrouve dans de nombreuses expressions *(bonne bête, bonne poire,* etc.) → aussi BON COMME LA ROMAINE★. La forme négative **n'être pas bon pour...** signifie « ne pas accepter, refuser la duperie »; elle n'est donc pas exactement contraire de *être bon. Ça y est ; je suis bon !* signifie « je suis attrapé, je n'y échapperai pas », la volonté n'y a aucun rôle ; *je ne suis pas bon* correspond à « je refuse » (cf. *Je ne marche pas).*

> Il sait plus même où mettre la tête !... Il croit que je ne m'en rends pas compte !... Il a beau baver des heures ! Moi, je m'étourdis pas ! Je sais quand même à quoi m'en tenir !... Mais ça va pas se passer tout seul !... Ah ! mais non ! Faudrait pas qu'il se goure ! Ah ! minute ! minute ! Ah ! mais je ne suis pas bonne !...
>   L.-F. CÉLINE, *Mort à crédit*, Livre de poche, p. 394.

N'être pas bon à jeter aux chiens « n'avoir aucune valeur, être très mauvais ». La négation vient renforcer le sens de la phrase positive et signifie « n'être pas même digne des chiens » → CHIEN.

Être bon comme le (du) bon pain « être très généreux, avoir bon cœur ».

Pour de bon, pour tout de bon [LOC. ADV.] « véritablement » (v. 1747). Au XVIIe s., on trouve dans le même sens *tout à bon* : « je parle tout à bon » (Sorel, *Hist. comique de Francion,* p. 394).

> Cependant, il advint cette chose très naturelle, qu'à force de s'introduire des saletés dans la gorge, Lapérine, un beau matin, y attrapa mal pour tout de bon : il s'éveilla avec une extinction de voix et une espèce d'étranglement.
>   G. COURTELINE, *Les Gaîtés de l'escadron,* p. 23-24.
> [...] Cette mélancolie qu'il y a quand on cesse d'obéir à des ordres qui, au jour le jour, vous cachent l'avenir, de se rendre compte qu'on a enfin commencé de vivre pour de bon [...].   M. PROUST, *À la recherche du temps perdu*, t. II, p. 927.

BONBON n. m.

Bonbon fondant, bonbon à liqueur « pustule, bouton, etc. ». Allusion peu ragoûtante à la forme et à la couleur rose, au contenu lymphatique, etc.

> — Elle a des bonbons à liqueur, me glissa tout bas l'ancien trappiste en me montrant ses écrouelles.   GORON, *L'Amour à Paris*, t. II, p. 724-725.

Fam. **Peler les bonbons** → PELER.

BOND n. m.

La balle au bond → BALLE, et ci-dessous PRENDRE AU BOND.

Vx. **De bond ou de volée** « d'une manière ou de l'autre » (1604). *Entre bond et volée* « au bon moment ». Le *bond* est le « rebond de la balle » et la *volée* désignait à la paume le même coup qu'aujourd'hui au tennis.

On nous oit aussi dire souvent, que de bond que de volée : ce qu'on aurait grand peine
à donner à entendre par un qui n'aurait point veu jouer à ce jeu [de paume].
                                                           H. ESTIENNE, *Précellence du langage français*, p. 136.

Vx.   ***Par bonds et par sauts*** «d'une manière inégale, saccadée ». «On dit d'un
jeune étourdi, d'un homme inégal, plein de saillies, *qu'il ne va que par sauts et par
bonds* » (Le Roux).

Ne faire qu'un bond « se précipiter, se dépêcher ».

Faire faux bond à qqn « ne pas répondre à son attente, ne pas faire ce que qqn
attendait » (notamment « ne pas venir à un rendez-vous »). L'expression, employée
absolument, a signifié « faire banqueroute ». Dans Sorel, une femme qui trompe son
mari *fait faux bond à son honneur* (*Hist. com. de Francion*, p. 404). ***Jouer un faux
bond*** avait, au XVIᵉ s., un sens plus péjoratif, et signifiait « trahir, nuire » plutôt que
« décevoir » (de même ***bailler, donner le bond à qqn***). La métaphore vient aussi du
jeu de paume et signifie « envoyer une balle peu franche, qui rebondit mal et ne
peut-être renvoyée » (idée du coup vicieux, du *coup fourré*).

[François Iᵉʳ] fut pris en bataille, ses chefs auxquels il se fioit luy ayans joué un faux
bond.   THEVET, *Cosmographie*, XV, 17, *in* Huguet.

Dans un emploi moderne, *faire faux bond* suppose que le sujet est assimilé métaphoriquement, non au joueur, mais à la balle qui « dévie en bondissant » (Littré, qui
cite trois exemples de Sévigné).

Vous n'êtes pas un homme commode à avoir et j'étais persuadé que vous nous feriez
faux bond.   M. PROUST, *À la recherche du temps perdu*, t. II, p. 416.
Au second rendez-vous y'avait parfois personne,
Elle avait fait faux bond, la petite amazone,
Mais l'on ne courait pas pour autant...
                                                           Georges BRASSENS, *Poèmes et Chansons*, p. 230.

Vx.   ***Faire qqch. du second bond*** « d'une manière inacceptable ou inefficace après
avoir omis de le faire ». Loc. en usage au XVIIIᵉ s. et faisant allusion au jeu de paume,
où la balle de rebond n'est pas jouable.

Prendre au bond « saisir (une occasion) », comme on attrape la balle
(→ BALLE) au bond (Retz, Sévigné, *in* Littré).

BONDE n. f. Ouverture servant à vider le liquide d'un contenant.

Lâcher la bonde, les bondes à... « laisser se répandre sans retenue, n'opposer aucun obstacle à... ». Le compl. désigne en général les manifestations de l'affectivité, la parole, les sentiments exprimés, etc.

BONHEUR n. m. Composé de *heur* « hasard » (comme *malheur*). *Heur* vient
du latin *augurium*.

Au petit bonheur (la chance) « au hasard ». Le sens de beaucoup le plus courant de *bonheur* étant « état de la conscience satisfaite », cette expression risque de
ne pas être aisément comprise. *Bonheur* y est pris dans son sens originel de « chance,
occasion heureuse, bon hasard » *(bon heur)*, comme dans *avec bonheur* « avec d'heureux résultats », *par bonheur* « par chance », etc. *Au bonheur* (qui ne se dit pas) signifierait donc « au hasard (dont on espère qu'il sera heureux) » ; la forme est celle de
au hasard mais l'influence de l'expression *à (la) bonne heure*, qui a signifié « à propos », est très probable. *Au petit bonheur* apparaît au XIXᵉ s. (Littré) comme exclamation familière, signifiant « arrive ce qu'il pourra », la valeur initiale est donc « lais-
sons-nous aller à la chance ». *Petit* a vraisemblablement une valeur de conjuration :
on minimise les chances de réussite, mais on emploie un terme affectueux (hypocoristique) pour qualifier le hasard. *Au petit bonheur* s'emploie seul avec la valeur de
« au hasard, n'importe comment, en se confiant à la chance ». La forme du renforcement *au petit bonheur la chance* s'explique par la syntaxe exclamative (cf. *Au gui*

l'an neuf!). On emploie plus rarement la locution prépositive *au petit bonheur de..*
« au hasard de... ».

> Elle se prit surtout d'amitié pour un ancien ouvrier peintre, un vieillard de soixante-
> dix ans. qui habitait dans la maison une soupente où il crevait de faim et de froid ; il
> avait perdu ses trois fils en Crimée. il vivait au petit bonheur, depuis deux ans qu'il ne
> pouvait plus tenir un pinceau.   É. ZOLA, *L'Assommoir*, t. I, p. 241.
> Ah ! les bureaux de placement, en voilà un sale truc... D'abord, il faut donner dix sous
> pour se faire inscrire ; ensuite au petit bonheur des mauvaises places...
>   O. MIRBEAU. *Le Journal d'une femme de chambre*, p. 307.
> [...] la cime d'un arbre légèrement en retrait mais d'où je plongeais d'autant mieux
> dans le passage et continuais à les arroser tranquillement à coups de fronde. au petit
> bonheur la chance, tirant jusqu'à 5, 6 billes à la fois, cassant des vitres, ce qui met-
> tait toute la ruelle en effervescence.   B. CENDRARS *Bourlinguer*, p. 151.

Ne pas connaître son bonheur « ignorer la chance qu'on a ou ne pas l'appré
cier à sa juste valeur ».

Faire le bonheur de qqn « lui faire plaisir ». *Si ce bibelot peut faire votre bon*
heur, je vous le donne. L'expression a, au départ, une valeur forte ; elle s'est atténuée
(« faire plaisir ») et s'est parfois spécialisée dans le domaine érotique (cf. la chanson
« *Si tu veux faire mon bonheur, Marguerite...* »).

L'argent ne fait pas le bonheur [PROV.] → ARGENT.

Porter bonheur « apporter, produire un hasard heureux (en parlant d'un évé
nement, d'un objet) » → CHANCE. L'expression rejoint le sens étymologique de *bon*
heur : bon augure.

Le bonheur des uns fait le malheur des autres. Ce proverbe insiste sur l
nature purement subjective de ces deux notions et donne du monde une vision fon
dée sur les intérêts individuels et leurs conflits.

BONHOMME n. m.

Bonhomme de neige « tas de neige ayant la forme d'un homme ». *Bonhomme*
une série de sens où il correspond à « figure humaine grossière ».

Faux bonhomme « hypocrite » (*in* Littré).

Jacques Bonhomme, surnom du paysan français courant du XIVe au XVIe s
Bonhomme s'est employé au sens de « paysan » au XVIe s. et a été employé en appella
tif en s'adressant aux paysans pendant tout l'Ancien Régime.

Aller (continuer...) son (petit) bonhomme de chemin « avancer, continuer san
difficultés, régulièrement ». Le renforcement de *chemin* dans *aller, faire son chemin*
par *bonhomme* ou *petit bonhomme* est inexpliqué. Littré signale l'expression à *chemin.*

> Déjà, dans ma vie, plusieurs fois, j'ai vu des petits gars comme ça, qui avaient l'air de
> devoir passer leur bonhomme de chemin en complet veston, et puis qu'un beau jour on
> retrouvait bousillés en plein vent [...].   ARAGON, *Blanche ou l'Oubli*, p. 425.
> Suivre son bonhomme de chemin, sans dévier d'un pouce, défense de regarder à droite
> ou à gauche, à chaque âge ses tâches, si la colère te prend avale un verre d'eau et
> fais des mouvements de gymnastique.   S. DE BEAUVOIR, *Les Belles Images*, p. 185.

Nom d'un petit bonhomme! Juron familier et quelque peu archaïque où *peti*
bonhomme figure comme euphémisme pour *Dieu* (peut-être à cause de la form
« *bon* Dieu »).

> — Haï ! pourquouââ que vous criai comme câà? nom d'un paitit bonhôômme !
> — Je ne crie pas. je suis plus calme que vous. nom de Dieu ! sacré nom de Dieu !!!
>   J. VALLÈS, *L'Insurgé*, p. 85.

Petit bonhomme vit encore [LOC. PROV.] « la personne se porte toujours bien »
L'expression est vieillie (mais on la trouve encore chez Montherlant dans *Les Céli*
bataires); elle provient du nom d'un jeu où les participants se passaient un bout d

ois ou de chiffon, de papier, etc., allumé en disant cette phrase, le dernier, qui se
rûlait et devait l'éteindre, ayant perdu.

BONJOUR n. m.

T'as le bonjour d'Alfred! Formule ironique et populaire par laquelle on se
débarrasse de quelqu'un. Caradec *(Dic. du français argotique et populaire)* signale la
loc. nominale *le bonjour d'Alfred* au sens de «pourboire». Origine obscure.

Simple comme bonjour «extrêmement simple, facile, aisé». L'action de souhaiter le bonjour est prise pour modèle de facilité, dans le domaine de la parole et
du comportement social.

> Côté *c'est-simple-comme-bonjour* par quoi il se distingue aussi, lui qui éclaire les autres
> comme par une illumination prenant forme de gaminerie, à la façon de l'élève qui a
> fini sa composition bien avant l'heure fixée et livre au reste de la classe la solution du
> problème, ou du joueur qui — jusqu'alors muet — répond à la devinette au moment
> où tout le monde est pour donner sa langue au chat.   M. LEIRIS, *Fourbis*, p. 97-98.
> Les gars se mettent au boulot et qu'est-ce que Gonzalès dégotte? Une correspondance
> du senor Vindez avec le Parti Populaire Français, d'où il ressortait qu'il donnait des
> renseignements au P.P.F., sur les organisations de gauche. «Ça suffit, dit Gonza-
> lès en montrant les papiers au vieux, suivez-moi, votre compte est bon.» C'était simple
> comme bonjour, il suffisait d'y penser.
>   A. SERGENT, *Je suivis ce mauvais garçon*, p. 104.

BONNET n. m.

Bonnet à poils. D'abord bonnet des grenadiers, puis le soldat lui-même.

Bonnet carré «bonnet à quatre cornes que portaient les docteurs, les ecclésiastiques, les juges». D'autres ecclésiastiques portaient le *bonnet rond* qui caractérise surtout les juristes au XVIᵉ et au XVIIᵉ s. Curieusement, on appelait au XVIᵉ s. *bonnets ronds* les coiffures carrées des juges (Pasquier, *Recherches*).

Bonnet phrygien (fin XVIIIᵉ s.) «coiffure antique attribuée à l'image de la
liberté, de la République», et symbolisant l'esprit révolutionnaire de 1789.

Bonnet de... sert à désigner des plantes *(bonnet de prêtre,* etc. «fusain»; *bonnet de fou, de vache* «champignon»...); et des animaux *(bonnet de Neptune,*
«madrépore», etc.).

Bonnet d'âne «bonnet à deux pointes figurant les oreilles de l'âne et symbolisant la sottise».

Bonnet de coton. C'est devenu le symbole du bourgeois borné, au XIXᵉ s. Syn.
bonnet à mèche et *bonnet de nuit* (ci-dessous).

Bonnet de police. Cette coiffure militaire doit son nom au fait qu'elle coiffait
le soldat puni (fin XVIIIᵉ s.). Elle n'évoque plus l'idée de *salle de police,* mais simplement de coiffure militaire.

Bonnet d'évêque «croupion d'une volaille». L'analogie de forme entre le
croupion et une mitre d'évêque a dû être stimulée par le plaisir d'une comparaison irrévérencieuse.

Bonnet de nuit se dit depuis le XVIᵉ s. du couvre-chef qui protégeait du froid
pendant la nuit, appelé aussi *bonnet de coton.*

Triste comme un bonnet de nuit (dans Trévoux, 1771), a dû se dire quand la
coutume de porter un bonnet pour dormir s'est réduite aux personnes âgées; les porteurs de bonnets de nuit, comme ceux de bonnets de coton un siècle plus tard ne
pouvaient plus être que des vieillards ennuyeux. Formellement, l'expression vient
peut-être de *triste comme un bonnet de nuit sans coiffe* (début XVIIᵉ s.) qui exprime
métaphoriquement l'esseulement et l'abandon : «à cause qu'un bonnet en cet état est
sans ornement, et sans propreté» (Le Roux), et métaphoriquement, que «la coeffe

est pour ainsi dire la compagne et la fidèle moitié du bonnet de nuit » (J. Le Ducha
Ducatiana, p. 467).

> [...] nous sommes tour à tour et passivement irrésistiblement ou sereins ou d'une gaieté
> folle ou taciturnes, sombres, tristes comme des bonnets de nuit.
> V. JACQUEMONT, *Correspondance*, t. I, p. 4-5.

Gros bonnet «personnage important» (1622). Il s'agit sans aucun doute d
bonnet des docteurs, des ecclésiastiques et des juges (→ ci-dessus BONNET CARRÉ
tous personnages notables, dont le couvre-chef symbolisait l'importance socia
(Saint-Simon parle dans ses *Mémoires* des «gros bonnets des Jésuites»).

> Jules Roche nous conte, que nommé, une première fois, rapporteur du budget, il avait
> vu les *gros bonnets* des divers ministères, sans pouvoir arriver à ce que leurs dires cor-
> respondent.   GONCOURT, *Journal*, VII, p. 67.
> [...] mes quatre vendeurs et leurs invités, rien que des gros bonnets de la Bourse et
> leurs épouses, des tours et des citadelles, dansaient aux sons d'un orchestre nègre.
> B. CENDRARS, *Bourlinguer*, p. 77.

Vx. **Coup de bonnet** (1640), équivalent ancien de *coup de chapeau* «salut fait e
enlevant le bonnet». On disait aussi *ôter le bonnet* «saluer». La phrase proverbia
je m'en moque comme un âne d'un coup de bonnet ne s'emploie plus; elle fait all
sion au *bonnet à mèche,* constituant un fouet de fortune peu efficace.

Avoir la tête près du bonnet → TÊTE.

Vx. ou régional. **Avoir le bonnet sur l'oreille** «être coiffé et prêt à partir». S'emplo
métaphoriquement pour signifier l'instabilité, comme le montre l'exemple de Ma
riac.

> [...] un de ces vins qu'il faut se presser de boire parce qu'ils s'en vont, parce qu'ils ont
> «le bonnet sur l'oreille», disent les Bordelais.   F. MAURIAC, *Bloc-Notes*, p. 127.

Vx. **Avoir toujours la main au bonnet** «avoir des manières très polies, un pe
obséquieuses» (début XIXᵉ s.). Cette expression reprend le tour : *mettre la main a
bonnet* «saluer», qui date du XVIᵉ s. et a changé de valeur quand le bonnet a di
paru des coiffures courantes.

Casser le bonnet à qqn «importuner, ennuyer». Var. de *casser la têt
par métonymie.

> S'est-on jamais assez foutu de c'vieux pétard, quand il en f'sait un saladier à propos
> de son trésor, et qu'i' nous t'nait la jambe et nous cassait l'bonnet avec ça!
> H. BARBUSSE, *Le Feu*, t. II, p. 8.

Jeter son bonnet par-dessus les moulins «perdre toute retenue, agir libreme
sans se soucier de l'opinion». L'expression, qui date du XVIIᵉ s. (*Ancien Théâtr
1633), a eu une autre valeur, analogue à celle de DONNER SA LANGUE* AU CHA
Jeter son bonnet (par-dessus les moulins) s'est employé au sens de «s'arrêter dans u
récit, admettre qu'on n'en sait rien de plus» (→ ci-dessous Y JETER SON BONNET).

> Voilà ce que Moreuil m'a dit, espérant que je le vous manderais : je jette mon bonnet
> par-dessus les moulins, et je ne sais rien du reste.   SÉVIGNÉ, 47, *in* Littré.

Dans son sens actuel, *jeter son bonnet par-dessus les moulins* peut être rapproché d
jeter le froc (l'habit monastique) *aux orties*. Le *bonnet* y représente symboliqueme
la bonne conduite, le sémantisme est celui de la «tête (métonymie) en l'air». Pa
dessus les moulins* équivaut à «le plus haut, le plus loin possible», mais reste inexpl
qué, sinon par la situation généralement dominante des moulins à vent, constru
tions relativement élevées et souvent situées sur une hauteur.

> — Ah! monsieur le chef de la Sûreté, on est loin du repentir d'autrefois!
> — On a jeté bonnet et le reste par-dessus tous les moulins du monde!
> GORON, *L'Amour à Paris*, t. I, p. 216.
> Le commissaire Goron, qui aime l'expression, écrit ailleurs (*ibid.*, t. II, p. 691) que
> des «petites écervelées» ne pouvaient «venir jeter leur bonnet par-dessus les mou-
> lins montmartrois».

Vx. *Y jeter son bonnet* « se reconnaître incapable de résoudre une difficulté » (La Fontaine, *Fables*, II, 20). Correspond pour le sens à DONNER SA LANGUE★ AU CHAT, Y PERDRE SON LATIN★. C'est proprement « y abandonner sa qualité de savant, de docteur », que représente le bonnet. Au XVIIᵉ s., *quitter le bonnet* s'employait pour « cesser d'être clerc, prêtre », et correspondait à *quitter la soutane.*

Vx. *Mettre son bonnet de travers* « se fâcher, se mettre en colère ».

Se monter le bonnet « se monter la tête » → TÊTE.

Opiner du bonnet « être entièrement d'accord, approuver » (dans Scarron, 1654). En français moderne, le verbe *opiner* doit sa survie à cette expression ; l'image concrète d'« approbation marquée par une inclinaison de tête » y est toujours sentie.

> Opiner du bonnet [...] Ducange dit que, dans plusieurs couvents, l'usage est que les anciens opinent *voce*, de la voix, et les jeunes *capitis inflexione*, c'est-à-dire *du bonnet*. De là vient peut-être le proverbe.   J.-Ch. TUET, *Matinées senonaises*, p. 70.

C'est bonnet blanc et blanc bonnet « c'est exactement pareil » (XVIIᵉ s.). — Cette expression manifeste un mépris caractéristique pour la forme, en exaltant l'identité des contenus. Pour l'écrivain et le poète, pour le linguiste aussi, *bonnet blanc* et *blanc bonnet* ne sont pas identiques.

> Des vagabonds et des nomades, c'est blanc bonnet et bonnet blanc.
>   ARAGON, *Blanche ou l'Oubli*, p. 243.

Parler à son bonnet « se parler à soi-même », est dans Molière.

Prendre sous son bonnet « sous sa responsabilité » (début XIXᵉ s.). À la fin du XVIᵉ s., on trouve l'expression *faire qqch. (rire, agir...) sous son bonnet* « secrètement », c'est-à-dire avec la valeur de l'expression actuelle SOUS CAPE★. *Prendre sous son bonnet*, a voulu dire, au XVIIIᵉ s., « imaginer sans fondement ».

> GUÉRIN. — [...] Je jurerais que madame n'a pas donné commission à son avocat de vilipender monsieur ?
> CÉCILE. — Non, certes !
> GUÉRIN. — Et que, de son côté, l'avocat de monsieur a tout pris sous son bonnet ?
> ARTHUR. — C'est exact.   É. AUGIER, *Maître Guérin*, p. 229.

BORD n. m.

Au bord des lèvres, sur le bord des lèvres → LÈVRE ; et aussi CŒUR.

Vx. *Un rouge bord* « un verre de vin rempli jusqu'au bord » (le bord du verre lui-même étant *rouge* par transparence). Boileau emploie l'expression dans la *Troisième Satire.*

Maître à bord « maître absolu dans un lieu, dans une entreprise » → MAÎTRE.

Les moyens du bord → MOYEN.

Bord à bord « côte à côte, en se touchant », est une expression de marine qui remonte au XIVᵉ s., et désigne deux navires accostés. Elle s'emploie dans d'autres contextes (mode, couture...).

De haut bord, s'est dit des navires au long cours, dont les bordages étaient élevés (XVIIᵉ s.).

Du même bord « du même parti, de la même opinion ». L'expression vient du sens initial de *bord* « l'un des bordages d'un navire ». On emploie aussi *être de (mon, ton son...) bord* → la loc. suivante.

> J'ai causé de tout cela avec ma mère. Ne l'accuse pas (même en ton cœur), car elle est plutôt de *ton bord*.   G. FLAUBERT, *Correspondance*, IIIᵉ série, p. 378.

Être du bord de qqn, changer de bord « être du même parti », « changer de parti, d'opinion ». Ils sont *de tous les bords* signifie « de toutes opinions ».

> [...] les vrais élèves d'Alain ont toujours été de tous les bords et [...], parmi ses élèves, la moitié a toujours été catholique.   F. MAURIAC, *Bloc-Notes*, p. 6.

À plein bord « en étant plein jusqu'au bord » (XVIᵉ s.), puis métaphoriquement (début XVIIᵉ s.) « abondamment ».

Sur les bords « un peu, légèrement ». *Il est (un peu) marlou sur les bords* « Un peu tapette sur les bords » (R. Escarpit, *in* Petit Robert). On remarque que les emplois spontanés concernent une réalité dépréciée ; on ne dirait guère : *il es artiste, génial... sur les bords.*

Jeter par-dessus bord « se débarrasser de... ».

Virer de bord « changer complètement de direction », et métaphoriquement « changer d'opinion, d'intention ».

> Elle vira de bord, ses jupes bien en mains pour se garantir contre une nouvelle bourrasque.   G. GUÈVREMONT, *Le Survenant*, p. 38.

Courir bord sur bord « louvoyer ; s'avancer en changeant fréquemmen de direction ».

Vx. *Courir le (son) bon bord* « vagabonder, être débauché » (début XVIIIᵉ s.). *L bon bord,* terme de marine, désignait la « bordée qui rapproche du but », et *couri le bon bord* s'est rapidement spécialisé pour parler des pirates et de leur façon sou daine de s'approcher de leurs victimes. D'où la valeur péjorative de la loc. rapide ment influencée par le sens figuré de *bordée.*

BORDÉE n. f.

Courir, tirer une bordée « aller de cabaret en cabaret ; faire la noce ». L'expres sion date en ce sens du XIXᵉ s. ; elle vient du langage des marins, où l'on dit *couri des bordées* « louvoyer, avancer en courant *bord* sur *bord* », depuis le début du XVIIᵉ s. et a remplacé *courir le bon bord,* sans doute par suite de la paronymie avec *borde* qui appuyait la signification de « partie de débauche ».

> Le lundi et le mardi, Jeanlin que l'on croyait au Voreux, tranquillement à la besogne, s'échappa, tira une bordée dans les marais et dans la forêt de Vandame, avec Bébert et Lydie.   É. ZOLA, *Germinal*, t. I, p. 208.

Une bordée d'injures « une quantité d'injures » (milieu XVIIIᵉ s.) est une de métaphores sur *bordée* « ensemble de canons placés sur un *bord* du navire leur tir simultané ».

BORDEL n. m. Les sens figurés « lieu en désordre ; désordre ; affaire com pliquée, etc. » donnent naissance à des expressions fréquentes, mais assez rare ment phraséologiques.

Et tout le bordel « et tout le reste, et tout ce qui s'ensuit ». Dans des injures construit avec *de... (bordel de merde, bordel de Dieu)* ou avec *à (bordel à cul,* etc.).

Foutre le bordel « faire régner le désordre ; désorganiser ». Syn. *foutr la merde.*

BORDELAISE n. f. Substantivation au fém. de l'adj. *bordelais* « de l ville de Bordeaux ».

Partie de bordelaise (en cent trente) « l'acte amoureux ». Jeu sur *bordel. Bor delaise,* au moins dans la version longue (en cent trente [points]) désigne u jeu de cartes.

BORNE n. f.

Ne plus avoir de bornes « être démesuré, se développer sans limitation ». S dit surtout des ambitions, des sentiments comme l'orgueil. *Dépasser (franchir, trans gresser) les bornes* s'emploie dans un sens voisin : « dépasser les limites normales o permises ; être excessif ». *Borne,* dans ces emplois et dans de nombreux autres, est u

synonyme de *limite* qui garde des connotations concrètes (pierre, marque qui délimite un champ). *Sans bornes* [LOC. ADJ.] a la même valeur.

> Au moment où on les dépouillait de leur veste de ratine pour leur faire endosser la
> robe noire, leur éducation se bornait à un respect immense et sans bornes pour l'argent
> sec et liquide, comme on dit en Franche-Comté.
>
> STENDHAL, *Le Rouge et le Noir*, p. 387.

Dépasser (passer) les bornes «exagérer; aller trop loin (fig.)».

> LE POÈTE ÉLÉGIAQUE. — Il en veut terriblement à la guillotine.
> UN MONSIEUR MAIGRE. — Je vois cela d'ici; des déclamations.
> LE GROS MONSIEUR. — Point. Il y a à peine deux pages sur ce texte de la peine de
> mort. Tout le reste, ce sont des sensations.
> LE PHILOSOPHE. — Voilà le tort. Le sujet méritait le raisonnement. Un drame, un roman
> ne prouve rien. Et puis, j'ai lu le livre, et il est mauvais.
> LE POÈTE ÉLÉGIAQUE. — Détestable! Est-ce que c'est là de l'art? C'est passer les bor-
> nes, c'est casser les vitres.
>
> V. HUGO, *Le Dernier Jour d'un condamné*, Préface de la 4ᵉ édition, p. XXX.

Être planté (rester) comme une borne «rester debout et immobile».

BOSSE n. f. L'origine de ce mot est obscure; on a proposé un dérivé hypothétique du verbe francique *botan* «frapper» (qui a donné *bouter*), mais le mot appartient à une famille romane homogène et ne saurait être, selon Wartburg, d'origine
germanique. La *bosse* ne serait donc pas d'abord une «tumeur provoquée par un
coup» — ce que suppose l'étymologie francique — mais une «déformation en saillie» (du dos). À l'appui de cette antériorité, l'apparition du dérivé *bossu* dès le
XIIᵉ s., en français.

La bosse des maths... «un don naturel pour...». Il s'agit d'une interprétation
populaire de la phrénologie de Gall, le don pour chaque domaine intellectuel étant
imaginé comme localisé et signalé par une «bosse» du crâne.

> Vous êtes fille, vous resterez fille, vous mourrez fille; car malgré les séduisantes
> théories des éleveurs de bêtes, on ne peut être ici-bas que ce qu'on est. L'homme aux
> bosses [Gall] a raison, vous avez la bosse de l'amour.
>
> H. de BALZAC, *Splendeurs et Misères des courtisanes*, Éd. de 1845, t. I, p. 210.
>
> Je vous ai dit que l'animal me semblait ne pouvoir absolument rien faire que d'utile.
> C'est-à-dire : sous pression extérieure ou organique immédiate. La vache voit les étoi-
> les, et n'en tire ni une astronomie comme la Chaldée, ni une morale comme Kant, ni
> une métaphysique comme tout le monde... Elle les égale à zéro. Elle les amortit. C'est
> très remarquable, au fond... Percevoir ce qui ne sert à rien!
> — Vous avez la bosse de l'étonnement, mon cher.   VALÉRY, *Œuvres*, t. II, p. 330.
>
> J'ai voulu reprendre le boulot aux docks, mais c'était complet. J'avais la poisse. Et moi
> pour le boulot, tu sais, j'ai pas la bosse et comme les petits pois j'ai la cosse.
>
> J. GENET, *Querelle de Brest*, p. 175.
>
> [...] son jeune confrère du *Monde* qui n'a pourtant pas, Dieu le sait, la bosse du respect.
>
> F. MAURIAC, *Le Nouveau Bloc-Notes*, p. 249.

Vieilli. *Se donner une bosse de* (suivi d'un subst. abstrait désignant une chose
agréable, un comportement souhaitable, etc.) «s'amuser énormément (à faire, en faisant qqch.)». On dit aussi *Se payer une bosse de...* (surtout à propos du rire de
l'amusement : rire, rigolade...).

> Je vais me blaguer moi-même, blaguer les autres, hurler mon mépris pour les vivants, et
> pour les morts.
> Et je l'ai fait! — je me suis payé une bosse de franchise, une vraie tranche de
> dédain! J'ai appelé à moi les premiers venus.   J. VALLÈS, *L'Insurgé*, p. 67.
>
> Durant les huit jours qui suivirent leur rentrée à Paris, Croquignol et Cie se payèrent
> une phénoménale bosse de rigolade avec la galette des chameaux.
>
> *L'Épatant*, 1909, p. 49.

Vx. Le compl. étant sous-entendu *(s'en donner...)* ou absent *(se donner, flanquer, foutre... une bosse)* «s'amuser, se livrer aux plaisirs», en particulier, «s'empiffrer e' boire» (texte de Zola) ou encore «se débaucher» (Flaubert).

> Dans un caveau en ruines, nous avons vu, en nous baissant par l'ouverture, plusieurs débris humains [...]. et, ce que nous avons trouvé assez gaillard, un gros toutou blanc qui sans doute était venu là pour s'en donner une bosse et qui, ne pouvant plus en sortir, y avait crevé.   G. FLAUBERT, *Correspondance*, IIᵉ série, p. 242.
> Ah! nom de Dieu! oui, on s'en flanqua une bosse! Quand on y est, on y est, n'est-ce pas? et si l'on ne se paie qu'un gueuleton par-ci par-là, on serait joliment godiche de ne pas s'en fourrer jusqu'aux oreilles.   É. ZOLA, *L'Assommoir*, t. I, p. 278.

Ne rêver que plaies et bosses → PLAIE.

Rouler sa bosse «mener une existence vagabonde, aventureuse». Cett' expression n'apparaît qu'au XIXᵉ s. Sa genèse est douteuse : il s'agit vraisemblable ment d'emplois métaphoriques de *rouler (rouler sa vie*, au XVIIᵉ s., «vivre médiocre ment», *pierre qui roule...)* dont le sens s'est enrichi d'images concrètes évoquant une démarche balancée *(rouler les épaules*, et le dialectal *roler son cul dans son linge* «s' tortiller en marchant» [Cancale]), mais le choix de *bosse* comme complément de *rouler* est inexpliqué. **Rouler sa bosse**, c'est *rouler* (faire mouvoir) son propre corps sans allusion à aucune difformité, mais par utilisation de la forme arrondie de la *bosse.* C'est du moins l'interprétation normale de l'expression (voir les exemples de P. Féval, l'auteur du *Bossu*, dans P. Larousse).
Mais *bosse* a eu de nombreux sens figurés *(se faire une bosse* [sous-entendu au ventre] «faire ripaille», en 1807) et possède un sens maritime («cordage à nœud» d'où *embosser)* qui a pu donner lieu à une allusion à la vie de marin (avec *roule* = «enrouler»).

> Roule ta bosse, mon garçon, et j'ai si bien fait rouler la mienne, que du port de Marseille, je me suis trouvé dans un bel hôtel de la rue Caumartin.
>   SCRIBE, *in* P. Larousse.

Vieilli. **Tomber sur la bosse de qqn** «l'attaquer par derrière» et fig. «en médire» (milieu XIXᵉ s.). Var. de *tomber sur le casaquin, le paletot.*

BOSSU n. m.

... comme un bossu. Comparaison qualifiant l'habileté *(malin comme un bossu* ou la gaieté (voir la citation de Corbière). **Rire, rigoler comme un bossu** «s'amuse' beaucoup». Plutôt qu'une exploitation de la réputation d'esprit ou de malignité de bossus, les loc. qui concernent le rire trouvent leur origine dans le sémantisme de s' *tordre* → BOSSE. On peut cependant accepter l'idée que l'association *bossu*-homm' gai ou sarcastique représente un thème culturel, comme le *bossu* porte-bonheur renforcé par des cas individuels mémorables (celui de Scarron est dans toutes le mémoires, ou devrait l'être).

> Enfin je laisserai les inspecteurs arriver et je me débarbouillerai comme je pourrai. Si je suis reçu je serai content comme un bossu et si à la fin de l'année j'ai quelque chose à rapporter à la maison je serai le plus heureux des mortels [...].
>   T. CORBIÈRE, *Lettres*, p. 928.
> Tout ce populo grouillait et jacassait dur. Tout d'un coup, gueulements épouvantables. «Duce! Duce! Duce!» Musso apparaissait au balcon du palais. [...] Alors Musso se met à parler. On ne peut pas dire le contraire, il se montrait fort en gueule, ça sortait d'un coffre solide. Il jetait ça par paquets, comme s'il avait aboyé, et à chaque coup c'était du délire. Comme déconophone, on ne fait pas mieux. En France tout le monde se serait marré comme un bossu.   A. SERGENT, *Je suivis ce mauvais garçon*, p. 114.

1. BOTTE n. f.

Bottes de sept lieues. Dans le conte de Perrault *(Le Petit Poucet)*, l'Ogr' possède des bottes magiques qui permettent de faire sept lieues en une enjambée

L'expression a frappé, et on a employé *marcher, avancer avec des bottes de sept lieues* pour « aller très vite ».

> Douville et Quetteholme, Saint-Mars-le-Vieux et Saint-Mars-le-Vêtu, Gourville et Bal-
> bec-le-Vieux, Tourville et Féterne, prisonniers aussi hermétiquement enfermés jusque-
> là dans la cellule des jours distincts que jadis Méséglise et Guermantes, et sur les-
> quels les mêmes yeux ne pouvaient se poser dans un seul après-midi, délivrés mainte-
> nant par le géant aux bottes de sept lieues, vinrent assembler autour de l'heure de
> notre goûter leurs clochers et leurs tours [...].
>
> M. PROUST, *À la recherche du temps perdu*, t. II, p. 997.

Bruit de bottes « bruit d'une armée en marche », métaphoriquement « menace de guerre, d'invasion militaire », ou « de prise de pouvoir par des militaires (putsch, etc.) ».

Haut comme ma (une) botte « tout petit » (milieu XIXᵉ s.).

> Réunion à dix heures du matin, rue des Halles.
> Un petit vieux, haut comme une botte, perdu dans une lévite au collet trop montant,
> aux manches trop longues, au jupon trop large, est en train de ranger quelques papiers
> sur la table.   J. VALLÈS, *L'Insurgé*, p. 164.

(Être) à la botte de qqn « à son service, avec platitude ». *Vous les aurez à votre botte* « ils vous obéiront sans discuter ». Idée de soumission à la force (militaire) comme dans *être sous la botte,* qui s'emploie plutôt au sens concret de « être sous une occupation militaire ».

À propos de bottes « sans aucun à-propos » (1636). L'expression a changé de sens ; elle se disait au XVIIIᵉ s. de ceux qui prenaient « occasion de parler en enten-dant quelque chose de semblable » (Le Roux). Mais sa valeur initiale était bien la même que celle de l'expression *du coq à l'âne*, comme le montre la version don-née par Oudin : *à propos de bottes, combien l'aulne de fagots.* Cette phrase accumule les anomalies (l'*aune* est une unité de longueur, les fagots se mesurent selon leur volume ; les *bottes* ne se vendent pas *en fagots*) et joue sur les deux sens de *botte,* « chaussure » et « réunion de tiges » (le second sens étant évoqué par *fagot*).

> Il faut qu'il y ait une certaine dignité attachée à la nature de l'homme, que rien ne
> peut étouffer. Cela se réveille à propos de bottes. Oui à propos de bottes ; car il y a
> d'autres jours où il ne m'en coûterait rien pour être vil tant qu'on voudrait.
>
> DIDEROT, *Le Neveu de Rameau*, p. 438.
>
> Tous parlent de l'honneur à propos de bottes, citent leurs ancêtres à propos de rien,
> racontent leur vie à propos de tout.   G. DE MAUPASSANT, *Yvette*, p. 10.

Avoir du foin dans ses bottes → FOIN.

En avoir plein les bottes « être fatigué (physiquement ou moralement) ; être excédé ». Cf. Plein le cul★, le dos★.

Vx. *Graisser les bottes à qqn* « le flatter, chercher à le tromper par des flatteries » (la locution actuelle : *lécher les bottes* a une valeur différente ; voir ci-dessous).

> — C'est cela. Les gueux m'ont vendu, parce que je connais leur cachette et qu'ils ne
> connaissent pas la mienne.
> — Tu graisses mes bottes ! mon amour, dit Jacques Collin.
>
> BALZAC, *Splendeurs et Misères des courtisanes*, p. 1083.

Vieilli. *Graisser ses bottes* « se préparer à partir » et spécialement « à mourir ». La mort est ici considérée par litote comme un simple départ nécessitant des prépara-tifs concrets, prosaïques, dont le caractère familier a pour fonction de l'intégrer à la suite des gestes quotidiens et de la conjurer. L'expression a vieilli avec l'habitude de graisser ses bottes avant de partir pour un long trajet à cheval.

> [...] elles s'asseyaient dans la boutique, où elles parlaient de la chère femme, intermi-
> nablement, sans se lasser de répéter la même phrase pendant des heures [...]. Vrai, on
> claquait vite, chacun pouvait graisser ses bottes.   É. ZOLA, *L'Assommoir*, t. II, p. 88.

Vieilli. *Laisser ses bottes quelque part* « y mourir » → CHAUSSE.

Ainsi, ne quittant point la botte, il semble qu'elle soit de nos membres : et quand quelqu'un est mort en une bataille, nous disons seulement : il y a laissé ses bottes, comme si
elles étaient le vrai séjour de l'âme du chevalier.

Ch. SOREL, *Histoire comique de Francion*, p. 416.

[...] on gobelottait malgré soi, on se trouvait dans toutes sortes de fourbis, on finissait
par se laisser pincer, et raide ! Ah ! fichtre non ! ça ne lui arriverait plus ; il n'entendait
pas laisser ses bottes chez le mastroquet, à la fleur de l'âge.

É. ZOLA, *L'Assommoir*, t. I, p. 192.

Lécher les bottes à quelqu'un «chercher à lui plaire en le flattant servilement» (vers 1850) → LÉCHER.

— Tas de canailles ! tas de crapules ! ça lèche les bottes de ses supérieurs, ça n'a de
courage que contre le pauvre monde.   É. ZOLA, *Germinal*, t. II, p. 151.

J'ai engagé la lutte, le rire aux dents. Il faudra que ces dents s'allongent, ou que je
me les laisse arracher, que je demande grâce, et que j'aille leur lécher les bottes.

J. VALLÈS, *L'Insurgé*, p. 74.

Proverbe pour les puissants :

Si quelqu'un te lèche les bottes, mets-lui le pied dessus avant qu'il ne commence à te
mordre.   P. VALÉRY, *Mauvaises Pensées...*, p. 900.

N.B. Ce «proverbe» correspond d'assez près à OIGNEZ* VILAIN, IL VOUS POINDRA...

Tomber sur ses bottes «être très fatigué». L'idée est celle de s'effondrer sans
avoir la force de retirer ses bottes (après un trajet épuisant, etc.). L'expression est
fréquente chez Flaubert.

Mon roman en est à la cent soixante-dixième ; il doit en avoir cinq cents ! Quelle perspective ! Aussi il y a des moments où je tombe sur les bottes !

G. FLAUBERT, *Correspondance*, Vᵉ série, p. 243.

2. BOTTE n. f. Mot emprunté à l'ancien néerlandais *bote* «touffe de lin», et
qui signifie «faisceau», «végétaux assemblés».

Fam. ***Il n'y en a pas des bottes*** «il en a peu».

— Elle a du talent ?
Il haussa les épaules.
— Pas des bottes. Niveau tournées de province, pas plus.

R. QUENEAU, *Loin de Rueil*, p. 147.

3. BOTTE n. f. Le mot vient du verbe *boter, bouter*, comme *bout*.

Botte secrète «attaque imparable». Au sens propre (début XVIIIᵉ s.), «manière
particulière de porter un coup d'épée qui prend l'adversaire au dépourvu».

Fam. ***Proposer la botte à*** (une femme) «lui proposer de faire l'amour» (XVIIIᵉ s.).
L'image est celle du duelliste dont le coup d'épée «pourfend» l'adversaire.

Vx. ***Porter, pousser une botte à qqn*** (XVIIᵉ s.) «lui faire une attaque imprévue, lui
poser à brûle-pourpoint des questions embarrassantes».

Vx. ***Serrer la botte*** «presser son adversaire» (fin XVIIIᵉ s.).

BOTTER v. tr. Une série de syntagmes verbaux synonymes (*botter le cul, les
fesses, le train...*) signifient «donner un coup de pied au derrière».

Dehors, j'aimais pas qu'on me remarque... Je lui bottais un petit peu le train... Il me
comprenait bien, il me foutait la paix... Pour sa récompense, je lui donnais des corni-
chons.   CÉLINE, *Mort à crédit*, Livre de poche, p. 213.

BOUC n. m. Les comparaisons traditionnelles : *puant, lascif comme un bouc,*
ne sont plus guère usitées. *Barbe de bouc* a donné naissance à un sens du mot (*un
bouc* : «une barbiche qui ne pousse qu'au menton»).

Bouc émissaire «personne sur laquelle on fait retomber toutes les responsabilités, tous les torts». Allusion biblique : le jour de l'Expiation, le prêtre chargeait

symboliquement un bouc des péchés d'Israël, avant de le chasser dans le désert (voir Lévitique 16, 20-22). Le latin disait *coper emissarius;* la traduction française date du XVIIe s. et est employée métaphoriquement par Saint-Simon.

> C'était un peu comme si, en permettant notre embarquement à destination de la Martinique, les autorités de Vichy n'avaient fait qu'adresser à ces Messieurs une cargaison de boucs émissaires pour soulager leur bile.
> Cl. LEVI-STRAUSS, *Tristes Tropiques,* p. 16.
> Je me plains d'être sans un sou... D'être toujours prise pour un bouc émissaire... De ne pas savoir me faire aimer, de ne pas être attirante...
> M. CARDINAL, *Les Mots pour le dire,* p. 245.

BOUCHE n. f.

Bouche en cœur → AVOIR, FAIRE LA BOUCHE EN CŒUR (ci-dessous).

Bouche en cul de poule « bouche dont les commissures sont rapprochées, les lèvres formant un cercle légèrement saillant », l'image est celle du « croupion », mais l'emploi du mot *cul,* même caractérisé par un nom d'animal, réunit les deux extrémités du tube digestif ; la comparaison aboutit en métonymie. *Faire la bouche en cul de poule* peut signifier « prendre un air intéressé et mielleux », « faire des minauderies ».

> J'ai ri aux calembours de fils de famille, plus bêtes que des oies ; j'ai fait la bouche en cul de poule quand ils en contaient « une bien bonne » parce qu'ils devaient mettre cent louis dans l'affaire.   J. VALLÈS, *L'Insurgé,* p. 66.

On trouve des variantes expressives :

> Patouillard, félin, avec des gestes de prêtre, les roulements d'yeux d'une sainte Thérèse hystérique, de l'huile sur la langue et sur la peau, la bouche en croupion d'oie de Noël — il me reconnaît et vient à moi en avançant ses doigts grassouillets et moites.
> J. VALLÈS, *L'Insurgé,* p. 107.

Bouche bée, béante exprime la stupéfaction *(il en est resté bouche bée).*

> Les enfants, qui écoutaient cette scène bouche béante, coururent au jardin dire à leur mère que M. Julien était bien en colère, mais qu'il allait avoir cinquante francs par mois.   STENDHAL, *Le Rouge et le Noir,* p. 273.
> [...] il restait bouche bée, une botte au bout de la main, incapable de trouver un mot, sentant s'écrouler lourdement le beau paradis de Mahomet si laborieusement échafaudé en son imagination. G. COURTELINE, *les Gaîtés de l'escadron,* p. 217.

Les bouches inutiles « ceux qui mangent et ne produisent pas ».

> Depuis son aventure avec Jeanlin, la grosse lapine, blessée sans doute, n'avait plus fait que des lapins morts ; et pour ne pas nourrir une bouche inutile, on s'était résigné, le jour même, à l'accommoder aux pommes de terre. É. ZOLA, *Germinal,* t. II, p. 125.

À la bouche → MOT.

À pleine bouche (crier, manger, mordre...) « avec toute son énergie ». L'expression ne peut s'analyser que comme « pleinement, complètement avec la bouche » (et non pas comme « avec la bouche remplie »). *Bouche* est ici le nom de l'organe employé pou désigner la fonction.

De bouche à oreille « secrètement, sans intermédiaire (en parlant des paroles adressées à qqn, d'une confidence, etc.) ».

Avoir l'eau à la bouche → EAU.

Avoir, faire la bouche en cœur « faire des moues, des manières ». La forme « en cœur » a probablement été choisie comme image de la petite moue affectée par influence des valeurs métaphoriques de *cœur* (→ FAIRE LE JOLI CŒUR★).

En avoir plein la bouche (de qqn, de qqch.) « en parler sans cesse », ou « prononcer avec affectation, en savourant les mots ».

> MADAME GUÉRIN. — Pas un génie !... Colonel à trente-trois ans !...
> GUÉRIN. — D'abord, il n'est que lieutenant-colonel.

MADAME GUÉRIN. — Mais tu sais bien qu'en parlant à un lieutenant-colonel, on dit : Colonel.

GUÉRIN. — Elle en a plein la bouche !   É. AUGIER, *Maître Guérin*, II, 1, p. 210-211.

Quand il disait Monte-Carle, comme ça, le papa Fauchon, il en avait plein la bouche.
ARAGON, *Blanche ou l'Oubli*, p. 171.

S'enlever les morceaux de la bouche pour qqn «se priver pour lui». On dit aussi **enlever, retirer le pain de la bouche à qqn** «le priver du nécessaire».

[...] le petit Gueulin joue là dedans un joli rôle ! Et toi, tu es plus sale encore, tu nous retires le pain de la bouche, tu prostitues ta fortune, oui ! tu la prostitues, en nous volant pour cette catin un argent qui nous appartenait !
É. ZOLA, *Pot-Bouille*, t. II, p. 190.

Un article de la *Rue* m'a retiré le pain de la bouche. J'y signalais comme farceurs ou fusilleurs futurs les députés de Paris. Désormais les journaux de l'opposition me sont fermés.
J. VALLÈS, *L'Insurgé*, p. 74.

Vx. **Être à bouche que veux-tu** «avoir abondamment de tout» (Boursault, *in* Le Roux). **Être nourri à bouche que veux-tu** (Diderot, *Le Neveu de Rameau*). **Traiter qqn à bouche que veux-tu** «le régaler». Les premiers emplois de l'expression adverbiale *à bouche que veux-tu* concernent la nourriture, mais, sans perdre ce champ d'application, elle en a acquis un autre, dans le domaine érotique : **s'embrasser à bouche que veux-tu**.

Et je lui montrais les bocaux, les bouteilles, les carafons rangés sur les étagères et lui énumérais tous les beaux fruits conservés dans les alcools parfumés [...]; mais ce qui déchaîna l'ivrogne glouton qui avait voulu goûter à toutes ces gourmandises à bouche que veux-tu et sans même prendre le temps de les déguster comme il se doit, ce fut de découvrir tout à coup la carafe de calvados avec, à l'intérieur, une bergamote en suspension.   B. CENDRARS, *Bourlinguer*, p. 310.

Et ils s'embrassèrent à bouche que veux-tu.
MONTHERLANT, *Pitié pour les femmes*, p. 89.

Être porté sur la bouche, (vieilli) **être sur sa bouche** «être très gourmand».

Vx. **Faire la fine bouche, la petite bouche** «faire le difficile», «faire des façons et des simagrées» (Le Roux). Cf. *Bouche en cul de poule*. De nos jours, *faire la fine bouche* signifie «faire le (la) difficile».

Fermer la bouche à qqn «le faire taire» → CLOUER LE BEC* ; le sujet peut désigner une personne ou une chose : *ceste repartie luy ferma la bouche* (Ch. SOREL, *Histoire comique de Francion*, p. 437).

Garder qqch. pour la bonne bouche «pour garder la plus agréable impression en dernier». Cf. *Rester sur la (sa) bonne bouche, laisser sur la bonne bouche,* «rester, laisser sur la bonne impression». Vieilli : on disait *faire bonne bouche* «garder le meilleur pour la fin». Var. *finir par la bonne bouche, c'est pour la bonne bouche.*

— [...] pour votre punition, vous ne saurez rien du tout.
— Comment ? Qu'est-ce qui se passe ?
— Rien, rien. Voilà ce que c'est d'avoir causé : vous n'en tâterez plus, et je vous laisse sur la bonne bouche.   MOLIÈRE, *George Dandin*, II, 5.

Pour finir par la bonne bouche, je vous dirai que j'ai ici, prisonnier à bord comme moi, un homme fort spirituel et très aimable : c'est le gouverneur de Pondichéry.
V. JACQUEMONT, *Correspondance*, t. I, p. 37-38.

— Alors, c'est mon tour, bégaya Coupeau d'une voix pâteuse. Hein ! on me garde pour la bonne bouche... Eh bien ! je vais vous dire *Qué cochon d'enfant.*
É. ZOLA, *L'Assommoir*, t. I, p. 297.

Ouvrir la bouche «commencer à parler».

Bouche cousue ! (déjà dans Molière : *George Dandin*, I, 2). Exclamation pour réclamer la discrétion absolue. Locution souvent renforcée en **motus et bouche cousue.**

Vx. *Il arrive beaucoup de choses entre la bouche et le verre* (Le Roux) «il y a une grande différence entre le besoin, le désir, et ce qui doit lui apporter la satisfaction». On dirait aujourd'hui *il y a loin de la coupe aux lèvres,* locution synonyme dans un style plus relevé.

BOUCHÉE n. f.

Pour une bouchée de pain «pour une somme dérisoire». Cette expression utilise le nom d'un objet pour en désigner le signe monétaire. La *bouchée de pain* correspond à l'idée de «minimum de nourriture», il s'agit déjà d'un sens symbolique. Le transfert du domaine de la nutrition à celui de la valeur est lui-même significatif d'une tendance à restituer les réalités de la survie (présentes au niveau du signifiant : *bouchée*) dans l'expression de la «faible valeur d'échange».

> Dans douze châteaux acquis
> Pour douze bouchées de pain
> Douze hommes sanglotent de haine [...]   Prévert, *Histoires,* p. 51.

Ne faire qu'une bouchée de (qqn, qqch.) «vaincre très facilement; surmonter (une difficulté)». Le sémantisme de *avaler, boire* (l'obstacle) est ici exploité et renforcé par l'image de la déglutition en une fois (cf. *Avaler tout rond.*)

Mettre les bouchées doubles «aller très ou trop vite; travailler plus vite, etc.».

> «Ah? — dit Philippe, qui croit comprendre — alors, on roulait en gazo!»
> Mais Marie-Noire avec impatience :
> «Tu mets les bouchées doubles, non : on ne disait pas *router en gazo...* on n'avait pas
> le cœur aux abréviations... »   ARAGON, *Blanche ou l'Oubli,* p. 123.

L'expression s'emploie aussi dans son contexte concret original «manger deux fois plus ou deux fois plus vite». Elle est renforcée en : *bouchées triples* dans la citation suivante.

> [...] mon ordinaire était si frugal que lorsque j'en avais l'occasion, je mettais les
> bouchées triples.   S. DE BEAUVOIR, *La Force de l'âge,* p. 42.

BOUCHON n. m.

Bouchon de carafe «diamant de très grande dimension».

> Enfin Lalie put se revancher de ses cousins fonctionnaires autrefois si méprisants.
> C'était elle la plus riche maintenant. Elle chargeait de bouchons de carafe les deux
> fois cinq doigts de ses mains et trébuchait sous le poids de peaux de bête qui lui descen-
> daient jusque sur les talons [...].   R. QUENEAU, *Un Rude Hiver,* p. 91.

Y mettre un bouchon «se taire». Renforcement de *la fermer, la boucler,* employé aussi à l'impératif : *mets-y un bouchon! parfois mets un bouchon!*

Faire sauter le bouchon «faire partir avec bruit le bouchon (d'une bouteille de champagne, de vin mousseux)», s'emploie dans des expressions du type *aimer à faire sauter le bouchon* «aimer la bouteille, aimer boire».

Lancer, pousser le bouchon un peu (trop) loin «exagérer» (en agissant contre les intérêts de qqn, par ses exigences, etc.). La métaphore peut venir du jeu de boule, où le cochonnet s'appelle aussi *bouchon,* ou bien de la bouteille de champagne.

> Le même soir, Ansaldi trouva Louis Manza. «Venture lance le bouchon un peu loin.
> Je lui ai quand même rendu quelques services ».
> Louis dit alors : «Je m'en occupe. Ne paie pas»   L. Durand, *Le caïd,* p. 85.

Dans un sens élargi, «exagérer».

> Les avocats [...] avaient commencé à se déchaîner et fait donner les grandes orgues.
> Les policiers haussèrent les sourcils : «Grands résistants? Patriotisme? vous ne lancez
> pas le bouchon un peu loin, maître? »   L. DURAND, *Le Caïd,* p. 380.

Fam. *Prendre du bouchon* «prendre de l'âge». Alors que *prendre de la bouteille* (→ BOUTEILLE) suppose en principe une amélioration de la qualité du vin, la «prise de bouchon» est un défaut grave, et la métaphore est dépréciative à tous niveaux.

C'est plus fort que de jouer au bouchon « c'est très surpenant, incroyable ». Le *jeu de bouchon,* qui consiste à faire tomber un bouchon servant de cible à l'aide d'un projectile (palet, etc.), ne paraît pas être d'une difficulté telle qu'il justifie cette locution (avec un jeu de mot sur *fort* « difficile » et « incroyable »); il y a très certainement là une équivoque sur *bouchon.*

> C'est plus fort que de jouer au bouchon, plus déroutant que toutes les expériences décrites dans les recueils de physique amusante ! M. LEIRIS, *Biffures,* p. 18.

L'imagination stylistique donne lieu à de nombreux renforcements incongrus :

> « Ça, c'est plus fort que de jouer au bouchon avec des boules de gomme dans un plat d'épinards... Je veux avoir la clé de ce mystère », déclara le patron [...].
> *L'Épatant,* 1910, p. 119.

BOUCLE n. f.

Boucler la boucle « achever un parcours circulaire ou une évolution assimilée à un tel parcours; se retrouver à son point de départ ».

> Donc, me voilà revenu sensiblement à mon point de départ. Le cercle étant symbole de perfection, je pourrais être fier d'avoir ainsi bouclé la boucle.
> M. LEIRIS, *Fibrilles,* p. 266.

BOUCLIER n. m.

Levée de boucliers « démonstration collective d'opposition ». L'expression provient de l'histoire romaine : les boucliers levés par une troupe exprimaient la résistance à un ordre. *Lever (le) bouclier* (Saint-Simon, *in* Littré), « protester publiquement et collectivement », ne se dit plus.

> Cette levée de boucliers ne fit pas grand peur aux ducs; ils virent le mémoire par quelques amis, car on se garda bien de le laisser courir, et ils le méprisèrent jusqu'à n'y pas faire la moindre réponse. SAINT-SIMON, *Mémoires,* t. V, p. 561.
> Je vous dirai même qu'au Jockey, quand on a appris ces prouesses, cela a été une levée de boucliers, un véritable tollé.
> M. PROUST, *À la recherche du temps perdu,* t. II, p. 235.

Faire un bouclier de son corps « protéger en s'interposant ». L'expression n'est plus qu'une métaphore littéraire; il semblerait qu'elle était figée en locution dans la langue classique, comme dans ce vers du *Don Sanche* de Corneille, où l'on notera l'absence d'article : *Je lui fis si longtemps bouclier de mon corps.*

BOUDER v. D'un radical expressif *bod-* correspondant à l'idée générale de « gonflement », d'où la valeur de « moue ».

Bouder contre son ventre « refuser de manger, alors qu'on a faim ». Normalement, le verbe *bouder,* « témoigner de la mauvaise humeur », ne se construit pas avec *contre;* on emploie plutôt une forme transitive *(bouder quelqu'un).* Dans l'expression, le *ventre* est un personnage qui exprime sa volonté et le sujet humain s'oppose à cette volonté par bouderie.

> L'hôtelier obéit et, feignant tout à coup de s'apercevoir que l'Algérien n'avait pas déjeuné :
> — Comment, s'exclama-t-il, vous boudez contre votre ventre ?
> F. CARCO, *Les Belles Manières,* p. 12.

On trouve des équivalents avec un compl. abstrait et non métaphorique *(contre son envie; son désir; son intérêt...).*

> C'était imbécile, d'avoir un si gros désir l'un de l'autre, sans jamais se contenter. Pourquoi donc bouder ainsi contre leur envie ? É. ZOLA, *Germinal,* t. I, p. 192.

BOUDIN n. m. Le radical *bod-* exprimant le renflement, le gonflement, est probablement le même que dans *bouder.*

S'en aller (tourner) en eau de boudin « mal tourner, échouer progressivement » (*in* Le Roux). *Eau de boudin* se dit concrètement de l'eau dans laquelle on a
lavé le boyau qui doit entourer le boudin, avant de le faire. C'est du moins ce que
pensent les explicateurs positivistes du XIXe s., mais l'expression, dans ce sens concret, n'est attestée que chez eux (Bescherelle, Littré). La locution figurée, en revanche, est ancienne : elle est glosée dans Furetière (1690), qui la qualifie de proverbiale et basse, puis dans Le Roux (1752) : « *cette affaire, cette entreprise s'en ira en
eau de boudin*. Pour dire ne réussira pas, qu'elle s'en ira à néant ». Cependant, des
amateurs d'archaïsme (par exemple Charles Rozan dans ses *Petites Ignorances de la
conversation*, Quitard, etc.) ont trouvé l'explication traditionnelle trop plate et ont
voulu y voir une altération de *s'en aller en aunes de boudin* (en parlant du cochon tué
et transformé en produits de charcuterie). Inutile de dire que tant que l'on n'aura
pas trouvé d'attestation antérieure à celle de : *eau de boudin*, pour cette expression,
il n'y aura pas à en tenir compte (sauf à y voir une expression nouvelle, d'ailleurs
pittoresque). Quant à la version *s'en aller en os de boudin*, c'est-à-dire « en rien », les
boudins n'ayant pas d'os, elle ne repose sur rien.
On conclura qu'il s'agit bien d'*eau* (et de *boudin*), mais cela ne veut pas dire qu'on
se contentera des explications classiques par « eau de lavage du boyau » ou « eau qui
suinte du boudin, lorsqu'il se décompose ». En effet, *eau de boudin* ne se rencontre
pas dans ce sens au XVIIe s. ou avant, et le moins qu'on puisse dire de cette métaphore est qu'elle ne s'impose pas. Si l'on se souvient que l'expression, étant « basse »
(Furetière), a dû attendre longtemps avant d'entrer au dictionnaire, si l'on note que
eau s'emploie couramment à cette époque pour désigner les excrétions liquides, il
ne restera plus qu'à retrouver les sens archaïques et dialectaux de *boudin, boudine*,
pour être édifié. D'une part, les mots dérivés du radical *bod-* désignent couramment
le « ventre » (d'où *bedaine*), le « nombril » ; d'autre part, à la fois par métonymie de
ces emplois et par métaphore du sens moderne de *boudin*, le mot désigne, au XVIe s.,
le sexe masculin (« tu as lyé ton boudin avec ceste diablesse de femme... », Larivey,
Les Jaloux, II, 6). *Partir en eau de boudin*, selon cette hypothèse, signifierait donc
« partir en excrétion liquide » (en « eau de ventre », ou en « eau de boyau », ce dernier mot ayant les mêmes valeurs), selon une métaphore plus naturelle, plus générale que celle qui recourt au lavage de la charcuterie (en outre la locution triviale
PARTIR EN COUILLE* se rattacherait bien à cette explication, de même que les valeurs
voisines de *fausse couche, avorter*, appuyées par l'emploi gynécologique de *les eaux*.
Quant à **tourner en eau de boudin**, plus récent, ce n'est qu'une substitution de verbe,
d'après TOURNER MAL*.

> Le royaume de Prusse avait tourné en eau de boudin et ils pensaient plus qu'à être
> copains-copains avec les Français.   R. QUENEAU, *Le Dimanche de la vie*, p. 234.

Fam. **(Être) rond, plein... comme un boudin** « complètement soûl ». Le boudin
comme beaucoup de préparations charcutières, remplit en effet complètement une
enveloppe extérieure. En outre, la valeur expressive, étymologique, de *boudin* est le
gonflement et l'initiale *bou-* est commune à *bourré, bourrique*, etc.

> Certain qu'en 1943 il devait pas [un ancien officier allemand] devant les sentinelles
> qui lui présentaient les armes, rentrer dans des états pareils [...], rond défoncé comme
> un boudin.   A. BOUDARD, *Cinoche*, p. 235.

Faire du boudin, manger du boudin « bouder ». Le jeu de mots est analogue
à ceux qui s'observent avec des noms de lieux (*aller à Niort* : nier, etc.); le rapport
étymologique probable entre *bouder* et *boudin* n'est évidemment pas perçu autrement qu'au niveau formel.

Vx. **Faire un boudin** « marier un gentilhomme à une riche roturière ». C'est la
définition même de Fleury de Bellingen (1656) qui donne la clé de la locution : le
boudin est fait de *sang* (la noblesse) et de *graisse* (l'argent → GRAISSER LA PATTE*).

Caca boudin, exclamation enfantine dans laquelle *boudin* renforce le premier mot, onomatopée fondamentale du stade anal, par un synonyme expressif, métaphorique et « oral ».

BOUE n. f.

Vx. ... *de boue* « vil, méprisable ».

> C'est que vous êtes un fainéant, un gourmand, un lâche, une âme de boue.
>
> DIDEROT, *Le Neveu de Rameau*, p. 503.

Vx. *Bâti de boue et de crachat* « fragile, peu solide ». Cette expression, d'après les explications des dictionnaires, n'exprime que la « fragilité ». Il semble que la force péjorative de *boue* et de *crachat* ait contribué à l'élimination de l'usage, au bénéfice de *bâti sur le sable* → SABLE. On employait aussi l'expression verbale : *bâtir sur de la boue.*

> Formant le rideau du fond du quartier de cavalerie, les écuries s'accotaient l'une à l'autre, constructions banales et fragiles, bâties à la diable, de sable et de crachat [...].
>
> G. COURTELINE, *Les Gaîtés de l'escadron*, p. 63.

Vieilli. *Ne considérer pas plus (ne pas faire plus de cas,...) que la boue de ses souliers* « mépriser ». Aussi *traiter comme la boue de ses souliers.*

> — Mais songes-tu, lui répétait-il, que je t'associe, ou, si tu l'aimes mieux, que je te donne quatre mille francs par an ? et tu veux retourner chez ton M. de Rênal, qui te méprise comme la boue de ses souliers !   STENDHAL, *Le Rouge et le Noir*, p. 285.

Traîner qqn (le nom de qqn) dans la boue « l'insulter ou le calomnier ». À la différence des autres emplois péj. de *boue*, cette loc. est restée bien vivante.

> La vue du jeune homme, l'air déconfit, les cheveux encore en désordre, ralluma sa colère.
>
> — Comment ! misérable ! c'est toi, mon neveu, qui me déshonores !... Tu salis ta famille, tu traînes dans la boue mes cheveux blancs !... Ah ! tiens ! tu finiras mal, nous te verrons un jour en cour d'assises !   É. ZOLA, *Pot-Bouille*, t. II, p. 134.

> Vous devriez bien user de votre influence sur lui pour lui faire comprendre le chagrin qu'il cause à sa pauvre mère et à nous tous en traînant notre nom dans la boue.
>
> M. PROUST, *À la recherche du temps perdu*, t. II, p. 278.

BOUÉE n. f.

Bouée de sauvetage « ce qui peut sauver qqn dans une situation critique ». Métaphore qui modernise l'image, d'ailleurs plus courante, de la *planche de salut.*

BOUFFI adj.

Tu l'as dit bouffi ! « tu as raison ». Interjection plaisante motivée uniquement par l'assonance vocalique, tout comme *tu parles, Charles !* Mais où le choix du mot *bouffi* implique une intention péjorative et ironique (cf. *Gros lard*, etc.). En 1810, on trouve : *Qu'est-ce que tu dis, bouffi ?*

> Rouletabille, ricanant, ajouta : « tu l'as dit, bouffi ».
>
> G. LEROUX, *Le Mystère de la chambre Jaune*, p. 109.

> Moi ce que je souhaite dit Mussolini
> C'est le bonheur de mon peuple
> Tu l'as dit bouffi... répond le veilleur de nuit   Prévert, *paroles*, p. 124.

BOUILLEUR n. m.

Bouilleur de cru « personne qui distille (fait *bouillir*) chez lui ses récoltes de fruits (son *cru*) pour sa consommation personnelle ». Il s'agit là d'un mot composé dont les éléments ne sont pas clairs pour tous les utilisateurs.

BOUILLIE n. f.

C'est de la bouillie pour les chats « c'est un travail gâché, mal fait » (1789). On interprétait cette expression comme ; c'est une nourriture grossière, faite pour un animal », mais P. Guiraud a montré qu'il fallait plutôt y voir, dès l'origine, un jeu de mots sur l'ancien mot *chas* (« colle d'amidon », puis « mauvais bouillon » ou « bouillie ») et *chat*. Le mot *chas,* devenu rare et mal compris, aurait été interprété : « bouillie pour chats ». L'image de base est celle de *gâchis.*

> Maintenant, j'en suis sûr, chers malheureux tontons, [...]
> Qu'aucune idé' sur terre est digne d'un trépas,
> Qu'il faut laisser ce rôle à ceux qui n'en ont pas,
> Que prendre, sur-le-champ, l'ennemi comme il vient,
> C'est de la bouilli' pour les chats et pour les chiens [...].
>   Georges Brassens, *Poèmes et Chansons,* p. 263.

Avoir de la bouillie dans la bouche; manger de la bouillie « mal prononcer, articuler peu clairement ». L'idée est celle de « bouche *pâteuse* ».

Mettre en bouillie « écraser ».

BOUILLIR v. intr.

Faire bouillir la marmite, le pot « assurer la subsistance matérielle et quotidienne ». « *Cela fait bouillir la marmite* se dit d'un profit qui vient journellement » (Le Roux, 1752).

BOUILLON n. m.

Bouillon aveugle → AVEUGLE.

Bouillon d'onze heures « breuvage empoisonné ». Renforcement assez obscur, attesté en 1791 (D.D.L., 19), de *donner le bouillon* « empoisonner », attesté dès le XVIIᵉ s. (1690, Furetière). Le *bouillon,* breuvage produit par ébullition, a quelques connotations maléfiques (cf. *Bouillon de sorcière* « breuvage magique »).

> Tu crois qu'il lui a fait prendre un bouillon d'onze heures ?
>   R. QUENEAU, *Le Dimanche de la vie,* p. 125.

Bouillon de culture « milieu favorable au développement d'une situation », par analogie avec le milieu microbien.

Bouillon pointu « lavement ». La médecine du XVIIᵉ s. employait volontiers les clystères. L'expression assimile les médicaments liquides introduits par les deux extrémités du tube digestif.

> Comiques et assommants, ces visiteurs gueulards, ces détenus qui vont ou qui ne vont pas [...].
> Quelquefois, un travailleur vient leur faire honte de leur bêtise, et refouler leurs bouillons pointus. Plus fort qu'eux, le manieur d'outils !   J. VALLÈS, *L'Insurgé,* p. 85.

Vx. et fam. *Gober le bouillon* « subir une forte pluie, une averse ». La métaphore de la sauce, du bouillon, s'applique à la pluie qui trempe le promeneur « comme une soupe » → SOUPE.

> Elles ne souhaitaient pas de la pluie aux autres, parce qu'elles auraient aussi gobé le bouillon ; mais s'il pouvait crever un nuage là-bas, sans que les éclaboussures ne vinssent jusqu'à Joinville, ce serait drôle tout de même ».
>   É. ZOLA, *Au Bonheur des Dames,* t. I, p. 170.

Boire (prendre) un bouillon « avaler involontairement de l'eau, notamment en nageant » (syn. : *Boire la tasse*); métaphoriquement « faire une perte considérable ». Attesté en 1827 (Delécluze, *in* T.L.F.).

> Ce qu'il y a là-dedans, vous ne vous l'imaginez pas. C'est-à-dire que, si on appliquait la moitié de ces idées, ça nettoierait du coup la société. Oui, votre empereur et tous ses roussins boiraient un bouillon...   É. ZOLA, *L'Assommoir,* t. II, p. 15.

BOULE n. f.

Boule de billard «tête chauve ou rasée». *Boule* et *bille* s'emploient figurément pour «crâne» et «tête»; la locution utilise donc un syntagme désignant un objet concret, la *boule de billard* à la fois lisse et brillant (comme un crâne chauve) et comportant deux fois le signifiant adéquat pour évoquer plaisamment la tête.

Boule de loto «œil rond, étonné». Surtout dans : *faire des yeux en boules de loto.* La locution a survécu au remplacement des boules utilisées au jeu de loto par de petits cylindres (sauf dans le tirage de la loterie appelée «Loto national») → aussi ŒIL.

Boule de neige, mot composé, a plusieurs valeurs métaphoriques (végétal à fleurs blanches; surnom ironique des Noirs, à l'époque où le racisme avait bonne conscience). *Faire boule de neige,* signifie «s'accroître, augmenter de volume spontanément» → NEIGE.

> Les choses en seraient probablement restées là et n'auraient pas fait boule de neige au point où elles l'ont fait si je n'avais dû, à l'heure de l'après-dîner, aller à une seconde réunion. M. LEIRIS, *Fibrilles,* p. 101.

Vieilli. *Boule de suif* «personne grasse et ronde». Ni cette expression, ni *boule de graisse* ne sont courantes de nos jours, mais la célèbre nouvelle de Maupassant a pérennisé la première.

Vx. *À boule vue* «à coup sûr; directement et sans hésitation», et antérieurement «à l'étourdie, n'importe comment». Métaphore tirée des jeux de boule, où l'on peut *jouer à boule-vue,* c'est-à-dire à la volée et sans viser longuement (= dès qu'on voit la boule). Dans un sens opposé «en connaissance de cause», l'expression signifie «après qu'on a bien vu la boule». Mais cette explication, pour être valable, doit être très ancienne, puisqu'un érudit comme Pasquier, au XVIe s., ne comprenait plus l'expression et devait l'expliquer par la corruption de *à bonne vue :*

> D'un homme qui a fait un marché asseuré, on dit qu'*il a joué à Boule veuë,* métaphore inepte et qui n'a aucun sens. C'est pourquoy il faut dire à *Bonne veuë* comme n'ayant rien fait sans y asseoir un bon et sain jugement, par une métaphore tirée de *la veuë.* É. PASQUIER, *Recherches de la France,* VIII. chap. 62.

Vx. *Laisser rouler la boule* «laisser agir la fortune..., soumettre tout au sort du temps» (1752, Le Roux).

Mettre (se mettre) en boule «mettre (se mettre) en colère, en fureur». L'expression peut venir des animaux qui se ramassent sur eux-mêmes lorsqu'ils sont menacés ou en colère (le hérisson, le chat), avec une influence possible de *avoir les nerfs en boule* ou *en pelote.*

> [...] chaque fois qu'elle y pensât, à ladite question, ça la mettait drôlement en boule. R. QUENEAU, *Le Dimanche de la vie,* p. 21.

> «Se mettre en boule», jailli d'une jolie bouche de poisse, aux yeux de la mère et du fils suffisait à faire de celui qui le prononçait un petit mec boudeur un peu râblé, avec un visage écrasé de bull-dog [...]. GENET, *Notre-Dames-des-Fleurs,* p. 36.

Perdre la boule «perdre la tête» → aussi BOUSSOLE.

> [...] elles ne se frappaient même pas le front en disant : Ah! j'ai oublié, mais : Ah! je n'ai pas compris que monsieur avait demandé cela, je croyais qu'il fallait seulement lui donner le bonjour. Si elles perdaient la boule de cette façon pour une chose dite une heure auparavant, en revanche il était impossible de leur ôter de la tête ce qu'elles avaient une fois entendu dire la sœur ou la cousine. M. PROUST, À *la recherche du temps perdu,* t. II. p. 726.

On rencontre l'expression au participe passé : *avoir la boule perdue* «être désorienté, abruti, etc.»; cf. FLAUBERT, *Corresp.,* VIe série, p. 219.

Avoir les boules «être très énervé; en avoir assez». Les *boules* sont ici les «glandes». Comme *foutre les boules* (à qqn) «l'énerver», cette loc. vient du milieu scolaire. On dit aussi exclamativement : *les boules!*

Vx. *Il a l'esprit aigu comme une boule* [LOC. PROV.] «il est grossier» (Oudin). *Aigu* «pointu» et «vif (abstrait)» autorise le jeu de mots.

BOULET n. m.

S'attacher un boulet aux pieds, traîner le (son) boulet «assumer ou supporter une obligation pénible, une charge dont on ne peut se délivrer». Allusion au boulet que devaient traîner ou porter les forçats enchaînés.

Arriver (...) comme un boulet (de canon) «très vite, avec impétuosité».

Tirer à boulets rouges sur qqn «l'attaquer violemment» (XVIIIᵉ s.). Au sens propre, *tirer à boulets rouges,* c'était tirer sur l'ennemi avec des boulets rougis au feu.

> La Belle-Poule, cette nef royale de haut-bord et à trois ponts [...] qui explosa en rade de Brest, le feu à la sainte-barbe, ses batteries tirant à boulets rouges, toutes voiles dehors [...]   B. CENDRARS, *Bourlinguer*, p. 57.

Métaphoriquement, l'expression implique une attaque réitérée (image des salves d'artillerie) et très violente (*rouge,* même s'il n'est plus compris comme «brûlant, rougi au feu», connote la colère, la fureur).

> [...] supposez qu'au lendemain de Dien-Bien-Phu, au lieu de tirer à boulets rouges sur Pierre Mendès-France, les républicains populaires l'aient soutenu, [...].
>   F. MAURIAC, *Le nouveau Bloc-Notes*, p. 140.

BOULEVARD n. m.

Le boulevard des allongés «la morgue». Les *allongés* sont les cadavres.

BOULON n. m.

Resserrer les boulons «réorganiser, arranger (un système abstrait dont les éléments menaçaient de se séparer)». Courante dans l'usage politique récent, l'expression manifeste le désir subconscient d'une mécanique toute simple, pour régler des problèmes humains.

BOULOT n. m.

(Être) boulot boulot «travailleur et exigeant dans le travail». La répétition du mot exprime celle des actes, d'où la ponctualité dans le comportement.

Métro, boulot, dodo → MÉTRO.

BOUM onomatopée et n. m.

En plein boum «en pleine activité».

BOUQUET n. m.

C'est le bouquet! «c'est le pire, le plus ennuyeux». L'emploi ironique et déapréciatif suit de peu la signification initiale «c'est ce qu'il y a de mieux» (milieu XIXᵉ s.). Le *bouquet* d'un feu d'artifice est la pièce la plus belle, gardée pour la fin.

> Il faut dire qu'à cette heure ils étaient joliment soûls, là-dedans. Ça grandissait petit à petit, depuis le premier coup de vin pur, après le potage. À présent, c'était le bouquet, tous braillant, tous éclatant de nourriture, dans la buée rousse des deux lampes qui charbonnaient.   É. ZOLA, *L'Assommoir*, t. I, p. 298.

Vx. *Donner le bouquet à qqn* «l'engager à donner une fête (bal, etc.) à son tour»; ou «lui donner la parole» (XVIᵉ et XVIIᵉ s.).

Vx. *Se mettre le bouquet (avoir le bouquet) sur l'oreille* «chercher à se marier» (XVIe s.). *Mettre le bouquet sous l'oreille* s'est dit au XVIIe s., avec une nuance intéressante *(sur/sous)* : «chercher à se prostituer». Les coutumes où une fleur, un bouquet servent de signe de disponibilité pour un travail survivent dans quelques régions de France.

Vx. *Garder, réserver qqch. pour le bouquet* «garder ce qu'il y a de mieux pour la fin» → cf. ci-dessus C'EST LE BOUQUET !

BOURGEOIS n. m.

Épater le bourgeois → ÉPATER.

Sortir (être...) en bourgeois «en civil», date de l'emploi de *bourgeois* au XIXe s., qui supposait un habillement de classe. L'expression a donné lieu au calembour *les en-bourgeois,* désignant les policiers en civil.

BOURGES n. pr.

Vx. *Représenter les armes de Bourges* «être un âne». Les armoiries de Bourges représentaient un âne dans un fauteuil. Selon Ménage, il s'agissait du gouverneur romain nommé par César, et appelé Asinius Pollio, qui se serait fait porter en litière, souffrant de la goutte, pour encourager ses troupes à la résistance contre les assaillants gaulois. Quitard, dans son dictionnaire (1842), préfère croire à une allusion à quelque personnage solennel et inepte, professeur à l'Université de cette ville.

1. BOURRE n. f. Du latin *burra* «laine grossière», pour désigner les amas de poils détachés des peaux avant le tannage et utilisés comme matière pour garnir les pièces de harnais (d'où le sens du dérivé *bourrer).*

Être à la bourre «être en retard». Signifie originellement «être dans la misère, la détresse» (sens signalé à Cancale dans Wartburg) et vient de *bourrer* «perdre» (à un jeu appelé *bourre). Bourrer* et son dérivé *bourre* ont de nombreux sens figurés, souvent péjoratifs («désordre», etc.) qui ont pu influencer la valeur de cette expression. Au fig., *n'être pas à la bourre pour...* est une «traduction» argotique de *n'être pas en retard pour...,* c'est-à-dire «être toujours prêt à...».

> Il a su se contenir et se satisfaire du bavardage émaillé de rigolades des deux nanas, dont la seconde, Lola, une chouette blonde à la frimousse de caniche, n'est pas à la bourre pour balancer le vanne marrant. A. SIMONIN, *Hotu soit qui mal y pense,* p. 196.

De première bourre «de premier ordre, de première qualité». Il s'agit ici plus d'un dérivé de *bourrer,* mais de la matière appelée *bourre.* Celle-ci étant de peu de valeur, l'expression a dû initialement être ironique.

> Biosque et Kellermann, essoufflés, liquéfiés, ramenèrent leurs cavalières à la table.
> — Le type du saxo est de première bourre, dit Biosque.
> H. TROYAT, *La Tête sur les épaules,* p. 169.

2. BOURRE n. f. Déverbal du verbe *bourrer.*

Bonne bourre ! Invitation plus ou moins ironique à la fornication (entre hommes).

BOURREAU n. m. Le *bourrel* ou *bourreau* est étymologiquement celui qui *bourre* «frappe».

Vieilli. *Bourreau d'argent* «dissipateur, prodigue», qui «tue l'argent».

Bourreau des cœurs «celui qui abat, fait tomber les cœurs ; séducteur, don Juan». La séduction est assimilée à un supplice, par une métaphore révélatrice que cache de plus en plus la valeur ironique de cette locution.

Bourreau d'enfants « personne qui martyrise un jeune enfant ». Expression qui, outre sa valeur stricte, s'est employée de manière hyperbolique pour stigmatiser une autorité excessive sur les enfants, et par plaisanterie (popularisée par un célèbre sketch de Fernand Raynaud).

Bourreau de travail « celui qui abat le travail ; gros travailleur ».

> Pierre savait qu'avant peu il aurait sa place au bureau même de son frère et qu'il lui faudrait besogner neuf et dix heures par jour dans l'ombre de ce bourreau de travail, tyran peut-être plus redoutable, plus méthodique, que n'était M. Lenoir le père.
> M. AYMÉ, *Travelingue*, p. 154.

BOURRICHON n. m. De *bourriche* « panier », pour désigner la tête selon un sémantisme populaire et constant (cf. *Pot ; carafe ; cafetière*) qui assimile la tête à un récipient familier → TÊTE.

(Se) monter le bourrichon « (s')illusionner », (se) « monter la tête ».

> [...] je me perds dans toutes ses histoires. Il passe sa vie à se monter et à se démonter alternativement le bourrichon.   G. FLAUBERT, *Correspondance*, Vᵉ série, p. 13.
> — Bah ! monsieur Coupeau, dit-elle, au bout d'une minute, un petit verre de cric, ce n'est pas mauvais. Moi, ça me donne du chien... puis, vous savez plus vite on est tortillé, plus c'est drôle. Oh ! je ne me monte pas le bourrichon, je sais que je ne ferai pas de vieux os.   É. ZOLA, *L'Assommoir*, t. I, p. 185-186.
> — Je ne sais pas si ses parchemins sont plus ou moins anciens que ceux de ce baron.
> — Ne vous montez pas le bourrichon, c'est une bien pauvre couronne, répondit Ski à mi-voix [...].   M. PROUST, *À la recherche du temps perdu*, t. II, p. 932.

Flaubert, qui aime l'expression (voir ci-dessus son jeu de mots), crée quelques variantes stylistiques : *il a le bourrichon très monté*, écrit-il d'un certain Fortin *(Corresp.*, 5ᵉ série, p. 382), et encore : *j'ai besoin de quelque chose d'extravagant pour remonter mon pauvre bourrichon (Corresp.*, VIᵉ série, p. 130 : 8 juillet 1870). Enregistrées pieusement comme « expressions » par le *T.L.F.*, ces formes sont sans existence dans la langue.

Monter le bourrichon à qqn « le tromper, lui donner des illusions ». Les connotations sont péjoratives et différentes de celles du pronominal, qui implique l'exaltation.

> Non, c'est probablement sa petite grue qui lui aura monté le bourrichon. Elle lui aura persuadé qu'il se classerait parmi les « intellectuels ».
> M. PROUST, *À la recherche du temps perdu*, t. II, p. 238.
> Y avait que les voisins qui entraient de temps à autre pour bavarder, pour lui tenir compagnie... Ils lui ramenaient tous les cancans... Ils lui montaient bien le bourrichon... À propos de mon cas, surtout, ils faisaient des ragots fumiers...
> L.-F. CÉLINE, *Mort à crédit*, Livre de poche, p. 253.

BOURRICOT voir KIF-KIF.

BOURRIQUE n. f.

... comme une bourrique, comparaison employée pour trois sémantismes : (a) entêtement obtus ou bêtise *(être têtu comme une bourrique, raisonner comme une bourrique...)* ; valeur lexicalisée : *c'est une bourrique ; tête de bourrique ;* (b) ivresse *(être soûl, rond, plein comme une bourrique* qui utilise peut-être la paronymie avec *barrique)* ; (c) importance des organes sexuels mâles *(être monté comme une bourrique).* Dans les trois cas, on peut substituer le mot *âne* à *bourrique,* mais ce dernier, bisyllabique et comportant trois consonnes, est plus expressif. D'autres substitutions de *bourrique* à *âne* sont possibles : *être chargé comme une bourrique.*

> [...] les jours où elle rentrait ronde comme une bourrique, elle bégayait que c'était le chagrin. [...] en tout cas, ça devait s'appeler du chagrin en bouteille.
> É. ZOLA, *L'Assommoir*, t. II, p. 192.

S'il lui restait trois grammes de conscience elle devait s'attendre à ce que je fasse celle qui n'avait rien vu, ni la merde, ni l'alcool. Alors j'ai dit d'une voix forte mais calme : « Ma pauvre mère, vous êtes soûle comme une bourrique. »

M. CARDINAL, *Les Mots pour le dire*, p. 330.

Notre amour reste là
Têtu comme une bourrique
Vivant comme le désir
Cruel comme la mémoire. Prévert, *Paroles*, p. 140.

Tourner en bourrique « devenir idiot à cause de procédés exaspérants, de tracasseries, etc. ». *Je vais finir par tourner en bourrique, avec ce gosse.* On n'enregistre cette loc. qu'en emploi factitif : *faire tourner qqn en bourrique.* **Syn. :** *faire devenir chèvre.* Le sémantisme est ici celui de l'abrutissement (= devenir une bête obtuse), mais il est notable que l'exaspération, l'énervement que connote l'expression sont très peu conformes aux contenus latents du mot *bourrique*. *Tourner en...* pour *devenir* implique une origine plus ou moins dialectale, en tout cas régionale.

Il battait Lydie comme on bat une femme légitime, et il profitait de la crédulité de Bébert pour l'engager dans des aventures désagréables, très amusé de faire tourner en bourrique ce gros garçon, plus fort que lui, qui l'aurait assommé d'un coup de poing.

É. ZOLA, *Germinal*, t. I, p. 301.

BOURSE n. f.

Ami jusqu'à la bourse « ami, sauf dans les questions d'argent », ou, plus précisément « ami en paroles, qui refuse toute aide financière ». Pour la forme → AMI JUSQU'AUX AUTELS*.

Sans bourse délier « sans payer ». L'expression, dont la syntaxe archaïque (complément avant le verbe) s'accorde au vocabulaire, a survécu à la disparition de bourses fermées par des cordons coulissants (→ CORDON).

La bourse ou la vie ! Interpellation traditionnelle des voleurs qui donnaient à choisir à leur victime entre leur argent et leur vie. Choix d'ailleurs fictif, car la vie prise à celui qui prétendait se défendre n'aurait pas fait épargner la bourse de la victime.

Mastürr, voyant son malheur près de s'achever, rugit : « La bourse ou la vie ! » Il est dans la chambre, a renversé la veilleuse ; il a saisi, il a coupé la bourse de Chamoisseau, sans que les coupables aient rien compris à cet ouragan.

C. CROS, *Œuvres en collaboration*, p. 479.

De nombreuses locutions proverbiales sont aujourd'hui vieillies : **donner sa bourse à garder au larron** (« confier un secret, une affaire, etc. à celui qui a intérêt à trahir ») **ne pas laisser voir le fond de sa bourse** (« cacher sa richesse, l'état de ses affaires ») **loger le diable dans sa bourse** (« manquer d'argent ») → DIABLE.

Il faut aller selon sa bourse « il faut vivre selon ses moyens ».

— La bière est de douze francs, dit-il. Si vous voulez avoir une messe, ce sera dix francs de plus. Enfin, il y a le corbillard, qui se paie suivant les ornements...
— Oh ! c'est bien inutile, murmura Mme Lorilleux, en levant la tête d'un air surpris et inquiet. On ne ferait pas revenir maman, n'est-ce pas ?... Il faut aller selon sa bourse.

É. ZOLA, *L'Assommoir*, t. II, p. 85.

Selon ta bourse gouverne ta bouche [LOC. PROV.] « parle selon tes moyens, ta position sociale ».

BOUSSOLE n. f.

Perdre la boussole « être troublé, affolé ». Variante plus 'scientifique' de *perdre le Nord* (→ NORD), avec une influence certaine, sur le plan formel, de *perdre la boule* (*boule* = « tête »).

Tel était le désordre qui régnait en moi quant aux points cardinaux et quant à ma propre cartographie qu'on peut dire que, littéralement, j'avais perdu la boussole : au Midi
apparu comme but d'une sorte de pèlerinage ou de pardon, le Nord s'était substitué.
                                                     M. LEIRIS, *Fibrilles*, p. 159.

BOUT n. m.

Bout de l'an «service funèbre à la fin de l'année de deuil» (XVIe s.).

Bout de chou «petit enfant» (terme d'affection).

Sur le, jusqu'au bout des doigts → DOIGT.

Bout d'homme, de femme «homme, femme très petit(e)». L'idée de «tronçon» est fréquente pour exprimer la petite taille, cf. *Demi-portion*.

Bout coupé. Expression à la mode dans les milieux antisémites de la fin du
XIXe s. pour désigner injurieusement les circoncis (et, en général, les Juifs).

[...] il collectionne toutes les chansons antijuives, tous les portraits en couleur des généraux, toutes les caricatures de «bouts coupés».
                                     O. MIRBEAU, *Le Journal d'une femme de chambre*, p. 128.

· *Le bas bout (de la table...)* «l'extrémité où se tenaient les inférieurs», par
opposition au *haut* (ou *beau*) *bout* «places les plus honorables».

Pour lui, il n'éprouvait que haine et horreur pour la haute société où il était admis, à
la vérité au bas bout de la table, ce qui explique peut-être la haine et l'horreur.
                                     STENDHAL, *Le Rouge et le Noir*, p. 247.

Le petit bout de la lorgnette → LORGNETTE. — *Économies de bouts de chan-*
delle → CHANDELLE

Le bout du tunnel «la fin d'une période difficile, sombre».

Un bout, un bon bout de temps «un temps, une durée relativement impor-
tant(e)».

Locutions adverbiales :

Vx. *Bout-ci, bout-là* «en désordre, pêle-mêle» (1611).

À bout «épuisé» (personnes); «qui ne peut plus continuer», *être à bout* «être
épuisé» ou «extrêmement énervé» (dans ce sens, pour *être à bout de nerfs* → NERF).

À bout de... «qui arrive à la fin de..., qui n'a plus de...». *Être à bout de*
patience, de ressources, de force, de souffle, etc.

À bout portant «de très près», et surtout «de manière que l'arme touche
presque la cible». L'expression signifie «avec le *bout* du canon qui *porte* le coup
jusque sur l'objectif». Elle s'emploie depuis le XVIIe s., avec la valeur métaphorique
de «directement et brusquement», en parlant d'une attaque verbale, cf. *De but en*
blanc. On utilisait, au XVIe s., l'expression plus claire : *à bout appuyé, à bout tou-*
chant (D'Aubigné, *in* Huguet). *À bout touchant* s'emploie encore dans la langue de
l'administration, de la police. Métaphoriquement, *à bout portant* évoque le danger immédiat :

Tristesse de Paris aux Seines rédemptrices
Je sens les quais gémir sous le hachoir du temps
Ça dégouline rouge sang dans mes supplices
Moi noctambule affreux vivant à bout portant   L. FERRÉ, *Poète... vos papiers!* p. 96.

À tout bout de champ «à chaque instant, en recommençant sans cesse».
L'expression est ancienne sous diverses variantes : *à chascun bout de champ*
(XIVe s.), *à chaque bout de champ* (1611). La métaphore va du spatial au temporel,
qu'il s'agisse des terres cultivées et de leurs limites ou du terrain réservé aux tournois et aux combats (*champ clos, champ de bataille*).

  Au bout de ses peines « à la fin des difficultés, des ennuis ». *Être au bout de se*
peines « avoir terminé une entreprise difficile ». Cf. ***En voir le bout.*** S'emploie sur
tout négativement.

  Vx. ***Au bout le bout*** « ça durera ce que ça pourra : tout a une fin ». L'expression
date de la fin du XVIIIe s, et s'analyse en : *le bout est au bout ;* elle s'applique fré
quemment à la mort, comme le proverbe : *il faut finir par un bout* « il faut mouri
un jour ou l'autre ».

> On ne peut pas être et avoir été... C'est comme ça... — Ben sûr !... Faut se faire une
> raison... — Voilà !... — Au bout le bout, quoi !... C'est-il pas vrai, dites, monsieur Lan-
> laire ?   O. MIRBEAU, *Le Journal d'une femme de chambre,* p. 82.

  Bout à bout « les extrémités se joignant » (XVIe s.).

  De bout en bout « d'une extrémité à l'autre ; dans toute sa longueur ou so
étendue » (XVIe s.). Comme dans la précédente expression, la répétition du mot *bou*
au sens d'« extrémité » suggère la reconstitution du tout. ***D'un bout à l'autre*** exprim
la même idée de totalité et peut s'employer dans le domaine spatial et temporel (o
disait au XVIe siècle : *de bout à autre*).

> Cette histoire est, d'un bout à l'autre, de pure (ou impure) invention ; ce que l'Anglais
> appelle *a forgery.*   GIDE, *Journal,* t. II, p. 111.

  Du bout des dents → DENT. — ***Du bout des lèvres*** → LÈVRE.

  Par le bon bout « de la façon la plus commode, la meilleure ». *Le bon bou*
est ici l'extrémité par laquelle on doit saisir un objet, un instrument pour s'en ser
vir. Selon Jacob Le Duchat, l'idée de base est celle de l'écheveau : « on appelle dan
un écheveau *le bon bout,* l'unique par lequel il se puisse dévider facilement e
sans perte » (*Ducatiana,* p. 467) → ci-dessous PRENDRE LE BON BOUT*, TENIR L
BON BOUT*. On a employé aussi : ne *donner, n'avoir une chose que par le bon bou*
(= « qu'à des conditions avantageuses »). *Se Mettre sur le bon bout* se rattach
à la locution.

  Par les deux bouts « par les deux extrémités » et, au fig., « de deux manière
opposées ». Dans ce sens métaphorique, on trouve aussi *par tous les bouts.*

> Elle eût crié deux jours si elle eût veu que quelque bout de chandelle n'eust esté
> mis à profit, ou si on eût jetté une allumette avant que d'avoir servi par les deux bouts.
>   FURETIÈRE, *Le Roman bourgeois,* p. 918.

  Sur le bi du bout du (suivi d'un subst. commençant par b...). Assonance ren
forçant l'idée de « bout » (= « extrême bout »), à la suite d'une chanson.

> Aussitôt, empruntant un morceau de papier à un spectateur, il en fit un cornet et
> annonça qu'il se flattait de le faire tenir en équilibre sur le bi-du-bout du blair qui lui
> servait de nez.   *L'Épatant,* 1909, p. 54.

  Vx. ***Sur le haut bout, sur le beau bout, sur le bon bout*** ont d'abord signifié « da
une bonne situation », par généralisation et abstraction de *le haut (le bon) bout de*
table (→ ci-dessus). *Se tenir sur le haut bout* qualifiait le comportement prétentieu
et hautain. *Mettre, se mettre sur le haut bout* signifiait « (se) réjouir ».

> Voyés ung peu la gloire et le mauvais conseil qu'il y a par le monde. Ung homme
> foible, bapteu, et presque deffait, se tient sur le hault bout, et encore en l'endroit [=
> à l'égard] de celuy qui estoit pour luy sauver la vie et l'honneur.
>   MONTLUC, *Commentaires,* livre VII, *in* Huguet.

> Pareillement ses femmes et ses filles
> Prennent miroir pour estre plus gentilles
> Sur le beau bout se mettent et accoustrent [...].
>   Lemaire des Belges, *Conte de Cupido et d'Atrepus, in* Huguet.
> C'est [...] à la jeunesse à se tenir sur la réputation et sur le bon bout. Elle va vers le
> monde, vers le crédit : nous en venons. MONTAIGNE, *Essais,* III, 5.

Locutions verbales et locutions phrases :

Vx. *Avoir son bout de bois* «être ivre» (1886). Selon Poulot (*Le Sublime*, 1870-1872) cité par Esnault, l'ivrogne, en «s'allumant» progressivement, d'abord *la petite allumette ronde,* puis *l'allumette de marchand de vin,* etc. jusqu'au *poteau télégraphique. Le bout de bois* est le terme générique de la série.

Avoir qqch. sur le bout de la langue → LANGUE. — *Brûler la chandelle par les deux bouts* → CHANDELLE.

Discuter le bout de gras «converser de choses et d'autres». Variante expressive de *discuter le coup,* mais *bout de gras* est obscur.

> Envoyée en course afin de laisser les sisteurs [sœurs] discuter le bout de gras tranquilles [...].   R. QUENEAU, *Le Dimanche de la vie,* p. 17.
> Un jour, Starace y voit un truc qui l'emballe. Des éléphants faisaient un numéro et, à la fin, sur un signe de leur cornac, levaient une patte, les oreilles, la trompe et la queue en poussant un barrissement. Le lendemain, Starace s'amène avec Musso [...] Les éléphants font leur bisness et à la fin lèvent la patte, les oreilles, la trompe, mais pas la queue. «Qu'est-ce que c'est, dit Starace au cornac, on sabote devant le Duce!» Le gars drôlement embêté va trouver le patriarche des éléphants, discute le bout de gras avec lui et revient l'oreille basse. «Ils ont peur du Duce», il déclare. Musso est gonflé, tout heureux de ce coup-là [...]. A. SERGENT, *Je suivis ce mauvais garçon,* p. 116.

Être au bout (de son) rouleau → ROULEAU. — *Être à bout de...* (→ ci-dessus).

Faire un bout de chemin avec qqn «l'accompagner pendant une partie du chemin». *Faire un bout de conduite à qqn* (même sens).

Faire bout de table «être le dernier invité; compléter une tablée».

> Rue de Bellechasse, Mme Alphonse Daudet m'invitait quelquefois en voisin [...] pour faire «bout de table».   F. MAURIAC, *Le Nouveau Bloc-Notes,* p. 292.

Joindre les deux bouts «équilibrer son budget» (1789, *rejoindre les deux bouts).* S'emploie en phrase négative ou de sens négatif *(il a du mal à joindre les deux bouts; il n'arrive pas à joindre les deux bouts).* L'idée est celle de la «soudure» entre les dépenses et les rentrées d'argent, qui, pour des salariés, sont au *bout* du mois.

> Elle, qui avait travaillé trente ans chez MM. Mardienne Frères, les brodeurs de la rue Saint-Sulpice, où l'on pouvait demander des renseignements, savait au prix de quelles privations une ouvrière, à Paris, joignait les deux bouts, quand elle voulait rester honnête.   É. ZOLA, *Pot-Bouille,* t. II, p. 133.
> «Joindre les deux bouts», non en langage figuré de ménagère soucieuse de son budget, mais à la lettre : contraindre deux choses séparées à se rejoindre, à la façon dont un mobile reparti de la lune — où ses occupants, gros scaphandriers d'une surprenante légèreté, ont effectué observations et prélèvements — doit venir s'encastrer en plein vol dans l'autre mobile qui, lui, n'a pas quitté son orbite. [...].
> Joindre les deux bouts? essentiellement : vaincre les difficultés d'échelle plus qu'astronautique et réussir — de justesse — le n'a plus avoir ces deux têtes sous le même bonnet qui me font, à tout moment, m'asseoir entre deux chaises.
>   M. LEIRIS, *Frêle bruit,* p. 211-212.

Mettre les bouts de bois, ou simplement *les bouts* «s'en aller, s'enfuir» (1916). Les *bouts de bois* sont métaphoriquement les jambes. *Mettre* équivaut à *prendre* dans *prendre ses jambes à son cou* (→ JAMBE). *Bout de bois,* dans cette locution, a pour synonymes *les baguettes, les bambous, les bois, les cannes* (tous attestés entre 1903 et 1915).

> C'était toujours du discours!... Mais s'il avait mis les bouts, une bonne fois pour toutes!... Ça alors c'était charogne!...
>   L.-F. CÉLINE, *Mort à crédit,* Livre de poche, p. 446.
> Zazie [...] regarda le public.
> Elle n'y vit point Charles et le fit remarquer.
> — Il s'est tiré, dit Gabriel. [...]
> Zazie revint à son point de départ :
> — Tout ça ne me dit pas pourquoi charlamilébou.
>   R. Queneau, *Zazie dans le métro,* p. 92.

Montrer (laisser passer) le bout de l'oreille → OREILLE.

Pousser, mettre qqn à bout « excéder, mettre en fureur ». C'est le conduire au bout de ses réserves de patience ou le mettre à *bout de nerfs.*

> Le machineur ne se pressa point, acheva de rouler une cigarette.
> — Je dis que c'était facile à prévoir. Ils vont vous pousser à bout.
> 　　　　　　　　　　　　　　　　　　　　　É. ZOLA, *Germinal,* t. I, p. 196.

Prendre par le bon bout. Avec un nom de personne pour complément, signi-fie « flatter, savoir faire, agir à sa guise » (depuis le XVe s.). *Prendre une chose par le bon bout* « l'entreprendre habilement ». Cf. ci-dessus.

Prendre par (tel, le même, un autre...) bout « envisager, supporter de telle ou telle manière ».

> Si Delisle prenait la vie [...] par le même bout que l'autre, il aurait ce teint frais et cet aimable aspect qui t'ébahit.　　　G. FLAUBERT, *Correspondance.* IVe série, p. 33.

Tenir le bon bout « être sur le point de réussir, avoir l'avantage ». On trouve, au XVIIIe s., la forme plus explicite : *tenir le bon bout de son côté* « conserver l'avan-tage ». Au XVIe s., *se mettre par le bon bout* signifie « mener une vie agréable », sans doute par allusion à la meilleure place à table (cf. SUR LE HAUT BOUT*). La méta-phore s'est déplacée pour rejoindre celle de « manche d'un instrument », cf. TENIR LA QUEUE DE LA POÊLE. On rencontre aussi la var. *avoir le bon bout* ici complètement motivé par « le bout de la corde ».

> Ah! la garce! que je me disais moi, tiens-la bien, Ferdinand! Pour une fois que t'as le bon bout! — Ne la lâche pas la corde!
> 　　　　　　　　　　　　CÉLINE, *Voyage au bout de la nuit,* pléiade, p. 277.

Venir à bout de qqch « réussir en..., achever (une entreprise, etc.) ». *Venir à bout de qqn* « vaincre, dominer » (XVIe s.). On a dit *venir au bout de,* dans ce sens.

> [...] eux qui sont venus au bout des Allemands et leur ont mis le joug.
> 　　　　　　　　　BRANTÔME, *Redomontades espaignolles,* VII, 10, in Huguet.
> Mais encore, lecteur, avant que de finir, je serois bien aise de vous faire deviner quel fut le succès de ces plaidoyries [...]. J'ayme mieux pourtant vous tirer de peine, car je vois bien que vous n'en viendriez jamais à bout.
> 　　　　　　　　　　　　FURETIÈRE, *Le Roman bourgeois,* p. 1104.

Ne pas savoir par quel bout commencer « ne pas savoir comment procéder, devant une situation complexe ».

> Mais elle ne sait pas comment s'y prendre
> elle ne sait pas
> par quel bout commencer　　　　　　　　　　　PRÉVERT, *Paroles,* p. 191.

Voir le bout de qqch « être près de terminer (un travail, une entreprise) » sur-tout négativement : *on n'en voit pas le bout.*

C'est, ce sera, ce serait le bout du monde → MONDE.

On ne sait par quel bout le prendre (début XIXe s.) « on ne sait comment le manier, le faire obéir, etc. ».

> — Oui... Inquieta non movere.
> — Tout dépend du sujet. Et vous êtes un de ces sujets que l'on ne sait par quel bout prendre... Vous êtes plein de défenses...　　　VALÉRY, *Œuvres,* t. II, p. 272.

BOUTEILLE n. f.

La bouteille à l'encre « une situation embrouillée, confuse; un problème insoluble ». La forme par rapport à *bouteille d'encre* correspond à la série *assiette au beurre, pot à tabac,* désignant le récipient spécialement affecté à qqch. La *bouteille à l'encre,* même vide, reste opaque à cause du dépôt sur ses parois.

> Cette affaire-là, jusqu'ici, c'est la bouteille à l'encre. Je ne dis pas que d'un côté comme de l'autre il n'y ait à cacher d'assez vilaines turpitudes.
> 　　　　　　　M. PROUST, *À la recherche du temps perdu,* t. II, p. 245.

La bouteille à la mer « un message désespéré, sans destinataire certain ». Allusion au message enfermé par un naufragé dans une bouteille, et jeté à la mer avec l'espoir que quelqu'un la recueillera. Du folklore narratif, ce thème est passé dans la littérature et le symbole, avec Vigny. Dans le poème qui porte ce titre, le message représente l'œuvre confiée à Dieu.

La dive bouteille « la bouteille, la boisson, le vin ». Il s'agit d'une allusion littéraire au *Cinquième Livre* de Rabelais, où la *dive* (divine) bouteille joue un rôle symbolique, « divinatoire » et inspirateur essentiel. Les érudits, connaissant la valeur de l'expression, l'emploient dans un contexte quasi religieux *(avoir le culte de la dive bouteille)* mais plus souvent, il s'agit pour le locuteur actuel d'un doublet renforcé et un peu mystérieux de *la bouteille (aimer, être porté sur la dive bouteille).*

Des épaules en bouteille de Saint-Galmier « des épaules étroites et tombantes ». Renforce, par le nom d'une eau minérale dont les bouteilles étaient particulièrement étroites d'« épaules », des emplois du type : *avoir des épaules étroites de bouteille* (Barbusse, *Le Feu*) ; *des épaules en goulot de bouteille* (M. AYMÉ, *in* T.L.F.).

Avoir, prendre de la bouteille « commencer à vieillir ». Le vin commence à se faire en fût, mais il ne vieillit qu'en *prenant* des années de *bouteille* ; l'expression s'emploie tant au sens propre qu'en parlant des personnes (elle acquiert alors une valeur familière, en général favorable).

> Les arbres avaient poussé, des enfants étaient venus au monde, des gens étaient morts, d'autres avaient fait fortune ou s'étaient ruinés, les vins avaient pris de la bouteille, des États s'étaient écroulés, tout comme si la vie du monde avait pris son temps pour s'accomplir.   M. AYMÉ, *Le Passe-Muraille*, p. 99.
> — Elle n'a pas dû être mal, Mme Verdurin, et puis c'est une femme avec qui on peut causer, pour moi tout est là. Évidemment elle commence à avoir un peu de bouteille.
>   M. PROUST, *À la recherche du temps perdu*, t. I p. 262.

Vx. *Boucher la bouteille* « manger un morceau après avoir bu, pour éviter de sentir le vin » (1640).

Caresser, têter la bouteille « aimer boire, aimer le vin ». Métaphores usuelles pour exprimer la boisson. Les syntagmes verbaux du type *aimer la bouteille, vider la bouteille*, etc. n'impliquent pas l'existence phraséologique : ils ne font que réaliser des valeurs normales du mot. On peut cependant signaler, pour leur syntaxe, les tours : *boire bouteille, payer bouteille*, encore vivants au XIXe s.

Vx. *Être dans la bouteille* « être au courant de qqch. » (XVIIIe, début XIXe s.).

Vx. *Porter des bouteilles* « marcher, se déplacer avec précaution (comme si on portait du verre) ». Appartient au stock des dictionnaires du XIXe s., mais ne semble pas attesté ailleurs.

Avec des si, on mettrait Paris en bouteille → SI.

Vx. *Il (elle,...) voit les choses (le monde) par le trou d'une bouteille ; il (elle) n'a rien vu que par le trou d'une bouteille* « il (elle) ne connaît rien à la vie, au monde ». On disait aussi : *il a été nourri dans une bouteille,* mais cette forme, qui subsiste dans les recueils du XVIIe au XXe s., ne semble pas avoir été employée après 1800, alors que la première forme se trouve dans Balzac (*Les Petits Bourgeois*, 1850 ; *in* T.L.F.).

BOUTIQUE n. f. L'ancien provençal *botica* vient du grec *apothéké* « dépôt, magasin ».

Une boutique d'apothicaire « une personne qui abuse des médicaments » (dans *faire de son corps, être une boutique d'apothicaire*). À noter que l'expression relie deux mots d'étymologie commune.

Et toute la boutique « et tout le reste ». Équivaut à *tout le bazar, boutique* désignant le contenu, les marchandises variées d'un magasin. Le même syntagme s'emploie pour désigner les parties sexuelles de l'homme ; dans ce sens, l'influence formelle de *bout* est très probable.

Être de la boutique « faire partie de l'administration (ou de la grande entreprise dont il est question) ». Depuis le XVIe s., *la grand'boutique,* c'est le Palais de Justice ; au XIXe s., *la grande boutique* désigne la préfecture de Police, à Paris.

Fermer boutique « quitter le commerce, la profession », et, au figuré, « cesser de faire qqch., renoncer ».

Parler boutique « parler des activités professionnelles, dans une circonstance mondaine, etc. ». Le sémantisme est voisin de celui de *être de la boutique,* mais plus général ; ex. : *excusez-nous de parler boutique, mais nous avons une affaire à régler avant de passer à table.*

Tenir boutique « avoir un commerce de détail ». On dit parfois : *être en boutique,* avec la même valeur abstraite.

Venir de la boutique de qqn « être de son invention (d'une chose désagréable, méchante) » (fin XVIIe s.).

BOUTOIR n. m. Dérivé du verbe *bouter.*

Coup de boutoir « attaque brusque et violente ». Se dit notamment d'une attaque verbale. Métaphore animale, le *boutoir* étant les canines et l'extrémité du groin du sanglier.

BOUTON n. m. Comme *bout,* ce mot est dérivé de *bouter,* au sens de « pousser », en parlant des végétaux. Tous les sens dérivent de celui de « bouton de fleur », par ressemblance de forme.

Des yeux en boutons de bottine « des yeux ronds et fixes, relativement petits ». La métaphore est voisine de celle des YEUX EN BOULES* DE LOTO.

> Cette personne dont le regard en boutons de bottine et le museau vif évoquaient ces belettes gracieuses [...].   A. BLONDIN, *Quat'Saisons,* p. 93.

Bête comme un bouton de bottine « complètement idiot ».

> — « Il est bête comme un bouton... » (Mimosa va dire : de bottine).
> Divine, suavement : « de braguette ».   GENET, *Notre-Dame-des-Fleurs,* p. 41.

Vx. *Mettre le bouton haut à qqn* (XVIIe s.) « lui rendre les choses difficiles ou coûteuses », cf. la loc. suivante.

> La dépense qu'il faisait met le bouton bien haut à ses successeurs.
>   SÉVIGNÉ, 495, *in* Littré.

Vx. *Serrer le bouton à qqn* « le presser à faire qqch. » (XVIIe s.), puis « le priver d'argent » et « le contraindre » (XVIIe s.), cf. la loc. moderne SERRER LA VIS*. Il s'agissait du *bouton de bride,* petit anneau de cuir qui coulisse le long des rênes de manière à pouvoir les serrer et les raccourcir plus ou moins.

> — [...] je vous demande raison de cette affaire là.
> — Ne vous tourmentez point, je vous la ferai de tous deux, et je suis homme pour serrer le bouton de qui que ce puisse être.   MOLIÈRE, *George Dandin,* I, 4.

Vx. *Ne tenir qu'à un bouton* « tenir à peu de choses » (XVIIe). On a dit d'une personne qui s'apprête à changer de fonction : *sa robe ne tient qu'à un bouton.* L'expression est familière à Saint-Simon (voir *in* Littré).

Vx. *Ne pas valoir un bouton* « n'avoir aucune valeur », s'est dit du XIIIe s. au XVIIIe s. Dans la langue classique et jusqu'au XIXe s., on disait d'une chose sans intérêt qu'on n'en *donnerait pas un bouton.* L'équivalent moderne est *clou.*

BOYAU n. m. Comme plusieurs autres noms *(gueule, patte), boyau* est employé dans des locutions concernant l'homme, bien que le mot soit d'abord réservé au corps animal.

Vx. *Boyau culier* «rectum». Cette expression évoque pour nous la plaisanterie rabelaisienne. Mais si Rabelais l'a en effet employée, l'effet comique n'en était pas aussi net qu'aujourd'hui : en effet un médecin aussi sérieux qu'Ambroise Paré s'en servait, même dans un titre de chapitre. Au XVII⁰ s., l'expression passe au registre plaisant, souvent obscène (par ex. Sorel, *Histoire comique de Francion,* p. 280).

Rendre, vomir, tripes et boyaux → TRIPES.

Aimer (qqch., qqn) comme ses petits boyaux «beaucoup». Cette locution archaïque ou régionale pose un problème d'interprétation. Si les termes étaient au singulier *(petit boyau),* on penserait tout naturellement au membre viril (le mot a ce sens en Rouchi, patois du Nord); avec le pluriel il s'agit plutôt de la valeur métaphorique de *tripes* (voir ce mot).

> Cette madame Clémence vous ayme comme ses menus boyaux, car je ne suis jamais
> auprès d'elle qu'elle ne parle de vous.   LARIVEY, *La Veuve,* III, 2.
> — Mon Dieu, j'ai pensé... j'ai pensé à la Reine.... j'aime la Reine.
> — ...Comme tes petits boyaux.   SALACROU, *Le Pont de l'Europe,* in *Ph. Sl.*
> — Tiens, ces gens-là veulent ton argent.
> — Mais quelles gens donc, ma belle ? Est-ce ton oncle Pilleroult qui nous aime comme
> ses petits boyaux et dîne avec nous tous les dimanches ?
>   BALZAC, *César Birotteau,* ch. I.

Avoir toujours un boyau de vide «avoir toujours faim».

> Leur premier soin fut de chercher un endroit où ils pourraient s'offrir à manger et
> à boire, car les trois amis avaient fait du chemin et avaient l'estomac dans les talons.
> «C'est bien l'diable si on ne trouve pas un *Duval* dans c'patelin-là», dit Ribouldingue
> qui avait toujours un boyau de vide.   *L'Epatant,* 1908, p. 12.

Vx. *Scier le boyau* «jouer d'un instrument à cordes frottées, du violon en particulier».

> J'y étais comme un coq en pâte. J'en suis sorti. Il faudra derechef scier le boyau [...].
>   DIDEROT, *Le Neveu de Rameau,* p. 499.

BRACONNER v. intr.

Vx. *Braconner sur les terres d'autrui* «tenter d'obtenir une femme qui 'appartient' à un autre». L'assimilation de la femme à un gibier, et celle du rapport marital à la possession d'une chasse, est plus significative que celle du voleur de femme au braconnier. L'expression se trouve sous la forme *braconner sur (mes, ses...) terres,* et le verbe a même reçu cette valeur, employé seul.

BRAIE n. f. Ancien mot, issu du latin *braca, bracae* (XII⁰ s.), et désignant les pantalons portés par les Gaulois.

Vx. *Porter les braies* «être le maître dans le ménage». Var. ancienne de POR-TER LA CULOTTE*.

Vx. *S'en sortir (...) les braies nettes* «se tirer d'une affaire difficile ou compromettante sans dommage». Métaphore scatologique voilée.

BRAISE n. f.

Vx. *Chaud comme braise* «vivement, sans attendre». *Donner une nouvelle chaud comme braise* «annoncer sans précaution». *Le rendre chaud comme braise* «se venger promptement» → CHAUD.

Passer sur qqch comme chat sur braise → CHAT.

Être sur la braise (sur des braises) « être dans l'anxiété, attendre avec angoisse et impatience » (début XIXᵉ s.).

Vx.   *Souffler sur les braises* « attiser une dispute, un conflit », cf. JETER DE L'HUILE SUR LE FEU.

Vx.   *Sauter (tomber) de la poêle en la braise* → POÊLE.

BRAN ou **BREN** n. f. Le latin *brennus* signifie « son ». Le sens figuré « excrément » vient de ce que le son est rejeté.

Vieilli.   *Faire l'âne pour avoir du bran* → ÂNE.

Vx.   *Prendre bren pour farine* « se tromper grossièrement ». La valeur péjorative de *bren* dans cette expression est soutenue par le sens figuré du mot, qui est ancien.

BRANCARD n. m.
Être dans les brancards « être en train de faire un dur travail ».

> Prendre du repos, pensait-il, c'est prendre du recul pour mesurer sa peine et sa fatigue et la tête se met à travailler, mais quand on est dans les brancards, on ne fait plus qu'un avec la besogne.   M. AYMÉ, *Le Vin de Paris, Traversée de Paris*, p. 47.

Ruer dans les brancards « se révolter, refuser de continuer un travail ».

BRANCHE n. f.
Ma vieille branche « mon vieux camarade, mon vieil ami ». L'idée de base est sans doute celle d'« appui » (bâton) comme dans *poteau, pote.*

S'accrocher aux branches « tenter de se rattraper, dans une situation difficile ». Var. : *tenir aux branches, à la branche; être attaché aux branches; s'accrocher à toutes les branches* (dans les recueils du XVIIIᵉ et du XIXᵉ s.).

> Le moment où l'on commence à déjà se décrocher un peu; où l'on ne tient plus si ferme à la branche. Bientôt on sera bon à cueillir.   GIDE, *Journal*, t. II, p. 112.

Avoir de la branche « avoir de la distinction; de la classe ». On a voulu rattacher cette expression au sens métaphorique de *branche* dans *branche aînée, cadette.* (d'un arbre généalogique). Mais l'histoire du mot et de ses emplois montre que *avoir de la branche* est d'abord un terme de manège (on le trouve par exemple dans le premier supplément du dictionnaire de Pierre Larousse, en 1878) qui signifie « avoir la tête petite, le garrot long, le cou flexible », en parlant d'un cheval. Il s'agit donc d'une métaphore par analogie. Ce n'est que dans la seconde décennie du XXᵉ s. qu'on est passé de *cheval qui a de la branche* (cheval de race, en général) à *avoir de la branche,* en parlant des personnes. Le rapprochement avec *branche* (de l'*arbre* généalogique) provient d'une similitude de sens postérieure à la création de l'expression.

> [...] un clan de militaires qui ont de la tradition et quelques orgueilleux hobereaux de province, relégués dans leur manoir et qui ne jouent plus aucun rôle, ne tiennent aucun rang, boudent, ainsi que le plus grand d'entre eux qui ait de la branche, le dernier des Biron, dont un ancêtre fut décapité par le roi de France, un autre par le roi d'Angleterre, en veut à mort à la République [...].   B. CENDRARS, *Bourlinguer*, p. 335.

Être comme l'oiseau sur la branche → OISEAU.

Vx.   *Sauter de branche en branche* s'employait au sens où nous disons *passer du coq à l'âne.*

Scier la branche sur laquelle on est assis « s'attaquer à la situation dont on bénéficie, lutter contre les personnes dont on tire quelque profit ».

BRANDON n. m.

Brandon de discorde «personne ou chose qui provoque une querelle, des troubles». *Brandon*, «torche enflammée», est employé par métonymie au sens de «personne qui brandit la torche».

BRANLE n. m.

Donner le branle (début XVIIᵉ s.) «mettre en mouvement, donner l'impulsion». De nombreuses autres expressions sont devenues archaïques en même temps que les autres mots de cette famille, sauf *ébranler*. *Branle* a ici le sens de «mouvement», alors que dans *mener le branle* (vx; encore chez Léon Daudet, *in* T.L.F.), il s'agit de la danse.

Mettre en branle «mettre en mouvement, en train» (dans Oudin, 1640). L'expression s'était employée autrefois au sens de «mettre (qqn) en danger»; elle est courante tant en emploi concret qu'abstrait. La forme pronominale est la plus fréquente.

> C'est presque le calme. Mais les murs se remettent en branle et les voitures à reculons. Je tremble avec toute la terre.
> L.-F. CÉLINE, *Mort à crédit*, Livre de poche, p. 30.
> Il lui repassait des réflexions... Je respectais son silence... et puis il se remettait en branle...
> L.-F. CÉLINE, *Mort à crédit*, Livre de poche, p. 351.

BRAS n. m. Le mot *bras* est moins utilisé que *main*, *pied*, *tête*, etc., pour former des emplois métaphoriques et codés; malgré sa fréquence, le mot n'appartient pas au petit groupe de termes les plus productifs, dans ce domaine, groupe qui semble être lié aux valeurs de sens : «extrémités des membres et du corps, parties saillantes, principaux viscères».
Bras est en relation d'opposition avec jambe (relation réalisée dans *couper bras et jambes*) et de continuité avec *main;* cependant malgré les domaines métaphoriques communs, réalisés dans des emplois synonymes comme *la main, le bras de Dieu,* les locutions formées avec *bras* constituent un ensemble autonome sans rapport étroit avec celles où figure *main*.

Le bras droit de qqn «son principal adjoint». La métonymie qui désigne une personne par une partie de son corps (cf. TÊTE; MAIN) est ici doublée d'une métaphore (comme dans : *il est la tête de la conspiration,* par exemple). On remarquera que cette figure joue surtout avec les noms désignant les parties du corps affectées par notre culture à la pensée (tête), à l'action (membres supérieurs) ou aux états affectifs (cœur).

Bras de fer «forme de lutte où les adversaires, face à face, posent leurs coudes sur un appui, verticalement et parallèlement et, serrant leurs mains, tentent de mettre à bas le bras de l'autre». Dans la rhétorique classique, un *bras de fer* est une «autorité inflexible»; aujourd'hui, c'est une «épreuve de force».

> Sous l'avalanche, il ne resta que deux bras solides, luttant dans cette position que les matelots appellent : un bras de fer».
> J. GENET, *Pompes funèbres*, p. 160.

Bras d'honneur (voir ci-dessous), s'emploie parfois au sens de *bras de fer*.

> Au dernier moment, la bagarre s'est changée en une épreuve de force au «bras de fer», qu'on appelle également «bras d'honneur», d'où cette douleur que je ressens à l'épaule et qui me rassure parce qu'elle est honorable justement.
> A. BLONDIN, *Un singe en hiver*, p. 61.

Bras d'honneur «signe de dérision obscène effectué en plaçant une main à la saignée du coude du bras opposé et en relevant — ou en étendant — ce dernier, poing fermé, pour figurer le membre viril en érection».

> Il regarde, fait la moue.

— Ma qué, la police française ? il me demande. Et pour me prouver ses sentiments, il
me tire un bras d'honneur de toute beauté, un vraiment italoche, en allongeant le bras
en avant au lieu de le relever comme on fait bêtement chez nous autres.

SAN-ANTONIO, *Remets ton slip, gondolier !* p. 12.

L'auteur suggère le sens de ces variantes sémiotiques : présentation avantageuse et
simulacre de pénétration.

Bras et jambes « les membres ». Le syntagme s'est employé très tôt dans le
contexte de l'accident, de la mutilation, comme intensif. Ex. « *(Il) cheut de tout son
long sur le pavé, où il se pensa rompre bras et jambes* » (Sorel, *Hist. com. de Francion*,
p. 389). Voir ci-dessous : COUPER, CASSER BRAS ET JAMBES.

Fam. **Les gros bras** s'emploie en complément de quelques verbes. *Avoir les gros
bras* « être fort et redoutable » (argot des forçats de Nouvelle-Calédonie en 1873, *in*
Esnault) semble vieilli. On dit encore *jouer les gros bras* « jouer les durs », emploi
qui correspond à l'usage du substantif composé *un gros-bras* « un dur, une terreur »
(argot des prisonniers, Fresnes, 1924, *in* Esnault).

Quand je le revis à la salle, Divers allait à un costaud et lui disait :
— Faut pas jouer les gros bras.
A quoi le mec répondit, nonchalant :
— Moi, mes bras y font 6-35.   GENET, *Miracle de la rose*, p. 236.

Huile de bras « effort physique des bras ». Var. moins courante de *huile de
coude* → COUDE.

Et il arrache la brosse des mains de Vincent. En un tour de main, les basanes reluisent.
— Tu sais, il faut y mettre de l'huile de bras, conclut le vieux.

E. PSICHARI, *L'Appel aux Armes*, in *Ph. Sl.*

Locutions adverbiales et adjectives :

À bout de bras « en déployant un grand effort, sans aide ». Employé abstraitement et métaphoriquement, alors que *à bras tendu* est généralement concret.

Plus rien, ni abri, ni véhicule, ni amie, ni marée, rien que les mots que je porte lourds
dans les tripes, ceux que je n'ai pas encore écrits et qu'il faudra bien que je crie un
jour, rien que cet amour prisonnier que je veux porter à bout de bras au-
dessus du temps et de la noyade, que je veux approcher, réaliser à chaque seconde.

A. SARRAZIN, *La Traversière*, p. 57.

À bras « à la main ; sans aide mécanique, etc. ». *Transporter des fardeaux à
bras.* — Avec des subst., *à bras* forme des syntagmes comme *voiture à bras* « tirée
par un homme ».

À bras-le-corps « en saisissant (l'adversaire) dans ses bras ». Cette expression
s'est spécialisée dans le contexte de la lutte (cf. *Corps à corps*) ou, métaphoriquement, de l'action violente *(saisir la difficulté à bras-le-corps). Corps* y signifie
« torse ». La syntaxe archaïque rend étonnant le repérage tardif (en 1835) de
cette expression.

Car je me doutais que c'était ça qu'il fallait que je fasse pour guérir : que j'affronte la
chose, que je la prenne à bras-le-corps et pourtant ce qui venait à la surface, quand
je parlais chez le docteur, c'était du tristounet, du gentillet, du mignonnet, du touchant,
de quoi faire pleurer les cœurs sensibles.   M. CARDINAL, *Les Mots pour le dire*, p. 121.

Au bras de qqn « en le tenant par le bras ». Le geste d'engager son bras sous
celui de qqn pour le tenir correspond, dans notre culture, à une attitude amicale,
alors que celui de tenir entre ses bras est sexualisé (cf. locutions d'EMBRASSER).

À bras ouverts « avec une grande cordialité » (employé avec des verbes comme
accueillir, recevoir, etc.). → ci-dessous OUVRIR LES BRAS.

À bras raccourcis (avec des verbes du type *taper, cogner...* ou *tomber* [sur qqn]
« en donnant des coups violents ». L'Académie, en 1740, signale l'expression *raccourcir le bras,* le replier. La physiologie du bras implique l'alternance extension-repli : *à
bout de bras, à bras ouverts* correspondent à l'extension ; *à bras raccourcis,* au repli

nent (pour mieux frapper). Cependant, le coup étant porté en extension (cf. *À tour 'e bras*), la forme de cette expression est curieuse. On peut l'expliquer aussi en pre- ant *bras* au sens de « manche » (cf. *En bras de chemise*); Le Roux, citant Ablancourt, onne l'expression : *les bras retroussés. Tomber sur qqn à bras raccourcis* serait alors e battre après avoir retroussé ses manches. En tout cas, la fortune de l'expression attestée par un personnage notable d'Astérix) vient du signifiant, qui comporte trois yllabes en *a* dont deux en *ra-*, évoquant une répétition brutale.

> Quelques louches individus... s'avisèrent de prendre la défense de leurs collègues et tombèrent sur les philosophes à bras tant raccourcis qu'allongés.
>
> R. QUENEAU, *Pierrot mon ami*, p. 16.

À tour de bras « de toute sa force », puis « violemment » (surtout avec des ver- es comme *taper, cogner...*).

> Ils font la parade sur les tréteaux des grandes tables, dans la salle Saint-Jean, se pen- chent à la fenêtre et tapent, à tour de bras et à tour de phrases, sur l'Empire qui n'en peut mais, comme Polichinelle sur le commissaire assommé.
>
> J. VALLÈS, *L'Insurgé*, p. 161.

> Là-bas, de l'autre côté du quai, à travers les portes vitrées, on voyait des gens en cas- quettes noires assis devant des lampes à pétrole. Il y avait le chef : un gros rouge qui grattait son poêle à tours de bras.   GIONO, *Un de Baumugnes*, p. 187.

Les bras ballants « vides, inoccupés ; sans rien faire », L'adjectif *ballant* « qui e balance » se conserve dans cette expression et grâce à elle.

> Sur la route, le grand Chaval accompagnait Catherine. Il marchait près d'elle, les bras ballants ; seulement il la poussait deux deux de la hanche, il la conduisait, sans en avoir l'air.
>
> É. ZOLA, *Germinal*, t. I, p. 144.

Les bras croisés → ci-dessous SE CROISER LES BRAS.

Bras dessus, bras dessous « chacun tenant l'autre par le bras » (1605). La symé- rie des membres et celle du geste sont exprimées par la forme de la loc. (répétition e *bras*, paronymie de *dessus* et *dessous*, absence de mot de coordination), cf. *Jambe eçà, jambe delà* (= à califourchon).

> Nous connaissons la pauvreté ; reprenons-en gaiement le chemin, bras dessus bras des- sous. Ne sera-ce pas charmant de vivre tous deux de notre travail dans une mansarde ? »
>
> É. AUGIER, *Le fils de Giboyer*, IV, 5, p. 131.

> Tout en marchant avec moi bras dessus bras dessous et en me disant ces paroles qui, bien que mêlées de dédain, étaient si affectueuses, M. de Charlus [...].
>
> M. PROUST, *À la recherche du temps perdu*, t. II, p. 286.

En bras de chemise « sans veste ». *Bras* signifie naturellement ici « manche » cf. *Jambe de pantalon*). Alors que *en chemise* signifie « vêtu seulement d'une che- nise », *en bras de chemise* sélectionne dans les valeurs de *chemise* le sens « chemise 'homme » et suppose un habillement par ailleurs complet.

Gros comme le bras [LOC. ADJ.], renforce une appréciation flatteuse, un titre énéralement immérité (1640, Oudin). À rapprocher d'un emploi archaïque de *gros* our *grand*, dans les titres (*gros Seigneur, gros Prince, in* Le Roux) mais ici *gros* est dverbe. Comme terme de comparaison, *bras* s'est employé aussi avec *grand* dans expression : *si on lui en donne un doigt, il en prend long comme le bras*. Ici on a ne mise en relation de *doigt* et de *bras* mais dans *gros comme le bras* l'autre erme est absent.

> — C'est comme leur Sieyès ! un régicide aboutissant à un sénateur ! car c'est toujours par là qu'ils finissent. On se balafre avec le tutoiement citoyen pour arriver à se faire dire M. le comte, M. le comte gros comme le bras, des assommeurs de septembre !
>
> V. HUGO, *Les Misérables*, Pléiade, p. 713.

.a modification et les variables des rapports sociaux conduit l'expression à 'employer pour des appellatifs familiers, considérés comme excessifs ou peu sincè- es.

> Puis, sur le palier, elles se dirent enfin leurs noms.

— Madame Coupeau.
— Madame Poisson.
Et, dès lors, elles s'appelèrent gros comme le bras madame Poisson et madame Coupeau, uniquement pour le plaisir d'être des dames, elles qui s'étaient connues autrefois dans des situations peu catholiques.   É. ZOLA, *L'Assommoir*, t. I, p. 227.
Nous bavardions donc, avec des « ma cocotte » gros comme le bras, lorsqu'un grand type s'approche du stand à godasses : discrète je m'éclipse : le rayon d'à côté, c'est pas mon rayon.   A. SARRAZIN, *La Traversière*, p. 112

Locutions verbales :

Avoir le bras long « avoir de l'influence ». Alors que dans les locutions exprimant la passivité, *bras* est toujours au pluriel, on remarquera, à propos de cette expression, que le singulier est souvent employé dans le domaine de l'action (cf. *bras de Dieu*, etc.). Il en est de même pour *main*.

Dès ce moment, l'employé supérieur de la Compagnie de... commença une cour assidue. On le présenta à la famille ; il promit aux neveux et aux cousins de les faire exempter de leurs vingt-huit jours, attendu qu'il avait le bras long au ministère de la guerre.   GORON, *L'Amour à Paris*, t. I, p. 438

Fam. *Avoir les bras retournés, à la retourne* « être inactif par paresse ; être paresseux ». L'image est comparable à celle des *pieds nickelés :* les membres sont incapables d'accomplir leur office, de par une pseudo-maladie ou infirmité.

Avoir qqn sur les bras « à sa charge ». *Laisser, mettre sur les bras* « donner à charge ». Le sens « figuré » de ces expressions correspond au sémantisme normal de *porter*, qui conduit à *supporter*. Un célèbre passage de Molière effectue le trajet inverse :

MARTINE. — Et que veux-tu, pendant ce temps, que je fasse avec ma famille ?
SGANARELLE. — Tout ce qui te plaira.
MARTINE. — J'ai quatre pauvres petits enfants sur les bras.
SGANARELLE. — Mets-les à terre.   MOLIÈRE, *Le Médecin malgré lui*, I, 1.

De sorte, dit le notaire, qu'il s'est alors trouvé pour ainsi dire à la porte de chez lui. Et par-dessus le marché avec ce procès sur les bras.   Cl. SIMON, *Le Vent*, p. 40.

Baisser les bras « abandonner la lutte ; renoncer à l'action ». Métaphore de boxe : l'impossibilité de conserver sa garde suffisamment haute (par fatigue excessive, etc.) correspond à une rapide défaite ou à l'abandon.

[...] Ce qui est respectable avec les gens âgés n'est pas ce vaste passé qu'on baptise expérience, c'est cet avenir précaire qui impose à travers eux l'imminence de la mort et les familiarise avec de grands mystères. Là, il me semble que mon ami a baissé les bras un peu vite...   A. BLONDIN, *Un singe en hiver*, p. 197.

Couper (casser) bras et jambes à qqn (le plus souvent avec un nom de chose pour sujet) « étonner extrêmement, laisser sans aucune réaction ». De « priver de membres », la métaphore fait passer à « priver de réaction » ; elle est sans doute appuyée par les emplois « figurés » de *couper* (→ COUPER SES EFFETS* À QQN).

[...] il ne jouera que l'andante.
— Que l'andante, comme tu y vas ! s'écria Mme Verdurin. C'est justement l'andante qui me casse bras et jambes. Il est vraiment superbe, le Patron !
                              M. PROUST, *À la recherche du temps perdu*, t. I, p. 206

L'idée de tirer quinze jours à l'ombre, par une température à faire éclore des ours, lui avait cassé bras et jambes [...].   G. COURTELINE, *Les Gaîtés de l'escadron*, p. 216

Croiser les bras ou *se croiser les bras* « rester sans rien faire », ou « refuser d'agir » (1604). Le geste des avant-bras croisés, appuyés sur la poitrine, une main passant sous un bras, l'autre sur le bras opposé, signifie culturellement l'intention d'inaction, le défi par refus d'agir. À noter que le geste des bras en croix (où croix est formée par les bras et le corps) a une signification entièrement différente, motivée dans notre culture par le christianisme. Dans ce contexte gestuel, *croiser* croix se sont spécialisés de manière divergente, par une exploitation de la morpho-

)gie qui augmente l'information (en supprimant la régularité sémantique qui serait
ormale entre *bras en croix* et *bras croisés*).

> Le soldat, cependant, se taisait, interloqué, ne comprenant goutte aux reproches qui
> lui arrivaient.
> Marjalet se croisa les bras :
> — Ah çà ! demanda-t-il, est-ce que tu te fiches du monde ? C'est un cordon de litière,
> ça ?   G. COURTELINE, *Les Gaîtés de l'escadron*, p. 35.

Être dans les bras de Morphée « dormir profondément ». Allusion mythologi-
ue au dieu du sommeil. Le rapprochement entre le sommeil et les corps enlacés
st un thème littéraire et culturel vénérable, au moins dans la tradition gréco-latine.

Lever les bras « se rendre ». Équivaut à : *Les mains en l'air !* Le bras symbo-
sant souvent l'action (et non le renoncement), l'expression n'a pas fait fortune —
u contraire de *baisser les bras*.

> L'homme à la voix sans accent s'adresse à nous :
> — Nous levons les bras, dit-il.
> Et ils ne bougent pas.
> Puis ils s'affalent rapidement — soulagés, et, comme si c'était la fin de leur tourment
> [...].   B. BARBUSSE, *Le Feu*, t. II, p. 62.

)n trouve parfois *lever les bras* au sens de : **lever les bras au ciel** (en signe d'étonne-
nent douloureux, de protestation impuissante, d'indignation, et en prenant le ciel,
)ieu à témoin). C'est une attitude de prière très ancienne (cf. Exode 17, 11-12, à
ropos de Moïse).

Manquer de bras (avec un sujet désignant une activité) « souffrir d'une main-
'œuvre insuffisante ». Le thème de *l'agriculture qui manque de bras* a eu son heure
e notoriété, et a provoqué divers calembours (quelle est la différence entre l'agri-
ulture et la Vénus de Milo ?).

Ouvrir les bras à qqn « l'accueillir avec empressement », « être prêt à le
endre *dans ses bras* » (→ aussi À BRAS OUVERTS, ci-dessus).

Tendre les bras « accueillir avec empressement, effusion ». En parlant de cho-
es, s'emploie ironiquement, d'abord par jeu de mots sur un autre sens de *bras (ce
auteuil qui vous tend les bras)* puis plus gratuitement et cocassement, pour tout
utre objet :

> Vers sept heures, ils se souvinrent brusquement d'une invitation à dîner boule-
> vard de Clichy.
> L'omnibus de la place Pigalle leur tendait les bras. Ils s'y installèrent, légèrement émus.
>   A. ALLAIS, *Contes et Chroniques*, p. 261.

Ne vivre que de ses bras « n'avoir pas d'autres ressources que son tra-
ail manuel ».

Les bras m'en tombent « je suis stupéfait », utilise la même image que *couper,
asser bras et jambes* pour exprimer la suppression de toute réaction, et l'impuis-
ance. Elle correspond profondément au fantasme persistant du « corps morcelé »,
ui affleure assez fréquemment dans le langage quotidien (cf. *Perdre la tête*, etc.).

> — Comment, me v'là de garde, à c'te heure ? Va falloir que je passe la parade et que
> je prenne mon tour de faction quinze jours avant de partir ?
> — Oui, répondit le brigadier, c'est comme ça. Le colon ne veut pas d'exception. Du
> coup, les bras lui en tombent.   G. COURTELINE, *Les Gaîtés de l'escadron*, p. 305.

BRASSIÈRE n. f. Dérivé de *bras,* désignant d'abord une sorte de camisole,
uis un vêtement pour les nourrissons.

am. et vieilli. *Mettre, tenir qqn en brassière* « dans la contrainte, ou sous une
utelle ». L'expression est dans Saint-Simon :

> Le Pape, fort en brassière par les troupes impériales en Italie, n'osa recevoir l'hom-
> mage annuel du royaume de Naples que le connétable Colonne se préparoit à lui

rendre à l'accoutumée, comme ambassadeur extraordinaire d'Espagne pour cette fonc-
tion.   SAINT-SIMON, *Mémoires*, t. I, p. 942.

BRAVO n. m.

Fam. *Faire bravo* « s'entrechoquer sous l'effet de la peur ». Surtout dans : *avoir les
miches* [les fesses] *qui font bravo* « serrer les fesses (de peur) ».

BREBIS n. f.
Plusieurs expressions font allusion aux paraboles de l'écriture
(cf. aussi l'origine du mot *ouailles*), mais *les brebis et leur pasteur, la brebis égarée*
etc., ne sont pas vraiment entrées dans la langue comme les locutions ci-dessous.

Brebis galeuse « personne qu'on évite (comme si elle pouvait transmettre
une maladie) ». Cette expression est commune au français, à l'italien, à l'allemand,
l'anglais, au danois, etc. (cf. Rolland), car dans tous les pays d'élevage, les bergers
ont eu soin d'écarter les bêtes — notamment les ovins — malades du reste
du troupeau.

> Avant que j'eusse pu dire un mot, je recevais une semonce effroyable, j'étais une brebis
> galeuse, j'empoisonnais le troupeau ; j'introduisais de mauvais livres au collège et je per-
> vertissais mes camarades.   M. DU CAMP, *Souvenirs littéraires*, in *Ph. Sl.*

> [...] pas une parole ne fut adressée à ce colonel, si fier de son crédit, et il restait isolé
> comme une brebis galeuse : c'était le mot dont on se servait généralement, dans le bal,
> pour désigner sa position fâcheuse.   STENDHAL, *Lucien Leuwen*, p. 881.

Les locutions proverbiales qui suivent sont plus ou moins vieillies ; on peut signaler
celles qui furent les plus courantes, en notant que le contexte en est, soit la mythologie du troupeau *(brebis* et *loup)*, soit l'allusion biblique.

Vieilli. *Qui se fait brebis, le loup le mange* « les personnes trop douces encouragent
les méchants à leur nuire ».

> Vous qui estes noble, luy disoit-il, il faut que vous monstriez que vous avez du cou-
> rage, et que vous ne vous laissez pas vaincre facilement [...]. Voyez-vous, qui se faict
> brebis, le loup le mange, comme dict le proverbe.

>   Ch. SOREL, *Histoire comique de Francion*, p. 159.

Vx. *Brebis qui bêle perd sa goulée (perd un morceau)* « celui qui parle trop manque
les occasions de profit ».

Vx. *Brebis comptées, le loup les mange* « vérifier de trop près ses biens, ce que
l'on a de précieux, attire la malchance ». Cette locution proverbiale archaïque repose
sur une superstition répandue (elle existe en toscan, en espagnol, en allemand [Ro-
land]), selon laquelle compter un troupeau porte malheur et attire le loup. On trouve
l'origine de cette idée dans la Bible : dénombrer, en nommant, était une appropria-
tion qui empiétait sur les droits de Dieu (cf. le châtiment de David, après le recense-
ment de son peuple, 1er livre de Samuel 24, 1-17).

Vx. *À brebis tondue, Dieu mesure le vent* « Dieu, le destin proportionne les épreuves à la faiblesse humaine ».

> Je me suis enrhumé horriblement les premiers jours de mon arrivée. Au reste, comme à
> brebis tondue Dieu mesure le vent, je n'ai plus eu mes douleurs dès que je me suis
> mis à tousser.   P. MÉRIMÉE, *Lettres à une inconnue*, in *Ph. Sl.*

BRÈCHE n. f.

Battre en brèche « attaquer violemment », ou « ébranler, ruiner ». Il s'agit du
sens militaire de *battre,* « tirer sur... avec l'artillerie ». Concrètement, *battre en brèche*
signifie *battre* de manière à faire une *brèche.*

> [...] et [il] veut que le convoi traverse tout Paris — parce qu'avec le timon du corbil-
> lard on pourra battre en brèche comme avec un bélier à tête de mort, les murailles
> des Tuileries.   J. VALLÈS, *L'Insurgé*, p. 131.

Seul. devait me pousser à continuer ma route. au lieu de regagner mon lit. mon projet premier de battre en brèche les préjugés des Blancs en fraternisant avec les Africains.
M. LEIRIS, *Fourbis*, p. 169.

Être sur la brèche «être en pleine activité, au travail, dans des entreprises difficiles». Vient, comme le précédent, du contexte militaire : la *brèche* est celle par quelle les assaillants pénètrent dans une place ; c'est l'équivalent ancien de la tête e pont, de la plage de débarquement, où se tiennent les soldats les plus exposés. *Mettre sur la brèche* est vieilli.

Les gens du roi vont dans quelque temps avoir l'occasion de se distinguer. on leur demandera du dévouement. votre mari sera mis sur la brèche...
BALZAC, *Splendeurs et Misères des courtisanes*. t. V. p. 1097.

On avait assez à faire de ne pas mourir de froid ou d'inanition. et de tenir en joue la Défense Nationale. tout en tenant tête à l'ennemi! Toujours sur la brèche, aux aguets. ou en avant!...
J. VALLÈS, *L'Insurgé*. p. 228.

Je trouve qu'on a besoin d'une franche détente quand on a été comme lui toute l'année sur la brèche. De toutes façons nous resterons encore un bon mois. — Ah! alors nous sommes gens de revue.
M. PROUST, *À la recherche du temps perdu*, t. II. p. 965.

BRELOQUE n. f.

Battre la breloque «fonctionner irrégulièrement (mécanismes, organes)» ; déraisonner, divaguer (personnes)» (1791). La *breloque,* comme la *chamade,* est une atterie de tambour dont la locution utilise le rythme irrégulier et la signification lle sert à faire rompre les rangs, et déclenche donc le désordre, la débandade). De os jours, la loc. évoque la *breloque* dans ***montre en breloque*** et est (mal) comprise omme «mal fonctionner».

[...] le tremblement de ses mains redoublait, sa main droite surtout battait tellement la breloque. que. certains jours. il devait prendre son verre dans ses deux poings. pour le porter à ses lèvres.
É. ZOLA, *L'Assommoir*, t. II, p. 204.

M. de Nissen. dont la poitrine battait la breloque. crut un instant que sa femme voulait le provoquer.
A. BLONDIN, *Quat'Saisons*, p. 98.

BRETAGNE n. pr. f.

À la mode de Bretagne se dit de parents relativement éloignés à qui l'on donne un nom de parents plus proches : *oncle, tante à la mode de Bretagne* «cousin, cousine du père, de la mère» ; *cousins à la mode de Bretagne.* Cette expression teste la réputation des familles bretonnes, où les relations entre parents éloignés aient étroites.

us rarement, l'expression peut marquer une relation lointaine entre deux choses :

Je ne sais pourquoi ma chanson de bataille se faisait d'un murmure par quoi, pour moi seul. je désignais la chose à exterminer. c'est-à-dire cette plantation isolée des pavés voisins sur trois côtés. d'un mot russe qui n'a aucun rapport avec le sens du mot trè-fle. et sonorement une parenté vraiment à la mode de Bretagne. par son premier pho-nème qui n'est pas tréf. mais traf [...].
L. ARAGON, *Blanche ou l'Oubli*. p. 375.

BRETELLE n. f.

Vx. ***En avoir par-dessus les bretelles*** (XVIIe s.) «être ivre» et «être engagé dans ne mauvaise affaire» (dans ce sens, on disait aussi : *en avoir jusqu'aux bretelles*).

Fam. ***Remonter les bretelles à qqn*** «le sermonner, le remettre à sa place». La étaphore évoque le fait de secouer les bretelles, qui soutiennent le pantalon. Elle st usuelle comme *se faire remonter les bretelles.*

BRIC onomatopée.

De bric et de broc «au hasard des trouvailles» (1615). Cette expression ne rme qu'un mot, puisque ni *bric* (ou *de bric*) ni *broc (de broc)* ne s'emploient jamais

seuls; il en est de même de *bric-à-brac*. La série onomatopéique *bric, brac, broc* e
à rapprocher de *tic, tac, toc*, etc.; elle exprime les éléments hétéroclites fourni
par le hasard.

> [...] les rapports continuaient de bric et de broc, va comme je te pousse, sans que l'un ni
> l'autre y eût beaucoup de plaisir; un reste d'habitude, des complaisances récipro-
> ques, pas davantage. É. ZOLA. *L'Assommoir*, t. II, p. 109.

> [...] si ce n'est pas au début d'une campagne. ce nouveau corps lui-même peut être
> composé de bric et de broc [...].
> M. PROUST. *À la recherche du temps perdu*, t. II, p. 110.

BRICOLE n. f.

Il va (lui, leur; vous, t') arriver des bricoles « des ennuis, des malheurs ».
Le caractère minoratif de *bricole* est ici ironique.

BRIDE n. f.

Vx. *Bride à veaux* « les raisons qui persuadent les sots, dont se moquent les gen
éclairés » (Le Roux). L'expression était courante en moyen français, notamment a
XVIᵉ siècle. Les *brides* sont normalement réservées aux chevaux; en outre les con
notations de *veau* sont fréquemment péjoratives → VEAU. La valeur générale d
l'expression est « sornettes, niaiseries ».

> Et [je] croy de cette règle [que le parler de soi est vicieux] qu'elle ne regarde que le
> populaire defaillance. Ce sont brides à veaux. desquelles ny les Saincts [...], ny les
> Philosophes, ny les Theologiens ne se brident. MONTAIGNE, II. 6.

À bride abattue « à toute vitesse (d'abord en parlant d'un cavalier) ». On arrê
le cheval en tirant sur la bride, on le laisse aller en la laissant longue, lâche, *aba
tue*. L'expression est bien antérieure; elle a remplacé
à bride avallée (*avallé :* descendu) qui date du début du XVIᵉ siècle. Métaphorique
ment, *à bride avallée* a signifié « sans aucune retenue » (cf. *Debridé*). *À bride abattu*
ne désigne que la rapidité.

> Je lui ai redit tout bas à l'oreille... pour que les mêmes n'entendent pas... Elle a fait
> qu'un saut vers la porte!... Elle a filé bride abattue...
> L.-F. CÉLINE. *Mort à crédit*, Livre de poche. p. 447.

> Soulignons en passant la rapidité que Stendhal met toujours à composer ses œuvres
> d'imagination: il les écrit ou les dicte à bride abattue.
> A. MARTINEAU, Préface à *Armance*, in STENDHAL *Œuvres*, Pl., t. I.

À toute bride ou *à toutes brides* (fin XVIᵉ s. pour la forme au pluriel) ont
même valeur que À BRIDE ABATTUE. L'expression signifie « avec la bride tot
entière, non tirée ».

Vx. *Aller bride en main* « agir avec prudence, lentement ». L'expression se trouv
encore chez Benjamin Constant.

Avoir la bride sur le cou « être libre, être à même de faire ce qu'on veu
(XVIᵉ s.). *Laisser la bride sur le cou à qqn* « le laisser agir à sa guise »; on disa
aussi : *donner la bride lâche*.

> La politique de la bride sur le cou exige du président du Conseil qu'il s'adapte instan-
> tanément aux catastrophes enfantées par d'imprévisibles réflexes.
> F. MAURIAC, *Le Nouveau Bloc-Notes*, p. 25.

Lâcher (vx : *rendre*) *la bride à qqn* « laisser libre d'agir ou de s'expri
mer » (1569).

Vx. *Secouer (hocher, branler) la bride à qqn* « le stimuler pour qu'il fasse, qu'
dise qqch. ». Ces expressions datent du XVIᵉ s. et semblent n'avoir pas vraiment véc
après le XVIIᵉ s.

> Le cardinal de Lorraine [...] avoit passé à Soissons pour voir le prince de Condé et lui
> secouer la bride du mariage de sa belle-sœur. D'AUBIGNÉ. *Histoire universelle*, IV, 3.

Serrer, tenir la bride à... « tenir sévèrement ». C'est l'antonyme de LÂCHER LA
ɪDE À..., LÂCHER LA BRIDE SUR LE COU DE... On dit aussi *tenir en bride*. L'ancienne
ŋgue (du XIVᵉ au XVIIᵉ s.) possède toute une série d'expressions avec *bride* pour
ͅxprimer la « surveillance étroite » : *tenir sur bride, tenir bride roide, recueillir en
ͅide, tenir la bride haute, la bride courte à qqn*.

Tourner bride « rebrousser chemin; changer complètement de direction,
ͅopinion ». Ce dernier sens est vieilli; on dit aujourd'hui *retourner sa veste*. Par
ͅétaphore, dans un récit :

> [...] il [Jacques] n'en eut pas plus tôt fait l'aveu à son maître, que celui-ci s'écria : Au
> diable l'histoire de tes amours! [...]
>
> Jacques ne se fit pas prier; aussitôt il tourne bride, et regagne au petit pas, car il
> n'était jamais pressé...   DIDEROT, *Jacques le Fataliste*, p. 523.

BRIGADIER n. m.

Brigadier, vous avez raison! Refrain d'une célèbre chanson de Gustave
ɑadaud (1849) utilisé comme formule d'assentiment moqueur.

> — « Brigadier, répondit Pandore », chantonna Pradonnet, « brigadier, vous avez raison. »
> — Pas la peine d'essayer de me mettre en boîte avec vos allusions que je ne com-
> prends pas, dit Léonie. Je ne suis pas idiote, allez.
>   R. QUENEAU, *Pierrot mon ami*, p. 38.

BRIGAND n. m.

Histoire de brigand, de brigands « histoire invraisemblable » → HISTOIRE.

BRIN n. m. Le mot déterminé par *un* forme une locution adverbiale signi-
ͅant « un petit peu ». Certains syntagmes formés par *brin*, employé métaphorique-
ͅent, et un compl. de nom, sont phraséologiques :

Un beau brin de fille « une belle fille (avec l'idée de taille mince et haute) ».

Un brin de causette, de cour... « un petit moment passé à faire la causette, la
ͅur à qqn ». S'emploie surtout avec le verbe faire.

BRIOCHE n. f.

S'en aller (partir) en brioche « se défaire (comme une brioche sèche peut
ͅémietter) ». Cette expression qui exprime l'échec reprend un emploi figuré de *brio-
ͅe* (XIXᵉ s.) « maladresse, faute ». Selon Wartburg, le sens vient de ce que les musi-
ͅens de l'Opéra de Paris avaient établi une caisse d'amendes, pour les fautes com-
ͅises pendant la représentation, les sommes réunies servant à acheter une brioche
ͅe l'on mangeait en commun. L'emploi le plus commun était : *faire une brioche*.
ͅen que *partir en brioche* soit récent, il serait étonnant que la première expression
ͅait pas informé la seconde : en effet la signification de *partir en brioche* est plus
ͅuvent exprimée par des métaphores liquides *(partir en eau de boudin, en brouet
ͅandouille)*, et on ne peut pas tenir compte de l'étymologie, inconnue des locuteurs
ͅrioche* vient de *brier, brayer* « broyer la pâte »). Par extension, en parlant
ͅune personne :

> Certains soirs ça boume plus du tout, il se sent partir (c'est mourir un peu) en brioche.
>   A. BOUDARD, *Cinoche*, p. 31.

Avoir de la brioche « avoir un ventre rebondi ». Allusion à la forme renflée
ͅe la brioche.

BRIQUE n. f.

Bouffer des briques « n'avoir rien (ou avoir peu) à manger » a été précédé
ͅr *s'enfiler des briques*. *Brique*, au sens de « morceau », s'employait en parlant de
ͅnourriture : *de chascun pain l'on doit faire dix briques, et se doit donner à chascun*

povre une brique (texte de 1550, *in* Huguet) ; *j'ay assez d'une brique de gasteau pou* *mon repas* (traduction du XVIe s., *ibid.*). Ce sens s'est perpétué en argot, en prenan certaines valeurs du mot *brique* dans son emploi le plus courant (forme cubiqu dureté). *Brique* a toujours eu des emplois péjoratifs (« petite quantité, faible valeur et s'est même employé comme négation : *il n'y en a brique*, etc. De nos jour l'expression est comprise comme « manger des aliments incomestibles, durs comm de la brique », mais il s'agit en fait de « miettes, débris ».

> **Pour des briques** « pour peu de choses, pour rien ». Syn. : *pour des prunes.*
>
> Depuis une semaine, nous nous donnions du mal pour des briques, c'est clair.
>
> G. GIL, *Plantain, l'Herbier et Cie,* p. 172.

BRIQUET n. m.

Battre le briquet. Au sens propre « heurter la pierre à briquet pour en tire une étincelle ». Au XVIIIe s., l'expression a signifié « faire la cour à une femme en lu débitant ses sentiments » (en cherchant à l'enflammer). Des emplois plus crus son relevés par Wartburg dans les dialectes : on devine sans peine leur signification. A XIXe s., *battre le briquet* signifie aussi « se heurter les chevilles en marchant ».

BRISÉES n. f. pl.

Aller (marcher...) sur les brisées de qqn « tenter de le supplanter », notammer dans une tentative amoureuse. Plutôt : *courir sur les brisées,* au XVIIIe s. L'ancienn langue utilisait plusieurs locutions tirées de la chasse, avec ce mot : *retourner, s retirer sur ses brisées* « revenir sur ses pas » ; et au figuré « revenir à son sujet » (*pa ex.,* dans Montaigne, II, 33).

> Ta sainte me plaît, dit le vieillard à Porbus, et je te la paierais dix écus d'or au-delà du prix que donne la reine ; mais aller sur ses brisées ?... du diable !
>
> BALZAC, *Le Chef-d'œuvre inconnu,* p. 392.

Vx. **Suivre les brisées de qqn** « suivre son exemple ».

BRISER v. intr.

Brisons là « arrêtons la conversation ». Formule courante au XVIIe s. pou signifier à l'interlocuteur qu'il est inutile de continuer l'entretien. *Briser* est intrans tif et signifie « arrêtons-nous », « tenons-nous en (là) ».

> Que je n'entende pas une seconde fois semblables paroles, et brisons là !
>
> BALZAC, *Vautrin,* drame, II, 6.

Les autres formes du verbe se rencontrent, dans la langue littéraire :

> [...] c'est une erreur de croire qu'un mauvais procédé ajoute jamais à la grâce, dont vous êtes d'ailleurs entièrement dépourvu ? j'aurais brisé là si par hasard, le lendemain matin, je ne vous avais pu parler.
>
> M. PROUST, *À la recherche du temps perdu,* t. II, p. 692.
>
> [...] puis, afin de couper court aux effusions et leur garder ainsi une juste résonnance, baiser la main d'une pauvre femme et briser là [...]. A. CAMUS, *La Chute,* p. 30.

BROCHER v. tr. Dérivé de *broche,* pour désigner des opérations ave un outil pointu.

Vieilli. **Brochant sur le tout** « mettant le comble à une situation ; couronnant u ensemble de choses désagréables ou regrettables ». L'expression vient du langag héraldique, où une pièce *brochant sur le tout* est une pièce « qui va d'un côté l'autre de l'écu », en passant sur *(brochant sur)* les autres pièces.

> Et je ne sais ce qui me retient de consacrer, sur l'heure, une partie de mon immense fortune à la création, dans le plus chic quartier de Paris, de « l'Institut Panfrancopa-toisien », agrémenté d'une « Académie Gallojargonique », avec, brochant sur le tout, la « Ligue pour la formation d'un idiome spécial dans chaque arrondissement ».
>
> A. ALLAIS, *Contes et Chroniques,* p. 276.

BRONZE n. m.

Vx. *De bronze* « dur, insensible ». Appartient à la série des noms de métaux connotant l'inflexibilité → FER; ACIER. *De bronze* a pris la valeur : « d'une intégrité morale inflexible ».

> [...] il nous a dit qu'en tout cas, on saurait la vérité, car l'affaire [Dreyfus] allait être
> entre les mains de Saussier, et que celui-là, soldat républicain [...] était un homme de
> bronze, une conscience inflexible.
>   M. PROUST, *À la recherche du temps perdu*, t. II, p. 105.

Coulé en bronze « rendu durable, immortel (par un talent artistique) ». Métaphore du langage de la sculpture, lequel a donné lieu à une image beaucoup moins noble : *mouler un bronze* « déféquer ».

Œil de bronze → ŒIL.

BRONZÉ, ÉE part. passé adj.

Être bronzé comme un cachet d'aspirine, un pied de lavabo, un petit suisse, etc. « avoir la peau très blanche ».

BROSSE n. f.

Fam. *Passer (manier...) la brosse à reluire* « être platement flatteur ». Prévert lexicalise l'expression en forgeant un verbe :

> Ceux qui majusculent
> Ceux qui chantent en mesure
> Ceux qui brossent à reluire   PRÉVERT, *Paroles*, p. 7.

BROUET n. m.

Vx. *Brouet d'andouille* « chose sans valeur ». *S'en aller en brouet d'andouille* se rencontre au XVIe s. et correspond au moderne : S'EN ALLER EN EAU DE BOUDIN.★ L'expression est aussi délicate à expliquer que son synonyme; *brouet d'andouille* n'est pas plus attesté que *eau de boudin* en emploi concret (« bouillon dans lequel on a fait cuire des andouilles »). *Andouille* permet la même explication métaphorique que *boudin* (voir ce mot).

> En ce Dialogue je n'y estime que ma Zophire, laissant aller tous les autres personna-
> ges en brouet d'andouille.   *Les Fanfares des Roule Bontemps*, p. 50, *in* Huguet.

BROUILLARD n. m.

Un brouillard à couper au couteau « très épais ». L'expression s'est raccourcie et figée; on trouve dans Le Roux (1752) : *il est si épais* [ce brouillard] *qu'on le couperait avec un couteau*.

Vx. *Abattre le brouillard* « s'enivrer » (XVe s.). S'emploie encore en Normandie, au sens de « boire un petit coup d'eau-de-vie le matin ». Le *brouillard* est ici « ce qui *brouille* (la vue, l'esprit) ». Dans un autre sens, on dit en Artois *abatteuse de brouillard* (prononcé : *ed'brouillard*) pour désigner une femme qui s'agite beaucoup pour peu de résultats.

Chasser le brouillard « boire un verre d'eau-de-vie pour s'éclaircir les idées » → ci-dessus ABATTRE LE BROUILLARD.

Être dans le brouillard « dans la confusion de l'esprit ». *Être dans les brouillards* « ivre », ne s'emploie plus guère. → ABATTRE LE BROUILLARD★.

S'évanouir dans le brouillard « disparaître brusquement ».

Foncer dans le brouillard « agir, attaquer, etc., sans se préoccuper des conséquences ».

> Elle s'attarda un moment sur ce visage de la vieille école [...]. Puis elle le vit foncer dans le brouillard [de Londres], au sens propre du mot [...].
>
> A. BLONDIN, *Quat'saisons*, p. 77.

Cela repose sur les brouillards de... (suivi d'un nom de lieu, de rivière, d'étendue d'eau) «cela n'a aucune base solide, aucune existence vérifiable».

> Ce qu'il lègue [Villon, dans le *Testament*] repose bien souvent sur les brouillards de la Seine. SAINTE-BEUVE, *Causeries du Lundi*, t. XIV, p. 285.

BRUIT n. m.

Bruit de bottes → BOTTES.

Vx. **À petit bruit** «subrepticement, sans éveiller l'attention».

Faire du bruit (choses) «avoir du retentissement; être important».

Vx. **Faire plus de bruit que de besogne, que d'effet** «s'agiter sans résultat → BAHUTIER.

Beaucoup de bruit pour rien «beaucoup de publicité, d'éclat pour une chose insignifiante». L'expression a servi à traduire le titre de la comédie de Shakespeare *Much ado about nothing*.

> Donc, beaucoup de bruit pour rien. J'ai sué sang et eau et jeté feu et flamme pour aboutir, dans la pratique quotidienne, à être un homme tel que nombre de ceux de la bourgeoisie qui se veut avancée, un auteur admis dans les anthologies [...].
>
> M. LEIRIS, *Fibrilles*, p. 291.

Le bruit et la fureur, trad. d'un passage de Shakespeare (la vie est «*une histoire pleine de bruit et de fureur, racontée par un idiot, et qui ne signifie rien*»), dans *Macbeth*, souvent repris pour qualifier les violences de l'histoire, de la vie, etc. (titre d'un célèbre roman de Faulkner).

> Or, il est admis, dans cet univers plein de bruit et de fureur, que c'est le bruit des uns qui provoque la fureur des autres. A. BLONDIN, *Quat'saisons*, p. 31.

Vx. **Il est bruit que...** «il est question que...; on prétend que...».

> Tout gentil que vous êtes, vous pourriez en être cette fois pour vos peines et pour vos soupirs, car voilà déjà bien des mois qu'il est bruit qu'on la marie.
> — Diable, diable! madame Gauthier, vous me prenez toujours pour un jeune homme...
>
> Ch. NODIER, *Contes*, p. 346.

BRÛLÉ n. m.

Sentir le brûlé «laisser présager des suites désagréables» (1606, Nicot). Allusion à l'*odeur de brûlé* qui décèle un début d'incendie ou la carbonisation d'un plat

BRÛLER v. tr.

Brûler les planches → PLANCHE. — **Brûler ses vaisseaux** → VAISSEAU.

Brûler ce qu'on a adoré «ne pas être constant dans ses admirations».

> Quand on donne, on ne reprend pas. Mais : «Chassez le naturel, il revient au galop!» Donc il ne faut jamais jurer de rien : la main gauche reprend ce qu'a donné la main droite, on brûle ce qu'on a adoré, on adore ce qu'on a brûlé [...].
>
> M. LEIRIS, *Fibrilles*, pp. 273-274.

BRUN, BRUNE adj.

La brune et la blonde «toutes les femmes». S'emploie notamment dans l'expression verbale *courtiser la brune et la blonde* «faire la cour à toutes les femmes»

BRUT, BRUTE adj.

Brut de fonderie, de décoffrage «brut, non dégrossi». Métaphore technique assez récente, très courante dans les milieux professionnels éloignés de la métallurgie et du béton.

BRUTAL adj. (n. f.)

À la brutale. Locution argotique qui qualifie une façon de se battre où tous les coups sont permis, et s'oppose à : *à la loyale.*

> S'il ne se fût agi que d'une tante, j'aurais su tout de suite quel personnage me compo-
> ser : je l'eusse fait « à la brutale », mais Pierrot était un casseur preste, un gamin [...].
> À ma brutalité, il eût peut-être opposé la sienne.   GENET, *Miracle de la rose*, p. 240.

BÛCHE n. f.

Bûche de Noël « gâteau de Noël imitant la forme d'une bûche », par allusion à la coutume de brûler une bûche pendant la nuit de Noël.

Ramasser (prendre) une bûche « tomber ». *Ramasser une bûche* (1895) provient sans doute de l'emploi familier de *se ramasser* « tomber ». La forme initiale de la locution, selon Esnault, était : *aller à la bûche* (1875). Il s'agit à l'origine d'un subst. verbal du verbe dialectal *bûcher* « cogner, buter ».

> Au même instant Ribouldingue rappliqua en scène, mais émotionné par une peau de
> saucisson qui avait failli lui faire ramasser la bûche, il oublia sa réplique.
>   *L'Épatant*, 1909, p. 53.

Ne pas remuer (bouger) plus qu'une bûche « être complètement immobile ; n'avoir aucune activité » (1690).

BUFFET n. m.

Danser devant le buffet « n'avoir rien à manger ». *Danser* employé seul ne signifie pas « avoir faim » ; aussi doit-on avoir recours à des synonymes pour expliquer cette valeur : outre l'explication donnée par Guiraud (ci-dessous) on notera la possibilité du jeu de mots sur *sauter* — *la sauter*, ce dernier emploi étant récent (attesté en 1914) mais représentant une constante métaphorique. Enfin *buffet* n'est pas indiffé-rent ; le mot provient d'une manière obscure du radical *buff-*, qui exprime le « souffle ». Certains dérivés de *buffer, bouffer* « souffler » désignent une « odeur », et on pense immédiatement à la « fumée du rôt » ; enfin *bouffer* « manger » a plusieurs dérivés qui signifient « nourriture, mangeaille », et le *buffet* peut fort bien être popu-lairement senti comme l'« armoire à bouffe ».

> *Danser devant le buffet* [...] est certainement un calembour fondé sur l'homonymie
> entre *fringale* « boulimie des chevaux » puis « faim pressante », dans l'expression *avoir la*
> *fringale*, et d'autre *part fringaler* « danser » qui est dérivé du vieux verbe *fringuer* « sau-
> ter » qui a survécu dans l'adjectif *fringant. Avoir la fringale* sera donc devenu *fringa-*
> *ler* et par une amplification [...] on aura ajouté : devant le buffet.
>   P. GUIRAUD, *Les Locutions françaises*, p. 91.

> Ils la guettaient aller aux provisions et rigolaient du tout petit morceau de pain qu'elle
> rapportait sous son tablier. Ils calculaient les jours où elle dansait devant le buffet.
>   É. ZOLA, *L'Assommoir*, t. II, p. 144.

> [...] les danseurs, inlassables, afin de remplacer la déperdition de liquide provoquée
> par le mouillage de liquettes, vulgairement dénommées chemises, s'en furent danser
> devant le buffet, ce qui les acheva complètement.   *L'Épatant*, 1909, p. 50-51.

> Comme nous dansons devant
> Le buffet bien souvent
> On a toujours peu ou prou
> Les bas criblés de trous...   Georges BRASSENS, *Poèmes et Chansons*, p. 161.

Avoir qqch. (ne rien avoir) dans le buffet « dans le ventre » ; au figuré : « être courageux (être lâche) ».

> — Ceux qui veulent signer peuvent encore se décider. Que ceux-là se présentent !
> — Tu peux courir ! murmura mon ami Lépicier derrière moi.
> Il me semblait que cette exclamation goguenarde dût résumer notre position à tous,
> mais sous l'œil injecté de sang que l'Oberst promenait de l'un à l'autre, peu à peu un
> frémissement s'éveillait parmi nous.

> — Alors quoi, vous n'avez rien dans le buffet ? reprit Lépicier, mais cette fois sur le ton de l'alarme.   F. AMBRIÈRE. *Les Grandes Vacances* : 1939-1945, p. 203.

BUISSON n. m. Ce mot, comme *bouquet*, vient du même radical germani que que le mot *bois*.

Buisson ardent «le buisson enflammé qui, dans la Bible, constitue une de manifestations sensibles de Yahvé à Moïse». L'expression a conservé, depuis l XIIIᵉ s. le sens concret du mot *ardent* («qui brûle»).

Battre les buissons «rechercher en tous lieux». *Battre* signifie ici «parcour en tous sens», comme dans *battre la campagne★ ;* mais comme on «frappe» aus les buissons, le mot *battre* est compris depuis longtemps dans son sens modern L'expression date du XIVᵉ s. et fait allusion aux recherches des chasseurs qui veu lent déloger le gibier. Un proverbe disait : *il a battu les buissons, et un autre a pr l'oiseau*, «il a fait tout le travail, et un autre en a recueilli les fruits». On trouve aus (XVIᵉ s.) : *battre les buissons sans prendre l'oiseau, les oiseaux*.

Vieilli. **Faire buisson creux** «échouer dans une recherche ; ne pas trouver ce qu'o cherche». L'image provient de la chasse, comme BATTRE LES BUISSONS ; l'expressio signifie «trouver le buisson vide». C'est son obscurité même qui a conservé la form de cette expression (emploi particulier de *faire*, absence d'article) car on disait aus au XVIIIᵉ s., d'une manière beaucoup plus normale : *il a trouvé le buisson creu* (*in* Le Roux).

BULLE n. f.

Fam. **Coincer la bulle** «se reposer ; rester sans rien faire». L'expression vient d l'argot militaire, et fait allusion à l'aboutissement du travail de mise en place de l plaque de certaines armes lourdes (mortiers) dont l'horizontalité est vérifiée par un niveau dont la *bulle* doit être placée («coincée») entre deux repères (on a dit aussi *coincer la bulle entre les repères*). Le mot s'est lexicalisé : *la bulle*, signifiant «temp de repos», d'où la construction plus récente : *faire la bulle*.

BUREAU n. m.

Vx. **Bureau d'esprit** «société, groupe où l'on se targue d'esprit, de culture Expression ironique, employée surtout avec le verbe *tenir*.

> Il m'a dit qu'elle était extraordinairement intelligente. Il a même ajouté qu'elle tenait un «bureau d'esprit». ajouta mon père impressionné par le vague de cette expression qu'il avait bien lue une ou deux fois dans des *Mémoires*, mais à laquelle il n'atta chait pas un sens précis.   M. PROUST. *À la recherche du temps perdu*, t. II, p. 150.

Bureau des pleurs «bureau des réclamations».

Tenir un bureau de... «organiser une affaire où s'emploient telles ou telle personnes, où s'exercent telles activités». *Tenir (un) bureau d'esprit* (voir ci-dessus) *tenir bureau d'assassins* (Barrès, *in* T.L.F.). Expressions très littéraires et qui ne sor pas passées dans l'usage normal.

À bureaux fermés «avec une salle entièrement louée d'avance (en parlar d'un spectacle)». Surtout dans : *jouer à bureaux fermés*. Il s'agit des bureaux de loca tion de la salle de spectacle. Au sens propre : «la location étant fermée» :

> [...] un fol acteur [...]
> qui joue pour lui tout seul
> rideaux tirés bureaux fermés
> le grand rôle de sa vie   PRÉVERT. *Histoires*, p. 186.

L'expression **mettre sur le bureau** (nous dirions **sur le tapis**), très courante au XVIᵉ s disparaît rapidement de la langue classique ; elle atteste le passage du sens dominan de *bureau* «étoffe (de bure)» et «tapis de table», à «table de travail».

Prendre l'air du bureau, en français moderne, signifierait simplement «s'informer de ce qui se passe au bureau», par exemple après une absence. Mais dans la langue classique, c'était une locution métaphorique qui signifiait «espionner, s'informer sur une affaire» ou encore «s'accoutumer à une situation en s'instruisant». *Connaître (savoir) l'air du bureau* signifiait «être dans le secret et pressentir ce qui va se passer». *L'air* (ou *le vent*) *du bureau* correspondait à peu près à notre *dessous des cartes,* mais analytiquement, l'expression signifiait «les signes extérieurs» (comme dans *il n'y a pas de fumée sans feu*) qui trahissent le cours des affaires (lesquelles se décident dans le secret d'un *bureau*). On disait : *l'air du bureau est bon, est mauvais,* pour «l'affaire semble tourner bien, mal».

BURNOUS n. m.

Faire suer le burnous «exploiter la main-d'œuvre maghrébine», en parlant des employeurs (et généralement dans le contexte de la dénonciation du colonialisme). Se dit par extension de toute exploitation *(faire suer le burnous à qqn).*

> Le khammès est ordinairement dans une condition misérable, s'endette rapidement et devient un véritable serf, esclave de ses dettes. Beaucoup d'Européens ont des khammès et excellent, tout comme les propriétaires indigènes, à «faire suer le burnous»; certains d'entre eux cependant ont rendu les contrats moins léonins.
>
> Augustin BERNARD, *L'Algérie,* p. 435.

BUSE n. f.

Vx. *D'une buse on ne saurait faire un épervier* [LOC. PROV.] «faire d'un ignorant un habile homme, d'un fat un homme d'importance» écrit Le Roux (1752) qui ajoute ces précisions inattendues et ironiques : «comme à Paris d'un laquais un financier, d'un écolier un Général et d'un grimaud un Conseiller au Parlement». Cette locution explicite la métaphore qui fait d'une *buse* un «niais», un «lourdaud», alors que ce petit rapace est un oiseau habile à prendre sa proie et ne manifestant aucune trace d'imbécillité. La réputation de bêtise de cet oiseau vient simplement de son inaptitude à être dressé pour la fauconnerie; pour se venger de cet oiseau indomptable, les oiseleurs l'ont taxé d'incapacité et cette réputation injuste lui est restée, renforcée sans doute par la ressemblance initiale entre *buse* et *butor.*

BUT n. m. Ce mot entre dans de nombreux emplois métaphoriques que l'on construit librement avec des verbes comme *approcher de, toucher à, atteindre, manquer; but,* qui est d'abord l'équivalent de «cible», y signifie abstraitement «objectif, propos, intention».

De but en blanc «brusquement, sans détour». L'expression métaphorique, qui est dans Molière, vient du tir. *Tirer en bute* «en ligne droite», date du XVIᵉ s., *porter* et *tirer de but en blanc,* du XVIIᵉ s.

> — Écoutez, disait Mme Cottard, on est excusable de répondre un peu de travers quand on est interrogée, ainsi de but en blanc, sans être prévenue. J'en sais quelque chose, car Mme Verdurin a l'habitude de nous mettre ainsi le couteau sur la gorge.
>
> M. PROUST, *À la recherche du temps perdu,* t. I, p. 605.
>
> Quand on me parla de lui [...] il était en prison à Orléans. Lors d'une évasion, les gendarmes l'avaient repris à Beaugency. Il était rare qu'un colon pût aller plus loin en direction de Paris, puis un beau jour, de but en blanc, il revint à la Colonie [...].
>
> J. GENET, *Miracle de la rose,* p. 237.

Vx. *But à but* «d'une manière réciproque, d'une manière égale, équitable (en parlant d'un échange)». L'expression date du XIIIᵉ s. et s'est employée jusqu'au XIXᵉ s.

Trois expressions formées avec le mot *but,* qui sont employées par les meilleurs auteurs, courantes dans le langage quotidien et très cohérentes si l'on accepte la valeur figurée de *but* «objectif, plan, dessein, visée», sont curieusement devenues le cheval de bataille de puristes et l'arme psychologique de quelques professeurs. Il s'agit de : *dans le but de...*, *poursuivre* ou *suivre un but*, et *remplir un but.* Ces tours sont si normaux (cf. *Dans l'intention de..., poursuivre une intention, un dessein, et remplir un dessein, ses obligations*) qu'il n'a pas semblé utile de les analyser ici. Par contre, il serait très utile d'apporter une explication des réactions que cette « locution prépositive » et ces deux syntagmes verbaux ont suscitées, alors que des milliers de locutions acceptées par les pédagogues présentent des anomalies (logiques, sémantiques, syntactiques) infiniment plus graves.

BUTTE n. f. Forme féminine de *but.*

Être en butte à « être exposé à (une attaque, une action hostile) ». L'expression signifie « être dans une situation où l'on est la cible *(but, butte)* ».

> Ce n'était pas le compte du vicaire ; bientôt je suis en butte à mille demandes indiscrètes, tracasseries, etc. STENDHAL, *Le Rouge et le Noir*, p. 434.

BYZANTIN adj.

Querelles byzantines « discussions compliquées, interminables et oiseuses » Allusion historique à la subtilité intellectuelle des discussions théologiques dans l'Empire romain d'Orient ; l'expression date de la Restauration. Elle fait allusion aux interminables discussions des clercs, alors que Constantinople (Byzance) était assiégée. Cf. *Discuter sur le sexe des anges*★.

C

ÇÀ adv. Donne lieu à quelques expressions adverbiales : *qui ça qui là* « de tous côtés (en parlant d'êtres animés) », est vieux ; mais *çà et là* « en des endroits dispersés », *de çà, de là* « de côté et d'autre », sont d'usage courant.

ÇA démonstratif.

Pas de ça (souvent renforcé par un nom, un nom propre), formule d'interdiction familière. *Pas de ça, Lisette !*

Fam.   *Rien que ça !* S'emploie pour marquer ironiquement l'importance, l'exagération de quelque chose.

CABANE n. f.

Cabane à lapins « construction élémentaire ou vétuste ».

Casser la cabane, var. de CASSER LA BARAQUE★.

CABINET n. m.

Cabinet noir « petite pièce sans fenêtre ». L'expression mérite d'être signalée parce qu'elle s'est spécialisée dans un contexte précis : « réduit dans lequel on enferme un enfant, par punition ». La menace du *(cabinet noir)* s'accorde à celle du martinet pour évoquer les méthodes d'éducation par l'angoisse qu'a répudiées le XXe s. Dans la langue classique, *cabinet noir* désignait par métaphore le service (*cabinet* ayant le sens de « bureau ») où l'on ouvrait secrètement certaines correspondances, par ordre du gouvernement.

Vx.   *Homme de cabinet* « homme de bon conseil » (XVIIe s.). L'expression vient du sens ministériel et diplomatique de *cabinet* « pièce où se tient un conseil ». Dans la langue classique (Sévigné, Retz), ce sens est concurrencé par celui de « cabinet d'étude » et *homme de cabinet* désigne plutôt un « homme d'étude », sens qu'il a conservé jusqu'au XIXe s. De nos jours, l'emploi dominant du mot, par euphémisme, a éliminé la plupart des expressions formées avec *cabinet.* Ainsi le fameux *courrier de cabinet* des *Carabiniers* d'Offenbach (qui est un « courrier ministériel ») prête à rire ; on peut supposer, vu l'insistance burlesque du livret, que l'expression était déjà comique à l'époque.

CÂBLE n. m.

Vieilli   *Couper le câble* « rompre les relations (avec qqn, un groupe) ».

> [...] le jour du mariage, Mme de Villeparisis eut chez elle toutes les nobles personnes dont elle se moquait, dont elle se moqua même avec les quelques bourgeois intimes

qu'elle avait conviés et auxquels le prince de Laumes mit alors des cartes avant de couper le câble dès l'année suivante.

> M. PROUST, *À la recherche du temps perdu*, t. II, p. 450.

Vx. ***Filer son câble*** «suivre habilement son chemin». L'expression vient sans doute du vocabulaire de la marine.

> Mon appui n'est pas à dédaigner, je suis ou je serai plus puissant que jamais. Vous avez filé votre câble, vous avez été très adroit; mais vous aurez peut-être besoin de moi, je vous servirai toujours.   BALZAC, *Splendeurs et Misères des courtisanes*, p. 1142.

Vx. ***Filer le câble*** «partir, s'en aller».

Vx. ***Filer son câble par le bout*** «mourir».

CABRIOLE n. f.

Vx. ***Faire des cabrioles*** «folâtrer» (début XIXe s.). S'emploie de nos jours métaphoriquement, mais surtout au sens de «retournement brusque d'attitude», comme substitut à *pirouette*. *Faire la cabriole* au singulier, se dirait plutôt de la chute d'une entreprise.

Vieilli. ***Faire la cabriole*** «disparaître; mourir». En usage au XIXe s. Au XVIIIe s., on note *faire la cabriole* au sens de «être pendu».

Friser la cabriole «faire une cabriole en agitant les jambes pendant le saut». Il s'agit d'un emploi technique de *friser* plutôt que d'une loc., mais un ex. de E. de Goncourt (*in* T.L.F.) suggère le sens extensif «faire l'acrobate, le saltimbanque».

CACHALOT n. m.

Souffler comme un cachalot «souffler bruyamment». Analogue, encore que moins fréquent, à ***souffler comme un phoque***. Flaubert emploie l'expression dans *Bouvard et Pécuchet*.

CACHAN n. pr.

Aller à Cachan «se cacher» (XVIIe s., *in* Oudin). Comme dans la plupart de ces expressions qui restituent le sens d'un verbe par la forme d'un nom propre, le jeu de mots est transparent. Trop sans doute au gré des utilisateurs argotiers, qui, employant la métonymie spatiale entre Arcueil et Cachan, le transformèrent parfois en *aller à Arcueil*, indéchiffrable.

> Le sergent, qu'il fit comprendre dans le décret aussi bien que sa sœur, fut obligé pour quelque temps d'aller, comme disent les bonnes gens, à Cachan.
> FURETIÈRE, *Le Roman bourgeois*, p. 1046.

CACHER v. tr.

Un train peut en cacher un autre. Formule apposée par l'administration devant un passage à niveau, à partir de laquelle s'est récemment développée dans le langage courant la formule du type *peut cacher un autre* (ex. : *un idiot peut en cacher un autre, une femme peut en cacher une autre* [titre de film]).

CACHET n. m.

Avoir du cachet «avoir de l'originalité, du style (surtout en parlant d'objets, d'ameublement, d'un logement, etc.)». Cette expression verbale représente l'usage le plus courant de *cachet* au sens de «marque distinctive, signe d'originalité» (on dit aussi ***avoir un cachet de...***, ***donner du cachet à...***, etc.).

> Le mari n'est pas une bête : il est plein d'idées, il finira par trouver quelque chose de très fort. Quant à la femme, elle a du cachet, comme nous disons, nous autres artistes.
> É. ZOLA, *Pot-Bouille*, t. I, p. 77.

Courir le cachet «chercher des leçons à domicile, des engagements pour une soirée, etc. (en parlant d'artistes, de musiciens)». Le *cachet* était une carte sur laquelle on notait chaque leçon donnée par un professeur à domicile; le mot en est venu à désigner le prix de la leçon. Le verbe *courir* implique dans cette expression un empressement dans la recherche de rétributions et l'irrégularité des revenus. Le syntagme *cachet d'aspirine,* d'ailleurs impropre (pour *comprimé*), sert de comparatif de blancheur : *blanc* (par ironie : *bronzé*) *comme un cachet d'aspirine.*

CACHETTE n. f.

En cachette [LOC. ADV.] «en se dissimulant, en se cachant». Forme très usuelle, mais qui suppose — ce que ne semble remarquer aucun dictionnaire — que *cachette* signifie «le fait de se cacher» et non pas le «lieu où l'on dissimule», ce qui est pourtant sa définition habituelle. Comme dans *cache-cache* et dans certains emplois de *cachette (jouer à la cachette)* il s'agit d'une nominalisation de *(se) cacher,* avec le noyau sémantique «action». Il serait plus normal de dire *en cache,* avec le déverbal.

> J'avais une particulière horreur pour ce que l'on fait en cachette; s'il m'est arrivé par la suite et trop souvent, hélas, de devoir dissimuler, je n'ai jamais accepté cette feinte que comme une protection provisoire.   GIDE, *Si le grain ne meurt,* p. 487.

CADAVRE n. m.

Cadavre ambulant «personne très maigre» (*in* Acad. 1835). De nombreux patois et dialectes emploient *cadavre* (ou une forme altérée du mot) pour désigner un homme vivant, maigre ou non. Dans ce dernier cas, l'ironie macabre désigne même, par *cadavre,* un «homme grand et robuste».

Cadavre exquis. Ce syntagme constitue plutôt une allusion littéraire qu'une véritable locution. Elle concerne la célèbre expérience de poésie aléatoire et collective des surréalistes, où, sur une structure syntaxique simple, les participants écrivent, dans l'ignorance du reste de la phrase, un de ses éléments. Le résultat d'un des premiers essais fut : *le cadavre* (nom) *exquis* (adj.) *boira* (verbe) *le vin* (nom compl.) *nouveau* (adj.). Dans cette platitude *(boira le vin nouveau)* la relative information fournie par le syntagme nominal sujet parut si merveilleuse que le groupe baptisa *cadavre exquis* le jeu lui-même.

Fam. *Avoir un cadavre dans le placard* «avoir quelque chose de peu avouable dans sa vie, son passé, dont on ne tient pas à parler». Métaphore analogue au *skeleton in the closet* de l'anglais.

Vx. *Se refaire le cadavre* «reprendre des forces».

> Nous nous amusons à nous rafraîchir un petit moment et à se refaire le cadavre, parce qu'on était réellement fatigué beaucoup [*sic*].
>   BALZAC, *Le Médecin de campagne,* in *Ph. Sl.*

Vx. *Sentir le cadavre* «avoir l'impression que les choses vont mal». Renforcement de l'expression *sentir mauvais.*

Il y a un cadavre entre eux «ils sont liés par un crime ou par le souvenir d'un méfait grave».

> Les gens d'une même époque [...] ont les uns avec les autres une même complicité, et il y a entre eux les mêmes cadavres.   SARTRE, *Situations* II, p. 117.

CADEAU n. m.

Ne pas faire de cadeau «être impitoyable, soit envers un adversaire à qui l'on rend coup pour coup, soit envers quelqu'un qu'on emploie». Var. : *Pas de cadeau.*

C'est (ce n'est pas) un cadeau; c'est un joli (sacré...) cadeau «c'est une personne difficile à supporter». → IL FAUT SE LE FAIRE.*

Les petits cadeaux entretiennent l'amitié [LOC. PROV.]. Cette phrase proverbiale implique que l'amitié se forme indépendamment des considérations d'intérêt matériel, mais que ce dernier peut contribuer à l'entretenir ; une interprétation moins mesquine serait que les dons matériels, entre amis, ont une valeur symbolique qui dépasse de loin leur importance réelle (d'où l'adjectif *petit*).

> [Un conseiller du parlement de Bordeaux] après plusieurs raisonnements débités avec feu, dit : « Monsieur le président, si cela n'est pas comme je vous le dis, je vous donne ma tête. » « Je l'accepte, répondit froidement Montesquieu ; les petits présents entretiennent l'amitié ».   TUET, *Matinées senonaises*, p. 237.

CADENAS n. m.

Y mettre un cadenas (sous-entendu : *à sa bouche*) « se taire ». Souvent à l'impératif ; équivalent imagé de *la boucler*.

CADENCE n. f.

Vx. *Cadence du pouce* « acte de compter de l'argent ». L'expression est dans Saint-Simon.

Vx. *Mettre qqn hors de cadence* (XVIIIᵉ s.) « gêner qqn dans ses projets ». L'idée est celle de « perte de rythme », et l'expression a le même sens que METTRE DES BÂTONS★ DANS LES ROUES. Elle est aussi employée pour « déconcerter, troubler ».

> Qui me demande mon bien
> Me met hors de cadence.   *Parnasse Satyrique*, in Le Roux.

En cadence [LOC. ADV.] est resté dans l'usage courant.

CADET n. m.

L'histoire du mot est étonnante. C'est un emprunt au gascon *capdet,* qui correspond au provençal *capdel* (du latin *capitellus,* diminutif de *caput* « tête »). *Cadet* signifie donc étymologiquement « tête, chef ». Les grandes familles de Gascogne ayant coutume au XVIᵉ s. d'envoyer les enfants puînés servir comme volontaires en France, le mot *cadet* qui signifia « gentilhomme servant comme bas officier ou soldat » (les fameux *Cadets de Gascogne*) se mit à désigner les « enfants puînés ». De là à « plus jeune, benjamin », il n'y avait qu'un pas.

C'est le cadet de mes soucis « cela ne m'importe pas » (*in* Acad. 1798). La loc. renforce expressivement le tour : *c'est le moindre de mes soucis* (fin XVIIᵉ s.), et la métaphore qu'elle utilise assimile les *soucis* à une famille, dont le plus jeune est considéré comme insignifiant. *Cadet* prend ici le sens de « benjamin », alors qu'il signifie proprement « puîné, né après l'aîné ».

CADRAN n. m.

Faire le tour du cadran « dormir douze heures de suite ». Par cette locution, le dormeur est assimilé à l'aiguille de la pendule et le sommeil au cycle indéfiniment répétable qui nous permet d'imaginer le temps. L'expression s'est spécialisée : elle s'employait dans la langue classique (par exemple chez Saint-Simon) pour « passer douze heures d'affilée à faire quelque chose ». Quant à l'acception spatiale « revenir à son point de départ », elle ne semble pas avoir jamais été courante.

CADRE n. m.

Dans le cadre de... [LOC. PRÉP.] « dans les limites assignées (par un domaine, un aspect de la question, etc.) ». Cette loc. abstraite est devenue d'une telle fréquence que les puristes la prennent volontiers pour cible de leurs flèches. Le style administratif (« l'hexagonal » cher à R. Beauvais) trouve là une de ses plus grandes réussites, honorée par la dérision des esprits délicats :

[...] dans une société un peu rationnelle il importe que les mères soient honorées légalement au jour M fixé par décret dans le cadre de la maternité collective.

                                        J. PERRET, *Les Bâtons dans les roues*, p. 29.

CAFÉ n. m.

Le café du Commerce. Nom assez fréquent de cafés, brasseries, etc., devenu
le symbole du lieu de réunion où la petite bourgeoisie parle politique. L'expression s'emploie surtout en complément de nom : *des discussions, des théories de café
du Commerce* «vaines et ridicules, en politique».

Fam. *Café du pauvre* «acte sexuel». À rapprocher de PRENDRE SON CAFÉ (ci-dessous), expression qui semble plus ancienne.

C'est un peu fort de café (milieu XIXᵉ s. : Balzac, *in* P. Larousse) «c'est difficile à admettre, à supporter». Simple renforcement de l'expression *c'est trop fort,
c'est un peu fort; de café* implique que le mot désigne ici le produit et non le liquide.
On a dit aussi : *c'est un peu fort de moka*.

> [...] Laissez-le partir. Ne criez pas. Ne bougez pas. Ne tirez pas. Laissez-le partir, com-
> pris ? Moi, je trouvais ça un peu fort de café et je le lui dis...
>   J. GIONO, *Un roi sans divertissement*, p. 85.

Vx. *Prendre son café* «prendre du plaisir, passer un moment agréable» (XIXᵉ s.).
L'expression s'est spécialisée au sens de «se réjouir aux dépens de qqn». Elle a som-
bré dans l'oubli.

> J'ai fait beaucoup pour ma satisfaction particulière ; [...] j'ai rappelé plusieurs souve-
> nirs aimables ; j'en ai fixé d'autres, qui allaient m'échapper, et, comme on dit dans le
> style familier, j'ai pris mon café.
>   F. BRILLAT-SAVARIN, *in Grand Dictionnaire universel* de P. Larousse, 1867.

CAGE n. f. Le mot sert à former de nombreux syntagmes, avec un adj. ou
un complément en *à* ou en *de*. Quelques-uns ont des valeurs métaphoriques : *cage
à poules* «cellule grillagée» en 1914-1918, «avion biplan» (sans doute à cause des
câbles et traverses liant les deux plans des ailes) ; *cage à lapins* «logement sommaire
ou banal» (→ CABANE).

Comme un ours en cage → OURS.

1. CAILLE n. f.

Chaud comme une caille, se dit aujourd'hui d'une personne, d'un enfant qui
est bien au chaud. *Chaud* est donc compris au sens de «à température élevée», ce
qui paraît confirmé par les observations des naturalistes (voir citation de Buffon).
Mais si la température interne de la caille est bien de 41°, il n'en reste pas moins que
ce n'est pas pour cette raison qu'elle est dite «chaude». *Chaud* signifie ici «ardent en
amour, lascif», Buffon signale d'ailleurs ce «tempérament lascif» de l'oiseau, et le
sémantisme du mot *caille* le confirme (*caille coiffée* «femme éveillée, amoureuse», Le Roux).

> Cela [le risque d'engourdissement et de mort lorsque l'animal est exposé à un froid
> rigoureux] n'est point applicable aux cailles, en qui l'on a même reconnu générale-
> ment plus de chaleur que les autres oiseaux, au point qu'en France elle a passé en pro-
> verbe [en note : «on dit vulgairement : *chaud comme une caille*»], et qu'à la Chine on
> se sert de ces oiseaux pour se tenir chaud en les portant tous vivants dans les mains.
>   BUFFON, *Oiseaux*, «La Caille».

Rolland, qui confirme la valeur initiale de l'expression dans la *Faune populaire de
la France*, note que le sifflet servant à attirer les cailles, dit *carcaillou*, a dialectalement un sens phallique.

Gras (grasse) comme une caille «gras(se) à souhait (avec une connotation érotique)». L'expression reprend implicitement les valeurs de la loc. précédente.

C'était un grand gaillard, à cou énorme. Il riait, il jouissait des morceaux de peau que les deux femmes montraient. La petite blonde était grasse comme une caille. Ça serait farce, si sa chemise se fendait. É. ZOLA, *L'Assommoir*, t. I, p. 33.

Variante stylistique, peut-être influencée par l'expression antonyme *maigre comme un cent de clous* :

Toi, ma chère Laure (Je n'ose plus t'appeler *petite* Laure) tu dois être grande comme la feue colonne Vendôme, et grasse comme un cent de cailles. C. CROS, *Correspondance*, p. 630.

2. CAILLE n. f. Mot argotique, tiré de *mouscaille*.

Fam. *Avoir à la caille* « détester, haïr ».

Dans le troquet de Joinville, Paulo a méchamment Johnny à la caille. A. SIMONIN, *Hotu soit qui mal y pense*, p. 189.

CAILLOU n. m.

N'avoir pas un poil sur le caillou « être complètement chauve ». L'assimilation du crâne à un caillou poli est ici combinée avec *n'avoir pas un poil* (ou *cheveu*) qui demanderait comme complément : *le crâne;* la métaphore n'affecte pas le début de la phrase, assez anormale du fait que *caillou* n'est pas lexicalisé au sens de « crâne ». *Avoir le (son) caillou déplumé, n'avoir plus de mousse sur le caillou,* en sont des variantes expressives. La première présente la même anomalie sémantique (un caillou n'ayant normalement pas plus de plumes que de poils) alors que la seconde présente une métaphore cohérente et achevée.

Casser des cailloux « être au bagne ou dans une compagnie disciplinaire ». Par extension, « faire un travail dur, harassant » (var. stylistique : *casser du caillou*).

J'ai hier travaillé toute la journée avec Monseigneur au plan de mon livre. Nous en étions, le soir, plus brisés l'un et l'autre que si nous eussions cassé du caillou; mais nous avons fait, je crois, d'*excellente besogne.* G. FLAUBERT, *Correspondance*, Vᵉ série, p. 141.

CAISSE n. f.

S'en aller, partir de la caisse « être tuberculeux ».

Caisse à savon « meuble grossier, en bois blanc ».

Vx. *Coiffure à la caisse d'escompte :*

L'on sait dans quel discrédit tomba la caisse d'escompte sous Louis XV; ce furent les marchandes de mode qui se chargèrent de la leçon : elles fabriquèrent une coiffure nouvelle, qu'elles appelèrent coiffure à la caisse d'escompte. Cette coiffure n'avait pas de fond : quelle spirituelle et profonde épigramme ! G. DESNOIRESTERRES, in *La Mode*, 25 avril 1853.

Battre la grosse caisse (milieu XIXᵉ s., *in* P. Larousse, 1867) « faire de grandes déclarations, un grand effort de réclame ». L'expression renforce, d'après *grosse caisse,* l'expression métaphorique *battre la caisse* qui a signifié « recruter ou rassembler des soldats (1771) », « recruter des partisans », puis « chercher de l'argent » (1787, Féraud) → BATTRE LE RAPPEL⋆.

Passer à la caisse « se faire payer ». Cette expression verbale n'est pas plus courante que *tenir, faire la caisse,* mais elle a acquis une valeur plus générale et plutôt péjorative. *Tenir la caisse,* s'emploie aussi avec le sens de « être responsable des comptes, du maniement de l'argent ». *Passer à la caisse* s'est employé au sens de « toucher son dernier salaire avant de s'en aller; être renvoyé, révoqué ».

Il inventait les méfaits, il spéculait sur les plus légères négligences. Vous étiez assis, monsieur : passez à la caisse! Vous répondez, je crois : passez à la caisse ! Vos souliers ne sont pas cirés : passez à la caisse! É. ZOLA, *Au Bonheur des Dames*, t. 1, p. 185.

Au sens de « voiture » : *à fond la caisse* → FOND.

CAISSON n. m.

Se faire sauter le caisson « se tirer un coup de feu dans la tête ». L'expression est dans le *Journal* des Goncourt. Elle est synonyme de *se brûler la cervelle*. *Caisson* ne s'emploie guère au sens de « crâne » que dans cette locution, qui évoque, par le verbe *sauter*, les caissons de munitions de l'armée.

> Ah! mais non! On veut encore escamoter la Révolution! J'aimerais mieux me faire sauter le caisson que de signer... je ne signe pas!   J. VALLÈS, *L'Insurgé*, p. 220.

CALABRE n. f.

Ce mot n'a rien à voir avec le nom de la province du sud de l'Italie. Il vient du grec *kataballè* désignant une machine, un levier, et notamment une machine de guerre, une *catapulte*. Selon Spitzer, la machine étant sortie de l'usage, le mot prit le sens de « vieille machine, attirail ».

Vx. *Battre la calabre* « vagabonder » (1750). Cette expression s'est employée métaphoriquement dans divers dialectes, au sens de « divaguer » (→ BATTRE LA CAMPAGNE*). Le sens, très voisin de celui de PERDRE LA TÊTE*, LA BOULE*, etc., a produit régionalement (Doubs) la forme *perdre la calabre*.

Vx. *Courir la calabre* (1698) « vivre une vie de débauche ». Cette expression et la précédente ont été analysées de manière exemplaire par Léo Spitzer :

> *Courir la calabre* se sera dit d'abord d'hommes (comme *courir les filles*) dans le sens de s'adonner à la vie sexuelle, vivre une vie de débauche, puis des femmes [...]. Je crois d'ailleurs que *courir la prétentaine* [...] aura eu à l'origine le même sens euphémique [...]. *La calabre*, « pièce de un franc », de l'argot des peigneurs de chanvre du Jura, s'expliquera aussi à partir d'un sens « vieillerie » = « vieille pièce d'argent » [...]. Le verbe *courir* a dû être remplacé par *battre*, du moment que *courir la campagne, les champs, les grandes routes* et *battre la campagne* [...] étaient des séries synonymiques [...].
> On a dû rapprocher par étymologie populaire la locution *battre la calabre* au sens secondaire de « vagabonder » de la région italienne, la Calabre, caractérisée par son aspect désertique.   L. SPITZER, in *Le Français moderne*, juillet 1948.

CALCULATEUR n. m.

Il fallait un calculateur... « la personne qui a obtenu la place, la fonction, n'a aucune compétence pour la remplir ». Allusion à la célèbre phrase de Figaro : *il fallait un calculateur, ce fut un danseur qui l'obtint*.

CALE n. f.

À fond de cale « à bout de ressources, dans la misère... ». L'expression signifie concrètement « au fond de la cale d'un navire » ; la métaphore porte soit sur le passager clandestin caché dans la cale, soit sur les prisonniers mis aux fers, mais sa valeur provient surtout de la forme de l'expression (cf. *À bout de* course, de ressources, etc.). Le mot *fond* y garde son sens spatial.

CALENDES n. f. pl.

Remettre aux calendes (grecques). L'expression *aux calendes grecques*, traduite du latin (*ad calendas graecas*, employé par Auguste, selon Suétone, à propos des débiteurs insolvables), contient une contradiction interne qui ne pouvait être sensible qu'aux érudits. Rabelais l'emploie (l. I, chap. XX) et estime bon de l'expliquer : « l'arrêt sera donné ès prochaines calendes grecques, c'est-à-dire jamais ». *Calendæ*, en latin, désigne le premier jour de chaque mois et, bien évidemment, ce terme n'avait pas cours dans la Grèce antique. Cette plaisanterie savante est entrée dans l'usage commun, sans que l'expression de l'impossibilité soit située dans l'incompatibilité sémantique entre le nom et l'adjectif. En français courant, c'est le mot *calendes* à lui seul qui emporte cette idée et l'on entend souvent dire *renvoyer aux calendes*, «à beaucoup plus tard, à une époque indéterminée», ce qui est étymologiquement absurde. Chez un lettré (tel La Fontaine, qui emploie *envoyer aux calendes* au sens de «envoyer promener, se moquer de...», dans *Le Lièvre et la Tortue*), l'expression est une ellipse; dans l'emploi actuel courant, on peut supposer que le locuteur pense souvent que les *calendes* sont effectivement *grecques* et que *renvoyer aux calendes* signifie simplement «renvoyer à une division du temps qui n'a plus cours, c'est-à-dire à une date révolue, qui ne reviendra jamais plus».

CALENDRIER n. m.

Vx. *Réformer le calendrier* «changer ce qui va fort bien» (*in* Le Roux, 1752). Contrairement à ce qu'on lit dans le *Grand Dictionnaire universel* de P. Larousse, ce n'est évidemment pas un «reproche indirect adressé à la réforme républicaine du calendrier vulgaire» qui a donné naissance à l'expression, déjà usitée au XVIIIᵉ s. Mais cette interprétation a certainement eu cours après la Restauration. En fait, le *calendrier* représente ici le cours naturel et traditionnel du temps, avec une connotation religieuse → SAINT.

Vieilli. *Ce n'est pas un saint de votre calendrier* «ce n'est pas un de vos amis».

CALER v. tr.

Se caler les joues; ellipt., *se les caler* «manger beaucoup, se remplir l'estomac» → JOUE.

> Voyons, dit Filochard, y a pas à dire, faut trouver le moyen de croûter coûte que coûte, on n'peut tout d'même pas s'les caler avec des briques comme ça jusqu'à la Saint-Ripolin. Vlà justement un charcutier et un épicemare là-bas. C'est c'qui nous faut, moi j'm'occupe du charcutier.   *L'Épatant*, 1908, p. 34.

CALIBRE n. m. Le mot vient de l'arabe *qalib* signifiant «moule où l'on verse les métaux, forme de chaussure», etc. (Bloch-Wartburg). Il a été emprunté en français au XVᵉ s.

De même calibre «de même valeur (en parlant des personnes)». L'expression *n'être pas du même calibre* date du début du XVIIᵉ s. avec le sens de «différer de sentiments et d'opinions» (Cotgrave, 1611). Le sens métaphorique de *calibre* «importance, manière d'être», apparaît au XVIᵉ s.; il était, comme on le voit, très abstrait. De nos jours, le succès et la multiplication des sens concrets et techniques de *calibre* ont rapproché l'expression métaphorique des valeurs techniques «mesure; modèle de dimensions échelonnées», etc. *Il n'est pas de même calibre* correspond aujourd'hui à «il n'a pas la même qualité», et on remarquera que le passage «quantité physique (volume, surface)» à «qualité humaine» se réalise aussi avec les mots *surface, poids...* (*avoir de la surface, de l'envergure*, etc.).

> J'ai été ravi tout d'abord par le portrait de Pipinna et l'intérieur de sa famille. Si tout était de ce calibre-là, le livre serait un chef-d'œuvre.
> G. FLAUBERT, *Correspondance*, Vᵉ série, p. 277.

On trouve aussi : *De grand, de fort calibre* «important».

CALICE n. m.

Avaler (boire) le calice jusqu'à la lie «supporter une épreuve pénible jusqu'au bout». L'expression vient de l'Évangile (Matthieu 26, 38-39), rapprochée de la parole du Christ : «mon âme est triste...» (cf. aussi *calix mœroris et tristitiæ*. Ézéchiel 23, 33). On a dit simplement *boire le calice* «supporter une épreuve pénible», au XVIIᵉ s. Il s'agit plutôt d'un sens métaphorique de *calice* qui a une expression stable, comme le montrent les innombrables exemples tirés de la langue mystique (de Bossuet à Chateaubriand) et poétique (le «calice amer de la vie» de Lamartine, etc.).

> Elle avait entendu les plaisanteries et souvent elle en avait rougi et baissé les yeux ; elle
> avait avalé tout le calice de l'amertume préparé aux femmes dont la conduite réglée a
> fait trop longtemps la satire des mauvaises mœurs de celles qui les entourent.
>
>   DIDEROT, *Jacques le Fataliste*, p. 636.

Vx. **Être doré comme un calice** « porter des habits brodés d'or » (XVIᵉ-XVIIᵉ s.).

CALOMNIER v. tr.

Calomniez, il en restera toujours quelque chose. Phrase proverbiale traduite
du latin (sa traduction, dans la forme adoptée par Bacon dans son *De dignitate et
augmentis scienciarum* est « Va, calomnie hardiment ; il en restera quelque chose »).
Beaumarchais s'en est inspiré dans la tirade célèbre de Basile (*Barbier de Séville*, II,
5), dite tirade de la calomnie.

CALOTTE n. f.

À bas la calotte « à bas le clergé ». La formule est liée à l'anticléricalisme
de la Troisième République naissante, mais a survécu aux vicissitudes historiques.
L'innocente *calotte* a été déplacée par ces circonstances socio-culturelles de la symbolique de la coiffure (phallique) à des valeurs négatives d'ailleurs traditionnelles : les
calottes crasseuses des recors et autres fiscaux survivent sans doute dans la réprobation d'une vêture de tête archaïque.

CALUMET n. m. Le mot n'a rien d'exotique, si la chose l'est. *Calumet* n'est
autre que la variante de l'Ouest de *chalumeau*, désignant le long tuyau de la pipe.

Fumer le calumet de la paix « se réconcilier ». On dit aussi : *offrir le calumet
de la paix* « offrir une trêve, faire la paix ». La coutume indienne de fumer une pipe
à long tuyau, symbole de participation collective, pendant les conseils, avait frappé
les observateurs occidentaux. Voltaire, Chateaubriand emploient l'expression *calumet de (la) paix.*

> Reste jusqu'au mois de janvier, si tu veux, pour te rétablir, te panser, te rengraisser ;
> mais, pour Dieu, viens fumer le calumet de la paix.
>
>   G. FLAUBERT, *Correspondance*, Iʳᵉ série, p. 57.
>
> Je fume avec toi le calumet de la paix, ce qui veut dire que je vais bourrer ma pipe
> de caporal.   G. FLAUBERT, *Correspondance*, Iʳᵉ série, p. 65.

CALVAIRE n. m.

Gravir son calvaire (milieu XIXᵉ s.) « subir une épreuve longue et douloureuse ». Comme pour *boire le calice*, il s'agit plutôt d'un emploi métaphorique du
mot *calvaire* que d'une locution figée : d'une part le mot *calvaire* a d'autres emplois
avec cette valeur ; d'autre part l'expression *gravir son calvaire* garde un caractère très
littéraire ; elle n'a pas la fréquence et le caractère relativement familier de la locution synonyme *porter sa croix.*

CAMARADE n. m.

Camarade comme cochon → COCHON.

CAMBRONNE n. pr.

Le mot de Cambronne. Euphémisme « métalinguistique » (car il désigne le
mot en tant que tel, et ne le remplace pas dans ses emplois exclamatifs) pour *Merde*.
Synonyme : *les cinq lettres.* Les deux expressions ont acquis le même caractère un
peu mièvre, du fait de la fréquence du mot qu'elles désignent, et de sa valeur de
moins en moins fortement grossière (sans aller jusqu'à dire que *merde* soit d'usage
dans les réunions académiques ou dans les salons du faubourg Saint-Germain, le
mot en interjection perd sa référence scatologique ; il fait partie du vocabulaire des

intellectuels, des universitaires, tout autant que de celui des ouvriers ou des paysans français). Une phrase comme : « il lui a dit *le mot de Cambronne* » implique un locuteur très poli ou un peu affecté et évoque aisément le pensionnat de jeunes filles de la bonne société.

Le Général Cambronne, donc, à moins qu'il ne s'agisse du Général Michel, répondit aux Anglais qui le sommaient de se rendre par un énergique refus. Pour les uns, ce fut par la phrase rapportée dans les journaux de l'époque et devenue proverbiale : *la garde meurt et ne se rend pas;* pour les autres, par le monosyllabe en question. L'authenticité de ces deux réponses a été tour à tour affirmée et contestée.

Hugo, dans *Les Misérables* (II, I, ch. 14-15), a fait un sort à l'anecdote :

> [...] un général anglais [...] leur cria : Braves Français, rendez-vous ! Cambronne répondit : Merde ! Le lecteur français voulant être respecté, le plus beau mot peut-être qu'un Français ait jamais dit ne peut lui être répété. Défense de déposer du sublime dans l'histoire.   *Les Misérables*, Pléiade, p. 356.

> — Un parlementaire, peut-être ? [...]
> — Vous voulez le faire prisonnier ?
> — Pour qui donc nous prenez-vous ? C'est réservé aux Versailleux, ces infamies-là !
> Mais ça me ferait plaisir de lui lâcher le mot de Cambronne.
>   J. VALLÈS, *L'Insurgé*, p. 293.

> — Zola, un poète !
> — Mais oui, répondit en riant la duchesse, ravie par cet effet de suffocation. Que Votre Altesse remarque comme il grandit tout ce qu'il touche. Vous me direz qu'il ne touche justement qu'à ce qui... porte bonheur ! Mais il en fait quelque chose d'immense ; il a le fumier épique ! C'est l'Homère de la vidange ! Il n'a pas assez de majuscules pour écrire le mot de Cambronne [...].
> — Il l'écrit avec un grand C, s'écria Mme d'Arpajon.
> — Plutôt avec un grand M je pense [...].
>   M. PROUST, *À la recherche du temps perdu,* t. II, p. 499.

1. CAMELOT n. m. Le mot désigne une grosse étoffe de poil de chameau, puis de laine.

Vx. *Il est comme le (il ressemble au) camelot, il a pris son pli* « il a été mis à la raison; il s'est soumis ».

Vx. *Mettre quelqu'un (au pli du) camelot* « le soumettre ». On dit encore *mettre au pli.*

2. CAMELOT n. m. Le mot est une altération, d'après *camelote* (lequel vient de *camelot -l*) d'un argot ancien. *Coesmelot,* dérivé de *coesme* « marchand ambulant, colporteur ». Sous sa forme actuelle, il date du début du XIXᵉ s. et s'est spécialisé vers la fin du siècle pour désigner les marchands de journaux.

Camelots du roi « jeunes royalistes ». Le nom vient de ce qu'ils colportaient les journaux monarchiques. L'expression désigne plus généralement les jeunes d'extrême droite qui, dans les luttes politiques de l'entre-deux guerres, s'illustraient par la violence antisémite plus que par la diffusion de la presse d'idées.

CAMP n. m.

En camp volant « d'une manière provisoire sans être installé pour longtemps » *Camp volant* désignait un camp militaire très mobile (du XVᵉ au XIXᵉ s., *volant* est fréquemment employé au sens de « mobile, facile à déplacer »; on parlait *d'artillerie volante* [XVIᵉ s.], de *table, chaise volante* [début XIXᵉ s.], etc.). La métaphore est la même que dans *lever le camp* (ci-dessous). Au sens propre, l'expression s'emploie hors du contexte militaire (loisirs, camping).

Ficher (foutre) le camp « s'en aller, partir ». Équivalent vulgaire de *lever le camp,* cette expression est très difficile à analyser, si l'on s'en tient aux sens contradictoires de *ficher* «planter» et *lever.* Son origine est à chercher dans l'expression désuète *prendre son camp* (*Prenez votre camp, et laissez-moi tranquille* [*Grand Dictionnaire universel,* 1867]) correspondant à «ramasser son matériel», «plier sa tente». *Ficher* et *foutre* se substituent normalement à *prendre.* D'ailleurs, la forme *ficher (foutre) son camp* est restée fréquente.

> Aussi avait-il décidé, il y a avait une quinzaine de jours, de ne plus revoir la jeune fille, de laisser M. de Charlus et Jupien se débrouiller (il employait un verbe plus cambronnesque) entre eux et, avant d'annoncer la rupture, de «fout'le camp» pour une destination inconnue.   M. PROUST, *À la recherche du temps perdu,* t. III, p. 195.
>
> [...] si le siège de Paris a lieu (ce que je crois maintenant), je suis très résolu à *ficher mon camp* avec le fusil sur le dos. Cette idée-là me donne presque de la gaieté. Mieux vaut se battre que de se ronger d'ennui comme je fais.
>   G. FLAUBERT, *Correspondance,* VIe série, p. 143.
>
> On trouve aussi dans la *Correspondance,* IIe série, p. 247, la construction *refoutre son* [notre] *camp.*
>
> Tenez, foutez-moi le camp de là ; ça me dégoûte de voir un empaillé pareil.
>   G. COURTELINE, *Les Gaîtés de l'escadron,* p. 76.
>
> [...] Clarisse, changeant d'idée, cria à Duveyrier :
> — C'est ça, fiche-moi le camp !... Je déjeunerai avec Théodore. Nous n'avons pas besoin de toi.   É. ZOLA, *Pot-Bouille,* t. II, p. 145.

Lever le camp «s'en aller, partir». Ici, la métaphore est très claire. On disait aussi *rompre le camp,* dans le même sens.

CAMPAGNE n. f. Le mot signifie à l'origine «plaine».

En campagne «en train d'exécuter un projet, une recherche, etc.». Outre *se mettre en campagne* (ci-dessous), on rencontre les expressions **entrer en campagne** («commencer une entreprise»), **être en campagne.**

En rase campagne «ouvertement, sans se cacher» (Sainte-Beuve, *in* P. Larousse). L'expression signifie proprement «en plaine découverte» (sans accidents de terrain, ni arbres) ; elle s'est employée en termes de guerre *(combattre en rase campagne, capituler en rase campagne).*

Battre la campagne «déraisonner, divaguer». Dans ce type d'emplois, *battre* correspond à «parcourir en tous sens». Le déplacement au hasard représente normalement la démarche de l'esprit qui ne se soumet pas au «principe du réel» (voir l'étymologie des mots *divaguer, rêver,* les métaphores comme : *son esprit vagabondait,* etc.). L'expression s'emploie encore (mais rarement) au sens concret de «parcourir en tous sens».

> Je commençai de battre la campagne ; et même pris une voiture à cheval, que je laissai bientôt, après qu'elle m'eût mené jusqu'à une sorte de «pont du diable», merveille de l'endroit, que je reconnus pour l'avoir vu sur des cartes postales.
>   A. GIDE, *Journal,* t. II, p. 81.

Ici, *battre* est repris au sens de «donner des coups» :

> Ils ont mordu la poussière
> Ils ont battu la campagne
> Ils ont tapé des pieds   PRÉVERT, *Paroles,* p. 171.

Vieilli. **Emmener qqn à la campagne** «se moquer de ce qu'il dit». Variante d'*envoyer promener* et de toutes les expressions où le déplacement, accompagné *(emmener)* ou non *(envoyer),* représente l'indifférence à l'égard de celui qu'on «écarte», qu'on «éloigne «métaphoriquement. *Campagne* vaut ici pour «lieu à l'écart». L'expression serait plutôt comprise aujourd'hui au sens de «tromper» → EMMENER EN BATEAU.*

Se mettre en campagne «partir à la recherche de qqn ou de quelque chose». C'est l'équivalent de **partir en guerre,** sans le contenu agressif. **Mettre** (*qqn* ou *qqch.*) **en campagne** «en train, en action», ne se dit plus.

Elle venait nous offrir sa 'camériste'; si nous aimions mieux le service d'un homme, elle allait se «mettre en campagne».

M. PROUST, *À la recherche du temps perdu*, t. II, p. 329.

CAMPOS n. m.

Donner campos «donner congé, laisser libre». L'expression est dans la correspondance de Mme de Sévigné. Le mot est l'accusatif pluriel de *campus*, dans *ire ad campos* «aller aux champs». Des écrivains contemporains écrivent *donner campo* (J. Dutourd, *in* Robert).

CANADIENNE n. f.

Arg. *Canadienne en sapin* «cercueil». La canadienne, longue veste fourrée, enveloppe le corps comme le fait l'*habit de sapin* qu'est le cercueil. Cette expression serait ridicule et incompréhensible au Canada où l'on n'a évidemment jamais parlé de *canadienne* dans ce sens.

CANARD n. m.

Canard boiteux «personne mal adaptée, inefficace»; par ext., «entreprise peu rentable».

Froid de canard «froid très vif». Il s'agirait d'un froid de «chasse au canard».

Vous avez tort, me dit M. de Cambremer, il fait un froid de canard. — Pourquoi de canard? demanda le docteur. — Gare aux étouffements, reprit le marquis. Ma sœur ne sort jamais le soir.   M. PROUST, *À la recherche du temps perdu*, t. II, p. 976.

Plusieurs expressions comparatives appliquent à l'homme les particularités observées sur les canards (et en général les oiseaux à pattes palmées) : marche balancée *(marcher, se dandiner comme un canard)*, familiarité avec l'eau *(être trempé comme un canard; plonger, nager comme un canard).*

Il n'a pas cassé trois pattes à un canard «il n'a rien fait d'extraordinaire».

Vx. *Donner, vendre le (un) canard à (la) moitié* «faire une tromperie»; ou encore, «vendre une chose dont on ne dispose pas». En usage au XVIIᵉ s. (1632), signalé au XVIIIᵉ s. par divers recueils. Serait à l'origine du sens de *canard* «mensonge, tromperie».

Il ne faut pas prendre les enfants du bon dieu pour des canards sauvages «il ne faut pas se moquer des gens, les prendre pour des imbéciles, etc.».

Ça glisse comme sur les plumes d'un canard «ça ne laisse aucune trace psychologique».

CANE n. f.

Faire la cane «partir»; par métaphore, «mourir». L'expression a vieilli, au profit du verbe dérivé, *caner* (qui ne signifie plus que «mourir»).

CANICHE n. m.

Suivre comme un caniche «suivre fidèlement». La fidélité stricte et absolue, symbolisée par le chien, est ici assumée par une race de chien domestique particulièrement asservie à l'homme, autrefois chien d'aveugle.

CANIF n. m.

Donner un coup de canif dans le (au) contrat «être infidèle à son conjoint». L'expression date du début du XIXᵉ s. (1808, *in* Wartburg); elle réalise d'une manière expressive la métaphore sur *déchirer (lacérer, etc.) le contrat* «le détruire en ne le respectant pas». L'idée de suppression de l'écriture est fréquemment réalisée par des mots qui expriment le fait d'entamer (*rayer* vient de *raie* qui est d'abord «sillon»; *raturer* a pour valeur d'origine «racler»). La relation «pénétrer» — «annuler les effets d'un écrit» est donc bien attestée. Dans l'expression présente, appliquée d'abord à l'époux infidèle, on imagine sans peine la valeur symbolique du *canif*, et de la pénétration. Étendu aux relations de concubinage et explicité :

Pense à moi et ne donne pas trop de coups de canifs dans notre contrat d'amour.
                                                          GORON, *L'Amour à Paris*, t. I, p. 503.

CANNE n. f.

Canne blanche «canne d'aveugle». L'expression *les cannes blanches* «les aveugles», est devenue assez courante dans le langage semi-administratif.

Avoir avalé sa canne «être très raide». Variante de *avoir avalé son parapluie*. L'image utilise à la fois la métaphore (l'homme raide est un bâton, une canne) et la métonymie (les utilisateurs de canne sont volontiers taxés de morgue).

Vx. *Casser sa canne* «mourir». Ici, la *canne* est, dans son sens originel, le «tuyau» de la respiration → PIPE (CASSER SA PIPE). On en verra la preuve dans l'existence de dérivés de *canne*, du type *escanner*, qui signifie «tuer, étrangler», etc., dans tout le domaine occitan.

CANNELLE n. f.

Mettre (qqn) en cannelle «le battre», parce que la cannelle se brise en morceaux (*in* Littré).

CANOSSA nom de lieu.

Aller à Canossa «céder complètement devant quelqu'un, s'humilier devant lui». Allusion érudite à l'entrevue de Canossa (bourg italien situé près de Modène) où le pape Grégoire VII força l'empereur Henri IV d'Allemagne à s'humilier avant de le relever de l'excommunication (Henri IV avait proclamé la déchéance du pontife après le conflit des Investitures, mais, excommunié et abandonné de ses vassaux, il dut se rendre au château de Canossa en janvier 1077). L'expression fut employée par Bismarck en 1872 (*Nous n'irons pas à Canossa* signifiant : «nous ne céderons pas aux catholiques»).

CANOT n. m.

Ohé, du canot! cri d'appel d'une embarcation à une autre. Fait partie de la phraséologie, dans la mesure où cette forme n'existe qu'avec le mot *canot*, d'ailleurs prononcé avec son *t* final, dans la tradition marine.

CANTONADE n. f. Emprunt à l'italien *cantonata*, dérivé de *canto* «coin» par l'intermédiaire de *cantone* (qui a donné *canton*). La *cantonade* fut d'abord le côté de la scène où pouvaient s'asseoir des spectateurs, puis les coulisses.

À la cantonade «en ne s'adressant précisément à personne». *Dire qqch. à la cantonade,* c'est faire une réflexion à voix haute sans l'adresser à un interlocuteur précis, par allusion à l'acteur de théâtre qui s'adresse à un acteur invisible, supposé être hors de l'espace scénique. La métaphore théâtrale implique la répartition des échanges par la parole entre une «scène», un lieu de la communication, et un espace autre. Au théâtre, le monologue de l'acteur s'adresse fictivement à lui-même (en vérité aux spectateurs) et la remarque *à la cantonade* est un dialogue doublement fictif, d'abord en tant que dialogue de théâtre, ensuite en tant que dialogue sans interlocuteur visible, et sans réponse. On retrouve cette situation trompeuse dans l'emploi métaphorique de l'expression : *parler à la cantonade* est en réalité faire un faux monologue, l'adresser activement à un interlocuteur absent et réellement à l'une des personnes présentes, ou à plusieurs, sans leur permettre de répondre.

> Aussi ce dernier crut-il pouvoir répondre, d'un air rogue toutefois et à la cantonade, à cet interlocuteur qui, à la faveur du brouillard, était comme un compagnon de voyage [...].
> M. PROUST, *À la recherche du temps perdu*, t. II, p. 406.

CAP n. m.

De pied en cap → PIED.

Dépasser (franchir, passer) un cap « franchir une limite difficile, atteindre une situation nouvelle ». Se construit avec *de* et un nom de nombre, pour évoquer le dépassement d'une quantité *(franchir le cap des dix millions de chiffre d'affaires)*.

Mettre le cap sur... « se diriger vers... ». Il s'agit d'un emploi métaphorique de *cap*, entré dans la langue courante surtout dans des expressions verbales : *changer de cap*, etc.

CAPE n. f.

De cape et d'épée, se dit des aventures, des romans, etc., qui mettent en scène des gentilshommes-soldats au caractère chevaleresque et batailleur. L'expression date du XIXe s. ; elle évoque surtout les romans historiques qui se passent au début du XVIIe s. et mettent en scène des mousquetaires, etc. L'association de mots et sa valeur d'allusion historique est empruntée à des expressions anciennes. *N'avoir que la cape et l'épée,* signifiait en effet « être pauvre, misérable » (en parlant d'un gentilhomme) et figurément « fade et sans intérêt ». Dans le premier sens, *la cape et l'épée* sont le « matériel minimal du gentilhomme de guerre », dans le second, elles symbolisent l'« apparence extérieure des qualités guerrières ».

Rire sous cape « rire ou se réjouir sans le montrer ». L'expression conserve la forme *sous cape* qui s'employait avec de nombreux verbes et signifiait « en se cachant, en tapinois ». On note aussi l'expression *vendre une chose sous cape* « pour dire ne l'oser vendre publiquement » (Le Roux, 1752).

> Tous les ans, elle renouvelait solennellement ses vœux, et, au moment de faire serment, elle disait au prêtre : Monseigneur saint François l'a baillé à monseigneur saint Julien, monseigneur saint Julien l'a baillé à monseigneur saint Eusèbe, monseigneur saint Eusèbe l'a baillé à monseigneur saint Procope, etc., etc., ainsi je vous la baille, mon père. — Et les pensionnaires de rire, non sous cape, mais sous voile [...].
> V. HUGO, *Les Misérables*, Pléiade, p. 521.

> Nous étions assis sur les marches branlantes du perron. C'était le dimanche soir. Beppino riait sous cape en harnachant l'âne qui allait me conduire comme tous les dimanches de la ferme de la Solfatare à la maison.
> B. CENDRARS, *Bourlinguer*, p. 144.

CAPILOTADE n. f.
Le mot, repéré en 1555, est emprunté à l'espagnol, et signifie à l'origine « ragoût aux câpres ». En français moderne, il ne vit plus que sous la forme de la loc. adv. :

En capilotade « en déconfiture, en très mauvais état » (d'un objet brisé ou rendu inutilisable, d'une partie du corps lésée...).

CAPORAL n. m.

Un caporal et quatre hommes « la force militaire, représentée par la plus petite unité, commandée par le gradé le plus bas ». On trouve aussi assez fréquemment cette expression dans l'ordre inverse : *Quatre hommes et un caporal* → HOMME.

CAPOT n. m.

Vx. *Être capot* (milieu XVIIe s.) «être interdit, surpris, ruiné, vaincu». L'expression vient du jeu de piquet ou celui qui fait un *capot* ne laisse aucune levée à son adversaire, lequel est dit *capot*. C'est l'équivalent du *grand schelem* au bridge.

> Terme de jeu de picquet, qui se dit quand l'un des joueurs lève toutes les cartes; et alors il gagne 40 points. «Avec un six de cœur je me suis vu *capot*» (Molière, dans *Les Fascheux*). On dit aussi au bal, qu'une femme est demeurée *capot*, lors qu'elle est parée et mise en rang pour danser, et que personne ne luy a fait la civilité de la prendre.   FURETIÈRE, *Dictionnaire*, Art. *capot*.

Vx. *Faire capot* «surprendre, subjuguer; vaincre complètement». Molière emploie métaphoriquement l'expression technique complète : *faire pic, repic, et capot* (*Les Précieuses ridicules*, sc. 9).

CAPOTE n. f.

Des paupières en capote de cabriolet, de fiacre «des paupières très plissées, comme la capote repliée d'une voiture» (dans les dict., en 1928).

> L'autre plus petit, plus jeune on dirait, la tronche lame de couteau avec les gros yeux, les paupières en capote de fiacre.   A. BOUDARD, *Cinoche*, p. 45.

REM. L'expression *capote anglaise* «préservatif masculin, condom», mérite d'être signalée, car elle donne lieu à divers calembours sur le sens usuel du mot («manteau militaire»).

CAPRICORNE n. m. Le latin *capricornus* signifie corne *(cornus)* de bouc *(caper)*.

Vx. *Être au capricorne* (XVIe s.) «être trompé par sa femme». Jeu de mots sur le signe du zodiaque et l'élément *corne* que contient son nom. L'expression du cocuage utilise toutes les possibilités du mot *corne* → CORNE.

CAQUE n. f. Dérivé de l'ancien verbe *quaquer* emprunté, comme de nombreux termes de pêche et de navigation, au néerlandais (*Kaken* «préparer le poisson en enlevant les ouïes»). La *caque* est le baril où l'on empile les harengs salés.

Être serrés comme (des) harengs en caque «très serrés». Si la technique des conserves a évolué, l'expression est encore usitée, à côté de *être serrés comme des sardines*. On rencontre au XVIIe s. la forme simple *serrés comme des harengs*.

Vieilli. *La caque sent toujours le hareng* [PROV.] «on porte toujours la marque de ses origines, de ses fréquentations quand elles sont basses». Ce proverbe méprisant assimile les harengs contenus par le récipient aux habitudes, comportements, etc., dont on ne parvient pas à se débarrasser. Il a une fonction de conservatisme social et signifie en clair : «il n'y a pas de promotion sociale»; il apparaît au début du XVIIe s. La forme : *le hareng sent toujours la caque* a été employée par Saint-Simon; elle utilise une métaphore plus cohérente («celui qui a été dans un milieu en porte toujours la trace»). L'emploi de ce mot technique dans cette expression vient probablement de la forme *cac-*, paronymique des dérivés malodorants du latin *cacare*.

CAQUET n. m.

Caquet bon bec «commère bavarde». La Fontaine en a fait le surnom de la pie. On trouve antérieurement (1640) l'expression : *caquet bon bec, la poule à ma tante*, pour désigner un bavardage intarissable.

Les caquets de l'accouchée → ACCOUCHÉE.

Rabaisser (rabattre) le caquet à qqn «le faire taire; le forcer à être moins insolent». On a dit *abattre, abaisser le caquet* (1530), mais les formes en *re-* l'ont emporté.

CARABINIER n. m.

Arriver comme les carabiniers (d'Offenbach) « arriver très en retard, lorsque tout est terminé », cf. *Arriver après la bataille*. Allusion aux carabiniers de l'opéra-bouffe *Les Brigands* (livret de Meilhac et Halévy, musique d'Offenbach) qui chantaient le couplet à jamais célèbre :

> Nous sommes les carabiniers
> La sécurité des foyers ;
> Mais par un malheureux hasard
> Au secours des particuliers
> Nous arrivons toujours trop tard.

CARAFE n. f.

Rester en carafe « être frustré, être abandonné » (1896, *in* Esnault). *Laisser en carafe* « abandonner ». Syn. *Laisser en plan*. Variante expressive sur le thème de l'eau (→ ÊTRE DANS LE LAC★, TOMBER À L'EAU★) remotivé par le nom du récipient qui la contient souvent. À noter que *bouteille* donne lieu à d'autres métaphores.

> Ribouldingue était navré de laisser *sa boule-de-neige* [son épouse de couleur] *en carafe*, mais l'intérêt de l'association nécessitant le sacrifice, il s'y résigne.
>
> *L'Épatant*, 1909, p. 66-67.

Vieilli. *Tomber en carafe* « en panne ». Expression de l'argot des aviateurs en 1916.

CARAT n. m.

Vx. *À vingt-quatre (vingt-trois, trente-six) carats* « caractérisé, parfait ». Le *carat* est le vingt-quatrième d'or fin (pur) contenu dans une quantité d'or ; de l'or à *vingt-quatre carats* serait donc absolument pur. *À x carats* signifie métaphoriquement « plus ou moins parfait », et *à vingt-quatre carats* correspond à l'actuel *(à) cent pour cent*.
Ces locutions étaient fréquentes au XVIe s. : « *hérétique à dix-sept carats et demi* », c'est-à-dire aux trois quarts (La Noue) ; « *fol à vingt-quatre carats* » (Rabelais) ; « [cocu] *à vingt-quatre carats* » (Guillaume Bouchet) ; « ladre à vingt-quatre carats » *(ibid.)* ; « *un calomniateur à vingt-quatre carats* » (E. Pasquier). L'hyperbole était alors « *à vingt-cinq carats* » (B. des Périers) qui correspondrait à : *à 105 pour cent*. Le besoin de renforcer l'expression a conduit enfin à : *à trente-six carats*, « *sot à trente-six carats* » (BALZAC).

CARAVANE n. f.

Les chiens aboient, la caravane passe [LOC. PROV.] → CHIEN.

CARCAN n. m.

Vx. *Attacher qqn au carcan* « l'exposer à l'opprobre » (XVIIIe s., Grimm). Le carcan était le collier de fer que l'on plaçait au cou d'un condamné pour l'exposer.

CARCASSE n. f. Un des termes du domaine « organisme des animaux » transféré à l'homme avec une valeur doublement dépréciative : le corps est assimilé à un squelette décharné (selon un thème fréquent dans la littérature et l'iconographie médiévales) et, qui plus est, à un squelette d'animal.

Promener, traîner..., sa (vieille) carcasse « se mouvoir avec peine, douleur, etc. », ne constitue pas une véritable expression. En fait, *carcasse* est utilisé de bien des façons pour exprimer le mépris du corps (*soigner sa carcasse ; tu trembles, carcasse !...* [apostrophe de Turenne à son corps trop nerveux avant une bataille], etc.). L'intérêt de ces emplois réside dans la dépréciation du corps par le locuteur. Celui-ci s'identifie à l'énergie entièrement spirituelle qui anime un objet déjà voué à la mort.

CARDER v. tr.

Carder le poil, la peau « rosser, battre ». Le verbe *carder* « peigner, démêler la laine avec des *cardes,* planchettes garnies de pointes », s'est employé dans de nombreux dialectes avec le sens de « tourmenter, battre, faire souffrir qqn ». Le complément *poil* signifie « cheveux », et apparaît dans plusieurs expressions de sens voisin (*tomber sur le poil,* par exemple). Quant à *peau,* il complète la métaphore du cardage de la laine, par allusion à la peau de mouton.

CARDINAL n. m.

Vx. *Avoir son cardinal,* se disait d'une femme qui a ses règles. Cette expression date du XVIe s. ; on trouve au XVIIe s. une forme au pluriel (*avoir les cardinaux, in* Miège, 1688) et le développement explicite que cite Oudin (1640) : *le cardinal est logé à la motte.*

Vx. *Faire cardinal* « décapiter » (dans Rabelais). Deux variantes développées : *Être fait cardinal en Grève* (en place de Grève, où avaient lieu les exécutions) et *être fait cardinal sans s'en aller à Rome* (Cotgrave, 1611). La métaphore est évidemment sur *avoir le chapeau rouge.*

> Quand il y avait des prescheurs qui vouloyent mener la vérité en la chaire avec eux, on les menaçait de les faire cardinaux sans aller jusques à Romane, et de leur faire porter le chapeau rouge.   Henri ESTIENNE, *Apologie pour Hérodote,* ch. IX.

CARÊME n. m.

Carême prenant, aujourd'hui lexicalisé (mot composé traité dans les dict.), signifie exactement « carême commençant », c'est-à-dire, « les trois jours qui précèdent le jeûne du carême », et les réjouissances qui leur correspondent, culminant au *Mardi gras.*

Face de carême « triste et pâle ». La valeur péjorative de l'expression suppose une hostilité contre les dévots pratiquant rigoureusement le carême: Au XVIe s., *amoureux de caresme* signifiait « amoureux timide, honteux »; c'est-à-dire amoureux... qui ne touchait point à la chair.

Long comme un carême « grand et maigre (d'une personne) ».

> Et à chaque nouveau mineur apparaissant sur la porte du goyot [boyau], avec les vêtements en loques et la boue noire du travail, les huées redoublaient, des blagues féroces l'accueillaient [...] et cet autre, le grand sans fesses, long comme un carême !
>   É. ZOLA, *Germinal,* t. II, p. 36.

Vieilli. *Arriver (venir) comme mars en carême* (XVIIe s.) « arriver inévitablement, régulièrement » comme le mois de mars correspond au carême (période de quarantesix jours avant Pâques). On trouve au XVIe s. : *Si mars failloit* [manquait] *à Caresme* « s'il arrivait une chose impossible » (Rabelais, III, Prologue), et au XIVe s. : *il n'y faut ne que* [non plus que] *mars de caresme* « cela ne peut manquer d'arriver ». Dès 1640 (Oudin), l'expression prend le sens de « arriver à propos », passant de l'idée de « moment inévitable » à celle de « moment propice ». Soucieuse de conserver à l'expression sa valeur initiale, l'Académie attend cependant un bon siècle pour introduire, dans son édition de 1762, une nouvelle locution : *arriver comme marée en carême,* à laquelle est dévolue plus logiquement l'acception d' « arriver à propos », comme le poisson frais, qui est le bienvenu dans la période d'abstinence de viande. Le résultat le plus net de cette initiative destinée à restaurer la « clarté françoise » fut de semer la confusion dans les esprits, si bien qu'on entendit les deux expressions dans les deux sens. De nos jours, on emploie même parfois *arriver comme mars en carême* avec la valeur absolument illogique de « arriver mal à propos » (à cause des connotations déplaisantes de *carême,* le sens correspondant alors à « arriver comme le carême, dont on se passerait volontiers »).

> La fièvre est ici comme Mars en carême.
> Au cimetière on va toucher sa ration.
> Le zouave a nommé ça — Parisien quand-même —
> Le jardin d'acclimatation. T. CORBIÈRE, *Les Amours jaunes*, p. 835.

CARMAGNOLE n. f.

Vx. **Faire danser la carmagnole à quelqu'un** (1792) « guillotiner, mettre à mort (un ennemi de la Révolution) ; battre (l'ennemi) ». Utilisation patriotique des emplois figurés de *faire danser* « malmener », avec le nom de la ronde révolutionnaire. On s'est empressé d'oublier cette expression dès l'avènement du Ier Empire.

CAROTTE n. f.

Poil de carotte → POIL.

Vieilli. **Tirer une carotte à qqn** « tromper ; extorquer de l'argent par un mensonge «, et d'abord (1784) « tirer des aveux, des révélations d'un malfaiteur ». De cette expression vient le verbe *carotter* au sens de « tromper », puis de « subtiliser de l'argent ». D'origine obscure, la locution concorde avec l'italien *piantar carota* « mentir » (Littré) et avec une expression espagnole (*in* Esnault). Il faut remarquer que la *carotte*, aux XVIIe et XVIIIe siècles, avait mauvaise réputation, comme l'atteste la locution : *il ne mange que des carottes*, qui se disait de « ceux qui font mauvaise chère » (Le Roux, 1752). Par ailleurs, *carotter*, dans le Dict. de l'Académie de 1740, signifie « jouer très petit jeu, en ne risquant presque rien » (mais *jouer la carotte*, même sens, apparaît plus d'un siècle plus tard). Ceci rend compte d'un contexte péjoratif, mais n'explique pas la locution ; on a voulu en rendre compte en invoquant les *carottes* de tabac transportées par les contrebandiers. Indépendamment de l'absence de textes appuyant cette hypothèse, on doit souligner que « extorquer des aveux » (premier sens de la locution) n'est jamais identifié par la langue à « récupérer le produit d'un vol » (motivation qui serait concrète et métonymique) mais bien à « extraire qqch. du corps », métaphore que l'on retrouve dans *tirer les vers du nez* ou *faire cracher*.

> Tenez, voulez-vous, dit Joseph impatienté, que je vous exprime en langage d'artiste l'objet de votre visite ? Eh ! bien, vous venez nous tirer une carotte.
> BALZAC, *La Rabouilleuse*, p. 928.

> Il est inutile de raconter ici les banales histoires de billets souscrits par les fils de famille, les carottes tirées aux vieux messieurs trop amoureux : c'est le menu ordinaire de la chronique parisienne... mais parmi les plus habiles soutireuses d'argent, j'en ai connu une trop originale pour que je n'en fasse pas un croquis.
> GORON, *L'Amour à Paris*, t. I, p. 404.

Les carottes sont cuites « tout est fini, perdu ». D'abord sous la forme verbale : *avoir ses carottes cuites* « être mourant » (1878). Wartburg rapproche cette expression de locutions anciennes où *carotte* a une valeur péjorative, soit pour désigner une nourriture pauvre (voir ci-dessus), soit par une métaphore scatologique appuyée par la paronymie avec *crotte* (*chier des carottes* « être constipé », qui est dans Furetière, 1690). Paraphrase plaisante de l'expression :

> La belle Gloria... sans doute crainte de paraître rétrograde, de rester en rade... elle sentait bien que les carottes de sa carrière commençaient à se ramollir à la cuisson.
> A. BOUDARD, *Cinoche*, p. 108.

CARPE n. f.

Ignorant comme une carpe « tout à fait inculte » (XIXe s.). On trouve l'expression chez Balzac et Courteline au XIXe s., chez R. Rolland au début du XXe s. La comparaison vient sans doute de l'expression de la carpe, dont les yeux ronds et fixes, la bouche ouverte lorsqu'elle sort de l'eau n'évoquent pas l'intelligence ou la culture.

> [...] il cherchait avec anxiété la nature et les différents symptômes de commande qui
> allaient l'amener, à quelques heures de là, sous l'œil inquisiteur du médecin-major,
> personnage assez peu commode, bête comme une oie, ignorant comme une carpe, et
> entêté comme une mule [...].   G. COURTELINE, *Les Gaîtés de l'escadron*, p. 209-210.

(Être) muet comme une carpe «absolument muet, silencieux». L'expression
st attestée en 1612; le choix de la carpe comme poisson particulièrement silencieux
eut étonner. Comme pour d'autres locutions, il provient sans doute du fait que la
arpe sort fréquemment la tête de l'eau en ouvrant la bouche. Surtout, les expres-
ons se sont renforcées l'une l'autre. — On trouve d'autres poissons dans l'expres-
on *muet comme...* («*muet comme une tanche*» [Sand, *Les Maîtres Sonneurs*]).

> Accoudé à une table, il semblait suivre mélancoliquement la fumée de sa cigarette et
> ne disait rien.
> — Patron, fit tout bas un agent, il est muet comme une carpe. Non seulement il n'a
> rien avoué, mais il n'a pas laissé échapper vingt mots depuis tantôt.
> — Levez-vous, Beaujan, dis-je alors, et venez dans mon cabinet.
>   GORON, *L'Amour à Paris*, t. I, p. 21.

Bâiller comme une carpe «bâiller fortement, en ouvrant largement la bou-
e». La carpe hors de l'eau a le museau ouvert.

Faire l'œil de carpe (XIXe s.) «rouler les yeux», utilise l'image du gros œil
rondi et inexpressif des poissons pour qualifier les regards (notamment énamou-
s), cf. *Faire des yeux de merlan frit* → ŒIL. On disait au XVIIIe s. : *faire
 carpe pâmée.*

CARPETTE n. f.

Être plat, s'aplatir comme une carpette «être plat, soumis, bassement flat-
ur...». Non seulement la carpette est un petit tapis, étendu sous les pieds (comme
descente de lit, qui donne lieu à des comparaisons analogues), mais le mot, féminin
diminutif, évoque (pour un homme) le comportement lâche attaché à la pseudo-
minité, à l'homosexualité passive désignée par le mot paronyme *tapette.*

CARQUOIS n. m.

Vx. *Vider son carquois* «lancer toutes les critiques, tous les 'traits' que l'on peut».
xpression rhétorique et littéraire, où les échanges verbaux et écrits sont assimilés
une guerre, ce qui est constant dans la tradition classique. Le carquois est, avec
arc et les flèches, une référence culturelle à l'Antiquité et un support symboli-
e plus général.

CARREAU n. m.

Sur le carreau «à terre». S'emploie métaphoriquement avec des verbes
omme *être, laisser, mettre, jeter,* etc., pour signifier la situation de celui qui est
mplètement vaincu, ou encore blessé, tué. Ces expressions sont courantes depuis le
VIIIe s. (Lesage, Voltaire).

> Elles sont plus longues que les autres, parce que j'ai mis double charge de poudre, dit-
> il. Avec ça, l'animal reste sur le carreau!...
>   M. PAGNOL, *La Gloire de mon père*, p. 186.
> [...] voyant que sa patience ne conduisait qu'à se faire laisser pour mort sur le carreau,
> il demanda à s'en aller, ce qui arrangea tout.
>   M. PROUST, *À la recherche du temps perdu,* t. II, p. 1031.
> Tu voyais des trente types rester sur le carreau, d'un coup, aux carrefours.
>   H. BARBUSSE, *Le Feu,* t. II, p. 16.

Se garder (vieilli), *se tenir à carreau* «être sur ses gardes». L'expression vient
 jeu de cartes, d'après le dicton fondé sur l'assonance : *qui se garde à carreau
est jamais capot.*

> Il a beau se camper en héros : à travers sa pourpre, je reconnais sans cesse un froussard qui se garde à carreau.
> A. GIDE, *Journal*, t. II, p. 325.
> Si l'on se fréquente entre potes, il faut toujours se tenir à carreau, aux questions répondre vaguement : « Oh ! moi je me défends », à des turbins, qui sont de véritables joyaux, ne donner de publicité que le jour qu'on est bouclé.
> J. GENET, *Pompes funèbres*, p. 130.

CARRIÈRE n. f. Le mot signifie à l'origine « chemin pour les chars » ; vient de l'italien au XVIᵉ s.

Donner carrière à « laisser le champ libre à (une possibilité abstraite) ». « *L* littérature m'a empêché de donner carrière à mes vertus comme à mes vices », écr Flaubert (*in* Grand et Petit Robert). Attestée au début du XVIIᵉ s., l'expression vier de l'équitation *(donner carrière à un cheval)* ; elle est aujourd'hui du registre litté raire.

Entrer dans la carrière. L'expression est parfaitement définie par Jule Vallès : « veut dire : s'avancer dans le chemin de la vie. » Littéraire ou ironique au XXᵉ s.

> Nous entrerons dans la carrière
> Quand nos aînés n'y seront plus,
> Nous y trouverons leur poussière
> Et la trace de leurs vertus ;
> *La Marseillaise*, 6ᵉ couplet.

Faire carrière « s'élever hiérarchiquement dans une profession ». Correspor aux dérivés *carriérisme* et *carriériste*, mais sans la péjoration de ces mots. La syntax archaïque de l'expression est propre au verbe *faire* et provient d'analogies formelle

CARROSSE n. m.

Vx. *Un cheval de carrosse* « homme grossier et stupide » (fin XVIIᵉ s.). L'expre sion s'appuie sur l'opposition entre le cheval de carrosse, robuste et grand mais gro sier, et le cheval de selle. En outre, elle suggère par métonymie le sens péjoratif *charretier*. Au XVIIIᵉ s., on trouve : *raisonner comme un cheval de carrosse.*

La cinquième roue du carrosse « un élément inutile, une personne qui n aucune fonction réelle, dans un groupe » → ROUE.

> Ce qui n'empêchait pas Pagnol, à l'occasion, à propos de la mécanique, de faire un mot d'auteur. Il disait : « La roue de secours est la réhabilitation de la cinquième roue du carrosse. »
> R. CASTANS, *Marcel Pagnol m'a raconté*, p. 176.

Rouler carrosse « être riche et le montrer par son train de vie », qui impliqu une voiture luxueuse (début XVIIIᵉ s.). L'expression initiale était : *faire rouler un (l carrosse* « avoir une voiture à soi » (1690) ; d'où l'emploi transitif, qui est réalité un factitif.

CARTE n. f.

Carte blanche « libre initiative ». Surtout dans : *donner, laisser* et *avoir car blanche. Bailler, mander la carte blanche* (Montluc) a signifié « se rendre à discr tion ». *Donner la carte blanche à qqn* (Robert Estienne) correspond à « lui laisser di ter ses conditions » ; puis, au XVIIᵉ s., à « donner pleins pouvoirs ». *Carte* est pris au sens de « papier, feuille (blanche) » et non de « feuille de carton ». Les expressio modernes ne comportent pas d'article, sur le modèle de *donner pleins pouvoirs,*

> Jacques Collin m'a tué ces deux incomparables espions comme pour se faire une place. Il faut, vous le voyez, messieurs, me donner carte blanche.
> BALZAC, *Splendeurs et Misères des courtisanes*, p. 1100.
> Je vous laisse carte blanche. Vous avez le flair le plus fin de toutes ces choses-là et je ne veux pas avoir l'air de quémander des invités.
> M. PROUST, *À la recherche du temps perdu*, t. II, p. 702.

Carte forcée «obligation à laquelle on ne peut se dérober». L'expression ~~v~~ent de la terminologie des illusionnistes. La *carte forcée* est celle que l'illusionniste ~~ob~~lige quelqu'un à choisir, tout en lui laissant l'apparence du choix.

Cartes sur table «avec franchise, ouvertement» (début XIXᵉ s.). Autrement dit, ~~sans~~ rien cacher de son jeu». Surtout dans ***jouer cartes sur table*** (contraire : ~~c~~acher son jeu).

> L'inspecteur principal échangea un regard avec le petit policier à lunettes.
> ... Je vais, poursuivit-il, mettre cartes sur table.»
> R. VAILLAND, *Bon Pied, Bon Œil*, p. 115.

Château de cartes → CHÂTEAU.

Le dessous des cartes «ce que l'on s'efforce de garder secret» (dans Retz, ~~M~~me de Sévigné). S'emploie surtout en parlant des aspects secrets d'une affaire, de ~~la~~ politique, etc.

> C'est une chose originale et bien occupante pour les nobles que l'intrigue de leur Bro-
> glio (partie de la place Saint-Marc). Il y a des dessous de cartes admirables.
> Ch. de BROSSES, *Lettres d'Italie*, t. I, p. 125.

~~D~~ans la nouvelle des *Diaboliques* intitulée : «le dessous de cartes d'une partie de ~~w~~hist», ce dessous est un abîme, et laisse entrevoir le «secret» d'une «nature impé-~~né~~trable».

> — Quel aimable dessous de cartes ont vos parties de whist! dit la baronne de Saint-
> Albin [au narrateur]...
> — C'est très vrai, ce que vous disiez. À moitié montré, il fait plus d'impression que si
> l'on avait retourné toutes les cartes et qu'on eût vu tout ce qu'il y avait dans le jeu.
> — C'est le fantastique de la réalité, dit gravement le docteur.
> BARBEY D'AUREVILLY, *Les Diaboliques* : «Le dessous de cartes d'une partie de whist».

Abattre, montrer ses cartes «dévoiler brusquement ses intentions». C'est la ~~m~~ême métaphore que dans CARTES SUR TABLE*. Syn. *Montrer son jeu*.

> ... [suivant deux jeunes filles] il progressait maintenant en terrain découvert entre deux
> rangées de lotissements ouvriers dont les familles devaient vivre sur le pas de leurs por-
> tes, n'ignorant rien les unes des autres et, sauf à prétendre visiter la laiterie ou l'usine à
> gaz qui clôturaient ce cul-de-sac, il se rendit à l'évidence qu'il venait de montrer ses
> cartes.   A. BLONDIN, *Un singe en hiver*, p. 105.

Brouiller les cartes «embrouiller une affaire volontairement» (début XVIIᵉ s.).

> Il [le policier] eut, à l'égard de Querelle, le sentiment un peu narquois qu'aurait pu
> faire naître cette pensée « Toi, mon pote, t'essayes de brouiller les cartes, mais faut
> pas me la faire.» Et, délibérément, il rejeta cette complication qu'une ruse policière ne
> pouvait déjouer.   J. GENET, *Querelle de Brest*, p. 329.

Jouer cartes sur table → ci-dessus ABATTRE SES CARTES.

Jouer une carte «faire une tentative». S'emploie surtout avec des adjectifs : ~~jo~~uer ses cartes maîtresses, jouer sa dernière carte, etc.

Vx. ***Perdre la carte*** «être dominé par quelqu'un, être troublé, déconfit». *Faire la* ~~c~~arte signifiait «faire plus de levées que l'adversaire» et *perdre la carte* «en ~~fa~~ire moins».

~~V~~ieilli. ***Reprendre ses cartes*** «se retirer d'une affaire». Un autre jeu a fourni un équi-~~v~~alent moderne → BILLE.

> Je parlais à la bonne franquette, moi! je parlais à monsieur de Grandville ; mais si le
> Procureur-Général est là, je reprends mes cartes et je poitrine.
> BALZAC, *Splendeurs et Misères des courtisanes*, p. 1115.

Vx. ***Savoir la carte*** «être au courant» (milieu XVIIᵉ s.). C'est l'équivalent vieilli de ~~C~~ONNAÎTRE LE DESSOUS DES CARTES, ci-dessus.

Tirer les cartes à quelqu'un «lui prédire l'avenir par la cartomancie». ~~L~~'expression n'est pas métaphorisée, mais elle est notable par sa spécialisation : le ~~g~~este de tirer une ou plusieurs cartes est commun à bien des jeux ; pourtant *tirer les*

cartes ne s'emploie que dans le contexte de la divination. On dit aussi *faire les cart*
à qqn, dans le même sens.

CARTON n. m.

Vx. **Personnage de carton** (dans Saint-Simon) «personne qui n'a qu'un rôle c
parade» (cf. le sens métaphorique de *potiche*).

Vx. **Battre le carton** «jouer souvent aux cartes» (milieu XIXe s.). Remplacé da
l'usage moderne par *taper le carton,* d'emploi très familier et d'origine argotique.

Faire un carton «tirer avec une arme à feu» et métaphoriquement «ma
quer des points» (aux dépens de l'adversaire), puis «réussir». Il s'agit du carton c
la cible des tirs forains, où *faire un carton* veut dire «s'exercer à tirer (un nomb
déterminé de coups) sur une cible». **Faire un carton sur (qqn)** «effectuer un t
groupé, nourri sur...».

Rester dans les cartons «rester oublié (d'un projet, etc.)». Il s'agit ici des do
siers dont l'administration est si friande, bien qu'on pense aujourd'hui aux *cartons*
dessin où l'on classe des gravures, etc.

CARTOUCHE n. f.

Dernière cartouche «dernier moyen dont on peut user». L'expression, *l*
dernières cartouches, au sens propre, est popularisée par le célèbre tableau de A. c
Neuville (1873), représentant la résistance désespérée des Français devant les Bav
rois près de Bazeilles, le 1er septembre 1870.

CAS n. m. Ce mot très général donne lieu à plusieurs locutions à fonctic
grammaticale : *au cas où...,* correspond à *si; en tout cas* est un adverbe (= qu
qu'il arrive), etc.

Cas de conscience «problème moral difficile». Cette expression à demi lex
calisée vient du langage de la théologie où elle signifie «difficulté [casus] sur u
question de morale religieuse». Cf. *casuistique.*

> Pour ne vous point mentir, il n'y avoit aucun scrupule en elle, ny aucune superstition
> [...]. Elle ne sçavoit non plus ce que c'est des cas de conscience qu'un Topinambou
> [Indien du Brésil].   Ch. SOREL, *Histoire comique de Francion,* p. 125.

Cas de figure «cas particulier envisagé à titre d'hypothèse, parr
d'autres analogues». Empruntée à la géométrie, cette locution veut signaler la cu
ture scientifique de la personne qui l'emploie.

Le cas échéant «si l'occasion s'en présente, à l'occasion». Ce participe pr
sent du verbe *échoir* ne servit que dans cette expression.

> Il est tranquille, dit-il ; en effet, sa vertu méritait cette récompense : Dieu puisse-t-il
> me l'accorder le cas échéant !   STENDHAL, *Le Rouge et le Noir,* p. 377.

Cas d'espèce «cas particulier, qui doit être traité ou résolu à part». L'expre
sion repose sur un sens philosophique du mot *espèce* (milieu XVIIe s.) que l'c
retrouve dans la locution adverbiale *en l'espèce.*

Cas de force majeure → FORCE.

Mauvais cas «mauvaise affaire; situation où l'on risque des ennuis». C'est i
le sens juridique de cas «procès, affaire litigieuse».

Faire cas de... «accorder de l'importance à...». S'emploie avec toutes sor
de modalités pour exprimer les divers degrés de l'intérêt. L'expression s'analy
en *faire de* (quelque chose, un événement...) *un* «fait important» *(cas),* c'est-à-di
«transformer un objet de pensée en phénomène objectif».

Faire œuvre durable, c'est là mon ambition ; et quant au reste : succès, honneurs, acclamations, j'en fais moins cas que de la moindre parcelle de vraie gloire : apporter réconfort et joie aux jeunes hommes de demain.　　　A. GIDE, *Journal*, t. II, p. 223.

C'est le cas de le dire! « il est particulièrement opportun de le dire » (1790).

'est le cas de... « c'est l'occasion, le moment de... ».

CASAQUE n. f.

Vx. *Prendre la casaque* (argot des imprimeurs, 1712, *in* Esnault) « s'enivrer ». Jeu e mots sur le sens initial de l'expression : « s'engager dans les mousquetaires », et ar *mousquetaires gris*, avec influence quasi certaine de L'AVOIR DANS LE CASQUE*.

Tourner casaque « changer brusquement d'opinion ». Cette variante expres- ve de *retourner sa veste** apparaît au début du XVIIᵉ s., et correspond à l'expression alienne *voltare casacca*. C'est dire qu'il est absurde de l'expliquer par le sens de veste de jockey », acception qui n'apparaît qu'au milieu du XIXᵉ s. La *casaque* de ette locution est la « livrée de valet », ou l'« uniforme militaire » (*prendre la casaque* gnifiait au XVIIᵉ s. « s'engager dans les mousquetaires »). *Tourner casaque* signi- e donc « changer brusquement de livrée (ou d'uniforme) » et métaphoriquement, changer de parti ».

— Assurément... Mais gare à l'automatisme !
— Comment ! Vous faites la chasse aux perroquets, vous poussez à la précision et puis, vous tournez casaque !　　　P. VALÉRY, t. II, p. 253.

elon la mode du XIXᵉ s., des explications pseudo-historiques ont été fournies : eroux de Lincy (t. II, *Suppl.*, p. 615) allègue un duc de Savoie qui, au temps de Ligue, aurait servi alternativement la France et l'Espagne, portant leurs couleurs âce à un manteau réversible, rouge et blanc. Quitard (1842) préfère penser à des ansfuges des guerres de religion.

CASAQUIN n. m. Du persan *Kazagand,* désignant en ancien français (sous la rme *cassingan*) une jaquette d'étoffe brodée. Au XVIᵉ s., *casaquin* désigne un staucorps.

ieilli. *Donner sur le casaquin* « porter à la tête (en parlant du vin) ». Cette expres- on populaire du XVIIᵉ s. (Richelet) reprend la forme d'une locution ancienne (voir -dessus) ; le passage de « dos » à « tête » s'explique par la paronymie avec *casque*.

Tomber (sauter) sur le casaquin « le battre, le rosser » (1790). L'expression prend les verbes *tomber* et *sauter* utilisés dans ce sens. La forme ancienne était : nner sur le casaquin. Le *casaquin*, ou *justaucorps*, représente par métony- ie le dos.

Je te tombe sur le casaquin samedi matin, pendant que tu dormiras encore ; le soleil commencera à briller en même temps que j'arriverai.
　　　G. FLAUBERT, *Correspondance*, Iʳᵉ série, p. 82.
[...] sa bête brute de Coupeau [...] ne pouvait plus rentrer sans lui tomber sur le casaquin [...].　　　É. ZOLA, *L'Assommoir*, t. II, p. 213.

CASE n. f. Au sens familier de « maison », le mot *case* s'est employé dans plu- eurs expressions de la langue du XVIIᵉ s. : *rentrer dans la case de quelqu'un* « ren- er chez lui » ; *rester à la case* « chez soi » ; *ne point sortir de sa case* « ne pas sortir e chez soi » ; le *patron de la case* était le « maître de maison » (la plupart de ces pressions sont dans Furetière, 1690). *Case* signifiait « cabane » depuis le XVᵉ s. et évoquait nullement les pays exotiques ; c'est le succès de ce sens spécial, répandu ar *Paul et Virginie*, qui a donné à *case* ses valeurs actuelles.

Avoir une case en moins, une case vide « être un peu fou ». La division symbo- que du cerveau en *cases* affectées à un type d'activité mentale donne lieu à diverses pressions métaphoriques au XIXᵉ s. Celles qui subsistent (*Il lui manque une case,* etc.) expriment le déséquilibre ou l'insuffisance mentale (alors que d'autres expressions représentent la perturbation de l'activité cérébrale par un élément en surplus AVOIR UNE ARAIGNÉE* AU PLAFOND).

Revenir à la case départ « revenir à une situation que l'on croyait dépassée L'expression vient des règles du jeu de l'oie, où certaines cases du parcours contiennent cette injonction. On dit aussi : *retour à la case départ*.

CASQUE n. m.

Avoir le (son) casque « avoir mal à la tête (notamment avoir trop bu) ». *Il a dans le casque* signifiait plus généralement « avoir la cervelle brouillée » (selon le termes de Le Roux, 1752).

S'en donner dans le casque « s'enivrer » (milieu XIXe s.). Croisement d l'expression précédente (avec le sens de « se donner mal à la tête, en buvant tro d'alcool ») et de l'ancienne expression argotique PRENDRE LA CASAQUE*.

CASSANDRE n. pr.

Jouer les Cassandre « faire des prédictions dramatiques et exactes qui ne son pas écoutées ». La légende de Cassandre constitue une étrange histoire d'amou Ayant reçu le don de prophétie d'Apollon qui l'aimait, Cassandre se refusa au Dieu Mesquinement, celui-ci fit en sorte que ses prédictions ne soient jamais crues, Cassandre, ayant su et annoncé la ruine imminente de Troie, fut l'objet c la risée générale.
De nombreux textes font allusion à Cassandre pour signifier la clairvoyance méco nue.

> [...] nous avons été vaincus, parce que, au lieu d'être les éducateurs de la multitude, nous nous sommes faits ses esclaves. Qu'on pardonne ces réflexions amères à un écrivain qui tant de fois joua le rôle de Cassandre !
>
> PROUDHON, *La Révolution sociale démontrée*.

CASSE n. f. Le *cassia* latin, le *kassia* grec, c'est le cannelier. La pulpe de gousse a longtemps été utilisée en pharmacie.

Passez-moi la casse, je vous passerai le séné « faisons-nous des concessio mutuelles ; donnons-nous des avantages mutuels ». L'expression que Balzac emplo dans *La Cousine Bette* fait référence (assez tardivement, semble-t-il) à la pharmac pée traditionnelle. La Mésangère l'enregistre en 1821.

> Pour réussir, il faut attendre le moment où l'on me demandera quelque service à moi. Je pourrai dire alors : je vous passe la casse, passez-moi le séné...
>
> H. de BALZAC, *La Cousine Bette*, p. 360.

CASSER v. tr. Le sémantisme de *casser*, verbe exprimant l'effet du cou rupture, désintégration (et symboliquement disparition, mort, ou encore mutilatio et castration) sert de support à de nombreuses loc. avec un substantif pour compl ment. On trouvera ces loc. au substantif (→ COUILLE, CUL, PIED, TÊTE... ; et aus BOIS, ŒUF, VITRE...).

À tout casser, s'emploie comme adverbe, et signifie alors « avec violence, br talité, sans précaution » *(il conduit à tout casser)* et comme adjectif méliora (« extraordinaire, irrésistible » : *un gueuleton à tout casser*). L'expression est couran au XIXe s., d'abord en parlant d'une activité plus ou moins agressive et menée sa ménagement : « On ne connaissait [...] Gustave Doré, comme caricaturiste, que p ses charges à tout casser du *Journal pour rire* » (J.-J. Rousseau, cité dans *Grand Dict. univ.*).

La scène de la prière, avec les répons des malades, coupée par la chansonnette de Romaine agonisante, est saluée par un tonnerre d'applaudissements, par l'émotion d'une salle vraiment remuée... C'est un succès à tout casser.

GONCOURT, *Journal*, t. VII, p. 162.

Non, petit, il faut commencer
Par être grand — simple ficelle —
Pauvre : remuer l'or à la pelle ;
Obscur : un nom à tout casser !...   T. CORBIÈRE, *Les Amours jaunes*, p. 706.

J'accompagnai Rodolphe à la coupée et nous prîmes congé, avec des vœux et la promesse de nous revoir bientôt à Paris, le portier jurant [...] qu'il passerait par Paris, et que nous ferions une noce à tout casser, un gueuleton monstre, etc. etc.

B. CENDRARS, *Bourlinguer*, p. 46.

Proust témoigne de la diffusion de l'expression dans un milieu aristocratique et mondain :

[...] demain soir je dîne chez ta tante Guermantes.
— Oui, il y a un gueuleton à tout casser, demain, chez Oriane.
M. PROUST, *À la recherche du temps perdu*, t. II, p. 412.

Vx. **Se la casser** « s'enfuir » (1835). Signifie « se casser (se plier) les jambes ». L'expression employée notamment par Flaubert a donné naissance au pronominal familier *se casser* « partir ». → aussi CASSEROLE *(s'attacher la casserole).*

Tope-là, dit-il, moyennant dix mille livres, je me la casse !
Jules JANIN, in P. LAROUSSE, *Grand Dictionnaire universel.*

Les casser à quelqu'un « l'ennuyer, l'importuner ». **Tu nous les casses !** équivaut à « tu nous barbes, tu nous ennuies... » ; c'est évidemment une ellipse des expressions vulgaires (→ COUILLE) dont **casser les pieds** (→ PIED) constitue la variante euphémistique la plus courante.

Antoine sauta sur le quai en agitant son drapeau. Une poussée hostile dans le dos le fit se retourner : deux faces bestiales de supporters adverses le considéraient sans aménité. L'une d'elle gronda :
— Ça va comme ça, machin, tu nous les casses avec ton vieux chiffon !
R. FALLET, *Le Triporteur*, p. 351.

Ça ne casse rien « cela n'a rien d'extraordinaire, de remarquable ». Dans cette loc. très usuelle, *casser* a le sens métaphorique d'« avoir un effet retentissant » → À TOUT CASSER, ci-dessus. L'expression a donné lieu à des var. plus développées comme *ça ne casse pas les vitres, trois pattes à un canard* → VITRE, CANARD.

CASSEROLE n. f.

Attacher une (la) casserole « s'enfuir » (A. Bruant, 1901, *in* Esnault). Variante de *attacher une gamelle* « abandonner », *attacher un bidon* « s'enfuir » (→ BIDON) avec un jeu de mots sur *casser* (→ SE LA CASSER, ci-dessus) et *casserole*. L'image du chien auquel on a attaché un instrument de métal à la queue et qui court parce que le bruit l'effraye n'est sans doute pas étrangère à ces expressions.

Passer à la casserole « subir une défaite, un renvoi ; subir des relations sexuelles, en parlant d'une femme ». L'expression correspond aux sens de *y passer*. Dans l'acception sexuelle, qui date de 1906 (Esnault), c'est un jeu de mots sur *être saucé*. Mais l'expression a été précédée par : *faire un tour de casserole* « subir un traitement antivénérien » (Rousseau, *Confessions*, VI, *in* Littré), qui est bien proche par la forme (d'autant plus que les dictionnaires du XIXe s. enregistrent aussi la forme : *passer à la casserole*), et par le contexte. *Faire un tour de...* correspond à « être retourné dans... ». La variante utilisée par Jarry (ci-dessous) semble personnelle. Le contexte implique une évolution de sens : « être supprimé, tué... ».

— Qui t'empêche de massacrer toute la famille et de te mettre à leur place ?
— Ah ! Mère Ubu, vous me faites injure et vous allez passer tout à l'heure par la casserole.

> — Eh! Pauvre malheureux, si je passais par la casserole, qui te raccommode-
> rait tes fonds de culotte?   A. JARRY, *Ubu roi*, I, 1.
>
> Riton [un jeune milicien] espéra encore [...] que tous les locataires seraient germano-
> philes [...] Il espéra même qu'ils seraient tous loyaux et ne le dénonceraient pas aux
> insurgés. Il osa leur imaginer une grandeur d'âme plus grande que nature. Mais, à
> peine allumés, ces espoirs s'éteignirent.
> «Y a pas à chier, on est bon. Si c'est pas demain qu'on passe à la casserole, c'est
> après-demain.»   J. GENET, *Pompes funèbres*, p. 94.

Par extension: «y passer, mourir».

> Tous les flics croyaient que j'allais passer à la casserole car j'avais pris une bastos
> dans la tête; le Ribot qui avait été pris en même temps que moi et qui avait vu toute
> la scène, m'a raconté par la suite qu'une fois évanoui, les flics m'ont traîné par les
> pieds, la tête sur les pavés, jusqu'au poste de police...
>   F. GUILLO, *Le P'tit Francis*, p. 167.

CASSEUR n. m.

Casseur d'assiettes (→ ASSIETTE). Cette expression moderne (milieu XIXᵉ s)
est une extension du sens de *casseur* «tapageur» (1803). La forme utilise ce
d'anciennes expressions, comme *casseur d'acier*, qui s'est employée au XVIᵉ s. et sign
fiait «homme d'une force redoutable» (en comparaison, voir la citation de Du Fail)
ou «fier à bras, personne qui fait des rodomontades». Cette valeur («fanfaron») e
commune à *casseur d'acier*, *casseur de raquettes* (XVIIᵉ s., voir ci-dessous) et *casse
d'assiettes* (XIXᵉ-XXᵉ s.).

> Une [...] avec son soulier cloué frappait à tour de bras, une autre avec le pied [...],
> une autre qui avec une pierre qu'elle avait mise en sa bourse frappait comme un quas-
> seur d'acier.   Noël DU FAIL, *Propos rustiques*, chap. IX.

Vx. ***Casseur de raquettes*** «homme fort et brutal» (comme celui qui, au jeu
paume, casse la raquette en jouant). La métaphore tirée du jeu vers 1650 impliqu
pour cette locution une idée de brutalité maladroite; comme *casseur d'acier*, qui
s'employait plus, l'expression a signifié «fanfaron, hâbleur».

Les casseurs seront les payeurs «les auteurs de dégradations en seront ten
pour responsables». Cette variante de: QUI CASSE LES VERRES* LES PAYE, sous u
forme rythmée et proverbiale, a été suscitée par l'agitation étudiante postérieure
Mai 1968. La formule, frappée par le chef du gouvernement, a plu et a donné u
fréquence d'emploi beaucoup plus grande au mot *casseur*. La *Loi anticasseurs*, iss
de cette assertion, pose un grave problème quant à la définition de la responsabili

CASTAGNETTES n. f. pl.

Jouer des castagnettes «entrechoquer (par un tremblement)». La locuti
suggère la peur.

> «Maintenant, mon vieux, vous qui t'nez la camoufle, faudrait voir à passer d'vant pour
> m'éclairer... Pas b'soin d'*jouer des castagnettes* avec vos g'noux, vieux froussard, puis-
> que j'vous suis, d'cheminée, pour vous défendre et pincer l'filou...» M. Latringle, récon-
> forté par ces mâles paroles, passa le premier [...].   *L'Épatant*, 1910, p. 123.

CATALOGUE n. m.

Faire le catalogue de... «énumérer». Emploi à peine métaphorique de *cata*
gue «liste systématique», avec une valeur légèrement ironique (intention d'exha
tivité).

Rayer de son catalogue «supprimer de l'ensemble des choses, des noms q
l'on envisageait» (milieu XIXᵉ s.).

CATAPLASME n. m.

Comme un cataplasme sur une jambe de bois, se dit d'une mesure complètement inutile. On dit plus souvent : COMME UN EMPLÂTRE... ou UN CAUTÈRE...
→ CAUTÈRE.

CATARACTE n. f.

Vx. *Lâcher les cataractes* (fin XVIIIe s.) «laisser s'exprimer sa colère». La métaphore est identique à celle qui donne naissance au sens du verbe *débonder.* On comprendrait aujourd'hui «lâcher des torrents de larmes»... ou d'un autre liquide.

CATASTROPHE n. f.

En catastrophe «d'une manière soudaine et dangereuse, sans respecter les
mesures normales, les précautions...». Selon Esnault, l'expression apparut d'abord
dans l'argot des sous-mariniers, qui parlaient de *plonger en catastrophe* (1926). Elle
est passée dans le langage de l'aviation *(atterrir en catastrophe),* puis dans la langue
générale (voir Supplément du Robert).

> Face à la banque, un attroupement d'une cinquantaine de personnes ne cesse de
> s'agrandir. Crocbois freine en catastrophe, Baniel descend en voltige et moi à ses
> trousses.   BORNICHE, *Le Gang,* p. 219.

CATHERINE n. propre.

Coiffer sainte Catherine, en parlant d'une jeune fille, «atteindre l'âge de
vingt-cinq ans sans s'être mariée». Allusion à la virginité de sainte Catherine, dont
la statue était traditionnellement parée par des jeunes filles vierges, celles qui res-
taient après l'âge normal du mariage pour coiffer sainte Catherine étant les vieilles
filles avérées. Une tradition rapportée par Littré donnait à la jeune fille des sursis
successifs : la première épingle de la coiffure étant mise à vingt-cinq ans, la seconde
à trente et la coiffure étant terminée à trente-cinq. Cette tradition est rapportée par
Du Broc de Segange ; elle est à rapprocher d'une autre coutume, par laquelle une
jeune fille à marier était chargée d'arranger la coiffure d'une épousée, afin d'y pui-
ser la vertu matrimoniale. Au-delà des anecdotes du folklore religieux ou profane,
la symbolique sexuelle de la *coiffe* et de la *chevelure* s'exprime clairement.

CATHOLIQUE adj.

Ce n'est pas (très) catholique «ce n'est pas net, franc ; c'est douteux ou
inquiétant». L'identification des qualités de vérité au catholicisme reflète la situation
de cette religion — notamment par rapport aux autres formes de christianisme —
dans la culture française.

> Mais, ajoute-t-elle sans sincérité, du moment que je sais ce qui cuit dans ma marmite,
> je ne m'occupe pas de celle des autres. En tout cas ce n'est pas catholique.
>   M. PROUST, *À la recherche du temps perdu,* t. II, p. 23.

CATIMINI (EN) loc. adv. L'expression n'existe, depuis le XIIIe s., que sous
cette forme ; mais on rencontre, au XVe s., un substantif *catimini* emprunté au grec
katamênia «les menstrues». Cette origine est entièrement effacée dans la conscience
des locuteurs, qui emploient normalement *en catimini* pour «en secret, en cachette».
Alors que les menstrues, phénomène refoulé ou exprimé symboliquement par des
métaphores (sur le rouge, etc.), restent l'un des points sensibles de l'infériorisation
systématique de la femme dans la culture (souvent vécu comme «indisponibilité
sexuelle» par l'homme), la loc. dont il est question, de par sa structure formelle, a
pris une valeur innocente et familière, évoquant peut-être la démarche silencieuse
et féline (du *chat,* autre support pour les équivoques sexuelles → CHAT). Apparemment, même les auteurs les plus conscients de la féminité peuvent employer

l'expression sans arrière-pensées (à propos, ici, de la situation psychanalytique, précisément destinée au fameux retour du refoulé) :

> Vous savez comment on se couche, comment on parle, comment l'autre est dans votre dos à vous écouter, comment tout cela se passe dans une atmosphère feutrée et secrète, *en catimini!* De quoi avez-vous bien pu parler pendant votre analyse didactique? [...] Du mal que vous avez à choisir vos petits costards de premier communiant?
>
> M. CARDINAL, *Les Mots pour le dire*, p. 194.

CAUSE n. f. Du latin *causa* qui, comme le français *cause*, a deux acceptions principales, celle de «raison déterminante; phénomène qui en détermine un autre» (I) et celui de «affaire qui est l'objet d'un litige, procès» (II). *Causa* a aussi donné le mot français *chose*.

I. Au sens de «raison déterminante, phénomène initial...» :

Et pour cause «pour des motifs évidents qu'il est inutile de préciser». Au XVIIᵉ s. (La Fontaine, Molière), l'expression s'employait après un impératif, avec la valeur de : «je n'ai pas besoin de vous dire pourquoi». De nos jours, elle confirme ironiquement une assertion et signifie : «tout le monde sait pourquoi; la chose était inévitable». En ancien français *pour cause de...* s'employait là où nous disons *à cause de...*

> Ce matin je vins camper près de cette ancienne ville, voyageant sur l'éléphant que je trouve plus commode, *pour cause*, que le cheval.
>
> V. JACQUEMONT, *Correspondance*, t. I, p. 351.

En connaissance de cause «en connaissant les faits, les conditions, etc.».

> «J'ai rencontré Saint-Loup dimanche matin allée des Acacias, il monte avec un autre chic!» répondait l'autre; et en connaissance de cause [...].
>
> M. PROUST, *À la recherche du temps perdu*, t. II, p. 93.

En désespoir de cause «comme dernière ressource, lorsqu'on n'a plus d'autre possibilité».

En tout état de cause «de toutes les manières; dans tous les cas». L'expression signifie d'abord «quel que soit l'*état de la cause*, de l'affaire».

Pour la bonne cause «pour des raisons, des motifs honorables»; fam. «pour épouser». Variante : *Pour le bon motif*. L'expression utilise le syntagme *la bonne cause*, fréquent au sens II («intérêts à faire prévaloir dans un procès»), dans le sens de «cause (I) d'un acte volontaire», c'est-à-dire «mobile, motif».

II. Au sens de «procès, affaire litigieuse», le mot donne lieu à plusieurs locutions d'origine juridique :

En cause «concerné; en question». Cette métaphore juridique s'emploie très généralement pour qualifier tout ce qui n'est pas considéré comme certain ou acquis. *Mettre en cause* s'opposait à l'origine à *mettre hors de cause;* de nos jours l'expression est utilisée en parlant des choses, et *mettre quelqu'un en cause* est plutôt compris comme «mettre sa probité, sa valeur en question, en doute» que comme «considérer qu'il est concerné dans une affaire».

Hors de cause «non concerné dans une affaire». L'expression s'est d'abord appliquée (Furetière, 1690) à ceux qui n'étaient pas considérés comme parties à un procès. Elle a gardé sa valeur originelle de «responsabilité juridique, pénale ou morale», et s'applique surtout aux personnes, à la différence de *en cause*.

Avoir gain de cause «l'emporter, obtenir ce qu'on voulait». Métaphore juridique, l'expression signifiant d'abord «obtenir la décision de justice en sa faveur, dans un procès». La variante *avoir cause gagnée* est archaïque.

Faire cause commune «mettre en commun ses intérêts dans une entreprise»

Prendre fait et cause (pour...) (fin XVIIᵉ s.) « prendre le parti de quelqu'un ». Dans cette expression et dans la précédente, *cause* désigne « les intérêts — présumés justes — à faire prévaloir contre un adversaire ». En emploi absolu (rare ; voir la citation de Céline), l'expression correspond à *prendre parti*.

> Elle a traversé exprès, la Méhon, pour venir provoquer ma mère, lui faire un esclandre. Elle a gueulé que c'était infâme, l'ignoble façon qu'il cochonnait toute sa vitrine, notre petit galeux... Ça s'amplifiait ses paroles de deux côtés du magasin et jusqu'en haut dans le vitrail. Les passants prenaient fait et cause.
>   L.-F. CÉLINE, *Mort à crédit*, Livre de poche, p. 59.

À petite cause, grands effets [LOC. PROV.] « des événements insignifiants peuvent être à l'origine d'événements essentiels ».

CAUSER v. intr.

Fam. ***Cause toujours...***, formule par laquelle on exprime l'indifférence pour les paroles de l'autre (= tu peux toujours causer (parler), ça ne m'intéresse pas).

> Bien entendu, bien entendu, approuve le commissaire Pinault, avec un air qui semble dire : « cause toujours, mon poulet ».
>   BORNICHE, *Le Gang*, p. 117.

CAUSETTE n. f. Ne s'emploie guère que dans l'expression ***un bout, un brin de causette*** « une petite conversation », et dans ***faire la causette***.

> Et si la standardiste, plus capable, n'a pas le temps de vous faire même un bout de causette, sa voix est si douce que les quelques mots qu'elle vous dit valent de longs et tendres propos.
>   M. LEIRIS, *Frêle Bruit*, p. 239.

CAUTÈRE n. m.

Un cautère sur une jambe de bois « une mesure complètement inutile » comme le seraient des soins (on dit aussi *un cataplasme, un emplâtre...*) donnés à un membre artificiel.

> Je vous demande pourtant une chose : essayez de ne pas tenir compte de ce que vous savez de la psychanalyse, tâchez de ne pas vous référer à ces connaissances, trouvez des équivalents aux mots du vocabulaire analytique que vous avez appris. Tout ce que vous savez ne peut que vous retarder.
> C'était vrai que je croyais tout savoir de l'introspection et que, dans le fond de moi, il me semblait que ce traitement me ferait le même effet qu'un cautère sur une jambe de bois.
>   M. CARDINAL, *Les Mots pour le dire*, p. 37.

CAUTION n. f.

Caution bourgeoise « garantie sur laquelle on peut compter ». Expression juridique de la langue classique (on la trouve chez Molière), parfois reprise dans la langue littéraire ou didactique, avec les connotations toutes différentes dues à l'évolution de sens du mot *bourgeois*.

Sujet à caution [LOC. ADJ.] « sur quoi on ne peut faire fond ; qui doit être mis en doute » (1615). L'expression met en œuvre le sens étymologique de *caution*, le latin *cautio* étant dérivé de *cavere* « prendre garde, se méfier ». La traduction en français moderne serait : *sujet à méfiance*.

CAVALERIE n. f.

La cavalerie de Saint-Georges « l'argent anglais ». Les pièces anglaises portaient l'image de saint Georges à cheval.

La grosse cavalerie « le tout-venant » (dans un inventaire, une liste de marchandises ou d'articles de commerce). L'expression évoque les différences de valeur entre différentes sortes de chevaux, et l'opposition « chevaux de course, purs sangs, etc. » — « gros chevaux de monte ou de trait ».

Traite de cavalerie «traite de complaisance, de valeur douteuse». *Cavale
rie* serait ici peu compréhensible, si on ne songeait aux connotations péjoratives d
cavaler «s'enfuir, filer» et peut-être à celles de *chevalier d'industrie*, etc. (→ CHE
VALIER).

CAVALIER n. m.

Faire cavalier seul «agir seul, en isolé». L'expression vient du langage de l
danse. La figure de quadrille appelée *cavalier seul* était dansée par l'homme seul.

CAVE n. f.

De la cave au grenier «dans toute la maison». Sous cette forme et avec cett
valeur spatiale, l'expression date du XIXe s. Elle a été précédée de plusieurs locution
métaphoriques. *Aller de la cave au grenier* a signifié (1690, Furetière) «sauter d'u
sujet à un autre» (cf. *Aller du coq à l'âne*), puis «tomber d'un excès dans un autre»
Au XVIIIe s., l'expression s'est appliquée à une écriture irrégulière (dont les ligne
montent vers la droite). *Tomber du grenier à la cave* s'appliquait au revers de for
tune important et subit.

CAVEÇON n. m. Le mot, emprunté de l'italien à la Renaissance, vient d
latin vulgaire supposé *capitia*, de *caput* «tête».

Vx. *Coup de caveçon* «punition; ce qui force quelqu'un à rabattre ses préter
tions». Métaphore hippique. Le *caveçon* est un demi-cercle métallique placé sur l
naseaux du cheval à dompter, et qui joue le même rôle que le mors.

CAVERNE n. f.

Une caverne de brigands «un lieu où l'on est volé». S'applique à un magasir
à un lieu public où les prix sont trop élevés (cf. *coup de fusil*), dans un style asse
pompeux ou ironique.

CAVIAR n. m.

Vx. *Passer au caviar* «noircir (un passage imprimé); censurer». L'expression
été appliquée à la censure tzariste, par comparaison entre la noirceur de l'encre e
celle des œufs de l'esturgeon, d'ailleurs appelés en russe *ikra* (le mot *caviar* est u
emprunt au turc, par l'italien). On dit aujourd'hui *caviarder*, verbe qui dériv
de cette locution.

CÈDRE n. m.

Vx. *Depuis le cèdre jusqu'à l'hysope* «du plus grand jusqu'au plus petit»
(XVIIe s.). L'*hysope* est un petit arbrisseau à feuilles persistantes, qui, dans la Bible
est pris comme type de la plante insignifiante et opposé au *cèdre*. L'expression n
s'employait plus au XIXe s., mais on trouve sous forme de métaphores libres, des allu
sions au cèdre et à l'hysope (par exemple chez Sainte-Beuve qui écrit d'une pièc
qu'elle est «autant au-dessous d'*Hernani* que l'hysope est au-dessous du cèdre» [vo
le Robert, *s.v.* «Hysope»]).

CEINTURE n. f.

... au-dessous de la ceinture (avec des verbes comme *frapper, cogner...*), s
dit, par allusion aux règles de la boxe, des coups défendus, dits *coups bas*. La zon
placée au-dessous de la ceinture est aussi évoquée pour localiser la sexualité.

> et tu n'auras pas le temps de lui voler dans les plumes [à l'ange]
> ils se jetteront sur toi
> et il te frappera au-dessous de la ceinture et tu t'écrouleras

> [...] et jamais plus tu ne pourras faire l'amour.
>
> PRÉVERT, *Paroles*, Le Combat avec l'ange, p. 229.

Vx. *Ne pas arriver à la ceinture de quelqu'un* «lui être très inférieur» (XIIᵉ s. : Scarron, *in* Richelet). *Ceinture* signifie ici «milieu du corps» (→ CHEVILLE).

Vx. *Dénouer la ceinture* (d'une jeune fille) «l'épouser; la posséder». Euphémisme pédant dans le goût de la Restauration, faisant allusion à la ceinture symbolisant la virginité que portaient les jeunes filles grecques et romaines jusqu'à leur mariage. Le symbolisme sexuel (féminin) de la ceinture se rattache à celui des reins (→ REIN); on le retrouve dans l'expression lexicalisée *ceinture de chasteté* et dans *ceinture de Vénus*. Cette dernière expression, affadie dans la poésie néo-classique, signifiait : «source de grâces, de charme».

Vx. *S'en donner (mettre) plein la ceinture* «manger gloutonnement». Métonymie pour *ventre*. *Ceinture* a ici la valeur abstraite (étymologique) de «tour du corps, de la taille», et l'expression correspond à «se remplir le ventre dans toute sa capacité».

Se mettre, se serrer la ceinture «se priver de manger; se passer de quelque chose» (on dit aussi *s'attacher, se boucler la ceinture*). Le verbe *serrer* convient mieux que les autres, qui limitent l'expression à sa valeur métaphorique; en effet il connote la gêne, la privation (emplois du type : *se serrer, serrer la vis...*). À cette loc. se rattache l'emploi elliptique et familier : *Ceinture!*

> Quoi faire d'autre, quoi dire? Alors, il aurait fallu nous mettre la ceinture, pour la
> table et pour l'aramon?   H. BARBUSSE, *Le Feu*, t. I, p. 33.

Vx. *Être pendu à la ceinture de quelqu'un* «le suivre constamment». L'attitude de l'importun qui s'attache à une personne est dépeinte traditionnellement par un verbe (*suivre, être pendu* à..., etc.) et un nom désignant une pièce d'habillement qu'on peut attraper par derrière → BASQUE, CHAUSSE.

Attachez vos ceintures! «prenez garde; il va y avoir du danger!» Injonction empruntée au vocabulaire de l'aviation, puis de l'automobile, où les dispositifs assujetissant les passagers à leurs sièges, appelés *ceintures de sécurité* sont devenus obligatoires. Elle signifie : «prenez vos dispositions, la situation va devenir périlleuse». La variante *bouclez vos ceintures* est plutôt réservée à l'emploi non métaphorique (en avion, etc.).

Bonne renommée vaut mieux que ceinture dorée [LOC. PROV.] → RENOMMÉE. *Ceinture dorée* a ici le sens doublement archaïque de : «bourse (de ceinture) remplie d'or».

CENDRE n. f.

Le sac et la cendre → SAC.

Mettre (réduire) en cendres «détruire complètement par le feu». L'expression est restée dans le domaine concret et ne transmet pas normalement les valeurs métaphoriques de *cendre* («destruction», «passé aboli» — voir le suivant —, «remords»).

Couver sous la cendre «rester latent sans se manifester au grand jour».

Remuer les cendres «évoquer des souvenirs anciens, le plus souvent pénibles ou mélancoliques». La métaphore *les cendres du passé* reste fort littéraire et l'expression n'est ni fréquente ni figée.

Renaître de ses cendres «se manifester de nouveau, après la destruction, la ruine, etc.». Rousseau emploie l'expression au singulier : *l'État renaît (...) de sa cendre*. Le mythe sous-jacent est celui du *Phénix*.

CENT n. m.

Un cent de clous → CLOU. — *Cent sept ans* «un temps très long» → AN.

(À) cent pour cent [LOC. ADV.] «complètement, intégralement» (1924). Calque de l'américain *one hundred per cent* «totalement», lui-même modifié de l'anglais britannique *cent per cent*.

Des mille et des cents → MILLE.

CENTIME n. m.

N'avoir pas un centime «être pauvre». Équivaut à *sans un sou, sans un,* etc.

CENTIMÈTRE n. m.

Ne pas perdre un centimètre (de sa taille) «se tenir très droit, pour masquer autant que possible sa petitesse».

CENTRE n. m.

Le centre du monde, de l'univers «ce qu'il y a de plus important». Souvent dans des expressions du type : *se croire, penser que l'on est...,* pour qualifier l'égocentrisme ou la mégalomanie.

CENTUPLE n. m.

Au centuple [LOC. ADV.], employée avec des verbes comme *rendre, être récompensé,* etc., «dans des proportions beaucoup plus grandes» (qu'une quantité de référence). L'expression est d'origine biblique (Luc 8, 8 : la semence «donne du grain au centuple»; Marc 10, 30 : «recevoir au centuple»).

CERCLE n. m.

Cercle vicieux «situation compliquée et dangereuse, dont on ne parvient pas à sortir». C'est du moins la valeur courante de l'expression, aujourd'hui, malgré les remontrances des puristes, qui voudraient qu'elle garde son sens originel et technique de «raisonnement circulaire». On disait (et on dit encore) simplement *cercle,* dans ce sens abstrait, comme on dit *circulaire.* Le *cercle* constituant un *vice* de raisonnement, l'expression *cercle vicieux* est un pléonasme destiné à lever l'ambiguïté du mot *cercle.* Mais l'adjectif *vicieux,* par son apport péjoratif, l'a fait sortir du domaine abstrait et logique pour signifier «situation dangereuse, mauvaise [*vicieuse*] dans laquelle on est enfermé [comme dans un *cercle* qui emprisonne]»; le *vice* n'est plus alors un défaut dans le raisonnement, mais un danger réel.

Le cercle de famille «le groupe familial au grand complet». Dans les célèbres vers de Hugo, «le cercle de famille applaudit à grands cris» est précédé de «Lorsque l'enfant paraît», et ce syntagme neutre en a acquis toutes les connotations — aujourd'hui quelque peu ironiques — de la famille unie, patriarcale et admirative de sa progéniture.

Faire cercle autour de quelqu'un «l'entourer». Le seul intérêt de l'expression est l'absence d'article, qui lui donne sa stabilité (on ne dit *pas faire rond, carré,* etc. mais, avec la syntaxe normale, *former un...*).

CERCUEIL n. m.

Vieilli. *Descendre, être au cercueil* «mourir; être mort». Le vieillissement de l'expression est dû à celui de la rhétorique classique et de sa pompe, car il demeure parfaitement claire. Le *Chant du départ* (1794) déclare : «Tyrans, descendez au cercueil!»

CERF n. m.

Se déguiser en cerf «se sauver rapidement» (1846).

Vx.   **Faire le cerf de quelque chose** «ne pas s'en soucier» (début XVIIᵉ s.). La métaphore porte sur la vitesse du cerf et l'expression signifie «passer très rapidement sur
quelque chose». On disait au XVIᵉ s. : *ne faire que le cerf de...* «ne pas tarder à...».

CERISE n. f.

Rouge comme une cerise «rouge (de confusion, de plaisir, etc.)». Cette comparaison ajoute à la ressemblance de couleur une évocation champêtre et une métaphore portant sur «surface rebondie du fruit = joue pleine».

Avoir la cerise «avoir de la malchance». D'abord au sens de «avoir de la
chance», fin XIXᵉ s.), par opposition à *avoir la guigne* (autre fruit); puis synonyme
de *guigne*. Le nom de ces deux fruits, comme celui des *nèfles*, *prunes*, etc., a longtemps symbolisé la faible valeur (l'expression *ne valoir une cerise* «valoir très peu»,
s'est employée du XIᵉ au XVIᵉ s.). Lexicalisé en argot, comme l'atteste le titre du
roman d'Alphonse Boudard.

Vx.   **Faire deux (trois) morceaux d'une cerise** «faire des distinctions trop subtiles»
(→ COUPER LES CHEVEUX★ EN QUATRE); et aussi «être difficile». Allusion à la petitesse du fruit.

CERTIFICAT n. m.

Vx.   **Certificat de bonnes mœurs.** S'est dit par ironie de la marque au fer rouge
imprimée par le bourreau sur l'épaule d'un criminel (1756, *in* Nisard).

CERVEAU n. m.

Cerveau brûlé «esprit exalté et dangereux». On retrouve la métaphore de
tête brûlée → TÊTE 2.

> [...] Cottard, se décidant à jouer atout, prit un air sombre, 'cerveau brûlé', et, par allu-
> sion à ceux qui risquent leur peau, joua sa carte comme si c'eût été sa vie, en s'écriant :
> «Après tout je m'en fiche!»
>
> M. PROUST, À *la recherche du temps perdu*, t. II, p. 960.

Se creuser le cerveau «chercher intensément». Ici, encore, *cerveau* et *tête*
sont substituables (comme dans **avoir le cerveau brouillé, fêlé, malade, dérangé,** tous
adjectifs évoquant la folie).

Loucher du cerveau (rare) «avoir des idées anormales, tordues». L'image
superpose deux organes; la parenté entre le sensoriel (yeux) et l'intellectuel facili-
tant cette collusion.

Avoir une araignée dans le cerveau → ARAIGNÉE.

CERVELLE n. f.

Cervelle de moineau, d'oiseau «esprit faible et instable» (cf. *Tête de linotte*).
On dit aussi *avoir une cervelle de lièvre*, mais là, *tête* ne peut être employé à cause
de son ambiguïté («esprit» ou «visage»).

Tête sans cervelle «personne sans réflexion» → TÊTE. La métonymie entre
tête et *cervelle* (ou *cerveau*) conduit à l'interchangeabilité du contenant et du contenu (voir ci-dessous BOURRER LA CERVELLE) ou, comme ici, à une opposition.
Dans de nombreuses expressions verbales (*avoir du plomb dans la cervelle* «être raisonnable, équilibré», *rompre, casser la cervelle à quelqu'un, se creuser la cervelle, cela
lui trotte dans la cervelle*), *cervelle* est un substitut plus précis de *tête* → aussi CER-
VEAU.

> De son côté, Fauchelevent se creusait la cervelle. Il commençait par se déclarer qu'il
> n'y comprenait rien. Comment M. Madeleine se trouvait-il là, avec les murs qu'il y
> avait? Des murs de cloître ne s'enjambent pas, Comment s'y trouvait-il avec un enfant
> dans ses bras?   V. HUGO, *Les Misérables*, Pléiade, p. 541.

> Je ne travaille pas mal, c'est-à-dire avec assez de cœur ; mais c'est difficile d'exprimer bien ce qu'on n'a jamais senti : il faut de longues préparations et se creuser la cervelle diablement afin de ne pas dépasser la limite et de l'atteindre tout en même temps.
>
> G. FLAUBERT, *Correspondance*, IIIe série, p. 53.

(Se) brûler la cervelle « se tuer par un coup de feu à la tête ». Aussi *se faire sauter la cervelle*. Ici, la valeur concrète de *cervelle* qui s'oppose à *cerveau* par sa résistance aux valeurs purement abstraites (« esprit »), commande une image quasi culinaire en tout cas brutalement physiologique.

> Si vous n'obtempérez pas à ma demande, j'ai plus de courage, j'ai plus de dégoût de la vie qu'il n'en faut pour me brûler la cervelle moi-même et vous débarrasser de moi...
>
> BALZAC, *Splendeurs et Misères des courtisanes*, p. 1137.
>
> Julien, indigné de sa lâcheté, se dit : Au moment précis où dix heures sonneront, j'exé-cuterai ce que, pendant toute la journée, je me suis promis de faire ce soir, ou je monterai chez moi me brûler la cervelle. STENDHAL, *Le Rouge et le Noir*, p. 265.

Bourrer la cervelle à quelqu'un est une variante rare de *bourrer le crâne*. *Crâne* et *tête*, qui désignent la boîte osseuse, et *cerveau-cervelle* sont en relation métonymique. Dans *bourrer la cervelle/le crâne*, l'opposition contenant/contenu est neutralisée. Cette neutralisation se manifeste dans les divers sens de *tête*★.

Vx. Chiffonner la cervelle à qqn « le troubler, l'ennuyer légèrement ». L'expres-sion correspond exactement au sens du verbe *chiffonner*, au figuré.

> Eh bien ! en conscience, je ne saurais t'en répondre, tant que cet inintelligible propos [il s'agit d'un rêve, qui trouble le maître de Jacques] me chiffonnera la cervelle. Tire-moi de là, je te prie. DIDEROT, *Jacques le Fataliste*, p. 546.

Se creuser la cervelle → CREUSER.

Se mettre la cervelle à l'envers, à la torture... Ici on attendrait plutôt *cerveau* ou *tête*, la métaphore étant abstraitement spatiale *(à l'envers)* ou anthropomorphique *(à la torture)*. D'une manière générale, *cervelle* fait figure de cas marqué de *cerveau* (féminin, finale consonantique) et s'y substitue chaque fois qu'une expressivité plus grande est recherchée.

CÉSAR n. pr.

Rendez à César ce qui est à César. Cette phrase traduite de l'Évangile qui la place dans la bouche du Christ, a été rappelée chaque fois que le pouvoir civil était battu en brèche par une autorité confessionnelle, laquelle rétorquait par la fin du passage : *et rendez à Dieu ce qui est à Dieu.* Cette répartition des domaines relève en effet de la tautologie et la phrase signifie platement « chacun doit conser-ver ce qui lui appartient ». C'est ainsi qu'elle s'emploie de nos jours, surtout dans le contexte abstrait : « si la responsabilité de telle action, de telle œuvre revient à quel-qu'un, on doit la lui reconnaître ».

> Il avait une belle situation, l'usine tournait rond à cette époque... Rendons à César ce qui est à César : c'était un homme courageux car, ses diplômes, il les avait obtenus à la sueur de son front, en allant aux cours du soir.
>
> M. CARDINAL, *Les Mots pour le dire*, p. 145-146.

La femme de César ne doit pas (même) être soupçonnée « les personnalités officielles, les institutions doivent être à l'abri des accusations ». L'expression est sou-vent employée *cum grano salis*, et a été isolée de son contexte originel. Il s'agit en effet d'une réponse de César qui se justifiait ainsi d'avoir répudié sa femme Pom-peia sans preuve (Plutarque, *César*, XI) et qui signifiait donc : « le moindre soup-çon, même injustifié, à l'égard d'une personne proche du pouvoir suprême, appelle impitoyablement une sanction ».

CESSE n. f. Ce dérivé du verbe *cesser* ne s'emploie plus que dans des expres-sions négatives ; en français moderne il suit toujours *sans*, *ni*, *pas de* ou *point de.*

N'avoir de cesse que... «agir sans relâche jusqu'à ce que (on ait obtenu quelque chose)». *N'avoir pas de cesse* s'employait au XVIᵉ s. (R. Estienne) au sens de «ne pas se reposer, travailler sans discontinuer». Les expressions positives *faire cesse de...* «abandonner, se désister» (début XVIᵉ s.), *faire cesse à...* (Estienne, 1538), *avoir cesse* (Malherbe) ne s'emploient plus.

Sans fin ni cesse «sans discontinuer, sans s'arrêter». L'expression est littéraire et archaïque; elle renforce *sans cesse*.

CESSER v. tr.

Toutes affaires cessantes, toutes choses cessantes (2ᵉ moitié du XVIIᵉ s.) «sans attendre, immédiatement». Mme de Sévigné écrit: «... pour me prier, toutes choses cessantes, d'aller voir le lendemain ce chef-d'œuvre...» (in *Matériaux pour l'histoire du vocabulaire français*, 10).

CÉTACÉ n. m. Ce mot savant donne lieu à un calembour populaire: *c'est assez, dit la baleine...*, correspondant par la structure à *tu parles, Charles*.

CHACUN, CHACUNE pron. indéf.

Chacun avec (et) sa chacune ou *chacun sa chacune* «chaque garçon avec une fille». Tous les emplois du féminin substantivé *chacune* sont familiers et ruraux; la présente expression évoque les réjouissances villageoises. La forme inverse est plus rare:

> LE MAÎTRE. — Elles ne se sont pas brouillées?
> JACQUES. — Utiles l'une à l'autre, elles s'en sont aimées davantage.
> LE MAÎTRE. — Les nôtres en auraient bien fait autant, mais chacune avec son chacun...
> DIDEROT, *Jacques le Fataliste*, p. 682.

Tout un chacun «une personne quelconque». L'expression archaïque *un chacun*, grammaticalement anormale (comme le serait par exemple: *les tous*) reprend la forme de l'expression latine *unum cata unum* «un par un», qui a donné naissance à *chacun* (d'abord *cadhun* : *cata unum*). *Tout un chacun* ne s'emploie guère qu'avec *comme* et signifie alors «comme tout le monde».

> [...] celles [les personnes raisonnables] qui défileront demain à Brive-la-Gaillarde, à Rosa-la-Rose ou à Carpa-la-Juive, devant le monument du Jeune et veau marin qui périt à la guerre comme tout un chacun...
> PRÉVERT, *Paroles*, p. 15.

Chacun pour soi (et) Dieu pour tous «il est normal que chacun veille à ses intérêts personnels, puisque Dieu s'occupe de l'humanité». Ce proverbe semble être traduit de l'anglais, où il est attesté au milieu du XVIᵉ s. (J. Heywood).

> Une source limpide qui vient étancher ma soif dans le désert brûlant de la médiocrité que je traverse si péniblement! Ma foi, pas si bête! chacun pour soi dans ce désert d'égoïsme qu'on appelle la vie.
> STENDHAL, *Le Rouge et le Noir*, p. 522.

> Mon cher garçon, déclara Marjalet, vous saurez qu'au régiment il n'y a pas de recommandation; chacun pour soi et Dieu pour tous! Est-ce que vous croyez naïvement que les autres feront le pansage à votre place et qu'ils coucheront à la boîte pour vous?
> G. COURTELINE, *Les Gaîtés de l'escadron*, p. 61.

Vx. *Chacun le sien n'est pas trop* «chacun doit conserver l'intégralité de ce qui lui appartient» (on dirait aujourd'hui: *à chacun son bien, ce n'est pas trop*). Si elle est appliquée à de riches propriétaires, cette expression traduit un conservatisme absolu et illustre l'insuffisance générale des revenus, sa signification sociale change. Si la gabelle — ou notre fisc — avaient adopté une devise sincère, ce serait sans doute: *chacun le sien est trop* (et *le trop est mien*).

CHAÎNE n. f. Le mot entre dans de nombreux syntagmes désignant des objets concrets (courants ou techniques : *chaîne haute fidélité*, etc.) ou des abstractions, que l'on trouvera dans les dictionnaires généraux. D'autre part, les emplois métaphoriques *(la chaîne, les chaînes* « la captivité, l'asservissement ») se trouvent dans des expressions verbales *(être dans les chaînes ; briser, secouer les chaînes...)* qui sont plutôt des clichés rhétoriques. On peut cependant signaler ici deux formes :

À la chaîne [LOC. ADJ. et ADV.], issue de *travail à la chaîne* et qualifiant toute opération mécanique et répétitive.

Faire la chaîne « se transmettre qqch. de proche en proche ». Dans le sens opposé : *rompre la chaîne.*

CHAIR n. f.

Chair à canon, se dit des troupes vouées à la mort. L'expression serait due à Napoléon (selon Chateaubriand), mais le sémantisme de *chair* est profondément lié à la mort, dans la tradition culturelle chrétienne (*chair* est souvent associé à *os*, et désigne la partie mortelle, méprisable, coupable, opposée à l'esprit, à l'âme, etc.). La langue réalise ce sémantisme dans des dérivés comme *carnage, charnier,* etc. En outre, *chair* évoque ici la « viande comestible des animaux », la forme de l'expression évoquant (malgré la différence de valeur de *à*) la *chair à saucisse, à pâté.* Sous l'Ancien Régime, le soldat (comme l'esclave, la prostituée) est désigné par le mot *chair* dans certaines expressions (cf. ci-dessous MARCHAND DE CHAIR HUMAINE).

> [...] il est sûr qu'il n'y a nulle commune mesure entre se demander, durant un temps limité, si l'endroit où l'on est ne va pas se trouver écrasé sous les bombes ou si des gens ne vont pas avoir l'idée de vous tirer dessus, et expérimenter, pendant de longs jours dont on ne sait quand viendra la fin, la condition peu enviable de chair à canon.
>
> M. LEIRIS, *Fourbis*, p. 153.

Chair à pâté « préparation culinaire faite de viandes hachées fines et destinée à garnir un pâté ». L'expression sert de terme intensif pour qualifier un découpage, une suite de coups d'arme blanche. La forme la plus fréquente est *haché menu comme chair à pâté,* qui vient de Perrault → HACHER.

> [...] par la morgoy, que viens-tu faire céans ? que je ne t'y retrouve plus, autrement je te déchiquetray plus menu que chair à pâté.
>
> Ch. SOREL, *Histoire comique de Francion*, p. 329.

Chair de poule « aspect de la peau humaine, provoqué par le soulèvement des follicules pileux, et comparé à la peau d'une volaille plumée ». D'abord terme de médecine et de physiologie avec la variante *peau de poule* (XVIIe s.), l'expression est entrée dans le langage courant, *avoir la chair de poule* étant considéré comme symptôme de froid ou de frayeur. *Donner la chair de poule* signifie seulement « provoquer la frayeur, être horrible ». *Avoir la chair de poule de quelque chose (j'en ai la chair de poule)* a la même valeur.

Marchand de chair humaine « marchand d'esclave, proxénète », utilise le sens de *chair* « viande des animaux », d'ailleurs vieilli en emploi libre. Au XVIIIe s., s'employait au sens de « recruteur » (cf. ci-dessus CHAIR À CANON). *Vendeur de chair humaine* « proxénète », s'est dit au XVIIe s.

La chair de sa chair « son enfant ». Il s'agit ici de la valeur biblique du mot, l'opposition *chair-sang* correspond aux concepts scientifiques de « soma » et de « germen ». À l'origine, l'expression est traduite de la Genèse (2, 22-24) ; elle est mise dans la bouche d'Adam pour désigner Ève : « À ce coup, c'est l'os de mes os, et la chair de ma chair. Celle-ci sera appelée femme, car elle fut tirée de l'homme... » (trad. de l'École bibl. de Jérusalem). La loc. est issue des leçons morales fondées sur ce texte : indissolubilité du mariage, etc.

Locutions adjectives et adverbiales :

De chair et d'os, de chair et de sang « humain, vivant ».

> Or, ce beau spectacle estoit qu'il avait vu la monstre des marionettes, qu'il croyoit inge-
> nument estre de chair et d'os et animées.
>
> FURETIÈRE, *Le Roman bourgeois*, p. 961.

En chair, bien en chair « d'un agréable embonpoint » ; se dit surtout, traditionnellement, des femmes en tant qu'objets de désir (souvent ironiquement).

En chair et en os « en personne ». Cette locution, en devenant très courante, a
perdu toute motivation et donc toute connotation déplaisante. L'association de *chair*
et *os* remonte à la tradition biblique.

> Il y avait, en somme, trois, non quatre Molloy. Celui de mes entrailles, la caricature
> que j'en faisais, celui de Gaber et celui qui, en chair et en os, m'attendait quelque part.
>
> S. BECKETT, *Molloy*, p. 178.
>
> Ce n'était plus un effort de sa mémoire, un mirage de sa pensée, c'étaient de vrais gen-
> darmes et de vrais juges, une vraie foule et de vrais hommes en chair et en os.
>
> V. HUGO, *Les Misérables*, Pléiade, p. 278.

Au XVIIe s., elle évoquait une réalité humaine en général, déplaisante :

> Témoin plusieurs heros et heroïnes, qui sont beaux et blancs en papier et sous le mas-
> que de roman, qui sont bien laids et bien basanez en chair et en os et à découvert.
>
> FURETIÈRE, *Le Roman bourgeois*, p. 907.

Entre cuir et chair « entre la peau et les muscles ». L'expression a vieilli en
emploi métaphorique. On l'employait figurément dans *rire entre cuir et chair* « se
moquer intérieurement d'une personne, et sans qu'il en paraisse rien au dehors »
(Le Roux, 1752).

Ni chair ni poisson « indéfinissable ». L'ambiguïté entre *chair* (viande) et *poisson* a été entretenue par la classification adoptée par l'Église pour les aliments considérés comme maigres. L'expression positive correspondante : *être chair et poisson*,
avait au XVIIe s. une signification burlesque et péjorative (« être cocu et maquereau »).

> [...] estant, comme tu dis, chair et poisson, j'entends ces paroles selon ton propre sens,
> ne me figurant pas que tu veuilles dire suivant l'intelligence commune de ces mesmes
> paroles, que je sois Cocu et Maquereau, parce que le Cocu [le coucou], j'entends
> l'oiseau qu'on nomme ainsy est de chair, et qu'il y a un poisson nommé Maquereau
> (...). Et pour ton Castillan, quoy qu'il ne soit ny chair ny poisson, c'est-à-dire, quoy qu'il
> ne soy ni de la Religion où l'on mange de la viande sans faire distinction de jour, ny
> de Religion qui défend d'en manger à certains jours, en un mot qu'il soit homme sans
> foy, sans Religion et vray Athée, je crois qu'il a fait honneur à la chair.
>
> FLEURY DE BELLINGEN, *Étymologie [...] des proverbes*, I, 4, p. 16.
>
> Jamais le Prince de Borodino ne recevrait chez lui ce petit bourgeois. Et c'est tout de
> même un fameux culot de la part d'un homme dont l'arrière grand-père était un peztit
> fermier et qui, sans les guerres de Napoléon, serait probablement fermier aussi. Du
> reste il se rend bien un peu compte de la situation ni chair ni poisson qu'il a dans la
> société. Il va à peine au Jockey, tant il y est gêné, ce prétendu prince.
>
> M. PROUST, *À la recherche du temps perdu*, t. II, p. 79.

L'expression a son équivalent en anglais, en espagnol, et italien. Selon Gottschalk,
elle provient d'une allusion au temps de la Réforme, où celui qui ne mangeait que
du poisson pendant le Carême était catholique, alors que celui qui se permettait la
viande suivait les Luthériens. Cette interprétation semble trop étroite (voir ci-dessus
Fleury de Bellingen).

La chair est faible. Phrase proverbiale qui exprime la facilité à céder aux
tentations (notamment dans le domaine sexuel) et qui traduit la formule évangélique : *caro autem infirma*, qui balance un premier terme : *spiritus quidem promptus
est* (Matthieu 26, 41 ; Marc 14, 38). L'expression s'emploie surtout sur le mode plaisant, pour excuser ou justifier une tentative amoureuse ; elle équivaut à *on n'est pas
de bois !* (→ BOIS). Originellement et dans le contexte évangélique, le sens est plus
large (« le corps, la nature physique est incapable de servir les besoins et les tendances de l'esprit, de l'âme »).

CHAISE n. f.

Entre deux chaises «dans une situation délicate, difficile». Cette métaphore d'intérieur a remplacé *entre deux selles,* plus acrobatique, mais le résultat implicite reste le même. C'est le danger de se retrouver *le cul par terre.*

CHALEUR n. f.

En chaleur [LOC. ADJ et ADV.] «dans un état d'excitation sexuelle, de désir, assimilé au rut des mammifères». L'expression est ancienne (XVIe s.) et vient de l'italien; elle ne s'applique d'abord qu'aux femelles des mammifères et coïncide avec un sens classique de *chaleur* (*certes, je ne sais pas quelle chaleur vous monte,* écrit Molière). La misogynie ambiante assimile rapidement la femme à une femelle (en particulier par le syntagme fréquent *chatte en chaleur*), mais l'évolution partiellement égalisante des mœurs fait que l'expression s'applique aujourd'hui aussi bien aux hommes.

CHAMADE n. f. Depuis la publication du roman à gros tirage de Françoise Sagan, on ne peut plus dire que le mot *chamade* ne s'emploie plus seul. Mais *la chamade* n'est pas pour le lecteur moderne qu'un tronçon de locution et signifie (ou plutôt évoque l'idée de) «cœur palpitant». Historiquement, *chamade* est un terme militaire italien (*chiamada,* prononcé dialectalement *tchiamade* et non *kiamata*), qui signifie «appel». Ainsi, le titre de F. Sagan est plus beau et plus riche qu'il ne semble.

Battre la chamade, se dit surtout du cœur qui bat, qui palpite, témoignant de l'affolement, de l'angoisse ou de sentiments trop vifs de son possesseur. Les écrivains cultivés donnent à l'expression sa valeur métaphorique première : la «déroute, l'affolement qui précède la capitulation» (voir Gautier, Huysmans, *in* Robert). Au sens propre, on pourrait aussi bien dire *sonner* que *battre la chamade,* car les assiégés qui informaient par ce signal de leur intention de se rendre n'en étaient pas forcément réduits au tambour. Mais le verbe *battre,* en suggérant fortement les mouvements du cœur, s'est imposé.

> Elle croyait avoir assez pleuré, pour que son cœur fût desséché, et pas du tout, ce cœur se mettait à battre la chamade !   Goron, *L'Amour à Paris,* t. I, p. 432.

> Ces assassins maintenant morts sont pourtant arrivés jusqu'à moi et chaque fois qu'un de ces astres de deuil tombe dans ma cellule, mon cœur bat fort, mon cœur bat la chamade, si la chamade est le roulement de tambour qui annonce qu'une ville capitule.
>   J. GENET, *Notre-Dame-des-fleurs,* p. 9-10.

CHAMBRE n. f. Le mot figure comme complément dans de nombreuses expressions nominales figées *(robe, femme, musique... de chambre)* qu'on trouvera dans les dictionnaires généraux. *Pot de chambre* est fortement spécialisé...

En chambre. Cette expression adverbiale n'équivaut pas à *dans une chambre;* *en* et l'absence d'article correspondent sur le plan de l'expression à une valeur plus abstraite. *En chambre* s'est spécialisé soit pour désigner un travail fait à domicile, et non dans un lieu de travail commun (on se souvient que Valéry remplissait ses fiches d'hôtel, à la rubrique «Profession», en mettant : *artisan en chambre*), soit, avec une valeur ironique et péjorative, une activité accomplie chez soi alors qu'elle devrait normalement supposer des sorties *(stratège, ethnologue... en chambre).*

Garder la chambre «ne pas quitter sa chambre, par suite d'un mauvais état de santé; être malade».

Faire chambre à part «occuper deux chambres séparées» (en parlant de deux époux, suggère souvent l'absence ou le refus de relations sexuelles).

> Un instant, il dut avoir le désir brutal de la prendre [...]; mais il se recula, depuis dix années le ménage faisait chambre à part.   E. ZOLA, *Germinal,* t. I, p. 223.

Vx. *Il y a bien des chambres à louer dans sa tête* « il est fou, extravagant » (Furetière, 1690). L'expression exploite le sémantisme de la *case vide*.

CHAMEAU n. m. Le mot est ancien mais, comme la plupart des termes désignant des animaux exotiques, il n'a donné lieu à des effets de sens que récemment. Alors que l'âne symbolise la sottise depuis l'Antiquité, le chameau n'évoque la méchanceté que depuis le milieu du XIXe s. environ. Il semble que ce soit d'abord une injure adressée aux femmes (le chameau étant à la fois un animal difforme, selon les critères familiers, et une monture, par un jeu de mots constant), peut-être par suite d'une confusion avec un autre terme injurieux (XVIIIe s.) *grande gamelle,* proche de la forme ancienne *cameil, camel.*

Sobre comme un chameau « très sobre », provient d'une observation réelle des mœurs de l'animal. Mais son emploi est presque toujours ironique à cause des valeurs métaphoriques acquises par le mot.

CHAMP n. m. De nombreuses expressions formées avec *champ* suivi d'un complément nominal ou d'un adjectif, forment de véritables composés, où le sens de *champ,* « espace de terre ouvert », est conservé (*champ de foire, champ de course, champ de bataille, de tir,* etc.). Dans cette série, on signalera seulement les expressions pittoresques qui ont désigné en argot le « cimetière », parfois appelé *champ des morts* (début XIXe s.) : *champ d'oignons* et *champ de navets* (qui sont dans le *Grand Dict. universel* en 1867) ou encore *champ de tabac,* qui est régional (Anjou). Cette dernière expression provient sans doute de l'ambiguïté du verbe *fumer* dans des locutions comme *fumer les mauves,* « être mort ».

> Et ! là-bas ! le croque-mort, j'ai quelque chose à vous demander ! C'est-il vrai que quand vos parents sont venus à Paris, pour s'égayer, vous les avez conduits à la Morgue et au Champ-des-Navets ?
>
> J. VALLÈS, *L'Insurgé,* p. 64.

Par ailleurs, *champ(s)* a la valeur de « campagne » (cf. *en plein champ,* loc. adverbiale).

Quant aux syntagmes nominaux où *champ* signifie « espace » *(champ opératoire, champ magnétique, électrique),* ils font partie du lexique — y compris précisément les expressions *champ sémantique, champ lexical,* familières aux linguistes.

Le Champ d'honneur « le champ de bataille quand on y trouve la mort ». L'expression semble récente (*in* Académie, 1835) et correspond au croisement de *champ de bataille* et de l'ancienne expression *mourir au lit d'honneur* (XVIe-XVIIIe s.).

À tout bout de champ → BOUT.

Sur le champ « à l'instant même ; sans plus attendre ». L'expression est dans Marot sous la forme *sur champ.* La plupart des dictionnaires la signalent comme allant de soi alors qu'il s'agit d'un emploi temporel du mot assez isolé (cf. cependant À TOUT BOUT★ DE CHAMP). De « à l'endroit où l'on se trouve », on est passé à « au moment où l'on est » ; de nos jours, l'expression est un adverbe de temps lexicalisé : on l'écrit d'ailleurs *sur-le-champ.*

> Courez sur-le-champ acheter un habillement complet, reprit le marquis d'un air sérieux.
>
> STENDHAL, *Le Rouge et le Noir,* p. 568.

Avoir (donner, laisser) le champ libre « toute liberté pour agir, parler, etc. ». À rapprocher de l'ancienne locution *donner les champs* « donner la liberté » (XVIe s. : Montaigne, Du Bartas...) → aussi LA CLÉ★ DES CHAMPS.

Vx. *Battre les champs, courir les champs* « divaguer, être fou ». Variante de BATTRE LA CAMPAGNE★.

Vx. *Mettre quelqu'un aux champs* « mettre en colère, en fureur ». Cette expression du XVIe s. est encore attestée dans les dialectes.

Prendre du champ «prendre du recul, se mettre à distance pour mieux juger». L'expression a eu deux sens distincts, selon l'orientation de la surface considérée ; soit en avant (*prendre du champ* signifie alors «distance»), soit en arrière (signifiant d'abord «reculer dans le champ clos pour mieux affronter l'adversaire» [cf. *Reculer pour mieux sauter*], puis «prendre du recul»). On trouve également (littéraire et plus rare) : *Se donner du champ.*

> S'il est avéré qu'il y a eu erreur judiciaire, il sera assuré d'une majorité écrasante qui
> lui permettrait de se donner du champ.
> M. PROUST, *À la recherche du temps perdu,* t. II, p. 246.

CHAMPAGNE n. m.

Sabler le champagne «boire du champagne pour fêter un événement heureux» (fin XVIIIᵉ s., Voltaire). *Sabler* signifiait au XVIIᵉ s. «boire très vite, d'un trait (du vin, de l'alcool)», mais cet emploi s'est spécialisé dans cette expression et la notion de rapidité en a disparu. La locution pourrait s'expliquer à partir d'un emploi technique de *sabler* «couler dans un moule fait de sable fin» (Oudin, 1660).

> Ils imitaient les chevaliers d'autrefois qui échangeaient leurs épées après avoir ferraillé
> tout le jour, ou les aviateurs ennemis d'aujourd'hui qui vont sabler le champagne de
> l'amitié après s'être abattus réciproquement.   P. GUTH, *Le Naïf locataire,* p. 232.

CHAMPIGNON n. m.

Appuyer sur le champignon, sans être véritablement une locution autonome, est l'emploi le plus fréquent de *champignon* au sens d'«accélérateur d'une automobile» (à cause de la forme des premiers accélérateurs, tiges courbes surmontées d'une demi-sphère). L'expression s'emploie métaphoriquement pour «aller plus vite».

Pousser (venir) comme un champignon «se développer rapidement». Cette métaphore très naturelle, qui s'appuie sur l'observation, s'est d'abord employée en parlant des personnes et dans un sens spécial («devenir subitement riche et puissant»). *Un champignon d'une nuit* (1614) désignait un nouveau riche. En français moderne, elle évoque la croissance rapide d'une ville, par influence de l'expression anglaise *mushroom city* traduite sans imagination *ville-champignon.*

CHANCE n. f.
Comme le mot *hasard* (de l'arabe *az'zahr* «jeu de dés»), *chance* symbolise par la *chute* du dé (*cadentia,* de *cadere* «tomber» en latin, a donné *chéance-chance*), l'événement jamais prévisible, imposé à l'homme, et la puissance obscure qui s'exprime en lui. La *chance,* d'abord «hasard», a désigné surtout le «bon hasard», comme *heur* se réalisait en *bonheur.*

Au petit bonheur la chance → BONHEUR.

Par chance «par hasard, par un heureux hasard».

Courir sa chance. Ici, *courir* est l'équivalent métaphorique de «poursuivre» et d'«essayer» (cf. *Tenter sa chance*). La langue classique connaît *courre fortune* qui a le même sens, toutefois l'évolution du sens de *chance* (de hasard quelconque à hasard heureux) donne à *courir sa chance* une valeur plus optimiste.

Porter chance, se dit d'un événement ou d'une chose qui est censée «apporter un hasard favorable». On dit dans le même sens *porter bonheur,* les deux expressions étant figées par l'absence d'article. *Porter* y signifie «fournir, produire», comme dans les emplois où il a pour complément le nom d'une activité humaine (*porter attention,* etc.).

C'est bien ma chance! Loc. antiphrastique, signifiant «encore une fois, je n'ai pas eu de chance».

CHANCRE n. m.

Manger (bouffer) comme un chancre «avec voracité». Cette métaphore répugnante doit provenir d'une plaisanterie de carabins.

CHANDELIER n. m.

Tenir le chandelier. Équivalent plus rare de TENIR LA CHANDELLE★. Le mot *chandelier,* dans le sens, non plus de «candélabre», mais de «personne qui tient la chandelle», a signifié, au XIXᵉ s., «personne qui favorise une aventure galante». Musset, dans la pièce qui porte ce titre, emploie le mot au sens de «personne sur qui on attire les soupçons, la jalousie» (alors que c'est une autre qui est en cause).

Faire le chandelier se dit, en termes de chasse, du lièvre qui se dresse pour observer.

Porter le chandelier «avoir des bois larges et symétriques, en parlant du cerf» (depuis le XVIIᵉ s.).

CHANDELLE n. f. Bien que l'objet qu'il désigne ne soit plus utilisé depuis plus d'un siècle, le mot *chandelle* est extrêmement vivant dans plusieurs locutions. C'est qu'il transmet, outre son sens concret, des valeurs plus générales : «lumière» et «verticalité» qui expliquent la persistance des effets de sens réalisés dans les locutions.

Économies de bouts de chandelles «économies insignifiantes». L'idée n'est pas seulement d'«économies inefficaces», mais de «mesquinerie sordide qui cherche à gagner même sur le besoin de lumière». Saint-Simon s'excuse du «mot bas» de *ménage des bouts de chandelles,* c'est-à-dire «gestion des affaires mesquine d'économat». Balzac (qui emploie par ailleurs l'expression) a mis en œuvre la valeur symbolique des *économies de chandelle* en montrant le père Grandet plongeant et maintenant littéralement dans les ténèbres (affectives comme intellectuelles) sa femme et sa fille. Il est possible que l'expression vienne de l'habitude, pour certains domestiques, de revendre aux ciriers les bouts de chandelles et de bougies non consumés.

Brûler la chandelle par les deux bouts «gaspiller, dépenser de toutes les façons» et aussi «se dépenser, se fatiguer excessivement». L'expression date du XVIᵉ s. (Carloix).

> Oui, Coupeau et Lantier l'usaient, c'était le mot ; ils la brûlaient par les deux bouts, comme on dit de la chandelle.   É. ZOLA, *L'Assommoir,* t. II, p. 73.

Vx. *Se brûler à la chandelle* «être mis à mal dans une affaire, être échaudé». Dans la plupart des recueils depuis Oudin (1656) jusqu'à la fin du XVIIIᵉ s.

Cacher (mettre) la chandelle sous le boisseau «cacher, rendre invisible» → BOISSEAU.

Devoir une fière chandelle à quelqu'un «avoir une grande dette de reconnaissance envers lui ; lui devoir le succès, etc.». On a dit simplement *devoir une belle chandelle* (Scarron), *des chandelles à qqn* (voir ci-dessous). L'expression fait allusion aux chandelles d'église (cierges) que l'on doit brûler en témoignage de reconnaissance pour un vœu exaucé. On dit d'ailleurs : *il doit une belle chandelle à Dieu,* pour «il a échappé à un grand péril» (Tuet, 1789).

> Elle [la vérole] trouble tout le plaisir des braves gens, et n'est favorable qu'aux barbiers, lesquels doivent bien des chandelles à l'un de nos Roys qui mena ses soldats à Naples pour l'y gaigner, et en rapporter ici de la graine.
> Ch. SOREL, *Histoire comique de Francion,* p. 126.

Vx. *Donner une chandelle à Dieu et une au diable* (fin XVIIᵉ s.) «se ménager les partis opposés».

Monter en chandelle « monter à la verticale » (avion, ballon, etc.). L'expression est populaire ; elle apparaît vers 1880 (voir Esnault), soit pour parler d'une chute verticale (glissade, plongeon), soit d'une ascension (ballon, puis avion, en 1914).

Vx. *Moucher la chandelle* « tenir une fonction très subalterne » (comme celui qui était chargé d'éteindre et de moucher les chandelles, notamment au théâtre).

> Molière était, lui, chef de sa troupe ; moi, je mouche les chandelles.
> P.-L. COURIER, *Lettres* I, p. 221, *in* Littré.

Tenir la chandelle, c'est, selon Littré « assister et se prêter à une turpitude [...] et particulièrement (avoir des) complaisances honteuses pour un commerce de galanterie ». Ce langage choisi n'est pas très favorable à la précision. En fait, celui qui *tient la chandelle* est celui qui assiste avec satisfaction aux ébats d'une femme qu'il devrait (selon une morale périmée) considérer comme « sienne ». L'expression ne s'emploierait jamais d'un proxénète, par exemple.
À l'origine (vers 1830 ?), *tenir la chandelle* n'impliquait pas l'intention de voir : il suffisait d'éclairer. Parmi les coutumes qui entouraient de prescriptions déplaisantes la nuit des noces, figurait celle qui imposait à un garçon d'honneur la tâche d'éclairer le coucher des mariés ; ce *chandelier* devait tourner le dos.
Le succès de l'expression vient sans doute du symbolisme de la verticalité, qu'il est inutile d'« éclairer ».

> [...] les rapports de Lantier et de Virginie la laissaient parfaitement calme, tant elle avait une grosse indifférence pour toutes ces bêtises dont elle rageait si fort autrefois. Elle leur aurait tenu la chandelle, s'ils avaient voulu.
> É. ZOLA, *L'Assommoir*, t. II, p. 183.

> Ces filles savaient tout, sans que personne eût parlé. Lisa racontait comment Saturnin tenait la chandelle ; Victoire rigolait des maux de tête du mari, qui aurait dû se faire poser un autre œil quelque part [...].
> É. ZOLA, *Pot-Bouille*, t. II, p. 90.

> Pas de Le Fallec, ni d'Ouliana, et Dimitri n'était pas rentré non plus. Je commence à trouver l'affaire bizarre, surtout à cause du moujingue : ils n'avaient pas de raisons de le garder avec eux pour tenir la chandelle. Je cherche dans le bled, aux alentours, mais sans résultat.
> A. SERGENT, *Je suivis ce mauvais garçon*, p. 211-213.

Voir trente-six chandelles « être comme ébloui par un coup ; être sonné ». Le numéral a varié ; on a dit *voir des chandelles* (Scarron), *voir mille chandelles* (Littré).

> Qu'est-ce que recevoir un soufflet ? La métaphore banale répond : C'est voir trente-six chandelles.
> V. HUGO, *Les Misérables*, Ed. Ollendorf, t. IX, 7, p. 215.

> Il avait des maux de tête abominables, des étourdissements qui lui faisaient voir trente-six chandelles.
> É. ZOLA, *L'Assommoir*, t. II, p. 205.

> Il repique dans une de ces rages !... Il me balance un de ces coups de coude !... Un retour en plein dans le genou... Ah ! le vomi ! Ah ! Ce qu'il me fait mal !... J'en vois les trente-six chandelles !...
> L.-F. CÉLINE, *Mort à crédit*, Livre de poche, p. 478.

> La main a dévié et a frappé l'œil gauche. Antoinette voit dix mille éclairs, « trente-six chandelles ».
> R. VAILLAND, *Bon Pied, Bon Œil*, p. 123.

Le jeu n'en vaut pas la chandelle « cela ne vaut pas la peine, les frais envisagés ». L'expression *ne pas valoir la chandelle* « ne pas valoir la peine », date du XVIe s. Le *jeu* en question est à l'origine « toute activité où l'on a besoin de s'éclairer » (jeu de cartes, probablement, avec allusion implicite à l'enjeu). Curieusement, Brantôme renverse l'expression, ce qui revient à lui faire dire « les frais, la peine à prendre ne valent pas le résultat ». Comme les autres locutions formées avec *chandelle*, celle-ci peut véhiculer les deux valeurs (lumière-verticalité) dont il a été question ; on le voit avec les vers galants de l'abbé Cotin, lequel ne craignait pas les métaphores les plus lestes.

> Bien souvent ils acheptent bien cher ce qu'on leur donne ; et la chandelle n'en vaut pas le jeu.
> BRANTÔME, *Des dames*, II, *in* Huguet.

> C'est mien mal à propos que ton âme s'obstine
> À traiter la B... d'aimable et divine
> Quand ses yeux luisent moins qu'un petit lumignon ;

L'on te pardonnerait si la Dame estoit belle,
De luy donner bijoux et de l'argent mignon,
Mais le jeu, cher amy, ne vaut pas la chandelle.

COTIN, *Advis à un jeune magistrat*, in *Œuvres galantes*, t. II, p. 453.

Mignon préférait [dans le vol à l'étalage] saisir, faire décrire à l'objet une prompte parabole de l'étalage à sa poche. C'était audacieux, mais plus beau [...]. Le jeu était dangereux. S'il en valait la chandelle, seul Mignon était juge. Ce jeu était une science.

J. GENET, *Notre-Dame-des-Fleurs*, p. 134.

CHANGE n. m.

Donner le change «tromper quelqu'un en lui donnant une fausse impression». C'est très exactement «lancer sur une fausse piste». L'expression vient d'un terme technique de chasse à courre. Le *change* est ici la «bête changée» et précisément un cerf qui n'est pas celui qui a été lancé et que l'on poursuit par erreur. On disait *courre al change* (courir le change) et *accueillir le change*, puis au XVIe s. *prendre le change*. Le cerf traqué qui parvenait à s'échapper en faisant lever une autre bête était dit *donner le change*. Les deux expressions (**donner** et **prendre le change**) ont acquis leur valeur figurée au XVIIe s.

Luttant de finesse avec toutes les intelligences normandes dans l'interrogatoire que chaque famille lui imposa sur la nature de la maladie de la comtesse, il réussit à donner le change à presque toutes les personnes qui s'occupaient de cette mystérieuse affaire.

BALZAC, *Le Réquisitionnaire*, p. 857.

Qu'est-il arrivé? c'est que, comme vous n'étiez pas sincères, on a été défiant. Quand le peuple a vu qu'on voulait lui donner le change, il s'est fâché contre toute la question en masse, et, chose remarquable, il a pris fait et cause pour cette peine de mort dont il supporte pourtant tout le poids. C'est votre maladresse qui l'a amené là.

V. HUGO, *Le Dernier Jour d'un condamné*, p. VII-VIII, in *Œuvres complètes*, t. VI.

Tes cheveux courts, le bleu que tu mets à tes yeux, ces excentricités que tu te permets sur la scène, tout ça, c'est comme ton parfum, pour donner le change.

COLETTE, *La Maison de Claudine*, p. 159.

Prendre le change «être trompé, se laisser convaincre, persuader (d'une chose fausse)». Voir ci-dessus DONNER LE CHANGE.

Tout pouvait servir à lui faire prendre le change : elle parlait à une femme superbe, elle se trouvait dans une belle maison, l'ameublement était magnifique, les domestiques étaient richement vêtus, jamais présidente ne s'annonça mieux.

GORON, *L'Amour à Paris*, t. I, p. 231.

CHANGEMENT n. m.

Changement de décor «modification, généralement brusque, de la situation, des apparences...».

CHANGER v.

Changer de (qqch.) comme de chemise → CHEMISE.

Plus ça change, plus c'est la même chose «les changements apparents recouvrent une situation stagnante». La langue populaire aime à forger des propositions désabusées sur l'inertie de la vie politique (cf. *On prend les mêmes et on recommence*). Celle-ci, due à Alphonse Karr *(Les Guêpes)*, est particulièrement ingénieuse par son emploi du comparatif appliqué à la constatation d'une identité *(plus c'est la même chose)* et placé en corrélation avec un comparatif normalement appliqué au verbe *changer*. La bizarrerie sémantique du second terme crée l'effet comique, comme dans *Animal farm* de George Orwell, où les révolutionnaires décrètent que «tout le monde sera égal, mais certains seront plus égaux que d'autres»!

CHANOINE n. m.

Comme un chanoine (gras, rond...). Dans ces comparaisons, *chanoine* intervient autant pour son signifiant (qui évoque invinciblement *moine* et *chat*) que par son signifié (qui correspond à une surenchère sur celui de *prêtre, curé*). En effet, les chanoines sont les seuls membres du clergé séculier à avoir acquis la réputation de bons vivants qu'ils partagent avec les moines.

> [...] un chanoine gras comme un chanoine qu'il est, et ne faisant pas mentir le proverbe.
>
> T. GAUTIER, *Les Grotesques*, I, « François Villon », p. 34.

Mener une vie de chanoine, vivre comme un chanoine, illustrent le même sémantisme.

CHANSON n. f.

L'air et la chanson « l'apparence et la réalité ». Le mot *chanson* signifie soit un texte poétique destiné à être chanté, soit la mélodie, soit les deux ensemble. Cette ambiguïté permet la coexistence d'expressions où *chanson* représente la réalité (ou le contenu) et d'autres où il représente la forme, l'apparence → LES MOTS FONT LA CHANSON (ci-dessous).

(Être) toujours la même chanson « toujours les mêmes paroles, les mêmes actes » (quand on s'en plaint). Attesté en 1615. *Chanson* est ici l'équivalent de *histoire*.

Chanter la même chanson (1690) « répéter toujours la même chose ». *Voilà une autre chanson* « une nouvelle difficulté ».

Connaître la chanson « connaître une manière d'agir ». Ici, la *chanson* symbolise le comportement entièrement prévisible, dont on connaît d'avance le déroulement. Cf. *connaître la musique*.

Faire chanter (à qqn) une autre chanson « faire baisser le ton, faire adopter un comportement moins agressif ». Employé dans un contexte menaçant, *l'autre chanson* évoque les plaintes, les excuses qui ne sauraient manquer de suivre les remontrances évoquées par l'expression → FAIRE BAISSER LA CHANTERELLE*.

Vx. *Se payer de chansons* « se contenter de vagues promesses ». Surtout en emploi négatif : *je ne me paye pas de chansons* (Oudin). Quitard ne manque pas de faire étalage d'érudition inutile, en rappelant que les jongleurs étaient dispensés de certaines taxes par leurs productions poétiques et musicales.

Vx. *Les mots font la chanson* (milieu XVIIe s.) « il ne faut pas manquer à sa parole ». Les *mots* sont ici le contenu de la promesse, et la *chanson* en représente la forme : par ce glissement curieux, le signe est reconnu comme étant ce qui importe.

Le ton fait la chanson « la manière de dire influe sur le sens de ce qu'on dit ». *Chanson* représente ici le « message » qui est transmis.

Tout finit par des chansons. Le refrain de « vaudeville » du *Mariage de Figaro* (acte V, scène 19) a souvent été cité pour caractériser la frivolité française.

CHANT n. m.

Au (premier) chant du coq « au point du jour ». La coïncidence du chant du coq et du lever du jour est culturellement bien établie depuis le Moyen Âge (alors que ce chant, en réalité, précède souvent la venue du jour). Il y a ici rapprochement des valeurs symboliques du chant éclatant, de l'oiseau coloré et fier, et de l'astre montant : ce rapprochement entre l'oiseau et l'astre (qui signifient tous deux « élévation », « lumière ») se retrouve dans diverses croyances, par ex. le mazdéisme.

> Divine a été rencontrée au marché vers huit heures du matin [...].
> Le soir même cinq amies autour du thé :

— Voyez donc, mes chéries, voilà la Divine mariée à Dieu. Elle se lève au chant du coq pour aller communier, la Toute-Repentante.

J. GENET, *Notre-Dame-des-Fleurs*, p. 96.

Chant du cygne → CYGNE.

CHANTER v. t.

Si cela me (te, vous) chante «si cela me (te, vous) plaît» (milieu XIXᵉ s., mais Rousseau emploie déjà «*comme la tête me chante*»). Renforcement expressif d'un emploi de *dire (cela me dit, ne me dit rien...)*, où l'envie, le désir est symbolisé par une voix (une chanson) intérieure étrangère au sujet humain : la langue représente cette schizophrénie par le démonstratif *ça, cela* (alors que dans *ça me plaît*, c'est normalement un objet extérieur qui « plaît »).

C'est comme si on chantait (1808, Desaugiers) « c'est tout à fait inutile ». L'expression assimile les paroles inefficaces à celles d'une chanson, c'est-à-dire à un discours rapporté (on pourrait dire : *c'est comme si on récitait*) auquel une mélodie est ajoutée.

Faire chanter quelqu'un « extorquer de l'argent en menaçant de révélations scandaleuses». Cette expression est lexicalisée et a donné un dérivé : *chantage*, au début du XIXᵉ s. Mais elle a eu un sens beaucoup plus large au XVIIᵉ s., où elle signifiait « faire obéir, faire agir quelqu'un comme on le veut ». L'idée initiale est de « faire parler contre son gré ».

[...] car nous avons échangé, lorsqu'il m'a montré les lettres, un regard par lequel nous nous sommes sondés mutuellement, et il a deviné que je puis faire chanter les maîtresses de Lucien.   BALZAC, *Splendeurs et Misères des courtisanes*, p. 1030.

Vx. *C'est bien chanté* (XVIᵉ s.), se dit ironiquement pour commenter des paroles qu'on désapprouve.

CHANTERELLE n. f. En français moderne, ce mot, dérivé de *chanter*, désigne la corde la plus haute d'un instrument tel que le violon.

Appuyer sur la chanterelle « insister avec force sur quelque chose, sur ce qu'on estime être le point sensible ». L'expression a eu un sens différent : « aider quelqu'un ou favoriser le succès d'une entreprise » (1808).

Faire baisser (rabattre) la chanterelle « faire baisser le ton, le caquet à quelqu'un ». Pour la forme, l'expression est peut-être inspirée de « faire *chanter* une autre *chanson* » et de «*faire baisser* (le ton, le caquet...)». Si l'expression est assez ancienne (et ce doit être le cas dans les dialectes), elle doit s'appuyer sur le sens général du mot («le petit chanteur ») plutôt que de constituer une métaphore de l'instrument à cordes. On a dit aussi : *hausser la chanterelle* « être arrogant ».

CHANTIER n. m. Ce mot, issu du latin *cantherius*, désigne exclusivement, avant le XVIIᵉ s., des «pièces de bois servant de support » et des «entassements de bois». C'est ce sens « lieu où l'on a rassemblé des matériaux de construction » qui a produit les valeurs actuelles de *chantier*.

Être sur le chantier « en cours d'exécution ». L'expression n'est plus comprise comme elle pouvait l'être autrefois (« sur l'établi », cf. *Sur le métier*); déjà dans l'*Encyclopédie* (1753) elle constitue une métaphore industrielle. *Avoir qqch. sur le chantier* « être en train de l'exécuter ».

Avez-vous quelque chose sur le chantier ? me demanda M. de Norpois avec un signe d'intelligence en me serrant la main cordialement.

M. PROUST, *À la recherche du temps perdu*, t. II, p. 222.

Mettre en chantier « commencer à faire, à exécuter ». La substitution de *en* à *sur* correspond à un niveau d'abstraction plus élevé. L'expression est constituée sur le modèle de *mettre en route*, etc.

CHANTRE n. m.

Comme un chantre. Terme de comparaison analogue à COMME UN CHANOINE*, COMME UN MOINE*, l'autre terme étant, soit un adjectif (*gras*, etc.), soit un verbe : *Boire comme un chantre* (milieu XIXe s.). Avec le *moine* et le *chanoine*, le *chantre* a reçu de la langue populaire une réputation de gros mangeur et buveur, à laquelle n'ont pas droit par exemple les sacristains. Comme pour *chanoine*, il faut en chercher la raison dans le signifiant : l'initiale *cha-*, *chan-* est commune à divers mots évoquant la boisson (comme *channe*, *charre* « cruche, mesure pour liquides », du latin *canna*, ou *chanteau* « douve au fond d'un tonneau » de la famille de *canthus*) sans parler de l'association fréquente du chant aux réjouissances de gueule, pour écrire comme Rabelais.

CHAPEAU n. m.

Vx. *Chapeau rouge* « cou tranché d'un décapité ». *Faire porter le chapeau rouge* « décapiter » (XVIe-XVIIe s.) a donné naissance à *Faire cardinal* → CARDINAL.

Le chapitre des chapeaux → CHAPITRE.

Coup de chapeau « salut fait en enlevant un court instant son chapeau ».

> [...] il ôta son chapeau, le tint un instant à la main, puis le remit sur sa tête. Cela ne ressemblait en rien à ce qu'on appelle un coup de chapeau. Mais je crus bon de m'incliner. S. BECKETT, *Molloy*, p. 226.

Métaphoriquement, « fait de rendre hommage à quelqu'un » → ci-dessous TIRER SON CHAPEAU.

> Non, c'est de nous qu'il faudrait vous rapprocher, c'est le plus grand désir de l'empereur, mais il veut que ça vienne du cœur : il dit : ce que je veux c'est une poignée de mains, ce n'est pas un coup de chapeau ! M. PROUST, *À la recherche du temps perdu*, t. II, p. 528.

Chapeau bas [LOC. ADV.] « avec déférence, en témoignant une grande admiration ». Sans aborder le problème complexe des valeurs culturelles et symboliques du *chapeau* (symbole viril, comme l'atteste le sens de *chapeau*, « homme », opposé à « femme », familier au XVIIe s.), on doit signaler que dans les gestes de salut, le couvre-chef est substitué au corps : au lieu de s'incliner, on enlève et abaisse symboliquement le chapeau (en fait, on peut l'élever matériellement sans changer la signification du geste). *Mettre chapeau bas devant quelqu'un* équivaut à *s'incliner devant lui*.

> Ah! celui-là, reprit Brichot, en parlant de « Monsieur le prince de Talleyrand », il faut le saluer chapeau bas. M. PROUST, *À la recherche du temps perdu*, t. II, p. 876.

Vx. *Enfoncer son chapeau* « prendre une attitude menaçante » (fin XVIIIe s.) et *mettre son chapeau de travers* « devenir agressif » (milieu XIXe s.). Si le fait d'enlever ou d'abaisser son chapeau correspond à une manifestation de respect, il est normal de symboliser l'agressivité par l'enfoncement obstiné du chapeau. Si ces locutions ont vieilli, leur contenu culturel reste valable : les personnages redoutables ont encore fréquemment le chapeau sur l'œil, dans une certaine narrativité naïve.

En baver des ronds de chapeaux → ROND.

Manger son chapeau « se déjuger, se renier », dans un contexte politique. Adaptation récente de l'anglais : *I'll eat my hat if...* « je veux bien 'manger mon chapeau' si ... ».

Porter le chapeau « avoir une responsabilité honteuse, être accusé ». Cette expression argotique a une longue histoire. *Mettre un chapeau sur la tête de quelqu'un* signifie « nuire à sa réputation », au moins depuis le XVIIe s., et au XVIe s. le *chapeau* se dit, seul, pour « la réputation » (le *chapeau* est ce qu'on voit, l'apparence, qui cache la réalité de la tête). En ancien provençal (dès le XIIe s.), on disait *portar mal capel* pour «avoir mauvaise réputation». À ce sens très transparent ont dû s'ajouter en argot moderne les valeurs symboliques que décèlent des expressions comme *se faire mettre le chapeau* («se faire couvrir»).

Tirer son chapeau (à qqn, qqch.) «exprimer son admiration».

> Je tire mon chapeau, comme je vous l'ai dit, à la description de Rouen et à l'enfance de Jacqueline.   G. FLAUBERT, *Correspondance*, V[e] série, p. 121.

Par extension, «s'incliner devant un argument, etc.».

> Il y en a qui prétendent que c'est à cause de Suzanne, comme quoi le plus fort est obligé de s'incliner. Mais soyons équitables : c'est peut-être aussi qu'il a ressenti les malaises ; il aurait comme une cyrrhose ou un cancer du foie que je serais le premier à tirer mon chapeau. Mais alors qu'il l'avoue, bon Dieu !
>   A. BLONDIN, *Un singe en hiver*, p. 59.

Travailler du chapeau «être un peu fou». Simple métonymie de *tête à chapeau* (on trouve aussi la métaphore *travailler de la toiture*). L'expression utilise des valeurs anciennes du verbe *travailler*, conservées dans des expressions techniques (le vin, la bière, le bois... *travaillent*, «fermentent» ou «se déforment») en les combinant avec le sens moderne du mot (*la tête travaille*, dans l'activité intellectuelle, et on sait que le travail intellectuel est populairement assimilé, soit au crétinisme, cf. les «intellectuels fatigués», soit à la folie, cf. la «méningite»).

> Où sont ceux qui prennent des vessies pour des lanternes, les Gros-Jean comme devant, les cafouilleurs, les travailleurs du chapeau, les gogos ?
>   P. DANINOS, *Un certain Monsieur Blot*, p. 137.

Sur les chapeaux de roues «à grande vitesse». L'expression s'est d'abord employée concrètement, en parlant d'une automobile qui, virant très rapidement, s'incline sur le côté jusqu'à toucher le sol avec les enjoliveurs latéraux («chapeaux») des roues. Par extension, se dit d'un véhicule qui avance très rapidement.

> On roule vers Troyes, il fonce Galano, il négocie ses virages sur les chapeaux de roues... je me sens pas en sécurité dans son obus.   A. BOUDARD, *Cinoche*, p. 124.

> J'étais prête pour le dîner lorsqu'un de mes oncles a fait une entrée sur les chapeaux de roues dans la cour de la Salamandre. Il a claqué sa portière puis s'est engouffré en courant dans la maison jusqu'à la chambre de ma grand-mère où , à bout de souffle, il a annoncé : «Les Rouges préparent une descente vers les villas de la plage ! Avertissez les voisins !»   M. CARDINAL, *Les Mots pour le dire*, p. 226.

T'occupe pas du chapeau de la gamine ! → OCCUPER.

CHAPELET n. m.

Débiter (dévider, égrener) son chapelet «dire tout ce qu'on a sur le cœur ; énumérer ses griefs, ses reproches». Ce sens, qui vient de l'emploi fréquent du mot dans des expressions du type *un chapelet d'injures*, date du XIXe s. Au XVIIe s., *défiler son chapelet* signifiait simplement «débiter tout ce qu'on sait avec volubilité». Comme les *litanies*, le *chapelet* représente une suite ininterrompue et mécanique de formules ; avant l'instruction publique obligatoire, ses tables de multiplication apprises par cœur et ses listes de sous-préfectures, l'Église avait le monopole de ce type de discours (du moins la malveillance du langage populaire nous inciterait à le croire). L'objet matériel que constitue le chapelet a suscité de nombreuses acceptions où *chapelet* désigne des suites d'objets ou de personnes, et parfois dans un esprit assez éloigné de la charité chrétienne. Ainsi Ferdinand Brunot, dans sa monumentale *Histoire de la Langue française*, nous apprend que, tandis que les sans-culottes faisaient *danser la carmagnole* aux ci-devants, les pieux Vendéens *faisaient le chapelet* avec des républicains attachés de distance en distance à une corde, avant d'être massacrés. Certains emplois lexicalisés du mot (*chapelet de bombes*, etc.) illustrent cette métaphore.

CHAPELLE n. f.

Chapelle ardente «salle ou emplacement éclairé de cierges qui brûlent en l'honneur d'un mort». Malgré sa bizarrerie, l'expression s'emploie encore. Au XVIᵉ s., elle désignait le luminaire lui-même, qui *ardait* et était disposé en formant un espace, une *chapelle*. Avec le sens habituel de *chapelle*, le participe présent impliquerait un incendie.

> Un petit clerc, son voisin, lui apprit que la vénérable relique était dans le haut de l'édifice dans une chapelle ardente.　　　　STENDHAL, *Le Rouge et le Noir*, p. 316.

Vx. *Faire chapelle, faire la petite chapelle* «se chauffer devant le feu en relevant ses jupes» (vers 1860). L'expression a été enregistrée dans plusieurs patois et dialectes; Zola l'emploie, dans le contexte populaire parisien de *L'Assommoir*.

> La boutique, dans le quartier, était le refuge des gens frileux [...]. Il y avait sans cesse là des femmes bavardes qui prenaient un air de feu devant la mécanique, leurs jupes troussées jusqu'aux genoux, faisant la petite chapelle.
> 　　　　É. ZOLA, *L'Assommoir*, in *Ph. Sl.*

Vx. *Faire petite chapelle* «se mettre à part». On parle encore de *former une chapelle*, mais sans donner à ces mots une forme stable. Cette expression utilise la forme d'une autre locution archaïque (voir ci-dessus).

> Le jeune peintre (Fortuny) n'a pas voulu se hasarder dans ce grand tumulte de peintres (une exposition), non par orgueil, et, comme on dit, pour faire petite chapelle, mais par vraie modestie...
> 　　　　GAUTIER, *Journal officiel* du 19 mai 1870, Feuilleton, in Littré, suppl.

Vx. *Jouer à la chapelle* (fin XVIIIᵉ s.) «s'occuper avec sérieux de choses insignifiantes». L'expression fait allusion aux jeux d'enfants qui consistaient à imiter les cérémonies catholiques, notamment en fabriquant de petites chapelles (l'abbé Prévost, dans *Manon Lescaut*, parle dans ce sens de «*faire de petites chapelles*»).

CHAPITRE n. m.

Le chapitre des chapeaux «la référence, la justification imaginaire qu'on donne (à un argument, etc.)». Dans *Le Médecin malgré lui* (II, 2), un *chapitre des chapeaux* est attribué à Hippocrate.

Avoir voix au chapitre «être consulté, avoir le droit d'exprimer une opinion». Il est très vraisemblable que les nombreux utilisateurs modernes de cette locution la comprennent comme «avoir le droit de parler sur tel ou tel chapitre ou sujet» alors qu'il s'agit à l'origine d'avoir une voix aux délibérations d'un chapitre (d'une assemblée de moines ou de chanoines).

> Et puis, il y a encore une chose : elle est là, elle, avec sa chaleur vivante, et elle a voix au chapitre, elle a le droit de son idée, elle a le droit de dire : «À mon idée, on doit faire comme ça.» C'est plus moi seul, maintenant, tout compte.
> 　　　　J. GIONO, *Un de Baumugnes*, p. 171.

> Minet-Chéri, je te fais juge : est-ce que vous m'avez jamais, toi et les frères, entendue rabâcher autour de l'amour comme ces gens font dans les livres? Et pourtant je pourrais réclamer voix au chapitre, je pense; j'ai eu deux maris et quatre enfants!
> 　　　　COLETTE, *La Maison de Claudine*, p. 47.

Vx. *Donner du pain de chapitre à qqn* «le morigéner». Cette expression, attestée au XVIIIᵉ s., correspond à *chapitrer* (on a dit aussi : *faire un chapitre*) et vient des séances de pénitence publique imposées aux membres d'un chapitre.

CHAPON n. m.

Vx. *Se coucher en chapon* «se coucher immédiatement après un bon repas» (*in* Rabelais).

Vx. *Avoir les mains faites en chapon rôti* → MAIN.

Vx. *Qui chapon mange, chapon lui vient* [PROV.] «c'est le riche qui reçoit de nouveaux biens» (Cotgrave, 1611). Version paysanne et concrète de *l'argent attire l'argent.*

Vx. *Ce sont deux chapons de rente (l'un bon, l'autre mauvais* ou *l'un gras et l'autre maigre)* «ce sont deux êtres, deux objets très dissemblables». Allusion aux volailles données pour payer l'impôt, dont la première était belle et grasse, et la suivante beaucoup moins.

CHAR n. m.

Fam. *Arrête ton char* «ça suffit, arrête de raconter des blagues». Calembour sur arrête ton *charre,* dérivé de *charrier* «exagérer». Le jeu de mots permet d'enrichir l'expression d'éléments plus ou moins comiques ; l'un des plus usuels est : *Arrête ton char, Ben Hur.*

> Eh, Josy, crie Lerouge, arrête ton char, tu perds des roues ! Il n'y a pas trois jours, tu
> nous disais que tu irais au bal quatre soirs de suite… Qu'est-ce que tu veux au juste ?
> Tes gosses, ou bien la gambille ?   A. SARRAZIN, *La Cavale,* p. 356.

Vieilli. *S'atteler (s'attacher, s'enchaîner) au char de qqn* «partager son sort dans une situation de dépendance, lui être asservi».

CHARBON n. m.

Arg. fam. *Aller au charbon* «travailler pour gagner sa vie» ; ou encore «prendre sa part de tâches peu agréables, de corvées».

Vx. *Amasser des charbons ardents sur la tête de son ennemi* «se venger impitoyablement» (1786). Allusion biblique détournée de son sens. Dans l'Épître aux Romains (12, 20), saint Paul recommande d'épargner son ennemi, «car, ce faisant, [on] amoncelle des charbons ardents sur sa tête», on attire la punition sur lui.

> *Être sur des charbons ardents* «être extrêmement impatient et anxieux». *Marcher sur des charbons ardents* «se trouver dans une situation dangereuse ou très délicate» (Mme de Sévigné emploie cette dernière expression avec la variante sur des rasoirs).

> Et depuis leurs noces j'attends, noces j'attends,
> Le cœur sur des charbons ardents, charbons ardents,
> Que la Faucheuse vienne cou-
> Per l'herbe aux pieds de ce grigou, de ce grigou.
>   Georges BRASSENS, *Poèmes et Chansons,* p. 169.

CHARBONNIER n. m.

Charbonnier est maître chez soi (ou *dans sa maison*) «chacun, même le plus humble, a le droit de commander dans sa maison». L'expression est ancienne : on avait inventé (XVIIᵉ s.) une anecdote où François Iᵉʳ, fort mal accueilli par un charbonnier qui ignorait sa qualité, lui pardonnait au nom du droit à l'inhospitalité lié à la propriété privée, même pour les charbonniers (cf. Fleury de Bellingen, 1652).

> Ah! Bon Dieu, éructa-t-il en reculant devant le cran qui avait l'air de se promettre de
> lui faire un mauvais parti, charbonnier n'est plus maît' chez lui à c'te heure ! Z'allez
> voir ça ! L'est huit heures bientôt, à midi je repasse par ci et gare au garde si j'vous
> trouve par là.   Géno GIL, *Plantain, L'Herbier et Cie,* p. 58.

La foi du charbonnier → FOI.

Noir comme un charbonnier «très sale, noirci (personnes)».

CHARDON n. m.

Aimable, gracieux comme un chardon « très désagréable ». Cette formule ironique est substituée à la métaphore *hérissé, piquant comme un chardon*. On trouve aussi, au XVIIe s., *amoureux comme un chardon*.

Bête à manger des chardons « très bête » (équivaut à *bête comme un âne* → ÂNE). On dit plus souvent *bête à manger du foin* → FOIN.

CHARENTON n. pr. de lieu.

Bon à mettre à (bon pour) Charenton « bon pour l'asile ; fou ». On trouve aussi *sortir de Charenton*.

1. CHARGE n. f.

À charge de revanche « à condition qu'on rendra la pareille » (XIXe s., Scribe). L'expression *à (la) charge de..., que...* s'employait depuis le XVIe s. avec toutes sortes de noms ou de verbes, et avec le sens de *à (la) condition de..., que...*

Avoir charge d'âme « avoir la responsabilité morale d'une personne ». L'expression s'est d'abord écrite au pluriel (*avoir charge d'âmes*, 1802) et employée dans un contexte religieux (cette *charge* étant les obligations d'un prêtre par rapport à la population qui lui est confiée).

> Tel un commandant de navire qui, même lorsqu'il rêve dans l'obscurité de sa cabine, sait qu'il est responsable du bâtiment qu'on lui a confié et qu'il a charge d'âmes, j'étais cette idole solitaire dont le petit monde sur lequel elle règne lui semble exiger toute sa vigilance jusque dans les heures où d'elle à ce petit monde il n'y a plus aucun rapport précis. M. LEIRIS, *Fibrilles*, p. 115.

Être à charge à quelqu'un « constituer une gêne, un embarras (notamment financier, ou encore affectif) pour quelqu'un ». — Avec un sujet abstrait, « être pénible, peu supportable » : *La vie lui est à charge* (Petit Robert).

Prendre à sa (en) charge « s'occuper de... ». *À sa* est plutôt concret ; *en* correspond à des emplois figurés.

2. CHARGE n. f. (« action de charger, d'attaquer »).

Au pas de charge (avec des verbes de mouvement) « très vite, à toute vitesse ».

Revenir (retourner) à la charge « recommencer (une entreprise, une démarche, une requête, etc.) sans se décourager ; faire une nouvelle tentative ». L'expression est dans Furetière (1690) ; son origine militaire ne fait pas de doute, mais sa forme *(revenir à)* n'indique pas si *charge* signifie « attaque » ou « signal sonore de l'attaque » (comme dans *sonner la charge*).

> Cet hiver, Charpentier m'avait sollicité indirectement. Il revient à la charge. C'est très sérieux. FLAUBERT, *Correspondance*, VIe série, p. 416.

> J'avais déjà laissé tomber devant lui votre nom qu'il connaît, naturellement, à merveille. Il avait émis certaines objections. Mais il se trouve qu'il a besoin de l'appui de mon groupe pour l'élection prochaine, et j'ai l'intention de revenir à la charge. M. PROUST, *À la recherche du temps perdu*, t. II, p. 263.

CHARITÉ n. f.

Vx. *Prêter une charité à quelqu'un* « lui rendre un mauvais service » (XVIe s.). *Prêter des charités* signifiait « calomnier » (XVIe-XVIIIe s.).

Charité bien ordonnée commence par soi-même [PROV.] « il faut s'assurer de sa propre situation avant d'aider les autres ». Ce proverbe, adaptation de l'esprit de charité évangélique à la mesquinerie bourgeoise, a été maintes fois dénoncé pour sa morale sans générosité ; il est pourtant plein de sagesse lorsque des conflits de

aleurs sont en cause, et permettrait d'éviter des attitudes masochistes. Il mérite la
śvérité du philologue, non pour *bien ordonnée* qui signifie normalement «bien con-
ue» (l'expression date du XVIᵉ s.), mais pour l'incorrection syntaxique de ce *soi-
même, qui ne saurait reprendre le sujet abstrait *charité*. Il s'agit sans doute d'un
alque maladroit du latin médiéval *Prima caritas incipit a seipso.*

CHARLEMAGNE n. pr.

Faire Charlemagne «quitter le jeu sur un gain, sans laisser à ses adversai-
es une chance de se rattraper ». On rencontre cette expression en 1826, en même
mps que le nom de *Charlemagne* donné au roi de cœur (Wartburg); mais Esnault
gnale l'expression au jeu de bouillotte comme antérieure à 1801 et affirme que le
oi de cœur ne s'appelait pas Charlemagne, mais Charles. Comme d'habitude, on a
erché des motivations historiques à l'expression :

> Charlemagne garda jusqu'à la fin toutes ses conquêtes, et quitta le jeu de la vie sans
> avoir rien rendu du fruit de ses victoires; le joueur qui se retire les mains pleines
> fait comme Charlemagne : il fait Charlemagne.   F. GÉNIN, *Récréations*, t. I, p. 186.

n fait, si Charlemagne n'est pas le nom d'une carte maîtresse, la locution est
explicable : Charlemagne n'est en aucune façon le modèle du joueur déloyal qui
uitte la partie en cours de jeu, en se dérobant à ses adversaires; l'argumentation de
rançois Génin repose sur des à-peu-près du genre «quitter le jeu de la vie », et ne
ent pas compte de la forme *faire Charlemagne*. Esnault rapproche d'anciens sens
·gotiques de *Charlemagne* («couteau, poignard, baïonnette ») de l'expression du
VIIᵉ s. : *couper queue, se couper le cul* «quitter le jeu sur un gain »; mais la chro-
ologie (dans l'état actuel des connaissances) rend peu probable cette origine, car
harlemagne «couteau» ou «poignard» n'est signalé que vers 1850.

> Thésauriser l'argent gagné de cette façon, ce serait faire Charlemagne. Assez de cette
> folie.   V. JACQUEMONT, *Correspondance*, t. II, p. 187.

Être sorti de la côte de Charlemagne. Var. «historique» de la *côte d'Adam*
u de la *cuisse de Jupiter* → CUISSE.

CHARLES n. pr. Ce prénom donne lieu à deux formules. **Charles attend,**
st un simple calembour, utilisé explicitement ou non (*tu fais comme Charles*
tu attends).

> [...] elle fit semblant de croire que je m'appelais Charles. Je lui répondis naïvement
> que non, ce qui lui permit de placer : «Ah! je croyais! Et je me disais Charles attend
> (charlatan)». Ce n'était pas de très bon goût.
>   M. PROUST, *À la recherche du temps perdu*, t. II, p. 728.

Tu parles, Charles! Renforcement paronymique du *tu parles!*

> Le Vieux masse maintenant son crâne ivoirin.
> — Vous connaissez Mathias ?
> Tu parles, Charles! C'est un de mes meilleurs collègues. Un jeune, sorti de la Sor-
> bonne, s'il vous plaît, qui va faire une sacrée carrière si on s'en réfère aux succès qu'il
> a déjà enregistrés.
> — Je ne connais que lui, patron!
>   SAN-ANTONIO, *Au suivant de ces messieurs*, p. 22-23.

CHARME n. m. *Carmen,* en latin, est d'abord un chant, puis une for-
ule magique.

Faire du charme «chercher à plaire, à séduire ».

> [...] comme il donnait lui-même dans le genre de prétention agaçante qu'il réprou-
> vait : «À quoi ça te sert-il d'avoir fait du charme pour eux avec tant de persévérance
> si tu ne veux pas les revoir ? » M. PROUST, *À la recherche du temps perdu*, t. II, p. 859.

Être sous le charme de... «être impressionné par...; être sous l'effet puissant
·...». La prép. *sous* marque la dépendance, comme *sub-* dans *subjuguer*.

Se porter comme un charme « très bien, parfaitement ». Quelques-uns, suiva
l'exemple de Pierre Larousse, voudraient que cette expression s'applique à l'arbr
appelé *charme* (comme on dit : *se porter comme un chêne*), bien que le *charm*
arbre des *charmilles*, n'ait jamais été un modèle de force et de puissance. Cette inte
prétation doit venir de la bizarrerie « logique » de la locution, appliquée à *charm*
« influence magique ». C'est oublier que *charme* désigne aussi « l'illusion » produi
magiquement, et que *comme un charme* s'emploie depuis le début du XVIIIe s. ave
la valeur adverbiale de « magiquement, d'une manière quasi illusoire ». On a dit
parler comme un charme (1734, Crébillon ; « comme un enchanteur »), *aimer comm*
un charme (« passionnément ») avant de dire : *se porter comme un charme* au déb
du XIXe s. (selon Wartburg, article *Carmen*).

> Au milieu de ce démolissement général, Coupeau prospérait. Ce sacré soiffard se por-
> tait comme un charme.   É. ZOLA, *L'Assommoir*, t. II, p. 70.
>
> [...] il n'y a pas à nous frapper, car c'était un rhume de cerveau, et le jeune homme se
> porte comme un charme.   M. PROUST, *À la recherche du temps perdu*, t. II, p. 521.

Rompre le charme « interrompre une situation euphorique, très agréable
La présence du verbe *rompre* correspond à un emploi au sens fort du mot *charm*
représenté symboliquement par un lien qu'il faut briser.

Vivre de ses charmes « se prostituer » (euphémisme).

> [...] c'est la rengaine
> des sirènes de l'ombre
> des pauvres reines de la nuit
> à Londres comme ailleurs
> ailleurs comme à Paris
> Elles vivent de leurs charmes
> Pourquoi en faire un drame
> de quoi veux-tu qu'elles vivent ces pauvres petites souris.
>   PRÉVERT, *Histoires*, p. 199-200.

CHARNIÈRE n. f.

À la charnière de... « à l'articulation de... ». Métaphore technique.

CHARPIE n. f.

En charpie « déchiré en petits morceaux, en lanières ». L'expression s'empl
aussi métaphoriquement, par ex. dans : *mettre le cœur en charpie*, etc. La valeur ab
traite de « déchiquetage » est un retour à l'origine du mot, qui vient de l'ancien ver
charpir « tailler, effiler, etc. ».

CHARRETIER n. m.

Comme un charretier. Terme de comparaison qualifiant un comporteme
grossier. La phrase la plus fréquente — et la plus ancienne attestée — est : *Il ju
comme un charretier* (1611), mais on emploie aussi *crier, hurler, s'engueuler, se batt*
(comme des charretiers), etc.

> A ceste parole desmesurement irrité, je me laissay emporter a mes premiers mouve-
> ments, et leur dis [...] apres avoir juré comme un chartier embourbé, venez vous en là
> dehors avec moi.   Ch. SOREL, *Histoire comique de Francion*, p. 219.

CHARRETTE n. f.

Une charrette mal attelée « un travail mal entrepris, dont les responsables
sont pas unis ». Variante tardive (1907, *in* Gottschalk) de la même expression av
charrue (voir ci-dessous).

Mettre la charrette devant les bœufs (expression employée par Rabelai
Charrette est remplacée aujourd'hui par *charrue* → CHARRUE.

Vx.   *Un avaleur de charrettes ferrées* « un hâbleur, un fanfaron ».

La cinquième roue de la charrette → ROUE.

CHARRON n. m.

Crier, gueuler, au charron « protester bruyamment ».

> Je m'approche. Voilà mon lascar qui se met à gueuler au charron, soutenu par une
> petite vieille : « C'est mon argent personnel, ne le prenez pas, je me suis déjà fait cam-
> brioler il y a trois mois. »   F. GUILLO, *Le P'tit Francis*, p. 156.

CHARRUE n. f.

Vx.   *Charrue mal attelée* « entreprise dont les associés se disputent ». Cette expression du XVIIᵉ s. a pour synonyme UNE CHARRETTE* MAL ATTELÉE. La variante *une
charrue à chiens* n'est employée qu'avec *charrue* ; elle contraste la force nécessaire à
traction de la charrue et celle du chien.

Mettre la charrue avant (devant) les bœufs « commencer par ce qui devrait
re fait après » ou, simplement, « aller trop vite en besogne ». Sous cette forme,
expression date du XVIIIᵉ s., mais on trouve la phrase proverbiale : *la charrue va
evant les bœufs* « tout marche à l'envers », dans les recueils du XVIIᵉ s. On relève,
n outre : *tourner la charrue contre les bœufs* « commencer par la fin », dès le XVᵉ,
mettre la charrette devant les bœufs (→ CHARRETTE) au XVᵉ s. Un dictionnaire des
roverbes, publié en Allemagne en 1750, donne le proverbe : *c'est le monde ren-
ersé, la charrue mène les bœufs*.

Mettre la main à la charrue « travailler personnellement » (cf. *Mettre la main
la pâte*). *Tirer la charrue* s'est employé métaphoriquement pour « faire un travail
énible » ou « mener une vie très dure ». *Pousser à la charrue* est mentionné par Pra-
ey (1927) comme équivalent de *pousser à la roue*. En fait, *charrue* est une variante
xpressive de *char* (ou *charrette*) pour exprimer toute activité dure et pénible.

Vx.   *(Venir, passer...) de la charrue à la chaire* « de l'état rural à celui du maître
école ». Expression du XVIIᵉ s., utilisant la paronymie des deux mots pour décrire
origine populaire d'un métier décrié, celui de « pédant ».

> Les précepteurs sont des gens qui viennent presque de la charrue à la chaire, et sont
> en peu de temps cuistres [...].   Ch. SOREL, *Histoire comique de Francion*, p. 184.

CHARYBDE n. pr.

Tomber de Charybde en Scylla « échapper à un inconvénient, un danger, etc. »,
ur tomber dans un autre plus grave ». Employée dès le début du XVIIᵉ s. *(Comédie
s Proverbes)*, cette expression traduite du latin remonte à la légende grecque (voir
Odyssée, chant XII, vers 201-259, où est décrit le double péril). Le gouffre de Cha-
bde et ses violents remous sont voisins des roches de Scylla, dans le détroit de
essine : pour éviter le gouffre, les navires risquaient de s'échouer sur les roches. La
rme de l'expression en français *(tomber... en...)* est contraire à l'interprétation con-
ète originelle ; mais l'obscurité des deux termes rendait nécessaire un verbe véhicu-
nt le sens général de l'expression : *aller de Charybde en Scylla* ne suffisait pas. Une
euve supplémentaire du fait que la locution, restée très courante, est employée
ns son origine tout connue, est apportée par les déformations populaires du
pe de celle que rapporte Balzac :

> Oh ! je suis restée pendant cinq ans dans un château des Alpes avec un Anglais jaloux
> comme un tigre, un nabab ; je l'appelais mon nabot, car il n'était pas si grand que le
> bailli de Ferrette. Et je suis retombée à un banquier, de caraïbe en syllabe, comme dit
> Florine.   BALZAC, *Splendeurs et Misères des courtisanes*, p. 842.

CHASSE n. f.

Chasse à l'homme « poursuite d'un fugitif ». L'assimilation de l'homme tr|
qué à un gibier emporte l'idée de cruauté impitoyable des poursuivants ou celle d|
caractère de bête nuisible du poursuivi (selon les points de vue). En outre, l'expre|
sion implique la rapidité, les péripéties d'une poursuite.

> Ils s'enfuirent, on les poursuivit à coups de pierre. Deux furent battus, un autre y
> laissa une manche de sa veste. Cette chasse à l'homme sauva le matériel, on ne tou-
> cha ni aux câbles ni aux chaudières. É. ZOLA, *Germinal*, t. II, p. 45.

Donner la chasse à quelqu'un « poursuivre, pourchasser ». *Prendre en chas|*
ajoute l'idée de surveillance continue et généralement discrète (cf. *Prendre en fil|
ture*).

Se mettre en chasse « commencer à rechercher ». L'expression s'emploie abs|
lument, à propos de choses, et ne garde aucune des idées de violences ou de ru|
qu'implique normalement chasse.

Vx. *Il n'est chasse que de vieux chien* [PROV.] « seules les personnes expérimenté|
réussissent dans leurs entreprises ». L'expression de l'expérience par le syntagm|
vieux + nom d'animal est fréquente (cf. *Vieux singe, vieux loup* [de mer]...). C|
aussi : c'est dans les *vieilles marmites*, les *vieux pots* (qu'on fait les bonn|
soupes, etc.).

Qui va à la chasse perd sa place « celui qui abandonne momentanément u|
avantage, une situation, etc. risque de ne pas les retrouver à son retour ». L'assonan|
chasse-place jointe aux connotations en contraste « activité d'agrément » *(chasse|*
« stabilité dans les occupations » *(place)* a fait la fortune de ce proverbe q|
reste très vivant.

CHÂSSE n. f.

Vx. *Orné(e), paré(e)... comme une châsse* « très orné(e), paré(e) ». Les reliquair|
et châsses, d'une manière générale les trésors d'églises, ont longtemps passé pour |
référence suprême en matière d'art décoratif.

> Cette proxénète hors d'âge, borgne et horrible à voir, ne se montrait plus que parée
> comme une châsse, étincelante de bijoux, étalant au spectacle, au concert, sur les pro-
> menades publiques, ses traits flétris dans des toilettes tapageuses... à faire mourir de
> dépit toutes les bourgeoises de la ville ! GORON, *L'Amour à Paris*, t. I, p. 421.

CHAT n. m.

Le mot vient du latin tardif *cattus,* qui a remplacé *felis,* et qui vient probableme|
d'une langue africaine (le berbère, le nubien ont des termes très semblables po|
désigner le même animal). Il donne lieu à de très nombreuses expressions. Parmi I|
animaux domestiques, le *chat* et le *chien* sont peut-être les plus familiers et les p|
importants pour l'homme. En outre, de tels mots, étant monosyllabiques, se prête|
aux jeux du langage : allitérations, rimes (comme dans à *bon chat, bon rat,* etc|
Ainsi, on peut penser que la consonne commune *ch-*, dans le cas de *chien* et *chat,* |
pour autant dans les rapprochements que font plusieurs locutions que l'observati|
du réel. En outre, les jeux sur l'un des nombreux noms du chat et sur des homon|
mes (comme *chas*) sont fréquents, conférant au mot des connotations érotiques. |
faut noter aussi que la réputation proverbiale du chat (l'ensemble de ses valeurs cu|
turelles) : adresse, ruse, gourmandise, câlinerie, etc., correspond à des dérivés *(cha|
terie, chattemite),* à des comparaisons courantes, mais non figées *(gourmand com|
un chat, amoureuse comme une chatte* [... voir ci-dessous la citation de Zola]), et ne |
retrouve que dans une minorité d'expressions. Celles-ci sont fréquemment inatte|
dues, inexplicables par l'expérience culturelle, et supposent un travail sur I|
signes du langage.

Autrefois [...], elle était maigre et laide, chétive à vingt ans comme une fillette qui souffre de la crise de sa puberté ; et il la retrouve dodue, d'un teint clair et reposé de nonne, avec des yeux tendres, des fossettes, un air de chatte gourmande.
>   É. ZOLA, *Pot-Bouille*, t. I, p. 11.

De la bouillie pour les chats → BOUILLIE.

Une mine de chat fâché « un air furieux ». Le choix des mots repose sur l'allitération *cha... ach*. Comme dans l'expression suivante, le comportement agressif du chat est interprété en termes humains.

Propre comme une écuelle à chat « très propre en apparence ».

Une toilette de chat « rapide et sommaire » (comme celle du chat qui passe la patte sur son museau). Cette expression ne fait qu'illustrer l'anthropomorphisme qui interprète selon le vocabulaire humain *(toilette)*, le comportement animal.

Chat qui chie dans la braise « personne dans une position très inconfortable et plus ou moins ridicule ». Cette expression utilise les termes de *passer comme chat sur braise* (ancienne variante : *sur la braise*) et le sens de *être sur des charbons ardents* en le renforçant par le verbe scatologique. Ce dernier a été choisi pour sa sonorité.

> « Tu ressembles à un chat jaune qui c... dans la braise », lui dit Dacosta.
> Il ressemble aussi à un chat qui fait grincer ses griffes après les vitres d'une chambre où on l'a oublié trois jour, et où il a maigri de famine et de rage.
>   J. VALLÈS, *L'Insurgé*, p. 116.
> D'puis le temps qui me regarde en reboulant les œillots. On dirait un chat qui chie dans la braise. J'ai la touche, quoi.   J. GENET, *Querelle de Brest*, p. 181.

cueilli.   **Acheter chat en poche** « acheter ou recevoir quelque chose sans vérifier sa nature ou son état ». L'ancienneté de cette expression est visible à l'absence de déterminants (*le chat, la poche*). De fait, elle apparaît dans les textes vers 1400. *Poche* y signifie « sac » ; d'ailleurs on trouve *cat en sac* chez Adam de la Halle (*Poche* a dû l'emporter à cause de la répétition du son *ch-*). La même expression existe en italien, en allemand, ce qui interdit de penser à un jeu de mots, à moins que les locutions étrangères ne soient traduites du français. *Chat en poche* est le titre d'une comédie de Feydeau. Une interprétation tardive de *chat* comme « pseudo-gibier » et de *poche* comme « gibecière, carnassière » donne au XIXᵉ s. : **acheter le chat pour le lièvre** « se faire tromper sur la marchandise ».

Appeler un chat un chat « appeler les choses par leur nom, être franc et direct dans son langage ». La forme de cette expression a été définitivement fixée par le célèbre vers de Boileau : *J'appelle un chat un chat et Rollet un fripon* (Iʳᵉ Satire). Comme l'expression archaïque : *il entend chat sans qu'on dise minon* (il comprend chat même sans qu'on dise *minet*), c'est-à-dire « il comprend à demi-mot », cette locution fait allusion aux nombreux jeux de mots, souvent obscènes, et aux équivoques sur *chat*. Rolland cite la traduction d'un proverbe breton qui exprime la même idée que *il entend chat sans qu'on dise minon* : « Celui-là est un malin, il sait dire chat mouillé sans dire chat ni mouillé, sorte de devinette à laquelle on répond : « il dit le chat : vieux minet, vous n'êtes pas sec » (Rolland, *Faune populaire*, t. IV, p. 99).

> La fonction d'un écrivain est d'appeler un chat un chat. Si les mots sont malades, c'est à nous de les guérir. Au lieu de cela, beaucoup vivent de cette maladie.
>   J.-P. SARTRE, *Qu'est-ce que la littérature ?* in *Situations*, II, p. 304.

Que l'origine de l'expression soit obscène est quasi certain, car l'expression correspondante en grec et en latin, adaptée en français par Rabelais (*Quart Livre*, 54), repose sur le mot *figue*.

Avoir d'autres chats à fouetter « avoir d'autres sujets de préoccupations plus importants, d'autres affaires ». L'expression semble postérieure à *il n'y a pas de quoi fouetter un chat* « la faute n'est pas grave, la chose est insignifiante », qui date du XVIIᵉ s.

> S'agit-il d'un complot ou d'un crime, oh! mon Dieu, les chefs [de la Police Judiciaire] vont être à vos ordres; mais comprenez donc, monsieur le Baron, qu'ils ont d'autres chats à fouetter que de s'occuper des cinquante mille amourettes de Paris.
>
> BALZAC, *Splendeurs et Misères des courtisanes*, II, chap. 22, éd. de 1845, t. I, p. 319.
>
> [...] Il pouvait guère les faire tourner que deux ou trois heures le dimanche [ses condensateurs]... comme ondes c'était insuffisant... Mais, pendant les jours de semaine, il avait d'autres chats à fouetter! L.-F. CÉLINE, *Mort à crédit*, Livre de poche, p. 393.

La mise en rapport des mots *chat* et *fouetter* en locutions est ancienne : on disait a XVIIe s. qu'une personne était *éveillée comme chat qu'on fouette*. Il est bien probab que ce *fouetter* n'est pas un innocent équivalent de *battre*, mais provient d'un à-pe près avec *foutre* (d'ailleurs le *verbe fouailler*, qui signifie «fouetter» et a la même or gine, a changé de sens et pris en argot une valeur sexuelle — au XIXe s. — pour l mêmes raisons formelles). Var. plus rare : *avoir d'autres chats à peigner* (peut-êt par influence *de peigner la girafe*) :

> J'ai d'autres chats à peigner que d'inventer à plaisir des histoires de croquemitaines. Aussi ne dis-je que ce que j'ai vu, et, partant, que ce qui est vrai.
>
> G. COURTELINE, *Les Gaîtés de l'escadron*, p. 177-178.

Avoir un chat dans la gorge «être enroué». Cette locution ne semble p embarrasser ceux qui l'emploient, alors que l'image qu'elle comporte est absolumen monstrueuse; elle est un bon témoin de la tolérance aux métaphores les plus ins lites, et au succès des formules les plus étranges, avec persistance de la motiv tion. L'origine de l'expression est à chercher dans un calembour, comme le suppo Pierre Guiraud.

> Si on a un chat dans la gorge, «un embarras dans le gosier qui éteint la voix», c'est que *chat*, *marron*, et *maton* désignent toutes sortes de grumeaux et coagulations qui se forment dans diverses substances [...]. Il doit y avoir à l'origine un jeu de mots sur *maton* (chat) et *maton* (lait caillé, grumeau); le *chat dans la gorge* est sans doute une sécrétion catarrheuse qui obstrue le gosier.
>
> F. GUIRAUD, *Les Locutions françaises*, p. 94.

Vx. **Courir, aller comme un chat maigre** «courir très vite».

Rég. **Donner sa part au chat** «l'abandonner, la laisser». Cette expression bourg gnonne établit la valeur de *donner au chat* «abandonner, renoncer à» (→ aussi Do NER SA LANGUE* AU CHAT).

> La curiosité une fois éveillée se glissa partout et [...] fouilla pour essayer de découvrir quelque chose; mais, comme on dit chez nous, elle fut obligée de donner sa part au chat.
>
> CHAUVELOT, *Scènes de la vie de campagne*, 1861 [roman bourguignon], cité par Rolland.

Écrire comme un chat «d'une manière illisible, généralement très peti (l'expression est plus ou moins consciemment rapprochée de *pattes de mouche*, d' la formule hybride *pattes de mouches* «écriture mal formée»). Si la trace des pattes mouches peut évoquer certaines écritures on comprendrait mal pourquoi le ch serait devenu le symbole de l'écriveur illisible, sans le jeu de mots sur *griffe-gre* évoqué par Guiraud :

> On dit *écrire comme un chat* «d'une manière illisible»; mais l'image remonte à l'homonymie ou la paronymie (homonymie partielle) entre *griffer* et *gréfer* ou *grafer* qui signifie écrire, ce qui fait que griffonner éveille aussi bien l'idée de donner des coups de *griffes* ou des coups de *grefe* (stylet pour écrire). Le *greffier* est l'homme qui écrit et dans l'argot moderne c'est le nom du chat...
>
> P. GUIRAUD, *Les Locutions françaises*, p. 94.

Emporter le chat «partir, quitter un lieu, généralement en secret». Atte au début du XVIIe s. Allusion à la démarche légère du chat, à son attachement la maison, plutôt que jeu de mots sur le nom d'une monnaie (= *emporter l'arge* l'expression signifiant parfois : «partir sans payer»).

Être (s'entendre, vivre) comme chien et chat «en se disputant constamment»
XVIIe s.). Au XVIe s., sous la forme *(être) amis comme le chien et le chat* (Charles de
Bovelles, 1531).

Éveiller le chat qui dort «susciter ou réveiller un danger par imprudence» (*in*
Rabelais, III, ch. 14). En général au négatif : *il ne faut pas...; n'éveille point le chat
qui dort*, dans Bovelles, 1531. La loc. se trouve déjà au XVe s. (Charles d'Orléans,
Rondeaux, 16) mais antérieurement, on trouve... *le chien qui dort* (Sainéan, *La Langue de Rabelais*).

Vieilli. *Jeter le chat aux jambes à quelqu'un* «rejeter la responsabilité sur quelqu'un»; puis «susciter des difficultés».

> Le duc de Bourgogne, en haine du duc d'Orléans, prince Dauphin (tous les serviteurs
> duquel il hayssoit) jeta le chat aux jambes, comme il se dict, au Seigneur de Montaigu.
>   L'ESTOILE, *Mémoires*, I, p. 6, *in* Godefroy.

On peut rapprocher de cette locution, qui utilise un sémantisme fréquent avec *jambes* (jeter qqch. *dans les jambes, croc-en jambe*, etc.), une autre expression de l'idée de
susciter des difficultés, des ennuis», les *pattes* du *chat* étant, cette fois, le symbole
de l'objet dangereux et insaisissable : *présenter (bailler) à qqn le chat par les pattes*
l'est employé surtout entre 1750 et 1850. Le philologue allemand Brinkmann propose une explication intéressante, empreinte d'esprit juridique : le chat jeté aux
jambes serait la marque de propriété, donc de responsabilité du propriétaire, dans
l'hypothèse de dégâts causés par l'animal.

Jouer au chat et à la souris avec quelqu'un «faire semblant de le laisser s'échapper, alors qu'on est certain de le vaincre». L'expression est relativement
récente, mais on disait, depuis le XVIIIe s., *guetter qqn comme le chat fait la souris*.
L'expression est aussi utilisée au sens propre, dans des comparaisons :

> Ainsi, ma fille, reprit-il en prenant plaisir à jouer avec elle comme un chat joue avec
> la souris qu'il a saisie, hier Georges d'Estouteville a été ton galant!
>   BALZAC, *Maître Cornélius*, p. 940.
> Avec Gorgui, Divine fut vite en l'air. Il joua avec elle comme le chat avec la souris. Il
> fut féroce.   J. GENET, *Notre-Dame-des-Fleurs*, p. 91.

Vx. *Laisser aller le chat au fromage* [XVIe s.] «manière de parler libre et basse,
écrit Le Roux en 1752, qui se dit d'une fille qui a accordé la dernière faveur». Il
a évidemment ici une équivoque sur le sens libre de *chat*; celui-ci provient d'un
calembour entre *chat*, «animal poilu» et *chas* (d'une aiguille) «trou», «fente». On
peut rapprocher ceci de diverses pratiques folkloriques où le chat sert de symbole
des relations sexuelles (refusées); en Wallonie, selon Rolland, une fille qui refuse
en soupirant lui donne en manière de moquerie son chat pour qu'il en compte les
poils et à Clermont-Ferrand (Wartburg), le refus lui-même s'appelle un *chat*.

Vx. *Mettre quelque chose dans l'oreille d'un chat* «l'oublier». Cette expression,
qui est dans *La Petite Fadette* de George Sand, illustre le rapport fréquent, dans les
locutions, entre le *chat* et l'idée de «silence» et d'«oubli».

Vieilli. *Passer sur quelque chose comme chat sur braise* «passer rapidement, éviter de
s'appesantir». La locution redouble l'expression de la rapidité contenue dans *passer
comme sur la braise* «passer très vite» (XVIe s.) par l'image de la course légère et
rapide du chat, qui est capable de courir sur la braise, sur une surface chaude,
sans se brûler.

Vx. *Payer en chats et en rats* «ne pas payer en bonne monnaie». Équivalent
ancien de notre *monnaie de singe*.

> Ce proverbe [...] seroit ridicule au pied de la lettre à ceux qui n'en sçauroient pas l'ori-
> gine. Je croy qu'il vient du mot de *chas*, qui signifioit autrefois une maison [...].
> Le mot de *ras* a signifié aussi un *champ* ou *héritage uni* où il n'y a point de bastiment
> [...]. Ainsi on a dit qu'un homme payoit en chats et en rats, lors qu'au lieu d'argent

> comptant qui a un prix certain, il payoit ses creanciers en heritages bastis et non bastis,
> qu'il obligeoit de prendre au prix qu'il vouloit.   FURETIÈRE, *Dict.* art. « Chat ».

Retomber comme un chat sur ses pattes « se tirer d'affaire dans une situatio
très dangereuse, difficile ».

Locutions phrases :

À bon chat, bon rat [LOC. PROV.] « l'attaquant a trouvé un adversaire à s
taille, le combat est égal ».

> À bon chat, bon rat. Manière de parler qui signifie autant qu'à trompeur, trompeur et
> demi, à la revanche, à la pareille [...]. *Vous la frappiez avec son même trait, à bon chat
> bon rat.*   SCARRON, *Jodelet*, in Le Roux.

Chat échaudé craint l'eau froide « on craint jusqu'à l'apparence de ce qui
fait souffrir » ; plus généralement « une expérience douloureuse rend très méfiant
La formule est très ancienne sous une forme moins développée, soit **chat échaud
craint l'eau** (« chat eschaudez iaue creint », XIIIᵉ s.), soit **l'échaudé craint l'ea**
(« eschaudez eve crient », dans le *Roman de Renard* ou *doit craindre la chaleur* (« d
chaleur doubter » ; voir la citation):

> À ce proverbe si rebattu, *chat échaudé craint l'eau froide*, je préférerai celui-ci, tel
> qu'on lit dans Guillaume de Lorris : *eschaudé doit chaleur doubter*. Ici, la pensée
> n'est plus si riche ; mais le fond est le même, et ce vêtement antique sous lequel elle
> se montre, la rajeunit en quelque sorte et lui donne je ne sais quoi de gracieux, que
> l'usage habituel a fait perdre à l'autre proverbe.   TUET, *Matinées senonaises*, p. 17.
> Un orage terrible dura toute la nuit, et comme *chat échaudé craint l'eau froide*, et
> l'eau chaude encore davantage, me souvins que l'an passé, dans le Dhoon de Dehyra, et
> sur les cimes de Mossouri, le Dieu qui lance la foudre n'ajustait pas si mal, en suppo-
> sant qu'il faisait feu sur moi.   V. JACQUEMONT, *Correspondance*, t. II, p. 29.

Il n'y a pas un chat « il n'y a absolument personne ».

> — Alors, Mesdemoiselles, dit Petit-Pouce, ça ne vous dit rien notre cabane [une bara-
> que de foire]? Ah! c'est qu'on se marre là-dedans.
> — Oh! je connais, dit l'une.
> — Et puis il n'y a pas un chat, dit l'autre.
> — Justement, s'écrie Paradis, on n'attend plus que les vôtres.
> — Vous ne vous êtes pas fait mal? demandèrent-elles, parce que pour trouver ça tout
> seul, faut faire un effort, c'est des fois dangereuses.   R. QUENEAU, *Pierrot mon ami*, p. 10.

Cet exemple montre la vitalité de l'équivoque (voir ci-dessus LAISSER ALLER LE CH
AU FROMAGE) dans les emplois idiomatiques de *chat*. — On trouve des variant
avec *trois chats* ou *quatre chats* (cf. QUATRE PELÉS...).

> La seconde [...] jurait en phrases brèves, que la journée était perdue : on ne verrai
> pas quatre chats, on pouvait fermer les armoires et s'en aller.
>   É. ZOLA, *Au Bonheur des Dames*, t. I, p. 110.

Une forme plus complexe : *il n'y a pas un chat à fesser*, s'est employée au XVIIIᵉ
(cf. AVOIR D'AUTRES CHATS À FOUETTER).

> [...] du train que cela prend, je veux mourir si dans quatre ou cinq ans, à dater d
> *Peintre amoureux de son modèle*, il y a un chat à fesser dans la célèbre impasse [l
> « cul-de-sac de l'Opéra »].   DIDEROT, *Le Neveu de Rameau*, p. 482

La nuit, tous les chats sont gris « on confond facilement les personnes et
choses, quand il fait nuit », et abstraitement « tout se ressemble, quand on n'a p
de moyens suffisants pour analyser, distinguer ».

> Pour lors nous en avons du premier brin : *cossuses* ;
> Mais on ne t'en a pas fait esprès des *bossuses*...
> Bah! la nuit tous les chats sont gris. Reste là voir,
> Puisque c'est ton caprice ; as pas peur, c'est tout noir.
>   T. CORBIÈRE, *Les Amours jaunes*, p. 82.

Quand le chat n'est pas là, les souris dansent « quand le surveillant, le patr
est absent, ses subordonnés en profitent ». Cette locution représente la conden

tion d'une historiette connue dans de nombreux folklores (le même proverbe existe en italien, espagnol, anglais, hollandais). Au XIII e s., en France, elle prend la forme suivante : *là où chat n'est, la souris se révèle*, puis *là où n'a* [il n'y a] *point de chat*, *la souris se tient fière;* l'idée de danse est ajoutée plus tard. On rencontre aussi une forme condensée : *le chat parti, les souris dansent.*

Il ne faut pas réveiller le chat qui dort. Le prov. est dans Rabelais (III, 14); il reprend un aphorisme identique avec chien *(Il fait mal eseiller le chien qui dort).*

Donner sa langue au chat → LANGUE.

CHÂTAIGNE n. f.

Vx. *Peler châtaignes à quelqu'un* « lui présenter les choses sous un jour agréable, les difficultés comme résolues » (XV e s.). L'expression est exactement synonyme de DORER LA PILULE*.

Vx. *Tirer les châtaignes du feu (avec la patte du lévrier)* « avoir les inconvénients là où un autre profite des avantages qui en résultent ». L'expression qui date du XVI e s. a été reprise avec le mot *marron* → MARRON.

CHÂTEAU n. m.

Château de cartes « échafaudage de cartes à jouer » et, métaphoriquement, « chose fragile, entreprise sans assises ». L'expression a repris la forme de *château de carte* (au singulier), c'est-à-dire « de carton » qui désignait plaisamment une « bicoque », au XVII e s. Le mot *carte* ayant vieilli dans son sens premier, l'expression a été réutilisée pour un objet nouveau. — On disait au XVI e s. *château de noix*, qui peut être une altération de *château de noif* [de neige].

> Château de cartes, château de Bohême, château en Espagne — telles sont les premières stations à parcourir pour tout poète. NERVAL, *Petits Châteaux en Bohême*, p. 95.

Châteaux en Espagne « projets chimériques, irréalisables ». S'emploie généralement avec les verbes *faire* ou *bâtir*. L'expression est très ancienne. Elle figure déjà dans le *Roman de la Rose :* « Lors fera chastiaus en Espaigne Et auras joie de noiant [néant] ». Au XVI e s., elle est courante et donne déjà lieu à des commentaires : « *Chasteaulx en Espaigne*, sont choses vaines », écrit Bovelles en 1531, et Pasquier apporte l'explication très rationnelle que voici :

> En Espagne, où vous ne rencontrez aucuns chasteaux par les champs, ainsi seulement quelques Casines et Maisonnettes [...]. Ceux qui rendaient raison de cela, estiment que ce fut pour empescher que les Maures qui faisoient ordinairement plusieurs courses, ne surprissent quelques chasteaux de force ou d'emblée, où ils auroient moyen de faire une longue et seure retraite. C'est pourquoy on a dit que celuy fait en son esprit des *Chasteaux en Espagne*, quand il s'amuse à penser à part soy à chose qui n'estoit faisable. PASQUIER, *Recherches*, I. VIII, ch. 17.

De son côté, Fleury de Bellingen, au XVII e s., explique l'expression par une anecdote plus ou moins historique : Cecilius Metellus, levant un siège en Aragon, adopta, selon lui, une bien étrange tactique : « voltigeant çà et là avec ses troupes par toute la province, il bâtissait des forts, des redoutes, et des châteaux [il le fallait bien, pour retrouver notre expression !] partout où il passait, et les abandonnait en changeant le quartier » *(Étym. des proverbes).* Les habitants de la ville assiégée n'étant plus sur leur garde, Metellus fondit sur eux à l'improviste. Conscient de l'écart existant entre cette anecdote et l'usage de la locution, Bellingen, au lieu de rejeter cette origine, en déduit que l'expression est mal employée et qu'on devrait la réserver pour parler d'un comportement apparemment déraisonnable cachant des visées secrètes. Mais, pour tant, la fausse érudition n'a pas perverti l'usage commun.

De telles explications s'effondrent si l'on observe que Gautier de Coincy emploie *faire chastiaux en Brie*, Pierre Gringoire *Chasteaux en Asye*, et Vauquelin de la Fresaye *faire des chasteaux en Espagne et au Caire*, exactement dans le même sens. Ces variantes ont vécu jusqu'au XVIIe s., comme le montre l'expression : *bâtir des châteaux en Albanie* [= en Albion?], signalée par Le Duchat en 1738.

En fait, tous ces châteaux sont des «propriétés inaccessibles» comme le seraient des terres concédées en pays étranger ou ennemi et qu'il ne reste plus qu'à gagner de haute lutte. Reste à expliquer le succès de *châteaux en Espagne* sur les autres expressions. Il se peut que l'Espagne, pays occupé par les Maures, ait été choisi pour des raisons historiques, mais nous croyons plutôt que ce nom de pays a bénéficié d'une ressemblance avec le mot *espace* dans l'expression *mettre en espace* qui signifiait au XIVe s. «écarter de, chasser», et dès le XIIIe s., avec une valeur temporelle, «négliger, repousser à plus tard». Ces châteaux inaccessibles sont aussi des «constructions», des «élaborations» (d'où l'emploi du verbe *bâtir*), qui sont faites «en l'air» et «dans l'avenir», ce qui rend bien compte de l'usage effectif de l'expression.

> Elle se faisoit aussi des châteaux en Espagne, et les débitoit, soit qu'elle voulût persuader qu'ils étoient à portée de tout, soit que, comme je l'ai toujours cru, elle s'en persuadât elle-même. SAINT-SIMON *Mémoires*, t. V, p. 145.

CHATOUILLER v. tr.

Chatouiller les côtes à quelqu'un «le frapper, le battre» → CÔTE.

Se chatouiller pour se faire rire «se forcer à rire alors qu'on n'en a pas envie ou que la plaisanterie n'en vaut pas la peine». La forme complète serait : *il doit (il a besoin) de se chatouiller pour...*, c'est-à-dire : «il ne peut rire que par une excitation mécanique, tant il en a peu envie».

CHAUD, CHAUDE adj.

Tout chaud tout bouillant. Formule issue d'un cri de marchand, comme le suggère sa syntaxe, et s'utilise métaphoriquement au sens de «immédiatement sans délai» *(il nous a resservi la nouvelle tout chaud tout bouillant).*

Chaud comme une caille (→ CAILLE); *chaud lapin* (→ LAPIN [fameux, rude lapin]); *chaud de la pince*, etc. Dans ces expressions (au moins à l'origine) *chaud* signifie «sensuel» (cf. *En chaleur*). On trouve dans les *Cent Nouvelles Nouvelles* l'expression *être chault sur potaige.* Plus près de nous : *chaud de reins* (1690), et dans l'argot du XIXe s., *chaud de la pointe.*

N'être pas très chaud pour... «ne pas être disposé à...». L'emploi de *chaud* au sens de «empressé, ardent, enthousiaste» est plus fréquent en épithète. L'attribut ne s'emploie guère que dans cette expression négative :

> Un journaliste de *Comœdia*. Drôle, pendant l'occupation, on dirait que je n'ai fréquenté que des gens comme ça, des écrivains, des journalistes. Je n'étais pas très chaud. ARAGON, *Blanche ou l'Oubli*, p. 445.

Servir quelque chose tout chaud «l'apporter, l'annoncer sans délai». On dit aussi : *le rendre tout chaud* «se venger sans délai».

CHAUD n. m.

Un chaud et froid «un refroidissement subit».

À chaud «en pleine crise». Cette locution adverbiale s'est d'abord employée en médecine *(opérer à chaud :* pendant la crise).

> La rébellion d'Algérie a éclaté [...] à ce moment précis, alors qu'au Maroc et en Tunisie il fallait régler «à chaud» le passage d'un état à l'autre. F. MAURIAC, *Bloc-Notes*, p. 385.

> [...] cette visite artistique ne prenait pas subitement le caractère urgent d'une intervention 'à chaud' [...]. M. PROUST, *À la recherche du temps perdu*, t. II, p. 684.

Avoir chaud «échapper de peu à un danger et en être conscient; avoir peur». La chaleur évoquée dans cette expression verbale est à la fois celle, tout extérieure, du danger de brûlure, et celle de la réaction devant le danger. *On a eu chaud* sign fie «on a eu peur», mais surtout «on y a échappé de peu» → Avoir chaud aux fesses*.

> [...] MM. Mollet, Lacoste, Bourgès-Maunoury, Max Lejeune se souviendront d'avoir eu chaud, durant cette nuit du 5 au 6 novembre 1956, qui pourtant était si fraîche.
> F. Mauriac, *Bloc-Notes*, p. 280.

Ne faire ni chaud ni froid «être indifférent à quelqu'un (se dit d'une chose ou plus rarement d'une personne)». L'expression vient sans doute des boissons et de leur température; elle est attestée en 1786 (Gottschalk).

> Cette Constitution nouvelle, à ses yeux si dangereuse pour la démocratie, ne m'a fait à moi ni chaud ni froid.   F. Mauriac, *Le Nouveau Bloc-Notes*, p. 133.

> Mais il m'écoutait à peine! Ça lui faisait ni chaud ni froid [...].
> L.-F. Céline, *Mort à crédit*, Livre de poche, p. 314.

> [...] le fameux tableau surréaliste belge dont l'unique singularité est qu'on y voit *un cheval galoper sur une tomate* ne me suggère rien qui excède le dérèglement des proportions relatives d'un quadrupède et d'un légume, ce qui ne me fait ni chaud ni froid.
> M. Leiris, *Frêle Bruit*, p. 361.

Souffler le chaud et le froid «changer d'opinion ou de ton, en faisant alterner les contraires, ou l'amabilité et la froideur».

Chaud devant! Exclamation des serveurs de restaurant, réclamant le passage («attention devant, c'est chaud!»). S'emploie pour demander le passage, et aussi pour «ça va chauffer».

CHAUDRONNIER n. m.

Vx. *Il fait comme les chaudronniers (il ressemble aux chaudronniers) il met la pièce à côté (auprès, près) du trou* [loc. prov.] «il intervient à mauvais escient» (1750). La réputation de mauvais travail était celle des chaudronniers ambulants, accusés de faire des réparations fictives, pour être rappelés bientôt; une chanson, que rapporte Gottschalk, disait :

> Le chaudronnier matou [matois]
> Met la pièce à côté du trou

On imagine que cette image pouvait donner lieu à des sous-entendus.

CHAUMIÈRE n. f.

Une chaumière et un cœur «une vie sentimentale et simple». C'est un vaudeville de Scribe (1835) qui a lancé l'expression.

CHAUSSES n. f. pl.

Vx. *Aboyer (courir, être) aux chausses, après les chausses de quelqu'un (être après les chausses* est dans Molière) «harceler quelqu'un, l'importuner sans cesse». On trouve aussi *coller aux chausses.*

> Qui c'est, cette dingue? demanda Torandot à Gabriel.
> — Sais pas. Depuis staprès-midi, elle nous colle aux chausses avec un flicard qu'elle a récolté en chemin.   R. Queneau, *Zazie dans le métro*, p. 150.

Vx. *N'avoir pas de chausses* «être très pauvre» (XVIIe s.). Au sens opposé, on disait *avoir chausses et manches* (milieu XVIIIe s.) «avoir tous les avantages, avoir tout pour soi».

Vx. *Y laisser ses chausses* «y mourir, y rester» (→ Botte) semble une réfection pseudo-archaïque du XIXe s.

Vx. *Porter les chausses,* se disait de la femme qui avait l'autorité dans le ménage (1656). Remplacé par *porter la culotte.*

Prendre son cul pour ses chausses → Cul.

Vx. *Tirer ses chausses* «s'enfuir, filer» (*in* Cotgrave, 1611).

CHAUSSETTE n. f.

Chaussettes à clous « souliers ferrés ». L'expression constitue un euphémisme ironique et désigne d'abord les souliers cloutés des forces de l'ordre utilisés comme armes contondantes. Esnault relève l'expression en 1909, chez des « grévistes ».

> [...] Mon vieux, il est tombé par terre, à moitié étranglé. — Étranglé ? — Oui, par la fureur, quand il a compris ce qui en était, à savoir qu'il venait d'avoir son postérieur d'officier et de noble défoncé par la chaussette à clous d'un simple poilu.
> H. BARBUSSE, *Le Feu*, t. I, p. 18.

Jus de chaussettes → JUS.

CHAUSSURE n. f.

Vx. *Une chaussure à tous pieds* « une chose banale, admise par tous ».

Trouver chaussure à son pied « trouver ce qui convient, ce dont on a besoin ». L'expression doit dater du XVIᵉ s. (elle est dans le dict. de Nicot en 1606) ; elle eu un autre sens : « trouver quelqu'un qui résiste » (l'image étant alors « trouve une résistance, un *pied chaussé*, contre le sien, la préposition *à* signifiant « contre »). Avec sa valeur moderne de « convenance », l'expression évoque l'adaptation du contenu au contenant et, employée métaphoriquement au sens de « trouver la femm qui lui convient, en parlant d'un homme », elle utilise le symbole élémentaire de parties mâle et femelle, renforcé par les valeurs symboliques de *pied* (voir ce mot).

> Il alla jusqu'à me faire l'éloge des maisons de passe. « Il n'y a que là qu'on trouve chaussure à son pied, ce que nous appelons au régiment son gabarit. »
> M. PROUST, *À la recherche du temps perdu*, t. II, p. 693.
> — Avez-vous, dit le Major, trouvé chaussure à votre pied ?
> — Je ne fais pas ça avec mon pied en général [...].
> B. VIAN, *Vercoquin et le Plancton*, p. 184.

CHAUVE adj.

Chauve comme une bille, un genou, un œuf « complètement chauve » → aus BOULE* DE BILLARD.

CHAUX n. f.

Bâtir (être bâti) à chaux et à ciment, à chaux et à sable « rendre (être) d'un solidité à toute épreuve ». S'emploie aussi bien concrètement — notamment, par un métaphore fréquente, en parlant du corps humain, cf. *Être bien bâti, être solide*, et — qu'abstraitement : *un raisonnement bâti à chaux et à sable*.
La forme la plus ancienne est négative : *ne tenir à chaux ne à sable* signifia (XVᵉ-XVIᵉ s.) « être sans solidité », par ex. d'un raisonnement. *À chaux et à ciment*, qu est dans Scarron, s'est employé jusqu'au XIXᵉ s., mais semble aujourd'hui peu courant.

> Il faut croire que mon père, prévoyant les intempéries de mon existence, m'a bâti à chaux et à sable.
> É. AUGIER, *Le Fils de Giboyer*, I, 8, p. 40.

CHEF n. m.

Au premier chef « autant qu'il est possible ». D'abord dans *coupable au pre mier chef*, c'est-à-dire « selon le point, le chapitre [*chef*] le plus grave, le plus important ». Expression lexicalisée.

De son (propre) chef « sous son autorité ou sa responsabilité personnelle (XVIIᵉ s.). Comme *tête*, *chef* signifie fréquemment « activité mentale », et notamme « volonté, décision ». Cette expression adverbiale n'est plus analysée et fait par tie du lexique.

CHEMIN n. m.

Chemin battu « domaine très connu, banal ». *Battu* signifie ici « foulé par de nombreuses personnes » ; la variante *sentiers battus* est plus courante. *Suivre les chemins battus* est dans les recueils à partir de 1732 (Gottschalk).

Le chemin de Damas (de qqn) « le lieu et le moment où la vérité lui apparaît ». Allusion à la conversion de saint Paul, due à une vision alors qu'il se rendait à Damas.

> Le résultat de mon discours fut une belle crise de nerfs ; cette fois, elle me servait le répertoire de l'Ambigu que je n'avais pas eu lors de l'affaire des bijoux. Enfin, quand elle revint à la vie, elle avait trouvé son chemin de Damas. Tout en pleurant, elle exhalait le plus profond repentir et, docile, elle accepta ce que mon ami lui faisait proposer.
> GORON, *L'Amour à Paris*, t. I, p. 409.

Chemin des écoliers « le chemin le plus long » (fin XVIIᵉ s.) ; on a dit dans ce sens : *prendre le chemin de l'école*, Cotgrave 1611).

Le droit chemin « une conduite conforme à la morale, à l'honnêteté » (surtout dans : *être, rester dans le droit chemin*).

> On sent qu'elle a un bon fond, c'est une fille qui n'est pas commune, elle doit être la fille de gens bien, elle est certainement restée toujours dans le droit chemin.
> M. PROUST, *À la recherche du temps perdu*, t. II, p. 441.

Grands chemins « grandes voies de communication » (XIVᵉ s.). *Bandit de grands chemins* « bandit qui détroussait les voyageurs sur les routes ». Métaphoriquement, *grand chemin* s'est employé pour « voie directe, moyen le plus simple ».

Le grand chemin des vaches (vx. XVIIᵉ-XVIIIᵉ s.) « voie la plus fréquentée, la plus sûre ». Ici, comme dans *le plancher des vaches*, ce ruminant est associé à l'idée de « sécurité » → VACHE.

Bout de chemin « petite promenade ; action d'accompagner qqn pendant un moment ».

Chemin faisant [LOC. ADV.] « pendant le déplacement, le voyage ».

> Chemin faisant ma mère détaillait les tombes et me montrait celles qui étaient belles et celles qui ne l'étaient pas.   M. CARDINAL, *Les Mots pour le dire*, p. 230.

En beau (bon) chemin « dans la voie de la prudence, de la vertu » (XVIIᵉ s.), puis « en s'approchant d'un résultat ». *S'arrêter en beau chemin* est dans Balzac.

Vieux comme les chemins « très vieux » (1740). Les chemins, surtout dans une société rurale, semblent avoir toujours été là.

Aller son chemin « poursuivre ses entreprises régulièrement, sans se laisser distraire ». L'idée de régularité, d'allure modeste et sûre a été explicitée dans : *aller son (petit) bonhomme de chemin* → BONHOMME. *Aller le droit (son droit) chemin*, qui date du XVIIᵉ s., ne se dit plus.

Ne pas y aller par quatre chemins « aller droit au but, agir sans détour » (1656). L'idée de base est qu'il n'y a qu'un droit chemin et que celui qui le quitte pour en essayer d'autres perd son temps. W. Gottschalk rapproche divers proverbes équivalents dans les langues romanes, dont le provençal : *fau pas ana per quatre camin*. Le nombre de *quatre* est lié au concept de « carrefour », de « croisée ».

Être toujours sur les (quatre) chemins, par voies et par chemins « toujours en voyage ». La variante *par voies et par chemins* est pléonastique, alors que la locution synonyme *par monts et par vaux* (→ MONT) réunit des antonymes : le résultat est identique ; c'est un renforcement des composantes sémantiques à mettre en valeur « espace à parcourir ».

Faire son chemin « parvenir à une belle situation » (XVIIᵉ s., Voiture). L'expression s'employait depuis le XVIᵉ s. au sens de « continuer sa route ». *Faire du chemin* « avancer », s'emploie au propre et métaphoriquement, et plus facilement avec un sujet de choses.

Faire voir du chemin à quelqu'un « le forcer à aller loin, lui donner du mal ». Le sémantisme de cette expression est souvent développé (*Emmener en bateau*, etc.).

Vx. *Mener quelqu'un dans un chemin où il n'y a pas de pierres* « malmener, traiter avec rigueur ». Malgré la fertile imagination de Fleury de Bellingen (voir ci-dessous), il est clair que l'expression est tout simplement ironique et signifie « mener dans une voie impraticable, dans un lieu inconfortable, etc. ». *Trouver une pierre en son chemin* se disait au XVIIe s. pour « rencontrer une difficulté imprévue ».

> Et s'il m'oyoit expliquer, crois-tu (comme te dis) qu'il me méneroit par un chemin où il n'y a point de pierres ? c'est-à-dire qu'il me traiteroit avec un tel excès de rigueur et une sévérité si extrême, que tout moyen de me deffendre, me seroit interdit, et osté, car enfin c'est ainsi qu'on doit entendre ces paroles ; veu que les pierres sont les armes de ceux qui manquent de tout autre deffense.
> FLEURY DE BELLINGEN, *L'Étymologie des proverbes français*, I, 2, p. 11.

Se mettre en chemin, qui se dit depuis le XVIe s., a été précédé par *se mettre au chemin* (XIIIe s.).

Se mettre sur le chemin de quelqu'un « l'empêcher de faire ce qu'il veut, lui barrer la route, le passage (métaphoriquement) », au XVIIIe s. On a dit, au XVIe et au XVIIe s., *couper chemin* pour « arrêter le cours de... ».

Ouvrir, tracer le chemin (XVIIe s.), « être le premier à faire quelque chose ». On dit aussi *montrer le chemin* et, plus souvent, *ouvrir, montrer la voie.*

Passer son chemin « ne pas s'arrêter » (XVIIe s.). Surtout à l'impératif, dans des injonctions du type : *passez votre chemin !* « ne vous arrêtez pas ici, allez-vous en ! ».

Rebrousser chemin « reprendre sa route en sens inverse ; revenir sur ses pas ». L'absence d'article fait de ce syntagme une forme stable et figée ; le verbe *rebrousser* est presque inusité en d'autres emplois. Cf. le syntagme lexicalisé *à rebrousse-poil.*

Trouver (qqn ou *qqch.) sur son chemin* (vx. *en son chemin*) « trouver quelqu'un ou qqch. qui fait obstacle aux projets que l'on a ».

Ça en prend, ça n'en prend pas le chemin « la chose semble devoir se réaliser ou non ».

> Je mets dans le même sac messieurs les ouvriers, et qu'on f... le tout ensemble dans la rivière ! — ça en prend le chemin, d'ailleurs — et puis le calme renaîtra.
> FLAUBERT, *Correspondance*, VIe série, p. 227.

Tous les chemins mènent à Rome [LOC. PROV.] « on peut arriver au même résultat par des moyens différents ». La convergence vers Rome est une allusion aux routes de pèlerinages. Peut s'employer métaphoriquement.

> Le seul trait de famille que partagent ces expériences dont les multiples voies d'accès justifieraient le dicton *tous les chemins mènent à Rome*, c'est en définitive que, moments aussi intenses que le fameux *temps retrouvé*, elles effacent comme lui d'un coup de gomme les ombres accumulées (inquiétude, mauvaise conscience, ennui) et font croire que l'on a atteint — dans l'oubli momentané de tout problème — quelque chose qui pourrait être la *vraie vie*. M. LEIRIS, *Frêle Bruit*, p. 365.

> le voilà qui suit son petit bonhomme de chemin
> son petit bonhomme de chemin le mène à Rome
> comme tous les autres chemins
> parfaitement   PRÉVERT, *Paroles*, p. 111.

CHEMINÉE n. f.

Fumer comme une cheminée, comme une cheminée d'usine, se dit d'une personne qui fume trop de tabac (au sens propre, d'un objet qui dégage beaucoup de fumée).

CHEMISE n. f.

Changer (de qqch.) comme de chemise «changer très facilement (d'habitude, d'opinions); remplacer fréquemment...»

> Vous serez tout étonnée de vous voir changer d'avis, de jour en jour, comme on change de chemise.   FLAUBERT, *Correspondance,* IVe série, p. 183.

Vx. *Être dans la même chemise* «être très unis, ne faire qu'un». On trouve en ancien français *estre en une chemise;* l'expression moderne est *être comme cul et chemise* → CUL.

S'en moquer (ficher, foutre) comme de sa première chemise «se désintéresser de quelque chose». Dans ce contexte la *première chemise* est le premier vêtement d'enfant, après les langes et le maillot.

L'expression est ancienne sous une forme légèrement différente : *Penser à qqn comme à sa première chemise* (XVIe s.); *il m'en souvient aussi peu que de ma première chemise* (Oudin); les mots *première chemise* expriment à eux seuls l'objet de l'indifférence, alors que sous la forme moderne, *s'en moquer* indique clairement le contenu global.

Se lever la chemise pour quelqu'un (régional, Marseille, etc.) «se priver pour quelqu'un». *Lever* signifie «enlever, ôter (pour donner)».

Mettre quelqu'un en chemise «le ruiner complètement» (le dépouiller de tout, sauf de sa chemise) [XIXe s., Balzac]. *N'avoir pas de chemise* s'employait au XVIIe s. pour «être dans la misère».

CHÊNE n. m.

Fort, solide comme un chêne «très robuste». On trouve aussi *se porter comme un chêne* «avoir une santé robuste». La robustesse du chêne est traditionnellement utilisée dans la langue, ainsi que sa longévité. Malgré l'opposition entre le *chêne,* susceptible d'être déraciné, foudroyé, et le *roseau,* qui «plie mais ne rompt pas» (voir la *Fable* de La Fontaine, I, 22), le chêne reste le symbole de la force durable (→ TURC).

CHER, CHÈRE adj. et n.

Le cher et tendre (d'une femme) «son amant, celui dont elle est éprise». Ironique et familier.

> Elles conduisent, chez ces négociants, l'homme du monde qui n'hésite pas à se fendre d'un collier de perles ou d'une rivière de diamants.
> [...] Le lendemain, le bijoutier reprend donc pour quinze mille francs ce que la veille il avait vendu vingt-cinq, et la dame, pour cinquante louis, se fait fabriquer, en toc, un collier tout à fait semblable qu'elle peut montrer à son cher et tendre quand il vient lui rendre visite.   GORON, *L'Amour à Paris,* t. II, p. 654.

CHERCHER v. tr. On trouvera plusieurs loc. au substantif complément → BÊTE, POUX; FEMME...).

Faut pas chercher à comprendre (savoir...), se dit pour commenter de manière désabusée une mesure, une décision qui paraît absurde, arbitraire, mais qu'on ne peut discuter.

> Assis sous un arbre, il parabolait : «Heureux les pauvres d'esprit, ceux qui ne cherchent pas à comprendre, ils travailleront dur, ils recevront des coups de pied au cul, ils feront des heures supplémentaires qui leur seront comptées plus tard dans le royaume de mon père».   PRÉVERT, *Paroles,* p. 30.

Si tu me cherches, tu me trouves, formule de menace en réponse à un comportement jugé agressif.

CHÈRE n. f. L'ancien français *chiere*, comme le latin *cara* d'où il provient signifie « visage », puis « mine, air d'une personne ». L'expression *faire belle, bonne chère* signifie d'abord « faire bon visage, accueillir aimablement » puis « traiter avec hospitalité ». On trouve jusqu'au XIXᵉ s. des expressions où *chère* a encore ce sens (*il ne sait quelle chère lui faire* « comment l'accueillir », *faire grand-chère* « bon accueil » se disait encore naguère à Pont-Audemer [*in* Wartburg]). L'évolution de « accueil » à « réception, hospitalité », puis à « repas » — à cause de *chair* — évoque, dans sa spécialisation, celle du mot *cadeau*.

   Bonne chère « nourriture raffinée et abondante ». C'est le seul emploi courant du mot en français moderne, et il est presque complètement lexicalisé (on ne dit plus guère *faire meilleure, pire chère...*). Sous l'influence de l'homonyme *chair* qui signifiait « viande, nourriture », le mot a évolué en se spécialisant. *Belle chère* « bon repas » (1494) signifie sans doute « belle réception », mais *faire bonne chère* (XVIIᵉ-XIXᵉ s.), après avoir signifié « bien traiter ses convives à table », ne correspond plus qu'à « bien manger ».

   Vx. **Faire chère lie** « mener joyeuse vie », signifie la même chose que *faire bonne chère*, avec l'idée de réjouissance (l'adjectif *lie* correspond à *liesse*). S'est employé jusqu'au XIXᵉ s., probablement sans être bien compris après le XVIIᵉ s.

   Vx. **Aujourd'hui en chère et demain en bière** « qui est aujourd'hui dans les plaisirs de la table peut fort bien mourir rapidement ».

   Vx. **Il n'est chère que de vilain,** proverbe du XVIIᵉ s. (écrit aussi *chair*) qui signifie que l'avare *(vilain)* qui se résout difficilement à offrir un repas peut y mettre plus de profusion que celui qui tient table ouverte.

CHÉRUBIN n. pr. m.

   Joli, beau comme un chérubin « d'une beauté enfantine ». Renforce les comparaisons formées avec *ange*.

CHEVAL n. m. Le mot *cheval*, très fertile en locutions surtout proverbiales, représente un stade précis de notre civilisation matérielle. En effet, son importance diminuant au XIXᵉ siècle, les locutions formées avec ce mot deviennent rapidement archaïques, quand elles faisaient référence par une métaphore, à un détail concret (commerce des chevaux : *à cheval donné on ne regarde pas la bouche,* etc.). Au contraire, les expressions lexicalisées *(cheval de retour)* ou transférées dans le domaine abstrait *(cheval de bataille)* restent vivantes. Cependant les valeurs symboliques du cheval sont moins puissantes que celles d'autres animaux (âne, chat, loup, etc.). *Cheval,* appliqué aux êtres humains, correspond aux idées de « robustesse », « grossièreté », « grande taille » ; on dit *c'est un grand cheval* en parlant d'une femme virile et robuste. Vx. *C'est un cheval de carrosse* « un grossier personnage » → CARROSSE. *Cheval de labour* se dit d'un travailleur infatigable. La langue classique employait *cheval* dans nombre d'expressions péjoratives : *C'est un cheval, un franc, un gros cheval, un cheval de charrue, un cheval de bagage.* etc.

   Cheval de bataille « argument favori et coutumier », vient de l'expression *monter sur (enfourcher) son cheval de bataille* → DADA.

   Cheval de bois, désigne un simulacre de cheval, plus ou moins réaliste (on dit aussi *le cheval d'arçon*) servant de jouet, etc. **Chevaux de bois,** au plur., désigne le manège circulaire dont les éléments étaient à l'origine des représentations de chevaux, et continue de s'employer pour des manèges dont toute figure hippique a disparu.

   Des boniments à la graisse de chevaux de bois → GRAISSE ; et ci-dessous *Dîner avec les chevaux de bois.*

Cheval de retour « récidiviste ».

> Un des diagnostics infaillibles auxquels les directeurs de prison et leurs agents, la
> police et ses aides, et même les magistrats instructeurs reconnaissent les chevaux de
> retour [...] est leur habitude de la prison.
>
> BALZAC, *Splendeurs et Misères des courtisanes*, p. 1050.

> — Moi je suis un cheval de retour.
>
> Le porte-clefs le devine, et nous causons [...].   J. VALLÈS, *L'Insurgé*, p. 144.

Outre son sens « pénal », l'expression a reçu la valeur de « vieux routier », « homme
politique discrédité qui revient sans cesse au pouvoir ».

> S'ils arrivaient à leurs fins, cherchez les noms des chevaux de retour que nous verrions
> reparaître au timon.   F. MAURIAC, *Bloc-Notes*, p. 109.

La mort du petit cheval « la fin d'une affaire, des espérances, etc. ». Titre
d'un roman d'Hervé Bazin. On peut supposer à l'expression une origine proche du
milieu des courses : le « petit cheval » serait alors le futur crack. → LA FIN
DES HARICOTS★.

> Bande de vaches, moi qui ai mis cinq cents sacs dans ce rafiau, et du fric que j'ai
> emprunté en grande partie ! Qu'est-ce que je vais branler avec, qu'on dit partout que
> c'est une ordure, mon pauvre *Cormoran*. C'est la mort du petit cheval !
>
> A. SERGENT, *Je suivis ce mauvais garçon*, p. 86.

Une selle à tous chevaux → SELLE.

À cheval [LOC. ADV. et PRÉP.] « à califourchon (sur) ». Au figuré, *Une réponse à
cheval*, « sèche et peu aimable ».

À cheval sur les principes, sur le service... « très strict ». *Être à cheval sur
quelque chose*, « très exigeant dans ce domaine ».

> « Il faudrait peut-être que j'aille me changer à l'hôtel... — Je n'ai pas de conseil à
> vous donner dit le jeune homme au regard ironique. Mais je crois que oui... Lady Car-
> rington est assez à cheval sur la tenue... ».
>
> P. DANINOS, *Un Certain Monsieur Blot*, p. 188.

> — Je suis un pur, dit-il toujours.
> — Ah ! bien ! s'il n'était pas pur, après tant de coups de pistons !
> — Je reste à cheval sur les principes.
> — Il quitte bien ces étriers, une fois par jour, au moins.
>
> J. VALLÈS, *L'Insurgé*, p. 81.

De cheval [LOC. ADJ.], sert à qualifier quelques noms. *Fièvre de cheval*. « très
forte ». *Médecine*, *remède de cheval* « trop fort pour un homme ».

> [...] ce malheureux se sentit les yeux mouillés de larmes, phénomène qui, depuis son
> enfance, ne s'était pas produit une seule fois en lui. — *Je dois avoir une fièvre de che-
> val*, se dit-il [...] — C'est inutile, mon garçon, je ne puis manger. Dites à Monsieur le
> Directeur de cette prison de m'envoyer un médecin, je me trouve si mal que je crois
> ma dernière heure arrivée. BALZAC, *Splendeurs et Misères des courtisanes*, p. 1032.

Avoir (un, deux) trois chevaux... tués sous soi, se dit d'un cavalier intrépide,
qui continue de combattre après que son cheval a été tué.

> Un jour un général
> ou bien c'était une nuit
> un général eut donc
> deux chevaux tués sous lui   PRÉVERT, *Paroles*, p. 19.

Changer (troquer) son (un) cheval borgne pour un aveugle « faire une mauvaise affaire, perdre dans un troc ». L'expression s'emploie depuis le XVIIe s. ; on disait
aussi : *vendre son cheval pour avoir de l'avoine* pour désigner un mauvais marché
(mais avec une idée de comportement absurde, analogue à celle de *manger son
blé en herbe*).

Dîner (manger) avec les chevaux de bois « se passer de dîner ». On peut expliquer l'expression par le mouvement circulaire et ininterrompu des chevaux de bois
(cf. l'idée de « passer sous le nez »), mais un calembour sous-jacent est probable.

> *Monter (être) sur ses grands chevaux* « se mettre en colère et parler avec autorité, prétention ».

>> *Monter sur ses grands chevaux*, c'est être prêt à se faire faire raison avec l'épée et la lance. On ne montait autrefois sur son *grand cheval*, ou cheval de bataille, que pour se préparer à un combat à outrance.　　　J. LE DUCHAT, *Ducatiana*, t. II, p. 481.

> *Parler cheval* « parler incorrectement ». L'expression qui date du XIXᵉ s. est probablement à l'origine du mot québécois *joual*.

>> en moto j'arrive à Sabi en Paro
>> excusez-moi je parle cheval
>> un matin j'arrive à Paris en sabots　　　　　　　　PRÉVERT, *Paroles*, p. 20.

> *Travailler comme un cheval* « beaucoup ». L'expression est chez Voltaire ; elle est à rapprocher de *c'est un (vrai) cheval à l'ouvrage*, pour le travail.

> *Ne pas se trouver sous les pas d'un cheval* → PAS.

Parmi les nombreuses locutions proverbiales, toutes archaïques, on peut signaler ; *à cheval donné on ne regarde pas la bouche* (on reçoit les présents sans les juger), *faire voir à quelqu'un que son cheval n'est qu'une bête* (lui démontrer son ignorance), *il n'y a si bon cheval qui ne bronche* (nul n'est parfait), *il se tient mieux à table qu'à cheval* (c'est un goinfre).

Malgré le vieillissement de la majorité des locutions, on enregistre l'apparition de nouvelles expressions, telles que :

Fam.　*C'est pas le mauvais cheval* « ce n'est pas un mauvais type ». Pour la forme, cette expression est à rapprocher de *parier sur le mauvais cheval*.

>> Vous savez sans doute que je me gouverne assez mal mais que je ne suis pas le mauvais cheval, même si je me dérobe trop souvent sur l'obstacle et pas assez aux tentations.　　　　　　　　　　　A. BLONDIN, *Quat'saisons*, p. 112.

CHEVALIER n. m.

Chevalier errant. Nom donné traditionnellement aux héros des romans de chevalerie, qui voyageaient sans cesse. L'expression est ancienne (on la rencontre au XIVᵉ-XVᵉ s.), mais n'a dû se fixer dans son sens romanesque qu'au XVIIᵉ s. *Errant* vient de *itinerare*.

Chevalier servant « homme qui accompagne une femme et lui rend des soins assidus ; compagnon plein de galanterie ».

Chevalier d'industrie « personne qui vit d'opérations malhonnêtes ». L'expression *chevalier de l'industrie* date du début du XVIIᵉ s. et signifie « héros de l'habileté malhonnête » ; elle n'a rien à voir avec les activités industrielles et fait partie d'une série d'expressions péjoratives aujourd'hui vieillies. On peut citer *chevalier de la petite épée* (chez Mathurin Régnier) « filou » ; *chevalier de la courte lance* (en 1649, in Nisard) « savetier » ; *chevalier de la lancette* « barbier » (fin XVIIIᵉ s.) ; *chevalier du crochet* « chiffonnier ». On voit aisément la structure de ces locutions : *de* y introduit le nom d'un objet qui est fictivement une arme *(épée, lance...)* et en réalité un instrument. *Chevalier à la croix de Saint-André* (XVIIIᵉ s.) « criminel roué », fait allusion aux décorations des ordres de chevalerie. *Chevalier grimpant* « laquais », s'appliquait au XVIIIᵉ s. par dérision aux domestiques, qui montaient derrière les voitures de leurs maîtres ; la forme (participe présent) évoque les locutions du type : *chevalier errant, servant*, ci-dessus.

>> — Après tout, ma cousine, connaissez-vous bien cet homme ? Si c'était simplement un chevalier d'industrie ?
>> La veuve, indignée, chassa le petit cousin... Mais « le soupçon était entré dans son âme... ».　　　　　　　　　　　GORON, *L'Amour à Paris*, t. I, p. 442.

Vx.　*Chevalier à la Triste Figure* (surnom traditionnel de Don Quichotte en français, ex. *in* Furetière, 1690) « personnage d'allure morose, sinistre ».

CHEVÊCHE n. f.

Vx. *La chevêche est engluée* «la personne dont il est question est attrapée, prise au piège». Loc. attestée au début du XIXe s. (1821, Gottschalk). Allusion à la capture des chouettes et chevêches à l'aide d'appeaux et de gluaux.

CHEVEU n. m.
Les locutions formées avec *cheveu,* même au pluriel, n'utilisent guère les thèmes symboliques bien connus de la *chevelure.* C'est plutôt la multiplicité des poils, leur ténuité ou leurs liens métonymiques (tête, crâne) qui sont envisagés dans ces expressions, souvent familières.

Cheveu + de + nom d'être animé humain est la forme de plusieurs locutions désignant des choses (plantes, etc.) très fines. On peut citer *cheveu d'ange* (vermicelle très fin ; guirlande décorative), *cheveu de Vénus* (la capillaire), *cheveu de la vierge* (fleur de viorne).

> Il acheva d'accrocher au long de la poutre le gui, le houx, les guirlandes de cheveux d'ange.   S. de BEAUVOIR, *Les Mandarins,* p. 10.

Cheveux blancs «tête chenue, vieillard». Souvent employé dans des constructions rhétoriques, comme :

> — Comment! misérable! c'est toi, mon neveu, qui me déshonores!... Tu salis ta famille, tu traînes dans la boue mes cheveux blancs!... Ah! tiens! tu finiras mal, nous te verrons un jour en cour d'assises!   É. ZOLA, *Pot-Bouille,* t. II, p. 134.

À un cheveu de... «de très près» (*in* Saint-Simon). On trouve aussi *d'un cheveu* avec un verbe, pour exprimer une progression infime, cf. ci-dessous IL S'EN FAUT D'UN CHEVEU.

S'arracher les cheveux «se désespérer, être furieux», ou encore «se tourmenter à l'extrême» (XIXe s.).

> Gustin Sabayot, sans lui faire de tort, je peux bien répéter quand même qu'il s'arrachait pas les cheveux à propos des diagnostics. C'est sur les nuages qu'il s'orientait.
> L.-F. CÉLINE, *Mort à crédit,* Livre de poche, p. 16.
> Et dans le petit logis de la rue Saint-Jacques où ils s'étaient enfermés, ces quatre hommes de lettres s'arrachaient les cheveux à chaque ligne qu'ils allongeaient sur les feuilles blanches, craignant de verser dans la platitude ou la déclamation.
> J. VALLÈS, *L'Insurgé,* p. 205.

Vx. *Avoir un cheveu pour une femme* «avoir une amourette». C'est sans doute l'idée de *béguin* («être coiffé de... ») avec une métonymie à laquelle se joint l'idée minorative de *cheveu* (c'est-à-dire «caprice, amourette sans importance»).

Avoir un cheveu sur la langue «zézayer légèrement».

Avoir mal aux cheveux «avoir mal à la tête, métonymie pour avoir trop bu». Le sens est identique à AVOIR LA GUEULE* DE BOIS.

Couper les cheveux en quatre «raffiner à l'excès, s'arrêter à des détails». On a dit aussi *fendre un cheveu en quatre* (au XVIIe s.).

> Vous m'aviez montré une œuvrette un peu tarabiscotée où vous coupiez les cheveux en quatre. Je vous ai donné franchement mon avis ; ce que vous aviez fait ne valait pas la peine que vous le couchiez sur le papier.
> M. PROUST, *À la recherche du temps perdu,* t. II, p. 222.
> Qu'il s'agisse d'un savant érudit spécialisé dans une question hors série et qui coupe les cheveux en quatre, ou d'une midinette sentimentale [...].
> B. CENDRARS, *Bourlinguer,* p. 382.

Adaptation paronymique et cocasse :

> hommes au grand savoir
> coupeurs de chevaux en quatre pour savoir pourquoi ils trottent
> et comment ils galopent   PRÉVERT, *Histoires,* p. 179.

Faire dresser les cheveux sur la tête «inspirer de la terreur», est analogue à *donner la chair de poule,* et utilise d'une manière imagée l'observation du phénomène de l'horripilation. Mais comme dans les expressions précédentes, les valeurs symboliques de la chevelure associée au destin ne sont pas absentes. En outre, pour la psychanalyse, le thème du cheveu dressé est phallique.

> Elle raconta d'autres tueries, elle ne tarissait pas sur le ménage, savait des choses à faire dresser les cheveux sur la tête.   É. ZOLA, *L'Assommoir*, t. I p. 238.

Se faire des cheveux «du souci», est une ellipse de *se faire des cheveux blancs ou gris* (la forme est analogue à *se faire de la bile, un sang d'encre*, etc.). Sans l'adj., l'expression est d'un remarquable illogisme : alors que les soucis pourraient faire tomber les cheveux (signe de vieillissement et castration symbolique), on voit mal comment ils en accéléreraient la pousse : mais l'usage langagier n'a que faire de logique et peut tout rationaliser (voir la citation de Blondin).

> N'entendant plus rien, les trois amis qui dans leurs malles se faisaient des cheveux avaient hâte de sortir de leurs peu confortables retraites, pour terminer au plus vite leur petite opération et filer illico.   *L'Épatant*, 1908, p. 9.
> Je vous envoie une mèche de mes cheveux, ceux que je me fais à cause de vous.
> A. BLONDIN, *Un singe en hiver*, p. 92.

Se prendre aux cheveux «se battre» (allusion à des combats entre femmes, comme *se crêper le chignon*).

Prendre (saisir) l'occasion aux cheveux «la saisir rapidement». Rappelons que dans nos cultures, *les cheveux* symbolisent parfois le pouvoir magique. L'expression date au moins du XVIe s. (Du Bellay). On dit aussi *tenir l'occasion, la fortune par les cheveux.*

Être tiré par les cheveux, se dit d'un argument, d'un raisonnement peu naturel, forcé. L'emploi actif : *tirer quelque chose par les cheveux* «alléguer quelque chose de forcé», est vieilli (il apparaît en 1636).

Ne pas toucher à un cheveu (de la tête) de quelqu'un «ne lui faire de mal en aucune façon».

> Heureusement, j'ai retrouvé ma respiration : «Citoyen, qu'on ne touche pas un cheveu de cette tête vide, qu'on respecte l'écorce de ce coco sans jus!»
> J. VALLÈS, *L'Insurgé*, p. 190.

Fam. *Il y a un cheveu* «un ennui». Vient probablement du sens de «chose infime, petite, minuscule», d'après la coutume d'employer un terme minoratif pour qualifier les difficultés (*un petit ennui*, etc.); cf. au XVIe s. *Il ne m'en chault pas d'un cheveu* «cela ne me concerne pas du tout».

> Tout semblait me destiner à la carrière métropolitaine la plus régulière. Pourtant, il y avait un cheveu, j'avais naguère publié dans une revue un article qui n'avait pas eu l'heur de plaire à certains des grands chefs dont dépendait ma destinée.
> LYAUTEY, *Paroles d'action*, p. 460.

Cela arrive (vient) comme un cheveu sur la soupe «à contretemps, mal à propos». L'expression doit être assez récente, puisque *soupe* a le sens moderne de «bouillon» ou plutôt de «nourriture» en général. Curieusement, elle désigne l'incongruité et non pas la saleté — ce qui eût été assez normal.

> il ne faut pas m'en vouloir
> c'était nécessaire
> et tu n'es pas arrivé dans cette histoire comme le cheveu sur la soupe
> mais bien comme le sel ou la cuillère
> dans la soupe tu es arrivé à ton heure et sans doute nous avions rendez-vous
> PRÉVERT, *Histoires*, p. 178-179.

Il s'en faut d'un cheveu «de très peu». *Cheveu* symbolise ici, comme dans la locution précédente, l'objet très fin, impalpable et ne réfère plus au corps humain → FIL *(Cela ne tient qu'à un fil).*

> Il se tourna vers le mur et je le bordai. Il s'en fallut d'un cheveu que je ne l'embrasse.
> S. BECKETT, *Molloy*, p. 187.

CHEVILLE n. f. Du latin *clavicula,* diminutif de *clavis* « clé ». Le sens anatomique est une ellipse de l'expression *cheville* (attache) *du pied.*

Avoir les chevilles qui enflent « devenir prétentieux ». Métonymie possible de la tête (→ AVOIR LA GROSSE TÊTE*).

Cheville ouvrière « agent principal, responsable (d'une entreprise, d'une affaire) ». Métaphore technique où l'adj. *ouvrier* n'a rien à voir avec le monde du travail. La *cheville ouvrière* est au sens propre l'élément d'assemblage, en bois, qui tient l'avant-train d'une voiture.

Être (mettre, se mettre) en cheville avec... « en association étroite ».

> Quant à sa seconde façon de se bien faire entendre des copains, de se « mettre en cheville » avec eux, elle s'adapte si merveilleusement à son objet, qu'elle nous déroute encore [...].   F. CARCO, *Nostalgie de Paris*, p. 83.

Ne pas arriver (venir, aller) à la cheville de qqn « lui être très inférieur ». La négation ne semblerait pas indispensable, étant donné l'extrême disproportion du terme de comparaison. On a dit d'ailleurs au XIXᵉ s. : *il lui va à la cheville du pied* « il est beaucoup plus petit que lui » (Landais, 1834). À propos de cette expression, qui ne semble pas apparaître avant le XVIIIᵉ s., il n'est peut-être pas inutile de rappeler que *cheville* (au sens premier) a désigné métaphoriquement une autre partie du corps, le pénis (avec eux, illustré par Charles d'Orléans et Rabelais, est encore mentionné par l'*Encyclopédie* dans son supplément). L'existence de l'expression *ne pas arriver à la ceinture de qqn* (→ CEINTURE), qui est plus ancienne, appuierait l'interprétation « ne pas arriver au milieu du corps », les deux sens anatomiques de *cheville* étant confondus dans l'expression.

> Je me rappelais un tas de coquins qui ne m'allaient pas à la cheville et qui regorgeaient de richesses.   DIDEROT, *Le Neveu de Rameau*, p. 440.

> Chacun avait sa tâche. Filochard avait été spécialement désigné pour faire la *popote ;* pour faire une *ragougnasse,* Croquignol et Ribouldingue ne lui arrivaient pas à la cheville.   *L'Épatant*, 1908, p. 31.

CHÈVRE n. f. Comme le cheval, la chèvre appartient à un univers économique et culturel rural moins menacé aujourd'hui. Et de même que le mot *cheval,* le mot *chèvre* est surtout riche en expressions archaïques. Ainsi *barbe de chèvre* (XVIIᵉ s.) a cédé la place à *barbe de bouc* (par masculinisation du mot), *reprendre sa chèvre à la barbe* est exprimé par *revenir à ses moutons,* et la plupart des locutions en usage au XVIᵉ s. ne sont plus utilisées.

Chemin de chèvre « sentier abrupt ». L'agilité réelle et proverbiale de la chèvre, liée au fait qu'elle est souvent élevée dans des lieux escarpés, suffit à expliquer l'expression.

Vx. *Chèvre coiffée* apparaît dans la locution : *il serait amoureux d'une chèvre coiffée* « de n'importe quelle femme, aussi laide soit-elle ». Dans certaines régions (Finistère, Cambrai, selon Rolland), *chèvre coiffée* se dit des filles que l'on condamne pour leur liberté de mœurs. La réputation de lasciveté de la chèvre (et du bouc) explique l'expression → aussi COIFFÉ.

Vieilli. *Des yeux de chèvre morte* « des yeux écarquillés, hagards, affolés ». Les expressions formées avec *œil* et un nom d'animal qualifié par un adjectif sont fréquentes pour désigner un regard langoureux ou étonné.

> — Délivre Lucien, et je ne vivrai plus que pour toi ! — il ne s'agit pas de faire des yeux de chèvre morte, comme dit Madame la duchesse, s'écria la terrible Asie, en secouant la comtesse par le bras. Si vous voulez le sauver il n'y a pas une minute à perdre.   BALZAC, *Splendeurs et Misères des courtisanes*, p. 962.

Sauts de chèvre, équivalent idiomatique de *cabrioles,* « sauts désordonnés ».

> Et il répondit par un coup droit en pleine poitrine, qui aurait défoncé l'autre, s'il ne s'était garé, dans ses continuels sauts de chèvre. É. ZOLA, *Germinal*, t. II, p. 128.

Devenir chèvre signifie d'abord (XVIIᵉ s.) « se mettre en colère », et succède à *prendre la chèvre* (XVIᵉ s.) qui avait le même sens. Pour la forme, *prendre la chèvre* (ou *avoir sa chèvre,* dialectal) instaure un rapport d'appartenance, tandis que *devenir chèvre* le transforme en identité (cf. *avoir du chien, prendre la mouche,* opposés à *être* + nom d'animal). Quant au sens, il s'explique par les mœurs bien connues de l'animal : brusquerie, violence soudaine, ce qui est représenté dans le lexique par les mots *cabriole* (de *capreola,* dérivé de *capra*), *caprice,* et, par les dérivés *chevreter,* « se mettre en colère » (Rabelais), *chevrer.*

De nos jours on emploie *faire devenir chèvre* au sens de « faire enrager ». La variante *tourner en chèvre* n'est pas courante ; elle provient du croisement avec *tourner en bourrique.*

> — Alors, maintenant, ces pâtes ? Tu nous les fais porter ou non ?
> — Mais tout de suite ! dit le gros homme que ce changement d'humeur chez son client réconfortait. Vous n'avez de plaisir qu'à me tourner en chèvre.
> F. CARCO, *Les Belles Manières*, p. 13.

Ménager la chèvre et le chou « ménager des intérêts contradictoires ». *Ménager* signifie ici « prendre soin, bien employer ». Une forme ancienne était *on ne peut sauver la chèvre et les choux.* L'allitération a fait le succès de l'expression, plus peut-être que l'affinité des chèvres et des choux (l'animal, n'étant plus guère élevé qu'en région sèche, n'est pas en contact avec les champs de choux). L'expression dérive plutôt du petit jeu machiavélien : comment transporter isolément loup, chèvre et chou d'une rive à l'autre sans qu'aucun ne soit mangé ? Le vocabulaire politique moderne emploie *chèvre-chou* (pour *mi-chèvre, mi-chou*) comme adjectif, dans : *une motion chèvre-chou* « qui cherche à satisfaire tout le monde ».

> Il n'est pas franc, c'est un monsieur cauteleux, toujours entre le zist et le zest. Il veut toujours ménager la chèvre et le chou.
> M. PROUST, *À la recherche du temps perdu*, t. I, p. 265.

> Nul doute qu'il y ait là une façon mal déguisée de ménager la chèvre et le chou. Passant là-dessus, je laisserais derrière moi une équivoque fâcheuse par elle-même et capable en outre de faire boule de neige. Mieux vaut donc qu'au lieu d'escamoter je mette immédiatement au clair. M. LEIRIS, *Fibrilles*, p. 244.

Prendre la chèvre « se fâcher de rien, se mettre en mauvaise humeur, se choquer pour une bagatelle, n'entendre point raillerie, prendre tout au pied de la lettre. C'est le propre des esprits bourrus. » (Le Roux, qui donne les exemples suivants : « Notre accueil ce matin t'a fait prendre la chèvre. » Molière, *Le Bourgeois Gentilhomme,* et Régnier, *Satire X*). L'expression est déjà chez Rabelais. Elle est à rapprocher de *prendre la mouche* et *prendre* y a probablement la valeur de « simuler ».

CHEZ prép.

(Être) bien de chez soi « caractéristique de sa région d'origine », et, régionalement, « installé dans sa propre maison ».

> [...] elle était la demoiselle de village dont les parents 'étaient bien de chez eux', mais, ruinés, avaient été obligés de la mettre en condition.
> M. PROUST, *À la recherche du temps perdu*, t. II, p. 64.

Bien de chez nous « bien du terroir, bien français ». La loc. a une valeur péjorative, ou, du moins, ironique et renvoie à un chauvinisme béat, un esprit de clocher.

> Ell' m'emmerde, ell' m'emmerd', quand je tombe à genoux
> Pour certain's dévotions qui sont bien de chez nous
> Et qui donn'nt le vertige,
> Croyant l'heure venu' de chanter le *credo,*
> Elle m'ouvre tout grand son missel sur le dos,
> Ell' m'emmerde, vous dis-je. G. BRASSENS, *Poèmes et Chansons*, p. 327-328.

Faites comme chez vous, formule par laquelle on invite un hôte à se comporter comme il le ferait chez lui, sans aucune gêne.

> Hirondelles du soir partez... Où ? Hein ? Alors restez
> c'est moi qui m'en irai...
> [...] Restez ici oiseaux du désespoir
> Restez ici... Faites comme chez vous.   PRÉVERT, *Paroles*, p. 150.

CHIC n. m.

Bon chic bon genre [LOC. ADJ.] «convenable, comme il faut». Attesté dans les années 1970, cette expression (parfois abrégée en *b.c.b.g.*) caractérise péjorativement une personne d'apparence ou de comportement conventionnel, «bourgeois» (*jeune fille bon chic bon genre, habillée bon chic bon genre*, etc.).

CHICANE n. f.

Chercher chicane, des chicanes «chercher à susciter des difficultés à qqn». Le syntagme est avec *esprit de chicane*, l'emploi le plus fréquent du substantif.

> Je regrette beaucoup d'être parti ! Aujourd'hui. on ne peut pas rentrer dans Paris, et
> à la frontière française l'autorité républicaine vous cherche des chicanes.
>   G. FLAUBERT, *Correspondance*, VIᵉ série, p. 210.

CHICOTIN n. m. Ancien mot désignant le suc d'un aloès. C'est une altération populaire de *socotrin*, lui-même tiré du nom d'une île (Socotora) d'où la plante provenait.

Amer comme (du) chicotin «très amer». Cette comparaison, qui n'est plus motivée, est le seul emploi vivant du mot. Ce dernier doit être plus ou moins rattaché à *chicorée* ou à *chique* dans la conscience des locuteurs, la chique de tabac étant elle-même très amère.

> Le matin. dès qu'il sautait du lit. il restait un gros quart d'heure plié en deux, toussant
> et claquant des os. se tenant la tête et lâchant de la pituite. quelque chose d'amer
> comme chicotin qui lui ramonait la gorge.   É. ZOLA, *L'Assommoir*, t. II, p. 136.

CHIEN n. m. De nombreuses expressions formées avec *chien* et un complément de nom sont figées : *chien de chasse, d'arrêt, de garde*, etc., désignent des types de chien, caractérisés par leur utilisation. On ne parlera ici que des expressions métaphoriques. *Chien* et *chat* sont rapprochés par la forme et par l'importance référentielle.

Chien couchant «personnage servile», provient de *faire le chien couchant* (1611). Au sens propre, un *chien couchant* est un *chien d'arrêt* qui se couche sur le ventre lorsqu'il arrête le gibier. L'addition des valeurs péjoratives de *chien* et de celles de *se coucher* a dû donner très rapidement à l'expression son sens figuré.

> [...] dans ces moments-là. pourquoi ne se rebiffe-t-il pas davantage. au lieu de prendre
> ces airs de chien couchant ? M. PROUST, *À la recherche du temps perdu*, t. II, p. 951.

Chien de... sert de qualification péjorative (*un chien de temps, une chienne de vie*, Sévigné), surtout dans la langue classique et jusqu'au XIXᵉ s. ; de nos jours l'identification (une *chienne de vie* est une *vie* qui *est* une chienne) est remplacée par la qualification (une *vie de chien* est une *vie* digne d'un *chien*, la vie qu'*a* un chien).

> [...] mais le vieux palefrenier, déjà retombé à la résignation de sa chienne d'existence.
> ne se fâchait plus de la mort de ses enfants. répondait simplement d'un geste de conci-
> liation.   É. ZOLA, *Germinal*, t. II, p. 192.

Chien de quartier «adjudant», *chien de bord* «commandant en second d'un navire», *chien de régiment* (vx) «caporal», utilisent le sens de *chien de garde. Chien du Commissaire* (vieilli) «secrétaire du Commissaire de Police» est plus péjoratif ; le complément étant un nom de personne, il s'agit donc d'une métaphore sur la servilité.

Chiens écrasés «petites informations concernant les accidents de la circulation, etc., dans un journal».

Chien galeux; chien perdu, etc., qui s'emploient au sens propre, servent aussi à renforcer les locutions métaphoriques ou des comparaisons, pour accentuer la valeur dépréciative de *chien* (voir ci-dessous : dans les loc. comparatives, la citation de Zola sous *Être malade comme un chien* «crever comme des chiens galeux»).

> Elle en avait assez, d'être giflée et chassée par son homme, de patauger ainsi qu'un chien perdu dans la boue des chemins [...].   É. ZOLA, *Germinal*, t. II, p. 157.

Chien perdu sans collier «chien errant sur la voie publique, que l'on met à la fourrière faute d'en identifier les maîtres». L'expression a été employée pour désigner des orphelins, des enfants abandonnés (littér.).

Vieilli. *Mauvais chien* «personnage méchant, hargneux». Remplacé (en emploi négatif) par *mauvais cheval*.

> — J'aimais assez de Saint-Loup en Bray, dit Bloch, quoiqu'il soit un mauvais chien, parce qu'il est extrêmement brave.
>   M. PROUST, *À la recherche du temps perdu*, t. II, p. 218.

... de chien (complément de nom), est toujours péjoratif. Outre les expressions ci-dessous, on trouve *froid de chien* (équivalent de FROID DE CANARD*).

> — Eh bien? dit la mère.
> — Tout va à la papa, répondit Jondrette, mais j'ai un froid de chien aux pieds.
>   V. HUGO, *Les Misérables*, III, VII, 16.

> Il fait depuis quelques jours un froid de chien, et par ce temps c'est embêtant de sortir de son lit à 5 heures du matin, quand il fait encore nuit close.
>   T. CORBIÈRE, *Lettres*, p. 962.

La forme fonctionne parfois comme un intensif, mais le syntagme cité ci-dessous n'est pas figé en loc. :

> Peureusement, l'autre s'était réfugié derrière la fontaine, en criant :
> — C'est assommant, à la fin, si je ne peux plus vous adresser une observation, sans que celui-là se mette entre nous!... J'ai bien voulu l'accepter, mais qu'il me fiche la paix! Encore un joli cadeau de votre mère! elle en avait une peur de chien, et elle me l'a collé sur le dos, préférant me faire assommer à sa place. Merci!...
>   É. ZOLA, *Pot-Bouille*, t. II, p. 54.

Coup de chien «coup dur» ou «événement pénible», a d'abord signifié «action perfide» (digne d'un chien); on dirait aujourd'hui COUP* EN VACHE. *Coup de chien* n'implique plus que la soudaineté d'un phénomène dangereux, comme une bourrasque en mer, etc.

Humeur, caractère de chien «exécrable». Évoque le roquet hargneux plutôt que l'animal dangereux.

Mal de chien (dans : *avoir un mal de chien pour...*) «grande difficulté».

Métier, vie de chien «très pénible». Une *vie de chien* signifie aujourd'hui «une existence difficile». À cause de la valeur morale péjorative de *chien*, l'expression, signifiait, au XVIIIe s., «vie de débauche».

> Tu aimes faire la guerre? — Non, mais quand on est soldat, on mange à sa faim. J'aime mieux être tué à la guerre que de continuer à mener cette vie de chien...
>   R. VAILLAND, *Bon Pied, Bon Œil*, p. 234.

> Expérience et réflexion étalées sur bien des années m'ont été nécessaires pour découvrir, par exemple, que Rimbaud n'a pas vécu l'aventure qui nous exalte : ce qu'il a vécu *pour lui* (et non selon l'idée que s'en feraient ultérieurement les autres), c'est tout simplement une vie de chien, comme en témoignent les plaintes contenues dans ses lettres d'Éthiopie.   M. LEIRIS, *Fibrilles*, p. 251.

Temps de chien «très mauvais temps». Renforcé dans : *il fait un temps à ne pas mettre un chien dehors* (qui a diverses variantes).

[...] quoiqu'il fît un temps à ne pas mettre un chien dehors.

> Abbé de VOISENON, *Romans et Contes*, t. II, p. 107 [Londres, 1775], *in* Brunot, H.l.f.

Nom d'un chien! Juron faisant partie de la série des euphémismes formés pour éviter le nom de Dieu.

> Duval-Housset n'en croyait plus ses oreilles.
> — Nom d'un chien! s'écria-t-il. Vous connaissez les gens de Tréville mieux que moi qui y suis né et qui l'habite depuis quarante-cinq ans!
>
> A. ALLAIS, *Contes et Chroniques*, p. 104.

... à la chien [LOC. ADV.]. **Coiffure à la chien** signifie de nos jours «cheveux en frange sur le front». Au XIXe s., il s'agissait d'un couvre-chef d'allure coquine → AVOIR DU CHIEN (ci-dessous).

> Elle se permettait les décisions brusques et gamines [...], chantait en s'accompagnant elle-même, et portait les cheveux à la chien.
>
> COLETTE, *La Maison de Claudine*, Livre de poche, p. 85.

... comme un chien a la même valeur péjorative que *de chien*. Voir ci-dessous, les locutions (verbales) comparatives.

Entre chien et loup «à la tombée du jour», date en français du XIIIe s. et remonte à l'Antiquité. Un texte ébraïque du IIe s. avant J.-C. dit : «quand l'homme ne peut distinguer le chien du loup».

> Entre chien et loup, sur le tard
> Qu'on va les marjolaines querre [quérir, chercher].
>
> *Jugement de l'amant banni*, XVe s., *in* Godefroy.
>
> Lors qu'il n'est jour ne nuict (quand le vaillant Berger
> Si c'est ou chien ou loup ne peut au vray juger).
>
> J. A. de BAIF, «Au premier livre de sa France».
>
> Dans la vieille langue populaire fantasque qui va s'effaçant tous les jours, *Patron-Minette* signifie le matin, de même que *Entre chien et loup* signifie le soir.
>
> V. HUGO, *Les Misérables*, Pléiade, p. 740.
>
> Se promener un soir d'été, à l'heure dite d'entre chien et loup (confins du jour et de la nuit en même temps que zone frontalière du monde de la veille et de celui du sommeil), cela dans une banlieue encore passablement rurale il y a quelque quarante-cinq ans, c'était, certes, pour l'enfant prompt à l'inquiétude que j'ai toujours été quelque chose d'assez peu rassurant.
>
> M. LEIRIS, *Fourbis*, p. 25.

Dans un sens abstrait et remétaphorisé :

> Le peuple du pays où se parle cette langue [l'argot] est un peuple qui préfère la nuit au jour, et jusque dans son langage, qu'il organise à sa façon, entre chien et loup, je veux dire entre le langage usuel dont il conserve la syntaxe, et un vocabulaire mystérieux.
>
> VALÉRY, *Variété*, Villon et Verlaine, p. 431.

Locutions verbales :

Accuser son chien de la rage. Voir plus loin les loc. proverbiales.

Ne pas attacher son chien avec des saucisses [LOC. VERB.] «être avare» (1643). Ne s'emploie guère qu'à la 3e pers. de l'indicatif.

Avoir d'autres chiens à fouetter, variante de l'expression identique avec *chat* → CHAT. On a dit aussi : *avoir d'autres chiens à peigner*.

> Quant au cousin Louis je n'y avais pas songé une fois en trente-et-un ans. Je veux dire de 1934, où je l'ai vu en passant à mon retour de Java, jusqu'à aujourd'hui dans cet octobre brûlant de 1965... C'est qu'alors, comme tout le monde, je commençais à avoir d'autres chiens à fouetter.   ARAGON, *Blanche ou l'Oubli*, p. 67.
>
> — Tiens, dirent-ils, il s'est trotté, ce veinard-là.
> Et ce fut tout.
> Pleurer les camarades qui partent?
> Au régiment on a d'autres chiens à peigner!
>
> G. COURTELINE, *Les Gaîtés de l'escadron*, p. 347.

Avoir du chien se dit d'une femme qui fascine les hommes par un charme un peu *canaille*. L'expression qui date de la deuxième moitié du XIXe s. est à première vue incompréhensible. Elle provient sans doute d'un croisement entre *chien* employé adjectivement (voir ci-dessous l'exemple de Restif) ou *à la chien* (voir l'exemple d'Eugène Sue), tous deux avec la valeur de « coquin, canaille ». Ces deux mots donnent la clé de l'énigme : le premier en montrant l'évolution de sens entre un terme d'insulte et un adjectif désignant un charme un peu pervers *(coquin)*, l'autre en appliquant cet effet de sens précisément à un dérivé de *canis* « chien » : *canaille*, c'est « chiennaille », « bande de chiens », puis « individu(s) méprisable(s) ». L'utilisation aimable de *chien* est déjà attestée par de nombreux emplois affectueux *(mon petit chien en sucre,* etc.) et, vers 1840, par le *bal des chiens* de la rue Saint-Honoré, dont Nerval disait : « les femmes qui sont là en valent bien d'autres... ». Si ce nom pouvait venir d'une enseigne, les couples y sautaient sans doute *comme de jeunes chiens.* Enfin l'expression alors nouvelle *chic* a dû influencer l'emploi de *chien* dans l'expression *avoir du chien* (où *chien* est employé collectivement, ce qui est difficilement explicable). On peut noter encore que le *sacré chien,* à la même époque, est une eau-de-vie très forte, et que *avoir un chien pour qqn* signifie « en être entiché ».

> Tu me trouvais si gentille avec mon petit air chien...
> RESTIF DE LA BRETONNE, *Les Contemporaines* [cité par Rolland].

> Elle posa son bibi rose à la chien sur ses bandeaux de cheveux blonds.
> E. SUE, *in* P. Larousse.

> J'étais furieuse... Croyez-vous qu'à mon arrivée en Australie on m'a mis sous séquestre mes deux toutous !... Mais j'ai été désarmée par ces mots du chef de police : « Même sans eux, Madame, vous avez encore assez de chien ! ».
> Attribué à SARAH BERNHARDT par *Le Charivari.*

> Mais ça mord, votre copie, cher monsieur ! [...]. Tenez, voilà un mot pour le caissier, Présentez-lui demain, on vous donnera cent francs. C'est le grand prix, mais votre article a du chien ! Au revoir !
> J. VALLÈS, *L'Insurgé,* p. 34.

Vieilli. ***Donner du chien*** « donner du ressort ».

> Bah ! monsieur Coupeau, dit-elle, au bout d'une minute, un petit verre de cric, ce n'est pas mauvais. Moi, ça me donne du chien.
> É. ZOLA, *L'Assommoir,* t. I, p. 185.

Vx. ***Dormir en chien*** « sans manger » (l'antonyme est *se coucher en chapon).*

> Comment entendez-vous dormir en chien ? C'est (respondit Ponocrates) dormir à jeun en hault soleil, comme font les chiens.
> RABELAIS, *Quart Livre,* ch. 63.

L'expression ***dormir en chien de fusil,*** « ramassé sur soi-même », constitue un jeu de mots sur les deux sens de *chien,* mais ne fait plus allusion qu'à la forme du corps qui sommeille.

> Et je l'ai fait porter dans un placard... un placard énorme où il est très à l'aise, ma foi, s'il veut rester debout, et où il peut faire très bien un somme, s'il veut s'étendre sur la planche du milieu, en chien de fusil.
> J. VALLÈS, *L'Insurgé,* p. 191.

> Elle resta quelques instants immobile, dans la position même où elle avait dormi, en chien de fusil. Son regard seul était actif.
> R. QUENEAU, *Pierrot mon ami,* p. 69.

> Il remarqua seulement qu'elle était couchée en chien de fusil, et se promit de lui dire que ce n'était pas bon pour la circulation.
> H. DE MONTHERLANT, *Le Démon du bien,* p. 217.

Ne pas donner sa part aux chiens « garder pour soi, vouloir profiter de qqch. ». Dans cette locution et la précédente *chien* et *chat* sont (ou ont été) interchangeables → CHAT.

N'être pas bon à jeter aux chiens « être considéré comme sans aucune valeur ». L'expression renforce par la négation la locution déjà très péjorative : *être bon à jeter aux chiens* (= à mettre au rebut) et signifie n'être pas même digne d'être jeté aux chiens. S'est dit des personnes qui ont « fait quelque lâcheté ou quelque indignité » (Le Roux).

> [...] autrefois il n'y en avait que pour elle, c'était elle qui tenait la corde, maintenant elle n'est plus bonne à donner à manger aux chiens.
>
> M. PROUST, *À la recherche du temps perdu*, t. II, p. 805.

N'être pas fait pour les chiens «être utilisable par l'homme». D'après une expression du XIXᵉ s., ce qui est fait pour les chiens, ce sont les mauvais traitements *(les coups de bâton sont pour les chiens)*.

> Mais quand elle était partie pour Dreux ou pour Pierrefonds [...] il se plongeait dans le plus enivrant des romans d'amour, l'indicateur des chemins de fer qui lui apprenait les moyens de la rejoindre [...]. Car enfin l'indicateur et les trains eux-mêmes n'étaient pas faits pour les chiens.   M. PROUST, *À la recherche du temps perdu*, t. I, p. 293.
>
> Et si j'essayais de la flatterie? Pourquoi pas? L'antiphrase n'a pas été inventée pour les chiens.   F. MAURIAC, *Nouveau Bloc-Notes*, p. 25.

Faire le chien couchant. *Faire le chien* a eu au XIXᵉ s. une acception très particulière. S'est «dit d'une cuisinière qui suit sa maîtresse quand celle-ci va elle-même au marché» (Villemessant, *Mémoires d'un Journaliste*).

Garder (promettre) à quelqu'un un chien de sa chienne «se promettre une vengeance analogue au mal qu'on a subi de quelqu'un». On trouve chez Balzac une forme différente, qui insiste sur l'identité des mauvais traitements promis, mais n'implique pas la réciprocité.

> Il me faudra plusieurs années pour atteindre ce misérable ; mais il recevra le coup en pleine poitrine.
> — Il a dû te promettre le même chien de sa chienne, dit la tante.
> BALZAC, *Splendeurs et Misères des Courtisanes*, p. 1145.

Se regarder en chiens de faïence «avec hostilité (comme les deux dogues de faïence affrontés qui ornaient certaines cheminées)». On trouvera une citation de Prévert, ci-dessous (→ UN CHIEN REGARDE BIEN UN ÉVÊQUE).

Rompre les chiens «arrêter une discussion avant qu'elle ne dégénère», vient de la terminologie de la chasse. La forme transitive indirecte *(rompre les chiens à qqn)* est archaïque ; elle signifiait «cesser d'entretenir qqn».

> Bedout alloit faire de grandes moralitez sur la Justice, car sur ces matières il estoit grand discoureur. [...] quand Nicodeme lui rompit les chiens pour mettre Javotte de la conversation.   FURETIÈRE, *Le Roman bourgeois*, p. 966.

Vx. **Ne pas valoir les quatre fers d'un chien** «ne rien valoir du tout». La substitution de *chien* à *cheval* annule le second terme de la comparaison.

Locutions comparatives, avec *comme* :

(Arriver, venir...) comme un chien dans un jeu de quilles «très mal à propos» (XVIIIᵉ s.). Correspond par le sens et la structure à *comme un cheveu sur la soupe*. Dans *recevoir quelqu'un comme un chien dans un jeu de quilles* «avec des mauvais traitements», ce sont encore les inconvénients de la *vie de chien* qui sont évoqués.

Vieilli. **Avoir du crédit comme un chien à la boucherie** «n'en avoir aucun» (XVIIIᵉ s.).

Être malade (fatigué...) comme un chien «très malade». On trouve aussi au XVIIᵉ s. *las comme un chien*, qui ne se dit plus. Cette expression donne à *comme un chien* une simple valeur intensive ; on dit aussi *comme une bête*. **Crever comme un chien** implique une mort misérable où l'on est abandonné de tous.

> Plus de crédit nulle part. plus une vieille casserole à vendre. on pouvait se coucher dans un coin et crever comme des chiens galeux.   É. ZOLA, *Germinal*, t. I, p. 284.

On trouve dans la langue classique d'autres comparaisons :

> Ho, je suis sûr qu'à présent qu'ils ne m'ont pas pour les faire rire, ils s'ennuient comme des chiens.   DIDEROT, *Le Neveu de Rameau*, p. 437.

S'entendre (vivre, être...) comme chien et chat «se disputer sans cesse» (→ CHAT). La réputation de haine réciproque du chien et du chat date du XVIᵉ s. au moins ; elle est due autant à l'assonance des mots qu'aux mœurs des deux animaux.

Être comme le chien du jardinier «être jaloux d'un bien qu'on ne désire pas soi-même». La forme complète est proverbiale : *il est comme le chien du jardinier, il ne mange point de choux et ne veut pas que les autres en mangent* (Le Roux, 1752). Ce proverbe est largement international ; pour l'espagnol, on pense immédiatement au titre de la célèbre pièce de Lope de Vega.

Vieilli. *Être comme un chien à l'attache* «être tenu à des obligations continuelles (pour son travail, etc.)». C'est le thème de la fable *Le Chien et le Loup*.

Vx. *Être fait comme un chien fou* «avoir l'air négligé, être mal accoutré ou mal peigné». *Être fait* a le sens (désuet) de «avoir telle apparence». La comparaison péjorative insiste sur l'idée de désordre (l'image d'un chien faisant des bonds désordonnés est à rapprocher de l'expression *fou comme un jeune chien*). La loc. *coiffé comme un chien fou* «être ébouriffé», contenait à l'origine la même idée de désordre, de négligence. *Être coiffé* signifiait «être apprêté» (de telle ou telle manière) et un *chien coiffé* se disait d'une personne très laide (→ Coiffé).

Vx. *Étriller quelqu'un comme un chien courtaud* «le rosser» (*in* Oudin, 1656, *in* Furetière, 1690, etc.). À rapprocher de formules plus générales : *traiter comme un chien*, etc. (ci-dessous).

Nager comme un chien de plomb «très mal». Renforcement de *nager en chien* «en agitant bras et jambes de manière à barboter», par *de plomb* qui implique que l'on risque fort de couler.

Traiter quelqu'un comme un chien «très mal». — *Tuer comme un chien* «sans pitié».

Comme un jeune chien. Terme de comparaison qualifiant un comportement désordonné (avec *sauter*; cf. *Comme une chèvre; courir*...).

> On dit d'un jeune étourdi qu'il est fou comme un jeune chien, qu'il court comme un chien fou.   Le Roux.

... comme un chien mouillé «en étant trempé». Dans des locutions verbales du type : *se secouer, s'égoutter.... comme un chien mouillé.*

> — Au mur! au mur!!! [...]
> Malgré tout, j'allais quand même y passer, je crois bien, lorsque Würtz a sauté dans le groupe en fureur.
> — Qu'allez-vous faire là!
> On le connaît, si on ne me reconnaît pas. Et il jure que j'ai droit à mon nom.
> — Pardon, excuse, citoyen!
> Je me suis secoué comme un chien mouillé, et l'on est allé prendre un verre... tous en chœur!   J. Vallès, *L'Insurgé*, p. 265.

Vx. *Être malheureux comme un chien qui se noie* (XVIᵉ-XVIIᵉ s.), est aisément compréhensible. On disait aussi, par ironie, *être heureux comme un chien qui se casse le nez* (XVIIIᵉ s.). Ces expressions explicitent des aspects de la *vie de chien* (ci-dessus).

Locutions phrases :

Merci, mon chien! Injonction aux enfants qui disent *merci* sans y adjoindre un terme d'adresse poli. Ce tour est dans Balzac.

Locutions proverbiales :

Elles sont très nombreuses, mais beaucoup ont vieilli. C'est le cas de *il n'est chasse que de vieux chiens* (l'expérience est seule efficace), *leurs chiens ne chassent pas ensemble* (ils ne s'entendent pas), *qui aime Bertrand aime son chien* (il faut tout aimer en ses amis; variante «personnalisée» : *qui m'aime aime mon chien*), *chien échaudé craint la cuisine* (dans Scarron; remplacé par Chat* échaudé craint l'eau froide), *il vaut autant être mordu d'un chien que d'une chienne* (peu importe la cause des maux, du moment qu'ils sont identiques), *c'est saint Roch et son chien* (ce sont deux inséparables). Plusieurs locutions évoquent plaisamment la diurèse canine : *à toute heure, chien pisse et femme pleure* (certains comportements sont inévitables : proverbe antiféministe et désabusé qui est un exemple typique du génie littéraire rural) ; *ils font comme les grands chiens, ils veulent pisser contre les murailles* (c'est au-dessus de leurs forces), *tandis que le chien pisse, le loup s'enfuit* («tous les moments sont précieux en certaines occasions» [Le Roux]).

Pourtant, à côté de ces proverbes, qui ne représentent qu'une partie de ceux qui utilisent le mot *chien,* il en existe d'autres qui sont restés vivants, ou du moins connus du locuteur français.

Chien hargneux a toujours l'oreille déchirée (La Fontaine, IV, 4) «les batailleurs, les brutaux portent toujours quelque effet de leur violence».

Bon chien chasse de race «les enfants héritent des qualités, des talents de leurs ascendants».

> Le gaillard n'est pas homme à perdre son temps. Bon chien chasse de race. Voulez-vous mon cœur? Non? N'en parlons plus! — Et on ne remet plus les pieds dans la maison.   É. AUGIER, *Maître Guérin,* II, 8, p. 240.

Un chien regarde bien un évêque «il est permis au plus humble de regarder le plus grand personnage» (*in* Furetière, 1690). Un poème de Prévert met en scène les personnages de cette locution :

> c'est un évêque qui est saoul et qui met sa crosse en l'air [...]
> il est saoul
> il roule dans le ruisseau
> sa mitre tombe
> [...] sur le trottoir il y a un chien
> il est assis sur son cul
> il regarde l'évêque
> l'évêque regarde le chien
> ils se regardent en chien de faïence   PRÉVERT, *Paroles,* p. 108.

C'est le chien de Jean de Nivelle, qui s'enfuit quand on l'appelle → NIVELLE.

Ce sont deux chiens après un os «deux personnes avides qui se disputent un avantage» (*in* Oudin, 1656). Variante : *Il y a trop de chiens après un os.*

Un chien vivant vaut mieux qu'un lion mort (prov. biblique, Ecclésiaste 9, 4).

Chien qui aboie ne mord pas «ceux qui menacent et manifestent leur colère ne sont pas les plus dangereux».

Les chiens aboient, la caravane passe exprime une idée voisine de la précédente : «les cris, les protestations des envieux n'empêchent pas les grandes entreprises de se faire».

Qui veut noyer son chien l'accuse de la rage «on juge sévèrement ce qu'on a décidé de supprimer, de détruire». Si la forme interne du proverbe a varié, sa structure est restée la même depuis le XIIIᵉ s., où l'on disait : «Qui bon chien veut tuer la raige li met seure» (deux hexasyllabes dont le premier commence par le pronom *qui* [celui qui] et le second par le complément du verbe de la principale). On tire parfois du prov. une loc. verbale : *accuser son chien de la rage.*

> Et le brave chien d'aboyer en leur honneur, ne se doutant pas, le malheureux, que déjà l'on s'arme contre lui [...]. Aujourd'hui, on se fait défendre et garder par lui : demain on l'accusera de la rage pour avoir prétexte à l'abattre.
>   J. VALLÈS, *L'Insurgé,* p. 161.

CHIENDENT n. m.

Voilà (c'est, c'est bien) le chiendent «voilà la difficulté, l'obstacle majeur, etc.». Attesté en 1750 (Gottschalk). Le chiendent est presque indéracinable, et la forme du mot *(chien + dent)* renvoie au sémantisme utilisé.

CHIER. Ce verbe très grossier, dérive en droite ligne du latin *cacare* et est fort ancien. La langue médiévale en fait un fréquent usage et sa proscription des

textes littéraires ne date que du refoulement du classicisme. Sa vulgarité l'a fait négliger des dictionnaires usuels, qui passent discrètement sur ses emplois figurés et les locutions qu'il a suscitées.

Envoyer chier «se débarrasser de (quelqu'un)». Variante énergique de *envoyer promener.* On remarquera que les fonctions anales sont fréquemment évoquées pour exprimer le mépris, ceci en relation avec l'interdit de la sexualité anale (cf. ***Va te faire...***). *Aller chier,* dans le même type d'emploi, est ancien (Rabelais, ou plutôt l'auteur du *Cinquième Livre,* l'emploie sous la forme *s'aille chier qui...,* «qu'il aille chier, celui qui»).

> J'ajoutai :
> — Ta beauté, que je rencontre en passant, me paye assez.
> [...] Il fit alors sur le mot de beauté un geste énervé, brutal, qui le montrait ce qu'il était à mon égard, un geste qui m'a envoyé chier.   J. GENET, *Miracle de la rose,* p. 284.

Faire chier «ennuyer, rendre triste, contrarier». L'expression est récente dans la langue écrite et les dictionnaires, mais son sémantisme est ancien comme l'atteste en 1764 (*in* Nisard) l'expression *se chier de qqn* «se moquer de lui». On comparera les sémantismes opposés de cette expression et de *emmerder,* pour un résultat métaphorique identique («provoquer la défécation» = «couvrir d'excrément»).

> [la bicyclette] avait une petite corne ou trompe [...] si je devais dresser le palmarès des choses qui ne m'ont pas trop fait chier au cours de mon interminable existence, l'acte de corner y occupait une place honorable.   S. BECKETT, *Molloy,* p. 21.

Au pronominal, *se faire chier* a pris la valeur très affaiblie de «s'ennuyer» (le sémantisme est celui de *s'emmerder,* l'opposition signalée ci-dessus étant neutralisée).

> — Tu dois te faire chier, ici.
> — Tu parles, c'est pas marrant. Qu'est-ce que tu veux que je fasse? Où c'est que j'irais?   J. GENET, *Querelle de Brest,* p. 280.

En injonction : *fais pas chier!* «cesse de nous embêter».

Divers renforcements expressifs existent dans la langue populaire, par ex. *(faire chier des gaufres, des gaufrettes à qqn),* peu explicable.

Chier dans les bottes de qqn «ennuyer, importuner».

Chier dans la colle, dans le pot «exagérer, aller trop loin; être odieux».

Chier du poivre «échapper à ses poursuivants, à la police».

Vx. ***Chier dans le panier, dans la malle de quelqu'un*** «lui être désagréable, importun, etc.; profiter à l'excès des avantages qu'il offre». Villatte signale la forme proverbiale : *il a chié dans mon panier jusqu'à l'anse* «il a profité de moi tant qu'il a pu».

> Nous fûmes contrainctes de desloger de nostre quartier, de peur qu'il ne nous y arrivast quelque malencontre, car nous n'avions plus guere de soustien : nous avions chié dans la malle du Commissaire, parce qu'estant venu un jour chez nous, pensant y avoir sa chalandise accoustumé, il y avoit bien trouvé à qui parler.
> Ch. SOREL, *Histoire comique de Francion,* p. 124.

On trouve dans Montaigne un curieux proverbe, que Littré a renoncé à gloser (il le cite dans son historique) et que Wartburg explique d'après le contexte (*chier dans le panier* «épouser une proche parente»); le sens en est bien différent :

> Peu de gens ont espousé des amies qui ne s'en soyent repentis. Et jusques en l'autre monde, quel mauvais mesnage fait Jupiter avec sa femme, qu'il avoit premièrement pratiquée et jouye par amourettes. C'est ce qu'on dit, chier dans le panier, pour après le mettre sur la teste.   MONTAIGNE, *Essais,* III. 5.

Ce proverbe à deux termes signifie «subir les conséquences désagréables et publiques de ce qu'on a soi-même fait en secret». Bien entendu, Montaigne joue sur l'expression dans le contexte précis dont il s'agit. Mais le sémantisme est analogue : il suffit de comprendre chier dans *son* panier («se procurer des désagréments») pour rétablir l'unité de l'ensemble.

Ça va chier «ça va barder; il va y avoir de la bagarre». À rapprocher de : *chier rondement* «se décider rapidement» (XVIIIe s.).

...à chier «très mauvais, exécrable, insupportable». *Il est à chier, ce mec!* L'expression ne doit pas être confondue avec *à chier partout*, qui s'applique à une «grande bouffe».

Y a pas à chier «c'est sûr, certain».

> «Y a pas à chier, on est bon. Si c'est pas demain qu'on passe à la *casserole*, c'est après-demain.»   J. GENET, *Pompes funèbres*, p. 94.

Vx. *C'est bien chié* «c'est bien dit». Formule courante au XVIe s., à rapprocher de *c'est bien chanté* (on se souvient que Rabelais les emploie ensemble : *c'est bien chié chanté!*).

CHIFFE n. f.

Mou comme un chiffe (fin XVIIIe s.) «sans énergie, d'un caractère faible et veule (d'une personne)». *Chiffe* a été remplacé dans l'usage courant par son dérivé *chiffon;* aussi l'expression est-elle fréquemment remplacée par *mou comme une chique*, qui évoque la mollesse gluante du tabac mâché! Variante : *comme une chiffe molle*, loc. comparative après un verbe de comportement.

> Elle s'avachit encore; elle manquait l'atelier plus souvent, jacassait des journées entières, devenait molle comme une chiffe à la besogne.
>
> É. ZOLA, *L'Assommoir*, t. II, p. 143.

CHIFFON n. m.

Chiffon de papier (milieu XVIIIe s.) «traité, convention que l'on méprise et que l'on n'entend pas respecter». L'expression est fondée sur la prise en considération du seul support matériel *(morceau de papier)* et non des signes qu'il porte, et y ajoute la péjoration du mot *chiffon*, qui, comme *torchon*, sert à désigner tout écrit méprisé.

Vx. *Chiffon rouge* (argot ancien : début XIXe s.), «langue». *Balancer le chiffon rouge* «parler».

CHIFFONNIER n. m.

Se battre, se disputer comme des chiffonniers «avec violence».

CHIGNON n. m. D'un latin populaire *catenio, onis*, de *catena* «chaîne». Signifie d'abord «nuque». *Chaignon*, apparenté donc à *chaîne*, est devenu *chignon* (au XVIe s.) par croisement avec *tignon* (cf. *Tignasse*). Le sens actuel apparaît au XVIIIe s.

Se crêper le chignon «se battre (femmes)». Métaphore comique qui utilise comme signifiant les mots exprimant les soins de la chevelure pour désigner les gestes violents de la lutte. (Cf. *laver la tête, passer un savon* où le verbe est transitif, non réciproque; pour le sens → aussi SE PRENDRE AUX CHEVEUX.)

CHINOIS n. m.

C'est du chinois «c'est absolument incompréhensible». La langue chinoise étant peu connue en Europe occidentale et représentant un type linguistique absolument étranger, il était normal qu'elle serve de symbole de l'extrême difficulté de compréhension. Mais, comme on l'a dit à *algèbre*, c'est surtout le système graphique indéchiffrable que ce genre d'expression vise.

> On a répété les ordres aux moujingues qu'étaient dans la cour [...]. Que c'était fini, ni ni!... Qu'on allait rechercher leurs dabes!... Qu'il fallait ce coup-là qu'on les retrouve!... Tout ça c'était du chinois.!... Ils avaient perdu l'habitude d'être traités en mômes....

> Ils étaient trop émancipés!...   L.-F. CÉLINE, *Mort à crédit*, Pléiade, p. 1034.

CHIOTTES n. m. pl.

Aux chiottes! Exclamation destinée à conspuer qqn.

CHIQUE n. f.

Mou comme une chique. Altération de *mou comme une chiffe.*

Avaler sa chique « mourir ». C'est l'une des nombreuses métaphores assimilant la mort au souffle coupé.

Couper la chique à quelqu'un « l'interrompre brutalement (sujet de personne) ; l'interloquer, lui causer une vive surprise (sujet de chose) ».

> Quel restaurant? Il me coupe la chique moi! Il me la coupe!
> L.-F. CÉLINE, *Le Pont de Londres*, p. 169.

Poser sa chique « céder sa place, s'effacer » ; « mourir » (par confusion avec *avaler sa chique*). *Poser sa chique* équivaut aussi (par effet paronymique) à *chier*.

CHOC n. m.

Choc en retour « contrecoup d'un événement, d'un choc, sur celui ou ce qui l'a provoqué » (cf. aussi *Retour de bâton**, *retour de manivelle**). L'expression métaphorise un syntagme scientifique appliqué depuis le milieu du XIXe s. aux effets anormaux, déplacés, de la foudre.

De choc [LOC. ADJ.] « efficace et dur, dans une lutte ». *Un patron de choc.* Issu du langage militaire (dans *troupes, unités de choc*). Tend à être remplacé par... *de combat,* plus explicite.

CHOCOLAT n. m.

Être chocolat « être dupé, trompé ». L'origine de cet emploi est aussi obscure que la matière qu'elle évoque. On invoque parfois à son sujet les altercations des clowns Footit et Chocolat, qui avaient lieu au Nouveau-Cirque en 1896. *Chocolat* était ainsi nommé parce qu'il était noir (*un chocolat,* « un homme de race noire », est antérieur à 1880) ; le personnage se faisait berner et répétait fréquemment : *Je suis Chocolat!* ce qui aurait donné lieu à l'expression. Il se peut en effet que le sketch des deux clowns ait popularisé cet emploi de *chocolat,* mais il n'a pu le susciter, car l'argot des bonneteurs employait déjà l'expression *faire le chocolat,* au sens de « faire le compère en se laissant duper pour appâter le public » (selon Esnault, qui repère l'emploi en 1885) ; à la même époque, les tricheurs appelaient leur dupe *le chocolat.* Dans ces expressions, *chocolat* équivaut à « sucrerie servant d'appât » ; le sémantisme général est celui de *bon* (cf. *Il est bon* « il est dupe ») ; l'argot connaît vers 1880 l'expression : *c'est du chocolat,* là où nous disons *c'est du nougat, c'est de la tarte,* etc. Cette origine est plus naturelle que celle proposée par Dauzat : « *Knock-out*, entendu dans la bouche des boxeurs anglais *nokaoût,* a été transformé, au début des grands matches de boxe, en *moka,* d'où par dérivation synonymique 'chocolat' (*Les Argots,* p. 80). En outre, aucune preuve n'appuie l'emploi initial de l'expression dans les milieux de la boxe. Enfin, si l'on dit — ce qu'affirme Dauzat — d'un boxeur battu qu'il était *chocolat,* c'est plutôt par allusion à « noir » (cf. *Être chocolat, avoir la gueule en chocolat,* « être ivre », 1914, *in* Esnault).
Il convient enfin de ne pas perdre de vue que dans *chocolat,* il y a *choc,* et que le sémantisme du « coup » est très généralement appliqué à la duperie ; mais cette influence est sous-jacente, l'origine explicite étant plutôt, comme on vient de le voir, dans l'emploi du mot au sens de *bon.*

CHOIR v. intr.

Laisser choir « abandonner (quelqu'un ou quelque chose), ne plus s'occuper de... ». Synonyme de *laisser tomber*, où survit le verbe archaïque *choir*.

CHORUS n. m. Mot latin, signifiant « chœur ».

Faire chorus « se joindre à d'autres pour affirmer la même chose ».

CHOSE n. f.

Bien des choses... S'emploie dans le discours de la politesse, au sens de « beaucoup de paroles aimables » (1814). L'expression exploite l'opposition *chose-mot*, réalité-apparences du langage.

État de choses « situation considérée dans ses éléments ». *Les choses* désigne ici l'ensemble de ce qui constitue le milieu humain (comme dans *les choses du monde, les choses de la vie*, etc.).

Force des choses « le cours des événements, considéré comme une causalité inéluctable ».

De deux choses l'une, formule qui pose une alternative. Les deux choses en question sont deux hypothèses dont une seule pourra être retenue.

> Toutesfois comme il y avoit un jour icy des soldats qui ravageoient tout cependant que vous estiez allé à la ville, il y en eut un qui me dit, il faut de deux choses l'une, ou que j'emporte tes poules, ou que je couche avec toy.
>
> Ch. SOREL, *Histoire comique de Francion*, p. 403.

Peu de choses « un événement, une circonstance sans importance ; un objet de faible valeur ». Sert notamment à dévaloriser poliment ce qu'on offre.

Appeler les choses par leur nom « être franc et direct ». L'expression suppose que chaque élément de l'expérience humaine possède un nom et un seul, selon sans doute une décision divine analogue à celle du « logothète » du langage imaginé par Platon dans le *Cratyle*. En outre le nom est censé révéler la chose *(dire les choses comme elles sont)*. La variante APPELER UN CHAT* UN CHAT illustre cette vision idéaliste des relations entre le langage et le monde (seul le mot *chat* convient à l'essence du « chat » idéal, et donc à tous les chats particuliers).

> il faut appeler les choses par leur nom
> un chien c'est un chien
> un tournesol c'est un tournesol
> une petite fille qui joue au cerceau dans une allée du Luxembourg
> c'est une petite fille qui joue au cerceau dans une allée du Luxembourg
> le Luxembourg c'est un jardin
> une fleur c'est une fleur
> mais un pape qu'est-ce que c'est
> un affreux vieillard   PRÉVERT, *Paroles*, p. 114.

Faire bien (largement...) les choses « traiter ses invités avec largesse ». On voit ici que les mots de signification extrêmement générale peuvent, dans certains contextes, recevoir une valeur très particulière.

En mettant les choses au mieux, au pire « en considérant l'hypothèse la plus favorable, la plus défavorable ».

> L'Odéon [...] se propose de jouer *Aïssé* après la pièce de Charles-Edmond, qui viendra après celle de Cadol dont la première a lieu demain. En mettant les choses au pire, cela remet la première d'*Aïssé* en janvier.
>
> G. FLAUBERT, *Correspondance*, VI série, p. 290.

Parler de choses et d'autres « bavarder sur divers sujets, sans plan préalable ».

Être porté sur la chose « être porté aux plaisirs de l'amour ». Le mot *chose* a de nombreux emplois par euphémisme : il désigne souvent en ancien français les parties sexuelles et s'emploie dans des expressions comme *faire la chose* (XIVe s.), *la chose de par Dieu* (XVIe s.) «amour physique», etc. Les verbes *choser, enchoser* (relevés au XVIe s. et au XVIIe s.) n'ont pas besoin d'être glosés.

Prendre les choses comme elles viennent «accepter les événements sans protester». Ce pluriel absolu, *les choses*, a ici encore la valeur de «cours des événements, destin» (→ ÉTAT DE CHOSES★, FORCE DES CHOSES★).

C'est chose faite, la chose est faite «ce qui avait été décidé a été fait; c'est terminé, fini, accompli».

C'est pas des choses à faire (à dire...) exprime la désapprobation devant un comportement, un discours. L'expression est marquée comme petite bourgeoise ou vulgaire.

> Tout de même
> dit le Shah
> c'est pas des choses à faire   PRÉVERT, *Histoires*, p. 42.
> N.B. : Le Shah est consciencieusement battu par un chat, aidé du chat à neuf
> queues.

Je vais vous dire une bonne chose, formule présentatoire d'une déclaration. La phrase est fortement connotée comme appartenant au discours petit bourgeois creux et prétentieux. Proust attribue la diffusion de l'expression aux médecins:

> Écoutez-moi, Ski. attendez, je vais vous dire 'une bonne chose', dit Cottard qui avait
> pris en affection cette expression usitée dans certains milieux médicaux.
>   M. PROUST, *À la recherche du temps perdu*, t. II, p. 892.

(C'est) la moindre des choses «c'est le minimum indispensable, la plus élémentaire des politesses». La formule de courtoisie s'emploie en réponse à un remerciement, au sens de «c'est tout naturel; de rien», et parfois pour reprocher à autrui un acte de grossièreté, en faisant remarquer qu'il a manqué à la plus élémentaire courtoisie.

Chaque chose en son temps «chaque action doit être accomplie au moment favorable ou prescrit». Comme APPELER LES CHOSES PAR LEUR NOM, ci-dessus, cette locution trahit une vision ordonnée du monde. Le temps y est découpé en moments dont chacun est affecté à une «chose» (un élément de notre expérience).

Chose promise, chose due, formule qui accompagne l'accomplissement d'une promesse, la remise d'un objet, etc.

> Patiemment, Laigrepin attendait, la main ouverte, comptant de l'œil. Quand il se fut
> bien assuré que la somme était au complet, il la remit entre les mains d'un camarade
> qui fila immédiatement.
> Il continua:
> — Ce qui est dit est dit, chose promise chose due.
>   G. COURTELINE, *Les Gaîtés de l'escadron*, p. 218.

(Être) tout chose [LOC. ADJ.] «être dans un état désagréable» (XVIIIe s.).

> [...] la jeune fille, comme si elle savait maintenant ce qu'elle désirait, répondit d'une
> voix docile:
> — oui, maman.
> [...] Comme elle allait franchir la porte, la marquise la rappela:
> — Et ton coup de soleil, dit-elle?
> — Je n'avais rien. C'était ça [la déclaration d'amour qu'elle avait prise pour une
> demande en mariage] qui m'avait rendue toute chose.
>   G. de MAUPASSANT, *Yvette*, p. 95.

Dans le même sens: **avoir l'air (tout) chose.**

> Les quatre joyeux couples, mêlés au soleil, aux champs, aux fleurs, aux arbres, resplendissaient.
> Et, dans cette communauté de paradis, parlant, chantant, courant, dansant, chassant
> aux papillons, cueillant des liserons, mouillant leurs bas à jours roses dans les hautes

herbes, fraîches, folles, point méchantes, toutes recevaient un peu çà et là les baisers
de tous, excepté Fantine, enfermée dans sa vague résistance rêveuse et farouche, et
qui aimait. — Toi, lui disait Favourite, tu as toujours l'air chose.
                                                 V. Hugo, *Les Misérables*, Pléiade, p. 135.

CHOU n. m. Plusieurs noms composés sont formés avec *chou* et un adjectif
(*chou vert, chou blanc, chou frisé, chou rouge*, etc.) ou un nom *(chou-rave)*.

Bout de chou « petit enfant ». Tout en utilisant les valeurs implicites de *chou*
(voir ci-dessous) l'expression condense les comparaisons de hauteur où la petite taille
est exprimée par celle du chou :

Mme de la Pommeraye dit : « Comme cela me vieillit ! Quand cela vint à Paris, cela
n'était pas plus haut qu'un chou.
— Vous parlez de la fille de cette dame [...]. »
                                                 DIDEROT, *Jacques le Fataliste*, p. 615.

Feuille de chou « journal insignifiant ». Cette acception, qui utilise les valeurs
dépréciatives de *chou*, a éliminé des métaphores populaires concrètes, comme
« guêtre de cuir » dans l'argot militaire du XIXe s., « col marin fripé », dans l'argot des
marins (vers 1880) et enfin « pavillon de l'oreille » → FEUILLE.

Vx. **Tête de chou** « imbécile ». L'assimilation de la tête humaine à un objet rond,
lui-même désigné par le mot *tête*, est banale ; l'expression implique en partie la suivante.

Bête comme chou. A d'abord signifié (vers 1850) « très bête », en parlant d'une
personne ; l'absence d'article, à l'époque où l'expression apparaît, est étrange ; on a
d'ailleurs dit aussi : *bête comme un chou* (1830, H. Monnier). De nos jours, se dit
d'un travail, de quelque chose de « très facile, enfantin ». La question naïve du personnage proustien Cottard (ci-dessous) : si les choux sont bêtes, c'est qu'ils valent fréquemment pour les parties opposées du corps, tête et cul.

Pourquoi : bête comme chou ? Croyez-vous que les choux soient plus bêtes qu'autre
chose ?   M. PROUST, *À la recherche du temps perdu*, t. II, p. 923.

Vx. **Chou pour chou**, « en rendant la pareille » ou « l'un valant l'autre » (dans les
Mémoires de Silly, 1578). Un proverbe disait : *chou pour chou, Aubervilliers vaut bien
Paris*, quoiqu'Aubervilliers ne soit qu'un village, mais il est presque tout planté de
choux, il y en a autant que dans Paris » (Le Roux, 1752). L'expression *faire chou
pour chou* a en argot une valeur érotique (« avoir des relations homosexuelles réciproques »), et la valeur implicite de *chou*, à la fois « tête » et « cul », explique bien des
locutions formées avec ce mot. À noter que les imprimeurs utilisent l'expression sans
sous-entendu graveleux, à propos d'un remplacement de texte signe pour signe.

Entrer (fam. **rentrer**) **dans le chou** « attaquer brusquement, se jeter sur qqn
pour le frapper ». Comme dans l'expression argotique mentionnée ci-dessus, *chou* a
ici une valeur double ; il désigne ostensiblement la « tête » et vaut aussi pour « cul ».
Ce même sémantisme, selon Wartburg, n'est pas absent des emplois affectifs (*mon
chou, chouchou*, etc.).

Être dans les choux « avoir échoué, être laissé pour compte ». À rapprocher
de *mettre (le disner) dans les choux* (XVIe s.) « l'oublier ». L'expression provient de la
paronymie *échouer - en + choux*.

M. Verdurin eût pu maintenant être salué sans honte par son neveu, celui qui était
« dans les choux ».   M. PROUST, *À la recherche du temps perdu*, t. II, p. 871.

Faire chou blanc « subir un échec ». L'expression s'est d'abord employée au
jeu de quilles, aux boules, au sens de « faire une partie sans marquer un point » (Académie, édition de 1835). L'expression s'inscrit dans l'ensemble des emplois de *chou*
qui évoquent l'échec (voir le précédent). Pour adopter l'interprétation par *faire coup
blanc*, il faudrait attester cette dernière expression.

On trouve récemment *chou blanc* «échec», en loc. nom.

> Helmut, le chou blanc de cette projection, ça ne l'avait pas démoli [...]. Qu'il se gourre pas de la faillite totale du film... à se demander comment il pouvait réussir dans d'autres affaires.   A. BOUDARD, *Cinoche*, p. 278.

Faire ses choux gras de... «faire son profit» (XVe s.), puis «se servir de qqch. à son avantage».

> Le temps d'esquiver une claque et d'en recevoir la moitié d'une, il comprit que son exploit avait fait les choux gras de la presse locale et que son père n'en était pas satisfait.   R. FALLET, *Le Triporteur*, p. 56.

Ménager la chèvre et le chou → CHÈVRE.

Planter ses choux «vivre à la campagne; cultiver son jardin». *Envoyer qqn planter ses choux,* au XVIIe s., c'était «le priver de son emploi» (le renvoyer dans sa campagne).

> [...] trois ans plus tard, il «prenait sa retraite», c'est-à-dire que le règlement la lui imposait. Alors, souriant de plaisir, il disait : «Je vais enfin pouvoir planter mes choux!»
>   M. PAGNOL, *La Gloire de mon père*, p. 27.

> Les quolibets vont pleuvoir sur mon silence. Je n'ai plus qu'à me retirer de la scène politique, à aller planter mes choux.   É. AUDIER, *Le Fils de Giboyer*, V, 5, p. 161.

Il s'y entend comme à ramer des choux «il n'y entend rien» (XVIIIe s.). Les choux ne se rament pas et l'expression fait allusion aux activités absurdes (notamment dans le domaine de la vie rurale) qui connotent la bêtise ou l'incapacité (cf. *Mener les poules pisser,* etc.).

CHOUETTE n. f. Outre le sens figuré et péjoratif du mot, appliqué à une personne laide et âgée *(cette vieille chouette),* on peut citer une ancienne locution :

Vx. **Voler (être larron) comme une chouette.** L'expression est dans Marot et Rabelais, entre autres. Elle pourrait provenir d'une confusion entre chouette et choucas (corneille), cet animal étant renommé pour aimer emporter les objets brillants.

CHRÊME n. m. Le mot vient du grec *khrisma,* «huile», et n'a rien à voir avec *crème.*

Vx. **(Être) cher, précieux comme chrême** «très précieux». L'expression était courante au XVe s. (par exemple dans la farce de Pathelin).

Vx. **Renier chrême et baptême** «blasphémer» : les joueurs sont sujets à renier chresme et baptême (Furetière). *Faire renier chrême et baptême* «pousser la patience à bout, pousser aux dernières extrémités» (Le Roux). Le chrême est utilisé au baptême et à la confirmation, et l'expression peut être comprise comme «amener quelqu'un à renier le serment».

CHRONIQUE n. f.

Défrayer la chronique «faire parler de soi, souvent en mal». L'expression signifie «alimenter, faire les frais [*défrayer*] des nouvelles [la chronique]».

CHRONOMÈTRE n. m.

Réglé comme un chronomètre «extrêmement régulier, très ponctuel (personnes)».

CI démonstratif. Ce pronom, aphérèse de *ceci* (ne pas confondre avec le *ci* de ci-dessus, qui provient de ici) ne s'emploie qu'en corrélation avec *ça.*

Comme ci, comme ça «à peu près, pas très bien». Cette expression, dont la forme représente l'alternance, l'oscillation entre deux pôles, s'accompagne souvent d'un mouvement alternatif de rotation de la main. Sa lexicalisation est complète sous la forme altérée *couci-couça*.

CHRYSANTHÈME n. m.

Inaugurer les chrysanthèmes « se livrer à des activités insignifiantes et purement honorifiques, lorsqu'on est dans une situation où l'on détient un pouvoir théorique ». Allusion au système présidentiel de la IIIe République, répudié avec vigueur par le général de Gaulle.

CIBOULOT n. m. Dérivé de *ciboule*, « oignon », « tête d'oignon ».

Se creuser le ciboulot → TÊTE.

Cavaler, courir sur le ciboulot « ennuyer ». L'expression signifierait proprement « marcher sur la tête (de qqn) », mais le rapprochement avec les expressions synonymes (notamment *courir sur le haricot*) suggère une autre métaphore, autorisée par l'étymologie.

CIEL n. m. La double valeur de *ciel*, en français, colore toutes les expressions à référence « atmosphérique » et « cosmologique » de nuances religieuses implicites : le *ciel* des astronomes français ne peut être absolument analogue au *sky* des Anglo-Saxons, incapable de suggérer *heaven*. Parfois, dans les emplois métaphoriques, la réalité observable et le concept religieux sont confondus (ex. : *si le ciel tombait...*).

Septième ciel → ci-dessous ÊTRE AU SEPTIÈME CIEL.

À ciel ouvert « dans un lieu qui n'est pas fermé par le haut » et métaphoriquement, « sans se cacher ; ouvertement ». Dans son emploi concret, l'expression pourrait venir du langage du théâtre, où un *ciel ouvert* est le plafond de la scène quand elle représente un lieu découvert (*Encyclopédie*, 1753). *Ciel* y a la valeur de « plafond qui laisse voir le ciel ».

> On m'a laissé sortir pour respirer — entre quatre murs toujours, mais à ciel ouvert.
> J. VALLÈS, *L'Insurgé*, p. 144.

Entre ciel et terre « en l'air, à une certaine hauteur (implique une position dangereuse, instable ou considérée comme telle) ». L'opposition *ciel-terre* construit un espace cosmique et dramatise la situation à laquelle elle s'applique. Elle évoque par l'ordre des mots un sens, qui est celui de la chute, et les connotations religieuses du péché et de la damnation s'y font obscurément sentir.

Sous d'autres cieux « en d'autres régions de la terre ». L'apparente différence du ciel et des constellations — notamment, bien sûr, d'un hémisphère à l'autre — est ici prise marque de l'opposition des lieux et des climats. Le *ciel*, qui a reçu d'autre part une valeur de spectacle éternel, est pris à témoin du complet dépaysement.

Être abandonné du ciel « être disgrâcié », notamment « dénué de bon sens, de raison ».

> Le vicomte Aymar de Perlegrise paraît, perché sur ses talons rouges, palsambleu ! et poursuivant une petite bourgeoise. Celle-ci, que nous appellerons comme on voudra, mais jamais Clara comme l'auteur — il faut réellement être abandonné du ciel pour appeler une femme Clara — défend sa vertu comme un beau diable.
> C. CROS, *Œuvres diverses*, p. 389.

Vx. *Cracher contre le ciel* « se révolter ». Cette expression du mépris pour le surnaturel a des variantes plus pittoresques, comme *pisser contre le soleil*.

Être au ciel « être transporté de plaisir ». **Mettre au ciel, élever jusqu'au ciel** « vanter extrêmement ; considérer comme parfait, admirable » ; ces expressions ne sont que des métaphores religieuses relativement fréquentes ; elles présentent toutes les variantes synonymiques imaginables.

Être au septième ciel « être dans le ravissement ». L'expression est tirée de la cosmogonie antique, où l'univers était formé de plusieurs sphères concentriques (dont le nombre était d'ailleurs variable, de sept à onze). Transcrite par le judéo-christianisme, où le ciel acquérait une valeur théologique et où les chiffres *trois* et *sept* étaient chargés de symbolisme, cette tradition a donné naissance aux expressions : *être transporté, ravi, etc. au septième* (ou *au troisième*) *ciel*. On trouve aussi *au septième ciel* [LOC. ADV.] et *septième ciel* [LOC. NOM.].

> Ils regardaient ses gestes fiévreux, ses yeux luisants, sa pose... trop penché en avant... perdant la tête, oubliant où il est, se croyant seul avec elle dans les limbes, au septième ciel...   N. SARRAUTE, *Le Planétarium*, p. 161.

Être écrit au ciel, dans le ciel « être inéluctable ». La représentation de l'avenir par l'écriture est fondamentale dans nos cultures, bien que subordonnée au symbolisme du *Logos*, de la voix. C'est une claire image anthropomorphique, qui détourne la production des signes visuels par la main humaine au profit du fantasme religieux. La formule du Fataliste de Diderot est : il est écrit *là-haut*.

Prendre le ciel à témoin « invoquer Dieu comme témoin de sa sincérité, de la vérité de ce qu'on dit ». La représentation de Dieu, en tant que témoin des hommes et garant de la vérité, par le ciel, donnerait lieu à de nombreuses considérations sur la symbolique (valeur réciproque de l'instance paternelle — Dieu — et du milieu cosmologique qui domine et à la fois entoure — le ciel ; pouvoir de condensation symbolique du « haut » et de l'« espace », etc.).

Remuer ciel et terre « employer tous les moyens (notamment, dans une recherche) ». L'expression est banale, si l'on interprète *ciel et terre* comme une coordination stable, équivalant simplement à l'« univers entier ». Mais si l'on analyse le syntagme en ses composantes on remarquera que la référence concrète de *remuer la terre* transmet à *remuer le ciel* une valeur matérielle (« fouiller, retourner ») qui évoque obscurément des valeurs prométhéennes. Dans l'usage courant *le ciel et la terre* représente platement « tout ce qui nous entoure et sur quoi agir », le *ciel* renvoyant sans doute « aux puissances et aux autorités », la *terre* au « commun des mortels ».

> Je ne devais le revoir qu'après mon amputation quand on m'a eu coupé la main droite. C'était la guerre. Mon père avait dû remuer ciel et terre pour apprendre dans quel hôpital militaire j'étais soigné.   B. CENDRARS, *Bourlinguer*, p. 37.

> On a remué ciel et terre ou, pour mieux dire, toutes les hautes fanges de la capitale.
>   G. FLAUBERT, *Correspondance*, IVe série, p. 139.

> [...] M. Picquart eut beau remuer ciel et terre dans les audiences suivantes, il fit bel et bien fiasco.   M. PROUST, *À la recherche du temps perdu*, t. II, p. 240.

Tomber du ciel « arriver inopinément (XVIIIe s.) ». *Tomber* évoque la brusquerie d'une arrivée inattendue ; *du ciel*, son caractère inexpliqué et le recours au surnaturel. Ce surnaturel peut être explicitement religieux ou cosmologique, comme dans la version française du récit fantastique de Lovecraft : *la couleur tombée du ciel*. *Avoir l'air de tomber du ciel* « avoir l'air ahuri » est moins fréquent et moins expressif que *tomber de la lune* → LUNE. Cf. aussi *tomber des nues* (nuages).

Si le ciel tombait..., le ciel tomberait que... « malgré tout ce qui pourrait arriver ». Formule de la rhétorique néo-classique à l'emphase un peu ridicule, elle recouvre le fantasme de l'écrasement et de la catastrophe cosmique que l'on trouve dans nombre de cultures (Gaulois, etc.). Cette fin du monde est conçue comme une chute naturelle et subie et non comme un accomplissement de la volonté divine. En faisant de *ciel* le sujet d'une phrase dont le verbe peut comporter un sujet inanimé, on dégage le mot du contexte théologique et on le matérialise.

Si le ciel tombait... est parfois pris comme type de l'hypothèse absurde (→ ALOUETTE).

Aide-toi le ciel t'aidera [PROV.] « il est déraisonnable de s'en remettre à Dieu, à la Providence, si l'on n'a pas tout fait d'abord pour réussir ». Avec son apparence raisonnable et équilibrée, ce proverbe transmet par sa forme même un message assez hétérodoxe : c'est l'homme qui enjoint à l'homme (impératif) d'agir pour son propre compte (pronominal), et ceci, dans le présent ; le *ciel* n'agit qu'au futur. La loc. prov. est utilisée par La Fontaine (*Fables*, VI, 19 : *Le Charretier embourbé*).

Ciel pommelé, femme fardée ne sont pas de longue durée « comme le ciel chargé de nuages pommelés, qui ne garde jamais cet aspect et tourne souvent à la pluie, les artifices de la beauté féminine ne sont pas durables ». Le *ciel* est ici strictement météorologique ; son inconstance et le jeu naturel des apparences, nuages, météores, y reçoivent une interprétation anthropomorphe, tandis que la cosmétique féminine est identifiée à l'inéluctable et trompeuse nature ; le va-et-vient entre la « nature » et la « femme », ici accusées de tromperie, dépend d'une image du monde organisée par l'homme. Profondément, l'ordre *(kosmos)* est sans cesse troublé par les apparences (ces nuages en forme de *pomme*, qui évoquent la tentation par l'auteur démoniaque de tout désordre) ; la femme, qui dans la Genèse, est l'introductrice du mal, est inutilement masquée par l'apparence de l'ordre (*cosmétique* vient aussi de *kosmos*, et assimile la beauté à l'ordre).

CIERGE n. m.

Brûler un cierge à quelqu'un « lui témoigner de la reconnaissance » (voir le suivant).

Devoir un cierge à... « devoir de la reconnaissance (comme au saint qui a exaucé un vœu, et à qui on doit brûler un cierge) ». L'expression est restée littéraire et motivée ; sa version courante et familière est *devoir une fière chandelle*.

(Être) droit comme un cierge « très droit, très raide (en parlant d'une personne) ». Outre la référence évidente à la forme matérielle, le cierge possédant la taille requise pour être comparé au corps humain (→ CANNE, PARAPLUIE), cette comparaison implique la rectitude morale (le cierge est blanc, porte la clarté d'une flamme, est un symbole de la prière qui monte vers Dieu ; ce qui n'exclut évidemment pas les valeurs symboliques freudiennes).

CIGARETTE n. f.

La cigarette du condamné « la dernière cigarette ». Désigne la cigarette qu'on accorde au condamné à mort (traditionnellement jointe au *petit verre de rhum*) avant de l'exécuter. Elle est censée lui donner du courage, mais on peut aussi la considérer comme une représentation anticipée de la mort (le cigare, en argot, c'est la « tête » et « un coupe-cigare évoque la guillotine » [Esnault]).

CIL n. m.

Battre des cils. Battre signifie ici « produire des mouvements répétés », comme dans *battre des mains, de l'aile.* L'expression connote le maniérisme (voir, à ŒIL, des expressions comparables).

Ne pas remuer (bouger) un cil « rester absolument immobile ». Le mouvement des paupières et des cils étant le mouvement réflexe le plus léger, le moins perceptible, celui qui ne bouge pas, même un cil, devient le modèle de l'immobilité. Le lexique exprime le même effet par le verbe *ciller*.
Dans l'ancienne expression (XVIᵉ s.) *en un cil d'œil* « tout de suite », *cil* est dérivé du verbe *ciller*, comme *clin* l'est de *cligner*.

CIMETIÈRE n. m.

Le cimetière des éléphants « lieu secret et retiré » (calque de l'anglais) et, par remotivation, « lieu de relégation » (cf. *Mise au placard*).

Faire les cimetières bossus « remplir les cimetières ; être la cause de nombreuses morts ». Un proverbe désuet dit : *les jeunes médecins font les cimetières bossus.* L'expression équivaut à *remplir les cimetières.*

Vx. *Il a de l'esprit, il a couché au cimetière* [LOC. PROV.], jeu sur *les esprits* et *l'esprit* (Littré). L'expression s'est employée ironiquement, au sens de « il est idiot » (1750).

CINÉMA n. m.

Se faire du (un, tout un) cinéma « laisser aller son imagination pour développer ses fantasmes ».

> [...] je trouvais ces mecs si sympas que j'étais toute heureuse d'être mêlée à leurs aventures. À cet instant, sûr que je me faisais un peu de cinéma, ça me chatouillait de faire de la police. M. ROLLAND, *La Rouquine*, p. 64-65.

> Alors je m'évadais. La machine à percer, je la transformais. C'était un bateau et je tenais la barre. Comme tous les mômes, je me faisais du cinéma. Cela me permettait de tenir le coup. F. GUILLO, *Le P'tit Francis*, p. 24.

CINQ n. m. et adj.

Cinq à sept « réception ou réunion d'après-midi, de cinq à sept heures en principe ». D'abord appliquée aux réunions mondaines dont le prétexte emprunté aux Anglais est le thé de cinq heures, l'expression s'est intégrée au vocabulaire galant du début de siècle, pour désigner les rencontres adultères de bon ton.

Le cinq heures « la collation de l'après-midi ; le goûter ». En concurrence avec *quatre heures,* les deux expressions étant lexicalisées en substantif dans une langue un peu désuète.

En cinq sec [LOC. ADV.] « rapidement et efficacement ». L'expression numérique de la rapidité d'action utilise les plus petits nombres premiers (à l'exception évidente de *un,* puisqu'il s'agit de décomposer les éléments de l'acte) : *deux, trois* et *cinq,* cf. *En deux, en trois coups de cuiller à pot ; en deux temps, trois mouvements* (dont la somme est *cinq*). Dans *en cinq sec, sec* est adverbe ; le terme vient du jeu de cartes. Jouer une partie d'écarté en *cinq sec,* c'est la jouer en cinq coups et faire cinq points sans en perdre un seul, c'est-à-dire gagner aussi rapidement qu'il est possible. L'expression a pris sa valeur métaphorique vers la fin du XIXe siècle.

> — Que vont-ils faire ? demanda-t-elle après un silence. [...]
> — Comment, ce qu'ils vont faire ? Les marier en cinq sec, naturellement !
> COLETTE, *La Maison de Claudine,* p. 153.

Moins cinq. Ellipse de *moins cinq minutes* (cinq minutes avant l'heure) qui signifie « le dernier moment ». *Il était moins cinq,* qui n'est en apparence qu'une constatation chronologique objective, correspond assez exactement à *nous l'avons échappé belle.* On dit de même *moins une.* Le choix de ces deux nombres premiers correspond aux divisions matérielles des appareils à mesurer le temps (la minute, et la tranche de cinq minutes).

Vx. *Mettre cinq et retirer six* « mettre la main (les cinq doigts) dans un plat et en retirer un bon morceau » (XVIIe s.).

Cinq et trois font huit, se dit d'un boiteux. L'expression analyse une démarche inégale et pourrait suggérer que le boiteux avance tout aussi bien que celui qui fait des pas réguliers (car quatre et quatre ne font pas plus).

Recevoir qqn cinq sur cinq «recevoir (un message) de qqn, le comprendre parfaitement». Vient du langage des télécommunications militaires, pour une fois francophones.

CIRAGE n. m.

Être dans le cirage, en plein cirage «être dans une situation où l'on ne distingue plus rien «être dans le noir». L'expression est récente. Elle a pris diverses valeurs, selon les contextes ; le premier que signale Esnault (en 1930) est l'ivresse ; on trouve aussi des emplois chez les aviateurs (cf. *Le pot au noir*), les sportifs. Le sens le plus courant aujourd'hui est soit «être incapable de réagir, de raisonner normalement» (être ivre, épuisé, abruti de travail, etc.), soit «être dans une situation incompréhensible, ne rien comprendre à son état» → aussi BROUILLARD.

> — Et qu'est-ce que tu fais maintenant ?
> — Je suis dans le cirage, dit Pierrot avec résolution.
> R. QUENEAU, *Pierrot mon ami*, p. 51.

CIRCONSTANCE n. f.

Circonstances atténuantes «excuses». Emprunt au langage juridique. Ces circonstances sont de nature à atténuer la peine.

> Mettons sur le compte du temps tout ce que nous pouvons à la décharge du poète. La littérature est le lieu le plus fait pour admettre les circonstances atténuantes.
> SAINTE-BEUVE, *Causeries du lundi*, t. XIV, p. 287.

Circonstances indépendantes de la (notre...) volonté, formule officielle permettant d'excuser pratiquement toute erreur ou anomalie.

> [...] l'air d'avoir désiré de tout mon cœur la retrouver et d'en avoir été empêché par des circonstances dites «indépendantes de ma volonté» et qui ne se produisent en effet, au moins avec une certaine suite, que quand la volonté ne les contrecarre pas.
> M. PROUST, *À la recherche du temps perdu*, t. II, p. 713.

De circonstance [LOC. ADJ.] «fait élaboré pour répondre à une occasion particulière», d'où «artificiel, destiné à faire illusion» (se dit notamment de l'apparence qu'on se donne) : *Faire une tête de circonstance à un enterrement.*

> Il s'était composé une tête de circonstance : sa figure jaune, point rasée, enfouie dans le collet dressé de son manteau ; sa tignasse un peu longue, éparse ; sa toque d'écurie enfoncée jusqu'aux yeux à la manière d'un bonnet de nuit [...].
> G. COURTELINE, *Les Gaîtés de l'escadron*, p. 11.

CIRCUIT n. m.

Ne plus être dans le circuit «être éliminé d'une activité, ne pas pouvoir suivre une évolution». L'expression vient des courses automobiles ; on dit aussi *ne pas être dans la course, dans le parcours ;* le modèle formel est : *être (ne pas être) dans le coup.*

CIRE n. m.

Vx. *Comme de cire* «qui convient parfaitement». L'image de base est celle de la plasticité de la cire. *Un habit fait comme de cire* (XVIe s.) est comme moulé sur le corps, et va parfaitement. *Venir comme de cire* (La Fontaine), qui signifie «venir à propos», est plus abstrait et peut être rapproché d'une locution du XVe s. : *faire comme de cire* «agir (sur qqch.) à sa guise (comme sur de la cire molle)», → ci-dessous FAIRE UN NEZ DE CIRE.

L'expression n'était plus comprise au début du XIXe s., mais on l'utilisait encore et on tentait de l'expliquer par l'homonyme *sire.*

> Une botte qui estroit faicte comme un gant ou comme de cire.
> BONAVENTURE DES PÉRIERS, *Nouv. Récréations* 1558,
> in *Matériaux pour l'hist. du vocab. fr.*, 9.

Je relisais la lettre que vous m'écrivîtes à Brest; elle commence par une rectification de l'orthographe d'une des miennes où je vous avais dit : *Tout va de sire;* vous voulez un *c* au lieu d'un *s*. Je crois que vous vous trompez : car aller de sire (ou de *cire* suivant vous) se dit en italien *andare da signore.* Cette affaire va bien, ou va *de sire.*

V. JACQUEMONT, *Correspondance,* t. I, p. 42.

Cire molle «personne très influençable». La cire amollie prend la forme qu'on veut lui faire prendre. On a dit, au XVIIᵉ s., *être de cire* «être faible, irrésolu» (→ ci-dessous FAIRE UN NEZ DE CIRE) et *être mou comme de la cire.*

C'est une cire molle. Se dit d'un enfant docile, et même de toutes sortes de personnes qui reçoivent facilement toutes sortes d'impressions.   LE ROUX, *Dictionnaire comique.*

Vx. **Comme la cire fond au feu (au soleil)** «en disparaissant très vite».

Vx. **Jaune comme de la cire** «très jaune».

Vx. **Faire un nez de cire (à qqn, qqch.)** «manier à son gré». Cette expression du XVIᵉ s., où *nez de cire, image de cire* (très courants chez Calvin), y signifient «chose que l'on peut modifier à son gré», fait allusion à la confection d'un masque, d'une tête en cire, que l'on façonne à sa guise. L'idée de malléabilité s'est conservée dans l'expression *c'est une cire molle* (voir ci-dessus). Employé seul, *nez de cire,* «de belle forme» est plus ancien.

Chacun [des législateurs] luy faict [à la loi] (si ainsi voulez que je le die) un nez de cire, et la diversifie sur le moule de ses conceptions particulières.

É. PASQUIER, *Lettres,* XIX, 7, *in* Huguet.

CITRON n. m.

Jaune comme un citron «qui a le teint très jaune» → CIRE, COING.

Presser quelqu'un comme un citron «l'exploiter complètement». On dit aussi *presser le citron.* Les principaux agrumes, *orange* et *citron,* souvent utilisés pour leur jus, représentent l'exploitation éhontée (cf. *On presse l'orange et on jette l'écorce).* Une variante moderne est *faire à qqn le coup du presse-citron.*
Presser, se presser le citron, par influence du sens fig. de citron, «tête», signifie aussi «se torturer l'esprit».

C'est à moi à me presser le citron pendant quelque temps pour construire une intrigue solide, le déroulement harmonieux d'une aventure pleine de soleil de mer bleue.

A. BOUDARD, *Cinoche,* p. 234.

CIVILITÉ n. f.

Vx. **Civilité puérile et honnête** «bonnes manières inculquées aux jeunes enfants». Titre de nombreux manuels destinés à aider les parents à faire respecter aux enfants les règles de la morale et des convenances. L'expression est parfois citée dans la langue moderne.

Il y a un ton à trouver. C'est variable, ça dépend si ça tire sur le genre vieille France ou sur le genre artiste. Et il vaut mieux ne pas te gourrer. Si tu restes en-dessous de la moyenne, tu es réputé emmerdant et terne; si tu vas trop fort, on t'éjecte rapidement comme malpropre. Il faudrait se mettre à récrire un traité de civilité puérile et honnête, c'est d'ailleurs un boulot que devrait s'envoyer chaque génération.

A. SERGENT, *Je suivis ce mauvais garçon,* p. 49.

Dans la langue classique, le syntagme renvoie au titre d'ouvrage.

Encore durant le repas elle ne profera pas un mot et ne leva pas presque les yeux, monstrant avec sa grande modestie qu'elle sçavoit bien pratiquer tout ce qui estoit dans sa *Civilité puerile.*   FURETIÈRE, *Le Roman bourgeois,* p. 913.

CLAIE n. f.

Vx. ***Traîner qqn sur la claie*** «traiter publiquement de façon outrageante». L'expression fait allusion à la claie sur laquelle on exposait et l'on traînait par la ville le corps de certains suppliciés, de suicidés, par une peine infamante infligée au cadavre. Le sens métaphorique ne retenait pas cet aspect, et équivalait à *mettre au pilori*.

1. CLAIR adj.

Clair comme le cristal, comme de l'eau de roche (de source) «évident, d'une clarté parfaite». On retrouve cette métaphore de l'eau claire dans le sens figuré du mot *limpide*. Pour *eau de roche* → EAU.
Antiphrase familière : *clair comme de l'eau de vaisselle, comme de l'eau (du jus) de boudin* «trouble, obscure».

Clair comme le jour «évident». L'expression ajoute l'idée de «luminosité» à celle de «transparence». La lumière du jour reste le symbole privilégié de la compréhension intellectuelle ; la métaphore solaire s'y manifeste → JOUR, SOLEIL.

Faire de l'eau claire → EAU.

2. CLAIR n. m.

Le plus clair de... «la partie la plus importante ; la plus grande partie». S'emploie avec des substantifs désignant la durée, le temps ; l'argent ; et littérairement avec des substantifs abstraits concernant les activités ou les sentiments de l'homme.

> Ici, fût-ce dans une petite ville de province, vous trouverez des passionnés de musique ; le meilleur de leur temps, le plus clair de leur argent se passe aux séances de musique de chambre, aux réunions où on cause musique.
>
> M. PROUST, *À la recherche du temps perdu*, t. II, p. 400.

Être au clair «être éclairé sur qqch. ; être parfaitement au courant».

Mettre, tirer... au clair «expliquer une affaire obscure, se renseigner sur quelque chose» (XVIIIᵉ s.). Cf. au XIVᵉ s. ***tirer claire eau de qqn,*** qui équivaut à l'actuel ***tirer les vers de nez*** et dont le sens de base est tout différent. *Tirer à clair, au clair* signifie au sens concret «décanter (du vin)», mais l'expression métaphorique actuelle ne retient que l'idée de «mise en lumière», *tirer* correspondant à «extraction hors de la cachette, de l'obscurité».

> Ça l'intriguait énormément, et ça lui faisait comme une tristesse l'idée qu'il allait partir pour la province sans avoir tiré la chose au clair.
>
> R. QUENEAU, *Pierrot mon ami*, p. 106.

CLAQUE n. f.

Figure, tête à claque «physionomie énervante qu'on aurait envie de gifler» (avant 1869).

En avoir sa claque «en avoir assez ; être dégoûté de quelque chose». L'expression, qui est donnée sans explication par les dictionnaires, ne renvoie pas directement au sens de «coup, gifle...», mais à la valeur générale : «avoir sa part» (réalisée dans *avoir son compte, avoir son fade*, en argot, → aussi PRENDRE SON PIED*). De fait, *claque* s'emploie en Picardie au sens de «bonne mesure (de lait)» et *claquée* au sens d'«abondance». La locution *en avoir sa claque* ne provient sans doute pas de ces emplois dialectaux, mais ils attestent un sémantisme («quantité, abondance») dérivé de celui d'«intensité» (ce dernier étant rattaché à l'onomatopée désignant un geste violent, un coup).

Elle pouvait se coucher là et crever, car le travail ne voulait plus d'elle, et elle avait assez peiné dans son existence, pour dire : « À qui le tour ? moi, j'en ai ma claque ! »

É. ZOLA, *L'Assommoir*, t. II, p. 234.

« C'est à vous dégoûter du métier », ronchonna-t-il. Puis zut ! j'en ai ma claque pour aujourd'hui de c'truc-là, j'vas me r'poser un peu. *L'Épatant*, 1908, p. 27.

Prendre ses cliques et ses claques → CLIQUE.

CLAQUER v. tr.

Claquer de (suivi d'un substantif exprimant un effet psychologique) « éprouver les effets pénibles de... ». Cet emploi de *claquer* évoque à la fois les effets physiologiques, notamment de la peur (→ CLAQUER DES DENTS) et l'éventualité de la mort. Ces ambiguïtés du verbe sont explicitées dans la citation suivante.

C'est vraiment la grande horreur, les dents, les vieillards et les portes claquent de peur.

PRÉVERT, *Paroles*, p. 12.

CLASSE n. f.
Le mot a plusieurs sens, que l'on trouvera dans les dict. généraux, et sert à former des syntagmes plus ou moins lexicalisés, comme *lutte des classes*.

Avoir de la classe « avoir une élégance naturelle, une distinction remarquable ». Emploi absolu de *classe* pour « classe supérieure, première catégorie » (comme dans... *de classe*) avec un curieux transfert de sens. Normalement, la classe est une pluralité possédant des caractères communs, un ensemble auquel on appartient. Mais ici, *classe* désigne une qualité (supérieure) que l'on possède et passe de « ensemble d'éléments caractérisés » à « caractère que possèdent ces éléments », donc de l'extension logique à la compréhension. À ce transfert correspond le passage de *être (être dans, de ... classe) à avoir*.

Faire ses classes « recevoir l'instruction militaire ». L'expression transfère le sens de *classe* de « ensemble des conscrits d'une année » à « temps d'exercice ».

J'connais Bois pour un coup, pas vrai, et j'pense pas que ce soye pour la peau que nous ayons fait nos classes ensemble et qu'il a été mon voisin à la chambre pendant au moins pus d'dix-huit mois. G. COURTELINE, *Les Gaîtés de l'escadron*, p. 85.

Vx. ***Être de la classe*** « avoir de l'expérience » (1888, in Daudet ; Wartburg). L'expression signifie d'abord « en être à sa deuxième année de service militaire », c'est-à-dire la l'année où l'on n'est plus un bleu, un conscrit. Elle s'oppose à *faire ses classes* et conduit à l'emploi de *la classe* comme synonyme de *la fin du service militaire*.

CLAUSE n. f.

Clause de style « disposition toute formelle, affirmation qui n'entraîne aucune conséquence sérieuse ». Emprunt à la langue du Droit, où la *clause de style* est une disposition formelle adoptée dans toute une classe de contrats.

CLÉ n. f.

Clé des champs « liberté de mouvements ». C'est la clé qui permet de sortir de l'endroit où on se trouve pour aller en terrain libre, et non pas *la clé* qui ouvre un champ considéré comme clos. L'expression date du Moyen Âge, où sa valeur exacte est clairement attestée :

Avisez s'est et porpensez
Comment puist saillir [sortir] de leenz (là-dedans)
Car s'il avoit la clef des chamz
Arriers ne vendroit [il ne reviendrait pas]... GEFFROI, *Chronique, in* Godefroy.

On a d'abord dit au pluriel : *les clefs des champs.* L'expression verbale *prendre la clef des champs* « s'enfuir », est attestée au XIVᵉ s. Ces locutions sont à rapprocher de *donner les champs* « mettre en liberté » (dans Montaigne, du Bartas), qui illustre la valeur ancienne du mot *champs* (au pluriel) pour « espace libre ». En emploi moderne, *donner la clé des champs* correspond à « mettre en liberté ».

> Il est d'une humeur bien bigearre [sic] et bien contraire à celle de tous les autres qui veulent avoir la clef des champs, car il ne désire rien tant que de se voir en cage.
>   Ch. SOREL, *Histoire comique de Francion,* p. 79.
> Lâchez-le pour de bon! Passez du chlore dans l'armoire et donnez-lui la clef des champs avec la clef des lieux!   J. VALLÈS, *L'Insurgé,* p. 192.

La clé du champ de tir. Cette expression, plaisanterie militaire traditionnelle du début du siècle, s'inspire sans doute de la locution précédente. Mais ici, le *champ de tir* (espace ouvert, mais délimité et surveillé, pour éviter les accidents) est assimilé à une pièce fermée, à une *chambre* ou *chambrée,* pour s'amuser de la naïveté des conscrits.

La clé des songes, titre d'ouvrages qui donnent l'explication des rêves (cf. ci-dessous la citation de Prévert à METTRE LA CLÉ SOUS LE PAILLASSON).

Les clés du royaume (de Dieu) « les moyens d'accéder au royaume de Dieu, au ciel ».

Clé de voûte « partie centrale et essentielle d'un ensemble, qui en tient les parties assemblées ». Ce syntagme est lexicalisé dans ses emplois techniques : « pierre la plus haute qui reçoit les pressions latérales d'une voûte » ; en emploi métaphorique, il qualifie des abstractions *(cet argument est la clé de voûte du raisonnement)* ou des personnes *(il est la clé de voûte de l'entreprise ; cf. cheville ouvrière).*

À clé [LOC. PROV.] (surtout avec le verbe *fermer*). Qualifie une fermeture au moyen de serrure et de clé, qui ne peut s'ouvrir sans posséder cette clé.

À la clé « avec, après la fin de l'opération ». La métaphore est musicale. Un dièse (ou un bémol) *à la clé,* placé en début de portée, juste après la clé, modifie toute la portée et indique la tonalité. Figurément, l'idée générale est celle d'une modification de perspective par un élément.

> « J'ai les tribunaux derrière moi, peut-être ; avec la prison à la clef... la prison, tu entends. salaud!   M. GENEVOIX, *Raboliot,* p. 36.

Sous clé [LOC. ADJ.] « enfermé par une serrure ». *Mettre sous clé* s'emploie avec pour complément un nom de chose (« enfermer, mettre à l'abri dans un meuble fermé *à clé* ») ou un nom de personne (→ METTRE SOUS LES VERROUS★)

Clés en main « avec la possibilité immédiate de prendre possession d'un local, de s'y installer ». Expression du langage commercial, des ventes immobilières, puis de l'économie *(usine clés en main,* construite et livrée prête à fonctionner).

Rég. (pays de Bray) **Avoir perdu la clé** « avoir la diarrhée ». C'est évidemment de la clé d'un robinet (un des sens techniques du mot) qu'il est question ; la locution signifie « avoir perdu la fermeture ».

Mettre la clé (les clés) sous la porte « déménager, partir discrètement, notamment sans payer le loyer ». Une pièce d'archives du XVᵉ s. donne la valeur originale de l'expression, sous la forme suivante :

> Ceux à qui les louages ont esté faits s'en vont sans rien payer, et mettent les clefs dessoubz l'huis, sans dire adieu à leur hoste.
>   *Archives de l'assistance publique,* Vent, du Châtel, 11 oct. 1432, in Godefroy.

L'expression est bien vivante, et cinq siècles d'usage n'en ont pas fait varier le sens. Comme la coutume de placer effectivement la clé au bas de la porte n'est plus en cause (car on peut métaphoriquement *mettre les clés sous la porte.* en les emportant), il faut en conclure que c'est la forme même de l'expression, et notamment la petite préposition sous, qui a transmis fidèlement la valeur de «départ discret». En effet *sous* (ou *dessous*) connote le secret, le caché (→ Passer sous le nez*, Rire sous cape*, etc.) que les mots *clé* et *porte* n'impliquent qu'indirectement, par l'idée de «fermeture». On voit là un exemple de l'importance de la forme et des pouvoirs des signes les plus discrets — pour le sens → aussi Cloche. Par extension, s'emploie pour «cesser son commerce, son activité; faire faillite».

> J'aime mieux mettre la clef sous la porte et coucher sur le trottoir, que de continuer à vivre dans des transes pareilles.   É. Zola, *L'Assommoir*, t. II, p. 77.

Une variante moderne est : **mettre la clé sous le paillasson,** allusion à la coutume qui consiste à dissimuler conventionnellement la clé sous le paillasson pour la partager avec un autre occupant. Prévert réunit l'expression avec *clé des songes :*

> La clef des songes est sous le paillasson
> Un petit dieu bien propre
> surnommé Cupidon
> fait le garçon d'hôtel et l'agent de liaison.   Prévert, *Histoires*, p. 192.

Vx. **Mettre les clefs sur la fosse** «renoncer à la succession de quelqu'un». C'est du moins le sens que donnent à cette locution ancienne tous les recueils, depuis Cotgrave (1611) jusqu'au XIXe s. (Littré, par exemple); il faut donc entendre l'expression dans un sens juridique, et non pas comme le fait Godefroy, au sens de «renoncer à la vie commune», dans ce passage de Pasquier :

> Quand nous voulons dire qu'une femme a renoncé à la communauté de son mary et elle, nous disons qu'elle a mis les clefs sur la fosse.   É. Pasquier, *Recherches*, IV, 10.

La *Chronique* d'Enguerrand de Monstrelet (milieu XVe s.), ici rapportée par Le Roux *(Dict. comique),* éclaire l'origine de l'expression :

> [Après la mort de Philippe, duc de Bourgogne] là renonça la duchesse Marguerite, sa femme à ses biens meubles, par le doubte qu'elle ne trouvast trop grands debtes, en mettant sur sa représentation sa ceinture, avec sa bourse, et les clefs, comme il est de coutume.   Monstrelet, *Chroniques*, I, chap. 17.

Par cette coutume, la bourse et les clés sont remis symboliquement au mort en signe de renonciation aux biens qui lui appartenaient et dont on pourrait hériter. L'écho des rites pré-chrétiens d'ensevelissement s'y fait entendre, ainsi que l'assimilation de la *clé* au pouvoir mâle (la *clé* est associée à la bourse, et leur pouvoir est anéanti par la *fosse*).

CLERC n. m.

Vieilli. **Être grand clerc** «être très savant» (milieu XVIIe s.). Survivance de l'emploi du mot au sens de «lettré, savant», par identification initiale de l'état religieux et du savoir. Si l'expression a eu immédiatement un emploi ironique *(c'est un grand clerc* s'emploie «en se moquant d'un homme qui fait le savant», nous dit Le Roux en 1752), c'est sans doute par un effet de sens précisément *anticlérical.* L'emploi négatif : *il n'est pas grand clerc,* «il n'est pas très fort, pas très intelligent» peut encore se rencontrer au XXe s.

> N'en déplaise aux docters, Cordeliers, Jacobins,
> Pardieu, les plus grands clercs ne sont pas les plus fins.   M. Régnier, *Satires*, III.

Faire un pas de clerc → Pas (ici, le *clerc* est, au contraire de la loc. précédente, un novice dans le métier du droit).

CLIN D'ŒIL n. m. Le mot *clin* (substantif dérivé de *cligner*) n'existant plus en français moderne, il faut considérer *clin d'œil* comme un mot, mais l'emploi vivant de *cligner de l'œil*, à côté de *clin d'œil*, fait que ce *clin*, qui n'est plus compris, conserve une sourde existence et une valeur plus ou moins vague, selon les locuteurs.

En un clin d'œil «en un instant; d'une manière quasi instantanée». Outre la rapidité du clignement, l'expression renvoie aux connotations de *œil* (ce qui se passe *en un clin d'œil* échappe à l'observation et coïncide avec la fermeture réflexe des paupières). La forme *clin*, démotivée pour les utilisateurs d'aujourd'hui (voir ci-dessus), renvoie à sa propre brièveté et joue presque le rôle d'une onomatopée (cf. *Clic!*).

> En un clin d'œil, avec toute sa vivacité de vieille alerte, Mme Magloire courut à l'ora-
> toire, entra dans l'alcôve et revint vers l'évêque.
>   V. HUGO, *Les Misérables*, Pléiade, p. 110.
> On se mariait peu ce jour-là. Ils passèrent troisième d'une série de cinq, l'affaire fut
> bâclée en un clin d'œil. Lamballe donna cinq francs pour la Caisse des Écoles.
>   R. VAILLAND, *Bon Pied, Bon Œil*, p. 66.

CLIQUES n. f. pl.

Ses cliques et ses claques «toutes ses affaires». Généralement en complément de verbes comme *prendre*, *emporter* dans des phrases du type : *partir en emportant ses cliques et ses claques* (milieu XIXᵉ s.). L'onomatopée *clic*, sous diverses formes orthographiques, et comme sa variante vocalique *clac*, correspond ici au bruit alterné de pas rapides (*clique* signifie dialectalement «jambes», *claque* se dit depuis le XVIIIᵉ s. de diverses chaussures, socques, etc. On disait à Lille *aller à clique-talons* «avec des souliers éculés»). *Prendre ses cliques et ses claques* a dû signifier d'abord «filer, s'en aller très vite», par la même image que *prendre ses jambes à son cou*. Puis, *les cliques et les claques* ont été interprétées comme «tout le bazar, tout le fourniment» (cf. le modèle analogue de *bric à brac*) et on a dit : *emporter, ramasser... ses cliques et ses claques*. Cependant l'expression ne s'emploie que dans son contexte initial de «fuite précipitée» (on ne dirait pas : *il a tranquillement emporté ses cliques et ses claques et il est parti tout doucement*)

> [...] Je ne fais pas de politique, moi! trancha fermement l'Italien, qui remontait de la
> cave avec la bouteille de Chablis. Ou alors, nous pourrions ramasser nos cliques et nos
> claques et aller mendier notre pain sur les routes.
>   F. CARCO, *Les Belles Manières*, p. 27.
> Ah! quelle roulée! c'était à mourir de rire. L'une avait le nez arraché ; le sang giclait
> par terre. Lorsque l'autre a vu le sang, un grand échalas comme moi, elle a pris ses
> cliques et ses claques.   É. ZOLA, *L'Assommoir*, t. I, p. 233.

CLOCHE n. f.

Déménager à la cloche de bois «partir furtivement d'un logement (notamment sans payer le loyer)». On dit aussi *déménagement à la cloche de bois*. Le sens est le même que dans METTRE LA CLÉ* SOUS LA PORTE, mais la métaphore de la *cloche de bois* est beaucoup plus récente milieu XIXᵉ s.) et délibérément plaisante. L'expression n'a rien à voir avec l'argot *être à la cloche, filer la cloche* (1890) «être sans logis» (dont la relation avec *clochard* est obscure) car on la rencontre au moins trente ans avant; en outre on n'a jamais dit *déménager à la cloche*. Il s'agit donc bien d'une allusion au silence du départ, où l'on prend soin d'étouffer les bruits de chocs. L'expression s'emploie d'ailleurs au sens de «partir furtivement et définitivement de chez soi», sans allusion au loyer impayé, comme le montre la citation de Cendrars (où *déménager* est transitif).

> Quoiqu'il en soit, je me souviens que l'on m'avait adressé à lui pour déménager à la
> cloche de bois une étudiante russe qui voulait quitter son amant.
>   B. CENDRARS, *Bourlinguer*, p. 69.

L'emploi de l'expression avec d'autres verbes que *déménager,* et d'autres substantifs que *déménagement,* est rare, mais se rencontre :

> Quand je dis déménagement, je me flatte, car c'était une simple évasion que je rêvais,
> comme qui dirait une sortie à la cloche de bois.
>   A. ALLAIS, *Contes et Chroniques*, p. 47.

N'entendre qu'une cloche, qu'un son de cloche « ne connaître qu'une opinion, qu'une version des événements ». Le proverbe *qui n'entend qu'une cloche n'entend qu'un son* date du XVIIIe s. On disait aussi : *c'est le son des cloches,* d'une chose à laquelle on pouvait donner diverses interprétations (*in* Cotgrave, 1611). De même : *ils sont comme les cloches* signifiait « on peut leur faire dire ce qu'on veut ». Dans ces locutions et ce proverbe, la cloche représente un discours dont l'interprétation est subjective. Plusieurs contes mettent en scène des personnages qui croient entendre une phrase ou une autre en entendant les cloches (le folklore utilise amplement certains sons rythmés, chants d'oiseau, bruits d'insectes, cloches, etc. pour des interprétations en langage clair).

Argot. *Être à la cloche* (fin XIXe s.) « être informé, malin ». *Se mettre à la cloche,* « s'informer ». Le même sens est exprimé aujourd'hui sur le mode olfactif, par *être au parfum. Être à la cloche* signifie sans doute « être attentif au signal ».

Vx. *Fondre la cloche* « se décider à agir, à exécuter quelque chose » (XVIIe s.). *Il est temps de fondre la cloche* signifie « il est temps de terminer une affaire, de prendre la dernière résolution » (Le Roux, 1752).

Mettre quelqu'un sous cloche « le protéger contre tout péril ». D'abord dans *élever qqn sous cloche.* Il s'agit naturellement du sens horticole de *cloche* (*cloche à melon,* etc.).

Sonner les cloches à quelqu'un « le réprimander violemment ». L'expression verbale de la colère passe ici par une métaphore clairement basée sur le bruit. On disait déjà au XVIIe s. *faire sonner la plus grosse cloche* « faire parler la personne la plus puissante, celui qui a le plus d'autorité ». Mais, dans l'expression moderne, le mot *cloche,* complément de *sonner,* évoque aussi le mauvais traitement subi (*sonner* = « frapper »; *battant* — ou *marteau; cloche* = « tête » cf. le suivant); on se rapproche ainsi d'une locution synonyme : *laver la tête.* Toutefois, tant que *cloche* est au pluriel dans l'expression, c'est l'idée du « bruit assourdissant » qui domine, conformément à la construction du verbe.

> Évidemment, l'enfance de l'art, c'était de la laisser mariner dans son jus. Bien entendu, elle me relance au téléphone, mais au bout de trois jours seulement. Il y avait du progrès. Je lui dis de venir me rejoindre dans une petite boîte qui se défendait bien. En becquetant, je n'arrête pas de lui sonner les cloches tranquillement, lui conseillant de tâter du grand amour avec un poète surréaliste [...].
>
> A. SERGENT, *Je suivis ce mauvais garçon,* p. 179.

> — Quand ? Il flemmarde, Pouscaillou. Vous devriez aller lui sonner les cloches.
> — Patience, patience, mon beau Sthène. Laissons dormir les innocents.
>
> R. QUENEAU, *Les Fleurs bleues,* p. 236.

Se taper la cloche « bien manger, se régaler ». Selon Wartburg, l'expression a d'abord voulu dire « s'enivrer ». Pourtant, *se taper la tête* est signalé par Esnault en 1900 avec le sens de « manger ». L'emploi de *taper* est doublement motivé : par la valeur de « enfoncer » (*se taper : * « s'enfoncer dans... »), et par celle de « frapper; coup » (réalisée intransitivement dans les locutions *taper à la tête, sur la boule,* « étourdir, griser », en parlant du vin). *Cloche,* pour « tête » est tout aussi surdéterminé : par la métaphore classique de récipient (« tête » = *fiole, carafe, terrine,* etc. → TÊTE) et par la synonymie *taper — cogner — sonner,* ce dernier verbe évoquant encore la cloche (on a dit *se taper, se cogner, se sonner la tête,* pour « bien manger »; cf. Esnault, *Taper*). On a donc employé *se taper qqch., s'en taper* « boire beaucoup » (1836, *in* Wartburg), puis *se taper la tête,* avec une syntaxe anormale, enfin *se taper la cloche* par le mécanisme exposé ci-dessus. Le sens de « boire beaucoup » a été éliminé par l'idée de « réplétion » (mais les deux valeurs « ivresse » et « remplissage de nourriture » sont étroitement liées, comme le montre l'évolution de *soûl*) et aujourd'hui *cloche* doit être plutôt compris comme « estomac, ventre » que comme « tête ».

— Çui-là, c'était un homme, dit-il. Et, après un silence, il ajouta :
— Et lui, au moins, y se tape la cloche. Qu'est-ce qu'y s'envoie comme brutal et comme pitance !
[...] Harcamone [un condamné à mort], en effet, recevait une double et même une triple ration de pain et de soupe. On l'engraissait dans sa cellule, comme autrefois on engraissait le roi de l'île de Némi, élu pour un an, puis immolé.

J. GENET, *Miracle de la rose*, p. 254.

1. CLOCHER n. m.

Esprit, intérêts, querelles... de clocher « (esprit..., querelles) d'intérêt minime et seulement local ». Le clocher de l'église symbolise la paroisse, le village, la petite agglomération. Le titre du célèbre roman de G. Chevalier, *Clochemerle,* concerne à l'évidence ces valeurs de *clocher.*

Vieilli. *N'avoir vu que son clocher* « n'avoir jamais quitté son village, son pays natal ». Un proverbe disait : *il ne peut pas perdre de vue le clocher de son village* « il ne peut quitter sa famille, sa maison ».

2. CLOCHER v. tr. Vient du latin populaire *cloppicare,* dérivé de *cloppus* « boiteux » qui a donné *clopin* « boiteux » (conservé dans *clopin-clopant*).

Il ne faut pas clocher devant les boiteux [PROV.] « il ne faut pas reprocher à quelqu'un ce dont il n'est pas responsable ou se moquer de ses travers », ou encore « il ne faut pas s'essayer à une activité devant celui qui y est expert » (Furetière, 1690).

CLOPIN-CLOPANT adv. Cette loc. lexicalisée signifie « en boitillant » et, par métaphore, « en évoluant de manière inégale et lente ». Elle est formée de deux mots archaïques, l'adjectif *clopin* « boiteux » et le participe présent du verbe *cloper,* de même sens. Elle reste associée au verbe dérivé (et vivant) *clopiner;* et son équivalent moderne serait *boiteux-boitant.*

CLORE v. tr.; CLOS adj.

Vx. *Clos et coi* « tranquille et à l'abri ». Dans La Fontaine (*Fables,* VIII, 3) « le renard... se tient clos et coi ».

Vx ou droit. *Clos et couvert* « à l'abri des intempéries ».

L'incident est clos → INCIDENT. — *En vase clos* → VASE.

CLOU n. m.

Clou de girofle « bouton du giroflier utilisé comme condiment ». L'expression est lexicalisée et procède d'une analogie de forme ; elle remonte au Moyen Âge.

Vx. *Clou à soufflet* → ci-dessous NE PAS VALOIR UN CLOU.

Arriver sur le clou (argot des chemins de fer, *in* Esnault), « arriver ponctuellement, à la minute ». Le *clou* est sans doute ici la marque ronde sur laquelle s'arrête l'aiguille à chaque minute, ou l'aiguille elle-même.

Compter les clous de la porte « rester à attendre devant une porte close » (*in* Cotgrave, 1611). L'expression utilise la valeur dépréciative de *clou* (*compter les clous* correspond à une activité inepte et ennuyeuse) et évoque la surface rébarbative d'une porte garnie de clous. À comparer avec CROQUER LE MARMOT.

Au clou « en gage, à un bureau de prêt sur gage ». *Mettre au clou* « mettre en gage ». Les objets placés en gage sont comme accrochés, suspendus hors de la portée de celui qui les a engagés.

    Enfoncer le clou «insister en répétant quelque chose (comme pour *enfoncer dans la tête* de quelqu'un)».

    Ne pas en ficher un clou «ne rien faire». Renforcement de *ne rien fiche* par le mot *clou*, utilisant le sens concret *de ficher* «planter», et la valeur négative de *clou* (*des clous* = rien du tout).

    Vx. ***Mettre un clou à sa roue*** «changer de conduite, devenir plus raisonnable» (milieu XIXᵉ s.). C'est un synonyme archaïque de *freiner*. Cette locution reprend la forme plus ancienne (XVIIᵉ s.) : *mettre un clou à la route de la fortune*, c'est-à-dire «arrêter la fortune dans sa course» par une équivalence technologique et moins primitive de *saisir la fortune aux cheveux*. L'expression fait partie du répertoire des locutions pédantes, ridicules dès l'époque de Sorel (dans la citation, un personnage se gausse du pédant Hortensius auquel on fait croire qu'il vient d'être choisi pour roi par les Polonais) :

> Ha! grand Prince, ayez soin de vostre fidelle serviteur, maintenant que vous avez mis un clou à la roue de fortune.   Ch. SOREL, *Histoire comique de Francion*, p. 441.

    Vx. ***Planter son clou*** «s'établir quelque part d'une manière fixe». Cette expression du XIXᵉ s. n'a pas vécu longtemps.

    River son clou à quelqu'un «lui répliquer fortement; le faire taire, lui imposer silence». *Bien river le clou à quelqu'un* (Commynes, voir ci-dessous) signifie «immobiliser quelqu'un comme en le clouant sur place». *River son clou* signifie donc «immobiliser, fixer au moyen du clou qu'on lui a réservé» («*À chacun, je rive son clou*», Baïf).

> Les dessusdictz vindrent faire au roy leur rapport, disons que ces Bourguignons estoient fiers en leurs parolles, mais qu'ilz leur avoient bien rivé le clou.
>   COMMYNES, *Mémoires*, IV, 11, *in* Huguet.

> — Dis-donc, j'attends, moi... J'ai faim. C'est tout ce que tu paies.
> Mais il lui riva son clou de la belle façon.
> — T'as faim, mange ton poing!... Et garde l'autre pour demain.
>   É. ZOLA, *L'Assommoir*, p. 228.

La variante ***rabattre les clous à quelqu'un*** (*river* = fixer en rabattant les bords) utilisait le sens courant de *rabattre* «rabaisser».

> Il faut donc que Dieu rabatte les cloux tant aux hommes qu'avec femmes, et qu'il use de violence, veu qu'il n'est point aisé de corriger la hautesse qui est en nous.
>   CALVIN, *Sermons* [Œuvres 53, 226], *in* Huguet.

    Vx. ***Ne tenir ni à fer ni à clou*** (concrètement «être mal attaché, mal assemblé») a eu le sens métaphorique de «être libre de ses mouvements; agir à sa guise». *Être attaché à fer et à clou* «inébranlable», est dans Calvin. Au XIXᵉ s. la même image, sous la forme : *ne tenir ni à clou ni à cheville*, signifiait «être de santé délicate», c'est-à-dire «être mal assemblé».

    Ne pas valoir un clou (surtout à la troisième personne) «ne rien valoir du tout». La dépréciation s'explique d'elle-même, sans recourir aux loc. anciennes avec CLOU À SOUFFLET (ci-dessous). On trouve des formes renforcées : *Elle vaut plus un clou rouillé* (Boudard, *Cinoche*, p. 74).

> De fait, fit l'un des cavaliers, que la soupe ne vaut pas un clou. J' sais pas qu'est-ce qu'ils fichent dedans, mais ça doit pour sûr être quéqu'ue chose comme les vieilles basanes du *brig-four*.   G. COURTELINE, *Les Gaîtés de l'escadron*, p. 266.

    Vx. ***Cela ne vaut pas un clou à soufflet*** «cela ne vaut rien» (*in* Oudin). Allusion aux petits clous de cuivre qui ornent les soufflets, ne valent pas grand chose et ne servent à rien. On trouve plusieurs loc. formées avec *clou à soufflet* : *cela sert comme un clou à un soufflet*, 1750; *cela lui est comme d'un clou à soufflet* «il s'en moque»...

> C'est un philosophe dans son espèce. Il ne pense qu'à lui : le reste de l'univers lui est comme d'un clou à soufflet.   DIDEROT, *Le Neveu de Rameau*, p. 429.

> Tous vos ordres ne sont que des clous à soufflet, s'ils n'ont été ratifiés par Jacques.
> DIDEROT, *Jacques le Fataliste*, p. 643.

Des clous! « rien du tout (en réponse négative à une demande) ». Formule très courante qui utilise les emplois de *clou* au sens de « chose sans valeur », dans des phrases comme *ça ne vaut pas un clou, je n'en donnerai pas un clou* (Molière), qu'il faut comprendre comme *pas même un clou.*

> Ça va! Ça suffit! J'avance plus d'un pas!... Des clous! Je me ravise! Je gafe!...
> L.-F. CÉLINE, *Mort à crédit*, Livre de poche, p. 224.
> — Non, Mounnezergues, vous n'allez pas faire ça. Pour moi, pour Paris, pour la France, je vous le demande en grâce.
> — Des clous, dit Mounnezergues.   R. QUENEAU, *Pierrot mon ami*, p. 129.

Un clou chasse l'autre « une passion, un intérêt qui se manifeste fait disparaître le précédent » (1615). On a d'abord dit : *un clou repousse l'autre* (fin XVIᵉ s.).

> Que, sans rien renier, j'ose du moins sonder le gouffre que ma faiblesse a laissé se creuser entre ma pensée et ma vie! (Un clou chasse l'autre. Il n'y a que le premier pas qui coûte. Reculer pour mieux sauter [...].)   M. LEIRIS, *Frêle bruit*, p. 289.

Maigre comme un clou, comme un cent de clous « très maigre ». L'expression ironique *gras comme un cent de clou* date du XVIIIᵉ s. *Un cent de...* a une pure valeur intensive (« très »), un paquet de cent clous étant évidemment moins maigre qu'un seul clou.

> Sec comme un cent de clous, les bras comme des allumettes, les tibias comme des fuseaux, les jointures en fil de fer, et grimaçant et claquant comme un lot de pantins de bois à la porte d'un bazar.   J. VALLÈS, *L'Insurgé*, p. 117.

COBAYE n. m.

Servir de cobaye « de sujet d'expérience ». Il s'agit plutôt d'un emploi fréquent de *cobaye* au sens figuré que d'une locution.

COCAGNE n. pr. f. Nom d'un pays imaginaire, terre d'abondance et de prospérité. *Le mât de cocagne* est un mât lisse, au sommet duquel sont disposés des objets, des prix que celui qui parvient à gravir le mât emporte.

... de cocagne « de fête et de plaisir ». S'emploie surtout avec *pays*, mais aussi avec des subst. désignant des lieux *(auberge, ville,* dans le *T.L.F.)* et des temps *(époque, existence...).*

> ... [nous renchérissons] en extravagance, lui assurant que nous vivons une époque de cocagne [...]. Elle s'en retourne rassurée sur le sort de la civilisation, à l'issue de ces journées parfaites.   A. BLONDIN, *Quat'saisons*, p. 62.

COCARDE n. f. Au fig., « tête » (notamment dans *taper sur la cocarde*).

Avoir sa cocarde « être ivre » (milieu XIXᵉ s.). C'est à la fois avoir la *cocarde* (la tête) perdue », et manifester son ivresse par une trogne enluminée.

Taper sur la cocarde « monter à la tête, enivrer ». L'expression a donné naissance au verbe (vieilli) *se cocarder* « se soûler »; c'est une des variantes formées avec le verbe *taper* pour signifier l'ivresse.

COCHE n. m.

La mouche du coche → MOUCHE.

Manquer (louper, rater) le coche « perdre une occasion propice ». L'expression a survécu à la disparition de ce moyen de transport, précisément parce que cette disparition élimine les risques d'ambiguïté : la locution ne peut plus être employée au sens concret.

Il s'agira d'ouvrir l'œil à Maineville et le bon! Ah! ça ne fait rien, on peut dire que nous avons bien failli manquer le coche.

M. PROUST, *À la recherche du temps perdu*, t. II, p. 875.

COCHER n. m.

Fouette, cocher! Injonction adressée au cocher pour qu'il fasse partir la voiture. S'emploie au fig. au sens de «partons!» (É. Augier, V. Hugo, in *T.L.F.*).

«Au plaisir de se revoir, docteur!»
Cet au revoir-là a rasséréné quelques figures louches qui rôdaillaient autour du véhicule, et m'avaient décidé à ce cabotinage et à cette tricherie.
«Fouette, cocher!» J. VALLÈS, *L'Insurgé*, p. 297.

COCHON n. m.

Le cochon de payant «celui qui paye, le client-ordinaire, le plus mal traité». Le *cochon de payant* se définit par opposition aux invités, à la presse, etc., dans les spectacles.

Le cochon qui sommeille «les mauvais instincts, notamment la sexualité, qui existe en chaque homme». Un vers célèbre de Charles Monselet dit : *Tout homme a dans son cœur un cochon qui sommeille.*

Tête de cochon «très mauvais caractère» → TÊTE.

Tour de cochon «très mauvais tour».

Il était vraiment possédé par la passion didactique. Il aurait voulu m'enseigner toute la totalité des choses, et puis aussi de temps à autre me jouer un beau tour de cochon! Il pouvait pas s'en empêcher! L.-F. CÉLINE, *Mort à crédit*, Livre de poche, p. 294.

Des yeux de cochon «de petits yeux (dans un visage gras)».

... de cochon, qualification péjorative, a parfois la même valeur que... *de chien* (par exemple, *il fait un temps de cochon*). De n'y a pas la même valeur que dans *tête* ou *tour de cochon* (= «qui appartient à...», ou «est digne de»). *Un temps de cochon* est un temps *pour les* cochons, comme *un temps de chien* est un temps *pour les* chiens.

... comme un cochon, sert à qualifier péjorativement des adjectifs (*sale, soûl, bête, gras, gros... comme un cochon*) ou des verbes (*manger comme un cochon* «salement»). Avec *bête*, on trouve la forme renforcée *bête comme 36 cochons* (et à Lorient, comme *17 cochons de Saint-Antoine*).

Il est sale comme trente-six cochons! Il n'a aucun respect de lui-même! Il ne gagnera jamais sa vie! Tous ses patrons le renverront!
L.-F. CÉLINE, *Mort à crédit*, Livre de poche, p. 55.

La variante adverbiale *en cochon* est vieillie.

Moi, je suis bien tombée, mon mari ne boit pas [...]. La chose est d'autant plus gentille de sa part, qu'avant notre mariage, il buvait en vrai cochon, sauf votre respect...
É. ZOLA, *Germinal*, t. I, p. 102.

Ces Bénard s'assommaient tous les jours; le mari rentrait soûl comme un cochon; la femme aussi avait bien des torts, elle criait des choses dégoûtantes.
É. ZOLA, *L'Assommoir*, t. I, p. 71.

Saigner comme un cochon «égorger». La comparaison, motivée par la façon traditionnelle de tuer les porcs, correspond à l'expression du mépris pour la victime (→ TUER COMME UN CHIEN*).

Et Auguste ne pouvait remuer, sans que le fou se fâchât. Puis venaient les propositions inquiétantes.
— Si vous voulez, à nous deux, nous allons le saigner comme un cochon.
É. ZOLA, *Pot-Bouille*, t. II, p. 49.

C'était Saturnin qui, armé de son couteau de cuisine, avait pénétré jusqu'à l'alcôve, en étouffant le bruit de ses pas. Et là, les yeux rouges comme des braises, la bouche écumeuse, il venait de se jeter sur Auguste.

> — Dis, où l'as-tu fourré? criait-il. Rends-la-moi, ou je te saigne comme un cochon!
> É. ZOLA, *Pot-Bouille*, t. II, p. 154.

Être amis (camarades, copains) comme cochons «très amis». Étant donné la valeur généralement très péjorative du mot, on s'étonne de cette expression, mais elle s'explique par le mot *soçon*, parfois altéré en *chochon*, qui signifiait «camarade, associé» (du latin *socius*), et qui est certainement à l'origine de l'expression *mon cochon!* interprétée aujourd'hui comme une métaphore mi-insultante, mi-amicale. Il faut remarquer aussi l'existence du mot *cosson* (*cochon* dans le Nord de la France), du latin *coctio*, désignant divers marchands et courtiers, du XIIe au XVIIIe s. La variante *camarades comme cochons* est ancienne (av. 1616), alors que *amis, copains comme cochons* apparaissent au XIXe s.

> Pour conclusion, l'empereur leur donne des lettres de remission, et ils se trouvent à la fin camarades comme cochons.   FURETIÈRE, *Le Roman bourgeois*, p. 964.
>
> Il s'agit de l'intrigue de *Cinna* contée par le procureur Vollichon.

N'être ni lard ni cochon → LARD.

Jeter des perles aux cochons → PERLE.

Cochon qui s'en dédit, formule de promesse.

> — Parions! Dix francs que vous ne devinez pas!
> — Dix francs que je devine!
> — Cochon qui s'en dédit, comme disait le fermier de ma très chère amie, la comtesse du Rut. Quel métier?
> — Eh bien, aventurier.   R. QUENEAU, *Le Chiendent*, p. 68.

Nous n'avons pas gardé les cochons ensemble → GARDER.

Il deviendra quelqu'un si les (petits) cochons ne le mangent pas «s'il ne lui arrive rien de fâcheux».

Il faut mourir, petit cochon, il n'y a plus d'orge «la chose est inévitable» (XVIIIe s.).

Un cochon n'y trouverait pas ses petits «il règne un désordre extrême» (Courteline, in *T.L.F.*).

COCO n. m. L'un des homonymes *coco* signifie «œuf» et par métaphore «tête».

Vx. *Monter le coco* «exciter, donner des illusions, des prétentions excessives à». Équivalent de *monter la tête (le bourrichon)*.

> Oui, oui attends un peu! Je te vois bien tortiller ton derrière. Ça te chatouille, les belles frusques. Ça te monte le coco.   É. ZOLA, *L'Assommoir*, t. II, p. 114.

Vx. *Dévisser le coco* «tordre le cou, étrangler» (Hugo emploie l'expression dans *Les Misérables*).

COCON n. m.

S'enfermer (se retirer...) dans son cocon «s'isoler, se retirer». L'influence de *coquille* est sensible dans cette expression.

COCOTIER n. m.

Secouer le cocotier «se débarrasser des gens âgés, des personnes moins productives»; «éliminer les éléments vétustes, vieillis». On emploie aussi *s'accrocher au cocotier* «tenter de conserver une situation menacée». Ces loc. viennent de l'anthropologie pittoresque du XIXe s., des ethnies polynésiennes étant décrites comme éliminant les vieillards lorsqu'ils n'avaient plus la force de grimper et de se maintenir au tronc de cocotier. Par métonymie *secouer qqn du cocotier* (avec des var.).

> [...] dans une carrière dont les aînés s'étaient fait secouer d'importance, haut du cocotier, par les jeunes loups de la nouvelle vague.   A. BOUDARD, *Cinoche*, p. 78.

COCU adj. et n.

Vx. *Cocu en herbe* «cocu virtuel; personne mariée qui a de fortes chances de devenir cocu». S'oppose à *cocu en gerbe* «cocu effectif». Se trouve en 1558 chez B. des Périers; repris par Molière.

Cocu, battu et content, se dit, par allusion à un conte de Boccace, d'un mari trompé et particulièrement crédule. D'un général malheureux au combat et dans le mariage, Napoléon disait : «il ne lui reste plus qu'à être content».

Veine (chance) de cocu → VEINE.

Il est cocu, le chef de gare. Rengaine attribuant à une corporation honorable une aptitude particulière au cocuage, sans qu'on puisse y trouver une raison claire.

> Bien content qu'en partant ces mufles ne s'égarent
> Pas à mettre le comble à leur ignomini'
> En sifflotant «il est cocu, le chef de gare...»
> Parc' que, le chef de gar', c'est mon meilleur ami. *(bis)*
> Georges BRASSENS, *Poèmes et Chansons*, p. 167.

CŒUR n. m. Du latin *cor, cordis*. Signifie concrètement «organe central de la circulation sanguine» et «estomac» (cf. Écœuré), et métaphoriquement «force d'âme» (cf. le dérivé ancien *Courage*), «siège des affections, notamment de l'amour». Seuls le premier et le dernier sens sont restés vivants, mais les deux autres demeurent, précisément dans les locutions. Au départ, le *cœur* est l'organe de la vie, le seul organe interne qui signale constamment sa présence; situé dans la poitrine, on l'oppose à la *tête* et au *ventre* en tant que l'un des centres vitaux. Il faut noter que sa valeur symbolique peut être occupée par le *foie*, dans d'autres cultures.

1. Le *cœur*, organe central de la circulation, donne lieu à plusieurs figures, qui utilisent la forme traditionnelle sous laquelle notre culture représente cet organe (forme symétrique, à pointe en bas et dépression centrale en haut, entre deux arcs de cercle, assez éloigné de la forme réelle de l'organe) ou la position centrale (*au cœur de l'hiver; fromage fait à cœur*, etc.). Ces figures sont généralement lexicalisées.

Bouche en cœur «formant une petite moue» → BOUCHE.

Coup au cœur «brusque affection cardiaque, infarctus, etc.», et au figuré «forte émotion».

> Mme de Villeparisis, la présentant à quelqu'un d'autre, avait prononcé, très distinctement cette fois : «la baronne Alphonse de Rothschild». Alors étaient entrées subitement dans les artères de Bloch et d'un seul coup tant d'idées de millions et de prestige, lesquelles eussent dû être prudemment subdivisées, qu'il avait eu comme un coup au cœur, un transport au cerveau et s'était écrié en présence de l'aimable vieille dame : «Si j'avais su !» exclamation dont la stupidité l'avait empêché de dormir pendant huit jours. M. PROUST, *À la recherche du temps perdu*, t. II, p. 506.

Coup de cœur (pour qqn, qqch.) «attirance vive et spontanée». La loc. vient peut-être d'un croisement entre *coup au cœur* et *coup de foudre*.
Au sens de «poitrine, partie du corps où se trouve le cœur». *La main sur le cœur* «en protestant de sa bonne foi». L'emploi de cette loc. est généralement ironique et fait allusion à des démonstrations excessives ou ridicules.

2. Au sens d' «estomac», le mot n'est plus vivant depuis les XVIe-XVIIe s., et les locutions qui partent de cette acception sont interprétées comme des déplacements de sens de *cœur*. Seule cette valeur d' «estomac» permet de comprendre une expression du XVIIe s. comme la suivante.

Avoir le cœur au bord des lèvres «envie de vomir». Ne pas confondre avec *le cœur sur les lèvres*. Le stade antérieur de la «remontée du cœur» vers la bouche est exprimé par *avoir le cœur dans la gorge* qui implique l'ambiguïté de *cœur* et l'idée d'angoisse → GORGE.

Avoir le cœur bien accroché « ne pas être facilement écœuré, dégoûté ». Comme dans plusieurs autres expressions, le *cœur* (estomac) stable est identifié à l'absence de nausée (physiquement) ou de dégoût (abstraitement), la dysphorie nauséeuse étant interprétée comme une « montée » de l'organe vers la bouche (cf. ci-dessus).

Avoir mal au cœur « des nausées ». *Mal au cœur, maux de cœur* forment de véritables mots composés (comme *haut-le-cœur*). Même dans ses emplois les plus banals, l'expression évoque le mystérieux pouvoir dysphorique d'un organe vital essentiel.

Lever, soulever le cœur « écœurer, dégoûter » (avec influence d'expressions citées *supra*).

Jeter du cœur (mettre le cœur) sur le carreau « vomir ». Cette locution vieillie joue sur les mots *cœur* (au sens 1 : figure des cartes, et 2) et *carreau* (figure des cartes et sol).
Elle reprend en les renforçant les anciennes locutions *tirer au cœur* (depuis le XVIIᵉ s.), *jeter au cœur*, etc., et met en œuvre, derrière un jeu de mots inoffensif, le redoutable fantasme du vidage du corps par la bouche, que l'on retrouve dans *rendre tripes et boyaux.*

> Non, je ne suis pas plus difficile qu'une autre. J'ai touché à du linge bien dégoûtant dans ma vie; mais, vrai, celui-là, je ne peux pas. Ça me ferait jeter du cœur sur du carreau...   É. ZOLA, *L'Assommoir*, t. I, p. 181.

Tourner sur le cœur « provoquer la nausée ». En fait, la nausée est ce qui *tourne* (soulève, retourne) le cœur. La présente expression emploie *tourner* intransitivement, ce qui est peu explicable.
L'idée du « cœur retourné » est plus clairement mise en œuvre dans *mettre le cœur à l'envers* « provoquer une réaction de dégoût ».

> Ah, il s'en passe dans le monde, il s'en passe! Deux ministres qu'ils ont tués. Au Niger, pas chez nous [...]. Moi, ça me met le cœur à l'envers...
> ARAGON, *Blanche ou l'Oubli*, p. 296.

Vx.   *Cet homme a bon cœur, il ne rend rien* « il ne rend jamais ce qu'on lui prête », locution qui est devenue incompréhensible, *bon cœur* ayant un tout autre sens (voir ci-dessous). *Cœur,* dans ce sens, est généralement employé dans le contexte physiologique de la nausée et du vomissement, et jamais dans celui de la digestion. (Il en est de même pour les dérivés et composés *écœuré, haut-le-cœur.*) Il est possible que l'ancienne physiologie ait confié au cœur (1) un rôle régulateur dans le début de la digestion et la présence ou l'absence de nausées; en tout cas, l'unité du signe donne à ce cœur « estomac » un pouvoir signifiant tout différent de celui du mot *estomac; il a mal à l'estomac* reste strictement physiologique; *il a mal au cœur* est chargé de puissance symbolique.

3. Seul le dérivé *courage* atteste dans la langue contemporaine le sens métaphorique le plus usuel de *cuer* en ancien français. Il en est de même des syntagmes *homme..., femme... de cœur,* et de nombreuses locutions, d'autant plus stables que leur élément principal n'est plus compris, et est rapporté à une métaphore sur le nom de l'organe *cœur* (1), ce qu'il n'a jamais cessé d'être profondément et inconsciemment. En outre, *cœur* et *courage* ont eu le sens de « esprit, raison, mémoire », conservé dans *par cœur.*
Locutions nominales :
Avec *de* et un complément de nom, *cœur* sert à désigner le courage, une vertu exceptionnelle. Le complément est fréquemment le nom d'une matière dure (métal) : *cœur d'acier, d'airain,* ou celui d'un animal réputé valeureux *(cœur de lion),* ou au contraire couard *(cœur de poule* [vx], *in* Molière).

À contrecœur [LOC. ADV.] « contre son envie, son désir ».

> Il me fallut monter chaque marche de l'escalier. comme dit l'expression populaire. à
> « contre cœur ». montant contre mon cœur qui voulait retourner près de ma mère [...].
> M. PROUST. *À la recherche du temps perdu*. t. I, p. 27.

... de cœur [LOC. ADJ.] « qui possède une valeur morale, une énergie remarquable » (surtout avec les substantifs *homme, femme, gens*).

> Gambetta s'acharne sur les condamnés [...].
> Ah! bandit! il sait mieux que personne que ce sont des gens de cœur qui ont fait le
> coup! J. VALLÈS, *L'Insurgé*. p. 154.

Par cœur [LOC. ADV.] « de mémoire (se dit de ce qui est rapporté exactement, fidèlement) ». La locution apparaît au début du XVIIIᵉ s. Dans *dîner par cœur* « ne pas manger », *par cœur* signifie « par l'imagination » (cette expression s'emploie quelquefois, mais n'est plus analysée), alors que *apprendre, réciter... par cœur* sont très courants, mais n'ont plus de rapport clair avec *cœur*; depuis que *cœur*, « mémoire », n'est plus compris, on tente de remotiver l'expression en liant l'affectivité au souvenir durable (on n'oublie pas ce qu'on aime, ce qui touche le cœur).

Connaître quelqu'un par cœur « le connaître parfaitement bien » (comme si on l'avait « appris par cœur »). Pasquier expliquait élégamment et sagement la polysémie du mot *cœur* en considérant comme sa valeur centrale la « volonté », force dynamique unifiant l'affectif et le rationnel.

> [...] je ne veux pas soustenir qu'au cœur résident les fonctions de nostre esprit. mais
> bien nos volontez et affections. Et de fait en commun langage nous disons : *il a eu le
> cœur de ce faire, il a eu le cœur aux lettres ou aux armes*, pour signifier la volonté. Je
> veux doncques conclurre [...] qu'il y a tel rapport des fonctions du cœur au cerveau.
> et du cerveau au cœur, que nous ne le pouvons considérer séparément, et que nostre
> cerveau ne fait ses opérations en repos. sinon de tant et en tant que nostre cœur (fontaine de nos volontez) l'y convie [...]. Cela fut cause que quelques-uns penseront qu'au
> cœur residoient les principales parties de nostre esprit, mais principalement de nostre
> mémoire. d'où est venu la manière de parler, que nous nous sommes proposez au présent chapitre *(Apprendre ou dire quelque chose par cœur)*.
> É. PASQUIER, *Recherches de la France*. VIII. chap. 8.
> La réponse de Sorel ne fut d'abord que la longue récitation de toutes les formules de
> respect qu'il savait par cœur. STENDHAL. *Le Rouge et le Noir*. p. 229.
> Suprêmement élégant. Parisien jusqu'à l'âme. homme du monde jusqu'au bout des
> ongles. il dansait admirablement, savait par cœur des milliers de quadrilles et de valses. chantait la chansonnette comique et la romance [...].
> G. COURTELINE, *Les Gaîtés de l'escadron*. p. 101.

Dîner (manger, souper) par cœur « par l'imagination; ne pas dîner... » (voir plus haut).

> Dieu sait combien de fois elle m'a fait souper par cœur, les jours qu'elle estoit de festin chez ses compagnes. Ch. SOREL. *Histoire comique de Francion*, p. 105.
> En décembre. un soir. on dîna par cœur. Il n'y avait plus un radis.
> É. ZOLA, *L'Assommoir*, t. II, p. 75.

Avoir, prendre, quelque chose à cœur « s'y appliquer avec ardeur ». On dit aussi **mettre du cœur à qqch.** (à l'ouvrage, etc.). La forme de ces deux expressions correspond à deux conceptions opposées des relations spatiales : les projets chers dans la première, sont rapprochés du cœur; dans la seconde, le cœur, mobile, est apporté à l'objet visé.

> Oui. mes petits. ça avait changé : il y avait de l'Amédée là-dessous. Quand je prends
> une chose à cœur. moi. faut que ça pète ou que ça craque.
> J. GIONO, *Un de Baumugnes*. p. 62.

Tenir à cœur, se dit d'une chose qui a une grande importance pour qqn Gide, à qui l'expression est familière, emploie aussi la variante *tenir au cœur*, où *cœur* est déterminé par l'article défini et retrouve la valeur de « affectivité » (voir la seconde citation).

> Et pourtant je ne puis ni regretter d'avoir écrit ces pages, ni même de les avoir divulguées. Ce que j'y exprime me tient à cœur et, vis-à-vis de la question religieuse, je ne puis être ni « indifférent », ni simplement sceptique.   A. GIDE, *Journal*, t. II, p. 263.
> Les événements me portent à croire que je suis ici pour longtemps encore, toutes relations coupées avec ceux qui me tiennent au cœur et que je ne suis même plus bien sûr de jamais revoir : chers amis à qui je pense sans cesse et dont l'affection est le plus précieux de mes biens.   A. GIDE, *Journal*, t. II, p. 157.

Avoir le (du) cœur à l'ouvrage « être ardent, enthousiaste pour un travail » (1791). S'emploie aussi avec des verbes comme *donner* (*ça lui donnera, redonnera... du cœur à l'ouvrage*).

> Mon voyage à Paris m'a dévissé, et le travail ne va pas. Je n'ai pas le cœur à l'ouvrage. L'état mental de Paris, bien plus que ses ruines, m'a rempli d'une mélancolie noire.   FLAUBERT, *Correspondance*, VIᵉ série, p. 251.

En avoir le cœur net « arriver à savoir à quoi s'en tenir », relève de la même signification de *cœur*. Le *cœur net, propre*, correspond à une euphorie intellectuelle comme le *cœur barbouillé, brouillé* (*cœur* au sens 2), à une dysphorie physiologique.

Chauffer (réchauffer) le cœur «(re)donner de la force d'âme, du courage » équivaut pour le sens à *donner du cœur au ventre*.

> Vois-tu, moi, pour la justice je donnerais tout, la boisson, et les filles. Il n'y a qu'une chose qui me chauffe le cœur, c'est l'idée que nous allons balayer les bourgeois.
>   É. ZOLA, *Germinal*, t. I, p. 180.
> C'est pas pour la vertu, croyez-le bien, jeune homme, qu'on recommande aux pauvres de ne pas licher ; c'est parce qu'on a peur que cela leur débrouille un peu la cervelle, et leur graisse les muscles et leur chauffe le cœur.   J. VALLÈS, *L'Insurgé*, XVII.

Donner (mettre, remettre) du cœur au ventre à quelqu'un « lui redonner de la force d'âme, du courage » (sous la forme *mettre le cœur au ventre* en 1574).

> Aux gens en dépit d'eux il met le cœur au ventre.
>   HAUTEROCHE, *Crispin musicien*, in Le Roux.
> — Nous avons faim ! nous avons soif !
> — Vous mangerez et boirez dans Paris.
> Mais ils prétendent énergiquement qu'ils auront plus de cœur au ventre s'ils mettent quelque chose dans ce ventre-là.   J. VALLÈS, *L'Insurgé*, p. 193.

> Je n'suis pus jeune, moi ; eh bien, cré coquin, le sexe [le beau sexe, les femmes] il n'y a tout de même que ça pour vous flanquer le cœur au ventre !
>   G. de MAUPASSANT, *Les Idées du colonel*, in *Yvette*, p. 229.

REM. La valeur du cœur (ici, valeur morale, vertu) peut être symbolisée par la nature métaphorique de l'organe ou par sa place symbolique. On disait couramment dans la langue classique que quelqu'un avait *le cœur bien* (ou *mal*) *placé*.

Faire contre mauvaise fortune bon cœur « ne pas se laisser *décourager* par les revers, les difficultés ». La forme archaïque (rejet du complément direct, absence de déterminants) et la symétrie sont le signe d'une volonté stylistique propre aux locutions proverbiales.
La proposition *faire bon cœur* (contre...), avec sa valeur factitive, implique une direction métaphorique différente des autres locutions, qui sont spatiales (*mettre du cœur au ventre, avoir quelque chose à cœur*, etc.). Ici le cœur n'est pas situé et déplacé métaphoriquement, il est modifié dans sa nature. L'inconscient s'exprime par cette double interprétation de la fonction des viscères, conçus alternativement comme des principes bons ou mauvais (il en est de même des humeurs) ou comme des organes immuables qui changent de valeur selon une topographie interne imaginaire.

> [Cet adieu] causa à M. de Charlus une déception si forte que, bien qu'il eût essayé de faire contre mauvaise fortune bon cœur, je vis des larmes faire fondre le fard de ses cils [...].   M. PROUST, *À la recherche du temps perdu*, t. II, p. 1064.

Tenir à cœur « être important pour qqn ; constituer un sujet de prédilection ».

> Sans le caractère que tout grand artiste imprime à ce qui lui tient à cœur, ce petit livre
> [les *Lais* de Villon] risquerait pourtant de passer pour un joyeux poème de circonstance.
>
> F. CARCO. *Nostalgie de Paris*, p. 76.

Haut les cœurs! Si l'image du *cœur soulevé* correspond (au sens 2) à la nausée, il en est tout autrement ici, où la force, l'énergie, soulèvent symboliquement l'organe et le corps tout entier. L'expression de *haut le cœur* soulève l'organe vers la bouche dans une image tirée du fantasme du vomissement de soi-même; dans *haut les cœurs!* *haut* est adverbe, *cœur* au pluriel désigne les hommes (métonymie) et le fantasme est celui de l'érection ou du bond.

4. Le *cœur*, siège des affections, procède du sens 1 par une métaphore essentielle dans notre culture. Alors que *cuer*, au Moyen Âge, symbolise avant tout la vertu guerrière, la force d'âme, la fermeté devant la mort (voir ci-dessus 3), c'est surtout depuis le XIVe s. qu'il devient le symbole viscéral de l'affection tendre, de l'amour. L'histoire du lexique reflète ici, semble-t-il, une mutation de la culture, que la littérature représente par la désuétude des chansons de geste au profit des romans et de la poésie symbolique, et qui correspond à l'apparition de l'amour courtois. À propos de la sexualisation du *cœur*, on rappellera une expression libre du XVIIIe s., qui utilise à la fois un symbole élémentaire et l'usage linguistique (*donner son cœur*, etc.) : «*Cœur fendu*. Mot libre et équivoque qui signifie la nature d'une femme» (Le Roux, 1751).

Dans cette acception, le mot *cœur* donne lieu à d'innombrables expressions enregistrées dans les dictionnaires (dans l'article *cœur* du Robert nous les avons classées selon les valeurs particulières du signifié : «sensibilité morale; sentiments altruistes; désir, humeur; pensée intime et secrète, etc.»). Ici, on se préoccupe surtout de l'unité du mot et des procédés métaphoriques. On ne signalera donc que les locutions qui mettent en œuvre une métaphore significative ou affectent une forme intéressante.

Locutions nominales :

Cœur d'or «caractère doux, bienveillant, généreux; personne généreuse». *Il a un cœur d'or* signifie tout d'abord «il a un cœur pur et précieux», d'après les deux valeurs symboliques les plus évidentes du métal. En outre, l'or est brillant, lumineux. Il est remarquable que cette métaphore, bien qu'elle utilise le nom d'un métal, n'est pas contaminée par les valeurs négatives de dureté qu'emporte une locution comme *cœur de marbre* (voir loc. suiv.). Balzac *(César Birotteau)* en fait une «expression tourangelle», mais son usage est sans aucun doute plus large.

> FRANCINE. — [...] mon pauvre père, si bon, si généreux!
>
> CÉCILE. — Un cœur d'or, je le sais; mais cela n'empêche pas...
>
> É. AUGIER, *Maître Guérin*, I, 3, p. 188.

Cœur de marbre, de pierre «caractère dur, insensible». Cette métaphore met en œuvre l'opposition dureté-tendresse et, dans le cas de *marbre*, froideur-chaleur. Le *cœur* dur et froid est celui que rien ne peut «remuer», «réchauffer» et «attendrir». Tous ces verbes ont des valeurs affectives antonymiques de ces expressions.

Cœur d'artichaut «amoureux inconstant» → ARTICHAUT.

Bourreau des cœurs «séducteur» → BOURREAU.

Au sens d'«amour» plus ou moins sexualisé :

Amant, ami de cœur «amant choisi pour des raisons affectives (et non par intérêt ou par jeu)».

> Les soupeuses, même celles qui ont un amant de cœur, viennent souvent là, car il faut
> bien le dire, presque toutes y sont attirées, sinon par leur instinct vicieux, tout au
> moins par la curiosité. GORON, *L'Amour à Paris*, t. II, p. 702.

(Joli, gentil, mignon, beau...) comme un cœur «d'une manière charmante,
attendrissante». *Cœur,* terme de comparaison, correspond à l'emploi *d'amour,*
anthropomorphique *(joli... comme un amour).*

> À Serravalle, on me porta tout roide au sortir de ma chaise, près d'une troupe de jeu-
> nes filles jolies comme des petits cœurs [...]. Elles se chauffaient à l'entour d'un grand
> feu allumé sur un théâtre de briques.   Ch. de BROSSES, *Lettres d'Italie,* t. II. p. 302.

Sans cœur «dur, insensible». Le *cœur de pierre* est un mauvais cœur (image
du cœur variable); dans *sans cœur,* la méchanceté est traduite par le vide (image spatialisée du corps intérieur, le *cœur* étant mobile, mais inchangeable).

D'abondance de cœur → ABONDANCE.

À votre bon cœur, formule servant à demander un geste de générosité. Connote la requête du chanteur des rues, etc. *(à vot'bon cœur, M'sieur dames!).*

De bon cœur «sans être forcé, volontiers». Une variante plus expressive est :

De grand cœur (on disait aussi : *de cœur,* en ancien français). *De grand cœur* a
été expliqué par un calembour inutilement recherché :

> L'abbé Tuet croit que grand cœur a été mis dans cette phrase par altération de *gréant*
> cœur [...] qui signifie *de cœur qui agrée.* Mais on peut douter de la vérité de cette
> assertion [...]. *Grand cœur* s'est toujours dit pour cœur généreux.
>   QUITARD. *Dictionnaire des proverbes,* p. 244.

> «Oui. monsieur, répondit le geôlier en baissant la voix, mais ne parlez pas si haut, cela
> pourrait vous nuire».
> Julien rit de bon cœur.   STENDHAL, *Le Rouge et le Noir,* p. 648.

De tout (mon) cœur «avec toute la sincérité de l'émotion».

> Adieu. embrasse bien toute la famille pour nous. Je t'embrasse de tout mon cœur.
>   C. CROS, *Correspondance,* p. 607.

De gaieté de cœur, correspond à la même idée, mais s'emploie surtout négativement. L'expression s'analyse en «par (ou avec) le plaisir (la gaieté) qui
vient du cœur».

> Sachons déjà que Divine ne vit pas de gaieté de cœur. Elle accepte. ne pouvant s'y
> soustraire. la vie que Dieu lui fait et qui la conduit vers lui.
>   J. GENET. *Notre-Dame-des-Fleurs,* p. 51.

Cœur à cœur «en se confiant sans retenue», exprime la réciprocité par le
redoublement du mot (→ TÊTE* À TÊTE; LA MAIN DANS LA MAIN*, etc.). *À cœur
ouvert* a la même valeur, en parlant d'une seule personne qui se confie (cf.
Ouvrir son cœur).

À cœur joie, répond à *de gaieté de cœur* avec une syntaxe différente, mais
plus archaïque. L'expression signifie vraisemblablement : «*à* (avec) la *joie du cœur*»,
alors qu'en français moderne *joie* occupe la place fonctionnelle d'un adjectif. *S'en
donner à cœur joie* (début XVIIᵉ s.) correspondrait en français moderne à «se donner
de qqch. *avec la joie du cœur*» ou «*par la joie du cœur*».

Aller (droit) au cœur, parler au cœur «déterminer une émotion».

> Mieux vaut peut-être que nous restions l'un pour l'autre des étrangers. Mais j'ai rare-
> ment lu des livres qui m'allassent plus droit au cœur, que les siens.
>   A. GIDE, *Journal,* t. II. p. 300.

Y aller de bon cœur. Par rapport aux autres emplois de *de bon cœur* (voir ci-
dessus), cette expression a une nuance ironique commune à ce type d'emplois du
verbe *aller* (*y aller franco,* etc.). En fait, *de bon cœur* relève du sens 3 («volonté, courage») mais cette valeur du mot n'étant plus comprise, l'expression, comme plusieurs
autres, voit son sens évoluer de «avec énergie » vers «avec de bons sentiments».

Avoir le cœur gros «être triste». Curieusement, l'image du *cœur gonflé* et
celle du *cœur serré* correspondent au même effet de sens. Il s'agit en fait d'une utilisation double de la physiologie des voies respiratoires (dans l'angoisse, le sanglot).

On dit qu'on a la gorge *serrée,* que la poitrine se *gonfle* de sanglots, etc. À l'époque des explications positivistes, on a bien entendu cherché à expliquer l'expression par des considérations physiologiques. La langue impose parfois des concepts trompeurs et fait même évoquer des phénomènes plus ou moins imaginaires :

> L'opinion populaire que les personnes mélancoliques ont le cœur plus gros que les autres, a donné lieu à cette expression proverbiale, à l'appui de laquelle on peut citer plusieurs exemples rapportés par Roland. Ce médecin assure qu'en faisant la dissection de quelques personnes de ce tempérament, il avait trouvé des cœurs très volumineux, entre autres celui de Marie de Médicis, qui n'avait pas manqué de chagrins et d'afflictions. QUITARD, *Dictionnaire des proverbes,* p. 244.

Quand l'adjectif employé avec *cœur* est un participe passé (*serré, gonflé,* etc.), l'expression correspondante avec le verbe est généralement employée.

> Sans le vouloir, Armance lui laissait-elle voir, par un mot, qu'elle ne le regardait plus comme un ami intime, son cœur se serrait, il en perdait la parole pour un quart d'heure. STENDHAL, *Armance,* p. 58.

> Pauvre garçon, il a voulu faire le fendant au moment de nous quitter, mais soyez sûr qu'il a le cœur plus gros que moi. M. PROUST, *À la recherche du temps perdu,* t. II, p. 1064.

Avoir quelque chose sur le cœur « en avoir du ressentiment » (attesté au début du XVIIᵉ s. : Sorel, *Francion,* p. 500.). *En avoir gros sur le cœur* a un sens voisin. Ici, le *cœur* ne change ni de place ni de dimension, mais il est chargé, accablé (cf. *Avoir un poids sur la poitrine, avoir le cœur lourd**).

> — Et Marius ? où est-il donc ? [...]
> — Eh bien, monsieur, j'aime mieux vous dire la chose tout de suite ; oui j'aime mieux ; c'est rapport à lui que j'en ai sur le cœur. G. de MAUPASSANT, *Le Garde,* in *Yvette,* p. 280.

> Et ça me fait plaisir de t'avoir vu, parce que tu sauras au moins que je n'ai rien sur le cœur contre toi. É. ZOLA, *Germinal,* t. II, p. 256.

Vieilli. *Avoir le cœur sur les lèvres* « être entièrement sincère ». La locution a cessé de s'employer, étant en concurrence avec *avoir le cœur (2) au bord des lèvres.*

Avoir le cœur sur la main « être généreux avec spontanéité » (1779). Comme la précédente, cette expression utilise la mobilité métaphorique de l'organe, qui a perdu toute valeur menaçante : cette mobilité est celle du signe, du symptôme (dont les battements disent la vie, sans jamais mentir). *Le cœur sur les lèvres* est l'affectivité vue dans les paroles, *sur la main,* dans les actes.

> DIVINE. — J'ai le cœur sur la main, et la main percée, et la main dans le sac, et le sac est fermé, et mon cœur est pris. » J. GENET, *Notre-Dame-des-Fleurs,* p. 43.

> Eux sont les vieux-de-cale et les frères-la-côte,
> Gens au cœur sur la main, et toujours la main haute ;
> Des natures en barre ! — Et capables de tout...
> — Faites-en donc autant !... Ils sont de mauvais goût... T. CORBIÈRE, *Les Amours jaunes,* p. 814.

Déchirer, fendre le cœur « faire souffrir moralement ». Même image que celle du *cœur qui saigne,* image de la boucherie. Atténuée par l'euphémisme (on ne déchire ni ne mange plus le cœur fumant de l'ennemi), l'expression finit par donner lieu à d'ironiques calembours, comme dans la célèbre scène de la partie de cartes, dans le *Marius* de Pagnol, où « *tu me fends le cœur* » signifie en code secret « tu dois couper à cœur ».

Être de (tout) cœur avec quelqu'un « partager ses émotions, compatir avec lui ». Pour la forme, cf. *Être de connivence avec qqn, naviguer de conserve,* etc. *De* exprime l'appartenance commune du sujet et du complément introduit par *avec* : le domaine où cette communauté se réalise est le *cœur,* ici le milieu spatial des sentiments partagés.

> Mais il se sentait à bout de courage, il n'était même plus de cœur avec les camarades, il avait peur d'eux [...]. É. ZOLA, *Germinal,* t. II, p. 175.

Bravo. Sartre! Je me sens de tout cœur avec vous. Mais il y a tout de même une «question juive», angoissante, obsédante, et qui n'est pas près d'être résolue.
                                                                    A. GIDE, *Journal*, t. II, p. 321.

Faire battre le cœur «donner des émotions».

C'était pourtant l'homme qui m'a le plus fait battre le cœur depuis que je suis né, et celui peut-être que j'aimais le mieux de tous ceux que je ne connais pas.
                                                            G. FLAUBERT, *Correspondance*, 1ʳᵉ série, p. 128.

Comme c'est bon, comme ça fait battre le cœur, le premier lecteur, comme c'est meilleur qu'un éditeur! J'en frissonne de joie et d'appréhension, c'est comme si j'allais perdre mon pucelage...   A. SARRAZIN, *La Traversière*, p. 271.

Faire le joli cœur «avoir des manières prétentieuses et efféminées pour séduire», n'apparaît qu'au XIXᵉ s. (il en est de même de **être joli comme un cœur** «très joli; charmant»). *Faire* signifie «se comporter comme», et *cœur* est donc par métonymie la «personne» (envisagée dans son comportement galant). Il en est de même des appellatifs: *mon cœur*, etc.

Le cœur fait le joli cœur
à la recherche d'un autre cœur   PRÉVERT, *Histoires*, p. 114.

Ouvrir son cœur «se confier». L'image est analogue à celle de la locution précédente (→ ci-dessus À CŒUR OUVERT); comme dans *avoir le cœur sur les lèvres*, les opérations (déplacements, ouverture) pratiquées sur *le cœur* impliquent qu'on y voit un contenant qui renferme la vérité affective, un signe de puissance.

Parler à cœur ouvert «parler avec franchise, sincérité» (1605).

VALENTIN. — Laissez-moi vous parler à cœur ouvert. Vous avez devant vous un pauvre homme!... *(Jeu de mains.)* Comme tout le monde, j'ai des défauts...., des vices même...., mais, dans le fond, je ne suis pas plus mauvais qu'un autre...
                                                            J. PRÉVERT, *Le jour se lève*, p. 26.

Parler au cœur → ci-dessus.

Percer le cœur «faire vivement souffrir» → ci-dessus DÉCHIRER, FENDRE LE CŒUR. Les blessures métaphoriques du cœur sont surtout le «déchirement» et le «coup de poignard».

Rien n'était laid comme cet homme important, ayant de l'humeur et croyant pouvoir la montrer. Chaque mot aigre de son mari perçait le cœur de madame de Rénal.
                                                            STENDHAL, *Le Rouge et le Noir*, p. 267.

Porter quelqu'un dans son cœur «l'aimer», ne s'emploie guère que négativement. L'image est voisine de celle de *avoir à cœur*, mais le *cœur* n'y est plus l'organe massif, les objets en sont proches ou éloignés (comme dans *cœur à cœur, loin du cœur*). Le cœur, ici, est un milieu qui enveloppe l'aimé.

Serrer le cœur «rendre triste et angoissé».

Lorsque je les écoute ou regarde, j'éprouve un peu la même chose que quand j'écris: ce qui rendrait le mieux compte d'une pareille impression, ce serait la phrase banale «ça me serre le cœur» qu'il faudrait peut-être, pour cerner moins grossièrement la vérité, corriger en «ça me *tire* le cœur» (de haut en bas, ajouterai-je, en entendant par-là que mon cœur entier effectue, lorsque je suis en proie à cette espèce d'enchantement un peu amer, je ne sais quelle plongée, attiré vers un fond de fantastique ancien).
                                                            M. LEIRIS, *Biffures*, p. 169.

Je savais qu'elle déballait sur son lit les reliques de ma sœur morte: des chaussons, des mèches de cheveux, des vêtements de bébé. Nany agissait alors comme si elle se trouvait dans une église, elle se signait, elle marmonnait des prières, elle avait la larme à l'œil. Moi, j'avais le cœur serré comme une pierre.
                                                            M. CARDINAL, *Les Mots pour le dire*, p. 115-116.

Le cœur n'y est pas «l'action est accomplie sans plaisir». Même image que dans METTRE DU CŒUR (à *l'ouvrage*, etc.), c'est-à-dire image inverse de PORTER DANS SON CŒUR.

> Les Rosenberg. J'ai résisté longtemps. J'avais déjà donné deux fois ma signature, mais
> pour l'acquit de ma conscience, le cœur n'y était pas, comme on dit [...].
>
> F. MAURIAC, *Bloc-Notes*, p. 33.

À chaque type de métaphore spatiale correspondent des nuances sémantiques. Le *cœur* qui se déplace correspond à la « sincérité », à la « générosité » ; celui qui s'ouvre constitue un milieu, et correspond aux « affections », aux « confidences intimes ».

Si le cœur vous en dit « si vous en avez envie ». Le *cœur* est ici encore la source de messages (un signe) qui s'exprime même par la parole (la syntaxe moderne dirait : *si le cœur vous le dit* ou *vous en parle*), cf. *Si ça vous chante*.

Loin des yeux, loin du cœur « on ne pense guère à ceux qu'on ne voit plus ». La forme proverbiale (répétition, symétrie) de cette locution exprime le parallélisme des réactions physiologiques (perception) et affectives par une métaphore spatiale. Le contenu désabusé et pessimiste s'exprime souvent par l'identification de deux termes, qui implique une causalité mécaniste ou une stabilité absolue *(tel père, tel fils)*.

Mauvaise tête, mais bon cœur, se dit d'un mauvais garçon généreux, d'une personne turbulente mais sans méchanceté. → TÊTE.
REM. La paronymie *cœur-corps* a conduit Gide à créer, d'après deux locutions courantes : *À corps perdu* et *À son corps défendant* (→ CORPS), deux expressions nouvelles et très bien venues : *À cœur perdu* et *À cœur défendant*.

> Rêvé de Valéry à cœur perdu ; et pas seulement de lui, mais aussi de Jenny et de
> Paule, et d'un quatrième enfant tout jeune encore, une petite fille d'une extraordinaire
> beauté sur laquelle il s'extasiait. A. GIDE, *Journal*, t. II, p. 199.

> Elle ne sera gagnée, cette étrange partie que voici que nous jouons sur terre (sans le
> vouloir, sans le savoir, et souvent à cœur défendant), que si c'est à la vertu que l'idée
> de Dieu, en se retirant, cède la place ; que si c'est la vertu de l'homme, sa dignité, qui
> remplace et supplante Dieu. A. GIDE, *Journal*, t. II, p. 310.

Cœur qui soupire n'a pas ce qu'il désire [LOC. PROV.] « une attitude plaintive indique un besoin non satisfait ».

COFFRE n. m.

Avoir du coffre « avoir de la résistance physique ou morale ; être capable de tout supporter ; avoir de l'assurance ». Variante métaphorique de *avoir de l'estomac* (voir le suivant).

Avoir un bon coffre, le coffre solide « avoir une santé robuste ». D'abord sou la forme *avoir le coffre bon* (v. 1800, *in* Wartburg). La métaphore du meuble (solide carré) appliquée au corps humain — en particulier au torse — est réalisé aussi avec *armoire*.

> Oh ! comme je voudrais ne plus penser à mon pauvre moi, à ma misérable
> carcasse ! Elle va très bien la carcasse. Je dors énormément. « Le coffre est
> bon », comme disent les bourgeois. FLAUBERT, *Correspondance*, VIᵉ série, p. 126.

Vx. **Être belle au coffre**, se disait d'une fille laide, mais riche (*in* Richelet, 1680) Le *coffre* est ici le meuble où l'on met l'argent (sens utilisé dans le moderne *coffre fort*).

Vx. **Mourir sur le (son) coffre** « attendre indéfiniment », par allusion aux coffre qui servaient de sièges dans les antichambres.

> Je me droy jusqu'au bout d'esperance repaistre [...]
> Puis, sans avoir du bien, troublé de resverie,
> Mourir dessus un coffre en une hostellerie [...]. M. RÉGNIER, *Satire*, III.

Vx. **Piquer le coffre** « attendre, faire antichambre » (XVIIᵉ-XVIIIᵉ s.). Variante d PIQUER LE BAHUT★.

Vx. **Il s'y entend comme à faire un coffre** « il fait cela très mal ». Allusion probable aux *bahutiers**, qui avaient la réputation de faire « plus de bruit que de besogne » (XVIIe-XVIIIe s.).

COGNÉE n. f.

Vx. **Mettre la cognée à l'arbre** « commencer un travail, une entreprise ». À l'origine, sous la forme *mettre la cognée au pied de l'arbre* (XIIIe s.) et avec le sens de « s'apprêter à détruire qqch. ». D'autres compléments sont possibles : *La cognée mise à la racine de l'arbre* (AMIEL, *Journal*, 1866, in *T.L.F.*). L'expression française trouve probablement sa source dans l'Évangile (Matthieu 3, 7-12 ; Luc 3, 1-14).

Vx. **Aller au bois sans cognée** → BOIS 3.

Jeter le manche après la cognée → MANCHE.

COI, adj. Cet adjectif, provenant du latin *quietus,* est très ancien (on le trouve dans la *Chanson de Roland*). Il a vieilli pendant la période classique et ne s'emploie plus que dans quelques locutions, qui se trouvent par là-même lexicalisées. Cependant, une certaine liberté subsiste dans le choix des verbes d'état avec lesquels on le trouve. Le sens, qui était simplement « tranquille » (cf. *Quiétude*), s'est spécialisé.

Demeurer, être, rester coi « demeurer, être... muet d'étonnement ». *Se tenir coi* est littéraire (on le rencontre chez Gide, voir le Robert). Dans ces expressions, les écrivains puristes emploient au féminin la forme correcte et inusitée *coite* (mais l'ancien français disait *coie*), mais ceux qui ne craignent pas d'écrire aussi mal que George Sand ou Balzac s'en tiendront à *elle se tenait coi.*

COIFFE n. f.

Vx. **Rire sous coiffe, dans ses coiffes** « rire en cachette » (syn. *rire sous cape*).

COIFFÉ adj.

Chèvre coiffée. Cette expression est souvent glosée dans les dictionnaires par « personne très laide », et donnée comme synonyme de *chien coiffé.* Si la définition n'est pas fausse, le contexte de ces locutions doit être spécifié. Tout d'abord, le genre des noms d'animaux (qui correspond à la désignation arbitraire de l'espèce, mâles et femelles) devient pertinent par la métaphore anthropomorphique. *Caille coiffée* (début XVIIe s.), *beste coiffée* (XVIe s. ; N. du Fail) et *chèvre coiffée* (→ CHÈVRE) ne s'appliquaient qu'aux femmes, les trois noms impliquant la lascivité ; *chat* et *chien coiffé* s'appliquent aux hommes, et connotent la banalité ; toutes les désignations sont dépréciatives. Le contexte est presque toujours celui des « relations amoureuses critiquées », sous la forme *il tomberait amoureux d'une (caille, chèvre...) coiffée* (= de n'importe quelle femelle) ou *elle épouserait le premier chien (chat) coiffé* (= le premier mâle venu).

Dans ces expressions, *coiffé* est compris comme « apprêté », et cette interprétation est appuyée sur des emplois du verbe *coiffer* au sens de « bien aller » (en parlant d'une coiffure → aussi BONNET). Les sentiments amoureux ont une autre origine : *se coiffer de qqn, être coiffé de qqn* signifie, depuis le XVIe s. au moins, « être amoureux, entiché de... », par une métonymie qui représente la tête (« avoir dans la tête ») par la coiffure (« avoir sur la tête »).

Être coiffé de... (une personne comparée à un animal), s'est superposé à *être amoureux de* (la même personne désignée par un nom d'animal), + *coiffé,* pour en infléchir le sens.

Enfin, pour les noms masculins, le symbolisme sexuel du chapeau a probablement joué ; l'invocation patoise rapportée par Henri Pourrat le suggère bien :

À son âge, elle n'avait pu jeter le grappin sur un mari. Mais, et c'est une religieuse qui me le disait, quand une fille entend se marier, rien ne saurait la tenir : elle prendrait plutôt un chien coiffé que de rester demoiselle. Comme le chante la prière des filles de Craponne :

> O Jeusé !
> Un Petit ou un vé,
> Ma qu'aye un chapé !

O Saint Joseph ! un petit ou un vieux, suffit qu'il porte chapeau !

H. POURRAT, *Gaspard des montagnes*, cité par M. RAT,
Dictionnaire des locutions françaises.

Être né coiffé « avoir de la chance ». L'expression, qui est dans Robert Estienne (1549), correspond à une tradition selon laquelle les enfants qui, à la naissance, conservent sur la tête un fragment de la membrane fœtale (la *coiffe*), sont comme protégés par le sort.

COIN n. m.

Un coin perdu « un endroit retiré (lieu de vacances, etc.) ». Ce sens de *coin* donne lieu à quelques expressions, comme *un petit coin pas cher* « une résidence de vacances économique ».

Le petit coin « les cabinets ». Double euphémisme, où *coin* correspond à « lieu écarté » et *petit* à « discret ».

> Il m'était même arrivé de faire pipi dans cet ascenseur. Car chez mon père je n'osais pas demander à aller au petit coin. Alors un jour, n'en pouvant plus, sachant que j'en avais pour deux heures avant de retrouver les cabinets à la turque de mon école, j'avais pissé carrément dans la vieille boîte.   M. CARDINAL, *Les Mots pour le dire*, p. 67-68.

Le coin du feu → FEU.

Ne bouger du coin du feu « rester à la maison » (*in* Furetière, 1690), est archaïque. On dit encore *rester au coin du feu*.

> [...] un peuple d'hommes crevant au fond [de la mine] de père en fils [...] pour que des générations de grands seigneurs et de bourgeois donnent des fêtes ou s'engraissent au coin de leur feu !   É. ZOLA, *Germinal*, t. I, p. 324-325.

Les quatre coins de... « toute l'étendue de... ». L'espace est ici constitué en quadrilatère, et la possession de ses quatre angles représente celle de toute la surface. *Aux quatre coins (du monde, d'une région...)* « partout ». Dans *jouer aux quatre coins* l'expression se rapporte à un jeu précis, et le nom les *quatre coins* fait partie du lexique.

> Fichez-moi donc la paix, avec votre évolution ! Allumez le feu aux quatre coins des villes, fauchez les peuples, rasez tout, et quand il ne restera plus rien de ce monde pourri, peut-être en repoussera-t-il un meilleur.   É. ZOLA, *Germinal*, t. I, p. 158.

> Une violence dont le vent allait enfiévrer les corons, aux quatre coins du pays.
> É. ZOLA, *Germinal*, t. I, p. 282.

> [...] les chassés-croisés de la perspective faisaient jouer un château aux quatre coins avec une colline, une église et la mer [...].
> M. PROUST, *À la recherche du temps perdu*, t. II, p. 1006.

À tous les coins de rue, à chaque coin de rue « partout ».

Au coin d'une rue « n'importe où » (souvent avec le v. *rencontrer qqn*).

> [...] à tous les coins de rue il rencontre les merveilles du monde et il leur dit bonjour.
> PRÉVERT, *Histoires*, p. 185.

Au coin d'un bois « dans un endroit solitaire, écarté ». Loc. phrase : *on n'aime rait pas (on aurait peur de) le rencontrer (le voir, le trouver...) au coin d'un bois* « il a une mine patibulaire ».

Vieilli. *Demander l'aumône au coin d'un bois* « être un bandit, rançonner les passants ».

Du coin de l'œil « à la dérobée (en regardant) » (1558, Des Périers). *Coin d'œil* est dit pour « regard de côté » (voir ci-dessus : *regard en coin*). **Regarder du coin de l'œil** est signalé par Oudin (1656).

> Regardant gracieusement Mme Verdurin du coin de l'œil, parce qu'il l'avait entendue donner rendez-vous à Morel pour le surlendemain et qu'il craignait de ne pas être invité.
> M. Proust, *À la recherche du temps perdu*, t. II, p. 953.

> Dans les commencements, quand l'un criait, elle suppliait l'autre du coin de l'œil, pour en tirer une parole de bonne amitié. Seulement, ça ne réussissait guère !
> É. Zola, *L'Assommoir*, p. 72-73.

En coin (œil, regard...) « oblique, dérobé ». Plus que l'angle externe de l'œil, *coin* représente ici la direction du regard. Mais alors que *oblique* connote l'hypocrisie, *en coin* a plutôt une valeur de malice. Dans *sourire en coin*, le singulier (un coin de la bouche) représente la discrétion extrême du sourire → ci-dessus Du COIN DE L'ŒIL.

> Ce voyou du village, qui n'avait même pas vu Ernestine, sentit fort bien sa bouche sourire en coin et son œil cligner.
> J. Genet, *Notre-Dame-des-Fleurs*, p. 36.

Figure, gueule en coin (de rue) « figure anguleuse et laide » (milieu XIXe s.). L'équivoque sur *coin*, « angle », et *coin*, « pièce de bois triangulaire », a donné naissance à l'expression : *gueule à caler les roues (de corbillard)*. Dans un autre sens, expression maussade » :

> [...] de ce nuage, un vacarme sortait, assourdissant et confus, des voix cassées, des chocs de verre, des jurons et des coups de poing semblables à des détonations. Aussi Gervaise avait-elle pris sa figure en coin de rue, car une pareille vue n'est pas drôle pour une femme, surtout quand elle n'en a pas l'habitude [...].
> É. Zola, *L'Assommoir*, t. II, p. 148.

Dans un autre sens, avec influence de *sourire en coin, figure, gueule en coin* « expression de déplaisir plus ou moins hypocrite » (cf. *Gueule en biais*).

> le pape est élu
> aux quatre coins cardinaux il y a des cardinaux
> qui font la gueule en coin
> ils ne seront pas pape
> tout est foutu
> Prévert, *Paroles*, p. 112.

En boucher un coin « remplir d'étonnement ». L'expression a signifié plus précisément à l'origine (fin XIXe s.) soit « rendre muet (d'étonnement) » — avec un sujet nom de chose —, soit « mater, réduire à la raison » — avec un sujet nom de personne. Le premier sens indique une paraphrase de *fermer la bouche*, celle-ci étant assimilée à un *coin* (= angle rentrant) plutôt que désignée par sa partie (le *coin* de la bouche remplaçant la bouche entière). Le choix de *boucher* est sans doute déterminé à la fois par le sens (synonyme expressif de *fermer*, en concurrence avec *bouder*, dans le cas de la *bouche*) et par la forme (homonymie *bouche*, n. f. — *bouche*, verbe, par exemple dans *tu m'en bouches un coin*, qui donne par permutation *tu m'en bouches* [ou *cognes*] *la bouche*). En outre *boucher*, au participe passé, évoque l'ébahissement idiot (*être bouché*).

> Dites donc, ça vous en bouche un coin, mes enfants, s'exclama après que j'eus fini de parler Saint-Loup, qui m'avait suivi des yeux avec la même sollicitude anxieuse que si j'avais marché sur la corde raide.
> M. Proust, *À la recherche du temps perdu*, t. II, p. 107.

> Ça m'en bouchait un rude coin !
> Je commençais à me demander si j'étais bien toujours sur les jambes et si c'était bien le gars Albin qui marchait, côte à côte, dans le chemin.
> J. Giono, *Un de Baumugnes*, p. 25.

Connaître dans les coins « connaître parfaitement », surtout avec le pronom neutre : *la connaître dans les coins*. Équivalent de **connaître comme sa poche**, avec la même allusion aux endroits secrets auxquels on n'accède que lorsqu'on a une connaissance très complète des lieux (ou du vêtement, dans le cas de la poche).

mais on dit tant de choses du pays dans tous les pays [...]
et ces choses là André Verdet les connaît dans les coins
dans les mauvais coins
et il en a sa claque comme on dit
car on dit cela aussi
PRÉVERT, *Histoires*, p. 177.

> Le Philippe en question, je le connaissais dans tous les coins. Un poulet que je n'avais pas rencontré depuis une paye... Plutôt heureuse de le revoir, j'acceptai la proposition de Mᵉ Hayot.
> M. ROLLAND, *La Rouquine*, p. 203.

Vx. **Faire coin du même bois** « se servir d'une partie d'une chose pour la répare[r] la mettre en œuvre, etc. » (XVIᵉ-XVIIIᵉ s.). Au fig., «utiliser contre qqn les argument[s] qu'il a lui-même employés». Dans cette loc. comme dans la suivante, *coin* désign[e] l'outil en forme de coin (et par extension le moule de forme quelconque) utilis[é] pour caler, fendre, assujettir ou frapper.

Être frappé (marqué) au coin de... «avoir la marque de..., porter tel caractèr[e] reconnaissable». Métaphore technique qui fait allusion à la frappe des monnaies a[u] moyen de la pièce d'acier gravée en creux, dite *coin*. Boileau parle de vers « marqu[é] *au coin de l'immortalité*». On parle souvent de *réflexion marquée au coin du bon sens*.

> Le vrai, le bon et le beau ont leurs droits; on les conteste, mais on finit par les admirer. Ce qui n'est pas marqué à ce coin, on l'admire un temps; mais on finit par bâiller.
> DIDEROT, *Le Neveu de Rameau*, p. 483.

> La conduite de Lucien fut marquée, depuis son retour à Paris, au coin d'une politique si profonde, qu'il excita la jalousie de tous ses anciens amis.
> BALZAC, *Splendeurs et Misères des courtisanes*, 1845, 1ʳᵉ partie, chap. 14.

Être frappé à tel coin; être frappé à ce coin-là, signifiait aux XVIIᵉ et XVIIIᵉ «être entêté dans une opinion». On trouve aussi la variante : *marquer au coin de.*

Vx. **Être marqué du bon coin** «être excellent» (*in* Furetière, 1690), représente u[n] autre emploi de la métaphore de la frappe des monnaies → DE BON ALOI*.

Vx. **Tenir (bien) son coin** «bien jouer son rôle» (XVIIIᵉ s.). Terme de je[u] de paume.

COING n. m.

Jaune comme un coing «qui a le teint très jaune».

> Madame Grandet était une femme sèche et maigre, jaune comme un coing, gauche et lente [... elle] offrait au premier aspect, une vague ressemblance avec ces fruits cotonneux qui n'ont plus ni saveur ni suc.
> BALZAC, *Eugénie Grandet*, p. 498.

1. COL n. m.

Faux-col «mousse (d'un verre de bière)». Au sens propre, le *faux-col* est fau[x] en ce qu'il n'appartient pas à la chemise : il est amovible. Outre l'analogie apparen[te] de forme et de couleur, l'expression *faux-col* s'applique au verre de bière en ce qu[e] la mousse remplit faussement le verre.

Col à bouffer (manger) de la tarte «faux-col dur cassé», puis «col empesé, e[n] général (connote un habillement démodé, strict et ridicule)». L'expression n'est p[as] claire; elle correspond à l'idée d'habillement des jours de fête, où l'on consomme [de] la pâtisserie, mais le choix du mot *tarte* est peut-être motivé par ses valeurs péjor[a]tives.

Col bleu «ouvrier», par métonymie. Allusion au «bleu de travail» des tr[a]vailleurs manuels qui les distinguent des *cols blancs*, de ceux qui travaillent dans l[es] bureaux. Ces deux expressions sont des calques de l'américain : *blue coll*[ar] et *white collar*.

2. COL n. m. Forme archaïque de *cou*.

Se hausser le col « se mettre en valeur de manière prétentieuse et affectée ». *Se hausser du col* (intrans.) est une variante de *se pousser du col* dans son sens primitif (voir ci-dessous).

> Voilà le prix de l'« honorabilité » ! Parce qu'ils se veulent « comme il faut », ces petites gens qui ont grandi parmi les poules et les cochons se haussent du col avec des airs de pète-sec.   M. TOURNIER, *Les Météores*, p. 227.

Se pousser du col « chercher à se faire valoir, à réussir ; se mettre en valeur ». Le premier sens de l'expression (Delvau, 1867) est « se rengorger », c'est-à-dire « hausser le cou, lever fièrement la tête » (un autre sens « s'enfuir » correspondait à « tendre le cou en avant » ; il n'a pas vécu). La valeur actuelle reprend le sens de *se pousser* (dans la vie, etc.).

Rompre le col → COU.

COLÈRE n. f.

Colère blanche, bleue, noire « colère violente ». Les couleurs métaphoriques de la colère pourraient surprendre, alors que les coléreux sont qualifiés de rouges, *cholera* en latin, et *kholé* en grec ne désignaient pas la bile. Celle du colérique, selon l'ancienne physiologie, est noire (ou bleue) ; la colère blanche correspond probablement au teint des bilieux en proie à une rage froide.

Passer sa colère « exprimer ce qu'on a sur le cœur, ses reproches, etc., de manière à supprimer la colère qui les suscite ». Le verbe *passer* s'emploie transitivement dans ce sens avec de nombreux compléments, et il s'agit plutôt d'un emploi spécialisé que d'une locution.

> Madame de Rênal le laissait dire, et il dit longtemps ; il passait sa colère, c'est le mot du pays.   STENDHAL, *Le Rouge et le Noir*, p. 336.

La colère est mauvaise conseillère « il ne faut rien faire sous l'empire de la colère ».

COLIMAÇON n. m.

En colimaçon [LOC. ADV.] « en forme d'hélice ».

COLIN-TAMPON n. pr. m.

Vieilli. *S'en moquer comme de colin-tampon* « s'en moquer complètement ». Colin-tampon est le nom d'une batterie de tambour des soldats suisses et le surnom de ces soldats, donné, dit-on, après la bataille de Marignan (mais le mot écrit n'est attesté qu'en 1573). *Colin* (variante de *Colas, Nicolas*) entre dans de nombreux surnoms péjoratifs ; *tampon* ou *tambour* représente le déverbal de *tamponner* (« celui qui cogne, tape, bourre ») avec l'influence de *tambour*. Au XVIIe s., un *colin-tampon* ou un *tampon* est un « gros homme ridicule » (idée de « bourre ») et le surnom est devenu une désignation comique et péjorative sans grand rapport avec les tambours suisses. *S'en soucier comme de colin-tampon* « ne faire aucun cas de... », apparaît à la fin du XVIIe s. ; l'expression a sans doute dû son succès au mot *tampon* qui véhicule le sémantisme de « enfoncer, bourrer » (et en général tous les verbes reliés à la sexualité masculine) et correspond à « être indifférent » (se *ficher de*, et de nos jours, se *tamponner* → COQUILLARD ; le lecteur trouvera de lui-même d'autres exemples).

> Mais, qu'il soit Dreyfusard ou non, cela m'est parfaitement égal puisqu'il est étranger. Je m'en fiche comme de colin-tampon.
>   M. PROUST, *À la recherche du temps perdu*, t. II, p. 678.

> Mais Jeanne, la Jeanne,
> ne s'en soucie pas plus que de colin-tampon,
> Être mère de trois poulpiquets, à quoi bon !

> Quand elle est mère universelle.
> Quand tous les enfants de la terre,
> De la mer et du ciel sont à elle...   Georges BRASSENS, *Poèmes et Chansons*, p. 221.

COLIQUE n. f. Le mot donne lieu à diverses expressions médicales anciennes ou modernes *(colique de cuivre, de plomb)* ; l'une d'elles a une valeur métaphrique.

Colique de miserere « étranglement intestinal ».

M. de Saint-Laurent est mort d'une colique de miserere, et non point d'un accès de néphrétique. comme je vous l'avais mandé.   J. RACINE, *Lettres*, t. VI, p. 587.

Avoir la colique « avoir peur ». *Donner (flanquer) la colique* « faire peur » correspondent plutôt à des emplois fréquents du sens métaphorique du m⒠ qu'à des locutions.

Fam. et vx. *Aimer comme la colique* « détester ».

1. COLLE n. f.

Colle de pâte, s'emploie adjectivement pour qualifier une personne impotune, dont on ne peut se débarrasser, par exemple, *Il, elle est un peu colle de pât*⒠ Le choix de ce syntagme, parmi tous ceux qui désignent des types de colle, vie⒠ des valeurs du mot *pâte* et de ce qu'il évoque *(pâteux,* et par ressemblance formell⒠ *patauger, dépatouiller).*
On emploie dans un sens identique le groupe nominal *pot de colle,* par exempl⒠ *C'est un vrai pot de colle.*
L'adjectif *collant* assume la même fonction au niveau lexical.

Arg. *Être (vivre) à la colle* « être en concubinage ». Dérivé de *se coller, être coll*⒠ employés dans ce contexte vers 1860 (au XVIIIᵉ s., on disait plus crûment *c⒠ ler sa peau).*
La variante *être marié à la colle,* est plus étrange ; en effet si *à la colle* n'est pas entirement redondant, il doit correspondre à l'idée de « non légal, irrégulier », et non celle de « liaison durable » qui est contenu dans *marié. À la colle de Béziers,* signa⒠ par Esnault, est un renforcement plaisant, où *Béziers* a une valeur verbale *(baise* comme *aller à Niort,* « nier ».

Faites chauffer la colle! Exclamation plaisante qui salue un bruit de cas⒠ ou de chute.

2. COLLE n. f.

Poser une colle « poser une question difficile ». Le mot *colle* signi⒠ aujourd'hui « question embarrassante » et « punition scolaire ; retenue ». Ces de⒠ acceptions ont passé de l'argot scolaire à la langue commune. Mais en français cla⒠ sique et même en moyen français (XVᵉ-XVIIIᵉ s.), *colle* signifiait « mensonge, tromp⒠ rie, plaisanterie », en un mot « tout ce qui attrape », d'où les expressions archaïqu⒠ *donner la colle, ficher la colle* (1633, *in* Wartburg) « tromper, berner ».

COLLET n. m.

Collet monté « affecté et rigide dans ses manières ; prétentieux ». S'empl⒠ adjectivement, surtout en attribut. Le *collet monté* était un grand collet soutenu p⒠ des renforts de carton, à la mode sous Louis XIII. Dès que la mode en passa, ⒠ terme fut pris pour symbole des vieilleries surannées (un peu comme le fut *perr*⒠ *que* au XIXᵉ s.). D'où l'emploi qu'en fait Boileau :

> Tes bons mots, autrefois délices des ruelles [...]
> Hors de mode aujourd'hui chez nos plus froids badins
> Sont des collets montés et des vertugadins.   BOILEAU, *Satires*, XII

et emploi métaphorique comme substantif n'a pas vécu. Mais dans un passage
célèbre des *Femmes savantes* (acte II, sc. 7), Molière fait dire à Bélise, à propos du
mot *sollicitude* qui «pue étrangement son ancienneté» : «*il est vrai que le mot est
en collet monté*», c'est-à-dire d'un archaïsme ridicule. Littré donne à l'expression
le sens moderne de «guindé», «affecté», mais il anticipe quelque peu. Par contre,
lorsque Mme de Sévigné parle d'une critique faite en «collet monté», elle paraît bien
utiliser l'expression avec la valeur de «prétention». *Collet monté* a été employé dès
lors avec le sens de «qui s'est haussé le col» et non plus par allusion à une
mode archaïque.

> Ces observations demi-savantes justifieront peut-être la vérité de cette Étude dont cer-
> tains détails pourraient effaroucher la morale perfectionnée de notre siècle, un peu
> trop *collet-monté*, comme chacun sait.   BALZAC, *Maître Cornélius*, p. 899.

Vx. *Le petit collet* «les hommes d'Église, les dévôts». Le *petit collet* était au sens
propre le rabat des ecclésiastiques.

   Prendre au collet «saisir, arrêter quelqu'un de force, l'attraper pour lui faire
des reproches, etc.». R. Estienne enregistre en 1538 *prendre par le collet*. Le cou et
la partie du vêtement qui l'habille sont les endroits privilégiés de la saisie au corps
(*cf. Par la peau du cou*) → aussi LA MAIN* AU COLLET. La variante *saisir au collet*
est archaïque :

> Je le trouvay en place de Sorbonne, querellant avec un autre autheur, qui [...] luy repro-
> cha tout haut qu'il étoit un caymand de gloire, et que de tous costez il en alloit men-
> dier. Ce dernier mot fut ouy par des archers qui cherchoient tous les mendiants pour
> les mener à l'Hospital General. Ils le saisirent au collet en ce moment (aussi bien estoit-
> il d'ailleurs assez déchiré) [...].   FURETIÈRE, *Le Roman bourgeois*, p. 1082.

COLLIER n. m.

   Collier de misère «travail, occupation pénible, injuste» (*in* Furetière, 1690).
Le mot *collier*, outre l'image du cheval de trait ou du chien à l'attache, évoque la
notion pénible parce qu'il désigne un appareil qui fait plier le cou (→ JOUG).

   Franc du collier «très franc, sans détour». L'expression s'applique d'abord
au cheval qui tire lui-même, régulièrement et en ligne droite, sans les à-coups résultant des coups de fouet. Elle a eu au XVIIIᵉ s. un sens métaphorique un peu différent, dans le contexte de la guerre (*un soldat franc du collier* étant un soldat «courageux, qui ne craint pas de s'exposer»). De nos jours le sens est simplement celui de
franc, employé seul.

Vx. *À plein collier* «sans réserve, sans retenue» (avec des verbes comme *donner,
jeter dans...*).

   Prendre le collier «se mettre à un travail (généralement pénible), s'engager
dans une entreprise». L'expression développe la métaphore que réalise lexicalement
le verbe *s'atteler à...* On emploie aussi *reprendre le collier*.

   Coup de collier «effort momentané et intense» (XVIIIᵉ s.).

> Tridon, malade, et qui devait mourir du mal qui le rongeait, proposa de faire un somme
> — quitte à donner ensuite un coup de collier.   J. VALLÈS, *L'Insurgé*, p. 206.

> Et puis le Professeur, avec les examens qu'il fait passer, a toujours un fort coup de
> collier à donner, et les chaleurs le fatiguent beaucoup.
>   M. PROUST, *À la recherche du temps perdu*, t. II, p. 965.

> Quand j'étais petite, on me disait : «l'effort porte en soi sa récompense», et j'attendais,
> en effet, après le coup de collier, une récompense mystérieuse, accablante, une sorte
> de grâce sous laquelle j'eusse succombé.   COLETTE, *La Vagabonde*, p. 133.

COLLINE n. f.

Littér. et vieilli.   *La double colline* « le Parnasse » (montagne à deux sommets).

COLONNE n. f.

Cinquième colonne « services secrets d'espionnage ennemi ». L'expression vient de l'espagnol. Elle est née en novembre 1936, quand les nationalistes, atta quant Madrid, ont annoncé à la radio que la capitale serait prise par cinq colonnes quatre progressant sur les quatre routes principales menant à Madrid, la cinquièm *(quinta columna)* formée dans la ville par les partisans du général Franco. La locu tion a été traduite, dès 1936, en diverses langues, notamment anglais *(fifth column* et français, pour désigner l'ennemi intérieur, les organisations clandestines opéran de l'intérieur en faveur de l'ennemi (renseignements communiqués par M. Carlo de Rafael).

L'expression s'est employée au figuré : *Le sentimentalisme, c'est la Cinquièm Colonne du XIXᵉ siècle* (P. Morand, *in T.L.F.*).

Cinq (Six) colonnes à la une, se dit d'un titre occupant la totalité de la lar geur de la *une* (première page) des journaux.

Fam.   *Monter une colonne à qqn* « se moquer de lui en lui faisant accroire ».

> [...] vous avez l'air de me monter une colonne.
> Avec un mouvement d'impatience. le gamin rectifie son expression :
> — Cet argot. je ne m'en déferai jamais... la *colonne,* c'est une *scie,* non. c'est une
> façon de se moquer des gens.   P. D'YVOI, *Le Docteur Mystère,* p. 371.

COLOSSE n. m.

Colosse aux pieds d'argile, se dit de ce qui est gigantesque, mais vulnérabl malgré les apparences, et notamment d'une organisation, d'un État, etc. L'expres sion fait allusion à un passage de la Bible (Daniel 2, 31-34) où il est questio d'une statue de métal qu'une pierre, brisant l'argile dont les pieds étaient faits, su fit à détruire. La variante *colosse d'argile* (Martin du Gard, *in* Robert, art. *Argile)* e moins expressive, car elle omet l'idée essentielle : il suffit d'un élément fragile dan le support, la base, pour rendre inutile la solidité, la force des autres parties.

COMBAT n. m.

Combat singulier « lutte entre deux adversaires, duel ». Appartient initiale ment au vocabulaire des épreuves médiévales, où un combattant, *seul* contre so accusateur ou les champions de ce dernier, tentait de prouver son bon droit (la vic toire étant accordée par Dieu). De l'ordalie, on est passé à « duel entre deux indiv dus » notamment lorsque le contexte est celui d'une lutte collective. Employé su tout adverbialement : *en combat singulier.*

> Il rencontra près du Danube les troupes de son ravisseur. défit en combat singulier
> son fils [...].   Huysmans. *L'Oblat.* t. I. p. 42. *in T.L.F.*

Le bon combat « combat, action pour une juste, une bonne cause ». Surtou dans *mener le bon combat* « agir, militer pour ce qu'on pense être la *bonne* cause L'expression traduit le lat. *certa bonum certamen fidei* « combats le bon combat d la foi » (Paul, *1ʳᵉ lettre à Timothée* 6, 12).

Le dernier combat « la lutte contre la mort ».

Un combat de nègres dans un tunnel « événement qui a lieu dans l'obscuri la plus complète ». Au figuré, « chose extrêmement obscure, incompréhensible ».

> Elle l'aide à trouver ses mots... [...] il s'exerce péniblement au langage des jeunes rats
> de cinémathèque. Ça devient tout à fait le fameux combat de nègres dans un tunnel.
>   A. BOUDARD, *Cinoche,* p. 261.

Mettre hors de combat « vaincre en rendant incapable de continuer la lutte : blesser, tuer, faire prisonnier) ». L'expression s'employait sous diverses variantes, au XVIIIᵉ s. (1750, 1787, *in* Gottschalk).

Et le combat cessa faute de combattants. Ce vers du *Cid* (acte IV, scène 4) est parfois rappelé pour qualifier une lutte acharnée qui s'achève après la *mise hors de combat* des participants, et, ironiquement d'une bataille qui tourne court, faute d'adversaires. Par métaphore, l'expression s'emploie quand une discussion, une réunion se termine avec le départ de presque tous les participants.

> Les enfants de France tombaient dans les corps à corps en vomissant leurs tripes et leur patriotisme mais les autres tombaient encore plus. Finalement le combat cessa faute de combattants.   M. CARDINAL, *Les Mots pour le dire*, p. 111.

COMBIEN adv.

Ô combien! s'emploie en incise, le plus souvent après un adj. pour le renforcer.

COMBLE n. m. Du latin *cumulus* « amoncellement ».

Le comble de... « le plus haut degré de... ». La formule a servi dans des jeux devinettes, etc.).

> Jadis la forme de l'« à peu près » était « le comble ». Mais elle était surannée, personne ne l'employait plus, il n'y avait plus que Cottard pour dire encore parfois, au milieu d'une partie de « piquet » : « Savez-vous quel est le comble de la distraction ? c'est de prendre l'édit de Nantes pour une anglaise ».
>   M. PROUST, *À la recherche du temps perdu*, t. II, p. 937.

Au comble de... « au plus fort de... ». **Être à son comble** « à son plus haut point ».

> Le désordre fut à son comble, comme disent les journaux en parlant de la Chambre.
>   STENDHAL, *Le Rouge et le Noir*, p. 580.

Pour comble de... « pour ajouter encore au mal, à la difficulté » (avec des substantifs comme *ennui*, *malheur*...).

C'est le (un) comble! « c'est une chose encore pire, encore plus scandaleuse que tout le reste ».

Mettre le comble à quelque chose « rendre plus intense, encore plus fort ».

> Filloteau l'avait défendu, et pour le lui faire sentir, prit avec lui un ton d'importance et de protection grossière qui mit le comble à la mauvaise humeur de notre héros,
>   STENDHAL, *Lucien Leuwen*, p. 783.

COMBLER v. tr.

Combler la mesure → MESURE.

COMÉDIE n. f.

Vx. **Donner la comédie** « se faire remarquer par ses extravagances » (XVIIᵉ s.). Si expression s'emploie encore de nos jours, dans un style littéraire, c'est au sens de *jouer la comédie*.

Se donner la comédie « se donner l'illusion d'être un personnage différent, en affectant un comportement ». L'expression signifie *jouer la comédie* à soi-même.

> [...] continuez donc, Lamballe, à vous donner la comédie, et laissez-moi défendre mon mari comme je l'entends.   R. VAILLAND, *Bon Pied, Bon œil*, p. 186.

got vieilli. **Être dans la comédie, à la comédie** « être au chômage, dans la misère », par allusion aux difficultés d'emploi des comédiens. **Envoyer à la comédie** « mettre au chômage ». Employé dans la deuxième moitié du XIXᵉ s.

Jouer la comédie « avoir un comportement trompeur ». *Jouer la comédie* est déjà dans la 1ʳᵉ édition du dictionnaire de l'Académie (1694). Par rapport à *donner la comédie* (ci-dessus) qui n'implique pas la volonté mais un effet produit sur les spectateurs, *jouer la comédie* correspond à la volonté de faire illusion et à la mise en œuvre des moyens (paroles, gestes, etc.) nécessaires.

COMÈTE n. f.

L'année de la comète « une année remarquable où l'on a observé une comète très visible ». S'est appliqué à l'année 1811. L'expression, par suite des croyances attachées à l'observation des météores, prend des valeurs variables, parfois majoratives, comme dans le *vin de la comète,* censé être exceptionnel, la récolte ayant eu lieu l'année de la comète.

> Vous monterez une fiole de mon pommard de 1811... *(au duc)* Année de la comète.... monsieur le duc !... quinze francs la bouteille ! le roi n'en boit pas de meilleur.
> É. AUGIER, *Le Gendre de M. Poirier.* I, 6.

> Je trouve charmant un pays où l'on veut être sûr que votre crémier vous vende des œufs bien pourris, des œufs de l'année de la Comète.
> M. PROUST, *À la recherche du temps perdu,* t. II, p. 504.

Argot. vx. *Filer la comète* « vagabonder, être sans logis » (1872, *in* Esnault). Cet auteur rattache l'expression à un sens technique de *comète,* « sorte de passementerie », remplaçant *ruban* dans *filer le ruban,* « suivre la route ». La métaphore initiale de *comète,* « astre errant, à la trajectoire irrégulière », apporte les idées de « mobilité, déplacement imprévisible » qui n'étaient pas dans *ruban*.

Tirer des plans sur la comète → PLAN.

COMIQUE n. m.

Le comique de la troupe « la personne qui fait toujours rire ses compagnons » (Académie, 1835). L'expression, qui concerne seulement une troupe de comédiens, évoque aujourd'hui un plaisantin assez grossier, un loustic, à cause des connotations militaires du mot *troupe* (et de l'expression *comique troupier* appliquée à un style de drôlerie niaise à la mode au début du siècle).

Pour exprimer l'intensité de la drôlerie, on emploie quelques expressions avec *de (d'un comique achevé, du plus haut comique)*.

COMITÉ n. m.

En petit comité « en groupe restreint et choisi (d'intimes, etc.) ». L'emploi du terme *comité,* qui appartient au langage administratif ou officiel, donne à l'expression une valeur ironique. L'expression est en usage au début du XIXᵉ s. (Stendhal, *Lucien Leuwen, in T.L.F.*).

COMMANDE n. f.

De commande [LOC. ADJ.] « qui est produit à volonté, qui n'est pas spontané ni sincère, en parlant de la manifestation des sentiments ». *Optimisme* (Mauriac), *respect* (Gide), *amabilité (id.), sourire* (J. Gracq), *de commande* (ex. du *T.L.F.*). Une forme homonyme, sur le plan concret, sert à désigner des mécanismes qui déclenchent un fonctionnement.

Sur commande [LOC. ADV.] « au moment où on en a besoin, à volonté ». Les deux expressions ont des valeurs équivalentes : *pleurer sur commande* revient à avoir des *larmes de commande.* Mais *sur commande* a des emplois plus variés, et comporte une idée plus péjorative. Alors qu'un *sentiment de commande* est suscité par la volonté de celui qui l'éprouve (c'est un sentiment *commandé*), un comportement obtenu *sur commande* répond à une sollicitation extérieure et évoque la prestation commerciale sur ordre.

Fam. ***Louper la commande*** « échouer, se tromper ». *Commande* n'est pas ici le nom d'action de *commander*, mais un nom de chose (« ce qui sert à manœuvrer »).

Tenir les commandes (ou *être aux commandes*) « avoir un poste de direction ». Les métaphores qui expriment le pouvoir de décision ont fréquemment recours à cette idée de *commande* (*tenir la barre, le gouvernail*). On trouve aussi ***prendre les commandes***. Les syntagmes *levier de commande, poste de commande* reçoivent les mêmes emplois.

COMME conj. et adv. Cette conjonction joue un rôle fondamental dans la phraséologie française, puisqu'elle est l'outil de la comparaison, notamment dans les expressions du type verbe + *comme* + nom et adjectif + *comme* + nom. En outre, *comme* figure dans quelques expressions adverbiales et adjectives.

Comme ça, s'emploie pour présenter un signe, soit langagier (il dit, il fait, *comme ça* : « ... »), soit gestuel (c'est grand, gros... *comme ça* [geste]).

C'est comme ça ! « c'est ainsi, on ne peut rien y changer » (fin XVIIIe s.).

Comme ci, comme ça « ni très bien ni très mal ; à peu près » (souvent avec *ça va*) → CI.

> Ils [les deux vieillards] s'arrêtent en face l'un de l'autre, enlèvent leur chapeau de dessus leur tête, le remettent, toussent un peu et se demandent comment ça va, répondent que ça va bien, comme ci, comme ça, pas mal et vous-même, la petite famille très bien, merci beaucoup.   PRÉVERT, *Histoires*, p. 154.

Comme (de) bien entendu « d'une manière évidente et prévisible ». La forme avec *de* est familière, l'autre rare et, semble-t-il, littéraire (une citation de Bernanos, in *T.L.F.* — On n'a pas oublié Arletty et Michel Simon chantant, dans le film *Circonstances atténuantes*, une chanson ayant pour refrain : « ... *comme de bien entendu !* »).

Comme de juste, de raison « comme il est juste, raisonnable ». Souvent ironique, pour qualifier une action, un état inévitable. Exemple : *Comme de juste, il est arrivé bon dernier.*

Comme il faut → FALLOIR

Comme pas un, comme personne « d'une manière remarquable ; mieux que quiconque ». Qualifie un syntagme verbal ou un adjectif.

Comme qui dirait... « presque, pour ainsi dire... ». Introduit un adjectif ou un nom en interposant une distance entre le sujet de l'énonciation et l'énoncé (qui est attribué à une « troisième personne », à un *on*). Équivaut à *pour ainsi dire.*

Comme quoi..., introduit soit un nom désignant un énoncé parlé ou écrit (*Une déclaration, une affiche comme quoi tous les électeurs sont convoqués* = « disant que... »), ou une proposition qui implique une conséquence (*il a fini par venir ; comme quoi la réunion l'intéressait* = « on peut en déduire que... »).

Comme tout, forme un adverbe exprimant le degré extrême quand il est placé après un adjectif (surtout mélioratif : *il est gentil comme tout* est beaucoup plus courant que *il est méchant, idiot... comme tout*).

Comme par hasard → HASARD.

Tout comme « exactement comme ». *C'est tout comme* en fin de phrase signifie « c'est à peu près la même chose ».

Dieu sait comme « d'une manière que l'on ignore » ou (plus souvent) « d'une manière que l'on désapprouve ». Dans cet emploi péjoratif, *Dieu sait comme* correspond à ***il faut voir comme :*** la première expression prend Dieu à témoin, la seconde invoque un témoin oculaire *(voir)* humain pour attester le caractère désastreux de ce qui est qualifié (ces expressions sont généralement exclamatives).

COMMENCEMENT n. m.

Il y a (un) commencement à tout « les premières tentatives, même peu réussies, sont nécessaires ». Ce proverbe de gros bon sens vante l'expérience et la pratique en termes abstraits et purement temporels (cf. *C'est en forgeant qu'on devient forgeron**).

Le commencement de la fin « le commencement des difficultés, des ennuis graves ». L'antithèse n'est qu'apparente, *fin* correspondant ici à « période finale, évolution catastrophique », et recevant normalement une chronologie.

COMMENT adv. et conj.

Dieu sait comment → DIEU SAIT COMME (ci-dessus).

N'importe comment « d'une manière quelconque » et, plus souvent, « sans aucun soin » *(Il travaille n'importe comment).* Le refus de qualifier la manière, dans *je ne sais comment, n'importe comment* (= la manière n'importe pas) aboutit à la péjoration.

En début de phrase, *n'importe comment* signifie « dans quelque circonstance que ce soit » (→ DE TOUTES FAÇONS).

Fam. *Et comment!* approbation emphatique ; variante : *mais comment donc!* Équivaut à : *tu parles! je veux! je te crois!* dans le domaine verbal.

> Vraiment tu ferais cela ? dit-il à Morel en riant et en le serrant de plus près. — Et comment ! dit Morel [...].
>
> M. PROUST, *À la recherche du temps perdu*, t. II, p. 1008.

Je ne sais comment, s'emploie adjectivement en attribut pour qualifier une personne dans un état de malaise mal défini (souvent précédé de *tout). Tout je ne sais comment* équivaut à *tout chose.*

COMMENTAIRE n. m.

Sans commentaire! « la chose est suffisamment claire, évidente, pour qu'on s'épargne les explications ». Surtout dans un contexte de réprobation, où le refus de commenter constitue une prétérition évidente car il correspond au plus énergique des commentaires dépréciatifs. Équivalent avec verbe : *ça se passe de commentaires.*

COMMERCE n. m.

Être d'un commerce (+ adj., du genre de : *agréable, charmant...*) « être d'une fréquentation... ». L'expression fait survivre un sens archaïque et général de *commerce* « relations suivies ; comportement en société ».

> De Régnier, un homme d'un commerce charmant et un spirituel causeur.
>
> GONCOURT, *Journal*, 1895, p. 741, in *T.L.F.*

COMMIS n. m.

Grand commis de l'État « haut fonctionnaire ». L'expression est un peu marquée comme archaïsante ou pompeuse, le mot *commis* étant, depuis le XIXe s., réservé à des employés subalternes. Le terme administratif de l'Ancien Régime était *Premier Commis.*

> Les plus modérés (comme la Fare) l'estimaient [Louvois] « l'homme excellent dans l'exécution, mais dont les vues n'étaient pas assez étendues pour le gouvernement d'un grand État ; — capable de bien servir dans le ministère, mais non pas de gouverner ». En ce sens, on l'a appelé un grand commis plutôt qu'un grand ministre.
>
> SAINTE-BEUVE, *Nouveaux Lundis, Histoire de Louvois*, t. I, p. 317.

COMMISSION n. f. Emprunt du XIVe s. au latin *commissio,* substantif verbal de *committere,* proprement « mettre (qqn) à qqch. ».

Petite, grosse commission (langage enfantin) « les fonctions d'excrétion, miction et défécation ». Cet euphémisme familier est absent des recueils que j'ai pu consulter ; seuls les dictionnaires généraux les plus récents le signalent (voir l'exemple de Cendrars dans le *supplément* du Robert). Il est très vraisemblable que *petite commission,* « action d'uriner », a été formée sur l'autre expression, plus fondamentale. *Petit* correspond à la brièveté relative de l'acte, à sa moindre importance et aussi aux valeurs hypocoristiques, affectueuses, attachées à la miction (cf. *Faire son petit pipi*). Les psychanalystes verront dans ce dernier caractère un masquage des pulsions cruelles liées à l'érotisme urétral. Ils verraient plus clairement encore dans *grosse commission,* désignant la défécation, une expression inconsciente de la symbolique mise en évidence par Freud : fèces = cadeau (ou argent). En effet, des valeurs symboliques de don (évacuation) et de refus (rétention) s'attachent à la défécation ; elles se structurent dans l'inconscient pendant le stade sadique-anal de l'enfant (entre deux et quatre ans). La métaphore est explicitement basée sur le sens de *commission* « charge de faire une emplette, d'acheter et de rapporter un objet » ; l'enfant est ainsi chargé (par la mère) de remplir une tâche biologique. On peut noter aussi que, dans le langage théologique, *commission* s'oppose à *omission* et signifie « acte mauvais effectivement accompli » (par exemple, dans le *péché par commission*). Cette acception n'a évidemment aucun rapport conscient avec notre locution, mais, là comme ailleurs, des valeurs symboliques réalisées par la langue peuvent réapparaître dans un autre contexte, suscitées par le signifiant. Dans le même esprit, on ne manquera pas de noter que les valeurs dépréciatives de *gros* (et surtout du dérivé *grossier*) correspondent à son étymologie : le latin de basse époque *grossus* a en effet remplacé *crassus* (qui a donné en français à la fois *gras* et *crasse*).

> Quant à Cottard il ne put donner d'avis, car il avait demandé à monter un instant « faire une petite commission » dans le *buen retiro* [...].
>   M. PROUST, *À la recherche du temps perdu,* t. II, p. 904.

COMMODE adj.

C'est (trop) commode « c'est trop facile » (s'emploie pour contester une excuse, une explication).

COMMODITÉ n. f.

Vx. *Les commodités de la conversation* « les sièges ». Métaphore du langage précieux, immortalisée par Molière dans *Les Précieuses ridicules.* La pièce date de 1659 ; or, dès 1673, on trouve *chaise de commodité* au sens de « chaise percée », ce qui laisse supposer une équivoque plaisante.

COMMUN, UNE adj.

Sans commune mesure (avec) « sans point de comparaison ; d'une importance toute différente ».

N'avoir rien de commun avec... « être entièrement différent ».

COMMUN n. m.

Le commun des mortels « les gens ordinaires qui forment la majorité ». Les variantes *commun des hommes, des êtres, des Français,* etc., sont moins employées. *Mortel* insiste en effet sur la condition générale d'homme, ceux qui n'appartiennent pas au *commun des mortels* acquérant un statut semi-divin.

Hors du commun « extraordinaire, exceptionnel ».

COMPAGNIE n. f.

De compagnie « ensemble », surtout avec des verbes comme *aller, voya*ger, marcher.

> Capitaine Renard allait de compagnie
> Avec son ami bouc des plus haut encornés.
> > LA FONTAINE, *Fables*, III, 5 : *Le Renard et le Bouc.*

De bonne compagnie « qui est agréable dans les relations sociales » (locutio adjective). La locution correspondante *De mauvaise compagnie*, « d'une compagni triste, peu agréable », est vieillie (on la trouve dans les lettres de Mme de Sévigné)

En compagnie « avec d'autre personnes ». *En compagnie (dans la compagnie de* [LOC. PRÉP.] « avec ». *En* (adj. laudatif) *compagnie : « En bonne, galante, aimable agréable...* compagnie ».

... et compagnie « et tout ce qui est du même genre et qu'on ne mentionn pas ». À la fin d'une raison sociale, *et Cie* désigne les associés qui ne sont pas nom més, et lorsque l'expression est appliquée à des personnes (cf. cit. Mauriac) elle évo que en effet une association, un groupe constitué. Avec un nom de chose, elle sign fie « les choses semblables, qui *accompagnent* normalement celle dont il est explic tement question » (cit. Zola). Dans les deux cas, l'emploi le plus fréquent est celu de la forme : *c'est* (c'*était*, etc.) + nom sans article + *et compagnie.*

> Le long des façades mortes, toutes les portes sentaient la famine et sonnaient le creux.
> À quoi bon frapper ? c'était misère et compagnie.   É. ZOLA, *Germinal*, t. I, p. 295.

> — Ah ! mademoiselle, reprit Lisa en se penchant pour s'adresser à Julie, que vous devez être heureuse de quitter dans huit jours une pareille baraque de maison ! [...]
> — Mon Dieu ! mademoiselle, celle-ci ou celle-là, toutes ces baraques se ressemblent. Au jour d'aujourd'hui, qui a fait l'une a fait l'autre. C'est cochon et compagnie.
> > É. ZOLA, *Pot-Bouille*, t. II, p. 241.

> Ce qui se répète partout dans nos milieux bourgeois : « Il n'y a pas de fumée sans feu... » ou encore : « Tout ça, c'est canaille et compagnie... »
> > F. MAURIAC, *Bloc-Notes*, p. 155.

> Je m'aperçus bientôt avec surprise, qu'il n'était pas moins revenu de la littérature, alors que c'était seulement des littérateurs qu'il m'avait paru désabusé à notre dernière rencontre (« C'est presque tous fripouille et compagnie », m'avait-il dit).
> > M. PROUST, *À la recherche du temps perdu*, t. II, p. 696.

Vx. *Faire compagnie* « faire route avec quelqu'un ». Cette expression est signalé jusqu'au XVIIIᵉ s. ; elle correspond à *accompagner.*

Fausser compagnie à... « quitter assez brusquement ou sans se faire rema quer ». On disait dans ce sens *rompre compagnie*, au XVIIᵉ s.

Tenir compagnie à « rester auprès de (quelqu'un) » ou « exister en mêm temps que (quelque chose) ». L'expression remonte au XIIIᵉ s.

> J'ai appelé ma mère qui dormait dans la chambre à côté [...]. J'ai cru que le spectacle que je lui offrais allait faire éclater son visage, ses yeux verts, qu'elle se dissoudrait dans ma peur et m'y tiendrait compagnie : son enfant à l'agonie, sa grande femme de fille en train de mourir ! Au lieu de cela elle a remis de l'ordre dans ses vêtements et sa coiffure.   M. CARDINAL, *Les Mots pour le dire*, p. 54.

Bonsoir la compagnie ! Formule d'adieu collectif, dans la langue non bou geoise (populaire, rurale). Attestée en 1681.

Il n'est si bonne compagnie qu'on ne quitte [PROV.] « on ne peut rest toujours avec les mêmes personnes, aussi agréables soient-elles ». La phrase accor pagne poliment un départ ; elle correspond pour le sens à : *les meilleures chos ont une fin.*

COMPAGNON n. m.

Compagnon d'armes «celui qui est soldat avec d'autres». L'expression remonte à la féodalité. Elle s'employait en parlant du chevalier qui avait juré amitié à un autre (XIIe s.). Du XVe au XVIIe s., c'est *compagnon de guerre* qui avait le sens actuel de *compagnon d'armes*.

Compagnon d'infortune «personne avec qui on a été dans le malheur».

Vx. *À dépêche-compagnon* «brutalement et mal». *Se battre à dépêche-compagnon* s'employait au XVIIe s., *travailler à dépêche-compagnon*, «vite et mal», date du XVIIIe s.

Compère et compagnon → COMPÈRE. — *De pair à compagnon* → PAIR.

Vx. *Faire le compagnon* «se prétendre habile, remarquable» (XVIIe s.). Il s'agit ici du sens ancien de *compagnon* «individu (avec une valeur généralement méliorative)».

Vx. *Qui a compagnon a maître* [PROV.] «perdre son indépendance dans une association ne vaut pas mieux que d'être sous la dépendance d'un maître». L'expression (début XVIIe s.) a recours à l'opposition lexicale *compagnon-maître* qui a, depuis le XVe siècle, une valeur précise dans l'économie corporative (où le compagnon s'oppose à l'apprenti et au maître). Elle met en cause la possibilité des relations égalitaires et constitue une critique avant la lettre du coopératisme.

COMPARAISON n. f.

Comparaison n'est pas raison «une comparaison, une figure de rhétorique ne constitue pas un argument valable, une preuve». Le proverbe est suscité par la paronomase, qui porte sur *-paraison (pas raison)* selon la coupe étymologique *comparatio*. Son sens n'est pas toujours très clair, à cause de la polysémie de *raison* et de la valeur très large qui est donnée à *comparaison*, pour «tout rapprochement formel entre mots». En fait, il s'agit de l'opposition traditionnelle et grossière entre la forme (*comparaison*, assemblage matériel des termes) et le fond ou l'idée (*raison*, «argument»), sous une forme paradoxale et naïve, car la phrase même *comparaison n'est pas raison*, si elle est vraie, s'applique à elle-même; elle n'est donc pas un argument.

Plusieurs loc. adv. (*par comparaison; sans comparaison*, avec un superlatif) et loc. prép. (*en comparaison de...; par comparaison avec...*).

COMPAS n. m.

Allonger le compas «marcher vite». L'ouverture des jambes est comparée à celle des branches du compas. Wartburg relève *faire son compas*, «s'enfuir, filer», dans l'argot de la fin du XIXe s. (en 1887). On dit aussi : *avoir un bon compas* pour «faire de grandes enjambées».

Les points du compas «les différents points de l'horizon, considérés comme origine des vents».

Avoir le compas dans l'œil «juger avec exactitude des distances, des proportions, sans prendre de mesures». L'expression est dans Saint-Simon (*Mémoires*, XII, ...); elle signifie «avoir un œil, un regard qui constitue un instrument de précision» correspond aux représentations schématiques de l'optique, où des lignes partent de l'œil d'un observateur. Cette locution est attribuée à Michel-Ange.

Veilli. *Faire quelque chose par compas et par mesure* «avec exactitude et précision minutieuse» (variante : *par règle et par compas*). *Par compas* «avec exactitude», s'est employé en ancien et moyen français (XIIIe-XVIIe s.). On a dit aussi *par droit compas*, *droit compas* (respectivement XVe et XIIe s.).

On trouve dans le même sens : *réglé comme un compas*.

> Je remüois mes yeux languissament, et par compas, comme un Ingenieux feroit tourner ses machines. Ch. SOREL, *Histoire comique de Francion*, p. 237.
>
> Et cela lui prenait, comme un commandement
> De Dieu : vers la Noël, et juste une fois l'an.
> Ce jour-là, sur la brune, il s'ensauvait à terre
> Comme un rat dont on a cacheté le derrière...
> — Tiens : Bitor disparu. — C'est son jour de sabbats
> Il en a pour deux nuits : réglé comme un compas.
> T. CORBIÈRE, *Les Amours jaunes*, p. 819.

COMPÈRE n. m.

Vieilli. *Compère et compagnon* « inséparables ». On a employé au début du XIXᵉ s. l'expression : *vivre avec qqn comme compère et compagnon* « être intime avec lui ». La répétition de deux mots de sens voisin et de forme partiellement identique *(comp-)* correspond à l'« amitié réciproque ».

COMPLET adj.

C'est complet! « il ne manquait plus que cela ; c'est le comble ». Avec une intonation appropriée, exprime la désillusion, le dépit, par l'idée de « totalité accomplie » (cf. *N'en jetez plus*, etc.).

Au (grand) complet « en totalité (surtout d'un ensemble de personnes) ». Dans cette locution adverbiale ou adjective, *complet* est substantivé. Le premier emploi semble être dans un contexte d'effectifs militaires : un corps de troupe est dit *être au (grand) complet* quand l'effectif atteint un nombre fixé (Boiste, 1829, *in* Wartburg).

Vieilli. *Il est complet* « complètement ivre ». Se rattache aux emplois péjoratifs de *complet*, avec des adjectifs dépréciatifs (par exemple : *fou complet*, au XVIIᵉ s.).

Il (ce) serait complet (précédé d'une proposition hypothétique) sert à parfaire une description péjorative (voir le précédent).

> [...] Vise un peu le Saint-Père comment qu'il est fringué... avec un anneau dans le nez j'te jure qu'il serait complet... PRÉVERT, *Paroles*, p. 115.

COMPOSITION n. f.

De bonne composition « d'un caractère doux, qui accepte facilement les suggestions d'autrui, cède facilement ». Cette expression est restée courante, depuis le XVIIᵉ s. (Acad., 1694 ; une attestation de 1672, *in* D.D.L.), malgré le vieillissement du sens correspondant de *composition* « accord, arrangement, transaction » (sauf dans le langage du droit). L'homme de *bonne composition* est celui qui *compose*, s'arrange d'une manière aisée ; *de facile, de difficile composition* (ce dernier emploi est dans Pascal) ne s'emploient plus. On trouve aussi dans Oudin (1640) l'expression *de bonne composition* appliquée à une femme peu farouche, avec qui on s'« arrange » facilement.

Amener à composition ; venir à composition « contraindre quelqu'un à conclure un accord ; accepter les conditions d'un accord » (langue littéraire). *Venir à composition* et *entrer en composition* (vx.) datent du XVIᵉ s. (R. Estienne, Montaigne). Le sens de *composition* est le même que dans la loc. précédente.

COMPOTE n. f.

En compote « en pièces, en morceaux ; complètement détruit », ou encore, en parlant du corps humain, « meurtri ». Attesté en 1615.

> Dès qu'une idée saine voit le jour, elle est aussitôt happée et mise en compote, et son auteur est traité d'anarchiste. L. FERRÉ, *Poète... vos papiers!*, p. 12-13.

Le jeu entre le sens courant de *compote* (fruits écrasés) et sa valeur générale et étymologique (lat. *composita,* de *componere* « mettre ensemble ») donne lieu à des
emplois plaisants :

> Un membre du Comité Révolutionnaire de la section du... à Paris, ancien confiseur, et
> devenu chef d'office dans une maison de proconsul, se plaignit des dilapidations des
> nouveaux riches : « ils ont mis, disait-il, la République en compote ».
>
> Jacques COUSIN, *Dictionnaire néologique,* éd. Moutardier, 1801,
> in *Matériaux pour l'histoire du vocabulaire français,* n° 11.

COMPTE n. m. Mot bref, polysémique, *compte* donne lieu à de nombreuses
expressions, dans ses deux principales acceptions « recherche ou évaluation d'une
quantité » et « exposé d'une énumération, d'un calcul portant sur des valeurs financières ».

Compte d'apothicaire → APOTHICAIRE.

Compte à rebours « énumération inverse des nombres entiers, aboutissant au
zéro, et qui précède une décision technique (départ d'une fusée, etc.) » ; au fig., « derniers préparatifs avant un événement important ».

Compte rond « dont le résultat ne comporte pas de fractions ».

Locutions adverbiales et adjectives :

À bon compte « à un prix avantageux » et métaphoriquement « sans difficulté,
sans effort ». Le *compte* est ici l'évaluation du prix par celui qui paye et *bon* correspond à *faible.*
En être quitte, s'en tirer à bon compte : « sans trop de dommage ».
Être satisfait, rassuré, à bon compte : « facilement ».

> Ce chef de bureau à la préfecture de..., qui savait se faire adjuger à bon compte les
> maisons des communes.   STENDHAL, *Le Rouge et le Noir,* p. 436.

À ce compte-là « si on envisage les choses de cette façon » (XVIIᵉ s.).

Au bout du compte « tout bien considéré ; après que tout a été dit, examiné ».
En fin de compte a une valeur voisine, mais sert plutôt à introduire en conclusion
une idée nouvelle, alors que *au bout du compte* est plus constatif.

> Et quelle solennité [...] donne à chaque scène (du Malade imaginaire) le contact secret
> avec la mort. C'est avec elle que tout se joue [...]. On la brave, on la bafoue ; jusqu'à
> celle de Molière lui-même qui vient en fin de compte parachever atrocement cette farce
> tragique.   A. GIDE, *Journal,* t. II, p. 83.

À la fin du compte ! s'emploie pour renforcer un reproche (ex. *tu m'ennuies,
à la fin du compte !*).

De compte à demi « en partageant les frais ».

> M. de Cholin louera une fenêtre, de compte à demi avec l'abbé Maslon.
>
>   STENDHAL, *Le Rouge et le Noir,* p. 675.

En fin de compte ; à la fin du compte « finalement » → AU BOUT DU
COMPTE (ci-dessus).

Pour le compte de..., pour son compte « en ce qui le concerne ».

Pour le compte « jusqu'à la fin du décompte des dix secondes correspondant
au knock-out », en boxe. *Envoyer à terre, au tapis... pour le compte.*

Sur le compte de qqn « à son sujet ». Avec les verbes *mettre* et *prendre,* correspond à « sous la responsabilité ». *Prendre sur son compte* est « accepter la responsabilité », *mettre sur le compte de qqn* « lui imputer ».

Tout compte fait, tous comptes faits « après avoir tout examiné ; en somme ».
On a dit *de compte fait, de comptes faits (réglés)* (Sainte-Beuve, Chateaubriand) et
compte fait (Gide) ; la première forme est archaïque, la seconde littéraire et rare.

Vx. ***Tenu comme un compte de cuisinière*** «trompeur, fallacieux» (1878, Gottschalk) → FAIRE DANSER L'ANSE* DU PANIER.

Locutions verbales :

Avoir son compte «constater qu'on a reçu ce qui est dû», ou «avoir ce qui
vous revient». Le premier emploi métaphorique de l'expression est positif et correspond à «avoir ce que l'on désire, être heureux» (XVIᵉ-XVIIᵉ s.); il a été complètement éliminé par l'emploi ironique «subir un inconvénient, avoir des malheurs»
(1675, *in* Wartburg). Dans cette perspective où le *compte* est «ce qu'on mérite
de désagréable», *avoir, recevoir son compte* peut signifier «être maltraité, malmené
battu», et *avoir son compte* «être ivre». Dans le premier sens, *j'ai mon compte* correspond à «ça me suffit».

> Denise écoutait la plainte continue du vieux marchand [...]. Moi, j'ai mon compte...
> Mais je le tiens tout de même et je ne le lâche pas. Il a encore perdu en appel.
> É. ZOLA, *Au bonheur des Dames*, t. II, p. 198.

On donne même à ***avoir son compte*** la valeur de «être achevé, tué», comme dans
régler son compte.

> [Villon] la tire [sa dague] et frappe Sermoise à l'aine «ne cuidant pas l'avoir frappé».
> (Cette excuse est fort suspecte.) Comme l'autre n'a pas semble-t-il son compte et le
> poursuit encore, il l'abat d'une pierre en plein visage.
> P. VALÉRY, *Variété*, Villon et Verlaine, p. 436.

Demander des comptes «demander des explications à quelqu'un que l'on tien
pour responsable». *Compte* a ici la même valeur qu'avec le verbe *rendre* (voir plu
loin). *Demander compte* correspond pour la forme à *rendre compte.*

> Mais le monde te demandera compte, tôt ou tard, de la place qu'il t'accorde sur parole,
> à cause des millions de ton père.   STENDHAL, *Lucien Leuwen*, p. 739.

Donner, régler son compte «renvoyer quelqu'un en lui payant son dû» (cf
Donner ses huit jours), ou «donner à qqn ce qu'il mérite» (en général de mauvais, de
désagréable, avec la même valeur ironique que dans AVOIR SON COMPTE). L'expression apparaît à la fin du XVIIIᵉ s. en parlant d'un domestique renvoyé.

Entrer en ligne de compte → LIGNE. Dans le même sens *(vx)* être de compte

Être loin du compte «se tromper lourdement (dans une estimation, une éva
luation), et généralement par défaut». D'abord sous la forme *être loin de compt*
(Oudin, 1656),... *de son compte* «être éloigné de bien évaluer»; compris comm
«parvenir à un résultat éloigné — inférieur — du résultat correct, du compte exact »

> Ses sujets s'étaient révoltés et l'avaient chassé. Le prince fugitif était venu demander
> à Kennedy main-forte contre eux. Il était loin du compte. Kennedy, sans façon, lui dit
> qu'il méritait lui-même d'être pendu, et qu'il pourvoirait d'ailleurs à ce qu'il ne pût
> pendre personne.   V. JACQUEMONT, *Correspondance*, t. I, p. 311.

Peut signifier aussi «ne pas obtenir ce que l'on demandait» (les deux acception
étant mêlées dans la citation suivante) :

> L'avaricieux fut contraint de faire les choses a quoy Francion le convioit, il n'osoit pas
> les luy refuser, se promettant qu'il n'auroit que soir-là ceste charge, et que son
> hoste poursuivroit son voyage commencé. Mais il fut bien estonné de se voir loin de
> son compte.   Ch. SOREL, *Histoire comique de Francion*, p. 344.

Vx. ***Être de bon (de mauvais) compte*** «être loyal (déloyal) en affaires» et, au fig.
«être sincère (insincère) ».

Vx. ***N'être pas du compte*** (ou *de compte*) «ne pas devoir être pris en considéra
tion» (XVIIIᵉ-XIXᵉ s.). On trouve le même type d'emploi dans *tenir compte.*

Faire le compte de quelqu'un «faire son affaire; être ce qu'il voulait». C
sens correspond à celui de *avoir son compte* et *trouver son compte*. Il existait d'autre
expressions avec *faire : faire compte de qqch.* «être certain de qqch.» (XVᵉ-XVIIᵉ s.)
faire son compte de qqch. «s'y attendre» (XVIᵉ-XVIIIᵉ s.). De nos jours, ***faire son compt***
signifie «procéder, s'y prendre» et ne s'emploie que dans le contexte d'une péjora

tion (*comment diable qu't'as fait ton compte* [Courteline]; *il a fait son compte comme un manche, un idiot...*).

Faire bon compte à... «donner à (qqn ou qqch.) une part généreuse».

Laisser pour compte «abandonner». Métaphore du langage commercial, où une marchandise *laissée pour compte* est refusée par l'acheteur qui la laisse au vendeur à charge pour lui de la comptabiliser. Lexicalisée dans *un laissé pour compte*.

Être laissé, rester pour compte «être inutilisé, laissé de côté».

Mettre sur le compte de... → ci-dessus SUR LE COMPTE.

Régler son compte à quelqu'un «lui donner ce qu'il mérite, en fait de punition, de mauvais traitements» → DONNER SON COMPTE (et AVOIR SON COMPTE). Le verbe *régler*, d'abord employé dans ce contexte pour qualifier un paiement exact (*régler le compte d'un ouvrier*, 1740) évoque l'idée de liquidation définitive *(régler une affaire)* et de rigueur. Aussi appliqué à un complément nom de personne, *régler son compte à...* peut s'employer au sens de «abattre totalement, liquider; tuer».

> Un bruit plus grave circulait, elle [la Compagnie] se vantait d'avoir décidé un grand
> nombre d'ouvriers à redescendre [dans les fosses]... les Maheu furent exaspérés.
> — Nom de Dieu! cria le père, s'il y a des traîtres, faut régler leur compte.
>   É. ZOLA, *Germinal*, t. I, p. 297.
> Je l'ai vu — et j'ai senti que, déjà, il me méprisait. [...] En langage de télégramme,
> avec deux mots gelés il m'a réglé mon compte.
> «Irrégulier! dissonant!»   J. VALLÈS, *L'Insurgé*, p. 46.

Rendre compte «donner des explications». Il faut distinguer deux types d'emploi, selon la nature du complément. **Rendre compte de qqch.** signifie simplement «exposer, relater en détail; expliquer» (voir la citation de Stendhal), d'où le dérivé lexical *compte rendu*. L'ancien français employait : *dire le compte*. **Rendre compte de sa conduite, de ses actes...** introduit l'idée de devoir, d'obligation et de responsabilité. Le verbe *rendre* prend alors sa valeur précise, qui est «restituer ce qui est dû» (→ ci-dessous RENDRE DES COMPTES). **Rendre compte de qqch.** signifiait d'ailleurs en moyen français «être puni pour cette chose».

> Lorsqu'elle est à bout de raisonnement, elle explique fort bien, par un appel à la foi,
> ce dont elle ne peut rendre compte par la simple raison.
>   STENDHAL, *Lucien Leuwen*, p. 820.

Se rendre compte «s'apercevoir, constater avec clarté», correspond au premier emploi de *rendre compte*. Ce verbe complexe, lexicalisé, se construit avec *de* et un nom complément ou avec *que* et une proposition à l'indicatif.

> Un décalage dont on ne peut, dès à présent, plus se rendre compte.
>   A. GIDE, *Journal*, t. II, p. 64.
> J'ai mis assez longtemps à me rendre compte que, dans ses lectures, il cherche surtout
> à se renseigner, et dans un domaine presque uniquement historique.
>   A. GIDE, *Journal*, t. II, p. 222.

Tu te rends compte! (Vous vous rendez compte!) Formule exclamative destinée à faire partager l'étonnement, l'admiration.

Vx. **Rendre compte** «vomir» (1656, Oudin). Renforcement plaisant de *rendre vomir»*, au moyen d'une expression courante (voir ci-dessus).

Rendre des comptes. Avec le pluriel, l'expression a toujours la valeur forte de *rendre compte*, qui implique la responsabilité et l'obligation (voir ci-dessus). *Rendre des comptes*, c'est toujours rendre compte de sa propre conduite et être tenu de le faire. L'expression est symétrique de DEMANDER DES COMPTES (ci-dessus).

> — Il est bien étonnant que vous sortiez au moment où madame doit avoir besoin
> de vous [...].
> — Madame la duchesse a Thérèse; et d'ailleurs, je sors par son ordre.
> — Oh! c'est bien, vous n'avez pas de comptes à me rendre.
>   BALZAC, *Vautrin*, acte II, scène 2.

Tenir compte de... « prendre en considération, et, éventuellement, accorder de l'importance à... ». L'expression s'est employée au XVIᵉ s. en parlant des personnes, avec le sens de « avoir une grande estime pour... » ; en français moderne, elle ne se dit que des choses.

> Ne dois-tu pas me savoir gré de ne tenir aucun compte de ce que tu appelais si bien : les valeurs fiduciaires, c'est-à-dire qui n'ont d'autre réalité que celle que nous leur accordons ? A. GIDE, *Journal*, t. II, p. 66.

Trouver son compte « trouver un avantage ou un intérêt ; ne rien perdre » (*in* R. Estienne, 1549).

> Il écrit pour « le gros public », c'est entendu : mais les délicats et raffinés y trouvent leur compte, dès qu'ils consentent à le prendre au sérieux.
> A. GIDE, *Journal*, t. II, p. 321.

Son compte est bon « il sera puni, il aura ce qu'il a mérité ». L'emploi du présent correspond à la certitude ou à la volonté d'accomplir la menace. L'utilisation de *compte* est la même que dans RÉGLER SON COMPTE (*le bon compte* est un *compte réglé*).

Les bon comptes font les bons amis « les relations amicales ne doivent pas exclure une exacte répartition financière ». Le proverbe a repris la valeur originale de « comptes exacts », alors qu'il avait un sens plus large : « la sincérité, l'honnêteté parfaite s'impose entre amis ».

> Elle [...] était affreuse, usée [...]. Il l'avait prise naturellement, sans l'éplucher davantage que sa soupe, où il trouvait des cheveux, et que son lit, dont les draps servaient trois mois. Elle entrait dans la pension, le mari aimait à répéter que les bons comptes font les bons amis. É. ZOLA, *Germinal*, t. I, p. 114.

Comme tous les proverbes, celui-ci peut être transformé par une ironie qui lui redonne un peu de force.

> Le Blondet en est pour ses frais de trahison, et comme les mauvais comptes font les bons amis, je le signalerai au duc comme l'assassin du vicomte de Langeac.
> BALZAC, *Vautrin*, acte V, scène 3.

> M. le ministre de la Guerre m'a fait l'honneur de me placer à la tête du 51ᵉ chasseurs, et je me plais à espérer que le 51ᵉ chasseurs n'aura pas plus à se plaindre de moi que je n'aurai à me plaindre de lui. Les bons comptes font les bons amis [...].
> G. COURTELINE, *Les Gaîtés de l'escadron*, p. 297.

Vx. ***À tout bon compte revenir*** [LOC. PROV.] « le meilleur compte n'est pas exempt de vérification ». Loc. elliptique signifiant : *on peut, il faut...* Attestée dans le Dictionnaire de l'Académie en 1835.

Erreur n'est pas compte → ERREUR.

COMPTE-GOUTTES n. m.

Au compte-gouttes « d'une manière parcimonieuse, lente et progressive » (avec des verbes comme *dispenser, distribuer, donner, rendre...*).

> La République a commis une grande faute, à mon avis, en repoussant les amabilités du Hohenzollern ou en ne les lui rendant qu'au compte-gouttes.
> M. PROUST, *À la recherche du temps perdu*, t. II, p. 947.

COMPTER v. tr.

À compter de... « à partir de (telle date) » (fin XVIIIᵉ s.).

Sans compter que... « sans même considérer que... ». Équivaut à *d'autant plus que...*

Tout bien compté « tout étant bien considéré, examiné ».

Compte là-dessus (et bois de l'eau [fraîche]). Formule ironique qui signifie « n'y compte pas ; tu n'as aucune chance de l'obtenir ».

> — Je vous promets d'étudier la question, finit-il par conclure : en haussant le ton [...].

— Oui, compte là-dessus et bois de l'eau!... Ah! ils ne sont pas chiches de bonnes paroles. Veux-tu des promesses, en voilà!

É. ZOLA, *Au Bonheur des Dames*, t. I, p. 199.

CON n. m. Le mot, dans son sens injurieux, entre dans de nombreux syntagmes fréquents (*sale con, pauvre con, vieux con... ; bande de cons,* etc.) qui ne sont pas phraséologiques.

À la con [LOC. ADJ.] «ridicule, inepte, dérisoire». La figure est identique à celle de nombreuses expressions péjoratives *(à la gomme, à la flan).*

Le roi des cons → ROI.

Con comme un balai, comme la lune «absolument idiot, inepte» → BALAI, LUNE.

Jouer au con «faire l'imbécile». Syn. *faire le con* (qui n'a d'originalité ni sémantique ni formelle).

Alors le père Benoît monte et il me trouve au lit. Il me secoue : «Tu as encore fait le con! — Ils n'avaient qu'à pas m'enfermer», je réponds. Puis je m'habille et je descends.   F. GUILLO, *Le P'tit Francis*, p. 58.

CONCERT n. m.

De concert [LOC. ADV.], *de concert avec* [LOC. PRÉP.] «en accord, en harmonie (d'une action commune)». C'est l'emploi le plus vivant de *concert* dans son sens général d'«accord», avec les syntagmes du genre *un concert de (critiques, louanges,* etc.).

CONCEVOIR v. tr.

Ce que l'on conçoit bien... On rappelle parfois le début du célèbre vers de *l'Art poétique* de Boileau pour suggérer qu'un discours obscur ou embarrassé est le fait d'une pensée au moins incertaine.

CONCIERGE n. m. et f.

Comme une concierge. Terme de comparaison pour des verbes et des adjectifs exprimant des propos médisants ou futiles : *bavard, bavarder, cancaner,* etc. L'emploi du féminin vient de la tradition qui attribue aux femmes la palme en matière de bavardage et de médisance ; *concierge* tend à se substituer à *commère* (qui a produit le dérivé *commérage*). L'antiféminisme général de la langue se manifeste ici clairement. Par contre, on dit aussi bien *un concierge* qu'*une concierge* pour qualifier les colporteurs de ragots.

CONCOURS n. m. L'emploi du sens de «rassemblement» survit dans quelques syntagmes, comme un *grand concours de peuple.*

Hors concours «qui fait preuve d'une telle supériorité qu'il ne peut être comparé à d'autres». L'emploi normal de l'expression («exclu du concours, non admis à concourir») est pratiquement inconnu.

CONCURRENCE n. f. Le mot, dérivé de l'ancien verbe *concurrer* (latin *concurrere* «exister, agir [*currere*] ensemble [*cum*]») signifie d'abord «rencontre, coïncidence».

Jusqu'à concurrence de... «jusqu'à une somme, un montant indiqué». On a d'abord dit *jusqu'à la concurrence de...* (milieu XVIᵉ-XVIIIᵉ s.) avec le sens précis de «jusqu'à l'acquittement de la somme». *Jusqu'à due concurrence* «jusqu'à ce que la somme fixée soit réunie».

Être, entrer en concurrence avec... « être en lutte avec (en parlant de deux actions contraires) ». Des intérêts *qui entrent en concurrence* sont des intérêts qui co-existent et entre lesquels il faut choisir (cf. *Être en balance*).

Défier toute concurrence, se dit de prix, de tarifs si bas qu'aucun concurrent ne peut espérer en proposer de plus bas.

CONDITION n. f.

Condition humaine «la situation de l'humanité, d'abord considérée comme subie et inéluctable». L'évolution du concept est marquée par les emplois de l'expression, de Rousseau par exemple (dans l'*Émile*) à Malraux.

À condition que... (verbe à l'ind. ou subj.), *de...* (infinitif), s'emploie pour marquer les circonstances nécessaires à la réalisation d'une intention. *Sous (la) condition de...,* s'emploie surtout pour introduire un substantif, un infinitif.

Mettre quelqu'un en condition «le préparer à accepter, à subir un endoctrinement; l'influencer systématiquement par une propagande». On emploie aussi l'expression nominale *mise en condition.*

Vx. *Entrer en condition, être en condition* «devenir, être au service de qqn, devenir, être domestique». L'expression remonte au Moyen Âge, avec le sens général de «être sous la dépendance de qqn», et *condition* a signifié «servage» (XIIIe s.). Au XIVe s., *gens de condition* se disait pour «domestiques» et *condition,* au XVIIe s., s'emploie seul au sens de «état de domestique». L'exemple suivant montre que l'expression survivait naguère dans quelques régions, mais n'était plus comprise de tous.

> Je ne vais pas changer, madame. Je vais cesser d'être en condition.
> — En quoi?
> — En condition... c'est une expression de chez moi pour les femmes de chambres, les gouvernantes...   J. DEVAL, *Mademoiselle,* in *Ph. Sl.*

On peut noter que le mot s'est spécialisé aux deux extrêmes de la société, soit pour qualifier un état subalterne, soit la noblesse (dans *personne de condition, homme de condition*).

CONDUITE n. f.

Vieilli. *Conduite de Grenoble* «réception hostile, accueil par des huées, des cris». *Faire à qqn une conduite de Grenoble* se dit d'un groupe qui chasse qqn en le malmenant quelque peu. L'expression est déjà donnée pour vieille par Littré, qui cite un texte de la *Revue Britannique* de 1872. En effet, F. Brunot l'a trouvée en 1790, dans le *Père Duchesne* de Hébert, et sa vogue paraît dater de l'époque révolutionnaire. L'expression s'est employée en 1787 lors de manifestations contre le ministre Terray; elle était encore bien vivante vers 1880 (Esnault). L'origine anecdotique parfois proposée, selon laquelle la locution vient des attaques dirigées en 1686 à Grenoble contre le grammairien et lexicographe Richelet, ne correspond ni aux dates (l'expression aurait attendu cent ans avant de se manifester), ni à l'importance du fait et à sa nature (une querelle de savants et non l'expression de la colère populaire).

> Cette femme ignoble
> Je lui ferais une conduite de Grenoble
> Telle qu'elle s'en souviendrait en Paradis!
>   Verlaine, *«Dans les limbes», Œuvres,* t. III, p. 2, in *T.L.F.*

Rég. *Conduite de onze heures* «gros bâton, gourdin, qui permet de se promener la nuit sans courir de risques» (Anjou).

Acheter une conduite (surtout au passé composé) «devenir rangé, sérieux». S'emploie ironiquement pour qualifier la sagesse inattendue d'une personne connue pour ses *écarts de conduite*. Le verbe *acheter* implique que la bonne *conduite* a été obtenue par un moyen artificiel, et l'assimilation de types de comportement appréciés par la société à une marchandise vénale revêt, si l'on y songe, un aspect critique inhabituel. L'expression a été relevée en 1863 par Esnault, qui y voit un «jeu de mots sur conduite d'eau» (?).

Faire un bout (un brin) de conduite à quelqu'un «l'accompagner, aller avec lui pendant un assez court instant» (→ BOUT).

> Le hasard m'a jeté les jambes un mécanicien du quartier avec lequel nous nous sommes pris aux cheveux quelquefois. Il est communiste : je ne le suis pas. Oh! non, il ne me lâche plus! Et il me force à lui faire un bout de conduite.
>
> J. VALLÈS, *L'Insurgé*, p. 149.

CONFIDENCE n. f.

Fausse confidence «confidence trompeuse ou destinée à tromper». La pièce de Marivaux a donné à ce syntagme la valeur d'une locution stable.

En confidence [LOC. ADV.] «en confiant à qqn discrètement et sous le sceau du secret».

(Être, mettre) dans la confidence «dans la connaissance de ce qui n'est connu que de quelques personnes».

CONFISEUR n. m.

Trêve des confiseurs → TRÊVE.

CONFORT n. m.

Confort intellectuel. Cette association d'un substantif réservé au domaine concret avec l'adjectif intellectuel a été répandue par Marcel Aymé, dont un ouvrage porte ce titre. *Confort* ajoute à *euphorie, plaisir*, l'idée de «facilités matérielles» (donc de platitude et de vulgarité sur le plan moral et intellectuel).

CONFUSION n. f.

Vieilli. **La confusion des langues** «l'impossibilité de se comprendre, de discuter utilement». Allusion à la tour de Babel.

CONGÉ n. m. *Congé* (ancien français *congiet*), du latin *commeatus,* signifie à l'origine «permission de se retirer».

Donner congé à... «demander ou ordonner à (qqn) de se retirer, de s'en aller». Cette acception correspond au sens du dérivé *congédier*, mais l'expression verbale, qui s'emploie encore en français contemporain a moins de force que le verbe. *Donner congé* n'est que «laisser ou faire partir» (notamment à la fin d'une entrevue), alors que *congédier* (qui a eu ce sens jusqu'au XVIIᵉ s.) correspond à «renvoyer de son service». *Donner à qqn son congé* correspond à *congédier*.

Prendre congé de... «faire ses adieux à (qqn), avant de partir». On a employé dans le même sens *demander congé*.

CONNAISSANCE n. f.

En connaissance de cause «en étant bien informé sur la chose en question». Le sens courant et actuel de cette expression repose sur un contresens (*connaissance* est compris comme «fait de savoir»). Elle vient en fait de la langue du droit : un tribunal qui juge en *connaissance de cause* est un tribunal qui a compétence pour juger cette cause, pour *en connaître*. Métaphoriquement, l'expression signifie «avec de bonnes raisons pour le faire, d'une manière compétente». Lorsque Voltaire écrit que Turgot est «protecteur de tous les arts [...] en connaissance de cause», il ne veut pas dire qu'il a reçu des informations excellentes sur les arts, mais qu'il est compétent et « bon juge » pour s'en occuper.

De connaissance [LOC. ADJ.] « bien connu (d'une ou plusieurs personnes) ». *Des gens de connaissance. Une personne de ma connaissance.*

Faire connaissance (avec...) « rencontrer pour la première fois ». Fig. (le complément, et parfois le sujet, désignent une chose) : « être mis en contact avec... ; faire l'expérience de... ».

CONNAÎTRE v. tr.

Fam. **Connaître quelqu'un comme si on l'avait fait** « très bien, intimement », comme la mère l'enfant qu'elle a porté (ou l'auteur son œuvre). Cf. CONNAÎTRE COMME SA POCHE*.

Ça me (le) connaît « c'est une chose qui m'est (lui est) familière ». Cette locution familière présente un grand intérêt sémantique, car elle fait du sujet humain de la connaissance un objet. Le modèle formel est sans doute : *ça me plaît, ça me concerne, ça m'intéresse*, etc., où le démonstratif est sujet d'un verbe qui exprime la relation entre le monde extérieur et l'homme ; *connaître*, qui exprime normalement la relation inverse, est assimilé à ces verbes. L'expression ne signifie pas seulement « je connais bien cela », mais par une sorte de transformation passive « moi, en tant que sujet, suis véritablement absorbé par la chose en question ». Très innocemment, la langue contribue ici à la « déconstruction » du sujet cartésien qui préoccupe si fort les philosophes contemporains.

Je ne connais que ça! « Je suis tout à fait au courant ». La locution exprime l'intensité de la connaissance par une pseudo-exclusivité. *Ne connaître qu'une chose* signifie « connaître parfaitement ».

Connais-toi toi-même. Traduction française de la maxime socratique.

C'est bien connu « c'est une chose évidente, qui n'a plus besoin d'être expliquée, commentée ».

> Comment que j'ai entendu causer de Méséglise? mais c'est bien connu : on m'en a causé et même souventes fois causé, répondait-il [...].
> M. PROUST, *À la recherche du temps perdu*, t. II, p. 25.

CONSCIENCE n. f.

Bonne conscience, mauvaise conscience. Ces syntagmes nominaux relèvent plus de l'étude du lexique que de la phraséologie, mais ils méritent d'être mentionnés pour leur évolution en français moderne. *Bonne conscience,* du XVIe au XIXe s., signifiait normalement « loyauté, sincérité ». *Avoir bonne conscience* équivalait encore naguère à *avoir une conscience pure* « n'avoir rien à se reprocher ». Mais de nos jours, la *bonne conscience* suppose une morale de facilité, peu exigeante, et implique l'ignorance ou le refus des responsabilités (voir le *Supplément* du Robert). Ainsi *bonne conscience* est-il presque toujours péjoratif et *mauvaise conscience* désigne-t-il une inquiétude morale qui est plutôt à l'honneur de celui qui l'éprouve. L'idée sous-jacente est que, tout homme étant coupable, une *conscience légère* est plutôt un signe *d'inconscience* que de pureté.

En conscience « sincèrement ». L'ancien français employait aussi *à conscience* et *à la conscience. En bonne conscience* « honnêtement » (XVIIe s.) ne s'emploie plus.

En mon âme et conscience → ÂME. **Par acquit de conscience** → ACQUIT.

La main sur la conscience « en toute sincérité ». Variante abstraite de *la main sur le cœur* → MAIN.

Le mot sert à former plusieurs syntagmes verbaux courants appartenant au lexique : *avoir conscience de.., que...* ; *perdre conscience (de...)* ; *prendre conscience de....* où *conscience* a sa valeur psychologique («connaissance spontanée par le sujet»).

Avoir quelque chose sur la conscience «se sentir coupable, responsable de quelque chose» (XVIIe s.). La préposition *sur* exprime à elle seule la métaphore du poids, de la charge, qui correspond fréquemment aux notions de faute, de péché. Des verbes comme *peser* renforcent l'expression.

> Car c'est une chose qui me *pèse sur la conscience*, et je n'aurai un peu de tranquillité que quand je serai débarrassé de cette obsession.
>
> G. FLAUBERT, *Correspondance*, IVe série, p. 104.

> Il crut qu'il seroit un sot s'il se laissoit ainsi martyriser, faute de descouvrir la vérité. Il dit que c'estoit à ce coup qu'il alloit déclarer tout ce qu'il avoit sur la conscience.
>
> CH. SOREL, *Histoire comique de Francion*, p. 502.

Avoir la conscience large, élastique «ne pas être exigeant en matière de morale personnelle». Par la métaphore de l'élasticité, la conscience morale est rendue adaptable aux circonstances : elle peut devenir assez large pour absorber ce qui la gênerait autrement. Cf. *la conscience large comme une manche de cordelier**.

Fam. et vieilli. *Se mettre quelque chose sur la conscience* «manger ou boire quelque chose». L'expression est dans Marot.

Une conscience pure est un bon oreiller [PROV.] «la personne qui n'a rien à se reprocher a un sommeil tranquille»; comme tant d'autres, ce proverbe illustre une morale de la rétribution : un sommeil tranquille est ici la récompense du sentiment d'avoir bien agi. Inutile de dire que le thème moderne de la culpabilité est peu compatible avec ce genre de platitude, et que les seuls *bons oreillers* qui nous restent sont physiologiques ou chimiques. Pour la métaphore de l'*oreiller* → OREIL-LER.

CONSEIL n. m.

De bon conseil, se dit des personnes dont les conseils sont sages (milieu XVIe s.).

Prendre conseil de... «se faire conseiller par». Fam. *Prendre conseil de son bonnet de nuit* «attendre d'avoir dormi pour se décider», cf. LA NUIT* PORTE CONSEIL (seul emploi de *porter conseil* «conseiller»).

Vx. *Il a bientôt assemblé son conseil* «il se décide rapidement». L'expression jouait sur les sens de *conseil* : «assemblée délibérante» et «résolution».

CONSEILLER n. m.

Vx. *Le conseiller des grâces* «le miroir». Expression du langage précieux, immortalisée par Molière dans *Les Précieuses ridicules*.

Vx. *Conseiller de l'oreille* «courtisan qui vit dans l'intimité d'un souverain, d'un prince, et qui est écouté de lui» (*in* Cotgrave, 1611). *Oreille* évoque ici les idées d'«écoute attentive» (comme dans *avoir l'oreille de qqn*) et de «proximité» (comme dans la locution DE BOUCHE* À OREILLE).

CONSEILLEUR n. m.

Les conseilleurs ne sont pas les payeurs «ceux qui conseillent à qqn de faire qqch. ne se préoccupent pas des conséquences et refusent toute responsabilité» (début XIXe s.).

> Je m'inquiète très peu des gens qui me désapprouvent et leur réponds : les conseilleurs ne sont pas les payeurs.   C. CROS, *Correspondance*, p. 629.

CONSENTIR v. tr.

Qui ne dit mot consent « celui qui se tait (et donc ne refuse ni ne proteste) peut être considéré comme étant d'accord ».

CONSÉQUENCE n. f.

Ce mot abstrait ne donne lieu qu'à des locutions à fonction grammaticale (*en conséquence*, adverbial ; *en conséquence de...*, *de conséquence*, adjectival ; *sans conséquence*, adjectival). On signalera cependant, pour sa syntaxe :

Tirer à conséquence « avoir des suites graves ». Surtout en emploi négatif : *cela ne tire pas à conséquence*, « cela n'entraînera pas d'effets importants ou graves ». Dans son sens actuel, l'expression date du XVIIIᵉ s. ; elle provient pour la forme, de *traire qqch. à conséquence* (XIIIᵉ s.), *tirer en conséquence* (XVIᵉ s.) ou *à conséquence*, « suivre comme un exemple pour obtenir des résultats déjà produits par une démarche analogue », c'est-à-dire « suivre jusqu'aux conséquences ». Puis on a dit qu'une chose *tirait à conséquence*, en faisant du complément, un sujet et du verbe transitif, un intransitif (cf. *Cuire un œuf ; un œuf cuit*), qui prend le sens de « entraîner, conduire » et non plus de « suivre ». En outre, *conséquence*, « suite logique », a été parasité par le sens « importance » qu'illustre une ancienne locution : *toucher de conséquence à qqn* « être important pour lui ».

CONSERVE n. f.

Littér. *De conserve* « ensemble, de compagnie ». Cette locution adverbiale, n'étant plus motivée par un sens vivant du substantif *conserve*, mérite un mot d'explication. Il s'agit d'un terme de marine (*naviguer de conserve*, in Amyot, 1599) qui a reçu des applications plus larges à la fin du XVIIᵉ s. et signifie « garder (la même route, la vue du navire avec lequel on navigue) ». En dehors du contexte maritime ou au moins du voyage, l'expression a vieilli, bien que le dictionnaire de l'Académie enregistre en 1932, *agir de conserve*. On dira dans ce cas : *de concert*, et la paronymie entre les deux mots invite à la confusion des deux expressions (remarque de P. Zumthor, dans Wartburg).

CONSIGNE n. f.

Vx. *Homme de consigne* « celui qui respecte rigoureusement la consigne ». On dirait aujourd'hui : *il ne connaît que la consigne*.

(Être) à cheval sur la consigne « respecter rigoureusement la consigne ».

Manger la consigne « oublier une recommandation, ne pas accomplir un ordre » (milieu XIXᵉ s.). Parmi les nombreux verbes qui expriment le non-respect de la consigne, plusieurs sont métaphoriques *(forcer, violer)* mais la métaphore y constitue une acception normale. *Manger la consigne* est plus évocateur, plus imagé, parce que l'emploi du verbe ne correspond pas à un ensemble cohérent (à la différence de *manger de l'argent*, par exemple).

CONSORT adj. m.

... et consorts « et gens de la même espèce » → ... ET COMPAGNIE★.

CONTE n. m.

Ce mot, qui en français moderne s'oppose à *compte* par le sens, lui est apparenté. *Conter*, en ancien français, c'est à la fois « calculer » *(compter)* et « relater en énumérant les circonstances ». *Conte* est d'abord (XIIᵉ s.) un « récit vrai (et minutieux) ». Ce n'est qu'au XVIᵉ s. que l'idée d'« invention » s'attache au mot.

Vx. *Conte en l'air* (XVIIᵉ s.) « récit sans fondement, histoire inventée ». On trouve dans le même sens (par exemple chez Molière) *conte bleu, conte à dormir debout*

(→ Dormir). *Conte bleu* fait allusion aux histoires des romans de chevalerie de la *bibliothèque bleue* et donne à *bleu* la valeur d'« illusoire ».

Conte de bonne femme, de ma mère l'oie, de la cigogne... Expressions désignant des types de contes pour enfants et qui servent parfois à qualifier une histoire invraisemblable (voir le précédent) → aussi Oie. *Contes de la cigogne* est dans Rabelais.

Conte de fées « récit fantastique où figurent des personnages enchantés, fées, magiciens, etc. » ; « histoire invraisemblable ».

CONTENANCE n. f. Ce substantif est dérivé de *se contenir* qui signifiait « se comporter, se conduire » en même temps que « ne pas faire paraître un sentiment ». Il signifie donc originellement « contenu de conscience dont rien ne paraît à l'extérieur ».

Se donner une contenance « s'efforcer de paraître calme, maître de soi, à l'aise ». Comme beaucoup de termes exprimant des comportements, des attitudes psychologiques, *contenance* est employé soit absolument (on a ou on n'a pas *contenance*), soit relativement (*bonne contenance*, qui suppose une *mauvaise*). C'est ici le premier cas où l'homme dans une situation troublante « prend une contenance » et se la confère à lui-même.

Faire bonne contenance « se montrer calme et digne dans une situation difficile ». L'expression a remplacé au xviie s. *tenir bonne contenance* (xve s.) qui évoquait mieux la fermeté, par le verbe *tenir* (on dit parfois de nos jours *garder contenance*, avec la même nuance). *Faire bonne contenance* provient du croisement de *faire contenance* (xiiie s.) et de *tenir bonne contenance*.

Perdre contenance « perdre son calme, son contrôle de soi ». L'expression s'emploie depuis le xiiie s. et correspond dans la phraséologie à *(se) décontenancer* sur le plan lexical.

CONTENT n. m. Le sens est le même que CONTENTEMENT, voir ci-dessous.

Avoir son content, tout son content « avoir tout ce que l'on désire, être comblé » (fin xve s.). L'expression est le seul usage vivant du mot dans ce sens, avec quelques locutions régionales (comme faire, avoir qqch. *à son content* « tant qu'on veut ») et des emplois analogues, avec d'autres verbes (*manger son content*, etc.).

> Avec nos sens déjà, nous en avions notre content : le reste est surcharge.
> A. Gide, *Journal*, t. II, p. 312.

CONTENTEMENT n. m.

Contentement passe richesse [PROV.] « la satisfaction intérieure est plus grande que celle que donne l'argent ». La syntaxe et le vocabulaire archaïque (absence d'articles, emploi de *passer* au sens de « dépasser, surpasser ») indique un proverbe ancien. On peut le rapprocher de *l'argent ne fait pas le bonheur*, mais le sens est fort différent, puisque *contentement passe richesse* présuppose par l'emploi de *passer* que *richesse* est déjà un bien estimable. Ce proverbe est moins délibérément destiné à amuser les déshérités (le xxe siècle dit : à les mystifier).

CONTENTER v. tr.

Contenter tout le monde et son père → Père.

CONTER v. tr.

En conter de belles, des vertes et des pas mûres, de toutes les couleurs... « raconter des histoires incroyables ou du moins fort étonnantes » → Vert, Couleur.

Conter fleurette → FLEURETTE.

S'en faire, s'en laisser conter « se laisser tromper par de belles paroles », et aussi « se laisser séduire par des discours galants » (ce dernier sens est archaïque). L'expression constitue l'emploi le plus vivant de *en conter* « abuser, tromper », qui était courant dans la langue classique.

CONTINUATION n. f.

Bonne continuation! Formule familière (réservée en français actuel à la langue non bourgeoise et considérée comme très peu distinguée) par laquelle on souhaite à quelqu'un de poursuivre avec plaisir une activité qui semble lui plaire, ou en général ses activités habituelles.

CONTRADICTION n. f.

Esprit de contradiction « disposition à s'opposer, à contredire, à faire le contraire de ce qui est recommandé ou prescrit ».

CONTRASTE n. m.

La loi des contrastes « la rencontre obligatoire de phénomènes opposés ».
 Ainsi [...] entre deux paragraphes excellents, il intercale une naïveté qui détruit son
 effet : « Comme pour obéir à la grande loi du contraste ».
                                                       G. FLAUBERT, *Correspondance*, V⁰ série, p. 278.

CONTRE-PIED n. m.

Prendre le contre-pied de... « faire exactement le contraire ». À l'origine *contrepied* est un terme de vénerie qui désigne le chemin parcouru par les chiens lorsque, s'étant trompés sur le sens de la fuite de la bête, ils en suivent les voies à rebours. L'expression métaphorique conserve l'idée de « sens inverse », mais non celle d'« erreur », alors qu'on disait au XVII⁰ s. *courre* (courir) *le contre-pied* « faire le contraire de ce qu'il faudrait ». À cette idée de « sens inverse, comportement à rebours », présente aussi dans les emplois de *à contre-pied*, au XVII⁰ s., l'expression *prendre le contrepied* ajoute celle d'« opposition à la volonté ou au désir de qqn, de la société, etc. ». Elle utilise là une des nombreuses valeurs métaphoriques de *pied*, qu'on trouve dans *de pied ferme*, par exemple (→ PIED).

CONTREPOIDS n. m.

Vx. *En contrepoids* « en compensation » (Amyot, d'Aubigné), ou « d'une façon analogue » (François de Sales).

Faire contrepoids à... « compenser une action ou un comportement par une action dont l'effet est contraire, par un comportement opposé ». L'image du poids servant de balancier reste très sensible dans cet emploi métaphorique de *contrepoids*.

CONTRIBUTION n. f.

Mettre à contribution « utiliser largement (un ouvrage) » ou « se faire aider (par qqn) ». L'expression est d'abord de nature fiscale : *mettre une population à contribution* (milieu XVII⁰ s.), c'était tout simplement la pressurer d'impôts. L'utilisation littéraire de l'expression, qui date du XVIII⁰ s., correspond donc à un emploi métaphorique de la notion d'impôt levé. Puis, la valeur financière du mot *contribution* s'efface et on ne pense plus qu'à *contribuer* (*mettre à contribution = faire contribuer* [qqn, qqch.] à un effort).

CONVERSATION n. f.

Avoir de la conversation « être capable d'animer la conversation ; parler beaucoup et facilement ». L'expression est familière et on l'emploie parfois ironiquement pour qualifier un « beau parleur », à l'élégance facile.

CONVOLER v. intr.

Convoler en justes noces « se marier ». Expression ironique, le seul emploi du verbe *convoler* qui signifie simplement « accourir [voler] vers... ». En latin juridique et en français (xvᵉ s.) le verbe s'emploie dans des expressions désignant le mariage : *convolare ad secundas nuptias, convoler en secondes noces*. Molière l'a employé plaisamment dans la phrase *convoler dans les bras d'un homme* « se marier ».

> Il reçut de la fiancée trouvée par l'agence une lettre un peu aigre, mais ce ne fut pas lui qui la lut.
>
> Trois mois après, il convolait en justes noces avec sa maîtresse.
>
> L'agence avait fait un mariage, mais pas celui qu'elle cherchait, et une fois de plus elle en était pour ses frais.   GORON, *L'Amour à Paris*, t. I, p. 325.

COPEAU n. m.

Arg. *Avoir les copeaux* « avoir peur » (1917).

COPIE n. f.

La copie conforme de... « chose, personne qui ressemble parfaitement à... ». Expression empruntée au vocabulaire administratif et juridique pour sa redondance quant à l'idée de « ressemblance ».

COPIER v. tr.

Fam. *Tu me la copieras !* Exclamation par laquelle on proteste contre quelque chose que l'on désapprouve, en conviant ironiquement le responsable à « répéter » symboliquement *(copier)* son acte.

> Alors dis donc tu vas fort !... avec toute la glace en miettes ! Ah ! pardon ! Tu me la copieras !... Ah ! toi t'es monstre !... Je t'assure !
>
> L.-F. CÉLINE, *Le Pont de Londres*, p. 251.

COPINAGE n. m.

Spécial copinage. Se dit par ironie d'un article de presse suscité par les relations personnelles. Le syntagme est construit sur le modèle des désignations journalistiques, du genre *spécial* + nom explicitant la nature de la rubrique.

COQ n. m. Mot d'origine onomatopéique (latin *coco* « cocorico », chez Pétrone) qui a supplanté l'ancien mot *jal, jau,* du latin *gallus*. Les locutions formées avec *coq* font allusion, soit à son chant (qui l'a nommé), soit à sa domination sur un grand nombre de femelles (avec l'idée d'« orgueil » → aussi POU 2), soit au comportement combatif.

Coq à l'âne → ci-dessous PASSER DU COQ À L'ÂNE.

Coq en pâte → ci-dessous ÊTRE COMME UN COQ EN PÂTE.

Le coq du village « l'homme le plus admiré des femmes » (var. ancienne : *le coq de la paroisse*). À l'origine, l'expression *coq de village, de paroisse* désigne plutôt un personnage riche et important dans le pays : « Il est le coq du bourg, connu pour un Crésus », écrit Hauteroche.

> Il regnoit en son quartier comme un petit demy dieu et vray coq de paroisse.
>
> NOËL DU FAIL, *Propos rustiques*.

> C'était le coq du collège
> Quel cancre ! quelle insolence !   J. COCTEAU, *La Fin du Potomak*.

Jambes, mollets de coq «maigres et saillants» (milieu XIXᵉ s.). L'expression ne qualifie pas seulement l'apparence physique, mais évoque un comportement.

Au (premier) chant du coq «très tôt le matin, au petit jour» → CHANT.

Rouge comme un coq «très rouge (de colère, etc.)». Si la comparaison évoque toujours un comportement agressif ou du moins agité, c'est à cause des valeurs évocatrices du mot *coq*.

> «Tu es rouge comme un coq», «tu es en nage» : objurgations de ma mère craignant que je ne me refroidisse quand j'avais couru trop ou joué en me donnant trop de mouvement.
>   M. LEIRIS, *Fourbis*, p. 17.

Être (vivre) comme un coq en pâte «être bien soigné, avoir toutes ses aises». L'expression a succédé à *coq au panier, coq de bagage* (Le Roux), c'est-à-dire «coq que l'on transporte au marché en prenant grand soin de lui». L'élément *en pâte* apparaît au XVIIᵉ s. (par exemple dans le dict. de l'Académie, en 1694); la métaphore qui conduit de la viande, du gibier, etc., couché dans son lit de pâte (pour constituer un *pâté*) à l'idée de confort provient à la fois d'une analogie concrète (lit profond, chaleur) et d'un transfert métonymique (l'agrément qu'on prend à déguster la volaille *en pâte* est reporté sur la victime même). Étant donné le peu de renom des pâtés de coq, *coq en pâte* peut provenir du croisement de *coq au panier* avec *en pâte*, facilité par la paronomase. L'hypothèse selon laquelle le *coq en pâte* est engraissé de bonnes pâtées néglige la forme de l'expression.

> J'étais comme un coq en pâte. On me fêtait. On ne me perdait pas un moment sans me regretter. J'étais leur petit Rameau, leur joli Rameau [...].
>   DIDEROT, *Le Neveu de Rameau*, p. 436.
> Dix jours avant, j'étais à Peyruis, dans une baraque, seul valet, un peu mon maître ; peu de travail, bonne table, et puis, la maîtresse c'était une femme chaude : enfin coq en pâte.
>   J. GIONO, *Un de Baumugnes*, p. 10.

Altération plaisante :

> La célèbre bande des Pieds Nickelés s'était échouée, on s'en souvient, dans un patelin de sauvages, dont Croquignol était devenu le roi. Les trois copains vivaient là comme *coqs en plâtre* au milieu des moricauds et se tournaient tranquillement les pouces, heureux de cette paisible existence.   *L'Épatant*, 1909, p. 48.

Passer du coq à l'âne (d'abord *saillir*, puis *sauter du coq à l'âne*) «passer brusquement d'un sujet à un autre très différent, sans liaison» ; «tenir des propos incohérents». L'expression a donné naissance à un mot composé *(un coq à l'âne)*, mais est restée vivante. Ménage attribuait l'invention de l'expression à Marot, ce qui n'étonne guère, car Marot, avec Villon, était une des rares références à l'ancienne langue, pour les classiques. Mais *saillir du coq en l'asne* se disait déjà au XIVᵉ s. La langue anglaise utilise le coq de la même manière, dans *a cock and bull story* («une histoire de coq et de taureau», qui explicite une valeur sexuelle mâle).

> Il n'entendoit pas encore bien le François, aussi ne faisois je pas son langage, corrompu : de manière que nostre entretien fust un coq a l'asne perpetuel.
>   Ch. SOREL, *Histoire comique de Francion*, p. 119.

Ce n'est pas à la poule à chanter devant (= avant) *le coq* → POULE.

COQUE n. f.

Vx. *Œil à la coque* «œil poché» (début XIXᵉ s.). Équivoque sur *œil-œuf* et recours aux sens populaires de *coquer*, «cogner, heurter», qui remontent au Moyen Âge et se retrouvent dans *coquard*, «coup» (avec l'influence métonymique de *cocarde* «tête»). L'à-peu-près s'appuie sans doute aussi sur l'emploi de *poché*★.

Vx et fam. *À la coque* «excellent, parfait».

> On en dit merveille :
> — Paraît qu'c'est tout à fait à la coque !   H. BARBUSSE, *Le Feu*, t. I, p. 29.

Vx. **Sortir de la coque** « être jeune, inexpérimenté » (XVIIᵉ s.). *Coque,* dans ce sens, a été remplacé par le dérivé *coquille* (sauf dans *œuf à la coque*).

COQUECIGRUE n. f.

Ce mot d'origine incertaine (jeu vraisemblable sur *coquegrue* « coq de la grue », c'est-à-dire « grue mâle », et *cigogne*) se trouve chez Rabelais en 1534. Le sémantisme du mot l'apparente à *cigogne,* cf. l'expression *Contes de la cigogne* « balivernes ».

Vx. **À la venue des coquecigrues** « jamais » (Rabelais, I, ch. 49). Si Rabelais est le créateur du mot, il pourrait avoir forgé le nom de cet oiseau fabuleux d'après *coq* et *cigogne* (ou *cygne*), *grue* véhiculant le sens d'« attente indéterminée » → GRUE (FAIRE LE PIED DE GRUE). *Cigogne* et *coq* ont aussi des valeurs métaphoriques et péjoratives.

Vx. **Raisonner comme une coquecigrue** « d'une manière absurde ». Cette expression et la précédente, signalées en 1842 par Gottschalk, sont sans doute anciennes et devaient constituer au XIXᵉ s. des archaïsmes littéraires.

COQUELICOT n. m.

Rouge comme un coquelicot « rouge (de confusion, de pudeur ou encore par la nature du teint) ». La comparaison bucolique entraîne des connotations charmantes — ou ironiques. Se dit notamment des enfants, des adolescents.

COQUETTE n. f.

Grande coquette « emploi de jeune femme séduisante, au théâtre ». *Jouer les grandes coquettes* « chercher à séduire d'une manière affectée ».

COQUETTERIE n. f.

Avoir une coquetterie dans l'œil « loucher très légèrement ». Euphémisme plaisant qui fait allusion aux regards en coin d'une coquette.

Être en coquetterie avec quelqu'un « chercher à séduire, être en relations galantes ».

COQUILLARD n. m.

Arg. puis fam. **Se tamponner le coquillard de...** « se moquer complètement ». Variante synonymique de *se battre l'œil,* avec les mêmes équivoques (→ ŒIL), ici appuyées par les sens obscènes de *coquille,* notamment attestés au XVIᵉ s., et par le verbe *tamponner.* Le sémantisme « se moquer de, être indifférent à » est constamment exprimé dans la langue populaire par des activités scatologiques *(s'en torcher)* et érotiques → aussi COLIN-TAMPON.

> Marie-Noire — dit Geoffroy — votre Angus, comme on dit dans la langue de Vautrin et de Figon, je m'en tamponne le coquillard.   ARAGON, *Blanche ou l'Oubli,* p. 311.

COQUILLE n. f.

Rentrer, rester... dans sa coquille « se renfermer dans l'isolement, l'inaction ». Au XVIIᵉ s. (Voiture), *rentrer dans sa coquille* signifiait plus précisément « se retirer d'une entreprise téméraire » (Wartburg). Comme dans l'expression antonyme *sortir de sa coquille* (fin XVIIᵉ s.), la métaphore s'appuie sur le comportement de l'escargot et d'animaux similaires.

Vx. **Bien vendre ses coquilles** « tirer un profit exagéré de quelque chose » (XVᵉ-XVIᵉ s.). *Vendeur* et (auparavant) *bailleur de coquilles* signifie au XVIᵉ et au XVIIᵉ s. « trompeur », probablement avec l'idée d'opposition entre le contenant (la coquille) et le contenu. On évoque aussi l'explication proverbiale : *vendre ses coquilles à ceux qui reviennent de Saint-Jacques,* c'est-à-dire aux pèlerins qui sont de retour et portent la coquille emblématique. *À qui vendez-vous vos coquilles?* signifie « Vous vous moquez de moi ».

> Vous devriez aller plus au jour qu'en ce lieu-là, dit-elle, et d'austres, a qui vendez vous vos coquilles?
> Ch. SOREL, *Histoire comique de Francion*, p. 267.

COR n. m.

À cor et à cri « en réclamant à grand bruit, avec beaucoup d'insistance ». L'expression vient du vocabulaire de la vénerie : on trouve depuis le XVᵉ s. (d'après Wartburg) *à cry et à cor, à cry, à cor et à suyte* (du Bellay), puis *à cor et à cri* (1635) pour désigner la chasse ou le moment de la chasse où l'on poursuit la bête en sonnant du cor et en criant (on a d'abord dit : *chasser de cor et de bouche*).

Les premières métaphores sont très claires : *poursuivre un procès à cor et à cri* (milieu XVIᵉ s.), c'est le mener avec toute son énergie et en attirant l'attention. Depuis le XVIIᵉ s., l'expression s'emploie surtout avec des verbes désignant la parole *(réclamer, protester...)* ; elle a dû sa longévité à l'expressivité phonétique des *k* et des *r* et à l'alternance vocalique *a-o, a-i*. Le remplacement de *à cri et à cor* par la forme moderne, aux XVIᵉ-XVIIᵉ s., est inexpliqué ; la première forme était encore plus énergique et plus conforme à la structure vocalique des formations expressives du type de *bric et de broc*.

> Je sais que le parti socialiste réclame sa tête à cor et à cri, ainsi que l'élargissement immédiat du prisonnier de l'île du Diable.
> M. PROUST, *À la recherche du temps perdu*, t. II, p. 245.

CORBEAU n. m.

Ce mot est plus riche en sens figurés qu'en expressions : il sert de nom à des personnes vêtues de noir, et par transfert métaphorique plus que par observation du réel, il évoque la mort (un *corbeau* est un croque-mort, un fossoyeur, un prêtre, un délateur...). Et si l'on remarque que le corbeau « se nourrit de charognes », c'est surtout parce qu'il est noir.

Aile de corbeau, s'emploie en adjectif, et signifie « très noir ». On dit aussi : *noir comme un corbeau, comme l'aile du corbeau*.

> C'était une véritable Espagnole : elle avait le teint espagnol, les yeux espagnols, de longs cils recourbés, et une prunelle plus noire que ne l'est l'aile d'un corbeau.
> BALZAC, *El Verdugo*, p. 872.

Vx. *Ne pas revenir comme le corbeau de l'Arche* « ne jamais revenir ». Signalée en 1907 dans un ouvrage allemand (R. Riegler, *Das Tier im Spiegel der Sprache*), cette expression faisait allusion au corbeau légendaire envoyé par Noé en éclaireur et, qui, à la différence de la colombe, préféra se goinfrer à terre que rapporter le message attendu (l'opposition noir-blanc, mal-bien, est évidente). Gottschalk rapproche l'expression de l'italien *aspettare il corvo*.

CORBEILLE n. f.

Corbeille de mariage « ensemble de cadeaux offerts aux jeunes mariées (d'abord à la fiancée par le fiancé) ». Simple métonymie (XVIIIᵉ s.) du contenant au contenu.

CORBILLARD n. m.

Fam. *Une gueule à caler des roues de corbillard* « figure longue et triste ». Cette locution très familière, hautement pittoresque, utilise l'expression *figure en coin*, joue sur le mot *coin*, « angle » mais aussi « cale » et, par une transformation verbale *(figure* en cale — figure à caler...)* et d'une double expansion *(les roues*, puis *de corbillard*, pour renforcer l'idée de « tristesse lugubre »), aboutit à la forme complète.

CORDE n. f.

Vx. *La grosse corde* «le personnage le plus important, le plus influent» (*in* Retz, Sévigné). *Toucher la grosse corde,* «parler d'une chose importante; en venir au point essentiel» (1615, D.D.L., 19). Ces deux métaphores musicales sont apparentées à celles de la *corde sensible* (voir ci-dessous) et de la *chanterelle,* mais l'adjectif *gros* y joue un rôle autonome (→ GROS BONNET*); en effet, la grosse corde d'un instrument, la plus grave, n'a un rôle essentiel que dans l'harmonie *(continuo).*

Jusqu'à la corde «complètement (usé)». La *trame* recouvre les fils de *corde,* et lorsque ceux-ci apparaissent, c'est qu'il ne reste rien de la trame. *Usé jusqu'à la corde* a pour équivalent l'adjectif lexicalisé *élimé.* L'expression s'est employée métaphoriquement en parlant des personnes, sous la forme : *il montre la corde, on en voit la corde,* «il laisse voir l'embarras de sa position, de ses affaires» (Littré). Elle reste vivante en parlant d'un lieu commun rebattu.

> Quoiqu'il n'eût guère que trente ans, il [Villon] paraissait vieux, usé et limé qu'il était jusqu'à la corde, par les excès et les privations de tout genre.
> GAUTIER, *Les Grotesques.* I. Fr. Villon. p. 30.

La corde au cou «complètement à la merci de quelqu'un», ou «dans une situation désespérée», selon que la métaphore part de la situation du vaincu qui se livre (on pense immanquablement aux Bourgeois de Calais), ou de celle du condamné que l'on va pendre. *Passer la corde au cou de quelqu'un* «le réduire au désespoir». *Mettre la corde au cou à quelqu'un* s'est dit au XVIIᵉ s. pour «prendre au piège, travailler à la perte de qqn». *Se mettre la corde au cou* (1912, *in* Gottschalk) a la valeur particulière de «se marier (en parlant d'un homme)»; cette valeur est comparable à celle du FIL* À LA PATTE.

> Le pote que j'avais glissé dans le lit de la petite, c'était un gars fortiche à l'époque. Il a mal tourné, ensuite, c'est même marrant, il s'est emballé pour une poule et maintenant c'est lui qui a la corde au cou. A. SERGENT, *Je suivis ce mauvais garçon,* p. 74.

La corde sensible «le domaine où la sensibilité est la plus vive, où l'on réagit le plus». La métaphore de l'instrument à cordes est très active pour exprimer l'affectivité et la sensualité. *Toucher, faire vibrer la corde sensible* correspond à *toucher le point sensible* avec des connotations émotives plus intenses.

> [...] je ne suis tranquille qu'une fois que je les ai touchés, je ne veux pas dire matériellement, mais touché leur corde sensible.
> M. PROUST. *À la recherche du temps perdu.* t. II. p. 611.

(Toutes) les cordes de la lyre → LYRE.

Vx. *Avoir de la corde de pendu* «réussir dans toutes ses entreprises» (1656, *in* Gottschalk). Cette expression fait référence à une superstition, selon laquelle ce qui a servi à un supplice est chargé d'un pouvoir magique positif (ayant sans doute épuisé les potentialités néfastes de tout objet).

Toucher la (une, de la) corde de pendu «geste qui est censé porter bonheur» → TOUCHER DU BOIS. La chanson de Mac-Nab, *Le Pendu de Saint-Germain,* se termine par ces vers : «Partageons-nous toujours la corde, c'est du bonheur pour la maison» (→ aussi ci-dessous *Il ne faut pas parler de corde...*).

> C'est égal, répétait-il, on voit bien que je viens de toucher la corde de pendu ou tout comme: j'ai une sacrée veine.
> M. PROUST. *À la recherche du temps perdu.* t. II. p. 338.

Avoir plusieurs cordes à son arc «avoir plusieurs types de ressources, plusieurs moyens d'action (pour parvenir à un résultat)». L'expression remonte au XIIIᵉ s. sous la forme *avoir deux cordes à son arc* (il y a eu depuis «inflation» métaphorique). L'idée est celle de pouvoir parer à toute éventualité, car rien ne sert d'avoir un bon arc et de nombreux traits, si la corde se rompt. Quant à se servir de plusieurs cordes à la fois pour tirer, cela équivaudrait à *poursuivre deux lièvres à la fois* et justifierait l'ironie de Jules Renard, qui ne s'applique pas au sens véritable de la locution : «*Si tu as plusieurs cordes à ton arc, elles s'embrouillent...*» (cf. *Corde*, in Robert).

En locution nominale :

> Il faisait répéter des chansons qu'il écrivait pour un jeune interprète. Ça, il nous avait pas encore entretenu de cette corde à son arc, le Virgile... c'était un poète vraiment complet.   A. BOUDARD, *Cinoche*, p. 175.

Fam. *Être à la corde* «sans argent». L'idée de départ doit être la corde tendue, et un jeu sur l'adj. *raide*, mais l'expression : *usé, râpé... jusqu'à la corde* renforce l'idée de pauvreté.

> J'ose pas ramener que je suis complètement à la corde... la chose à ne jamais dire lorsqu'on propose à un patron sa sœur, son travail.   A. BOUDARD, *Cinoche*, p. 232.

Être sur la corde raide «dans une situation dangereuse, où il faut beaucoup d'habileté pour ne pas échouer».

Au XVIIᵉ s., on disait *danser sur la corde,* dans ce sens, mais *danser* évoque en français moderne un comportement habile ou du moins agité, alors que *être sur la corde raide* correspond à «se trouver dans une situation très difficile où on a intérêt à agir avec circonspection»; en outre, *raide* évoque métaphoriquement la «situation tendue».

> Dites donc, ça vous en bouche un coin, mes enfants, s'exclama après que j'eus fini de parler Saint-Loup, qui m'avait suivi des yeux avec la même sollicitude anxieuse que si j'avais marché sur la corde raide.   M. PROUST, *À la recherche du temps perdu*, t. II, p. 107.

Être dans les cordes de qqn «être de sa compétence» (le sujet désigne une chose, un type d'activités). Se rattache, selon les dictionnaires, aux *cordes vocales*, et signifierait donc : «être dans le registre vocal (de qqn)».

> Je le voyais tard dessiner, des bateaux surtout, des navires sur l'océan, des trois-mâts par forte brise, en noir, en couleurs. C'était dans ses cordes...   L.-F. CÉLINE, *Mort à crédit*, Livre de poche, p. 43.

Vx. *Filer sa corde* «commettre des méfaits conduisant à risquer la pendaison» (milieu XVIIᵉ s.). *Traîner sa corde* avait un sens plus général : «mener une vie de bandit».

Vx. *Laisser la corde longue* «laisser toute liberté d'action, ne pas surveiller de trop près» → LA BRIDE* SUR LE COU.

Fam. et vieilli. *Se mettre la corde* «se disposer à se priver, à se passer de qqch.». Variante de SE METTRE LA CEINTURE*.

> Et pis, ma vieille, si tu laisses tomber une vis, tu peux t'mettre la corde pour la retrouver, surtout qu'on est bête de ses pattes quand on a froid.   H. BARBUSSE, *Le Feu*, t. I, p. 58.

Montrer la corde → ci-dessus USÉ JUSQU'À LA CORDE.

Tenir la corde «prendre un virage au plus court». Aujourd'hui répandue en parlant de tout véhicule automobile, cette expression vient du langage de l'hippodrome (milieu XIXᵉ s.), où le cheval le plus près de la corde qui marque l'intérieur de la piste est favorisé par rapport à ses concurrents.

Dans un autre sens, «être dans une bonne position (en passe de l'emporter, de gagner)», la locution est vieillie :

> [...] autrefois il n'y en avait que pour elle, c'était elle qui tenait la corde, maintenant elle n'est plus bonne à donner à manger aux chiens.   M. PROUST, *À la recherche du temps perdu*, t. II, p. 805.

Tirer sur la corde «exagérer, profiter d'un avantage, d'une occasion avec excès» → FICELLE.

Vx. *Tirer sur la même corde* « agir de concert », est dans le dictionnaire de l'Académie de 1798 ; l'expression ne s'emploie plus.

Tomber des cordes « pleuvoir à verse » (cf. TOMBER DES HALLEBARDES★).

Il ne faut pas parler de corde dans la maison d'un pendu « il ne faut pas évoquer une disgrâce, un malheur, un déshonneur devant ceux qui l'ont soufferts ». Les rapports entre la corde et les pendus ou les gens à pendre ont suscité d'autres expressions proverbiales plus personnelles, comme celle-ci :

> On va lui apprendre à ne pas mettre de cordes chez les gens à pendre.
> BALZAC, *Vautrin*. III, 9.

> [...] qu'on m'eût pensé pédéraste c'était chose dont je me moquais (et j'insistais sur ce point un peu hypocritement, pour me montrer large d'idées et ne pas offenser mes deux hôtes, devant qui, parler de Sodome revenait à parler corde dans la maison d'un pendu) [...].
> M. LEIRIS, *Fourbis*. p. 173.

Il ne vaut pas la corde pour le pendre « c'est un vaurien ».

> Vrai, comme j'entrais, ils s'allongeaient des calottes. Hein ! en voilà des amoureux !... Vous savez qu'Adèle ne vaut pas la corde pour la pendre. C'est ma sœur, mais ça ne m'empêche pas de dire qu'elle est dans la peau d'une fière salope.
> É. ZOLA, *L'Assommoir*, t. I. p. 237.

Vx. *On verra (il y aura) beau jeu, si la corde ne rompt* « ce sera un beau spectacle, une grande réussite... à condition que tout aille bien ». L'expression, courante au XVIe s. (Rabelais) et au XVIIe s., pourrait faire allusion au jeu de l'arc (Livet) ou à la corde du saltimbanque.

CORDEAU n. m.

Au cordeau « d'une manière nette, précise et régulière ». Se dit au sens propre d'un espace (jardin, etc.) aménagé avec rectitude et précision, et figurément d'un ensemble intellectuel, d'un discours, surtout dans *tiré au cordeau*, qui signifie figurément « déterminé, réglé avec précision ».

> [...] la précision, la prévision, la géométrie, la prudence, la retraite assurée, les réserves ménagées, un sang-froid opiniâtre, une méthode imperturbable, la stratégie, qui profite du terrain, la tactique qui équilibre les bataillons, le carnage tiré au cordeau, la guerre réglée montre en main, rien laissé volontairement au hasard, le vieux courage classique [...].
> V. HUGO, *Les Misérables*, Pléiade, p. 360.

> Des noms de l'histoire romaine — antichambre de la nôtre et déjà insérée dans les cadres tirés au cordeau de la chronologie — je n'en citerai qu'un ici : celui de l'empereur Dioclétien, plus brièvement « Dioclès », comme Damoclès et son épée, Androclès et son lion, Coclès et son œil crevé.
> M. LEIRIS, *Biffures*, p. 71.

CORDELIER n. m. En guise de ceinture, ces religieux franciscains portaient une corde, d'où leur nom utilisé dans des locutions aujourd'hui archaïques.

Vx. *Gris comme un cordelier* « ivre » (fin XVIIIe s.). Jeu de mot sur la couleur de la robe qui était à l'origine grise.

Vx. *Aller sur la haquenée d'un cordelier* « aller à pied » (1656). Le cordelier, moine mendiant, était trop pauvre pour voyager sur une monture.

Vx. *Avoir la conscience large comme la manche d'un cordelier* « être peu scrupuleux » (XVIIe-XVIIIe s.). Allusion à peine détournée aux écarts de conduite des bons moines, motivée innocemment par la largeur réelle de leurs manches.

Vx. *Parler latin devant les cordeliers* « prétendre savoir une chose mieux que ceux dont c'est le métier » (XVe s.). Les franciscains, comme tous les moines, parlaient latin et leur nom de *cordelier* est substitué ici à *clerc*.

CORDON n. m.

Cordon bleu, nom donné à diverses hautes décorations, notamment celle de l'Ordre du Saint-Esprit (fin XVIe s.).

> Elle voulait voir dans ses salons des personnes titrées qui eussent au moins les grandes entrées à Versailles. Dire qu'il vint beaucoup de cordons bleus chez la jolie financière, ce serait mentir.
> BALZAC, *Les Deux Rêves,* in *Romans et Contes philosophiques,* éd. de 1837, t. II, p. 74.

La même expression désigne depuis le début du XIXe s. une «cuisinière remarquable»; cet usage vient sans doute de l'emploi général de *cordon bleu des...* au sens de «le plus remarquable des...» (de : «l'Académie française [est] le cordon bleu des beaux esprits» [la décoration suprême], Segrais, *in* Littré, on a pu passer à : *c'est le cordon bleu des beaux esprits*). Un *cordon bleu* serait *le cordon bleu des cuisinières*.

Les cordons de la bourse «les moyens de financement» (surtout dans *tenir les cordons de la bourse*). La métaphore a survécu aux bourses fermées par des cordons ou lacets. Elle correspond à ce que serait de nos jours *la clé du coffre, du tiroir-caisse.*

Cordon ombilical, s'emploie métaphoriquement pour désigner un lien originaire (surtout dans les syntagmes verbaux comme *rompre, couper... le cordon ombilical* «se détacher de ses origines»).

Les cordons du poêle → POÊLE.

Vx. *Demander le cordon* «demander au concierge l'entrée d'un immeuble»; le (ou la) concierge manœuvrait de sa loge le cordon de tirage qui ouvrait la porte extérieure de l'immeuble (opération désignée par l'expression verbale *tirer le cordon*).

Cordon, s'il vous plaît! Phrase par laquelle on demandait l'ouverture de la porte.

> Les domestiques dormaient toujours et elle put sortir, se faire tirer en bas le cordon par M. Gourd endormi, aller poser son paquet dans le passage Choiseul dont on ouvrait les grilles, puis remonter tranquillement. É. ZOLA, *Pot-Bouille,* t. II, p. 223.

N'être pas digne de dénouer les cordons des souliers de quelqu'un «être très au-dessous de lui, en mérite, en valeur morale». Expression d'origine biblique : dans l'évangile de Luc (3, 16), Jean Baptiste l'utilise pour faire comprendre que Jésus est plus puissant que lui.

CORDONNIER n. m.

Les cordonniers sont toujours les plus mal chaussés. Ce proverbe s'applique à toute personne qui n'utilise ou ne profite pas des produits de son métier (cf. les proverbes analogues : chez le potier on sert de l'eau dans un pot ébréché [arabe] ou la marchande d'éventails s'évente avec ses mains [chinois], *in* Maloux, p. 352) L'idée est dans Montaigne, où il est dit qu'un «homme mal chaussé» a toutes chances d'être un «chaussetier» (*Essais,* I, 24).

Vx. *Cordonnier, mêle-toi (mêlez-vous) de ta (votre) pantoufle!* Cette locution proverbiale se trouve dans Fleury de Bellingen (1656), mais ne constitue qu'une adaptation lettrée du latin : *Ne sutor supra crepidam* (que le cordonnier n'aille pas au-dessus de la chaussure). C'est la phrase irritée du peintre Apelle contre le savetier qui ayant rectifié le dessin d'une agrafe de chaussure sur un de ses portraits, prétendait à d'autres remarques (selon Pline).

CORNE n. f.

Il mangerait le diable et ses cornes → DIABLE. — *Prendre le taureau par les cornes* → TAUREAU.

Corne d'abondance, se dit de l'emblème symbolique de l'abondance, emprun-tée à la mythologie grecque. Sa genèse est complexe : dans le cycle d'Hercule, c'est une des cornes du fleuve-dieu Achéloüs, arrachée par le héros, puis remplie de fleurs et de fruits par les nymphes ; ailleurs, une des cornes de la chèvre Amalthée, nourrice de Zeus ; dans l'histoire mythique de Rome, c'est le symbole de la richesse sabine (l'or et la terre, rattachée à la revalorisation de la femme) opposé au glaive romain (voir les travaux admirables de G. Dumézil). L'ambiguïté de la corne, pointe (symbole mâle) et récipient (symbole femelle), est résolue en faveur du second terme dans la tradition latine, par l'opposition glaive/corne d'abondance : celle-ci repré-sente essentiellement la fécondité.

Faire les cornes à quelqu'un (depuis Oudin, 1640) « faire un geste symboli-que de défi, de menace, de malédiction, ou de moquerie ». La corne est symboli-quement liée à la force virile, comme le montrent de nombreux talismans ou tro-phées, ainsi que les gestes symboliques conjurant ou projetant le mauvais sort sur autrui (cf. la *mano cornuta,* « main cornue », des Italiens).

Montrer les cornes « se mettre sur la défensive ; devenir agressif ». Le patois d'Alençon dit *faire la corne* « se renfrogner ». D'autres locutions anciennes : *baisser les cornes* « s'humilier », *avoir de la corne* « être fringant, éveillé » (Wartburg), utili-sent la même valeur symbolique fondamentale de la *corne* « imputrescible et dont la forme oblongue est directement suggestive » (G. Durand, p. 159) ; l'agressivité est liée ici à la puissance virile, comme dans toute la mythologie du taureau.

Porter des cornes ; planter des cornes à quelqu'un « être cocu » ; « faire cocu ». Une série d'expressions utilisent la valeur particulière du mot *corne* « attribut du mari trompé, ou de la femme trompée », que l'on trouve dans le dérivé *cornard.* Cette acception est relativement récente (début XVIIe s. pour *cornard* et les *Cent Nouvel-les nouvelles* pour *corne*), et constitue une spécialisation du sens injurieux : *cornart* « imbécile », date du XIIIe s., *escorner* « humilier » du XVe s. « Faire cocu » est consi-déré comme le moyen typique de ridiculiser (cf. le *ridicoculiser* de Rostand) → ci-dessus *Faire les cornes.* Comme le note Voltaire (*Dict. phil.,* art. « Adultère »), la dénomination de *cocu* (« coucou »), qui remonte au latin (sous la forme *coccyx*), résulte d'un transfert de l'agent au patient, du trompeur au trompé : « ce cocu, sui-vant la bonne grammaire, devrait être le galant, et c'est le mari ». Le même transfert est à envisager pour le *porteur de cornes,* et l'expression *planter des cornes* assure le passage ; la corne « symbole sexuel mâle » est à l'origine de l'expression, *planter la corne* s'explique de soi ; dans *planter des cornes à un homme* « le faire cocu », le trans-fert observé sur *coucou-cocu* est achevé. L'interprétation est renforcée par une autre observation de Voltaire : les Grecs « désignaient par le titre de bouc [...] l'époux d'une femme lascive comme une chèvre ». Enfin le rapprochement entre les *cornes* du mari trompé et la *cornette* de la femme infidèle, sans doute postérieure, illustre la tendance à la remotivation de tous les mots de la famille selon la valeur symbo-lique de base : « sexualité mâle — assumée ou transférée — ; sexualité en général (thème de la *chèvre coiffée*) ; mauvais sort ».

CORNEILLE n. f.

Bâiller (pour bayer) aux corneilles → BAYER.

Y aller de cul et de tête comme une corneille qui abat des noix (→ CUL), fait allusion à l'agitation maladroite et désordonnée de l'oiseau.

CORNEMUSE n. f.

Se rincer la cornemuse, se verser dans la cornemuse « boire ». La *cornemuse* est ici l'une des nombreuses réalisations métaphoriques de « gorge » (par l'idée de

« tuyau » et, dans le cas précis de cet instrument, de « sac gonflé ») → CORNET, et
aussi RINCER, VERSER.

CORNET n. m.

Se verser (se mettre...) dans le cornet « boire » (1835, H. Monnier). La comparaison entre la *corne* et le *cornet,* et la « bouche » (idée d'entonnoir) est fort ancienne
dans la langue, comme le montre le verbe *encorner* « enivrer », en ancien français.
L'influence relativement récente de *corniole* « gosier » (du latin *corneolus;* ce mot
n'apparaît qu'au XVII⁰ s.) est très probable. Flaubert (*Correspondance*, VIII⁰ série,
p. 48) écrit : *se couler dans le cornet.*

> Ah ! mon vieux, ruminait notre camarade, tous ces mecs qui baguenaudent et qui pape-
> lardent là-dedans, astiqués, avec des kébrocs et des paletots d'officiers [...] et qui man-
> gent du fin, s'mettent, quand ça veut, un cintième de casse-pattes dans l'cornet [...], et
> l'soir s'empaillent dans la plume en lisant sur le journal. Et ça dira, après : « J'suis t'été
> à la guerre ».   H. BARBUSSE, *Le Feu*, t. I, p. 49.

On trouve aussi *se rincer le cornet* (cf. *Se rincer la dalle* dans le même sens).

> D'accord, approuvait Croquignol, seul'ment, avant d'se mettre au boulot, s'agirait d'se
> rincer l'cornet. — J'y avais pensé, répondit Manounou en leur montrant le bataillon de
> « champenoises » qu'elle venait de remonter de la cave.   *L'Épatant*, 1909, p. 64.

Se mettre quelque chose dans le cornet « manger ».

CORNOUAILLES n. pr. f.

Vx. *Aller en Cornouailles* « être cocu ». Jeu de mots sur *corne,* d'après le modèle
des expressions verbales avec *aller* et un nom de lieu (→ ALLER).

CORPS n. m.
Le latin *corpus* était un mot abstrait. Il signifiait « réunion de
personnes », puis « personne, individu ». En ancien français, le mot signifie non seulement « organisme humain », mais spécialement « torse », ce qui explique un certain
nombre d'expressions.

Celles-ci ne sont pas très nombreuses, alors que le domaine métaphorique du signifié
est immense (voir les termes désignant les parties du corps). D'une manière générale les mots à très grande extension, trop abstraits, sont moins productifs dans ce
domaine que leurs « hyponymes » (mots dont le sens correspond à une partie de celui
du premier).

Un drôle de corps « un curieux personnage ».

Levée du corps « acte et cérémonie au cours de laquelle on évacue un cadavre
hors de la maison mortuaire » (Furetière, 1690). L'expression emploie le mot *levée*
dans un sens archaïque (enlèvement).

> Le cocher dit à la bonne : « On est un petit peu en avance, la levée est à sept heures
> et demie ». La bonne pense : « On enterre par la poste ». Sans qu'elle eût prononcé
> cette réflexion, le cocher l'entendit, car il ajouta : « J'parle de la levée du corps, comme
> de juste ».   J. GENET, *Pompes funèbres*, p. 62.

Corps à corps [LOC. ADV.] « en se saisissant l'un l'autre » (dans une lutte).
L'expression adverbiale s'emploie depuis le XII⁰ s., mais sa substantivation *(un corps
à corps)* est relativement récente (vers 1900). Elle doit sa permanence au redoublement expressif, selon le même modèle que *tête à tête,* etc. On peut la rapprocher de
à bras le corps → BRAS.
Employée métaphoriquement, avec des verbes comme *combattre, lutter, corps à corps*
signifie « avec une énergie farouche ».

> Le patron de la barque, ne doutant de rien, [...] se faisant sa propre providence [...],
> enfin, défiant l'orage, et luttant avec lui corps à corps.
>   BALZAC, *Jésus-Christ en Flandres*, in *Romans et Contes philosophiques*,
>   éd. de 1837, t. II, p. 216.

Le verger pourtant fut pris. On n'avait pas d'échelles, les Français grimpèrent avec les ongles. On se battit corps à corps sous les arbres. Toute cette herbe a été mouillée de sang.   V. Hugo, *Les Misérables*, Pléiade, p. 322.

À corps perdu «avec ardeur, sans se ménager». Cette expression est dans Montaigne, elle s'explique par l'expression ancienne : *perdre le corps* «mourir», et, pour le sens, par une locution comme *faire bon marché de son corps* (Académie, 1694). Dans ses emplois concrets *(sauter, danser... à corps perdu)*, elle a pour équivalent : *comme un (une) perdu(e)*.

[...] toujours joyeuse, toujours prête pour les fêtes, toujours riant à pleine bouche et dansant à corps perdu.   G. de Maupassant, *Yvette*, p. 11.

À son corps défendant «à regret», met en œuvre le sens du latin *corpus* «individu, personne», encore vivant dans *garde du corps*, et par des termes de droit *(contrainte par corps)*. Mais le mot *corps* n'est pas sans donner un poids concret à ces expressions.

Le Marquis. — [...] Je n'ai qu'à m'incliner devant sa décision, si pénible qu'elle soit.
M. Couturier. — Il ne l'a prise qu'à son corps défendant, monsieur le marquis, et devant un intérêt majeur que vous reconnaissez vous-même.
                                               É. Augier, *Le Fils de Giboyer*, IV, 6, p. 134.

Et il [le gouvernement] ne doit pas se donner l'air de sortir de sa passivité à son corps défendant quand il exercera le droit qui est essentiellement le sien, j'entends de mettre en mouvement Dame Justice.
                                  M. Proust, *À la recherche du temps perdu*, t. II, p. 246.

Corps et âme «avec toute son énergie physique et morale» (avec des verbes comme *se dévouer*, etc.).

— Êtes-vous vraiment mon ami, Muscade?
— Parbleu, mam'zelle.
— Mais là, vraiment, vraiment, bien vraiment de vraiment?
— Tout entier votre ami, mam'zelle, corps et âme.

                                               G. de Maupassant, *Yvette*, p. 109.

Avoir le diable au corps «déployer une activité intense», puis, spécialement, «être très agité, insupportable (enfants); ou se laisser aller à ses passions, à ses impulsions». L'origine culturelle en est évidemment le thème de la possession (cf. le mot *Endiablé*) → Diable.

Donner corps à (qqch.) «rendre concret ou plus concret». Emploi particulier de *corps* dans quelques expressions verbales sans déterminant (cf. *faire, prendre corps*), où le mot correspond à «aspect concret, objectif réalisé...».

Se donner corps et âme (→ ci-dessus Corps et âme); ***corps et bien*** «totalement, sans réticence». Deux expressions anciennes utilisent la paronymie *corps-cœur* pour exprimer la totalité physique-moral : *mettre corps et cœur à faire qqch.* (Robert Estienne) «se donner beaucoup de peine», et *se tuer le corps et le cœur* «travailler très dur».

Vx. ***Enlever quelqu'un comme un corps saint*** «l'enlever par force et sans qu'il puisse résister» (1721, Trévoux). Littré rejette l'explication naturelle par le vol de reliques (ou *corps saints*) qui se pratiquait au Moyen Âge pour s'assurer la protection ou l'intervention d'un saint. Après Le Roux et Leroux de Lincy, Littré pense qu'il s'agit d'une altération de *enlever comme un corsin* (un *caorsin* ou *cahorsin*), c'est-à-dire comme un «usurier». Les *corsins* étaient des usuriers italiens, formés en guilde, dont l'une, célèbre, était établie à Cahors. Wartburg cite l'expression *être damné comme un corsain*, «sans rémission», qui doit aussi s'appliquer à ces usuriers. *Enlever quelqu'un comme un corsin* signifiait donc «le mettre en prison» car ces banquiers naïs furent maintes fois exilés ou emprisonnés (notamment au XIIIᵉ s.); l'expression est d'ailleurs ambiguë et pourrait signifier «enlever comme le corsin enlève les richesses de ceux à qui il a prêté».

Être folle de son corps, est à rapprocher de l'ancienne locution *faire de son corps* (1426) « avoir une conduite déréglée », où *faire* est un euphémisme exprimant toute activité sexuelle → Fou.

> L'Heaulmyère [dans Villon] qui fut belle et folle de son corps au temps de sa jeunesse, se lamente et regrette ce qui ne peut plus revenir ; les autres vieilles, anciennes filles de joie comme elle, acquiescent à ce qu'elle dit [...].
>
> GAUTIER, *Les Grotesques*, I, François Villon, p. 23.

Faire commerce de son corps « exercer la prostitution ».

> Les malheureuses qui « font commerce de leur corps », comme on disait jadis, n'ont pas seulement à craindre les souteneurs, les voleurs, les assassins et les fous. Il leur faut encore compter avec les sadiques du ruisseau.
>
> GORON, *L'Amour à Paris*, t. I, p. 102.

Faire corps avec « ne former qu'une seule chose ; adhérer étroitement (personnes, idées...) ».

Vx. *Faire corps neuf* « se rétablir après une longue maladie » (*in* Furetière, 1690).

Vx. *Faire litière de son corps* « s'exposer au péril ». À rapprocher de *être le bourreau de son corps.* Les expressions idiomatiques du mépris pour son propre corps, liées à une morale christianisée du courage, ont vieilli en même temps que l'opposition (de nature métaphorique et fantasmatique) entre le *corps* (la *carcasse**) et l'*âme* perdait de sa force.

Passer, marcher, sur le corps à quelqu'un, s'est d'abord dit en parlant de l'ennemi qu'on culbute. Métaphoriquement « maltraiter qqn pour l'évincer, prendre sa place » (1806). *Il faudrait me (lui...) passer sur le corps* « il faudrait me (le...) tuer réduire par la force (pour faire telle ou telle chose) ».

> Gueulez tant que ça vous plaira... Faudra que les gendarmes me passent sur le corps, s'ils viennent. É. ZOLA, *Germinal*, t. I, p. 266.

(Se perdre) corps et biens, se dit d'un navire et utilise un des sens de *corps,* « partie principale » (*corps de bâtiment,* etc.) ; le *corps d'un navire,* c'est la coque ; les *biens,* l'armement et les marchandises. *Se perdre corps et biens* s'emploie aussi figurément.

Pleurer toutes les larmes de son corps → LARME.

Prendre corps « prendre un aspect concret, plus concret » (projets).

Saisir à bras-le-corps (corps = buste) → BRAS.

Travailler (qqn) au corps « le solliciter de manière pressante ». En boxe, *travailler l'adversaire,* c'est le malmener (attesté en 1931).

Voir ce qu'un homme a dans le corps « tenter de connaître ses opinions, ses intentions » → VENTRE.

CORRIDOR n. m. Mot emprunté à la fin du XVIe s. à l'italien *corridore* dérivé du verbe *correre* « courir » (du latin *currere*). Corridor vient de *courir* comme en français *couloir* de *couler.*

Se rincer le corridor « boire ». Le rapport de sens est évident entre *corridor* et *couloir,* d'autant que les mots dérivés du latin *currere* ont parfois pris le sens de « écoulement » (notamment le verbe *décorre* [« dé-courir »] « couler », en ancien français). En outre, la forme est voisine *(courir - couler)* et l'usage populaire, à partir du XIXe s., a rapproché *couloir* de *corridor* dans *colidor.*

> [...] un gêneur survint, sous l'aspect d'un malhonnête pipelet qui, sans vergogne, venait se rincer le corridor aux frais de ses locataires. *L'Épatant,* 1909, p. 60.

COSSE n. f.

Avoir la cosse, tirer sa cosse «être paresseux» (vers 1900). L'étymologie spontanée rattache cet emploi à la cosse des petits pois, par une métaphore moins claire que celle qui a donné naissance aux emplois actuels de *cossu* (de *fève cossue* «qui a une grosse cosse», d'où «bien habillé, riche, bien protégé, etc.»). Cependant, ni cette origine, ni l'hypothèse qui voit dans *cosse* le nom du ver (charençon) issu du latin *cossus* ou une variante de *coche* «truie», ne rendent compte de *tirer sa cosse* (analogue à *tirer sa flemme*) et de *avoir la cosse*.
J'évoquerai volontiers les dérivés dialectaux du grec *koptein* «meurtrir, frapper», qui a donné l'ancien verbe *cosser* (Ronsard) et dans les patois modernes, des adjectifs comme *cossi* «fatigué» (en Normandie), «moulu, abattu» (*in* Wartburg, *koptein*). Dans cette hypothèse, *cosse* serait un déverbal de *cosser* et équivaudrait à «coup».

> Et moi pour le boulot, tu sais, j'ai pas la bosse et comme les petits pois j'ai la cosse.
> J. GENET, *Querelle de Brest*, p. 175.

> Il lui faut ses dix heures de pucier, tout comme à un mignard. Sans ça, monsieur a la cosse toute la journée.   H. BARBUSSE, *Le Feu*, t. I, p. 13.

COSTUME n. m.

Le costume d'Adam, d'Ève «la nudité». *Dans le (en) costume d'Adam* «nu».

> Je vois plusieurs nobles à la douche, dans le costume d'Adam, ce sont plus ou moins des dégénérés.   M. PROUST, *À la recherche du temps perdu*, t. II, p. 933.

Var. plaisante, d'après la loc. *nu comme un ver.*

> Car, une fois sortis, ils ne pouvaient décemment pas se balader en costume d'asticot, c'est-à-dire nus comme des vers, et il leur fallait trouver une combinaison quelconque.
> *L'Épatant*, 1909, p. 36.

COTE n. f.

Cote d'amour «appréciation (d'un élève, d'un candidat) selon des critères extérieurs à la pédagogie (généralement des critères sociaux ou personnels)».

Cote mal taillée «estimation approximative» (milieu XVIᵉ s.) et, plus souvent, «compromis qui ne satisfait personne». Originellement, la *cote mal taillée* c'est une imposition (une *cotisation*) mal établie; mais l'expression n'est plus rapportée à *cote* «impôt», qui ne survit que dans *cote mobilière, foncière*, etc. Le verbe *tailler* est interprété dans le sens de «séparer pour un partage» (cf. *Couper la poire* en deux*), alors qu'il s'agit d'un jeu de mots sur l'emploi financier du verbe *tailler*, «soumettre à l'impôt», «apporter sa contribution» (en usage du XIIᵉ au XVIIᵉ s. et apparenté à *taille* «impôt») plus ou moins influencé par l'expression *bien taillé, mal taillé* «bien ou mal bâti» (en parlant du corps humain). L'à-peu-près sur «*cote* (compte, estimation) *mal établie*» et *cotte mal taillée* est d'autant plus vraisemblable que l'orthographe *cote,* pour le vêtement, est courante jusqu'au XVᵉ s. et au-delà.

> Comme la plupart des affaires où le sentiment joue le principal rôle, les jurés firent une cote mal taillée. Ils condamnèrent le boucher amoureux à cinq ans de réclusion, mais immédiatement signèrent un recours en grâce.
> GORON, *L'Amour à Paris*, t. I, p. 185-186.

Avoir la cote «être très estimé». *Être à la cote* est une variante vieillie, à cause de l'ambiguïté possible avec CÔTE 2.

1. CÔTE n. f.

Côte à côte [LOC. ADV.] «en étant placé tout près et à côté».

> La mère Sainte-Mechtilde, chargée du chant et du chœur, y employait volontiers les pensionnaires. Elle en prenait ordinairement une gamme complète, c'est-à-dire sept, de

> dix ans à seize inclusivement, voix et tailles assorties, qu'elle faisait chanter debout, alignées côte à côte par rang d'âge de la plus petite à la plus grande.
> V. HUGO, *Les Misérables*, Pléiade, p. 518.

> [...] il eût cher donné pour les prendre en flagrant délit d'outrages à un supérieur ou de refus d'obéissance, ce qui lui eût procuré la douce joie de les voir partir côte à côte aux compagnies de discipline. G. COURTELINE, *Les Gaîtés de l'escadron*, p. 184.

Avoir les côtes en long « être paresseux, être original, bizarre ». L'expression apparaît en 1863 et est attestée dans de nombreux dialectes (au Québec : *avoir les côtes sur le long*).
Son origine est incertaine, mais l'explication donnée à la version dialectale qui était en usage à Ferrères (Hautes-Pyrénées) vers 1900 l'éclaire quelque peu : *auéras costas al loune* [avoir les côtes au long] « ne vouloir se ployer ni se courber dans le travail, y avoir mauvaise disposition » (J. Soulé-Venture, *Glossaire de vieux mots usités en Barousse*, in Wartburg, *Longus*). L'idée serait donc d'être bâti de manière à ne pouvoir travailler la terre, avec les connotations de *en long (au long)*, qui évoquent la position couchée.

> Sortirez-vous ? petit rossard ! Hein ! C'est ça que vous appelez du travail ?... À vous branler dans tous les coins !... [...] Les côtes en long ! La queue en l'air ! Voilà le programme de la jeunesse ! L.-F. CÉLINE, *Mort à crédit*, Pléiade, p. 627.

Vx. **Être de la côte de saint Louis** « de descendance royale » (Scarron). La *côte* est le symbole de l'extraction, d'après la tradition biblique comme l'atteste l'expression *Se croire sorti de la côte d'Adam* (cf. *De la cuisse de Jupiter*), et aussi, *de la côte de saint Louis*.

Chatouiller (bourrer, travailler) les côtes à qqn « le battre ». On a dit *mesurer les côtes* (Acad., 1694), *sonder les côtes* (Oudin, 1656) *sangler, serrer les côtes* (1694) signifiait « presser, forcer à agir ». Dans ces locutions, les côtes sont la partie du corps la plus exposée.

> [...] et plus d'une fois les petits monstres se livrèrent sur la personne de M. le Comte à des voies de fait, le pinçant, le mordant, le chatouillant, lui plantant les doigts dans les yeux, se suspendant à ses oreilles, lui arrachant des poignées de cheveux, lui bourrant les côtes, lui faisant des suçons dans le cou. B. CENDRARS, *Bourlinguer*, p. 143.

(Avec le sens normal de *chatouiller*) **chatouiller les côtes** « amuser, faire rire, donner une émotion agréable ».

> L'idée qu'ils gobaient toutes ses bourdes et qu'ils s'en allaient les mains vides pendant qu'il mangeait la morue au chaud, lui chatouillait les côtes d'aise.
> É. ZOLA, *Germinal*, t. I, p. 308.

Se casser les côtes « se fatiguer » (peut-être par euphémisme → CUL). À rapprocher de AVOIR LES CÔTES EN LONG.

> Malgré leur résolution de ne pas se casser les côtes pour le quartier, ils avaient fini par prendre les choses à cœur et par s'éreinter. É. ZOLA, *L'Assommoir*, t. I, p. 80.

Se tenir les côtes (de rire) « s'amuser follement ». L'agitation du fou rire est considérée comme si intense qu'il est nécessaire de maintenir les côtes en place. Une variante ancienne est *se tenir les côtés*.

> Céline Chaumont, la charmante petite marquise évaporée et vibrante, fait prévoir des larmes, des malédictions, des attaques de nerfs... ; mais tout finit par des mots dont la salle se tient les côtes. C. CROS, *Œuvres diverses*, p. 386.
> Hé, Pierrot, ne veux-tu pas me conter ce que tu as à rire ? Alors ce compagnon, se tenant les costez luy dit [...]. Ch. SOREL, *Histoire comique de Francion*, p. 82.

On lui compte (compterait) les côtes « il est très maigre ». Cette variante expressive de *on lui voit les côtes* (phrase sans caractère idiomatique) est à rapprocher d'une locution archaïque qui utilise le nombre de côtes pour caractériser la taille : *c'est un trente-six côtes* (dans Oudin, 1656) « un homme très grand ».

2. CÔTE n. f.

À la côte «sans argent, réduit à la misère» (milieu XIXᵉ s.) L'expression de marine *aller* (ou *donner*) *à la côte* (XVIIᵉ s.) «faire naufrage», a donné naissance à des emplois métaphoriques du type *envoyer qqn à la côte* «s'en débarrasser»; *mettre à la côte* «ruiner», avec une image inspirée des corsaires ou des naufrageurs.

> Et eux (les hommes du faubourg Saint-Germain) affectent une simplicité en ce qui les concerne, un dénigrement pour leurs amis particulièrement «à la côte», qui achève le malentendu.   M. PROUST, *À la recherche du temps perdu*, t. I, p. 703.

CÔTÉ n. m.

Côté cour et côté jardin «côtés du théâtre situés, respectivement à droite, *(cour)* et à gauche *(jardin)* du spectateur». Ces termes d'argot des comédiens (vers 1820) se sont répandus dans la langue courante. Ils font référence à l'orientation du théâtre des Tuileries, placé entre le jardin et la cour du palais.

> [...] je vous jure que je recommande à mon domestique de mettre ma plante à la fenêtre le plus qu'il peut, tantôt du côté cour, tantôt du côté jardin, dans l'espoir que viendra l'insecte indispensable.
>   M. PROUST, *À la recherche du temps perdu*, t. II, p. 516.

À côté de «tout près de, latéralement». L'expression est lexicalisée, et correspond aux adverbes (et prépositions) *devant, derrière*...

Mettre à côté de la plaque → PLAQUE.

Aux côtés de quelqu'un «près de lui». On a dit *être toujours pendu aux côtés de qqn* «ne pas le quitter», comme on emploie *pendu aux basques*.

De côté, par rapport à *à côté*, s'est spécialisé pour exprimer la direction oblique ou perpendiculaire par rapport à un axe et, métaphoriquement, avec des verbes comme *laisser*, *mettre*, l'abandon ou la mise en réserve.

Mettre de côté «amasser (de l'argent)». L'expression date du XVIIIᵉ s. (on disait, au XVIIᵉ s., *mettre à côté*) → aussi GAUCHE.

De mon côté «en ce qui me concerne, quant à moi».

De côté et d'autre «partout» (*in* Oudin, 1656). **De tous côtés** a une valeur analogue.

Du côté gauche «illégitime» (XVIIᵉ s.). *Côté* s'emploie au sens de «parenté en ligne maternelle ou paternelle», depuis le XIIIᵉ s.; *gauche* réunissant les valeurs dépréciatives de ses deux acceptions (le côté néfaste; l'obliquité ou la torsion) → MAIN.

Être de l'autre côté de la barricade → BARRICADE. — **Être du côté du manche** → MANCHE.

Vx. **Être sur le côté** «être très malade, cloué au lit être moralement abattu.» → FLANC (SUR LE). **Mettre sur le côté** «abattre, terrasser» (*in* Furetière 1690) est tout aussi archaïque; l'expression s'employait familièrement dans *mettre, coucher, une bouteille sur le côté*, «la boire, la vider» (la métaphore est la même que dans *cadavre*, «bouteille bue»).

Prendre les choses du bon côté «chercher et considérer les aspects agréables de toutes choses, les avantages d'une situation».

Pencher du côté où on (il, ça...) va tomber «pencher dangereusement». L'expression anticipe ironiquement sur l'issue de la situation penchée.

Ne savoir de quel côté tourner (aller...) «être très embarrassé».

Vx. **Se tenir les côtés** → CÔTES (SE TENIR LES).

CÔTEAU n. m.

Vx. *Être (profès) de l'ordre des côteaux* « gourmet, amateur de bons vins » (*in* Boileau, *Satire* III). Le jeu de mots fait référence aux habitudes de bonne chère que l'on attribuait aux religieux.

CÔTELETTE n. f. Ce mot remplace plaisamment *côte* dans des locutions. En outre :

Sauver, planquer, ses côtelettes « se sauver, s'enfuir, se cacher ».

Arg. et fam. *Pisser une côtelette* « accoucher ».

Vx. *Manger des côtelettes* (argot de théâtre ancien) « être très applaudi » ; *côtelettes* désignait les applaudissements (1833, *in* Esnault).

COTON n. m.

Jambes en coton « jambes molles, par fatigue » → aussi FLANELLE et JAMBE.

Élever dans du coton « élever trop mollement, en prenant des précautions exagérées » (depuis Sévigné).

> On en a fait un petit chenapan. Voilà le résultat de cette éducation ridicule, dans du coton, il ne fallait parler de rien devant l'enfant... Tout était impur, on risquait de salir le petit ange...   N. SARRAUTE, *Le Planétarium*, p. 236.

Filer un mauvais coton « être dans une situation dangereuse et qui s'aggrave (en parlant de la santé, etc.) ». L'expression date du XIXe s. ; elle reprend, en substituant au verbe initial le verbe *filer*, l'expression *jeter un mauvais coton* « être dangereusement malade » (dans le Dict. de l'Académie de 1835), et antérieurement, sous la forme *jeter un vilain coton* « se ruiner » (Académie, 1740). Ces expressions viennent du vocabulaire technique du tissage, où *jeter du coton* signifiait (XVIIIe s.) « devenir cotonneux, perdre son apprêt et son aspect lisse (d'une étoffe) ».

> [...] Coupeau filait un mauvais coton. L'heure était passée où le crie lui donnait des couleurs. [...] sa vilaine graisse jaune des premières années avait fondu, et il tournait au sécot il se plombait, avec des tons verts de macchabée, pourrissant dans une mare.
>   É. ZOLA, *L'Assommoir*, t. II, p. 135.

Par une métaphore que l'on n'hésitera pas à qualifier de « filée », Proust rattache la locution à la symbolique grecque :

> [...] ces trois Parques à cheveux blancs, bleus ou roses, avaient filé le mauvais coton d'un nombre incalculable de messieurs.
>   M. PROUST, *À la recherche du temps perdu*, t. II, p. 197.

De ces expressions péjoratives doit procéder l'emploi adjectif de *coton*, « difficile », notamment en attribut, dans *c'est (c'était) coton.*

> Le fait de trouver un lit quelque part c'était pas encore le plus grave... Je pourrais toujours me décider au dernier instant... Mais pour trouver un emploi ? ça c'était coton !
>   L.-F. CÉLINE, *Mort à crédit*, Livre de poche, p. 486.

COTRET n. m. Le mot, qui signifie « pièce de bois, petit fagot », provient sans doute de *costeret* « partie du *côté* », appliqué à des pièces de bois latérales.

Vieilli. *Sec (sèche) comme un cotret* « très maigre ». On a dit de même *jambes de cotret* « très maigres ». Les expressions (la première est dans le Dict. de l'Académie de 1740) étaient vivantes au XIXe s. et se disent encore régionalement → SEC COMME UN COUP* de TRIQUE.

Vx. *De l'huile de cotret* « des coups de bâton » (Académie, 1694).

COU n. m.

Rompre le cou « tuer », apparaît dès le XIᵉ s., inaugurant les locutions où le *cou*, partie fragile et vulnérable, est l'objet d'une agression violente. ***Se casser le cou*** (depuis le XVIᵉ s.) « se tuer par une chute ». *Casse-cou!* est lexicalisé. ***Tordre le cou*** « tuer, étrangler », s'emploie aussi abstraitement, comme dans le fameux vers de Verlaine : « *prends l'éloquence et tords-lui son cou* ».

> — Oh! le curé, je m'en fiche... Mais il y a l'homme noir.
> — Comment, l'homme noir?
> — Le vieux mineur qui revient dans la fosse et qui tord le cou aux vilaines filles.
>
> É. ZOLA, Germinal, t. I, p. 51.

Vieilli. ***Se casser le cou*** a eu la valeur de « s'éreinter, s'échiner », qui s'exprime en français contemporain par SE CASSER LE CUL★.

> Je voudrais boire. Je désire oublier la vie. La vie est une invention hideuse de je ne sais qui. Cela ne dure rien et cela ne vaut rien. On se casse le cou à vivre.
>
> V. HUGO, Les Misérables, Pléiade, p. 680.

Mettre la corde au cou, à quelqu'un « pendre » puis « mettre dans une mauvaise situation » (on disait d'un père qui flatte ses enfants dans leurs mauvais penchants : *il leur met la corde au cou*). *Se mettre la corde au cou* s'est spécialisé → CORDE. *Se mettre une pierre au cou* est un sens voisin, et s'appuie sur un autre supplice, celui de la noyade (→ DE SAC ET DE CORDE).

Mettre la bride sur le cou « laisser libre », provient du vocabulaire hippique → BRIDE.

Être dans quelque chose (une entreprise...) jusqu'au cou « complètement » (on dit *jusqu'aux yeux*). Idée d'enfoncement plus ou moins dangereux.

Sauter, se jeter, se pendre au cou de quelqu'un « l'embrasser avec empressement ». *Au cou* est complémentaire de *dans les bras* pour évoquer le geste d'embrassement affectueux. À noter que ces expressions (qui remontent au XIIIᵉ s.) ont été en concurrence avec *sauter au col* au sens de « frapper, arrêter » (XVIIᵉ s.), locution où la valeur des expressions ci-dessus est réalisée.

> C'est à moi? Oh! ce que vous êtes gentil! s'écria-t-elle en me sautant au cou.
>
> M. PROUST, À la recherche du temps perdu, t. II, p. 995.

Prendre ses jambes à son cou → JAMBE.

COUCHE n. f.

En avoir, en tenir une couche « être complètement idiot ». Cette expression exploite concrètement l'idée d'« épaisseur ».

> — Et bêtes par-dessus le marché... Et bêtes...
> — Ça, il y en a qui en tiennent une couche.   R. QUENEAU, *Pierrot mon ami*, p. 22.
> — Tu l'as vu?
> — J'l'ai pas vu.
> — Paquet! Fau-t'i qu't'en tiennes une couche! Ton père, il était peintre! Tiens, vite, ç'ui-là, là! Tu 'vois bien, guignol, raclure?   H. BARBUSSE, *Le Feu*, t. II, p. 14.

Vx. ***Se donner une belle couche*** « s'enivrer » (vers 1860).

COUCHER v. intr.

Un nom à coucher dehors « un nom très difficile à prononcer et à retenir ». L'expression est aussi peu explicable par le recours à la métaphore que UNE HISTOIRE★ À DORMIR DEBOUT, à quoi on peut la comparer. *À coucher dehors* correspond à « extraordinaire et désagréable », et utilise les valeurs péjoratives du verbe dont il est question ci-dessous (→ VA TE COUCHER!).

> Nom de singe ou nom d'Archange?
> Ou mélange?...

> Petit nom à huit ressorts?
> Nom qui ronfle, ou nom qui chante?
>   Nom d'amante?...
> Ou nom à coucher dehors?...   T. CORBIÈRE, *Les Amours jaunes*, p. 723.

Vx. **Coucher gros** « faire un gros enjeu » ou « faire des déclarations extraordinaires » (1637). Cette expression vient sans doute des emplois anciens de *couchier, coucher* « lancer les dés », « déposer un enjeu », puis métaphoriquement « donner un argument, déclarer, etc. » (cf. le sémantisme de *abattre* dans ABATTRE SON JEU*).

Plusieurs expressions, traitées au nom complément, signifient pittoresquement « dormir dehors, passer la nuit sans abri » : COUCHER À LA BELLE ÉTOILE* est toujours en usage à la différence de : *à l'enseigne de la lune* (XVIIe s.), *à l'hôtel des trois moineaux* (fin XIXe s.), *dans le lit aux draps verts* (argot, vers 1860).

Vx. **Coucher à l'envers** « faire l'amour ».

Va te coucher, aller coucher! « va-t'en, allez-vous en...! », se dit pour renvoyer quelqu'un, avec une valeur proche de *allez-vous promener!* L'expression *faire coucher quelqu'un* « le faire taire, lui faire baisser le ton, etc. », ne s'emploie plus. On disait au XVIIe s. : *si vous n'en voulez point, couchez-vous auprès*, pour protester contre le refus d'une offre avantageuse (variante régionale, et proverbiale : *Si tu n'en veux pas, couche-toi tout ras* [à côté]).

Une Marie couche-toi là « une fille facile, une prostituée ».

> Et c'est pas de la fine fleur, non, pas précisément, mais de la roulure d'un peu partout. Moi, pas vrai, j'étais pas difficile, dans mon métier et puis à mon âge, et puis, pour ce que je voulais en faire! Enfin, de toutes façons, c'est comme ça. C'est des « Marie-couche-toi-là ».   J. GIONO, *Regain*, p. 207.

COUCHEUR n. m.

Mauvais coucheur « personne de caractère difficile ». Cet emploi métaphorique (1832) est de loin le plus courant du mot *coucheur* en français contemporain. L'expression fait allusion au comportement (chaste) des compagnons de lit. Le mot *coucheur* (XVIe s.) a dû vieillir avec la pratique du lit commun, par exemple pour les voyageurs, dans les auberges, etc.; mais l'allusion aux inconvénients du couchage en commun subsiste pour des soldats, des prisonniers, etc. (voir la citation de F. Ambrière).

> Du plat de la main, il lança sur la croupe luisante du cheval une claque sonore et familière. Macadam secoua l'oreille, eut un tressaillement léger à fleur de peau. Les hommes regardaient, attentifs, l'épousseta au bout de la main, connaissant le *tranquille* Macadam pour n'avoir point son pareil au monde comme chatouilleux et mauvais coucheur.   G. COURTELINE, *Les Gaîtés de l'escadron*, p. 67.

> Certes, les premiers contacts n'étaient pas toujours idylliques — [dans un camp de prisonniers de guerre]. Ce terme de « mauvais coucheur » dont les hommes libres, dans la vie civile, font un usage si détourné de sa source et si léger, reprenait alors pour nous toute l'énergie de son sens originel, puisque nous nous étendions par rangées de douze pour dormir, côte à côte sur le même vaste bat-flanc.   F. AMBRIÈRE, *Les Grandes Vacances*, p. 37.

COUCI-COUÇA [LOC. ADV.] altération de *couci-couci* (XVIIe-XVIIIe s.) (italien *cosi cosi*), d'après COMME CI, COMME ÇA → COMME.

> Aimez-vous les uns les autres
> couci couça c'est la réponse.   PRÉVERT, *Paroles*, p. 116.

COUCOU n. m.

Maigre comme un coucou «très maigre». Cette comparaison est fréquente depuis 1942, et étonne à première vue. En effet, le coucou est connu pour sa croissance rapide et sa voracité qui s'exerce au détriment des oisillons parmi lesquels il a été déposé. Gottschalk (p. 89) note cette contradiction, et l'existence de la locution inverse *gras comme un coucou,* dans le Sud de la France, ainsi que *manger, avaler comme un jeune coucou* «engloutir». Il est possible que les phases saisonnières aient inspiré alternativement ces deux comparaisons. *Maigre comme un coucou* est renforcé sans aucun doute par *maigre comme un clou* et peut-être par un abominable calembour, d'après l'expression ancienne *ingrat comme un coucou* (in-gras = maigre?). Enfin, les mâles maigres ont longtemps eu une réputation de prolificité (ex. le *coq*) et le coucou est symboliquement prolifique.

Vx. *Coucou sans ailes* «cocu» (début XVIIe s.). Les deux mots *coucou* et *cocu* sont des variantes l'un de l'autre et les jeux de mots sur le nom de l'oiseau étaient fréquents, tant que cette parenté d'origine était sentie → CHAIR (NI CHAIR NI POISSON).

Faire coucou «apparaître, puis se cacher (jeu d'enfants, etc.)». Cette expression doit procéder de la sortie périodique et brève de l'oiseau chanteur qui annonce les heures dans les pendules dites *à coucou.*

COUDE n. f. Du latin cubitus. Cette articulation n'ayant probablement pas de valeur symbolique, les expressions qui utilisent le mot *coude* sont familières et sans poésie.

Huile de coude «énergie» (pour frotter, etc.). Variantes avec *bras, jambe,* etc. → HUILE.

Coude à coude «très près l'un de l'autre». *Marcher* (etc.) *coude à coude* comme *se serrer les coudes* symbolise la solidarité, l'action en commun, l'expression redoublée y jouant le même rôle que dans LA MAIN* DANS LA MAIN.

Garder sous le coude «conserver sans s'en occuper (un dossier, un travail à faire)». On trouve *sous le coude* avec d'autres verbes (*mettre, tenir,* etc.).

Lever le coude «boire, s'enivrer», apparaît en 1754, précédé par *hausser le coude* (1694) et *plier le coude* (début XVIIe s.).

> Il finit même par faire accepter à Gervaise deux camarades, Bibi-la-Grillade et Mes-Bottes : sans doute Mes-Bottes levait le coude, mais il avait un appétit si farce, qu'on l'invitait toujours dans les pique-nique [...].   É. ZOLA, *L'Assommoir,* t. I, p. 79.

Vx. *Mettre les bras (les mains) dans quelque chose jusqu'aux coudes* «s'y engager complètement». Pour *se mettre le doigt dans l'œil jusqu'au coude* → DOIGT.

Jouer des coudes «se frayer un passage dans une foule» et abstraitement «se pousser pour réussir». L'image est la même que dans l'ancienne expression *eslargir les coudes de quelqu'un,* «le mettre à l'aise».

> Ah! qu'importe à Sartre (et c'est sa grandeur) d'avoir triomphé partout pour lui-même, pareil à ceux qui jouent des coudes et qui se poussent aux premières places [...].   F. MAURIAC, *Le Nouveau Bloc-Notes,* p. 360.

Ne pas se moucher du coude → MOUCHER. — *Se serrer (sentir, tenir) les coudes* «s'entraider».

Pousser le coude à qqn «lui faire signe, le solliciter».

> Je n'ai pas encore touché les 300 F qui me restent dus, sur le mois de mars (d'avance). Aussitôt que ce sera fait, j'enverrai les 20 balles à Arnoulet. Je n'ai que 10 F et je ne puis emprunter à personne ici. Peut-être pousserai-je le coude au duc, demain, à ce sujet.   Ch. CROS, *Correspondance,* p. 639.

COUDÉE n. f.

Les coudées franches « une entière liberté d'action ». L'expression *avoir ses coudées franches* date du XVIe s. ; on trouve aussi *avoir ses coudées plus larges* (d'Aubigné), *étendre ses coudées* (Oudin), mais l'adjectif franc était plus expressif sur le plan moral. On emploie ainsi *donner, laisser les coudées franches à qqn*, qui évoque *affranchir*.

> Les étrangers n'ont pas beau jeu. Les nobles ne les admettent guère ni dans leurs maisons ni dans leurs parties. Ils veulent vivre entre eux, et avoir leurs coudées franches.
> Ch. de BROSSES, *Lettres d'Italie*, t. I, p. 119.

> Enfant gâté d'un grand journal dont le directeur était (il l'est toujours) mon ami et où je me flattais d'avoir mes coudées franches [...].
> F. MAURIAC, *Le Nouveau Bloc-Notes*, p. 11.

À cent coudées de... « très loin de... » (dans l'abstrait). Variante de *à cent lieues*.

> [Il] n'en était pas moins supérieur de cent coudées à son frère, sa belle-sœur, etc., etc.
> M. PROUST, *À la recherche du temps perdu*, t. II, p. 555.

COUDRE v. tr.

Vx. *Coudre la peau du renard à celle du lion* « joindre la ruse à la force » (début XVIIe s.) → PEAU.

Cousu de fil blanc → FIL.

Être cousu (tout cousu) d'or (d'argent, de pistoles, d'écus) « être très riche ».

Vx. *Être cousu avec quelqu'un* « ne pas le quitter » (*in* Féraud, 1787). On disait aussi d'un enfant qu'il était *cousu à la robe, à la jupe de sa mère* (fin XIXe s.) → PENDU AUX BASQUES.

COUIC onomatopée.

Que couic « rien du tout » (avec des verbes signifiant « comprendre »). *Je pige que couic* est signalé par Esnault en 1914. L'onomatopée évoque le resserrement, l'étranglement.

Faire couic « mourir ».

COUILLE n. f.

Couille molle « personne sans énergie, lâche, veule ».

Casser les couilles à quelqu'un « importuner, ennuyer ». La forme correcte de cette expression est CASSER LES PIEDS → PIED. Cependant, l'agression contre les « parties honteuses » du corps (→ aussi CUL), de nature évidemment sexuelle, est à l'origine de cette série d'expressions. Variante récente : PELER* LES COUILLES.

> Alors, qu'on me casse plus les couilles ! Qu'on me laisse donc tranquille !...
> L.-F. CÉLINE, *Mort à crédit*, Livre de Poche, p. 208.

Partir (s'en aller) en couille « se réduire à rien, se désagréger ». Le mot ne peut ici désigner l'organe, mais correspond aux sens figurés et dialectaux « mensonge, mauvaise plaisanterie » (Namur, Givey), « bagatelle, chose sans valeur » (Nord et Paris), sens qui correspondent aux dérivés *couillonnade* et *couillonner*. En argot moderne une *couille* est un « ennui », un « emmerdement ». Outre une métaphore assez évidente (partie « honteuse », « méprisable » du corps, donnant « chose sans valeur » ou « histoire mensongère »), ces acceptions sont à rapprocher de *colle* « tromperie, bourde », depuis le XVe s. et de *couleur*, même sens. Quand des parachutistes disent d'un parachute, dont une suspente passe sur la toile et la sépare en deux, qu'il *part en couilles,* ils « remotivent l'expression » par une image.

> [...] il arrive que le chagrin désagrège les facultés, disperse l'esprit. Les gars de là-bas
> ont aussi une expression pour désigner l'homme qu'une trop grande souffrance a désa-
> grégé. « Il s'en va en couille. »   J. GENET, *Pompes funèbres*, p. 73.

COULE n. f. Ne s'emploie que dans la locution adverbiale :

À la coule. Cette expression est double. Dans son emploi le plus usuel, *être
à la coule* (1865) est une apocope de *être à la couleur*, « être au courant ». L'expression signifie sans doute : connaître les « fausses raisons », les « apparences spécieu-
ses » (emplois courants du mot *couleur*, du moyen français jusqu'au XIXᵉ s.) et aussi
« connaître le jeu, les atouts ». De nos jours, *à la coule* est spontanément rattaché à
couler et évoque l'idée d'« habileté souple ».

> Quel ne fut pas son étonnement en y rencontrant deux de ses anciens compagnons,
> Filochard et Ribouldingue, deux « Zigues à la coule » qui furent non moins surpris en
> voyant Croquignol [...].   *L'Épatant*, 1908, p. 7.
> Un groupe de marles qui furent à Mettray nos amis ou non, mais des gars à la coule
> qu'unissaient les mêmes goûts et les mêmes dégoûts [...].
>   J. GENET, *Miracle de la rose*, p. 212.
> À la coule et débraillé, ayant l'allure de celui qui sait y faire avec les femmes, il me
> disait être l'auteur de chansons et de pièces de théâtre, me parlait des tournées aux-
> quelles il avait participé, des chansonniers de Montmartre ou d'ailleurs qu'il traitait en
> confrères.   M. LEIRIS, *Biffures*, p. 210.

Être, agir à la coule, signifie aussi « être conciliant, agréable, *coulant* » (1866).
Coule est ici un déverbal de *couler*. Cette locution est vieillie, car elle n'est pas bien
distinguée de *à la coul(eur)*.

COULER v. tr. et intr.

Se la couler douce « vivre sans soucis et sans efforts ». L'acception temporelle
de *couler* (*le temps coule*, ou *s'écoule*) remonte au moyen français, et l'emploi transitif du verbe (sujet de personne et complément exprimant le temps : *couler des jours
heureux*) s'est répandu au XVIIᵉ s. L'harmonie vocalique a sélectionné l'adjectif *doux*
avec cet emploi de *couler ;* le sens correspond à ce que l'italien appelle la *dolce vita*.

> Ce qui n'a pas empêché mon concierge, quand je suis rentré le matin, de me saluer
> d'un petit air... en homme qui dit : — Ah ! Ah ! mon gaillard, nous nous la coulons
> douce !   A. ALLAIS, *Contes et Chroniques*, p. 164.
> De temps en temps, las de sa besogne monotone et continue, il formulait un vœu pla-
> tonique : « Cristi, si j'avais cinq mille livres de rentes, je me la coulerais douce. » Il ne
> se l'était jamais coulée douce, d'ailleurs [...].
>   G. de MAUPASSANT, *Promenade*, in *Yvette*, p. 238.

Variante vieillie : *la couler douce.*

> [...] il sortait parfois, bien peigné, avec du linge blanc, disparaissait, découchait même,
> puis rentrait en affectant d'être éreinté, d'avoir la tête cassée, comme s'il venait de dis-
> cuter, vingt-quatre heures durant, les plus graves intérêts. La vérité était qu'il la cou-
> lait douce.   É. ZOLA, *L'Assommoir*, t. II, p. 18.

On trouve chez Flaubert la variante : *se la passer douce* → DOUX.

Couler à fond « ruiner complètement » (*couler* transitif) ; « être complètement
ruiné » (*couler* intransitif). Métaphore du sens maritime de *couler*, « s'enfoncer dans
l'eau » (dans *couler bas*, début XVIᵉ s.).

COULEUR n. f.

Couleur locale « caractère pittoresque » (s'emploie aussi comme adjectif). Ce
syntagme nominal est assez fréquent, son sens assez particulier par rapport à celui
de ses éléments, pour qu'on puisse le considérer comme un mot composé. C'est à
l'origine une expression de peinture qui désigne la couleur particulière de chaque
zone du tableau correspondant à chaque élément représenté ; la distribution des *cou-*

leurs locales et leurs rapports dans l'unité tonale de la toile constituent un problème pictural essentiel. L'expression a dû s'employer surtout en parlant de détails caractéristiques et « pittoresques » (dignes d'être peints), selon la confusion habituelle dans la peinture figurative entre peinture et représentation. À la fin du XVIIIe s., puis grâce aux préromantiques, *couleur locale* désigne toute description (littérature) ou représentation (peinture) évocatrice des caractéristiques d'un pays ou d'une époque. Dès lors, *couleur* est compris figurément comme « aspect attrayant, curieux, différent », et *couleur locale* s'applique à tout spectacle *coloré* que présente une société différente de la nôtre (cf. *Folklore*).

Couleur du temps « la nature des événements, des circonstances ».

Vx. **À la couleur** → COULE (À LA COULE).

Haut en couleur « qui a un teint coloré (personnes) » ; « pittoresque ». Le premier sens date du XVIIe s. Le second est récent et s'apparente à *couleur locale*, à *coloré* dans ses emplois métaphoriques. *Haut* signifie « fort, intense » (comme dans *haute fréquence* ou *haute fidélité*).

Vx. **De toutes les couleurs** « de tous genres » → ci-dessous EN FAIRE VOIR À QQN DE TOUTES LES COULEURS.

> Et à quoi diable voulez-vous donc qu'on emploie son argent, si ce n'est à avoir bonne table, bonne compagnie, bons vins, belles femmes, plaisirs de toutes les couleurs, amusements de toutes les espèces ? DIDEROT, *Le Neveu de Rameau*, p. 432.

> Du moment que vos grands-parents avaient un intendant si chic, cela prouve qu'il y a des gens de toutes les couleurs dans les familles. Le père de votre grand-père était si avare [...]. M. PROUST, *À la recherche du temps perdu*, t. II, p. 910.

Vx. **Les pâles couleurs** « la chlorose » (XVIe-XIXe s.). **Les riches couleurs** qui désignait, sans doute ironiquement, la jaunisse, n'a pas vécu au-delà du XVIIe s.

Sous couleur de... « en utilisant comme prétexte, avec l'apparence trompeuse de... ». Cette locution prépositive est archaïque ou littéraire, car l'emploi de *couleur* au sens de « raison spécieuse, fausse apparence, mensonge », très courant jusqu'au XVIIe s., n'est plus compris. Au contraire les emplois métaphoriques du type : *donner de belles couleurs à...*, *présenter sous une couleur flatteuse*, etc., sont encore possibles.

Annoncer la couleur « dire franchement ses intentions ». Emploi métaphorique d'une expression de jeu de cartes (popularisé par le bridge). *Annoncer la couleur* signifie « proposer, par une annonce, une des quatre couleurs comme atout ». Dans la langue familière, l'expression s'emploie pour « commander les consommations (au café), le repas (au restaurant) ».

> Devant être questionnée pour l'histoire des scellés sauteurs, par correction, je téléphonai à Meynant, afin de lui demander s'il ne voyait pas d'inconvénient à ce que j'annonce la couleur et déclare que les fêtes de Pâques, je les avais passées avec eux, dans la propriété de Gerberoi. M. ROLLAND, *La Rouquine*, p. 196.

Connaître, voir la couleur de... (l'argent, etc.). S'emploie surtout négativement, dans des phrases comme *il n'en a pas vu la couleur* (« il n'en a rien vu ») ; *on n'en connaîtra jamais la couleur* (« on ne verra jamais cela ; la chose ne se fera pas »).

En faire voir (à quelqu'un) de toutes les couleurs « lui faire supporter toutes sortes de choses désagréables ». *En voir de toutes les couleurs* « avoir des expériences de toutes sortes, généralement des épreuves, des difficultés ».

> C'était un homme terriblement autoritaire devant qui tout le monde tremblait, surtout grand-mère, sa sainte femme, à qui il en avait fait voir de toutes les couleurs.
> B. CENDRARS, *Bourlinguer*, p. 218.

Décidément si nous n'y mettons bon ordre
Cet enfant deviendra un vaurien
Et il nous en fera voir

De toutes les couleurs
L'arc-en-ciel le fait bien
Et personne ne lui dit rien.   J. PRÉVERT, *Histoires*, p. 72.

La locution peut s'employer avec d'autres verbes.

Arrive donc ici, *ange du mal dont la voix me convie...* Que tu en auras à me dire de
toutes les façons, de toutes les couleurs possibles !
G. FLAUBERT, *Correspondance*, Pléiade, t. I, p. 51.

Vx. *Prendre couleur* « commencer à s'organiser de manière à promettre de bons
résultats (d'une affaire) ». L'expression, qui est dans Saint-Simon, est analogue à
prendre tournure et y ajoute l'idée d'« apparence agréable et prometteuse » (cf. *voir
la vie, l'avenir en rose*, etc.).

Juger de quelque chose comme un aveugle des couleurs « juger sans rien en
connaître ; sans être capable d'apprécier ce dont on parle » (début XVIIᵉ s.).

Des goûts et des couleurs → GOÛT.

COULEUVRE n. f.

Paresseux comme une couleuvre « très paresseux ». Comme les lézards, les
couleuvres aiment à rester immobiles au soleil. La comparaison n'est possible, avec
un nom désignant un serpent, que parce que la couleuvre est bien connue
pour inoffensive.

Se glisser... comme une couleuvre « avec souplesse et silence ». De nombreuses comparaisons utilisent le mot *couleuvre* pour exprimer la souplesse, la vivacité
(filer comme une couleuvre). C'est que parmi les animaux essentiellement souples
que sont les serpents, la *couleuvre* possède un nom qui évoque le verbe *couler (se
couler* = se glisser), bien que *colubra*, mot latin d'où vient *couleuvre*, n'ait pas de
rapport étymologique avec *colare.*

Avaler des couleuvres « supporter des affronts, des avanies, sans pouvoir se
plaindre ». « *Le goût qu'il a pris pour elle* », écrit Mme de Sévigné en 1676, « *lui fait
avaler toutes sortes de couleuvres* ». Le sens est alors plutôt « croire des choses men-
songères, être berné ». Or *couleur* a précisément, du XVᵉ au XVIIᵉ s. le sens extrêmement courant de « raison spécieuse, fausse apparence qu'on donne à qqch. » (il nous
en reste *sous couleur de*). L'expression croise sans doute les sens métaphoriques de
avaler (*avaler un mensonge*, puis *un affront*) et une expression comme *bailler la couleur* « tromper par de fausses apparences ». En outre, *couleuvre* est au XVIᵉ s. le
symbole de ce qui est tortueux, sinueux, et ce sémantisme prédisposait le mot
(comme tous les noms de serpents) à exprimer l'hypocrisie mensongère. À l'appui de
l'hypothèse *couleur > couleuvre*, on rapprochera *faire avaler toutes sortes de (des...)
couleuvres* de *en faire voir de toutes les couleurs* (qui n'est attesté qu'au XIXᵉ s.).
Cependant, dès le XVIIᵉ s., l'expression est comprise comme une métaphore de « avaler des serpents » ; d'où les variantes : *nourrir des couleuvres à qqn* (Saint-Simon),
faire avaler anguilles et couleuvres (J.-B. Rousseau) et le vers de Boileau (Satire X)
« *Résous-toi, pauvre époux, à vivre de couleuvres* ». Dans cette nouvelle interprétation, elle est à rapprocher de l'expression anglaise contemporaine *toad-eater*
(→ CRAPAUD).

Lucien eut le courage des parvenus : il vint là cinq jours sur sept de la semaine, il
avala gracieusement les couleuvres de l'envie, il soutint les regards impertinents [...].
BALZAC, *Splendeurs et Misères des courtisanes*, éd. de 1845, 1ʳᵉ partie, ch 19.

Et pourquoi ? parce que son Adolf était né hors frontières. Contre ça, il n'y avait rien à
faire : fallait avaler cette couleuvre ; en tout cas, l'était patriote son Adolf, et il croyait
dans la victoire : y avait des prétendus Français dont on n'aurait pas pu en dire autant.
R. QUENEAU, *Un rude hiver*, p. 92.

COULEUVRINE n. f.

Vx. ***Être sous la couleuvrine*** «être sous la dépendance d'un homme puissant, influent (XVIIe-XVIIIe s.)». L'usage concret de l'expression correspond à «être trop près des batteries de canon».

> On se sert encore de cette phrase, pour marquer qu'on est en quelque sorte dans la dépendance d'un autre. En achetant cet emploi, il s'est mis sous la couleuvrine d'un homme, qui le fera marcher droit.   LE ROUX, *Dictionnaire comique.*

COULISSE n. f.

Regarder en coulisse; faire les yeux en coulisse «regarder de côté avec malice ou intention de plaire», cf. *Faire les yeux doux.* L'idée est la même que dans REGARD EN COIN★, mais *en coulisse* y ajoute les connotations de *couler* «insinuation, souplesse...». Les deux expressions sont du début du XIXe s. On trouve aussi, nominalement, *yeux, regards en coulisse.*

> [...] Coupeau devait savoir que Lantier était là, Gervaise demeura stupide, en l'entendant grogner :
> — Oui, n'est-ce pas! ma biche, il y a là un cadet de notre connaissance. Faut pas me prendre pour un jobard... Que je te pince à te balader encore, avec tes yeux en coulisse!   É. ZOLA, *L'Assommoir*, t. I, p. 268.
>
> — Vous ne buvez pas? — Je crois bien que je ne bois pas.
> — Je suis abruti. Je le regarde comme ça. *(Geste.)* Et puis, Mme Dubois me regarde comme ça. *(Geste.)* (Je crois qu'on appelle ça des yeux en coulisse.)
>   Ch. CROS, *Monologues*, p. 347.

Dans la coulisse «en secret, dans les parties de la vie politique, économique, etc. que le public ignore». Métaphore provenant du sens de *coulisse* au théâtre (ce sens date du XVIIIe s. et procède du nom donné aux éléments du décor qui glissent, *coulissent* et s'effacent hors scène).

COULPE n. f.

Battre sa coulpe «se repentir». Seul emploi vivant du vieux mot *coulpe*, du latin *culpa* «faute», écrit *coupe* en ancien français. *Battre sa coupe* (XIIe s.) signifiait «se frapper la poitrine en se repentant de ses fautes» [en disant *mea culpa*]. La traduction de *mea culpa* qui s'employait au XIIe et au XIIIe s. était : *la moie coupe* (la mienne faute). *Rendre sa cou(l)pe* «reconnaître sa faute» est de la même époque, mais *dire sa coulpe* «avouer et regretter sa faute» s'est employé jusqu'au XVIIe s. (La Fontaine).

> Des milliers et des milliers d'amoureuses battaient leur coulpe, se ruaient à la pureté et aux bonnes œuvres [...] se mettant finalement à carreau et à coi dans une vie de chasteté, de travail, d'abnégation.   M. AYMÉ, *Le Passe-Muraille*, p. 66.

COUP n. m. L'importance phraséologique de ce mot est immense. Sa haute fréquence, son caractère monosyllabique, ses nombreuses valeurs concrètes et abstraites (polysémie), enfin et surtout son sémantisme de base, qui met en œuvre les idées de «mouvement rapide» et de «choc en résultant», appliquées à l'homme, tant comme agent que comme patient, en font le support de très nombreuses expressions parfois rapprochées les unes des autres.

> Vous devez vous tromper, je ne me rappelle pas du tout, cela ne me ressemble pas, car dans ces sortes de conversations, je suis toujours très laconique et je n'aurais jamais prédit le succès d'un de ces coups d'éclat qui ne sont souvent que des coups de tête et dégénèrent habituellement en coups de force.
>   M. PROUST, *À la recherche du temps perdu*, t. II, p. 38
>   C'est M. de Norpois qui parle.

Les expressions nominales, du type *coup de...* (suivi d'un nom) sont de plusieurs sortes. 1) Le complément est le nom d'instrument : arme *(coup de bâton)*, partie du corps *(coup de pied)* ; 2) le complément est un nom abstrait *(coup de chance*, équivalent à « coup chanceux ») ; 3) le complément désigne un domaine d'application *(coup de Bourse :* coup [« action »] fait à la Bourse). Ces expressions ne seront traitées que si leur valeur d'emploi est imprévisible ou particulière (métaphorique, etc.) par rapport à la valeur des termes composants ; c'est en général le complément de *coup,* le déterminant, qui porte la métaphore : les locutions nominales formées avec *coup* sont alors à consulter à ce second nom.

Coup bas « coup porté au-dessous de la ceinture, en boxe (coup interdit) ». Métaphoriquement, avec l'influence des emplois de *bas* dans le domaine moral, « action hostile destinée à nuire sournoisement ».

> Mais, au cours de mon premier stage d'avocate, j'ai connu plusieurs voleurs : ils ne m'ont parlé que de cafardages, de petites complicités avec les gardiens, de combinaisons sordides et de coups bas... R. VAILLAND, *Bon Pied, Bon Œil,* p. 167.
>
> Il [Mitterrand] a tenu tête avec calme, avec un excès de calme, il me semble, à un spécialiste des coups bas. F. MAURIAC, *Bloc-Notes,* p. 145.

Coup d'aile « un des mouvements successifs de l'aile par lesquels les animaux ailés avancent dans l'air ».

Coup d'arrêt « action par laquelle on interdit la poursuite de quelque chose », **Donner un coup d'arrêt à...** « arrêter brutalement ».

Coup de baguette (magique) → BAGUETTE. — **Coup de balai** → BALAI. — **Coup de bambou** → BAMBOU. — **Coup de barre** → BARRE. — **Coup de bâton** → BÂTON. — **Coup de boutoir** → BOUTOIR. — **Coup de canif** → CANIF. — **Coup de caveçon** → CAVEÇON.

Coup de chance, de fion, de pot, de veine... « événement brusque, inattendu et heureux ». S'oppose à COUP DUR.

Coup d'envoi → ENVOI. — **Coup d'épaule** → ÉPAULE. — **Coup d'épée dans l'eau** → ÉPÉE. — **Coup d'épingle** → ÉPINGLE.

Coup d'essai « tentative » (→ Essai) : souvent en relation avec *coup de maître,* depuis le célèbre vers du *Cid* (II, 2) : « *Et pour leurs coups d'essai veulent des coups de maître* ».

Coup de chapeau → CHAPEAU. — **Coup de chien** → CHIEN. — **Coup de collier** → COLLIER. — **Coup de dé** → DÉ. — **Coup de dent** → DENT.

Coup d'éclat « action remarquable et surprenante (parfois avec une nuance ironique) ».

Coup d'État → ÉTAT. — **Coup de l'étrier** → ÉTRIER. — **Coup de feu** → FEU. — **Coup de filet** → FILET. — **Coup de folie** « action brusque et déraisonnable » → FOLIE. — **Coup de force** « action collective violente ; tentative de révolution, etc. » → ÉTAT *(coup d'État).* — **Coup de foudre** → FOUDRE. — **Coup de fouet** → FOUET. — **Coup de fourchette** → FOURCHETTE. — **Coup de fusil** → FUSIL. — **Coup de génie** « action soudaine inspirée par le génie » (souvent ironique) → GÉNIE.

Coup de grâce → GRÂCE — **Coup de griffe** → GRIFFE. — **Coup de gueule** → GUEULE — **Coup de Jarnac** → JARNAC. — **Coup du lapin** → LAPIN. — **Coup de main** → MAIN. — **Coup de maître** « action, œuvre digne d'un maître » → MAÎTRE. — **Coup de masse, de massue** → MASSE, MASSUE. — **Coup d'œil** « regard rapide » ou « examen superficiel » → ŒIL. — **Coup du père François** → FRANÇOIS. — **Coup de pied** → PIED. — **Coup de pied de l'âne** → ÂNE.

Coup de poing « coup donné avec le poing » et « arme servant à frapper » → POING. — **Coup de pouce** → POUCE. — **Coup de raquette** « choc, soubresaut vertical » → RAQUETTE. — **Coup de reins** → REIN. — **Coup de sang** → SANG. — **Coup de soleil** → SOLEIL. — **Coup de tête** → TÊTE. — **Coup de théâtre** → THÉÂTRE. — **Coup de tonnerre** → TONNERRE. — **Coup de torchon** → TORCHON.

Coup de Trafalgar → TRAFALGAR. — *Coup en vache* → VACHE.

Coup de vieux « vieillissement brusque ». L'idée est celle d'une « brusque atteinte de la vieillesse ». Pour évoquer le coup porté à la vieillesse, il fallait sans doute un mot bref (comme dans *coup de poing*).

> Mais tu as une mine superbe, dis-moi, tu sais que tu es un phénomène... tu ne changes pas, tu vivras jusqu'à cent ans, tu seras comme grand-maman Bouniouls [...]. Non, ma petite Berthe, je ne crois pas, je crois plutôt que j'ai pris un bon coup de vieux ces derniers temps...
> N. SARRAUTE, *le Planétarium*, p. 171.

> [...] le premier acte [de Carmen] a pris un sérieux coup de vieux. Il renferme assez de beautés, certes, pour qu'on puisse le sauver.
> F. MAURIAC, *Bloc-Notes*, p. 83.

Prévert a forgé par analogie : *coup de jeune.*

Coup double → ci-dessous FAIRE COUP DOUBLE.

Coup dur « événement imprévu, brusque et difficile à supporter ; ennui soudain ». L'adjectif *dur* donne à *coup* une valeur nettement métaphorique.

Coups et blessures. Expression consacrée dans le langage du droit, où la coordination *et* recouvre une relation causale.

Coup fourré → FOURRÉ.

Les trois coups « ceux qui annoncent et précèdent le lever du rideau, dans le théâtre traditionnel ». *Frapper les trois coups :* annoncer le début du spectacle.

> [...] le regard rencontré d'une personne de connaissance qu'il a découverte dans la salle et qu'après mille perplexités il se décide à aller saluer au moment où les trois coups, en retentissant avant qu'il soit arrivé jusqu'à elle, le forcent à s'enfuir [...].
> M. PROUST, *À la recherche du temps perdu*, t. II, p. 39.

Vx. *Les cent ou les quatre cents coups* « des actes désordonnés » (début XIXe s.). Surtout dans *faire les cent, les quatre cents coups* (ce qu'on peut rapprocher de *faire le diable à quatre*).

> À un certain âge, les hommes feraient les cent coups pour avoir des cheveux, quand ils n'en ont pas [dit Birotteau].
> Balzac, *César Birotteau*, p. 339

> Pourquoi : dormir comme un pieu ? Pourquoi : tonnerre de Brest ? Pourquoi : faire les quatre cents coups ? Mais alors la défense de M. de Cambremer était prise par Brichot, qui expliquait l'origine de chaque locution.
> M. PROUST, *À la recherche du temps perdu*, t. II, p. 923.

Variante : *les cent dix-neuf coups* (1839, H. Monnier).

> Nana, ravie de voir ses parents se manger, se sentant excusée à l'avance, commettait les cent dix-neuf coups.
> É. ZOLA, *L'Assommoir*, t. II, p. 20.

> [...] elles détournaient la tête, jugeant impossible de saluer, sous les yeux de Mme de Rochechouart, une femme qui était bien capable d'être allée à Bayreuth — ce qui voulait dire faire les cent dix-neuf coups.
> M. PROUST, *À la recherche du temps perdu*, t. II, p. 749.

Coup monté « arrangement prémédité » ; « complot » → MONTER LE COUP.

> Alors on me guettait au virage, on me pousse encore une fois dans le boulot, le type est de connivence avec mother, c'est un coup monté !
> A. SARRAZIN, *La Traversière*, p. 181.

Un grand coup, s'emploie métaphoriquement dans les expressions *frapper, porter un grand coup* « faire une action marquante ». — *Le grand coup* « l'opération la plus importante » (surtout dans le domaine des *mauvais coups*).

Mauvais coup « action malhonnête, illégale ». À noter que *coup* prend souvent la valeur de *mauvais coup*, en complément de verbes comme *faire, manigancer* (*c'est lui qui a fait le coup* implique qu'il s'agit d'une action répréhensible).

Sale coup « événement inattendu et désagréable ». L'expression est à peu près synonyme de *coup dur*, mais s'éloigne plus du sémantisme initial du mot.

Sale coup pour la fanfare. Expression consacrée, d'origine obscure (quelque refrain de vaudeville ou chanson), qui évoque le destinataire du *coup* par le groupe naïf et joyeux d'une fanfare villageoise.

> Par ma foi, répondit Brichot, en effet, si vous n'aviez plus trouvé le train, c'eût été, comme eût parlé feu Villemai, un sale coup pour la fanfare !
>
> M. PROUST, *À la recherche du temps perdu*, t. II, p. 875.

Vx. *À coup* « brusquement, soudainement » (XIIIe-XVIIe s.) → TOUT À COUP.

À coups de... « en frappant avec... » *(à coup de pied, poing, tête...)* et métaphoriquement « en utilisant d'une manière interrompue » *(à coups de dictionnaire)* ou « en utilisant avec force, intensité ». Les emplois métaphoriques se basent à la fois sur le geste qui frappe et sur le tir d'une arme *(coup de feu, de fusil)*.

Au coup → ci-dessous ÊTRE AU COUP.

À coup sûr « avec certitude, sans risque d'erreur ou d'échec, infailliblement ». La locution est lexicalisée (c'est un adverbe) et démotivée.

> Nous voudrions agir à coup sûr, et avons préféré d'attendre et de vous faire attendre plutôt que de risquer inconsidérément la vie de nos soldats et des vôtres.
>
> A. GIDE, *Journal*, t. II, p. 244.

Vx. *À tous coups* « très souvent » (depuis 1538) ; « à tout moment » (Vaugelas).

À tout coup, à tous les coups « à chaque tentative ; à chaque fois (la chose se produit, réussit...) ». Le sens est voisin de *à coup sûr*, mais *à tous les coups*, par sa syntaxe moderne (normale) évoque plus clairement la répétition, la constance du résultat. *À tous les coups on gagne!* phrase traditionnelle incitant les badauds à tenter leur chance à une loterie foraine, et dont toute l'astuce réside dans le *on;* tout *coup* en effet, désigne un numéro gagnant ; le hasard faisant coïncider cette décision avec un *on* anonyme et souvent absent.

Après coup « après l'événement » (*in* Commynes).

> En réalité nous découvrons toujours après coup que nos adversaires avaient une raison d'être du parti où ils sont [...].
>
> M. PROUST, *À la recherche du temps perdu*, t. II, p. 712.

Aux cent coups « dans un état d'extrême inquiétude » (milieu XIXe s.). Surtout dans *être aux cent coups.*

> Elle trouvait Coupeau lâche devant sa sœur. La veille encore, il criait fort, il jurait de les remettre à leur place, ces langues de vipères, s'ils lui manquaient. Mais, en face d'eux, elle le voyait bien, il faisait le chien couchant, guettait sortir leurs paroles, était aux cent coups quand il les croyait fâchés.   É. ZOLA, *L'Assommoir*, t. I, p. 103.

Coup sur coup « successivement, l'un après l'autre ».

> Il monta au bar, où les consommations sont meilleur marché, et but, coup sur coup, deux rhums blancs.   R. VAILLAND, *Bon Pied, Bon Œil*, p. 40.

Dans le coup → ci-dessous ÊTRE (METTRE) DANS LE COUP.

Du coup « à cause de cela ».

Du même coup « par la même action, la même cause ». *Du premier coup* « à la première tentative, sans répéter un essai ». *D'un seul coup* « en une seule action, sans se reprendre » *(du premier coup* et *d'un seul coup* diffèrent en ce que *premier* suppose une série d'actions, dont la première est entièrement efficace, et *un seul* pose l'unicité. Celle-ci est soulignée par le redoublement familier : *d'un seul coup d'un seul).*

> Lors, montant sur ses grands chevaux,
> La Mort brandit la longue faux
> D'agronome
> Qu'elle serrait dans son linceul,
> Et il faucha d'un seul coup d'un seul
> Le bonhomme... (bis)   Georges BRASSENS, *Poèmes et Chansons*, p. 123.

> Du coup. tu n'auras pus d'condamnation. Tu ne s'ras pas traqué. et tu pourras être
> heureux comme je l'aurais été si c'te balle ne m'avait pas traversé le magasin !
> > H. BARBUSSE. *Le Feu*, t. II, p. 47.

Arg.   *(En) deux coups les gros* « facilement et rapidement ».

> Le commissariat du quartier fut prévenu, un plein car de gardiens réparti discrètement
> autour du restaurant et. avant même que nos quatre affamés aient attaqué leur filet de
> hareng-pommes vapeur. l'équipe de Souchon les sautait en deux coups les gros.
> > M. ROLLAND. *La Rouquine*. p. 154.

En trois coups de cuiller à pot → CUILLER.

Vx.   *Encore un coup* « encore une fois » (XVIIᵉ s. : Malherbe, La Fontaine).

Pour le coup (ce coup) « cette fois-ci » (1582, Montaigne). *Coup* ayant perdu son contenu initial et même métaphorique (« action brusque, violente ») ne garde ici, selon les dictionnaires, qu'une valeur purement chronologique (« événement délimité dans le temps et répétable » ; on donne en général comme synonyme *fois*). Mais *coup* conserve tout de même des connotations désagréables. Comparer : *cette fois, il exagère !* (où *cette fois* est neutre ; on peut dire *cette fois, il a réussi, il a été admirable...*) et *pour le coup, il exagère !*

> Tu seras contrainte de me dire en me repoussant doucement avec tes mains : Ha mon
> cœur. ha ma vie. j'en ay assez pour ce coup.
> > Ch. SOREL. *Histoire comique de Francion*. p. 67.

> Pour le coup. s'écria-t-il. il y a là matière à duel !
> > STENDHAL. *Le Rouge et le Noir*. p. 472.

Sans coup férir « sans difficulté, sans avoir à lutter ». Dans son emploi actuel, assez littéraire du fait de l'archaïsme du verbe, *sans coup férir* correspond à peu de choses près à : *à coup sûr*. Seuls les lettrés reconstituent la syntaxe et le lexique modernes, qui donneraient : *sans porter (frapper) un coup*, donc « très facilement ».

> Ainsi la ville de Menda [...] fut entourée par les troupes françaises presque sans coup
> férir.   BALZAC. *El Verdugo*. p. 870.

Sous le coup de... (XIXᵉ s.) « sous l'effet (plus ou moins violent de...) ». Notamment avec un complément désignant une émotion (*émotion, terreur*, etc.).

Sur le coup « au moment même ».

Sur le coup de... heures [LOC. PRÉP.] « à... heures précises ».

Tout à coup « très brusquement ; soudainement » (Estienne, 1549). Cette expression coexiste avec *tout d'un coup* (qui apparaît au début du XVIIᵉ s.) sans qu'on puisse aisément rendre compte de la répartition des emplois. *À coup* implique la manifestation soudaine d'un événement ; *d'un coup* la manifestation unique, sans interruption (comme dans *d'un seul coup*).

> Sur le coup de six heures. amenez-moi tout votre monde ici. n'allez pas laisser les gens
> rentrer chacun chez soi. à la débandade.
> > M. PROUST. *À la recherche du temps perdu*. t. II, p. 970.

Accuser le coup « réagir de manière pénible et très visible ».

> Les garçons jouaient à Tarzan. ils se balançaient au bout de leurs bras et se catapul-
> taient d'un arbre à l'autre en poussant des cris terribles. ou bien ils se laissaient tom-
> ber du haut d'une branche sur le dos d'un âne qui, en général, accusait mal le coup
> et qui. après une ruade. ne voulait plus avancer d'un centimètre.
> > M. CARDINAL. *Les Mots pour le dire*. p. 125-126.

Boire un coup « boire un verre (ou quelques verres) de boisson alcoolisée ».

Compter les coups. Expression qui évoque l'arbitrage d'un combat (de boxe, etc.) et qui s'emploie métaphoriquement pour « assister à une lutte et se borner à observer sans intervenir ».

Discuter le coup «parler de choses et d'autres». Le complément *le coup* représente le sujet de la discussion; un emploi analogue est *expliquer le coup* «expliquer l'affaire».

Être dans le coup «être concerné (dans une affaire) ou être au courant». On emploie aussi **mettre dans le coup** surtout au sens de «mettre au courant» (avec une idée de participation) → ÊTRE DANS LE BAIN★.

Être hors du coup, en dehors du coup (et **laisser hors du coup**) s'emploient en antonymes de *dans le coup* → aussi COURSE.

> Et par exemple en politique : ce qui crève les yeux, c'est le jeu qui se joue ouvertement, sans vergogne. Un très petit nombre d'hommes sont dans le coup, se passent le ballon [...].   F. MAURIAC, *Bloc-Notes*, p. 60.

> Ah! s'écria Antoinette, combien vite j'aurais eu des convictions, comme tu dis, si on m'avait laissée me mettre dans le coup.   R. VAILLAND, *Bon Pied, Bon Œil*, p. 81.

Variante plus populaire (d'origine argotique) : **être au coup, mettre au coup.**

> [...] je me sens un peu primaire devant ces filles, qui m'observent de leur lit, par-dessus le tissu ou le papier qui leur occupait les doigts à mon entrée.
> Leur montrer que je suis au coup, en faisant savamment mon grabat, d'abord. Une primaire, même si elle est femme de chambre dans le civil, s'en tirera moins bien qu'une récidiviste à qui l'on fait dehors sa couverture chaque soir [...].
>   A. SARRAZIN, *La Cavale*, p. 12.

> La directrice m'invite à prendre place et me met un peu au coup des institutions en vigueur.   A. SARRAZIN, *La Traversière*, p. 73.

Faire coup double «réussir dans deux domaines, obtenir deux résultats par la même action». À rapprocher de la métaphore *faire d'une pierre deux coups* → PIERRE.

Vx. **Faire en deux coups six trous** «réussir rapidement» (1656, *in* Gottschalk). L'expression vient du jeu de trictrac, où *trou* désigne douze points.

Vieilli et fam. **En jeter un coup :** variante expressive de EN METTRE UN COUP.

> Allons, mes enfants, jetons-en un coup, c'est pas long, quand tout le monde s'y met...
> Allons, qu'est-ce t'as à rouspéter, encore, toi? Ça sert à rien.
>   H. BARBUSSE, *Le Feu*, t. I, p. 58.

Manquer son coup «échouer, ne pas atteindre l'objectif qu'on se proposait».

Marquer le coup, a deux emplois très différents : 1) «souligner l'importance d'une chose, par une manifestation»; 2) «manifester que l'on a été touché, atteint par quelque chose». Dans le premier sens, *coup* signifie «événement saillant» et *marquer le coup* peut constituer une métaphore du jeu, de l'arbitrage, comme dans *compter les coups*. Dans le second, le *coup* est subi, et le verbe marquer signifie «extérioriser» (cf. *Marquer de l'intérêt*).

Y mettre, en mettre un coup «faire un gros effort».

> [...] sans aucune envie, ni lui ni moi, d'aller nous mêler aux débardeurs, d'y mettre un coup ou d'y donner la main, ayant tous deux le travail en horreur...
>   B. CENDRARS, *Bourlinguer*, p. 72.

Monter le coup «préparer une affaire» (souvent avec une valeur péjorative → ci-dessus MAUVAIS COUP).

> [...] des réunions mondaines où les femmes et les hommes les plus charmants ne le recherchaient que pour le plaisir désintéressé qu'il leur donnait, où personne n'eût songé à «lui monter le coup».
>   M. PROUST, *À la recherche du temps perdu*, t. II, p. 1075.

Risquer (tenter) le coup «risquer sa chance, dans une circonstance précise».

> Et, pour le malheur de la Révolution, nous avons été modestes — ou lâches! Nous avons abandonné notre atout; nous n'avons pas osé risquer le coup sur cet enjeu sanglant.   J. VALLÈS, *L'Insurgé*, p. 123.

Vx. **Porter coup** « faire impression ; avoir d'importantes conséquences » (début XVIIᵉ s.). **Porter coup à quelqu'un,** « lui nuire » *(id.)*.

Prendre, en prendre un (bon, sacré, sale...) coup dans (les dents, les genci ves...) « subir un mauvais traitement, ressentir péniblement qqch. ».

> — C'est le Vieux qui t'envoie ?
> — Évidemment il sait que tu en as pris un bon coup dans les galoches et il m'a dit de te ramener d'urgence...
> — Y a le feu ?
> — À en juger à son énervement, oui !
>
> SAN-ANTONIO, *Au suivant de ces messieurs*, p. 19.

Tenir le coup « résister avec persévérance ». Expression très courante, où *coup* représente l'agression extérieure, les difficultés à supporter et où *tenir* correspond à « résister à » (peut-être d'après *tenir un territoire* et *contenir l'ennemi*). Wartburg ne signale que la forme régionale *tenir coup* (Auvergne).

> Ils parlaient l'un après l'autre, d'une voix désolée, et les doléances commencèrent. L'ouvrier ne pouvait pas tenir le coup, la révolution n'avait fait qu'aggraver ses misè res, c'étaient les bourgeois qui s'engraissaient depuis 89, si goulûment, qu'ils ne lui laissaient même pas le fond des plats à torcher.   É. ZOLA, *Germinal*, t. I, p. 159.
>
> Pierre H., qui s'est envolé vendredi 13 (le veinard !) pour Marseille, écrit qu'on a moins six sur la Côte d'Azur. À moins sept, je m'éteins. Pour « tenir le coup » je me raidis, me crampönne et toute ma volonté s'y use.   A. GIDE, *Journal*, t. II, p. 304.
>
> Mais il relâcha rapidement son étreinte car elle laissait aller sa joue contre celle d'Antio che et celui-ci avait l'impression très nette que son slip ne tiendrait pas le coup.
>
> B. VIAN, *Vercoquin et le Plancton*, p. 23.

Tirer un coup « avoir un orgasme » (d'un homme). La métaphore est celle de l'arme à feu, symbole transparent de l'érotisme phallique. L'expression s'est d'ail leurs employée au XVIIᵉ s. au sens de « tirer avec une arme à feu » ; il est vraisem blable que les emplois métaphoriques du style à la mode (voir la citation de Fure tière) ont amorcé une métaphore moins innocente et qui a fait fortune.

> [...] en certains défilez, où il avoit mis quelque impromptu en embuscade, où ce galand tiroit son coup et deffaisoit le plus hardi champion d'esprit.
>
> FURETIÈRE, *Le Roman bourgeois*, p. 980.
>
> C'est Pancrace, un bel esprit, qui parle.
>
> J'ai foutu trois femmes et tiré quatre coups — dont trois avant le déjeuner, le qua trième après le dessert. J'ai même proposé à la maquerelle de l'y faire passer, à la fin. Mais comme je l'avais refusée au commencement, à son tour elle n'a pas voulu. J'aurais tenu cependant *à faire cette frasque* pour couronner l'œuvre et donner de moi une bonne opinion. Le jeune Du Camp n'a tiré qu'un coup. Son vi lui faisait mal d'un reste de chancre [...].   G. FLAUBERT, *Correspondance*, Pléiade, p. 668.

Valoir le coup « valoir la peine, être digne de l'effort, etc. » ; par extension « être beau, bon, excellent ».

> I'm'présentait ses pompes d'un air de dire qu'elles valaient l'coup.
>
> H. BARBUSSE, *Le Feu*, t. I, p. 10.

Vx. **Le coup vaut bien la balle** « cela valait la peine ». À l'imparfait : *le coup valai bien la boule* (fin XVIᵉ s.).

1. COUPE n. f.

Coupe sombre « suppression ou licenciement d'un nombre important (de cho ses, de personnes) ». Cette expression assez courante *(on a fait des coupes sombre. dans le budget, dans le personnel de l'entreprise)* repose sur un contresens. *Sombre* est compris dans le sens de « terrible, sévère ». En réalité, il s'agit d'une métaphore du langage technique des eaux et forêts, où une *coupe sombre* est une coupe partielle destinée à ménager la place des semis et s'oppose à la *coupe claire* qui « éclaircit » l coupe sombre pour laisser se développer les jeunes arbres. La *coupe sombre* ne l'es que parce qu'elle laisse de l'ombre, mais les connotations de *sombre* (« terrible ») ont donné à l'expression un sens opposé à celui de son origine.

Sous la coupe de... « sous la dépendance de... » (fin XVIIe s., Saint-Simon). L'expression vient du jeu de cartes, où *être sous la coupe de quelqu'un* signifiait « jouer après que quelqu'un ait coupé ». Furetière (1690) explique que certains ont « la sotte croyance » que des joueurs ont la coupe malheureuse et qu'il n'est pas bon d'être sous leur coupe. L'expression ne devait plus être rattachée à la *coupe* des cartes dès le XVIIIe s., puisqu'on rencontre en 1787 et jusqu'au 1850 l'expression *être sous la coupelle de qqn*, *coupelle* « récipient où l'on épure les métaux précieux », signifiant métaphoriquement « épreuve ». Dans cette interprétation, la *coupe* évoque une demi-sphère qui domine et emprisonne celui qui est dessous. Cette confusion est d'ailleurs signalée par la variante *sous la coupole de...* que Proust donne pour l'un des nombreux cuirs du directeur de l'hôtel de Balbec :

> La politique de M. Caillaux y était bien arrangée. « Je trouve du reste qu'ils ont raison, dit-il. Il nous met trop sous la coupole [sous la coupe] de l'Allemagne ».
>
> M. PROUST, *À la recherche du temps perdu*, t. II, p. 752.

> — C'est le petit qu'il faudrait surveiller.
> — Il est tout entier sous ta coupe. À dix-huit ans, il t'obéit comme un garçonnet.
>
> A. BLONDIN, *Quat'saisons*, p. 136.

Mettre en coupes réglées « exploiter systématiquement (une personne, une collectivité) » est, comme *coupe sombre*, une métaphore forestière (XVIIe s.). La *coupe réglée* est l'exploitation méthodique d'un bois par abattage.

> — Avez-vous hérité d'un oncle ? lui dit Finot d'un air railleur.
> — J'ai mis, comme vous, les sots en coupes réglées, lui répondit Lucien sur le même ton.   BALZAC, *Splendeurs et Misères des courtisanes*, éd. de 1845, 1re partie. chap. 1.

2. COUPE n. f.

Boire la coupe jusqu'à la lie → LIE.

Il y a loin de la coupe aux lèvres « entre le projet et l'exécution, le désir et la satisfaction ». Cette locution proverbiale était déjà en usage dans la Grèce antique et a dû être traduite en français à la Renaissance.

COUPER v. tr. Le verbe *couper* vient de *coup* et devrait signifier « frapper » (il l'a effectivement signifié en ancien français) ; de nos jours, *coup* et *couper* sont entièrement disjoints.

La couper à quelqu'un « étonner, stupéfier ». C'est proprement « rendre muet d'étonnement, empêcher de parler » (→ COUPER LA PAROLE et ci-dessous COUPER COURT). Surtout sous la forme exclamative : *Ça te la coupe !* Il n'y a pas à évoquer ici l'ellipse d'un complément précis, comme *langue* ou *parole*, car *couper* se construit avec de nombreux substantifs *(couper la chique, le sifflet...)* pour former les locutions qui équivalent toutes à « interrompre ».

> Trouver ton grand-père encore plus bête que toi, tu ne t'y attendais pas, tu perds le discours que tu devais me faire, monsieur l'avocat, c'est taquinant. Eh bien, tant pis, rage. Je fais ce que je veux, ça te la coupe, imbécile !
>
> V. HUGO, *Les Misérables*, Pléiade, p. 1 364.

Couper court « mettre un terme à quelque chose ; arrêter brusquement ». Dans ce sens, l'expression date du XIXe s., mais *couper court* ou *la couper court à qqn* s'emploie depuis le XVIe s. pour « l'interrompre dans son récit » (le sens est le même que COUPER LA PAROLE★).

Ne pas y couper de... « être obligé d'accepter, de subir, de recevoir... ». Cet emploi dérive de celui de *couper* construit avec la préposition *à* : *Couper à une corvée* « y échapper ».

Tardivaux, s'écria-t-il, vous n'y coupez pas de la Légion d'honneur! Comment vous êtes-vous tiré de leurs pattes? G. CHEVALLIER, *Clochemerle*, p. 350.

Y couper, en emploi positif, est plus rare.

Ne coupez pas! Phrase convenue par laquelle on réclame la poursuite d'une communication téléphonique.

M. Jarring se trouve en somme dans l'inconfortable position d'une standardiste qui a ses correspondants en ligne chacun de son côté et, cherchant à les mettre en communication, crie désespérément de part et d'autre : «Ne coupez pas!»
R. ESCARPIT, in *Le Monde*, 24 février 1971.

Couper les cheveux en quatre → CHEVEU. Valéry emploie l'expression *couper en quatre* «subtiliser», où *couper* est intransitif.

— Mais pas du tout... Je suis anxieux... peut-être... Mais pas un «anxieux»...
— Distinguo... J'aurais parié que vous coupiez en quatre...
P. VALÉRY, *Œuvres*, t. II, p. 240.

Se faire (laisser) couper en quatre (en rondelles, en tranches...) pour qqn «tout supporter, tout subir pour aider, défendre... qqn».

C'est notre médecin de famille, un brave cœur que nous adorons et qui se ferait couper en quatre pour nous. M. PROUST, *À la recherche du temps perdu*, t. II, p. 959.

Couper dans le pont → PONT. — ***Couper les vivres*** → VIVRE.

À couper au couteau [LOC. ADJ.], se dit d'une obscurité épaisse, d'un brouillard très dense, auquel on accorde métaphoriquement la densité d'un solide et la dureté, la résistance d'une matière que le couteau seul peut entamer.

Dehors, c'était noir, épais à couper au couteau, mais il ne pleuvait pas et, en m'habituant à la nuit, je pouvais voir le ventre blanc du tronc du figuier.
J. GIONO, *Un de Baumugnes*, p. 135.

Je venais voir si tu ne voulais pas que nous allions dîner quelque part ensemble, si cela ne te fait pas mal, car il fait un brouillard à couper au couteau.
M. PROUST, *À la recherche du temps perdu*, t. II, p. 394.

[...] des silences catastrophiques, où l'hostilité épaisse à couper au couteau se soulageait parfois en engueulades sensationnelles. A. SARRAZIN, *La Traversière*, p. 121.

COUPURE n. f.

Fam. ***Connaître la coupure*** «connaître le moyen de résoudre un problème, l'expédient». Sens argotique de *coupure*, attesté au début du XXᵉ s., et passé à l'usage familier dans cette expression.

COUR n. f. Du latin *cohors*, d'abord employé dans un sens spatial : «terrain découvert auprès d'une maison» et «espace où s'installe la résidence d'un souverain», le mot a évolué vers l'abstraction.

La cour des grands «le domaine réservé aux principaux groupes en cause (dans une compétition, notamment politique)». *L'enjeu pour (un parti) : être admis dans la «cour des grands»* (*Le Monde*, 23-4-1988).

Cour des Miracles «repaire de mendiants et de voleurs», ou (plus souvent) «lieu, quartier, rue pittoresque et sordide». Dans cet emploi, la *cour* est une impasse, un cul de sac; on appelait *cour des Miracles* l'impasse où se réunissaient les faux mendiants, dont les infirmités guérissaient miraculeusement et quotidiennement, leur «travail» terminé (le thème a été brillamment repris par Brecht, dans l'*Opéra de Quat'sous*). Hugo a décrit sa vision romantique de la *Cour des Miracles* dans *Notre-Dame de Paris* (I, II, VI).

Arrivez, coquillards énervant à Ruel, francs-mitous, sabouleux, marpeaux et mions, argotiers. Bohèmes. Égyptiens. Zingari, truands, mauvais garçons, matrones, filles folles de leurs corps, voleuses d'enfants, devineresses, sorcières, entremetteuses, quittez la cour des Miracles [...]. T. GAUTIER, *Les Grotesques*, t. I, p. 39.

Vx. *Eau bénite de cour* → EAU (BÉNITE). — *Côté cour* → CÔTÉ. — *La cour du roi Pétaud* → PÉTAUD.

Être bien en cour, mal en cour «être bien vu, mal vu des supérieurs, des autorités» (expression assez littéraire).

> Il ne faut pas en déduire cependant que l'impunité soit accordée à toutes les maisons clandestines. Il y a en quelques-unes. haut cotées. fréquentées par les notabilités françaises et étrangères. comme on dit dans les cercles de la côte d'Azur. Celles-là sont bien en cour. l'administration les traite avec bienveillance.
> GORON, *L'Amour à Paris*. t. I, p. 207.

Faire la cour «chercher à gagner la faveur, les bonnes grâces de quelqu'un». D'abord très générale, et métaphore sentie de l'attitude du courtisan auprès du souverain (R. Estienne, 1538), l'expression s'est spécialisée dans le vocabulaire de la galanterie (XVIIᵉ s.), mais on la trouve encore en emploi général plus tard. Le premier emploi relève du sémantisme de *courtisan*, le second de celui de *courtoisie* : on voit là comment la morphologie d'une part et les emplois du mot de base de l'autre réalisent les mêmes tendances sémantiques. De nos jours, on emploie plutôt le possessif *(faire sa cour)* quand il ne s'agit pas de galanterie.

> Est-ce ainsi qu'on s'avance? Faire sa cour, morbleu! faire sa cour. voir les grands. étudier leurs goûts. se prêter à leurs fantaisies. servir leurs vices. approuver leurs injustices : voilà le secret.
> DIDEROT. *Le Neveu de Rameau*. p. 453.

> Le vicaire du village et les hobereaux du voisinage me font la cour pendant six mois.
> STENDHAL. *Le Rouge et le Noir*. p. 434.

Étendue aux animaux, l'expression glisse du galant au physiologique.

> Sur une large feuille de nénuphar étalée à la surface d'une mare. deux grenouilles jouant et mimant exemplairement cette fable. L'une simple spectatrice ; l'autre se gonflant jusqu'à éclater. façon de faire sa cour et de manifester son désir. avec des regards de côté vers l'autre.
> A. GIDE. *Journal*. t. II. p. 243.

Ces exemples illustrent une évolution continue du domaine des relations institutionnelles politiques à celui de la galanterie, puis de la sexualité. La relation intéressée du *courtisan* au souverain sert de base métaphorique à celle du soupirant à la femme désirée, explicitant peut-être un caractère fondamental du comportement amoureux, qui est l'échange de prestations, et que la mythologie *courtoise* était précisément chargée de masquer et d'occulter.

COURAGE n. m. Ce mot est, sous la forme *corage,* un ancien dérivé de *cœur* (latin *cor*).

Bon courage! Exclamation par laquelle on souhaite à quelqu'un d'avoir l'énergie, la force de faire quelque chose. À distinguer de *courage!* qui évoque la constance devant le danger.

N'écouter que son courage «agir avec courage, au mépris du danger». La métaphore des «voix de la conscience» interprète les tendances conscientes comme autant de discours que le sujet accepte ou rejette.

Prendre son courage à deux mains «faire un effort pour vaincre une résistance, des hésitations» (*in* Académie, 1835). *Tenir son courage à deux mains,* signalé par Littré, n'est guère employé. Ces expressions assimilent le *courage* à un objet concret que l'on peut manier ; elles proviennent d'une interprétation matérielle des verbes *prendre* et *perdre* dans *prendre, perdre courage* et d'un lointain souvenir de l'origine physiologique du «courage» dans l'histoire de la langue (→ CŒUR). Mais l'expression *prendre son cœur à deux mains,* qui n'a pas vécu, est postérieure (cf. Wartburg) et ne saurait être considérée comme une origine plausible.

> Homme de résolution. il prit, comme on dit, son courage à deux mains. fit atteler et se rendit chez le Préfet de police. GORON, *L'Amour à Paris*. t. II. p. 697.

> Ça m'a donné des forces tout à coup, j'ai pris mon courage à deux mains, je lui ai
> téléphoné... N. SARRAUTE, *Le Planétarium*, p. 112.

Sans former véritablement des locutions, *courage* s'emploie, sans article, avec quelques verbes *(prendre, reprendre, perdre)*.

COURANT n. m.

Au courant «conscient et instruit de ce qui se passe, de ce qui est arrivé». Cette expression adjective fait partie du lexique : elle fonctionne en français moderne sans susciter de questions. Pourtant, elle utilise un sens du substantif *courant* qui n'est lui-même pas très... courant, bien qu'il soit fondamental. *Être au courant*, c'est être, en tant que sujet de connaissance, mis en relation (avec le dynamisme et le rapport d'extériorité que suppose *au*, opposé à *dans le*) avec le flux des événements extérieurs. Cette relation avec un monde extérieur auquel sont attribués des caractères de dynamisme orienté (d'après la métaphore de la rivière, du «flot conduit») confère au sujet outre la connaissance du présent fugitif, de ce qui *se passe*, un certain pouvoir de prévision. *Se tenir au courant* est plus passif, et équivaut à «garder le contact»; cf. *rester dans le coup,* parmi d'autres métaphores comparables.

Se déguiser (se transformer) en courant d'air «disparaître; s'en aller rapidement et discrètement» (1894, *in* Esnault). Le syntagme *courant d'air*, qui n'est pas très ancien, est passé (au XVIIIᵉ s.) du langage scientifique (assimilation des mouvements de l'air aux déplacements orientés d'un liquide) à l'usage général. La permanence du radical de *courir* motive l'expression familière (la forme *se pousser un courant d'air*, 1850, *in* Esnault, n'a pas vécu).

Écrire au courant de la plume «écrire sans corriger». L'expression correspond exactement à laisser courir sa plume, et la substantivation appuie encore sur l'idée d'«entraînement». Cette expression classique (on la trouve par exemple dans la *Correspondance* de Racine) attribue au support matériel de l'acte d'écriture (cette *plume* qui, au XVIIᵉ s., était encore une plume d'oiseau, évoquant la légèreté d'un mouvement ascentionnel) la vertu de produire un discours entièrement spontané. La langue du siècle le plus réfléchi avait naïvement évoqué le gouvernement de la main et des automatismes, thème repris explicitement au XXᵉ s. par les tenants de l'écriture automatique. L'expression synonyme *au fil de la plume* utilise les mêmes valeurs «liquide en mouvement orienté» (→ AU FIL DE L'EAU).

Nager contre le courant, remonter le courant... «résister à la force des événements, redresser avec peine une situation qui évolue dangereusement». La métaphore de l'eau qui coule, pour figurer le destin et l'irréversibilité des événements, remonte à la plus haute Antiquité : elle est sous-jacente dans toute philosophie du temps, qu'elle soit explicitée (Héraclite) ou implicite.

COURANTE n. f.

Avoir la courante «la diarrhée». L'expression est pour Oudin un idiotisme, mais elle est aujourd'hui entrée dans le lexique. La *courante* signifie la filante ; le jeu de mot avec la danse appelée courante donne naissance à la locution (vx.) *danser la courante.*

> [...] chacun souffrant du mesme mal, et se trouvant honteux de lascher ses ordures
> dans la cour du Seigneur [...] tous ceux de la nopce s'en retournèrent en leur logis
> l'un apres l'autre, non pas sans recevoir force gausseries de ceux qui les voioient dan-
> ser d'autres courantes, que celle que j'avois jouées de mon rebec.
> Ch. SOREL, *Histoire comique de Francion*, p. 278.

COURIR v. intr.

Laisser courir... « ne pas s'occuper de quelque chose ». Renforcement anthropomorphique (ou zoomorphique) du tour abstrait *laisser aller* (l'ancien français disait encore plus abstraitement *laisser être*).

Rien ne sert de courir... « il est inutile de se presser (si l'on n'a pas réuni les conditions de la réussite) ». L'expression utilise et généralise le célèbre vers du fabuliste, à propos du Lièvre et de la Tortue (VI, 11) : *Rien ne sert de courir, il faut partir à point.*

> Lucien, en levant les yeux, lui vit un air de quiétude qui le désespéra. Il essaya de méditer sur son proverbe : « Rien ne sert de courir, il faut partir à point ». Pour lui, il y avait là une évidence ne requérant aucune démonstration, et il songea avec dégoût à la fable de La Fontaine...   M. AYMÉ. *Le Passe-Muraille*, p. 137.

Tu peux (il peut,...) toujours courir « tu n'auras (il n'aura, etc.) rien, quoi qu'il fasse ». *Courir* représente ici l'activité dépensée pour obtenir qqch., pour parvenir à un résultat.

> Un aveugle pauvre en Europe excite déjà une compassion notable. Aux Indes, s'il compte sur sa cécité pour émouvoir, il peut toujours courir.
>   H. MICHAUX, *Un barbare en Asie*, p. 67.

> Eh bien ma famille, ils ont gueuletonné hier et ils ne nous ont pas invités. C'était les cinquante ans du Sénateur, ils ont fêté ça, ils ont invité les Sacqueville et les Duplanchet, mais nous, nous on peut courir.   R. QUENEAU, *Un rude hiver*, p. 94.

Il court encore, se dit de qqn qui s'est enfui, ou qui n'a pas été atteint.

> Ah! je vous assure que M. Bloch n'a pas demandé son reste, il court encore.
>   M. PROUST, *À la recherche du temps perdu*, t. II, p. 505.

C'est couru « la chose ne peut manquer d'arriver, de se produire ».

> C'est pas la peine de bonimenter, gouaille l'un d'eux. J'vas y rester, à cette fois-ci. C'est couru : j'ai l'intestin traversé. Si j'étais dans un hôpital, dans une ville, on m'opérerait à temps et ça pourrait coller. Mais ici!   H. BARBUSSE, *Le Feu*, t. II, p. 47.

COURONNE n. f.

Tresser des couronnes à quelqu'un « lui adresser des louanges ou en faire la louange ». L'expression utilise le sens originel de *couronne* (*corone* au XIᵉ s.) « cercle de fleurs, de feuillages entrelacés servant d'ornement et de signe d'une dignité ». Le pluriel, assez illogique, correspond à un intensif.

> Je suis depuis quatre jours couché sur mon divan à ruminer ma position qui n'est pas gaie, bien qu'on commence à me tresser des couronnes, où l'on mêle, il est vrai, des chardons.   G. FLAUBERT, *Correspondance*, IVᵉ série, p. 160.

COURROIE n. f. Les expressions formées avec ce mot sont archaïques; elles étaient nombreuses jusqu'au XVIIᵉ s. Leur disparition correspond aux évolutions technologiques qui ont modifié le champ sémantique du mot; les expressions avec *bride,* au contraire, étant durablement insérées dans le domaine du « cheval » ont mieux résisté.

Courroie de transmission « organe, élément qui sert de relais ». Loc. métaphorique récente, usuelle dans l'administration et la politique.

Vx. *Allonger la courroie* « faire traîner une affaire en longueur » (XVIᵉ-XVIIᵉ s.); « étendre ses prérogatives »; « ajouter à une histoire » (XVIIᵉ-XVIIIᵉ s.). La valeur générale est exprimée en français moderne par *en remettre, en rajouter.*

Vx. *Avoir (tenir) les deux bouts de la courroie* « avoir le libre usage, la pleine disposition (de qqch.) » (XVᵉ-XVIIᵉ s.) → CHAÎNE.

Vx. ***Faire courroie du dos de quelqu'un*** «le fouetter fortement» (*in* Cotgrave, 1611). Métonymie sous-jacente entre les lanières du fouet et les blessures qui mettent le dos «en lanières».

Vx. ***Serrer la courroie à quelqu'un*** «lui mesurer les ressources» (*in* Académie, 1798). Synonyme : *Serrer la bride.*

Vx. ***Tenir le bout de la courroie*** «arriver au bout d'une entreprise (xvᵉ-xviᵉ s.)».

COURS n. m. Ce mot bref et polysémique vient du latin *cursus,* appliqué à la «course» des eaux. De nombreuses métaphores ont produit des sens spécialisés et diverses expressions lexicalisées abstraites (au *cours de...* «pendant»; *en cours*) ou concrètes *(voyage au long cours).* D'autres ont gardé un caractère littéraire et constituent des emplois stylistiques du mot *(le cours des choses, du temps...).*

Donner, laisser (libre) cours à (une nouvelle, une rumeur...) «mettre en circulation, accréditer». Comme *avoir cours* (d'un mot, etc.), l'expression date du xviiᵉ s. et constitue une métaphore financière. Le *cours* des monnaies, leur circulation régulière, suppose en effet l'acceptation de leur valeur de signe, ce que Valéry appelait, justement à propos de l'usage linguistique, la *fiducie.*
Un emploi ancien «allure rapide, course, galop» a donné lieu du xiiᵉ s. au xviᵉ s. à diverses expressions *(aller le front cors, pleins cors :* à grand *cours,* à *cours battu* [xviᵉ s.]) signifiant toutes «aller très vite».

COURSE n. f.

Course à l'abîme «évolution dangereuse, dont on prévoit la fin catastrophique».

> Elle ne fournirait même plus l'effort nécessaire à la course à l'abîme classique qui était sa spécialité — cet abîme qui n'était jamais le dernier, et à peine en avions-nous été tirés à grands frais, que nous repartions gaillardement vers la prochaine culbute.
>
> F. MAURIAC. *Le Nouveau Bloc-Notes*, p. 365.

Course au clocher «exercice hippique qui consistait à arriver le premier à un but visible (clocher, etc.) en passant à travers champ». Ce sport emprunté aux Anglais (cf. Musset, *in* Robert, s.v. *Clocher*) a reçu vers 1830 une dénomination française traduisant *steeple-chase* (lequel a pris un autre sens). L'expression s'est employée métaphoriquement (fin xixᵉ s.) au sens de «compétition acharnée (pour obtenir une place, etc.)».

(Être) à bout de course «épuisé, incapable de continuer un effort». Course signifie ici «action de courir». L'expression renforce *être à bout* → BOUT.

Vx. ***À course de plume*** (xviᵉ-xviiᵉ s.) → COURANT (AU COURANT DE LA PLUME).

Dans la course «dans la compétition, l'action collective, etc.». Par rapport à *dans le coup,* l'expression apporte en principe la nuance de «compétition, lutte pour un résultat». Mais la ressemblance formelle *coup-course* entraîne une confusion entre les deux locutions, et fait que : *il est (il n'est pas) dans la course* s'emploie aussi pour «il est (il n'est pas) au courant» (la parenté morphosémantique de *courant* et *course,* «mouvement orienté de l'eau» n'est pas sentie). L'expression *dans la course* semble avoir pris naissance dans les milieux du cyclisme.

COURT adj., n. et adv.

Courte et bonne [LOC. ADJ.], se dit d'une anecdote, d'une histoire comique efficace par sa brièveté.

Vx. ***Le court et le long*** [LOC. NOM.] «tous les détails» (xviᵉ s.). La coordination des deux antonymes les neutralise et signifie globalement «la totalité du récit, tout ce qu'on peut dire de la chose, quelle que soit la manière dont on s'exprime».

À court [LOC. ADV. OU ADJ.], **à court de...** [LOC. PREP.] « qui manque, ne dispose pas de qqch. ; en manquant de qqch. ». L'expression a remplacé au XIXe s. un emploi de l'adjectif *(être court de...)* ; elle s'emploie surtout à propos des moyens de paiement *(être à court d'argent)* et de raisonnement *(à court d'idées, d'arguments)*.

Tout court « sans rien ajouter (à une qualification, une désignation) ». Dans ce sens, l'expression est attestée en 1650 ; elle s'employait depuis le XVe s. au sens de « brusquement » (→ TOUT À COUP★ et TOUT D'UN COUP).

> — [...] je vous dirai, Monsieur de Sotenville, que j'ai lieu de...
> — Doucement, mon gendre. Apprenez qu'il n'est pas respectueux d'appeler les gens par leur nom, et qu'à ceux qui sont au-dessus de nous, il faut dire « Monsieur » tout court.
> — Hé bien ! Monsieur tout court, et non plus Monsieur de Sotenville...
> MOLIÈRE, George Dandin, I, 4.

Couper court « interrompre brusquement ». Métaphore spatio-temporelle, *court* correspondant ici à *vite*.

Rester court, se trouver court « ne pas être capable de répondre, rester interdit » (XVIe s.).

Prendre de court « demander à quelqu'un ce qu'il n'est pas en mesure de donner ou de faire à l'instant même » (au XVIIe s., « demander à qqn ce qu'il s'exécute sans tarder »).

Tourner court « cesser ou échouer brusquement » (début XIXe s.). S'est employé concrètement (« tourner sur place ») depuis le début du XVIIe s.

COURTILLE n. pr.

Arg. **Être de la Courtille** « être à court d'argent ». Le nom de ce quartier de Paris donne lieu à divers calembours sur *court*.

COUTEAU n. m.

Le couteau de Jeannot « chose dont les parties ont été successivement remplacées, au point qu'il ne reste rien de l'original ». *Le couteau de Jeannot* instrument dont le possesseur avait remplacé le manche, puis la lame, pose le difficile problème philosophique de l'identité. *Le couteau de Jeannot* est l'objet unique dans le monde désigné par un nom propre logique (le nom commun *couteau* singularisé par son complément) ; après remplacement de la lame (ou du manche), l'objet peut être considéré comme le même, désigné par le même nom. Mais les deux éléments initiaux ayant disparu, seul le nom subsiste : *le couteau de Jeannot* garde son identité sur le plan linguistique seul. L'expression correspond à un argument naïf en faveur du nominalisme.

Vx. **Couteau de tripière** « personne qui dit à la fois du bien et du mal de quelqu'un » (*in* Cotgrave, 1611). L'expression s'appliquait à un couteau à double tranchant.

Deuxième, second, troisième couteau « personnage de second plan ». Probablement du vocabulaire théâtral ou cinématographique, pour désigner quelque ruffian.

À couper au couteau → COUPER.

Vx. **Aiguiser les couteaux** « se préparer à se battre » (fin XVIIe s.) → ci-dessous ÊTRE À COUTEAUX TIRÉS.

Vx. **Se couper de son propre couteau** (XVIe-XVIIe s.) « se contredire, apporter des arguments contre soi ».

Enfoncer, remuer, retourner le couteau dans la plaie « faire souffrir (qqn) en évoquant ce qui lui est très pénible, en ranimant une douleur, etc. ».

Mais, quelque joie vaniteuse qu'aient pu sur-le-champ me procurer les pages de mon *supporter*, elles cessèrent vite d'être un baume pour devenir plutôt le couteau dans la plaie, car je savais trop bien quant à moi que, même en admettant que je sois parvenu à transformer ma vie en mythe, elle ne l'est devenue que *par écrit*, dans le récit au passé que j'en fais et non pas en elle-même, dans le présent où je la vis.

M. LEIRIS, Fibrilles, p. 90.

Enfoncer un couteau dans le cœur «provoquer une douleur morale vio lente et soudaine».

Quand elle l'aperçut, elle lui sauta au cou : et ce fut comme s'il lui enfonçait un couteau dans le cœur, lorsqu'il lui dit sa volonté de ne plus le voir.

É. ZOLA, Germinal, t. I, p. 308.

Être à couteaux tirés «être dans une situation de grande hostilité (comm deux adversaires qui s'apprêtent à se battre et ont déjà dégainé)». L'expression es dans Richelet (1680); elle donne une valeur temporelle et active — par la présenc du verbe *tirer* — à l'ancienne expression *en être aux épées et aux couteaux* (XVIe s.)

— Vous trouvez que j'ai tort?
— Dans un mois vous serez à couteaux tirés!
— Alors c'est qu'ils l'auront voulu!

J. VALLÈS, L'insurgé, p. 165.

Oui, c'est moi! dit Gervaise. Ça vous étonne parce que nous sommes à couteaux tirés? Mais je ne viens pas pour moi ni pour vous, vous pensez bien... C'est pour maman Coupeau que je viens.

É. ZOLA, L'Assommoir, t. I, p. 200.

Notez que mes appréciations n'ont aucune valeur, ajouta honnêtement Lafleur, je déteste Poirier et j'ai toujours été à couteaux tirés avec lui.

M. AYMÉ, le Vin de Paris, p. 175.

Jouer du couteau «se battre à coups de couteau». Cette expression a retrouv sa valeur analytique et ne s'emploierait pas en parlant d'un combat avec une autr arme blanche. Il n'en était pas de même de l'ancienne locution au pluriel : *joue des couteaux* «se battre à l'épée, etc.» (Rabelais) et, par plaisanterie «manger beau coup» (*in* Cotgrave, 1611). L'exemple de Balzac constitue un archaïsme expressif

À l'aspect de tous ces visages diaboliques [...] Philippe Goulenoire se mit sur son séant et se frotta les yeux.
— Par la mort Dieu! s'écria-t-il en saisissant son poignard [...], voici l'heure où il faut jouer des couteaux.

BALZAC, Maître Cornélius, p. 930.

«Et de quel instrument jouez-vous Monsieur?»
«Moi je joue de l'orgue de Barbarie
et je joue du couteau aussi» [...]
et puis il s'avança le couteau à la main
et il tua tous les musiciens.

J. PRÉVERT, Paroles, p. 142.

Vx. **Mettre couteaux sur table** «se préparer à bien manger» (XVIIe-XVIIIe s.) e «régaler ses hôtes» (XVIIIe-XIXe s.).

Mettre le couteau sur la gorge (Furetière, 1690), *sous la gorge* «forcer quel qu'un par la menace» → GORGE.

Vx. **Venir (en venir) aux couteaux** «aboutir à une rixe» (XVIe-XVIIe s.).

COÛTER v. tr.

Vx. **Coûte et vaille** «peu importe le prix, l'effort, si cela en vaut la peine (XVe-XVIIe s. : encore dans La Fontaine).

Coûte que coûte «quel que soit le prix, l'effort, etc.; quoi qu'il puisse arri ver». L'expression est donnée comme familière par le Dict. de l'Académie de 1835 sa syntaxe est calquée sur *vaille que vaille* et elle a remplacé la forme plus normal *coûte qu'il coûte* «qu'il en coûte ce qu'il en coûte».

Mais nous restons seuls avec notre projet de fous, le camarade et moi, nous jurant d'aller jusqu'au bout, côte à côte, coûte que coûte.

J. VALLÈS, L'Insurgé, p. 262.

Comme un fait exprès l'ami Kéroual n'était nulle part. L'heure pressait. Je m'impatientais. Alors je chargeai les barmen d'alerter toute la ville et d'envoyer leurs petits chasseurs à la recherche de Kéroual qu'il me fallait coûte que coûte.

B. CENDRARS, *Bourlinguer*, p. 43.

Coûter cher à quelqu'un «entraîner pour lui des conséquences désagréables ou graves». S'emploie souvent par menace, au futur : *ça lui (ça vous) coûtera cher!*

Ne me faites pas de déclaration, Muscade. Je la prendrais au sérieux aujourd'hui, et ça pourrait vous coûter cher!   G. de MAUPASSANT, *Yvette*, p. 41.

Ça coûtera ce que ça coûtera «nous ferons (il faudra faire) cela, quelle qu'en soit la dépense».

Il n'avait pas sa suffisance à la cantine. Voilà mon de Saint-Loup qui s'est amené et le cuistot en a entendu : «Je veux qu'il soit bien nourri, ça coûtera ce que ça coûtera.»
M. PROUST, *À la recherche du temps perdu*, t. II, p. 95.

Coûter les yeux de la tête → ŒIL.

COUTUMIER adj.

Coutumier du fait «qui a l'habitude de faire cette chose, d'agir ainsi (en général péjoratif)». L'expression constitue le seul emploi vivant de *coutumier* en parlant des personnes : être *coutumier de* (et infinitif) est archaïque.

COUTURE n. f.

À plates coutures (avec des verbes signifiant «vaincre») «complètement, d'une manière définitive». L'utilisation la plus fréquente de nos jours en est : *battre à plates coutures*, qui ne semble pas antérieure au XVIIIe s. (Voltaire, *in* Wartburg). Sous cette forme, l'expression trouve une explication raisonnable et naturelle dans une métaphore tirée du langage technique des tailleurs, qui, en effet, *aplatissaient les coutures* «soit en les cousant une seconde fois, soit avec le dé, le carreau» (Furetière, 1690). Cela s'appelait *rabattre les coutures*, expression qui se rencontre métaphoriquement dès le XVIe s., sous la forme : *il faut lui rabattre la couture*, «il faut lui donner quelques coups par plaisanterie, sous prétexte de *rabattre les coutures* de son habit neuf». *Rabattre la couture à qqn* «le rosser», *lui rabattre les coutures* «rabattre son orgueil» (par influence de *rabattre le caquet*) appartiennent respectivement à l'usage du XVIIe et du XIXe s.

Mais cette expression n'explique pas *battre à plates coutures*, sinon par son verbe, qui s'est substitué à d'autres sous l'influence de *rabattre*. On disait en effet depuis le XVe s. *rompre*, puis (début XVIIe s.) *défaire à plates coutures*, et non pas *battre*. La métaphore originale n'est alors plus du tout «aplatir (en cognant sur...)», mais «déchirer», qui est le premier sens de *rompre* (latin *rumpere*.) On lit par exemple dans Rutebeuf : «*Toute est déroute* [déroupte, du verbe *dérompre*, «déchirer»] *par devant* [la robe] *N'i remest mès* [il n'y reste plus] *couture entière*», et ce passage éclaire la valeur du premier emploi métaphorique connu :

Ceux-là furent rompus à plate cousture et chassés jusques en charroy.
COMMYNES, I, 3, *in* Littré.

Rompre, puis *défaire à plates coutures*, c'est à la fois «déchirer, mettre en pièces aussi facilement qu'on déchire une étoffe aux coutures en les mettant bien à plat» et, de par les connotations de *rompre* («abattre, démolir, enfoncer [une armée], etc.») et de *plat* (→ APLATIR) «vaincre totalement, écraser, battre». Le passage du sémantisme de la «déchirure» à celui du «coup» s'est fait par la polysémie du verbe *rompre* et par les valeurs attachées à l'adjectif *plat*. Le croisement avec l'expression *rabattre la couture* a motivé le changement de verbe (→ BATTRE) et la dominance du sémantisme de «coup». L'explication par la *mise à plat* des coutures est postérieure et inventée pour les besoins de la cause (alors qu'elle est entièrement valable pour la locution : *rabattre la couture*).

> *Sur toutes les coutures* « sous tous les aspects, dans tous ses détails » (avec des verbes comme *examiner*).

> *Le petit doigt sur la couture du pantalon* → Doigt.

COUVÉE n. f.

> *(Être, n'être pas) né de la dernière couvée* « jeune, inexpérimenté ». Même sens que *tombé de la dernière pluie*.

COUVERCLE n. m.

Fam. *Frissonner (bouillonner) du couvercle* « être un peu fou ». L'expression que G. Esnault a relevé en 1935 constitue une variante expressive de Travailler du chapeau*, avec référence à l'image de la casserole dont le couvercle tressaute sous l'effet de la vapeur.

COUVERT n. m.

> *À couvert* [LOC. ADV.] « dans un lieu où l'on est protégé » (aussi : *à couvert de...*, locution prépositive). Dans le domaine abstrait : « protégé, dégagé de sa responsabilité ».

> *Sous le couvert de...* 1) avec un complément nom de personne : « en s'abritant sous la responsabilité ou sous la garantie de qqn d'autre », d'abord (fin XVIIᵉ s.) « sous l'adresse, le nom de qqn » (cf. la citation de Stendhal) ; 2) avec un nom de chose : « sous l'apparence de... ».

> Laisse-moi conduire nos affaires, s'écria-t-elle avec transport, et en le serrant dans ses bras. Tu sais bien que ce n'est pas volontairement que je me sépare de toi. Écris sous le couvert de ma femme de chambre, que l'adresse soit d'une main étrangère, moi je t'écrirai des volumes. Adieu ! fuis.   Stendhal, *Le Rouge et le Noir*, p. 630.

> *Avoir son couvert mis chez quelqu'un* « y être reçu (pour manger) à tout moment ». REM. Ne pas confondre cet emploi de *couvert* « ustensiles placés sur la table pour le repas », avec le sens général et archaïque « abri », conservé dans la locution *le vivre et le couvert* (cette confusion a produit l'expression moderne *le gîte et le couvert*) → Gîte, Vivre.

COUVERTURE n. f.

Vieilli. *(Amener) tirer la couverture à soi* « prendre plus que sa part ; se donner le mérite qui revient à un autre » (*in* Acad., 1835).

> [...] c'était une baraque qui avait deux bourgeois. Et le bourgeois d'occasion, plus malin, tirait à lui la couverture, prenait le dessus du panier de tout, de la femme, de la table et du reste.   É. Zola, *L'Assommoir*, t. II, p. 72.

Vx. *Mettre quelqu'un sur la couverture* « se moquer de lui » (XVIIᵉ s.). L'expression équivaut exactement au verbe *berner*.

CRABE n. m.

> *Un panier de crabes* → Panier.

> *Marcher en crabe* « de travers ». On dit aussi d'une voiture qu'elle *avance en crabe* quand ses roues avant et arrière ne sont pas sur des axes rigoureusement perpendiculaires à l'axe longitudinal.

CRACHAT n. m.

Vieilli. *Se noyer dans un crachat* « être très maladroit » ou, plus vraisemblablement « être incapable de résoudre un petit problème, s'affoler pour rien ». Cette expression figurait dans le Dict. de l'Académie (1ʳᵉ éd., 1694), ce qui montre que le mo

tait moins déplaisant au XVIIe s. que de nos jours où l'on dit plutôt : *se noyer dans un verre d'eau*.
De même une maison *faite de boue et de crachat* (Furetière, 1690) évoquait de mauvais matériaux», sans plus.

CRACHER v. tr.

Tout craché «très ressemblant (à ce qui est désigné par le substantif qualifié)». L'expression remonte au XVe s.; elle a son équivalent dans plusieurs langues anglais, italien, portugais...). Comme le remarque Wartburg (à l'article *Krakk-*, qui représente le radical onomatopéique d'où proviendrait *cracher* ainsi que *craquer*), le crachement symbolise chez beaucoup de peuples la génération, et *cracher* correspond ici à *reproduire*. Les excrétions orales (crachat, salive, vomissement) sont utilisées métaphoriquement pour signifier la parole; sur ce plan conscient *tout craché* pourrait correspondre à «qu'on peut exprimer, décrire, d'une manière identique». Mais il est très vraisemblable que le crachat, la salive, etc. symbolisent aussi, sur le plan oral, leurs équivalents sur le plan génital, ce qui motive par l'image du corps la valeur symbolique («génération», en fait «sperme») que mentionne Wartburg.

Cracher en l'air «agir inutilement et en produisant des effets désagréables pour soi-même». L'idée d'inutilité est exprimée de plusieurs façons dans le champ sémantique des excrétions (→ PISSER DANS UN VIOLON★).

— Trois cents francs! c'est trop fort, dit un homme, à voix basse, à son voisin. Et Julien était entre eux deux. Elle en vaut plus de huit cents; je veux couvrir cette enchère.
— C'est cracher en l'air. Que gagneras-tu à te mettre à dos M. Maslon, M. Valenod, l'évêque. son terrible grand vicaire de Frilair. et toute la clique?
                                               STENDHAL. *Le Rouge et le Noir*. p. 356.

Cracher dans l'eau pour faire des ronds «rester oisif avec un semblant d'occupation; avoir des activités inutiles». En emploi concret :

accoudé au parapet du pont Louis-Philippe
le loqueteux absurde et magnifique
qu'on appelle
le Roi des Ponts
crache dans l'eau pour faire des ronds   J. PRÉVERT, *Histoires*, p. 13.

Ne pas cracher sur quelque chose «l'apprécier». Alors que l'emploi positif, *cracher sur...* «mépriser», relève de la métaphore stylistique, cette locution négative, par sa fréquence, constitue un équivalent familier de *aimer bien*, surtout dans le domaine de la nourriture ou de la boisson *(il ne crache pas sur le champagne, sur le foie gras)* où l'expression trouve une motivation supplémentaire (il ne crache pas = il retient sa salive).

Vx. *Il n'ose cracher de peur d'avoir soif* «il est très avare» (*in* Oudin, 1656).

CRACHOIR n. m.

Tenir le crachoir «parler longtemps»; *tenir le crachoir à quelqu'un* «lui faire la conversation, lui donner la réplique en le laissant beaucoup parler». Cette expression témoigne avec plusieurs autres de l'assimilation de la parole à la salive cf. *Baver, bavard, tailler une bavette,* etc.).

Mon papa voulait pas qu'on cause... il tenait tout le crachoir lui tout seul...
                                            L.-F. CÉLINE, *Mort à crédit*, Pléiade. p. 616.

CRACOVIE n. pr.

Vieilli. *Aller à Cracovie* (argot ancien). Jeu de mots sur *craque* «mensonge», *craquer* «mentir». On disait aussi *avoir ses lettres de Cracovie* «avoir un brevet de menteur».

CRAMPE n. f.

Arg. ***Tirer sa crampe*** « avoir un orgasme (de l'homme) ; coïter » (1878, *in* Esnault).
Crampe signifie ici « érection ». L'emploi du verbe *tirer* est suscité par l'existence
antérieure de l'expression *tirer sa crampe*, « s'enfuir » (voir la citation de Hugo ; cf
Se tirer) où *crampe* n'est pas clair, et par la locution *tirer un coup* → Coup.

> Qu'est-ce que tu nous bonnis là ! Le tapissier n'aura pu tirer sa crampe. Il ne sait
> pas le truc, quoi !   V. Hugo, *Les Misérables*, IX, 6, Éd. Ollendorf, p. 190.

CRAN n. m.

Cran « entaille, encoche », est dérivé du verbe *crèner* « fendre
entailler », mais son importance métaphorique vient d'emplois secondaires : « enco
ches d'un mécanisme, dont la superposition permet un réglage », etc. Le sens figur
cran « assurance, courage », provient de cette valeur, et équivaut à « être remonté
(de même *être à cran*) ; mais l'influence de l'adjectif *crâne* n'est pas à exclure.

D'un cran (hausser, monter, baisser...) « d'un degré ». Cette métaphore tech
nique très claire a été utilisée dans divers sens spéciaux : *monter d'un cran*, che
Mme de Sévigné, signifie « passer à un rang, à un emploi immédiatement » ; *hausse*
d'un cran, au XVIIIᵉ s., « gagner en importance » ; *reculer d'un cran* (supérieur)
la valeur inverse.

Être à cran « très irrité ; prêt à se mettre en colère ». L'image renvoie ici
l'arme à feu dont un cran permet l'armement, et qui est dès lors prête à partir.

CRÂNE n. m.

Bourrer le crâne, (ou plus rarement ***la cervelle***) ***de quelqu'un*** « tromper »
L'image est : garnir par la force l'esprit d'idées. *Bourrage de crâne*, locution nominal
lexicalisée, est un synonyme pittoresque de « propagande intensive (et trompeuse) »
En emploi pronominal :

> Valentine se raisonna et dit, tout haut :
> — J'vais pas m'bourrer le crâne, n'est-ce pas ? avec cette histoire. Manquerait plus
> qu'ça. Voyons ! J'ai mon bon sens.   F. Carco, *Rue Pigalle*, p. 203.

Enfoncer quelque chose dans le crâne à quelqu'un utilise la même image, mai
avec une connotation différente : « faire comprendre péniblement quelque chose
quelqu'un ». *Enfonce-toi ça dans le crâne* s'emploie dans le même sens → Tête. L
signifiant *crâne* comporte très souvent une image de violente agressivité prise e
charge par des verbes comme *bourrer*, *enfoncer* (cf. *casser* employé avec tête). La tê
étant symboliquement assimilée à la coquille qu'on brise.

CRAPAUD n. m.

Être laid comme un crapaud « très laid ». ***Sauter, sautiller comme un crapau***
« mal, disgracieusement ».

Vx. ***Être chargé d'argent comme un crapaud de plumes*** « en être dépourvu »
→ Argent.

La bave du crapaud... → Bave.

Faire des yeux de crapaud mort d'amour « des yeux énamourés ». Variant
des *yeux de merlan frit*, avec en outre l'allusion à la laideur amoureuse.

> Et t'es là, planté devant moi, à me seriner des conneries avec des yeux de crapaud
> mort d'amour ! Tu devrais plutôt tâcher d'aller t'amuser ailleurs...
>   M. Michel-Bahsi, *Poupoune*, p. 191.

Avaler des crapauds, avaleur de crapauds. Variante expressive de Avale
Des couleuvres* reprise au XIXᵉ s. à l'expression anglaise *toad-eater*. Celle-ci date d
début du XVIIᵉ s. et fait directement allusion au malheureux comparse des charla
tans, qui avalaient du « venin » de crapaud pour que son compère montre ses talen

e guérisseur à la foule ébahie. D'où les emplois métaphoriques signifiant en
ros « souffre-douleur ».

> Mademoiselle Bérard semblait née pour cet état abominable [demoiselle de compagnie]
> que les Anglais, grands peintres pour tout ce qui est désagréable, désignent par le
> nom de *toad-eater*, avaleur de crapaud. Les mortifications sans nombre qu'une pauvre
> dame de compagnie doit supporter sans mot dire d'une femme riche [...].
>
> STENDHAL, *Lucien Leuwen*, p. 937.

CRAVACHE n. f.

À la cravache [LOC. ADV.] « avec énergie et brutalité ».

CRAVATE n. f.

Cravate de chanvre « corde que l'on passe au cou du condamné à la pendai-
ɔn » (*in* Regnard, 1690). Le mot *cravate,* désignant plutôt une sorte d'écharpe
ɔuée que la cravate moderne, était alors récent et encore associé au contexte mili-
aire, lié à l'étymologie (allemand *kroate* « Croate, cavalier croate »). La valeur de la
nétaphore a donc changé avec l'évolution du mot.

Derrière la cravate « dans le gosier » (s'emploie avec des verbes pronominaux
ɔmme *s'envoyer, se jeter...*). La métonymie de *gosier* à *cravate* (au sens moderne)
ɔermet la substitution de *derrière* à *dans,* grâce à quoi l'expression connote une
égustation discrète et, par là, encore plus agréable (idée de connivence entre
ɔuveurs, etc.).

> Ils se jetèrent l'alcool derrière la cravate et restèrent quelques instants silencieux en
> tétant leur cigare... R. QUENEAU, *Pierrot mon ami,* p. 37.

CRÉDIT n. m.

À crédit. Cette locution adverbiale, surtout employée de nos jours dans le
ens financier (« sans payer tout de suite ») a eu de nombreux emplois plus géné-
aux, *crédit* signifiant « confiance inspirée par qqn ; influence dont il jouit ». *Croire*
qch. à crédit « sur la foi d'un autre, sans vérifier » (XVIᵉ-XVIIᵉ s.)*; faire qqch. à crédit*
inutilement, en vain » (XVIIᵉ s.). *Se faire battre à crédit* « recevoir des coups sans les
ɛndre », renvoie peut-être au sens financier. *Perdre son âme à crédit* « mourir d'une
ause inconnue » (début XVIIᵉ s.).

Faire crédit à quelqu'un a signifié « dispenser quelqu'un (de quelque chose) ».
De nos jours l'expression équivaut à « faire confiance à quelqu'un pour l'avenir » et
voque le délai de remboursement.

> [...] cette confiance absurde, ce crédit qu'elle fait aux gens... de la paresse, au fond,
> de la lâcheté, elle aime tant flâner, rêvasser, et que les choses se fassent toutes seu-
> les, que ça lui tombe tout cuit... N. SARRAUTE, *Le Planétarium,* p. 13.

Vx. *Faire crédit depuis la main jusqu'à la bourse* « ne pas faire crédit ; exiger
ɴn paiement immédiat » (Oudin, 1652). L'expression a vécu jusqu'au XIXᵉ s., sous la
ɔrme *faire crédit de la main à la bourse.*

Crédit est mort, les mauvais payeurs l'ont tué. Proverbe rejetant la responsa-
ilité du refus de crédit sur les usagers.

CRÉMAILLÈRE n. f.

Pendre la crémaillère « célébrer son installation dans un nouveau logement ».
ʹexpression apparaît dans la première édition du dictionnaire de l'Académie, en
694 ; la crémaillère (en ancien français *carmeillere* [XIIIᵉ s.]) est la chaîne ou la tige
nétallique à crans qui permet de suspendre un récipient au-dessus du feu, pour faire
a cuisine. Le mot a acquis d'autres sens techniques vers la fin du XVIIᵉ s., mais la
ɔcution *pendre la crémaillère* a dû garder sa motivation jusqu'au XIXᵉ s. Elle a
ɴrvécu à la disparition même de l'instrument, probablement parce qu'elle confère

de nos jours à l'installation dans un logement impersonnel un parfum d'ancienne (cf. la mythologie du feu de bois).

> Le pauvre baron, affiché, moqué, pris d'une rage facile à concevoir, mit alors dans sa tête un vouloir de financier d'accord avec la furieuse passion qu'il se sentait au cœur. Il désirait, en pendant la crémaillère, pendre aussi l'habit de père noble et toucher le prix de tant de sacrifices. BALZAC, *Splendeurs et Misères des courtisanes*, p. 821.

CRÈME n. f.

La crème de... « la partie la meilleure ». Métaphore équivalente de *la fir fleur, le gratin,* etc. Son emploi le plus vivant est *la crème des hommes* « l'homm le meilleur, le plus doux », où les valeurs associées à *crème* (douceur, onctuosité. trouvent leur application.

CRÉMERIE n. f.

Changer de crémerie « quitter un lieu, un établissement pour aller dans u autre ». Cet emploi utilise vraisemblablement un sens aujourd'hui vieilli de *crém rie,* mais très courant (notamment à Paris) entre 1860 et 1914, « petit restaurant c l'on servait notamment du café au lait ». Le mot a dû être employé comme euph misme pour *café.*

CRÉNEAU n. m.

Monter au créneau « s'engager personnellement dans une action qui a caractère d'une lutte ». Métaphore de la guerre féodale, bizarrement adaptée à vie politique contemporaine ; il est vrai que le mot *créneau* doit aux affaires et à publicité un regain de vie.

CRÉPIN (SAINT) n. pr. Ce saint, mort en 287 à Soissons, est le patron d cordonniers (cf. latin *crepida* « savate »).

Tout le saint-crépin « tout ce que l'on a » (moins courant que *saint-frusquin* L'expression désigne d'abord le matériel du cordonnier, puis les biens d'un homm pauvre. On a dit *porter, perdre tout son saint-crépin, avoir mangé tout son saint-cr pin* (1786) « tout ce qu'on avait ».

Vx. *Offre de saint-crépin* « offre qui ne se réalise pas » (cf. *Offre de Gascor* au début du XIXe s. (Bescherelle, 1829), « cadeau fait aux frais d'un autre » (1872 Selon Gottschalk, le premier sens viendrait d'un tableau religieux où Crépin ten une paire de chaussures à un mendiant, qui semble ne pas parvenir à les atteind (dans la région du Rhône), le second étant dérivé de la légende selon laquelle Cré pin et son frère volaient du cuir aux riches tanneurs pour faire des chaussures des nées aux pauvres.

Vx. *Être dans la prison de saint-crépin* « avoir mal aux pieds » (milieu XVIIe s.).

Vx. *Prendre la voiture de saint-crépin* « aller à pied » (1912, *in* Gottschalk).

CRESSON n. m.

Ne plus avoir de cresson sur la fontaine « être chauve » (*in* Rigaud, *Dictio naire du jargon parisien*). Cette métaphore argotique, à première vue assez gratuit peut avoir une raison formelle, *cresson* étant interprété comme ce qui pousse (ce q croît, latin *crescere*).

Vx. *Planter le cresson* « faire l'acte d'amour » (Marot). Le sens érotique de *plant* donne lieu à des jeux de mots sur la « pilosité ».

CRÉSUS n. pr. m.

Riche comme Crésus « extrêmement riche ». Ce roi de Lydie (VIe s. av. l'ère chrétienne) était célèbre par ses richesses, et la légende lui attribue une certaine naïveté dans l'étalage de ses biens matériels, naïveté qui lui valut de la part du philosophe Solon une petite leçon sur l'instabilité des choses humaines.
La forme actuelle est dans Furetière (1690) : *il est riche comme Craesus*, mais on lisait déjà *un crésus* « un homme riche », au XVe s.
On trouve également *être aussi, plus riche que Crésus.*

> Bénite est l'infertile plage
> Où, comme la mer, tout est nud.
> Sainte est la chapelle sauvage
> De Sainte-Anne-de-la-Palud...
>
> De la Bonne Femme Sainte Anne
> Grand'tante du petit Jésus.
> En bois pourri dans sa soutane
> Riche... plus riche que Crésus !   T. CORBIÈRE, *Les Amours jaunes*, p. 799.

CRÊTE n. f.

Vieilli. *Dresser, lever la crête* « prendre une attitude fière, arrogante » *Baisser la crête* « prendre une attitude plus modeste ». La métaphore du coq est plusieurs fois utilisée pour exprimer la fierté (cf. *Se dresser sur ses ergots*). *Lever la crête* est dans Calvin (1541), *rabaisser la crête à qqn* s'est employé au XVIIe s. dans le même sens que *rabattre le caquet*.

CRÉTIN n. m.

Crétin des Alpes, du Valais « imbécile, idiot accompli ». L'expression ne fait que reprendre l'étymologie du mot, variante dialectale de *chrétien*, employée au XVIIIe s. dans le Valais pour désigner les « simples d'esprit », les « innocents ». La langue médicale accueillit le mot pour désigner les cas d'imbécillité associés à l'hyperthyroïdie et au goître, puis le mot *crétin* se diffusa et devint synonyme d'« imbécile ».

> — Vous savez la dame dont je viens de vous parler?
> — Oui.
> — Vous savez bien qui je veux dire?
> — Mais voyons, vous me prenez pour un crétin du Valais, pour un *demeuré*.
>   M. PROUST, *À la recherche du temps perdu*, t. II, p. 103.

CREUSER v. tr.

Se creuser la tête, la cervelle « chercher avec peine, se fatiguer intellectuellement ». L'idée de l'esprit-récipient, qu'il faut creuser pour trouver un contenu (idées, souvenirs, etc.), s'ajoute à celle d'effort impliquée par *creuser*.

CRI n. m.

Le cri du cœur « une réaction spontanée et sincère ». Métaphore analogue à celle de la *voix de la conscience*, avec une idée supplémentaire de sincérité absolue, liée à la soudaineté du cri.

> Tel est donc le cri du cœur de ces étranges modérés — si l'on peut parler de cœur à
> propos de ce vœu sinistre.   F. MAURIAC, *Bloc-Notes*, p. 194.
> je n'ai plus qu'un seul cri du cœur
> j'aime pas le malheur j'aime pas le malheur
> et le malheur me le rend bien   PRÉVERT, *Histoires*, p. 231.

Dernier cri « à la dernière mode » (s'emploie comme adjectif et nom depuis le début du XXe s.). L'expression utilise la valeur commerciale de *cri*, « annonce orale concernant une marchandise », mais elle évoque aussi le modernisme absolu par la soudaineté du cri.

> Elle veut du moderne partout... le dernier cri... elle a voulu se débarrasser de ce qu'elle appelle ses vieilleries...   N. SARRAUTE, *Le Planétarium*, p. 299.

À grands cris « (en protestant, etc.) d'une manière bruyante ».

Arg.   *Aller au cri* « protester vivement ». Attesté dès la fin du XIXe s., *cri* est ici un déverbal de *crier* « protester » (cf. le pop. et archaïque *crier qqn*).

> Le charme de Gloria n'opérait plus, le taulier a exigé qu'on déménage tout, et presto... Faut reconnaître qu'il avait de quoi, ce brave homme, aller au cri !
>   A. BOUDARD, *Cinoche*, p. 197.

Jeter, pousser des hauts cris « se plaindre fortement ». L'expression a remplacé *crier les hauts cris*, plus expressif par la répétition, et qui s'est employée du XIIIe au XVIIe s. *Jeter les hauts cris* est dans Furetière (1690).

> L'opinion bourgeoise avait d'abord bien auguré de la chute du tsar, comptant qu'il en résulterait pour la Russie un redressement dans la conduite de sa guerre ; mais elle avait vite déchanté, ceux qu'on appelait « maximalistes » et « minimalistes » l'inquiétant par leurs menées, et bientôt elle avait poussé les hauts cris, lorsque le gouvernement kerenskyste avait été jeté bas par les premiers [...].   M. LEIRIS, *Fibrilles*, p. 37-38.

Pousser des cris de paon → PAON.

CRIER v. tr.

Sans crier gare « brusquement, sans avertissement ». L'expression a succédé au XIXe s. à la forme ancienne *sans dire gare* (XVe-XIXe s.). *Gare* est une interjection qui avertit de prendre garde, et *arriver sans crier gare* exprime, mieux que *sans dire gare*, la soudaineté que nécessiterait normalement un avertissement.

> Quand j'ai appris la mort de ton père, parbleu ! je t'ai dit ce qu'on dit d'habitude. Mais tu tombes là, sans crier gare... C'est très embarrassant.
>   É. ZOLA, *Au Bonheur des Dames*, t. I, p. 12.

CRIN n. m.

À tous crins (parfois *à tout crin*). Locution adjective, signifiant « complet, achevé, parfait ; énergique » (milieu XIXe s.). L'expression dérive sans doute du cheval qui a *tous ses crins*, mais elle réalise le sémantisme général de « poilu, velu », qui exprime l'énergie (virile) ; *crin*, désignant un poil épais et raide, renforce cette idée. La valeur de « complet, intégral » dérive de l'emploi de *tout* (ou *tous*) dans l'expression.

> Me voilà dans l'escalier ; je trébuche, et sur qui tombé-je ? Sur un marquis à tous crins, sur un blondin de Molière, à perruque, à plumes et à jabot, qui me lance une poignée de main à me faire rougir de gloire.   Ch. CROS, *Œuvres diverses*, p. 389.

> Gardons-nous cependant de ne voir en lui qu'un enfant du siècle, un de ces jeunes romantiques à tout crin victimes d'une attitude qu'ils ont imprudemment fabriquée.
>   H. MARTINEAU, *Préface aux Œuvres de Stendhal*, Pléiade, t. I, p. 16.

Être à crins « de très mauvaise humeur ». Cette expression représente sans doute un croisement de *être comme un crin* et de *être à cran*.

Comme un crin « très irritable ». L'idée de base est motivée par la dureté du crin, qu'on ne peut lisser (cf. *À rebrousse poil*).

Vx.   *Vendre un cheval crins et queue* « le vendre très cher (comme si on faisait payer en supplément la crinière et la queue) » (XVIIIe s.).

CRITIQUE n. f.

La critique est aisée (mais l'art est difficile). On rappelle ce vers célèbre de Destouches (légèrement déformé ; le texte exact porte : *et l'art...*) en donnant à *criti-*

que le sens de «jugement sévère, défavorable». Le sens courant de l'expression est «il est facile de critiquer (mais plus difficile de créer, de faire)».

CROC n. m.

En croc [LOC. ADJ.] «en forme de crochet, recourbé vers le haut» (surtout en parlant de la moustache). Bien que *croc*, au sens de «crochet», soit archaïque ou technique, l'image conserve ses connotations : agressivité, rodomontade...

Fam. *Avoir les crocs* «avoir faim». Expression familière, réfection de *avoir la dent*, avec passage du singulier au pluriel (la polysémie du mot fait que un *croc* évoque surtout le «crochet»). *Avoir les crocs* renforce en valeur expressive *avoir la dent* par la métaphore constante animal — homme.

> — Ça fait rien, dit-il, en attaquant la choucroute.
> — Tu as l'air d'avoir les crocs, remarqua Paradis.
> — Pas tellement. C'est seulement pour le plaisir.
> R. QUENEAU, *Pierrot mon ami*, p. 104.

Vx. *Mettre au croc* «renoncer à (quelque chose)» (XVIe s.). L'image est la même que dans METTRE AU CLOU★ («suspendre» d'où «abandonner»).

CROCHET n. m.

Aux crochets de quelqu'un «à ses frais» (avec *être, vivre...*), début XIXe s. La forme *être sur les crochets de qqn* (XVIIe s.) qui signifie «être sur le dos (comme sur le chassis du portefaix, appelé *les crochets*)» n'étant plus comprise, *être aux crochets* a pris le relais, avec la valeur non plus de «reposer sur», mais de «être suspendu à, dépendre de...».

> Bonnaud venait de découvrir que son gendre, un homme très bien, était un ancien clown, qui avait vécu pendant dix ans aux crochets d'une écuyère.
> É. ZOLA, *Pot-Bouille*, t. I, p. 61.

CROCODILE n. m.

Larmes (pleurs) de crocodile «larmes hypocrites pour émouvoir et tromper» (milieu XVIe s., Bonivard, avec la forme ancienne du mot : *larmes de cocodrile*). Les expressions équivalentes existaient en grec et en latin ; elles correspondent à une légende selon laquelle les crocodiles du Nil gémissaient pour attirer leurs victimes (variante désexualisée ou virilisée du mythe des sirènes).

> Ce qui donne encore de l'intérêt au proverbe, c'est [...] ce qu'Erasme appelle la chose même qui en fait le fond, res ipsa. Tel est le proverbe grec, larmes de crocodile. Ces deux mots semblent s'exclure, en exprimant des objets disparates ; et la réunion de ces objets plaît à l'esprit qui sent la justesse de l'application de l'un à l'autre, et de tous les deux à la troisième.
> J.-C. TUET, *Matinées senonaises*, p. 17.

> Et ton cauchemar sur les toiles
> Te dira l'horreur d'être toits
>   Dans une idylle.
> Je subirai les yeux railleurs
> De son faux cousin, et ses pleurs
>   De crocodile.
> Ch. CROS, *Le Coffret de santal*, p. 116.

CROIRE v. tr.

Croire au père Noël → NOËL. — *Croire que c'est arrivé* → ARRIVER. — *Ne pas croire si bien dire* → DIRE.

Se croire quelqu'un, quelque chose «avoir une idée prétentieuse de soi-même». Le pronominal réfléchi *se croire* est employé pour désigner l'opinion que quelqu'un a de soi-même et que l'on ne partage pas (*il se croit malin* = il n'est pas malin, quoi qu'il pense). *Se croire quelqu'un*, ou *quelque chose*, correspond donc à

« n'être pas quelqu'un (un personnage), quelque chose (un objet d'intérêt) malgré sa propre opinion prétentieuse ».

À l'en croire; s'il faut l'en croire. Sert à introduire un discours rapporté dont on ne désire pas garantir la véracité; en fait, l'expression traduit le scepticisme. *En croire* forme une sorte de verbe complexe, et entre dans plusieurs locutions ou syntagmes fréquents : Vous pouvez m'en croire★, Ne pas en croire ses oreilles★.

C'est à ne pas (à n'y pas) croire « c'est incroyable ». L'expression développe sur le mode verbal le sens de *incroyable (à = -able; ne pas = in-)* généralement avec la valeur de « merveilleux, magnifique », cf. *Trop beau pour être vrai. Il est à croire que...* signifie « il est probable ».

> Vraiment ! une belle soie à cinq francs soixante ! dit madame Bourdelais enthousiasmée. C'est à ne pas croire.   É. Zola, *Au Bonheur des Dames*, t. I, p. 94.

Fam. *(Il) faut croire!* « sans doute, probablement » (1831, H. Monnier).

Je vous prie de croire (que...) « vous pouvez être sûr (que...) ».

Croyez (crois) cela et buvez (bois) de l'eau fraîche. Formule consacrée destinée à faire admettre à qqn une chose difficile à croire (début du XIXe siècle). L'eau fraîche est censée « faire passer », aider à « avaler », ce qui dépasse un certain seuil de crédibilité.

CROÎTRE v. intr.

Ne faire que croître et embellir « être de plus en plus important; (plus souvent) aller de pire en pire ». L'emploi moderne et ironique de l'expression est récent; depuis le XVIIe s. (par ex. dans Molière) *ne faire que croître et embellir* signifiait « devenir plus beau en grandissant » et s'employait en parlant d'une jeune fille, d'un sentiment, etc.

Mauvaise herbe croît toujours [PROV.] → Herbe.

CROIX n. f. Ce mot (du latin *crux, crucis*) désignant le principal symbole du christianisme a donné naissance à de très nombreuses locutions lexicalisées dans le domaine religieux *(signe de croix, chemin de croix),* puis pour désigner d'autres signes institutionnels *(croix de guerre, croix rouge...).* On se référera aux dictionnaires généraux. Quant aux locutions métaphoriques, beaucoup sont archaïques.

La croix et la bannière « tout un appareil solennel » ou « de grandes complications ». Il s'agit naturellement de deux symboles principaux d'une procession, qui implique la solennité et une ordonnance compliquée. *Il faut la croix et la bannière* (pour décider qqn, l'inviter, etc.) est dans Furetière (1690) et correspond à « il faut aller le chercher avec des formes telles qu'il ne puisse se dérober ». Une variante (XVIIe-XVIIIe s.) était : *il faut la croix et de l'eau bénite.* On dit plutôt aujourd'hui : *c'est la croix et la bannière pour...* (attesté en 1822).

> En plein jour (bas. sombre. bleu. neige. nuage coupant la flèche du clocher) on entendit les femmes pleurer. les enfants crier, les portes battre. et il fallut la croix et la bannière pour se mettre à décider quelque chose. Tout le monde parlait des gendarmes. personne ne voulait aller les chercher.   J. Giono, *Un roi sans divertissement*, p. 40.

Avec un jeu de mots sur *bannière* « chemise » :

> Qu'allons-nous devenir ? gémissait Croquignol... On n'a même plus une liquette à faire flotter sur nos abatis ! C'est la croix sans la bannière ! C'est dégoûtant d'avoir affaire à de pareils filous !   *L'Épatant*, 1909. p. 68.

Vx. *Croix de paille* « la chose ne se fera pas; la convention sera rompue, la décision abandonnée si telle condition n'est pas remplie » (1640, Oudin). La paille correspondant en général à la matière sans valeur (→ Paille), une croix de paille, à la différence d'une croix de bois (de fer) ne peut servir à un serment valable.

Vx. *La croix de par Dieu* (XVe-XVIIe s.) « l'alphabet, l'abécédaire » (il portait une croix à la première page).

La croix des vaches « marque d'infamie, faite au couteau, sur le visage, la joue des traîtres (vaches) ». L'expression évoque l'époque de Casque d'Or et des « Apaches ».

Vx. *N'avoir ni croix ni pile* « être sans argent » (la *croix* était sur la face de la monnaie ; *pile* est resté dans PILE OU FACE*).

Vx. *Faire une croix à la cheminée* « noter comme extraordinaire » (fin XVIe s.). Correspond à MARQUER D'UN CAILLOU* BLANC.

Faire (mettre) une croix sur... « renoncer à... ». L'expression évoque aujourd'hui la marque en croix qui annule un symbole graphique (chiffres, mots...). *Il faut y faire une croix* s'est dit (1808) d'une dette qu'il convient d'effacer. Mais l'origine de l'expression, avec le sens de « renonciation », est à chercher dans le *signe de croix* chrétien. On disait en effet au XVIe s. *faire le signe de croix* (ou *la croix*) *sur le dos* (à qqch.) « renoncer » (à quelqu'un), « quitter » (ironiquement *faire la croix sur le dos* a signifié « battre », de par les connotations de *dos*) ; l'idée est de « dire définitivement — et solennellement — adieu ».

> Nous avons attaqué la Charbonnière, qui est une très bonne place. L'on m'assure que dans deux jours elle sera réduicte en mon obéissance [...]. Cela fait, M. de Savoye peut bien faire le signe de la croix sur le dos à Montmellian et à tout le duché de savoye.
> *Lettre de Henri IV,* 31 août 1600, *in* Huguet.

> Vaste pan d'existence sur quoi l'on a fait une croix, et dont il ne faut plus parier que de corde dans la maison d'un pendu, est-ce donc cela que cette forme la plus tangible du merveilleux est devenue pour moi, pitoyable Parsifal qui, n'ayant même plus à prendre sur soi pour ne pas céder aux filles-fleurs, souhaiterait oublier jusqu'à leurs voix ?
> M. LEIRIS, *Frêle Bruit,* p. 338-339.

Vx. *Mettre son esprit en croix* « faire de grands efforts intellectuels » (XVIIe s.). On dirait aujourd'hui *mettre son esprit à la torture.*

Porter sa croix « supporter des épreuves pénibles avec résignation ». Cette expression semble assez tardive ; elle utilise de nombreux passages des Évangiles (Matthieu 10, 38 ; Luc 9, 23 et 14, 27 ; Marc 8, 34, etc.).

Vx. *Remettre le Christ (Jésus) en croix* « faire une chose abominable, se damner (pour quelqu'un) ».

> Olivier, ancien piqueur de Charles X, et son épouse, auraient donc remis Jésus en croix pour le baron Hulot et pour madame Marneffe.
> BALZAC, *La Cousine Bette, in Ph. Sl.*

Croix de bois, croix de fer (si je mens, je vais en enfer), formule de serment en forme de comptine, employée par les enfants ou ironiquement pour affirmer solennellement.

> — Bon, j'vais te mettre dans le coup mais tu me jures de ne le répéter à personne que c'est moi qui...
> — Croix de bois, croix de fer...
> Et selon le rite je fis le simulacre de cracher en l'air.
> M. MICHEL-BAHSI, *Poupoune,* p. 157.

CROQUER v. tr.

À croquer (gentil, mignon, joli...) « extrêmement ». L'expression a été interprétée par Balzac comme « à dessiner, à peindre » :

> On appelle, en termes d'atelier, croquer une tête, en prendre une esquisse, dit Mistigris [...], et nous ne demandons à croquer que les belles têtes. De là le mot : elle est jolie à croquer. BALZAC, *Un début dans la vie, in* Robert.

Selon toute probabilité, cette explication est faite *a posteriori ;* le contexte n'implique d'ailleurs nullement que Balzac la prenne au sérieux. En fait, l'expression ne se dit que des femmes (du moins à l'origine) ; or *croquer* a couramment signifié « séduire » et l'origine ultime en est plutôt le sémantisme du « coup » (dont on connaît les valeurs érotiques) que la métaphore secondaire de la dévoration (érotique elle aussi), seule sentie de nos jours (*croquier*, en ancien français, correspond à « produire un bruit sec — *croc !* — en frappant sur un objet dur »).

> Plus rien. J'entends le lit craquer.
> Vous êtes jolie à croquer !
> Bonsoir, voisine ! Dieu me damne !
> Je ne puis pas dormir, Suzanne.
> Plus rien. J'entends le lit craquer.　　　　　Ch. CROS, *Œuvres diverses*, p. 365.

Croquer le marmot → MARMOT.

CROQUET n. m.

Vx. *Être comme un croquet* « être irritable, impatient » (1809). Le *croquet* (1642) est un biscuit sec et croquant ; l'expression joue sur les valeurs de *croquer* (cf. *Vouloir tout bouffer, manger, avaler...*).

CROQUEUSE n. f.

Croqueuse de diamants « femme avide, qui dilapide la fortune des hommes qui veulent lui plaire ». La métaphore assimile le cadeau le plus onéreux à une nourriture et suggère une métonymie (croqueuse d'hommes).

CROSSE n. f.

Mettre (lever) la crosse en l'air « refuser de combattre ». L'image évoquée est celle du fusil renversé, canon vers le bas, mais l'emploi de *mettre... en l'air* évoque aussi l'idée de « jeter (les armes) ».

> [...] Étienne se souvenait de ce capitaine républicain, dont le petit soldat lui avait parlé. Qui sait si on ne le déciderait pas à passer au peuple ? La troupe mettrait la crosse en l'air, cela pouvait être le signal du massacre des bourgeois.
> 　　　　　É. ZOLA, *Germinal*, t. II, p. 142.

> Ce sont les indisciplinés qui font plier la discipline.
> Donc on se servira d'eux, quitte à les acculer, demain, dans le coin des gens à tenir en joue, lorsqu'ils auront arraché les fusils aux soldats ou leur auront fait lever la crosse en l'air.　　　　　J. VALLÈS, *L'Insurgé*, p. 156.

Autant (ou *au temps*) *pour les crosses !* « c'est à refaire, il faut recommencer ». Formule militaire, proférée par l'instructeur lorsque, pendant le maniement d'armes, le mouvement et le bruit des crosses de fusil ne sont pas simultanés.

CROSSES n. f. pl.

Arg. *Chercher des crosses* (1881, *in* Esnault) « chercher des sujets de querelle ». Le mot dérive de *crosser* « maltraiter, quereller » ou « rager, parier en mal, etc. ».

> [...] un petit mec aux yeux durs décidait sèchement : — Faudrait plus que ça que le mec se fasse un dessin de marles. Si se fait tatouer autre chose qu'une pensée, c'est moi qui y cherche des crosses.　　　　　J. GENET, *Miracle de la rose*, p. 292.

CROTTE n. f. Ce mot d'origine francique désigne d'abord les excréments arrondis de quelques animaux (lapin, chèvre, etc.). Au XVIᵉ s. et jusqu'au XIXᵉ s., son sens dominant est « boue des chemins » (d'où *crotté*). De nos jours, il signifie surtout « excrément ». Plusieurs expressions de la forme *crotte de* avec nom d'animal sont, ou ont été, employées métaphoriquement : *crotte de baudet, d'âne* (pâtisseries), *crottes de souris, de rat* (sedum).

De la crotte de bique « quelque chose d'insignifiant ». *Crotte de bique !* s'emploie aussi comme exclamation renforçant la forme simple (euphémisme pour *merde*, exprimant le dépit ou l'impatience).

CROUPE n. f. Du francique *kruppa,* l'ancien scandinave *kroppr* signifie « bosse ; buste » ; la spécialisation de sens est très ancienne, d'abord en parlant du cheval (XIe s.).

En croupe « monté derrière le cavalier ». Cette locution adverbiale n'apparaît qu'au XVIe s., avec d'autres expressions métaphoriques, comme *laisser qqn en croupe* « ne pas s'occuper de lui », *demeurer en croupe* « ne pas aboutir, réussir ». Plus curieuses, les expressions régionales (Nord) telles que *vivre sur les croupes des autres* « à leurs dépens ».

Tortiller de la croupe (du croupion) « remuer les hanches, le derrière en marchant ».

CROUPIÈRE n. f. Désigne la longe de cuir qui passe sous la queue du cheval, et par analogie (vx) la partie médiane des chausses (culotte).

Vx. *Lâcher (délâcher) la croupière* « satisfaire ses besoins naturels ». Équivalent archaïque de *baisser, poser culotte.*

> Diane se plaignit à la servante, de ce qu'il y avoit eu quelque gueux qui avoit deslaché la croupière dedans son banc (à l'église). Ce fut cela qui l'en fit sortir, mais la poudre de Cypre dont vous estiez couvert, vous empescha de sentir une si mauvaise odeur.
>
> Ch. SOREL, *Histoire comique de Francion,* p. 239.

Vieilli. *Tailler des croupières à quelqu'un* « le mettre en fuite » en lui mettant l'épée non *dans les reins,* mais un peu plus bas ; initialement, l'idée est de suivre l'ennemi en fuite d'assez près pour pouvoir tailler la croupière de son cheval. Dès le XVIIe s., signifie, au figuré, « susciter des difficultés ; faire obstacle aux projets, aux intentions de qqn ».

Ce mot a donné lieu à d'autres expressions, aujourd'hui oubliées. On devine sans peine le sens de *serrer la croppière à une femme* (XVIe s. ; Rabelais emploie dans le même esprit *jouer du serrecropière*) ou de *hausser la croupière :* « Ce mot se dit des femmes dans le style burlesque et satyrique, et signifie cul, fesses. *Elle hausse la croupière,* c'est-à-dire, elle a des galans avec qui elle se divertit. » (LE ROUX, *Dict. comique,* 1751) → AVOIR LA CUISSE★ LÉGÈRE.

CROÛTE n. f

Fam. *Casser la croûte* « manger ». L'expression apparaît en 1781, puis, sous l'influence de la liberté d'expression révolutionnaire, dans le Dictionnaire de l'Académie (édition de 1798). On a d'abord dit *casser la croûte avec qqn* « partager un repas sans façon », c'est-à-dire « partager son pain avec ». L'expression s'est démotivée au XIXe s. et croûte est compris comme « nourriture » en général, tandis que *casser* équivaut à « mastiquer, broyer ». *Casser la croûte* implique en principe un repas rapide, simple → GRAINE (CASSER LA GRAINE).

Lorsque *casser* est entièrement assimilé à « manger », et *croûte* à « repas », on trouve les formes *casser une croûte, une petite croûte,* etc.

> J'entre [...] dans le restaurant où nous allions casser une croûte avec les collègues, vers midi.   J. VALLÈS, *L'Insurgé,* p. 195.

> Ah, ce n'est pas là-bas qu'on aurait rien mangé à la va-vite. Elle voulait que ses domestiques soient bien nourris. Ici, encore ce matin, nous n'avons pas seulement eu le temps de casser la croûte. Tout se fait à la sauvette.
>
> M. PROUST, *À la recherche du temps perdu,* t. II, p. 26.

Gagner sa croûte « gagner sa vie ». Variante expressive de *gagner son pain,* ajoutant l'idée de difficulté, de « dureté ».

S'amuser (s'ennuyer...) comme une croûte de pain (derrière une malle) « s'ennuyer beaucoup et longtemps ».

1. CRÛ n. m. Dérivé de *croître*.

Du crû de quelqu'un «de son invention» (XVIe s.), surtout avec un possessif : *de mon, de son crû*. *Du crû* signifie en général «poussé dans le lieu; produit à
l'endroit même».

2. CRU, CRUE adj.

Monter à cru «monter (un cheval) sans selle ni couverture». L'expression
spéciale, devenue archaïque, était : *à poil*. *À cru* signifiait généralement «sur la
peau» *(être armé à cru, botté, chaussé à cru)*. Dans ce sens, *cru* signifie «brut, tel
qu'il est, sans préparation».

> [...] trois cavaliers, montant à cru des chevaux qui n'ont que bride, guidant de leurs
> jambes serrées, en avant pour le galop penchés...   L. ARAGON, *Le Fou d'Elsa*, p. 321.

CRUCHE n. f.

Bête comme une cruche «très bête». La comparaison est une remotivation de
l'emploi de *cruche* au sens de «bête», qui est très antérieur (XVIIe s.).

Tant va la cruche à l'eau... Ce proverbe, dont la chute normale est : *qu'à la
fin elle se casse,* donne lieu à diverses variations ironiques, destinées à montrer la
vanité de la «sagesse des nations» (chez Beaumarchais, *Le Mariage de Figaro* (I, 11),
le proverbe devient... *qu'à la fin elle s'emplit*). La forme du proverbe a varié, mais
il est attesté dès le XIIIe s. : *tant va le pot au puis que il quasse* (Anciens proverbes),
puis dans le *Roman de Renart : tant va pot à l'eve* [eau] *que brise*.

CRUCIFIX n. m.

Vx. *Crucifix à ressort* «pistolet». L'expression date de la fin du XVIIIe s., en langage poissard. Le pistolet est brandi comme le crucifix par le prêtre; le ressort est
celui du chien de fusil.

CRUE n. f.

Vx. *De la nouvelle (dernière) crue* «tout récent». L'intérêt de cette ancienne
expression où *crue* a une valeur («augmentation du contingent») analogue à celle
qu'a pris le composé *recrue*, est d'utiliser l'image du flux, tout comme les équivalents modernes *(nouvelle vague*, etc.).

> L'on luy adressa un jeune Procureur de la nouvelle crüe, qui je m'asseure avoit baillé
> de l'argent pour se faire recevoir [...].
>   Ch. SOREL, *Histoire comique de Francion*, p. 160.

CUILLER n. f.

Ne pas y aller avec le dos de la cuiller «faire les choses sans restrictions,
carrément» (correspond à *y aller fort*). Analytiquement, on peut supposer une locution du type : *il ne mange pas sa soupe avec le dos de la cuiller* «il la mange à pleines cuillerées, il y va franchement».

> On évalue généralement que Mme Verdurin est riche à trente cinq millions. Dame,
> trente-cinq millions, c'est un chiffre. Aussi elle n'y va pas avec le dos de la cuiller.
>   M. PROUST, *À la recherche du temps perdu*, t. II, p. 181.

Être à ramasser à la (petite) cuiller «être en très mauvais état, malade,
blessé, à demi-mort, etc.». La métaphore évoque l'image de la «liquéfaction» ou de
la «rupture en menus morceaux», mais le choix de cette *cuiller* doit procéder de la
synonymie *ramasser-cueillir* (avec un complément de personnes) et de la paronymie *cuiller-cueillir*.

> [...] à ce moment je devais avoir tout à fait l'air d'être à ramasser à la cuillère,
> K.O.. comme on dit, pour la deuxième fois de la journée...   C. SIMON, *Le Vent*, p. 143.

Mais le régiment mon petit pote ! [...] C'est plus dur encore qu'un boulot !... Tu peux
pas te rendre compte... Surtout à ton âge... Les autres ils ont vingt et une piges ! C'est
déjà un avantage. T'aurais pas la force de tenir... On te ramasserait à la cuiller...
CÉLINE, *Mort à crédit*, Pléiade, p. 1081.

En deux (trois) coups de cuiller à pot « très rapidement, sans difficultés » →
En CINQ SEC. La *cuiller à pot*, sorte de louche servant à écumer le pot, permet, par
sa taille, une opération rapide ; mais le syntagme ne s'emploie plus au sens concret,
et l'expression doit entraîner des suggestions de « facilité, chance », suscitées par le
sens familier de *pot* (*coup de pot* = coup de chance).

Pour qu'on puisse dévaler jusqu'à Moscou en trois coups de cuiller à pot, on laisse
tomber les armes lourdes, les munitions et nos bardas. Les gars ne tenaient plus en
place, les uns excités à l'idée de bouffer du soviet, les autres jouissant simplement de
se bagarrer.   A. SERGENT, *Je suivis ce mauvais garçon*, p. 198.

Arg.   ***Serrer la cuiller*** « serrer la main ». L'acception argotique de *cuiller*, « main »,
ne fonctionne guère que dans cette locution. La métaphore s'explique par la substitution à *louche*, « main », dans l'argot ancien, c'est-à-dire « instrument pour priser,
voler ». Au XIXᵉ s., cet emploi familier de *cuiller* fonctionne avec *donner* (*donner la
main* a été remplacé, dans ce sens, par *serrer la main*).

Au bas du trottoir de la rue de Clichy, un homme tendant la main à un autre : « donne-
moi la cuiller. »   GONCOURT, *Journal*, t. VI, p. 51.

Une cuiller (une cuillerée) pour maman,... Formule employée pour faire manger les enfants, en dédiant chaque cuillerée à un personnage proche et aimé. Il y
a gros à parier que ce transfert oral (avaler *pour* les parents) masque et déplace la
réalité anale décrite par Freud.

C'est juste si on n'a pas des larbins en livrée et perruque pour nous border nous sucrer
nous chauffer les panards si monsieur veut bien avaler une cuiller pour maman une
cuiller pour papa.   T. DUVERT, *Paysage de fantaisie*, p. 186.

CUIR n. m. Du latin *corium* d'où vient le français *cuir*, il signifie familièrement « peau humaine ». Ce sens, courant jusqu'au XVIIᵉ s., demeure dans quelques expressions.

Cuir de brouette « bois ».

Entre cuir et chair « entre la peau et le tissu sous-jacent ». S'emploie encore
au sens concret ; les locutions figurées (*rire, jurer, enrager entre cuir et chair* « sans
le faire paraître au dehors ») sont archaïques.

Tanner le cuir à quelqu'un « battre », joue sur le sens propre de *cuir* et atteste
le vieillissement du sens « peau humaine », comprise comme une métaphore du
cuir d'animaux.

Vx.   ***Faire du cuir d'autrui large courroie*** « faire des largesses aux dépens
d'autrui », c'est-à-dire « découper dans le cuir qui appartient à autrui (et, implicitement, dans la chair d'autrui) des courroies ». L'expression (*in* Oudin, 1656) utilise
peut-être la fable du lion malade, auquel le renard conseille de se ceindre d'une
ceinture découpée dans la peau du loup (Gottschalk) → aussi FAIRE COURROIE* DU
DOS DE QQN.

CUIRASSE n. f.

Le défaut de la cuirasse « l'endroit faible, le point sensible ». C'est proprement l'espace vide, non protégé entre les parties articulées de la cuirasse, « l'endroit
où manque la cuirasse » ; cf. l'expression synonyme : *le talon d'Achille*.
En employant l'expression avec le sens figuré de *cuirasse*, Balzac déstructure
la locution.

Ah çà, monsieur, croyez-vous que celui qui vous a enseigné ce flegme anglais, sous lequel un homme de quelque valeur doit couvrir ses émotions, ne connaisse pas le défaut de cette cuirasse d'orgueil ? BALZAC, *Vautrin*, acte III, scène 10.

Malheureusement, cet homme si précautionneux avait une maîtresse. Pour combien, n'est-ce pas le défaut de la cuirasse ?
Il est vrai que cette maîtresse était sa compatriote et passait pour être absolument incorruptible. GORON, *L'Amour à Paris*, t. I, p. 448.

CUIRE v. tr.

Dur à cuire → DUR.

En cuire à quelqu'un « lui être très pénible ». L'expression vient du sens « produire une sensation de brûlure », employée métaphoriquement et impersonnellement dès 1640 (Oudin) sous la forme : *il vous en cuira,* « vous vous en repentirez », correspondant déjà à l'emploi moderne avec un pronom complément de la deuxième ou de la troisième personne, et le plus souvent au futur.

Tout dépend du front. Ici, ils vont essayer de se révolter. Il va peut-être leur en cuire : car ils sont à peine armés. A. MALRAUX, *La Condition humaine*, p. 69.

Laisser quelqu'un cuire dans son jus → JUS.

CUISINE n. f.

Latin de cuisine → LATIN.

Vx. *Être chargé de cuisine* « être gros et gras » (XVIe-XIXe s.). Furetière (1690) précise : « On dit qu'un homme est fort chargé de *cuisine* [...] surtout [pour dire] qu'il a un gros ventre ».

CUISSE n. f.

Avoir la cuisse légère (ou *hospitalière*), se dit d'une femme aux mœurs faciles. L'adjectif *léger* est employé à cause de son usage (abstrait) dans le même contexte *(fille légère).*
L'expression verbale *lever la cuisse* a aussi une signification traditionnelle érotique (→ QUI VEUT JOUIR D'AILE★...).

[...] que d'histoires intimes aussi qui n'avaient certainement rien de « Saint », mais devaient être très « Vertes », si l'on en croit la cuisse restée légère de la vénérable gambadeuse ! [Mme de Saint-Euverte]. M. PROUST, *À la recherche du temps perdu*, t. II, p. 700.

Cuisse de nymphe émue [LOC. ADJ.]. Cette désignation pittoresque de couleur (rose incarnat) a survécu à la rhétorique galante qui lui a donné naissance.

Se croire sorti de la cuisse de Jupiter « se croire remarquable, exceptionnel ». Allusion au mythe de la naissance de Dionysos, fils de Zeus et de Sémélé. Celle-ci, poussée par Héra (sœur-épouse de Zeus), ayant demandé à son amant divin de se montrer à elle dans toute sa puissance, fut anéantie par cette vision. Zeus n'eut que le temps d'arracher Dionysos des entrailles de la morte et plaça le prématuré dans sa cuisse, d'où il naquit à terme trois mois plus tard. Rien n'est resté dans l'expression de cette inquiétante légende.

Après quelques hoquets, Lalie, s'adressant de nouveau à M. Frédéric, dit :
— Je vais vous expliquer, monsieur. Mes cousins, ils se croient sortis de la cuisse de Jupiter. J'étais pauvre, moi, monsieur, quand j'étais jeune. Je n'ai pas honte de le dire. R. QUENEAU, *Un rude hiver*, p. 95-96.

Se taper sur les cuisses « se réjouir bruyamment ».

Aux places les moins chères des spectateurs se tapent sur les cuisses. Vise un peu le Saint-Père comment qu'il est fringué... PRÉVERT, *Paroles*, p. 115.

CUIT adj.

(C'est) du tout cuit «une chose très facile, obtenue sans peine».

> [...] Mais vous croyez que c'est commode de percer? Vous, vous êtes la femme d'un
> type célèbre, c'est du tout cuit. Moi, il faut que je me débrouille toute seule.
>
> S. de BEAUVOIR. *Les Mandarins*. p. 166.

CUJAS n. pr.

Vx. *Commenter les œuvres de Cujas* «s'adonner aux plaisirs de l'amour». Cette
expression glosée au XIXᵉ s. semble n'être qu'une plaisanterie érudite, attribuée aux
étudiants du juriste Cujas (1522-1590) qui, dit-on, allaient volontiers s'ébattre avec
son accueillante fille, Suzanne, préférant commenter (on devine les calembours
latins) les œuvres charnelles du maître plutôt que ses livres.

CUL n. m. Latin *culus*, même sens. Le mot est devenu vulgaire et a considérablement gagné en force expressive au cours des siècles, comme l'attestent les
innombrables dérivés et composés fort honnêtes (*reculer, acculer, culotte, cul-de-sac*,
etc.) que les écrivains du XVIIIᵉ s., tel Voltaire, commençaient à trouver de mauvais
goût (alors qu'ils n'étaient pas sentis comme malsonnants lors de leur formation).
L'ambiguïté du mot («anus» et «derrière, fesses»), ses connotations tour à tour scatologiques et érotiques (sodomie, mais aussi coït, par métonymie) en font une source
phraséologique inépuisable.
On ne rappellera pas les composés lexicalisés du type *cul blanc* «traquet (oiseau)»,
ou *cul + de* + nom (d'animal, etc.) désignant des plantes etc., selon un modèle de
désignation très productif. Mais certaines locutions familières ou dialectales, qui ne
sont pas entièrement lexicalisées, méritent d'être expliquées, quand elles désignent
par métonymie la personne; on abandonne à regret de charmants composés désignant des animaux, comme le *clair-cul* («ver luisant») de l'Allier ou de Vendée.

Coup de pied au cul, dans le cul. L'expression, malgré sa transparence, entre
dans la phraséologie : sa fréquence et surtout sa valeur sociale (geste de mépris
agressif, transférant la pénétration anale, comme l'indique la préposition *dans*) lui
confèrent un poids socio-linguistique évident. Les syntagmes verbaux *donner, flanquer, mettre un, des coup(s) de pied au cul* sont concurrencés par *donner du pied au
cul* (vx), *mettre, foutre son pied au (dans le) cul de...* On trouve aussi *se donner des
coups de pieds au cul* «se faire à soi-même des reproches». Loc. adv. *À (grands)
coups de pied dans le cul* «par la force» (avec des verbes comme *avancer*).

Vieilli. *Cul de plomb* «homme sédentaire».

> [...] c'est que je me trouve dans une toute autre position; tu sais quel cul de plomb fait
> mon père. oui vraiment car tous les jours je lui disais : Quand irons-nous aux Andelys?
> C'était toujours pour le samedi prochain [...].
>
> FLAUBERT. *Correspondance*. 1ʳᵉ série. p. 15.

Cul terreux «paysan». Dans les dialectes, cette expression désigne plutôt le
«paysan propriétaire», qui a *le cul sur sa terre*. À Lyon, un *cu terro* était une fille
de paysan riche, un bon parti.

Cul béni «bigot». Wartburg signale l'expression à Nantes et dans le Doubs;
elle s'est répandue en français général depuis peu.

Vx. *Cul nu, cul tout nu* «misérable, mendiant».

Fam. *Faux cul* «personne fausse hypocrite» (milieu XXᵉ s., devenu usuel).
Mentionnons aussi : *cul gelé* «personne frileuse» (Anjou); *cul chéri* (Cancale)
«enfant préféré»; *cul de poix* «cordonnier»; *cul noir* (Auvergne) «chaudronnier
ambulant»; *cul blanc* «mercier ambulant» (*in* Trévoux, 1704), qui attestent que le
mot est plus familier ou amical qu'injurieux, dans la tradition terrienne. Certes,

l'expression *cul à fauteuil* (1861), désignant un académicien, n'est pas entièrement respectueuse ! De même pour *bas du cul,* adj. et n. « petit, court sur jambes » (fam., parfois apocopé en *baduc*).

Le cul entre deux chaises « dans une situation d'indécision, d'incertitude ».

Cul de poule n'est pas du langage courant comme mot composé, même au sens de « moue » (on disait *faire le cul de poule*). L'expression moderne est *bouche en cul de poule.*

> Le chapeau à la main et aux lèvres un sourire en cul de poule le monsieur décoré s'avançait vers la jeune fille aux muguets.　　A. ALLAIS, *Contes et Chroniques*, p. 111.

Cul par-dessus tête « renversé, mis à terre ». Renforce des verbes comme *renverser, tomber.* Le sémantisme de la chute et du choc subi est très fréquemment exprimé à l'aide de cet élément, dans l'histoire du lexique : *acculer, reculer, bousculer,* etc. en sont des exemples. En parlant des choses, l'expression est vieillie (le sens est « sens dessus dessous »).

> [...] et nous tombions des Flandres cul par-dessus tête, dans ce petit bosquet devant la maison abandonnée où nous faisions popote.　　L. ARAGON, *Blanche ou l'Oubli*, p. 197.

Trou du cul « anus », s'emploie comme terme insultant et méprisant → TROU.

Vieilli. **À cul** [LOC. ADV.] « dans une situation où l'on ne peut reculer » (lexicalisé en *acculé*).

Vieilli. **À cul ouvert** (avec des verbes comme *saluer, remercier*...) « en se courbant avec platitude ». L'expression est encore chez Duhamel (*Salavin*, p. 34).

De mon cul [LOC. ADJ.] « nul, misérable » [1749] (équivaut à *de mes fesses, de mes deux*). — **Comme mon (un) cul** « très mal ».

Vulg. **Aller au cul** « faire l'amour » → ci-dessous JETER, METTRE À CUL.

Aller de cul et de tête « s'évertuer, déployer toute son énergie » (vieilli : XVIᵉ-XIXᵉ s.). Sous forme proverbiale, on disait d'une personne qui s'agite : *il (elle) y va du cul et de la tête comme une corneille* qui abat des noix.*

Avoir au cul « mépriser ». Comme **avoir dans le cul,** plus explicite, l'expression utilise le mot au sens d'« anus ». Dans un autre sens, « avoir à ses trousses » *(avoir la police au cul).*

Avoir des couilles au cul « être courageux, hardi ». L'équation virilité = courage est naïvement exprimée ici, comme dans **avoir du poil au cul,** où la pilosité est culturellement réservée à l'homme → POIL.

Avoir le cul bordé de nouilles « avoir de la chance ». Renforcement plaisant (et obscur) de *avoir du cul* (du *pot*, du *bol*) « avoir de la chance ».

Vx. **Avoir le cul rond et faire des étrons carrés** « faire des choses étonnantes ».

> Si j'estois obbligé de dire mon sentiment des œuvres de ce bon malade [Scarron] je dirois sauf vostre respect quil fet des merveilles car il a le cul rond et fet les estrons carrés, pardonnés à ma liberté.
> 　　N. POUSSIN, *Correspondance*, lettre à Chantelou, 4 février 1647,
> 　　　in *Matériaux pour l'histoire du vocabulaire français.*

Avoir le cul sur la selle « être en selle, au propre et au figuré ». **Avoir toujours le cul sur la selle** « être assidu dans son travail ».

Avoir le feu au cul → FEU (deux valeurs : cf. AVOIR AU CUL, ci-dessus « être poursuivi, serré de près, menacé » ; et érotiquement, pour *avoir le cul en feu,* « être en chaleur »).

Vx. **En avoir, l'avoir dans le cul** « faire une grande perte », selon la définition traditionnelle des dictionnaires qui, même les plus graves, enregistrent sans sourciller cette expression qui est dans Scarron. Pourtant, elle peut difficilement ne pas évoquer la sodomie (ne serait-ce, au niveau des signifiants, qu'en pensant à divers composés peu honnêtes, ou à une expression ancienne et érotique telle que *jouer du cul renversé*). Sa forme actuelle est *l'avoir...*, et divers euphémismes *(dans l'os, dans le dos)* l'atténuent. De même *avoir quelqu'un dans le cul, au cul*, ne semble pas avoir été aussi grossier en 1808 que de nos jours.

> Dans l'cul, dans l'cul.
> Ils auront la victoire.
>   Ils ont perdu
> Tout 'espéranc' de gloire.
>   Ils sont foutus.
> Et le mond' dans l'allégresse
> Se répète avec ivresse :
> Ils l'ont dans l'cul, dans l'cul.   Chant de prisonniers 1940-1945.
>   Cité par Fr. AMBRIÈRE, *Les Grandes Vacances*, p. 285-286.

L'équivalent actif était *en donner dans le cul.*

> Ma foi, ces maudits bouffons [les musiciens italiens] avec leur Servante maîtresse, leur Tracollo, nous en ont donné rudement dans le cul.
>   DIDEROT, *Le Neveu de Rameau*, p. 482.

Elliptiquement, exclamation de mépris : *Dans le cul! Dans le cul, la balayette!*

> Dans l'cul. l'Racing! Dans l'cul. l'Racing! dans l'cul!
>   R. FALLET, *Le Triporteur*, p. 432.

Vx.   *Baiser le cul (à, de qqn)* «s'abaisser, s'avilir en flattant bassement». L'équivalent moderne est *lécher le cul.*

> [...] ces jours-ci. pour un liard. je baiserais le cul de la petite Hus.
> MOI. — Hé. mais. l'ami. elle est blanche. jolie. jeune. douce. potelée. et c'est un acte d'humilité auquel un plus délicat que vous pourrait quelquefois s'abaisser.
> LUI. — Entendons-nous: c'est qu'il y a baiser le cul au simple. et baiser le cul au figuré. Demandez au gros Bergier. qui baise le cul de Mme de la Marque au simple et au figuré.   DIDEROT, *Le Neveu de Rameau*, p. 438.

Baiser le cul de (à) la vieille est une expression technique des cartes («être capot au jeu»; «perdre sans prendre un point, sans gagner un coup» (LITTRÉ). La locution est attestée en 1718 : son origine est obscure : elle peut utiliser une valeur de *baiser le cul*, l'abaissement étant lié à l'échec, et des expressions dialectales *(avoir une vieille, faire vieille* «perdre, revenir bredouille») que Wartburg rapproche de *se faire vieux* «attendre».

Botter le cul à... «donner des coups de pied au derrière», et fig. «traiter rudement et avec mépris» → ci-dessus : COUP DE PIED AU CUL.

En avoir plein le cul «être excédé, en avoir assez»; synonyme en clair de *en avoir plein le dos* → aussi RAS LE BOL*.

Casser le cul à qqn «importuner». Métaphore de la sodomie imposée. Synonyme : *casser les pieds.* Lexicalisé en *casse-cul*, adj.

Se casser le cul «faire des efforts démesurés». Il existe de nombreuses variantes : *se décarcasser (démancher, dévisser) le (trou du) cul.*

Vx.   *Dandiner du cul comme un sonneur de cloches* «se démener, se tortiller» (1750). Le Roux donne un exemple bizarre de Saint-Amand qui ne constitue peut-être qu'une coquille typographique : *il badine du cul comme un sonneur de cloches.*

Être comme cul et chemise «très liées, intimes (de deux personnes)». Cette locution, qui exprime l'inséparabilité représentée par la proximité du corps et du vêtement, a varié dans sa forme. On trouve, au XVIIᵉ s., *ce n'est qu'un cul et une chemise* (Oudin, 1640) et *ce sont deux culs dans une chemise* (qui évoque DEUX TÊTES DANS LE MÊME BONNET).

> elle a ajouté que c'estoient deux culs dans une chemise. c'est-à-dire deux intimes et parfaits Amis. qui sembloient avoir un mesme Esprit. un mesme sentiment.
>   FLEURY DE BELLINGEN, *Etymol. des proverbes*, I, 7.

Cet auteur motive avec le plus grand sérieux l'expression par une allusion histo-rico-mythologique à Cecrops, roi des Athéniens, dont on disait qu'il avait deux corps «parce qu'il institua le mariage». L'interprétation matrimoniale — et éroti-que — ainsi suggérée n'est d'ailleurs pas sans intérêt.

> [...] avec Langlois, en tout bien tout honneur, ils s'entendaient comme cul et chemise.
>
> J. GIONO, *Un roi sans divertissement*, p. 53.

Fam. *Se geler le cul* «avoir froid».

Lécher le cul «flatter bassement». Variante de *baiser le cul,* plus moderne et qui a donné un dérivé lexicalisé *(lèche-cul).*

> Fi des chantres bêlants qui taquin'nt la muse érotique.
> Des poètes galants qui lèchent le cul d'Aphrodite.
> Des auteurs courtois qui vont en se frappant le cœur...
> Parlez-moi d'amour et j'vous fous mon poing sur la gueule.
> Sauf le respect que je vous dois.   Georges BRASSENS, *Poèmes et Chansons*, p. 369.

Faire cul sec «boire d'un seul coup le contenu d'un verre de manière à assé-cher le fond». On dit aussi *boire cul sec,* et, elliptiquement *cul sec!*

> — Pour Dabek Sariéloubal?
> — Cul sec! gronda le chœur des conjurés.
> Les verres souffrirent de cette fâcheuse sécheresse qui est leur maladie chronique.
> On les soigna; en une seconde, ils furent sur pied.
> Antoine reprit la fameuse litanie qui les avait si souvent contraints à demander le che-min de leur propre maison aux passants nocturnes :
> — Pour Valério Katchadourian?
> — Cul sec!   R. FALLET, *Le Triporteur*, p. 65.

Lever le cul «partir» (*in* Cotgrave, 1611). En tant qu'expression figée, est vieillie, sauf dans certains usages régionaux. L'ancien français disait d'une manière plus cocasse : *prendre son cul par l'oreille* «se mettre à courir» (XIIIe s.).

Vx. *Se lever le cul devant* «se lever de mauvaise humeur» (équivaut à SE LEVER DU PIED* GAUCHE); l'idée est : «à l'envers, comme il n'est pas normal de se lever».

Vx. (ou régional). *Jeter, mettre à cul* «posséder (une femme)». L'expression a été relevée par Zola, dans le langage des mineurs du Nord; elle se rattache à un séman-tisme très productif, plus ou moins éliminé des dictionnaires pour des raisons de pudeur. Ainsi *faire cul bas,* dans Oudin (1656) signifiait «se prostituer»; *jouer du cul renversé,* «faire l'amour», cf. *Coucher à l'envers.* Formellement, *mettre à cul,* comme *acculer,* ne signifierait que «empêcher de fuir» en mettant «le dos au mur».

> C'était la commune histoire des promiscuités du coron, les garçons et les filles pourris-sant ensemble, se jetant à cul, comme ils disaient, sur la toire basse et en pente du carin, dès la nuit tombée.   É. ZOLA, *Germinal*, t. I, p. 112.
>
> Ah! écoute donc, est-ce qu'elle n'a pas eu le toupet tout à l'heure de me dire qu'elle étranglerait Catherine, si elle y passait!... Comme si le grand Chaval, il y a beau temps, ne l'avait mise à cul sur le carin!   É. ZOLA, *Germinal*, t. I, p. 119.

Mettre (foutre, envoyer...) qqch. (qqn) au cul de qqn «après lui, à ses trousses».

> Il lui doit trois cents francs; s'il ne paye pas je lui fourre un huissier au cul, carrément.
>
> FLAUBERT, *Correspondance*, VIe série, p. 55.

Se mettre (se foutre...) qqch. sur le cul «mettre pour se vêtir». Surtout au négatif, dans des phrases comme *j'ai plus rien à me foutre sur le cul.*

Se mettre (se foutre) qqch. au cul «traiter avec mépris». Dans l'usage con-temporain — et déjà chez Zola, *La Terre* — on observe un transfert curieux : de *cette chose, je me la mets au cul* (cf. *je m'en torche*), on passe à *tu peux te la mettre au cul* (sans doute, implicitement, *je te la mets au cul* : la métaphore scatologique première devient alors une allusion à la sodomisation).

> — Eh bien, au revoir, dit-elle.

> — Non. Pas au revoir ; ton affection, tu peux te la mettre au cul. Je vais changer de
> boîte et je ne te reverrai plus de ma vie.
>
> S. de BEAUVOIR, *Les Belles Images*, p. 157.

Montrer son cul. Deux valeurs : 1) érotique, «se montrer nu» (ne se dit guère
que des femmes) ; 2) méprisante : «être vaincu, déculotté». Claudel écrit : «l'*Allemagne montre son cul*» (*La Guerre de trente ans*).

Péter plus haut que son cul «agir prétentieusement» → PÉTER. Variante stylistique, où *plus haut que son cul* correspond à «en prétendant à un statut plus élevé
que le sien» :

> O, que renaisse le temps des morts bouffis d'orgueil,
> L'époque des m'as-tu-vu-dans-mon-joli-cercueil,
> Où, quitte à tout dépenser jusqu'au dernier écu,
> Les gens avaient à cœur d'mourir plus haut qu'leur cul [...].
>
> Georges BRASSENS, *Poèmes et Chansons*, p. 165.

> Conscient de son infériorité sociale, il n'osait lever les yeux sur elle : il ne voulait pas
> péter plus haut que son derrière, ni se risquer dans une aventure larmoyante
> comme on en voit au ciné ou dans les feuilletons lorsque des gars dépérissent pour
> l'amour d'une inaccessible [...].   R. QUENEAU, *Pierrot mon ami*, p. 104-105.

Pisser au cul de qqn «le mépriser», cf. *Pisser à la raie*.

Pousser au cul «pousser par derrière ; suivre de très près».

Vx. ***Prendre son cul pour ses chausses*** «se tromper grossièrement» (les *chausses*
sont les culottes). Équivaut à PRENDRE DES VESSIES★ POUR DES LANTERNES.

Rire comme un cul. Signalée par Delvau (*Dict. de la langue verte*), l'expression est intéressante par les calembours sous-jacents (*sourire, sous rire, s'ouvrir...*).

En rester sur le cul → ci-dessous TOMBER...

Se taper le cul par terre «se réjouir bruyamment». Surtout dans *c'est à se
taper...* «c'est inepte, ridicule». L'expression s'emploie aussi au sens de «se cogner
la tête contre les murs».

> Le bonhomme t'écoute d'un air méfiant, il se tâte la moustache, pose des questions à
> se taper le cul par terre de découragement. Finalement, il dit qu'il réfléchira et quand
> tu repasses, deux ou trois jours après, la femme raconte qu'il n'est pas là [...].
>
> A. SERGENT, *Je suivis ce mauvais garçon*, p. 54-55.

> On avait apporté les guitar's avec nous
> Car, devant la musique, il tombait à genoux,
> Excepté toutefois les marches militaires
> Qu'il écoutait en se tapant le cul par terre. *(bis)*
>
> Georges Brassens, *Poèmes et Chansons*, p. 331.

Vx. ***Tenir au cul et aux chausses*** «malmener, traiter sans ménagement» (1612).
C'est l'équivalent atténué du *coup de pied au cul*, avec l'idée de «harceler sans répit
en suivant de près».

> J'ay déjà ruiné sept gros paysans et quatre familles bourgeoises, et il y a trois gentils-
> hommes que je tiens au cul et aux chausses. Si Dieu me fait la grâce de vivre, je les
> veux faire aller à l'hospital.   FURETIÈRE, *Le Roman bourgeois*, p. 1075.
>
> C'est Collantine, une plaideuse acharnée, qui parle.

Tirer au cul «se servir de prétexte pour ne rien faire, refuser le travail»,
s'est spécialisé dans le contexte militaire (avec l'euphémisme *tirer au flanc*). L'origine en est le sens de *tirer* «aller vers l'arrière, s'enfuir» (voir le moderne : *se tirer*)
et l'expression *tirer le cul en arrière* (1660, Oudin), dont le lointain ancêtre est *traire
son cul arrière* (où *traire* veut dire simplement *tirer*).

> Ah! tu tires au cul, mon salaud, tu ne veux pas en foutre un coup, tu veux nous lais-
> ser crever tous à c'te nuit pendant que tu resteras au chaud [...].
>
> G. COURTELINE, *Les Gaîtés de l'escadron*, p. 159.

Tomber sur le cul (souvent construit avec *en* causal) «être stupéfait, ahuri» (et contraint de «s'asseoir»). Si la situation d'étonnement se prolonge, on *reste sur le cul.*

Vx. **Il perdrait son cul s'il ne le tenait** «se dit d'un joueur qui perd tout ce qu'il possède» (Le Roux). L'expression apparaît dans le Dictionnaire de l'Académie, en 1694.

Mon cul! Exclamation de dérision, mise à la mode par le personnage enfantin de Queneau, la jeune Zazie :

> Monte dit Gabriel, et sois pas snob. — Snob mon cul, dit Zazie.
>
> R. QUENEAU, *Zazie dans le métro*, p. 15.

(Et) mon cul, c'est du poulet! exprime la dérision et le refus.

Vieilli. **On lui boucherait le cul d'un grain de millet** «il a peur» (cf. IL SERRE LES FESSES★), est dans le Dict. de l'Académie en 1740. On trouve aussi *avoir le cul bouché d'un grain de millet, d'un confetti.*

Vx. **La tête emporte (a emporté...) le cul,** se dit d'une personne qui tombe en avant. En emploi métaphorique, l'opposition *tête-cul,* avec le verbe *emporter,* donne lieu à diverses expressions :

> [...] je te dissocie à jamais de nos bons souvenirs, ton bon café, ton bon accueil : tu es une infidèle, je le savais pourtant, vous êtes toutes les mêmes, le cul vous emporte la tête, mais je ne vous en veux même pas.   A. SARRAZIN, *La Traversière*, p. 62.

Parle à mon cul, ma tête est malade, signifie «je refuse de t'écouter, tu m'ennuies...».

CULBUTE n. f.

Faire la culbute. Au sens propre, «faire un saut périlleux» (mais antérieurement dans un sens érotique, 1579). Métaphoriquement, «tomber dans la ruine, la misère» (XVIIe s.).

> Comprenez donc qu'il faut que je vive, moi d'abord, pour que vous viviez. Et je suis à bout, la moindre augmentation du prix de revient me ferait faire la culbute.
>
> É. ZOLA, *Germinal*, t. II, p. 7.

L'expression a une valeur spéciale et très différente dans la langue commerciale : «doubler le prix, avoir un bénéfice de 100 %» (l'idée est celle du «tour complet»).

Au bout du fossé la culbute [LOC. PROV.] → FOSSÉ.

CULOTTE n. f.

Culotte de peau «vieux militaire qui a conservé des habitudes de soldat» (l'expression est dans le roman de George Sand, *Indiana*, en 1831).

Fond de culotte → FOND.

Comme de sa première culotte (avec un verbe comme *se moquer, se ficher,* etc.), «complètement». Variante de *se moquer comme de sa première chemise★.*

> [...] pour que Berkeley, par exemple, pût être considéré légitimement comme un «moment dans l'évolution de la pensée occidentale», il faudrait que ses idées se fussent effectivement répandues, eussent effectivement agi [...], et non pas que la presque totalité des hommes, hors cinq ou six auteurs de manuels, se fichassent de lui comme de leur première culotte et n'eussent pas la moindre idée de ce dont il prétendait s'inquiéter.   J.-F. REVEL, *Pourquoi des philosophes*, p. 24-25.

... dans la culotte d'un zouave → MAIN *(la main de ma sœur).*

Attraper, prendre une culotte «faire une perte importante au jeu» (voir un exemple de Léon Bloy, *in* Robert).

Baisser, poser culotte «déféquer» → l'expression ancienne est DESSERRER, LÂCHER LA CROUPIÈRE★.

Se flanquer (donner,...) une culotte «s'enivrer». *Culotte* est ici le déverbal de *culotter* au sens de «préparer une pipe en donnant au *culot* une couleur foncée» (*se culotter* remplace *se noircir*, d'après un des sémantismes métaphoriques de l'ivresse : être *gris*, *noir*, etc.).

Porter la culotte, les culottes, se dit d'une femme qui domine son mari (fin XVIIIᵉ s.).

> On disait au ministère, sans y mettre ombre de malice que, dans le ménage, c'était le mari qui portait les jupes et la femme les culottes.
>   M. PROUST. *À la recherche du temps perdu*, t. II, p. 645.

Trembler dans sa culotte «avoir une peur intense». Développement de *trembler de peur* d'après le sémantisme expressif de la peur, associée aux fonctions anales (*avoir la colique*, ou au contraire, *serrer les fesses*. On dit *faire dans sa culotte*).

CURE n. f. Du latin *cura*, «soin».

N'avoir cure de... «ne pas s'en soucier». C'est le seul emploi vivant du mot au sens général de «souci», d'ailleurs aussi ancien que le mot lui-même (XIᵉ s.).

> Quant à restreindre mes aises, mes plaisirs, j'y suis prêt. À dire vrai, mon corps vieillissant n'en a cure.   (A. GIDE. *Journal*, t. II, p. 53.)

CURÉ n. m. Dérivé de *cure*, au sens spécialisé de «charge ecclésiastique».

Manger, bouffer du curé «être violemment anticlérical». Ici *curé* a le sens étendu (et péjoratif) de «prêtre». *Manger qqn*, au sens d'«insulter» ou de «quereller violemment», s'est employé jusqu'au XIXᵉ s. *Manger du prêtre*, chez F. Coppée, est sans doute une élégante atténuation de l'expression populaire.

Vx. **Avoir affaire au curé et aux paroissiens** «avoir affaire à toutes les parties en présence» (1750).

CURE-DENT(S) n. m.

Vx. **Inviter quelqu'un en cure-dent(s)** «inviter quelqu'un pour le dessert ou pour prendre le café, à la fin d'un repas».

> Ah! vous arrivez tard, dit Mme Verdurin à un fidèle qu'elle n'avait invité qu'en «cure-dents», nous avons eu «un» Brichot incomparable, d'une éloquence !
>   M. PROUST. *À la recherche du temps perdu*, t. I, p. 264.

CURIOSITÉ n. f.

La curiosité est un vilain défaut (expression transparente, figée).

CUTI n. f. Abréviation de cutiréaction.

Fam. **Virer sa cuti** «éprouver un changement significatif dans sa manière d'être, son comportement» et notamment, «réaliser ses désirs profonds (perdre sa virginité, etc.)».

> Après avoir sabré toutes les plus jolies starlettes, il est maintenant en ménage avec un travelo... viré sa cuti... il pédale...   A. BOUDARD. *Cinoche*, p. 63.

CUVÉE n. f. Dérivé de *cuve* pour désigner la «quantité de vin fait dans une cuve, en une fois».

Vieilli. **De la même cuvée** «du même jour, de même origine».

Vieilli. **Un buveur de la première cuvée** «un buveur de tout premier ordre». L'expression remotive l'emploi métaphorique (voir ci-dessus) en l'appliquant à l'amateur de vin. On dit en Sologne d'un ivrogne qu'il a sa *cuvée*.

CYGNE n. m.

Le chant du cygne « la dernière manifestation du talent créateur ; la dernière œuvre, considérée comme la plus belle ». L'expression, enregistrée par Oudin (1640), a été précédée par l'*hymne du cigne* (1611) avec la valeur plus précise de « la dernière œuvre d'un poète ». Issue en français moderne d'une métaphore littéraire (*cygne* = poète, cf. *le cygne de Mantoue,* etc.), cette expression transmet le contenu d'une légende très ancienne. En latin déjà la traduction des expressions grecques avait pris une couleur littéraire ; en grec, *to kukneion adein* signifie « faire un appel désespéré ; être sur le point de mourir », et *kuknos* « cygne », signifie au figuré « chanteur » et pas encore « poète ». Le mot grec connote donc les idées de « chant » et de « mort », ainsi que la blancheur (donc la lumière) et l'espace ou l'ascension. Le psychologue Jung évoque à ce sujet la parenté en indo-européen des radicaux signifiant « lumière » et « parole ». Le mot signifiant *cygne* dans les langues germaniques *(swann, schwan...)* remonterait au radical *sven,* « produire un son », et le mythe du cygne chanteur correspondrait ainsi à la communauté primitive de la parole et de la lumière (sensible dans l'histoire des religions : quand Yahvé parle, c'est pour ordonner à la lumière d'être). L'expression française a rétréci la légende primitive en lui donnant un contenu d'un esthétisme banal.

d

Système D «système des débrouillards; ingéniosité dans l'invention de solutions aux petites difficultés quotidiennes». L'expression érige la débrouillardise en système de vie; elle implique un certain mépris des devoirs civiques et des prescriptions de la société et un individualisme égoïste.

> Pa'ce que, tu comprends, y a des gars qui s'en font pas, i's s'les roulent pendant que l'copain nettèye [...] pis même i's n'ont pas la trouille ed' dire après : «Mon capitaine, j'ai un fusil qu'est olrède.» Moi, j'marche pas dans la combine. C'est l'système D, et l'système D, mon vieux phénomène, y a des fois où ce que j'en ai pus que marre.
>
> H. BARBUSSE, *Le Feu*, t. I, p. 77.

> Les deux ombres s'approchent d'eux. Alors, San-Antonio, toujours le crack des cracks, le superman du système D, braque pleins phares. Ça donne deux projecteurs qui illuminent le groupe. En même temps, je bloque le klaxon. C'est très réussi.
>
> SAN-ANTONIO, *Au suivant de ces messieurs*, p. 183.

DACHE n. m. (pseudo nom propre). Altération de *diable* (cf. *diantre*), fréquente dans les dialectes sous la forme *diache* (dans le Nord, l'Est, le Berry, etc.).

Envoyer à dache «se débarrasser de quelqu'un, l'envoyer promener». L'expression est attestée en 1866 (*in* Esnault). *Dache* est traité comme un nom propre, d'où *à* (et non *au*) *dache;* dans l'argot militaire de la fin du XIXᵉ s., le personnage est qualifié de «perruquier des zouaves». Une autre expression (attestée en 1907) est : *va le raconter à Dache, le perruquier des zouaves*, c'est-à-dire «va le dire à un imbécile; moi je ne te crois pas». Ici le «diable» originel est remplacé par un personnage de niais. *Perruquier* signifiait bien au XIXᵉ s. «barbier», mais il est infiniment probable qu'il a ici un sens métaphorique, issu de l'expression *donner une perruque* (1845) «réprimander», à comparer à *passer un savon, laver la tête*, etc.; l'expression populaire *c'est moi qui suis le perruquier dans cette affaire*, «la dupe», est relevée par Wartburg en 1808. On connaît par ailleurs les valeurs ironiques de *zouave*.

DADA n. m.

Enfourcher un dada «revenir à son sujet favori». L'image du cavalier (métaphoriquement : celui qui parle) et du cheval (ce dont il parle) se retrouve dans l'expression *enfourcher son cheval de bataille*. Le sens métaphorique de *dada*, mot enfantin pour «cheval», est le même que dans l'anglais *hobby-horse;* l'emploi figuré pourrait d'ailleurs venir de l'anglais.

1. DALLE n. f. Ce mot, qui signifie aujourd'hui (depuis le XVIIᵉ s.) «table ou plaque de pierre», s'emploie depuis le XIVᵉ s. dans son sens étymologique, celui de l'ancien nordique *daela*, «évier de cuisine; rigole, gouttière...». D'où le sens métaphorique de «gosier» (1537), aussi appelé *la dalle du cou*. Ces locutions témoignent d'une résistance exceptionnelle à l'évolution sémantique. Elles sont familières.

Avoir la dalle en pente «boire souvent et volontiers (des boissons alcoolisées)». L'expression a signifié (vers la fin du XIXᵉ s.) «avoir gros appétit», mais le sens principal de l'expression est bien fondé sur l'écoulement des liquides : elle signifie «avoir *la rigole, la gouttière* en pente».

> Toute la noce qui avait la dalle en pente et la rue du bec plus sèche qu'un paquet d'amadou, approuve le remède proposé par le futur et se précipita chez un bistro.
>
> *L'Épatant*, 1909, p. 51.

Se mouiller, se rincer la dalle «boire». De même que *s'arroser la dalle* qui ne s'emploie plus, ces locutions sont dans Delvau (1867).

> [...] il fallait bien se rincer un peu la dalle, pour la débarrasser des crasses de la veille.
>
> É. ZOLA, *L'Assommoir*, p. 192.

> Avec la bouteille de vin
> Millésimé, béni, divin,
> Les flics se sont rincé la dalle.
> Un vrai scandale !
>
> Georges BRASSENS, *Poèmes et Chansons*, p. 342.

Rare (en emploi actif) : **Rincer la dalle à qqn.**

> Ils sont exigeants, ces lascars-là ! ronchonna Filochard, on leur rince la dalle et ça n'leur suffit pas... Maintenant v'là qu'ils réclament du pognon ! Jamais nous n'en aurons assez pour tout le monde !
>
> *L'Épatant*, 1909, p. 82.

Crever la dalle «crever de faim ; être dans la misère». Croisement assez illogique entre *crever de faim* et *dalle* au sens de «gosier».

> [...] qui sait si elle ne trafique pas pour se goinfrer sous les draps, alors que nous avons crevé la dalle ensemble ? Quelle aveugle j'ai été !
>
> A. SARRAZIN, *La Cavale*, p. 138.

2. DALLE n. f.

N'y piger que dalle, n'entraver que dal (ou *dalle*) «ne rien comprendre». Wartburg rattache cette expression à *dalle* 1, mais sa forme initiale *(je n'en trouve que le dail*, Esnault, 1829) et son sens rendent peu vraisemblable cette origine. Pour Esnault, une onomatopée qu'on trouve dans Scarron *(daye dan daye)* en constituerait l'origine.

En fait, la source presque évidente de l'expression *que le dail, que dal* (puis *que dalle*) nous semble être une autre hypothèse de Esnault, concernant le «lorrain vieilli *dailler*». La famille de mots issus de l'allemand *dahlen* a donné *dallier* «plaisanter» (XVᵉ s. *in* Godefroy), *s'entredalier* (XIIᵉ s., ibid.) «se moquer réciproquement», et des verbes comme *dallier, daler, dailli* «plaisanter, raconter des faribole», dans tous les patois de l'Est *(in* Wartburg). *La daille* ou *le dail* seraient «la plaisanterie, la blague», c'est-à-dire, «les paroles dont le sens est caché».

Que dalle, s'emploie seul comme adverbe de négation ou en exclamation.

> Pauvre gars. Il est costaud, il est bath, mais qu'est-ce qu'il a comme coup dur ? Néant. Que dalle. La peau.
>
> J. GENET, *Querelle de Brest*, p. 286.

DAM n. m.

Littér. **Au grand dam de...** «au grand désavantage, au détriment de...». Reprise d'un sens archaïque de *dam* (dès 842, dans *Les Serments de Strasbourg*) du latin *damnum*, qui a donné *damner*. On prononce plutôt [dam] que [dã], plus correct.

DAMAS n. de ville.

Chemin de Damas «lieu (moment) où l'on se convertit à une cause, où l'on change d'opinion», le plus souvent dans une phrase du type : *(telle circonstance) a été son chemin de Damas*. Allusion à la brusque conversion de Paul (Actes des Apôtres 9, 1-19) peu avant son arrivée à Damas.

DAME n. f.

Vx. **Une dame faite à la hâte** « une personne qui prend la qualité de Dame, qui fait la Dame, quoi qu'elle ne le soit point » (Furetière, 1690).

Fam. **Aller à dame** « tomber ». Jeu sur la forme de *aller à dame* « mettre son pion à la dernière rangée opposée, aux dames », et la *dame* de paveur, qui frappe le sol.

Vx. **Jouer aux dames rabattues** « faire l'acte vénérien » (selon la définition de Oudin, 1656) ; calembour sur *rabattre* « renverser », et sur le jeu de dames.

Taquiner la dame de pique « jouer fréquemment aux cartes ». La variante **peloter la dame de pique** constitue un calembour comparable à celui de l'expression précédente.

> J'ai une perte de jeu à régler demain, et c'est pourquoi j'ai osé venir tout droit ici... — Tiens, tiens ! vous pelotez donc la dame de pique ?   J. VALLÈS, *L'Insurgé*, p. 33.

DAMER v. tr.

Damer le pion à qqn → PION.

DAMNÉ n. m.

Comme un damné (crier, souffrir...) « cruellement ». La comparaison implique l'intensité des souffrances, mais non leur durée extrême.

> Il a de sept à treize ans, vit par bandes, bat le pavé, loge en plein air, [...] court, guette, quête, perd le temps, culotte des pipes, jure comme un damné, hante le cabaret, connaît des voleurs, tutoie des filles, parle argot, chante des chansons obscènes, et n'a rien de mauvais dans le cœur.   V. HUGO, *Les Misérables*, Pléiade, p. 591.

DANDIN n. pr.

Tu l'as voulu, George Dandin ! Exclamation par laquelle on attribue la responsabilité d'une situation désagréable à celui qui s'y est mis ; elle s'adresse le plus souvent à soi-même, comme c'est le cas dans Molière. En effet, cette expression vient de la comédie *George Dandin*, dont le héros, riche paysan, ayant épousé une demoiselle noble, et en ayant subi divers inconvénients, se repent en ces termes (*Dandin* un nom expressif qui connote la niaiserie).

> — Ah ! que je... Vous l'avez voulu, vous l'avez voulu, George Dandin, vous l'avez voulu, cela vous sied fort bien, et vous voilà ajusté comme il faut ; vous avez justement ce que vous méritez.   MOLIÈRE, *George Dandin*, I, 7.

DANGER n. m.

Danger public « chose ou personne (et ensemble de personnes) qui met en danger la communauté, d'autres personnes ». *Il conduit comme un fou, c'est un danger public !*

> Il prouve qu'ils sont tous unis secrètement et qu'ils sont en quelque sorte forcés de prêter appui à quelqu'un de leur race, même s'ils ne le connaissent pas. C'est un danger public.   M. PROUST, *À la Recherche du temps perdu*, t. II, p. 680.

Il n'y a pas de danger « cela n'arrivera pas, c'est impossible ». On emploie aussi exclamativement le tour elliptique : *pas de danger !*

> [...] qu'ils passent d'eux-mêmes leur tête dans le collier ! Une fois la nuque prise, ils ne pousseront plus votre caboche à vous, sous la lunette de la guillotine... pas de danger ! Ils vous demanderont de les conserver après l'orage, et de régulariser leur mandat d'irréguliers !   J. VALLÈS, *L'Insurgé*, p. 180.

Vx. **Au danger on connaît les braves** [LOC. PROV.] « seule une situation critique permet de se faire une opinion sur le courage, les qualités de quelqu'un ». *Connaître* a ici son sens ancien de « reconnaître ».

Vx. *Qui craint le danger ne doit pas aller en mer.* Ce proverbe incite les peureux à ne pas forcer leur talent, et tous ceux qui connaissent leurs limites à ne pas chercher à les franchir → FEUILLE *(qui a peur des feuilles ne doit aller au bois).*

DANSE n. f. Mot d'origine germanique → DANSER.

Vx. *La danse du loup* « le coït ». Le sème commun « activité rythmique du corps » suffit à mettre en relation les actes et les actes érotiques (cf. sur le plan lexical, les mésaventures du verbe *branler*) → LOUP.

Vx. *La danse du panier,* l'action de *faire danser l'anse du panier* → ANSE.

En danse, dans la danse, s'emploie métaphoriquement pour « en action, dans l'action » *(Entrer en danse,* etc.). L'idée de base est soit celle de « mouvement coordonné », soit « action collective » *(dans la danse).*

Avoir, recevoir une danse « se faire battre, rouer de coups ». Cette expression, comme *donner une danse à quelqu'un,* date de la première moitié du XIXᵉ s. Le rapport métaphorique entre danser et « échanger des coups » ou « malmener (qqn) » est réalisé avec les mots *danse, valse.*

> Mais un tapage, de l'autre côté du mur, lui coupa la parole. C'étaient des jurons d'homme, des pleurs de femme, tout un piétinement de bataille, avec des coups sourds qui sonnaient comme des heurts de courge vide.
> — La Levaque reçoit sa danse, constata paisiblement Maheu, en train de racler le fond de sa jatte avec la cuiller. É. ZOLA, *Germinal,* t. I, p. 124.

Vx. *Avoir le cœur à la danse* « être de bonne humeur » (milieu XIXᵉ s.), succède à *avoir l'air à la danse* « avoir l'air vif, éveillé » (Acad., 1718) et « avoir une grande inclination pour qqch. ».

Mener la danse « mener l'action, prendre des décisions ». La valeur de *danse* est la même que dans : *en danse.* Il s'agit des danses réglées, où un conducteur est nécessaire. Les valeurs symboliques attachées à la danse sont souvent liées à une interprétation de l'agitation humaine ; dans les danses macabres, le meneur de jeu est la mort (l'idée se retrouve dans l'image de Satan « conduisant le bal »).

Commencer la danse signifiait à l'époque classique « être le premier attaqué, soit en guerre, soit en procès » (Le Roux, 1752), c'est la spécialisation d'un sens plus général : « être le premier à faire ou à subir qqch. » (Oudin, 1640). On dit plutôt de nos jours : *ouvrir la danse.*

DANSER v. intr.

Vx. *Faire danser quelqu'un* « le battre, le rouer de coups », ou encore « lui créer des difficultés qui l'obligent à se dépenser ».

> On le fera bien danser. Pour dire, le menacer de lui donner bien de l'exercice, et qu'on le mettra bien à la raison. Le ROUX, *Dictionnaire comique,* 1752.

Faire danser quelqu'un (sans violons) s'est dit au sens de « apaiser, ramener à la raison » (Oudin, 1656).

Vx. *Faire danser quelque chose* « le voler, l'escamoter » (Larousse, 1ᵉʳ Suppl., 1871). Le sémantisme de base est « sauter ». L'expression a dû vieillir à cause de l'association entre « danser » et « être humain », le verbe *valser* ayant surmonté cet obstacle.

Danser devant le buffet → BUFFET.

DANSEUSE n. f.

En danseuse [LOC. ADV.], se dit de la position du cycliste qui pédale sans être assis sur la selle, et incline alternativement son corps à gauche et à droite : *pédaler, monter en danseuse*. Cette métaphore chorégraphique et gracieuse est lexicalisée et son origine n'est plus perçue.

DARD n. m.

Filer comme un dard «courir, fuir très vite» (fin XIXe s.). Jeu de mot argotique sur filer «comme une flèche» et (selon Esnault) «comme un pet». En argot des écoles scientifiques (fin XIXe s.) *comme le dard, comme un dard* est une locution adverbiale qui signifie «à la perfection» (ex., *in* Esnault : *je me porte comme un dard ; ton képi te va comme un dard* [Saint-Cyr]; *il chiade comme le dard* [Polytechnique]). Cette forte valeur méliorative paraît associée à l'idée de virilité, évidemment suscitée par le symbolisme phallique élémentaire.

DATE n. f.

De fraîche date «depuis peu de temps». L'emploi de *frais* au sens de «récent» utilise l'aspect purement temporel de l'adjectif («qui vient d'être cueilli, pondu, tué...», selon qu'il s'agit de végétaux, d'œufs, de viande, etc.). On trouve *de frais*, «récemment», chez Rabelais.

De longue date «depuis très longtemps». Locution adverbiale, où *long* a la valeur de «éloigné dans le temps» (*date* étant ponctuel, l'expression archaïque *de vieille date* était plus cohérente).

Vieilli. *Être le premier en date* «avoir un droit, une priorité sur quelqu'un, pour des raisons chronologiques».

Faire date «marquer une époque, par son importance». Un événement qui *fait date* crée véritablement un repère chronologique, une date. La syntaxe est celle de *faire impression*, etc., sans article.

Prendre date «fixer avec quelqu'un le moment d'un rendez-vous».

Prendre date avec qqn (pour...) «fixer une échéance pour une action commune, une rencontre, etc.».

DATTE n. f.

Ne pas en fiche une datte «ne rien faire». Outre le sémantisme banal «fruit de petite taille» = «valeur très faible» (cf. ci-dessous), *datte* a probablement subi l'influence paronymique de *dal (que dal, que dalle)*. On mentionnera à titre de curiosité une explication pseudo-rationnelle, qui tente de motiver l'expression en prenant le mot pour la chose, et qui illustre naïvement la puissance des préjugés colonialistes : «Cette locution vient sans doute de la paresse des indigènes, lorsque, mollement, ils font la récolte des dattes» (M. RAT, *Dict. des locutions*).

Des dattes ! «rien du tout». *Datte* appartient à la série des végétaux comestibles (fruits ou légumes) d'assez petite taille qui servent d'expression à la «valeur nulle» (*nèfles, prunes, haricots*, etc.). On trouve chez F. Caradec *(Dict. du français arg. et pop.)* l'expression *c'est comme des dattes* «ça n'arrivera, ça ne se fera jamais». *Si... je te paie (je te paierai) des dattes* «la chose (exprimée par l'hypothèse) ne se produira pas».

> En voyant disparaître le patron, Croquignol, Ribouldingue et Filochard eurent la même idée et, en un clin d'œil, ils se mirent à entasser sur la trappe qu'ils avaient refermée tout le matériel qui se trouvait dans la boutique. «Il a beau être costeau, s'il la soulève à présent, je lui paierai des dattes», dit Filochard.   *L'Épatant*, 1908, p. 26.

DAVID n. pr.

Vx. *Il est parent (c'est un parent) du roi David.* Le roi David ou, plus simplement, *un David* s'est dit du XIVᵉ au XVIIIᵉ s. d'une «pince à crochet» utilisée par les malfaiteurs (le jeu de mots porte sur *harper* «agripper, voler», et *harpe*).

DÉ n. m. La métaphore qui représente le sort, le hasard, la chance par les dés est fondée sur l'étymologie. Le *dé* est, en effet, ce qui est «donné» *(datum).*

Coup de dé «tentative hasardeuse, risquée». *Jouer qqch.* (sa fortune, sa vie, etc.) *sur un coup de dé* «s'en remettre au hasard en risquant le tout pour le tout». La métaphore superficielle s'appuie sur l'acte du joueur, qui risque un enjeu sur sa chance. Profondément, *coup de dé* s'articule en un terme qui représente l'effet de l'action humaine volontaire et agressive (le *coup*, action de frapper), lequel est qualifié et déterminé par *dé*, qui symbolise le résultat de ce qui est «donné», imposé à l'homme par le hasard ou le destin *(fatum).* Comme l'a superbement exprimé Mallarmé, aucun *coup* ne pourra effacer le *datum*, aucune volonté humaine n'épuisera ni ne maîtrisera ce qui lui vient d'ailleurs *(«Un coup de dé, jamais, n'abolira le hasard»).*

> C'est en raison de ce qu'ils ont de compact, de l'évidence palpable qu'ils donnent aux figures de la chance, sitôt jaillis hors du cornet de cuir, que — avec la même implication de dévoilement soudain que si l'on disait «coup de foudre», «coup de théâtre» ou «coup du ciel» — l'on peut parler d'un «coup de dés». La langue a beau nous proposer un riche échantillonnage d'autres locutions — de «coup de sang» à «coup de vent», de «coup de mer» à «coup de feu», de «coup de tête» à «tout à coup» — aucun de ces alliages de mots (dont «coup» est le métal de base) ne battra, à mon sens, le briquet cérébral d'une manière aussi drue que l'expression homologue par laquelle on rend compte de cet événement, pourtant d'une enfantine simplicité : le choc que font sur le bois de la table les trois projectiles ivoirins quand ils sortent de leur tromblon fumeux, puis l'immobilisation de l'avalanche lilliputienne en une trinité de cubes offrant chacun au ciel — comme une cible trouée — le compte mathématique des points noirs dont sa face supérieure est criblée.   M. LEIRIS, *Biffures,* p. 42-43.

Vx. *Flatter le dé* «détourner la conversation, dissimuler» (1656, Oudin). Le sens de cette ancienne expression est très proche de celui de *tourner autour du pot.* L'idée initiale, qui est celle de «lancer le dé avec délicatesse et adresse», est absorbée par le sens métaphorique de *flatter* (qqn) «le séduire par d'habiles louanges, etc.».

Lâcher les dés «abandonner (un avantage, un privilège)». L'expression vient elle aussi du jeu de dés, mais elle s'insère dans la série des locutions avec *lâcher* qui expriment l'abandon *(lâcher pied, lâcher la main,* etc.).

Quitter le dé «abandonner honteusement», est dans Scarron. *Faire quitter le dé* «forcer à abandonner» est encore dans les recueils de la fin du XIXᵉ s.

> Si j'ai lu *La Nausée*? Ah! non, dis, lâche un peu les dés avec la littérature. Oui, j'ai lu ça. Seulement, figure-toi que je suis comme tout le monde, je me servais du mot avant ton bonhomme. Et pas comme lui, parce que je ne suis pas un philosophe.
>   A. SERGENT, *Je suivis ce mauvais garçon,* p. 39-40.

Passer les dés (même sens que *lâcher les dés*), est d'usage familier moderne.

Vx. *Tenir le dé* «avoir le rôle principal (dans une conversation notamment)». L'expression était courante, du XVIIᵉ s. (par ex. Molière) au XIXᵉ s.; elle faisait allusion au rôle prépondérant du joueur qui tient et lance les dés (cf. ci-dessous : À VOUS LE DÉ).

> Un jour de la Saint-Louis entre autres, M. Valenod tenait le dé chez M. de Rênal, Julien fut sur le point de se trahir ; il se sauva dans le jardin, sous prétexte de voir les enfants.   STENDHAL, *Le Rouge et le Noir,* p. 247.

Les dés en sont jetés; le dé en est jeté. Adaptation française (XVIe s. : Bovelles) de la formule latine *alea jacta est* — prononcée par César qui venait de franchir le Rubicon — où le passif et l'emploi du verbe *jeter* (au lieu de *lancer*, par ex.) évoquent le caractère inéluctable du destin, tout en concrétisant la situation qu'exprime aussi *le sort en est jeté*.

> Du nombre amené par la main qui s'est faite instrument du hasard, au caractère tracé ou imprimé par cette même main (agissant de manière directe ou par le truchement d'une machine) dans un but concerté, il y a, évidemment, l'abîme qui sépare un geste significatif et en lui-même complet (geste de l'homme qui se décide, franchit le Rubicon, fait que « les dés en sont jetés ») de l'opération qui consiste à fabriquer un outil voué à des fins pratiques importantes mais en lui-même dépourvu d'intérêt.
> M. LEIRIS, *Biffures*, p. 44.

Vx. *À vous le dé,* « manière de parler... qui signifie autant que c'est à vous de parler, c'est à vous à faire cela. Elle tire son origine du jeu de dez, où un joueur ayant tenu le cornet quelques tems et ayant perdu, il le présente à un autre en lui disant, à vous le dé, Monsieur. Mais l'usage a fait passer aujourd'hui cette manière de parler à toutes sortes de sujets » (Le Roux, *Dict. comique*, 1752) cf. ci-dessus : TENIR LE DÉ★.

DÉBALLAGE n. m.

Fam. *Au déballage* [LOC. ADV.] « au lever, au saut du lit ».

DÉBANDADE n. f.

À la débandade « en désordre; dans la confusion ». Cette locution adverbiale constitue l'emploi le plus courant du substantif *débandade.* De par son origine, elle s'applique aux êtres humains; mais, en partie démotivée, elle est devenue un équivalent plus expressif de *en désordre* et se dit aussi des choses.

> La pièce avait la propreté froide des salles où la table est maigrement servie. Et toutes deux profitaient de cette descente matinale pour voir si rien, la veille, n'était resté à la débandade.
> É. ZOLA, *Germinal*, t. II, p. 4.

> [...] sur le coup de six heures, amenez-moi tout votre monde ici, n'allez pas laisser les gens rentrer chacun chez soi, à la débandade.
> M. PROUST, *À la recherche du temps perdu*, t. II, p. 970.

DÉBANDER v. intr.

Sans débander « sans interrompre, sans désemparer★ ». La métaphore sexuelle, qui ne peut pas être oubliée, le verbe *débander* (comme *bander*) étant fréquent dans ce sens spécial, n'empêche pas l'expression de s'être diffusée et d'être acceptée dans des milieux bourgeois.

DÉBARRAS n. m.

Bon débarras! Exclamation par laquelle on salue le départ de quelqu'un, son élimination ou la disparition de quelque chose dont on avait à se plaindre → BON VENT !

DÉBINE n. f.

Être (tomber) dans la débine « être dans la misère; manquer totalement d'argent ». Plus qu'une locution, il s'agit d'un emploi fréquent du mot *débine*, au sens de « pauvreté ». *Être de la débine* (Esnault, 1850), de même sens, est vieilli. *Laisser quelque chose en débine* « à l'abandon », est demeuré argotique.

DÉBLAYER v. tr.

Déblayer le terrain «supprimer ce qui pourrait gêner ou empêcher une entreprise» (Bescherelle, 1846). Équivalent expressif de *préparer le terrain*.

DÉBOTTER, DÉBOTTÉ n. m. (infinitif et p.p.)

Au débotté «au moment de l'arrivée (sans laisser le temps d'enlever les bottes)»; d'où «à l'improviste». On écrit aussi *au débotter*.

> [...] il avait pris cette habitude d'arriver régulièrement avec des retards ou des avances de plusieurs jours, de façon à pincer son monde au débotté [...].
> G. COURTELINE, *Les Gaîtés de l'escadron*, p. 128-129.

DEBOUT adv.

Mettre debout s'emploie métaphoriquement pour «organiser», ou «mener à bien (un ouvrage)». En termes de chasse, *mettre un animal debout* (fin XVIIIᵉ s.) s'est employé pour «le lancer».

Mourir debout «mourir en pleine activité». *Mourir tout debout* s'est employé au XVIIᵉ s. pour «mourir d'amour; être très épris». L'ironie porte sur l'antinomie entre *mourir* et (rester) *tout debout;* mais le rapprochement entre *mourir d'amour* et *tout debout*, dans une locution qui ne s'appliquait qu'aux hommes, évoque d'autres images (plus ou moins réalisées dans les textes contemporains: *Mourir de réplétion d'amour*, chez Scarron, etc.).

Tenir debout «avoir de la valeur, être solide, bien conçu (en parlant d'une œuvre, etc.)»; «résister à la fatigue (en parlant des personnes)». Surtout employé négativement.

Ne pas (plus) tenir debout «être épuisé, recru de fatigue, très ensommeillé...».

Ça ne tient pas debout «c'est absurde, illogique (d'un raisonnement, d'une hypothèse...)».

> — Mais, mon petit, ce que vous dites ne tient pas debout et pèche par la base.
> M. PROUST, *À la recherche du temps perdu*, t. II, p. 592.

À dormir debout → DORMIR.

DÉBUT n. m.

Faire ses débuts «commencer à exercer une activité», se dit notamment en parlant de la vie mondaine ou des activités du spectacle.

DÈCHE n. f. Mot d'argot, d'origine provençale ou angevine, et qui se rattache à la famille du latin *decadere* (*décajer*, *décaire* en provençal, *déchoir* en français).

Battre la dèche «être dans la misère» (vers 1884, Esnault). On dit aussi *être dans la dèche* → DANS LA DÉBINE*, LA MOUISE*, etc. *Battre* implique l'idée de pérégrinations misérables ou au moins d'activités inutiles → BATTRE LA SEMELLE* et aussi BATTRE L'ESTRADE*.

> Dans tout l'immense territoire des États-Unis on ne trouve plus un seul avocat sans cause, ni un seul homme de loi qui bat la dèche dans les bars.
> B. CENDRARS, *L'Or*, p. 202.

DÉCHET n. m.

Déchet d'humanité «être misérable, dégénéré, tombé dans l'abjection». La métaphore assimile l'individu ainsi qualifié à un rebut, rejeté par l'humanité. Le mot *déchet* a pris une valeur très fortement péjorative, qu'il n'avait pas étymologiquement (le *déchet* est proprement ce qui est *déchu*, «tombé»).

DÉCLARER v. tr.

Vous n'avez rien à déclarer ? Formule des employés de douane ou d'octroi, par laquelle ils s'enquièrent auprès des voyageurs des marchandises qu'ils transportent. L'expression a donné lieu à des métaphores, et à des calembours sur *déclarer*, pris au sens amoureux (l'expression fut le titre d'un vaudeville).

> J'étais le premier à passer, je n'avais que mon fourre-tout comme bagage et la valise qu'Auguste ne quittait pas de l'œil. Il s'était débrouillé pour se mettre en tête de file.
> — Vous n'avez rien à déclarer ?
> — Vous savez bien, dis-je au préposé des douanes, vous savez bien que l'on a toujours quelque chose à déclarer quand on revient de ces pays d'outre-mer, mais aujourd'hui, je n'ai rien d'autre que mon fourre-tout. B. CENDRARS, *Bourlinguer*, p. 49.
> Et les douaniers du désespoir
> peuvent bien éventrer mes bagages
> me palper et me questionner
> j'ai jamais rien à déclarer   J. Prévert, *Histoires*, p. 231-232.

DÉCLIN n. m.

Sur le (son) déclin «qui est en train de se terminer». La préposition *sur* donne au substantif verbal de *décliner* la valeur spatiale d'une courbe, d'une trajectoire descendante.

DÉCONFITURE n. f.

Être, tomber en déconfiture «être en ruine, en faillite ; échouer complètement». *En déconfiture,* loc. adj. et adv., n'est qu'un emploi assez fréquent du mot et n'entraîne pas de nuance sémantique particulière.

DÉCOR n. m.

Changement de décor → CHANGEMENT.

Aller, entrer dans le décor (ou *dans les décors*) «sortir de la route et heurter un obstacle (en parlant d'un véhicule)». L'expression apparaît dans l'argot des automobilistes, en 1918 (Esnault), mais on parlait déjà de *décor* en aviation, pour désigner le terrain à survoler *(ibid.)*. L'expression pourrait venir du langage du camouflage militaire pendant la guerre de 1914-1918. Variantes : *foncer, valser dans les décors.*

DÉCORNER v. tr.

Un vent à décorner les bœufs → BŒUF.

DÉCORUM n. m.

Vx. *Garder (maintenir...) le décorum* «sauver les apparences, se donner des apparences trompeuses, mentir». Dans ce sens, la locution ne s'emploie plus : *garder le décorum* voudrait dire aujourd'hui «rester cérémonieux», d'après le sens usuel du nom.

DÉCOUVERT n. m.

À découvert. Cette locution adverbiale, qui signifie «dans une position, un lieu où l'on n'est pas couvert, protégé», est le seul emploi vivant de *découvert*, au sens de «terrain». C'est l'équivalent abstrait de *à ciel ouvert, en plein air, en plein vent*, avec une idée supplémentaire d'«absence de protection» et des connotations militaires. Métaphoriquement, *à découvert* correspond à «sans chercher à dissimuler ou à se protéger ; avec une franchise courageuse».

DÉCROCHER v. tr.

Décrochez-moi-ça «boutique de fripier». Attestée en 1842, la loc. s'est rapidement lexicalisée. Sa forme impérative fait allusion à l'ordre donné par le client au vendeur, dont les marchandises étaient accrochées.

DEDANS adv.

Mettre (ficher, fourrer, foutre) dedans «tromper» ou «mettre en prison». Les deux acceptions semblent dater du début du XIXe siècle (la seconde est dans Boiste, 1827), et ne doivent pas être influencées par des emplois plus anciens (*mettre dedans un cheval, un garçon,* c'était «le dresser»). Dans tous les cas, le sémantisme de base est «mettre dans une situation (d'infériorité)», soit en plaçant à sa merci, dans son pouvoir, soit concrètement dans un lieu où la personne désignée par le complément est enfermée.

> — C'est bien de l'or!... dit-il, et la bourse est armoriée! Ah! le gredin, est-il fort! est-il complet! Il nous met tous dedans, et à chaque instant!... On devrait tirer sur lui comme sur un chien! BALZAC, *Splendeurs et Misères des courtisanes*, p. 1079.
>
> Et je vous répète, monsieur, c'est ne pas être honnête que de mettre une jeune fille dedans en ayant l'air de vouloir être riche un jour, puis en s'abrutissant à garder la caisse des autres. É. ZOLA, *Pot-Bouille*, t. I, p. 36.

Rentrer dedans «attaquer violemment, se jeter sur (quelqu'un)». L'expression est une généralisation de *rentrer dans le chou, dans le mou, dans le lard, dans le tas (à quelqu'un),* qui assimilent l'agression physique à un enfoncement dans le corps d'autrui. Ce sémantisme a certainement des racines sexuelles (comme l'atteste par exemple l'expression du XVIe s. *entrer à une femme*) mais il se rattache aussi au corps morcelé, souvent évoqué dans les menaces (*je te crèverai,* etc.).

DÉDIRE v. tr.

Cochon qui s'en dédit → COCHON.

DÉESSE n. f.

La déesse aux cent bouches, aux cent voix «la renommée, sous la forme allégorique». L'expression, empruntée à la tradition gréco-latine, a toujours été littéraire; elle s'employait beaucoup à l'époque classique (La Fontaine, *Fables,* IV, 11) et a donné lieu à des jeux d'esprit (Voltaire, parlant des cent bouches de la renommée : «pour une qui dit vrai, il y en a quatre-vingt-dix-neuf qui mentent», *Lettre à Colini,* 22 oct. 1766).

Allure, port de déesse «allure majestueuse et gracieuse (d'une belle femme)».

DÉFAUT n. m.

À défaut de... (locution prépositive, a remplacé *au défaut de...*) «dans le cas d'un manque de...». Syn. *Faute de...*

Être en défaut «commettre une erreur; manquer à ses engagements». Cette expression, comme *mettre en défaut* «tromper» vient de la terminologie de la chasse, où *mettre les chiens en défaut* signifie leur «faire perdre la trace».

Prendre (surprendre) en défaut «constater que (quelqu'un) se trompe, a commis une erreur ou une faute». Syn. *Prendre en faute.*

Faire défaut «manquer; ne pas se manifester ou se produire alors qu'on l'attendait» (sujet nom de chose). Expression verbale lexicalisée.

C'est là le moindre défaut «cette personne a des défauts bien plus grands». Cette expression littéraire est tirée de La Fontaine. Le passage de *La Cigale et la*

Fourmi : « *La fourmi n'est pas prêteuse C'est là son moindre défaut* » (son gros défaut est, au contraire, l'avarice) ou « n'être pas prêteuse est son moindre défaut » (non seulement elle ne prête pas, mais elle est avare, sans générosité, etc.).

Y'a comme un défaut ! Exclamation (tirée d'un sketch comique) par laquelle on déplore le mauvais fonctionnement, le mauvais état d'un mécanisme, d'un objet. Le comique provient du contraste entre l'euphémisme (atténuation par *comme*) et une situation plus ou moins catastrophique.

DÉFENSE n. f.

Légitime défense. Expression de la langue juridique (Code pénal, art. 328, 329) désignant la situation d'une personne qui subit une agression injuste et dangereuse et peut être contrainte d'accomplir un acte interdit par la loi pénale. S'emploie métaphoriquement pour désigner toute situation où l'on a le droit moral de se défendre par la violence.

Avoir (ne pas avoir) de défense « être armé (désarmé) devant les problèmes de la vie, les comportements agressifs, etc. » Le négatif correspond à *être sans défense,* lexicalisé.

DÉFI n. m.

Mettre quelqu'un au défi de... « prétendre qu'il ne sera pas capable (de faire quelque chose) en l'incitant par provocation à le faire ». Syn. *Mettre au pied du mur.*

DÉGÂT n. m.

Limiter les dégâts « éviter le pire ».

Il s'agit de limiter les dégâts, de sauver ce qui peut encore être sauvé.

N. SARRAUTE, in *Petit Robert.*

DÉGOÛTÉ p. p. et n. m.

N'être pas dégoûté « supporter des choses désagréables, apprécier ce qui est mauvais ». Par ironie : « faire comme si l'on se contentait à contre-cœur d'une chose extrêmement difficile à obtenir » (Oudin, 1656) ou « prendre le meilleur morceau à table » (XVIIIe s.). Les emplois sont encore vivants, alors que un *bon dégoûté,* « un amateur de bonne chère », semble ne s'être dit que du milieu du XVIIe s. (Oudin) au début du XIXe s. (on le trouve encore dans les dictionnaires vers 1850).

Faire le dégoûté « faire le délicat, se montrer extrêmement exigeant ».

DÉGOÛTER v. tr.

Si vous n'aimez pas ça, n'en dégoûtez pas les autres, formule plaisante servant à critiquer une attitude négative, un dégoût affiché.

DÉGUEULASSE adj.

Fam. *C'est pas dégueulasse, c'est pas le frère à dégueulasse* « c'est très bon ». Dans la langue des jeunes (vers 1970), souvent sous la forme abrégée *c'est pas dégueu.*

DÉGUISER v. tr.

Se déguiser en courant d'air → COURANT.

DEHORS adv. et n. m. Outre les « loc. adv. » et « prép. » des dictionnaires *(au dehors, en dehors, en dehors de...),* on peut signaler : *Aller dehors* (région. : Le Havre) « satisfaire ses besoins naturels ». Euphémisme qui correspond sur le mode champêtre au *petit coin.*

Mettre (ficher, flanquer, foutre) dehors « renvoyer ». Expression familière usitée dès le XVIIᵉ s.

Mettre toutes voiles dehors → VOILE.

Argot vieilli. *Faire le dehors* « être prostituée dans la rue ». Syn. *Faire le trottoir.*

Vieilli. *Garder, sauver les dehors* « sauver les apparences ».

DÉJEUNER n. m.

Déjeuner de soleil « couleur qui s'abîme rapidement, qui est vite "mangée" par le soleil ». L'expression semble s'être formée vers le milieu du XIXᵉ s.; plus récemment, elle s'est employée, par une seconde métaphore, au sens de « chose qui est destinée à durer peu ». Syn. *Feu de paille.*

Vx. *Il n'en a pas pour un bon déjeuner* « il n'a pas beaucoup d'argent » (Le Roux).

DÉLAI n. m.

À bref délai « dans peu de temps ».

Sans délai « immédiatement ». Le langage administratif emploie quelquefois le pléonasme : *immédiatement et sans délai* pour insister sur le caractère immédiat et inéluctable d'une décision.

DÉLICATESSE n. f.

Vieilli. *Être en délicatesse avec quelqu'un* « être avec lui dans les relations assez mauvaises, avoir à se plaindre de lui ». *Délicatesse* a ici le sens de « susceptibilité », qui n'est plus compris de nos jours.

DÉLICES n. f. pl. Le problème du genre, et l'accord de l'adjectif, qui permet d'alimenter les jeux et concours radio-télévisés, ne se pose pas avec les locutions, car elles ne permettent pas normalement l'insertion d'un autre mot. Néanmoins, on recommandera aux personnes désireuses de créer un effet de style d'écrire : *les délices mortelles de Capoue,* ou *faire les plus chères délices de quelqu'un,* pour ne pas joindre l'incorrection à la préciosité.

Les délices de Capoue « des plaisirs où l'on se laisse aller, où on s'amollit ». Allusion historique au séjour de l'armée d'Annibal à Capoue, après la victoire de Cannes. La ville était alors la rivale de Rome et le lieu de plaisirs le plus renommé d'Italie.

Faire les délices de quelqu'un « lui procurer du plaisir (en parlant d'une chose, d'une activité) ». *Faire ses délices de quelque chose* « s'y plaire particulièrement ».

Fam. *Avec délices et orgues* « avec le plus grand plaisir ». Allusion pédagogique au problème du genre des pluriels *amours, délices* et *orgues* dont la compatibilité sémantique a frappé les esprits subtils.

> Je barbotte au dab quelques billets, laissant à la place une lettre d'engueulade, en le prévenant que je raconterais tout à ma mère s'il me faisait rechercher. En même temps, bien entendu, je laisse choir le lycée avec délice et orgue.
>
> A. SERGENT, *Je suivis ce mauvais garçon,* p. 48.

DÉLIER v. tr.

Sans bourse délier → BOURSE.

N'être pas digne de délier les sandales (les cordons des souliers) de quelqu'un « lui être très inférieur, notamment sur le plan moral »; expression traduite de l'Évangile (saint Luc, 3, 16). L'intention originelle de la locution est de définir les relations d'inférieur à supérieur entre deux personnes par une besogne humble concernant la toilette du second. En fait, la relation spatiale haut-bas, le second terme étant représenté par les pieds (les sandales, les souliers), se substitue à la première et conduit à rapprocher l'expression de SE JETER AUX PIEDS* DE QQN ou de NE PAS ARRIVER À LA CHEVILLE* DE QQN (cette dernière locution étant quasi synonyme de *n'être pas digne...*).

DÉLIT n. m.

Flagrant délit «infraction qui est en train de se commettre; moment où le délit est constatable» (expression du langage juridique). *Prendre quelqu'un en flagrant délit* «le prendre sur le fait, alors qu'il commet un acte blâmable» (ou ironiquement, un acte quelconque). C'est l'un des seuls emplois vivants de l'adjectif *flagrant* (latin *flagrans*, participe présent de *flagrare* «flamber»).

> Je me sentais pris en flagrant délit, sinon de mensonge, à tout le moins d'erreur et cette erreur m'apparaissait, non seulement comme de nature à rendre tout mon travail suspect mais, à mes propres yeux, comme le signe d'une inquiétante capacité de dérive.
>
> M. LEIRIS, *Fibrilles*, p. 279.

Le corps du délit «le fait matériel qui constitue le délit, indépendamment des circonstances» (traduction du latin juridique *corpus delicti*).

Par un calembour macabre sur *corps*, bien naturel pour un criminaliste :

> Un matin, je vins perquisitionner dans la chambre d'une cuisinière accusée d'infanticide. Celle-là fut obligée d'avouer immédiatement, car elle avait conservé avec un soin jaloux les corps du délit.
> Je retrouvai dans sa malle deux petits cadavres, un datant de dix-huit mois peut-être, desséché, parcheminé, réduit à l'état de momie, et l'autre venu à la lumière depuis quelques jours à peine et répandant une odeur *sui generis*.
>
> GORON, *L'Amour à Paris*, t. I, p. 571.

DÉLUGE n. m.

Remonter au (avant le) déluge «dater, être archaïque (en parlant d'une chose)»; (var. : *dater d'avant le déluge*) «remonter aux circonstances les plus lointaines, être interminable et ennuyeux» (en parlant d'une personne qui raconte qqch.). Le second sens provient d'un célèbre passage des *Plaideurs* de Racine (acte III, scène 3) où l'Intimé ayant commencé sa plaidoirie par ces mots «*Avant la naissance du monde...*» se voit interrompre par Dandin en ces termes : «*Avocat, ah! Passons au déluge*». On emploie encore *passer au déluge* au sens de «abréger».

Après moi (nous) le déluge «je me désintéresse (nous nous désintéressons) de ce qui arrivera après nous, même si c'est une terrible catastrophe». La phrase est attribuée en général à Mme de Pompadour ou à Mme du Barry, refusant de s'inquiéter devant les troubles avant-coureurs de la Révolution. De fait, le premier recueil où nous avons pu repérer l'expression (celui de Tuet) a paru en 1789.

Rég. (Touraine)   *Être de déluge* «être destructeur (en parlant de personnes, d'événements)».

DEMAIN adv. et n. m.

La veille de demain → VEILLE.

Demain il fera jour «il est préférable d'attendre que la situation soit plus claire, nette, pour agir». La sagesse des nations a prévu la situation inverse : *demain, il sera trop tard*. Ainsi, *remettre à demain* (voir ci-dessous) est à la fois condamné et recommandé.

Demain on rase (on rasera) gratis. Phrase proverbiale qui s'emploie pour qualifier une promesse qui ne sera pas tenue. *Demain* fait partie de ces déictiques qui n'ont pas de signification hors contexte, ou dont toute la signification est de renvoyer à un contexte, ici à une relation temporelle par rapport à un « aujourd'hui ». Si cet aujourd'hui du discours n'est pas spécifié, *demain* est un éternel futur. Le présent a-temporel *(on rase)* souligne encore cet effet de sens.

Ne remettons (remets, remettez) pas à demain ce que nous pouvons (tu peux...) faire le jour même [PROV.], ou *il ne faut pas...* Ce proverbe raisonnable est de bonne gestion bourgeoise. Sa platitude moralisatrice incite à des parodies, du genre : *il ne faut pas remettre à demain ce qu'on peut faire après-demain,* etc.

DEMANDER v. tr.

N'en demander pas tant. S'emploie, surtout au présent et à l'imparfait et aux 1er et 3e personnes, au sens de « ne pas exiger ; avoir besoin de moins que... », pour se plaindre d'un résultat excessif, etc.

Ne pas demander mieux que... « être ravi de..., consentir avec plaisir à... ». Avec une complétive en *que,* les conjonctions se contractent : *je ne demande pas mieux qu'il me le donne* (pour : *que qu'il...*).

(Il ne) faut pas lui en demander trop « il n'est pas très capable, très travailleur, persévérant, etc. ».

Je vous (te) demande un peu! (1812). Marque la réprobation. La question *je vous le demande ?* présuppose une réponse négative (et plus ou moins indignée) ; elle est renforcée, avec une connotation ironique, par *un peu.*

> — À quoi ça ressemble ? disait-elle. De quoi va-t-on avoir l'air, je te demande un petit peu, aussi bien pour les voisins et les commerçants du quartier que pour mon cousin Léopold ?   M. AYMÉ. *Le Vin de Paris*, p. 83.

DÉMANGER v. intr. Composé ancien de *manger,* qui avait aussi au Moyen Âge le sens de « causer un picotement », comme si la cause de la démangeaison grignotait la peau.

Les doigts, les mains, les poings lui (me, te...) démangent « j'ai (tu as...) envie de frapper, de cogner ». L'expression s'emploie depuis le XIVe s. (avec *main*) et utilise le verbe *démanger* au sens de « éprouver une sensation qui détermine une réaction, des mouvements », ici des coups. Le verbe avait la même valeur dans plusieurs expressions archaïques comme *les dents lui démangent* (1554) « il a faim », *la langue lui démange* (Acad., 1798) « il a envie de parler », *les pieds lui démangent* (Oudin, 1640) « il a envie de sortir, de fuir ». Une autre série d'expressions confère à *démanger* la valeur de « risquer d'être métaphoriquement gratté, c'est-à-dire battu » : *la peau, le dos lui démange* « il cherche les coups ; il se comporte comme s'il désirait être battu » ; *la gorge lui démange* (XVIe-XVIIIe s.) « il cherche à se faire pendre ».

DÉMÉNAGEMENT n. m.

Trois déménagements valent un incendie [PROV.]. Phrase qui évalue avec pessimisme les dangers d'un déménagement (objets perdus, détériorés...) à un tiers du total.

1. DEMEURE n. f. Spécialisation de sens (XVIe s.) du mot suivant, qui a éliminé la plupart des autres emplois.

La dernière demeure « le tombeau, le cimetière ».

2. DEMEURE n. f. Substantif verbal de *demeurer,* du latin *demorari* « tarder ». Le premier sens en français (XIIe s.) est « séjour », « retard ».

Mettre en demeure (quelqu'un de faire quelque chose) «exiger, sommer». L'expression forme un verbe complexe, car elle n'est plus analysable. Elle signifie proprement «mettre dans une situation où l'on est responsable de son retard, de la *demeure*». On emploie aussi la nominalisation : *une mise en demeure;* les deux formes sont d'usage juridique.

À demeure [LOC. PROV.] «d'une manière stable, permanente», (XVIIIe s.). *Demeure* est ici rattaché à l'idée d'«habitation» → DEMEURE 1.

> Adalbert de la Valmonbrée s'approcha à nouveau du cheval, détacha le licou qui le maintenait, et se mit en demeure de lui passer le bridon.
>   G. COURTELINE, *Les Gaîtés de l'escadron*, p. 69.
> Mais Antoinette promena ostensiblement son gros ventre sur le foirail de N..., et sur une mise en demeure de ne plus sortir de la maison, repartit pour Paris, après avoir raflé, dans un tiroir de la fameuse armoire, le traitement de juillet de son père, une somme qui ne représentait que trois fois sa pension mensuelle.
>   R. VAILLAND, *Bon Pied, Bon Œil*, p. 85.

Il n'y a pas péril en la demeure → PÉRIL.

DEMI adj.

À....., ... et demi. S'emploie avec des adjectifs exprimant l'habileté, la ruse ou une malveillance active. *À malin, malin et demi* signifie «si l'adversaire est malin, je le serai (nous le serons) plus encore» → EN DIABLE★ ET DEMI.

> «Ce jeune homme est étonnant, interrompit naïvement M. de Charlus, en montrant Morel. Il joue comme un dieu.» Cette réflexion ne plut pas beaucoup au docteur qui répondit : «Qui vivra verra. À roublard, roublard et demi.» — «La dame, l'as», annonça triomphalement Morel, que le sort favorisait.
>   M. PROUST, *À la recherche du temps perdu*, t. II, p. 964.

DÉMON n. m. Le mot est savant; c'est pourquoi il est moins riche en emplois phraséologiques que *diable★*.

Démon de midi «tentation de la chair, qui s'empare des humains au milieu de leur vie». La spécialisation érotique porte sur la traduction du latin de la Vulgate *daemonius meridianus*, d'ailleurs rendue en ancien français (*Psaumes* d'Oxford, *Sermons* de saint Bernard) par *diable méridien*. La valeur originelle de l'expression (Psaumes 91, 5-6) est celle d'une métaphore insérée dans une série d'oppositions (alternance jour-nuit) : le démon (ou «le mal») qui frappe en plein midi est opposé à la peste qui se propage au sein des ténèbres, comme la terreur de la nuit l'est à la flèche qui vole durant le jour. Saint Jérôme traduisait : «la morsure dangereuse de midi (du soleil)» et saint Athanase voyait dans ce démon celui de la paresse méridienne. L'usage moderne transfère le milieu du jour en milieu de la vie, mais l'idée sous-jacente du milieu du corps, siège du sexe, a dû jouer, plus ou moins consciemment, pour conférer cette valeur assez inattendue à la formule biblique.

> Statue d'un gris de fer assez semblable à celui d'une pierre à aiguiser les faux; fille du feu et de l'eau que j'apparenterais volontiers à l'empuse, à la norne ou, plus simplement à la *diablesse*, belle créature au teint foncé qu'on rencontre sur les chemins à l'heure de la chaleur la plus forte et qui est la forme créole du démon de midi, égarant le suiveur imprudent ou le jetant à l'abîme après l'avoir entraîné loin des terres cultivées, derrière ses pas capricieux de faunesse.   M. LEIRIS, *Fourbis*, p. 48-49.

Le démon de Socrate «le génie [*daïmon*] qui dictait à Socrate ses résolutions, ses décisions». *Démon* a ici sa valeur grecque (pré-chrétienne); c'est en fait un emprunt savant.

> Puisque Socrate avait son bon Démon, pourquoi n'aurais-je pas mon bon ange, pourquoi n'aurais-je pas l'honneur, comme Socrate, d'obtenir mon brevet de folie [...].
> Il existe cette différence entre le Démon de Socrate et le mien, que celui de Socrate ne se manifestait à lui que pour défendre, avertir, empêcher, et que le mien daigne conseil-

ler, suggérer, persuader. Ce pauvre Socrate n'avait qu'un Démon prohibiteur, le mien est un Démon d'action, ou Démon de combat.

Ch. BAUDELAIRE, *Le Spleen de Paris*, XLIX.

Comme un démon «d'une manière diabolique, extrême». Surtout dans : *avoir de l'esprit comme un démon; s'agiter, crier... comme un démon.*

DÉMONTRER v. tr.

Ce qu'il fallait démontrer «la chose à établir, à prouver». Expression empruntée à la géométrie et qui conclut une démonstration. Lexicalisé en C.Q.F.D.

Donc il ne fallait pas vivre, et c'est là ce qu'il fallait démontrer, comme on dit en géométrie. G. FLAUBERT, *Correspondance*, IV⁰ série, p. 60.

DÉNI n. m.

Déni de justice «refus de rendre justice à quelqu'un». Expression juridique désignant le refus, de la part d'un juge, de remplir une obligation de sa charge (notamment, de juger). S'emploie d'une manière imprécise pour injustice. Le mot *déni* est en effet archaïque en emploi général, et remplacé par *dénégation*.

DENIER n. m. Plusieurs expressions s'emploient dans le contexte religieux : *le denier de la veuve* «l'aumône modeste des pauvres»; *le denier du culte* «argent versé par les fidèles pour subvenir aux besoins du culte».

Le denier de Saint Pierre «somme versée à l'Église, au Pape (depuis 1870, pour compenser la perte des revenus fournis par les États pontificaux)». Expression très ancienne, comme *denier à Dieu* (XIIᵉ-XIIIᵉ s.) et désignant d'abord une contribution aux œuvres charitables.

[...] notre excellente amie, la prétendue comtesse de M. qui, malgré les conseils de Mme Alphonse Rothschild, refusa de grossir les deniers de saint Pierre pour un titre qui n'en serait pas rendu plus vrai.

M. PROUST, *À la recherche du temps perdu*, t. II, p. 294.

Vx. *Net comme un denier* (1640). Remplacé par *propre comme un sou* ⋆ *neuf.*

Vieilli. *Le denier à Dieu* «somme donnée au concierge par un nouveau locataire, lors de son installation».

Alain, tremblant d'impatience, voulait tout de suite courir chez le propriétaire et signer le bail. Grandpré, plus réfléchi, l'attira à l'écart : «Selon l'usage, vous donnerez dix francs pour le denier à Dieu. Mais je pense qu'il vaut mieux que je les remette moi-même à Mme Quignon. Je la connais, elle est très susceptible.»

R. DORGELÈS, *Le Marquis de la Dèche*, p. 17.

Les trente deniers (de Judas) «l'argent de la trahison», par allusion au récit de la trahison de Judas, rémunérée trente deniers par les prêtres du Temple de Jérusalem dans l'Évangile (Matthieu 26, 14-16; Marc 14, 10-11; Luc 22, 3-6).

Vx. *À beaux deniers comptants* [LOC. ADV.] «en argent comptant». Version pittoresque des espèces sonnantes... *Vendre quelqu'un à beaux deniers comptants,* «le trahir», est sans doute une allusion à Judas (on le trouve chez Oudin en 1640).

DÉNOMINATEUR n. m.

Dénominateur commun «élément commun, pouvant servir à éliminer les différences». L'expression, en utilisant un terme d'arithmétique, réduit l'ensemble considéré à des caractères quantitatifs, chaque élément étant comme une fraction ayant le même dénominateur que tous les autres (et ne variant donc que par les numérateurs).

Il lui semblait maintenant l'avoir en quelque sorte dévoyé en le réduisant imprudemment à un triste et commun dénominateur humain. M. AYMÉ, *Travelingue*, p. 190.

DENT n. f. Les loc. nominales sont souvent des syntagmes lexicalisés (*dent de lait, dent de sagesse*, etc.).

Coup de dent «morsure», et métaphoriquement, «attaque, critique acerbe» (1606). Les deux substantifs expriment, même séparément, l'idée d'agressivité.

Entre ses dents, jusqu'aux dents, sur les dents, sous la dent, cf. ci-dessous les loc. verbales.

À belles dents → ci-dessous CROQUER (MORDRE...) À BELLES DENTS.

Du bout des dents «à regret, avec dégoût», et *par ext.*, «à contrecœur» (avec des verbes désignant une activité de la bouche). *Parler, manger du bout des dents.* Cf. Du bout des lèvres.

Armé jusqu'aux dents «complètement armé» (avec une idée d'excès) → DE PIED EN CAP. L'expression est attestée en 1561 (J. Grévin, *Théâtre*). *Jusqu'aux dents* s'employait aussi dans l'expression : *être savant* ou *clerc jusqu'aux dents,* que Furetière explique par les repas attachés au doctorat «où on exerçait ses dents». L'expression donne lieu à un jeu de mots chez Rabelais (cinquième livre, ch. 45) et La Fontaine :

> D'un certain magister le rat tenait ces choses,
> Et les disait à travers champs,
> N'étant pas de ces rats, qui, les livres rongeants,
> Se font savants jusques aux dents.   LA FONTAINE, *Fables*, VIII, 9.

Quant à **armé jusqu'aux dents,** on peut noter que l'ancien français disait plus clairement *armé jusqu'aux ongles.* Les deux expressions demeurent obscures.

> Le matin même du jour où Ordener était arrivé à Drontheim, un personnage était débarqué, également incognito, à Lœvig. Sa litière dorée, quoique sans armoiries, ses quatre grands laquais, armés jusqu'aux dents, avaient soudain fait le sujet de toutes les conversations et de toutes les curiosités.   V. HUGO, *Han d'Islande*, t. VI, p. 114.

Fam. **Avoir la dent** «avoir faim». L'expression date de la fin du XIXe s. Le singulier collectif ramène (les) *dents* au statut grammatical de *faim, soif,* etc. L'expression est à rapprocher de : se mettre qqch. *sous la dent* et de l'ancienne locution *avoir les dents longues.*

> J'ai la dent ! dit tout d'un coup Cocon.
> Comme l'heure de la soupe est passée, on la réclame. Elle est là : c'est le reste de ce qui a été apporté la veille.   H. BARBUSSE, *Le Feu*, t. II, p. 23.
> À Pierrot, elle demanda :
> — Vous dînez ici ?
> — Je veux, répondit Pierrot. J'ai une de ces dents. Et mes copains aussi...   R. QUENEAU, *Pierrot mon ami*, p. 141.

Avoir (conserver, garder) une dent contre quelqu'un «lui garder rancune». L'expression complète était **avoir une dent de lait contre quelqu'un** (par ex. Molière, *Le Malade imaginaire*), qui signifie sans doute «conserver le souvenir d'un affront, alors qu'on aurait dû le perdre comme une dent de lait». Sous sa forme moderne, la locution confère à *dent* une valeur symbolique d'agressivité (idée de morsure, etc.). Le moyen français disait à la fois *avoir la dent sur quelqu'un* (Amyot), *avoir une vieille dent contre quelqu'un, porter une mauvaise dent* et *porter, avoir une dent de lait* («*il luy porte une dent*», Oudin).

> Il faisait mourir ceux contre qui il avait particulièrement quelque vieille dent.
>   AMYOT, *Lysand.*, in Godefroy.
> Jehan de Bourgoigne [...] portait une dent de lait audit duc Louys de Bourbon.
>   BRANTÔME, *Les Duels*, in Godefroy.
> On a dit *dent de lait* purement par allusion de *lait* à *le hait*. Bien des gens n'aspirent point l'*h* dans le verbe *haïr*, les Gascons sur-tout, et c'est vraisemblablement d'eux que vient le proverbe, pour dire de quelqu'un qu'on le *hait* assez pour lui donner dans l'occasion un coup de dent.   J. LE DUCHAT, *Ducatiana*, t. II, p. 493.

N.B. Malgré l'intérêt de cette explication par le signifiant, on ne peut y souscrire, pour des raisons syntaxiques : une dent de... suivi d'un pronom complément et d'un verbe, est impensable.

En 1765 on lui envoya [à Voltaire] une estampe qui le représentait. A ce sujet, il écrit : « On me fait terriblement montrer les dents ; cela fera soupçonner que j'en ai encore. Je dois au moins en avoir une contre vous, de ce que vous avez passé tant de tems sans m'écrire... »   J. Ch. TUET, *Matinées senonaises*, p. 358.

ARTHUR. — Que vous êtes donc jolie quand vous riez, madame ! On dirait mille folies, rien que pour voir vos dents... Est-il possible que vous en ayez une contre moi ?

CÉCILE. — Et une grosse encore ! une dent de sagesse.

ARTHUR. — Tant mieux ; ce sont celles qui tombent les premières.
                                              É. AUGIER, *Maître Guérin*, p. 232.

Avoir la dent dure « être mordant dans ses critiques ». La valeur agressive de *dent* est transférée ici au domaine intellectuel.

Avoir les dents longues « être très ambitieux », signifiait au XVIIIe s. « avoir faim ». La métaphorisation correspond à l'exploitation des valeurs symboliques de *dent* : « force, agressivité ». Var. expressive devenue usuelle : ***avoir les dents qui rayent le plancher***.

« Donc, collez dix-huit mille balles, et ça y est. Sinon non ! » On a signé.

Mais, songer donc ! j'ai enlevé ce sac d'écus à la force d'une mâchoire, qui, pendant un quart de siècle, avait eu les dents longues !   J. VALLÈS, *L'Insurgé*, p. 57.

Se casser les dents sur quelque chose « échouer ». La perte des dents symbolise l'échec (et, plus profondément, l'impuissance).

Son activité a mordu à tout, et s'y est cassé les dents. Alors, il a acheté une drogue qui tue, a voulu mourir...   J. VALLÈS, *L'Insurgé*, p. 244.

Claquer des dents « avoir froid au point d'avoir un tremblement de la mâchoire inférieure ».

J'ai froid mais je ne claque pas des dents.   T. DUVERT, *Paysage de fantaisie*, p. 7.

Croquer (dévorer, mordre) à belles dents « de bon appétit » s'emploie surtout concrètement, aujourd'hui. Les connotations favorables de *belles* (qui n'est qu'un majoratif et signifie « grand » comme dans : *un bel appétit*) ont éliminé les emplois métaphoriques connotant la cruauté comme ***déchirer quelqu'un à belles dents*** « médire cruellement de lui » (Le Roux). Les *belles dents* semblent donc avoir été d'abord des crocs, des grandes dents des carnivores.

Le Temps et l'Amour l'ont vainement mordue à belles dents ; ils n'ont rien diminué du charme vague, mais éternel, de sa poitrine garçonnière.
                                        Ch. BAUDELAIRE, *Le Spleen de Paris*, XXXIX.

[...] elle le menait bon train, s'était fait acheter vingt-cinq mille francs de meubles, le mangeait à belles dents, avec des artistes du théâtre de Montmartre.
                                        É. ZOLA, *Pot-Bouille*, t. I, p. 168.

Ne pas desserrer les dents « ne pas parler ». Ici *dent* est un substitut (phonétiquement inadéquat) de *lèvre*. On peut en effet parler (assez mal) sans desserrer les dents : mais l'expression garde dans son signifiant la valeur de *les dents serrées* qui exprime une énergie rageuse ou douloureuse → SE MORDRE LES LÈVRES*, LA LANGUE*.

Depuis qu'elle avait accompagné son homme au cimetière, la Maheude ne desserrait pas les dents.   É. ZOLA, *Germinal*, t. II, p. 165.

Sept ou huit minutes s'écoulèrent, huit mille siècles pour Thénardier ; Babet, Brujon et Gueulemer ne desserraient pas les dents ; la porte se rouvrit enfin, et Montparnasse parut, essoufflé, et amenant Gavroche.   V. HUGO, *Les Misérables*, Pléiade, p. 999.

Être sur les dents « surmené, excédé » signifiait surtout « n'en pouvoir plus à force de maladie ou de fatigue » (Le Roux à propos de *mettre sur les dents*). Pour Littré (influencé par *le mors aux dents*) il s'agit d'une métaphore hippique : le cheval *sur les dents* serait le cheval harassé qui appuie ses dents sur le mors. Cette explication ne tient guère compte de la forme : il ne s'agit pas de *dents sur quelque chose*, mais de ***mettre quelqu'un sur les dents*** (*dessus les dents,* Régnier, *Satires).* En fait, l'image est celle de la locution *mordre la poussière.* Une série de mots composés de *dent* le montre. Être *adent, adens* en ancien français et provençal, c'est être «face contre terre, à plat ventre»; *adenter,* «c'est faire tomber en avant». Ce mot correspondrait à une expression (non attestée) ***mettre à dent(s)*** et ***mettre sur les dents*** est beaucoup plus vraisemblablement issu du même procédé.

Grincer des dents «gémir bruyamment», évoque le contexte biblique des *pleurs et grincements de dents.* Dans d'autres contextes, peut exprimer la colère, la rage.

> J'ai pris des morceaux de ma vie, et je les ai cousus aux morceaux de la vie des autres, riant quand l'envie m'en venait, grinçant des dents quand des souvenirs d'humiliation me grattaient la chair sur les os.   J. VALLÈS, *L'Insurgé,* p. 34.
> Il revint à la salle à manger où l'épouse l'attendait en grinçant des dents.
>   M. AYMÉ, *Le Vin de Paris,* p. 89.

Manger (parler) du bout des dents «sans appétit». On disait aussi ***rire du bout des dents*** au sens de «rire à contrecœur» (*rire de toutes ses dents,* en ouvrant largement la bouche, se dit encore).

(Avoir quelque chose à) se mettre sous la dent «avoir qqch à manger» et fig. «à consommer, lire, etc.». Pour le sing. collectif de *dent,* cf. ci-dessus AVOIR LA DENT.

> Décidément, depuis quelque temps, la bande des Pieds Nickelés n'avait pas de chance et leur dernière aventure avait, comme on a pu le voir précédemment, failli leur coûter cher. Croquignol, Ribouldingue et Filochard se trouvaient de nouveau sans asile, et sans rien à se mettre sous la dent.   *L'Épatant,* 1908, p. 38.

Mentir comme un arracheur de dents → ARRACHEUR.

Montrer les dents «être menaçant» (comme un chien qui gronde en découvrant ses crocs). Une locution ancienne disait : ***parler des grosses dents à quelqu'un*** «le menacer».

> La fente de sa bouche estoit copieuse, et ses dents fort aiguës : belle disposition pour bien mordre. Il l'accompagnoit d'ordinaire d'un ris badin, dont je ne sçay point la cause, si ce n'est qu'il vouloit monstrer les dents à tout le monde.
>   FURETIÈRE, *Le Roman bourgeois,* p. 1028.
> J'ai supporté jusqu'à ce jour vos folies et vos gamineries, mais aujourd'hui, voici qui passe la limite. Vous me traitez en camarade, c'est trop; et puisque vous m'y obligez je vais montrer les dents pour la première fois.
>   G. COURTELINE, *Les Gaîtés de l'escadron,* p. 117.

Prendre la lune avec les dents → LUNE.

Prendre le mors aux dents → MORS.

Ne pas laisser rouiller ses dents «manger avec appétit, avec avidité». La loc., au début du XVIIᵉ s., comporte l'ancien verbe *enrouiller.*

> [...] n'y eut que les Dames qui avoient assisté à la collation qui ne mangèrent point; quant à Hortensius, il ne laissa par enrouiller ses dents : O qu'il luy faisoit bon voir ronger artificieusement une cuisse de poulet [...].
>   Ch. SOREL, *Histoire comique de Francion,* p. 197.
> Yvonne remarqua que, malgré ses dimensions moindres, sa mère avait un appétit à peu près égal à celui de Léonie. Ce qui la surprit.
> — Qu'est-ce que tu regardes comme ça? lui demanda sa mère.
> — Tu ne laisses pas rouiller tes dents, répondit Yvonne.
>   R. QUENEAU, *Pierrot mon ami,* p. 94.

Parler (bougonner...) entre ses dents «sans vouloir être entendu».

Serrer les dents «concentrer son énergie, s'apprêter à un dur effort, à supporter une grande souffrance». La crispation des mâchoires symbolise ici l'énergie morale et la concentration stoïque : le sémantisme du verbe *serrer* supporte l'ensemble (cf., sur le mode plaisant, *serrer les fesses** qui exprime la contention de la peur).

Il n'y en a pas pour sa dent creuse « il n'y a pas assez à manger pour lui » (Oudin). On dit plutôt aujourd'hui *il n'y a (avait...) pas de quoi remplir une dent creuse.*

Il n'a (il n'aura) plus mal aux dents « il est mort ».

Quand les poules auront des dents → POULE.

Œil pour œil, dent pour dent → ŒIL.

Vx. *C'est l'histoire de la dent d'or* « c'est une fausse découverte, une pseudo-invention ». Expression traduite de l'allemand ou du moins se référant à une anec-dote qui se passa en Allemagne à la fin du XVIe s. Un enfant de Silésie passait pour avoir une molaire naturelle en or, et un médecin notoire, Jakob Horstius, y vit même un présage annonçant la défaite des Turcs. En fait, il s'agissait d'un arti-fice d'orfèvre (d'après Gottschalk). À noter que *l'histoire de la dent d'or* recouvre une autre moralité : l'homme préfère les prodiges à d'utiles progrès techniques, car la supercherie était en un sens la première couronne dentaire.

DENTELLE n. f.

Ne pas faire dans la dentelle « travailler, agir sans aucun raffinement, sans délicatesse » (surtout dans le domaine esthétique).

DÉPART n. m.

Faux départ « débuts ratés, inutiles (d'une entreprise) qui doivent être recom-mencés ». Métaphore du langage de l'athlétisme.

Être sur le départ « prêt à partir ». La préposition *sur* exprime l'imminence comme dans *sur le point de...*

Rem. *Faire le départ entre deux choses* « séparer, distinguer », est le seul emploi vivant de l'ancien subst. *départ*, action de *départir* « partager ».

DÉPENDEUR n. m.

Vx ou rég. *Dépendeur d'andouilles* « chenapan » ou « grand escogriffe aux longs bras ». Bien que l'expression n'apparaisse pas dans les recueils avant la seconde moi-tié du XIXe s. (Littré, *Dict. général*), son ancienneté est attestée indirectement par sa présence dans de très nombreux dialectes (Nord, Est, Touraine) où elle est sou-vent renforcée par l'adjectif *grand*. Les idées exprimées sont « haute taille ridicule » et « niaiserie » (souvent associée à l'idée de haute taille, cf. *Grand dadais*). En argot (Delvau, 1896), le sens de *grand dépendeur d'andouilles* est « paresseux, parasite ». *Dépendeur* signifie sans doute « celui qui dépend, décroche » mais il peut y avoir jeu de mots sur l'ancien sens de *dépendre* « pendre, être tombant » et (si l'expression est suffisamment ancienne) avec *dépendeur, despendeur* de l'ancien *despendre* « dépen-ser ». Quant à *dépendeur d'andouilles* qui évoque le jeune gâte-sauce ou commis tri-pier chargé de décrocher les andouilles, son origine n'est pas si innocente. *Andouille* y est motivé par le sens d'« imbécile » (d'abord « paresseux, indolent » [1837]) ; au moins quand l'expression implique la paresse et la niaiserie, ce qui est fréquent. Mais ce sens même provient du sens érotique du mot, très fréquent du XIIIe s. au XVIIIe s. (voir le *Dictionnaire comique* de Le Roux) ; l'adjectif *andouillique*, au XVIe s. signifie à la fois « stupide » et « phallique » (Rabelais). La métaphore est constante entre les termes désignant les parties génitales et la signification « personne inepte, paresseuse, etc. ». De là à interpréter *dépendeur d'andouilles* par « celui dont l'andouille pend », il n'y a qu'un pas. d'ailleurs difficile à franchir faute de preuve.

DÉPENS n. m. pl.

Apprendre (savoir...) à ses dépens «apprendre par une expérience pénible, désagréable». La locution prépositive *aux dépens de quelqu'un* signifie d'abord «en lui faisant supporter la dépense», puis «en lui faisant subir un inconvénient».

> — Parce que, en ce moment, je me sens le courage de mourir sans trop faire rire à
> mes dépens.   STENDHAL, *Le Rouge et le Noir*, p. 678.
>
> Laissons l'Italie apprendre à ses dépens ce qu'il en coûte de combattre aux côtés de
> Hitler.   A. GIDE, *Journal*, t. II, p. 253.

DÉPENSE n. f.

Ne pas regarder à la dépense «être généreux». L'emploi positif *regarder de près à la dépense* (milieu XVI⁰ s.), est archaïque. On disait aussi *être trop près regardant* au XVII⁰ s. (d'où le fr. moderne *être regardant*). *Regarder* a dans ces expressions la valeur de «observer et contrôler avec attention».

DÉPIT n. m.

En dépit du bon sens «d'une manière absurde». La locution prépositive *en dépit de...* emploie le mot *dépit* dans son sens ancien de «mépris» et signifie «sans tenir compte de..., malgré».

DÉPLAIRE v. tr. ind.

Ne vous (en) déplaise. Formule servant à introduire des paroles que l'on sait être désagréables à l'interlocuteur. D'abord formule d'excuse *(qu'il ne vous déplaise* [XIII⁰ s.] = «en souhaitant que cela ne vous déplaise pas»), l'expression est devenue désinvolte et correspond en fait à «que cela vous plaise ou non», puisque ce qu'elle annonce est toujours exprimé. La loc. s'emploie avec le pronom de la 3⁰ pers.

> A la fin, il se résolut de nous punir tous afin de ne point faillir a punir le coupable,
> ce qui estoit une injustice bien grande, ne luy en deplaise.
>   Ch. SOREL, *Histoire comique de Francion*, p. 178.

DÉPOUILLE n. f. Dérivé de *dépouiller,* qui signifie initialement «arracher la peau, écorcher».

Dépouille mortelle «le corps humain après la mort». L'adjectif précise l'emploi spécial de *dépouille* au sens de «cadavre». Cette expression, qui est dans Malherbe, a toujours été fort littéraire, malgré la brutalité de la métaphore de base (la peau arrachée par la mort et laissée sur terre comme un déchet), à laquelle se superpose une image religieuse, celle du corps, simple enveloppe de l'âme.

> J'aimerais assez à *reposer,* puisque reposer est le mot, dans cette petite grotte [...] ces
> bons congréganistes de Besançon font argent de tout; si tu sais t'y prendre ils te ven-
> dront ma dépouille mortelle...   STENDHAL, *Le Rouge et le Noir*, p. 696.

Littér. ***Dépouilles opimes*** «riche profit qu'on tire de celui qu'on a vaincu, battu». Traduction de l'expression latine *opima spolia* (*opimus* «riche, copieux») appliquée aux généraux romains qui avaient droit aux richesses du général ennemi tué au combat (l'expression date du XVI⁰ s.).

DÉPOURVU n. m.

Prendre quelqu'un au dépourvu «le trouver dans un moment où il n'est pas préparé, où il est incapable de réagir» (sujet nom de personne ou de chose [paroles, situation...]). La locution adverbiale employée avec le verbe a varié en forme et en sens : *a despourveu* «à l'improviste» (XV⁰ s.), *au despourveu* (XVII⁰ s.), *en despourveu* (1611), *à la despourveue* (Du Bellay); l'orthographe actuelle apparaît avec Malherbe → VERT *(le prendre sans vert).*

Rég. (région de Liège) *Dépourvu du bon Dieu* «misérable, désespéré» (cf. Willy Bal, *Lexique du parler de Jambloux*).

DÉPUCELEUR n. m.

Vx. *Dépuceleur de nourrices* «fanfaron (en matière de séduction amoureuse)». L'expression est vivante au XVIᵉ s. et au début du XVIIᵉ s.; elle suppose, outre l'opposition physiologique entre la pucelle et la nourrice (c'est-à-dire la mère qui nourrit des enfants, les siens ou d'autres), une certaine réputation de facilité attachée au personnage de la nourrice. On trouve aussi la locution verbale : *faire accroire qu'on a dépucelé une nourrice* (Cholières, 1585) «faire croire une chose impossible, une prouesse invraisemblable». Une expression quasi synonyme était : UN GRAND ABAT-TEUR* DE QUILLES.

DER n. Abréviation de *dernier.*

Le (la) der des ders «le dernier, la dernière, sans discussion possible». Les contextes les plus usuels sont (1920, Esnault) «le dernier verre bu» et, au féminin «la dernière partie jouée avant la séparation», ou (entré dans la langue courante) «la guerre qui ne sera suivie d'aucune autre». L'expression utilise l'abréviation pour distinguer les deux sens de *dernier* (*der* correspond au sens temporel; *dernier* au sens hiérarchique, dans *le dernier des derniers* → DERNIER).

DÉRATÉ n. m.

Courir comme un dératé «courir très vite». Le verbe *dérater* apparaît dans les textes au XVIᵉ s. La légende selon laquelle les Anciens desséchaient la rate des coureurs (par une décoction de prêle, selon Pline, *Hist. nat.*, XXVI, 13) pour améliorer leurs performances, fut interprétée chirurgicalement comme une extirpation et le mot fut appliqué prudemment aux animaux («*ils desratent leurs chevaux, tellement qu'ils ne peuvent devenir poussifs...*» Cayet, in Godefroy). Puis, on passa aux actes et, au XVIIᵉ et au XVIIIᵉ s., de malheureux chiens furent méthodiquement dératés; le chevalier de Jaucourt, examinant les effets de l'opération (*Encycl.* 1765, art. *Rate*) ne rapporte évidemment que des effets déplaisants. Mais «le vulgaire ignorant» continua à «imaginer qu'on peut rendre un homme habile à la course en le dératant» *(Encycl.).* On employa donc l'adjectif *dératé* au sens de «vif, éveillé»; «dégourdi» (*une petite dératée,* 1762, est une «jeune fille avertie»). *Courir comme un dératé* est attesté en 1750 et *courir comme un ératé* est contemporain. L'association entre «suppression de la rate» et «rapidité» a été favorisée par les thèses de l'ancienne médecine des humeurs et sans doute par l'allure vivace du *rat* → RATE.

> — Il est de fait que ton diplôme de bachelier ne doit pas te servir à grand'chose pour vendre de la toile [...]. Et, tu sais, quand on a eu la bêtise de se mettre ça entre les jambes, il n'est pas commode de s'en dépêtrer. On s'en va à pas de tortue dans la vie, lorsque les autres, ceux qui ont les pieds nus, courent comme des dératés.
>
> É. ZOLA, *Au Bonheur des Dames*, t. I, p. 78.
>
> La maison! J'cours comme un dératé, comme un Bicot à l'assaut.
>
> H. BARBUSSE, *Le Feu*, t. I, p. 46.

DÉRISION n. f.

Tourner en dérision «se moquer de...». *Tourner* est employé métaphoriquement au sens de «se changer» ou, transitivement, de «changer, présenter de telle ou telle manière»; c'est le cas ici. Le sens analytique est donc «changer l'aspect, l'apparence de..., de manière à faire entrer dans le mépris, la moquerie». *Tourner* confère d'ailleurs un caractère forcé, injuste, à l'opération, et l'expression en tire souvent une nuance péjorative (cf. Rousseau, in Robert : «*il tourne en dérision les respectables droits des pères sur leurs enfants...* »).

DÉRIVE n. f.

A la dérive «en se laissant aller, sans pouvoir réagir» (personnes); «sans être dirigé, en étant le jouet des circonstances» (choses); dans les deux cas l'expression présuppose une issue mauvaise. L'image du corps flottant emporté par le courant est généralement associée à la passivité de l'homme et des entreprises humaines face aux forces qui le mènent, cf. la locution synonyme À VAU-L'EAU.

DERNIER n. m.

Le dernier des derniers «le plus insignifiant; le plus méprisable» (1768). Comme dans *le der* des ders* (où *dernier* a son sens chronologique) le tour nom singulier + de + nom au pluriel trouve une réalisation particulière quand le nom est le même. On sait que certaines langues emploient cette forme pour exprimer le superlatif *(le Roi des rois, le Cantique des cantiques).*

Vx. *Aux derniers les bons* [LOC. PROV.] «ceux qui se servent en dernier sont les mieux servis». *Bons* correspond à *bons morceaux*. Ce proverbe optimiste suppose une société où les règles de la politesse sont respectées. D'ailleurs, le proverbe inverse : *aux derniers les os*, s'est employé aussi.

Les derniers seront les premiers. On utilise cette formule évangélique — cf. notamment Marc 9, 35 et 10, 31 — (et son corollaire *les premiers seront les derniers*) pour suggérer l'instabilité de la fortune et les brusques changements hiérarchiques. Le sens initial : «les riches, les puissants seront les derniers dans la hiérarchie céleste» est vivant en contexte religieux chrétien.

> Vois ceux qui s'avancent les derniers. Adopte le principe de l'Évangile [...] et fais que les derniers soient les premiers.
> BALZAC, *La Comédie du Diable,* in *Romans et Contes philosophiques,* Éd. de 1837.

Rira bien qui rira le dernier → RIRE.

DÉROBÉ, ÉE adj.

À la dérobée «sans se faire voir, remarquer; subrepticement». Loc. adv. lexicalisée, utilisant la forme féminine de l'adj. *dérobé.*

> Et les hommes de l'escouade le regardent à la dérobée.
> H. BARBUSSE, *Le Feu,* t. II, p. 23.

DERRIÈRE adv. et prép. Outre la loc. prép. et adv. : *par derrière,* on signalera :

De derrière les fagots → FAGOT. — *Idée... de derrière la tête* → TÊTE.

Être (toujours...) derrière quelqu'un, derrière le dos de quelqu'un «le surveiller sans cesse, l'empêcher d'agir librement» → aussi DOS.

DERRIÈRE n. m. Le mot, comme *postérieur* est, de par sa généralité, un euphémisme pour le terme spécifique *cul.*

Avoir le derrière au vent (à l'air) «être entièrement nu». La nudité totale est signifiée par référence aux «parties honteuses» du corps. Pour l'emploi de *au vent.* voir ce mot.

> Elle restait étourdie, ne comprenait pas où elle se trouvait, ni pourquoi elle était nue [...]. Quelle idée aussi d'avoir écouté son conseil et de s'être mis le derrière à l'air!
> É. ZOLA, *Germinal,* t. II, p. 19.

Coup de pied au derrière et *Avoir le feu au derrière* (euphémisme) → CUL.

Être (rester, tomber) le derrière par terre signifie métaphoriquement «être décontenancé».

DESCENDRE v. tr.

Le v. s'emploie dans plusieurs locutions : *descendre dans la rue* (pour manifester), *descendre au cercueil, au tombeau...* Voir les substantifs.

Descendre qqn en flammes «critiquer sévèrement». L'image provient de l'aviation de guerre.

Faire descendre (un gosse...) «avorter».

Descendez, on vous demande! Exclamation ironique saluant une chute.

DESCENTE n. f.

Descente de lit «individu lâche, flatteur». Synonyme de *carpette*.

Avoir une bonne (une sacrée...) descente «manger et boire avec facilité». Variante moins expressive de *avoir la dalle*, le gosier en pente. Descente* implique que les aliments et la boisson s'engouffrent dans l'estomac par l'effet d'une causalité mécanique.

DÉSEMPARER v. intr.

Sans désemparer «sans s'interrompre, sans s'arrêter». Cette locution adverbiale est le seul emploi vivant de *désemparer* (avec le participe passé adjectif : *désemparé*); son sens initial est «sans quitter la place, les lieux». Syn. *sans débander**.

DÉSERT n. m.

Tiré du latin *desertum*, ce nom a longtemps signifié «lieu abandonné des hommes», sans idée géographique précise. Cette valeur générale s'est conservée dans l'adjectif *désert*, le verbe *déserter* et des locutions.

Traversée du désert → TRAVERSÉE.

Faire le désert (autour de soi...) «faire fuir tout le monde». En français moderne, l'expression évoque une image de désolation qui renforce l'idée de solitude.

Parler (crier, prêcher...) dans le désert «parler sans être écouté». L'expression, dans son sens actuel, est dans Littré. Elle n'utilise que formellement les phrases des Évangiles concernant Jean-Baptiste, prédicateur retiré loin des villes (Matthieu 3, 3; Marc 1, 3; Luc 3, 4; Jean 1, 23). Seul l'oubli du contexte évangélique rend compte de la locution. En effet, on lit dans les Évangiles que Jean-Baptiste vint prêcher au «désert» de Judée, en fait sur la rive du Jourdain, où il attire la foule : «Jérusalem sortait vers lui, et toute la Judée, et tout le pays des environs du Jourdain». Le prédicateur est rapproché, par les évangélistes, d'Isaïe dont il est dit dans l'Ancien Testament (Isaïe 40, 3) qu'il est une «voix clamant dans le désert» *(vox clamans in deserto)*. Or, ce rapprochement repose sur une simple faute de ponctuation, due à la version des Septante. Le texte authentique d'Isaïe porte en effet : «Une voix crie : 'dans le désert, préparez la route de Yahvé'» (et non pas : «une voix crie dans le désert...»). En fait, Isaïe se trouve au milieu d'une importante assemblée, probablement dans une ville de Mésopotamie et réclame la préparation d'un chemin, qui, dans le désert, conduira en Palestine. Au premier contresens entre Isaïe et les Évangiles — dû à un problème de transcription graphique de discours rapporté — s'est superposée une fausse interprétation de l'anecdote de Jean-Baptiste, imposée très vraisemblablement par l'évolution de sens du mot «désert» et par ses valeurs métaphoriques en français moderne.

DÉSESPOIR n. m.

Désespoir du peintre (des peintres). Nom expressif de la saxifrage, plante d'une grande finesse.

En désespoir de cause «comme une dernière tentative qu'on risque avec de très faibles chances de succès, les autres ayant échoué». Expression juridique — comme *le besoin de la cause, avoir gain de cause*, etc. — passée dans la langue courante au début du XIXe s. (Acad. 1835, Balzac).

> L'évêque bénissait les flots et leur ordonnait de se calmer, en désespoir de cause.
>   BALZAC, *Jésus-Christ en Flandres*, p. 256.

Être au désespoir de..., que... «être très fâché». Expression du langage distingué, à la mode au XVIIe s. (Voiture, Molière...).

Mettre (réduire) au désespoir «rendre désespéré». Équivalent idiomatique de *désespérer*, qui insiste sur l'état dans lequel la victime est placée.

DÉSIRER v. tr.

N'avoir plus rien à désirer «être comblé, entièrement satisfait». L'expression de la satisfaction par la négation du désir correspond à un pessimisme profond ; si la locution dénote la «satisfaction», elle connote un état d'immobilité psychologique proche de la mort.

Laisser à désirer «être imparfait, médiocre» (début XVIIIe s.). *Laisser* a ici la valeur de «garder en soi» et de «continuer à présenter» quelque chose dont l'absence détermine un besoin, un désir.

DÉSOPILER v. tr.

Désopiler la rate → RATE.

DÉSORDRE n. m.

Dans le désordre «dans un ordre différent de l'ordre d'arrivée des chevaux, au tiercé» (notamment dans : *arriver dans le désordre*). Cette expression est controversée, car elle connote la confusion, l'irrégularité par l'emploi de *désordre* (cf. *En désordre*). Elle a été calquée sur *dans l'ordre*, mais l'antonymie *ordre-désordre* détruisait l'homogénéité entre les deux choses désignées, en suggérant (puisque *dans l'ordre* correspond à «gain maximal») l'idée contraire d'«échec», de «mauvais pari». C'est pourquoi on préfère employer *dans un ordre différent*. Mais l'expression *dans le désordre*, par sa simplicité et sa cohérence morphologique, garde des partisans.

DESSEIN n. m.

À dessein [LOC. ADV.] «en le faisant exprès, volontairement». L'expression fonctionne aussi comme préposition *(à dessein de..., que...)*. Malgré son caractère grammatical, on peut la signaler ici pour son irrégularité ; en effet, les synonymes de *dessein* ne donnent pas lieu à des formes semblables (on ne dit pas *à désir, à projet*, etc., et *à volonté* prend *volonté* dans un autre sens). Littré souhaitait remplacer *dans ce but* par *à ce dessein*.

DESSIN n. m.

Faire un dessin «donner des explications supplémentaires» (alors qu'on devrait avoir été compris). L'expression est employée dans un contexte interrogatif ironique *(tu veux que je te fasse un dessin ?)* ou en subordonnée d'un verbe comme *falloir (il faut, il va falloir lui faire un dessin)* ; elle équivaut à peu près à **mettre les points sur les i**. Le *dessin* correspond à l'explication d'une allusion qui n'est pas saisie par l'interlocuteur.

> Oh ! il voyait clair dans son jeu. Il comprenait qu'elle s'amusait de l'aventure. Mais il n'y avait point que cela. Il y avait...
> — Explique, le narguait Valentine. Vas-y... va donc... Fais un dessin.
>   F. CARCO, *Rue Pigalle*, p. 149.

DESSOUS adv., prép. et n.

En dessous [LOC. ADV.] «d'une manière dissimulée, sournoise» (notamment avec des verbes d'action : *agir, faire qqch..* et des verbes désignant l'expression du visage : *rire, sourire, regarder...*). Parmi les locutions adverbiales et prépositives formées avec *dessous (de dessous, par-dessous, là-dessous) en dessous* est la seule qui ait développé un sens métaphorique. On dit quelquefois *agir en dessous* «hypocritement», mais moins que : *par en dessous.* Concrètement, ce qui est ou se fait *en dessous* est «sur la face inférieure», c'est-à-dire non seulement *dessous,* mais «tout contre», «dans [en] l'espace que dissimule [le dessous] un objet». Avec des verbes comme *agir,* la dissimulation est plus abstraite ; avec *rire, sourire,* l'expression évoque l'idée de masque, de voile, etc. (cf. RIRE SOUS CAPE*).
En dessous s'emploie aussi avec une valeur adjective : *un sourire en dessous* «dissimulé».

     Au-dessous de tout «sans aucune valeur». L'expression, qui semble récente, utilise la valeur métaphorique de la verticalité (jugements de valeur). On dit de même : *être au-dessous de sa tâche, de son rôle* pour «ne pas être capable de l'assumer» (depuis le XVIIᵉ s.). *Mettre qqn, qqch. au-dessous de (qqn, qqch.)* signifie «le juger inférieur». *Être au-dessous de tout* correspond au superlatif de l'abaissement (à rapprocher de : *mettre plus bas que terre,* où *la terre* est la référence inférieure extrême).

     Dessous des cartes → CARTE. — *Dessous-de-table* → TABLE.

     Avoir le dessous «être inférieur, dans une lutte, une compétition» (Corneille, 1640). Alors que la locution adverbiale *au-dessous de...,* dans *être au-dessous de...,* correspond à un simple classement hiérarchique, l'expression *avoir le dessous,* par les connotations de *avoir,* implique que l'infériorité résulte d'une confrontation violente → DESSUS.

     Être (tomber) dans le troisième (quatorzième, trente-sixième) dessous «être (tomber) dans une situation inférieure, dans la misère...». Il s'agirait des étapes de sous-sol de la scène de théâtre, au nombre de trois. *Tomber dans le troisième dessous* s'est dit de la pièce de théâtre qui échouait, *faisait un four* (Larchey, 1878). P. Daninos a intitulé l'un de ses livres *Le Trente-Sixième Dessous.*

> Les Montesquiou descendent d'une ancienne famille [...]. Ils descendent tellement qu'ils sont dans le quatorzième dessous.
>
>   M. PROUST, *À la recherche du temps perdu,* t. III, p. 233.

     Vx. *Mettre au-dessous* «vaincre» ; *être au-dessous* «être vaincu». Ces expressions, très vivantes en ancien et en moyen français, ont disparu et *au-dessous* n'a plus exprimé que la situation inférieure dans la hiérarchie des valeurs.

DESSUS adv., prép. et n.

     Être au-dessus de... «ne pas attacher d'importance à..., mépriser (ce qu'on juge mesquin, sans importance)». La Rochefoucauld emploie dans ce sens : *se mettre au-dessus de...*

     Être, mettre au-dessus de... a conservé sa valeur générale («supériorité dans la hiérarchie des valeurs»). *Être au-dessus des louanges* (littér.) signifie «avoir une telle valeur que les louanges n'en rendent pas compte».

     Compte là-dessus! «n'y compte pas». La forme complète de l'exclamation est : *compte là-dessus et bois de l'eau (fraîche)!* → EAU.

     S'asseoir dessus «s'en moquer complètement ; ne pas respecter, ne pas obéir à...». C'est vraisemblablement une atténuation de : *se mettre qqch. au cul, s'en torcher.*

Dessus, nom, sert à former des mots composés *(dessus-de-table,-de-lit,* etc.). Seul, *le dessus du panier,* nom lexicalisé, a pris une valeur métaphorique → PANIER.

Avoir (prendre) le dessus «l'emporter, être plus fort dans une compétition». L'expression remonte au Moyen Age. On a employé les locutions : *venir au-dessus* «vaincre» (XIIIᵉ-XVIIIᵉ s.), *faire le dessus* (XVIᵉ s.). **Reprendre le dessus** «regagner l'avantage qu'on avait perdu» (début XVIIIᵉ s) et, en parlant des choses «se manifester de nouveau avec plus de force».

> [...] bleu nuit, bleu de nuit... les lieux communs reprennent force..., ma vie aura passé parmi les lieux communs... reprennent, par force, le dessus, on dit reprendre le dessus...
>   L. ARAGON, *Blanche ou l'Oubli,* p. 206.

DESTINÉE n. f.

Vieilli. **Finir sa destinée** «mourir». Euphémisme académique, comme le syntagme *unir sa destinée à celle de qqn* «vivre avec qqn, épouser».

DÉTAIL n. m.

En détail [LOC. ADV.]. Outre son emploi commercial, l'expression est en usage pour «dans telle ou telle partie (et non dans l'ensemble)», «dans chaque partie prise à part» ou «successivement». *En détail* s'oppose à *en gros* ; ses emplois métaphoriques se trouvent au XVIᵉ s. (Montaigne).

Vx. **Faire le détail.** S'est employé en terme militaire (XVIIᵉ s.) au sens de «surveiller le service de près, avoir l'œil sur la troupe». Le sens concret de *faire le détail* (fin XVIᵉ s.) était «diviser en morceaux».

Fam. **Ne pas faire le détail** «exécuter quelque chose, réussir, gagner facilement, sans avoir à s'attarder aux détails». L'idée est celle de «vite et complètement», associée aux contextes d'efficacité, de succès. En sport, «marquer un net avantage».

DÉTELER v. tr. et intr.

Ne pas dételer «ne pas renoncer (à une vie active, normale, et spécialement aux activités sexuelles)». La métaphore du cheval qu'on dételle avant la nuit, à l'étape, etc. semble dater du XVIIIᵉ s.

> Collé a dit : *Dételer avant la nuit,* pour changer de vie avant de mourir. Je vois bien que je ne suis plus jeune, disait Louis XV, il faut que j'enraye [que je freine].
> — Sire, reprend La Martinière, Votre Majesté ferait mieux de *dételer.*
>   *Dictionnaire* de BESCHERELLE, 1846.

N.B. Il s'agit de Charles Collé, 1709-1783, chansonnier et auteur de comédies.

Sans dételer «sans s'arrêter, sans prendre de répit». Autre spécialisation de la même métaphore (*dételer* est défini comme «s'arrêter de travailler», au XIXᵉ s.).

DÉTENTE n. f.

Dur à la détente «avare»; «difficile à décider, à persuader», «qui a la compréhension lente». Le premier sens est dans le dictionnaire de Mozin (1826). L'expression vient de l'armurerie, où une arme était dite *dure à la détente* quand le ressort de détente était très serré.

Elle a été précédée par *dur à la desserre* «avare» (*in* La Fontaine; enregistré par Le Duchat, 1738), locution formée sur l'adjectif *dur* employé dans son sens psychologique et qui remanie les anciennes formes : *de dure desserre, de fâcheuse desserre, de difficile desserre* (XVIᵉ s.) «avare». Avec *desserre,* l'expression n'a pas varié de sens, desserrer évoquant l'idée de mains qui agrippent l'argent (*grippe-sou, Harpagon,* fait sur *harper,* etc.), et n'ayant pas de rapport originel avec le vocabulaire de l'armurier (l'arbalète *dure à la desserre* n'est attestée qu'au XVIIIᵉ s.). Au contraire, *dur à la détente* équivaut à «difficile à déclencher, à faire partir», et la valeur de l'expression s'est élargie.

DÉTERRÉ n. m.

Mine, air, gueule de déterré «mine de malade». *Déterré* «cadavre exhumé» (début XVIIᵉ s.) est un renforcement expressif pour *mort, cadavre*, où l'on retrouve le radical terre, présent dans teint *terreux* «livide».

DÉTRIMENT n. m. Ce mot ne s'emploie plus que dans les loc. *au détriment de..., à mon, son... détriment*, «au désavantage, au préjudice».

DETTE n. f.

Vx. *Avouer, confesser la dette* «convenir d'un tort, d'une erreur, etc.». Ce sens métaphorique date du début du XVIIᵉ s. (il est dans Corneille, 1636). En ancien français et jusqu'au XVIIᵉ s. on trouve *confesser* au sens d'«avouer, admettre», et *confesser une dette* s'est employé couramment au sens propre (XVIᵉ s.).

Vx. *Être abîmé, cousu, criblé, perdu de dettes* «avoir tant de dettes qu'on ne parvient pas à les payer». L'expression de l'endettement se fait au moyen de verbes exprimant l'enfoncement (*Abysmé de dettes*, Amyot) ou le fait d'être égaré et, métaphoriquement, dans une très mauvaise situation *(perdu).* *Criblé de dettes* (1835, Acad.) exprime l'abondance des «coups portés», cf. *cribler de questions* «accabler de questions», dans Diderot. *Être cousu de dettes,* enfin, est une antiphrase ironique appuyée sur *cousu d'or, d'argent* → COUDRE.

Qui paie ses dettes s'enrichit [PROV.]. Pour le fond, ce proverbe est ancien (*qui paye sa dette fait grande acqueste,* lit-on dans le *Trésor des Sentences* de Meurier, 1568); il illustre une morale comptable faite pour les créanciers et pour l'équilibre économique. Déjà la Bible (Proverbes 22, 7) affirmait que «celui qui emprunte est l'esclave de celui qui prête». La dissuasion s'exerce ici contre le fait d'emprunter, alors que le proverbe français rend alléchant le fait de rendre, par une antiphrase étonnante. Le procédé fait penser aux publicités pour l'Assurance sur la vie, qui valorisent financièrement la mort.

> «Le travail c'est la liberté», «Qui paie ses dettes s'enrichit» : vains axiomes qui voudraient travestir d'ennuyeuses corvées en moyens d'affranchissement ou d'acquisition positive. Je n'ai jamais beaucoup cru à cela, même quand j'étais enfant et que je ne mettais guère en question ce que les gens plus âgés me disaient.
>
> M. Leiris, *Biffures*, p. 201.

> Croyez-moi, il faut toujours payer ses dettes, c'est comme ça qu'on s'enrichit. Après vous n'y penserez plus.　　R. QUENEAU, *Le Dimanche de la vie*, p. 157.

DEUIL n. m. Le latin *dolus* a donné en ancien français un mot signifiant «douleur, chagrin», qui s'est spécialisé vers le XVᵉ s. pour désigner la «peine causée par la mort d'une personne proche».

Ongles en deuil «ongles sales, bordés de noir» (Delvau, 1867). Métaphore populaire, qui utilise la coutume associant le noir au deuil, à la mort (par ex. sous forme de bordure aux enveloppes, etc.). On aurait pu assimiler l'ongle à un message ou à un symbole de deuil (ce qui eût donné : ongle de deuil) comme on disait au XVIIᵉ s. dans le même sens : *ongle de velours;* au contraire *en deuil* suppose une assimilation anthropomorphique, qui personnalise l'ongle (et implicitement le doigt, la main). L'expression reprend une des métaphores de : PORTER LE DEUIL DE SA BLANCHISSEUSE*.

> La main blanche (ongles en deuil) de Notre-Dame était posée à plat sur l'avant-bras de Seck Gorgui.　　J. GENET, *Notre-Dame-des-Fleurs*, p. 120.

Ils étaient très sales tous les quatre, avec leurs ordures de barbes raides et pisseuses
comme des balais à pot de chambre, étalant des guenilles de blouses, allongeant des pattes noires aux ongles en deuil.   É. ZOLA, *L'Assommoir*, t. II, p. 147-148.

Vx. ou rég. **Faire deuil à quelqu'un** «l'attrister profondément». L'expression correspond à *faire pitié, faire envie*, etc.; elle est relevée par Wartburg en Picardie *(faire
dol)*, en Normandie *(faire* deuil), alors que *avoir deuil* «être contrarié», se disait dans
le Perche (Peschot, *Vocab. du langage rustique*.... 1909). *Deuil* a ici la valeur étymologique de *dolus* «douleur».

> [...] Cavalier paraissait atterré.
> — C'est une mauvaise nature, dit-il.
> Et pendant tout le dîner, il répétait :
> — Oh! ça me fait deuil, monsieur, vous ne savez pas comme ça me fait deuil.
> J'essayais de le consoler, mais en vain.
>   G. DE MAUPASSANT, *Le Garde*, in *Yvette*, p. 284.

Faire son deuil de quelque chose «se résigner à en être privé». *Deuil* retrouve
ici sa valeur étymologique, mais l'expression joue explicitement sur le caractère irrémédiable, éternel, de la mort. De même les argots de la fin du XIXᵉ s. ont employé
deuil pour «ennui», «danger» (Esnault), sans éliminer pour autant les connotations
dramatiques du mot.

Vieilli. **Porter le deuil de qqch.** «manifester par son comportement la disparition de...».

> Je crois (interrompit Lucrèce) qu'on doit plustot dire qu'il portoit le deuil de sa raison,
> qui estoit morte.   FURETIÈRE, *Le Roman bourgeois*, p. 931.

DEUX adj. et n. m.

De mes deux. Qualificatif péjoratif placé après un nom (valeur d'adjectif).
C'est un euphémisme assez transparent pour ceux qui l'emploient, et dont la référence est l'organe appelé en latin «petits témoins» *(testiculi)*. Mais la prise à témoin
de la virilité reçoit dans le langage moderne un pouvoir dépréciatif. C'est que le
christianisme est passé par là : ce qui était «témoignage de l'état de mâle» devient
«organe honteux» et «référence dépréciative».

> hélas, hélas cher Monsieur Babylas
> j'avais trois fils et je les ai donnés
> à la patrie
> hélas hélas cher Monsieur de mes deux
> moi je n'en ai donné que deux   J. PRÉVERT, *Paroles*, p. 75.
> Ça peut vous consoler de la Sainte Chapelle si on arrive trop tard, ce qui vous pend
> au nez avec tous ces foutus encombrements à cause de cette grève de mes deux.
>   R. QUENEAU, *Zazie dans le métro*, p. 96.

Deux remplace le substantif explicite dans des expressions comme *casser
les couilles :*

> «Voyous, anarchistes, mauvais Français [...] — Ça va, coupa Martin, tu nous en casses
> deux, avec tes renvois.»   M. AYMÉ, *Le Vin de Paris*, p. 55.

En moins de deux «très vite». C'est-à-dire plus rapidement que pour compter
un - deux.

> Alors quoi! fait Pépin, toujours mauvaise tête, j'm'en ressens pas pour encore becter
> des clarinettes ; j'vais ouvrir une boîte de singe en moins de deux.
>   H. BARBUSSE, *Le Feu*, t. II, p. 23.

Entre les deux «intermédiaire; ni l'un ni l'autre». L'expression fait référence
à un système à deux termes extrêmes, impliqué ou explicite par le contexte. Une
forme développée, désignant l'indécision, dit : *entre les deux, mon cœur balance.*

Nous deux (suivi d'un syntagme nominal, d'un nom propre) «moi et... (la
personne, l'animal en question)». Ce tour grammatical ne constitue pas à proprement parler une locution, mais il a pris une valeur exemplaire de «faute de fran-

çais» alors qu'il s'agit d'une tournure familière claire et économique. Ni Flaubert (*Correspondance*, in Grevisse), ni Hugo (*L'Homme qui rit, ibid.*), ni Daudet *(Contes du lundi)*, ni Jules Romains *(in* Robert), ces deux derniers faisant parler des personnages «populaires», n'ont craint de l'écrire. Dans ces exemples et dans le suivant, *nous deux* souligne l'union des deux personnages, qui n'est pas exprimée par *moi et X.*

> Viens un peu. Je voudrais t'expliquer des choses, pour la villa. Tu sais qu'on
> se décide, nous deux Ferret. On l'achète.   COLETTE, *Le Blé en herbe*, p. 184.

Ne faire ni une ni deux «se décider sans hésiter» → UN.

Piquer des deux → PIQUER.

Ça fait deux «ce sont deux choses bien différentes» (1792). L'expression suppose que les deux choses en question étaient entièrement confondues.

De deux choses l'une «il n'y a que deux possibilités, deux éventualités» (Wartburg, 1872). Remotivation de l'ancienne expression : *de deux l'un* (XVIᵉ s. [Robert Estienne, 1546] - XVIIIᵉ s.).

C'est clair (évident) comme deux et deux font quatre «indiscutable».

Les deux font la paire → PAIRE.

À nous deux! «faisons ce que nous devons faire ensemble» et spécialement, «affrontons-nous, battons-nous» (implique un jugement de supériorité sur sa force et donc la menace).

Jamais deux sans trois [PROV.] «ce qui s'est produit deux fois va arriver une troisième fois». Ce proverbe elliptique, très courant, est néanmoins des plus étranges. Il pose en règle que l'identification de deux événements proches (ou la répétition du même fait, selon l'optique) entraîne obligatoirement une série de trois termes; ce qui revient à dire : «parfois un, parfois trois, jamais deux». Cette pseudo-loi doit exprimer l'incertitude de la répétition simple, comme le fait l'adage du XIIIᵉ s. : *tierce fois, c'est droit.*

1. DEVANT adv. et prép.

Aller au-devant de... «prévenir (les désirs, les besoins de qqn)». La métaphore spatiale porte sur la compréhension, qui fait «une partie du chemin» de la communication. Le sujet de la phrase va à la rencontre des pensées de son interlocuteur sans attendre leur expression complète.

2. DEVANT n. m.

Vx. *Assurer les grands devants.* Locution de la chasse, employée métaphoriquement au sens de «envoyer en éclaireur pour surveiller» (V. HUGO, *Les Misérables,* in *Ph. Sl.*).

Vx. *Emporter le devant* «avoir la supériorité» (XVIᵉ s.). Pasquier écrit que, dans la technique poétique des vers retournés «*les François de nostre temps ont emporté* [... *le devant des anciens*» (*Recherches de la France*, VII, 13).

Prendre les devants. Locution empruntée à la chasse, comme la première Elle signifie «rechercher les traces (la voie) de la bête en avant de l'endroit où or les a perdues (le défaut)» et s'emploie métaphoriquement au sens de «devancer pour agir plus vite ou empêcher qqn d'agir». Le verbe *prendre* connote le fait d'emporter l'avantage.

DEVENIR v. intr.

Vx. ***Devenir à rien*** «devenir insignifiant; se réduire à rien». Cet emploi archaïque du verbe, avec la préposition *à*, subsiste dialectalement en parlant des personnes, au sens de «maigrir», «se ratatiner» (Wartburg le signale à Saint-Malo).

DEVIN n. m.

Vx. ***Il ne faut pas aller au devin pour en être instruit*** «c'est évident, facile à prévoir».

Je ne suis pas devin «je ne peux pas prévoir l'avenir» ou «je ne comprends pas ce qu'on veut dire et ce qui est obscur» (*in* Littré).

DEVOIR v.

Comme il se doit «comme il est bon, juste, normal...». S'emploie fréquemment avec une valeur ironique → COMME★ DE BIEN ENTENDU, COMME★ DE JUSTE.

Fais ce que dois, advienne que pourra → ADVENIR.

Vx. ***Devoir à Dieu et au diable, et au monde, au tiers et au quart*** (c'est-à-dire «à tout le monde») «avoir beaucoup de dettes et de créanciers». Les deux premières expressions impliquent une répartition éthique de l'univers du discours (bons et mauvais créanciers).

DEVOIR n. m.

Se mettre en devoir de... «se préparer à...».

> [...] avec une affabilité souriante il se mit en devoir de l'écouter.
> M. PROUST, *À la recherche du temps perdu*, t. II, p. 261.

Vieilli. ***Présenter, rendre ses devoirs*** «présenter ses respects». Ces syntagmes verbaux constituent l'emploi le plus fréquent de ce sens particulier de *devoir*. *Les devoirs*, au pluriel et sans adjectif, désignent le comportement poli que les usages de la société imposent vis-à-vis d'autres personnes (supérieurs, aînés, etc.). ***Présenter ses devoirs à qqn***, c'est lui faire les politesses qu'on lui *doit*.

> Les jeunes gens qui venaient rendre des devoirs, ayant peur de parler de quelque chose qui fît soupçonner une pensée, ou de trahir quelque lecture prohibée, se taisaient après quelques mots bien élégants sur Rossini et le temps qu'il faisait.
> STENDHAL, *Le Rouge et le Noir*, p. 455.
> [...] en jeune parent bien élevé, il ne manque jamais de venir me rendre ses devoirs le Jour de l'An.   M. PROUST, *À la recherche du temps perdu*, t. II, p. 564.

Rendre les derniers devoirs à un mort «aller à ses funérailles». Expression atténuée (euphémisme) pour *rendre les honneurs funèbres*, les deux locutions étant fort littéraires.

DÉVOLU n. m. Substantivation de l'adjectif dévolu, du latin *devolutus*, participe passé de *devolvere* «faire passer à...» (proprement «dérouler»).

Jeter son dévolu sur quelqu'un ou quelque chose «choisir, décider d'obtenir». L'expression vient du langage religieux, du droit canon, où ***jeter un dévolu sur un bénéfice*** (Monet, 1636) signifiait «proposer de le considérer comme vacant, par dévolution au pape» (le possesseur étant déclaré indigne, le bénéfice était *dévolu* au pape, qui en disposait pour un autre), et par extension, «le revendiquer pour soi». L'emploi figuré de *jeter un dévolu sur qqn* apparaît dans Guez de Balzac, et devait être senti comme métaphorique («demander que l'objet désiré soit considéré comme sans possesseur»); l'effacement de cette métaphore, les connotations du verbe *jeter* — qui correspond à la «projection» du désir — ont déplacé le sens de *dévolu*. Ce mot, dans l'expression, n'était plus senti comme «mise en disponibilité de l'objet revendiqué », mais comme « revendication de possession » ; il passait de l'objectif au subjectif : d'où l'apparition du possessif. La locution exprime aujourd'hui simplement le choix, mais suggère la violence du désir de posséder *(jeter... sur)* et la valeur psychologique du choix *(son* dévolu).

DÉVOTION n. f.

Être à la dévotion de quelqu'un « avoir pour lui un attachement et un dévouement durables ». La force du mot *dévotion*, qui évoque la piété religieuse, confère souvent une valeur ironique à l'expression, quand elle s'applique à un contexte familier.

Faire ses dévotions « accomplir les exigences du rituel ».

DIA interj. Appartient à une famille d'interjections *(da,* conservé dans *oui-da, dea)* probablement issues de l'ancien français *diva!* qui est un double impératif *(dis! va!).*

À hue et à dia → HUE.

Vx. *N'entendre ni à dia ni à hue* « s'entêter, ne rien vouloir entendre ». L'expression assimile le sujet au cheval qui ne comprend ni *dia* (à gauche ; parfois à droite) ni *hue* (autrefois *hur-haut :* en avant).

> On dit proverbialement dans le stile populaire, il n'entend ni à dia, ni à hur-haut. Pour dire, c'est un brutal, qui n'entend pas raison, quelque parti qu'on lui propose.
> Le Roux, *Dictionnaire comique,* 1752.

DIABLE, n. m.

Vx. *Diables bleus.* Expression traduite de l'anglais *(blue devils)* qui fut à la mode au début du XIXe s., chez les anglomanes. Elle désignait les « idées noires », et remplaçait les *dragons* noirs.* L'expression, ne tenant pas compte des connotations différentes de *blue* et de *bleu,* n'a pas vécu.

Bon, grand, mauvais... diable. Il s'agit plutôt d'une valeur métaphorique du mot *diable,* désignant un homme, que de locutions. Mais l'usage de cette acception n'est pas libre, on ne parle guère d'un *gros diable* ou d'un *riche diable* à propos d'un être humain. On peut dire que *pauvre diable* « homme malheureux » et *grand diable* « homme dégingandé » (avec une connotation sympathique) sont lexicalisés. Un *bon diable* « brave homme » est peut-être moins fréquent. *Petit diable,* comme *diable* employé seul ou en adjectif, désigne un enfant turbulent, cf. LUTIN, etc. Un récit de la comtesse de Ségur a popularisé la combinaison : *bon petit diable.* Appliqué à certains personnages, ecclésiastiques, etc., le mot *diable* permet des effets stylistiques.

> L'abbé. qui est bon diable et qui prend tout bien, se mit à rire.
> DIDEROT, *Le Neveu de Rameau,* p. 469.

La beauté du diable « beauté que confère la jeunesse, la fraîcheur, à qui n'a pas d'autres agréments ». L'expression, qui ne semble pas ancienne, évoque le charme irrésistible conféré par le démon pour susciter la tentation (plutôt que la beauté appartenant au diable quand il était jeune, c'est-à-dire ange non encore déchu, image utilisée dans le proverbe archaïque [Le Roux, 1752] : *le Diable était beau quand il était jeune* « une personne laide mais jeune est relativement attrayante » et corroborée par le nom de *Lucifer,* le « porte-lumière ».

> Une loi mystérieuse de la nature veut que la femme, même la moins belle, un jour, à une heure de jeunesse, illumine tout son visage d'un charme qui la fait aimer : cette transfiguration fugitive, cette beauté d'un moment s'appelle la beauté du diable.
> Nestor ROQUEPLAN, *in* Ch. ROZAN, *Petites Ignorances de la conversation.*

> Sans être belle, elle avait l'éclat de la jeunesse et de la santé, l'œil bien ouvert, les dents bien blanches, le nez au vent, des joues où l'on eût mordu comme dans un brugnon : en un mot, la beauté du diable.   J. SANDEAU, *in* Ch. ROZAN, *ibid.*

Vieilli. *Le diable et son train* « une suite de difficultés, d'ennuis ». L'expression a vieilli avec les emplois généraux de *train* « suite (d'objets ou de personnes) », et notamment « suite de serviteurs ». Le *train du diable,* ici, est le cortège qui le suit, mais l'expression est renforcée par le sens de « bruit, tapage », que l'on trouve encore, justement dans l'expression *un train* d'enfer.*

> — C'est un survenant.
> — Ah ! fit l'autre désappointé, c'est rien qu'un grand dieu des routes. Je pensais que c'était au moins quelque gars qui arrête le sang ou ben qui conjure les tourtes. Le diable et son train...   G. GUÈVREMONT, *Le Survenant,* p. 70.

À la diable « sans soin, d'une manière désordonnée ». Expression adverbiale qui tend à vieillir (cf. A. France, Madelin, *in* Robert). *Diable* comporte ici la même valeur que lorsqu'il se dit des enfants turbulents.

> Formant le rideau de fond du quartier de cavalerie, les écuries s'accotaient l'une à l'autre, constructions banales et fragiles, bâties à la diable, de sable et de crachat [...].
>   G. COURTELINE, *Les Gaîtés de l'escadron,* p. 63.

Au diable, à tous les diables... « très loin ; le plus loin possible » (1835). S'emploie avec les verbes exprimant la situation dans l'espace *(être, habiter, loger...)* ou le déplacement *(aller, partir...)* et ne correspond alors qu'à l'idée de grand éloignement, de difficulté d'accès. Avec des verbes comme *envoyer* (voir ci-dessous loc. verb.) la valeur sémantique devient « dans le lieu d'où l'on ne revient pas » (ce qui est confié au diable est irrémédiablement perdu).

Cette locution adverbiale de lieu est fréquemment renforcée par un numéral *(aux cinq cents diables, aux cent mille diables)* dont la nature n'est d'ailleurs pas explicable (alors que *à tous les diables* s'impose) ou par un qualificatif → AU DIABLE VAU-VERT, ci-dessous.

> Pour l'instant Philippe fait un reportage en Savoie. Ou, du moins, c'est ce qu'il dit. Si on n'en voit rien à la télé, il tempêtera, grognera qu'on l'envoie au diable pour rien...
>   L. ARAGON, *Blanche ou l'Oubli,* p. 218.

Sous forme exclamative : **Va-t'en, fiche le camp au diable !** « va-t'en le plus loin possible, je ne veux plus te voir ».

> Elle frappe à la porte. Le mari parut à la fenêtre de l'entresol. Elle lui cria : « Je vais déjeuner avec ces messieurs ! ». Il répondit : « Va-t'en au diable ! C'était bien la peine de me réveiller pour cela ! »   G. de NERVAL, *Petits Châteaux de Bohême,* p. 92.

Au diable vauvert « extrêmement loin ». Employée avec des verbes locatifs ou de mouvement *(loger, aller, envoyer...),* cette expression est attestée au début du XIXᵉ s. (1821, De la Mésangère) et renforce *au diable. Diable vauvert* provient de la locution *faire le diable de Veauvert* qui signifiait au XVIᵉ s. « s'agiter comme... un beau diable ».

> Article commença à tempester par le logis, faisant le diable de Veauvert, menassant tantost l'un, tantost l'autre, et jurant comme un enragé.
>   LARIVEY, *Nuits de Straparole,* II, 24.

L'abbaye de Vauvert, maison de Chartreux située au sud de Paris (non loin de l'actuel *Denfert*) et qui existait dès l'époque de Saint Louis, a-t-elle un rapport avec l'expression ? La toponymie, qui l'associe à la rue *d'Enfer,* le peut faire penser. Ou s'agirait-il du château de *Vauvert (Valvert),* qui était situé non loin de là, à Gentilly ? Les exégètes du XIXᵉ s. se sont emparés de ce toponyme banal *(vauvert* n'est qu'un « vert vallon ») et l'ont décoré à plaisir d'anecdotes diaboliques. Pourquoi n'ont-ils pas pensé à *Vauvert,* près de Nîmes, où un sanctuaire dédié à la Vierge fut détruit par les protestants ? On ne sait. Toujours est-il que ces explications, forgées pour expliquer *au diable Vauvert* par l'éloignement — très relatif — de l'abbaye ou du château, ne peuvent s'appliquer qu'à l'expression ancienne : *faire le diable de Vau-vert,* variante de *faire le diable à quatre,* ci-dessous.

Même si une légende des diables de Vauvert a suscité cette expression, elle a dû être sélectionnée (pour renforcer *faire le diable*) à cause des sens figurés de *vert*, notamment « emporté » (voir Wartburg).

Le passage à la valeur de « grande distance », au XIXᵉ s. *(au diable Vauvert),* suppose l'emprunt de l'expression : *diable vauvert* détachée de son contexte et choisie pour son signifiant *(au diable + à vauvert,* qui évoque *à vau l'eau, à vau de route,* et surtout à *vau de vent,* courant jusqu'au XIXᵉ s.).

L'expression est devenue dans l'usage courant : *au diable vert* (voir l'exemple de Giono *in* Robert); la forme *au diable au vert* que propose le Dictionnaire de l'Académie semble appartenir surtout au dialecte du quai Conti (on n'ose supposer que les Académiciens ont recopié une forme du XIXᵉ siècle qu'ils n'emploient pas eux-mêmes...); elle était normale dans la langue classique (voir la citation ci-dessous). De nos jours, lorsqu'on dit que quelqu'un *habite au diable vert,* l'expression renforce simplement *au diable* et *vert* évoque l'idée de « lieu retiré, campagnard » (cf. *Se mettre au vert*). Les pédants qui rectifient la locution, les érudits qui emploient exclusivement *au diable vauvert,* ont peut-être tort de sanctionner *le diable vert,* « diable emporté, furieux », qui pourrait bien être à l'origine de toute cette histoire.

> J'ai voyagé en Bohême, en Allemagne, en Suisse, en Hollande, en Flandre, au diable au vert.   DIDEROT, *Le Neveu de Rameau,* p. 497.

Vx. ***Comme le diable, comme tous les diables*** « terriblement ». S'employait avec des verbes et des adjectifs (« *elle est sévère comme tous les diables* », Molière). Cet emploi comme intensif est archaïque; les comparaisons évoquant le diable, en français moderne, utilisent en général l'article indéfini *un,* et sont réservées à l'expression d'une activité intense, désordonnée, fatigante ou maléfique (voir les précédentes et les suivantes).

Comme un (beau) diable « avec une énergie extrême, en s'agitant... ». S'emploie avec des verbes désignant des actions susceptibles de forte intensité *(courir, sauter, se démener..., crier,* etc.).

> — Vous n'avez pas l'air excessivement mort. Vous gambadez dans les rochers comme une chèvre; vous ferraillez pour et contre les idées, comme un beau diable [...].
> P. VALÉRY, *Œuvres,* t. II, p. 239.

Comme un diable dans un bénitier. Renforcement du précédent, qui fait allusion à l'agitation du démon mis en contact avec les symboles divins.

Du diable, de tous les diables [LOC. ADJ.] « extrême, excessif, terrible ». S'emploie avec des noms exprimant une action ou un phénomène capable d'intensité, plus rarement avec un nom concret. L'expression a une valeur plaisante, comme la précédente et suggère que la chose qualifiée a un caractère comiquement excessif, résultant de quelque action surnaturelle.

> Le sergent marchant en tête est le secrétaire de rédaction de *la Marseillaise* — [...] un brave garçon, belliqueux comme un paon, qui fait la roue avec un harnachement de tous les diables en éventail sur le dos.   J. VALLÈS, *L'Insurgé,* p. 141.

> Le soir, il entra à la boîte, et, comme, cette nuit-là, il fit un froid du diable, il en sortit avec une angine couenneuse qui nécessita son transport d'urgence à l'hôpital militaire.
> G. COURTELINE, *Les Gaîtés de l'escadron,* p. 25.

> Dans son ménage, ça ne comptait pas; mais, dans le ménage des autres, ça lui semblait farce, et il se donnait un mal du diable pour guetter ces accidents-là, quand les dames des voisins allaient regarder la feuille à l'envers.
> É. ZOLA, *L'Assommoir,* t. II, p. 111.

En diable [LOC. ADV.] « d'une manière extrême ». S'emploie avec certains adjectifs de qualification *(il est paresseux, spirituel en diable),* dans une langue légèrement prétentieuse (ou archaïque). On trouve dans la langue classique des renforcements comme : *en diable et demi* (1606), probablement lié à *faire d'un diable deux* (voir ci-dessous).

Prenant un bon baston, [il] la chargea en diable et demy.

Ch. SOREL. *Histoire comique de Francion*, p. 340.

Vieilli. **Quand le diable y serait...** «même devant les plus grandes difficultés...». Le sémantisme est le même que dans *c'est le diable (pour, si...)*, mais *diable* n'a pas subi le transfert abstrait auquel correspond sa valeur adjective dans cette expression. *Quand le diable y serait* signifie clairement «même si on devait y rencontrer le diable».

(Avoir) le diable au corps «déployer une énergie, une activité intense, une vivacité surhumaine». Ce sémantisme correspond à l'image de la possession, par laquelle on attribue à une puissance extérieure à l'homme la cause d'une activité irrépressible (et jugée excessive ou peu naturelle) — cf. l'Évangile selon Marc 9, 17 et 27. La métaphore de l'homme possédé et «agi» menace toute explication des troubles du comportement. Ici, le *diable* est le moteur du *corps* (en l'absence et en remplacement de cet autre moteur «à l'image de Dieu» qu'est l'âme). On a dit au XVIᵉ s. *avoir le diable à dos* «sur le dos» (Larivey *in* Huguet). Dans les deux expressions, il s'agit d'une possession bénigne qui n'entraîne pas au mal mais à une activité très intense (valeur traditionnellement attachée à *diable*). Dans le célèbre roman de Radiguet, adapté au cinéma par Autant-Lara, le *corps* est la chair, et le *diable* le désir.

> LE MAÎTRE. — Eh bien! rien n'est plus sûr que tu es inspiré; est-ce de Dieu, est-ce du diable? je l'ignore. Jacques, mon cher ami, je crains que vous n'ayez le diable au corps.
> JACQUES. — Et pourquoi le diable?
> LE MAÎTRE. — C'est que vous faites des prodiges, et que votre doctrine est fort suspecte.   DIDEROT, *Jacques le Fataliste*, p. 725.

> — On transmet la lettre du procureur du roi; votre procureur du roi n'est-il pas énergique?
> — Il a le diable au corps; c'est un parent du ministre qui est sûr de son avancement au premier procès politique.   STENDHAL, *Lucien Leuwen*, p. 755.

> Voltaire disait à une actrice : « Le diable au corps! Mademoiselle, le diable au corps!» faisant à tout artiste une nécessité de cet hôte infernal. Eh bien! nous ne serions pas étonné que M. Offenbach n'eût pris trop à la lettre ce damnable précepte. Il y a du diable dans ce petit homme grêle et grelottant s'il n'est pas le diable lui-même, le diable jouant du violoncelle... à la diable.

> G. DESNOIRESTERRES, in *La Mode*, 25 mai 1853.

Vx. **Avoir (loger) le diable dans sa bourse** «n'avoir plus d'argent» (La Fontaine, IX, 16). Selon Gottschalk, l'expression est à rapprocher de *n'avoir ni croix ni pile*, la *croix* portée sur la face des pièces chasserait le diable qui ne peut se tenir que dans une bourse vide.

> Le pauvre écolier Villon n'a pas eu [...] beaucoup de bonheur en amour, et la chose n'est pas étonnante; il logeait le diable dans sa bourse, si toutefois il en avait une.
> T. GAUTIER, *Les Grotesques*, t. I, Fr. Villon, p. 30.

Avoir le diable à ses trousses «être très pressé». Souvent dans : *courir comme si on avait....* le diable jouant un rôle analogue au *feu* dans : *avoir le feu au derrière*.

Ne craindre ni Dieu ni diable → DIEU.

Vx. **Crever l'œil au diable** «faire du bien en dépit de l'envie, s'avancer malgré les envieux» (selon les termes de Le Roux, 1752). Le regard de l'envieux est chargé d'un pouvoir maléfique et assimilé à l'œil du diable.

Envoyer au diable, outre sa valeur concrète (voir ci-dessus *au diable*), s'emploie au sens de «rejeter, se débarrasser de... ». Le sémantisme est le même que dans *envoyer promener*, avec plus de force expressive (encore renforcée dans *à tous les diables, aux cinq cents diables...*).

En sortant de la lingerie, où la vente marchait plus mal encore, il tomba sur lui, il dut subir l'expression de ses craintes. Alors, il l'envoya carrément au diable, avec une brutalité qu'il ne ménageait pas même à ses hauts employés, dans les heures mauvaises.
É. ZOLA, Au Bonheur des Dames, t. 1, p. 113.

« Amrouche s'y est si bien pris que même Roger M. du Gard, qui refuse d'ordinaire, a cru devoir s'exécuter (je vais lui écrire un billet d'excuses) tout en m'envoyant sans doute, avec Amrouche, à tous les diables, car rien n'est plus dérangeant que ce genre d'obligations.
A. GIDE, Journal, t. II, p. 297.

Vx. ***N'être pas si diable qu'on est noir*** « n'être pas si méchant qu'on en a l'air » (Oudin, 1656).

Vx. ***Faire d'un diable deux*** « aggraver un mal en voulant y porter remède » (XVIᵉ s. ; Rabelais, III, 2). Le modèle de l'expression est un conte populaire attesté dans l'Antiquité et qui a servi de modèle à Goethe pour son *Apprenti sorcier* (Gottschalk). Un autre sens, vivant au XVIᵉ s., était « rendre le mal pour le mal ».

Pourquoy haïssons-nous nos ennemis ?... Que gagneras-tu quand tu auras fait d'un diable deux (comme on dit) et que tu ne chercheras (chercheras) sinon d'allumer le feu encores tant plus de celuy qui est desja assez enflammé ?
CALVIN, Sermon sur l'Épître aux Galates, 35, in Huguet.

Faire le diable à quatre « faire beaucoup de bruit en s'agitant, s'agiter, se démener (pour obtenir ou empêcher quelque chose) ». À rapprocher de *se démener... comme un (beau) diable* (voir ci-dessus). L'expression ne semble pas plus ancienne que le XVII s., son explication par les diableries médiévales à quatre personnages, qui remonte au XVIIIᵉ s. (voir la citation de Tuet) a été recopiée depuis, est très douteuse : deux siècles séparent les dernières diableries des premiers exemples attestés de l'expression. En outre, la syntaxe et le sens ne semblent pas concorder. *Faire* (quelque chose) *à quatre* signifie en français moderne « être quatre pour le faire », alors que l'expression correspond à « s'agiter comme quatre diables ». Avec ce sens, la préposition *à* s'explique mal. On peut noter que *à quart* ou *à quartier* signifiait au XVIᵉ s. « à part, à l'écart », ce qui aurait pu susciter la forme : *à quatre*. Le nombre *quatre*, quant à lui, est peut-être motivé par les connotations d'agitation, de rapidité des locutions où il figure (*ne pas aller par quatre chemins*, courir, descendre... *quatre à quatre*). L'équivalent archaïque du *diable à quatre* était le *diable de Vauvert*, expression qui a changé d'emploi (voir ci-dessous).

Le mari, à ce qu'ils disent, est un jaloux qui ne veut pas qu'on fasse l'amour à sa femme, et il ferait le diable à quatre si cela venait à ses oreilles.
MOLIÈRE, George Dandin, I, 2.

J'aime à dormir le jour, puis à courir la nuit,
À jurer, à médire, à ferrailler, à battre ;
Mon père, sur cela, me fait le diable à quatre.
DESTOUCHES, L'Irrésolu, in Tuet.

Dans (les diableries) les acteurs étaient vêtus de peaux noires et d'habillements affreux. Il y avait les petites et les grandes diableries ; celles-là étaient représentées seulement par deux diables, et les grandes par quatre. Le proverbe est venu de ce que les quatre diables faisaient un vacarme épouvantable...
J.-C. TUET, Matinées senonaises, p. 137.

Vx. ***Faire comme le valet du diable*** « faire plus qu'il n'a été demandé » (*in* Le Roux). L'expression est dans Fleury de Bellingen (1656) ; c'est peut-être une lointaine allusion aux diableries théâtrales, où le valet du diable se démenait plus violemment que son maître (cf. Gottschalk).

Porter le diable en terre « être triste et désolé » (surtout dans : ***avoir l'air de...***). Cette expression un peu désuète suppose ironiquement que le diable est un proche parent, ou du moins une connaissance chère, dont on regrette amèrement la mort.

Vx. ***Une musique à porter le diable en terre*** « bruit, tintamarre », évoque la légende de l'enterrement du diable, accompagnée des cris et des plaintes de ses serviteurs (sorciers, etc.).

Tirer le diable par la queue «avoir de la peine à trouver de quoi vivre ; vivre avec des ressources insuffisantes» (Oudin, 1656). L'image de base est sans doute celle de l'homme qui essaie de retenir le diable qu'il a sollicité, à qui il a demandé une aide. Mais la formule *par la queue** signifie dans plusieurs expressions du XVIIᵉ s. «à l'envers, par la fin» (→ Écorcher l'anguille* par la queue, Brider son cheval* par la queue «commencer par la fin»). ***Tirer le diable par la queue*** pourrait bien être du même type et correspondre à «emmener, attirer le diable maladroitement, en s'y prenant à l'envers».

> Lucrèce Borgia. — De l'argent ! et pour quoi faire ?
>
> Gubetta. — Pardieu ! pour en avoir. D'ailleurs, il n'y a rien qui soit plus espagnol que d'avoir l'air gueux et de tirer le diable par la queue [...]. Il faut que la queue du diable lui soit soudée, chevillée et vissée à l'échine de façon bien triomphante pour qu'elle résiste à l'innombrable multitude de gens qui la tirent perpétuellement.
>
> V. Hugo, *Lucrèce Borgia*, Acte I, II, 1.

> Je suis tranquillement à me chauffer les pieds à un grand feu, dans une robe de soie, et en ce qu'on peut appeler (à la rigueur) un château, tandis que tant de braves gens qui me valent et plus, sont à tirer le diable par la queue avec leurs pauvres mains d'anges !
>
> G. Flaubert, *Correspondance*, IIIᵉ série, p. 351.

Locutions phrases (et exclamatives) :

C'est (ce sera, c'était...) le diable (pour...) «c'est extrêmement difficile». *Le diable* a ici une valeur d'adjectif intensif (en attribut). Dans le même sens, on rencontre : *c'est (c'était...) bien le diable si...* Le négatif, *ce n'est pas le diable,* s'emploie absolument pour «ce n'est pas très difficile ; ce n'est pas terrible». On notera que *le diable* évoque ici la difficulté, les complications et, encore une fois, l'activité intense, désordonnée, mais non pas le mal.

> [...] l'image fripée, salie, de l'enfant qu'il avait fait photographier, pour dix sous, un dimanche de foire aux environs de Paris. Ç'avait été le diable pour la faire tenir tranquille ; il avait fallu que le papa l'embrassât dix fois, et lui recommandât d'être sage.
>
> J. Vallès, *L'Insurgé*, p. 89.

> C'est bien le diable si je ne trouve pas dans ce village un bistrot [...].
>
> J. Romains, *Les Hommes de bonne volonté*, t. V, X, p. 77.

C'est le diable qui bat sa femme (et marie sa fille) «il pleut et il fait soleil à la fois». Selon Gottschalk, il s'agirait de l'adaptation chrétienne d'une légende rapportée par Plutarque, où Jupiter, dieu du feu, se querellait avec Junon, déesse de l'humide.

Vx. ***Le diable est aux vaches*** «tout est en confusion» (Oudin, 1656). Locution d'origine rurale, et précisément, d'une région d'élevage où le comportement des vaches est l'indice du bon ordre ou de la confusion.

Vieilli. ***Le diable t'emporte !*** Exclamation répandue dans la langue classique, et qui, par sa fréquence, avait perdu sa valeur initiale de malédiction (la plus terrible qui soit, dans le contexte chrétien). Ce type d'exclamation, qui voue son objet au démon ou à la maladie (*la peste t'étouffe !*, etc.) a cédé la place à la simple expression de l'éloignement (*va te promener !*) ou à des euphémismes sexuels (*va te faire voir !*).

> — Dieu soit loué ! et rappelle-toi qu'il n'y a rien d'impoli comme de venir ainsi à brûle-pourpoint parler de choses sérieuses à un pauvre homme de soixante-cinq ans, qui n'a que faire d'émotions et qui ne t'a donné aucun prétexte pour venir ainsi l'aimer avec fureur. Le diable t'emporte !   Stendhal, *Lucien Leuwen*, t. I, p. 745.

Le diable m'emporte si... renforce une promesse, un engagement.

> Mais je ne sais pas l'histoire, parce que je ne sais rien. Le diable m'emporte si j'ai rien appris.   Diderot, *Le Neveu de Rameau*, p. 429.

Vx. ***Le diable pourrait mourir que je n'hériterais pas de ses cornes*** «personne ne me donne rien» (forme et explication de Le Roux, 1752).

Vx. **Quand il dort, le diable le berce** « c'est un homme méchant, protégé par le diable qui l'inspire même dans son sommeil ».

> On dit d'un méchant homme, d'un chicaneur qui trouble le repos des autres, que quand il dort le diable le berce. Le Roux, *Dictionnaire comique*, 1752.

Vieilli. **Il mangerait le diable et ses cornes** « il dévorerait tout ; il s'attaquerait à tout, rien ne lui fait peur ». Ici, la partie *(les cornes)* grâce à son pouvoir symbolique, renforce le tout *(le diable)* et lui redonne un peu de sa force expressive, bien diminuée par un usage trop fréquent du mot *diable* en locutions.

Quand le diable devient vieux, il se fait ermite. Ce proverbe, sans être fréquent, peut encore s'employer sans trop d'archaïsme ; il signifie qu'« un comportement pieux et rangé dans un âge avancé peut souvent correspondre à un repentir tardif et à une jeunesse agitée ».

Vieilli. **(De) par le diable, (de) par tous les diables !** Jurement assez faible, *diable* permettant d'éviter le nom de Dieu.

> — Comment ! avec ton mal de gorge tu as fait remplir ta gourde.
> — Oui ; mais, de par tous les diables, c'est de la tisane.
> DIDEROT, *Jacques le Fataliste*, p. 699.

Que diable ! Exclamation servant à attirer l'attention, à stimuler quelqu'un. Son sens est très différent de celui de *diable !* employé seul, qui marque l'étonnement (admiratif ou indigné), et résulte de l'insertion de *diable* dans une phrase interrogative (*que diable faisait-il là ?*, mais aussi *qui diable a bien pu lui dire ?*, *où diable est-il allé ? pourquoi diable... ?*, etc.), où il renforce l'intensité de la question. *Que* est alors pronom interrogatif (voir *in* Robert, *Que* 2, II, 1°). *Que diable !* exclamatif conserve cette valeur intensive.

> Mais que diable, ce sont là les éléments, mon cher Sorel, êtes-vous tout à fait un écolier ?... STENDHAL, *Le Rouge et le Noir*, p. 590.

> — Oh ! C'est un très brave homme. L'année d'après, il voulait à toute force me faire décorer...
> — Que diable alliez-vous faire dans la politique ? P. VALÉRY, *Œuvres*, t. II, p. 249.

DIAGONALE n. f.

Lire en diagonale « lire très rapidement ». L'image du regard qui parcourt la page en diagonale s'oppose à celle du mouvement latéral répété pour chaque ligne.

DIAMANT n. m.

Croqueuse de diamants → CROQUEUSE.

Dur, pur comme le diamant « d'une dureté, d'une pureté extrême ».

Avoir un diamant dans le gosier « avoir une très belle voix ». Métaphore peu cohérente, qui procède peut-être des cachets fabuleux des cantatrices et des chanteurs — ou de l'avidité financière des impresarios de chant.

Vx. **C'est un diamant sous le marteau** [LOC PROV.] (XVIIIe s.) « c'est une chose, une personne indestructible » (allusion à la dureté proverbiale du diamant, emploi d'ailleurs très irrationnel quant à l'image évoquée ici).

DIAPASON n. m.

Vieilli. **Hausser, baisser le diapason** « augmenter, diminuer ses prétentions ; hausser, baisser le ton ». La polysémie de *haut* et *bas* entraîne dans cette expression la confusion de *aigu-grave* (seule valeur compatible avec *diapason*) et de *fort-faible* (qui convient au sens métaphorique : *parler fort*, etc.).

Se mettre au diapason « se conformer au ton, à la manière (d'une personne, d'un groupe) ». *Mettre, maintenir... qqn au diapason (de...)* « faire en sorte qu'il prenne ou conserve un certain état (plus ou moins intense) ».

> L'ennui, c'est que pour maintenir Arthur au diapason pendant trois mois, il faudra le rendre très-amoureux.   É. AUGIER, *Maître Guérin*, III, I, p. 252.

DICTIONNAIRE n. m.

À coups de dictionnaire « par des consultations répétées du dictionnaire » (*traduire, faire un devoir*, etc. *à coups de dictionnaire*). Cette expression, l'un des innombrables emplois de *coup*, mérite d'être signalée, ne serait-ce qu'à cause de l'homonymie avec l'emploi « normal » (dans : *se battre, s'assommer... à coups de dictionnaire !*).

Un dictionnaire vivant « une personne très érudite » ; avec un complément, correspond à « un répertoire de... ». La science du dictionnaire, attribuée à une mémoire humaine, correspond à des connaissances livresques et figées ; on observe cet emploi restrictif chez Proust : « *l'homme était déclaré savant, mais comme un dictionnaire...* ». Dans l'exemple suivant, le *dictionnaire vivant* est un « dictionnaire mis en œuvre » dans le discours, la conversation :

> Un littérateur eût de même été enchanté de leur conversation, qui eût été pour lui [...] un dictionnaire vivant de toutes ces expressions qui chaque jour s'oublient davantage : des cravates à la Saint-Joseph, des enfants voués au bleu, etc. [...].
>   M. PROUST, *À la recherche du temps perdu*, t. II, p. 551.

DIEU n. m.

Dieu de (et nom). Un certain nombre d'expressions qualifient ainsi des divinités (*le dieu de l'amour* : Éros ; *des arts* : Apollon ; *des enfers* : Pluton ; *de la guerre, des armées...* : Mars ; *des mers, des océans* : Neptune ; *du sommeil* : Morphée ; *du temps* : Chronos, Saturne, etc.), voir les noms des dieux grecs et latins dans le *Petit Robert 2*.

Le bon Dieu. La qualification familière traditionnelle de *Dieu* se retrouve dans des expressions lexicalisées (*bête à bon Dieu, au bon Dieu* « coccinelle »), dans des jurons où l'épithète *bon* joue un rôle phonétique.

Le bon Dieu de quelqu'un « ce qui est admiré, révéré à l'égal de Dieu par quelqu'un ». *C'est son bon Dieu !*

Comme le bon Dieu nous a faits « à l'état de nature : tout nu ». Variante religieuse de *l'état de nature*, faisant plus ou moins référence au paradis terrestre. Au sens moral, *comme Dieu nous a faits* (*m'a fait,* etc.) correspond à « comme un homme (faible, capable d'égarement), mais selon la volonté divine ».

> Il y faisait une chaleur de paradis, on aurait pu y vivre comme le bon dieu vous a fait.
>   E. TRIOLET, in *Ph. Sl.*

Vx. *Comme il plaît à Dieu* « au hasard » (Oudin, 1640). Dans Furetière, une affaire qui *va comme il plaît à Dieu* est une affaire dont personne ne s'occupe, dont la conduite est négligée.

Comme un dieu « admirablement, très bien » (avec des verbes comme *jouer, faire qqch. ...*), cf. DEMI (cit. Proust). En loc. adj. : *beau... comme un dieu.*

JURONS. Le nom de *Dieu* donne lieu à d'innombrables formules de jurement. Parmi les plus courantes, plusieurs respectent une règle de contraste phonétique en faisant précéder les voyelles *-ieu* par un *o* nasalisé *(-on)* et la dentale *d-* par une nasale ou une labiale : c'est le cas de *mon Dieu !* (exclamation anodine, sans valeur blasphématoire), *bon Dieu ! nom de Dieu !* et de leurs variantes ou renforcements. *Tonnerre de Dieu* présente aussi la combinaison o + nasale.

D'anciennes formes exclamatives ont donné naissance à des jurons également vieillis : *Par Dieu* (d'où *pargué ! pardienne, pardi*), *sacre Dieu* (d'où *sacrebleu*), *corps Dieu*,

par le sang Dieu, par le ventre Dieu (d'où *ventrebleu*), *par la tête Dieu* (*tête bleu,* etc.),
par la mort Dieu (morbleu).

Dieu merci, interprété aujourd'hui comme «remerciement (en soit fait) à Dieu»,
vient de l'ancienne formule (par la) *merci Dieu* (XIVe s.), «par la grâce de Dieu».

> Mais pour le mal propre à la femme qui accouche, je ne me plains pas : je ne sais ce
> que c'est, dieu merci!   DIDEROT, *Jacques le Fataliste,* p. 518.

Quant aux expressions optatives (*Dieu vous aide, vous bénisse,* etc.) certaines ont pris
une valeur particulière et constituent de véritables locutions (voir ci-dessous).

Ne croire ni à Dieu ni à diable «être totalement incrédule». L'expression se
réfère à une conception archaïque et manichéenne de la foi religieuse, selon laquelle
celui qui ne croit pas en Dieu pourrait au moins craindre le principe du mal.

> Tiens! quand on ne croit ni à Dieu ni à diable, on devrait se faire prêtre! On a au
> moins des hosties à manger! Toi, imbécile, tu es l'hostie qu'on mange!
>   J. VALLÈS, *L'Insurgé.* p. 76.

Ne craindre ni Dieu ni diable «ne rien craindre, être sans peur».

Jurer ses grands dieux «affirmer solennellement», apparaît au XVIIe s. (Furetière l'enregistre, La Fontaine emploie **promettre ses grands dieux**). L'expression doit
atténuer *jurer Dieu* par une allusion au polythéisme antique, et précisément aux
grands dieux olympiens.

> L'époque des étrennes aura fini, que le livre ne sera pas prêt. Notez que votre légitime
> m'avait juré ses grands dieux du contraire, c'est-à-dire que nous paraîtrions au plus
> tard le jour de l'an de 1879!   G. FLAUBERT, *Correspondance,* VIIIe série, p. 161.

Manger le bon Dieu «communier». Expression péjorative et méprisante
appartenant au vocabulaire de ceux qui *bouffent du curé.*

Vieilli. **Vivre comme Dieu en France** «vivre très bien, dans l'abondance» (*in* Sachs-
Villatte, 1907). L'expression fait sans doute allusion la prospérité de l'Église dans le
pays qui s'en proclame la «fille aînée».

Ce n'est pas (c'est-y, est-ce, est-il) Dieu possible! Exclamation d'incrédulité
où *Dieu* renforce la question ou la négation exclamative portant sur *possible* comme
diable renforce le pronom interrogatif.

Dieu vous bénisse! est particulièrement affecté à saluer l'éternuement
comme *à vos souhaits!* et **Dieu vous aide!** Une forme plaisante et rimée est : (*Que,
Dieu vous bénisse, et vous fasse le nez comme j'ai la cuisse!*

Vx. **Dieu me damne!** est considéré au XVIIIe s. (par Le Roux) comme un
«jurement gascon».

Vieilli. **Dieu me pardonne!** Expression qui annonce ou excuse ce que l'on dit
comme si on enfreignait quelque défense en le disant.

Dieu vous le rende! Formule de remerciement.

> «[...] il m'a esté impossible de vous refuser le mien [mon cœur].» Javotte lui repartit
> naïvement : «Eh bien, Monsieur, si vous me l'avez donné, je vous ay en mesme temps
> répondu : Dieu vous le rende.»   A. FURETIÈRE, *Le Roman bourgeois,* p. 910.

À Dieu ne plaise! «espérons, souhaitons que cela n'arrivera pas!». Cette
«formule d'aversion» (Wartburg) remonte à la *Chanson de Roland,* sous la forme *ne
placet Deu* («que [cela] ne plaise pas à Dieu!», qu'il ne le permette pas...). **Plût à
Dieu que...,** formule de souhait du XVIe s., a survécu à *plaise à Dieu!* (1636, Monet)
dans un style recherché.

À Dieu vat! «advienne que pourra». Cf. *À la grâce* de Dieu.* La formule
s'employait dans l'ancienne marine au moment du départ d'un navire et lors d'une
manœuvre particulièrement dangereuse. Grevisse voit dans la forme *vat* un impératif. Le *t* d'origine populaire serait une consonne de liaison entre le *a* et une voyelle
(cf. *Malbrough s'en va-t-en guerre, un va-t-et-vient*).

Dieu sait (si, comme, combien...) s'emploie pour appuyer une assertion. *Dieu sait comment, combien,* adverbial, marque une hypothèse qu'on ne veut pas expliciter, et qui est en général très déplaisante.

Dieu seul le sait! « la chose est secrète, inconnue de tous ».

Il y a un dieu pour les ivrognes « il y a une protection qui leur épargne quelque malheur ».

Il n'y a pas de bon Dieu « la chose est certaine, se fera... » (sous-entendu : *le bon Dieu* lui-même ne l'empêcherait pas). Attesté en 1808.

On lui donnerait le bon Dieu sans confession « il (ou elle) a un visage innocent, une apparence d'honnêteté ». La communion nécessite l'absolution des péchés que la confession fait connaître. L'expression suppose à la personne dont il est question une conscience chargée : aussi s'emploie-t-elle volontiers au conditionnel passé *(on lui aurait pourtant donné...).*

Ni Dieu ni maître. Formule anarchiste, qui rend à Dieu et à César ce qui leur est respectivement dû, en les rejetant tous les deux.

DIFFÉRENCE n. f

Faire la différence « créer un écart favorable, se démarquer, par rapport à des concurrents ». Calque de l'anglais, dans un sens inconnu en français où *faire la différence* signifie « établir ce qui diffère (entre...) ». Jargon journalistique franglais ou enrichissement sémantique pour notre langue, selon les humeurs.

DIGESTION n. f.

Vx. *Visite de digestion* « visite que l'on fait après avoir été invité à la table de quelqu'un, pour le remercier ». Cette expression dévoile l'étonnante grossièreté de la politesse mondaine de la « Belle Époque ».

DILIGENCE n. f. Le mot signifie d'abord « soin », puis « empressement »

Faire diligence « se hâter ». Ce syntagme verbal est démotivé et suggère en général une voiture à chevaux rapide ; il s'agit en fait d'une expression abstraite et banale (mais la construction *faire* + nom sans article n'est pas représentée avec les mots : *vitesse, célérité,* etc.).

DIMANCHE n. m.

Vieilli. *Se mettre en dimanche* « s'habiller avec soin, pour une occasion particulière ». Comme son équivalent lexical, *s'endimancher,* l'expression est ironique et évoque une élégance maladroite et appliquée.

Chauffeur du dimanche « mauvais conducteur (qui ne prend sa voiture que le dimanche) ». Le dimanche est traditionnellement le jour des amateurs, par opposition à ceux qui exercent une activité en semaine. *Peintre du dimanche,* cependant, est moins péjoratif et n'exclut pas le talent.

DINDON n. m.

Être le dindon de la farce « être la victime, la dupe, dans une affaire ». Expression datée des premières années du XIXe s. : le verbe *dindonner* [1843, Balzac] en est issu. Comme la dinde, le dindon a une réputation de bêtise. Dans les farces du Moyen Âge, le dindon symbolisait le vieillard berné (Gottschalk).
On a parlé aussi (Ch. Rozan, *Les Animaux dans les proverbes,* 1902) du *dindon de la fable,* par allusion à Florian (le singe qui montre la lanterne magique).

Nous n'avons pas gardé les dindons ensemble → GARDER.

DÎNER n. m.

Dîner de têtes → TÊTE.

DÎNER v. intr.

Dîner par cœur « se passer de dîner, de manger » → CŒUR. — **Dîner avec les chevaux de bois** a le même sens, dans le registre populaire → CHEVAL.

Dîner sur le pouce → POUCE.

Vx. **Dîner d'une olive et d'un poulet** « bien manger, alors qu'on prétend avoir jeûné ». L'*olive* est le repas reconnu, alors qu'on s'est régalé d'un *poulet*.

Vx. **Il me semble que j'ai dîné** « cela m'est très désagréable ». L'expression est dans Molière (*Le Bourgeois Gentilhomme*, II, 3), elle s'employait encore au milieu du XVIIIe s. (Le Roux).

Qui dort, dîne [PROV.] → DORMIR.

DINGUER v. intr.

Envoyer dinguer « pousser, jeter loin de soi avec violence » et, par métaphore, « éconduire brutalement ». Attesté chez Proust, cf. *Envoyer promener*.

DIRE v. tr.

Autant dire [LOC. ADV. et PRÉP.] introduit un mot, une phrase (*autant dire que...*) qui reprend plus clairement ce qui vient d'être dit. L'expression signifie « cela reviendrait au même de dire... ».

Autrement dit « en d'autres termes, en s'exprimant autrement ».

Comme on dit. Introduit une expression que l'on reprend dans sa forme et son emploi le plus courant. *Comme dit l'autre* y ajoute une intention ironique. Ces expressions introduisent dans le discours la reprise, la citation des paroles d'autrui; elles servent à présenter des signes (mots, phrases) tout autant dans leur signifiant que dans leur signifié; ces mots, ces phrases renvoient donc à eux-mêmes, en tant qu'ils sont issus d'habitudes de paroles propres au groupe (comme *on* dit) ou à quelque individu (comme dit *l'autre*).

> L'on voit les esprits les plus sains s'y acheminer peu à peu (si j'en juge par moi, comme dit l'autre), et maints petits faits, de successives menues décisions, qui, chaque fois et prises à leur tour, paraissent les plus sages du monde et proprement inéluctables, apprivoisent en nous progressivement cette idée.   A. GIDE, *Journal*, t. II, p. 14.

Fam. **Comme qui dirait** « à peu près, approximativement ». Équivalent populaire de *pour ainsi dire*, dont la forme est voisine de *comme dit l'autre* (qui = l'autre) mais où le conditionnel implique une nette adaptation à la situation d'énonciation : « comme dirait telle personne (dans les mêmes circonstances, etc.) ». S'emploie surtout pour introduire un attribut (*il est comme qui dirait ruiné, en déconfiture; c'est comme qui dirait un dur à cuire*), en lui conférant une pleine valeur de signe (expression et contenu).

Comment dirais-je ? S'emploie en incise, soit pour indiquer la recherche d'un terme adéquat, soit (par figure rhétorique) pour présenter un terme, une expression que l'on ne risque qu'avec précaution. Dans ce cas, cette tournure sert à distancier l'énonciateur de son énoncé et équivaut à peu près pour le sens à *pour ainsi dire* ou *comme qui dirait*.

On dirait... « cela ressemble à... ». S'emploie avec un nom complément (*on dirait mon frère*) ou une proposition (*on dirait que...*). L'expression signifie une ressemblance entraînant une méprise; elle équivaut à *on croirait, on penserait*, en montrant que la parole et la pensée ne sont que les deux faces d'un même phénomène

On dirait qu'il vient vers nous et *il semble qu'il vienne vers nous* sont synonymes :
la possibilité d'exprimer une hypothèse et l'apparence d'un phénomène sont aussi
deux aspects de la même relation. La forme : *on dirait* (ou *vous diriez*) *de...* suivi d'un
nom, est archaïque *(on dirait d'un homme ivre)*; elle correspond à un sens particulier («il se comporte comme s'il était ivre»).

Pour ainsi dire «à peu près, approximativement». Introduit notamment un
attribut, en ajoutant un effet de distanciation par rapport au terme introduit. *Il est
pour ainsi dire renvoyé* correspond non pas à «il est presque renvoyé», mais à «ce
qu'il est peut approximativement être décrit par le mot *renvoyé*».

> Tous ces lieux qu'on ne voit plus, qu'on ne reverra jamais peut-être, et dont on a gardé
> l'image, prennent un charme douloureux, vous reviennent avec la mélancolie d'une
> apparition, vous font la terre sainte visible, et sont, pour ainsi dire, la forme même de
> la France [...].   V. HUGO, *Les Misérables*, Pléiade, p. 463.
> Pour ainsi dire... qui veut dire que la chose ainsi dite ne l'est pas tout à fait, qu'il y
> a une certaine marge entre ce qui est dit et ce qu'on voudrait dire, et que l'autre —
> pour entendre juste — doit tenir compte de cette marge. On brûle, on est tout près,
> c'est comme si ça y était, mais ça n'y est tout de même pas, et il faut que ce léger
> manque soit marqué pour que, soi-même et l'autre, on y soit à peu près.
>   M. LEIRIS, *Frêle Bruit*, p. 118.

Pour mieux dire. S'emploie pour introduire une expression plus adéquate.
Pour mieux dire, comme *disons mieux* et *que dis-je?*, se place entre deux variétés linguistiques de même valeur (deux noms, deux adjectifs, deux syntagmes, deux phrases) pour corriger la première par la seconde.

Quoi qu'on dise «malgré les médisances, les critiques, les remarques défavorables» (on se rappelle le fameux *quoi qu'on die*, forme archaïque de *dise*, du Sonnet
de Trissotin, qui plaisait tant aux *Femmes savantes* de Molière). *Dire* a la valeur de
redire «critiquer, objecter».

Si j'ose dire... Formule par laquelle on s'excuse d'employer un terme,
une expression.

Avoir beau dire et beau faire «s'exprimer et agir en vain» → BEAU
(avoir beau).

Avoir son mot à dire → MOT.

**En dire de belles, de bonnes, de fortes, de raides, de vertes, de toutes les cou-
leurs** «raconter des choses incroyables, invraisemblables, ou inconvenantes, inattendues, absurdes... ». Les adjectifs, dans ces expressions, se renouvellent selon les époques. Ainsi on disait au XVIIIe s. *en dire de sèches*; les sémantismes actuels sont ceux
de la mélioration *(beau, bon)*, de la force et de la couleur.

Dire à qui veut l'entendre → ENTENDRE.

Ne pas l'envoyer dire à quelqu'un «ne pas se gêner pour dire (une chose désagréable)», ou «dire soi-même ce que l'on pense, sans intermédiaire».

Ne pas se le faire dire deux fois «faire quelque chose avec empressement,
avec plaisir». Correspond à : *ne pas se faire prier*. L'idée exprimée, très claire, peut
donner lieu à diverses formes libres, en dehors des locutions : *on n'a pas eu besoin
de le lui répéter*, etc.

Laisser dire «ne pas se préoccuper des commentaires, des réactions». **Bien
faire et laisser dire** → FAIRE.

Se tenir pour dit que... «ne pas oser insister, discuter à propos de...; obéir».
Sous forme exclamative (ordre). *Tenez-vous le pour dit!* *Tenir* a ici la valeur abstraite de «croire, estimer». *Se tenir quelque chose pour dit* «considérer quelque
chose comme étant suffisamment précisé» est mentionné par Furetière (1690). Au
XVIIe s., l'expression signifiait aussi «avoir le pressentiment (d'un malheur)».

Vouloir dire « signifier ». Ce verbe complexe apparaît au début du XVIᵉ █ (R. Estienne *in* Wartburg). À côté de *signifier* qui désigne un processus observé il introduit l'intentionnalité humaine (comme l'anglais *to mean*). *Qu'est-ce que cel veut dire ?* exprime la réprobation.

À qui le dites-vous ! Expression exclamative qu'une personne emploie pou confirmer et renforcer ce qui vient d'être exprimé par un interlocuteur, en impli quant qu'elle connaît parfaitement la question, qu'elle a éprouvé ce dont il s'agit (e qu'il était donc inutile de solliciter son accord, son approbation).

Aussitôt dit, aussitôt fait (ou *sitôt dit, sitôt fait*); *aussitôt dit que fait* « █ chose est exécutée, faite immédiatement après la décision ». Le parallélisme de █ première expression suggère la superposition dans le temps du *dire* et du *faire*.

C'est dit ! voilà qui est dit ! « la chose est entendue, décidée ; on n'y reviendr pas ». Sous une forme renforcée : *ce qui est dit est dit* « ce qui est convenu décidé, se fera ».

Vx. **Cela est bientôt dit** « c'est facile à dire mais plus difficile à faire » → Facile* à dire.

C'est beaucoup dire, trop dire « c'est exagéré ».

Ce n'est pas assez dire « l'expression est insuffisante, est incapable de rendr compte du fait, de la chose ».

Ce n'est pas peu dire → Peu.

C'est tout dire. Ajouté à un terme (nom, syntagme), implique toutes les consé quences attachées à son sens. *Il est devenu le bras droit du patron en six mois c'est tout dire !*

Ce n'est (c'est) pas pour dire (1791). S'emploie pour introduire une assertio qu'on prétend faire à contrecœur et non par plaisir de parler (formule de fauss modestie, de médisance hypocrite, etc.). C'est une forme atténuée de prétérition (c Pour ne pas parler* de..., Pour ne rien dire* de..., Pour ne pas le nommer*).

Cela va sans dire (il va sans dire) « la chose est évidente ; il n'est pas util d'en parler, car tout le monde le sait ». Par allusion au mot célèbre de Talleyran cette expression entraîne souvent un correctif : *... mais cela irait encore mieux en █ disant !* par lequel on indique que rien n'est jamais compris ni assimilé définitive ment.

> Que Péguy soit une grande figure, et noble et représentative entre toutes, il va sans
> dire : je tiens pour admirable sa vie même et nombre de pages de sa Jeanne d'Arc,
> ainsi que maintes autres éparses dans ses cahiers.   A. Gide, *Journal*, t. II, p. 76.

Cela vous plaît à dire « vous le dites parce que cela vous plaît, vous arrange (sous-entendu, mais ce n'est pas exact, je ne suis pas d'accord). Expression littérair remplacée dans l'usage courant par : *c'est vous qui le dites,* ou *que vous dites que tu dis !*

C'est (bien) le cas de le dire. Un mot ou une expression étant prononcé, cett phrase métalinguistique en signale la pertinence dans la situation *(le cas)* actuell → Il ne croit pas si bien dire, ci-dessous.

C'est moi qui vous le dis ! Renforce une affirmation, en assumant avec forc la responsabilité de l'énonciateur.

Disons le mot... S'emploie en incise pour annoncer un terme. Alors que *com ment dirais-je ?* et *pour ainsi dire* connotent l'hésitation, que *pour mieux dire* intro duit un terme plus adéquat que le précédent, *disons le mot* précise le caractère lex cal du signe linguistique annoncé et insiste sur son adéquation absolue *(le mot)* e

uggérant une réticence antérieure («le mot» étant dur, cruel, grossier → J'APPELLE
N CHAT* UN CHAT).

À noter que *disons,* employé seul pour présenter un élément d'énoncé, est devenu
une cheville du discours particulièrement irritante (remplaçant *par exemple, c'est-à-
*ire et bien d'autres expressions).

Entre nous soit dit (ou, plus rare : *soit dit entre nous*) «que ce dont on parle
este entre nous, soit confidentiel».
On emploie aussi : *entre nous,* sans verbe.

Il ne croit (croyait...) pas si bien dire s'emploie aussi aux autres person-
es : *(Je ne croyais, vous ne croyez... pas si bien dire)* «ce qu'il dit (disait, etc.) cor-
espond exactement à la vérité, sans qu'il le sache». C'est la même idée que dans :
'est le cas de le dire mais appliquée à un locuteur précis *(il)* et modalisée au passé
on ne s'aperçoit qu'après coup que «c'était le cas de le dire»).

> il a un sourire que peut-être il voudrait tendre
> et répète
> Voyons calme-toi tu es folle
> mais il ne croit pas si bien dire   PRÉVERT, *Paroles,* p. 63.

Il n'y a pas à dire «c'est vrai; il faut accepter, reconnaître le fait» (1756).
Dire signifie ici «objecter», critiquer» → REDIRE. La subtilité d'emploi de ces expres-
ions est décourageante pour l'étranger : alors que *il n'y a rien à dire* correspond à
il n'y a pas de critique à faire; la chose, l'action... est correcte, irréprochable» (cf.
RIEN À REDIRE), *il (n') y a pas à dire* exprime l'étonnement, qu'il soit admiratif, neutre
u même réprobateur. En fait, l'expression fonctionne comme si elle signifiait : «il
'y a pas (autre chose) à dire» *(eh bien, y'a pas à dire, c'est un beau salaud!).*

J'ai dit. Expression archaïque ou plaisante qui, employée après l'énoncé
'un ordre, d'une décision, indique que l'on n'y reviendra pas, que la déci-
on est irrévocable.

Je me suis laissé dire «on m'a dit, j'ai entendu cela, mais sans y adhérer
otalement». Cette expression suggère pourtant que la chose dite est exacte car si
n se l'est laissé dire, c'est qu'on a admis au moins sa vraisemblance.

Je ne dis pas... phrase elliptique qui correspond à une acceptation hésitante
= je ne refuse pas, je ne dis pas non).

Je ne te dis (je ne vous dis) que ça! Expression intensive qui porte sur une
hrase, un syntagme nominal pour les qualifier par une déclaration exclusive *(que)*
ortant sur ce dont il est question *(ça).* Signifie à la fois «je ne vous parle que de
ela, tellement c'est remarquable» et «je ne peux pas exprimer ce que j'en pense, je
ne contente de nommer» (cf. C'EST TOUT DIRE).

> Dites donc, si vous vous faites foutre en prison, j'irai vous porter des cigares et du
> bourgogne. Et vous savez, je ne vous dis que ça!   J. VALLÈS, *L'Insurgé,* p. 109.

> «Tu mangeras une purée de marron, je ne te dis que ça, et il y aura sept petites bou-
> chées à la reine.   M. PROUST, *À la recherche du temps perdu,* t. II, p. 488.

Je ne vous le fais pas dire «vous venez de m'apporter un argument sans que
le sollicite»; «la chose est vraie, juste, puisque vous l'admettez vous-même».

Mettons que je n'ai rien dit! Formule de rétractation neutre, par laquelle on
etire ce qu'on a dit, affirmé, sans toutefois le contredire (→ UN COUP POUR RIEN*).

Que voulez-vous que je vous dise! Cette phrase exclamative (interrogative par
a syntaxe) s'ajoute à un énoncé pour en souligner le caractère évident, dont on ne
eut rien dire, toute preuve supplémentaire étant superflue.

> Quand on s'appelle le marquis de Saint-Loup, on n'est pas dreyfusard, que voulez-
> vous que je vous dise!   M. PROUST, *À la recherche du temps perdu,* t. II, p. 235.

Qu'en dira-t-on ? Phrase interrogative (vieillie) qui exprime une inquiétud
quant aux commentaires de la société. Lexicalisé comme nom : *le qu'en-dira-t-o▌*
« l'opinion des autres ».

Soit dit sans vous offenser (fâcher). Formule d'atténuation que l'on ajoute
une expression, à un terme qui pourrait choquer l'interlocuteur.

> Votre affaire me fait l'effet d'un vol, à moi, soit dit sans l'offenser.
>   BALZAC, *César Birotteau*, Éd. de 1838, t. I, p. 40.

Soit dit en passant. Expression à valeur d'incise, qui indique que ce qui e▌
dit est incident, et ne concerne pas le sujet principal du discours (→ PA▌
PARENTHÈSE*).

Tu l'as dit, vous l'avez dit ! Marque d'approbation (« tu as [vous avez] bie▌
raison ; c'est bien vrai »). Parfois renforcé plaisamment en : *tu l'as dit, bouffi▌*
→ BOUFFI, en dehors de l'assonance (cf. *Tu parles, Charles !*) on ne voit pas la moti▌
vation de cet adjectif péjoratif, sinon par le désir de déprécier celui à qui on vier▌
de donner la raison.

Tu m'en diras (vous m'en direz) tant ! (1780). Exprime que l'on vient de sa▌
sir, de comprendre ce qui était obscur grâce aux paroles de l'interlocuteur, et impli▌
que en général l'ironie ou une légère désapprobation.

> — Comment s'appelle ce monsieur, me demanda le baron, qui venait de m'être pré-
> senté par Mme de Villeparisis.
> — M. Pierre, répondis-je à mi-voix.
> — Pierre de quoi ?
> — Pierre, c'est son nom, c'est un historien de grande valeur.
> — Ah !... vous m'en direz tant.
>   M. PROUST, *À la recherche du temps perdu*, t. II, p. 213.

Tout est dit « la chose est définitive, sans appel », cf. LES JEUX SONT FAIT▌
Tout n'est pas dit « rien n'est encore certain ». *Dire* correspond ici à « exprimer un▌
volonté, un ordre », et l'expression ne doit pas être confondue avec le fameux « *tou▌*
est dit (exprimé) et l'on vient trop tard... ».

DISCORDE n. f.

Brandon de discorde → BRANDON.

Pomme de discorde → POMME.

Vx. **La discorde est au camp d'Agramant** « la division règne au sein du mêm▌
groupe, du même parti ». Cette locution proverbiale érudite et archaïque sembl▌
dater du XIXe s. (*in* Littré), et fait référence au *Roland Furieux* de l'Arioste, o▌
saint Michel sème la discorde dans le camp des Sarrazins qui assiègent Paris sous le▌
ordres d'Agramant.

DISCRÉDIT n. m.

Jeter le discrédit sur... « discréditer ». Par rapport à l'expression lexicale *di▌*
crédit-er, *jeter le discrédit sur* a une valeur plus concrète et plus agressive, pa▌
l'emploi du verbe *jeter*.

Tomber en discrédit « perdre la considération que l'on avait ».

DISCRÉTION n. f.

À discrétion [LOC. ADV.] « autant qu'on le veut, en agissant selon son pouvo▌
de décider (ancien sens de *discrétion*) ». L'expression est synonyme de *à volonté (vin*
discrétion ou *à volonté*).

DISCUSSION n. f.

De la discussion jaillit la lumière « c'est par la confrontation de points de vue différents, d'idées opposées qu'on peut saisir des idées nouvelles et enrichissantes ». Cette locution proverbiale articule un complément préposé employé dans son sens banal *(discussion)* et un sujet métaphorique *(la lumière) :* le verbe *jaillir* en fait l'unité et la force expressive.

Pas de discussion! Accompagnant un ordre, cette formule réclame une obéissance totale, immédiate, et refuse l'échange ou la contestation, cf. *Obéir... sans discussion.*

DISEUR n. m.

Diseur de bons mots... « personne qui fait habituellement des bons mots ». Le suffixe d'agent *-eur,* ajouté au radical du verbe *dire,* produit en général un sens péjoratif. L'aphorisme pascalien, *diseur de bons mots, mauvais caractère,* est devenu incompréhensible avec l'évolution de sens de *mauvais caractère;* il signifie « personnage nuisible », le bon mot étant souvent le véhicule de la médisance.

Vx. *Les grands diseurs ne sont pas les grands faiseurs* « ceux qui parlent et se vantent ne sont pas efficaces ». Ce proverbe archaïque ne vaut que par sa lourde symétrie mnémotechnique (→ LES CASSEURS* SERONT LES PAYEURS). Il illustre la valeur habituellement péjorative de *diseur.*

DISQUE n. m.

Changer de disque « parler d'autre chose ; cesser de répéter quelque chose ». Cette locution greffe l'allusion à la machine parlante sur le sémantisme de : *c'est toujours la même chanson.* Le mot *disque* évoque le caractère mécanique de la répétition et, plus concrètement, la circularité.

> [...] il attrape sa plus belle plume et te fout un savon aux Vichyssois qu'ils ont les milliers
> de gars qui le lisent ne pensent plus qu'à tout mettre à feu et à sang. L'épuration jus-
> qu'à la gauche, il réclame.
> Il est vrai que l'épuration. ça ne rend quand même plus beseff pour le moment, et la
> plupart des gars ont changé de disque. Le grand truc. c'est la Constituante souveraine.
> > A. SERGENT, *Je suivis ce mauvais garçon,* p. 71.

DISSUASION n. f.

Force de dissuasion « force militaire atomique destinée à persuader l'adversaire de se tenir tranquille ». Cette expression (comme *force de frappe**) est quasi lexicalisée. Elle implique une large publicité et l'abandon du secret militaire, car comment dissuader l'adversaire par la crainte d'une force qu'il ignore et qu'il pourrait imaginer faible ? Le thème de « montrer sa force pour que l'autre renonce à se servir de la sienne », autrement dénommé *équilibre de la terreur,* ramène l'humanité aux imprécations des guerriers antiques, avec une terrible différence : les menaces d'anéantissement réciproque sont dans une large mesure réalisables.

DISTANCE n. f.

À distance [LOC. ADV.] « avec le recul, dans l'espace ou dans le temps ».

Garder (conserver) ses distances (avec quelqu'un) « refuser des relations familières, manifester de la retenue dans les rapports sociaux ». L'expression s'appuie sur le sens spécialisé de l'adjectif *distant.*

> [...] cette irritante habitude du « monsieur » inutile qu'ont les gens du monde, comme
> s'ils croyaient, en taxant de monsieur un grand écrivain, lui décerner un honneur, peut-
> être garder les distances, et bien faire savoir qu'ils ne le connaissent pas [...].
> > M. PROUST, *À la recherche du temps perdu,* t. II, p. 1053.

Tenir à distance « éloigner quelqu'un, l'empêcher d'avoir des relations fami lières avec soi ». Parfois renforcé par un adjectif : *tenir quelqu'un à distance respectueuse,* etc.

> Je ne lui montrais jamais ni mes carnets, qui étaient pourtant bons, ni mes cahiers. En faisant cela je savais que je défendais ma mère, qui avait le droit de garde, je me mettais de son côté. Pour lui mon cartable était fermé, c'était mon coffre-fort, mon trésor, mon importance. Je tenais ainsi mon père à distance. Je lui interdisais l'accès de mon univers. J'en étais consciente. M. CARDINAL, *Les Mots pour le dire,* p. 64.

Tenir la distance « être capable d'assumer un rôle, d'exécuter un travail, etc. pendant toute la durée nécessaire ». Surtout au négatif *(il ne tiendra pas la distance)*. L'expression provient de la langue des sports, de la course.

DIT n. m.

Vx. *Avoir son dit et son dédit* « changer d'opinion, ne pas tenir ses promesses ». Comme on le voit dans le passage suivant de Furetière, la réputation d'incertitude dans la décision accablait déjà les Normands au XVIIe s. Mais seule l'autorité de Papi rius Masso permet d'assigner à la Normandie l'origine de cette locution.

> On dit proverbialement, qu'un homme a son dit et son *desdit,* pour dire qu'il est inconstant, et qu'on ne peut pas se fier à sa parole. Le proverbe vient, selon Papirius Masso, de ce que dans l'ancienne Coustume de Normandie les contracts n'étoient obligatoires que 24 heures après leur passation, pendant lesquelles il étoit permis de s'en desdire, et de les annuller, ou ratifier. A. FURETIÈRE, *Dictionnaire,* 1690.

DIVERSION n. f.

Faire diversion « détourner l'attention, distraire ». L'expression vient du lan gage militaire, où la *diversion* est une manœuvre pour détourner l'ennemi.

DIVISER v. tr.

Diviser pour régner « susciter des oppositions, des luttes et les utiliser pour assurer son autorité ». La forme française du proverbe est constative et impersonnelle, le latin qu'il adapte était impératif et personnel *(divide ut reges* signifie « divise afin que tu règnes »). On peut préférer la franche brutalité de la maxime politique formulée par Machiavel.

> Empêcher les subordonnés de se grouper, de se connaître, de s'aimer, diviser pour régner, telle est la formule de tous les despotismes sans contrôles.
> Ch. CROS, *Correspondance,* p. 620.

DIX adj. num.

Répéter, recommencer..., dix fois la même chose « un grand nombre de fois ». Comme *cent, dix* renvoie à la numération décimale : la concurrence du nombre rond et de nombres à valeur symbolique *(trente-six,* etc.) correspond à la substitution de l'économie arithmétique aux valeurs héritées.

DOGUE n. m.

Être d'une humeur de dogue « être de très mauvaise humeur, être hargneux ».

DOIGT n. m. Comme il est normal, ce mot, dans son sémantisme, est très comparable à *main* ; il évoque l'habileté, sert à désigner une unité de longueur. Sa valeur propre, opposée à celle de *main,* est dans la faculté d'indice, de signe désignateur (comparez les valeurs de *la main de Dieu,* sa puissance sur l'homme, et *le doigt de Dieu,* son pouvoir de connaissance, de désignation, etc.). Le doigt, plus encore que la main, est l'organe explorateur. Symboliquement, il peut représenter le péni

Doigt entre dans la composition de nombreux syntagmes nominaux lexicalisés (mots composés), désignant certains «doigts» (*petit doigt, doigt de pied ;* cependant *gros doigt* «pouce», *grand doigt* «médius» restent dialectaux) et métaphoriquement, des végétaux ou des objets allongés.

Vx. ***Doigts d'araignée*** → ARAIGNÉE.

Doigts de fée «très habiles». S'appliquant traditionnellement aux «ouvrages de dame», travaux d'aiguille, broderies, l'expression a aisément de nos jours des emplois ironiques.

> Bloch voulut faire un geste pour exprimer son admiration, mais d'un coup de coude il a renversé le vase où était la branche et toute l'eau se répandit sur le tapis.
> — Vous avez vraiment des doigts de fée, dit à la marquise l'historien qui, me tournant le dos à ce moment-là, ne s'était pas aperçu de la maladresse de Bloch.
> Mais celui-ci crut que ces mots s'appliquaient à lui. (...).
>   M. PROUST, *À la recherche du temps perdu*, t. II, p. 215.

Au doigt et à l'œil, s'emploie aujourd'hui avec *mener, conduire, régler,* etc. au sens de «avec vigilance et précision». Cette spécialisation doit dater du début du XIXe s. (cf. ci-dessous Balzac). *Le Dictionnaire comique,* en 1752, ne le connaît pas encore.

> Faire toucher au doigt et à l'œil, montrer au doigt et à l'œil. C'est-à-dire, faire voir et toucher sensiblement la chose.
> On dit qu'un homme est servi, pansé au doigt et à l'œil. Pour dire qu'on en a grand soin, qu'il ne manque de rien.   LE ROUX, *Dictionnaire comique*.

Faire voir au doigt et à l'œil (Sévigné), ***toucher au doigt et à l'œil*** (Vauban, Retz), paraissent illogiques à Littré, qui ne semblait pas admettre que *au doigt et à l'œil,* signifiant «par les principaux moyens de perception», pouvait se construire indifféremment avec les verbes exprimant la vue et le toucher. Quoi qu'il en soit, cette acception initiale a vieilli, *au doigt et à l'œil* n'exprimant plus que la vigilance attentive *(l'œil)* et la précision *(le doigt)* dans une surveillance. L'origine de la valeur actuelle est à chercher dans l'expression ***être servi au doigt et à l'œil*** (Cotgrave, 1611) «être servi dès que l'on demande quelque chose, c'est-à-dire dès que l'on indique sa volonté par un signe du doigt ou par un regard».

> Si je le tue, vous me prendrez chez vous à sa place, je vous ferai alors marcher cette jolie fille au doigt et à l'œil.   BALZAC, *La Rabouilleuse*, p. 1063.
> [...] il ramassait les pièces de vingt sous qui traînaient, menait Gervaise au doigt et à l'œil, grognait, gueulait, avait l'air plus chez lui que le zingueur.
>   É. ZOLA, *L'Assommoir*, t. II, p. 72.

À se lécher les doigts «très savoureux, excellent» (d'un plat). L'expression fait allusion à des aliments solides, mangés (ou mangeables) en se servant de ses doigts. L'anglais a la même image *(finger licking good).*

> Rue des Martyrs, *les Lilas* avaient la spécialité de la tête de veau ; tandis que, chaussée Clignancourt, les restaurants du *Lion d'Or* et des *Deux Marronniers* leur donnaient des rognons sautés à se lécher les doigts.   É. ZOLA, *L'Assommoir*, t. II, p. 33.

Comme les doigts de la main, se dit de deux personnes unies, inséparables. On trouve aussi : ***Ce sont les deux doigts de la main*** (vx) «deux bons amis».

> Je vous pardonne, reprit le *dab*, à condition que vous ne commettrez plus de fautes semblables, et que désormais vous serez pour moi ce que sont ces deux doigts de la main droite, dit-il en montrant l'index et le doigt du milieu [...].
>   BALZAC, *Splendeurs et Misères des courtisanes*, p. 1121.
> «Le vicomte de Langeac, un de mes maîtres, et le duc de Montsorel étaient les deux doigts de la main.»   BALZAC, *Vautrin*, III, 2.
> Mon Achille et lui, justement, ils étaient comme les doigts de la main, et des bons moments ils s'en sont donné.   M. AYMÉ, *Le Vin de Paris*, p. 103.

Les doigts dans le nez «sans effort». Selon Esnault, apparaît en 1912 dans le langage du turf *(le jockey est arrivé premier les doigts dans le nez,* etc.). Cette expression n'a d'autre explication que l'insouciance (et la mauvaise éducation!) impliquée par un geste familier aux enfants. Par ailleurs la signification symbolique rejoint celle de l'expression quasi synonyme : *en s'en foutant.*

Les doigts de pied en éventail, en bouquet de violettes «en se prélassant». L'image est à l'origine sexuelle : littéralement l'expression a signifié «être au comble de la jouissance».

Vieilli. **Jusqu'au bout des doigts** «parfaitement, complètement (avec des verbes comme *connaître, savoir,* etc.)». Le latin disait *ad unguem* («jusqu'à l'ongle»). Au XVIe s., on relève *savoir au doigt* et *avoir sur le doigt,* au sens de «connaître parfaitement». *Savoir sur l'ongle* semble postérieur (début XVIIe s.) et traduit le latin. L'expression moderne renforce donc *au doigt* en exprimant par *bout* la perfection, et par *doigt* la connaissance précise (→ AU DOIGT★ ET À L'ŒIL); il se peut que le sens de *doigt* «petite unité de longueur» ait informé l'expression *savoir au doigt.*

> Nous l'avons tous veu [...] avoir tellement le droist sur le doigt que, quand les livres eussent été perdus, ils se pouvoient recouvrer en mémoire.
> DU VAIR, *Harangues funèbres, in* Huguet.

On dit surtout de nos jours : *(savoir, connaître) sur le bout du doigt.*

Se mettre (se fourrer) le doigt dans l'œil «se tromper grossièrement». Cotgrave, invoqué par M. Rat, explique l'expression par le geste maladroit de celui qui se frappe l'œil en voulant se signer. Mais nous n'avons pas trouvé d'attestation de cette locution avant 1864 (Littré). Or, l'«erreur» est souvent exprimée dans le langage populaire par des termes d'origine obscène *(se ficher, se foutre dedans...)* et «être trompé (par quelqu'un)» se traduit fréquemment par des allusions à la sodomie. Il ne faut pas oublier que *œil,* dans la langue classique, est glosé par les dictionnaires par «trou du fondement, anus» (Le Roux dont le *Dict. comique* donne comme synonyme à *s'en battre l'œil* l'expression *s'en battre les fesses*); l'argot moderne utilise largement cette valeur → Œil. Quant au doigt, sa valeur d'organe explorateur des cavités du corps a été signalée.

> [...] je ne suis pas encore au tiers de l'œuvre [*Bouvard et Pécuchet*]. Oh! si je ne me fourre pas le doigt dans l'œil, quel bouquin! Qu'il soit peu compris, peu importe, pourvu qu'il me plaise à moi, et à vous, et à un petit nombre ensuite.
> G. FLAUBERT, *Correspondance,* VIIIe série, p. 92.

Le petit doigt en l'air désigne les façons élégantes de boire à la tasse (var. : *en levant le petit doigt*), d'une manière quelque peu ironique.

Le petit doigt sur la couture du pantalon «dans la position du soldat au garde-à-vous (position raide, ultra-correcte, manifestant le respect...)». Flaubert emploie l'expression (avec *culotte*) dans un contexte mondain.

> «Sois toujours cet homme, jolie tenue, jolies manières, agréable en société, ferme sur tes talons, jarret tendu et le petit doigt sur la couture de la culotte.»
> G. FLAUBERT, *Correspondance,* Ire série, p. 175.

Compter quelque chose sur ses doigts (dans : *on peut le compter sur ses doigts,* ou *sur les doigts de la main,* etc.), «constater qu'il y en a très peu (cinq au plus)».

> Je crains fort que l'on puisse compter sur ses doigts le nombre des poètes chez lesquels le délice de la mélodie continue commence avec le poème et ne cesse qu'avec lui.
> P. VALÉRY, *Variété,* Cantiques spirituels, p. 457.

Ne pas bouger (remuer, lever) le petit doigt «ne rien faire, refuser d'agir». Le *petit doigt* correspond ici au geste le plus infime.

Couler (filer) entre les doigts «s'écouler rapidement» (se dit notamment de l'argent).

> Voilà des semaines que j'attends, du fond de mon trou, une occasion de leur filer entre les doigts. Leur échapperai-je?... je ne crois pas.   J. VALLÈS, *L'Insurgé,* p. 303.

Ne rien faire (ne savoir rien faire) de ses dix doigts « être très paresseux (très incapable) ». Les doigts sont remarquables par leur multiplicité, et l'expression, grâce au numéral *dix*, exprime plus efficacement l'inaction totale, obstinée, que ne le ferait *ne rien faire de ses deux mains.*

Mettre le doigt dans l'engrenage « s'engager dans un processus auquel on ne peut plus échapper ».

> Est-ce volonté de contradiction ou susceptibilité liée à une coquetterie cachée, inconsé-
> quence totale ou illustration de ce paradoxe auquel il serait malaisé d'échapper une fois
> le doigt mis dans l'engrenage : être aimé pour ce qu'on est exige qu'on se dévoile [...].
>   M. LEIRIS, *Fibrilles*, p. 91.

Mettre le doigt entre l'arbre et l'écorce, entre l'enclume et le marteau « se trouver pris entre deux influences contraires, etc. » → ARBRE, ENCLUME. Sous la forme
du conseil proverbial : *il ne faut pas mettre le doigt...*

Mettre le doigt sur quelque chose « découvrir précisément ce qu'on cherchait ».
La métaphore est basée sur une valeur fondamentale de *doigt* : « désignation ». *Mettre
le doigt sur* correspond à « découvrir, trouver » sur le mode visuel (d'où ses applications plutôt intellectuelles que concrètes) ; *mettre la main* sur* correspond à la
découverte tactile et à la prise de possession.

Y mettre les quatre doigts et le pouce « toute la main ». Spécialisé dans le contexte de la gourmandise, avec *s'en lécher les quatre doigts et le pouce* « se régaler ».
Cf. ci-dessus À SE LÉCHER LES DOIGTS.

Se mordre les doigts de quelque chose « s'en repentir amèrement ». Cette autopunition bénigne désigne métaphoriquement le regret de sa propre maladresse.

> Vous vous en êtes allé en vous mordant les doigts ; c'est votre langue maudite qu'il fal-
> lait mordre auparavant.   DIDEROT, *Le Neveu de Rameau*, p. 437.

> — Certes ! puisque vous nous laissiez mourir de faim... Ah ! vous pourrez bien vous
> mordre les doigts, si vos filles coiffent Sainte-Catherine.
>   É. ZOLA, *Pot-Bouille*, t. I, p. 39.

Cf. aussi MORDRE *(à la mords-moi le doigt).*

Montrer du doigt « désigner par un geste du doigt (index) ». On disait aussi
montrer au doigt. L'expression s'emploie concrètement (le code de la politesse, dans
nos cultures, proscrit ce mode de désignation) ou par métaphore *(montrer du doigt
un problème, une difficulté). Montrer au doigt* (dans la langue classique), puis *montrer
du doigt* ont aussi la valeur spéciale de « désigner à la réprobation, à la moquerie ».

Toucher du doigt, au fig., « s'assurer par soi-même ; comprendre intuitive-
ment » (1835, Acad.). L'expression succède à *toucher au doigt* « comprendre clairement » (XVIe s.). *Faire toucher au doigt* (1572, Wartburg) correspondait à « faire constater », et était renforcé en *faire toucher au doigt et à l'œil* (cf. ci-dessus). Le *doigt* n'est
pas ici (comme dans *mettre le doigt sur*) l'organe désignateur, mais celui du toucher. Cependant, comme on l'a vu, la valeur de *doigt* « toucher » est enrichie par le
sémantisme dominant du mot (« direction », précision »). *Faire toucher du doigt* ajoute
à *faire toucher* « faire constater de manière irréfutable » l'idée de « précision dans le
domaine constaté » qui renforce l'effet du verbe (on pense à saint Thomas dans les
Évangiles, voir Jean 20, 24-29).
L'ancienne locution *toucher quelque chose du bout du doigt* (Sévigné, 20 avril 1672)
met en œuvre un autre sémantisme (le doigt est « l'extrémité de l'organisme ») ; elle
signifiait « être tout près de quelque chose ».

Vx. *Les cinq doigts de la main ne se ressemblent point.* Ce proverbe est intéressant en ce qu'il aborde le problème de la formation du concept. L'expression signifie en effet qu'on ne peut exiger une parfaite ressemblance entre deux faits, deux

objets, même si on les désigne par le même mot (ici *doigt,* appliqué à deux objets aussi dissemblables que le *pouce* et l'*auriculaire*).

Mon petit doigt me l'a dit « je l'ai su par un moyen secret ». Le *petit doigt,* l'auriculaire, est le doigt de l'oreille. Mécontents de cette explication trop simple, et de la naïveté du conte que les parents font à leurs enfants, des philologues du XIXᵉ s. l'interprétaient en : *mon petit dé* (de *deus,* Dieu), « par allusion au génie de Socrate (...) et autres démons familiers » (d'après le père Labre, *Étymologies françaises*). Cette étymologie « savante » est fantaisiste et dès le XVIIᵉ s. (Molière, *Le Malade imaginaire*), il s'agit bel et bien de l'auriculaire.

> Qui alors ? c'était donc Marie Pichon ? ah ! celle-là, il ne pouvait nier. Il nia, pourtant ; mais elle hochait la tête, elle assurait que son petit doigt ne mentait jamais. Et, pour lui arracher ces noms de femme, il devait redoubler de caresses, les lui tirer d'un frisson de tout son corps. É. ZOLA, *Pot-Bouille,* t. II, p. 74.

Il s'en est fallu d'un doigt que... « de très peu ».

Être à deux doigts de (la mort...) « être en danger de mort ». L'emploi de *deux,* au lieu de *un,* pour exprimer la plus grande proximité, est difficilement explicable. L'expression s'emploie aussi avec un infinitif : *il était à deux doigts de parler, quand...* (syn. : *Sur le point de...*).

DOMAINE n. m.

Tomber dans le domaine public, au sens propre et juridique, se dit des œuvres lorsqu'elles cessent d'être la propriété de leurs auteurs ou de leurs héritiers, et que tout éditeur peut les exploiter. Au fig. : « devenir bien commun, connaissance répandue ».

DOMICILE n. m.

Élire domicile « s'installer ». Le verbe *élire* a ici son sens latin (*eligere* = choisir) ; alors que *domicile élu* et *élection de domicile* sont restés cantonnés dans la langue du droit, les formes actives du verbe sont passées dans l'usage courant, en conservant un ton administratif ou pompeux (que Proust utilise pour caractériser le langage de madame Cottard, dans l'exemple ci-dessous).

> Nous, malheureusement, avec la rentrée des classes, le service d'hôpital du docteur, nous ne pouvons jamais bien longtemps élire domicile dans un même endroit. M. PROUST, *À la recherche du temps perdu,* t. II, p. 1039.

DOMINO n. m.

Vx. **Jouer des dominos** « manger ». Les *dominos* sont évidemment les « dents ». L'expression est formée sur *Jouer de...* « faire agir... » (*jouer des coudes,* etc.).

> Quelle vivacité d'images ! Jouer des dominos, signifie manger ; comment mangent les gens poursuivis ? BALZAC, *Splendeurs et Misères des courtisanes,* p. 1045.

DOMMAGE, n. m.

Outre les syntagmes à valeur terminologique (comme *dommages-intérêts, dommages de guerre...*), on peut signaler quelques emplois codés de *dommage* au sens affaibli de « chose fâcheuse, désagréable, regrettable ».

C'est (bien) dommage, formule de regret. **Quel dommage !** exclamation (même sens). Elliptiquement : **dommage (que...).**

Fam. **C'est pas dommage !** « enfin ! ». S'emploie pour signifier que la chose qui vient d'arriver était attendue depuis longtemps.

DONNER v. tr.

Donnant donnant «contre une chose, une prestation équivalente à ce qu'on donne soi-même». Cette locution très courante est considérée comme adverbiale par certains dictionnaires, mais elle s'emploie presque uniquement en proposition indépendante (on ne dit guère : *je vous le prête donnant donnant* [vous me prêterez l'équivalent]; mais *je vous le prête, mais c'est donnant donnant !*). Le participe présent a ici une valeur verbale de «gérondif» (= *en donnant*); l'extrême concision de l'expression recouvre un changement de sujet implicite; elle signifie «l'un donnant à condition que l'autre donne». En outre, le sujet implicite du premier *donner* peut être n'importe quelle personne verbale, selon le contexte.

Fam. ***J'ai déjà donné!*** «je l'ai déjà fait (et je n'ai pas l'intention de recommencer)». L'idée est celle d'avoir «déjà payé», d'être quitte. L'expression est récente. Au pluriel : *on a déjà donné.*

Je te (vous) le donne en cent, en mille «je te (vous) mets au défi de deviner, de trouver». L'expression correspond à «je te le donne à deviner, à trouver, parmi cent [ou mille] possibilités». Métaphoriquement, on peut la prendre mot à mot : *Je te le* [pronom neutre : la chose] *donne* [mais indistinctement] *parmi (en) mille* [autres choses identiques].

Vx. ***On lui en donnera!*** Se dit ironiquement pour indiquer que celui qui ne mérite pas (ou qui a négligé, méprisé) quelque chose n'en aura plus. En français moderne, plus énergique, *donner* est remplacé par d'autres verbes *(flanquer, ficher, foutre).*

La façon de donner vaut mieux que ce qu'on donne. Sous cette forme, due à Corneille *(Le Menteur)*, le proverbe reprend une pensée exprimée dans de nombreuses langues (par ex., dans la Bible, Ecclésiastique 35, 11 : *Ce que tu donnes, donne-le avec un visage joyeux).*

Donner et retenir ne vaut. Proverbe juridique, que l'on trouve sous cette forme dans les *Institutes* de Loisel (1607).

> — Il fallait un danseur à Madame; ce fut un calculateur qui l'obtint!... Et dire que les juristes prétendent : donner et retenir ne vaut [...].   P. VALÉRY, *Œuvres*, t. II, p. 209.

Vx. ***Qui donne tôt, donne deux fois.*** Adaptation française d'une pensée de Sénèque, d'ailleurs plus ancienne (Tuet, 1789).

La plus belle fille du monde ne peut donner que ce qu'elle a → FILLE.

DORMIR v. intr.

Dormir debout «éprouver une forte envie de dormir, s'assoupir sans être couché» (Cotgrave, 1611). *À dormir debout* «capable de faire dormir quelqu'un tant qu'il se couche», s'est spécialisé dès le début du XVIIe s. au sens de «absurde, fabuleux», en parlant de propos *(contes, histoires à dormir debout).* D'autres emplois, comme : *souliers à dormir debout* «larges de semelle ou d'assiette» (Oudin, 1656) n'ont pas vécu. Dans ces expressions, *dormir* a une valeur factitive et équivaut à *faire dormir, endormir;* un récit *à dormir debout* étourdit et trompe celui qui l'écoute et qui n'a plus que l'apparence de l'éveil.

> L'autre jour, à Aurungabâd, j'ai lu une analyse faite par le savant et ingénieux M. Wilson des Traductions thibétaines de mon ami de Kânum, M. Csomo de Kôros. C'est à dormir debout : il y a une vingtaine de chapitres sur la chaussure qu'il convient aux Lamahs de porter.   V. JACQUEMONT, *Correspondance*, t. II, p. 290.

Dormir comme un ange, un bienheureux, une bûche, un loir*, une marmotte, un plomb, un sabot, une souche*, une toupie... Dans ces comparaisons traditionnelles, le substantif nuance l'expression de l'intensité : sommeil paisible *(ange, bien-*

heureux; cf. la métaphore des *Bras de Morphée*), sommeil profond, interminable, des animaux en hibernation *(loir, marmotte)*, sommeil pesant qui transforme le corps en objet inanimé et pesant *(bûche, souche, plomb)*, sommeil sonore du ronfleur *(toupie, sabot* [au sens primitif de « toupie »]).

    Le bien (la fortune) vient en dormant « la fortune arrive souvent à qui ne fait rien pour l'obtenir ». Ce proverbe est contraire à la morale bourgeoise (et chrétienne) de l'enrichissement mérité ; il correspond à une attitude fataliste et optimiste d'insouciance (si le proverbe est vrai, il est tout à fait inutile de se fatiguer).

    Qui dort, dîne « le sommeil fait oublier (ou fait passer) la faim ». Ce proverbe est l'expression française d'une pensée fort ancienne ; on la trouve ainsi exprimée chez le grec Ménandre : « le sommeil nourrit celui qui n'a pas de quoi manger » (M. Maloux, *Dict. des proverbes*). L'idée d'un expédient gratuit contre la faim a été retournée par la morale utilitaire de la vertu bourgeoise, qui a fait du proverbe « une manière plaisante de rappeler à quelqu'un que la paresse est le moyen de n'avoir pas à manger » (Littré). L'expression concise et le jeu phonétique (vocalisme : *i-o-i*, répétition des dentales) sont essentiels dans le succès de l'expression.

        Dors : ce lit est le tien... Tu n'iras plus au nôtre.
        — Qui dort dîne. — À tes dents viendra tout seul le foin.
        Dors : on t'aimera bien — L'aimé c'est toujours *l'Autre...*
        Rêve : La plus aimée est toujours la plus loin...

                         T. CORBIÈRE, *Les Amours jaunes*, p. 849.

DOS n. m.

    Dos d'âne « ressaut (d'une route, etc.) ». La forme du dos de l'âne, animal que l'on charge à l'aide d'un bât, devait frapper l'imagination.
Dos + de + nom ou *dos* + adjectif, comme la plupart des noms de parties du corps, désigne en outre diverses plantes, divers animaux (comme *dos vert* « ablette » et, par un jeu de mots sur *maquereau* « souteneur »). Il s'agit là de véritables noms composés.

    La bête à deux dos. Depuis Rabelais, cette métaphore érotique est bien connue → BÊTE.

    À dos « derrière soi et tout près ». Vx. *Avoir l'ennemi à dos. Mettre à dos* « faire agir contre ». *Se mettre quelqu'un à dos* « le rendre hostile ». *Avoir quelqu'un à dos* « supporter son hostilité ». Au XVIᵉ s., *avoir à dos (par quelqu'un)* signifiait « être maltraité ».

    De dos « par derrière » (notamment en parlant de la vision).

Fam.   *Le même, vu de dos* « quelque chose de différent (dont l'identité présumée n'est pas vérifiable) ».

    Dans le dos « par derrière ». Cf. ci-dessous les locutions verbales.

    Derrière le dos de qqn « en se cachant de lui, sans son consentement » ; ou encore « en le suivant de près, pour le surveiller, etc. ».

    Sur le dos, cf. ci-dessous : ÊTRE SUR LE DOS DE QQN, etc.

    Avoir bon dos « supporter, *endosser* injustement la responsabilité d'une faute ». S'est dit (voir la citation de Sorel) de celui qui « a les moyens de faire les frais de quelque entreprise [...] qu'on veut faire tomber sur lui » (Furetière). Donc « être de taille à supporter une charge », puis « être désigné pour supporter une responsabilité désagréable ». Cette expression courante ne s'emploie pas seulement en parlant des personnes ; dire que *la démocratie, la justice... a bon dos,* c'est dire que l'on a mis au compte de la démocratie, de la justice, une décision, une action relevant de tout autre motif. Le *dos* est ici la capacité à porter des fardeaux et/ou à recevoir des coups (Zola, ci-dessous).

[Mon père et ma mère...] ne laisserent rien que moi et quelques valets qui en leur absence se resolurent de faire ripaille aux depens de leur meistre, qui avoit bon dos à ce qu'ils disoient.   Ch. SOREL, *Histoire comique de Francion*, p. 167-168.

Les jours où ils rentraient furieux, c'était sur elle qu'ils tombaient. Allez-y! tapez sur la bête! Elle avait bon dos; ça les rendait meilleurs camarades de gueuler ensemble.
                                                                    É. ZOLA, *L'Assommoir*, t. II, p. 72.

En avoir plein le dos «être excédé» (1809). D'apparence innocente, cette expression est un euphémisme — par métonymie — comme L'AVOIR DANS LE DOS (ci-dessous) laquelle, sous une forme légèrement différente, remonte au XVIᵉ s. (→ CUL), cf. EN AVOIR RAS LE BOL★. Il semble que Flaubert a conscience de la nature obscène de l'expression, quand il écrit : «J'en ai, quant à moi, plein le dos, révérence parler». (*Corresp.*, 18 août 1872, VI, p. 403).

— Voyons, est-ce une vie? jamais un liard, toujours rester en affront à propos des moindres bêtises... Oh! j'en ai plein le dos, plein le dos!
                                                                    É. ZOLA, *Pot-Bouille*, t. II, p. 109.

Il a flairé son temps [...] la bourgeoisie a plein le dos de l'Empire et veut paraître courageuse contre lui, après l'avoir préparé par sa lâcheté, ses assassinats d'ouvriers, et ses transportations sans jugements.   J. VALLÈS, *L'Insurgé*, p. 72.

Ta gueule! ripostait le colérique. Quand tu auras fini de me cavaler? Moi j'en ai plein le dos.   M. AYMÉ, *Le Vin de Paris*, p. 92.

L'avoir dans le dos «être trompé; perdre honteusement». Le sémantisme de la possession (notamment homosexuelle) est très actif pour exprimer la tromperie subie, l'échec (→ SE FAIRE AVOIR, ÊTRE POSSÉDÉ... et aussi L'AVOIR DANS L'OS★).

Vrayment, j'en avais bien dans le dos si je n'eusse trouvé ceste bonne femme...
                                                                    TOURNEBU, *Les Contens*, in Huguet.
Il jeta un coup d'œil sur les titres de la première page. L'armée populaire chinoise approchait de Shangaï... «Mao Tsé-Toung à Shangaï, s'écria-t-il. Ils l'ont dans le dos...»   R. VAILLAND, *Bon pied, Bon œil*, p. 152.

Avoir (donner) froid dans le dos → FROID.

Avoir le dos tourné «ne pas être à même d'assister à, de voir, de surveiller». On mesure les difficultés de la phraséologie française quand on songe que *avoir le dos tourné* n'a pas de rapport avec *tourner le dos à quelqu'un*. La première expression s'emploie là où *tourner la tête, les yeux* (les détourner) seraient plus logiques; dans cet emploi, *tourner le dos* signifie «s'éloigner, s'absenter un instant».

Mais je souffrais trop de laisser Albertine dans le train avec Saint-Loup, ils auraient pu, pendant que j'avais le dos tourné, se parler, aller dans un autre wagon, se sourire, se toucher [...]   M. PROUST, *À la recherche du temps perdu*, t. II, p. 1101.

Vieilli. **Avoir le dos au chaud (au feu), le ventre à table** «être confortablement installé pour ripailler». S'emploie aussi adverbialement (sans le verbe *avoir*).

Vx. **Battre dos et ventre, à dos et à ventre** (saint François de Sales) «battre complètement».

J'ay une si meschante femme, que je pense qu'elle a le Diable au corps; [...] Dieu sçait combien j'ay tasché de fois a la rendre bonne, en la battant dos et ventre, mais je n'en ay pu venir a bout. [...]   Ch. SOREL, *Histoire comique de Francion*, p. 274.

(Être) le dos au mur «être réduit aux extrémités, être dans une situation désespérée». Le même sémantisme est réalisé plus crûment dans *acculer* («mettre à cul»). Le sens est tout différent de *mettre au pied★ du mur*.

Être sur le dos de quelqu'un «le surveiller sans cesse». **Tomber sur le dos de quelqu'un** «l'attaquer par derrière». La préposition *sur* exprime le caractère constant, pénible et subi de la surveillance (que *derrière*, uniquement directionnel, n'implique pas). **Être dans le dos de quelqu'un** pose des problèmes d'interprétation plus délicats (ci-dessus : L'AVOIR DANS LE DOS).

> Oui, quel casse-pied! Imagine-toi, Blaise, que voici deux jours que je l'ai sur le dos et
> qu'elle n'a pas arrêté de me raconter des horreurs sur son mari. Dire qu'il y a des
> femmes pareilles et que la terre tourne!   B. CENDRARS, *Bourlinguer*, p. 51.

Être sur le dos, «être couché» (l'expression s'est spécialisée au féminin, pour exprimer la complaisance sexuelle; cf. *Une horizontale, une Marie couche-toi là*, etc.).

> [...] Même tu as dit que tu nous entendais bien faire nos saletés derrière ta cloison, et
> que la crasse s'amassait chez nous parce que j'étais toujours sur le dos...
>   É. ZOLA, *Germinal*, t. II, p. 106.

Faire le gros dos, se dit du chat qui voûte l'échine. En parlant d'un être humain «se courber, se ramasser» (*Nous faisions le gros dos sous la pluie*, Dorgelès, *Les Croix de bois*). L'emploi métaphorique de *gros dos* a évolué sous l'influence de l'emploi concret; alors que *faire le gros dos* évoque aujourd'hui le comportement de celui qui se ramasse pour se protéger, l'expression signifiait dans la langue classique (voir Regnard, Saint-Simon *in* Robert) «faire l'important».

> Faire le gros dos. C'est une espèce de contorsion de corps, qu'affectent les petits
> maîtres à Paris : ils mettent d'ordinaire une main dans la ceinture de la culotte et
> l'autre dans la veste, et par-là font un dos voûté, comme un matou en colère, et cette
> posture passe chez eux pour le bel air.   LE ROUX, *Dictionnaire comique*, 1752.

Fam. **Faire un enfant dans le dos (à qqn)** «trahir sa confiance». Métaphore de la sodomie, à laquelle s'ajoute une contradiction logique, résolue par le transfert de sens (*faire un enfant* = faire l'amour, coïter).

Se mettre à dos → ci-dessus : À DOS.

Mettre quelque chose sur le dos de quelqu'un «lui en attribuer la responsabilité». La métaphore est lexicalisée dans l'emploi figuré de *charger*.

Se laisser manger (tondre) la laine sur le dos «se laisser voler, exploiter, sans réagir». Cette expression exploite évidemment la passivité proverbiale du mouton → MOUTON.

Passer la main dans le dos «flatter servilement». Une des rares expressions où *dos* ne connote pas la passivité et le fait de supporter des choses désagréables, mais la caresse (→ PASSER DE LA POMMADE*). Par ailleurs, la préposition (*dans*, au lieu de *sur*...) trahit la véritable motivation métaphorique → LÉCHER LE CUL*.

Renvoyer dos à dos (VX *mettre dos à dos*) «refuser de donner l'avantage à l'un ou à l'autre». On a évoqué, pour motiver l'expression, une coutume juridique médiévale, lorsque le jugement n'était en faveur d'aucune des parties (Gottschalk).

> Finalement, le gradé de la marine se calme et se rend à mes raisons : nous nous quit-
> tons à la manière de deux adversaires que leurs arbitres d'honneur n'ont pas réconci-
> liés mais renvoient dos à dos, estimant que le conflit dont ils avaient à juger ne justi-
> fie pas une effusion de sang.   M. LEIRIS, *Fourbis*, p. 168.

Vieilli. **Scier le dos à quelqu'un** «ennuyer». Plutôt que d'un emploi métaphorique d'une expression concrète (un fardeau qui *scie le dos* produit une douleur aiguë), il s'agit là d'un renforcement de l'emploi métaphorique de *scier*. En effet, dès le XVIIIe s. *scier* s'emploie dans la langue familière pour «ennuyer, excéder» alors que *scier le dos* apparaît avec ce même sens au début du XIXe s. En outre, *scier* est un synonyme expressif de *rompre*, qui signifie initialement «déchirer» et s'emploie avec la même valeur métaphorique (*rompre la tête, les oreilles*). *Scier le dos* serait alors une équivalence euphémistique de *casser le cul*.

> Je dois te scier le dos, mon pauvre vieux, mais je te supplie, à genoux, de me pardon-
> ner, car je n'ai personne à qui ouvrir la bouche de tout cela.
>   G. FLAUBERT, *Correspondance*, IVe série, p. 107.

Tirer (frapper...) dans le dos «attaquer par derrière, par traîtrise». Le coup (de feu) par derrière symbolise l'agression lâche.

Tourner le dos à quelqu'un «refuser de lui parler, d'avoir affaire à lui». Le premier sens métaphorique de *tourner le dos* est «fuir» (dans la *Chanson de Roland*); au XVIᵉ s., on disait *tourner* (verbe transitif) *le dos*, ou *faire tourner le dos de quelqu'un*, pour «le mettre en fuite». Depuis le XVIIᵉ s., *tourner le dos* implique soit «se diriger du côté opposé» (comme dans les emplois abstraits *tourner le dos à la vérité*, etc.), soit, avec un complément nom de personne, «manifester du mépris, de l'éloignement, etc.» (cf. Rousseau, *in* Robert).

> Ils [les Turcs] se battirent d'abord assez courageusement, mais nous fûmes surpris de les voir tout d'un coup tourner le dos. Il y en eut un bon nombre de tués dans [...] leur fuite.   ABBÉ PRÉVOST, *Mémoires d'un homme de qualité*, t. I, p. 260.

DOSE n. f.

À haute dose «avec énergie». *Travailler à haute dose.*

En avoir (en tenir...) une dose. Comme *en avoir une couche*, cette locution signifie «être inintelligent».

DOUCEUR n. f.

En douceur [LOC. ADV] «doucement» (généralement en parlant d'un mouvement matériel). Cf. aussi *En douce* → DOUX (ci-dessous).

Plus fait douceur que violence. Ce proverbe exprime d'une manière abstraite une idée reprise par diverses métaphores (comme : *on n'attrape pas les mouches★ avec du vinaigre*). Sa forme archaïque est celle d'un vers de La Fontaine (*Fables*, VI, 3).

DOUCHE n. f.

Douche écossaise «traitement fortement contrasté, où l'on est alternativement bien et mal traité». La *douche* dite *écossaise* est une hydrothérapie par des jets d'eau alternativement chauds et froids; l'expression date de la fin du XIXᵉ s.

Avoir besoin d'une douche «être fou ou très agité, excité» (par allusion à l'hydrothérapie calmante pratiquée sur les «agités»).

DOULEUR n. f.

Être dans les douleurs «en train d'accoucher». *Les douleurs*, ou le syntagme *sans douleur*, est plus ou moins réservé à l'accouchement. À noter que l'expression *accoucher sans douleur*, employée au XXᵉ s. pour désigner des procédés d'accouchement censés indolores, est déjà observable au XVIIIᵉ s. (Prévost, *Mémoires d'un homme de qualité*, t. II, p. 154).

Fam. *Comprendre sa douleur* «souffrir beaucoup».

> Tu sonnes aux portes, avec cette différence qu'il faut venir à l'heure de la croûte, parce que c'est le gars que ça intéresse. Ah! mon ami, j'ai compris ma douleur! Qu'est-ce que j'ai pu me faire vider comme malpropre! Ou alors on me laissait m'expliquer debout pendant que toute la famille cassait la graine.
>   A. SERGENT, *Je suivis ce mauvais garçon*, p. 54-55.

DOUTE n. m.

Mettre en doute «contester, refuser de croire», est lexicalisé.

Dans le doute, abstiens-toi. Qui croirait que ce plat proverbe remonte à l'antique sagesse de l'*Avesta*? En fait, son adaptation française fait dévier un précepte éthique en règle de prudence sociale.

DOUTER v. tr.

Ne douter de rien « être persuadé du succès, être sûr de soi ». L'expression s'emploie surtout ironiquement, en parlant de quelqu'un qui fait une demande exorbitante.

> — Nous y pénétrerons, s'écria Poussin, n'écoutant plus Porbus et ne doutant plus de rien. Porbus sourit à l'enthousiasme du jeune inconnu, et le quitta en l'invitant à venir le voir.   BALZAC, *Le Chef-d'œuvre inconnu*, p. 403.

DOUX, DOUCE adj.

Fam. *En douce* [LOC. ADV.] « en secret, sans se faire voir ; en cachette ». L'expression, d'abord populaire, viendrait de *en douceur* (1755, en langage poissard) ; elle apparaît vers 1884 (Esnault).

> La cour de sa piaule a été marmitée, et près du mur, une caisse pleine de monnaie en a été déterrée : il a reçu son trésor en plein sur le râble. Même que l'curé s'est aboulé en douce et parlait d'prendre c'miracle-là à leur compte.
>   H. BARBUSSE, *Le Feu*, t. II, p. 8.
> Sur place, on ne trouve que du biscuit, de la soupe et du charbon : la femme du voisin continue à me fourguer en douce une partie de ses réserves pour se faire quelque argent de poche.   A. SARRAZIN, *La Traversière*, p. 177.

Le traitement argotique de l'expression (*en loucedé*, Cargoriji) a donné par approximation un curieux dérivé populaire : *en douceté.*

Se la couler douce → COULER. L'expression est elliptique par rapport au subst. fém. *vie*. On a dit : *se la passer douce.*

> Tu m'as l'air, mon bon, de te la passer douce.
>   G. FLAUBERT, *Correspondance*, IVᵉ série, p. 386.

Vx. *Tout doux !* [LOC. ADV.], loc. fréquente au XVIIᵉ s. pour inciter quelqu'un à se calmer (et parfois pour l'intimider, le menacer). Son emploi évoque irrésistiblement Molière.

DOUX adv.

Filer doux « se soumettre, obéir sans résister, sans protester » → FILER.

DOUZAINE n. f.

À la douzaine « en quantité, autant qu'on en veut ». On dit aussi *il y en a des douzaines, par douzaines,* pour exprimer l'abondance. *Treize à la douzaine* → TREIZE.

DRAGÉE n. f.

Vx. *Avaler la dragée* « supporter un affront » ou, simplement, « une chose désagréable » (Wartburg, 1808). Nous parlerions de *pilule. La dragée* était très employée dans la pharmacopée du XVIIIᵉ s. et du début du XIXᵉ s.

Vx. *Écarter la dragée* « postillonner » (Richelet, 1680). L'expression est une métaphore du vocabulaire de l'armement. Un fusil qui *écarte la dragée,* au XVIIᵉ s., se dit pour un fusil qui « laisse s'écarter les plombs » (*dragée,* dans ce sens, est dans Rabelais).

Tenir la dragée haute à quelqu'un (XVIIIᵉ s.) « faire sentir son pouvoir à quelqu'un ». La loc. aurait aussi signifié, selon Acad. (1835), « faire longtemps attendre qqch. à qqn. ». Quitard, dans son *Dictionnaire des proverbes* (1842), évoque l'image d'un jeu d'enfants où les participants cherchent à attraper une friandise suspendue à un fil, d'autres suggèrent l'image du chien qui saute pour attraper une friandise, tandis que Sachs-Villatte (1902) donne à *dragée* un sens technique de « fourrage mélangé » (*drage, dragée* ou *dravée,* dérivé de *drave,* du gallo-romain *dravoca*).

Mais cette dernière interprétation est gratuite et inutile, tant l'image de la friandise, tenue hors de la portée de qui l'on tourmente, s'impose. Les anciens emplois semblent d'ailleurs exclure l'image du cheval :

> Et vous voilà tout aussi féru qu'auparavant du chevalier et de votre belle ; votre belle vous tenant la dragée plus haute que jamais.
>
> DIDEROT, *Jacques le Fataliste*, p. 698.

> Écoutez, je dois vous prévenir que tout le monde a la même pensée : oui, on est persuadé que vous lui tenez la dragée haute pour le mener devant monsieur le maire...
>
> É. ZOLA, *Au Bonheur des Dames*, t. II, p. 183.

> Quand on entendit ce vieux serviteur [...], quand on le vit regarder dans les yeux son supérieur, ne pas craindre de lui tenir la dragée haute [...].
>
> M. PROUST, *À la recherche du temps perdu*, t. II, p. 240.

Vx.   **La dragée est amère** « la chose est dure à supporter » (Acad., 1835). On parle aujourd'hui de *pilule* ; il s'agit donc d'un emploi pharmaceutique du mot comme dans *avaler la drogue*.

DRAGON n. m.

Dragon de vertu « femme revêche ». *Dragon* s'employait couramment, dans la langue classique, pour désigner une femme acariâtre. La superposition de cet emploi et du sens métaphorique de *dragon* « gardien farouche, terrible » se laissent déchiffrer dans *dragon de vertu*. Outre le contenu évocateur du mot, son genre masculin en fait un terme fortement péjoratif, appliqué à une femme. En outre, l'influence contrastive d'expressions comme **dragonner une femme, à la dragonne** (équivalent ancien de : À LA HUSSARDE*), par le rapprochement de *dragon* avec *vertu* (féminine), a pu jouer.

Vx.   **Dragons noirs** « idées noires, pensées obsédantes et tristes ». La marquise de Sévigné appelait ses petites obsessions des *dragons ;* cette acception s'appuie sur l'idée générale d' « être surnaturel et malfaisant » (attestée dans de nombreux dialectes, où *dragon* signifie démon, lutin, feu follet) et non sur celle de l'« animal fabuleux à queue de serpent », qui a prévalu. On voit dans Balzac *(Le Lys dans la vallée)* le passage des *dragons noirs* aux *diables* bleus* importés d'Angleterre. Nous ne connaissons plus aujourd'hui que le *cafard* (avec des connotations différentes) et les *idées noires* (où tout repose sur la couleur).

DRAP n. m.

Dans les draps « au lit ». **Se mettre (fourrer) dans les draps** « se coucher ». **Se mettre dans les mêmes draps** « coucher ensemble ».

> Seulement, ce qui compliquait la situation, c'était que le quartier, maintenant, fourrait Lantier et Virginie dans la même paire de draps. Là encore le quartier se pressait trop.
>
> É. ZOLA, *L'Assommoir*, t. II, p. 109.

Être (se trouver) dans de beaux (de jolis, de mauvais, de vilains) draps ; mettre dans de beaux draps « être (ou mettre) dans une très mauvaise situation, dans une position dangereuse et désagréable ». L'expression vient de *estre couché en blancs draps* (Satire Ménippée), puis *être* (et *mettre*) dans de beaux draps blancs, « être montré avec tous ses défauts ». « *Mettre un homme en beaux draps blancs,* c'est mettre ses défauts dans tout leur jour » (Le Duchat, 1738). *Drap* pourrait signifier « étoffe » ; dans l'Antiquité et au Moyen Âge, l'habit blanc revêtait les personnages ridicules ou qu'on voulait publiquement tourner en dérision (ainsi Hérode habille Jésus de blanc avant de le renvoyer devant Pilate ; Luc 23, 11). Du contraste entre la noirceur métaphorique et les *beaux draps blancs* (que *blanc* ait ou non une valeur symbolique de dérision) on passe à une antiphrase sur *beau*. Les *beaux draps* (ou *jolis draps*) représentent la « sale situation ». La valeur de « linceul » (cf. ci-dessous) a pu jouer un rôle pour orienter la locution.

— Nous ne venons pas pour vous, répondit Bachelard qui se remettait, habitué aux réceptions vives de ces dames. Il faut que nous parlions à Duveyrier.

Alors, Clarisse regarda l'autre monsieur. Elle crut reconnaître un huissier, sachant qu'Alphonse commençait à se mettre dans de vilains draps.

É. Zola, *Pot-Bouille*, t. II, p. 143.

«Il mettrait saisie sur la boîte... Il se la taperait pour des clous!... C'était dans la fouille!... C'était encore lui le plus vicelard!... On était dans des jolis draps!... »

L. F. Céline, *Mort à crédit*, Livre de poche, p. 341.

On se souvient qu'un livre de Céline a pour titre *Les Beaux Draps*.

Vx. *Avoir (garder, vouloir garder) le drap et l'argent* «avoir (garder...) par une escroquerie la chose vendue et le produit de la vente, ce qu'on affirmait vouloir céder et ce contre quoi on le cédait». L'expression vient de *La Farce de Maître Pathelin*.

Vx. *Tailler en plein drap* «avoir de très grands moyens et s'en servir sans compter» (comme un tailleur qui taille un habit *en plein drap*, en pleine étoffe). L'expression est dans Sévigné.

Vx. *Le plus riche en mourant n'emporte qu'un drap (qu'un linceul)* [LOC. PROV.]. Exprime l'idée banale de «on n'emporte pas ses richesses en mourant», utilisée pour faire accepter aux défavorisés les inégalités sociales et économiques.

DRAPEAU n. m.

Sous les drapeaux «dans l'armée; à titre d'appelé». Les expressions métaphoriques du type *combattre sous les drapeaux de...* utilisent la même figure de rhétorique académique que l'on trouve avec *bannière** ou *étendard*. La locution *sous le drapeau* (Voltaire), puis *sous les drapeaux*, employée absolument, constitue une locution distincte, qui est passée du registre poétique (académique) au registre administratif. On peut y voir un reflet de l'évolution de la chose militaire.

Mettre son drapeau dans sa poche «dissimuler ses opinions, ses convictions». L'expression s'oppose à *lever, porter le drapeau* et implique une assimilation infamante du drapeau au mouchoir de poche (que *baisser, cacher son drapeau* ne comporterait pas).

Planter un drapeau «laisser une dette, partir sans payer». À part l'utilisation du sémantisme de *planter* pour suggérer le départ rapide et discret (cf. PLANTER QUELQU'UN LÀ), cette locution qui apparaît vers 1900 est assez obscure.

Tandis qu'il se lamentait sur le drapeau qu'on venait de lui planter, les Pieds Nickelés, eux, avaient jugé l'occasion propice de changer de pelure.

L'Épatant, 1911, p. 142-143.

Le drapeau noir flotte sur la marmite «la situation financière du ménage est dramatique; il n'y a plus d'argent à la maison».

Ce coup-ci, un peu plus douloureux, puisque le drapeau noir allait bientôt flotter sur la marmite familiale...

A. Boudard, *Cinoche*, p. 110.

DROIT n. m.

À bon droit [LOC. ADV.] «d'une façon juste, légitime». Cette expression équivaut à peu près à : *à juste titre*.

De (plein) droit [LOC. ADV.] «de façon légitime» (s'emploie surtout avec des verbes exprimant la prise de possession : *cela nous appartient, cela nous revient de droit*). Le sens plein, juridique, de ces expressions, est «légalement, selon ce qui est prévu par les textes, sans qu'il soit nécessaire d'accomplir de formalité».

De quel droit ? s'emploie pour contester un acte lorsqu'on refuse à son auteur son droit à l'accomplir.

Qui de droit «la personne qui est juridiquement habilitée». L'expression s'emploie hors du langage juridique, avec une valeur ironique.

> — Nous rapporterons vos paroles à qui de droit, ai-je déclaré d'un ton de greffier aux Septembrisades.
>
> J. VALLÈS, *L'Insurgé*, p. 107.

Avoir droit à... (quelque chose de désagréable, de fâcheux), «être certain de subir, de supporter; ne pas pouvoir éviter». Emploi ironique de *avoir droit à*, lui-même forme figée signifiant «avoir un droit sur (quelque chose)». S'emploie fréquemment au futur ou au présent à valeur de futur (*ça y est, on y a droit!* «nous sommes sur le point de subir [tel inconvénient]»).

Dire le droit «légiférer», et par extension, «poser une règle».

> «Il va de soi que c'est au gouvernement qu'il appartient de dire le droit et de clore la liste trop longue des crimes impunis [...].
>
> M. PROUST, *À la recherche du temps perdu*, t. II, p. 246.
>
> C'est M. de Norpois, diplomate féru de formules administratives et journalistiques, qui parle.

Être en droit de... «avoir le droit moral de..., pouvoir prétendre légitimement». L'expression équivaut pour sa valeur globale à *avoir le droit de...*, mais analytiquement l'emploi du verbe *être* et de la préposition *en* oppose les deux locutions. Celle-ci est plus forte, le sujet étant comme inclus dans le domaine du droit (au lieu de posséder un droit).

Faire droit à (une demande) «accorder (ce qui est demandé)». Dans la langue juridique, *avant faire droit* signifie «qui n'est pas jugé définitivement».

Vx. **C'est le droit du jeu** «c'est ce que l'on fait d'ordinaire» (nous dirions : *c'est la règle du jeu*).

Vx. **Où il n'y a pas de quoi, le roi perd son droit**, signifie qu'il est inutile de plaider contre des insolvables (forme et définition de Furetière, 1690).

Bon droit a besoin d'aide (XIVᵉ s., *Proverbes ruraux*...). Ce proverbe sceptique exprime à merveille la montée de l'idéologie bourgeoise, réaliste et intéressée, par opposition aux mythes de la féodalité → aussi LA FORCE★ PRIME LE DROIT.

DROIT, DROITE adj.

Droit comme un cierge, un échalas, un i «très droit, très raide (en parlant d'une personne)». Ces comparaisons restent vivantes; la langue classique employait aussi : *droit comme un jonc, comme un sapin* (Le Roux).

Vx. **Droit comme une faucille, comme la jambe d'un chien** «tordu, déjeté». D'autres comparaisons ont cours.

DROITE n. f.

De droite et de gauche «de tous côtés». **À droite et à gauche** (avec des verbes impliquant un dynamisme : *aller, chercher*...) «partout». L'expression présente par rapport aux gloses ci-dessus une nuance, elle suppose des positions, et des mouvements ponctuels, désignés par le repérage sur un seul axe, et l'idée de va-et-vient par rapport à cet axe.

> Il prit le bras qu'on lui offrait, et traversa ainsi tout le petit salon, saluant les femmes, donnant des poignées de main aux hommes, souhaitant des bonnes nuits de droite et de gauche, avec le pâle sourire d'un jeune poitrinaire.
>
> G. COURTELINE, *Les Gaîtés de l'escadron*, p. 112.

À la droite du père, de Dieu «parmi les justes, les élus».

DRÔLE adj.

Drôle de... (suivi d'un nom), se dit d'une chose ou d'une personne étrange, bizarre (notamment dans : *drôle de corps, de coco, de pistolet, de paroissien* «personnage bizarre, suspect»).

La drôle de guerre «la période qui sépare la déclaration des hostilités en septembre 1939 et le début de l'invasion allemande (mai 1940)». *Drôle* a évidemment ici la valeur de «bizarre», mais correspond aussi à «d'une étrangeté incongrue, un peu ridicule» (cf. *Drôle de drame*); appliqué à des mots de sens grave ou terrible, *drôle de...* correspond à : (une guerre) «qui n'en est pas une». L'usage de l'époque employait aussi le diminutif : *la drôlette*.

En raconter, en entendre de drôles «des histoires singulières, incroyables».

> Tout le monde avait ici cette soif de nouvelles. Ici, des voyageurs apportaient les échos de Vichy. On en entendait de drôles, mais ça ne faisait pas rire.
> L. ARAGON, *Blanche ou l'Oubli*, p. 126.

Être (se sentir...) tout(e) drôle «être mal à l'aise, éprouver une sensation inhabituelle» → TOUT CHOSE★. À rapprocher de l'expression plus récente : *Ça me fait (tout) drôle* «cela me fait une impression étrange».

Vx. *Drôle comme un coffre* «très comique» (expression en usage au XVIIIᵉ s.). Peut-être par antiphrase, *coffre* signifiait «cercueil» jusqu'au milieu du XVIIIᵉ s.

DRU adj. et adv.

Vx. *Dru comme mouches* [LOC. ADV.] «en grande quantité (avec l'idée de vitesse)». Littré donne comme exemple de cette expression (vivante du XVIᵉ s. au XVIIIᵉ s., mais qui ne devait plus s'employer de son temps) : *les balles pleuvaient dru comme mouches.*

Vx. *Dru et menu* «fin et serré (d'une chose qui tombe : pluie, etc.)».

DÛ n. m.

À chacun (selon) son dû [LOC PROV.] «chacun doit obtenir ce qu'il mérite».

DUPE n. f. S'emploie notamment dans deux syntagmes figés : *jeu de dupe, marché de dupe* «échange, contrat où l'on est volé, abusé».

DUR adj. et n.

Dur comme du (le) marbre, du bois, de la pierre... La plus courante de ces comparaisons est celle qui se réfère à la matière la moins dure → BOIS. *Dur comme fer*, dans ce sens, est vieux *(cela est dur comme fer)* → FER.

En dire, en entendre, en voir, en faire voir... de dures «dire, entendre, faire, faire subir des paroles ou des actions difficiles à supporter, étranges et pénibles» → DE TOUTES LES COULEURS★.

Dur à cuire (adj. et n.), «(personne) qui ne se laisse pas dominer, qui ne craint rien». De l'argot des marins et des soldats, où l'expression est apparue (Esnault, 1829), elle est passée dans la langue familière, avec la valeur que le mot *dur* a prise en argot du milieu (→ DUR DE DUR).

Vx. *Dur à la desserre, à la détente,* «*avare*» → DÉTENTE.

Dur de dur, superlatif de *dur*, n. m., avec sa valeur argotique (à l'origine) de «l'homme indomptable» (→ DUR À CUIRE, ci-dessus).

Fam. *Dur d'oreille, dur de la feuille* «un peu sourd».

À *la dure* [LOC. ADV.] «d'une manière rigoureuse». *Être élevé à la dure.* En argot, *à la dure (au dur)* signifie «brutalement». *Marcher à la dure* «voler avec agression» (Esnault).

Coucher sur la dure «coucher par terre». L'expression, qui appartient à la langue classique (M. Régnier, Chamfort *in* Robert) est restée très vivante.

Arg. *Filer le dur à quelqu'un* «le suivre». Jeu de mots homonymique sur *train* (filer le *train*, où *train* signifie «cul» [train de derrière] et «convoi de chemin de fer») et synonymique sur *le train = le dur*, d'où par ex. *brûler le dur* «voyager sans billet».

DURER v. intr.

Ça durera ce que ça durera, formule fataliste par laquelle on répond à une question impatiente.

Ça ne peut plus durer, formule exprimant la résolution de faire cesser une situation insupportable.

Qui veut durer doit endurer. Proverbe qui utilise la parenté formelle et étymologique entre les deux verbes pour exprimer une banalité quasi tautologique («qui veut subsister doit résister aux agressions du milieu») en y ajoutant le contenu moral de *endurer* «supporter sans se plaindre, avec patience».

Pourvu que ça dure! On fait allusion aux célèbres paroles de la maman Bonaparte (il faut ajouter, afin de montrer son érudition, l'accent corse) pour saluer une situation particulièrement favorable ou agréable, et conjurer le sort en envisageant l'avenir sans illusion.

Vx. *Il est bien neuf, il durera longtemps* «c'est un niais, il ne connaît rien» (Le Roux, 1752).

e

EAU n. f. Le champ symbolique de l'eau est, on le sait, considérable et actif (cf. Bachelard, *L'Eau et les Rêves*). Mais le support lexical correspond à des contenus très différenciés (source, rivière, mer, etc.) et le mot *eau*, simple voyelle, est souvent employé avec un déterminant qui forme avec lui un syntagme lexicalisé *(eau bénite, eau de roche...)*, lequel déplace les valeurs évocatives et symboliques primitives. D'où la variété thématique et la relative banalité des locutions, où les valeurs primordiales de l'eau (symbolisme de la naissance, du miroir, de la purification, de l'écoulement temporel...) sont déplacées et voilées.

Vx. *Eau bénite* «compliments, protestations d'amitié hypocrites». L'expression employée au sens propre pour désigner l'eau que le prêtre a bénie, et dont l'aspersion symbolise la bénédiction (avatar des rites de purification) a subi la même évolution que le mot *benoît*, «béni; bon et doux», puis «hypocrite». — La variante *eau bénite de cour* (1656, Oudin) y ajoute l'idée d'hypocrisie sociale, mondaine, fréquente chez les courtisans; en effet «on n'est point chiche de belles promesses à la cour, non plus que d'eau bénite à l'église» (1690, Furetière).

Vx. *Eau bénite de cave* «vin» (XVIᵉ s., Rabelais, I, 18). Encore vivante au milieu du XVIIIᵉ s., selon Le Roux qui note : «c'est une manière de parler fort usitée parmi le peuple de Paris».

Marin d'eau douce «marin inexpérimenté (qui n'est jamais allé en mer, sur l'eau salée)»; début XIXᵉ s. *Eau douce* a dans ce contexte une valeur péjorative, par l'opposition avec *eau de mer*. Une autre opposition était utilisée, par la langue classique, dans *médecin d'eau douce* («médecin qui n'a pour remède que de l'eau douce, c'est-à-dire de l'eau pure»). Dans ce système, *eau douce* s'oppose à *eau* suivi d'un adjectif *ardente, cordiale, céleste*, etc., désignant des médicaments. La valeur péjorative de *doux* provient sans doute ici de valeurs figurées «qui agit sans vigueur; qui a peu de force». Mais l'expression n'était pas évidente pour les utilisateurs, dès le XVIᵉ s. :

> Il se lève une question pourquoy c'estoit qu'on appelloit un médecin d'eau douce celuy qu'on mesprisoit et qu'on n'estimoit guère sçavant et expert.
>
> G. BOUCHER, *10ᵉ Sérée* [soirée] II, 214, *in* Huguet.

Eau vive «eau courante». L'expression, d'origine biblique, s'emploie depuis le XVIᵉ s.; elle a ajouté au sens d'eau courante des connotations très positives, liées à l'idée de «vie». Elle est d'ailleurs restée moins usitée, plus littéraire que l'expression banale *eau courante,* pourtant issue d'une métaphore aussi hardie et poétique. *L'eau vive,* dans les Écritures (Isaïe 8, 6; 12, 3; Jean 4, 10-15, etc.) correspond à la symbolique primordiale de l'eau, principe de fertilité et de vie, particulièrement développée dans une civilisation de pays sec.

Vx.   **Gens de delà l'eau** «crédules, naïfs» (XVIᵉ s.). L'expression désigne les étrangers frais débarqués, et témoigne d'une xénophobie naïve. L'eau est ici la frontière naturelle par excellence, plus séparatrice encore que les montagnes (la raison technologique : nécessité de recourir à la navigation, est sous-tendue par l'opposition des éléments).

À l'eau de rose «fade, insipide» (d'une œuvre, d'un récit...). Avec cette forme et ce sens, la locution est récente (fin XIXᵉ s., sans doute); mais on disait d'une personne «molle et sans énergie» qu'elle était *à l'eau rose* (1759, *in* Wartburg). *L'eau rose* (XVᵉ s.) ou *eau de rose* (XVIᵉ s., Paré) est un «distillat de roses» (sous les formes archaïques *eve rose, ieaue rose,* l'expression est encore plus ancienne). Le sens moderne utilise les emplois adjectifs de *rose* et leur valeur péjorative (cf. *Bibliothèque rose* et, sans aucun sous-entendu malicieux, les *Pièces roses* de Jean Anouilh).

Clair comme de l'eau de roche «limpide, pur ou peu coloré (liquide)», «clair, évident (choses abstraites)». L'expression *eau de roche* ne s'emploie guère seule; elle signifie «eau de source» (*roche* signifiait aussi en ancien français «caverne, cave»).

> [...] très raisonnables, connaissant la bière dont ils pouvaient s'emplir, sans autre ennui
> que de la pisser trop vite, au fur et à mesure, claire comme de l'eau de roche.
>   É. ZOLA, *Germinal,* t. I, p. 170.

En français contemporain, *c'est clair comme de l'eau de roche* s'applique surtout aux choses abstraites, là où l'anglais dit *crystal clear*. Le symbolisme de la pureté, de la transparence, est ici déplacé de ses origines affectives au domaine rationnel.

De la même eau «de même nature». Vient probablement du sens «limpidité d'une preuve», cf. le suivant.

> Saturation? Doute croissant — à l'approche du dernier tournant — sur ma capacité
> et même l'intérêt de conclure, puisque la règle que je voudrais formuler en quelques
> phrases de la même eau que les oracles serait, en vérité, un lourd système impossible
> à bâtir sans raisonnements spécieux?   M. LEIRIS, *Fibrilles,* pp. 224-225.

De la plus belle eau «extrême, remarquable» (souvent pour qualifier un nom péjoratif : *c'est un escroc de la plus belle eau.* La métaphore porte sur le sens déjà métaphorique «brillant des pierreries, des diamants sans défaut».

En eau «en sueur» → NAGE. Surtout avec les verbes *être* et *mettre.*

> Comme je vis que je voudrais inutilement avoir pitié de mon homme, car la sonate sur
> le violon l'avait mis tout en eau, je pris le parti de le laisser faire.
>   DIDEROT, *le Neveu de Rameau,* p. 443.

Entre deux eaux «dans une situation intermédiaire, et notamment, en évitant de prendre parti». *Être entre deux eaux* s'est employé pour «n'être ni riche ni pauvre»; l'expression s'opposait à *nager en grande eau,* «être en fortune, dans les grands emplois» (Le Roux, 1752).

Nager entre deux eaux «éviter de se décider, de se compromettre et manœuvrer entre deux partis», évoque aujourd'hui l'idée de *nageur* qui avance habilement parmi les courants, sans se laisser entraîner (avec parfois, l'image de la nage sous-marine, amenée par la connotation métaphorique d'hypocrisie). En fait, l'expression, qui est relevée dès le XIVᵉ s., fait appel à l'ancien sens de *nager* (lat. *navigare*), qui est «naviguer». Le navire, l'équipage, le pilote qui *nage entre deux eaux,* est très précisément celui qui «sait manœuvrer» de manière à garder son cap malgré les courants *(eaux)* qui pourraient l'entraîner. La métaphore s'appuie sur le vocabulaire de l'ancienne marine et correspond aux sens seconds de *manœuvrer, louvoyer.* L'évolution de sens de *nager* et de *eau* («courant», à partir du XIIᵉ s.) a démotivé la locution, qui s'est remotivée tant bien que mal sur l'image du nageur, et n'a dû sa survie qu'aux emplois figurés de *nager,* employé seul (*il sait nager,* etc.).

Au fil de l'eau → FIL.

À grande eau «en jetant de l'eau en abondance» (avec des verbes comme *laver*).

> Fouillade, le torse nu, [...] se lavait à grande eau.   H. BARBUSSE, *Le Feu*, t. I, p. 57.

S'en aller (partir) en eau de boudin → BOUDIN. — *Amener (apporter, porter) de l'eau au moulin* → MOULIN.

Avoir l'eau à la bouche «saliver d'envie» et «se délecter à l'avance». L'emploi de *eau* pour désigner les sécrétions du corps (ici la salive) est très général (par exemple *Faire de l'eau, Être en eau*, etc.) et correspond à une image fondamentale qui rattache le milieu humide externe, mer, etc., au milieu organique originel (les *eaux* amniotiques), mais aussi à une prémonition de la vérité scientifique (l'organisme est quantitativement surtout formé d'eau). On emploie aussi *mettre l'eau à la bouche, faire venir l'eau à la bouche*. Le désir et le plaisir anticipé sont rapportés par cette locution au réflexe étudié par Pavlov sur le chien. Le premier exemple évoque clairement une image érotique.

> — Si tu veux, nous coucherons tous deux? — Tresdame! tu n'es point desgoûté : l'eau ne te vient-elle point à la bouche [...].   CRAMAIL, *La Comédie des proverbes*, III, 7.

> Mais l'argent qu'un autre recevait excitait en lui une curiosité incompressible et lui faisait venir l'eau à la bouche.
>   M. PROUST, *À la recherche du temps perdu*, t. II, p. 1025.

> Oui. Heureusement, l'homme n'est pas d'un seul morceau. Une partie de lui devance l'autre. L'eau lui vient à la bouche avant qu'il ait touché au plat.
>   P. VALÉRY, *Œuvres*, t. II, p. 232.

Vx. *Battre l'eau* «travailler ou se dépenser inutilement». Expression courante au XVIᵉ s. et au XVIIᵉ s. (Molière, Retz, etc.); à rapprocher de DONNER UN COUP D'ÉPÉE* DANS L'EAU. On trouve les renforcements : *battre l'eau avec un bâton, battre* (ou *piler*) *l'eau dans un mortier* (ci-dessous).

> Ce serait battre l'eaue, que de vouloir procéder avec eux par raison [...].
>   CALVIN, *Instruction contre les Anabaptistes*, VII, 55, *in* Huguet.

> Personne ne dit mot [...] il me faut heurter un peu plus fort, tic, tac, toc. J'y fais autant que si je battois de l'eau en un mortier.   LARIVEY, *Le Morfondu*, IV, 5.

Être à l'eau (dans l'eau) «échouer (entreprise); être abandonné (projet)». On emploie aussi TOMBER À L'EAU (ci-dessous) → aussi LAC.

Être dans les eaux de quelqu'un «le suivre, partager ses opinions» (on dit aussi *naviguer dans les mêmes eaux*). Métaphore de la navigation, les *eaux* d'un navire étant son sillage (fin XVIIᵉ s.).

Être dans les mêmes eaux, se dit des choses qui ont la même valeur. L'expression substitue la métaphore «au niveau» à celle de la qualité (qu'on trouve dans DE LA MÊME FARINE*, etc.).

Faire eau, se dit d'un navire où l'eau pénètre. *Faire eau de toutes parts*, se dit métaphoriquement d'une entreprise qui est sur le point d'échouer, de «sombrer».

Vx. *Faire une pleine eau* «se baigner complètement; immerger tout son corps dans l'eau». L'expression était en usage au XIXᵉ s. (voir la citation de Maupassant), mais *Nager en pleine eau* est dans le *Dict.* de l'Académie de 1798, au sens métaphorique de «être dans l'opulence». Cf. ci-dessus ENTRE DEUX EAUX

> — Muscade, je veux me baigner, dit-elle, nous allons faire une pleine eau.
> Il répondit :
> — À vot' service.   G. de MAUPASSANT, *Yvette*, p. 84.

Vx. *Faire de l'eau* «uriner» (du XVIᵉ au XIXᵉ s.). Voir la suivante. Les dialectes de la Loire emploient dans le même sens : *gâter de l'eau*.

Vx. *Ne faire que de l'eau claire* «échouer (dans une affaire). *Il n'y a que de l'eau tout claire* (Le Roux, 1752). *Eau claire*, qui évoque aujourd'hui «eau pure et transparente», correspond ici à «eau toute simple, sans rien dedans» (cf. les emplois du

type *c'est de l'eau claire, ce bouillon!* et ci-dessus, *eau douce* dans MÉDECIN D'EAU★
DOUCE). Mais l'origine de l'expression doit être cherchée dans l'expression précédente, où *faire* correspond à « produire de son corps » et *eau* à « excrétion naturelle »,
la fonction excrétoire représentant métaphoriquement l'activité humaine (→ S'EN
ALLER EN EAU DE BOUDIN★).

　　Vx. **Fendre l'eau (avec une épée)** « s'agiter sans aucun résultat » (variante de DON-
NER UN COUP D'ÉPÉE★ DANS L'EAU, à rapprocher de BATTRE L'EAU (ci-dessus) : ces
expressions utilisent les oppositions de propriétés solides et liquides).

　　Vx. **Ne pas gagner l'eau qu'on boit** « être inutile et paresseux » (→ ci-dessous IL
N'Y A POINT D'EAU À BOIRE). — **Ne pas (même) gagner de l'eau pour boire** « ne rien
gagner du tout ».

> Il aurait beau travailler nuit et jour, dès qu'il est [l'auteur] à la mercy des libraires
> [éditeurs], il ne peut gagner avec eux de l'eau pour boire.
> 　　　　　　　　　　　　　　　　　　　　　　FURETIÈRE, *Le Roman bourgeois*, p. 1082.

　　N'avoir pas inventé l'eau chaude (l'eau tiède, l'eau bouillie) « être peu intelligent ». Variante récente du FIL★ À COUPER LE BEURRE (cf. *N'avoir pas inventé
la poudre*★).

　　Se jeter (se mettre, se fiche, se foutre) à l'eau « se décider brusquement, se
lancer (dans une entreprise, un exercice, un travail) ». L'image initiale est celle de
la personne qui plonge au lieu d'entrer progressivement dans l'eau (pour apprendre
à nager, par crainte du froid, etc.).

　　Se jeter (se mettre) à l'eau de peur de la pluie (de se mouiller) → GRIBOUILLE.

　　Vx. **Laisser courir l'eau** « laisser les choses évoluer sans se soucier de rien » (*in*
Furetière). Alors que l'expression moderne LAISSER COURIR★ est fondée sur une
métaphore anthropomorphique (laisser aller, partir...), il s'agit ici d'une acceptation
passive des forces naturelles, et du temps lui-même.

　　Vx. **Ne manquer non plus que l'eau à la rivière** « être abondant » → ci-dessous
NE PAS TROUVER D'EAU...

> [...] chargeant une table d'une honneste collation, les confitures seiches et liquides n'y
> manquèrent non plus que l'eau à la rivière.
> 　　　　　　　　　　　　　　　Ch. SOREL, *Histoire comique de Francion*, p. 195.

　　Mettre de l'eau dans son vin « modérer ses exigences ; être moins absolu ».
Le sens de l'expression a évolué : elle concerne surtout aujourd'hui la diminution
des prétentions (cf. la citation de Hugo) et ne signifie plus « se modérer, passer sa
colère » (1656, Oudin), « modérer ses passions, comme la chaleur excessive du vin est
tempérée par le meslange de l'eau » (1636, Fleury de Bellingen, p. 265). La forme et
le sens du XVIᵉ s. : *Je mettray de l'eau en ton vin* (1531, Bovelles), « je compromet-
trai ton succès », n'ont pas vécu.

> Thénardier poursuivit :
> — Vous voyez que je mets pas mal d'eau dans mon vin. Je ne connais pas l'état de
> votre fortune, mais je sais que vous ne regardez pas à l'argent, et un homme bienfai-
> sant comme vous peut bien donner deux cent mille francs à un père de famille qui
> n'est pas heureux.　　　　　　　　　　V. HUGO, *Les Misérables*, Pléiade, p. 819.

　　Nager entre deux eaux → ENTRE DEUX EAUX (ci-dessus).

　　Se noyer dans une goutte (un verre, un bol) d'eau « être incapable de résoudre
le moindre problème ; être déconcerté par la moindre difficulté ». *Se noyer dans un
plat d'eau* (1718, Académie), est vieux → CRACHAT. L'expression, employée au conditionnel, avait une valeur différente : *il se noierait dans un verre d'eau* signifiant « il
est si malheureux, il a si peu de chance qu'il lui suffirait d'un verre d'eau pour s'y
noyer » (1752, Le Roux).

Pêcher en eau trouble « tirer avantage d'une situation troublée ; faire des profits peu honorables grâce à des désordres ». L'image a été clairement expliquée (voir citation) et se retrouve dans différentes langues ; elle est empruntée — vraisemblablement au XVIe s. — à une locution grecque.

> Quand les rivières par quelques longues pluyes ou autre occasion sont bien troubles, lors les pescheurs ont bon temps, parce que le poisson ne pouvant appercevoir les filez, entrent plus facilement dedans : Tout de mesmes quand une République ou autre Estat, tel qu'il soit, est agité de dissensions et discordes civiles, et par ce moyen tout ordre et police en confusion, ceux qui manient les affaires publiques ont par là occasion et beau jeu pour faire leur proffit particulier et tirer à eux des finances et substances communes ce que bon leur semble, ce qu'ils ne pourroient sans crainte en un temps paisible et tranquille.   NICOT, *Explications morales d'aucuns proverbes français.*

Vieilli. **Porter de l'eau à la mer (à la rivière)** « faire un don inutile ; ajouter une chose là où il n'y en a que trop » (*Porter l'eau en la mer,* Bovelles, 1531). On trouve aussi *porter l'eau à la rivière.*

> Son cœur se serrait à l'idée que le bien va toujours aux moins pauvres. Jamais ça ne ratait, ces gens de la Piolaine auraient porté de l'eau à la rivière.
>   É. ZOLA, *Germinal,* t. I, p. 294.

Remonter (revenir) sur l'eau « être à nouveau dans une situation prospère ». Plusieurs locutions utilisent de la même manière la métaphore du flottement opposé à l'enfoncement dans l'eau (*Faire surface,* etc.).

> [...] Songe au danger de se mettre la société à dos, on peut revenir sur l'eau avec de la bassesse, mais autrement, c'est impossible.
>   STENDHAL, *Lettres intimes,* 1807, in *Ph. Sl.*

Revenir sur l'eau, s'est employé au sens de « être de nouveau évoqué », cf. *Revenir sur le tapis* (Flaubert, *Correspondance,* 1876).

Vx. **Rompre l'eau à quelqu'un** « le gêner dans ses activités » et en particulier, selon Le Roux, « apporter quelque obstacle à sa fortune, à ses affaires ». L'expression métaphorise un terme usité au XVIIe s. à propos des chevaux (*rompre l'eau à un cheval,* « l'empêcher de continuer à boire ») ; nous dirions **couper l'eau,** dans un sens voisin (mais avec des connotations différentes).

Tâter l'eau « s'informer prudemment, prendre des renseignements », comme on éprouve la température de l'eau avant de prendre un bain, s'oppose à SE JETER À L'EAU (ci-dessus).

Tomber à l'eau, (vieilli : *dans l'eau*), « être abandonné ; échouer (entreprise) ». La chute dans l'eau symbolise la perte définitive, par ses allusions à la noyade (plus que par recours aux valeurs symboliques de l'eau).

> Du reste, je suis peu disposé à poursuivre cette connaissance ; je la laisserai tomber dans l'eau.   G. FLAUBERT, *Correspondance,* IIIe série, p. 274.

Ne pas savoir troubler l'eau être « niais » ou « innocent » (1561, J. Grévin).

> Tant que j'ay tenu Javotte aupres de moy à ourler du linge et à faire de la tapisserie, ç'a esté une pauvre innocente qui ne sçavoit pas l'eau troubler.
>   FURETIÈRE, *Le Roman bourgeois,* p. 1012.

Tourner en eau de boudin → BOUDIN.

Ne pas trouver d'eau à la rivière (au lac, à la mer) « être incapable de trouver les choses les plus abondantes, les plus faciles à découvrir ». Nombreuse variantes : *il ne saurait trouver de l'eau* (1656, Oudin), *il ne voit pas d'eau à la rivière, au lac ;* ou *si on l'envoyait quérir de l'eau à la rivière, il n'en trouverait point* (1750). La mise en rapport de *eau* et de termes comme *rivière, lac, mer* sert à exprimer l'évidence d'un rapport d'inclusion et l'absurdité qu'il y a à le modifier (→ PORTER DE L'EAU À LA RIVIÈRE) ou à l'ignorer.

Vieilli. **Les eaux sont basses** « la situation financière est mauvaise ; il n'y a plus d'argent » (*in* Oudin). Il semble peu utile d'évoquer l'absence de poissons dans les eaux basses (comme le fait Gottschalk) pour une locution qui utilise la métaphore du niveau de l'eau pour exprimer la richesse (à ne pas confondre avec celle qui évoque la position d'un corps dans l'eau : ÊTRE À FLOT*, etc.).

Vx.   *C'est l'eau et le feu* (ou *le feu et l'eau*) «ce sont deux personnes, deux choses absolument opposées» et spécialement «deux personnes qui se haïssent» (*in* Furetière).

      Croyez cela et buvez de l'eau (claire, fraîche) → CROIRE.

      L'eau va à la rivière «les richesses vont naturellement à ceux qui en possèdent en abondance» (cf. *L'argent attire l'argent*) → LES PETITS RUISSEAUX* FONT LES GRANDES RIVIÈRES).

      Il coulera (passera) de l'eau sous les ponts (le pont) «le temps passera» (s'emploie aussi au passé, au conditionnel). Une image banale, mais fondamentale, représente l'irréversibilité du temps par l'écoulement régulier de l'eau, apparemment semblable et toujours autre. Dans cette locution du début du XVIIe s. restée bien vivante, le thème héraclitéen est déplacé ; le changement permanent est observé par l'homme, et la mobilité de l'eau opposée à la stabilité d'une construction humaine.

> S'ils vous commandoient [vos parents] d'aymer un garçon, le feriez-vous ? — Non (dit Javotte) : car ne sait-on pas bien que les filles ne doivent jamais aymer les garçons ? — J'entends (répliqua Bedout) s'il estoit devenu mary — Ho. ho ! (dit-elle), il ne l'est pas encore : il passera bien de l'eau sous les ponts entre-cy et là.
>
> FURETIÈRE. *Le Roman bourgeois*. p. 558.

> Comme c'est vieux ! comme il a coulé de l'eau sous le pont depuis ! comme j'ai déjà usé de bottes et regardé brûler de chandelles !
>
> G. FLAUBERT. *Correspondance*. IIe série. p. 200.

Fam.   *(Il) y a de l'eau dans le gaz* «l'atmosphère est à la dispute». Comme *Le torchon brûle*, cette locution semble être d'origine ménagère — précisément, de la cuisine. Quand l'eau pénètre dans les orifices de la cuisinière à gaz, la flamme vacille, risque de s'éteindre, et le bruit de l'eau qui s'évapore évoque un risque d'explosion. Le contexte initial est celui de la dispute conjugale.

> Julien c'est pas le mauvais gars mais c'est le type qui peut pas rendre une fille heureuse ! Voilà. il est resté assez longtemps avec Solange et puis il y a eu de l'eau dans le gaz... tu connais Solange. c'est elle qui laisse tomber [...].
>
> R. CUREL, *Brancula*, p. 143.

      Il n'est pire eau que l'eau qui dort «il faut se méfier des gens d'apparence calme et tranquille». La formulation moderne est plus concise que celle de Bovelles, en 1531 : *il n'y a point d'eaue plus dangereuse que celle qui dort*. Curieusement, elle semble plus archaïque, bien qu'elle soit plus récente. La raison en est une conformité plus grande aux structures proverbiales : régularité rythmique (octosyllabe divisé en deux), répétitions des termes clés *(eau)*, allitérations *(pire-dort)*.

Vx.   *Il n'y a pas (point) d'eau (de l'eau) à boire* «il n'y a rien à gagner (dans ce travail, ce métier)». L'expression semble avoir été courante au XVIIIe s. (elle apparaît en 1694 dans le *Dict. de l'Académie*) et avoir vécu dans la langue populaire au moins jusque vers la fin du XIXe s. L'*eau* symbolise le gain du travail comme dans NE PAS GAGNER L'EAU QU'ON BOIT. L'expression est sans doute tombée en désuétude à cause du paradoxe qui assimile un liquide peu coûteux et modérément prisé à un bénéfice. Il se pourrait que la pollution universelle qui nous menace redonne à *l'eau (claire, douce...)* les valeurs positives qu'elle a perdues.

> Alors j'ai dû retirer l'enfant de sa pension. j'en ai fait une brodeuse : un métier où il n'y a pas d'eau à boire ; mais que voulez-vous ? ça ou autre chose. les femmes crèvent toujours de faim.   É. ZOLA, *Pot-Bouille*. t. I. p. 163.

ÉBÈNE n. m.

Noir comme l'ébène; d'un noir d'ébène «d'un noir intense et brillant».

Bois d'ébène, nom donné par les négriers aux esclaves noirs dont ils faisaient commerce (XVIII° s.). La métaphore assimile les esclaves à une marchandise inanimée, et le collectif *(du bois...)* accentue la déshumanisation.

ÉCAILLE n. f.

Vieilli. *Laisser les écailles.* Il s'agit des coquilles d'huître. On emploie aussi *(ne) ramasser, (ne) recueillir (que) les écailles* (Mathiez, in *Ph. Sl.*) au sens de « ne rien obtenir de sérieux ».

Vx. *Ouvrir l'écaille* « dépuceler une fille » (XVI° s.; l'expression a dû vieillir rapidement; Le Roux, pourtant fort amateur d'*erotica*, ne la recueille pas).

Vx. *Sortir de l'escaille* « devenir adulte » (XVI° s.; *in* Calvin). Équivalent archaïque et rare de *sortir de l'œuf* (*escaille,* au XVI° s., signifie aussi « coquille d'œuf »).

Les écailles lui tombent des yeux « il perçoit enfin la vérité » (fin XVII° s. chez Fénelon, Saint-Simon, *in* Littré). Expression d'origine biblique : le texte des Actes des Apôtres (9, 18) dit de saint Paul, terrassé par la vision qu'il a sur la route de Damas et devenu aveugle : « aussitôt tombèrent de ses yeux comme des écailles. Il voyait ».

ÉCART n. m.

Écarts de (conduite, langage) « actions ou paroles qui s'écartent de la règle implicite (morale ou sociale) ». Ces syntagmes sont parmi les emplois les plus fréquents de *écart* au sens de « action de s'écarter ». La phrase lucide de Beckett, citée plus bas, dévoile le caractère tautologique de la locution : Tout comportement, pour être perçu, doit se différencier ; toute activité signifiante résulte d'un système d'écarts (c'est la base de la théorie linguistique saussurienne).

> La colère me poussait quelquefois à de légers écarts de langage. Je ne pouvais les regretter. Il me semblait que tout langage est un écart de langage.
>
> BECKETT, *Molloy,* p. 179.

Grand écart « figure de danse qui consiste à écarter les jambes d'avant en arrière en les mettant à l'horizontale ». Cette locution lexicalisée se prête à diverses métaphores, utilisant les valeurs figurées de *écart* (cf. *Le Grand Écart,* de Cocteau).

À l'écart (de) [LOC. ADV. et PRÉP.] « à une certaine distance » ou « en étant séparé de... ».

Mettre, tenir à l'écart « mettre ou tenir loin de soi, séparé de soi ». Ces expressions sont employées souvent par métaphore, avec la valeur de « empêcher de participer à qqch., repousser affectivement ». Les formes pronominales correspondent à « ne pas se mêler de... ».

> C'est une affaire mal engagée dans laquelle je regrette bien de m'être fourré. Je n'avais rien à voir là-dedans. Si c'était à recommencer, je m'en tiendrai bien à l'écart.
>
> M. PROUST, *À la recherche du temps perdu,* t. II, p. 698.

ÉCHALAS n. m.

Grand échalas « personne grande et maigre ». L'*échalas,* pieu servant à soutenir un arbuste, un pied de vigne, n'est pas particulièrement élevé. La fortune de ce mot technique dans les expressions métaphoriques vient du rapprochement formel avec *échelle* (d'où l'idée de « hauteur ».

Maigre, sec, raide... comme un échalas « très maigre et grand » (voir ci-dessus).

> Elle était sèche comme un échalas, menait une vie d'ouvrière cloîtrée dans son train-train, n'avait pas vu le nez d'un homme chez elle depuis son veuvage [...].
>
> E. ZOLA, *L'Assommoir,* t. I, p. 106.

Vieilli. *Avoir avalé un échalas* (1750, *in* Gottschalk) « se tenir droit et être très raide ». La métaphore du « tuteur interne » (→ AVOIR AVALÉ UN PARAPLUIE*) a motivé une variante plus imagée, qui n'a pas survécu : «*Elle a un Eschalas fiché au der-rière. Elle se tient ou marche fort droit*» (1656, Oudin).

ÉCHANGE n. m.

Échange de bons procédés «amabilités, services rendus réciproquement». Expression attestée au XXe s., d'un emploi courant, à l'inverse de *échange de mauvais procédés*, beaucoup plus rare.

ÉCHAPPÉ, ÉE n.

Échappé de Charenton (Bicêtre...). Euphémisme pour *fou furieux*, utilisant les noms d'anciens «asiles de fous».

ÉCHAPPER v. intr.

L'échapper belle «échapper de peu à un grand péril, à un danger sérieux». Cette expression (au XVIIe s. : *échapper belle*) n'est plus analysée : *beau* y a le sens ancien de «opportun, qui convient parfaitement» (comme dans *un beau milieu, un beau matin* ou AVOIR BEAU*...); le féminin correspond à une valeur de neutre (comme dans LA BAILLER* BELLE). La traduction conforme au sens et à la syntaxe modernes serait : *l'échapper bon*, ou avec un adverbe, *l'échapper bien*. De nos jours, la forme féminine rapproche la locution des emplois argotiques de *belle*, n. f. (*se faire la belle*, etc.). Elle est utilisée dans un jeu de mots comme *L'Échappée belle* (titre de film) qui évoque à la fois «la jolie escapade» et «le fait d'échapper au danger».

> [La Fontaine accosta Marsault], luy dit qu'il l'avoit volé, et fit un terrible vacarme : mais il ne le peut [put] faire conduire en prison [...] Marsault eschappa belle ce jour là : mais il n'en fut pas ainsi quinze jours après que des Archers l'encoffrèrent pour avoir volé la maison d'un bourgeois [...].
> Ch. SOREL, *Histoire comique de Francion*, p. 125.

ÉCHARPE n. f. Ce mot d'origine francique a d'abord désigné (XIIe s.) la saco-che portée par les pèlerins, puis la bande d'étoffe portée obliquement d'une épaule à la hanche opposée (et pouvant servir à supporter la sacoche).

Écharpe d'Iris «arc-en-ciel». Cette métaphore à intention poétique date des débuts du romantisme, malgré son allure néo-classique. La langue classique disait *écharpe céleste* (*in* Furetière). L'expression reprend en charge l'emploi archaïque du mot *iris* au sens d'«arc-en-ciel» en lui redonnant une motivation mythologique.

En écharpe «en bandoulière», provient du sens ancien de *écharpe* (voir plus haut) et a donné lieu à diverses métaphores utilisant la valeur «de travers». *Avoir l'esprit en écharpe* (XVIIe s.) «être un peu fou».

Prendre en écharpe, s'emploie en français moderne au sens de «prendre en biais, obliquement», notamment en parlant d'un véhicule qui en heurte un autre par le côté.

> À peine engagé dans le bout de route qui mène à notre «Prieuré», second incident : une voiture en prend une autre en écharpe, les deux véhicules stoppent brutalement, et de l'un d'eux sortent des cris que je devine poussés par un enfant — probablement une fillette — apeuré par le choc, heureusement sans graves effets malgré le grand fra-cas.
> M. LEIRIS, *Frêle Bruit*, p. 314.

En écharpe «soutenu par un bandage (en parlant d'un bras blessé)», a donné lieu à des emplois métaphoriques, dont le plus célèbre est l'allusion à Cha-teaubriand, qui *portait son cœur en écharpe*. La locution du XVIIe s. *tenir ses bras en écharpe*, «être inactif, paresseux», ne s'emploie plus (→ SE TOURNER LES POUCES*, AVOIR LES BRAS* RETOURNÉS, et SE CROISER LES BRAS*).

ÉCHASSE n. f.

Être monté sur (des) échasses « avoir de longues jambes » (attesté au XVIIIe s.).

ÉCHAUFFER v. tr.

Échauffer la bile*, les oreilles*... à qqn « l'irriter, le mettre en colère ».

ÉCHEANCE n. f. Substantif verbal de *échoir*.

À brève échéance « rapidement ». Cette expression adverbiale ou adjective équivaut à *à bref délai*. Elle est plus courante que son antonyme *à longue échéance*.

ÉCHEC n. m.

Échec et mat. On sait généralement que le jeu d'échecs est d'origine orientale. Mais on peut ignorer que le français (comme d'autres langues d'Europe) doit le mot à l'arabo-persan *shah*, « roi », utilisé comme interjection avertissant l'adversaire que son roi est menacé d'être pris. *Échec !* signifie proprement « roi » (et non pas « danger »). Dans *échec et mat !* c'est le *mat* qui qualifie la catastrophe (arabe *māt*, « il est mort »). — *Échec et mat* s'emploie encore métaphoriquement, mais plutôt en interjection. La langue classique utilisait diverses expressions : *donner échec* (d'abord *eschec*) *et mat à qqn* « vaincre, surpasser » (*in* Nicot, 1606) ; *faire échec et mat* (XVIIIe s.), même sens. Alors que *être échec* ne s'emploie plus, on dit encore *être échec et mat*.

En échec « dans l'impossibilité de réagir, de se défendre » (→ ci-dessous TENIR EN ÉCHEC). *Être en échec* a remplacé *être échec*.

Faire échec à... « créer des difficultés à (quelqu'un) ; empêcher de réussir, d'agir, etc. ».

Mettre, tenir en échec « empêcher d'agir, de combattre ».

ÉCHELLE n. f.

À (sur une) grande échelle « en agissant sur de nombreux éléments ; avec de grands moyens, etc. ». La métaphore porte sur le sens cartographique de *échelle* « ligne divisée et étalonnée pour mesurer les distances sur une carte », puis « proportion entre les distances représentées et leur représentation » (de même *pied* dans SUR UN GRAND PIED*, signifie « rapport »). La remotivation concrète prête à de faciles calembours, comme avec la loc. prép. À L'ÉCHELLE DE...

Faire la courte échelle à qqn « aider quelqu'un à monter, à franchir un obstacle en formant un échelon avec les mains jointes, (le second étant une épaule). » La locution se trouve dans le *Dictionnaire de l'Académie* (1835) qui donne aussi *escalader à la courte échelle*. Le choix de *court* peut provenir de ses valeurs multiples, la *courte échelle* étant à la fois une échelle « petite », « rapide à trouver » et « expédiente » (lorsqu'on est *à court*). Métaphoriquement, *faire la courte échelle à qqn* signifie « aider en payant de sa personne » :

> Le bon peuple fait la courte échelle à tout ce monde de politiqueurs qui attendaient, depuis Décembre 51, l'occasion de revenir au râtelier et de reprendre des appointements et du galon.   J. VALLÈS, *L'Insurgé*, p. 161.

Monter à l'échelle « se laisser prendre à une plaisanterie » ou (vx) « se mettre en colère pour peu de choses ». Variante pittoresque de MONTER À L'ARBRE* (et pour le second sens, de MONTER SUR SES GRANDS CHEVAUX*), datant du milieu du XIXe s. Le sens de ces expressions s'explique par les emplois métaphoriques de *monter* (→ MONTER).

Tenir l'échelle « aider à l'ascension de qqn ». L'image implique que celui qui tient l'échelle reste en bas.

Après cela (après lui...) on peut (il faut) tirer l'échelle «on ne peut rien faire (trouver, imaginer) de mieux, de plus (dans le même genre)». Expression du XVIIᵉ s. (1657, *in* Wartburg), expliquée très simplement par «on peut enlever, retirer l'échelle, il est inutile de monter (faire le travail, etc.) après celui qui l'a fait». Cette explication est adoptée par Littré. Une expression voisine : *il a tiré l'eschelle* (1694, *in* Académie), suggère une autre image : «il a enlevé l'échelle de sorte que personne ne pourra monter après lui, ne pourra entrer en compétition», mais renvoie, elle aussi, à une échelle banale. Il en est de même de l'explication de Le Roux, au XVIIIᵉ s. : «il est comme impossible qu'un autre puisse atteindre si haut» (donc, on peut enlever l'échelle, qui serait de toute façon inutile). Dans ces conditions, la glose affirmant que «la locution s'appliquait primitivement à un grand brigand, parce que [...] le plus coupable était pendu le dernier, et l'on tirait l'échelle après lui» (M. Rat, *Loc. françaises*, p. 164) ne repose sur rien, sinon sur le goût des commentateurs, à partir du XIXᵉ s., pour l'anecdote pittoresque faisant appel à des sens archaïques. Certes, *échelle* désigne souvent en moyen français et encore au XVIIᵉ s. l'escalier de l'échafaud ou du pilori, mais ces emplois ne sont jamais mis en rapport avec l'expression *tirer l'échelle*.

> Je te recommande le dernier numéro de la *Revue*. Il y a une appréciation de l'école
> allemande romantique après laquelle il faut tirer l'échelle.
> <div align="right">G. FLAUBERT, <i>Correspondance</i>, IVᵉ série, p. 91.</div>

> Si elle avait un médecin de second ordre on pourrait chercher un autre traitement, mais
> quand ce médecin s'appelle Cottard (nom qu'il prononçait comme si c'eût été Bouchard
> ou Charcot), il n'y a qu'à tirer l'échelle.
> <div align="right">M. PROUST, <i>À la recherche du temps perdu</i>, t. II, p. 959.</div>

ÉCHEVEAU n. m.

Démêler (débrouiller, dévider) l'écheveau «rendre claire une affaire très embrouillée» (1750, *in* Gottschalk).

ÉCHINE n. f.
Le mot vient du francique *skina* «épine», et provient de la même métaphore que *épine dorsale*. Il s'est spécialisé pour désigner la colonne vertébrale des animaux, ce qui rend compte en partie de la valeur péjorative des expressions.

L'échine basse «humblement, avec servilité» → ci-dessous COURBER L'ÉCHINE.

Vieilli. **Caresser (frotter, rompre) l'échine à quelqu'un** «le battre» → CHATOUILLER, BOURRER LES CÔTES... **Ajuster l'échine,** qui est dans Molière, ne s'emploie plus. Toutes ces expressions manifestent le même sémantisme que *échiner, chiner*. À Saint-Étienne, au XVIIIᵉ s., on disait d'un homme mort et enterré qu'il était *labouré de l'échine*.

Avoir l'échine souple «être servile».

Courber (plier, tendre) l'échine «avoir un comportement servile, complaisant».

> Elle lui avait fourni une arme terrible. Même s'ils se remettaient ensemble, elle ne pourrait lui chercher la moindre dispute, sans recevoir immédiatement son paquet. Hein ? la jolie position ! comme elle prendrait de l'agrément, à plier l'échine toujours ! C'était fini, elle devait dire adieu aux petits bénéfices qu'elle aurait tirés d'un mari obéissant, des gentillesses et des égards.
> <div align="right">É. ZOLA, <i>Pot-Bouille</i>, t. II, p. 174.</div>

ÉCHO n. m.

À tous les échos «dans toutes les directions» (en parlant de bruits, de paroles avec des verbes comme *dire, clamer, répandre, propager...*).

Sans écho (avec des verbes comme *être, demeurer, rester...*) «sans effet, sans résultat». Cette expression et la précédente assimilent les effets d'un acte de parole à l'écho d'un son (et donc le psychologique au physique, le culturel au naturel).

Faire écho à... «répéter en propageant». **Se faire l'écho de...** s'emploie à peu près dans le même sens, malgré la grande différence qu'il y a entre «procurer un écho à un son» et «le répéter en assumant soi-même le rôle d'écho».

ÉCLAIR n. m. Le registre métaphorique du mot est centré sur la «rapidité», mais les valeurs originelles de «lumière vive» n'en sont pas absentes.

Jeter (lancer) des éclairs «étinceler; avoir des lueurs vives». Cette expression hyperbolique s'applique en particulier aux yeux, aux regards, qui «brillent» sous l'effet de la colère (thème du regard meurtrier, lié à celui de la foudre, cf. *Foudroyer du regard*).

Prompt (rapide) comme l'éclair «très rapide; instantané». Cette comparaison est assez neutre, et *éclair* n'y conserve guère d'autre valeur que «rapidité extrême». Il en est de même pour **Comme un éclair** «très rapidement» (avec des verbes de mouvements : *passer, filer, partir...*).

> [Le maître] se remit en selle et appuya cinq ou six coups d'éperon à son cheval, qui partit comme un éclair.   DIDEROT, *Jacques le Fataliste*, p. 517.

On trouve aussi la comparaison : **avec la rapidité (vitesse...) d'un (de l') éclair.**

> Nous entendons des cris étouffés, le bruit d'une course à travers les chambres; enfin, pour comble, la chute d'une lampe qui se brise.
> Tout cela s'est accompli avec la rapidité d'un éclair.
> On n'a pas laissé au serrurier le temps de prouver son habileté.
>   GORON, *L'Amour à Paris*, t. I, p. 490.

Malgré la banalité de la comparaison, l'expression peut encore évoquer des sources textuelles précises, par exemple évangéliques (Matthieu 24, 26).

En un éclair «en un instant très bref» (notamment en parlant de ce qui se manifesterait normalement moins vite), évoque aussi l'idée de «lumière vive» et s'emploie notamment avec les verbes visuels (*apercevoir, distinguer, voir*, etc.).

> Mais si tout de même j'étais exclu? Je vis en un éclair la présence au ministère ramenée à l'ennui seul, les copains se réunissant sans moi, les sympathisants ne me consultant plus, les adversaires ne me respectant plus, voire me faisant des clins d'œil abjects, Annie même se croyant obligée de ne plus me mettre au courant des débats intérieurs de sa section.   R. VAILLAND, *Bon Pied, Bon Œil*, p. 59.

ÉCLAT n. m. Substantif verbal de *éclater*, qui ne s'emploie que dans les valeurs secondes du verbe, et entre dans la composition de syntagmes nominaux quasi-lexicalisés *(éclat de voix, de rire...)* avec la valeur de «manifestation soudaine et vive».

Coup d'éclat «action violente et spectaculaire, qui attire l'attention». L'expression tend à remplacer le mot *éclat* (FAIRE UN ÉCLAT*...); elle donne à *d'éclat* la valeur adjective de *éclatant* et reporte le noyau sémantique sur le mot *coup* (le sens de base, implicite, de *coup d'éclat*, étant «choc qui éblouit»).

> Elle [la grève] s'éternisait depuis près de deux mois, à sa grande surprise; et il s'en désespérait, il se sentait chaque jour diminué, compromis, forcé d'imaginer un coup d'éclat s'il voulait rentrer en grâce près des régisseurs. É. ZOLA, *Germinal*, t. II, p. 55.

Faire un éclat correspond à *faire un coup d'éclat*, mais est aujourd'hui plus restrictif. L'expression évoque, semble-t-il, l'*éclat de voix* et s'emploie surtout à propos d'une intervention verbale violente, qui fait scandale.

Vx. **Faire éclat** «faire scandale». **Faire éclat de...** «divulguer (un secret)». La seconde locution est incompréhensible aujourd'hui; au XVIIe s., le mot n'évoquait pas seulement la violence, mais la manifestation au grand jour.

Rire aux éclats « rire avec bruit ». L'expression n'apparaît qu'au XVIIIᵉ s., elle atténue la force suggestive de ÉCLATER* DE RIRE.

> Tout, absolument tout, m'a diverti ; plusieurs fois j'ai ri tout haut aux éclats.
> FLAUBERT, *Correspondance*, VIᵉ série, p. 355.

Voler en éclats « se briser, se casser avec bruit ; éclater en projetant des parties ».

ÉCLATER v. tr.

Éclater de rire « rire soudainement et avec bruit ». L'expression est plus explicite que RIRE* AUX ÉCLATS (où *éclat* ne qualifie que le rire, comme dans l'ancien tour *éclater un ris* (d'Aubigné). Elle assimile l'ouverture de la bouche, le bruit incontrôlé, qui caractérisent l'hilarité soudaine, à une destruction physique du sujet. On a d'abord dit *s'éclater de rire* (Rabelais), puis au XVIIᵉ s., *éclater (de rire),* alors qu'aujourd'hui, *éclater* intransitif, employé en parlant d'un être humain, suppose une « explosion de colère ». Mais dans les deux cas, cette métaphore assimile l'être humain à une charge explosive qui doit se briser *(s'éclater)* et perdre son unité pour pouvoir s'exprimer totalement, avec violence. Les emplois contemporains de *s'éclater* reprennent cette valeur.

> Ils me firent quelques questions sur la nuit de la mariée ; j'y répondis assez bêtement, et les voilà qui éclatent de rire, et les femmes de ces deux plaisants à crier [...] « vous êtes bien joyeux là-bas ? »
> DIDEROT, *Jacques le Fataliste*, p. 677.

ÉCLIPSE n. f.

À éclipses [LOC. ADJ.] « qui apparaît et disparaît alternativement ; qui se manifeste par accès ».

ÉCLUSE n. f.

Lâcher (ouvrir) les écluses « se mettre à pleurer abondamment ». D'autres sens évoquent les « flots de parole » (1878, Rigaud, *Dict. du jargon parisien*) et l'émission d'urine : *écluser*, avant de s'employer en argot pour « vider un verre », a signifié « pisser » (1866, *in* Esnault). L'idée commune est celle d'un flot longtemps retenu qui s'échappe brusquement.

ÉCOLE n. f.

École buissonnière « action de se promener au lieu d'aller en classe » (surtout dans *faire l'école buissonnière*). Une explication historique (cf. Wartburg) provient sans doute de la nature de la première attestation, dans Marot : « *Vray est qu'elle fus buissonnière, l'escolle de ceux de Pavie* » ; on y a vu une allusion au Concile de Pavie en 1423, auquel de nombreux prélats préférèrent ne pas aller, à cause de la peste qui sévissait dans la ville. Tuet a recours à un épisode de la répression du protestantisme :

> « Faire l'école buissonnière » [...]. Cette expression vient de ce qu'au commencement du Luthérianisme, les sectateurs de cette doctrine, n'osant prêcher ni enseigner publiquement leurs dogmes, tenoient dans les campagnes des écoles secrètes, qu'on nomma *Buissonnières* [...]. Le Parlement rendit un arrêt le 6 août 1552, lequel défend les *Écoles buissonnières* [...].
> TUET, *Matinées sénonaises*, p. 411.

Mais il est probable que l'expression a précédé les origines qu'on a voulu lui assigner et signifie dès le XVᵉ siècle « promenade dans les chemins creux ou parmi les buissons qui cachent le fuyard ».

Haute école « exercices savants et difficiles ». Métaphore empruntée (vers la fin du XIXᵉ s.) au vocabulaire hippique, où l'*école*, c'est-à-dire les exercices d'équitation, se divise en *basse école* et *haute école* (1755, in *Encyclopédie*). D'autres expressions, en usage au XVIIᵉ s., s'appliquent au cheval bien entraîné (*avoir de l'école*, etc.).

À bonne école « dans un milieu, avec des personnes capables de bien former, d'instruire ». L'expression est très ancienne et connaît de nombreuses variantes en ancien français (à partir du XIIe s.) : *avoir apris a bone escole, estre de bone escole* (qui s'est même dit des choses, avec le sens de « bon, excellent »). Au contraire, *être appris de male escole* signifiait « être mal guidé, mal conseillé », *mener à dure escole*, « mener, diriger durement », etc. Dans ces expressions, *école* a le sens ancien et général de « formation morale ; exemple, influence ».

> Une nuit, elle rêva qu'elle était au bord d'un puits ; Coupeau la poussait d'un coup de poing, tandis que Lantier lui chatouillait les reins pour la faire sauter plus vite. Eh bien ! ça ressemblait à sa vie. Ah ! elle était à bonne école, ça n'avait rien d'étonnant si elle s'avachissait.   É. ZOLA, *L'Assommoir*, t. II, p. 73.

Faire école « avoir des disciples, influencer des personnes » ; (en parlant des choses) « se répandre rapidement ».

Vx. *Faire une école* « faire une faute, une sottise ». Locution empruntée au vocabulaire du jeu de trictrac (1669, *in* Hatzfeld) où elle signifiait « oublier de marquer ou se tromper dans la marque des points » (ce qui donnait à l'adversaire le droit d'*envoyer à l'école* le maladroit, cf. loc. suivante).

Renvoyer (envoyer) quelqu'un à l'école « lui reprocher son ignorance, son manque d'instruction » (XVIe s., Pasquier). L'expression *envoyer (mettre) quelqu'un à l'école* s'est spécialisée au jeu de trictrac (« marquer à son profit les points marqués par l'adversaire », cf. *Faire une école*, ci-dessus), mais l'abandon du jeu a entraîné celle des locutions. Aujourd'hui, *renvoyer à l'école* (ou dire de *retourner à l'école*) n'évoque plus la victoire remportée sur un adversaire maladroit, mais le mépris envers un ignorant.

Vx. *Révéler (dire) les secrets (ou les nouvelles) de l'école* « révéler des nouvelles et des projets qui étaient tenus cachés ». L'expression utilise les sens ésotériques de *école* (« doctrine philosophique ou esthétique » ; « confrérie, société »).

Vieilli. *Sentir l'école* « avoir des manières pédantes et maladroites » (début XVIIe s.).

ÉCOLIER n. m.

Le chemin des écoliers « le chemin le plus long et le plus agréable, comme celui que prennent les écoliers peu pressés d'arriver ». Même idée que dans : ÉCOLE BUISSONNIÈRE, ci-dessus.

> Elle prenait donc le chemin des écoliers et passait par le Luxembourg.
> Là, au moins, elle pouvait un moment s'asseoir à l'ombre des grands arbres et écouter les oiseaux chantant l'amour et le renouveau !   GORON, *L'Amour à Paris*, t. I, p. 436.

ÉCONOMIE n. f.

Économies de bouts de chandelles → CHANDELLE.

Il n'y a pas de petites économies. Tous les proverbes concernant l'argent tournent autour de la même idée : il n'est jamais inutile de garder ou d'accumuler (car LES PETITS RUISSEAUX*...), et rien n'est petit quand il s'agit de sous. La morale pré-capitaliste interdit ou limite sévèrement la circulation (ni dépenses, ni emprunts : QUI PAYE SES DETTES* S'ENRICHIT) ; elle valorise la thésaurisation. Des expressions comme ÉCONOMIES DE BOUTS DE CHANDELLE* manifestent une réaction contre cette morale de l'avarice.

ÉCORCE n. f.

Juger de l'arbre par l'écorce → ARBRE.

Presser l'orange et jeter l'écorce → ORANGE.

ÉCORCHÉ n. m.

Une sensibilité d'écorché vif « très vive, excessive ». Le caractère horrible de cette hyperbole est atténué par les nombreux emplois métaphoriques du verbe *écorcher* (*écorcher les oreilles, écorcher le client*, etc.) et de son participe passé (*l'écorché* des écoles de dessin*). Certains emplois redonnent au mot toute sa force :

> Portant la peine de cette jaunisse révolutionnaire ayant une sensibilité d'écorché, lui, l'avocat des saignants ! blessant les autres sans le vouloir, ce blessé !
>
> J. VALLÈS, *L'Insurgé*, p. 116.

Cependant, *un écorché vif*, dans le langage élégant, n'évoque pas tant d'intolérables souffrances et un spectacle insoutenable que la sensibilité délicate ou la susceptibilité de bon ton (« une poésie d'écorché vif », écrit Barrès, qui juxtapose l'expression avec « frémissement des nerfs », dans *Jardins sur l'Oronte*).

ÉCORCHER v. tr.

Il crie comme si on l'écorchait « il crie très fort », « il se plaint sans grand sujet » ; *il crie avant qu'on l'écorche* « il se plaint sans raison » → IL FAIT COMME LES ANGUILLES* DE MELUN.

Écorcher l'anguille par la queue → ANGUILLE.

Vx. *Traîner (quelqu'un) à écorche-cul* « traîner à terre et avec violence » (XVIe s.) et, par métaphore, « entraîner malgré soi ».

> La froideur de Baron acheva l'entreprise, car on l'y traînoit à l'escorche-cul.
>
> D'AUBIGNÉ, *Histoire Universelle*, VI, 13, *in* Huguet.

ÉCOT n. m. Mot issu du francique *skot* « contribution ».

Chacun son écot « chacun sa part (d'ennuis, d'inconvénients, etc.) » → PAYER SON ÉCOT ci-dessous.

> Ah ! si je n'avais pas peur d'être empoisonné comme un chien par Jacques Collin [...], je dirais tout au duc ; mais dans ce bas monde chacun son écot ! je ne veux payer pour personne.
>
> BALZAC, *Vautrin*, acte I, sc. 6.

Vx. *Parlez à votre écot !* « Mêlez-vous de ce qui vous regarde » (*in* Molière). L'expression utilise un sens du mot courant au XVIe et au XVIIe s. : « compagnie, groupe » (de ceux qui se réunissent amicalement, chacun payant son *écot*) ; elle signifie à peu près « parlez à vos semblables ». *Être de tous les écots* signifiait « se mêler à toutes sortes de compagnies ».

Payer son écot « avoir sa part (d'ennuis, de travail, de responsabilité) dans une œuvre collective ». L'expression est ancienne (XIVe s.) ; elle a d'abord signifié « supporter la peine, les inconvénients », puis (au XVIIe s.), « prendre sa part dans le divertissement d'une compagnie » et enfin « prendre sa part de travail ». Initialement, il s'agit d'une contribution, souvent en nature, destinée à payer les frais d'un service (repas, etc.).

> Encore faloit il qu'il payast toujours son escot par un bon conte.
>
> Ch. SOREL, *Histoire comique de Francion*, p. 465.

ÉCOUTANT n. m. Le mot s'employait au XVIIe s. au sens de « auditeur ».

Vx. *L'écoutant fait le médisant* [PROV.] « en prêtant l'oreille aux ragots, on est déjà bien près de les colporter ».

ÉCOUTE n. f.

Être (rester, se tenir...) aux écoutes « être attentif à ce qui se dit, à ce qui se passe ». *Aux écoutes de...* « attentif à... ». L'expression, que Littré illustre par des exemples du XVe s., s'est rapidement employée métaphoriquement (*mon esprit, estant* [...] *aux escoutes de l'advenir*, ..., Amyot) avec une valeur voisine de *aux aguets*.

> [...] attirés par la curiosité, ils s'étaient mis aux écoutes, ne pensant pas que je sorti-
> rais si vite.   M. Proust, *À la recherche du temps perdu*, t. II, p. 559.

ÉCOUTER v.

Vx. *(Un) Écoute s'il pleut* « promesse illusoire, espérance sans fondement »
(1718); aussi « homme qui s'attend à un ennui »; « homme faible, qui se laisse arrêter par la moindre difficulté » (1787; 1835). D'abord au sens concret (XVIᵉ s.)
« cours d'eau infime ».

ÉCRAN n. m.

Le petit écran « la télévision ». Au mépris des réalités techniques, cette expression assimile à un écran de cinéma la partie du tube cathodique où se forment les
images de télévision; elle est apparue et elle s'utilise dans la langue du journalisme.

Crever l'écran « faire un effet remarquable, dans un film (d'un comédien) ».

ÉCRASER v. tr.

En écraser « dormir profondément ». On a voulu expliquer cet emploi d'origine argotique (lexicalisé) par une métaphore portant sur le sens concret d'*écraser*,
en sous-entendant un complément (*écraser des puces, sa couche*, etc.). Outre que de
telles expressions ne sont pas attestées, le verbe *écraser* doit être rattaché à ses nombreux emplois en argot, où il signifie notamment « faire (un travail), expédier (une
obligation) ». Ce sens provient de la valeur métaphorique « faire disparaître » (*écraser un homme*, en argot de la fin du XVIIIᵉ s., correspond à « supprimer »; *écraser un
grain, une grume*, vers 1850, signifie « boire [cf. Effacer, écluser] un verre »). *En écraser* signifie donc « supprimer le sommeil par un bon somme », de même que *écraser
un client, en écraser* (argot des prostituées) signifie (ou du moins signifiait vers 1930)
« faire un client » et « avoir de nombreux clients ». L'expression italienne *schiacciare
un sonnellino*, où le complément du verbe désigne le sommeil (et non une chose
concrète) confirme cette interprétation.

ÉCREVISSE n. f.

Vx. *Écrevisse cuite* « cardinal ». Cette expression a été employée à Paris à la fin
du XVIIIᵉ s.; la conjoncture politique lui confère des connotations menaçantes.

Rouge comme une écrevisse « très rouge » (en parlant d'une personne honteuse, etc.). La comparaison concerne le crustacé cuit et le sémantisme de la cuisson peut se retrouver dans certains emplois.

> Ton médecin au nez rouge comme une escrevisse, t'ordonne d'escorcher une anguille
> par la queue.   Ch. Sorel, *Histoire comique de Francion*, p. 254.

N.B. Il s'agit d'une harangue comique adressée au pédant Hortensius, et qui accumule
locutions et métaphores.

Aller, avancer comme une écrevisse « de côté; à reculons ». On a employé
expression *aller à pas d'écrevisse* (*in* Cotgrave).

Vx. *Éplucher des écrevisses* « perdre son temps à des niaiseries » (XVIIᵉ-XVIIIᵉ s.).
L'expression est signalée par Mme de Sévigné comme s'appliquant (en 1688) aux
démêlés des provinces ». *Éplucheur d'écrevisses* « personne qui aime les discussions
ou les minuties inutiles ».

ÉCRIRE v. tr.

Écrire comme un chat → Chat.

Vx. *Écrire sur l'onde* « oublier (quelque chose); travailler sans aucun résultat »
(1672, *in* Wartburg).

Vx. *Être écrit sur le livre* « être débiteur » (1640, *in* Oudin). Le sujet désigne une personne (et non pas la somme).

C'est (c'était) écrit « cela devait arriver ». L'expression a pris cette forme (avec le démonstratif), au XIXᵉ s. La tournure *il est écrit*, « Dieu l'a décidé », apparaît dans la langue avec les premières traductions de la Bible, au XVIᵉ s. (ex. Matthieu 2, 5 ; 21, 13 ; Luc 3, 4,...). La volonté divine, le destin prend, dans de nombreuses cultures, la forme d'un texte (cf. le *Mektoub* arabe, « c'est écrit »). Le Dictionnaire de l'Académie note, en 1694, la locution *cela était écrit au ciel. Il est écrit là-haut que...* exprime le fatalisme de Jacques de Diderot :

> — Où vas-tu, te dis-je ?
> — Mettre à la raison cette canaille.
> — Sais-tu qu'ils sont une douzaine ?
> — Fussent-ils cent, le nombre n'y fait rien, s'il est écrit là-haut qu'ils ne sont pas assez.
> — Que le diable t'emporte avec ton impertinent dicton !
>
> DIDEROT, *Jacques le Fataliste*, p. 510.

Ce qui est écrit est écrit « ce qui est convenu par écrit ne peut pas être changé » (*in* Académie, 1694). C'est la parole de Pilate aux Juifs qui voulaient modifier l'inscription sur la croix du Christ (Jean 19, 19). Voir le précédent.

ÉCRITEAU n. m.

Vx. *Mettre un écriteau à une femme* « afficher ses relations intimes avec une femme ». Locution familière de la seconde moitié du XIXᵉ siècle.

ÉCRITURE n. f.

Vx. *Accorder (concilier) les Écritures* « concilier des choses apparemment inconciliables ». Métaphore du langage juridique (XVIᵉ s., *in* R. Estienne, jusqu'au XIXᵉ s.) qui fait allusion aux pièces contradictoires d'un procès ; mais la locution évoque aussi des divergences entre les Évangiles.

Vx. *Entendre les écritures* « être habile dans les affaires ». L'expression date du XVIIᵉ s. ; elle est taxée de « basse » et cantonnée à la langue de la chicane par le Dictionnaire de l'Académie, en 1718.

Vx. *Il est bien âne de nature (est un âne de nature) qui ne peut (ne sait) lire son écriture* [PROV.], XVIIᵉ-XIXᵉ s.

ÉCU n. m.

Vx. *Le reste, le restant de mon (notre) écu* « ce qui arrive de désagréable après une série d'ennuis » (XVIIᵉ s.-XIXᵉ s.). En outre, au XVIIIᵉ s., *voici le reste de notre écu* « se dit de ceux qui surviennent en une compagnie et qu'on n'attendait pas » (Le Roux)

> Voicy le reste de nostre écu, dit l'hostesse : si nous n'avions point d'autre pratique que celle-là, nostre louage seroit mal payé. SCARRON, *Le Roman comique*, p. 543.

Vx. *Avoir des écus moisis* « être riche et avare » (1690, Furetière).

Vx. *N'avoir pas un écu vaillant* « être démuni d'argent » → SOU. D'abord : *il n'a pas vaillant un quart d'écu* (1680, Richelet) qui signifie « il n'a pas un quart d'écu qui vaille, qui soit valable ».

Vx. *Mettre écu sur écu* « thésauriser » (début XIXᵉ s.).

Vx. *Remuer les écus à la pelle* (*avoir des écus à remuer à la pelle,* fin XVIIᵉ s.) « être très riche » → PELLE.

Vx. *Écu changé, écu mangé* [LOC. PROV.] « une somme entamée risque d'être entièrement dépensée ».

Vx. *Cela ne lui fait non plus de peur qu'un écu à un avocat* « il n'en a aucune frayeur ; il aime assez cela » (*in* Furetière). La réputation d'avidité des avocats était bien établie au XVIIᵉ s., comme l'atteste une autre expression appliquée aux médecins : *il n'en a non plus de pitié qu'un avocat d'un écu*, c'est-à-dire « il ne laisse pas échapper un malade et lui fait un sort définitif ».

ÉCUELLE n. f.

Vx. *Laver l'écuelle à une femme* « faire l'amour avec elle » (début XVIᵉ s.). Cette métaphore érotique ne semble pas avoir été tolérée au delà du XVIᵉ s.

Vieilli. *Manger à la même écuelle* « avoir les mêmes sources de profits, les mêmes intérêts » (1821, de la Mésengère). Cette métaphore ne s'appuie pas directement, comme on l'a dit, sur une coutume sociale (cf. Gottschalk), mais sur les valeurs figurées d'*écuelle* (reprises par celles d'*assiette**) attestées par de nombreux emplois archaïques, « profits, revenus, richesses ».

Vx. *Mettre (jeter) tout par écuelles* « tout dépenser en mangeailles » (XVIᵉ-XIXᵉ s.). *Écuelle* garde ici sa valeur concrète.

Vx. *Il a bien plu dans son écuelle* « il a fait un gros héritage » (XVIIIᵉ s., *in* Le Roux).

Vx. *Il est propre comme une écuelle à chat* → CHAT.

ÉCUMER v. tr.

Vieilli. *Écumer les mers* « exercer la piraterie » (1606, *in* Nicot). L'expression plus ancienne *écumeur de mers* est encore employée. *Écumer* et *écumeur* ont eu la valeur figurée de « exercer le pillage, le vol » et de « voleur ». Des expressions analogues, comme *écumeur de table*, « pique-assiette » (*in* Lesage) ou *écumer les grands chemins*, « y exercer le brigandage » (fin XIXᵉ s.) sont plutôt des emplois littéraires que des locutions courantes.

Écumer la marmite → MARMITE.

ÉCUMOIRE n. f.

Comme une écumoire « criblé de trous, ou de marques ». *Avoir le visage comme une écumoire* « marqué de petite vérole ». *Être troué, criblé... comme une écumoire* (→ aussi PASSOIRE).

ÉCUREUIL n. m.

Être agile, vif comme un écureuil « très vif, rapide ». La rapidité et la soudaineté des mouvements de l'écureuil, jointe à la sympathie qu'inspire cet animal, confèrent à l'expression un champ d'utilisation assez précis (vivacité enfantine, notamment). La comparaison se fait aussi avec des verbes de mouvement (*grimper, sauter...*).

Tourner comme un écureuil en cage « s'agiter, ne pas rester en place (par impatience, etc.) ». L'expression évoque les cages munies d'un petit tourniquet où l'on enferme les écureuils en leur donnant un moyen cruel de dépenser leur énergie. L'expression est beaucoup moins courante que TOURNER COMME UN OURS* EN CAGE. La variante *faire l'écureuil* (Delvau, *in* Gottschalk) semble inusitée.

Vx. *Mettre les écureuils à pied* « couper les arbres ».

ÉCURIE n. f.
Le mot est dérivé d'*écuyer (escuier-escuyrie)* et signifie d'abord « ensemble des services d'une maison princière concernant les chevaux » (XIIIᵉ s.) et « charge d'écuyer » (XVIᵉ s.). À partir du XVIᵉ s., *écurie* désigne surtout le bâtiment où sont logés les chevaux.

Les écuries d'Augias «lieu extrêmement sale». La fable grecque des *écuries d'Augias* fait partie du cycle d'Héraklès. On sait que le héros avait tout simplement détourné un fleuve (l'Alpheios) pour nettoyer ces étables. Il s'agit en effet d'étables à vaches et non d'*écuries*, ce dernier mot étant préféré à cause de sa forme, qui se rapproche de *curer*, «nettoyer». ***Nettoyer les écuries...*** conserve ainsi les éléments de *curer les étables* ou *curer le bétail* (fréquents du XIIIᵉ au XVIIᵉ s.) après le vieillissement du verbe *curer* dans cet emploi.

> Le drame que je viens de raconter, et ceux que je détaillerai au cours de cet ouvrage, feront comprendre au lecteur qu'il est utile de temps en temps de nettoyer les écuries d'Augias et que ces coups de balai sont de temps en temps nécessaires à la salubrité et à la sécurité publiques.   GORON, *L'Amour à Paris*, t. I, p. 60.

> J'allais venir le chercher, je bondis dans un taxi sans prendre le temps de me maquiller. Dieu merci, il était retrouvé, Dieu merci, ma nuit était finie! J'aurais nettoyé les écuries d'Augias pour cette remise de peine si j'avais dû trouver Renaud sous la dernière couche de purin.   Ch. ROCHEFORT, *Le Repos du guerrier*, p. 91.

Se croire dans une écurie, entrer quelque part comme dans une écurie, etc. «se comporter très grossièrement». Malgré sa noble origine (voir ci-dessus), *écurie* a en général des connotations plus négatives encore que celles de *étable* («saleté», «grossièreté»), pour des raisons qui tiennent sans doute au signifiant (cf. ci-dessus LES ÉCURIES D'AUGIAS) autant qu'au signifié (cf. les valeurs de *palefrenier*, *charretier*, etc.).

Vx. ***Faire une écurie de ses chausses*** «avoir un bubon à l'aine (ou en général, une maladie vénérienne), en parlant d'un homme» (1690, *in* Oudin; 1752, Le Roux, etc.).

Vx. ***Fermer l'écurie quand les chevaux sont dehors*** «prendre des précautions à contretemps, quand il est trop tard» (début XVIIIᵉ s.).

Sentir l'écurie «avoir un regain d'énergie lorsqu'on approche de la fin d'un travail, d'un trajet, etc.». Le cheval qui *sent l'écurie* après une longue étape retrouve des forces.

EFFET n. m. Ce mot, apparenté à *fait (effectus* est de même racine que *facere)*, entre dans plusieurs locutions lexicalisées: adverbes *(en effet)*, prépositions *(à l'effet de...)*, verbes *(mettre à effet, prendre effet)*. On ne mentionnera ici que des syntagmes plus riches en connotations ou moins stables.

Un effet de votre bonté, sert, dans un langage naïf et archaïque, avec un conditionnel, à présenter une requête.

> Il se posta [...] sur le seuil de son écurie, guetta Marjalet au passage, et, aussitôt qu'il l'aperçut, traversa bravement la cour et vint se placer devant lui.
> — Mon capitaine, je viens vous demander si, des fois, ce serait un effet de vot'bonté de me lever ma punition.   G. COURTELINE, *Les Gaîtés de l'escadron*, p. 41.

Vx. ***Homme d'effet*** «homme qui agit, réussit» (XVIIᵉ s.).

Couper (enlever) ses effets à quelqu'un «l'empêcher de se mettre en valeur». L'emploi du verbe *couper* assimile métaphoriquement les *effets* («impression que quelqu'un désire produire») à un prolongement matériel de l'individu. Comme dans tous les emplois analogues de *couper*, la métaphore de la castration, ou du moins de la mutilation, est sous-jacente.

Faire de l'effet «produire une impression vive». *Faire effet* (vx) et *faire de l'effet* s'opposent à *faire un effet, son effet...* par un caractère général et neutre Aussi *faire de l'effet* se dit des choses comme des personnes et tend à la lexicalisation («agir psychologiquement»).

> L'Arménien t'a fait de l'effet. Que serait-ce si tu avais vu des gens de la Mecque en costume, ou des jeunes gens grecs dans la campagne.
> G. FLAUBERT, *Correspondance*, IIᵉ série, p. 441.

[...] et on croit que pour faire de l'effet, pour être applaudis, nous allons nous en prendre à tel ou à telle ? Ah ! non ! pas si humbles !

G. FLAUBERT, *Correspondance*, VIᵉ série, p. 108.

Ménager son effet, ses effets « graduer l'action que l'on veut avoir sur les esprits ».

Il n'y a pas d'effet sans cause. Ce proverbe d'apparence méditée ne fait que présenter ce que les logiciens appellent une vérité analytique et les autres une lapalissade. La définition réciproque des mots *effet* et *cause* interdit en effet que ce qu'ils désignent se manifeste isolément. Mais la sagesse des nations n'est pas toujours aussi sotte qu'elle en a l'air, et le proverbe signifie en réalité : « l'ignorance des causes ne doit pas faire oublier leur existence ».

EFFIGIE n. f.

Vx. *Mettre en effigie* « brûler la représentation d'un condamné par contumace » (XVIIᵉ s.). Devenue obscure, la locution est remplacée par *brûler (pendre...) en effigie.*

EFFORT n. m.

Le moindre effort. Cette expression ne confère une valeur particulière à aucun de ses éléments, mais sa fréquence en fait le signe figé d'une explication du comportement humain (cf. *La loi, le principe du moindre effort,* dans l'usage scientifique), puis d'une attitude nonchalante et généralement asociale *(c'est un partisan du moindre effort).*

Faire effort (sur soi-même...) « agir, se décider à contrecœur, par un effort de volonté ». L'absence d'article donne à ce syntagme verbal la valeur d'un mot composé, qui correspond à la morphologie de « s'efforcer » : *s'*(sur soi) *effor*- (effort) *-cer* (faire).

Faire un effort, s'emploie dans certains contextes avec la valeur particulière de « faire une dépense plus importante que celle que l'on désirait faire ».

ÉGAL adj.

À l'égal... [LOC. PRÉP.] « autant que ; comme... ».

D'égal à égal « en se considérant comme égaux, personne n'imposant sa volonté, sa supériorité » (avec des verbes comme *traiter, discuter,* etc.). La langue classique (cf. Corneille, Bossuet, Racine, *in* Robert) employait *traiter d'égal.* L'expression est en général invariable, mais l'accord est possible *(il a discuté avec elle d'égale à égale).*

> Son comportement me haussait en quelque sorte au niveau des adultes, me faisait comprendre qu'elle allait me parler d'égale à égale, comme à une grande, comme une femme.   M. CARDINAL, *Les Mots pour le dire,* p. 133.

Toutes choses égales d'ailleurs [LOC. ADV.] « en supposant que tous les autres éléments sont équivalents, et qu'aucune autre variable n'intervient dans la comparaison ». Précaution oratoire empruntée à la langue scientifique, cette expression permet de donner une apparence plus rigoureuse aux évaluations les plus imprécises.

N'avoir pas son égal « être unique, très remarquable ».

N'avoir d'égal que... « n'être égalé que par..., être supérieur à toute autre chose que... ». L'expression sert à comparer deux qualités (positives ou négatives) que l'on veut mettre en vedette (ex. : *son courage n'a eu d'égal que sa bêtise.*).

Être (se montrer) égal à soi-même « avoir un comportement prévisible ».

Fam. *C'est égal* « cependant ; tout de même ; de toutes façons ». S'emploie en tête de phrase ou comme exclamation. *Mais c'est égal, je pars en guerre et je tuerai tout le monde,* déclare le Père Ubu pour manifester son indifférence aux arguments et aux circonstances contraires.

ÉGALITÉ n. f.

Être à égalité (avec...) « avoir obtenu les mêmes résultats, n'être ni supérieur, ni inférieur ». On emploie aussi *à égalité,* [LOC. ADV.] et *à égalité de...* avec un complément exprimant le domaine (*à égalité d'âge,* etc.).

ÉGARD n. m.

Substantif verbal du verbe *esgarder,* l'un des composés (avec *regarder*) de *garder,* du germanique °*wardon* (« regarder ; surveiller »). *Esgard* a signifié d'abord « regard », sens qu'il conserve jusqu'au XVIIᵉ s. dans des locutions (*avoir, faire esgard* « examiner, surveiller » ; *prendre esgard* « remarquer »), puis « considération attentive » et « décision » (d'où une expression comme *par esgard,* « en considération de... »). Le mot a évolué dans deux directions : d'une part vers une valeur neutre exprimant une simple relation (*à l'égard de...,* etc.), d'autre part vers une spécification (« attention respectueuse, » etc.) représentée surtout par le pluriel.

À l'égard de... « relativement à..., envers » (fin XVIᵉ s.). Au XVIIᵉ s., *à l'égard de quelqu'un* s'emploie pour « d'après le jugement, l'opinion de quelqu'un » (La Bruyère), mais cette valeur active n'a pas vécu. En français moderne, *à l'égard de...* correspond à « par rapport à (quelque chose ou quelqu'un qui se trouve l'objet d'une action, d'une attitude, etc.) ». Il en est de même pour *à cet égard* « par rapport à cela » (XVIIᵉ s.) ; *à certains, à tous égards* (vers 1740) ; *eu égard à...* « en tenant compte de » (1549, Estienne).

Avoir égard à... « tenir compte de..., prêter attention à... ».

Avoir des égards pour (qqn) « ménager, avoir des attentions pour ». Employé au pluriel, *égards,* avec le sens de « attentions déférentes », se rencontre dans des syntagmes fréquents (comme *avoir des égards, manquer d'égards, les égards dus à son rang,* etc.), mais sans former de véritables locutions.

ÉGLISE n. f.

Vx. *Petite église* « coterie » → CHAPELLE (*la Petite Église* s'emploie pour désigner les catholiques ayant refusé le Concordat de 1801).

Vx. *Balayer l'église* « sortir le dernier de l'église (comme si on poussait les autres devant soi) ». Première esquisse de la moderne *voiture-balai* → ÊTRE DU BALAI*.

ÉGORGER v. tr.

Se laisser égorger comme des moutons « se laisser exploiter, voler, etc. » → MOUTON.

ÉLAN n. m.

Prendre son élan « s'apprêter à entreprendre une tâche difficile ; se préparer à l'action ». *L'élan* est proprement un mouvement rapide (le fait de *s'élancer*) mais dans l'activité du saut, c'est un mouvement préparatoire par rapport au bond lui-même. D'où la valeur de l'expression (à comparer avec RECULER* POUR MIEUX SAUTER).

ÉLASTIQUE n. m.

Fam. *Les lâcher avec des élastiques, un élastique* « ne donner, ne prêter de l'argent qu'à regret, avec réticence ». L'image cocasse correspond à quelque farce, où le donneur non seulement attache l'objet donné, mais le fait revenir. *Élastique* a pu être préféré à des termes équivalents (*ressort,* par exemple) à cause de sa ressemblance phonétique avec *lâcher* (ce verbe étant le noyau de l'expression ; cf. aussi *il ne veut pas les lâcher,* etc.).

ÉLÉMENT n. m.

Vx. *En être (n'en être plus) aux éléments* « être ignorant (savant) dans un domaine ».

Être dans son élément « dans la situation, l'activité qui est la plus familière ; être très à l'aise par suite de l'accoutumance ». On emploie aussi *être hors de son élément* (moins fréquemment toutefois que la négation *ne pas être dans...*) → DANS SON ASSIETTE* (ÊTRE, NE PAS ÊTRE).

ÉLÉPHANT n. m.

Une mémoire d'éléphant « une mémoire exceptionnelle ».

Comme un éléphant dans un magasin de porcelaine « avec lourdeur, maladresse » (1849). Renforce plaisamment la comparaison : *pesant* (ou, par antiphrase, *léger) comme un éléphant,* par l'évocation du lieu où l'on peut faire le plus de dégâts.

Faire d'une mouche un éléphant → MOUCHE.

ÉLEVÉ adj.

Fam. *Élevé comme un rez-de-chaussée,* très mal élevé. Jeu de mots sur l'ambiguïté de *non élevé,* à la fois « peu élevé » et « mal éduqué ».

ELLÉBORE n. m.

Avoir besoin de deux (six, quelques) grains d'ellébore « être fou » (milieu XVIIe s. : Molière, La Fontaine, *Fables* VI, 11 et XVIIIe s.). La plante (ou les plantes) appelée en grec *helleboros* passait pour guérir la folie.

ÉLOGE n. m. Du grec *eu-* (bien) *logos* (discours).

Faire l'éloge de quelqu'un, faire son éloge, s'emploie parfois avec un sujet nom de choses et correspond alors à « être tout à son honneur ».

— Il n'a pourtant pas bu plus de deux verres [...].
— Mais si c'était un débauché, ma fille, il aurait porté le vin comme tous les autres. Son ivresse fait son éloge.   BALZAC, *Le Père Goriot, in Ph. Sl.*

Ne pas tarir en éloges (ou *d'éloges*) « être très élogieux ». L'expression fait partie des métaphores qui assimilent les paroles agréables à un flot *(des flots d'éloquence).*

EMBALLER v. tr.

Fam. *Emballez, c'est pesé!* « c'est terminé ». Métaphore du langage des commerçants, appliquée à l'achèvement d'un travail et notamment au succès d'un racolage, d'une arrestation (par référence aux emplois métaphoriques de *emballer* et *emballage).*

EMBALLEUR n. m.

Arg. vieilli. *Emballeur de refroidis* « croque-mort ». Cette « définition » explique une métaphore claire (mais peu courante) par une expression idiomatique beaucoup plus étrange, mais fréquente et lexicalisée (*croquer* y signifie « escamoter »). La présente expression utilise un double euphémisme, désignant les cadavres par le participe passé d'un verbe normalement rassurant (*se refroidir,* mais *refroidir* signifie « tuer » en argot) et assimilant la mise en bière à un « empaquetage ».

EMBARGO n. m.

Mettre l'embargo sur... « empêcher l'influence, la diffusion de... », notamment dans le langage de la Presse. Métaphore maritime, *l'embargo* étant une mesure interdisant à un navire de sortir du port.

> Elle ne pourra venir à Paris, et il faut de l'argent pour la tirer des griffes de ces deux persécuteurs, qui ont remis l'embargo sur tout ce qu'elle possède.
>
> GORON, *L'Amour à Paris,* t. I, p. 427.

EMBARRAS n. m.

L'embarras du choix « un excès de possibilités qui entraîne une difficulté de décision ». L'expression fonctionne avec cette valeur métonymique, *embarras* correspondant à « pléthore embarrassante » *(c'est [il y a] l'embarras du choix, dans ce magasin!)* ou au sens de « difficulté de décision » *(nous avons l'embarras du choix,* « nous avons beaucoup de choses parmi lesquelles choisir »).

Faire de l'embarras, des embarras « chercher à se faire remarquer ». Il s'agit là d'une valeur particulière du mot *embarras,* qui ne se réalise guère qu'avec le verbe *faire (créer des embarras* serait ambigu), et qui correspond aux « complications inutiles et quelque peu ridicules ».

EMBOUCHÉ, ÉE adj.

Mal embouché, ée. Locution lexicalisée comme adjectif, et qui vient d'un ancien emploi du verbe *emboucher* « nourrir, mettre dans la bouche », et métaphoriquement « élever, inculquer à quelqu'un ce qu'il doit dire ». Seul *mal embouché* « mal élevé », a survécu en se remotivant d'après *bouchée :* « avoir des grossièretés à la bouche ».

> « Ne pas mâcher ses mots », « être mal embouché », avoir un ton « amer », « aigre », « sucré », « mielleux » : autant d'expressions montrant chacune à sa manière combien, dans la pensée de tous, la parole reste attachée à son lieu d'origine, la cavité buccale.
>
> M. LEIRIS, *Biffures,* p. 50.

EMBRASSER v. tr.

Qui trop embrasse mal étreint « qui veut entreprendre ou faire trop de choses à la fois risque de ne rien réussir ». Ce proverbe très ancien (vers 1490, *in* Wartburg; dans Rabelais, I, 32) a d'abord eu la forme : *qui trop embrasse, pou (peu) estraint* (en 1393, *ibid.*). La première version a pu sembler trop paradoxale, et le remplacement de *peu* par *mal* avait l'avantage de fournir une nasale en écho à *embrasser.* Sa syntaxe concise et parallèle a maintenu le proverbe, malgré l'archaïsme de l'ordre des mots et leur évolution (le rapport entre *embrasser,* qui ne signifie plus « serrer dans ses bras », mais « baiser », et *étreindre* est de moins en moins senti). Sa fréquence a même rendu cette phrase productive, dans un à-peu-près qui fait allusion aux embrassades (compris comme « série de baisers » plus que comme « étreintes ») des départs : *qui trop embrasse manque le train.*

EMBROUILLER v. tr.

Ni vu ni connu je t'embrouille. Cette phrase figée apparaît au début du XIXe s. (1808, *Dict. du bas langage*). Appliquée à une chose inexplicable, à une disparition mystérieuse, elle provient vraisemblablement d'une formule employée par les bateleurs, les tireurs de cartes, etc. La présence du pronom *je* implique que le « mystère » auquel on fait allusion est fictivement pris en compte par le locuteur qui s'identifie à l'auteur d'une opération destinée à tromper (d'où la valeur moqueuse et familière de la locution).

ÉMERI n. m.

Bouché à l'émeri « absolument incapable de comprendre ; idiot ». La métaphore s'appuie évidemment sur l'emploi antérieur de *bouché,* « idiot » (qui est déjà dans Furetière), renforcé par une expression technique qui correspond à « hermétiquement, complètement bouché » (la surface externe du bouchon et l'intérieur du goulot sont polis avec de l'émeri pour que le contact soit plus parfait).

ÉMINENCE n. f.

Éminence grise « conseiller secret, personnage qui influence secrètement les décisions prises publiquement par d'autres ». Le surnom du père Joseph, alias François Joseph du Tremblay, provincial des Capucins de Touraine puis préfet des missions et véritable ministre occulte des Affaires étrangères de Richelieu, correspond à l'image du double. Assimilé à Richelieu *(l'éminence),* il s'en distingue par un adjectif à la fois concret (la robe *grise)* et métaphorique (sa personnalité est « couleur de muraille »). L'image populaire de l'histoire secrète a fait du père Joseph un personnage type et de son surnom un nom commun.

EMMÊLER v. tr.

S'emmêler les pieds (→ 1. PIED) « se tromper, s'embrouiller ». On dit aussi : *s'emmêler les pinceaux, les crayons.*

ÉMOULU, UE adj. Participe passé du verbe archaïque *émoudre* « aiguiser » (du latin populaire *exmolere,* composé de *molere,* qui a donné *moudre).*

Frais émoulu « récemment formé, promu ; récemment sorti (d'une école, etc.) ». Cette expression est le seul emploi vivant de *émoulu ;* elle apparaît au XVIᵉ s. (Pasquier) ; elle signifie « aiguisé de frais », ce qui implique une efficacité et un « tranchant » sans faiblesse. Au XVIIᵉ s., on parlait aussi d'un *gentilhomme frais émoulu,* c'est-à-dire récemment anobli.

Vx. *Se battre à fer émoulu* « ne pas s'épargner ; lutter sans merci ». L'expression vient de la chevalerie, *fer émoulu* « arme aiguisée, affilée », s'opposait aux armes émoussées employées normalement dans les tournois. On a d'abord dit au sens propre (XVᵉ s.) *se battre de fers émoulus.* La valeur métaphorique s'appliquait surtout, avec une valeur ironique, aux luttes de procès (au moins depuis le début du XVIIᵉ s.).

EMPÊCHER v. tr. Un emploi négatif et impersonnel du verbe a formé une locution de coordination, aujourd'hui lexicalisée : *il n'empêche, n'empêche que...,* qui signifie « cela n'empêche pas que... », c'est-à-dire « néanmoins, cependant ».

EMPÊCHEUR n. m.

Empêcheur de danser en rond « personne qui empêche les autres de s'amuser, d'exprimer leur gaieté, de prendre du plaisir ». L'expression, selon les historiens de la langue, serait directement issue des termes d'un pamphlet de Paul-Louis Courier, *Pétition pour les villageois que l'on empêche de danser* (15 juillet 1822). Mais la date de 1822 attribuée à cette locution (notamment par Wartburg) ne rend pas compte de sa diffusion. En effet le mot *empêcheur,* absent de Littré, de P. Larousse et des autres recueils du XIXᵉ s., n'est repéré que vers 1900. Le passage de P.-L. Courier auquel il est fait allusion ne contient que l'expression verbale : « *par le préfet, il* [le curé] *réussit à vous empêcher de danser, et bientôt vous fera défendre de chanter et de rire* ». Si la locution actuelle est bien empruntée au pamphlet libéral de Courier, c'est par deux opérations, l'une de nominalisation (création du dérivé *empêcheur),* l'autre d'expansion du verbe *danser* en *danser en rond,* qui évoque les réjouissances collectives (la *ronde*) et la gaieté innocente.

> Et pas d'emmerdements financiers, le capital privé sera mort, tout appartiendra à la collectivité. Parce que les fascistes, voilà les seuls empêcheurs de danser en rond, c'est eux qui voulaient faire crever de faim l'humanité [...].
>   A. SERGENT, *Je suivis ce mauvais garçon,* p. 135.

EMPEIGNE n. f. Ce composé de *peigne* désigne par métonymie le dessus de la chaussure, d'après un ancien sens de *peigne* «métatarse», qui s'insère dans un vaste champ métaphorique comprenant des noms de végétaux, d'animaux et de parties d'organismes évoquant un peigne.

Gueule (face...) d'empeigne «visage laid et ridicule; individu rébarbatif, revêche» (terme d'injure). *Empeigne* conserve de son origine («*peigne* = partie du pied») sa valeur péjorative, appuyée par divers emplois régionaux de *empeigne* («morceau de cuir», «peau d'animal» et même «fond de culotte», en Lorraine).

EMPIRE n. m.

L'empire du Milieu «la Chine impériale». L'illusion d'être au centre du monde, commune à tous les peuples, se traduit par des désignations de ce genre, qui paraissent pittoresques et dignes d'être retenues dès lors qu'elles sont observées de l'extérieur. La Chine est aussi appelée *le Céleste Empire.*

Pour un empire. S'emploie après une proposition négative comprenant un verbe d'action ou d'intention au conditionnel ou au subjonctif (ex. *il ne ferait pas cela..., je n'aurais pas voulu...,* etc.), au sens de «en aucune façon». L'expression concrétise POUR RIEN AU MONDE* par référence à un échange avec la puissance politique et la richesse.

> Françoise, avec l'infidélité des femmes, revint en disant [...] qu'elle ne retournerait pas habiter là-bas pour un empire et lui donnât-on des millions [...].
>   M. PROUST, *À la recherche du temps perdu,* t. II, p. 10.

EMPLÂTRE n. m.

Un emplâtre sur une jambe de bois «un remède inutile; une mesure absolument inefficace» → JAMBE.

EMPLOI n. m.

Emploi du temps. Expression lexicalisée qui désigne spécialement une répartition méthodique des tâches, des travaux, un programme (notamment celui des horaires scolaires). Le simple fait de redonner au syntagme sa valeur pleine crée un effet stylistique, comme dans le titre du beau roman de Michel Butor, *L'Emploi du temps,* où le temps est dédoublé, dans son emploi référentiel (par les personnages du récit) et littéraire (temps de l'énoncé et temps de l'énonciation).

Mode d'emploi «notice expliquant la façon de se servir d'un objet, de faire fonctionner un mécanisme». S'emploie aussi au fig., «manière d'utiliser».

Faire double emploi «être inutile, superflu, l'effet à produire étant déjà obtenu par une autre cause» (le sujet étant au pluriel, ou l'expression étant suivie du nom de la première cause, présentée par *avec*).

Avoir le physique (la tête, la gueule) de l'emploi «avoir une apparence qui correspond à ce qu'on fait; ressembler à ce qu'on est» (1878, Académie). Au théâtre, *avoir le physique de l'emploi* se dit d'un acteur dont l'apparence physique convient parfaitement au rôle qu'il tient. La locution s'emploie familièrement et presque toujours en mauvaise part, comme pour justifier la mauvaise opinion qu'on a de quelqu'un par une (pseudo-)adéquation, fondée sur l'apparence, entre le faire et l'être.

— Enlève donc tes lunettes, dit Tortose à Pierrot, enlève donc tes lunettes. Si tu veux
avoir la gueule de l'emploi.
Pierrot obéit et les rangea soigneusement dans leur étui.

R. QUENEAU, *Pierrot mon ami*, p. 7.

EMPORTE-PIÈCE n. m. et adj.

À l'emporte-pièce [LOC. ADV OU ADJ.], se dit de paroles incisives, qui affirment
ou attaquent durement. *Emporte-pièce*, employé comme adjectif, puis comme nom
au XVIIᵉ s. désignait un cautère ou un instrument tranchant. *À l'emporte-pièce*, c'est
donc « en utilisant un instrument qui coupe, tranche ». Cette valeur métaphorique
a été précédée par l'emploi aujourd'hui disparu de *emporte-pièce* au sens de « personne qui critique avec dureté » (1762, *in* Académie), où c'est la personne (et non ses
paroles) qui est assimilée à un outil coupant. La métaphore est la même que dans
les emplois figurés de *coupant, tranchant, perçant*...

EMPORTER v. tr.

Emporter le morceau → MORCEAU. — *Vous ne l'emporterez pas au paradis!*
→ PARADIS. — *Le diable m'emporte, t'emporte...!* → DIABLE.

EMPRUNT n. m.

D'emprunt [LOC ADJ.] « adapté; conventionnel, artificiel ». cette loc., et la
valeur figurée de *emprunt* à laquelle elle correspond, apparaît dans la seconde moitié
du XVIIᵉ s.

ENCADRER v. tr.

C'est à encadrer « c'est extraordinaire dans son genre » (en emploi ironique).
— Vous savez ce que ses sœurs nous ont télégraphié ? demanda mon grand-père à
mon cousin.
— Oui, Beethoven, on m'a dit : c'est à encadrer, cela ne m'étonne pas.

M. PROUST, *À la recherche du temps perdu*, t. II, p. 343.

Fam. *Ne pas (pouvoir) encadrer quelqu'un* « ne pas le supporter, le détester » (1931,
Esnault). Probablement d'après *ne pas (pouvoir) voir en peinture**, qui met en œuvre
la même image.

ENCAN n. m. Du latin *in quantum*, « pour combien », employé substantive-
ment en moyen français.

À l'encan [LOC. ADV.], seul emploi vivant de *encan*, s'emploie avec des verbes
signifiant « vendre, abandonner pour de l'argent », en parlant de ce qui ne devrait pas
être vendu. L'expression signifiait proprement « aux enchères », mais ne s'emploie
plus guère que métaphoriquement, avec une forte valeur péjorative, augmentée par
l'obscurité du mot, vaguement rapproché de *carcan**. *Mettre à l'encan* est la combinaison la plus fréquente (→ METTRE AUX ENCHÈRES*).

ENCENS n. m.

Vx. *Donner (brûler) de l'encens à (devant) qqn* « flatter ». Attestée au début du
XVIIIᵉ s., l'expression s'est effacée devant le verbe *encenser,* qui exprime lexicalement la même métaphore.

ENCENSOIR n. m.

Coup d'encensoir « louange, flatterie » (basse ou excessive). On trouve la
même métaphore avec *encens* et surtout *encenser.*

Vx. *Casser l'encensoir sur le nez de quelqu'un, donner de l'encensoir par le nez...* « louanger exagérément quelqu'un jusqu'à lui nuire ou le ridiculiser ». L'expression est archaïque ; elle a eu diverses variantes (ainsi de l'« Auteur novice » dont parle Boileau, qui « *Donne de l'encensoir au travers du visage* » à son héros). *Manier l'encensoir* a eu les mêmes emplois.

ENCHÈRE n. f.

Le feu des enchères. Cette expression qui évoque aujourd'hui l'animation passionnée de la vente, provient d'une métaphore portant sur les chandelles allumées pendant les adjudications. On parlait d'objets « *éparpillés au feu des enchères* » (Gautier) en donnant à *feu* des connotations destructrices. Certaines enchères donnent encore lieu à un feu réel.

Vx. *Folle enchère* « engagement que l'on est incapable de remplir, et dont on doit subir les conséquences ». Métaphore du droit, où l'expression désigne l'enchère portée par le dernier enchérisseur, lorsqu'il n'est pas en mesure de remplir ses obligations (ce qui déclenche une procédure). *Payer, porter la folle enchère* (1616) « subir les conséquences de la folle enchère ». L'expression avait un emploi assez élargi au XVIIIᵉ s. :

> Il a payé la folle enchère de sa faute. Pour dire qu'il en a porté la peine, qu'on s'est vengé de lui. Le Roux, *Dictionnaire comique.*
>
> Mais bon Dieu, fut il jamais une misère pareille, je porte bien la folle enchère de tout. Ch. Sorel, *Histoire comique de Francion*, p. 328.

Mettre à l'enchère, aux enchères « vendre au plus offrant (ses services, son travail, etc.) ». Variante plus claire de Mettre à l'encan*.

ENCLUME n. f.

Être (se trouver...) entre l'enclume et le marteau → Marteau.

Mettre (remettre) sur l'enclume « travailler, retravailler (un ouvrage intellectuel, une œuvre d'art) ». La métaphore du forgeron n'a pas eu la fortune de celle du tisserand (« Cent fois sur le métier... »), sans doute à cause du caractère concret de *enclume.* L'expression appartient au registre de la rhétorique néo-classique.

Vx. *Il faut être enclume ou marteau* « il faut être bourreau ou victime, oppresseur ou opprimé ». Une variante conceptuelle affirme : *il vaut mieux être marteau qu'enclume.* Dans les deux cas le rapport de contiguïté des deux objets (l'un actif et offensif ; l'autre passif) est transformé en rapport d'opposition ne laissant place à aucun troisième terme.

ENCOMBRE n. m. Dérivé de *encombrer* (XIIᵉ s.).

Sans encombre « sans difficulté ou incident ». Depuis la fin du XVIIᵉ s. (la loc. est attestée en 1678), c'est le seul emploi vivant du mot.

ENCRE n. f.

La bouteille à l'encre → Bouteille.

Noir comme l'encre « très noir ».

Écrire (répondre) de sa bonne (meilleure) encre « écrire, répondre avec son meilleur style ». *Encre* s'emploie métaphoriquement pour « style écrit, écriture », dans quelques expressions où le mot dépend de la préposition *de.*

Écrire de (la) même encre « écrire dans le même esprit ».

> Je les écrivis de même encre et dans le même état d'esprit que je dénonçais, au retour du Congo, les abus coloniaux qui là-bas m'avaient soulevé le cœur. A. Gide, *Journal*, t. II, p. 281.

Faire couler beaucoup (des flots) d'encre « susciter de nombreux commentaires écrits ».

Vx. *Il n'y a plus d'encre au cornet,* se disait d'un homme qui n'est plus capable de faire l'amour (1656). L'encre à écrire étant contenue dans un cornet, le mot entraînait les valeurs symboliques de *corne.*

ENCULAGE n. m.

Enculage de mouches « le fait de porter son attention à des minuties, à des affaires sans importance à propos desquelles on fait mille difficultés ». Le sémantisme obscène et comique est le même que celui du verbe *pinailler* et ses dérivés. Comme le COUPEUR DE CHEVEUX★ EN QUATRE, l'*enculeur de mouches* présume de sa « finesse d'exécution ».

> Il ne semblait pas du genre trituré métaphysique, enculeur quatre fois successives de
> la mouche charbonneuse.   A. BOUDARD, *Cinoche,* p. 52.

ENDORMEUR n. m.

Vx. *Endormeur de couleuvres* « expression populaire et burlesque pour dire un conteur de fariboles, un diseur de paroles flatteuses [...] » (Le Roux). On a dit dans le même sens : *endormeur de mulots. Endormir le mulot* « embobiner par des paroles fallacieuses », est dans le *Dictionnaire* de Furetière (1690). Les deux expressions renforcent un sens de *endormir* « tromper », par une image qui semble se référer à la fauconnerie, les oiseaux de proie ayant coutume de tourner autour des petits rongeurs et des reptiles pour les fasciner et les immobiliser.

ENDORMIE n. f.

Vx. *Il a mangé de l'endormie* « on ne parvient pas à le réveiller, il est tout ensommeillé ». La jusquiame était appelée au XVIIᵉ s. *herbe de l'endormi* ou *endormie,* et ce nom s'appliquait aussi à une potion soporifique. L'emploi de ce participe passé substantivé pour désigner une substance active est aberrant, à moins que la plante ou la potion ne soit considérée anthropomorphiquement comme une endormie qui transmet son état à qui la consomme.

ENDROIT n. m. Le mot entre dans plusieurs locutions lexicalisées, comme *à l'endroit* [LOC. ADV.] « du bon côté » (opposé à *à l'envers*), *par endroits* [LOC. ADV.] « de place en place ». Au fig., il faut signaler *à l'endroit de...* (quelqu'un) [LOC. PRÉP.] « en ce qui concerne, se rapporte à... ».

Le petit endroit « les lieux d'aisance, les cabinets ». Euphémisme analogue à PETIT COIN★ (l'adjectif *petit* est destiné à minimiser la référence gênante).

> [...] il avait été obligé de s'arrêter à tous les cafés ou fermes de la route en demandant
> qu'on voulût bien lui indiquer « le nº 100 » ou « le petit endroit ».
>   M. PROUST, *À la recherche du temps perdu,* t. II, p. 1071.

L'endroit sensible « ce qui est le plus sensible, dans la personnalité, l'amour-propre ». Il s'agit plutôt d'un emploi de *endroit* avec un adjectif plus fréquent que d'autres (on dit aussi : *le bon endroit,* etc.).

ENDURER v. tr.

Vx. *Qui peu endure, bien peu dure* [PROV.] « celui qui ne sait pas résister et supporter risque de succomber » → QUI VEUT DURER★ DOIT ENDURER.

ÉNERGIE n. f.

L'énergie du désespoir « la force déployée lorsque tout semble perdu ». L'expression correspond au thème de la *lutte pour la vie,* du *va-tout,* etc.

ENFANCE n. f.

Tendre enfance « le début de la vie, l'extrême jeunesse » (*in* Montaigne). La métonymie transfère les caractères de fragilité émouvante du jeune être humain à l'abstraction chronologique (→ ÂGE* TENDRE, etc.).

L'enfance de l'art « la chose la plus élémentaire, la plus facile ». *Art* a ici sa valeur générale de « technique, activité réglée », mais la prépondérance des valeurs esthétiques donne à l'expression une nuance ironique.

Être dans l'enfance « être au début de son développement » (en parlant d'une entreprise, d'une activité, etc.).

Être (tomber, retomber) en enfance « perdre l'usage de la raison ; devenir gâteux du fait de l'âge ». Les verbes successivement employés montrent l'évolution de la métaphore, d'abord fondée sur la circularité de la vie humaine (le vieillard retourne dans l'enfance, ce qui suggère que la tombe, la terre est une mère ; cf. *Se tourner en enfance, tourner en enfance,* en ancien français), puis sur le simple effet du temps linéaire (*devenir en enfance,* R. Estienne), sur l'idée de retour, de marche arrière (*rentrer en enfance,* Furetière) et enfin sur celle de chute, de descente ou de rechute (*retomber en enfance* est dans Oudin, en 1660). À noter l'altération dialectale *tomber en offense* (Neuchâtel, *in* Wartburg), qui souligne l'« injure » du temps.

> Et quand ils [les vieillards] retombent en enfance
> C'est sur l'enfance qu'ils retombent
> Et comme l'enfance est sans défense
> C'est toujours l'enfance qui succombe   PRÉVERT, *Histoires*, p. 49.

ENFANT n. m.

Plusieurs expressions nominales métaphoriques formées avec ce mot sont cantonnées dans une langue très littéraire, pénétrée de rhétorique religieuse (*enfants de Dieu* « chrétiens » ; *enfants du diable* « débauchés » ; *les enfants de l'Église* « les fidèles » ; *les enfants des hommes* « les humains » ; etc.).

Vx. *Enfants bleus, enfants rouges* (XVIe-XVIIe s.), s'est dit des orphelins, qui étaient vêtus d'un uniforme bleu ou rouge, et entièrement assimilés à l'habit par lequel la société les marquait, en prétendant les secourir.

Enfant de l'amour « enfant né hors mariage ». Cette expression, qui valorise l'infraction aux contraintes institutionnelles en assimilant les relations hors mariage à la passion, représente une réaction contre le rejet impitoyable des enfants naturels par une société où la morale est informée par les règles de transmission des richesses. Il est intéressant de noter que son premier emploi est dû à la plume de Voltaire. Aujourd'hui, l'expression est quelque peu archaïque ou ironique, la caractérisation des enfants d'après le statut institutionnel des parents faisant référence à une structure sociale très rigide, en voie de transformation.

Vx. *Enfant de Bacchus* « ivrogne ». Métaphore littéraire du style burlesque.

Enfant de... (avec un nom d'animal, ou un terme péjoratif) sert à former des injures.

> T'as encore touché à ton bandage, enfant d'veau, verminard ! tonitrue-t-il.
> H. BARBUSSE, *Le Feu*, t. II, p. 46.

Enfant de la balle « comédien, acteur, etc., dont les ascendants faisaient le même métier ». Cette acception moderne évoque surtout l'aspect itinérant de la profession (les « tréteaux », le cirque, etc.). Même dans ce contexte, l'allusion à la *balle* serait obscure, si on ignorait l'emploi antérieur de l'expression (qui est dans Furetière) : « enfant du maître d'un jeu de paume (qui est très exercé, malgré son jeune âge et avec qui il est dangereux de se mesurer) ». L'expression avait, dès le XVIIe s., une valeur étendue : « personne élevée dans la profession de ses parents ». Cette valeur, quoi qu'on puisse lire dans le *Dictionnaire* de Wartburg, est encore vivante :

Il me trouvait bien un peu jeune... mais ça n'avait pas d'importance. puisque j'avais le
feu sacré... que j'étais un enfant de la balle... Que j'étais né dans une boutique!...
L.-F. Céline, *Mort à crédit*, Livre de poche, p. 131.

Quant à moi, je lui prêtais d'autant plus de piquant qu'elle était la petite-fille d'une
divette dont maintes fois j'avais entendu louer le charme et le talent. Nièce aussi (par
sa mère) d'un acteur connu, elle était à n'en pas douter une enfant de la balle...
M. Leiris, *Fibrilles*, p. 156.

Enfant de chœur «enfant qui aide le prêtre au cours de diverses cérémonies» (1531, *in* Palsgrave). L'expression, quoique fréquente et lexicalisée, a donné
lieu à diverses exploitations sémantiques, généralement peu catholiques. Un *enfant
de chœur de la messe de minuit* (1611, *in* Cotgrave) est un «voleur opérant de nuit»,
alors qu'un *enfant de la messe de nuit* (1640, *in* Oudin) est un «noceur». Un jeu de
mots anticlérical de 1793, utilisant la référence à la robe rouge de l'enfant de chœur,
crée la locution *étouffer un enfant de chœur* «boire un coup de vin rouge». De nos
jours l'expression s'emploie surtout en phrase négative, *ce n'est pas un enfant de
chœur*, pour qualifier une personne sans scrupules : le héros du roman d'Étiemble
intitulé *L'Enfant de chœur* n'en est certes pas un.

Vx.   **Enfants de Dieppe** «les harengs» (1656, *in* Oudin).

Vx.   **Enfant de famille** «enfant de famille riche, bien établi». Remplacé par Fils★
DE FAMILLE. Avec *de bonne famille,* l'expression est encore vivante.

Enfant de Marie «enfant voué à la Vierge Marie» (à l'origine, collectivement : *la Congrégation des*...) et par extension «personne naïve et pure». Dans ce
dernier sens, *enfant de Marie* s'emploie souvent en phrase négative : *ce n'est pas un
(une) enfant de Marie.* Dans la langue familière, *enfant de Marie* est l'équivalent
féminin de Enfant★ DE CHŒUR.

Enfant de troupe «fils de militaire élevé aux frais de l'État» (*in* Acad., 1835).
Au XIXe s., on a employé aussi la locution : *enfant de la giberne* pour désigner les
enfants des militaires en service actif.

Enfant gâté «enfant capricieux, désagréable parce qu'on a satisfait tous ses
désirs»; «personne qui exige qu'on lui cède, par caprice». La métaphore de la
«pourriture» est assimilée et démotivée.

Vx.   **Enfant perdu** «personne qu'on laisse s'exposer dans une affaire dangereuse
ou hasardeuse». Ce sens métaphorique est dans Beaumarchais. L'expression vient
du langage de l'armée, où elle désignait un éclaireur isolé ou un soldat détaché en
avant-garde (du XVIe s. au début du XVIIIe s.); elle trouvait place dans un contexte
militaire d'où le mot *enfant,* désignant les «hommes», a aujourd'hui disparu (aux
XVe et XVIe s., on parlait des *enfants de pied,* ou *à pied* pour désigner les fantassins).
Dans un tout autre contexte, *enfant perdu* a signifié un «débauché», au XVIIe s.

Enfant prodigue «celui que l'on accueille avec joie dans le groupe, le milieu
qu'il avait abandonné». L'expression s'emploie plus largement que dans le contexte
initial de la famille, où il évoque directement la parabole évangélique (Luc
15, 11-32).

Enfant terrible «personne très indépendante, qui agit sans retenue et crée des
difficultés dans un groupe». D'abord appliquée aux adultes, notamment en politique *(l'enfant terrible du parti*...), cette locution évoque la sincérité et la spontanéité
imprudente, et elle est plutôt indulgente.

Enfant trouvé «enfant abandonné par ses parents sur la voie publique et
recueilli». L'expression a eu des emplois métaphoriques en littérature («œuvre anonyme», 1704, *in* Trévoux; «fragment d'auteur ancien retrouvé»).

Bon enfant «personne agréable à vivre, gaie et simple». L'expression s'est
lexicalisée comme adjectif et nom masculin (l'adjectif reste invariable : *des gestes bon*

enfant); le dérivé *bonenfantisme* est vieux. Sa valeur a pu varier selon les contextes sociaux ; celui que définit Balzac est typique de la société bourgeoise de la Restauration :

> Dans presque toutes les classes de la société, le *bon enfant* est un homme qui a de la largeur, qui prête quelques écus par ci par là sans les redemander...
> H. de BALZAC, *Splendeurs et Misères des courtisanes*, p. 844.

> [...] Paris est bon enfant. Il accepte royalement tout ; il n'est pas difficile en fait de Vénus ; sa callipyge est hottentote ; pourvu qu'il rie, il amnistie ; la laideur l'égaye, la difformité le désopile, le vice le distrait [...]. V. HUGO, *Les Misérables*, Pléiade, p. 605.

Comme un enfant. S'emploie avec des verbes exprimant, en parlant d'adultes, l'émotion, les comportements affectifs ou actifs caractéristiques des enfants (*pleurer, rire, s'émerveiller, s'amuser*, etc., ou même *dormir*). **Comme un (l') enfant qui vient de naître** «avec une totale innocence». On trouve dans la langue classique d'autres emplois :

> Quand tu es venu, tu avais l'air d'un déterré ; et te voilà vermeil et frais comme l'enfant qui vient de téter. DIDEROT, *Jacques le Fataliste*, p. 673.

Vx. **Heureux comme un enfant légitime** «très heureux». Cette expression, qui semble avoir été courante au XVIIIᵉ s., fait très probablement allusion à l'héritage matériel. Mais l'allusion économique a été vite occultée par une expression contradictoire, qui dissocie le bonheur d'avec la position sociale d'héritier et l'associe à l'idée de «liberté» ou d'«activité personnelle hors de la famille» : **être plus heureux qu'un enfant légitime** ou **heureux comme un bâtard** (1732, *in* Richelet ; 1842, Quitard).

Faire l'enfant, «s'amuser à des choses puériles, se comporter d'une manière irrationnelle, avoir des caprices, etc.»

> «Allons, me dit-il, ne faites pas l'enfant, rentrez une minute ; qui aime bien châtie bien». Ma colère était passée, je laissai passer le mot châtier [...].
> M. PROUST, *À la recherche du temps perdu*, t. II, p. 559.

Faire un enfant, se dit en emploi absolu de la femme qui met un enfant au monde, et avec un complément (*faire un enfant à...* [une femme]) de l'homme qui rend une femme enceinte. L'expression, qui date du XVIᵉ s., exprime avec brutalité la procréation dans ses deux aspects. Seule la substitution de l'article dit «indéfini» *(un)* à l'article dit «défini» *(l')* manifeste le changement de valeur du verbe *faire* par rapport à l'expression précédente d'où la possibilité d'un jeu de mots :

> Une petite Sainte-N'y-Touche, qui faisait la pudeur, qui faisait l'enfant ! — Pourvu qu'elle ne le fasse pas pour de bon ! M. PAGNOL, *Marius*, IV, 4.

Prendre pour un enfant «traiter comme un naïf».

Vx. **Traiter quelqu'un en enfant de bonne maison** «le battre, le punir» (*in* Le Roux, 1752).

Les enfants s'amusent, se dit en parlant d'adultes (ou à des adultes) qui prennent du plaisir à une occupation jugée futile.

Il n'y a plus d'enfants ! «les enfants, les très jeunes se comportent comme des adultes». Cette exclamation de regret amusé ne date pas de l'éducation sexuelle systématisée, puisqu'on la trouve chez Molière (*Le Malade imaginaire*, II, 8).

ENFER n. m.

(Feu, jeu, train...) d'enfer «très vif, violent...». L'expression équivaut à... *du diable* (→ FEU, JEU, TRAIN...).

Vieilli. **Aimer mieux être en enfer que...** «détester (qqch.), s'y refuser obstinément».

> Pour moy, j'aymerois mieux être en Enfer que de plaider, et je pense que le plus grief supplice que l'on ait inventé pour les damnez, c'est de semer bien discord entre eux.
> Ch. SOREL, *Histoire comique de Francion*, p. 163.

L'enfer est pavé de bonnes intentions [LOC. PROV.] « les bonnes intentions ou résolutions aboutissent souvent à des résultats exécrables » (à l'origine et dans la tradition chrétienne, « les bonnes intentions ne suffisent pas, sans leur réalisation, à éviter le mal et la damnation »). *Paver* a des emplois métaphoriques anciens (« recouvrir complètement »), mais c'est vraisemblablement en latin que cette locution proverbiale a été formée (saint Bernard, que cite saint François de Sales, l'emploie ; cf. M. Maloux, *Dictionnaire des proverbes*). L'expression n'apparaît dans les dictionnaires français qu'au XIXᵉ s., peut-être sous l'influence de l'anglais où, grâce au *New English Dictionary*, l'évolution paraît plus claire. En effet, d'après Whitlock (*Zootomia*, 1654), un proverbe familier aux clercs disait que « l'enfer est plein de bonnes intentions » *(Hell is full of good intentions)*. Au XVIIIᵉ s. l'expression était devenue « l'enfer est pavé... » *(Hell is paved with good intentions,* S. Johnson, *in* Boswell, avril 1775, *Sermons de Wesley)*. La métaphore a été appuyée par une locution fréquente en anglais à partir du XVIᵉ s. : *to pave the way for (to) something* « préparer [paver] la voie à... ». L'enfer est ainsi « préparé », tout autant que « garni », par les bonnes intentions avortées ou suivies d'effets regrettables.

> Que même certains protecteurs plus ou moins désintéressés de votre client puissent avoir de bonnes intentions, je ne prétends pas le contraire ! mais vous savez que l'enfer en est pavé, ajouta-t-il avec un regard fin.
> M. PROUST, *À la recherche du temps perdu*, t. II, p. 245.

La substantivation de *pavé* autorise divers jeux verbaux :

> Malheureusement — et ce n'est pas toujours la faute des policiers — notre monde a ceci de commun avec l'enfer que les bonnes intentions y servent de pavés. Au mieux, on les piétine avec des bottes, au pire, face aux barricades, on les reçoit sur la tête.
> R. ESCARPIT, in *Le Monde*, 5 mars 1971.

L'enfer, c'est les autres. La célèbre formule sartrienne *(Huis-Clos)* est fréquemment réutilisée dans la langue littéraire.

ENFOIRÉ n. m.

Au sens concret « celui qui est souillé d'excréments ». De *foire*, *(foirer, foireux)*.

Enfoiré mondain, terme d'insulte plaisant.

ENFONCER v. tr.

Enfoncer le clou → CLOU. — *Enfoncer une porte ouverte* → PORTE.

ENGRENAGE n. m.

Dans l'engrenage « dans une suite de circonstances à laquelle on ne peut échapper ». La métaphore de l'*engrenage* ajoute le dynamisme aveugle de la machine à la sujétion qu'exprimait le mot *enchaînement* (de circonstances, etc.). Les emplois fréquents d'*engrenage* dans ce contexte correspondent à l'utilisation normale d'une acception du mot, mais des expressions comme *Être (être pris, dans, mettre le doigt) dans l'engrenage* méritent d'être considérées pour elles-mêmes.

> Si les Alliés décrochaient le coquetier, les collabos et Vichyssois risquaient de se voir couper en morceaux. Il fallait limiter les dégâts, parce que si on déclenchait ça sur une grande échelle, on mettrait le doigt dans l'engrenage, l'affaire ne s'arrêterait pas là.
> A. SERGENT, *Je suivis ce mauvais garçon*, p. 239.

ENJAMBÉE n. f.

D'une enjambée « en enjambant en une seule fois » et, fig., « par une course, une marche très rapide ».

À grandes enjambées « en marchant d'un pas allongé et rapide ».

ENLEVER v. tr.

Fam. *Enlevez, c'est pesé!* « la chose est faite, terminée ». Emprunt au langage du commerce de détail : la denrée vendue peut être emportée du moment qu'on l'a pesée.

ENNEMI n. m.

Du latin *inimicus,* antonyme de *amicus,* « ami », pour désigner la personne qui est hostile, veut du mal à quelqu'un (sans idée de lutte).

Vieilli.   *L'ennemi du genre humain* « le démon ».

L'ennemi public numéro 1. Locution traduite de l'américain, où elle est appliquée successivement à chaque criminel en vue et recherché par la police. L'emphase de cette expression est à la mesure de sa fonction mystificatrice, aucun gangster, même prompt à la fusillade, ne méritant de porter ce numéro un, quand on compare ses méfaits à d'autres moins visibles.

Tué à l'ennemi « tué au combat ». Dans cette expression où *ennemi* a le sens du latin *hostis* (et non *inimicus*) et une valeur collective, la préposition *à* se substitue à *par* pour assimiler l'ennemi à un milieu abstrait, à un lieu, à une entité non humaine (cf. *À la guerre,* Au champ* d'honneur...).

Autant de pris sur l'ennemi. Se dit lorsqu'on consomme et notamment lorsqu'on boit ou mange quelque chose (comme si un envahisseur risquait de le confisquer). *Ennemi* correspond métaphoriquement au temps ou à la mort.

Mieux vaut un sage ennemi qu'un ignorant ami. Proverbe ancien (on le trouve en sanskrit) repris et mis en forme française par La Fontaine (« L'Ours et l'Amateur des jardins », *Fables,* VIII, 10). Le thème de l'ami plus nuisible qu'un ennemi se retrouve sous diverses formes (*Dieu me garde de mes amis, quant aux ennemis je m'en charge;* Le pavé* de l'ours. etc.).

ENNUI n. m.

Promener (traîner...) son ennui « manifester son ennui par un comportement triste et morose ». Figure rhétorique plus que locution.

Un ennui ne vient jamais seul. L'expression est une des variantes qui expriment le mythe de la *série noire,* de la fréquence et de la répétition du malheur → Malheur.

ENNUYEUX, EUSE adj.

Ennuyeux à mourir (périr...); ennuyeux comme la pluie « très ennuyeux » → Pluie. Il existe diverses variantes.

> Le souper commençait à être ennuyeux à la mort. Ces deux gens et le fermier-général nous gênaient.
> Balzac, *Les Deux Rêves,* in *Romans et Contes philosophiques,* éd. de 1837, t. II, p. 78.

ENSEIGNE n. f.

Vx.   *Enseigne à bière* « mauvaise peinture ». Les débits de bière avaient comme enseigne, au xviie s., des tableautins naïfs. On a d'abord dit d'un mauvais tableau : *il n'est bon qu'à faire une enseigne à bière,* (1680), *in* Richelet, puis par métonymie : *C'est une enseigne à bière.* L'expression manifeste un jugement social dépréciatif pour les débits de boisson (peut-être par rapport à des références nationales et ethniques, les cabarets à vin étant plus appréciés).

À telle enseigne que... « à tel point, tellement que... ». En français moderne, cette locution est complètement isolée et démotivée ; il n'en était pas de même dans ses emplois anciens au pluriel (depuis Joinville) lorsque *enseigne* signifiait couramment «marque, signe», d'une manière très générale. On disait au XIIIe s. *à toutes enseignes (que...)*, puis au XVIe s. *aux enseignes que...*, pour «à preuve que...»; *à bonnes enseignes* «à bon titre, sur de fortes preuves» était encore courant au XVIIe s. et on trouve *à meilleure enseigne* «à plus forte raison» chez George Sand (qui archaïse volontiers en employant des tournures dialectales); *à fausses enseignes* «par tromperie» est dans Robert Estienne. Toutes ces expressions sont archaïques. Seule *à telle enseigne* a survécu; le singulier y provient des emplois modernes de *enseigne*, dont la locution semble aujourd'hui être un emploi métaphorique.

> LE COMTE. — Voulez-vous dire par là que vous n'êtes pas chrétien?
> MAXIMILIEN. — Si fait, Monsieur, je le suis! À telles enseignes que je pratique le pardon des offenses.   É. AUGIER, *Le Fils de Giboyer*, III, 7, p. 94.

Loger (vx), *être logé à la même enseigne* «faire subir, subir les mêmes inconvénients, les mêmes ennuis» (qu'à qqn ou que qqn d'autre), 1787, *in* Féraud.

> Elles n'avaient pas besoin de lier connaissance, pour connaître leur numéro. Elles logeaient toutes à la même enseigne chez misère et compagnie.
>   É. ZOLA, *L'Assommoir*, p. 226.

> Quelques années plus tard j'approchais de l'adolescence, la guerre était venue et nous avions quitté la ville pour quelques mois. Un peu par prudence «Les Italiens vont nous bombarder un jour ou l'autre», et surtout par économie car les affaires vinicoles marchaient mal : «Le vin ne se vend plus , ce qui n'était pas honteux puisque tous les autres propriétaires étaient logés à la même enseigne.
>   M. CARDINAL, *Les Mots pour le dire*, p. 116.

Vx. *Loger, coucher à l'enseigne de la lune, de l'étoile* (Cotgrave), *de la belle étoile* (Furetière) «coucher dehors» (cf. *à l'auberge des courants d'air*, etc.) → À LA BELLE ÉTOILE*.

1. ENSEMBLE adv.

Nous n'avons pas (fait telle chose) ensemble, s'emploie pour décourager les familiarités, garder les distances, notamment par l'allusion à une occupation à laquelle on feint de supposer que l'autre s'est livré. Ce n'est pas un hasard si le participe passé concerne des activités rurales *(garder les cochons, les oies..., ensemble)* systématiquement dépréciées dans une société qui, depuis le Moyen Âge, dévalorise certaines activités vitales, de manière à nier une dette de la collectivité (l'attitude antirurale, dans une économie agricole, est à comparer à la xénophobie dans les économies développées tributaires d'une main d'œuvre étrangère).

2. ENSEMBLE n. m.

Dans l'ensemble, dans son ensemble [LOC. ADV.] «d'une manière générale, sans considérer le détail».

Grand ensemble «groupe d'immeubles d'habitation». Le recours à l'abstraction de mots comme *ensemble* (ou *logement*) exprime la tendance à assimiler l'architecture à une industrie de série. Le syntagme est à demi lexicalisé.

ENSUIVRE (S') v. pron.

Et tout ce qui s'ensuit «et tout le reste». L'expression exprime le dynamisme temporel de l'ordre causal.

ENTENDEUR n. m.

À bon entendeur, salut! S'emploie pour souligner une menace, un avertissement que l'on adresse à celui qui doit bien le comprendre. *Entendeur* ne s'emploie pour ainsi dire jamais en dehors de cette expression, qui date du XVIIe s. (1633) et procède d'une locution un peu plus explicite : *à bon entendeur, ne faut qu'une parole* (*in* Rabelais), *qu'un mot*, ou *à bon entendeur il ne faut qu'un demy mot* (*in*

Cotgrave). L'expression moderne s'éclaire ainsi ; elle signifie : «j'adresse mon salut au bon entendeur, à celui qui n'aura pas besoin que je lui répète (mon avertissement, ma menace, etc.)». Il arrive d'ailleurs, dans quelques contextes, que la phrase ne soit nullement menaçante mais signifie : «profitez de ce que je dis, je ne le répéterai pas».

> — Vous allez m'affirmer, dit mon père, que c'est le propre fusil d'Abd el-Kader ?
> — Je n'affirme rien, dit le brocanteur avec conviction. Mais on a vu plus fort !!
> À bon entendeur, salut ! M. PAGNOL, *La Gloire de mon Père*, p. 89.

ENTENDRE v. tr.

En entendre de belles (de bonnes, dures, raides, de toutes les couleurs...) «entendre des choses extraordinaires, incroyables, inattendues ou indécentes».

N'y entendre goutte, rien «être tout-à-fait ignorant dans un domaine (→ ci-dessous S'ENTENDRE À QUELQUE CHOSE COMME À...). La nuance littéraire par rapport à *n'y rien comprendre*, provient du vieillissement de ce sens de *entendre*.

Ne pas y entendre malice, finesse «ne pas y mettre de sous-entendus». L'expression a été détournée de son sens ; *ne pas y entendre mal* (Molière), *malice*, signifiant «ne pas comprendre ce qu'il y a de mal (dans ce qu'on a dit)», et impliquait la *double entente*. Aujourd'hui la loc. peut s'employer à propos des actions, le verbe étant compris au sens de «avoir l'intention de...» *(j'entends que vous obéissiez).*

Entendre parler de quelqu'un, signifie spécialement, «subir les effets de son action». S'emploie notamment en forme d'avertissement : *vous entendrez parler de moi !* → VOUS AUREZ DE MES NOUVELLES*.

Entendre raison «accepter, céder» → RAISON.

(Dire) à qui veut l'entendre «à tout le monde».

Donner, faire, laisser à entendre «faire comprendre sans exprimer clairement». Alors que *entendre*, dans ce sens, est supplanté en français moderne par *comprendre*, ces expressions restent vivantes, au moins dans un style recherché.

Vieilli. *Se faire entendre* «s'exprimer clairement et avec autorité» (*in* Furetière).

Vx. *S'entendre à quelque chose comme à faire un coffre, à ramer des choux* «ne pas savoir le faire ; n'y rien comprendre» → CHOU, COFFRE. Béroalde de Verville emploie une variante plus claire et plus pittoresque : *il s'y entend comme un bœuf à jouer de l'épinette. Il n'y entend que le haut allemand* (*in* Rabelais) avait la même valeur, en utilisant le thème des écritures obscures (→ CHINOIS, etc.).

S'entendre comme larrons en foire → LARRON.

Vx. *Ne savoir auquel entendre* «ne pas savoir à quoi prêter attention (XVe-XIXe s.). *Auquel* étant ambigu, puis compris comme «à qui» (complément animé humain), l'expression était devenue, au XVIIIe s., *ne savoir à qui*, ou *à quoi entendre*, selon la classe de compléments. *Entendre à...* «porter son attention à...», est le premier sens du verbe, aujourd'hui archaïque.

Entendre, c'est obéir. Variante constative de *vos désirs sont des ordres.*

> — Vous allez déjeuner avec moi, pendant ce temps on ira vous louer un autre cheval, et vous quitterez Verrières, sans y voir personne.
> — Entendre c'est obéir, répondit Julien avec une mine de séminariste ; et il ne fut plus question que de théologie et de belle latinité.
> STENDHAL, *Le Rouge et le Noir*, p. 417.

Comment l'entendez-vous ? compris aujourd'hui comme «*Quel sens donnez-vous à cela ?*», signifiait au XVIIe s. «Quelles sont vos intentions ?». Le sens de «s'occuper à..., avoir l'intention de...», courant en ancien français, a été progressivement éliminé par les valeurs modernes du verbe.

Vx.   **Vous m'entendez bien.** Euphémisme employé substantivement pour remplacer et suggérer un mot sous-entendu (et notamment un mot obscène employé après un possessif ; on trouve comme synonyme : *comment a nom ?*).

> En vous voyant mirer, je me souviens qu'il a pris ce miroir là, et qu'il y a contemplé
> son, vous m'entendez bien, il n'est pas besoin que je l'explique.
>
> Ch. SOREL, *Histoire comique de Francion*, p. 131.

Il ne l'entend pas de cette oreille → OREILLE. — **Qui n'entend qu'une cloche, qu'un son** → CLOCHE.

ENTENDU part. passé et n. m.

Bien entendu [LOC. ADV.] «certainement, sans aucun doute». La conjonction *bien entendu que...* «pourtant, toutefois», a vieilli.

Comme de bien entendu. Cette locution est familière, expressive et bien rythmée. Abel Hermant, qui confondait incorrection langagière et statut social (avec une innocence qui s'est perpétuée) croyait l'accabler en la vouant «au langage concierge» (signe des temps : Du Marsais était plus aimable avec les Dames de la Halle). C'est évidemment le *de* qui tourmente le puriste ; l'Académie, en accueillant *comme de juste*, a répondu à cette fausse question.

Vieilli.   **Faire l'entendu** «se donner des airs assurés, prendre l'air au courant» (depuis le XVIe s. ; encore au XIXe s., Courteline, *in* Robert, et sans doute au XXe s.). **Faire de l'entendu,** «se prétendre savant», était en usage au XVIIe s. On dit encore, dans un sens voisin, *un air entendu.* Un jeu de mots du XVIIe s. atteste l'évolution de la prononciation ; en effet, «le vulgaire veut faire du mot *entendu* un *entend-deux*» (1656, *in* Oudin), d'où l'expression *faire de l'entend-trois* «faire comme si on devait comprendre trois choses à la fois, comme si l'on ne comprenait rien». Cf. «*Ces équivoques à deux ententes que nos bons pères ont surnommés des entend-trois*» (Tabourot, *Les Bigarrures*, I, 6).

ENTENTE n. f.

À double entente [LOC. ADV.] «ambigu, équivoque».

L'expression **Entente cordiale** (désignant l'accord entre la France et l'Angleterre, en 1914) est parfois reprise pour désigner un accord amical.

ENTERREMENT n. m.

Figure (gueule, tête) d'enterrement «visage sombre, triste».

> En voilà assez, n'est-ce pas ? monsieur. Vous n'allez peut-être pas marier votre fille
> avec cette figure d'enterrement...   É. ZOLA, *Pot-Bouille*, t. I, p. 177.

> Et plus j'lâch' la bride à mon émoi,
> Et plus les copains s'amus'nt de moi ;
> I' m' dis'nt : «Mon vieux, par moments,
> T'as un' figur' d'enterr'ment...»   G. BRASSENS, *Poèmes et Chansons*, p. 13.

Gai comme un enterrement «triste, sinistre».

> Moitié panache, moitié cire,
> Nez croqués vifs au demeurant,
> Et gais comme un enterrement...
> — Toujours le petit *mort* pour rire !   T. CORBIÈRE, *Les Amours jaunes*, p. 776.

Un enterrement de première classe «un procédé qui conduit une œuvre, une personne à l'oubli, tout en prétendant lui adresser des éloges». Une autre valeur semble plus récente : «lieu où l'on s'ennuie ferme. *C'était vraiment l'enterrement de première classe, cette réunion.*

ENTERRER v. tr.

Il les enterrera (vous nous enterrerez,...) tous « il leur survivra (vous nous sur-vivrez) ». C'est le seul emploi vraiment vivant de *enterrer quelqu'un, « lui survivre »* (1718, *in* Académie).

> Et puis, ne vous laissez pas frapper par ces bêtises des médecins, que diable ! Ce sont des ânes. Vous vous portez comme le Pont-Neuf. Vous nous enterrerez tous !
>
> M. PROUST, *À la recherche du temps perdu*, t. II, p. 597.

ENTONNOIR n. m.

Il a un bon entonnoir, l'entonnoir large « il boit beaucoup » → LA DALLE* EN PENTE, UNE BONNE DESCENTE*. Le verbe *entonner* a vieilli, et la locution avec lui. On trouve d'autres constructions verbales plaisantes avec *entonnoir*, dans ce sens.

> Avant de nous appuyer la fine vadrouille, insinua Ribouldingue dont le gosier souffrait perpétuellement de la disette, je propose, qu'on aille se vaporiser l'entonnoir, comme si qu'on s'rait des liquidateurs, dans un établissement où c'qu'on trouv'ra également à briffer. Vrai de vrai, j'la crève...
>
> *L'Épatant*, 1910, p. 126.

ENTORSE n. f. Substantif participial de l'ancien verbe *entordre*, « tordre ».

Donner, faire une entorse à... « détourner, altérer (une règle, une loi, un texte...) à son avantage ». La valeur générale de « torsion », qu'avait le mot *entorse*, ne s'est guère conservée hors de ce type d'expressions. La plus grande familiarité du sens médical fait que ces emplois abstraits sont généralement sentis comme méta-phoriques et équivalents de *donner un croc-en-jambe*.

ENTOUR n. m. Le mot ne vit plus qu'au pluriel, dans le sens de « environs » (et dans *alentour*). Mais il a eu des emplois plus étendus « ce qui entoure, avoisine, concerne quelque chose ; les personnes proches », cf. *entourage*.

Vx. *Savoir bien prendre les entours* « savoir se servir des personnes proches, de ceux dont on a besoin » (depuis Saint-Simon et au XVIIIᵉ s.).

ENTOURNURE n. f. C'est proprement ce qui fait le tour, *entoure*, et notamment, la partie du vêtement qui entoure le bras, là où s'ajuste la manche.

Gêné aux entournures « dans une situation incommode, embarrassante ; gêné dans son activité ». On a dit aussi *se sentir gêné aux entournures*. La métaphore porte sur la difficulté à mouvoir ses bras et sur l'attitude contrainte qui en résulte ; elle s'appuie sur la forme et les connotations du mot *entournure*, relié à *tourner* (verbe qui peut symboliser la variété des possibilités d'action), et à *tournure* (« atti-tude aisée »).

ENTRAILLES n. f. pl. Du latin tardif *intralia,* issu du latin classique *intera-nea,* pluriel neutre, « les choses qui sont dedans ».

Litt. *Sans entrailles* « dur, cruel ». L'usage du mot *entrailles* pour exprimer sur le mode élevé l'idée de « sensibilité, humanité » était très fréquent dans la langue litté-raire classique. Le mot était comme épuré de sa valeur anatomique par ses emplois métaphoriques, renouant avec le sens initial et neutre du latin *(les entrailles de la terre,* etc.) et enrichi de connotations gynécologiques *(« le fruit de vos entrailles est béni »).* L'homme *sans entrailles* est non seulement sans cœur, mais sans intérieur, sans contenu secret et précieux, sans fécondité sur le plan des sentiments. D'autres expressions furent fréquentes dans l'usage littéraire sans devenir des locutions com-munes : *prendre aux entrailles* « être pathétique » (→ TRIPE) ; *avoir pour quelqu'un des entrailles de père* « une sensibilité de père ».

ENTRAÎNEUR n. m.

Entraîneur d'hommes (de peuple,...) « personne dont l'action sur un groupe est considérable, qui est capable de susciter une action collective ». L'expression a vieilli, probablement à cause de la spécialisation du mot en sport. Le quasi-synonyme *meneur* a des valeurs polémiques, plutôt péjoratives.

ENTRE prép.

Entre autres « entre autres choses, entre autres sujets ».

ENTRÉE n. f.

Entrée dans le monde, s'emploie à la fois pour signifier « naissance » et « début dans la société » (depuis Richelet).

Entrée en matière → MATIÈRE. — *Entrée en scène* → SCÈNE.

Vx. *D'entrée, dès l'entrée* « dès le commencement ». Le mot s'est longtemps employé dans des locutions où il avait une simple valeur temporelle : *à l'entrée de...* « au début de... » (XIIᵉ s.); *en l'entrée, sur l'entrée...; (tout) à l'entrée* « immédiatement » (XVIᵉ s.); *de prime entrée.* On trouve dans Saint-Simon *d'entrée de discours,* au sens où l'on dit encore D'ENTRÉE DE JEU★.

Avoir ses entrées (quelque part, auprès de quelqu'un) « être reçu ». — *Avoir ses grandes entrées* est une survivance des usages de la cour de Versailles. Les *grandes entrées,* « privilège d'assister au grand lever et au grand coucher du roi » et les *petites entrées,* « accès plus limité auprès du roi », faisaient l'objet d'une réglementation rigoureuse.

Faire son entrée « arriver (quelque part, dans un groupe) », implique un certain effet produit sur l'assistance, ou quelque solennité.

Vx. *Faire une entrée de ballet quelque part* « arriver dans une compagnie d'une manière brusque et cavalière » (*in* Furetière).

ENTREFAITES n. f. pl.

Sur ces entrefaites « à ce moment-là ». L'expression est le seul emploi vivant de *entrefaite* « chose faite dans l'intervalle » (de l'ancien verbe *entrefaire* « faire dans un temps donné, entre deux limites »). Les emplois au singulier (*sur, dans l'entrefaite*) ont vieilli.

ENTRER v. intr.

Entrer quelque part comme (un âne) dans un moulin « y entrer sans précaution, sans politesse » → MOULIN. Les variantes (plus rares) : *comme dans une auberge, une écurie...* (noms de lieux publics et de locaux réservés aux animaux), insistent sur l'aspect à la fois ouvert à tous et grossier de ces locaux.

Entrer dans la danse, en scène,... → les substantifs.

Ne faire qu'entrer et sortir « ne rester qu'un instant ».

ENVELOPPER v. tr.

Je vous l'enveloppe ? Une des formules par laquelle un commerçant demande si la vente est conclue, qui s'emploie parfois dans des situations analogues, par allusion ironique, ou pour symboliser l'attitude de sollicitation du commerçant.

ENVERGURE n. f.

De grande envergure «de grande ampleur, importance». L'expression, comme tout ce sens métaphorique, évoque l'ampleur d'un domaine considéré de haut, plutôt que la dimension purement quantitative. L'image de l'oiseau en vol (→ DE HAUT VOL.*) l'emporte sur celle de la mensuration des ailes.

ENVERS n. m.

Vx. *À deux envers* [LOC ADJ.] «dont l'opinion est double; hypocrite». L'expression s'est dite des étoffes à deux côtés semblables (début XVIIᵉ s.), qui permettent donc de RETOURNER SA VESTE* impunément.

À l'envers [LOC. ADV.], locution lexicalisée qui s'emploie avec plusieurs valeurs : «en présentant le côté fait pour rester caché» (depuis le XIVᵉ s.); «dans le sens ou l'orientation inverse de celle qui est considérée comme correcte» et métaphoriquement, «complètement en désordre»; «d'une manière radicalement fausse, inexacte». L'idée commune est celle d'un ensemble orienté qui conserve sa structure, mais subit une transformation par inversion.

Aller à l'envers «se dérouler d'une manière désordonnée, anormale; aller mal». Le sens initial (Furetière) semble être «péricliter, échouer», mais c'est aujourd'hui l'idée de «désordre» et d'«anomalie» qui l'emporte.

Avoir (l'esprit, la tête) à l'envers «être complètement désorienté» → TÊTE. A signifié aussi «manquer de jugement» (*in* Wartburg).

Vx. *Mettre l'âme à l'envers* «tuer» (1798, *in* Académie).

Se mettre la cervelle (la tête) à l'envers → CERVELLE, TÊTE.

Vx. *Tomber à l'envers, se laisser tomber à l'envers* «se donner (d'une femme); se prostituer», (*in* Oudin, Furetière). On trouve aussi *mettre, se mettre à l'envers.* Même image dans *aller, mettre à la renverse,* exprimée en clair par *mettre à cul.* *

> *Mettre à l'envers* [*sic.* pour *se mettre*]. Pour se coucher par terre [...] s'étendre de son long en posture de recevoir les embrassements d'un amant.
>
> Cajola tant une des plus jeunettes
> Qu'à son plaisir la fit mettre à l'envers. *Parnasse des Muses, in* Le Roux, *Dict. comique.*

Au XVIIᵉ s., le contexte est souvent, comme il est naturel, l'homosexualité, mais cette valeur n'est plus évoquée ensuite, par crainte des censures.

> Le Baron, qui avoit l'œil dessus luy [son petit page, que Francion vient de malmener] s'encolère, car je pense qu'il luy touchoit de pres, et qu'il le tournoit à l'envers bien souvent, son corps ayant une assez attrayante beauté.
>
> Ch. SOREL, *Histoire comique de Francion*, p. 220.

ENVERS prép.

Envers et contre tous «en dépit de toutes les oppositions, de toutes les résistances». La première forme, plus longue, était *envers tous et encontre tous* (XVᵉ s.). La variante *envers et contre tout* transpose et généralise de l'humain à l'universel. *Envers* ne signifie plus aujourd'hui que «à l'égard de...», mais parmi d'autres sens, a voulu dire «contre» (avec l'idée de «se tourner, se diriger *vers l'adversaire*», ce dernier mot représentant la même image).

ENVI (À L') adv.

À l'envi est lexicalisé depuis des siècles comme adverbe. Historiquement, c'est une locution formée de la préposition *à* et du substantif *envi*, «défi», de *envier*, «défier» (latin *invitare*), éliminé par l'homonymie avec les mots issus d'*invidia* (→ ENVIE). La locution prépositive archaïque *à l'envi de...* a conservé le sens initial («en lutte, en rivalité avec») alors que *à l'envi* signifie «avec émulation, en cherchant à faire mieux» (→ À QUI MIEUX★ MIEUX) sans idée de «défi», de «lutte».

Comme à l'envi «comme par un concours d'émulation». En parlant d'un ensemble de qualités qui semblent se réunir pour se manifester mieux les unes que les autres, l'expression glisse vers le sens de *envie* («d'une manière enviable») :

> Tout ce que la civilisation la plus élégante peut présenter de vifs plaisirs n'était-il pas réuni comme à l'envi chez mademoiselle de La Mole ?
>
> STENDHAL, *Le Rouge et le Noir*, p. 556.

ENVIE n. f.

Envie de femme grosse (enceinte) «désir vif et subit (notamment alimentaire) que l'on attribue aux femmes enceintes»; «caprice, désir inattendu». L'expression a donné naissance au début du XVIIᵉ s. à un sens d'*envie*, «tache sur la peau d'un nouveau-né qui reproduirait l'objet d'une *envie* de la mère». L'idée dominante est aujourd'hui celle de «caprice»; au XVIIIᵉ s., selon Le Roux, *une envie de femme grosse* se disait d'«un appétit déréglé pour quelque chose de mauvais».

Envie forme une série de locutions verbales avec quelques verbes courants dont il est le complément sans déterminant. *Avoir envie de...* «désirer», se dit depuis le XIIᵉ s. *Faire envie à...* «exciter le désir», se distingue de *donner de l'envie* «rendre envieux». *Faire envie*, absolument, se dit des personnes (voir plus bas). *Porter envie à quelqu'un* «envier, jalouser», est légèrement archaïque; *porter envie à quelque chose* «en avoir envie», ne se dit plus.

> C'est que j'ai du caractère, moi, et le curé l'a bien vu. Ne dissimulons rien, nous sommes environnés de libéraux ici. Tous ces marchands me portent envie, j'en ai la certitude.
>
> STENDHAL, *Le Rouge et le Noir*, p. 226.

Passer (contenter) son envie «satisfaire un désir» (*in* Oudin, 1640). Souvent avec le pluriel *(passer ses envies)* ou le pronominal *(se passer une envie)*.

Faire passer (ôter) à quelqu'un l'envie de (faire quelque chose) «le punir de sorte qu'il n'ait plus aucune tentation de recommencer».

Ça l'a pris comme une envie de pisser «très brusquement» → PISSER.

Il vaut mieux faire envie que pitié «il vaut mieux être prospère et en butte à l'hostilité des envieux, que misérable et recevoir la compassion». Le proverbe constate que la réussite a pour inévitable contrepartie l'envie. Un emploi ironique s'applique aux personnes grasses et bien en chair, par une allusion, aujourd'hui obscurcie, aux critères (érotiques ou autres) de l'*embonpoint*.

> — J'aime mieux faire envie que pitié... L'argent est l'argent, et lorsque j'ai eu vingt sous, j'ai toujours dit que j'en avais quarante.   É. ZOLA, *Pot-Bouille*, t. II, p. 33.

ENVIER v. tr.

N'avoir rien à envier à..., se dit des personnes (*n'avoir rien à envier à personne*, «être comblé») et surtout des choses qui sont aussi belles, réussies, parfaites, qu'un terme de comparaison.

ENVOI n. m.

Coup d'envoi «action, opération par laquelle un plan, un programme est déclenché, inauguré». Métaphore récente sur un terme de football, où le *coup d'envoi* ouvre le jeu.

ENVOYER v. tr. S'emploie avec divers compléments de lieu *(envoyer au bain★, à la balançoire★, aux pelotes★, sur les roses★, au tapis★, au diable★)* et avec des verbes à l'infinitif *(envoyer balader, bouler, coucher, promener★, dinguer, valser★, paître★, etc.)* pour former des locutions verbales signifiant «se débarrasser de (quel-

qu'un »); éconduire, renvoyer ». Les locutions formées avec un infinitif sélectionnent des actions qui éloignent l'objet *(balader, promener)*, qui le rendent inactif *(coucher)*, ou bien l'assimilent à une chose entraînée par un mouvement subi *(dinguer, valser, qui* ne recourt à la danse que métaphoriquement), ou encore à un animal paisible *(envoyer paître*)*. Enfin, les activités sexuelles et scatologiques forment un groupe à part *(envoyer faire foutre, envoyer chier*)*.

ÉPAISSEUR n. f.

Il s'en faut de l'épaisseur de... (suivi du nom d'un objet fin) « il ne s'en faut que de... » → par exemple IL S'EN FAUT D'UN CHEVEU*.

ÉPATE n. f. Substantif verbal de *épater,* au sens d'« étonner, ébahir, ou faire de l'esbrouffe » (1835, *in* Esnault), par une métaphore probable sur *casser les pattes* (= casser bras et jambes, d'étonnement) plus que par évolution de sens de *épater* « briser le pied (d'un verre) ». *S'épater* « s'étaler, tomber », ne paraît pas antérieur au sens argotique de *épate.*

ÉPATER v. tr.

Épater le bourgeois « choquer, scandaliser et faire impression ». Le type du bourgeois est, dans la tradition du XIXᵉ s., le porte-parole et l'héritier des valeurs les plus conservatrices, facile à choquer et à impressionner.

Fam. *Faire de l'épate* « chercher à impressionner par des manières ostentatoires » (quasi-synonyme de *faire de l'esbrouffe*). *Faire des épates* (même sens) est attesté en 1846 par Esnault.

> Ces gens de l'hôtellerie et de la limonade manquent de psychologie : ils prennent un chevalier d'industrie avec de faux bijoux à tous les doigts pour un prince authentique et pour un monarque incognito un roi de jeu de cartes qui fait de l'épate avec un jeu de valises frappées d'une couronne. B. CENDRARS, *Bourlinguer*, p. 77.

ÉPAULE n. f. Du latin *spatula, spathula,* « cuiller (cf. spatule) puis omoplate », diminutif de *spatha,* « épée ».

Vx. *Épaules qui marchent, qui trottent* « cuisses » (de même que *main courante,* par jeu de mot, désigne le pied).

Avoir la tête sur les épaules → TÊTE.

En avoir par-dessus les épaules, variante de PAR-DESSUS LA TÊTE*, « en avoir assez ».

Changer son fusil d'épaule (fin XIXᵉ s.) « changer d'opinion ». → FUSIL.

Fam. *Donner un coup d'épaule à qqn* « l'aider, venir à son aide ». Correspond au verbe *épauler.*

Faire quelque chose par-dessus l'épaule « le faire mal, avec négligence ». Ce sens date du XIXᵉ s.; auparavant, *par-dessus l'épaule* avait la valeur d'une négation *(il est riche par-dessus l'épaule,* « il ne l'est pas du tout »). Il semble que dans l'usage moderne, les expressions *par-dessus l'épaule* (vieilli) et *par-dessous la jambe* se soient contaminées, la première influençant la forme de la seconde (→ PAR-DESSOUS LA JAMBE*), la seconde modifiant le sens de la première.

Le sens initial (« faussement ») est ainsi expliqué par Pasquier :

> Aussi en appris-je l'origine et dérivaison, par quelques joueurs de Flux : Car comme ainsi fust qu'en ce jeu l'As soit la principale carte (qui est celle en laquelle il y a une unité au milieu) il advint qu'un Quidam en se riant, dit qu'il avait deux As en son jeu, et les exhibans sur la table fut trouvé que c'estoient deux Valets, chacun desquels comme l'on sçait, porte une unité sur l'espaule : A quoy ayant apprêsté par son men-

> songe à rire à la compagnie, il respondit que véritablement il avait deux As, mais que c'estoit par dessus l'espaule. É. PASQUIER, *Recherches de la France*. I, VIII, ch. 47.

Cette explication trop naïve, utilisant le langage imagé des joueurs de cartes, ne satisfait pas les érudits du XVIIᵉ s. Pour Le Duchat, l'expression trouve son origine dans une coutume juridique des Francs saliens. Le banqueroutier, après avoir fait prouver son insolvabilité, devait ramasser de la poussière dans sa maison, puis, sur le seuil, la jeter par-dessus son épaule avant de décamper. Mais cette interprétation « historique » ne rend pas compte des emplois réels, en contexte (comme celle de Pasquier) et ne repose évidemment sur aucun texte. La première attestation connue de l'expression est pour le moment celle de Pasquier (qui affirme que c'est un « commun propos »). Cependant la plaisanterie de tapeurs de cartes, que rapporte Pasquier, nous fait l'effet d'être déjà un calembour, et l'on doit tenir compte d'une autre locution attestée dans Brantôme :

> Ilz se fussent sentis très heureux qu'ilz eussent eu quelques parolles de moy, encor [ne fût-ce que] à la traverse ou sur l'espaule.
> BRANTÔME, *Des Couronnels françois*, V, 396, *in* Huguet.

Ainsi, ***parler sur l'épaule*** signifiait « négligemment » ou « avec mépris » (comme de côté — *à la traverse* —, « en détournant la tête »). La combinaison « épaule » + « position élevée » prend aussi la valeur de « mépris » dans *hausser les épaules,* et dans *regarder par-dessus l'épaule* (Montaigne). Mais la signification négative a vécu au moins jusqu'au XVIIIᵉ siècle, où elle était même renforcée par un recours au sens concret d'*épaule. Cette chose,* disait-on (1752, Le Roux), *est vraie comme les Suisses portent la hallebarde, par-dessus l'épaule* (« elle est absolument fausse »).

Hausser les épaules « les soulever en signe de doute méprisant ». Les premiers exemples de cette expression sont renforcés par un complément de manière : *haulser l'espaulle a mode de Lombars* (vers 1500) et *hausser les épaules à l'italienne* (vers 1600). Ce geste symbolique viendrait donc de l'Italie du Nord. L'origine de sa signification n'est pas claire (réaction d'orgueil ?). Oudin oppose *hausser les épaules* (en signe d'impatience) à *baisser les épaules* (supporter avec patience).

Vx. ***Mettre dehors (renvoyer...) par les épaules*** « de force, en poussant par-derrière ».

> A la vérité je n'oserois pas le mettre hors par les espaules : mais useray je de quelque doux moyen pour l'en faire sortir. Ch. SOREL, *Histoire comique de Francion*, p. 346.

Vx. ***Prêter l'épaule à quelqu'un*** « l'aider ». On dit encore : *donner un coup d'épaule.* Cette expression, comme le verbe *épauler,* était considérée comme vulgaire au XVIIIᵉ s. Jusqu'au XVIIᵉ s. on a employé diverses formules *(faire épaule, tenir l'espaule, prêter l'épaule).*

Toucher les épaules « être vaincu ». — ***Faire toucher les épaules à quelqu'un*** « le vaincre ». Métaphore de la lutte, où celui qui maintient son adversaire à terre, dos contre terre, est proclamé vainqueur.

> Les batailles avec les mauvaises choses, garçon, ça dure toujours longtemps, mais même quand on a touché des deux épaules, on ne doit pas dire : c'est fini.
> J. Giono, *Un de Baumugnes*, p. 40.

ÉPÉE n. f.

Vx. ***Épée à toutes mains*** « ce qui sert à toutes sortes d'usages » (fin XVIᵉ s.) → MAIN.

Vx. ***Épée de chevet*** « personne à qui on a recours à tout instant » (XVIIᵉ s., Molière). De nombreux syntagmes, du XVIᵉ au XVIIIᵉ s., emploient *épée* au sens de « personne armée d'une épée ». Une *bonne, fine épée* signifiait « un vaillant bretteur » (→ UNE FINE LAME*), *une rude épée* (*in* Oudin), « un mauvais garçon, un spadassin »; cf. ci-dessous BRAVE COMME UNE ÉPÉE.

Épée de Damoclès « un péril imminent et constant ». Cette allusion mythologique et érudite ne semble pas être antérieure à la Restauration. Damoclès, courtisan de Denys, tyran de Syracuse, aurait, selon la légende, subi une plaisanterie symbolique de la part de son maître qui l'aurait invité et traité magnifiquement au-dessous d'un glaive suspendu par un mince support (un crin de cheval). L'anecdote est dans Horace et Cicéron. Elle était connue depuis longtemps, mais n'a donné naissance à une expression figée qu'au début du XIXᵉ s.

> (Dieu) avait ordonné que ce monument menaçât toujours la tête de Satan en la couronnant. Celui-ci [...] disait que ce jeu d'enfant sentait l'épée de Damoclès de dix mille lieues ; que c'était une pauvre imitation [...].
> BALZAC, *La Comédie du diable*, in *Romans et Contes philosophiques*, éd. de 1837, t. I, p.

Vx. **L'épée de Samson** « les mâchoires » (*in* Oudin). Allusion à l'épisode biblique où Samson combat les Philistins armé d'une mâchoire. L'ironie de l'expression vient du fait que l'on sous-entend que, comme le précise d'ailleurs le texte biblique (Juges 15, 9-17), il s'agit d'une mâchoire d'âne.

> **Un coup d'épée dans l'eau** « un acte inutile, sans effet » (1718, *in* Académie).
> Mais Madame, s'écria-t-il, Monserfeuil n'a aucune espèce de crédit ni de pouvoir avec le nouveau gouvernement. Ce serait un coup d'épée dans l'eau.
> M. PROUST, *À la recherche du temps perdu*, t. II, p. 515.

Le fil de l'épée → FIL.

Vx. **Soldat (chevalier, gentilhomme) de la courte épée** « voleur, coupeur de bourses » (XVIᵉ-XVIIIᵉ s.). L'*épée* étant une arme de gentilhomme, la *courte épée* est une façon ironique de désigner le poignard, la dague.

Vx. **Brave comme une épée** [LOC. ADJ.] « très brave ». La comparaison est sans doute issue de l'emploi métonymique de *épée*, « soldat, gentilhomme qui sait se servir de l'épée ». On est surpris de trouver cette expression archaïque (sous la forme *être brave, hardi comme son épée, comme l'épée qu'on porte*) elle est dans Cotgrave et 1611) chez Jules Vallès. À noter que l'argot du milieu a lexicalisé la même métaphore en donnant à *épée* le sens de « truand inaccessible à la peur ».

> Au matin, j'ai couru chez les intimes. Eux aussi, ils ont attendu — stupéfiés par le Coup de foudre de Montmartre.
> Et cependant, parmi ces compagnons, il en est de braves comme des épées.
> J. VALLÈS, *L'Insurgé*, p. 217.

De cape et d'épée → CAPE.

À la pointe de l'épée [LOC. ADV.] « de haute lutte, en se battant » (avec des verbes comme *obtenir, l'emporter*, etc.). L'expression reçoit son sens métaphorique au XVIIᵉ s. (La Fontaine) ; elle est archaïque ou très littéraire.

Vx. **Couché comme l'épée du roi** « couché tout habillé » (*in* Oudin). L'épée du roi reste en effet dans le fourreau.

Vx. **Être aux espées et aux couteaux.** Équivalent archaïque (XVIᵉ-VIIᵉ s.) de ÊTRE COUTEAUX* TIRÉS.

Vx. **Se faire blanc de son épée** « garantir une entreprise en ayant recours à ses qualités, à son courage, à son crédit » (XVIIᵉ-XVIIIᵉ s.).

Vx. **Jouer de l'épée à deux talons** « s'enfuir » (*in* Furetière) a succédé à : *jouer* (ou *escrimer*) *de l'épée à deux jambes, à deux pieds* (début XVIᵉ s.) Ces locutions proviennent sans doute de la substitution de *pied* (ou *jambe, talon*) dans *jouer de l'espée à deux mains* (attesté au XVIᵉ s. au sens propre et métaphorique « manger d'une main boire de l'autre », etc.) appuyée sur les emplois métaphoriques et plaisants de *jouer de...* (notamment JOUER DES FLÛTES* « s'enfuir »).

Vx. **Mettre à l'épée, au tranchant de l'épée (qqn)** «massacrer» (s'est dit jusqu'au
VII⁰ s.). *Mettre au sac et à l'espée* (1537, *in* Wartburg), *au feu et à l'espée* (1552,
stienne, *ibid.*) correspondent à la locution moderne À FEU* ET À SANG.

Mettre l'épée à la main «s'apprêter à combattre». Simple image rhétorique.

Mettre, pousser l'épée dans les reins «poursuivre de ses exigences, forcer
uelqu'un à agir». *Poursuivre quelqu'un l'épée dans les reins,* s'est dit spécialement
'un solliciteur trop empressé.

> J'étais en train de manger un ordinaire chez un marchand de vin. On m'a mis l'épée
> dans les reins. On m'a répété sur tous les tons que moi, l'historien futur des héros de
> Juin, je devais représenter ces vaincus contre les républicains qui les maudirent, et
> redresser devant eux le cadavre mutilé de la guerre sociale.
>
> J. VALLÈS, *L'Insurgé*, p. 202.

> Et du moment que je m'en mêlerai, ce sera avec suite et férocité. Je vais, à tous, leur
> pousser l'épée dans les reins d'une belle façon.
>
> FLAUBERT, *Correspondance*, IV⁰ série, p. 45.

Mettre l'épée sous la gorge à quelqu'un → GORGE; COUTEAU.

Vx. **Mourir d'une belle épée** «subir des dommages pour une belle cause»
xvii⁰-xviii⁰ s.). «Un joueur qui fait un beau coup de partie, écrit Furetière, dit : *Voilà
jourir d'une belle épée*» (c'est-à-dire : vous êtes battu, mais honorablement par un
dversaire remarquable).

Vx. **Se passer son épée au travers du corps** «vendre ses armes pour manger».
Calembour en usage au xvii⁰ s. et au xviii⁰ s.

Tirer l'épée «déclarer la guerre, se préparer au combat». La métaphore est
ransparente et correspond au stade ultime de l'attitude agressive (après METTRE
'ÉPÉE* À LA MAIN).

Quiconque se sert de l'épée périra par l'épée [LOC. PROV.]. Traduction reçue
e l'Évangile selon saint Matthieu (26, 52).

ÉPERON n. m.

Vieilli. **Donner de l'éperon** «accélérer l'allure». Le mot *éperon* symbolise, jusqu'au
VIII⁰ s., l'allure rapide (cf. *a esperon*, «très vite», en ancien français). *Donner
n coup d'éperon à* (un endroit), «y aller rapidement, y faire un rapide voyage»
xvii⁰-xviii⁰ s.). D'autres expressions archaïques concernent la poursuite (*chausser les
perons à quelqu'un,* «le serrer de près»).

Gagner ses éperons «obtenir une situation plus élevée, prendre du galon».
oc. du XIX⁰ s., allusion romantique aux mœurs médiévales et aux éperons de parade
onnés au nouveau chevalier.

Vx. **Porter les éperons aux coudes** «être fantassin». Argot militaire du XIX⁰ s., jeu
e mots sur les coups de coude donnés au sac, pendant la marche, assimilés aux
oups d'éperon du cavalier, selon Esnault (le soldat est sa propre monture).

ÉPICE n. f.

Vx. **Chère épice** «marchande qui vend trop cher» (début XIX⁰ s.). *Fine épice* «per-
nne rusée», s'est employé au XVII⁰ s. (*in* Furetière).

Dans les petits sacs sont les bonnes épices [LOC. PROV.] «les personnes petites
nt de la valeur» (*in* Trévoux, 1752). Variante de DANS LES PETITS POTS*...

ÉPIDERME n. m.

Chatouiller l'épiderme «donner un plaisir de vanité, flatter». On dit aussi :
voir l'épiderme chatouilleux, sensible «être extrêmement sensible aux critiques;

être susceptible». La phraséologie a sélectionné une forme pour chaque aspect de la sensibilité, de l'amour-propre (louanges et critiques).

ÉPINARD n. m.

Vx. *Graine d'épinard* «filets des épaulettes d'officiers». *Un homme à graine d'épinards* «qui occupe un rang élevé dans l'armée». Balzac parle (dans *Les Paysans*) de «*sacripants à graines d'épinards*».

Un plat d'épinards «un mauvais paysage, d'un vert cru». L'assimilation du paysage à un légume dépoétise le sujet et rend la peinture proprement «alimentaire». *Un plat de...* a, par ailleurs, une valeur péjorative.

Mettre du beurre dans les épinards → BEURRE.

ÉPINE n. f.

Couronne d'épines «cercle de bois épineux tressé, mis par dérision sur la tête du Christ, par allusion à ses déclarations d'être le roi des Juifs». L'expression s'emploie parfois métaphoriquement, au sens de «cause de souffrance», plus par effet de style que par un emploi reçu (à la différence de la métaphore sur PORTER SA CROIX*).

> [...] toute une vie étrangère et dégradante avait fait place à la remontée des souvenirs déchirants qui ceignaient et ennoblissaient mon âme, comme la sienne, de leur couronne d'épines. M. PROUST, *À la recherche du temps perdu*, t. II, p. 768.

Vx. *Un fagot d'épines* «une personne désagréable, agressive» (*in* Sévigné). *Gracieux comme un fagot d'épines* «désagréable, hargneux».

Vieilli. *Être (marcher) sur les (des) épines* «être dans une situation difficile, qui provoque de l'anxiété» → CHARBONS* ARDENTS. L'expression est courante du XVIIᵉ s. (1653) au XIXᵉ s.

Tirer à quelqu'un une épine du pied «le délivrer d'un sujet de contrariété». S'employait surtout au pronominal dans la langue classique : *il s'est tiré une grande épine du pied* «il a surmonté une difficulté, il s'est défait d'un ennemi» (*in* Molière). On trouve quelques variantes, comme «*C'est une belle épine tirée du talon*» (Flaubert, *Correspondance*, à propos d'un succès au baccalauréat).

Épine au pied «sujet d'inquiétude», s'est employé seul au XVIᵉ s.

Il n'y a pas de rose sans épines → ROSE.

ÉPINGLE n. f.

Tiré à quatre épingles «habillé avec un soin méticuleux» (*in* Furetière). S'est dit au XVIIIᵉ s. d'une œuvre littéraire (discours, etc.) très apprêtée ; mais seul le premier sens est resté courant. L'expression semble avoir pris une nuance péjorative (soin excessif), alors que, aux XVIIᵉ et XVIIIᵉ s. (1752, Le Roux), elle indiquait que qu'un «mis de bon air et de bon goût, vêtu avec art, avec symétrie». L'expression renforce d'une manière imagée un emploi de *tiré (bien tiré)* qui désigne au XVIᵉ s. la personne aux vêtements impeccablement ajustés. Pour expliquer les *quatre épingles*, les exégètes du XIXᵉ s. ont eu recours à une mode ancienne, où quatre épingles auraient été littéralement nécessaires pour un ajustement. Cette hypothèse, appuyée sur un texte assez obscur écrit vers 1500, est raisonnable, mais peu utile ; en effet *quatre épingles* correspond simplement aux quatre coins d'une pièce d'étoffe, qui doivent être fixés si l'on veut qu'elle soit tendue (en outre *quatre* exprime souvent le maximum : DESCENDRE QUATRE* À QUATRE, SE METTRE EN QUATRE*). *Tiré à quatre épingles* signifie «*bien tiré* (ajusté) au maximum».

> [...] et il avait laissé pousser sa barbe rabbinique, ne se déshabillant plus, faisant sous lui, lui, l'ex-beau, d'une élégance de daltonien, complet bois de rose, chaussettes de

soie genre Raoul le Boucher et toujours tiré à quatre épingles, le coq de chez Diaghi-
lew [...].   B. CENDRARS, *Bourlinguer*, p. 187.

Il m'arrive parfois de regarder les quelques photos de lui que je possède. À celles qui
le représentent à la fin de sa vie, tel que je l'ai connu, cravaté, lustré, tiré à quatre
épingles, je préfère celles de sa jeunesse, à l'époque où il n'avait pas encore composé
son personnage.   M. CARDINAL, *Les Mots pour le dire*, p. 78.

Coup, piqûre d'épingle «atteintes, offenses légères, mais répétées» (1798,
Gattel, *in* Wartburg).

En épingle à cheveux, se dit d'un virage extrêmement serré, par analogie de
orme avec l'épingle formée d'un fil d'acier replié par le milieu, et ainsi
dénommé vers 1850.

**Discuter, raisonner sur la pointe d'une épingle, sur des pointes d'épin-
le** → POINTE.

Vx. **Ne pas donner une épingle de quelque chose** «considérer que la chose n'a
uère de valeur». L'expression figure dans les recueils, du XVIIᵉ au XXᵉs., sous la
orme d'une phrase à la première personne et au conditionnel *(je n'en donnerai pas
une épingle (davantage); j'en donnerais le choix pour une épingle)*, mais son emploi
tait son doute plus général. **Ne pas valoir une épingle** «ne rien valoir», est contemporain. Quasi-synonyme : *(pas un) clou*.

Monter en épingle «mettre en évidence, en relief; faire valoir avec insis-
ance». L'expression utilise le sens technique de monter «sertir», dans *monter (une
pierre) en épingle*, «la sertir comme ornement pour former la tête d'une épingle (à
ravate, etc.)». Mais elle s'appuie sur une valeur métaphorique de *monter*, «élever».

Tirer (retirer) son épingle du jeu «se dégager habilement d'une affaire diffi-
ile», et spécialement «se tirer d'une affaire sans y perdre d'argent». Cette expres-
ion remonte au XVIᵉ s. (1584, *in* Wartburg); elle vient, dit-on, d'une métaphore por-
ant sur un jeu où il fallait retirer, enlever une épingle sous certaines conditions.
Plusieurs jeux sont en concurrence, sans que leurs règles n'éclairent la genèse de la
ocution (voir Kloepper, *Reallexicon*, pour un jeu nommé *la pousse aux épingles* —
in Gottschalk —, et Littré, pour un jeu où, après un rebond, une balle doit déta-
her des épingles d'un cercle où elles sont plantées). Ces interprétations donnent à
eu un sens précis que l'expression a vite élargi, supprimant même le complément
prépositionnel : *tirer son épingle* (lettre de Henri IV, 1595, *in* Godefroy). L'hypothèse
d'un jeu réel est certes vraisemblable, mais la locution doit plus encore aux valeurs
e *tirer* appliqué aux humains (→ SE TIRER D'AFFAIRE*, etc.), et les emplois anciens
u type TIRER PAYS*, «s'en aller») et aux connotations de *jeu* (désignant toutes sortes
'activités : *se tirer du jeu* correspondent au contraire de ÊTRE EN JEU*). L'expression
ignifie donc *tirer* «se sortir du coup», et *son épingle* y correspond au pronom réfléchi. La
résence du mot *épingle* implique les connotations du mot au XVIᵉ s., essentiellement «ce qui sert à attacher, à retenir», et «ce qui sert à marquer». Les métaphores
ur les idées de «pointe» et de «petitesse» ne semblent se développer qu'au XVIIᵉ s.
Tirer son épingle est donc immédiatement interprété comme «se dégager *(se tirer...)*
e ce qui attache, retient et constitue la marque d'une participation (l'épingle)».
Enfin, il n'est pas interdit de songer à une métaphore érotique, où le rôle de *épingle*
t celui de *jeu* sont faciles à imaginer.

Permettez-moi de m'étonner qu'avec votre talent, vous n'ayez pas su mieux tirer votre
épingle du jeu. — Vous en parlez bien à votre aise. Le maniement des épingles
demande une finesse de doigté incompatible avec les charges que j'ai toujours eues sur
les bras.   É. AUGIER, *Le Fils de Giboyer*, I, 7.

Il lui semblait — et ce n'était pas absolument faux — que cette méfiance lui permettrait de tirer toujours son épingle du jeu, de glisser, insaisissable, à travers les plus
dangereuses aventures.   M. PROUST, *À la recherche du temps perdu*, t. II, p. 1034.

L'intelligence ne comprend rien à la vie, et donc à la mort. La sensibilité de chacun
veut, d'autre part, tirer son épingle du jeu. Résultat : l'individu lutte contre la loi.
P. VALÉRY, Œuvres, t. II, p. 231.

Vx.   *Il a des épingles au bout de ses manches,* phrase imagée ; employée à propos
d'un chat qui sort ses griffes (1640, Oudin).

ÉPONGE n. f.

Vx.   *Éponge à sottises* «sot, naïf, qui croit tout ce qu'on lui dit» (fin XVIIe s. ; et
encore en 1867, *in* Delvau).

Avoir une éponge dans le gosier, dans l'estomac «être un grand buveur»
(milieu XIXe s.). *Gosier d'éponge* s'est dit pour «grand buveur» (1866, *in* Wartburg).

Boire, être imbibé comme une éponge «boire, avoir bu excessivement»
→ TEMPLIER.

Je ne boy en plus qu'une espongе — je boy comme ung templier. (RABELAIS, I, 5).

On trouve chez Flaubert (*Correspondance*, août 1869, VIe série, p. 63) la comparaison *suer comme une éponge,* qui ne semble pas d'usage général.

Jeter l'éponge «abandonner la lutte ; renoncer dans une compétition ». Métaphore de la boxe, où cette expression est attestée en 1918 (Esnault), et traduite de
l'anglais *(to throw up the sponge, in* Hotten, *A Dictionary of Modern Slang),* puis
employée métaphoriquement en 1877 *(Oxford Dictionary).* L'éponge servait à nettoyer la face des combattants. Prévert détourne l'alliance de mots de son sens :

ils te sonneront les cloches à toute volée
ils te jetteront à la figure l'éponge sacrée...   PRÉVERT, *Paroles*, p. 229.

Passer l'éponge (sur quelque chose) «effacer le souvenir (de quelque chose),
oublier (un acte offensant ou nuisible)». L'expression, au début du XVIIe s., a aussi le
sens concret d'«effacer (une chose écrite)». La variante *porter l'éponge* (1611) a disparu, le verbe *passer* ayant l'avantage d'évoquer la «disparition». Les emplois métaphoriques correspondent à «effacer les traces de..., faire oublier (tout événement passé) ».

Saint Pierre était l'homme de génie!... dit le pape à don Juan ; il mérite bien ce monu-
ment. Mais parfois, la nuit, je pense qu'un déluge passera l'éponge sur tout cela... et
ce sera à recommencer.   BALZAC, *L'Élixir de longue vie*, p. 314.

[...] cessons de nous quereller, embrassons-nous, passons l'éponge sur tout cela.
G. FLAUBERT, Correspondance, IVe série, p. 31.

Il y avait un ministre qui a volé, enfin je passe l'éponge, nous n'avions pas été préve-
nus, nous étions pris au piège, et il faut du reste reconnaître que tous ces gens ont été
fort polis.   M. PROUST, *À la recherche du temps perdu*, t. II, p. 585.

Vieilli.   *Presser l'éponge* «contraindre quelqu'un à rendre tout ce qu'il s'est indû-
ment approprié », ou «exploiter au maximum» (→ PRESSER L'ORANGE*). Les deux
sens apparaissent dans les recueils de la fin du XVIIe s., mais le premier semble plus
courant, il le met en œuvre l'image de *l'éponge* qui absorbe et peut rendre un
liquide. Bachelard a montré l'importance de cette image dans la pensée scientifique
du XVIIIe s.

ÉPOQUE n. f.

La Belle Époque «les années autour de 1900, considérées comme caractéristiques d'une vie agréable, insoucieuse, etc. ». Cette expression a spécialisé un syntagme banal (une belle époque) pour lui conférer une valeur à la fois chronologique
et culturelle, en le démotivant (le sens est simplement : l'époque 1900). La caractérisation a été maintes fois commentée et critiquée : il s'agit évidemment d'une estimation de classe et de valeurs bourgeoises, la bourgeoisie étant alors à son apogée
de bonne conscience et d'irresponsabilité, en France au moins.

Faire époque « laisser un souvenir durable, avoir une grande influence (d'un événement) ». L'expression est employée par Diderot (*in* Littré) : *ce projet fera époque.*

ÉPOUSÉE n. f. Ce mot archaïque, comme le verbe *épouser* dans la plupart de ses emplois, a été remplacé par *mariée.*

Vx. *Doux comme une espousée* « doux, charmant » (en parlant d'un homme, et avec ironie).

Vx. *Marcher en espousée* « marcher avec lenteur et avec un air réservé ». S'est employé au XVIe et au XVIIe s. La réfection moderne du XIXe s., *marcher comme une épousée*, était artificielle et n'avait guère de chance de s'employer couramment.

Vieilli. *Être parée comme une épousée (de village)* « être vêtu, paré avec affectation et mauvais goût » (*in* Furetière). Cette locution s'entend encore parfois.

ÉPOUSER v. tr.

Arg., vieilli. *Épouser la veuve* « être exécuté » ; d'abord « être pendu » (vers 1610), puis « guillotiné » (→ VEUVE). D'autres expressions analogues n'ont pas vécu : *espouser une prison* « être emprisonné » (XVIe s.).

Épouser la camarde « mourir », est un faux archaïsme du XIXe s.

Vx. *Qui épouse la femme (le corps) épouse les dettes* [LOC. PROV.] « il faut supporter toutes les conséquences de ses actes ; les choses agréables ont leur mauvais côté ».

ÉPOUSEUR n. m.

Vx. et littér. *Épouseur à toutes mains, épouseur du genre humain* « celui qui promet le mariage à toutes les femmes, pour les séduire ». Les deux expressions, qui qualifient Dom Juan dans la pièce de Molière (I, 1 et II, 4), constituent plutôt des allusions littéraires que des locutions courantes ; mais la célébrité de Molière leur a conféré pendant au moins deux siècles la notoriété.

ÉPOUX n. m. Le mot a pris du latin d'Église une valeur particulière dans le langage mystique, dès les premiers textes romans (saint Alexis, etc.). *Époux* et *épouse*, dans l'Ancien Testament, évoquent l'alliance entre Dieu et le peuple Juif (Isaïe 54, 5 ; Osée 1, 3, etc.) ; le terme est repris à propos du Christ (Matthieu 9, 15 ; Jean 19, 34). Au XVIIe s. la difficulté d'employer *époux* absolument, en parlant du Christ, donne naissance à une série de locutions : *l'époux de l'Église, le céleste époux* « le Christ ».

ÉPREUVE n. f.

À l'épreuve de... « en état de résister à... ». Cette locution conjonctive apparaît vers la fin du XVIe s. Elle n'est plus analysée et l'évolution de sens de *épreuve* notamment, la valeur réalisée dans *mettre à l'épreuve*) fait qu'elle est mal comprise et d'usage restreint (technique ou littéraire). Les emplois métaphoriques, surtout en parlant d'êtres humains, sont rares (ex. *Le Samson était à l'épreuve des Dalila*, Sainte-Beuve).

À toute épreuve [LOC. ADV.] « sur qui, sur quoi on peut compter ». Signifie proprement « qui peut résister à tout », comme la loc. précédente. Mais celle-ci, on l'a vu, est mal comprise, et sa forme adverbiale, *à l'épreuve* « qui résiste » (*une vertu à l'épreuve*), ne s'emploie plus (à cause de l'ambiguïté avec *mettre à l'épreuve*. Ainsi *sa santé est à l'épreuve* signifiait au XVIIe s., « elle est robuste, solide »). Il en est de même pour *à toutes épreuves* (vers 1640, *in* Wartburg).

Cependant, *à toute épreuve* reste très vivant, mais est interprété comme « qui a subi assez *d'épreuves* (aux sens courants du mot) pour être considéré comme excellent ».

Mettre à l'épreuve « éprouver, juger la valeur de... par un examen ». La fréquence de l'expression a fait que *à l'épreuve*, employé adverbialement signifie aujourd'hui « qui subit des épreuves » et non plus « qui leur résiste et dont la valeur est assurée » (→ À TOUTE ÉPREUVE, ci-dessus).

ÉPURE n. f.

Être dans les limites de l'épure ; sortir de l'épure « respecter ou non le cadre fixé pour une activité, une discussion, etc. ». Métaphore d'ingénieur passée dans le langage des affaires.

ÉQUERRE n. f.
Ce substantif, désignant, au XIVᵉ s., un instrument destiné à tracer un angle droit, a rapidement donné naissance à des loc. adv. et adj. désignant abstraitement le rapport angulaire : *à l'équerre* (1538), *d'équerre*, « à angle droit », *en équerre*.

ÉQUIPAGE n. m.
Dérivé de *équiper*, de l'ancien français *eschiper*, où l'on retrouve la racine anglaise *skip*, « bateau » (anglais moderne *ship*), par le verbe *skipa*. Le mot signifie d'abord « fourniture d'un bateau ».

En... équipage « de telle ou telle manière, dans un état bon ou mauvais (spécialement, en parlant de l'apparence extérieure, du vêtement, etc.) ». De nos jours, on emploie encore *en bel, en grand équipage*, avec une valeur ironique (cette valeur est notée par le Dict. de l'Académie depuis 1878). Les emplois étaient plus généraux et plus neutres : *être en équipage de faire quelque chose* « prêt, bien préparé à... » ; *en bon équipage* « bien disposé ou préparé ». Le mot évoquait alors l'*équipement* (des bateaux, d'une armée) et, au XVIIᵉ s., la suite d'un grand personnage. Le développement du sens moderne « personnel d'un navire » rend archaïque — ou technique — la plupart des autres sens et limite l'emploi de la locution.

ÉQUIPE n. f.

La fine équipe. Se dit d'un groupe d'amis, dans un contexte familier et plaisant. Les emplois du genre : *une joyeuse équipe, une équipe de copains*, témoignent de l'extension du sens de base « groupe d'hommes associés dans un travail commun », l'accent étant mis sur la camaraderie, et non plus sur la tâche à accomplir ensemble. À noter que, vers 1890, le mot *équipe* s'emploie en argot pour désigner une bande de malfaiteurs. L'expression *la fine équipe* n'est donc pas isolée, mais l'emploi de l'adjectif *fin* (« habile, adroit » en parlant des personnes et, plus généralement, « remarquable, excellent », dans la langue familière) en fait un groupe idiomatique.

ERGOT n. m.

Se dresser (monter...) sur ses ergots « être combatif et orgueilleux ». L'image du coq en position de combat est très vivante pour symboliser l'agressivité, mais a pris une couleur ironique qu'elle ne semble pas avoir dans la langue classique. Cependant l'exemple de Scarron donné par Le Roux est déjà du style burlesque :

> Être sur ses ergots. Pour tenir son quant-à-soi, être fier, orgueilleux, sérieux et d'une humeur fière et impérieuse [...]
> Junon donc revenait d'Argos
> Dame toujours sur ses ergots.
>
> SCARRON, *Virgile travesti*, 1648-1653, *in* Le Roux, *Dictionnaire comique*.
>
> J'ai eu une femme [...] quand il lui arrivait quelquefois de se rebéquer, je m'élevais sur mes ergots, je déployais mon tonnerre [...]. DIDEROT, *Le Neveu de Rameau*, p. 445.

Vx. **Mesurer ses ergots** « se battre ». L'image du combat de coq, greffée sur l'emploi de *se mesurer* dans *se mesurer avec quelqu'un* a donné naissance à cette expression utilisée par Balzac comme élément d'un vocabulaire argotique (argot de la police « parallèle », à laquelle appartient Peyrade) :

> Je voudrais bien savoir qui m'a roulé, dit Peyrade, nous mesurerions nos ergots !
>
> BALZAC, *Splendeurs et Misères des courtisanes*, p. 782.

ERMITE n. m.

Vivre en ermite, comme un ermite « vivre seul, dans l'isolement volontaire ».

ERRE n. f. Ancien mot, signifiant « route » et « manière d'avancer », dérivé de *errer*, lat. *iterare*.

Courir (glisser, aller, continuer...) sur son erre « aller sur sa lancée, par la vitesse acquise (en parlant d'un mobile sur un liquide : un bateau, etc.) ».

ERREUR n. f.

Sauf erreur. Formule prudente qui devrait accompagner toutes les assertions (sauf celles du délire, de la foi et du scientisme). Le **sauf erreur ou omission** du droit commercial revient à introduire une double négation (*sauf*, en ne comptant pas ; *omission*, ce qui n'a pas été compté), ce qui est le meilleur moyen d'assurer en permanence les équilibres comptables.

> Il dit que la cave...
> — *ou je me trompe fort*,
> n'était pas un endroit à mettre des dossiers ; que l'usage des chefs de bureau n'était point..
> — ... *si je ne m'abuse*,
> de donner audience dans le calorifère, et qu'enfin, quand on ne savait pas, on se renseignait auprès des garçons de bureau, qui étaient là pour quelque chose...
> — ...*sauf erreur ou omission*.   G. COURTELINE, *Messieurs les ronds-de-cuir*, p. 199.

Faire erreur « se tromper ». La loc. est à distinguer de l'emploi du verbe et d'un complément déterminé : *faire une erreur, faire l'erreur de... Faire erreur* s'emploie surtout absolument *(vous faites erreur !)*, parfois avec un complément prépositionnel *(faire erreur sur, à propos de...)*.

Erreur n'est pas compte [LOC. PROV.] « on peut toujours se détromper, corriger une erreur ». *Compte* représente ici l'opinion définitive, arrêtée.

L'erreur est humaine, autrement dit « tout le monde peut se tromper » ou « l'erreur est toujours excusable ». De la locution latine *errare* (se tromper) *humanum est*.

> Le propre de l'amour, c'est d'errer. L'amourette n'est pas faite pour s'accroupir et s'abrutir comme une servante anglaise qui a le calus du scrobage aux genoux. Elle n'est pas faite pour cela, elle erre gaîment, la douce amourette ! On a dit : l'erreur est humaine ; moi je dis : l'erreur est amoureuse.
>
> V. HUGO, *Les Misérables*, Pléiade, p. 144.

ESCADRON n. m.

Vx. **Dieu est pour les gros escadrons (bataillons)** [LOC. PROV.] « la fortune favorise ceux qui sont les plus forts » ou, sous-entendu, « la grosseur des escadrons (la force, l'argent, etc.) tient lieu du choix de Dieu ». La phrase est dans une lettre de Bussy-Rabutin (1677) ; elle a été reprise par Voltaire, avec le mot *bataillon* (*Lettre à Le Riche*, 6 février 1770).

ESCALIER n. m.

L'esprit de l'escalier « le fait de ne pas pouvoir répliquer sur le moment et de réagir après coup ». S'oppose à l'*esprit d'à propos, à l'esprit de répartie*. L'idée de départ est nettement exprimée par Diderot *(Paradoxe sur le comédien)* lorsqu'il écrit que « l'homme sensible [...] tout entier à ce qu'on lui objecte, perd la tête et ne se retourne qu'au bas de l'escalier ». Mais l'expression paraît être bien postérieure (Littré et P. Larousse l'ignorent; M. Rat cite Henri Lavedan). *L'esprit de l'escalier* correspondrait donc à l'esprit que donne (ou que rend) l'escalier, c'est-à-dire l'éloignement et le recul psychologique. Le choix *d'escalier* (on aurait pu parler de l'esprit du couloir, du corridor, de l'entrée, de la rue, etc.) n'est pas clairement motivé, sinon par des raisons formelles (identité de l'initiale des deux substantifs); il suppose le contexte d'un édifice à étages, et donc le milieu urbain.

> Plus tard seulement — car j'ai l'esprit de l'escalier — il m'apparut que j'aurais pu rétorquer que si la Révolution va vite [...], en la circonstance elle avait affaire à des hommes qui vivent sur une autre cadence [...]. M. LEIRIS, *Frêle Bruit*, p. 152.

ESCAMPETTE n. f.

Prendre la poudre d'escampette → POUDRE.

ESCARBOUCLE n. f.

Briller (scintiller...) comme des escarboucles. L'escarboucle, ou grenat rouge, a depuis l'antiquité une réputation merveilleuse. Son nom français (*escharboucle* au XIIᵉ s.) provient d'un enrichissement, sur le modèle de *esmeraude*, de *charboucle*, altération — d'après *boucle* — de *charboucle* ou *carboucle*, formes directement issues du latin *carbunculus*. Ce dernier mot est dérivé de *carbo*, « charbon »; la pierre, d'un rouge sombre et éclatant, était comparée à un charbon ardent. Le *es-* de *escarboucle*, avec la syllabe initiale *ca-*, évoque aussi l'éclat. L'emploi du mot pour désigner métaphoriquement un objet éclatant date du XVIIIᵉ s. (1770, *in* Wartburg). De nos jours, *briller comme des escarboucles* se dit, par une métaphore littéraire usée, des yeux (l'idée de « charbon ardent » et de « pierre rouge » étant éliminée au profit de celle d' « éclat »).

ESCARCELLE n. f. Italianisme ancien (XVIᵉ s.) à valeur métaphorique. *Scarsella*, de *scarso* « avare », signifie « la petite avare » pour désigner la bourse. Le sens étendu « moyens financiers » est réalisé dans quelques constructions plus ou moins figées : *rentrer, tomber dans l'escarcelle; sortir de l'escarcelle;* etc.

> Veuiller bien, monsieur, lui écrivait cet étrange correspondant, nous compter la somme de 3000 francs que nous exigeons. Au contraire des bandits ordinaires, nous rançonnons d'abord : nous enlevons après si la rançon ne tombe pas dans notre escarcelle. GORON, *L'Amour à Paris*, t. I, pp. 603-604.

ESCARGOT n. m.

Rural. *Le tambour des escargots* « le tonnerre ». La pluie d'orage qui succède au tonnerre fait sortir et paraît rameuter les escargots.

Aller (avancer, marcher...) comme un escargot « très lentement ».

Escargot, montre-moi tes cornes! Cette injonction, avec diverses variantes, est le thème de nombreuses comptines.

ESCIENT n. m. Du participe latin *sciens, -entis*, de *scire* « savoir », dans *meo, tuo... sciente* « moi, toi... le sachant ». *À mon, à ton escient* étaient courants en moyen français.

À bon (mauvais) escient «avec de bonnes (de mauvaises) raisons; en étant (en n'étant pas) au courant de la situation». La locution est lexicalisée, car *escient* ne s'emploie plus dans d'autres contextes. Au XVIIᵉ s., l'expression semble avoir la valeur de «véritablement, sans plaisanter».

> Je luy demandai si c'estoit a bon escient qu'elle se voulust mettre dans un cloistre.
> Ch. SOREL, *Histoire comique de Francion*, p. 477.

ESCRIME n. f.

Vx. *Être hors d'escrime* «être à bout d'arguments, ne plus savoir comment répliquer». L'expression, qui est dans Furetière, succède à *perdre son escrime, ses escrimes,* qui s'employait métaphoriquement au XVIᵉ s. (par ex. dans Brantôme) au sens de «ne pas réussir». Seul *s'escrimer* a vécu, dans ces emplois figurés.

ESCRIMER (S') v. pron.

Vx. *S'escrimer du menton, de la mâchoire...* «se goinfrer». Ces expressions du XVIIᵉ s., ainsi que la variante burlesque *s'escrimer des armes de Samson* (c'est-à-dire de la mâchoire d'âne biblique → ÉPÉE* DE SAMSON) et les emplois intransitifs (comme *escrimer de la mâchoire, in* Le Roux), ont été reprises artificiellement au XIXᵉ s. sous la forme *s'escrimer des mâchoires* (1846, Bescherelle) et *des dents*. Mais l'image cocasse de l'agitation du bretteur n'est plus perçue, non plus que dans la locution érotique *s'escrimer du derrière,* que Le Roux (1752) explique avec une franchise synonymique par «se battre à coups de cul».

ESPACE n. m. Comme la plupart des termes abstraits, *espace* n'est pas fertile en locutions. On peut signaler cependant des syntagmes nominaux à peu près lexicalisés, comme *espace vital* (adaptation de l'allemand) «territoire revendiqué comme indispensable»; *espace mort* «zone inaccessible à une arme à feu»; *espace vert* «zone de verdure dans une ville», etc. Ces syntagmes relèvent des dictionnaires généraux.

Se perdre (être perdu) dans les espaces «divaguer» (*in* Rousseau) est plutôt une expression littéraire.

ESPAGNOL adj. et n. m.

Vieilli. *Il grandira, car il est Espagnol.* Refrain burlesque d'un couplet de Meilhac et Halévy, dans *La Périchole,* qui doit sa célébrité à la musique d'Offenbach (1868) :

> Un an plus tard, gage de leur tendresse,
> Un jeune enfant dort sous un parasol...
> Et ses parents chantent avec ivresse :
> Il grandira, car il est Espagnol.

L'expression devint une scie, appliquée à diverses choses ibériques, dont la *grippe* dite *espagnole*. Elle est à rapprocher, dans la géographie cocasse, des *Portugais toujours gais*. Il est probable que son origine soit due à l'expression *Grand d'Espagne,* prise au sens concret.

Comme une vache espagnole, un Basque espagnol → VACHE.

ESPÈCE n. f.

Espèces sonnantes et trébuchantes → SONNANT, et ci-dessous EN ESPÈCES. On trouve parfois : *en espèces sonnantes.*

Cas d'espèce → CAS.

Une espèce de... «chose ou personne que l'on ne peut décrire ou définir avec précision, et que l'on assimile à une espèce proche». Cette construction date, du XVIᵉ s. S'appliquant aux personnes, elle revêt un caractère péjoratif et s'emploie notamment pour construire des appellatifs injurieux. *Espèce de...* s'est lexicalisé en valeur d'adjectif, au point que le déterminant s'accorde en genre avec le nom qualifié *(un espèce d'idiot)*, au grand scandale des lettrés : « l'homme de la rue (fi donc !) fait, de ces locutions, un usage non seulement intempérant mais encore vicieux. Il dit : un espèce d'imbécile », écrivait cet espèce d'écrivain nommé Georges Duhamel.

Vx. *En espèces* « en objets, en marchandises » par opposition à *en argent*, mais aussi à « en prestations, en services », cf. *en nature. Espèces,* au pluriel, a la valeur très large de « choses », au XVIIᵉ s.

En espèces « en argent ». Du sens de « pièce d'or ou d'argent » (fin XVᵉ s.). L'expression l'a emporté sur la précédente et l'a éliminée. Malgré leur opposition (« marchandises » — « espèces »), les deux expressions ont en commun de pouvoir s'opposer à *en nature* au sens de « en prestations ».

En l'espèce [LOC. ADV.] « dans le cas particulier ».

Sous les espèces de... « sous la forme, l'apparence de... ». Emploi littéraire d'une valeur théologique de *espèce* (latin *species,* même sens), « apparence sensible », traditionnellement en usage à propos de l'Eucharistie (la présence du Christ « *sous les espèces* du pain et du vin »).

> Sous les espèces des paysans et paysannes, de l'innocent, des trois ecclésiastiques prêcheurs et du pseudo-Dimitri entouré de ses partisans en armes, on voit dans ce dernier acte, en un extraordinaire raccourci, le peuple russe profondément inquiet, morfondu et divisé après la disparition de son souverain. M. LEIRIS, *Frêle Bruit,* p. 53.

ESPÉRANCE n. f.

Abandonnez toute espérance, vous qui entrez. Traduction d'un vers de l'inscription placée sur la porte de l'Enfer, dans la *Divine Comédie* de Dante. La phrase (ou ses variantes) est appliquée, parfois ironiquement, aux lieux et aux situations que l'on craint.

ESPRIT n. m. Du latin *spiritus,* « souffle », d'où *espirit* puis *esprit,* « souffle vital, âme ».

Le mot entre dans d'innombrables expressions, souvent lexicalisées, qui sont traitées dans les dictionnaires généraux. *Saint Esprit, esprits animaux, vitaux, esprit-de-sel,* etc. sont des noms composés. *Jeu, mot, trait d'esprit,* etc. sont des emplois fréquents d'un sens de *esprit* (« vivacité, ingéniosité intellectuelle ») qui s'analysent aisément. *Avoir bon, mauvais esprit* est une spécialisation de sens (dispositions). On n'a retenu ici que des groupes plus ou moins imprévisibles et dont l'interprétation n'est pas évidente.

Esprit fort « personne qui revendique un jugement indépendant ». L'expression, selon les contextes, peut avoir une valeur péjorative ou méliorative ; elle s'est d'abord appliquée à l'indépendance religieuse (1601). L'assimilation de l'athéisme (ou du scepticisme) à une force de pensée marque un tournant culturel décisif.

> À la vérité, les actions importantes de sa vie étaient savamment conduites ; mais il ne soignait pas les détails, et les habiles au séminaire ne regardent qu'aux détails. Aussi, passait-il déjà parmi ses camarades pour un esprit fort.
> STENDHAL, *Le Rouge et le Noir,* p. 384.

Esprit public « opinions répandues dans un pays quant aux intérêts nationaux » (mot du vocabulaire révolutionnaire, v. 1790). L'expression *opinion publique* implique un contenu plus passif, car *esprit,* dans quelques expressions (→ ci-dessous ESPRIT DE CORPS, D'ÉQUIPE, etc.), garde quelque chose de sa valeur étymologique.

Péj. *Esprit de chapelle, de clan, de clocher*, de parti* « mentalité collective propre à un groupe restreint ». Dans ces emplois, la solidarité active de l'*esprit* (le « souffle commun ») est dévalorisée car elle s'exerce à l'intérieur d'un petit groupe au détriment de la société qui l'englobe.

Esprit de contradiction « tendance systématique à contredire, à s'opposer ».

Esprit de corps « sentiment de solidarité entre les membres d'un groupe » (depuis 1767, *in* Wartburg). ***Esprit d'équipe*** a les mêmes emplois dans un contexte plus précis (→ aussi ESPRIT PUBLIC, ci-dessus). Ces emplois mélioratifs conservent le dynamisme de *spiritus*.

Esprit de famille « mentalité familiale, solidarité et approbation réciproque des membres d'une famille ».

> Il n'y parvenait guère ; mais Paul, qu'animait un très vif esprit de famille et qui, toute douceur, intelligence et aménité, tremblait devant la brutalité de son cadet, se cachait de lui pour me voir [...].   A. GIDE, *Journal*, t. II, p. 229

Esprit de l'escalier → ESCALIER.

Esprit de suite « tendance à la persévérance, à la continuité ». Parfois péjoratif ; connote l'entêtement, l'obstination.

Vx. ***L'esprit du siècle*** « la façon profane de concevoir la vie », par opposition à l'esprit religieux (fin XVIIᵉ s.).

Bel esprit « personne cultivée et qui fait valoir sa culture avec élégance ». Le terme, qui date du début du XVIIᵉ s., a rapidement pris une valeur ironique (l'Académie le constate dès sa 1ʳᵉ édition : 1694). *Le bel esprit*, « la culture et le comportement intellectuel des beaux esprits », ne s'est dit qu'au XVIIᵉ s. *Esprit* a ici le sens de « qualité intellectuelle, intelligence » et non celui qu'il a pris de « vivacité ingénieuse ». Le sens de la loc. est métonymique.

Vx. ***Bon esprit*** « personne de jugement sain » (XVIIᵉ s.) ; « attitude d'une telle personne » (surtout dans : *avoir le bon esprit de...* qui a pris en français moderne la valeur de « avoir une idée conforme à une mentalité socialement adaptée », le contraire du *mauvais esprit*).

Le malin esprit, l'esprit malin, « le Démon ». *Malin* a ici son sens latin de « méchant, nuisible ».

Mauvais esprit « attitude systématiquement négative envers les pratiques du groupe, de la société où l'on vit ». *Avoir mauvais esprit.*

Pur esprit (dans des emplois négatifs : *je ne suis pas un pur esprit*, etc.) « personne qui est assimilée à un esprit, qui n'a pas de besoins matériels, corporels ».

Pauvre d'esprit, en esprit → PAUVRE. ***Simple d'esprit*** → SIMPLE.

Vue de l'esprit « estimation erronée, utopique, d'une situation ».

Sans esprit de retour « sans intention de retour » (*esprit*, au sens de « principe d'action, force d'une idée », ne survit que dans des expressions comme *dans un esprit de justice*, etc., « une intention de... »).

Vx. ***Avoir l'esprit aux talons*** « être sot, ou inattentif au point de commettre des bévues » (*in* Furetière). La locution est probablement issue de la suivante ; elle s'emploie aussi au sens de « manquer de répartie » → ci-dessus L'ESPRIT DE L'ESCALIER★ et aussi TALON (les *talons* sont « en bas » et « derrière »).

Avoir de l'esprit comme quatre, comme un démon « être très intelligent »(*in* Molière). *Avoir de l'esprit comme un ange* (1718, Académie). ***Avoir de l'esprit jusqu'au bout des doigts, des ongles.*** Ces expressions majoratives ne témoignent pas d'un « esprit » particulier.

> J'étais un jour à la table d'un ministre du roi de France qui a de l'esprit comme quatre.
> DIDEROT, *Le Neveu de Rameau*, p. 429.

Courir après l'esprit « chercher toutes les occasions d'être spirituel, de dire des choses spirituelles » (*in* Montesquieu). Le proverbe ajoute que *à courir après* *l'esprit, on n'attrape que la sottise.* *Esprit,* dans ces emplois absolus, concerne une qualité fugace *(spiritus),* extérieure à l'homme, et que l'on peut *attraper, perdre,* etc.

Faire de l'esprit « manifester son aptitude à être spirituel, ou celle que l'on croit avoir ». Ce syntagme verbal est généralement péjoratif, comme *faiseur d'esprit* (1787, *in* Féraud) qui ne s'emploie plus. L'étymologie, qui révèle, derrière deux mots usés, l'antinomie de *« fabriquer un souffle »,* en rend compte.

> Mais, monsieur, dit le docteur du Poirier en interrompant tout à coup ses raisonnements infinis sur le bonheur de la France, vous allez me prendre pour un médecin de Paris qui fait de l'esprit et parle de tout à son malade, excepté de sa maladie.
>
> STENDHAL, *Lucien Leuwen,* p. 815.

Se mettre quelque chose dans l'esprit « se persuader de quelque chose, se mettre (une idée) en tête★ ». Dans tout un groupe d'emplois, *esprit* et *tête* sont synonymes ; ils désignent à la fois la « capacité (de penser, de raisonner) » — métaphore du récipient ; cf. *avoir, se mettre... dans l'esprit ; venir, entrer dans l'esprit* — et le dynamisme intellectuel — métaphore directionnelle : *avoir l'esprit à quelque chose, avoir l'esprit ailleurs* « être distrait » — .

Ouvrir l'esprit « rendre capable de mieux comprendre, de sentir quelque chose, etc. ». À l'idée de réceptacle, s'ajoute celle de la pénétration facile ou difficile et en même temps (à cause du dynamisme sous-jacent de *esprit*), celle de l'englobement, de la compréhension. Ici, *esprit* n'est pas remplaçable par *tête.*

Perdre l'esprit « devenir fou ». *Esprit* représente le principe d'un comportement accepté, considéré comme normal. Dire que le « fou » est *privé d'esprit* revient à l'exclure de la communauté qui définit cet esprit comme un *sens commun* (cf. *insensé*). La synonymie avec *perdre la tête (la boule)* n'est qu'apparente.

Rendre l'esprit « mourir ». Cette expression littéraire est un des rares emplois du mot où la métaphore originelle du « souffle » vit encore, alors que le contenu proprement religieux s'est estompé et n'est plus guère senti.

Reprendre ses esprits « se remettre d'une vive émotion, d'une surprise » (XVIe s.). *Les esprits* désignent « les facultés mentales », mais le mot ne s'emploie plus dans ce sens que dans cette expression (*perdre ses esprits* ne se dit plus).

Traverser l'esprit, se dit d'une idée momentanée, soudaine, et constitue un exemple de la métaphore du contenant (→ SE METTRE DANS L'ESPRIT, etc., ci-dessus).

Venir à l'esprit « être pensé spontanément ». Comme pour TRAVERSER L'ESPRIT (ci-dessus), l'expression utilise le mot avec une valeur spatiale : l'esprit est un milieu où se meuvent et se placent les idées, etc.

> C'est ainsi que, pour cette préface au Théâtre de Gœthe, j'écris avec facilité et joie ce qui vient à l'esprit ; mais je reste gêné par la quantité de notes que j'ai prises et que je ne sais où ni comment intercaler.   A. GIDE, *Journal,* t II, p. 105.

Les beaux (grands) esprits se rencontrent. *Esprit* signifie « personne », par métonymie. Cette phrase proverbiale se dit volontiers quand deux personnes expriment la même idée en même temps, ou font la même chose. *Les beaux esprits se rencontrent* (1760, *in* Voltaire) suppose une trouvaille ingénieuse, *les grands esprits...,* une idée remarquable. Les deux sont ironiques et les lycéens complétaient l'expression, vers 1935-1940, par :*... sur le chemin de l'imbécillité.*

L'esprit court les rues « l'ingéniosité intellectuelle, l'aptitude à faire des bons mots, etc., est très répandue » (plus répandue que la profondeur, l'intelligence, l'attention, etc.).

L'esprit est prompt (et) la chair est faible → CHAIR.

L'esprit souffle où il veut. Traduction de l'Évangile selon saint Jean (3, 8) où le *pneuma* est à la fois *vent* matériel et *souffle* spirituel. On « entend sa voix, mais l'on ne sait ni d'où il vient ni où il va ». Le théologisme animiste de la métaphore de l'esprit saint est périodiquement réutilisé au bénéfice des lieux élevés (collines inspirées ou montagnes sacrées), pour le groupe verbal *l'esprit souffle*.

Vx. *Il a trop d'esprit, il ne vivra pas,* ou *il a trop d'esprit pour vivre vieux,* s'est dit par plaisanterie, au sens de «il est si intelligent qu'il en mourra».

Esprit, es-tu là ? Question traditionnelle posée au cours d'une pratique de spiritisme, et à laquelle les esprits sont censés répondre par un signal (souvent un code élémentaire, analogue à celui des prisonniers, et basé sur l'alphabet); les *esprits* qui ont le bon esprit de communiquer sont dits *frappeurs.*

ESSAI n. m.

Coup d'essai «première tentative, dans un domaine».

Mettre à l'essai «éprouver». Variante légèrement archaïque de METTRE À L'ÉPREUVE*. *Prendre à l'essai* a un sens voisin.

ESSAYER v. tr.

L'essayer, c'est l'adopter. Formule publicitaire que l'on applique plaisamment dans divers contextes.

ESSOR n. m. Le mot qui dérive au XIIᵉ s. du verbe *s'essorer,* «s'envoler», signifie donc «envol». Il s'emploie surtout au figuré, dans les constructions *prendre son (un plein,...) essor,* et *en plein essor* [LOC. ADJ.].

ESTIME n. f.

À l'estime «au jugé, d'une manière approximative». Cette locution adverbiale vient du vocabulaire de la marine (*naviguer à l'estime* «sans utiliser les instruments»).

Avoir, tenir quelqu'un en haute (grande...) estime «avoir beaucoup d'estime pour lui». L'*estime* est métaphorisée en milieu où sont placés certains objets.

Baisser dans l'estime de quelqu'un «être moins apprécié par lui». L'expression utilise la métaphore du niveau, l'opinion favorable étant assimilée à un espace vertical.

ESTOC n. m.

1. Mot d'origine francique, signifiant «souche, pieu» et, par métaphore, «lignage, descendance» (sans parler de nombreux emplois techniques).

Vx. *À blanc estoc* «(en coupant les arbres) au ras de la souche». Cette locution forestière (XVIIIᵉ s.) s'est employée métaphoriquement, dans : *être réduit à blanc estoc* «être ruiné» (fin XVIIIᵉ s.).

Vx. *De son estoc* «de soi-même, de sa propre initiative». Synonyme de *de son propre chef, l'estoc* étant l'extraction, l'origine familiale. L'expression est signalée par Wartburg dans de nombreux dialectes (Loire, Est,...). Plusieurs locutions se sont employées du XVᵉ au XVIIIᵉ s., avec ce sens de «lignage» : *d'estoc et de ligne* «en ligne directe, par la descendance»; *de bon estoc* «de bonne naissance».

2. Substantif dérivé de *estoquer* «frapper de la pointe, enfoncer», dans *férir* (frapper) *d'estoc* «de la pointe de l'épée» (XVIIIᵉ s.), d'où un *estoc* «une épée droite et longue», au XVᵉ s.

D'estoc et de taille «de la pointe (*estoc*) et du tranchant *(taille)* de l'épée, c'est-à-dire (en se battant) «avec violence, avec acharnement». D'abord sous la forme *frapper d'estoc et de taillant* (Charles d'Orléans). Les emplois métaphoriques («de toutes les manières possibles; à tort et à travers») ont disparu ; *d'estoc et de taille*

appartient aujourd'hui au vocabulaire évocateur du Moyen Âge, mais n'est pas analysé (et donc n'est pas rapproché de *estocade*, dérivé de *estoc*).

> C'est une manière de parler qui vient des anciens Gaulois [*sic*]. qui dans les spectacles
> publics se battoient et s'égorgeoient pour donner du plaisir aux spectateurs [*resic*]...
> <div align="right">Le Roux, <i>Dictionnaire comique.</i></div>

> J'ai, ce semble, quelqu'un de ces nouveaux Docteurs
> Qui d'estoc et de taille étrillent les Auteurs.
> <div align="right">Régnier, <i>Satire XXX.</i></div>

ESTOMAC n. m. L'organe de la digestion donne lieu à quelques expressions
où la valeur précise du mot reste présente (sauf peut-être dans *avoir de l'estomac*).
C'est *cœur* qui a absorbé une grande partie des virtualités métaphoriques des mots
désignant l'estomac → Cœur (2). Il n'en était pas de même au XVIe s. où *estomac*
signifiait « poitrine ; cœur ; esprit, intelligence », toutes acceptions où *cœur* l'a supplanté.

Avoir un estomac d'autruche « digérer n'importe quoi », d'après les mœurs
alimentaires prêtées à l'autruche, suite à la découverte de pierres dans son estomac
(en fait, tous les oiseaux avalent des cailloux). « Il a *un estomac d'autruche*, il digére-
rait le fer » (1751, Le Roux).

> [...] j'ai un estomac d'autruche, grâce à Dieu ! j'ai mangé de la vache enragée... dans les
> bons jours, des cailloux dans les mauvais.   É. Augier, *Le Fils de Giboyer*, I, 7, p. 43.

> Avant lui j'avais jamais rien !... [...] je digérais n'importe quoi !... J'avais l'estomac
> d'autruche !...   L.-F. Céline, *Mort à crédit*, Pléiade, p. 1027.

À l'estomac [LOC. ADV.] « en profitant de la surprise ; au culot ». En loc. adj. :
La Littérature à l'estomac, titre de Julien Gracq.

Avoir quelqu'un à l'estomac « intimider », est antérieur à 1904.

> [...] Madame avait déjà viré toute une bande de mirontons, des escogriffes du concours
> et toujours à l'estomac... Des quémandeurs, des ergoteurs, des bafouilleux...
> <div align="right">L.-F. Céline, <i>Mort à crédit</i>, Livre de poche, p. 361.</div>

Avoir une éponge dans l'estomac → Éponge.

Avoir l'estomac bien accroché « supporter sans dégoût une vue, un spectacle,
une odeur, etc. écœurants » → Cœur.

Avoir l'estomac dans les talons « avoir très faim ». Variante argotique en
1898 : *avoir l'estom dans les gadins* (*in* Esnault). L'estomac vide semble s'agrandir et
occuper tout le bas du corps, jusqu'aux pieds ; cette explication rationnelle ne suffit
pas : l'image implicite est celle de « marcher sur son estomac », mais le détail de la
réalisation formelle est obscur.

> Leur premier soin fut de chercher un endroit où ils pourraient s'offrir à manger et à
> boire, car les trois amis avaient fait du chemin et avaient l'estomac dans les talons.
> <div align="right"><i>L'Épatant</i>, 1908, p. 12.</div>

Avoir un trou à l'estomac « avoir une faim (ou une soif) extrême ». Moins courant aujourd'hui que *avoir un (petit) creux (à l'estomac)*.

> Les autres avaient commencé par manger. Grantaire commença par boire. Une demi-
> bouteille fut vivement engloutie.
> — Tu as donc un trou à l'estomac ? reprit Laigle.
> — Tu en as bien un au coude, dit Grantaire.   V. Hugo, *Les Misérables*, IV, Livre XII, 2.

Ouvrir l'estomac « donner de l'appétit ».

Ça lui est resté sur l'estomac « il ne l'a pas supporté, oublié » (d'un affront,
d'une déconvenue, etc.). Développe une métaphore courante avec le verbe *digérer*
(idée d'assimilation).

> Lalie avait quelque chose qui lui restait sur l'estomac, moralement s'entend, et qu'elle
> n'avait pas encore confié à son Adolf.   R. Queneau, *Un rude hiver*, p. 93.

ESTRADE n. f.

Battre l'estrade « courir les routes ; aller çà et là à la découverte ou à la recherche de qqch., de qqn ». Cette loc. n'est plus comprise, le seul sens vivant de *estrade,* hispanisme du XVIe s., étant « plancher surélevé », alors que le mot utilisé ici est un italianisme antérieur (1482), emprunt à *strada. Battre l'estrade* (la route) utilise le verbe *battre* comme *battre la campagne★* ; mais, alors que la campagne est une surface illimitée (d'où le sens de « divaguer »), la route impose des directions. L'obscurité de l'expression fait que l'on comprend parfois *batteur d'estrade* comme « comédien, qui va et vient sur les planches », alors qu'il s'agit d'un marcheur.

ÉTABLE n. f.

Vx. *Étable à tous chevaux* « chose à tous usages ». En emploi spécialisé et érotique :

> Ma beauté fut encore si puissante pour m'amener force galands, mais comme j'estois indifféremment une estable à tous chevaux, je me vis en peu de temps infectée d'une vilaine maladie [...].   Ch. SOREL, *Histoire comique de Francion*, p. 126.

ÉTAGE n. m.

Dérivé de l'ancien verbe *ester* (latin *stare*), « se tenir, rester (quelque part) ». Désigne d'abord la « résidence » la « demeure » et, dès le XIIe s., l'espace entre deux planches. Mais *ester* signifie aussi, en ancien français, « se trouver (dans telle situation) », et *estage,* « état, rang social ».

De bas étage « de la catégorie la plus basse ». L'expression perpétue le sens figuré de *estage,* mais est comprise comme une métaphore analogue à *degré. De bas étage* « de condition inférieure » (1771, *in* Trévoux), signifie simplement « de basse condition ».

Menton à double (triple) étage « très gras, formant deux (trois) bourrelets ». La métaphore est sans doute basée sur l'image concrète des degrés (d'un escalier, etc.), mais *à triple étage* s'est employé antérieurement et abstraitement (1630, *in* Wartburg) dans : *fou, sot (..) à triple étage* « triple fou, triple sot... ».

ÉTAGÈRE n. f.

Étagère à mégots « oreille ». Expression de l'argot professionnel ; Esnault la signale chez des maçons, à Versailles (1952). Le mégot sur l'oreille, attendant d'être rallumé, est traditionnel dans plusieurs professions manuelles.

ÉTALAGE n. m.

Faire étalage de... (un savoir, une possession...) « montrer avec affection ; faire valoir ». L'expression s'appuie sur le sens métaphorique de *étalage* « action d'exposer avec ostentation », très vivant, alors que l'emploi correspondant de *étaler* (verbe dérivé de *étal*) possède des nuances différentes ou est vieilli.

ÉTAMINE n. f.

Vx. *Passer par l'étamine* « être examiné de près » (1640, *in* Oudin). L'expression existait aussi au sens actif de *passer* (« examiner critiquement » *in* Régnier, *Satire XIV*) ; elle signifie « passer au crible, au tamis », l'étamine étant une étoffe de fil (latin *stamen*) très mince.
La locution a été employée jusqu'au XIXe s., à propos des choses, alors que son sens « humain », « être soumis à une épreuve, un revers, attraper une maladie, et spécialement, la syphilis » (*in* Oudin), n'a fonctionné qu'aux XVIIe et XVIIIe s. (« passer entre les mains des chirurgiens pour quelque maladie vénérienne » ; 1752, *in* Le Roux).

ÉTAPE n. f.

Brûler les étapes «poursuivre un rythme rapide; atteindre rapidement un objectif (en ne s'arrêtant pas à des stades intermédiaires considérés comme normaux)». L'expression semble récente; elle est issue d'une locution militaire : *brûler l'étape* (1706, Richelet, *in* Wartburg, avec la pittoresque variante *faire cuire l'étape*), «ne pas s'arrêter à un lieu d'étape».

> C'est une des caractéristiques de ce pensum qu'il ne m'est pas permis de brûler les
> étapes et de dire tout de go de quoi il s'agit.   S. BECKETT, *Molloy*, p. 205.

ÉTAT n. m.

1. Manière d'être ou situation. Comme tous les mots courants et polysémiques, *état* se rencontre dans de nombreux groupes lexicalisés, nominaux, verbaux et à fonction grammaticale. On ne trouvera ici que ceux qui, par leur cohésion et leur fréquence, posent un problème d'interprétation, sans être devenus absolument des composés.

État de choses «circonstances, situation; conjoncture». N'apparaît que vers 1800, malgré l'apparence d'évidence de cette combinaison.

État civil. Expression lexicalisée, de nature juridique, où *état* désigne les qualités attachées à la personne humaine par le droit, et où civil conserve sa valeur fondamentale (sociale). On la trouve dans l'*Encyclopédie,* en 1765.

État de chose «circonstance, conjoncture» (début XIXᵉ s.).

État d'esprit «disposition psychique momentanée». La répartition entre *état d'esprit, état d'âme* et *état de conscience,* est plus pragmatique que sémantique : *état de conscience* est réservé à la langue de la psychologie. *État d'âme,* plus affectif, connote l'ineffable, le romantisme (mais l'expression même est post-romantique ; Amiel parlait du paysage comme «un état de l'âme»). *État d'esprit* est plus neutre et fait référence à une attitude mentale (vis-à-vis d'un problème, d'une situation, d'un groupe...). De nos jours, *avoir des états d'âme* se dit d'une personne dont les réactions affectives, d'amour-propre, etc., semblent déplacées dans un contexte rationnel, professionnel ou politique.

État de fait «situation effective (par opposition à une situation juridique, reconnue)».

État général «état de santé considéré indépendamment des affections particulières». S'emploie parfois métaphoriquement, mais toujours en évoquant un contexte médical.

État des lieux, signifie spécialement «inventaire».

Vx. **État de maison** «train de vie dans la maison». L'expression (1782, *in* Wartburg) utilise le sens social de *état* («situation sociale»).

État de nature «situation hypothétique de l'homme avant la constitution d'une société complexe». Expression en usage au XVIIIᵉ s. (notamment chez Diderot, Rousseau) et conservée pour parler de ces théories.

États de service «situation plus ou moins ancienne dans une activité professionnelle; durée des services».

De son état. Suit un substantif désignant la profession, pour en affirmer le caractère habituel *(il est médecin, lampiste, épicier de son état),* et, par plaisanterie, pour assimiler une activité quelconque à une situation professionnelle *(il est philosophe, poète de son état;* si de telles phrases ne sont pas ironiques, elles sont scandaleuses).

Dans tous ses états «très agité, affolé». Cette expression banale est bien difficile à analyser. Le pluriel précédé de *tous* fonctionne comme intensif et évoque l'instabilité ou l'incohérence des sentiments. Étant fictivement dans tous les états à la fois, le sujet ne relève d'aucune classification.

> Et il frissonne fébrile et dans tous ses états
> Y compris l'état de péché mortel   PRÉVERT, *Paroles*, p. 214.
> Il s'agit d'un adolescent qui se masturbe.

État de... «capable» (XVIᵉ s., Montaigne). S'oppose à *hors d'état de...*

En état, employé absolument, signifie «dans la situation antérieure ou normale»; *en état* (sans article) s'appliquant plutôt à un «état normal», ou «bon état» (par ex. *remettre en état une maison*), et *en l'état* s'appliquant à un «état antérieur» *(les choses devront rester en l'état).*

En (dans un) piètre état «dans une situation ou une condition mauvaise». Se dit notamment de l'apparence physique. Ironiquement, on emploie *dans un bel état* avec la même valeur.

En tout état de cause «dans tous les cas; quelles que soient les circonstances». Locution empruntée au langage juridique, où l'*état de cause* est l'état d'avancement d'une cause, d'une instance judiciaire (XVIIIᵉ s., Rousseau).

Vx. *Être au-dessus de son état* «avoir un comportement, des réactions jugées propres à une situation sociale plus élevée que la sienne» (milieu XIXᵉ s.).

Être dans un état intéressant → INTÉRESSANT.

Faire état de «mettre en avant ou parler de...». Cette valeur moderne de l'expression est récente; dans la langue classique et depuis 1554, *faire état de...* signifiait «estimer, donner de l'importance à...» (on emploie aujourd'hui *faire cas*). Du XVIᵉ au XVIIᵉ s., une expression homonyme s'employait avec le sens de «compter sur...» *(Adieu, faites état de mon humble service,* écrit Corneille dans *La Suivante).* Le caractère abstrait et polysémique des éléments *faire* et *état* justifierait bien d'autres valeurs, mais l'ambiguïté a été réduite au profit du sens actuel, mentionné ci-dessus.

Mettre quelqu'un hors d'état de nuire «le vaincre et l'empêcher d'agir, de faire du mal».

Se mettre dans (tel ou tel) état, s'emploie dans un contexte psychologique, avec la valeur de «s'agiter, s'énerver; devenir déprimé, furieux, etc. (tous états extrêmes)» → ci-dessus DANS TOUS SES ÉTATS.

> Mon pauvre petit, ne vous mettez pas dans un état pareil. Qu'est-ce que je peux faire
> pour vous?   J. COCTEAU, *Les Monstres sacrés.*

Passer à l'état de... «devenir...». Cette expression verbale très normale ne figurerait pas ici sans la citation suivante, qui montre, s'il en était besoin, que l'impression de familiarité banale est fonction des époques et des milieux :

> Cette locution que nous venons d'employer, «passer à l'état de...», était dénoncée
> comme néologisme par M. Royer-Collard.   V. HUGO, *Les Misérables,* in *Ph. Sl.*

Vx. *Tenir son état à quelqu'un* «l'entretenir» (XVᵉ-XVIᵉ s.). *Tenir un grand état* «vivre luxueusement» (repris au XIXᵉ s.).

Vx. *Tout état est viande à vers* [PROV] «les hommes, de quelque situation sociale qu'ils soient, sont mortels» (Nicot, *Proverbes,* 1519).

2. *État* (écrit avec une majuscule). Groupement humain; régime, autorité souveraine.

Affaire d'État, se dit par ironie d'une affaire que l'on traite comme si elle était de la plus haute importance (le sens initial est «affaires de l'État», au XVIᵉ s.).

Coup d'État «action violente, coup de force de caractère politique, de nature à changer l'exercice du pouvoir». L'expression est lexicalisée, et s'inscrit dans la série de *révolution, putsch*, etc. Mais la possibilité de dislocation des éléments, suscitant d'autres valeurs, est illustrée par l'exemple suivant :

> On dit : coup d'État.
> On dit aussi : coup de poing. coup de bâton.
> L'État est donc bien quelque chose avec quoi l'on cogne :
> Bâton. massue ou pomme cuite.
> A. JARRY, «Les Contes de l'histoire». *Le Canard sauvage*, 28 juin-4 juillet 1903.

Raison d'État «considération d'intérêt public qui porte à enfreindre d'autres règles» (depuis 1609, Régnier).

Être (former, constituer...) un État dans l'État «acquérir une autonomie, une puissance (d'un groupe qui risque d'échapper à l'autorité de l'État)».

ÉTAU n. m.

Pris (serré...) comme dans un étau «être dans une situation pénible et dangereuse, dont on ne peut se dégager».

ÉTÉ n. m.

Été de la Saint-Martin «période de quelques beaux jours de novembre, ensoleillés et chauds, qui doivent leur nom à la proximité de la fête de saint Martin (11 novembre)»; exemple de dicton météorologique campagnard (→ ÉTÉ DES INDIENS*). L'emploi métaphorique, «regain de vigueur, de jeunesse, chez un vieillard», est archaïque.

Été indien (des Indiens) → INDIEN.

ÉTENDARD n. m.

Déployer (lever) l'étendard «entrer en guerre; se mettre à combattre». Métaphore littéraire, comme l'emploi avec un complément du type *déployer l'étendard de la révolte*.

ÉTERNEL n. m.

... devant l'Éternel. Avec l'adj. *grand*, sert à qualifier le degré extrême d'une activité (désignée par des mots comme *chasseur, pêcheur, voyageur*). Dans la Bible, Nemrod est qualifié de «grand chasseur devant l'Éternel» (Genèse 10, 9).

ÉTERNITÉ n. f.

De toute éternité [LOC. ADV.] «depuis toujours». Doublement hyperbolique, comme le serait «de toute infinité».

Il y a une éternité «il y a très longtemps».

> Il y a une éternité que je vous ai vu. Je ne pense guère à vous, quand je ne vous vois pas: mais vous me plaisez toujours à revoir.   DIDEROT, *Le Neveu de Rameau*, p. 428.

ÉTERNUER v. intr.

Éternuer dans le sac, dans le son, dans la sciure «être exécuté en ayant la tête tranchée».

> Il a lu que Danton avant d'éternuer dans le son, déclara qu'il regrettait la vie, ayant bien soiffé avec les buveurs, bien riboté avec les filles.   J. VALLÈS, *L'Insurgé*, p. 73.

ÉTIENNE n. pr. m.

À la tienne, Étienne, formule pour «porter une santé», basée sur l'assonance (que *à ta santé* n'autorise pas).

— À la tienne, Étienne !
Les deux drôles trinquèrent, arrondirent le coude et vidèrent leurs verres d'une lampée [...].   G. COURTELINE. *Les Gaîtés de l'escadron*, p. 48.

ÉTINCELLE n. f.

Faire des étincelles « accomplir un exploit ; avoir des résultats remarquables » ou « faire un éclat (dispute, etc.) ». Il semblerait que l'expression est née dans les milieux sportifs (1926, chez les cyclistes : Esnault), ce qui empêcherait d'y voir la suite logique de FAIRE FEU DES QUATRE FERS.

Pierrot était maintenant fixé sur un point : c'est qu'un jour ou l'autre entre lui et Petit-Pouce, ça ferait sans doute des étincelles, à moins que ça ne soit avec Paradis, sait-on jamais ?   R. QUENEAU, *Pierrot mon ami*, p. 9.

Vx. *Il ne faut qu'une étincelle pour engendrer un grand feu* [PROV.]. Une des représentations concrètes de la disproportion entre cause et effet (→ LES PETITS RUISSEAUX*...).

ÉTIQUETTE n. f.

Juger sur l'étiquette « juger d'après les apparences, sur le titre (d'un ouvrage), etc. ». On pense aujourd'hui à l'*étiquette* qui présente et qualifie une marchandise, alors que l'expression vient d'un ancien emploi juridique du mot. *Étiquette* désignait en effet, au XVIIe s., le mémoire qui énumérait les causes appelées en audience, et que lisait le premier huissier. *Juger un procès sur l'étiquette* (1585), *sur l'étiquette du sac* (1660, Oudin) revenait à prononcer un jugement sur l'énoncé de la cause et des plaideurs et donc, à juger avant de savoir, à décider avant d'examiner. De là sans doute le sens érotique de : *juger le procès sur l'étiquette* (dans Oudin) qui signifiait « faire l'amour avant toute autre formalité ».

ÉTOFFE n. f. Substantif verbal de *estoffer*, « rembourrer, garnir, équiper », du verbe francique *stopfôn*. *L'estoffe* est d'abord « tout ce qui garnit, fournit, équipe..., le matériau ». L'emploi figuré (XVIe s.) « valeur personnelle » ne constitue pas une métaphore précise du sens moderne d'*étoffe*.

Avoir l'étoffe de... « avoir les capacités, les qualités nécessaires ». Il semblerait qu'on ait d'abord dit impersonnellement : *il y a en lui l'étoffe de...* (1718, *in* Académie), c'est-à-dire « il possède de quoi faire, de quoi confectionner... ». *Étoffe* correspond à « matière première » ; éléments capables d'être mis en œuvre » (cf. ci-dessus l'histoire du mot) ; mais, ces expressions, étant relativement récentes, doivent faire explicitement référence au tissu qui fournit la substance à une forme (le patron), le sens moderne d'*étoffe* ayant éliminé le sens général, sauf dans des emplois techniques, au XVIIe s.

Avoir de l'étoffe, absolument, « avoir des qualités, des capacités » (on a dit : *il y a l'étoffe,* dans ce sens et impersonnellement, au XVIIIe s.). On dit de même : *manquer d'étoffe.*

Être d'une autre étoffe, de (la) même étoffe « avoir des qualités différentes (généralement supérieures) ; des qualités semblables ». La locution s'emploie depuis le XVIIe s. ; sans être archaïque, elle n'a plus la fréquence ni l'extension d'emploi qu'elle manifeste dans la langue classique ; cette extension correspond aux survivances techniques du sens large initial d'*étoffe*.

[...] elle estoit amie du lieutenant Civil de ce temps-là, duquel je ne veux rien dire, sinon qu'il estoit aussi homme de bien que les autres de son estoffe.
                                               Ch. SOREL, *Histoire comique de Francion*, p. 108.

Cf. *ibid.*, p. 492 : homme de basse estoffe.

Tous deux fort pauvres, toujours à la cour, où ils avaient beaucoup d'amis, et d'amis considérables. La maréchale de Rochefort étoit d'une autre étoffe, et de la maison de Montmorency, de la branche de Laval.   SAINT-SIMON, *Mémoires*, t. I, p. 37.

[...] de fort belles maisons, toutes bâties en briques, suivant l'usage du pays. L'architecture est de la même étoffe. On construit dans la Lombardie à peu de frais avec des briques figurées exprès, enduites par-dessus d'un mortier très fin.

Ch. de BROSSES, *Lettres d'Italie*, t. I, p. 159.

ÉTOILE n, f.

Étoile filante «astéroïde, météorite». Cette locution lexicalisée et courante n'est qu'une variante tardive (vers 1835, Wartburg) de l'emploi préscientifique de *étoile*. *Étoile* avait alors le sens d'«astre visible la nuit sous forme d'un point brillant» et l'on distinguait les *étoiles fixes* des *étoiles errantes* («planètes»). Pour désigner les météorites qu'un mouvement très apparent, la rapide apparition et disparition et le groupement en essaim, opposent aux autres «étoiles» pour l'observateur le moins averti, on a parlé d'*étoiles erratiques* (XVe s.), d'*étoiles volantes* (1636), d'*étoiles tombantes* (XVIIIe s.), enfin d'*étoiles filantes*.

Étoile du berger «la planète Vénus».

Étoile du matin, du soir «la planète Vénus, selon qu'elle paraît au début ou à la fin du jour». Ces expressions, depuis Gottlob Frege, servent d'exemple à des centaines de logiciens; leur *sens* étant différent (opposé) et ce qu'elles *désignent* étant le même objet, elles illustrent à merveille l'opposition entre signification et désignation. Avant le XVIIe s., Vénus était appelée d'une manière plus unifiante, *l'étoile du jour*.

À la belle étoile «en plein air, la nuit (avec des verbes comme *coucher, passer la nuit*)». On a d'abord dit : *coucher à l'enseigne* de l'étoile*. La variante *coucher à l'hôtel de la belle étoile* (*in* Gottschalk) paraît être une réfection tardive.

Je m'en suis allé dans les champs pour coucher à la belle étoile, il n'y avait pas d'étoile.
J'ai pensé qu'il pleuvrait, et qu'il n'y avait pas de bon Dieu pour empêcher de pleuvoir, et je suis rentré dans la ville pour y trouver le renfoncement d'une porte.
V. HUGO, *Les Misérables*, Pléiade, p. 79.

[...] je veux être libre, tout à moi, seul, ou avec toi, pas avec d'autres ; je veux pouvoir coucher à la belle étoile, sortir sans savoir quand je rentrerai.
G. FLAUBERT, *Correspondance*, Ire série, p. 168.

Le temps nous favorisait. Nous faisions facilement nos dix milles par jour. Nous couchions à la belle étoile [...].
Je montrais à mon fils comment faire un abri avec des branchages.
S. BECKETT, *Molloy*, p. 209.

Vx. *Compter les étoiles* «entreprendre une action impossible». Expression d'origine biblique (Genèse 15, 5) où les étoiles du ciel et les grains de sable des rivages symbolisent un nombre incalculable (il s'agit, dans la Genèse, de la postérité d'Abraham). Cette expression, qui figure dans les recueils du XVIe s. (1531, Bovelles), compte parmi celles qui symbolisent l'entreprise inepte (comme BATTRE* L'EAU) et inutile (comme HUMER LE VENT*).

Vx. *Faire voir des étoiles en plein midi (à quelqu'un)* «l'éblouir en lui donnant un grand coup» (*in* Oudin), ou «le tromper, lui en faire accroire» (vers 1740, *in* Wartburg). L'équivalent moderne est FAIRE VOIR TRENTE-SIX CHANDELLES*, pour le premier sens.

Être né sous une bonne (mauvaise) étoile «avoir de la chance, du succès dans ses entreprises (ou, au contraire, de la malchance)». *L'étoile* symbolise la destinée.

Son étoile pâlit, blanchit «sa célébrité est sur le déclin ; sa chance diminue» (1842, *in* Quitard).

ÉTONNER v. Du latin tardif *extonare,* latin classique *attonare,* de *ad* et *tonare,* proprement «frapper du tonnerre, de la foudre».

Vx. *Être étonné comme un fondeur de cloches* «être très surpris de voir échouer, rater ce sur quoi on comptait» (depuis Rabelais I, 27 ; II, 29, jusqu'au XIXᵉ s., au moins dans les dictionnaires). On disait dans la langue classique que quelqu'un était *étonné comme s'il tombait des nues* ; étonné comme si les cornes* lui venaient à la tête,* et *étonné comme un fondeur de cloches.* Cette dernière locution peut recevoir une explication rationnelle et extralinguistique (ainsi Gottschalk affirme que l'on pense à un fondeur de cloches qui, malgré tous ses soins, a échoué dans son opération). Mais le moins qu'on puisse en dire est qu'elle ne s'impose pas. Or, on ne peut recourir à la locution figurée FONDRE LA CLOCHE*, qui est postérieure. En fait, il doit y avoir un double jeu de mots, sur *étonner,* «étourdir, assommer», associé aux cloches et à leur son (cf. le sens familier de *sonner*) et sur *fondre* qui signifie au XVIᵉ s. «renverser, démolir» et, comme verbe intransitif, «s'effondrer» (ainsi le jeu du *cheval fondu,* chez Rabelais, signifie «cheval démoli, effondré»). *Fondeur de cloches,* syntagme effectivement emprunté à la technologie, vaut alors pour «celui qui fait (ou voit) s'effondrer les cloches» et qui en est physiquement *estonné,* ou, métaphoriquement, ahuri.

On rencontre au XVIIᵉ s. la variante *penaud comme un fondeur de cloches.*

> Il s'en alla plus penaud qu'un fondeur de cloches, sçachant bien qu'il n'estoit pas plus capable que moy d'assouvir une femme.
>
> Ch. SOREL, *Histoire comique de Francion,* p. 329.

ÉTOUFFER v. tr.

De l'étouffe chrétien. Locution lexicalisée comme substantif pour désigner une nourriture étouffante. On trouve aussi *étouffe-coquin* (régional : Sologne, *in* Wartburg).

Vieilli. *Étouffer une bouteille, une négresse* «boire une bouteille en entier». *Étouffer* a pris dès le XVIIIᵉ s. le sens de «faire disparaître» (en buvant, etc.), par une métaphore assez générale (cf. *Écraser, effacer*).

ÉTOURDI, IE adj.

À l'étourdie [LOC ADJ.] «d'une manière irréfléchie» *Agir à l'étourdie.*

ÊTRE v.

Ce verbe, le plus fréquent de la langue française, donne lieu à de très nombreux gallicismes. On ne signalera ici que quelques emplois où *être,* avec une préposition, acquiert une valeur particulière et imprévisible, ainsi que des phrases toutes faites, plus ou moins proverbiales.

En être «appartenir à une classe de personnes». Souvent employé par euphémisme, pour «être homosexuel». C'est la valeur que Charlus donne à l'expression, dans la citation suivante, alors que son interlocuteur lui donne exactement la valeur de l'expression anglaise à la mode *to be in,* mot à mot «être dedans» :

> «Les esprits bourgeois y font attention, mais les autres, les artistes, les gens qui *en* sont vraiment, s'en fichent. Or, dès les premiers mots que nous avons échangés, j'ai compris que vous *en étiez!* » M. de Charlus, qui donnait à cette locution un sens fort différent, eut un haut-le-corps.
>
> M. PROUST, *À la recherche du temps perdu,* t. II, p. 941.

Être pour, avec un infinitif, a une valeur de futur proche, dans une langue un peu archaïque ou rurale (*il était pour partir, quand...* ; «il allait partir»).

Y être «comprendre, saisir par la pensée». *Vous n'y êtes pas du tout !* «vous ne devinez, vous ne comprenez pas». *Il n'y est plus, plus du tout* «il ne comprend plus» → ÊTRE (NE PAS ÊTRE) DANS LE COUP*. L'emploi de *être* (avec la préposition *à*) exprime par une métaphore directionnelle la relation sujet-objet sur le mode de l'attention, de l'intérêt soutenu (*être tout à son travail, à son affaire*, etc.).

Y être pour quelque chose (n'y être pour rien) «avoir, (ne pas avoir) de responsabilité dans quelque chose», ne correspond pas à la même conceptualisation que les tours mentionnés ci-dessus. Le pronom *y* correspond à une relation causale entre le sujet et un événement, une situation.

En être pour... (avec un substantif désignant un acte, un effort, une dépense, etc.) «avoir fait, donné... en vain, sans résultat». *Il en est pour ses récriminations, pour ses efforts, pour son argent.*

Ne pas être sans (et inf.). Cette double négation équivaut à un adverbe restrictif (Vous n'êtes pas sans savoir, «vous savez pourtant, cependant»).

... s'il en est, qualifie un substantif (la plupart du temps en terme dépréciatif), «qui possède tous les caractères de...». Ex. : *c'est un menteur, un escroc s'il en est* (ou, au passé, *s'il en fut jamais*).

Être ou ne pas être... La «question» d'Hamlet, traduite en français, est souvent employée plaisamment, par le glissement de valeur du verbe *être*, et en faisant porter l'affirmation et la négation, non sur l'essence, mais sur un simple attribut (l'*être ou ne pas l'être....* avec divers sous-entendus).

J'y suis, j'y reste! affirme l'intention de ne pas abandonner une position ou une situation acquise. L'origine militaire de l'expression renforce la connotation d'obstination quasi enfantine que sa forme suggère.

On ne peut pas être et avoir été. Phrase proverbiale qu'on applique aux vieillards, et qu'on leur adresse d'un ton consolant pour mieux les envoyer au non-être («du moment que vous avez possédé l'être au passé et qu'il y a incompatibilité entre le présent et le passé du verbe, c'est que vous n'êtes pas; donc vous êtes mort»).

On est ce qu'on est. La tautologie généralisée (*on*, indéfini) attribue à tout homme une essence stable et inhumaine (on est *ce*, démonstratif neutre). L'expression est employée pour souligner le caractère inéluctable, inchangeable d'un comportement. Dans le passage suivant l'atténuation qui suit ridicule l'expression :

> [...] j'engouffrais cinq à six pots de bière coup sur coup, puis ne buvais rien pendant une semaine. Que voulez-vous, on est ce qu'on est, en partie tout au moins.
> S. BECKETT, *Molloy*, p. 81.

Avec *comme* et à une forme personnelle, la répétition du verbe *être* marque la spécificité du comportement :

> Je suis comme je suis
> Je suis faite comme ça
> Quand j'ai envie de rire
> Oui, je ris aux éclats
> PRÉVERT, *Paroles*, p. 99.

ÉTRIER n. m. Ancien français *estreu, estrief* du francique *°streup*, «courroie». L'emploi de courroies dans le harnachement, pour poser le pied et monter en selle, a cédé la place à celui de l'anneau métallique que nous connaissons.

Le coup de l'étrier «le verre qu'on boit avant de partir», (1835, *in* Académie). On disait, depuis le XVIIe s, *le vin de l'étrier*. L'expression a survécu à la révolution technologique et depuis le XIXe s. s'emploie tout autant en parlant de piétons, d'automobilistes, etc., que de cavaliers.

> Au matin, quand le feu reprendra, il sera bien temps d'aller à son poste en s'étirant et en bâillant.
> Puisqu'on est sûr de la défaite, on peut bien boire le coup de l'étrier, avant de recevoir le coup du lapin.
> J. VALLÈS, *L'Insurgé*, p. 276.

> [...] il allait essayer ; et pour célébrer la bonne résolution s'envoyait le coup de l'étrier :
> il ne buvait plus, en somme, que des derniers, juste avant la fin finale définitive [...].
>   Ch. ROCHEFORT, *Le Repos du guerrier*, p. 234.

Vx. *À franc étrier* «à vive allure», notamment avec le verbe courir, (1787, Féraud, *in* Wartburg).

Vieilli. *Le pied à l'étrier, dans l'étrier* «en hâte» (Oudin) ; puis «au moment de partir». *Avoir toujours le pied à l'étrier* s'employait (surtout au XVIIIe s.) pour «être souvent prêt à partir en voyage». De nos jours, le sens métaphorique est seul courant (voir ci-dessous).

> Je ne lui avais pas encore dit que nous partions. Je ne le lui dirais qu'au dernier
> moment. Le pied dans l'étrier, comme on dit.   S. BECKETT, *Molloy*, p. 161.

Avoir le pied à l'étrier «être dans une bonne situation pour réussir, pour commencer une opération heureuse, etc.». *Mettre le pied à l'étrier* «se mettre dans une telle situation». *Mettre à qqn le pied à l'étrier* «aider qqn en lui procurant les moyens de réussir» (→ la loc. suivante). La métaphore est la même que dans les emplois analogues de *marchepied*, de *courte échelle**. La relation métonymique entre *pied** et *étrier* représente métaphoriquement celle qui existe entre l'homme et sa «situation», sa «position» sociale ; celle-ci étant décrite sur un axe vertical (hiérarchie) et par rapport au déplacement de la monture (→ ÊTRE EN SELLE*).

> Elle l'aima, et comme elle était puissamment riche, elle commandita son amant. Très
> malin, celui-là n'avait besoin que de mettre le pied à l'étrier.
>   GORON, *L'Amour à Paris*, t. I, p. 630.

Vx. *Être ferme sur ses étriers* «être dans une position ferme, solidement tenue» (1694, *in* Académie) → ARÇON.

Vx. *Perdre, vider les étriers* «perdre sa place, sa situation, son crédit». *Faire perdre les étriers à quelqu'un* «le déconcerter» (1732), développe la même métaphore que *désarçonner* → ARÇON.

Vieilli. *Tenir l'étrier à quelqu'un* «l'aider dans le début d'une entreprise».

ÉTRIVIÈRES n. f. pl. Le mot a la même origine que *étrier**.

Vx. *Allonger les étrivières* «faire traîner en longueur» (*in* Furetière).

Donner les étrivières «donner des coups ; battre». *Étrivières*, depuis le début du XVIIe s., s'emploie au sens de «courroie servant à battre».

> Il était encore plus méchant que son père [...]. À peine installé au clos, le marquis fit
> paraître tous les hommes des campagnes circonvoisines et leur fit donner des étriviè-
> res pour avoir violé le tombeau de Virgilii.   B. CENDRARS, *Bourlinguer*, p. 150.

ÉTROIT adj.

(Être) à l'étroit [LOC. ADV.] «dans un espace étroit, où l'on est serré» et métaphoriquement, «dans une situation où l'on est contraint». La substantivation de *étroit* en fait une catégorie spatiale par rapport à ses occupants.

ÉTUI n. m.

Vx. *Un visage à étui* «un visage très laid», s'emploie «pour dire qu'il le faut cacher, le mettre dans un étui» (1752, Le Roux).

EUTROPE n. pr. m.

Vx. *Le mal (de) Saint-Eutrope* «hydropisie» ou «paralysie». L'expression est glosée par Rabelais, dans la *Briefve déclaration* placée en annexe du *Quart Livre*. Ce saint du Ier siècle, qui vécut en Saintonge, était invoqué au Moyen Âge pour divers maux. Les deux principaux sont définis par l'expression linguistique : *Eutrope* étant mis en rapport, d'une part avec *Utrope, Ydrope* (on trouve au XIIIe s. *eutropique* pour *ydropite* ou *ydropice,* premières formes de *hydropique*) et d'autre part, à partir du XVIe s., avec *estropié* (emprunté à l'italien, de la racine latine *turpis*). Le nom du saint constituait donc l'*étymologie,* le «sens vrai» du nom des maladies qui relevaient du pouvoir du saint. Cet essentialisme lexical constitue l'aspect populaire d'un important courant philosophique médiéval, le «réalisme».

ÉVANGILE n. m.

Vx. *L'évangile du jour* «la grande nouvelle du jour dont tout le monde parle» (*in* Sévigné).

Parole d'évangile «vérité incontestable». *C'est pour lui parole d'évangile,* «il en est persuadé». *Ce n'est pas parole d'évangile* est dans Rabelais. La citation suivante, où l'expression évoque la simplicité, et non la vérité, témoigne d'un emploi légèrement déviant.

> [...] le chauffeur était charmant et s'exprimait si simplement qu'on eût toujours dit parole d'Évangile [...].   M. PROUST, *À la recherche du temps perdu,* t. II, p. 1028.

> Trop fugace, à mon gré, serait bientôt passé ce temps où tout ce que je lisais était Parole, effective parole d'évangile dont l'absolue véracité ne pouvait être mise en question.   M. LEIRIS, *Biffures,* p. 57.

Vieilli. *Croire quelque chose comme l'Évangile, comme parole d'évangile* «croire sans réserve».

ÈVE n. pr. f.

Fille d'Ève «femme» et notamment «femme curieuse, ou susceptible de succomber à une tentation» (par allusion au personnage d'Ève dans la Genèse).

Ne connaître quelqu'un ni d'Ève ni d'Adam «ne pas le connaître du tout» (1752, *in* Trévoux, selon Wartburg). L'expression fait sans doute allusion aux lignes maternelle et paternelle, c'est-à-dire, aux familles de la mère et du père, désignées par une métonymie extrêmement lointaine.

> Et Dieu chassé du paradis terrestre
> Par ces adorables enfants
> Qui ne le reconnaissent ni d'Ève, ni d'Adam   PRÉVERT, *Histoires,* p. 62.

Déformation plaisante — et assez laborieuse :

> Quelle chiotte de métier, hein? Voilà un tordu que je ne connais ni des lèvres ni de l'Isle-Adam et que je vais devoir transformer en viande froide dans un avenir immédiat !
> SAN-ANTONIO, *Au suivant de ces messieurs,* pp. 27-28.

ÉVEIL n. m.

Être (tenir) en éveil «être (rendre) attentif; être aux aguets». Le mot éveil, par rapport à *veille,* suggère la vigilance et l'attention active, et parfois l'agression du souci, de l'angoisse. La locution est relativement récente (1843, Gautier *in* Robert).

> Une sorte d'angoisse, autant morale que physique, m'a tenu en éveil et comme aux aguets, jusqu'au petit matin.   A. GIDE, *Journal,* t. II, p. 230.

Donner l'éveil «rendre vigilant, attentif au danger (soit par un signal volontaire, soit sans le vouloir)». Au XVIIIe s. (Acad., 1762), *donner l'éveil à quelqu'un* signifie «attirer son attention», l'objet étant plutôt intellectuel; et c'est au début du XIXe s. que l'expression prend le sens de «donner l'alarme».

ÉVÉNEMENT n. m.

Vx. *À tout événement* [LOC ADV.] «quoi qu'il arrive; quelle que soit l'éventualité».

Être dépassé (débordé) par les événements «ne pas être capable de maîtriser une situation».

Et Dieu avec son reptile
Reste là
Gros Saint Jean comme devant
Dépassé par les événements.   PRÉVERT, *Histoires*, p. 63.

Vx. ***Faire événement*** « constituer un fait important, remarquable » (on dit aujourd'hui : *faire sensation*).

ÉVENT n. m. Substantif verbal de *éventer*, « exposer à l'air » (au *vent*).

Vx. ***Tête à l'évent*** « personne étourdie » (1640, Oudin). Variante expressive de *tête en l'air*. Les parties du corps mises métaphoriquement au *vent* sont généralement moins nobles.

ÉVENTAIL n. m.

Vieilli. ***Éventail à bourrique*** « bâton » (1888, *in* Wartburg). La comparaison du mouvement d'éventail avec la bastonnade s'inspire-t-elle du fameux *coup d'éventail* porté par le dey d'Alger au consul de France en 1827? Probablement pas. En fait, on peut interpréter la locution de deux façons : « éventail à l'usage des ânes » ou « éventail dont se servent les bourriques », terme qui désigne, depuis 1877 (Esnault), les agents de la Sûreté.

Vieilli. ***Retourner son éventail*** « renoncer à l'amour physique » (en parlant d'un homme).

Les doigts de pied en éventail → DOIGT.

ÉVENTUALITÉ n. f.

Parer (être prêt,...) à toute éventualité « prévoir tous les événements qui peuvent s'opposer à un projet, le gêner, etc. ».

ÉVÊQUE n. m. Les locutions archaïques formées avec ce mot témoignent de l'importance du clergé dans la vie quotidienne, jusqu'au XIXe siècle → aussi ABBÉ, CURÉ, MOINE, CHANOINE.

Vx. ***(Vouloir) en remontrer à son évêque*** « (vouloir) donner des leçons à qui en connaît beaucoup plus long ». Variante de la même formule, avec *curé,** concernant la connaissance du latin.

Vx. ***Un évêque des champs (de la campagne), qui donne la bénédiction avec les pieds*** « un pendu ». Cette locution pittoresque et très élaborée correspond probablement à une métaphore littéraire burlesque, plutôt qu'à une expression populaire.

Un chien regarde bien un évêque → CHIEN.

Vx. ***Devenir (se faire) d'évêque meunier*** « passer à une condition très inférieure » (vers 1560). *Évêque* et *meunier* sont pris comme symboles des deux extrêmes en matière de condition sociale. Gottschalk suppose un rapport avec le dicton latin *ab equo ad asinum* (« du cheval à l'âne »), l'âne étant traditionnellement la modeste monture du meunier. La variante *devenir d'évêque aumônier* (1606, *in* Nicot) est postérieure et cherche à rétablir la cohérence du domaine de comparaison, par un à peu près (mais *aumônier* ne convient guère pour le sens, n'étant pas le bas de l'échelle hiérarchique ecclésiastique).

ÉVIDENCE n. f.

De toute évidence [LOC. ADV.] « avec une certitude, une évidence absolue ». En concurrence avec *à l'évidence*, alors que *d'évidence* ne se dit pas, ni *à toute évidence*.

Mettre en évidence « faire apparaître très clairement » (surtout en emploi abstrait). L'évidence est conçue comme un milieu spatial (*en* ; cf. *Mettre en lumière*).

Se rendre à l'évidence « admettre ce qu'on refusait de croire en cédant à un argument irréfutable, à une preuve ».

ÉVIDENT, ENTE adj.

Fam. *C'est pas évident!* « c'est difficile, aléatoire ».

EXACTITUDE n. f.

L'exactitude est la politesse des rois, phrase de Louis XVIII, souvent attribuée à des souverains antérieurs et plus illustres (Louis XIV semblait trouver que l'exactitude était son dû : « j'ai failli attendre... »).

EXAGÉRER v. tr.

Tout ce qui est exagéré est insignifiant, phrase célèbre de Talleyrand, parfois rappelée dans l'usage courant.

EXAMEN n. m.

Examen de conscience « examen de sa propre conduite, au point de vue moral et, notamment, selon des critères religieux ». Le syntagme semble s'être figé vers la fin du XVIIe siècle.

Libre examen « capacité de ne recevoir une croyance qu'après un examen rationnel ».

Ne pas résister à l'examen, se dit de ce qui se révèle faux, inexact, lorsqu'on l'examine de près.

EXCELLENCE n. f.

Par excellence [LOC. ADV.] « d'une manière très caractéristique, en présentant tous les caractères de... » (s'emploie avec un adjectif ou un nom, depuis le XVIe s.). Le sens premier de *excellence* limite l'expression aux qualifications positives, et si l'on dit : *c'est l'imbécile, le gâteux par excellence,* l'ironie est sensible.

EXCEPTION n. f. Outre la locution adjective *d'exception* qui s'emploie notamment pour qualifier des mesures étrangères au droit commun, et de la locution prépositive *à l'exception de...,* qui ne requiert pas d'explication particulière, on peut mentionner : *à quelques (rares) exceptions près,* façon plus précise et plus prudente d'exprimer l'idée de *dans l'ensemble, en général.*

L'exception confirme la règle [LOC. PROV.]. Cette formule, d'usage courant, est dangereuse si on prétend l'appliquer sous sa forme réduite. Elle s'emploie généralement avec la valeur suivante : « l'existence de cas qui ne relèvent pas d'une règle (par ailleurs établie) ne met pas cette règle en cause ». Les tenants de l'apprentissage par la mémoire et des listes de cas particuliers, forme mécanique et conservatrice de la pédagogie, évoquent volontiers cette pseudo-pensée. En fait, la phrase est empruntée à un adage juridique tronqué : *exceptio firmat regulam in casibus non exceptis,* « l'exception confirme la règle — permet son application — pour les cas qui ne sont pas explicitement exceptés ». C'est-à-dire que, en présence d'une règle et d'une liste d'exceptions, la règle doit s'appliquer dans tous les cas qui ne sont pas énumérés, ou encore, que la règle l'emporte, sauf lorsqu'il s'agit d'un cas précédemment défini comme exception.

> Qu'il puisse y avoir un hôtel semblable en Suisse, je n'imaginais pas. L'exception... pour confirmer les règles d'hygiène et de bonnes mœurs qui règnent dans la Confédération. A. BOUDARD, *Cinoche,* p. 201.

EXCÈS n. m. Ce mot donne naissance à quelques groupes nominaux très fréquents ou lexicalisés, comme *excès de pouvoir*, «action dépassant la compétence du pouvoir légal», ou *excès de zèle*, «zèle excessif et nuisible».

À l'excès [LOC. ADV.] «trop; excessivement».

Avec excès, sans excès [LOC. ADV.], n'offrent pas d'intérêt sémantique.

L'excès en tout est un défaut [LOC. PROV.] : sentence exprimant la philosophie de la modération, si fréquente dans la sagesse rurale, puis bourgeoise, des proverbes. Un autre proverbe, plus archaïque, utilise le mot *excès* pour contredire le premier, dans un contexte typique : *excès de biens ne nuit pas.*

> Le plaisir physique? après tout c'est une fonction. Je vous le permets sans abus, vous m'entendez bien. L'excès en tout est un défaut.
>
> M. PROUST, *À la recherche du temps perdu,* t. II, p. 641.

EXCUSE n. f.

La belle excuse! «la raison que vous donnez ne constitue pas une excuse».

Faites excuse [prononcé sans liaison] : formule qualifiée de «populaire», par laquelle on s'excuse de ce que l'on dit, on présente en s'excusant sa pensée et l'expression qu'on lui prête. Littré donne comme exemple : *«Il n'est pas encore venu? — Faites excuse, il est arrivé»*, c'est-à-dire, «excusez-moi si je vous contredis, mais...». La langue classique employait *faire excuse,* à l'impératif, au sens de «sauf votre respect». De nos jours, cette locution verbale est rurale ou archaïque.

Demander excuse «demander pardon». La confusion entre *pardon* (dans *demander pardon*) et *excuse* (dans *faire ses excuses*) motive cette expression, employée régionalement avec un sens opposé à son sens «analytique» (*demander excuse* devrait signifier «réclamer une excuse»; cf. un exemple commenté de Hervé Bazin, dans le *Supplément* du Robert).

EXCUSER v. tr.

Excusez du peu! Formule par laquelle on s'étonne par ironie de la faiblesse (c'est-à-dire de l'importance démesurée) d'une requête, d'une prétention, et par extension, de la nature d'une affirmation excessive.

Qui s'excuse, s'accuse [LOC. PROV.] «une excuse suppose la reconnaissance d'une action blâmable». Ce proverbe incite les coupables à l'impavidité et à l'effronterie; les hommes d'État semblent en faire leur règle d'or. La forme est évidemment due à la paronymie.

EXÉCUTEUR n. m.

Exécuteur des hautes œuvres «bourreau». Cette forme a remplacé *exécuteur de la haute justice* (1583, *in* Wartburg) et signifie «celui qui exécute les arrêts des juges, en matière de justice criminelle ou haute justice». Divers jeux de mots ont substitué *bas* à *haut,* avec des sens burlesques (au XVIᵉ s., *exécuteur de la basse justice* «membre viril» [Du Fail]; au XIXᵉ s., *maître des basses œuvres* «vidangeur»).

EXÉCUTION n. f.

Mettre à exécution «appliquer concrètement, mettre en pratique (un projet, une intention, un ordre)». La forme *mettre en exécution* est archaïque (alors qu'on ne dit pas *mettre à pratique*); outre des raisons purement formelles, il est probable que le sémantisme de *exécution,* substantif verbal d'*exécuter,* s'accommode mieux d'une métaphore de «tendance, proximité» (mettre, amener jusqu'au point où l'exécution est déclenchée), alors que *pratique* est conçu comme un contenant (d'où *en*).

EXEMPLE n. m.

À l'exemple de... [LOC. PRÉP.] « pour imiter (quelqu'un, une action) ».

Par exemple! [LOC. ADV.], introduisant normalement une explication, une illustration (« par un exemple, à savoir... »), et employée depuis le XVIIIe s. (1736 *in* Wartburg) comme exclamation de surprise, d'étonnement, etc. Le point d'exclamation transcrivant l'intonation de surprise, transmet une plus grande part de la valeur sémantique que les mots *par* et *exemple.* Ceux-ci ne font que servir de support à l'étonnement, et sont interprétés comme « le discours particulier qui vient d'être tenu »; en fait, les exclamations *eh bien! ça alors!* en disent tout autant. Dans cet emploi, *par exemple* renforce divers éléments : *ça, par exemple!* (étonnement, surprise); *non, par exemple!* (indignation, refus formel); *tiens, par exemple!* etc. →
DIRE *(vous m'en direz tant!).* Dans l'usage familier, *par exemple,* en incise, peut servir à marquer l'opposition (« mais; cependant »).

Sans exemple s'emploie avec une valeur d'adjectif et signifie « très remarquable; inouï ». L'expression est en général majorative *(un courage sans exemple);* ses emplois sont littéraires et pompeux.

Donner l'exemple « faire quelque chose le premier, en espérant être imité »
→ PRÊCHER D'EXEMPLE (ci-dessous). *Donner l'exemple* est très employé dans le vocabulaire familial, pour donner à une action souhaitée le lustre de la nouveauté digne d'imitation (par un plus jeune, etc.), auquel les enfants se laissent parfois prendre.

Vx *Faire un exemple,* s'est spécialisé au sens de « punir sévèrement, pour dissuader ». On emploie avec la même valeur *pour l'exemple,* avec un verbe désignant un châtiment (cf. les *fusillés pour l'exemple* de 1917).

Prêcher d'exemple « agir conformément à ce que l'on préconise pour les autres ». L'exemple s'oppose ici à la parole, aux conseils impliqués par le verbe *prêcher.* L'import péjoratif de ce verbe, souvent manifesté dans les dérivés (cf. *Prêchi-prêcha*), explique la fréquence des emplois négatifs : *il ne prêche pas d'exemple* revenant au même que *il se contente de prêcher,* « de dire de belles paroles ».

> — Un « gloria » serait assez convenable au lieu, n'est-ce pas, et aux circonstances, qu'en dites-vous?
> — Je suis président de la ligue antialcoolique, répondit Cottard. Il suffirait que quelque médicastre de province passât, pour qu'on dise que je ne prêche pas d'exemple.
> M. PROUST, *À la recherche du temps perdu,* t. II, p. 1079.

Prendre exemple sur... « considérer comme un modèle à imiter ».

EXERCICE n. m.

Entrer (être...) en exercice « entrer (être) dans la période où l'on accomplit une fonction ».

Faire l'exercice, s'est spécialisé, lorsque le mot est employé sans qualification, pour « accomplir l'entraînement militaire, le maniement des armes, etc. ».

EXODE n. m.

Exode des cerveaux « émigration des intellectuels, des spécialistes, vers les pays développés qui leur offrent de meilleures conditions de vie et de travail ». Cette expression traduit l'anglais *brain drain,* qui désigne en sens inverse le « drainage » des cerveaux (par les États-Unis).

EXPÉDIENT n. m.

Vivre d'expédients « être obligé de recourir à des moyens non reconnus par la société, à des procédés irréguliers, pour subsister ».

EXPÉRIENCE n. f.

Expérience passe science. Ce proverbe ne proclame pas la supériorité des conceptions scientifiques de Claude Bernard (qui aurait plutôt dit : la science ne se passe pas d'expériences). Il signifie qu'une expérience directe, vécue, a plus de valeur qu'une connaissance abstraite (sens général de *science*).

EXPERT n. m.

Vx. *À dire d'expert* «d'une manière absolue, sans aucune réserve». «*Calomnier à dire d'expert*», lit-on dans *Le Mariage de Figaro* (II, 8). L'expression vient de la langue juridique, où *affirmer à dire d'expert* signifiait «affirmer selon les jugements des experts», c'est-à-dire, avec certitude et sans restriction.

EXPRESSION n. f.

Au-delà de toute expression [LOC. ADJ. ou ADJ.] «extrême; difficile à exprimer par le langage» (à cause de son intensité, etc.).

Réduire à sa plus simple expression «réduire aux plus petites proportions possibles; rapetisser, résumer à l'extrême». Il s'agit à l'origine de l'*expression* mathématique la plus simple d'une fraction, d'un rapport; mais cette valeur originelle n'est pas conservée, et *expression* est compris dans son sens général.

EXQUIS, ISE adj. Du latin *exquisitus*, pour remplacer *esquis*, participe passé de l'ancien verbe *esquerre*, du latin *exquirere*, «rechercher», de *ex-* et *quaerere* (cf. *Quérir*). Le sens initial est «recherché», d'où «très intense, extrême».

Cadavre exquis → CADAVRE.

Douleur exquise. Cette association de mots paraît étrange, aujourd'hui que *exquis* s'est spécialisé dans le «charmant» (dès la fin du XVIIᵉ s., le sens moderne étant apparu au XVIᵉ s.). Aussi, ses emplois médicaux sont fréquemment mal interprétés en «douleur qui soulage», ou «à laquelle on se complaît». Mais il ne s'agit ni de masochisme, ni de poésie de l'insolite (ce qui ne doit pas empêcher les poètes de jouer sur l'expression; cf. Cocteau, dans *Le Grand Écart, in* Robert). La *douleur exquise* est techniquement une «douleur intense, aiguë et localisée en un point précis».

EXTENSO (IN) loc. latine → IN* EXTENSO.

EXTRA n. m.

Faire un extra «faire, se payer quelque chose d'inhabituel». Expression majorative (*extra* est l'abréviation de *extraordinaire*, attesté en 1732), surtout dans le contexte de la nourriture et de la boisson.

EXTRACTION n. f.

Vieilli. *De haute, de basse extraction* «d'une origine sociale élevée (noble, etc.) ou populaire». Cette locution adjective est le seul emploi, faiblement vivant, de *extraction* au sens de «condition sociale déterminée par l'ascendance».

EXTRAIT n. m.

Vx. *Un extrait d'homme, de cheval...* «un très petit homme, cheval, etc.». La métaphore, qu'on trouve chez Balzac (*Un début dans la vie, Œuvres*, Pl., I, p. 606) porte sur l'extrait tiré d'un texte (d'où «abrégé», «résumé»). La langue moderne emploie : *un bout d'homme.*

EXTRÊME adj. et n. m. L'adjectif *extrême*, au sens de «extraordinaire, très vif, intense», est souvent antéposé : son emploi est alors rare dans la langue courante — notamment parlée — sauf dans des syntagmes fréquents : *à l'extrême rigueur, extrême urgence.*

À l'extrême [LOC. ADV.] «au delà de ce qui est normal». *Pousser, porter à l'extrême* «jusqu'à la dernière limite».

Passer d'un extrême à l'autre «d'une attitude, d'une position à son opposé, sans transition».

Les extrêmes se touchent [LOC. PROV.] «les termes opposés ont des caractères communs et on passe facilement de l'un à l'autre» → EXTRÉMITÉ.

EXTREMIS (IN) loc. latine → IN* EXTREMIS.

EXTRÉMITÉ n. f.

Être à la dernière extrémité «être proche de la mort». Variante rare : *à toute extrémité.*

Les extrémités se touchent (se rencontrent). Variante rare de LES EXTRÊMES* SE TOUCHENT (ci-dessus). Hugo emploie l'expression en la rationalisant, et rapproche des extrêmes appartenant au même espace métaphorique (ici, le «bas»), et non des opposés. Cet emploi personnel est d'autant plus curieux que le rapprochement des opposés constitue l'un des canons de l'esthétique hugolienne.

> Plutôt que d'emprunter, il ne mangeait pas. Il avait eu beaucoup de jours de jeûne. Sentant que toutes les extrémités se touchent et que si l'on n'y prend garde, l'abaissement de fortune peut mener à la bassesse d'âme, il veillait jalousement sur sa fierté.
>
> V. HUGO, *Les Misérables*, t. IX, p. 134.

f

FABLE n. f.

Vieilli. *Fable de nourrice* « histoire ou opinion que l'on dédaigne comme naïve et fausse » (variante : *conte de nourrice*). Les nourrices ont eu longtemps la réputation de bavardage oiseux.

> — On dirait que ça lui porte bonheur, ajouta madame Baudu, sans nommer Mouret.
> Mais le drapier haussait les épaules, dédaigneux de ces fables de nourrice.
>
> É. Zola, *Au Bonheur des Dames*, t. I, p. 25.

Être la fable de... « être un sujet de moquerie pour... » (le complément désigne un groupe, une collectivité).

Vx. *Jouer une fable* « faire un serment que l'on ne tiendra pas » (*in* Wartburg).

FABRIQUE n. f.

Vx et péj. *De bonne (de même...) fabrique* « du même genre ». L'expression se disait surtout des personnes : *ils sont de même fabrique*, équivalant à « ils ne valent pas mieux l'un que l'autre » (fin XVIIe s., Furetière). *Fabrique* a dans l'expression le sens actuel de *fabrication*.

FAÇADE n. f. Mot emprunté à la Renaissance à l'italien *facciata*, de *faccia* « face ».

De façade « apparent, peu sincère ». Ex. : *Un patriotisme de façade*.

Se refaire la façade « se farder ». Jeu de mots sur *face-façade*, qui assimile le visage humain à un objet, à un mur, d'où l'emploi de verbes comme *ravaler*, *repeindre*, etc. (*se faire ravaler la façade* « subir une opération de chirurgie esthétique au visage, pour se rajeunir »).

FACE n. f. Ni *face*, ni *visage*, ni même *figure*, ne sont très productifs en locutions métaphoriques ou imagées. Le sémantisme du visage a été accaparé par le mot *tête*. On ne traitera pas ici les locutions adverbiales et prépositives courantes : *en face*, *de face*, *face à*, qui sont lexicalisées. Il en est de même de la locution archaïque *de prime face* : « aussitôt », qui équivalait (XVIIe s.) à « au premier abord ». *Face*, en parlant de l'homme, connote souvent la volonté, l'affrontement (*faire face*) ; en parlant des choses, le mot désigne l'apparence ; il est plus proche de front dans ses premières valeurs, de *apparence* dans les autres. On peut noter que, dans l'image symbolique du corps, il s'oppose à *dos* et non à *nuque*.

Face de carême « figure triste et morose » → CARÊME.

Face de crabe, d'œuf, de rat, termes d'injure. Les exemples ne sont pas limitatifs; le substantif complément, généralement monosyllabique, désigne un animal ou une chose comparable la face humaine (*œuf, noix* [H. Barbusse, *Le Feu*, I, 1re partie, chap. 2]). L'exemple suivant est euphémistique : l'autonymie *face-dos* représente en fait la métaphore *face-cul*, facilitée par la paronymie *face-fesse*.

> — Et as-tu des boutons mécaniques, face de dos?
> — Moi, j'nai dans m'poch', s'écrie Bécuve.   H. BARBUSSE, *Le Feu*, t. I, p. 73.

La face des choses « l'apparence des événements; la situation ». Les emplois abstraits de *face* humanisent en quelque sorte le complément; mais *face* ne signifie plus que « apparence, aspect visible », dans les expressions lexicalisées et très courantes, comme *en face (de...)* → ci-dessous CHANGER LA FACE DE...

Vieilli. **À double face** « hypocrite, fourbe ».

À la face de... (du ciel, du monde, de tous...) « devant...; publiquement ». Ici, la métaphore de la face humaine est nettement sentie; l'idée est la même que dans *affronter* (de *front*), la rencontre directe (→ ci-dessous FACE À FACE) connotant la prise à témoin et parfois même la bravade. L'expression s'emploie dans le style noble, avec des verbes comme *déclarer, montrer*, etc.

Face à face « en présence directe l'un de l'autre (deux personnes) ». Alors que *tête à tête* en est venu à exprimer l'isolement de deux personnes, *face à face* évoque une rencontre ou un contact direct. La locution adverbiale a des emplois substantifs *(un face à face)*, notamment dans le contexte de l'information *(un face à face avec la presse, avec l'opinion)* et avec l'idée de *confrontation, affrontement* (→ FRONT).

Sous toutes ses faces (avec des verbes comme *considérer, examiner*) « sous tous ses aspects ».

Changer la face de... [LOC. PROV.] (avec un compl. désignant la situation en général : *des choses, du monde*, etc.) « tout transformer ».

> Ce sont eux [les hommes de génie] qui changent la face du globe...
>   DIDEROT, *Le Neveu de Rameau*, p. 429.

Se couvrir (voiler) la face « s'empêcher de voir ce qui est indigne, ou ce qui induit en tentation » (souvent ironique).

Faire face « réagir avec détermination à une difficulté, un danger, etc. ». Cette valeur apparaît vers la fin du XVIIIe s. (1798, Académie, *in* Wartburg), alors que *faire face* s'employait dès le XVIIe s. au sens concret « avoir le devant tourné vers... ». La spécialisation vient probablement du contexte militaire où une armée qui *fait face*, est « tournée vers » l'ennemi et donc « prête à affronter le danger ». **Faire face**, employé absolument, conserve une valeur guerrière (c'était la devise de Guynemer).

Faire face à une dépense « être capable de payer », se dit aussi depuis la fin du XVIIIe siècle.

Jeter qqch. à la face de qqn « manifester (son mépris), dire sans détour (une chose désagréable) ». Variantes renforcées : *cracher, lâcher... à la face*.

Perdre la face « perdre son prestige dans un conflit, une négociation » (1850, Huc). Cette expression est adaptée du chinois, et on la trouve en français dans l'ouvrage du père Huc : *Souvenirs d'un voyage dans la Tartarie, le Tibet et la Chine.* On trouve le sens opposé *sauver la face*.

> — Dois-je comprendre, dit-elle, que vous avez perdu votre bel appétit?
> — Mieux encore : j'ai perdu la face.   BLONDIN, *Quat'saisons*, p. 75.

Vx. **Face de l'homme fait vertu** [LOC. PROV.] « la présence d'une personne donne du poids à une affaire; une chose n'en va que mieux [...] lorsqu'on y est présent » (explication de Le Roux, 1752).

FACETTE n. f.

À facettes [LOC. ADJ.] «à multiples aspects».

FÂCHER v. tr.

Se fâcher tout rouge «être dans une violente colère» (1784, *in* Wartburg). La valeur adverbiale de *rouge* résulte sans doute du télescopage entre *devenir tout rouge* (de colère) et le pronominal *se fâcher*.

Vx.   *Qui se fâche a tort* [LOC. PROV.] «les manifestations de colère masquent l'insuffisance ou la faiblesse des arguments».

Vx.   *S'il se fâche, il aura deux peines* «sa colère ne fera que lui rendre la situation plus pénible».

FACILE adj.

Facile à dire, implique que la chose dont il est question et qui est évoquée sans réticence, sera difficile à faire. La forme complète de l'expression est *plus facile à dire qu'à faire,* et s'applique à tout projet dont on met en doute l'exécution. L'opposition entre le «dire» et le «faire» correspond à celle qui existe traditionnellement entre «intention» ou «action»; le fait que la parole, elle aussi, est un acte, souligné par le philosophe anglais Austin (cf. son ouvrage *How to do Things with Words,* traduit en : «Quand dire, c'est faire») est négligé par la conscience naïve du langage.

Facile comme bonjour «très facile». *Bonjour,* a ici une valeur «métalinguistique» et signifie le fait de dire «bonjour», de saluer (→ ci-dessus FACILE À DIRE). *Facile comme tout,* aussi courant, est banal et passe-partout.

FAÇON n. f. Le mot, abstrait, entre dans de nombreux tours lexicalisés *(à façon; de façon à..., que...; à la façon de...).*

Façon de parler «expression qu'il ne faut pas prendre littéralement, qui dépasse la pensée, etc.». En un sens, toutes les locutions traitées dans cet ouvrage relèvent de cette catégorie : ce sont des manières traditionnelles (des *façons*) capables d'exprimer un concept (de *parler*) d'une manière originale et non conforme à l'analyse de leurs éléments.

De la belle (bonne...) façon [LOC. ADV.] «avec force, remarquablement». S'emploie, dans un style archaïque qui évoque la Comédie du grand siècle, avec des verbes désignant les mauvais traitements. Synonyme approximatif : *d'importance (il s'est fait corriger de la belle façon* ou *d'importance).*

De ma (sa...) façon [LOC. ADV.], s'est spécialisé dans des emplois péjoratifs. *Un tour de sa façon* «un mauvais tour».

De toutes façons «inévitablement».

Sans façon(s), formule de refus poli, généralement employée avec *non* et qui signifie que l'on refuse sincèrement et non par une réserve exagérée (le sens est celui de *sans faire de façons).*

FADE n. m. Mot argotique, tiré du verbe *fader,* «partager», du radical latin *fatum,* «sort».

Avoir son fade «avoir sa part» (vx, cf. la citation de Balzac); «être ivre». Dans ce dernier sens, substitut de *avoir son compte.*

> — Bon! fit Jacques Collin. Et les cachettes des autres?
> — Ruffard a son fade chez la Gonore, dans la chambre de la pauvre femme, qu'il tient par là, car elle peut devenir complice de recel et finir ses jours à Saint-Lazare.
>   BALZAC, *Splendeurs et Misères des courtisanes,* p. 1084.

Prendre son fade «prendre sa part (de plaisir, etc.)» → Pied.

FAGOT n. m.

Vx. **Fagot d'épines** «personne désagréable, revêche» ou encore «déclaration, lettre agressive» (*in* Sévigné).

De derrière les fagots, se dit du meilleur vin, qu'on a laissé vieillir à la cave. L'expression apparaît au XVIIIᵉ s. au sens concret; elle est courante et son emploi tend à s'étendre (au sens de «précieux», «précieusement conservé»).

> L'HÔTESSE. — C'est bien dit. Mais nos deux bouteilles sont vides... (Jean. — Madame.
> — Deux bouteilles, de celles qui sont tout au fond, derrière les fagots. — J'entends.)
>
> DIDEROT, *Jacques le Fataliste*, p. 604.

> Voulez-vous être mon témoin? — Diable!... — Allons vous le serez. Mon cher, nous allons vider une bouteille de derrière les fagots et trinquer à la belle occasion qui est donnée à un pékin et à un réfractaire de tenir en joue un commandant de régiment!
>
> J. VALLÈS, *L'Insurgé*, p. 60.

Par assimilation stylistique, **de derrière les...** est employé avec une valeur méliorative.

> [...] l'imagination ne s'ingénie pas à lui chercher des Cadillac de derrière les garages.
>
> BLONDIN, *Quat'saisons*, p. 152.

Vx. **Brûler le fagot.** Cette expression utilise une métonymie entre le coin du feu et des activités de plaisir qui y étaient associées. Le Roux assigne à la locution, par goût du pittoresque, un emploi beaucoup trop limité.

> On se sert de ce mot entre amis. Signifie, aller boire une bouteille ensemble au cabaret, et y brûler un fagot pour se chauffer en buvant. Aller dans un mauvais lieu, au bordel, y faire brûler un fagot en caressant Silvie. Comme le bois est extrêmement cher à Paris, ces Brûleurs de fagots sont parfaitement bien venus dans ces lieux-là où par l'avarice des pourvoyeurs on voit souvent des filles toutes morfondues, à moins que quelqu'un ne vienne faire brûler un fagot.
>
> LE ROUX, *Dictionnaire comique*, s. v. «Fagot» [1752].

Vx. **Conter des fagots** «raconter des histoires invraisemblables, des balivernes» (XVIIᵉ-XVIIIᵉ s.). On fait venir cette locution d'un jeu de mot sur *conter-compter*. La forme complète aurait été, selon Quitard «*compter des fagots pour des cotrets*» (les *cotrets* étant des petits fagots courts, l'expression aurait signifié «tromper par une surestimation; enfler les choses»). La variante **débiter des fagots** utilise un autre jeu de mots (synonymie *débiter-conter*, et emploi concret de *débiter* «couper»).

Sentir le fagot «être hérétique ou proche de l'hérésie», c'est-à-dire promis au bûcher (1595, *Satire Ménippée*). L'expression signifie métaphoriquement «inspirer de la méfiance», «donner une impression de danger, etc.» → SENTIR LE ROUSSI*. Sans être archaïque, la locution est du langage littéraire.

> JACQUES. — Mon maître, paix, paix : ce que vous dites là sent le fagot en diable.
>
> DIDEROT, *Jacques le Fataliste*, p. 571.

Vieilli. **Il y a fagot et fagot** [LOC. PROV.] «il y a de grandes différences de nature ou de qualité entre des choses désignées par le même terme» (de même qu'il y a des fagots bien ou mal faits, plus ou moins gros, etc.).

Vx. **Il y a bien de la différence entre une femme et un fagot** → FEMME.

FAIBLE n. m.

Prendre quelqu'un par son faible «le faire agir, obéir, etc., en flattant ses penchants, ses goûts». *Faible* substantivé désigne la passivité de qui se laisse entraîner sans résistance.

Avoir un faible pour.... «un penchant excessif».

FAIM n. f.

Faim de loup «très vive» → LOUP.

Crever de faim; crever la faim; mourir de faim «souffrir de la faim; avoir une violente envie de manger», ou encore «subsister avec difficulté, être dans la misère». *Mourir* (et *crever*) ont de nombreux emplois hyperboliques où ils correspondent à «ressentir avec force les effets (d'une privation, etc.)».

> [...] histoire commune des garçons pauvres, qui croient devoir à leur naissance de rester dans les professions libérales, et qui s'enterrent au fond d'une médiocrité vaniteuse, heureux encore quand ils ne crèvent pas la faim, avec des diplômes plein leurs tiroirs.
>
> É. ZOLA, *Au Bonheur des Dames*, t. I, p. 77.

(Ne pas) manger à sa faim «(ne pas) manger selon ses besoins; (ne pas) avoir le strict nécessaire pour survivre».

Rester (demeurer...) sur sa faim «ne pas être comblé, satisfait; conserver une impression de besoin». S'emploie surtout pour désigner une désillusion intellectuelle, morale, etc., mais se rencontre aussi au sens propre :

> Tu as faim? tu as faim? Le beau malheur. Tu n'es pas le seul, tu sais, en ce bas monde [...]. D'ailleurs, ce n'est pas une mauvaise chose que tu restes sur ta faim, un soir.
>
> ARAGON, *Les Beaux Quartiers*, p. 371.

Tromper la faim «apaiser la sensation de faim sans se rassasier».

La faim chasse le loup (hors) du bois [LOC. PROV.] «la nécessité force à certaines actions» (oblige les paresseux à travailler; ceux qui se cachent à sortir de leur refuge, etc.).

La faim est mauvaise conseillère «elle conduit à des actes répréhensibles, illicites, etc.».

FAIRE v. tr. Le verbe le plus courant de la langue française, après *avoir* et *être*, sert à former de très nombreuses locutions, qu'on trouvera en général au substantif sujet ou complément. D'autres sont formées autour d'une valeur du verbe *faire;* en voici quelques-unes :

La faire à quelqu'un «agir de manière à tromper, à abuser». Ne s'emploie guère qu'à la forme négative, surtout dans *On ne la lui fait pas, il ne faut pas nous la faire*, etc., «on ne se moque pas de lui si facilement». ***Le faire à...*** «agir par (un certain type de comportement) pour impressionner, abuser autrui». *Le faire au chiqué, à l'influence, à l'esbrouffe*, etc.

> — Je ne veux pas que ma mère me présente à Mme Swann, me dit Saint-Loup. C'est une ancienne grue. Son mari est juif et elle nous le fait au nationalisme.
>
> M. PROUST, *À la recherche du temps perdu*, t. II, p. 264.

S'en faire, constitue plutôt un verbe complexe qu'une locution. Il signifie «s'inquiéter», et s'explique spontanément par une ellipse de *se faire du souci (de la bile, du mouron...)*. Au négatif : *faut pas s'en faire* «il faut supporter les circonstances sans s'inquiéter». *(Ne) pas s'en faire une miette* «ne se faire aucun souci». Une célèbre chanson de Maurice Chevalier proclame «dans la vie, faut pas s'en faire. Moi je n'm'en fais pas... ».

> T'en fais pas, j'en aurai, déclare Blaire d'un accent où se concentrent la fureur et la résolution.
>
> H. BARBUSSE, *Le Feu*, t. II, p. 9.
>
> Tout ça, c'est des bobards. On nous l'a trop fait. Attends avant de croire — et ne t'en fais pas une miette.
>
> H. BARBUSSE, *Le Feu*, t. I, p. 21.

Se faire à (qqch.), s'y faire «s'habituer à qqch.». Il s'agit encore d'une lexie complexe, qui se laisse expliquer par le passif : *être fait à...* (c'est-à-dire modelé, modifié selon, ou prendre la forme de...).

Ne faire que..., ... que de... (et infinitif), exprime le passé récent (cf. *Venir de...*). *Il ne fait que d'arriver*, il est arrivé il y a très peu de temps.

N'en faire jamais d'autres «être toujours maladroit, mal inspiré, etc.». Les actions désignées par *autres* sont celles qu'on attendrait d'une personne normale, bien adaptée; c'est le complément logique des actions habituelles et déplorables de celui dont on parle. *En faire d'autres* (qui ne se dit pas seul) correspondrait à « changer; faire mieux ».

Avoir à faire (qqch) avec quelqu'un « avoir un travail commun, une entreprise commune ». *Je n'ai rien à faire avec lui* signifie généralement « je n'ai (et ne veux avoir) aucune relation avec lui ».

Avoir à faire à quelqu'un est une altération, par proximité de sens, de *avoir affaire à quelqu'un;* on trouve l'expression chez Voltaire (cf. *Robert*, art. « Faire », citation 49).

Avoir mieux (autre chose) à faire que... « avoir des occupations plus importantes (ou le prétendre) ». *J'ai autre chose à faire qu'à vous écouter* correspond simplement à « je ne veux pas vous écouter; vous écouter me paraît inutile ».

> On proteste, on s'indigne, sur un ton noble et gourmé, avec des sursauts historiques : de quoi faire rigoler Hitler s'il n'avait pas mieux à faire que d'écouter nos speakers :
> A. GIDE, *Journal*, t. II, p. 21.

Avoir fort à faire pour... « avoir beaucoup de difficultés, d'efforts à accomplir ». Comme la précédente, cette expression ne pose pas de problèmes de sens aux utilisateurs; elle reste parfaitement motivée et analysable. Mais sa forme est traditionnelle et figée (on ne dirait guère : *avoir beaucoup à faire pour...*).

> Nous allons avoir fort à faire pour vaincre tous les obstacles accumulés entre nos cœurs.
> M. PROUST, *À la recherche du temps perdu*, t. II, p. 388.

Laissez faire, laisser passer → LAISSER.

Bien faire et laisser dire [LOC. PROV.] « agir selon sa conscience et sans se préoccuper des commentaires ». Comme la plupart des proverbes, cette formule reflète la bonne conscience : ce que les autres disent ne peut entamer la conviction de bien faire.

Ni fait ni à faire « mal fait ». Le sens initial de la formule est « en partie fait », c'est-à-dire entre le point zéro *(à faire)* et le point final *(fait)* de l'élaboration. L'expression de la moyenne glisse en général vers la péjoration (cf. *Médiocre*); ici, le repère chronologique moyen est transféré en repère hiérarchique (c'est-à-dire : terminé, mais mal fait) et l'expression en arrive à signifier paradoxalement « fait, mais à refaire ». Cette expression contredit le proverbe : CE QUI EST FAIT N'EST PLUS À FAIRE (voir ci-dessous).

Ça ne fait rien « ça n'a aucune importance ». Cette expression est si fréquente que ceux qui l'utilisent ne sont pas frappés par une anomalie et une ambiguïté. Si l'on dit d'un médicament, par exemple, qu'*il ne fait rien*, on signifie normalement, par *ne rien faire*, « ne pas avoir d'action, d'effet ». Mais si, à propos d'un événement quelconque, on déclare : *ça ne fait rien*, ce n'est pas l'action ou l'efficacité que l'on nie, mais l'importance ou l'intérêt. C'est bien d'un effet dont il s'agit, mais d'un effet psychologique sur soi-même (cf. *Ça ne me fait rien*).

(Il) faut le faire → FALLOIR.

Il n'y a rien à faire « la chose est impossible »; c'est-à-dire « quoi qu'on fasse, le résultat sera nul ».

> J'avais dit, en effet, à Robert, et très sincèrement, quand j'étais allé de Paris le voir à Doncières et comme nous reparlions de Balbec, qu'il n'y avait rien à faire avec Albertine, qu'elle était la vertu même.
> M. PROUST, *À la recherche du temps perdu*, t. II, p. 860.

C'en est fait « la chose est finie, disparue ». — ***C'en est fait de...*** (suivi d'un nom de personne) « il (*ou* elle) est perdu(e), mort(e) » (1609).

Vx. ***Faire et dire, c'est toujours travailler*** [LOC. PROV.] : ce proverbe désabusé nie la finalité du travail et souligne son caractère abstraitement contraignant. En même temps, il énonce que la destruction est aussi difficile que l'élaboration.

Vx. ***Faire et dire sont deux choses.*** Équivalent archaïque de la loc. PLUS FACILE★ À DIRE QU'À FAIRE, est l'une des expressions fondées sur l'opposition traditionnelle entre « action » et « parole ».

Fais ce que dois, advienne que pourra. Cette maxime, de forme archaïque (= fais ce que tu dois faire, et qu'il advienne ce qui pourra) s'emploie encore dans un style érudit et allusif.

Fais (faites) à autrui ce que tu voudrais (vous voudriez) qu'il te (vous) fasse (fît) ou ***Ne faites pas à autrui ce que vous ne voudriez pas qu'il vous fît.*** Ce proverbe utilise sagement le mécanisme psychologique de l'identification pour régler les pulsions agressives. Il provient des Évangiles (Matthieu 7, 12 ; Luc 6, 31).

Ce qui est fait n'est pas (plus) à faire « c'est-à-dire que, quand on peut faire une chose, il ne faut pas la différer à un autre temps » (1752, Le Roux). Cette locution proverbiale encore en usage dissimule un jugement de valeur et une injonction (il *vaut mieux* que les choses ne soient plus à faire ; donc il *faut* les avoir faites) derrière une constatation tautologique (le participe passé *fait* s'oppose sémantiquement au tour infinitif avec *à*).

FAISEUR, EUSE n. Ce substantif d'agent est loin d'avoir les emplois correspondant à ceux du verbe *faire*. Seules certaines valeurs spéciales *(un costume de chez le bon faiseur)* et certains syntagmes sont réellement en usage, notamment avec une valeur péjorative *(faiseur d'embarras, de phrases...)*.

Vx. ***Faiseur d'almanach*** « personne qui fait des prévisions plus ou moins fantaisistes » (→ ALMANACH) et, par extension, « rêveur, qui bâtit des projets en l'air ».

Faiseuse d'anges « avorteuse ». La métaphore populaire se débarrasse des concepts déplaisants et dérange la bonne conscience en plaçant ironiquement le fléau social de l'avortement sur le terrain de la religion. La confrontation d'une réalité physiologique pénible et d'une certaine mythologie fade et rassurante (les enfants morts sont des « petits anges ») rend cette locution doublement scandaleuse. L'évolution des mœurs, le contrôle des naissances et la pratique médicale de l'avortement consenti la renvoie dans l'archaïsme.

> [le pont] d'où l'on peut voir de loin
> l'archange et le démon et le bassin
> avec qui passent devant eux
> une vieille faiseuse d'anges
> un boy-scout malheureux...   PRÉVERT, *Histoires*, p. 16.

1. FAIT p. p.

Être fait comme... S'emploie dans deux sens, soit pour « être habillé, arrangé... » (cf. *Comme vous voilà fait !*), soit pour « être pris, arrêté, volé, etc. », sens argotiques répandus dans l'usage au XIXe siècle. Dans ce cas, le terme de comparaison est fréquemment le rat (→ RAT).

Vite fait [LOC. ADV.], gallicisme récent de la langue familière : « rapidement » et sa var. expressive : *vite fait sur le gaz*. — ***Vite fait, bien fait*** « rapidement et bien ».

Ni fait ni à faire → FAIRE.

Comme vous êtes (vous voilà) fait ! « dans quel état êtes-vous ! »

(C'est) bien fait « (c'est) tout à fait mérité ». Locution banale et lexicalisée, mais intéressante culturellement : ce qui est « bien accompli » (par la destinée, les événements) est conçu comme punitif, selon un mécanisme d'interprétation très simple : ce qui arrive de désagréable, pénible... aux autres est fréquemment conçu comme mérité. Il est rare que l'expression s'applique au locuteur même :

> [...] vous ouvrez votre porte à des marauds et vous vivez avec eux, vous serez trahi, persiflé, méprisé. Le plus court est de se résigner à l'équité de ces jugements et de se dire à soi-même : « C'est bien fait ».   DIDEROT, *Le Neveu de Rameau*, p. 475.

2. FAIT n. m. Ce mot abstrait, substantif d'action du verbe *faire*, ne donne pas lieu à des locutions métaphoriques, mais à des associations de mots (parfois semi-lexicalisées) où il s'est spécialisé.

Fait accompli « action terminée, situation définitivement acquise et qu'on doit accepter ». S'emploie surtout dans *mettre quelqu'un, être placé, se trouver... devant le fait accompli. La politique du fait accompli* consiste à mettre ses partenaires ou ses adversaires devant une situation qu'ils ne peuvent plus modifier, sans avoir pris leur avis.

Fait acquis « avantage, résultat qui ne risque plus d'être contesté ». *Considérer qqch. comme un fait acquis.*

Fait divers « nouvelle journalistique qui n'est pas classée dans une rubrique générale » (expression lexicalisée).

> Fait divers : mixture verbale dans laquelle le composant « divers » devient symbole de crime ou d'accident sanglant. Fait « divers », c'est-à-dire l'un, certes, des multiples faits journaliers, et puant de banalité, mais qu'une flamme tragique ségrège comme plus intense, plus vivement perçu, morceau de choix, substantiel au plus haut degré, parmi toutes les autres « tranches de vie » ou fragments de réalité.
>   M. LEIRIS, *Biffures*, p. 134-135.

Fait exprès, se dit d'un événement fortuit qu'on assimile à l'effet d'une volonté maligne, généralement par une comparaison explicite : *on dirait un fait exprès, comme par un fait exprès.*

Fait d'arme « exploit guerrier » (on retrouve cette valeur forte de « exploit » dans HAUT FAIT et dans FAITS ET GESTES [à l'origine] voir ci-dessous).

Les faits et gestes « la conduite (de qqn) ». De nos jours l'expression s'applique surtout au comportement suspect d'une personne qu'on a des raisons de surveiller (il en était déjà de même au XVIIe siècle, si l'on en juge par Mme de Sévigné, qui parle des *faits et gestes* de la Brinvilliers, lettre du 1er mai 1676). Il s'agit sans doute d'un emploi antiphrastique *de fait* au sens de « exploit » et de *geste* (du pluriel neutre *gesta*) tel qu'il est employé dans *chanson de geste*. Mais l'influence de *geste* « mouvement du corps » est évidente : *les faits et gestes* sont les « actions accomplies » et les « éléments du comportement physique qui les ont produites ».

Le fait du prince « l'arbitraire du pouvoir » (même emploi que dans *jeu de prince* → PRINCE).

Hauts faits « exploits mémorables ». L'expression a survécu à des siècles d'usage, alors que *beaux faits*, plus clair, ne se dit plus.

> L'éclat de mes hauts faits fut mon seul partisan.   CORNEILLE, *Le Cid*, I, 3.

Au fait « à propos, au sujet de... ». Le *fait* est ici « le problème, la question en cause » (cf. *Aller au fait*). L'expression s'emploie en tête de phrase, pour introduire une assertion rattachée à un contexte qui vient d'être exprimé. Au sens fort, le *à* de *au fait* reprend sa valeur dynamique : « Au fait », écrit Voltaire, « est ma devise » (lettre à d'Argenson, 28 juillet 1739) ; on dirait plutôt aujourd'hui : *droit au fait.*

Vx. **Au fait et au prendre** « dans une situation effective, réalisée ». *Fait* a ici la même valeur que dans *prendre sur le fait* « en flagrant délit ».

[ils] l'avaient menacé que s'il s'en allait sans leur congé [...] ils n'auraient point de repos qu'ils ne l'eussent mis à mort [...] Comme il se vit au fait et au prendre, il dit derechef aux voleurs [...]   Ch. SOREL, *Histoire comique de Francion*, p. 71-72.

Du fait de... « par l'action de... ; par suite de... ». ***Du fait que*** « puisque ».

Vx. ***Fait-à-fait*** « à mesure que... ». Exemple : *J'ay promis de payer mon maçon, fait-à-fait que mon bâtiment s'avancera* (1690, Furetière). L'expression a été élimi-née par *à mesure* et *au fur et à mesure* ; on trouve encore *à fait et mesure* en 1821 (*in* Wartburg). La tournure originelle était : *à fait que...*, où *fait* a une valeur tempo-relle (durée d'un événement). L'aspect accompli correspondant est réalisé dans *tout à fait* [ADV.] « complètement », qui est lexicalisé.

Aller (droit) au fait « affronter sans hésiter la situation, le problème ».

Aller au fait est légèrement archaïque.

Dire son fait à quelqu'un « lui dire sans ménagement ce qu'on en pense ; lui dire une vérité désagréable à son sujet ». L'expression met en œuvre l'opposition entre le *faire* et le *dire*. Le *fait* de quelqu'un est l'ensemble de son comportement, de ses actes et de leurs résultats (tel qu'il est perçu par les autres) ; *dire* ce fait est révéler le regard d'autrui à une conscience.

Vx. ***Donner le fait à quelqu'un*** « se venger de quelque injure, soit par la voye de raillerie, soit par des coups de main » (1690, Furetière).

N'être pas le fait de quelqu'un « ne pas être dans sa manière habituelle » (les emplois positifs de *fait*, avec cette valeur, sont archaïques). Un équivalent plus cou-rant est : N'ÊTRE PAS LE FORT★ DE QQN.

> Les jeunes gens sont bien déçus, qui viennent à moi dans l'espoir de m'entendre pro-noncer quelques sentences mémorables. Les aphorismes ne sont pas mon fait.
> A. GIDE, *Journal*, t. II, p. 270.

Mettre au fait « faire connaître (un événement, une situation) à (qqn) ». On emploie aussi *être au fait,* et *venir* (ou *en venir*) *au fait,* dans le même sens. Dans la langue classique, ces expressions s'employaient dans le contexte juridique (cf. 1690, Furetière).

> — Quoi ! est-il bien possible que vous ne sachiez pas ce qui s'est passé le 30 avril 1574.
> — Et où ? dit Julien étonné.
> — En place de Grève.
> Julien était si étonné, que ce mot ne le mit pas au fait.
> STENDHAL, *Le Rouge et le Noir*, p. 501.

Prendre (qqn) sur le fait « surprendre au moment même de l'acte ». La méta-phore spatiale *(sur)* représente la relation entre l'agent et son acte ; la position verti-cale symbolisant la coïncidence dans le temps (→ SUR LE COUP).

Prendre fait et cause pour... « prendre parti pour ; défendre ». Cette expres-sion provient de la langue des tribunaux. *Prendre cause* correspond à « défendre, soutenir la cause d'une personne dans un procès » ; *fait*, désignant le sujet concret de l'affaire et le discours des hommes de loi à son sujet, renforce l'expression.

> Elle a traversé exprès, la Méhon, pour venir provoquer ma mère, lui faire un esclan-dre. Elle a gueulé que c'était infâme, l'ignoble façon qu'il cochonnait toute sa vitrine, notre petit galeux... Ça s'amplifiait ses paroles de deux côtés du magasin et jusqu'en haut dans le vitrail. Les passants prenaient fait et cause.
> L.-F. CÉLINE, *Mort à crédit*, Livre de poche, p. 59.
> REM. Cet emploi absolu, assez rare, peut être dû à l'influence de *prendre position* [pour ou contre].

FALLOIR v. impers. Ce verbe issu indirectement du latin *fallere* « tromper, manquer à... » a pris en français deux valeurs distinctes : celle de « manque », exprimée par la forme pronominale *s'en falloir* et celle de «besoin», entraînant celle de «nécessité».

Comme il faut «de la manière qui convient». L'expression est devenue un véritable adverbe de manière (= bien) dès le XVIIe s.; aussi La Fontaine écrit «... *rien n'était comme il faut*» (et non «*comme il fallait*»). Quant au sens, il tend à se spécialiser dans le domaine des convenances sociales et des manières ou préjugés imposés (d'où un aspect péjoratif assez net).

> Voici revenir un temps où seront considérés comme traîtres ceux qui ne pensent pas «comme il faut».
> A. GIDE, *Journal*, t. II, p. 313.

L'expression s'est figée et est devenue un véritable adjectif dès la fin du XVIIIe s. (voir citation de Stendhal). Aujourd'hui, la langue populaire l'abrège parfois en *comif*.

> Maintenant, *monsieur*, car d'après mes ordres tout le monde ici va vous appeler monsieur, et vous sentirez l'avantage d'entrer dans une maison de gens comme il faut [...].
> STENDHAL, *Le Rouge et le Noir*, p. 243.

> REM. Stendhal fait parler ici M. de Rênal, bourgeois de province; dans *La Vie de Henry Brulard*, on lit : «ils cherchaient toujours à être [...] comme il faut, ainsi qu'on disait à Grenoble en 1793».

> Ah! c'est un si bon homme que le baron, ajoutait-elle, si bien, si dévôt, si comme il faut!
> M. PROUST, *À la recherche du temps perdu*, t. II, p. 630.

> Elle n'a pas économisé ses perles. Il me semble que si j'en avais autant, je n'en ferais pas un pareil étalage: je ne trouve pas que cela ait l'air comme il faut.
> M. PROUST, *À la recherche du temps perdu*, t. II, p. 41.

> Quelle belle fête n'est-ce pas mais quelle chaleur quelle foule et quelle promiscuité oh! ne m'en parlez pas c'est vraiment déplorable que les gens comme il faut soient obligés de côtoyer les gens comme il ne faut pas.
> PRÉVERT, *Histoires*, p. 173.

> REM. La négation appliquée au verbe détruit stylistiquement la locution. La négation normale s'applique à la loc. adj. : *des gens qui ne sont pas comme il faut.*

Il s'en faut de beaucoup «il y a une grande différence; on en est loin». **Il s'en faut de peu** est vieilli, et remplacé par le suivant.

Peu s'en faut «c'est presque la même chose».

> [...] peu s'en faut que l'état lyrique ne me paraisse un état d'enfance dont l'âme adulte fasse un peu fi.
> A. GIDE, *Journal*, t. II, p. 263.

Tant s'en faut «il y a une grande différence *(il s'en faut de beaucoup)*».

> [...] ce qu'on appelait encore à Féterne «le jeune ménage», bien que M. et Mme de Cambremer ne fussent plus, tant s'en fallait, de la première jeunesse [...].
> M. PROUST, *À la recherche du temps perdu*, t. II, p. 1087.

Faut le faire! «la chose est remarquable, difficile ou extraordinaire». Cette expression récente signifie d'abord «il faut être capable de le faire, c'est plus difficile que ça n'en a l'air» (ex. : *Changer sa roue en trois minutes, faut le faire!*), puis par généralisation, s'applique non seulement à des actions (exprimées par des verbes) mais à des choses (considérées comme des résultats).

Il faut ce qu'il faut, se dit d'une action, d'une démarche absolument nécessaire, motivée par la tautologie. Souvent ironique, l'expression est destinée à excuser auprès d'un tiers (ou de soi-même) une action qui peut sembler excessive.

> Restaient les relations personnelles. Ça me gênait parce qu'il fallait revoir des amies et raconter des histoires. Mais, là comme partout, il faut ce qu'il faut, et à la guerre comme à la guerre, aux grands maux les grands remèdes. Je m'en dis comme ça une bonne série avant de tirer le premier cordon de sonnette.
> J. GIONO, *Un roi sans divertissement*, p. 245.

Faut voir, s'emploie pour désigner qqch. d'admirable, d'étonnant.

> [...] un joueur de volley-ball dans les un mètre quatre-vingt-sept, des dents faut voir.
> ARAGON, *Blanche ou l'Oubli*, t. I, p. 13.

FAMÉ, ÉE adj.

Mal famé « mal fréquenté ; fréquenté par des gens peu recommandables ». Seul emploi vivant de l'ancien adjectif famé, « qui a telle réputation » (XIIᵉ s.), du lat. *fama.*

FAMILLE n. f.

Les deux cents familles « les familles qui possèdent la puissance économique, la richesse (en France) ». Cette locution, née dans les milieux politiques de gauche, désigne d'une façon concrète le pouvoir capitaliste. Le mot *famille* y relie le concept de « classe économique dominante » à celui, plus traditionnel, de « transmission héréditaire du pouvoir » qui connote le passé pré-républicain et la réaction.

> Il fallait faire retomber le poids des avantages obtenus par la classe ouvrière sur les deux cents familles et ne permettre en aucun cas que, pris entre le grand patronat et les masses laborieuses, les couches moyennes fissent les frais de la nouvelle législation.
>
> M. THOREZ, *Fils du peuple.*

Des familles [LOC. ADJ.] « familier, sans prétention » (en général combiné avec l'adjectif hypocoristique *petit*) : on va se taper un petit gueuleton des familles.

En famille [LOC. ADV.] « au milieu de sa famille, chez soi ». Ex. : *Passer la soirée en famille.* Équivalent de *au coin du feu,* sur le mode de l'« humain » (la correspondance sémantique entre la série *feu, foyer,* la série *maison, chez soi* et le mot famille est constante).

FAMINE n. f. Dérivé de *faim,* qui a gardé jusqu'au XVIIᵉ siècle le sens de « faim extrême ».

Salaire de famine « misérable, très faible ».

Crier famine « se plaindre amèrement, demander une aide matérielle ». À l'origine, « se plaindre de la faim » (par ex. : dans *Les Lettres Persanes* de Montesquieu, ou dans l'exemple célèbre de La Fontaine, « La Cigale et la Fourmi » : *Elle alla crier famine Chez la fourmi, sa voisine...*).

Vx. *Crier famine sur un tas de blé* « se dit des avares qui se plaignent de la nécessité du temps, quoiqu'ils ayent assez chez eux de quoi vivre » (1690, Furetière).

FANFARE n. f.

Réveil en fanfare « réveil brusque, brutal ». Allusion au réveil des soldats, au son du clairon et à une heure très matinale ; la *sonnerie en fanfare* étant plus éclatante encore que la sonnerie normale.

Vx. *Faire fanfare* « se vanter avec éclat » (*in* Scarron). L'allitération des *f* ajoutait sans doute à la valeur péjorative de l'expression. Pour le contenu, l'étymologie « populaire » rapprochait *fanfare* de *fanfaron,* d'où un verbe *fanfarer,* concurrent de *fanfaronner.*

FANNY n. pr. f. Ce nom a été donné au début du siècle à un panneau de bois représentant une femme exhibant son postérieur, et que les joueurs de boules perdants devaient « baiser » (Lyon, Mâcon...). Le choix du prénom est obscur.

Baiser (la) Fanny, embrasser Fanny, aux boules « perdre la partie sans marquer de point ». Réfection plaisante, elliptique et spécialisée (boules) de *baiser le cul* de la vieille* (« perdre aux cartes sans faire aucune levée ».).

> En le voyant passer, j'en eus la chair de poule.
> Enfin, je vins au monde et, depuis, je lui vou'
> Un culte véritable et, quand je perds aux boules,
> En embrassant Fanny, je ne pense qu'à vous. *(bis)*
>
> Georges BRASSENS, *Poèmes et Chansons,* p. 264.

FARCE n. f.

Rég. **En voir la farce** « en voir la fin ; arriver au résultat ».

> [...] il manque un cadre tout pareil pour former un X avec celui-ci [pour consolider
> un lit de fortune]. Avec quatre bouts de bois, vous en verrez la farce, et le petit dor-
> mira comme un pacha !   M. PAGNOL, *La Gloire de mon Père*, p. 91.

FARCIR v. tr.

Fam. **Il faut se le farcir** « il faut le supporter, et c'est pénible ». *Se farcir...*, au
sens de « prendre, posséder », est attesté dans l'argot des joueurs en 1932 (Esnault) ;
la métaphore est évidemment sexuelle (cf. *se taper*, *s'envoyer*) ; l'emploi « abstrait »
(avec complément de personne) correspond à « supporter ». On dit aussi : **Il faut
se le faire.**

FARD n. m.

Sans fard [LOC. ADV.] « avec franchise ». D'abord (XVIIᵉ s.) « sans ornement de
style, avec simplicité dans l'expression ». Aujourd'hui, *fard* évoque « mensonge » ou
au moins « déguisement de la pensée ». — **Sans fard** [LOC. ADJ.] « sans détour, franc »,
est dans le Dict. de l'Académie de 1694.

Piquer un fard « rougir brusquement ». Attestée en 1878 (Esnault), la locution
a été précédée par : avoir **un coup de fard** (in Delvau, 1867). *Piquer* correspond à
« prendre soudain » (→ PIQUER UN SOMME*) ; *fard* est assimilé à « rouge ».

FARINE n. f.

Vx. **Folle farine** « farine très fine que le vent emporte » (in Furetière). L'expression se prête à des emplois métaphoriques.

De la même farine « du même genre ». Expression traduite du latin *(eiusdem
farinae)*, avec la même valeur péjorative. Employée dès le XVIᵉ siècle (Ronsard),
elle signifiait spécialement dans la langue classique « de la même cabale, du même
groupe nuisible ». La valeur péjorative de *farine* (employé métaphoriquement) se
retrouve dans *enfariné* et dans divers emplois littéraires — chez Boileau, « faux ornements d'une œuvre » —, correspondant (en blanc, en pâle) au *fard*. Au contraire,
farine, opposé à *son**, a une valeur positive.

Rouler dans la farine « tromper, duper » (in Delvau, 1867) croisement de *rouler* « duper, tromper » (début XIXᵉ s.) et d'une série d'emplois où *farine* a la valeur de
« arguments trompeurs, déguisement fallacieux » (cf. *Enfariner* « endoctriner, tromper », aux XVIIIᵉ et XIXᵉ s.). Pour la forme, on peut rapprocher la locution d'une
expression technique ancienne disant des peintres qui employaient des couleurs
fades et claires qu'*ils donnaient dans la farine* (in Trévoux, 1752).

> Quand Croquignol eut jugé qu'il y avait suffisamment de spectateurs, il annonça que la
> représentation allait bientôt commencer et fit son petit boniment. « Mesdames et mes-
> sieurs, nous ne sommes pas venus ici pour vendre des crottes de lapin roulées dans
> la farine !   *L'Épatant*, 1908, p. 16.

Vx. **Cette femme donne sa farine et elle vend son son** [LOC. PROV.] « elle fait plus la
renchérie en vieillesse que quand elle était jeune », glose Furetière (1690), en généralisant pudiquement la valeur métaphorique de cette précieuse *farine* généreusement donnée (on pouvait penser à la FOLLE FARINE mentionnée ci-dessus) et de la
« vente » des restes (le *son*).

FAUCILLE n. f.

La faucille et le marteau. Les emblèmes de la classe paysanne, et ouvrière,
choisis par les Républiques soviétiques, sont entrés dans la langue pour symboliser
le parti communiste.

Vx. **Droit comme une faucille** « courbe, tordu » (*in* Rabelais, I, chap. 27). On disait au XVIIe siècle d'une personne qui avait commis une mauvaise action : *il ira en Paradis droit comme une faucille* « il n'ira pas » ou, du moins, « il ira après quelques détours et difficultés ».

FAUTE n. f.

1. Au sens ancien d'« absence », « défaut », qui ne s'est conservé que dans des locutions.

Faute de... [LOC. PRÉP.] « par manque de... ». La loc. proverbiale **faute d'argent, c'est douleur non pareille** provient de Rabelais (→ aussi FAUTE DE BOIS★ LE FEU S'ÉTEINT ; FAUTE DE GRIVES★ ON MANGE DES MERLES).

Faute de mieux « si l'on ne dispose de rien de mieux ».

Sans faute [LOC. ADV.] « à coup sûr, d'une manière certaine ».

Vx. **Faire faute** « manquer, faire défaut ». — **Faire faute à qqn** « lui manquer de parole, ne pas faire ce qu'on lui avait promis ».

Vx ou littér. **Ne pas se faire faute de...** « faire qqch., ne pas se priver de faire... ». L'emploi positif : *se faire faute de qqch.* « s'en abstenir », est vieux. **Ne pas se faire faute de qqch.** s'est employé aussi au sens de « utiliser, se servir de..., pratiquer ».

> Les peuples raisonneurs ont une vertu qui les sauve : l'inconséquence. Les politiciens français ne s'en faisaient pas faute.
>
> R. ROLLAND, *Jean-Christophe, La Foire sur la place*, in *Ph. Sl.*

2. Au sens de « mauvaise action », seul vivant aujourd'hui en emploi libre.

Prendre en faute « montrer que (qqn) est fautif, a commis une erreur, etc. ». À la lettre, la locution correspondrait à PRENDRE SUR LE FAIT★ d'après le sémantisme de *prendre* et de *faute ;* mais, alors que *sur* exprime la coïncidence temporelle (momentanée), *en* correspond à un état plus permanent (*prendre* qqn *dans* l'état de faute). La valeur de la préposition est plus nette encore dans : *être en faute.*

Faute avouée est à demi pardonnée [LOC. PROV.]. Ce proverbe moralisateur, fait pour inciter les coupables à l'aveu, est constamment démenti par la pratique sociale, qui demeure généralement répressive. La notion de « pardon » situe le problème sur un terrain psychologique et religieux que les institutions (y compris celles de la religion) contredisent impitoyablement.

C'est la faute à Voltaire, c'est la faute à Rousseau. Cette expression, popularisée par une chanson que chante Gavroche dans *Les Misérables* illustre le thème de la responsabilité de ce qu'on appellera à la fin du XIXe s. les « intellectuels ». Pour les conservateurs du XIXe s., tous les malheurs de la France depuis 1789 étaient attribuables à Voltaire et à Rousseau. La syntaxe populaire *(la faute à...,* et non *de...)* suggère un emploi ironique et un discours rapporté (= vous dites que c'est la faute à Voltaire).

> GUÉRIN, *entrant.* — Eh bien, madame Guérin, je t'y prends encore à faire fonction de domestique.
> MADAME GUÉRIN. — Mais, mon ami, Françoise est si paresseuse !...
> GUÉRIN. — Toujours Françoise !... C'est la faute à Voltaire, c'est la faute à Rousseau !... S'il ne suffit pas d'une servante, prends-en une seconde, mais ne tracasse pas cette fille [...]   É. AUGIER, *Maître Guérin*, II, 1, p. 209.

> On est laid à Nanterre,
> C'est la faute à Voltaire,
> Et bête à Palaiseau,
> C'est la faute à Rousseau.
>
> V. HUGO, *Les Misérables*, Pléiade, p. 1240.

FAUTEUIL n. m.

Le quarante et unième fauteuil «le siège mérité à l'Académie française».
(1855, *in* Wartburg). L'expression manifeste un conformisme étonnant. À en juger
par la composition de l'Académie à diverses époques, ce siège devrait plutôt être
une vaste banquette (il est vrai que les fauteuils occupés par des mannequins com-
penseraient amplement les absences illustres).

Dans un fauteuil «avec facilité; sans peine». Esnault atteste l'expression en
1910, dans le langage du turf (un cheval est dit *arriver premier, gagner, dans un
fauteuil*). L'expression s'emploie maintenant dans tout contexte où il est question
de réussite, de succès → LES DOIGTS★ DANS LE NEZ.

Arg. *Aux fauteuils avancés* «au front» (argot militaire, 1939). L'expression renouvelle AUX PREMIÈRES LOGES★.

FAUTEUR n. m.

Fauteur de troubles «personne qui cause des désordres, soit par son action
personnelle, soit, le plus souvent, en incitant d'autres personnes à agir». L'expression est le seul emploi vivant de *fauteur*, qui signifie «favorisateur» (latin *fautor*).
Rattaché spontanément à *faute, fautif* (et non pas à *favoriser*), le mot s'est spécialisé
au XIXᵉ s. dans des emplois péjoratifs.

FAUVETTE n. f.

Vx. *Un dénicheur de fauvettes* «un homme adroit et d'intrigues, qui fait de bonnes découvertes, et surtout en matière de femmes» (1690, Furetière).

Vx. *Plumer la fauvette sur qqn* «lui extorquer de l'argent». Outre l'utilisation
métaphorique de *plumer (plumer qqn)*, cette locution, comme la précédente, utilise
un ancien sens de *fauve*, qui rend compte du choix de *fauvette* parmi les noms
d'oiseaux. Cet adjectif, comme *roux* et *rouge* au Moyen Âge (→ MÉCHANT COMME UN
ÂNE★ ROUGE), correspondant à «faux, hypocrite» — en partie sous l'influence formelle de *faux* — a donné lieu à des expressions avec le nom propre *Fauvel* ou *Fau-
vain* (le cheval fauve) : *estrillier, chevauchier Fauvel* signifiait «tromper».

Avoir un gosier de fauvette «chanter admirablement». Variante développée
(milieu XIXᵉ s.) de l'emploi figuré du mot *(c'est une fauvette)*.

FAUX, FAUSSE adj.

Faux comme un jeton «très hypocrite «→ C'EST UN FAUX JETON★.

Fam. *Avoir tout faux*, «s'être trompé en tout», comme on dit des mauvais élèves
qui font des fautes dans leurs devoirs. Cette loc. et son inverse (→ BON) ont été dif-
fusés par Coluche.

FAUX n. m.

S'inscrire en faux → INSCRIRE.

Plaider le faux pour savoir le vrai «déguiser sa pensée, alléguer de fausses
raisons de manière à inciter les autres à se confier, à se déclarer». Le verbe *plaider*
suggère une origine juridique.

Porter à faux (au sens concret) «ne pas être placé sur un point d'appui ; être
en mauvais équilibre» ; (fig.) «être mal appuyé (d'un argument, etc.)». On dit (surtout au fig.) *être en porte-à-faux*, l'expression formant un nom composé.

> En porte-à-faux entre présent et passé, entre imagination et souvenir, entre poésie et
> réalité, j'hésite, je louvoie, je titube, j'oscille et par moments je me sens bien près de
> perdre pied.   M. LEIRIS, *Biffures*, p. 126.

FAVEUR n. f.

Les dernières faveurs « le fait de se donner (pour une femme) ». Cette expression manifeste l'existence d'un code sexuel où la marge d'action de l'homme est définie par l'autorisation « gracieuse » de la femme, et où ses actes sont soumis à une gradation. Les autres emplois de *faveur*, dans ce sens, ont disparu (on parlait de *menues faveurs*, et l'expression archaïque *les faveurs de Vénus* (1690, *in* Furetière) signifiait ironiquement « maladie vénérienne »). L'expression a vieilli et n'est plus que d'usage ironique. Malgré l'évolution pseudo-égalitaire des mœurs, on ne parle pas des *dernières faveurs* d'un homme.

FÉE n. f.

Vx ou iron. *La fée du logis* « une maîtresse de maison attentive et habile ».

Conte de fées → CONTE.

Avoir des doigts* de fée; être adroite, travailler comme une fée « être extrêmement habile dans les travaux délicats » (ne se dit que des femmes, sauf ironiquement). On disait de même d'un « ouvrage de dame » ou d'une œuvre d'art habilement finie « qu'il (ou elle) semblait *sorti(e) de la main des fées* » ; la comparaison *(travailler...) comme une fée* est toujours en usage.

Les fées se sont penchées sur son berceau se dit d'une personne extrêmement douée ou qui semble avoir une chance surnaturelle. Comme la plupart des expressions formées avec *fée*, cette locution est assez archaïque. Les croyances populaires ayant tendance à abandonner les projections anthropomorphes, les *astres*, *étoiles*, etc. jouent en français moderne le rôle qui était attribué aux fées (→ ÊTRE NÉ SOUS UNE BONNE ÉTOILE*).

FEMME n. f. De nombreuses expressions nominales sont lexicalisées. Elles sont formées avec un adjectif *(bonne femme, jeune femme)* ou un complément nominal *(femme de chambre, de charge...)* et ont acquis une valeur spéciale. Un groupe comme *femme fatale* est à la limite de la locution et du nom composé ; sa valeur (« femme séduisante et apprêtée, qui fait des ravages sentimentaux ») généralement ironique et riche en connotations confère à la *fatalité*, par un détour social, la force que *charme* a perdu. Enfin des expressions du type *femme d'affaires* relèvent de la combinatoire sémantique normale (commutation de *femme* à *homme*).
Au contraire, les énoncés à contenu proverbial formés avec *femme* sont très nombreux.

Cherchez la femme signifie qu'une femme est généralement à l'origine d'un événement dramatique ou criminel, qu'elle est l'inspiratrice cachée des acteurs masculins. Ce rôle occulte de la femme sert évidemment de soupape de sûreté dans un système où toute initiative est virile. L'expression est à la mode depuis le XIXe siècle. Elle a même traversé les océans : un personnage important de l'admirable bande dessinée *Pogo* de Walter Kelly, se nomme *Churchy-la-femme*.

Ce que femme veut, Dieu le veut « la volonté féminine équivaut à une loi supra-humaine, rien ne peut la faire céder ». Proverbe misogyne et galant (la galanterie ne se constituant que sur un fond d'inégalité des sexes).

> CÉCILE. — Impossible ? Je croyais que les militaires et les femmes avaient rayé ce mot du dictionnaire.
> LOUIS. — Il a été rétabli.
> CÉCILE. — Pas pour nous du moins : si c'est impossible, cela se fera.
> LOUIS. — Sans compter le proverbe : Ce que femme veut, Dieu le veut.
> É. AUGIER, *Maître Guérin*, I, 8, p. 201.

Vx. *Il y a bien de la différence entre une femme et un fagot.* Allusion perfide au bavardage attribué aux femmes : « la plus grande différence [...], c'est qu'une femme parle toujours, et un fagot ne dit mot » (Le Roux). La seule raison que l'on peut trouver à cette comparaison insolite est la ressemblance des phonèmes initiaux *(fa-)* et peut-être une allusion aux emplois métaphoriques où *fagot* désigne un être humain, péjorativement (*un fagot* d'épines*, et le sémantisme de *fagoté* « mal accoutré », qui est à rapprocher de *ficelé*, le *fagot* étant lié et pouvant évoquer une forme humaine, plus étroite à la taille).

Souvent femme varie, Bien fol est qui s'y fie! Popularisé par *Le roi s'amuse*, de Hugo (IV, 2), puis par le livret de *Rigoletto*, qui en est tiré, cet adage est attribué à François Iᵉʳ. Le thème de l'irresponsabilité féminine (« comme une plume au vent... ») et de la folie de la confiance masculine implique évidemment une morale sociale où la liberté sexuelle est réservée aux hommes.

La femme de César ne doit pas être soupçonnée → Césᴀʀ.

FENÊTRE n. f.

Une fenêtre ouverte sur (le monde, l'avenir...) « une perspective ou une possibilité de connaître... ».

Jeter... par les fenêtres « dilapider sans compter (de l'argent, des biens) ».

Mais enfin, allez goûter à Rivebelle si cela vous amuse d'être écorché et de jeter l'argent par les fenêtres. M. Pʀᴏᴜsᴛ, *À la recherche du temps perdu*, t. II, p. 970.

Mettre le nez à la fenêtre « se manifester » (s'emploie quelquefois métaphoriquement) → Nᴇz.

Fam. et vx. **Voir ça par la fenêtre** « se faire des illusions ». Dans des énoncés du type : *t'as vu ça par la fenêtre!* La vision illusoire est maintenant attribuée au cinéma.

FER n. m.

Le mot, désignant un métal bien précis, en est venu à désigner par métonymie divers objets de métal (*un fer*, *les fers*). Divers syntagmes nominaux désignent certains de ces objets : ils sont en général lexicalisés (*fer à cheval*, *fer à repasser*, *à friser...*) et certains sont employés en locutions (voir ci-dessous II).

I. Le fer.

De fer [ʟᴏᴄ. ᴀᴅᴊ.], sert à qualifier un substantif avec les valeurs métaphoriques de *dur*. **Santé, tempérament de fer** « très résistant(e) » ; **main, poigne de fer** « d'une force remarquable » ; **tête de fer** « tête dure, personne têtue » ; **volonté de fer** « inébranlable ». **Être de fer, n'être pas de fer**, s'est employé dans ce sens.

Vx. **Âge, siècle de fer** « période de violence, dans les classifications mythologiques » (*fer* a ici une valeur symbolique, ce qui n'est pas le cas dans l'expression *âge du fer*, employée au xixᵉ siècle, pour caractériser la technologie du fer protohistorique).

Rideau de fer « ligne qui sépare en Europe les pays communistes des pays non communistes ». Attestée en 1946, l'expression est un calque de l'anglais *iron curtain*, employée par Churchill dans un discours, par métaphore du « rideau de fer » des théâtres.

Par le fer et par le feu [ʟᴏᴄ. ᴀᴅᴠ.] « par les moyens les plus radicaux, les plus violents ». L'expression fait allusion à la chirurgie, à la cautérisation des plaies au fer rouge. On la trouve dans Furetière (1690). De nos jours, elle évoque plutôt les violences de la guerre.

Vx. **Battre le fer** « se battre souvent à l'épée » (on dit plutôt : *croiser le fer*). L'expression a signifié « s'exercer », par ex. : *Il a battu le fer dans les escoles avant que* *de soutenir cette thèse* (1690, Furetière). Ce sens est encore dans Littré ; l'expression a sans doute été éliminée par la fréquence de la locution suivante.

Battre le fer quand il est chaud « exploiter une situation sans attendre ». L'expression s'emploie surtout sous forme de conseil proverbial *(il faut...)* ; elle est employée dans *les Cent Nouvelles nouvelles* (1486) et remonte au latin. La métaphore porte sur la technique de la forge à chaud.

> Tiens c'est vrai ! cria Baudu. Nous irons le voir après déjeuner. Il faut battre le fer pendant qu'il est chaud.   É. ZOLA, *Au Bonheur des Dames*, t. I, p. 12.

II. Un fer, le fer, les fers « objet, arme..., en métal ».

1. Fers à cheval « objets travaillés par le forgeron ».

Des quatre fers « par tous les moyens dont on dispose ». L'expression provient sans doute *de faire feu* des quatre fers ;* elle ne s'emploie guère qu'avec les verbes comme *s'employer, se démener...*

> Je saurai bien vous prouver ma reconnaissance pour la bonté dont vous usez envers votre serviteur, en m'employant de mes quatre fers au mariage de l'héritière de Bourgogne avec monseigneur.   BALZAC, *Maître Conélius*, p. 949.

Les quatre fers en l'air « à la renverse, par terre » (d'une personne comparée à un cheval dont les quatre pattes quittent le sol).

> Bibi-Lupin sauta courageusement à la gorge de Jacques Collin, qui, l'œil à son adversaire, lui donna un coup sec et l'envoya les quatre fers en l'air à trois pas de là.
>   BALZAC, *Splendeurs et Misères des courtisanes*, p. 1128.

> Elle prit le bras de Lorilleux, marcha devant, sans se retourner, d'un tel pas que Gervaise et Coupeau s'essoufflaient à les suivre. Par moments, ils descendaient du trottoir, pour laisser la place à un ivrogne, tombé là, les quatre fers en l'air.
>   É. ZOLA, *L'Assommoir*, t. I, p. 117.

En emploi figuré, avec la même valeur que *désarçonné* (vaincu, dans une discussion, etc.).

> Virgile, je l'ai basculé, il a les quatre fers en l'air... il voudrait lutter, défendre encore sa position...   A. BOUDARD, *Cinoche*, p. 145.

Vx. Mettre les fers au feu « commencer sérieusement à vouloir faire réussir quelque affaire », dit Furetière (1690).

Vx. Ne pas valoir les quatre fers d'un chien « ne rien valoir du tout ». Proprement : valoir moins qu'une chose inexistante.

> C'est comm' les curés : Des Jean-fesse,
> Un tas d'clients qui foutent rien
> Que d'licher du pive à la messe ;
> Ça vaut pas les quat'fers d'un chien.   A. BRUANT, *Dans la rue*, p. 194.

2. Le fer « arme, épée ».

Croiser le fer « se battre et, plus précisément, commencer à se battre à l'épée » ; dans l'abstrait : « se mesurer avec un adversaire ».

> [...] il avait toujours pris plaisir à aller sur le terrain quand s'agissait de croiser le fer ou d'échanger des balles avec un adversaire.
>   M. PROUST, *À la recherche du temps perdu*, t. II, p. 1071.

Engager le fer « commencer à se battre à l'épée » ; « engager une dispute (avec un adversaire) ».

3. Les fers « chaînes d'un captif ».

Vieilli. Être dans les fers « être captif, esclave, prisonnier ». Il s'agit plutôt d'une métaphore stylistique utilisant le pluriel *les fers* avec la valeur poétique de « privation de liberté ». L'expression **mettre aux fers,** au contraire, garde sa valeur concrète (« enchaîner »).

4. Fer « fixations, parties métalliques ».

Vx.   *Ne tenir ni à fer ni à clou* « être peu solide » → Clou.

Vx.   *On n'en donnerait (je n'en donnerais) pas un fer d'aiguillette* (1690, *in* Furetière) « cela ne vaut rien » (on dit de nos jours, par une métaphore identique : Cela ne vaut pas un clou*).

5. Composés avec *fer*.

Fer de lance « partie avancée et offensive d'un dispositif militaire » ; par extension, « élément avancé, dans une attaque ».

En fer à cheval [LOC. ADV.] « en forme de demi-cercle outrepassé » *(arc, escalier, table... en fer à cheval).*

Nager comme un fer à repasser « ne pas savoir nager, être sujet à couler à pic » (1917, dans l'argot des marins, *in* Esnault). *Fer à repasser* désigne des navires militaires lourds et massifs depuis 1876.

FÉRIR v. tr. Ce verbe, du latin *ferire*, a été éliminé pour *frapper* à partir du XVIᵉ siècle. Il ne survit que dans l'adjectif *féru* et dans la locution : Sans coup* férir.

FERMER v. tr.

Ferme ça, ferme-la! « tais-toi ». Ellipse pour *ferme ta bouche!* (→ Gueule). La variante *la ferme!* doit provenir de *(tu) la fermes?* plutôt que d'une allusion à la plaisanterie que rapporte Esnault (1900) : *As-tu vu la ferme? Quelle ferme? — La ferme ta gueule!*, et qui constitue un calembour vraisemblablement postérieur.

FERRAILLE n. f.

Bruit de ferraille « bruit métallique, cliquetis, etc. ».

FERRER v. tr. C'est dans l'acception de « mettre des fers à (un cheval, à un mulet, etc.) » que ce verbe a servi à former quelques locutions.

Vx.   *Ferrer la mule* → Mule.

Vx.   *Ferrer les oies, les cigales* « faire un travail inutile et absurde ; perdre son temps » (1611, *in* Cotgrave). Exemple d'occupation rurale imaginaire et dérisoire, comme *mener les poules pisser*, etc.

Être ferré à glace sur... « être très savant, très compétent sur... ». L'expression qu'on trouve au XVIIᵉ s. (Furetière) porte sur l'idée de « moyen d'éviter une chute » ; celui qui porte des fers spéciaux pour la glace ne risque pas de glisser, de *perdre pied*, etc. *Ferré*, employé seul (ou *calé*) témoigne du même effet de sens.

> M. de Guermantes. heureux qu'elle me parlât avec une telle compétence des sujets qui m'intéressaient. regardait la prestance célèbre de sa femme, écoutait ce qu'elle disait de Frans Hals et pensait : « Elle est ferrée à glace sur tout ».
>
> M. Proust, *À la recherche du temps perdu*, t. II, p. 524.

Vx.   *Être difficile à ferrer* « difficile à convaincre » (allusion au cheval qui ne tient pas en place).

FÉRULE n. f. Ce mot (du latin, *ferula*) désigne à l'origine une plante dont la tige servait à faire divers objets, dont la règle de bois utilisée par les magisters pour inciter les élèves indociles à la sagesse.

Sous la férule de... « sous l'autorité, le pouvoir de... ». L'expression évoque une autorité brutale et prétentieuse ; elle s'emploie encore, et son sens n'est pas nettement analysé, car la férule n'est heureusement plus connue dans les écoles.

FESSE n. f. Du latin populaire *fissa*, pluriel de *fissum* «fente», pris comme
un féminin. En français, le mot a pris le sens de *nache*, qu'il a éliminé au XVIe siècle.
Fesse forme d'assez nombreux composés lexicalisés, tels *tire-fesses* «remonte-pente»,
pince-fesses, «réunion dansante et... flirtante», etc. De même l'emploi collectif (*de la
fesse* «des femmes») constitue un sens du mot plus qu'une locution → aussi FESSE-
MATHIEU.

Vx.   ***Fils de quatre fesses*** terme d'injure «légère», selon Furetière (1690).

Vx.   ***Fesse tendue*** «paillard» s'est dit au XVIe s., par allusion à la sodomie.

***Coup de pied aux fesses; mettre (flanquer, ficher, foutre...) son pied aux fes-
ses.*** Variantes atténuées de *coup de pied* (etc.) *au cul* → CUL. L'image implicite de
la sodomie est beaucoup plus claire dans la langue classique, qui emploie *appliquer
(donner...) le pied entre ses fesses.*

> Voulez-vous lui faire baisser le ton? Élevez-le Montrez-lui votre canne ou appliquez
> votre pied entre ses fesses.   DIDEROT, *Le Neveu de Rameau*, p. 456.

Histoire de fesse «anecdote, aventure... où il est question d'amour physique». Variante : *histoire de cul.* ***La peau des fesses*** → PEAU.

Des joues (...) comme des fesses «de grosses joues rebondies».

Vx.   ***N'y aller que d'une fesse*** «faire qqch. sans énergie». Cette expression, attestée
en 1611, est qualifiée de «basse et proverbiale» par Furetière (1690).

> Quand il fait chaud [qu'on se bat] en quelque lieu, si le chef n'y va [...] le reste ne va
> que d'une fesse, et gronde [proteste] qu'on les envoie à la mort.
>   MONTLUC, *Commentaires*, 50, 7, *in* Huguet.

Vx.   ***En avoir dans les fesses*** (pour telle somme) «être imposé de..., devoir
payer...» (1611, *in* Cotgrave). On a employé aussi : ***en avoir plein les fesses,*** par un
début de métonymie qui a produit PLEIN LE DOS*. La valeur initiale, manifestée par
la préposition *dans*, est, bien sûr, celle de *cul**.

> On dit d'un homme qui a gasté quelque besogne, il en a pour cent escus dans les fes-
> ses, si on luy fait payer cent escus.   FURETIÈRE, *Dictionnaire*, art. *Fesse.*

Vx.   ***S'en battre les fesses*** «s'en moquer» (*in* Scarron, 1648) → S'EN BATTRE
L'ŒIL*.

Avoir chaud aux fesses «avoir échappé à un grand danger; avoir peur»
(depuis le XVIIIe s.) → AVOIR LE FEU* AU DERRIÈRE, AU CUL, qui a des valeurs différentes.

Vx.   ***Donner sur les fesses*** «fesser; battre» (XVIIe-XVIIIe s.).

Gare tes fesses! «pousse-toi!, écarte-toi!». On entend aussi : *ôte tes fesses de là!*

Poser ses fesses «s'asseoir».

Pincer les fesses de..., se pincer les fesses «(se) faire des caresses intimes... et
appuyées». *Pince-fesses* est lexicalisé («réunion où l'on flirte»).

> C'est la guerre, dehors le tocsin sonne. Tout le monde court, tout le monde s'embrasse,
> on boit, on se pince les fesses, on fait des jeunes pour la prochaine.
>   PRÉVERT, *Paroles*, p. 40.

Serrer les fesses «avoir peur». Le sens que donne Wartburg, «résister, ne pas
se laisser faire», n'est plus en usage (s'il l'a jamais été).

FESSE-MATHIEU, FESSE-PINTE n. Ces composés archaïques ne viennent pas de *fesse*, mais du verbe *fesser; mathieu*, «créancier» est attesté en 1552.
Fesse-mathieu signifie d'abord «usurier» et *fesser mathieu* «prêter à usure», s'est dit
au XVIIe s. (Oudin), après *fesser Sainct-Mathieu* «pratiquer l'usure». Les usuriers sont
appelés *confrères de saint Mathieu* au XVIe s. : saint Matthieu, selon la tradition, fut
prêteur ou changeur, avant de se convertir. Celui qui *fesse saint Mathieu* le «met à

mal» en pratiquant indignement son premier métier, ou le «bat» pour lui tirer de l'argent. Les sens figurés de *fesser* ayant vieilli au XVIIe s., on eut recours à des hypothèses variées pour expliquer le mot : Furetière y voit une altération de *« il fait le Saint Mathieu »* (ce qui est formellement impossible), Le Duchat, de *feste-Mathieu*, fête de Mathieu, jour où les huissiers du Châtelet faisaient une quête (hypothèse détruite par l'existence de *fesser* [saint] Mathieu).

Fesse-pinte «buveur» signifie celui qui *fesse*, «expédie rapidement», la *pinte*.

FESSU, UE adj. Dérivé de *fesse*, en usage depuis le XIIIe siècle.

Rég.   *N'être pas bien fessu* «être malade, en mauvais état» ou «être dans la gêne» (pays de Bray, *in* Wartburg). Les fesses rebondies sont un symbole de prospérité et de bonne santé.

FÊTE n. f.

Fête carillonnée «grande fête religieuse».

> Le luxe, l'oisiveté, le péché qu'ils engendrent, étaient loin d'avoir aboli en lui le souci
> chrétien, surtout les jours de fêtes carillonnées.   A. BLONDIN, *Quat'saisons*, p. 19.

La fête à Neuneu «fête foraine». La célèbre fête foraine de Neuilly a donné son nom aux fêtes analogues (avec l'article défini : on ne dit pas *une fête à Neuneu*, mais *c'est la fête à Neuneu*).

Vx.   *Deviner les fêtes quand elles sont passées* «apprendre à qqn ce qui lui est connu». Var. proverbiale : *C'est un bon astronome, il devine les fêtes*, etc., où *astronome* a le sens d'«astrologue».

Vx.   *Être à la fête* «être heureux, ravi». Ne s'emploie plus qu'au négatif : *il n'était pas à la fête* (voir ci-dessous).

> Quand il entend mesdire de son rival, il est à la feste, il est à la joye de son cœur.
>   FURETIÈRE, *Dictionnaire*.

Faire fête à quelqu'un «l'accueillir avec chaleur, empressement» (XVIIe s. ; 1680, *in* Richelet). Expression verbale à demi lexicalisée, avec le sémantisme de *fêter*.

Faire la fête «mener une vie joyeuse et libertine» (XIXe s. : *in* Daudet) → NOCE.

Vx.   *Se faire de fête* «se mêler d'une chose qui ne vous regarde pas» (XVIIe s., Molière, Scarron). Le sens initial est «se faire (se mettre) de la fête», c'est-à-dire «s'inviter» (le verbe est pronominal réfléchi).

Se faire une fête de... «se promettre un grand plaisir», c'est-à-dire faire à soi-même de qqch. une réjouissance comparable à une fête.

Ça va être sa (ta...) fête «il (tu...) va être puni, malmené, battu». Ici *fête* a le sens de «commémoration annuelle de la fête de qqn», où on lui offre des cadeaux, où on lui paye à boire, etc. Comme la *danse*, la *fête* prend ironiquement la valeur de «mauvais traitements».

Ce n'est pas tous les jours fête «il y a des moments déplaisants, pénibles». *Il n'est pas tous les jours feste*, signifiait au XVIIe s., «on ne fait pas la même chose pour tout le monde» (Furetière), c'est-à-dire, les privilèges, les avantages accordés à l'un ne sont pas forcément répétés pour l'autre.

Il ne s'est jamais trouvé, vu (il n'a jamais été) à pareille fête «il n'a jamais été dans une situation aussi agréable». L'expression a eu une valeur ironique au XVIIe siècle (Oudin, Furetière).

Et la fête continue! Exclamation pour inciter à la reprise d'une activité agréable, ludique, après une interruption.

Mais le Président. qui sans doute n'en est pas à son premier enfant perdu. fait un signe de la main et la fête continue.　　　　　　　　　　PRÉVERT, *Paroles*, p. 11.

FÉTU n. m. *Festu*, puis *fétu* (latin *festuca*) signifie «brin de paille» et a été pris très tôt comme symbole de petitesse, d'insignifiance (d'où des emplois comme : *ça ne vaut pas un fétu* [*valoir un festu* est dans Charles d'Orléans], je n'en donnerais pas un fétu).

Vx.　**Cogner le fêtu** «gaspiller son temps» (1611, *in* Cotgrave). C'est une des expressions qui évoquent une activité dérisoire, inutile, par la disproportion entre l'effort déployé et l'objet auquel il s'applique. Un *cogne-fêtu* s'est dit d'une personne s'agitant inutilement.

Vx.　**Rompre le fêtu avec quelqu'un** «rompre avec lui» (1611). Le sens figuré de *rompre* est renforcé par l'expression *rompre le fétu* (ou *la paille*), désignant une action concrète, mais ayant diverses valeurs symboliques (on cassait une paille pour divers jeux de hasard, etc., de même qu'on TIRE À LA COURTE PAILLE*, ce qui s'exprimait aussi par **tirer au festu, au court-fétu,** XIVe s.).

FEU n. m. Ce mot, bref et chargé de pouvoir symbolique, réunit toutes les conditions pour être producteur de phraséologie. Sa polysémie («lumière», «éclat», «embrasement», «déflagration», etc.) est un autre indice de son pouvoir métaphorique.

Feu d'artifice «spectacle formé par diverses compositions pyrotechniques fusées, feux tournants, etc.» — et, métaphoriquement, «manifestation éblouissante d'habileté, d'esprit» (1834). — Voir aussi les locutions proverbiales, ci-dessous.

Feu de Bengale «préparation qui s'enflamme en produisant une lueur colorée».

Feu d'enfer «feu très violent», par allusion à l'image traditionnelle de l'enfer chrétien (ne s'emploie guère qu'au sens concret) : *Faire un feu d'enfer.*

Feu de joie «feu allumé en signe de joie, à l'occasion d'une fête, etc.» (1414, *in* Wartburg). Expression à rapprocher de *feu de camp,* qui désigne non seulement le feu allumé dans un camp de scouts, etc., autour duquel on se réunit, mais les activités (spectacles, jeux...) auxquelles on se livre.

Feux de la Saint-Jean «feux allumés pendant la nuit de la Saint-Jean, la plus courte de l'année, pour célébrer le solstice d'été».

Feu de paille, se dit de ce qui se manifeste d'une manière violente et passagère, en particulier d'un sentiment, de l'amour. Sous une forme proverbiale, on a employé : *cela passe (se passe) comme un feu de paille* (1656, Oudin).

Le feu du rasoir «irritation, sensation de brûlure provoquée par le rasoir». L'expression, attestée en 1875, n'est employée qu'au sens concret, mais sa fréquence lui donne une cohérence de locution.

Feu et flamme(s), s'emploie pour évoquer une vive colère, etc., surtout en complément de verbes comme *jeter, lancer*... Dans *jeter, vomir feu et flammes,* l'expression, évoque soit le dragon, soit le volcan (Gottschalk).

Aussi Rebel et Francœur jettent-ils feu et flamme. Il disent que tout est perdu, qu'ils sont ruinés...　　　　　　　　　　DIDEROT, *le Neveu de Rameau,* p. 482.

Rebel et Francœur sont des directeurs de l'Opéra, menacés par le succès de la musique italienne.

Donc. beaucoup de bruit pour rien. J'ai sué sang et eau et jeté feu et flamme pour aboutir. dans la pratique quotidienne, à être un homme tel que nombre de ceux de la bourgeoisie qui se veut avancée. un auteur admis dans les anthologies et dont peut-être on louera l'effort de sincérité. l'exactitude d'expression, voire les raccords et les

entrelacs ingénieux, en l'absence de ce je ne sais quoi qui (chez certains) fulgure jusque dans la moindre phrase et que je crois être l'essentiel.   M. LEIRIS, *Fibrilles*, p. 291.

Feu follet «flamme mobile produite par des émanations gazeuses, dans les
lieux marécageux» (1671). Emploi par apposition du mot *follet* («petit fou», d'où
«lutin») employé dans ce sens depuis le XVIe s. En français moderne, l'expression est lexicalisée.

Feu roulant «tir continu d'un groupe d'armes à feu», et métaphoriquement,
«suite d'attaques verbales rapprochées venant de plusieurs personnes». *Un feu roulant de plaisanteries, d'insultes, «de paradoxes»* (Renan).

Le feu sacré «enthousiasme, inspiration» (comparé à la flamme symbolique,
dans diverses religions). Souvent employée dans des locutions verbales ou nominales qui reprennent la métaphore initiale *(entretenir le feu sacré, conservation du feu
sacré...)*, l'expression prend parfois la valeur lexicalisée de «courage, ardeur» (avoir
le feu sacré pour un travail).

> [un tableau] que visitaient quelques-uns de ces entêtés auxquels nous devons la conser-
> vation du feu sacré pendant les jours mauvais.
> BALZAC, le Chef-d'œuvre inconnu, p. 392.

> Quand j'aurai gagné obscurément quelque argent en courant ces ventes de bois et
> méritant la faveur de quelques fripons subalternes, qui me dit que j'aurai encore le feu
> sacré avec lequel on se fait un nom?   STENDHAL, *Le Rouge et le Noir*, p. 284.

Vx.   **Feu Saint-Antoine**, ancien nom de maladies inflammatoires (formes d'érésy-
pèle).

Vieilli.   **Feu Saint-Elme** «étincelle due à l'électricité atmosphérique et qui peut
s'observer en haut des mâts d'un navire».

Le feu vert (dans *avoir, donner... le feu vert*) «autorisation, permission;
signal d'action». La métaphore est transparente, et l'expression, fréquente depuis
1955-1960, est un calque de l'anglais *to give the green light*.

> [...] mon autorisation m'attend là-bas chez mother, à la gendarmerie du village,
> j'y cours, j'y vole, j'ai le feu vert!   A. SARRAZIN, *La Traversière*, p. 113.

Le coin du feu, symbolise la vie casanière, d'après les valeurs de *foyer*, le *feu*
étant l'«âme du logis».

> Tu as bien raison d'aimer gens et sites; tout est admirable. Cet hiver, au coin du feu,
> nous en parlerons longuement tout en tisonnant.
> G. FLAUBERT, Correspondance, Ire série, p. 75.

Coup de feu «action vive du feu»; notamment «augmentation de la chaleur
du feu, d'un four, pour achever la cuisson».

> Une trentaine d'ouvriers étaient debout le dos tourné à la flamme, se rôtissant d'un air
> de jouissance. Avant la descente, tous venaient ainsi prendre et emporter dans la peau
> un bon coup de feu, pour braver l'humidité du puits.
> É. ZOLA, Germinal, t. II, p. 29.

Le sens métaphorique, «moment où l'on doit déployer une grande activité», vient
sans doute d'un emploi métonymique du premier sens, **coup de feu** signifiant le
moment où le cuisinier achève la cuisson (1812). De *cuisiner dans son coup de feu*,
on est passé au sens de «moment de presse, d'activité la plus grande», souvent dans
le contexte initial; mais l'influence de *coup de feu*, «décharge d'une arme», est sensible dans la valeur métaphorique («au plus fort du combat»).

> En Belgique c'est un peu comme en Russie, on mange à peu près toutes les heures;
> mais à Anvers, il y a deux coups de feu dans les restaurants, à onze heures, avant
> l'heure de l'ouverture de la Bourse aux grains, qui est à midi, et à cinq heures du
> soir, l'heure où les diamantaires ont fini leur travail.   B. CENDRARS, *Bourlinguer*, p. 77.

Coup de feu «décharge d'une arme à feu» n'est qu'un homonyme des précédents.

Fam. ***Avoir son coup de feu*** « avoir un peu trop bu ». Cette locution (vieillie : 1808) provient d'une équivoque sur le *feu* de l'eau-de-vie ou le *feu* du teint « allumé » et sur *coup* (de vin, etc. : *boire un coup*).

> ***Dans le feu de...*** « dans le moment le plus fort d'une activité ».
>
> J'avais bien travaillé ma composition, je la trouve (sans me vanter) pas mal faite, et il faut que dans le feu de la composition je fasse un barbarisme. Enfin, que diable veux-tu ?   T. CORBIÈRE, *Lettres*, p. 960.

Entre deux feux « entre deux dangers également menaçants » (XVIIᵉ s.). Il s'agit évidemment du tir d'armes à feu, et on se demande pourquoi cette métaphore très naturelle est écartée par Gottschalk, qui suppose que la locution est plus ancienne que l'invention des armes à feu, mais n'avance rien pour le prouver (or, elle n'est attestée que bien après cette invention). Sachs-Villatte fait venir l'expression de l'art culinaire, mais le cuisinier ou le marmiton ***entre deux feux*** symboliserait plutôt une personne affolée qu'en danger → le moderne COUP DE FEU★. Quant à l'explication pseudo-érudite de J.-J. Ampère, reprise par Quitard, et selon laquelle cette locution vient de « la situation désespérée de l'homme que les druides offraient à leur dieu Belenus, et qui s'avançait à la mort entre deux feux », elle relève de l'imagination historique la plus incontrôlée.

> À l'âge de seize ans, un soir, à l'Opéra, il avait eu l'honneur d'être lorgné à la fois par deux beautés alors mûres et célèbres et chantées par Voltaire, la Camargo et la Sallé. Pris entre deux feux, il avait fait une retraite héroïque vers une petite danseuse fillette appelée Nahenry [...].   V. HUGO, *Les Misérables*, Pléiade, p. 615.

Sans feu ni lieu « sans domicile » ; ***n'avoir ni feu ni lieu*** « être sans domicile ». La locution évoque le vagabondage ; elle est basée — comme Pasquier le remarque très justement — sur une synonymie renforcée par une paronymie, attestée dès 1260 (Estienne, Boileau) dans ***tenir feu et leu*** « avoir un foyer », puis ***n'avoir feu ne lieu*** « être vagabond » (1549).

> [...] il ne faut point douter que nos vieux François usoient du mot de *leu*, et non de *lieu*, et ce par une mesme Analogie que celuy *de feu*. Car tout ainsi que *feu* vient de *focus*, aussi *leu* venoit de *locus*, et nos anciens pour asseurer leur métaphore, par laquelle sous le mot de *feu* ils vouloient représenter nos domiciles, y adiousterent encore celuy de *leu*, qui est beaucoup plus intelligible : Et par mesme moyen se jouèrent de la rencontre des deux mots.   PASQUIER, *Recherches de la France*, VIII, ch. 48.
> Dans mon enfance, dans ma jeunesse, je flottais, j'errais en exil partout où j'allais. J'étais, comme dit la police, sans feu ni lieu.   M. TOURNIER, *Les Météores*, p. 370.

À feu et à sang « avec les destructions *(feu)* et les tueries *(sang)* de la guerre ». ***Mettre à feu et à sang*** « détruire par la guerre ». On rencontre l'expression en gascon, au XVᵉ s. (*a foec e a sang*, in Wartburg, *Sanguis*). Feu s'est employé dans le contexte de la guerre, par exemple au sens de « torche incendiaire », et les expressions avec sang évoquant le meurtre sont nombreuses (→ SANG). L'expression métaphorique du XVIIᵉ siècle : *se faire la guerre à feu et à sang* « chercher à se nuire par tous les moyens », ne s'emploie plus.

> À feu et à sang, le pays du pain ! Il va griller plus de blé moulu qu'il n'en fallait pour me nourrir pendant toutes mes années de famine !   J. VALLÈS, *L'Insurgé*, p. 273.
> J'lui en ai bien voulu mais, à présent,
> J'ai plus d'rancune et mon cœur lui pardonne
> D'avoir mis mon cœur à feu et à sang
> Pour qu'il ne puiss' plus servir à personne...
>   GEORGES BRASSENS, *Poèmes et Chansons*, p. 84.

À petit feu « lentement et en faisant souffrir » (avec des verbes comme *faire mourir, tuer*). Allusion au supplice du bûcher. La métaphore est reprise dans des expressions verbales comme ***brûler, faire cuire à petit feu*** « tourmenter, faire souffrir longuement, ou par l'attente » (→ METTRE SUR LE GRIL★), et avec la valeur intransitive : ***brûler à petit feu*** «souffrir cruellement et longtemps» (on dit aussi ***mourir, périr à petit feu***).

> S'il soupçonnait la visite nocturne d'un amant, ce vieux seigneur était capable de la faire périr à petit feu dans une cage de fer, de la tuer tous les jours au fond de quelque château fort. BALZAC, *Maître Cornélus*, p. 916.

Avoir le feu au derrière (au cul, quelque part...) «être très pressé, filer très vite». «On dit d'un homme qui s'enfuit fort vite, qu'il court comme s'il avoit le feu au cul» (1690, Furetière). On trouve chez Bruant la variante *sous le cul* (*in* O. Méténier, *Aristide Bruant*, 1893).

> Sacrée graine d'amateur, va! T'as toujours le feu quelque part. Si on t'écoutait, on ferait son fond de teint à sept heures et demie en brifant les hors d'œuvre...
> COLETTE, *La Vagabonde*, p. 9.

Dans un sens tout différent, ***avoir le feu au cul (au derrière)*** «avoir des besoins sexuels intenses». C'est l'idée d'*être en chaleur*, localisée avec une précision naïve.

> Ma femme est, soit dit en passant,
> D'un naturel concupiscent
> Qui l'incite à se coucher nu'
> Sous le premier venu...
> Mais
> M'est-il permis, soyons sincèr',
> D'en parler au café-concert
> Sans dire qu'elle a, suraigu,
> Le feu au cul? GEORGES BRASSENS, *Poèmes et Chansons*, p. 157.

Vx. ***Avoir le feu à la tête*** «être en colère» (XVIe-XVIIe s.).

Crier au feu «s'alarmer bruyamment, annoncer un danger à grands cris».

Être écrit, inscrit en lettres de feu → LETTRE.

Être tout feu tout flamme «être enthousiasmé (pour...)». C'est l'équivalent de *avoir le feu sacré*, *feu* exprimant l'«ardeur» et étant renforcé par tout et par la redondance allitérante *feu-flamme*.

Faire feu de tout bois «employer tous les moyens à sa disposition». L'expression est quasi synonyme de FAIRE FLÈCHE DE TOUT BOIS*, mais la métaphore est plus claire.

> Il cite tour à tour le meilleur et le pire et semble attacher autant d'importance à Aurel, ou Tancrède de Visan, ou Jean Florence ou Berseaucourt, qu'à Nietzsche ou qu'à Claudel. Aucune discrimination : il fait feu de tout bois; cela nuit beaucoup à sa thèse.
> A. GIDE, *Journal*, t. II, p. 280.
> Ça m'aura toujours servi à ça la tubardise... je fais feu de tout bois... je suis attentif à utiliser au mieux les restes. A. BOUDARD, *Cinoche*, p. 59.

Faire feu de tous bords «attaquer sur tous les fronts; agir contre divers adversaires». Métaphore de la marine de guerre (variante archaïque *: faire feu de tribord et de bâbord*).

> C'est et ce sera une affaire étonnante [...]. Vous pouvez donc, la Central American Bank vous servant de banquier, faire feu de tous bords.
> J. CLARETTE, *Le Million*, in *Ph. Sl.*

Vx. ***Faire feu qui dure*** «ménager son bien, ses forces...» (XVIIe s.).

Faire feu des quatre fers, des quatre pieds «s'agiter, faire tous ses efforts pour réussir» (1793, Hébert, *Le Père Duchesne*). L'image du cheval qui part en galopant et dont les fers font jaillir des étincelles est perdue avec le mot *pied*.

Faire long feu «ne pas produire l'effet attendu; échouer». Métaphore de la langue technique des artificiers, où *faire long feu* signifie «s'allumer trop lentement pour pouvoir faire exploser la cartouche», en parlant de son amorce. Le sens métaphorique (1826) est celui de *rater*.

> Une tentative d'insurrection nationaliste marocaine, qui semblait assez menaçante, vient
> d'échouer, semble-t-il : a fait long feu.   A. GIDE, *Journal*, t. II, p. 260.

Ne pas faire long feu, locution critiquée par les puristes qui y voient une confusion avec la précédente (« c'est dire... tout le contraire de ce que l'on veut dire » [M. Rat, *Dict. loc.*]), repose sur une tout autre valeur métaphorique de feu, beaucoup plus naturelle, et signifie « ne pas durer longtemps, être vite terminé » → ci-dessus FEU DE PAILLE.

> Les maris désintéressés [...] sont rares. L'avantage des vieux est qu'ils ne font pas long
> feu.   P. MARGUERITTE, *Jouir*, in *Ph. Sl.*

Faire la part du feu → PART.

Vx. *Faire feu violet* « faire des dépenses de prestige, mener un train qu'on ne peut soutenir » ou « promettre beaucoup sans pouvoir tenir » (milieu XVIIᵉ s.). Le « feu d'artifice violet » invoqué par Quitard (*Dictionnaire*, p. 385) est une fantaisie. Au XVIIᵉ s., *violet* et *violette* évoquent une couleur sombre, plombée, et suggèrent l'idée de mort. En outre, l'influence de *violent* s'y fait sentir. Le *feu violet* est un feu violent, mais sombre, et qui va bientôt mourir.

Se jeter dans le feu pour éviter la fumée (1907, *in* Sachs-Villatte). Ce proverbe transpose l'histoire de Gribouille d'un élément à l'autre (SE JETER À L'EAU POUR ÉVITER D'ÊTRE MOUILLÉ).

Jouer avec le feu « jouer avec le danger, se montrer imprudent ».

Mettre le feu aux poudres (VX : *aux étoupes*) « déclencher des réactions violentes, des sentiments violents ». L'expression vient du sens concret « faire exploser en approchant une mèche allumée ». Le sujet peut être un nom de personne ou d'événement *(c'est son départ, sa décision qui a mis le feu aux poudres)*. *Mettre le feu auprès des étouppes* (Bonaventure des Périers), *aux étouppes* (XVIᵉ s.) signifie spécialement « déclencher la colère, ou la passion amoureuse » (on disait aussi au XVIIᵉ siècle : *le feu est, prend aux étoupes*). *Poudre* remplace progressivement *étoupe* à partir du XVIIᵉ s. dans les mêmes emplois. La valeur érotique, très courante au XVIIIᵉ s. (cf. les titres de gravures de Boucher) est à peu près ignorée de nos jours. Le feu symbolisait l'ardeur amoureuse et *étoupe* était sans doute évocateur, par étouper « boucher un trou », sens très fréquent en moyen français.

> C'est alors que les Beatles, mobilisant plus de cent mille fanatiques [...] mirent le feu
> aux poudres en venant chanter le pour et le contre autour de la devanture.
>   A. BLONDIN, *Quat'saisons*, p. 84.

Mettre le feu sous le ventre à quelqu'un « l'exciter, le pousser à agir » (vers 1600, d'Aubigné).

Mettre à feu et à sang → ci-dessus : À FEU ET À SANG.

Mettre la main au feu → MAIN.

Ouvrir le feu sur... « commencer à tirer sur (qqn, un objectif) » et métaphoriquement, « commencer à attaquer (en paroles, etc.) ».

Péter le feu « avoir une activité, une énergie intense ». Avec un substantif non humain : *ça va péter du feu* « les choses vont devenir violentes » (→ aussi PÉTER).

Prendre feu « s'enflammer » (locution lexicalisée) et métaphoriquement, « se mettre dans une vive colère, s'emporter, etc. ».

Souffler sur le feu « rendre une situation plus violente, plus dramatique ; faire empirer » → JETER DE L'HUILE* SUR LE FEU. Le sémantisme métaphorique est celui de *attiser*.

N'y voir que du feu « ne s'apercevoir de rien, comme si on était ébloui ». L'explication de Littré, qui évoque le coup porté sur la tête et l'éblouissement qui en résulte (→ VOIR TRENTE-SIX CHANDELLES*) ne convient pas exactement au sens

moderne, mais ce dernier correspond à une évolution du sémantisme de *éblouir*
(→ aussi N'Y VOIR QUE DU BLEU*, à rapprocher du sens de *bluette* «étincelle»).

> Mais à mesure que sa jeunesse s'éteignait, il allumait sa gaîté ; il remplaçait ses dents
> par des lazzis, ses cheveux par la joie, sa santé par l'ironie, et son œil qui pleurait riait
> sans cesse. Il était délabré, mais tout en fleurs. Sa jeunesse, pliant bagage bien avant
> l'âge, battait en retraite en bon ordre, éclatait de rire, et l'on n'y voyait que du feu.
>
> V. HUGO, *Les Misérables*, Pléiade, p. 130-131.

> Ce mensonge lui était venu pour sauver la réputation de son amant. Elle s'en fichait
> bien, des billets de banque ! Là-bas, elle lui donnerait les 15 000 francs pour qu'il les
> renvoyât à Paris, et personne n'y verrait que du feu.
>
> GORON, *L'Amour à Paris*, t. I, p. 392.

Il n'y a pas le feu (à la maison) «rien ne presse». L'expression est d'usage
très familier et désabusé, sous la forme *y'a pas l'feu…*

C'est le feu et l'eau [LOC. PROV.] «ce sont deux choses absolument opposées,
deux caractères incompatibles».

Il se jetterait dans le feu pour lui «il lui est totalement dévoué».

Vx. **Il mettrait le feu à la maison du voisin pour faire cuire un œuf** «il est égoïste
et ne se soucie pas du mal qu'il fait, du moment qu'il en tire le moindre avantage».

Vx. **On a tiré un beau feu d'artifice à sa naissance** (1842, *in* Quitard). Réfection
plaisante de IL N'A PAS INVENTÉ LA POUDRE* (si on a tiré un *feu d'artifice*, c'est que
la poudre était déjà inventée).

FEUILLE n. f.

Feuille de chou → CHOU.

Giroflée à cinq feuilles → GIROFLÉE.

Dur de la feuille «dur d'oreille, presque sourd». Le pavillon de l'oreille a été
comparé à une *feuille de chou* à cause des plis et des courbes de cette feuille (attesté
en 1867, *in* Esnault) → CHOU. *Dur de la feuille* est plus récent (1928, *ibid.*).

> De plus, il doit être un peu dur de la feuille, ce qui fait que mon intonation gueulante
> devient nécessité…   A. SARRAZIN, *La Cavale*, p. 302.

Descendre (descente) en feuille morte «en tournoyant ou en descendant par
glissements latéraux alternés (en parlant d'un avion)».

Vx. **Porter des feuilles au bois** «faire une chose inutile ; donner à un riche…»
Équivaut à PORTER DE L'EAU* À LA MER (À LA RIVIÈRE).

Trembler comme une (la) feuille «trembler de peur» → TREMBLER. Le passage de *la* à *une* (au XIXe s.) marque la concrétisation et l'individualisation
de la métaphore.

> Au moindre bruit que j'entends dans la maison, sur l'escalier, dans la rue, la frayeur
> me saisit, je tremble comme la feuille, mes genoux me refusent le soutien.
>
> DIDEROT, *La Religieuse*, p. 421.

> — Quand avez-vous tiré le pistolet en dernier lieu ? — Il y a six mois peut-être, mais
> jamais je n'ai songé à me battre au pistolet. — Diable, dit M. Dolier, six mois ! ceci
> me contrarie. — Tendez le bras vers moi. Vous tremblez comme la feuille.
>
> STENDHAL, *Armance*, p. 132.

> [… le duc de Guermantes…] avait vacillé sur des jambes flageolantes […] et ne s'était
> avancé qu'en tremblant comme une feuille, sur le sommet peu praticable de quatre-
> vingt-trois années […].   M. PROUST, *À la recherche du temps perdu*, t. III, p. 1047.

Voir (regarder) la feuille à l'envers «se livrer dans les bois aux plaisirs de
l'amour», pour reprendre l'élégante définition du grand dictionnaire de Wartburg,
se dit surtout des filles. Godefroy, dans son *Dictionnaire*, pense que la phrase proverbiale qu'il a trouvée chez Pierre Gringore (début XVIe s.) : *«Qui craint les feuilles ne doit aller au bois»* est une allusion à cette locution, ce que rien ne prouve.

Faire voir la feuille à l'*envers*, qui apparaît au XVIIe s., est considéré par Furetière, en 1690, comme une autre locution, d'ailleurs employée dans un contexte plus vague, et non érotique. ***Qui craint les (ou qui a peur des) feuilles ne doit aller au bois*** signifiait donc «qui a peur des conséquences, des frais d'une entreprise, ne doit pas s'y risquer».

> *Faire voir les feuilles à l'envers.* Manière de parler qui signifie embrasser une femme charnellement. On s'en sert ordinairement pour exprimer en termes honnêtes le gros mot. *Attendez moi, n'avez-vous jamais vu les feuilles à l'envers?* Pour : été renversé sur l'herbe.   LE ROUX, *Dictionnaire comique*, 1752.
> Dans son ménage, ça ne comptait pas; mais, dans le ménage des autres, ça lui semblait farce, et il se donnait un mal du diable pour guetter ces accidents-là, quand les dames des voisins allaient regarder la feuille à l'envers. É. ZOLA, *L'Assommoir*, p. 111.

FÈVE n. f.

Des fèves «rien du tout» → HARICOT.

Vx. ***Donner un pois pour une fève*** «donner une chose insignifiante pour obtenir mieux» (début XVIIIe s.).

Rendre pois pour fèves «ne pas rendre l'équivalent de ce que l'on a reçu» (XIXe siècle).

Fève a donné lieu à diverses locutions inspirées par l'habitude de «tirer les Rois», manger une galette contenant une fève, signe de royauté éphémère, pour l'Épiphanie. ***Le roy de la fève*** est celui qui tire la fève qui est dans le gâteau. ***Gagner, avoir la fève*** signifie «obtenir un avantage, réussir»; ***trouver la fève (du gâteau)*** «faire une trouvaille, une découverte avantageuse». Ces expressions sont courantes au XVIe siècle (Montaigne, Ronsard, Henri Estienne, É. Pasquier, Bernard Palissy les emploient) mais ne se rencontrent plus après le XVIIe siècle. Si Colette parle encore du *roi de la fève (Belles saisons, Les rois)* c'est par référence explicite à «une tradition très vieille». Au contraire, *tirer les rois** est bien vivant.

> Ce fut en un jour des Rois; comme ma mère ayant esté la Reyne de la fève s'estoit assise au bout de la salle. [...]   Ch. SOREL, *Histoire comique de Francion*, p. 164.
> Tous ceux qui avaient aidé à le tromper eurent loyalement leur part au gasteau, mais ce fust bien moy qui eus la fève : car j'eus un grain plus gros que les autres.
>   *Ibid.*, p. 124.

Vx. ***Il a passé par un champ de fèves en fleurs*** [LOC. PROV.] «il est fou». L'expression vient d'une croyance populaire, attestée par des proverbes : *Quand les febves sont en fleur, les fols sont en vigueur* (G. Meurier, XVIe s.); *les febves sont en fleurs, les femmes sont folles* (Oudin, XVIIe s.). Cette croyance proviendrait d'un contresens sur un texte de Pline, affirmant que les maladies mentales étaient particulièrement fréquentes *cum faba florescit*, à la floraison des fèves, c'est-à-dire au printemps (cf. Gottschalk). Ce repérage chronologique a été pris pour une action maléfique des fleurs de fèves.

FIACRE n. m.

Ce mot vient du nom de saint Fiacre (latinisation d'un nom propre irlandais), à cause d'une enseigne de laveur de carrosse représentant ce saint (d'après l'attestation oculaire de Ménage).

Vx. ***Remiser son fiacre*** «se ranger, mener une vie plus régulière» (1878, *in* Rigaud). L'expression moderne correspondante (avec changement d'aspect verbal) est ÊTRE RANGÉ DES VOITURES*. D'autres emplois signifiaient «se taire», ou encore, «mourir» (1867, Delvau). Utilisation des emplois métaphoriques de *remiser* «éconduire, mettre à l'écart, renvoyer» renforcée par un nom de véhicule généralement péjoratif («mauvais carrosse»; voir en outre les connotations explicitées ci-dessous).

Vx. ***Le mal saint Fiacre*** «les hémorroïdes». Fiacre, moine irlandais (ou écossais), vivait en France, selon la légende, vers les VIe-VIIe siècles, des produits de son jardin. Patron des jardiniers, il eut aussi la réputation de guérir différentes maladies du fondement (hémorroïdes...). Gottschalk donne à cette réputation une motivation rationnelle : « La constante activité physique du jardinier lui évite les hémorroïdes, paraît-il ». On penchera plutôt pour une motivation formelle, rationalisée après coup. La paronymie entre le nom du saint et mot *fic* (de *ficus* « figue ») qui désigne depuis le XIVᵉ siècle une tumeur à l'anus, puis toutes sortes de verrues, a été utilisée syntagmatiquement *(fil* ou *fic Saint-Fiacre)* et ne réalise sans doute qu'une relation étymologique. En effet, le nom des saints guérisseurs est généralement en rapport formel avec le nom des maladies qu'ils guérissent (l'accord des signifiants garantit, pour l'esprit pré-classique, la relation entre les choses).

Enfin, l'emploi tardif et argotique de *fiacre* au sens de « cul » (Sainéan, fin XIXᵉ s.), qui vient évidemment de ces locutions, a pu influencer l'expression *remiser son fiacre* interprétée comme « ranger ses fesses », avec diverses implications.

FIBRE n. f.

Avoir la fibre sensible, paternelle... « avoir une disposition particulière à la sensibilité, aux sentiments paternels, etc. ». La métaphore provient de l'ancienne terminologie anatomique, où *fibres* désignait à la fois les nerfs, les tendons, les ligaments « dont les membranes et les chairs sont entretissues ». On a d'abord parlé des *fibres de l'être, du cœur*, etc., organes mythiques de la sensibilité, puis *fibre*, au singulier, a représenté plus abstraitement l'aptitude sensible.

FICELÉ, ÉE adj.

Mal ficelé « mal habillé, mal arrangé » (des personnes), ou « mal construit, mal conçu » (d'un projet, d'une œuvre...). *Se ficeler, être ficelé*, au sens de « se vêtir, être vêtu », vient de l'argot des peintres, au début du XIXᵉ siècle (cf. Balzac, *Un début dans la vie, in* Robert). La spécialisation péjorative vient de l'assimilation de l'humain à un objet (paquet, etc.) ou à certains comestibles entourés de ficelle (notamment *ficelé comme un saucisson* « est attaché, entouré de liens » ou « trop serré dans ses vêtements », d'où *saucissonné*).

FICELLE n. f.

Les ficelles du métier « les procédés cachés ». L'expression et les emplois analogues sont péjoratifs. *Ficelle*, comme *fil*, est utilisé dans des emplois métaphoriques suggérant un procédé secret servant à tromper. Une expression régionale (Doubs) dit *faire de la ficelle à qqn* « le tromper » (Boillot. *Le français régional de la Grand'Combe*). Il semble que deux utilisations du lien, qui peut retenir, entourer qqn (cf. le sémantisme de *entortiller*) et tirer secrètement une commande (→ TIRER LES FICELLES) se soient superposées pour créer la péjoration. — *Grosses ficelles* désigne les procédés grossiers très visibles → COUSU DE FIL BLANC*.

Déménager à la ficelle « partir sans payer ». Développement de *filer* avec la valeur péjorative de *ficelle* et le sens de DÉMÉNAGER À LA CLOCHE* DE BOIS.

Tenir la ficelle, tirer les ficelles « faire agir les autres ; être l'inspirateur caché (d'une personne, d'une activité, etc.) ». La métaphore consciente est celle du pantin, mais les valeurs de « tromperie, ruse, escroquerie », développées antérieurement (cf. *Une ficelle* « un escroc », vers 1800) donnent à la locution une valeur secondaire de « agir secrètement et malhonnêtement ». La métaphore sur *tirer les fils, les ficelles* « manœuvrer, tromper » a donné *filou*.

Tirer sur la ficelle « exagérer ». L'expression semble récente. Elle est employée surtout négativement : *il ne faudrait pas trop tirer sur la ficelle*. En emploi stylistique :

> Je notais que la négation va de pair avec la poursuite de la poésie, puisque celle-ci vise à rompre — soit à nier — des limites. C'était là, certes, tirer beaucoup sur les ficel-

les du langage pour donner une valeur positive à ce qui, en vérité, n'échappait pas à
sa neutralité de négation.   M. Leiris, *Fibrilles*, p. 254.

FICHE n. f.

Vx. *Fiche de consolation* « dédommagement accordé en compensation » (XVIIIᵉ s.;
1786, Bachaumont). L'expression vient d'un sens technique de *fiche* « jeton servant
de marque à certains jeux (piquet, etc.) ».

FICHER v. tr. Du latin pop. °*figicare*, dérivé de *figere*, « enfoncer, fixer,
transpercer ». Le développement des acceptions de *ficher* est étroitement lié à celui
de *foutre*, dont il est l'euphémisme (par ressemblance formelle et sans doute aussi à
cause de la paronymie avec *fic* et *figue*). C'est par cette valeur sémantique (« acte
sexuel de l'homme ») que le verbe a pu acquérir le sens général de « mettre », et
même de « faire », qu'elle symbolise, ainsi que l'acception de *se ficher* « mépriser »
(pour *s'en foutre*). *S'en ficher* correspond à *s'en foutre* « ne pas s'en soucier »; cette
expression peut être renforcée par des adverbes et des comparaisons; le tour adverbial : ... *pas mal* peut être signalé :

> Paradis a un geste superbe d'indifférence. Il se fiche pas mal des femmes, depuis un
> an et demi que toutes celles qu'il voit ne sont pas pour lui, il s'en fiche aussi.
>   H. Barbusse, *Le Feu*, t. II, p. 7.

Ficher son billet → Billet. — *Ficher le camp* → Camp.

S'en ficher comme d'une guigne « s'en moquer parfaitement » → Guigne.

Va te faire fiche! Formule par laquelle on se débarrasse de qqn. Le sens
reconnu est à peu près celui de *va te promener,* mais la finalité de la promenade
n'est plus comprise (→ Va te faire voir*, etc.). — Un second emploi, en interjection, correspond à « rien à faire », « tout est perdu ».

> Mais un jour on se mettait en retard, et c'était fini, ça ne se rattrapait jamais plus. Le
> trou se creusait, les hommes se dégoûtaient du travail, qui ne leur permettait seule-
> ment pas de s'acquitter. Va te faire fiche! on était dans le pétrin jusqu'à la mort.
>   É. Zola, *Germinal*, t. I, p. 103.

FIER, FIÈRE adj.

Faire le fier « avoir des manières prétentieuses ». Cet emploi péjoratif de *fier*
« vaniteux », est pratiquement restreint au substantif employé en compl. du verbe
faire. Cf. *Faire le malin*, le mariolle*,* etc.

Fier comme Artaban → Artaban.

FIER (SE) v. tr.

À qui se fier! « on ne peut avoir confiance en personne! ». S'emploie pour
se plaindre d'une trahison inattendue. On dit aussi : *Fiez-vous y!* — L'emploi de
l'expression à propos d'une chose est stylistique :

> Sur son joli bras, si frais auprès de sa main fanée, une brûlure enflait sa cloque d'eau.
> — Oh! qu'est-ce que c'est encore?
> — Ma bouillotte chaude.
> — La vieille bouilloire en cuivre rouge? Celle qui tient cinq litres?
> — Elle-même. À qui se fier? Elle me connaît depuis quarante ans!
>   Colette, *La Maison de Claudine*, p. 165.

FIÈVRE n. f.

Fièvre de cheval « fièvre très forte » → Cheval.

Vx. *Tomber de fièvre en chaud mal* « aller de mal en pis, d'une mauvaise situation à une pire » → De Charybde* en Scylla.

> Tant pour punir Javotte de sa désobéissance que pour la retirer du grand monde où
> on croyait qu'elle puisait sa vanité. elle fut mise en pension chez des religieuses [...].
> Mais. hélas! que ce fut un mauvais expédient pour sa correction! Elle tomba comme on
> dit. de fièvre en chaud-mal; car [... ces bonnes sœurs] avaient ce malheur de ne pou-
> voir subsister que par les grosses pensions [...] ce qui leur faisait recevoir indifférem-
> ment toutes sortes de pensionnaires.   FURETIÈRE, *Le Roman bourgeois*, p. 1016.

FIFRE n. m.

Ce qui vient de fifre retourne au tambour [LOC. PROV.]. Variante de CE QUI
VIENT DE LA FLÛTE*.

FIFRELIN n. m. De l'allemand *Pfifferling*, diminutif de *Pfeffer* «champi-
gnon», appliqué dès le XVIᵉ s. à des objets sans valeur (par la même métaphore que
des nèfles, pour des prunes, etc., en français). La forme française est altérée d'après
fifre (de l'ancien haut allemand *pfiffer*).

Vx et fam. *Ne pas valoir un fifrelin* «n'avoir aucune valeur» (1867, Delvau).

FIGUE n. f.

Mi-figue, mi-raisin «d'un air à la fois satisfait et mécontent; ou à la fois
sérieux et plaisant». À l'origine (fin XVᵉ s.) l'expression *moitié figue, moitié raisin*
signifiait probablement «mêlé de bon et de mauvais», mais l'exemple suivant autori-
serait d'autres interprétations (la locution y est d'ailleurs adverbiale et équivaudrait
à *tant bien que mal*).

> Environ six heures du soir. sommez entrez dedans [la ville] a eschelles moictié figues.
> moictié raisins.
>> *Lettre au roi sur la reddition de la ville de Coucy*. 29 mai 1487. *in* Godefroy. compl.

Au XVIᵉ s., l'expression indique aussi la réciprocité :

> Nous voudrions magnifier notre raison. et dire [...] que nous pouvons aider à la grâce de
> Dieu. moyennant qu'elle nous aide. et ainsi que nous ferons un potage qui sera moitié
> figues. moitié raisins. comme on dit.
>> CALVIN, *Sermon sur le Deutéronome*, 72. *in* Huguet.

Le sens a évolué en français classique : «moitié sérieux, moitié en plaisantant», puis
«moitié forcé, moitié consentant» (XVIIᵉ s.).

Le rapprochement des figues et des raisins est traditionnel en ancien français. Il
s'agit des fruits secs que l'on mangeait pendant le Carême (*figes et... raizins pour
quaresmes*, 1316; *fighes et roisins*, 1338) et dont les uns (les raisins secs) étaient
plus prisés que les autres. On a proposé pour motiver l'expression une anecdote de
vente subreptice de figues par les commerçants de Corinthe, qui en auraient mêlé
leur colis de raisins (Coignières); cette fraude commerciale n'est nulle part invoquée dans les textes anciens, et on la tiendra donc pour inventée *a posteriori*, jusqu'à
preuve du contraire. En outre, les valeurs dépréciatives de *figue* (→ *Faire la figue à
qqn*) ont pu jouer pour opposer les deux termes. Les variantes d'un proverbe du
XVIᵉ s. indique un rapprochement entre *figue* et *fiente* et donne à *figue* le sens de
«crotte». *Fien* (fiente) *de chien et marc d'argent serait tout un au jugement* devient
parfois *figue de chat et marc d'argent...* (*in* Leroux de Lincy). Quant à l'évocation
des privations du Carême par les figues et les raisins, elle existait encore localement
au XIXᵉ siècle, comme l'atteste ce proverbe recueilli dans l'*Annuaire de la Société de
l'Histoire de France* pour 1848 : *Depuis la Pasque de Résurrection Figues, raisins en prédication.*

Le remplacement de *moitié* par *mi* semble récent. Littré, qui cite Mme de Sévigné
et Lesage, ne connaît que la forme ancienne. Par contre, la variante *ni figue, ni
raisin* qui semblerait *a priori* une altération populaire de *mi-figue, mi-raisins*, existe
depuis le XVIIIᵉ siècle (1787, Féraud). Proust qui connaissait admirablement la langue classique, la met dans la bouche d'un personnage :

— Il n'est pas franc, c'est un monsieur cauteleux, toujours entre le zist et le zest. Il
veut toujours ménager la chèvre et le chou. Quelle différence avec Forcheville ! Voilà
au moins un homme qui vous dit carrément sa façon de penser. Ça vous plaît ou ça
ne vous plaît pas. Ce n'est pas comme l'autre qui n'est jamais ni figue ni raisin.

M. PROUST, *À la recherche du temps perdu*, t. I, p. 265.

Vieilli. *Faire la figue à quelqu'un* « se moquer de lui ». Locution obscène, empruntée au XIIIe siècle aux langues romanes (italien et espagnol), à la fois en occitan et
en français. Elle est courante à la Renaissance (par ex. : Rabelais, Montaigne) et
représente la traduction verbale d'un geste culturel de mépris (la plupart de ces gestes ayant une valeur sexuelle ou scatologique). *Appeler les figues figues... (in* Rabelais, IV, 54 ; cf. *Appeler un chat* un chat*) est une allusion à ce sens.

L'un d'eulx, voyant le portrait Papal [le portrait du Pape]... luy feist la figue. Qui est
en icelluy pays signe de contempnement [mépris] et dérision manifeste.

RABELAIS, *Quart Livre*, ch. 45, « L'Isle des Papefigues ».

J'ay lû, que le proverbe, il m'a fait la figue, vient de l'Empereur Frédéric premier, qui
après avoir pris Milan, ordonna pour se racheter, qu'on tireroit une figue du cul d'un
mulet avec les dens.   *Furetieriana*, p. 167.

Vx. *Servir un plat de figues d'Espagne* « empoisonner » (allusion anecdotique à
un procédé expéditif pour écarter les pilleurs de jardins).

FIGURE n. f. Le sens dominant en français moderne (= visage, face) a modifié la valeur des expressions anciennes, où le mot signifie le plus souvent « apparence
générale, allure ».

Chevalier à la triste figure → CHEVALIER.

Figure de circonstance « visage triste et compassé, que présente une personne
à l'occasion d'une circonstance qui l'exige (enterrement, etc.) ». Quasi-synonyme de
figure (tête...) d'enterrement.

M. de Charlus [...] excusait Mme Verdurin de ne pas être venue à cause d'un état de
santé qu'il décrivait si bien que les invités entraient avec une figure de circonstance et
poussaient un cri d'étonnement en trouvant la Patronne alerte et debout [...].

M. PROUST, *À la recherche du temps perdu*, t. II, p. 1044.

Ne pas (ne plus) avoir figure humaine « être si mal en point que la 'forme
humaine', n'est plus reconnaissable. » Se dit par plaisanterie d'animaux ou de choses
(= « être déformé, très abîmé »).

Faire bonne figure à quelqu'un « bon accueil, bon visage ». *Faire bonne figure*
signifiait dans la langue classique « avoir bonne apparence dans le monde, jouer
un personnage d'importance », comme l'emploi absolu *faire figure (in* Molière,
Misanthrope, I, 2).

Le nombre de ceux qui sont appelés à faire figure dans le monde et qui consentent,
qui parviennent à demeurer naturels [...] reste extrêmement limité.

A. GIDE, *Ainsi soit-il*, p. 1242-1243.

Être (se voir) comme le nez au milieu de la figure → NEZ.

Porter quelque chose sur la figure « manifester (une qualité) par son apparence
physique, son visage ».

Du bien bon monde, ces Julien (Françoise assimilant volontiers les mots nouveaux à
ceux qu'elle connaissait déjà), de bien braves gens, et ils le portent sur la figure.

M. PROUST, *À la recherche du temps perdu*, t. II, p. 19-20.

Le nom nouveau est Jupien.

FIL n. m. Le latin *filum* avait déjà les valeurs métaphoriques de « suite du
discours », « tranchant de l'épée », et y ajoutait le sens de « ligne continue, contour ».
Le mot *fil* symbolise généralement la continuité, et par l'image du *filage*, le devenir.
Mais, à la différence de *corde, lien* (car le *fil* peut aussi tenir, attacher...), *fil* connote aussi la fragilité, le risque de rupture. « Continuité » et « fragilité » — ou « dif-

ficulté à comprendre, à suivre» — sont les notions qui sous-tendent la plupart des locutions où figure ce mot.

> Le tissu est fait de fils, c'est-à-dire originairement de fibres végétales. Que ce mot de fil supporte des images usuelles de continuité, cela ressort d'expressions telles que fil de l'eau, fil du discours... G. CANGUILHEM, *Connaissance de la vie*, p. 77.

> Quand il se tut, et que son écho tinta dans nos oreilles, le fil du discours était rompu à jamais, et Barque se contenta de conclure brièvement : — Oui.
> H. BARBUSSE, *Le Feu*, t. I, p. 41.

Fil d'Ariane «moyen de se diriger, de ne pas perdre la voie à suivre pour arriver à un résultat». Allusion mythologique au fil qu'Ariane donna à Thésée et qu'il déroula à travers le Labyrinthe en allant vers le Minotaure, ce qui lui permit de retrouver son chemin pour s'enfuir. Le mythe évoque le rattachement à une source de vie (le cordon ombilical) et sa ténuité.

Fil de la Vierge «fil d'araignée, morceau de toile d'araignée». On a dit aussi *fil de Marie*. Le thème de la fileuse, Vierge ou Dame, est ici christianisé.

Fil de l'épée «tranchant de l'épée» (*Au fil de l'épée* est le titre d'un essai de De Gaulle). **Passer au fil de l'épée** «tuer, massacrer». La mise en rapport de fil, dans ce sens, avec la destruction de la vie, elle-même symbolisée par un fil, fait jouer deux métaphores en opposition.

Coup de fil «appel téléphonique». Le fil, plus que le conducteur électrique représente le lien entre les deux interlocuteurs (on dit aussi : *être au bout du fil*); malgré la fréquence de l'acception technique *(fil électrique)* le thème du «lien fragile» est encore manifeste ici (cf. *Ne coupez pas!*).

Cousu de fil blanc «extrêmement grossier et visible, en parlant d'un procédé qui devait passer inaperçu». La locution est attestée en 1594 *(Satire Ménippée); fil blanc* y équivaut métaphoriquement à *ficelle*, dans les emplois du type : LES FICELLES* DU MÉTIER. En outre, on emploie du fil blanc, très visible, pour faufiler les parties d'un vêtement, avant les coutures définitives.

> Oui, jouez l'étonné, pour me faire croire que vous ne leur avez pas écrit de venir? C'te malice cousue de fil blanc! BALZAC, *La Rabouilleuse*, p. 991-992.

> J'ai compris son sourire plus tard. Un joli sourire. Le joli sourire qu'il avait, qui suivait par en dessous tout le petit serpentement de sa moustache. Car c'était cousu de fil blanc. Si le procureur avait déjà répondu c'est que c'était combiné depuis longtemps. Et on le lui disait au dernier moment. J. GIONO, *Un roi sans divertissement*, p. 197.

Au fil de... (avec le nom d'une unité de temps) «tout au long de... ».

> Je ne sais par quel hasard j'ai chez moi, dans un tiroir, son diplôme d'ingénieur et aussi son brevet de «vélocipédiste», ainsi que son permis de conduire les véhicules à pétrole, et des certificats de ses patrons recommandant, au fil des années, l'apprenti, l'ouvrier, le contremaître, puis l'ingénieur. M. CARDINAL, *Les Mots pour le dire*, p. 79.

Au fil de l'eau «en suivant le courant» (connote figurément les idées d'indolence, de paresse, de laisser-aller).

De fil en aiguille «en passant progressivement d'une chose à la suivante dans les propos» (vers 1260). Bien que l'expression évoque le mouvement de la couturière, elle a subi l'influence du sens de *fil* «courant d'eau» dans des locutions comme *couler fil à fil* «en filet continu, sans s'arrêter» (XIIIᵉ-XIVᵉ s.) ou des valeurs métaphoriques (*au fil des ans*, etc.).

> On vit de fil en aiguille, *de propos en propos... locution*, dit Littré, *prise du travail de la couturière qui après avoir mis un fil, coud avec l'aiguille et, après avoir cousu avec l'aiguille, reprend du fil, et ainsi de suite.* ARAGON, *Blanche ou l'Oubli*, p. 98.

Vx. **En deux fils de coton** «rapidement». L'expression évoque un travail de couture grossier et rapide. *Deux* y a la valeur de «le plus petit nombre d'opérations» comme dans : EN DEUX TEMPS*, TROIS MOUVEMENTS, ou EN DEUX COUPS DE CUILLER* À POT.

Vx. **Aller de droit fil** «aller directement à...; agir directement». D'abord au sens propre (_in_ Scarron) : «aller en droite ligne».

Avoir un fil à la patte «être tenu par un engagement dont on voudrait se libérer, notamment un engagement sentimental». La comédie de Feydeau a popularisé l'expression et l'a spécialisée.

Vx. **Donner le fil à quelque chose** «embellir pour mieux vendre»; «tromper». Allusion aux couteaux, etc., qu'on affile avant de les présenter en vente.

> Il [...] se couvrira la face du bout de son manteau pour n'estre recognu; et, pour mieux donner le fil, il sera bon qu'il se retire au logis d'Eustache quand il sortira de chez vous.   TURNÈBE, _Les Contens_, I, 7.

Donner du fil à retordre «donner des difficultés, susciter des embarras à qqn» (1680, _in_ Richelet). Le premier sens connu de cette expression est «se prostituer» (1640, Oudin), sans doute par métaphore du sens technique de _retordre_ en filature «rattacher les fils de chaîne en les tordant ensemble, l'un avec l'autre». Quant à l'acception moderne, qui avait effacé le souvenir du premier sens dès le XVIIIe siècle (comme en témoigne le contresens de Le Roux, qui illustre l'acception moderne par cet exemple : _Mais vous donnez, belle catin, du fil à retordre_ [_Parnasse des Muses_]) elle procède sans doute de deux causes. L'une s'exerce au niveau signifiant, par les valeurs métaphoriques de _tordre_ (cf. _tort_, n. m.; _retors_, adj.), l'autre au niveau d'un signe substitué au signifié : «donner de la peine», par calembour sur la _peine_ (latin populaire _pedinus_), «tête du fil de chaîne», qu'il faut retordre (hypothèse de P. Guiraud, _Locutions françaises_, p. 91).

> Comme elle était très scrupuleuse, elle l'a bien renseigné d'avance... Qu'il aurait du mal avec moi, que je leur donnerais du fil à retordre, que j'étais assez paresseux, foncièrement désobéissant, et passablement étourdi.   L.-F. CÉLINE, _Mort à crédit_, Livre de poche, p. 112.

Vx. **Fournir de fil et d'aiguille à quelqu'un** «lui donner tous les instruments nécessaires» (1690, _in_ Furetière).

Ne pas avoir inventé le fil à couper le beurre «être peu intelligent» (1867, _in_ Delvau). Le procédé du fil d'acier, utilisé par les crémiers pour couper le beurre en motte est considéré ici comme trop simple pour n'avoir pas toujours été employé. L'invention du fil à couper le beurre étant déjà considérée comme dérisoire, la négation revient à : _ne pas même avoir..._ (→ IL N'A PAS INVENTÉ LA POUDRE*).

Vx. **Mettre en fil de..., se mettre au fil de...** «(se) mettre en train de...» (XVIe s.).

Perdre le fil de... «ne plus savoir la suite (d'un récit, d'une suite d'opérations, etc.)». Le _fil_, «cours normal d'une séquence d'événements», peut être _suivi_, _perdu;_ on peut le _couper_, etc. La métaphore du _fil d'Ariane_ reste présente sous les emplois «figurés» du mot.

> Jadin, grise depuis le déjeuner, a perdu le fil de sa chanson et dansé en scène une «chaloupée» terrible [...].   COLETTE, _La Vagabonde_, p. 62.

Ne tenir qu'à un fil «être très fragile, précaire» (1656, Oudin).

> Ma place, messieurs, ne tient qu'à un fil; si je ne suis pas un peu protégé par Son Excellence, je suis le plus malheureux des hommes.   STENDHAL, _Lucien Leuwen_, p. 1169.

FILE n. f.

En fil (à la file) indienne «en se suivant un à un». L'expression, qui équivaut à À LA QUEUE* LEU LEU, vient sans doute de la vogue des récits d'Indiens traduits dans la seconde moitié du XIXe siècle (F. Cooper, etc.). L'expression renforce les tours adverbiaux : _en file, à la file, file à file_ (vx).

FILER v. tr.

Filer doux «obéir sans se révolter; agir selon les volontés de qqn». Au XVIᵉ siècle, Pasquier (*Pourparler du prince, in* Godefroy) oppose *filer doux* à *filer rude. Filer* a, dans la locution, la valeur métaphorique de «mener les choses, se comporter continûment» (attesté aux XVᵉ -XVIᵉ s.) sans que cela n'efface le sens initial de «dévider un fil», avec plus ou moins de douceur. L'image d'Hercule filant aux pieds d'Omphale est certainement présente dans les emplois classiques de l'expression.

> Il n'est plus d'Époux si terrible
> Ny qui demande l'impossible
> Fust il mal content ou jaloux.
> Près de sa femme on le voit filer doux [...].   PERRAULT, *La Barbe bleue*, Autre moralité.

> [...] forcé d'écouter des conseillers, de se soumettre à de plus compétents que lui,
> de filer doux.   A. GIDE, *Journal*, t. II, p. 193.

> Nany aussi filait doux, et tout le monde avec elle.
>   M. CARDINAL, *Les Mots pour le dire*, p. 223.

FILET n. m.

Coup de filet «opération de police destinée à arrêter, à prendre qqn en contrôlant un groupe, un lieu» (1690, *in* Furetière).

> À l'exemple de Longnon, — et comme agit aussi, dans la pratique, la police — il
> [Marcel Schwob] employait, pour saisir et appréhender Villon, la méthode du coup de
> filet. Il jetait l'épervier sur l'entourage probable du délinquant, qu'il pensait capturer
> en arrêtant, je veux dire, en identifiant toute la bande.
>   P. VALÉRY, *Variété*, Villon et Verlaine, p. 433.

> Mais il ne s'agit plus ici de «coup», et c'est par simple figure de langage qu'on peut
> aussi, parlant de l'alphabet, évoquer le «coup de filet».   M. LEIRIS, *Biffures*, p. 43.

Monter au filet «s'engager seul, avant le groupe politique que l'on représente, dans une démarche difficile, délicate». L'image est empruntée au tennis, où le joueur qui monte au filet prend des risques.

Tomber dans les filets de... «se faire prendre». Au sens actif, on trouve *prendre dans ses filets. Attirer dans ses filets, tendre ses filets* renvoient à l'opération préparatoire qui organise la prise.

> [...] elle avoit là bon moyen de l'attirer dans ses filets.
>   Ch. SOREL, *Histoire comique de Francion*, p. 324.

Travailler sans filet «travailler, faire qqch. en prenant des risques, en ne se ménageant aucun moyen de repli». L'expression reste parfaitement motivée (exercices de trapèze sans filet de protection).

FILLE n. f.

Fille, perdue, publique, des rues... «prostituée». La spécialisation de *fille* dans ce sens nécessite soit une dérivation (*fillette, fillasse* en moyen français), soit une qualification (en français moderne). *Fille perdue* «tombée» (en ancien provençal) est ancien, comme *fille de vie* (1409), qui ne se dit plus. *Fille de joie* reste vivant, dans une langue archaïque ou prétentieuse. Le thème de la «chute morale» et celui du «plaisir» se sont effacés au profit de la constatation impitoyable d'une condition sociale, au XIXᵉ siècle (*fille publique, fille soumise* [aux contrôles, etc.], *en carte, des rues*).

Vieille fille, en français moderne, ne s'oppose pas à *jeune fille*, qui est neutre et appartient à une série paradigmatique (*jeune fille, jeune homme,* pl. *jeunes gens*); c'est un emploi péjoratif qui est destiné à humilier la femme non mariée, par des connotations socio-culturelles (pruderie, laideur, refoulement, etc.). Cette expression, comme *fille mère* («mère célibataire»), emprunte tout l'apport dépréciatif de *fille* pour enfermer la femme dans un rôle social déterminé et inférieur.

Fille de l'air. L'expression, où *fille* signifie «enfant du sexe féminin», a désigné poétiquement la mouche, l'abeille, et les créatures mythologiques (sylphides, etc.). Mais le seul emploi vivant est : *Jouer la fille de l'air* → AIR.

Vx. **Faire d'une fille deux gendres** «tirer double profit d'une chose» (1656, *in* Oudin). L'explication «historique» de Quitard ne repose que sur un rapprochement de contenu qui pourrait susciter de nombreux faits analogues.

> Cette expression fut imaginée par allusion à la conduite de Charles le Téméraire, duc de Bourgogne, qui cherchait à se faire des alliés en promettant séparément à chaque prince qu'il voulait attirer dans son parti la main de sa fille Marie.
>
> QUITARD, *Études sur les proverbes français*, p. 370.

Vx. **C'est la fille au vilain, qui en donnera le plus l'aura** [LOC. PROV.], se disait «proverbialement d'une chose qu'on met à l'enchère et qui est vendue à prix d'argent» (Furetière). La «sagesse des nations» s'efforce ici de mettre en scène l'immoralité du pauvre (du paysan).

Vx. **Fille et ville qui parlementent sont à moitié rendues.** Ce proverbe exploite le domaine de la «guerre amoureuse». Le rapprochement formel entre *fille* et *ville* y étant démenti par la phonétique, la vie de ce proverbe a été abrégée d'autant.

La plus belle fille (du monde) ne peut donner que ce qu'elle a. À quoi Chamfort (qui cite le proverbe avec le mot *femme*) répliquait qu'«elle donne précisément ce qu'on croit recevoir, puisqu'en ce genre c'est l'imagination qui fait le prix de ce qu'on reçoit» (*Maximes et Pensées*, XVII, *in* Robert, art. «Donner», cit. 17).

> Je ne puis vous en dire plus long, car je n'en sais pas moi-même davantage. La plus belle fille ne donne que ce qu'elle a, l'ami le plus dévoué se tait sur ce qu'il ignore.
>
> A. DE MUSSET, *Carmosine*, III, 3.

Voilà pourquoi votre fille est muette → MUET.

FILON n. m.

Chercher, trouver le filon «chercher, trouver un moyen facile de s'enrichir, d'améliorer sa situation». **Exploiter un filon** «profiter d'une situation favorable».

FILS n. m.

Fils à papa «enfant ou jeune homme qui dépend d'un père riche ou arrivé et qui ne réussit que par ce père». L'expression s'est généralisée au point de désigner tout jeune bourgeois, par rapport aux jeunes gens de milieux plus modestes.

Fils de famille «jeune garçon ou jeune homme appartenant à une famille riche, privilégiée». Variante conventionnelle de FILS À PAPA, ci-dessus.

Fils de garce, de putain. Terme d'injure, appartenant à la tradition la plus vénérable en français (Wartburg, XIIᵉ s., *filz a putain*). Variante : *enfant* (provençal : *fan*) *de pute* (→ aussi FILS DE QUATRE FESSES*).

Fils de ses œuvres «personne qui a réussi par ses propres moyens, par son travail seul». C'est l'équivalent de l'anglicisme *self-made-man*.

1. FIN n. f.

Fin de non-recevoir «réponse absolument négative à une requête; refus de la considérer». Ex. : *Opposer une fin de non-recevoir; répondre par une fin de non-recevoir.* Terme juridique : *fin* désigne le but que l'on cherche à atteindre juridiquement, et *non-recevoir* évalue la thèse de la partie adverse comme non recevable (donc, ne méritant pas un débat).

La fin des haricots → HARICOT.

À cette fin « pour obtenir tel résultat » → ci-dessous À SEULE FIN.

À la fin [LOC. ADV.], s'emploie non seulement pour marquer la période finale d'une évolution (au sens de « en définitive », « finalement »), mais comme exclamation d'impatience équivalant à « maintenant, en ce moment après un long délai » (ex. : *Tu m'ennuies, c'est insupportable..., à la fin !*). *À la fin des fins* renforce l'expression de l'impatience par cette forme de superlatif héritée des langues sémitiques. Cette expression familière se trouve déjà chez Mme de Sévigné.

> À la fin des fins, sur le coup de midi, on arrive à ce cantonnement qui commençait à devenir invraisemblable et légendaire.   H. BARBUSSE, *Le Feu*, t. I, p. 30.

D'autres formes superlatives sont : *à la (en) fin finale* et (régional, Nice) *à la finfin*. *À la fin du compte*, « enfin » (1599), exprime en général l'impatience (comme les précédents). *En fin de compte* est plus neutre et signifie « finalement ».

À seule fin de... (et inf.), *que...* (et subj.) « avec pour seule intention... ». L'expression provient d'une confusion phonétique avec : *à celle fin* (« pour cela »), interprétée d'une manière restrictive (« cette fin-là, et non une autre »).

> Elle aurait cru que si je prétendais que je cesserais de l'aimer [...] c'était à seule fin qu'elle me dit de revenir vite auprès d'elle.
> M. PROUST, *À l'ombre des jeunes filles en fleurs*, I, p. 225,
> in *Œuvres complètes*, Gallimard, La Gerbe, 1933.

À telle fin que de raison « pour servir comme il convient ; en vue de tel effet raisonnablement souhaité ». Expression du langage juridique.

À toutes fin utiles « pour servir en toute circonstance où ce sera nécessaire ».

Sans fin [LOC ADV. et ADJ.] « sans s'arrêter, interminablement » et « interminable ».

N'avoir ni fin, ni cesse « ne pas cesser ». *N'avoir ni fin ni cesse que..* « agir sans désemparer jusqu'à ce que... » (→ CESSE).

Être sur sa fin, « être presque terminé, en voie de se terminer ». — *Être sur ses fins* (vieilli ou littér.), se dit — par allusion au cerf qui est près d'être *forcé* (terme de vénerie) — d'un coureur, d'une personne qui doit soutenir un dur effort et que ses forces commencent à abandonner.

Faire une fin « organiser sa vie (en se mariant, en prenant une situation sûre) ». L'expression équivaut au verbe *se ranger*, avec l'élément ironique apporté par *fin* : la décision de mener une vie plus calme est interprétée comme une première mort.

> Il pensait à faire une fin, à se marier.   BALZAC, *Le Député d'Arcis*, p. 728.

Mettre fin à ses jours « se suicider ». *Mettre fin à...*, au sens de « cesser, arrêter », est lexicalisé, comme *prendre fin* « s'arrêter ; cesser (intr.) ».

Toucher (tirer) à sa fin, équivaut à ÊTRE SUR SA FIN*, ci-dessus.

La fin justifie les moyens [LOC. PROV.], « le caractère désirable du but visé justifie qu'on emploie tous les moyens pour l'atteindre ». Sentence dont l'immoralité affichée trouve sa meilleure application en politique, et qui repose sur un essentialisme naïf ; en effet, ce sont les moyens employés qui construisent, ou du moins modifient le résultat atteint. — Variante : *Qui veut la fin veut les moyens*. La syntaxe de ce proverbe déplace le problème : les comportements ne sont pas justifiés abstraitement mais rendus nécessaires par l'unité de la volonté.

> Il lui en parla bien dix fois avant que M. de Soubirane eût l'idée de brouiller les deux amants par de fausses lettres.
> Il en fut si fier que d'abord il s'exagéra son importance ; il en parla dans ce sens au chevalier, qui eut horreur d'un moyen immoral, et le soir partit pour Paris. Deux jours après, le commandeur, en lui parlant, revint sur cette idée.

— Une supposition de lettre est atroce, s'écria le chevalier. Aimez-vous votre neveu avec une affection assez vive pour que la fin puisse justifier le moyen?

STENDHAL, *Armance*, p. 180.

2. FIN adj. et n. Originellement, c'est le même mot que *fin*, n. f., l'idée de base étant celle de «dernière limite, extrémité (métaphorique)». L'ancien sens de *fin* «extrême, complet, absolu» est vieilli au point que les syntagmes conservés fonctionnent comme des locutions (LE FIN FOND*, LE FIN MOT* D'UNE AFFAIRE, etc.) où *fin* peut avoir une valeur adverbiale *(il est fin saoûl; être fin prêt).*

On peut signaler ici quelques expressions dialectales, recueillies par Wartburg : *le fin bord* «l'endroit le plus proche du bord»; *le fin bout* «l'extrémité»; *le fin dessus, le fin haut* «le sommet»; *le fin mitan* «le 'beau milieu'». Sur le plan temporel : *le fin moment* «le dernier moment»; *dès le fin matin* «à l'aube». En Anjou, *à fine force* signifiait «avec beaucoup d'énergie, de persévérance».

La fin du fin «ce qu'il y a de mieux, de plus remarquable» (généralement ironique).

[...] il y a un mot nouveau pour exprimer un tel genre d'esprit, dit l'archiviste [...]. On dit «mentalité». Cela signifie exactement la même chose, mais au moins personne ne sait ce qu'on veut dire. C'est le fin du fin et, comme on dit, le «dernier cri».

M. PROUST, *À la recherche du temps perdu*, t. II, p. 237.

Au sens moderne de «rusé, astucieux, malin», de nombreuses expressions renforcent l'idée d'habileté, de ruse, par l'emploi d'un nom d'animal *(un fin merle, une fine mouche, un fin renard* [vx], *une fine bête* [vx]) ou d'un objet par jeu de mots sur un autre sens de *fin (une fine épice* [vx], *une fine pièce* [vx]). D'autres procèdent par comparaison : FIN COMME L'AMBRE*, LE MUSC (vieilli), allusions à la qualité extrême de ces matières, dont la valeur est fonction de la pureté *(ambre fin* = «pur»).

Vx. **Fin à dorer** «très habile, malin». L'expression fait «allusion à l'or, qui doit estre bien fin pour estre propre à dorer» (1690, Furetière). Voir ci-dessous, citation de Gautier.

Vx. **Fin comme une dague de plomb** «niais, incapable de tromper». Furetière en fait un synonyme de *c'est un gros fin* (cf. le moderne *gros malin*, avec en plus l'antonymie *gros* et *fin*). Gautier, combinant cette expression avec *fin à dorer*, par souci d'archaïsme, lui redonne sa valeur ironique de «très fin».

Panurge, fin à dorer comme une dague de plomb [...].

Th. GAUTIER, *Les Grotesques*, I, Fr. Villon, p. 31.

Jouer au plus fin «tromper qqn en le surpassant dans la ruse».

— Bien sûr. Le mal est fait, n'en parlons plus. Nous voulons seulement savoir à qui vous êtes allée vous confier. C'est tout ce que j'ai à vous demander.

— Il fallait me faire suivre.

— N'essayez pas de jouer au plus fin, madame Rodrigue...

R. VAILLAND, *Bon Pied, Bon Œil*, p. 115.

FINI p. p.

N, i, ni, c'est fini! «c'est absolument fini» (1801). L'expression, en épelant, puis en prononçant la dernière syllabe du mot qui se trouve correspondre à une conjonction négative *(ni)*, connote ainsi la disparition de ce qui est en question.

[...] Croquignol fit signe à Ribouldingue et Filochard qui se défilèrent à l'anglaise... «N-i ni, la rigolade, les *camaros*, fit sagement observer Croquignol; maint'nant c'est à notre tour de turbiner sérieusement».

L'Épatant, 1909, p. 78.

FINIR v. intr.

Tout est bien qui finit bien. Ce proverbe très courant est employé au sens de «la situation s'est rétablie; une fin heureuse vient corriger les péripéties désagréables», sans qu'on l'analyse. Il est généralement compris comme «ce qui était bien (au départ) finit bien», alors qu'il signifie «seul ce qui finit bien peut être considéré comme étant bien», la fin seule permettant de qualifier un ensemble d'événements comme «bon» ou «mauvais».

FION n. m. Mot apparenté *à fignoler*, de la famille de *fin* («rendre excellent»).

Vx. ***Avoir le fion*** «avoir l'adresse, l'habileté nécessaires».

Donner le fion le (dernier) coup de fion «donner bonne apparence à, par un dernier apprêt».

> On ne devinerait jamais que c'est un ex-menuisier qui fut condamné à perpétuité pour avoir, la serpillière au ventre, donné le coup de fion à la grosse étagère de pavés qui faisait le coin du Marché noir.   J. VALLÈS, *L'Insurgé*, p. 91.

FISSURE n. f.

Fam. ***En boucher une fissure à qqn*** «l'étonner prodigieusement». Variante expressive de *en boucher un coin*, issue de la langue des plâtriers. On trouve la locution avec d'autres verbes *(aveugler, mastiquer)* qui évoquent l'origine artisanale de l'expression, par ailleurs implicitement érotique.

> Ah! ah! Elle est bien bonne! se gondolait Croquignol. Toi, épouser la négresse? Tu m'en aveugles une fissure... Non, vrai, il faut que tu sois devenu neurasthénique et louftingue pour avoir des idées aussi noires!   *L'Épatant*, 1909, p. 49.

FLACON n. m.

Qu'importe le flacon (pourvu qu'on ait l'ivresse). Ce vers célèbre de Musset (*Premières poésies*, «La Coupe et les Lèvres»), appliqué à l'amour, est souvent cité en tout ou en partie, pour exprimer l'indifférence au contenant par rapport au contenu, surtout et assez platement en matière de boissons, de nourriture.

FLAMBEAU n. m.

Se passer (se transmettre) le flambeau «continuer une action collective, une tradition considérée comme sacrée». Allusion aux coureurs antiques, rajeunie par le cérémonial des Jeux olympiques.

FLAMBERGE n. f. Altération de *Froberge*, nom propre germanique appliqué à l'épée de Renaud de Montauban dans sa *geste*, par attraction de *flambe*, «flamme». Le mot *froberge, floberge, flamberge*, «épée», s'est employé du XIIe au XVIe siècle, d'abord comme nom propre (l'*espée Flamberge, Flaberge*, etc.); ensuite, il ne survit guère que dans la locution ci-dessous (cf. 1694, Académie).

Mettre flamberge au vent «tirer l'épée, s'apprêter à combattre» (1629, Saint-Amant); «se comporter avec bravade» (Molière, 1655). *Mettre au vent* «tirer, montrer», connotant certaine dénudation, l'expression s'est employée en argot (1867, Delvau) au sens de «montrer son derrière». Son emploi noble et métaphorique est aujourd'hui ironique ou pédant.

FLAMME n. f.

Descendre en flammes «critiquer assez violemment pour démolir». Métaphore issue de l'aviation de guerre.

Jeter feu et flammes → Feu★ et flammes.

FLAN n. m. Ce mot, issu, au sens concret de «pâtisserie», du germanique *flado*, doit correspondre en argot à un faisceau étymologique. Esnault *(Dict. des Argots)* ramène tous les emplois argotiques à une onomatopée correspondant au bruit d'un coup, variante de *vlan!* Mais l'emploi de *flan*, n. m., «coup de poing», est antérieur à l'onomatopée (1688) et constitue une métaphore analogue à celle de *tarte, pain...* ce qui ramène aux valeurs métaphoriques du substantif *flan* auxquelles s'ajoutent diverses autres influences — comme celle de *flanc*, dans le dérivé *flanquer*.

À la flan «sans valeur; très mal fait, qui n'est pas sérieux (histoire, etc.)». Cette acception est attestée dans l'argot militaire en 1895 (Esnault). Le premier emploi (1833) était : *rousse à la flan* «sergent de ville», c'est-à-dire «policier qui n'arrête pas, ne poursuit pas les malfaiteurs», et s'est développé en «au hasard, à l'aventure». Les personnages *à la flan, à la flanc,* du XIXe siècle sont à la fois «peu dangereux» et «agissant au hasard». À cette idée de «hasard» (ci-dessous Au flan) a pu se superposer celle de «paresse» (→ Tirer au Flanc★ et les dérivés de l'ancien nordique *flana : flâner,* etc.) et de «mauvaise plaisanterie» (sens de l'argot du XIXe siècle *flanche,* dérivé de *flancher,* apparenté à *flanc*).

> Il veut essayer de se rattraper et ne réussit qu'à bafouiller davantage, cependant que les spectateurs se tordent de plus en plus et s'amusent à lui lancer des boniments à la flan.   *L'Épatant,* 1909, p. 53.

Au flan «par hasard, au petit bonheur». Esnault relève *être fait au flan* (1898) «arrêté par hasard». *Dire qqch. au flan* «sans intention particulière». L'expression a subi la contamination péjorative de *à la flan,* et ne s'emploie guère que pour qualifier une action maladroite, regrettable. La valeur de *flan,* «hasard», est liée à celle de «coup».

Vx. *Coup de flan* s'est dit en argot d'actions non préméditées, dues au hasard, ou d'un «succès non mérité» (argot des cyclistes, 1926, Esnault).

Arg. *Faire un flan* «mentir» (1960). Wartburg rapproche cette expression d'une locution picarde où la métaphorisation est très claire : *foère un flan de beue* (faire un flan de boue) «faire une chose que l'on croyait à tort utile». Mais le sémantisme de *faire un flan* est tout différent et se rattache à *raconter une histoire à la flan.*

En être, en rester comme deux ronds de flan «être stupéfait, ébahi» (1901, in Esnault). L'explication proposée par Wartburg repose sur la polysémie du verbe *frapper* et sur le sens de *flaon, flan* «monnaie, denier»(XIVe-XVIIe s.); elle signifierait donc «être frappé (d'étonnement) comme deux monnaies». Mais l'écart des dates, l'absence d'explication pour la redondance *rond de flan* («monnaie de monnaie») suggéreraient plutôt l'emprunt au sens technique de *flan* «pièce servant au clichage». En outre, le fait qu'il s'agisse de *deux* ronds de flan n'est pas expliqué, tandis que l'interprétation par «deux sous de flan» ne convient pas au sens (l'expression signifierait «en rester comme une somme insignifiante»). On peut penser aussi à la synonymie *flanc-cul (tirer au flanc)* et à la possibilité que *les deux ronds de flan(c)* ne soient en fait les deux fesses, le sens global étant *en rester* sur *le cul* (mais l'hypothèse demande confirmation). La variante rare *en rester comme du flan* «emotive l'expression avec le sens le plus courant du mot *flan*.

> On en restait comme du flan... On essayait de se rendre compte... La vieille se calmait peu à peu... Les mômes refouillaient toute la piaule... Ils sont remontés au grenier. Ils ont retourné toutes les bottes...
> L.-F. Céline, *Mort à crédit,* Livre de poche, p. 446.

FLANC n. m.

À flanc de... «sur le côté de... (une chose en pente : colline, coteau, montagne, etc.)».

Être sur le flanc «être alité; ou être malade, très fatigué». L'expression n'apparaît qu'au XIXe siècle. On emploie aussi *mettre sur le flanc.*

Se battre les flancs «se donner du mal pour obtenir un résultat» (1746, Voltaire). Au XVIIe siècle, *battre des flancs* signifiait «être essoufflé, haleter» (*battre*, intr.), cf. Cotgrave (1611).

> [...] et d'ailleurs je suis si agacé, si embêté, si furieux, que souvent je suis obligé de me battre les flancs pour ne pas me laisser tomber de découragement.
>   G. FLAUBERT, *Correspondance*, Ire série, p. 137.

> Autrefois, à Malagar, lorsque je me battais les flancs à la recherche d'un sujet d'article, mes enfants me suggéraient d'écrire sur «les petits oiseaux». [...].
>   F. MAURIAC, *Bloc-Notes*, p. 127.

> Ces années où il faut avoir l'air, devant papa et maman, d'aimer une carrière pour ne pas les désoler, et sentir qu'eux-mêmes se battent les flancs pour paraître infaillibles, quand ils n'en savent pas plus que moi sur moi..   COLETTE, *Le Blé en herbe*, p. 31.

Prêter le flanc à... «être vulnérable» (1740). L'expression est une métaphore militaire, où *flanc* signifie «partie latérale — moins bien protégée — d'une armée». Ex. : *Il prête le flanc à la critique.*

Tirer au flanc (1881) «éviter le travail, les corvées». La métaphore qui relie le mouvement de côté, l'évitement, à la fatigue ou à l'échec se retrouve dans le lexique, avec le verbe *flancher* «détourner», puis «faiblir». *Tirer au flanc* correspond donc à une direction métaphorique normale. Dans l'usage actuel, il représente un euphémisme de *tirer au cul* (en arrière) → CUL. Les premiers emplois sont dans un contexte militaire.

> Cependant, de tous les coins, des cris montaient :
> — Hoû ! Hoû ! En couverte, le bleu!
> — Y tire aux flancs, ce cochon-là !   G. COURTELINE, *Les Gaîtés de l'escadron*, p. 159.

> Il est bonhomme et malin, et tout en plaisantant avec une grossièreté sympathique, il surveille l'évacuation du cantonnement à cette fin que personne ne tire au flanc.
>   H. BARBUSSE, *Le Feu*, t. I, p. 58.

FLANELLE n. f.

Les jambes en flanelle «molles, fatiguées». Syn. *en coton.*

Faire flanelle «échouer, rater». Initialement, l'expression s'employait en parlant des clients (appelés eux-mêmes *flanelles*) des maisons closes qui venaient *flâner* et ne consommaient pas. Le sens de «échouer» correspond à l'image du fiasco, et dérive du premier emploi, *les flanelles* étant évidemment ceux qui, étant «mous», ne montent pas avec les filles.

> Un coin d'chambe, eun' soupente, eun' niche,
> Eun' machine oùsqu'on est chez soi,
> Oùsque quand i' pleut on s'en fiche,
> Oùsqu'on a chaud quand i' fait foid ;
> Quand j'étais p'tit ej' me rappelle
> Que c'était comm'ça chez moman...
> Aujord'hui, forcé d'fair' flanelle...
> V'là porquoi que j'cherche un log'ment.   A. BRUANT, *Dans la rue*, p. 104.

> Dégagez, vous autres! Ben quoi, dégagez, que j'vous dis! vous êtes là à faire flanelle... Allons oust, la fuite! J'veux plus vous voir dans le passage, hé!
>   H. BARBUSSE, *Le Feu*, t. I, p. 22.

FLÈCHE n. f.

La flèche du Parthe «attaque, plaisanterie hostile que l'on adresse à qqn à la fin d'une conversation, d'une rencontre». Expression érudite du milieu du XIXᵉ siècle, qui évoque la ruse de guerre des Parthes qui faisaient mine de fuir pour surprendre l'ennemi par des flèches tirées en arrière et (au sens propre) par-dessus l'épaule.

Faire flèche de tout bois «mettre tous les moyens en œuvre pour réussir» (début XVIIᵉ s.; mais on trouve dans Rabelais la locution : *ne savoir de quel bois faire flèche*).

Comme une flèche «très rapidement; en s'élevant très vite et très haut». Ex. *Aller, filer, partir, monter... comme une flèche.*

En flèche «comme une flèche» (dans *monter en flèche* «monter, augmenter très rapidement») et «dans une position avancée» (*être en flèche* [dans un mouvement, un parti]). Dans ce dernier emploi, *en flèche* vient du vocabulaire de l'attelage des chevaux : les chevaux attelés en flèche sont placés l'un derrière l'autre, le premier étant donc en avant des autres.

FLEMME n. f.

Tirer sa flemme «paresser». Emploi de *tirer* au sens temporel de «faire durer», avec une influence probable de TIRER AU FLANC*.

FLEUR n. f.

Les nombreux sens figurés de *fleur* sont utilisés dans des locutions nominales (*la fleur de l'âge, la fine fleur*), adverbiales (*à la, dans la fleur de l'âge*) et prépositives (*à fleur de...* «à ras de») qui expriment la qualité ou la position supérieure. Par ailleurs, la rhétorique classique a beaucoup utilisé le mot *fleur* (*semer de fleurs le bord des précipices*, etc.) sans que ces emplois donnent naissance à des locutions stables. C'est paradoxalement l'argot et la langue familière qui fournissent l'essentiel de la phraséologie.

Argot. *Fleur de nave* «imbécile» (fin XIXᵉ s.). *Nave,* forme apocopée de *navet,* est attestée vers 1890 au sens de «niais». On trouve aussi *crème de nave. — Fleur de...* figure dans des apostrophes plaisantes avec une valeur intensive, dans l'argot du XIXᵉ s.

> Au cours du dîner, la maladresse d'un laquais qui renversait toute la sauce d'un plat sur l'uniforme de Ribouldingue déchaîna la colère de ce dernier. «Pochetée! Crétin! Paquet! Fleur de tourte! J'te vais laisser tomber deux kilos d'viande sur le tournant du citron!» *L'Épatant,* 1909, p. 76-77 ; cf. «Fleur de pochetée», *ibid.,* p. 53.

Vieilli. *La fleur des pois* «ce qu'il y a de meilleur, de plus distingué» (fin XVIIᵉ s., Saint-Simon, parlant sans ironie apparente de Mme de Nangis). *Fleur* est ici employé au sens figuré de «meilleure partie, élite». Nodier lui redonne une valeur concrète dans son conte *Trésor des fèves et fleur des pois.* Mais les connotations péjoratives ou plaisantes de *pois* (→ POIS) ont donné à la locution, qui a vieilli, une valeur ironique (cf. la citation de Brassens sous la loc. N'ÊTRE PAS DE BOIS*).

Fam. *Comme une fleur* [LOC. ADV.] «avec facilité» (avec des verbes comme *arriver, réussir,* etc.). L'expression, qui apparaît vers 1916, a signifié aussi «ingénûment, avec confiance»; mais *s'amener comme une fleur* est plutôt compris aujourd'hui comme «arriver avec insouciance».

Fleur bleue [LOC. ADJ.] «sentimental». *Fleur bleue* est ici un véritable adjectif composé, mais la loc. métaphorique dont elle procède : *aimer, cultiver... la petite fleur bleue,* est encore employée.

> Rue des Éburons, lors de mon dernier passage à Bruxelles, une crainte m'avait retenu : me montrer à la fois trop fleur bleue en réclamant une halte et trop avide de tirer professionnellement parti de cet arrêt.   M. LEIRIS, *Fibrilles*, p. 142.

La fleur au fusil [LOC. ADV.] «avec enthousiasme et gaieté» (en parlant de soldats qui s'apprêtent à combattre); (fig.) en parlant d'une activité qu'on aborde avec courage (→ ci-dessous la citation de M. Rolland). Cf. REPARTIR COMME EN QUATORZE★.

> les meilleurs
> restent là immobiles couchés au champ d'honneur
> la tête dans la mort et la fleur au fusil   PRÉVERT, *Paroles*, p. 95.

À fleur de... «au niveau même de...». — *À fleur de peau* «à la surface de la peau»; fig. [LOC. ADJ.] «superficiel» (d'une sensation, d'un sentiment...).

> Il avait d'épais sourcils, d'énormes favoris noirs, les yeux à fleur de tête, le bas du visage en museau, et sur tout cela cet air d'être chez soi qui est une chose inexprimable.
> V. HUGO, *Les Misérables*, Pléiade, p. 70.

> Fraternité frivole, à fleur de peau et n'engageant à rien, éprouvée au hasard de quelques rencontres.   M. LEIRIS, *Fourbis*, p. 159.

À la fleur de l'âge «en pleine jeunesse».

> [...] on gobelottait malgré soi, on se trouvait dans toutes sortes de fourbis, on finissait par se laisser pincer, et raide! Ah! fichtre non! ça ne lui arriverait plus : il n'entendait pas laisser ses bottes chez le mastroquet, à la fleur de l'âge.
> É. ZOLA, *L'Assommoir*, t. I, p. 192.

Vx. *Avoir la fleur de quelque chose* «s'en servir le premier, en avoir la primeur» (du sens de *fleur* «virginité»).

Fam. *Faire une fleur à quelqu'un* «lui consentir gracieusement un avantage dans une affaire». *Fleur*, dans ce sens, apparaît en argot en 1935 (Esnault), et l'expression s'est répandue vers 1950.

Jeter des fleurs à quelqu'un «le couvrir de compliments». On dit aussi *Couvrir qqn de fleurs*.

Ni fleurs ni couronnes «d'une manière simple et sans apparat, en parlant d'un enterrement».

> [...] il était toujours le premier à la «maison» [où un enterrement avait lieu], à cause de quoi on lui avait donné, dans un autre milieu, le surnom, que nous ignorons, de «ni fleurs ni couronnes».   M. PROUST, *À la recherche du temps perdu*, t. II, p. 341.

Dites-le avec des fleurs «exprimez vos remerciements, vos souhaits en offrant des fleurs». Répandue en France vers 1920, l'expression est calquée sur le slogan des fleuristes américains (Florist Federation of America) : *Say it with flowers*.

FLEURETTE n. f.

Conter fleurette «tenir des propos galants, faire la cour». Les efforts des philologues d'autrefois pour découvrir une origine inattendue à cette expression sont étonnants. L'un évoque *conter fleuret* «se battre en duel» par une métaphore aussi curieuse que hardie, l'autre (Lenoble) *compter (des) fleurettes*, du nom d'une monnaie marquée de fleurs. Rien ne vient appuyer ces hypothèses, alors que *conter fleurettes* (1654, *in* Livet) correspond à une spécialisation métaphorique très normale du mot (cf. *fleurette* «bagatelle», au XVIᵉ s., et *fleuretter* «dire des balivernes», XVIᵉ s., *in* Huguet). Aux XVIᵉ et XVIIᵉ s., l'expression est d'ailleurs sentie comme une métaphore de la fleur :

> Il ne laissoit pas d'employer ses soins à faire la cour à Collantine, et à lui conter des fleurettes aussi douces que des chardons.
> A. FURETIÈRE, *Le Roman bourgeois*, p. 1063.

FLORÈS n. m. Du latin *flos, floris* (forme d'emprunt savant ou forme occitane, à la différence *de fleur*). Ne s'emploie que dans la loc. suivante.

Vx. **Faire florès** «réussir brillamment; dépenser, bien s'habiller». Au XVIIᵉ s., signifie aussi «manifester sa joie». Cf. *Faire flori*, en provençal.

FLOT n. m.

Être, mettre (remettre...) à flot «être, mettre... dans une bonne situation, notamment en équilibre financier, après des difficultés». Un bateau à *flot* ne touche plus le fond, il n'est pas ou plus échoué, et *remettre à flot* développe la même métaphore que *renflouer*. Dans ce sens figuré, les locutions semblent dater du XIXᵉ siècle (1845, *in* Bescherelle).

> Ce dernier carnet devenait pour moi la bouée où le naufragé se raccroche. L'on y sent
> cet effort quotidien pour se maintenir à flot.   A. GIDE, *Journal*, t. II, p. 199.

À flots, à grands flots «abondamment» (avec des verbes comme *couler* et ses quasi-synonymes).

FLOU n. m.

Flou artistique «imprécision totale, souvent voulue et destinée à tromper». Métaphore d'une expression utilisée en photographie, employée ironiquement.

FLÛTE, n. f.

Vx. **Accorder ses flûtes** «s'accorder, s'entendre». Variante plus rare de *accorder ses violons*. S'employait notamment à l'impératif ou dans une phrase optative.

> Je m'asseure que si une fois ils peuvent accorder leurs flustes ensemble, elle me benira
> à jamais.   LARIVEY, *Les Écoliers*, I. 3.

Être du bois dont on fait les flûtes → BOIS.

Jouer (se tirer) des flûtes «s'enfuir à toutes jambes». La forme avec *jouer* est claire *(jouer des jambes)*; *se tirer* correspond sans doute à *tirer ses flûtes*, avec influence de *se tirer* «s'enfuir, s'en aller». *Flûte* «longue jambe» est attesté au XVIIIᵉ siècle (cf. aussi *Jouer son solo de flûte* «faire une échappée» dans l'argot des cyclistes).

> Le lendemain matin, Croquignol s'écria en se réveillant : «Quoi qu'ça veut dire? on
> est bouclés! Eh bien! nous v'là propres. C'est pas tout ça, y s'agit de n'pas moisir
> ici; faut trouver la façon de s'tirer des flûtes.»   *L'épatant*, 1908, p. 7.

Ce qui vient de la flûte s'en revient (s'en reva, s'en va) par le tambour [LOC. PROV.] «ce qu'on a obtenu, ce qui est arrivé d'une certaine manière s'en va de la même façon ou d'une façon analogue». Variante : *... s'en retourne au tambour* «... aboutit à une personne, à un lieu du même genre» (XVIIᵉ s.). Allusion aux musiques militaires, où flûtes et tambour sont associés.

> À la fin, il faudra bien qu'il y revienne, quand ce ne serait que pour recueillir sa part
> de la succession du vieil avare, qui ne se gardera pas de mourir pour ses richesses.
> Ce qui vient de la fluste s'en retourne au tambour
>   Ch. SOREL, *Histoire comique de Francion*, p. 337.

> Ainsi, selon un scénario (pourrait-on croire) de charade illustrant le proverbe : ce qui
> vient de la flûte s'en va par le tambour, l'objet rapporté du bordel fila presque droit à
> la Gestapo comme si prostitution et police entretenaient une obligatoire connivence
> dans le monde pas encore écroulé dont elles sont des pierres angulaires.
>   M. LEIRIS, *Fourbis*, p. 226-227.

On trouve aussi l'expression avec le mot *fifre*.

> Mais ce qu'elle lui avait pris ne devait pas durer longtemps, car si jamais le dicton
> populaire : «ce qui vient du fifre retourne au tambour» fut vrai, c'était bien pour elle
>   GORON, *L'Amour à Paris*, t. I, p. 467.

FOI n. f.

La foi du charbonnier « une conviction absolue et naïve ». Les justifications anecdotiques de cette expression n'ont pas manqué, et Fleury de Bellingen (1656) la rattache à un conte qui rapporte un dialogue entre le démon et un charbonnier entêté.

> J'voudrais avoir la foi, la foi d' mon charbonnier,
> Qu'est heureux comme un pape et con comme un panier.
> Georges BRASSENS, *Poèmes et Chansons*, p. 198.

Bonne (mauvaise) foi « franchise, loyauté (déloyauté) ». Ces syntagmes sont lexicalisés et s'emploient à leur tour dans des expressions (*en toute bonne foi, de bonne foi*, « sincère », etc.).

> Mais cette sage résolution ne lui donnait pas la paix du cœur. Si par hasard, se dit-il tout à coup, sa malle fermée, Mathilde était de bonne foi !
> STENDHAL, *Le Rouge et le Noir*, p. 531.

> Il faut revenir de bonne foi aux idées vulgaires de sagesse et d'honneur ; une femme a tout à perdre en les oubliant.
> STENDHAL, *Le Rouge et le Noir*, p. 597.

En foi de quoi... « en se fondant sur ce qui vient d'être dit ». Formule de style juridique ou administratif.

Accorder (ajouter) foi à... « croire ». *Foi* signifie ici « adhésion intellectuelle ». On trouve ce même sens dans *digne de foi* « qui mérite d'être cru ».

N'avoir ni foi ni loi « n'avoir ni religion ni morale ; être capable de tout ». L'assonance *foi-loi* (→ NI FEU* NI LIEU) a assuré le long usage de cette locution, déjà fréquente au XVIIe siècle (Boileau, Sévigné). *Sans foi ni loi* [LOC. ADJ.], s'emploie avec le même valeur. Dans les deux cas, la valeur religieuse de *foi* est sans doute seconde ; il s'agit plutôt du « respect », de la « fidélité » à la « règle » (loi), cf. Guiraud (*Locutions françaises*, p. 68).

> À l'aspect de cet homme sans foi ni loi, sans croyances et sans cœur, la foule devint silencieuse et trembla.
> BALZAC, *La Comédie du diable*, in *Romans et Contes philosophiques*, t. II. Éd. de 1845.

> Un homme souillé de toutes sortes d'infamies, qui par passe-temps fait abjurer la religion à son ami, qui s'empare du bien de ses associés, qui n'a ni foi ni loi, ni sentiment.
> DIDEROT, *Le Neveu de Rameau*, p. 474.

Faire foi (sujet nom de chose) « démontrer, prouver la véracité d'une assertion, d'un document, etc. ». Signifie proprement « créer la conviction ».

Vx. *Par (sur) ma foi ! Ma foi !*, interjections où *foi* a le sens de « parole donnée, assurance formelle ». La forme *ma foi !* est seule restée en usage, avec la valeur très atténuée de « en effet », « vraiment ». Au XVIIe siècle, pour renforcer l'expression déjà dévaluée, on disait aussi *ma foi de Dieu* (au Canada, *ma foi du bon Dieu, in* Wartburg). Diverses formes altérées ont eu cours régionalement : Wartburg mentionne *ma fi, par ma fi, par ma fique* [dans le parler des paysans du *Dom Juan* de Molière], *par ma fiquette, ma frique, par ma fine, ma fion, ma fière*. Chacune de ces formes déplace l'expression originelle et devait entraîner des connotations parfois peu catholiques (→ *par ma figue*, aux XVIe-XVIIe s., influencé par FAIRE LA FIGUE*).

> De guerre lasse je prends la hache et je vais couper une belle branche dans les oseraies du bord de l'eau, une bien droite et grosse comme ma cuisse ; je la plante au milieu de l'aire, je la cale avec de bonnes pierres choisies, bien dures, et voilà. Ça avait bel air, ma foi, c'était droit dans le matin comme un drapeau.
> J. GIONO, *Un de Baumugnes*, p. 62.

Il n'y a que la foi qui sauve [LOC. PROV.] « il faut beaucoup d'illusions pour conserver cet espoir, cette conviction ». Ce sens ironique a investi une formule religieuse, affirmant que la foi peut sauver sans les « œuvres ».

FOIE n. m. L'histoire du mot est étrange. Les Grecs, amateurs de foies d'oie, engraissaient les volailles avec des figues. L'équivalent de notre *foie gras* s'appelait *hepar sykoton* (« foie figué »). Traduisant le second mot en latin, les Romains dirent *ficatum*, de *ficus* « figue » (par un procédé courant dans nos restaurants, où l'on entend tous les jours : *une normande !* pour *une* [*escalope, sole,* etc.] *normande*). Un déplacement d'accent, une ouverture de la première voyelle — sous l'influence d'une adaptation du grec *sykoton*, probablement — et une forme du genre *fecatum* (accent sur le *e*) conduisent à l'italien *fegato* et à l'ancien français *feie, foie* (prononcés *feye, fo-ye*). De la gastronomie, le mot, entre temps, était passé à l'anatomie, désignant le « foie humain ».

Alors que dans d'autres civilisations, le mot désignant le foie est porteur de valeurs métaphoriques primordiales (souvent assumées par les mots signifiant « cœur », en Europe occidentale), ce viscère n'inspire chez nous que quelques locutions méprisantes. Au XVIe s., *foye* avait des emplois figurés positifs (*chaleur de foye* « ardeur », *de bon foye* « de bon cœur ») mais déjà le mot est rapproché de *fiel* (être *sans fiel et sans foie* « sans rancune », chez Marguerite de Navarre) et opposé à *cœur* (*le cœur devenoit foye,* chez d'Aubigné, équivaut exactement à *On avait les foies**).

Avoir les foies blancs « avoir peur ». Dans les dialectes, *le foie blanc* ou *les foies blancs* sont les poumons, opposés à *foie noir* (le vrai foie). Le foie est normalement rouge et, dans l'anatomie pré-scientifique, c'est lui qui fournit le sang ; les Grecs disaient *leukhêpatras* (« foie blanc ») pour « lâche ». En anglais (chez Shakespeare) on rencontre dans ce sens *white-hearted* (« à cœur blanc »). L'image primordiale réapparaît en argot français vers 1840 (Esnault) où *un foie blanc* est un « traître », un « donneur ». Une ellipse donne *avoir les foies* (1872).

La langue populaire a employé diverses variantes de *avoir les foies blancs : les foies bleus, verts* (couleurs opposées au rouge), *tricolores* (c'est-à-dire bleu, blanc, pas seulement rouge) ; *avoir les foies froids, frileux* (le froid connotant la peur, cf. *avoir froid dans le dos ; être glacé d'horreur,* etc.), *les foies retournés. Avoir les foies chauds, rougis* ou *en place,* tous trois attestés (Esnault) sont des antonymes dans les trois domaines utilisés (couleur, température, emplacement) et signifient « être courageux ». Seuls *avoir les foies* (1872), plus rarement *les foies blancs* et *les foies tricolores,* sont passés dans la langue commune. *Avoir le foie blanc,* au singulier, ne se dit plus.

> C'est Bibi-la-Crème.
> Parc' qu'il est costeau.
> Parc' que c'est un homme
> Qui n'a pas l' foi' blanc.   A. BRUANT, *Dans la Rue,* « Nini-Peau-d'chien ».

> Pour arroser ces mets succulents, tous les bons crus, précurseurs des cuites, avaient été mis à contribution. Les Pieds Nickelés dégustaient alternativement le bleu le blanc et le rouge avec l'intention bien évidente d'avoir les foies tricolores.
>   *L'Épatant,* 1910, p. 127.

Donner (ficher, foutre) les foies à quelqu'un « lui faire peur ».

FOIN n. m.

Bête à manger du foin → BÊTE (2).

Avoir du foin dans ses bottes « être bien pourvu, avoir de grosses économies ». Furetière en donne pour équivalent *il a bien mis de la paille dans ses souliers,* et ajoute qu'il « ne se dit que de ceux qui sont venus de bas lieu, qui ont fait de grandes fortunes ». On voit que, dès le XVIIe s., la locution est interprétée comme *« de la paille dans les souliers ».* En fait, elle joue sur les deux sens de *botte,* « meule » (avoir des bottes qui représentent une grande quantité de foin, donc, être un riche paysan) et « chaussure » (avoir des bottes, et non pas des sabots, lesquels sont effectivement garnis de paille). Double raison pour être considéré comme riche, malgré la valeur généralement péjorative du mot *foin.* L'explication de Tuet, à la fin du

XVIIIᵉ s., provient de la connotation qui apparaît chez Furetière : «être un nouvel enrichi».

> Il a mis du foin dans ses bottes [...]. C'est comme si l'on disoit : Cet homme n'avoit pas la jambe faite pour si grandes bottes ; il n'a pu les mettre qu'en les remplissant de foin. TUET, *Matinées senonaises*, p. 77.

> GUÉRIN. — [...] vous pourriez fournir caution moins bourgeoise, mon gaillard ; on sait de vos histoires.
> ARTHUR. — Pures calomnies !
> GUÉRIN. — Cela n'empêche que monsieur votre père avait du foin dans ses bottes...
> ARTHUR. — Et que je l'ai tout mangé, n'est-ce pas ? vous n'êtes pas poli, vous...
> É. AUGIER, *Maître Guérin*, II, 6, p. 231-232.

Vx. **Bailler foin en corne** «tromper, duper». On fait remonter l'expression à la coutume de signaler les taureaux méchants par une touffe de foin liée aux cornes. En latin, «il a du foin aux cornes» *(habet fœnum in cornu)* qualifiait une personne dangereuse, méchante. Au XVIᵉ s., *bailler foin en corne* signifie «vendre une mauvaise bête», d'où «tromper». Bien entendu, les valeurs figurées de *corne* suggèrent l'interprétation par «cocufier».

> Nous sommes lardez à poinct... O petit mignon, tu nous a baillé foin en corne.
> RABELAIS, I, 12.

Faire du (un) foin «faire du tapage». D'abord, «faire du scandale» (fin XIXᵉ s.). Les valeurs connues de l'expression ne permettent pas d'expliquer l'évolution à partir des locutions méprisantes (*foin de la richesse!*, etc.), elles-mêmes d'origine incertaine (valeur péjorative de *foin* dans *bailler foin en corne*, ci-dessus ou *personnage... de foin* «sans valeur» → CHEVAL DE FOIN..., ci-dessous) ; influence de *fi*, du latin *fiens* ?

> — Une copine voudrait pas vous remplacer pour une fois ?
> — Pensez-vous. Et mon père ? Il en ferait un foin.
> R. QUENEAU, *Pierrot mon ami*, p. 76.

> On parle beaucoup de vous, dit-il. Vos amis font un foin de tous les diables à votre sujet... R. VAILLAND, *Bon pied, Bon œil*, p. 143.

Cheval de foin, cheval de rien ; Année de foin année de rien [LOC. PROV.]. Ces proverbes utilisent l'équivalence *de foin* «sans valeur», et l'assonance *foin-rien* en la remotivant (le cheval qui mange trop de foin ou seulement du foin et pas d'avoine ; l'année pluvieuse où l'on n'a pas beaucoup de foin...).

Quand le foin manque au râtelier, les chevaux se battent. Banalité revêtant l'apparence d'une observation rurale → RÂTELIER.

FOIRE n. f.

Foire d'empoigne «lieu où l'on s'arrache des objets (pour acheter, etc.)» ; métaphoriquement, «situation où plusieurs personnes tentent de s'arracher un avantage». Ce syntagme dérive de deux séries d'expressions : *être de la foire d'empoigne* (1773, *in* Nisard) «avoir l'habitude de peloter les femmes» et *aller* (ou *acheter*) à *la foire d'empoigne* «voler» (XIXᵉ s., Delvau, Larchey). C'est la deuxième qui a prévalu, bien que la *foire d'empoigne*, dans une situation concrète, suppose divers contacts ; mais quand on dit que *la vie politique est une foire d'empoigne*, il s'agit à coup sûr d'intérêts plus ou moins sordides, et non de lubricité tactile.

> [...] il lui demanda furieusement d'où venaient ces rubans. Hein ? c'était sur le dos qu'elle avait gagné ça ! Ou bien elle les avait achetés à la foire d'empoigne ? Salope ou voleuse, peut-être déjà toutes les deux. É. ZOLA, *L'Assommoir*, p. 175.

Faire la foire «mener une vie de débauche», selon la définition noble des dictionnaires. On pourrait s'étonner que le mot désignant un innocent échange de marchandises et accessoirement, diverses réjouissances rurales, ait fini par désigner les dépravations frelatées des noceurs, si les valeurs de «désordre, activités bruyantes» acquises normalement par *foire* (→ FAIRE LA FÊTE★) ne recoupaient pas les sens métaphoriques de *bordel.* En outre, l'idée de «vente, trafic», réalisée par une locution d'ancien français, *mettre son cors en foire* «se prostituer» (Millet, *Études lexicographiques sur l'ancienne langue française,* 1888, p. 17), contribue à relier ces deux domaines.

Vx.   ***(Allez-vite,) la foire est sur le pont*** [LOC. PROV.] «il est inutile de se dépêcher, de se préoccuper pour si peu» (Furetière). Les petits commerçants avaient le droit de poursuivre la vente après la fermeture de la foire annuelle, et s'installaient sur un pont.

Vx.   ***La foire sera bonne, voilà bien des marchands,*** se disait «quand plusieurs personnes de connaissance arrivent en même temps en un même lieu» (1690, Furetière).

Vx.   ***Il ne sait pas toutes les foires de Champagne*** «il est très ignorant».

FOIS n. f. Le mot entre dans de nombreuses locutions lexicalisées, parfois depuis longtemps *(autrefois, toutefois, parfois...).* On ne mentionne pas les locutions adverbiales, prépositives... *(chaque fois, des fois, à la fois, une fois que...,* conj.) qui font partie du lexique.

Plutôt deux fois qu'une «très volontiers» → SANS SE FAIRE PRIER*.

Pour une fois «exceptionnellement».

Une fois pour toutes «définitivement; pour toujours». L'expression a eu des variantes : *une fois pour tout* (XVIᵉ s.), *une bonne fois pour toutes* (1636), etc.

> [...] apprenez une bonne fois pour toutes qu'il ne faut pas demander des oranges aux pommiers, du soleil à la France, de l'amour à la femme, du bonheur à la vie.
>   G. FLAUBERT, *Correspondance,* Iʳᵉ série, p. 98.

> Vous ne voulez donc pas que Jacques continue le récit de ses amours ? Une bonne fois pour toutes, expliquez-vous ; cela vous fera-t-il cela ne vous fera-t-il pas plaisir ?
>   DIDEROT, *Jacques le Fataliste,* p. 508.

Souventes fois «souvent». Cette expression adverbiale a passé pour le fin du fin de l'archaïsme.

> Comment que j'ai entendu causer de Méséglise ? mais c'est bien connu ; on m'en a causé et même souventes fois causé, répondait-il [...].
>   M. PROUST, *À la recherche du temps perdu,* t. II, p. 25.

Trente-six fois «très souvent» → TRENTE-SIX.

> Vous dites : répéter trente-six fois la même chose. Pourquoi particulièrement trente-six ?
>   M. PROUST, *À la recherche du temps perdu,* t. II, p. 923.

Ne pas se le faire dire deux fois → DIRE.

Y regarder à deux fois → REGARDER.

Une fois n'est pas coutume [LOC. PROV.]. S'emploie pour s'autoriser à faire qqch. en soulignant le caractère exceptionnel de l'acte.

Il était une fois..., formule initiale des récits situés dans un passé mythique (contes de fées, etc.).

> [...] «il était une fois...» (de toutes ces locutions, il est vrai, la plus vague, celle qui ne se réfère même à nul passé précis), formule traditionnelle évoquant des temps en marge de l'histoire et que nous connaissons elle-même de si longue date pour l'avoir lue ou entendue, maint et maint jour de notre enfance, au commencement d'un conte.
> [...] ce qui m'apparaît alors (ce que ces mots : «il était une fois... me découvrent en fait) ce n'est ni une perspective de théâtre bonne pour l'amateur de jeux mentaux et d'illusions, ni l'éclat plus ou moins rare d'un solitaire ou d'une goutte d'eau, mais la féerie de mon enfance elle-même. Ce qui était une fois, c'est l'enfant que je fus, à qui l'on contait des histoires commençant par «il était une fois...»
>   M. LEIRIS, *Biffures,* p. 139 et 142-143.

FOISON n. f. Le mot est archaïque, sauf dans *à foison* [LOC. ADV.] «en grande quantité».

> Il paraît que vous n'avez pas publié de mes vers depuis longtemps, publiez donc les trois portraits ensemble. Si vous en voulez d'autres, j'en ai à foison.
>
> Ch. CROS, *Correspondance*, p. 626-627.

FOLIE n. f.

À la folie «intensément, d'une manière déraisonnable» (avec des verbes comme *aimer, adorer...*).

Vx. *Faire folie de son corps* «se livrer à la débauche» (en parlant d'une femme).

Faire une folie, des folies, où *folie* signifie «action déraisonnable», s'est spécialisé au sens de «faire des dépenses excessives».

> Je suis furieuse... Ils vous prennent par ces petits êtres, maintenant! Tu sais si je fais des folies pour moi! Mais comment veux-tu résister à des bébés qui ont envie de tout?
>
> É. ZOLA, *Au Bonheur des Dames*, t. II, p. 66.

FONCTION n. f.

La fonction crée l'organe [LOC. PROV.] «le besoin, la nécessité ou la répétition d'un processus nécessaire engendre les moyens concrets propres à la satisfaction d'un besoin ou à l'exercice de l'activité». Emprunt à la formule du transformisme de Lamarck, employée souvent avec ironie (pour souligner le peu d'utilité de certaines structures, bureaucratiques ou autres).

FOND n. m. Ce mot donne lieu à de nombreux syntagmes employés concrètement (*fond d'artichaut, fond de cale,* etc.). On ne mentionnera ici que les valeurs métaphoriques.

Le fond de l'air «l'impression générale de température que donne l'atmosphère». La locution est dans Bernardin de Saint-Pierre; dès le XIXe s., elle avait acquis le caractère de lieu commun inepte qu'elle partage avec l'expression du temps qu'il fait, en général.

> Il fait beau mais froid. «Le fond de l'air n'est pas chaud», et sa surface peu bouillante.
>
> G. FLAUBERT, *Correspondance*, Ve série, p. 413.

> Il a fait ces jours-ci, une chaleur à crever. L'horloger, qui est venu hier, trouve que c'est très fâcheux pour les biens de la terre; mais aujourd'hui le fond de l'air est froid.
>
> G. FLAUBERT, *Correspondance*, VIe série, p. 125.

Le fond du panier. On emploie quelquefois ce syntagme, en opposition à *le dessus du panier*, pour désigner ce qui est de moins bonne qualité.

Fond de tableau «situation d'ensemble par rapport à laquelle se définissent les détails».

Fond de tiroir «ce que l'on gardait depuis longtemps (en parlant d'un écrit ancien, oublié, rédigé autrefois...); «ce qui reste, est encore utilisable...» *(employer, gratter les fonds de tiroir).*

Le fond du sac «ce que l'on gardait pour soi, qu'on évitait de dire, de dévoiler» (1690, *in* Furetière). *Vider le fond du sac, de son sac* «dire tout ce que l'on sait».

> Il aime surtout à en faire [des contes] ou bien à en apprendre sur M. le Régent et sur son confident, le cardinal Dubois [...]. Je lui ai dit tous les contes que j'en savais, et j'ai vidé le fond du sac.   Ch. de BROSSES, *Lettres d'Italie*, t. I, p. 171.

Le fin fond «l'extrême fond» (1611, *in* Cotgrave). *Fin** a ici le sens ancien de «extrême, complet», qu'il a perdu sauf dans quelques locutions particulières. La paronymie des deux mots (qui ne diffèrent que par l'alternance vocalique) a assuré la cohésion du syntagme, autant que le rapport sémantique entre *fin* (apparenté à la *fin* « extrémité temporelle ») et *fond* (« extrémité spatiale »). *Au fin fond de...* « dans la partie la plus reculée, la plus lointaine ».

À fond [LOC. ADV.] « complètement, extrêmement, en allant jusqu'à la limite extrême ». Les emplois de l'expression ont varié ; *dîner à fond* « s'empiffrer » (XVIIIe s.) ne s'emploie plus ; *charger à fond* « impétueusement » est archaïque. Aujourd'hui, les verbes concernent une activité coordonnée, un travail.

> Ma mère supporte même que j'aie accroché le portrait de Staline sur le mur de ma chambre. Mais, le samedi matin, elle le cache dès mon départ, c'est le jour où la femme de charge vient faire le ménage « à fond ».
>   R. VAILLAND, *Bon pied, Bon œil*, p. 49.

À fond de cale → CALE.

Vx. **À fond de cuve** « complètement, jusqu'au fond de la question ». D'abord dans *escrire à fond de cuve* « écrire amplement sur une question judiciaire » (1548, R. Estienne).

À fond de train « à toute vitesse ». L'expression, employée depuis 1872, utilise la structure *à fond de...*, exprimant l'intensité, avec *train,* dans les contextes du type *aller grand, bon train* (*à fond de* équivaut à *grand*).

> Je ferai toujours trembler tout notre monde ! Mais il faut se mettre à l'ouvrage ! Va dire à Paccard de se lancer à fond de train, et à Europe d'exécuter mes ordres.
>   BALZAC, *Splendeurs et Misères des courtisanes,* p. 1144.

À fond la caisse, (la voiture) « à toute allure ». Cf. *À tombeau ouvert,* et ci-dessus *à fond, à fond de train.*

Au fond « quand on y réfléchit ». Cette loc. adv. est très employée (depuis le XVIe s.) en concurrence avec *dans le fond* qui, dans l'usage actuel, paraît plus familier (mais qui ne devait pas l'être dans la langue classique : Sévigné, Chamfort).

De fond [LOC. ADJ.] « qui traite le fond, l'essentiel d'une question ». *Article, ouvrage de fond.*

De fond en comble « complètement » (c'est-à-dire, du bas [*fond*] jusqu'au sommet [comble]). S'emploie au concret *(ranger la maison de fond en comble)* ou métaphoriquement (surtout avec des verbes exprimant un changement brutal). *De fond jusques au comble* (Froissart) était employé au sens propre ; la métaphore date du XVIe s., et la variante *de fond en cyme* (Amyot) n'a pas vécu (*in* Wartburg).

> Julien n'avait pas l'idée d'une telle intensité de malheur ; il était sur le point de jeter des cris ; cette âme si ferme était enfin bouleversée de fond en comble.
>   STENDHAL, *Le Rouge et le Noir,* p. 550.

> Ce couloir, j'en ai eu connaissance et je m'en suis servi par curiosité pure, au moment où le vieil édifice — mon lieu de travail depuis que j'étais rentré d'un long voyage en Afrique — fut démoli de fond en comble pour faire place au palais de Chaillot.
>   M. LEIRIS, *Frêle Bruit,* p. 50.

Avoir un bon fond « avoir une personnalité morale, une bonté et une honnêteté foncière (quelles que soient les apparences du comportement) ». Cette expression du XIXe s. a rapidement pris une valeur prudhommesque, mise en valeur par Proust dans la séquence de lieux communs moraux qui caractérise un personnage :

> On sent qu'elle a un bon fond, c'est une fille qui n'est pas commune, elle doit être la fille de gens bien, elle est certainement restée toujours dans le droit chemin.
>   M. PROUST, *À la recherche du temps perdu,* t. II, p. 441.

Couler à fond, terme de marine équivalent à *envoyer au fond, par le fond* (un navire), s'emploie métaphoriquement au sens de « faire échouer définitivement (un projet, une affaire) ». Au XVIIIe s., la métaphore s'appliquait à un complément nom de personne.

> On dit aussi figurément, qu'On a *coulé un homme à fond,* qu'*Il est coulé à fond,* pour dire qu'On a ruiné son crédit, sa fortune.   Académie, 1762, art. « Couler ».

(Se) donner à fond dans... « être entièrement impliqué dans... ».

Faire fond sur... « mettre sa confiance dans... » (1671, *in* Brunot).

User ses fonds de culotte « être à l'école » (avec un contexte précis du type : *ils ont usé leurs fonds de culotte ensemble*). La forme complète est : *User ses fonds de culotte sur les bancs de l'école (du collège, du lycée...)*.

FONDRE v. intr.

Fondre comme cire (neige) au soleil « disparaître, être utilisé rapidement ». La version avec *cire* est archaïque.

FONDS n. m.

Vx. *Le fonds et le tréfonds* « tout ce qu'on peut savoir d'une affaire ». L'expression métaphorique (*in* Furetière) joue sur *fonds* « sol », et sur *tréfonds* « sous-sol » et « chose cachée ».

Compte de fonds et fruits. Cette expression obscure et poétique ne désigne qu'un compte (dans une succession, une liquidation) où l'on distingue les éléments du capital *(fonds)* des revenus *(fruits)*. Elle n'est pas passée dans la langue commune.

À fonds perdu « en renonçant au capital, en ne recevant que des revenus ». L'expression, qui, en droit, qualifie un type de contrat bien déterminé (ex. : le viager), s'emploie couramment pour qualifier les prêts, etc., effectués sans espoir de retour.

Être en fonds « avoir de l'argent comptant, disponible » (1704, *in* Trévoux). On disait au XVIᵉ s. *être de bon fonds* « riche ». L'emploi de *en* et du nom sans article assimile fonds à un état abstrait, une situation (cf. *Être en veine, en colère,* etc.). *Rentrer dans ses fonds* emploie la même notion spatiale.

> Si j'avais été plus en fonds j'aurais pris plaisir à voir les bords du Rhin ; mais ce voyage me demanderait cinq à six jours.
>
> G. FLAUBERT, *Correspondance*, Vᵉ série, p. 219.

Les fonds sont bas, en baisse « on manque d'argent ». L'expression est qualifiée de familière par l'Académie, quand elle l'enregistre en 1762.

FONTAINE n. f.

Fontaine de Jouvence « ce qui fait rajeunir qqn, lui redonne des forces, de la vitalité », par allusion à la fontaine mythologique désignée par cette expression dès le XVᵉ siècle.

Pleurer comme une fontaine « pleurer abondamment ». La locution est, comme ses synonymes, plutôt moqueuse. L'idée est celle de larmes intarissables et excessives.

Il ne faut pas dire : fontaine je ne boirai pas de ton eau [LOC. PROV.] « il ne faut pas jurer que l'on n'aura pas recours à un moyen, que l'on ne fera pas telle chose » (car les circonstances peuvent y contraindre),

FOR n. m.

Le mot provient du latin *forum* « marché », et s'est employé au sens de « juridiction » (alors qu'un autre dérivé *fuer* « prix », se retrouve dans AU FUR* ET À MESURE). Il est archaïque en emploi libre, et dans toutes les expressions juridiques du XVIIᵉ s. *(for extérieur, ecclésiastique)*.

Dans son for intérieur « dans le secret de sa pensée ». La métaphore au XVIIᵉ s., concerne le « jugement », le « tribunal » de la conscience (opposé au *for extérieur* « jugement de la société »). Mais le mot *for* n'étant plus compris, le sens de l'expression repose aujourd'hui sur *intérieur* et *for* est interprété comme un intensif *(fort)* ou comme expression du secret bien enfermé (place *forte,* etc.).

FORCE n. f. Ce mot, de par sa brièveté et ses nombreux sens, groupés autour d'une idée essentielle, était voué à la phraséologie. Outre des locutions adverbiales et prépositives à demi-lexicalisées *(à force, à force de..., de force, en force)*, il entre dans un assez grand nombre d'expressions.

Cas de force majeure « événement contre lequel on ne peut rien, et qui supprime la responsabilité humaine. » L'expression vient du droit : la *force majeure* étant l'ensemble des circonstances imprévisibles et inéluctables libérant qqn d'une obligation ; dans son sens élargi, elle évoque la puissance suprême *(majeure)* du destin et la soumission de la liberté, de la responsabilité humaines.

> Puis-je monter ? dit-il. Pour quoi faire ? dis-je. Me coucher, dit-il. Un beau cas de force
> majeure n'était-il pas en train de se développer ?   S. BECKETT, *Molloy*, p. 183.

La force de l'âge « l'époque de la vie où l'être humain a le plus de vigueur ». C'est la force conférée par l'âge adulte. L'expression reflète une vision symétrique de l'évolution humaine, la force, au milieu de la vie, étant encadrée des faiblesses de l'enfance et de la vieillesse. S. de Beauvoir a choisi cette expression pour titre d'un volume de ses mémoires et la loc. suivante pour un autre.

> Vêtu d'un complet de couleur foncée et de coupe très correcte, un homme dans la
> force de l'âge — annoncé comme illusionniste et porteur, il me semble, d'un nom hol-
> landais — entrait en scène d'un pas pressé.   M. LEIRIS, *Fibrilles*, p. 196.

La force des choses « la nécessité qui résulte d'une situation » (souvent dans *par la force des choses* [LOC. ADV.] « d'une manière inéluctable »).

À force [LOC. ADV.], signifie en français moderne « après une longue période (d'effort, d'activité) ». L'idée de *force* y a disparu, remplacée par celle de « longue durée », comme dans *à force de* [LOC. PRÉP.] qui accepte toute sorte de compléments incompatibles avec l'idée d'« effort » *(à force d'attendre, de dormir,* etc.). Ces expressions n'ont aucun rapport de sens avec l'ancienne loc. adv. *à force,* équivalant à « fort ; beaucoup », et que l'on trouve chez Ronsard, dans un vers célèbre :

> Ne vois-tu pas le sang, lequel dégoutte à force
> Des nymphes qui vivaient dessous la dure écorce ?
>   RONSARD, *Élégies,* XXIV, « La Forêt de Gâtine ».

À la force du poignet « par sa seule énergie » → POIGNET.

À toute force « avec la plus grande énergie » (avec un verbe de volonté) ou « en triomphant de tous les obstacles » (avec un verbe exprimant la nécessité). Initialement, cette construction s'employait au sens concret, et signifiait « par la force, par la contrainte ».

> Il envoya une nuict quelques hommes dans sa prison, qui a toute force luy osterent
> ses habillemens, et luy en donnerent d'autres [...].
>   Ch. SOREL, *Histoire comique de Francion*, p. 366.

> Julien voulait à toute force être honnête homme jusqu'à la fin envers cette pauvre jeune
> fille qu'il avait si étrangement compromise ; mais à chaque instant, l'amour effréné qu'il
> avait pour Madame de Rênal l'emportait.   STENDHAL, *Le Rouge et le Noir*, p. 692.

Dans toute la force du terme « en prenant le mot, le terme, avec sa plus grande efficacité expressive ». Il s'agit plus du pouvoir du mot dans la communication que de son sens, tel qu'on peut l'analyser.

> — J'avais eu la faiblesse de croire qu'un juif peut être français, j'entends un juif hono-
> rable, homme du monde. Or Swann était cela dans toute la force du terme.
>   M. PROUST, *À la recherche du temps perdu*, t. II, p. 678.

De vive force « en employant la contrainte physique ».

En force [LOC. ADV.], a plusieurs acceptions. Avec un sujet désignant un être humain et un verbe d'activité physique *(courir, nager...)*, la loc. signifie « en employant la plus grande énergie physique » et s'oppose à *en souplesse ;* avec un sujet collectif et un verbe d'état ou d'action agressive (*attaquer*, etc.), elle signifie « avec des effectifs nombreux et puissants ».

Par force [LOC. ADV.], s'emploie tout autant pour indiquer l'action violente (« en recourant à la force ») que la soumission (« en cédant à la force »).

Avoir, faire force de loi « avoir la valeur, l'autorité que possède habituellement une loi ». L'ancienne langue employait : *avoir force* « être valable, en vigueur » (Godefroy) et *faire force* « être nécessaire » (XIIe s., Wartburg), et « faire violence ». Les locutions manifestent ce double caractère de nécessité objective (équivalence donnée à la loi et à ce qui en tient lieu) et l'aspect impérieux, contraignant de la force *et* de la loi.

> Mais en vérité, quand je m'attache à rassembler tout ce que mon passé a pu contenir de proprement fulgurant, je ne ramasse rien que de disséminé, de disparate et de si peu cohérent que cela montre, plutôt qu'une profusion, combien j'ai dû m'ingénier, cherchant de tous côtés de quoi meubler ce vide : l'absence d'un événement majeur dont serait issu ce qui, pour le reste de mon existence, aurait eu force de loi.
>
> M. LEIRIS, *Frêle Bruit*, p. 366.

Faire force de (rames, voiles...) « aller (naviguer) le plus vite possible grâce à l'action (des rames, des voiles) ».

Force est de... « on est bien obligé de... ; il faut se soumettre aux circonstances ».

C'est une force de la nature! Se dit familièrement d'une personne (ou d'un enfant turbulent) douée d'une vitalité peu commune. L'idée centrale est celle d'un dynamisme indestructible associé à l'énergie de la nature (→ NATURE). À l'origine (fin XVIIe s.), l'expression *les forces de la nature* désignait les diverses propriétés physico-chimiques, encore mal connues, des corps inanimés. Par analogie, l'expression s'est appliquée au corps humain, en désignant les forces vitales en général, puis la vigueur d'un organisme particulier, par rapport à d'autres. L'acception actuelle, dégagée de tout contexte physique ou physiologique, ne semble pas très ancienne (elle n'est pas attestée dans les dictionnaires du XVIIe s.). Le changement de forme (passage du pluriel au singulier) est difficile à expliquer. La présence de l'article indéfini évoque l'indifférenciation d'une force irrépressible tendant vers l'anonymat, et d'origine obscure.

> Ta pauvre force de la nature n'a pas été gaie hier. Il a fallu s'y remettre! [à la besogne] et regarder la semaine dernière tomber dans l'abîme. Enfin!...
>
> G. FLAUBERT, *Correspondance*, IIIe série, p. 48.

FORÊT n. f.

Les arbres cachent la forêt → ARBRE.

Être volé comme dans une (la) forêt (de Bondy), variante expressive de *comme dans un bois*.

> L'autre au moins, qui nous volait comme dans une forêt de Bondy, ne m'a jamais fait de ces bêtises.
> G. FLAUBERT, *Correspondance*, IVe série, p. 43.

FORFAIT n. m.

Déclarer forfait « abandonner, se retirer » (d'une compétition, d'une entreprise). La métaphore hippique n'est plus perçue de nos jours. *Déclarer forfait* (pour un cheval) s'explique par le sens très particulier de *forfait* (apparu, d'après Wartburg, en 1829), calqué sur l'anglais *forfait* « amende indemnité versée après rupture de contrat », sens lui-même hérité de l'ancien français *forfait* « transgression d'un engagement, amende ». L'amende dont il s'agit ici est celle qu'un propriétaire devait déclarer et payer pour pouvoir retirer d'une course un cheval déjà engagé. Ce sens s'est progressivement étendu à tout le domaine sportif, d'où « se retirer d'une compétition ». L'expression verbale est devenue synonyme de « abandonner ».

> [...] mais ce qu'en aucune manière je ne pouvais éviter, c'était l'humiliation vis-à-vis de moi-même et vis-à-vis des autres : avoir « déclaré forfait » (comme on dit dans la langue du turf) et savoir que je m'étais conduit ni plus ni moins que comme une « poule mouillée », entendre déclarer railleusement par le maître que j'avais « le derrière trop lourd ».   M. LEIRIS, *Fourbis*, p. 110.

FORGE n. f.

Souffler comme une forge « avoir le souffle court, oppressé et fort ».

> Je meurs, chère, loin de toi,
> Comme un cochon qu'on égorge :
> Hurlant sans savoir pourquoi
> Et soufflant comme une forge.   Ch. CROS, *Œuvres diverses*, p. 420.

FORGER v. tr.

C'est en forgeant qu'on devient forgeron « l'habileté ne s'acquiert que par la pratique ». La forme de ce proverbe demeure longtemps incertaine : À *forger on devient forgeron* (fin XVIIᵉ s., Furetière ; XVIIIᵉ s., Le Roux, Trévoux, et 1762, Académie) ; *En forgeant, on devient forgeron* (1787, Académie) ; Littré enregistre les deux formes. La forme actuelle est attestée au milieu du XIXᵉ s. (1853, La Châtre). Ce flottement est dû à des variantes de traduction de l'original latin (probablement médiéval, en tous cas post-classique) *fabricando fit faber*. Quant à la prévalence du forgeron sur les autres corps de métier (savetier, cordonnier, par exemple) elle s'explique par référence au latin, où *faber* avait le double sens de « fondeur de bronze, ciseleur » ou « ouvrier, artisan », *homo faber* au sens large, de même que *fabricare* signifiait « fabriquer un objet » ou « travailler un métal » (ces deux valeurs s'étant transmises intégralement en ancien français : *forgier* « forger » ou « faire », et *fevre* « forgeron » ou « artisan »). Seul le sens restreint s'est maintenu en français moderne. Mais il est possible que des motivations extra-linguistiques aient joué leur rôle, par exemple la valeur symbolique et mythique du travail sur l'élément igné, donnant forme à la matière et rendant, par là, exemplaire le travail de la forge.

On peut noter enfin la valeur expressive de ce proverbe : allitération de syllabes initiales *(forgeant-forgeron) ;* emploi de renforçatif *c'est en... que...* (assez rare), redondance à la fois phonétique, sémantique et syntaxique, exprimant l'aspect fastidieux, répétitif de l'habitude acquise par l'apprentissage. Le passage de l'action répétée — mode progressif du verbe — à l'essence — le substantif sans déterminant présenté en « attribut » par un verbe d'état — correspond à l'opposition sémantique fondamentale réalisée par *faire* et *être*. Lexicalement, le substantif exprimant l'essence étant un dérivé du verbe d'action, la morphologie de la nominalisation *(forger → forgeron)* fait passer le dynamisme de l'acte dans l'immobilité de l'être.

FORME n. f.

Ce mot a donné lieu à un certain nombre de locutions à valeur concrète *(en forme de, sous forme de, prendre, donner forme, mettre en forme)* et d'expressions à valeur plus abstraite, procédant d'anciennes métaphores juridiques développées à partir d'un sens plus tardif du mot (XVIᵉ s.) : « manière de procéder selon les conventions sociales » (usages, lois).

De pure forme [LOC. ADJ.], se dit d'un élément de discours ou d'une action qui n'apporte pas de nouveauté, d'« information », mais correspond à un code convenu, à une clause de style.

> Ce monologue, dont la sincérité me paraissait hors de doute à première vue, est-il une déclaration de pure forme — profession de foi qui, n'engageant à rien, serait un morceau de prudence tout comme il est des morceaux de bravoure [...].
>   M. LEIRIS, *Frêle Bruit*, p. 192-193.

En forme [LOC. ADV.] (1549, R. Estienne) «selon la manière habituelle, les convenances». À peu près synonyme de *dans les formes,* cette locution se prête à plusieurs variantes : *en bonne forme* (XVIIᵉ s., Molière) et *en bonne et due forme* (1700, Pomey) : «avec toutes les formalités requises par la loi» (la *due forme* étant celle qui est à la fois nécessaire et convenable).

> Vous me donnerez des reconnaissances en bonne forme de l'argent que je dépenserai pour vous, et quand vous serez riche, vous me rendrez le tout.
> BALZAC, *La Cousine Bette,* in *Ph. Sl.*

> Le caissier et l'associé, en recevant des fragments du *Petit Journal,* furent singulièrement surpris et furieux : cette fois, on courut tout d'une traite au Palais de Justice.
> Il ne fut plus question d'aller demander un conseil au Préfet de police ; une plainte en bonne et due forme fut déposée directement au parquet.
> Huit jours après, deux agents de la Sûreté cueillaient discrètement à sa sortie du Casino le bel escamoteur de lettres.   GORON, *L'Amour à Paris,* t. I, p. 395-396.

En forme [LOC. ADV.] «en bonne condition physique». Ce calque de l'anglais *in form* s'appliquait à l'origine à des chevaux en état de courir, puis de là, à des sportifs. Dans l'usage courant, *en forme* signifie «en bonne condition» (physique et psychique). On trouve souvent les variantes *être (ne pas être) en forme; être au mieux, au sommet de sa forme; avoir, tenir la forme.*

> — Tiens, «guette» donc, François! V'là Anquetil qui gagne encore d'une branche, 'y en a pas un autre qui serre aussi leuger, il est en forme, le sale bougre!
> — J'dis pas, mais Dumoreau s'tient pus solide. Il est de fond.
> J.-A. NAU, *Force ennemie,* 1903, p. 59.

Pour la forme [LOC. ADV.] (1665, La Fontaine) «par simple respect des usages, des conventions.»

> Sur la table, une petite lampe brûle pour chauffer les fers.
> Quand je le questionne pour la forme, car tout est préparé de main de maître en vue de dérouter les soupçons, l'artiste me répond avec un petit air de se payer ma tête :
> — Vous voyez, mon commissaire, j'ondule, j'ondule...
> Rien à dire.   GORON, *L'Amour à Paris,* t. I, p. 493.

Sans autre forme de procès (XVIIIᵉ s.) «sans en passer par les formes de la justice», puis «sans égard, brutalement» → PROCÈS.

FORT, FORTE adj.

Fort comme un bœuf → BŒUF. — **Fort de la halle** → HALLE. — **Fort en gueule** → GUEULE. — **Fort en thème** → THÈME.

Le fort et le faible (d'une chose) «ses aspects opposés (avantages, inconvénients)». Vx. **Le fort portant le faible** «les avantages (d'une chose ou d'une personne) en compensant les désagréments».

Au plus fort de (avec un subst. désignant une durée, une période, une activité dans le temps) [LOC. ADV.] «au milieu de, en plein...». L'image sous-jacente est celle de l'intensité croissante des caractères propres lorsqu'on s'approche d'un centre. *Au plus fort de l'été* implique non seulement un repère chronologique [= au milieu de] mais la réalisation complète des caractères impliqués par *été.* Seule une temporalité naturelle où les caractères croissent et décroissent régulièrement (en principe et abstraitement) peut être présentée par cette expression. Le temps historique peut d'ailleurs y être assimilé *(au plus fort des persécutions, de la guerre, du carnage),* mais jamais la chronologie (on ne dirait pas : *au plus fort du règne de Louis XIV).*

Vx. **Fort et ferme** [LOC. ADV.] (XVIᵉ s.) «vigoureusement, avec acharnement». L'expression s'est d'abord employée avec des verbes à nette valeur concrète comme *frapper,* puis avec d'autres verbes d'activité comme *travailler, parler,* ou par exemple *nier* (1694, Académie), *disputer* (Furetière). La valeur intensive de l'effort soutenu, de la vigueur, est ici rendue par le renforcement de deux adverbes presque synonymes pouvant exister isolément *(frapper fort, travailler ferme)*, mots brefs et commençant par la même consonne.

À plus forte raison → RAISON.

(Y) aller fort « exagérer ».

C'est plus fort que moi (que lui...) [1790] « c'est irrépressible, impossible à réprimer » (d'une tendance, d'un sentiment). Tournure banale où la psychanalyse peut trouver sa préhistoire naïve (le *cela*, le *ça* s'y oppose au *moi*).

> Le pauvre homme était sans doute dans cette disposition d'esprit particulière où l'on
> a besoin de faire des confidences à quelqu'un, de vider le trop-plein de son cœur.
> — C'est plus fort que moi, me dit-il ; je ne puis me passer d'elle, je l'aime trop. J'ai
> honte moi-même de ma faiblesse ; mais il le fallait...
>
> GORON, *L'Amour à Paris*, t. I, p. 519.

C'est (trop, un peu) fort ! (XVIIᵉ s.) « c'est excessif, exagéré ».

> Quoique sceptique en cette matière, je trouve que c'est trop fort.
>
> G. FLAUBERT, *Correspondance*, VIIᵉ série, p. 84.

À partir de la simple locution-phrase *C'est fort !* exprimant l'indignation devant l'outrance se sont greffées des expansions, à valeur comparative (*C'est fort comme*, *c'est plus fort que*) : *C'est un peu fort de café (de chicorée, de moka)* avec un jeu sur la polysémie de *fort* (→ CAFÉ). L'effet est identique dans *c'est plus fort que le roquefort (fort* = excessif est rapproché de *roquefort*, fromage *fort*, cf. ellipse populaire *c'est roquefort !*), renforcé par l'allitération.

C'est plus fort que de jouer au bouchon → BOUCHON.

Être fort de (+ subst.) [LOC. VERB.] « tirer sa force, son assurance de (qqch.) ».

Se faire fort (+ inf.) [XIVᵉ s.] « assurer, garantir qu'on est capable de ». La valeur de fort est ici celle du français médiéval : « garant, caution, assurance donnée ». On disait *se faire, se rendre* ou *se porter fort (que de). Se porter fort* (XVIᵉ s.) a subsisté dans la langue juridique, « se porter garant ».

> Voyla un bon commencement pour vostre amour, adjousta Marsault, il faut poursuivre
> a tout hazard. Je me fais fort de vous y servir beaucoup.
>
> Ch. SOREL, *Histoire comique de Francion*, p. 118.

La raison du plus fort est toujours la meilleure [PROV.] → RAISON.

FORTUNE n. f.

Fortune de mer « accident fortuit survenant à un navire dans le cadre d'une réglementation en fonction des responsabilités et de la valeur marchande du bâtiment » (*Droit maritime*, art. 488, et *Code de commerce*, art. 216). Cette acception strictement définie dans le cadre juridique n'a pas toujours eu une valeur aussi précise. Au Moyen Âge, la locution conserve le sens assez large de son calque latin *fortuna Maris* (XIIIᵉ s., *in* du Cange), « hazard malheureux sur l'eau », d'où au XVIᵉ s. « tempête, gros temps, naufrage », puis s'applique à toutes les sortes de hasards malheureux dont est victime un navire (échouage, actes de piraterie, avaries). Au milieu du XIXᵉ s., Bescherelle atteste un autre sens : « *prise* faite par les pirates en temps de guerre ». Le bateau arraisonné est considéré comme une marchandise. Puis, à la fin du XIXᵉ s., on distingue dans les dictionnaires une évolution vers la notion plus juridique : « *Assurer* son vaisseau contre les fortunes de mer » (P. Larousse). « Les fortunes de mer sont généralement aux risques des assureurs ».

Homme à bonnes fortunes « homme qui a du succès auprès des femmes » (XVIIᵉ s., Voiture). L'expression est issue du vocabulaire galant. *Être en bonne fortune* a d'abord signifié « avoir de la chance », puis plus spécialement de la chance auprès des femmes, des succès amoureux, *la (les) bonne(s) fortune(s)* étant un euphémisme pour « des dernières faveurs que font les dames à leurs amans » (Richelet). Il est à remarquer que, au XVIIᵉ s., *homme à bonnes fortunes* n'avait pas encore la coloration

péjorative («homme fat, à succès faciles») qu'on lui connaît et qui s'est précisée au
XVIIIe s. Au XVIIIe s., l'expression *bonne fortune* pouvait s'appliquer aux bonnes grâces
«d'une fame, qui d'ailleurs passe pour prude» (Furetière), ces «dernières faveurs»
étant considérées comme «témoignage sûr de l'amour des dames» (Richelet).
L'homme à bonnes fortunes était donc, au XVIIIe s., celui qui avait des «maîtresses de
mérite» (c'est-à-dire qui réussissait à séduire des femmes plutôt prudes).

> Les allées et venues du fiacre l'avaient fort agité. Enfin il s'était impatienté, et *sûr qu'il*
> *y avait un nid-là*, sûr d'être *en bonne fortune*, ayant reconnu plusieurs des bandits qui
> étaient entrés, il avait fini par se décider à monter sans attendre le coup de pistolet.
>   V. HUGO, *Les Misérables*, Pléiade, p. 830.

> Moi-même, si j'avais été un garçon riche et beau, si je m'étais senti de taille à être un
> grand sportsman, un homme à bonnes fortunes ou un mondain brillant, peut-être est-
> ce sur une de ces cartes que j'aurais misé, plutôt que sur la littérature, pour me mettre
> en dehors du commun?   M. LEIRIS, *Biffures*, p. 236.

À la fortune du pot (XVIIe s.) «sans cérémonie, à la bonne franquette». *Courir*
la fortune du pot signifiait dans la langue familière «s'exposer au hasard d'un mauvais repas dans une maison où l'on n'est pas attendu», précise le Dict. de l'Académie (1762). L'expression s'est naturellement forgée à partir de la locution *courir for-*
tune «s'exposer à, risquer». Le *pot* en question est, par métonymie, le repas : d'abord
pot à faire cuire la viande bouillie (d'où *pot-au-feu, pot-bouille, poule au pot*), puis la
viande elle-même, essentiel du repas, et enfin le repas. La langue actuelle n'a conservé de l'expression originelle que l'idée d'improvisation en y ajoutant celle de
simplicité (ex. : *dîner à la fortune du pot* «sans façon»), puis de chaleur humaine,
d'accueil (ex. : *inviter qqn à la fortune du pot;* cf. À LA BONNE FRANQUETTE★).

> — M. Frédéric dîne avec nous, dit Adolf. Sans cérémonie. A la bonne fortune du pot.
> — Très heureuse, monsieur, dit Lalie avec une bienveillante désinvolture et, faisant
> demi-tour, elle montra le chemin de la villa en traînant ses savates.
>   R. QUENEAU, *Un Rude Hiver*, p. 90.

De fortune (après un substantif) «improvisé». Exemple : *toile, gouvernail, ins-*
tallation... de fortune.

Soldat, officier de fortune (fin XVIIe s.) «soldat, officier sorti du rang et parvenu à un haut grade». L'expression peut avoir deux valeurs opposées. On peut
imputer la rapidité de la promotion au seul jeu aveugle de circonstances favorables,
en faisant abstraction et même en déconsidérant le facteur humain (*soldat de fortune*
prend alors la valeur péjorative d'homme de rien, d'aventurier parvenu). On peut
au contraire mettre en relief l'élément humain et le valoriser positivement (réussite
rapide grâce au mérite personnel, aux seules forces de l'intéressé). Les implications
morales sont rarement absentes.

Être l'artisan de sa fortune «être le seul responsable de son sort» (début
XVIIe s.). Le sens métaphorique d'*artisan* «cause, agent» est déjà attesté au XVIIe s. *For-*
tune est plutôt à prendre dans le sens positif de «destinée heureuse», et l'expression
signifiait «parvenir grâce à ses seules forces à une situation enviable». Cette orientation délibérément positive (*fortune* = réussite, prospérité) est renforcée parfois par
l'adjonction de l'adjectif *bonne*. «Chacun est l'artisan de sa bonne fortune»
(Régnier, *Satire III*).

Être en bonne forme → ci-dessus HOMME À BONNES FORTUNES.

Faire contre mauvaise fortune bon cœur → CŒUR. — *La fortune vient en*
dormant → DORMIR.

FOSSE n. f.

Creuser sa fosse avec ses dents «altérer sa santé, avancer sa mort par des excès
de table» (début XIXe s.). La fosse évoque, par métonymie, l'image de la mort, elle-
même surdéterminée par le verbe *creuser* (on dit aussi *creuser sa fosse*). L'appétit, la

nourriture est naturellement suggérée par l'image des dents (cf. les locutions Avoir la dent, à belles dents) contenant implicitement l'idée d'excès, d'énergie vitale qui se retourne ici contre elle-même et engendre la mort.

Être sur le bord de sa fosse (de sa tombe) « être proche de sa mort ». Le déclin des forces vitales est clairement exprimé par *au bord de*, métaphorisation spatiale de l'imminence, de la proximité dans le temps. Cette locution est sémantiquement proche de *avoir un pied dans la fosse* (ou *dans la tombe*) → Pied.

Mettre les clefs sur la fosse → Clé.

Vx. *Pisser sur la fosse de quelqu'un* « lui survivre » (fin XVIIᵉ s.). Cette curieuse expression impose irrésistiblement la valeur de provocation, d'injure délibérée qu'impliquent généralement les métaphores mettant eu jeu les fonctions naturelles (cf. *chier, cracher sur*) comme expression du mépris suprême. Appliquée à la mort, il s'y ajoute la valeur magique d'un rituel conjuratoire : « On pissera sur la fosse de quelqu'un pour dire qu'on le survivra et qu'on fera quelque chose qu'il a empesché durant sa vie » (Furetière). Stylistiquement, l'image de la vie est évoquée d'une façon privilégiée par la représentation d'une fonction naturelle, donc du corps dans sa matérialité, par opposition avec la mort symbolisée par la métaphore banale de la fosse (trou = absence).

FOSSÉ n. m.

Sauter le fossé « prendre une décision hasardeuse après avoir longtemps hésité (et spécialement 'se marier') » ; fin XVIIIᵉ s. La décision à prendre est suggérée par la métaphore du franchissement d'obstacle. L'écart de temps écoulé entre les tergiversations, la mesure des risques et la décision est spatialement transposé à l'aide de l'image du *saut* au-dessus de l'espace vide du *fossé* (cf. les locutions de sens voisin Franchir, sauter le pas*, le Rubicon*), l'écart se creusant, s'élargissant à la mesure du risque encouru (*le grand fossé* concrétisant la mort).

Au bout du fossé la culbute! [Loc. prov.] « toute entreprise hasardeuse risque d'avoir des conséquences fâcheuses » (1796). M. Rat rapporte l'origine de ce proverbe à une coutume féodale où, certains jours de fête, les manants jouaient à sauter au-dessus d'un fossé plein d'eau, allant s'élargissant et où ils risquaient de tomber. D'autres donnent le proverbe pour normand : le fossé ne serait pas un creux, mais au contraire le talus planté d'arbres (sens attesté dans l'Ouest, *in* Wartburg) entourant les habitations rurales de la côte et où, en se promenant, on pourrait tomber si on oublie de tourner. Ces deux explications anecdotiques ne paraissent guère convaincantes. En fait, l'image du fossé évoque souvent la hardiesse imprudente, le risque impliqué par une décision trop téméraire, que l'on retrouve dans l'expression Sauter le fossé* (ci-dessus) et dans d'autres proverbes moins connus (*Mieux vaut faire le tour du fossé que d'y tomber; Qui conduit dans le fossé y tombe le premier*), tandis qu'à l'évocation de la *culbute* se rattachent les notions de malheur, de malchance (*faire la culbute :* tomber dans la ruine et, en argot, être décapité).

Ce qui tombe dans le fossé est pour le soldat [Loc. prov.] « ce qui est tombé appartient à celui qui le ramasse » (début XIXᵉ s. ; 1835, Académie). Ce proverbe semble à première vue avoir une origine militaire. Mais il est curieux que, dans plusieurs dictionnaires du XIXᵉ s. (P. Larousse, Bescherelle) l'évocation de ce « soldat » n'apparaisse pas dans la glose du proverbe : « L'homme soigneux profite des pertes du négligent ». C'est ici l'idée de profit (moralement justifié) qui ressort. C'est aussi les sens (d'après *solde*) d'argent, de profit qui s'attache à *faire soldat, jouer au petit soldat* (ou *au militaire*), qui a voulu dire « s'arroger la plus grande part dans un partage » (Esnault) → Soldat.

FOU (ou **FOL**), **FOLLE** adj. et n. Ce mot bref et courant présente un intérêt sémantique exceptionnel : il désigne non seulement un état pathologique, mais le revers de la Raison.

Patte folle «jambe malade, qui fonctionne mal» (→ aussi PATTE). *Fou* a ici la valeur de «qui est en mauvais état de marche, déréglé». Le mot appliqué à des objets concrets, assimile au «cerveau malade» les fonctionnements anormaux et incompréhensibles, spécialement à propos des pièces mécaniques *(aiguille folle, moteur fou)* et des parties du corps humain.

Folle enchère → ENCHÈRE. — **Folle femme** → FEMME. — **Fou rire** → RIRE.

Fou (folle) à lier «complètement fou» (XVIIe s.). Cette locution courante se réfère aux pratiques répressives nées à l'âge classique, appliquées aux malades mentaux. Ceux-ci étaient souvent considérés comme dangereux *(fous furieux)*, et il convenait de se prémunir contre l'agressivité qu'on leur imputait, par des contraintes exercées sur leur corps, par exemple en les enfermant (l'expression *fou à enfermer* se situe précisément dans ce contexte) et au besoin en les liant. Dans l'usage courant, la valeur coercitive de l'expression n'est plus sentie avec son intensité première ; elle a été en grande partie démotivée, *à lier* ne conservant que la notion superlative de «complètement, totalement». En effet l'idée de violence attachée à *fou* s'est effacée devant celle d'extravagance (cf. les locutions voisines, courantes au XVIIIe s. : *fou à courir dans les rues* ou *les champs)*. Enfin, il faut noter la grande valeur expressive d'une locution reposant sur l'exploitation des signifiants, le *fol,* l'individu atteint de *folie* (qui «folie», c'est-à-dire qui «agit en fou», *in* Huguet) étant celui qu'on *lie.*

> C'est à désespérer de l'espèce humaine. À part notre ami d'Osmoy et Maury (le directeur des Archives), j'ai trouvé tout le monde fou, fou à lier.
>
> G. FLAUBERT, *Correspondance*, VIe série, p. 250.

Folle de son corps (XIXe s.). Se dit d'une femme «qui se livre sans retenue à la débauche» et s'emploie surtout sur le mode plaisant. Ce sens précis de *fol* «dévergondé», est attesté dès le XIIIe s. *(folle femme* «femme de mauvaise vie» → FEMME). On retrouve cette valeur dans FAIRE FOLIE* DE SON CORPS.

Fou de..., suivi d'un substantif ou d'un pronom personnel, exprime l'intensité et signifie «féru de (qqch.)» ; avec un complément de personne, exprime l'attrait irrésistible. *Être fou de quelqu'un,* en être amoureux «à la folie». Appliquée à des affects *(fou de joie, de douleur, de colère),* c'est l'expression hyperbolique du débordement émotionnel. L'opposition entre la valeur absolue de *fou* «aliéné», et les valeurs dérivées, quand l'adjectif est qualifié, est exploitée dans une publicité où Salvador Dali, avec un naturel inquiétant, déclare : *Je suis fou...* [pause]... *du chocolat X...!*

Vx. **Cet homme est fou ou le roi n'est pas noble** [PROV.]. Abondamment attestée depuis Furetière et tout au long du XVIIIe s., cette assertion se veut la constatation d'une évidence irrécusable, prouvée par l'absurde, à savoir par l'hypothèse insoutenable d'un roi qui ne serait pas noble. L'implication de *noble* par le mot *roi* relève de la structure sémantique du lexique ; elle s'impose donc à l'esprit. Par ailleurs l'homme fou est comme un roi roturier, une vivante contradiction, puisque la raison est le propre de l'homme. L'ordre politique (noblesse du roi) et l'ordre psychologique (raison de l'homme) sont assurés, le second ne pouvant être démenti que par ce phénomène inclassable : la folie. Raisonnement, on le voit, tout culturel (classique et français).

La folle du logis (fin XVIIe s.) «l'imagination», ainsi qualifiée d'après Malebranche *(De la recherche de la vérité,* II, [1674]). L'idée dominante est celle de «nature capricieuse, fantasque». L'emploi du féminin pourrait être surdéterminé par une référence non seulement à l'imagination, mais plus largement au préjugé courant d'une féminité essentiellement définie par son caractère capricieux et fantasque. *Logis* a ici le sens métaphorique de tête (par le biais de la notion d'espace fermé, de contenant) et est à rapprocher de l'ancienne manière de notifier la folie de quelqu'un : *il n'y a plus personne au logis* (Furetière), c'est-à-dire « il n'a plus rien dans la tête ».

> Y aurait-il donc, en face d'un merveilleux *par excès*, lié à un éclatement des limites comme sous l'effet d'un trop-plein, un merveilleux *par défaut*, où tout irait comme si une lacune, un écart ou un mauvais joint, trahissant un flottement dans ces limites moins frontières que confins du réel et de l'imaginaire, s'offrait comme un appât à notre folle du logis ?   M. LEIRIS, *Frêle Bruit*, p. 348.

Comme un fou « exagérément ». Équivalant à un adverbe d'intensité, la locution s'emploie communément avec des verbes d'action *(courir, travailler, rire comme un fou)*. L'expression de l'excès de l'énergie déployée justifie la comparaison avec le fou.

> Macadam, en effet, dégagé de tout lien, venait de s'engager sur le chemin, au galop. En trois bonds il fut à la porte, renversa la garde d'écurie qui tentait de lui barrer le passage et s'élança au dehors comme un fou, entraînant le triste Adalbert qui s'était jeté au-devant de lui et cramponné à sa crinière dans un effort désespéré.
> G. COURTELINE, *Les gaîtés de l'escadron*, p. 71.

> Je ris comme une folle
> Et sens mal aux cheveux,
> Quand ta chair fraîche colle
> Contre mon cuir lépreux !   T. CORBIÈRE, *les Amours jaunes*, p. 716.

Avec les connotations de *fou de joie, de bonheur...*

> Le dernier jour de sortie est la veille de la distribution. C'est alors que je serai heureux, je serai comme un fou. Mais en attendant combien aurai je de peine, d'embêtement, de chagrin et d'impatience.   T. CORBIÈRE, *Lettres*, p. 936.

(Bien) fol qui s'y fie. Ce proverbe s'est construit autour de l'ancienne locution à valeur nominale *fols s'i fie* (XIVᵉ s.), non lexicalisée et fonctionnant soit comme une véritable citation désignant les impondérables, tout ce dont on n'est pas sûr (représentés par l'adverbe *i, y* du français actuel), soit précédée de verbes comme *nommer*.

> Quar cest siècle n'est pas estable
> Je dis qu'il a nom Fols s'i fie   De GUERSAY, *in* Godefroy.

Les différentes expansions (le relatif *qui* et, à l'occasion, l'adverbe *bien* et le verbe *être*) ont contribué à fixer la locution initiale dans la forme conventionnelle d'une citation explicite : **Bien fol est qui s'y fie,** généralement précédé du célèbre « *Souvent femme varie* » de l'adage (→ FEMME).

À chaque fou sa marotte (fin XVIIᵉ s., Furetière) « chaque fou a sa propre manière d'être fou. » L'idée générale est l'insistance sur la représentation individuelle (emploi du possessif singulier et du pronom personnel) de la folie → MAROTTE. La locution repose sur le sens spécial de *fou* « bouffon », qui n'efface pas la valeur initiale du mot.

Un fou avise (enseigne) bien un sage. Le proverbe est attesté dans Rabelais (Livre III, ch. XXXVIII, cf. Sainéan). Le glissement d'*avise* à *enseigne* s'explique facilement (*aviser :* « donner un avis, conseiller », étant assez proche par le sens *d'enseigner :* « instruire qqn, lui apprendre qqch. »). En ancien français (dès le XIᵉ s.), *aviser* signifiait « regarder, considérer », ce qui rapproche le proverbe, tant par la forme que par le contenu, de UN CHIEN* REGARDE BIEN UN ÉVÊQUE. *Enseigner* signifie « faire savoir par un signe, montrer ». Le fou sert donc d' « enseigne », de signe, et se situe par rapport au sage, par l'intermédiaire de son regard, dans une perspective d'interdépendance, de complémentarité (celle de celui qui montre et de celui qui est montré, du « regardant » et du « regardé »). Par ailleurs ce proverbe redéfinit (en l'inversant) le partage conventionnel entre le domaine de la folie et celui de la « Sagesse ». Le *fou* n'est plus, par rapport au *sage,* celui qui a quelque chose *en moins* (la raison), mais bien au contraire quelque chose *en plus* à communiquer, à enseigner. L'interprétation psychologique (« un sage trouve toujours un enseignement à considérer les fous ») rétablit la conception classique de la folie, mais la forme même du proverbe implique, au moins à l'origine, la reconnaissance d'une exemplarité de la folie, qui alimente toute une réflexion médiévale dont les traces se retrouvent jusqu'à Érasme, Thomas More ou Shakespeare. Cette réflexion, en milieu chrétien, correspond au thème de la vanité de la sagesse humaine opposée à la « folie de Dieu » (saint Paul, I Corinthiens 1, 25 ; 3, 18-20 ; 4, 10, etc.).

Plus on est de fous, plus on rit (XVIIᵉ s.) « plus on est nombreux, plus on s'amuse. » L'emploi de *fou* implique la notion de quantité (comme dans un **monde fou** : « beaucoup de monde » ; *fou* est ici synonyme de *nombreux*) et celle de divertissement, de distraction, qu'il partage avec *rire* (cf. *faire le fou ; rire, s'amuser comme un fou*), le *fou* (le bouffon) ayant pour fonction de faire rire, d'amuser.

1. FOUDRE n. f.

Coup de foudre « passion violente et soudaine ». Attestée à la fin du XVIIIᵉ s. (1798, Académie), l'expression est reprise par Stendhal.

> Comme le coup de foudre vient d'une secrète lassitude de ce que le catéchisme appelle la vertu, et de l'ennui que donne l'uniformité de la perfection. Je croirais assez qu'il doit tomber sur ce qu'on appelle dans le monde de mauvais sujets.
> Je doute fort que l'air Caton ait jamais occasionné de coup de foudre.
> Ce qui les rend si rares, c'est que si le cœur qui aime ainsi d'avance a le plus petit sentiment de sa situation il n'y a plus de coup de foudr.
>
> (STENDHAL, *De l'amour*, ch. III.

De nos jours, l'expression s'emploie avec le verbe *avoir* et s'applique aussi à des objets inanimés (*avoir le coup de foudre pour une maison, un endroit*, etc.). Au XVIIᵉ siècle, elle désignait tout événement inattendu (surtout désagréable) engendrant la stupeur. Employé seul, *coup* pouvait déjà à la fin du XVIIᵉ s. (1680, Richelet) s'appliquer au domaine affectif, et avait alors le sens actuel de *coup de foudre*. La notion de « percussion spectaculaire », rendue par *coup de* est ici transposée, intériorisée sur le plan émotionnel (comme dans **coup au cœur**). *Foudre* y ajoute l'idée de grande rapidité (contenue aussi dans ÉCLAIR*) et récupère une partie des valeurs métaphoriques associées au feu (*foudre* [feu du ciel] = passion amoureuse).

> Coup de foudre, le merveilleux jaillit entre deux pôles dont je dois être l'un et dont le sort me propose l'autre, aussi attirant peut-être que le site singulier où le taoïste choisit de bâtir son temple, mais nul si rien en moi ne répond à cette offre.
>
> M. LEIRIS, *Frêle Bruit*, p. 342-343.

> C'est alors que j'ai eu — comme on dit vulgairement — le coup de foudre. Je me suis senti irrésistiblement attiré par ce garçon. mieux : voué à vivre désormais et pour toujours avec lui, faute de quoi le soleil s'éteindrait et la cendre pleuvrait sur ma vie.
>
> M. TOURNIER, *Les Météores*, p. 380.

Comme la foudre. Précédée d'adjectifs comme *prompt, rapide*, l'expression est alors à rapprocher de COMME L'ÉCLAIR*. On la trouve aussi associée à des adjectifs évoquant la crainte, la foudre étant traditionnellement depuis l'Antiquité la manifestation de la colère divine. **Craint, redouté comme la foudre.**

> [...] l'intuition, la divination, l'étrangeté militaire, l'instinct surhumain, le coup d'œil flamboyant, on ne sait quoi qui regarde comme l'aigle et qui frappe comme la foudre, un art prodigieux dans une impétuosité dédaigneuse [...].
>
> V. HUGO, *Les Misérables*, Pléiade, p. 360.

> [...] tous les chevaux partent ; les jockeys, les rouges, les verts, les bleus en pincettes sur leurs étriers passent devant vous comme la foudre. Il y a des poteaux, on vous dit qui est arrivé premier, second.
>
> C. CROS, *Monologues*, p. 290.

2. **FOUDRE** n. m.

Un foudre de guerre. L'expression, qui ne s'emploie guère aujourd'hui que par dérision, désignait au XVIIᵉ s., dans un style soutenu, « un grand capitaine, un guerrier redoutable » qui, comme la foudre, engendre la crainte. Cet emploi de *foudre* au masculin, survivance de la rhétorique classique, ne se maintient plus que dans quelques loc. vieillies, employées de nos jours sur le mode ironique *(foudre d'éloquence)*.

FOUET n. m.

Coup de fouet « effet stimulant, impulsion. » Au milieu du XVIIIᵉ s., *donner un coup de fouet à qqn* signifiait « exercer une contrainte sur lui pour qu'il agisse dans un sens déterminé », le *coup de fouet* étant la cause de l'impulsion, « ce qui hâte une affaire » (1835, Académie) par analogie avec le fouet du cocher. Au contraire, les emplois actuels ont renversé la perspective, considérant par une métonymie, non plus l'origine de l'action, mais le résultat. Le coup de fouet est la stimulation elle-même, considérée dans son effet. On parlera de *coup de fouet donné à l'organisme par l'alcool, par un médicament* et, par extension, de *coup de fouet donné à l'économie* (c'est-à-dire « circonstance favorisant l'expansion », opposé à **coup de frein**).

De plein fouet [LOC. ADV.] « de face, en ligne droite, directement » (XIXᵉ s.). Construite avec des verbes exprimant la collision *(heurter, frapper* et leurs contraires), l'expression provient du vocabulaire de l'artillerie, le *tir de plein fouet* étant un tir direct, horizontal et sur un objectif visible. On y décèle les traces de la loc. médiévale *de plain* (de *planus*), « sans obstacle, directement de toute sa force », contaminée par *de plein* (de *plenus*) et un substantif « de toute la force de... ». L'expression qualifie la violence de l'impact exprimé par le mot *fouet*, relié lui aussi à un contexte militaire (dont les locutions nominales *fouet d'armes, fouet de guerre, coup de fouet* [« tir direct », dans Bescherelle] portent l'empreinte).

FOUETTER v. tr.

Fouetter le sang « stimuler, produire sur l'organisme un effet dynamique. » L'image originelle (et étrange) du sang battu au fouet est inattendue, le procédé évoquant plutôt des préparations culinaires. La loc. signifie « activer la circulation du sang comme avec un fouet », puis, plus abstraitement, « produire mécaniquement de l'énergie vitale », valeur que l'on retrouve à peu près dans **coup de fouet** (→ FOUET).

> Je crois que je serais morte d'ennui sans un brave procès qui m'a un peu fouetté le sang.   É. AUGIER, *Maître Guérin*, II, 2, p. 253.

La loc. reçoit souvent une interprétation plus nettement érotique liée à une valeur particulière du mot SANG*, et aux connotations de *fouetter* (à rapprocher de *fouailler*, variante de *foutre*).

Avoir d'autres chats à fouetter → CHAT. — *Fournir (donner) des verges pour se faire fouetter* → VERGE. — *Il n'y a pas de quoi fouetter un chat* → CHAT.

FOUILLE n. f. Mot argotique, signifiant « poche ».

Dans la fouille « dans la poche ; assuré de la réussite » → POCHE.

> Il me tape encore dans le dos... c'est officiel, dans la fouille, qu'on est sur un coup sublime ! La fortune avant un an !   A. BOUDARD, *Cinoche*, p. 125.

FOULE n. f.

En foule [LOC. ADV.] « en grand nombre, en masse » (XVIᵉ s.). Cette expression de quantité a longtemps concurrencé (jusqu'à la fin du XVIIᵉ s.), puis progressivement remplacé les anciennes loc. *à la foule, à foule*.

Le jour de l'audience. même très remarquable discrétion de toute la presse française, y compris l'antisémite. la pacifiste. la pro-allemande, etc. N'étaient présents à la 12ᵉ en fait d'avocats et de journalistes que ceux de l'*Humanité*, du *Popu*, de la *Lumière*. etc.. etc. Mais alors ! en foule !   L.-F. CÉLINE. préface à *L'École des cadavres*, 1938.

FOULÉE n. f.

Dans la foulée [LOC. ADV.] «dans le même élan» (av. 1960). Cette loc. tire son origine du vocabulaire de la course à pied ; *courir (être, rester) dans la foulée d'un concurrent*, c'est «le suivre en se réglant sur son allure, sur ses foulées» (c'est-à-dire ses enjambées). Elle évoque l'idée de mouvement en cours, le prolongement d'une action ou d'un événement par un processus déjà engagé. On la rencontre suivie d'un complément introduit par «de» (*dans la foulée de qqn ou de qqch.)* ou sans complément, avec la valeur d'un adverbe (en tête de phrase, par exemple). Elle marque la simultanéité et correspond à peu près à «en même temps, simultanément, par la même occasion ».

FOUR n. m. À ce mot se rattachent principalement les valeurs métaphoriques d'ouverture béante, de chaleur et d'obscurité.

Grand comme un four se dit surtout en parlant de la bouche (XVIIᵉ s., Scarron et Furetière). On dit métaphoriquement : *ouvrir un grand four.*

Chaud comme dans un four est attesté en 1616 (*Comédie des Proverbes*) et dans le *Sicilien* de Molière (1665-1666). La locution s'emploie encore avec le verbe *faire (il fait chaud comme...).*

Noir comme dans un four (XVIIIᵉ s.) «très obscur ».

Avoir qqch. au four «avoir qqch. en train, en cours de réalisation ». Métaphore du boulanger ou du cuisinier.

> En ce moment. j'ai rien au four, mes projets les plus favoris traînassent. n'aboutissent pas sur la pelloche.   A. BOUDARD, *Cinoche*, p. 16.

Faire un four «échouer, ne pas avoir de succès » (en parlant d'une pièce de théâtre, puis plus généralement, d'une manifestation artistique). La variante *faire four* est aujourd'hui vieillie.

> Si les deux pièces qui nous précèdent allaient faire four, nous serions joués en février. Il est inouï. dans les fastes théâtraux. que trois pièces de suite aient du succès.
> G. FLAUBERT, *Correspondance*, 16 oct. 1889.

La locution est attestée vers 1660. «En termes de comédiens, on dit *faire un four* pour dire qu'il est venu si peu de gens pour voir la représentation d'une pièce, qu'on a été obligé de les renvoyer sans la jouer » (1690, Furetière). L'explication la plus répandue de l'origine de l'expression, notamment depuis Littré, est que, faute de spectateurs, on ferait l'économie des lumières de la salle qui deviendrait alors «noire comme un four » (*four* étant déjà au XVIIᵉ s. une métaphore très répandue de l'obscurité d'un lieu). Pourtant, d'après Esnault, l'association *obscurité-insuccès* viendrait d'un sens particulier de *éclairer :* «rapporter de l'argent», datant du XVIIᵉ s. Une pièce qui «n'éclaire pas » est un échec (cf., en argot de théâtre, *avoir le vicomte Dufour dans la salle, in* Esnault). M. Rat propose l'hypothèse assez gratuite d'un jeu de mots sur *pièce*, dans *pièce de four* «gâteau cuit au four » (milieu XVIᵉ s.). La notion d'échec liée au mot four s'expliquerait à partir d'un poème satirique de Furetière : les *Couches de l'Académie*, où allusion est faite à une pièce jouée par une si forte canicule (comme celle d'un four ou d'une pièce cuite au four) que le public aurait fui. «On aurait donc dit, en jouant sur les mots, *faire une pièce de four*, puis pour abréger, *faire un four* ou *faire four* » (M. Rat, *Dict. des loc. françaises*). On retiendra plutôt la référence à la symbolique lumière = succès/ obscurité = échec.

On ne peut (pas) être à la fois au four et au moulin « on ne peut pas être partout à la fois, faire deux choses en même temps. » Ce proverbe est attesté dans Cotgrave (1611) puis au milieu du XIXᵉ s. (1868, d'après Wartburg). Le rapprochement entre *moulin* et *four* n'est pas fortuit et se retrouve dans plusieurs autres proverbes. Il s'explique par le droit féodal. Au Moyen Âge, *moulin* et *four* étaient tous deux soumis au droit de banalité d'un seigneur : tous les habitants d'une terre seigneuriale étaient tenus, moyennant redevance, d'utiliser pour moudre leur grain et cuire leur pain, le moulin et le four banaux, propriété du suzerain. Par ailleurs, le travail du moulin et celui du four avaient leur place, l'un après l'autre, comme activités fondamentales, complémentaires et successives pour préparer la nourriture quotidienne. (*Au moulin et au four, chacun va à son tour*, Furetière.) Enfin l'un et l'autre tenaient le rôle de lieux de rencontre hors des murs de la maison. (*Au four et au moulin, on sait toutes les nouvelles*, Leroux de Lincy.) L'expression peut affecter diverses formes (*aller, courir du four au moulin*, etc.) connotant la précipitation ou l'inefficacité de plusieurs travaux simultanés.

Vx. *Un vieux four est plus facile à chauffer qu'un neuf* [PROV.]. On trouve ce proverbe dans Brantôme (*Vie des dames galantes*, IV). L'allusion sexuelle (« four qu'on chauffe ») est ici très claire. La transposition du sexuel au culinaire (métaphores sexe/récipient, activité sexuelle/préparation culinaire) est sensiblement identique et utilise des éléments comparables à ceux de : *c'est dans les vieux pots qu'on fait la meilleure soupe* (→ POT). Le choix de *four* s'est fait par analogie avec la valeur de « bouche ».

FOURBI n. m.

Vieilli et arg. *Connaître le fourbi* « savoir se débrouiller, être malin ». L'expression, qui remonte aux années 1860 (1866, d'après Esnault ; 1867, d'après Delvau), provient d'un sens argotique de *fourbi* « jeu frauduleux », puis « trafic douteux, opération louche ». La locution a pris le sens de « maîtriser une situation », sinon en volant (cf. *faire son fourbi* « se procurer un gain illicite », *in* Wartburg), du moins en se trouvant mêlé à une affaire louche et en connaître assez pour ne pas être lésé.

FOURCHE n. f.

Littér. *Passer sous les fourches caudines* « subir une cuisante humiliation. » Les *Fourches Caudines* (*Furcae Caudinae*) étaient un étroit défilé où les Romains essuyèrent des Samnites une célèbre défaite (312 av. J.-C.) et durent, en signe d'humiliation, passer sous un joug formé de lances dressées par leurs ennemis. L'emploi métaphorique de l'expression est isolément attesté au XVIIIᵉ s. par Saint-Simon (cité par Littré), mais sa généralisation ne semble pas antérieure au début du XIXᵉ s. (1835, Académie). Son sens est d'abord circonscrit au domaine militaire (à propos d'une défaite, d'un traité honteux), puis désigne n'importe quelle nécessité humiliante. On disait aussi *passer sous les fourches, sous la fourche* (Littré). La survivance de cette locution est due à une contamination avec l'ancienne locution *traiter (qqn) à la fourche* « maltraiter, humilier », ou en tout cas, aux connotations du mot *fourche* désignant l'instrument pointu et non pas, comme dans le nom propre originel, une forme bifide.

FOURCHETTE n. f.

La fourchette du père Adam « les doigts » → ADAM.

Coup de fourchette « façon de manger », surtout employé avec le verbe *avoir* et un adjectif mélioratif (*il a un bon, un sacré... coup de fourchette*). La *fourchette* évoque, par métonymie, le repas. La valorisation de l'acte de manger est supportée par l'emploi de *coup de* (→ ce mot) avec la nuance intensive qui s'y rattache, développée par les adjectifs à caractère appréciatif (*bon, joli, solide*, etc.).

> Pradonet regarde avec admiration le fakir. Qu'est-ce qu'il a comme coup de fourchette. Il dévore. Léonie avait raison : c'est pas possible. Il avait dû se retenir de déjeuner.
> R. QUENEAU, *Pierrot mon ami*, p. 37.
> J'ai un indiscutable coup de fourchette, mais sélectif, exclusif.
> M. TOURNIER, *Les Météores*, p. 94.

Être une bonne (belle) fourchette «avoir un solide appétit, être gros mangeur» (milieu XIXe s.). L'expression n'est plus guère en usage (→ AVOIR UN BON COUP DE FOURCHETTE, ci-dessus).

Vx. *Déjeuner à la fourchette* «déjeuner constitué de viande ou de nourriture solide» (1835, Académie) nécessitant l'emploi de la fourchette (s'opposerait à : *à la cuiller*).

Arg. *Vol à la fourchette* (milieu XIXe s.) «vol à la tire par introduction de deux doigts (index et médius) dans la poche de celui qu'on veut voler». Analogie entre les (deux) doigts de la main et les dents de la fourchette servant à «piquer», c'est-à-dire à voler, prendre.

FOURMI n. f.

Avoir des fourmis (dans les jambes...) «sentir des picotements dus à la mauvaise circulation du sang». L'expression est un autre exemple de l'effet de sens que l'on trouve dans le dérivé *fourmiller*.

FOURMILIÈRE n. f.

Donner un coup de pied dans la fourmilière «déclencher une agitation inquiète».

FOURNÉE n. f.

Emprunter (prendre) un pain sur la fournée → PAIN.

FOURREAU n. m.

La lame (l'épée) use le fourreau → LAME.

FOURRÉ, ÉE adj.

Coup fourré «attaque perfide, coup en traître.» Attestée depuis Brantôme, la loc. est empruntée au vocabulaire de l'escrime et désigne le coup par lequel celui des deux adversaires qui attaque l'autre est au même moment touché par lui. *Fourré* y a donc le sens de «redoublé» (on dit d'ailleurs aussi *coup double*). Le sens métaphorique se trouve déjà dans Molière (*L'Étourdi*, 1653) et met en œuvre l'idée générale du double dans ses trois aspects de réciprocité (au coup donné correspond le coup reçu), de simultanéité et de duplicité. La contamination avec les emplois où *fourré* correspond à «recouvert d'une apparence trompeuse» (cf. *paix fourrée*) a dirigé l'expression vers sa valeur courante de «manœuvre hypocrite et secrète».

Vx. *Paix fourrée* «paix trompeuse, dissimulant de mauvais desseins» (vers 1200, d'après Wartburg).

Vx. *Chats fourrés* (XVIe s.). Surnom plaisant donné par Rabelais (V, II) aux magistrats, par allusion à leur robe garnie d'hermine, et jouant sur les connotations péjoratives (hypocrisie) communes aux mots *chat* et *fourré*. L'expression est popularisée par La Fontaine (*Fables*, VII, 16).

FOURRER v. tr. Il existe quelques locutions où *fourrer*, aux formes active et réfléchie, est suivi du nom d'une partie du corps. Elles devront être consultées au

nom (→ Nez, Doigt). *Fourrer,* exprimant l'introduction (massive ou violente), correspond à un euphémisme de *foutre.*

    Fourrer (qqn) dedans ou ***Se fourrer dedans*** → Dedans.

    S'en fourrer jusque-là «se goinfrer, s'empiffrer.» L'ingurgitation massive est vue dans la perspective dynamique du remplissage. Toutefois, l'imprécision de «jusque-là» souligne l'aspect subjectif de la satiété, sauf à préciser le niveau par un substantif désignant une partie du haut du corps *(jusqu'aux yeux).* L'expression est aussi fréquente avec *mettre.*

> S'étant réfugiés dans une carrière. pour être à l'abri des indiscrets. Croquignol et ses deux compagnons firent honneur aux victuailles et chacun s'en fourra jusque-là. Quel gueuleton, mon empereur!   *L'Épatant,* 1908, p. 35.

    Ne plus savoir où se fourrer «ne savoir comment échapper à la honte, à la confusion» (cf. *se fourrer* au sens de «se cacher» dans Furetière).

FRAÎCHE n. f.

Vieilli. ***À la fraîche*** [loc. adv.] «à l'heure où il fait frais» (milieu xixᵉ s.). Se *promener à la fraîche.*

Vieilli. ***À la fraîche!*** [loc. exclam.] (fin xviiᵉ s.), cri par lequel les marchands ambulants de boissons ou de denrées fraîches (comme le poisson) annonçaient leur présence aux passants.

1. FRAIS, FRAÎCHE adj.

    Frais comme un gardon → Gardon. — ***Frais comme l'œil*** → Œil. — ***Frais émoulu*** → Émoulu. — ***La guerre fraîche et joyeuse*** → Guerre.

    Être frais «être en fâcheuse situation, en piteux état» (1808). L'expression s'emploie ironiquement et sur le mode exclamatif (comme sa variante *Nous [vous,* etc.] *voilà frais!).* Cet emploi antiphrastique de *frais* est à rapprocher de celui qui est fait de *beau* et de *bon* dans des loc. comme *Avoir bonne mine*,* Être dans un bel état*, dans de beaux draps*, etc.

    De frais [loc. adv.] «récemment, depuis peu» (1552, Rabelais). La loc. a la valeur d'un adverbe de temps et est synonyme de *de fraîche date* (→ Date).

2. FRAIS n. m.

    Mettre au frais «mettre en prison». L'expression est attestée au sens propre dans Furetière et au sens métaphorique depuis 1860 environ (Littré). La fraîcheur du cachot est comparée à celle d'une cave. L'image de la réclusion comme mise à l'abri de l'extérieur dans un endroit protégé se retrouve dans la loc. voisine *mettre à l'ombre.*

    Prendre le frais «respirer l'air frais, se promener» (xviiᵉ s.), peut s'employer par métaphore, cf. la citation de Corbière, ci-dessous.

> Il y avait des concierges assis devant leurs portes à respirer l'odeur de la station de fiacres. Ils appellent ça «prendre le frais»!   C. Cros, *Monologues,* p. 277.

> C'était à peu près un artiste.
> C'était un poète à peu près
> S'amusant à prendre le frais
> En dehors de l'humaine piste.   T. Corbière, *Poèmes retrouvés,* p. 882.

3. FRAIS n. m. pl. Du latin *fractum,* p. p. de *frangere* «briser». Le mot apparaît au pluriel vers 1400 *(freiz).* Dans la plupart des locutions où il fonctionne, il garde sa valeur initiale, concrète, de «dépenses, débours engagés», souvent conjointe à une transposition métaphorique d'effort, de peine déployée, l'une ne supplantant jamais totalement l'autre.

Faux frais «dépenses supplémentaires s'ajoutant aux dépenses principales» (XVIIe s.). À l'origine, l'emploi de ce syntagme était circonscrit au domaine juridique; il s'appliquait aux dépenses dont un officier ministériel faisait état en dehors des frais légaux taxés. La valeur de l'adjectif *faux*, souvent métalinguistique, consiste à modifier le contenu du substantif; mais ici «fausseté» se réduit à une extériorité.

Fam. **Arrêter les frais** «faire l'économie d'un effort, d'une activité; abandonner (une entreprise, un projet)». Au sens propre, l'expression signifiait : «arrêter les dépenses» :

> Mais la cagnotte s'anémiait à vue d'œil, ils tombèrent d'accord pour arrêter les frais.
> *L'Épatant*, 1908, p. 49.

En être pour ses frais «avoir perdu sa peine, n'avoir abouti à rien», littéralement «ne rien retirer de l'argent qu'on a engagé», *en être pour* (→ ÊTRE) ayant le sens de «perdre».

> À qui donc écrivait-il ainsi en si grand mystère? Elle avait essayé de provoquer des scènes, pensant que, dans la discussion, il laisserait échapper un aveu : mais elle en était pour ses frais d'imagination, lorsque le hasard souleva le couvercle du pot aux roses. GORON, *L'Amour à Paris*, t. I, p. 320.

Faire des frais «se donner de la peine, faire des efforts» (sur un point particulier). Le sens général de l'expression est celui d'une «mise de fonds» (métaphorique ou non) en vue d'obtenir un résultat «payant». Elle s'emploie absolument ou suivie d'un complément introduit par *de* (*Faire des frais de toilette, d'amabilité*, etc.), parfois avec un complément de but ou d'attribution introduit par *pour*.

> Et on se mit à causer. Le beau médecin faisait des frais pour les jeunes filles, pour Charlotte surtout. G. de MAUPASSANT, *Mont-Oriol*, in *Ph. Sl.*

Se mettre en frais «se donner de la peine, déployer des efforts inhabituels pour». Comme la locution *faire des frais* ci-dessus, celle-ci s'emploie soit absolument, soit avec des compléments (*se mettre en frais de* + complément, *pour*), avec toutefois une nuance plus intensive due au caractère spécifique (inactif) du verbe *mettre*.

> Ce soir-là, il devait marcher d'étonnement en surprise. Il n'y avait pas d'autres invités : c'était pour lui seul qu'on s'était mis en frais.
> Dans la salle à manger Renaissance, un dîner délicat l'attendait.
> GORON, *L'Amour à Paris*, t. I, p. 463.

Faire les frais de (+ complément de chose) «contribuer activement à» ou «être victime de». L'idée dominante est celle d'effort fourni. *Faire les frais de la conversation* (1806), y prendre la part la plus active, l'alimenter, soit comme sujet qui parle, soit comme objet du discours. La locution a souvent une coloration défavorable pour le sujet qui y est impliqué; par ex. : *faire les frais de l'opération :* en être la victime, en supporter les conséquences désagréables.

> [...] l'on n'oubliait que trop ces autres êtres vivants — les malheureux moutons — qui faisaient assez vilainement les frais de l'opération : invisibles, parce que très lointains (et, d'ailleurs, parqués derrière des murettes), ils n'étaient qu'une cible théorique, se réduisant au poteau qui les signalait et qu'on était ravi de voir (ce qui n'advint à vrai dire qu'une fois) assez exactement touché pour voltiger dans les airs.
> M. LEIRIS, *Fourbis*, p. 146.

Faire ses frais «rentrer dans ses fonds» et, métaphoriquement, «être dédommagé de la peine qu'on a prise».

À frais communs [LOC. ADV.] «en partageant les frais, en apportant chacun sa collaboration».

À grands frais «en se donnant beaucoup de peine» (littéralement «en dépensant beaucoup»).

À peu de frais «facilement, sans faire beaucoup d'efforts» (début XVIIe s.). La locution est attestée dans Mathurin Régnier, Scarron.

Ils avaient cette facilité musicale qui se contente à peu de frais, cette perfection dans la médiocrité qui abonde dans la race qu'on dit la plus musicale du monde.

R. ROLLAND, *L'Aube*, in *Ph. Sl.*

Aux frais de la princesse → PRINCESSE.

Vx ou littér. **Sur (de) nouveaux frais** « en repartant à neuf ; de nouveau ». La locution date du XVIIe s. On la trouve dans Regnard, Scarron et le Dictionnaire de Bayle.

FRAISE n. f.

Aller aux fraises.

1. (En parlant d'un couple) « chercher un lieu écarté propice aux ébats amoureux ». Cette locution populaire d'origine rurale est attestée en 1915 (Esnault). L'activité naïvement anodine de cueillette des fraises (des mûres, de la pâquerette) qu'on ne saurait découvrir qu'en des lieux cachés, le couvert des bois, les buissons, en désigne métonymiquement une autre. Ces fruits si bien cachés ne seraient autres que des parties, elles aussi cachées, du corps féminin, comme l'indiquent des emplois érotiques du mot *fraise* (« bout de sein » et aussi « vagin », *in* Wartburg). La métaphore est fondée sur l'analogie de couleur (le rouge) et de forme (pour le bout de sein) et sur le rapport de désir à l'objet, à la fois gourmandise et convoitise sexuelle. L'activité érotique est évoquée sous la forme d'une représentation spatiale (*aller à...* suggère « s'emparer de... » et même « consommer »).

2. « Se promener en musardant » (parfois sous forme d'apostrophe ironique et impatiente à l'égard d'un automobiliste jugé trop lent : *alors, papa, tu vas aux fraises ?*).

Ramener sa fraise « se manifester souvent et hors de propos ». La locution est attestée par Esnault dans un sens légèrement différent « ronchonner, rouspéter ». *Fraise* est ici employé dans le sens argotique de « tête, visage » et a pu remplacer *cerise*, à cause de l'aspect rebondi et de la couleur rouge. Le mot s'inscrit dans la série synonymique où la tête est un fruit (*cerise, citron, poire, pomme*, etc.). On trouve aussi la locution sous la forme réduite : *la ramener.*

C'est le roman qui pousse au crime encore bien pire que l'alcool... ils avaient plus de crocs pour bouffer, tellement qu'ils étaient vermoulus, ils avaient fourgué... Ils ramenaient encore leur fraise ! C'était pas croyable comme ballon...

L.-F. CÉLINE, *Mort à crédit*, Livre de poche, p. 245.

Fam. **Sucrer les fraises** « être agité d'un tremblement nerveux, être gâteux ». Le mouvement incontrôlé est ironiquement imputé à une agitation spécifique, délibérée, entreprise à des fins aussi précises que dérisoires.

Pauvre Achille, je me rappelle, il s'était mis à sucrer les fraises par là 2 ans avant sa mort. Vous voyez, 2 ans, mon papa disait. Deux de 52, reste 50. L'Achille donc, il avait 50 ans quand il a commencé de sucrer, et son garçon, voyez ce que c'est, il s'y met qu'il frise la trentaine, bien juste. M. AYMÉ, *Le Vin de Paris*, p. 104.

Il y a des voix cassées qui jouent la Marseillaise.
Avec des voix d'enfants faites pour la java.
Des voix sucrées qui pourraient bien sucrer les fraises.

L. FERRÉ, *Poète... vos papiers !*, p. 202.

FRANC, FRANCHE adj.

Franc comme l'or → OR. — **Franc comme l'osier** → OSIER. — **Franc du collier** → COLLIER. — **(Avoir, laisser) les coudées franches** → COUDÉE. — **Franc de port (et d'emballage)** → FRANCO.

FRANÇAIS adj.

Comprendre le français « comprendre ». L'expression s'employait à la forme assertive dès le XVIIIe s. (1732, Dict. de Trévoux). On ne la trouve guère aujourd'hui qu'à la forme interro-négative (*Vous ne comprenez pas le français ? :* « vous ne comprenez donc rien ! »). L'obstacle linguistique étant d'emblée éliminé puisqu'il s'agit de deux interlocuteurs s'exprimant dans la même langue, la non-réponse au message n'est donc imputable qu'à l'inintelligence du destinataire, incapable de comprendre sa propre langue.

Parler français « s'exprimer clairement, sans ambiguïté ». Cet emploi est dans Montaigne. Il s'agit peut-être d'un calque du latin (*latine loqui* « parler latin », avait aussi ce sens). La clarté de sa langue pour le locuteur français est ici donnée comme possédant un caractère inné d'universalité. Ce préjugé (l'adéquation de la pensée à la langue qui l'exprime lorsqu'il s'agit du français) est vigoureusement défendu par Rivarol comme une évidence irrécusable : « Ce qui n'est pas clair n'est pas français ; ce qui n'est pas clair est encore anglais, italien, grec ou latin » (*De l'universalité de la langue française*, 1783). La locution s'oppose à PARLER HÉBREU* ou CHINOIS*.

À la française [LOC. ADV. ou ADJ.] « à la manière française » (*À la française* signifiait, au XVIᵉ s., « librement, sans gêne », *in* Huguet). La loc. provient de la construction archaïque *à la* désignant des modes et préparations spécifiques. C'est ainsi qu'on parle d'*habit à la française*, de *jardin à la française*, etc. L'expression a perdu sa valeur métaphorique. *À la française* a signifié parfois : « d'une manière gaillarde, avec brio ».

En bon français « nettement, en clair » (XVIIᵉ s.). La locution s'emploie avec des verbes déclaratifs (*dire, déclarer*, etc.).

FRANCE n. pr. f.

De France et de Navarre [LOC. ADJ.] « de partout ».

> Comme je ne vois personne, je ne sais guère ce qui se passe dans le monde. La Seine-Inférieure est, du reste, le département le plus calme de France et de Navarre, ou plutôt le plus engourdi. Cependant, on y attend avec impatience les élections, parce que l'état présent « nuit aux affaires ».
>
> G FLAUBERT, *Correspondance*, VIIIᵉ série, Lettre n° 1690.

FRANCO adj.

Fam. **Franco de port et d'emballage** « franchement, carrément » (XXᵉ s.). *Y aller franco de port et d'emballage*. La locution résulte probablement d'une équivoque entre la locution italienne *franco (porto)*, en français *franco de port* (littéralement « sans que le destinataire ait à payer les frais de port d'un envoi »), et la forme homonyme et populaire de l'adverbe « franchement », réduit à *franc* et suffixé par -*o* (procédé qu'on retrouve dans des cas analogues : vas-y mollo, etc.). En entrant dans la langue populaire, la locution a gagné une nouvelle vigueur sur le plan stylistique. Les expansions (facultatives) *de port et d'emballage* fonctionnent par rapport à l'adverbe *franco* qui, employé seul, est lexicalisé, comme des « queues stylistiques » (Guiraud).

FRANÇOIS n. pr. m.

Fam. **Coup du père François.** Attestée à partir de 1868 dans l'argot des voleurs, l'expression désigne un style d'agression pratiqué par deux assaillants, le premier étranglant la victime en lui serrant le cou avec une courroie puis en la maintenant sur son dos, au-dessus du sol, pendant que son complice la fouille. Métaphoriquement, *faire à qqn le coup du père François* signifie « le prendre en traître » (littéralement « l'étrangler par derrière ») et désigne toute manœuvre déloyale. D'après Esnault, le père François serait un surnom du fameux lutteur Arpin (dit « le terrible Savoyard »), célèbre dans la seconde moitié du XIXᵉ s. En fait, le prénom n'est pas absolument fixe, *François* pouvant être remplacé par *Anatole* (Gottschalk, Larchey, Esnault), autre nom d'un supposé voleur-étrangleur. Mais peut-être la locution n'est-elle pas sans rapport avec l'expression régionale attestée par Wartburg (Maubeuge) *faire Saint-François,* jeu d'enfant consistant à se mettre sur le dos (pour marquer l'empreinte du corps).

> Mais bientôt il arrive au coup du père François, qui n'est à peu près qu'un simulacre d'assassinat fait pour effrayer la victime, et, enfin, la carrière du misérable se termine place de la Roquette, à la suite d'un gros drame sensationnel.
>
> GORON, *L'Amour à Paris,* t. I, p. 39.

Prévert emploie une altération plaisante :

> mais vous ne nous ferez plus le coup du père Français
> non mon capitaine [...]
> nous ne descendrons pas à la prochaine [...]   PRÉVERT, *Paroles,* p. 74.

Vx.   *Avoir le mal Saint-François* « vivre dans la pauvreté ». La locution est, d'après Gottschalk, attestée dans Rabelais, dans Oudin (1640) et dans Du Broc de Segange (1859). Elle semble être tombée en désuétude depuis. *Le mal Saint-François* désigne, par périphrase, le vœu de pauvreté à laquelle s'astreignaient les moines franciscains.

FRANCOLIN n. m.

Vx.   *Muet comme un francolin pris* « absolument muet », comme le francolin, sorte de gélinotte qui, une fois capturé, cesse de chanter. L'expression, probablement du milieu du XIXᵉ s. (1842, Quitard), ne semble pas avoir eu une grande fortune. On dit aujourd'hui MUET COMME UNE CARPE* (ou UNE TOMBE*).

FRANQUETTE n. f.

Fam.   *À la bonne franquette* [LOC. ADV. et ADJ.] « sans façons, simplement ». Vers 1650, on trouve d'abord *à la franquette,* la forme actuelle n'apparaissant que vers 1755. Le sens initial était « sincèrement, en toute franchise », attestant la relation étymologique avec *franc.* Cette forme *franquette,* d'origine normanno-picarde, a prévalu sur *franchette,* forme plus régulière.

> Bien des années après cela, je suis dans une salle à l'architecture désuète, moulurée d'or, et dont les fauteuils recouverts de velours sont occupés par des gens en tenue de soirée, fort différents des personnages à la bonne franquette qu'abrite la construction de-toile d'un cirque forain.   M. LEIRIS, *Biffures,* p. 156-157.

La variante *flanquette,* qui date du début du XIXᵉ s., n'est plus guère usitée et provient probablement de la transcription de la prononciation de *r* en *l.*

FRAUDE n. f.

En fraude [LOC. ADV.] « en cachette, secrètement ». Au XVIIᵉ s., la locution signifie « en cherchant à tromper, illégalement » et se réfère strictement à la nature illégale de l'acte frauduleux. C'est plus tard (XVIIIᵉ s.) et encore d'une manière isolée (Du Marsais), qu'un tel acte a été envisagé sous le rapport de son fonctionnement : la nécessité de la dissimulation qui le rend plus efficace.

FREIN n. m.

Ronger son frein « contenir avec peine son impatience, sa colère, son dépit ». La locution date de la fin du XIVᵉ s. et *frein* y a le sens ancien de « mors », par analogie avec le comportement du cheval qui mâche son mors d'impatience. Le *frein* est métaphoriquement tout ce qui brise net l'élan, l'impulsion des affects, et *ronger* exploite l'image d'une substance (l'énergie) qui, retenue et comme absorbée, devient corrosive et mine de l'intérieur (→ SE RONGER LES SANGS*).

> Ce n'était plus le moment d'enfiler des maximes et des oracles sur la politique. Il rongeait son frein, empressé et prudent, n'osant même pas sévir contre son fils Antoine...
>
> M. AYMÉ, *La Jument verte,* p. 159.

FRELON n. m.

Vx. *Irriter les frelons* «susciter la colère des gens naturellement agressifs». Cette ancienne locution proverbiale calquée du latin *(irritare carbones)* est attestée depuis Rabelais. La forme proverbiale *Il ne faut pas irriter les frelons* est encore attestée au milieu du XIXe s. (Bescherelle, Larousse). L'idée de l'irritabilité comme menace de piqûre est la même que dans le proverbe *Qui s'y frotte s'y pique.*

> Comme en proverbe l'on dict irriter les freslons, mouvoir la Camerine, esveiller le chat qui dort. RABELAIS, III, 14.

FRÈRE n. m.

Frère d'armes «compagnon de combat, compagnon d'armes» (XVe s.). La locution s'appliquait initialement à des chevaliers ayant contracté une alliance d'armes.

Faux frère «celui qui trahit des liens d'amitié ou d'intérêt». L'expression remonte à la fin du XVIIIe s. (1675, Mme de Maintenon).

Frère de lait → LAIT.

Se ressembler (s'aimer) comme des frères «beaucoup». Ces locutions traduisant l'intensité se fondent sur l'exemplarité des rapports de fraternité (caractérisés théoriquement par leur intensité). Seule, une même origine parentale peut rendre possible et fonder en nature la ressemblance physique et ses transpositions métaphoriques *(se ressembler comme des frères)* et, en même temps, être à la source de rapports affectifs privilégiés *(s'aimer comme des frères).*
Depuis le XVIIe s. (chez La Fontaine), *frère* peut exprimer l'analogie entre deux objets.

Partager en frères «également». La locution est une bonne illustration du préjugé de la «bonne famille» idéale où tous les membres n'auraient que des sentiments positifs.

FRIANDISE n. f.

Vx. *Avoir le nez tourné à la friandise* «avoir l'air ardent(e) en amour» (spécialement d'une femme). Cette loc. suggestive semble dater du XVIe s.

> Ceste commere... brusloit d'amour qu'elle portoit à ce compere, qui avoit le nés tourné à la friandise. CHOLIÈRES, 5e *Après-disnée,* p. 211, *in* Huguet.

Friandise a ici son sens ancien de «gourmandise» et plus généralement «d'envie, de désir» *(Avoir la friandise de, in* Godefroy) et ses connotations sexuelles sont bien repérées; on les retrouve dans *friand, affriolant* qui proviennent du même radical latin *frigere.* Cet appétit est donné comme ayant un support physiognomonique privilégié et lui aussi sexuellement codé : le nez (traduit le plus souvent [dans Le Roux, Furetière; 1798, Académie] par la mine, la physionomie) et le désir saisi dans sa dynamique *(tourné à)* comme dans les loc. plus actuelles : ÊTRE PORTÉ SUR LA BAGATELLE* (ou LA CHOSE*).

FRICASSÉE n. f.

Fricassée de museau «embrassade» (fin XIXe s.). Cette loc. familière fixe de façon très vive l'image de la confusion, du désordre (la fricassée est un mélange de choses hétéroclites), saisie au moment du rapprochement de différents «museaux» lors de l'échange de baisers.

> C'en est des fricassé's d'museau :
> Du p'tit môme à la trisaïeule,
> Les gén'rations s'lich'nt la gueule...
> En d'dans ça s'dit : Crèv' donc, chameau ! A. BRUANT, *Dans la rue,* p. 34.

FRICOT n. m.

S'endormir sur le fricot «se laisser aller à l'indolence, à l'inaction». Variante tardive (milieu du XIXe s.) de *s'endormir sur le rôti.* Outre son sens culinaire, *fricot* a aussi l'acception argotique de «besogne» (cf. *fricoter).*

> J'ai vu aussi Mme Plessis et Ramelli, sans compter Berton père, que j'ai surpris dans son lit, ce matin.
> Il est irrévocablement fâché avec ces Messieurs.
> Tu vois, mon jeune homme, que je ne m'endors pas sur le fricot.
>   G. FLAUBERT, *Correspondance,* VIe série, p. 291.

FRIGIDAIRE n. m.

Mettre au frigidaire «laisser de côté, en attente» (milieu XXe s.). L'image du lieu abrité et frais où les choses laissées en attente se conservent est probablement une forme atténuée de l'expression initiale de la réclusion comme mise à l'abri dans un lieu frais, ce que semble suggérer le sens de la locution METTRE AU FRAIS★ et l'emploi argotique de *frigidaire* : «violon du commissariat» (1956, *in* Esnault). Mais la locution se serait dégagée de sa référence au contexte carcéral, si elle l'a jamais acquise. L'action légale de la société qui a déposé le mot *Frigidaire* — lequel ne devrait, en droit, être appliqué qu'aux produits de cette firme —, a donné plus de vie à la variante *mettre au réfrigérateur.*

> Quand je pense à cette période où je demandais tout sans rien payer moi-même, où je mobilisais tant d'êtres à mon service, où je les mettais en quelque sorte au frigidaire, pour les avoir un jour ou l'autre sous la main, à ma convenance, je ne sais comment nommer le curieux sentiment qui me vient. Ne serait-ce pas la honte?
>   A. CAMUS, *La Chute,* p. 80.

FRIME n. f.

Pour la frime «en apparence, extérieurement» (1789). La loc. vient du sens ancien (XVe s.) de *frime* : «apparence, mine» et, par extension, «faux-semblant, tromperie». *Faire la frime* signifiait «faire semblant» au XVIIe s. (*in* Cotgrave, Furetière) et serait, d'après Guiraud, un emprunt à l'argot théâtral.

FRITE n. f.

Avoir la frite «être en forme, se sentir capable de réussir». L'expression semble provenir du milieu des comédiens; son origine est obscure. Elle appartient au registre très familier et s'est répandue après 1965.

FROC n. m.

Fam. *Baisser son froc* «subir une humiliation sans protester, se soumettre» (1917). Ce geste d'humiliation est senti comme une atteinte à l'amour-propre que symbolise l'emploi de *froc* (valeur que ce mot partage avec *culotte* et *pantalon,* mais qui est plus énergiquement assumée par le mot populaire; en outre *baisser culotte* n'a pas de valeur métaphorique).

> [...] oui, j'ai beau chercher, je ne trouve rien par où je puisse les chopper, ces chefs-là étaient de petits marles, chapeau, et c'est encore moi qui ai baissé mon froc, après l'échec de Noël!   A. SARRAZIN, *La Cavale,* p. 343.
> Il est obligé de convenir Virgile, il baisse son froc une fois de plus, il a l'habitude.
>   A. BOUDARD, *Cinoche,* p. 146.
> Il s'agit d'un homosexuel.

Arg. *Faire dans son froc* «avoir très peur». La représentation de la défécation est l'une des expressions les plus courantes de la peur dans ce qu'elle a d'incontrôlable (comme les besoins naturels). La locution est une variante renforcée de *Faire (trembler) dans sa culotte.*

Jeter le (son) froc aux orties «abandonner l'état religieux». La locution apparaît au milieu du XVIe s. Le *froc*, partie supérieure, puis totalité de l'habit monacal, désigne métonymiquement l'état monastique, ce que manifestent des locutions comme *prendre, porter, quitter le froc*. Ce rejet délibéré et désinvolte de l'habit religieux est assez souvent associé à l'idée de libertinage, et senti comme rejet des contraintes charnelles qu'impose l'état de moine (cf. JETER SON BONNET* PAR-DESSUS LES MOULINS). Le mot *orties* s'inscrit dans une série synonymique à dominante végétale (on a d'abord dit *Jeter le froc aux choux* [du Fail, *Propos rustiques, in* Huguet]), mais il désigne aussi depuis le XVIe s. l'ensemble des pointes de fer (ou hérisson) garnissant le sommet d'une grille, d'une clôture, qui en l'occurrence, pourrait bien être celle du couvent. Le froc ainsi jeté aux orties, c'est-à-dire «mis au clou», serait le symbole dérisoire de l'abandon de contraintes trop pesantes.

FROID n. m.

Battre froid → BATTRE.

Avoir (donner, faire) froid dans le dos «avoir ou causer une peur intense». Le frisson de peur parcourant l'échine évoque une série de locutions où, par l'intermédiaire du corps, le froid insidieux et la terreur impuissante sont liés par une relation de cause à effet (cf. *avoir la chair de poule, le sang qui se glace dans les veines*).

> Bon messager boiteux, il a plus d'une histoire
> À faire froid au dos, quand la nuit est bien noire...
> N'a-t-il pas vu, rôdeur, durant les clairs minuits
> Dans la lande danser les *cornandons* maudits...
>   T. CORBIÈRE, *Les Amours jaunes*, p. 796.

> Plus peuplé, le faubourg Saint-Denis m'offrit, toutes voiles dehors sur ma gauche et sur ma droite, son florilège de pègre féminine peu ragoûtante dans l'ensemble et, parfois, hideuse à faire froid dans le dos.   M. LEIRIS, *Fibrilles*, p. 174.

Ne pas avoir froid aux yeux «ne pas avoir peur, être audacieux ou effronté» (XIXe s.). Attestée dans A. Dumas père et dans Balzac, cette locution ne se trouve qu'à la forme négative, contrairement aux autres formes du XVIe s. aujourd'hui disparues, où *avoir froid à* (une partie du corps) était l'expression d'un besoin physique (*avoir froid aux dents* : avoir faim; *avoir froid aux pieds* : être jaloux). Dans cette perspective, il n'est pas interdit de hasarder l'hypothèse de l'existence d'une ancienne forme *avoir froid aux yeux* : «être lâche, peureux», dont on retrouve les traces en 1844 dans l'argot des malfrats : *avoir froid*, avoir peur, flancher au dernier moment» (*in* Esnault), ellipse pour *avoir froid au cul*. En passant dans la langue courante, la locution a subi quelques altérations (emploi exclusif de la forme négative, substitution de *yeux* à *cul*, assez normale, → ŒIL). D'après Littré, l'ardeur du regard serait l'expression naturelle de la résolution, du courage, fondée sur les vieilles métaphores identifiant la chaleur, le feu du regard à la vaillance, les yeux étant le reflet de l'âme. Mais la locution semble plutôt explicable à partir de son sens argotique.

> À sa droite, les philosophes, dispersés par la police, s'étaient regroupés le nez en l'air, à quelques pas d'un écureuil dans lequel s'évertuait une gaillarde à biceps, et qui n'avait pas froid aux yeux, ni ailleurs.   R. QUENEAU, *Pierrot mon ami*, p. 24.

> Il est sapé [sic] un petit costard de toile... la veste genre saharienne... pour la saison il n'a pas froid [...] Ja! Jawohl! il répond bref, il n'a jamais froid.. Même aux yeux, je suppose... ils sont d'un gris très clair, comme délavé, avec une pupille très petite.
>   A. BOUDARD, *Cinoche*, p. 243.

Être en froid avec (qqn) «être en mauvais termes». La locution est relativement récente, probablement postérieure à 1850. On la trouve dans Zola. On disait au XVIIe s. : *être en froideur avec qqn* (Sévigné, 4 mai 1672). La métaphore du froid s'applique à toute la gamme des mauvaises relations interpersonnelles, de l'indifférence à l'hostilité déclarée (cf. NE FAIRE NI CHAUD* NI FROID, BATTRE* FROID).

Jeter un froid «créer une impression de gêne, de malaise» (XXᵉ s.). Jusqu'à la fin du XIXᵉ s., on disait plutôt *jeter du froid.*

> «Chantez-nous donc quelque chose de gai.»
> Xavier se met au piano et Oscar commence la chanson [...] Ça jette d'abord un froid : les camarades battaient la mesure avec leurs bottes, et reprenaient le refrain en chœur. Les dames prennent le parti de rire   C. CROS, *Œuvres diverses,* p. 415.
>
> Apparemment qu'il y avait une façon de dire les choses, car cette sortie jeta un froid dans la compagnie,   M. AYMÉ, *Travelingue,* p. 60.

À froid «sans émotion» (1741, Voltaire). Cette locution adverbiale est d'origine chirurgicale (*opérer à froid :* en dehors d'une crise aiguë).

> Mais il reste ceci : mieux que d'autres, certaines choses appellent cette ivresse légère ou brutale par laquelle — à chaud ou à froid, en éclair ou au ralenti, possédé ou charmé — je me sens emporté comme sur un tapis volant.
>   M. LEIRIS, *Frêle Bruit,* p. 346.

FROMAGE n. m.

Fam.   *Entre la poire et le fromage* → POIRE.

Fam.   *Faire de qqch. (en faire) un fromage* «grossir démesurément l'importance d'un fait» (1928, Esnault). Sur une affiche, on appelle *fromage blanc* (ou *fromage*) l'emplacement laissé «en blanc» pour la présentation d'une vedette.

> Il était drôlement fier que sa fille soit une bureaucrate. Je suis bien de voir avis, il n'y avait pas de quoi en faire un fromage mais ce malentendu doit encore subsister dans l'esprit populaire, non?   M. MICHEL-BAHSI, *Poupoune,* p. 118.

Vx.   *Se retirer dans un fromage* «avoir trouvé une sinécure lucrative» (1873). La loc. fait allusion à la fable de La Fontaine, «Le Rat qui s'est retiré du monde» (*Fables,* VII, 3). Cet emploi de fromage (situation enviable) est lexicalisé (on dit *avoir trouvé, se partager... un fromage, un bon fromage*).

Laisser aller le chat au fromage → CHAT.

FRONT n. m. Si le mot est riche en valeurs métaphoriques et en expressions figurées (*mener de front, heurter de front,* tout aussi lexicalisés que *affronter; avoir le front de...* qui correspond aux dérivés *effronté, effronterie*), il est pauvre en locutions.

Faire front «subir sans crainte; affronter».

> Toute la carrossée masquée eut fort à faire au bout d'un instant, la multitude se mit à la huer, ce qui est la caresse de la foule aux mascarades; et les deux masques qui venaient de parler durent faire front à tout le monde avec leurs camarades [...].
>   V. HUGO, *Les Misérables,* Pléiade, p. 1393.

Gagner son pain à la sueur de son front → SUEUR.

Vx.   *Avoir le front d'airain* «être cruel, dur» (XVIIᵉ s.).

FROTTER v. tr.

Se frotter les mains → MAIN. — *Frotter les oreilles (à qqn)* → OREILLE.

Qui s'y frotte s'y pique [PROV.] «celui qui s'attaque à qqn doit en mesurer les risques». Ce qui est maintenant un proverbe était à l'origine la devise du roi Louis XI (XVᵉ s.) à laquelle était joint l'emblème d'un fagot d'épines. On ne trouve pas de traces écrites du passage de la devise personnelle à sa généralisation en proverbe avant le début du XIXᵉ s. (1835, Académie).

> Elle buvait tout son bénéfice. Elle n'avait pas d'habitués. «Qui s'y frotte s'y pique», disait-elle. Elle s'appuyait sur tous les inconnus de passage.
>   B. CENDRARS, *Bourlinguer,* p. 86.

FRUIT n. m. La valeur métaphorique du mot : « avantage, profit » (issue de celle du latin *fructus*) est très largement exploitée et entre dans plusieurs locutions verbales déjà lexicalisées *(Porter ses fruits, Recueillir les fruits de qqch.)* qui ne seront pas traitées ici.

Le fruit défendu « ce qui est à la fois désirable et interdit ». Au sens propre, la locution désignait initialement (Bossuet, *Défense de la tradition et des Saints Pères*, VIII, 32) le fruit de l'« arbre de la science du bien et du mal », que Dieu avait interdit à Adam et Ève (Genèse, 2, 8 à 3, 24). Son emploi métaphorique date du XIXe s. (1839, Boiste). L'idée chrétienne, qui voit dans tout objet de désir (notamment dans le domaine sexuel) l'occasion du péché, y est dominante. Des connotations sexuelles y sont très souvent associées. Les rapports entre désir et interdiction y sont sentis comme fonctionnant ensemble : l'objet est moins interdit parce que désirable que rendu désirable par la seule interdiction qui le frappe.

> Voilà quatre ans que je n'ai écrit de billets doux !... Sommes-nous sauvées ? demanda Diane qui cachait ses anxiétés sous ses enfantillages.
> — Pas encore ! dit le duc de Chaulieu, car vous ne savez pas combien les actes arbitraires sont difficiles à commettre. C'est, pour un roi constitutionnel, comme une infidélité pour une femme mariée. C'est son adultère.
> — Son péché mignon ! dit le duc de Grandlieu.
> — Le fruit défendu ! reprit Diane en souriant. Oh ! comme je voudrais être le gouvernement ! car je n'en ai plus, moi, de ce fruit, j'ai tout mangé.
> — Oh ! chère ! chère ! dit la pieuse duchesse, vous allez trop loin.
> Balzac, *Splendeurs et Misères des courtisanes*, p. 1098.

Fruit sec « individu qui n'a pas réalisé ce qu'il promettait, raté ». L'expression vient de l'argot scolaire et désignait à l'origine (1831, *in* Esnault) les élèves de grandes écoles qui se voient écartés de l'examen de sortie, à cause de l'insuffisance de leurs notes ou d'un trop grand nombre de punitions. L'individu est ici envisagé sous le seul rapport de sa productivité insuffisante ou nulle.

Fruit vert « très jeune fille, qui n'a pas encore atteint sa pleine maturité » (XXe s.). La métaphore végétale ne dissimule pas le contenu sexuel de cette locution. La femme naissante y est envisagée comme lieu et moment d'un processus de maturation en cours et dont l'achèvement fixera le statut d'objet consommable.

Avec fruit, sans fruit [LOC. ADV.] « utilement, inutilement ».

C'est au fruit qu'on connaît l'arbre [LOC. PROV.] « à l'œuvre, au résultat qu'on peut juger l'auteur ou la cause ». Cette métaphore botanique de l'individu-arbre, capable de porter de bons ou de mauvais « fruits » selon sa nature, est d'origine biblique (Matthieu 12, 33).

FRUSQUIN n. m.

Tout son (mon, ton) saint-frusquin « tout ce qu'on possède » (1788), d'abord les vêtements (qui sont les premiers biens), puis l'avoir en général, les biens personnels de quelqu'un. Le vieux mot argotique *frusquin* « habit, vêtement » (qui a donné aussi *frusques*) est attesté dès 1628 chez Chéreau et ne s'emploie plus isolément. L'adjonction de *saint* est due à l'analogie avec *saint crépin* « l'ensemble des outils du cordonnier », ce saint est en effet le patron de la corporation. *Et tout le saint-frusquin*, à la fin d'une énumération, correspond à : « ... et tout le reste ».

> [...] j'ai eu un pressentiment ; j'ai eu tort de ne pas descendre prendre mon petit saint-frusquin pour faire ma mise à l'instant.   H. de BALZAC, *La Rabouilleuse*, p. 912.

[...] la concierge disait d'elle pis que pendre. Au terme d'octobre, elle fit des ragots à
n'en plus finir au propriétaire. M. Marescot, parce que la blanchisseuse, qui mangeait
son saint-frusquin en gueulardises, se trouvait en retard d'un jour sur son loyer.

                                             É. ZOLA, *L'Assommoir*, t. I, p. 199.

FUMÉE n. f.

La fumée du rôt «jouissance imaginaire, compensant une satisfaction dont on
ne peut profiter» (XVIᵉ s.). Allusion à l'aventure du pauvre diable qui n'ayant rien
à mettre sur son pain sec, le mangea, faute de pouvoir en savourer la viande, en
humant la fumée d'une rôtisserie (Rabelais, *Pantagruel*, III, 37). *Manger son pain à
la fumée du rôt* est attesté à la même époque chez du Fail (*Contes d'Eutrapel, in* Godefroy).

Vx. *Ennuyeux comme la fumée* «très ennuyeux», variante d'ENNUYEUX COMME LA
PLUIE★, COMME LA MORT★.

S'en aller en fumée «disparaître complètement, se perdre sans profit» (1612).
Cet emploi métaphorique de *fumée* est ancien. On disait déjà au XVIᵉ s. : *tourner en
fumée* et on en trouve depuis de nombreuses variantes : *aller en fumée* (Malherbe,
début XVIIᵉ s.), *se dissiper en fumée* (1640, Corneille). Le mot est assez souvent lexicalisé et signifie dans ce cas «chose inconsistante ou vaine».

> Alors, pendant que s'allonge douloureusement le visage du pauvre diable, qui voit s'éva-
> nouir en fumée toutes ses espérances longtemps caressées, l'agent matrimonial doit
> avoir l'habileté de lancer la phrase consolante :
> — Mais j'ai une autre jeune personne. Il est vrai qu'elle est beaucoup moins riche...
> mais elle est si charmante !   GORON, *L'Amour à Paris*, t. I, p. 304 et 307.

Vx. *Vendre de la fumée* «vendre des apparences, des choses impalpables et sans
valeur». Variante de *vendre du vent*.

> Vous avez interest que ce nouveau mestier [vendeur de gloire] s'établisse en vostre jus-
> tice ; mais il le faudra aussi-tost unir et incorporer avec les vendeurs de tabac, parce
> qu'ils ont cela de commun, qu'ils vendent tous deux de la fumée.
>   FURETIÈRE, *Le Roman bourgeois*, p. 1100.

Se jeter dans le feu de peur de la fumée → FEU.

Il n'y a pas de fumée sans feu [PROV.] «la moindre rumeur repose sur un fond
de vérité». Ce proverbe est ancien ; on le trouve au XVᵉ s. chez Charles d'Orléans
(*Onques feu ne fut sans fumée*) et dans les *Recherches de la France* d'É. Pasquier
au XVIᵉ s. Il s'agit très probablement d'une libre adaptation de proverbes latins : *la
fumée ne manque pas là où il y a du feu, la flamme suit de près la fumée* (Plaute),
l'association *feu-fumée* étant une représentation privilégiée de la relation de
cause à effet.

> À la réflexion, le mari se dit qu'il n'y avait pas de fumée sans feu ; il se rappela que
> sa femme s'empressait de mettre son beau peignoir rose dès qu'arrivait le vieux musi-
> cien et enfilait une robe de laine usée dès qu'elle était seule avec lui, son mari.
>   GORON, *L'amour à Paris*, t. I, p. 618.

FUMER v. tr.

Fumer comme une locomotive, un sapeur → ces mots.

Fume, c'est du belge ! Apostrophe obscène, invitant l'interlocuteur à la fellation, et équivalant, sur le plan du langage, à d'autres insultes (VA TE FAIRE FOUTRE★ !)
et sur celui des gestes, à la «*basane*» et au BRAS★ D'HONNEUR. La qualité du tabac
belge (pour «pipes») ne suffit pas à expliquer clairement la genèse de cette expression.

> Il lui taille, le galopin, une basane tel un vieux griffeton de Courteline... claque sur la
> cuisse et la main au-dessus du service trois pièces. «Fume, c'est du belge !» Il connaît

les bonnes plaisanteries [...]. Par le côté de son slip, il nous sort carrément sa bébête, et il pisse...
                                                                A. BOUDARD, *Cinoche*, p. 38.

FUR n. m. Ce mot est issu de l'ancienne forme *fuer* (XIIᵉ s.) provenant elle-même du latin *forum* « marché, place publique », ce mot latin ayant parallèlement donné le doublet *for**. Fur, qui avait au XVIᵉ s. le sens de « prix, valeur » (d'une marchandise), a disparu en emploi libre et ne subsiste que dans la locution *au fur et à mesure.*

Au fur et à mesure [LOC. ADV.] « dans la même mesure ou proportion, en même temps » (XVIIᵉ s.). Le noyau de la locution est constitué par *à fur* « à mesure, à proportion » qui apparaît au XVIᵉ s., mais commence à se démotiver au XVIIᵉ s. et, qui, au lieu de disparaître, se voit consolidé et finalement remotivé par l'adjonction à la fin du XVIIᵉ s. d'un second tronçon pléonastique *(et à mesure)*. Ce couplage de synonymes allitérés, héritage de la rhétorique médiévale, est un procédé courant en phraséologie (cf. *bel et bien, sain et sauf, peu ou prou*). La locution s'emploie soit absolument, soit avec la conjonction *que* suivie d'un verbe, ou encore avec la préposition *de* suivie d'un substantif.

> [...] Charles, dès le retour de l'abbé d'Armailhac, qui arrive prochainement de St-Pétersbourg où il est allé pour les affaires de la Comtesse Koucheleff, va commencer ses biographies d'illustrations cléricales, et sera payé au fur et à mesure de ce qu'il fournira.
> C. CROS, *Correspondance*, p. 604.

Les formes *à fur et à mesure* (XVIIIᵉ s.), et *à fur et à mesure* sont archaïques, et plaisent fort aux puristes.

FUREUR n. f.

Faire fureur « jouir d'une grande vogue, d'un engouement général » (1835, Académie).

Vx. *À la fureur* [LOC. ADV.] « intensément, avec passion » (1713, Hamilton), avec des verbes comme *aimer, adorer* (→ À LA FOLIE*).

FURIE n. f.

La furie française. Traduite de l'italien *la furia francese,* expression d'abord employée par les Italiens pour caractériser la violence des attaques françaises lors de la campagne d'Italie à la fin du XVᵉ s., notamment après la bataille de Fornoue (juillet 1495).

FUSEAU n. m.

Vx. *Avoir des jambes de fuseau* « des jambes frêles » (La Fontaine). Au XIXᵉ s., *être monté sur des fuseaux* (1808, Boiste). Des traces de cette métaphore se distinguent nettement dans l'adjectif *fuselé* qui lui correspond dans la langue actuelle.

Vx. *Faise bruire ses fuseaux* « faire parler de soi » (XVIIᵉ s.). On trouve cette locution métaphorique dans Molière *(Dom Juan).*

FUSÉE n. f.

Vx. *Démêler sa (la) fusée* « débrouiller une affaire compliquée ». Fréquemment attestée au XVIᵉ s. (d'Aubigné, Montaigne, Brantôme) et au XVIIᵉ s. (Mme de Sévigné, Corneille), la locution s'explique à partir du sens initial de *fusée* « quantité de fil enroulée autour du fuseau d'une fileuse », désignant par métaphore toute situation embrouillée. Elle a disparu avec ce sens archaïque de *fusée,* qui n'est plus compris.

FUSIL n. m.

Coup de fusil « addition très élevée dans un restaurant ou un hôtel ». Ce syntagme paraît s'expliquer à partir d'un des sens argotiques de *fusiller* qui, à la fin du XIXᵉ s. (1887, d'après Esnault), signifiait « escroquer », l'opération correspondante étant appelée *coup de fusil,* dans l'argot des soldeurs escrocs. Cette manœuvre était d'ailleurs considérée, contrairement à l'emploi actuel de l'expression, du point de vue du « vendeur » plutôt que de sa victime, de sa dupe considérée comme un gibier qu'on tire. La notion de dynamisme percutant dégagée par la métaphore de la chasse est renforcée par l'appartenance de la locution à la grande série, très productive, des expressions nominales formées avec le mot *coup*,* peut-être sous l'influence de son synonyme *coup de barre.* Le domaine d'emploi semble dès le début du XXᵉ s. fixé d'une façon aussi caractéristique que nette au domaine de la restauration. Le *coup de fusil* désigne un mauvais repas, dans le Larousse du XXᵉ siècle (1930), probablement parce que ce secteur de la consommation, n'étant pas assigné à la fixité des prix, est plus vulnérable que d'autres à des majorations excessives.

Au XIXᵉ s., on trouve la loc. adj. *en coup de fusil* au sens concret de « long et étroit » (comme un canon de fusil).

> Rien n'était changé depuis le soir où les Lorilleux, pour la première fois, lui avaient fait un accueil si peu engageant. Le même lambeau de laine déteinte séparait la chambre de l'atelier, un logement en coup de fusil qui semblait bâti pour une anguille.
>
> É. ZOLA, *L'Assommoir,* t. I, p. 200.

Dormir (être couché) en chien de fusil → CHIEN.

Changer son fusil d'épaule « changer d'opinion, de projets, d'activité » (fin XIXᵉ s.). Dans cette image militaire, le fusil représente l'ensemble d'attributs (projets, opinions, activités) qui définissent de l'extérieur un individu, de la même façon qu'un soldat peut l'être par le fusil qu'il porte, et le changement dans la manière de le porter désigne par métaphore tout changement immédiatement observable.

g

GABATINE n. f. Mot archaïque, apparenté à *gaber*.

Vx. ***Donner, payer de la gabatine à qqn*** «lui en faire accroire, le tromper». Le Roux illustre l'expression par un poème de Scarron et y joint *donneur de gabatine*, «trompeur», attesté dans un poème de Mme Deshalières.

GABELLE n. f.

Vx. ***Frauder la gabelle*** «faire un profit illicite, gagner de l'argent par fraude». L'expression vient du fait que *gabelle*, outre son caractère symbolique d'impôt le plus redouté, bénéficie du radical *gab-* des mots signifiant «tromper» → GABATINE.

> Je pourrais frauder la gabelle et trouver de quoi le payer.
>
> D'ABLANCOURT, *Dialogue de Lucien.*

GÂCHIS n. m.

Être dans le (en plein) gâchis «dans une situation confuse et mauvaise» cf. *dans la merde,* plus énergique.

(Un) beau gâchis, plus qu'une locution, il s'agit là d'une «collocation» particulièrement fréquente correspondant à un usage rhétorique de *beau,* renforçant un terme négatif.

GADIN n. m. Ne s'emploie guère que dans le syntagme verbal : ***Ramasser un gadin*** «tomber». Attestée en 1877, l'expression viendrait de *gadin,* «bouchon, jeu d'adresse» avec la valeur de «culbuter» (comme le bouchon lancé) [Esnault]. Cette étymologie ne tient pas compte de la forme, qui correspond à «ramasser le bouchon». On trouve la variante *ramasser une gadiche* et, pour le verbe, *prendre un gadin.* À noter que *gadin* est attesté dès 1866 [Delvau] au sens de «vieux chapeau» (cf. *galure, galurin*) et en 1878 au sens de «soulier» (par aphérèse de *rigadin,* Esnault) et que *faire gadin, gadouille,* signalé par Esnault comme une variante de l'expression discutée ici, pourrait bien se rattacher au *gadin* signifiant «cheval». Le «ramassage» du chapeau, désigné par un mot signifiant aussi «soulier», pourrait bien réunir les valeurs verbales de *(se) ramasser* «tomber» (par métonymie de «se relever après être tombé») et les idées de «chute la tête en bas» et de «culbute»; l'influence d'expressions évoquant la chute de cheval n'est pas à exclure pour constituer une forte surdétermination.

1. GAFFE n. f.

Avoir avalé sa gaffe «être mort». L'idée génératrice est celle de «raideur» (→ AVOIR AVALÉ★ SON PARAPLUIE) liée à celle de mort. Il faut y ajouter le pouvoir métaphorique de *avaler*. L'expression serait apparue dans l'argot des marins (1833, Esnault).

2. GAFFE n. f. Déverbal du verbe argotique *gaffer* « surveiller, guetter », puis « voir », dont l'origine est discutée. Outre un nom masculin (« gardien »), on trouve dans Esnault les locutions argotiques anciennes *porter gaffe à qqn* « guetter pour son compte » (1829) et l'expression militaire *faire la gaffe* « monter la garde, être en faction » (1916). Une seule loc. est passée au langage général.

Faire gaffe « faire attention, se méfier » n'est attesté que depuis 1926, mais est devenu extrêmement usuel.

> Un autre garçon montre sa tête à la porte en se moquant fais gaffe il va te mordre il n'est pas calmé hein je cherche une chose à lui lancer je retire ma sandale mais le garçon gentil me la prend.   T. DUVERT, *Paysage de fantaisie*, p. 78.

3. GAFFE n. f. Déverbal de *gaffer* « commettre une bévue » (1883) dont l'origine n'est peut-être pas identique à *gaffe* (2).

Faire une, des gaffes « gaffer ». Parfois renforcé par un adjectif *(une belle, superbe gaffe)* ou un déterminant nominal *(la gaffe de sa vie, une gaffe de première grandeur)*.

Ravaler sa gaffe « tenter d'effacer les effets d'un impair oral ». L'expression est peut-être influencée par AVALER SA GAFFE (1), sur le plan formel, mais correspond à un emploi normal de *ravaler*.

> Je voyais d'avance l'ahurissement de M⁰ Chagorne qui s'étant incliné devant moi en disant : « Madame Méliset ? » et qui avait ravalé sa gaffe en apprenant ma qualité de fille Duplon.   H. BAZIN, *Qui j'ose aimer*, in *Ph. Sl.*

GAGE(S) n. m. Le mot, qui vient du francique ⁰*waddi*, a perdu son sens juridique initial de « garantie, caution ». On retrouve isolément la trace de cette valeur dans quelques expressions lexicalisées comme *mettre en gage, prêteur sur gages*, ou liées à des coutumes d'origine féodale *(gage de bataille, laisser pour gage)*.

Vx.   *Gage de bataille* (milieu XIIIᵉ s.) « gant ou (autre objet) qui, jeté devant l'adversaire, constitue un défi et une invitation au combat ».

Vx.   *Laisser en (pour) gage* « abandonner, perdre quelque chose ». L'expression ne s'emploie plus qu'au sens propre.

Vx.   *Casser (qqn) aux gages* « retirer à qqn son emploi ou sa faveur ». Attestée au XVIIᵉ s. (Scarron, Th. Corneille), la locution est probablement issue de *casser des gages* (fin XVIᵉ s.). En emploi absolu :

> Je croyais que vous étiez retombé malade, ou du moins que vous aviez cassé aux gages. J'enrageais de voir qu'une si belle amitié se fût ainsi évanouie pour n'avoir été que deux mois hors de Paris.   J. RACINE, *Lettres*, t. VI, p. 438.

Être aux gages de qqn « à son service, sous sa dépendance » (milieu XIXᵉ s.). La locution a souvent des connotations péjoratives : ce qui désignait initialement le salaire d'un domestique pour une période déterminée est devenu par glissement le signe tangible d'une aliénation de personne à personne (→ À LA SOLDE* DE).

Vx.   *Ne pas voler ses gages* « bien s'acquitter de son service » (XVIIIᵉ s.). Attestée dans le *Soliman* de Favart, cette expression du mérite sous forme de litote se retrouve dans la locution-phrase *il ne l'a pas volé* (→ VOLER).

À gages [LOC. ADJ.], début XVIIIᵉ s, « payé pour un travail » (généralement peu recommandable). L'expression s'emploie le plus souvent péjorativement (par ex. : *tueur à gages*).

GAGEURE n. f.

Soutenir la gageure « persévérer dans une entreprise difficile comme pour soutenir un pari » (XVIIᵉ s.). L'expression, comme le mot lui-même, que l'on ne sait d'ailleurs plus prononcer, est académique et archaïque.

GAI adj.

Gai comme un pinson → PINSON. — *Avoir le vin gai* → VIN.

Être un peu gai « légèrement ivre » (XVIIIᵉ s.). Il s'agit plutôt d'une évolution spécialisée du sens de l'adj. que d'une expression figée.

C'est gai! Exclamation ironique exprimant par antiphrase un ensemble de réactions négatives (contrariété, ennui, dépit, etc.) face à une situation jugée déplaisante.

GAIEMENT adv.

Y aller gaiement « entreprendre qqch. avec décision, ou entrain » (1845, Monselet). L'adverbe, sans coloration affective particulière, renforce l'idée d'intentionnalité, de détermination qu'implique le verbe *(y) aller*. L'expression s'emploie parfois à l'impératif, à titre d'exhortation ironique à déployer un effort particulier *(allons-y gaiement !)*.

> [...] Seulement, comme je vous disais, reprit la Bourguignonne, il y a toujours un moment où ça recommence et où il faut y aller gaiement... Excusez-moi si je vous laisse une minute.　A. BLONDIN, *Un singe en hiver*, p. 128.

GAIETÉ n. f.

De gaieté de cœur → CŒUR.

GALANT, ANTE adj. À l'origine, participe présent de *galer* « s'amuser » (XIIᵉ s.) du gallo-roman °*walare* « se la couler douce », du francique *wala* « bien ».

Vx. *Galant homme* « homme d'honneur, à qui on peut se fier » (XVᵉ s.). Ce syntagme s'employait à l'époque classique en bonne part, contrairement à *homme galant* qui, comme *femme galante*, évoquait le commerce amoureux. La langue moderne refuse ce parallélisme et réserve la « galanterie » à la femme, à l'indignation des bons esprits.

Vieilli. *Femme galante* « prostituée, femme facile » (XVIIIᵉ s.). Ce syntagme comporte toujours des connotations péjoratives, mais il est plutôt réservé à l'usage littéraire (cf. *Les Dames galantes* de Brantôme).

Vert galant « homme d'un certain âge, entreprenant auprès des femmes » (XVIIᵉ s.). L'expression désignait d'abord les bandits (appelés aussi *galants de feuillée*) qui hantaient les bois au XVᵉ s. *Galant* y est substantivé : le mot signifiait, au milieu du XVIᵉ s., « homme audacieux, entreprenant ». La spécialisation du sens au domaine amoureux date du milieu du XVIIᵉ s. ; le syntagme a été alors appliqué et s'applique encore à Henri IV.

GALE n. f.

Mauvais (méchant) comme la gale « irascible, méchant ». Attestée au milieu du XIXᵉ s. (Littré), l'expression paraît provenir d'un jeu sur les valeurs polysémiques des adjectifs synonymes *mauvais* et *méchant*, qui, appliqués à une maladie, la désigneraient comme ensemble de phénomènes morbides. Ces derniers sont, dans la gale, particulièrement visibles ; *mauvais, malade* et *méchant* sont, dans ce contexte, à peu près synonymes. La *gale* est à la fois le mal subi, la maladie et, appliquée à une personne, le mal qu'on fait : *méchanceté* y acquiert son sens le plus usuel. Le mot est fréquemment lexicalisé : *une mauvaise gale, une gale,* une personne méchante (→ aussi TEIGNE et PESTE, qui fonctionnent de manière analogue).

> Quand elle était dans son lit, maman Coupeau devenait mauvaise comme la gale. Il faut dire que le cabinet où elle couchait n'avait rien de gai.
>
> É. ZOLA, *L'Assommoir*, t. II, p. 53.

> — Carognes, criait-il, mollissez !... je régale...
> — Carognes ?... Ah, roussin ! mauvais comme la gale !
> Tu régales, Limonadier de la Passion ?
> On te régalera, va ! double ration !
>
> T. CORBIÈRE, *Les Amours jaunes*, p. 823.

Vx. *Ne pas avoir la gale* « ne pas être contagieux ; pouvoir être approché ». On dirait encore, en dénégation : *tu peux approcher : je n'ai pas la gale !*

Ne pas avoir la gale aux dents « être gros mangeur » (1752, *in* Trévoux). Les dents rongent la nourriture comme la gale s'en prend à la peau du malade : l'image serait à comparer à celle de *manger comme un chancre,* si elle n'était pas antonymique. Sous sa forme négative, elle pourrait signifier que les dents attaquées fictivement par la gale deviennent impropres à mordre, à manger. *Ne pas avoir la gale aux dents* signifierait alors simplement « avoir de bonnes dents », « des dents saines ».

GALÈRE n. f.

Vogue la galère ! « arrive ce qui pourra ». Cette expression du fatalisme est ancienne. On la trouve au XVIe s. chez Rabelais (livre I, ch. 1 ; IV, ch. 23) et aussi chez Montaigne. Il s'agirait selon des Marets, éditeur de Rabelais, des restes d'un ancien rondeau (Gottschalk).

> J'ai encore pour une quinzaine de jours à faire des recherches ; et puis, après une belle semaine de forte rêverie, vogue la galère (ou plutôt la trirème !).
>
> G. FLAUBERT, *Correspondance*, IVe série, p. 108.

« Qu'allait-il faire dans cette galère ? » « pourquoi s'est-il engagé dans cette mésaventure ? » Cette réplique légèrement modifiée des *Fourberies de Scapin,* elle-même reprise au *Pédant joué* de Cyrano de Bergerac, est devenue quasi proverbiale. La galère, et plus généralement toute embarcation, y est un symbole traditionnel du hasard, de l'aventure.

GALERIE n. f.

Pour la galerie « pour l'apparence, en cherchant à se faire valoir ». Le mot *galerie* désignait au XVIIe s. l'allée couverte d'où les spectateurs pouvaient contempler les joueurs de paume, plus, par métonymie, l'ensemble des spectateurs, l'assistance, et, par extension, l'opinion publique.

GALÉRIEN n. m.

Une vie de galérien « une vie de travail très rude ».

> J'espère bien, immonde neveu, que tu ne vas pas me faire mener une vie de galérien, ni me forcer, moi et mes hôtes à me lever à des heures indues.
>
> G. FLAUBERT, *Correspondance*, IVe série, p. 191.

GALEUX, EUSE adj. et n.

Brebis galeuse → BREBIS.

Qui se sent galeux se gratte [PROV.] « que celui qui se sent atteint par une critique la mette à profit ». Le proverbe est attesté depuis Oudin (*Curiosités françoises,* 1640) → aussi QUI SE SENT MORVEUX* SE MOUCHE, plus connu.

On en mangerait sur la tête d'un galeux, se dit de ce dont on a une envie très forte.

Et fais-moi donc un gratin de choux. au four, avec de la panure. Des choux, avec ce temps, j'en mangerais sur la tête d'un galeux.

                                          J. GIONO, *Un roi sans divertissement*, p. 223.

GALIPETTE n. f.

Faire des galipettes « mener une vie très libre, faire des frasques ». Au sens propre, le syntagme signifie « faire des cabrioles, des gambades ». Mais l'expression dialectale *virer des galipettes* « faire l'amour » (*in* Wartburg) éclaire sur la nature de ces cabrioles. Il est à signaler que le mot *galipette* (probablement issu de la forme dialectale havraise *calipette,* apparue vers 1865) provient lui-même de l'ancien verbe *galer* « s'amuser, mener joyeuse vie » (→ GALANT). La métaphore du saut est très souvent associée, dans le langage familier ou argotique, à l'acte sexuel (→ S'ENVOYER EN L'AIR*, SE FAIRE CULBUTER* ou SAUTER*).

GALOCHE n. f.

Menton en galoche « proéminent et relevé vers l'avant », par analogie de forme avec l'avant d'une galoche. On trouve l'expression chez Balzac, mais l'image est bien antérieure : *menton de galoche* est attesté au début du XVIIIᵉ s. (1704, Trévoux).

GALON n. m.

Prendre du galon « obtenir de l'avancement, avoir une promotion ». La locution signifiait d'abord « monter en grade » et s'employait dans un contexte strictement militaire ; elle est apparue, selon Gottschalk, vers 1860. Elle serait issue, d'après Quitard et Littré, du proverbe *« Quand on prend du galon, on n'en saurait trop prendre »* (1835, Acad.), lui-même forgé d'après un vers du *Roland* de Quinault (1685) : « Quand on prend de l'amour, on n'en saurait trop prendre » (Acte II, Scène III). L'emploi du partitif paraît correspondre à une prise en compte très générale du phénomène de promotion, par opposition à des locutions comme *gagner, arroser ses galons* où les marques du pluriel et l'emploi du possessif suggèrent le caractère plus particulier d'un avancement situé à un échelon précis.

Les Malfrins dans le genre Sosthène. ça vous prend vite du galon...
— Mon ami ! maintenant qu'il me cause. il va falloir vous rendre utile...
C'est lui qui me mettait au pas... il me donnait des « directives » comme ça s'est appelé plus tard.   L.-F. CÉLINE, *Le Pont de Londres*, p. 51.

GALOP n. m.

Galop d'essai « examen blanc ». Dans le langage hippique, l'expression désignait d'abord l'épreuve permettant d'évaluer les qualités d'un cheval de course ; elle a gagné le domaine non sportif et a le sens général d'« épreuve », de « test ».

Vx. *Courir le grand galop* (XVIIᵉ s.), « faire quelque chose avec précipitation ». Courante au XVIIᵉ s. (Racine), la locution est aujourd'hui remplacée par *aller* AU GRAND GALOP (voir ci-dessous).

Piquer un galop « aller vite, foncer ». Cette locution s'emploie familièrement en dehors de son contexte hippique d'origine et sans considération particulière du caractère de la « monture ».

J'ai redescendu encore plus vite... Je voulais pas aller au pétard... On s'est marré dans la rue !... On a piqué un petit galop avec la bagnole... On a fait vinaigre jusqu'à la rue du Beaujolais !   L.-F. CÉLINE, *Mort à crédit*, Livre de poche, p. 366.
L'expression s'emploie aussi bien pour un homme à pied. et signifie alors « courir à toutes jambes ». L'emploi du verbe *piquer* : « éperonner un cheval », puis « s'élancer rapidement » exprime habituellement l'idée de vitesse (cf. PIQUER* DES DEUX, *Piquer un cent mètres*).

Au galop [LOC. ADV.] « très vite » (XVIIᵉ s.). Employée avec des verbes exprimant le mouvement ou l'action, la locution est assez souvent emphatisée : *au grand
galop, au triple galop.*

> Le jeune gentilhomme continuait les secrètes délices de cette nuit si charmante, igno-
> rant le malheur qui accourait au grand galop.   BALZAC, *Maître Cornélius*, p. 928.

On la trouve souvent sous la forme exclamative ; elle équivaut alors à une exhortation à l'action : *allez, au galop!*

Chassez le naturel, il revient au galop [LOC. PROV.] → NATUREL.

GAMBADE n. f.

Vx. ***Payer en gambades*** « éluder le paiement d'une dette » comme les anciens
bateleurs qui faisaient gambader leur singe devant le péager pour prix de leur dette.
L'expression date du début du XVIIᵉ s. (Cotgrave) mais a été abandonnée au profit
de PAYER EN MONNAIE DE SINGE* qui développe la même idée.

GAMBETTE n. f.

Jouer (tricoter) des gambettes « courir à toutes jambes », et spécialement pour
« s'enfuir » → JOUER DES FLÛTES*. Variante populaire de JOUER (TRICOTER) DES JAM-
BES*.

GAMELLE n. f.

Ramasser (prendre) une gamelle « tomber », puis « essuyer un échec » (1882).
Cette locution appartient à toute une série synonymique où *ramasser* est suivi d'un
complément d'objet (→ RAMASSER UNE BÛCHE*, UNE PELLE*, UNE VESTE*), et qui procède du sens populaire de *se ramasser* (après être tombé). La chute involontaire y
est assimilée à un geste délibéré. Le choix de *gamelle* reste obscur → GADIN.

GAMME n. f.

Vieilli. ***Changer de gamme*** « de ton, de discours ou de conduite ». Familière à l'époque classique (La Fontaine), cette locution n'est plus employée couramment. On dit
plutôt aujourd'hui *changer de ton* ou *de disque.*

Vx. ***Chanter sa gamme à qqn*** « lui adresser des reproches, des remontrances »
(XVIIᵉ s.). La locution s'employait déjà au XVIᵉ s. au sens de « donner son avis » (*in*
Huguet). *Gamme* signifie « étendue, répertoire, registre (spécialement, d'invectives) ».
Le sens de « querelle, éclat bruyant » est attesté dans nombre d'emplois dialectaux,
surtout dans l'Ouest de la France (*in* Wartburg). *Chanter* équivaut à une forme
accentuée de « dire, formuler » (cf. *Chanter pouilles*). Cette identification de la querelle, de l'éclat bruyant, au son musical n'est pas isolé → SONNER LES CLOCHES*.

Faire ses gammes « s'initier par des exercices suivis à une nouvelle activité »
(fin XIXᵉ s.). L'idée dominante est celle de l'initiation, dont le modèle serait celui
de l'apprentissage musical. La *gamme* désigne l'ensemble des rudiments nécessaires
pour acquérir la pleine maîtrise d'un savoir. La locution pourrait s'expliquer formellement à partir d'expressions comme *savoir* (qqch.) *comme la gamme* : « très
bien connaître, savoir à fond » (XVIᵉ s., *in* Godefroy), ou *apprendre (ignorer, savoir) la
gamme* : « savoir qqch. » (XVIᵉ s., *in* Huguet).

Vx. ***(Être, mettre) hors de gamme*** « dans l'embarras, hors d'état de répondre ou
d'agir », « comme un musicien qui aurait perdu son ton » (Le Roux, *Dict. comique*,
1752). On trouve cette locution au XVIᵉ s., chez Rabelais : « *Nous sommes au-dessus
de E et hors toute la gamme* » (livre IV, ch. 19). Elle semble d'un emploi courant
au XVIIᵉ s. (Pascal, La Fontaine, Saint-Simon). La gamme symbolise le système de

comportements «codés» de façon adéquate à une situation donnée, qui constituent la réponse, à l'instar de la notation musicale.

Haut, bas de gamme [LOC. ADJ.] «de qualité supérieure, inférieure». Récente, l'expression vient de la langue commerciale et publicitaire et s'applique aux objets de consommation. La «gamme» est ici la série des modèles d'utilisation et de prix variés, offerts au choix du consommateur.

Toute une gamme de (+ nom) «une grande variété, une série nombreuse d'objets». L'idée est celle d'une profusion d'éléments nombreux intégrés dans une série.

GANT n. m.

Souple comme un gant «docile, accommodant». L'image du gant appliquée à une personne exprime l'idée d'une malléabilité extrême. Elle date du XVIe s. (*souple et maniable comme un gant* est attesté chez Brantôme).

> Eh bien! par les entrailles de ma mère. qui est bien votre sœur, reprit Philippe, j'ai juré de vous rendre votre Rabouilleuse souple comme un gant.
> BALZAC, *La Rabouilleuse*, p. 1063.

Aller comme un gant «très bien convenir», comme le gant s'ajuste à la main (XIXe s.). L'expression s'est d'abord employée au sens propre à propos d'un vêtement : «*une botte qui lui estoit faicte comme un gant ou comme de cire*» (B. des Périers, *Œuvres françaises*, 1558) → CIRE. Le sens métaphorique est très postérieur.

> Alexandre Crottat nous va comme un gant comme gendre, et il aura l'étude de Roguin.
> BALZAC, *César Birotteau*, Éd. de 1838, chap. I.
> Il y avait de la fesse ; le patron jouait de l'accordéon comme s'il tirait sur de la pâte à berlingot ; le litre de rouge, vingt sous : ça nous allait comme un gant.
> J. GIONO, *Un de Baumugnes*, p. 10.

Vx. **Avoir les gants de** (*qqch.*) «avoir la première idée, le profit ou le mérite de qqch.» (fin XVe s.). L'origine de cette locution est généralement rapportée à une ancienne coutume espagnole introduite en France, qui consistait à donner une paire de gants, devenue plus tard une récompense en argent (appelée au XVIIe s., *paraguante*, de l'espagnol *para guantes* «pour les gants»). *Gant*, au sens de «pourboire, récompense», est attesté très tôt en français (isolément vers 1240 dans *le Roman de la Rose*, puis plus couramment à partir des XIVe s. et XVe s.). La première attestation de la locution paraît remonter à 1488 *(Recueil de Trepperel)*. L'emploi en était généralisé au XVIIe s. aussi bien à la forme assertive que négative (*ne pas avoir les gants d'une chose*, ne pas en avoir le mérite ou l'initiative). Elle est archaïque depuis le XIXe s. ; mais la locution ci-dessous la continue.

Se donner les gants de (*qqch.*) «s'attribuer le mérite de qqch., se flatter de qqch.» (1834, Landais). Cette expression vient de la précédente.

> Je me suis donné les gants de refuser la plus pittoresque des vice-royautés, celle de Cachemyr, aux appointements de deux lacs par an (500 000 francs), bêtise suivant les uns, et selon d'autres acte d'éminente sagesse
> V. JACQUEMONT, *Correspondance*, t. II, p. 180.

Vx. **Avoir perdu ses gants** «avoir perdu sa virginité» (milieu XVIIe s.). Le don des gants représente métaphoriquement celui du pucelage. L'influence de la locution AVOIR LES GANTS DE QQCH. «en avoir le premier les faveurs» (cf. ci-dessus) est vraisemblable. Les valeurs symboliques du *gant* (qu'on donne ou qu'on enfile) comme image du sexe féminin, analogue à celle de la *chaussure** ont probablement été déterminantes. Ces références sexuelles se retrouvent au XVIIIe s. dans l'expression voisine **avoir eu les gants d'une femme** «ses dernières faveurs» et dans certains emplois du verbe *enganter* «gagner, séduire», au XIXe s. (chez Balzac).

Jeter (relever) le gant « lancer, relever un défi ». Ces deux locutions se réfèrent à la coutume féodale par laquelle un chevalier qui en défiait un autre au combat lui jetait son gant que l'adversaire relevait s'il acceptait de se battre. Le gant est devenu le symbole du défi que l'on accepte ou rejette. On trouve *jeter le gant* au début du XVᵉ s. chez Charles d'Orléans, la seconde locution est très postérieure (début XIXᵉ s.).

Prendre (mettre) des gants « agir avec ménagement, mettre les formes, éviter de heurter ou de blesser quelqu'un » (début XIXᵉ s.). *Gant* a ici le sens métaphorique de *« précaution »*.

> Ah! tu viens tout de go, avec cette drogue au bras, pour te ficher de moi en public. Eh bien! je vas t'estrangouiller. oui. oui. moi! et sans mettre des gants encore!
>
> É. ZOLA, *L'Assommoir*, t. II, p. 269.

Un synonyme partiel de *gant* peut le remplacer pour donner à l'expression une originalité stylistique :

> Terrible à voir, cette noyade d'un homme dans des vagues humaines!...
> — S'il n'était pas coupable, pourtant!
> — Est-ce que la police prend des mitaines pour assommer ses victimes?
>
> J. VALLÈS, *L'Insurgé*, p. 282.

Retourner (qqn) comme un gant « lui faire complètement changer d'avis » (XXᵉ s.). On disait au XVIᵉ s. (à propos de choses) *aussi facile que tourner un gant*. Le changement de parure, d'habillement (→ CHANGER★ D'AVIS COMME DE CHEMISE) connote souvent l'instabilité et l'inconsistance intellectuelles.

> En face de l'être que j'adore et aux regards de qui j'apparus comme un ange, voici qu'on me terrasse, que je mords la poussière, que je me retourne comme un gant et je montre exactement l'inverse de qui j'étais. Pourquoi ne serais-je pas également cet inverse?
>
> J. GENET, *Journal du voleur*, p. 103.

GARANT n. m.

Se porter (être) garant de qqch. « assurer, certifier (qqch.) ». *Garant* (du francique ᵒ*warjan* « garantir comme vrai », cf. l'allemand *wahr* « vrai ») a ici le sens médiéval de « garantie de vérité ». La locution est à rapprocher par sa forme de SE PORTER FORT★.

GARÇON n. m.

Beau (joli) garçon « jeune homme au physique avantageux » (fam. *Beau gosse*).

> « Peut-être Julien fut-il un peu encouragé par ce mot de joli garçon, que depuis six mois il entendait répéter le dimanche par quelques jeunes filles. »
>
> STENDHAL, *Le Rouge et le Noir*, p. 243.

Remarque : Ce groupe nominal est quasi lexicalisé et peut fonctionner comme un adjectif (*il est plutôt beau [joli] garçon*, etc.).

Bon (brave) garçon « jeune homme facile à vivre, de caractère accommodant ». Ce syntagme comporte souvent des connotations légèrement péjoratives de gentillesse mièvre. Comme le précédent, il peut fonctionner adjectivement *(il a un côté bon garçon, mais il ne faut pas trop s'y fier).*

Garçon manqué « petite fille turbulente, qui a les allures ou les goûts d'un garçon » (1935, Acad.). La petite fille qui se comporte en garçon est doublement « manquée » : physiologiquement en tant que fille, c'est-à-dire définie par ce qui lui manque pour être un garçon ; par son comportement, elle « manque » à sa féminité de fait en affectant une attitude ou des goûts « masculins » (niveau du contenu) tout en continuant à manquer à la virilité (niveau de l'expression). Ainsi, la fille qui « reste à sa place » est la fille, dans son comportement, manifeste une essence réussie, quoique inférieure, l'autre assume un manque et y rejoint en apparence l'essence virile (on la désigne par le substantif *garçon*, l'adjectif *manqué* jouant le rôle de la dénégation freudienne). En fait, elle est assimilée à l'«humanité» neutre, conçue implicitement comme «hommité». L'absence du syntagme complémentaire, *fille manquée,* relève de la sociologie et illustre cette polarisation sexuelle du lexique, au moins dans le domaine humain : la référence non marquée est bien entendu le phallus.

    Vieux garçon «célibataire endurci». Le déterminant n'a pas ici la même valeur dépréciative que dans VIEILLE FILLE★. Il marque la persistance dans l'état de «garçon», de célibataire, tout en connotant ironiquement des habitudes, des manies. Le caractère figé de telles expressions est illustré par l'impossibilité de faire agir les rapports normaux du lexique : le *vieux garçon* n'est absolument pas le contraire du *jeune garçon.* Comme pour d'autres expressions formées d'un adjectif + *garçon,* l'emploi adjectival est possible *(il est un peu trop vieux garçon pour mon goût).*

    Enterrer sa vie de garçon «passer une dernière soirée entre amis avant de se marier» (XXᵉ s.). La *vie de garçon* évoque traditionnellement l'indépendance, notamment la liberté sexuelle, et suggère l'image du célibataire qui «fait la vie». C'est ce genre de prérogatives qui demandent à être sacrifiées (enterrées) à l'état marital, considéré comme limite temporelle, comme fin (→ FAIRE UNE FIN★), ou comme une localisation contraignante *(se ranger).* L'expression s'insère dans la vision culturelle «fin de siècle» la plus bourgeoise, où le *garçon* oisif, jouisseur, est appelé par les exigences sociales à se muer en homme marié travaillant et contraint. L'antiféminisme se traduit par l'assimilation du mariage à un *enterrement;* la femme, si elle n'est objet de plaisir abandonnable, est une redoutable fossoyeuse.

GARDE n. f.

    La vieille garde «les amis fidèles, les partisans inconditionnels d'un homme politique, d'un régime», par allusion à la Garde impériale. Dans une vision optimiste des rapports humains, l'ancienneté des sentiments et des opinions est assimilée à la fidélité (cf. le synonyme partiel : *le dernier carré* [des fidèles, etc.]).

    Plaisanterie de corps de garde, de salle de garde «très grossière». La similitude du mot *garde* neutralise, dans l'emploi qui est fait de l'expression, la différence des milieux : le régiment, le personnel soignant de l'hôpital. De même, les *chansons de salle de garde* sont-elles (doivent-elles être) vouées à l'obscénité, sans doute pour conjurer une situation commune à la médecine et à l'armée : l'obligation de *garder* (la communauté, etc.) des dangers ultimes : maladie, violence, mort.

  Vx. *Être de bonne (mauvaise) garde* «bien (mal) se conserver, en parlant de denrées alimentaires» (XVᵉ s.).

> Les fruits d'été ne sont pas de garde, il faut les confire [...].
>
>   FURETIÈRE, *Dictionnaire.*
>
>   *Garde,* dans ce sens archaïque, signifie «conservation».

    Être (mettre, se tenir) en garde ou sur ses gardes «être vigilant, veiller à ne pas se laisser surprendre, se prémunir contre». En escrime, la position dite *en garde* est celle qui permet de parer les coups de l'adversaire (au pluriel, le mot désigne les différentes positions de l'arme). Dans *en garde,* le mot a une valeur abstraite et générale : «situation où l'on est protégé». *Sur ses gardes* suppose une activité : le dynamisme de *sur,* le possessif *ses,* le pluriel impliquant un répertoire de possibilités défensives, donnent à l'expression une connotation plus technique et plus combative.

> Le mal à réparer était immense, la tâche fort difficile. Désormais l'attention de Julien fut sans cesse sur ses gardes ; il s'agissait de se dessiner un caractère tout nouveau.
>
>   STENDHAL, *Le Rouge et le Noir,* p. 385.

  Vx. *Être hors de garde* «en position critique, mal défendu».

    Entrer en garde «se méfier, commencer à être en garde».

« Ni vainqueurs, ni vaincus ! » Je ne goûte pas beaucoup cette formule. Elle implique, de part et d'autre, une feinte, si flatteuse pour notre amour-propre, que j'entre en garde.
                                                                    A. GIDE, *Journal*, t. II, p. 65.

Gide emploie encore l'expression p. 73.

Vx. ***Faire la garde*** « être vigilant » (→ MONTER LA GARDE). Cette locution, archaïque et peu courante, s'emploie dans un registre littéraire. On trouve *faire garde* au milieu du XVIIe s. (Bussy-Rabutin).

La nuit, ces prurits s'exaspèrent : on dirait qu'ils font la garde pour empêcher d'approcher de moi le sommeil ; et je ne sais quelle position adopter pour dormir : tantôt un membre s'engourdit, tantôt un autre.   A. GIDE, *Journal*, t. II, p. 214.

Faire bonne garde « surveiller avec vigilance » (XVIIe s.). La locution, qui est déjà chez Corneille, est d'un emploi encore assez courant dans l'usage soutenu. Il en est de même pour la locution adverbiale ***sous bonne garde*** *(emmener... qqn sous bonne garde).*

Monter la garde « garder, surveiller ; être vigilant » (1690, Furetière). À l'origine *monter en garde* (Retz) avait le sens de « se rendre, monter à son poste de surveillance », ce dernier étant généralement placé en position élevée (cf. encore de nos jours *Monter en ligne, en première ligne...*). — *Descendre la garde* « quitter son poste », n'est plus employé. Outre les emplois militaires, l'expression peut avoir des valeurs métaphoriques, souvent connotées ironiquement.

S'enferrer jusqu'à la garde « se mettre dans une situation inextricable ». *Jusqu'à la garde*, a depuis le XVIIe s. le sens métaphorique de « jusqu'au bout, complètement » (d'après l'image de l'épée enfoncée de toute sa lame ; utilisant le sens technique de *garde* « partie de l'épée en arrière de la lame qui protège la poignée »). — *Jusques aux gardes* (chez Scarron) n'est plus en usage.

Vieilli. ***N'avoir garde de*** « s'abstenir de, éviter soigneusement de faire (qqch.) ». Cette locution peut encore s'employer dans un registre très littéraire. Elle se construit avec l'infinitif et avec un sujet animé, contrairement à l'usage classique qui autorisait un sujet inanimé. Exprimant l'impossibilité matérielle, elle signifiait à peu près « ne pas pouvoir, être loin de ». Ce dernier emploi est complètement sorti de l'usage.

Vx. ***Se donner de garde de*** « éviter soigneusement, se garder de ». Courante à l'époque classique, cette locution est archaïque.

Prendre garde « faire attention, veiller à ». Cette locution fait l'objet de constructions multiples et appartient à l'usage soutenu. Avec la préposition *à*, elle est suivie d'un complément d'objet ou de l'infinitif, et signifie « veiller à ». Elle admet la tournure affirmative ou négative.

Le valet ajouta à voix basse en marchant à côté de Julien :
— Il est hors de lui, prenez garde à vous !   STENDHAL, *Le Rouge et le Noir*, in *Ph. Sl.*

Prenez bien garde au moins à ne pas parler du diamant que vous lui avez donné.
                                          MOLIÈRE, *Le Bourgeois gentilhomme*, III, 19.

Suivie de la préposition *de* et l'infinitif, elle signifie « éviter de, prendre soin de ne pas ».

Cette émotion l'ayant rendue prudente, elle prit garde, durant quelques jours, de ne point se trouver seule avec Brétigny qui semblait rôder autour d'elle maintenant, comme le loup des fables autour d'une brebis.   MAUPASSANT, *Mont-Oriol*, in *Ph. Sl.*

Les constructions avec la conjonction *que* et l'indicatif, au sens de « noter, remarquer » ou avec le subjonctif au sens d'« éviter que » sont archaïsantes. Elles étaient fréquentes à l'époque classique.

Prends garde que jamais l'astre qui nous éclaire
Ne te voie en ces lieux mettre un pied téméraire.   RACINE, *Phèdre*, IV, 2.

GARDER v. tr.

Nous n'avons pas gardé les cochons ensemble! «je m'offusque de votre familiarité hors de propos» (1865). Cette énergique formule remet à distance raisonnable le grossier personnage qui contrevient lourdement au respect des distances sociales. Ce genre de répartie émane des couches sociales dites «supérieures», où les rapports égalitaires ne sont concevables qu'entre gens du même monde. La référence aux gardeurs de cochons connote évidemment la grossièreté (de la tâche, comme de l'origine sociale de ceux qui l'accomplissent). D'autres variantes font intervenir les *dindons*, les *vaches* ou les *oies*, tous substantifs employés figurément pour désigner de manière péjorative des personnes (sottes, grossières, etc.), et l'on ne trouve pas, dans cet emploi, *garder les moutons, les chèvres*, etc.

GARDON n. m.

Frais comme un gardon «en pleine santé, en bonne forme» (Oudin, 1640). La fraîcheur (du teint) est traditionnellement l'image même de la santé. On a dit aussi *sain comme un gardon.*

1. GARE n. f. Déverbal de *garer.*

À la gare! «locution exclamative d'origine populaire exprimant le souhait de se débarrasser de qqch. ou d'éloigner un importun» (début XXᵉ s.). C'est le sens usuel de *gare* (de chemin de fer) qui a assuré le succès de l'expression (et non le sens original du mot qui, au XVIᵉ s., avait le sens de «distance»). *À la gare! Au bout du quai les ballots!*, attesté dans Bauche et dans Dauzat, joue sur cette ambiguïté.

2. GARE interj. Impératif de *garer.*

Sans crier gare, a succédé à l'expression ancienne ci-dessous.

> «Vous êtes écrivain. Monsieur!»
> Il m'a jeté ça à la tête. sans crier gare. et, en sortant, m'a emmené jusqu'à sa porte. Je
> lui ai conté mon histoire.   J. VALLÈS, *L'Insurgé*, p. 16.

Sans dire gare «sans prévenir, inopinément». Attestée au XVIIᵉ s., cette locution était encore en usage au début du XIXᵉ s. Elle a été remplacée par *sans crier gare* → CRIER.

> Dès le troisième jour de marche, j'eus à traverser les États pontificaux du Punjaûb,
> petit district montagneux, possédé et habité par un centenaire, le chef spirituel des
> Sykes. qui. il n'y a pas bien longtemps, dans un accès de colère contre son fils aîné
> — jeune ambitieux de quatre-vingts ans — se dressa sur ses pieds. et sans dire gare,
> lui coupa la tête d'un seul coup de sabre.
>   V. JACQUEMONT, *Correspondance*, t. II, p. 169.

GASCON n. pr.

Offre de gascon «offre peu sérieuse». Les Gascons ont acquis, au XVIᵉ et au XVIIᵉ s., une réputation bien établie de hâblerie. Oudin signale *parler en gascon*, dans le même sens. Le dérivé *gasconnade* témoigne lexicalement de ce sens.

GÂTEAU n. m.

C'est du gâteau! «c'est facile ou agréable» (1952, Esnault). La valeur métaphorique de la friandise se retrouve dans d'autres locutions apparentées (→ C'EST DU NANAN★, DE LA TARTE★). D'autres loc. sont surtout employées négativement, au sens de «c'est difficile, pénible...» (→ C'EST PAS DE LA TARTE★, DU NOUGAT★, etc.).

Avoir part au gâteau, avoir sa part du gâteau «tirer profit d'une affaire avantageuse». Cette représentation alimentaire du profit, de l'avantage matériel est attestée depuis le XVIᵉ s. (1587, *in* Wartburg) → aussi FROMAGE★, ASSIETTE★ AU BEURRE...

GAUCHE n. f. et adj.

Avoir, mettre (de l'argent) à gauche « avoir, mettre de l'argent de côté, économiser » (XXᵉ s.). *À gauche* correspond ici à la cachette destinée à recevoir un argent malhonnêtement gagné ou conservé, tout au moins que l'on souhaite conserver en le dérobant aux convoitises et aux curiosités.

> — Je pense bien, dit le fakir. Avec une entreprise comme celle-là, vous devez avoir pas mal d'argent à gauche.
> — Vous pouvez dire que je ne suis pas de ceux qui tremblent quand ils voient arriver le terme. Puisque je suis mon propriétaire.   R. QUENEAU, *Pierrot mon ami*, p. 39.

Se lever du pied gauche → PIED. — *Passer l'arme à gauche* → ARME. — *De la main gauche* → MAIN.

Jusqu'à la gauche [LOC. ADV.] « jusqu'au bout, complètement » (1881, Esnault). Cette locution s'explique par son origine militaire. La *gauche* désigne ici l'extrémité de la ligne des rangs, en partant de la droite.

> Pas d'explications ! Je vous dis de me fiche la paix. Vous serez consigné jusqu'à la gauche ! Vous entendez bien, n'est-ce pas ? jusqu'à la gauche !
> Et il sortait rouge de fureur, avec des « Jusqu'à la gauche » qu'on entendait longtemps encore dans les échos des corridors, à travers la porte fermée.
> C'était son mot, ce « jusqu'à la gauche », une expression de caserne qui ne signifiait pas grand-chose mais impliquait évidemment en lui une idée confuse d'éloignement, personnifiait l'éternité en son imagination de vieil ivrogne.
>   G. COURTELINE, *Les Gaîtés de l'escadron*, p. 32.

> [...] il attrape sa plus belle plume et se fout un savon aux Vichyssois que les milliers de gars qui le lisent ne pensent plus qu'à tout mettre à feu et à sang. L'épuration jusqu'à la gauche, il réclame.   A. SERGENT, *Je suivis ce mauvais garçon*, p. 71.

GAUTIER et GARGUILLE n. pr.

Vx. *Prendre Gautier pour Garguille* « se tromper ». *Se moquer de Gautier et Garguille, n'épargner ni Gautier ni Garguille* [LOC. PROV.] « se moquer de tout le monde, n'épargner personne ». Ces locutions, répandues aux XVIᵉ et XVIIᵉ s. dans le langage familier (on les trouve chez Bonaventure des Périers et dans les *Satires* de Régnier), sont aujourd'hui non seulement sorties de l'usage, mais encore devenues incompréhensibles. Au XVIᵉ s., le nom de *Gautier* était employé seul au sens de « un homme quelconque, n'importe qui » (on disait *un fin, un pauvre Gautier*). L'autre nom, apparu ensuite, était souvent interchangeable (on trouve aussi *Martin* ou *Guillaume*). Il s'agirait, d'après Gottschalk, de noms de personnages de farces (notamment combinés pour former le nom d'un personnage unique : *Gautier Garguille*), de noms de paysans selon Littré. (On nommait en effet *Gautiers* les paysans révoltés au temps des guerres de Religion.)

GAZELLE n. f.

Yeux de gazelle « au regard très doux » (1829, Hugo). Équivaut aux *yeux de biche*, etc., et connote une féminité alanguie.

> [...] Ses camarades regardaient avec intérêt sa pâleur d'herbe flétrie, ses yeux de gazelle mourante, sa pose mélancolique.
>   BALZAC, *Splendeurs et Misères des courtisanes*, Éd. de 1845, I, p. 56.

GEAI n. m. Cet oiseau donne lieu à plusieurs comparaisons : *bavard comme un geai* → COMME UNE PIE*, et (vx) *sale, foireux comme un geai* (par allusion aux déjections de l'oiseau) ; enfin, l'expression *noir comme un geai* repose sur la confusion avec le *jais* (l'oiseau a un plumage bigarré, mais beaucoup de locuteurs le croient noir, du fait de l'homonymie *geai-jais*), confusion renforcée par une autre loc. (voir

ci-dessous) qui implique pour le geai un plumage aussi médiocre que celui du paon est éclatant.

Un geai paré des plumes du paon «une personne qui s'attribue les mérites d'autrui, s'enorgueillit de ce que d'autres ont fait». Allusion à une fable antique, sous la forme que lui a donné La Fontaine (*Fables*, IV, 9 : «Le Geai paré des plumes du paon»).

GÉANT n. m.

À pas de géant [LOC. ADV.] «très vite». *Aller à pas de géant* «faire des progrès» (se dit d'une entreprise, d'une évolution...).

GÉMONIES n. f. pl.

Vouer (traîner) aux gémonies «accabler publiquement quelqu'un» (XIXᵉ s.). Les *gémonies* (du latin *gemoniæ scalæ* «escalier des gémissements») étaient à Rome le lieu où on exposait, après strangulation, le corps des condamnés, avant de les jeter dans le Tibre. Le sens métaphorique d'opprobre public est attesté en 1820 chez Lamartine. De nos jours, l'étymologie étant oubliée, *vouer qqn aux gémonies* signifie simplement «le vouer aux pires supplices, le couvrir de violents reproches». Des évocations phonétiques *(gémir, démon-)* ne sont pas à exclure pour expliquer la persistance d'une expression obscure et au demeurant assez littéraire. D'autres constructions se rencontrent, mais elles évoquent directement le sens archéologique du mot :

> Par ici. un vieillard dont le torse nu émerge au-dessus du charnier. Tout son sang a coulé. et son masque est si pâle que le mur blanchi contre lequel on l'a adossé en paraît gris. On dirait un buste de marbre. un fragment de statue tombé aux gémonies.
>
> J. VALLÈS. *L'Insurgé*. p. 299.

GENCIVE n. f.

Envoyer (flanquer...) dans les gencives de qqn (un coup, des insultes...) «lui envoyer en plein visage».

> Je demande donc à parler à un galonné. Il me reçoit, je prends mon air le plus réglo possible et je lui envoie dans les gencives un laïus à tirer des larmes à une soupière.
>
> A. SERGENT. *Je suivis ce mauvais garçon*, p. 186.

GENDARME n. m.

Dormir en gendarme «ne dormir que d'un œil» (début XXᵉ s.). *En gendarme,* «en état de veille», est vieilli.

Fam. *Faire le gendarme* «maintenir l'ordre, user de la force (spécialement à l'encontre d'un enfant), en grondant ou en punissant». Le personnage du *gendarme* (comme le croque-mitaine ou le Père Fouettard) incarne l'autorité, la puissance primitive, comme dans *la peur du gendarme,* censée maintenir la plupart des hommes dans les limites d'une morale effectivement policière.

GENDRE n. m.

Faire d'une fille deux gendres → FILLE.

GÊNE n. f.

Sans gêne [LOC. ADV. OU ADJ.] «indiscret, impoli» (1835, Acad.). Lexicalisée depuis longtemps, cette locution adverbiale fonctionne comme un adjectif *(il est un peu sans gêne)*. Le passage de l'emploi adverbial *(se comporter sans gêne)* à l'emploi adjectif est sensible dans le surnom de la générale Lefebvre, *Madame Sans-Gêne,* dont la popularité a sans doute contribué au succès de l'expression.

Où (il) y a de la gêne, (il n') y a pas de plaisir [LOC. PROV.], s'emploie sur le mode ironique à propos de quelqu'un de particulièrement indiscret, qui prend ses aises aux dépens des autres. Attesté en 1789.

GÉNÉRAL adj.

En général [LOC. ADV.] «d'une manière globale, dans la plupart des cas» (XIVᵉ s.). S'oppose à *en particulier,* et signifie étymologiquement «en ce qui concerne la totalité du genre».

GÉNIE n. m.

Bon (mauvais) génie «personne qui a une influence (bénéfique ou maléfique sur qqn». L'expression est chez Mme de Sévigné; elle s'emploie encore dans un registre littéraire ou un peu ironique.

> Voilà un gars heureux! et servi par les circonstances; il le méritait certainement, mais
> le nom de mon père a été un bon génie qui l'a couvert de ses ailes.
> G. FLAUBERT, *Correspondance,* Iʳᵉ série, p. 210.

De génie [LOC. ADJ.] «astucieux, étonnant, digne d'admiration», avec des substantifs comme *idée, trait, coup.* Le même affaiblissement de sens se marque dans l'emploi familier de l'adjectif *génial.*

> Un trait de génie que cette prime des ballons, distribués à chaque acheteuse, des bal-
> lons rouges... et qui, tenus au bout d'un fil, voyageant en l'air, promenaient par les
> rues une réclame vivante.   É. ZOLA, *Au Bonheur des Dames,* t. II, p. 33.

Ce n'est pas un génie! «c'est quelqu'un de médiocre». L'infériorité intellectuelle est couramment exprimée par une tournure négative, et se définit non par rapport à une moyenne, mais contrastivement en fonction du degré suprême de l'intelligence (→ CE N'EST PAS UN AIGLE*, UN PHÉNIX*).

Le génie est une longue patience. Généralement attribuée à Buffon, cette sentence bat en brèche la conception innéiste du génie en le réduisant pragmatiquement au produit d'un travail assidu.

GENOU n. m. Du lat. pop. *genuculum,* de *geniculum* (anc. fr. *genoil*).

Vx. *Mal Saint-Genou* «la goutte», par une équivoque sur le nom de saint *Genulphe* (évêque de Cahors au Vᵉ s.) qui avait la réputation (sans doute d'origine monastique) de guérir de la goutte, laquelle attaque souvent l'articulation du genou. On trouve l'expression chez Rabelais et chez Oudin (1640).

Chauve comme un genou «complètement chauve» (fin XIXᵉ). *Genou* est lexicalisé au sens de «crâne chauve» (1907, *in* Larousse).

Ne pas aller au genou de qqn «lui être inférieur» → CHEVILLE.

> On aurait pu déshabiller ces dames de la maison; toutes des flûtes, pas une ne lui
> serait allée au genou. Avec ça, une fille parfaitement bien.
> É. ZOLA, *Pot-Bouille,* t. I, p. 130.

Être aux genoux de qqn, à ses genoux, exprime la supplication, par référence aux attitudes inclinées (révérence, etc.), comme AUX PIEDS* DE QQN. Mais le choix de *genoux* est ici renforcé par l'idée d'«agenouillement», par transfert de l'idée du corps incliné à celle du corps devant lequel on s'incline *À genoux* [LOC. ADV.] qui s'emploie dans le même sens *(demander à genoux,* etc.) exprime aussi la soumission servile ou l'admiration sans mélange *(c'est à se mettre à genoux).*

> Et il ne dérage plus, il ne peut avaler qu'un vieux démoli de mon espèce lui barre la
> route, quand tout le monde est à genoux devant son argent...
> É. ZOLA, *Au Bonheur des Dames,* t. II, p. 198.

Couper comme un genou «ne pas couper du tout». Comparaison ironique, la rondeur du genou étant ici le terme antonyme du «coupant», du «pointu». Mais la relative gratuité de l'image laisse supposer la présence d'un jeu de mots.

Être sur les genoux «très fatigué, épuisé» (1926, Esnault). Le surmenage physique se traduit par l'image du corps agenouillé, ou même de l'amputation. La locution est à rapprocher des expressions comme AVOIR LES JAMBES* COUPÉES, ou QUI RENTRENT DANS LE CORPS. Elle serait empruntée au vocabulaire sportif (hippique d'abord, puis cycliste).

Vx. *Gagner sa vie avec ses genoux* «être un flatteur professionnel», qui plie facilement le genou, s'agenouille devant les forts, les riches, les puissants.

Faire du genou «attirer l'attention (le plus souvent d'une femme) en lui frôlant le genou». L'expression date de la fin du XIXᵉ s. (chez Daudet). L'incitation sexuelle est ici tout à fait explicite par rapport à une locution comme FAIRE DE L'ŒIL* qui lui est comparable par la forme → aussi FAIRE DU PIED*.

GENRE n. m.

Avoir bon (mauvais) genre «avoir l'air distingué (ou vulgaire)» [1837, Balzac, *César Birotteau*]. Le *genre*, c'est-à-dire l'ensemble du comportement, les manières, est apprécié d'après le modèle socio-culturel dominant le «bon goût» bourgeois.

> Pourquoi se colle-t-elle à nous sans qu'on lui demande? Il était moins cinq que je l'envoie paître. D'ailleurs, je déteste qu'elle ait les cheveux comme ça, ça donne mauvais genre.   M. PROUST, *À la recherche du temps perdu*, t. I, p. 888.

Par réaction, *avoir bon genre* a souvent dans l'usage moderne une couleur dépréciative, comme contestation des valeurs esthético-morales que l'expression comportait au départ. Cette évolution est plus sensible dans les emplois adjectivaux, du type *il (elle) est bon genre, une petite jeune fille bon genre* «bon chic bon genre» (fam.).

Iron. *C'est un... en (dans) son genre* «c'est un... accompli, mais un peu particulier».

> Flick compliquait les punitions réglementaires. C'était un artiste en son genre, qui faisait des arpèges et des fioritures.   G. COURTELINE, *Les Gaîtés de l'escadron*, p. 174.

Faire (se donner) du genre «essayer de se distinguer par des manières excentriques, ridicules» (milieu XIXᵉ s.). L'adjectif *genreux*, qui correspond à cette valeur, a été en usage au XIXᵉ s.

Ce n'est pas mon (ton, son...) genre «cela ne me plaît pas». Précédé d'un pronom personnel, *genre* a ici le sens de «goût individuel». Cet emploi est distinct de l'usage déterminant de *genre* sur le plan socio-culturel, qui subordonne les valeurs individuelles aux normes esthétiques dominantes (le «bon genre»). L'expression s'applique aussi aux personnes, notamment aux goûts érotiques. — Variante : *Telle chose est dans mon (ton, son...) genre* :

> Comme tu vois, je vais assez souvent chez les Pradier; c'est une maison que j'aime beaucoup, où l'on n'est pas gêné et qui est tout à fait dans mon genre.
> G. FLAUBERT, *Correspondance*, Iʳᵉ série, p. 128.

GERMANIE n. pr.

Aller en Germanie «remanier une épreuve typographique», par un calembour sur la première personne du verbe *remanier* (*je remanie* = *Germanie*, sur le modèle de la longue série de locutions en forme de calembours géographiques avec le verbe *aller* : *aller à Cachan* «se cacher», etc.). La locution est attestée par Sainéan (*Le Langage parisien au XIXᵉ siècle*) et relevée par Guiraud (*Les Locutions françaises*).

GIBIER n. m.

Gibier de potence «mauvais sujet» (milieu XVIIᵉ s.). Le sens figuré de *gibier* est ici celui de «domaine de compétence juridique» (on disait au XVIᵉ s. : ce *n'est pas de votre gibier* «de votre ressort»), et spécialement «ce qui est de la juridiction d'un juge» (Furetière), dans des expressions comme *gibier de prévôt, de grève* (XVIᵉ-XVIIIᵉ s.). Le mot a fini par s'appliquer à tous les genres de délits (même à la prostitution, dans des expressions comme *aller au gibier* «se prostituer»). L'expression a pu s'imposer grâce au mot *potence*, qui associé à *gibier*, évoque l'image du *gibet*.

> [Villon], ce poète traqué, ce gibier de potence (dont nous ignorons comment il a fini, et pouvons craindre de l'apprendre) introduit dans ses vers mainte expression et quantité de termes qui appartenaient à la langue fuyante et confidentielle du pays mal famé.
> P. VALÉRY, *Variétés*, «Villon et Verlaine», p. 431.

GIFLE n. f.

Tête à gifle(s) «physionomie, visage exaspérant, qui donne envie de gifler» (→ TÊTE À CLAQUE).

GILET n. m.

Vieilli. *Parler dans son gilet* «à voix très basse, d'une manière inaudible». L'expression suggère l'image d'une posture introvertie, rendant difficile, sinon impossible, la communication.

Pleurer dans le gilet de qqn «se plaindre, s'épancher auprès de qqn». On dit aussi *Pleurer dans le giron* (de qqn).

GILLE n. pr.

Vx. *Faire Gille* «s'enfuir» (XVIᵉ s.). L'origine de cette locution archaïque n'est pas très claire. Plutôt qu'un jeu de mots sur le prénom *Gilles* (allusion au personnage du niais qui porte ce nom? à l'histoire de saint *Gilles*, qui s'enfuit pour ne pas être couronné roi?), l'expression serait à rattacher à l'ancien verbe *giller*, «s'enfuir». Elle appartenait à l'usage familier aux XVIᵉ et XVIIᵉ s. et ne s'emploie plus.

GIRAFE n. f.

Peigner la girafe «faire un travail inutile et très long; ne rien faire d'efficace» (surtout dans : *faire ça ou peigner la girafe...*). Vers 1900, l'expression semble avoir seulement le sens «ne rien faire». Le long cou et l'interminable crinière de la girafe suggèrent une opération longue et oiseuse, mais l'origine exacte de l'expression est obscure. La célèbre girafe du jardin des Plantes, arrivée en 1827, ne saurait être évoquée faute d'attestations plus anciennes. Une anecdote, mettant en scène un gardien du zoo, qui répondait aux reproches de ses supérieurs, l'accusant d'inactivité chronique, par un : *je peignais la girafe!* semble inventée *a posteriori*.

> Emmanuel avait tellement peigné la girafe, ce matin-là, que la pauvre bête en était morte.
> B. VIAN, *Vercoquin et le Plancton*, p. 103.

GIROFLÉE n. f.

Giroflée à cinq feuilles «gifle», à cause de l'empreinte laissée sur la joue par les cinq doigts. L'expression date du début du XIXᵉ s. (1808, Boiste); elle doit être provoquée par le rapport phonétique entre *gifler* et *giroflée*.

> Le vrai était que Gervaise aurait mieux aimé qu'on ne parlât pas de batteries de femmes. Ça l'ennuyait, à cause des fessées du lavoir, quand on causait devant elle et Virginie de coups de sabots dans les quilles et de giroflées à cinq feuilles.
> É. ZOLA, *L'Assommoir*, t. I, p. 234.

GLACE n. f.

Ferré à glace → FERRER.

Être de glace «parfaitement insensible». Les valeurs métaphoriques du mot *glace* (opposées à celle du *feu*) sont stables depuis le XVIIᵉ s. Le mot est le symbole de l'indifférence, de la froideur.

Vx.   *Passer devant la glace* «régler sa consommation au bistro», par allusion à la glace qui généralement ornait le devant du comptoir. Cette locution d'usage populaire est attestée en 1866 (Esnault). Elle ne semble pas avoir vécu longtemps.

Rompre, briser la glace «faire cesser la gêne, la contrainte entre plusieurs personnes». Au XVIᵉ s., l'expression avait une acception plus large et signifiait «surmonter les premières difficultés d'une entreprise délicate». Depuis la fin du XVIIᵉ s. (Mme de Sévigné), elle s'applique exclusivement aux rapports interpersonnels, la *glace* est traditionnellement le symbole de l'insensibilité, de l'indifférence ou de la froideur.

> Cottard, qui était assis à côté de M. de Charlus, le regardait, sous son lorgnon, pour faire la connaissance, et rompre la glace, avec des clignements beaucoup plus insistants qu'ils n'eussent été jadis et non coupés de timidité.
> M. PROUST, *À la recherche du temps perdu*, t. II, p. 919.
> La glace ainsi rompue, je me jugeai en mesure de soutenir le rapport de Gober et d'entrer dans le vif des données officielles.   S. BECKETT, *Molloy*, p. 178.

GLAIVE n. m. Comme le mot lui-même, les emplois phraséologiques sont nobles et archaïques.

Le glaive de la justice (de la loi) «le pouvoir juridique». L'image du glaive, souvent associée à celle de la balance, constitue la représentation traditionnelle de la justice. Mais alors que la balance symbolise l'égalité et l'équité, le glaive correspond à la menace, à la force positive.

Tirer le glaive «entrer en guerre»; *remettre le glaive au fourreau* «cesser les hostilités» (→ aussi ÉPÉE).

GLAS n. m.

Sonner le glas (de qqch.) «annoncer la fin de (qqch.)».

> Il lit le papier qu'il tient à la main...
> «Les Versaillais viennent de forcer l'entrée...» [...].
> Président de l'agonie de la Commune, comment vas-tu sonner le glas de sa mort?
> J. VALLÈS, *L'Insurgé*, p. 250.

GLASS n. m.

Boire (siffler) un glass «consommer, boire un verre» (XXᵉ s.). Malgré son origine allemande *(Glas)*, le mot fut d'abord orthographié *glace* (1628, *Jargon de l'argot réformé*, de Chéreau). Les formes *glasse* et *glass*, beaucoup plus tardives (fin XIXᵉ s.) ont été influencées par l'anglais.

> Aujourd'hui : «boire un glass», expression argotique pour dire «boire un verre» (et plus particulièrement, si je suis la pente d'anglicisme ou m'engage le mot «glass», un verre de Stout Bass).   M. LEIRIS, *Biffures*, p. 127.

GLINGLIN n. pr., plaisant.

À la Saint-Glinglin «à une date hypothétique, jamais» (1897). Synonymes : *Aux calendes grecques, Quand les poules auront des dents, La semaine des quatre jeudis.* Il ne s'agit pas, en réalité, d'un saint imaginaire et ce nom fantaisiste est une corruption de *seing* «signal» (comme dans *blanc-seing, sous seing privé*), mot issu du latin *signum*, qui en ancien français a désigné une sonnerie de cloche, puis la cloche elle-même. Parallèlement *glinglin* est à rapprocher des formes dialectales *glin-guer* « sonner, résonner », et *ginglier* (Metz), tous deux du germanique *klingen* « sonner », « faire un bruit métallique ». Pour citer P. Guiraud :

> La *sein glinglin* est donc une cloche, ce qui est un jeu de mot subtil : *payer, remettre à la Saint-Glinglin* c'est offrir de payer à une cloche et non pas à une date du calendrier ; mais le payeur suscite l'équivoque, et au moment où son débiteur constate l'inexistence de ce saint, il pourra lui répondre qu'il n'a jamais été question d'un *saint* mais de la *sein* et que ce n'est vraiment pas de sa faute s'il a affaire à des gens qui ne connaissent pas le sens des mots.
> P. GUIRAUD, *Dictionnaire des locutions*, p. 89.

Dans la conscience de la plupart des locuteurs, *Saint-Glinglin* est compris comme un personnage au nom fantaisiste, ainsi qu'en témoignent des variantes comme *la Saint-Ripolin, la Saint-Saucisson* → SAINT.

GLOBE n. m.

Mettre sous globe « mettre à l'abri, en sûreté, ranger soigneusement ». L'image du globe ovoïde, avec ses parois de verre, évoque un espace clos, protégé. La locution-phrase *c'est à mettre sous globe!* comporte une nuance ironique. La mise sous globe d'objets symboliques (telle la couronne de fleurs d'orangers évoquant la virginité de la mariée) relève de la sémiologie bourgeoise du XIXᵉ s.

GLOIRE n. f.

La gloire éternelle « la béatitude céleste », dans la rhétorique chrétienne.

Heure de gloire « période de célébrité, de succès », notamment dans la locution *avoir son heure de gloire,* appliquée à des phénomènes passagers (succès, mode).

Littér. *Se faire gloire de* « tirer vanité, fierté de » (1611, Cotgrave),

> Tandis qu'il me parle de sa misère présente, je le revois dans sa future opulence, triomphant avec la légendaire muflerie dont il se fera gloire.
> M. AYMÉ, *Le Passe-muraille*, p. 124.

Littér. *Rendre gloire à (qqch. ou qqn)* « témoigner de la valeur de qqch. ou du mérite de qqn ».

Pour la gloire [LOC. ADV.] « gratuitement, pour rien ». — *Travailler, faire qqch. pour la gloire* « de façon désintéressée, sans profit matériel ».

Ce n'est (c'est) pas la gloire! « c'est médiocre ». Récent et usuel, comme beaucoup d'expressions négatives (par exemple, *c'est pas de la tarte**).

Vx. *Être dans la gloire de Bacchus* « être ivre », par allusion à Bacchus, divinité de la vigne et du délire extatique. La locution jouait à la fois sur la référence à l'état glorieux qui dans la rhétorique chrétienne appartient à la manifestation divine (Christ en gloire), tout en se rattachant à des expressions comme *partir* ou être *parti pour la gloire* au sens de « être ivre » (Wartburg).

GO n. m. (inusité).

Tout de go [LOC. ADV.] « d'emblée, directement, sans détour ». La forme actuelle, apparue au milieu du XVIIᵉ s. (1660, Oudin), correspond à une altération de la locution initiale *tout de gob, gob* étant le déverbal de *gober. Avaler tout de gob* signifiait au XVIᵉ s. « avaler d'un trait, d'un seul coup ». *Go, gob* étant sortis de l'usage, *tout de go* est, en français moderne, une unité lexicale.

> J'avais bien eu l'idée, dès que tu as été mieux, de te la camper tout bonnement à ton chevet, mais il n'y a que dans les romans qu'on introduit tout de go les jeunes filles près du lit des jolis blessés qui les intéressent.
> V. HUGO, *Les Misérables*, Pléiade, p. 1364.

> À nous deux, mon cadet! Faut que je te nettoie à la fin! Ah! tu viens tout de go, avec cette drogue au bras, pour te ficher de moi en public. Eh bien! je vas t'estrangouiller [...].
> É. ZOLA, *L'Assommoir*, t. II, p. 269.

> [...] et je vais te dire tout de go de quel genre de crédit je jouissais chez Julia : j'y
> avais une chambre, une chambre mise à ma disposition par Madame grâce à l'inter-
> cession d'une fille, une chambre que l'on me louait pour le principe et que je ne
> payais pas...
>   B. CENDRARS, *Bourlinguer*, p. 66.

GOGO n. m. (inusité seul, dans ce sens).

À gogo [LOC. ADV.] «à profusion, abondamment» (XVe s.). Reduplication plai-
ante de l'ancien mot *gogue* «réjouissance, liesse». Comme *tout de go*, *à gogo* fait par-
ie du lexique.

GOGUETTE n. f.

En goguette «émoustillé, un peu ivre; en train de s'amuser sans retenue»
milieu XIXe s.). Comme *à gogo*, cette locution tire son origine de l'ancien mot *gogue*
réjouissance». *Faire à gogo* «se régaler» est attesté au milieu du XVe s. (*Cent Nou-
elles nouvelles*, 1462) et *être dans ses goguettes* «être de belle humeur» au milieu
u XVIe s. (1549, Estienne).

> [...] il a l'air d'un petit notaire de province en goguette.
>   M. PROUST, *À la recherche du temps perdu*, t. II, p. 501.

GOMME n. f.

Fam. Mettre (toute) la gomme «forcer l'allure, accélérer». L'expression est
mpruntée au langage sportif (aviateurs, automobilistes). *Gomme* avait à l'origine le
ens technique de «dépôt se formant sur les soupapes d'un moteur à explosion»
dynamite-gomme ou *gomme explosive*). L'idée dominante, par une extension peu
xplicable et antonymique, est celle d'accélération, d'énergie supplémentaire pro-
uite par un moteur sous pression. La locution a pu être influencée dans sa forme
ar les expressions *mettre les gaz*, *à pleins gaz*. Dans son emploi le plus récent
1960 environ), elle signifie aussi, abstraitement, «faire porter son effort sur,
nettre l'accent sur».

À la gomme [LOC. ADV. ou ADJ.] «médiocre, peu sérieux, de mauvaise qualité»
1921, Esnault). *Le faire à la gomme* «essayer d'impressionner, d'épater», c'est-à-
ire en faisant de l'épate à la manière des *gommeux*. Le mot *gomme* a ici les conno-
ations péjoratives d'absence de sérieux, de faux, sans valeur, qui était prêtée à l'ori-
ine aux jeunes mondains prétentieux.

> Et puis on retrouve la rue grouillante, avec ses touristes à la gomme, déjà harassés par
> leur matériel photographique, ses autochtones un peu goguenards, sa joie simple, sa
> touffeur, ses magasins bourrés de saloperies en verre filé.
>   SAN-ANTONIO, *Remets ton slip, gondolier!*, p. 111.

GOND n. m.

Être (jeter, mettre) hors de ses gonds, sortir de ses gonds «être hors de soi,
erdre le contrôle de soi». L'image des *gonds* (le gond est un «axe») exprime méta-
horiquement la mesure, le contrôle de soi. On disait au XVIe s. *se tenir sur ses
onds* au sens de «se conduire raisonnablement». *Hors des gonds* avait à l'époque
ne valeur rhétorique beaucoup plus marquée qu'aujourd'hui (*hors des gonds de toute
umanité*, chez Brantôme; *hors les gonds de la raison*, chez Montaigne). L'emploi
bsolu paraît assuré au XVIIe s. (Pascal, Scarron, Saint-Simon).

> Il était évident qu'il fallait que Javert eût été comme on dit, «jeté hors des gonds» pour
> qu'il se fût permis d'apostropher le sergent comme il l'avait fait, après l'invitation du
> maire de mettre Fantine en liberté.   V. HUGO, *Les Misérables*, Pléiade, p. 205.
> Son ennui venait de ce que, précisément, le quartier s'embellissait à l'heure où elle-
> même tournait à la ruine. On n'aime pas, quand on est dans la crotte, recevoir un
> rayon en plein sur la tête [...] La belle bâtisse du boulevard Ornano la mettait hors
> des gonds.   É. ZOLA, *L'Assommoir*, t. II, p. 194.

GORGE n. f.

À pleine gorge (avec des verbes comme *rire, crier, hurler*) « de tou
tes ses forces ».

(Avoir) la gorge serrée « être angoissé ».

> [...] il nous a semblé le voir, accoudé à la fenêtre et nous fixant de ses yeux agrandis.
> C'était son frère qui exposait au vent du soir son front moite et ses paupières rougies.
> Nous avions la gorge serrée. Ils se ressemblaient comme deux gouttes de sang.
>
> J. VALLÈS, *L'Insurgé*, p. 124.

Avoir un chat dans la gorge → CHAT.

Avoir le couteau sous la gorge « être contraint par une menace ». On emploie
aussi *mettre (à qqn) le couteau, le pistolet sous la gorge.* L'expression altère une
forme plus ancienne, et toujours employée par les puristes et les archaïsants : mettre
le couteau *sur* la gorge. Cette forme est en rapport avec d'autres formules, comme
mettre à qqn le pied sur la gorge, attitude du vainqueur écrasant le vaincu à terre
Le couteau appuie en effet *sur* la gorge qu'il peut trancher. Mais en position vertcale, la gorge est protégée par le menton et le couteau est probablement vu comme
remontant obliquement ou verticalement. Toujours est-il que, dans l'usage moderne
c'est la préposition *sous* qui l'emporte dans cette expression.

> [...] je manœuvrais de manière à sauver même les cinq cents roupies que j'avais offertes d'abord, le couteau sur la gorge. V. JACQUEMONT, *Correspondance*, t. II, p. 59.

Avoir le cœur dans la gorge « être dans un état de dégoût angoissé ». Le cœur
est à la fois ici l'organe du dégoût (→ CŒUR 2) et le symbole vague d'un état psychologique (→ CŒUR 3 et 4).

> De sa bouche ouverte, elle arrache son dentier, le pose sur son crâne et, le cœur dans
> la gorge mais victorieuse, elle s'écrie d'une voix changée, et les lèvres rentrées dans
> la bouche :
> — Eh! bien, merde, mesdames, je serai reine quand même.
>
> J. GENET, *Notre-Dame-des-Fleurs*, p. 101.

Vx. *Faire une gorge chaude, des gorges chaudes (à qqn), sur qqch.; en faire de
gorges chaudes* « faire de qqch., de qqn, un objet de plaisanterie, se moquer de.. »
L'étymologie de cette locution, aujourd'hui incomprise, est — pour une fois — bie
connue. La *gorge*, depuis le XIIᵉ s., désigne par métonymie ce que l'on met dans l
gorge de l'oiseau de proie, en terme de fauconnerie. La *gorge chaude*, ce sont les an
maux vivants (rats, petits rongeurs) que l'on donne aux faucons. Par ailleurs, l'ancie
français connaît l'expression *faire gorge* « rassasier », comparable à *rendre gorge* q
a survécu (→ ci-dessous). *Faire gorge chaude de qqch.*, dans Furetière (1690), c'e
« se l'approprier », comme le faucon happe sa proie vivante quand on la lui présent
Mais *faire des gorges chaudes*, dans le même dictionnaire, est donné avec sa valeu
moderne et le glissement de sens est loin d'être évident; il s'agit d'une métaphor
analogue à celle que l'on trouve dans *se régaler d'une bonne histoire*, mais l'élémé
de sens « moquerie » ne s'imposait pas. De nos jours *faire des gorges chaudes* est pl
ou moins contaminé par *(rire) à gorge déployée* et implique une moquerie bruyante
hilare, l'origine de l'expression n'étant pas sentie.

> Poursuivre les Américains avec leurs propres chars, c'était un jeu dont les Allemands,
> font, depuis, gorges chaudes. A. GIDE, *Journal*, t. II, p. 170.

Prendre à la gorge « combattre, faire pression sur » (XVIᵉ s., d'Aubigné
D'abord construite avec un sujet nom de personne, la locution, en emploi figur
peut désigner la contrainte des événements, etc.

Faire rentrer les mots (les paroles) dans la gorge « faire rétracter ce que qc
a dit par la menace. »

Rendre gorge « restituer par force ce qu'on avait acquis illicitement » est une métaphore de *rendre sa gorge* (Marot, Brantôme), « vomir sans pouvoir s'arrêter ». De nos jours : RENDRE TRIPES* ET BOYAUX et cf. les composés *dé-gorger* et *dé-gueuler*.) Surtout employé dans *faire rendre gorge à qqn*. Appliquée à une chose (*faire rendre gorge à qqch*. « exploiter au maximum, utiliser à plein »), la locution acquiert dans des emplois isolés une valeur plus nettement stylistique.

> Si je reviens, maintenant, à la très banale anecdote que j'ai ainsi exploitée, la tiraillant un peu pour lui faire rendre gorge et ne me résignant pas à la laisser de côté malgré tout ce qu'elle comporte de douteux, je m'aperçois d'un oubli [...].
>   M. LEIRIS, *Fourbis*, p. 29.

Rire (hurler, chanter...) à gorge déployée « très fort », s'éclaire par le synonyme ancien *rire à gorge rompue* (Bonaventure des Périers). La métaphore est à rapprocher de À PLEINE GORGE, ci-dessus (un conduit plein risque de se rompre), mais le choix du participe passé *déployé* est étrange et l'on ne connaît pas d'expression du type *déployer sa gorge*.

> L'arrivée de mes camarades de chambrée ne tarda pas à me réveiller. Les messieurs montaient l'escalier en chantant *La Marseillaise* à gorge déployée ; on appelait cela la prière du soir.   NERVAL, *Mes prisons*, p. 77.

Vx. *Tendre la gorge* « se laisser accabler sans résister » (→ TENDRE L'AUTRE JOUE*).

GOSIER n. m.

Fam. *Avoir le gosier en pente, le gosier blindé* « boire volontiers et souvent (des boissons alcoolisées) ». *Gosier en pente* est une variante de *dalle* en pente*. Dans *gosier blindé* (on disait aussi *pavé, ferré*), *blindé* joue à la fois sur le sens courant « protégé, ndurci » (contre les inconvénients de l'ingestion d'alcool) et accessoirement sur le ens argotique « ivre ».

GOUDRON n. m.

Être dans le, en plein goudron « dans une situation difficile ». Le choix du substantif a été dicté par l'analogie de couleur et de matière avec *cirage* (→ ce mot). La viscosité noirâtre évoque le type de situation embrouillée dont on n'arrive pas à émerger. *Être dans la mélasse, dans la panade*, reprennent la même idée.

> — Et toi, gros malin, qu'est-ce que tu vas faire ?
> — Moi ? fit Petit-Pouce en savourant les douces blandices de l'hypocrisie, moi ? Je suis en plein goudron. Qu'est-ce que je vais devenir ? Avec la femme ? et les gosses !
>   R. QUENEAU, *Pierrot mon ami*, p. 128.

GOUJON n. m.

Taquiner le goujon « pêcher à la ligne ». L'expression, d'origine inconnue, ert à caractériser le pêcheur à la ligne, traditionnel et paisible, qui attend patiement que « ça morde ».

> La berge était couverte de plantes poussiéreuses et vivaces. On taquinait le goujon dans le coinstot.   R. QUENEAU, *Pierrot mon ami*, p. 77.

GOULOT n. m.

rg. vieilli. *Repousser du goulot* « avoir mauvaise haleine » (1883, Chautard). *Goulot* est l'une des dénominations argotiques de la bouche. *Repousser* appartient au émantisme de la « poussée » et du « choc », utilisé pour les mauvaises odeurs, qui heurtent » le sens de l'odorat (cf. *Cogner*). On trouve aussi la variante *trouilloer du goulot*.

> [...] quand le zingueur lui administra sa roulée, elle répondit qu'elle ne voulait plus retourner chez Titreuille, parce qu'on la plaçait près d'Augustine, qui bien sûr devait avoir mangé ses pieds, tant elle trouillotait du goulot.
>   É. ZOLA, *L'Assommoir*, t. II, p. 175.

GOURME n. f.

Jeter sa gourme « faire ses premières frasques, en parlant de très jeunes gens » (milieu XVIe s.). La *gourme* est, au sens propre, une sorte de morve qui atteint les jeunes poulains ; le mot désigne aussi les croûtes de lait qui affectent parfois le cuir chevelu et le visage des petits enfants. *Jeter* a ici le sens « d'émettre une sécrétion ». Dans la métaphore, *gourme* assimile les frasques de la jeunesse à une sorte de maladie inévitable, à un stade déplaisant de la croissance.

> Amusez-vous mon cher. Ce n'est pas moi qui vous ferai de la morale, ni qui tremblerai pour les gros intérêts que nous vous avons confiés. On doit jeter sa gourme, on a la tête plus libre ensuite...　　　É. ZOLA, *Au Bonheur des Dames*, t. II, p. 130.

Avec un complément de nom :

> Vaguement, il devinait que la légalité, un jour, pouvait être plus terrible. Sa raison mûrissait, il avait jeté la gourme de ses rancunes.　　　É. ZOLA, *Germinal*, t. II, p. 262.

GOÛT n. m.

À mon (ton, son...) goût « à mon (ton, son...) avis ».

Au goût du jour « à la mode ». L'expression comporte souvent une nuance péjorative (mise en relief par l'emploi d'un complément). Elle connote la dévalorisation, la soumission du « goût » (le bon !) aux fluctuations passagères de la mode au détriment de sa transcendance comme système de valeurs esthétiques considéré comme stable.

Dans ce goût-là [LOC. ADV.] « de cette sorte, comparable ». *Goût* a ici le sens de « manière, style, genre ». Le sens est celui d'une comparaison approximative.

> Tity Foissac est une création. C'est travaillé, ciselé, creusé. L'observation, chez nous, n'enlève pas la poésie ; au contraire, elle la fait ressortir. L'enterrement de votre bonhomme est une merveille. J'ai connu des vieux dans ce goût-là.
> 　　　G. FLAUBERT, *Correspondance*, VIIIe série, p. 51.

L'expression ***dans le goût*** suivi d'un compl. de nom *(de...)* ou d'un adjectif, s'est employée comme synonyme de *dans le style...*, en art.

De bon, mauvais goût [LOC. ADJ.] (après des substantifs inanimés). Un objet est dit *de bon goût* (ou, par ellipse, *de goût*) s'il paraît être conforme aux critères esthétiques (la grâce, l'élégance, etc.) posés par l'élite, émanation de la classe dominante en tant que normes applicables à l'ensemble de la société. À l'opposé, tout ce qui ne relève pas de ce modèle est marqué du sceau de la vulgarité et rejeté comme étant « de mauvais goût » (par ex. : *plaisanterie de mauvais goût*). *D'un goût douteux*, s'applique plus particulièrement aux emplois du langage ; ainsi, on dira plutôt qu'une image est *de mauvais goût* et qu'une histoire comique est *d'un goût douteux*. En outre, le mauvais goût est essentiellement d'ordre esthétique, le goût douteux d'ordre éthique et social.

Vieilli. ***Avoir du goût pour (qqn)*** [LOC. VERB.] « éprouver une attirance amoureuse pour qqn ». Dans le registre galant de l'époque classique, le goût éprouvé pour quelqu'un étant une inclination, une attirance spontanée, sans la violence du sentiment amoureux ni la crudité du désir sexuel.

> Elle s'est appuyée sur mon bras d'une façon bien singulière ! se disait Julien. Suis-je fat, ou serait-il vrai qu'elle a du goût pour moi ?
> 　　　STENDHAL, *Le Rouge et le Noir*, p. 505.

Vx. ***Être au goût, du goût de qqn*** « lui plaire » (XVIIe s.).

Vx. ***Perdre le goût du pain*** « mourir » (début XVIIe s.). Le goût, faculté de distinguer les saveurs, correspond à un degré de vitalité normal et la fonction nutritive au désir de survivre. Quand l'inappétence prend le caractère d'une perte irréversible et se fixe sur l'aliment par excellence qu'est le pain, c'est non seulement la fonction nutritive qui est altérée, mais l'élan vital lui-même qui se trouve brisé.

Une locution voisine, *faire passer à qqn le goût du pain* (1656, Oudin) a le sens de « tuer » et parfois le sens atténué de « ôter l'envie de recommencer, dégoûter ». Dans ce dernier emploi, elle est encore employée en français moderne, notamment dans la menace *(je lui ferai passer le goût du pain)*.

     Chacun ses goûts « chacun est libre d'aimer ce qu'il veut ». Comme pour *des goûts et des couleurs...* (ci-dessous), le libéralisme de la formule n'est qu'extérieur. Elle s'emploie souvent sur le mode ironique, la reconnaissance du droit à la diversité, souvent théorique, équivaut à une forme atténuée de condamnation à l'égard des goûts qu'on ne partage pas (jugés trop différents, voire dépravés, contre nature). La formule *Tous les goûts sont dans la nature* développe la même idée.

     Des goûts et des couleurs, on ne discute pas « chacun peut légitimement avoir ses goûts et ses opinions ». Cet adage courant est attesté au XVIIIe s. (Dict. de Trévoux) sous une forme légèrement différente : *il ne faut pas disputer des goûts.* La forme actuelle est donnée par Pierre Larousse comme une traduction du latin médiéval *(gustibus et coloribus non est disputandum).* Sous son libéralisme apparent, la formule est en fait restrictive et se fonde sur une opposition tranchée entre le goût au sens physiologique *(les goûts individuels)* et *le goût !* « ensemble codé de valeurs esthétiques ». Dans le domaine de la perception des saveurs, la juxtaposition hétéroclite de variations individuelles rend toute discussion impossible. Quant aux goûts esthétiques, subordonnés par nature à un ensemble codé de valeurs fondées en raison et applicables à tous, ils sont à l'abri de toute contestation et rendent inutiles la discussion. Le sens de *couleurs* n'est pas clair ; la valeur d'« opinion » (cf. *Sous couleur de...*) n'est pas exclue.

> [...] Mes yeux aiment mieux les clairières
> Où la charcuterie a laissé ses papiers,
> Les sentiers où l'on sent encor l'odeur des pieds
> Des soldats avec leurs payses, la presqu'île
> De Gennevilliers, où croît l'asperge tranquille
> Sous l'irrigation puante des égouts...
> On ne dispute pas des couleurs ni des goûts.   CH. CROS, *Le Coffret de santal*, p. 145.

GOUTTE n. f.

     La goutte d'eau qui fait déborder le vase « le petit détail qui rend intolérable une situation globale et suscite une réaction violente ». L'image apparaît sous cette forme au début du XIXe s., chez Stendhal (cf. citation ci-dessous), mais on trouve déjà au XVIIe s. chez Mme de Sévigné *« la goutte qui fait répandre le verre »*. L'expression assimile, sous forme d'une métaphore aquatique, la saturation au remplissage et le débordement à l'effusion. On peut la rapprocher de locutions comme *la coupe est pleine, la mesure est comble* et, plus récemment, EN AVOIR RAS* LE BOL.

> M. de Rênal, qui suivait toutes les chambres du château, revint dans celles des enfants avec ses domestiques qui rapportaient les paillasses. L'entrée soudaine de cet homme fut pour Julien la goutte d'eau qui fait déborder le vase.
>   STENDHAL, *Le Rouge et le Noir*, p. 272.
> Déterminer quelle exacte goutte d'eau fit déborder le vase n'aurait, en vérité, qu'un intérêt anecdotique et c'est donc sans regret que je puis renoncer à cette vaine recherche.   M. LEIRIS, *Fibrilles*, p. 68.

     Se ressembler comme deux gouttes d'eau « se ressembler trait pour trait (en parlant de choses ou de personnes) » [XVIIe s.]. On disait aussi *se ressembler comme deux gouttes de lait.*

> Je disposerai quatre murs en parallélogramme [...] j'établirai [...] un portique simple sur les côtés et double sur la façade. Les colonnes d'ordre dorique supporteront un enta-

blement des plus riches. Aux deux façades, s'élèvera un fronton couvert de magnifi-
ques sculptures [...].
— Oh, oh! dit Satan [...]; ceci ressemble au Parthénon comme deux gouttes d'eau.
BALZAC, *La Comédie du diable*, in *Romans et Contes philosophiques*,
Éd. de 1837, t. I, p. 15.

C'est une goutte d'eau dans la mer (dans l'océan) « c'est une chose insignifiante, sans conséquence » (fin XVIIᵉ s.). L'idée de l'élément imperceptible d'une
vaste réalité est ici intégrée à la dialectique du microcosme et du macrocosme (cf
l'image du *grain de sable...*).

Jusqu'à la dernière goutte [LOC. ADV.] « jusqu'à la fin, jusqu'à épuisement »
dans un contexte où il est question d'absorption (milieu XVIIᵉ s.).

Goutte à goutte « petit à petit, lentement ». Cette locution adverbiale s'emploie
figurément depuis le XVIIᵉ s. (chez Guez de Balzac).

Mais j'ai perdu mon cœur en route :
Mon sang est tombé goutte à goutte
Et ma chair triste s'est dissoute. CH. CROS, *Le Collier de griffes*, p. 196.

N'y comprendre (n'y entendre) goutte « ne rien y comprendre ». La locution
est une survivance d'une forme de négation propre à l'ancien français (où *ne voir*
goutte correspond à *ne voir point*, etc.). Elle s'emploie avec les verbes de perception
et le verbe *comprendre*. Elle appartient au registre archaïsant ou plaisant.

La congrégation tenait à lui. Vieux, boiteux, n'y voyant goutte, probablement un peu
sourd, que de qualités! On l'eût difficilement remplacé.
V. HUGO, *Les Misérables*, Pléiade, p. 548-549.
La chose me semble à moi, impossible. Mais je n'entends goutte au théâtre, bien que j'y
rêvasse de temps à autre. C'est une méchanique qui me fait grand peur, — et pourtant
c'est beau, nom d'un petit bonhomme! C'est beau! Quel maître ah!
G. FLAUBERT, *Correspondance*, IVᵉ série, p. 206-207.
Le soldat, cependant, se taisait, interloqué, ne comprenant goutte aux reproches qui lui
arrivaient. G. COURTELINE, *Les Gaîtés de l'escadron*, p. 35.

GOUVERNE n. f.

Pour ma (ta, sa...) gouverne « pour me (te, se...) servir de règle de conduite »
L'ancien mot *gouverne* n'est plus utilisé en ce sens que dans cette locution : *être à l*
(en) gouverne de « être dirigé par », *être de haute gouverne* « bien se conduire », sont
sorties de l'usage. Le mot apparaît au XVIIᵉ s. (Savary des Bruslons) dans le langage
commercial. Le possessif est parfois renforcé *(pour votre propre gouverne, votre gou*
verne personnelle). L'expression est aujourd'hui légèrement pédante ou ironique
mais fréquente.

— La bière est de douze francs, dit-il. Si vous voulez avoir une messe, ce sera dix
francs de plus. Enfin, il y a le corbillard, qui se paie suivant les ornements...
— Oh! c'est bien inutile, murmura madame Lorilleux [...]. On ne ferait pas revenir
maman, n'est-ce pas?... Il faut aller selon sa bourse.
— Sans doute, c'est ce que je pense, reprit le chapelain. J'ai seulement pris les chiffres pour votre gouverne... É. ZOLA, *L'Assommoir*, t. II, p. 85.

J'ai remonté le cours du temps. J'ai opéré pour ma propre gouverne une récapitulation
comme en font les écoliers à la fin des trimestres. M. LEIRIS, *Biffures*, p. 238.

GRÂCE n. f.

An de grâce → AN.

Coup de grâce « ce qui achève, perd qqn de manière irréversible », par allusion au dernier coup porté à un supplicié pour abréger ses souffrances et, par exter
sion, au coup qui achève, témoignant plus d'un acharnement cruel que d'une cha
rité dans la violence.

> Un de ces poignards avec lesquels on donnait jadis le coup de grâce dans les duels à
> mort, quand l'adversaire vous suppliait de l'achever.
>
> BALZAC, *Maître Cornélius*, in *Romans et Contes Philosophiques*,
> Éd. de 1837, t. II, p. 145.

Le sens métaphorique est assuré depuis le XVIIIe s (chez Voltaire).

Bonne grâce «allure, attitude aimable, gracieuse».

Bonnes grâces «disposition à faire du bien à qqn» (dans des locutions comme *être dans les bonnes grâces de qqn*).

Avoir mauvaise grâce à (de), suivi de l'infinitif, «être mal inspiré, mal venu à faire qqch.» (1611, Cotgrave). Ce tour est courant, malgré la difficulté que le locuteur peut avoir à l'analyser; en effet *bonne grâce* ne s'emploie ni dans ce sens ni sous cette forme.

Crier, demander grâce «supplier, implorer, en particulier la fin d'une situation pénible». L'absence d'article devant le substantif correspond à une survivance de la syntaxe médiévale.

> [...] «Les Arabes, moi, il y a quarante ans que je les soigne. Ils ne peuvent pas en
> dire autant ceux qui nous traitent de paternalistes.» Elle avait très bien compris que
> dans ce mot terrible se trouvait la condamnation de ce qui avait été sa raison d'être,
> son excuse, sa justification : la charité chrétienne. Quand elle se défendait c'était comme
> si elle criait grâce.   M. CARDINAL, *Les Mots pour le dire*, p. 318.

Faire grâce à (qqn) de (qqch.) «exempter, dispenser qqn d'une chose pénible, d'une corvée». On disait au XVIIe s. *donner grâce, et faire grâce* s'employait au sens d'«accorder une faveur, de faire la grâce de». L'expression s'emploie souvent comme commentaire critique à des propos dont on veut se démarquer ou à propos d'une situation qu'on souhaite voir cesser.

> YVONNE. — Tu ne connais pas les femmes.
> MICHEL. — Je commence à les connaître.
> YVONNE. — Je te fais grâce de tes grossièretés.
>
> J. COCTEAU, *Les Parents terribles*, in *Ph. Sl.*

Avec le déterminant, *faire à qqn la grâce de...* (suivi de l'infinitif) s'emploie encore dans un style prétentieux, comme formule ironique de prière, correspondant à un ordre : *faites-moi la grâce de m'écouter.*

Trouver grâce aux yeux de (devant) qqn «lui plaire, gagner son indulgence ou sa bienveillance» (milieu XVIe s.), en langage soutenu et parfois avec une nuance ironique. La forme négative est plus usuelle : *personne ne trouve grâce à ses yeux* «il (ou elle) est très sévère à l'égard de tous».

De grâce!, cette locution exclamative exprime d'une manière emphatique la prière, la demande ou le rappel à l'ordre. Elle signifiait à l'origine «par bonté» mais n'est plus perçue que comme une forme renforcée de «s'il vous plaît, je vous en conjure». Elle appartient en français contemporain au registre archaïsant et au style pompeux.

> J'ai peur de m'endormir. De grâce, obtenez-moi la permission d'aller dîner à qua-
> rante sous dans quelque auberge obscure.   STENDHAL, *Le Rouge et le Noir*, p. 457.

À la grâce de Dieu!, cette locution exclamative, vidée aujourd'hui de son contenu religieux, correspond à peu près à «au hasard, à l'aventure» et appartient au style soutenu ou légèrement ironique.

> Mais il faut être enragé, et triplement, et triplement phrénétique *(sic)* pour entreprendre
> un pareil livre! Enfin, à la grâce de Dieu!
>
> G. FLAUBERT, *Correspondance*, VIe série, p. 407.

GRADE n. m.

En prendre (en avoir) pour son grade «subir une violente algarade» (début Xe s.). *Grade* a la valeur de «niveau hiérarchique» et *prendre* le sens passif de «rece-

voir, subir » (comme dans *prendre des coups*). La polysémie du verbe *prendre* auto
rise divers effets.

> Je vais retrouver Pinuche au troquet d'en face.
> — Tu prends quelque chose ? me demande-t-il.
> — C'est fait : j'en ai pris pour mon grade !
> — Je te disais qu'il était de mauvaise bourre !...
>
> SAN-ANTONIO, *Au suivant de ces messieurs*, p. 130.

> Le gouverneur, dans les paroles ambiantes, en prenait pour son haut grade. Son inexpli-
> cable muflerie formait le fond de la grande conversation apéritive où le foie colonial,
> si nauséeux, se soulage avant le dîner.
>
> L.-F. CÉLINE, *Voyage au bout de la nuit*, Pléiade, p. 143.

Monter en grade « avoir un poste, une situation supérieur(e) ».

> Or, tu as su, par ton travail et une patience héroïque, te faire une position qui t'en rend
> indépendant. Dis-moi si elle s'améliore, si tu montes en grade, c'est-à-dire si l'argent
> augmente à mesure que ta besogne diminue.
>
> G. FLAUBERT, *Correspondance*, IIᵉ série, p. 199.

GRAIN n. m.

Avoir un grain « être un peu fou » (1740, Acad.). Cette locution constitu
une forme elliptique d'*avoir un grain de folie*. Elle est attestée chez Oudin (1640),
Ancienne unité de poids utilisée en pharmacie et en orfèvrerie, le *grain* est méta
phoriquement une « très petite dose ou quantité ».

> Il arrive aussi que des inversions extrêmes de caractère se déclarent... mais je suis per-
> suadé que leur chance préexistait. Il y avait un germe...
> — Il a un grain, dit-on...
> — Un grain, c'est déjà gros... Mais combien de gens, qui ne sont, ni ne seront jamais
> fous, sont excessivement, étrangement différents, selon qu'ils sont seuls ou qu'ils sont
> en compagnie. P. VALÉRY, *Œuvres*, t. II, p. 258.

> Nous offrons quelques rasades. Ils disent : « Pas trop ! » Nous n'en avons pas trouvé un
> qui eût un grain, un vrai grain, parmi tous ceux avec qui l'on a voulu trinquer.
>
> J. VALLÈS, *L'Insurgé*, p. 280.

Mettre (fourrer) son grain de sel « s'immiscer mal à propos dans une conver
sation, une affaire » (XXᵉ s.). *Grain de sel* a le sens métaphorique de « contributio
active ». La péjoration est mal expliquée.

> Je n'ai pas à mettre mon petit grain de sel mais, vous voyez, je me tords de toutes les
> avanies qu'elle vous prodigue. M. PROUST, *À la recherche du temps perdu*, t. II, p. 979.

Mettre un grain de sel sur la queue (d'un oiseau, d'un moineau) « réussir une
chose impossible ». L'anecdote plaisante dit que rien n'est plus simple, pour attrape
un oiseau, que de lui mettre un grain de sel sur la queue.

> Tu mettrais plus facilement un grain de sel sur la queue d'un moineau que de me faire
> croire que je suis pour quelque chose dans ton affaire.
>
> BALZAC, *La Vieille Fille*, in Ph. Sl.

Séparer le bon grain de l'ivraie « séparer les bons des méchants, le bien d
mal ». Cette locution tire son origine de la parabole évangélique de l'ivraie et d
bon grain (Matthieu 13, 24-30 et 37-40), d'après laquelle « le bon grain ce sont le
enfants du royaume, et l'ivraie, ce sont les enfants d'iniquité » (Bible de Lemaîtr
de Sacy, sur Matthieu 13, 38).

> Nous racontons le fait à notre guise [...] avec ses hardiesses que l'histoire désavoue,
> avec sa moralité que la religion approuve, son fantastique, sa fleur d'imagination, son
> sens caché, dont le sage peut s'accommoder, laissant à chacun sa pâture, et le soin de
> trier le bon grain de l'ivraie.
>
> BALZAC, *Jésus-Christ en Flandres*, in *Romans et Contes philosophiques*,
> Éd. de 1837, t. II, p. 203.

> Je vous ai soumis à l'épreuve que le seul homme éminent de notre monde appelle avec
> esprit l'épreuve de la trop grand amabilité et qu'il déclare à bon droit la plus terrible
> de toutes, la seule qui puisse séparer le bon grain de l'ivraie.
>
> M. PROUST, *À la recherche du temps perdu*, t. II, p. 556.

Le même partage manichéen du monde, fondé sur un tri radical entre le bon et le
mauvais, l'utile et l'inutile, se retrouve dans l'expression voisine *la paille et le grain.*
Autre formule évangélique, rendue célèbre par un titre gidien : *Si le grain ne meurt*
qui n'est pas entrée dans l'usage.

Veiller au grain « être prudent, se prémunir contre l'éventualité d'un danger »
(milieu XIXe s.). *Grain* a ici le sens de « coup de vent inopiné, bourrasque ». D'origine maritime, l'image exprime la vigilance contre un danger qui menace.

> La manière dont il vient de peindre son dévouement à son fils (si c'est son fils), me
> ferait croire qu'il s'est trouvé dans la maison de cette fille pour veiller au grain : et, ne
> se doutant pas que l'oreiller de la morte cachait un testament, il aura pris, pour son
> fils, les sept cent cinquante mille francs, par provision !...
>
> BALZAC, *Splendeurs et Misères des courtisanes*, p. 985.

> Mme Verdurin, qui « veillait au grain », et d'ailleurs, en ayant pris l'habitude dans l'inté-
> rêt de son salon, avait fini par trouver un plaisir désintéressé dans ce genre de drame et
> d'exécutions, l'avait irrémédiablement brouillé avec la personne dangereuse.
>
> M. PROUST, *À la recherche du temps perdu*, t. II, p. 868.

GRAINE n. f.

Mauvaise graine « mauvais sujet, en parlant d'enfants dont on ne présage
rien de bon » (1690, Furetière). L'enfant est une *graine* qui croît et peut donner
une plante de bonne ou mauvaise venue. L'idée ontogénétique d'une prédestina-
tion y est à l'œuvre ; détachée de son origine quasi janséniste, l'expression est utilisée pour condamner le jeune être humain dans son avenir et le définir une fois pour
toutes comme mauvais.

Casser la graine « manger » (1926). Cette locution familière est une variante
de *casser la croûte* (→ CROÛTE). *Casser* y a le sens argotique de « manger » (littéralement « broyer la nourriture »), *graine* signifiant « nourriture ». Elle s'employait plutôt
pour désigner un repas sommaire ou rapide, mais cette précision n'est plus sentie
aujourd'hui comme pertinente, et l'on peut *casser une petite graine* dans un
« bon petit restau ».

> [...] Gridoux pouvait casser la graine en toute tranquillité. Cette graine était en général
> une assiette de hachis parmentier fumant [...]
>
> R. QUENEAU, *Zazie dans le métro*, p. 73.

Monter en graine « grandir, arriver à l'âge adulte et spécialement, en parlant
d'une fille, tarder à se marier » (attesté dans Furetière, 1690). L'image végétale de
la plante qui, arrivée à maturation, porte sa graine, désigne par métaphore la maturité physiologique, la nubilité. La graine représente la promesse de fruits à venir
(et métaphoriquement, celle des enfants, pour une femme). L'expression peut
s'employer plus largement en parlant de jeunes gens des deux sexes, parvenus à
l'âge adulte, d'enfants arrivés à l'adolescence, ou encore de vieillards décrépits (cf.
Le Roux, *Dictionnaire comique*, 1752).

> On voit, en effet, derrière les processions de province, de ces grands garçons montés
> en graine, avec un tête mignonne, ronde et douce sous la calotte coquelicot, qui effeuil-
> lent des roses ou secouent l'encensoir en avant du dais où le prélat donne la béné-
> diction.   J. VALLÈS, *L'Insurgé*, p. 242.

> — Pas honnête ! cria dans le noir Mme Josserand, en retrouvant sa voix féroce. Ce qui
> n'est pas honnête, monsieur, c'est de laisser monter ses filles en graine ; oui, en graine,
> tel était votre rêve peut-être !...   É. ZOLA, *Pot-Bouille*, t. I, p. 124.

En prendre de la graine « en tirer une leçon, un exemple à suivre, un modèle
à imiter » (début XXe s.). La graine est ici le (bon) principe qui, inculqué, produira

aussi immanquablement et naturellement que dans le processus de germination, le résultat souhaité. Le contexte le plus usuel est le conseil-reproche *(tu pourras, tu pourrais... en prendre de la graine).*

> [...] celle-là, il suffisait de la regarder pour savoir qu'elle n'avait peur de rien, et je n'aurais pas mal fait d'en prendre de la graine. M. LEIRIS, *Fourbis*, p. 119.

GRAISSE n. f.

Boule de graisse « personne très grasse » (XXᵉ s.). On parlait à la fin du XVIIᵉ s. de *peloton de graisse* (1694, Acad.) → BOULE* DE SUIF.

À la graisse *(d'oie, de chevaux de bois, de hérisson...)* [LOC. ADJ.] «médiocre, de peu de valeur». Cette locution populaire ne semble pas antérieure à la fin du XIXᵉ s. ou au début du XXᵉ s. (chez Dorgelès). On a d'abord parlé de *boniments à la graisse d'oie* (Sainéan, *in* Wartburg) mais très vite, les substantifs qui forment la locution se sont diversifiés. La locution est synonyme de *à la gomme**, *à la noix**, qui symbolisent le peu de crédit, le faible prix accordé à une chose. La *graisse d'oie* étant devenu un produit (justement) apprécié en cuisine, les compléments de *graisse* ont été sélectionnés dans l'irréel ou le cocasse.

> Plus souvent, dit Lamuse, que tu m'voiras mett'mon quart dans m'poche. C't' une idée à la graisse d'hérisson et à la mords-moi l'doigt, ni plus ni moins, j'préfère beaucoup mieux l'amurer à ma bretelle de suspension avec un crochet.
> H. BARBUSSE, *Le Feu*, t. I, p. 74.

> Afin d'amorcer la clientèle, les deux ci-devant ministres ravalés au rôle de pîtres — c'est pitoyable ! — faisaient la parade. Cependant que Croquignol, par ses boniments à la graisse d'abat-jour, attirait l'attention des badauds et les engageait à pénétrer sans correspondance, dans l'intérieur, où déjà attendant le spectacle annoncé, trépignaît d'impatience une nombreuse et élégante société. *L'Épatant*, 1909, p. 48.

Vieilli. **Vivre sur (de) sa graisse** « se reposer, vivre sans travailler, de ses ressources » (milieu XIXᵉ s.), pur analogie avec les animaux hibernants qui peuvent vivre de leurs propres réserves de graisse.

GRAISSER v. tr.

Graisser ses bottes → BOTTE. — **Graisser le marteau** → MARTEAU. — **Graisser la patte** → PATTE.

GRAND adj.

Être assez grand pour « être capable, de taille » (à faire quelque chose sans l'aide de personne).

En grand [LOC. ADV.] « sur de vastes dimensions, sans étroitesse ni mesquinerie » (1671, Pomey). L'expression s'emploie métaphoriquement à propos de projets, de conceptions ou de réalisations. *Voir les choses en grand, faire quelque chose en grand* (→ SUR UNE GRANDE ÉCHELLE*).

GRAPPE n. f.

Vx. **Mordre à la grappe** « accepter en bloc tout ce qu'on propose, être dupe » L'expression est attestée dans ce sens depuis 1480. On dirait aujourd'hui *mordre à l'hameçon.*

GRAPPIN n. m.

Mettre le grappin sur (qqch. ou qqn) « se saisir, s'emparer de qqch.; accaparer qqn, le retenir de force » (XVIIᵉ s.). Attestée en 1740 dans le Dictionnaire de l'Académie, la métaphore est d'origine maritime, le grappin étant le crochet situé à l'extrémité d'un cordage et permettant l'abordage d'un bateau. *Jeter le grappin sur...* attesté chez Saint-Simon à la fin du XVIIᵉ s., est aujourd'hui archaïque.

[...] c'était [...] Mes-Bottes qui finançait ; il avait dû jeter le grappin sur le magot de
sa bourgeoise. des économies gagnées au joli jeu que vous savez.

                                                                      É. ZOLA, *L'Assommoir*, t. II, p. 254.

Six mois pendant lesquels je n'ai employé mon temps qu'à prendre des consommations ruineuses, dans des endroits luxueux. [...] À la fin, j'ai mis le grappin sur un collet tout pelucheux. et j'ai pincé entre les battants de ma porte une redingote de juif.

                                                                      J. VALLÈS, *L'Insurgé*, p. 67.

— Mon vieux Kéroual. lui dis-je quand je lui eus *mis* le grappin dessus, je ne te lâche
plus. Tu vas partir avec moi.   B. CENDRARS, *Bourlinguer*, p. 43.

GRAS adj.

Gras comme un moine (un chanoine, un chantre) « très gras », les gens d'Église
ayant la réputation d'être des bons vivants et de ne pas être insensibles aux plaisirs
de la table. On dit aussi *gras comme une caille, un cochon, un porc,* ces deux animaux étant réputés pour leur graisse → aussi GROS.

Gras comme un cent de clous « très maigre », se dit par antiphrase.

Grasse matinée → MATINÉE. — *Vaches grasses, vaches maigres* → VACHE.
— *Discuter le bout de gras* → BOUT. — *Faire ses choux gras* → CHOU. — *Tuer le
veau gras* → VEAU.

Gras à lard « très gras » (d'une personne). S'emploie familièrement depuis le
XVIIᵉ s. (Scarron, Furetière).

> Tu voudrais être cuirassier ?... Gras à lard, comme te voilà, tu ferais pas mal sur un
> cheval. Ils te verraient plus dans ta cuirasse ! Tu serais fantôme au régiment ! Tu ris-
> querais pas un coup de pique !... Ça c'est une affaire !...
>   L.-F. CÉLINE, *Mort à crédit*, Pléiade, p. 1078.

Vx. *Ne pas en être plus gras* « ne pas en être plus riche, plus avancé, ne rien y
gagner » (XVIIᵉ s.).

> Depuis trois mois que nous nous aimons, en suis-je plus gras ?
>   *Les Soufleurs*, Comédie, *in* LE ROUX.

Vieilli. *N'être pas gras à (de) lécher les murs* « être bien nourri ». Cette locution
appartient au langage familier et correspond à une opposition implicite et étrange,
où la privation de nourriture est assimilée au léchage des murs (allusion à un comportement animal) → MUR. Des variantes sont possibles :

> Adèle était simplement enceinte de neuf mois. Elle-même avait longtemps cru qu'elle
> engraissait. ce qui l'étonnait pourtant et elle rageait. l'estomac vide, avec sa continuelle
> faim. les jours où madame triomphait devant tous, en la montrant : ah bien ! ceux qui
> l'accusaient de peser le pain de sa domestique. pouvaient venir regarder cette grosse
> gourmande, dont le ventre ne s'arrondissait pas à lécher les murs, peut-être !
>   É. ZOLA, *Pot-Bouille*, t. II, p. 216.

Faire gras « manger de la viande » (fin XVIIᵉ s.), par référence aux prescriptions de l'Église catholique qui interdit à ses fidèles de manger de la viande certains
jours *(jours maigres)* → MAIGRE. On disait au XVIIᵉ s. *manger, dîner gras* (Mme de
Sévigné). On appelait *jours gras* en particulier les trois jours *(dimanche, lundi, mardi
gras),* précédant le mercredi des Cendres, début du carême.

Vx. *Parler gras* « dire des grossièretés, des obscénités » (XVIIᵉ s., Oudin). *Gras* a
ici le sens de « licencieux » (cf. l'emploi de l'adjectif dans *Grasses plaisanteries*).

Il n'y a pas gras à manger (à gagner) « pas beaucoup, pas grand-chose ».
L'expression est attestée depuis le XVIIᵉ s. dans la langue populaire, chez les poissards
(Il y a, n'y a pas gras, 1739, d'après Esnault) ; elle est surtout employée à la forme
négative, avec *en : il (n')y en a pas gras*.

GRATTER v. tr.

Vx. *Gratter quelqu'un où il lui démange* « le flatter, chercher à lui être agréable » (XVIe s.). Cette locution a pris parfois des formes plus précises : *gratter l'épaule, le pied, les oreilles de qqn*. L'image mise en œuvre est celle d'un animal qu'on flatte et qu'on caresse, ou, pour les parties du corps peu accessibles, celle de l'aide corporelle, qui correspond à des pratiques très fondamentales (épouillage réciproque, etc.).

Tu peux (toujours) te gratter! « n'y compte pas, tu n'obtiendras rien ». Cette locution populaire est une variante de *tu peux courir!* (→ COURIR) où le verbe exprime une activité déployée en vain. Si ses connotations peuvent être rationnelles, avec l'idée de la recherche obstinée de bribes utilisables (cf. *Gratter un bénéfice*, etc., et la synonymie : *se gratter, se fouiller*), on peut y voir aussi une allusion à l'activité autocorporelle : un verbe comme *se branler* a lui aussi un sémantisme d'« activité inutile ».

Trop parler nuit, trop gratter cuit [LOC. PROV.] « on a tort de céder à la démangeaison du bavardage ». Ce très ancien proverbe (on le trouve au XVe s. dans un rondeau de Charles d'Orléans) est remarquable par la régularité de sa forme et l'exacte symétrie (syntaxique et phonétique) entre ses deux parties. Quant au fond, l'assimilation entre l'action de la parole et celle du grattement correspond aux deux plans du corps et du logos (cf. les deux sens de *langue*) et à l'établissement d'un seuil de bonne activité. Parler ou gratter raisonnablement apaise un besoin ; l'excès cause un mal *(nuire)*, une douleur *(cuire)*.

GRÉ n. m. Du latin *gratum* « ce qui plaît, ce qui est agréable ». Neutre substantivé de *gratus, gré* n'existe pas en emploi libre mais entre dans la formation de nombreuses locutions adverbiales et verbales. Il traduit l'idée de « goût, bon plaisir » ou celui de « gratitude, reconnaissance ».

Vx. *Avoir, recevoir (prendre) en gré qqch.* « trouver bon, être satisfait ». Courantes à l'époque classique, ces locutions sont complètement sorties de l'usage.

Savoir gré à (qqn) de (qqch.) « lui en être reconnaissant » (XIIe s.). Appartenant au style soutenu, cette locution s'emploie avec des variantes méliomatives *(savoir bon gré, grand gré* [vx], *un gré infini)* ou péjoratives *(savoir peu de gré, mauvais gré)*.

> La conversation, à bâtons rompus, se fit languissante et je crois que chacun me sut gré de lever la séance bientôt. A. GIDE, *Journal*, t. II, p. 248.

Au gré de (+ complément de personne) « à la convenance, selon le goût ou la volonté de » (fin XVIe s., A. d'Aubigné). *À mon (ton, son...) gré* « à mon avis, comme (tu) il voudra(s) » (→ GUISE).
(Avec un complément de chose) « au hasard, selon le caprice de ». *Au gré des événements.*

De mon (ton, son...) plein gré « spontanément, en toute liberté » (fin XIIe s.).

> [...] En plus il a voulu me causer...
> — Ferdinand ! qu'il a fait comme ça : Eu égard à vos bons parents, je ne vous renverrai pas... Ce sont eux qui vous reprennent !... De leur plein gré ! Vous comprenez la différence ?... L.-F. CÉLINE, *Mort à crédit*, Pléiade, p. 637.

S'oppose à *contre le gré de* (début XIIIe s.). — *À contre-gré* appartient à un usage littéraire et archaïque.

Vieilli ou didact. *De gré à gré* « à l'amiable, en satisfaisant les deux parties » (milieu XVIe s.). *Traiter une affaire de gré à gré.*

De gré ou de force « spontanément ou par la contrainte » (très courant). *De force ou de gré* est attesté au milieu du XVIIe s. chez Corneille, mais ne se dit plus.

> L'antique ça m'écœure encore, c'est de ça pourtant qu'on bouffait. C'est triste les raclures... c'est infect, c'est moche. On en vendait de gré ou de force. Ça se faisait à

l'abrutissement. On sonnait le chaland sous les cascades de bobards... les avantages
incroyables... Sans pitié aucune... Fallait qu'il cède à l'argument... Qu'il perde son bon
sens...   L.-F. CÉLINE, *Mort à crédit*, Pléiade, p. 542.

Bon gré mal gré «volontairement ou de force, par tous les moyens» (1560,
A. Paré). Ce tour à la syntaxe archaïque est resté très vivant; il s'emploie surtout
avec des verbes d'action et de mouvement et équivaut à *que tu, qu'il (elle) le
veuille ou non.*

> Tu as, depuis deux mois, de singulières idées. Tu m'amènes, bon gré mal gré, au bord
> de la mer, alors que jamais [...] tu n'avais eu pareille fantaisie.
>   MAUPASSANT, *L'Abandonné*, in *Yvette*, p. 199.

GREC adj. et n.

Vx. **Être grec en (qqch.)** «être habile, exceller à» (XVIIᵉ s.). À l'époque classique,
grec avait le sens de «savant» (d'abord «savant en grec, bon helléniste»); le mot
s'applique peu à peu à n'importe quelle preuve de compétence, même pratique.
L'expression s'employait aussi négativement : *ne pas être grand grec en (qqch.)* «ne
rien y connaître, ne pas avoir de compétence en la matière → ÊTRE (NE PAS ÊTRE)
GRAND CLERC*.

Aller se faire voir chez (par) les Grecs «se faire brutalement éconduire». La
formule est évidemment un euphémisme et fait allusion à la réputation de pédé-
rastie des anciens Grecs. La référence à l'homosexualité passive a toujours eu dans
la langue populaire un caractère injurieux hyperbolique (que révèlent des épithètes
comme *enculé, enfoiré, empapaouté*, etc.) et agressif. En outre, elle connote l'échec
(cf. L'AVOIR DANS LE BABA*, DANS LE DOS*, etc.). La locution s'appuie sur les valeurs
argotiques du verbe *voir**; elle a d'ailleurs des variantes synonymiques.

> Mais
> En m'retrouvant seul sous mon toit,
> Dans ma psyché j'me montre au doigt;
> Et m'cri : «Va t'faire, homme incorrec',
> Voir par les Grecs.»   G. BRASSENS, *Poèmes et Chansons*, p. 156.

Ce n'était pas mal fabriqué, d'ailleurs, cette marmite. Un ustensile propre, économique, qui cuisait à la vapeur sans délayer les vitamines dans la flotte, soi-disant... Ah! va
t'exhiber chez les Grecs, au bout d'une journée, j'avais compris! Je m'étais vu éjecter
par plusieurs concierges, les bonnes femmes me claquaient leur porte au nez et quand
je pouvais placer ma propagande, c'était chez des vieilles tantes qui s'emmerdaient et
n'avaient aucune intention d'acheter.   A. SERGENT, *Je suivis ce mauvais garçon*, p. 54.

GREFFIER n. m.

Vx. **C'est le greffier de Vaugirard qui ne peut écrire quand on le regarde** [LOC.
PROV.] «se disait de quelqu'un qui ne pouvait agir sous l'œil d'autrui» (XVIIIᵉ s.).
Selon une tradition anecdotique, il s'agirait d'une allusion au greffier du village de
Vaugirard qui exerçait son office dans un lieu particulièrement obscur et ne pouvait
plus travailler dès qu'on le regardait, obturant ainsi la minuscule fenêtre qui laissait
entrer le jour.

GRÈGUES n. f. pl.

Vx. **Tirer ses grègues** «s'enfuir rapidement» (XVIIᵉ s.). Du provençal *grega* «grecque» (latin *græca*). Les grègues ou *chaussures à la gréguesque* étaient aux XVIᵉ et
XVIIᵉ s. des sortes de haut-de-chausses, de culottes dites «à la grecque» (→ aussi
TIRER SES CHAUSSES*). *Tirer* a ici le sens de «s'acheminer, aller vers», valeur qui
s'est perpétuée en argot (→ SE TIRER DES FLÛTES*). La locution appartenait à l'époque classique au registre familier. Elle n'est plus en usage.

Vx. **Y laisser ses grègues** «mourir» (XVIIᵉ s.). Les culottes désignent par métonymie une partie essentielle de l'individu; l'expression correspond à la mise en déri-

sion de la mort, qui utilise aussi de nombreux procédés métaphoriques (*manger les pissenlits par la racine*, etc.) → GUÊTRES.

GRÊLE n. f.

Tomber dru comme grêle « tomber serré et fort ».

> [...] Bourdoncle reprit son rôle de grand exécuteur [...] dès lors, les observations tombèrent dru comme grêle, la galerie de la rue de la Michodière reçut l'orage.
> É. ZOLA, *Au Bonheur des Dames*, t. I, p. 54.

GRELOT n. m.

Attacher le grelot « engager une entreprise périlleuse » et spécialement « attirer l'attention sur une situation dangereuse ». Cette locution tire son origine et sa popularité de la fable de La Fontaine : *Conseil tenu par les Rats* (II, 1). L'assemblée des rats décide d'attacher un grelot au cou du terrible chat Rodilard, pour contrôler ses allées et ses venues et l'empêcher de tous les décimer. L'origine de cette fable est très certainement latine, et l'on retrouve des équivalences de cette locution en espagnol, en anglais et en allemand.

> L'argent, l'esprit et la race même doivent être comptés, bref toutes les forces. Or, jusqu'à présent, je n'en vois qu'une : le nombre. Ah! cher maître, vous qui avez tant d'autorité, vous devriez bien attacher le grelot! On lit beaucoup vos articles du *Temps*, qui ont un grand succès, et, qui sait? vous rendriez peut-être à la France un immense service.
> G. FLAUBERT, *Correspondance*, VIᵉ série, p. 297.

Fam. *Faire sonner son grelot* [LOC. FAM.] « attirer l'attention » (1896, Delesalle). À la différence de la locution précédente, l'alarme est donnée par le locuteur lui-même et non pas par l'attache du signal à l'objet que l'on veut signaler.

Arg. *Avoir les grelots* « avoir très peur » (fin XIXᵉ s.), par rapprochement avec *grelotter* (de peur). *Trembler le grelot* est attesté au milieu du XVIᵉ s. (1562, *in* Wartburg) au sens de « trembler de froid ou de peur ». La métaphore prend en sens inverse l'évolution de sens de *grelot*, instrument qui rend un son en tremblant.

GRENADIER n. m.

Un vrai grenadier « homme de haute taille ; femme à l'allure virile ». Les grenadiers étaient en effet choisis pour leur haute stature.

Boire, jurer comme un grenadier « beaucoup ». L'allusion à la haute taille du grenadier et le choix de types d'activité dites « viriles » au sens conventionnel cherchent à évoquer l'activité intensive comme inhérente à la virilité. Les équivalents militaires ou civils sont nombreux et plus usuels *(comme un sapeur*, un charretier*, un palefrenier...)*.

GRENOUILLE n. f.

Grenouille de bénitier « bigote ». Généralement rapprochée de l'expression synonyme *punaise de sacristie*. La grenouille n'est pas évoquée ici sans allusion aux valeurs de dérivés comme *grenouiller;* l'idée de bavardages, cancans... est liée au coassement.

Vieilli. *Sirop de grenouille* « eau ». Dans la tradition folklorique, la grenouille est associée à l'eau, eau du ciel (pluie) ou boisson dépréciée.

Avoir des grenouilles dans le ventre « produire des borborygmes ». L'absorption d'une grande quantité de liquide produit des bruits comparés au coassement de la grenouille. On trouve l'expression chez Oudin (1640).

> Madame Putois ayant demandé de l'eau, le zingueur indigné venait d'enlever lui-même les carafes. Est-ce que les honnêtes gens buvaient de l'eau? Elle voulait avoir des grenouilles dans l'estomac?
> É. ZOLA, *L'Assommoir*, t. I, p. 279.

Manger la grenouille «dépenser de l'argent appartenant à une collectivité, après l'avoir volé (ce qui est dit : *faire sauter la grenouille*)». *Faire sauter la grenouille* est généralement expliqué par «fracturer la tirelire» (en forme de grenouille) et *manger* par une métaphore articulée sur la première. Cette explication «logique» ne correspond pas aux faits : *manger la grenouille* est antérieur à *faire sauter* (la première expression est attestée en 1790, la deuxième cinquante ans plus tard) et les tirelires en forme de grenouille doivent être encore postérieures. En fait, il s'agit vraisemblablement de l'image de *manger, croquer* (un héritage, une somme) croisée avec le verbe *grenouiller* employé du XVIᵉ au XIXᵉ s. au sens de «faire ripaille, boire dans les cabarets..., dépenser de l'argent mal gagné» (dans des dialectes).

> — Est-ce vrai, vieux, reprit-elle, que tu as tué ton frère et ton oncle, ruiné ta famille, surhypothéqué la maison de tes enfants et mangé la grenouille du gouvernement en Afrique avec la princesse ?   BALZAC, *La Cousine Bette*, p. 432.

> — Ah! c'est que si c'est lui, répondit le chef de la Sûreté, vous verrez une terrible danse au préau, pour peu qu'il y ait des chevaux de retour (anciens forçats, en argot).
> — Et pourquoi ?
> — Trompe-la-Mort a mangé la grenouille, et je sais qu'ils ont juré de l'exterminer.
>   BALZAC, *Splendeurs et Misères des courtisanes*, p. 949.

La grenouille qui veut se faire aussi grosse que le bœuf, allusion à la fable de La Fontaine (I, 3), se dit d'une personne qui cherche à se faire passer pour plus importante qu'elle n'est, à se gonfler. On trouve aussi des emplois concrets, où il s'agit de grosseur physique.

> Semblable à la grenouille de la fable de La Fontaine, Madame Camusot crevait dans sa peau du plaisir d'entrer chez les Grandlieu en compagnie de la belle Diane de Maufrigneuse.   BALZAC, *Splendeurs et Misères des courtisanes*, p. 1095.

> [...] dans ce cas, maintenant c'est la grenouille qui a réussi à devenir aussi grosse que le bœuf. Ou plutôt ce n'est pas tout à fait cela, parce que toute sa grosseur s'est amoncelée sur le ventre, c'est plutôt une grenouille dans une position intéressante.
>   M. PROUST, *À la recherche du temps perdu*, t. II, p. 210.

Vx. *Il n'y a pas de grenouille qui ne trouve son crapaud* [LOC. PROV.] «même une fille très laide peut trouver un mari». Cette vision extérieure, «objective», du mariage comme convenance entre deux individus physiquement bien assortis, a un équivalent dans le monde des objets inanimés : IL N'EST SI MÉCHANT POT★ QUI NE TROUVE SON COUVERCLE.

GRÈVE n. f.

Faire (la) grève, être en grève «cesser volontairement le travail pour obtenir quelque avantage» (début XIXᵉ s.). *Grève*, dans cet emploi, est complètement lexicalisé, mais il s'agit bien à l'origine d'une locution. Elle évoque la *place de Grève*, à Paris, au bord de la Seine (sur l'emplacement actuel de l'Hôtel de Ville), où les ouvriers en chômage avaient coutume de se rassembler. L'expression avait d'abord le sens d'«être sans travail». L'une des premières attestations au sens moderne paraît se situer au début du XIXᵉ s. : Brunot cite un rapport de Mourgues, à la date du 25 mai 1805 : «Les tailleurs de pierre ont décidé entre eux, de *faire*, demain lundi, ce qu'ils appellent «*grève*», (c'est-à-dire de quitter l'ouvrage) pour demander de l'augmentation» (*in* Brunot, *Histoire de la langue française*, t. IX, 2ᵉ partie, p. 1183). On ne trouve pas trace de cet emploi dans les dictionnaires de la première moitié du XIXᵉ s. avant l'attestation de Bescherelle en 1845. Le *Dictionnaire général*, vers 1900, enregistre encore le mot comme néologisme. La réticence des lexicographes devant l'évolution des pratiques sociales, lorsqu'il s'agit du principal instrument de lutte du prolétariat, est assez significative.

GRIBOUILLE n. pr.

Il est fin comme Gribouille (qui se jette dans l'eau par crainte de la pluie) [LOC. PROV.]. Le personnage de Gribouille représente le type du sot naïf et malavisé qui se jette inconsidérément dans les ennuis qu'il cherche à éviter. L'expression *plus sot(te) que n'est Gribouille* est déjà attestée au milieu du XVIᵉ s. (*Sermon des fous*, 1548). Le nom de *Gribouille* paraît se rattacher à la famille de *gribouiller* (du germanique *Kriebelen*) qui exprime le désordre et la confusion dans l'activité, ce qui paraît vérifié dans de nombreux emplois régionaux (Wartburg). Le nom, surtout depuis son emploi dans la littérature enfantine au XIXᵉ s., est employé seul : *c'est un (vrai) Gribouille, quel Gribouille !*

GRIEF n. m.

Faire grief (à qqn de qqch.) « reprocher, tenir rigueur » (début XXᵉ s.). La variante *tenir grief* est très littéraire.

> Je lui sais grand gré de ne me tenir pas grief des passages assez durs de mon Journal au sujet des Juifs et de lui-même (que. du reste. je ne puis renier car je continue de les croire parfaitement exacts). A. GIDE, *Journal*, t. II. p. 320.

GRIFFE n. f.

Coup de griffe « attaque, remarque malveillante ou blessante ». Le sens métaphorique d'« agressivité » est assuré depuis la fin du XVIIᵉ s. (1690, Furetière). *Donner un coup de griffe* est enregistré à la même époque (1694, Académie).

Être sous la griffe (entre les griffes) de qqn « être à sa merci, en son pouvoir ». La griffe symbolise aussi le pouvoir tyrannique exercé sur quelqu'un ; la métaphore peut provenir du chat, de l'oiseau de proie ou du fauve.

Montrer (sortir) les (ses) griffes « menacer, manifester de l'agressivité ». *Rentrer les (ses) griffes* « renoncer à une attitude belliqueuse ». Ces deux locutions verbales datent de la fin du XVIIᵉ s. (chez Fénelon, notamment) ; elles font allusion au chat et aux félins.

> Allons. approchez. sortez vos griffes. laissez aller votre colère. déchaînez-vous. J'aimerais tant avoir l'occasion de vous brusquer un peu. M. AYMÉ, *Travelingue*, p. 99.

GRIL n. m.

Être (mettre) sur le gril « dans une situation pénible ou embarrassante » (1740 Dict. de l'Académie, au sens de « être anxieux ou impatient »). Il peut s'agir d'une allusion au martyre de saint Laurent qui mourut brûlé vif sur un gril. La métaphore de la brûlure est la même dans l'expression ÊTRE (METTRE) SUR DES CHARBONS* ARDENTS.

> J'ai fini par ne plus écrire que pour me mettre sur le gril. acharné à trouver mon seul terrain un peu solide dans l'image que je puis dessiner de moi. M. LEIRIS. *Biffures*, p. 239.

GRIMACE n. f.

Soupe à la grimace → SOUPE.

Faire la grimace « manifester son mécontentement, son dépit ou son dégoût » (XVIIᵉ s.).

> À force de perdre des pensionnaires. on est restés seulement cinq au « Meanwell College » y compris Jonkin... Ils se marraient pas les survivants. ils faisaient plutôt la grimace... L.-F. CÉLINE, *Mort à crédit*, Pléiade. p. 737.

GRINGUE n. m.

Fam. **Faire du gringue** « faire la cour "à une femme" » (→ Faire du plat*). La locution est attestée au début du siècle (1901, Esnault) au sens de « faire l'aimable, chercher à plaire », et ce n'est qu'un peu plus tard (1921) qu'elle acquiert le sens érotique qu'on lui connaît. Le mot *gringue* qui, en argot du XIXᵉ s. (attesté en 1878), désigne le pain, a la même origine que *grignon* ou *quignon* « croûte de pain » (de l'ancien germanique °*grînan* « grignoter »). D'après Esnault, l'origine de la métaphore s'expliquerait par une transposition de la locution populaire *faire des petits pains* « chercher à séduire », mais les modalités du transfert sémantique d'une locution à l'autre restent pour le moins obscures.

> Elle m'affûterait pas la gironde ! Bonne et mirifique c'était possible... Qu'elle serait encore bien plus radieuse et splendide cent dix mille fois, j'y ferai pas le moindre gringue ! pas une saucisse ! pas un soupir !
> L.-F. CÉLINE, *Mort à crédit*, Pléiade, p. 716.

GRIPPE n. f.

Prendre en grippe « concevoir de l'aversion ou de l'hostilité pour (qqch. ou qqn) ». L'expression est attestée chez Rousseau (milieu XVIIIᵉ s.) et le Dictionnaire de l'Académie l'enregistre en 1762 sous la forme *se prendre de grippe contre*. Il s'agit d'un emploi antiphrastique de *grippe* au vieux sens de « fantaisie, caprice ». (*C'est sa grippe* « sa manie », est employé par Ménage en 1650.) Le mot se rattache à *agripper* et son emploi médical est une spécialisation.

> Madame Leuwen était sujette à prendre en grippe des choses fort innocentes, uniquement parce qu'elles les avait rencontrées, pour la première fois, chez des êtres faisant trop de bruit.
> STENDHAL, *Lucien Leuwen*, p. 737.

GRIS, GRISE adj.

Éminence grise → ÉMINENCE. — **Matière grise** → MATIÈRE.

Faire grise mine à (qqn) « faire mauvais visage, mauvais accueil à » (XVᵉ s.). La couleur grise symbolise la mauvaise humeur, la maussaderie. On disait au XVIIIᵉ s. *regarder gris* (Furetière), *faire gris à qqn* (1694, Acad.) dans le même sens.

Vieilli. **En voir de grises** « supporter des choses pénibles ». *Grises* a eu dans la première moitié du XIXᵉ s., le sens de « contrariétés ». Variantes : EN VOIR DE RUDES*, DES VERTES* ET DES PAS MÛRES, DE TOUTES LES COULEURS*.

> Et comme elle lui demandait si le poignet ne s'engourdissait pas à la fin de la journée, il eut un bon rire. Est-ce qu'il la croyait une demoiselle ? Son poignet en avait vu de grises depuis quinze ans ; il était devenu en fer, tant il s'était frotté aux outils.
> É. ZOLA, *L'Assommoir*, t. I, p. 211.

La nuit tous les chats sont gris → CHAT.

GRIVE n. f.

Soûl comme une grive est compris aujourd'hui comme « parfaitement ivre ». Les grives, en effet, du moins les *grives de vignes,* sont fort amateurs de raisins. Mais il ne faut pas oublier que le sens premier de *soûl,* le plus usuel jusqu'au XVIIIᵉ s., est « repu ». La locution apparaît au XVᵉ s. À partir du XVIIᵉ s., l'influence du radical de *grivois* (*grive* = « guerre », *grivois* = « soldat ») n'est pas à exclure.

> Il est sou [sic] comme une grive se dit de celui qui a mangé à crever.
> LE ROUX, *Dictionnaire comique*, 1752.

> Coupeau, soûl comme une grive, recommençait à viauper et disait que c'était le chagrin.
> É. ZOLA, *L'Assommoir*, t. II, p. 104.

Faute de grives, on mange des merles [LOC. PROV.] « quand on n'a pas ce qu'on souhaite, il faut savoir se contenter de ce qu'on a » (XIXᵉ s.).

Corentin était donc tombé dans une inaction absolue; et, dans cette situation, un vrai chasseur, pour s'entretenir la main, faute de grives, on mange des merles. Domitien, lui, tuait des mouches, faute de chrétiens.

BALZAC, *Splendeurs et Misères des courtisanes*, Éd. de 1845, t. III, p. 6.

1. GROS, GROSSE adj. Le mot entre dans la formation de bon nombre de locutions nominales *(gros bonnet, gros bras, grosse cavalerie, grosses légumes, gros lot, gros mot)* et verbales *(avoir le cœur gros, faire le gros dos, les gros yeux)*, qui sont à consulter au substantif.

Les comparaisons sont de deux sortes, les unes s'appliquant aux humains *(gros[se] comme une vache, un cochon* → GRAS), les autres aux choses, surtout abstraites *(gros comme le bras, comme une maison, une montagne* → ces mots). *Faire le gros dos* → DOS.

2. GROS n. m.

Gros plein de soupe « personne corpulente ».

Gros qui tache « vin rouge ordinaire ». *Gros* est à comprendre au sens de « grossier ». La forme où *gros* est adjectif *(gros rouge qui tache)* est plus explicite.

Vx. *Le gros de l'arbre* « le tronc », et figurément « l'essentiel, la partie la plus importante de qqch. ». *Se tenir au gros de l'arbre* « s'attacher au parti qui présente le plus de sécurité » (1690, Furetière).

Vieilli. *Au gros de* [LOC. ADV.] « au milieu, au cœur » (1549, Estienne). *Au gros de l'hiver, de la tempête...*, « à son moment le plus intense » → aussi AU FORT* DE.

En gros [LOC. ADV.] « dans l'ensemble, approximativement, sans entrer dans le détail » (fin XVIᵉ s., Montaigne) → GROSSO MODO, ci-dessous.

3. GROS adv.

En avoir gros sur le cœur (fam. *sur la patate*) « être très affecté, avoir beaucoup de chagrin » (fin XIXᵉ s., chez A. Daudet). Si l'expression est à rapprocher de AVOIR LE CŒUR* GROS, elle met en œuvre une image différente, non plus celle du cœur gonflé, mais celle du cœur alourdi, sur lequel pèse le poids du chagrin.

Sa femme employée chez les autres!... Mon Dieu!... Déjà avec Caroline, il en avait gros sur le cœur... Enfin il se rendra compte de rien!...

L.-F. CÉLINE, *Mort à crédit*, Pléiade, p. 783.

Il y a gros à parier que « il est très probable, à peu près certain que... » (1866, Littré). On disait au XVIIIᵉ s., dans la langue populaire, *il y a gros que* « il est vraisemblable » (Wartburg, Brunot).

GROSSO MODO locution latine [ADV.] signifiant « grossièrement, sans entrer dans le détail » (1556). En latin scolastique « d'une manière générale » → EN GROS, ci-dessus.

On calculait « grosso modo » comme ça en causant, pour ne parler que de la France, qu'une famille au moins sur quatre possédait dans son armoire une *Astronomie des familles*, une *Économie sans usure* et la *Fabrication des ions*.

L.-F. CÉLINE, *Mort à crédit*, Pléiade, p. 831.

GRUE n. f.

Faire le pied de grue « attendre debout », succède au XVIIᵉ s. à *faire la jambe de grue* et à la forme plus bizarre *faire de la grue*. Cette dernière expression semble faire de *grue* un substantif verbal, dérivé du verbe *gruer* « attendre » (chez Maurice Scève), mais le contexte, chez Bonaventure des Périers, montre qu'il s'agit aussi — métaphoriquement — de l'oiseau. On peut cependant noter que *greu* est la forme occitane et *gré* une forme dialectale de *grief,* employées dans des expressions comme *il me fait gré, avei (avoir) de greu,* etc.

Les emplois figurés de *grue,* au XVIe s., sont généralement péjoratifs (*être grue* « sot », *suivre la multitude comme les grues* [Calvin] « comme des moutons » ; *s'en aller comme des grues* [ibid.] « sans savoir où l'on va »), et la variante que donne Le Roux en 1752 : *être planté comme une grue,* et qui correspond à notre *faire le poireau,* signifiait aussi « être planté comme un sot ». Enfin le sens « prostituée » provient de *faire le pied de grue* (sur le trottoir).

> Est-ce qu'il faut toujours faire le pied de grue ?   RACINE, *Les Plaideurs,* I, 2.

> On voit souvent de patients jeunes gens, à la dévotion des avoués, faisant le pied de grue, à propos d'une seule cause retenue en dernier et susceptible d'être plaidée si les avocats des causes retenues en premier se faisaient attendre.
> BALZAC, *Splendeurs et Misères des courtisanes,* p. 953.

> Hélas ! je rêve aussi, je rêve, comme toi, de grands voyages, et je me demande si dans dix ans, dans quinze ans, ce ne serait pas plus sage que de rester à Paris à faire l'homme de lettres, à faire le pied de grue devant le comité des Français, à saluer messieurs mes critiques [...].   G. FLAUBERT, *Correspondance,* 1re série, p. 205.

> Car, même avec des pieds de grues, *(bis)*
> Fair' les cent pas le long des rues *(bis)*
> C'est fatigant pour les guibolles [...].   Georges BRASSENS, *Poèmes et Chansons,* p. 245.

GUÊPE n. f.

Taille de guêpe « très fine » (vers le milieu du XIXe s.).

Pas folle, la guêpe! signifie « il est malin, elle est maligne ». *Guêpe* s'est dit d'une personne fine et railleuse, selon la même métaphore qui a produit UNE FINE MOUCHE*.

GUERRE n. f.

Nom de guerre « pseudonyme (d'un artiste, écrivain, comédien, etc.). » Le sens métaphorique de cette locution nominale est attesté depuis le XVIIe s. (en particulier chez La Fontaine). Au sens propre, l'expression s'appliquait au sobriquet porté par les soldats qui s'enrôlaient. Elle s'emploie aujourd'hui de manière plaisante.

> La veuve Gras, dont le nom de guerre était la baronne de Bréville de Lacour, femme galante qui depuis longtemps avait passé la première jeunesse, voulait épouser son dernier « amant de cœur », un ouvrier nommé Gaudry, mais sa situation personnelle ne lui permet pas ce luxe.   GORON, *L'Amour à Paris,* t. I, p. 429.

Guerre des nerfs « ensemble de procédés visant à affaiblir le moral de l'ennemi en sapant sa résistance nerveuse par un dosage habile de mesures de conciliation et de menaces » (XXe s.).

La guerre fraîche et joyeuse, lancée par le Kronprinz, fils de Guillaume II, dans la préface d'un livre paru en 1913, *L'Allemagne en armes* (« *Il faut revenir fraîchement et joyeusement à l'esprit de nos pères* »), l'expression caractérisait pour les Français l'esprit expansionniste de l'Allemagne à la veille de la Première Guerre mondiale. En français, elle s'employait d'une manière exclusivement ironique et parfois allusive :

> Je n'étonnerai personne en disant que sans la pensée toujours présente de cette équipe et surtout de mon tonneau, je ne serais pas sorti indemne, au physique comme au moral, de cette dernière fraîche et joyeuse.   G. GIL, *Plantain, L'Herbier et Cie,* p. 238.

Les honneurs de la guerre « les conditions honorables qui permettent de se tirer au mieux d'une situation embarrassante ». *S'en tirer avec les honneurs de la guerre* est attesté métaphoriquement dans le deuxième quart du XIXe s. (*in* P. Larousse). Au XVIIIe s. (1732, Richelet), *les honneurs de la guerre* désignent au sens propre les conditions permettant à une armée battue de se replier honorablement avec armes et bagages.

La guerre en dentelle « la guerre telle qu'on l'imagine au XVIIᵉ s., avec des manières raffinées ». Expression issue d'une vision artificielle et superficielle de l'histoire, analogue à LA BELLE ÉPOQUE*.

La drôle de guerre : nom donné à la première phase de la guerre de 1939-1945 à cause du calme singulier qui régnait à ce moment-là sur l'ensemble du front → DRÔLE.

De bonne guerre « loyalement, en toute honnêteté ou, encore, sans sortir des règles acceptées du jeu » (dans une compétition, un conflit, une opposition). On trouve cette locution sous la plume du cardinal de Retz au sens de « conformément aux lois de la guerre » puis, figurément, « de la bienséance ». Dans le Dictionnaire de Pomey (1671), *faire bonne guerre* signifie « en user honnêtement avec quelqu'un, au mieux des intérêts des deux parties ». Au XVIᵉ s., la *bonne guerre* était celle où les combattants tentaient, dans la mesure du possible, de concilier les lois de la guerre avec les règles élémentaires de l'humanité.

> Ah! c'est le benjamin de l'abbé Pirard, s'écria l'évêque en riant et regardant M. de Frilair : nous aurions dû nous y attendre ; mais c'est de bonne guerre.
>
> STENDHAL, *Le Rouge et le Noir*, p. 410.

> Je n'ai d'ailleurs insulté personne. Je m'en suis tenu à des généralités ; quant à M. Decorde, mes intentions sont de bonne guerre.
>
> G. FLAUBERT, *Correspondance*, VIᵉ série, p. 347.

Faire la guerre à (contre) qqn ou qqch. « s'employer à réprimer qqch., à neutraliser qqn » : (milieu XVIIᵉ s.). Cette métaphore militaire se trouve chez Oudin (*Curiositez françoises,* 1640), sous la forme *faire à qqn la guerre de qqch.* Encore employée au XIXᵉ s. par Stendhal, cette forme est aujourd'hui archaïsante. On dit en français moderne : *faire la guerre (à qqn) sur, à propos de qqch.*

> Cet aveu bouleversa son existence ; elle tomba dans une profonde rêverie dont on lui fit la guerre ; mais à peine huit jours s'étaient écoulés depuis cette étrange confidence, qu'elle plaignait Octave et était, s'il se peut, plus douce encore avec lui.
>
> STENDHAL, *Armance*, p. 152.

Partir en guerre contre (qqch., qqn) « s'élever, vitupérer contre, s'en prendre à » (début XXᵉ s.). Cette locution verbale est à peu près synonyme de la précédente.

> La plus déconcertante confusion règne à travers tout le livre, non certes dans les idées que l'auteur expose, mais dans le choix de ses moulins à vent contre lesquels il part en guerre.
>
> A. GIDE, *Journal*, t. II, p. 280.

Variante de construction :

> Ah! mon cher, si vous partez en guerre sur Balzac nous ne sommes pas prêts d'avoir fini...
>
> M. PROUST, *À la recherche du temps perdu*, t. II, p. 491.

De guerre lasse [LOC. ADV.] « en renonçant à combattre, à bout de résistance, à la fin » (XVIIᵉ s., Saint-Simon).

> J'avais beau fouiller le hangar et tourner comme un mouton lourd dans la grangette, c'était zéro en beaux chiffres. De guerre lasse je prends la hache et je vais couper une belle branche dans les oseraies au bord de l'eau, une bien droite et grosse comme ma cuisse.
>
> J. GIONO, *Un de Baumugnes*, p. 85.

Cette locution pose problème quant à sa forme et a donné lieu à de nombreuses controverses. L'accord au féminin de l'adjectif avec le substantif *guerre* a été compris par certains (G. Gougenheim, Grevisse, C. de Boer) comme une erreur sur le genre de l'adjectif. Pour eux, *de guerre lasse* aurait été mis par erreur pour *de guerre las* (c'est-à-dire « las de la guerre ») ; *las,* anciennement prononcé « à la pause », aurait été confondu avec un féminin, puis interprété comme tel. Pour Littré, tenant de la deuxième thèse, la forme féminine de l'adjectif serait pleinement justifiée : « Il nous semble qu'il n'y ait rien à changer, que *lasse* se rapporte bien à *guerre,* et que la locution représente une figure hardie où la lassitude est transportée de la personne à la guerre : *de guerre lasse,* la guerre étant lasse, c'est-à-dire les gens qui font la

guerre étant las de la faire» (*Dictionnaire*, article «Guerre»). P. Guiraud reprend la
controverse et relance le débat en fournissant deux explications. La première ramène
la locution à une adaptation, transposée en français, de l'ablatif absolu latin, supposant l'accord en genre de l'adjectif et du substantif. *De guerre lasse* pourrait alors
venir d'un hypothétique (mais vraisemblable) *bello lasso* (ou *armis lassis*), littéralement : «par suite d'une guerre ayant épuisé ses effets et moyens» (Guiraud, *Locutions françaises*, p. 31). Seconde hypothèse, séduisante elle aussi : il faudrait comprendre la locution comme *de* (par suite de) *lasse* (de) *guerre*, où *lasse* (substantivation de l'adjectif *las, lasse*) aurait le sens (attesté au milieu du XIIᵉ s.) de «grande fatigue, épuisement». Il s'agirait d'une survivance d'une ancienne construction juxta-
positive, la même que dans une locution comme À CŒUR JOIE (= à joie de cœur). Le
sens initial de *de guerre lasse* serait alors «par fatigue de guerre», d'où «fatigué de
la guerre» et par extension «à bout de résistance».

À la guerre comme à la guerre [LOC. PROV.] «il faut s'accommoder de toutes les situations, malgré les inconvénients qu'elles peuvent comporter». Attesté au
début du XVIIᵉ s., ce proverbe reste très vivant. Il est parfois employé sur le mode
dérisoire pour souligner de manière détournée les aspects négatifs d'une situation.

> Il faut ce qu'il faut, à la guerre comme à la guerre, qui veut la fin veut les moyens,
> et par-dessus le cadavre !   C. ROCHEFORT, *Le Repos du guerrier*, p. 207.

> Il ajouta qu'il ne pourrait pas les relever de leur garde, qu'il viendrait de temps en
> temps se rendre compte des choses mais qu'ils étaient plantés là pour la nuit, qu'il ne
> faisait pas chaud, qu'il comprenait mais, qu'à la guerre comme à la guerre, et que,
> d'ailleurs, il les avait choisis tous les deux parce qu'il savait qu'ils étaient capables de
> tout. Et, en effet, ils en avaient l'air.   J. GIONO, *Un roi sans divertissement*, p. 83.

Qui terre a, guerre a «la possession des biens matériels est génératrice de conflits» (Richelet). La forme archaïque assonancée témoigne d'une origine ancienne,
sûrement antérieure au XVIIᵉ s. L'expression a été adaptée par Voltaire au XVIIIᵉ s.
(*Qui plume a, guerre a*).

> — Je sais ce que c'est, opina l'aiguilleur. Mon père avait un «domaine» : j'ai tout
> vendu ; on a bien raison de dire : «qui terre a, guerre a !».
> — Hélas ! L'histoire prouve que vous avez raison. Mon métier est d'être roi du Dane-
> mark.   Roger FERLET, *Les Contes de ma Mère le Rail*, p. 39.

Si tu veux la paix, prépare la guerre : cet adage est directement traduit du
latin *si vis pacem, para bellum*. On le trouve dans le Prologue du *Traité de l'art militaire* de Végèce (Vᵉ s., traduit en français en 1488) et dans les *Philippiques* de Cicéron. Il justifie selon une vision pessimiste et machiavélique toutes les courses aux
armements, par la rhétorique de l'antithèse.

GUÊTRES n. f. pl.

Laisser ses guêtres (quelque part) «mourir». Employée au XVIIIᵉ s. (1762,
Acad.) dans la langue familière, l'expression est aujourd'hui vieillie. Il s'agit probablement d'un euphémisme paronymique de LAISSER SES GRÈGUES*, expression antérieure et qui ne devait plus être comprise.

Vx. **Tirer ses guêtres** «s'enfuir» (milieu XVIᵉ s.) Métonymie de *jambe à guêtre* (la
plupart des loc. synonymes sont métaphoriques : SE TIRER DES FLÛTES*, etc.).

Traîner ses guêtres «flâner, errer» (1824). L'expression est bien vivante à
la différence des précédentes.

GUEULE n. f. Du latin *gula* «gorge, gosier». Ce sens reste sous-jacent dans
les emplois modernes, au sens de «orifice buccal des animaux». On le retrouve dans
les composés (comme *dégueuler, goulot*) et *gueule* signifie aussi «partie antérieure de
la face : mufle, etc.». Appliqué à l'homme, *gueule* ajoute à *bouche* (ou à *figure*) une

connotation très variable, qui n'est pas toujours défavorable. Terme «marqué» en parlant des humains, gueule produit plus de locutions que *bouche*.

Gueules cassées «invalides de la face».

Gueule noire «ouvrier qui travaille dans les mines de charbon».

Arg.   **Gueule d'amour** «surnom de jeunes gens qui plaisent aux femmes».

Gueule d'empeigne «visage très laid», est à la différence des précédents, injurieux → EMPEIGNE. Nombreuses expressions renforcées du même type : *gueule de raie, gueule à caler des roues de corbillards* (jeu de mot probable sur *coin*, dans *gueule en coin,* parfois renforcé en *gueule en coin de rue*).

Grande gueule «personne qui a le verbe haut, s'emporte, proteste violemment» (notamment dans : *avoir une grande gueule*).

> Ce tonnerre nous soulève, nous enivre. Nous crions en même temps que les pièces et nous nous regardons sans nous entendre — sauf la voix extraordinairement perçante de cette «grande gueule» de Barque — au milieu de ce roulement de tambour fantastique dont chaque coup est un coup de canon.   H. BARBUSSE, *Le Feu*, t. II. p. 14.

Coup de gueule «cris, vociférations, paroles violentes d'une personne en colère». À l'époque classique (et en langage bas), *mots de gueule* signifiait «grossièretés, obscénités».

Fine gueule «gourmet» (nom et adjectif).

Fort en gueule [LOC. ADJ.] (variante régionale : *être haut de la gueule*). On retrouve ici les deux valeurs symboliques de *bouche* → BOUCHE.

La gueule ouverte [LOC. ADV.] (surtout dans : *crever la gueule ouverte*) «en ouvrant la gueule comme pour chercher à respirer, à manger, etc.» (d'un animal, et par extension d'une personne). Évoque la mort par faim, misère. Un périodique écologique porte ce titre.

> Les Espagnols sont faits comme des rats, il me dit, Franco a été aidé comme pas un par les fascistes, les nazis, tandis qu'on a laissé les gouvernementaux crever la gueule ouverte. Tout est foutu, le fascisme va triompher partout.
>   A. SERGENT, *Je suivis ce mauvais garçon*, p. 86.

Sur le coin de la gueule «sur la figure, au visage» (avec des verbes exprimant l'idée de «frapper, donner des coups»). L'emploi de *coin* a pu être facilité par un rapprochement avec l'expression *la gueule en coin* (→ COIN), car l'image qui s'impose est plutôt celle de coup reçu en plein visage. Une motivation rationnelle suggère le coup au menton, le *crochet*.

> On commence à se bousculer. Et naturellement, ça ne tarde pas à dégringoler, les gnons sur le coin de la gueule. Pan! Pan! Pif! Paf! Et je te rentre dedans, et je te mords l'œil.   R. QUENEAU, *Pierrot mon ami*, p. 116.

Avoir de la gueule «parler fort et souvent». Au XVIIIe s., Le Roux signale *il n'a que la gueule* «il ne fait que hâbler», cf. ci-dessus GRANDE GUEULE, FORT EN GUEULE. L'expression est homonyme de *avoir de la gueule*, «de l'allure», où *gueule* a le sens de «visage».

Avoir la gueule de bois «avoir la bouche sèche après avoir trop bu». Les expressions anciennes *avoir la gueule ferrée* «manger très chaud», et *avoir la gueule pavée* (attestée en 1802) sont continuées par *avoir la gueule blindée*. La locution a donné lieu à des adaptations plaisantes comme *avoir la gueule (la tirelire) en palissandre*.

> Voilà déjà une semaine que la noce est passée! Durant trois jours nous avons eu la tirelire en palissandre et les crins en fil de fer; c'est suffisant...
>   *L'Épatant*, 1909, p. 52.

Casser la gueule «tuer» et (par atténuation) «frapper» (1723, *Chansons*).

Il faut toujours être gentleman! jusqu'au moment où l'on casse la gueule aux gens.
                                        G. FLAUBERT, *Correspondance*, VIe série, p. 407.

Se casser la gueule « tomber » et, métaphoriquement « subir un échec ».

J'ai entrepris une fière chose, et il y a de quoi se casser la gueule avant d'arriver au
bout.   G. FLAUBERT, *Correspondance*, IVe série, p. 237.

Faire la gueule, une sale (triste) gueule « bouder, manifester sa mauvaise
humeur ou son mécontentement ».

Paradis faisait la triste gueule. Il avait emmené Yvonne vadrouiller toute la journée, il
l'avait invitée à dîner, il lui avait fait une cour éperdue, soutenue par un pelotage insistant, mais il n'avait pas pensé un seul instant qu'il pouvait être balancé.
                                        R. QUENEAU, *Pierrot mon ami*, p. 126-127.

Emporter la gueule « être très épicé » (se dit d'un aliment).

Elle a éternué dans la poivrière... Tout le monde se marrait finalement... Et puis ça
emportait la gueule... elle avait eu la main lourde avec le piment... Oh! oua! ouaf!...
                                        L.-F. CÉLINE, *Mort à crédit*, Pléiade, p. 1036.

Se fendre la gueule « rire aux éclats, s'amuser » (début XVIIe s.). On trouve
aussi les variantes *se fendre la pipe, la pêche*.

Ferme ta gueule! Ta gueule! « tais-toi ».

Arg.   *Mettre (foutre, coller) la main sur la gueule à (de) (qqn)* « frapper à la face;
gifler, donner des coups de poings ».

C'est bon! j'y vais, moi, et si elle dit qu'elle l'a dit, je lui colle ma main sur la gueule.
                                        É. ZOLA, *Germinal*, t. II, p. 107.

Tomber (se trouver, être) dans la gueule du loup → LOUP.

Venir (arriver...) la gueule enfarinée « en montrant une confiance naïve
d'obtenir un avantage », évoque aujourd'hui le visage hilare et niais d'un clown
(mais l'expression est attestée en 1656).
À rapprocher de l'ancienne expression *venir la gueule fraîche* « affamé, avec avidité »,
bien que dans l'expression qui a survécu, la *gueule* soit la « face » et dans l'autre, assez
obscure (pourquoi *frais*?), la « bouche ».

GUEUSE n. f.

Courir la gueuse « rechercher les aventures galantes » (1808, Boiste). *Gueuse*
est à comprendre au sens de « femme de mauvaise vie ». L'expression s'emploie
aujourd'hui sur le mode plaisant → COURIR LE GUILLEDOU*.

Cet homme s'appelait Petit-Pouce. Il était petit, râblé, costaud, âgé de quarante-cinq
ans, marié mais courant la gueuse, natif de Bezons, électeur dans l'onzième, pas mal
déplumé, bref, un paroissien qu'avait la tête près du bonnet.
                                        R. QUENEAU, *Pierrot mon ami*, p. 28.

L'emploi de *Gueuse*, chez les royalistes du début du XXe siècle, pour désigner la
République, est lexicalisé.

GUIDE n. f.

Mener la vie à grandes guides « vivre largement, sur un grand pied, en dépensant beaucoup » (milieu XIXe s.). La métaphore est d'origine hippique, les grandes
guides étant celles qui permettent de diriger les chevaux de tête d'un attelage. Au
sens propre, *conduire à grandes guides*, c'est aller à grande vitesse, mener grand train.

Robert n'était pas seulement un grand seigneur jouissant d'un véritable prestige, même
aux yeux du prince de Foix, mais un client qui menait la vie à grandes guides et
dépensait dans ce restaurant beaucoup d'argent.
                                        M. PROUST, *À la recherche du temps perdu*, t. II, p. 407.

1. GUIGNE n. f. Variante du *guignon*, « malchance », lui-même de *guigner*
(du francique °*wingjan*, « faire signe »).

Avoir, porter la guigne «être maléfique, porter malchance» (fin XIXᵉ s.). Le sens familier du mot est attesté depuis 1811 (d'après Esnault). Comme pour son doublet *guignon,* plus ancien (début XVIIᵉ s.), l'idée de mauvais sort s'explique à partir de l'évolution sémantique du verbe *guigner,* dont les deux mots sont issus. À l'origine, *guigner* signifiait «cligner de l'œil, faire un signe de l'œil», puis «regarder de côté, loucher» : au sens propre «avoir un mauvais œil». Les connotations magiques du mauvais œil qui a la propriété de porter malchance ont déterminé le sens de *guignon* et *guigne* dans cette direction.

> Tout surpris de trouver, à l'ouverture de celui-ci, quelques pages qui me paraissent bien médiocres à la relecture, que j'avais oubliées au point de ne plus du tout les reconnaître ni me douter quand j'ai pu les écrire. Je ne les déchire pas, par superstition : crainte de porter la guigne au carnet.   A. GIDE, *Journal,* t. II, p. 117.

2. GUIGNE n. f. Du latin médiéval *guina,* peut-être de l'ancien haut-allemand °*wîshila,* «griotte» (cf. allemand moderne *Weischel*).

Se soucier de qqch. comme d'une guigne «n'y attacher aucune importance, s'en moquer» (début XXᵉ s.). La locution signifie littéralement «se soucier de qqch. comme d'une cerise», c'est-à-dire «pas du tout». (Une guigne est une variété de cerise et l'emploi argotique de *cerise* au sens de «malchance» repose sur l'homonymie *guigne* 1 - *guigne* 2).

> Le lendemain, un camarade que j'ai fait avertir m'apporte le verdict. J'en ai pour six mois, bel et bien et de cela je m'en soucie comme d'une guigne.
>   J. VALLÈS, *L'Insurgé,* p. 211.

> Ça leur paraissait drôle, tout de même, de voir Cadet-Cassis et la Banban aller sans cesse avec des étrangers, quand ils avaient une famille. Ah bien ! oui ! ils s'en souciaient comme d'une guigne, de leur famille !   É. ZOLA, *L'Assommoir,* t. I, p. 138.

GUILLEDOU n. m.

Courir le guilledou «rechercher les aventures galantes» (→ COURIR LA GUEUSE*, LA PRÉTENTAINE*). Cette locution verbale est ancienne ; on la trouve déjà à la fin du XVIᵉ s. chez A. d'Aubigné, sous deux formes : *courir le guildron* «courir l'aventure» (*Histoire universelle,* XIII, 24, *in* Huguet) et *courir le guildrou* «fréquenter de mauvais lieux» (*Histoire universelle,* III, 22, *in* Godefroy). La forme actuelle *guilledou* n'apparaît qu'au milieu du XVIIᵉ s. (en 1644, chez Scarron). Pour M. Rat, le mot viendrait du scandinave *kveldulr* «loup du soir, loup garou» et «l'expression [...] semble devoir être rattachée aux croyances populaires sur le loup-garou et rapprochée de la locution *avoir vu le loup,* qu'on applique aux filles qui ont 'couru'» (M. Rat, *Dictionnaire des locutions françaises* p. 206).
Plus probablement, il s'agit d'une forme dérivée de l'ancien verbe *guiller* (ou *guiler*) «tromper, ruser» (de l'ancien francique °*wigila* «ruse») et d'une altération de l'adjectif *doux.* (On trouve parfois la graphie *guilledoux,* cf. Le Roux.) En effet, le mot paraît se rattacher, tant formellement que par son sémantisme, à de nombreux dérivés régionaux de *guiller* où l'idée dominante est celle de séduction sexuelle considérée dans la perspective de la tromperie, de la ruse. Il en va ainsi de *conter guillette à une femme* (Richepin) : «la séduire», *enguilebauder* (Normandie, Poitou) : «enjôler, séduire», ou de *guilebeute* (Somme) : «femme de mauvaise vie».
L'expression ne s'emploie aujourd'hui que dans un discours volontairement archaïsant ou plaisant.

> C'était un jeune espion engagé par Levadoux pour surveiller Miqueut nuit et jour afin de savoir à quels moments il était possible de s'en aller à l'anglaise, histoire de boire un pot ou de courir le guilledou.   B. VIAN, *Vercoquin et le Plancton,* p. 79.

> C'était ce jasmin-là que Youssef le jardinier cueillait, les soirs où il allait courir le guilledou, Dieu sait où, dans la campagne vide.
>   M. CARDINAL, *Les Mots pour le dire,* p. 106.

GUILLEMET n. m.

Entre guillemets [LOC. ADJ. ou ADV.] «présenté comme cité, rapporté», et par extension, «prétendu, supposé». Cette locution est récente (vers 1870) et correspond de la part de son rapporteur à une mise à distance d'un discours tenu comme discours d'un autre (ou d'autres : une coterie, la majorité, etc.). Ce qui dans la typographie faisait signe et indiquait l'apparition de l'énoncé rapporté est maintenant, dans une perspective critique et quasi-morale, indexé sur le discours-référence de celui qui parle, et dénoncé, exclu au nom même de sa différence, cf. l'emploi identique de *sic*, suffixé (*la démocratie-sic*, etc.).

> On m'embastille ainsi que Béru dont on soupçonne qu'il est mon complice, entre guillemets, comme c'est la mode de dire ces temps-ci. Entre guillemets, tu remarqueras : la téloche, radio, la presse, les nœuds volants dans les restaurants, à tout bout de champ ils s'en gargarisent de cet «entre guillemets».
> SAN-ANTONIO, *Remets ton slip, gondolier!*, p. 51.

GUINGOIS n. m.

De guingois [LOC. ADV.] «de travers». Déjà attestée au XVe s. (1442, Godefroy), la locution paraît se rattacher à la famille de l'ancien verbe *guinger* ou *guiger* «sautiller» (d'où sont issus parallèlement *guinguette* et *dégingandé*), du germanique *gîga* «violon» (autrefois appelé *gigue* ou *gigot*). Au XVIIe s. (Mme de Sévigné), la locution avait le sens métaphorique de «mal» qui n'est plus en usage aujourd'hui.

GUISE n. f. Du germanique °*wisa* «manière»; inusité hors des locutions idiomatiques.

À ma (ta, sa...) guise «selon mon (ton, son...) désir, goût» → GOÛT, GRÉ.

En guise de «à la place de, pour servir de» (milieu XVIIe s.). Au XIe s. (*Chanson de Roland*), la locution avait le sens de «à la manière de». On disait aussi *à (la) guise de* suivi d'un substantif.

Vx. *De guise que* «de telle manière que». Cette locution propre à l'usage classique (notamment La Fontaine) n'est plus employée.

GYMNASTIQUE adj. et n. f.

Au pas (de) gymnastique [LOC. ADV.] «au pas de course, très vite» (1872, P. Larousse).

> Trois et quatre fois les samedis je m'appuyais les livraisons de la Place des Vosges, rue Royale, au pas de gymnastique encore! La peine en ce temps-là on en parlait pas.
> L.-F. CÉLINE, *Mort à crédit*, Pléiade, p. 653.

h

H n. m.

Heure H «moment prévu pour une opération quelconque» (après 1945). Pendant la Deuxième Guerre mondiale, l'expression désignait l'heure fixée pour une opération militaire, une offensive.

> Au fond, le plus simple est de préparer l'opération en accumulant les précautions et d'attendre l'heure H pour improviser.
>
> SAN-ANTONIO, *Au suivant de ces messieurs*, p. 32.

HABILLER v. tr.

Fam. *Habiller qqn pour l'hiver* «dire du mal de lui». La médisance (ou la calomnie) est ce qui recouvre, «habille» celui dont on dit du mal. Cette image est celle de «mettre sur le dos de qqn», de «charger» (→ DOS; cf. *endosser*); elle est aussi réalisée par *tailler* un costard*.

HABIT n. m.

Habit vert «tenue des académiciens» (début XXᵉ s.). *Briguer l'habit vert* «essayer de se faire élire à l'Académie française». L'expression a été popularisée par la célèbre comédie de Flers et Caillavet qui porte ce titre.

Rendre l'habit; quitter l'habit «entrer en religion; se défroquer» (fin XVIIᵉ s., Furetière, Richelet). Il s'agit de l'habit monastique.

L'habit ne fait pas le moine [LOC. PROV.] «il ne faut pas juger les gens sur leur apparence». Ce très ancien proverbe est traduit du latin médiéval, cité au XIIIᵉ s. dans les *Sermons sur le Carême* d'Olivier Maillard, qui s'inspire des *Décrétales* de Grégoire IX. La traduction française est attestée dans cette langue dès le XIIIᵉ s. (*Proverbes ruraux, Fabliaux, Roman de la Rose*), au XVᵉ s. chez Charles d'Orléans et au XVIᵉ s. chez Rabelais. Il est à noter qu'à côté de son sens psychologique (cassure entre *être* et *paraître*) et moral (*devoir être* opposé à *être*), le proverbe a reçu, au XVIIIᵉ s., une signification précisément financière.

HABITUDE n. f.

Mauvaises habitudes «masturbation», par euphémisme. À l'origine (fin XVIIIᵉ s.), l'expression avait une acception beaucoup plus large et s'appliquait sans précision à tout ce qui n'était pas compatible avec les convenances sociales et morales (Furetière). C'est depuis le milieu du XIXᵉ s. qu'elle concerne plus spécialement les habitudes sexuelles solitaires, vigoureusement réprouvées et condamnées par la morale et l'éducation traditionnelles. Ce sont évidemment les parents et éducateurs qui les taxent de «mauvaises», c'est-à-dire dangereuses.

À (selon, suivant) son habitude «comme il fait d'ordinaire» (fin XIXᵉ s.).

Par habitude « conformément à un usage répété » (1694).

D'habitude « ordinairement, d'une manière constante » (1845, Bescherelle). L'expression, très courante, fait partie du lexique en tant qu'adverbe, → COMME DE COUTUME*, À L'ACCOUTUMÉE*.

Avoir ses habitudes (en tel lieu) « fréquenter régulièrement cet endroit ». On disait au XVIIᵉ s. (Retz) *avoir habitude* (en tel lieu).

Vx. *Avoir habitude avec (qqn)* « avoir des relations suivies avec lui » (XVIᵉ s.), s'est dit jusqu'à la fin du XVIIIᵉ s. (Dict. de Trévoux).

L'habitude est une seconde nature [LOC. PROV.]. L'idée d'identité entre les dispositions innées et les caractères acquis, jusqu'à l'indistinction totale, remonte à l'Antiquité. On la trouve exprimée de manière à peu près semblable chez Evenus (Vᵉ s. av. J.-C.), chez Cicéron *(De finibus)*, Aristote *(Éthique à Nicomaque)* et saint Augustin *(De musica)*. Le proverbe insiste sur la force irrésistible des comportements habituels, comparable à celle des instincts ; il pose le rapport culture-nature comme une relation secondarité-primarité, ce qui correspond à la tradition.

> Chaque nuit, si l'habitude chez elles n'était pas une seconde nature, elles devraient se dire, le cœur serré : Cet individu, que j'amène chez moi, est peut-être celui qui doit m'assassiner !　　　　　　　　　　　GORON, *L'Amour à Paris*, t. I, p. 93.

HACHE n. f.

Fait, taillé à la hache « très grossièrement » (fin XVIIIᵉ s.). Allusion au dégrossissage d'une statue de bois par les instruments du bûcheron. Syn. *À coups de serpe*. Se dit surtout du visage, lorsqu'il est osseux et grossier.

Vx. *Avoir un coup de hache* « être un peu fou ». Au XVIIᵉ s., l'expression appartenait au registre familier. Elle est attestée chez Oudin *(Curiositez françoises*, 1640). *Avoir un coup de hache à la tête* est employé par Molière *(Le Médecin malgré lui)*. La connotation violente (décapitation, blessure mortelle) et l'idée de « coupure » ont éliminé l'expression au profit de celles qui évoquent des coups par enfoncement *(avoir reçu un coup de marteau*, etc.) → COUP.

Enterrer (déterrer) la hache de guerre « suspendre, (ouvrir) les hostilités ». Cette loc., qui existe en anglais, fait allusion aux pratiques des Indiens d'Amérique.

Vx. *Porter la hache* (dans une administration) « y supprimer les abus », par allusion au *Comité de la hache*, chargé en 1938 de réformes administratives. Cette dernière expression est encore employée lorsqu'il s'agit d'effectuer des *coupes* sombres*.

HACHER v. tr.

Haché menu comme chair à pâté « massacré » (XVIIᵉ s.). L'expression, popularisée par Perrault, est devenue proverbiale.

> Le Maistre Chat qui alloit toujours devant rencontra des Moissonneurs et leur dit :
> — Bonnes gens qui moissonnez. si vous ne dîtes que tous ces blés appartiennent à Monsieur le Marquis de Carabas, vous serez tous hachés menu comme chair à pasté.
> 　　　　　　　　　　　Ch. PERRAULT, *Le Chat botté*, p. 140.

Se faire hacher en morceaux pour « persister jusqu'au bout dans le parti qu'on a pris ». Appliquée à un objet inanimé, la locution exprime la fidélité à des idées, des objectifs, à une personne, et celle de dévouement le plus absolu. Syn. *Se faire couper en morceaux*.

> [...] je me laisserais plutôt hacher en petits morceaux que de lui permettre de me toucher du bout du doigt.　　　　　　　É. ZOLA, *L'Assommoir*, t. I, p. 239.
> — Lui aussi est bon. Il me gronde souvent, mais je n'ai pas peur...
> — Et tu as raison, s'exclama le gamin, car je te suis dévoué, frangine, jusqu'à la mort. Foi de Parigot, je me ferai hacher en morceaux pour toi.
> 　　　　　　　　　　　F. d'IVOI, *Le Docteur Mystère*. p. 65.

HAINE n. f.

Vieilli. **En haine de** [LOC. PRÉP.] « à cause de l'hostilité qu'on éprouve pour qqn »
(XVIIᵉ s.). On dit aujourd'hui *par haine de*.

HALEINE n. f.

Hors d'haleine « essoufflé » (milieu XVᵉ s.). Cette expression courante n'est plus
analysée. L'*haleine* y est conçue comme un milieu (respiration régulière, ou plutôt
temporalité biologique du souffle) dont le sujet peut « sortir » (à noter qu'on ne dit
pas « hors de souffle, de respiration », etc.). – Par métaphore :

> S'ils osent aborder un sujet sérieux, au bout de cinq minutes de conversation ils arri-
> vent, tout hors d'haleine, et comme faisant une grande découverte, à une chose que je
> leur répète depuis une heure.   STENDHAL, *Le Rouge et le Noir*, p. 490.

De longue haleine « qui exige un effort soutenu » (milieu XVIᵉ s., Ronsard).
S'emploie après des substantifs exprimant une activité intense (travail, tâche,
effort, etc.).

De courte haleine, n'est plus en usage, et exprimait l'idée inverse.

Vx. **(Tout) d'une haleine** « sans interruption » (milieu XVIIᵉ s., Sévigné).

> Quand m'enverras-tu le paquet de *Daniel?* Attendras-tu que tout soit fini? C'est peut-
> être meilleur, je lirai tout d'une haleine et verrai l'ensemble.
>   G. FLAUBERT, *Correspondance*, IVᵉ série, p. 282.

À perdre haleine « jusqu'à essoufflement », puis « sans désemparer » (début
XIXᵉ s.).

> Je suis l'Apocalypse et tire à perdre haleine
> Les sons ultra diésés d'un cornet à chanson.   L. FERRÉ, *Poète... vos papiers*, p. 26.

Vx. **À perte d'haleine,** substantivation du précédent (XVIIᵉ s.), fonctionne également comme loc. adv.

Sans perdre haleine « tout d'une traite, sans discontinuer »; littéralement
« sans s'arrêter pour respirer ». Par sa forme, cette locution s'oppose curieusement à *à perdre haleine* (ci-dessus) qui a presque le même contenu sémantique. La
durée physiologique de la respiration est métaphoriquement assimilée à une perte de
temps, peut-être sous l'influence d'expressions de sens voisin comme *sans perdre de
temps, un instant*. Elle aurait alors le sens hyperbolique de « même sans respirer, si
cela doit gagner du temps », l'haleine suspendue correspondant à un déploiement
d'activité (cf. à l'opposé, REPRENDRE HALEINE, ci-dessous).

> Mais il était trop tard; il me fallut continuer à subir les brimades, à travailler sans
> perdre haleine, à crever la faim.   R. QUENEAU, *Pierrot mon ami*, p. 55.

Reprendre haleine « se reposer » (après un effort soutenu). Exprime la même
idée que *reprendre souffle*.

Tenir (qqn) en haleine « dans l'expectative, état d'attention » (1580, Montaigne).

HALLALI n. m.

Sonner l'hallali « crier sa victoire sur qqn », par analogie avec le cri de victoire poussé par les chasseurs lors de la capture du gibier forcé. Le caractère de la
chasse à courre, sport archaïque, contesté et aristocratique, fait que l'expression est
littéraire et quelque peu prétentieuse.

HALLE n. f.

Vx. **Fort des halles** « individu doué d'une grande force physique », par analogie
avec les débardeurs des halles de Paris. *Fort des halles* continue de s'employer pour
désigner la profession.

HALLEBARDE n. f.

Tomber (pleuvoir) des hallebardes «pleuvoir très fort, à verse». On trouve l'expression à la fin du XVIIᵉ s. dans le Dictionnaire de Furetière : «Quand il pleuveroit des halebardes la pointe en bas» (article *pleuvoir*). Pour M. Rat, la violence de la pluie évoquerait par métaphore la forme pointue [qui transperce] de l'arme; cette explication ne paraît guère convenir. Il semble plutôt s'agir d'une substitution synonymique de *hallebarde* à *lance* dans son acception argotique. En effet, *lance* au sens d'«eau» (puis par extension, «eau de pluie») est attestée en argot depuis le milieu du XVIᵉ s. (1562, *in* Esnault) et le dérivé *lancequiner* a le sens de «pleuvoir». La substitution synonymique de *lance* à *hallebarde* joue sur l'ambiguïté entre sens usuel (arme pointue) et sens argotique (pluie). Il n'est pas improbable non plus que la charge métaphorique du mot ait été déterminante, l'évocation de la pluie comme «abondance, grande quantité (d'eau)» lui conférant l'épaisseur, l'opacité d'un objet solide (on dit aussi *tomber des cordes* pour «pleuvoir abondamment»). Hugo suggère une explication purement rhétorique, *a posteriori* :

> [...] *il lansquine*, il pleut, vieille figure frappante, qui porte en quelque sorte sa date avec elle, qui assimile les longues lignes obliques de la pluie aux piques épaisses et penchées des lansquenets, et qui fait tenir dans un seul mot la métonymie populaire : il pleut des hallebardes.   V. HUGO, *Les Misérables*, Pléiade, p. 1012.

Vieilli. *Rimer comme hallebarde et miséricorde* «rimer très mal». Attestée au XVIᵉ s. (1690, *in* Furetière), cette locution a reçu au XIXᵉ s. (Quitard, P. Larousse) une explication anecdotique : elle proviendrait de l'épitaphe d'un Suisse de Saint-Eustache rédigée par l'un de ses amis à qui on avait fait croire que l'identité des trois dernières lettres du dernier mot de deux vers suffisait à les faire rimer.

HAMEÇON n. m.

Mordre à (gober) l'hameçon «se laisser abuser, duper», comme le poisson qui se laisse pêcher (XVIIᵉ s.).

HANNETON n. m.

Vieilli. *Étourdi comme un hanneton* (début XVIIᵉ s.) «très étourdi», par allusion au vol des hannetons, qui se heurtent à tous les obstacles (jeu sur *étourdi*).

Avoir un hanneton dans le plafond «être fou» → AVOIR UNE ARAIGNÉE⋆ et cf. l'expression précédente.

N'être pas piqué des hannetons «être intense, extrême» (souvent ironique et péjoratif). L'expression apparaît en même temps que *pas piqué des vers,* au début du XIXᵉ s. (1821).

Vx. *Se tenir par le cul, comme des hannetons* «être toujours ensemble». À rapprocher de : *être comme cul⋆ et chemise.* L'observation des accouplements d'insectes donne lieu à quelques métaphores de ce genre. On trouve au XVIIᵉ s., l'expression *parenté (parentage) des hannetons* «relations sexuelles entre gens qui se disent parents».

HARENG n. m.

Maigre, sec, comme un hareng (saur) «très maigre».

> Le roi O avait un gros ventre. Quand il tapait dessus, ça faisait toc, toc. La reine É n'avait pas du tout de ventre, elle était sèche, comme un hareng saur. Et les enfants ne venaient pas.   Ch. CROS, *Le Collier de griffes*, p. 248.

La mare aux harengs «l'océan Atlantique».

Être serrés (pressés) comme des harengs en caque → CAQUE.

La caque sent toujours le hareng → CAQUE.

HARICOT n. m.

La fin des haricots « la fin de tout, le comble » (XXᵉ s.). Le sens de cette expression est très obscur. On a évoqué la provision de haricots distribuée dans les internats quand on ne savait plus quoi donner à manger aux élèves. Les *haricots* étant l'aliment médiocre et usuel, dont les mangeurs sont fatigués, leur *fin* correspondrait à la situation de disette : « il n'y a même plus de haricots ».

> La grande horreur, le tumulte. le malaise, la fin des haricots, l'état de siège [...].
> PRÉVERT, *Paroles*, p. 12.

> Le Front populaire fut pour lui la fin des haricots, son artisan s'étant syndiqué et lui ayant soumis des prix qui présentaient une hausse notable sur ceux qu'il pratiquait depuis mil huit cent quatre-vingt-douze.   R. QUENEAU, *Le Dimanche de la vie*, p. 143.

Courir sur le (l') haricot (à qqn) « importuner, exaspérer ». Cette locution populaire date de la fin du XIXᵉ s. (1886, d'après Chautard ; avant 1892 selon Esnault). Elle s'appuie sur le sens populaire de *courir* employé transitivement (*courir qqn* : « l'importuner ») déjà attesté aux XVIᵉ (Huguet) et XVIIᵉ s. (Malherbe, Corneille). La forme *courir sur* suivie d'un complément a dû être influencée par une expression comme *courir sur le système*. *Haricot* (qui, en argot, signifie « orteil ») est à rapprocher du verbe *haricoter* « être mesquin en affaires, marchander sur des riens » (1838, Acad.), puis « importuner » (1835, Flaubert).

> J'ai traversé à ce moment-là une sale période. La maison de meubles a commencé à me courir sur l'haricot. Je me trouvais drôlement moche de continuer mes simagrées à des cons de clients.   A. SERGENT, *Je suivis ce mauvais garçon*, p. 65.

HARNAIS n. m.

Blanchi sous le harnais « vieilli dans l'exercice d'un métier » (XVIIᵉ s.). L'expression qui s'appliquait d'abord seulement au métier des armes (*harnais* a ici son sens ancien d'« armure ») est une allusion directe à un vers du *Cid* (II, 8).

Vieilli.   *Endosser le harnais* « entrer dans une profession » (XVIIᵉ s.). L'emploi métonymique de *harnais* désigne d'abord la carrière militaire (« armure »), puis les carrières ecclésiastique ou juridique. Dans ce contexte, la locution signifiait « revêtir les habits de sa profession » (Furetière).

> J'ai été voir hier passer les examens. Il me faudra aussi, moi, endosser ce harnais crasseux. Je me fous pas mal du Droit, pourvu que j'aie celui de fumer ma pipe et de regarder les nuages rouler au ciel, couché sur le sol et fermant à demi les yeux.
> G. FLAUBERT, *Correspondance*, 1ʳᵉ série, p. 110.

Vx.   *Suer dans son harnais* « avoir trop chaud » (1682, La Fontaine).

> Philippe n'avait point froid, il suait dans son harnais en tremblant d'avoir à subir d'autres questions.   BALZAC, *Maître Cornélius*, in *Romans et Contes philosophiques*,
> Éd. de 1837, t. II, p. 139.

HARO interj. du francique °*hara* « par ici, de ce côté ».

Crier haro sur (qqn, qqch.) « manifester publiquement son indignation ou sa réprobation ». Le *haro* (ou *harou, hareu, harol*) est, d'abord, au XIIᵉ s., un cri de détresse d'appel au secours qui permettait, dans le droit coutumier normand, de désigner à l'opprobre publique le coupable d'un flagrant délit et faisait à quiconque un devoir de l'arrêter. La loc. est le seul emploi vivant de *haro*, le syntagme *clameur de haro* étant connu des historiens. *Crier haro sur le baudet* vient de la fable de La Fontaine (VII, 1) : « Les Animaux malades de la peste ».

HASARD n. m. De l'arabe *zahr* « dé ».

Au hasard [LOC. ADV.] « à l'aventure ; n'importe où, n'importe comment » (XVIᵉ s., Montaigne).

Au hasard de [LOC. PRÉP.] « selon l'imprévu, les risques de » (XVIᵉ s., Montaigne). *Au hasard de la fourchette* (1860) « à la fortune du pot ».

À tout hasard [LOC. ADV.] « quoi qu'il puisse advenir, sans tenir compte des circonstances » (XVIᵉ s., d'Aubigné). Expression démotivée mais très vivante.

Par hasard [LOC. ADV.] « fortuitement, par accident » (1636, Money *in* Wartburg).

Comme par hasard [LOC. ADV.] « comme s'il s'agissait d'un accident ». S'emploie dans une intention ironique, pour désigner un événement qui affecte les apparences d'un hasard, mais était prévisible ou est considéré comme facilement explicable.

HÂTE n. f.

À la hâte [LOC. ADV.] « avec précipitation, très vite » (1538, R. Estienne). *Bâcler un travail à la hâte.*

En hâte [LOC. ADV.] « avec une grande rapidité » (vers 1130, *Couronnement de Louis*). On dit aussi *en toute hâte, en grande hâte*.

Avoir hâte de (+ infinitif) « être très pressé, impatient de » (faire qqch.). Très ancienne, cette loc. est attestée en 1538 chez R. Estienne.

1. HAUT, HAUTE adj.

Haut en couleur → COULEUR. — *Pousser les hauts cris* → CRI. — *Avoir la haute main* → MAIN. — *Haut la main* → MAIN. — *Haut le pied* → PIED. — *En haut lieu* → LIEU.

2. HAUT n. m.

Le haut du pavé → PAVÉ.

Des hauts et des bas « des alternances de bons et de mauvais états, de santé (au physique et au moral) ou de fortune ». La succession dans le temps d'états bons et mauvais est ici représentée spatialement.

> Moi qui ai eu bien des hauts et bien des bas dans ma vie, qui ai connu toute espèce de gens, aussi bien des voleurs que des rois [...].
> M. PROUST, *À la recherche du temps perdu*, t. II, p. 715.

Le prendre de haut « réagir avec arrogance ». Cette loc. verbale met en œuvre les valeurs morales (dédain, arrogance) négativement attachées à *haut* (et à *hautain, hauteur*...).

Tomber de haut « être très surpris, abasourdi » (XIXᵉ s.). La métaphore de la chute exprime la désillusion, la surprise (désagréable). On trouve aussi *tomber de son haut* (c'est-à-dire « de toute sa hauteur »).

Traiter qqn de haut en bas, du haut de sa grandeur « le considérer avec mépris, dédain ». Le regard « de haut en bas » est celui qui juge, qui évalue.

HAUTEUR n. f.

À la hauteur « d'un haut niveau (ou : à un haut niveau) d'intelligence ou de compétence » (début XXᵉ s.).

> Enfin quand les temps seront meilleurs, on tâchera de vous trouver une secrétaire... à la hauteur. Pour l'instant, n'est-ce pas, il faut prendre ce qu'on trouve.
> B. VIAN, *Vercoquin et le Plancton*, p. 71.

L'emploi prépositionnel *(à la hauteur de...)* se rencontre avec un complément, soit de personne *(être à la hauteur de qqn :* « se situer au même niveau de compétence que lui»), soit de chose (*être à la hauteur d'une situation* : «l'assumer correctement») et est attesté depuis le XIXᵉ s.

> Jacques Collin prit une chaise et s'assit avec toute l'aisance d'un homme qui se sait à la hauteur de son adversaire dans une conférence où il traite de puissance à puissance.
> BALZAC, *Splendeurs et Misères des courtisanes*, p. 1110.

L'emploi adjectival au sens de «capable, compétent» *(un type à la hauteur)* est à peu près contemporain de l'emploi absolu (1906, in *D.D.L.* 10, p. 115).

La locution s'emploie aussi à la forme négative :

> À ce dîner chez Madame de Tourbey, nous étions très peu de monde : [...] et le préfet de la Corse, lequel n'était pas à la hauteur.
> G. FLAUBERT, *Correspondance*, Vᵉ série, p. 119.

HÉBREU adj.

C'est de l'hébreu «c'est totalement incompréhensible» (XVIIᵉ s., Molière). Plus encore que le grec (→ ÊTRE, NE PAS ÊTRE GREC* EN QQCH.), la langue hébraïque était la langue des érudits et constituait pour la conscience populaire un système complètement hermétique, inaccessible. De plus, la particularité de son système graphique, comme le chinois (→ C'EST DU CHINOIS*) ou les hiéroglyphes, en décuplait l'étrangeté.

> Moi? Je n'en perdais pas une, le nez dans mes dossiers. Mme Pofzer intervenait souvent :
> — Voulez-vous vous taire, toutes les deux! Devant la petite, voyons...
> — Oh, vous savez, M'me Pofzer, moi, ces trucs-là, c'est de l'hébreu! J'm'en fous comme de l'an quarante...   M. MICHEL-BAHSI, *Poupoune*, p. 155.

HERBE n. f.

Mauvaise herbe «mauvais sujet, garnement», par analogie avec les plantes dont la trop rapide croissance gêne celle des plantes dites «utiles». Ce sens métaphorique est attesté depuis la seconde moitié du XVIIᵉ s. (Molière).

> Je suis d'la mauvaise herbe
> Braves gens, braves gens,
> C'est pas moi qu'on rumine
> Et c'est pas moi qu'on met en gerbe...   G. BRASSENS, *Poèmes et Chansons*, p. 57.

L'idée dominante est la même que dans l'expression *mauvaise graine* (→ GRAINE); le rapport inversement proportionnel entre la croissance rapide et l'utilité, ainsi que l'arrière-plan explicitement moralisateur sont identiques dans les deux cas. On retrouve la même idée dans des expressions ou proverbes comme : *pousser comme de la mauvaise herbe* (ou *du chiendent*), *mauvaise herbe croît toujours,* etc.

En herbe «en puissance, virtuel», en parlant d'enfants ou d'individus jeunes présentant à l'état virtuel des dispositions particulières. Le sens figuré apparaît au milieu du XVIIᵉ s. (Molière, Scarron). On trouve *en herbe et en gerbe,* c'est-à-dire «virtuellement et pratiquement», au XVIᵉ s. (*cocu en herbe et cocu en gerbe,* chez Rabelais).

Manger son blé en herbe → BLÉ.

Couper l'herbe sous le pied (à qqn) «frustrer qqn d'un avantage escompté en le devançant ou en le supplantant». Cette loc. date du XVIᵉ s. et figure notamment chez Brantôme. Elle met en œuvre l'idée de rupture, de suppression des moyens de subsistance, par l'emploi de *couper* (→ COUPER LES VIVRES*) et de *herbe.* Ce nom, en effet, avait la valeur de «moyen de subsistance», assez proche de celle d'un mot comme *pain* et explicite dans d'anciennes locutions comme *l'herbe lui manque sous les pieds* «il manque de moyens d'existence» (signalée par Wartburg à Lausanne; chez Bossuet), ou *être réduit à l'herbe* «être privé du nécessaire» (attesté au XVIIᵉ s. chez Cotgrave et Oudin). La locution a fait l'objet de légères variantes : *faucher*

l'herbe sous le pied (chez Pasquier), *tondre l'herbe sous le pied de qqn* (hapax du
XVIe s.). *Couper l'herbe sous les pieds* (variante plus logique) se trouve chez Cotgrave
au XVIIe s., Richelet au XVIIIe s. et est toujours employée.

> Les attentions d'une fille unique, les cancans de la ville, un sous-lieutenant riche qui
> faisait mine de vouloir lui couper l'herbe sous le pied.
> BALZAC, *Melmoth réconcilié*, p. 279.

> — C'est lui, murmura le consultant abasourdi.
> — Il va vous gratter dans une affaire dont vous vous occupez tous les deux.
> — L'affaire des voleurs de soucoupes ?
> — Egzactement. Il va vous couper l'herbe sous le pied, si vous n'y prenez garde.
> — Qu'est-ce que je dois faire ? R. QUENEAU, *Le Dimanche de la vie*, p. 262.

Vieilli. **Employer toutes les herbes de la Saint-Jean** «user de tous les moyens possi
bles pour réussir» (milieu XVIe s.; Bonaventure des Périers, Brantôme). Les herbes
et spécialement celles que l'on cueillait à la Saint-Jean, représentaient dans la
croyance populaire la panacée. Elles étaient censées transmettre aux hommes leurs
vertus et les guérir ou les préserver de tous les maux possibles.

HÉRODE n. pr.

Vieux comme Hérode «très vieux, très ancien», surtout en parlant des choses
(→ aussi MATHUSALEM). La loc. figure dans le Dictionnaire de Furetière. Le choix
du personnage de Hérode n'est pas clair. La Bible ne donne aucune indication
précise sur l'âge de Hérode Antipas (qui fit mourir Jean Baptiste) ou de Hérode le
Grand (instigateur du massacre des Innocents). Selon Gottschalk et Wartburg, c'est
du second personnage qu'il s'agirait.

HEUR n. m. Du latin populaire *°agurium,* du latin classique *augurium* «pré
sage».

Avoir l'heur de plaire «avoir la chance, le bonheur de plaire, d'être accepté»
On trouve l'expression chez Molière (1666, *in* G.L.L.F.). Vieillie, elle s'emploie
ironiquement et volontiers à la forme négative. *Ne pas avoir l'heur de plaire*
«déplaire».

HEURE n. f.

Heure H → H. — *Heure du berger* → BERGER. — *Heure (minute) de*
vérité → VÉRITÉ.

Dernière heure «rubrique d'un journal destinée aux nouvelles dites de der
nière heure, c'est-à-dire parvenant juste avant la mise sous presse».

> [...] ce même sentiment que nous éprouvons quand, à la «dernière heure» des jour
> naux, nous lisons précisément la nouvelle que nous attendions le moins.
> M. PROUST, *À la recherche du temps perdu*, t. II, p. 867.

À cette heure «maintenant, à présent» (1530, Palsgrave). Cette loc. est d'un
emploi vieilli ou rural *(as'teur).* *À l'heure qu'il est,* attesté au milieu du XVIIe s. (1667
chez Molière) et surtout *à l'heure actuelle* (1883, Renan) sont restés plus vivants dans
l'usage général.

> Pendant l'Exposition de 1867, des Japonais, à Paris et à Marseille, se sont livrés à des
> duels de ce genre. Comme pénitence, les bouddhistes en font autant, et en France, à
> l'heure qu'il est, certains catholiques !... tels que M. Dupont, de Tours.
> G. FLAUBERT, *Correspondance*, VIIIe série, p. 372.

À la bonne heure! «c'est très bien, c'est parfait, tant mieux!». Exprime
l'assentiment, l'approbation, parfois d'une manière ironique, par antiphrase. On
trouve déjà l'expression sous la plume de Froissart (XIVe s.).

> — Tout cela ne te fût pas arrivé sous Bonaparte, dit Falcoz avec des yeux brillants
> de courroux et de regret.

— À la bonne heure, mais pourquoi n'a-t-il pas su se tenir en place, ton Bonaparte?

STENDHAL, *Le Rouge et le Noir*, p. 435.

La locution s'est employée familièrement au sens de «au moment propice» (Crespin, XVIIᵉ s.), par opposition à *à la male heure* «mal à propos». Du XVIᵉ s. (Estienne) à la fin du XVIIIᵉ s., elle a eu aussi le sens de «heureusement, sous de bons auspices». Ces deux emplois sont sortis de l'usage.

À la première heure «très tôt le matin, le plus tôt possible».

D'heure en heure «graduellement, à mesure que le temps passe» (XVIIᵉ s., Furetière).

D'une heure à l'autre «d'un instant à l'autre, d'une façon imminente» (XXᵉ s.). On dit aussi *d'une minute à l'autre* (→ MINUTE).

De bonne heure «très tôt le matin; avant le moment habituel, précocement» (milieu XVᵉ s.). La spécialisation de sens indique la valorisation des lève-tôt.

Tout à l'heure «dans un moment, bientôt»; «il y a très peu de temps». Indication du passé ou du futur proches. Le premier sens date du milieu du XVIIIᵉ s., le second du milieu du XIXᵉ s. (1853, Michelet). Le sens de «maintenant, sur-le-champ», usuel à l'époque classique, est aujourd'hui périmé.

Vieilli. *Pour l'heure* «pour le moment, dans les circonstances actuelles» (XVIᵉ s.; Estienne, 1538). L'expression reste vivante dans certains usages régionaux (notamment ruraux).

Sur l'heure «aussitôt, sur-le-champ» (milieu XVIᵉ s.). D'emploi vieilli ou archaïsant.

Croire (penser...) sa dernière heure arrivée «craindre pour sa vie, se sentir en danger de mort». La dernière heure désigne, par euphémisme, l'instant de la mort.

Ces misérables vêtements lui donnèrent un aspect si effrayant, que la comtesse crut sa dernière heure arrivée.   BALZAC, *L'Enfant maudit*, p. 670.

Chercher midi à quatorze heures → MIDI. — *S'embêter à cent sous de l'heure* → SOU. — *Passer un mauvais quart d'heure* → QUART★ D'HEURE.

Avant l'heure, c'est pas l'heure, après l'heure, c'est plus l'heure. Remarque traditionnellement militaire, adjudantesque, qui glose de manière redondante la requête d'exactitude ponctuelle.

Je (on) ne vous demande pas l'heure qu'il est «je ne vous adresse pas la parole, mêlez-vous de ce qui vous regarde». Fonctionnant à la forme négative ou interrogative, cette répartie appartient au registre très familier. Demander l'heure à qqn est l'une des manières à la fois les plus anodines et les plus courantes de chercher à entrer en contact avec lui (fonction phatique). *Entendre l'heure qu'il est* est attestée par Wartburg au milieu du XVᵉ s. *(Cent Nouvelles nouvelles)* au sens de «chercher à comprendre de quoi il s'agit». Le sens de la locution pourrait peut-être s'expliquer à partir de là. Demander l'heure qu'il est serait donc chercher à comprendre ce qui ne nous regarde pas, le besoin de comprendre étant assimilé à une curiosité de mauvais aloi.

— [...] et cours vite... ça te fera maigrir ton gros bedon. Car, tu sais, si tu veux pas que ton amoureux te lâche, il faut que tu deviennes mince comme un fil...

— Dites donc, vous, on n'vous a pas demandé l'heure qu'il était! Comme je suis j'y plais à mon gars! Même qu'il est drôlement mordu pour ma pomme! Alors vous... vous...   M. MICHEL-BAHSI, *Poupoune*, p. 161.

Fam. *Il faut (faudra, faudrait...) se lever de bonne heure pour...* «c'est très difficile de». Littéralement, la difficulté est telle qu'il vaut mieux s'y prendre tôt pour avoir le temps de la résoudre.

— Si j'ai peur de quelque chose, c'est de lui avoir fait de la peine.

Cette fois, elle pouffa franchement :

— Pour lui faire de la peine, il faut se lever de bonne heure.. ou se coucher plus tard.
A. BLONDIN, *Un singe en hiver*, p. 91.

(Il n') y a pas d'heure pour les braves [LOC. PROV.], cette réplique, passée à l'état de dicton, est issue d'une pièce de théâtre du XIXᵉ s. : *Les Deux Sergents* (1823), de Baudoin d'Aubigny.

— Me serait-il possible de téléphoner à Paris ? m'enquiers-je.
Il remonte sur un front pâle des lunettes sans montures.
— À ces heures !
— Il n'y a pas d'heure pour les braves !
Il ne pige pas très bien l'astuce et soupire.
SAN-ANTONIO, *Au suivant de ces messieurs*, p. 175.

HIBOU n. m.

Avoir des yeux de hibou « de gros yeux ronds et fixes » (XXᵉ s.).

HIC adv. latin, « ici ».

Voilà (c'est là) le hic « le point épineux, le nœud du problème », par ellipse de la locution latine *hic est quaestio*, littéralement « ici est la question ». D'après Gottschalk, la locution proviendrait de plusieurs expressions latines soit *hic haeret aqua* « là est le problème », ou bien par *hic advertendum* « il faut faire attention ici » ou *hic sistendum* « il faut s'arrêter ici », notées en marge de passages importants ou obscurs de manuscrits.

LE MARQUIS. — Vous oubliez ce diable de petit bruit...
LA BARONNE, *se levant*. — Il n'y a que les sots qui y croient.
LE MARQUIS, *se levant*. — Voilà justement le hic. Vous n'êtes recherchée que par des hommes extrêmement spirituels.
É. AUGIER, *Le Fils de Giboyer*, I, 2, p. 22.

Hic et nunc [LOC. ADV.] «sur-le-champ, sans délai». Latine (trad. littérale « ici et maintenant »), cette loc. appartient au langage didactique. Elle apparaît dans la première moitié du XIXᵉ s. (Balzac).

HIER adv.

Ne pas être né d'hier « avoir de l'expérience » (début XIXᵉ s., P.-L. Courier). On disait déjà au milieu du XVIIIᵉ s. *ne pas être fait d'hier* (Vadé). *Ne pas être né de la dernière pluie, de la dernière couvée*, développent la même idée.

HIRONDELLE n. f.

Nid d'hirondelles, nom donné en France à un plat chinois, fait avec des éléments comestibles (végétaux et salive de l'oiseau) du nid de la salangane. Ce syntagme concret ne figure ici que parce qu'il a pu symboliser — avec les *ailerons de requin* — l'étrangeté de l'alimentation extrême-orientale, pour les occidentaux du XIXᵉ siècle.

Avoir une hirondelle dans le soliveau « être fou ». Une des nombreuses variantes de la métaphore exprimant le dérangement mental → UNE ARAIGNÉE* AU PLAFOND, DANS LE PLAFOND.

Une hirondelle ne fait pas le printemps « il ne suffit pas d'un élément significatif (d'un exemple isolé) pour qu'on puisse en passer à une conclusion générale » (1605).

HISTOIRE n. f.

La petite histoire « les événements historiques mineurs, anecdotiques, secondaires par rapport à l'Histoire (avec un grand H) qui relate et analyse les grands faits d'une époque déterminée ». Avec le recul de l'histoire dite événementielle au profit d'une connaissance plus approfondie des conditions sociales générales, la *petite his-*

toire trouve une justification, comme témoignage et symptôme d'une époque. La *Nouvelle Histoire* tend à considérer comme de la petite histoire bon nombre de travaux de l'histoire classique.

Histoire à dormir debout → DORMIR.

Le plus beau de l'histoire « le plus étonnant, le plus frappant ou le plus drôle » (1835, Acad.). *Le plus beau* désigne d'une façon globale tout ce qui, dans un fait, ou dans le récit qui en est donné, est saillant (soit en étrangeté, soit en cocasserie).

Histoire de (+ infinitif) « pour, dans l'intention de » (XIXᵉ s.). Cette loc. familière est employée par Balzac *(histoire de rire)*. On trouve aussi *façon de...* dans le même sens (légèrement archaïque).

Faire des histoires « donner une importance démesurée à des détails » (1873, *in* P. Larousse). *Histoires* a ici le sens de « embarras, complications ». L'expression s'emploie avec des connotations très péjoratives à propos de personnes qui suscitent habituellement des complications (cf. *femme à histoires, faiseuse d'histoires*). On disait au XVIIIᵉ s. (Gresset) *faire une belle histoire de* (qqch.) « susciter des rumeurs à propos de ».

> Du moment que l'on prend un nom auquel on n'a pas droit, le mieux est de ne pas faire tant d'histoires [...].   M. PROUST, *À la recherche du temps perdu*, t. II, p. 294.

C'est toujours la même histoire! « ce sont à chaque fois les mêmes incidents qui se reproduisent ». Cette locution-phrase exprime l'impatience devant la permanence des complications liées à une situation donnée. *Histoire* a ici le sens de « embarras, difficulté, incident ».

C'est de l'histoire ancienne! s'emploie pour marquer l'éloignement dans le temps d'un événement passé ou oublié par rapport au présent. Peut se traduire par « il y a très longtemps de cela, c'est très vieux ».

C'est une autre histoire! « ce n'est pas la même chose » (XVIIᵉ s.). On trouve cette loc. dans Furetière pour marquer la rupture entre ce qui *vient* d'être dit et ce qui *va* être dit, pour prévenir un rapprochement erroné, voire une confusion entre la relation de deux faits de nature différente.

On la trouve aussi au sens de « c'est plus compliqué, ce n'est pas aussi facile » (sous-entendu : qu'une chose dont il vient d'être fait mention). Correspond à peu près à *c'est une autre paire de manches,* aux connotations populaires plus nettement accusées. Dans le registre littéraire, on peut rappeler la formule traduite de Kipling : « mais ceci est une autre histoire », qui renvoie le lecteur à un autre récit, le propos actuel étant épuisé.

C'est toute une histoire « c'est un fait long ou compliqué à raconter » (*in* Littré).

HOC *pronom démonstratif latin, « cela ».*

Vx. **Cela m'est hoc** « cela m'est assuré » (XVIIᵉ s.). Cette locution faisait allusion à un jeu de cartes introduit en France par Mazarin où certaines cartes privilégiées, au nombre de six, assuraient la levée au joueur qui en possédait une. Il disait *hoc* chaque fois qu'il jouait cet atout.

HOLÀ *interj.*

Mettre le holà à *(qqch.)* « faire cesser qqch., mettre bon ordre à ». L'interjection *holà* (plus tard substantivée) servait primitivement à appeler, à attirer l'attention, puis à arrêter un attelage en marche, et, métaphoriquement, une querelle en cours. La forme actuelle date du XVIIᵉ s. (chez Scarron). Elle signifiait « apaiser une querelle, empêcher un combat ». On trouve antérieurement *faire le holà* dans la *Satire Ménippée* (1593).

HOMARD n. m.

Rouge comme un homard «très rouge», comme un homard après cuisson. On trouve aussi *rouge comme une écrevisse* → Rouge.

HOMMAGE n. m.

Rendre hommage à (qqch. ou qqn) «reconnaître publiquement la valeur d'une chose, la saluer». *Rendre hommage à la vérité, aux qualités d'un adversaire,* etc. Cet emploi date du XVIIe s. (Racine, Corneille, La Fontaine).

(Rendre) un dernier hommage (à qqn) «témoigner de son admiration, de son respect, etc. à la mémoire d'une personne qui vient de mourir» et spécialement «célébrer ses obsèques». Le sens est alors le même que dans *rendre les derniers honneurs**.

HOMME n. m. Le mot entre dans la construction de nombreux syntagmes nominaux du type adjectif + nom *(brave homme, grand homme, jeune homme)* ou suivi de la préposition *de* avec un complément de nom *(homme de cœur, homme d'État, homme de loi)*. Les syntagmes ainsi formés expriment une qualification morale ou l'état, la profession. La plupart d'entre eux sont lexicalisés, mais quelques-uns comme *homme de main, homme de paille, homme de peine* (où la commutation avec *femme* n'est pas possible) ont acquis une valeur spéciale et peuvent être alors considérés comme de véritables locutions nominales qui devront être consultées au second substantif.

Homme à femmes «homme qui recherche les conquêtes féminines» (1837, Balzac). L'expression a presque la même valeur péjorative que *homme à bonnes fortunes* (→ Fortune), plus archaïque par la forme.

> Je te vois d'ici deux ans rougeaud, courtaud, avec une dilatation d'estomac, de grosses fesses, double menton, une petite moustache de commis voyageur et des joues soufflées, salies de poil. Bref, un vrai homme à femmes. Et je te répète que ça viendra très vite.   M. AYMÉ, *Travelingue,* p. 139.

L'homme de la rue «n'importe qui, l'homme quelconque que l'on peut rencontrer dans la rue» (XXe s.). Traduction de l'anglais *the man in the street.* L'italien dit *uomo qualunque* (un homme quelconque).

Quatre hommes et un caporal «la force militaire, représentée par la plus petite unité, commandée par le gradé le plus bas». On trouve aussi assez fréquemment cette expression dans l'ordre inverse : *un caporal et quatre hommes.*

> Le malheur est que je suis seul ici, et que je ne sais d'ailleurs où envoyer mon domestique pour me ramener quatre hommes et un caporal, qui me nettoieraient cette canaille.
>   É. ZOLA, *Germinal,* t. II, p. 75.

Il faut (faudrait) quatre hommes et un caporal pour (faire qqch.), exprime l'extrême difficulté d'une entreprise et peut se traduire à peu près par «il faut (faudrait) employer la force pour».

Comme un seul homme «d'un seul mouvement, avec un ensemble parfait» (fin XVIIe s., Bossuet). S'emploie avec des verbes d'action. D'abord neutre, l'expression est aujourd'hui familière.

> Le brigadier courut après madame la baronne, la saisit par le milieu du corps, et la transporta comme une plume au milieu de cinq gendarmes qui s'étaient dressés comme un seul homme.   BALZAC, *Splendeurs et Misères des courtisanes,* p. 957.

D'homme à homme «directement, sans intermédiaire» (milieu XVIe s., Amyot). S'emploie à propos d'une explication franche.

Être homme à « être capable de, être du genre à ». Exprime la possibilité et a un équivalent féminin *(être femme à)*. Cette locution a une valeur consécutive et est suivie de l'infinitif.

Dépouiller le vieil homme « se défaire de vieilles habitudes ou d'habitudes néfastes ». Cette expression appartient au vocabulaire biblique : *le vieil homme* est le pécheur avant sa régénération par la grâce. L'image de la mue, empruntée au monde animal, est à rapprocher de l'expression *faire peau neuve*. Curieusement, le changement irréversible suggéré est inversé par rapport au processus habituel de la croissance. Alors que les stades du développement physiologique vont de la jeunesse à la vieillesse, ici *le vieil homme* constitue le point de départ vers *l'homme nouveau*, résultat du processus de régénération.

Voici l'homme « celui dont il vient d'être question » (expression parfois citée sous sa forme latine *Ecce homo*). Ce sont les paroles par lesquelles Pilate présenta le Christ à la foule (Évangile de Jean, 19, 5).

L'homme est un loup pour l'homme → LOUP.

Un homme averti en vaut deux → AVERTI.

L'homme propose, (et), Dieu dispose [LOC. PROV.] « l'homme n'est pas assuré du résultat de ses entreprises ». L'idée exprimée est la notion chrétienne de providence divine s'exerçant sur le monde et mesurée en termes de rapports de force inégaux (action humaine contrariée par la providence divine). Les deux verbes associés sont employés intransitivement au sens respectif de « former un projet » et « prendre des dispositions, décider ».

HONNEUR n. m.

Point d'honneur « affaire ou circonstance intéressant particulièrement l'honneur de qqn » (fin XVIe s., Montaigne). Probablement emprunté à l'espagnol.

> Que voulez-vous ? chaque état a son point d'honneur, le bagne et les filous ont les leurs !
> BALZAC, *Splendeurs et Misères des courtisanes*, p. 1114.

S'emploie isolément ou à l'intérieur de locutions verbales comme *mettre son point d'honneur à, se faire un point d'honneur de qqch.* « en faire une question d'honneur ».

Les derniers honneurs (ou *les honneurs suprêmes*), par périphrase « le culte rendu aux morts, les funérailles ». Ce sens particulier d'*honneurs* est attesté chez Bossuet (*in* Wartburg). S'emploie souvent avec le verbe *rendre : rendre à qqn les derniers honneurs* « lui faire des funérailles dignes de lui » (→ HOMMAGE).

> Voilà le goût des hommes et ce qu'on appelle rendre les honneurs aux grands. Je serais bien humilié qu'à mon enterrement on fît de semblables bêtises.
> G. FLAUBERT, *Correspondance*, Ire série, p. 113.

Les honneurs de la guerre → GUERRE.

Champ d'honneur → CHAMP.

(Ma) parole d'honneur ! → PAROLE.

Avec tous les honneurs dus à son rang « avec la considération que l'on témoigne à des gens importants ». La loc. peut être employée de manière antiphrastique, et se traduire à peu près par « sans ménagement ».

> Peu après, Croquignol, Ribouldingue et Filochard furent vidés avec tous les honneurs dus à leur rang et le directeur du cirque les envoya se faire pendre ailleurs ; et faisant remettre à chacun d'eux un formidable coup de soulier au derrière en guise d'appointements.
> *L'Épatant*, 1908, p. 28.

En honneur de (qqn ou qqch.) « pour honorer qqn ou célébrer un événement ». Attesté dès le XIIe s. *(en l'onor de...)*.

Pour l'honneur «sans autre prix que l'honneur, gratuitement» (*in* Littré). À peu près synonyme de *pour la gloire* (→ GLOIRE).

Sur mon honneur, sur l'honneur, anciennes formules de serment par lesquelles on attestait la sincérité d'une déclaration. Elles correspondaient à une affirmation renforcée. *Sur mon honneur,* attesté dans Furetière, est une ellipse pour «je t'atteste, je le garantis sur mon honneur». La seconde forme, plus tardive, date du XIXᵉ s.

> — Et jamais personne ne saura par vous un mot de ce que nous avons dit ?
> — Jamais, sur l'honneur ! s'écria Julien.   STENDHAL, *Le Rouge et le Noir*, p. 395.

Avoir l'honneur de (+ infinitif) s'emploie dans plusieurs formules de politesse, avec un sens atténué : *à qui ai-je l'honneur ?* (de parler ?), *j'ai bien l'honneur* (de vous saluer). Elles appartiennent au style soutenu et archaïsant ; la seconde, toutefois, s'emploie parfois sur le mode ironique.

Être à l'honneur «recevoir des honneurs, une récompense ; être célébré, fêté». Souvent opposé à *être à la peine.*

> Et lui, le vétéran de la révolution classique, le héros de la légende du bagne qui, ayant été à la peine, voulait aussi être à l'honneur, et se croyait droit à deux pouces de socle, voilà qu'il se trouve au ras du sol...   J. VALLÈS, *L'Insurgé*, p. 241.

Être (tout) à l'honneur de (qqn) «témoigner en sa faveur, lui mériter le respect de lui-même et des autres».

> [...] Peut-être que ce sont les enfants d'un de ses hommes qui aurait été tué à côté de lui et qu'il est devenu pour ainsi dire leur tuteur.
> — Si c'était vrai pourquoi ne pas nous le dire ? Ce serait tout à son honneur. Mais je crains le pire.   R. QUENEAU, *Un rude hiver*, p. 146.

Être (mettre) en honneur «tenir en considération, en grande estime» (fin XVIIᵉ s. ; Bossuet, Mme de Sévigné). La locution a pris parfois la valeur atténuée de «avoir cours, être en usage» (en parlant d'un procédé, d'une mode).

> Je ne parlerais sans douter pas ainsi, si je ne croyais toutes les valeurs auxquelles je tiens, parfaitement inaliénables ; si je ne savais que la force ne peut rien contre. Et sans doute le régime que je préfère sera-t-il celui qui les mettra le plus en honneur (je ne dis certes pas : qui leur rendra le plus d'honneurs), mais je tiens que ce serait les avilir que de les mettre au service d'un régime, quel qu'il puisse être.
>   A. GIDE, *Journal*, t. II, p. 77.

Faire honneur à (qqch.) «apprécier» (fin XVIIᵉ s.). *Faire honneur à* avait à l'origine le sens de «se montrer digne, à la hauteur d'une chose», et par extension «apprécier». *Faire honneur à un repas* est attesté dans le Dictionnaire de l'Académie en 1694 au sens de «bien manger, trouver plaisir à un repas».

> Je me reproche de faire insuffisamment honneur aux repas, copieux à l'excès, où il s'ingénie à me présenter ce qu'il a pu trouver de meilleur et de plus rare.
>   A. GIDE, *Journal*, t. II, p. 258.

Faire (à qqn) les honneurs de la maison «accueillir ses hôtes avec une courtoisie et un soin tout particuliers». La locution est ancienne et figure chez d'Aubigné au XVIᵉ s. *(faire l'honneur de la maison)* et au XVIIᵉ s. chez La Fontaine.

> [...] Saint-Simon raconte qu'un ancêtre des Guermantes lui fit les honneurs de son hôtel [...].   M. PROUST, *À la recherche du temps perdu*, t. II, p. 419.

Vieilli. *Se piquer d'honneur* «avoir l'impression que son honneur est engagé» ; et par extension, «se conduire comme si sa réputation était en jeu». Cette locution verbale figure depuis 1657 chez Pascal.

> J'ai donné le bon à tirer des 4 premières feuilles du volume qui sera très beau. M. Claye est un charmant bonhomme qui s'est piqué d'honneur.
>   G. FLAUBERT, *Correspondance*, VIᵉ série, p. 331.

À vous l'honneur ! Formule consacrée incitant l'un des participants d'un jeu à commencer la partie. C'est une forme elliptique de *à vous l'honneur de commence à jouer*. Un emploi élargi donne à l'expression le sens de «à vous d'agir, de commencer», etc.

HONNI adj.

Honni soit qui mal y pense «honte à celui qui y trouve à redire» (1690, Furetière). Devise (en français) de l'ordre anglais de la Jarretière, cette formule a été reprise, surtout sur le mode plaisant ou ironique, pour prévenir les critiques de ceux qui suspecteraient l'honnêteté de propos tenus ou d'actes accomplis sans intention malveillante ou malicieuse.

> Quant à Saint-Mars, jadis (honni soit qui mal y pense!) Saint Merd, c'est Saint-Medardus, qui est tantôt Saint-Médard, Saint-Mard, Saint-Marc, Cinq-Mars et jusqu'à Danimas.   M. PROUST, *À la recherche du temps perdu*, t. II, p. 888.

HONORIS CAUSA [LOC. ADJ.], locution latine signifiant «pour l'honneur».

S'emploie pour désigner un grade universitaire purement honorifique. *Être nommé docteur honoris causa de l'université de X.*

HONTE n. f.

Courte honte «échec, insuccès» (XVIe s.). *Court* a le sens d'«immédiat, rapide». L'expression figure chez Rabelais. *En être pour sa courte honte, s'en retourner avec sa courte honte* (Oudin).

> L'empereur s'en est retourné avec sa courte honte, tout ainsi qu'il estoit venu, sans rien faire.   É. PASQUIER, *Lettres*, I, II, 1586, *in* Godefroy.

> Ainsi, l'orgueil qui m'inspire dans mes rapports avec mes semblables me précipite-t-il souvent dans de fausses situations d'où je ne sors qu'à ma courte honte. Et je n'ai pas encore toute honte bue.   A. BLONDIN, *Un singe en hiver*, p. 69.

Sans être archaïque, l'expression n'est pas toujours bien comprise.

Fausse honte «scrupule excessif, honte sans objet» (1735, La Chaussée). On trouve parfois *mauvaise honte*.

Toute honte bue «sans scrupule, en ayant perdu tout amour-propre, tout sentiment de l'honneur» (XVe s., Charles d'Orléans). *Boire honte* avait au XIVe s. (Gillon de Muisit) le sens d'«essuyer des avanies». *Avoir toute honte bue*, c'est littéralement avoir subi tellement de brimades qu'on est devenu inaccessible à tout sentiment d'amour-propre → SANS VERGOGNE*.

> [...] Duperrier, chargé du poids des sept péchés capitaux, et qui, toute honte bue, surveille le labeur de Marie-Jannick, d'un coup de pied au cul ranimant son ardeur défaillante ou l'attendant à la porte d'un hôtel pour compter le prix d'une étreinte à la clarté de l'auréole.   M. AYMÉ, *Le Vin de Paris*, p. 97.

HORIZON n. m.

(Faire un) tour d'horizon «(passer en revue) les différents points d'une question, (étudier) les divers aspects d'une situation».

> Mettez-vous un peu au courant en attendant que, en somme, nous puissions avoir un petit entretien... pour faire un tour d'horizon.
>   B. VIAN, *Vercoquin et le Plancton*, p. 134.

Ouvrir des horizons «des perspectives nouvelles».

Horizon, suivi d'un chiffre désignant une année. Formule à la mode, désignant une perspective, un ensemble de prévisions arrêtées à une date future déterminée.

HORLOGE n. f.

Une heure d'horloge « une grande heure » (Furetière). Signifie proprement « une heure estimée objectivement » et non pas « approximative », donc surévaluée par celui qui attend.

> Si elle n'est pas restée une heure d'horloge à se pommader, elle n'est pas restée cinq
> minutes.   M. PROUST, *À la recherche du temps perdu*, t. II, p. 787.

Réglé comme une horloge « très régulier dans ses habitudes » (*in* Littré).

HORS adv.

Hors de soi « dans un état de violente agitation ou d'égarement » (→ HORS DE SES GONDS*).

> Il était là, le sang aux yeux, la bouche contractée, mis hors de lui par les étages du
> Bonheur des Dames, lorsque la vue de la jeune fille et de ses frères avait achevé de
> l'exaspérer.   É. ZOLA, *Au Bonheur des Dames*, t. I, p. 6.

HOULETTE n. f.

Sous la houlette de « sous la conduite de ». Métaphore issue des « bergeries », et par là même désuète ou ironique (plus fréquemment).

HOUSEAU n. m. De l'ancien français *huese* ou *hose* « botte », du germanique *hosa*.

Vx. *(Y) laisser ses houseaux* « mourir » (→ aussi GRÈGUES). On trouve cette loc. chez La Fontaine, et elle est déjà attestée au milieu du XVᵉ s. (1453, Monstrelet).

HUCHE n. f.

Vx. *Enflé (bouffi) du vent de la huche* « bien nourri, gras ». Cette manière imagée d'exprimer l'embonpoint semble dater du XVIIᵉ s. (1640, Oudin). On la trouve chez Le Roux au XVIIIᵉ s. et encore au début du XIXᵉ s. chez Boiste (1808) sous la forme *bouffi du pain de la huche*. D'après M. Rat, l'origine de l'expression viendrait de la croyance populaire « que le vent fait en ouvrant ou fermant la huche [...] donnait de l'embonpoint aux gens maigres ou hâves qui s'étaient exposés à son action trois fois chaque matin pendant neuf jours de suite ». (*Les Locutions françaises*, Larousse, p. 212.)

HUE interj.

Tirer à hue et à dia « aller dans des directions opposées » et figurément « agir de manière contradictoire, sans esprit de suite » (1835, Acad.). *Hue!* et *dia!* sont les onomatopées d'usage pour conduire un cheval ou un attelage à droite *(hue)* ou à gauche *(dia)*. On disait au XVIIᵉ s. *il n'entend ni à hue, ni à dia :* « on ne saurait lui faire entendre raison » (1721, Dict. de Trévoux).

> Les ardents de mon comité m'ont tiré à hue et à dia pour aller, dans les communes,
> à la chasse aux influents. J'ai couru ici, là, ailleurs encore, j'ai fait le tour de la cir-
> conscription à pied, en wagon, en charrette.   J. VALLÈS, *L'Insurgé*, p. 100.

> Enfin, entre ces deux autres pôles, et à des degrés divers, les familles hésitantes,
> tirées à hue et à dia, qui s'abandonnaient se reprenaient, retombaient ; elles étaient le
> plus grand nombre et avaient besoin de toute sa sollicitude.
>   M. AYMÉ, *La Jument verte*, p. 239.

HUILE n. f.

Huile de bras « force musculaire, énergie » (1867, Delvau). Concurrencé par *huile de coude* (plus courant), *huile de poignet*.

> — Dites donc, madame Coupeau! cria Virginie qui suivait le travail de la laveuse [...],
> vous laissez de la crasse, là-bas, dans ce coin. Frottez-moi donc un peu mieux ça! Ger-
> vaise obéit.
> — Plus on met de l'huile de coude, plus ça reluit, dit sentencieusement Lantier, la
> bouche pleine de pastilles.   É. ZOLA, *L'Assommoir*, t. II, p. 185-186.

Huile de cotret → COTRET.

Mer d'huile «très calme, sans une vague» (comme une nappe d'huile).

Baigner dans l'huile → BAIGNER.

Faire tache d'huile «se propager d'une manière insensible et continue, en parlant d'un phénomène» (P. Larousse, 1872). *Tache d'huile* avait au XVIIe s. (chez Beroalde de Verville, Oudin) le sens de «chose irrémédiable, irréparable» et s'employait notamment pour désigner un affront, une atteinte à l'honneur (*in* Furetière, Le Roux), probablement à cause des connotations morales de *tache*. Cette valeur semble avoir disparu de l'usage moderne.

Vieilli. **Sentir l'huile,** se disait à propos d'une œuvre de facture laborieuse, par référence aux longues soirées devant la lampe qu'elle avait dû coûter à son auteur.

> «Nous disons d'aucuns ouvrages qu'ils puent l'huyle et la lampe, pour certaine aspreté
> et rudesse que le travail imprime en ceux où il a grande part»
>   MONTAIGNE, *Essais*, I, X, p. 55.

Jeter (mettre, verser) de l'huile sur le feu «envenimer une querelle» (XVIIe s.). L'expression est employée par Mme de Sévigné et figure à la nomenclature des dictionnaires de l'Académie, de Furetière, de Miège.

Mettre de l'huile dans les rouages «apaiser les dissensions», se trouve être l'antonyme de la précédente, mais utilise une métaphore toute différente (→ ci-dessus BAIGNER DANS L'HUILE).

Vieilli et fam. **Nager dans les huiles** «fréquenter des personnages influents». Dans ce sens, *huile* est lexicalisé (*les huiles,* syn. *les grosses légumes*).

Vx. **Il n'y a plus d'huile dans la lampe,** se disait familièrement au XVIIe s. à propos de quelqu'un dont les forces déclinent, proche de la mort. L'huile désigne métaphoriquement l'énergie vitale, ici à son point le plus bas.

HUIS n. m. Du bas-latin *ustium,* altération du latin classique *ostium* «porte de maison». Le mot n'est plus en usage, sauf dans la locution adverbiale :

À huis clos «toutes portes fermées», et figurément, «secrètement, en petit comité» (1549, Estienne). D'origine juridique, la locution a d'abord le sens de «toutes les portes de la salle d'audience étant fermées; sans que le public soit admis», en parlant d'un jugement. *À huis ouvert* «manifestement, ouvertement», attesté au XVIe s. (Estienne) et XVIIe s. (Oudin), est hors d'usage. *Huis clos* est lexicalisé depuis le XIXe s. (1835, Acad.) et s'emploie dans la terminologie de la procédure, avant de recevoir des significations métaphoriques, dont la célèbre pièce de Sartre est un bon exemple.

HUIT adj.

Les trois huit «chacune des trois tranches de huit heures constituant une journée de travail ininterrompu» (XXe s.). *Faire les trois huit* «faire partie d'une équipe de travail fonctionnant suivant ce modèle».

... en huit [LOC. ADJ.] «dans une semaine accomplie : le huitième jour en partant d'aujourd'hui» (Furetière). *Lundi en huit,* lundi prochain.

Vieilli. **Donner ses huit jours** (à un domestique, un employé) «le congédier en lui donnant en dédommagement une semaine de salaire»; pour un employé «quitter son emploi» (en s'engageant à travailler encore une semaine → RENDRE SON TABLIER*). La loc. fait référence à une étape archaïque du droit du travail.

> Marthe reçut néanmoins ses huit jours (car ma mère ne lui en avait déjà que trop passé) et sitôt partie de chez nous, s'en retourna dans son pays.
> M. LEIRIS, *Biffures*, p. 203.

> La veuve hochait la tête, pleine de dégoût.
> — Bien fait! répondit-elle. Elle en est pour sa cochonnerie... Plus souvent que je resterais chez elle! Je lui ai fichu mes huit jours, ce matin. Est-ce que son petit monstre de Camille ne faisait pas caca dans ma cuisine! É. ZOLA, *Pot-Bouille*, t. I, p. 20.

HUITAINE n. f.

Remettre à huitaine «repousser d'une semaine». *Une huitaine* est quasi synonyme d'une semaine (littéralement : une huitaine de jours — et non sept). On trouve la locution *à huitaine* «d'aujourd'hui à huit jours» (syn. *en huit*) au XVIᵉ s. (1549, Estienne).

> [...] il me demanda si, en tout cas, «je ne pourrais pas remettre mon départ à huitaine», expression dont la bêtise ne me mit peut-être en fureur que parce que ce qu'il me proposait me faisait mal. M. PROUST, *À la recherche du temps perdu*, t. II, p. 1125.

HUÎTRE n. f.

Plein comme une huître «soûl».

Bâiller comme une huître «en ouvrant largement la bouche», comme l'huître sa coquille.

HUMEUR n. f.

Vx. ***Humeurs peccantes*** «(dans l'ancienne médecine) humeurs malsaines», dont la présence à l'intérieur de l'organisme était, croyait-on, à l'origine de troubles variés.

> [...] et lundi (si vous voulez savoir des détails intimes) je me purge, monsieur, afin de bannir mes humeurs peccantes et d'arriver frais dans la capitale.
> G. FLAUBERT, *Correspondance*, Vᵉ série, p. 14.

Vieilli. ***Humeur noire*** «mélancolie, tristesse, abattement» (milieu XVIIᵉ s., Molière) → aussi NOIR (*idées noires*, *broyer du noir*, etc.).

Bonne, mauvaise humeur «disposition spontanée à l'enjouement, l'optimisme, ou au contraire à la tristesse, l'irritation» (XVIIᵉ s.). S'emploient avec le verbe *être*.

> C'était comme une grosseur poussée en son gosier, embarrassante, barrant le passage à la salive. Il se dit : « Tiens, ça tombe bien!» et il alla à la visite. Malheureusement, ce matin-là, le major n'était pas en bonne humeur, et il se mit à écumer en reconnaissant Lapérine. G. COURTELINE, *Les Gaîtés de l'escadron*, p. 24.

À la différence de nombreux emplois de *humeur* en ancienne médecine, cette loc. est restée très vivante : elle n'est pas plus analysée que *se faire de la bile*, etc., et correspond aux sens psychologiques de *humeur*.

Humeur de chien (→ CHIEN), *de dogue* «hargneuse».

D'humeur à «momentanément disposé, enclin à» (début XVIIᵉ s.). On trouve cette expression chez Corneille. *En humeur de,* qui a le même sens, est plus littéraire.

Vieilli. ***Avoir (prendre) de l'humeur*** «être irrité» (XVIIᵉ s., La Bruyère). On dit aujourd'hui *être de mauvaise humeur*.

> Mathilde avait de l'humeur contre le jardin, ou du moins il lui semblait parfaitement ennuyeux : il était lié au souvenir de Julien. STENDHAL, *Le Rouge et le Noir*, p. 561.

HUSSARD n. m.

À la hussarde «brutalement, sans délicatesse» *(in* Littré). S'emploie surtout pour qualifier le comportement érotique d'un homme brutal (cf. les valeurs de «*soudard*»).

HYSOPE n. f.

Vx. *Depuis le cèdre jusqu'à l'hysope* «de la chose la plus importante à la plus insignifiante» (XVIIe s., Molière), par allusion à la comparaison biblique (3e Livre des Rois, 4, 3) d'après laquelle le cèdre représente dans le règne végétal ce qu'il y a de plus grand, de plus noble, et l'hysope ce qu'il y a de plus modeste.

i

I n. m.

Droit comme un I «très droit», par allusion à la verticalité du I majuscule (1835, Acad.).

Le graphisme particulier du I (verticalité, maigreur du jambage) a pu donner lieu à des variations personnelles du type :

> À quinze ans a s'app'lait Nini,
> All' 'tait grosse et grass' comme un I,
> A f'sait des travaux à l'aiguille,
> À la Bastille.
> A. BRUANT, Dans la rue, p. 124.

> Il fallait un bon coup d'œil pour reconnaître mon vieux crasseux à lunettes dans ce mecton bien habillé, bien peigné, l'œil vif, qui se tenait droit comme un I et faisait sonner ses talons. A. SERGENT, Je suivis ce mauvais garçon, p. 118.

Mettre les points sur les « i » → POINT (2).

ICEBERG n. m.

La partie cachée (immergée,...) de l'iceberg «ce qui est sous-jacent, caché et plus important de beaucoup que la partie visible (dans un problème, une situation, etc.)». On parle complémentairement de la *partie visible de l'iceberg*. L'expression vient de l'anglais, langue où *iceberg* a pris récemment le sens de «problème en grande partie caché, obscur» (1961, *in* Webster). En effet, les glaces flottantes sont immergées presque totalement.

ICI adv. Du latin pop. *ecce hic.* Ici sert à former plusieurs locutions adverbiales d'usage très courant :

Ici bas «sur terre, en ce bas monde», s'oppose à *là-haut* «dans l'autre monde, au ciel». Cette représentation spatialisée du monde, où se manifeste la coupure radicale entre le ciel et la terre, est héritée de la tradition chrétienne et paraît s'être fixée au XVIIᵉ s.

D'ici «de ce lieu où nous sommes» (vers 1265); «à partir de ce moment». La valeur de cette forme d'usage très courant, qui marque le point de départ, est à la fois spatiale et temporelle. Dans ce dernier sens, elle s'emploie suivie d'informations d'ordre temporel plus ou moins précises (*d'ici le 30 janvier, d'ici là, d'ici peu,* etc.).

Jusqu'ici «jusqu'en ce lieu» ou «jusqu'à maintenant» (1667, Racine).

Par ici «dans cette direction, dans ces parages» (fin XVIIᵉ s.).

Je vois cela d'ici «j'imagine facilement la chose», sans avoir à me déplacer (XXᵉ s.). Appartient au vocabulaire familier.

IDÉE n. f.

Idée fixe «obsession dont l'esprit ne peut se détacher» (1842, Mozin).

> — Mon Dieu, pour désarmer l'ennemi intime, émousser cette épine mentale... Après tout, c'est une espèce d' obsession...
> — Mais pas du tout, pas du tout!... Je ne suis pas un obsédé... Je ne fais point de l'idée fixe!...   P. VALÉRY, *Œuvres*, t. II, p. 204.

L'expression a ici presque sa valeur médicale, pathologique de «monomanie».

> Le même Valéry, d'ailleurs, critique l'expression dans le texte célèbre qui porte ce titre : «une idée ne peut pas être fixe. Peut être fixe [...] ce qui n'est pas idée».
> P. Valéry, *L'Idée fixe ou Deux Hommes à la mer*, 1932.

Idée reçue «opinion généralement admise, préjugé». Le *Dictionnaire des idées reçues* de Flaubert porte en sous-titre *Catalogue des idées* (ou *des opinions*) *chics*, et constitue un répertoire de lieux communs bourgeois, souvent formés d'associations de mots, syntagmes et locutions.

Idées noires «pensées tristes, sombres» (milieu XVIIIᵉ s.) → NOIR.

À son idée «selon son caprice, sa fantaisie» (1842, Mozin). Avec des verbes exprimant l'activité (*faire, agir,* etc.). *En faire à son idée* «agir à sa guise» (→ aussi GOÛT, GRÉ).

En idée «en imagination» (par opposition à *en réalité*).

Avoir idée (que) «présumer, croire». *J'ai idée que* «il me semble».

N'avoir pas la moindre idée de «n'avoir aucune notion de, être tout à fait ignorant de» (XXᵉ s.). On trouve antérieurement *n'avoir pas la première idée de* (1770, Raynal), où c'est l'enchaînement et non pas l'importance relative des idées qui est évoqué.

Donner des idées à qqn «éveiller sa sensualité» (fin XIXᵉ s., Zola). Le sujet peut désigner la cause directe et l'objet du désir, ou être un neutre *(ça lui donne des idées).*

Se faire une idée de «concevoir, se représenter qqch.» (XVIᵉ s., Ronsard). *Idée* peut être qualifié par un adjectif *(se faire une bonne idée, une idée exacte de...).*

Se faire des idées «s'imaginer à tort, se faire des illusions».

Venir à l'idée «penser à, songer à». *Idée* a ici la même valeur que *esprit* (ou *tête*) dans *venir à l'esprit.*

Se mettre dans l'idée «commencer à penser, à imaginer». *Idée* a ici la même valeur que dans la locution précédente («esprit»); la préposition *dans* insiste sur le caractère de contenant, et il s'agit d'une métonymie contenant-contenu.

Avoir de la suite dans les idées → SUITE.

IGNORANT adj.

Ignorant comme une carpe → CARPE.

IMAGE n. f.

Image de marque «représentation collective, favorable ou non, d'un personnage, d'une institution, etc.». Cette expression, répandue à partir des années 1960, est empruntée au vocabulaire commercial et publicitaire. Elle désignait à l'origine la force d'impact sur le public des produits d'une marque commerciale déterminée.

Image d'Épinal «représentation exagérément schématique (souvent d'un optimisme excessif), d'une réalité complexe», par allusion aux célèbres images d'Épinal illustrant naïvement une chanson ou un événement héroïque.

Sage comme une image «calme, tranquille», en parlant d'un enfant (fin XVIIᵉ s., *in* Furetière). La muette immobilité des personnages représentés sur les images a longtemps représenté, pour les parents et les éducateurs, l'idéal du comportement infantile.

> «Sage comme une image». «gentil comme un amour», «tranquille comme un ange», je ne sais si je méritais souvent qu'on me décernât de telles épithètes, mais en ce temps où la première des règles morales était pour moi de me montrer docile, figures fades des images pieuses, amours poupins jouant avec leurs arcs et leurs flèches, anges en œufs à la neige aux visages jeunes et graves se présentaient à moi comme les modèles d'un zèle, d'une facilité de caractère et d'une douceur sans pareille.
>
> M. LEIRIS. *Biffures*, p. 192.

IMPORTANCE n. f.

Vieilli. *D'importance* [LOC ADV.] «très fort, avec violence» (XVIIᵉ s.). Apparaît chez Corneille, Molière, Scarron avec des verbes comme *rosser, gronder, tancer*, etc. exprimant l'admonestation. Elle est aujourd'hui d'emploi archaïque ou plaisant.

IMPOSSIBLE adj.

Par impossible [LOC. ADV.] «en supposant que se réalise une chose que l'on considère comme impossible ou improbable» (fin XVIIᵉ s., dict. de l'Académie). S'emploie avec des verbes exprimant l'hypothèse.

Impossible n'est pas français [LOC. PROV.]. Cette phrase célèbre, traditionnellement attribuée à Napoléon, est devenue proverbiale. Elle est citée de nos jours avec ironie. Cf. la devise de Jacques Cœur : *À vaillant cœur, rien d'impossible.*

> — L'homme de chambre. un coup de torchon !
> — Pas de serviette.
> — Je m'en fous ! La table est mouillée, vous aurez deux jours sall' police.
> Et voilà comme. au régiment plus qu'en nul autre lieu du monde. «impossible» n'est pas français.   G. COURTELINE, *Les Gaîtés de l'escadron*, p. 254.

À l'impossible nul n'est tenu [LOC. ADV.] «on ne peut exiger de personne des choses infaisables».

IMPÔT n. m.

Vieilli. *Impôt du sang* «obligation du service militaire» (XIXᵉ s.). L'emploi emphatique du mot *sang* implique l'idée de sacrifice (sang versé).

> Vous oubliez que la liberté religieuse, la liberté politique, la tranquillité d'une nation, la science même sont des présents pour lesquels le destin prélève des impôts de sang !
> BALZAC. *Les Deux Rêves*, in *Romans et contes philosophiques*, Éd. de 1837, t. II, p. 89.

INCIDENT n. m.

L'incident est clos «arrêtons-là la querelle». La formule, d'origine juridique, s'emploie aujourd'hui assez couramment. En termes de droit, un *incident* est une contestation accessoire, qui vient interrompre le cours d'un procès. *Clos* a ici le sens de «déclaré terminé».

INCONNU adj. et n.

Inconnu au bataillon → BATAILLON.

Illustre inconnu «individu complètement obscur». C'est un procédé habituel de la rhétorique classique que de rapprocher et d'opposer deux termes s'excluant l'un l'autre (*obscure clarté, jeune vieillard*, etc.). En l'occurrence, la fonction de ce procédé, forme particulière d'antithèse appelée oxymore ou oxymoron, est d'ironie et a pour résultat la mise en valeur du contenu sémantique du second terme *(inconnu)* au détriment du premier. Par extension, l'expression s'applique à des choses, les deux termes étant alors pertinents, le premier exprimant la notoriété de ce dont on parle souvent, le second le caractère obscur de ce qui n'est pas compris ou connu pour autant.

> — L'espoir, lui dis-je, l'espoir...
> — Il est vrai, nous soulage...
> — Oui. Mais voilà encore un illustre inconnu. Voilà qui est encore moins connu que l'idée fixe. P. VALÉRY, *L'Idée fixe*, t. II, p. 244.

INDEX n. m. (À l'origine, mot latin).

Mettre à l'index «signaler comme dangereuse (une chose ou une personne), condamner, exclure» (début XXᵉ s.). L'expression s'est d'abord appliquée aux livres condamnés par l'autorité pontificale et répertoriés dans le catalogue de ce nom *(Index librorum prohibitorum)*.

> — Je ne vois pas d'utilité à ce que les enfants lisent Zola.
> Zola l'ennuyait, et plutôt que d'y chercher une raison de nous le permettre ou de nous le défendre, il mettait à l'index un Zola intégral, massif, accru périodiquement d'alluvions jaunes. COLETTE, *La Maison de Claudine*, p. 49.

INDIEN adj.

Été des Indiens, ou *été indien* «période de très beau temps, en automne, au Canada». Cette expression est à peu près équivalente de *l'été de la Saint-Martin* en France (→ ÉTÉ). Elle est littéralement traduite de l'anglais *indian Summer* et paraît avoir remplacé l'expression traditionnelle *Été des Sauvages,* peut-être jugée trop péjorative.

> Aimé parlait doucement à Jean qui gigotait des pattes, s'accrochait à la chemise à carreaux de son père, en suçait le collet et lui tirait les cheveux. Milieu d'octobre, journée splendide, l'été des Indiens; presque plus de feuilles aux arbres; une lumière douceâtre et une chaleur qui traverse vos lainages. P. VILLENEUVE, *Johnny Bungalow*, p. 51.

À la (en) file indienne → FILE.

Un bon Indien est un Indien mort. Cette fameuse répartie du général américain Custer prononcée pendant la guerre de Sécession est un bon exemple du racisme triomphant qui a pu justifier le génocide des Indiens. La formule a été appliquée à d'autres contextes (par ex. *Un bon patron est un patron mort*).

INERTIE n. f.

Force d'inertie «mode de résistance passive que qqn oppose à une agression venue de l'extérieur» (1829, Boiste). Au sens propre, en physique et en mécanique, l'expression désigne la résistance qu'un corps oppose au mouvement en fonction de sa masse.

IN EXTENSO [LOC. ADJ. ou ADV.] «Intégralement, de bout en bout», en parlant d'un texte (1842, Mozin), expression latine signifiant : «dans toute son étendue» (de *in* et *extensus* «étendu», participe passé de *extendere*). *Faire un compte rendu in extenso d'un débat public.*

IN EXTREMIS [LOC. ADV.] «Au dernier moment, de justesse» (XVIIᵉ s.) du latin *extremus* «dernier, ultime». Le *dernier moment* était à l'origine une litote pour «les derniers moments de la vie, l'agonie».

INFLUENCE n. f.

Le (la) faire à l'influence « avoir une action, chercher à obtenir un avantage à l'intimidation ou en profitant de la position qu'on occupe ». L'expression est attestée en 1901 (Esnault) dans la langue populaire. *Influence* y a le sens de « intimidation, ascendant sur », et *faire* signifie ici « agir » (en mauvaise part) → FAIRE.

INFORMÉ n. m.

Jusqu'à plus ample informé [LOC. ADV.] « en attendant d'en savoir plus ». *Informé* est un terme d'origine juridique synonyme d'« instruction judiciaire ». *Un plus ample informé* (attesté en 1671) est donc une instruction plus poussée. L'expression s'est étendue au langage courant.

INFUS adj.

Avoir la science infuse « savoir de façon innée, sans avoir appris » et par extension « prétendre tout savoir » (1835, Acad.). En théologie, la *science infuse* (c'est-à-dire « répandue dans l'âme ») est la connaissance qu'Adam reçut de Dieu (fin XV\ e s., Molinet). La référence religieuse n'est plus perçue aujourd'hui et l'expression s'emploie souvent ironiquement pour nier la possibilité de l'existence d'un savoir qui ne serait pas le résultat d'un travail, d'une expérience.

INNOCENT adj. et n.

Jeux innocents « nom donné autrefois à divers jeux de société où l'on donnait des gages » (1834, Landais). L'expression s'emploie aujourd'hui par antiphrase pour désigner des jeux qui, sous le couvert d'une chasteté apparente, sont le prétexte de certaines privautés sexuelles.

Innocent comme l'enfant qui vient de naître « d'une extrême innocence ». Accentue et précise l'idée d'ingénuité contenue dans l'expression COMME UN ENFANT*.

> Oh ! ces enfants, dit-il, d'une voix aiguë, mièvre et cadencée, il faut tout leur apprendre, ils sont innocents comme l'enfant qui vient de naître. [...].
> M. PROUST, *À la recherche du temps perdu*, t. II, p. 1091.

Vx. *Donner les Innocents* « donner le fouet, par jeu, aux jeunes filles restées au lit le matin de la fête des saints Innocents » (XVIᵉ s.).

> La feste des Innocens est elle pas la filleule des festes Lupercales, ou on alloit donner les innocens aux bonnes dames ?
> Ph. de MARNIX, *Tableau des différens de la Religion*, I, V, 6, *in* Huguet.

Au cours de la célébration des Lupercales, les Luperques ou prêtres-loups frappaient d'un fouet les femmes qu'ils rencontraient afin de les rendre fécondes. Il est vraisemblable que le rituel des Innocents soit le prolongement lointain de celui des Lupercales latines. Le transfert de ce rite au jour du massacre des Innocents (28 décembre), dans la culture chrétienne, peut s'expliquer comme conjuration de la mort, ce geste de fécondation rituelle étant une façon symbolique de remplacer les enfants massacrés sur l'ordre d'Hérode. Plus tard, l'expression a perdu sa motivation originelle et a pris un caractère ouvertement libertin comme le montre clairement cette épigramme de Marot :

> Très chère sœur, si je savais où couche
> Votre personne, au jour des Innocents,
> De bon matin j'irai à votre couche
> Voir ce gent corps que j'aime entre cinq cents.
> [...]
> Et si quelqu'un survenait d'aventure,
> Semblant ferait de vous innocenter.

> Serait-ce pas honnête couverture ?

L'expression joue sur l'ambiguïté de *innocent* et *innocenter*, la référence explicitement religieuse cautionnant et dissimulant à la fois l'implicite sexuel du « jeu innocent ».

Aux innocents les mains pleines [LOC. PROV.] « les simples d'esprit sont favorisés dans leurs entreprises ».

> Si je n'ai pas pensé cent fois à ce tablier blanc pendant le voyage de retour ! Et cent fois à Delphine, jeune, jolie, et dont la bêtise avait attendu les cailles rôties. Qui étaient tombées, finalement.
> Aux innocents les mains pleines.   J. GIONO, *Un roi sans divertissement*, p. 247.

INODORE adj.

Inodore et sans saveur « sans intérêt, insignifiant », en parlant de l'absence d'effet produit par des choses et à l'occasion par des personnes sans éclat, peu attrayantes. On la trouve parfois sous sa forme renforcée *incolore, inodore et sans saveur,* par allusion aux propriétés de l'eau pure définies négativement. L'expression est synonyme de l'adjectif *insipide* et s'applique comme lui aux personnes, aux esprits et à leurs productions.

INSPECTEUR n. m.

Inspecteur des travaux finis « se dit par plaisanterie de qqn qui s'attelle à un travail ou prétend donner son avis dessus quand il a été fait par d'autres » (XXe s.).

INSTANCE n. f.

En instance [LOC. ADJ. ou ADV.] « en attente » (XXe s.). La locution est d'origine juridique et signifiait d'abord « en attente d'être jugé »*(en instance de divorce)*. Son aire d'emploi s'est élargie depuis (*colis, lettre en instance* « non distribués »).

INSTANT n. m. De l'adjectif *instant* « prochain » (du latin *instare* « presser »). Ce mot sert à former de nombreuses locutions adverbiales d'usage très courant.

À l'instant « tout de suite, sans délai » (fin XVIe s., J. de Baïf). *Tout à l'instant,* qui au XVIIe s. exprimait la même idée de futur immédiat, a disparu. *À l'instant* exprime aussi le passé proche et signifie « il y a peu de temps ».

À l'instant où, exprime la simultanéité et signifie « au moment où, en même temps que ».

À chaque instant « à tout propos, continuellement » (chez Montaigne). Sa variante *à tout instant* est attestée au XVIIIe s. (1787, Féraud).

D'instant en instant « presque sans interruption, à de courts intervalles » (1735, Lesage).

Vx. **Dans l'instant** « à l'heure même ». L'expression s'employait au XVIIe s. On la trouve chez Racine.

Dans un instant « sous peu, très bientôt » (fin XVIIe s.). Exprime le futur immédiat.

De tous les instants « incessant, continuel ». Attesté en 1830 chez Stendhal. S'emploie avec des substantifs marquant une action durable.

Dès l'instant que « puisque, du moment que », par glissement de la notion de temps à celle de cause (1835, Acad.).

Par instants « par moments, de temps en temps » (début du XIXe s., chez Hugo).

Pour l'instant « pour le moment » (attesté en 1839, Musset).

INSTAR

Instar de (à l') [LOC. PRÉP.] « à l'exemple ou à la manière de, comme » (1572, A. Thierry). Du bas latin *ad instar* « de la valeur de » (latin classique *instar* « quantité, grandeur »). Cette locution appartient au style soutenu et marque la comparaison.

INSTIGATION n. f.

À (sur) l'instigation de [LOC. PRÉP.] « sur les conseils, en subissant l'influence de qqn » (1332, in *Dict. général*). D'usage assez courant, s'emploie souvent en mauvaise part.

INSTINCT n. m.

D'instinct « spontanément, naturellement » (avant 1848, Chateaubriand). On trouve aussi *par instinct*. Les deux formes sont rendues par l'adverbe *instinctivement*.

INSU n. m.

À l'insu de [LOC. PRÉP.] « sans que la chose soit connue » (XVIᵉ s.). Bon exemple de la survivance de la morphologie médiévale ; *insu* (littéralement « ce qui n'est pas su ») est la forme substantive et négativisée (préfixe *in*) du participe passé de *savoir : su* (*seu* en ancien français). Elle a supplanté d'autres formes concurrentes comme *sans le seu de, au desceu de* « dans l'ignorance », attestées dès la fin du XIIᵉ siècle. Ce procédé de substantivation du participe passé *su* se retrouve aussi dans la locution *au vu et au su de*. *À l'insu de* s'emploie très souvent avec le possessif. *À mon (ton, son) insu* « sans que je (tu, il) le sache ».

INTELLIGENCE n. f.

En bonne, mauvaise intelligence [LOC. ADV.] « en accord, désaccord avec » (1638, Richelieu). S'emploie avec des verbes exprimant l'état (*être, vivre*, etc.). *Intelligence* est à comprendre au sens de « relations, rapports entre les gens ». Ce sens date de la fin du XVᵉ s. (Commynes) et reste très vivant, soit isolément, soit dans une locution comme *être d'intelligence avec qqn* « être de connivence » (XVIIᵉ s., Corneille). *Être de l'intelligence de qqn*, en usage au XVIᵉ s. (Montaigne), n'est plus employé. *Intelligence* avait alors des connotations positives et signifiait « bonne entente, complicité ». Les précisions qualitatives : *bonne, mauvaise intelligence*, ne datent que du XVIIᵉ s.

INTENTION n. f.

Procès d'intention « accusation injuste ou insuffisamment fondée », portant sur les intentions et non sur les actes (XXᵉ s.). Souvent dans la locution verbale *faire un procès d'intention à qqn*.

À l'intention de « pour, en l'honneur de » (milieu XVᵉ s.). Cette locution comporte assez souvent un arrière-plan moral ou religieux et se traduit alors à peu près par « pour l'édification ou le profit spirituel de » *(dire des messes à l'intention d'un défunt)*.

Dans l'intention de « pour, afin de », suivi de l'infinitif.

Vx. *En intention que, à intention que*, en usage aux XVIᵉ s. et XVIIᵉ s., ont aujourd'hui disparu.

Avoir l'intention de (suivi de l'infinitif) « se proposer de ».

L'enfer est pavé de bonnes intentions → ENFER.

L'intention est réputée pour (sauve) le fait ; Intention vaut fait ; C'est l'intention qui fait l'action [LOC. PROV.]. Ces trois proverbes sont les héritiers de la casuistique du XVIIᵉ s., vivement critiquée par Pascal dans *Les Provinciales* (ch. VII), et sont fondés sur le préjugé traditionnel de l'identité entre décision et réalisation. Cette controverse se situait d'abord dans le cadre pragmatique du monde juridique : un acte devait être apprécié, pesé, pour être jugé. C'est assez naturellement que la controverse prend un caractère moral et la forme d'une condamnation préventive. Celle-ci frappe le pouvoir maléfique de tout acte répréhensible dont la simple possibilité est à extirper par avance de la conscience.

Une version plus usuelle de ces proverbes : *c'est l'intention qui compte,* n'a pas le même contenu ; elle comporte plutôt une nuance d'indulgence. Elle s'emploie pour excuser un acte positivement valorisé dans le domaine moral ou affectif, qui aurait pu être accompli ou qui aurait pu être compté au crédit de celui qui l'aurait accompli, sans pour autant que ce manque lui vaille d'être blâmé.

INTÉRESSANT adj.

Être dans un état (une position, situation) intéressant(e) «être enceinte» (euphémisme ; 1872, *in* P. Larousse). L'expression signifie littéralement «dans un état physique digne d'attention». Le tabou sur les fonctions corporelles, sur celle de la reproduction en particulier, est bien typique du XIXᵉ s. Il tend à disparaître aujourd'hui et la locution ne s'emploie plus guère que plaisamment.

INVENTER v. tr.

Ne pas avoir inventé la poudre (le fil* à couper le beurre, l'eau* chaude...) «avoir l'esprit borné». Le choix du verbe *inventer* permet l'emploi des compléments les plus fantaisistes.

> Elle porte un tailleur gris souris avec des pompes rouge cerise, des gants également cerise et un sac à main assorti. Une gravure de mode! L'air de n'avoir pas inventé la pénicilline, mais de ne pas en avoir besoin non plus... Une chair plus que comestible!
>
> SAN-ANTONIO, *Au suivant de ces messieurs*, p. 36.

IN VITRO [LOC. ADJ. et ADV.] Du latin *in* «dans», et *vitro* [dans le] «verre» (fin XIXᵉ s.), «en milieu artificiel», en parlant d'expériences (médecine, biochimie) faites en laboratoire, hors de l'organisme. S'oppose à *in vivo* «dans l'organisme».

IOTA n. m.

Pas un iota «pas la plus petite chose» ; *sans changer un iota* «sans rien changer» d'un texte, d'un propos (XVIᵉ s.). *Iota*, la neuvième et la plus petite lettre de l'alphabet grec et, figurément «la moindre chose, le plus petit détail», entre dans des constructions négatives et signifie à peu près «à la lettre, intégralement». Ces expressions assez courantes sont des adaptations d'un passage de l'Évangile (Matthieu 5, 18) où il est dit que «le ciel et la terre ne passeront point que tout ce qui est dans la loi ne soit accompli parfaitement, jusqu'à un seul iota et à un seul point» (*Bible* de Lemaistre de Sacy).

IRONIE n. f.

Ironie du sort «événement imprévu, généralement fâcheux, qui apparaît comme une moquerie du destin» (*in* Littré). Procède d'une conception magique, anthropomorphique du hasard, doté à l'image humaine d'une volonté propre, d'intentions et particulièrement, de celle de nuire à l'homme. On trouve l'expression *ironie du malheur* chez Mme de Staël *(Corinne).*

Il lui faut des points d'ironie «il ne comprend pas facilement la plaisanterie». Les *points d'ironie* furent proposés par Alcanter de Brahm afin de souligner dans un texte les passages méritant cette qualification. Par métaphore (comme *les points sur les i* → I), les points d'ironie symbolisent toutes les informations superfétatoires, non indispensables dans la majorité des cas, à la bonne réception et au décodage d'un message (ici, la plaisanterie).

IROQUOIS adj.

Vieilli.   ***C'est de l'iroquois*** « c'est incompréhensible, indéchiffrable », par allusion à la complexité supposée de la langue iroquoise ou plutôt de son exotisme → aussi C'est du chinois,* du grec*, de l'hébreu*. Dès le XVIIIe s. *(Dictionnaire comique* de Le Roux), *iroquois* était lexicalisé et désignait par péjoration tout individu au comportement inhabituel ou excentrique. Le mot se spécialise au XIXe s. et s'applique à un langage inintelligible.

IVOIRE n. m.

Tour d'ivoire → Tour.

IVRAIE n. f.

L'ivraie et le bon grain → Séparer le bon grain* de l'ivraie.

IVROGNE n. m.

Serment d'ivrogne « qui ne sera pas tenu », par impossibilité physique, comme s'il n'avait pas été fait en toute conscience, mais sous l'effet de l'alcool.

j k

J.

Jour J. Désignation conventionnelle du jour fixé pour une opération militaire, puis par extension, «jour où doit avoir lieu (ou a eu lieu)» un événement notable pour quelqu'un» → aussi **H** *(heure H)*. Ces locutions redondantes modernisent les formules issues du superlatif hébraïque *(le roi des rois)*.

> Vers la fin de l'occupation, j'accomplis un geste moral : mon engagement aux F.T.P., à partir du «Jour J et Heure H», sous le pseudonyme de Gérard (tribut au rêveur d'*Aurélia*) et le numéro matricule 1092. — M. LEIRIS, *Fourbis*, p. 154.

JABOT n. m.

Enfler, gonfler le jabot «prendre des airs avantageux». Même image que *se rengorger*, de *gorge*.

Vx. **Se remplir le jabot** «bien manger». Cette locution populaire s'employait au XVIIIe s. (1740, Acad.) par analogie avec les volailles qu'on gavait. On dit aujourd'hui *se remplir la panse*. On trouve aussi *s'imbiber le jabot* «boire».

JACHÈRE n. f.

Littér. **Laisser, rester en jachère** «à l'abandon, sans en tirer parti», comme une terre non cultivée.

JACQUES n. pr.

Vx. **Faire Jacques Desloges** (ou **Déloge**) «s'enfuir» (début XVIIe s.). L'expression, encore attestée après 1850 (Littré) est un calembour sur *déloger*. Il en existe plusieurs variantes : *prendre Jacques Déloge pour son procureur* (*son avocat* ou *son patron*). Elle avait parfois le sens de «déménager».

Faire le Jacques «faire l'imbécile, se conduire stupidement». Cette locution populaire apparaît vers 1880. (On trouve d'abord *battre le Jacques*, en 1875, dans Esnault.) *Jacques* désignait traditionnellement (comme *Gilles* ou *Guillaume*) le niais, le simple d'esprit. *Jacques Bonhomme* était le surnom du paysan français typique. L'expression est toujours vivante.

> Il l'a bien dit le zozoteux... «Vous retournerez chez vos parents !...» Il me l'a répété deux fois !...
> — Oh ! Alors, faut pas faire le Jacques !... Va-t'en mon petiot ! Va-t'en.
> — L.-F. CÉLINE, *Mort à crédit*, Pléiade, p. 1046.

> Mon garçon, j'aime autant vous dire qu'avant d'avoir vu le bout de vos obligations militaires vous en mangerez des vertes et des pas mûres ! On ne vous laissera pas souffler une seconde ! Pas une ! Et si vous faites les Jacques, on vous enlèvera vos petits galons tout neufs [...]. — V. GIBEAU, *Allons z'enfants...*, p. 384.

JAIS n. m.

Noir comme du jais «d'un noir profond et brillant». *Noir comme jais* est attesté chez Furetière (à propos de cheveux). Les formes elliptiques *noir de jais, de jais,* sont fréquentes.

JALON n. m.

Planter (poser) des jalons «déterminer les étapes préliminaires, les grandes directions d'un travail à accomplir, d'un projet quelconque». L'emploi figuré de *jalon* date du XIXᵉ s. (1829, Boiste).

> Tâchez aussi de poser des jalons pour cet été, si elle avait envie de quelque chose, d'une croisière que nous ferions tous les trois, que sais-je ?
>
> M. PROUST, *À la recherche du temps perdu*, t. I, p. 322.

JALOUX adj.

Vx. *Jaloux de (qqch.) comme un gueux de sa besace* «profondément attaché à (qqch.)» (XVIIᵉ s.). Ce sens de l'adjectif survit dans des emplois littéraires, comme *porter un soin jaloux* (attentif) à...

Jaloux comme un tigre → TIGRE.

JAMAIS adv.

À jamais [LOC. ADV.] «pour toujours, dans tout le temps à venir» (XIIIᵉ s., Adam de la Halle). Admet de nombreuses formes hyperboliques : *à tout jamais, pour jamais* (XVIᵉ s.), *au grand jamais* (fin XVIIIᵉ s.), *jamais de la vie* (XIXᵉ s.), exprimant le refus catégorique. Dans *au grand jamais,* l'adverbe est substantivé.

C'est le moment ou jamais «c'est l'occasion idéalement propice, à saisir sans la différer» (sous peine de ne plus la retrouver).

> Cette affaire vaudra de l'or, dit enfin Santini. C'est le moment ou jamais d'y entrer. Il faudra quelques travaux, un peu de frime dans le décor et après... passez la monnaie.
>
> L. DURAND, *Le Caïd*, p. 532.

Mieux vaut tard que jamais → TARD.

JAMBE n. f. Membre inférieur de l'homme (et des animaux, dans l'ancienne langue), terminé par le *pied* (→ PIED); opposé à *tête;* correspondant à *bras* (membre supérieur). *Jambe* est beaucoup moins riche en locutions que *pied,* mot exceptionnellement productif, alors que les mots désignant d'autres parties de la jambe sont médiocrement formateurs d'expressions (*genou, cuisse, mollet, jarret,* etc.).
Avec des adj. et des compl. déterminatifs, *jambe* sert à former quelques loc. nominales. On notera *jambe + de + nom d'animal,* qui désigne quelques objets (*jambe de chien* «nœud de marine»).

Jambe de coq «jambe (humaine) maigre, à mollet saillant».

Fam. *Partie de jambes en l'air* «ébats sexuels», par une image fort claire, où *en l'air* a aussi une valeur métaphorique (→ S'ENVOYER EN L'AIR★).

> Mes activités à la Mondaine me laissaient peu de loisirs, et ce que je pus voir derrière cette glace, je le relate simplement parce qu'à plusieurs reprises, cela dépassait la banale partie de jambes en l'air, tel ce client qui, après s'être recoiffé, trouvant la brosse à sa convenance, l'avait discrètement empochée.
>
> M. ROLLAND, *La Rouquine*, p. 99.

Comme un emplâtre (un cataplasme, un cautère) sur une jambe de bois «sans aucune efficacité».

N'aller que d'une jambe → PATTE.

À toutes jambes «très vite» (avec des verbes exprimant la course, la fuite). Cette locution banale est en fait très curieuse; comme *pied* dans *marcher d'un bon pied, jambes* y renvoie à un signifié abstrait «marche, course, vitesse» (→ À TOUTE VITESSE*). Le pluriel avec *tout* renvoie au renforcement expressif qui correspond à la multiplication des membres inférieurs représentant une vitesse accrue (→ dans la même optique : NE REMUER NI PIED* NI PATTE).

> On fait grand usage ici [Naples] de petites voitures en coquilles, à roues fort basses et attelées d'un seul cheval qui les emportent à toutes jambes.
>
> Ch. de BROSSES, *Lettres d'Italie*, t. I, p. 256.

Avoir les jambes en coton, en pâté de foie «faibles, molles».

Avoir les jambes coupées «être incapable de marcher, ne plus avoir de forces» et par extension «être frappé de stupéfaction, d'étonnement». On dit aussi *couper les jambes à qqn* (sujet nom de choses : *fatigue, émotion...*).

> — Quoi? Mlle Ségovie s'est mariée?
> — J'en suis la preuve vivante. Mais asseyez-vous donc.
> — Je veux bien, car j'en ai les jambes coupées. Elle qui disait toujours que les hommes sont tous des salauds, des maquereaux et des ivrognes.
>
> R. QUENEAU, *Le Dimanche de la vie*, p. 122.

Avoir encore (retrouver) ses jambes de quinze (vingt) ans «redevenir ou rester capable de marcher, courir, etc., comme si on était tout jeune». L'association de la jeunesse à la capacité physique se borne en français aux *jambes* et aux *yeux;* ce rapprochement de la station-mobilité et de la vue se retrouve dans : *bon pied bon œil.*

Couper bras et jambes → BRAS.

Être dans les jambes de qqn «rester trop près de lui, le gêner». *Trouver qqn dans ses jambes,* etc. a la même valeur.

Vx. *Faire la belle jambe* «prendre une démarche avantageuse». Cette expression abandonnée a fourni un modèle formel à *ça lui fait une belle jambe.*

Vx. *Faire jambe de bois* «quitter un restaurant sans payer», résulte de la combinaison du syntagme *jambe de bois* (pour la forme) et d'une expression latente *faire (la) jambe* «s'enfuir» (→ FAIRE LA PAIRE*), avec le complément *de bois* exprimant le caractère factice, trompeur, comme dans *à la cloche de bois.*

Vx. *Faire jambe de vin* «se donner des forces pour la marche en buvant un coup», puis boire pour se donner du courage «afin de pouvoir faire une chose plus gayement, prendre de nouvelles forces à bien boire» (Le Roux). La syntaxe de cette expression est figée (absence d'article) comme dans *faire bonne figure. Jambe* y est pris au sing. collectif. Les traits formels ont contribué à l'abandon de cette jolie locution, à rapprocher de *boire le coup de l'étrier** (paradoxalement c'est le contexte «voyage à cheval» archaïque, qui a survécu dans l'expression linguistique, et non celui de «marche à pied»).

Faire des ronds de jambe → ROND.

Prendre ses jambes à son cou «se résoudre à partir pour quelque message, ou quelque voyage» (Furetière, 1690). Le premier sens de cette expression concerne donc, non pas la vitesse de la course (comme aujourd'hui, où l'image évoquée est celle du coureur qui ne touche pas le sol, et dont le cou et les jambes paraissent presque sur la même ligne) mais la décision de départ. Il s'agirait donc de «préparer ses jambes pour le départ», ce que Littré, rapprochant la locution d'un synonyme ancien, *«Ployer ses jambes»*, commente ainsi :

> Locution singulière [...] l'homme qui s'en va, qui s'enfuie, ploie ses jambes, comme le porte-balle qui s'en va ploie ses marchandises, et les met à son cou.
>
> LITTRÉ, Article *Jambe.*

Le glissement vers le sens moderne est attesté au XVIIIe s. : «cette expression marque la promptitude, au moins communément» (Trévoux, 1740). En fait, et dès le début, le mouvement des jambes vers le haut symbolise la course (→ S'EN ALLER HAUT LE PIED*).

> Je cassai au-dessus de ma tête un morceau de branche vive et le jetai violemment dans sa direction. Il fit demi-tour et partit en courant. Il y avait vraiment des fois où je ne comprenais rien à mon fils. Il devait savoir que je ne pouvais l'atteindre, même avec une bonne pierre, et malgré ça, il prenait les jambes à son cou.
>
> BECKETT, *Molloy*, p. 223.

Tirer dans les jambes de qqn → PATTE. — **Traîner la jambe** → PATTE.

Tenir la jambe à qqn «le retenir d'une manière importune». S'emploie notamment dans le contexte de la conversation interminable. La métaphore correspond simplement à «retenir (par la jambe)».

> La mère Bordier m'a tenu la jambe pendant vingt minutes à me raconter qu'elle avait vécu, détachée de son corps, quinze jours de joies sublimes et paradisiaques.
>
> M. AYMÉ, *Le Passe-Muraille*, p. 81.

> La secrétaire vient me tenir la jambe quelques minutes, son Maître «va me prendre tout de suite», elle a maintes fois traduit et calmé nos jérémiades et nous connaît bien — sur papier — comme de redoutables emmerdeurs.
>
> A. SARRAZIN, *La Traversière*, p. 50.

Traiter qqn par-dessous la jambe «sans aucun égard». Provient de : *jouer qqn par-dessous la jambe, par-dessous jambe* «obtenir facilement l'avantage sur lui», «considérer comme un adversaire négligeable».

> Je voudrais bien que l'on m'ait donné autrefois nos vieillards à duper ; je les aurois joués tous deux par-dessous la jambe.
>
> MOLIÈRE, *Les Fourberies de Scapin*, I, 2.

> Tu nous rabâchais [...] certaine histoire peu flatteuse pour toi. Un intendant t'avait joué par-dessous jambes : te le rappelles-tu bien ?
>
> BALZAC, *Vautrin*, III, 2.

Il s'agit sans doute d'une expression technique due au jeu (jeu de boules ?) où la difficulté supplémentaire constituerait une sorte de handicap. Dans *traiter qqn par-dessous la jambe*, ou *expédier une affaire par-dessous la jambe*, le contexte du jeu a disparu et l'expression est devenue obscure. À tel point qu'elle est souvent modifiée en *par-dessus la jambe*, sans pour autant que cette nouvelle forme soit plus claire.

Ça lui fait (fera) une belle jambe «ça ne lui sert (servira) à rien ; il n'en sera pas plus avancé». La première forme en était *ça ne lui rendra pas la jambe bien faite* (ou par ironie : *ça lui rend [rendra] la jambe bien faite*). Une autre variante est : *ça ne lui fera pas la jambe plus belle*. Le sens n'en a pas varié.

> On dit par ironie qu'*une chose rend la jambe bien faite à qqn*, pour dire, qu'elle ne luy sert de rien, qu'il n'en est pas mieux. *Vraiment cela luy rend la jambe bien faite*.
>
> *Académie*, 1694.

Belle jambe est associé, soit à la fatuité masculine (→ MOLLET DE COQ*), soit au charme féminin. La première valeur est seule en cause,

> Trois fois dans les vingt-quatre heures la radio de Vichy bourrait le crâne des Français pour les convaincre de manger du soja, comme les coolies chinois, et des émissions, qu'elles fussent de Londres, de New York ou de Paris, prônaient des sous-produits et des synthèses chimiques où il s'agissait moins de nourrir les gens à l'écoute que de les tromper avec des statistiques et des additions de calories. La belle jambe !
>
> B. CENDRARS, *Bourlinguer*, p. 274.

Ça vaut mieux qu'une jambe cassée (*que de se casser une jambe*) «ce n'est pas très grave» (1854, H. Monnier). → ÇA VAUT MIEUX QUE D'ATTRAPER LA SCARLATINE*.

Les jambes (lui, me...) rentrent dans le corps «il est, je suis épuisé à force de marcher». Cette métaphore est plus curieuse que la précédente. En effet, si l'on conçoit facilement la partie du corps douloureuse ou lasse comme incapable de fonctionner parce qu'elle manque de fermeté (*jambes en coton* remplace *jambes molles*) ou parce qu'elle est sectionnée (→ AVOIR LES JAMBES COUPÉES, ci-dessus ; LES BRAS

M'EN TOMBENT), au contraire l'image de l'emboîtement du membre dans le corps est plus rare, donc plus significative. Elle s'articule aussi sur le fantasme du corps morcelé, mais considère les membres comme ajoutés (puisque *corps* signifie ici «tronc») et capables de réintégrer la partie centrale de l'organisme.

JAMBONNEAU n. m.

Vx. *Gratter du jambonneau* «jouer du violon (du violoncelle, de la guitare)» par une analogie entre le geste du musicien et celui du charcutier et par la forme de l'instrument. On trouve *pincer du jambonneau* à la fin du XIXᵉ s., chez Huysmans. Cette conception prosaïque et irrespectueuse dénonce, sous sa naïveté apparente, l'illusion d'une musique d'essence immatérielle, qui ne passerait pas par le geste qui la produit, aussi grossièrement caricatural soit-il. Ces expressions appartiennent au registre populaire. Pour la forme, l'assimilation de l'instrument à cordes à la jambe peut avoir été amenée par la métonymie que réalise le terme *viole de gambe* («de jambe»).

JAQUETTE n. f.

Arg. *Être de la jaquette flottante* «être homosexuel passif» (fin XIXᵉ s.). L'expression s'est formée à partir de l'expression *filer de la jaquette* «pratiquer le coït anal» où *filer de* a le sens d'«introduire, mettre» (*filière :* anus, *in* Esnault). L'image de la jaquette peut faire penser à un homme vu de dos, et l'adjectif paraît être une expansion qualifiant ce «dos» métonymique. On trouve souvent *être de la jaquette*
→ ÊTRE DE LA PÉDALE*.

> Le garçon qui fut parisien et qui est resté de la jaquette flottante, radine, triomphant,
> portant un immense plat d'argent sur lequel fume une monumentale choucroute.
>   SAN ANTONIO, *Au suivant de ces messieurs*, p. 167.

JARDIN n. m.

Côté cour, côté jardin → CÔTÉ. — *Jeter une pierre dans le jardin de quelqu'un* → PIERRE.

Il faut cultiver notre jardin [LOC. PROV.] «il faut mener une vie calme et industrieuse sans se préoccuper d'autrui et de la marche du monde». Mise par Voltaire dans la bouche de Candide, cette sentence opposait à l'origine la philosophie, considérée comme le type de l'activité inutile, et les réalisations concrètes, ces dernières valorisées au détriment de la première. Aujourd'hui, l'opposition entre *philosopher* et *travailler* n'est plus perçue aussi nettement et s'est déplacée sur le couple «emprise du monde extérieur» et «détachement».

JARNAC n. pr.

Coup de Jarnac «attaque perfide», par allusion à la célèbre botte du chevalier de Jarnac qui tua en duel La Châtaigneraie en 1547.

JARRET n. m. Mot d'origine gauloise, qui aurait donné le breton *jâr* «jambe».

Vx. *Être ferme sur ses jarrets* «faire bonne contenance».

Vx. *Secouer le jarret* «agoniser». Curieusement, l'expression (ici utilisée au sens de «avoir des spasmes») s'employait dans un contexte moins grave : *elle ne fait que secouer le jarret* (Oudin, 1656) «elle accouche avec facilité».

JAUNE adj. et adv.

Jaune comme un cierge, un citron, un coing → CIERGE, CITRON, COING.

Vieilli. ***Être peint en jaune*** «être trompé par sa femme». Cette locution populaire est ancienne. On la trouve au XVIIᵉ s. chez Furetière. Le jaune est traditionnellement la couleur emblématique du cocuage et plus généralement la marque de l'ignominie sociale, le signe de l'exclusion. C'était depuis le Moyen Âge la couleur des traîtres, des Juifs et autres parias; c'est aujourd'hui la couleur de la trahison dans les luttes sociales.

Vx. ***Faire des contes jaunes*** «raconter des histoires invraisemblables» (XVIIᵉ s., *in* Furetière). Cette locution verbale a exactement la même valeur que l'expression concurrente *contes bleus*, plus répandue (→ ces mots). On trouve aussi *contes violets*.

Rire jaune «avec contrainte» (XVIIᵉ s.), «en faisant contre mauvaise fortune bon visage». L'expression figure chez Saint-Simon. La valeur de *jaune*, qui est ici adverbe, est obscure, mais doit être rattachée au teint des bilieux. L'hépatique force sa mauvaise humeur habituelle et ne peut rire que d'une manière forcée → JAUNISSE (FAIRE UNE).

JAUNISSE n. f.

En faire une jaunisse «être très dépité ou très contrarié» (fin XIXᵉ s.). Il est médicalement exact qu'une contrariété mal supportée peut être à l'origine de cette maladie. On parle aussi de tempérament bilieux, et la locution *se faire de la bile* associe dans un rapport de cause à effet les contrariétés d'origine psychologique et leurs répercussions somatiques, sur le foie, en l'occurrence (→ aussi EN FAIRE UNE MALADIE*).

JEAN n. pr.

Le prénom *Jean* (du latin *Johannes*) et ses nombreux composés (Jean de Nivelle, Gros-Jean, Jean des Vignes, Jean Lorgne, Jean Farine) symbolisent traditionnellement, dans le langage populaire, le niais, l'idiot ou le malheureux à qui rien ne réussit, le cocu, etc.

Ce prénom s'est particulièrement bien prêté à la création de locutions et proverbes dont la signification n'est plus bien perçue de nos jours, soit parce qu'elles mettent en œuvre les connotations péjoratives et ridicules attachées à ce prénom et qui ne sont plus évidentes pour un locuteur du XXᵉ s., soit parce qu'elles font allusion à une anecdote ayant pour protagoniste un personnage historique de ce prénom → aussi JACQUES.

Être Gros-Jean comme devant «être frustré d'un avantage espéré, subir une désillusion» (1678, chez La Fontaine). *Gros-Jean* est le type populaire du nigaud toujours abusé. La conjonction *devant* a ici une valeur temporelle qui était déjà vieillie au XVIIᵉ s. Elle marque l'antériorité et est synonyme d'*avant*. Contrairement à toutes les locutions formées à partir du prénom *Jean*, celle-ci est encore très vivante dans la langue familière.

> Enfin, devant l'Ambigu, comme ça, entre cinq et sept, je l'ai bien vu venir le Progrès... mais je trouvais toujours pas une place... Je rentrais chaque fois à la maison, Gros-Jean comme devant... Je trouvais toujours pas le patron qui me ferait refaire mes débuts...
> L.-F. CÉLINE, *Mort à crédit*, Pléiade, p. 782.

Vx. ***Faire comme saint Jean qui donnait le baptême sans l'avoir reçu*** «se mêler d'enseigner ce qu'on ne connaît pas». L'expression est encore largement attestée au milieu du XIXᵉ s. (Littré, P. Larousse). Son sens est à rapprocher de *c'est Gros-Jean qui en remontre à son curé*.

Vx. ***S'en soucier comme de Jean de Vert (ou de Wert)*** «ne pas se préoccuper, se moquer de» (→ aussi S'EN MOQUER COMME DE L'AN* QUARANTE, DE SA PREMIÈRE CHEMISE*). *Jean de Wert* était un général des armées impériales au XVIIᵉ s. qui avait occupé quelques places de Picardie et était très redouté. Il fut pourtant fait prisonnier à la bataille de Rheinfelden et sa défaite fut l'occasion de chansons populaires et triviales. *Le bon temps de Jean de Wert* a fini par symboliser (début XIXᵉ s., d'après Gottschalk) toute époque reculée, lointaine, qui n'intéresse plus directement (d'où la notion d'indifférence, de désaffection).

    C'est le chien de Jean de Nivelle qui s'enfuit quand on l'appelle → NIVELLE.

Vx. *C'est Jean de Lagny qui n'a point hâte* « c'est quelqu'un de peu pressé, de particulièrement lent ». L'expression fait allusion à Jean sans Peur qui, en 1417, au lieu de marcher sur Paris, perdit deux mois à attendre dans Lagny. Elle est en outre motivée par sa relation à *lanier* « lâche » et à l'expression qui utilise cet ancien adj., *être de Lagny* « être lâche ou fainéant ».

    C'est Gros-Jean qui en remontre (veut en remontrer) à son curé « c'est un ignorant qui se mêle de ce qu'il connaît mal ».

Vx. *C'est le mariage de Jean des Vignes, tant tenu, tant payé* c'est-à-dire « une union sans lendemain ». Il s'agit en fait d'un calembour onomastique sur *Gens des vignes*, les vignerons ayant la réputation de contracter au moment des vendanges des liaisons passagères. L'expression paraît dater du XVIᵉ s.

> Chacun promettoit d'espouzer
> Cela s'appelloit par leurs signes
> Mariages de Jean des vignes,
> Quand chacun trousse son paquet [= fait sa valise]
> Le lendemain des espousailles
> Qui précèdent les fiançailles   *Var. hist. et litt.*, II, 23, *in* Huguet.

JET n. m.

À jet continu « sans arrêt » (XXᵉ s.). D'abord appliqué aux paroles assimilées au flot ininterrompu d'un robinet ; en effet, le caractère récent de la locution interdit de faire appel à d'autres sens du mot *jet*.

D'un seul jet, du premier jet « d'une traite, d'un seul coup » (1835, Acad.). Depuis le XVIᵉ s., *le premier jet* est l'ébauche d'une œuvre artistique ; le syntagme est lexicalisé en nom *(un premier jet)*. L'expression s'est élargie depuis à tous les domaines d'activité.

JETER v. tr.

Fam. *S'en jeter un* « boire un verre », *jeter* ayant le sens de « mettre vivement dans (le gosier) », « ingurgiter ». L'expression est fréquente sous sa forme complète : *s'en jeter un derrière la cravate* → CRAVATE.

> Ils se jetèrent l'alcool derrière la cravate et restèrent quelques instants silencieux en tétant leur cigare.   R. QUENEAU, *Pierrot mon ami*, p. 37.

Fam. *N'en jetez plus (la cour est pleine)*. Formule exprimant la saturation, la fatigue devant une situation qu'on voudrait voir cesser. Elle correspond à peu près à « cela suffit, assez ». Elle est parfois suivie d'adjonctions facultatives à nuance causale exprimant de façon concrète, spatiale, cette saturation.

> — Oui, oui, quand ma tête en aura assez, je vous préviendrai... N'en jetez plus, la tirelire est pleine.
> Le médecin se prit à rire. Les locutions pittoresques du gamin de Paris avaient le don de l'amuser.   P. d'IVOI, *le Docteur Mystère*, p. 126-125.
> Ici *tirelire* reprend *tête*. *Jeter* convient alors au complément implicite *pièce*, *sou*...

JETON n. m.

Fam. *Vieux jeton* « vieil homme borné » (début XXᵉ s.). *Jeton* a ici son sens argotique de « type, individu ». Ce syntagme, très péjoratif, stigmatise dans la vieillesse le côté rétrograde.

Faux comme un jeton «hypocrite, dissimulé, par analogie avec les jetons, qui imitaient parfois les pièces de monnaie». *Faux jeton* est lexicalisé, comme nom et comme adjectif :

> Je ne puis méconnaître non plus que bien des écrivains et des prêtres que j'admire sont des menteurs fieffés : de Foe, aussi faux jeton qu'en français le voudrait son nom, puisqu'il fut agent double, pamphlétaire à gages et auteur de Mémoires apocryphes [...].
>
> M. LEIRIS, *Fibrilles*, p. 241.

Fam. **Avoir les jetons** «avoir peur» (1916). D'après Esnault, cette locution d'origine argotique serait à rapprocher de *jeter* au sens d'évacuer une sécrétion et par extension les matières fécales, par l'association habituelle entre la peur et l'excrétion fécale (cf. *faire dans sa culotte, avoir la colique**, sémantiquement comparables). L'expression est en usage, mais complètement démotivée.

> «Vous tenez plus debout, mon garçon. Il va falloir vous soigner! Qu'est-ce que vous faites donc dehors? Vous vous reposez pas?» Comme ça qu'il l'assaisonnait.
> Alors lui, qu'avait les jetons, il a tout avoué sur le coup... Tous les malheurs de la famille! L.-F. CÉLINE, *Mort à crédit*, Pléiade, p. 678.

Arg. **Prendre (se payer) un jeton** «regarder sans être vu (notamment une scène érotique)». L'expression complète est *prendre un jeton de mate* (1935), de l'argot *mater* «regarder sans être vu», et *jeton* «coup d'œil subreptice». Cette locution verbale a pu être issue de l'expression *jeton de présence* «gratification perçue par les assistants d'une assemblée», par transfert du sens de *gratification*, du domaine purement financier au domaine psychologique : «ce qui fait plaisir».
— À ne pas confondre avec les emplois populaires de *jeton* «coup de poing», dans *prendre, recevoir... un jeton*.

JEU n. m. Du latin *jocus* «badinage, plaisanterie». Ce mot a un champ d'application très large et entre dans de nombreuses locutions. La grande métaphore du jeu s'applique à tout ce qui règle l'activité et définit le comportement humain, soit selon des règles établies, soit avec un élément de liberté et de gratuité.

Jeu de mots «équivoque plaisante fondée sur l'homophonie (partielle ou totale) de deux mots de sens différents». Les *jeux de mots* incluent les calembours, les à peu près, mais non pas, comme on pourrait s'y attendre, toutes les utilisations plaisantes du vocabulaire (contrepéteries, etc.).

Vieilli ou littér. **Jeux de princes,** l'expression désignait depuis le XVIe s. (H. Estienne) les fantaisies des grands personnages qui s'amusaient souvent cruellement aux dépens des plus défavorisés. L'idée développée est une mise en cause de l'arbitraire du pouvoir et la condamnation de ses abus. On peut citer à propos de cette locution, la visite que la reine Christine de Suède fit à l'Académie française; pour lui faire honneur, le président offrit de lui montrer un article du dictionnaire alors en préparation. Or, on en était au mot *jeu* et la reine tomba sur la locution *jeux de princes* qui s'appliquait particulièrement bien à son cas; gênée, elle fit lever la séance.

Vieux jeu «démodé» (fin XIXe s.). Au XVIIe s. (1656, Oudin), le *vieux jeu*, au théâtre, caractérisait une manière de jouer propre aux vieux comédiens (nos «ringards»), à base de tics et de plaisanteries éculées. Par analogie, *vieux jeu* s'est appliqué à tout ce qui n'était plus au goût du jour. *Être, faire vieux jeu* se dit aussi d'une personne. La locution *nouveau jeu* «nouvelle mode, nouvelles manières» (1898, *in* Lavedan) ne s'est pas maintenue.

> Il est assez amusant, avec sa manière de parler un peu vieux jeu, un peu solennelle.
> M. PROUST, *À la recherche du temps perdu*, t. II, p. 243.

Vx. **À jeu sûr** «à coup sûr, sans risque» (chez Molière).

Vx. **De jeu fait** «en ayant calculé son coup» (XVIIe s., La Fontaine).

Vx. *À deux de jeu* «à égalité (dans une dispute, une controverse)». La locution date du XVIIe s. (Furetière) et vient du jeu de paume.

Vieilli. *D'entrée de jeu* «d'emblée, dès le début» (fin XVIIe s.). Cette ancienne locution connaît ces dernières années (depuis 1965 environ), notamment dans les textes didactiques et politiques, un regain de faveur.

      Par jeu «pour s'amuser, en manière de plaisanterie». À rapprocher de *pour (de) rire.*

      Calmer le jeu «apaiser une querelle». Loc. devenue courante, surtout dans la presse parlée.

      Faire le jeu de qqn «servir (involontairement) ses intérêts» (XIIIe s.).

      Se faire un jeu de (suivi d'un substantif ou d'un infinitif) «mener facilement une affaire à bien», comme s'il s'agissait d'un jeu. On dit plus couramment : *c'est (ce serait) un jeu pour... (lui, elle...).*

      Entrer dans le jeu «participer à». *Entrer dans le jeu de qqn* «le soutenir, favoriser ses intérêts».

> Sur l'admiration, la protestation l'emporte, et dès la donnée de la pièce ; je ne puis entrer dans le jeu, c'est une contrainte trop arbitraire.   A. GIDE, *Journal*, t. II, p. 92.

      Être (entrer, mettre) en jeu «intervenir, être (ou mettre) en question», (XVIe s.).

> Pourtant, l'interprétation du sujet, la ressemblance de la chose représentée, sa ressemblance profonde, et la marque personnelle de l'écrivain qui expose et s'expose, son style, tout cela entre en jeu, fait la valeur de l'œuvre et la retient de tomber bientôt dans l'oubli.   A. GIDE, *Journal*, t. II, p. 223.

      Se piquer (se prendre) au jeu «se mettre à, commencer à s'intéresser à une question, un problème et se comporter en conséquence». À l'origine, l'expression est définie très largement par «prendre un vif intérêt à» (1694, Acad.).

> Le naïf commerçant accepta l'explication et s'en revint à Paris, un peu déconfit d'avoir dépensé tant d'argent pour rien, mais heureux de n'avoir pas vu le monstre et dégoûté des Belges.
> Comme il s'était montré raisonnable, le directeur de l'office se piqua au jeu et le maria à une veuve parisienne.   GORON, *L'Amour à Paris*, t. I, p. 340.

      Cacher son jeu «dissimuler ses intentions». On disait au XVIIe s. *couvrir son jeu (in* Furetière). La métaphore vient du jeu de cartes.

      Avoir beau jeu de (ou *pour*), suivi d'un infinitif, «être en bonne situation, avoir les meilleurs atouts pour réussir». Au sens propre, *avoir beau jeu*, c'est avoir des cartes favorables. Le sens métaphorique est déjà attesté au XVIe s. (chez Montaigne, notamment).

> Du temps du vieux, le mineur vivait dans la mine comme une brute, comme une machine à extraire la houille, toujours sous la terre, les oreilles et les yeux bouchés aux événements du dehors. Aussi les riches qui gouvernent, avaient-ils beau jeu de s'entendre, de le vendre et de l'acheter, pour lui manger la chair : il ne s'en doutait même pas.   É. ZOLA, *Germinal*, t. I, p. 186.

Il existe toute une série de locutions construites à partir du type formel *jouer le (un) jeu*, le substantif étant souvent précédé d'un qualificatif. Dans ces locutions, *jouer* a le sens global de «agir» (de telle ou telle façon), «se comporter de telle manière».

      Jouer le jeu «respecter les conventions définies à l'intérieur d'une situation précise». Le *jeu* est ici un code à respecter.

> Autrement dit : d'indiquer à quelles lois je suis obligé de me conformer pour jouer le jeu dans le cadre que je me suis choisi, les quelques lois que pratiquement je ne puis enfreindre sous peine de voir mon travail perdre toute valeur à mes yeux et peut-être, en définitive, toute vertu [...].   M. LEIRIS, *Fibrilles*, p. 238.

      Jouer un jeu serré → JOUER SERRÉ.

Jouer double jeu « agir avec duplicité, de façon à tromper ».

Jouer franc jeu « agir sincèrement, sans-arrière pensée » (début XIXᵉ s.). On disait au XVIIᵉ s. *à franc jeu* « sans tromperie ». À rapprocher de l'expression *cartes sur table*, et de l'anglicisme *fair play*.

> Le moraliste, l'essayiste jouent franc jeu et acceptent de se placer d'emblée sur le plan de l'opinion. Ils ne réclament pour leurs idées que l'acquiescement correspondant à l'intérêt qu'elles offrent et aux considérations qui les soutiennent
>
> J.-F. REVEL, *Pourquoi des philosophes*, p. 31.

Jouer gros jeu « prendre beaucoup de risques » (fin XVIIᵉ s., Regnard). L'expression vient des jeux d'argent, et s'emploie couramment au sens propre.

Vieilli. *(Jouer) bon jeu bon argent* « sérieusement, pour de bon » (milieu XVIIᵉ s.). On disait aussi *de bon jeu* (Richelet). Au sens propre, l'expression signifie « jouer en payant comptant ».

> M. le comte de Revel est ici avec deux jolies dames de Rennes, dont l'une est l'une de ses maîtresses ; cette femme entend raillerie : il ne me paraît pas qu'elle veuille jouer bon jeu, bon argent, avec un héros qui passe. Mme de SÉVIGNÉ, 311, *in* Littré, art. *jeu*.

Vx. *Faire bonne mine à mauvais jeu* « ne pas se laisser atteindre par un revers, une contrariété ». La locution est attestée au XVIᵉ siècle. C'était l'équivalent sémantique de *faire contre mauvaise fortune bon cœur* (→ CŒUR). À partir du XVIIᵉ s. (Monet, Pomey) et du XVIIIᵉ s., elle a eu le sens de « cacher ses intentions, ses sentiments » (en général hostiles) ou « le mauvais état de ses affaires » (Le Roux) et correspondait à peu près à la notion du *double jeu* (→ ci-dessus JOUER DOUBLE JEU).

> « Des aussi tost que nous y feusmes arrivez, faisans tous bonne mine et mauvais jeu, le roy tomba malade avec quatre de ses enfans »
>
> THEVET, *Cosmographie*, XXI, 8, *in* Huguet.

Lire dans le jeu de qqn « découvrir ses intentions cachées ».

Tirer son épingle du jeu → ÉPINGLE.

Le jeu n'en vaut pas la chandelle → CHANDELLE.

Ce n'est (c'est) pas de jeu « c'est irrégulier, contraire aux conventions », (1873, *in* P. Larousse).

C'est un jeu d'enfant « c'est très facile ». On trouve l'expression chez Fénelon à la fin du XVIIᵉ s., mais la forme négative : *ce n'est pas jeu d'enfant* « c'est une affaire sérieuse ou délicate » est attestée dès le XIVᵉ s. (1360, d'après Wartburg).

Les jeux sont faits « c'est décidé, résolu, il n'y a plus rien à faire » (début XXᵉ s.). La phrase est empruntée au langage des jeux de hasard : « les jeux sont faits rien ne va plus », phrase du croupier de roulette annonçant la fin des mises ; *faire le jeu* signifie donc « faire les mises ». On peut la rapprocher par le sens des locutions *les dés* en sont jetés, le sort en est jeté qui mettent en présence l'image du hasard du jeu comme instrument du destin et instance suprême de décision. L'expression sert de titre à un scénario de film de Sartre.

> À présent, il est trop tard : « les jeux sont faits, rien ne va plus ». Mon esprit sclérosé se plie aussi difficilement aux préceptes de cette sagesse ancestrale, que mon corps à la position dite « confortable » que préconisent les yogis...
>
> A. GIDE, *Journal*, t. II, p. 254

> — Je ne sais toujours pas pourquoi tu as décidé d'épouser ton étudiante neurasthénique. (...)
> — Je suis contre ce mariage, dit Lamballe.
> — Moi aussi, dit Rodrigue. Mais les jeux sont faits.
>
> R. VAILLAND, *Bon Pied, Bon Œil*, p. 48.

Jeux de main(s), jeu(x) de vilain(s) [LOC. PROV.] « les jeux de mains finissent presque toujours mal » (*in* Furetière), par allusion aux manants, aux « vilains » du Moyen Âge dont les querelles dégénéraient souvent en coups. De nos jours l'expression fait allusion aux interdits sexuels.

> «Jeux de mains, jeux de vilains», «souffler n'est pas jouer», aurait-elle pu me dire
> sur ce ton de petite fille modèle.   M. LEIRIS, *Fourbis*, p. 218.

Vx. *À beau jeu, beau retour* [LOC. PROV.] «la riposte à une attaque ne se fera pas attendre» (XVIᵉ s.). Le jeu est ici un affrontement, une partie entre deux adversaires.

> Les Parisiens sont arrivez à S. Germain-en-Laye, partialisez en deux ligues, les uns
> pour l'une, les autres pour l'autre religion, et l'on peut dire que c'est à beau jeu beau
> retour.   É. PASQUIER, *Lettres*, IV, 13, *in* Huguet.

Heureux au jeu, malheureux en amour [LOC. PROV.] «celui qui gagne souvent au jeu ne doit pas être à envier, car sa chance s'arrête à ce domaine». Cet adage d'une étonnante gratuité sert en fait à la consolation des joueurs malheureux ou maladroits.

JEUDI n. m.

La semaine des quatre jeudis «jamais» (1867, Delvau). On a d'abord dit, au XVIIᵉ s. (Oudin), *la semaine des trois jeudis*. La locution concrétise l'utopie d'une semaine comportant trois jours semblables, jointe à celle, plus utopique encore, d'une semaine faite d'une suite de jours de loisirs, le jeudi ayant longtemps été pour les enfants jour de repos scolaire. Cependant, il n'est pas prouvé que cette dernière motivation ait joué dès le XVIIᵉ s.

> Lui, à se frotter toujours contre ses jupes, s'allumait de plus en plus. Il était pincé, et
> ferme! Ça finissait par le gêner. Il riait toujours, mais l'estomac si mal à l'aise qu'il
> ne trouvait plus ça drôle. Les bêtises continuaient, il ne pouvait la rencontrer sans lui
> crier : «Quand est-ce?» Elle savait ce qu'il voulait dire, et elle lui promettait la chose
> pour la semaine des quatre jeudis.   É. ZOLA. *L'Assommoir*, t. I, p. 59.

JEUN adj. (Vx). Du latin *jejunus.*

À jeun «l'estomac vide, sans avoir rien mangé» (XIIIᵉ s.). *Jeun* a fonctionné comme adjectif jusqu'au XIVᵉ s., et cette loc. adv est son seul témoignage vivant.

JEUNESSE n. f.

Il faut que jeunesse se passe [LOC. PROV.] «il faut excuser l'ardeur et les erreurs du jeune âge». Sous le couvert d'une apparente indulgence, ce proverbe considère la jeunesse comme un mal nécessaire et un mauvais moment à passer (→ aussi JETER SA GOURME*).

> Et le grand-père dit : «c'est tout simple. Il faut que jeunesse se passe et que vieillesse
> se casse. J'ai été jeune, tu seras vieux. Va, mon garçon, ça rendras ça à ton petit-fils.
> Voilà deux cents pistoles. Amuse-toi, mordis! Rien de mieux!»
>   V. HUGO, *Les Misérables*, L'idylle de la rue Plumet, t. III, p. 266.

L'opposition *jeunesse/vieillesse* est traditionnelle dans les locutions proverbiales : *jeunesse oiseuse, vieillesse disetteuse* (Cotgrave) «si on ne travaille pas quand on est jeune, on est pauvre plus tard»; *jeunesse qui veille et vieillesse qui dort, c'est signe de mort* (Oudin, *Curiosités françaises*); *si jeunesse savait, si vieillesse pouvait* (H. Estienne, *Les Prémices,* 1594) opposent à l'inexpérience de la jeunesse la science impuissante de la vieillesse. La dernière expression est restée en usage.

JOB n. pr.

Pauvre comme Job «complètement démuni», comme Job dépouillé par Dieu, qui fait l'objet d'un des livres de la Bible.

> Mon comité est pauvre comme Job. C'est dans une écurie abandonnée qu'a été donné
> le rendez-vous. À peine peut-il y tenir trois cents personnes.
>   J. VALLÈS, *L'Insurgé*, pp. 98-99.

JOB n. m.

Vx. **Monter le job à (qqn)** «lui en faire accroire, l'abuser». Bien qu'assez peu ancienne (on la trouve en 1867 chez Delvau), cette locution populaire n'est aujourd'hui plus comprise. Le mot *job* est issu de l'ancien adjectif *jobe* «niais» (qui a donné *jobard*), attesté au XVIᵉ siècle. Déjà, au XVIIᵉ s., on disait *battre le job* au sens de «simuler la niaiserie, faire l'idiot» (attesté en 1770, dans le milieu poissard). *Se monter le job* est attesté chez Bauche en 1920, et antérieurement *se chauffer le job* «se bercer d'illusions», figure en 1880 chez Huysmans. *Monter* est à comprendre au sens d'«exciter, exalter» (comme dans *se monter la tête**, *le bourrichon**).

JOINT n. m.

Trouver le (un) joint «le biais, le meilleur moyen de résoudre une difficulté» (fin XVIIIᵉ s.). *Joint* est un ancien terme d'anatomie qui désignait le point où deux os s'articulent. En boucherie, *trouver le joint*, c'est «découvrir l'articulation en découpant une pièce de viande». Cette locution figure avec cette valeur concrète chez Furetière. Elle s'est depuis métaphorisée.

> «Songez à votre mère que votre mort tuera...» Ah! les gueux! ils ont trouvé le joint...
> Et voilà que, comme un lâche, j'oublie la rue en feu, mon rôle et mon devoir.
> J. VALLÈS *L'Insurgé*, p. 270.

JOLI, IE adj.

Joli comme un cœur «charmant, agréable à regarder» (→ aussi CŒUR).

Joli à croquer → CROQUER.

C'est du joli! Par antiphrase, «c'est mal» (→ C'EST DU BEAU, DU PROPRE).

C'est bien joli, mais... «ce n'est pas sans intérêt, mais...», pour introduire une objection, une réticence.

JONC n. m.

Vx. **Droit comme un jonc** «très droit» (XVIᵉ s.) → DROIT COMME UN Iⁱ* COMME UN PIQUET.

JOSEPH n. pr.

Vx. **Faire son Joseph** «jouer à l'idiot» (1867, d'après Gottschalk). Comme *Jacques* (→ FAIRE LE JACQUES*) et *Jean*, *Joseph* est l'un des prénoms types du niais dans la tradition populaire. Il existe une version féminine de cette locution : *faire sa Joséphine*, vraisemblablement engendrée par la finale *(fine)*, objet d'une antiphrase.

JOUE n. f.

En joue (mettre, tenir, coucher) «en position de tir» (se dit d'une arme à feu). L'expression vient de la position de la crosse, appuyée contre la joue; elle date de la généralisation du mousquet dans les armées.

Se caler les joues «manger beaucoup». On disait (XVIᵉ-XVIIIᵉ s.) *s'en donner par les joues*.

> Tu seras bien là-bas, Simon... Y a du grand air... Tu t'caleras les joues, chez ton parrain. I font de bonnes galettes... Y. GIBEAU *Allons z'enfants...* p. 235.

Vx. **Avoir les joues cousues** «être maigre».

Tendre l'autre joue (la joue gauche) «réagir à une humiliation, à un mauvais traitement, en s'exposant à d'autres outrages». Allusion évangélique (Matthieu 5, 39).

JOUER v. tr. et intr.

Jouer le jeu, jouer double (gros) jeu → JEU.

Jouer rip(e) → RIP(E).

Jouer serré «agir avec une vigilance sans relâche» (fin XVIIIe s.). Au début du
XVIIe s., le sens de l'expression est «jouer avec application et prudence, sans donner
prise à l'adversaire»; cette valeur propre est toujours vivante. L'emploi métaphorique date de la fin du XVIIIe s. L'idée dominante est celle de circonspection.

> Une fille comme ça, entre les mains d'une femme comme la marquise, c'est une for-
> tune. Et elles jouent serré, les deux gaillardes. On n'y comprend rien. Elles attendent
> peut-être une occasion... meilleure... que moi.   G. de MAUPASSANT, *Yvette*, p. 11.

Bien joué! «Bravo, c'est réussi».

> Il insista sur le Je, avec une insistance qui charma Julien. Voilà du bien joué, se disait-
> il. tout en faisant voler sa plume presque aussi vite que la parole du marquis.
>   STENDHAL, *Le Rouge et le Noir*, p. 477.

À vous de jouer! «À vous d'agir». Emploi généralisant du verbe *jouer* au
sens d'«agir» → JEU.

JOUR n. m. Du bas latin *diurnum* (du latin classique *dies*). Les locutions où
figure le mot *jour* sont très nombreuses et peuvent assez bien se répartir en deux
séries distinctes, la première englobant toutes celles dans lesquelles le mot *jour* a la
valeur de «lumière», «clarté», l'autre où il exprime la notion de «durée».

1. Jour : lumière.

Beau, belle comme le jour «d'une parfaite beauté» (XVIIe s.). L'idée exprimée
est celle d'éclat. La perfection esthétique est définie par analogie avec une perfection cosmique idéale valant comme norme suprême (cf. *astre, soleil*). Il s'y ajoute la
notion d'évidence, la beauté s'imposant d'une façon aussi indiscutable que la clarté
du jour. Cette comparaison, sentie aujourd'hui comme appartenant à l'arsenal des
métaphores écoulées de l'ancienne rhétorique, était particulièrement prisée au XVIIe s.
(chez Fénelon, Saint-Simon, notamment) et s'appliquait spécialement à la beauté
féminine. — Une variante majorative est : *plus beau, belle que le jour*.

> Au bout de sept ou huit ans, la Reine d'un Royaume voisin accoucha de deux filles.
> La première qui vint au monde estait plus belle que le jour ; la Reine en fut si aise,
> qu'on appréhenda que la trop grande joye qu'elle en avoit ne luy fist mal.
>   Ch. PERRAULT, *Contes du temps passé*, Riquet à la Houppe, p. 163.

Clair comme le jour → CLAIR.

Au grand jour «ouvertement, sans le cacher» (1675, Boileau). *Éclater, apparaître au grand jour.*

Sous un jour (+ qualificatif) «sous un aspect (donné), un point de vue particulier», avec des verbes comme *apparaître, se montrer. Se montrer sous son vrai jour
« sous son aspect véritable», *sous un jour favorable, flatteur, nouveau*, etc.

Vieilli. *Être à jour* «visible ou connu de tous» (XIXe s.). Au sens propre «avoir une
ouverture où passe la lumière». *Jour* a ici le sens concret d'ouverture, de percée.

> Le lendemain, les soupçons s'envenimèrent. Comme la vie est à jour dans une petite
> ville, les femmes apprirent les premières que Brigitte avait fait au marché des provi-
> sions plus considérables qu'à l'ordinaire.   BALZAC, *Le Réquisitionnaire*, p. 855.

La locution est employée aujourd'hui dans un sens tout différent. *À jour* signifie
«en ordre». *Mettre à jour ses comptes.*

Être comme le jour et la nuit «opposés» (*in* Furetière). *C'est le jour et la nuit*
se dit pour marquer l'opposition entre deux choses, deux personnes.

> (Ces villages du versant du Diois ne sont plus du tout pareils aux nôtres. C'est le jour
> et la nuit. Chez nous tout est fait pour la vache et pour la scierie. Ici c'est tout de

suite tout pour la noblesse et l'histoire. Histoire, je veux dire histoire de France bien entendu, mais aussi fourrer son nez dans ce qui ne vous regarde pas. Il y a presque toujours de vieux châteaux dans ces villages et les maisons sont serrées contre, même en ruine.)   J. GIONO, *Un roi sans divertissement*, p. 175.

Se faire jour «apparaître, se manifester» (1830, chez Stendhal) Au XVIIᵉ s., s'emploie au sens de «voir clair», puis «se frayer un passage» (Corneille, 1640; Dict. de l'Académie, 1694).

> Peu à peu l'idée se fit jour que les hommes pouvaient disposer du temps. Sur tous les continents et dans tous les pays, les chefs d'États et les ministres se mirent à consulter des traités de philosophie.   M. AYMÉ, *Le Passe-Muraille*, p. 96.

> D'ailleurs, dans les guerres civiles, il se forme souvent de grands hommes, parce que, dans la confusion, ceux qui ont du mérite se font jour; chacun se place et se met à son rang; au lieu que, dans les autres temps, on est placé, et on l'est souvent tout de travers.   A. GIDE, *Journal*, t. II, p. 271.

Mettre au jour «faire apparaître, rendre visible ce qui était caché» (*in* Littré).

Percer à jour «parvenir à connaître ce qui était caché; démasquer les intentions secrètes de qqn». Au XVIᵉ s. (Amyot), l'expression signifiait proprement «transpercer qqn» (*à jour* signifiant «de part en part») et au XVIIᵉ s. (Mme de Sévigné), «blesser l'amour-propre de qqn». *Percer* a le sens métaphorique de «découvrir, déceler».

Voir (le) jour «naître; sortir d'un lieu ou d'un état (pour ce qui était caché)».

2. *Jour* : durée.

Ordre du jour → ORDRE. — **Long comme un jour sans pain** → PAIN.

Au jour le jour «sans se préoccuper de l'avenir» (fin XVIIᵉ s.). On disait, au XVIᵉ s., *au jour la journée* (Amyot, Calvin, A. Paré, M. Régnier). S'emploie surtout avec le verbe *vivre*.

> Bonne et joyeuse existence que la tienne! Vivre au jour le jour, sans souci du lendemain, sans préoccupations pour l'avenir [...].
>   G. FLAUBERT, *Correspondance*. Iʳᵉ série, p. 40.

> J'ai été ambitieux, je ne veux point me blâmer: alors, j'ai agi suivant les convenances du temps. Maintenant, je vis au jour le jour.
>   STENDHAL, *Le Rouge et le Noir*, p. 694.

Fam. Au jour d'aujourd'hui. Équivaut à «aujourd'hui», avec une insistance rhétorique sur la spécificité de l'époque actuelle (soit pour s'en plaindre, soit plus rarement pour la célébrer).

Du jour au lendemain «sans transition, brusquement» (XVIIᵉ s.).

> Votre sœur demande conseil à tous ses directeurs sur le parti qu'elle doit prendre, ou du monde ou de la religion [...]. Nous cherchons, très sérieusement, votre mère et moi, à bien établir: mais cela ne se trouve pas du jour au lendemain.
>   J. RACINE, *Lettres*, in *Œuvres*, t. VI, p. 283.

De jour en jour «graduellement, peu à peu» (attesté au XIIᵉ s.).

> Les communiqués de Londres insistent à présent sur les difficultés de la partie (en Tunisie) remise de jour en jour et qui sera forcément, disent-ils, très coûteuse.
>   A. GIDE, *Journal*, t. II, p. 195.

Jour et nuit (nuit et jour) «continuellement, sans arrêt».

D'un jour à l'autre «incessamment, sous peu» (1647, Vaugelas).

De nos jours «actuellement, à notre époque». Synonyme *aujourd'hui*.

Tous les jours «quotidiennement», et par atténuation «couramment, très souvent», notamment dans la locution populaire : *c'est du tous les jours* «cela arrive très souvent» (en parlant d'un événement, d'un accident).

Tous les jours que (le bon) Dieu (a faits) «chaque jour, sans exception», forme intensive de la locution de base.

> Depuis huit ans, vous m'entendez bien, tous les jours que Dieu a faits, sur le coup de 3 heures, il est ici, toujours poli, jamais un mot plus haut que l'autre [...].
>
> M. PROUST, *À la recherche du temps perdu*, t. II, p. 310.

Un jour « autrefois, dans le passé » ; « plus tard, dans l'avenir » (fin XIIᵉ s., Châtelain de Coucy). L'expression *un beau jour*, plus précise (*beau* a ici le sens de « particulier », individualisé comme repère temporel dans le passé par rapport à l'ensemble indistinct des « autres jours » qui ont l'épaisseur anonyme d'une durée) est attestée au XVIIᵉ s. À cette loc. s'oppose la vague indifférenciation de *un de ces jours* « prochainement » (milieu XVIᵉ s.), et de *un jour ou l'autre* (XXᵉ s.).

Jour par jour « un jour après l'autre » (1580, Montaigne).

Jour pour jour « le jour anniversaire d'un événement » (1690, Furetière). *Il y a dix ans jour pour jour* « exactement, au jour près ».

Être dans un bon (un mauvais) jour « dans de bonnes dispositions physiques, psychiques, intellectuelles ». (→ EN FORME*).

Venir à son jour et à son heure « inéluctablement, au moment fixé par le destin », peut-être par allusion au moment du jugement dernier, dans la Bible : « veillez donc, car vous ne savez ni le jour, ni l'heure » (Matthieu 25, 13).

Ses jours sont comptés « il n'en a plus pour longtemps à vivre », par litote.

> Mauvais signe pour l'Empire ! À défaut de soldats, il n'a pas lancé de mouchards. Il hésite, il attend — ses jours sont comptés ! Il a sa balle au cœur comme Victor Noir !
>
> J. VALLÈS, *L'Insurgé*, p. 135.

À chaque jour suffit sa peine [LOC. PROV.] « il y a assez à faire avec le souci du quotidien pour se préoccuper de l'avenir ». L'interprétation qui en est donnée dans la Bible, plus délibérément rassurante, transmet l'apaisement de la peur de l'avenir. « Ne vous inquiétez donc pas du lendemain : demain s'inquiétera de lui-même. À chaque jour suffit sa peine » (Matthieu 6, 34).

Il ne faut pas remettre au lendemain ce qu'on peut faire le jour même [LOC. PROV.] « il faut se débarrasser le plus vite possible des tâches qu'on doit accomplir ». Cette mise en garde contre les dangers de l'ajournement est ancienne. On la trouve déjà chez Hésiode, au VIIIᵉ s. et chez Montaigne, au XVIᵉ s.

Fam. *(Il y a) les jours avec et les jours sans* « les jours où tout va bien et ceux où tout va mal ». Cette loc. fait allusion aux restrictions alimentaires en France de 1940 à 1945. Les *jours avec* étaient les jours avec viande opposés aux *jours sans* (viande). Aujourd'hui, elle est démotivée, « avec » et « sans » étant vaguement ressentis comme « bon » et « mauvais », du point de vue du locuteur.

Les jours se suivent et ne se ressemblent pas [LOC. PROV.]. Passé à l'état de lieu commun, cet aphorisme met en évidence la dissymétrie entre l'apparente similitude de forme, l'interchangeabilité théorique de ces petits modules temporels que sont les jours, par opposition à l'irréductibilité que leur confère individuellement un contenu événementiel propre à chacun.

JOURNÉE n. f.

Chaude journée « rude épreuve ». Littéralement « bataille animée », *journée* ayant l'ancien sens de « combat » (par synecdoque « journée de bataille », puis la bataille elle-même).

Homme, femme de journée, qui exécutent des travaux domestiques « à la journée » (1690, *in* Furetière). Synonyme lexicalisé : *journalier*.

Vx. *À la journée* « continuellement, sans arrêt » (fin XVIIIᵉ s.) ; littéralement « comme si on était payé à la journée pour faire ce qu'on fait ». On disait aussi, au XVIIᵉ s., *à cœur de journée*, dans le même sens.

Je n'emploierai point [...] les grandes phrases d'honneur et de dévouement dont on abuse à la journée.   BEAUMARCHAIS, *Le Barbier de Séville*, I, 4.

Vx.   **Au jour la journée** → AU JOUR* LE JOUR.

Vx.   **À petites journées** «par petites étapes» (XVIIᵉ s.). La journée est la distance parcourue en une journée. *Voyager à petites (à grandes) journées.*

À longueur de journées «toute la journée» → À LONGUEUR* DE.

Toute la sainte journée «pendant la journée entière». Attestée en 1790, cette locution est obscure, quant à la valeur qu'il convient de donner à l'adjectif *sainte.* Peut-être est-ce une allusion au découpage de la journée monacale en longues plages entrecoupées du matin au soir d'exercices spirituels, dont la succession régulière peut donner l'impression d'une durée interminable.

JULOT *(il montre le calendrier).* — Ah! On ne peut pas dire qu'ils ont dormi pendant ces deux semaines! Ça rentrait, toute la sainte journée, à la Maritime!
                                                                    J.-R. BLOCH, *Toulon*, in *Ph. Sl.*

Vx.   **Faire tant par ses journées que...** «faire en sorte que» (XVIIᵉ s.). *Journée* a ici le sens d'«étape» et la locution signifie «faire de telles étapes... que; cheminer... si bien que», puis figurément «faire tant et si bien que» (parfois avec une nuance ironique).

L'avide Marmentier fit tant par ses journées qu'il arriva à la porte du château de la déesse Monopole.   FURETIÈRE, *Factums*, t. II, p. 290.

Je lui représentai plusieurs fois qu'il ferait tant par ses journées qu'il obligerait M. le prince de venir à Paris.   Cardinal de RETZ, *Mémoires*, t. IV, 158,
                                              in *Dict. de la langue française classique*, Larousse.

Fam.   **Gagner sa journée**, se dit par antiphrase de quelqu'un qui, soit par malchance, soit par sa faute, est dépossédé de quelque chose. Cette locution, attestée au XVIIᵉ s. (Furetière), est toujours vivante; l'antiphrase est du même type que dans : *C'est réussi!*

JUBÉ n. m.

Vx.   **Venir à jubé** «se soumettre aux volontés de qqn» (XVIIᵉ s.).

Faire venir à jubé «soumettre, faire obéir». Le substantif *jubé* est formé à partir de l'impératif latin *jube*, du verbe *jubere* «ordonner».

JUGE n. m.

Être juge et partie «être appelé à arbitrer dans une affaire à laquelle on est mêlé» (XVIIᵉ s.) *Partie* a ici son sens juridique de «personne impliquée dans un procès».

Protester? comme le voudrait Naville; je ne le puis, juge et partie.
                                                                    A. GIDE, *Journal*, t. II, p. 41.

Vx.   **De fou juge brève sentence** [LOC. PROV.] «ce sont les ignorants qui décident le plus vite d'une chose». Ce proverbe du XVIᵉ s. met en vedette la nécessité d'une juste appréciation d'une situation, préalable à toute action.

Il faut enquérir devant que juger... Ce proverbe est tout commun. De fol juge, brefve sentence.   CALVIN, *Sermon sur le Livre de Job*, 72, XXXIV, 135, *in* Huguet.

JUGÉ n. m.

Au jugé «approximativement, à la première estimation». *Tirer au jugé*, à la chasse, c'est tirer sans voir le gibier, à l'estime (1867, *in* Littré). On écrit aussi *au juger.*

Je descends de mon observatoire et me dirige au jugé vers mon voisin de veille. De ma main tendue, je l'atteins.   H. BARBUSSE, *Le Feu*, t. II, p. 19.

JUIF n. m.

Juif errant. Dans la tradition populaire, personnage légendaire du nom d'Ahasvérus, qui, pour avoir insulté le Christ portant sa croix, aurait été condamné à une errance sans fin. L'expression est attestée en 1648 chez Scarron, mais doit être bien antérieure.

> Je me demande si les nombreux verres absorbés sur le trajet préfecture-dispensaire pour enterrer ma vie de Juive errante font à ce point relief sur mon front...
>
> A. SARRAZIN, *La Traversière*, p. 73.

JURER v. tr.

Jurer ses grands dieux → DIEU.

Il ne faut jurer de rien [LOC. PROV.] «il est imprudent de répondre par avance de ce qu'on fera ou de ce qui arrivera». Ce proverbe, attesté au XVIIᵉ s. (Oudin), a donné le titre d'une comédie de Musset.

> On l'aurait dit trois fois plus gros que d'habitude, car il l'avait ceinturé d'une cartouchière! Centré d'une boucle!... Sur des jambes guêtrées!... On ne peut pas vous dire ce que c'était, ces jambes!
> Eh bien, il ne faut jurer de rien. Ce n'est pas nouveau, mais je n'ai jamais vu un homme plus solide que ce gros tas.   J. GIONO, *Un roi sans divertissement*, p. 130.

JUS n. m.

Jus de chaussette (de chapeau, de chique) «mauvais café», dont la couleur d'origine est atténuée. Cette locution nominale provient de l'argot militaire (vers 1880).

Vx. *Jus de cotret* «coup de bâton» (1718, *in* Esnault). On a dit, plus souvent, *huile de cotret*.

Vx. *Jus de coude* «énergie» (1886). Variante ancienne de *huile de coude*.

Avoir du jus de navet dans les veines «manquer d'énergie». L'expression équivaut à *n'avoir pas de sang dans les veines* (→ SANG). Le jus de navet est métaphoriquement considéré comme un sang décoloré (→ NAVET) et donc privé de sa valeur énergétique.
On trouve aussi du *jus de chique* «du sang dénaturé», peut-être par rapprochement avec l'expression *mou comme une chique* (→ CHIQUE).

Fam. *Jeter un (son) jus* «faire de l'effet» (1916). Signifie exactement «être très élégant», le *jus*, dans la langue argotique, étant «le chic, l'élégance». On a d'abord dit *en avoir* (1866, Delvau), *en faire* (1894), puis *en jeter un jus*.

> Ce qu'on va en jeter un jus au milieu de tous ces jobards d'engliches! En attendant j'suis vanné! Si qu'nous irions nous «pagnoter» afin d'être frais demain pour assister à la revue navale qui sera donnée en notre honneur à Portsmouth.
>
> *L'Épatant*, 1909, p. 74.

Fam. *Laisser quelqu'un cuire (mijoter) dans son jus* «le laisser évoluer en attendant qu'il devienne plus maniable» ou «l'abandonner à son sort». À l'origine (1810), l'expression appartenait à l'argot des comédiens et signifiait «vieillir après un succès sans suite» (*in* Esnault). Elle met en œuvre l'idée de macération, au sens à la fois concret (image de la «viande qui cuit dans son jus») et abstrait (contenu moral de la «macération et de ses vertus prétendument éducatives ou curatives»). La locution s'applique aussi, quoique plus rarement, aux choses inanimées, par exemple à une situation qu'on laisse évoluer, «mûrir» (ou pourrir).

> Exaspéré par l'apparition successive du drapeau rouge et du vieil habit qu'il prit pour le drapeau noir, il blâmait tout haut les généraux et les chefs de corps, lesquels tenaient

conseil, ne jugeaient pas que le moment de l'assaut décisif fût venu, et laissaient, suivant une expression célèbre de l'un d'eux. «l'insurrection cuire dans son jus».

V. HUGO, *Les Misérables*, Pléiade, p. 1233.

Fam. **Ça vaut le jus** «cela vaut la peine, c'est digne d'attention». Attestée dans la langue populaire en 1883, l'expression paraît s'expliquer à partir d'un emploi argotique de *jus* «profit matériel, rapport», attesté chez Delvau en 1867. D'après Chautard, la locution *ça vaut le jus* a d'abord un sens très concret et correspond à peu près à : «c'est une affaire qui aura du rapport» (idée qu'on retrouve dans l'adjectif *juteux* «fructueux»), puis, plus abstraitement «c'est quelque chose qui mérite l'intérêt qu'on lui porte, qui vaut la peine qu'on s'en occupe, est digne d'être signalé à l'attention».

Et ç'ui-là qui n'en finit pas! Tu parles d'un gratte-ciel. Tiens. là. j'vaut l'jus. Oui. tu vaux l'jus, mon vieux!   H. BARBUSSE, *Le Feu*, t. I, p. 22.

Vx. **C'est jus vert ou vert jus** «c'est la même chose» (*in* Le Roux) → C'EST BLANC BONNET★ ET BONNET BLANC.

JUSTE n. m. et adv.

Dormir du sommeil du juste «d'un sommeil paisible que rien ne trouble», comme le *juste* de l'Écriture qui a la conscience tranquille. Attestée en 1812 (Mozin), cette locution verbale s'emploie surtout de façon plaisante.

Les trois lions, absolument immobiles, étaient couchés en demi-cercle comme de gros chats. On ne voyait plus leur tête, perdue dans un épais manchon de fourrure noire, et ils dormaient du sommeil du juste.

J. VERNE, *La Maison à vapeur*, p. 276.

Au juste «exactement, avec précision», s'emploie d'abord avec des verbes exprimant une valeur numérique. *Calculer au juste* (1671, Pomey). A aussi le sens de «exactement, en vérité» depuis le milieu du XVIIIe s.

Votre Altesse voudrait-elle donner cent mille francs pour savoir au juste quel a été le genre de mort de son auguste père?   STENDHAL *La Chartreuse de Parme* in *Ph. Sl.*

Comme de juste «comme il se doit, naturellement» (1808, d'Hautel). On a d'abord dit *comme juste* (1768, Rousseau).

Un moment donné, ils s'en vont. Je m'aperçois que la poule laisse son sac. Mon vieux, d'un seul coup, c'était probablement le moyen de croûter. Dès qu'ils passent le portillon de la rue Lafayette, je me tire par l'autre, avec le sac comme de juste. Un peu plus loin, je l'ouvre : cent vingt balles dedans.

A. SERGENT, *Je suivis ce mauvais garçon*, p. 58.

Tout juste! loc. exclamative exprimant l'approbation à une assertion qui vient d'être proférée. Sa version populaire : *tout juste, Auguste,* joue sur l'homophonie des finales (→ aussi TU PARLES, CHARLES★; UN PEU, MON NEVEU★! TU L'AS DIT, BOUFFI★, etc.).

JUSTESSE n. f.

De justesse «de peu; sans avoir aucune marge, aucune avance» (1878, *in* P. Larousse).

Mais l'examen était dans deux mois. Je ne pensais plus qu'à lui et je fus reçu en juillet, de justesse.   J. VERCORS, *La Liberté de décembre*, in *Ph. Sl.*

JUSTICE n. f.

Vx. **Bois de justice** «échafaud».

Raide comme la justice «très raide», et figurément «compassé, guindé».

Ces noceurs-là étaient raides comme la justice et tendres comme des agneaux. Le vin leur sortait par les yeux, quoi! Quand le refrain recommença, plus ralenti et plus larmoyant, tous se lâchèrent, tous viaupèrent dans leurs assiettes, se déboutonnant le ventre, crevant d'attendrissement.   É. ZOLA, *L'Assommoir*, t. I, p. 293.

Mes deux jambes sont raides comme la justice et cependant je me lève de temps en
temps.   BECKETT, *Molloy*, p. 93.

Faire (rendre) justice à quelqu'un « reconnaître ses qualités, sa valeur »
(milieu XVIIᵉ s., Saint-Simon). *Faire justice* à (qqn) est attesté antérieurement (milieu
XVIᵉ s., *Indice de la Bible*).

Se faire justice (à soi-même) « se venger, sans l'aide des tribunaux » ou « se
tuer » (1640, Corneille).

ALEXA, — Mon père a tué ma mère d'un coup de revolver parce qu'elle le trompait.
Et puis, comme il ne lui restait plus rien, il s'est fait justice, comme on dit...
                                                      M. ACHARD, *Patate*, in *Ph. Sl.*

Il n'y a pas de justice! « c'est injuste ». Exprime l'indignation devant l'absence
constatée d'un principe capable de déterminer de manière impartiale les mérites de chacun.

— Vous autres, bégayait-elle en sanglotant, vous dormez tant que vous voulez, après.
Mais moi, faut que je trime... Non, il n'y a pas de justice! Je suis trop malheureuse!
                                                      É. ZOLA, *Pot-Bouille*, t. II, p. 85.

KIF (-KIF) n. et adv.

C'est kif-kif « c'est la même chose, cela revient au même » (1867). Cette locution populaire est issue de l'arabe *kif* « comme », par réduplication. Elle fut importée
en France par les soldats des armées d'Afrique du Nord. On trouve aussi souvent
c'est du kif (1883, *in* Esnault). La variante *kif-kif bourricot* est une adaptation plaisante de la comparaison propre à la rhétorique arabe « pareil à l'âne », qui, d'après
Esnault, « passa en France pour le superlatif de toute ressemblance » *(Dict.
des argots).*

KIL abréviation de kilo.

Fam. **Kil de rouge** « litre de rouge » (1880).

l

LA n. m.

Donner le la « donner le ton, l'exemple » (milieu du XIXe s., Thiers ; mais probablement antérieur). Métaphore musicale de l'accord préalable des instruments d'un orchestre.

LÀ adv.

Être un peu là « compter, être important » (début XXe s., Barbusse). On dit dans le même sens *se poser là* (1911).

En avoir jusque-là « être dégoûté, lassé de quelque chose ». Développe l'idée de saturation. À l'origine, l'expression signifie « être repu ».

> En un mot, j'ai déjà de Marseille et de votre absence jusque-là.
>
> Mme de Sévigné, *Lettres à Mme de Grignan*, 26 janvier 1673, in *D.D.L*, 10, 146.

LAC n. m.

Tomber dans le lac « échouer, n'avoir pas de suite, en parlant d'un projet, d'une entreprise » (1891, *in* Sainéan). Cette locution a probablement été confondue avec une expression homonyme *tomber dans le lacs* « tomber dans l'embarras » (*in* Littré), inusitée aujourd'hui. Le mot *lacs* (du latin *laqueus* « lacet, nœud coulant ») désignait le nœud coulant servant à prendre le gibier. Prononcé à tort [lak] (au lieu de [la]), *lacs* a pu se confondre avec *lac* et les deux locutions être prises l'une pour l'autre. En fait, pour la conscience contemporaine, *tomber dans le lac* est spontanément rapproché de *tomber à l'eau* (→ Eau) qui développe la même idée de perte irrémédiable par la noyade. W. von Wartburg la rapproche des locutions allemandes *lackiert sein* ou *im Lack sein* « être enfoncé ».

> L'affaire que j'ai montée est dans le lac. [...] Je dois prendre l'initiative des opérations, ne pouvant consulter mes associés. D'ailleurs je les connais, ce sont des timorés et le temps qu'ils fassent pilpoul, ça serait trop tard.
>
> A. Sergent, *Je suivis ce mauvais garçon*, p. 119.

LAINE n. f.

Bas de laine → Bas.

Vx. *Jambe de laine* « paresseux, tire-au-flanc » (1867). Au sens propre, cette locution nominale signifie aussi depuis la fin du XVIIe s. « être fatigué, avoir les jambes vacillantes » (→ Coton). Elle est à rapprocher de l'ancienne locution *avoir des pieds de laine* « être lent à rendre service », attestée à la fin du XVIe s. et au XVIIe s., et ancêtre des modernes *pieds nickelés*.

Après, i' rouspétait contre une autre jambe de laine, parce que sur le bordereau de répartition des cartes, qu'i disait, on avait pas mis le Service des Subsistances, le Troupeau de Bétail et le Convoi Administratif de la 328ᵉ D.I.

H. BARBUSSE, *Le Feu*, t. I, p. 51.

Se faire tondre (manger) la laine sur le dos → DOS.

LAISSE n. f.

Mener, tenir en laisse « empêcher quelqu'un d'agir librement » (début XVIᵉ s., Marot). On trouve, au milieu du XVᵉ s., *en la laisse de* « à la merci de ». L'expression est sentie comme une métaphore du chien tenu par son maître.

Il [le duc de Guermantes] le menait en laisse [mon père], fort ennuyé et ne pensant qu'à s'échapper, jusqu'au-delà de la porte cochère.

M. PROUST, *À la recherche du temps perdu*, t. II, p. 33.

LAISSER v. tr.

Laisser courir → COURIR. — *Laisser dire* → DIRE. — *Laisser à désirer* → DÉSIRER. — *Laisser à penser* → PENSER.

Laisser pour compte « abandonner » (début XXᵉ s.). Métaphore de langage commercial, où une marchandise *laissée pour compte* est refusée par l'acheteur qui la laisse au vendeur, à charge pour lui de la comptabiliser. Elle s'est substantivée et lexicalisée : *les laissés-pour-compte* « les déshérités ».

À prendre ou à laisser → PRENDRE.

Laisser faire, laisser passer. Célèbre devise des économistes libéraux du XVIIIᵉ s., partisans du libre-échange, due à F. Quesnay (1694-1774), reprise et popularisée par A. Smith (*Traité de la richesse des nations*, 1776).

LAIT n. m.

Dent de lait → DENT.

Frère (sœur) de lait « enfant allaité par la même femme qu'un autre, sans rapport de parenté, mais dont l'un est le fils de la nourrice » (1538, Estienne). L'opposition du *sang* au *lait* représente celle de la parenté naturelle à une sorte de « maternité culturelle ».

Vache à lait → VACHE. — *Teint de lait* « très blanc ».

Le lait de la tendresse humaine en anglais « the milk of human kindness » (allusion littéraire). Cette métaphore, tirée de *Macbeth* (acte I, scène 5) de Shakespeare, est souvent reprise. Sa célébrité vient de l'assimilation profonde de toute tendresse au rapport psychophysiologique établi par le lait entre la mère et l'enfant.

Boire du petit lait « éprouver une intense satisfaction d'amour-propre », peut-être par comparaison avec la satisfaction qu'éprouve l'enfant qui reçoit le lait nourricier. On trouve d'abord *boire du lait* (in Littré), héritage très probable de l'ancienne locution *avaler doux comme lait* (Saint-Simon, Furetière). L'idée générale est celle de la réplétion, de la satisfaction complète. *Petit*, ajouté plus tard, probablement au XXᵉ s., paraît n'avoir qu'une simple valeur hypocoristique.

Antoine, intéressé, commanda un blanc-vichy et but du petit lait à l'écoute des doléances sans cesse réitérées du paysan. R. FALLET, *Le Triporteur*, p. 105.

Vx. *Bouillir du lait à qqn* « chercher à être agréable à quelqu'un, le flatter » (1567, Baïf), puis, par antiphrase, « lui être désagréable, lui rendre un mauvais service » (XVIIᵉ s.). *Bouillir* y était employé activement. Encore usitée au XIXᵉ s. (cf. citation), cette locution n'est plus comprise du locuteur contemporain.

Voulez-vous faire un esclandre pour me déshonorer et vous aussi ? Vous faites bouillir du lait à bien des gens dans Verrières. STENDHAL, *Le Rouge et le Noir*, p. 336.

Être soupe au lait → SOUPE.

Vx. *Sucer (qqch.) avec le lait* «acquérir dès la plus tendre enfance une habitude, une opinion, un préjugé, etc.» Attesté au XVIIᵉ s. chez Corneille *(Cinna)* et Racine *(Phèdre).*

Si on lui pressait (tordait) le nez, il en sortirait du lait → NEZ.

LAME n. f.

Vieilli *Fine lame* «individu à l'esprit intelligent et vif» (XVIIᵉ s., *in* Furetière). On disait aussi *bonne lame,* expression qui désignait à l'origine l'adresse d'un bon escrimeur. Il est à noter qu'on retrouve encore aujourd'hui, pour apprécier positivement la valeur intellectuelle de quelqu'un, cette ancienne métaphore de la «bonne lame» pointue et coupante. On parle *d'intelligence aiguë, acérée, d'esprit mordant, tranchant... comme une lame d'épée.*

Visage en lame de couteau «étroit et allongé» (1832, Balzac).

La lame use le fourreau [LOC. PROV.] «une activité cérébrale excessive nuit au corps» (1752, Trévoux). On retrouve ici la vision anthropomorphique de l'âme «contenue» dans le corps, comme la lame dans son fourreau. La métaphore de la lame (appuyée par l'homophonie *lame/l'âme*) est une représentation traditionnelle de la cérébralité, des aptitudes intellectuelles (→ FINE LAME, ci-dessus).

LAMINOIR n. m.

Vieilli *Passer au laminoir* «être soumis à de rudes épreuves, à une discipline sévère» (XIXᵉ s., Balzac).

LAMPAS n. m.

Vx. *Humecter le lampas* «boire». Cette expression figure chez La Fontaine (1665). *Lampas* (du francique *labba* «chiffon») signifiait «luette» ou «palais».

LAMPE n. f.

Fam. *S'en mettre (foutre) plein la lampe* «s'empiffrer», ou «boire beaucoup» (début XXᵉ s.). Le sens populaire de *lampe* «estomac, ventre», est attesté depuis 1863 dans le vocabulaire des buveurs. L'influence de *lamper* est vraisemblable; par ailleurs, la lampe (à huile, puis à pétrole) doit être régulièrement «alimentée» → LANTERNE.

> — Les officiers ne disaient trop rien quand on chapardait?
> — I's s'en foutaient plein la lampe et comment! Tu t'rappelles, Desmaisons, le coup du lieutenant Virvin défonçant la porte d'une cave d'un coup de hache!
> H. BARBUSSE, *Le Feu*, t. I, p. 17.

LAMPION n. m.

L'air des lampions, forme de revendication populaire faite en scandant une formule, un slogan sur quelques syllabes rythmées et émises sur la même note (1873, *in* P. Larousse). Par exemple : *Pompidou, des sous!* en mai 1968. La formule est historique : pendant la révolution de 1848, le peuple manifesta sa joie tout en réclamant un meilleur éclairage des rues, en scandant sur un air de polka «Des lampions! Des lampions!».

> Paris était tout à la joie; la population se répandait dans les rues; partout courait le refrain populaire : Des lampions! des lampions! En un clin d'œil la ville fut illuminée comme pour une fête.
> V. HUGO, *Choses vues*, Nouvelle série, XI, p. 98.

LANCE n. f.

Rompre une, des lances avec ou *contre qqn* «soutenir une discussion avec lui» (1798, Acad.). La métaphore est la même que dans l'expression *joute oratoire* et est empruntée au tournoi médiéval, dans lequel la rupture effective de la lance de l'adversaire correspondait à un assaut, le nombre de lances rompues désignant le vainqueur du combat. La locution est du registre littéraire. ***Rompre une lance pour qqn*** « le défendre contre ses assaillants » (1718, Acad.), est désuet.

> Le même homme me disait une autre fois « qu'il avait été sans comprendre ce que voulait dire ce proverbe de la langue française : *Lorrain vilain* [...] ».

> N'avons-nous pas eu aussi nous autres Français une lance à rompre contre le corps des Lorrains ? Ch. de Brosses, *Lettres d'Italie*, t. I, p. 209.

LANDERNEAU n. pr.

Cela fera du bruit dans Landerneau « l'affaire aura un grand retentissement ». L'origine de cette locution usuelle se trouve dans une pièce d'Alexandre Duval : *Les Héritiers* (1798) qui se passe dans cette ville, et dans laquelle, à l'annonce d'un rebondissement inattendu de l'intrigue, l'un des personnages s'écrie : « *Oh ! le bon tour ! je ne dirai rien, mais cela fera du bruit dans Landerneau* ». Le succès de la réplique est sans doute dû à la paronymie entre le nom de la ville et les refrains de chansons (*landerira*, etc.) connotant le papotage (→ aussi Lanlaire).

> Mais enfin il ne faut tout de même pas nous la faire à l'oseille, il est bien certain que les charmantes opinions de monsieur mon neveu peuvent faire assez de bruit dans Landerneau. M. Proust, *À la recherche du temps perdu*, t. II, p. 239.

Elle peut parfois prendre une valeur plus spécifique, Landerneau étant alors précédé de l'article défini et suivi de la préposition *de* :

> Mais voici qu'il y a du bruit dans le Landerneau politique : Olivier s'agite et Girardin le défend... On a tué son journal. J. Vallès, *L'Insurgé*, p. 59.

LANGE n. m.

Dans les langes [LOC. ADV.] « tout petit, en bas âge » (cf. *au berceau*), et métaphoriquement en parlant d'un phénomène « au commencement, à l'origine ».

LANGUE n. f. (Latin *lingua*). Le mot désigne un organe de la bouche qui, dans la plupart des idiomes, symbolise la parole et le système qui la rend possible (justement dit *la langue*, en français). On retrouve cette valeur dans la plupart des locutions.

Mauvaise langue « médisant », *méchante langue* (vieilli), *langue de vipère*, se disent encore. D'autres expressions ont disparu, comme *langue serpentine, langue dorée* (celui qui tient de beaux discours trompeurs), *langue pelue* (flatteur).

> Cette « mauvaise langue » que son neveu lui attribuait lui avait-elle dans ces temps-là, fait des ennemis ? M. Proust, *À la recherche du temps perdu*, t. II, p. 184.

Langue de bois « langage figé, notamment de la propagande politique, sans prise sur la réalité ». Probablement calque du polonais.

La langue verte « l'argot ». Attestée en 1852, l'expression pourrait provenir (selon Esnault et Wartburg) du jargon des tricheurs, et serait une allusion au « tapis vert » des joueurs. On peut y voir aussi une allusion à la grivoiserie, la *verdeur* de langage propre à l'argot (→ Vert : *des vertes et des pas mûres*).

> Bien entendu, si tu es reçu chez Duhamel ou dans une famille qui lit *le Figaro*, tiens-toi à carreau, c'est préférable. Mais d'une façon générale, on peut dire que la langue verte s'infiltre partout. A. Sergent, *Je suivis ce mauvais garçon*, p. 49.

Avaler (perdre) sa langue « ne plus parler ». Généralement employé au passé défini (*tu as avalé ta langue ?*). L'expression signifiait au XIXᵉ s. « s'ennuyer beaucoup » et aussi « mourir » ; seul le sens de « garder le silence obstinément » s'est conservé. Diverses variantes (*on t'a coupé la langue, tu as mangé ta langue ?*) existent, sans être figées en locutions.

Avoir un bœuf sur la langue → Bœuf.

Avoir (un mot, une expression) sur le bout de la langue «en avoir un souvenir vague sans être capable de le retrouver» (1549, R. Estienne).

> Mon Dieu, me répondit-il, je sais que c'est un homme qui n'est pas un inconnu ni un imbécile dans sa spécialité, mais je suis brouillé avec les noms. Je l'ai là sur le bout de la langue, monsieur... monsieur... enfin peu importe, je ne sais plus.
>   M. PROUST, *À la recherche du temps perdu*, t. II, p. 500.

> Le nom lui trotte dans la tête, elle l'a sur le bout de la langue — mais elle ne peut pas mettre la main dessus.   P. DANINOS, *Un certain Monsieur Blot*, p. 62.

Avoir un cheveu sur la langue «un léger défaut de prononciation» → CHE-VEU.

Avoir la langue bien pendue «parler avec facilité, être bavard et bien disant». *Il a la langue bien affilée* (vx) était plus clair.

Ne pas avoir sa langue dans sa poche «parler avec facilité et, notamment, répliquer»; apparaît vers 1800.

> Il ne se rendait pas compte qu'il agaçait notre tante avec ses «sublimes» donnés en veux-tu en voilà. Bref, la tante Madeleine, qui n'a pas sa langue dans sa poche, lui a riposté : «Hé, monsieur, que gardez-vous alors pour M. de Bossuet?»
>   M. PROUST, *À la recherche du temps perdu*, t. II, p. 505.

Brûler la langue à qqn, se dit de ce que qqn a envie de dire, d'exprimer. *Ça lui brûle la langue* (de dire telle chose).

Donner sa langue au chat «renoncer à deviner, à trouver la solution». On ne trouve cette expression qu'au XIXe s.; mais : *jeter sa langue aux chiens* est dans Mme de Sévigné.
Cette locution pose deux problèmes :
1) Pourquoi *jeter sa langue aux chiens*? Cette expression est à rapprocher de *n'être pas bon à jeter aux chiens*, «ne rien valoir», qu'emploie aussi Mme de Sévigné. L'expression *jeter aux chiens*, d'après la coutume de donner les restes de nourriture aux chiens, s'est employée de diverses façons au figuré : *jeter son lard aux chiens* (Rabelais) «dilapider son bien»; *jeter la teste aux chiens* (Noël du Fail) dans un sens obscur («jeter en pâture aux médisances»?). *Jeter sa langue aux chiens* serait donc «abandonner l'organe de la parole comme inutile, sans valeur». Le code particulier des jeux de société pourrait avoir utilisé une expression figurée de ce genre sous forme d'un gage fictif pour celui qui aurait échoué à trouver la réponse à une énigme. Cette hypothèse n'est que vraisemblable.
2) Pourquoi *jeter* est-il devenu *donner* alors que *au chat* se substitue à *aux chiens*? L'expression régionale *abandonner sa part aux chats* (→ CHAT) peut servir d'exemple pour un transfert analogue. Surtout, le *chat* est évoqué à propos de «confidences». Mettre qqch. *dans l'oreille du chat* (George Sand, dans *La Petite Fadette*) c'est «oublier». Mais ce *chat* qui garde les secrets est aussi considéré comme un bavard : *Ai manjat lango de cat* (j'ai mangé la langue du chat) se dit dans le Gard pour «je ne peux tenir ma langue» (Rolland). *Donner sa langue au chat* pourrait donc être à la fois «jeter l'organe de la parole, devenu inutile» et «le confier au chat, animal plein de connaissance». La première expression (avec *chien*) s'est replacée dans un contexte différent : l'animal récepteur de la langue inutile est censé la rendre efficace (il y a troc). Le fait que l'expression *langue de chat* ne désigne qu'une forme n'est pas gênant : ce passage de la langue concrète d'un animal à une caractéristique de la parole humaine est automatique et constant (cf. *langue de vipère*, etc.), même s'il reste implicite.

Vx. **Donner du plat de la langue à qqn** → PLAT.

Se mordre la langue «regretter vivement d'avoir dit qqch.» ou «s'empêcher au dernier moment de parler». Dans le premier sens, l'expression du regret par autopunition (morsure) est à rapprocher de *se mordre les doigts*.

Prendre langue (avec) « prendre contact (avec qqn.), s'aboucher avec ». Courante au XIXe s., la loc. est devenue rare et quelque peu prétentieuse.

> Je prenais langue et terre de la sorte. Je m'arrondissais chaque jour, préparant vigoureusement l'avenir, et de plus d'une façon, car mon ingénieuse économie (malgré mes trois domestiques qui en sont la plus admirable preuve), me permettait de ne pas dépenser cinq cents francs par mois [...].   V. JACQUEMONT, *Correspondance*, t. I, p. 96.

> Il s'est senti un peu dépaysé, cet homme, répondit Mme Verdurin, tu ne voudrais pourtant pas que, la première fois, il ait déjà le ton de la maison comme Cottard qui fait partie de notre petit clan depuis plusieurs années. La première fois ne compte pas, c'était utile pour prendre langue.   M. PROUST, *À la recherche du temps perdu*, t. I, p. 215.

Tenir sa langue « se retenir de parler ». Loc. du XVIIe s. L'opposition *immobilité/mouvement*, appliquée à la langue, correspond à *silence/parole*.

> C'est un lien symbolique (et touchant presque au calembour) que j'établis entre des manières de tenir sa langue dont les unes sont affaire de morale, d'autres de rhétorique, d'autres encore de tactique : envers et contre tout garder stoïquement la bouche cousue et ne dire que ce que l'on veut dire, raréfier ses mots afin d'accroître le pouvoir des quelques-uns que l'on écrit ou prononce, se taire aussi longtemps qu'il le faut pour mener à bien une action à laquelle on s'est voué.   M. LEIRIS, *Fibrilles*, p. 242-243.

Tourner sept fois sa langue dans sa bouche « hésiter longuement, réfléchir avant de parler ». Le chiffre symbolique de *sept* est à remarquer.

> Personne ne comprit goutte à mon exposé et je me vis, pour finir, reprocher aigrement de ne pas avoir protesté avec vigueur au moment où notre cellule avait été critiquée. Sur ce point, je n'aurai pas eu besoin de tourner sept fois ma langue dans ma bouche avant de répliquer que le blâme n'était que trop juste [...].   M. LEIRIS, *Fibrilles*, p. 67.

Tirer la langue « être dans le besoin » (sans allusion au langage). L'expression était plus explicite à l'origine, et mentionnait la longueur d'*un pied* (→ PIED★ DE NEZ) : « tirer la langue d'un pied de long. Pour dire hyperboliquement, être dans une grande nécessité » (Le Roux, *Dict. comique*).

> Elle conseilla tout net à Valérie de ne pas plus se vendre que sa fille ne se vendait. Et Valérie dut battre en retraite, criant :
> — Alors, nous serions les seuls à tirer la langue ?...
>   É. ZOLA, *Pot-Bouille*, t. II, p. 29-30.

> Lorsque nous étions dans la purée jusqu'au cou, nous tirions la langue longue comme ça. Par contre, depuis notre aventure, le fric arrivait de partout.
>   G. GIL, *Plantain, L'Herbier et Cie*, p. 229.

La langue lui a fourché « il a fait une erreur de prononciation ». Appliquant le signifié au signifiant même, certains disent : *c'est la fourche qui lui a langué*. La *fourche* représente une déviation de la bonne direction ; l'image de la *langue fourchue* (serpent) symbolique de la « mauvaise parole » a pu jouer dans le choix du verbe.

> [...] car on perçoit ici une équivoque, un loup sur lequel on revient, comme cela se produit dans le cas d'un lapsus (sitôt lâché et sitôt raturé) à l'instant qu'on se dit « c'est ma langue qui a fourché », ma langue qui s'est fourvoyée, à une fourche de route ou croisée de chemins.   M. LEIRIS, *Biffures*, p. 279.

LANLAIRE onomatopée invariable.

Aller (envoyer quelqu'un) se faire lanlaire « envoyer promener, se faire fiche » (1832, Balzac). **Faire lanlaire** correspond à un euphémisme pour « faire foutre ». *Lanlaire* est un mot expressif souvent utilisé comme refrain dans les chansons populaires.

> Si au moins le gniard avait la good idée de se la ramener pour me délivrer le permis d'inhumer ! Je lui sauterais sur le haricot et ça me donnerait la clé des champs sur fond d'azur ! Mais va-te-faire lanlaire !
>   SAN-ANTONIO, *Au suivant de ces messieurs*, p. 51.

LANTERNE n. f.

Lanterne rouge « traînard, dernier d'un peloton de cyclistes » puis « dernier d'une compétition, d'un classement » (1926, *in* Esnault), par allusion à la lumière rouge portée par le dernier véhicule d'un convoi.

Le syntagme a aussi désigné par euphémisme la maison de tolérance, dont le « numéro » était parfois signalé par une lumière rouge.

Arg. et vieilli. *Avoir la lanterne* « avoir faim ». *Lanterne* au sens de « ventre » est attesté à la fin du XVIIIe s. (1777, d'après Esnault) dans la langue populaire → LAMPE.

Éclairer la lanterne de qqn « lui donner les éléments nécessaires à la compréhension d'un fait » (1873, *in* Larousse). Allusion au singe de la fable de Florian qui, voulant faire une projection de lanterne magique, avait tout simplement oublié d'« éclairer la lanterne ». *Oublier d'éclairer sa lanterne* signifie d'ailleurs figurément « omettre un point essentiel pour se faire comprendre ». Les mots *éclairer* et *lanterne* utilisent en outre l'équivalence traditionnelle entre lumière et compréhension intellectuelle.

> t'Serstevens lit, prend des notes marginales pour éclairer sa lanterne, comparer, comprendre, s'instruire, rire, n'être pas dupe et, bien équilibré comme il l'est, mieux jouir de la vie des sens et de l'esprit, mais lui aussi possède une bibliothèque et ne peut vivre longtemps séparé d'elle.   B. CENDRARS *Bourlinguer*, p. 384.

Prendre des vessies pour des lanternes → VESSIE.

LA PALICE n. pr.

Vérité de La Palice « truisme, vérité dont l'évidence prête à rire », par allusion à une vieille chanson populaire, *la Chanson de Monsieur de La Palice*, composée au XVIIIe s. par La Monnoye. Elle célébrait sur le mode dérisoire les vertus d'un capitaine de François Ier, Jacques de Chabannes, marquis de La Palice. La chanson est composée de 51 couplets, du style :

> Il mourut le vendredi,
> Le dernier jour de son âge :
> S'il fût mort le samedi,
> Il eût vécu davantage.

LAPIN n. m. Mot assez obscur, que les étymologistes rattachent à un radical *lappa*, signifiant « pierre plate », puis « terrier ». Le mot latin était *connil, connin* (de *cuniculus*(éliminé au XVIIe s. « à cause des jeux de mots obscènes » qu'il provoquait (Bloch-Wartburg). Il est remarquable que le remplaçant *lapin*, sous sa forme féminine, donne lieu aussi à des équivoques : faut-il y voir les effets d'une valeur symbolique profonde que l'on retrouve d'ailleurs dans plusieurs expressions ?

Lapin de gouttière « chat », par allusion aux civets de chat.

Fameux, rude lapin « fameux gaillard » (XIXe s.). On a d'abord dit : *c'est un lapin* (dans Balzac). Dans le contexte militaire, pourrait venir de *lapin ferré* « gendarme à cheval » (fin XVIIIe s.). *Un chaud lapin* « homme porté aux plaisirs sexuels », est une expression plus récente. On peut évidemment en chercher l'origine dans les mœurs du lapin, mais d'autres emplois du mot *lapin* (« écolier dépravé », « pédéraste », etc.) laissent à penser qu'il y a là une survivance des valeurs sexuelles de *connin*. D'ailleurs la motivation animale n'est pas si évidente qu'elle ait suffi à écarter des déformations malicieuses, du type : *chaud de la pince (pince* est à la fois un euphémisme, une métaphore et un moyen de conserver la nasale *in).*

> [...] le vieux étant encore un chaud lapin malgré ses 75 ans et plus.
>   B. CENDRARS, *Bourlinguer*, p. 150.

 Le coup du lapin « coup mortel sur les vertèbres cervicales ; traîtrise, coup par derrière », fait allusion à la manière d'assommer les lapins.

 Pattes de lapin « favoris courts », est un véritable composé.

 Pet de lapin → PET.

Vx. *En lapin* « en fraude, en parlant d'un voyageur » (dans *monter, voyager... en lapin* : début XIXᵉ s.). Allusion probable à l'insaisissabilité du lapin, qui s'enfuit, ne se laisse pas prendre.

> [...] ils se sont empilés dans des fiacres et se sont partagés les rôles, sur la banquette. Celui qui a été en lapin près du cocher, a été volé : on ne lui a laissé que des résidus.
> J. VALLÈS, *L'Insurgé*, p. 160.

 En peau de lapin → PEAU.

 Courir comme un lapin « à toutes jambes » (milieu XIXᵉ s.).

> Maintenant il peut marcher et dans quelques jours il recommencera à voir ses malades et il courra comme un lapin.
> G. FLAUBERT, *Correspondance*, 1ʳᵉ série, p. 77.

 Poser un lapin « faire attendre qqn en ne venant pas à un rendez-vous », a signifié aussi « partir sans payer ». Selon la chronologie établie par Esnault *(Dict. des argots)*, l'expression veut dire en 1880 « ne pas rétribuer les faveurs d'une fille », un *lapin* étant un paiement éludé (milieu du XIXᵉ s.), d'après un effet de sens analogue à celui qui a produit *lapin* « voyageur clandestin » (voyager *en lapin*). À rapprocher de *payer en monnaie de singe*, de l'espagnol *hacer un mico* « faire un singe = manquer un rendez-vous », de l'ancienne locution *payer en chats et en rats*, et, en ce qui concerne notre animal, de l'expression franc-comtoise *faire un lièvre* « prendre un objet à ses parents pour le vendre » (le point commun est le « vol », mais le *lapin* est un « refus de payer »).

> Le grand plaisir de ces spécialistes [les floueurs] consiste à promettre monts et merveilles aux femmes galantes et à se retirer sans laisser aucune espèce de rémunération. Cette façon de se procurer du plaisir s'appelle : poser un lapin.
> G. MACÉ, ancien chef du service de la Sûreté, *Mes lundis en prison*, p. 149.

> Les gardiens du palais de Versailles trouvent extraordinaire qu'un anglais leur ait posé un lapin en enlevant un objet d'art sur une cheminée de Trianon.
> *Le Charivari*, 23 septembre 1891.

> La dame expliquait qu'on lui avait posé un lapin furieux, et le bijoutier allait déposer à son tour une plainte en escroquerie.
> GORON, *L'Amour à Paris*, t. II, p. 644.

Fam. *Sentir le lapin* « dégager de mauvaises odeurs corporelles ». La locution est attestée dans la seconde moitié du XIXᵉ s. chez Delvau (1867) et Delesalle (1896). Chez ce dernier, *lapin* a le sens d'« aisselle » ou « d'odeur d'aisselle ». Dans le Berry, ce mot désigne le sexe féminin (cf. *Chatte*).

 Vider (qqn) comme un lapin « le vider entièrement de ses entrailles ». Familièrement, en emploi passif, « subir une importante intervention chirurgicale, avoir eu des organes ôtés dans l'abdomen ». *Se vider comme un lapin* se dit parfois pour « avoir la colique ».

> [...] il fut pris d'une rage folle contre Lantier. Ah ! le brigand, ah ! la crapule ! Il fallait que l'un des deux restât sur le trottoir, vidé comme un lapin.
> É. ZOLA, *L'Assommoir*, t. I, p. 268.

LAPS n. m. et adj. Du latin *lapsus* « écoulé », participe passé du verbe latin *labi* « glisser, s'écouler, tomber ».

 Laps de temps « espace de temps ». Attestée dès le XIIᵉ s., l'expression est lexicalisée. *Laps* n'est pratiquement jamais employé isolément.

> [...] elle ignorait l'année précédente, que depuis qu'elle avait vu Gisèle il s'était passé un certain « laps de temps ». M. PROUST, *À la recherche du temps perdu*, t. II, p. 355.

Vx. *Laps et relaps* «qui est tombé et retombé dans l'hérésie» (*in* Furetière). *Laps*, adjectif, a ici le sens de «tombé» (une première fois) hors de la religion, dans le péché ou l'hérésie, et *relaps* (lat. *relapsus*), de «retombé». Cette locution, inusitée aujourd'hui, appartenait à la rhétorique religieuse, où la *chute* est l'équivalent métaphorique du *péché*.

LARD n. m.

Gras à lard → GRAS.

Gros lard «individu adipeux» (milieu XIXᵉ s.). Terme d'injure. Comme dans *tête de lard*, le substantif a ici le sens de «cochon».

Tête de lard «individu bêtement obstiné» → TÊTE.

Vx. *Vilain comme lard jaune* «très avare», par analogie avec le lard, qui, trop longtemps conservé, prend une couleur jaune et rancit (attesté en 1627). *Vilain* est à comprendre dans le sens d'«avare, mesquin», qu'il avait au XVᵉ s. et au XVIᵉ s.

Faire du lard «s'engraisser dans l'oisiveté» (1611, Cotgrave).

Fam. *Se demander si c'est du lard ou du cochon* «ne pas savoir à quoi s'en tenir (à propos de qqch. ou de qqn), de quoi il s'agit exactement». La différence entre le *lard* «graisse du cochon employée en cuisine», mais aussi «porc (l'animal)», et le *cochon* est comparable à celle qui existe entre *blanc bonnet* et *bonnet blanc*, si ce n'est que les mots diffèrent : c'est une différence verbale et formelle qui recouvre une ressemblance sémantique. On peut lire la locution comme «hésiter entre deux choses, deux interprétations très voisines, malgré l'opposition de leurs apparences».

> Il faut que je vous dise aussi que Baisemon, le bougnat du coin, il a reçu un picrate nettement supérieur à celui qu'il avait reçu le mois dernier, etc. Et ainsi sur deux feuilles. Les parents avaient dû se demander si c'était du lard ou du cochon.
>
> G. GIL, *Plantain, L'Herbier et Cie*, p. 44.

> Ça boumait assez bien pour tout le monde ; seulement, on sentait que ça n'allait pas durer. Franco gagnait chaque jour du terrain et les gouvernementaux commençaient à se demander si c'était du lard ou du cochon.
>
> A. SERGENT, *Je suivis ce mauvais garçon*, p. 86.

N'être ni lard ni cochon «être mal définissable, n'appartenir complètement à aucune catégorie» (voir le précédent).

Vx et fam. *Manger du lard* «dénoncer ses complices» (fin XIXᵉ s.). La locution, attestée chez Delesalle (1896), utilise la même image culinaire que dans *manger le morceau* et *se mettre à table*. Au XVIᵉ s., elle signifiait concrètement «ne pas faire maigre aux jours défendus par l'Église», puis «être coupable d'une faute quelconque». Dans la langue argotique de la fin du XIXᵉ s., la locution désigne particulièrement la trahison envers ses complices.

Rentrer dans le lard (à qqn) «agresser». Syn. *Entrer (rentrer) dans le chou*, voler dans les plumes**.

Vx. *Ne pas prêter son lard aux chiens* «être très économe, presque avare» (1656, Oudin). Variante de la locution *ne pas donner sa part aux chiens* → CHIEN. *Jeter son lard aux chiens*, «dilapider son bien», est attesté au milieu du XVIᵉ s. chez Rabelais.

LARGE adj.

Avoir la conscience large → CONSCIENCE.

Avoir les idées larges, être large d'idées «être tolérant, libéral».

Vx. *Être large des épaules* «être avare» (XVIIᵉ s.). On trouve chez Oudin : *il est bien large, mais c'est par les épaules*. La locution joue sur l'ambiguïté sémantique de *large* compris à la fois au sens physique (*large d'épaules* «qui a une imposante carrure ») et), avec antiphrase, au sens moral de « généreux, qui fait des libéralités ». On peut la rapprocher d'une expression comme *large de bouche et étroit de ceinture* « qui promet beaucoup, mais donne peu » (1611, *in* Cotgrave).

> [...] un matin. Gervaise l'avait surprise vidant là son panier d'huîtres. Ah! non, pour sûr, ces rapiats n'étaient pas larges des épaules, et toutes ces manigances venaient de leur rage à vouloir paraître pauvres.   É. ZOLA, *L'Assommoir*, t. I, p. 258.

Large d'épaules a aujourd'hui une signification toute différente. La métaphore de la large carrure, de l'envergure est assimilée à la valeur personnelle, la capacité d'un individu à supporter des situations difficiles → CARRURE.

Être au large « vivre dans l'aisance ».

Fam. ***Ne pas en mener large*** « être mal à l'aise, dans une situation critique » (1874). *Mener large* est attesté au sens de « vivre dans l'opulence ». Il doit s'agir d'une métaphore d'origine hippique, du genre de MENER LA VIE À GRANDES GUIDES★.

> T'as vu Joseph, ce matin? dit Volpatte. I' n'en mène pas large, le pauvre p'tit gars.
>   H. BARBUSSE, *Le Feu*, t. II, p. 23.

Prendre le large « s'enfuir ». Cette métaphore maritime du bateau qui gagne la haute mer est déjà attestée au milieu du XVᵉ s.; de nos jours, elle est plutôt familière.

> Le surlendemain, en revenant de Rosette, nous avons rencontré les mêmes chameaux qui revenaient d'Alexandrie. En nous apercevant de loin, il prit le large, laissa là ses bêtes et fit un grand détour à pied par le désert afin de nous éviter.
>   G. FLAUBERT, *Correspondance*, IIᵉ série, p. 114.

> Ils [les serruriers jurés convoqués à titre d'experts] reconstituèrent fort exactement les procédés des voleurs. Mais ceux-ci avaient pris le large.
>   P. VALÉRY, *Variété*, Villon et Verlaine, p. 437.

De long en large → LONG.

LARGEUR n. f.

Dans les grandes largeurs [LOC. ADV.] « complètement, au maximum » (début XXᵉ s.), avec des verbes comme *estamper, engueuler* (à l'actif et au passif : *se faire avoir*, etc.). La spatialité exprime ici la totalité, l'intensité (cf. *en long, en large et en travers*), celles-ci étant encore renforcées formellement par l'adjectif *grand* et l'emploi du pluriel.

LARIGOT n. m.

À tire-larigot → TIRE.

LARME n. f.

Larmes de crocodile → CROCODILE.

Littér. ***Larmes de sang*** « larmes, pleurs témoignant d'une intense douleur » (milieu XVIIᵉ s.). L'image frappe par la violence presque insoutenable qu'exprime la transformation inattendue de l'humeur lacrymale en sang. La locution joue implicitement sur le double caractère, concret et métaphorique, de l'effusion. Celle-ci suggère l'extériorisation d'un chagrin, « *l'effusion de cœur* », et son étrange répercussion somatique est comprise comme « effusion de *sang* », avec les valeurs symboliques liées à ce mot. On trouve ce même principe dans l'expression *Suer sang et eau* → SANG. La locution est sentie aujourd'hui comme très littéraire et la fonction rhétorique qu'on lui reconnaît masque et conjure ce qu'elle peut avoir de bouleversant.

> Je me hâte de l'interrompre, lorsque je vis qu'elle commençoit sérieusement à s'affliger. Ses moindres pleurs m'auroient coûté des larmes de sang.
>   Abbé PRÉVOST, *Mémoires et Aventures d'un homme de qualité*, t. II, p. 136.

On trouve parfois *verser des larmes rouges* (chez Flaubert, notamment).

Vallée de larmes → VALLÉE.

Au bord des larmes «sur le point de pleurer» (XXᵉ s.). Une figure hardie met la personne sujet de la phrase dans un milieu symbolique où les larmes (la douleur) peuvent être côtoyées.

Des larmes dans la voix «une voix étranglée par l'émotion». L'intensité émotive est marquée par l'irruption des larmes hors de leur champ habituel : les yeux. Le cliché *voix mouillée de larmes* exprime la même idée. S'emploie avec le verbe *avoir* ou précédé de l'adverbe *avec*.

Avoir toujours la larme à l'œil «avoir tendance à la sensiblerie, s'émouvoir facilement» (fin XVIᵉ s.). La propension exagérée aux pleurs est considérée de manière péjorative, soit comme l'expression d'une faiblesse de constitution, soit comme une affectation. *Avoir la larme facile* comporte ces mêmes connotations défavorables.

> Je savais qu'elle déballait sur son lit les reliques de ma sœur morte : des chaussons, des mèches de cheveux, des vêtements de bébé. Nany agissait alors comme si elle se trouvait dans une église, elle se signait, elle marmonnait des prières, elle avait la larme à l'œil.   M. CARDINAL, *Les Mots pour le dire*, p. 115-116.

Les larmes aux yeux équivaut à «sur le point de pleurer» (→ AU BORD DES LARMES, ci-dessus).

> — J'espère qu'ils sont fiers de leur papa, lui dis-je.
> — Ah! ça, on peut dire qu'ils m'aiment bien.
> Fraternité subite et profonde, comme j'éprouvais souvent en Russie. Je le quitte les larmes aux yeux.   A. GIDE, *Journal*, t. II, p. 265.

Avoir le don des larmes «pleurer très facilement» (milieu XVIIᵉ s., Scarron). *Don* a le sens atténué de «disposition innée, aptitude». En religion, le *don des larmes* est l'aptitude à l'émotion religieuse, au remords véhément.

Être ému (jusqu') aux larmes «être très ému», (jusqu'à en pleurer).

> Je puis vous montrer dans ce bal dix hommes peut-être qui seront damnés comme assassins. Ils l'ont oublié, et le monde aussi.
> Plusieurs sont émus jusqu'aux larmes si leur chien se casse la patte.
>   STENDHAL, *Le Rouge et le Noir*, p. 495.

Avoir, donner le champ libre → CHAMP.

Fondre en larmes «se mettre à pleurer abondamment». Très anciennement attestée — on la trouve chez Froissart au XIVᵉ s. —, cette expression n'a plus aujourd'hui la force expressive qu'elle a dû avoir à l'origine. Curieuse image, pourtant, que celle de l'individu qui sécrète, avec la complicité de son corps, sa propre liquéfaction. Ce phénomène symbolique est particulier aux larmes (en effet, on ne «fond» pas en sang ni en sperme). Cela semble tenir au fait que les larmes ont toujours été considérées comme participant à la partie noble de l'individu, à l'ange plus qu'à la bête. Elles sont l'émanation de l'affectivité et parlent d'autre chose que du corps. C'est pourquoi leur abondance est valorisée comme signe de sensibilité. Cette dimension affective est déniée aux autres humeurs qui représentent le pôle purement physiologique, animal. L'effusion de sang et l'éjaculation sont toujours scandaleuses; expressions du corps souffrant et du corps jouissant, elles sont frappées de tabou.

> Il la serrait dans ses bras ; il était fou. Elle jeta un petit cri.
> — Ce n'est rien, lui dit-elle, tu m'as fait mal.
> — À ton épaule, s'écria Julien fondant en larmes.
>   STENDHAL, *Le Rouge et le Noir*, p. 680.

> — Ô mon protecteur, dit Jondrette, mon auguste bienfaiteur, je fonds en larmes ! Souffrez que je vous reconduise jusqu'à votre fiacre.
>   V. HUGO, *Les Misérables*, Pléiade, p. 772-773.

Pleurer à chaudes larmes «abondamment». Cette locution encore courante, qui figure dans *La Farce de Maître Pathelin* (1464), en reprend une autre : *mener* *chaudes larmes*, attestée en 1165 (Wartburg). Elle est à rapprocher de clichés comme les *larmes brûlantes, les yeux brûlés de larmes*, etc. La valeur de *chaud* est surtout intensive.

> Il vint l'embrasser les larmes aux yeux :
> Ma chère amie, lui dit-il, nous verrons nos petits-enfants avant que de mourir, et le bon vieillard pleurait à chaudes larmes. STENDHAL, *Armance*, p. 38.

> Esther ne disait pas une parole, elle gisait la face dans les coussins, et pleurait à chaudes larmes.
> H. de BALZAC, *Splendeurs et Misères des Courtisanes*, éd. de 1845, t. I, p. 306.

Pleurer toutes les larmes de son corps « pleurer abondamment autant qu'il est possible » (fin XIXe s.). L'intensité est ici exprimée par la quantité et une vision naïve du corps comme réservoir de larmes qui peut être vidé de son contenu → FONDRE EN LARMES, ci-dessus.

> [...] le plus triste, c'était la douleur de la petite femme noire, humble et délicate : son homme, un beau garçon, venait de se cavaler sous son nez, si brutalement qu'il avait failli la jeter par terre ; et elle rentrait seule, chancelant le long des boutiques, pleurant toutes les larmes de son corps. É. ZOLA, *L'Assommoir*, t. II, p. 227.

Rire aux larmes « rire tellement fort qu'on en pleure » (1675, Mme de Sévigné). L'antinomie entre les deux manifestations extrêmes de l'émotion, *rire* et *larmes*, est ici battue en brèche. Ces relations de voisinage sont d'ailleurs attestées sur le plan physiologique. La même idée est exprimée dans *pleurer de rire*.

LARRON n. m.

Le bon, le mauvais larron. Allusion biblique désignant les deux voleurs qui furent crucifiés avec le Christ. Selon l'Évangile (Luc 23, 39-43), l'un (le *bon larron*) se repentit de ses fautes avant de mourir et l'autre (le *mauvais larron*) refusa.

Vx. **Larron d'honneur** « séducteur » (XVIIe s.). Désigne par métaphore celui qui dérobe l'honneur d'une femme en la subornant et, par voie de conséquence, celui du mari qui a la honte d'être cocu. On trouve cette expression chez Molière. Elle n'est plus employée, ainsi que l'expression synonyme **larron d'amour** attestée postérieurement (milieu XIXe s.). Elles mettent toutes les deux en œuvre une conception de l'amour comme *vol* (ou *viol*), celui-ci devant être arraché *de force* à la femme. C'est la même idée qu'exprime la formule *bourreau des cœurs*. Au contraire, le *bandit d'honneur* (par honneur) n'attente jamais à l'honneur.

Littér. **Le troisième larron.** L'expression, empruntée à une fable de La Fontaine *(Les Voleurs et l'Âne)*, désigne la tierce personne qui profite du différend opposant les deux premières.

> Tandis que coups de poings trottaient,
> Et que nos champions songeaient à se défendre,
> Arrive un troisième larron,
> Qui saisit maître Aliboron. LA FONTAINE, *Fables*, I, 13 : « Les Voleurs et l'Âne ».

Fam. **S'entendre comme larrons en foire** « très bien s'entendre », comme deux confrères qui seraient d'intelligence pour monter un mauvais coup. On trouve l'expression chez Molière (*Le Dépit amoureux*, III, 8) ; elle est restée très vivante et familière.

LARVE n. f.

Vivre comme une larve « d'une vie purement végétative ». Le syntagme *larve humaine* exprime la même notion d'infra-humanité.

LATIN n. m.

Latin de cuisine « mauvais latin », parlé par les gens sans culture, par opposition au *bon latin* des clercs. L'expression date du début du XVIIe s. On la trouve chez Cotgrave (1611). Selon Littré, elle viendrait des jésuites « qui étaient dans l'usage de

faire demander par les élèves [des collèges] aux valets les objets de première nécessité» (Littré, article *latin*). Quelle que soit la valeur à accorder à cette hypothèse,
la locution vient sans doute du langage des collèges. Elle a dû désigner au départ le
jargon latinisant parlé par les cuistres, c'est-à-dire les «valets d'ecclésiastiques» et les
surveillants. Il est à noter que *quistre* avait au XIII e s. le sens de «marmiton». Ce
rapport de filiation entre le monde noble de la culture et le prosaïsme de la cuisine
est encore perceptible dans la glose que Le Roux, au milieu du XVIII e s., donne de
l'expression dans son *Dictionnaire comique* : «c'est du latin de cuisine, il n'y a que
les marmitons qui l'entendent».

Vx. **Latin de bréviaire** *(ou de sacristie)* «latin de médiocre qualité».

Vx. **Être au bout de son latin** «ne plus savoir que faire ni que dire» (J. Stoer, *Dictionnaire français-latin*, 1625). On dit aujourd'hui *y perdre son latin* (cf. *infra*).

Vx. **Parler latin devant les Cordeliers** «parler de ce qu'on connaît mal à des gens
plus informés ou plus compétents que soi» (XVII e s.). À rapprocher du proverbe : *il
ne faut pas parler latin devant les clercs*.

Y perdre son latin «ne plus rien comprendre à quelque chose» (XX e s.). Au
XVI e s., l'expression signifiait «perdre son temps ou sa peine à quelque chose».
L'acception en usage aujourd'hui paraît assez récente.

> — *Errare humanum est,* dit l'abbé d'une voix espérantiste.
> — T'as entendu? dit Julie à Paul, tu l'embêtes cet homme avec ces questions, tu lui
> en fais perdre son latin. Allons, viens. Dépêchons. Merci quand même, dit-elle à Foi-
> nard.   R. QUENEAU, *Le Dimanche de la vie,* p. 305.

Vx. **C'est du latin** «c'est incompréhensible». Forme atténuée de *c'est du grec,* de
l'hébreu, du *chinois,* attestant le recul de la connaissance des langues anciennes, et
l'opposition culturelle entre ceux qui savaient le latin (savants, clercs, ecclésiastiques) et les autres, surtout à partir des XVI e-XVII e siècles.

LATITUDE n. f.

Avoir, donner toute latitude à quelqu'un pour (suivi d'un substantif ou d'un
infinitif) «lui consentir une large liberté de manœuvre». Le sens métaphorique de
latitude est attesté depuis le XVIII e s. (1762, Acad.).

LAURIER n. m.

S'endormir (se reposer, dormir...) sur ses lauriers «se contenter d'un premier
succès» (milieu XIX e s.). Les lauriers sont le symbole antique de la gloire, du succès
mérité. *Se reposer à l'ombre de ses lauriers* n'avait pas au XVII e s. de valeur restrictive,
et signifiait : «jouir d'un repos mérité après une victoire, un succès» (chez Saint-
Simon).

LAVABO n. m.

Blanc comme un (pied de) lavabo «d'une peau très blanche, peu bronzée»
(→ BLANC* COMME UN CACHET D'ASPIRINE).

LAVAGE n. m.

Lavage de cerveau «ensemble de contraintes psychologiques ou physiques
exercées sur un individu pour l'amener à modifier ses propres convictions et réactions, et à en adopter d'autres, conformes au but poursuivi» (milieu XX e s.). Traduction de l'américain *brain-washing,* l'expression appartenait à l'origine au vocabulaire
journalistique. Elle s'est popularisée après la guerre de Corée.

Lavage de tête «verte réprimande, savon» (fin XIX e s.) → LAVER LA
TÊTE, ci-dessous.

Alors, il conta en détail la façon dont le chef de l'exploitation l'avait reçu. Oh! un lavage de tête en règle!   E. ZOLA, *La Bête humaine*, in *Ph. Sl.*

LAVER v. tr.

Fam. ***Laver la tête à qqn*** «le réprimander, lui faire de violents reproches» (XVIᵉ s.). Cette locution figure chez Estienne (1538). On la trouve aux XVIIᵉ s. et XVIIIᵉ s. sous des formes légèrement différentes : *laver la cornette* (chez Mme de Sévigné), *laver la coiffe* ou *le béguin* (1787, Dictionnaire de Féraud). Elle est aujourd'hui un peu désuète ; on dit plutôt *passer un savon*. Pour Nicot (début XVIIᵉ s.), l'expression mettrait en œuvre l'idée de violence physique : «celui qui *lave la teste à un autre*, la lui frotte, tourne et retourne, et rebrousse les cheveux, comme s'il le peludait ; par ainsi, *laver la teste* à quelqu'un, c'est aussi le traiter avec rigueur». Charles Nisard, au XIXᵉ s., la rattache à une ancienne coutume païenne qui voulait que «quand un Grec ou un Romain s'était rendu coupable de quelque méfait, il allait de soi-même ou sur l'ordre des prêtres, se laver la tête pour obtenir des dieux son pardon» (cité *in* P. Larousse). Il s'agit là, comme à l'accoutumée, d'une explication artificielle et pédante. En fait, *laver* correspond à *frotter*.

> «Qu'on emporte ce plat, c'est une ordure.»
> Et il fait venir sa cuisinière et lui lave la tête.
>   V. HUGO, *Choses vues*, Nouvelle série, IV, p. 33.

Vx. ***Laver la tête à quelqu'un avec du plomb*** «le tuer d'un coup de pistolet» (XIXᵉ s.). L'expression est employée par Balzac.

Laver son linge sale en famille → LINGE. — ***Se (s'en) laver les mains*** → MAIN.

LÈCHE n. f. Déverbal de *lécher*.

Fam. ***Faire de la lèche (à qqn)*** «flatter bassement» (fin XIXᵉ s., Huysmans) → ci-dessous LÉCHER LES BOTTES.

LÉCHER v. tr.

Fam. ***Lécher les bottes, le cul à qqn*** «le flatter bassement» (fin XVIIIᵉ s. ; milieu XIXᵉ s.). Le verbe *lécher* évoque l'attitude servile du chien qui quémande la nourriture et les caresses. L'impression d'humiliation est encore renforcée par les parties du corps ici désignées → BOTTE, CUL. *Lécher les genoux* (av. 1869, Lamartine), et *lécher les pieds* (1873, P. Larousse), sont sortis de l'usage. *Lèche-cul*, «personne servile», est lexicalisé.

Lécher les vitrines → VITRINE. — ***Ours mal léché*** → OURS. — ***Se lécher les babines*** → BABINES.

LEÇON n. f.

Leçons de choses «méthode d'enseignement à l'usage des classes primaires, qui consiste à mettre les enfants en présence d'objets usuels ou de productions naturelles dont ils auront, par l'observation, à découvrir les propriétés». D'après P. Larousse, le mot fut employé pour la première fois en 1867 par l'éducatrice Mme Pape-Carpentier. Ce type d'enseignement, qui était destiné à donner aux jeunes enfants les premiers rudiments des sciences physico-chimiques et naturelles, fut instauré officiellement en France en 1887. L'intérêt linguistique du syntagme réside dans l'implication qui est un aveu : les autres leçons — en fait, la pédagogie entière — ne concernaient pas les «choses», mais des sujets moraux et psychologiques, détachés du concret.

Donner, recevoir une leçon «corriger ou être corrigé (en paroles ou par des coups)». L'apprentissage est une punition : l'extension de sens de *leçon* avive la tendance profonde de la pédagogie (voir le suivant).

> Il se promettait bien de le remettre à sa place, et de lui donner une leçon, un jour ou l'autre, car la vie de famille devenait fort pénible à la suite de ces scènes continuelles.
>
> G. de MAUPASSANT, *Pierre et Jean*, in *Ph. Sl.*

Faire la leçon à qqn «lui dicter sa conduite ou le chapitrer sur un ton doctoral». *Lechon* avait au XIIIᵉ s. le sens de «correction infligée à quelqu'un». La locution *faire leçon* figure chez Montaigne (*Essais*, III, 5).

> Même quand il me faisait la leçon, qu'il prenait sa grosse voix et ses gros yeux, il y avait un baiser dans son regard. Baiser que je refusais, mais qui existait sûrement.
>
> M. CARDINAL, *Les Mots pour le dire*, p. 76.

Réciter une (sa) leçon, se dit de quelqu'un qui répète docilement, comme un écolier, ce qu'on lui a commandé de dire.

Cela lui donnera une (bonne) leçon; ça lui servira de leçon «c'est bien fait pour lui» (cf. *ça lui fera les pieds*).

Il donnerait des leçons à... «il en remontrerait à...». Formule ironique destinée à dénoncer ou rabattre des prétentions mal fondées à la compétence.

LECTURE n. f.

Arg. *Être en lecture,* en parlant d'une prostituée, «être occupée avec un client». Attesté, selon Esnault, en 1894, cet emploi parodique de la locution identifie la prostituée à un objet usuel *«en main»*, comme on le dit d'un journal ou d'un livre consulté en bibliothèque.

LÉGER, ÈRE adj.

Léger comme l'air, comme une bulle, une plume «très léger».

La cuisse légère → CUISSE.

À la légère «inconsidérément, sans réfléchir» (1668, La Fontaine). Au milieu du XVIᵉ s., appliquée à des objets concrets (chez Amyot, Marot).

> Les experts sont comme les médecins : inquiétez-vous, ils vous rassurent : prenez les choses à la légère, ils vous crient casse-cou.
>
> P. DANINOS, *Le Secret du major Thompson*, in *Ph. Sl.*

LÉGUME n. f.

Grosse légume «personnage influent qui exerce une fonction importante» (milieu XIXᵉ s.). A d'abord désigné des officiers supérieurs (1832, *in* Esnault). La locution verbale *être dans les légumes* «avoir de l'influence» (Villate, 1888) n'est plus en usage (à l'inverse de : *être dans les huiles*).

LENDEMAIN n. m.

Triste comme un lendemain de fête «ennuyeux, triste comme l'abattement qui succède à l'exaltation d'une fête» (milieu XIXᵉ s.).

Les lendemains qui chantent «des perspectives d'avenir heureux». On doit l'expression au député communiste Gabriel Péri. Elle est souvent reprise pour caractériser l'optimisme révolutionnaire et, après la dure leçon de l'expérience, avec une ironie amère ou satisfaite — selon les tendances politiques.

Du jour au lendemain «brusquement, sans transition» (milieu XVIᵉ s., Ronsard).

Vieilli. *Il n'y a pas de bonne fête sans lendemain* [LOC. PROV.] «les meilleurs choses ont une fin».

Il ne faut pas remettre au lendemain ce qu'on peut faire le jour même → JOUR.

LESSIVE n. f.

Vx.   *Faire la lessive du Gascon* «retourner sa chemise quand elle est sale au lieu de la changer» (1704, Dict. de Trévoux).

Vieilli.   *À laver (blanchir) la tête d'un âne, on (n') y perd (que) sa lessive* [LOC. PROV.] «il ne sert à rien d'essayer à tout prix d'instruire un imbécile ou de faire entendre raison à quelqu'un d'obstiné» (XVIIᵉ s.). Ce proverbe est largement attesté aux XVIIᵉ et XVIIIᵉ s. (Oudin, Richelet, Furetière, Trévoux, Le Roux). Il paraît issu de l'expression *laver les testes des asnes et y perdre sa lessive* «s'efforcer en vain, perdre sa peine», attestée chez Rabelais. Parfois, à l'âne est substitué un *More* ou un *nègre,* particulièrement dans les versions où figure le verbe *blanchir.*

LEST n. m.

Jeter (lâcher) du lest «faire des concessions, modérer ses prétentions, pour éviter une catastrophe ou rétablir une situation compromise», par analogie avec le ballon qui, pour assurer son ascension, doit jeter des sacs de sable (début XXᵉ s.). Cette locution métaphorique matérialise l'idée de modération (cf. aussi *mettre de l'eau dans son vin*).

> — Vous aviez un magicien très actif comme concurrent?
> — Un pharmacien... formidable! D'affiche en affiche, de réunion en réunion, la température et la couleur montaient, montaient... On jetait des flammes, on jetait du lest...
>   P. VALÉRY, *Œuvres,* t. II, p. 249.

LESTE adj.

Avoir la main leste «être prompt à frapper» (milieu XIXᵉ s.) → MAIN.

LETTRE n. f.

Lettre morte «inutile, sans valeur, dépourvu de sens» (milieu XIXᵉ s.). S'est d'abord dit d'un texte juridique qui a perdu sa valeur applicative. S'emploie le plus souvent avec les verbes *être* et *rester.*

> La seule chose évidente est que — dans la mesure où leur fonction se trouvait mieux délimitée et où leur sens s'affinait — lettres et mots ont pris largement leur place dans le rang et sont devenus pour moi, ou peu s'en faut, «lettres mortes» après avoir été ressorts cabalistiques d'illumination.   M. LEIRIS, *Biffures,* p. 76.

On parlait au XVIIᵉ s., de *lettre close* à propos d'une chose inintelligible. *Le fond de cette affaire est pour moi lettre close.* (Molière, *Le Dépit amoureux,* p. 371.)

Lettre ouverte «article de journal rédigé en forme de lettre, adoptant un ton généralement polémique» (1835, Acad.).

Les cinq lettres «merde». La simple réduction du mot non prononcé à l'indication du nombre des lettres (non spécifiées) a une valeur euphémistique. Appartient au registre familier et désuet. La langue anglaise connaît collectivement les «mots de quatre lettres» *(four letters words).*

> MARTINON. — Chère petite maman, où que t'avais placé ton enfant? J'arrive dans la boîte et qu'est-ce que j'entends? Mes condisciples dire les cinq lettres à tout bout de champ...   M. AYMÉ, *Les Oiseaux de lune,* in *Ph. Sl.*

Vx.   *Sot en trois lettres* «très sot» (début XVIIᵉ s.). La spécification «en trois lettres» a ici une valeur renforçative. Ce procédé se rapproche un peu de l'épellation (comme dans *n, i, ni, c'est fini* !*).

> Le Pays ayant dit à Linières : vous êtes un sot en trois lettres ; vous en êtes un, vous, lui répondit Linières, en mille que vous avez composées.
>   TUET, *Matinées senonaises,* p. 91.

Autre forme :

> Voilà ce qu'à peu près, mon cher, vous m'auriez dit
> Si vous aviez un peu de lettres et d'esprit :
> Mais d'esprit, ô le plus lamentable des êtres,
> Vous n'en eûtes jamais un atome, et de lettres
> Vous n'avez que les trois qui forment le mot : Sot!
>
> E. ROSTAND, *Cyrano de Bergerac*, I, 4.

À la lettre, au pied de la lettre «au sens propre (d'un terme, de paroles)» (XVIIIᵉ s., *Roman de la rose*). Les locutions verbales : *prendre une chose à la lettre, au pied de la lettre* : «comprendre une chose, des paroles, selon le sens strict des mots» sont attestées depuis le XVIᵉ s. (Estienne). Elles s'expliquent par allusion à la Bible, au passage de la deuxième lettre aux Corinthiens (3, 6) : «c'est lui [Dieu] également qui nous a rendus capables d'être ministres d'une nouvelle alliance, non de la lettre, mais de l'esprit; car la lettre tue, mais l'esprit vivifie». Dans ce passage, l'opposition est nettement affirmée entre *la lettre*, c'est-à-dire l'interprétation littérale, attachée aux mots, et *l'esprit*, l'intention véritable dissimulée sous les mots. Dans la locution *au pied de la lettre, pied* a le sens de «mesure», comme dans *au petit pied, sur le pied de...* Le rapprochement avec le *pied* (base) *d'une lettre* est erroné. Ces deux locutions se rencontrent avec les verbes exprimant la compréhension intellectuelle (*comprendre, interpréter,* etc.) et avec ceux qui expriment l'action (*faire, exécuter, suivre* [des instructions], etc.); elles signifient dans ce cas «ponctuellement, scrupuleusement».

> Le violoniste, qui, avant de connaître M. de Charlus, n'avait aucune notion du monde,
> avait pris à la lettre l'esquisse hautaine et sommaire que lui avait tracée le baron [...].
> M. PROUST, *À la recherche du temps perdu*, t. II, p. 1089.

Vx. **Aider, ajouter à la lettre** «interpréter ce qui a été dit, soit en éclaircissant, en mettant à jour les intentions secrètes de l'auteur, du locuteur (Estienne), soit en altérant celles-ci pour chercher à tromper (Furetière).

Avant la lettre «avant le complet développement, l'état définitif» (vers 1870). En imprimerie et en photogravure, *l'épreuve avant la lettre* est celle qui est tirée avant l'impression de la légende figurant au bas d'une planche, d'une gravure.

En toutes lettres «nettement, sans ambiguïté» (fin XVIIIᵉ s.). Au sens propre, «sans abréviation», ou en parlant de nombres écrits avec des mots et non des chiffres.

> Tu ne deviens pas polie! C'est presque de l'invective. Tu me traites de manant et
> d'avare, en toutes lettres. C'est très gentil !
> G. FLAUBERT, *Correspondance*, Iʳᵉ série, p. 425.

Écrire, graver qqch. en lettres d'or «digne d'être conservé toujours présent à la mémoire» (milieu XVIIᵉ s.). Les lettres d'or symbolisent le souvenir dans ce qu'il a de précieux, comme ce métal, et les inscriptions commémoratives gravées sont souvent dorées.

(Écrit, inscrit) en lettres de feu «d'une manière saisissante, frappante» (vers 1870).

Vieilli. **En lettres de sang** «marqué par une longue suite de crimes, de cruautés» (1770, Raynal).

Ces locutions ont en commun une vision métaphorique de la mémoire comme support graphique des souvenirs, qui impressionnent l'esprit au point de s'y inscrire profondément, comme s'ils étaient imprimés sur une page ou gravés dans la pierre, la trace qu'ils laissent leur assurant une sorte d'autorité, d'immortalité *(Scripta manent)*. La matérialité de la trace graphique est exprimée par la mention de leur couleur (*lettres rouges,* rouge du sang et du feu ou *jaunes* de l'or) et de leur substance (*or, feu, sang).* Leur impact affectif est ressenti de manière variée, valorisé soit positivement (comme l'or, à cause de sa préciosité), soit négativement (comme l'horreur évoquée par les lettres de sang).

Fam. ***Passer comme une lettre à la poste*** «sans incident et facilement» (XIXe s.). S'emploie aussi en parlant d'aliments qui s'avalent et se digèrent facilement (attesté en 1826, Brillat-Savarin), probablement à cause de l'analogie entre la boîte postale, qui «avale» les lettres, et la bouche.

> Heureux les solliciteurs qui ont des amies à Notre-Dame de Trainel, leur demande passe comme une lettre à la poste : chaque nonnette est une excellente protectrice, et l'on assure que Madame la Supérieure qui ne laisse pas d'exploiter son crédit, vend les grâces au plus juste prix.   GORON, *L'Amour à Paris*, t. I, p. 227.
>
> Elle avala son huître.
> — En tout cas, ajouta-t-elle en riant, c'est une bestiole qui se défend mal. Elle passe comme une lettre à la poste.   R. QUENEAU, *Le Dimanche de la vie*, p. 135.

LEU n. m. Forme ancienne de *loup* → À LA QUEUE* LEU-LEU.

LEVÉE n. f.

Levée de boucliers → BOUCLIER. — ***Levée du corps*** → CORPS.

LEVER v. tr.

Lever le coude → COUDE. — ***Au pied levé*** → PIED.

LEVIER n. m.

Leviers de commande «postes de décision, dans l'administration, dans une entreprise» (1949) → aussi TENIR LES COMMANDES*.

LÈVRE n. f. Du latin *labia* «les lèvres» (sing. *labium*) pris en bas-latin pour un féminin. *Lèvre*, comme *langue*, symbolise la parole.

Du bout des lèvres «avec réticence» (avec un verbe comme *dire*, *exprimer*). Attesté au XVIIe s. (1677, Miege). Moins naturel dans ce contexte que *bord*, le mot *bout* spatialise la parole qui, de la bouche et de sa partie la plus extrême (les lèvres), se dirige vers l'allocutaire. Ce *bout* s'oppose au *fond* (du cœur).

> Plongée dans sa Revue des Deux-Mondes, Mme Sherbatoff répondit à peine du bout des lèvres à mes questions et finit par me dire que je lui donnais la migraine.
>   M. PROUST, *À la recherche du temps perdu*, t. II, p. 1046.

Avoir un mot sur le bord des lèvres, sur les lèvres, variante de SUR LE BOUT DE LA LANGUE*. On a dit dans le même sens : *avoir qqch. entre les lèvres* (Estienne).

Avoir le cœur sur les lèvres et ***Avoir le cœur au bord des lèvres*** → CŒUR.

Brûler les lèvres, se dit de ce que qqn a envie de dire (variante de *brûler la langue*). Plutôt qu'une métaphore, il s'agit du sens de brûler, «être impatient».

> Une allégresse un peu fiévreuse animait son regard et ses propos. Il eut la coquetterie de ne pas poser dès l'abord la question qui lui brûlait les lèvres et que son fils attendait.   M. AYMÉ, *Le Passe-Muraille*, p. 146.

Vieilli. ***Ne connaître quelqu'un ni des lèvres ni des dents*** «ne pas connaître du tout». L'expression est une variante comique, à partir d'une ressemblance vocalique, avec la locution *ne connaître ni d'Ève ni d'Adam* (→ ÈVE). L'arrière-plan érotique suggéré par l'emploi des termes *lèvres* et *dents*, faisant allusion à un contact intime entre deux personnes, a largement contribué à en assurer le succès.

> Ça m'paraît toujours rigolo d'êt' forcé d'saluer des cul-terreux que je connais ni des lèvres ni des dents, comme dit ma concierge !
>   P. VAILLANT-COUTURIER, *Enfance*, in *Ph. Sl.*

Vx. ***Dire qqch. des lèvres*** «sans le penser». Variante moins explicite de DU BOUT DES LÈVRES (ci-dessus), mais avec une autre valeur : l'insincérité (et non pas la réticence). *Des lèvres,* opposé à ...*du cœur,* vient sans doute du passage d'Isaïe (29, 13) repris dans l'Évangile (Matthieu 15, 8 ; Marc 7, 6).

Se mordre les lèvres « regretter ce qu'on vient de dire » (variante de : *se mordre la langue*).

Être suspendu aux lèvres de qqn « l'écouter avec une attention passionnée ». Cette image hardie est réemployée sans difficulté, à cause des métaphores du type : *être suspendu aux paroles de...*

Il y a loin de la coupe aux lèvres → COUPE.

LÉZARD n. m.

Être paresseux comme un lézard « très paresseux ». À cause du dérivé *lézarder,* cette valeur l'a emporté sur celle de « vivacité » qui a produit les expressions vieillies : *être preste (leste, vif) comme un lézard.*

Faire le lézard « paresser ; se chauffer au soleil » (début xxᵉ s.). Le dérivé verbal *lézarder* est lexicalisé.

LIARD n. m. Peut-être du nom propre [Guigues] *Liard,* qui créa cette monnaie en 1430, ou de l'ancien adjectif *liart* « grisâtre », peut-être de même origine que *lie* (du gaulois °*liga*). Cette ancienne monnaie de cuivre valait le quart d'un sou ou trois deniers ; sa valeur était donc très faible. Le mot figure dans plusieurs locutions, aujourd'hui vieillies, pour exprimer la pauvreté ou la faible valeur, la petitesse ou la pingrerie, surtout dans des tournures négatives ou restrictives.

Vx. *N'avoir pas un liard* « être complètement démuni d'argent » (xviiᵉ s., *in* Furetière). Cette locution-type est susceptible de nombreuses variantes : *N'avoir pas le liard* (1835, Acad.) ; *N'avoir pas un rouge liard* par allusion à la couleur cuivrée de la pièce ; *N'avoir pas vaillant un liard* (Richelet) ; ou encore *N'avoir pas le liard pour se faire tondre* (Oudin).

Vx. *(Ne pas avoir) pour un (deux) liard(s) de...,* avec un substantif abstrait, « manquer complètement de, être dépourvu de » (xixᵉ s.).

> Ah ! Je lui ai assez conseillé, dans mes lettres, de ne pas prendre cette teinturerie ! Un brave cœur, mais pas deux liards de tête ! É. ZOLA, *Au Bonheur des Dames,* t. I, p. 9.

N'est plus employée aujourd'hui, à la différence des locutions synonymes *n'avoir pas un sou de, pour deux sous de* (→ SOU).

Vx. *Gros comme deux liards de beurre* « très petit », en parlant d'une personne. Figure chez quelques écrivains du xixᵉ s. (Gyp, Courteline).

Vx. *Couper un liard en deux, en quatre* « être très pingre », par hyperbole.

> Est-ce que j'étais née pour cette vie de sans-le-sou ? Toujours couper les liards en quatre, se refuser jusqu'à une paire de bottines, ne pas même pouvoir recevoir ses amis d'une façon propre. É. ZOLA, *Pot-Bouille,* t. I, p. 35.

Vx. *Ne pas valoir un liard* « n'avoir aucune valeur ».

LIBERTÉ n. f.

Prendre la liberté de... (suivi de l'infinitif) « se permettre ». Employé notamment dans des formules polies.

Prendre des libertés avec qqn « ne pas se gêner avec lui, être d'une familiarité déplacée » (fin xviiᵉ s.). *Prendre des libertés avec qqch.* « ne pas en tenir compte, altérer, dévier » (en parlant d'un texte, d'une loi, etc.).

Reprendre sa liberté « se dégager d'un engagement envers qqn ; spécialement, se séparer d'un conjoint ».

Vx. **Liberté et pain cuit** [LOC. PROV.] «l'indépendance et des ressources suffisantes garantissent le bonheur» (1718, Le Roux, *Dictionnaire comique*).

AD LIBITUM loc. latine «à volonté, au choix» (1835).

LIBRE adj.

Libre arbitre → ARBITRE. — **Libre comme l'air** → AIR. — **Avoir les mains libres** → MAIN. — **Donner le champ libre** → CHAMP. — **Donner libre cours** → COURS.

LICE n. f. Du francique °*lîstja* «barrière», le mot désigne depuis le XIIe s. le champ clos où se déroulait un tournoi.

Littér. **Entrer en lice** «s'engager dans une compétition» ou «intervenir dans un débat». Malgré sa référence à l'ancien jeu du tournoi, l'expression n'est attestée sous sa forme actuelle que depuis le XVIIe s. (1657, Pascal). L'emploi métaphorique du terme date du XVIe s. : *entrer à la lice* «participer à une joute oratoire», est attesté dès cette époque, ainsi que la locution *tenir la lice de* «prendre le parti de quelqu'un». *Entrer en lice* a des équivalents en anglais *(to enter the lists)* et en espagnol *(salir a la liza)*.

> Fragments de vie entrés en lice dans la mesure où non seulement ils étaient de la vie vécue mais pouvaient représenter le germe de quelque chose d'actif et de vivant, les menus faits que je m'astreins à rassembler tendent à se pétrifier à mesure que ma quête se poursuit. M. LEIRIS, *Biffures*, p. 273.

1. LIE n. f.

Littér. **La lie du genre humain** «la fraction la plus vile de l'humanité» (XVIe s., d'Aubigné). Cette expression métaphorique appartient à une rhétorique désuète.

Jusqu'à la lie «jusqu'au bout» (XVIIe s.), surtout dans l'expression *boire le calice (la coupe) jusqu'à la lie* (→ CALICE), littéraire, mais vivante.

2. LIE adj. Du latin *lœtus* «joyeux». Archaïque → LIESSE (ci-dessous).

Vx. **Faire chère lie** → CHÈRE.

LIER v. tr.

Fou à lier → FOU. — **Pieds et poings liés** → POING. — **Avoir les mains liées** → MAIN. — **Avoir partie liée avec** → PARTIE.

LIESSE n. f. De l'ancien français *ledece* (XIIIe s.), du latin *lœtitia* «joie», par attraction de *lié* «heureux» (→ LIE, 2). Très courant au XVIe s., le mot est déjà vieilli au début du XVIIe s. en emploi libre.

Littér. **En liesse** [LOC. ADJ.] «manifestant publiquement et bruyamment son allégresse» (milieu XVIIe s.). S'emploie généralement précédé de substantifs désignant un groupe nombreux *(foule, multitude...)*.

LIEU n. m. Ce mot entre dans de nombreuses locutions figées qui en exploitent les différentes valeurs (spatialité, temporalité, ordre).

Lieux communs «poncifs, banalités exprimées par le plus grand nombre» (XVIIe s.). L'expression, attestée au milieu du XVIe s. (Bonivard, vers 1565), est traduite du latin *loci communes*, elle-même du grec *topoi koinoi*. Ces expressions désignaient en philosophie et en rhétorique (chez Aristote, Cicéron, Quintilien) l'ensemble des arguments de valeur générale applicables à des sujets particuliers. Au XVIIe s. la locution désignait toute vérité d'ordre général, mais elle a déjà chez Boileau (*Satires*, 9) le sens actuel d'idées rebattues, d'idées reçues.

Elle savait les intrigues du monde, les mutations d'ambassadeurs, le personnel des couturières; et s'il lui échappait des lieux communs, c'était dans une formule tellement
convenue que sa phrase pouvait passer pour une déférence ou pour une ironie.

                    G. FLAUBERT, *L'Éducation sentimentale*, in *Ph. S.*

Le thème de l'originalité primitive ou personnelle des lieux communs est développé
dans *Paradoxe sur les lieux communs* de Paulhan.

Au lieu de [LOC. PRÉP.] « à la place de, pour » (1538), suivie d'un substantif
ou de l'infinitif. On trouve *en lieu de* au début du XIIIᵉ s. Expression extrêmement
usuelle, où la localisation représente la situation abstraite dans un ensemble, dans
laquelle un élément et un élément tout différent peuvent jouer le même rôle. Les
idées de « remplacement », d'« équivalence fonctionnelle » sont exprimées en français
par ce type de locutions spatiales (*à la place de* et *au lieu de* étant les plus usuelles)
→ aussi EN LIEU* ET PLACE, ci-dessous.

Littér. **Au lieu que** [LOC. CONJ.] (1490) « alors que », suivie de l'indicatif, marque l'opposition entre deux actions, deux états différents. Suivie du subjonctif, elle
énonce un fait qui n'a pas eu lieu et auquel s'est substitué celui qu'évoque la principale. Suivie, plus rarement, du conditionnel, elle introduit une éventualité.

En haut lieu « auprès de personnages influents » (Littré, 1867). Au sens
métaphorique « d'autorité, prestige », *lieu* est attesté au XIVᵉ s. (Gillon le Muisit) et
au XVIᵉ s. (Estienne). On disait au XVIIᵉ s. *en bon lieu* (Mme de Sévigné). La notion
d'élévation exprime l'importance accordée à un champ d'activité (les *hautes* sphères)
ou à des personnages importants (personnages *haut* placés).

En son lieu « à son tour, au moment adéquat ». S'emploie en général avec un
futur, *lieu* exprimant ici aussi la temporalité.

En lieu et place de quelqu'un « à sa place, en son nom » (fin XVIIᵉ s.). *Être,
agir en lieu et place de,* c'est dans le vocabulaire juridique « jouir de ses droits ou
assumer ses fonctions à sa place ». Bien qu'elle soit peu marquée, une différence est
à faire entre les deux substantifs *lieu* et *place*. *Lieu* est à prendre au sens classique
de « position, situation dans l'ordre social » (*Être en lieu de* « en position de, dans la
situation où »), alors que *place* exprime la fonction et signifie « au nom de » (*en la
place de* est attesté en ce sens au XVIᵉ s., chez Estienne). Le fait que les deux mots
présentent à peu près la même aire d'emploi favorise leur confusion et a pu donner
à la locution l'apparence d'une tautologie.

En premier lieu « d'abord, pour commencer ». — **En second lieu** « ensuite »
(1538, Estienne). — **En dernier lieu** « enfin » (1867, Littré). — *Lieu* a dans ces locutions le sens de « rang »; encore une fois, l'espace représente le temps.

Sur les lieux « sur place, à l'endroit précis où un fait s'est passé ». Ce sens juridique de *lieux* est assuré depuis le XVIᵉ s. (1538, Estienne). *Se rendre sur les lieux,
être sur les lieux.*

Avoir lieu « se produire, arriver à un endroit ou à un moment déterminés »
(milieu XVIIIᵉ s.). Au XVIᵉ s., « être légitime, fondé ». Dans son sens moderne, l'expression donne à *lieu* la valeur spatio-temporelle qui permet de repérer un phénomène. Ce repérage correspond à une reconnaissance de réalité. Curieusement, c'est
la valeur temporelle qui domine, liée à l'emploi des temps du verbe : telle chose *a
eu lieu* (appartient au passé), *aura lieu*, etc., alors que la valeur spatiale est implicite
et demande un complément pour être explicitée *(avoir lieu à tel endroit).*

Avoir lieu de (suivi de l'infinitif et avec un nom de personne pour sujet) « être
fondé à, avoir de bonnes raisons » (1636, Corneille). On trouve aussi *avoir tout lieu
de* (1778, d'Alembert). Le tour impersonnel *il y a lieu de* « il est opportun de, il
convient de » est attesté au début du XVIIᵉ s. (1611, Cotgrave). *S'il y a lieu (de)* « le
cas échéant » correspond à une ellipse [de le faire].

Complètement ressaisi par Balzac. Ses Petits Bourgeois (inachevés, hélas!), dont jamais on ne parle, sont prodigieux. «Avoir lieu de... ». Je n'admets l'emploi de cette locution qu'au neutre. «J'ai lieu de... » me choque, encore que Littré semble l'admettre.
Je lis, dans les Employés : « J'ai tout lieu de penser que le succès couronnera vos espérances ». Mais Balzac le fait dire, et ne l'eût peut-être pas écrit, parlant de lui-même ; car, somme toute, il écrit fort bien et les Employés sont d'une langue excellente.
A. GIDE, Journal, t. II, p. 145-146.

N'avoir ni feu ni lieu → FEU.

Vx.   **Donner lieu à** (suivi d'un substantif ou de l'infinitif) «fournir le prétexte, l'occasion, provoquer». Au XVIe s., l'expression avait à peu près le sens de «accréditer». *Donner lieu de*, en usage aux XVIe et XVIIe s., n'est plus employé aujourd'hui.

Il me fault icy adjurer les lecteurs non pas d'escouter à mes gloses : mais de donner quelque lieu à la parole de Dieu.
CALVIN, Institution de la religion chrétienne, in Huguet.

Vx.   **Laisser lieu** «permettre, favoriser» (XVIIe s.). On dit aujourd'hui *donner lieu*.

Tenir lieu de «remplacer, servir à» (XVIe s.). D'abord *tenir le lieu de* (fin XIVe s.).

Vider les lieux «se retirer, quitter la place» (début XVIIIe s.). Dans Furetière (1690) : «déménager». Le pluriel a la valeur d'un singulier. *Vider* connote un départ forcé et plus ou moins brutal.

Le soir, je tombe de fatigue ; au surplus, l'électricité est coupée, les Allemands ayant fait sauter la centrale électrique avant de vider les lieux, de sorte que, ne pouvant écrire, je me mets au lit aux dernières clartés du jour.   A. GIDE, Journal, t. II, p. 237.

LIEUE n. f.

Bottes de sept lieues → BOTTE.

Être à cent, à mille lieues de «être très éloigné (figurément)» (XVIIe s.). Exprime la distance entre deux endroits, et métaphoriquement l'éloignement, la distraction de quelqu'un par rapport aux autres (*Il n'écoute pas, il est à cent lieues d'ici*, in Le Roux).

Baudu parut frappé de stupéfaction. Ses gros yeux rouges vacillaient dans sa face jaune, ses paroles lentes s'embarrassaient. Il était évidemment à mille lieues de cette famille qui lui tombait sur les épaules.   É. ZOLA, Au Bonheur des Dames, t. I, p. 8.

D'abord exclusivement suivie d'un substantif, la locution s'emploie aujourd'hui avec l'infinitif d'un verbe d'opinion (*croire, penser, supposer*, etc.) : *j'étais à cent lieues d'imaginer* «je n'imaginais vraiment pas». Elle correspond à une tournure négative renforcée.

Vieilli.   **Sentir (qqch.) d'une lieue** «laisser deviner par des signes extérieurs, de très loin, sa véritable nature, ses intentions» (XVIIe s.). Le complément direct est le plus souvent déterminé par un possessif.

LIÈVRE n. m. Le mot est plus riche en locutions et proverbes que *lapin*, mais il a un sémantisme plus simple, sans obscurités : la plupart des expressions s'expliquent par la chasse ou l'observation banale (par ex. *bec de lièvre*, qui est lexicalisé). Cependant *lièvre* a eu des emplois analogues à ceux de *lapin* (*lièvre rusé* «vieux routier»; *lièvre* «gendarme») et qui n'ont pas vécu.

Cervelle, mémoire de lièvre «mémoire très faible». L'expression viendrait de l'habitude qu'a le lièvre de revenir aux endroits où il a été chassé (Rolland), mais on peut évoquer aussi la fuite des souvenirs, sur le plan métaphorique.

Courir comme un lièvre «très vite». Comparaison banale.

Courir le même lièvre «être en compétition avec quelqu'un pour le même objet» (le sujet est au pluriel et désigne deux ou plusieurs personnes), cf. le suivant.

Courir (chasser, poursuivre) deux lièvres à la fois «viser deux buts et risquer de les manquer tous deux» (milieu XVIIᵉ s.). L'expression s'emploie souvent en parlant des entreprises galantes d'un homme à l'égard de deux femmes. On a vu à *lapin** l'arrière-plan érotique du mot, et surtout de son ancien synonyme *connil*, qui pourrait expliquer le contenu inconscient de l'expression.

Lever (soulever) un lièvre «soulever une difficulté imprévue; s'en apercevoir avant les autres» (milieu XVIIᵉ s.). Le sens est le même que dans *c'est là que gît le lièvre* (ci-dessous).

> Tout bien pesé, maintenant que ce lièvre (après tant d'autres) a été levé, mon désir d'aboutir à quelque chose de plus vivant qu'un aperçu théorique n'est pas un motif qui puisse me dispenser d'en donner ici une esquisse.   M. LEIRIS, *Fibrilles*, p. 238.

Vieilli. *Trouver le lièvre au gîte* «surprendre quelqu'un là où on l'attendait». Cette locution a parfois pris la forme d'un proverbe : *Le lièvre revient toujours à son gîte* (*in* Le Roux).

C'est là que (où) gît le lièvre «là qu'est le nœud du problème» (XVIᵉ s.). Traduction du latin *Hic jacet lepus*. A un équivalent italien *(Vediamo dove giace la lepre).*

> D'autres locutions sont archaïques, comme *dormir en lièvre* (les yeux ouverts), *prendre le lièvre au corps* (prendre une affaire par le bon bout), *vouloir prendre le lièvre au son du tambour* (ébruiter une intention qui devrait rester secrète).

LIGNE n. f.

Dans la ligne «fidèlement, en conformité avec l'orthodoxie» (d'un parti, d'une organisation). *Être, rester dans la ligne du parti.* La ligne est, par métaphore, l'orientation générale cf. *La Ligne générale*, trad. française d'un titre russe de film (de Eisenstein).

> [...] Oui, Monsieur, Jacques Doriot, de Saint-Denis, futur héritier des rois de France. Alors, voyant ce travail, ses copains l'ont éjecté en moins de deux parce qu'il n'était pas dans la ligne.   A. SERGENT, *Je suivis ce mauvais garçon*, p. 75.

En droite ligne, en ligne directe «directement» (fin XVIIᵉ s.). Avec le verbe *descendre, ligne* désigne la suite des membres d'une même famille, la filiation.

Hors ligne [LOC. ADJ.] «supérieur, sans égal» (1835, Acad.). La *ligne* est l'ensemble des éléments situés à l'intérieur d'un ordre, d'une hiérarchie, à un certain niveau → aussi HORS PAIR*.

> Si vous n'étiez pas mon ami (c'est-à-dire si je ne vous devais du respect) et si votre livre m'avait paru médiocre, je vous ferais un compliment banal, et tout serait dit. Mais je trouve qu'il y a là-dedans beaucoup, beaucoup de talent, et que c'est une œuvre hors ligne et très intense. Donc vous allez recevoir le fond de ma pensée.
> G. FLAUBERT, *Lettre à J.-K. Huysmans*, in *Correspondance*, VIIIᵉ série, p. 223.

Sur la même ligne «au même rang, à un niveau comparable» (milieu XVIIIᵉ s.).

Sur toute la ligne «d'un bout à l'autre, complètement» (milieu XIXᵉ s.). L'horizontalité de la ligne est ici une métaphore de la totalité.

> CÉCILE. — Vous avez perdu?
> ARTHUR. — Non... J'ai gagné sur toute la ligne.   É. AUGIER, *Maître Guérin*, p. 329.

Avoir, garder la ligne «être mince». On a d'abord dit à la fin du XIXᵉ s. *avoir de la ligne* (1896, Delesalle). La *ligne* désigne collectivement les formes du corps, dans une perspective artistique.

Entrer en ligne de compte «entrer en considération» (1835, Acad.) La métaphore est d'origine financière, la *ligne de compte* est d'abord la forme réglementaire que doit avoir un compte de gestion, et par extension chaque article d'un compte. On retrouvera la même idée dans *prendre en compte* (→ COMPTE), par une métaphore moins technique, la *ligne* de compte n'étant que sa notation développée. *Mettre en ligne en compte*, «faire mention de; tirer avantage d'une chose», figure déjà chez Montaigne.

> Il n'est certes pas incapable de sympathie et s'est montré le plus souvent d'une grande obligeance; mais tout de même les boutiques des plus petits villages n'ont jamais été plus achalandées, et cela entre en ligne de compte, encore que l'on ne l'avoue pas volontiers.   A. GIDE, *Journal*, t. II, p. 39.
>
> [...] je faisais entrer dans mes jugements mondains des impressions poétiques que je ne faisais jamais entrer en ligne de compte au moment de faire le total, [...].
> M. PROUST, *À la recherche du temps perdu*, t. II, p. 742.

Lire entre les lignes «découvrir le sens caché d'un message», le plus souvent d'un texte écrit, mais parfois de paroles.

> Il faut d'ailleurs reconnaître que cette subtilité des hommes politiques qui me servit à m'expliquer le milieu Guermantes et plus tard d'autres milieux, n'est que la perversion d'une certaine finesse d'interprétation souvent désignée par la locution «lire entre les lignes».   M. PROUST, *À la recherche du temps perdu*, t. II, p. 474.

Entre les lignes «implicitement», peut s'employer seul, adverbialement.

> C'est pourquoi, en cours de route, j'amorçais — sinon en noir sur blanc, du moins entre les lignes, voire durant les entractes — des espèces de débats d'ordre général, aussi particulier qu'en eût été le prétexte.   M. LEIRIS, *Fibrilles*, p. 235.

Tirer à la ligne «faire du délayage en parlant d'un article, d'un texte payé à la ligne» (1867, *in* Littré).

> Et pourrais-je (même pour mon propre compte) distinguer entre accessoire et essentiel, sachant que toutes sortes de moyens ingénieux de tirer à la ligne tout en usant du style le plus concis ont été les leviers de la création chez un Raymond Roussel et que des chevilles visibles à l'œil nu lui ont servi de pitons d'escalade pour atteindre les plus hauts sommets?   M. LEIRIS, *Fibrilles*, p. 241.

LIMACE n. f.

Mou comme une limace «très mou, sans volonté (personnes)». La comparaison est particulièrement dépréciative → LIMANDE.

LIMANDE n. f.

Plat comme une limande «très plat».

> Bonheur s'était renversé sur le dos. Il s'étirait voluptueusement, au point de se faire plat comme une limande.   P. GUTH, *Le Naïf locataire*, p. 22.
>
> [...] il a simplement oublié d'apporter mon dossier! Je me demande pourquoi il se trimballe avec un porte-documents : ce soir il était vide, mon vieux, plat comme une limande!   A. SARRAZIN, *La Cavale*, p. 146.

L'expression s'emploie depuis le début du XIXe s. en parlant d'une femme maigre (cf. *Planche à pain, à repasser*). *Limande* est d'ailleurs lexicalisé dans ce sens depuis 1870. L'expression signifie aussi «obséquieux, servile» (une *limande* est, chez Vidocq, «un homme mou, sans courage») à cause des connotations péjoratives de *plat*, et peut-être aussi par association avec *limace, limaçon*, qui, outre l'évocation répugnante de ces animaux rampants et baveux, ont la même origine étymologique (le gaulois *lem-*) que *limande*.

LIMBES n. f. pl.

Dans les limbes «dans un état incertain ou inachevé» (en parlant d'un projet), au XVIIe s., chez Saint-Simon. Les *limbes*, dans la religion catholique, sont le lieu où séjournent les âmes des justes avant la Rédemption ou celles des enfants morts sans baptême.

LIME n. f.

Vx. *Le dernier coup de lime* «l'ultime travail de finition».

LINGE n. m.

Fam. *Du beau linge* «du beau monde». S'est d'abord dit (début XIXᵉ s.) pour désigner des femmes bien habillées (portant du linge fin). En argot, on trouve *du linge* pour «des femmes» (1865, *in* Esnault) et *avoir du linge* pour «être bien vêtu».

Blanc comme un linge «très pâle». La comparaison de couleur est très renforcée par l'analogie formelle : *l* + voyelle nasale (→ aussi BLÊME).

> — Comme ça, demanda-t-il d'une voix brève, la soupe ne vaut rien, ici?
> L'homme, bouleversé, devint blanc comme un linge et, l'œil fixé sur le plancher, d'une voix à peine perceptible, répondit :
> — Si, mon colonel.   G. COURTELINE, *Les Gaîtés de l'escadron*, p. 275.

Fam. et vx. *Avoir son linge lavé* «être dans une mauvaise situation» (milieu XIXᵉ s.). On trouve l'expression en 1842 chez E. Sue, au sens de «être vaincu», et chez Bruant, en 1901, de «être mourant». La métaphore est la même que dans *être lavé*, *lessivé*, *nettoyé*.

Laver son linge sale en famille «régler ses différends entre soi, sans intermédiaire, sans témoin» (milieu XVIIIᵉ s.). La locution est attribuée à Voltaire, parlant des poèmes de Frédéric II de Prusse : «Mon ami, à une autre fois. Voilà le roi qui m'envoie son linge sale à blanchir». L'image est reprise un peu plus tard par Napoléon sous la forme du proverbe : *C'est en famille qu'on lave son linge sale*.

> Je crois qu'il est toujours convenable de laver son linge sale. Or je laye le mien tout de suite. «Je t'en ai voulu» et je t'en veux encore un peu d'avoir supposé que j'avais, avec Aubryet, dit du mal de ta personne ou de tes œuvres. Je parle ici très sérieusement. Cela m'a choqué, blessé.   G. FLAUBERT, *Correspondance*, IVᵉ série, p. 210.

LION n. m.

Cœur de lion «grand courage». *Cœur* est pris au sens ancien de «courage» → CŒUR.

Bouffer (manger) du lion «être agressif, manifester une certaine volonté de combattre» (s'emploie surtout au passé : *il a bouffé du lion*). Variante : *on lui a fait bouffer du lion* (quand la volonté, l'énergie, vient d'une influence extérieure).

> Mon père a mangé du lion. Il veut sa revanche sur sa femme.
>   R. VAILLAND, *Beau Masque*, in *Ph. Sl.*

La part du lion «la plus grosse part», celle que s'arroge le plus fort, comme le lion de la fable (La Fontaine, I, 6 : «*La Génisse, la Chèvre et la Brebis en société avec le Lion*»). Cf. l'emploi de *léonin* dans *contrat léonin*. La loc. figée n'est attestée qu'en 1835 (Académie).

> Un jour même il avait forcé Lydie à voler sa mère, il s'était fait apporter par elle deux douzaines de sucres d'orge [...] ; et la petite, rouée de coups, ne l'avait pas trahi, tellement elle tremblait devant son autorité. Le pis était qu'il se taillait la part du lion.
>   É. ZOLA, *Germinal*, t. I, p. 301.

Se battre comme un lion «avec fougue, courageusement».

> Depuis qu'il a l'épaulette, il est devenu un régulier, ce réfractaire! Il attend peut-être la croix ou le brevet d'officier pour de bon dans l'armée! Et s'il s'est battu comme un lion, c'est comme un lion qu'il a assez du jeûne dans le désert, et veut la pâtée de la ménagerie et les bravos de la foule.   J. VALLÈS, *L'Insurgé*, p. 194.

> Nous autres, nous avons tous plus ou moins des maîtresses qui nous rendent fous, c'est-à-dire braves. Quand on est amoureux comme un tigre, c'est bien le moins qu'on se batte comme un lion.   V. HUGO, *Les Misérables*, Pléiade, p. 1237.

Tourner comme un lion en cage → TOURNER. *Comme un lion en cage*, par rapport à *un ours*, *un fauve en cage*, apporte l'idée de force impuissante, de courage ou de valeur inutile.

Monsieur, moi, je ne sais plus quoi faire du jeune homme. Il fait les cent pas comme un lion en cage. Je n'ose plus passer dans l'antichambre.

J. ANOUILH, *Ornifle*, in *Ph. Sl.*

Un chien vivant vaut mieux qu'un lion mort → CHIEN.

LIPPE n. f.

Faire la lippe «faire une moue de dégoût ou de dédain» (fin XIIIe s.) → aussi MOUE.

LIPPÉE n. f.

Vx. *Franche lippée* «bon repas qui ne coûte rien» (XVIIe s.). *Franche* a ici le sens ancien de «exempte de charges, qui ne coûte rien». *Lippée* (de *lippe*) a d'abord signifié «bouchée», puis par extension «repas». Aux XVIe et XVIIe s., le mot servait, souvent en des paraphrases ironiques, à désigner les parasites, les pique-assiette : *les suivants de madame Lippée* (M. Régnier), *mouche de lippée* (Cotgrave), *coureur de lippée* (Scarron).

LIRE v. tr.

Lire dans le jeu de quelqu'un → JEU.

LIS n. m.

Vx. *Teint de lis* «très blanc, très pur». La métaphore et son développement : *teint* (*peau*, etc.) *de lis et de roses* relève de la stylistique, mais sa fréquence, surtout au XVIIIe s., l'a fait entrer dans la phraséologie. L'expression est associée à un fait culturel : la valorisation érotique de la peau blanche (et la dépréciation concomitante des teints mats, bruns, hâlés, etc.) correspondant à une exaltation symbolique des caractéristiques raciales.

LISETTE n. pr.

Pas de ça, Lisette! Formule de refus, de dénégation. Quelque peu désuète aujourd'hui, cette petite phrase est attestée dans le théâtre de la fin du XVIIIe s. (Pigault-Lebrun). Le prénom évoque les jeunes soubrettes délurées des comédies de Lesage, Marivaux, et le type de la jeune femme du peuple, légère et enjouée, créée et chantée dans leurs couplets par les chansonniers du XIXe s. (Chaulieu, d'Atteignant et surtout Béranger).

Elle s'approcha de la grille, tâta les barreaux l'un après l'autre et reconnut facilement celui que Marius avait dérangé.
Elle murmura à demi-voix avec un accent lugubre :
— Pas de ça, Lisette !

V. HUGO, *Les Misérables*, t. IX, p. 238.

LISIÈRE n. f.

Tenir en lisière(s) «maintenir sous sa dépendance, exercer un contrôle étroit sur quelqu'un». Cette locution figure sous cette forme chez Balzac (1844). On disait au XVIIIe s. *mener la lisière* (1752, Dict. de Trévoux), ou *tenir par les lisières* (1798, Acad.). On appelait *lisières* les cordons attachés aux vêtements d'un enfant qui apprend à marcher. Le sens métaphorique du mot est assuré depuis le XVIIIe s. La locution, qui n'est plus comprise analytiquement aujourd'hui, est surtout employée dans le langage écrit littéraire.

LISTE n. f.

Liste noire «ensemble des personnes réputées dangereuses, nuisibles et devant, comme telles, être surveillées étroitement, voire supprimées» (XIXe s.). L'expression figure chez Stendhal *(La Chartreuse de Parme)*. Symboliquement, la couleur noire est celle du mal. Le noir désigne par ailleurs le centre d'une cible, l'endroit précis où il faut frapper.

· *Grossir la liste de* « s'ajouter à » (avant 1834, Béranger).

LIT n. m.

Lit de justice « dais sous lequel le roi rendait la justice ; la séance elle-même » (XIVe s.).

À (sur) son lit de mort « au moment de mourir » (début XIXe s.). On disait au XVIIIe s. *être au lit de la mort* (1680, Richelet).

Du premier (second...) lit « d'un premier (second) mariage », en parlant d'enfant (XVIIe s.). Le lit symbolise l'union conjugale en rapport avec la procréation.

Avoir le lit et le couvert chez quelqu'un « être hébergé ».

Vieilli. *Être sur un lit de roses* « jouir d'une grande félicité » (XVIIe s., Oudin). *Ne pas être sur un lit de roses* « être en mauvaise posture » (XIXe s.), par allusion au « lit de roses », légendaire, des Sybarites.

Faire le lit de... « préparer, rendre possible (une situation, souvent politique) » (XXe s.).

> Deux années d'expérience n'ont-elles pas suffi pour prouver que les gouvernements basés sur l'alliance avec la réaction... ne peuvent aboutir qu'à une politique désastreuse qui fait le lit du fascisme. *L'Humanité*, 15 mars 1958, in *Ph. Sl.*

Vx. *Ne faire qu'un lit* « coucher ensemble ». On dit encore aujourd'hui dans le sens opposé *faire lit à part*. Très ancienne (fin XIIe s.), cette locution intéressante par sa forme, offre un bon exemple de raccourci par une ellipse et une métonymie réunies, produisant le même euphémisme que dans *coucher avec*.

Vx. *Mourir au lit d'honneur* « être tué à la guerre » (milieu XVIe s.) → CHAMP* D'HONNEUR. *Lit* a ici une valeur abstraite contraire à ses connotations (sécurité, quotidienneté) dans d'autres locutions.

Mourir dans son lit « mourir chez soi, naturellement » (1690, Furetière). Précédé du possessif, *lit* invoque une image apaisante, apprivoisée de la mort, que la couche associe à la vie quotidienne et au sommeil.

Comme on fait son lit, on se couche [LOC. PROV.] « il faut assumer les conséquences de ses actes ». Les phénomènes sont ici vus d'une manière rationnelle, mais quelque peu réductrice, comme purs produits de l'intervention humaine.

> Mais comme on fait son lit on se couche, et pourquoi tant d'histoires à propos de ce qui est de ma faute au premier chef, puisqu'en quelque domaine que ce soit, je n'ai jamais (ou autant dire) payé le prix de ce qui permet de dépasser la misère de la condition d'homme ! M. LEIRIS, *Frêle bruit*, p. 201.

LITIÈRE n. f.

Faire litière de (qqch.) « ne faire aucun cas de, mépriser » (XVIe s.). L'expression est très ancienne et figure déjà dans une chanson de geste, *Les Aliscans* (vers 1200) où elle signifie « couvrir, joncher le sol de cadavres » (dans un combat). Au début du XIVe s., *faire litière* s'emploie pour « jouir (d'une femme) ». Ce n'est qu'au XVIe s. (chez Brantôme, É. Pasquier) que la loc. prend le sens moderne de « sacrifier, faire peu de cas de (quelque chose d'important, la vie, l'honneur) ». L'idée générale est celle de « fouler aux pieds, répandre par terre », comme la litière d'un animal, d'où l'idée de mépris qui s'y attache. À l'époque classique, chez Corneille, notamment, la loc. a eu le sens de « répandre à profusion, prodiguer généreusement » (*faire litière de pistoles*, dans *Le Menteur*), mais cet emploi ne s'est pas maintenu. L'expression appartient au style soutenu.

Ils n'étaient qu'à demi stupéfaits, sachant que la duchesse avait l'art de faire litière de tous les préjugés.   M. PROUST, *À la recherche du temps perdu*, t. II, p. 518.

LIVRE n. m.

Vx. *L'homme d'un seul livre* « type de l'individu péremptoire et sûr d'avoir raison, qui ne revient jamais sur son avis ». D'abord mise en garde sous forme de proverbe : *prends garde à l'homme d'un seul livre* (en latin médiéval : *cave ab homine unius libri*), l'expression est due à saint Thomas d'Aquin chez qui ce livre unique désigne la Bible : *timeo hominem unius libri* signifie « je crains, en tant qu'adversaire, celui qui connaît à fond le Livre » ; d'où, par extension, « celui qui ne jure que par une seule doctrine ».

Comme dans les livres « merveilleux, paré de tous les charmes ». Le livre symbolise l'univers merveilleux de la fiction, opposé à la banalité du réel, et équivaut exactement à *roman*, à *conte*.

Vieilli *Être écrit (noté) sur le livre rouge* « être repéré pour les fautes qu'on a commises » (XVIIᵉ s.). On disait aussi : *être noté sur le livre de qqn*, dans le même sens (Furetière). Le livre matérialise la mémoire où s'inscrit le grief. La couleur rouge, la plus voyante, signale à l'attention (→ aussi l'expression en *lettres de feu*) ; de nos jours, le *livre rouge* est associé à la doctrine maoïste.

Lire à livre ouvert « lire couramment, facilement » (1673, Molière). L'expression est curieuse, dans la mesure où il faut nécessairement ouvrir le livre pour le lire ; elle signifie « en n'ayant besoin que d'ouvrir le livre », sans autre information (dictionnaire, etc.). Par métaphore, l'expression s'emploie au sens de « déchiffrer, comprendre avec perspicacité ».

> Je fais toujours de l'anglais. Dans dix mois, si je continue, je lirai Shakespeare à livre ouvert.   G. FLAUBERT, *Correspondance*, IVᵉ série, p. 124.

> Le gamin, à l'état parfait possède tous les sergents de ville de Paris, et sait toujours lorsqu'il en rencontre un, mettre le nom sous la figure. Il les dénombre sur le bout du doigt. Il étudie leurs mœurs et il a sur chacun des notes spéciales. Il lit à livre ouvert dans les âmes de la police.   V. HUGO, *Les Misérables*, Pléiade, p. 602.

Parler comme un livre « très bien, en termes choisis » (milieu XVIIᵉ s.). À l'origine, c'est plutôt le contenu du discours que sa forme qui était en cause ; en effet, la locution constatait une compétence et valorisait un savoir. Elle signifiait à peu près « parler savamment de quelque chose », le livre étant une somme de connaissances. Mais très vite (déjà chez Furetière), des connotations péjoratives apparaissent. *Parler comme un livre*, c'est aussi « parler trop savamment, d'une manière trop théorique et ennuyeuse ». Aujourd'hui, l'expression est plutôt comprise par rapport à la forme du discours : *Parler comme un livre, c'est parler avec la perfection formelle de l'écrit*. L'expression se fonde sur la valorisation de l'écrit, comme forme plus correcte et plus achevée que l'expression orale. Mais en même temps, la péjoration y est implicite, car le discours du livre est un discours mort, d'où est évacuée toute créativité (il est lu, répété). C'est le domaine de la *doxa*, des discours répertoriés, homologués, la référence livresque ne pouvant pas s'appliquer à des discours « paradoxaux » ou subversifs.

> La langue des grands écrivains est précieuse, qui en doute ? mais elle ne se prête pas à tout ce que la conversation commande quelquefois. Parler comme un livre, c'est mal parler : il faut rompre la convention générale, pour le charme, l'agrément, le plaisir des conventions particulières.   L. MERCIER, *La Néologie*, Préface, p. LXXI.

LOCHE n. f.

Paresseux, mou comme une loche « très mou, indolent ». L'animal évoque la mollesse à la fois physique et morale. (→ aussi LIMACE.)

LOCOMOTIVE n. f.

Fumer comme une locomotive «être un gros fumeur» (début XIXᵉ s.). On dit aussi *fumer comme une cheminée*, un sapeur** (voir ces mots).

Souffler comme une locomotive «souffler bruyamment» (début XXᵉ s.) → aussi PHOQUE*, SOUFFLET* DE FORGE.

LOGE n. f.

Être aux premières loges «à la meilleure place pour assister de près à un spectacle, pour être le témoin d'un événement» (1826, Brillat-Savarin). Métaphore d'origine théâtrale.

LOGER v. intr.

Être logé à la même enseigne (que...) → ENSEIGNE. *Être logé* a ici le sens métaphorique d'«être dans une situation» (en général mauvaise).

Vx. *Ici, on loge à pied et à cheval.* Inscription des anciennes auberges munies d'écuries, mentionnant qu'elles pouvaient abriter des cavaliers et des gens en voiture et prendre soin des chevaux. Cette phrase est devenue symbolique d'une forme historique d'hôtellerie et de voyage.

LOGIS n. m.

La folle du logis → FOU.

Vx. *Il n'y a plus personne au logis,* «il est fou» (XVIIᵉ s.). La métaphore est celle de la maison vidée de ses habitants → FOU *(la folle du logis).*

LOI n. f.

Loi de la jungle «la loi, la contrainte exercée par le plus fort» (début XXᵉ s.). La métaphore de la jungle symbolise un milieu hostile où l'individu doit compter sur ses seules forces pour survivre et risque à tout moment d'être éliminé par plus fort que lui. La mystique de la force, avec la caution d'une pseudo-loi naturelle sur le modèle du règne animal (la référence aux bêtes sauvages), reflète l'influence des idées darwiniennes appliquées à une vision cynique et pragmatique des rapports humains (celle qu'on a d'ailleurs reprochée à La Fontaine, autre tenant du modèle animal en matière de sociopolitique).

> [...] l'instinct de moralité va se nicher toujours en quelque endroit. On voit bien chez les pires gredins, dans les milieux les plus affreux, reparaître la règle et se décréter des lois de la jungle. P. VALÉRY, *Variétés*. Villon et Verlaine, p. 443.

La Loi et les Prophètes «une vérité incontestable» (fin XVIIᵉ s.). S'emploie avec le verbe *être (c'est la Loi...)* en parlant d'une personne qui jouit d'une autorité, d'un prestige incontestables. L'expression nominale, d'origine biblique, date de la fin du XIIᵉ s. et désigne l'ensemble de la Bible, en tant que révélation divine. L'emploi métaphorique, élargi, s'est dégagé de sa référence religieuse et signifie à peu près «ce qu'on doit croire». Elle matérialise l'idée de «norme». De nos jours, la locution s'emploie surtout sur le mode plaisant.

> — Ce sont des fleurs japonaises, il faut les disposer comme font les Japonais.
> — Je ne suis pas de l'avis de madame Verdurin, bien qu'en toutes choses elle soit pour moi la Loi et les Prophètes. M. PROUST, *À la recherche du temps perdu*, t. I, p. 602.

Loi du talion → TALION. — *Au nom de la loi* → NOM. — *Avoir, (faire) force de loi* → FORCE. — *N'avoir ni foi ni loi* → FOI.

Vx. *Prendre loi de qqn* «se soumettre à lui» (XVIIᵉ s.). On trouve cette locution chez beaucoup d'écrivains classiques (Molière, T. L'Hermitte, M. Régnier).

Tomber sous le coup de la loi (avec un sujet de chose), se dit de toute action délictueuse, de toute infraction qui relève de la justice. *Tomber sous* a le sens de «concerner, ressortir à» (1665, Pascal). L'expression impose une image violente et répressive de la justice *(tomber, coup)*.

C'est une dure loi, mais c'est la loi [LOC. PROV.], traduction de l'adage latin, d'ailleurs plus souvent cité que la version française : *dura lex, sed lex*.

Nécessité fait loi → NÉCESSITÉ.

LOIN adv.

D'aussi loin que, du plus loin que «dès que, depuis le moment où» (XVIIe s.). Ces locutions ont une valeur temporelle au moins depuis le XVIe s. *(du plus loing,* «depuis l'époque la plus ancienne», chez Estienne). Elles s'emploient le plus souvent avec le verbe *se souvenir*, dans les locutions *du plus loin* (Pomey), *d'aussi loin que je me souvienne* (Racine), pour évoquer un passé très ancien. On disait au XVIIe s. *se souvenir de loin* «d'événements très anciens» (1671, Pomey).

De loin «d'un endroit éloigné» (fin XIe s.), «d'une époque reculée» (XIIIe s.). Exprime aussi l'écart entre deux choses que l'on compare (cf. *tant s'en faut*) et la superlation : *c'est le meilleur, et de loin*. Précédé d'un verbe à la forme négative (par ex. *ne s'intéresser que de loin à qqch.*), signifie «assez peu, médiocrement».

De loin en loin «à de longs intervalles de temps, de temps à autre» (1762, d'Alembert). On disait au XVIIe s. *de loin à loin* (Vaugelas, dict. de Richelet).

De près ou de loin «aussi peu que ce soit, un tant soit peu» (1867, *in* Littré). La forme négative *ni de près ni de loin* «en aucune manière, pas du tout» est attestée à la fin du XVIIe s. (*ni près ni loin*, chez La Rochefoucauld).

Loin de «à une grande distance» (1080). *Non loin de* «tout près». *Pas loin de* exprime à la fois la proximité dans l'espace et dans le temps (= bientôt presque, *il n'est pas loin de minuit* : «il va être minuit»).

Loin de (= infinitif), *loin, bien loin que* (+ subjonctif) ont une valeur adversative et signifient «au lieu de (que), plutôt que (de)». Elles datent du XVIIe s. et appartiennent au style soutenu.

Loin de là! Exclamatif, «au contraire, tant s'en faut».

Loin de moi! (de lui, de nous...) l'idée, la pensée que... : formule exclamative exprimant l'aversion éprouvée pour quelque chose et marquant la volonté de la repousser, de s'en écarter (1672). Appartient au style déclamatoire.

Aller loin (avec un sujet inanimé) «être de grande conséquence, avoir une grande portée». On dit aussi dans ce sens *mener loin* (1660, Molière). En parlant de quelqu'un, au futur, *il ira loin* signifie «il réussira» (1668, La Bruyère). À la forme négative, *il n'ira pas loin* signifie en général «il va mourir bientôt». *Ça ne va pas (très) loin*, exprime l'appréciation et correspond à une litote «c'est médiocre».

Aller trop (un peu) loin «exagérer, dépasser la mesure».

Sans aller (chercher) plus loin [LOC. ADV.] «sans se donner la peine de chercher» (1538, Estienne).

Être loin de (+ infinitif) «ne... pas... du tout». Négation emphatique exprimant l'inverse de ce qu'on attendait. *Être loin de croire, de penser* «ne pas croire, ne pas penser» → LIEUE *(être à cent, à mille lieues de)*.

Revenir de loin «réchapper d'un grand danger, d'une maladie, etc.» (1694, Acad.).

LE COMTE. — Quoi, à votre âge, vous méprisez l'amour?... Mais d'où revenez-vous donc, marquise ?

LA MARQUISE. — Je reviens de loin.
LE COMTE. — Oui, de nourrice...
A. DE MUSSET, *Il faut qu'une porte soit ouverte ou fermée,* in *Ph. Sl.*

Voir loin «être prévoyant». La vue éloignée (espace) métaphorise la prévision (temps).

Voir venir qqch. de loin «s'y attendre, ne pas en être surpris» (XVᵉ s., chez Charles d'Orléans, Ph. de Commynes). *De loin* a aussi dans cette locution une valeur temporelle → *d'aussi loin que, du plus loin que.*

J'irai (même) plus loin «j'irai jusqu'à dire».

À beau mentir qui vient de loin → MENTIR. — *Il y a loin de la coupe aux lèvres* → COUPE. — *Loin des yeux, loin du cœur* → CŒUR. — *Qui veut voyager loin ménage sa monture* → VOYAGER.

LOIR n. m.

Être paresseux comme un loir «très paresseux», (fin XIXᵉ s.); *dormir comme un loir* «profondément» (XIIᵉ s.) font allusion à l'hibernation de l'animal, qui est devenu avec la *marmotte* le symbole de l'endormi. Le loir a d'ailleurs fréquemment reçu le nom de *dormeur (rat dormant, dormeur* ou *dormiant* [Jura], *dormiton* [Normandie], *rat-dort* [Bourgogne]).

> Il m'a semblé doux de me retrouver au milieu de mon vieux cabinet et de revoir toutes mes petites affaires! Mes matelas ont été rebattus, et je dors comme un loir.
> G. FLAUBERT, *Correspondance,* VIᵉ série, p. 219.

LOISIR n. m.

À loisir «sans hâte, en prenant tout son temps» (1080, *Chanson de Roland*). On dit aussi *tout à loisir* (1640, Corneille), locution du style soutenu, dont un équivalent populaire est *à la paresseuse.*

1. LONG, LONGUE adj.

Long comme un jour sans pain → PAIN. — *De longue haleine* → HALEINE. — *De longue date, de longue main* → DATE; MAIN. — *Avoir le bras long* → BRAS. — *Avoir les dents longues* → DENT. — *Faire long feu* → FEU.

2. LONG n. m.

De long en large «dans tous les sens» (XVIIᵉ s.; de *lonc en lé,* au XIIIᵉ s.), et notamment, «dans deux sens opposés, alternativement» (avec des verbes comme *marcher*).

> Après avoir assez longtemps marché de long en large avec l'irrésolution d'un amant qui n'ose se présenter à sa première maîtresse [...], il finit par franchir le seuil de cette porte.
> H. de BALZAC, *Le Chef d'œuvre inconnu,* in *Romans et Contes philosophiques,* Éd. de 1837, t. II, p. 7.

> Quelquefois je sortais de l'abri et me promenais de long en large dans l'obscurité.
> S. BECKETT, *Molloy,* p. 211.

En long et en large (fin XVIIᵉ s.), *au long et au large,* (au XVIᵉ s.), a aussi le sens métaphorique de «sous tous ses aspects» (XXᵉ s.). On trouve parfois la forme renforcée, plus familière : *en long, en large et en travers,* avec des verbes exprimant une action intensive. Ce type d'énumération a aujourd'hui des connotations agressives : *je t'emmerde en long, en large et en travers;* cf. *à pied*, à cheval et en voiture.*

> Et d'abord j'y demanderai à mon gars, parce que, moi aussi, je fraye, même qu'il est bath de bath mon Monmon et qu'on se mariera ensemble, alors on fera l'amour, en long, en large et en travers...
> M. MICHEL-BAHSI, *Poupoune,* p. 156.

Au long de, le long de, tout au long de, tout du long de [LOC. PRÉP.] «dans le sens de la longueur de» et, par extension, «pendant toute la durée de, complètement» → aussi À LONGUEUR★ DE... (ci-dessous).

> L'idée d'avoir engendré le délectait. Rien ne lui manquait à présent. Il connaissait l'existence humaine tout du long...
> G. FLAUBERT, *Madame Bovary*, in *Ph. Sl.*

De (tout) son long «sur toute sa longueur» (fin XVᵉ s.). Au XVIIᵉ s., *être peint de son long* «en pied» (Malherbe); *tomber de tout son long.*

Avoir les côtes en long → CÔTE.

Donner à quelqu'un du long et du large «le rouer de coups», attesté au XVIIᵉ s., n'est plus en usage.

3. LONGUE n. f.

Vx (langue class.) et fam. **Observer les longues et les brèves** «faire une chose avec la plus grande rigueur, ou avec cérémonie» (1687, Mme de Sévigné). *Connaître les longues et les brèves d'une affaire* «la connaître dans ses moindres détails». L'allusion à la technique prosodique exprime métaphoriquement la compétence, la connaissance parfaite d'un domaine, d'un sujet particulier. Elle représente un idéal de rigueur.

À la longue [LOC. ADV.] «au bout d'un certain temps, à force» (XIIIᵉ s., *Couronnement de Renart*).

> Les hommes sont rarement dignes de se gouverner eux-mêmes. Ce bonheur ne doit appartenir qu'à des petits peuples qui se cachent dans les îles, ou entre les montagnes; mais à la longue ils sont découverts et dévorés.
> VOLTAIRE, *Dictionnaire philosophique*, in *Ph. Sl.*

Cette locution est la seule survivance de cet emploi féminin et substantivé de *long*, très fréquent à l'âge classique. *Longue* était un équivalent de *longueur*. On disait ainsi *aller de longue* «avancer, continuer» (Malherbe), *tirer de longue* «traîner en longueur».

LONGITUDE n. f.

Vieilli. **Prendre une longitude** «fainéanter, prendre du bon temps» (1907). Métaphore d'origine maritime, jouant sur le rapprochement avec «s'allonger» (pour se reposer).

LONGTEMPS adv.

De longtemps «depuis longtemps» (XIIIᵉ s., Commynes). *On ne l'a pas vu de longtemps* équivaut à *il y a longtemps que...*

LONGUEUR n. f.

Traîner en longueur «durer trop longtemps, s'éterniser». Exprime une perception de la durée comme excessive. *Tirer en longueur,* attesté au milieu du XVIᵉ s., est vieilli.

À longueur de [LOC. PRÉP.] «pendant tout le temps de», suivi d'un substantif marquant la durée. *À longueur de journée,* «toute la journée» (XXᵉ s.), *à longueur de temps* «sans discontinuer».

> Pierrot Lavalanche, c'était un doux. Tout menu, avec une figure de vieux, et des cheveux raides qui lui pendaient partout. Mais ses yeux, des yeux bleus et grands, ils rigolaient à longueur de journée, de sorte qu'il avait toujours l'air d'être à la fête, et content de vivre comme pas un.
> A. SERGENT, *Je suivis ce mauvais garçon*, p. 88-89.

LORGNETTE n. f.

Voir quelque chose par le petit bout de la lorgnette «d'une manière étroite, mesquine, par son petit côté» (milieu XIXe s.). Au sens propre, l'observation des objets par le petit côté d'une lorgnette (c'est-à-dire normalement) rétrécit le champ de vision et donne de ceux-ci une vision démesurément grossie, réduite à quelques-uns de leurs détails, d'où la métaphore de l'appréciation de la réalité sans aucun recul.

> Ces grandes questions d'art et de liberté,
> Voyons les, j'y consens, par le moindre côté,
> Et par le petit bout de la lorgnette.
>   V. HUGO, *Réponse à un acte d'accusation*, in DUPRÉ, *Encyclopédie du bon français*.

Vieilli. *Par le gros bout de la lorgnette* «voir en petit, de très loin, sans souci du détail».

LOT n. m.

Gagner le gros lot «bénéficier soudain d'une chance, d'une aubaine exceptionnelle» (XXe s.).

> On ne gagne jamais deux fois le gros lot. C'est pour ça que moi, après Pradonet — sans parler des sentiments profonds que j'ai gardés pour lui — je ne cherche pas.
>   R. QUENEAU, *Pierrot mon ami*, p. 99.

LOTI adj.

Être bien, mal loti «être favorisé ou défavorisé par le sort» (milieu XVIIe s., Oudin), souvent par antiphrase : *il est bien loti !* «il n'a pas de chance».

LOTO n. m.

Fam. *Yeux en boules de loto* «yeux tout ronds».

LOUIS n. pr.

Fam. *Jambes Louis-XV* «arquées» ou «cambrées» par allusion plaisante aux pieds incurvés des meubles de ce style. (L'expression date du milieu du XXe s.)

Être de la côte de saint Louis → CÔTE.

LOUP n. m.

Le mot est d'une extrême richesse en locutions, ce qui correspond à la place très importante du loup dans les folklores d'Europe et à la valeur symbolique de cet animal. Dans les légendes et les mythologies de toutes les civilisations où il est connu, le loup représente la mort. Les démons sont revêtus de peaux de loup (Grèce, Gaule), le dieu de la mort a des oreilles de loup (Étrusques), les dieux-loups dévorent les astres (Scandinavie). Le mythe du *loup-garou* et la crainte naïve du *grand méchant loup* résistent de nos jours aux connaissances objectives sur ces animaux, qui sont parmi les mammifères les plus attachants. Par contre, après les remarques des naturalistes, la poésie romantique a fait du loup un symbole de noblesse et de grandeur (Vigny) : on retrouve cette valorisation du loup dans quelques expressions et dans les termes de tendresse (*mon gros loup,* etc.).

Un froid de loup «froid rigoureux», fait allusion à l'époque où les loups affamés sortent de leurs repaires.

Une faim de loup «très vive» (milieu XIXe s.), c'est-à-dire «dévorante», comme celle d'un loup affamé. On disait au XVIIe s., et on entend encore parfois *manger comme un loup* (1648, Scarron). *Dévorer comme un loup* figure chez Mérimée. Aujourd'hui, *de loup* a surtout une valeur intensive.

La visite à l'appartement du boulevard des Dames s'acheva vers trois heures du matin.
En sortant Jo dit à Michel Quasquara :
« J'ai une faim de loup. Quelle soirée ! »   L. DURAND, *Le Caïd*, p. 317.

Un vieux loup de mer « un vieux marin aguerri » (d'abord « marin que son
métier a rendu sauvage et solitaire »). Dans cette expression, la métaphore a disparu :
il s'agit d'une unité lexicalisée, comme celles qui désignent, dans le domaine concret, des animaux marins (*loup de mer, loup marin* « phoque », *loup* « bar »). Cependant *loup de mer*, comme *louveteau*, « jeune scout », réalise une tendance symbolique positive, liée aux idées de « courage, détermination, force d'âme » et finalement
« virilité ». Voir aussi le suivant.

Jeune loup « jeune homme ambitieux ». S'emploie généralement dans un
contexte politique, où la locution se substitue à **Jeune Turc**, en ajoutant à l'idée de
« classe d'âge qui remplace les plus vieux » celle « d'avidité impitoyable », mettant
ainsi l'expression en rapport avec une série phraséologique (*avoir les dents
longues*, etc.).

Connu comme le loup blanc « très connu ». D'abord : *comme le loup gris*, c'est-
à-dire comme un vieux loup célèbre pour ses méfaits (thème de l'animal mythique
qui échappe toujours aux chasseurs). Le *loup blanc* le remplace avec la valeur de
« prodige » (→ MERLE★ BLANC) ; mais son caractère franchement péjoratif (on disait
au XVIIIᵉ s. : *être décrié comme le loup blanc*) a disparu.

Les matrones sont donc obligées de se mettre en chasse et de rechercher du vrai gibier
de théâtre. Or, comme elles sont toutes connues comme le loup blanc, l'entrée de la
plupart des coulisses leur est difficile, sinon tout à fait interdite.
                                            GORON, *L'Amour à Paris*, t. II, p. 682.

À pas de loup « en marchant avec précaution, en tapinois » (1680). On a dit
en pas de loup (1611, Cotgrave).

[...] le petit Gavroche, qui seul n'avait pas quitté son poste et était resté en observation, croyait voir des hommes s'approcher à pas de loup de la barricade.
                                            V. HUGO, *Les Misérables*, Pléiade, p. 1160.

À la fin, il s'est frappé le front et a dit :
« Je me rappelle maintenant, c'est en bas. »
Il est descendu — à pas de loup — courbant l'échine, le pied traînant, le geste gauche, mais sa prunelle luisant toujours et perçant l'ombre de l'appartement endormi
dans le crépuscule.   J. VALLÈS, *L'Insurgé*, p. 94.

Entre chien et loup → CHIEN.

Aller queue à queue, comme les loups → À LA QUEUE★ LEU-LEU.

Avoir vu le loup « lorsqu'on parle d'une fille, signifie avoir de l'expérience
en amour » (1752, selon Le Roux). Dans ce sens, la locution apparaît au début du
XVIIIᵉ s. Auparavant, elle signifiait « être aguerri, expérimenté », selon l'identification
de la chasse au loup à une activité dangereuse exigeant de l'expérience et du courage. Le sens actuel de l'expression a éliminé sa valeur ancienne. Cette expression,
comme les contes où le loup dévore une très jeune fille après divers subterfuges
anthropomorphiques (*Le Chaperon rouge* en est le type le plus connu en France)
utilise le symbolisme sexuel viril du *loup*. Au XVIᵉ s. l'expression la *danse du loup*
signifie « acte sexuel » et plusieurs légendes et dictons font ouvertement allusion aux
mœurs sexuelles de l'animal (→ ci-dessous DANSER LE BRANLE DU LOUP), renforcée
par la mise en rapport fréquente de *loup* et de *queue*.

Nana reniflait, se grisait lorsqu'elle sentait à côté d'elle une fille qui avait déjà vu le
loup. Longtemps elle s'était mise auprès de la grande Lisa, qu'on disait grosse [...].
                                            É. ZOLA, *L'Assommoir*, t. II, p. 167.

Vx. Danser le branle du loup « avoir des relations sexuelles » (se disait d'une
femme, XVIIᵉ s.). Remplacé de nos jours par AVOIR VU LE LOUP (ci-dessus), à cause
de la transparence trop grande de la forme, dans la présente expression.

Il est vray que le loup estant un animal cruel et conséquemment lasche, porte ordinairement la queue entre les jambes, qui est un *signe de sa laschété*, et de sa *mauvaise
nature*, aussi bien que celle du chien [...]; mais ce n'est pas ainsi que le Vulgaire
l'approprie : car quand on dit à une fille ou à une femme qu'elle a dansé le branle
du loup la queue entre les jambes, on entend qu'elle a laissé le chat aller au fromage
[...], qu'elle a reçu quelque passager dans sa barque.
                         FLEURY DE BELLINGEN, *Étymologie des proverbes*, t. II, 15, p. 178.

Enfermer (laisser entrer) le loup dans la bergerie « laisser entrer un élément
dangereux, malfaisant, dans la place que l'on devrait défendre contre lui ». Cette
expression qui a aujourd'hui une valeur métaphorique générale, était employée concrètement dans la langue médicale classique (XVIIe-XVIIIe s.) :

Enfermer le loup dans la bergerie. Se dit, quand on laisse refermer une playe, sans
l'avoir bien fait suppurer, pour empêcher qu'il ne s'y forme un sac qui obligeroit à
la rouvrir.   LE ROUX, *Dictionnaire comique*, 1752.

Ah, il va falloir en coller des étiquettes sur Lou, père des enfants qu'on aura, héros des
livres que j'écrirai, gendre qui vous vénérera... je n'ai pas encore eu l'occasion d'introduire mon loup dans la pieuse bergerie, mother ne l'a vu qu'une fois, de très loin, il
y a très longtemps, dans la pénombre des Assises [...]
                                              A. SARRAZIN, *La Traversière*, p. 133.

Hurler avec les loups « être cruel, injuste, pour ne pas déplaire à d'autres,
par bassesse, par conformisme, etc. ». À l'origine (XVe s.) l'expression était plus générale et moins péjorative ; elle signifiait « s'accommoder à l'humeur et aux manières
des gens avec lesquels on se trouve », selon Le Roux qui cite un *Recueil de Pièces
comiques* : « *sachant qu'il faut hurler avec les loups, il se mit à rire avec les autres* ».

Se mettre (se jeter, tomber) dans la gueule du loup « s'exposer imprudemment au danger ».

Vx. **Tenir le loup par les oreilles** « être dans une situation très difficile, quand on
est engagé dans une affaire ».

Je ne bougeray donc. Non, non, je m'en iray
Je demourray pourtant, si tu me le conseilles.
Hélas, mon cher Morel, dy moy que je feray,
Car je tiens, comme on dit, le loup par les oreilles.   DU BELLAY, *Regrets*, 33.

La faim chasse (fait sortir) le loup du bois « la nécessité oblige à se montrer ».

Nécessité fait gens mesprendre
Et faim saillir le loup du bois.   VILLON.

Après ce vache de palabre, revenons-en à la combine qui me finançait. Assez ingénieuse, et tu peux croire que ce n'était pas le besoin, mais la nécessité. La faim fait
sortir le loup... tiens, encore les loups. Je n'avais plus rien à me mettre sous la dent.
                                    A. SERGENT, *Je suivis ce mauvais garçon*, p. 51-58.

L'homme est un loup pour l'homme calque du latin *homo homini lupus*, « les
hommes sont féroces entre eux ».

Les loups ne se mangent pas entre eux « les gens cruels, dangereux, etc., ne
s'attaquent pas entre eux ». Variante ancienne : *loup ne mange chair de loup* (Rolland).

Quand on parle du loup, on en voit la queue se dit d'une personne qui arrive
quand on parle d'elle. Le dicton a un peu varié dans la forme (*qui de loup parole
[parle] près en a la coue* [queue], au XIVe s.), mais non dans le sens. Une variante dialectale dit : *on en voit les cornes* (Rolland), par une transposition qui reflète la nature
démoniaque du loup. Qu'il s'agisse de *queue* ou de *corne*, c'est le symbolisme viril
qui est mis en œuvre (on ne dit pas : on en voit les yeux, la gueule, etc.), comme
le sent fort bien le locuteur du français actuel, pour qui l'expression est au moins
équivoque (alors que le sens érotique de *queue* était certainement absent à l'origine
de l'expression) → QUEUE.

[...] elle n'était qu'à demi fâchée des fredaines de Robert. À ce moment, la porte s'étant ouverte de nouveau, celui-ci entra.

— Tiens, quand on parle du Saint-Loup, dit Mme de Guermantes.

Mme de Marsantes, qui tournait le dos à la porte, n'avait pas vu entrer son fils...

— Ah! quand on parle du Saint-Loup, je comprends, dit le diplomate belge riant aux éclats.

— C'est délicieux, répliqua sèchement Mme de Guermantes qui détestait les calembours et n'avait hasardé celui-là qu'en ayant l'air de se moquer d'elle-même.

M. PROUST, À la recherche du temps perdu, t. II, p. 254.

D'autres locutions proverbiales, quoique vieillies, ont l'intérêt de conserver des croyances : on pensait par exemple que celui que le loup a vu le premier était privé de voix (on trouve cette croyance dans Pline) d'où les expressions : *avoir vu le loup*, avoir *crié au loup*, appliquées du XVIe au XVIIIe s. à un homme enroué ou enrhumé (voir ci-dessous les citations qui montrent déjà la tendance à l'explication rationnelle — et fictive, chez nos auteurs du XVIe s.). On croyait aussi que les loups étranglent ou dévorent celui d'entre eux qui a couvert la louve, pendant qu'ils dormaient épuisés par la poursuite ; d'où le dicton : *Jamais loup ne connut son père*, ou *Il est comme le loup, il n'a jamais vu son père*, qu'on appliquait aux bâtards, retrouvant ainsi le thème du solitaire maudit. On peut signaler encore : *Brebis comptées le loup les mange* (→ BREBIS). On pourrait en citer bien d'autres et conclure avec Étienne Pasquier (*Recherches de la France,* VIII, 15), à l'exceptionnelle importance du thème du loup dans notre civilisation.

De mesme ignorance est venu, quand nous voyons un homme enroué, que nous le disons *avoir veu le loup*. Car à l'opposite faudrait dire, *le loup l'a veu*. D'autant que, si nous croyons au mesme Pline, livre VIII, si le loup fiche le premier sa veue sur nous, il nous fait affaiblir la voix.   É. PASQUIER, *Recherches de la France,* VIII. 61.

Cet air corrompu [de la gueule du loup] saisira tellement les poulmons, serrant l'artère vocale, qu'avec grande difficulté on pourra parler, parquoy on dit : il a veu le loup.

GUILLAUME BOUCHET, *36e serée* [soirée], *in* Huguet.

LOUPE n. f.

À la loupe «minutieusement, en détail» (avec des verbes comme *regarder, examiner,* etc.).

LOURD adj.

Vx. *Avoir la main lourde* «frapper fort», puis «punir avec sévérité» (début XXe s.) → MAIN. Aujourd'hui, *avoir la main lourde (sur qqch.)* «verser en quantité excessive», en parlant d'un produit alimentaire, d'un assaisonnement. *Elle a eu la main lourde sur le sel, c'est immangeable!*

Avoir le cœur lourd «être très triste». Exprime la même idée de poids excessif qu'*en avoir gros sur le cœur* (→ CŒUR★ GROS) et *avoir un poids sur la poitrine*.

LOYAL adj.

À la loyale «loyalement, sans tricher», spécialement «sans armes ou à armes égales» (1926). Expression d'origine populaire, avec des verbes signifiant «se battre, lutter».

En pensée il remonta du regard de ses cuisses à son ventre, à son dos musclé, à ses bras. S'il avait accepté de se battre, «à la loyale» bien entendu (c'est-à-dire sans coups, seulement en luttant) ou «à la bigorneur» (du chausson et du poing) il eût sûrement possédé Théo, mais celui-ci avait la réputation d'être violent.

J. GENET, *Querelle de Brest,* p. 199.

LUMIÈRE n. f.

Habit de lumières (trad. de l'espagnol *traje de luces*) costume richement brodé de fils d'or des toreros confirmés.

> Le rêve du pauvre orphelin allait donc devenir réalité. Il allait enfin entrer par la grande porte sur le sable dont l'accès lui avait été jusqu'ici refusé. Pour la première fois, ses épaules allaient connaître le poids d'un habit de lumières.
> L. COLLINS et D. LAPIERRE, *...Ou tu porteras mon deuil*, p. 341.

Le Siècle des lumières «le XVIII siècle». Les *lumières* sont celles de l'intelligence, de la connaissance philosophique, de la foi dans le progrès. La métaphore est lexicalisée dans les emplois figurés de l'adjectif *éclairé (monarchie éclairée)*. Le mot *lumières* au pluriel s'emploie — notamment en histoire — pour pour «siècle des lumières» : *la philosophie des lumières*.

À la lumière de «à l'aide de, grâce à (des éléments de connaissance qui permettent une meilleure appréciation de la situation)». Le complément de cette loc. prép. désigne en général une réalité observée récemment, qui rend compréhensible («éclaire») d'autres faits.

Faire la lumière, toute la lumière sur qqch. «élucider, éclaircir dans tous ses détails une question particulière, une affaire» (milieu XVIIᵉ s.). La lumière symbolise les conditions qui permettent l'appréhension de la vérité.

Mettre en lumière «faire apparaître, rendre explicite». Exprime la même idée que l'expression METTRE AU JOUR*, dans un registre moins exclusivement didactique ou littéraire.

Nier la lumière en plein midi «nier l'évidence».

Ce n'est pas une lumière «il n'est pas très intelligent, très fin». *Lumière* s'emploie métaphoriquement depuis le XVIIᵉ s. pour «intelligence», puis, par métonymie, s'est appliquée à tout individu doué d'intelligence.

LUNDI n. m.

Vx. *Faire lundi* «ne pas travailler le lundi» (1802, Flick). Variante : *fêter, faire la Saint-Lundi* (milieu XIXᵉ s.). Ces deux expressions sont issues de *faire le lundy des Savetiers* (XVIIᵉ s., Oudin) qui implique une coutume de corporation.

> Coupeau pouvait faire la Saint-Lundi des semaines entières, tirer des bordées qui duraient des mois, rentrer fou de boisson et vouloir la réguiser, elle s'était habituée, elle le trouvait tannant, pas davantage.   É. ZOLA, *L'Assommoir*, t. II, p. 213.

LUNE n. f. Sa grande richesse symbolique (elle symbolise simultanément les rythmes biologiques, le temps qui passe, le rêve et l'imaginaire) explique que le mot serve de support à de nombreuses locutions.

Lune de miel «les premiers temps (littéralement le premier mois) du mariage», symbole traditionnel de l'amour heureux à ses débuts (XVIIIᵉ s., Senancour). Calque de l'anglais *honeymoon*, l'expression est souvent synonyme de «voyage de noces». En passant de l'anglais, où *honey* a des valeurs affectives et érotiques, au français, où *miel* a des échos plus péjoratifs, l'expression était vouée à une certaine ironie.

> Ricordi avait gagné beaucoup, beaucoup d'argent en photographiant cette fameuse vue tirée à des millions et des millions d'exemplaires sur cartes postales glissées par les touristes étrangers dans les boîtes aux lettres, avant tout des couples en voyage de noces qui adressent ce souvenir de leur lune de miel à tous leurs parents, amis et connaissances, et que le service des postes distribuait dans tous les pays du monde...
> B. CENDRARS, *Bourlinguer*, p. 110.

S'emploie parfois au sens de «bonne entente», surtout dans la presse politique *(lune de miel entre deux partis, fin de la lune de miel...)*.

Face de lune « visage rond ». Allusion implicite à des valeurs métaphoriques de *lune* « derrière » (→ Avoir des joues comme des fesses★).

Vieilles lunes « temps passé, époque révolue » (milieu XIXᵉ s.). *Renvoyer qqch. aux vieilles lunes.*

Con comme la lune « particulièrement stupide ». L'expression ne paraît pas être antérieure au début de ce siècle. D'une façon générale, la lune exprime le mauvais fonctionnement mental, moins la sottise, toutefois, qu'un léger dérangement de l'esprit ou la distraction, aux XVIIᵉ et XVIIIᵉ s., *Avoir la lune, un quartier de lune dans la tête* signifiaient « être un peu fou, bizarre ». Pourtant, une expression comme *crétin de la lune* montre assez bien le passage de la distraction à la bêtise : celui qui Tombe de la lune (ci-dessous) est distrait, a souvent l'air idiot. En même temps, *lune* conserve en arrière-plan son sens anatomique de « postérieur », comme le mot *con* évoque à la fois la réalité anatomique et la stupidité. *Con comme la lune*, « comme un derrière », redouble la métaphore : « partie honteuse du corps » = « stupidité » (à noter que l'étymologie de *culus* et de *cunnus* est probablement commune). L'assimilation d'un individu stupide à une partie dépréciée du corps humain est habituelle (on dit en effet *bête comme ses pieds*, mais non pas *bête comme sa tête* ou *ses mains*).

> Je comprenais déjà pas grand-chose... J'abandonnais la partie... Il considérait mes lacunes... Il me trouvait indécrottable... Moi je le trouvais con comme la lune...
>
> L.-F. Céline, *Mort à crédit*, Livre de poche, p. 109.

L'adjectif est parfois éludé. *Il est (c'est...) comme la lune.*

Décrocher la lune « obtenir l'impossible ». On disait au XVIᵉ s. : *prendre la lune avec ses dents* (Rabelais).

> À ceux qui prétendaient décrocher la lune, nous avons demandé simplement de nous aider à mettre en application le programme commun.
>
> M. Thorez, *Fils du peuple*, in *Ph. Sl.*

Demander la lune « chercher l'impossible, avoir de trop grandes exigences » (milieu XIXᵉ s.). La lune, type de l'objet hors d'atteinte, symbolise l'utopie.

> C'est un peu comme si les physiciens s'en étaient tenus à étudier séparément optique, mécanique, chaleur, chimie... Ils ont cherché des relations. Croyez-vous qu'un organisme soit moins... unifié qu'un univers.
> — Mon cher, vous demandez la lune...   P. Valéry, *Œuvres*, t. II, p. 245.
> Que le socialisme porte remède à tout (sans excepter l'angoisse de se connaître mortel), pareille exigence revient à demander la lune et, s'il n'y répond pas, l'on ne peut trouver là prétexte à s'en détourner.   M. Leiris, *Fibrilles*, p. 34.

Vieilli. **Être dans une bonne (mauvaise) lune** « dans une bonne (mauvaise) disposition d'esprit », d'après la prétendue influence de cet astre sur le psychisme humain. Version phraséologique du sens fig. de *luné (être bien, mal luné)* qui reste d'usage courant.

Vx. **Faire voir (montrer) la lune en plein midi** « faire croire des choses invraisemblables ». L'emploi fort honnête de cette expression ancienne a disparu devant une interprétation concrète, basée sur l'image *lune* = « derrière » et qui équivaut à « montrer son cul ».

Être dans la lune « être distrait, rêver ». *L'empire de la lune* (Mirabeau) est le symbole du rêve, de l'imaginaire, par opposition à la terre, symbole des réalités tangibles (cf. *avoir les pieds sur terre*).

> Lucien fut effrayé par la faiblesse du père et son cœur s'attendrit d'un sentiment de pitié généreuse.
> — Tu es dans la lune? Je te demande si le professeur a rendu mon devoir? dit M. Jacotin.
> — Ton devoir? Oui, on l'a rendu.   M. Aymé, *Le Passe-Muraille*, p. 147.
> On employait aussi... *de la lune* pour qualifier un distrait, un rêveur (cf. le nom propre *Jean de la lune*, remis à la mode au théâtre de boulevard par Marcel Achard).

Vx.   **Prendre la lune avec les dents** « tenter l'impossible » (1532, Rabelais).

Promettre la lune « faire des promesses impossibles à tenir » (milieu XIXᵉ s.). *Prometteur de lune* est attesté dans ce sens en 1537, mais ne s'emploie plus.

Tomber de la lune « éprouver une vive surprise » (→ TOMBER DE HAUT*). Connote l'ahurissement de la personne qui, vivant « dans la lune, dans les nuages », reprend brutalement contact avec la réalité sublunaire.

LURELURE

Vx et fam.   **À lurelure** [LOC. ADV.] « au hasard, à l'aventure » (1867, Delvau), du radical onomatopéique *lur-*.

LURETTE n. f.   Mot fictif, qui n'existe que dans la locution suivante, laquelle est donc complètement lexicalisée, depuis son passage — assez récent — en français non dialectal.

Il y a belle lurette « il y a bien longtemps » (1877). Provient de l'expression dialectale *il y a belle heurette, hurette*, par altération de la consonne initiale (on trouve *y ê belle hure que*, et *bellurette* en Bourgogne et dans l'Est — voir Wartburg). La combinaison de *beau* et du diminutif *-ette* (= il y a une *belle petite* heure) correspond à un intensif (cf. il y a un *sacré bout* de temps, etc.) où l'idée diminutive correspond en fait à l'idée d'un temps important.

> Catachrèse, c'est-à-dire abus. De toute façon, il y a belle lurette, vous et moi, tous, que nous n'avons plus que des parlers non euclidiens.
>
>   ARAGON, *Blanche ou l'Oubli*, p. 393.

On trouve aussi la construction **depuis belle lurette :**

> La jeune Victoria s'était toujours refusée à prononcer un seul mot d'anglais [...], sans qu'on pût décider s'il s'agissait d'un entêtement enfantin, d'un vain nationalisme ou d'un nœud de coquetterie. On avait fini par admettre que c'était là ses plates-bandes personnelles où nul ne se hasardait plus à bêcher depuis belle lurette.
>
>   A. BLONDIN, *Un singe en hiver*, p. 132.

LUTTE n. f.

Lutte des classes notion fondamentale de la théorie marxiste, désignant l'antagonisme permanent qui oppose la classe capitaliste bourgeoise au prolétariat. S'emploie aussi métaphoriquement. À comparer avec l'expression *la lutte finale* (de l'*Internationale*), désignant, parfois ironiquement, un conflit.

Lutte pour la vie de l'anglais « struggle for life » (Darwin), d'abord traduit *lutte pour l'existence* (1869). S'applique à la « sélection naturelle des espèces », puis, pour l'espèce humaine, signifie « efforts pour survivre ». Comme *la loi du plus fort* et *la loi de la jungle* (→ LOI) à qui elle sert de caution scientifique, l'expression tente de donner aux notions de libre concurrence et d'espace vital un fondement biologique, qui autorise en même temps le cynisme et l'amoralité.

De haute lutte [LOC. ADV.] « à force, après un effort soutenu » (XVIᵉ s., d'Aubigné), avec des verbes exprimant un résultat positif *(gagner, conquérir, obtenir...)*.

> Durant la période de liberté heureuse dont j'ai parlé, mon bonheur (s'il en fut vraiment un) avait tenu à ces sorties, gagné de haute lutte sur la fatigue et autres gênes dont j'étais affligé au point de me sentir comme estropié [...].
>
>   M. LEIRIS, *Fibrilles*, p. 180.

De vive lutte, plus littéraire, ne s'emploie plus.

LUXE n. m.

Se payer (s'offrir) le luxe de (+ infinitif) « se permettre de faire quelque chose d'inhabituel et de particulièrement agréable » (XXᵉ s.). Ne peut être considéré comme phraséologique que lorsque le complément ne désigne pas à proprement parler un luxe.

Ce n'est pas du luxe « c'est très utile, indispensable », par litote (XXᵉ s.).

LYNX n. m.

Des yeux de lynx « des yeux perçants », *Le lynx* (latin *lynx*, grec *lugx*) a bénéficié de la réputation de l'Argonaute *Lyncée* (gr. *Lunkeos*) dont les yeux perçants voyaient à travers les nuages. Ce transfert de propriétés, qui s'est fait en grec, a survécu en latin, puis dans les langues modernes, malgré les observations des naturalistes.

> Coquart faisait respirer du vinaigre au vieux forçat que le juge examinait avec une perspicacité de lynx et de magistrat.
>
> H. de BALZAC, *Splendeurs et Misères des Courtisanes*, t. V, p. 967.

LYRE n. f.

Fam. *Toute la lyre* « toute la série de choses du même ordre » (cf. *Tout le tremblement*), d'abord « toutes les formes de l'inspiration poétique ». On trouve aussi *toutes les cordes de la lyre*. La loc., attestée au sens métaphorique chez A. Daudet (1884), est vieillie aujourd'hui. Les exemples ci-dessous montrent qu'elle était courante et familière autour de 1900. L'espagnol dit : *Toda la gama*.

> Kaps! Ah! Celui-là était bien à lui seul toute la lyre! En lui se résumaient toutes les infamies.   GORON, *L'Amour à Paris*, t. I, p. 74.
>
> — J'ai les yeux tout éblouis par ce feu, et hantés d'un bleu-vert superbe.
> — C'est une bonne réponse rétinienne.
> — C'est un peu comme... une idée fixe.
> — Vous voyez bien !...
> — Je vois vert, en attendant.
> — Fermez-les.
> — Plus je les ferme, plus je les vois... Vert, cramoisi ; bleu tendre, rose...
> — Toute la lyre...   P. VALÉRY, *Œuvres*, t. II, p. 271.

m

MÂCHER v. tr.

Mâcher la besogne, le travail à (qqn) « préparer minutieusement ce qu'il aura à faire » (fin XVIIᵉ s., Furetière). *Bailler la chose toute maschée* figure chez Cotgrave (1611). L'image de la nourriture mâchée par la mère pour être plus facilement ingérée par le jeune se réfère au monde animal ; elle correspond quant au signifié à la « becquée », mais implique une relation d'oralité plus intime, et témoigne d'une censure du signifiant assez complète.

Ne pas mâcher ses mots « s'exprimer sans ménagement ». Le sens métaphorique de *mâcher* est assuré depuis le XVIIᵉ s. en emploi absolu : *ne point mâcher* « parler crûment », est attesté chez Molière. Le rapport entre fonction langagière et oralité est souligné par Leiris :

> « Ne pas mâcher ses mots », « être mal embouché », avoir un ton « amer », « aigre », « sucré », « mielleux » : autant d'expressions montrant chacune à sa manière combien, dans la pensée de tous, la parole reste attachée à son lien d'origine, la cavité buccale.
> M. LEIRIS, *Biffures*, p. 50.

N.B. Les adjectifs fonctionnant avec *ton* ne constituent pas des « expressions » au sens technique du terme.

MACHINE n. f.

Vx. *La machine ronde* « la terre » (XVIIᵉ s., La Fontaine).

Machine à coudre (à découdre) « mitraillette » (vers 1914, Esnault). L'argot des poilus est particulièrement riche en désignations humoristiques des « machines à tuer », dont la fonction meurtrière est recouverte volontairement ou transformée en actions usuelles ou saugrenues. C'est le cas de la *machine à ramer*, à *secouer le paletot*, à *percer*, à *signer les permissions*, etc. Les armes à répétition, caractérisées par un bruit sec, répété régulièrement, sont souvent désignées par des termes qui correspondent à des instruments produisant un bruit analogue.

> Tu t'goures, fil à trous ! C'est pas la machine à découdre : c'est une motocyclette qui radine sur le chemin de l'Abri 31, surtout là-bas. H. BARBUSSE, *Le Feu*, t. II, p. 14.

Faire machine arrière (ou en arrière) « arrêter une action engagée, renoncer à poursuivre une entreprise en cours » (début XXᵉ s.). D'abord d'une locomotive, d'un navire qu'on fait aller en sens inverse. Le mouvement mécanique de la machine lancée dans une direction symbolise l'énergie humaine appliquée à une action, le retour à l'état précédant cette action étant exprimé par le mouvement inverse.

MÂCHOIRE n. f.

Fam. *Jouer (travailler) des mâchoires* « manger ». *Mâchoire, mandibule* correspond à l'instrument de l'alimentation, avec une forte connotation animale. La mandication est aussi évoquée dans un syntagme d'origine littéraire, jouant sur la double fonction de la bouche (→ MÂCHER) : *le silence éloquent des mâchoires.*

Bâiller (rire) à se décrocher la mâchoire « bâiller, rire très fort », par hyperbole.

MADELEINE n. pr.

Pleurer comme une Madeleine « abondamment » (début XIXe s., chez Balzac), par allusion à la pécheresse repentie qui inonda de ses pleurs les pieds du Christ (Luc 7, 36). On disait au XIIIe s. *faire la Madeleine* « affecter le repentir ».

> Si le langage ordinaire, déjà, apparaît semé partout de chausse-trappes (que de mots et de locutions en eux-mêmes transformés ou détournés de leur sens deviennent ainsi les tremplins de représentations préoccupantes ! Comme celle du « gâteau qui pleure » ou dont les ondulations suent, née de l'expression familière « pleurer comme une Madeleine », pour l'enfant pas encore au courant du repentir de la sainte) [...].
>
> M. LEIRIS, *Biffures*, p. 13.

> Actuellement t'es bouleversé... Ça se comprend un peu... T'as chialé comme une Madeleine...
>
> L.-F. CÉLINE, *Mort à crédit*, Livre de poche, p. 500.

MAIGRE adj.

Maigre comme un clou, comme un coucou → CLOU ; COUCOU.

Faire maigre « s'abstenir de viande et d'aliments gras les jours préconisés par l'Église ou *jours* maigres* » (fin XVIIe s.).

> Hier [Vendredi saint], Monsieur a fait maigre et s'en est bien trouvé. J'ai eu la tête très lucide toute la journée. Pas un bruit sur le quai, pas un bateau sur la rivière, rien, silence absolu, et aucune lettre à écrire !
>
> G. FLAUBERT, *Correspondance*, VIIIe série, p. 252.

Fam. *C'est maigre, c'est un peu maigre* « c'est bien peu, c'est insuffisant ».

MAILLE n. f. Du latin pop. °*medialia*, de *medius*, « demi ».

Avoir maille à partir avec quelqu'un « avoir un différend, être en contestation avec quelqu'un ». La forme de cette locution est fixée depuis le milieu du XVIIe s. (Molière, *L'Étourdi*, 1655) ; on disait auparavant *avoir maille à départir* (1616). Elle signifie littéralement « avoir une *maille* (c'est-à-dire la moitié d'un denier) à partager », d'où « se quereller à propos d'un partage impossible », la *maille* étant elle-même la plus petite monnaie possible, sous les Capétiens. La locution est aujourd'hui complètement démotivée, mais la confusion, née de l'homonymie (entre *maille*, « monnaie », et *maille* d'un tricot ; *partir*, « partager », et *partir*, « s'éloigner ») a assuré sa survie, surtout dans la langue écrite et la langue parlée soutenue.

> Ce n'était pas la faute de l'échotier, mais du fils, frère, père de la défunte que le duc qualifiait d'arrivistes, et avec qui il était désormais décidé à ne plus avoir de relations (ce qu'il appelait, ne sachant pas bien le sens des locutions,« avoir maille à partir »).
>
> M. PROUST, *À la recherche du temps perdu*, t. II, p. 667.

Sans (ni) sou ni maille → SOU.

MAIN n. f. Comme *pied*, le mot *main* sert à former de très nombreux syntagmes et expressions figés, qu'on ne pourra mentionner tous ici. Notons simplement les principales valeurs de *main*, qu'on retrouvera dans les locutions. Outre le sens concret, originaire (extrémité du bras), qui véhicule secondairement les idées de « préhension » ; « contact » (notamment avec les êtres humains) ; « salut », « geste de

don », « transmission des objets », « actes coordonnés du travail », « acte violent », *main*
sert à désigner diverses actions (par ex. dans *mettre, prêter la main à...*), et symbolise
la liberté, le pouvoir d'agir *(avoir les mains libres)*, la prise de possession *(mettre la
main sur...)*, le pouvoir, l'autorité *(être en bonnes mains, entre les mains de..., dans
les mains du destin,* etc.), l'initiative (aux jeux de cartes), etc. On voit que le contenu commun est : « geste », « acte » ou « possibilité d'agir ». Ces directions métaphoriques générales réalisent l'effet sémantique fondamental : partie du corps — activité de cette partie (→ PIED). En outre, dans *à la main,* le mot s'oppose à *machine*
pour désigner un ouvrage artisanal.
Les locutions nominales ne sont ni nombreuses ni caractéristiques et les plus intéressantes sont lexicalisées *(main de Fatma, petite main,* etc.). Avec un adjectif post-
posé, les expressions sont traitées comme locutions verbales *(avoir la main leste,
heureuse,* etc., voir ci-dessous).

Vx.   **Bonne main** « pourboire ». On trouve aussi **belle-main** au XVIIᵉ s. (Bussy-Rabutin). On disait par exemple *faire une bonne main à qqn.*

> Il a un magnifique logement et tient un état de maison fort convenable : c'est le seul
> dans Rome qui ait proscrit de son domestique l'indécente coutume de la bonne main.
> Ch. de BROSSES, *Lettres d'Italie*, t. II, p. 63.

Coup de main « aide momentanée sollicitée (ou offerte) à quelqu'un dans un
travail, une tâche déterminés », avec les verbes ayant le sens de « demander » et « donner » (début XIXᵉ s.) ; cf. aussi *donner, prêter la main,* où *main* correspond à « aide ».
Synonymes : *coup d'épaule* (vieilli) et *coup de pouce.*

> [...] c'était [...] Mlle Louise, qui, ne pouvant sortir d'une querelle commencée, avait
> besoin du petit coup de main de l'universel Frédéric.
> G. COURTELINE, *Les Gaîtés de l'escadron,* p. 104.

L'expression signifie aussi « façon adroite de procéder, habileté ». *Avoir le coup (de
main)* « s'y prendre habilement » (à rapprocher de *se faire la main, perdre la main*).
Enfin, au sens de « attaque rapide », l'expression est issue de l'ancienne locution *faire
un coup de sa main* « commettre un forfait » (1460). Elle est lexicalisée à la fin du
XVIIᵉ s. (1694, Acad.) et se spécialise dans des contextes militaires.

Homme de main « homme qui effectue des actes violents pour le compte
d'autrui » ; si les actes en question sont des meurtres, c'est un tueur (l'expression
signifiait simplement, à l'origine, « homme qui agit sans hésiter » [chez d'Aubigné, par exemple]).

Une main de fer « une autorité ferme, vigoureuse ». Souvent repris dans
l'image proverbiale *une main de fer dans un gant de velours,* que Balzac attribue à Bernadotte.

> Mais Marchetti était beau. (Notre-Dame parle du chandail qui moulait son torse pareil
> à du velours, il sent bien que là est enfermé le charme qui subjugue. La main
> de fer dans le gant de velours.)   J. GENET, *Notre-Dame-des-Fleurs,* p. 95.

Locutions adjectives et adverbiales :

À main armée, se dit d'une attaque, d'une agression faites par des
personnes armées.

À main droite..., gauche « à droite, à gauche ». Cette expression mérite d'être
signalée, bien qu'elle ne soit pas métaphorique, parce qu'elle manifeste le rôle de la
main dans l'orientation et la construction de la notion d'espace. On retrouve cette
idée dans l'expression *à la main* « du côté le plus commode », qui a donné naissance
à l'expression dialectale *à démain, à la démain* « dans une position peu utilisable »
(1670). *N'avoir pas de démain* (Chatellerault) signifie « pouvoir manier un outil aussi
bien de droite à gauche que de gauche à droite ».

À pleines mains « abondamment, libéralement » (avec des verbes comme *donner*) ou « en serrant fermement » (avec des verbes comme *tenir*). La syntaxe de cette

expression est fréquente avec un substantif exprimant une partie du corps (*à cœur ouvert, à tête reposée*, etc.).

> Des volants de point d'Alençon se trouvaient jetés en guirlandes ; puis, c'était, à pleines mains, un ruissellement de toutes les dentelles, les malines, les valenciennes [...].
> É. ZOLA, *Au Bonheur des Dames*, t. I, p. 5.

Vieilli. **À *toutes mains*** (d'abord dans *prendre à toutes mains* «de toutes les manières») signifie «pour toutes sortes de travaux». *Un homme, un domestique à toutes mains.*

De ma (sa) blanche main (avec des verbes tels que *servir, préparer...*), se dit plaisamment pour renforcer et valoriser l'expression *de ma main* «fait par moi-même».

De la main gauche (mariage, enfant...) «non reconnu par la loi». La *main* symbolise ici le lien matrimonial (cf. *Demander la main)*, la main droite, le lien légal (→ DROIT; GAUCHE; et aussi CÔTÉ).

> Elle partit quelques jours après pour l'Allemagne, où elle est devenue une princesse médiatisée : par exemple, je ne sais plus si c'est de la main droite ou de la main gauche.
> GORON, *L'Amour à Paris*, t. I. p. 457.

De longue main «depuis longtemps» (le plus souvent avec des verbes signifiant «connaître, savoir» ou exprimant la préparation d'une action).

> Alexandre s'était proposé de longue main d'égaler en tout la gloire de Bacchus.
> VAUGELAS, *Quinte Curce*, chap. 10.

> L'inquiétude lui venait d'abord, sourde, vague, de longue main, difficile à combattre, puis par bouffées [...].
> G. GUÉVREMONT, *Le Survenant*, p. 34.

De main de maître «avec maestria, excellemment» (XVIe s., Estienne), avec des verbes d'action.

> Quand je le questionne pour la forme, car tout est préparé de main de maître en vue de dérouter les soupçons, l'artiste me répond avec un petit air de se payer ma tête :
> — Vous voyez, mon commissaire, j'ondule, j'ondule. Rien à dire.
> GORON, *L'Amour à Paris*, t. I. p. 493.

De première main (depuis 1690) «de la main de celui qui a fabriqué ou qui possède (un objet)». **De seconde main** «d'occasion». À rapprocher de : *de la main à la main* «sans intermédiaire», et de *changer de main* «de propriétaire». *Ouvrage, érudition de première main* «où l'information est puisée directement aux sources». S'oppose à *de seconde main* «par l'intermédiaire d'autres auteurs». — Par extension : «sans intermédiaire».

> [...] Constantinople qui, dans l'hiver, est une véritable Sibérie. Les vents de la Russie rafraîchis par la mer Noire y arrivent de première main.
> G. FLAUBERT, *Correspondance*, IIe série. p. 282.

Du cousu main «quelque chose de facile, par suite d'une excellente préparation». *Cousu à la main* (et non *à la machine*) a donné naissance à l'emploi adverbial de *main*.

> Quand j'ai vu que la fille ne s'en ressentait pas pour se remettre au boulot, je lui ai envoyé ses quatre vérités. J'ai même été un peu loin... Elle n'était pas méchante, et puis elle m'avait bien dessalé parce que, il faut rendre cette justice au paternel, c'était vraiment du cousu main. Je l'ai traitée de petite putain, je lui ai balancé une paire de tartes et je me suis tiré.
> A. SERGENT, *Je suivis ce mauvais garçon*, p. 48.

En sous-main «en secret, en cachette» (XVIe s., Amyot), d'abord *par-dessous la main* (XVe s.).

> Et comment ne pas voir que j'établis ces rapprochements pour insérer çà et là certains mots ou couples de mots comme on glisse en sous-main, dans un entretien dont les détours donneront plus ou moins le change, la phrase qu'on n'oserait pas émettre tout de go mais que, dès le début d'une conversation entamée précisément pour cela, on était décidé à prononcer ?
> M. LEIRIS, *Fibrilles*, p. 260.

En un tour de main → TOUR — **Grand comme la main** «très petit».

Haut la main «facilement, sans difficulté» (avec des verbes comme *réussir*). L'expression *être haut à la main* signifiait (1611), «être violent»; *la main hautaine* (1606, Nicot) désignait le «pouvoir souverain» *tenir la main haute à qqn* voulait dire «le traiter sévèrement» → aussi AVOIR LA HAUTE MAIN SUR... (ci-dessous).

Haut les mains! traduction française usuelle de *hands up!* «les mains en l'air!», devenue une scie avec la vogue du western et des récits policiers américains. La formule est entrée dans la langue.

Les locutions verbales où *main* garde son sens premier sont très nombreuses. Signalons *battre des mains* «applaudir», *se frotter les mains* (qui connote aujourd'hui la satisfaction). Dans le domaine de la «préhension»: *avoir qqch. sous la main, à portée de la main* (pouvoir saisir, attraper), *mettre la main sur* (attraper, saisir et métaphoriquement, trouver), *avoir, tenir en main* (tenir fermement). *Prendre, tenir qqn par la main* (en tenant sa main dans la sienne) et *tendre, donner la main (à qqn)* (pour qu'on la saisisse) connotent des relations amicales, fraternelles, en relation avec des gestes culturels (*poignée de main, serrer la main, tenir la main...*). On notera que si *main* apparaît fréquemment dans des expressions concernant la sensualité ou la sexualité, le mot joue d'autres rôles quand il implique des gestes réciproques (notamment avec répétition: *se tenir la main, par la main, la main dans la main*) → BRAS

Ne pas y aller de main morte «frapper (et, abstraitement, agir, intervenir, etc.) violemment». Au XVIIe s., l'expression était *ne toucher pas de main morte* (Richelet). *Main morte* signifie «main inactive».

> Tout cela m'inquiète tellement que j'en suis venu à ne plus aimer qu'on m'en parle. J'en suis irrité parfois comme un galérien libéré qui entend causer système pénitenciaire; avec Maxime surtout, qui n'y va pas de main morte et qui n'est pas un gaillard encourageant; et j'ai rudement besoin d'être encouragé.
> G. FLAUBERT, *Correspondance*, IIe série. p. 255.

Applaudir des deux mains «approuver entièrement». S'emploie avec d'autres verbes malgré l'incohérence de l'image: *il a signé le contrat des deux mains* «sans aucune réticence».

Avoir la main donnante «être généreux, donner facilement de bons pourboires». Semble vieilli.

> Il se présente deux cas: ou le concierge est bavard, et les amants ne sont pas généreux; ou les amants ont la main donnante, et le concierge est grincheux.
> GORON, *L'Amour à Paris*, t. I. p. 474.

Avoir la main légère («agir, punir sans dureté, etc.»), *lourde* («être brutal») → LOURD, *heureuse* («agir avec succès»), *malheureuse.*

> Les révolutions ont le bras terrible et la main heureuse; elles frappent ferme et choisissent bien.   V. HUGO, *Les Misérables*, Pléiade. p. 846.

> Je te demande si c'est Tortose ou toi qui l'avez engagé.
> — C'est Tortose.
> — Encore un qui a la main heureuse. Ah! là là. si je n'étais pas là. quelle pagaïe ça serait.   R. QUENEAU, *Pierrot mon ami*. p. 35.

Avoir la main leste s'emploie plutôt dans le domaine concret («être prompt à donner des coups»). Cette dernière locution, comme *avoir la main qui traîne, la main baladeuse,* apparaît également dans un contexte érotique qui ne semble être exploité que récemment.

Avoir, laisser les mains libres «la liberté d'action». À l'opposé *avoir les mains liées* «ne pas pouvoir agir librement».

Plusieurs expressions plus ou moins vieillies, avec le verbe *avoir*, concernent le vol: *il a les mains croches* (XVIe s.), *crochues* (1606), parfois renforcées en *il a les mains crochues, faites en chapon rôti* (Le Roux) qui évoque la forme des pattes de poulet et par une métonymie subtile, l'objet vraisemblable du larcin (cf. *il ne va pas sans ses mains, il n'oublie jamais ses mains*). *Il n'a pas toujours les mains dans les poches* (1718) serait mieux compris aujourd'hui, mais *avoir ses mains dans ses poches,* qui caractérisait la fainéantise, signifie aujourd'hui la liberté d'allure.

Avoir (tomber) sous la main «avoir à sa disposition, à sa portée» (fin XVIIᵉ s.), avec sujet de chose ou de personne.

> Il eût paru peut-être à un autre que c'était le cas, ayant ce malheureux sous la main, de lui nourrir l'âme en même temps que le corps et de lui faire quelque reproche assaisonné de morale et de conseil, ou bien un peu de commisération avec exhortation de se mieux conduire à l'avenir. V. HUGO, *Les Misérables*, Pléiade, p. 85.

Avoir un poil dans la main → POIL.

Avoir la haute main sur qqch «avoir tous pouvoirs». À rapprocher de HAUT LA MAIN★, etc., (cf. ci-dessus).

Avoir le cœur sur la main → CŒUR.

Avoir des mains de beurre «laisser tout échapper et tomber» (fin XVIIᵉ s.). L'expression est vieillie mais encore vivante régionalement.

> [...] au dessert, on causa sérieusement de l'avenir des enfants. [...] Nana ne montrait aucun goût. Oh! elle galopinait, elle montrait ce goût; mais, pour le reste, elle avait des mains de beurre. É. ZOLA, *L'Assommoir*, t. II, p. 117.

Se couper (au conditionnel) **la main plutôt que de...** «préférer renoncer à quelque chose plutôt que d'utiliser un moyen qu'on réprouve pour l'obtenir». L'image de la main coupée exprime ici la renonciation, le sacrifice (→ SE COUPER EN QUATRE★ POUR), et le refus d'agir.

> Non, madame, merci, répondit Philippe, j'ai déjeuné. D'ailleurs je me couperais plutôt la main plutôt que de demander un morceau de pain ou un centime à mon oncle [...]. H. de BALZAC, *La Rabouilleuse*, p. 1048.

Fam. **Craquer (claquer, péter) dans les mains** «échapper, disparaître», «mourir (d'une personne)».

> En effet, cette explosion fut suivie d'une si complète faiblesse, que ces mots : «Oh! mon fils!» furent comme un murmure.
> — Va-t-il aussi nous craquer dans les mains, celui-là, demande le surveillant. H. de BALZAC, *Splendeurs et Misères des courtisanes*, p. 1033.

Demander la main de qqn «demander en mariage (aux parents, etc.)». **Demander sa main à qqn** «lui demander de l'épouser».

Vieilli. **Donner, prêter la main à qqch.** «y aider». À distinguer de *donner les mains* (1656) qui, au sens de «consentir à...», appartient aujourd'hui au langage académique, mais était usuel dans la langue classique.

> Elle s'en est expliquée [du désir de quitter le monde] avec son père. qui y donne les mains volontiers. Abbé PRÉVOST, *Mémoires et Aventures d'un homme de qualité*, p. 169.

Donner (mettre) la dernière main à (qqch.) «terminer». Ici *main* signifie action manuelle.

(Pouvoir) se donner la main (avec un sujet au pluriel ou plusieurs sujets coordonnés), «être de même nature», généralement en mauvaise part (milieu XIXᵉ s.).

> L'idéal jacobin et l'idéal marmontellien peuvent se donner la main. Notre délicieuse époque est encore encombrée par cette double poussière. G. FLAUBERT, *Correspondance*, IVᵉ série, p. 15.

Être (bien) en mains «commode, maniable» en parlant d'un objet.

> C'est bien en mains, dit Tulacque en maniant l'objet. Mais oui. C'est pas si mal compris que ça. Plus équilibré que la hachette réglementaire. H. BARBUSSE, *Le Feu*, t. I, p. 9.

Être comme les deux doigts de la main → DOIGT.

Faire main basse sur... « voler, prendre » n'est pas opposé à *avoir la haute main sur*, qui exprimait le pouvoir et non la préhension, cf. *Jouer des mains basses* (Brantôme). Dans ses premiers emplois, signifiait « tuer sans pitié » (1611), puis « piller » ; le contexte était celui de la guerre.

> Faire main basse. Manière de parler pour tuer, égorger, ne pas faire de quartier, passer tout au fil de l'épée.   LE ROUX, *Dictionnaire comique*.

> Ils font main basse sur tout ce qu'ils peuvent trouver encore à acheter ; mais les rares magasins qui restent encore ouverts (un sur douze) sont à peu près vides déjà.
> A. GIDE, *Journal*, t. II, p. 180.

Faire des pieds et des mains → PIED.

Se faire la main « s'exercer à un travail réclamant de l'habileté manuelle » (c'est le sens de *main*), puis, plus largement, « du savoir-faire ». À l'opposé, on dit aussi *perdre la main* « perdre son savoir-faire, son adresse » (→ aussi TOUR* DE MAIN, COUP DE MAIN*).

Forcer la main à qqn « le contraindre », est dans Saint-Simon. On dit aussi : *avoir la main forcée*.

Se frotter les mains « se réjouir, se féliciter de ». Le geste exprime une vive satisfaction, dans notre culture.

> Quoiqu'il en soit, mon bon, vous pouvez vous frotter les mains et vous regarder dans la glace en vous disant : « Je suis un mâle ! ».
> G. FLAUBERT, *Correspondance*, VIIIᵉ série, p. 95.

> Il n'était jamais plus heureux que lorsqu'il pouvait voir, à l'appel des consignés, s'allonger devant le corps de garde une ribambelle interminable de prisonniers en blouse blanche, les sabots aux pieds, la toque d'écurie sur l'oreille Alors il se frottait les mains, faisait des blagues, ricanait :
> — Eh ! eh ! mes lascars, il y a du bon pour le chose, ce soir ! Attendez un peu, tas de vermine, je m'en vais vous montrer comment on fait des hommes.
> G. COURTELINE, *Les Gaîtés de l'escadron*, p. 172.

Se laisser manger dans la main « avoir une attitude conciliante », par analogie avec un animal apprivoisé, qui accepte la nourriture dans la main de l'homme. La forme de la locution est aberrante, par ellipse (« laisser qqn manger qqch. dans sa main »).

Mettre la main au collet à qqn « l'appréhender, se saisir de lui » (pour l'arrêter) → PRENDRE PAR LE COLLET.*

> Quand il sortit du bagne [...] Gil crut que c'était la nuit et la campagne postées à la porte, qui lui mettaient la main au collet et l'arrêtaient.
> J. GENET, *Querelle de Brest*, p. 317.

Mettre la main à la pâte « aider personnellement ». Curieusement, l'emploi ancien de *avoir la main à la pâte* n'évoque pas le « travail » mais une sinécure lucrative : « on dit qu'un homme *a la main à la pâte* quand il a [..] quelque bon emploi, où il peut bien faire son profit » (Le Roux). Ce sont les connotations de *pâte* qui sont en cause. De *pâte, pâté, pâtée* « aliment savoureux », on passe à « matière difficile à travailler » par allusion probable au dur travail de pétrissage du boulanger.

> J'en ai retrouvé plusieurs (des vieux copains) en pleine rue. La moitié fuyait, allait se cacher, mais le reste a mis la main à la pâte — bravement !
> J. VALLÈS, *L'Insurgé*, p. 260.

> Ce n'est pas qu'il n'eût su, bien qu'il cachât ses débuts comme plongeur, mettre la main à la pâte comme un autre. Il fallut pourtant une circonstance exceptionnelle pour qu'un jour il découpât lui-même les dindonneaux.
> M. PROUST, *À la recherche du temps perdu*, t. II, p. 1084.

En mettre sa main au feu, sa main à couper « affirmer énergiquement » (→ METTRE SA TÊTE* À COUPER). Évoque de manière lointaine les épreuves médiévales.

> Elle rit de vous voir pleurer, cette sans-cœur là-bas. Je mettrais ma main au feu que son
> savonnage est une frime... Elle a emballé les deux autres et elle est venue ici pour leur
> raconter la tête que vous feriez. É. ZOLA, *L'Assommoir*, t. I, p. 28.

Passer la main, provient du langage des cartes, où *main* signifie « le pouvoir
de jouer » (cf. *Avoir la main,* etc.). Mais l'expression, en étendant son sens de « abandonner l'initiative », renvoie de nouveau à *la main,* organe de l'activité.

> — En plus, j'le dis, continue Cocon, impassible comme un savant, il y a les Divisions,
> organisées chacune à peu près comme un Corps d'Armée...
> — Oui, on sait, passe la main ! H. BARBUSSE, *Le Feu,* t. I, p. 44.

Prendre, être pris la main dans le sac « en flagrant délit de vol » et par extension, « en train de commettre un acte délictueux ».

> En abolissant la peine de mort, à cause de lui et sans attendre que vous fussiez inté-
> ressés dans la question, vous faisiez plus qu'une œuvre politique, vous faisiez une
> œuvre sociale.
> Tandis que vous n'avez pas même fait une œuvre politique en essayant de l'abolir,
> non pour l'abolir, mais pour sauver quatre malheureux ministres pris la main dans le
> sac des coups d'État !
> V. HUGO, *Le Dernier Jour d'un condamné,* Préface de l'édition de 1832, p. VII.

Prêter main forte → MAIN-FORTE (ci-dessous). La variante *prêter main vive*
ne s'emploie plus.

> Le Club veut avoir ses délégués assis à la table des municipalités. Il nous a
> donné l'ordre de nous installer illico à la mairie, et cinq hommes armés — pas un de
> moins — pour nous prêter main-forte. J. VALLÈS, *L'Insurgé,* p. 173.

Se salir les mains « faire un travail salissant » (il a peur de se salir les mains,
quasi synonyme de METTRE LA MAIN* À LA PÂTE) et, métaphoriquement, « se compromettre gravement ».

Tomber en de bonnes (mauvaises) mains « au pouvoir bénéfique (ou malfaisant) de qqn », (fin XIIIe s. : *en bonnes mains*). Avec des verbes d'état (*être, tomber, rester,* etc.), les *mains* expriment l'autorité subie par sa victime ou contestée de l'extérieur. On dit aussi dans le même sens : *aux mains, entre les mains de.*

> Il ne se rencontre en effet chez lui ni lumière trop vive, ni obscurité complète [...].
> Pour une femme à principes, il était difficile de tomber en de meilleures mains.
> H. DE BALZAC, *Étude de femme,* p. 1048-1049.

En venir aux mains « commencer à se battre » (XVIe s.). Appartient à une
série de loc. où la *main* est envisagée dans l'activité du combat, de la lutte, selon
l'effet de sens (main → COUP) : *combattre main à main* (Villehardouin), « de près »
(→ CORPS À CORPS), *être aux mains* « en train de combattre », etc. À rapprocher de
jeux de mains, etc. → JEU.

> Mais ni chez le peuple, ni chez ceux de l'Empire, il n'y a l'envie sincère de se ren-
> contrer et d'en venir aux mains sur la tombe d'un petit journaliste assassiné.
> J. VALLÈS, *L'Insurgé,* p. 132.

Il y en a autant que sur la (ma) main « il n'y en a pas du tout ». Variantes :
pas plus que sur la main (Beaumarchais), *comme sur la main* (Rousseau), *que dans le
creux de la main.*

Vx. **Il n'y a que la main** (entre deux personnes) « leurs rapports sont très étroits »
(1690). On disait : « de marchand à marchand, *il n'y a que la main* », pour marquer
que les rapports d'affaires entre marchands se réglaient sans échange de papier mais
en se touchant la main.

Vx. **Il n'oublie jamais ses mains, il ne va pas sans ses mains** (XVIIe s.) « c'est un
voleur ». Les mains sont ici vues comme les outils du vol.

Je m' (il s'...) en lave les mains « je m'en désintéresse, je dégage ma responsabilité ». L'allusion évangélique au comportement de Ponce Pilate (Matthieu 27, 24)
est encore sentie.

Édouard, il s'en fout bien sûr ! Plus tard, il sera loin ! Il se lavera les mains ! Et moi
je serai là toujours !... Avec un bandit sur les os !
                                                L.-F. CÉLINE, *Mort à crédit*, Livre de poche, p. 162.
Après tout il n'avait jamais aimé les brunes. Et puis il faut bien le dire, ses seins commençaient à tomber... Que le groom la prenne ! Lui, il s'en lavait les mains, après tout...
                                                          R. FALLET, *Le Triporteur*, p. 380.

La main lui (me, te...) démange « il (je, tu...) a très envie, est très pressé de »,
suivie de la préposition *de* et de l'infinitif. Appliqué à cette partie du corps, l'emploi
métaphorique de *démanger* (cf. ce mot) exprime l'envie d'agir, et souvent celle de
frapper (fin XIIIᵉ s.).

Ta bonne et longue lettre du 16, pauvre chère vieille, m'est arrivée [...]. J'ai saisi le
pli que j'ai reconnu entre cent autres (la main me démangeait de l'ouvrir, mais la bienséance, hélas ! s'y opposait).   G. FLAUBERT, *Correspondance*, IIᵉ série, p. 142.

La main de ma sœur dans la culotte d'un zouave... L'origine de cette phrase
elliptique (ou de cette partie de phrase) est obscure. Il peut s'agir d'une scie provenant de quelque chanson grivoise, peut-être engendrée par *la main dans le sac*, pour
la forme. Quant au sens, on notera que les valeurs érotiques de *main* apparaissent
dans des emplois récents comme *Avoir la main baladeuse*, etc. (à rapprocher de certains emplois de *patte**).

Rien dans les mains, rien dans les poches. Formule du prestidigitateur par
laquelle il attire l'attention sur l'absence d'accessoires (qui seraient cachés dans le
creux de la main ou dans la poche).

MAIN-FORTE n. f. De *main* « aide, assistance » et du féminin de l'adj.
fort. Attesté au XVᵉ s., ce mot qui ne s'emploie plus isolément, désignait le concours apporté par quelqu'un dans des circonstances difficiles, et spécialement l'aide
apportée à la justice et à la force publique pour le maintien de l'ordre. Ne subsiste
que dans la locution :
Prêter main-forte « apporter son aide à qqn » (XVIIᵉ s.). On disait au XVIᵉ s.
tenir main-forte. L'absence de déterminant est une survivance de l'ancienne syntaxe.

Le club veut avoir ses délégués assis à la table des municipalités. Il nous a donné
l'ordre de nous installer illico à la mairie, et cinq hommes armés — pas un de moins
— pour nous prêter main-forte.
On nous a envoyé promener.   J. VALLÈS, *L'Insurgé*, p. 173.
La Patronne doit être furieuse. Il n'est que temps que nous arrivions lui prêter main-
forte.   M. PROUST, *À la recherche du temps perdu*, t. II, p. 885.

MAIRE n. m.
Être passé devant (monsieur) le maire « être légalement marié ».

MAIRIE n. f.
Fam. *La mairie du XXIᵉ (arrondissement)* « mairie imaginaire » où se seraient
« mariés » les couples illégitimes, par plaisanterie. En effet, les mairies parisiennes
d'arrondissements sont au nombre de vingt. *S'être marié à la mairie du XXIᵉ* « ne
pas être marié légalement, vivre maritalement avec quelqu'un ».

MAIS adv. et n. m.
N'en pouvoir mais « être impuissant à faire quelque chose, n'y rien pouvoir »
(XIIᵉ s.). Littéralement : « n'en pouvoir pas plus ». *Mais*, du latin *magis*, n'a conservé
que dans cette locution son sens ancien de « plus, davantage ». Vieilli et littéraire, ce
tour s'emploie parfois plaisamment :

Il les assura même de la bénédiction pourtant hypothétique de sa mère et de la pensée affectueuse de Dabek Sariéloubal qui n'en pouvait mais.
                                                          R. FALLET, *Le Triporteur*, p. 311.

Substantivé dès le XVᵉ s. (Charles d'Orléans), *mais* a alors le sens de «objection, restriction» et s'emploie dans des locutions familières du type : *(y) avoir des mais et des si* (ou *des car*); *il n'y a pas de mais qui tienne.*

— Jamais de la vie. On vous laissera pas partir. Ça ne se peut pas.
— Mais...
— Y a pas d'mais, que je réponds, pendant qu'elle boucle la lourde.

H. Barbusse, Le Feu, t. I, p. 47.

MAISON n. f.

Fam. *Gros comme une maison* «grossier, évident». S'emploie adjectivement ou adverbialement *(il en remet gros comme une maison; il s'est gouré gros comme une maison)* → Gros (comme). Sous la forme... *comme la maison,* déjà au XIXᵉ s.

Cela n'était pas vrai. Cosette mentait.
— En voilà une qui est grosse comme le poing et qui ment gros comme la maison, s'écrie le marchand. Je te dis qu'il n'a pas bu, petite drôlesse! Il a une manière de souffler quand il n'a pas bu que je connais bien.

V. Hugo, Les Misérables, Pléiade, p. 398.

On leur explique le coup, qu'on a été trahis et cela fait changer d'idée à Deloffre qui donne l'ordre de retourner vite chez lui. Erreur grosse comme une maison car, puisqu'on a été trahis, il est possible que les flics y soient déjà.

H. Charrière, Banco, p. 221.

Vieilli ou plaisant. *Faire la jeune fille de la maison* «faire le service au cours d'une réunion». L'emploi le plus fréquent, de nos jours, est ironique et s'applique volontiers à un homme.

C'est la maison du bon Dieu «une maison accueillante». Cette périphrase désigne au premier chef l'église, ouverte à tous.

Les Grégoire chargeaient Cécile de leurs aumônes. Cela rentrait dans leur idée d'une belle éducation. Il fallait être charitable, ils disaient eux-mêmes que leur maison était la maison du bon Dieu.

É. Zola, Germinal, t. I, p. 100.

MAÎTRE, MAÎTRESSE n. m. ou f.

Issu du latin *magister,* ce mot exprime trois notions : la propriété, le pouvoir et la compétence. Suivi d'un déterminant avec *de* ou en apposition, il sert à former de nombreux syntagmes nominaux analysés dans les dictionnaires généraux *(maître[sse] de céans, [de maison], maître de forges, maître d'hôtel, maison de maître,* etc.). Seuls, quelques-uns ont une valeur spécifique qui leur donne le statut de véritables locutions nominales.

On peut citer notamment : *maître du monde* «Dieu», *les maîtres du monde* «les gouvernants», *le maître des hautes œuvres* «le bourreau». *Coup de maître* «coup magistral, particulièrement réussi». *Maîtresse femme* «femme énergique, qui sait commander», a des connotations viriles très nettes (on ne dit jamais un *maître homme*). Apposé à *homme,* le mot est péjoratif : *maître coquin, maître sot.* Servante maîtresse, est ambigu et joue sur le double sens de *maîtresse,* à la fois maîtresse de maison et maîtresse du maître de la maison, ce qui semble impliquer que ce moyen est pour une femme le seul de s'affirmer sans tomber dans le rôle de virago (→ plus haut *maîtresse femme*).

L'œil du maître → Œil.

Seul maître à bord (après Dieu) «seul responsable à bord d'un bateau». Vieilli au sens propre, mais parfois employé par plaisanterie, au sens de «seul à décider, complètement libre».

En maître «avec autorité; sans partage». *Parler, agir, régner en maître* (XVIᵉ s.).

Être maître de soi «avoir de l'empire sur soi-même, se contrôler, se dominer». Même valeur que dans *se maîtriser.*

De ce moment, Julien fut réellement très bien, il sentait qu'il était maître de soi.
STENDHAL, *Le Rouge et le Noir*, p. 378.

Au XVIe s., l'expression avait le sens de «ne dépendre de personne». On dit aujourd'hui *être son (propre) maître* (XVIIe s., Scribe).

Être maître à une couleur «au jeu, posséder la plus forte carte dans une couleur».

Être maître de faire quelque chose «pouvoir en décider à son gré, avoir l'entière liberté de le faire» (milieu du XVIIe s.).

Être, se rendre maître de quelque chose «pouvoir dominer, maîtriser, être le plus fort» (ex.: *être maître de la situation, se rendre maître d'un incendie*). Signifie aussi «s'approprier», *maître* ayant dans ce cas le sens de «possesseur, propriétaire». En parlant d'un pays, «le conquérir, l'investir». Employé métaphoriquement :

Et, de même qu'en économie, «la mauvaise monnaie chasse la bonne», les fâcheux, les importuns usurpent et restent maîtres de la place; il n'y en a plus que pour eux.
A. GIDE, *Journal*, t. II, p. 326.

Passer maître en, dans quelque chose «devenir particulièrement adroit à, compétent dans» (XVIIe s.). Employé absolument, a d'abord eu un sens technique : «devenir maître dans une corporation après avoir réalisé un chef-d'œuvre», puis, par extension, «être habile dans une spécialité, un art» (XVIe s., Marot). Aujourd'hui, se dit en parlant d'un comportement, d'une qualité ou d'un défaut :

Je ménage, pour ma part, les rares personnes qui m'aiment en connaissance de cause, sans partage de leur part ni de la mienne : en rupture de stock d'amour, j'ai tout distribué, je n'ai grain d'amour en solde; mais je suis passée maître en gentillesse, souriants baisers, formules embaumées : j'ai promis à mother tout ce qu'elle a voulu.
A. SARRAZIN, *La Traversière*, p. 17.

Trouver son maître «trouver plus fort que soi, plus compétent» et s'incliner devant cette supériorité (XIIIe s.).

Nul ne peut servir deux maîtres [LOC. PROV.]. Cette phrase de l'Évangile (Matthieu 6, 24) devenue proverbiale, impose la nécessité du choix d'une ligne de conduite. Les deux maîtres incompatibles sont Dieu, qui symbolise les valeurs spirituelles, et Mammon, dieu syrien des richesses.

Tel maître, tel valet «les maîtres ont les valets qu'ils méritent». Ce proverbe d'origine latine figure dans *Le Satiricon* de Pétrone et insiste sur la responsabilité morale du maître, qui est présenté comme un exemple, un modèle. Cette transposition des choses sur le plan moral paraît aujourd'hui grossière, et faite pour esquiver la vraie nature du problème qui se pose beaucoup plus prosaïquement sur le plan social. L'expression illustre le thème chrétien de la justification des hiérarchies : le maître, pour mériter sa fonction, doit être un modèle pour l'esclave : ce dernier est en quelque sorte l'indice, le signe de la valeur morale du premier, la seule autonome.

[...] Trublot, ennuyé, était plein d'aperçus philosophiques. Il murmure :
— Dame! Tel maître, tel valet... Quand les propriétaires donnent l'exemple, les larbins peuvent bien avoir des goûts pas honnêtes. Ah! Tout fout le camp en France, décidément!
É. ZOLA, *Pot-Bouille*, t. II, p. 82.

1. MAL, E adj. Du latin *malus* «mauvais, funeste». Cet emploi adjectival ne subsiste que dans quelques locutions figées : *la male heure* «l'heure de la mort», *mourir de male mort* «de mort violente».

Bon an, mal an → AN. — *Bon gré, mal gré* → GRÉ.

2. MAL adv.

Être mal avec quelqu'un «être en mauvais termes, brouillé avec lui».

Se trouver mal « avoir une défaillance, s'évanouir » (XVIIIᵉ s., Rousseau). *Se trouver* a ici la valeur de « être dans une situation objective » et se distingue nettement de *se sentir mal* « avoir une impression de malaise ».

> Elle ne put résister au torrent de bonheur qui inondait son âme après tant de jours de désespoir. Elle se trouva mal tout à fait.   STENDHAL, *Le Rouge et le Noir*, p. 259.

> Au surplus fatigué par un catarrhe infect, et le cœur flanchard... depuis que (c'était avant-hier) j'ai couru après l'omnibus qui devait me mener chez les M. du Gard ; couru comme un gosse, que je ne suis plus ; ce dont j'ai bien dû me convaincre sitôt ensuite : sur la plate-forme atteinte péniblement et de justesse, j'ai cru que j'allais me trouver mal.   A. GIDE, *Journal*, t. II, p. 301.

Mal tourner (avec un sujet de chose) « se gâter, prendre une mauvaise tournure ». Avec un sujet de personne (surtout au passé composé), « mener une vie peu conforme à la morale en vigueur » (par exemple, sexuellement trop libre).

> Seulement, on se grise, on se met à espérer des choses, et quand ça tourne mal, on oublie qu'on devait s'y attendre, on se lamente et on se dispute comme devant une catastrophe tombée du ciel.   É. ZOLA, *Germinal*, t. II, p. 122.

> Une femme de lettres qui a mal tourné : voilà ce que je dois pour tous, demeurer, moi qui n'écris plus, moi qui me refuse le plaisir, le luxe d'écrire.   COLETTE, *La Vagabonde*, p. 18.

Avoir l'esprit mal tourné « particulièrement sensible aux allusions grivoises ».

Pas mal « assez bien ».

> — Bonjour, Muscade, ça va bien ?
> — Bonjour, mam'zelle, pas mal, et vous ?   G. de MAUPASSANT, *Yvette*, p. 108.

S'emploie souvent sans négation. *Il est pas mal (de sa personne)* « bien physiquement, beau, bien fait ». Adjectivement, suivi de *de* et d'un substantif concret ou abstrait, signifie « beaucoup de, une bonne quantité de ». *Pas mal de temps, pas mal de choses.*

Tant bien que mal → TANT.

3. MAL n. m. Le mot désigne un symptôme morbide ou une maladie, dans de nombreux syntagmes nominaux, pour la plupart lexicalisés. *Mal* est alors suivi du nom de la partie du corps qui souffre, précédé des prépositions *à* ou *de* (ex. *mal de tête, de ventre*, etc.). Certains syntagmes méritent toutefois une mention particulière quand ils sont sans rapport apparent avec la partie du corps nommée (*mal au cœur*, aux cheveux**, à consulter au second substantif). Dans l'ancienne médecine, le mot, suivi de déterminants variés, désignait principalement la syphilis *(mal français, napolitain* ou *espagnol)* ou l'épilepsie *(mal divin, caduc, haut mal)*. Enfin, suivi d'un nom de saint, il désignait les affections les plus variées, le saint en question étant censé guérir le mal qu'il servait à nommer (*le mal Saint-Ladre* « la lèpre », *le mal Saint-Mammert* « le cancer du sein », *le mal Saint-Mathelin* « la folie », etc.), souvent, d'ailleurs par calembour. Quelques syntagmes désignent un mal moral, un état de malaise : *mal du pays* « nostalgie du pays natal », *mal du siècle* « état de mal-être de la jeunesse romantique ».

(Femme) en mal d'enfant « en train d'accoucher » (XVIᵉ s.). L'expression est vieillie au sens propre, mais s'emploie encore métaphoriquement en parlant de productions littéraires ou artistiques, ce travail créateur étant assimilé, et souvent sur le mode péjoratif, à celui de la parturition (cf. les emplois figurés de *accoucher*) : *journaliste en mal de copie, écrivain en mal d'inspiration.*

De mal en pis « de plus en plus mal, en s'aggravant ». Alors que *pire* tend à remplacer le superlatif *pis*, ce dernier subsiste dans ce syntagme.

> Les choses y marchaient de mal en pis, les salines ne rapportaient presque plus rien et le pays tombait à une grande misère.
>   É. ZOLA, *À la mort d'Olivier Bécaille*, in *Ph. Sl.*

Être au plus mal «être à la dernière extrémité, moribond» (1835, Académie). *Mal* est ici subst., mais l'expression est adverbiale et équivaut à «être mal» avec l'intensité maximale.

Faire mal (au cœur, au ventre, aux seins...) «dégoûter, écœurer», sous-entendu : de voir, d'entendre cela. La réaction somatique, le symptôme, est le signe d'une violente réaction de rejet ou de refus de la part de celui qui parle.

> Et l'autre andouille qui demande le collier du chien! Comme si nous avions une tête à
> attacher une bête. Il est libre, notre chien. Nom de Dieu, comme nous!
> — Écoute, crie pas si fort, tu me fais mal au sein.
>   G. GIL, *Plantain. L'Herbier et Cie*, p. 70.

S'emploie fréquemment au conditionnel et sans complément : *ça me ferait mal*!

Mettre à mal quelqu'un «le maltraiter, le malmener» (XIIIe s.). Au XVIIe s. (Scarron), en parlant d'une femme, «la violer». L'expression ne s'emploie plus dans la langue courante, sauf par plaisanterie.

Prendre (du) mal «tomber malade».

Rendre le mal pour le mal «se venger de quelqu'un qui vous a fait mal», selon la loi du Talion (→ ŒIL* POUR ŒIL, DENT POUR DENT.)

Fam. *Ça la fout (foutrait, foutra...) mal* «cela fait (ferait, fera...) mauvais effet». Variante atténuée : *ça la fiche mal. Ça* représente la chose dont il est question ; *foutre* ou *ficher mal* correspond aux emplois adverbiaux de *mal* dans *marquer mal* «faire mauvais effet».

Mal lui en prit → PRENDRE.

Aux grands maux les grands remèdes [LOC. PROV.] «il ne faut pas craindre d'avoir recours à un traitement particulièrement énergique quand le mal semble grave». Proverbe d'origine latine *(extremis malis extrema remedia)* cité notamment par Montaigne *(Essais,* II, 3).

Entre deux maux il faut choisir le moindre. Adage d'origine grecque (Aristote, *Éthique à Nicomaque* II, IX, 4).

Fam. *Il n'y a pas de mal* «ce n'est pas grave» (1794). Formule employée pour répondre à une formule d'excuse, notamment pour souligner le caractère inoffensif d'un acte ou d'une parole qui aurait pu être considéré comme inopportun, agressif, etc.

MALADE adj. et n.

Fam. *Malade comme une bête, comme un chien* «très malade». La comparaison assimile l'homme souffrant et malade à une bête, incapable de comprendre et de soigner son mal.

Malade imaginaire «celui qui simule une maladie ou qui se croit réellement malade», comme le personnage de la pièce de Molière. L'expression ne prend pas l'hypocondrie très au sérieux, et méconnaît l'importance de la psychogenèse des maladies.

> Et si jamais vous avez une petite indisposition, ce qui peut arriver à tout le monde, ce
> sera comme si vous ne l'aviez pas, car elle aura fait de vous, selon un mot de M. de
> Talleyrand, un bien-portant imaginaire.
>   M. PROUST, *À la recherche du temps perdu,* t. II, p. 307.

MALADIE n. f.

Maladie diplomatique «indisposition faussement invoquée pour se dérober à une obligation ennuyeuse». Les prétextes employés en diplomatie et en politique pour rendre acceptable une absence, un refus, sont bien connus.

Cottard, qu'on avait appelé auprès de ma grand-mère et qui nous avait agacés en nous demandant avec un sourire fin, dès la première minute où nous lui avions dit qu'elle était malade : «Malade? Ce n'est pas au moins une maladie diplomatique?»

M. PROUST, *À la recherche du temps perdu*, t. II, p. 298.

Fam. **En faire une maladie** «être très contrarié de quelque chose», par exagération (XIXe s., Balzac) → EN FAIRE UNE JAUNISSE*, plus précis. S'emploie aussi à la forme négative, au sens de «ça n'a pas une grande importance pour...».

J'aimerais mieux mille fois être fraiseur ou ajusteur ou conduire un camion. Ah! la grève peut se déclencher et durer dix ans, je n'en ferai pas une maladie.

M. AYMÉ, *Travelingue*, p. 108.

MALDONNE n. f.

Fam. **Il y a maldonne** «c'est un malentendu» (XXe s.). *Maldonne* (de *mal* et de *donner*) signifie au sens propre «mauvaise donne, erreur dans la distribution des cartes», et métaphoriquement «erreur au départ» qui compromet la bonne communication entre deux personnes.

Là-dessus, je débarque illico à Vichy, tout bouillant, pétant le feu [...]. Pardon, il y avait maldonne. Les jeux étaient faits et des gars comme moi, enfin comme j'étais disposé à ce moment-là, on aimait mieux les voir ailleurs.

A. SERGENT, *Je suivis ce mauvais garçon*, p. 160.

MALHEUR n. m. De *mal* et *heur* (du latin *augurium*) «mauvaise chance, hasard malheureux».

Le malheur des temps «les circonstances fâcheuses d'une époque troublée» (XVIIIe s., Voltaire).

De malheur «funeste, de mauvais augure», surtout dans les expressions *oiseau, prophète de malheur*, et dans un sens atténué «maudit, détestable».

L'hirondelle leur dit : Arrachez brin à brin
   Ce qu'a produit ce maudit grain,
   Ou soyez sûrs de votre perte.
Prophète de malheur! babillarde! dit-on,
   Le bel emploi que tu nous donnes!

LA FONTAINE, *Fables*, I, 8 : «L'hirondelle et les petits oiseaux».

Par malheur «malheureusement».

Pour mon (ton, son) malheur «malheureusement pour moi (toi, lui)».

Avoir le malheur de (suivi de l'infinitif d'un verbe d'action) «avoir la mauvaise idée, commettre la maladresse de». S'emploie assez souvent avec *si* et exprime alors l'éventualité.

— Mais.... dit Lefoucher hésitant.
— Quoi, mais? interrompit le capitaine Marjalet, tu vas me répliquer maintenant? Non, mais c'est inouï, mais parole d'honneur : ces bougres-là sont épatants, ils n'en foutraient pas une secousse si on avait le malheur de les laisser faire!

G. COURTELINE, *Les Gaîtés de l'escadron*, p. 35.

Faire le malheur de quelqu'un «le rendre malheureux, lui rendre la vie difficile ou pénible» (fin XVIIe s., Fénelon). L'emploi du verbe *faire* donne à cette locution un caractère dynamique qui neutralise l'idée générale liée au «malheur» comme fatalité abstraite, au profit de l'idée de «sort malheureux individuel». Il donne au substantif un statut d'objet capable de circulation, valeur d'échange pouvant être donnée et reçue.

Faire un malheur «faire un éclat dont les conséquences peuvent être graves, provoquer un drame» (milieu XIXe s.). *Malheur* est à comprendre au sens de «manifestation de violence, crime». La locution ne s'emploie guère qu'après un impératif (*retenez-moi!*, etc.) et *ou...*

> Madame Lorilleux, du coup, s'était retournée. Elle brandissait la casserole, comme si elle allait jeter l'eau seconde à la figure de sa belle-sœur. Elle bredouillait :
> — Fichez le camp, ou je fais un malheur!   É. ZOLA, *L'Assommoir*, t. I, p. 202.

Récemment, et peut-être par antiphrase, l'expression a été reprise dans l'argot du spectacle au sens d'«avoir du succès».

> Guy Yves n'a pas encore fait le malheur qu'on peut logiquement attendre de lui, peut-être parce qu'il se répand peu. *Pilote*, puis *Le Canard sauvage* l'ont fait un peu connaître.   *Magazine littéraire*, n° 95, décembre 1974, p. 30.

Jouer de malheur «avoir une malchance persistante» (XVIIe s., Scarron), à l'origine «ne pas avoir de chance au jeu». À noter qu'on ne dit pas *jouer de chance, de bonheur*, etc.

Porter malheur «avoir une influence néfaste» (milieu XVIIe s., Guez de Balzac). S'oppose à *porter chance*.

Le malheur veut (voulut) que... «il se trouve (trouva) par malchance que...».

Malheur à (suivi d'un nom de personne). Exclamation elliptique pour «puisse-t-il arriver malheur à...», littéraire et archaïque.

À quelque chose malheur est bon «dans tout événement pénible il y a quelque chose de bon à prendre» (XVe s.). Ce proverbe donne de la réalité une vision quasi comptable. Dans la complexité du réel, le mal est nécessaire pour obtenir, acquérir ou atteindre le bien. Mais le bien obtenu par un malheur peut ne se manifester que dans une optique ou sous un rapport différent (à quelque chose). Le proverbe équivaut à : ce qui est un malheur peut être considéré sous un autre rapport comme bénéfice.

Un malheur ne vient jamais seul. On retrouve ce préjugé de la «loi des séries» dans l'expression *jamais deux sans trois*.

MALHEUREUX, EUSE adj.

Malheureux comme une pierre, les pierres «très malheureux» → PIERRE.

MALICE n. f.

Vieilli. *Ne pas entendre malice à quelque chose* «faire ou dire quelque chose sans mauvaise intention, sans arrière-pensée». *Sans entendre la malice* est attestée chez Commynes (XIIIe s.). *Malice* a ici son sens vieilli de «ruse destinée à nuire».

MALIN, IGNE adj.

Malin comme un singe «astucieux, futé». Cette locution avait jusqu'au XVIIIe s. un tout autre contenu, explicable à partir du sens originel de *malin* «méchant, porté à nuire». La référence démoniaque est évidente : le *malin*, dans la rhétorique chrétienne, désigne le diable, l'esprit du mal. *Méchant, malicieux comme un singe* sont des variantes synonymiques largement attestées dans la seconde moitié du XVIIe s. Le *singe* est depuis le Moyen Âge l'animal maléfique par excellence, la représentation du démon. C'est, à la fin du XVIIe s., l'évolution du sens de l'adjectif qui commande malgré la permanence de la forme, celle de la locution qui prend alors un nouveau contenu. C'est l'adresse, l'habileté du singe qui deviennent les seuls éléments de sens compatibles avec la nouvelle acception de *malin*.

> Un certain niais, qui a l'air plat et bête, mais qui a de l'esprit comme un démon et qui est plus malin qu'un vieux singe.   DIDEROT, *Le Neveu de Rameau*, p. 466.
>
> La comtesse douairière d'Argencourt, née Seineport, qui recevait un peu tout le monde parce qu'elle était bas bleu et quoique son fils fût un terrible snob, racontait le mot devant les gens de lettres en disant : «Oriane de Guermantes, qui est fine comme l'ambre, maligne comme un singe, douée pour tout, qui fait des aquarelles dignes d'un

> grand peintre et des vers comme font peu de grands poètes, et vous savez comme famille, c'est tout ce qu'il y a de plus haut [...].
>
> M. PROUST, *A la recherche du temps perdu*, t. II, p. 447.

Le linguiste Kurt Baldinger, en étudiant cette comparaison, a souligné que l'évolution sémantique de *malin* (de «méchant, diabolique» à «habile») était responsable de la modification de l'image culturelle du singe. Ainsi le langage peut changer l'image du réel, et non pas seulement être influencé par lui.

À malin, malin et demi [LOC. PROV.] «on trouve toujours plus malin que soi». Cette formule figée ne fonctionne qu'avec quelques adjectifs.

MALLE n. f.

Vieilli. **Malle à quatre nœuds** «balluchon». Attesté chez les chemineaux vers 1914 (*in* Esnault).

> On est partis tranquilles, avec le minimum de bagages, ce qu'on appelait autrefois la malle à quatre nœuds : un grand mouchoir noué aux quatre coins, une chemise dedans, une paire de chaussettes, un slip et c'était tout.
>
> F. GUILLO, *Le P'tit Francis*, p. 62-63.

Fam. **Se faire la malle** «s'enfuir». Attesté vers 1940, dans le milieu carcéral au sens de «s'évader», sur le modèle d'expressions argotiques comme *se faire la belle, la fuite, la paire*, plus anciennes. *Se la faire* «s'évader» (attestée en 1836 dans les *Mémoires* de Vidocq) et *faire sa malle* «se préparer au départ» (milieu XIXᵉ s., Sainte-Beuve) ont pu être à l'origine de l'expression. Variante → VALISE.

> Ah! ça me travaillait la nénette! Je voyais plus que ça comme future chance!... Je me ferais la malle un beau matin... sans tambour ni trompette!... Ah! c'était mon projet fervent... J'avais plus que ça comme tonique [...].
>
> L.-F. CÉLINE, *Le Pont de Londres*, p. 287.

MALPROPRE n. m.

Fam. **Comme un malpropre** «très mal, sans ménagement». *Traiter, vider quelqu'un comme un malpropre* «le traiter, l'éjecter comme on le ferait d'un personnage peu recommandable».

> Depuis Hitler, il y avait beaucoup de Juifs qui flairaient les fours crématoires, ayant vaguement l'intuition que le citoyen allait améliorer la technique du pogrom. D'autres, un peu partout en Europe, s'indignaient d'être toujours le cul entre deux chaises et traités comme des malpropres. A. SERGENT, *Je suivis ce mauvais garçon*, p. 108.

1. MANCHE n. m.

Manche à balai a) «femme grande et maigre, échalas»; b) «levier de commandes d'un avion» (début XXᵉ s.).

> Moi, j'crois plutôt que ce soit, tout là-haut, un client qui s'paye le coup d'œil sur son manche à balai, ricane Pépin, qui, levant le nez, inspecte l'espace en quête d'un aéro.
>
> H. BARBUSSE, *Le Feu*, t. II, p. 14.

Branler dans le manche «être peu solide ou mal assuré» (XVIIᵉ s.). S'est d'abord dit d'un objet mal assujetti à son manche. *Branler au manche* ne se dit plus. S'employait au XVIIIᵉ s. avec un sujet de personne.

Fam. **Se débrouiller (s'y prendre) comme un manche** «très maladroitement» (début XXᵉ s.). L'expression s'explique par le sens obscène de *manche* «membre viril» (attesté au XVIᵉ s. chez Rabelais) croisé avec *manchot* «maladroit». Le mot est lexicalisé *(quel manche!)* et a une variante vulgaire *(manche à couille)*.

> Les locataires ont droit à une chambre pour les bonnes. Toi tu t'es débrouillé comme un manche, mon lapin!... On ne t'en a pas donné. P. GUTH, *Le Naïf locataire*, p. 67.

S'endormir sur le manche «s'arrêter dans ses efforts». Le *manche* est celui de l'outil qui symbolise l'activité.

Être (se mettre) du côté du manche «du bon côté», c'est-à-dire «du côté du plus fort» ou «de celui de ses intérêts» (milieu XIXe s.). Métaphore empruntée aux instruments domestiques (→ TENIR LA QUEUE* DE LA POÊLE) et qui a pu être «remotivée» par l'aviation (manche = levier de commande).

> Il faut dire qu'en Espagne il y a un peu d'abus. D'abord, c'est farci de curetons, profiteurs et feignants que les nôtres, auprès, c'est un beurre! L'Église, là-bas, elle est du côté du manche, et comment, cent fois plus qu'ici!
> A. SERGENT, *Je suivis ce mauvais garçon*, p. 102.

Jeter le manche après la cognée «abandonner, renoncer par découragement à une entreprise» (XVe s.). La locution a des équivalents en anglais, en allemand et en espagnol. *Cognée* signifie ici «le fer de la cognée». Fleury de Bellingen, au XVIIe s., en a donné une explication de type anecdotique, qu'on peut rappeler pour mémoire :

> Jeter le manche après la cognée à l'imitation de ce fabuleux bûcheron, lequel voyant que le fer de sa cognée, eschappé du manche, estoit tombé dans une eau profonde, le tenant pour perdu [...] jetta volontairement le manche après le fer.
> FLEURY DE BELLINGEN, *Étymologie des proverbes*, p. 90.

> Nous avons fait marché pour une robe de chambre avec capuchon, cordelière et traîne, en drap de couvent [...]. Si cette houppelande n'avait point été bâtie, je lâchais pied, peut-être, en face de l'âtre noir, je fuyais ma cellule glacée, je jetais le manche après la cognée, je n'écrivais pas mon livre!
> J. VALLÈS, *L'Insurgé*, p. 31.

Fam. *Tomber sur un manche* «rencontrer un obstacle, une difficulté qui ralentit l'activité» (début XXe s.) → TOMBER SUR UN BEC*, SUR UN OS*, plus courantes.

> Mais ç'ui là, s'il a voulu zouaviller, il est tombé sur le manche. Minute : je te démolirai bien un de ces jours, tu verras.
> H. BARBUSSE, *Le Feu*, t. I, p. 15.

2. MANCHE n. f.

Une autre paire de manches «une chose entièrement différente; un sujet, une affaire qu'il ne faut pas comparer avec autre chose». L'expression semble apparaître au début du XVIIe s. (1611, Cotgrave); on lui donne en général pour origine une coutume symbolique : l'échange d'une paire de manches en gage de fidélité amoureuse. Elle aurait donc d'abord signifié «c'est un nouvel amour, un changement ou une infidélité»; mais aucun texte ancien n'atteste cette interprétation, qui semble être le fruit de l'imagination anecdotique des commentateurs du XIXe s. :

> Ces enseignes ou livrées d'amour, destinées à être signes de la fidélité, devinrent presque en même temps signe de l'infidélité; car toutes les fois qu'on changeait d'amour, on changeait aussi de manches... et, en définitive, c'était toujours une autre paire de manches.
> R. QUITARD, *Étude sur les proverbes français*.

De fait, par ses emplois connus, cette locution est un exact équivalent de *c'est une autre affaire* qui signifie notamment «c'est beaucoup plus difficile, compliqué». Ceci inciterait à penser à une expression issue du milieu artisanal ou commerçant et signifiant «c'est un autre article (qu'il faut fabriquer, coudre, orner, etc.)». L'expression était en tout cas sentie comme vulgaire à l'époque classique, ce qui rend moins probable une origine galante. En effet, Buffon ayant dit «oh! diable, quand il est question de clarifier son style, c'est une autre paire de manches», Mlle de l'Espinasse se serait «troublée» devant «cette comparaison des rues» (*Mémoires de Morellet*, cités par Littré, art. *Manche*).

> Me voilà donc excusé de ce côté-là; mais il fallait aborder l'autre [personne], et ce que j'avais à lui dire était une autre paire de manches.
> DIDEROT, *Le Neveu de Rameau*, p. 470.

> Mais Saint-Loup, c'est une autre paire de manches; il a beau avoir toute une parenté allemande, son père revendiquait avant tout son titre de grand seigneur français [...].
> M. PROUST, *À la recherche du temps perdu*, t. II, p. 1094.

Vieilli. *Avoir quelqu'un dans sa manche* «disposer de lui à son gré» (XVIIᵉ s.), c'est-à-dire comme d'un objet usuel, par allusion à l'ancienne habitude de porter dans la manche de son habit sa bourse et autres menus objets, à portée de la main.

Retrousser ses manches «se mettre au travail avec ardeur».

Tirer la manche à qqn «attirer son attention» et spécialement «le solliciter» (XVIIIᵉ s.). *Se faire tirer la manche* «se faire prier».

3. MANCHE n. f.

Fam. *Faire la manche* «faire la collecte, la quête, en parlant de saltimbanques, de comédiens ou chanteurs de rue». Le mot italien *manica* «pourboire», a été emprunté à la Renaissance au français *manche* «gratification, cadeau», attesté au XVIᵉ s. (chez Brantôme, Rabelais, notamment) qui s'explique par la coutume médiévale selon laquelle, dans un tournoi, les dames donnaient une manche de leur habit au chevalier qui combattait pour elles. Ce glissement de sens est le même dans l'expression *avoir les gants de* (→ GANT). Quant à la locution *faire la manche*, elle apparaît à la fin du XVIIIᵉ s. (1790, *in* Esnault) dans l'argot des saltimbanques et des mendiants. *Manche* a le sens de «collecte de saltimbanques» ou «quête de mendiants». Elle s'emploie toujours en parlant de la quête des musiciens des rues, forains, etc.

> Le premier soir, je traîne au Quartier Latin, rue Jacob. Je tombe sur des lascars qui chantent en faisant la manche. Il faut dire qu'à cette époque, dans les années 33-34, les rues étaient remplies de chômeurs qui vivaient de mendicité plus ou moins déguisée.
> F. GUILLO, *Le P'tit Francis*, p. 71.

MANCHOT adj.

Fam. *Ne pas être manchot* «être adroit, dégourdi». Relève de la double négation, sémantiquement, ou plutôt de la négation du manque.

MANDIBULE n. f.

Fam. *Jouer des mandibules* «manger» (1867, Delvau) → MÂCHOIRE.

MANIÈRE n. f.

La manière forte «la force, l'action brutale».

De cette manière «ainsi, de la sorte» (loc. employée en 1872, par Th. Gautier, probablement bien antérieure).

De la belle manière «rudement, sans ménagement» (milieu XVIIᵉ s., Molière). La locution exprime l'intensité.

De manière ou d'autre, d'une manière ou d'une autre «de toutes façons, par n'importe quel moyen» (fin XVIIIᵉ s.).

De toute(s) manière(s) «en tout cas, quoi qu'il arrive». On disait au XVIᵉ s. *en toute manière* (R. Estienne).

D'une certaine manière «en un certain sens, sous un certain angle» (début XXᵉ s.).

D'une manière générale «en gros, dans l'ensemble» (début XXᵉ s.).

En aucune manière «nullement, aucunement» (milieu XVIIIᵉ s.).

> — À La Canne à Sucre ou sur le chemin de son hôtel, t'avait-elle laissé entendre qu'elle avait envie de passer la nuit avec toi?
> — En aucune manière. R. VAILLAND, *Bon pied, Bon œil*, p. 45.

En quelque manière «en un certain sens, pour ainsi dire» (XVIIIᵉ s., Rousseau). Les deux dernières expressions sont plutôt littéraires.

À la manière de [LOC. PRÉP.] «comme, de la même façon que ou à l'imitation de» (XVIIe s.). Reboud et Muller ont utilisé l'expression pour donner un titre à leurs célèbres pastiches.

De manière à (suivi de l'infinitif) «propre à obtenir telle conséquence», marque l'intentionnalité.

De (telle) manière que [LOC. CONJ.] «pour, dans l'intention de». Suivie de l'indicatif, cette loc. exprime la conséquence réelle de l'action; suivie du subjonctif, la conséquence voulue, le but visé.

De manière à ce que (suivi du subjonctif) «pour qu'ainsi, de sorte que». Exprime l'intentionnalité.

Avoir la manière (avec un sujet nom de personne) «savoir s'y prendre», par ellipse de *la bonne manière de faire*. S'emploie absolument ou suivi de la préposition *avec*.

> Il a la manière — voilà le mot — avec les paysans, avec les moteurs, avec les femmes. Ça me paraît aussi mystérieux que le tour de main du bon ouvrier, dont mon grand-père nous cassait les oreilles, avant que ma mère l'eût mis à la retraite.
>
> R. VAILLAND, *Beau Masque*, in *Ph. Sl.*

Faire des manières «manquer de simplicité ou de décision».

> [...] elle aimait peu toute personne qui n'avait rien à manger chez soi, qui «crevait la faim» et venait ensuite, comme une propre à rien, grâce à la bonté des riches, «faire des manières».
>
> M. PROUST, *À la recherche du temps perdu*, t. II, p. 26.

MANIVELLE n. f.

Retour de manivelle «contrecoup d'un événement sur celui qui l'a provoqué» (cf. *Choc*★ *en retour, retour de bâton*★). L'image est celle du mouvement violent et accidentel de la manivelle de mise en marche d'un moteur à explosion.

MANQUE n. m.

Fam. ***À la manque*** «raté, mauvais, médiocre». Cette locution peut s'expliquer, soit à partir des emplois adjectivaux anciens de *manque* (du latin *mancus* «défectueux») ou du substantif homonyme. La première attestation, isolée (Bretagne), date de 1791 (*bras à la manque* «bras infirme»), mais c'est surtout au XIXe s., dans des emplois argotiques, qu'on la trouve. Elle exprime soit l'idée de défectuosité, d'insuffisance, soit la mauvaise qualité, la médiocrité. Aujourd'hui, elle s'emploie surtout en parlant de personnes qui ne sont pas à la hauteur de leur fonction *(artiste à la manque)* ou des objets qui s'écartent d'un modèle idéal. Elle situe toujours par rapport à une norme. La forme ne s'explique pas bien et le statut de *manque* n'est pas clair. Est-ce un adjectif à la forme féminine (cf. *À la bonne*) ou un substantif précédé du groupe prépositionnel *à la...* (sur le modèle *À la flan*)?

> Aussi, tu parles d'un cantonnement à la manque : trois canfouines avec rien d'dans, que des courants d'air et d'la flotte!
>
> B. BARBUSSE, *Le Feu*, t. II, p. 5.

Manque de [LOC. PRÉP.] «faute de» (XVIIe s.). S'employait à l'époque classique suivie d'un infinitif ou d'un substantif. On dit aujourd'hui *par manque de*. Toutefois *manque de pot, de bol* sont fréquents dans la langue familière.

Vx. ***De manque*** «en moins» (XVIIe s.).

MANQUER v.

Ce verbe s'emploie dans plusieurs phrases codées du registre familier exprimant, sous une forme elliptique ou antiphrastique, une réaction négative du locuteur à une situation ou un fait qu'il ressent comme déplaisant.

Il ne manquait (manquerait) plus que ça! «c'est le comble». Ellipse pour «il ne manquait que ce dernier fait pour rendre la situation tout à fait intolérable».

Je recommandai à Françoise, quand elle aurait fait sortir Albertine de la salle, de m'en avertir par téléphone et de la ramener, contente ou non. « Il ne manquerait plus que cela qu'elle ne soit pas contente de venir voir Monsieur », répondit Françoise.

M. PROUST, *À la recherche du temps perdu*, t. III, p. 153-154.

MANTEAU n. m.

Sous le manteau « clandestinement », spécialement avec des verbes comme *publier, vendre*, en parlant de livres, d'ouvrages interdits (XVIIᵉ s.). *Manteau* a le sens métaphorique de « ce qui cache ».

MAQUIS n. m. Du corse *macchia* « tache », du latin *macula*, même sens.

Prendre le maquis « se cacher pour échapper aux autorités, à la justice ». L'emploi spécial de cette expression est historiquement situé entre 1940 et 1944, pour désigner l'activité clandestine des résistants qui se cachaient dans les lieux boisés et isolés appelés *maquis* par allusion à la végétation corse, tentant d'échapper ainsi aux occupants allemands et aux autorités du gouvernement de Vichy. *Maquis* s'est lexicalisé dans ce sens. L'expression s'est employée d'abord dans la seconde moitié du XIXᵉ s. en parlant des bandits corses qui se cachaient dans le maquis.

[...] puisque vous allez en Avignon, vous pourriez en même temps y porter des cartes d'alimentation en blanc : si les gars vont prendre le maquis, elles leur seront utiles.

E. TRIOLET, *Les Amants d'Avignon*, in *Ph. Sl.*

MARAUDE n. f.

En maraude [LOC. ADJ.], se dit d'un taxi qui circule à vide, lentement, à la recherche d'éventuels clients. Attesté en 1923 chez Martin du Gard *(Les Thibault)*.

MARBRE n. m.

De marbre [LOC. ADJ.] « d'une insensibilité quasi minérale », dans des locutions nominales *(visage, cœur de marbre ;* → aussi BOIS, PIERRE), adjectivales *(froid comme un, du, le marbre)* et verbales : *être, rester de marbre* « impassible ».

Les cordes lamentables me sont faciles, mais je ne peux pas m'imaginer le bonheur et je reste là devant, froid comme un marbre et bête comme une bûche.

G. FLAUBERT, *Correspondance*, IVᵉ série, p. 49.

Sur le marbre « prêt à être imprimé », en parlant d'un article de journal ou de revue, d'un livre. L'expression est propre au vocabulaire du journalisme et de l'imprimerie. On la trouve en 1866 chez Delvau.

Avoir du marbre « avoir des textes d'avance, des articles en réserve, prêts à être imprimés » (1811, Rigaud). L'emploi collectif et métonymique de *marbre* désigne l'ensemble des textes prêts pour l'impression.

MARC n. m.

Au marc le franc [LOC. ADV.] « proportionnellement » (1835, Acad.). L'expression signifiait littéralement « selon la valeur du franc pour un certain poids ». Le *marc*, ancien poids de huit onces, servait à peser les métaux précieux ; le mot désigne la quantité d'or ou d'argent pesant ce poids. Aujourd'hui, la locution ne s'emploie plus que dans un contexte juridique : elle désigne le mode de règlement des créanciers qui, dans la faillite d'une entreprise, sont payés au prorata de leur créance.

MARCHAND, ANDE n. Suivi de la préposition *de* et d'un substantif, ce mot sert à former de nombreux syntagmes nominaux, dont quelques-uns ont une valeur un peu plus spéciale, et toujours péjorative. Ainsi, *marchand de canons* « fabricant d'armes », *marchand de chair humaine* « proxénète » *marchand de soupe* « mauvais restaurateur » et, fig., « directeur d'un établissement d'enseignement médiocre »,

etc., *marchand de sommeil* «hôtelier qui exploite sa clientèle». La valeur générale de *marchand* est «exploiteur».

Le marchand de sable est passé. Formule consacrée signifiant à peu près «les enfants ont sommeil, il faut les envoyer coucher». Elle est attestée sous cette forme depuis la fin du XIXᵉ s., mais l'idée est beaucoup plus ancienne. On disait au XVIIIᵉ s. *avoir du sable dans les yeux* pour «avoir sommeil, avoir les yeux qui piquent sous l'effet de la fatigue» (1798, Acad.). Dès le XVIIᵉ s., le sommeil nocturne est représenté par un personnage imaginaire qui vient, à l'heure du coucher, jeter du sable dans les yeux des enfants. *Le petit homme leur a jeté du sable dans les yeux,* lit-on dans Furetière.

> Dans le centre, il remarqua que deux ou trois magasins de bimbeloterie balnéaire avaient encore fermé depuis son arrivée et songea qu'il ne reverrait sans doute jamais la demoiselle unijambiste qui vendait des cordes à sauter, ni la petite vieille aux coquillages derrière sa voiture d'enfant, ni le marchand de sable, le vrai, que son âne venait rechercher quand il s'attardait sur la route de la plage.
> A. BLONDIN, *Un singe en hiver*, p. 202.

MARCHANDISE n. f.

Faire valoir sa marchandise «présenter une chose sous son aspect le plus favorable». Dans cette locution comme dans la suivante, les rapports sociaux sont envisagés sous leur aspect commercial, avec un cynisme parfait et, plus profondément, avec une référence à la mentalité capitaliste la plus élémentaire.

Vx. *Farder sa marchandise* «chercher à faire illusion, à tromper» (1764, *in* Voltaire). Au sens concret, l'expression date du XVIᵉ s.

MARCHÉ n. m.

Marché aux puces «lieu où l'on vend toutes sortes d'objets d'occasion hétéroclites» → PUCE.

Marché noir «en période de pénurie, vente clandestine et au prix fort, de denrées rares et rationnées».

> Aujourd'hui, demande à un petit gars ce qu'il veut faire dans la vie. Tu ne trouveras pas beaucoup de futurs travailleurs, je te le dis. Si ; sur dix il y en aura deux ou trois, des pas à la coule, qui voudront être mécaniciens ou ingénieurs. Les autres visent les affaires. Ils appellent ça le marché noir, comme tout le monde.
> A. SERGENT, *Je suivis ce mauvais garçon*, p. 50.

Marché de dupes «où l'un des contractants est abusé par l'autre». Se dit de tout contrat, de toute entente entre deux partenaires, du point de vue de celui qui est lésé.

À bon marché «à bon compte, au meilleur coût» (XIIIᵉ s.) et, métaphoriquement, «sans grand dommage, au mieux». *En être quitte, s'en tirer à bon marché.*

Par-dessus le marché «en plus, en outre» (1735, Marivaux). Littéralement, «en plus de ce qui a été convenu». On disait au XVIIᵉ s. *sur le marché.* L'expression est assez familière.

> Ce qu'il y avait, c'était encore de la misère, ah! de la misère tant qu'on en veut, et des coups de fusil par-dessus le marché!   É. ZOLA, *Germinal*, t. II, p. 170.

Faire bon marché de (qqch. ou qqn) «ne pas en faire grand cas, ne pas y attacher d'importance» (XVIIᵉ s., Corneille, Pasquier). S'explique par l'influence concomitante de *faire marché de...* «vendre», et *bon marché* «peu cher». Ces métaphores, appliquées à des notions abstraites à caractère moral (liberté, honneur, etc.) ou à une personne, expriment le mépris en traitant notions ou personnes comme des marchandises qu'on troque.

> De nature peu encline à la rouspétance, moins encore à la bouderie, je fais bon marché
> de certaines libertés de surface, où l'art a tout à perdre et l'esprit fort peu à gagner.
> A. GIDE, *Journal*, t. II, p. 50.

Mettre à quelqu'un le marché en main « le pousser d'accepter sans délai les
conditions d'un accord », et par extension, « le mettre en demeure de choisir » (début
XXᵉ s.). On a d'abord dit *mettre le marché au poing* (fin XVIᵉ s.), puis *à la main* (fin
XVIIᵉ s., Furetière). L'expression est quasi synonyme de *mettre au pied du mur*.

MARCHER v. intr.

Marche ou crève. La formule impérative de menace évoque la discipline militaire la plus impitoyable ; *marcher* s'y entend au sens concret et métaphoriquement
(« travailler », « exécuter les ordres »...).

> Tazzouiert, c'était l'enfer. D'ailleurs quand on y arrivait, le commandant nous avertis-
> sait d'emblée : « Ici, il n'y a qu'une seule loi : marche ou crève. Pas de Conseil de
> Guerre, pas de prison militaire. »   F. GUILLO, *Le P'tit Francis*, p. 100.

Marcher à côté de ses pompes → POMPE 2.

MARDI n. m.

Ce n'est pas mardi-gras aujourd'hui ! Exclamation ironique adressée à quelqu'un dont l'accoutrement est extravagant ou grotesque. Le mardi-gras, jour du carnaval, est traditionnellement dévolu au déguisement.

MARE n. f.

La mare aux harengs. Dénomination plaisante de l'Atlantique (1926,
Esnault). Équivaut à l'anglais *herring pond*. On dit parfois *la grande mare*.

MARÉE n. f.

Marée noire « pollution de la mer et des rivages par le mazout provenant du
'dégazage' des soutes d'un navire au large des côtes ou de l'écoulement accidentel
du contenu des réservoirs d'un pétrolier ». L'expression s'est diffusée en 1967 dans
la presse française à propos du pétrolier *Torrey Canyon*. C'est un calque de
l'anglais *black tide*.

Contre vents et marées → VENT.

Arriver comme marée en carême « se produire inéluctablement », puis « arriver
à propos, au bon moment » (milieu XVIIIᵉ s.) comme le poisson frais au moment du
carême, quand il faut faire maigre. L'expression n'est plus comprise, se perd et se
confond avec *arriver comme mars en carême* → CARÊME.

MARGE n. f.

Marge de manœuvre « possibilité d'action entre une limite pratique et une
limite théorique ». L'expression est courante dans le contexte politique ou économique.

En marge (de) « en dehors, à l'extérieur (de...) » (début XXᵉ s.). La métaphore
qui joue à la fois sur la notion de limite et d'espace préservé, exprime la non-inté-
gration au code social et le refus d'adhérer aux valeurs éthiques dominantes.

> Si je ne descends pas plus souvent de ma montagne, c'est que je dispose présente-
> ment d'assez d'argent pour me tenir provisoirement en marge du conflit.
> R. VAILLAND, *Bon Pied, Bon Œil*, p. 190.
> Je m'en veux, à présent, d'être resté en marge, et d'avoir si peu « profité ».
> A. GIDE, *Journal*, t. II, p. 42.

L'emploi absolu est actuellement très courant. *Vivre en marge* (de la société). *Individu en marge* (= *marginal*, asocial).

MARGUERITE n. f.

Effeuiller la marguerite « détacher un à un les pétales de cette fleur, en disant par jeu ou par superstition : 'il aime, un peu, beaucoup, passionnément, à la folie, pas du tout', pour savoir si on est aimé », le dernier pétale arraché étant censé donner la bonne réponse. On trouve l'expression chez Musset (1837), mais le jeu, fondé sur la croyance aux propriétés divinatoires de cette fleur, semble d'origine normande et paraît plus ancien. L'expression n'est plus très employée, sauf dans une intention délibérée d'archaïsme, au sens de « conter fleurette, badiner », et — par plaisanterie — dans un contexte moins innocent.

> Les gars passent leur temps à se congratuler, à effeuiller la marguerite avec ces dames,
> ou au cinéma...   A. SERGENT, *Je suivis ce mauvais garçon*. p. 89.

MARIAGE n. m.
Le mot figure dans un certain nombre de périphrases désignant le concubinage, considéré comme mariage de fantaisie, invalide ou imaginaire. On parle ainsi de *mariage d'Afrique*, de *mariage de la main gauche* (c'est-à-dire illégal → MAIN, GAUCHE), *mariage de Jean-des-Vignes* (peu durable → JEAN), *mariage de garnison, mariage fait à la mairie du XXIe (→ MAIRIE) ou du XIIIe arrondissement* (au temps où il n'y en avait à Paris que 12), *mariage à la détrempe* (par jeu de mots sur *à la colle).*

Mariage de la carpe et du lapin « union mal assortie », comme entre bêtes d'espèces différentes, et par extension « alliance impossible par nature entre deux choses qui paraissent s'exclure mutuellement » (1934, *in* J. Romains).

> Ainsi, ma revendication passait-elle les bornes permises : quand on n'admet aucun *deus ex machina* de cette espèce, le mirobolant mariage de la carpe et du lapin auquel revenait mon propos est doublement insoutenable. Toutefois, cette naïveté n'est pas ma seule erreur.   M. LEIRIS, *Fibrilles*, p. 235.

MARIE n. pr.
Marie couche-toi là « fille facile » (1867, Delvau).

MARIÉE n. f.

Se plaindre que la mariée est trop belle « se plaindre d'une chose dont on devrait se féliciter, mais qu'on juge excessive » (1640, Oudin).

> — On a de petits noms : *Chiourme. Jany-Gratis.*
> *Bout-dehors. Fond-de-Vase. Anspeck. Garcette-à-ris.*
> — C'est gréé comme il faut : satin rose et dentelle :
> Ils ne trouvent jamais la mariée assez belle...   T. CORBIÈRE, *Les Amours jaunes*. p. 822.

> Encore que je ne fusse devenu ni milliardaire, ni roi, ni célébrité mondiale, j'étais maintenant dans une situation telle que m'en plaindre eût été trouver la mariée trop belle [...].   M. LEIRIS, *Fibrilles*, p. 96.

La mariée était trop belle pour que... « il y aurait eu mauvaise grâce à se plaindre ».

> Ce n'est pas la première fois que les industriels estimant ma valeur me font des offres. Jusqu'à présent j'avais refusé. Mais cette fois-ci, la mariée était trop belle pour que je refuse de l'épouser. R. QUENEAU, *Le Dimanche de la vie*. p. 177.

MARIER (SE) v. pron.

Tu te marieras à la fin de l'année. Formule rituelle adressée à une personne à qui on verse le fond d'une bouteille. L'analyse de cette coutume, qui relève du folklorisme, n'est pas aisée : il se peut que le sémantisme de la « consommation », et la péjoration habituelle du mariage (« ce qu'on boit jusqu'au fond, jusqu'à la lie ») y soient pour quelque chose.

MARIN adj. et n. m.

Avoir le pied marin « ne pas être malade sur un bateau, malgré le roulis ou le tangage, être à l'aise à bord d'un bateau » (fin XVIIᵉ s., Furetière). *Pied*, employé avec le verbe *avoir* et suivi d'un adjectif, exprime l'état (→ PIED). *Marin* a ici le sens de « stable, qui tient bien à la mer ».

> « Prends-le comme radio, suggère le copain, je t'assure qu'il en connaît un bout. » Seulement, dès le départ, on s'est aperçu d'un certain nombre de choses. D'abord que mon Bigarre ne se sentait pas le pied marin. Au moindre coup de roulis, il adoptait la danse de l'ours. A SERGENT, *Je suivis ce mauvais garçon*, p. 83.

Marin d'eau douce « marin médiocre, peu expérimenté » (1811). L'inaptitude à la navigation est exprimée par l'alliance paradoxale du *marin*, défini comme navigant *en mer*, et de l'*eau douce.*

MARMELADE n. f.

En marmelade « écrasé, meurtri » en parlant de parties du corps endommagées par un choc (milieu XVIIᵉ s.). *Nez, visage en marmelade* (→ aussi EN BOUILLIE, EN CHARPIE, EN COMPOTE).

MARMITE n. f.

Nez en pied de marmite → NEZ.

Faire bouillir la marmite « assurer la subsistance, l'entretien d'une famille » (1622, Sorel). L'allusion à ce récipient symbolise la nourriture, l'existence quotidienne, puis, plus largement, les moyens financiers nécessaires à celles-ci.

> Il avait abandonné ses appointements, il était allé à Marchiennes engager son pantalon et sa redingote de drap, heureux de faire bouillir la marmite des Maheu.
> É. ZOLA, *Germinal*, t. I, p. 284.

Vx. *Écumer la marmite* « vivre en parasite » (XVIIᵉ s.). Au sens propre, l'expression a d'abord signifié « tirer (de la marmite) une partie de la viande et la manger avant le dîner » (1636, Monet), puis « faire un repas pour rien », la *marmite* symbolisant la subsistance. *Écumer* signifie dans ce contexte « retirer, recueillir le meilleur de qqch. ». Dans le même sens, *un écumeur de marmite* (ou *de table*) désignait le pique-assiette, le parasite.

Il n'y a pas si vieille marmite (ou *si vieux pot*) *qui ne trouve son couvercle* [LOC. PROV.] « même quelqu'un de défavorisé par la nature peut trouver l'âme sœur ». Cette image du couple bien « assorti » comme deux parties d'un objet usuel, faites l'une pour l'autre, résulte d'une vision platonicienne du monde où les êtres humains, par analogie aux objets, aux animaux, trouvent la « moitié » qui leur correspond (→ aussi la transposition dans le monde animal : IL N'EST PAS DE GRENOUILLE* QUI NE TROUVE SON CRAPAUD).

> Dis donc, ma biche, je ne te retiens pas... T'es pas encore trop mal, quand tu te débarbouilles. Tu sais, comme on dit, il n'y a pas de si vieille marmite qui ne trouve son couvercle...
> É. ZOLA, *L'Assommoir*, t. II, p. 209.

Le drapeau noir flotte sur la marmite → DRAPEAU.

MARMOT n. m.

Vieilli. *Croquer le marmot* « attendre longtemps, en se morfondant » (fin XVIᵉ s.). Cette locution qui évoque à première vue l'image d'un enfant croqué à belles dents a fait couler beaucoup d'encre et, depuis le XVIIᵉ s., nombre de lexicographes ont proposé des explications les plus diverses, dont on mentionnera des échantillons au moins pour mémoire, sinon pour le pittoresque. La plus ancienne et la moins sérieuse est proposée par Furetière à la fin du XVIIᵉ s. et reprise par Littré au milieu du XIXe s. Elle fait état d'une habitude des peintres qui faisaient antichambre en dessinant (en «croquant») de petits personnages sur les murs. De son côté, Saï-néan, au début de ce siècle, a vu dans notre locution une interprétation de *marmotter* «claquer des mâchoires» (de *marmot* «menton, museau»); *claquer, battre le marmot* sont encore attestées dans le Doubs au sens de «claquer des dents». Le sens global de l'expression serait alors à peu près «grommeler, grogner d'impatience en atten-dant». Malgré sa séduction, l'hypothèse laisse un peu trop dans l'ombre le rôle de *croquer*. D'ailleurs, le marmot en question paraît plutôt être une petite figure grotes-que servant d'ornement. D'après Jeanroy, un *marmot* ou *marmouset* serait un che-net et *croquer le marmot* voudrait dire «tourmenter le chenet avec un croc à char-bon, c'est-à-dire 'tisonner' (pour tromper l'attente)». Selon M. Rat, le marmot serait plutôt un marteau de fonte orné d'une figurine qui portait ce nom et que, d'après une prétendue coutume féodale, le vassal rendant visite à son suzerain devait embrasser en signe d'hommage, *croquer* ayant le sens affaibli de «baiser, embrasser». Mais l'explication la plus convaincante paraît être celle de P. Guiraud.

> En ce qui nous concerne, nous croyons que l'expression signifie «attendre devant une porte en cognant impatiemment le heurtoir». La date de l'expression (fin XVIe s.) à une époque où le primitif *croquer* «frapper», commence à tomber en désuétude, cepen-dant que l'acception moderne de *croquer* «manger», commence à se généraliser; étape ambiguë et favorable à la naissance d'une expression de ce type; *croquer*, d'ailleurs, signifie «frapper» dans la plupart des mots de cette époque : *croque-note* «mauvais musicien», *croque-mouche* «géant vantard».
>
>   P. GUIRAUD, *Les locutions françaises*, p. 71-72.
>
> Oui, j'ai une heure devant moi [...]. Je croquerai le marmot à la station pendant une demi-heure, mais c'est plus sûr.   É. AUGIER, *Maître Guérin*, p. 310.

MARMOTTE n. f.

Dormir comme une marmotte «dormir très profondément, comme une mar-motte en état d'hibernation» (1734, Lesage) → aussi COMME UN LOIR*.

> — Et Agathe?
> — Elle dort comme une marmotte!
> — Ah! tant mieux, dit madame Hochon, je voudrais qu'elle dormît pendant le temps que cette affaire s'éclaircira.   H. de BALZAC, *La Rabouilleuse*, p. 1034.

MARQUE n. f.

De marque «de première qualité» (littéralement «de marque connue, presti-gieuse») en parlant d'un produit, d'un article. «Remarquable, de qualité», en parlant d'une personne. *Personnages, hôtes de marque.*

À vos marques! Formule consacrée, dans une épreuve de course à pied, engageant les concurrents à se placer sur la ligne de départ. Chaque coureur prêt au départ engage ses pieds dans un dispositif spécial appelé *marque,* qui lui assure une bonne position.

MARQUER v. tr.

Marquer le coup → COUP.

Marquer d'une pierre blanche (d'un caillou blanc), en parlant d'un événe-ment notable, «s'en souvenir, le noter» (XVIIe s., Oudin, Bossuet), en lui associant une trace matérielle.

Marquer le pas → PAS. — *Marquer un point* → POINT.

MARRE adv.

En avoir marre «en avoir assez, être excédé ou dégoûté» (1883). Cette expres-sion populaire est communément rattachée à l'ancien verbe *se marrir* «s'affliger, s'ennuyer », dont la forme *marre* serait un déverbal. Elle est parfois, mais plus rarement, rapportée à d'autres langues que le français : l'espagnol *mareo* « mal de mer », puis « ennui » (de *mar* « mer », puis « surabondance ») ou à l'arabe *andelk marra* « tu as une fois », d'où « cela suffit », mais ces hypothèses ont encore moins de fondement que la première. En fait, *mar*, d'abord attesté sous la forme *maré* (1881), est un substantif qui, en argot des années 1880, a le sens de « part » et spécialement, « part du produit d'un vol ». Le mot a eu exactement la même évolution sémantique que ses synonymes *fade*, *pied* et *taf*. *Prendre*, *avoir son mar*, c'est en argot « prendre, avoir sa part, son compte », d'abord sa juste part, puis un peu plus, la limite étant facilement franchie de la juste mesure à la saturation. P. Guiraud, qui suggère cette judicieuse hypothèse, rattache *mar(é)* à *marelle* « caillou », et à ses dérivés dialectaux *merel*, *méreau* qui désignent aux XVᵉ s. un jeton servant de monnaie d'échange, puis au XVIᵉ s., « servant à attribuer les parts individuelles dans une distribution ». Il est très vraisemblable que ce sens de « compte, part » soit passé à la fin du XIXᵉ s. (et sans doute avant) dans la langue argotique, puis ait exprimé plus largement l'idée de saturation.

On trouve aussi l'expression à la forme impersonnelle : *y'en a marre, c'est marre !* Comme la première, ces formes appartiennent maintenant à la langue familière et sont très courantes :

> Alors t'as des ronds ? J'ai que cinq francs j'ai pas pu voler c'est à moi Donne ça sale menteur t'en as d'autres Non Bernard main'nant j'en ai plus je te les filerais c'est marre
>
> T. DUVERT. *Paysage de fantaisie*, p. 129.

1. MARRON n. m.

Tirer les marrons du feu « entreprendre pour le seul profit d'autrui quelque chose de risqué ou de difficile » (XVIIᵉ s.).

> Je l'aime. moi, cette honnête bourgeoisie qui a pris la Révolution en horreur depuis qu'elle n'a plus rien à y gagner, qui voudrait figer le flot qui l'apporta et refaire à son profit une petite France féodale. Laissons-lui retirer nos marrons du feu. Ventre-Saint-Gris!   É. AUGIER. *Le Fils de Giboyer*. p. 18.

L'expression a été popularisée par la fable de La Fontaine « Le Singe et le Chat », où l'on voit le chat Raton retirer au profit du singe Bertrand des marrons qui grillent au feu ; mais elle est certainement antérieure, car elle figure dans les recueils de proverbes de Fleury de Bellingen et de Oudin. On trouve d'abord : *tirer les marrons du feu avec la patte du chat* (1640, Oudin, *Curiositez françoises*), puis *tirer les marrons de la patte du chat* (1656, Molière), la patte du chat désignant de façon explicite l'agent de l'opération. L'abrègement de cette forme originelle a pu contribuer à fausser l'interprétation de cette locution qui est parfois comprise comme « tirer pour soi-même avantage d'une situation », le sujet de l'action et le bénéficiaire étant, à tort selon les puristes, confondus en une seule personne.

2. MARRON adj.

Arg. *Être (fait, paumé) marron* « être refait ». Ces expressions, assez obscures, paraissent devoir être rattachées à *marron* au sens de « clandestin, illégal ». L'adjectif, de l'espagnol d'Amérique *cimarron*, s'appliquait, au milieu du XVIIᵉ s., aux esclaves fugitifs. Les expressions *être fait (paumé, servi) marron* apparaissent en argot au début du XIXᵉ s. On en trouve l'attestation glosée chez Balzac :

> Bibi-Lupin est riche. il a fait son temps : c'est un fonctionnaire à double face. et si vous vouliez me laisser agir contre lui. je le paumerais marron [je le prendrais en flagrant délit] en huit jours.   H. de BALZAC, *Splendeurs et Misères des courtisanes*, p. 1138.

Peu à peu, l'idée de délit, de situation illégale qui appelle une sanction, initialement associée à *marron*, n'est plus sentie comme pertinente et démotive l'expression. Aujourd'hui, *être fait marron, être marron* signifient plus largement « être dupé, roulé » (→ ÊTRE CHOCOLAT*).

[...] Si, dans son incommensurable et aveuglant orgueil professionnel, la Chef a réussi à se persuader qu'elle m'a fait marron grâce à sa seule perspicacité, elle n'ignorait cependant pas qu'en m'envoyant le bifton au juge, elle faisait ouvrir par celui-ci un dossier d'information [...].   A. SARRAZIN, *La Cavale*, p. 185.

MARS n. m.

Arriver comme mars en carême → CARÊME.

MARTEAU n. m.

Être (se trouver) entre le marteau et l'enclume «entre deux camps adverses, et comme tel, exposé à recevoir des coups des deux côtés» (XIIIe s.) → ENCLUME, et les autres métaphores de la forge.

Vx et fam. *Graisser le marteau* «soudoyer le portier d'une maison pour s'en faciliter l'accès» (milieu XVIIe s.). La métaphore est la même que dans *graisser la patte*. Le *marteau* ou *heurtoir* de porte symbolise l'accès.

MARTEL n. m. Doublet ancien de *marteau*, du latin *martellus*, peut-être par l'italien *martello*. Ne subsiste que dans la locution suivante :

Se mettre martel en tête «se faire du souci, se tourmenter». Attestée sous cette forme au début du XVIIIe s., l'expression utilise les valeurs métaphoriques de *martel* «souci, inquiétude», assurées dès le XVIe s. et exprimées dans des locutions comme *avoir, donner martel* (ou *martel en tête*) «avoir, donner du souci»; *marteler le cerveau* de qqn; *marteler* «peiner, tourmenter». La métaphore du coup porté à la tête y symbolisait l'inquiétude obsédante. Elle exprime aujourd'hui plutôt l'idée de folie, de dérangement mental (*avoir un coup de marteau, être marteau* «être fou»).

> Mais jamais en deçà ni au-delà, reprit le commandeur avec sa vivacité provençale ; d'où je conclus que si tu n'es pas le Messie attendu par les Hébreux, tu es Lucifer en personne, revenant exprès dans ce monde pour me mettre martel en tête.
> STENDHAL, *Armance*, p. 30.

> Dernièrement Charlus a dîné chez la princesse de Guermantes ; je ne sais pas comment on a parlé de vous. M. de Norpois leur aurait dit — c'est inepte, n'allez pas vous mettre martel en tête pour cela, personne n'y a attaché d'importance, on savait trop de quelle bouche cela tombait — que vous étiez un flatteur à moitié hystérique.
> M. PROUST, *À la recherche du temps perdu*, t. II, p. 271.

MARTRE n. f.

Vx. *Prendre martre pour renard* «se laisser abuser par une ressemblance superficielle entre deux choses, confondre deux choses voisines ou ambiguës» (XVIe s., Montaigne). La couleur rousse, identique, du pelage de ces deux animaux, peut autoriser, à première vue, la confusion.

> Au cours, nous avions donné ordre à notre cocher de se détacher de la file des carrosses, et de suivre celui de la duchesse quand il la verrait retourner au palais. Il prit martre pour renard ; et, voyant toujours les gardes, qui étaient ceux du duc, il continua d'aller et venir d'un grand sang-froid, et nous le laissâmes faire.
> C. de BROSSES, *Lettres d'Italie*, t. II, p. 315.

MASQUE n. m.

Jeter le masque «se montrer sous sa véritable apparence, cesser de dissimuler» (début XVIIe s.). Le masque symbolise toutes les attitudes trompeuses, la fourberie. *Lever, ôter, arracher le masque à quelqu'un* sont attestés au XVIe s.

> Il faut s'attendre qu'alors bien des gens qui manœuvrent encore maintenant dans l'obscurité avec prudence jetteront le masque. Il serait erroné de commencer maintenant une chasse aux sorcières et de voir partout des fantômes.
> F. MAURIAC, *Le Nouveau Bloc-Notes*, p. 163.

1. MASSE n. f. Du latin *massa* «amas, bloc», du grec *maza* «pâte».

Comme une masse «tout d'un bloc, pesamment» (milieu XIXᵉ s.) avec des verbes comme *tomber, s'affaisser*, etc.

En masse «en grande quantité, en foule» (XIVᵉ s.). *Levée en masse.*

2. MASSE n. f. Du latin pop. °*mattea,* du latin classique *mateola* «outil pour enfoncer».

Être à la masse «complètement déphasé, abruti» ou «idiot». Très récente, l'expression paraît s'expliquer assez clairement par l'intermédiaire de *coup de masse** «choc émotif violent», mettant en œuvre le sémantisme du *coup*, de la commotion qui rend idiot ou inadapté, très fréquemment réalisé dans la langue populaire (*cinglé, marteau, toqué*, etc.). En outre, la mise à la masse, en électricité, peut avoir des effets commotionnants.

3. MASSE n. f.

Coup de masse → Coup de masse*. Renforcement plaisant (qui ne semble pas exister avec *massue*) : *coup de masse avec élan* (comme *coup de barre...*).

MASSUE n. f.

Coup de massue «événement imprévu provoquant une vive contrariété ou une impression d'accablement» (début XVIIᵉ s.). Aujourd'hui, exprime le plus souvent la surprise désagréable d'avoir à payer un prix jugé excessif un objet ou un service rendu (→ Coup de fusil*).

MATIÈRE n. f.

Matière grise «cerveau», puis «intelligence».

Entrée en matière «début (d'un exposé), façon d'aborder (un processus, une action)». L'expression a souvent des connotations ironiques, dans le domaine des comportements sociaux.

En matière de «en ce qui concerne, à propos de» (fin XVᵉ s., Commynes).

(Avoir, donner, fournir) matière à «avoir, donner l'occasion, le prétexte de».
> Seule mon incrédulité fournissait matière à mon blâme, estimait-il ; si je reconnaissais que le miracle avait eu lieu, je considérerais comme légitime sa représentation.
> A. GIDE, *Journal*, t. II, p. 225.

MATIN n. m.

De bon, de grand matin «très tôt». Le caractère familier de ces syntagmes en cache l'étrangeté. Le *matin* est qualifié de *bon* quand il est «extrême», que sa qualité de matin est pleinement réalisée : cet emploi est compréhensible mais peu habituel. Une *bonne* heure est une «grande» heure, une heure «plus longue», un *bon* matin est aussi un «grand» matin, mais un matin écourté. C'est que le sémantisme de *heure* (par exemple) n'implique qu'une pure durée, alors que *matin*, à la différence de *matinée*, désigne un temps repéré et orienté : il est d'autant plus positif *(bon, grand)* qu'il concerne un point de la durée proche de l'origine (lever du soleil, par exemple). Mais le système ne fonctionne pas symétriquement, par exemple avec *soir*.

Un beau matin, un de ces quatre matins «un jour quelconque», «un jour ou l'autre». Ces deux locutions expriment d'une manière très vague le futur proche.
> Que dira votre M. de Rênal lorsqu'il se verra destitué un de ces quatre matins, et le Valenod à sa place ? STENDHAL, *Le Rouge et le Noir*, t. I, p. 437.

À la fin. c'est insoutenable ! Je vous avertis. moi. que je file un de ces quatre matins. et
que je vous plante là avec vos deux cruches de filles...

É. ZOLA. *Pot-Bouille*, t. I, p. 35.

Du matin au soir ; du soir au matin «toute la journée, sans discontinuité»
(milieu XVIIᵉ s.). Exprime la durée comprise entre deux repères temporels. La forme
hyperbolique : *du matin au soir et du soir au matin* exprime de façon plus nette, par
le mouvement alterné matin/soir et soir/matin, la lassitude devant une situation qui
demeure identique ou qui se répète à l'intérieur du même cadre temporel.

MATINÉE n. f.

Faire la grasse matinée «dormir ou rester tard au lit le matin» (début XXᵉ s.).
On a d'abord dit *dormir la grasse matinée* (milieu XVIᵉ s., R. Estienne). Cet emploi
de l'adjectif est des plus étranges et ne semble pas avoir d'équivalent ; *gras* peut
être interprété rationnellement comme «qui se développe, s'allonge (puisqu'il s'agit
d'une durée)» : la matinée *grasse* est une matinée prolongée. Mais cette glose trop
logique ne suffit pas : *grasse matinée* suggère une matinée agréable, une situation
de mollesse, d'onctuosité, images que l'adjectif peut déclencher.

Mon sommeil et ma grasse matinée du lendemain n'étaient plus qu'un charmant
conte de fées.   M. PROUST, *À la recherche du temps perdu*. t. II, p. 92.

MATRICULE n. m.

Ça devient mauvais (ça va mal, ça barde, ça va barder...) pour son matricule
«ça va (aller) mal pour lui». Dans l'administration militaire, le matricule désigne le
registre où est répertorié, suivi d'un numéro d'ordre, le nom de chaque soldat. En
argot de l'armée, *matricule* a fini par s'appliquer au soldat inscrit dans ce registre,
et dans la langue populaire, à un individu quelconque. *Mon (ton, son) matricule*
s'emploie à la place du personnel *moi (toi, lui)*. Ce mode de nomination par réper-
toriage n'a pas les mêmes connotations péjoratives que *numéro* (le lieu commun de
la perte d'identité, le «numéro perdu dans la masse», etc.). Plutôt neutre, *matricule*
n'est marqué que comme signe d'appartenance à un groupe homogène, d'origine
militaire ou carcérale.

Si ce n'est pas aujourd'hui ce sera dans dix ans. mais tu me le paieras. hurlons-nous
quand ça va mal pour notre matricule.   A. SARRAZIN. *La Cavale*. p. 185.

MAUVAIS, AISE adj.

Fam. ***L'avoir (la trouver) mauvaise*** «être mécontent, insatisfait de» (milieu
XIXᵉ s.). *La* et sa forme élidée *l'* renvoient à la chose, la situation ressentie comme
«mauvaise», désagréable par celui qui parle.

Qui la trouvait mauvaise ? C'était l'agent. et il ne manqua pas de dire bien haut sa
façon de penser. Quant au malheureux Colignon. il était désolé. lui qui devait prestement aller relayer !   *L'Épatant*, 1908. p. 24.

Y avait plus rien dans le placard... Pas une miette de pain ! Un camembert presque
entier !... Et pendant qu'on crevait nous autres !... Même le fond des haricots. il l'avait
fini !... Merde ! Là du coup je l'avais mauvaise !...

L.-F. CÉLINE. *Mort à crédit*. Livre de poche. p. 398.

MEA CULPA n. m. Lexicalisation de l'expression latine *mea culpa* «par
ma faute».

Faire (dire) son mea culpa «reconnaître, avouer ses torts» (milieu XVIᵉ s.).
Allusion directe au rituel catholique de la confession, dans laquelle le pénitent se
reconnaît coupable d'avoir péché et prononce, en se frappant la poitrine, pour
prendre en charge les fautes qu'il a commises, la formule rituelle du *Confiteor* :
mea culpa, mea culpa, mea maxima culpa («c'est ma faute, c'est ma faute, c'est ma

très grande faute»). L'expression a remplacé en partie *battre sa coulpe,* archaïsant, et s'emploie assez familièrement en dehors de tout contexte religieux.

> Aussi un franc retour à moi — qui suis l'alpha et l'oméga — vaut-il mieux que ce moyen terme : théoriser en me reportant, quand je vois que j'ai mal théorisé, aux particularités de ce moi tantôt pour me légitimer, tantôt pour faire mon mea culpa.
>
> M. Leiris, *Fibrilles,* p. 246.

MÉCANIQUE n. f.

Fam. **Rouler les mécaniques** «rouler les épaules» (→ Jouer les gros bras) en parlant d'un homme, et plus généralement «avoir une attitude agressive et prétentieuse». Répandue vers 1950, la locution exprime d'elle-même, par la représentation gestuelle, l'outrance d'un comportement. En outre, elle s'appuie, quant à la forme, sur d'autres expressions argotiques comme *en avoir dans les mécaniques* (1910, Esnault), et sur la valeur argotique de *rouler* «trop en faire, exagérer» (milieu XXᵉ s.), et de rouleur «bavard, fanfaron».

> Je l'ai ramené dans le bureau, il faisait le courageux : «Vous rouliez pas tellement des mécaniques quand les Allemands étaient là. Vous faites les marioles avec vos flingues à la main, etc. ».
>
> F. Guillo, *Le P'tit Francis,* p. 155.

1. MÈCHE n. f.

Vieilli. **Éventer (découvrir) la mèche** «découvrir les dessous d'une affaire, censés demeurés cachés» (fin XVIᵉ s.). Le sens métaphorique est une extension du sens technique, propre au génie militaire et à l'artillerie : «mettre à jour, au moyen d'une contre-mine, la mèche d'une mine avant qu'elle puisse s'enflammer». *Éventer une mine* c'est y ménager une ouverture à l'air libre, d'après le sens initial d'*esventer* «exposer au vent, à l'air» (fin XIIᵉ s.), puis métaphoriquement «ébruiter, divulguer un complot, pénétrer un dessein secret» et enfin «trouver, découvrir (un objet)», probablement par attraction avec *inventer.*

> J'avais l'indépendance de celui qui, dans un cul de basse-fosse, peut creuser la pierre et faire un trou par où il sautera sur la sentinelle pour l'égorger.
> C'était ma force — maintenant que la mèche est éventée, je suis signalé.
>
> J. Vallès, *L'Insurgé,* p. 61.

Vendre la mèche «trahir le secret d'un complot». Loc. répandue au milieu du XIXᵉ s. par croisement avec l'expression *éventer la mèche* (ci-dessus), qu'elle remplace, *vendre* étant à comprendre au sens de «trahir».

2. MÈCHE n. f. De l'italien *mezzo* «moitié» et «moyen».

Fam. **Être de mèche** «être de connivence, d'accord». Cette expression est d'origine argotique. *De mèche* a le sens de «de moitié dans un coup, un partage» (fin XVIIIᵉ s.).

Fam. **Il n'y a pas mèche** «il n'y a pas moyen, c'est impossible de». *Mèche* est à comprendre au sens de «possibilité, moyen» (1820, en argot).

> Pas mèche d'aller contre cette évidence! Les bobs [dés] étaient jetés, et la belligérance déclenchée.
>
> A. Simonin, *Hotu soit qui mal y pense,* p. 15.

MÉDAILLE n. f.

Le revers de la médaille «le mauvais côté d'une chose» (1640, Oudin).

MÉDECIN n. m.

Vieilli. **Médecin des âmes** «prêtre, directeur de conscience» (fin XVIIᵉ s.).

> Le prêtre comprit la fille [...].
> — Nous sommes les médecins des âmes, dit-il d'une voix douce, et nous savons quels remèdes conviennent à leurs maladies.
>
> H. de Balzac, *Splendeurs et Misères des courtisanes,* Éd. de 1845, t. I, p. 112.

MÉGARDE n. f. Déverbal de l'ancien verbe *mesgarder* « ne pas faire attention » (XIIᵉ s.), qui n'est guère employé que dans la locution adverbiale *par mégarde* « sans le vouloir, par inadvertance » (*par mesgarde* au XIIIᵉ s.).

MEILLEUR adj.

Pour le meilleur et pour le pire « pour les plus heureuses et pour les plus pénibles circonstances de la vie ». La formule s'emploie habituellement en parlant du mariage et exprime la vision chrétienne de l'union idéalement durable, indissoluble au milieu de toutes les vicissitudes.

Avoir (prendre) le meilleur « l'emporter sur un concurrent, avoir l'avantage sur lui ». L'expression vient du langage des sports (turfistes, cyclistes). C'est un anglicisme répandu dans les années 1910, mais *avoir le meilleur sur* se disait en ancien français (XIIᵉ s.) dans le même sens.

MÉLANCOLIE n. f.

Ne pas engendrer la mélancolie « être très gai, de joyeuse humeur », par litote (fin XVIIIᵉ s.).

MÉLANGE n. m.

Sans mélange « pur, complet » (début XVIIᵉ s., Régnier), en parlant d'états affectifs positifs. *Joie, bonheur sans mélange.* La métaphore est d'origine chimique (*substance sans mélange,* sans combinaison chimique).

MÊLÉE n. f.

Être (rester) au-dessus de la mêlée « en dehors d'une controverse, d'un conflit » (début XXᵉ s.). La formule de Romain Rolland, à une époque où chacun est concerné par la situation globale, nous paraît d'un archaïsme incompréhensible.

> En ce lieu, « Jean-Christophe » a été conçu. Certes, il n'avait pas encore pris sa forme. Mais son noyau de vie était planté. Et quel était-il ? — Le regard pur, le regard libre « au-dessus de la mêlée », des nations, au-delà du temps.
>
> R. ROLLAND, *Mémoires,* in *Ph. Sl.*

MÊLER (SE) v. pron.

Se mêler (s'occuper) des affaires d'autrui « s'immiscer dans les problèmes d'autrui, s'occuper de ce qui ne nous regarde pas » (XVIIᵉ s.). *Mêle-toi de tes affaires ! De quoi je me mêle ?* sont d'énergiques formules de rabrouement. On dit aussi *Mêle-toi (occupe-toi) de tes oignons* !*

MÉLUSINE n. pr.

Vx. *Pousser des cris de Mélusine* « des cris affreux ». L'expression est une allusion directe à la légende de la fée Mélusine, racontée par Jean d'Arras à la fin du XVᵉ s. D'après cette légende, Mélusine, épouse du comte Raimondin de Poitiers, seigneur de Lusignan, avait le pouvoir magique de se transformer en serpent, mais elle avait fait promettre à son mari de ne pas chercher à la voir quand elle changeait d'apparence. Poussé par la curiosité, ce dernier enfreint l'ordre de sa femme et la surprend au bain. La fée s'enfuit alors en poussant des cris affreux et on raconte que chaque fois qu'un deuil allait frapper la famille, Mélusine l'annonçait par ses cris.

MEMBRE n. m.

Vx. *Se saigner aux quatre membres* → SE SAIGNER AUX QUATRE VEINES*.

Trembler de tous ses membres « trembler de peur ». *Tous les membres* a ici la valeur de « tout le corps », *membre* étant pris au sens de « partie », sans plus de précision.

Au sens de « celui qui fait partie d'un groupe » dans d'anciennes locutions :

Vx. *Membre au diable* « païen » en ancien français. — Dialectal. *Un pauvre petit memb' de Dieu* « un petit gringalet ». Ces deux loc. jouaient sur l'ambiguïté de *membre* qui, malgré sa valeur abstraite, suggère une appartenance physique à un « grand corps ».

MÊME adv.

À même (quelque chose) [LOC. PRÉP.] « directement dans..., sans intermédiaire ». (Milieu XIIe s.) au sens littéral de « à la chose (elle-) même, à son seul contact matériel ». *Manger à même le plat, coucher à même le sol.*

Être (mettre) à même (suivi de l'inf.) « être (mettre) en mesure, en état » (XVIIe s., Saint-Simon). Au XIIe s., *être à maisme* a, en gros, le sens de « maîtriser » (chez Chrétien de Troyes). Ce sens explique les emplois modernes « pouvoir matériellement » et « pouvoir moralement, avoir la liberté de ».

> Il passa donc à Constantinople, où, pour son argent, un effendi le mit à même de feuilleter tous les livres de la mosquée Sainte-Sophie.
>   B. de SAINT-PIERRE, *La Chaumière indienne*, in *Ph. Sl.*

Même que [LOC. CONJ.] « de plus, d'ailleurs ». Attestée au XIXe s. chez Stendhal, cette locution s'emploie plutôt dans le style très familier et le code oral. Placée en tête de phrase, elle exprime le renchérissement sur ce qui vient d'être dit.

Tout de même, quand même! Ces loc. exclamatives servent à emphatiser une assertion et signifient à peu près « il faut dire, on en conviendra ».

1. MÉMOIRE n. m.

Mémoire d'apothicaire → APOTHICAIRE.

2. MÉMOIRE n. f.

Avoir la mémoire courte « oublier facilement », d'après le sens de *court* « de faible étendue dans le temps ».

Rafraîchir la mémoire (à qqn) « lui remettre en mémoire un souvenir oublié » (XVIe s., R. Estienne). À rapprocher d'expressions comme *de frais* « il y a peu » et d'autres plus anciennes : *avoir la mémoire fraîche de* « avoir un souvenir très présent » (XVe s.); *être frais de* « avoir en mémoire » (*in* Furetière); *de fraîche mémoire* « tout récemment » (XIVe s., chez Commynes). Aujourd'hui, l'expression implique souvent une idée d'efficacité, voire de violence exercée sur quelqu'un qui invoque comme prétexte un « trou de mémoire ». La formule : *ça vous rafraîchira la mémoire* signifie à peu près « cela vous rappellera immanquablement et sans tarder ce que vous prétendez avoir oublié ».

MÉNAGE n. m.

Vx. *Faux ménage* « couple illégitime » (Daudet, 1884). Cette vision très XIXe s., distinguant impitoyablement les vrais ménages (dûment mariés) des « faux », prête aujourd'hui à sourire.

Ménage à trois « le mari, la femme et l'amant » (1877, *in* Zola). Ces relations triangulaires sont traditionnellement perçues, depuis la deuxième moitié du XIXe s., comme prétexte aux plaisanteries les plus douteuses sur l'éternel mari trompé. Ce thème, avec toutes les situations fertiles en quiproquos et en rebondissements, est inlassablement exploité par le théâtre de boulevard.

(Être, se mettre) en ménage avec « vivre avec quelqu'un » (XVIIe s.). Dans ce contexte, l'emploi du mot se réfère à la vie en commun, en parlant d'un couple. On disait au XVe s., dans le même sens, *tenir (maintenir) mainage avec.*

Faire bon (mauvais) ménage avec « s'entendre (bien ou mal), avoir de bonnes (de mauvaises) relations avec (quelqu'un) » (début XVIIe s.). S'est d'abord employé en parlant des bonnes ou mauvaises relations à l'intérieur d'un couple, puis plus largement, de relations non spécifiées, envisagées du seul point de vue qualitatif, entre deux personnes.

> Leurs chambres, qui se touchaient, donnaient sur la même cour noire, un puits étroit, dont les odeurs empoisonnaient l'hôtel. Ils faisaient bon ménage, malgré leur dissemblance.   É. ZOLA, *Au Bonheur des Dames*, t. II, p. 90.

L'expression peut parfois s'employer à propos de choses, d'entités abstraites de nature différente, et définit leur degré de compatibilité.

> Évidemment, les Russes, ce n'est pas les questions de propreté et d'hygiène qui les tracassent. Ils font bon ménage avec leurs poux, leurs puces, leurs punaises et ne se lavent que dans les grandes circonstances.
>   A. SERGENT, *Je suivis ce mauvais garçon*, p. 196.

MENSONGE n. m.

Pieux mensonge « mensonge fait par charité, pour épargner qqn, lui être utile ». Attestée chez Stendhal, cette expression a été précédée par *saint mensonge* (*in* La Fontaine) ; elle met en œuvre un effet rhétorique d'opposition entre le nom et l'épithète.

Vx. *Le père mensonge* « le diable » (1519).

C'est (bien) vrai, ce mensonge ? Question plaisante, destinée à marquer que l'on ne croit pas à une assertion ; elle équivaut à « ce n'est pas vrai, n'est-ce pas ? », mais est connotée de manière affective et signifie aussi : « ne continue, ne continuez pas à mentir, je sais bien que c'est faux ».

> Ainsi elle disait à propos de n'importe quoi : « C'est vrai ? c'est bien vrai ? » Certes, si elle avait dit, comme une Odette : « C'est bien vrai, ce gros mensonge-là ? », je ne m'en fusse pas inquiété, car le ridicule même de la formule se fût expliqué par une stupide banalité d'esprit de femme. Mais son air interrogateur : « C'est vrai ? » donnait, d'une part, l'étrange impression d'une créature qui ne peut se rendre compte des choses par elle-même [...].   M. PROUST, *À la recherche du temps perdu*, t. III, p. 21.

MENTIR v. intr.

Mentir comme on respire « naturellement et sans discontinuer ». La fréquence des mensonges est ici exprimée hyperboliquement comme suite linéaire, assimilable à la régularité d'un processus physiologique.

Mentir comme un arracheur de dents → ARRACHEUR.

Vieilli. *(En) mentir par la gorge* « de manière éhontée » (fin XVIe s.). L'image est ancienne et largement attestée. On a d'abord dit *mentir par la gueule*. L'évocation du lieu de proféation équivaut à un renforçatif (*Il a menti cent pieds dans sa gorge, in* Furetière). L'idée est la même que dans *faire rentrer à quelqu'un ses paroles dans la gorge** → GORGE.

> Probablement que je lui remplis l'imagination. Cela me flatte, mais elle en a menti par la gorge.   G. FLAUBERT, *Correspondance*, IVe série, p. 14.

Faire mentir le proverbe. Se dit d'une situation, d'un comportement individuel qui oppose un démenti, qui est en contradiction avec un proverbe connu. Le fait que cette référence soit implicite suppose que le proverbe en question soit très connu. La notoriété supplée à la citation.

À beau mentir qui vient de loin [LOC. PROV.] « il est facile d'être cru quand ce qu'on dit n'est pas vérifiable ». Le tour archaïque *avoir beau à* (qqn) signifie « être facile, aisé ».

MENTON n. m.

Menton bleu « couvert d'une barbe sombre », d'un noir tirant sur le bleu. L'expression n'a pas les connotations tragiques de *barbe-bleue*.

MENU adj.

Par le menu « en détail » (XVIe s.). S'emploie avec des verbes de narration.

> Elle était très exubérante, et, avant d'entrer au domicile des coupables, elle avait éprouvé le besoin de raconter ses malheurs par le menu.
>
> GORON, *L'Amour à Paris*, t. I, p. 488.

MÉPRIS n. m.

Au mépris de (qqch.) [LOC PRÉP.] « sans tenir compte, en dépit de » (1643, Corneille). *Au mépris du danger.*

MER n. f.

La mer à boire « une entreprise longue et difficile ». La métaphore date de la seconde moitié du XVIIe s. (on la trouve chez La Fontaine). Elle exprime l'ultime limite du possible, ce qui n'est faisable qu'au prix des plus grandes difficultés (cf. *porter l'eau à la mer*).

> [...] la lecture, qui se ramifie dans tous les sens et dont la prolifération faillit m'étouffer plus d'une fois, ma plus grande joie de l'esprit aura été mon application perpétuelle et désintéressée aux mathématiques. C'est maintenant la mer à boire.
>
> B. CENDRARS, *Bourlinguer*, p. 80.

L'expression ne s'emploie pratiquement plus qu'au négatif dans le tour *ce n'est pas la mer à boire* « cela ne présente pas de difficulté, ce n'est pas une affaire ».

> Un jour je me dis : « Quand un gars dépose cent balles au guichet, l'État prélève son backchish avant de les redistribuer. Ce n'est pas la mer à boire. [...] »
>
> A. SERGENT, *Je suivis ce mauvais garçon*, p. 51-52.

Vieilli.   *Porter l'eau à la mer* « se livrer à une tâche inutile ». La mer, élément incontrôlable (et symbolique), représente tout ce qui échappe ou résiste au contrôle de l'action humaine. Ce thème a été abondamment exploité dans maintes locutions aux XVIIIe et XIXe siècles. Toutes expriment de manières diverses l'idée de l'action impossible, dérisoire et de la naïveté humaine qui se heurte à un univers contraignant, démesuré, infini. C'est ce qu'expriment des locutions comme : *labourer le rivage de la mer, vouloir sécher la mer avec des éponges, labourer la mer* ou encore *planter la mer de vignes.*

Il boirait la mer et ses poissons « il a une soif inextinguible » (début XVIIe s.). La formule est une ellipse pour « il a tellement soif qu'il boirait la mer et ses poissons ».

MERCENAIRE n. m.

Travailler comme un mercenaire « beaucoup et dans de mauvaises conditions » (milieu XIXe s.).

MERCI n. f. Du latin *merces, edes* « salaire, récompense », puis « faveur, grâce que l'on obtient d'autrui » (de *merere* « gagner, mériter »). Ce mot entre dans un certain nombre de locutions, pour la plupart d'origine médiévale, qui s'expliquent par ce sens initial.

Vx.   ***Crier, demander merci*** « implorer grâce, pitié » (XIIᵉ s.). Héritées de la féodalité, ces expressions avaient au départ un sens plus précis et plus fort qu'aujourd'hui et signifiaient alors « implorer la pitié d'un adversaire dans un combat, se reconnaître vaincu ». Elles appartiennent au registre littéraire.

Vieilli.   ***À merci*** « à volonté, à discrétion » (XVIIᵉ s.). Ne survit pratiquement que dans l'expression *taillable et corvéable à merci*, qui définissait à l'époque féodale le statut du serf, *à la merci* du seigneur.

Sans merci « impitoyable, acharné » (fin XIIᵉ s., Chrétien de Troyes). Avec des substantifs comme *lutte*, *combat*, elle signifie littéralement « sans que l'un des adversaires ou des camps opposés ne demande merci ».

Être à la merci de « dans une dépendance totale à l'égard de quelqu'un ou de quelque chose » (XVIᵉ s.).

> Dès à présent, et dès avant hier déjà, la lutte est vaine : c'est en vain que se font tuer nos soldats. Nous sommes à la merci de l'Allemagne qui nous étranglera de son mieux.
> A. GIDE. *Journal*. t. II. p. 28.

Avoir qqn à sa merci « le tenir en son pouvoir ».

> [...] elles se sentaient pénétrées et possédées par ce sens délicat qu'il avait de leur être secret, et elles s'abandonnaient, séduites : tandis que lui, certain dès lors de les avoir à sa merci, apparaissait, trônant brutalement au-dessus d'elles, comme le roi despotique du chiffon.   É. ZOLA. *Au Bonheur des Dames*. t. I. p. 100.

Dieu merci « heureusement, grâce à Dieu ! ». L'antéposition du complément et l'absence de préposition entre les deux substantifs témoignent d'un très ancien état de la syntaxe. La locution figure déjà dans *La Chanson de Roland* (1080). Elle avait alors le sens plus fort de « par la grâce de Dieu ». On disait aussi *la merci Dieu, la Dieu merci.*

MERDE n. f.

Fam.   ***Avoir de la merde dans les yeux*** « ne rien voir ». L'emploi d'un terme trivial dénote de la part de celui qui énonce cette assertion une impatience et une volonté de stigmatiser chez celui à qui elle s'adresse une mauvaise volonté à percevoir les choses les plus évidentes *(mais tu ne vois donc rien ? Tu as de la merde dans les yeux !).*

Avoir un œil qui dit merde à l'autre → ŒIL.

Fam.   ***Être dans la merde jusqu'au cou*** « être dans une situation à la fois très mauvaise et inextricable ». Reprend sous une forme plus énergique la métaphore de l'engluement dans une matière molle et épaisse (cf. les connotations de *goudron, marmelade, mélasse, panade, purée,* etc.) qui exprime l'impossibilité de sortir d'une situation peu enviable.

Fam.   ***Foutre (semer) la merde*** « semer le désordre ». L'expression est récente et d'un emploi très familier. L'emploi du terme grossier n'a pas d'autre fonction que de marquer un niveau de langue. Syn. *Foutre le bordel.*

> Cet établissement n'étant pas encore catalogué comme hôtel de passe, elle ne l'utilise qu'en nocturne, par crainte de foutre la merde chez sa vieille camarade.
> M. ROLLAND, *La Rouquine*. p. 232.

> Après il y a eu des manifestations, ils ont commencé à foutre la merde, à casser les vitrines. Les « bleus » sont arrivés, les C.R.S. quoi.   *Libération*. 13 mars 1978. p 20.

Fam.   ***Traîner quelqu'un dans la merde*** « l'insulter, le rabaisser ». L'évocation de la souillure organique correspond à une forme hyperbolique de la dépréciation, de la volonté acharnée de salir, flétrir (→ aussi TRAÎNER DANS LA BOUE★, moins forte).

Fam.   ***Ne pas se prendre pour une merde*** « se considérer comme un personnage important ».

Plus on remue la merde et plus elle pue [LOC. PROV.] «plus on approfondit les dessous d'une vilaine affaire, plus on a de chance d'y découvrir de détails ignobles». Attesté dès la fin du XIIe s., ce proverbe utilise la transposition traditionnelle de la salissure organique au domaine moral.

MÉRINOS n. m.

Laisser pisser le mérinos → PISSER.

MERLE n. m.

Merle blanc «objet introuvable ou d'une extrême rareté» (début XVIIe s., Marivaux) → OISEAU* RARE.

> Poulin courait tout le marais à pied, comme un chat maigre, et sur vingt visites, en obtenait deux à quarante sous. Le client qui payait bien était, pour lui, cet oiseau fantastique appelé merle blanc dans tous les mondes sublunaires.
> H. de BALZAC, *Le Cousin Pons*, in *Ph. Sl.*

Siffler comme un merle «très bien, d'une façon harmonieuse et naturelle».

> [...] il sifflait comme un merle, chantait des refrains de caserne en bourrant de coups de poing son linge dont le bouillonnement ressortait hors du sac posé debout contre le lit.
> G. COURTELINE, *Les Gaîtés de l'escadron*, p. 215.

MERVEILLE n. f.

La huitième merveille du monde «quelque chose de remarquable, d'étonnant», comparable en qualité aux traditionnelles Sept Merveilles de l'Antiquité, à la suite desquelles elle paraît prendre naturellement sa place à la fin de la liste.

À merveille «remarquablement, très bien» (XIIe s.). Avec des verbes d'état (aller, se porter) ou d'action, exprimant la compétence dans un domaine.

> Lagrappe dégringola de son lit, ébouriffé, furieux, jouant à merveille la comédie de l'indignation. Il vint placer son poing énorme sous le nez du bleu :
> — Sale rosse ! hurla-t-il ; sale rosse !　G. COURTELINE, *Les Gaîtés de l'escadron*, p. 160.

Vieilli. *Dire merveille de* «en dire beaucoup de bien» (XVIIe s., La Fontaine). Appartenait au registre précieux des XVIIe et XVIIIe s.

> C'est dans un nouveau cantonnement que le grand troupeau régulier va, cette fois, au repos. Quel sera ce pays où l'on doit vivre huit jours ? Il s'appelle, croit-on (mais personne n'est sûr de rien), Gauchin-l'Abbé. On en dit merveille : — Paraît que c'est tout à fait à la coque !　H. BARBUSSE, *Le Feu*, t. I, p. 29.

Faire merveille «avoir un effet très bénéfique» (Sévigné, XVIIe s.), par hyperbole. Au XIIe s. (Chrétien de Troyes), «se distinguer d'une manière particulière».

Vx. *C'est merveille de (que)* «c'est tout à fait extraordinaire, inhabituel». La formule est typique de la rhétorique précieuse.

MESSE n. f.

Faire (dire) des messes basses «échanger, au milieu d'un groupe, des confidences à voix basse et en aparté, avec une seule personne» (fin XIXe s.). L'idée globale est celle de message mal déchiffrable, parce qu'inaudible. Comme dans une conversation en aparté où l'on ne souhaite pas être entendu de tous, le prêtre, dans la messe basse, donne l'impression de marmonner des paroles indistinctes qui ne paraissent pas destinées à l'assistance.

> Car Françoise... n'eût pas manqué de lui présenter toute la journée une figure couverte de petites marques cunéiformes qui déployaient au dehors, mais d'une façon peu déchiffrable, le long mémoire de ses doléances et les raisons profondes de son mécontentement. Elle les développait d'ailleurs, à la cantonade, mais sans que nous puis-

sions bien distinguer les mots. Elle appelait cela — qu'elle croyait désespérant pour
nous. «mortifiant», «vexant» — nous dire toute la journée des «messes basses».
                                         M. PROUST, *À la recherche du temps perdu*, t. II, p. 17.

MESSIE n. m.

Attendre, accueillir quelqu'un comme le Messie «avec une grande impatience,
comme les Juifs attendant l'avènement du Christ annoncé par les prophètes»
(1690, Furetière).

> Admettons que nous ayons été dans des circonstances particulières ce soir-là et qu'on
> l'ait accueilli comme le Messie. Mais, est-ce qu'on s'était trompé ou bien est-ce qu'il
> était vraiment bon vivant comme il nous avait semblé qu'il était?
>   J. GIONO, *Un roi sans divertissement*, p. 164.

MESURE n. f.

À mesure «peu à peu, successivement» (XIIIe s.).

À mesure que «à proportion, dans le même temps que» (fin XIVe s.). Marque
la progression dans la durée.

Au fur et à mesure → FUR.

Dans la mesure de (où) «dans la proportion de, pour autant que» (milieu
XIXe s.).

Dans une certaine mesure, dans la mesure du possible «jusqu'à un certain
point, autant qu'il est possible».

Outre mesure «excessivement, exagérément» (fin XIIe s.).

Être en mesure de «avoir la possibilité, être en état de» (fin XVIIIe s.).
L'expression avait au XVIIe s. un sens technique : «être à la distance convenable pour
porter un coup d'épée ou de fleuret».

Vieilli. ***Faire bonne mesure*** «donner un peu plus qu'il n'est convenu; se montrer
généreux» (milieu XVIe s.). *Bonne mesure* signifie littéralement «quantité donnée à
un acheteur un peu au-delà de ce qui lui revient».

> Si, au nom de ce colonel, les culottes rouges viennent me demander réparation, répara-
> tion ils auront et je leur ferai bonne mesure.   J. VALLÈS, *L'Insurgé*, p. 60.

La mesure est comble, pleine «les choses sont arrivées à leur limite extrême»
(fin XVIIe s.). L'image du remplissage définit un seuil de saturation à partir duquel
les choses (ou quelqu'un) sont ressenties par celui qui les exprime comme intolérables. Cette image du trop-plein est la même que dans des loc. comme *la coupe* est
pleine* ou *c'est la goutte d'eau* qui fait déborder le vase*.

> Par exemple, voilà qui est fort, et je ne sais ce qui me retient de faire payer à son
> prix cette inconvenance sans précédent. Mais prenez-y garde, je vous le répète, j'ai eu
> trop d'indulgence pour vous et aujourd'hui la mesure est pleine.
>   G. COURTELINE, *Les Gaîtés de l'escadron*, p. 117.

> Ce n'était pas mon premier doute relatif à la vertu d'Albertine que les paroles de
> M. de Charlus venaient d'éveiller en moi. Beaucoup d'autres y avaient déjà pénétré : à
> chaque nouveau on croit que la mesure est comble, qu'on ne pourra pas le supporter,
> puis on lui trouve tout de même de la place, et une fois qu'il est introduit dans notre
> milieu vital, il y entre en concurrence avec tant de désirs de croire, avec tant de rai-
> sons d'oublier, qu'assez vite on s'accommode, on finit par ne plus s'occuper de lui.
>   M. PROUST, *À la recherche du temps perdu*, t. III, p. 223.

La loc. verb. ***combler la mesure*** «dépasser la limite du supportable» est courante.
Elle figure déjà chez Brantôme (fin XVIe s.).

MÉTIER n. m.

Le plus vieux métier du monde «la prostitution».

Sur le métier «en train, en chantier» (XVIIᵉ s.). S'emploie avec des verbes comme *avoir, mettre, remettre*. C'est le fameux vers de *l'Art poétique* de Boileau *(Cent fois sur le métier remettez votre ouvrage)* qui a fait la fortune de l'expression. *Métier* y a son sens technique (métier à tisser) et désigne métaphoriquement la technique poétique, l'art du vers. Elle exprime une vision de l'écriture comme technique artisanale, et comme matière soumise à une élaboration, production résultant d'un travail. En outre, dans le lexique même, le texte est un tissu.

> Double rapidité que je crois indispensable : répondre sans retard à la sommation, être entendu en temps voulu, de sorte qu'on ne peut cent fois remettre sur le métier, battre le fer tant qu'il est chaud, écrire, non d'une façon élaborée, polie, froide, autant dire académique, mais autant d'une manière cassée, brusque — hache ou foudre — faute de quoi l'émotion se dissout.
>
> M. LEIRIS, *Frêle Bruit*, p. 153.

Gâcher le métier «travailler à trop bon marché» (XXᵉ s.). On a d'abord dit *gâter le métier* (fin XVIIᵉ s., Mme de Sévigné), bien que *gâcher* en emploi absolu soit employé dans ce sens dès le XVIIIᵉ s.

> Moi? s'écria Crouaïa-Bey, jamais de ma vie, chère madame! Hé lem-Bey? Un fumiste, qui a gâché le métier. Pour ma part, je n'ai jamais été en rapport qu'avec des vrais.
>
> R. QUENEAU, *Pierrot mon ami*, p. 38.

À chacun son métier [LOC. PROV.] «que chacun ne s'occupe que de ses affaires et tout ira pour le mieux». Ce proverbe est souvent attribué à Florian dans la fable «Le Vacher et le Garde-chasse» : *chacun son métier, les vaches seront bien gardées*, mais il est antérieur d'au moins un siècle, puisqu'on le trouve dans le dictionnaire de Furetière. La même idée de répartition des compétences assurant l'ordre public est déjà exprimée sous une forme assez voisine dans un proverbe du XVIᵉ s. : *qui se mêle du métier d'autrui trait sa vache dans un panier.*

Il n'y a pas de sot métier (il n'y a que de sottes gens). Attesté au milieu du XIXᵉ s. dans le *Livre des Proverbes* de Leroux de Lincy, ce proverbe connu de tous exprime la valeur intrinsèquement morale du travail, quelle qu'en soit la nature.

> Les filles qui exercent bourgeoisement leur vilain commerce, comme le faisait Marguerite Dubois, sont nombreuses, et, dans les milieux populaires, dès qu'une fille, même publique, n'est ni dévergondée, ni tapageuse, on met en pratique beaucoup plus souvent qu'on ne pourrait le croire le proverbe fameux :
> — Il n'y a pas de sot métier, il n'y a que de sottes gens.
>
> GORON, *L'Amour à Paris*, t. I, p. 80.

> — Tu n'as pas été long à retrouver du boulot. Un drôle de boulot, qu'on dirait.
> — Y a pas de sot métier, dit Pierrot.   R. QUENEAU, *Pierrot mon ami*, p. 175.

MÉTRO n. m.

Fam. **Avoir un métro de retard** «avoir du retard, retarder sur (une idée, une invention, un comportement)».

Métro, boulot, dodo, empruntée à un poème de Pierre Béarn, *Couleur d'usine* (éd. Seghers, 1951), la formule, grâce à ses qualités formelles (régularité de la métrique, assonance des trois voyelles finales), s'est spontanément imposée comme slogan en mai 1968. D'abord image de la condition ouvrière dans sa répétitivité abrutissante, elle symbolise plus largement la vie urbaine contraignante.

> Ils ne veulent plus des institutions rouillées, d'un système décadent, du fric pourrisseur, des valeurs sacro-saintes ni de la routine métro-boulot-dodo.
>
> *Le Nouvel Observateur*, nᵒ 438, 2 avril 1973, p. 36.

MEUBLE n. m.

Se mettre (s'installer, être) dans ses meubles «dans un appartement où le mobilier vous appartient» (1835). *Dans* correspond ici à «au milieu de... ».

> «Mettez-vous dans vos meubles, mon cher, ayez un journal à vous!» ne cesse de me
> beugler le gros Villemessant. C'est bientôt dit, mais je vais essayer tout de même.
>   J. VALLÈS, *L'Insurgé*, p. 66.

Fam. ***Faire partie des meubles*** «en parlant d'une personne, être parfaitement intégrée, appartenir depuis très longtemps à un groupe ou à une collectivité quelconque», comme des meubles qui occupent dans une pièce une place fixe. L'expression s'emploie ironiquement.

> Ces patrons firent l'éloge de ces deux flics et l'un d'eux alla jusqu'à dire qu'à la boîte,
> je faisais partie des meubles, qu'il me considérait comme une institution.
>   M. ROLLAND, *La Rouquine*, p. 214.

Sauver les meubles «préserver l'indispensable, l'essentiel lors d'un désastre, d'une déconfiture».

> Je pourrais certes prendre le parti contraire; renoncer à ces amalgames et suivre mon
> caprice, essayer de sauver les meubles du côté de la poésie et lâcher de l'autre côté,
> de loin le plus ingrat.   M. LEIRIS, *Fibrilles*, p. 234.

MICHEL n. pr.

Vieilli et arg. ***Faire la rue Michel*** «suffire» (1896). G. Esnault *(Dictionnaire des argots)* explique l'expression par un calembour entre *faire le compte* et la *rue Michel-le-Comte*, à Paris.

> C'est rare si l'patron est fichu d's'apercevoir que ses clients ont changé d'bobine! Du
> moment qu'il a son compte, ça fait la rue Michel!
>   *Les Pieds Nickelés*, in *L'Épatant*, 1910, p. 133.

MICHES n. f. pl.

Arg. Avoir les miches qui font bravo, les miches à zéro «avoir très peur» (XXᵉ s.)
→ BRAVO, ZÉRO.

MIDI n. m.

Démon de midi → DÉMON.

Chercher midi à quatorze heures «compliquer inutilement une chose très simple». L'expression date du début du XVIIᵉ s. On la trouve chez Molière. Elle signifie littéralement «ne pas voir une chose là où elle est», la position de midi (entre matin et après-midi, et entre jour et nuit) étant particulièrement bien repérable. Malgré la transparence de l'image, on en a parfois donné au XVIIIᵉ s. (et encore au milieu du XIXᵉ s., chez Littré) une explication pseudo-rationnelle qu'on citera pour mémoire.

> Ce proverbe suppose la coûtume d'Italie, de compter les heures au-delà de douze et
> jusques à vingt-quatre, commençant à les compter depuis le coucher du soleil. Or
> comme à midi, même dans les plus grands jours, on compte plus de quatorze heures,
> en ce païs-là, chercher midi à quatorze heures, c'est chercher une chose où elle n'est
> pas.   RICHELET, *Dictionnaire*, article *Quatorze*.

Malgré son obscurité, la loc. est restée usuelle :

> Il eût mieux aimé qu'Adélaïde fût avantagée de tous les côtés; mais puisqu'elle était
> sa femme, il n'allait pas chercher midi à quatorze heures, il l'aimait comme ça. Dans
> le fond (il ne le disait pas, il parlait même sévèrement à Adélaïde de l'insuffisance de
> ses fesses), il l'aimait parce qu'elle était comme ça.   M. AYMÉ, *La Jument verte*, p. 65.

Arg. ***Marquer midi*** «être en érection». L'image de l'aiguille en haut du cadran, fort parlante, se passe de commentaire. On la trouve à partir du milieu du XIXᵉ s. (Delvau).

Fam. ***C'est midi (sonné)*** «c'est impossible, il n'y a plus moyen». Dans cette locution attestée chez Courteline en 1888, *midi* correspond à la limite temporelle ultime à partir de laquelle il est devenu impossible de faire ou d'obtenir quelque chose. Exprime à la fois l'impossibilité matérielle et le refus d'obtempérer à une demande d'autrui. On trouve parfois la forme renforcée *c'est macache et midi sonné!*

MIE n. f.

Fam. *À la mie de pain* «médiocre, sans valeur», littéralement «sans consistance» en parlant de quelqu'un ou de quelque chose (1866).

> [...] deux policiers, que je connaissais bien, arrêtent un petit mac à la mie de pain, qui les conduisit au terme d'un problème demeuré jusque-là sans solution.
>
> M. ROLLAND, *La Rouquine*, p. 18.

La loc. fonctionne parfois comme négation, au sens de «rien» :

> Leur premier épatement n'était que de la mie de pain à côté de celui qu'ils éprouvèrent en voyant les juges prendre place au tribunal. Tout abrutis qu'ils fussent par la boisson, ils comprirent qu'ils avaient affaire à la justice et cherchèrent, mais en vain, à s'expliquer comment ils se trouvaient là...
>
> *Les Pieds Nickelés*, in *L'Épatant*, 1910, p. 130.

MIEL n. m.

Lune de miel → LUNE.

Être tout miel, tout sucre tout miel «d'une douceur affectée» (XVIIe s.). Paraphrase l'adjectif *mielleux*.

MIEUX adv. Du latin *melius*, comparatif de *bien*, ce mot entre dans la formation d'un assez grand nombre de locutions dont certaines, les plus claires, ne seront que mentionnées : *aimer mieux, aller mieux, valoir mieux*, par exemple.

À qui mieux mieux «à l'envi, en cherchant à l'emporter sur d'autres» (XVe s., A. Chartier). Littéralement «à qui fera mieux que l'autre». D'abord *qui mieux mieux* (XIIIe s., Froissart). La forme qui l'a emporté ne s'est pas imposée sur de suite, puisqu'encore au XVIe s., l'usage hésite entre plusieurs formes (*à qui mieux, à qui plus et mieux*, par exemple).

> Sa barbe [...], sa moustache, fort bien copiée sur un portrait de Vandyke, juraient à qui mieux mieux sur un costume de dandy.
>
> H. de BALZAC, *La Comédie du diable*, in *Romans et Contes philosophiques*, t. I, p. 16.

> [...] il est indispensable que les orateurs politiques de ce pays ferraillent, trois grands jours durant, à propos du budget, pour Corneille et Racine, contre on ne sait qui, et profitent de cette occasion littéraire pour s'enfoncer les uns les autres à qui mieux mieux dans la gorge de grandes fautes de français jusqu'à la garde.
>
> V. HUGO, *Claude Gueux*, p. 111.

On ne peut mieux «admirablement, parfaitement bien» (1838, Stendhal). Généralement avec le verbe *aller* (*cela va on ne peut mieux* : on ne peut aller mieux).

Pour le mieux «très bien, de la façon la plus satisfaisante». Attestée très tôt (vers 1200), l'expression est une ellipse de «pour obtenir ce qui est le mieux» et ne s'est employée d'abord qu'avec des verbes exprimant l'action (*faire pour le mieux*), puis l'état (*aller pour le mieux*).

Faire mieux de (et l'infinitif) «avoir intérêt à, y gagner en faisant telle chose» (1775, Beaumarchais). S'emploie surtout au conditionnel.

Tant mieux! Loc. exclamative exprimant la satisfaction (milieu XVIIe s.). On disait, au XVIe s., *a tant mieux*.

Qui mieux est «encore plus, en outre». En incise, exprime le renchérissement. Curieusement, malgré sa forme archaïque, cette expression ne semble dater que de la première moitié de ce siècle.

De mon (ton, son) mieux «aussi bien qu'il est en mon (ton, son) pouvoir». S'emploie avec des verbes d'action.

Le mieux est l'ennemi du bien [LOC. PROV.] «en voulant trop bien faire, on risque de gâcher ce qui était bien» (milieu XVIIIe s.).

Mais si *le mieux est l'ennemi du bien*, n'est-ce pas chercher la petite bête comme je le fais qui m'empêche le plus sûrement d'aboutir à une juste pesée ?

M. LEIRIS, *Fibrilles*, p. 275.

MILIEU n. m.

Il n'y a pas de milieu « il n'existe pas de moyen terme, il faut choisir entre deux choses ».

[...] je serai comme un autre, comme il faut, comme tous, un avocat, un sous-préfet [...] un homme du monde ou de cabinet, ce qui est encore plus bête, car il faudra bien être quelque chose de tout cela et il n'y a pas de milieu.

G. FLAUBERT, *Correspondance*, Ire série, p. 54.

MILLE n. et adj.

Des mille et des cents « beaucoup d'argent » (début XIXe s.). L'emploi du pluriel indéfini indique une quantité trop grande pour être précisément évaluée.

Cette fois il leva la tête.
— Tu crois que j'ai à toucher des mille et des cents... La quinzaine est trop maigre, avec leur sacrée idée d'arrêter constamment le travail.

É. ZOLA, *Germinal*, t. I, p. 194.

Mettre dans le mille « atteindre avec précision l'objectif fixé, tomber juste », par analogie avec le chiffre 1 000 inscrit au centre d'une cible de tir.

— La voix du sang...
— C'est cela... Bien mieux... Vous avez beau pouffer, vous avez mis dans le mille, ou fort près...   P. VALÉRY, *Œuvres*, t. II, p. 260.
— Alors je suis tombée juste ? demanda Léonie.
— Vous avez mis dans le mille, répondit Mouilleminche. Moi, je m'appelle Robert, et mon frangin c'était bien le chanteur.   R. QUENEAU, *Pierrot mon ami*, p. 41.

Je vous le donne en mille « je vous mets au défi de deviner », ellipse de « je vous soumets la réponse, car vous n'avez qu'une chance sur mille de la trouver ».

À propos, savez-vous qui est partisan enragé de Dreyfus ? Je vous le donne en mille ?
Mon neveu Robert !   M. PROUST, *À la recherche du temps perdu*, t. II, p. 235.

MILLIMÈTRE n. m.

Fam. *Faire du millimètre* « être pingre ». L'image est celle d'un calcul au plus juste, au millimètre près (milieu XXe s.).

Qu'un jeunot [...] puisse se permettre une affure de plusieurs centaines de raides, alors qu'eux se trouvent réduits à faire du millimètre, chanstique incroyablement les normes établies dans leurs cigares, remet en question la primauté du jules.

A. SIMONIN, *Hotu soit qui mal y pense*, p. 60.

MILLION n. m.

Riche à million « très riche » (XVIIIe s.). On a d'abord dit *avoir du bien à millions* (1694, Acad.). La dépréciation des unités monétaires rend ce type d'expressions de moins en moins signifiantes ; dans le cas de la France, la multiplication par cent de la valeur du franc leur a néanmoins redonné quelque force.

1. MINE n. f. D'origine incertaine (peut-être du breton *min* « bec, museau »). Le mot a le sens global d'aspect extérieur, d'air, d'apparence.

Fam. *Avoir bonne (mauvaise) mine* « avoir l'air en bonne santé ou malade » (fin XVIIIe s.). Le mot s'applique ici au visage comme reflet d'un état de santé. La pâleur du teint est le symptôme d'un mauvais état général : *une mine de déterré*, de papier* mâché*. Dans le langage familier, *avoir bonne mine* s'emploie, par antiphrase, au sens d'« avoir l'air ridicule ».

— Qu'est-ce qu'on fait, demande Lacet. On rentre ou on rentre pas ?
— S'il a vu les autres entrer, dit Yoland, on a bonne mine !

— On va tout de même pas louper un gueuleton pareil!

R. QUENEAU, Les Fleurs bleues, p. 113.

Mine de rien «comme si de rien n'était, sans en avoir l'air» (début XVIIᵉ s.).

> «Mine de rien» devint ma devise. Je parus renoncer à la lutte: je lâchais du câble. Je n'en pensais pas moins. Je fourbissais de nouvelles armes. Par exemple, il fallait le distraire, cet homme, le tirer du vase clos où il aimait à se tapir. Pour commencer, j'achetai la voiture: quel homme n'est intéressé par une voiture?

C. ROCHEFORT, Le Repos du guerrier, p. 92.

Faire mine de (et l'infinitif) «faire semblant, avoir l'air» (fin XVIᵉ s., Montaigne).

> Un instant j'ai pu craindre de m'être cassé le fémur, puis, pas un de ces nombreux passants n'ayant fait mine de me porter secours, je me suis relevé tout rajeuni.

A. GIDE, Journal, t. II, p. 181.

Faire bonne (mauvaise) mine à quelqu'un «lui faire bon, mauvais accueil». Dans ces expressions, *mine* est à peu près synonyme de *figure* et *visage*. L'emploi de *faire* indique une volonté délibérée (→ aussi FAIRE GRISE* MINE).

> Elle [la maison de Bourbon] fut hargneuse au dix-neuvième siècle. Elle fit mauvaise mine à chaque épanouissement de la nation. Pour nous servir du mot trivial, c'est-à-dire populaire et vrai, elle rechigna.   V. HUGO, Les Misérables, Pléiade, p. 839.

Au XVIIᵉ s., *mine* avait une valeur exclusivement négative: *faire la mine*, c'était *faire mauvaise mine à qqn* «lui exprimer de la mauvaise humeur, du mécontentement par un visage peu avenant». L'expression était encore usuelle au début du XIXᵉ s.

> Du reste, en politique, il était cynique, effronté. — Je suis indépendant, moi, disait-il à un monsieur portant trois plaques, et dont apparemment il se moquait. Pourquoi veut-on que je sois aujourd'hui de la même opinion qu'il y a six semaines? En ce cas mon opinion serait mon tyran.
>
> Quatre jeunes gens graves qui l'entouraient, firent la mine; ces messieurs n'aiment pas le genre plaisant. Le comte vit qu'il était allé trop loin.

STENDHAL, Le Rouge et le Noir, p. 460.

Vx. Faire bonne mine à mauvais jeu «cacher le désordre de ses affaires par une démonstration de gayeté et de repos d'esprit» (Le Roux). Datant du XVIᵉ s., la loc. exprime la même idée que *faire contre mauvaise fortune* bon cœur*.

Faire grise mine «avoir l'air triste, déconfit». D'abord sous la forme *faire mine grise* (1752, in Le Roux). La teinte grise, comme le noir, est affectée dans notre culture d'une valeur symbolique de tristesse.

Ne pas payer de mine «ne pas avoir un aspect engageant, flatteur» (1835, Acad.). La locution ne s'emploie aujourd'hui que négativement, contrairement à l'usage ancien. *Payer de bonne mine* signifiait à la fin du XVIIᵉ s. «avoir un physique avantageux, une belle prestance». *Payer de*, au XVIIᵉ s., c'est «faire preuve de telle ou telle qualité». À partir du XVIIIᵉ s., les emplois restrictifs, puis négatifs, de l'expression, traduisent une impression, pour celui qui parle, de non-coïncidence entre l'être véritable et l'apparence (ou *mine*). *Il ne paie que de mine* (1718, Acad.) signifie à peu près «il est en réalité moins bien que ce que son apparence laisse croire»; cette dissociation *être/paraître* est reprise, mais inversée, dans l'emploi négatif. *Il ne paie pas de mine* est assez souvent ressenti comme «il est mieux qu'il n'en a l'air».

> Principe: faire disparaître votre ennemi:
>
> 1° *Sous une épaisse couche de honte*, par l'un des moyens suivants:
>
> a) Incitez-le à chercher querelle au petit maigrichon du fond (l'un des quatre) qui ne paye pas de mine, porte des lunettes et travaille le judo depuis six ans [...].

B. VIAN, Vercoquin et le Plancton, p. 33.

Prêter qqch. sur la mine (la bonne mine) de qqn «sur une apparence (d'honnêteté, de conduite sociale normale)». Attesté au début du XVIIᵉ s.

Juger les gens sur la mine (en LOC. PROV. : *il ne faut pas juger les gens sur la mine*), « sur les apparences extérieures ».

> Mon fils, dit la souris, ce doucet est un chat.
> Qui, sous son minois hypocrite,
> Contre toute ta parenté
> D'un malin vouloir est porté.
> L'autre animal [le coq], tout au contraire,
> Bien éloigné de nous mal faire,
> Servira quelque jour peut-être à nos repas.
> Quant au chat, c'est sur nous qu'il fonde sa cuisine.
> Garde-toi, tant que tu vivras,
> De juger les gens sur la mine.
>   LA FONTAINE, *Fables*, VI, 6, « Le Cochet, le Chat et le Souriceau ».

2. MINE n. f. Peut-être du gaulois *°meina* « métal brut ».

Mine d'or « source de grand profit » (XVIIᵉ s., La Bruyère). L'expression est plutôt stylistique et archaïque. Céline, dans un passage célèbre, l'a fait revivre. (La *petite mine d'or du pauvre* était, pour s'exprimer décemment, ses aptitudes érotiques passives.)

Vx. *Éventer la mine* « découvrir un complot, un dessein caché » (XVIIᵉ s.). *Éventer* a ici le sens technique de « pratiquer une ouverture dans ». *Mine* a le sens métaphorique de « machination secrète » → MÈCHE.

MINUTE, n. f.

À la minute « à l'instant même, tout de suite » (XIXᵉ s.).

D'une minute à l'autre « d'une façon imminente, très bientôt » (XXᵉ s.).

Minute par minute « très lentement ». La prise en compte d'unités de temps très courtes et très nombreuses exprime la durée perçue subjectivement comme étirement infini du temps.

> Une fois de plus, la journée enfin était achevée, tuée, assassinée lentement, arrachée minute par minute, dans l'hébétement farouche de cette vie négative s'écoulant entre les murs de l'infirmerie.   G. COURTELINE, *Les Gaîtés de l'escadron*, p. 149.

Fam. *Minute, papillon!* « pas trop vite, doucement » (XXᵉ s.). Métaphoriquement, le *papillon* effleure trop rapidement les choses, passe trop vite d'un sujet à l'autre, ce que l'on retrouve dans le verbe *papillonner*. L'interjection s'emploie parfois comme dénégation à ce qui vient d'être dit.

> Ne pas bourrer le mou, savoir exactement ce que représentent les grands trucs, c'est ce qui nous distingue, nous autres, les affranchis. Un point, c'est tout. Mais ne pas s'en servir, des grands trucs!... Minute, papillon, tu t'égares!
>   A. SERGENT, *Je suivis ce mauvais garçon*, p. 41.

MIRACLE n. m.

Crier (au) miracle « s'étonner, s'extasier de quelque chose », comme si cela échappait à toute explication rationnelle (XVIIᵉ s.).

Faire miracle « avoir un effet très positif » (début XVIIᵉ s., Régnier) → FAIRE MERVEILLE*.

Tenir du miracle « être surprenant, paraître inexplicable » (XVIIᵉ s., Bossuet). Se dit de faits qui, par leur rareté ou leur précarité, s'intègrent mal dans les schèmes d'explication les plus courants ou les plus immédiatement perceptibles.

Vx. *À miracle* « merveilleusement, à la perfection » (XVIIᵉ s.). A été remplacé par *à merveille*.

Par miracle « par un hasard extraordinaire » (fin XVᵉ s., Commynes).

MIRE n. f. Déverbal de l'ancien verbe *mirer* «viser avec une arme à feu».

Point de mire «objet de l'attention générale», comme la cible est fixée par le chasseur. *Être le point de mire de l'assemblée.*

MIROIR n. m.

Miroir aux alouettes «piège séduisant», par analogie avec le dispositif de ce nom, formé de planchettes garnies de petits miroirs et destinées, par leur miroitement, à attraper les oiseaux. L'image est celle de l'objet brillant pour mieux abuser.

> Je suis pour le progrès, disait encore Daniel, mais pas pour un progrès en matière plastique... Pas pour le miroir aux alouettes.   E. TRIOLET, *Roses à crédit*, p. 295.

Vieilli. *Miroir à putain(s)* «homme qui, par son physique séduisant, attire le regard des femmes». L'expression date, sous cette forme, du XVIIᵉ siècle. On la trouve chez Scarron, mais on disait déjà au XIIIᵉ s. *miroer des dames* (*mirois à dames*, vers 1330). *Miroir à putain*, comme *miroir à grues* (fin XIXᵉ s.) ajoute un caractère injurieux à l'expression.

> — Ah! sacré marlou, j'aurai ton nez! C'est ton nez que je veux foutre quelque part!...
> Donne donc ta gueule, miroir à putain, que j'en fasse de la bouillie pour les cochons, et nous verrons après si les garces de femmes courent après toi!   É. ZOLA, *Germinal*, t. II, p. 128.

MISE n. f.

Être de mise «être bienséant, convenable» (XVIIᵉ s.). Métaphore financière, ellipse de *mise en circulation*. S'est employé au XVIᵉ s. en parlant d'une monnaie, au sens d'«avoir cours». Aujourd'hui, seul le sens métaphorique est usuel, surtout à la forme négative.

Sauver la mise à quelqu'un «le tirer d'un mauvais pas, lui épargner un désagrément» (milieu XIXᵉ s.). Emploi métaphorique d'une expression propre au jeu, qui signifiait «retirer de l'argent engagé pour ne pas le perdre». Aujourd'hui, la motivation initiale de la locution n'est plus comprise. Seul est perçu le sens global de «sauver, venir en aide».

> Mussolini, il a fait une connerie maison quand on l'a agrafé. Il y avait peut-être, dans ses juges, on ne sait jamais en politique, un ancien fasciste ou deux qui auraient essayé de lui sauver la mise. Mais quand il a promis un empire si on épargnait ses os, les gars ont dû penser : «Merde, il va recommencer à nous envoyer au casse-pipe. Décidément, faut le liquider en vitesse, cet enfoiré-là, il est incurable!»   A. SERGENT, *Je suivis ce mauvais garçon*, p. 115.

MISÈRE n. f.

Faire des misères à quelqu'un «le taquiner, le tourmenter» (1867). Ironique et plaisant.

Pleurer (crier) misère «se plaindre amèrement de sa situation matérielle» (XVIIᵉ s.).

> C'était une sourde rancune contre la Levaque, qui avait pleuré misère, la veille, pour ne rien lui prêter; et elle la savait justement à son aise, en ce moment-là, le logeur Bouteloup ayant avancé sa quinzaine.   É. ZOLA, *Germinal*, t. I, p. 109.

MODE n. f.

À la mode de [LOC. PRÉP.] «à la façon, selon l'usage de» (fin XIVᵉ s.). *Mode* est ici l'usage établi d'une manière stable, la tradition avec ses repères spatio-temporels, les habitudes collectives d'une société à une époque et dans un pays donnés.

À la mode [LOC. ADJ. et ADV.] «conforme au goût du jour, en vogue» (milieu XVIᵉ s.). Ici, l'emploi de *mode* correspond à un ensemble d'habitudes passagères de penser, de sentir, qui s'érigent en norme sociale pendant une période relativement courte. Du XVIIᵉ au XIXᵉ s., une *personne à la mode* cristallisait à elle seule une image sociale valorisée positivement et donc fêtée, recherchée par ceux qui reconnaissaient et intériorisaient cette image (chez Balzac, Stendhal, par exemple) :

> Souvent un mot d'elle faisait tache aux yeux de ses amis si polis. Ils se seraient presque avoué, si elle eût été moins à la mode, que son parler avait quelque chose d'un peu coloré pour la délicatesse féminine.   STENDHAL, *Le Rouge et le Noir*, p. 509.

Aujourd'hui, l'expression s'emploie surtout en parlant des goûts vestimentaires pendant une courte période. Elle est renforcée dans : *à la dernière mode*.

> Vêtu à la dernière mode, d'une jaquette qui le moulait comme un maillot de danseuse et d'un pantalon assez court pour laisser voir un bout de chaussette rouge au-dessus d'un soulier découvert, il portait sur son bras, malgré l'extrême chaleur, un pardessus de demi-saison, dont on voyait la doublure de soie.
> G. COURTELINE, *Les Gaîtés de l'escadron*, p. 58.

À la mode de Bretagne → BRETAGNE.

Vieilli. *De mode* «à la mode, en vogue» (1762, Acad.). Assez souvent en emploi impersonnel : *il est de mode de* (et infinitif).

> — D'abord, mon général, il est de bon ton, parmi tous les gens nobles, d'être dévôt : mais il est de mode, parmi tout ce qui n'est pas dévôt, d'imiter les républicains dans toutes leurs folies.   STENDHAL, *Lucien Leuwen*, p. 757.

Passer de mode «cesser d'être en vogue» (milieu XVIIIᵉ s., Voltaire).

MODUS VIVENDI n. m. Expression latine signifiant «manière de vivre». Elle est lexicalisée depuis la fin du XIXᵉ s. et signifie à peu près «transaction, arrangement entre deux parties en litige, ou ayant des intérêts divergents».

MOELLE n. f.

La substantifique moelle. La célèbre métaphore de Rabelais («*rompre l'os et sucer la substantifique moelle*», prologue de *Gargantua*) a donné naissance à ce syntagme figé, qui s'emploie encore dans un parler un peu pédant, pour «le sens caché, la valeur profonde, etc.».

Être corrompu (pourri) jusqu'à la moelle «complètement» (XIXᵉ s.). Variante :

> Mûre et toujours belle, charmeuse et féline, on la sent vicieuse jusque dans les moelles.
> G. de MAUPASSANT, *Yvette*, p. 11.

Pénétrer (saisir) jusqu'à la moelle des os «saisir fortement» (du froid, d'une impression désagréable...).

> Jamais je n'entends parler de ce coco et ne désire pas le revoir, car il m'a blessé jusque dans les moelles.   G. FLAUBERT, *Correspondance*, VIᵉ série, p. 362.

Se ronger les moelles «se faire un souci terrible» (var. de *se ronger les sangs**).

Sucer, vider les moelles «s'épuiser physiquement». Les *moelles* symbolisent la vitalité. La métaphore mise en jeu est celle de la perte de substance vitale.

> Clémence s'en donnait à se faire vider les moelles avant trente ans : le lendemain des noces sérieuses, elle ne sentait plus le carreau sous ses pieds, elle dormait sur la besogne, la tête et le ventre comme bourrés de chiffons.
> É. ZOLA, *L'Assommoir*, t. I, p. 176.

MOINE n. m.

Vx. *Moine bourru.* Sorte de fantôme, de personnage effrayant dont on menaçait les enfants (XVIᵉ s.). *Bourru* signifie à la fois «peu amène» et vêtu de «bourre» ou «bure».

Gras comme un moine → GRAS

Vx. *Attendre quelqu'un comme les moines font (attendent) l'abbé* «commencer à dîner sans lui» (XVIIᵉ s.).

Vous vous mites à table, et commençâtes à diner en l'attendant (comme tu dis) comme
les Moines attendent l'abbé, c'est-à-dire en disnant : car l'heure du repas est si réglée
dans les monastères, que quand l'heure est sonnée, ils se mettent à table, sans attendre
personne non pas mesme leur supérieur.

FLEURY DE BELLINGEN, *L'Étymologie des proverbes*, I, 7, p. 29.

Vivre comme un moine « mener une vie ascétique et retirée ».

La débauche me plaît et je vis comme un moine. Je suis mystique au fond et je ne
crois à rien.   G. FLAUBERT, *Correspondance*, IIe série, p. 412.

L'expression a été parfois comprise d'une manière totalement opposée, à cause de
la réputation d'indolence et de débauche qui s'est longtemps attachée à l'état monacal.

Vieilli. **Les moines répondent comme l'abbé chante** « les inférieurs tiennent le même
langage que leur supérieur » (milieu XIXe s.).

L'habit ne fait pas le moine → HABIT.

Pour un moine l'abbaye ne se perd pas (*ne faut pas, ne manque pas* ou
ne chôme pas) [LOC. PROV.] « l'absence d'une seule personne ne mérite pas de faire
avorter un projet, une entreprise en cours ». Ce proverbe et ses nombreuses variantes
sont attestés dès le Moyen Âge (XIVe, XVe siècles), mais surtout depuis le XVIIe s. dans
les recueils les plus connus (chez Leroux de Lincy, Nicot, Oudin). Il est aujourd'hui
a peu près oublié.

MOINEAU n. m.

Cervelle de moineau → CERVELLE.

Manger comme un moineau « très peu » (milieu XVIIIe s.). Le mythe de
l'« appétit d'oiseau » procède d'une conception anthropomorphique et il est dénué de
vérité scientifique, les oiseaux mangeant beaucoup par rapport à leur taille, cf. *un
appétit d'oiseau*.

Tirer sa poudre aux moineaux → POUDRE.

MOINS adv.

De moins en moins « en diminuant graduellement » (XVIe s.).

Moins que rien « très peu de chose » (1538, R. Estienne). La substantivation
de cette locution adverbiale qui concerne les personnes, est très péjorative. *C'est un,
une moins que rien.*

N'en... pas moins « tout autant, malgré cela » (1640, Corneille).

On ne peut moins « fort peu » (début XXe s., A. Gide). Suivi d'un adjectif ou
d'un adverbe, ce tour appartient au style littéraire très soutenu. Il est très peu utilisé, à la différence de *on ne peut plus*.

Plus ou moins → PLUS. — **Rien (de) moins (que)** → RIEN.

Au moins « au minimum ». Marque le seuil inférieur d'une évaluation quantitative. *Il y avait au moins mille personnes* (= mille personnes, si ce n'est plus). *Au
moins* appuie une recommandation *(Ne rentre pas trop tard, au moins !)*, détermine
la condition minimale pour qu'une situation soit tolérable *(Si, au moins, il
avait fait beau...).*

Du moins « en tout cas, cependant, toutefois » (XVIe s.). A d'abord eu le sens
de « au minimum » (XIVe s., Froissart) et a conservé dans ses emplois abstraits cette
valeur restrictive assez proche de celle d'*au moins* (→ SUPRA). En incise, *du moins*
marque parfois une distance, un recul dans l'estimation d'une situation, un discours
rapporté *(c'est du moins ce qu'il croyait, ce qu'il a dit...).*

Pour le moins, tout au moins, tout du moins et *à tout le moins* sont des formes renforcées qui ne se trouvent guère que dans la langue littéraire très soutenue.

Le moins du monde « aussi peu que ce soit » (XVIe s.). S'emploie souvent à la
forme négative, au sens de « nullement, en aucune façon ».

C'est bien le moins, ellipse de « le moins qu'on puisse (ou doive) faire » (1749).

Qui peut le plus peut le moins → POUVOIR.

À moins « pour un moindre prix, au-dessous de telle valeur » (début XVIIe s.) et
abstraitement, « pour un moindre motif, pour moins que cela ».

À moins de « sauf, si ce n'est, au cas où ». Suivi d'un substantif (*à moins d'un
incident de dernière minute*) ou d'un infinitif, exprime l'éventualité. *À moins que* est
suivi d'un subjonctif. *À moins que de* n'est plus employé.

De moins, en moins (après un nom) « en déduction, de manque ».

En moins de deux, en moins de rien « très vite, en très peu de temps ». La
loc. exprime une durée très courte → DEUX, RIEN *(en un rien de temps).*

Moins cinq, moins une « il s'en est fallu de très peu, cela a failli arriver » → CINQ.

MOITIÉ n. f.

À moitié « partiellement, en partie » (surtout avec les verbes *être* et *faire*).

> La Toutougne ne m'avait pas quitté d'une semelle, et son bel œil de soularde senti-
> mentale s'étonnait : « Qu'est-ce qu'elle a ? »
> — Laisse-la, lui répondis-je, tu sais bien qu'elle est à moitié folle.
> Colette, *La Maison de Claudine,* p. 121.

De moitié (dans quelque chose) « à égalité de participation avec quelqu'un
dans une entreprise » (XVIIe s.).

Moitié-moitié « médiocrement, pas complètement » (cf. *Couci-couça*).

Être (entrer) pour moitié dans (quelque chose) « en être en grande partie responsable » (XIXe s.). *Moitié* a ici le sens global de « beaucoup ».

Ne pas faire les choses à moitié « mener à bien une entreprise jusque dans
ses moindres détails », par litote.

MOMENT n. m.

Moment psychologique « moment favorable à l'action ». L'expression, en philosophie, signifie à l'origine « élément capable de déterminer à l'action ». Sa popularité est due à une phrase de Bismarck qui, au cours de l'hiver de 1870, parla du
« *moment psychologique du bombardement de Paris* » destiné à saper le moral des Parisiens et à hâter leur capitulation. Rapportée par la presse allemande, puis française,
l'expression, déviée de son sens initial, connut une grande faveur, très certainement
fondée sur la confusion générale et spontanée entre le sens philosophique et le sens
courant, temporel de *moment*.

> À ce moment psychologique... le hasard lui fit rencontrer un jeune homme de son pays,
> et ce fut le coup de foudre... Quoi qu'il n'eût pas le sou et qu'il fût plus jeune qu'elle
> de sept ans, elle l'épousa.   GORON, *L'Amour à Paris,* t. I, p. 187.

L'expression s'emploie assez souvent au sens de « moment opportun, juste à temps ».

> C'est ce qui s'appelle arriver au moment psychologique. Voyez-vous ça que nous ayons
> manqué le train ?   M. PROUST, *À la recherche du temps perdu,* t. II, p. 875.

Les derniers moments de quelqu'un « ceux qui précèdent immédiatement sa
mort » (vers 1684). On a d'abord dit *le dernier moment* (milieu XVIIe s.).

Moments perdus «instants de loisirs», qui sont «perdus» pour le travail (1671, Mme de Sévigné). Le plus souvent employé dans l'expression *à ses (mes, tes) moments perdus* «quand il en a l'occasion, le temps».

> Une sorte de génie respirait sur son front et dans ses regards, rachetant ce qu'il avait d'un peu bellâtre. Il bégayait à la moindre émotion, c'est-à-dire souvent, en ébullition pour un rien et à ses moments perdus.
> A. Gide, *Journal*, t. II, p. 136.

Le mot a servi à former de nombreuses locutions adverbiales et conjonctives, qui sont partie intégrante du lexique :

Au moment de (et substantif ou infinitif) «sur le point de».

Au moment où «comme, lorsque».

À tout moment, à tous moments «sans arrêt, continuellement» (1690).

Du moment où (que) «dès l'instant où, puisque». Marquent le point de départ dans le temps, l'origine au double sens temporel et causal.

D'un moment à l'autre «incessamment, sous peu» (fin XVIIe s.). On a d'abord dit *de moment à autre* (1645, cardinal de Retz).

> Vous m'obligerez de n'être jamais plus de deux ou trois heures absent, je puis avoir besoin de vous d'un moment à l'autre.
> Stendhal, *Le Rouge et le Noir*, p. 546.

Par moments «de temps à autre, à intervalles répétés» (milieu XVIIIe s.).

Pour le moment «actuellement, en ce qui concerne l'instant présent» (milieu XVIIIe s.).

Pour un moment «pendant un certain laps de temps», soit très court, soit plutôt long.

En revanche, les loc. verbales et phrases formées avec *moment* sont peu nombreuses :

N'avoir pas un moment à soi «être très occupé».

C'est un mauvais moment à passer «une circonstance pénible, mais peu durable». Très courante dans la langue parlée, cette formule adressée par sympathie à quelqu'un qu'on voit en mauvaise situation se veut encourageante par la mise en relief de l'aspect transitoire, passager, capable d'en compenser le caractère désagréable.

MONDE n. m.

Homme (femme) du monde «qui connaît les usages de la bonne société» (XVIIe s.).

> Suprêmement élégant, Parisien jusqu'à l'âme, homme du monde jusqu'au bout des ongles, il dansait admirablement, savait par cœur des milliers de quadrilles et de valses, chantait la chansonnette comique et la romance [...].
> G. Courteline, *Les Gaîtés de l'escadron*, p. 101.

Tout le monde «l'ensemble des gens, chacun» (XIIe s., *le Couronnement de Louis*). Lexicalisé.

Monsieur tout le monde «n'importe qui, le premier venu» (début XXe s.).

Le Nouveau Monde «l'Amérique», par rapport à l'*Ancien Monde* «connu depuis l'Antiquité» (XVIe s.).

Le monde comme il va «le cours, le fonctionnement habituel des choses».

> Dans les moments où la présence d'enfants trop intelligents les réduisait à ne parler que le langage de la froide raison, c'était avec une docilité parfaite que Julien, la regardant avec des yeux étincelants d'amour, écoutait ses explications du monde comme il va.
> Stendhal, *Le Rouge et le Noir*, p. 305.

De l'autre monde, d'un autre monde [LOC. ADJ.] «incroyable, incompréhensible», en parlant d'idées, de croyances ou d'opinions, qui n'ont pas (ou plus) de rapport avec l'ensemble des opinions couramment émises. Dans ces locutions, qui datent de la seconde moitié du XVᵉ ou du début du XVIᵉ s., *l'autre monde* désigne d'abord l'au-delà, puis tout ce qui n'est plus senti comme immédiatement compréhensible, qui est du ressort du «jamais dit» ou de l'oublié, faisant référence à un temps très lointain.

> Et moi, qui croyais tout bonnement que vous veniez me proposer de faire des affaires ensemble [...]? et vous me dites des choses d'un autre monde?
>
> H. de BALZAC, *Vautrin*, Acte III, scène 8.

À la face du monde «ouvertement, en public» (→ À LA FACE* DE).

De par le monde «à travers la terre entière, partout» (XVIIᵉ s., La Fontaine). D'abord au sens de «en quelque endroit, en un lieu quelconque». Correspond à une localisation indéterminée avant de marquer l'extension spatiale maximale, la superlation (comme *au monde, dans le monde*).

Depuis que le monde est monde «depuis toujours» (1538, Estienne). À noter l'emploi de *monde* (*un monde* «très longtemps» est attesté chez Marot; *l'an du monde* «celui de la création du monde», 1680), où le mot représente le premier point de repère temporel, consolidé par la répétition tautologique.

Pour rien (tout au monde) «à aucun prix, en aucun cas» (1634, Peiresc). Employées après un verbe au conditionnel à la forme négative, ces expressions ne sont plus senties que comme des négations emphatiques. Leur motivation initiale était celle de l'échange refusé, où le *monde* représentait l'ensemble total des valeurs d'échange pouvant figurer comme terme d'un marché (→ POUR TOUT L'OR* DU MONDE).

> Le capitaine, à la gauche duquel il marchait, se dit aussitôt : «Ce beau jeune homme va me faire une question, et je vais le remettre à sa place par une réponse bien ficelée.» Mais Lucien, pour tout au monde, n'eût fait une question à un de ses camarades, si peu camarades.   STENDHAL, *Lucien Leuwen*, p. 750.

Envoyer (expédier) quelqu'un dans l'autre monde «le faire passer de vie à trépas». Le changement de lieu exprime métaphoriquement le passage de la vie à la mort. Le syntagme *l'autre monde* suggère très bien l'altérité absolue de la mort par rapport à la vie.

Ne plus être de ce monde «être mort», par litote (1740, Acad.).

Se faire (tout) un monde de quelque chose «s'exagérer les difficultés d'une entreprise». *Monde* a ici le sens d'«ensemble complexe», et par extension de «difficultés».

Se moquer (se ficher, se foutre) du monde «agir sans se préoccuper de l'opinion d'autrui, avec désinvolture» (1638, Bossuet).

> Le soldat, cependant, se taisait, interloqué, ne comprenant goutte aux reproches qui lui arrivaient.
>
> Marjalet se croisa les bras.
>
> — Ah ça! demanda-t-il, est-ce que tu te fiches du monde? C'est un cordon de litière, ça?   G. COURTELINE, *Les Gaîtés de l'escadron*, p. 35.

Se prendre pour le nombril du monde → NOMBRIL.

Ainsi va le monde! «les choses sont ainsi». La formule nie toute idée de contingence et fait de n'importe quel événement, quelle que soit sa nature, le produit inévitable d'un prétendu ordre naturel, d'un pseudo-fonctionnement «normal» des choses.

> J'en ai connu au moins douze, des vierges merveilleuses et musclées, et des Apollons de lycée qui voulaient m'avoir à l'extase, que je leur fasse toutes les privautés, la veille qu'on m'assasse! J'en aurais trouvé plus d'un mille si j'avais passé une annonce... ainsi va le monde, ses hurrahs. [...]. Dix millions d'affamés qui vous hument à travers les murs! Ah, traqué, ça suppose des choses!
>
> L.-F. CÉLINE, *Féerie pour une autre fois*, p. 32.

C'est le monde à l'envers (renversé) «c'est inhabituel». La formule s'emploie pour signaler une dérogation à l'ordre naturel des choses. Cet élément perturbateur suffit à rompre la belle ordonnance d'un ordre où tout a sa place au sein de l'ensemble et ce désordre modifie la totalité du reste, engendre une reproduction inversée de l'ordre habituel, un ordre inverse.

Vieilli. *C'est (tout) le bout du monde!* «c'est le plus haut prix, le plus long délai qui soit possible» (début XVIIᵉ s.). *C'est le bout du monde si...* signifie aujourd'hui «ce serait extraordinaire si...».

> [...] Si mademoiselle Arabella de Chaville paraît vingt-huit ans, c'est tout le bout du monde.
> A. ALLAIS, *L'Affaire Blaireau*, p. 11.

C'est un monde! «c'est énorme, exagéré». La formule marque l'indignation.

> — Ah! monsieur, si vous saviez comme c'est lourd de penser. De la façon dont je vous vois vivre, vous ne devez pas souffrir de ce tourment mais moi, monsieur je vous le répète, je ne cesse jamais de faire fonctionner ma matière grise, même quand je vais au sanitaire. Vous ne pouvez pas imaginer. C'est un monde!
> R. QUENEAU, *Les Fleurs bleues*, p. 197.

Il faut de tout pour faire un monde «chacun peut avoir ses goûts, sa façon d'être, son originalité propres». Sous son apparent libéralisme et la neutralité prudente du proverbe, la formule est souvent une manière conciliante, pour celui qui l'emploie, de prendre de la distance par rapport à des attitudes qu'il n'approuve pas totalement (ou même qu'il réprouve), à des goûts qu'il ne partage pas.

Fam. *(Il) y a du monde au balcon* «voilà une poitrine opulente» (vers 1880), c'est-à-dire le décolleté *(balcon)* est plein de *(monde)*. La phrase joue sur les rapports entre *plein* et *monde* (plein de monde, poitrine pleine). L'image du balcon est reprise en lingerie dans le mot *balconnet* «soutien-gorge très échancré».

Le monde est petit, formule traditionnellement énoncée quand on retrouve quelqu'un à l'improviste là où on ne l'attendait pas, ou lors d'un rapprochement fortuit entre deux faits comparables ou identiques.

> «Ça m'amuse [que vous ayez des étouffements]. me dit-il, parce que justement ma sœur en a aussi.» En somme, cela l'amusait comme s'il m'avait entendu citer comme un de mes amis quelqu'un qui eût fréquenté beaucoup chez eux. «Comme le monde est petit» fut la réflexion qu'il formula mentalement et que je vis écrite sur son visage souriant quand Cottard me parla de mes étouffements.
> M. PROUST, *À la recherche du temps perdu*, t. II, p. 926.

Tout est pour le mieux dans le meilleur des mondes possibles, formule optimiste de la *Théodicée* de Leibniz, moquée par Voltaire dans *Candide.*

MONNAIE n. f.

Monnaie d'échange «élément susceptible d'obtenir à quelqu'un un avantage». Métaphore de la valeur échangeable.

Vieilli. *Battre monnaie* «se procurer de l'argent». Au sens propre, «fabriquer de la monnaie en la frappant», et par métaphore, «produire, *faire* de l'argent» (début XVIIᵉ s.).

> La situation de M. Marty était menacée au lycée Bonaparte, à la suite de leçons données par le pauvre homme, dans des institutions louches, où se faisait tout un négoce sur les diplômes de bachelier: il battait monnaie comme il pouvait, fiévreusement, pour suffire aux rages de dépense qui saccageaient son ménage.
> É. ZOLA, *Au Bonheur des Dames*, t. II, p. 123.

Payer (qqn) en monnaie de singe → SINGE et PAYER EN GAMBADES*.

Rendre à quelqu'un la monnaie de sa pièce «user envers lui des mêmes mauvais procédés, lui rendre la pareille» (XVIIᵉ s., Mme de Sévigné). L'idée de la loi du talion (domaine moral) se trouve ici transposée sous les espèces d'une métaphore financière (domaine économique) : mal pour mal = (mauvaise) pièce pour (mauvaise) pièce, par la mise en jeu de l'équivoque sur *rendre la monnaie* et *rendre* « se venger ». *Payer quelqu'un de la même monnaie* développe la même idée.

C'est monnaie courante « chose habituelle, pratique courante ». La formule est au XVIIIᵉ s. chez Diderot et joue sur l'équivoque de *courant* « habituel, banal » et [monnaie] *courante* « en cours ».

> Tiens, c'était un républicain patenté, tu vois le genre : « Les principes sacrés de la démocratie, les devoirs du citoyen... » Seulement, il tenait une double comptabilité, et d'un compliqué... Tu me diras qu'aujourd'hui, c'est monnaie courante, mais je te parle d'il y a vingt-cinq piges, après l'autre guerre.
> A. SERGENT, *Je suivis ce mauvais garçon*, p. 47.

MONSTRE n. m.

Monstre sacré « grand comédien », et par extension « personnage hors du commun », d'après le sens étymologique de *monstre* (du latin *monstrum* « être prodigieux, spectaculaire », de *monstrare* « faire voir »). L'expression a servi de titre à une pièce de Jean Cocteau (*Les Monstres sacrés*, 1940).

> Il est vrai qu'elle a tous les droits, car elle a au moins cent ans. Elle était déjà un des monstres sacrés devant lesquels je refusais de m'incliner quand j'ai fait mes débuts dans le monde.
> M. PROUST, *À la recherche du temps perdu*, t. II, p. 685.

MONT n. m.

Par monts et par vaux « partout, de tous côtés » (début XVIIᵉ s., et au XVᵉ s. *par monts et vaux* [Marot]). La locution exprime principalement la notion de mouvement, à la fois sur le plan vertical montée/descente, et horizontal, grâce aux verbes (*aller, voyager, être* [*sans cesse*]) qui l'accompagnent généralement.

> Le Molloy dont ainsi je m'approchais avec précaution ne devait ressembler au vrai Molloy, celui avec qui j'allais si prochainement être aux prises, par monts et par vaux, que d'une façon assez lointaine.
> S. BECKETT, *Molloy*, p. 177.

Autrefois, *monts et vaux* était synonyme de *monts et merveilles* (ci-dessous), dans des locutions verbales comme : *Promettre, faire croire les monts et les vaux* (XVᵉ s.) ; *jurer les monts et les vaux* « faire croire les choses les plus impossibles » ; *faire les monts et vaux* « faire l'impossible » (fin XVIᵉ s.).

Promettre monts et merveilles « des avantages considérables, des choses merveilleuses » (XVIIᵉ s.). On disait au XVᵉ s. : *promettre les monts et les vaux* (cf. ci-dessus). *Conter monts et merveilles* « raconter des choses merveilleuses, incroyables », est attesté chez Rabelais (1580). *Des monts* signifient, chez Froissart (fin XIIIᵉ s.), « une grande quantité, beaucoup de » (cf. *des tas de*). Au XVIIIᵉ s., *des monts d'or* « des avantages considérables », est attesté, notamment chez Lesage. Les deux substantifs expriment donc à peu près l'idée globale de « grande quantité de choses précieuses, merveilleuses ». Leur juxtaposition, stylistique, a une fonction d'intensification, procédé habituel à la rhétorique traditionnelle, surtout médiévale (cf. *bel et bien, peu ou prou, sain et sauf,* etc.).

> Avec ces avances, il se voulut appuyé de Mme de Maintenon pour sa fortune et pour obtenir un patrimoine de son père : c'est ce que fit le mariage en faisant espérer monts et merveilles aux vieux Maillis qui vouloient du présent.
> SAINT-SIMON, *Mémoires*, t. I, p. 40.
>
> [...] il ne se trouva d'or et d'argent ni dans les caisses publiques ni dans les bourses particulières.
> Alors vint un matamore italien qui promit au peuple monts et merveilles !
> H. de BALZAC, *La Comédie du diable*, in *Romans et Contes philosophiques*.
> Éd. de 1837, t. II, p. 41.

MONTAGNE n. f.

Gros (grand) comme une montagne « particulièrement volumineux » → GROS.

La montagne qui accouche d'une souris «les résultats décevants ou dérisoires d'un projet ambitieux». L'image de cette parturition étrangement disproportionnée remonte à l'époque latine, probablement à Horace *(parturiunt montes, nascitur ridiculus mus)*. Elle a été popularisée au XVIIe s. par La Fontaine qui y consacre une fable : *La Montagne qui accouche* (livre V, X). On la trouve aussi chez Boileau *(La montagne en travail enfante une souris)*, ainsi que chez Mme de Sévigné. Elle est codée et fonctionne comme proverbe ou allusion dès la fin du XVIIe s. (dans les dictionnaires de l'Académie et de Furetière, par exemple).

> [...] la vraie merveille ce serait la souris accouchant d'une montagne et non la montagne accouchant de ce qui peut paraître une souris [...]. M. LEIRIS, *Frêle Bruit*, p. 356.

Aller à la montagne «faire les premiers pas, prendre l'initiative de quelque chose si l'occasion favorable ne s'offre pas spontanément». C'est une forme contractée, allusive de la phrase : *puisque la montagne ne vient pas à nous, il faut aller à elle,* d'après la phrase attribuée à Mahomet («*Eh! bien, montagne, puisque tu ne veux pas venir à Mahomet, Mahomet ira à toi.*»). Le thème de la montagne, objet imposant et inerte, que la foi, etc. peut mouvoir, est évangélique (cf. ci-dessous *soulever des montagnes*).

Faire battre des montagnes «être un germe de discorde (milieu XIXe s.)», c'est-à-dire provoquer ce qui est en apparence le plus inerte.

> Europe inspirait une inquiétude qui ne pouvait que grandir à mesure qu'on se servait d'elle : sa corruption semblait ne pas avoir de bornes : elle devait, comme dit le peuple, savoir faire battre des montagnes.
>
> H. de BALZAC, *Splendeurs et Misères des courtisanes.* Éd. de 1845, t. I, p. 205.

S'emploie ordinairement avec le conditionnel (*il ferait battre les montagnes,* sous-entendu, «tellement il est belliqueux, agressif, indiscret...»).

> C'était à présent avec les Lorilleux qu'on godaillait dans la loge, au milieu des attendrissements de la réconciliation. Jamais on ne serait fâché sans cette Banban qui aurait fait battre des montagnes.   É. ZOLA, *L'Assommoir,* t. I, p. 199.

Faire une montagne (des montagnes) de quelque chose «lui donner une importance exagérée, y voir des difficultés imaginaires», d'après le sens métaphorique de montagne. On trouve aussi *faire une montagne d'une taupinière.*

> — Je vais guérir très vite. Il faut la rassurer. Ça ne va pas traîner.
> — Tu sais. ce que j'en dis... c'est surtout pour ta mère. La pauvre femme en a assez vu. elle mérite de se reposer... Enfin, je te parle comme à une... grande. Tu ne vas pas en faire une montagne.   M. CARDINAL, *Les Mots pour le dire,* p. 33.

Soulever des montagnes «accomplir les choses les plus difficiles, venir à bout des plus grosses difficultés», d'après l'expression : *une foi à soulever les montagnes.* Allusion à l'Évangile de Matthieu : «Car je vous le dis en vérité, si vous aviez de la foi comme un grain de sénevé, vous diriez à cette montagne : 'Transporte-toi d'ici là', et elle s'y transporterait, et rien ne vous serait impossible» (Matthieu 17, 19).

Il n'y a que les montagnes qui ne se rencontrent pas [LOC. PROV.] «le hasard peut donner lieu aux rencontres les plus inattendues» (1530, Palsgrave; 1606, Nicot).

> Alors vous l'avez connu? C'est drôle la vie tout de même, il y a que les montagnes qui ne se rencontrent pas, alors comme ça vous l'avez connu?
>
> R. QUENEAU, *Pierrot mon ami,* p. 41.

(Il n'y a) pas de montagne sans vallées «il faut toujours considérer les choses sous leurs différents aspects» (1690, Furetière).

1. MONTRE n. f. Déverbal de *montrer,* qui ne s'emploie presque plus isolément, mais subsiste encore dans quelques locutions figées :

Faire montre de «donner des preuves, manifester», avec des noms abstraits (généralement des qualités intellectuelles ou morales). Attesté depuis le XVIe s.

(Estienne). *Faire montre de courage.* A parfois un sens péjoratif, « manifester avec ostentation, afficher ». Cette nuance est la même dans la loc. *pour la montre* « pour la parade » (1580, Montaigne).

2. MONTRE n. f. Du précédent, « objet qui 'montre' l'heure ».

Course contre la montre « action devant être menée très rapidement », comme une compétition sportive où le temps mis par chaque concurrent sert à les départager. L'expression, à l'origine, est propre au cyclisme.

Montre en main « très précisément », c'est-à-dire « en gardant sa montre en main » pour évaluer le plus exactement possible la durée. L'expression date du début du XIXe s.; on la trouve chez Vigny en 1826.

> Elle rit pendant trois minutes, montre en main, me déclare que je suis un type unique en son genre et un amant de grande classe (ce qui fait toujours plaisir) [...].
>
> SAN-ANTONIO, *Remets ton slip, gondolier!* p. 43.

Plus rarement, s'emploie en dehors de tout repère chronologique précis, au sens de « avec précision » :

> [...] la tactique qui équilibre les bataillons, le carnage tiré au cordeau, la guerre réglée montre en main, rien laissé volontairement au hasard, le vieux courage classique, la correction absolue [...].
>
> V. HUGO, *Les Misérables,* Pléiade, p. 360.

MONTRETOUT n. pr.

Arg. et vieilli. *Aller à Montretout* « passer une visite médicale », et spécialement, pour une prostituée, la visite sanitaire obligatoire (1878). C'est une allusion transparente au dévoilement des parties intimes : « on y montre tout ». Cette forme de calembour pseudo-géographique avec le verbe *aller* est très productive dans la langue populaire.

MORAL n. m.

Fam. *Avoir le moral* « avoir un bon moral, être optimiste » (1917).

Avoir le moral à zéro (→ ZÉRO) équivaut à l'emploi négatif *(il a pas le moral).*

Fam. *Casser le moral à (qqn)* « le démoraliser ». Le moral est ici représenté comme une matière solide que l'on peut entamer, briser.

MORCEAU n. m.

Morceau de roi (de choix) « femme désirable, appétissante » (XVIIe s.). La métaphore identifiant l'appétit au désir sexuel et la femme à un objet de consommation gastronomique est traditionnelle. On disait aussi à l'époque : *bon morceau* (Oudin), *morceau friand* (Dict. de l'Académie).

(Fait) de pièces et de morceaux → PIÈCE.

En mille morceaux « en nombreux fragments » (1619), après des verbes comme *casser, briser* (→ EN MIETTES).

Fam. *Casser le morceau (à quelqu'un)* « avouer, dénoncer ses complices », puis « dire (à quelqu'un) ses vérités ». L'expression est une variante de *manger le morceau* (ci-dessous) et date du milieu du XIXe s. (1844, d'après Esnault, au sens d'« avouer un méfait »). Le passage a pu se faire par l'intermédiaire du sens argotique de *casser* « manger », attesté dès le milieu du XVIe s. (comparer avec *casser un morceau, casser la croûte*, la graine**), par extension du sens littéral « rompre (avec les dents), broyer la nourriture ».

> Il attrape le colonel qu'était vraiment bien repu, aimable de visage et tout, il lui casse un peu le morceau. « Que ça peut pas durer toujours notre camp volant dans le salon.

> Que si d'autre part, on sort... qu'on va coucher en ville, ça va être une perte de temps au détriment des expériences!... »   L.-F. CÉLINE, *Le Pont de Londres*, p. 75.

Enlever à quelqu'un les morceaux de la bouche « le priver du nécessaire ; le frustrer d'un avantage qu'il croyait assuré ». L'image de la nourriture en train d'être mangée fait allusion au processus de la nutrition comme nécessité biologique assurant la survie individuelle, que toute interruption (volontaire ou accidentelle) menace. *S'ôter les morceaux de la bouche pour quelqu'un* « se priver du nécessaire pour lui » (1718, Acad.), est donc une des plus grandes preuves de dévouement qui soient.

> Favier n'arrivait guère qu'à huit [francs par jour] : et voilà que ce sabot lui enlevait les morceaux de la bouche, car il sortait de débiter une nouvelle robe.
> É. ZOLA, *Au Bonheur des Dames*, t. I, p. 120.

Emporter (enlever) le morceau « réussir, avoir gain de cause » (1888, Villate). Au départ, « être mordant, blesser par ses railleries », puis « parler, agir avec violence » (1878, Larchey), par attraction synonymique de la locution *emporter la pièce** (début du XVIIe s.). Aujourd'hui, l'expression est comprise comme une variante métaphorique de *l'emporter sur**.

> Depuis Smolensk, on avait vu défiler du pays. Enfin on arrive à cinquante bornes de Moscou, les Russes accrochés là se défendaient comme des sauvages. Il fallait enlever le morceau et on nous avise qu'on allait cette fois-ci participer au grand coup dur.
> A. SERGENT, *Je suivis ce mauvais garçon*, p. 198.

Mâcher les morceaux à quelqu'un « lui faciliter la tâche » (1690, Furetière) → MÂCHER. On disait autrefois *tailler les morceaux*.

Fam. **Manger le morceau** « avouer, dénoncer ses complices ». L'expression est ancienne et d'abord argotique. On la trouve chez les *Bandits d'Orgères*, en 1800, au sens de « faire une révélation en justice, parler, le plus souvent en trahissant ceux qui sont impliqués avec soi dans un mauvais coup ». *Manger,* en emploi absolu, est attesté en ce sens dès le début du XIXe s. (chez Ansiaume, Raspail, Sue, et d'autres). Cette équivalence sémantique entre *manger* et *avouer* est d'ailleurs générale et on la retrouve dans toute une série de verbes et locutions verbales (*casser le morceau, se mettre à table, avoir faim, manger du lard*, en croquer, morfiler*). D'après Esnault et P. Guiraud, ceci pourrait s'expliquer par allusion à une pratique propre à l'ancien régime carcéral. En effet, on privait de nourriture les détenus qui refusaient d'avouer leurs forfaits et de livrer leurs complices. D'où : *parler = manger ; se taire = jeûner*.

> Dénoncer, dans l'énergique langue d'argot, cela se dit : Manger le morceau. Comme si le dénonciateur tirait à lui un peu de la substance de tous et se nourrissait d'un morceau de la chair de chacun.
> V. HUGO, *Choses vues*, II, p. 214.

La variante *lâcher le morceau* s'explique par une interférence de sens entre *manger le morceau* et l'emploi transitif de *lâcher* « parler » (le plus souvent avec brusquerie, d'une manière inattendue) :

> Je me sentais à peu de choses près comme d'habitude, soit — attention, je vais lâcher le morceau — d'une nervosité si frémissante que j'en perdais en quelque sorte la sensibilité.
> S. BECKETT, *Molloy*, p. 81.

La locution synonyme **avaler le morceau** exploite l'équivalence aveu-ingestion :

> Dans l'esprit des policiers, Antoinette Larivière, une ancienne de La Roquette, un droit commun, devait nécessairement, à la première gifle, se mettre à table, avaler le morceau, vider son paquet, se déculotter, se déballonner !
> R. VAILLAND, *Bon Pied, Bon Œil*, p. 178.

Fam. **Manger (casser) un morceau** « faire un repas léger ou rapide ». Variante de *casser la (une) graine*, la croûte**. À noter l'emploi métonymique de *morceau = « repas »*.

> Alors Étienne ne dit pas non. On refuserait. Du reste ça ne l'engageait point, il pourrait toujours s'éloigner, après avoir mangé un morceau.   É. ZOLA, *Germinal*, t. I, p. 70.

Se faire hacher (couper) en morceaux pour → HACHER.

Recoller les morceaux «réparer les dégâts, notamment en réconciliant des personnes divisées». Métaphore très banale, devenue récemment un tic de l'usage journalistique, en contexte politique.

MORDRE v. tr.

Fam. *C'est à se les mordre* «c'est très insolite, extravagant, ridicule, insupportable». *Les* renvoie aux testicules. Var. *C'est à se les prendre et se les mordre*. La morsure des parties génitales mâles est un thème fréquent pour l'expression de l'indignation et de la dérision (cf. *À la mords-moi le nœud*).

MORPHÉE n. pr.

Être dans les bras de Morphée → BRAS.

MORS n. m.

Prendre le mors aux dents «s'emballer» (fin XVIIᵉ s.). Le cheval qui coince le mors entre ses dents ne répond plus au cavalier ; s'il s'emballe on ne peut plus le freiner.

> [...] ils proférèrent une phrase qui est de tradition en ces circonstances : «Voilà que tu t'emballes, ne prends pas la mouche, on dirait que tu as le mors aux dents !»
> M. PROUST, *À la recherche du temps perdu*, t. II. p. 182.

1. MORT n. f.

La petite mort «l'orgasme». Dans l'ancienne médecine, la loc. désignait la syncope (chez Paré), et aussi le frisson nerveux. L'emploi érotique associe les deux notions de spasme («grand frisson») et de perte de conscience momentanée (c'est le sens de *petite*) contrairement à la «vraie» mort.

La mort du petit cheval «l'irrémédiable, le pire qui puisse arriver» (XXᵉ s.). S'emploie le plus souvent à la forme négative : *ce n'est pas la mort du petit cheval* «ce n'est pas grave, pas difficile», dans le même sens que, *ce n'est pas la mort d'un homme, ce n'est pas la mort*. Loc. d'origine obscure (milieu des courses ?) : *La mort du petit cheval* a servi de titre à un roman d'H. Bazin (1950).

Question de vie ou de mort → VIE.

Comme la mort [LOC. ADJ.]. A valeur intensive. *Pâle comme la mort* «extrêmement pâle», par allusion au teint livide des cadavres. *Plus pâle que la mort*, figure chez Lesage (XVIIIᵉ s.). Cf. *avoir une teinte de déterré*. *Ennuyeux comme la mort* «très ennuyeux», probablement par attraction de *s'ennuyer à mourir*.

Triste jusqu'à (comme) la mort «profondément affligé» (fin XVIIᵉ). On disait autrefois *triste comme un (grand) deuil* (Furetière, Richelet), mais il s'agit ici d'une allusion directe aux paroles du Christ au jardin des Oliviers : «Mon âme est triste jusqu'à la mort» (Matthieu 26, 38 ; Marc 14, 34).

> Une créature frêle et mince, gracieuse et triste, triste jusqu'à la mort ! — ; de la distinction, et une mélancolie sans nom, venant on ne sait d'où, reflet d'un mal incurable et caché !
> J. VALLÈS, *L'Insurgé*. p. 93.

À l'article de la mort «à l'agonie, près de mourir» (milieu XVIᵉ s.). Traduction du latin *in articulo mortis*. *Article (articulus)* y a le sens de division (temporelle), moment.

> Elle parlait comme une qui est à l'article de la mort, qui avoue tout, puis se passe le lacet au cou et se pend.
> J. GIONO, *Un de Baumugnes*, p. 148.

À (sur) son lit de mort → LIT. — *À la vie à la mort* → VIE.

À mort [LOC. ADV.] «extrêmement» (XIIIᵉ). Au départ, «au point d'en mourir» *(être frappé à mort)*, ou «de faire mourir» *(en vouloir à mort à quelqu'un* «jusqu'à souhaiter sa mort»). Dans tous ses emplois, l'expression correspond à un adverbe intensif. La référence explicite à la mort connote la limite extrême de toute action, dans sa durée comme dans son expression : *être brouillé, fâché à mort avec quelqu'un* «définitivement, sans espoir de retour» :

> Et j'ai beaucoup de choses embêtantes à te narrer. Je me suis fâché à mort avec le sieur Lévy. La colère que j'ai eue contre lui mercredi matin m'a rendu malade ; tout cela est long à l'expliquer.   G. FLAUBERT, *Correspondance*, VIᵉ série, p. 359.

Avec des verbes d'action, *à mort* signifie «complètement, à fond». *Se saouler, se défoncer à mort.*

La mort dans l'âme «à son corps défendant, contre son gré» (début XIXᵉ s.). Les mots ont dans cette expression une valeur atténuée et purement rhétorique, qui suggère une contrainte extérieure s'opposant à la volonté du sujet ou à son désir.

> Chaque fois que, la mort dans l'âme, il se résignait à aller à une grande soirée chez la princesse de Parme, il les convoquait toutes pour lui donner du courage et ne reparaissait ainsi qu'au milieu d'un cercle intime.   M. PROUST, *À la recherche du temps perdu*, t. II, p. 504.

L'expression avait au départ un sens plus fort et *mort* y était synonyme d'*affliction*. On a d'abord dit, au milieu du XVIIᵉ s. : *la mort au cœur* «de grands chagrins» et *donner la mort à quelqu'un* «lui faire beaucoup de peine» (*in* Acad. 1694). Sartre, en intitulant *La Mort dans l'âme* le troisième volet des *Chemins de la liberté* a voulu redonner à la locution une nouvelle vigueur, centrée autour du mot *mort* ; *avoir la mort dans l'âme* y signifie littéralement, «avoir la mort en soi, l'engendrer, la donner».

> Il voit leurs yeux stupéfaits, il s'irrite davantage, il crie : «vingt mille nazis, mais vous n'êtes pas fous! Vous ne ferez rien d'eux si vous les méprisez. Tâchez d'abord de les comprendre : ils ont la mort dans l'âme, ces gars-là, ils ne savent plus où donner de la tête ; ils seront au premier qui leur fera confiance.»
> J.-P. SARTRE, *La Mort dans l'âme*, p. 271.

Hurler à la mort. Se dit de l'aboiement d'un chien qui sent (dit-on) la présence de la mort. *À la...* signifie «en face de, face à» (même modèle formel qu'*aboyer à la lune*). Par extension, en parlant d'une personne, «d'une manière désespérée».

> J'aurais hurlé à la mort et je n'aurais jamais entendu les mots qu'elle allait laisser tomber sur moi comme autant de larmes estropiantes.
> M. CARDINAL, *Les Mots pour le dire*, p. 164.

Mourir de sa belle mort «de mort naturelle», «de vieillesse et sans souffrance». *La belle mort* s'oppose à *la male mort*, la mort violente. *Belle* est à comprendre au sens de «au moment où il convient».

> Pendant l'âge adulte, ça continue à descendre : carnage pour avoir les femelles... coup de fusil, pièges des hommes... rien à becqueter l'hiver... les ours ou les lynx, etc. De sorte que sur toute une génération, il y a eu juste quelques-uns qui crèvent de leur belle mort, dans un creux de rocher.   A. SERGENT, *Je suivis ce mauvais garçon*, p. 56.

Fam. **Penser à la mort de Louis XVI** «ne penser à rien de précis». Façon plaisante d'éluder une question qui appelle une réponse trop personnelle en y substituant à la place la mention d'un fait objectif, historique, c'est-à-dire n'engageant en rien la subjectivité.

> Accoudé bien à son aise, Pierrot pensait à la mort de Louis XVI, ce qui veut dire, singulièrement, à rien de précis [...].   R. QUENEAU, *Pierrot mon ami*, p. 22.

Souffrir mille morts «endurer des souffrances très intenses» (1690, Furetière). Littéralement «souffrir jusqu'à en mourir mille fois». La multiplication par mille des souffrances mortelles est rhétorique et exprime la superlation. On disait déjà au XVᵉ s. «*mourir de mille morts*» (A. Chartier). *Souffrir mort et passion* a les mêmes connotations, avec, en outre, la référence aux souffrances du Christ.

> Je ne comprends pas que ces gens ne soient même pas inquiétés dans leur «bonheur»
> par la perspective des maladies qui les attaqueront tôt ou tard et leur feront souffrir
> plus de mille morts avant de les faire définitivement crever. M. LEIRIS, *Biffures*, p. 252.

Ce n'est pas la mort! «ce n'est rien du tout, cela n'est pas grave, pas difficile, ou cela a peu de conséquence». Ellipse pour : *ce n'est pas la mort d'un homme*
(XVIIIᵉ s., Lesage). La référence à la mort connote ici de façon globale tout ce qui a
peu de gravité, de conséquence.

2. MORT adj. et n.

Plus mort que vif «très effrayé, paralysé de peur», en parlant de quelqu'un
à qui la peur donne l'immobilité du cadavre (milieu XVIᵉ s.). On dit aussi *être mort
de peur. Vif* a ici son sens ancien de «vivant».

> Le vieillard était plus mort que vif.
> — Ne vous effrayez pas: qu'importe le lieu où vous êtes? J'y suis avec vous.
> — Belle défense! murmura le vieillard, chez qui une plus grande terreur affaiblissait
> la crainte et le respect pour son jeune compagnon.   V. HUGO, *Han d'Islande*, p. 92.

> Armance resta sans mouvement. Au même instant la cloche du déjeuner sonna. Plus
> morte que vive, elle n'eut besoin que de paraître devant madame de Malivert pour
> obtenir la permission de ne pas rester à table.   STENDHAL, *Armance*, p. 175.

À réveiller un mort (les morts) «très fort». Locution à valeur intensive qui
s'emploie particulièrement en parlant d'un bruit intense, d'un alcool très fort ou
d'un plat très relevé.

> D'une des cellules partait un vacarme effroyable, une clameur à réveiller un mort.
> C'étaient les hommes punis de prison, qui, par manière de distraction, avaient organisé
> un petit concert en chambre.   G. COURTELINE, *Les Gaîtés de l'escadron*, p. 136.

Arg. et vx. *Être mort dans le dos* «être transi de froid» (1828). L'expression est
dans Vidocq et exploite l'idée de froid, de frisson mortel.

Faire le mort «adopter volontairement une attitude passive», par allusion à
l'inertie du cadavre. *Faire* a le sens de «contrefaire». En termes de jeu de cartes
(bridge, whist), «déposer les cartes et ne pas participer au jeu».

Elle est morte! (c'est mort) «il n'y a plus rien à faire, c'est terminé» (1918).
Locution populaire exprimant l'impuissance devant une situation figée, «morte».
D'après Esnault, *la* renverrait à la chance de réussite, capable de modifier une situation. Elle peut aussi connoter le simple achèvement, la fin (d'une journée, d'une
tâche, par exemple).

Il faut laisser les morts ensevelir les morts [LOC. PROV.] «savoir sacrifier les
choses moins importantes à l'essentiel, choisir le présent contre le passé». La formule est adaptée d'une parole du Christ en réponse à un disciple, qui avant de le
suivre, voulait enterrer son père (Luc 9, 59-60).

Le mort saisit le vif. Maxime juridique du XVIIᵉ s. (Pierre de l'Hommeau,
Maximes du droit françois, 1614) stipulant qu'à l'instant où quelqu'un meurt, son
héritier devient automatiquement, et sans formalité, le propriétaire de ses biens.

Vieilli. *Les morts ont toujours tort.* On dit plutôt *les absents* ont toujours tort,* d'une
manière moins pessimiste.

Les morts ne mordent plus «ne peuvent plus nuire à personne». On dit en
anglais : *dead dogs don't bite* «les chiens morts ne mordent plus». La même transposition au domaine animal existe aussi en français (→ ci-dessous MORTE LA BÊTE,
MORT LE VENIN).

Les morts vont vite «sont vite oubliés par les vivants». Refrain de la célèbre
ballade fantastique *Lénore* (1773), du poète romantique allemand Bürger, souvent cité.

Morte la bête, mort le venin « le méchant cesse de nuire quand il est mort » (1538, B. des Périers). La bête venimeuse symbolise la méchanceté. On donne parfois à ce proverbe une interprétation abstraite : « l'effet disparaît avec la cause qui l'a produit ».

MORVEUX adj.

Il vaut mieux laisser son enfant morveux que de lui arracher le nez [LOC. PROV.] « le remède est parfois pire que le mal » (XVIIᵉ s., Oudin).

Qui se sent morveux, (qu'il) se mouche [LOC. PROV.] « que celui qui se sent visé par une critique en tire son profit » (XVIᵉ s., Marot, Baïf) → QUI SE SENT GALEUX*, SE GRATTE.

MOT n. m.
Du bas latin *muttum* « grognement, son émis », qui, au contact de verbes comme *dire* (en ancien français *sonner*), prend le sens de « parole ». C'est un dérivé du verbe *muttire* (lat. class. *mutire*), d'origine onomatopéique, signifiant d'abord prononcer le son « mu », et « marmonner ».

Mot entre dans de nombreux syntagmes nominaux figés : *bon mot, mot d'esprit* « plaisanterie, saillie » ; *mot pour rire* « destiné à provoquer le rire » ; *jeu de mots* (→ JEU) ; *le fin mot (de l'affaire, de l'histoire, de l'énigme)* « ce qui en donne la clef, l'explique », → FIN ; le mot de la fin « le dernier mot, ce qui clôt une discussion » ; *grand mot* « façon emphatique de s'exprimer » ; *gros mot* « mot grossier, juron » (*mot de Cambronne** ou *mot de cinq lettres,* par abrév. *les cinq lettres** → LETTRE).

Dernier mot « réponse définitive, ultime concession ». La métaphore est commerciale. Dans un marché, le *dernier mot* désigne le dernier prix offert ou demandé pour un produit, une denrée, au-delà duquel aucun marchandage n'est plus possible, puis, par métaphore, la dernière concession qu'on peut faire. L'expression s'emploie dans des formules comme : *c'est votre dernier mot ?* « c'est votre réponse définitive ? » ou *il n'a pas encore dit son dernier mot* « il peut encore intervenir, modifier la situation ».

À mots couverts « en termes voilés » (XVIIᵉ s.), d'après le sens de *couvrir* « cacher, dissimuler », soit pour cacher ses intentions, soit pour dissimuler une réalité peu compatible avec la bienséance *(dire, exprimer... à mots couverts).* Une autre façon d'exprimer cette idée est fournie par *à demi mot* qui se construit plutôt avec *comprendre, entendre* (« sans que l'idée, la chose soit exprimée complètement »).

> Je fis cependant signe de l'œil à Scoti, qui m'entendoit à demi mot.
>
> Abbé PRÉVOST, *Mémoires et Aventures d'un homme de qualité,* t. III, p 134.

Au bas mot « au minimum » ; d'abord, « au plus bas prix », d'après le sens spécial de *mot* « prix offert ou demandé pour une marchandise ». Marque le niveau inférieur d'une évaluation quantitative.

En un mot « pour résumer, pour en finir » (1538, R. Estienne). Procédé rhétorique destiné à mettre en valeur le terme adéquat qui vient clore une série énumérative. *En un mot comme en cent* (ou *en mille*) constituent les formes hyperboliques de l'expression de base.

En deux mots « très brièvement ». On trouve les var. *en trois, quatre, en quelques mots. En un mot comme en cent* « la chose étant (aussi bien) exprimée brièvement ».

> Mais non ! ça vous ennuiera. C'est une chose comme il en arrive à tous les artistes.
> Enfin ! je vais vous raconter ça en deux mots *(il tire sa montre et regarde l'heure)* parce qu'il faut que je m'en aille travailler.
>
> C. CROS, *Monologues,* p. 277.

Mot à mot « textuellement, en suivant l'ordre littéral des mots » (fin XIIᵉ s.). *Traduction mot à mot* « littérale ». La locution est lexicalisée : *faire du mot à mot.*

Mot pour mot «sans changer un mot, avec une rigoureuse exactitude».
L'expression, synonyme de la précédente, caractérise la conformité à son modèle
d'un discours rapporté.

> Tu verras du reste tous les débats mot pour mot parce que j'avais à moi [...] un sténo-
> graphe qui a tout pris.   G. FLAUBERT, *Correspondance*, IVᵉ série, p. 158.

> Voici mot pour mot. me dit-il. quand nous fûmes assis. ma conversation avec le Prince...
>   M. PROUST, *À la recherche du temps perdu*, t. II. p. 705.

Sans mot dire «en silence» (1665, La Fontaine). *Mot* a perdu ici sa valeur
concrète et fonctionne comme un adverbe négatif (→ SOUFFLER MOT).

> Julien salua. et se retira sans mot dire. laissant le marquis fort étonné : il était
> hors d'état de parler. il s'enferma dans sa chambre.
>   STENDHAL, *Le Rouge et le Noir*, p. 546.

Un mot plus haut que l'autre (avec des verbes signifiant «dire» ou «entendre»
et précédé de termes à valeur négative) «d'un ton égal, sans colère». La loc. se
donne pour la traduction objective, en termes d'amplitude auditive également répartie à l'intérieur d'un discours tenu ou entendu, d'où est évacuée toute manifestation passionnelle, tout éclat (spécialement la colère).

> Aussi fallait-il voir comme le mari était heureux ! Un petit ménage si gentil et propre.
> et qui s'adorait. et où on n'entendait jamais un mot plus haut que l'autre !
>   É. ZOLA, *Pot-Bouille*. t. I, p. 78.

Plusieurs loc. verbales sont formées avec *avoir* :

Avoir son mot à dire «être en droit de donner son avis» (cf. *avoir voix au
chapitre*). *Avoir* signifie ici «être en droit, être autorisé à», et *mot* précédé du possessif a le sens d'«opinion personnelle». On disait au XVIᵉ s. *dire son mot* (1553, Bible
Gérard) dans le même sens.

Avoir le dernier mot «l'emporter dans une discussion, ne plus trouver de con-
tradicteur» (XVIIᵉ s., Fénelon). *Le dernier mot* connote ici la supériorité dans l'argumentation. Celui qui, dans la joute oratoire, parle le dernier, est le plus fort.

Avoir des mots avec quelqu'un «une altercation». Les «mots» désignent ici
l'expression verbale de l'agressivité. On disait déjà *faire mot à quelqu'un* «l'attaquer
verbalement», au milieu du XIIIᵉ s.

Dire deux mots à quelqu'un «lui faire une réprimande» (1718, Acad.). *Deux*
connote ici la brièveté et la précision (cf. *en deux mots* «rapidement et d'une façon
explicite et rapide»).

> Tout ce qui n'est pas gentilhomme. qui vit chez vous et reçoit un salaire est votre
> domestique. Je vais dire deux mots à ce monsieur Julien. et lui donner cent francs.
>   STENDHAL, *Le Rouge et le Noir*. p. 252.

Se donner le mot «s'entendre, se mettre d'accord avec quelqu'un» (fin
XVIIᵉ s.). La formule exclamative *vous vous êtes (ils se sont) donné le mot !* s'emploie
souvent pour s'étonner d'une circonstance qui rapproche deux personnes et qui,
malgré son caractère fortuit, paraît avoir été convenue à l'avance entre elles. La
locution est une ellipse de *se donner le mot de passe* ou *le mot du guet*, littéralement
«se transmettre la formule codée qui permet de pénétrer dans un lieu gardé par
une sentinelle». Métaphoriquement, *mot* désigne l'objet d'un accord explicite, puis
tacite, entre deux personnes.

Lâcher le mot «émettre avec brusquerie ou réticence une parole incongrue
ou inconsidérée». En incise, l'expression marque la réticence ou la mise en évidence
d'un terme (→ aussi DISONS★ LE MOT).

> Ce que je vous demanderais, le cas échéant. n'est qu'une malhonnêteté. Ce n'est pas.
> lâchons le gros mot. un mouchardage.   R. VAILLAND, *Bon Pied. Bon Œil*, p. 134.

Ne pas mâcher ses mots «dire les choses crûment, sans ménagement».

Manger la moitié des mots «prononcer indistinctement» (1690, Furetière).
On trouve aussi : *manger ses mots.*

Se payer de mots «s'illusionner par de belles paroles» (XVIIe s., Malebranche).
Se payer de (discours) est à comprendre au sens de «satisfaire, se contenter de». On
disait aussi au XVIIe s. *(se) payer de raisons* (Oudin).

> [...] ne pas payer de mots ni se payer de mots (choses que l'écrivain tout le premier
> doit regarder comme trop précieuses pour en faire une monnaie de singe) [...].
>
> M. LEIRIS, *Fibrilles*, p. 238.

> Il me semble que la fin du monde arrive. Les gens qui me parlent d'espoir, d'avenir
> et de Providence m'irritent profondément. Pauvre France, qui se sera payée de mots
> jusqu'au bout !   G. FLAUBERT, *Correspondance*, VIe série, p. 196.

Prendre (qqn) au mot «accepter immédiatement une proposition faite par
quelqu'un qui ne croyait pas qu'elle serait prise au sérieux» (1549, R. Estienne).
Mot a ici sa valeur commerciale d'«offre». Au départ, l'expression était à comprendre
dans ce contexte, au sens de «se saisir de, accepter l'offre faite par quelqu'un». Elle
a acquis une motivation secondaire et correspond à «prendre quelqu'un à ses
propres paroles».

> Forcée de m'avouer que je vis à ses dépens depuis trois ans, pour adoucir cette humilia-
> tion elle me parlait de mon génie, de l'orgueil d'être ma fille ; elle avait foi
> dans mon œuvre !... Et moi, je l'avais prise au mot.
>
> É. AUGIER, *Maître Guérin*, IV, 5, p. 304.

> Mon cher ambassadeur, lui dit-il, vous me disiez ce matin que vous ne saviez pas
> comment me prouver votre reconnaissance ; c'est fort exagéré, car vous ne m'en devez
> aucune, mais je vais avoir l'«indélicatesse de vous prendre au mot».
>
> M. PROUST, *À la recherche du temps perdu*, t. II, p. 261.

Souffler mot «émettre un son, parler». S'emploie exclusivement à la forme
négative : *ne pas souffler mot, sans souffler mot.* La valeur de *mot* est celle d'un
adverbe négatif, fréquent dans d'anciens tours comme *ne sonner, ne tinter, ne dire
mot* (→ SANS MOT* DIRE), *ne savoir mot* «ne rien dire, ne rien savoir, etc,» (littéralement «pas un mot»). *Pas un traître mot* en est la forme emphatique.

> Le paysan avait l'air de ne pas comprendre.
> — Si l'on sait que je me suis évanoui, dit Octave, on se moquera de moi. — Ah !
> j'entends, dit le paysan, comptez que je ne soufflerai mot, il ne sera pas dit que je
> vous ai fait perdre votre pari.   STENDHAL, *Armance*, p. 117.

(En) toucher un mot à (qqn) «parler brièvement de quelque chose à quelqu'un» (v. 1560, Du Bellay). *Toucher* a le sens de «mentionner brièvement, signaler».

> Il me dit avec un gros rire :
> — Ah ! oui, l'avance du temps. À mon dernier voyage à Dôle, il y a deux mois, le
> sous-préfet m'en a parlé. Je crois me rappeler aussi que les journaux en ont touché
> un mot. Une bonne blague pour amuser les gens. Avancer le temps, vous pensez !
>
> M. AYMÉ, *Le Passe-Muraille*, p. 109.

> — Tu vas voir Mme Tim ?
> — Il s'agirait peut-être de lui toucher un mot ou deux à propos de la femme de trente
> ans, dit-il [...].   J. GIONO, *Un roi sans divertissement*, p. 223.

Trancher le mot «se décider à employer un terme particulier» (de préférence à tout autre). *Trancher* signifie, dans ce contexte, «décider, se résoudre à».
L'expression, surtout en incise, correspond à un procédé rhétorique de mise en évidence d'un terme qu'on risque avec précaution. Elle équivaut, en plus énergique,
aux expressions *disons-le, disons le mot* (→ DIRE).

> Tout le monde rit du récit de la duchesse et d'autres analogues, c'est-à-dire, j'en suis
> convaincu, de mensonges, car d'homme plus intelligent, meilleur, plus fin, tranchons le
> mot, plus exquis que ce Luxembourg-Nassau, je n'en ai jamais rencontré.
>
> M. PROUST, *À la recherche du temps perdu*, t. I, p. 539.

Qui ne dit mot consent → CONSENTIR.

MOTIF n. m.

Pour le bon motif « avec intention de mariage » (1839, H. Monnier). L'expression, héritée d'une conception des relations sentimentales qui fait aujourd'hui sourire, ne s'emploie plus qu'en manière de plaisanterie. On opposait *le bon motif* à *l'autre motif,* dont la désignation vague cherchait à voiler l'inavouable des relations sexuelles.

Même motif, même punition, formule de la justice distributive militaire, parfois plaisamment reprise pour souligner l'identité des causes et des effets.

1. MOU adj.

Mou comme une chique (ou *une chiffe*) → CHIQUE, CHIFFE.

2. MOU n. m.

Fam. ***Bourrer le mou (à qqn)*** « chercher à tromper en racontant des mensonges », par analogie formelle avec *bourrer le crâne. Mou* est une désignation populaire de « cervelle » (métaphore de substance).

> J'essayais de lui faire concevoir sur quels genres d'obstacles on butait... et comme nous
> nous épuisions en tristes efforts de plus en plus inutiles... Elle me reluquait indécise...
> Elle croyait que je lui bourrais le mou...
>   L.-F. CÉLINE, *Mort à crédit,* Livre de poche. p. 347.

Fam. ***Rentrer dans le mou (à quelqu'un)*** « se jeter sur lui, l'agresser physiquement », par analogie formelle avec *rentrer dans le chou. Mou* exploite la ressemblance phonique avec *chou* et désigne d'une façon assez indifférenciée les parties charnues de l'individu présentées comme exutoire idéal de l'agressivité qu'il déchaîne (le mou n'offre pas de résistance aux coups).

MOUCHE n. f. C'est le nom d'insecte le plus fertile en locutions. Il faut d'ailleurs remarquer que dans la langue classique, *mouche* désigne de nombreux insectes, soit employé seul, soit avec un déterminant (*mouche à bœufs, bovine* « taon »; *mouche à chien* « tique »; *mouche de Saint-Jean* « luciole »; *mouche guespe; mouche cornue* « scarabée »; *mouche à miel* « abeille », etc. On voit que le domaine est large). La plupart des expressions formées avec *mouche* ne concernent pas spécifiquement l'insecte diptère que nous désignons par ce nom.

L'aube des mouches (*in* Rabelais) « les heures qui suivent le lever du soleil ».

Enculeur de mouches « personne tatillonne ». *Enculage de mouche* → ENCULAGE.

Une fine mouche « personne fine et rusée » (xvᵉ s.). L'expression est à rapprocher du sens métaphorique de *mouche* « menteur, espion », qui a cédé la place au dérivé *mouchard.* Mais *mouche* y conserve sa valeur première d'« insecte », employé dans une métaphore plus générale (l'insecte est rapide, insaisissable; il est témoin sans être vu; cf. le sémantisme de *puce*).

> [...] je serrai la main du duc de Châtellerault que j'avais déjà rencontré chez Mme de
> Villeparisis, de laquelle il me dit que c'était une fine mouche.
>   M. PROUST, *À la recherche du temps perdu,* t. II, p. 431.

La mouche du coche « une personne qui s'agite inutilement en prétendant apporter une aide précieuse ». On dit surtout : *faire, jouer la mouche du coche.* Malgré le vieillissement du mot *coche,* choisi par La Fontaine pour former avec *mouche* un titre de fable allitéré (VII, 9 : « Le Coche et la Mouche »), l'expression s'est maintenue.

> Ses critiques, même quand elles étaient injustes [...], servaient à secouer l'inertie,
> empêchaient le laisser-aller [...]. Il était utile à sa manière...

— Comme la mouche du coche, dit Beau Masque.

R. VAILLAND, *Beau Masque*, in *Ph. Sl.*

[...] notre tour était arrivé et l'irrévérencieux courtisan et photographe zélé, soudain impatient et affairé plus que la mouche du coche, nous poussant, se répandant, saluant à la ronde avec importance, faisant mille et mille courbettes pour ne pas passer inaperçu [...].   B. CENDRARS, *Bourlinguer*, p. 119.

Le jésuite vous a donné au moins un bon conseil : restez à la maison et occupez-vous de votre gosse. J'ajoute : ne faites pas la mouche du coche.

R. VAILLAND, *Bon Pied, Bon Œil*, p. 189.

Patte de mouche (→ PATTE) a été précédé par *pied de mouche* (XVIIe s.) au sens de «écriture fine et peu lisible». On disait aussi *disputer, faire querelle sur un pied de mouche* «sur une chose insignifiante».

Vx. **Dru, menu comme mouches** «en grand nombre».

Vx. **Connaître mouches en lait** «reconnaître ce qui est évident». L'opposition noir-blanc rend aisément perceptible la mouche malgré sa petitesse.

Vx. **Faire d'une mouche un éléphant** «exagérer les choses».

Faire mouche «atteindre son but, toucher juste» (fin XIXe s.). On appelle *mouche*, par analogie (de couleur et de forme) avec l'insecte, le point noir placé au centre d'une cible.

Ils rotent et rient ils ont les mains poisseuses de sucre les plus jeunes sont impressionnés par mes cris quand une pierre fait mouche. T. DUVERT, *Paysage de fantaisie*, p. 95.

Prendre la mouche «se fâcher brusquement pour un sujet peu important». À rapprocher de *disputer sur un pied de mouche* (vx) et de *quelle mouche le pique ? Prendre* a ici la même valeur que dans *prendre ombrage*, c'est-à-dire «recevoir, ressentir l'effet de...»; il s'agit sans doute des effets des piqûres d'insecte sur les bestiaux ou les chevaux. Mais l'expression a dû être sentie très tôt comme figurée : *mouche*, au XVIe s., s'emploie au sens de «pensée brusque, souci».

Je me souviens bien, j'étais moi-même, à cette époque, assez ombrageux, susceptible...
Je prenais la mouche pour des riens... J'ai été en cent occasions à deux doigts d'un duel !   L.-F. CÉLINE, *Mort à crédit*, Livre de poche, p. 351.

Tomber (crever) comme des mouches «massivement». La dépréciation réduit les victimes à n'être que des insectes, insignifiants et nombreux. L'expression suggère la dérision.

La fièvre est ici comme Mars en carême.
Au cimetière on va toucher sa ration.
Le zouave a nommé ça — Parisien quand même —
Le jardin d'acclimatation.

Consolez-vous. Le monde y crève comme mouches.

T. CORBIÈRE, *Les Amours jaunes*, p. 835.

Tuer les mouches à quinze pas «avoir mauvaise haleine». Balzac écrivait : *tuer les mouches au vol*.

Tuer comme des mouches «en grand nombre» → TOMBER COMME DES MOUCHES (ci-dessus).

[...] mais il n'est pas plus criminel dans l'affaire de Nanterre que vous ne l'êtes. C'est un Corse, c'est dans leurs mœurs de se venger, de se tuer les uns les autres comme des mouches. H. de BALZAC, *Splendeurs et Misères des courtisanes*, p. 1114.

On ne prend pas les mouches avec du vinaigre [LOC. PROV.] «on n'obtient rien de personne par la force». Variante : *on prend plus de mouches avec du miel* (ou *du sucre*) *qu'avec du vinaigre*.

Quelle mouche le pique (l'a piqué) ? «pourquoi se fâche-t-il brusquement ?» La piqûre d'insecte correspond ici au sursaut de colère : une symbolique différente régit *la puce à l'oreille* → PUCE.

Nous gagnâmes le camp. Malemute, qui n'avait pourtant jamais été sevré de caresses, se demandait bien, après la scène du déménagement de l'heure précédente, quelle mouche nous piquait.   G. GIL, *Plantain, L'Herbier et Cie*, p. 107.

Il ne ferait pas de mal à une mouche « il est incapable de faire du mal à qui que ce soit ».

On entendrait (aurait entendu) une mouche voler « le silence est (était) absolu » → VOLER 1.

Vous parlez si le fils Baculard aurait raté sa place d'un millimètre et d'une seconde. On aurait entendu voler une mouche. On le buvait des yeux le Langlois. Ça, c'était un homme !   J. GIONO, *Un roi sans divertissement*, p. 125.

MOUCHER (SE) v. pr.

Fam. **Ne pas se moucher du pied (du coude)** « avoir de grandes prétentions, se croire quelqu'un d'important » (XVIIe s.). Au XVIe s., ces expressions avaient une valeur un peu différente et signifiaient plutôt « ne pas se laisser tromper » (*moucher* = tromper) et donc « faire preuve d'habileté, de savoir-faire ». Elles paraissent s'expliquer à partir de la locution *savoir moucher son nez* « savoir se conduire, être habile » (XVIe s., *in* Huguet). On peut les comparer avec les valeurs négatives d'expressions comme *se moucher du coude, du pied* « se laisser berner, être maladroit, incompétent ou inexpérimenté », qui datent du XVIIe s., mais ne se sont pas maintenues. Au contraire, l'emploi de la forme négative, qui subsiste seule, leur rend en partie une valeur positive. Pourtant, *ne pas se moucher du pied* (ou *du coude*) n'a plus aujourd'hui le même sens qu'au XVIIe s., où il s'agissait de la reconnaissance d'une supériorité réelle. Ces loc. sont aujourd'hui comprises comme contestation d'une supériorité illusoire, d'une compétence surévaluée.

MOUCHOIR n. m.

Grand comme un mouchoir (de poche) « exigu, tout petit (d'une surface, d'un terrain, d'une habitation...) ».

Un jardin large comme un mouchoir, où poussent des oignons, quelques choux, du persil [...].   G. de MAUPASSANT, *Le Retour, in Yvette*, p. 183.

— Et dire, murmura madame Baudu de sa voix fatiguée, que nous avons vu cette maison-là grande comme un mouchoir de poche !
                                                                          É. ZOLA, *Au Bonheur des Dames*, t. I, p. 30.

Dans un mouchoir « en peloton serré », en parlant de l'arrivée d'une course de chevaux ou de cyclistes (1909, Esnault). Développe l'image d'un groupe homogène massé sur une surface réduite.

Faire un nœud à son mouchoir → NŒUD.

Vieilli. **Jeter le mouchoir (à une femme)** « lui donner la préférence, la choisir parmi d'autres » (1690, Furetière), par allusion à une coutume prétendument orientale, par laquelle le sultan choisissait de cette manière la femme vers qui allait son désir.

Il les admettait à son souper, se faisait le sultan de ces étranges houris et jetait le mouchoir sans aucune précaution préalable à celle dont les yeux libertins frappaient le plus sa confiante lubricité.   GORON, *L'Amour à Paris*, t. I, p. 223.

MOUILLER v. tr.

Fam. **Mouiller sa culotte, son froc** « avoir peur ». Euphémisme pour *pisser dans sa culotte*. Lexicalisé par un emploi spécial de *mouiller*.

Poule mouillée → POULE.

MOULE n. m. Du latin *modulus* « type, modèle ».

Vieilli. *Fait au moule* « bien fait, qui a des formes harmonieuses », en parlant de l'anatomie humaine (vers 1700) → aussi FAIT AU TOUR*. *Des jambes faites au moule ; être fait au moule.*

    Être (avoir été) coulé, jeté dans le même moule « se ressembler beaucoup » (1672, Mme de Sévigné), « être équivalent, comparable » (avec un sujet de chose).

> Quant à leurs discours, ils parlent très bien, mais tout de même. Le rabâchage du
> [...] e Gillenormand, le délire final de Valjean, l'humour de Cholomiès et de Gantaire,
> tout cela est dans le même moule.   G. FLAUBERT, *Correspondance*, Vᵉ série, p. 35.

    Le moule (en) est cassé (brisé) « c'est quelqu'un d'irremplaçable, d'unique en son genre » (XVIIIᵉ s.). La métaphore du moule brisé (ou perdu) suggère la perte irréparable d'un objet unique qui ne peut plus être reproduit. L'expression est vieillie.

> On dira plutôt, avec attendrissement, Ah, ces vieux compagnons, la race en est éteinte
> et le moule cassé.   S. BECKETT, *Molloy*, p. 177.

    MOULIN n. m. Nombreux syntagmes figés, plus ou moins lexicalisés *(moulin à vent ; à café, à légumes)*.

Fam. *Moulin à café* « mitrailleuse » (1870, Larchey). La finalité réelle de l'engin est ironiquement dissimulée derrière une activité ménagère *(moulin* signifie ici « instrument de ménage servant à écraser, à broyer » : le sens et le syntagme sont récents dans l'histoire du mot). À noter que le mot *moulin* désigne globalement en argot tout moteur ou instrument mécanique, par vague analogie de fonctionnement.

> Le moulin à café! Un des nôtres, écoute voir : les coups sont réguliers tandis que
> ceux des boches n'ont pas le même temps entre les coups; ils font : tac... tac-tac-
> tac... tac-tac... tac...   H. BARBUSSE, *Le Feu*, t. II, p. 13.

Moulin à paroles « personne très bavarde » (fin XVIIIᵉ s.). Au XVIIᵉ s., l'expression désigne la langue, par analogie de fonctionnement (instrument qui broie comme le moulin broie le grain). La langue étant aussi l'un des organes de la parole, la locution s'applique ensuite par métonymie à une personne qui parle. L'idée péjorative de « bavardage » est sans doute fondée sur l'impression d'hyperfonctionnement mécanique, clos sur lui-même et incontrôlé.

> [Korsakow] n'arrivait plus à freiner le moulin à paroles qui nous avait déjà intoxiqués
> et fait bavarder à perte de vue tout le long de la route et nous raconter des histoires
> comme les Slaves font pour s'étourdir [...].   B. CENDRARS, *Bourlinguer*, p. 127.

Amener (apporter) de l'eau au moulin de (qqn) « lui donner involontairement des arguments dans un débat ». L'image est ancienne ; on la trouve dès la fin du XVIᵉ s. au sens de « fournir un profit, un avantage » *(l'eau vient au moulin*, 1587, *in* Wartburg). Au XVIIᵉ s., l'expression conserve encore cette valeur concrète : *amener de l'eau à son moulin*, c'est « procurer (à soi-même ou à autrui) un avantage matériel ». Aujourd'hui, l'expression a une valeur plus abstraite et plus spéciale, limitée au domaine de la joute oratoire.

    Se battre contre des moulins à vent « contre des ennemis ou des difficultés imaginaires » par allusion au célèbre épisode où Don Quichotte prend des moulins pour des géants agitant leurs bras.

    Entrer quelque part comme dans un moulin → ENTRER* *(quelque part comme un âne dans un moulin).*

    Jeter son bonnet par-dessus les moulins → BONNET.

    On ne peut être à la fois au four et au moulin → FOUR.

MOURIR v. intr.

On ne meurt qu'une fois! [LOC. PROV.]. Cette formule familière peut s'employer dans tout contexte où la mort est évoquée avec crainte. La tautologie a ici une fonction de «dédramatisation» : la mort est présentée comme un simple mauvais moment à passer.

Si le grain ne meurt → GRAIN.

Plus (... adj.) *que (moi, lui...), tu meurs!* «cela ne se peut pas, c'est impossible». Calque approximatif de l'italien, répandu par un film *(Plus beau que moi, tu meurs).*

MOURON n. m.

Fam.   *Se faire du mouron* «se faire du souci» (1948, Esnault). Procède de la même métaphore que *se faire des cheveux. Mouron* est un singulier collectif qui désigne la chevelure. La forme verbale *se faire* a la même valeur que dans *s'en faire,* mais est suivie d'un substantif désignant une sécrétion physiologique (→ SE FAIRE DE LA BILE★, DU MAUVAIS SANG★).

> Puis il me dit «Tu sais, Francis, ne t'en fais pas. [...] Les affaires marchent bien en
> ce moment : te fais pas de mouron!»   F. GUILLO. *Le P'tit Francis*, p. 246.

MOUSSE n. f.

Fam.   *Se faire de la mousse* «se tourmenter, s'inquiéter» (1899, Esnault). Le sens argotique de *mousse* «excrément, ordure», date de la fin du XVIᵉ s.

> Eh ben, les poteaux, ricana Filochard, quéque vous en dites de celle-là? Ça finit plu-
> tôt salement, la rigolade. — Quand on s'ferait d'la mousse, observa Croquignol, c'est
> pas ça qui nous avanc'rait bezef...   *L'Épatant*, 1908, p. 161.

Pierre qui roule n'amasse pas mousse → PIERRE.

MOUTARDE n. f.

La moutarde lui monte au nez «il est gagné par l'impatience, la colère». Cette loc. familière date du XVIIᵉ s. (1640, *in* Oudin). L'allusion à la moutarde évoque l'image d'une *irritation* progressive et irrépressible, notion exploitée dans son sens médical (les muqueuses nasales sont irritées par la moutarde aux propriétés révulsives bien connues) et dans son sens courant de «colère, exaspération». Cette métaphore physiologique, employant intransitivement *monter,* se trouve dans des expressions comme *le sang lui monte au visage, les larmes lui montent aux yeux,* dans lesquelles l'irruption des «humeurs» sont les manifestations somatiques de troubles psychologiques (ou de rupture par rapport au comportement habituel) qui échappent au contrôle de la volonté. L'emploi du mot *nez* est à rapprocher de la loc. AVOIR QQN DANS LE NEZ★ et souligne le caractère insupportable d'une situation propre à déclencher une manifestation de colère.

MOUTARDIER n. m.

Fam. et vx.   *Se croire le premier moutardier du pape* «être infatué de sa personne» (1752, Dict. de Trévoux). D'après le dictionnaire de Pierre Larousse, l'origine de cette locution ferait allusion au pape avignonnais Jean XXII, qui, grand amateur de moutarde, aurait au XIVᵉ s. créé pour son neveu une charge spéciale de *grand moutardier.* Ce type d'explication pseudo-historique, en vogue au XIXᵉ s., est aujourd'hui considéré comme fantaisiste, s'agissant d'une loc. relativement récente.

MOUTON n. m.

Mouton de Panurge, se dit des gens qui s'imitent niaisement les uns les autres. L'expression est évidemment issue du célèbre chapitre du *Quart Livre* où Rabelais décrit la vengeance de Panurge contre le négociant Dindenault : un mouton jeté à la mer, tous les autres suivent (le dernier entraînant l'infortuné marchand qui tente de le retenir).

> Est-ce ce petit musée qui décida une crémière déjà mûre à lui offrir sa main et son cœur ?
> Après tout, c'est bien possible : les femmes sont parfois « moutons de Panurge », tout comme les hommes.   GORON, *L'Amour à Paris*, t. I, p 516.

Un mouton enragé « une personne d'un naturel doux qui se met en colère ».

Le mouton à cinq pattes « chose ou personne extrêmement difficile à trouver » (→ MERLE★ BLANC). La locution est récente sous cette forme. On disait *chercher cinq pieds de mouton* ou *cinq pieds en un mouton* (XVIᵉ-XVIIᵉ s.).

> Ce qui — sans gifle nécessaire à nos poids et mesures — dépasse le quotidien mais ne se réduit pas à l'insolite, ce qui — ni pièce pour cabinet mental de curiosités, ni mouton à cinq pattes — exalte totalement ou met l'imaginaire en branle, porte à rêver. « laisse rêveur » sans doute est-ce sur ces deux terrains-là... que pousse, multiforme, le merveilleux.   M. LEIRIS, *Frêle Bruit*, p. 346.

Comme un mouton. L'adjectif le plus courant est *doux* (→ AGNEAU). *Comme des moutons* (ou *en vrais moutons* [La Fontaine]), « en imitant tout ce que font les autres » (→ MOUTON DE PANURGE).

> Jamais Gervaise n'avait encore montré tant de complaisance. Elle était douce comme un mouton, bonne comme le pain. À part madame Lorilleux, qu'elle appelait Queue-de-Vache pour se venger, elle ne détestait personne.   É. ZOLA, *L'Assommoir*, t. I, p. 173.

Revenir à ses moutons « revenir à son sujet, à ce dont il est question ». Comme les *moutons de Panurge* (ci-dessus), il s'agit d'une expression d'origine littéraire. C'est, cette fois, la *Farce de Maître Pathelin* qui en est la source.

> *Revenir à ses moutons.* C'est aussi le conseil que donna un critique à Madame Deshoulières. qui, après avoir fait l'excellente idylle intitulée *Les Moutons*, avait composé une mauvaise tragédie...   TUET, *Matinées senonaises*, p. 95.
> [...] le soir même une autre diligence me ramenait dans la direction de mon paisible chef-lieu de canton... Mais je m'égare : revenons à nos moutons.
>   A. ALLAIS, *Contes et Chroniques*, p. 190.

MOUTURE n. f.

Vieilli. *Tirer deux (dix...) moutures d'un même sac* « tirer plusieurs profits ou avantages d'une même affaire, d'une même situation ». Le sens de *mouture* est ici « prix de l'opération de meunerie » et l'expression fait allusion à une malhonnêteté commerciale (alors que *faire d'une pierre deux coups,* dont le sens global est le même, se réfère à un contexte agressif). Elle pourrait être à l'origine du sens figuré, le plus usuel aujourd'hui *(faire une deuxième, troisième mouture d'un texte).* Variante : *Tirer d'un sac deux moutures* (XVᵉ s.).

MOUVEMENT n. m.

Le premier mouvement « la réaction la plus spontanée ». *Méfiez-vous des premiers mouvements, parce qu'ils sont bons,* aurait dit Talleyrand.

Un bon mouvement « un 'mouvement' de l'âme incitant à une bonne action, généreuse ».

Se donner (prendre) du mouvement « faire de l'exercice ». Aujourd'hui l'expression ne s'utilise qu'en parlant de l'activité du corps, contrairement à l'emploi du XVIIᵉ s. (« se donner du mal, s'efforcer de... »).

Être dans le mouvement «au courant de l'actualité, de ce qui se fait» (1888, Larousse). Le mot désigne globalement tout ce qui évolue, «bouge» dans le domaine esthétique, intellectuel ou moral. L'expression est concurrencée par *dans le vent*.

> Je lui dis que je resterais couché et repoussai son offre de faire chercher chez le pharmacien l'excellente drogue. Il fut ravi de mon refus, car il craignait que des clients ne fussent incommodés par l'odeur du «calyptus». Ce qui me valut ce compliment : «Vous êtes dans le mouvement» (il voulait dire : «dans le vrai») [...].
>
> M. PROUST, *À la recherche du temps perdu*, t. II, p. 765.
>
> *N.B.* Ce lapsus par surdétermination est remarquablement repris par la langue moderne, avec l'expression *dans le coup.*

MOYEN n. m.

Les grands moyens «des procédés énergiques, utilisés en ultime recours, et qui sont censés avoir un résultat infaillible». Surtout dans : *employer les grands moyens.*

Les moyens du bord «ceux qu'on a à sa disposition immédiate dans une situation donnée». La métaphore nautique de l'embarquement à bord d'un bateau définit les limites, les contraintes d'une situation. (On dit être «embarqué» dans une affaire.)

Par le moyen de, au moyen de «par l'intermédiaire, grâce à, à l'aide de», avec un complément concret.

Fam. *Tâcher moyen de* (loc. considérée comme fautive) «chercher à, tâcher de». *Moyen* est ici explétif, le verbe *tâcher de* n'étant pas clairement compris.

> Eh! les poteaux, j'tez-en un coup, tâchez moyen de m'décrotter ça en cinq sec et de l'délayer sur la longueur de ces quatre sacrées feuilles blanches qu'on a à salir.
>
> H. BARBUSSE, *Le Feu*, t. I, p. 19.

Trouver moyen de (et infinitif) «réussir, parvenir à» (XVe s.). S'emploie souvent ironiquement, en mauvaise part. *Il a encore trouvé moyen d'emboutir sa bagnole !*

Il y a, il n'y a pas moyen de... «il est possible, impossible de...» (expression très courante, et entrée dans le lexique, notamment au négatif : *pas moyen de..., plus moyen de...* «il n'est pas [plus] possible de...»; absolt : *pas moyen!* «c'est impossible»).

Fam. *(Il n'y a) pas moyen de moyenner* «il n'y a rien à faire, c'est impossible à réaliser» (milieu XIXe s.). D'abord à la forme interrogative (1640, Oudin), puis assertive (1845, Bescherelle). Le sens populaire de *moyenner* «réussir, parvenir à un résultat» est une extension de son sens ancien de «ménager, favoriser» (XVIe, XVIIe s.).

Tous les moyens sont bons (à, pour qqn) «il (elle) emploie sans scrupules tous les moyens disponibles pour obtenir un résultat».

Qui veut la fin veut les moyens; la fin justifie les moyens → FIN.

MUET, MUETTE adj. et n.

Muet comme une carpe, comme la tombe → CARPE, TOMBE.

La grande muette «l'armée active», parfois ainsi baptisée en vertu du statut particulier des militaires qui, jusqu'en 1945, n'avaient pas le droit de vote et sont encore tenus, en matière politique, à la plus grande neutralité.

Les grandes douleurs sont muettes [LOC. PROV.]. Issue des *Méditations* de Lamartine, cette célèbre formule se fonde sur le préjugé du chagrin qui ôte la parole et sur la croyance romantique à l'existence d'une douleur pure, sans mélange et refusant de s'exprimer.

Voilà pourquoi votre fille est muette. Cette célèbre formule du *Médecin malgré lui* de Molière est devenue le type même des explications verbeuses et incohérentes, ou au contraire trop cohérentes, tautologiques.

> Troisièmement, une autre chose qui est mon affaire personnelle. Et il est inutile que je te l'explique. Voilà pourquoi notre fille est muette et qu'on va rester là toute la nuit.
> J. GIONO, *Un roi sans divertissement*, p. 84.

MULE n. f.

Entêté, têtu comme une mule « très entêté, obstiné ». De nos jours, la mule représente l'obstination ; dans la langue classique, elle symbolisait en outre le caprice *(fantasque comme une mule)* → MULET.

> J'ai perdu mon éloquence : depuis quelque temps, l'intelligence de ce pauvre homme a beaucoup baissé : il est devenu entêté comme une vieille mule. « Si tu te maries, je te déshérite », a-t-il répondu à toutes mes prières.   GORON, *L'Amour à Paris*, t. I, p. 440.

> [...] Kerloch, un gars de Douarnenez, têtu comme une mule et fort comme un bœuf.
> P. D'IVOI, *Le Docteur Mystère*, p. 72.

Chargé comme une mule → MULET.

Tête de mule « personne très entêtée ». Alors que *mule* et *mulet* sont interchangeables dans d'autres loc., celle-ci ne peut être modifiée.

Vx. *Ferrer la mule* « faire des gains illicites ». Le ferrement des montures était sans doute un des moyens proverbiaux de compter à son maître une somme supérieure à la dépense ; c'est du moins l'opinion reçue au XVIIIe s., quand Le Roux écrivait « Les Maîtres d'Hotel et les Intendans des grosses maisons savent parfaitement bien la signification de cette manière de parler, et entendent encore mieux à la mettre en pratique » (*Dict. comique*, 1752).

D'autres expressions, aujourd'hui archaïques, s'employaient aux XVIe et XVIIe s. (*tenir la mule* « attendre dehors » ; *à vieille mule frein doré* « se dit par reproche à une vieille femme qui se pare » (Le Roux) ; *être quinteux comme la mule du pape* « qui ne boit et ne mange qu'à ses heures »).

MULET n. m.

Chargé comme un mulet « très lourdement chargé » → aussi CHARGÉ COMME UN BAUDET*.

> La matinée entière fut employée à terminer les achats. Trois fois, Gervaise sortit et rentra chargée comme un mulet.   É. ZOLA, *L'Assommoir*, t. I, p. 256.

Têtu comme un mulet « très entêté ». Cet animal, comme la mule et l'âne, est le symbole de l'obstination bornée. Le mot est lexicalisé depuis le début du XIXe s. *C'est une tête de mulet, un vrai mulet* → MULE.

MULOT n. m.

Vx. *Endormir le mulot* « tromper ». Allusion aux oiseaux de proie qui tournent autour des petits rongeurs pour les fasciner et les immobiliser.

Un *endormeur de mulot*, un homme fin et adroit qui amuse les gens de belles espérances qui n'ont point d'effet, et sont trompeuses.

> On dit ironiquement, qu'un homme sçait endormir les *mulots*, pour dire qu'il sçait faire une chose aisée : et en ce cas *mulot* signifie une marmote qui dort six mois naturellement...   FURETIÈRE, *Dictionnaire*, Art. Mulot.

MUR n. m. Du latin *murus*. Ce mot connote globalement la séparation, l'obstacle.

Le mur d'argent « ce qui défend, protège le gros capital ». Expression à la mode dans les années 1920-1930, à rapprocher de *les deux cents familles*.

Le mur du son «la vitesse du son, considérée comme un obstacle technique difficile à 'franchir'». *Dépasser (franchir) le mur du çon*, se dit figurément, selon un calembour du *Canard enchaîné* pour «dépasser les limites de la 'çonnerie'».

Entre quatre murs «reclus, volontairement ou non, chez soi ou en prison» (XVIIIᵉ s.). La locution exprime l'idée de réclusion, de confinement. Elle a d'abord signifié «dans un logement vide» (1758).

> — Il était là-bas? demanda-t-elle d'une voix brève.
> — Oui, madame.
> — Alors, quoi donc, qu'y a-t-il?
> — Cette personne, madame, l'a lâché, en emportant les meubles... Je l'ai trouvé entre les quatre murs, avec une bougie.   É. ZOLA, *Pot-Bouille*, t. I, p. 256.

Se cogner (se taper) la tête contre les murs → TÊTE.

Coller (qqn) au mur «fusiller», par litote et métonymie temporelle (fin XIXᵉ s.). Allusion au mur contre lequel on plaçait les condamnés avant de les fusiller.

> Tenez bon, nom de Dieu! et, aux jours de révolution, c'est nous que le faubourg appellera; c'est eux qu'il collera au mur! Rappelez-vous ce que je vous dis là, citoyen!
>   J. VALLÈS, *L'Insurgé*, p. 75.

Faire le mur «sortir sans permission». Se dit du soldat qui s'esquive d'une caserne et du collégien de la pension où il est interne. L'expression date du début de ce siècle. On a d'abord dit *sauter le mur*, plus explicite. Par extension, s'emploie dans la langue populaire, avec un sujet de chose, au sens de «manquer, faire défaut» (1914, Esnault).

> Le groupe constatait l'absence de tout :
> — L'caoutchouc a fait l'mur, nib de bidoche, et on s'met la ceinture électrique.
> — Quant au fromgi, macache, et pas pus d'confiture que d'beurre en broche.
>   H. BARBUSSE, *Le Feu*, t. II, p. 5.

Dans le vocabulaire sportif (rugby, volley-ball), *faire le mur* a la signification, tout à fait différente, de «former une défense compacte contre l'équipe adverse».

Vx. *Ne laisser que les quatre murs* «vider complètement un lieu d'habitation de son contenu» (1740, Acad.).

Se mettre le dos au mur «s'interdire toute possibilité d'échapper à une situation». Même idée que dans le sens métaphorique de *s'acculer*.

Raser les murs «chercher à se dissimuler», en marchant au plus près des murs.

Mettre au pied du mur (1718; *réduire au pied du mur*, en 1694), «enlever toute échappatoire à qqn». *Être au pied du mur* «être contraint d'agir, ne plus pouvoir reculer».

> [...] je ne recommencerai pas la scène de tout à l'heure, je n'en ai pas la force. D'ailleurs, je suis au pied du mur. Que lui répondrais-je maintenant?
>   É. AUGIER, *Maître Guérin*, p. 302.

> Certes ils riaient beaucoup de la prétention des Verdurin de leur apprendre leur propre pays. Mais, mis au pied du mur, eux, et même leur cocher, eussent été incapables de nous conduire aux splendides endroits, un peu secrets, où nous menait M. Verdurin [...].   M. PROUST, *À la recherche du temps perdu*, t. II, p. 998.

Les murs ont des oreilles «on risque d'être épié» (1690, Furetière). On trouve *les murs ont des yeux* chez Racine. L'angoisse d'être espionné prend ici une forme hallucinée qui prête à la pierre un pouvoir humain et la munit d'organes sensoriels. Beaucoup pensent que cette expression date des périodes de guerre, car la propagande l'a utilisée alors très abondamment.

MÛR, MÛRE adj.

Des vertes et des pas mûres → VERT.

Après mûre réflexion « après avoir longuement réfléchi ».

MURAILLE n. f.

Couleur de muraille (se dit d'un vêtement, cape, manteau) « grisâtre, d'une couleur se confondant avec celle des murs ». À rapprocher de *raser les murs* → MUR.

> [...] enfin elle avait également imposé à la maîtresse de Lucien cette toilette qui, pour les femmes, est ce qu'était autrefois le manteau couleur de muraille pour les hommes.
> H. de BALZAC, *Splendeurs et Misères des courtisanes*, p. 998.

MUSCADE n. f.

Passez, muscade! « le tour est joué ». La formule s'emploie en parlant d'une opération exécutée très vite, comme par enchantement. Elle est empruntée aux faiseurs de tours qui la prononçaient chaque fois qu'ils escamotaient la *muscade*, petite boule de liège, ainsi nommée par analogie de forme avec la noix de muscade, et dont ils se servaient pour leurs tours de passe-passe.

> — Contrainte, détente... Simulation, échappement... Comme c'est drôle!... Voici que la simulation, la faculté de se montrer autre, nous apparaît tout à coup comme une propriété de l'homme sain, de l'être normal. — presque un critérium, presque une nécessité...
> — Passez, muscade... Vous faites des tours de passe-passe, mon ami.
> P. VALÉRY, *Œuvres*, t. II, p. 259.

La locution verbale *passer comme une muscade* « très vite, sans qu'on ait le temps de s'en apercevoir », s'explique de la même façon.

MUSE n. f.

Vx. *Courtiser les muses, la Muse* « s'adonner à la poésie ».

MUSÉE n. m.

Musée des horreurs « collection de choses très laides ». Le rassemblement dans un même lieu d'objets qui frappent par leur laideur est ici présenté non comme simple fait d'un hasard malencontreux, mais comme le résultat d'une volonté organisatrice visant à constituer une sorte d'anti-musée.

MUSETTE n. f.

(Qui n'est) pas dans une musette « doté de qualités certaines; remarquable, digne d'intérêt » (début XXᵉ s.). La superlation s'exprime par la négation (litote) [cf. *pas piqué des vers*], en rapport implicite avec une forme assertive hypothétique *dans une musette*, littéralement « caché dans une musette, un sac », d'où métaphoriquement « qu'on ne peut apprécier » (parce qu'à l'abri des regards), puis « sans valeur, négligeable ». L'expression s'emploie avec des substantifs concrets et parfois abstraits et appartient au registre familier.

> Ah! non, voici les voitures, ce sera pour vendredi, et je vous montrerai un tour qui n'est pas dans une musette. M. PROUST, *À la recherche du temps perdu*, t. II, p. 975.

> Ribouldingue, qui venait d'avoir une idée géniale en voyant des acolytes habillés en lutteurs, s'affubla d'un costume de sergent de ville. Oui, Ribouldingue n'était pas la moitié d'un imbécile, ah! non, et il venait de penser à une petite combinaison qui n'était pas dans une musette [...]. *L'Épatant*, 1908, p. 16.

Fam. et vx. *Couper la musette à quelqu'un* « l'interrompre brutalement » (XIXᵉ s.). La forme est à rapprocher de *couper la chique, le sifflet*. La signification globale est celle de « couper la parole ». *Musette* est une forme dialectale (bourguignonne, *in* Wartburg) de *museau* qui autorise le rapprochement morpho-sémantique avec *museler* et avec la locution argotique *faire museau* « se taire » (1886, Esnault). En outre la *musette* est un instrument de musique à vent.

Et 4°, si l'on veut que je ne l'achève pas, [mon roman], c'est d'en parler maintenant. La moindre réclame me couperait la musette, absolument.

G. FLAUBERT, *Correspondance*, VIIIe série, p. 319.

MUSIQUE n. f.

Fam.   **Connaître la musique** « savoir s'y prendre, savoir de quoi il retourne ». Vers 1880, l'expression a le sens plus restreint de «connaître tous les 'trucs', les 'ficelles' d'un métier, d'une technique». La référence au domaine musical s'explique par la somme des connaissances théoriques et pratiques (lecture des notes, exécution des morceaux) qu'elle met en jeu et dont l'entière maîtrise exige, de celui qui s'y essaie, une longue habitude et beaucoup de travail.

> J'avais beau lui répéter que son corps n'avait rien à voir avec ses idées, qu'une femme vibrait avec n'importe quel mâle pourvu qu'il ne soit pas trop moche et qu'il connaisse la musique.   A. SERGENT, *Je suivis ce mauvais garçon*, p. 66.

Par extension, la locution s'emploie au sens d'«être familiarisé avec, au courant de». Le sens de *musique* peut être alors rapproché de «chanson», «ritournelle», «disque» (cf. *c'est toujours la même chanson, changer de disque*), où la métaphore de «l'air connu» fait référence à une situation familière.

> des presque gentils et des jeunes on n'en voit pas souvent ils sont moins riches dommage on se marre avec on les fait chier tandis que les vieux ils connaissent la musique il faut vraiment y passer.   T. DUVERT, *Paysage de fantaisie*, p. 185.

Fam.   **Faire de la musique** « protester avec bruit et véhémence ».

Réglé comme du papier à musique → PAPIER.

En avant la musique! «allons-y!». *Musique* a ici le sens d'«orchestre», notamment orphéon ou musique militaire. La musique précède le cortège et le défilé; sa mise en marche est donc celle de toute la troupe.

MYOPE adj.

Myope comme une taupe → TAUPE.

MYSTÈRE n. m.

Mystère et boule de gomme «c'est très mystérieux». L'expansion plaisante *boule de gomme* est probablement empruntée au crypto-langage enfantin.

> Comment, d'un déguisement parfait parce qu'il semble que sa porteuse n'a de réalité que déguisée, peut-on passer à une aussi parfaite absence de déguisement? *Mystère et boule de gomme* : voilà ce que, présente, me soufflerait peut-être Wang Yuen-chen, à qui l'un de mes compagnons avait appris cette locution, dont elle usait un peu à tort et à travers sans cesser de s'en amuser.   M. LEIRIS, *Fibrilles*, p. 31.

Faire un mystère, faire grand mystère de... (qqch.) «refuser d'en parler, l'évoquer de manière obscure». Connote l'ironie : *faire* suppose qu'il n'y a mystère que dans l'esprit du sujet.

n

NAGE n. f.

À la nage « en nageant » (1609, M. Régnier). On a d'abord dit *à nage. Être à la nage* (avec sujet de personne) « être en plein désarroi, dans l'embarras » utilise les valeurs métaphoriques de *nager* (cf. aussi *perdre pied*). Dans le domaine culinaire, *homard à la nage* « cuit dans son court-bouillon ».

En nage « en sueur » (1690, Furetière). On a d'abord dit *estre a nage* au XVIᵉ s. (1572, Peletier du Mans). La locution passe pour une altération phonétique de *en age* dans laquelle *age* (*a* long) serait une forme dialectale d'*eau*.

> Il fait au moins vingt-deux degrés. Vingt-cinq ? Cela ne m'étonne pas. Je suis presque en nage.   M. PROUST, *À la recherche du temps perdu*, t. II, p. 219.

NANAN n. m.

D'un radical onomatopéique *nann-* attesté dans de nombreux dérivés dialectaux employés dans le langage enfantin, le mot *nanan* désigne au milieu du XVIIᵉ s. (1650, *Mazarinades*) une friandise. Le mot, en emploi isolé a disparu, mais s'est maintenu dans la locution-phrase :

C'est du nanan « c'est très bon » ou « très facile », attesté au milieu du XIXᵉ s. dans la langue populaire (1867, Delvau).

NAPHTALINE n. f.

Mettre dans la naphtaline « conserver longtemps ».

NATURE n. f.

Petite nature « personne de faible constitution physique ». L'expression est familière et légèrement péjorative. S'oppose à *force de la nature* → FORCE : on ne dit pas *grande* ou *grosse nature*. Dans ce contexte et accompagnée d'un déterminant (article indéfini, adjectif), *nature* désigne la constitution physique ou psychique *(heureuse, bonne nature)* individuelle.

Seconde nature « caractère ou ensemble de caractères acquis, par opposition aux caractères innés » (→ aussi HABITUDE). *Second* est à comprendre à la fois au sens chronologique de « postérieur » et au sens analogique de « comparable (en force) à la nature première des caractères innés ».

> [...] elle élude, elle glisse sur son beau-père... Moi aussi, j'insiste jamais quand je respire les vapes... J'ai même pas appris, c'est comme une seconde nature.
>   A. BOUDARD, *Cinoche*, p. 45.

État de nature « situation hypothétique de l'homme avant la constitution d'une société ». Expression en usage au XVIIIᵉ s. (notamment chez Diderot, Rousseau), et conservée pour parler de ces théories.

Depuis le XVIIᵉ s., dans la théologie catholique, l'expression s'applique à l'état de l'être humain avant sa régénération par la grâce.

Depuis le début du XIXᵉ s. (1812, Mozin), elle désignait aussi la nudité, sous une forme parfois renforcée : *état de pure nature* «nudité intégrale» → LE COSTUME* D'ADAM, D'ÈVE.

Contre nature «qui s'oppose à l'ordre naturel des choses» (XVIIᵉ s.). L'expression met clairement en valeur l'intrication du moral et du biologique en affirmant l'existence d'un ordre moral prédéterminé et garanti par un ordre naturel, «norme» ou «loi». C'est cette association qui est couramment appelée «naturelle» ou «normale». En fait, l'expression justifie la condamnation de tout ce qui porte atteinte à l'ordre culturel. Cette perspective moralisatrice est particulièrement explicite dans des syntagmes comme *vices contre nature* «perversions sexuelles», *alliance, mariage contre nature*, d'abord «biologiquement impossible», puis «mal assorti». La confusion, semi-volontaire entre *nature* et *ordre social, moral, norme culturelle* est ici clairement à l'œuvre.

> Finalement l'image traditionnelle d'un paradis terrestre où toutes les bêtes cohabitent paisiblement entre elles et avec les humains dans une promiscuité niaise et idyllique a quelque chose de flasque et de rebutant, sans doute parce que tout à fait contre nature.
>
> M. TOURNIER, *Les Météores*, p. 521.

Fam. *Dans la nature* «quelque part dans un lieu quelconque, non défini». Exprime de manière très vague la localisation. Appartient au registre familier. *Disparaître dans la nature* «on ne sait où». La *nature* est ici un milieu spatial neutre et mal connu (→ DANS LE PAYSAGE*).

De nature à (et l'infinitif) [LOC. PRÉP.] «susceptible de, propre à».

Par nature, de nature «spontanément, de manière innée». On disait au XIIIᵉ s. (La Bruyère) *de sa nature*.

Payer en nature «avec des objets réels, sans intermédiaire monétaire», en parlant d'un échange, d'une transaction (milieu XIXᵉ s.). Au XVIIIᵉ s., la locution *en nature* signifie «avec des produits du sol» (Rousseau). Aux XVᵉ s. et XVIᵉ s., *les biens en nature* sont ceux qui ne sont pas aliénés. Familièrement et depuis le milieu du siècle dernier, *payer en nature* se dit d'une femme qui s'offre en échange d'un service rendu. *Nature* a explicitement sa valeur économique d'échange, de troc, et l'activité sexuelle s'y définit comme valeur marchande, mais ceci n'efface pas la valeur de *nature* «parties sexuelles» et «instinct sexuel».

Vieilli. *Payer son tribut à la nature* «mourir» (XVIIᵉ s.). Propre à la rhétorique classique (chez La Fontaine, notamment), cette expression métaphorique ne s'emploie plus que plaisamment. La mort y est vue comme le résultat d'un pacte passé entre l'homme et la nature et par lequel il accepte le sort général de tout être vivant. Cette forme de rationalisation à double composante, scientifique et éthique, replace le phénomène de la mort dans le système normalisant et finalement rassurant d'une nécessité biologique inévitable.

NATUREL adj. et n.

Enfant naturel «bâtard» (1398). Malgré les connotations explicitement juridiques de l'expression (dans ce contexte, *naturel* s'oppose à *légitime*), l'enfant naturel est considéré comme un produit de la nature et la procréation comme loi de l'espèce assimilant l'homme à l'animal. Une intervention humaine (culturelle, morale) définit juridiquement la naissance à l'intérieur d'un cadre familial dûment codifié, et seuls des parents mariés pourraient procréer des enfants «selon la loi» (légitimes). Les autres, les *enfants naturels*, sont rejetés à l'ordre pré-moral (pré-religieux).

Au naturel « sans affectation, avec exactitude ». Au XVIᵉ s,. « d'après nature » en parlant d'une peinture. L'acception culinaire « sans préparation, sans assaisonnement », date du XIXᵉ s. (1829, Boiste) : dans ce cas, on emploie aussi *nature* en apposition : *thon au naturel, thon nature*.

Chassez le naturel, il revient au galop [LOC. PROV.] « il est impossible de se débarrasser totalement de ses tendances naturelles ». Passé à l'état de proverbe, ce vers de la comédie de Destouches *Le Glorieux* (1732) est lui-même emprunté à un proverbe traduit d'Horace : *chassez le naturel avec une fourche, il reviendra toujours en courant* (*Épîtres*, I, x, 24).

NAVET n. m.

Fam.   *Avoir du sang de navet* « manquer de vigueur ou de courage » (début XXᵉ s.). L'image du sang blanchâtre suggère l'anémie et métaphoriquement connote la lâcheté → SANG.

NAVETTE n. f.

Faire la navette « aller et venir régulièrement d'un lieu à un autre » (avec un sujet nom de personne). Attestée au milieu du XVIIIᵉ s. chez Saint-Simon, la locution est empruntée au vocabulaire du tissage. *Navette* est lexicalisé dans ce sens.

> La guerre était venue et nous avait privés (j'en étais enchantée) des étés de France. Aussi vivions-nous là-bas pendant les trois longs mois bouillants, faisant la navette entre la ferme au milieu des vignes et la villa du bord de mer [...].
>
>   M. CARDINAL, *Les Mots pour le dire*, p. 104.

NÉ, NÉE adj.

Ne pas être né d'hier (de la dernière pluie, de la dernière couvée) « avoir de l'expérience, ne pas être naïf », par référence à l'innocence de « l'enfant qui vient de naître ».

NÉANT n. m.

Réduire à néant « anéantir » (1691, Bossuet). On trouve d'abord *réduire au néant* (1447, du Cange). *Mettre au (à) néant* ne s'emploie plus, sauf dans le vocabulaire juridique (*mettre une appellation à néant* « débouter une partie de son appel »).

NÉCESSITÉ n. f.

Vieilli.   *De toute nécessité* « obligatoire(ment) ». *De nécessité,* en usage au XVIIᵉ s., ne se dit plus.

Faire de nécessité vertu « accomplir de bonne grâce un devoir pénible » (vers 1265, *Roman de la Rose*). Cette locution s'est maintenue ; elle appartient plutôt au style soutenu. Elle est traduite du latin médiéval (*Facere de necessitate virtutem*) et a des équivalents en anglais, en espagnol et en allemand. Ses connotations moralisatrices sont évidentes. On la trouve sous forme de précepte dans l'une des *Épîtres* de saint Jérôme, au Vᵉ s. Elle avait alors une valeur plus littérale, compatible avec la morale chrétienne, les circonstances contraignantes étant pour celui qui les acceptait l'occasion d'un surcroît de mérite.

Nécessité fait loi [LOC. PROV.] « certains actes sont justifiés par leur caractère inévitable ». Ce proverbe a connu plusieurs variantes entre le XVᵉ et le XVIIᵉ s. *Nécessité n'a point de loi* (vers 1410), *nécessité contraint la loi* (1690, Furetière) sont les formes les plus courantes. Il paraît s'agir d'une adaptation d'une sentence latine attribuée à Publilius Syrus : *la nécessité donne la loi et ne la reçoit pas*. Elle a été reprise au XIIᵉ s. par saint Bernard dans son *Traité sur le précepte et la dispense*, sous la forme *la nécessité n'a pas de loi et excuse la dispense*. D'une façon globale, ce proverbe sert à légitimer le caractère exceptionnel d'une mesure au nom de circonstances elles-mêmes exceptionnelles.

> Pour vous parler avec sincérité, lui répondit la d'Aisnon, je fais un métier périlleux, infâme, peu lucratif, et qui me déplaît, mais la nécessité contraint la loi.
>
> Diderot, *Jacques le Fataliste*, p. 605.

> — Ce sont tous des gueux, des fieffés fripons. Monsieur le chevalier, n'êtes-vous point las de passer par ces mains-là ?
>
> — Nécessité n'a point de loi.
>
> — La nécessité qui vous presse est une plaisante nécessité, une bouillotte, une partie de la belle, quelque fille.
>
> DIDEROT, *Jacques le Fataliste*, p. 691.

Vieilli. *Nécessité est mère d'industrie* «les contraintes extérieures rendent ingénieux». Adaptée au XVIIIe s. (1740, Gresset) de Swift *(Les Voyages de Gulliver)*, cette glorification de l'inventivité n'a pas eu de fortune durable. Elle est certainement plus familière à la culture d'Outre-Manche, le mythe de Robinson Crusoé en étant l'illustration.

NEC PLUS ULTRA loc. latine.

Nec plus ultra «ce qu'il y a de mieux» (1773), de l'inscription *non plus ultra*, «pas au-delà» portée sur les colonnes d'Hercule. Lexicalisée, l'expression a perdu sa motivation spatiale et exprime la valeur qualitative la plus haute.

> — [...] je voulais seulement dire qu'il y a dans toute la famille, de ce côté-là, un sens politique dont on a pu voir, chez l'admirable princesse Clémentine, le nec plus ultra [...].
>
> M. PROUST, *À la recherche du temps perdu*, t. II, p. 242.

NÈFLE n. f.

Des nèfles! «rien du tout!». Forme hyperbolique de la négation populaire, à rapprocher formellement de *des clous, la peau*. Cette formule énergique de refus à une demande date du XVIIe s. On la trouve déjà chez Oudin (1640) et, développée, chez Furetière (*On vous donnera des nèfles*, «vous n'obtiendrez rien»). L'emploi métaphorique du mot au sens de «chose de peu de valeur, presque rien» date du XVIe s. (Calvin).

> Alors, pour rire, je lui faisais partir cent toupies sous le nez et Léone se lançait sur le pavement luisant de marbre historié du corridor de l'antichambre comme, vingt ans plus tard, en 1915, je devais voir le Vieux Charles de Guynemer s'élancer vombrissant parmi les étoiles, les éclatements du front. Pour attraper quoi? Des nèfles!
>
> B. CENDRARS, *Bourlinguer*, p. 117.

NÈGRE n. m.

Un combat de nègres dans un tunnel → COMBAT.

Faire comme le nègre «continuer» (à faire ce qu'on fait). Vient de la répartie attribuée à Mac Mahon, alors président de la République, qui, s'adressant au seul élève martiniquais de l'École de Saint-Cyr, aurait dit : « Ah, c'est vous le nègre! Eh bien, mon ami, continuez!»

Parler petit nègre «s'exprimer dans un français approximatif» (milieu XIXe s.). Cette locution est symptomatique de la mentalité et de la bonne conscience raciste et colonialiste. Les usages approximatifs de la langue imposée par la force ne sont pas ressentis comme des fautes d'apprentissage (les Anglais n'ont jamais parlé en français un quelconque «petit britannique ») mais comme une insuffisance logique («petit ») due à la race. Le *petit nègre* est traditionnellement un français sans conjugaison verbale, les verbes étant à l'infinitif; c'est une langue nominale, dont la syntaxe, marque de la pensée analytique, est abîmée. Enfin, la locution dit en clair : «les noirs parlent (donc pensent) comme des enfants».

> L'homme aux cheveux longs ne semblait ni entendre ni parler. Son silence incitait Javier à parler petit nègre pour se faire comprendre.

— Moi, pas vouloir, dit-il, compris ? Moi pas vouloir photographie. Toi, t'en aller.
Ouste, ouste.   H. PARMELIN, *Le Diplodocus*, in *Ph. Sl.*

Travailler comme un nègre « très durement et sans relâche », comme on l'exigeait des esclaves noirs. L'expression date du XIXᵉ s. On trouve déjà chez Saint-Simon *traiter quelqu'un comme un nègre* « avec dureté et mépris », toujours par allusion au traitement couramment infligé aux Noirs avant l'abolition de l'esclavage.

> Je bûche comme un nègre. J'entasse bouquins sur bouquins, notes sur notes, mais c'est
> bien difficile, mon pauvre vieux !   G. FLAUBERT, *Correspondance*, IVᵉ série, p. 191.

> L'effort humain n'a pas de vraie maison
> il sent l'odeur de son travail
> [...] il travaille comme un nègre
> et le nègre travaille comme lui.   J. PRÉVERT, *Paroles*, p. 97.

Vouloir blanchir un nègre « vouloir l'impossible ». L'expression est tirée du proverbe : *À vouloir blanchir la tête d'un nègre, on perd sa lessive**.

> Un nom propre est une chose extrêmement importante dans un roman, une chose capi-
> tale. On ne peut pas plus changer un personnage de nom que de peau. C'est vouloir
> blanchir un nègre.   G. FLAUBERT, *Correspondance*, Vᵉ série, p. 427.

NEIGE n. f.

Blanc comme neige « innocent ». Cette tautologie a pour but de renforcer le symbolisme général de la blancheur par celui de la neige qui entraîne des images de paix, mais aussi de silence, de froid, etc.

Faire boule de neige « prendre des proportions de plus en plus importantes » (en parlant d'un phénomène), par analogie avec la boule de neige qui grossit au fur et à mesure qu'elle descend une pente (XIXᵉ s.) → BOULE.

Fondre comme neige au soleil « disparaître progressivement », comme la neige qui se transforme en eau sous l'action de la chaleur.

> Gare aux malheureux sur lesquels elles jettent leurs filets ! Ils sont perdus : leur for-
> tune fond dans les doigts du demi-castor comme la neige au soleil d'avril.
>   GORON, *L'Amour à Paris*, t. I, p. 458.

NERF n. m.

Latin *nervus* « ligament, fibre » et au figuré, « force, vigueur ». L'évolution de sens vers « fibre nerveuse » fait que nombre d'expressions et de dérivés *(énervé, nerf de bœuf)* sont interprétés de nos jours tout autrement qu'autrefois.

Un paquet de nerfs « une personne très nerveuse ».

Le nerf de la guerre « l'argent ». La forme antérieure (dans Rabelais) est : *les nerfs des batailles*. *Nerf* (tendon, ligament) a ici le sens de *ressort*, moyen d'action.

> et la carie dentaire de ses pacifiques raisonnements
> [de grand homme d'État]
> met à vif le nerf de la guerre
> la délicate question d'argent.   J. PRÉVERT, *Paroles*, p. 220.

Loc. verb. (où *nerf* a le sens moderne de « fibre nerveuse ») :

Avoir les nerfs en boule, en pelote « être irritable ». Même image que dans *paquet de nerfs* (→ ci-dessus).

> Même dans les solitudes du Far-West les cow-boys savent que les nuits où il y a de
> l'orage dans l'air et que souffle le vent du Sud qui vous met les nerfs en pelote et
> vous trousse à rebrousse-poil, les bêtes sont inquiètes, et les bergers montent à cheval
> et tournent toute la nuit autour de leurs immenses troupeaux en chantant pour éviter
> la panique, car même les bœufs sont sensibles.   B. CENDRARS, *Bourlinguer*, p. 263.

Avoir les nerfs à fleur de peau « être irritable ».

Vieilli.   **Avoir ses nerfs** « être dans un état d'excitation nerveuse » (1868).

Être à bout de nerfs « nerveusement épuisé ». L'expression implique que *nerf* signifie « réserve d'énergie » (*bout* n'y a pas une valeur spatiale, mais celle-ci est sous-jacente).

Être (vivre) sur les nerfs « être dans un état de grande tension nerveuse ». *Sur* correspond ici à l'emploi métaphorique « en puisant dans », que l'on trouve dans *vivre sur les réserves, sur l'ennemi,* etc.

Porter (vx, *donner) taper sur les nerfs* « irriter, énerver » (au sens moderne).

> Je crois que j'aurais besoin de donner un peu de repos à ma malheureuse cervelle ! Les répétitions d'*Aïssé* la distrairont en me tapant sur les nerfs.
>
> G. FLAUBERT, *Correspondance*, VIᵉ série, p. 304.

> [...] M. Josserand écrivait, à la lueur pauvre d'une petite lampe [...]. — Quand vous nous regarderez toutes les trois ! cria Mme Josserand. Et, pour l'amour de Dieu ! lâchez vos écritures, qui me portent sur les nerfs !
>
> É. ZOLA, *Pot-Bouille*, t. I, p. 29.

NET n. m.

Mettre au net « recopier un texte sous une forme définitive, claire et propre » (XVIᵉ s.).

NEUF, NEUVE adj.

Battant neuf, flambant neuf « qui a l'éclat du neuf ». La première de ces deux locutions fait allusion au cuivre fraîchement battu par le chaudronnier. Elle est un peu désuète aujourd'hui. Dans la seconde, *flambant* a son sens ancien de « brillant ». Au pluriel, l'accord est capricieux. Les participes *battant* et *flambant* restent invariables, mais *neuf* s'accorde ou non selon qu'il est considéré comme adjectif ou adverbe.

> [...] ce nègre avait un petit manège qu'il a vendu, et comme Prouillot ne pouvait plus exercer son métier, ils se sont associés pour acheter l'Alpinic-Railway qui était alors flambant neuf, je vous parle d'il y a une quinzaine d'années, depuis je l'ai modernisé.
>
> R. QUENEAU, *Pierrot mon ami*, p. 39.

> Une usine ou n'importe quoi va brusquement s'étirer, pousser de l'épaule ces pavillons flambant neufs, si un chemin de fer n'y passe pas, ou qu'on ne trouve pas de pétrole dans la cour.
>
> L. ARAGON, *Blanche ou l'Oubli*, p. 386.

À neuf « de manière à redonner à un objet l'éclat et l'état du neuf » (XVIᵉ s.). *Remettre, repeindre à neuf.* Le moyen français employait (XIVᵉ s.) *de neuf* dans le même sens.

De neuf « en utilisant des objets neufs » (fin XIIᵉ s., Chrestien de Troyes). *Vêtu de neuf.*

Faire peau neuve → PEAU.

NEVEU n. m.

Neveu à la mode de Bretagne « fils d'un cousin germain ou d'une cousine germaine » → BRETAGNE.

Un peu, mon neveu ! « naturellement, ça va de soi » (début XIXᵉ s.). Formule populaire d'assertion emphatique fondée sur l'assonance.

> Fus êdes pien le maîtresse de mennesier Licien te Ripembré ?
>
> — Un peu, mon neveu, dit l'Anglaise qui parlait bien le français. Mais ki ed-dû, doi ? fit-elle en imitant le parler de Nucingen.
>
> H. de BALZAC, *Splendeurs et Misères des courtisanes*, p. 776.

NEZ n. m. Nombreux composés (loc. nominales) de forme *nez + de + nom* d'objet ou d'animal, désignant des parties saillantes *(nez de gouttière),* des plantes *(nez de chat),* etc.

Locutions exprimant des formes caractéristiques : *Nez en trompette* « retroussé » ; *nez en pied de marmite* « large à la base et assez rond ». Parmi les expressions archaïques les plus pittoresques : ***nez de betterave*** «gros nez couperosé, boutonné, vermeil et enluminé» (Le Roux) ; ***nez à boire au baril*** «plat et écrasé» ; ***nez de pompettes*** «nez rouge d'ivrogne».

> Si cette gamine avait le nez en pied de marmite, je voudrais bien voir si tu te sentirais la même bonté à son égard.   M. DRUON, *Rendez-vous aux enfers*, p. 127.

Vx. ***Pied de nez*** «nez d'un pied (mesure) de long». S'employait avec les mêmes valeurs que *allonger le nez*. ***Avoir un pied de nez*** «être honteux, déconfit» → ci-dessous *Faire un long nez*.

> [...] le mari ne se doutera point de la manigance, voilà ce qui est de bon ; et il aura un pied de nez avec sa jalousie : est-ce pas ? (MOLIÈRE, *George Dandin*, I, 2.)

Faire un pied de nez «contrefaire un nez allongé» (qu'on semble attribuer à celui dont on se moque). De nos jours la motivation est perdue ; *pied de nez* désigne le geste conventionnel de dérision, pouce sur le nez et doigts écartés.

> Un jour. rue de l'Université. un de ces jeunes drôles faisait un pied de nez à la porte cochère du n° 69.
> — Pourquoi fais-tu cela à cette porte ? lui demanda un passant. L'enfant répondit :
> — Il y a là un curé.   V. HUGO, *Les Misérables*, Ed. Ollendorf, t. IX, p. 18.

Locutions adverbiales et prépositives :

Les doigts dans le nez → DOIGT.

Au nez de qqn «en échappant à sa vigilance, en le bravant». On dit aussi *au nez et à la barbe*. Variante : *sous le nez*.

> Oh vilain ! oh morose !
> Au nez je lui riais,
> Tout en cueillant la rose.
> La rose et les muguets.   C. CROS, *Le Coffret de santal*, p. 55.

> Enfin. quand tout fut prêt. elle descendit au nez et à la barbe de son mari et du commissaire qui parlementaient déjà avec la femme du concierge.
>   GORON, *L'Amour à Paris*, t. I, p. 524.

À plein nez «très fort». Exploite l'image d'une odeur assez forte pour « remplir » le nez. En emploi métaphorique, *sentir à plein nez* signifie «être identifié à coup sûr comme, rappeler immanquablement quelque chose», et sert à qualifier une origine commune ou une analogie entre deux choses, de manière le plus souvent péjorative.

> Sur ces plateaux et ces pentes verglacées. le vent, le soleil nouveau, l'étoile du matin
> — tout ce qui semble pourtant un bien commun au monde entier — sentaient la Souabe et la Franconie à plein nez.   J. GIRAUDOUX, *Siegfried et le Limousin*, II.

À vue de nez «approximativement». Le *nez* est symbole du «flair», de l'«appréciation intuitive» ; il se substitue à l'œil en tant qu'organe perceptif.

> Il continua. au grand désespoir de M. de Norpois, à lui poser nombre de questions sur l'affaire Dreyfus : celui-ci déclara qu'à vue de nez, le colonel du Paty de Clam lui faisait l'effet d'un cerveau un peu fumeux et qui n'avait peut-être pas été très heureusement choisi pour conduire cette chose délicate, qui exige tant de sang-froid et de discernement, une instruction.   M. PROUST, *À la recherche du temps perdu*, t. II, p. 244.

Une célèbre publicité pour un déodorant *(À vue de nez, il est cinq heures !)* remotive la locution en lui donnant une valeur olfactive.

Le nez au vent «en flânant». *Porter le nez au vent* s'est d'abord dit « des chevaux qui lèvent la tête », puis a signifié «lever le visage» et fig. «être fier». Le sens moderne semble postérieur à 1850. La même idée de flânerie oisive s'exprimait (par ex. au XVIIIᵉ s.) sous cette forme proverbiale : *ils viennent regarder qui a le plus beau nez* «ils n'ont rien à faire» ; le nez y est l'objet d'un intérêt dérisoire et non plus la caractérisation du badaud.

> Les ailes de ce chapeau relevé lui plaçaient le visage à peu près au milieu du corps ; rabattues. à peine voyait-il à dix pas devant lui — ce qui lui avait donné l'habitude de porter le nez au vent.   DIDEROT, *Jacques le Fataliste*, p. 723.

  Nez à nez comme *face à face*, exprime la rencontre de deux personnes (réalisé dans la langue par *tête à tête, vis-à-vis*) avec la nuance de brusquerie.

> [...] le vieillard se jeta, avec autant de vitesse que son âge le lui permit, hors de la chambre à coucher, en repoussa la porte derrière lui, et, pourpre, étranglant, écumant, les yeux hors de la tête, se trouva nez à nez avec l'honnête Basque qui cirait les bottes dans l'antichambre. V. HUGO, *Les Misérables*, Pléiade, p. 1365-1366.

Locutions verbales :

  Avoir du nez, avoir le nez creux « avoir du flair, deviner à bon escient ». *Creux* correspond à « bien dégagé » et « profond ».

> [...] c'étaient des potins interminables avec les voisines. Elle racontait toute l'histoire. Allez, le jour du mariage, elle avait fait une drôle de tête ! Oh ! elle avait le nez creux, elle sentait déjà comment ça devait tourner. É. ZOLA, *L'Assommoir*, t. I, p. 168.

  Avoir qqn dans le nez « ne pas le supporter ». Le même sémantisme apparaît avec le verbe *sentir* dans *il ne peut pas le sentir* et avec *piffer*, dérivé de *pif* « nez », qui signifie « sentir ». La valeur symbolique liant les cavités du corps au mépris est sans doute d'origine sexuelle → CUL et aussi la loc. suivante.

> [...] il ne voulait pas que les éloges de Paradis amenassent Petit-Pouce à l'avoir dans le nez, lui, Pierrot, et que sa petite tête, à lui Pierrot, finisse par ne plus lui revenir [...].
>   R. QUENEAU, *Pierrot mon ami*, p. 9.

> C'est long, *la Fille de Roland*, mais c'est assez senti.
> — « Senti » est très juste pour un auteur aussi odorant, interrompit ironiquement Mme de Guermantes. Si ce pauvre petit s'est jamais trouvé avec lui, il est assez compréhensible qu'il l'ait dans le nez !
>   M. PROUST, *À la recherche du temps perdu*, t. II, p. 490.

  Fam. *Avoir un verre (ou un coup) dans le nez* « être un peu ivre ». La métonymie qui remplace la bouche par le nez est intéressante : elle évoque la montée des vapeurs de l'alcool et fait allusion aux marques nasales de l'ivrognerie (*nez rouge*, etc.).

> [...] qui pouvait prévoir que ça tournerait si mal. Ce n'était pas la première fois qu'il braquait avec un coup dans le nez. BORNICHE, *Le Gang*, p. 333.

  Vx. *Avoir un trou sous le nez* « être goinfre ou ivrogne ».

  Bouffer le nez à qqn, de qqn, « l'insulter, l'agresser ». *Se bouffer (se manger) le nez* « se disputer ».

> — Ce n'était pas la peine de monter pour nous manger le nez, dit Boche, furieux, en reprenant l'escalier.
> La noce descendit, muette, boudeuse, avec la seule dégringolade des souliers sur les marches. É. ZOLA, *L'Assommoir*, t. I, p. 102.

> Ribouldingue, furieux, s'est jeté sur le malheureux passant et Croquignol et Filochard, réveillés par le bruit de la dispute, ont toutes les peines du monde à séparer les deux antagonistes. Croquignol parvient enfin à chiper le monsieur par le fond de son pantalon et à le tirer des pattes de Ribouldingue qui veut lui bouffer le nez.
>   *L'Épatant*, 1908, p. 27.

  Se casser le nez « subir un échec ». La loc. date du XVIIᵉ s. et est à rapprocher de *donner du nez en terre, à terre* « tomber face contre terre », et fig. « échouer ». Au XIXᵉ s. la loc. *tomber sur le dos* et *se casser le nez* exprime le comble de la malchance.

> Le parti le plus sage, quand on ne voulait pas se casser le nez, c'était de marcher droit, d'exiger les réformes possibles [...]. É. ZOLA, *Germinal*, t. I, p. 267.

  Se casser le nez à la porte de quelqu'un « ne pas le trouver chez lui » (1827, Mérimée).

  Claquer (fermer) la porte au nez (à qqn) « congédier avec brusquerie ».

> Et les collègues de Gambetta hésitent, tant il est leur maître. Pourtant, ils ne nous ont pas fermé la porte au nez, parce que l'horizon devient sombre et qu'ils ne veulent pas.

pendant la tourmente qui peut éclater demain, traîner leur refus cousu à leur écharpe [...].   J. VALLÈS, *L'Insurgé*, p. 154.

Être (se voir) comme le nez au milieu de la figure « être évident, irréfutable » (début XVIIIᵉ s.). On a d'abord dit *comme le nez au visage* (*in* Furetière).

Faire un long nez *ou* **faire un nez** « être dépité et le montrer ». On dit aussi : *son nez s'allonge.* La même image est à l'origine du *pied de nez* (voir ci-dessus).

> Je coupe une petite tranche en dessus de mon pain, une petite tranche en dessous, et je pèle la croûte tout autour. J'avais, comme ça, un petit noyau de mie assez propre. [...]. Oscar a eu l'air de remarquer mon petit travail et il a commencé à me faire un nez.
>   C. CROS, *Monologues*, p. 333.

Mener qqn par le bout du nez (1808) « avoir une influence absolue sur lui ». La forme ancienne était *mener par le nez* (Amyot).

> On m'a pris pour une espèce de benêt qu'on se promettait de mener par le nez aux pieds du curé de la paroisse.   DIDEROT, *Jacques Le Fataliste*, p. 701.

> Vous viendrez vous installer ici. Et dès aujourd'hui. Ou vous aurez affaire à Cosette. Elle entend nous mener tous par le bout du nez, je vous en préviens.
>   V. HUGO, *Les Misérables*, Pléiade, p. 1414.

Mettre (fourrer) son nez dans... « se mêler de qqch. » (généralement péjoratif). S'emploie au figuré depuis le XVIᵉ s.

> Charrosselles qui fourroit son nez partout, fut curieux de savoir ce que c'estoit [un papier].   A. FURETIÈRE, *Le Roman bourgeois*, p. 1076.

> Mais que répondriez-vous, si je vous conseillais de dire oui ? Hein ? vous m'enverriez coucher... Eh bien ! lorsque je dis non, ne mettez pas votre nez là-dedans.
>   É. ZOLA, *Au Bonheur des Dames*, t. II, p. 199.

La moutarde lui monte au nez → MOUTARDE.

Fam. **Mettre à quelqu'un le nez dans son caca** « lui faire admettre de force ses torts, lui faire honte », par analogie avec la pratique « éducative » par laquelle on fait honte à l'enfant qui a sali sa culotte.

Fam. **Se noircir (piquer) le nez** « se soûler ». On a dit aussi : *se salir le nez* et *avoir le nez sale* (→ aussi UN VERRE* DANS LE NEZ).

> Ah ! j'dis pas, concède-t-il tout de suite, que ces deux-là n'soient pas un peu garnis, ni un peu vaseux... Sans être tout à fait mûrs, ils ont l'nez sale, quoi !
>   H. BARBUSSE, *Le Feu*, t. I, p. 77.

Parler du nez « parler comme si on avait le nez bouché » (début XVIIᵉ s.).

Passer sous le nez (*faire passer sous le nes* est déjà dans Brantôme) « échapper à qqn ». D'autres expressions rattachent le *nez* à la possession : *ce n'est pas pour ton nez* qu'on trouve remotivé, à propos du tabac à priser, dans la chanson *J'ai du bon tabac.*

> Lévy m'a écrit qu'il allait faire un second tirage : voilà 15 000 exemplaires vendus ; *aliter* : 30 000 francs qui me passent sous le nez !..
>   G. FLAUBERT, *Correspondance*, IVᵉ série, p. 188.

Variante ancienne : *passer loin du nez.*

> « [...] je me doute bien que ce linge à quoy vous travaillez est pour elle ». La prétenduë belle-mère luy respondit assez brusquement : « Oui monsieur, c'est pour elle ; mais il vous passera bien loin du nez. »   A. FURETIÈRE, *Le Roman bourgeois*, p. 947.

Peler le nez « ennuyer par des discours insipides » (sous la forme : *il semble qu'on me pèle le nez,* dans Le Roux).

Piquer du nez « tomber en avant (sous l'effet du sommeil) ». L'image est ancienne. On trouve déjà au XVIᵉ s., chez d'Aubigné *donner du nez en terre*. Pour la forme, l'expression provient du vocabulaire maritime (un bateau, trop chargé à l'avant, pique du nez), puis de l'aviation.

Se piquer le nez «boire, s'enivrer» (1874, P. Larousse). Cette locution populaire est probablement à rapprocher d'expressions synonymes du type *se noircir, se salir le nez. Piqué* serait à comprendre au sens de «taché, moisi».

> — Et comment va votre mari? demande Valentin
> — Mal, répondit aussitôt l'autre. Il se pique le nez.
> — Encore un alcoolique, soupira Valentin.
> — Vous aviez deviné?   R. QUENEAU, *Le Dimanche de la vie*, p. 113.

> — Vous êtes heureuse, allez! madame Coupeau, dit madame Bijard, que son soûlard
> de mari, un serrurier, tuait de coups chaque soir en rentrant. Si le mien était comme
> ça, quand il s'est piqué le nez, ça serait un plaisir!
>   É. ZOLA, *L'Assommoir*, t. I, p. 182-183.

Vx. *Prendre son nez pour ses fesses* (1640, Oudin) est une variante burlesque de *prendre son cul* pour ses chausses,* etc., mais l'expression joue sur une opposition (non plus sur la proximité).

Ne pas regarder (voir) plus loin que le bout de son nez «manquer de discernement, de clairvoyance» (1585, *Satires françaises*). Cette image ancienne est restée usuelle.

> — Mademoiselle, dit Labal avec calme, permettez-moi de vous dire que vous raisonnez comme un manche, ne voyez pas plus loin que le bout de votre nez et utilisez de travers votre matière grise. Réfléchissez un instant : je ne me servirai pas du mot penser qui vous effraierait peut-être, je vous demande seulement de réfléchir. Pas comme un miroir, bien entendu, ce qui serait des plus superficiel.
>   R. QUENEAU, *Les Fleurs bleues*, p. 253.

Vx. *Refaire son nez* «faire bonne chère et devenir gras» (Oudin).

> S'il y avoit dans la cuisine quelque bon morceau que je gardois pour mes hostes, le
> galand en refaisoit son nez [...].   Ch. SOREL, *Histoire comique de Francion*, p. 328.

Regarder qqn sous le nez (autrefois *au nez*) «regarder avec impudence, indiscrétion».

Tirer les vers du nez à qqn → VER.

Tordre le nez sur (quelque chose) «mépriser, dédaigner», littéralement «en faisant une grimace de dégoût qui plisse le nez».

— Loc. verbales où *nez* a un emploi métonymique et désigne la personne :

Avoir le nez sur «être tout près de» (fin XVIe s.) et, métaphoriquement «ne pas voir ce qui est trop près».

Mettre le nez dehors «sortir» (XVIIe s.). Souvent en négation : *il fait un temps à ne pas mettre le nez dehors* «trop mauvais pour sortir».

Montrer (le bout de) son nez «apparaître, sortir». *Mettre le nez à la fenêtre* «apparaître» est dans La Fontaine.

Retomber sur le nez de quelqu'un «rejaillir sur lui» (en parlant des conséquences fâcheuses de quelque chose). Attesté en 1797. *Ça va vous retomber sur le nez.*

— Locutions-phrases :

Ça lui pend au (bout du) nez «cela risque fort de lui arriver». Cette expression remonte au XIIIe s. (*autretant lui en pend sor le nez* «il risque de lui arriver la même chose»). Renforcé au XIXe s. dans *ça lui pend au nez comme une citrouille*, et, de nos jours, *comme un sifflet de deux sous.*

> Je protestai que j'avais toujours été sérieuse là-dessus. «Eh bien, restez-le! aboya-t-il,
> sinon vous savez ce qui vous pend au nez. » Il partit en trombe.
>   C. ROCHEFORT, *Le Repos du guerrier*, p. 88.

Si on lui pressait (tordait) le nez il en sortirait encore du lait «il est trop jeune (pour se mêler de qqch.)», c'est un *blanc bec.*

Vertu de ma vie ! Des galopins qui étaient hier en nourrice ! Si on leur pressait le nez,
il en sortirait du lait !   V. HUGO, *Les Misérables*, Ed. Ollendorf, IX, p. 149.

Tu vois ce morveux, comme il reluque mes femmes : c'est vicieux ces mômes-là, et
c'est tout p'tit, on leur pincerait le nez, il en sortirait du lait.
                                             R. QUENEAU, *Le Chiendent*, p. 197.

Votre (ton, son) nez remue «vous mentez». Le thème du nez mobile ou
allongé signalant le mensonge est développé dans divers folklores. Le *Pinocchio* de
Collodi en est l'exemple le plus célèbre. Le rapport entre le contenu du discours
lié à la sincérité (vérité-mensonge) et les organes allongés et saillants (cf. *Mon petit
doigt me l'a dit*) n'est pas clair : une interprétation phallique est certes possible, mais
ne résout pas le problème.

Vx. *Il vaut mieux laisser son enfant morveux que de lui arracher le nez* [LOC.
PROV.] «certains remèdes sont pires que les maux».

NICKELÉ, ÉE adj.

Avoir les pieds nickelés → PIED.

NID n. m.

Le mot a servi à former quelques syntagmes nominaux à valeur
particulière : *nid d'abeilles* «tissu en forme d'alvéoles carrées»; *nid d'hirondelles**;
nid de poules «dépression au milieu d'une chaussée».

Trouver l'oiseau, la pie au nid → PIE.

Petit à petit, l'oiseau fait son nid → OISEAU.

NIORT n. pr. de lieu.

Arg. *Battre à Niort* «nier» (début XXᵉ s.). La locution est attestée vers 1900 chez
Bruant et le malfaiteur lyonnais Nouguier. *Battre* y a son sens argotique de «simuler, feindre» (comme dans *battre le job* et *battre la dingue* «faire le niais, simuler
la folie»). Les deux formes *battre Niort* (Bruant) et *battre à Niort* étaient en concurrence; la seconde, qui a prévalu, s'explique par attraction avec l'expression synonyme plus ancienne *aller à Niort*, attestée dès le XVIIᵉ s. (Oudin) et au début du
XIXᵉ s. chez Vidocq. Dans ce contexte, *aller* suivi d'un nom de lieu, marque l'intention (→ ALLER).

[...] un petit rase-bitume comme moi, estropié et sans forces, casser ! Du reste, Zizi a
toujours battu à Niort en ce qui me concernait [...].   A. SARRAZIN, *La Cavale*, p. 167.

NIQUE n. f.

Faire la nique à quelqu'un «se moquer de, narguer» (XIVᵉ s.). L'ancien substantif *nique* n'existe plus à l'état isolé et ne se rencontre que dans cette locution.
Elle se rattache au vieux verbe *niquer* ou *niquier* et à l'ancienne locution *faire le
niquet* «faire un signe de mépris ou de dérision». L'origine germanique (le verbe
allemand *nicken* «faire un signe de la tête ou du menton») invoquée par plusieurs
(Gottschalk, M. Rat) est contestée par Wartburg qui rapporte le mot à un ancien
radical expressif *nik-* exprimant l'indifférence ou le mépris.

Des petites coquettes qui m'avoient autresfois mesprisé eussent bien voulu alors estre
en mes bonnes graces, mais je leur faisois la nique.
                                             Ch. SOREL, *Histoire comique de Francion*, p. 252.

NITOUCHE n. pr.

Sainte Nitouche «personne qui joue l'innocence, hypocrite», et spécialement
«femme qui joue les prudes». Attestée dès le XVIᵉ s. (Rabelais, Baïf), la locution est
un calembour sur *n'y touche*, de *toucher*, et désigne l'individu «qui n'a pas l'air d'y
toucher». La variante *sainte Mitouche* pourrait s'expliquer de la même façon par
un jeu sur *mie touche* (*mie :* pas); elle est, d'après Sainéan et Guiraud, surdétermi-

née par *mitouche* «chatte hypocrite*» (hypothèses contestées par Gottschalk et Wartburg). *Sainte Nitouche* s'emploie le plus souvent avec les verbes *faire* et parfois *jouer*. L'expression, dénotant la pruderie, est souvent sentie comme signifiant «jouer celle qui ne se laisse pas toucher».

> En beuvant, il respand la moitié de son vin sur luy, et tire le devant de sa chemise hors de sa brayette [braguette]. pour essuyer sa bouche, de maniere qu'en escarquillant les jambes, il montre à la Bourgeoise tout ce qu'il a de plus secret. Pour faire la saincte Nitouche, en s'escriant, elle couvre soudain ses yeux avec sa main, dont elle entrouve neant moins les doigts, finement hypocrite qu'elle est [...].
> Ch. SOREL, *Histoire comique de Francion*, p. 280.

NIVELLE n. pr.

C'est le chien de Jean de Nivelle qui s'enfuit quand on l'appelle. Cette loc. proverbiale, attesté au XVIIᵉ s. (1656, in Gottschalk) s'emploie à propos de qqn de peu complaisant ou d'insaisissable, qui se dérobe quand on a besoin de lui. D'après la tradition, Jean de Nivelle, sollicité par son père Jean II de Montmorency pour aider Louis XI alors en guerre contre le duc de Bourgogne, se serait soustrait aux sommations de son père qui l'aurait, par représailles, déshérité. L'appellation de *chien* désigne donc Jean de Nivelle, ainsi qualifié pour sa conduite peu honorable. La syntaxe normale serait «c'est *ce* chien de... qui...». La loc. est en général comprise comme s'appliquant au chien désobéissant d'un maître sans autorité.

NOBLESSE n. f.

Noblesse oblige [LOC. PROV.] «un noble, puis par extension, tout personnage en vue doit se conduire conformément à son rang». Cette 51ᵉ maxime des *Maximes et Préceptes* du duc de Lévis (1808) est passée à l'état de proverbe. Elle s'est imposée à la fois par sa forme (allitération du groupe consonantique *bl*) et son contenu : tout privilège est compensé et fondé sur un devoir moral.

> — Mon père, lui dit-il d'une voix ferme, noblesse oblige! J'ai vingt ans passés, je me suis assez occupé de livres. Je viens vous demander votre bénédiction et la permission de voyager en Italie et en Sicile. Je ne vous cacherai point, mais c'est à vous seul que je ferai cet aveu, que de Sicile je serai entraîné à passer en Grèce : je tâcherai d'assister à un combat et reviendrai auprès de vous, un peu plus digne peut-être du beau nom que vous m'avez transmis.
> STENDHAL, *Armance*, p. 121.

NOCE n. f.

Vx. ***Noces de chiens*** «l'acte sexuel» (1640, Oudin). Identification de la sexualité à la bestialité. À la même époque, la locution verbale *faire noce de chiens* s'appliquait péjorativement à l'union sexuelle «libre» (1609, Régnier) et même conjugale «ne se marier que pour le plaisir sensuel» (Furetière). Le Roux, dans son *Dictionnaire comique* parle avec une vertueuse indignation de la «brutalité» que cette expression suggère.

En justes noces «légitimement». S'emploie aujourd'hui ironiquement et avec le verbe *convoler.*

Ne pas être à la noce «être dans une situation peu agréable» (1829, Boiste), cf. *Ne pas être à la fête.* On trouve d'autres verbes *(ne pas se trouver, se voir...).*

> Moi, je n'étais pas à la noce : ce qu'il me donnait par mois, vous comprenez que ce n'était rien. J'étais obligé de louer des habits pour aller à ses pièces, et je ne payais pas la location.
> C. CROS, *Monologues*, p. 323.

> J'ai eu beau réinstaller Jean-Bart à neuf, je ne puis m'en tirer, avec cette fosse unique, que par une production incessante... Ah! je ne me vois pas à la noce, je vous assure!
> É. ZOLA, *Germinal*, t. I, p. 236.

On peut penser que cette locution est une forme abrégée de *n'avoir jamais été à pareille noce* «ne s'être jamais tant amusé» et, par antiphrase «n'avoir jamais subi un aussi mauvais traitement» (Ménage, 1694). On a rapporté cette loc. à un ancien usage de mariage en Poitou où les convives, pour immortaliser la journée, se livraient à des combats de boxe, qui parfois dégénéraient en véritables rixes (d'où l'emploi antiphrastique de «mauvais traitement»). Cette motivation folklorique est d'une précision bien inutile pour expliquer une antiphrase aussi évidente.

Fam.   *Faire la noce* «s'amuser, mener joyeuse vie», littéralement, «comme si on était à une noce» (Landais, 1834). D'abord au sens de «faire ripaille» (dans Furetière, *faire noces* est attesté en ce sens). Dans ce contexte, le verbe *faire* admet de nombreux compl. synonymes *(fête, foire, java, nouba, vie).*

> Sortez, allez où vous voudrez, faites la noce, découchez, mais je ne veux pas de vous ici avant demain matin.   M. PROUST, *À la recherche du temps perdu*, t. II, p. 587.

> — Quel chicaneur... Il y en a qui prennent du bromure. D'autres vont à l'alcool. D'autres fréquentent l'opium et son auguste famille. Et d'autres font la noce.
>   P. VALÉRY, *Œuvres*, t. II, p 240.

NOËL n. m.

Fam.   *Croire au père Noël* «se faire des illusions». L'idée est celle de naïveté infantile.

Noël au balcon, Pâques au tison [LOC. PROV.] «quand il fait trop doux à Noël, il risque de faire froid à Pâques». Variantes : *Quand Noël a son pignon, Pâques a son tison ; quand à Noël on voit les moucherons, à Pâques, on voit les glaçons.*

Vx.   *Tant crie-t-on Noël qu'il vient* «à force d'espérer impatiemment une chose, elle finit par se produire» (XIVe s.).

NŒUD n. m.

Nœud gordien «difficulté insurmontable, problème insoluble» (début XVIIe s.). D'après la légende, un nœud inextricable liait le joug au timon du char de Gordias, roi de Phrygie. Ce char était conservé à l'abri du temple de Zeus, à Gordion, la capitale phrygienne.

> Entre la prolongation de sa race et une mésalliance, tout autre homme aurait hésité ; mais il se rencontre dans ce vieil homme indompté la férocité qui jusqu'alors avait décidé toutes les difficultés humaines ; il tirait à tout propos l'épée, comme le seul remède qu'il connût aux nœuds gordiens de la vie.
>   H. de BALZAC, *L'Enfant maudit*., p. 748.

Trancher le nœud gordien «résoudre de manière radicale une grande difficulté», par allusion à la légende d'après laquelle Alexandre le Grand au début de sa campagne contre les Perses (334 av. J.C.) ne réussissant pas à dénouer ce nœud, le trancha de son épée, accomplissant ainsi, de manière détournée, l'oracle qui promettait à celui qui le dénouerait l'empire de l'Asie.

Avoir un nœud dans la gorge «avoir la gorge nouée, serrée par l'émotion ou l'angoisse» → GORGE.

Arg.   *Filer son nœud* «s'en aller, partir» (1832), puis «mourir» (1862, Larchey). Métaphore maritime, où *nœud* est à interpréter au sens nautique. Attestée en 1828 chez les marins (Esnault), la locution signifiait à l'origine «vivre dans la quiétude, sans heurts», comme le navire qui suit sa route et «file» à allure régulière, les nœuds répartis le long de la ligne de loch attestant la régularité de sa marche. *Filer* a ici son sens technique de «dérouler, dévider». On dit aussi qu'un bateau *file* (à) *X nœuds* «se déplace à une vitesse X». Mais c'est probablement la confusion avec *filer* «s'enfuir» qui a provoqué le glissement vers le sens de «partir». L'extension de «partir» à «mourir» (1907, Larousse) ne pose pas de problème, la mort étant traditionnellement sentie comme le départ par excellence. L'expression *filer son câble*, attestée par Esnault en 1834 chez les marins, avait aussi ce double sens de « partir » et de « mourir ».

Vieilli.   **Ne pas passer le nœud de la gorge** « être insupportable » (à qqn), avec un sujet de chose. Le *nœud de la gorge* est la partie saillante du larynx. L'image est la même que dans *ne pas pouvoir avaler quelque chose* « ne pas pouvoir le supporter ».

Faire un nœud à son mouchoir, en manière de pense-bête, pour se rappeler quelque chose.

1. NOIR, NOIRE adj.

Noir sert à former un certain nombre de locutions nominales que l'on peut regrouper selon la valeur spécifique qu'il prend. Il marque en premier lieu la couleur (ou plutôt l'absence de couleur) dans *gueule noire* (→ Gueule), *marée noire* (→ Marée). Il symbolise l'état dépressif dans *humeur noire, idées noires,* les forces maléfiques et le démon dans *magie noire, messe noire.* Il connote l'antipathie dans *bête noire* (→ Bête). Enfin, il est synonyme de « clandestin » dans *marché noir, travail noir, caisse noire.*

(Il fait) noir comme dans un four, un tunnel « c'est l'obscurité complète » (→ Four, Tunnel). *Noir comme dans le trou de balle d'un nègre,* loc. plaisante (et raciste), joue sur la double idée de noirceur → Un combat* de Nègres dans un tunnel.

2. NOIR n. m.

Noir sur blanc [LOC. ADJ.] « de façon visible, claire, irréfutable », avec la netteté des signes, des mots tracés à l'encre sur la feuille de papier. L'expression est à rapprocher de *mettre du noir sur le blanc* « écrire ».

> Alors que la première flambée datait d'à peine quelques mois, c'est donc à travers ce commerce épistolaire et tout ce qu'il drainait de confidences en noir sur blanc, d'aveux surpris entre les lignes et aussi de malentendus que s'est dénouée — sans fracas mais pour ne jamais se renouer — l'intrigue qui m'avait enfiévré jusqu'à me faire presque mourir.   M. Leiris, *Fibrilles,* p. 185.

> Bref il faut oser l'écrire noir sur blanc : dès l'instant que je sens naître en moi la possibilité d'assumer en totalité la personnalité de Jean-Paul, la mort de Jean devient une éventualité acceptable, presque une solution.   M. Tournier, *Les Météores,* p. 492.

Aller (changer, passer) du blanc au noir → Blanc.

Broyer du noir « être déprimé, triste » (milieu XVIIIᵉ s.). Cette locution ne se comprend globalement que par l'emploi, habituel, de *noir* traditionnellement associé à la mélancolie, à la tristesse ; mais l'emploi du verbe *broyer* demeure inexpliqué. L'origine est sans doute à chercher dans l'argot des peintres ou des chimistes, mais les valeurs figurées de *broyer* (*être broyé* « écrasé ») ont probablement motivé le succès de l'expression. Elle s'est maintenue, contrairement aux expressions concurrentes *faire du noir* (Rousseau) et *être dans son noir* (1808, Boiste).

> L'anxiété me retient ici : — si tu broies du noir comme je le fais dans les longues interruptions de notre correspondance, je souhaite, mon ami, qu'il ne t'arrive pas d'en être privé du 22 juillet au 14 juin ; [...].   V. Jacquemont, *Correspondance,* t. II, p. 94.

> Manuel broyait du noir, il se demandait ce qu'il ferait de son *Cormoran.* Moi, je ne me tracassais pas, j'avais de quoi voir venir et je savais que mon gars ne restait pas les deux pieds dans le même sabot.   A. Sergent, *Je suivis ce mauvais garçon,* p. 108.

Être dans le noir « ne rien comprendre à quelque chose, ne plus s'y retrouver ». L'obscurité est, métaphoriquement, ce qui empêche l'appréhension d'un phénomène (cf. à l'opposé *jour* et *lumière*). Formes renforcées : *être dans le noir absolu, le plus complet.*

Vieilli. ***Mettre dans le noir*** « réussir » (1877). Le *noir* est le centre de la cible par la même image que dans *mettre dans le mille**.

Vx. ***Mettre du noir sur du blanc*** → BLANC et ci-dessus NOIR SUR BLANC.

Pousser au noir « exagérer le côté défavorable, triste, sinistre d'une chose » (XIXᵉ s.). En peinture, on dit qu'un tableau, qu'une gravure *pousse* (ou *tire*) *au noir* « devient noir, s'obscurcit ».

> En fait de cant. Mlle Gillenormand l'aînée eût rendu des points à une miss. C'était la pudeur poussée au noir. Elle avait un souvenir affreux dans sa vie ; un jour, un homme avait vu sa jarretière.   V. HUGO *Les Misérables*. Pléiade. p. 621.

Regarder d'un œil noir, regarder noir « d'un air mécontent, irrité » (1640, Oudin). Le *regard noir* exprime l'aversion, la colère ou la haine.

Tourner au noir (sujet nom de personnes) « devenir pessimiste, triste ».

> Moi. je ne suis pas des plus gais ; ma santé reste bonne. mais je tourne au noir.
> G. FLAUBERT, *Correspondance*, VIᵉ série. p. 446.

Voir les choses en noir « les considérer d'une façon exagérément pessimiste » (1762, Acad.). On a d'abord dit *voir noir* (1718, Acad.). S'oppose à *voir en blanc, en rose.*

> Cinq cent mille livres de rente. le titre de prince, des grandesses et des économies, mon vieux. il ne faut pas voir cela trop en noir.   H. de BALZAC, *Vautrin*,. III. 10.

NOIRCIR v. tr.

Noircir du papier, des pages... « écrire » (XVIIᵉ s., Boileau).

> Mais afin de noircir encore quelques pages, je dirai que je passai quelque temps au bord de la mer. sans incident [...].   S. BECKETT. *Molloy*. p. 104.

NOISE n. f.

Chercher noise « quereller quelqu'un, en général pour un motif futile » (XVIIᵉ s.). Le vieux mot *noise* (du latin *nausea* « mal de mer ») apparaît à la fin du XIᵉ s. et signifie à l'origine « bruit, tapage », puis « querelle bruyante, dispute » (XIIᵉ s.)., sens qui prévaut à partir du XVᵉ s. Il s'emploie encore isolément au XVIIᵉ s. (on le trouve notamment chez Malherbe et La Fontaine), et ne subsiste plus aujourd'hui que dans la locution *chercher noise* (parfois *des noises*), qui date du XVIIᵉ s. Elle est attestée chez Cotgrave en 1611, ainsi que la jolie variante *chercher noise pour noisette* « chercher querelle pour un motif futile » (littéralement *pour une noisette* « très peu de chose »).

> Lorsqu'ils étaient oiseaux, ils ne se querellaient que dans la saison de l'amour. Et maintenant ils se disputent en tous les temps ; ils se cherchent noise été comme hiver.
> A. FRANCE, *L'Ile des pingouins*, in *Ph. Sl.*

NOISETTE n. f.

Vieilli. ***Aller cueillir la noisette*** « chercher un endroit tranquille propice aux ébats amoureux » (milieu XIXᵉ s.). Même image bucolique que dans *aller aux fraises**.

Présenter des noisettes à ceux qui n'ont plus de dents « offrir une chose à une personne, dont elle n'est pas en état de se servir » (Le Roux, *Dictionnaire comique*).

NOIX n. f.

Fam. ***Vieille noix*** « imbécile, attardé » (fin XIXᵉ s.).

> V'là Eudore ! Eh ! Eudore ! Eh ! cette vieille noix. c'est donc que t'es r'venu ! s'écrièrent-ils ensuite. en s'élançant vers lui [...].   H. BARBUSSE. *le Feu*. t. I. p. 44.
> Faut faire un peu l'accoucheur. des fois. Ça leur fait tant de bien de se soulager. Moi qui suis une vieille noix j'ai passé par là vingt fois avant eux.
> J. GIONO *Un de Baumugnes*. p. 11.

Fam. *À la noix* « dénué de valeur, de sérieux » (fin XIXᵉ s.). Comme *nèfle*, *noix* désigne une chose de peu de prix, puis marque l'absence de valeur. *Valoir une nois* « rien du tout », est attesté dès le XVᵉ s. chez Charles d'Orléans. À rapprocher (pour la forme *à la*) d'autres locutions argotiques comme *à la flan, à la mors-moi l'œil*, etc. La forme renforcée *à la noix de coco* est fréquente (plutôt motivée par les emplois péjoratifs de *coco* que par un mépris du fruit exotique).

> [...] quand je te le dis que c'est du drap d'officier, quand je te le dis que c'est du drap d'officier, quand je-te-le-dis, puisque je-te-le-dis, c'est que je le sais, je pense. C'est pas à nous qu'il faut faire des boniments à la noix de coco.
>
> M. PROUST, *À la recherche du temps perdu*, t. II, p. 139.

NOM, n. m.

Nom à rallonge, à tiroirs, qui se dévisse « nom noble », par plaisanterie sur le système de nombreux noms nobles, en français, qui réunit une suite de patronymes par la particule *de*.

Nom de Dieu, juron blasphématoire. L'interdit judéo-chrétien de prononcer le nom de Dieu a suscité la création d'un certain nombre de variantes édulcorées jouant sur l'homophonie des finales *(nom de Zeus, nom de bleu)* → DIEU. Cette structure *(nom de + substantif)* est particulièrement productive. *Nom d'un chien, nom d'un petit bonhomme, nom d'une pipe, nom de nom, nom de d'là* et diverses formations occasionnelles *(nom d'une tomate,* etc.).

Au nom de [LOC. PRÉP.] « en considération de, en invoquant le nom de », marquant l'adjuration (XVᵉ s.).

> S'il eût mis son éloquence à combattre l'Église, au lieu de combattre les seuls Jésuites, que n'eût-il obtenu ! et pour le plus grand bien de la France. Que n'obtiendrait-il aujourd'hui ! et cela, fût-ce au nom même de l'Évangile.
>
> A. GIDE, *Journal*, t. II, p. 201.

Qui n'a pas de nom, sans nom « inqualifiable, innommable », c'est-à-dire « que son outrance même ne permet plus de nommer ». Dans ce contexte, l'absence de correspondance entre la chose et son nom traduit chez celui qui parle une violente réaction d'indignation, de rejet, face à un fait, un phénomène ou une situation qu'il réprouve moralement.

Appeler les choses par leur nom → APPELER.

Se faire un nom « devenir célèbre, se couvrir de gloire ». Au XVIIᵉ s., *nom* signifie « gloire, renom ». Aujourd'hui, son emploi est beaucoup plus restrictif et désigne la notoriété dans un domaine bien précis *(se faire un nom dans..., au théâtre, cinéma...).* La forme de la locution, par l'emploi du verbe *faire,* mérite attention. Ce verbe contribue à éloigner le substantif de son sens courant. Le *nom* correspond ici à une valeur sociale, il est l'objet d'un travail et représente un capital (on dit aussi *laisser un nom*).

Traiter quelqu'un de tous les noms « l'injurier copieusement ». Comme l'absence de nom (cf. *Qui n'a pas de nom*), leur multiplicité manifeste chez le locuteur une réaction de colère, d'indignation. Syn. : *donner des noms d'oiseaux*.

NOMBRE n. m. Ce mot sert à former plusieurs locutions adverbiales et prépositives, toutes lexicalisées *(au nombre de* « en tout, au total » ; *au nombre de, du nombre de* « parmi » ; *en nombre* « en quantité, en masse »).

Faire nombre « constituer un ensemble nombreux » (milieu XVIIᵉ s.).

NOMBRIL n. m.

Se regarder (contempler) le nombril « être égocentrique et prétentieux ». Ce n'est pas dans cette expression, qui vulgarise les coutumes contemplatives orientales qu'on trouvera un reflet direct du symbolisme de l'ombilic, centre et rappel de l'origine obstétricale. De même : *se prendre pour le nombril du monde* connote le banal orgueil et non l'identification du microcosme humain et de son passé utérin au macrocosme.

> J'étais resté près de vingt ans sans revoir Reverdy lorsque je le surpris habillé comme un milord, dans une boîte de nuit, la Boule Blanche, où il pérorait, entouré d'une bande de métèques dadaïstes attardés à Montparnasse, s'écoutant parler de poésie, se prenant pour le nombril du monde, pontifiant.   B. CENDRARS, *Bourlinguer*, p. 325.

Fam. *Être décolletée jusqu'au nombril*, en parlant d'une femme « avoir un décolleté très profond ».

NORD n. m.

Perdre le nord « ne plus savoir où l'on est, ne plus pouvoir s'orienter » (milieu XVIᵉ s.) et, figurément « s'affoler, perdre la tête » (milieu XIXᵉ s.). La locution exploite l'image de la désorientation, de la perte du point de référence (cf. *Perdre la boussole* être « déboussolé »).

> Mais le malheureux chef commanche acheva de perdre le Nord : il tomba assis par terre, et se mit à pleurer.   M. PAGNOL, *La Gloire de mon père*, p. 259.

L'expression s'emploie assez souvent à la forme négative : *il ne perd pas le nord* « il ne perd pas de vue son intérêt » (donc « il a toute sa raison »).

NORMAND, ANDE adj.

Trou normand → TROU.

Vx. *Adroit comme un prêtre normand* « très maladroit » (1821). L'expression résulte, d'après Gottschalk, d'un jeu de mots sur l'adjectif *gaucher*, avec ses connotations péjoratives de maladroit, « gauche » et saint *Gaucher,* évêque normand du XIᵉ siècle.

Répondre en normand « évasivement ou de manière ambiguë » (1678, La Fontaine). À tort ou à raison, les Normands ont une solide réputation de ruse, au point que dès le XVIIᵉ s. (chez Oudin, La Fontaine, Fontenelle), *normand* était synonyme de « madré, rusé », que *un Normand* désigne quelqu'un d'une adresse confinant à la ruse (Mme de Sévigné). Une *réponse normande* est une réponse évasive et une *réconciliation normande* est simulée. Comme l'attestent plusieurs proverbes, le Normand partage ce manque de « fiabilité » avec le Gascon *(Garde-toi d'un Gascon ou Normand ; l'un hâble trop et l'autre ment)* et le Manceau *(Un Manceau vaut un Normand et demi)*. Réelle ou usurpée, la réputation de duplicité faite aux Normands pourrait avoir une origine historique. Gottschalk fait état d'une ancienne loi du droit normand permettant de se dédire d'un marché dans un délai de vingt-quatre heures, d'où le proverbe *Un Normand a son dit et son dédit* qui, mal interprété, aurait accrédité la fâcheuse réputation des Normands.

NOTAIRE n. m.

Vx. *C'est comme si tous les notaires y avaient passé* (XVIIᵉ s., Furetière, Oudin) « c'est quelqu'un qu'on peut croire sur parole », comme les notaires dont les actes, dûment rédigés, ont force de loi.

Passer chez le notaire « conclure un accord (acte de vente, etc.) ».

NOTE n. f.

Fausse note « impair, faute de goût qui détruit l'harmonie d'un ensemble ». La loc. est sentie comme une allusion à la rupture de l'harmonie musicale due à l'exécution défectueuse d'un morceau.

Vx. *Chanter toujours sur la même note* « répéter inlassablement la même chose, tenir le même discours » (1835, Académie). L'équivalence discours usé/ritournelle est la même dans *le même air*, la même chanson*, le même disque**. On disait au XVIIe s. *ne savoir qu'une note* (1640, Oudin).

Donner la note « l'exemple à suivre, la conduite ou le langage à tenir » (1868, *in* Wartburg). Même métaphore musicale. La *note (tonique)* donne le ton à un morceau. On dit d'ailleurs dans le même sens *donner le ton, le la*.

Être dans la note « être en accord avec (une ambiance, etc.) » cf. *Dans le ton*. Attesté en 1881 (Rigaud).

Forcer la note « trop en faire » (1835, Acad.). C'est « jouer trop fort ».

Prendre (bonne) note « noter avec soin pour s'en souvenir, enregistrer », comme on met on note par écrit ce qu'on veut retenir.

NOUBA n. f.

Fam. *Faire la nouba* « s'amuser, faire la fête » (fin XIXe s.). Cf. les loc. synonymes *faire la foire, la java, la noce*. En arabe, *nowba* signifie « tour de rôle » et désignait à l'origine la musique qu'il était d'usage de jouer à tour de rôle devant la maison des dignitaires algériens. Le mot désigne par extension la musique des tirailleurs algériens, puis s'applique à tout amusement bruyant. Avec cette valeur, *nouba* est lexicalisé.

NOUGAT n. m.

C'est du nougat ! « c'est très facile » (1928, *in* Esnault). Le *nougat*, dans l'argot des malfrats, désigne une « affaire » facile et qui rapporte gros. L'équivalence *friandise/profit facile* est habituelle dans la langue populaire (cf. *C'est du nanan*, du gâteau*, de la tarte**). En argot, on dit *du millefeuilles, du sucre* (*in* Esnault). Souvent employé au négatif : *c'est pas du nougat !* « c'est difficile, pénible » (variante récente : *de la nougatine*).

> T'as pas une chance sur cent dix mille... Et puis comme vous partiez vous autres ?...
> Avec des cultures centrifuges... Ça alors, c'était du nougat !...
>   L.-F. CÉLINE, *Mort à crédit*. Livre de poche, p. 491.

> Avec ténacité. Louis Souchon, poursuivait son enquête. Ce n'était pas de la nougatine.
>   M. ROLLAND, *La Rouquine*, p. 36.

NOUVEAU, NOUVELLE adj.

À nouveau [LOC. ADV.] « de façon entièrement différente, encore une fois » (1852); *de nouveau* [LOC ADV] « pour la seconde fois, encore » (XVIe s.).

C'est nouveau, ça vient de sortir, formule publicitaire lancée sur le mode dérisoire par Coluche.

Tout nouveau, tout beau [LOC. PROV.] « c'est ce qui est nouveau qui séduit le plus, quitte à être rejeté ensuite ». Utilisé, non en phrase mais en loc. adj. :

> et c'est vrai que l'olivier et l'éléphant se ressemblent
> utiles tous deux
> utiles anciens identiques graves et souriants
> et tout nouveaux tout beaux malgré les mauvais temps.   J. PRÉVERT, *Histoires*. p. 177.

Il n'y a rien de nouveau sous le soleil [LOC PROV.] «aucun fait notable à
signaler». Allusion à l'Ecclésiaste (1, 9).

> Répétons au contraire avec l'Ecclésiaste qu'il n'y a rien de nouveau sous le soleil et
> que s'il est une chose dont on dit «Vois, cela ne s'est jamais vu», c'est qu'on ne
> se souvient pas de ce qui est ancien.   M. TOURNIER, *Les Météores*, p. 593.

NOUVELLE n. f.

Vx. *Nouvelles à la main* «nouvelles manuscrites qui étaient distribuées par col-
portage» (XVIIIᵉ s.).

Première nouvelle! Formule exclamative traduisant l'étonnement devant
quelque chose que l'on ignorait totalement.

> — Gontran?
> — Vous ne connaissez pas Paradis?
> — Ah! il s'appelle Gontran. Première nouvelle. On en apprend tous les jours.
>   R. QUENEAU, *Pierrot mon ami*, p. 182.

Vous aurez (il aura...) de mes nouvelles! «je me vengerai» (1694, Acad.).

Vous m'en direz des nouvelles! «vous confirmerez mon opinion, vous verrez
que j'ai raison» (fin XVIᵉ s., d'Aubigné), puis «vous m'en ferez sûrement compli-
ment», en parlant de ce que l'on fait goûter à quelqu'un et dont on escompte une
appréciation positive (début XXᵉ s.). Signifie littéralement «vous m'en direz de bonnes nouvelles», c'est-à-dire du bien.

> Je vais vous faire goûter mon petit Beaujolais, vous m'en donnerez des nouvelles.
>   A. WURMSER, *Denise retrouvée*, in *Ph. Sl.*

S'emploie aussi assez souvent sur le mode ironique, pour inciter quelqu'un à faire
(ou à ne pas faire) quelque chose dont on connaît le résultat.

> Je crois que son nom était Mme Poussin. Mais nous ne l'appelions jamais entre nous
> que «Tu m'en diras des nouvelles», car c'est par cette phrase perpétuellement répétée
> qu'elle avertissait ses filles des maux qu'elles se préparaient, par exemple, en disant à
> l'une qui se frottait les yeux : «Quand tu auras une bonne ophtalmie, tu m'en diras
> des nouvelles».   M. PROUST, *À la recherche du temps perdu*, t. II, p. 771.
> Jacques était rouge comme une pivoine. Mange ta soupe, dis-je, tu m'en diras des nou-
> velles.   S. BECKETT, *Molloy*, p. 179-180.)

Les mauvaises nouvelles ont des ailes [LOC. PROV.] «on a toujours plus vite les
mauvaises nouvelles que les bonnes». Cité par Voltaire dans une lettre à Mme Denis
(16 mars 1752).

Pas de nouvelles, bonnes nouvelles [LOC. PROV.] «quand on ne reçoit pas de
nouvelles de quelqu'un, on peut présumer qu'il ne lui est rien arrivé de fâcheux».

NOYAU n. m.

Noyau dur «groupe d'actionnaires stables dans une entreprise», puis «centre
homogène, irréductible, au sein d'un groupe humain (parti politique, notamment)».
Loc. très courante depuis 1987 dans la presse économique et politique.

Rembourré avec des noyaux de pêche «très dur, inconfortable» en parlant
d'un fauteuil, d'un lit (1835, Acad.). Non seulement le noyau de pêche est dur, mais
il est hérissé d'aspérités.

NOYER v. tr.

Noyer son chagrin (sa peine,....) dans l'alcool «boire pour oublier». L'idée
générale est celle de l'élément liquide qui dissout, dilue. La métaphore de l'alcool
régénérateur est très ancienne. On disait au XVᵉ s. *noyer sa raison dans le vin*.

Noyer dans le sang (le compl. direct désigne une révolte, une sédition) «exercer de sanglantes représailles» (1689, Racine). L'image est celle du «bain de sang».

Noyer le poisson → POISSON.

Se noyer dans un verre (un bol, une goutte) d'eau «être incapable de faire face à la moindre difficulté» (fin XVIIe s.). Ces expressions sont fondées sur l'emploi métaphorique de *se noyer* «être perdu» → aussi CRACHAT.

> Les autres [...] qui se vident le cendrier sur la tête qui se psychanalysent les crimes qui se noient dans la cuvette [...].   J. PRÉVERT, *Histoires*, p. 185.

Qui veut noyer son chien l'accuse de la rage [LOC. PROV.] → CHIEN.

NU, E adj.

Nu comme la main «entièrement nu» (1640, Oudin). À la différence des autres pièces du vêtement, les gants ou les bijoux ne sont pas (socialement) indispensables à la main qui est souvent nue, comme le visage.

> Nous sommes maintenant, mon cher Monsieur, dans un pays où les femmes sont nues et l'on peut dire avec le poète «comme la main», car, pour tout costume, elles n'ont que des bagues.   G. FLAUBERT, *Correspondance*. IIe série, p. 170.

Nu comme un ver «tout nu» (1611, *in* Cotgrave). *Nu come vers* est déjà attesté au XIIIe s. *(Roman de la Rose).* Par son absence de protection sur l'épiderme, le ver paraît «nu» par rapport aux autres animaux (mammifères, poissons, oiseaux et la plupart des insectes). Par extension : «dépouillé, complètement appauvri».

> Étienne, alors, parla de la République, qui donnerait du pain à tout le monde. Mais la Maheude secoua la tête, car elle se souvenait de 48, une année de chien, qui les avait laissés nus comme des vers, elle et son homme, dans les premiers temps de leur ménage.   É. ZOLA, *Germinal*, t. I, p. 257.

À main nue «sans gants». *Lutter à main nue.*

À l'œil nu «sans instrument d'optique» (1798, Acad.). Furetière donne : *à œil nu. Ça se voit à l'œil nu* «facilement; au premier coup d'œil».

Mettre à nu «dévoiler sans réticence (la vérité, des pensées secrètes, ses sentiments intimes)» (XIXe s.). Selon l'équivalence nudité/sincérité ou vérité (la vérité est traditionnellement représentée comme nue et sortant d'un puits). Baudelaire a intitulé ses carnets intimes *Mon cœur mis à nu.*

NUAGE n. m.

Nuage de lait «très petite quantité de lait». Le lait forme comme un petit nuage avant de se dissoudre dans le thé ou le café; analogie de couleur et de forme. Lexicalisé par ellipse :

> Odette fit à Swann «son» thé, lui demanda : «Citron ou crème?» et comme il répondit «crème», lui dit en riant : «Un nuage!».
> M. PROUST, *À la recherche du temps perdu*, t. I, p. 221.

Sans nuage «parfait, sans trouble» en parlant du bonheur. Métaphoriquement, les «nuages» sont ce qui menacent la sérénité, la qualité des rapports interpersonnels. *Bonheur sans nuage.* Par métonymie, se dit d'une période de bonheur parfait.

> Outre la société habitant au village, beaucoup de voitures arrivaient de Paris, et y retournaient après souper. Ces jours sans nuage passèrent rapidement. Ces cœurs bien jeunes encore étaient loin de se dire qu'ils jouissaient d'un des bonheurs les plus rares que l'on puisse rencontrer ici-bas : ils croyaient au contraire avoir bien des choses à désirer.   STENDHAL, *Armance*, p. 151.

Être dans les nuages «être distrait» → DANS LA LUNE★. La position «en hauteur» et la matière nébuleuse expriment la perte de contact avec le réel, symbolisé par le sol terrestre (cf. *Les pieds sur terre*).

NUE n. f. Du latin pop. °*nuba* (latin classique *nubes*) ce mot, qui appartenait exclusivement au registre poétique, ne s'emploie plus isolément; il ne subsiste
que dans deux locutions verbales :

Porter (qqch, qqn) aux nues «exalter, manifester un grand enthousiasme
pour» (1763, Marivaux). L'emploi métaphorique de *nue* «le summum, le plus haut
degré» date du XVIe s. On a d'abord dit : *mettre quelqu'un aux nues* (Estienne).
L'image n'acquiert sa forme fixe qu'au milieu du XVIIIe s., car tout au long du
XVIIe s., on enregistre plusieurs variantes concurrentes : *élever au-dessus des nues,
exalter par-dessus les nues* (Furetière), *élever jusqu'aux nues* (1670, Racine). L'équivalence spatialisation (verticalité)/valorisation est un procédé habituel (cf. *Haut, hauteur, au pinacle*).

Tomber des nues «être extrêmement surpris par l'irruption inopinée d'un
événement» (Oudin, 1640) cf. aussi *Tomber de la lune, de haut* qui exploitent à peu
près le même thème.

> — [...] À propos. qu'est-ce qu'il fait dans la vie. ce garçon?
> — Ce qu'il fait?
> — Eh bien oui. tu tombes des nues. Jouer au tennis le matin avec une jeune femme. si
> charmante soit-elle. n'est pas une raison sociale.   M. AYMÉ. *Travelingue*. p. 116.

> Qu'est-ce que ce ton sec. qui réprimande? Je tombe des nues! Vraiment. si j'étais pol-
> tronne. j'aurais une belle occasion de crier à l'aide. seule avec cet individu qui me
> parle de là-haut!... Il a peut-être bu. lui aussi. mais plus que moi?
>   COLETTE. *La Vagabonde*. p. 114.

NUIT n. f.

La nuit des temps «période très reculée, dont on ne sait rien» (XVIIe s.,
La Fontaine).

> Je ne savais pas alors qu'elle était une des trois femmes qu'on pouvait observer encore
> dans la société parisienne et qui. comme Mme de Villeparisis. tout en étant d'une
> grande naissance. avaient été réduites. pour des raisons qui se perdaient dans la nuit
> des temps et qu'aurait pu nous dire seul quelque vieux beau de cette époque. à ne
> recevoir qu'une lie de gens dont on ne voulait pas ailleurs.
>   M. PROUST. *À la recherche du temps perdu*. t. II. p. 195.

Nuit blanche → BLANC.

Nuit noire «nuit particulièrement sombre» (1559) et notamment «sans
lune». *Faire nuit noire* «complètement nuit».

> Il faisait nuit noire. les mineurs exténués mangeaient enfin leur soupe. dans le coron
> tombé à un morne silence. traversé seulement par ces grands cris.
>   É. ZOLA. *Germinal*. t. I. p. 217.

Bonnet de nuit → BONNET. — *Nuit et jour* → JOUR. — *C'est le jour et la
nuit* → JOUR.

La nuit porte conseil [LOC. PROV.] «il vaut mieux réfléchir le temps d'une nuit
avant de prendre une décision importante» (1606, *in* Nicot). Ce proverbe prône les
bienfaits de la temporisation avant l'action. La nuit marque une rupture; elle précède et prépare l'éclosion du jour, elle interrompt la pression des événements, du
réel pour laisser place à la liberté du songe, vu comme une raison extérieure et qui
conseille l'homme. Dans la tradition grecque, la nuit était qualifiée *euphrone*, c'est-
à-dire «bienveillante, de bon conseil». Cette idée est déjà exprimée rhétoriquement
chez Ménandre (*l'Arbitrage*, 35) au IVe s. avant J.-C. : «*La nuit, le conseil
vient au sage.*»

> Eh bien! reprit l'avare. vous reviendrez me voir demain [...]. D'ailleurs. la nuit
> me portera conseil.   H. de BALZAC. *Maître Cornélius*. p. 921.

La nuit tous les chats sont gris → CHAT.

NUL, NULLE adj.

Nul et non avenu « inexistant, qui ne compte pas » (début XIXe s.). Expression d'origine juridique, au sens de « sans valeur légale ». *Non avenu* vient de l'ancien verbe *avenir* (latin *advenire*) « arriver, avoir lieu ».

> Peut-être chaque soir acceptons-nous le risque de vivre, en dormant, des souffrances que nous considérons comme nulles et non avenues parce qu'elles seront ressenties au cours d'un sommeil que nous croyons sans conscience.
>
> M. PROUST, *À la recherche du temps perdu*, t. II, p. 980.

NUMÉRO n. m.

Fam. *Tirer (avoir tiré) le bon numéro* « avoir de la chance, et spécialement en ménage » (1868) par analogie avec le joueur heureux qui a tiré le numéro gagnant, ou par allusion au tirage au sort des conscrits, au XIXe siècle. On dit d'ailleurs souvent que le mariage est une loterie.

O

OCCASION n. f.

Les grandes occasions « les circonstances importantes, solennelles de la vie sociale » (1665). Employé souvent ironiquement *(dans, pour les grandes occasions, il met son beau costume...)*.

À l'occasion « si les circonstances s'y prêtent, le cas échéant » (1868).

À la première occasion « dès que possible » (1694, La Fontaine).

À l'occasion de (et substantif) « en profitant de (telle circonstance) », (1553, Bible de Gérard).

Vieilli. *Par occasion* « accidentellement, par hasard » (1606, Crespin). À la même époque, on disait aussi *aux occasions* (1671) et *dans les occasions* « si le cas se présente » (1676, Mme de Sévigné).

Prendre (saisir) l'occasion par les cheveux → CHEVEU.

Fam. *Sauter sur l'occasion* « en tirer parti sans délai » (début XXᵉ s.).

L'occasion fait le larron [LOC. PROV.] « les circonstances peuvent amener à commettre des actes imprévus » (1677, Miège). Traduction du latin médiéval *(occasio facit furem)*. À l'origine, et parfois encore de nos jours, ce proverbe est compris comme s'appliquant à des actes que la morale réprouve. Pourtant l'expression n'implique plus nécessairement un jugement de valeur porté sur les actes en question.

> [c'est une femme qui parle] comme peu apres son valet de chambre m'eust rencontré
> a l'escart. quand il me voulut caresser. je ne me montray pas si facile. Il pensoit que
> l'occasion faisoit le larron. et qu'estant en un lieu fort secret je me laisserois aller.
> Ch. SOREL. *Histoire comique de Francion*. p. 403.

Il a encore manqué (perdu) l'occasion de se taire! « Il aurait mieux fait de se taire ». Toute la force de la phrase réside dans l'emploi de la litote ; la bêtise de l'intéressé est mise sur le compte de son manque d'à-propos.

OCCUPER (S') v. pron.

T'occupe pas du chapeau de la gamine! « cela ne te regarde pas, occupe-toi de tes affaires ». Refrain de vaudeville.

ODEUR n. f.

En odeur de sainteté « en état de perfection spirituelle » (vers 1670). Certains saints défunts ont répandu, dit-on, une odeur suave qui les distinguait des autres cadavres. L'expression s'emploie surtout avec *être*, *mourir* ou des verbes analogues.

Au commencement de 1821, les journaux annoncèrent la mort de M. Myriel, évêque de Digne, surnommé *monseigneur Bienvenu*, et trépassé en odeur de sainteté à l'âge de quatre-vingt-deux ans.　　　　　　　V. HUGO, *Les Misérables*, Pléiade, p. 174.

Duperrier ne manquait jamais la première messe et, depuis qu'il était en odeur de sainteté, il allait l'entendre à la basilique du Sacré-Cœur.

M. AYMÉ, *Le Vin de Paris*, p. 87.

Fam.　*Ne pas être en odeur de sainteté* (auprès de qqn) « être mal vu de lui » (1835, Acad.). Dès le XVIe s., l'odeur (bonne ou mauvaise) désignait métaphoriquement l'impression favorable ou non qu'on produit sur autrui. *N'avoir pas quelqu'un en bonne odeur* « avoir mauvaise opinion de lui » est attesté au XVIIe s. (1611, Cotgrave). C'est la même idée que traduit la locution *ne pas pouvoir sentir (piffer) quelqu'un.*

ŒIL n. m. *Œil* est l'un des termes fondamentaux de la phraséologie française, et son signifié, l'un des domaines principaux du symbolisme corporel. L'*œil* représente la perception et métaphoriquement, la connaissance, mais aussi la lumière, le regard, d'où la conscience morale. Chez de nombreux peuples, le soleil est considéré comme l'œil de Dieu.

L'œil humain est fréquemment qualifié par un nom d'animal pour caractériser le regard. *Œil d'aigle* « perçant », se dit depuis le XVIIe s., *œil de lion* « fier et étincelant », est archaïque. *Les yeux de chats* qualifient depuis le XVIe s. (Paré) une vision nocturne. Dans Paré encore, un *œil de loup* est un œil noir, enfoncé et méchant, un *œil de cochon*, un petit œil enfoncé. *Œil de lynx* « perçant », reste très usité (→ LYNX).

Yeux du bouillon. Yeux qu'on roule en boules de loto. A ces yeux au pluriel s'opposent l'œil d'aigle, l'œil d'épervier, l'œil de lynx, l'œil de vipère. En somme, *des yeux* qu'on voit mais c'est *un œil* qui vous regarde (ou de cet œil singulier qu'on regarde).

M. LEIRIS, *Fourbis*, p. 34.

Fam. et vx.　*Les yeux bordés d'anchois* « aux paupières rougies » (1867, Delvau). On trouve aussi *yeux bordés de jambon, de pisse* (« aux paupières chassieuses »).

Comment ! il est de la confrérie ! Pourtant il n'a pas les yeux bordés de jambon.

M. PROUST, *À la recherche du temps perdu*, t. II, p. 933.

Fam.　*Œil au beurre noir* « poché » apparaît pour la première fois en 1835 dans le Dictionnaire de l'Académie (qui l'eût cru ?) → aussi BEURRE. Dans le même sens, on a dit *yeux à la compote.*

Des yeux de braise « noirs et brillants ».

Ses sourcils noirs étaient épais, ses joues sanguines avec de fortes amorces de moustache au coin des lèvres, son visage était altier et sa physionomie mauvaise avec son triple menton, son nez aquilin, sa large bouche, ses grosses dents espacées, sa voix colère, ses yeux de braise et, à la façon dont elle dévisageait un à un les passagers qui débarquaient [...] on devinait qu'elle détestait les hommes.

B. CENDRARS, *Bourlinguer*, p. 50.

Arg.　*Œil de bronze* « anus », d'après l'équivalence œil/anus (qu'on retrouve implicitement dans les locutions *s'en battre l'œil, se fourrer le doigt dans l'œil*).

Les Joyeux appellent encore « œil de bronze » ce que l'on nomme aussi « la pastille », « la rondelle », « l'oignon », « le derch », « le derjeau », « la lune », « son panier à crottes ».

J. GENET, *Pompes funèbres*, p. 15.

Des yeux de merlan frit « des regards énamourés et ridicules » (1888). L'image exprimée est celle des yeux blancs, chavirés, extatiques (cf. *Se regarder dans le blanc des yeux*).

Yeux en boules de loto « gros et saillants » (1886) → BOULE.

Maintenant, dans ma chambre déserte, ce chat me regardait !... Il n'avait pas ces yeux en boules de loto qui m'agaçaient chez ses congénères. Il voilait son regard d'intimité.

P. GUTH, *Le Naïf locataire*, p. 18.

Yeux en vrille → VRILLE

L'œil du maître « la surveillance attentive du propriétaire » (milieu XVIIᵉ s.). L'expression a pu être popularisée par La Fontaine ; c'est en effet le titre d'une des *Fables* (IV, 21). La « moralité » qui s'en dégage est qu'il n'est d'intérêt aux choses que matériel, que c'est d'abord la possession qui développe le mieux l'attention aux choses.

> C'est lui aussi qui remonte de sa loge une série de cerceaux de papier, humides d'un collage hâtif.
> — Je fais tout moi-même ! déclare-t-il. L'œil du maître !...
> Dans son dos, l'accessoiriste hausse les épaules :
> — L'œil du maître, oui ! Et nib de pourboire à l'équipe !
>   COLETTE, *L'Envers du music-hall*, p. 175.

Le mauvais œil « le mauvais sort porté par le regard ». On attribue à certaines personnes la faculté d'influencer (en mal) le destin de ceux qu'elles regardent. L'expression s'emploie notamment dans des loc. verbales comme *jeter le mauvais œil.*

> — « Vous avez passé devant le Lombard » expliquait les maux soudains, les tristesses involontaires et les mauvaises chances de la fortune. Même à la cour, on attribuait à Cornélius cette fatale influence que les superstitions italienne, espagnole et asiatique ont nommée le mauvais œil.   H. de BALZAC, *Maître Cornélius*, p. 914.

> — Il est simple... peut-être. — Heureux ceux qui sont simples !...
> À la lune, n'a-t-il jamais cueilli des simples ?...
> — Il est sorcier peut-être... et, sur le mauvais seuil,
> Pourrait, en s'en allant, jeter le mauvais œil... T. CORBIÈRE, *Les Amours jaunes*, p. 796.

Clin d'œil → CLIN.

Coup d'œil « regard rapide » (XVIIᵉ s.). S'emploie aussi en locution verbale avec les verbes *donner* et surtout *jeter.*

> — Tiens ! bonjour ! répondit celle-ci, qui serra les mains de ces dames. Oui, je suis entrée donner un coup d'œil.   É. ZOLA, *Au Bonheur des Dames*, t. I, p. 125.

> Le trio oubliant qu'il était costumé en agent se mit à cavaler derrière la pompe histoire de passer le temps en allant jeter un pâle coup d'œil sur l'incendie.
>   *L'Épatant*, 1910, p. 124.

Avoir le coup d'œil « l'art d'observer rapidement et exactement ».

Pour le coup d'œil « pour voir, pour avoir une idée sommaire, globale ». La loc. est fréquente avec la négation restrictive *ne... que.*

> C'était l'heure où l'on commençait à ôter les masques. Certains invités avaient relevé le leur sur le front ainsi qu'un casque antique ; d'autres s'en éventaient, d'autres s'amusaient à les échanger et à se regarder dans les glaces. Les gens qui n'étaient venus que pour le « coup d'œil » s'apprêtaient à partir.
>   M. DRUON, *Rendez-vous aux enfers*, p. 31.

Au doigt et à l'œil → DOIGT.

Frais comme l'œil « dispos, en excellente condition physique » (1868, *in* Littré). On trouve d'abord *sain comme l'œil* (1834, Balzac).

> Les hommes buvaient à leur soif, revenaient sains comme l'œil, en donnant le bras aux dames.   É. ZOLA, *L'Assommoir*, t. I, p. 138.

Frais comme l'œil se dit du poisson qui vient d'être pêché, encore vivant et humide de la mer. En parlant de quelqu'un, l'expression fait allusion à la vigueur physique, à la santé, dont l'œil bien humecté est l'indice. *Frais* signifie à la fois « dispos, reposé » et « humide ».

> J'tombe sur un sergent, un p'tit poseur, frais comme l'œil, à lorgnon d'or, — des lunettes à galon.   H. BARBUSSE, *Le Feu*, t. I, p. 51.

> Tout s'est passé comme prévu. Le lendemain matin, Gonzalès se tape sa petite visite, il revient frais comme l'œil.   A. SERGENT, *Je suivis ce mauvais garçon*, p. 95.

Enceinte jusqu'aux yeux « dans un état de grossesse très avancé » (var. comique *jusqu'aux trous de nez*).

> Non, Naudy n'est pas fou de vouloir rentrer en France. — [...] Pierrette est enceinte
> jusqu'aux yeux. Raymond veut que leur enfant naisse sur le sol de la patrie.
>
> BORNICHE, *Le Gang*. p. 297.

À l'œil «gratuitement». *Avoir (un repas,* qqch.) *à l'œil,* en 1827, c'est l'avoir «à crédit». Esnault rapproche l'expression de *ne payer que de sa personne, avoir qqch. sur sa belle mine* et pense qu'elle signifie «à l'apparence, sans autre garantie que la (bonne) apparence». L'expression serait alors comparable à *pour les beaux yeux de* (ci-dessous). Wartburg suggère une autre interprétation, en rapprochant la locution de l'expression provençale *crompa à l'uéi* «acheter sans peser», laquelle se comprend aisément comme «acheter au jugé, à l'estime». *À l'œil* «gratuitement» a donné naissance à *faire (ouvrir) un œil à qqn* «lui faire crédit», et à *fermer* ou *crever l'œil à qqn* «lui refuser le crédit» (loc. vieillies).

> Pourtant, on prenait soin d'eux, car non seulement on les trimballait en carrosse, mais
> on allait encore les loger et les nourrir à l'œil! Eh bien, malgré tout cela, Croquignol,
> Ribouldingue et Filochard n'étaient pas encore contents.   *L'Épatant*, 1908, p. 15.

> Ah! des hommes de lettres et un cabinet, ce qu'ils vont imaginer! Vous pouvez baiser
> à l'œil la terre entière, mais pas une putain en maison, à moins d'être son maquereau,
> ce qui est encore être un soutien de l'ordre [...].   B. CENDRARS, *Bourlinguer,* p. 66.

À vue d'œil «approximativement», (cf. *À vue de nez*). Cette acception correspond à «autant qu'on peut en juger par la vue seule, sans moyens de vérification». À rapprocher de *à l'œil nu* «sans instruments d'optique». De nos jours, *à vue d'œil* signifie aussi «visiblement (en parlant d'un changement)». Ce sens remonte au XIIe s., où l'expression signifie plus généralement «d'une manière évidente».

Entre quat'zyeux «en privé, sans témoins». *Il n'y avait que quatre yeux,* «l'affaire doit rester secrète entre deux personnes» lit-on dans Richelet. La prononciation populaire *quat'zyeux* est déjà notée dans le Dictionnaire de l'Académie (1798), sous la forme *entre quatres yeux.*

> MARÉCHAL. — [...] croyez-vous que je saurai parler?
> LE MARQUIS. — J'étais justement en train d'admirer votre éloquence. à part moi.
> MARÉCHAL. — Entre quatre-z-yeux, ça va encore... Mais, en public, je n'oserai jamais.
>   É. AUGIER, *Le Fils de Giboyer*, I. 6, p. 36-37

> — Vous avez beau rire: j'ai bien trente ans de plus que lui, et, au verso de l'âge, c'est
> pas rare qu'on se dise à soi-même, entre quatre-z-yeux: «Tu pourrais avoir un garçon
> dans le genre de celui qui passe, si tu avais été un peu moins porté sur le goût des
> promenades».   J. GIONO, *Un de Baumugnes*, p. 184.

Les yeux dans les yeux «en se regardant en face; avec une sincérité, une franchise réciproques».

Les yeux fermés «en toute confiance, sans vérification», littéralement «sans avoir besoin de voir», tant une chose est familière ou paraît digne de confiance. Cette locution adverbiale s'emploie avec tous les verbes d'action.

> Si j'avais une fille à marier et que j'étais du monde riche, je la donnerais au baron les
> yeux fermés.   M. PROUST, *À la recherche du temps perdu*, t. II. p. 630.

Par plaisanterie, s'agissant d'une activité visuelle:

> [...] Armand Fallières semblait faire de son mieux pour servir de cible aux humoris-
> tes. Un jour que Sisley lui proposait de le guider dans sa visite du Salon, il lui dit:
> «Allez, allez, je vous suis les yeux fermés...!»
>   G. BRETON, *Le Cabaret de l'histoire*, p. 64.

Pour les beaux yeux de qqn «uniquement pour lui faire plaisir, sans y avoir d'intérêt». Souvent sous la forme négative: *je ne vais pas faire tout son travail pour ses beaux yeux!* À son apparition (XVe s.), l'expression était réservée au domaine amoureux, les *beaux yeux* étant ceux d'une dame.

> Mais vous sentez bien, reprit l'abbé d'un ton aigre, qu'il ne vous donne pas tout cet
> argent pour vos beaux yeux.   STENDHAL, *Le Rouge et le Noir*, p. 439.

> GIBOYER. — Mieux vaut cela, monsieur! Pour en finir d'un mot, c'est mademoi-
> selle Fernande.

MARÉCHAL *(très pincé).* — Ma fille?... Mon secrétaire se permet de lever les yeux sur ma fille?

GIBOYER. — Non, monsieur, puisqu'il part pour l'Amérique.

MARÉCHAL — Bon voyage! Elle n'est pas pour ses beaux yeux, mon cher monsieur.

É. AUGIER, *Le Fils de Giboyer,* V, 5, p. 160.

Locutions verbales :

Avoir l'œil (sur qqn, qqch.) «surveiller avec attention» (le plus souvent pour empêcher de mal faire) [XVIe s., Montaigne].

— Oh! pour du gibier, oui, y en a, y en a! Vous en trouverez à volonté. Grâce à Dieu, j'ai eu l'œil.   G. de MAUPASSANT, *Le Garde,* in *Yvette,* p. 279.

[...] il avait l'œil chez François, qui promettait formellement de ne jamais présenter la note à la bourgeoise. N'est-ce pas? il fallait bien se rincer un peu la dalle, pour le débarrasser des crasses de la veille.   É. ZOLA, *L'Assommoir,* t. I, p. 192.

Avoir l'œil américain «être vigilant et perspicace», par allusion à l'acuité de vision des Indiens d'Amérique. Si, en 1862, la locution évoquait les Sioux et les Comanches, il n'en est plus de même de nos jours, et le glissement de sens de *américain* confère aux habitants (blancs ou noirs) des États-Unis des qualités qu'ils ne doivent qu'à la sémantique!

Mais Mme de Crécy, voilà une petite femme qui a l'air intelligente, ah! saperlipopette, on voit tout de suite qu'elle a l'œil américain, celle-là!

M. PROUST, *À la recherche du temps perdu,* t. I, p. 262.

[...] quant à Petit-Pouce [...] elle ne se souvient pas de lui.
— Je l'aurais reconnu, dit-elle. J'ai l'œil américain.

R. QUENEAU, *Pierrot mon ami,* p. 146.

Avoir (tenir) à l'œil, s'emploie dans le même sens que *avoir l'œil* sur...*

Surveille-le de temps en temps, dit Brunet. Qu'il ne fasse pas de conneries! «Je l'aurai à l'œil» dit le type.   J.-P. SARTRE, *La Mort dans l'âme,* p. 215.

En contrebas, sur les rochers, des silhouettes d'hommes trinquaient de l'épuisette. Certains s'égaraient avec l'assentiment des ménagères. L'impression qu'on les avait à l'œil les incitait à des prouesses sans conséquence.   A. BLONDIN, *Quat'saisons,* p. 159.

Avoir bon pied bon œil → PIED.

Avoir un œil qui dit merde (zut) à l'autre «loucher». De nombreuses locutions expriment cette idée au moyen de trois procédés : (a) idée de communication désagréable, les deux yeux étant comme tournés l'un vers l'autre pour s'injurier (voir la forme ci-dessus); (b) idée de divergence dans l'espace *(avoir un œil à Paris et l'autre à Pontoise);* (c) idée d'occupations complémentaires : *(avoir un œil qui joue au billard et l'autre qui compte les points, avoir un œil qui fait le tapin et l'autre qui guette les bourres* [arg.], *un œil qui fait pignon fixe et l'autre qui fait roue libre* [arg. des cyclistes, *in* Esnault]), *avoir les yeux qui se croisent les bras.* De même *avoir un œil à la poêle et l'autre au chat, un œil aux champs et l'autre à la ville* signifiaient «surveiller (ou s'occuper de) deux choses en même temps».

Avoir le compas dans l'œil «apprécier (les distances, etc.) avec exactitude» → COMPAS.

Avoir les yeux plus grands que le ventre «avoir plus d'appétit apparent que réel; être incapable de manger autant qu'on le désirait». Cette expression qui apparaît chez Montaigne a eu diverses variantes : *avoir les yeux plus grands que la panse, avoir plus grands yeux que grande panse, avoir plus grands yeux que grand ventre.* Dans ces locutions, les yeux sont assimilés au ventre; la vision est comme une absorption, une ingestion véritable. Métaphoriquement, «voir trop grand, s'exagérer ses capacités».

J'ai entrepris une chose bien difficile, mais il n'y a plus à reculer, il faut la continuer! J'ai peur d'avoir eu les yeux plus grands que le ventre!

G. FLAUBERT, *Correspondance,* IVe série, p. 250.

Avoir la larme à l'œil → LARME.

Avoir les yeux en face des trous, généralement au négatif : *il n'a pas les yeux en face des trous* «il n'a pas une vision nette (pour avoir trop bu, être mal réveillé, etc.)». L'idée s'exprimait au XVIIᵉ s. par *avoir les yeux de travers* (*yeux* = regard). Esnault glose l'expression par «en face des trous de son masque», ce qui semble être une rationalisation inutile.

> C'est un homme d'un autre temps. Didier. Un homme très bien. Mais, dit Léon, il n'a pas les yeux en face des trous.   L. ARAGON, *Blanche ou l'Oubli*, p. 165.

> [...] extrême fatigue et insatiable besoin de sommeil — les yeux, comme on dit, pas en face des trous —, impression presque physique d'œillères coupant toute attention à ce qui ne concerne pas l'idée fixe, elle-même chose matérielle pesant de l'intérieur sur mon front et sur mes deux tempes et empêchant mon cerveau de fonctionner comme il faut [...].   M. LEIRIS, *Frêle bruit*, p. 135.

Avoir les yeux qui sortent de la tête «être très en colère». Les yeux proéminents (cf. *les gros yeux*) sont considérés traditionnellement comme l'expression de la fureur.

> Je causais beaucoup ce matin pour distraire l'accusé qui était de plus en plus bizarre, les yeux semblaient lui sortir de la tête, il était rouge, rouge. Alors, à partir de ce moment-là, et pendant le déjeuner, lui qui ne disait jamais rien, il s'est mis constamment à me couper la parole en récitant un tas de tragédies [...].   C. Cros, *Monologues*, p. 271.

Avoir de la merde dans les yeux → MERDE.

Avoir des yeux pour ne pas voir «ne rien voir» (volontairement ou non). Ce thème de l'aveuglement appartient à la rhétorique biblique. L'allusion à la mauvaise volonté du peuple juif qui refuse de s'ouvrir à la lumière divine est fréquente dans l'Ancien (Ezéchiel 12, 2 ; Jérémie 5, 21) et le Nouveau Testament (Marc 8, 18). Au refus de voir s'associe celui d'entendre («Écoutez, peuple insensé, qui êtes sans entendement et sans esprit, qui avez des yeux et ne voyez point, qui avez des oreilles et n'entendez point», Jérémie 5, 21) → aussi OREILLE, SOURD. Par ailleurs il est dit des idoles qu'«elles ont une bouche et ne parlent pas... des yeux et ne voient pas...» (Psaume 113, 5-7).

> Il faut d'ailleurs que vous ayez des yeux pour ne pas voir puisque ce chef-d'œuvre-là, vous m'avez dit que vous aviez passé deux heures devant.
> M. PROUST, *À la recherche du temps perdu*, t. II, p. 555.

Ne pas avoir les yeux dans sa poche «manifester une curiosité souvent indiscrète». Cette curieuse locution ne paraît pas très ancienne. Attestée chez Claudel en 1912 (*L'Annonce faite à Marie*), elle doit être issue de locutions formellement comparables comme *n'avoir pas toujours eu les mains dans ses poches* «s'être enrichi du bien d'autrui» (1718, Acad., *in* Wartburg) ou «n'avoir pas toujours été à ne rien faire» (1752, Le Roux), connotant globalement l'activité. Appliquée au domaine visuel, *ne pas avoir les yeux dans sa poche* désigne souvent par euphémisme le voyeurisme.

Ne pas avoir froid aux yeux → FROID.

N'avoir plus que ses yeux pour pleurer «avoir tout perdu». On dit aussi *ne laisser à quelqu'un que ses yeux pour pleurer* «le dépouiller de tout».

Se battre l'œil de qqch. «s'en moquer» (1666). Cette expression, qui est dans La Fontaine et Boursault, a donc des lettres de noblesse. Les rapprochements que fait Le Roux sont pourtant justifiés, si l'on en juge par les valeurs argotiques d'*œil*, et des expressions comme *se mettre le doigt dans l'œil* → DOIGT.

> L'œil. Pour le trou du fondement, l'anus [...]. S'en battre l'œil. Manière de parler, qui signifie se moquer de quelque chose, en faire peu de cas, n'en prendre aucun souci, s'en soucier peu. Voyez s'en battre les fesses.   LE ROUX, *Dictionnaire comique*.

> Mordié, je me bats l'œil de Mercure et de toi.
> POISSON, *Comédie sans titre*, in LE ROUX, *Dictionnaire comique*.

Mais les commentateurs du XIXe s. préféraient inventer des sens propres «logiques» (et honnêtes...), sans se préoccuper ni de les attester, ni de les relier par le sens aux valeurs effectivement réalisées dans la langue.

> *Se battre l'œil*, c'est proprement se frapper l'œil avec la paupière qu'on abaisse et qu'on relève alternativement, ce qui se fait en signe de dérision et de mépris.
>
> QUITARD, *Dictionnaire des proverbes*, p. 566.

Cette explication est aussi gratuite que plate.

> Gervaise ne voulait pas de noce. A quoi bon dépenser de l'argent? Puis, elle restait un peu honteuse ; il lui semblait inutile d'étaler le mariage devant tout le quartier. Mais Coupeau se récriait : on ne pouvait pas se marier comme ça, sans manger un morceau ensemble. Lui, se battait joliment l'œil du quartier!
>
> É. ZOLA, *L'Assommoir*, t. I, p. 78.

> Quant à moi qui, Dieu merci, n'ai plus rien à démêler avec cet établissement, je m'en bats l'œil.
>
> G. FLAUBERT, *Correspondance*, VIe série, p. 394.

L'expression a parfois donné lieu à des expansions plaisantes, du type *s'en battre l'œil avec (une patte de lapin, un tibia de langouste)*, la nature de l'instrument témoignant de l'inventivité du locuteur.

Coûter les yeux de la tête «coûter très cher». L'expression date du XIXe s.; on la trouve chez Balzac. Le même type de redondance en forme de spécification anatomique *(les yeux de la tête)* se retrouve dans l'expression *précieux comme la prunelle* des yeux*. Il s'agit d'une forme particulière de la superlation, avec le signifié global de «ce qui est le plus cher au monde». Cf. le synonyme récent *valoir (coûter) la peau des fesses*.

> [...] mon pauvre petit logis me fait peine à quitter. D'autre part, je ne peux le garder : il est trop cher, me coûte trop de voitures et sera trop loin du vôtre. Mais le déménagement va me coûter «les yeux de la tête», ma chère dame!
>
> G. FLAUBERT, *Correspondance*, VIe série, p. 21.

> Claude leur coûtait déjà les yeux de la tête. Quand ils n'eurent plus à leur charge que le cadet, Étienne, ils amassèrent les trois cent cinquante francs en sept mois et demi.
>
> É. ZOLA, *L'Assommoir*, t. I, p. 121.

> — Ça doit revenir cher à nourrir, un cheval, appuya, servile, Antoine trop heureux d'avoir trouvé le point faible du bougre. Celui-ci lui en sut gré en répondant par un «les yeux de la tête, mon petit, les yeux de la tête...» où passa une véritable tristesse teintée de billets bleus volant au vent.
>
> R. FALLET, *Le Triporteur*, p. 108.

Couver des yeux «regarder avec un intérêt passionné».

> En relisant votre lettre du 12e [...] j'ai trouvé que ce n'étoit point une nouvelle raison qui pourroit vous obliger à venir, mais une des deux dont vous m'avez parlé, et qui est celle que vous couvez des yeux, je comprends ce que vous voulez dire...
>
> Mme de SÉVIGNÉ, *Lettres*, à Mme de Grignan, 26 avril 1680.

Crever les yeux «être très visible, évident» (choses). L'effet produit par les choses sur l'œil se traduit parfois par des verbes exprimant coup ou blessure (cf. *Taper dans l'œil, sauter aux yeux*). Exprime ici — inconsciemment, sans doute, — l'agressivité produite par l'irritation (celui qui ne fait pas attention à ce qu'il devrait voir, qui refuse le réel, mériterait d'être aveuglé).

> La limite de la peinture (ce qu'elle peut et ce qu'elle ne peut pas) est montrée avec une évidence qui crève les yeux [...].   G. FLAUBERT, *Correspondance*, V[e] série, p. 380.

> Je n'ai rien à lui reprocher plus plus que je n'avais à reprocher au tablier blanc de sa bonne qui était très blanc, même un peu amidonné et avec un joli petit amour de bavolet au ruché tuyauté. Croyez-vous que je ne le savais, ça non plus? Ça crevait les yeux!
>
> J. GIONO, *Un roi sans divertissement*, p. 249.

Ne pas en croire ses yeux «avoir du mal à admettre l'évidence», comme s'il y avait une absence de coïncidence entre la réalité extérieure et la perception visuelle.

> A peine entrée sous le vestibule, elle se retourna vers Julien qui la suivait timidement. Son air étonné, à l'aspect d'une maison si belle, était une grâce de plus aux yeux de madame de Rênal. Elle ne pouvait en croire ses yeux, il lui semblait surtout que le précepteur devait avoir un habit noir.   STENDHAL, *Le Rouge et le Noir*, p. 241.

Urs regarde, retire ses lunettes et les remet sur son nez après les avoir essuyées. Il y a de quoi en effet ne pas croire ses yeux! Quelqu'un est là! Un homme, un jeune homme dort sur nos têtes.
                                                    M. TOURNIER, *Les Météores*, p. 550.

Ne dormir que d'un œil «légèrement, en étant prêt à se réveiller». S'oppose à *dormir sur ses deux oreilles*★ par le simple jeu de *un-deux* concernant les organes de perception doubles.

Vx. *Être sur l'œil avec (qqn)* «sur le qui-vive». L'œil symbolise la vigilance, l'attention soutenue.

S'ils avaient su, ils se seraient barricadés, parce qu'on doit toujours être sur l'œil avec les mendiants, des gens qui s'introduisent dans les appartements sous des prétextes, et qui filent en déménageant les objets précieux.
                                            É. ZOLA, *L'Assommoir*, t. II, p. 218-219.

Être tout yeux tout oreilles «très attentif (aux paroles de qqn)». La syntaxe de cette loc. est des plus étranges : *yeux* et *oreilles* fonctionnent ici comme des adjectifs.

Je ne vous dissimulerai point que je vous envoie au milieu des loups. Soyez tout yeux et tout oreilles.
                                        STENDHAL, *Le Rouge et le Noir*, p. 407.

Faire de l'œil à qqn «lui adresser des regards amoureux». Au XVIIᵉ s., alors que cette expression s'employait déjà — elle est dans La Fontaine —, on disait aussi *faire des yeux à qqn* au sens de «lui adresser des regards de reproche». On voit très clairement ici la fonction que joue l'opposition singulier (avec le partitif *de*) — pluriel, qui est de distinguer les formes pour rendre possible l'opposition des contenus; mais il est difficile d'expliquer pourquoi le singulier est attaché aux «regards amoureux» (alors qu'on dit par ailleurs *faire les yeux doux*) et le pluriel aux «regards courroucés» (mais on dit *avoir qqn à l'œil*). Il est vraisemblable que le mouvement d'un seul œil (dans *clin d'œil, coup d'œil*, etc.), comme signe de connivence, en soit la cause.

Oh! chuchotait le sculpteur, en voyant un jeune employé aux longs cils de bayadère et que M. de Charlus n'avait pu s'empêcher de dévisager, si le baron se met à faire de l'œil au contrôleur, nous ne sommes pas prêts d'arriver, le train va aller à reculons.
                                M. PROUST, *À la recherche du temps perdu*, t. II, p. 1041.

Faire les yeux doux à qqn «le regarder amoureusement ou avec douceur» (1680, Richelet). On a d'abord dit *faire les doux yeux*. S'oppose aux *gros yeux* (→ ci-dessous).

Pour se défendre de caresser leurs museaux lorsqu'ils pointent à travers les barreaux de la cage, il faut vraiment savoir que sous leurs airs bonasses, et bien qu'elles aient toujours l'air de vous faire les yeux doux, de telles bêtes ne sont pas de tout repos.
                                    M. LEIRIS, *Frêle Bruit*, p. 163-164.

Par extension, «chercher à séduire, courtiser».

Et le ministère avait beau les traiter de haut en bas, ça ne les décourageait pas, au contraire. Même quand il leur tournait le dos, les autres continuaient à lui faire les yeux doux. Moi, j'en avais de la peine pour eux, figurez-vous. Parce qu'au fond, c'est tous des braves gens.
                                        M. AYMÉ, *Travelingue*, p. 263.

Faire les gros yeux à qqn «le réprimander». D'abord, «regarder avec reproche» (XVIIIᵉ s., Diderot). Dans le langage enfantin, les *gros yeux*, comme la *grosse voix* (généralement paternelle) sont ceux des adultes, des parents qui extériorisent par cette hypertrophie (celle de l'*imago parentale*) leur désaccord ou leur mécontentement devant une action ou une attitude de l'enfant.

Ta bonne maman a dû aller chez Racaut pour obtenir qu'il envoie des ouvriers. Rien, mais absolument rien n'est fait chez vous : il faudrait l'œil du maître et le maître devra même faire les gros yeux.
                                G. FLAUBERT, *Correspondance*, VIᵉ série, p. 93.

Fermer l'œil s'est spécialisé au sens de «s'endormir» mais ne s'emploie guère que négativement : *Je n'ai pu fermer l'œil de la nuit.*

— Mon vieux, il n'a pas arrêté de minuit à trois heures.

— À qui le dis-tu, mon petit! De minuit à quatre heures, oui! Je n'ai pas fermé l'œil.
                                COLETTE, *La Maison de Claudine*, p. 198.

> La lenteur du fiacre l'irrita d'abord. Puis une somnolence l'engourdit peu à peu : il n'avait pas fermé l'œil de la nuit et cette voiture lamentable l'attristait.
>
> É. ZOLA, *Pot-Bouille*, t. II, p. 130.

Au contraire, *fermer les yeux* a d'autres sens (avec *à qqn*, « le voir mourir », avec *sur qqch.*, « feindre d'ignorer »). Autre exemple d'utilisation sémantique d'une possibilité formelle (singulier-pluriel). De même pour *ouvrir l'œil — les yeux*.

> En France, il n'y a pas de colère, même publique, que six mois n'éteignent. Les émeutes, dans l'état où est la société, sont tellement la faute de tout le monde qu'elles sont suivies d'un certain besoin de fermer les yeux.
>
> V. HUGO, *Les Misérables*, Pléiade, p. 1359.

> [...] du moment qu'il le trouve bon ainsi et qu'il laisse passer la chose, je n'ai qu'à fermer les yeux.
>
> M. PROUST, *À la recherche du temps perdu*, t. II, p. 948.

Jeter de la poudre aux yeux → POUDRE.

Lever les yeux *(sur, vers, jusqu'à...)* « regarder, considérer » (qqch. ou qqn qui inspire de la crainte, de l'admiration, du respect).

> Ce ne fut qu'en tremblant et bien caché par un grand chêne, qu'il osa lever les yeux jusqu'à la fenêtre de mademoiselle de La Mole.
>
> STENDHAL, *Le Rouge et le Noir*, p. 596.

Manger (dévorer) des yeux « regarder avec convoitise ». L'assimilation du regard à la possession, sous sa forme la plus totale, l'avalement, est très révélatrice.

> Le fils du jardinier, trahissant des dispositions précoces, dévorait des yeux la place du moteur.
>
> M. PROUST, *À la recherche du temps perdu*, t. II, p. 997.

Se manger (s'arracher) le blanc des yeux « se disputer violemment ». On dit aussi : *se regarder dans le blanc des yeux* « bien en face ».

> Il fallait décider quelque chose. On ne comptait pas sans doute se regarder comme ça le blanc des yeux jusqu'au dîner. Alors, pendant un quart d'heure, en face de l'averse entêtée, on se creusa le cerveau.
>
> É. ZOLA, *L'Assommoir*, t. I, p. 89.

Se mettre le doigt dans l'œil → DOIGT.

Ouvrir l'œil « être vigilant, attentif ».

> — Mais tout dépend de ce que vous appelez utile ou inutile... Tout est là.
> — Ici, docteur, je vais un peu tricher.
> — J'ouvre l'œil.
>
> P. VALÉRY, *Œuvres*, t. II, p. 219.

Souvent renforcé en *ouvrir l'œil et le bon*, qui exploite le fait que *œil* est au masculin (avoir « le meilleur œil », celui qui voit le mieux). *Ouvrir les yeux* a un sens plus concret, comme dans *ouvrir des yeux comme des soucoupes* « écarquiller les yeux (d'étonnement, etc.) » qui a remplacé *ouvrir les yeux grand comme des salières* (XVIIᵉ s.).

> On a mis plus de deux heures pour aller au cimetière ce qui vous fera tous ouvrir de grands yeux dans votre village car on nan feras [sic] certainement pas autant pour la mère Michu. [Lettre d'un valet de pied.]
>
> M. PROUST, *À la recherche du temps perdu*, t. II, p. 566.

Ouvrir les yeux à qqn sur (qqch.) « lui montrer ce qu'il se refusait à voir, lui révéler quelque chose ».

> Et de même que je te garde une gratitude éternelle pour m'avoir empêché de consentir à ce qu'on fît une pièce avec la *Bovary*, tu me remercieras pareillement de t'avoir ouvert les yeux sur la chose en question.
>
> G. FLAUBERT, *Correspondance*, IVᵉ série, p. 367.

Regarder (voir) d'un œil *(et adjectif)* « considérer de telle ou telle façon ». Alors que *regarder d'un bon, d'un mauvais œil* est entièrement figuré, d'autres expressions sont métaphoriques, avec un adjectif qualifiant concrètement l'œil, le regard *(regarder d'un œil torve)*.

> Dès le premier jour, le nouveau sous-chef vit de très mauvais œil que Dutilleul portât un lorgnon à chaînette et une barbiche noire, et il affecta de le traiter comme une vieille chose gênante et un peu malpropre.
>
> M. AYMÉ, *Le Passe-Muraille*, p. 9.

Fam. **Se rincer l'œil** « regarder (en parlant d'un homme) une femme ou une scène érotique » (1888, Villate). Le transfert est ici du gustatif *(se rincer la dalle)* au visuel et correspond au sémantisme de l'enivrement.

> Alors vous comprenez, il y a un tas de satyres, c'est le mot, qui viennent exprès pour se rincer l'œil. Nous, on les appelle les « philosophes ». C'est des vicieux.
>
> R. QUENEAU, *Pierrot mon ami*, p. 106.

Sauter aux yeux « attirer l'attention, frapper la vue ; être évident, manifeste » (XVIIᵉ s.).

> [...] éclairé de face par la lumière de la grille, clarté de cave, il est vrai, livide, mais précise dans sa lividité, Thénardier, comme dit l'énergique métaphore banale, sauta tout de suite aux yeux de Jean Valjean.
> V. HUGO, *Les Misérables*, Pléiade, p. 1326.

> Il va de soi que si un fait nouveau se produisait, une procédure de révision serait entamée. La conséquence saute aux yeux.
> M. PROUST, *À la recherche du temps perdu*, t. II, p. 245.

Sortir par les yeux à qqn (avec un sujet de chose) « être écœurant par la répétition, la satiété » (avant 1870, Mérimée). L'idée est celle de l'écœurement allant jusqu'à la nausée, par l'image d'un vomissement visuel. Exploiter l'équivalence voir/supporter, comme dans *ne plus pouvoir voir quelqu'un (ou quelque chose)* « en être saturé ».

> — Les représentations des martyrs sont à faire prendre en amour leurs bourreaux, s'ils ne valaient les victimes. Et puis on est assailli de saintetés. J'en suis repu. Les chapelets, particulièrement, me sortent par les yeux. Nous en avons bien acheté 7 ou 8 douzaines.
> G. FLAUBERT, *Correspondance*, Pléiade, t. I, p. 666.

Taper dans l'œil « plaire, séduire », a succédé à *donner dans l'œil, dans les yeux* (Corneille). Le sens de « frapper vivement » (la vue et donc l'attention) est spécialisé dans la positivation.

> Il dégote, Crouia-Bey. Il a des yeux de braise, un front de penseur, [...] ah ! qu'il est beau ! ah ! qu'il est beau ! il a pas mal tapé dans l'œil à Léonie.
> R. QUENEAU, *Pierrot mon ami*, p. 31.

Tenir à qqch. (qqn) comme à la prunelle de ses yeux → PRUNELLE.

Fam. **Tourner de l'œil** « mourir », puis « s'évanouir ». La syntaxe aberrante correspond à une métonymie de *avoir l'œil qui tourne* à *tourner de (par, avec) l'œil.*

> Je vous aiderais à bien des choses : et j'ai amassé une bonne pacotille de contrebande assez honnête, dont nous vivrions, et que je vous laisserais lorsque je viendrais à tourner de l'œil comme on dit.
> A. de VIGNY, *Laurette ou le cachet rouge*, in *Servitude et Grandeur militaires.*

> Des fleurs garnissaient les lustres et leurs senteurs pénétrantes faisaient presque tourner de l'œil, tant on était saisi par leur fragrance imprévue.
> B. VIAN, *Vercoquin et le Plancton*, p. 14.

Voir la paille dans l'œil du voisin et ne pas voir la poutre dans le sien → PAILLE.

Locutions phrases :

Loin des yeux, loin du cœur → CŒUR.

Œil pour œil dent pour dent, formule traditionnelle de la loi du Talion employée pour signifier un esprit de vengeance irréductible (Exode 21, 24 ; Lévitique 24, 20 ; Deutéronome 19, 21).

Mon œil ! Exclamation ironique d'incrédulité, que Wartburg rapproche de *il n'y en a pas plus que dans mon œil* « pas du tout ». Cette expression est certainement comprise comme une référence à la perception, avec la valeur de « je ne vois rien de tel ; mon œil est témoin que c'est faux ». Les enfants renforcent souvent la locution en disant *mon petit œil !* et en se touchant une orbite de l'index. En fait, l'expression est à rapprocher des valeurs transférées (cf. *mon cul !*).

> Tu veux te tirer ! Tu veux repartir en vadrouille !... — Où ça ? Dans le fond des mers ?...
> — Fond des mers !... Fond des mers !... Mon œil !... — Ah ! Laisse-moi ! Laisse-moi,
> Irène !
> L.-F. CÉLINE, *Mort à crédit*, Livre de poche, p. 370.

ŒILLÈRE n. f.

Avoir des œillères « avoir l'esprit borné », par allusion au cheval qui ne peut voir de côté, lorsqu'on lui a mis des œillères.

> Père avait des œillères, et il a traversé le monde sans en rien voir d'autre que ce qui bordait l'étroit sentier qu'il avait choisi.   R. MARTIN DU GARD, *Les Thibault*, in *Ph. Sl.*

ŒUF n. m.

L'œuf de Christophe Colomb « réalisation qui, sous son apparente simplicité, suppose une réelle ingéniosité ». *C'est comme l'œuf de (Christophe) Colomb, il fallait y penser !* Attestée en 1842 (*in* Gottschalk), l'expression aurait pour origine une réponse de Colomb en forme de parabole. À ses détracteurs qui prétendaient que rien n'était plus facile que de découvrir l'Amérique, Colomb, prenant un œuf dans sa main, leur proposa de le faire tenir sur sa pointe. Comme aucun n'y parvenait, il sectionna légèrement l'extrémité de l'œuf pour le rendre stable et le faire tenir debout. Devant les remarques ironiques sur la facilité de l'opération, Colomb aurait souligné qu'il ne s'agissait que d'en avoir l'idée et de la mener à bien.

> L'invention, j'en ai compris l'importance à une époque relativement récente, quand ce mot est devenu pour moi le synonyme de découverte et, mieux encore, quand j'ai été à même de prendre dans son sens d'apologue la fameuse anecdote de l'œuf de Christophe Colomb [...].   M. LEIRIS, *Biffures*, p. 115.

Fam. *Œufs sur le plat* « poitrine féminine menue, plate », (1881, L. Rigaud). Analogie de forme ; l'influence secondaire de *nichons*, par relation implicite entre *œuf* et *nid*, invoquée par Guiraud (*Dictionnaire érotique*, Payot, 1978), n'est pas convaincante.

Plein comme un œuf « complètement plein » (1640, Oudin).

> Mon caveau de famille, hélas ! n'est pas tout neuf.
> Vulgairement parlant, il est plein comme un œuf [...].
>   G. BRASSENS, *Poèmes et Chansons*, p. 289.

Parfois « saoul » ou « repu », la rotondité symbolisant la réplétion :

> Il manqua vingt fois de recevoir une bonne décharge de chevrotines à travers la figure. Enfin, plein comme un œuf, il vint finir la nuit chez Ravanel qui, ayant achevé le cochon, passait son temps à le mettre en saucisses et en boudins, histoire de se changer les idées ; et surtout de ne rien perdre.   J. GIONO, *Un roi sans divertissement*, p. 50.

Fam. *Aux œufs* « très bien, parfait ». À rapprocher d'expressions synonymes à référence alimentaire (cf. *aux petits oignons*, *aux pommes*), ou qui indiquent l'excellence, la perfection (cf. *au poil*). La langue argotique ancienne disait : *à la coque*.

> [ils attendaient] que la S.A.R.L. d'Helmut soit sur pied... simple question de formalités [...]. Tout était aux œufs, aux pommes, au quart de poil...
>   A. BOUDARD, *Cinoche*, p. 226.

Dans l'œuf « dès le départ, au début », avec des verbes comme *tuer*, *écraser*, *étouffer*. La locution *écraser dans l'œuf* est employée par Hugo (1830) mais le sens métaphorique d'*œuf* « principe, commencement », fondé sur une analogie avec l'état embryonnaire, est antérieur (1792, d'après Brunot) ; sans doute encore antérieur si l'on en juge par l'expression latine, *ab ovo*).

> Resterait à savoir, toutefois, s'il m'est possible d'employer, sans que la pensée ici proposée soit écrasée dans l'œuf par un malencontreux pavé de l'ours, une métaphore évoquant l'idée d'une assise durable à propos de ce que recèle d'essentiellement panique la fin du monde au petit pied qu'est un déménagement ?   M. LEIRIS, *Biffures*, p. 80.

> Antoinette Dupérioux se trouva prise au piège de sa propre réussite. Comment renoncer à cette œuvre et tuer dans l'œuf de si belles promesses ? Elle retarda son départ des mois, puis elle n'en parla plus, sans cependant rien décider de définitif.
>   M. TOURNIER, *Les Météores*, p. 58.

Fam. *Casser son œuf* (casser ses œufs, 1690, *in* Richelet) « faire une fausse couche » (XIXᵉ s., d'après l'analogie fœtus = œuf). L'expression signifie parfois « perdre sa vir-

ginité», en parlant d'une femme, à cause des connotations de *coquille* «sexe féminin» (selon P. Guiraud).

> *Ne dire ni œuf ni bœuf* → Bœuf.

Vx. *Donner un œuf pour avoir un bœuf* «rendre un petit service pour en obtenir un plus grand» (1690, Furetière). L'opposition «grand»/«petit» exprimée par
œuf/bœuf se retrouve dans le proverbe *qui vole un œuf vole un bœuf* (ci-dessous). À
l'opposé, on disait à la même époque *quitter un bœuf pour prendre un œuf* «laisser
une grande chose pour une petite» (Oudin). Bien entendu, c'est l'assonance qui a
commandé le choix des deux termes.

Vx. *Être égal (à qqn) comme deux œufs* «lui être indifférent» (1835, Acad.)
par équivoque sur *égal* «pareil, semblable à» et «indifférent, sans importance».
L'expression, sortie de l'usage, n'est plus comprise.

> On me donna une fête des plus galantes, avec accompagnement obligé de Cachemy-
> riennes, et quoiqu'elles eussent le tour des yeux barbouillé de noir et de blanc, j'ai le
> goût assez dépravé pour ne les en avoir trouvées que plus belles. Mais cela (et cela
> sera tout ce que vous voudrez) leur est égal comme deux œufs.
> V. Jacquemont, *Correspondance*, t. II, p. 14.

Marcher sur des œufs «avoir une démarche embarrassée», et figurément, «se
conduire avec une circonspection extrême dans une circonstance délicate» (1690,
Furetière).

> D'abord Philippe marchait sur des œufs, mal à l'aise de se trouver pour la première
> fois dans cet appartement [...], il s'asseyait de travers sur le bras d'un fauteuil [...].
> Aragon, *Blanche ou l'Oubli*, p. 179.

Mettre tous ses œufs dans le même panier «engager toutes ses ressources sur
la même affaire; faire dépendre son sort d'une seule chose», et s'exposer ainsi à
«casser ses œufs», c'est-à-dire à tout perdre d'un seul coup. L'expression date du
XVIIᵉ s. (1680, *in* Wartburg). Elle est reprise au XIXᵉ s. (1835, Acad.) sous forme de
proverbe prônant la prudence : *il ne faut pas mettre tous ses œufs...*

> — [...] découpons ensemble [...] partageons afin de ne pas mettre tous les œufs dans
> un panier, et marions-nous.
> H. de Balzac, *Splendeurs et Misères des courtisanes*, Éd. de 1845, t. III, p. 248.

> Cet homme est physiquement faible, mais moralement fort. D'autant plus qu'il vit en
> couple. Et puis une seule chaudière peut se détraquer. Ne mettez pas tous vos œufs
> dans le même panier! P. Guth, *Le Naïf locataire*, p. 223.

Tondre un œuf «être d'une avarice sordide». L'image date du XVIᵉ s. (*il trouverait à tondre sur un œuf*, chez Marot; variante : *il partiroit un œuf en deux*, attesté
en 1579, *in* Wartburg). L'expression est usuelle au XVIIᵉ s. (Nicot, Oudin, Furetière).
L'emploi du conditionnel (présent ou passé) est fréquent.

> Mais là, franchement, la jalousie les enrageait. Avec ça, ils auraient tondu un œuf. Des
> pingres, quoi! des gens qui cachaient leur litre, quand on montait, pour ne pas offrir
> un verre de vin [...]. É. Zola, *L'Assommoir*, t. I, p 169.

Va te faire cuire un œuf! Formule populaire particulièrement énergique destinée à se débarrasser d'un importun. Peu explicable par la rhétorique (l'activité qui
consiste à cuire un œuf n'a rien de méprisable ni d'absurde), l'expression ne peut
correspondre qu'au sémantisme du mépris, généralement sexuel, et masquer
une allusion.

Qui vole un œuf vole un bœuf [LOC. PROV.] «on commence par de menus lar-
cins, puis on commet des vols plus importants». Ce proverbe doit sa fortune à l'assonance *œuf/bœuf*. La grossièreté de ses intentions culpabilisantes a suscité diverses
gloses facétieuses (*Qui vole un œuf n'a vraiment pas gros appétit*, etc.).

> Je vais donc réaliser un cognac flip. — Tu n'as plus de cognac? — J'en ai dans la
> bedaine que voilà. Passe l'œuf. Et ce fut le silence [...].

> — Tu le gobes? s'intriguait Zanzi. Le Duc brailla, plus du tout angélique : — Qui gobe un œuf gobe un bœuf!   R. FALLET, *Le Triporteur*, p. 237.

ŒUVRE n. f. et n. m. Plus courant au féminin, ce mot entre dans plusieurs locutions nominales, adverbiales ou verbales plus ou moins lexicalisées. Ainsi, *œuvre pie, bonnes œuvres* «action(s) charitable(s)», *œuvre de chair* «acte charnel». (Dans ces locutions nominales, *œuvre* a à chaque fois un sens spécifique donné globalement par la locution.) Au contraire, dans les locutions adverbiales et verbales comme *à l'œuvre, en œuvre* (avec *être* ou *mettre*), *faire œuvre de*, le mot désigne l'action ou l'activité en général.

L'emploi isolé de *œuvre* au masculin est aujourd'hui désuet ou réservé à la langue littéraire ou technique (architecture, alchimie), mais il subsiste dans quelques locutions figées comme *grand œuvre* «transmutation alchimique des métaux en or» (fin XVIe s., d'Aubigné); *gros œuvre*, en architecture, désigne les fondations, murs et toiture d'une construction (milieu XIXe s.), par opposition aux travaux de finition ou *second œuvre*.

À pied d'œuvre, littéralement «à proximité du lieu de construction» (1798, Acad.), puis, sur les lieux mêmes du travail, sur place». *Œuvre* a ici son sens technique d'«ensemble d'un bâtiment», dont le *pied* est la partie inférieure, les fondations.

> Pourtant elle [l'entreprise] est saine, vigoureuse, de nature à me satisfaire, et la «substance grise» roannaise tient ses promesses à mesure que mon matériel de criblage arrive à pied d'œuvre. Nous avons déjà terminé deux couches de détritus dans le fond du Trou, séparées par une couche de sable, et nous savons où nous allons.
> M. TOURNIER, *Les Météores*, p. 105.

OFFENSE n. f.

Soit dit sans offense «sans vouloir vous blesser». La formule s'emploie en incise pour atténuer une vérité qui peut blesser ou être désagréable à celui à qui elle s'adresse. On dit aussi *sans vouloir vous offenser*.

Il n'y a pas (y a pas) d'offense «ce n'est rien» (cf. *il y a pas de mal*). La formule s'emploie en réponse à une excuse et appartient au registre populaire.

OFFICE n. m.

Bons offices «intervention en faveur de, service rendu à qqn» (XVIIe s., Retz). Dans la langue diplomatique, «médiation, arbitrage d'un conflit entre deux pays». Au XVIIe s., on disait aussi *mauvais office* «mauvais procédé envers qqn».

> Elles seraient désespérées que ce malentendu d'un instant les privât de vos bons offices, dont elles apprécient toute la valeur.
> O. FEUILLET, *Roman d'un jeune homme pauvre*, in *Ph. Sl.*

D'office «par l'effet d'une mesure générale; automatiquement». L'expression est d'origine juridique (XIVe s.) mais n'a pris sa valeur moderne qu'au XIXe s. (1874, P. Larousse). *De son office* (avec un sujet de personne) signifie d'abord «en vertu des obligations de sa charge», puis au XVIIe s. «sans l'avoir demandé» ou «de sa propre initiative», d'où «par voie d'autorité». On retrouve cette valeur dans des syntagmes comme *avocat, expert commis d'office, mis à la retraite d'office*.

Faire (remplir) son office «produire son effet naturel, jouer pleinement son rôle», en parlant d'une chose (XVIIe s.). S'est d'abord dit d'une personne, avec le sens de «accomplir les devoirs de sa charge».

Faire office de «tenir lieu de, remplacer» (1668, La Fontaine; 1614, *faire l'office de*). Au XIVe s., avec un sujet de personne, «remplir la charge, la fonction de». Au XVIe s., on disait *faire l'office de*, dans ce sens (1538, Estienne).

OGRE n. m.

Manger comme un ogre (avant 1848, Chateaubriand), *avoir un appétit d'ogre*, (1869, Flaubert) «manger beaucoup ou goulûment». Le mot *ogre* vient de °*orc*, altération (par métathèse du *r*) du latin *Orcus*, nom d'une divinité infernale, avatar probable du dieu préhellénique *Chronos* (le Saturne latin) qui dévorait, aussitôt née, sa propre progéniture. Ce fantasme de dévoration est personnifié, dans les contes populaires (cf. *le Petit Poucet*, de Perrault) par l'*ogre*, géant redoutable, dont la cruauté n'a d'égale que l'avidité, et qui se repaît de chair humaine, spécialement de celle, plus exquise, des petits enfants. De ce personnage symbolique, la phraséologie a retenu l'image d'une force dévoratrice (on retrouve le même glissement de la cruauté sadique à l'avidité, puis à la simple expression de «grande quantité ingérée» dans le verbe *dévorer*).

OIE n. f.

Oie blanche «jeune fille niaise, innocente» (1894, M. Prévost), par association entre la bêtise et la candeur *(blanche)*.

> Mais pendant ces années où il a été ouvrier il a désappris tout ce qu'on lui avait enseigné chez lui, il a échangé les bonnes habitudes contre des mauvaises. En fait, c'est un aventurier, mais je ne m'en suis rendu compte que trop tard... Si tu savais l'oie blanche que j'étais!   M. CARDINAL, *Les Mots pour le dire*, p. 146.

Des boniments à la graisse d'oie → GRAISSE.

Vx. *La petite oie* «menues faveurs qu'une femme accorde à celui qu'elle aime», dans le vocabulaire de la préciosité (XVIIᵉ s.). On trouve l'expression, glosée, chez La Fontaine :

> La petite oie ; enfin ce qu'on appelle
> En bon français les préludes d'amour.   LA FONTAINE, *Contes*, «Oraison St Julien.»

> Marie de Saint-Vallier accordait à son amant les droits superficiels de la petite oie. Elle se laissait volontiers baiser les pieds, la robe, les mains, le cou, elle avouait son amour, elle acceptait les soins et la vie de son amant.
> H. de BALZAC, *Maître Cornélius*, in *Romans et Contes philosophiques*,
> Éd. de 1837, t. III.

Bête comme une oie «très bête». La réputation de bêtise de cet animal (comme de toutes les volailles) est proverbiale. On disait déjà au XVIIIᵉ s. *n'avoir pas plus de sens qu'une oie* (1761, Gottschalk).

> *Item*, elle est plus méchante, plus fière et plus bête qu'une oie.
> D. DIDEROT, *Le Neveu de Rameau*, p. 459.

> Au fait pourquoi dit-on couramment «bête comme une oie»? Il est pourtant certain qu'elles sauvèrent le Capitole.   A. LAROCHE, in *Le Charivari*, 19 juillet 1892, p. 2.

OIGNON n. m.

Fam. *Aux petits oignons* «parfait, très bien» (milieu XIXᵉ s.). Cette locution s'emploie à propos d'une action, d'une entreprise préparée et exécutée avec soin, par analogie avec un mets finement mitonné «aux petits oignons». Synonymes : *aux œufs★, aux pommes★*.

En rang d'oignons «sur une seule ligne, à la suite» (XVIIᵉ s.). Variante ancienne : *en deux rangs d'oignons*.

> Ma petite cour me suit dans toutes ces excursions, assise en deux rangs d'oignons de chaque côté de mon fauteuil.   V. JACQUEMONT, *Correspondance*, t. II, p. 59.

> [...] Si j'ai pu me faire quelques idées et les aligner en rang d'oignons, c'est que j'ai toujours gagné assez pour boire mon litre, et prendre mon café avec la consolation !
> J. VALLÈS, *L'Insurgé*, p. 236.

Au début du XVIIᵉ s., *se mettre en rang d'oignons* signifie «prendre place dans une réunion où l'on n'est pas invité, où l'on n'a pas sa place» (1611, Cotgrave). L'explication la plus évidente et la plus simple est donnée par Leroux de Lincy : allusion à «la manière dont les gens de la campagne assemblent les oignons avec des liens de paille, en plaçant les plus gros les premiers, et ensuite les autres» (*Proverbes*, t. II, p. 58). D'après Tuet, la locution s'expliquerait par allusion au baron *d'Oignon*, maître de cérémonies aux États Généraux de Blois en 1576, qui assignait à chaque député son rang et sa place. Comme toutes les explications anecdotiques, celle-ci est sujette à caution ; après l'avoir émise, l'abbé Tuet ajoutait d'ailleurs :

> Je croyois que cette expression [...] étoit tirée de ces torches d'oignons rangés les uns près des autres, les plus gros à la tête, et les petits en bas.
>
> TUET, *Matinées senonaises*, p. 383.

Fam. *C'est (ce n'est pas) mes (tes...) oignons* «cela ne regarde que moi, (cela ne me regarde pas)» (début XXᵉ s.). *Oignons* a le sens métaphorique d'«affaires personnelles» ; le pluriel masque le sens figuré de *oignon* «cul», qui est certainement à l'origine de l'expression, comme de *occupe-toi de tes oignons* (cf. *de tes fesses*).

> Arrivé à son étage, le second, il avait d'ailleurs réussi à se persuader que la psychologie de Pradonet, c'était pas ses oignons, non plus que celle de son hôtesse.
>
> R. QUENEAU, *Pierrot mon ami*, p. 147.

> Nous voilà donc partis. Je ne savais pas ce que mes gars comptaient suiner dans ce coin-là, ce n'était pas mes oignons. Mais je me doutais bien que, comme voyage d'agrément, ça se poserait là. A. SERGENT, *Je suivis ce mauvais garçon*, p. 90-91.

OINDRE v. tr.

Oignez vilain, il vous poindra; poignez vilain, il vous oindra [LOC. PROV] «si vous traitez bien un individu grossier il vous manquera d'égards ; si vous le traitez mal, durement, il vous respectera». L'absence de déterminant et l'emploi des verbes *oindre* «enduire d'huile», métaphoriquement, «être doux, gentil», et *poindre* au sens de «blesser, maltraiter» en attestent l'ancienneté.

> Voilà que c'est : le bon traictement et la grande familiarité que leur avez par cy davant tenue vou ont rendu envers eux comtemptible.
> Oignez villain, il vous poindra ; poignez villain, il vous oindra.
>
> RABELAIS, *Œuvres*, I, 32.

OISEAU n. m.

Oiseau rare ou *oiseau bleu* «une personne (plus rarement, une chose) impossible à trouver, possédant toutes les qualités». Loc. souvent ironique, calquée du latin *rara avis* ; d'abord *rare oiseau* (1665, La Fontaine). La forme actuelle (début XIXᵉ s., *in* Béranger) correspond à la syntaxe moderne (→ aussi MERLE* BLANC et cf. le latin *avis alba*).

> Il est vrai qu'il a peut-être pris un pied un peu excessif chez la Trémoille, mais enfin c'est pour Charles une espèce, comment dirais-je, une espèce de fidèle Achate, ce qui est devenu un oiseau assez rare par le temps qui court.
>
> M. PROUST, *À la recherche du temps perdu*, t. III, p. 41.

Oiseau de bon, de mauvais augure → AUGURE.

Péj. *Drôle d'oiseau, vilain oiseau*. Se dit d'un personnage bizarre ou déplaisant. Il s'agit plutôt des emplois d'un sens figuré de *oiseau* que de locutions, car le mot s'emploie avec d'autres déterminants.

Une cervelle d'oiseau → CERVELLE.

À vol d'oiseau «(vu) selon une perspective aérienne»; par extension «en ligne droite» (pour calculer une distance, etc.). L'expression date du XVIIIᵉ s. (1771, Dict. de Trévoux).

Le bâtiment principal, pris dans son entier, était une juxtaposition de constructions hybrides qui, vues à vol d'oiseau, dessinaient assez exactement une potence posée sur le sol.
V. HUGO, *Les Misérables*, Pléiade, p. 519.

Vx. ***Aux oiseaux*** «remarquable, parfait» (début XIXᵉ s., *in* Balzac). Variante peu explicable de *aux pommes*, *aux petits oignons*, etc. S'agit-il d'oiseaux comestibles?

Donner à qqn des noms d'oiseau «l'insulter». À rapprocher des emplois du genre *vilain oiseau*, etc., et de tous les noms d'oiseaux utilisés péjorativement (*bécasse, dinde, dindon, oie, perruche, paon,* etc.).

Être comme l'oiseau sur la branche «dans une situation précaire». «Lorsque quelqu'un n'a point de logement, d'emploi, ou de fortune assurée» (Furetière).

Manger comme un oiseau «manger très peu». La comparaison se base sur l'idée (très inexacte) de l'«appétit d'oiseau» (cf. *manger comme un moineau*).

Quelle chose extraordinaire que mon appétit! Je l'avais très petit, je mangeais comme un oiseau, mais le peu que je mangeais je l'engloutissais avec une frénésie qu'on attribue plutôt aux gros mangeurs, et à tort, car les gros mangeurs en général mangent avec lenteur et méthode, cela se déduit de la notion même de gros mangeur.
S. BECKETT, *Molloy*, p. 80.

L'oiseau s'est envolé [LOC. PROV.] «celui qu'on recherchait s'est enfui, est parti». On dit au sens opposé : *trouver l'oiseau, la pie* au nid*.

Petit à petit, l'oiseau fait son nid [LOC. PROV.] «on arrive progressivement à un résultat, à faire fortune, etc.». La locution doit à son rythme et à ses assonances d'être restée la plus vivante de celles où figure le mot *oiseau*, et qui étaient nombreuses (*la belle plume fait le bel oiseau* «un vêtement avantageux relève la bonne mine» [Le Roux]; *belle cage ne nourrit pas l'oiseau*, etc.).

Le petit oiseau va sortir! Formule plaisante par laquelle le photographe demandait à ceux dont il allait «tirer le portrait» de ne plus bouger et de fixer l'objectif. Cette phrase rituelle date probablement des débuts de la photographie, à un moment où cette technique avait encore un aspect magique, incompréhensible au profane. Elle s'adressait particulièrement aux enfants turbulents dont elle exploitait le sens du merveilleux et la crédulité.

OISIVETÉ n. f.

L'oisiveté est la mère de tous les vices [LOC. PROV.]. Le thème des dangers de la paresse, favorable aux pires débordements, est universel et très anciennement attesté (on le trouve dans la Bible, Ecclésiastique 33, 28 : «l'oisiveté enseigne tous les mauvais tours»). La valorisation du travail passe par la suppression du temps disponible, occasion de mal faire; la contrainte morale est ainsi disponible pour des effets économiques, par le travail.

Pour entrer donc en matière, je vous dirai, monsieur, qu'il y a cinq ans que, ne sachant à quoi me divertir à la campagne où j'étais, je justifiai bien le proverbe que l'oisiveté est mère de tout vice; car je me mis à écrire une histoire, ou plutôt un roman satirique [...] seulement pour m'occuper [...].
BUSSY-RABUTIN, «Lettre apologétique», in *Histoire amoureuse des Gaules*.

OMBRAGE n. m.

Porter ombrage à (qqn) «l'indisposer, lui causer l'inquiétude d'être éclipsé» (1640, Oudin).

Prendre ombrage de (qqch.) «éprouver de la jalousie, de l'inquiétude de qqch.» (début XIXᵉ s.). La métaphore est dans le lexique : *l'ombrage*, ensemble des branches feuillues qui donnent de l'ombre, est censé éveiller la défiance et l'inquiétude chez certains animaux. Le cheval qui entre brusquement dans l'ombre est dit *prendre ombrage* (d'où l'adj. *ombrageux*). Cette acception de *ombrage*, attestée au XVIᵉ s., ne s'emploie plus guère que dans les deux loc. verbales ci-dessus.

OMBRE n. f.

À l'ombre « à l'écart, à l'abri », spécialement « en prison » (cf. *au frais*). S'emploie avec les verbes *être* et *mettre*.

> La Thénardier, brisée, regarda ses mains garrottées et celles de son mari, se laissa tomber à terre et s'écria en pleurant :
> — Mes filles !
> — Elles sont à l'ombre, dit Javert.   V. Hugo, *Les Misérables*, Pléiade, p. 832.

À l'ombre de (qqn) « tout près de » ou « sous la protection de » (début XVIIᵉ s., Régnier). Le jeu du sens propre et de la métaphore fait le charme du titre proustien : *À l'ombre des jeunes filles en fleurs*. Le latin *sub umbra* ou *in umbra*, traduit en français par *à l'ombre de* est très fréquent dans des comparaisons et métaphores bibliques (par ex. *à l'ombre de la mort*).

Dans l'ombre « dans l'obscurité » et, métaphoriquement, « dans l'effacement » (peut suggérer l'humilité et l'obscurité assumées ou une activité secrète). *Laisser qqch. dans l'ombre* « dans le mystère, l'obscurité ». *Vivre, rester dans l'ombre de qqn* « sous son influence et dans une situation où l'on ne peut manifester sa personnalité ». Cf. *Être éclipsé* par...*

Avoir peur de son ombre « être craintif, timoré ». Le même type d'image se retrouve dans *prendre ombrage*, avec un autre effet de sens. Alexandre le Grand ne put maîtriser Bucéphale qu'après avoir compris que ce cheval avait peur de son ombre.

Vx. *Être comme l'ombre et le corps* « être inséparables », en parlant de deux personnes (→ Comme cul* et chemise, Comme les doigts* de la main).

Vieilli. *Être l'ombre de (qqn)* « le suivre partout, s'attacher à ses pas ». On dit aujourd'hui *suivre qqn comme une (son) ombre*.

Être (n'être plus que) l'ombre de soi-même « être très amaigri » (1690, Furetière). L'*ombre* est ici une image incomplète, et plate.

Lâcher la proie pour l'ombre → Proie.

Il n'y a pas (cela ne fait pas) l'ombre d'un doute « la chose est absolument certaine ». *Une ombre de* s'emploie plus généralement au sens de : « une petite quantité de ».

> Voyons, ne vous êtes-vous pas aperçu que Brichot était amoureux fou de Mme de Cambremer ? Je vis par l'attitude des Cottard et de Charlie que cela ne faisait pas l'ombre d'un doute dans le petit noyau.
>   M. Proust, *À la recherche du temps perdu*, t. II, p. 1091.

(Il y a) une ombre au tableau « un élément négatif dans une situation » (→ Un point* noir).

OMELETTE n. f.

On ne fait pas d'omelette sans casser des œufs [LOC. PROV.] « on n'obtient rien sans faire un minimum de sacrifices inévitables » (milieu XIXᵉ s.). Cet adage culinaire puise dans la structure sémantique du lexique une raison pour justifier les abus et les crimes ; il revient à affirmer, par exemple, que le sens d'un mot comme *révolution* contient « injustice », « abus », « crime » de même que *omelette* est défini par « œufs cassés ». Ce pessimisme éthique se fonde en logique.

> — Voulez-vous arriver ? lui dit le grenadier.
> — Au prix de tout mon sang, au prix du monde entier, répondit le major.
> — Marche ! On ne fait pas d'omelette sans casser des œufs.
>   H. de Balzac, *Adieu*, p. 774.

Du reste, le vieux dicton populaire doit servir d'excuse au côté arbitraire de ces opérations : «On ne fait pas d'omelette sans casser des œufs. »

GORON, *L'Amour à Paris*, t. I, p. 60.

ONGLE n. m.

Vx. *Pet à vingt ongles* → PET.

Ongles en deuil «ongles noirs, sales» (1867, Delvau) → DEUIL.

Jusqu'au bout des ongles «complètement, extrêmement» (fin XVIIᵉ s.). S'emploie notamment avec le verbe *avoir* + subst., au sens de «beaucoup».

Suprêmement élégant, Parisien jusqu'à l'âme, homme du monde jusqu'au bout des ongles, il dansait admirablement, savait par cœur des milliers de quadrilles et de valses, chantait la chansonnette comique et la romance [...].

G. COURTELINE, *Les Gaîtés de l'escadron*, p. 101.

Variante ancienne : *jusque dans le bout des ongles.*

Chef jusque dans le bout des ongles, Enjolras, voyant qu'on murmurait, insista. Il reprit avec hauteur :
— Que ceux qui craignent de n'être plus que trente le disent.
Les murmures redoublèrent.   V. HUGO, *Les Misérables*, Pléiade, p. 1206.

Savoir qqch. sur le bout des ongles «savoir très bien, à fond» (→ JUSQU'AU BOUT DES DOIGTS*).

Avoir les ongles crochus «être avare, âpre au gain». Allusion aux griffes → aussi DOIGT.

Avoir bec et ongles → BEC. — *Payer rubis sur l'ongle* → RUBIS.

ONZE adj.

Bouillon d'onze heures → BOUILLON.

OPÉRATION n. f.

Par l'opération du Saint-Esprit «mystérieusement» (milieu XIXᵉ s.). L'expression s'emploie ironiquement ; elle a eu d'abord (XVIᵉ s.) un usage sérieux, dans le vocabulaire religieux et désignait l'intervention du Saint-Esprit dans la conception du Christ.

Cinq minutes après, plus de Bouvard : effacé de la surface du monde. Sans les traces de patins devant la porte, on aurait pu croire que Mme Tim avait été transportée ici par la fameuse opération du Saint-Esprit.   J. GIONO, *Un roi sans divertissement*, p. 225.

OR n. m. Ce mot a une grande valeur symbolique. Depuis la plus haute antiquité et dans bon nombre de cultures, l'*or* est considéré comme le plus parfait des métaux ; les idées de rareté, d'excellence, de richesse lui sont traditionnellement associées. *Or* sert à former bon nombre de syntagmes nominaux à consulter au substantif qualifié *(âge d'or, cœur d'or, mine d'or, pont d'or, règle d'or...).*

De l'or en barre «une valeur sûre», par allusion aux lingots d'or.

[...] notre grand trésorier, au lieu de nous payer en *Jules*, ne nous a proposé que des billets sur les monts-de-Piété, ou Banco del Spirito Santo. Quoique ces billets valent ici de l'or en barre, ils ne font cependant pas notre compte.

Ch. de BROSSES, Lettres d'Italie, t. II, p. 20.

En or «très avantageux», ou «excellent, merveilleux». *Une affaire en or*, «qui vaut de l'or, représente une valeur sûre, incontestable». *Un public en or* «très bon». Ce qui «vaut de l'or» est considéré comme étant en or.

Cousu d'or «très riche» (1678, La Fontaine).

Franc comme l'or «très franc, sincère» avec un sujet de personne (1865, Littré), par équivoque sur le sens de *franc* «sincère» et «pur» (comme de l'or).

À prix d'or «très cher» (1869, Littré). Avec des verbes comme *acquérir, obtenir...*, en fonction d'adverbe.

En lettres d'or → LETTRE.

Pour tout l'or du monde (précédé d'une négation) «à aucun prix, jamais» (XIIIᵉ s.) → POUR RIEN (TOUT) AU MONDE⋆.

> Mais ce que je ne vous laisserai pas ignorer pour tout l'or du monde, c'est qu'à peine le maître de Jacques eut-il fait cette impertinente réponse, que son cheval bronche et s'abat [...].   DIDEROT, *Jacques le Fataliste*, p. 517.

> C'était une rue où elle n'aurait pas demeuré pour tout l'or du monde, une rue large, sale, noire de la poussière du charbon des manufactures voisines, avec des pavés défoncés et des ornières, dans lesquelles des flaques d'eau croupissaient.
>   É. ZOLA, *L'Assommoir*, t. I, p. 206-207.

Couvrir (qqn) d'or «le payer très cher, lui donner beaucoup d'argent» (1835, Acad.) → FAIRE UN PONT⋆ D'OR.

Parler d'or «parler très bien, d'une façon pertinente, sensée» (milieu XVIIᵉ s., Mme de Sévigné). Var. ancienne : *Dire d'or*, au XVIᵉ s. (Brantôme). L'image de la *parole d'or* «précieuse», est ancienne, probablement d'origine grecque, et se retrouve dans les noms de saint Jean *Chrysostome* ou «Bouche d'or» et de saint Pierre *Chrysologue*.

> MARCELINE. — [...] vis entre une épouse, une mère tendre qui te chériront à qui mieux mieux. Sois indulgent pour elles, heureux pour toi, mon fils : gai, libre et bon pour tout le monde ; il ne manquera rien à ta mère.
> FIGARO. — Tu parles d'or, maman, et je me tiens à ton avis [...].
>   BEAUMARCHAIS, *Le Mariage de Figaro*, III, 16.

Rouler sur l'or «être très riche» (fin XVIIIᵉ s.). L'expression est très vivante et s'emploie volontiers en tournure négative, par litote pour «être pauvre». Son origine est ambiguë. Elle évoque pour nous quelque pays de Cocagne où les voitures roulent sur un sol précieux, comme dans l'Eldorado du *Candide* de Voltaire. Mais, alors qu'on a dit *rouler dessus l'argent* au XVIIᵉ s. (1685, *in* Wartburg), la forme retenue par Furetière est *se rouler sur l'or et sur l'argent,* qu'il rapproche du sens financier de *rouler (l'argent roule)* par une curieuse métonymie : «On dit encore en parlant d'un homme fort riche, que les sacs d'or et d'argent *roulent* dans sa maison, qu'il se *roule* sur l'or et sur l'argent.»

> [...] je l'ai rencontrée, et je n'ai pu lui refuser la main, n'est-ce pas ? d'autant plus qu'elle ne roule guère sur l'or, la pauvre fille.   É. ZOLA, *Pot-Bouille*, t. I, p. 16.

Valoir son pesant d'or → PESANT.

Le silence est d'or → SILENCE et aussi LA PAROLE⋆ EST D'ARGENT.

Tout ce qui brille n'est pas (d')or [LOC PROV.] «il ne faut pas se laisser abuser par des apparences flatteuses». Ce dicton est traduit du latin médiéval et cité par Alain de Lille (XIIIᵉ s., *Paraboles*). Variante :

> JACQUES. — Notre hôtesse, aimez-vous votre mari ?
> L'HÔTESSE. — Pas autrement.
> JACQUES. — Vous êtes donc bien à plaindre ; car il me semble d'une belle santé.
> L'HÔTESSE. — Tout ce qui reluit n'est pas or.
>   DIDEROT, *Jacques le Fataliste*, p. 606.

ORAGE n. m.

Il y a de l'orage dans l'air «l'atmosphère est à la dispute», par transposition métaphorique entre l'air chargé d'électricité, avant-coureur de l'orage et l'ambiance tendue préludant à un *éclat*, mot dont le sens figuré est ancien (début XVIIIᵉ s.). La même analogie entre la détérioration des rapports humains et le monde physique se trouve dans la variante *il y a de l'électricité dans l'air* et dans la loc. fam. *de l'eau⋆ dans le gaz*. S'emploie encore au sens concret :

Il y avait, comme on dit, de l'orage dans l'air. De grosses nuées immobiles semblaient
embusquées au fond de l'horizon, muettes et lourdes, mais chargées de tempête.

G. de MAUPASSANT, Yvette, p. 114.

ORANGE n. f.

Presser l'orange (et jeter l'écorce) «exploiter quelqu'un honteusement»
(milieu XVIIIᵉ s.), d'après la fameuse formule attribuée à Frédéric II parlant
de Voltaire :

> Il [La Mettrie] m'a juré qu'en parlant au roi, ces jours passés, de ma prétendue faveur
> et de la petite jalousie qu'elle excite, le roi lui avait répondu : J'aurai besoin de lui un
> an tout au plus ; on presse l'orange et on en jette l'écorce.
>
> VOLTAIRE, Lettre à Mme Denis, 2 septembre 1751, in Littré, article presser.

La formule est très vite employée par Voltaire dans d'autres contextes (*Correspon-*
dance, 18 décembre 1752). L'image du fruit dont on exprime le jus a donné lieu à
une large exploitation métaphorique (→ PRESSER QUELQU'UN COMME UN CITRON*).

ORDINAIRE adj. et n. m.

D'ordinaire «habituellement, à l'accoutumée» (début XVIIᵉ s.). *À l'ordinaire*,
plus ancien, est plus rare et appartient au style soutenu. *Comme à l'ordinaire*
«comme d'habitude» (milieu XIXᵉ s.). Ces deux dernières locutions peuvent se construire aussi avec un possessif *(à mon ordinaire, comme à son ordinaire)*.

ORDONNER v. tr.

Fam. **Faire sa mademoiselle jordonne** «avoir un comportement entreprenant, vouloir tout régenter», en parlant d'une petite fille autoritaire (milieu XIX s.). Le
sobriquet *Monsieur jordonne* appliqué à un homme impérieux est attesté dès 1808
(Boiste). *Jordonne* est une contraction de *j'ordonne* et le verbe *jordonner* «vouloir
commander à tout propos», aurait été proposé par Hugo à l'Académie qui
l'aurait refusé.

> Nana régnait sur ce tas de crapauds ; elle faisait sa mademoiselle jordonne avec des
> filles deux fois plus grandes qu'elle, et daignait seulement abandonner un peu de son
> pouvoir à Pauline et à Victor, des confidents intimes qui appuyaient ses volontés.
>
> É. ZOLA, L'Assommoir, t. I, p. 196.

ORDRE n. m.

L'ordre du jour. À l'origine, l'expression désigne la «liste des questions dont
une assemblée doit s'occuper au cours de la séance du jour», puis «tout sujet d'actualité dont on parle». Elle apparaît vers 1770 et est la traduction de l'anglais *order of*
the day (F. Brunot). Elle s'emploie souvent en loc. verb. avec *être*, *mettre* et *passer*
et aussi en loc. adj. *(sujet à l'ordre du jour).*

> [...] il décide de ne plus se préoccuper outre mesure de cette question et passe à
> l'ordre du jour, qu'il vote à sa propre unanimité.
>
> R. QUENEAU, Pierrot mon ami, p. 112-113.

Mot d'ordre «résolution à laquelle doivent obéir tous les membres d'un
groupe» (1829, Boiste). Terme d'origine militaire (→ SE DONNER LE MOT*,
mot de passe).

> C'est là que l'automne commence.
>
> C'est instantané. Est-ce qu'il y a eu une sorte de mot d'ordre donné, hier soir, pen-
> dant que vous tourniez le dos au ciel pour faire votre soupe ? Ce matin, comme vous
> ouvrez l'œil, vous voyez mon frêne qui s'est planté une aigrette de plumes de perro-
> quet jaune d'or sur le crâne.   J. GIONO, Un roi sans divertissement, p. 35-36.

Aux ordres de (qqn) «à sa disposition». S'emploie souvent en locution verbale avec les verbes *être* ou *mettre*.

Sous les ordres de «sous le commandement, la dépendance hiérarchique de».

De premier (second, dernier) ordre «excellent (moyen, médiocre)», milieu XVIIe s. Précédé d'un adjectif ordinal, *ordre* a ici le sens de «rang, place» et marque l'appréciation d'un degré de qualité.

> Lisez donc *la Paix et la Guerre* de Tolstoï, trois énormes volumes, chez Hachette. C'est un roman de premier ordre, bien que le dernier volume soit raté.
> G. FLAUBERT, *Correspondance*, VIIIe série, p. 356.

Jusqu'à nouvel ordre «jusqu'à ce qu'un fait nouveau vienne modifier la situation» (fin XVIIe s.). Littéralement, «jusqu'à ce qu'un nouvel ordre soit donné».

Mettre bon ordre à (une situation) «faire cesser le désordre, remettre quelque chose en état de bon fonctionnement». On disait au XVIe s. *mettre ordre à* (1549, Estienne). L'*ordre* est le fonctionnement satisfaisant, régulier et la valeur de *bon* est purement intensive.

C'est dans l'ordre (des choses) «c'est normal, inévitable et prévisible» (1842, Balzac). L'*ordre des choses*, ou plus simplement *l'ordre*, est l'ensemble des conditions plus ou moins contraignantes qui définissent un milieu, et plus généralement le réel tel qu'il est perçu et s'impose au plus grand nombre comme un ensemble cohérent. Cet ordre prétendu normal et naturel garantit le respect de l'ordre culturel, social et politique.

> Comme Thiers vient de nous rendre un très grand service, avant un mois il sera l'homme le plus exécré de son pays ; c'est dans l'ordre.
> G. FLAUBERT, *Correspondance*, VIe série p. 246.

OREILLE n. f.

De bouche à oreille → BOUCHE.

Dans le tuyau de l'oreille (avec des verbes comme *confier, dire, parler*) «en secret». L'expression est aujourd'hui un peu désuète. On dit plutôt *dans le creux de l'oreille*.

> Un jour que nous serons seuls chez moi et les portes barricadées, je te coulerai dans le tuyau de l'oreille mes opinions secrètes sur la *Bovary*.
> G. FLAUBERT, *Correspondance*, IVe série, p. 199.

Les locutions verbales constituées à partir de métaphores (*ouvrir ses oreilles, fermer les oreilles à..., prêter l'oreille*) et dont le sens est transparent en français ne seront pas traitées ici.

Avoir la puce à l'oreille → PUCE.

Avoir l'oreille basse «être honteux». On disait dans le même sens *baisser l'oreille*. L'inclinaison de la tête (cf. *baisser le nez, les yeux*) est signe de confusion.

En avoir par-dessus les oreilles variante expressive de *par-dessus la tête* (XVIIIe s.), Diderot).

Casser (corner, rebattre, rompre) les oreilles (à qqn) «le fatiguer par ses paroles» (récriminations, plaintes, etc.). Dans toutes ces locutions synonymes, l'idée globale est celle de «percussion», de violence faite à autrui.

> Ma *Bovary* est une *Dame aux Camélias*, maintenant ! Boum ! Quant au Balzac, j'en ai décidément les oreilles cornées. G. FLAUBERT, *Correspondance*, IVe série, p. 190.

> Mon frère Édouard. M'a-t-on assez rebattu les oreilles de la supériorité exemplaire de ce frère aîné ! On aura tout fait pour me le faire prendre en haine, et pourtant si grande qu'ait pu être parfois — et surtout dans ma prime jeunesse — mon irritation, je n'ai jamais eu de sentiment hostile à son égard. M. TOURNIER, *Les Météores*, p. 37.

Vieilli. *Déchirer les oreilles* «faire un bruit désagréable, perçant».

> Pour débarquer, ça a été le tintamarre le plus étourdissant : des nègres, des négresses, des chameaux, des turbans, des coups de bâton administrés de droite et de gauche, avec des intonations gutturales à déchirer les oreilles.
> G. FLAUBERT, *Correspondance*, IIe série, p. 107.

Dormir sur ses deux oreilles «dormir profondément et tranquillement» (s'oppose à *ne dormir que d'un œil**; il n'y a pas d'expression où l'on dorme *sur une oreille* ni *des deux yeux*).

> Je les entendais qui se parlaient... [...]. Le reportage!... l'enquête technique!... la mise au point scientifique! La critique désintéressée... que j'arriverais sans aucun doute... qu'elle pouvait s'en retourner tranquille et dormir sur ses deux oreilles... que l'avenir me souriait déjà... L.-F. CÉLINE, *Mort à crédit*, Livre de poche, p. 296.
>
> Vous dormez sur vos deux oreilles
> Comme on dit
> Moi je me promène et je veille dans la nuit
> Je vois des ombres j'entends des cris. J. PRÉVERT, *Histoires*, p. 126.

Dresser l'oreille «faire attention», par allusion à certains animaux (chiens, chevaux) qui dressent les oreilles en signe d'attention. *Tendre l'oreille* met en œuvre la même image de l'attention «mobilisée».

> Tout à coup, il tendit l'oreille, et pour mieux entendre, s'arrêta. Et aussitôt il ressentit une commotion effroyable : une chose énorme venait de s'abattre à ses pieds, après lui avoir passé à deux pouces du nez et des yeux. G. COURTELINE, *Les Gaîtés de l'escadron*, p. 193.

N'écouter que d'une oreille «écouter distraitement». Pour la forme → NE DORMIR QUE D'UN ŒIL*.

> Il les écoutait d'une oreille, pendant que le jeune homme enflammé du désir de le convaincre, se livrait davantage, lui expliquait le mécanisme du nouveau commerce des nouveautés. É. ZOLA, *Au Bonheur des Dames*, t. I, p. 88.

Ne pas l'entendre de cette oreille «ne pas accepter qqch., ne pas être d'accord» (1834, Landais).

> Mais ma tante n'entendait pas de cette oreille-là — elle arrive d'ailleurs à l'âge où l'on n'entend plus d'aucune. M. PROUST, *À la recherche du temps perdu*, t. II, p. 294.

Entrer par une oreille et sortir par l'autre se dit de «ce qui est oublié sitôt entendu» (*in* Furetière). On a d'abord dit *entrer par une oreille, par l'autre saillir* (début XVᵉ s., Charles d'Orléans).

> Il continuait, se montrant galant, cherchant à s'excuser :
> — N'est-ce pas? on racontait hier qu'il y en avait une de partie, au rez-de-chaussée. Alors, moi, j'avais cru... Vous savez, dans notre métier, ces choses-là, ça entre par une oreille et ça sort par l'autre... É. ZOLA, *L'Assommoir*, t. II, p. 94-95.

Être tout oreilles, ou ***tout yeux tout oreilles*** «écouter avec la plus grande attention» (variante : *être tout ouïe*, souvent employé comme archaïsme cocasse, à cause de la répétition *tou-tou-i*).

Faire la sourde oreille à... «refuser d'entendre; feindre d'ignorer (une demande)» → SOURD.

> En tout cas, debout camarades! Il faut aller au devant de ce bataillon-là [...].
> Et quand j'ai insisté, les Bellevillois ont fait la sourde oreille; seuls quelques simples et braves gens sont partis en peloton, du côté du danger. J. VALLÈS, *L'Insurgé*, p. 193.

Vx. ***Fendre l'oreille à qqn*** «le chasser, briser sa carrière». La locution vient de l'habitude de fendre l'oreille aux chevaux réformés, dans l'armée :

> Je joins mes malédictions à celles de Vermorel [...] mais plus sacrilège que lui, je crache sur le gilet de Maximilien et fends, comme l'oreille d'un cheval de réforme, la boutonnière de l'habit bleu barbeau où fleurit le bouquet tricolore, le jour de la fête de l'Être suprême. J. VALLÈS, *L'Insurgé*, p. 243.

Vx. ***Frotter les oreilles*** «battre» (1668, Molière). On dit aujourd'hui *tirer les oreilles à* (qqn), expression qui s'emploie surtout au sens concret (par menace, etc.).

Montrer (laisser passer) le bout de l'oreille «dévoiler ses véritables intentions, se démasquer». L'image de référence est celle de *L'Âne vêtu de la peau de Lion* :

> Bien qu'animal sans vertu
> Il faisait trembler tout son monde

Un petit bout d'oreille échappé par malheur
Découvrit la fourbe [fourberie] et l'erreur.   La FONTAINE, *Fables*, V, 21.

Rebattre, rompre les oreilles → ci-dessus CASSER LES OREILLES.

Rougir jusqu'aux oreilles « très violemment ».

Tendre l'oreille → ci-dessus DRESSER L'OREILLE.

Se faire tirer l'oreille « faire une chose d'une manière réticente, se faire prier » (1611, Cotgrave). Gottschalk explique l'expression à partir de la coutume romaine qui voulait que les payeurs récalcitrants soient traînés par l'oreille devant le tribunal.

> — Qu'est-ce que c'est que cette conversation de Piron et de l'abbé Vatri ? — Allez le demander à l'éditeur de ses ouvrages, qui n'a pas osé l'écrire ; mais qui ne se fera pas tirer l'oreille pour vous la dire.   DIDEROT, *Jacques le Fataliste*, p. 662.

> D'abord le marquis se laissa tirer l'oreille pour payer la commission promise et les trois compères qui lui avaient procuré le million durent se contenter de 3 000 francs au lieu des 15 000 convenus.   GORON, *L'Amour à Paris*, t. I, p. 317.

Les oreilles ont dû vous tinter (corner, siffler). Se dit à une personne dont on a parlé en son absence. L'information concernant quelqu'un, et dont il n'a pas directement connaissance, est censée déclencher en lui un signal sonore, effet second et indéchiffrable d'un échange d'où l'intéressé est exclu.

Les murs ont des oreilles « il peut y avoir des espions partout » → MUR.

Ça n'est pas tombé dans l'oreille d'un sourd « le renseignement (conseil, paroles) n'a pas été perdu, a été mis à profit ».

Ventre affamé n'a pas d'oreilles → VENTRE.

ORES adv.

D'ores et déjà [LOC. ADV.] « dès maintenant, désormais » (1877). Du latin *hac hora* « à cette heure, maintenant », *ores* (ou *ore*) est une variante ancienne de l'adverbe *or*. La coordination des deux adverbes synonymes *d'ores et déjà*, fréquente dans la phraséologie (cf. *Bel et bien*) a une fonction mnémotechnique et stylistique. D'origine probablement juridique, *d'ores et déjà* est plutôt répandue aujourd'hui dans la langue du journalisme audiovisuel, où cette locution semble constituer le sommet de l'élégance.

ORFÈVRE n. m.

Être orfèvre en la matière « connaître parfaitement quelque chose » (milieu XIXᵉ s., Sainte-Beuve). *Orfèvre* est à comprendre ici dans son sens étymologique (du latin *faber* « ouvrier, artisan ») « celui qui possède à fond une technique, un savoir-faire ».

Vous êtes orfèvre, Monsieur Josse « votre conseil est intéressé » (XVIIᵉ s.). Réplique de *l'Amour Médecin*, de Molière, souvent citée. Sganarelle, désireux de consoler sa fille affligée, demande conseil à des amis : l'orfèvre lui conseille de lui offrir des bijoux, le tapissier des tentures, une voisine un peu jalouse lui suggère de la marier, et Sganarelle commente : « tous ces conseils sont admirables assurément ; mais je les tiens un peu intéressés, et trouve que vous me conseillez fort bien pour vous. Vous êtes orfèvre, Monsieur Josse, et votre conseil sent son homme qui a envie de se défaire de sa marchandise [...]. » Parasitée par *être orfèvre en la matière,* l'allusion ne semble plus être très bien comprise.

ORFRAIE n. f.

Pousser des cris d'orfraie « hurler », « pousser des cris stridents ». L'expression résulte d'une confusion paronymique entre *l'orfraie*, sorte d'oiseau de proie,

et l'*effraie* «espèce de chouette» (→ aussi POUSSER DES CRIS DE PAON★), et le sens
sous-jacent vient de *être effrayé*.

> Je sais qu'en soutenant cette opinion j'ai fait pousser à plus d'un de mes collègues des
> cris d'orfraie mais, à mon sens, le gouvernement avait le devoir de laisser parler le
> colonel.   M. PROUST, *À la recherche du temps perdu*, t. II, p. 240.

ORGUE n. m.

(Faire donner) les grandes orgues «parler avec emphase». L'emploi du féminin pluriel marque la solennité, l'emphase.

Ronfler comme un orgue (comme un tuyau, une pédale d'orgue) «ronfler très
bruyamment». Variante ironiquement harmonieuse de la comparaison avec *le soufflet de forge*★.

> J'étendis près d'un grand feu une figure de matelas sur le pavé, où je passai quelques
> heures dans l'agitation d'une violente fièvre [...]. Je n'avais pour toute consolation que
> celle d'entendre à mes côtés Lacurne ronfler comme une pédale d'orgue.
>   Ch. de BROSSES, *Lettres d'Italie*, t. I, p. 282.

ORME n. m.

Vx. *Attendre sous l'orme* «attendre très longtemps en vain» (milieu XVIIᵉ s.). La
formule s'employait ironiquement en parlant d'un rendez-vous que l'on comptait
bien manquer, d'une promesse qu'on ne voulait pas tenir. C'est très probablement
une allusion à la pièce de Regnard qui porte ce titre, et spécialement à la réplique :

> Attendez-moi sous l'orme
> Vous m'attendrez longtemps.

Mais l'allusion à une attente longue et inutile est plus ancienne. Dans *La farce de
Maître Pathelin* (sc. I), Guillemette dit à son mari qu'il est *avocat sous l'orme*. *Le
juge sous l'orme* (Rabelais), *l'avocat sous* ou *dessous l'orme* semblent être d'abord un
magistrat ou un avocat de village siégeant sur la place publique à l'ombre d'un arbre,
d'où par dépréciation, un juge, un avocat médiocre, à la fois sûr de lui et ridicule,
ou qu'on laisse volontiers attendre. En outre, *attendre sous l'orme* a voulu dire aussi
au XVIIᵉ s. «être confiant dans sa cause».

ORVIÉTAN n. m.

Marchand (vendeur) d'orviétan «charlatan». L'orviétan était une drogue
miracle inventée au XVIIᵉ s. par un charlatan d'Orvieto, en Italie.

OS n. m. Latin *os*. Il ne semble pas que la synonymie latine entre *os, ossis*
(français «os») et *os, oris* (français «bouche» ait donné lieu à des effets dans les locutions. Il faut cependant noter l'existence de *os* «bouche» dans les dialectes d'oc (on
dit à Mauriac : *s'en foutri per l'os* «manger abondamment», Wartburg).
Certains emplois d'*os* (avec adj. ou compl. de nom) sont pris métaphoriquement
dans des loc. nominales. *Os de gigot* (vx), «fifre», en 1800. *Os à moelle* a signifié
en argot «nez» (par une image peu ragoûtante, mais très claire) et «membre viril»
(1896, Delesalle). Ce dernier sens fournit l'explication d'une expression argotique :
avoir l'os «s'y connaître, savoir y faire», alors que *avoir dans l'os*, ci-dessous, correspond au sémantisme complémentaire («cul»).

Fam. *Sac à os, sac d'os* «personne très maigre» → LA MOELLE★ DES OS.

En chair et en os; de chair et d'os → CHAIR.

Fam. *L'avoir dans l'os* «subir un échec, éprouver une déception». C'est l'une des
multiples réalisations métaphoriques de «être possédé». *Os* se substitue ici à *cul*, par
l'intermédiaire logique de l'os sacrum.

Casser (briser, rompre) les os à qqn «battre cruellement». Ce sens est vieilli, mais on emploie encore *se casser (rompre) les os* «se tuer» (cf. *Se rompre le cou*). Wartburg signale encore une pittoresque expression dialectale : *casser les os à un mort* «boire une chopine en revenant d'un enterrement» (c'est symboliquement : finir de le tuer, ou le tuer une seconde fois).

Ne pas faire de vieux os quelque part «ne pas y rester longtemps». L'expression (qui est chez Mme de Sévigné) vient d'une locution un peu plus ancienne : *il ne fera pas* (ou *jamais) de vieux os* «il ne vivra pas longtemps».

> Elle s'en allait assez malgré elle dans un couvent de province où elle n'a pas fait de vieux os : elle y est morte ; [...].   DIDEROT, *Jacques le Fataliste*, p. 578.

> Bah ! monsieur Coupeau, dit-elle, au bout d'une minute, un petit verre de cric, ce n'est pas mauvais. Moi, ça me donne du chien... Puis, vous savez, plus vite on est tortillé, plus c'est drôle. Oh ! je ne me monte pas le bourrichon, je sais que je ne ferai pas de vieux os.   É. ZOLA, *L'Assommoir*, t. I, p. 185-186.

Y laisser ses os «mourir» (1835, Acad.), cf. *Y laisser sa peau*, plus courant aujourd'hui (→ RISQUER SA PEAU*).

N'avoir que la peau et les os → PEAU (*os* exprime ici la maigreur).

Être trempé (mouillé, percé..., glacé, transi) jusqu'aux os «complètement trempé ou glacé». L'idée de la pénétration par un agent extérieur se réalise par le mot *os* à cause de l'opposition bien établie dans la langue de *la peau* et *les os.*

> [...] et il le lui dit avec une tellement grandiose expression de mépris
> que les cardinaux en sont glacés jusqu'aux os.   J. PRÉVERT, *Paroles*, p. 113.

Donner (laisser) un os à ronger à qqn «lui laisser un petit profit». Au XVIIᵉ s., l'expression signifiait «entraîner dans une mauvaise affaire». Des locutions archaïques (XVIIᵉ s.) utilisent le même contexte : *voilà bien des chiens après un os* «des gens intéressés par un profit». À rapprocher d'une autre locution de la langue classique : *les os sont pour les absents* «les absents n'ont que les restes». Ici et dans les loc. suivantes, *os* a la valeur spéciale de «restes d'une viande».

Ronger (manger, sucer) jusqu'à l'os «épuiser, ruiner complètement» (XVIIᵉ s.). *Jusqu'à l'os*, avec des verbes pouvant correspondre à la possession *(avoir, posséder...),* correspond à l'emploi obscène du mot (→ ci-dessus L'AVOIR DANS L'OS).

Tomber sur un os «rencontrer une difficulté imprévue» (signalé en 1914, Esnault). Les autres valeurs argotiques de *os* ont dû jouer pour la diffusion de cette expression. *Il y a un os (dans le fromage, dans le gruyère),* courant dans la langue familière, utilise les mêmes valeurs métaphoriques.

OSEILLE n. f.

Fam. *La faire à l'oseille (à qqn)* «chercher à l'impressionner, à lui en faire accroire» (1861). Syn. *Le faire à l'influence.* On a cherché à expliquer l'expression par les adjectifs «péjoratives» de *oseille* attestées par des loc. comme *envoyer cueillir de l'oseille* «envoyer promener» (1734, en Bretagne) ou *ce n'est pas aussi sûr que de l'oseille* «c'est faux» (vers 1860 ; jeu de mots : *sûr* = «avéré», et *sur* = «acide» d'où dérive le dialectal *surelle* = «oseille»), ou encore par une anecdote. Une auberge de la rue de Malte, à Paris, servait dit-on des œufs à l'oseille où la plante l'emportait sur les œufs ; devant une omelette par trop verte, un client aurait dit : «Ah ! cette fois, tu nous la fais trop à l'oseille» (Gottschalk) ; bien entendu, l'explication est invérifiable. Plus avisé, Littré évoque le sémantisme *de faire un plat* et celui de *farce;* ce dernier rapprochement est sollicité pour le sens, car il ne s'agit pas de «plaisanterie» mais de «gonflement prétentieux» ; c'est cependant de telles équivoques qui doivent motiver l'expression, croisement d'une forme (soupe, omelette, veau... *à l'oseille),* d'une structure verbale *(la faire à...* suivi d'un substantif) et d'une équivoque sonore, probablement sur *oser*, peut-être aussi sur *os*★ (*avoir l'os* « savoir y faire », etc.).

> — Voyons, vieux, tu veux nous la faire à l'oseille, il ne pouvait pas être aussi haut que ton paquetage [ce képi] [...].   M. PROUST, *À la recherche du temps perdu*, t. II, p. 94.

OSIER n. m.

Franc comme l'osier (avec un sujet de personne) « sincère, sans dissimulation » (XVIIᵉ s., Voiture). Peut-être y a-t-il eu au départ un jeu sur *franc* « sincère » et le sens végétal « arbre sauvage, non greffé », comme l'est effectivement l'osier (→ FRANC COMME L'OR★).

> En général, j'ai l'esprit rond comme une boule et le caractère franc comme l'osier. Jamais faux, pour peu que j'aie intérêt d'être vrai ; jamais vrai pour peu que j'aie intérêt d'être faux.   DIDEROT, *Le Neveu de Rameau*, p. 465.

ÔTER (S') v. pron.

Ôte-toi de là que je m'y mette (fin XVIIIᵉ s.). La formule évoque l'attitude des individus aussi arrivistes que peu scrupuleux.

OUBLIETTES n. f.

Jeter (mettre) aux oubliettes « mettre au rebut, reléguer » (1835, Acad.). *Projet tombé aux (dans les) oubliettes* « volontairement oublié, laissé de côté ».

OUF ! interj.

Ne pas avoir le temps de faire (dire) ouf « ne pas avoir le temps de souffler, de réagir, de faire face à une situation ». L'onomatopée symbolise ici le temps, très bref, de l'expiration.

> Ça pèse cent dix-huit kilos, ça, ma vieille punaise, dit fièrement Volpatte, et, quand ça tombe sur une guitoune, ça tue tout le monde qu'y a dedans. Ceux qui ne sont pas arrachés par les éclats sont assommés par le vent du machin, ou clabotent asphyxiés sans avoir le temps de souffler ouf.   H. BARBUSSE, *Le Feu*, t. II, p. 14.

OUI n. m.

Pour un oui, pour un non « à tout propos, sans raison valable » (1690, Furetière). *Oui* et *non* symbolisent ici le discours le plus simple, et leur antinomie correspond à l'indifférenciation la plus grande.

> C'étaient des tripotées indignes, des trépignées pour un oui, pour un non.
>   É. ZOLA, *L'Assommoir*, t. II, p. 129.
> [...] ma mère avait la main leste et savait administrer, pour un oui ou un non, des paires de claques qui cinglaient en laissant la marque des cinq doigts sur le visage ou les fesses.   M. CARDINAL, *Les Mots pour le dire*, p. 223.

OUÏ-DIRE n. m.

Par ouï-dire. Littéralement « pour l'avoir entendu dire, indirectement » (XVᵉ s.). Survivance de l'ancien verbe *ouïr* « entendre ». S'emploie notamment avec le verbe *connaître*.

> Mon cher monsieur, dit Marjalet, si vous connaissiez les chevaux autrement que par ouï-dire, vous sauriez qu'il ne faut jamais s'en approcher sans leur parler.
>   G. COURTELINE, *Les Gaîtés de l'escadron*, p. 68.

OUÏE n. f.

Être tout ouïe « écouter avec la plus grande attention ». Variante plaisante (faux archaïsme) de *tout oreilles* → OREILLE.

OURS n. m.

Ours mal léché « personnage grossier, mal élevé, rustre ». L'expression s'est
établie dans son sens actuel au début du XVIIIe s. Au XVIIe s., elle signifiait, soit
« homme d'aspect grossier, au physique », soit « enfant mal venu ». C'est dans ce dernier sens qu'elle reprend clairement le mythe selon lequel « les ours façonnent leurs
petits en les léchant à loisir » (Montaigne). On disait métaphoriquement *lécher l'ours*
pour « préparer longuement une affaire ».

Le pavé de l'ours → PAVÉ.

Meneur d'ours outre son sens propre, signifiait au XVIIe s. « fripon » ou
« homme grossier » (cf. *Ours mal léché*).

Avoir ses ours se dit d'une femme qui a ses règles. Est-ce un jeu de mots sur
avoir ses jours? (*ours* étant prononcé *our* jusqu'à la fin du XIXe s.)

Vx. *Être monté sur l'ours* « être aguerri, ne pas avoir peur ». L'expression correspond à un ensemble de superstitions connues des folkloristes (chevaucher un ours
guérit de certaines maladies, affranchit de la peur, cf. Rolland, *Faune populaire*).
Dans la citation du XVIe s. qui suit, le contexte paraît être érotique, et le sens, voisin
de celui de l'expression *voir le loup★*. De fait, une légende pyrénéenne, selon Cor-
dier *(Légendes des Pyrénées)*, conte que « les ours enlèvent les jeunes filles dont ils
ont des produits moitié hommes, moitié ours » (d'après Rolland).

> Vous estes une amoureuse peu hardie, vous n'avez pas encore monté sur l'ours.
>   TURNÈBE, *Les Contens*, I, 7.

Faire l'ours en cage, tourner comme un ours en cage « marcher de long en
large dans une chambre ».

> Carlos Herrera, lui, tourna dans son cabanon dès qu'il y fut seul, comme l'ours blanc
> du Jardin des Plantes dans sa cage.
>   H. de BALZAC, *Splendeurs et Misères des courtisanes*, p. 935.

> On s'est baratiné les méninges pour savoir comment on allait tirer Pierrot de là. Mais va
> te faire foutre! Gonzalès pouvait baver de rage, et Firmino se cogner sur la cafetière,
> c'était midi! Bordel de merde, quand je revis ça, je m'en mordrais encore les pognes!
> On a tourné comme des ours en cage, jusqu'au moment où on a su qu'ils avaient fusillé
> Pierrot.   A. SERGENT, *Je suivis ce mauvais garçon*, p. 101.

*Il ne faut pas vendre la peau de l'ours (avant qu'on ne l'ait pris, avant de
l'avoir tué...)* [LOC. PROV.] « il ne faut pas disposer d'une chose avant d'être assuré de
sa possession. » Le proverbe est ancien ; La Fontaine *(Fables*, V, 20) l'a utilisé et probablement rendu célèbre, mais on le trouve déjà dans Commynes : *il ne fault marchander* [faire commerce] *la peau de l'ours devant* [avant] *que la beste soit prise ou
morte (Mémoires*, IV, 2).

> Il passa une heure à écrire le devis de la dépense de son salon. Il sentait qu'il faisait
> l'enfant, mais n'en écrivait qu'avec plus de rapidité et de sérieux. Cette besogne ter-
> minée et l'addition vérifiée qui portait à 57 350 F la dépense de la salle à établir en
> élevant le toit de sa chambre à coucher : si ce n'est pas là vendre la peau de l'ours,
> se dit Octave en riant, jamais on n'eut ce ridicule...   STENDHAL, *Armance*, p. 44.

> Bafouillant d'émotion, il serra sur son cœur les deux jumelles, les couvrant de chastes
> et gras baisers, leur promettant la peau de l'ours de tous les joueurs du C. M. Haut-
> Médoc et deux fauteuils d'orchestre dans son cœur.   R. FALLET, *Le Triporteur*, p. 311.

Vx. *Prenez mon ours* « débarrassez-moi de ceci ». Réplique d'une comédie de
Scribe, *L'Ours et le Pacha*, passée en proverbe au XIXe s. L'expression s'est employée
aussi comme injonction pour se débarrasser de quelqu'un, au sens de *allez vous promener!*, etc. Lexicalisé dans la langue familière, *ours* signifiant notamment « travail, manuscrit... ».

> Eh! il m'ennuie, ce pot à millions! s'écria Esther, redevenue courtisane.

Elle prit du papier à poulet et écrivit, tant que le papier put le contenir, la célèbre phrase, devenue proverbe à la gloire de Scribe : « Prenez mon ours ».

H. de BALZAC, *Splendeurs et Misères des courtisanes*, p. 823.

OUTRAGE n. m.

Les derniers outrages « le viol ». *Faire subir à une femme les derniers outrages* « la violer ». L'expression est attestée chez Chateaubriand. Elle ne s'emploie aujourd'hui que plaisamment.

OUTRANCE n. f.

À outrance « à l'excès, exagérément » (fin XVᵉ s., d'abord en parlant d'un combat mené jusqu'à ce que l'un des adversaires meure ou demande grâce). La forme *à toute outrance* (XVIᵉ s., Baïf) n'est plus employée.

N'espérant plus de se revoir, ils avaient résolu de se battre à toute outrance.

D. DIDEROT, *Jacques le Fataliste*, p. 554.

OUTRE n. f.

Vieilli. *Être plein (gonflé) comme une outre* « avoir trop mangé ou trop bu » (→ PLEIN COMME UN ŒUF★).

OUTRE adv. Du latin *ultra*.

Outre mesure « à l'excès, exagérément », littéralement « au-delà de la mesure » (fin XIIᵉ s.). Rutebeuf emploie *outre raison* dans le même sens.

En outre « de plus, en plus » (fin XIIᵉ s.).

En outre de (et complément) « en plus de ».

Outre que [LOC. CONJ.], « en plus du fait que » (1580, Montaigne).

Vx. *D'outre en outre* « de part en part » (fin XIIᵉ s.). *Percé d'outre en outre.*

Passer outre (à qqch.) « aller au-delà (d'une difficulté), poursuivre, continuer un travail commencé » (XVIᵉ s.), puis « ne pas tenir compte d'une objection, surmonter un obstacle ». L'évolution sémantique ne pose pas de problème : à l'origine « passer de l'autre côté » (XIIᵉ s.), « continuer à faire », puis « faire malgré ».

Lui rappelant ce mot qu'il cite, disant que Jellicoe avait toutes les qualités de Nelson, sauf celle de savoir ne pas obéir, je lui demandai comment et quand, à son avis, un officier pouvait et devait prendre sur lui de passer outre.

A. GIDE, *Journal*, t. II, p. 247.

Ralph ayant demandé au maire du village l'autorisation d'enterrer Deborah dans son jardin, cette autorisation lui fut refusée. Il décida de passer outre, mais en se donnant au moins l'apparence de l'obéissance. M. TOURNIER, *Les Météores*, p. 493.

OUVRIER n. m.

Ouvrier de la onzième (dernière) heure « celui qui entreprend un travail au moment où il va être fini », par allusion à la parabole de l'Évangile (Matthieu 20, 16) où le propriétaire d'une vigne accorde le même salaire aux ouvriers qui ont commencé à la dernière heure du jour et à ceux qui ont commencé au lever du soleil.

Les mauvais ouvriers ont toujours de mauvais outils [LOC. PROV.] Attesté depuis le XIVᵉ s. *(Proverbes ruraux et vulgaux)*. Il existe de nombreuses variantes : *À méchant ouvrier, point de bon outil ; un méchant ouvrier ne saurait trouver de bon outil* (in P. Larousse) ; *un bon ouvrier se sert de toute sorte d'outils* (in Littré).

p

PACTE n. m.

Pacte avec le diable (le démon...) [souvent construit avec le verbe *conclure*], «convention passée avec (une puissance occulte, notamment le diable) pour obtenir divers avantages en échange de l'âme, du salut...». S'emploie figurément pour désigner un accord secret et immoral. *Pacte avec le diable* se trouve chez Mme de Sévigné.

1. PAGE n. f.

À la page «tout à fait au courant des dernières tendances (de la mode, etc.)». Signalée en 1914 par Esnault, la loc. assimile les connaissances à un texte que l'on peut feuilleter.

> [...] elle n'est pas toujours à la page, mais, somme toute, elle est encore dans les personnes les plus supportables à fréquenter.
> M. PROUST, *À la recherche du temps perdu*, t. II, p. 753.

> Déjà X et Y. me parlaient ainsi, soutenant que je connaissais mal l'état actuel de l'Église, l'intelligente souplesse de son Credo. J'accordai que je n'étais pas du tout «à la page» et que, pour plus de commodité sans doute, je m'en tenais à ce que m'enseignait Bossuet [...].
> A. GIDE, *Journal*, t. II, p. 314.

Tourner la page «commencer un épisode nouveau de sa vie, en décidant de ne pas tenir compte de ce qui vient de se passer». En matière sentimentale, l'expression, assez fréquente, correspond à : *on oublie tout* (et on recommence).

2. PAGE n. m.

Vx. *Effronté, hardi comme un page* «très effronté» (1640, Oudin).

Vx. *Fouetter (traiter) qqn comme un page* «le punir sévèrement». Allusion à la sévère discipline à laquelle les jeunes pages étaient soumis. En usage au XVIe s. On trouve en 1750 : *il n'y a pas de quoi fouetter un page* → CHAT.

Vx. *Être hors de page* «devenir écuyer» (XVe-XVIe s.), On trouve chez Fleury de Bellingen (1656) : *mettre qqn hors de page* «affranchir». *Hors de page,* dans la langue classique, signifie au fig. «sorti d'une tutelle, affranchi» (par exemple dans Molière et jusqu'à Chateaubriand).

PAÏEN n. m.

Vieilli. *Jurer comme un païen* «blasphémer, dire de nombreux jurons» (XVIIIe s.)

PAILLASSE n. f.

Vx. ***Paillasse à soldats, paillasse de corps de garde*** (1680) «prostituée de bas étage; fille à soldats». La paillasse est ce sur quoi l'on couche : en outre, le mot suggère la pauvreté, des mœurs brutales, et est rapproché de *paillard*.

Crever, trouer la paillasse (à qqn) « tuer en perçant le ventre d'un coup de couteau». On trouve *se faire crever la paillasse* en 1808 (d'Hautel).

> Pour boire a m'trichait su' l'gâteau.
> C'est pour ça qu' j'y cardais la peau
> Et que j'yai crevé la paillasse.
> A Montparnasse.
> A. BRUANT, *Dans la rue*, p. 41.

L'emploi métaphorique de l'expression, au sens de «supprimer, tuer (fig.)» n'est pas usuel.

> [Girardin...] vidant sa poche à sous et celle à louis dans le tablier d'une veuve en lar- mes, d'un geste aussi crâne que celui avec lequel il crevait la paillasse à l'orgueil d'un débutant, ou même d'un ancien.
> J. VALLÈS, *L'Insurgé*, p. 63.

PAILLE n. f.

Feu de paille → FEU.

Homme de paille : a) [vx]. Homme sans importance sociale, sans moyens financiers (1622, Ch. Sorel); b) [sens actuel] Homme qui n'agit pas en son nom per- sonnel, mais comme prête-nom, souvent dans une affaire douteuse.

> Afin que vous ne pensiez point que je sois un homme de paille sçachez que j'ay faict l'acquisition en ma patrie d'une maison qui vaut deux mil escus.
> Ch. SOREL, *Histoire comique de Francion*, p. 205.

> LOUIS. — Nous! Nous spolions ces pauvres gens.
> MADAME GUÉRIN. — Ce n'est pas nous, c'est Brénu.
> LOUIS. — Brénu est l'homme de paille de mon père!
> É. AUGIER, *Maître Guérin*, p. 319.

La paille et le grain « l'apparence plus ou moins trompeuse opposée à l'uti- lité, à la valeur réelle». Oudin (1640) note : *«il y a plus de paille que de grain*, plus d'apparence que de bonté».

La paille des mots et le grain des choses «les apparences, les fausses impres- sions que l'on tire de ce qui est dit, et les réalités du comportement». Cette mise en accusation du langage est issue de la tradition ontologique platonicienne; l'opposi- tion des choses et des mots, réduite par le cratylisme et l'*étymo-logie* («vérité de la parole») est restée un thème culturel vivant.

La paille et la poutre « des défauts insignifiants (perçus chez les autres) et de graves erreurs ou défauts que l'on ne reconnaît pas chez soi-même». On trouve la formule *voir une (la) paille dans l'œil du prochain et ne pas voir la poutre dans le sien* dans la traduction des Évangiles par Sylvestre de Sacy (1672) : Matthieu 7, 5 et Luc 6, 42.

La paille humide (des cachots) « la prison». Cliché descriptif utilisé, souvent ironiquement, pour caractériser la triste situation des prisonniers, et parfois méta- phoriquement (Prévert).

> L'ami Hamard a passé vingt-quatre heures en prison pour n'avoir pas voulu monter la garde. J'ai été le voir. Il pourrissait sur la paille humide des cachots et étudiait les lois ces séjour où l'on met ceux qui y contreviennent.
> G. FLAUBERT, *Correspondance*, Ire série, p. 143.

> Maintenant je suis couchée sur la paille humide de l'amour
> J. PRÉVERT, *Paroles*, p. 149.

Sur la paille «dans la misère» (avec des verbes comme *coucher* [1690], *être, finir, mourir* et *mettre* [fin XVIIIe s.], *flanquer, foutre...*). *Se mettre sur la paille* : se ruiner et, par extension, se priver, faire de grandes dépenses pour qqn., etc., de manière à risquer la misère.

> — Si sa mère paye pour lui, il se sera mis sur la paille, et je ne sais pas de pire correction pour un noble que d'être sans fortune.   BALZAC, *Ursule Mirouët*, p. 353.

> Es-ce qu'elles se fichaient du monde ? Encore du crédit, elles rêvaient donc de le mettre sur la paille ? Non, plus une pomme de terre, plus une miette de pain !
> É. ZOLA, *Germinal*, t. I, p. 289.

> Et qu'est-ce qu'il fait ce vieux saltimbanque ?... Il nous ruine !... Il nous fout franchement sur la paille !...   L.-F. CÉLINE, *Mort à crédit*, Livre de poche, p. 344.

Vx. ***Avoir (tenir) une paille*** « être ivre » (début XXe s.). Pour *il en a une paille*, c'est-à-dire un « rien, une quantité insignifiante » (cf. *une paille*, « un rien »), par antiphrase.

Vx. ***Emporter (lever) la paille*** « obtenir un succès remarquable ; être de qualité exceptionnelle ». *Bajazet* de Racine, selon Mme de Sévigné, « enlève la paille ». La loc. attestée chez Brantôme (fin XVIe s.) marque l'intérêt pour les phénomènes naturels mal expliqués, en l'espèce, la propriété de l'ambre qui, électrisé, soulève des corps légers.

Fam. et vx. ***Hacher de la paille*** : a) parler avec grossièreté ; b) avoir un fort accent germanique.

Vx. ***Jeter (mettre) la paille au vent*** « être incertain quant à sa route ». Ancienne loc., attestée chez Villon, et qui proviendrait d'un usage propre aux compagnons qui se déplaçaient de village en village. Aux croisements de routes, et à défaut d'un but déterminé, ils lançaient une plume, un brin de paille, puis suivaient la direction indiquée par le vent (d'après Gottschalk).

Vx. ***Rompre la paille (le fétu)*** « annuler un accord, une entente ; cesser des relations amicales ». *Rompre la paille à qqn* « rompre avec lui ». Apparaît vers la fin du XVIe s. (d'Aubigné), mais fait allusion à des coutumes juridiques très anciennes : l'acheteur, ou le signataire d'un contrat, recevait un signe matériel de la conclusion de l'accord, fétu, brin de paille. La rupture du gage symbolise dès lors celle de l'accord. Cette coutume inverse la coutume antique du tesson brisé dont les deux contractants conservaient chacun une partie (c'est le sens originel de *symbole, sumbolon*).

> Ce proverbe vient de ce que chez les vieux Gaulois, et à leur exemple chez les Romains, la prise de possession des terres se faisoit par délivrance d'une houssine d'arbre, ou en donnant un festu ou un brin de *paille* ; ce qu'on appeloit *infestucation seigneuriale* [...]. La cession en matière civile se faisoit en mettant [...] un festu, ou *paille* rompüe sur le seuil de la porte, pour marque qu'on abandonnoit ses biens [...]. Depuis, on s'est servi de cette phrase pour dire, rompre l'amitié et l'intelligence qui est entre deux personnes.   A. FURETIÈRE, *Dictionnaire universel*, Article *Paille*.

Tirer à la courte paille « tirer au sort, au moyen de brins de longueur inégale tenus cachés et dont les extrémités seules ont été placées de niveau, le perdant étant celui qui a tiré le brin le plus court ». L'expression est chez Ch. Sorel (voir cit.). On a d'abord dit *tirer à la longue paille* (Froissart). Le verbe *tirer* s'est imposé à cause de *tirer au sort ;* par ailleurs l'expression s'est fondée sur le perdant *(la courte paille)* et non sur le gagnant, comme c'était le cas à l'origine, et l'expression s'en est trouvée orientée vers l'évocation d'un sort pénible.

> Pour ce qui est de la Justice : elle sera bonne et brieve ; si la cause n'est liquide, l'on tirera a la courte paille à qui la gagnera [...].
> Ch. SOREL, *Histoire comique de Francion*, p. 450.

Liquide signifie claire, sans contestation.

> On tira z-à la courte paille (bis)
> Pour savoir qui, qui, qui serait mangé
> Le sort tomba sur le plus jeune (bis) [...].   Chanson : *Il était un petit navire.*

PAIN n. m. Ce mot bref, désignant l'aliment fondamental dans notre culture, a donné lieu à de très nombreuses locutions métaphoriques qui n'ont pu être toutes répertoriées, faute de place. Ainsi du XIIIe s. au XVIIe s., on rencontre *être en pain, au pain de (qqn)* « vivre sous son autorité », « être au service de... » ; *mettre hors de pain* signifie « émanciper ». Le pouvoir de donner le pain s'identifie à la relation paternelle ou à la suzeraineté. Au XVIe s., *rendre pain pour farine,* ou *pour fouace* (galette) signifie « rendre la pareille ». Les exemples sont innombrables : aussi, avons-nous sélectionné les locutions vivantes en français moderne. Pourtant, *être au pain menu* « dans une très mauvaise situation matérielle », ou *faire petit pain* « être dans la gêne, faire piteuse mine » (XVe-XVIe s.) mériteraient bien de revivre.

(C'est) pain bénit « (c'est) une chose excellente ; spécialement, une punition, un malheur bien mérité » (1640, Oudin). *Pain* correspond métaphoriquement à ce qui est reçu, distribué, et la justesse de l'attribution est représentée par la bénédiction.

> L'atelier de cartonnage de M. Madinier n'allait plus que d'une patte ; le patron avait encore congédié deux ouvrières la veille ; ce serait pain bénit, s'il faisait la culbute, car il mangeait tout, il laissait ses enfants le derrière nu.
>
> É. ZOLA, *L'Assommoir*, t. I, p. 71.

> — Et Jeanne d'Arc ? on l'a brûlée. Et Jaurès ? on l'a assassiné.
> — Ça c'était pain bénit, dit Lehameau.   R. QUENEAU, *Un rude hiver*, p. 105.

Le pain quotidien « la nourriture qu'il faut gagner chaque jour pour sa subsistance ». Formule religieuse, attestée dès le début du XIIe s. (*Psautier* d'Oxford). Au fig., *le pain quotidien de qqn* « ses occupations, ses ennuis habituels, fréquents ».

> Était-ce possible qu'on se tuât à une si dure besogne, dans ces ténèbres mortelles, et qu'on n'y gagnât même pas les quelques sous du pain quotidien ?
>
> É. ZOLA, *Germinal*, t. I, p. 57.

... comme des petits pains « en grande quantité ». S'emploie avec des verbes comme *se vendre, s'écouler, s'enlever, partir,* notamment à propos d'une marchandise de gros débit ; d'autres usages sont possibles.

> Les autres hochèrent une tête méditative. Évidemment, le goal se rachetait, mais le Racing était toujours en retard d'un but et le temps s'écoulait plus vite que des petits pains.   R. FALLET, *Le Triporteur*, p. 398.

Par allusion au texte évangélique (Matthieu 14, 13-21) :

> Les treize fiancés qui avaient précédé la première condamnation s'étaient multipliés comme des petits pains sous la main de Jésus-Christ.
>
> GORON, *L'Amour à Paris*, t. I, p. 280.

Bon (bonne) comme du (bon) pain « très bon, excellent (d'une personne) ». Début XIXe s. (1835, Acad.) ; mais *bon comme pain* est attesté au XVIIIe s.

> Jamais Gervaise n'avait encore montré tant de complaisance. Elle était douce comme un mouton bonne comme du pain. A part madame Lorilleux, qu'elle appelait Queue-de-Vache pour se venger, elle ne détestait personne.   É. ZOLA, *L'Assommoir*, t. I, p. 173.

> On lui demanda [au pape] puisque de son métier il doit être bon comme le bon pain ce qu'il attend pour ouvrir sa grande gueule en faveur des opprimés.
>
> J. PRÉVERT, *Paroles*, p. 121.

Long (grand...) comme un jour sans pain « très long, interminable », en parlant d'une personne, d'un objet ou, plus rarement, d'une durée. En 1640 (Oudin), l'expression signifie « interminable et ennuyeux » ; le passage au domaine spatial semble tardif (vers 1900).

> Elle hâle comme une plainte.
> Comme une plainte de la faim,
> Et, longue comme un jour sans pain,
> Lamentablement, sa complainte...   T. CORBIÈRE, *Les Amours jaunes*, p. 806.

On nous a filé des flingues longs, comme un jour sans pain, une arme bien pratique
pour se défendre au siège d'une voiture en conduisant d'une main!»
A. SERGENT, Je suivis ce mauvais garçon, p. 141.

Au pain sec «réduit au pain pour toute nourriture» (avec *être*, *mettre*). *Pain
sec*, qui signifierait normalement «non accompagné de boisson (ou d'une sauce, d'un
liquide)», veut dire depuis le XVIIe s., «pain sans autre aliment». C'était au XIXe s.
une punition infligée aux enfants (cf. Hugo : «*Jeanne était au pain sec...*»). Une
variante moins cruelle est : *au pain et à l'eau*, évoquant plutôt le régime sévère d'un
prisonnier. La combinaison des deux expressions *(au pain sec et à l'eau)* se rencontre, malgré la bizarrerie sémantique.

Pour bonne qualitez, il avoit celle d'enchérir sur ceux qui jeusnent au pain et à l'eau,
car il avoit appris à jeusner à l'eau et à la chastagne.
A. FURETIÈRE, Le Roman bourgeois, p. 1047.

Du pain et des jeux, trad. française de l'adage latin *panem et circenses* (du
pain et des spectacles de cirque). On emploie aussi, en général ironiquement, la formule latine :

De quoi pouvaient-ils se plaindre? N'avaient-ils pas *(panem et circenses)* des petits fours
et un beau programme musical?
M. PROUST, À la recherche du temps perdu, t. II, p. 670.

Grossier comme (le, du) pain d'orge très grossier, en paroles et en actes (en
parlant d'une personne)» (1830, H. Monnier). Loc. vivante dans l'usage régional, et
qui joue sur les deux sens de *grossier*.

Vx. **Avoir son pain cuit** «avoir des réserves». Le Dictionnaire de l'Académie
(1694) parle d'un ouvrage fait d'avance (cf. *du pain sur la planche*). *Il a plus de la
moitié de son pain cuit* (XVIIIe-XIXe s.) «il n'est plus très loin de la mort».

Une variante attestée antérieurement explicite le contexte de la locution :

On dit aussi en parlant d'un homme qui a du bien tout acquis, qu'il a du *pain cuit*,
qu'il n'a que faire de travailler pour en acquérir. On dit aussi, *Libertas, et pain cuit*.
pour dire, qu'on est heureux, quand on a du bien, et qu'on n'est sujet de personne.
FURETIÈRE, Dictionnaire, art. *Pain*.

Avoir du pain sur la planche «avoir beaucoup de travail, de tâches à accomplir». L'expression a eu (1852, Wartburg) une toute autre valeur : «avoir des ressources pour l'avenir, ne pas risquer de manquer» (cf. *avoir son pain cuit*), et son
sens moderne ne semble pas antérieur au début du XXe s. Le passage sémantique
est facile à gloser (on va de l'idée du pain déjà cuit, en réserve sur la planche de la
cuisine, à celle de pâte façonnée en pain, sur la planche du boulanger et qui doit
être mise au four), mais le succès du second sens, qui a éliminé le premier, n'est
pas facile à expliquer.

[...] si Marovicci ne se trouvait pas transformé depuis longtemps en macchab desséché,
il se trouverait avec du pain sur la planche pour développer ses combines.
A. SERGENT, Je suivis ce mauvais garçon, p. 123.

Emprunter (prendre) un pain sur la fournée «en parlant d'une femme, avoir
un enfant sans être mariée, ou concevoir un enfant avant de se marier» (fin XVIe s.).
La métaphore est, à l'évidence, non seulement obstétrique (l'enfant assimilé au pain
cuit qui sort du four), mais érotique (le pain que «prend» la femme n'est pas seulement l'enfant; cf. les métaphores érotiques sur *four*, *enfourner*).

Enlever (retirer, ôter) le pain de la bouche à qqn «le priver du nécessaire».
La forme actuelle apparaît au XIXe s., mais on trouve chez Sorel (1622) *oster le pain
de la main* (*Francion*, Pléiade, p. 438.)

Tu viens de marier ta maîtresse à Gueulin, et tu leur as donné cinquante mille francs,
juste la somme que tu nous avais promise... Ah! c'est propre, le petit Gueulin joue là-
dedans un joli rôle! Et toi, tu es plus sale encore, tu nous retires le pain de la bouche [...].
É. ZOLA, Pot-Bouille, t. II, p. 190.

Gagner son pain à la sueur de son front «gagner sa vie en travaillant durement». Allusion biblique.

> Et c'est ainsi qu'en premier lieu, par la peine que me coûtait ma lecture, était illustrée de manière patente la sentence biblique comme quoi l'homme est soumis à l'obligation de «gagner son pain à la sueur de son front» et condamné, presque dès le principe, à ne rien obtenir que moyennant l'anxiété ou l'effort.   M. Leiris., *Biffures*, p. 56.

Manger le pain de... «subvenir à ses besoins aux dépens de...» → Vivre aux crochets* de...

Manger son pain blanc le premier «commencer par des choses agréables, réussir d'abord, avant de subir des désagréments» (chez Rabelais et, antérieurement, chez G. Cretin, 1522).

Je ne mange pas de ce pain-là «je refuse d'accepter tel avantage, telle rémunération (attachés à des compromissions) et, *par extension*, je ne m'associe pas à telle activité [que je considère comme immorale]» (1867, Delvau).

> — Si j'étais un mouchard, comme tes amis le disent, je t'aurais depuis huit jours envoyé les gendarmes.
> — Tu n'as pas besoin de te défendre, répondit le jeune homme, je sais que tu n'as jamais mangé de ce pain-là... On peut ne pas avoir les mêmes idées et s'estimer tout de même.   É. Zola, *Germinal*, t. II, p. 121.
> [...] on dirait que vous ne savez pas ce que c'est que Mme Elstir. J'aimerais mieux recevoir la dernière des filles! Ah! non, je ne mange pas de ce pain là.
> M. Proust, *À la recherche du temps perdu*, t. II, p. 940.

Vx. **Manger de plus d'un pain** «aimer la variété, changer souvent de plaisir, ou de source». L'expression est chez La Fontaine *(Contes)*, et a signifié à l'origine «avoir beaucoup voyagé».

Perdre le goût du pain; faire passer à qqn le goût du pain → Goût.

Littér. **Rompre le pain avec qqn** «partager fraternellement». L'idée du partage du pain pour exprimer la familiarité se retrouve depuis le XVIᵉ s. et en français régional dans *être à pain et à pot*, ou *être au pain et au couteau* (avec qqn), qui ne seraient plus compris de nos jours.

Tremper son pain de larmes «en être réduit au pain sec et au désespoir devant une situation misérable» (*in* Littré). Les larmes constituent un assaisonnement désespéré.

Fam. **Ça ne mange pas de pain** «ça ne cause pas de dépenses». Chez Furetière (1690) la loc. a un sens restrictif, et correspond à «ça ne coûte rien, même si ça n'a aucun intérêt» : «On dit aussi, des papiers et autres choses inutiles qu'on garde, cela ne *mange* point de pain» (Dict., s.v. *Manger*). De nos jours, l'expression peut s'appliquer à des objets qui conservent une valeur.

PAIR n. m.

De pair à compagnon «en agissant comme un égal vis-à-vis de qqn». Quoique littéraire, l'expression est vivante, surtout dans la langue écrite, et constitue une des survivances du mot, au sens de «égal». Attesté au XVIIᵉ s. sous la forme actuelle (*per à compagnon* chez H. Estienne, 1549; *il vaut mieux estre pair et compagnon avec des gens de bon esprit...*, 1622, Sorel, *Francion*). Au fig., peut prendre les mêmes valeurs que *d'égal à égal*.

> [...] je compris tout de suite que l'homme foncièrement dédaigneux était le duc qui vous parlait dès la première visite de 'pair à compagnon', et que, des deux cousins, celui qui était vraiment simple c'était le Prince.
> M. Proust, *À la recherche du temps perdu*, t. II, p. 655.

> J'avais joué le grand jeu. J'étais le ténébreux, le veuf, l'inconsolé qui traite de pair à compagnon avec la mort et la folie.   M. Leiris, *Fibrilles*, p. 111.

Hors de pair, (vx *hors du pair*), *hors pair* « exceptionnel, hors du commun ». *Hors du pair* est chez Marot. La langue classique emploie *trier*, *mettre hors du (de pair)* au sens de « distinguer, placer au-dessus de... ».

Vx. *Sans pair* « sans égal » (attesté au XIIIᵉ s.).

Aller (marcher...) de pair avec... « aller avec ; être bien assorti avec... » (d'abord *aller au pair*, XVIᵉ s.). S'est d'abord dit des personnes, au sens de « être sur un pied d'égalité ».

PAIRE n. f.

Une autre paire de manches → MANCHE.

Fam. *Se faire la paire* « fuir, s'enfuir ». D'abord *faire la paire* (1878), précédé par *se payer une paire de pattes* (1866, Esnault) qui éclaire l'expression.

> Les poteaux, conseillait Ribouldingue, un séjour prolongé dans ce coquet pavillon ne pourrait que nous être préjudiciable. Je crois que l'instant est venu de se faire la paire.
>
> *L'Épatant*, 1909, p. 96.

> Les deux tournées, l'une offerte par Paulo, l'autre par Willy, bues, les deux rupins se sont fait la paire.   A. SIMONIN, *Hotu soit qui mal y pense*, p. 133.

Les deux font la paire « ces deux personnes s'entendent, s'accordent (sous-entendu, pour quelque méfait) ». L'expression *faire la paire* est chez Furetière (1690), qui écrit « on n'en use guere qu'en mauvaise part », mais elle est restée très vivante et familière.

> — Ah ! filleul, tu deviens libertin ; j'ai bien peur que Bigre et toi ne fassiez la paire.
> Tu as passé la nuit dehors.   DIDEROT, *Jacques le Fataliste*, p. 671.

PAÎTRE v. intr.

Envoyer paître qqn « se débarrasser avec brusquerie de qqn ». Équivaut à *envoyer promener*, mais remonte à des emplois fig. du verbe plus anciens que cette expression. *Faire paistre od sei* (faire paître avec soi), c'est, au Moyen-Âge, « attirer dans son parti par des promesses » ; *paistre*. qui signifiait en religion « conduire au salut » et au sens propre « nourrir », s'est spécialisé à l'intransitif en parlant des herbivores. *Faire paistre* a reçu la double valeur péjorative de « envoyer avec les vaches » (seule connotation sentie de nos jours) et de « tromper » (*paistre qqn de paroles*, 1270). On voit bien ce double effet dans la loc. *faire (qqn) herbe paistre* (XIIIᵉ s.) « mener comme un sot, en dupant ». L'emploi d'*envoyer* ramène l'expression à un modèle visuel (*envoyer promener*, etc.).

PAIX n. f.

Vx. *Paix fourrée* « paix trompeuse » → FOURRÉ *(coup fourré, paix fourrée)*.

En paix « tranquille » (surtout dans *laisser en paix*, et *être en paix*, plus littéraire). Attesté au XIIᵉ s., la *paix* étant métaphoriquement un état de repos, de calme. À noter qu'on a dit au Moyen-Âge : *a paix, tout à paix* (« tranquillement, sans se presser »). *Laisser qqch. en paix* « ne pas y toucher, ne pas risquer de détériorer en touchant » remonte aussi à l'ancien français.

Ni paix ni trêve (avec des verbes comme *n'avoir, ne demander...*), « aucune interruption dans la lutte, le combat ».

> Mademoiselle, si je viens icy rechercher vostre amour, ce n'est point pour vous demander ny paix ny trefve [...].   A. FURETIÈRE, *Le Roman bourgeois*, p. 1059.

Avoir la paix « être tranquille, ne pas être dérangé ». Cette expression banale est, avec *ficher la paix*, le témoin d'une valeur ancienne du mot, « attitude calme et silencieuse ». On trouve au XIIIᵉ s. *faire pais* et *tenir pais* « se tenir tranquille ».

Faire la paix (avec) « se réconcilier ». Curieusement, cette loc. familière est bien antérieure au sens propre (« conclure un traité de paix »). Elle est restée vivante depuis le XIIᵉ s. jusqu'à nos jours, paix ayant le sens de « état de concorde régnant entre les personnes ».

Ficher (foutre) la paix « laisser tranquille, cesser d'importuner » (deuxième moitié du XIXᵉ s.).

> — Fiche-moi la paix, hein ! lui dit-il en se couchant et en tournant le dos. Ce serait propre, de lâcher les camarades !... Je fais mon devoir.
>
> É. ZOLA. *Germinal*, t. I, p. 239.

Si tu veux la paix, prépare la guerre → GUERRE. Ce proverbe repose sur un sophisme durable, auquel nous devons l'« équilibre de la terreur ». La *pax romana*, la *pacification*, on le sait, sont des équilibres imposés par la force, c'est-à-dire des guerres gagnées. Pour l'esprit conflictuel, la paix ne peut être que sa paix, sa loi, et ne peut s'obtenir sans la guerre ou la menace de guerre. La sémantique du mot *paix*, dans nombre de ses usages, relève de cette dialectique.

PÂLE adj.

Pâle comme un linge, comme la mort « très pâle » → LINGE, MORT (*blanc comme un linge*, plus courant).

Se faire porter pâle « se faire porter malade (dans un contexte militaire) ». Emploi de l'argot militaire attesté en 1900 (Esnault).

> Moi, dit Barque, je m'fais porter pâle. J'y dirai à « Monsieur le major...
>
> H. BARBUSSE, *Le Feu*, t. I, p. 13.

PALETOT n. m.

Paletot de sapin « cercueil » (1867, Delvau). Le choix de *paletot* (plutôt que *manteau*, etc.) vient probablement des emplois métaphoriques où le mot suggère la violence, l'agression (voir le suivant).

Bondir (sauter, tomber) sur le paletot « attaquer brusquement et malmener » ; par ext. « arrêter qqn à l'improviste ». Substitué à *sauter... sur le casaquin* (voir ce mot), attesté en 1821. Parmi les noms de vêtements, seuls *casaquin* et *paletot* sont utilisés dans ce genre d'expressions, dont le sémantisme est celui de *prendre au collet, tomber sur le dos* (de qqn).

> Ils me sont tombés en traîtres sur le paletot et c'est là que j'ai encaissé un marron.
>
> DORGELÈS, in *Grand Larousse de la langue française*.

PALINODIE n. f.

Vieilli. **Chanter la palinodie** « se désavouer, renoncer honteusement à son opinion ou revenir sur ce qu'on a fait ». Attestée en 1595, cette loc. utilise la valeur étymologique de *palinodie* « chant *(odê)* repris sur un autre ton » (*palin* « à l'envers ; de nouveau »), mot d'usage très littéraire en français.

PALME n. f.

La palme de... (à qqn) « la supériorité dans un domaine ». Surtout dans : *à moi (toi, lui) la palme*, variante noble de : *à moi... le pompon*, etc.

> Quelle dérision ! À moi la palme de la philosophie, de la morale, du raisonnement, des bons principes !   G. FLAUBERT, *Correspondance*, Iʳᵉ série, p. 61.

Palme du martyre « gloire éternelle réservée aux martyrs par Dieu » ; *par extension* « récompense morale de souffrances subies pour une noble cause » (emploi souvent ironique).

Décerner (donner) la palme à qqn « reconnaître la supériorité de qqn (dans un domaine) » Cet emploi métaphorique de *palme* se retrouve avec quelques verbes : *disputer la palme à qqn, remporter la palme*, etc. La symbolique du succès a recours, soit à des coiffures *(couronne)* soit à des emblèmes tenus à la main, la palme se rangeant dans cette catégorie. Sa signification provient du pouvoir régénérateur, représenté par la jeune pousse d'une plante : *palme* étant la variante méditerranéenne du rameau : les jeunes branches de palmier, dans la symbolique chrétienne, annoncent la Résurrection du Christ.

PAMPELUNE n. pr.

Vx. *Aller à Pampelune* «aller au diable».

Envoyer à Pampelune «chasser une personne rudement, l'envoyer bien loin» (1640, Oudin). C'est évidemment la finale *-lune* qui motive le choix de cette ville d'Espagne, plus qu'une allusion à la difficulté de franchir les Pyrénées.

PANADE n. f.

Dans la panade «dans la misère; dans une situation inextricable». Métaphore relativement récente (1878) d'après la consistance épaisse, pâteuse de la soupe au pain cf. les emplois analogues de *purée*, etc.

> C'est ainsi qu'il s'est créé, dans cet étonnant Paris, encore une profession inconnue même de Priva d'Anglemont : celle des faux usuriers servant de paravent aux vieilles cocottes, désireuses de faire fructifier leurs capitaux, en même temps que les derniers restes de leurs charmes.
> D'ordinaire, elles choisissent pour ce rôle d'anciens amants tombés dans la panade, auxquels elles donnent l'apparence d'hommes de Bourse sérieux.
> GORON, *L'Amour à Paris*, t. I, p. 636-637.

PANDORE n. pr.

La boîte de Pandore «l'origine d'un grand nombre de malheurs; la source d'une catastrophe». Allusion mythologique à la première femme, dans les *Travaux et les Jours* d'Hésiode. Créée par Hephaïstos (Vulcain), envoyée par Zeus sur la terre, parée de tous les dons et d'une séduction trompeuse par Hermès, elle se voit confier une jarre contenant tous les maux destinés aux humains. Elle l'ouvre par curiosité et — comme Ève — symbolise l'attribution à la femme des horreurs de la condition humaine.

> [...] notre consternation devant les clauses absurdes de ce traité qui fut la boîte de Pandore d'où s'échappèrent par la suite nombre des maux dont nous eûmes bientôt à souffrir; dont nous n'avons pas fini de pâtir.   A. GIDE, *Journal*, t. II, p. 340.

PANEM mot latin.

Panem et circenses → Du pain* et des jeux.

PANIER n. m.

Triv. *Panier à crottes* «derrière, cul». Cette expression, disgracieuse et très claire, est à l'origine de l'emploi fig. de *panier* «derrière».

Panier à salade «voiture cellulaire» (d'abord voiture à cheval [depuis 1827], puis automobile). Métaphore tirée de la coutume qui consiste à secouer la salade pour l'égoutter dans un panier à claire-voie, dit *panier à salade*.

> Arrivées au bout du wagon, là où se trouvaient les toilettes, nous étions secouées comme dans un panier à salade et, par-dessus le marché, il faisait un de ces bruits ! Nous avions du mal à rester debout. Ma mère et Nany s'agrippaient à ce qu'elles trouvaient, moi, je m'agrippais à leurs jupes.   M. CARDINAL, *Les Mots pour le dire*, p. 180.

Panier de crabes «ensemble, groupe de personnes qui cherchent mutuellement à se nuire, à se combattre». Le grouillement menaçant des pinces de crabes enfermés dans le panier (ou le casier de pêche), joint aux valeurs péjoratives du mot, explique cette image, qui semble assez récente.

Panier percé «personne prodigue, qui dépense sans compter, de manière excessive». Attesté en 1690 et, comme adjectif *(il est panier percé)* chez Saint-Simon, le syntagme *panier percé* s'est employé avec une autre valeur (voir ci-dessous : *bête comme un panier*) et a signifié au figuré «personne sans mémoire, qui oublie tout».

> Le Régent fit un don au duc de Brancas de vingt mille livres de rente sur les juifs de Metz qui crièrent miséricorde et qui ne purent l'obtenir. Brancas, pauvre de lui-même et panier percé d'ailleurs, étoit un famélique qu'on ne pouvait rassasier.
> SAINT-SIMON, *Mémoires*, t. V, p. 136.

> Je ne vous parlerai pas des habitudes dépensières de M. Arthur; c'est le tonneau des Danaïdes... Que vous dirai-je? c'est un panier percé. Le million que vous lui laissez ne durera pas deux ans [...]. É. AUGIER, *Maître Guérin*, III, 6, p. 266.

> C'était, du reste, ce qu'on appelle un vrai panier percé : l'or glissait dans ses mains délicates de patricienne, et ce qu'elle prenait d'un côté retombait de l'autre dans le commerce parisien. GORON, *L'Amour à Paris*, t. I, p. 468.

Le dessus du panier «ce qu'il y a de meilleur; en parlant des personnes, les couches sociales les plus riches et les plus distinguées» (syn. *le gratin*). *Le fond du panier* «le rebut», attesté en même temps (1690, Furetière), est beaucoup moins usuel (cf. aussi *le pire du panier* «le plus meschant de tous», 1640, Oudin). Allusion à la disposition des marchandises dans les paniers des vendeurs, les fruits, les légumes de belle apparence étant disposés au-dessus.

> [...] c'était une baraque qui avait deux bourgeois. Et le bourgeois d'occasion, plus malin, tirait à lui la couverture, prenait le dessus du panier de tout, de la femme, de la table et du reste. É. ZOLA, *L'Assommoir*, t. II, p. 72.

> L'hôtel de luxe est ce qu'on appelle un «palace», réservé en principe à une clientèle riche [...]. L'habiter, cela veut dire qu'on représente monétairement le «dessus du panier», qu'on se range dans une classe de prétentieux dont il faut bien (serait-ce en apparence) adopter le code et au besoin l'argot, durant le temps au moins de cette résidence. M. LEIRIS, *Fourbis*, p. 92.

Bête (sot, con) comme un panier «extrêmement bête». D'abord *sot comme un panier percé* (1640, Oudin). Cette forme éclaire la comparaison, que l'on peut expliquer honnêtement par un sens fig. de *panier percé* (voir ci-dessus), mais qui évoque le sens réalisé sans ambages dans *panier à crottes* (ci-dessus); la série de comparaisons vulgaires sur *con (comme une valise, une malle*, c'est-à-dire de vastes récipients) aide à comprendre le mécanisme plus ou moins conscient de cette locution. P. Guiraud évoque une homonymie avec un ancien terme, *crétin*, désignant une corbeille.

> J'voudrais avoir la foi, la foi d'mon charbonnier,
> Qu' est heureux comme un pape et con comme un panier.
> G. BRASSENS, *Poèmes et Chansons*, p. 198.

Faire danser l'anse du panier → ANSE.

Faire le panier (le pot) à deux anses → ANSE.

Jeter, mettre (ficher, foutre...) au panier «jeter une chose qui ne peut plus servir; rejeter, traiter avec mépris (une chose)». Attesté en 1875, avec la valeur de «panier où l'on jette le rebut», cf. *Corbeille* (à papiers, etc.).

Mettre dans le même panier «juger de façon identique (et généralement peu positive)».

Mettre tous ses œufs dans le même panier → ŒUF.

Vx. **Adieu paniers, vendanges sont faites!** «la chose, l'occasion est perdue; tout est fini» (*in* Rabelais, I, 27). Il s'agit évidemment des paniers où sont placés les raisins lors des vendanges (soit distincts des hottes, soit les incluant). Le rapprochement *panier-vendange* est courant au XVIIe s. (cf. *Qui fait un panier fait bien une hotte*, 1640, *in* Oudin, au sens où nous disons : *qui vole un œuf vole un bœuf*).

PANNE n. f. Variante de *penne* «plume», désignant depuis 1515 l'extrémité de la pièce la plus longue d'une vergue latine.

Panne sèche. Ce syntagme est apparu comme terme de marine, lorsque le navire était mis *en panne* (voir le suivant) au gouvernail, les voiles étant amenées (par opposition à *panne courante*). *Panne sèche* a été réutilisé pour désigner l'arrêt d'un véhicule à moteur faute de carburant (le réservoir étant *à sec*) et peut s'employer par métaphore («arrêt d'une activité, d'un processus faute de moyens»).

En panne «arrêté dans un travail, une activité (personnes); interrompu faute de moyen (action, processus)». Vient du vocabulaire de la marine où l'on trouve *bouter vent en penne* dès 1573. *Mettre un bateau en panne* correspond à équilibrer l'effet du vent dans la voilure par son orientation, de sorte qu'il s'immobilise. On a dit d'une armée immobilisée qu'elle était *en panne* au XVIIIe s. Mais les emplois modernes assez récents (*être en panne*, *être en panne de qqch.* «en manquer»; *rester en panne*, etc.) sont des métaphores de l'automobile, où l'expression s'emploie vers 1900 et signifie l'arrêt involontaire du moteur.

PANNEAU n. m.

Tendre un panneau à qqn «lui tendre un piège» (attesté chez La Fontaine). Voir le suivant.

Tomber (donner, couper...) dans le panneau «tomber dans le piège». Malgré son apparence familière, l'expression est déjà chez Corneille (voir ci-dessous); elle vient d'un sens technique du mot «filet pour prendre divers gibiers, à poil et à plume»; à noter que l'on dit : tomber dans *les* filets de qqn. *Jeter qqn dans le panneau* (Molière) est vieux.

> — Quoique bien averti, j'étais dans le panneau.
> — Va, n'appréhende pas d'y tomber de nouveau.   CORNEILLE, *Le Menteur*, II, 6.

> Est-il tombé dans le panneau ! Je lui ai dit que j'étais acteur, que je m'appelais Faban-
> tou, que j'avais joué la comédie avec mamselle Mars, avec mamselle Muche, que mon
> propriétaire voulait être payé demain 4 février, et il n'a même pas vu que c'est le
> 8 janvier et non le 4 février qui est un terme !
>   V. HUGO, *Les Misérables*, Pléiade, p. 810.

> [...] c'est comme ton parfum pour donner le change; mais oui, pour que les gens
> croient que tu es une personne originale et affranchie de tous les préjugés... Pauvre
> Minet Chéri ! Moi, je ne donne pas dans le panneau.
>   COLETTE, *La Maison de Claudine*, p. 160.

PANSE n. f.

Une panse d'a → A.

Crever la panse à qqn «le tuer, l'éventrer». *Se faire crever la panse* «se faire éventrer». *Manger à s'en faire crever la panse* «manger avec excès».

Se remplir (s'emplir) la panse «bien manger, jusqu'à satiété» (*emplir sa pance*, XIIIe s.).

PANTHÈRE n. f.

Vx. *Faire sa panthère* «rôder [...] d'un cabaret à l'autre», selon les termes de A. Daudet, qui attribue l'expression aux ouvriers parisiens et ajoute «par allusion, sans doute, à ce mouvement de va-et-vient qu'ils voient aux fauves encagés» (1876, Daudet, *Jack*, in *Ph. Sl.*). Les dictionnaires reprennent cette valeur, mais il semble que l'expression avait un sens plus large : «ne pas travailler, paresser (éventuellement fréquenter les débits de boisson)»; l'origine en est probablement un calembour sur *pante* (le pante, bourgeois, peut se payer le luxe de l'oisiveté).

> En face du comptoir, sur un banc, Bibi-la-Grillade, le dos contre le mur, fumait sa
> pipe d'un air maussade.

— Tiens ! Bibi qui fait sa panthère, dit Coupeau. On a donc la flemme, ma vieille ?
É. ZOLA, *L'Assommoir*, t. II, p. 34.

PANTOUFLE n. f.

Vieilli. *En pantoufle(s)* « dans une situation intime, tranquille et détendue, sans souci ». *Être en pantoufles et en bonnet de nuit* « refuser de sortir de chez soi » (1690, Furetière).

Raisonner comme une pantoufle « raisonner très mal, dire n'importe quoi » (1798 ; on a dit au XVIIᵉ s. *raisonner pantoufle* (Sévigné) pour « parler de choses insignifiantes et familières »). Croisement d'un effet formel *(raisonner-résonner)* et d'un effet de sens *(raisonner comme un pied)*.

PAON n. m.

Geai paré des plumes du paon → GEAI.

Fier (orgueilleux, vain, vaniteux...) comme un paon « fier (etc.) d'une manière ostentatoire et souvent risible ». *Glorieux comme un paon* (vx) apparaît au XVIIᵉ s. ; le paon faisant la roue a été pris comme symbole de prétention. On trouve aussi des loc. verbales : *se pavaner* (mot dérivé de paon), *se rengorger comme un paon* (d'où *faire le paon*, vieilli « marcher superbement » [1640, Oudin]).

[...] toujours satisfait de lui, d'ailleurs, fier comme un paon de son ignorance crasse, et acceptant les observations avec une douce ironie de grand seigneur.
G. COURTELINE, *Les Gaîtés de l'escadron*, p. 106.

Se parer des plumes du paon → PLUME.

Pousser des cris de paon « pousser des cris aigus et, (fig.), protester par des criailleries ». Le paon a un cri particulièrement désagréable, comme tous les lecteurs des *Histoires naturelles* de Jules Renard le savent, même s'ils n'ont jamais entendu l'oiseau.

PAPA n. m.

Papa gâteau « un homme qui aime combler les enfants de cadeaux ». Attestée chez Goncourt (1896), l'expression joue sur *gâter* et les valeurs fig. de *gâteau*.

Fils à papa → FILS.

Fam. *À la papa* [LOC. ADV.] « d'une manière calme et tranquille ; ou encore, sans complications » (1800). En adj. *Une petite enquête à la papa* (L. Daudet). — L'expression équivaut à peu près à « en bon père de famille » ; elle a eu au XIXᵉ s. des connotations sociales (= d'une manière bourgeoise) et s'est beaucoup employée en parlant des manières amoureuses.

— Bonsoir, pèremuche ! glapirent les filles.
— Eh bien ? dit la mère.
— Tout va à la papa, répondit Jondrette, mais j'ai un froid de chien aux pieds. Bon, c'est cela, tu t'es habillée. Il faudra que tu puisses inspirer confiance.
V. HUGO, *Les Misérables*, p. 793.

Le repas fini, il remercie Dieu (toujours en latin), glisse la main au dos de son gilet pour défaire la boucle [...] et recroise là-dessus sa redingote — ramassée dans l'armoire du mort et arrangée pour sa taille, à la papa. J. VALLÈS, *L'Insurgé*, p. 12.

De papa [LOC. ADJ.] « du temps passé ; démodé » (issu d'une expression de de Gaulle parlant de l'*Algérie de papa*).

PAPE n. m.

Se croire le premier moutardier du pape → MOUTARDIER.

Vx. *Être quinteux comme la mule du pape* → MULE.

Comme un pape, comparaison utilisée dans deux contextes : a) impliquant la satisfaction et un contentement calme (*on a été traités comme des papes* «royalement»), cf. *Servir comme le pape,* 1690 ; b) impliquant une attitude noble et pompeuse (surtout : *sérieux comme un pape*).

> C'est alors qu'au balcon
> Sérieux comme un pape
> Paraît le pape.   J. PRÉVERT. *Paroles.* p. 112.

PAPIER n. m.

Figure (mine, visage...) de papier mâché «figure pâle et fatiguée». Le papier mâché, préparation de papier détrempé et mêlé à du plâtre, a une couleur blanchâtre et une apparence granuleuse. On trouve l'expression au XIXe s., mais un emploi figuré (*santé, âme... de papier mâché* «faible») l'a précédée. Au XVIIe s. (Sévigné) on parlait de *papier mouillé* pour désigner un corps faible.

> DORA. — Tu devrais te calmer, mon chéri, tu as une figure de papier mâché.
> JENNY. — Qu'est-ce que tu veux ? Je ne peux plus fermer l'œil ! Toute la nuit, Maurice se tourne et se retourne dans le lit et quand je m'endors à 5 heures, c'est pour avoir des cauchemars...
>   H.-G. CLOUZOT et J. FERRY. Dialogue du film *Quai des Orfèvres.* p. 33.

Sac à papier → SAC.

Réglé comme du papier à musique «exactement calculé, rangé, organisé». Allusion aux portées horizontales, parallèles et régulières, des partitions musicales (le papier millimétré n'a pas donné lieu à une métaphore). L'emploi concret (cit. Barbusse) n'est pas d'usage normal.

> [...] les pylônes de fer à claire-voie dont les fils réglaient le ciel comme du papier à musique.   H. BARBUSSE. *Le Feu,* t. I. p. 41.

> Et de même qu'on paye au Trésor des sommes afférentes à la possession d'une, deux ou trois bicyclettes, de même on casquera pour un, deux ou trois mômes qu'on aura négligé de procréer.
> Ce sera réglé comme du papier à musique.   A. ALLAIS. *Contes et Chroniques.* p. 242.

> Les animaux, quoi qu'ils y fassent, y sont des êtres de convention, desquels il est entendu que l'on peut tout attendre et qui ne deviennent jamais source d'émerveillement puisque tout, dans la fable, est minutieusement calculé et prévu, «réglé comme du papier à musique», selon le bon plaisir du fabuliste.   LEIRIS, *Biffures,* p. 151-152.

On trouve cette comparaison avec d'autres participes que *réglé :*

> — Que dis-tu donc avec ton sens dessus-dessous ? Mais tout sera rangé comme un papier de musique.   H. de BALZAC. *Birotteau.* Éd. de 1838, t. I.

Barbouiller (gâter, noircir, salir) du papier «écrire». L'expression est chez Molière et, dès le XVIe s., chez Calvin (*brouiller le papier*).

Être dans les petits papiers de qqn «être protégé, favorisé par lui, de manière généralement occulte» (1868, *in* Littré). On trouve aussi (Proust) : *être dans les papiers de qqn.* Les *petits papiers* sont des notes plus ou moins secrètes où une personne est fichée et appréciée : l'expression, à l'origine, pouvait ne pas impliquer un jugement favorable et un soutien.

> La politique des cancans et des petits papiers n'existe pas seulement à la Préfecture de police : dans les ministères, dans toutes les grandes administrations, c'est la même chose [...].   GORON. *L'Amour à Paris,* t. I, p. 206.

Rayer (ôter) de ses papiers «renoncer à qqch. ; n'y plus compter» (dans Molière).

Vx. *Le papier souffre tout* [PROV.] «on peut tout écrire, que ce soit vrai ou faux, supportable ou non» (1640, *in* Oudin).

PAPILLON n. m.

Vx. *papillons noirs* «idées noires, tristesse, mélancolie». Cette métaphore, plus poétique que celle du *cafard* est attestée en 1708.

Vx. *Courir (voler...) après les papillons* «s'occuper de choses futiles ou inutiles; s'agiter pour des riens» (1690). Deux métaphores sont ici mêlées : l'idée initiale est «voler derrière les papillons, faire comme eux» (alors que courir après les papillons, les poursuivre, peut être une activité fort sérieuse d'entomologiste!). Ce sémantisme est lexicalisé dans le verbe *papillonner*, et se manifeste dans des loc. archaïques (*sot comme un papillon*, 1701).

Minute, papillon! → Minute.

PAPILLOTE n. f.

Faire des papillotes de... «jeter (un écrit, une lettre, etc.) ou considérer comme sans intérêt, sans valeur» (dans *c'est tout juste bon à faire des papillotes*). Papier tortillé utilisé pour friser les cheveux, pour envelopper un bonbon, etc., la papillote est considérée comme une utilisation dérisoire du papier écrit (1835, *in* Acad.).

> — Ah, satané idiot que je suis!...
> — J'ai encore vu cette lettre l'autre jour et je l'ai laissée là...
> — J'aurais mieux fait d'en faire des papillotes.
> 			GORON, *L'Amour à Paris*, t. I, p. 494.

PÂQUES n. de fête.

À Pâques ou à la Trinité «dans un avenir lointain, indéterminé ; jamais». Les deux fêtes étant bien définies, la valeur de l'expression ne peut venir que d'un contexte : c'est, bien sûr, celui de la chanson de *Malbrough*, dont il est dit qu'il *reviendra-z'à Pâques ou à la Trinité; mais la Trinité se passe, Malbrough ne revient pas...*

Vieilli. *Long comme d'ici à Pâques* «très long». La période qui précède Pâques est le carême, et paraît interminable. De même que *long comme un jour sans pain*, la loc. s'est employée au sens spatial (Sévigné).

PAQUET n. m.

Vx. *Le paquet de l'épousée* «les parties génitales de l'homme» (1640, *in* Oudin). Jeu sur le *paquet des épousées* «trousseau» (XVIe s.), qui arrive en même temps que le corps de l'époux.

Paquet de nerfs «personne très nerveuse». Proust, non par hasard, en fournit la première attestation qui nous soit connue.

Paquet de linge sale «corps difforme ou rendu difforme par un habillement vague et sale» cf. *Sac de pommes de terre*. *Être mis dehors comme un paquet de linge sale* «être renvoyé brutalement».

Paquet d'os «personne très maigre».

Vx. *Avoir le paquet de qqch.* «avoir la charge désagréable de...» (1673, Mme de Sévigné).

Avoir son paquet «être ivre» (1867, Delvau).

Donner (servir) son paquet à qqn «lui dire son fait, lui parler sans ménagement» (1640, Oudin) ; «le renvoyer» (1690). On a employé dans un sens analogue *faire un paquet, des paquets contre, sur qqn* «en dire du mal» (1835, *in* Acad.).

Faire son paquet, ses paquets « se préparer à partir, généralement à son corps défendant » (1648) ; vx « faire son testament, s'apprêter à mourir » (*in* La Fontaine). Variante ancienne : *trousser, plier son paquet* (1640, Oudin).

Lâcher le paquet à qqn « lui dire tout ce qu'on a sur le cœur ».

> [...] un jour, rue du Faubourg-Poissonnière, le fabricant de boutons avait osé allonger son nez entre la nièce et la tante, pour murmurer des choses qui n'étaient pas à dire. Et Mme Lerat, effrayée, répétant qu'elle n'était même plus tranquille pour elle lâcha tout le paquet à son frère.   É. ZOLA, *L'Assommoir*, t. II, p. 173.

Mettre le paquet « risquer une grosse somme (au jeu, etc.) pour gagner ; faire un effort maximal ». S'apparente à l'ancienne loc. *hasarder, risquer le paquet* (ci-dessous).

Recevoir son paquet « se faire dire ses vérités ». Correspond à *donner son paquet* (plus haut) ; comme *donner son paquet*, l'expression s'emploie dans un autre sens (« être renvoyé », 1845).

> Elle lui avait fourni une arme terrible. Même s'ils se remettaient ensemble, elle ne pourrait lui chercher la moindre dispute, sans recevoir immédiatement son paquet. Hein ? la jolie position !   É. ZOLA, *Pot-Bouille*, t. II, p. 174.

Vieilli. **Risquer (hasarder) le paquet** « risquer le tout pour le tout » (1640, *in* Oudin : *hasarder*). *Risquer le paquet* reste vivant dans l'usage littéraire (Colette, Bataille, *in G.L.L.F.*).

> J'ai été congédié avec force révérences, assez incertain si je retournerais le lendemain (chez la Bagatina), et ce que pouvait signifier un pareil quiproquo. Enfin je me suis déterminé à risquer le paquet et j'y suis retourné aujourd'hui.
> Ch. de BROSSES, *Lettres d'Italie*, t. I, p. 121.)

Vider (lâcher) son (le) paquet « dire tout ce qu'on a sur le cœur, avouer complètement » → SAC.

PARADE n. f.

Faire parade de qqch « montrer, étaler, manifester par vanité » (milieu XVIe s., Calvin).

PARADIS n. m.

Les Paradis artificiels « l'état de bien-être, l'euphorie extrême produits par l'usage des stupéfiants ». Formule célèbre de Baudelaire (1860) souvent réutilisée.

Paradis perdu « état, situation très agréable que l'on regrette ». Métaphore sur une expression du langage de la religion.

> On rêve beaucoup du paradis, ou plutôt de nombreux paradis successifs, mais ce sont tous, bien avant qu'on ne meure, des paradis perdus, et où l'on se sentirait perdu.
> M. PROUST, *À la recherche du temps perdu*, t. II, p. 859.

Il ne l'emportera pas au (en) paradis « il en subira un jour ou l'autre les conséquences fâcheuses ; se dit en général pour annoncer une vengeance, par menace » (1787, *in* Wartburg).

PAREIL n. m.

Sans pareil [LOC ADJ.] « unique, incomparable ».

N'avoir pas son pareil « être unique, sans égal (pour faire qqch., en tant que...) » ; emploi très ancien.

> Les hommes regardaient, attentifs, l'époussette au bout de la main, connaissant le *tranquille* Macadam [un cheval] pour n'avoir point son pareil au monde comme chatouilleux et mauvais coucheur.   G. COURTELINE, *Les Gaîtés de l'escadron*, p. 67.

Vx. **Son pareil est à naître** « personne ne lui ressemble, ne l'égale (au moment où l'on parle) » cf. *il n'a pas son pareil*.

Fam. *C'est (ça serait, ça sera...) du pareil au même* «exactement semblable» (1867, Delvau). L'effet provient de l'emploi de deux adjectifs substantivés exprimant de manière différente la même idée (du même au même).

> C'que tu y casseras ou rien, c'est du pareil au même. Ils s'entendent tous pour exploiter l'troufion.   H. BARBUSSE *Le Feu*, t. I, p. 129.
>
> — Vous êtes royaliste alors monsieur Lehameau?
>
> — Royaliste? Peuh. Qu'est-ce que c'était que les Bourbons? Des Juifs. Regardez leur nez. À quoi cela nous avancerait d'avoir un roi? Ce serait du pareil au même. Tout ça c'est de la gnognotte.   R. QUENEAU, *Un rude hiver*, p. 129.

PAREILLE n. f.

Vx. *À la pareille* [LOC. ADV.] «d'une manière analogue, en retour» (XVIe-XVIIe s.); «à charge de revanche» : *Qu'on se puisse, entre amis servir à la pareille*, écrit Molière.

Rendre la pareille à «traiter de la même manière qu'on a été traité, dans une circonstance comparable (et que ce soit en bien ou en mal)». Attestée à la fin du XIVe s., cette loc. a survécu à la précédente et est très vivante, surtout dans des contextes négatifs (vengeance, etc.).

> Est-ce qu'elle n'était pas avec un homme? est-ce qu'elle ne l'avait pas fait souffrir de la même souffrance, là, sur ce chemin de Réquillart, lorsqu'elle s'était donnée à cet homme? Mais cela, malgré tout, le désolait, de lui avoir rendu la pareille.
> É. ZOLA, *Germinal*, t. I, p. 309.

PARENT n. m.

Vx. *Parent du côté d'Adam* «parent très éloigné» (1690).

Vx. *Parent de Moïse* «cocu» (à cause des cornes) (1611).

Traiter en parent pauvre «négliger, notamment sur le plan financier, considérer comme secondaire». Au sens propre, «accorder une place inférieure dans une famille, du fait de la situation sociale».

PARENTHÈSE n. f.

Fam. *En parenthèses* «qui a la forme courbe du signe appelé *parenthèse*» *(jambes en parenthèses)*.

Entre parenthèses «placé entre deux parenthèses», d'où, «exprimé incidemment, en passant». Syn. *par parenthèse* (au sing., avec le sens de «phrase accessoire»). Expressions employées depuis le XVIIe s. *Mettre entre parenthèses* «négliger provisoirement, exclure».

Ouvrir, fermer une (la) parenthèse «commencer, terminer une digression».

PARESSEUX, EUSE adj.

Paresseux comme une couleuvre, un lézard, une loche, un loir... «très paresseux». Il s'agit d'animaux réputés pour leur immobilité, soit qu'ils se «chauffent au soleil», soit qu'ils hibernent *(loir)*, ou pour leur extrême lenteur.

PARFUM n. m.

Fam. *(Être) au parfum* «(être) informé, au courant d'une chose plus ou moins secrète ou cachée des autres». D'abord argotique, puis passé dans l'usage familier général.

PARIS n. pr.

Paris ne s'est pas fait en un jour [LOC. PROV.] «une tâche difficile exige du temps».

Paris vaut bien une messe, allusion à la phrase prêtée à Henri IV au moment de sa conversion au catholicisme, réemployée pour justifier une concession, une rétractation plus ou moins honorable, mais qui permet d'obtenir un avantage important.

1. PARLER v. intr. Ce verbe « métalinguistique » donne lieu à de nombreux emplois phraséologiques où l'ambiguïté du son et du sens est mise en valeur. *Parler* s'emploie avec des adverbes, dans des loc. figées *(parler clair, net, franc* « sans détours ni ambiguïtés » ; *parler gras* « de manière ordurière » ; *parler haut* « de manière autoritaire »), avec des compl. déterminatifs spécifiant un trait physiologique *(parler du nez...)* ou un aspect de la parole signifiante *(parler d'abondance...).*

> ils parlent... ils parlent du nez...
> de la pluie et du beau temps
> mais ils parlent surtout d'argent.   J. PRÉVERT, *Paroles,* p. 121.

Façon (manière) de parler, s'emploie spécialement pour suggérer que l'expression est telle que la parole pourrait être mal interprétée, qu'elle « dépasse la pensée ». *C'est façon de parler* (sans déterminant) a le plus souvent cette valeur ; *c'est une façon (manière) de parler* peut avoir cette valeur ou le sens normal « expression particulière ».

Ce que parler veut dire (avec des verbes comme *comprendre, savoir),* « la valeur exacte de ce qui est dit ».

> — Celui-ci est fort éveillé, je vous jure, Monseigneur, et il apporte une grande nouvelle ; c'est la démission du seul janséniste qui restât dans votre diocèse. Ce terrible abbé Pirard comprend enfin ce que parler veut dire.
> STENDHAL, *Le Rouge et le Noir,* p. 408.

> [...] écartant tromperie, sophistication et laisser-aller sous leurs divers aspects, écrire comme quelqu'un qui sait ce que parler veut dire et n'user du langage [...] qu'avec la rigueur et la loyauté les plus grandes, afin qu'il y ait quelques chances pour que soit communiqué authentiquement aux autres ce que l'on se dit à soi-même.
> M. LEIRIS, *Fibrilles,* p. 240.

Parler à un sourd « parler à qqn qui ne comprend pas ou ne veut pas comprendre ; parler sans résultat ». On dit aussi par métaphore *parler à un mur, à un rocher.*

Parler comme un livre → LIVRE.

Parler comme un moulin « parler vite et intarissablement, de choses sans intérêt ».

Parler d'abondance → ABONDANCE.

Parler de la pluie et du beau temps → PLUIE.

Parler d'or → OR.

Vx. **Parler Vaugelas** « parler à la manière de Vaugelas (c'est-à-dire selon un usage exigeant et strict) ».

Parler pour ne rien dire « être inutilement disert, être bavard » (1798, Acad.). On emploie aussi dans un sens voisin *parler pour parler.*

> Comment ? tu ne sens pas qu'à partir de la page 181. tous ces personnages-là sont légers comme des rhinocéros, qu'ils parlent pour ne rien dire et que c'est trop nature ?
> G. FLAUBERT, *Correspondance,* IVᵉ série, p. 295.

Trouver à qui parler « rencontrer un adversaire, une personne qui ne se laisse pas faire » (1658, Scarron).

> Maxence avait donc en face un ennemi redoutable ; il trouvait, selon le mot du pays, à qui parler.   H. de BALZAC, *La Rabouilleuse,* p. 1055.

À qui croyez-vous parler ? Se dit pour reprocher à qqn son irrespect.

Tu parles ! Exclamation dubitative, souvent renforcée par le nom propre assonant *Charles. Tu parles, vous parlez de...* (suivi d'un nom) « c'est un (...) remarquable, énorme... » *(tu parles d'un salaud ! d'un carambolage !). Tu parles si..., comme...* « tu penses bien que... ».

> La société sans classes, la paix perpétuelle, l'abondance pour tous, mince de galéjades. Pour le bien du peuple, tout ça, évidemment. Et le peuple est d'accord, tu parles, vieux Charles.   A. SERGENT, *Je suivis ce mauvais garçon*, p. 52.

Parlez-moi de..., souligne la qualité, l'efficacité de qqch. *Ne m'en parlez pas !* dans l'acception opposée.

N'en parlons plus ! « ne faisons plus de commentaire là-dessus (s'emploie pour marquer le refus définitif ou, au contraire, l'acceptation bilatérale d'une situation) ».

Ça ne vaut pas la peine d'en parler « ça n'a aucune importance, c'est insignifiant ».

Moi qui vous parle, s'emploie pour présenter un récit à la première personne en insistant sur la valeur du témoignage (depuis 1670).

> Moi qui vous parle, j'ai entendu la conversation qui suit entre une espèce de protecteur et une espèce de protégé [...].   DIDEROT, *Le Neveu de Rameau*, p. 490.

Voilà qui est parler ; ça, c'est parler ! Formule d'approbation.

Parlons-en ! (après un substantif), marque l'indignation ou le refus d'envisager qqch. *Sa gentillesse, parlons-en !* (« il n'est pas gentil du tout »).

Parlons peu, mais parlons bien, s'emploie pour annoncer l'intention de régler rapidement une affaire (fin VIIIe s.).

2. PARLER n. m.

Vx. ***Beau parleur n'écorche pas (point) la langue*** [LOC. PROV.] « parler poliment ne coûte rien » (depuis Cotgrave, 1611, jusqu'au XVIIIe s.).

PARLEUR n. m.

Beau parleur « personne qui a une élocution facile, s'exprime avec aisance et brillant, le plus souvent pour enjôler, tromper ». On trouve aussi grand parleur (XIVe s.). *Beau parleur,* attesté en 1422, ne devient ironique ou péjoratif qu'au XVIIIe s.

PAROISSE n. f.

Vx. ***De deux paroisses*** « mal assortis (éléments de parure) ». Allusion à l'habit des bedeaux desservant deux paroisses fusionnées (1611). *Porter habit de deux paroisses* s'est employé au fig., pour « avoir une attitude ambiguë » (1694, *in* La Fontaine).

Prêcher pour sa paroisse « défendre ses propres intérêts, parler pour son propre compte » (1835, Acad.). Variante légèrement vieillie de *prêcher pour son saint*★.

PAROLE n. f. Comme le verbe *parler,* ce mot est fertile en phraséologie. Ses évolutions de sens manifestent bien les ambiguïtés, celles même du sentiment que les locuteurs ont du langage. La parole est une fonction et une faculté, une action et ses implications psychologiques, un ensemble de sons et une organisation de sens, une intention et un engagement, une vérité transmise et une source de tromperie et d'erreur. On ne considère pas ici comme loc. des emplois correspondant à un sens particulier, telle « promesse » dans *avoir la parole de qqn* ou à des assemblages de mots simplement fréquents mais normaux (*avoir la parole facile,* etc.).

Belles (bonnes) paroles « promesses, assurances auxquelles on ne peut ajouter foi » (XVe s. ; très vivant de nos jours). Les belles apparences du discours sont très tôt soupçonnées de légèreté ou de tromperie.

Parole d'Évangile «vérité indubitable (pour qqn)». *C'est pour lui parole d'Évangile.* Le caractère transitoire de la parole est ici neutralisé par son caractère sacré et révélé : c'est en quelque sorte une parole conforme à l'«écriture».

Parole d'honneur «promesse, engagement pris solennellement, en engageant son honneur» (1694, Acad.). *Donner sa parole d'honneur* «promettre».

> — Cosette, je n'ai jamais donné ma parole d'honneur à personne, parce que ma parole d'honneur me fait peur. Je sens que mon père est à côté. Eh bien, je te donne ma parole d'honneur la plus sacrée que, si tu t'en vas, je mourrai.
>
> V. HUGO, *Les Misérables*, Pléiade, p. 1049.

Dans l'exclamation *ma parole d'honneur!* le sens s'est affaibli et ne correspond plus qu'à une prise à témoin.

> — Mais... dit Lefourcher hésitant.
> — Quoi, mais? interrompit le capitaine Marjalet, tu vas me répliquer maintenant? Non, mais c'est inouï, ma parole d'honneur [...].
>
> G. COURTELINE, *Les Gaîtés de l'escadron*, p. 35.

Fam. **Paroles verbales** «promesses, déclarations peu sérieuses, peu sûres». Pléonasme volontaire, familier au style gouailleur du *Canard enchaîné*, et utilisant des syntagmes comme *promesses verbales* (sans engagement écrit et signé, et donc sans valeur juridique) avec les valeurs péjoratives de *parole* (→ ci-dessus BELLES PAROLES).

...de parole [LOC. ADJ.] «qui tient ses promesses, sur qui l'on peut compter». *C'est un homme de parole; il est de parole* (1868, *in* Littré).

> [...] s'interdire en somme, plus sévèrement que quiconque quand on pratique l'art littéraire, ce qui dans la vie réelle est crime de lèse-langage et parvenir à être, non seulement maître de ses paroles, mais «homme de parole» autant que le sens courant de cette expression peut le vouloir.   M. LEIRIS, *Fibrilles*, p. 239.

En paroles «d'une manière purement verbale, sans intention ni manifestation effective». Attesté chez Corneille (1663).

Vx. **En paroles couvertes** «en s'exprimant de manière obscure, ambiguë, non explicite» (XVIIᵉ s. : on dit aujourd'hui : *à mots couverts*).

Sur paroles (avec des verbes comme *croire*), «d'après les déclarations seules, sans preuves tangibles» (1788, Féraud). On disait dès le XVIIᵉ s. *prisonnier sur sa parole,* puis (XVIIIᵉ s.) *sur parole.*

Locutions verbales :

N'avoir qu'une parole «être fidèle à ses promesses, tenir ses engagements, s'en tenir à ce qui a été convenu». Souvent à la première personne, cette attitude hautement morale étant plus souvent revendiquée que reconnue (1690, Furetière). On dit aussi *manquer de parole* (1637) et *tenir sa parole.*

Boire les paroles de qqn «l'écouter avec un intérêt passionné». L'intérêt de la métaphore porte sur *boire*, préféré à d'autres modes d'absorption.

Couper la parole «interrompre» (1644). Lexicalisé dans les emplois fig. de *couper (couper qqn).*

Passer la parole à qqn «permettre à qqn de parler après soi, à son tour». C'est évidemment le droit à la parole qui est passé → ci-dessous PRENDRE LA PAROLE.

Se payer de paroles «se contenter de promesses, d'assurances verbales». C'est plutôt un emploi particulier de *se payer* (de mots, etc.), joint à une valeur spécifique de *parole* (orienté sur la disjonction de l'expression et du contenu explicite). La loc. est chez Pascal.

Prendre la parole «commencer à parler». Attestée dès le XIIIᵉ s., cette formule banale est remarquable. La parole, le pouvoir d'exprimer et de communiquer, est donc sujet à une prise de possession : c'est l'importance sociale extrême du droit au discours qui est ici reconnue, comme dans : *avoir droit à la parole*, etc.

Tenir parole «remplir ses engagements, tenir ses promesses». Très usuelle, cette loc. verbale implique que la *parole* joint une expression (des signes) à un contenu strictement déterminé et dès lors inchangeable, que l'on peut (doit) *tenir*. On a remarqué que dans cette loc., c'est l'écart entre expression et contenu qui est mis en avant. D'abord *tenir sa parole* (1640, Corneille).

Ma parole! Exclamation exprimant l'étonnement, etc. et invoquant le témoignage parlé, la prise à témoin (milieu XIXᵉ s.), cf. ci-dessus *parole d'honneur*.

Il ne lui manque que la parole, se dit d'une représentation humaine d'une ressemblance parfaite (1678, La Fontaine) et, par plaisanterie, d'une représentation non humaine (parfois aussi d'un animal à l'expression intelligente).

La parole est d'argent mais (et) le silence est d'or [LOC. PROV.] «quelle que soit la valeur de la parole, le silence peut être plus précieux».

> MARÉCHAL. — [...] Je viens d'écrire un discours qui sera un coup de canon.
> FERNANDE, *se levant et allant à son père*. — Un discours? Tu vas parler?
> MARÉCHAL. — Il le faut.
> FERNANDE. — Ah! père, la parole est d'argent, mais le silence est d'or.
> É. AUGIER, *Le Fils de Giboyer*, II, 3, p. 58.

> — Nous avons tout le temps. L'air est pur, la mer est... large. J'allume une cigarette. Je jouis de la première bouffée, pendant que votre écorce travaille. La parole est d'argent et le silence est d'or...
> P. VALÉRY, *Œuvres*, t. II, p. 213.

Les paroles s'envolent, les écrits restent, traduction d'un adage latin *(verba volant, scripta manent)*, où *parole* garde son sens originel de «mot prononcé».

PART n. f. Ce mot, issu du latin *pars, partis* a eu un sort particulier : demeuré très fréquent, il a perdu la plupart de ses emplois libres, hormis — pour ne pas dire *à part...* — celui qui signifie «partie d'un ensemble attribuée à qqn ou à qqch.». Mais la valeur «partie d'un espace, lieu» ne s'est maintenue que par des expressions figées, et le sens usuel a acquis des valeurs spécifiques dans d'autres loc. *(faire part, où part* devient «participation à l'information, au savoir»; *prendre part,* où le mot signifie «participation à une action»). Ceci nous a incités à décrire des formes lexicalisées, alors que nous ne prenons pas toujours en considération ce genre de constructions.

La part du feu «ce que l'on sacrifie pour pouvoir conserver le reste». Au sens propre (1838, Acad.) *faire la part du feu* consiste à laisser le feu, l'incendie ravager un espace, une zone, pour pouvoir le combattre.

Part du gâteau «dans un partage, partie des avantages». *Vouloir, réclamer sa part du gâteau* cf. *avoir part au gâteau* (1587, La Noue).

> Tous ceux qui avoient aydé a le tromper eurent loyalement leur part au gasteau, mais ce fut bien moy qui eus la feve; car j'eus un gain plus gros que les autres.
> Ch. SOREL, *Histoire comique de Francion*, p. 124.

La part du lion → LION.

À part [LOC. ADJ. et ADV.], forme lexicalisée signifiant «séparément, de manière disjointe» *(mettre à part)*, «en particulier, seul à seul (personnes)» *(prendre qqn à part)*. Adjectif, *à part* signifie «séparé, distinct» *(faire bande, chambre, lit à part)*, «différent» *(il a une place, une allure à part)*. C'est aussi une préposition *(à part lui, ils sont tous venus),* une conjonction *(à part que... fam.)*. L'expression *à part* n'est plus jamais analysée; apparue au XIIIᵉ s. et sous la forme *a une part* dès le XIᵉ s. elle procède d'un sens du latin *pars* «point, portion de l'espace».

À part soi (moi, lui, elle...) «sans s'adresser aux autres» (XIIIᵉ s.).

Autre part «dans un autre lieu» → ci-dessous *nulle part* et *quelque part*.

De part en part « en traversant d'un côté, d'une paroi à l'autre ». *Percer, traverser de part en part.* Attesté à la fin du XIᵉ s., reste usuel malgré l'archaïsme de *part* dans ce sens (« but »).

De la part de... [LOC. PRÉP.] « provenant de (qqn, considéré comme l'origine d'un envoi, et notamment d'un message) ». Attesté dès *La Chanson de Roland*.

D'une part... d'autre part, marque l'opposition entre deux idées, deux éléments d'un raisonnement (XIIᵉ s.).

De part et d'autre « d'un côté comme de l'autre et, *figuré,* dans un groupe, un ensemble comme dans un autre groupe distinct, opposé » (milieu XVIIᵉ s.).

> Les insurgés se sont rués en nombre, avec gourdins et armes blanches, contre les Sénégalais, qui ont tiré. De part et d'autre, il y a eu des morts.
>
> A. GIDE, *Journal,* t. II, p. 261.

De toutes parts, de toute part « de tous les côtés, de partout » (attesté dès le Xᵉ s.).

> De toutes parts, dans cet avenir, Julien voyait le manque de succès.
>
> STENDHAL, *Le Rouge et le Noir*, p. 587.

Nulle part « en aucun lieu ». Expression lexicalisée analogue à *quelque part* (ci-dessous).

Pour ma (sa...) part « en ce qui me (le...) concerne, par rapport à moi (lui)... ». Depuis le XVIᵉ s. (1538, R. Estienne).

Quelque part « en un lieu non précisé ». Complètement lexicalisée, l'expression ne semble prendre sa valeur actuelle — imprécision, lieu quelconque — qu'au XVIIᵉ s. Elle a servi de support à divers euphémismes : « les cabinets » *(aller quelque part),* « le cul » *(un coup de pied quelque part),* du fait de sa valeur vague. À noter que le français parlé au Québec emploie normalement, de manière plus conforme à la syntaxe de notre langue : *en quelque part.* Par le vocabulaire vulgarisé de la psychanalyse, *quelque part* a pris récemment la valeur de « dans un recoin du psychisme, à un niveau de l'inconscient ou du subconscient ».

Avoir part à... « recevoir une part de qqch.; participer d'un avantage »; vx « être concerné, impliqué » *(j'avais part à l'affront...* [Corneille]); littéraire : « participer à » (cf. *prendre part*). Loc. verbale très ancienne, ainsi que *avoir part en...,* qui ne s'emploie plus.

Avoir la part belle « avoir plus d'avantages qu'on ne devrait normalement en recevoir ».

Faire part de qqch. à qqn « faire connaître ». Cet emploi de *faire part* est attesté au XVIᵉ s. L'idée de « transmission d'un élément partagé » s'applique en effet remarquablement à l'échange d'information. *Faire part de qqch. à qqn* a d'abord signifié (fin XIIᵉ s. au XVIIᵉ s.) « donner à qqn une partie qui lui revient, faire participer qqn à qqch. ». Le sens moderne s'est imposé et a donné lieu à un mot composé *faire-part* (d'abord *lettre, billet de faire-part*); au XVIIᵉ s., on employait aussi *donner part,* qui n'a pas eu de succès.

> « Vous faites le lit de Hitler. Vous rendez Hitler nécessaire, attendu, inévitable... » Roger Martin du Gard, à qui je fais part de quelques réflexions à ce sujet, me dit qu'il pense bien avoir noté des conversations que nous eûmes ensemble à cette époque [...].
>
> A. GIDE, *Journal,* t. II, p. 339.

Faire la part de... a) *de qqn* (vieilli) lui réserver, lui donner sa part; b) *de qqch.* en tenir compte. *Faire la part des choses* « tenir compte de tous les éléments objectifs, donc, être conciliant » (début XIXᵉ s.).

Prendre part à... « participer à » (1640, Corneille). L'expression s'est employée au Moyen Âge (XIIᵉ s.) au sens de « prendre sa part, la part d'avantages qui revient»; sa spécialisation au fig. (*part* = «rôle actif») semble dater du XVIIe s. On peut la comparer à celle de *faire part.*

Prendre en bonne (mauvaise) part «considérer, interpréter comme bon ou mauvais» et spécialement «envisager dans la signification d'un mot, d'une expression les éléments favorables, défavorables» (milieu XVIe s.).

> En vérité, si vous n'étiez pas bénévole et disposé à prendre en bonne part les paroles ainsi que les actions des graves personnages que je vais vous présenter, si vous ne vouliez pas pardonner à l'auteur le manque d'emphase, le manque de but moral, etc., etc., je ne vous conseillerais pas d'aller plus avant.
>
> STENDHAL, *Lucien Leuwen*, p. 735.

PARTERRE n. m.

Prendre (ramasser) un parterre, un billet de parterre «tomber». Attestée en 1842, cette loc. joue sur le sens familier *de parterre* «sol» et sur sa valeur au théâtre (d'où *billet*). Le sémantisme de «ramasser à terre» est usuel pour désigner la chute, par le mécanisme volontaire-involontaire (cf. *se ramasser*, etc.).

PARTI n. m.

Parti pris «idée, jugement, opinion que l'on a avant tout examen» (*un, des partis pris*); «attitude par laquelle on refuse tout examen, on s'en tient à une opinion préconçue» *(être de parti pris)*. Ce véritable nom composé est attesté à la fin du XVIIIe s.; il a pris une valeur péjorative que n'a pas *prendre (un) parti* (voir ci-dessous) du fait du caractère aspectuel du participe passé. Cependant un retour à une valeur originelle («décision prise, choix définitif») est toujours possible (cf. *Le parti pris des choses* du poète F. Ponge).

Faire un mauvais (méchant) parti à qqn «maltraiter, spécialement, maltraiter physiquement, éventuellement tuer» (1639; aussi *jouer un méchant parti,* au XVIIe s., La Fontaine). Cet emploi constitue le seul témoin vivant d'un sens classique de *parti* «condition, situation» (cf. aussi le sens «personne à marier»).

> [...] le Saint-Père
> écarte son vieux père qui veut faire à l'évêque
> un mauvais parti   J. PRÉVERT, *Paroles*, p. 113.

Prendre parti (pour..., contre...) «prendre une attitude nette, exprimer son opinion (positive ou négative) au sujet de qqn ou de qqch.» (XIVe s.), mais la forme avec *pour* ou *contre* est récente).

> [...] et cela si équitablement présenté, que l'on ne peut prendre parti pour ou contre la marée des revendications non plus que n'a fait l'auteur.   A. GIDE, *Journal,* t. II, p. 57.

Prendre le parti de.. (nom de chose, infinitif) «choisir parmi plusieurs possibilités une solution, un type d'action, etc.» (début XVIIe s.; on a dit auparavant *tenir le parti de...*). *Prendre un parti* «choisir, se décider».

> L'âme du marquis fut jetée par cette lettre dans un étrange embarras. Il fallait donc à la fin prendre un parti.   STENDHAL, *Le Rouge et le Noir*, p. 634.
> Ce musée, au surplus, me fatigue moins depuis que j'ai pris le parti de ne point chercher à tout admirer. En face de l'art égyptien (à quelques rares exceptions près) je ne suis plus que résistance et opposition.   A. GIDE, *Journal*, t. II, p. 286.

Prendre son parti de qqch «l'accepter, s'y résigner» (début XIXe s.).

> Le plus triste peut-être, c'est qu'on s'y habitue; oui, cela est cynique à dire, mais c'est vrai! On finit par en prendre son parti et par s'accoutumer à se passer de Paris, et presque à croire qu'il n'existe plus.   G. FLAUBERT, *Correspondance*, VIe série, p. 255.
> [...] il l'embrassait une dernière fois, devant tout le coron. Étienne, qui croyait en avoir pris son parti, la taquinait souvent avec ces promenades, lâchant pour rire des mots crus [...].   É. ZOLA, *Germinal*, t. I, p. 153.

Tirer parti de... «obtenir des avantages de...; exploiter de manière avantageuse».

Quand on a désespéré de tirer parti du renseignement de cette manière, pour ne pas la perdre, on en a fait une dénonciation.   STENDHAL, *Le Rouge et le Noir*, p. 389.

PARTIE n. f.

Partie carrée a) vx « réunion de quatre personnes pour s'amuser, se distraire » ; b) « réunion érotique à quatre ». Cette dernière valeur rend impossible l'emploi innocent de l'expression, en français actuel.

On appelle une *partie quarrée*, celle qui est faite entre deux hommes et deux femmes seulement pour quelque promenade, ou quelque repos.
                                               A. FURETIÈRE, *Dictionnaire*, 1690.

Vx. *Parties charnues* « fesses » (1867, Delvau qui le qualifie drôlement de « terme de bourgeois »).

Partie fine « partie de plaisir plus ou moins raffinée, où l'on boit et mange ».

Vx. *Partie d'honneur* « partie décisive, qui décide du résultat de la rencontre, après deux parties gagnées chacune par un joueur » (1835, Acad.).

Partie de jambes en l'air ; partie de traversin (1867, Delvau) « acte sexuel ».

Parties honteuses « parties génitales, sexuelles » (xvᵉ s.). Cet euphémisme transparent était en concurrence avec *parties naturelles* (cf. l'emploi de *nature*) : son contenu moralisateur et culpabilisant l'a conservé plus longtemps en usage.

Vieilli. *Parties nobles* « les viscères considérés comme indispensables à la vie et plus nobles que d'autres (cerveau, cœur, poumon) ». D'Aubigné écrit *les nobles parties*.

En partie [LOC. ADV.] « partiellement » (xiiiᵉ s.). La variante *pour partie* est récente.

En grande, en « majeure partie » « d'une manière partielle mais notable ; dans une large mesure » (1835, Acad.).

Le seul vrai défaut gênant qu'offrit cet amateur était qu'il employait certaines expressions toutes faites d'une façon constante, par exemple : « en majeure partie », ce qui donnait à ce dont il voulait parler quelque chose d'important et d'incomplet.
                                               M. PROUST, *À la recherche du temps perdu*, t. II, p. 806.

Avoir affaire à forte partie « se trouver en face d'un adversaire redoutable ». Attestée depuis le xivᵉ s., l'expression appartient à une série juridique, comme *prendre à partie* (ci-dessous) ou (vx) *n'être pas partie capable* « n'avoir pas les qualités requises » (fin xviiiᵉ s.).

— Vous avez affaire à forte partie, docteur, dit M. de Cambremer pour montrer à Cottard qu'il savait qui il était.
                                               M. PROUST, *À la recherche du temps perdu*, t. II, p. 964.

Avoir la partie belle « être dans une situation favorable pour obtenir un facile succès ». On trouve aussi (littéraire) *donner la partie belle à qqn* « faire en sorte qu'il l'emporte facilement ».

Avoir partie liée avec qqn « être associé avec lui de manière durable ; avoir des intérêts, un sort commun » (début xxᵉ s.). *Avoir partie avec qqn*, plus ancien, n'aurait plus été compris, l'ancien sens de *partie* « association, parti » ayant disparu après le xviiᵉ s.

[...] un méfiant qui se tait obstinément devant les honnêtes gens et a tout de suite partie liée avec une crapule.   M. PROUST, *À la recherche du temps perdu*, t. II, p. 1034.

Non je ne puis me décider à partir, à quitter, au moment de la suprême épreuve les nouveaux amis, près de qui j'ai vécu ces mois sombres, et qui se sont montrés d'une prévenance si affectueuse. Le cœur me manque en y songeant ; j'ai maintenant partie liée avec eux.   A. GIDE, *Journal*, t. II, p. 215.

Être de la partie « participer à une entreprise, à une action commune » (on dit aussi : *se mettre de la partie*) ; deuxième moitié du xixᵉ s.

Vx. **Faire (tenir) bien sa partie** « s'acquitter de ce que l'on a à faire avec habileté » (1643, Corneille).

C'est (ce n'est que) partie remise « l'entreprise, le projet n'a pas eu de suites, mais on y reviendra » (Marivaux emploie l'expression).

Prendre à partie « attaquer, surtout verbalement ». Le sens initial (1611) est « attaquer en justice », c'est-à-dire prendre qqn comme *partie* dans un procès (cf. *prendre à témoin*).

> Cet article, qui l'indigne, me prend à partie et dénonce, entre toutes et uniquement, mon influence sur la jeunesse comme un danger public, sans doute sur la foi des titres, qu'il cite, de deux de mes livres : le *Traité du Narcisse* et l'*Immoraliste*.
> A. GIDE, *Journal*, t. II, p. 40.

Littér. **Quitter (abandonner) la partie** « renoncer à la compétition, à un débat, à une entreprise ; abandonner, renoncer » (XVIIᵉ s.).

La partie n'est pas égale « les adversaires ne disposent pas des mêmes moyens ; l'un est défavorisé ».

> — Monsieur, répondis-je en m'éloignant, vous m'insultez, je suis désarmé puisque vous avez plusieurs fois mon âge, la partie n'est pas égale ; d'autre part je ne peux pas vous convaincre, je vous ai juré que je n'avais rien dit.
> M. PROUST, *À la recherche du temps perdu*, t. II, p. 560.

PARTIR v. intr.

Partir c'est mourir un peu, ce dicton très répandu évoque ce qui est laissé en partant et qui est assimilé à une portion de celui qui s'en va. Dans une culture où voyages et déplacements sont valorisés, le proverbe a la valeur d'un regret.

> Partir c'est mourir un peu, nous enseigne le dicton. Et je crois que c'est en regardant à cette lumière ce rêve frivole de voyage, et de douce amitié s'affirmant pendant un voyage, que je puis comprendre pourquoi [...] je ne parviens pas à laver mon esprit de la sinistre couleur dont il l'a teint (superfétatoirement, à dire vrai).
> M. LEIRIS, *Frêle bruit*, p. 260.

Être parti pour la gloire « être ivre » (on dit simplement *il est [complètement] parti*, dans le même sens).

C'est parti, mon kiki « l'affaire est commencée ». L'assonance seule explique cette formulette, à la mode d'abord dans les milieux du spectacle, de la télévision, etc., dans les années 1960.

Rien ne sert de courir, il faut partir à point → COURIR.

PAS n. m.

Nombreux syntagmes nominaux et verbaux, dans les divers sens du mot (mouvement élémentaire de la marche, démarche [*le pas*], trace [*sur les pas de...*], espace parcouru, droit de marcher le premier, lieu de passage). Nous avons retenu des loc. à valeur métaphorique.

Pas en avant « progrès notable » (notamment avec le verbe *faire*).

Pas de clerc « démarche inutile et compromettante ». S'emploie depuis le XVIᵉ s. (Ancien théâtre, *in* Wartburg) par allusion au sens pris par *clerc* en droit, « commis », d'où « personne novice, inexpérimentée ». La valeur dominante de *clerc* en moyen français « homme savant, instruit, lettré », laisse à penser que l'expression était quelque peu ironique à l'égard des clercs.

> Persuadé que les Verdurin allaient faire un pas de clerc en laissant s'introduire dans leur salon si « sélect » un individu taré, le sculpteur crut devoir prendre à part la Patronne.
> M. PROUST, *À la recherche du temps perdu*, t. II, p. 904.

Faux pas « erreur, maladresse qui risque de faire échouer une entreprise » (1606, *in* Nicot).

Mauvais pas «situation difficile ou dangereuse» (surtout avec les verbes exprimant le fait de ne plus y être : *se dégager, se dépêtrer, sortir, se tirer d'un mauvais pas*). Attesté dans ce sens chez Commynes (vers 1500), le syntagme signifie concrètement en ancien français «passage dangereux, difficile». Le sens de *pas* est ici «lieu» (comme dans : *le pas de la porte*).

Premier pas «début d'une action, d'une opération, d'un processus; fait d'établir une relation avec qqn en prenant l'initiative» (surtout dans : *faire les premiers pas*). On trouve au XVIIᵉ s. : *en être au premier pas* et *faire le premier pas* (Bossuet) — ci-dessous : *il n'y a que le premier pas qui coûte*.

> — Comme dans les *Lances* de Vélasquez, continua-t-il, le vainqueur s'avance vers celui qui est le plus humble, et comme le doit tout être noble, puisque j'étais tout et que vous n'étiez rien, c'est moi qui ai fait les premiers pas vers vous.
> M. PROUST, *À la recherche du temps perdu*, t. II, p. 555.

Salle des pas perdus «salle où l'on se promène, où l'on marche par désœuvrement en attendant qqn ou qqch.». Le premier emploi (1835, Acad.) concerne la salle qui sert d'antichambre au tribunal, et où les avocats attendent. De nos jours, s'applique aussi aux entrées de certaines gares, etc.

À deux (trois, quatre) pas (de...) «tout près (de...) → IL N'Y A QU'UN PAS.

À chaque pas «à chaque moment; très souvent (dans un déplacement)».

À pas comptés, mesurés «avec précaution, lenteur» (XVIIᵉ s.).

À pas de géant «en progressant très vite». On trouve plusieurs loc. adv. formées avec *à pas de...* (*à pas de tortue* «très lentement» [1680 : *en pas de...*]; *à pas de fourmi* «par étapes minuscules»...).

À pas de loup → LOUP. Des équivalents non métaphoriques sont : *à pas muets, feutrés*.

Vx. **À pas d'oie** «avec une solennité ridicule» (*in* Scarron). La réapparition militaire et germanique du *pas de l'oie* n'a pas redonné vie à cette expression ironique, ce qu'on peut regretter.

Vx. **Au pas et à l'heure,** formule par laquelle les clients de fiacre demandaient au cocher de les conduire le plus lentement possible.

> Le monsieur, en prenant la voiture près de l'Arc-de-Triomphe, avait dit au cocher la phrase traditionnelle — la légende de la caricature de Cham — «au pas et à l'heure !»
> GORON, *L'Amour à Paris*, t. I, p. 537-538.

De ce pas «sans plus attendre, sans délai». Cette forme économique a été précédée de *de cest* [ce] *pas en avant* (vers 1200), *de tout de ce pas* (XVIᵉ s.), *tout d'un pas* (La Fontaine). De nos jours, l'expression est remotivée par son emploi avec les verbes de mouvement : *j'y vais de ce pas* = «j'y vais sans interrompre, sans modifier mon allure, ma démarche».

Pas à pas «progressivement, peu à peu» (seul ou avec des verbes de mouvement : *avancer*, etc.). S'emploie au fig. depuis le début du XVIIᵉ s. (1606, Nicot); on a dit *pas pour pas* (XIIIᵉ-XVᵉ s.), de *pas en pas, pas après autre*.

Sur les pas de (qqn) «en l'imitant, en suivant sa trace».

Allonger le pas «marcher plus rapidement (en faisant des pas plus longs)».

Littér. **Avoir le pas sur qqn** «avoir la préséance, la priorité» (milieu XVIIᵉ s.). *Pas* signifie dans la langue classique «droit de marcher, de passer le premier» (on trouve ainsi *disputer le pas, prendre le pas*). Avec la même valeur de *pas*, on trouve *céder le pas, donner le pas* (littéraire) «céder la préséance, accorder la priorité; ne plus avoir la première place (choses)».

Céder le pas à «reconnaître la supériorité de...» (Vigny). Emploi fig. d'une expression signifiant «s'effacer, laisser passer qqn devant soi».

Emboîter le pas à (qqn) «suivre immédiatement (qqn)»; fig. «imiter exactement». L'idée est la même que dans *marcher sur les pas de qqn;* la forme est attestée au milieu du XIXe s. (Nerval).

> La salle se vidait lentement. Le Major attendit que tout le monde fût sorti, puis il emboîta le pas à son chef et regagna le sixième étage du Consortium.
> B. VIAN, *Vercoquin et le Plancton*, p. 145.

Faire les cent pas «aller et venir, marcher de manière à rester dans la même zone (notamment en attendant)».

Franchir, sauter le pas «se décider à une action, à une démarche» (XVIe s. *passer le pas; franchir...* 1640). *Pas* a ici le sens de «lieu de passage» → ci-dessus *mauvais pas. Passer, franchir le pas* a souvent dans la langue classique le sens de «mourir».

> [...] durant ces quelques minutes, parlant pour un poète disparu et sentant un peu du rayonnement de sa gloire m'investir [...], je crus presque avoir franchi le pas et — tel celui qui a «deux fois vainqueur traversé l'Achéron» — n'avoir plus à redouter les atteintes de la mort.   M. LEIRIS, *Fourbis*, t. II, p. 43.

Marquer le pas «cesser de progresser, s'arrêter dans un processus, une évolution» (fin XIXe s., au sens concret, militaire, 1812).

Mettre (qqn) au pas «forcer à obéir, à céder» (1835, Acad.). *Se mettre au pas* «accepter une discipline». On trouve aussi *(se) remettre au pas.*

Revenir (retourner) sur ses pas «refaire le chemin parcouru en sens inverse»; fig. «changer complètement de conduite» (XVIIe s., Corneille, Massillon).

Ne pas se trouver sous le pas d'un cheval (d'une mule...) «être très difficile à trouver (surtout de l'argent)». D'abord : *dans le pas* (la trace) *d'un cheval* (1640, Oudin); ce sens de *pas* étant vieilli, *sous* s'est substitué à *dans*, et souvent *pied* à *pas* → PIED.

Il n'y a qu'un pas (de... à...) «c'est tout près (propre et fig.)» [1640, Oudin]. Les variantes avec un numéral faible *(deux, trois, quatre) : c'est à deux (...) pas*, ne s'emploient qu'au sens propre.

> Dans les caractères hardis et fiers il n'y a qu'un pas de la colère contre soi-même à l'emportement contre les autres; les transports de fureur sont dans ce cas un plaisir vif.
> STENDHAL, *Le Rouge et le Noir*, p. 564.
> De Fabrezan à Lagrasse il n'y a qu'un pas et tu iras très facilement.
> C. CROS, *Correspondance*, p. 602.

Il n'y a que le premier pas qui coûte [LOC. PROV.] «la première démarche, la première décision est la plus difficile» (attesté au XVIIIe s.). S'emploie souvent avec ironie pour parler d'une activité condamnable, où, la première action étant faite, le sujet tend naturellement à persévérer.

> Je n'ai pas encore été puni comme plusieurs autres mais ça viendra car comme on dit, il n'y a que le premier pas qui coûte.   T. CORBIÈRE, *Lettres*, p. 962.
> La petite est une de mes bonnes clientes et elle est fort demandée par ces messieurs qui fréquentent chez moi... Il n'y a que le premier pas qui coûte!
> GORON, *L'Amour à Paris*, t. I, p. 216.

PASSAGE n. m.

Passage à tabac → TABAC.

Passage à vide «moment où une activité (humaine ou non) cesse d'avoir la moindre efficacité». Expression empruntée à la langue du sport.

Au passage [LOC. ADV.] «pendant qu'une chose se passe, pendant le temps où qqch. a lieu».

Livrer passage «fournir (à qqch., qqn) un passage, une issue, un moyen de passer». Attestée dès le XIIIe s., cette loc. verbale a acquis une cohésion et une fréquence remarquables (*donner passage* est plus rare ; *(se) frayer un passage* plus conforme à la syntaxe usuelle moderne).

PASSE n. f. Le mot a des emplois spéciaux où il est utilisé dans des expressions figées. Ainsi «droit de passage» dans *lettre de passe* (vx ; «passeport») et *mot de passe ;* ou encore «acte sexuel vénal» dans *maison de passe* (1842) ou *faire une passe.* Mais ces expressions n'ont pas elles-mêmes d'originalité sémantique.

Être en passe de... (+ infinitif) «être sur le point de...». Cette expression n'est plus analysée ; employée depuis le XVIIᵉ s. (Scarron : *être en belle passe*) elle s'explique par le sens locatif de *passe* (cf. *pas,* dans *mauvais pas,* etc.) : *être en (bonne) passe,* c'est se trouver dans l'endroit favorable pour..., notamment, au jeu de mail, être bien placé pour réussir son coup (1671), en marine, être bien engagé.

> Le simple bon sens eût dû les retenir de lancer cette attaque sans préparation d'artillerie. et qu'on savait devoir demeurer vaine. Hélas ! ce sont ces mêmes hommes qui sont en passe de nous gouverner demain.   A. GIDE. *Journal,* t. II. p. 242.

Bonne (mauvaise) passe «période, moment où les événements sont heureux, favorables (malheureux, défavorables) pour qqn» (début XVIIIᵉ s.). Surtout dans : *être dans une bonne (mauvaise) passe.*

PASSÉ n. m.

Par le passé «autrefois». *Comme par le passé* «comme autrefois» (attesté en 1835 : Balzac).

PASSER v. La plupart des loc. sont traitées au nom ; les verbes complexes formés sur *passer* + préposition, sont lexicalisés (*passer à, en, de, sur, par, pour,* etc.).

En passant [LOC. ADV.] «de manière accidentelle, selon l'occasion ; incidemment».

Passer par là «subir une épreuve, une situation désagréable». *En passer par...* «être forcé de subir».

Faire passer (un enfant) «avorter». Variante : *se faire passer un enfant.*

Ne faire que passer «ne pas s'arrêter, s'attarder quelque part» (fin XVIIᵉ s.).

Laisser passer «admettre, ne pas empêcher, ou critiquer» (XVIᵉ s., R. Estienne).

Laisser faire, laisser passer → LAISSER.

La (le) sentir passer «éprouver de manière pénible, douloureuse ; avoir des ennuis, être réprimandé».

> MARCHETTI. — C'est enquiquinant pour Antoine, cette histoire-là... Si le mec clabote, il va la sentir passer...
> LACOSTE. — Il a l'habitude !...
>   H.-G. CLOUZOT et J. FERRY, Dialogue du film *Quai des Orfèvres,* p. 54.

Y passer «être entièrement consommé» (*toute la bouteille y est passée*) ; «subir une épreuve» (XVIIᵉ s., Molière) ; «mourir» (*in* La Bruyère).

Ça lui (vous...) passera «c'est un caractère, un défaut, une attitude qui ne durera pas, qui cessera avec l'âge».

Fam.   *Ça passe ou ça casse* «on n'a pas le choix, c'est inévitable». L'idée est celle d'avoir à «en passer» par une action aussi violente qu'inévitable. L'allitération *passe/casse* a contribué à faire adopter la formule dans la langue orale.

J'en passe et des meilleures, se dit pour conclure une énumération partielle, en général péjorative.

Passe encore... « cela est supportable, acceptable (indique une concession) ». Construit avec *pour* et nom *(passe encore pour cette fois)*, ou *de* et l'infinitif.

Tout passe, tout lasse, tout casse [LOC. PROV.] « les choses — notamment les relations affectives — s'usent ». La paronymie des trois verbes confère un aspect poétique à cette constatation désabusée.

PASSOIRE n. f.

Avoir la tête (la mémoire...) comme une passoire « avoir des 'trous' de mémoire, des distractions ; ne se souvenir de rien ».

> MAURICE. — Rassurez-vous ! J'ai passé la soirée à l'Eden..., c'est un petit music-hall à Ménilmontant...
> ANTOINE. — Ah !... ah ! bon !... très bien !... Vous permettez ?... J'ai la tête comme une passoire... Je note... Eden... Ménilmontant... t-a-n-t...
> *(Antoine se lève en disant)*
> ANTOINE. — Voilà !... et je vous laisse tranquilles.
> H.-G. CLOUZOT et J. FERRY, Dialogue du film *Quai des Orfèvres*, p. 31.

PATACHON n. m.

Vie de patachon « vie dissipée » (fin XIXe s.). À l'origine un *patachon* était un conducteur de patache, mauvaise diligence en usage au XIXe s. Un patachon menait donc, par profession, une vie assez agitée d'un endroit à l'autre comme le *bâton* ★ *de chaise* (à porteurs). Le sens métaphorique est celui de l'agitation, du mouvement, avec toutes les connotations péjoratives d'une opposition à la stabilité qui fonde la respectabilité bourgeoise.

> Les deux propriétaires, celui de l'amant et celui de l'époux, avouèrent, du reste, avec la plus grande naïveté, qu'ils étaient les dénonciateurs... donnant tous les deux la même excuse à leur intervention...
> — Nous avions le souci de l'honorabilité de nos immeubles ; nous étions écœurés de cette vie de « patachon » menée par ce jeune officier et cette femme mariée.
> GORON, *L'Amour à Paris*, t. I, p. 485.

PATATE n. f.

En avoir gros sur la patate « éprouver une grande désillusion, être déçu, chagriné » (1912, *in* Chautard). Version familière de *en avoir gros sur le cœur*.

> — Écoute, si tu veux faire l'idiot, libre à toi. Mais si j'ai un conseil à te donner, c'est d'avouer. Tu devrais en avoir gros sur la patate, après ce que tu as fait.
> A. SERGENT, *Je suivis ce mauvais garçon*, p. 15.

PATATI onomatopée.

Et patati et patata, termine une série de termes suggérant un bavardage interminable. La forme moderne est attestée en 1816 (Béranger, *Chansons*) ; on trouve auparavant *patatin patata*, évoquant un bruit de trot, et *patatin-patatac* (1650) le caquet d'une parole (cf. *Parler comme un moulin, une crécelle...*).

> Ferry et Gambetta sont arrivés. Et patati, patata, au nom de la patrrrie, du devoirrr...
> Gambetta nous a apostrophés et morigénés. J. VALLÈS, *L'Insurgé*, p. 180.

PÂTE n. f.

Péj. **Pâte molle** « personne faible et influençable ». Le syntagme a désigné au XVIIIe s. une variété de fromages (encore dits *à pâte molle*) mais c'est plutôt la pâte à modeler qu'il évoque.

Bonne (excellente) pâte (d'homme, de femme...) « personne bonne, de caractère facile, aimable » (XVIe s.). Évoque la malléabilité du caractère et la bonne qualité de substances alimentaires molles, notamment la pâte à pain → BON COMME DU (BON) PAIN ★.

[...] il était en ce moment fort heureux, car il avait réussi à placer son frère, autre excellente pâte d'homme, chez les Verdurin.

M. PROUST, *À la recherche du temps perdu*, t. II, p. 895.

Coq en pâte → COQ.

Mettre la main à la pâte → MAIN.

PÂTÉ n. m.

Chair à pâté → CHAIR.

Vx. *Crier aux petits pâtés* «pousser des cris aigus de douleur en accouchant». Allusion aux marchands ambulants et à leurs cris, mais aussi calembour sur *pâté* dans *gros pâté* «enfant gros et gras» (1690); d'abord sous la forme *crier des petits pâtés* (1640).

> Quand il rentra, à sept heures, il la trouva couchée, bien enveloppée, très pâle sur l'oreiller. L'enfant pleurait, emmaillotté dans un châle, aux pieds de la mère.
> — Ah! ma pauvre femme! dit Coupeau en embrassant Gervaise. Et moi qui rigolais, il n'y a pas une heure, pendant que tu criais aux petits pâtés!...
> É. ZOLA, *L'Assommoir*, t. I, p. 126.

Se vendre comme des petits pâtés → COMME DES PETITS PAINS*.

PATIENCE n. f. Le mot entre dans des syntagmes verbaux très fréquents : *prendre patience; perdre patience.*

Prendre son mal en patience «supporter son mal, sa peine avec résignation». Le tour archaïque *prendre en patience* «supporter avec patience» date du XIIe s.

> Si je n'avais pas l'envie, assez sotte, d'avoir fini, je prendrais mon mal plus en patience ; mais c'est tout le temps perdu qui me désole.
> G. FLAUBERT, *Correspondance*, IVe série, p. 49.

Patience et longueur de temps..., formulation par La Fontaine d'un adage répandu dans plusieurs traditions culturelles, et d'ailleurs contredit dans ces mêmes cultures par d'autres loc. proverbiales selon lesquelles *la force* prime.

> Et ce n'est pas tout, lui dis-je. Patience et longueur de temps font plus que force ni que rage. Pas un mot avant le dîner.   J. GIONO, *Un roi sans divertissement*, p. 225.

Patience passe science «l'obstination, la volonté suivie obtiennent plus de résultats que les connaissances». On trouve une idée voisine dans : *le génie est une longue patience.*

PATIN n. m.

Arg. *Prendre les patins de qqn* «prendre son intérêt en main, défendre son bon droit».

> Il venait justement de reprendre, mitraillette en pogne, du service avec une équipe de malfrats Pieds-Noirs expulsés de leur fief par les événements [...]. Pourquoi le vieux Milo avait pris leurs patins, les drivait sur le sentier de la guerre? Ça faisait encore partie des mystères de la capitale...   A. BOUDARD, *Cinoche*, p. 21.

Fam. *Rouler un patin* «faire un baiser lingual appuyé».

PATTE n. f. Ce mot provient très probablement de l'illyrien. Les Francs l'auraient emprunté et apporté avec eux en Gaule. Sa forme ancienne en français était *poe*, alors que l'ancien provençal disait *pauta*. On suppose que son origine primitive est une onomatopée, dont on retrouve la valeur première dans des dérivés comme *patouiller*, *dépatouiller*. Le passage sémantique de «coups répétés, bruits de coups» à «partie du corps qui peut frapper» — et vice versa — est assez fréquent pour rendre cette origine vraisemblable → COUP.

Partie du corps des animaux, et, précisément, extrémité des membres des tétrapodes. La métaphore se dirige en général vers «pied» ou «main» (humains), dans les locutions.

Pattes d'araignée «doigts maigres» (depuis 1762). Peu courant. *Faire patte d'araignée* s'emploie pour désigner une caresse fort précise, dans le vocabulaire érotique.

Pattes de mouche «caractères d'une écriture petite et illisible». Ici, *patte* signifie «trace des pattes» de l'insecte.

> Sur le cahier dont quelques feuilles se couvrirent ainsi de pattes de mouche pas toujours très lisibles, je tirais donc des plans, essayais d'y voir clair et amassais des lignes.
> M. Leiris, *Fibrilles*, p. 169.

> Une lettre qu'elle faisait semblant d'écrire n'avançait guère et les délicieuses pattes de mouche de son écriture s'entremêlaient follement. G. de Nerval, *Pandora*, I.

On a employé dans le même sens l'expression *pattes de chat* → aussi Mouche.

Patte folle «jambe malade». *Avoir une patte folle* «boiter».

Patte velue ou **patte-pelue**, c'est-à-dire «patte poilue» est une locution ancienne (Rabelais, d'Aubigné) et archaïque. Elle participe du folklore félin avec les *chattemites* et *patte de velours* (ci-dessous). Pourtant, Le Roux écrivait en 1752 «on appelle un hypocrite, un traître, un affronteur, *patte pelue*, qui fait comme le loup qui montrait une patte de brebis pour tromper l'agneau». Au XVIIIᵉ s., la locution se serait donc employée dans le contexte où *montrer patte blanche* le sera au XIXᵉ s. Mais l'allusion était indirecte et pouvait donner lieu à diverses interprétations, puisque *patte pelue* constituait un véritable nom composé, auquel Béroalde de Verville avait même ajouté un dérivé comique, l'adverbe *pattepeluement*.

Patte de lapin, patte d'oie... Ces locutions, où *patte* est suivie de *de* et d'un nom d'animal, peuvent être considérées comme des noms composés ; leur sens procède d'une métaphore par ressemblance entre une patte d'animal et une objet ou une forme caractéristique (on trouve le même système avec *pied : pied de poule*). Il en va de même pour *pantalon à pattes d'éléphant* «à jambes évasées», et dans de très nombreux noms de plantes.

Mouton à cinq pattes → Mouton.

Saucisson à pattes → Saucisson.

Une deux pattes «une automobile dite 'deux chevaux' (Citroën) par allusion au moteur à deux cylindres».

Bas sur pattes «qui a les jambes courtes».

... à quatre pattes «sur les genoux ou les pieds et les mains». Cette expression est employée depuis 1611 (Cotgrave). *Nos compagnons (amis...) à quatre pattes*, désigne les animaux (mammifères) domestiques.

> À la quatrième marche, l'étranglement augmente encore et on a un moment d'angoisse : si peu qu'on lève le genou pour avancer en arrière, le dos porte contre la voûte. À cet endroit-là, il faut se traîner à quatre pattes, toujours à reculons.
> H. Barbusse, *Le Feu*, t. III, p. 43.

N'aller que d'une patte ou marcher sur une patte «mal marcher, comme un unijambiste». Se dit aussi des choses : «mal fonctionner».

> L'atelier de cartonnage de M. Madinier n'allait plus que d'une patte ; le patron avait encore congédié deux ouvrières la veille. É. Zola, *L'Assommoir*, t. I, p. 71.

En avoir plein les pattes «être fatigué pour avoir trop marché».

> Tu m'embêtes, déclara-t-il simplement ; je danse depuis midi, j'en ai plein les pattes, et pour aller passer la nuit au lazaro, macache, c'est midi sonné !
> G. Courteline, *Les Gaîtés de l'escadron*, p. 206.

Faire aux pattes « terrasser » ou « faire prisonnier ». Locution populaire depuis 1901. La forme réfléchie *se faire faire aux pattes* « se faire prendre », est plus courante, ainsi que les emplois au passif.

> On a cherché partout, en somme. Pisqu'i' s'est pas vu r'trouvé, faut bien que, blessé ou pas blessé, i's soye fait faire aux pattes.   H. BARBUSSE, *Le Feu*, t. II, p. 23.

Faire patte de velours, se dit depuis 1654 en parlant du chat. Au figuré l'expression exprime la même idée que *patte-pelue*. Le sens en est : « se donner une apparence douce et inoffensive, alors qu'on est en mesure de blesser ». La locution s'est imposée sans article, mais on trouvait aussi *faire la patte de velours*.

> Faire la patte de velours. Manière de parler figurée, pour flatter, caresser quelqu'un.
> *Et de peur de les blesser faisoit ta patte de velours.*
>   ABLANCOURT, *Dial. de Luc.*, p. 2, *in* Le ROUX, *Dictionnaire comique*.

Graisser la patte à qqn « lui donner illégalement de l'argent pour obtenir qqch. » (1656, Oudin). Assez peu claire, cette loc. paraît mettre en jeu la même métaphore que dans *graisser le marteau**, à peu près synonyme. La notion de *graisse* symbolise la corruption, le gain illicite, comme en témoigne : *Ne faire les choses qu'à graisse d'argent* (d'Aubigné), *engraisser les mains à qqn* (1700, *in* Pomey). La notion de « gras » est plus généralement associée à celle de profit (cf. *Faire ses choux* gras, il n'y a pas gras**). *Patte* signifie ici « la main ».

> — Monsieur le baron ne me graisse pas la patte ?... dit Contenson avec un air à la fois humble et menaçant.
> H. de BALZAC, *Splendeurs, et Misères des courtisanes*, p. 749.

> Napoléon avait ordonné que les rizières [...] seraient éloignées à cinq milles de Milan [...]. Comme on trouve un avantage immense à cultiver le riz, les propriétaires ont graissé la patte à la police, et [...] j'ai vu des rizières à une portée de canon de la ville...
> STENDHAL, *Rome, Naples et Florence*, p. 15.

Marcher sur trois pattes, en argot d'aviation, se dit depuis 1914 d'un moteur à 4 cylindres qui ne tourne pas rond (Esnault). Cette expression d'argot familier s'est étendue aux moteurs d'automobiles. Alors que la métaphore humaine conduit à l'expression *une patte* (sur deux), la métaphore de l'animal boiteux, ici assimilé au moteur à quatre temps, produit *trois pattes ;* le sens est le même → ci-dessus *une deux pattes.*

Mettre les pattes en l'air à « renverser », « retourner ». Signalé en emploi métaphorique à la fin du XIXe s. : *mettre les pattes en l'air au gouvernement* (vieilli).

Montrer patte blanche « donner un signe de reconnaissance, une autorisation spéciale etc., pour pouvoir pénétrer dans une assemblée, un lieu. »

> José a sonné deux fois, comme il était convenu, pour montrer patte blanche.
> A. LICHTENBERGER, *Petite Madame*, in *Ph. Sl.*

Cette expression a été popularisée par la fable de La Fontaine, *le Loup, la Chèvre et le Chevreau ;* elle est restée bien vivante. Selon Wartburg, on ne la rencontre pas avant le XIXe s. (1868) ; il est possible que cette première attestation corresponde à la diffusion des *Fables* dans l'enseignement public.

Passer entre les pattes de qqn, signifie « lui échapper », mais aussi « être momentanément à la merci de... » cf. *Passer sous la patte de...* (1694).

> Un de nos camarades, qui est passé entre vos pattes, a reconnu ta photo...
> J.-P. CHABROL, *Un homme de trop*, in *Ph. Sl.*

Retomber sur ses pattes « se tirer habilement d'une affaire dangereuse ou compromettante ». La métaphore vient de l'habileté du chat à se recevoir sur ses pattes après une chute.

Tirer (traîner) la patte « traîner la jambe ». D'où « marcher avec peine, lentement ».

En fin de journée, épuisée, tirant la patte, j'aperçois de l'autre côté du parking une sil-
houette noire [...].   A. SARRAZIN, *La Traversière*, p. 68.

Fam. *Se tirer les pattes, se tirer des pattes* «fuir» → TIRER. Variante pittoresque et
vieillie : *se payer une paire de pattes.* On peut signaler aussi l'exclamation *aux pattes!* «filons, fuyons», notée par Esnault dans le langage des voyous en 1924.
Il ne faut pas confondre ces expressions populaires avec : *se tirer des pattes de quelqu'un,* qui appartient à la série plus académique traitée ci-dessus (*tomber sous les
pattes de...,* etc.) et qu'on trouve chez Mme de Sévigné. Mais elle peut expliquer la
forme *se tirer des pattes* (pour *tirer ses pattes*), par attraction formelle.

Ah! Blondet mon mignon, tu déguises ta figure, et tu ne déguises pas ta voix, si tu te
tires de nos pattes, tu auras de la chance.   H. DE BALZAC, *Vautrin*, Drame, III, 6.

Tomber sous la patte ou *entre les pattes de qqn* «en son pouvoir, quand ce
pouvoir est hostile ou dangereux». L'expression évoque l'animal de proie et date du
début du XVIIe s. On dit aussi : *être, se trouver sous la patte de qqn,* et, en parlant de
l'oppresseur, *tenir quelqu'un sous sa patte* (depuis 1694), mais ces formes ne sont
plus courantes.

À bas les pattes; bas les pattes! «défense de toucher», cf. *Pas touche!* (à
bas... chez Balzac). Ici *patte* = main. Le contexte est souvent sexuel, comme avec le
verbe *toucher,* et *patte* véhicule la connotation de «bestialité» — qui n'exclut pas, on
s'en doute, une appréciation indulgente.

Prudence sauta au cou de Trompe-la-Mort et l'embrassa, mais par un coup sec qui
dénotait sa force extraordinaire, le *dab* la repoussa si vivement, que, sans Paccard, la
fille allait se cogner la tête dans la vitre du fiacre et la casser.
— À bas les pattes! Je n'aime pas ces manières! dit le *dab,* c'est me manquer de
respect.   H. DE BALZAC, *Splendeurs et Misères des courtisanes,* p. 1122.

Et selon les circonstances, les lieux et les sociétés, on dit avec des intonations, des
gestes, et des *œils* divers : «Oh! laisse-moi voir, hein? je t'en prie, que j'y touche un
peu, dis donc. Oh! montre-moi ton teton! montre-moi ton teton!!!» À quoi l'on répond :
«À bas les pattes, laissez-moi, va-t'en», ou «Ça te plaît? — baise-les, frotte là-dessus.»
                                        G. FLAUBERT, *Correspondance,* Pléiade, t. I, p. 755.

Deux garçons se détachèrent des autres et s'avancèrent au devant d'un des couples de
jeunes filles.
— Bas les pattes, dit celle qui conduisait.   R. VAILLAND, *Beau Masque,* in *Ph. Sl.*

Parmi les locutions qui ne donnent pas à *patte* la valeur de «pied», «jambe» ou
«main» et restent dans le domaine animal, on peut signaler :

Ça ne casse pas trois pattes à un canard → CASSER.

Vieilli. *Se servir de la patte du chat pour tirer les marrons du feu* → MARRON.

La queue entre les pattes → QUEUE.

PÂTURE n. f. Du bas latin *pastura,* de *pascere* qui a donné *paître.* Nourriture des animaux d'élevage. La métaphore est celle de «nourriture».

Droit de vaine pâture, cette expression date du Moyen Âge (XIIIe s.). Elle
s'emploie encore et désigne le droit de faire paître les animaux librement sur certaines terres dont les récoltes ont été enlevées. C'est un «droit sur les terres
vides» (latin *vanus*).

Donner (offrir, jeter...) en pâture «comme nourriture» ou «en proie». Locutions lexicalisées.

PAUMER v. tr. Le verbe exprime le mouvement de la *paume* de la main,
d'où l'idée générale de «coup», de «prise» et, à l'opposé, de «perte», dans la
langue populaire.

Paumer la gueule, la figure à qqn «frapper», est attesté au XVIIᵉ s. (Thomas Corneille).

Des locutions argotiques sont formées sur le sens de «perdre»; elles sont archaïques : *paumer la Sorbonne* «perdre la tête»; *paumer d'atout* «perdre courage (comme un joueur malchanceux)». *Paumer marron*, remplacé en langue moderne par *faire marron*, est dans Balzac.

> Si vous me laissez agir contre lui, je le paumerai marron.
>   H. DE BALZAC, *in* Pierre Larousse.

1. PAUVRE adj.

Pauvre comme Job «très pauvre». Allusion biblique.

Pauvre de moi (de nous)! «que je suis (nous sommes) malheureux!».

2. PAUVRE n. m.

Pauvre d'esprit, en esprit «personne anormalement bête». *Pauvre en esprit* (1560) et même *pauvre d'esprit* (1553) apparaissent dans des traductions de la Bible (Vulgate) au sens de «ceux qui ont l'esprit de renoncement aux biens matériels». Dès le XVIIᵉ s., cependant, *pauvre d'esprit* s'emploie familièrement au sens de «crétin».

> Bienheureux les pauvres d'esprit [...]. La maxime relève le bonheur de ceux qui sont, de cœur et d'esprit, détachés de tous les biens extérieurs [...]. Tel est le sens de cette sentence; et ce n'est qu'en plaisantant qu'on peut lui en donner un autre. Il est pourtant vrai que, par pauvre d'esprit ou de sens, le peuple entend sérieusement un homme dépourvu de bon sens.   TUET, *Matinées senonaises*, p. 514.

Qui donne aux pauvres prête à Dieu, adage moral qui rentabilise l'aumône en faisant espérer au donateur des intérêts divins.

Pauvre mais honnête, formule en honneur au XIXᵉ s., où l'intention lénifiante — l'accord de la pauvreté et de l'honnêteté — est démentie par *mais,* qui présuppose une disjonction malveillante.

> Soit une formule du bon temps de l'ordre moral, *pauvre mais honnête*; Banville la renouvelle — *pauvre et malhonnête** — pour en fustiger un plumitif vénal.
> M. RIFFATERRE, *Essais de stylistique structurale,* p. 168. — *Article de journal cité par
>   Ch. Bruneau, *in* BRUNOT, *Hist. de la langue française,* XIII, 1, p. 63, nº 12.

PAUVRETÉ n. f.

... comme la pauvreté sur le monde (avec des verbes comme *tomber, fondre sur...*) «avec une grande violence, avec rapidité et force». *Le monde* signifie ici «les gens».

> Le colonel, le dimanche suivant, passait la revue des chambres, et cet événement considérable a généralement pour effet de faire tomber les jours de boîte sur l'escadron comme la pauvreté sur le monde.   G. COURTELINE, *Les Gaîtés de l'escadron,* p. 265.

Pauvreté n'est pas vice, adage moral d'esprit évangélique, dont l'énonciation sous forme de dénégation suppose une idée reçue contraire → PAUVRE, MAIS HONNÊTE.

PAVÉ n. m.

Le pavé de l'ours «éloge ou aide, service rendu qui ne sert qu'à nuire à celui qu'on croyait aider, célébrer». Allusion à «L'Ours et l'Amateur de jardins» fable de La Fontaine (l. VIII, f. 10) où l'ours assomme d'un pavé l'homme endormi, pour chasser une mouche de son visage. On ne trouve pas l'expression dans les dict. avant Littré.

Un (le) pavé dans la mare « ce qui apporte la surprise et le trouble dans une situation tranquille ». Encore une fable de La Fontaine, celle des « Grenouilles qui demandent un roi ».

Le haut du pavé « une situation (sociale, etc.) supérieure ». Employée avec *tenir* (depuis 1640), *prendre* (1680), *disputer* (XVIIᵉ s., Retz). L'expression désigne (Oudin) la partie du pavé (de la rue) qui est le plus près des maisons, et qui était surélevée par rapport au centre de la voie, enfoncé, et souvent lieu d'écoulement des eaux sales. Ce haut du pavé correspond à notre trottoir, et il est intéressant de constater que, après la modification de la voirie, le trottoir a cessé d'être valorisé pour donner lieu, au contraire, à des emplois péjoratifs.

> — Oh! Oriane, c'est trop fort, on dirait que vous ne savez pas que le grand-père du roi de Suède cultivait la terre à Pau, quand depuis neuf cents ans nous tenions le haut du pavé dans toute l'Europe.
>
> M. PROUST, *À la recherche du temps perdu*, t. II, p. 590.

Sur le pavé « sans domicile et sans moyen de subsistance » (surtout avec les verbes *être* [1637], *mettre, jeter; tomber* [Furetière, 1690]. L'expression utilise les connotations négatives du mot, qu'elle n'entraînait pas à l'origine, par exemple chez Montaigne (cf. aussi *être sur le pavé du roi* « dans un endroit public »).

> Ainsi l'on vous a pris par les épaules : on vous a conduit à la porte; on vous a dit : « Faquin, tirez, ne reparaissez plus ». [...] vous voilà sur le pavé, sans le sol, et ne sachant où donner de la tête.   DIDEROT, *Le Neveu de Rameau*, p. 437.

> — Tu as tort, répétait l'oncle, une femme a toujours besoin d'un homme. Si tu avais trouvé un brave garçon, vous ne seriez pas tombés sur le pavé de Paris, toi et tes frères, comme des Bohémiens.   É. ZOLA, *Au Bonheur des Dames*, t. I, p. 14.

S'attacher (se mettre) un pavé au cou, variante moins fréquente du *boulet au pied.*

> Il te faut du courage. Secoue-toi un peu, ne reste pas écrasé ainsi... Surtout comprends bien ma position. Puis-je vous attacher au cou un pareil pavé? Au lieu de vous laisser une bonne affaire, je vous laisserais une faillite peut-être.
>
> É. ZOLA, *Au Bonheur des Dames*, t. II, p. 20.

Battre le pavé « marcher sans but, errer dans les rues » (1606, Nicot, avec l'idée d'oisiveté).

> [...] j'ai battu le pavé jusqu'à 1 heure, et il faisait chaud, autour du chemin de fer.
>
> G. FLAUBERT, *Correspondance*, VIᵉ série, p. 42.

> Lantier, très sombre, sortait de bonne heure, battait le pavé pour trouver une autre cambuse, où l'odeur de la cuisine déridât les visages.
>
> É. ZOLA, *L'Assommoir*, t. II, p. 15.

Vx. *Il en sort de dessous les pavés* « il y en a partout » (milieu XVIIIᵉ s.). On a dit dans le même sens, *la rue, la ville en est pavée.*

PAVILLON n. m.

Baisser pavillon mettre pavillon bas « céder, renoncer dans une compétition ». Comme le suivant, il s'agit d'une métaphore de la marine. *Mettre pavillon bas* est dans Molière; l'expression a eu au XVIIᵉ s. le sens de « mettre chapeau bas ».

Couler pavillon haut, au fig. « perdre, céder avec élégance ».

Le pavillon couvre la marchandise « la présentation et l'origine honorable font passer la médiocrité de la chose, du service... » (1835, *in* Acad., en droit maritime : « les navires neutres doivent être respectés par les belligérants »). La marine marchande moderne connaît le *pavillon de complaisance,* qui permet d'étendre le domaine d'application de cette maxime.

PAVOIS n. m.

Sur le pavois (avec des verbes comme *élever, hisser, mettre, monter, porter...*), «dans une situation en vue, honorifique, exceptionnelle» (première moitié
du XIXe s.). De *élever sur le pavois* (XVIe s.) «mettre sur le trône, désigner comme
roi», par allusion aux Francs qui élevaient leur nouveau chef sur un *pavois,* grand
bouclier renforcé (de *Pavie,* ville d'Italie où on fabriquait casques et boucliers).

> Annonçons l'apparition du plus beau livre de l'époque... Portons notre ami sur le pavois
> de papier timbré qui fait et défait les réputations!
>
> H. DE BALZAC, *Splendeurs et Misères des courtisanes,* p. 664.

PAYE n. f.

Fam. *Il y a une paye que...* «il y a très longtemps» (fin XIXe s.). La *paye,* espace
de temps entre deux règlements consécutifs du salaire, paraît — comme le *bail*
(→ BAIL) — interminable. Variante : *C'est une paye, ça fait une paye.*

> [...] de la voir rigoler ça m'a chamboulé, tout comme si son mari venait d'être tué
> d'hier — mais quoi! Y a une paye qu'il est clamsé, le pauv' gars. Y a longtemps : y
> a trop longtemps.   H. BARBUSSE, *Le Feu,* t. I, p. 69.

> Ils creusaient pour le métro... Ensuite c'était le square de verdure, les impasses. Gre-
> neta. Beaubourg... La rue Elzébir, c'est une paye... comme ça vers sept heures!
>
> L.-F. CÉLINE, *Mort à crédit,* p. 138.

PAYER v. tr. Les expressions comprenant un substantif complément sont à
chercher à ce mot → par ex. MINE, RETOUR.

Être à payer «être remarquable, digne de paiement». La même idée est lexicalisée, la négation ayant valeur d'intensif, dans *impayable* (= impossible à obtenir
même en payant).

Payer en..., de... (avec un complément de fantaisie), exprime l'idée d'un paiement fictif : *en chats et en rats* «par éléments insuffisants et sans valeur» (1690); *en
cabrioles* (fin XVIIIe s.), *d'une paire de souliers* (1640 : «partir sans payer») → aussi
PAYER EN GAMBADE★, EN MONNAIE DE SINGE★.

Être payé pour... pour le savoir «avoir appris à ses dépens; savoir pour en
avoir subi les conséquences soi-même» (1835, Acad.).

Tu (il, elle...) me le paieras (paiera)! formule de menace, de vengeance (*in*
Molière). On trouve aussi, plus expressif : *il le paiera plus cher qu'au marché* («il
aura plus de mal qu'il n'en a fait», 1690, Furetière).

PAYS n. m.

Les pays bas «le derrière». Attestée au XVIIIe s., cette métaphore plaisante
s'est appliquée d'une manière différente au ventre, à l'estomac, dans *envoyer en bas
pays* «avaler, boire» (1640, Oudin). La forme *les pays bas* atteste l'influence de *Pays-
Bas* désignant la Hollande.

Le pays des rêves, des songes «le sommeil». La spatialisation du rêve est liée à
son caractère narrable.

Vx. *À vue de pays* «d'une manière générale et sommaire; par un premier
aperçu» (1611). *Parler, juger à vue de pays.*

En pays de connaissance «dans un lieu» et, fig., «dans un milieu, une situation que l'on connaît, où l'on connaît des personnes» (avec des verbes d'état : *être,
se trouver....* et de mouvement : *arriver...*).

> J'ai déjà été présenté à Mme de Cambremer, répondis-je — Ah! mais alors vous allez
> vous trouver en pays de connaissance.
>
> M. PROUST, *À la recherche du temps perdu,* t. II, p. 887.

Vx.   **Battre le pays** « parcourir un lieu, errer ; voyager » (*battre du pays,* 1694).

Vx.   **Être bien de son pays** « être naïf, crédule, maladroit » (1611, Cotgrave). Dans un sens voisin : *il n'est jamais sorti de son pays* (1694). Le rapprochement *pays-paysan* se faisait encore dans la langue classique (cf. de nos jours : *mon pays, ma payse*).

Se conduire (agir, être...) comme en pays conquis « avec arrogance et brutalité ». Le syntagme *pays conquis* désigne (XVIIIe s.) les régions conquises sous Louis XIV et Louis XV.

Vx.   **Gagner (avancer) pays** « avancer, faire de la route » (1611, Cotgrave) ; au fig., *gagner du pays* « faire des progrès » (*in* Bossuet).

Vx.   **Tirer pays** « s'enfuir » (1611, Cotgrave). La langue classique a aussi *gagner* (1611), *prendre pays* (XVe s.) dans ce sens.

Vieilli.   **Faire voir du pays à qqn** « le forcer à se déplacer, à prendre de l'exercice » ; fig. « lui susciter des ennuis, des difficultés ». Attestée chez Mme de Sévigné, cette métaphore, très voisine de *envoyer promener*, a une valeur assez différente. Cependant *voir du pays* signifie au sens propre (1684, Acad.) « voyager beaucoup », sans connotation péjorative.

Vx.   **Accommodez-vous, le pays est large** « mettez-vous à l'aise sans gêner les autres » (1640, *in* Oudin).

PAYSAGE n. m.

Faire bien (mal) dans le paysage « faire bon (mauvais) effet, bonne (mauvaise) impression » (1868, *in* Littré). Vient du langage des peintres, ajoutant quelque détail pittoresque ou couleur locale dans un paysage.

PEAU n. f. Peau est utilisé dans les expressions avec plusieurs sens : « épiderme humain » ; « cuir ou dépouille d'animal », et « enveloppe (des fruits, etc.) ».

Culotte de peau → CULOTTE.

Peau d'âne « diplôme ». A signifié plus clairement « tambour », au XIXe s. Le sens moderne joue sur *peau* « parchemin » (courant du XIIe au XVIIIe s.) et vraisemblablement sur *âne* « ignorant » (cf. *des contes de Peau d'âne* au XVIIIe s., LE ROUX).

Peau de balle « rien ». Selon la jolie formule de Gaston Esnault, cette expression est l'une de celles qui « désignent des intimités masculines à ne pas dilapider ». À noter que dès le Moyen Âge, le mot *pel* (peau) avait cette spécialisation très particulière (*pel* en ancien provençal, le dérivé *pelette* « prépuce », *avant-peau*, même sens au XVIe s., selon Wartburg). *Peau de mes balles,* sans doute trop clair, ne s'est pas répandu ; *peau de nœud* est resté argotique ; *peau de zébi* (chez les zouaves, vers 1870) a eu plus de succès, son élément scabreux (mot arabe) n'étant pas toujours compris en France. Quant au renforcement *peau de balle et balais de crin,* il est produit mécaniquement par le procédé des « charades à tiroirs » où la dernière syllabe est reprise après la coordination par la première du syntagme suivant (en outre le *balai de crin,* instrument modeste et militaire, symbolisait adéquatement la pénurie). *Peau de balle et variétés* est plus énigmatique. **La peau!** « rien du tout » est historiquement une ellipse des formules précédentes, mais se comprend aussi bien de nos jours sans référence scabreuse (la peau étant ce qui n'est pas comestible). Témoin les interprétations de philologues dénués de mauvais esprit : « La peau! (...) Ellipse pour *vous n'aurez que la peau* (du fruit) » (M. Rat, *Dict. des locutions françaises*). Néanmoins, le rapprochement *peau de balle-trou de balle* (cf. ci-dessous Sartre) est purement formel.

> [...] ici, les hommes ed' la classe, comme v'là moi, ont tout juste peaudezébie, peau de balle et balai de crin ?   G. COURTELINE, *Les Gaîtés de l'escadron,* p. 312-313.

> Ça n'sert à rien d'être aux as, ta blanche, c'est comme si t'avais peau d'balle dans ton morlingue, pisqu'y a pas d'marchands.   H. BARBUSSE, *Le Feu*, t. II, p. 5.

> Sartre avait adopté un énergique slogan : 'Science, c'est peau de balle. Morale, c'est trou de balle'.   S. de BEAUVOIR, *La Force de l'âge*, p. 47.

Peau d'hareng «terme d'injure». Suivi du nom d'une chose comestible, d'un fruit, d'une partie du corps, *peau* a des connotations très péjoratives. D'où les injures du type *peau de fesse, peau de saucisson*, etc. (→ ci-dessus *peau de balle* et aussi *peau de vache**). La créativité phraséologique populaire élabore (si l'on en croit le témoignage littéraire) des combinaisons pittoresques et imprévisibles :

> — J'n'avais que l'roi, j'avais l'roi sec.
> — L'avait l'manillon de pique.
> — Test bien rare, peau d'crachat, qui' l'avait.   H. BARBUSSE, *Le Feu*, t. II, p. 25.

Peau de chagrin «chose (concrète ou plus souvent abstraite) qui diminue sans cesse, tend à disparaître». Allusion au mythe créé par Balzac dans son roman *La Peau de chagrin* où un talisman fait d'une pièce de cuir ayant le pouvoir d'exaucer les vœux de son possesseur se rétrécit à chaque désir comblé. (La peau porte cette inscription en arabe : «Si tu me possèdes, tu possèderas tout. Mais ta vie m'appartiendra. [...] Désire, et tes désirs seront accomplis. Mais règle tes souhaits sur ta vie. Elle est là. À chaque vouloir je décroîtrai comme tes jours...»). Outre la symbolique évidente du temps irréversible et du désir, le mot *chagrin* (altération de *sagrin*, du turc *çâgri*) entraîne par homonymie les idées de peine, de regret.

> Cette envie, au lieu d'essayer de lui donner satisfaction, je restais à la contempler, si j'ose dire, à la contempler qui peu à peu se ratatinait et finalement disparaissait, comme la fameuse peau de chagrin.   S. BECKETT, *Molloy*, p. 78.

Peau de toutou → TOUTOU.

... dans sa peau, s'emploie avec divers verbes, au sens de «en soi, dans sa propre personne». *Ne pouvoir durer (tenir) dans sa peau* (XVIe s.-XVIIe s.) «être rempli d'orgueil, de passion...», *enrager dans sa peau* «être en colère» (vers 1660) → ci-dessous : *avoir dans la peau, entrer dans la peau de..., être dans la peau de...*, etc.

En peau «en grand décolleté» (1875). On trouve chez Daudet, *en demi peau* (*in* Wartburg). Du fait des connotations péjoratives de *peau*, l'expression tend à vieillir.

En peau de lapin, s'emploie avec un vague sens dépréciatif, les fourrures de lapin étant les moins estimées.

Vieille peau, qualification injurieuse pour une vieille femme, vient d'une valeur très fréquente de *peau* dans les dialectes et les argots, au sens de «femme de mauvaise vie» (qui vend ou en tout cas fait un usage libéral de son corps ; pour l'emploi de *peau* dans un contexte érotique, voir ci-dessous).

Attraper (prendre, retenir, saisir...) qqn par la peau du dos (du cul) «le retenir au dernier moment» (équivalents : *attraper, retenir par le fond de culotte, par les basques*).

> Une flamme alluma les yeux de Deneulin, tandis que sa poigne d'homme amoureux des gouvernements forts, se serrait, de peur de céder à la tentation d'en saisir un par la peau du cou. Il préféra discuter, parler raison.   É. ZOLA, *Germinal*, t. II, p. 7.

> [...] il semblait dire : «Voici votre ami : vous voyez je vous l'amène par la peau du cou » [...].   M. PROUST, *À la recherche du temps perdu*, t. II, p. 424.

> Si je vous retrouve dans mes plates-bandes, j'irai vous dire un mot dans votre étable et je vous attraperai par la peau du cul comme déjà l'année dernière. Mais cette fois, ce sera plus cher.   M. AYMÉ, *Travelingue*, p. 146.

Avoir la peau de qqn «le vaincre, le battre» (souvent sous forme de menace : *j'aurai ta peau !*). La *peau*, dans plusieurs expressions, symbolise la vie, par allusion à la dépouille des animaux chassés. On dit aussi : *faire la peau à qqn* «le tuer».

[...] Ça ne suffit donc pas qu'ils m'aient tué le père, tu voudrais peut-être que je dise merci. Non, vois-tu, j'aurai leur peau !   É. ZOLA, *Germinal*, t. 1, p. 134.

[...] je me méfiais de ma mère. Elle avait voulu me faire la peau, elle avait raté son coup, il ne fallait pas qu'elle recommence.   M. CARDINAL, *Les Mots pour le dire*, p. 235.

Fam.   **Avoir qqn dans la peau** « être amoureux de... ». Apparaît vers la fin du XIXe s. Il s'agit là d'un croisement entre *dans la peau* exprimant l'identification — ceci pour la forme — et de locutions où la peau représente le corps désiré (cf. la définition cynique de l'amour par Chamfort comme « contact de deux épidermes »). On peut citer, d'après Wartburg, *être soûl de la peau de qqn* « être amoureux » (Scarron ; expression bizarre, *soûl* signifiant « repu ») ; *donner envie de sa peau à qqn* (Molière) « inspirer de l'amour » ou *être fou de la peau de qqn* (Hauteroche, dans Le Roux). *Avoir dans la peau* implique un changement de perspective, par identification. *Avoir qqch. dans la peau*, en être féru, entiché.

— Une fille qui allait tous les soirs où elle voulait ! Qu'a-t-elle donc dans la peau ? Ne pas pouvoir attendre que je la marie, après qu'elle nous aurait aidés à sortir du pétrin !
                                                                  É. ZOLA, *Germinal*, t. I, p. 219.

Mais je ne le fais pas pour l'argent, j'ai ça dans la peau, on ne se refait pas.
                                                                  A. BLONDIN, *Quat'saisons*, p. 161.

Avoir la peau dure « être très résistant ».

Je puis vivre seul,
Car j'ai la peau dure.
Recouvre, linceul,
Cette pourriture.   C. CROS, *Le Coffret de santal*, p. 116.

N'avoir que la peau et les os, que la peau sur les os « être très maigre » → Os. La locution remonte au XIIe s. Variantes : *avoir la peau collée aux os, n'avoir plus que les os cousus à la peau* (vx : XVIe s.), *ses os percent (les os lui percent) la peau*. Toutes ces images sont claires.

Fam. et vieilli.   **Avoir la peau trop courte** « péter souvent » (Delvau). **Péter dans sa peau** « être très gras », correspond à l'image complémentaire.

Changer de peau « changer complètement sa manière d'être » → ci-dessous FAIRE PEAU NEUVE. D'abord en emploi négatif, *ne pas changer de peau* « être incorrigible » (1585).

Être dans la peau de qqn « être dans sa situation ».

— Sais-tu à quoi je pense, Élisabeth ? dit-il enfin. Eh bien ! ces hommes ont beau gagner beaucoup d'argent, j'aime mieux être dans ma peau que dans la leur... Ils réussissent, c'est vrai.   É. ZOLA, *Au bonheur des Dames*, t. II, p. 16.

Entrer (se mettre) dans la peau de qqn « s'identifier à lui par l'imagination ». Cette métaphore est souvent utilisée en parlant des acteurs qui doivent *entrer dans la peau de leur personnage* (*incarner* veut dire « entrer dans la chair »). La même métaphore existe dans : *il mourra dans sa peau, dans la peau d'un imbécile* « il restera toujours ce qu'il est » (renforcée avec des noms d'animaux nuisibles : *le loup mourra en sa peau* (Nicot), *dans sa peau mourra le renard* (Trévoux).

Ce ton de nostalgie était déjà un progrès. D'ordinaire, devant tout ce qui différait de lui, il éclatait. Incapable de se mettre dans la peau des autres, il réagissait par des coups de sang et de fureur.   P. GUTH, *Le Naïf locataire*, p. 145.

Certes, l'une des lois du code personnel de Simon était : « Ne jamais céder à la tentation sentimentale de se mettre dans la peau de l'adversaire. » Et même il ajoutait : « Il vaut mieux laisser derrière soi un ennemi mort qu'un ennemi grâcié ».
                                                                  M. DRUON, *Rendez-vous aux enfers*, p. 145.

Être (se mettre...) dans la peau du personnage « jouer un rôle avec conviction ».

Je veux, cependant, rappeler deux faits qui prouvent que les commissaires de police n'ont pas toujours à regretter de se lever le matin pour faire des constats.

Les scènes qui se passent là sont parfois plus drôles que les plus fantaisistes du Palais-Royal. et on ne peut pas dire que les acteurs ne sont pas «dans la peau du personnage».   GORON, *L'Amour à Paris*, t. I, p. 489.

Être bien (mal) dans sa peau «supporter sa situation, sa personnalité». Cette image donne aux tendances schizophréniques une équivalence matérielle, et envisage la *peau* comme la prison de la personnalité.

Faire la peau → ci-dessus AVOIR LA PEAU DE QQN.

Faire peau neuve «changer de manière d'être» (*in* Balzac), résulte de la même métaphore que *entrer dans la peau de qqn;* si le loup et le renard sont identifiés à leur peau, l'imagination collective est frappée par la mue de certains animaux (serpents, etc.) qui «changent de peau». *Changer de peau* s'emploie d'ailleurs métaphoriquement au sens de «changer de mode de vie».

Ah! c'est dur de refaire peau neuve à cinquante ans!
                                                          G. FLAUBERT, *Correspondance*, VIe série, p. 368.

Il s'agit pour lui de profiter d'une occasion, de s'en tirer coûte que coûte, de faire peau neuve et d'émerger un jour de tout cela et de se refaire une vie. Et voilà où nous en sommes tous!   B. CENDRARS, *Bourlinguer*, p. 206.

Si aujourd'hui je me dépêche d'écrire [...] car l'âge vient et je veux me libérer des deux, trois gros bouquins que je porte en moi et que je nourris depuis toujours [...]. J'ai dit que je pensais en avoir pour dix ans. Durant ces dix ans, le monde aura fait peau neuve, j'en suis convaincu, et je veux encore en être.
                                                          B. CENDRARS, *Bourlinguer*, p. 327.

Rég. (Marseille) et fam. *Se lever la peau pour qqn* «se dévouer pour lui». *Se lever* correspond à «s'agiter, se remuer». L'expression s'emploie aussi absolument.

Je vais vous dire : ces Amerloques, on aura beau se lever la peau, on aura toujours vingt ans de retard sur eux, affirmait Honoré le Fou, doyen de la colonie marseillaise du Caire, dans sa profonde sagesse.   L. DURAND, *Le Caïd*, p. 21.

Risquer sa peau «sa vie» (*in* Molière). Il s'agit plutôt d'un emploi figuré que d'une expression métaphorique, car *peau* signifie «vie» dans de nombreux groupes verbaux comme *vendre cher sa peau* «se défendre vaillamment», *faire bon marché de sa peau* «s'exposer sans nécessité» (*in* Furetière), *craindre pour sa peau, sauver sa peau* ou *y laisser sa peau.*

— Ce qui me gêne. ce sont les lâches qui, les bras croisés, nous regardent risquer notre peau.   É. ZOLA, *Germinal*, t. II, p. 73.

Le dada boiteux se remet en route [...] Voilà que le courage du cocher est fourbu. «Je veux sauver ma peau... J'en ai assez! Descendez... adieu!»
                                                          J. VALLÈS, *L'Insurgé*, p. 302.

[...] Cottard. se décidant à jouer atout, prit un air sombre, «cerveau brûlé», et, par allusion à ceux qui risquent leur peau, joua sa carte comme si c'eût été sa vie, en s'écriant : «Après tout je m'en fiche!».
                                                          M. PROUST, *À la recherche du temps perdu*, t. II, p. 960.

On n'a pas idée de rester dix ans à Rio sans jamais prendre un jour de vacances. Tu travailles trop et c'est un sale climat. Tu finiras par y laisser la peau.
                                                          B. CENDRARS, *Bourlinguer*, p. 44.

Tenir à sa peau «à sa vie».

— Ah! non, ah! non, puisque c'est lui que tu veux, couche avec lui, sale rosse! Et ne refous pas les pieds chez moi, si tu tiens à ta peau. É. ZOLA, *Germinal*, t. II, p. 131.

Se faire trouer la peau «se faire tuer à la guerre». *Peau* conserve ici son sens concret.

Au premier rang, la Mouquette s'étranglait de fureur, en pensant que des soldats voulaient trouer la peau des femmes.   É. ZOLA, *Germinal*, t. II, p. 155.

Vendre la peau de l'ours → OURS.

PÊCHE n. f.

Avoir l'œil à la pêche «être aux aguets, avoir un regard fureteur».

À la sortie du «Museum», les dames souvent se reposent un peu, elles admirent la belle perspective, elles laissent leurs affaires sur un banc, elles sont étourdies, les demoiselles surtout. Nelson il s'ennuyait pas, il avait l'œil à la pêche, les pupilles toujours à l'aguet... J'aurais pas eu confiance en lui.
L.-F. CÉLINE, *Le Pont de Londres*, p. 55.

PÉCHÉ n. m.

Péché mignon (de qqn) «petit travers, habitude critiquable et chère à qqn».

Laid comme les sept péchés capitaux «très laid». Jeu sur les sens concret et moral de *laid*. Les péchés capitaux sont d'ailleurs représentés dans l'iconographie médiévale de manière hideuse.

Pour les péchés de... «malheureusement, comme s'il s'agissait d'une punition». *C'est pour ses péchés qu'il fait ce sale travail.*

Vx. *Se dire les sept péchés mortels* «se dire des injures» (1694). *Dire de qqn les sept péchés mortels* (1690) «en dire beaucoup de mal».

Vx. *Mettre (jeter) avec les péchés oubliés, au rang des péchés oubliés, avec les vieux péchés* «rejeter dans l'oubli, ne plus penser à...» (XVIe-XVIIe s.).

À tout péché miséricorde «toute faute mérite l'indulgence» (1680, Richelet) → NE PAS VOULOIR LA MORT DU PÉCHEUR★.

Et s'il a des remords et veut vous accompagner, amenez-le. À tout péché miséricorde.
M. PROUST, *À la recherche du temps perdu*, t. II, p. 702.

Que celui qui est sans péché lui jette la première pierre, invite à l'indulgence, par allusion à la parole du Christ aux pharisiens qui s'apprêtaient à lapider rituellement (et légalement) une femme adultère (Jean 8, 7). L'expression n'est signalée dans les dictionnaires qu'à la fin du XIXe s. *(Dict. général)* mais *jeter la pierre, la première pierre* (→ PIERRE) est en usage depuis le XVIIe s.

PÉCHEUR n. m.

Ne pas vouloir la mort du pécheur «ne pas être trop sévère, impitoyable». L'expression apparaît d'abord dans *Dieu ne veut pas la mort du pécheur* «Dieu est indulgent (sous-entendu : il ne faut pas l'être moins)», attesté au XVIIIe s. et une première fois en ancien français (XIIIe s.).

Comme il se doit, le personnel est interrogé et, vu que nul ne désire la mort du pécheur, surtout quand il s'appelle Germaine (à qui la Mondaine donne le condé pour tapiner) le pécheur en question reconnaît être la gérante et les femmes de chambre le confirment.
M. ROLLAND, *La Rouquine*, p. 179.

PÉDALE n. f.

Être de la pédale «être homosexuel». Il ne s'agit pas d'une allusion aux mœurs des cyclistes, mais d'un jeu homonymique avec *pédé*raste, d'où *pédé* (attesté en 1935) → ÊTRE DE LA JAQUETTE★.

Vx. *Mettre la pédale* «rendre plus intense l'expression d'un sentiment, etc». Allusion au vocabulaire de la musique, et plutôt à la *pédale forte* d'un instrument (piano, etc.), qu'à la note continue (du moins dans les usages littéraires récents). Dans le sens opposé, *mettre la pédale douce* «atténuer l'expression»; elliptiquement cf. *Doucement, les basses★.*

— Oh! je t'en prie, la pédale douce.
DE FLERS et CAILLAVET, *L'Âne de Buridan*, in Ph. Sl.

Perdre les pédales « ne plus arriver à suivre un raisonnement, une discussion ; par extension, ne plus comprendre, ne plus supporter une situation ; s'affoler ». Semble récent (1944, Esnault) ; vient de l'argot cycliste « ne plus suivre le train, dans une course ».

> Il faut avouer qu'à ce moment-là j'ai un peu perdu les pédales, parce que si d'autres s'étaient amenés, je pouvais plus remuer, coincé comme je me trouvais par le macchab. Qu'est-ce que tu veux, la première fois qu'on descend un bonhomme, sur le coup ça fait tout de même son petit effet.   A. SERGENT. *Je suivis ce mauvais garçon*, p. 98-99.

> JENNY. — C'est pourtant pas dur... J'veux arriver, mais c'est lui que j'aime... Je me rase avec les autres... Ce n'est pas seulement une question de peau, c'est une question d'être... Sans lui, je perds les pédales... Ça va peut-être te paraître extraordinaire : Maurice, c'est ma flamme. Il n'a pas l'air de brûler, mais il m'éclaire...
> H.-G. CLOUZOT et J. FERRY, Dialogue du film *Quai des Orfèvres*, p. 12.

PÉDALER v. tr.

Fam. **Pédaler dans la choucroute (dans la semoule, dans le yaourt...)** « faire des efforts désordonnés et vains, se dépenser en pure perte ». Le sens est voisin de *perdre les pédales* (→ ci-dessus PÉDALE), mais l'image est inversée et fondée sur l'agitation pédestre à effet locomoteur, rendue inopérante par l'épaisseur du milieu. Ce dernier, on l'aura remarqué, est varié (et assez inexplicable), mais toujours alimentaire, le rapprochement des pieds et de la substance comestible réalisant l'idée d'incongruité (cf. *Mettre les pieds* dans le plat*).

PEDIBUS CUM JAMBIS loc. pseudo-latine. « à pied avec les jambes ».

> Escortés par les Pieds Nickelés qui les accompagnaient « pedibus cum jambis », les trois touristes se mirent en route et bientôt arrivèrent en vue des Pyramides.
> *L'Épatant*, 1911, p. 142-143.

PEIGNE n. m.

Le peigne d'Adam, du père Adam « les doigts ». On trouve dans le même sens chez Oudin : *le peigne de l'Alleman*, et déjà chez Rabelais *peigne de l'Almain*.

Sale comme un peigne « très sale » (1808). La comparaison est compréhensible, mais étrange dans la mesure où l'instrument n'est pas normalement sale : c'est la fréquence de syntagmes comme *peigne crasseux*, etc., qui la motive et surtout l'abondance de connotations péjoratives du mot, attestées par la phraséologie classique (sans parler des paronymies possibles).

Donner un coup de peigne à... « travailler à un ouvrage, soit pour le dégrossir, soit pour le parfaire » (1694 ; cf. *donner un tour de peigne* dans le même sens, chez Montaigne). On a employé au XVII⁰ s. *donner un coup de peigne* au sens de « attaquer en parole » (puis « battre », au XVIII⁰ s.).

Passer au peigne fin « examiner soigneusement, de manière à ne rien laisser échapper ». S'emploie notamment à propos d'une recherche, d'une enquête de police, par une métaphore analogue à celle de *ratisser*.

> PREMIER POLICIER. — Nous avons dit à l'inspecteur de la Mondaine que tu étais certainement dans le coup...
> DEUXIÈME POLICIER. — Alors, il va demander un mandat de perquisition, demain. [...] Ta belle maison va être passée au peigne fin. C'est dommage, Silien !
> J.-P. MELVILLE, Dialogue du film *Le Doulos*, p. 24.

Rire comme un peigne « rire bêtement (en montrant toutes ses dents) ». Allusion aux nombreuses *dents* du peigne.

> Riez comme des peignes, dit-elle, si je vous le dis c'est que c'est vrai. Je n'ai pas d'intérêt à vous le dire.   J. GIONO, *Un roi sans divertissement*, p. 100.

PEINARD, ARDE adj. Ce mot semble dérivé de *peine* : un *vieux penard* est un « vieux débauché, usé et grincheux » (XVIe-XVIIIe s.). Mais le passage au sens moderne est inattendu.

En (père) peinard « sans se fatiguer, tranquillement » (en *peinard*, 1895 ; l'ajout de *père* fait songer à : *à la papa*).

> Non, ce n'était pas le radeau
> de la *Méduse*, ce bateau.
> Qu'on se le dis' au fond des ports.
> Dis' au fond des ports.
> Il naviguait en pèr'peinard.
> Sur la grand-mare des canards.
> Et s'app'lait *les Copains d'abord*.   G. BRASSENS. *Poèmes et Chansons*. p. 253.

La féminisation *(en mère peinarde)* relève de la stylistique.

> La nuit avait été délicieuse, sans couvercle de seau plaqué avec fracas, sans « enculés
> de cuistots », sans ronflement caverneux : Solange, elle, se contente de ronfloter en
> mère peinarde.   A. SARRAZIN. *La Cavale*. p. 280.

PEINDRE v. tr.

Vieilli.   *(Être) à peindre, fait à peindre* « être beau, bien fait ; être digne d'être représenté en peinture » ; ironiquement « être habillé ridiculement » (XVIIe s. : Molière, Saint-Simon, Sévigné).

Vx.   *Achever de peindre* « mettre le comble à une situation déjà mauvaise ; ruiner complètement » (XVIe s., Rabelais).

Vx.   *Peindre en l'air, en nuées* « tenter une chose impossible » (1600).

PEINE n. f. L'histoire du mot, de « punition, sanction » à « douleur, tristesse », et à « travail, effort, soin », rend compte des ambiguïtés de son usage, jusqu'à l'affaiblissement qui le rend quasi incompréhensible dans des loc. lexicalisées comme *à peine* « très peu, presque pas » (attesté au XIIe s., mais l'ancien français connaît *à peine* « péniblement »). Dans d'autres cas, le déterminant et le régime sélectionnent le sens : *avoir de la peine...* (« de la tristesse »), *avoir de la peine à...* (« du mal »), *avoir peine à...* (« ne pas y arriver »).

(Comme) une âme en peine « (comme) un malheureux ; avec tristesse ». Allusion à la damnation, affaiblie en mélancolie *(errer comme une âme en peine* ne marque plus que l'ennui, le désœuvrement, et non les tourments des ombres de l'Enfer dantesque).

Pour la peine : pour ta (votre...) peine « pour compenser, payer l'effort, la fatigue, le travail... » (1606, Nicot) et ironiquement « pour punir quelque méfait ».

Sous peine de... [LOC. PRÉP.] « avec le risque de... » (XVIe s.). On disait aussi (XIVe-XVIIe s.) *à peine de...*, dans ce sens (encore chez des auteurs du XXe s., par archaïsme). La menace sociale est spatialisée et devient une épée de Damoclès sur la tête de l'individu *(sous peine d'amende).*

Avoir toutes les peines du monde à... « avoir beaucoup de difficultés à... ». Attesté au XVIIIe s.

> L'enflure et le galimathias des civilitez castillanes faisoient rire le Marquiz, et j'avois
> quelque fois toutes les peines du monde à l'en empêcher.
>   Abbé PRÉVOST. *Mémoires et Aventures d'un homme de qualité*. t. III. p. 41.

Vieilli.   *Ne pas compter (plaindre) ses peines et ses pas* « faire de grands efforts, ne pas se ménager ». L'allitération commande *peines et pas* (« efforts et déplacements ») qui est assez redondant ; le verbe *compter* est justifié par *pas.*

Ne pas être au bout de ses peines « avoir encore beaucoup de travail à faire, de difficultés à surmonter ». Ici, le pluriel et la métaphore spatiale suggèrent un chemin difficile et long à parcourir.

Être à la peine « subir une situation dure, dangereuse... ». Souvent opposé à : *être à l'honneur**.

Être (ne pas être) en peine de... « avoir (ou non) de la difficulté à propos de (qqch.) ». L'expression, très ancienne (XIIᵉ s.), s'est employée dans le même sens que *se mettre en peine*.

En être pour sa peine « avoir travaillé, s'être fatigué en vain » (*in* Littré). Même valeur que dans : *perdre sa peine*.

Faire peine, de la peine à « rendre triste (qqn) en inspirant de la pitié ; causer de la tristesse » (1835, Acad.). Dans la langue classique, *faire peine à...* signifie « avoir de la difficulté à... » (cf. *avoir peine à...*).

Se mettre en peine de, pour qqn « éprouver de l'inquiétude, du souci à son sujet » (XVIIᵉ s.).

Mourir à la peine « mourir sans avoir terminé une entreprise, un travail pénible » (*mourir en la peine*, chez Froissart). *Il mourra à la peine* « il ne renoncera jamais ».

Perdre sa peine, ses peines « travailler et se fatiguer sans obtenir de résultats » (XIIᵉ s.). Au participe passé : *c'est peine perdue* « cela n'aura pas de résultat, d'effet ».

Littér. ***Plaindre (ne pas plaindre) sa peine*** « travailler, se dépenser en efforts avec (sans) réticence » (fin XVIIIᵉ s., Acad.).

Prendre la peine de « faire l'effort nécessaire pour... » (milieu XVIᵉ s.) ; par extension, dans les formules de politesse à l'impératif, signifie simplement « faire qqch. ». Le code social atténue la rudesse de la forme impérative *(asseyez-vous)* par divers procédés, dont celui-ci *(prenez donc la peine de vous asseoir)*, où l'on feint d'apprécier l'effort accompli pour se conformer aux règles sociales.

> Mais voilà le soleil
> Le soleil qui leur dit
> Prenez prenez la peine
> La peine de vous asseoir   J. PRÉVERT, *Paroles*, p. 77.

Valoir la peine « mériter qu'on fasse un effort, qu'on s'occupe de... » (fin XVIᵉ s.). *Peine* a ici une valeur très faible (ex. : *ça ne vaut pas la peine de se baisser pour le ramasser*), soulignée par la synonymie avec *valoir le coup*.

> J'admets volontiers les méfaits de l'inquiétude occidentale, dont la guerre même reste un sous-produit : mais le périlleuse aventure où nous nous sommes imprudemment lancés valait la peine qu'elle nous coûte, valait la peine d'être courue.
>   A. GIDE, *Journal*, t. II, p. 254.

C'est (c'était...) bien la peine (de...), emploi ironique valant : « ce n'est vraiment pas la peine » (cf. le suivant). Illustré par le refrain antiparlementariste : *c'était bien la peine, assurément, d'changer de gouvernement !*

Ce n'est pas la peine de... « la chose ne mérite pas qu'on s'en occupe » (XVIIᵉ s.).

À chaque jour suffit sa peine → JOUR.

Vieilli. ***Toute peine mérite salaire*** « chaque travail, chaque effort — qu'il soit ou non efficace et quelle qu'en soit la nature — mérite une rétribution ». On dit aujourd'hui : *tout travail,* ce qui indique une évolution du jugement social.

PEINTURE n. f.

Un vrai pot de peinture « un visage trop maquillé ».

886

Avoir du goût pour la peinture « avoir mauvais goût ». La spécialisation péjorative du sens est probablement due à divers emplois du mot *peinture* (voir l'expression suivante).

Ne pas (pouvoir) voir en peinture « ne pas supporter ; détester » (*in* Littré : *ne pas souffrir en peinture*). L'idée initiale est « ne pas supporter même l'image, la reproduction d'une personne que l'on n'aime pas ». *En peinture* « en image » est dans Villon (XVᵉ s.), mais on ne trouve pas de phraséologie avant la fin du XVIIIᵉ s. *(ne pas vouloir être en un endroit, même en peinture).* L'emploi avec des compléments variés *(je ne peux pas voir le structuralisme, le snobisme, les pois cassés... en peinture)* donne à *en peinture* la valeur de « de toutes les façons, sous tous ses aspects ».

PELÉ n. m.

Quatre (trois) pelés et un tondu « très peu de monde ; quelques personnes sans importance ». La forme actuelle (1790) a été précédée par *trois tondus et un pelé* (Furetière) et *trois teigneux et un pelé* (Rabelais). *Pelé* est pris depuis l'ancien français dans divers sens métaphoriques, tous péjoratifs (avare, canaille, miséreux) ; à noter que *pelée*, n. f., désigne au XVIᵉ s. le membre viril, par dérision.

> J'y suis.
> Ils y sont aussi, ventrebleu ! Quatre pelés : Brideau, Eudes, qui me fait un signe de tête, auquel je réponds par un clignement d'yeux, un garçon brun en casquette, le lorgnon sur le nez, et un vieux à tête longue et douce, un peu voûté — plus un tondu.
> J. VALLÈS. *L'Insurgé*, p. 148.

PELER v. tr.

Fam. *Peler* (suivi d'un compl. désignant les parties sexuelles mâles) « ennuyer, être insupportable à... ». On trouve surtout *peler les balloches, les bonbons* (testicules ; ici *peler* se substitue à *casser*), *peler le jonc*.

> Il voulait que le film soit une méditation sur la condition humaine, etc. Il me pelait plutôt les balloches... j'osais pas le rembarrer sec. A. BOUDARD, *Cinoche*, p. 175.

PÉLION n. pr.

Entasser Pélion sur Ossa « entreprendre un travail surhumain ; accumuler les difficultés devant soi ». Allusion mythologique grecque : les géants Aloades, luttant contre les Olympiens pour conquérir Artémis et Héra, se servent des monts Pélion et Ossa pour atteindre l'Olympe ; ils sont tués par Apollon.

PELLE n. f.

À la pelle « en grande quantité », souvent, en parlant de l'argent, avec des verbes comme *ramasser, remuer, gagner* (1640, *in* Oudin).

Ramasser (prendre) une pelle « tomber » ; fig. « subir un échec » (XIXᵉ s. : Courteline). Plutôt qu'une métaphore évoquant la chute par le geste de ramasser un objet à terre (la pelle ne s'imposant guère), on verra dans cette loc. la suite de la série *donner de la (foutre la) pelle au cul* et *avoir, recevoir la pelle au cul*, employée jusqu'au XIXᵉ s. Chez Villon, on a déjà *frapper au cul la pelle*.

Rouler une pelle à qqn « lui faire un baiser lingual » → PATIN. La métaphore est obscure ; *palette* est attesté au sens de « langue » (1935 *in* Esnault) et *rouler* correspond à *langue fourrée*, expression argotique (voir le *Dictionnaire du français non conventionnel*).

Vx. *La pelle se moque du fourgon,* selon Oudin (1640), « un vitieux [atteint d'un vice] ou mal faict se rit de l'autre ». *Pelle* et *fourgon* sont des instruments.

1. PELOTE n. f. *La pelote* et (intensif) *les pelotes* sont un abrégement populaire de *peloton* (de punition) : *aller à la pelote, faire la pelote* sont attestés en 1890.

Envoyer aux pelotes «envoyer au diable, repousser avec brusquerie» cf. *Envoyer promener*, sur les roses**, etc.

> Elle m'envoie aux pelotes!... [...]
> Mm! hum!... elle veut pas... elle est capricieuse la peau!... elle minaude la coquette...
> elle veut me rendre jaloux!...   L.-F. CÉLINE, *Le Pont de Londres*, p. 99.

2. PELOTE n. f. (sens figuré).

Les nerfs en pelote → AVOIR LES NERFS* EN BOULE, EN PELOTE; PAQUET DE NERFS*.

Faire sa pelote «amasser, accumuler de petits profits de manière à constituer une somme importante» (1808). L'idée est plutôt celle de la *pelote* (boule) *de neige* que de la pelote de laine; la métaphore est lexicalisée dans *arrondir sa fortune*.

> Il faudrait que ton Auguste fût le dernier des crétins pour ne pas savoir faire sa pelote
> entre ces quatre richards, et gagner largement de quoi nous installer à Garches, dans
> cette jolie maison où nous avons déjeuné dimanche dernier.
>   GORON, *L'Amour à Paris*, t. I, p. 565.

En emploi stylistique, par une métaphore seconde :

> Après, ils ont un peu dormi, puis il ne dormaient pas, il bavardaient, le temps faisait
> doucement sa pelote, la télé noire au fond de la pièce, et Marina qui a étendu la main,
> le grand transistor a recommencé son murmure.
>   L. ARAGON, *Blanche ou l'Oubli*, p. 299.

PELOTER v. tr.

Vx. Peloter en attendant partie «attendre d'avoir une activité importante en passant son temps à des occupations mineures» (1680, Sévigné *in* Richelet). La métaphore porte sur le jeu de paume, *peloter* étant compris au sens d'«échanger des balles sans compter les points». Une remotivation sur des sens figurés de *peloter* (le sens érotique date de la deuxième moitié du XVIIIᵉ s.) est possible.

PÉNATES n. m. pl. Du latin *penates* «dieux de la maison», de *penus* «intérieur de la maison; provisions domestiques».

Installer (fixer...) ses pénates; porter (transporter...) ses pénates (+ compl. de lieu), «installer ou changer son domicile». Ces loc. métaphoriques sont à distinguer de l'emploi figuré où *pénates* signifie «domicile» *(regagner ses pénates)* car le mot y conserve la valeur de «objet symbolique qui se déplace, etc., avec la personne».

> «J'ai été très heureuse d'apprendre que vous aviez définitivement choisi ce pays pour
> y fixer vos tabern...». Elle allait dire tabernacles, mais ce mot lui sembla hébraïque
> et désobligeant pour un juif, qui pourrait y voir une allusion. Aussi se reprit-elle pour
> choisir une autre expression solennelle : «pour y fixer, je voulais dire 'vos pénates' (il
> est vrai que ces divinités n'appartiennent pas à la religion chrétienne non plus, mais à
> une qui est morte depuis si longtemps qu'elle n'a plus d'adeptes qu'on puisse craindre
> de froisser).   M. PROUST, *À la recherche du temps perdu*, t. II, p. 1039.

PENCHER v. tr.

Tomber du côté où l'on penche «s'abandonner à ses penchants» (1875, P. Larousse).

Il penche du côté qu'il va tomber, formule ironique qui envisage la position oblique et, fig., les tendances, comme un signe certain de chute.

PENDANT prép. et loc. conj. (pendant que).

Pendant que j'y suis (que vous y êtes, qu'on y est...) «puisque le sujet est abordé (par moi...)».

PENDRE v. tr.

Aller se faire pendre ailleurs «aller, sans être châtié, commettre d'autres méfaits qui entraîneront la punition méritée». Surtout à la forme impérative ou optative.

> Mais, saperlipopette! crie Picard à ses collègues, commissionnez-les donc, qu'ils aillent se faire pendre ailleurs ou qu'ils passent d'eux-mêmes leur tête dans le collier!
>
> J. VALLÈS, *L'Insurgé*, p. 179.

> Comme il arrive toujours en pareil cas, le docteur B... s'abstint de porter plainte. Il préféra envoyer la servante indélicate se faire pendre ailleurs [...].
>
> GORON, *L'Amour à Paris*, t. I, p. 583.

Dire pis que pendre de (qqn) «en dire beaucoup de mal» (1611, Cotgrave). Signifie : en dire pis (plus mal) que pour le faire pendre.

> Une de ces femmes vertueuses [...] qui disent tout doucettement pis que pendre de leurs maris, quand le soir elles achèvent leur boston avec les voisines.
>
> H. DE BALZAC, *Melmoth réconcilié*, p. 280.

> [...] la concierge disait d'elle pis que pendre. Au terme d'octobre, elle fit des ragots à n'en plus finir au propriétaire [...]
>
> É. ZOLA, *L'Assommoir*, t. I, p. 199.

Pendre au nez → NEZ. — Le verbe *pendre* a produit plusieurs loc. marquant l'imminence d'un événement désagréable : *autant lui en pend à l'œil* (XVᵉ-XVIᵉ s.), à *l'oreille* (Montaigne), *à la tête* (La Fontaine), *au derrière* (1640, Oudin).

Je veux (bien) être pendu si... «je suis absolument certain que ce n'est pas le cas» (*in* Molière).

> — Eh bien! fit Marjalet, dis-lui [au civil] de venir ici. Je veux être pendu si je me doute qui c'est.
>
> G. COURTELINE, *Les Gaîtés de l'escadron*, p. 57.

PENDU n. m.

Avoir, toucher de la corde de pendu → CORDE.

Être sec comme un pendu, roide comme un pendu. On trouve chez Furetière : *il est sec comme un pendu d'été* (desséché par le soleil) «très maigre».

Roide comme un pendu, peut s'entendre autrement, à cause de la réputation d'érection des pendus et peut-être d'une métaphore attestée au XVIᵉ s. (pendu = membre viril). D'où *jouir, bander... comme un pendu.*

> — Des Anglais, jouissant comme de vrais pendus
> Se cuvent, pleins de tout et de béatitude.
>
> T. CORBIÈRE, *Les Amours jaunes*, p. 821.

PENDULE n. f.

Fam. et vulg. *En faire, en chier une pendule* «donner trop d'importance à une chose insignifiante» C'est la remotivation scatologique de *en faire* (= déféquer) *trop.*

Remettre les pendules à l'heure «faire une mise au point collective ; se mettre d'accord sur une base de discussion». Sur l'idée de synchronisation, analogue à la métaphore de la «même longueur d'ondes».

PÉNÉLOPE n. pr.

Ouvrage (toile...) de Pénélope «ouvrage jamais terminé, qu'on doit sans cesse reprendre». Allusion au célèbre épisode de l'Odyssée où l'épouse d'Ulysse, pour faire attendre ses prétendants, défait la nuit l'ouvrage fait le jour et dont la fin doit marquer ses noces.

PÉNITENCE n. f.

Faire pénitence «se repentir; se priver par mortification», s'emploie dans quelques formules, dont *faire pénitence avec le sac et la cendre* (→ SAC). L'expression a signifié «être puni par quelque malheur, désagrément» (début XVIIᵉ s.) et «mal manger» (1690).

Être (mettre) en pénitence «être (mettre) dans un lieu avec défense d'en bouger, par punition (d'un enfant)». Équivaut à : *au coin.*

> La nourrice la met en pénitence, non dans le cabinet noir, mais sous un grand marronnier à l'ombre d'un vaste parasol chinois.   A. FRANCE, *Pierre Nozières*, in *Ph. Sl.*

PENSANT adj.

Bien, mal pensant, d'abord (début XVIIᵉ s.), «qui a des opinions, des sentiments jugés bons, mauvais»; depuis la fin du XVIIIᵉ s., «qui a des opinions conformistes (non conformistes), favorables (défavorables) à l'ordre établi». S'emploie comme adj. et comme nom.

PENSÉE n. f.

Pensée de l'oreiller «pensée secrète, que l'on ne confie à personne».

Arrière-pensée «pensée ou intention cachée, non exprimée (généralement mauvaise ou hostile)».

Mauvaises pensées «pensée, intention ou désir considéré comme mauvais, malhonnête, inacceptable socialement». Aux XVIᵉ-XVIIᵉ s., *garder une mauvaise pensée à qqn* signifie «lui en vouloir». Les *Mauvaises pensées* de Valéry sont des idées non conformistes; lors de leur publication (1942), les autorités d'occupation auraient demandé : «Pourquoi n'écrit-il pas les Bonnes...?»

Vx.   *(S') entretenir de, avec ses pensées* (XVIIᵉ-XIXᵉ s.) «rêver».

Vx.   *Il n'est pas tourmenté par ses pensées* (fin XVIIIᵉ s.) «il n'est guère intelligent».

PENSER v. tr.

Penser tout haut «soliloquer, exprimer sa pensée sans vouloir la communiquer à qqn» (fin XVIIIᵉ s.).

Sans y penser «d'une manière spontanée et non réfléchie». *Il a fait cela sans y penser.*

Donner (laisser) à penser «suggérer des réflexions, en général inattendues, profondes... (d'un événement, d'un texte...)».

Pendant que j'y pense... s'emploie pour présenter une remarque, une réflexion, sans rapport avec le reste de la conversation; pour rappeler qqch. à qqn (XXᵉ s.). On trouve diverses formules : *mais, j'y pense....* etc.

N'en penser pas moins «avoir son opinion bien établie, alors même qu'on ne dit rien, qu'on ne l'exprime pas» (attesté dès le XIVᵉ s.). La forme complète est : *il ne dit rien, mais il n'en pense pas moins.*

Tu penses (si...), renforce une affirmation. *Tu penses! vous pensez!* peuvent aussi constituer une affirmation, mais plus souvent une dénégation (cf. *Tu parles*), comme *tu n'y penses (vous n'y pensez) pas!* dénégation vigoureuse, indignée (= «certainement pas!»).

PENTE n. f.

Avoir la dalle en pente → DALLE.

Vx.   *Avoir une pente à qqch.* (Corneille), *pour qqn* (*in* Sévigné), *vers qqn ou qqch...* «avoir une tendance, une inclination...».

Avoir une pente « commencer à boire » (1867) joue sur le sens figuré (inclination à boire) et propre (*avoir une pente dans le gosier* [1896], *le gosier en pente*).

Être sur la mauvaise pente « commencer une évolution fâcheuse, contraire aux exigences sociales, morales ».

Descendre la pente « suivre une évolution mauvaise, psychologique ou sociale ». *Remonter la pente* « rétablir une situation fâcheuse, lutter contre des tendances négatives ». Métaphore attestée dès le XVe s. (avec *descendre*).

Suivre sa pente « suivre ses inclinations, ne pas résister à ses tendances ». *Trouver sa pente* « découvrir ses tendances naturelles ; trouver une issue naturelle » (*in* Hugo).

PÉPIN n. m.

Vx. *Avoir avalé un pépin* « être enceinte » (1867, Delvau ; Zola l'emploie dans *L'Assommoir*).

PERCHE n. f.

Grande perche « personne grande et maigre » (1640, Oudin, « une femme fort grande et de mauvaise grâce »). Se dit d'un homme ou d'une femme.

Tendre la perche à qqn « lui donner l'occasion de faire qqch., de parler, de se tirer d'embarras » (1874). On trouve dans le même sens *prendre, saisir la perche* (*in* Goncourt).

> Combien de fois, au cours de mon enfance, ne m'avait-elle pas tendu la perche pour que j'accomplisse sa volonté ! À chaque fois j'avais refusé cette main tendue qui m'aurait cependant fait passer sur la berge de son amour.
>
> M. CARDINAL, *Les Mots pour le dire*, p. 237.

PERDRE v. tr.

N'avoir rien à perdre « être dans une situation où l'on n'a plus rien à craindre de pire » (XVIIe s., Bossuet).

Ne rien perdre de qqch. « consommer, utiliser en entier », et fig., « considérer en entier, jusqu'au bout » ; cf. *Ne pas en perdre une miette, une bouchée...*

Ne rien perdre pour attendre (surtout au futur : *il ne perdra...*) « encourir une vengeance, une punition... dans un avenir certain » (1748).

À qui perd gagne « en obtenant un avantage réel ou plus important, alors qu'on n'a pas obtenu un avantage plus visible » (1835, Acad. ; sens propre fin XVIIIe s.). *Jouer à qui perd gagne* consiste à adopter une convention selon laquelle celui qui aurait normalement perdu la partie sera déclaré gagnant. Ce type de jeu avait reçu un nom : *le coquinbert, qui gaigne perd* (Rabelais ; bien attesté jusqu'au XVIIIe s.).

> Souvent bataille perdue, progrès conquis. Moins de gloire, plus de liberté. Le tambour se tait, la raison prend la parole. C'est le jeu à qui perd gagne.
>
> V. HUGO, *Les Misérables*, Pléiade, p. 359.

PERDRIX n. f.

Vx. *Faire comme les perdrix* « descouvrir son deffaut en croyant le bien cacher », selon Oudin (1640). Allusion au fait que ces oiseaux cachent leur tête et « se descouvrent le derriere ».

Vx. *Les perdrix y tombent toutes rôties*, se disait (XVIIe s.) d'un lieu, d'une situation où l'on n'obtenait pas ce qu'on voulait (par ironie).

PERDU, UE adj.

N'être pas perdu pour tout le monde « être sans doute trouvé, utilisé par qqn après avoir été perdu, avoir échappé à une autre personne » ; cf. la formule : *ce n'est (ne sera...) pas perdu pour tout le monde.*

Un de perdu, (deux, dix...) de retrouvés. L'expression s'est appliquée aux choses et aux personnes, depuis le XIIIe s. *(por un perdu deux retrovez),* avec des variantes *(deux recouvrés, deux recouverts,* XVIIe s.). De *deux* on est passé à *cent* (début XIXe s.), puis à *dix,* qui semble l'avoir emporté. L'usage de beaucoup le plus fréquent en français moderne concerne les personnes et notamment les relations amoureuses : la formule de consolation banale d'un homme abandonné *(une de perdue...),* où l'on verra facilement un signe de la dévaluation de la condition faite aux femmes dans la société de naguère.

Tout est perdu, fors l'honneur, formule de François Ier après la bataille de Pavie.

PÈRE n. m.

Vx. *Le Père aux écus* « un homme fort riche » (1680).

Vx. *Le père aux autres* « la chose la plus grosse de la série, du lot » (1690, Furetière).

Père Noël → CROIRE AU PÈRE NOËL*.

Le coup du père François → FRANÇOIS.

Comme père et mère « comme des grands » (*in* Molière).

> L'autre, à six mois, mangeait déjà la soupe comme père et mère.
> F. MAURIAC, in *G.L.L.F.*

De père en fils « de génération en génération, par transmission héréditaire » (XVIIe s., La Fontaine ; *de père à fils,* XIIIe s.).

En (bon) père de famille « avec soin, économie, mesure » (1694, Acad.).

Contenter tout le monde et son père « faire plaisir à tout le monde à la fois ». L'expression est dans La Fontaine, et sa notoriété vient sans aucun doute de la fable *Le Meunier, son fils et l'Âne* (Parbleu, dit le meunier, est bien fou du cerveau/Qui prétend contenter...). Mais la formulation devait être antérieure et déjà figée, le contexte de la fable ne s'y appliquant pas : il s'agit pour le meunier, qui est lui-même le père, de contenter les témoins critiques et goguenards de sa marche vers la foire, avec son fils et son âne.

> La diligence arriva à six heures du soir et Langlois ménageait tout le monde et son père. C'est pourquoi il attendit gentiment jusqu'au lendemain matin.
> J. GIONO, *Un roi sans divertissement,* p. 247-248.

À père avare, fils prodigue [LOC. PROV.] « le fils prend (souvent) une attitude contraire à celle du père ». Attesté en anglais (début XVIIe s.).

> Le jeune Philippe Belvidéro, son fils, devint un Espagnol aussi consciencieusement religieux que son père était impie, en vertu peut-être du proverbe : à père avare, enfant prodigue.
> H. DE BALZAC, *L'Élixir de longue vie,* p. 314-315.

Tel père, tel fils « le fils ressemble au père ». Contradictoire avec le précédent, ce proverbe latin *(qualis pater, talis filius)* prétend enfermer la personnalité dans la ressemblance héréditaire.

Ton père n'est pas vitrier « tu n'es pas transparent ; il faut que tu t'écartes pour me laisser voir ».

> [...] le retardataire bâillait et de temps à autre baissait les yeux vers l'humanité assise. Comme le père de cet individu n'était pas vitrier, Pierre ne pouvait apercevoir les modifications de consistance de l'employé du Comptoir des Comptes [...].
> R. QUENEAU, *Le Chiendent,* p. 44.

Vx. *Il veut montrer à son père à faire des enfants* « il veut en remontrer à plus savant que lui » (*in* Oudin).

PÉRIL n. m.

Le péril jaune « le danger asiatique ». Thème politique du XIXᵉ s., dont la formulation est naïvement raciste, et qui correspond à la découverte du dynamisme démographique de l'Asie.

> Des théories, bien entendu, étayaient momentanément cette réaction, pareilles à celles qui, en politique, viennent à l'appui des lois contre les congrégations, des guerres en Orient (enseignement contre nature, péril jaune, etc., etc.).
>
> M. PROUST, *À la recherche du temps perdu*, t. II, p. 815.

Vieilli. *À péril, au péril de...* « au risque de... » (XVIᵉ-XVIIᵉ s.). *Au péril de qqch.* « au risque de perdre... ».

Il y a (plus souvent : *il n'y a pas*) *péril en la demeure* « on ne peut pas (on peut) attendre, rester sans agir sans qu'il y ait danger » (1690, *in* Furetière : *il y a du péril en la demeure*). L'expression signifie : « il y a (il n'y a pas d') inconvénient à attendre, à rester sans agir ». Mais *demeure* « fait de demeurer, de rester, de séjourner », n'est plus compris et le sens de *il n'y a pas péril...* glisse vers « il n'y a pas de danger dans le lieu, dans la maison », compris métaphoriquement.

PÉRINÉE n. m.

Soutenir le périnée à qqn « le soutenir, l'aider ». Métaphore plaisante qui pourrait venir du milieu médical.

PERLE n. f.

Enfiler des perles « s'occuper à des niaiseries » (*in* Rabelais I, 33). Surtout dans des phrases comme : *on n'est pas là pour enfiler des perles.*

Des perles aux pourceaux (aux cochons) avec des verbes exprimant le don, la distribution, exprime l'idée d'une qualité perdue, de choses précieuses qui ne seront pas appréciées (1533, trad. de la Bible ; Matthieu 7, 6). Cette loc. est concurrencée par *de la confiture aux cochons.*

Lâcher (laisser tomber) une perle « péter » (1896, Delesalle).

PERLIMPINPIN n. m.

Poudre de perlimpinpin « remède prétendûment miraculeux et tout à fait inefficace » (1640, Oudin, sous la forme *prelim-*). L'origine du terme est obscure ; on se débarrasse de la difficulté en le qualifiant de « fantaisiste » ou d'onomatopée ; il évoque une parodie de formule magique.

PERMIS p. passé de *permettre.*

Se croire tout permis « avoir un comportement insolent » (XVIIᵉ s., Boileau).

PÉROU n. pr.

Ce n'est pas le Pérou « ce n'est pas une somme considérable, une fortune, un gain énorme » (sert fréquemment à présenter une appréciation positive : « c'est un gain modeste mais sûr », etc.). Le Pérou, dans la mythologie du premier colonialisme espagnol, est la terre de l'or ; la pauvreté réelle du pays suscite des réemplois géographiques et ironiques.

> Il doit avoir trente-sept sous. Ce n'est pas le Pérou mais...
>
> H. BARBUSSE, *Le Feu*, t. I, p. 61.

Rare avec le verbe *avoir* :

Elle est gentille. maman Coupeau, de pleurer misère partout!... Avant-hier. pourtant.
elle a mangé ici. Nous faisons ce que nous pouvons. nous autres Nous n'avons pas le
Pérou...   É. ZOLA. *L'Assommoir*, t. I, p. 201.

PERPÉTUITÉ n. f.

À perpétuité a) « pour toujours, pour la durée de la vie » (XIIIᵉ s.) ; b) « de
façon continuelle » (début XIXᵉ s.). Le sens a) a donné la loc. fam. *à perpète* (1836,
Vidocq), dont la valeur s'est étendue à « indéfiniment, très longtemps » et aussi, spatialement, à « très loin » *(il habite à perpète)*.

Je crois que vous pouvez l'attendre à perpète. Elle ne viendra plus. Ah! nos gigolettes
d'aujourd'hui!   M. PROUST. *À la recherche du temps perdu*, t. II, p. 728.

PERROQUET n. m.

Vx. et fam. *Étouffer, étrangler un perroquet* « boire un verre d'absinthe » (1867,
Delvau). Le *perroquet* est un mélange de pernod et de menthe.

(Parler, répéter...) comme un perroquet « machinalement, sans réflexion ni
intelligence ». Lexicalisé dans *(c'est) un perroquet* « une personne qui parle sans réfléchir » (1640). L'imitation des sons de la parole humaine par certains oiseaux (perroquets, mainates) a posé un problème d'interprétation stimulant : la disjonction de
l'aptitude à la phonétique et celle du langage véritable.

PERSAN adj. et n. m.

Comment peut-on être persan ? La célèbre formule de Montesquieu *(Lettres
persanes)* est souvent rappelée pour simuler un étonnement naïf, souvent fauteur de
xénophobie, à propos d'une personne dont l'origine, le comportement, les activités
sont étrangères au groupe social.

PERSIL n. m.

Aller au persil « faire du racolage (prostituées) » (1840, selon Larchey). À
noter que *persil* a désigné les poils pubiens *(flouquet de persil* « organes génitaux » *in*
Wartburg), cf. aussi *aller aux asperges.*

Vieilli. *Avoir du persil (dans les oreilles, entre les doigts de pieds)* « être sale » (1894).

Vx. *Avoir du persil* « être piquant, relevé, amusant » (1876).

Vx. *Faire son persil* « se promener ou s'installer en public, pour se montrer, se
faire admirer, etc. » (début XXᵉ s.). L'expression s'est employée vers 1900 pour désigner les bénéfices illicites d'une cuisinière qui triche sur les prix (cf. *faire danser
l'anse du panier*) ; mais le passage de « bénéfice » à « attitude prétentieuse » n'est pas
évident (bénéfice social?).

On arrivait avenue du Bois-de-Boulogne. ou bien jusqu'à l'allée des Acacias. on
s'asseyait sur des chaises en fer et on regardait passer les voitures. On appelait ça. à
l'époque. « faire son persil ».   J.-J. OBERLÉ. *La Vie d'artiste*, in *Ph. Sl.*

PERSONNE n. f. *Persona* signifie en latin « masque de théâtre ». Une double
métonymie (visage-personne) lui donne sa valeur en français.

Grande personne « adulte » (surtout en opposition à *enfant* et dans le langage
enfantin). Le syntagme, sans être métaphorique, a acquis des connotations spécifiques.

Jeune personne « jeune fille ». *Personne* étant du féminin, son application privilégiée aux femmes en a été favorisée (sans invoquer, comme témoignage du mépris
masculin, reflété par la langue, l'étymologie du mot et ses emplois négatifs). L'histoire du lexique enseigne que *jeune personne* s'est dit des hommes (XVIᵉ-XVIIIᵉ s.) et
que sa spécialisation s'impose à l'époque louisquatorzienne.

Petite personne a) «petite fille»; b) (hypocoristique) «l'individu lui-même, en tant qu'objet de sa propre appréciation», notamment dans *aimer, prendre soin de sa petite personne; être content, satisfait, tout fier de sa petite personne* «être prétentieux, content de soi» (1690, *in* Furetière).

Vx. **Personne du sexe** «femme, fille». L'emploi absolu de *sexe* «ensemble des femmes» mériterait d'amples commentaires socio-psychologiques; jointe aux valeurs de *personne*, l'expression est étymologiquement fascinante («masque de théâtre de l'appartenance sexuelle»).

Bien (bien fait), mal (mal fait) de sa personne «bien, mal fait, quant à l'aspect physique, au corps».

En personne «soi-même; sans avoir recours à un représentant ou à des messages». *En propre personne* (XIIIᵉ s.). Fig., après un substantif abstrait : «incarné» (*l'orgueil en personne*, XVᵉ s.). Équivalent neutre de : *en chair* et en os.*

Y aller (donner, payer...) de sa personne «se dépenser sans compter, travailler soi-même, s'exposer au danger» (XVᵉ s.).

> Pareil à l'amant soucieux de n'être aimé que «pour lui-même», c'est moi tel que je suis — et non un étranger — que je vise à faire accepter. À rien ne servirait d'user de fausse monnaie pour le règlement de ce compte, à rien ne servirait de tenter de donner le change : il me faudra, littéralement, payer de ma personne si j'ai conclu ce marché qui est commerce avec moi-même autant que transaction avec autrui.
>
> M. LEIRIS, *Biffures*, p. 201.

PERTE n. f.

Perte sèche «perte sans aucune compensation» (d'abord en parlant de l'argent, XVIIIᵉ s.).

À perte [LOC. ADV.] «en éprouvant une perte, avec un déficit (dans une transaction)».

À perte de vue «à une très grande distance visible»; fig. «d'une façon illimitée, indéterminée» (notamment péj., «interminablement et sans résultat tangible»). Début XVIIᵉ s.

> Amenez-moi Philis couronnée de bleuets et ajoutez-lui cent mille livres de rente. Ouvrez-moi une bucolique à perte de vue sous une colonnade de marbre. Je consens à la bucolique et aussi à la féérie de marbre et d'or.
>
> V. HUGO, *Les Misérables*, Pléiade, p. 1375.

Avec perte et fracas «à grand bruit, avec éclat, scandale». Surtout dans des contextes impliquant des relations sociales difficiles : *il s'est fait renvoyer, virer... avec perte et fracas.*

En pure perte «sans résultat d'aucune sorte» (1509). Renforcement de l'ancienne loc. *en perte;* la variante *à pure perte* (XVIIIᵉ s.) n'a pas vécu.

> [...] dans ses rêveries de malade, encore fiévreuses peut-être, il se défiait de ces douceurs-là comme d'une chose étrange et nouvelle ayant pour but de le dompter. Il y restait froid. Le grand-père dépensait en pure perte son pauvre vieux sourire.
>
> V. HUGO, *Les Misérables*, Pléiade, p. 1362.

Aller (courir, marcher...) à sa perte «aller vers un échec, une catastrophe matérielle ou morale».

> L'on met si fort en avant les grands sentiments propulseurs, qu'il semble que ce soit eux-mêmes qui trinquent en la circonstance et nous entraînent à notre perte.
>
> A. GIDE, *Journal*, t. II, p. 22.

Passer qqch. par pertes et profits (par profits et pertes) «se résigner à la perte de qqch., à un échec». Métaphore comptable : ce qui est «passé» dans un compte de *pertes et profits* est considéré dans un ensemble où seul le résultat global importe.

Ce n'est pas une grande perte se dit d'une personne qui a disparu et que l'on n'estimait pas. *Votre sous-directeur a démissionné? (est mort?); ce n'est pas une grande perte!*

PESANT n. m.

Valoir son pesant de... «avoir la valeur (que l'on attribue à ce que désigne le compl.)»; a) *valoir son pesant d'or* «être d'un grand intérêt, d'une grande valeur» (souvent ironique) [attesté au XIIIe s.]; b) *valoir son pesant de...* (suivi du nom d'une substance comestible peu onéreuse : *moutarde, cacahuètes...*) «être ridicule, cocasse (péjoratif ou non)». Semble récent, mais on a dit au XVIIe s., par analogie avec *or*, *valoir son pesant de plomb* «avoir de nombreux défauts».

> Ô mon cher Ernest, à propos du Marquis de Sade, si tu pouvais me trouver quelques-uns des romans de cet honnête écrivain, je te les pairais leur pesant d'or.
>   G. FLAUBERT, *Correspondance*, Ire série, p. 52.

> Elle a un regard fripon qui me dénude et me consomme. La chaleur de son bras se répand dans tout mon corps. Cette nana, en toute franchise, doit valoir son pesant d'Amora (la bonne moutarde de Dijon). Je ne puis m'empêcher d'évoquer tout ce que je ferais avec elle s'il m'était donné d'avoir une plombe d'intimité.
>   SAN-ANTONIO, *Au suivant de ces messieurs*, p. 37.

PESER v. tr.

Ne pas peser lourd «avoir peu d'importance, d'effet...». On a dit au XVIIe s. (Sévigné) *ne pas peser une once.*

Tout bien pesé «après mûre réflexion» (1738).

Enlevez, c'est pesé → ENLEVER.

PESTE n. f.

... comme la peste, élément de comparaison qui se joint à des adjectifs comme *ennuyeux,* à des verbes comme *fuir, éviter; ...comme de la peste* se construisant avec *se méfier,* pour exprimer une grande intensité. On trouve aussi, à l'époque où apparaît l'expression, *plus que de la peste.*

> Je differois d'aller apprendre ceste pernicieuse science (les Loix), que j'ay tousjours haye plus que la peste, comme la cause de la pluspart de nos maux.
>   Ch. SOREL, *Histoire comique de Francion*, p. 213.

> Je dois aborder maintenant une tâche ennuyeuse. Il faut parler de la peste qui désola Marseille en 1720. On n'en parle que trop à Marseille; et c'est ici, pour la première fois, que j'ai compris le proverbe : *Ennuyeux comme la peste.*
>   STENDHAL, *Mémoires d'un touriste*, t. II, p. 282.

> La suite du passage montre qu'*ennuyeux* se réfère à l'obligation du lazaret pour les voyageurs.

> Aussi craignait-il comme la peste un rhume pour lequel il eût gardé le lit — car il était hypocondriaque.   M. PROUST, *À la recherche du temps perdu*, t. II, p. 845.

Vx. *Faire, mener peste et rage* «se démener avec force (pour protester, pour obtenir un résultat» (XVIIe-XVIIIe s.). *Dire peste et rage de qqn* «le calomnier» (d'abord : *dire la rage et la peste*).

La peste l'étouffe! Formule d'imprécation et de malédiction, en usage au XVIIe s., et dont la violence nous échappe : on imagine assez mal une formule analogue, du genre : *le cancer le ronge!,* d'autant que *la peste l'étouffe (m'étouffe si...)* est, déjà chez Molière, comique ou ironique.

1. PET n. m. Le mot, qui transmet un interdit social assez puissant, est un bon support métaphorique et lexical *(péter, pétarade, pétiller...).* Sa phraséologie était très riche aux XVIe et XVIIe s. : au sens de « beignet », nous connaissons encore le *pet de nonne*.

Vx. **Pet à vingt ongles** « enfant » (1690). La métaphore n'est pas isolée : le *petoun*, en provençal (« petit pet ») désigne le dernier né.

Vx. **Pet de boulanger** « pet foireux » (voir le suivant). Jeu de mot sur *bren*, à la fois « son » et « merde ». *Pet de ménage* (Rabelais) a le même sens.

Vx. **Pet de maçon** « pet foireux, pet qui entraîne des excréments » (1611, Cotgrave). Le texte de Oudin (1640) éclaire cette loc. *« un pet de masson, qui emporte son mortier ».*

> L'effort que je faisois en m'estendant ainsi, a donné la sortie a un furieux pet de masson qui les a tous estonnez. Mon Dieu, il n'est pas mort, ç'a dist ma femme, le voilà qui pette. Vous estes bien sotte, a respondu sa commere, pensez-vous que les personnes mortes ne puissent petter ?   Ch. SOREL, *Histoire comique de Francion*, p. 331.

Vx. **Glorieux (fier) comme un pet** « très prétentieux » (XVe s.) est expliqué par « le pet n'a d'égard à personne » (Gottschalk). Mais la paronymie avec *pou* (au sens de « coq » → POU) est probable. Variante développée : *fier comme un pet en coque* (1640, Oudin : « donner un pet en coque : petter dans sa main et la mettre proche du nez d'un autre »).

Face de pet, formule injurieuse et métonymique (= face de cul).

> Infaillible... tais-toi... tu me fais marrer... face de pet...   J. PRÉVERT, *Paroles*, p. 113.

Comme un pet sur une toile cirée « très vite, précipitamment (avec des verbes comme *filer, partir ;* cf. *lâcher qqn comme un pet*, 1884, Villatte). *Un pet (glissant) sur une toile cirée* « une chose éphémère, qui passe sans laisser de traces ». L'expression vient des comparaisons populaires avec *lâcher (partir, filer...), la toile cirée* symbolisant un milieu de propagation particulièrement lisse, et s'appuyant peut-être sur la métaphore *déchirer la toile* « péter ».

> « Reviens, Franck, mon chéri !... c'est fini, Franck, allons... ». Pet glissant sur une toile cirée. les paroles lénifiantes de la viocarde. Il lui taille, le galopin, une basane tel un vieux griffeton de Courteline...   A. BOUDARD, *Cinoche*, p. 38.

Avoir toujours un pet de travers « être constamment incommodé ; se plaindre de malaises, de fatigues continuelles ». Les gaz intestinaux non évacués, douloureux mais dont la thérapeutique est naturelle et inoffensive, servent de symbole aux petites maladies. Le patois angevin exprime la même idée par *avoir toujours la pète ou la chie* (Wartburg).

Ne pas bouger (remuer) d'un pet « ne pas faire le plus petit mouvement ». *Pet* a ici la valeur bien normale de « souffle ».

> Une voiture bleue luxueuse suit lentement le trottoir phares en code elle me rejoint je me reboutonne je bouge pas d'un pet un type à l'arrière ouvre sa vitre et me parle poliment.   T. DUVERT, *Paysage de fantaisie*, p. 87.

Lâcher qqn comme un pet « abandonner précipitamment » (fin XIXe s.). La comparaison s'applique aux verbes *partir, filer*, etc.

On tirerait plutôt un pet d'un âne mort « la chose est impossible » (*on tirerait aussitôt* [aussi vite] *un pet d'un âne mort, in* Furetière). D'abord employé pour qualifier une avarice sordide, le complément étant *qu'un sou de sa bourse*. Dans Rabelais, *tirer des pets d'un âne mort* a un sens plus général, « tenter l'impossible ».

Ça ne vaut pas un pet de lapin « ça ne vaut rien » (fin XIXe s.).

2. PET n. m. Abréviation populaire de *pétard*. Toutes les loc., d'abord argotiques, sont d'usage très familier.

Faire le pet « faire le guet (pour prévenir des complices, etc.) », 1830 *in* Esnault.

Faire du pet «faire du scandale, protester bruyamment» (1835).

Porter le pet «porter plainte, protester».

PÉTARD n. m.

Un pétard mouillé «une révélation, une action qui devrait être spectaculaire, sensationnelle, mais qui n'a pas d'effet»; cf. *Faire long feu**.

Fam. **En pétard** «en colère» (1926, Esnault).

Fam. **Faire du pétard** «faire du scandale» (1881, Rigaud).

Vx. **Ficher un pétard** «faire un effet sensationnel».

> Puis marchaient les hommes, M. Madinier, très grave, tout en noir, Mes-Bottes, un paletot sur sa blouse, Boche, dont le pantalon jaune fichait un pétard, Lantier, Gaudron, Bibi-la-Grillade, Poisson, d'autres encore.   É. ZOLA, *L'Assommoir*, t. II, p. 98.

PÉTAUD n. pr.

Vx. **C'est la cour du roi Pétaud** «un lieu de désordre et d'anarchie» (*in* Rabelais III, 6). Selon la tradition, il s'agirait du nom d'un roi des mendiants, dérivé du latin *peto* «je prie, je mendie». En fait, *petau* ou *pitaut* est appliqué depuis le XIVᵉ s. aux anciens soldats, aux paysans, et signifie tout simplement «péteur». L'histoire d'un «roi des mendiants» semble inventée a posteriori pour expliquer l'expression; en réalité, Rabelais recourt à une légende que Sainéan déchiffre comme étant zoologique. Ce «roi péteur» est un «petit roi», un *roitelet*, et les noms de l'oiseau (*roi petaret*, etc.), comme sa réputation au XVIᵉ s., appuient cette thèse. Il s'agit d'abord d'un personnage insolite, fugueur et volage, qui cherche sa propre maison; l'idée d'une cour désordonnée, où chacun est maître, apparaît vers la fin du XVIᵉ s. Le mot *pétaudière* est issu de cette locution.

PÉTER v. intr. et tr. De sens concret — pour ne pas dire «sens propre» — aux métaphores «éclater, sauter...», le verbe, comme le substantif *pet*, donne lieu à une riche phraséologie. On ne mentionnera pas ici les formes lexicalisées *(pète-sec)* et celles qui sont traitées au nom complément (→ CUL, FEU, SOIE...).

La péter «avoir grand faim». Bizarre emploi transitif *(péter la faim)* pour *péter* (crever) *de* faim (1915).

Péter dans la main, les mains (d'une chose) «échouer brusquement» (*in* Saint-Simon). Ne pas confondre avec l'homonymie plus vulgaire : *péter dans la main (de qqn)* «être d'une familiarité excessive» (1862, Larchey).

Péter dans la graisse, dans sa peau... «être très gras» (fin XIXᵉ s., Huysmans). Le mot a ici le sens figuré d'«éclater».

Vouloir péter plus haut qu'on a le derrière (le cul) «avoir des prétentions excessives; tenter d'obtenir ce qu'on n'est pas en situation d'avoir, etc.». *Péter plus haut que son cul* est dans Oudin (1640).

> Conscient de son infériorité sociale, il n'osait lever les yeux sur elle : il ne voulait pas péter plus haut qu'il n'avait le derrière, ni se risquer dans une aventure larmoyante comme on en voit au ciné ou dans les feuilletons lorsque des gars dépérissent pour l'amour d'une inaccessible, qu'à la fin on veut faire croire qu'ils épousent.
> R. QUENEAU, *Pierrot mon ami*, p. 86.

Il faut que ça pète ou que ça casse (crève), ou que ça dise pourquoi «il faut en finir; il faut que la difficulté cède». Dans *il faut que ça pète ou que ça casse,* la redondance exprime l'intention ferme de faire céder ce qui résiste; la forme ... *ou que ça dise pourquoi* laisse à la difficulté une échappatoire fictive et anthropomorphe : si les choses parlaient et exprimaient leur refus du projet humain, elles y échapperaient (peut-être).

Quand je prends une chose à cœur. moi. il faut que ça pète ou que ça craque.

> J. GIONO, *Un de Baumugnes*, p. 62.

— Tout est si cher! reprit Madame Rasseneur qui était entrée [...]. Si je vous disais que j'ai payé les œufs vingt-deux sous. Il faudra que ça pète.

> É. ZOLA, *Germinal*. t. I. p. 159.

Il ne pètera plus « il est mort » (1808).

1. PETIT adj. et adv. La plupart des loc. sont traitées au substantif. *En petit* [LOC. ADV.], ne donne lieu à aucun transfert sémantique.

Petit à petit [LOC. ADV.] « progressivement ». Forme très ancienne (XIIᵉ s.), basée sur l'emploi adverbial de *petit* « peu » (cf. *un petit* « un peu » en ancien français). On trouve aussi *à petit, à bien petit que... ne* (peu s'en faut que), et des variantes de *petit à petit*, construites avec *et, en* (au lieu de *à*). Comme *peu à peu*, l'expression est restée très vivante : elle n'est plus analysée.

[...] l'on m'apprit, comme aux autres enfants, mille niaiseries [...] au lieu de m'élever petit à petit à de grandes choses en m'instruisant à ne rien dire de badin.

> Ch. SOREL. *Histoire comique de Francion*, p. 164.

D'abord simple habitué des dimanches du major. Frédéric était devenu. peu à peu. l'intime puis l'indispensable de la maison, était entré petit à petit dans l'existence de la commandante et ces demoiselles [...].

> G. COURTELINE, *Les Gaîtés de l'escadron*, p. 101.

Se faire tout petit « éviter de se faire voir, remarquer ; être très discret » (XIXᵉ s. ; XVIIᵉ s., au sens concret : « se recroqueviller »).

2. PETIT n. m.

Faire des petits « s'augmenter, se multiplier d'une manière spontanée » (*in* Littré). D'abord en parlant de l'intérêt de l'argent : cette métaphore biologique est significative de son époque, où le capitalisme financier s'enracine dans une « nature ».

PÉTRIN n. m.

Être, se mettre (ficher, fourrer...) dans un (beau, joli...) pétrin « être, se mettre, etc., dans une situation inextricable, embarrassante et désagréable » (fin XVIIIᵉ s.). La métaphore est très courante, de la matière pâteuse (comestible ou, au contraire, ignoble) à la situation confuse (cf. *panade, purée, mouscaille*) ; ici, *pétrin* apporte une autre valeur : contenant où l'on brasse la pâte. D'autres constructions, avec ce sens de *pétrin*, sont courantes (*tirer du pétrin*, etc.).

PEU adv. et n. m. Comme la plupart des mots fonctionnels monosyllabiques, *peu* s'insère dans de nombreuses formes qualifiées de « locutions » dans les dictionnaires, mais qui constituent autant d'unités lexicales, ou des combinaisons où *peu* a un sens spécialisé (*avant peu, sous peu* [de temps] ; *un peu plus* [de temps], etc. ; *pour un peu ; quelque peu* « d'une manière appréciable »). L'emploi adverbial de *un peu* est souvent renforcé par l'adjectif *petit (un petit peu)*.

À peu près « approximativement » (XVᵉ s.). Loc. fréquente et lexicalisée, alors que *à peu de choses près* (« presque, avec une approximation très grande ») est encore analysable, à condition d'y reconnaître la construction *à... près* (*à...*, considéré par rapport, dans sa différence »). Cependant, *à peu près* n'est pas fixé depuis très longtemps, et l'on rencontre la variante *au peu près* dans la langue classique :

[...] poudré, chaussé, frisé, bien vêtu. il marche la tête haute. il se montre. et vous le prendriez au peu près pour un honnête homme.

> DIDEROT, *Le Neveu de Rameau*. p. 426.

Peu à peu «progressivement»; cf. *Petit à petit.* Employée dès le XIIIe s., cette construction survit dans quelques expressions avec des noms *(pas à pas); elle est archaïque avec les formes adverbiales.

Pour peu que... (+ subj.) «à condition de..., et aussi peu, aussi facilement qu'on veut» (XVIe s.).

Littér. **Peu ou prou** «plus ou moins» (1600; *ni peu ni prou* au XVIe s.). Seul emploi vivant de *prou* (latin *prode, prodesse* «profit») signifiant «assez, beaucoup».

> Rien de ce que je puis faire ne peut plus me paraître gratuit, en ce temps où des choses si hideuses se passent qu'il est impossible à quiconque de ne pas s'en tenir pour peu ou prou responsable et de ne pas assigner à chacun de ses gestes une portée mesurable.   M. LEIRIS, *Biffures*, t. I, p. 185.

Si peu que... «aussi faiblement que...» (d'abord «en quantité aussi petite que...», 1549).

Tant soit peu «aussi peu que ce soit, au plus faible degré» (vers 1450; var. *tant peu que ce soit,* 1538). *Si peu que...* (+ subj.) a une valeur voisine. *Si peu que rien* «presque rien» (Scarron).

C'est peu que (+ subj.), *de* (+ inf.) «il ne suffit pas de...».

Ce n'est pas peu dire... «c'est une chose remarquable».

Excusez du peu! s'emploie pour marquer avec ironie l'importance de qqch. (fin XVIIIe s.).

Il s'en faut (fallait...) de peu que... «la chose est presque arrivée».

Très peu pour moi! «je n'en veux à aucun prix; la chose est exclue» (vers 1900).

Fam. **Un peu!** «certainement»; cf. *et comment!* Parfois renforcé plaisamment par l'assonance : *un peu, mon neveu!*

> Ça vous va-t-il? — Un peu, mon neveu, répondit Croquignol qui avait conscience de sa célébrité d'explorateur [...].   *L'Épatant,* 1910, p. 114.

> — Dites-donc, on ne sait pas ce que c'est qu'un taxi par ici?
> — Est-ce que ça vous regarde? répond le garçon avec calme.
> — Un peu, mon neveu. Nous avions l'intention d'en prendre un.
>   R. QUENEAU, *Le Dimanche de la vie,* p. 106.

Un peu beaucoup, expression ironique signifiant «trop, à mon gré» (1578, Estienne).

Un peu plus, un peu moins «environ» *(peu plus peu moins,* 1549).

Pour un peu... (+ conditionnel) «peu de choses auraient suffi pour que...» (XXe s., Valéry, Romains).

Fam. **Être un peu là** «affirmer sa présence, son existence, par une action remarquable».

> Mais heureusement que nous sommes un peu là; et que celui (avec un geste vers la suspension) qui est Là-Haut est un peu là aussi.   J. PRÉVERT, *Paroles,* p. 39.

Plusieurs peu font un beaucoup [LOC. PROV.], expression générale correspondant à de nombreux proverbes : *les petits ruisseaux...,* etc.

PEUR n. f. Deux syntagmes verbaux usuels : *avoir peur* et *faire peur; de peur de* signifie «par crainte de».

Peur bleue «peur très vive, intense» (1877, Zola). La couleur a des sources linguistiques : *être bleu, en rester bleu; mais vert* aurait mieux convenu.

> [...] il discutait chaque fricot, au point de vue de la santé, faisant remporter la viande lorsqu'elle lui semblait trop salée ou trop poivrée. C'était encore pis pour les courants

d'air. il en avait une peur bleue. il engueulait tout l'établissement, si une porte restait entr'ouverte. É. ZOLA, *L'Assommoir*, t. II, p. 32.

La peur au ventre «une peur viscérale».

Laid (affreux...) à faire peur «très laid» (*in* Molière), Employé seul : *être à faire peur* «avoir une apparence effrayante» et, par ext. (ironique), «être laid, mal habillé ou arrangé» (début XIXᵉ s., P.-L. Courier).

(Avoir) plus de peur que de mal «avoir éprouvé vivement un danger sans grand dommage» (fin XVIIIᵉ s., comme le suivant).

(En être) quitte pour la peur «avoir échappé à un danger éprouvé» (1788). On a dit : *n'avoir (n'en avoir) que la peur* (XVIIᵉ s.).

Ça ne me (lui...) fait pas peur «je suis (il est...) très capable de cela».

Mourir de peur «éprouver une peur extrême» (depuis le XIIᵉ s.).

Prendre peur «commencer à ressentir de la peur, s'alarmer» (début XIXᵉ s., P.-L. Courier).

La peur donne des ailes «la peur rend capable de marcher, courir... très vite». Variante ancienne : *la peur a bon pas,* où une métonymie donne à *peur* la valeur de «celui qui a peur».

PÈZE n. m.

Arg. *Être au pèze* «avoir beaucoup d'argent» (1901, Esnault). Forme comparable à *être en fonds.* La construction avec *à* est rare avec ce type de sémantisme, elle peut être influencée par *être plein aux as*★.

PHASE n. f.

(Être, se sentir) en phase avec qqn «être en accord, en communion avec lui». L'expression est empruntée à la physique. Des mouvements périodiques sont dits «en phase» quand ils varient de la même façon et en même temps.

PHÉBUS n. m. Nom gréco-latin *(Phoibos, Phœbus)* d'Apollon, le «brillant», employé depuis le début du XVIIᵉ s. pour désigner un style ampoulé.

Vieilli. *Diseur de phébus* «écrivain ou orateur alambiqué».

Vieilli. *Donner sur (dans) le phébus* «parler ou écrire de façon artificielle et obscure» (1694, Acad.). La langue classique employait aussi *phébus* adverbialement, dans *parler phébus* (même sens; chez M. Régnier, 1609).

PHOQUE n. m.

Souffler comme un phoque «souffler, respirer bruyamment» (1848, *in* Balzac).

Pendant tout ce temps mon fils soufflait comme un phoque.
S. BECKETT, *Molloy*, p. 216.

PHRASE n. f.

Phrases toutes faites «expression convenue, cliché» (1688, La Bruyère). Ne désigne pas la *locution* codée, au sens où on l'entend dans cet ouvrage, mais une façon déterminée d'obtenir un effet stylistique.

Que vois-tu là de bon? c'est écrit en phrases toutes faites d'un bout à l'autre, et commun de fond au suprême degré. Quel est le bourgeois qui n'a pas pensé cela et dit cela?
G. FLAUBERT, *Correspondance*, IVᵉ série, p. 293.

Sans phrase(s) «sans commentaires ni précautions oratoires; de manière simple et directe» (XIXᵉ s.). *Phrase* a ici la même valeur que dans la loc. suivante. Une allusion historique célèbre ne semble pas très assurée :

Il est faux que Sieyès ait voté *la mort sans phrase*. Le fameux *sans phrase* ne se trouve ni dans le *Moniteur*, ni dans le procès-verbal.

P. LAROUSSE, *Grand Dict. universel*, art. Louis XVI.

Faire des phrases «parler, écrire de manière prétentieuse» (1772). On dit aussi : *faire de grandes phrases*. L'expression, comme *faiseur de phrase*, fait allusion au sens classique de *phrase* «tour donné à l'expression».

PHYSIQUE n. m.

Le physique de l'emploi «l'apparence conforme à l'idée qu'on se fait du personnage». Expression de théâtre, désignant les comédiens dont le physique correspond à leur rôle, et étendue aux «rôles sociaux», aux images culturelles.

> Leurs femmes sont toujours jolies, avec une petite saveur de coquinerie étrangère, avec le mystère de leur existence passée [...]. Elles ont en général des yeux superbes et des cheveux incomparables, le vrai physique de l'emploi, une grâce qui grise, une séduction qui pousse aux folies, un charme malsain, irrésistible !
>
> G. DE MAUPASSANT, *Yvette*, p. 10.

PIANO adj. Mot italien «doucement», du latin *planus*.

Vieilli.   **Piano piano** «doucement, insensiblement» (*piano piano* 1618).

Qui va piano va sano, proverbe italien «qui va doucement va sûrement». La suite est *chi va sano va lontano* «qui va doucement va loin».

> La République tout court, pour commencer... Petit à petit l'oiseau fait son nid ! *Chi va piano va sano*... Songez donc que l'ennemi est là : que les Prussiens nous regardent !
>
> J. VALLÈS, *L'Insurgé*, p. 158.

PIC n. m.

À pic «verticalement ; qui est très escarpé, vertical» (1611) ; fig. «au bon moment, exactement quand il faut». Le sens concret donne des expressions verbales comme *tomber à pic, couler à pic* (au fig., «sombrer, échouer brusquement» ; le sens fig. est utilisé avec les verbes *arriver, tomber, venir...*).

> [...] il était suffoqué, moins d'avoir couru pour ne pas manquer le train, que par l'émerveillement de l'avoir attrapé si juste. Il en éprouvait plus que la joie d'une réussite, presque l'hilarité d'une joyeuse farce. « Ah ! elle est bien bonne ! dit-il quand il se fut remis. Un peu plus ! nom d'une pipe, c'est ce qui s'appelle arriver à pic ! »
>
> M. PROUST, *À la recherche du temps perdu*, t. II, p. 869.

> Un de mes collègues de la revue *Documents* [...] me proposa de faire partie d'une nouvelle mission africaine dont il avait l'idée, ce qui tombait à pic dans les conjonctures où je me trouvais, nerveusement déprimé au point d'avoir dû recourir, pour me tirer d'un étai qui s'avérait pathologique, à l'assistance d'un médecin et travaillé, au demeurant, par un furieux besoin de changer d'air.   M. LEIRIS, *Biffures*, p. 230.

La loc. *à pic* est aujourd'hui isolée, mais la phraséologie ancienne atteste *il en est pic* «la chose est accomplie», et *tout de pic* «d'un seul coup» (1842) où apparaît la valeur temporelle.

PIE n. f.

Pie grièche «personne hargneuse». L'oiseau (dénommé pie «grecque») a une réputation d'extrême férocité.

Bavard, voleur... comme une pie «habituellement voleur, bavard». Allusion aux mœurs de la pie, oiseau qui jacasse bruyamment et aime à emporter les objets brillants. La comparaison fonctionne aussi avec les verbes : *bavarder, jaser, causer comme une pie* parfois renforcée en *comme une pie borgne* (depuis le XVIIe s.). Cette dernière expression atteste une coutume détestable, qui consistait à crever un œil (sinon les deux yeux) aux pies que l'on voulait dresser à répéter des sons.

On dit aussi qu'il est voleur comme une pie, mais il ne faut pas toujours croire les cancans.   M. PROUST, *À la recherche du temps perdu*, t. II, p. 23.

Vx.   **Croquer la pie** « boire beaucoup ; faire bonne chère » (XVᵉ-XVIIᵉ s.). Cette loc.,
avec quelques autres, dérive de l'ancien verbe *pier* « boire » (qui vient, selon la plupart des étymologistes, de *pie*, l'oiseau).

Vx.   **Donner à manger à la pie** « cacher une partie du gain » (d'un joueur).

Trouver (ne plus trouver) la pie au nid « trouver (ne plus trouver) une personne là où elle est censée vivre » (1640, Oudin) ; cf. *L'oiseau s'est envolé*.

Rien n'y fit : aucune prière, aucune menace, aucun argument. Le père refusa. Elle par-
tit. Un soir, on ne trouva plus au nid la pie.   R. ROLLAND, *L'Âme enchantée*, in Ph. Sl.

PIÈCE n. f. Mot très polysémique et bref, qui a perdu bon nombre de ses
valeurs, notamment temporelles (cf. *grant piece, bonne piece*, etc. « longtemps », en
ancien français) mais reste très employé en locution. Parmi les expressions anciennes
et pittoresques aujourd'hui oubliées, on peut signaler *pièce de campagne* « putain »
(au XVIIᵉ s.).

La pièce de bœuf « la chose la plus importante, la plus considérable » (1835).
Au XVIIᵉ s., Oudin note un autre sens : *c'est l'ordinaire, la pièce de bœuf* « la nourriture ordinaire ».

Vx.   **Bonne pièce** « personne rusée, malicieuse » (ironique). Emploi classique,
attesté chez Molière, de *pièce* au sens de « personne » (XIIᵉ-XVIIIᵉ s.).

Pièce rapportée « allié, dans une famille (péjoratif) ». Emploi figuré récent
d'un sens technique attesté au XVIIᵉ s.

La monnaie de la (sa) pièce → MONNAIE.

Les trois pièces « les parties génitales de l'homme » (1640, Oudin). À rapprocher de *la pièce du milieu* « le sexe » (ibid.), attestant l'emploi de *pièce* au sens de
« partie du corps ». L'expression, conservée mais isolée de tout sens vivant, est remo-
delée dans la langue populaire en **service trois pièces** (on peut lire l'expression
chez San-Antonio).

De pièces et de morceaux « d'éléments hétéroclites » (avec des participes passés
comme *fait, composé*...). Attesté chez Furetière (1690).

J'ai fait mon style de pièces et de morceaux que l'on dirait ramassés, à coups de crochet, dans des coins malpropres et navrants. On en veut tout de même de ce style-là !...
                                                       J. VALLÈS, *L'Insurgé*, p. 57.

De toutes pièces « entièrement fabriqué ou reconstitué » ; au fig. « entièrement
inventé, élaboré, forgé... » (XIXᵉ s.). D'abord dans *armé de toutes pièces* « complètement » (XIIᵉ s.), au fig. dans *accommoder qqn de toutes pièces* « le maltraiter de toutes
les façons » (XVIIᵉ s.).

D'une seule pièce « fait d'un seul élément ». Au fig. cf. *tout d'une pièce*, ci-dessous.

Pièce à pièce « progressivement, en prenant successivement chaque élément »
(*pièce par pièce* au XVIᵉ s.).

Tout d'une pièce « fait d'un seul élément », et fig. (personne), « raide, sans
aucune souplesse » (XIIᵉ s.).

C'est une façon de flatter le populaire. [...] tous sont platement adulés. Et des types
tout d'une pièce, comme dans les tragédies.
                                         G. FLAUBERT, *Correspondance*, Vᵉ série, p. 35.

Vieilli.   **Emporter la pièce** « l'emporter, dans une discussion, une controverse ; obtenir
satisfaction » (on dit aujourd'hui *emporter le morceau*).

Être (travailler) aux pièces «être rémunéré en fonction du nombre d'objets fabriqués, en proportion du travail fourni» (1845; *à la pièce*, 1835); au fig. «travailler vite, devoir faire un effort soutenu pour gagner suffisamment». On dit familièrement : *on n'est pas aux pièces* «on a tout son temps».

Faire pièce à qqn «s'opposer à qqn, le contrecarrer» (1640). On a dit, à l'époque classique, *faire une pièce, des pièces à qqn* «lui jouer un mauvais tour», par allusion à la *pièce* de théâtre, ici une farce.

Mettre en pièces «briser, déchirer en nombreux morceaux»; fig., «détruire complètement, et spécialt détruire une réputation, etc., par des calomnies» (attesté chez Rabelais). Renforcé dans *mettre en pièces détachées* «démolir».

> Si l'on n'eust retenu la fureur du peuple parmy lequel le faux bruit d'une trahison couroit, il se fust jetté dessus luy et l'eust mis en pieces.
>
> Ch. SOREL, *Histoire comique de Francion*, p. 390.

Tailler en pièces «détruire entièrement» (XVIIᵉ s.).

Tomber en pièces, en pièces détachées «s'effondrer, s'écrouler (propre et fig.) ». On a dit (XVIᵉ s.) *tomber par pièces*.

1. PIED n. m. Extrémité des membres inférieurs de l'homme (et dans l'ancienne langue, des animaux → PATTE); opposé à la tête, comme la partie la plus inférieure à la partie supérieure.

Pied donne lieu à de nombreuses locutions à valeur adverbiale, qui sont décrites par les dictionnaires généraux. Mentionnons les principaux types, pour illustrer les tendances sémantiques du mot. Précédé de *à*, il entraîne le sens de «marche» ou de «situation de piéton» (1), avec les connotations de ce mot, situation modeste ou inférieure (d'où les métaphores *mettre à pied, mise à pied* qui équivalent à «faire descendre de sa monture»); il en était de même des expressions avec *de*, qui sont vieillies (*aller de pied*, etc.). *En pied*, de nos jours, signifie «debout», comme *sur pied* (voir ci-dessous : *sur le pied de...*, etc.). L'emploi du pluriel réfère plus précisément à la réalité du corps humain et conserve aux métaphores un noyau concret (*fouler aux pieds, se jeter aux pieds de qqn*, etc.). Dans *pied à pied*, la valeur est «pas», par l'extension de «partie du corps» à «acte typique que fait cette partie». Les autres sens du mot *pied* : «base» (2); «unité de mesure» (3), etc., donnent lieu à des locutions souvent mal comprises, et la valeur première «extrémité de la jambe» tend à s'y substituer.

Oppositions réalisées dans la langue : *Tête-pied* → TÊTE; *pied-main (faire des pieds et des mains*)*. Synonymies : *Pied-patte; pied*-terme obscène (parties sexuelles mâles, etc.) [dans *casser les pieds*, etc.].

On mentionnera pour mémoire les innombrables expressions formées sur *pied* + adjectif pour désigner des animaux et sur *pied + de +* nom (souvent nom d'animal) pour désigner des plantes, des instruments (comme *pied de biche*). Ces désignations forment de véritables noms composés (→ *patte, doigt, bec...*).

Pied de grue (faire le) → GRUE.

Pieds nickelés est attesté en 1912 : *avoir les pieds nickelés*. Il s'agirait d'une altération de *pieds niclés* «noués, malformés», terme dialectal passé en argot (1894); à noter que les *pieds plats*, autre malformation, sont un motif traditionnel de réforme, au service militaire. Popularisée par les célèbres bandes dessinées de Forton, l'expression désigne le paresseux débrouillard et comiquement malhonnête. Sa nouvelle interprétation y ajoute l'idée de «chance» (les métaux nickelés sont brillants).

> Ribouldingue et Filochard eurent bientôt plus de cinq cents personnes à leurs trousses, et ils ne durent leur salut qu'à la vitesse de leurs jambes, et cette fois-là, croyez-le, ils

n'eurent pas les pieds nickelés, oh non! Au contraire, jamais ils n'avaient détalé si vite de leur vie.   *L'Épatant*, 1908, p. 17.

De nos jours, et par allusion à la bande des Pieds-Nickelés, *jouer aux Pieds-Nickelés* signifie «jouer au petit gangster» (comme on joue au petit soldat).

Pied noir «Français d'Algérie» a suscité diverses explications fantaisistes («ceux qui ne craignent pas d'aller pieds nus» ou «qui s'assimilent à la tribu indienne des Black-feet»). G. Esnault a reconstitué avec précision l'histoire de cette locution qui a désigné successivement les soutiers de bateaux reliant la France à l'Algérie (qui travaillaient pieds nus dans la soute à charbon), lesquels étaient des Algériens, puis des indigènes d'Algérie, par une extension : soutier algérien = Algérien. Enfin, c'est le jeu de l'opposition Algérien - non-Algérien qui a neutralisé l'opposition indigène-Français d'Algérie et a incité ces derniers à revendiquer le sobriquet pour s'opposer aux «Francaouis» (Français de la Métropole) en assumant (consciemment ou non, mais la langue manifeste l'inconscient des peuples) l'identité avec la population autochtone, et bien sûr, l'enracinement, que symbolise le pied nu sur la terre. D'où les remotivations ou explications logiques postérieures données pour expliquer une expression dont l'origine s'était perdue.

Notons enfin, d'après Wartburg, les nombreux syntagmes vieillis ou dialectaux du même genre : *pied gris* «paysan grossier» (XVIᵉ-XVIIᵉ s.); *pied jaune* «vigneron», à Chablis; *pied blanc* «fantassin» (à cause des guêtres); *pied poudreux* (poussiéreux) «déserteur» (XVIIIᵉ s.) ou «homme sans feu ni lieu»; *pieds pourris* (XVIIᵉ-XVIIIᵉ s.) «travailleur qui a les pieds dans l'eau». Ces locutions correspondent souvent à des locutions verbales : *avoir les pieds* (*blancs*, *nickelés*, etc.) : voir plus loin.

Pied plat, qui désigne au XVIIᵉ s. les «gens à souliers plats», c'est-à-dire les paysans, a aujourd'hui la valeur de «personne servile» et non plus «inculte, grossière»; les valeurs métaphoriques de *plat* ont éliminé le sens initial (c'est un *pied plat* = c'est un homme *plat*). Cette expression est à peu près lexicalisée.

Coup de pied signifie à la fois «coup donné avec le pied» et «marche brève» (*j'irai d'un coup de pied*). Au sens de «coup», se combine fréquemment avec les noms du postérieur : *donner (flanquer, ficher, foutre) un coup de pied au cul, aux fesses..., quelque part.*

> La Mouquette parlait de démonter les gendarmes à coups de pied quelque part.
>   E. ZOLA, *Germinal*, t. I, p. 328.

> Nous aurons introduit le *cuir* dans le Conservatoire de la langue française, et flanqué un coup de pied au derrière de la tradition!   J. VALLÈS, *L'Insurgé*, p. 235.

Coup de pied de Vénus «maladie vénérienne» (fin XVIIᵉ s., Hébert).

> [...] Vénus parfois vous donne
> De méchants coups de pieds qu'un bon chrétien pardonne,
> Car, s'ils causent du tort aux attributs virils,
> Ils mettent rarement l'existence en péril.   G. BRASSENS, *Poèmes et Chansons*, p. 302.

Locutions adjectives et adverbiales :

À pied «en marchant» (XIᵉ s.) [voir ci-dessus *aller du pied*]. *À pied, à cheval et en voiture*, fig., «de toutes les façons» avec le verbe *emmerder*.

> Les gens du quartier? Je les emmerde. À pied, à cheval et en voiture. Seulement, allons voir quelque chose de bien. On joue pas quelque part *Les Trois Amants de la Cantinière?*   R. QUENEAU, *Le Dimanche de la vie*, p. 152.

Mettre à pied (mise à pied), voir ci-dessous.

À pieds joints, en parlant du saut. La loc. s'emploie métaphoriquement pour «franchement, carrément».

> Médecin héroïque, il pousse
> Le mourant à sauter le pas :
> Soit dans la vie à la rescousse...
> Soit, à pieds joints, en plein trépas.   T. CORBIÈRE, *Les Amours jaunes*, p. 798.

Au pied levé «sans avoir le temps de se préparer» (XVIᵉ s.).

> J'avais dit que je conduirais l'orchestre. au pied levé. et en tant qu'amateur distingué
> capable de cette performance. C'était — sauf erreur — le *Requiem* de Verdi qu'on
> devait jouer.   M. LEIRIS, *Frêle bruit.* p. 188.

Aux pieds de qqn (avec le verbe *être*, XVIIᵉ s., Bossuet, et des verbes exprimant
métaphoriquement la soumission : *ramper, se rouler, se traîner*) «dans une situation
de soumission absolue». Alors que *aux genoux de* sert à exprimer une prière, une
supplication qui n'est pas forcément dégradante, la position d'abaissement extrême
correspondant à *aux pieds de...* implique généralement la dégradation ou, plus ou
moins ironiquement, l'excès.

> Vous devez être dégoûté de moi. si vous ne m'avez pas complètement oublié. J'irai
> me rouler à vos pieds un de ces matins et vous dire mille mercis pour les mer-
> veilleux portraits que vous m'avez faits.   C. CROS, *Correspondance*, p. 645.

Bête comme ses pieds «très bête» est une expression relativement récente
(Delvau l'enregistre en 1867) ; elle utilise l'opposition sous jacente *tête-pied* : « esprit »
opposé à «partie du corps enfoncée dans la matière». Cette expression est à rapprocher de la locution adverbiale *comme un pied* et au sens de *pied* «imbécile».

Bon pied bon œil «avec une allure vive et alerte», coordonne deux formes
inusitées séparément (fin XVIIᵉ s.) ; *bon pied* correspondant à la stabilité d'un homme
fort, à la rapidité d'un homme alerte, *bon œil* à la vue perçante. Cependant l'expression *de bon pied* a existé au Moyen Âge (elle signifiait métaphoriquement «avec franchise »), puis aux XVIᵉ et XVIIᵉ s. *(aller de bon pied).*

> [...] j'ai bon pied. bon œil. bonne santé! J'espère vivre encore assez pour savoir dans
> quel chemin vous mettez les pieds.   H. de BALZAC, *La Rabouilleuse*, p. 1060.

Comme un pied (avec un verbe d'action) «très mal».

> [...] les maris ne savent jamais danser... C'est-il que les bons danseurs ne se marient
> pas. c'est-il que... [...]. Qu'est-ce donc qu'on vous apprend à votre Institut de Beauté?...
> — N'empêche que tu danses comme un pied !   E. TRIOLET, *Roses à crédit*, p. 150.

D'arrache-pied «en fournissant un effort intense». L'image est celle de l'arra-
chement (du pied) au sol, à la terre.

> On ne nous laisse pas imprudemment nous ensevelir dans le repos. Il faut se mettre au
> travail d'arrache-pied.   H. BARBUSSE, *Le Feu*, t. II, p. 57.

De pied en cap mérite d'être signalé pour son élément aujourd'hui obscur :
cap (forme provençale de *caput* = tête). Comme *des pieds à la tête*, elle sert à qualifier un habillement, un équipement complet.

> Quant à la façon de se vêtir. les femmes se mettent à la française et mieux que nulle
> part ailleurs. On leur envoie journellement de grandes poupées vêtues de pied en cap à
> la dernière mode. et elles ne portent point de babioles qu'elles ne les fassent venir de
> Paris.   Ch. de BROSSES, *Lettres d'Italie*, t. I, p. 174.

> Mon habit est fort bien. se dit-il en se regardant dans deux miroirs qu'il avait fait placer
> de façon à se voir des pieds à la tête.   STENDHAL, *Lucien Leuwen*, t. I, p. 773.

De pied ferme «sans céder, sans reculer» (XVIᵉ s.), cf. ci-dessous *pied à pied*.

En pied «en titre, bien installé». L'expression vient de la langue militaire
(*capitaine en pied* «en service», au XVIIᵉ s.).

> Il faut qu'il [le dialogue] soit ainsi :
> «Leuwen fils est actuellement amoureux de mademoiselle Gosselin. — Ah ! diable. et est-il
> amant en pied ? — Il en est fou. jaloux..., etc. Il veut être seul. »
>   STENDHAL, *Lucien Leuwen*, chap. XLVI, p. 1113.

Les deux pieds dans le même sabot, le même soulier (avec les verbes *être,
rester*, etc.) «embarrassé, incapable d'agir; passif et sans initiative». Cette locution
d'apparence archaïque n'est attestée qu'au XXᵉ s.

Haut le pied apparaît d'abord dans : *s'en aller haut le pied* «en courant» (cf.
Prendre ses jambes à son cou). Dans le Dictionnaire de l'Académie de 1762, un *haut*

le pied est un homme susceptible de disparaître tout à coup. À la même époque, on disait *renvoyer les chevaux haut le pied* « sans les atteler ni les monter » (ce qui leur permet évidemment de partir d'un pied plus léger). D'où les expressions *train haut le pied* « vide de voyageurs » (1866) et de nos jours *locomotive haut le pied* « en manœuvre, non attelée à des wagons ».

Vx. **Par les pieds** « à l'envers ».

> Là dessus. il prenoit Bartole et Cujas par les pieds et par la teste et citoit des loix de toutes sortes de façons...   Ch. SOREL. *Histoire comique de Francion.* p. 169.

Pied à pied (avec des verbes comme *se défendre, combattre...*) « en ne cédant que très peu, et seulement lorsqu'on est forcé ; en se défendant à outrance ». Le sens concret date du XIIe s. (fig. au XVIIe s.).

> [...] il se fait beaucoup de grandes actions dans les petites luttes. Il y a des bravoures opiniâtres et ignorées qui se défendent pied à pied dans l'ombre contre l'envahissement fatal des nécessités et des turpitudes. V. HUGO. *Les Misérables*. Pléiade. p. 693.

> Il me semble. au demeurant. qu'il n'est que trop naturel d'avoir à lutter pied à pied contre l'idée de la mort et que. sans être un névropathe. on peut ne résister à cet envahissement qu'avec difficulté [...].   M. LEIRIS, *Fibrilles*. p. 89.

Pieds et poings liés, a une valeur métaphorique : « sans pouvoir agir d'aucune façon ». Le choix de *poings* (plutôt que *main, bras,* etc.) est certainement influencé par l'allitération des consonnes initiales.

> L'essentiel est que le gouvernement donne l'impression qu'il n'est pas plus aux mains des factions de gauche qu'il n'a à se rendre pieds et poings liés aux sommations de je ne sais quelle armée prétorienne qui. croyez-moi. n'est pas l'armée.
> M. PROUST. *À la recherche du temps perdu*. t. II. p. 245.

Sur le (un) pied, cf. ci-dessous les locutions verbales (à *mettre, tomber...*). D'autres locutions, dans lesquelles *pied* signifie à l'origine « mesure, unité de mesure » (ci-dessous 3) sont mal comprises de nos jours. Ainsi on payait certains soldats au XVIIe s. *sur le pied étranger* « en proportion de la solde versée aux régiments étrangers ». Dans *vivre sur un grand pied* « faire de grandes dépenses » ; *être sur un pied d'égalité* « dans une situation d'égalité », *pied* évoque plutôt l'assise, la base d'une situation qu'une unité de comparaison abstraite (voir ci-dessous).

Locutions verbales :

Vx. **Aller du pied de son pied** « marcher ». *Aller du pied comme un chat maigre* (1611), comme un *Basque* « marcher vite »... On disait aussi *aller, marcher de bon pied, aller de son pied gaillard, léger.*

S'en aller, (sortir, partir) les pieds devant (en avant) « être mort » (1622, Sorel). Le départ est fréquemment un euphémisme métaphorique pour « mort » (cf. *Partir entre quatre planches*) et on a vu que le « bon pied » était un signe de force physique, ici, les *pieds devant* s'opposent à *sur ses pieds*. La station debout représente la santé, la vie ; la position horizontale, associée au mouvement, s'associe à la mort, et à la naissance (ci-dessous) ainsi rapprochées.

> [...] cet hiver. autour d'elle. on disait qu'elle ne sortirait plus de sa chambre que les pieds en avant : et elle avait. à la vérité. un fichu râle qui sonnait joliment le sapin.
> É. ZOLA. *L'Assommoir*. t. II. p. 78-79.

En employant cette forme avec le verbe *entrer*, Flaubert crée un effet stylistique :

> Au même moment où elle entrait ainsi chez elle. les pieds devant. un commissaire apportait une botte de fleurs qu'elle avait commandée le matin. O Shakespeare !
> G. FLAUBERT. *Correspondance*. IIIe série. p. 225.

Avoir le pied à l'étrier (mettre à qqn le pied à l'étrier) « être dans une bonne position pour réussir ». L'un des nombreux legs de l'ancienne civilisation du cheval à la langue française contemporaine. À rapprocher de *être en selle*. Les autres expressions formées avec *pied* dans le même contexte *(mettre pied à terre)* n'ont pas donné lieu à métaphores.

> — Et puis j'avais alors une bonne situation dans le journal de Vernouillet : j'avais enfin le pied à l'étrier.
> É. AUGIER, Le Fils de Giboyer, t. 7, p. 41.

Avoir le pied marin «être à l'aise sur un bateau» (d'Aubigné). C'est par le pied que l'homme tient à la terre ; en appliquant l'adjectif *marin* à *pied*, on transfère l'homme au nouvel élément par sa partie la plus terrienne.

> [...] elle me dit avec un sourire amène, sans tenir compte de mes dénégations au sujet de l'amiral Julien de la Gravière : «D'ailleurs qu'importe ? Monsieur doit avoir le pied marin. Bon sang ne peut mentir.»
> M. PROUST, À la recherche du temps perdu, t. II, p. 547.

Avoir un pied dans la tombe (la fosse) «être près de la mort» met en œuvre l'image très ancienne de la vie représentée par une marche qui aboutit à la tombe : le dernier pas — *la mort* — met le second pied dans la tombe. L'expression est dans Montaigne, avec une syntaxe différente : *avoir le pied à la fosse*.

> C'était cette grande cocotte du monde que j'avais connue autrefois, la princesse de Nassau. Si sa taille n'avait pas diminué (ce qui lui donnait l'air, par sa tête située à une bien moindre hauteur qu'elle n'était autrefois, d'avoir ce qu'on appelle *un pied dans la tombe*), on aurait à peine pu dire qu'elle avait vieilli.
> M. PROUST, À la recherche du temps perdu, t. III, p. 979.

Avoir toujours un pied en l'air «être toujours prêt à partir, à voyager ; bouger sans cesse» (*in* Furetière).

Dans d'autres locutions, *avoir* a pour complément le pluriel *(les pieds)* et un adjectif qualificatif : cf. *Avoir les pieds nickelés, plats*, etc., cf. ci-dessus. Parmi les locutions intéressantes :

Vx. ***Avoir les pieds chauds*** «être dans une situation agréable» (1680, Richelet).

Vx. et rég. ***Avoir les quatre pieds blancs*** «sortir à son honneur d'une mauvaise affaire, être disculpé», cf. *Patte blanche*, où le point de départ métaphorique n'est plus humain, mais animal.

Casser les pieds à qqn «ennuyer, importuner» → CASSER. On attendrait plutôt *écraser* ; dans cette locution d'origine argotique (1890, *in* Esnault), *pied* est l'équivalent euphémistique d'autres termes dont l'association avec *casser* est nettement plus claire (*casser le cul*, etc.). En outre, le *pied*, en argot c'est la «*part*» (voir plus loin). Or, de la *part* aux *parties*, le jeu de mots est aisé.

> Je veux pas le voir fiche le camp vous me cassez les pieds vous tous les mioches va-t-en qu'est-ce que t'as à me suivre partout ?   T. DUVERT, *Paysage de fantaisie*, p. 192.

Couper l'herbe sous le pied → HERBE.

Ne pas se donner de coups de pied «se vanter». Euphémisme pour *ne pas se faire de mal* (*in* Littré).

> J'ai pas mal travaillé, répondit Lafleur. Je suis même assez content de ce que j'ai fait. Sans vouloir me donner de coups de pied, je crois que j'ai deux ou trois trucs vraiment réussis.   M. AYMÉ, *Le Vin de Paris*, p. 172.

S'emmêler les pieds «trébucher» et figurément «s'embrouiller». Le sens métaphorique est celui de *trébucher*.

Faire feu des quatre pieds → FEU.

Faire des pieds et des mains «employer tous les moyens» (XXe s.). On ne dit ni *faire des pieds*, ni *faire des mains*, seuls, mais l'expression globale correspond à l'ensemble de l'activité physique → MAIN. *Des pieds et des mains* s'est employé comme intensif plaisant avec *applaudir* :

> Il faut applaudir ses décisions des pieds et des mains ; sauter d'aise, se pâmer d'admiration...   DIDEROT, *Le Neveu de Rameau*, p. 459.

Faire le pied de grue → GRUE.

Faire du pied à qqn «le frôler avec le pied, par une approche érotique discrète» (XXe s., *in* Proust) ; fig. «faire des avances discrètes à qqn».

le Diable regarde Dieu en face
avec un sourire de côté
et il fait du pied aux anges et Dieu est bien embêté.   J. PRÉVERT, *Paroles*, p. 169.

Faire les pieds à qqn « constituer pour lui une bonne leçon » procède peut-être du sens argotique traité plus bas (voir 3 : *prendre son pied*). L'explication de la « marche forcée infligée à des soldats » est plus conforme à l'intuition du locuteur contemporain (*ça vous fera les pieds* = ça vous exercera, durcira... les pieds), mais n'est pas prouvée. La loc. est assez récente (vers 1930?).

> Tiens. voilà le fakir. dit Léonie. Ce qu'il vient tôt. Pour moi. il n'a pas dû déjeuner pour mieux croûter ce soir à nos dépens. On va le faire lanterner un peu, ça lui fera les pieds.   R. QUENEAU, *Pierrot mon ami*, p. 30.

> Ça te fait les pieds il dit les pieds c'est pas pour les pieds j'irai plus tu entends et ils me courent tous ces nœuds on est pas en prison.
>   T. DUVERT, *Paysage de fantaisie*, p. 32.

Vx. **Faire (des) pieds neufs** « accoucher » (en parlant d'une femme). Les pieds, qui peuvent symboliser l'homme en marche vers la mort, sont associés à la naissance, dans plusieurs loc. anciennes (voir ci-dessous, loc. phrases).

Fouler aux pieds « écraser sous ses pieds » et fig. « mépriser ouvertement ».

> [...] une noble libéralité qui. ne tenant aucun compte de tant d'avantages matériels [...] les lui faisait fouler aux pieds. comme ces banquettes de pourpre effectivement et symboliquement trépignées [...]   M. PROUST. *À la recherche du temps perdu*, t. II, p. 413.

Vx. **Gagner au pied** « reculer, s'enfuir ».

> Hortensius [...] avoit encore envie de faire courir des Sergens après Saluste [...]. Cependant Saluste gaigna au pied [...].   Ch. SOREL. *Histoire comique de Francion*, p. 413.

Lâcher pied « cesser de résister, céder ». D'abord *lâcher le pied* (fin XVIᵉ s.).

> J'avais avoué. mon geste était sorti de l'irréparable et tout semblait promis — maintenant que j'avais lâché pied — à s'effondrer dans une lugubre comédie.
>   M. LEIRIS. *Fibrilles*, p. 106.

Lever le pied « s'en aller, filer, fuir ». L'image est celle du début de la marche ou de la course.

> Qu'a donc besoin Roguin de spéculer [...]. Sa figure est devenue. en cinq ans. celle d'un vieux débauché. Qui te dit qu'il ne lèvera pas le pied quand il aura vos fonds en main ?   H. de BALZAC, *César Birotteau*. Éd. de 1838. t. II.

Lever le pied « ralentir; s'interrompre, s'arrêter ». Métaphore automobile : « cesser d'appuyer sur l'accélérateur », cf. l'inverse *le pied au plancher*.

> Je dois être un des rares lascars qui ont lu la Bible de la première à la dernière page sans lever le pied. J'arrêtais le soir. je reprenais le matin.
>   F. GUILLO, *Le P'tit Francis*, p. 194-195.

Se lever du pied gauche « être de mauvaise humeur dès le matin », le *pied gauche* (→ GAUCHE) correspond au mauvais pied et métaphoriquement à une action mal engagée.

Marcher sur le pied, les pieds de qqn, redonne une valeur concrète au sémantisme *d'empiéter*, en le redoublant. Le meilleur moyen de *mettre les pieds chez qqn*, c'est d'aller jusqu'à marcher sur ses propres pieds. Ce redoublement n'est pas rare dans les expressions qui concernent les relations humaines (cf. *Les yeux dans les yeux, la main dans la main*, etc.); il est ici implicite, *marcher* impliquant l'idée de « pied ».

Marcher d'un bon pied (où *pied* a le sens d'« allure », « rythme de marche »), **d'un pied léger** « marcher à bonne allure », cf. ci-dessus *aller du pied, de bon pied*.

Mettre à pied « destituer, renvoyer ». Signifie d'abord « priver de son équipage, de ses chevaux (en ruinant, etc.) » depuis le XVIIᵉ s. Le sens moderne apparaît au XIXᵉ s. (1823, Boiste). *Mise à pied* s'emploie dans le même sens.

Mettre, remettre les pieds *(vx, le pied)* dans, chez... «aller». Surtout en emploi négatif, pour signifier le refus d'aller chez qqn, de le visiter. Attesté dès l'ancien français (début XIIIᵉ s.).

> L'HÔTESSE. — Si tu voulais. j'irais chez le curé.
> L'HÔTE. — Si tu y mets le pied, je te roue de coups.
>
> DIDEROT, *Jacques le Fataliste*, p. 533.

> [...] et la jeune fille se repentait maintenant d'avoir ainsi quitté Valognes en un coup de tête, sans avertir son oncle. Celui-ci ne les connaissait point, n'ayant plus remis les pieds là-bas. depuis qu'il en était parti tout jeune.
>
> É. ZOLA, *Au Bonheur des Dames*, t. I, p. 7.

Mettre les pieds dans le plat, évoque aujourd'hui un personnage brutalement indiscret qui, non content de mettre les pieds sur la table, les place à l'occasion dans les assiettes et les plats. L'expression apparaît en 1808 *(Dict. du bas langage,* d'Hautel); à cette époque *le plat* est d'abord et plus généralement «la partie plate» (1808, Boiste). Pierre Guiraud *(Les Locutions françaises)* voit dans l'expression un jeu de mots entre les formes franco-provençales *gaffe* «gué» et *gaffer* «nager, patauger» et *plat* au sens de «étendue d'eaux basses». *Mettre les pieds dans le plat* et *gaffer* serait «agiter les pieds dans l'eau, la boue» (cf. *Patauger, vasouiller)* et ceci expliquerait le sens familier de *gaffe, gaffer* qui n'est guère explicable par la *gaffe* «perche du batelier», à quoi on le rattache d'ordinaire. *Mettre les pieds dans le plat* serait donc «agiter maladroitement une question qu'il ne faudrait pas aborder», et y «patauger». Ceci, conforme au sens actuel, est un peu différent de la première valeur «agir, parler sans ménagement, se conduire indiscrètement» *(in* Wartburg). Divers sens anciens de *plat* ne sont pas incompatibles avec cette valeur d'usage; ainsi la grande balance servant à peser les marchandises lourdes se disait *plat* (n. m.); y mettre le pied aurait pu être pris comme type de l'action brutalement indiscrète et malhonnête (cf. *Piétiner les plates-bandes de qqn);* mais ce n'est là qu'une hypothèse.

Mettre un pied devant l'autre, s'emploie négativement : *il ne peut plus mettre un pied devant l'autre* «il est incapable d'avancer en marchant (par fatigue, etc.)». La loc. s'est employée au pluriel, au XVIIᵉ s.

> [...] une telle faiblesse m'a pris que je n'ay pû m'en retourner jusques a mon lict [...]. Je vous prie de me prendre et de me porter coucher, car il est impossible que je mette les pieds l'un devant l'autre.   Ch. SOREL, *Histoire comique de Francion*, p. 372.

Se mettre, être sur pieds «se mettre debout; être en meilleure santé». (Mme de Sévigné). Une valeur abstraite «prêt à agir» est attestée avant (1636). *Remettre sur pied, sur ses pieds* s'emploie aussi au figuré.

Mettre sur pied «organiser qqch.» (début XVIIᵉ s.). Des nombreuses expressions métaphoriques formées avec *sur* et *pied,* on retiendra : *être sur le (un) bon pied* «dans une bonne situation» (vieilli), et *être sur le pied gauche* «dans une situation mauvaise, embarrassante».

Ne pas se moucher du pied → MOUCHER.

Partir (se sauver) un pied chaussé et l'autre nu «en toute hâte» (sans avoir eu le temps de se chausser complètement).

Partir du pied gauche, signifie (contradictoirement à *se lever du pied gauche),* par allusion aux soldats qui marchent au pas, «bien s'engager dans une affaire».

Partir, repartir du bon, du mauvais pied «bien, mal commencer» (début XXᵉ s.). Ne pas confondre avec *d'un bon pied* = pas, réservé au domaine concret de la marche.

Perdre pied «ne plus avoir d'appui, cesser d'avoir pied» (dans l'eau, etc.); fig. «être perdu, ne plus avoir de repère, de ligne de conduite». Cette loc. évoque l'idée du fond qui se dérobe, dans l'eau, et le danger de noyade, alors que son quasi-synonyme, *lâcher pied*, concerne le recul devant un ennemi qui avance.

> Et maintenant que la France est diminuée. qu'elle ne vit plus que d'espoirs. que d'une existence précaire et comme problématique. l'on parle sérieusement de la rebaptiser. de l'appeler l'Empire français! Plus on perd pied. plus on relève la tête.
> A. GIDE. *Journal*. p. 110.

> Elle s'est penchée vers moi et. dans un élan tendre qu'elle avait rarement. elle a voulu m'embrasser. Mais. par un mouvement de recul inconscient. comme si je perdais pied. j'ai évité son baiser. j'ai évité la proximité de son ventre surtout.
> M. CARDINAL. *Les Mots pour le dire*. p. 166-167.

Vx. ***Perdre les pieds pour une femme*** «en être follement amoureux» (1640, Oudin, Compl.). Témoignage de l'association explicite entre le mot *pied* et le domaine érotique, par l'intermédiaire de la métaphore de la perte d'équilibre (cf. *Perdre la tête*, qui oriente au contraire l'image vers les activités spirituelles).

Prendre son pied → ci-dessous le sens 3.

Prendre pied «s'installer dans une position, une situation» (s'oppose à *lâcher*, *perdre pied*) [fin XVIᵉ s.]. Fait partie des métaphores militaires, comme *lâcher pied*.

> Je prends pieds et langue dans le bivouac qui s'est installé autour du Panthéon. Ah! l'on ne dit pas de bien de la Commune!
> J. VALLÈS. *L'Insurgé*. p. 261.

> Les angoisses nées de «plaisir défendu». «abandon». étaient désormais faciles à combattre. j'étais devenue capable de les chasser avant qu'elles aient eu le temps de prendre pied.
> M. CARDINAL. *Les Mots pour le dire*. p. 177.

Fam. ***Se prendre les pieds dans le tapis*** «s'embrouiller». Même métaphore, mais plus développée, que *s'emmêler les pieds*.

Ne remuer (bouger) ni pied ni patte «être immobile» ou «être mort» (1643). Cette locution manifeste la neutralisation de la relation normalement exclusive entre *pied* (humain) et *patte* (animal), neutralisation fréquente pour *patte,* qui désigne les mains et les jambes ou les pieds humains, et plus rarement pour *pied,* qui est vieilli en parlant des animaux (mais on disait au XVIIᵉ s. *pieds de mouche*). *Ne remuer ni pied ni patte* c'est ne remuer aucun membre, qu'il soit appelé *pied* ou *patte,* qu'on soit humain ou animal.

> Voici qui vous prouvera que je pouvais, pendant que vous étiez dans votre lit, hors d'état de remuer ni pied ni patte. vous faire mettre à la porte sans un sou.
> H. de BALZAC. *La Rabouilleuse*. p. 1092.

> Si Hitler ou Mussolini deviennent méchants. la France leur tapera vite sur la tête ; mais [...] d'ici là eux. nos amis. ne bougeront ni pied ni pattes. et même ne souffleront pas mot. pour ne pas les exciter...
> J. ROMAINS. *Les Hommes de bonne volonté*. t. XXVII. p. 223.

Ne pas savoir sur quel pied danser être embarrassé» (début XVIIᵉ s., Cotgrave). Concerne l'hésitation quant à l'attitude à avoir envers quelqu'un.

> Marie-Noire lui plaît. D'abord ça dure avec M. Philippe, plus de trois mois. Pas qu'elle soit contre le changement. Mme Paupière, ou qu'elle s'embarrasse de considérations... non. Mais quand c'est un défilé chez un jeune homme, on ne sait pas trop sur quel pied danser.
> L. ARAGON. *Blanche ou l'Oubli*. p. 295.

> [...] c'est toujours avec lui ce même malaise. On ne sait jamais sur quel pied danser. on ne sait jamais ce qui peut arriver. il est capable de n'importe quelle sortie devant les gens...
> N. SARRAUTE. *Le Planétarium*. p. 43.

Vx. ***Tirer pied ou aile*** «obtenir quelque avantage (de...)». Il s'agit de la *patte* d'un oiseau, et *tirer* signifie «prélever» (1611 ; *arracher pied ou aile*, XVIᵉ s.).

> La sorcière. furieuse de voir lui échapper une si bonne aubaine. chercha à tirer pied ou aile «d'une dame aussi riche».
> GORON. *L'Amour à Paris*. t. I. p 589.

Tomber, retomber sur ses pieds «bien se tirer d'une situation fâcheuse» → PATTE.

Trouver chaussure à son pied (1606, Nicot) « trouver ce qui convient » ; dans son emploi le plus courant, se dit d'un homme qui trouve une femme. L'expression met en œuvre une image érotique qu'il n'est pas utile d'expliciter, mais qui peut aider à comprendre *prendre son pied.*

Ne pas se trouver sous le pied (les pieds) de... « ne pas se trouver facilement (le compl. désignant une personne impliquée dans l'affaire) ». Variante de : *ne pas se trouver dans le pas* (la trace de pas) *de...,* le compl. initial étant *cheval,* et le sens correspondant à « dans les chemins frayés » → Pas.

> D'où lui vient sa fortune ? [...].
> — Il a trouvé dans un prêtre espagnol un protecteur fort riche, et qui lui veut du bien [...].
> — Oui. mais, dit le chevalier d'Espard, on lui demande d'acheter une terre d'un revenu de trente mille francs pour assurer la fortune qu'il doit reconnaître à sa future, et il lui faut un million. ce qui ne se trouve sous le pied d'aucun Espagnol.
> H. de BALZAC. *Splendeurs et Misères des courtisanes,* Éd. de 1845. t. I. p. 244-245.

Locutions phrases :

C'est bien fait pour tes (ses) pieds « ... pour toi (pour lui) », vient de l'emploi de *son pied* comme pronom personnel, en argot (1907) ; *chacun pour son pied* « chacun pour soi » (*in* Esnault). L'origine en est : *mon, son pied* (3) « mon, son compte ». Souvent abrégé en : *c'est pour ses (tes...) pieds,* et rapproché de *faire les pieds* (ci-dessus).

Les petits pieds font mal aux grands (1694, Acad.) « la future mère supporte mal la grossesse, a des nausées, etc. ». Oudin rapporte en 1640 la pittoresque expression : *elle a quatre pieds en deux souliers* « elle est enceinte ». Les psychanalystes verraient là une illustration, dans l'inconscient collectif, de l'équivalence symbolique pied (pénis)-enfant, classiquement freudienne.

2. PIED n. m. Partie inférieure (d'une chose), racine (d'une plante) ; niveau.

Mettre au pied du mur (1718, *réduire au pied du mur,* en 1694) « enlever toute échappatoire à qqn ». *Être au pied du mur* « contraint d'agir, ne plus pouvoir agir ».

> Je sentais qu'elle n'avait pas cru que j'accepterais sa proposition de venir. laquelle n'était donc pas sincère. et je voulais la mettre au pied du mur.
> M. PROUST. *A la recherche du temps perdu.* t. II. p. 734.

De plain pied « au même niveau » ; fig. « sur le même plan » (milieu XVIIᵉ s. ; *à plain pied,* 1611). *Plain* (lat. *planus*) signifie « plan, horizontal » ; la loc. exprime soit l'égalité (cf. *sur un pied d'égalité,* où *pied* a un autre sens), soit la facilité d'accès (*entrer, arriver de plain pied...*).

> [...] nous nous sommes rencontrés de plain-pied. l'un oubliant la supériorité de sa naissance et l'autre...
> É. AUGIER. *Le Fils de Giboyer.* I. 5. p. 33.

Sécher sur pied (comme une plante) « être abandonné, délaissé et ne pas s'en consoler ».

> Pauvre Claude ! si vierge. si fermée : ses lèvres sont serrées et ses jambes doivent l'être autant : elle sèche sur pied. On ne peut même pas l'imaginer gémissante sous un homme...
> C. ROCHEFORT. *Le Repos du guerrier.* p. 77.

3. PIED n. m. Unité de mesure, égale à la longueur d'un pied ou d'un pas ; rapport.

Pied de nez → Nez.

Au pied de la lettre → Lettre.

À cent (à six...) pieds sous terre « enterré ; mort et enterré ». Dans des loc. optatives *vouloir, souhaiter être à cent pieds sous terre* (fin XVIᵉ s.) « être plein de confusion, de honte, vouloir se cacher hors de tous les regards ».

> [...] elle voudrait vous voir six pieds sous terre afin d'épouser Maxence qu'elle adore...
> H. de BALZAC, *La Rabouilleuse*, p. 1063.

Au petit pied « en plus petit, à petite échelle » (XVᵉ s.). *Réduire au petit pied* « reproduire en plus petit » ; fig. « rabaisser » (début XVIIᵉ s.).

> [...] la princesse (jouant au petit pied les duchesses de Guermantes) avait pris la contrepartie des opinions reçues, déclaré les gens de son monde idiots.
> M. PROUST, *À la recherche du temps perdu*, t. II, p. 744.

> [...] c'est à peine si j'ai pu reposer vraiment quelques heures. Angoisses insupportables qui m'ont forcé de me rhabiller, de m'étendre sur le lit, tout vêtu. Bref : un enfer au petit pied, si j'ose dire.
> A. GIDE, *Journal*, t. II, p. 19.

Sur un pied de... « en prenant pour unité de mesure... » (1671). Exemple : *vivre sur le (un) pied de* (suivi d'une somme d'argent, etc.). Fig. « en prenant pour base... ». Exemple : *sur un pied d'égalité* « sur un rapport d'égalité ». *Sur le même pied ; sur un bon, mauvais pied. Sur le pied de guerre* « organisé pour la guerre (d'une armée) » et fig. « en état d'entreprendre une opération — comparée à la guerre » (XIXᵉ s., *in* Balzac). Surtout employé avec *être* et *mettre*. Confondu dans l'usage avec *Pied 1*.

Ces locutions, et *être sur un pied d'égalité avec qqn, être (vivre) sur un grand pied*, ne sont plus comprises analytiquement. À tel point qu'un ouvrage consacré aux locutions (Ch. Rozan, *Petites ignorances de la conversation*, Paris, 1887), glose *être sur un grand pied dans le monde* par des considérations fort élaborées sur les bottes et les bottines, et les souliers à la poulaine : *« C'est à cette mode ridicule et au signe de distinction auquel elle avait donné naissance que nous devons l'expression très usitée encore : être sur un grand pied dans le monde ».* L'anecdote est utile à mentionner comme exemple d'explication par « remotivation », justifiant n'importe quelle anecdote. Un autre ouvrage recourt à l'idée d'« unité de mesure », mais concrètement et tout aussi inexactement :

> La poulaine était de deux pieds de long pour les princes et les grands seigneurs, d'un pied pour les riches, et d'un demi-pied pour les gens du commun[1].
> [1] C'est de là, d'ailleurs, qu'est venue l'expression « vivre sur un grand pied »
> G. BRETON, *Histoires d'amour de l'histoire de France*, p. 179.

Fam. *Prendre son pied,* locution d'origine argotique, « avoir du plaisir (sexuel) », ne se rattache pas étymologiquement à *Pied 1*. Comme *réduire au petit pied, être sur un pied d'égalité*, elle renvoie au sens d'« unité de mesure » par l'intermédiaire des argotique « part, portion ». *Mon pied ! ou je casse* (je parle) dit un voleur en 1872 (*in* Esnault) ; *en avoir son pied,* c'est « en avoir assez » (*j'en ai mon pied*, 1878). *Prendre son pied,* c'est donc « prendre sa part » dans le partage du plaisir à deux (cf. le synonyme *fade*). Mais l'expression s'est spécialisée d'autant mieux que *pied* emportait parfois des connotations érotiques véhiculées par l'idée de « membre » (quand *pied* est au singulier) et par des images comme celle du pied et de la chaussure. Enfin l'idée que transmettait *en avoir son pied* est souvent exprimée par des métaphores corporelles, souvent obscènes (*en avoir plein le dos,* etc.).

> N'empêche qu'il s'est jeté quand même dans la turne du dabe, pour qu'on le protège des dégoûtants. L'autre a alors refermé la lourde. « Il s'est fait finir, mais oui ! » qu'était certaine la Vitruve. Et commentant ça. « Je l'ai vu moi le cogne par la persienne ! Ils prenaient leur pied tous les deux ! Le gros et le petit, c'est le même os ! »
> L.-F. CÉLINE, *Mort à crédit*, Livre de poche, p. 21.

> [...] y avait des appels de nature avec tes morveux. Le râleux facteur l'a surprise un soir, derrière la chapelle, à l'extrémité du hameau qui prenait joliment son pied avec Tatave, Jules et Julien !... Ils étaient tous les quatre ensemble !...
> L.-F. CÉLINE, *Mort à crédit*, Livre de poche, p. 427.

PIÈGE n. m.

Piège à cons «attrape-nigaud, traquenard». Littéralement : «piège grossier où seuls les "cons" se laissent prendre». *Élections, piège à cons!*

PIERRE n. f.

Pierre angulaire «élément essentiel, qui articule et structure un ensemble».

> Comme un livre, comme une maison, la qualité d'un «salon», pensait avec raison Mme de Guermantes, a pour pierre angulaire le sacrifice.
>
> M. PROUST, *À la recherche du temps perdu*, t. II, p. 453.

Pierre d'achoppement «obstacle, généralement inattendu» (1680). On trouve au XVIe s. *pierre de choppement, de trébuchement,* au sens religieux de «occasion de péché» (cf. *pierre d'offense,* fin XVe s.).

> Ils sont assez puissants pour débarrasser la voie de ce jeune homme d'une pierre d'achoppement.
>
> H. de BALZAC, *Splendeurs et Misères des courtisanes,* Éd de 1845. t. I, p. 114.

Pierre d'attente «élément provisoire, destiné à être complété, ou supprimé et remplacé» (1690). Le sens concret est «pierre en saillie sur le côté d'un bâtiment, destinée à servir d'amorce à une autre construction».

Pierre de touche «ce qui permet de juger, d'apprécier qqch.» (1613). Au sens propre «pierre dure (jaspe), servant à éprouver l'or et l'argent».

> C'estoit une pierre de touche pour connoistre la beauté d'une fille ou l'amour d'un homme que cette queste. Celuy qui donnoit la plus grosse pièce estoit estimé le plus amoureux, et la demoiselle qui avoit fait la plus grosse somme estoit estimée la plus belle.   A. FURETIÈRE, *Le Roman bourgeois*, p. 906.

> L'unique chose sûre est que tel me revient le souvenir qu'elle m'a laissé et que, si j'écoute aujourd'hui une voix de même catégorie, ce qui me sert de pierre de touche pour estimer l'or de cette autre voix c'est ce que je crois avoir retenu de celle-ci.
>
> M. LEIRIS, *Fibrilles*, p. 140.

De pierre «d'une impassibilité absolue; d'une froideur, d'une insensibilité totale». S'emploie comme épithète *(expression, cœur... de pierre)* et comme attribut *(être, rester de pierre).* Attesté au XIIIe s.; l'idée est aussi exprimée par la comparaison : *dur comme une pierre, les pierres,* «très dur, impitoyable». Renforcé en *plus dur que...*

> L'HÔTESSE. — [...] elle avait été abandonnée à la poste voisine.
> LE MAÎTRE. — Comment, abandonnée!
> L'HÔTESSE. — Eh, mon Dieu, oui! c'est qu'il y a des gens qui sont plus durs que des pierres   DIDEROT, *Jacques le Fataliste,* p. 578.

Malheureux comme une pierre «très malheureux». On dit plutôt aujourd'hui (1791) *malheureux comme les pierres, comme les pierres du chemin. Malheureux comme les pierres d'égoût* (Ph. Sl.) nous est inconnu. L'expression doit venir des emplois figurés de *pétrifié;* l'expression *les pierres du chemin* est justifiée par le fait qu'elles sont foulées au pied.

Geler à pierre fendre «faire un froid extrême, très vif» (1690, Furetière). La syntaxe ancienne (pour : *à fendre les pierres)* conserve à la loc. une allure archaïque et un peu opaque.

> Cette année-là, décembre et janvier furent particulièrement durs. Il gelait à pierre fendre. Après le jour de l'an, la neige resta trois semaines dans la rue sans fondre.
>
> É. ZOLA, *L'Assommoir,* t. I, p. 230.

Jeter la pierre à qqn «l'accuser, le blâmer» (1672). Senti en général comme une allusion à la *première pierre* jetée à la femme adultère (→ PÉCHÉ), mais il semble que l'origine formelle de la loc. soit différente : ***jeter des pierres dans le jardin de***

qqn «accuser, attaquer en paroles» èst antérieur (milieu XVe s.), *jeter des pierres* est dans Sévigné (28 août 1668).

> Il est extrêmement dreyfusard... — Mais non! — Si..., en tout cas son cousin le prince de Guermantes l'est, on leur jette assez la pierre pour ça.
>
> M. PROUST, *À la recherche du temps perdu*, t. II, p. 1094.

Pierre à (par) pierre «successivement, élément par élément». La métaphore initiale porte sur la démolition (systématique), et la loc. adverbiale s'emploie avec des verbes comme *détruire, défaire*, etc.

Apporter sa pierre (à l'édifice) «apporter sa contribution à une œuvre collective» (*in* Flaubert).

Faire d'une pierre deux coups «obtenir deux (plusieurs) résultats en employant le même moyen» (XVIIe s., Montaigne).

> D'une pierre deux coups.
> Ceci se peut entendre et en bien et en mal, de ceux lesquels sans beaucoup travailler par leur industrie et dextérité, en un seul traict font plusieurs et divers effects. Comme celuy qui, d'un seul ject de pierre atteindroit deux personnes à la fois, ou l'une apres l'autre [...].
> NICOT, *Explications morales d'aucuns proverbes.*
>
> Je savais qu'il s'adonnait volontiers à des jeûnes prolongés, par esprit de mortification évidemment, et puis parce que son médecin le lui avait conseillé. Ainsi d'une pierre faisait-il deux coups.
> S. BECKETT, *Molloy*, p. 155.

Ne pas laisser pierre sur pierre «ruiner, détruire complètement»; au fig., équivaut à l'image de la *table rase* (XVIIe s.). *Il ne reste pas pierre sur pierre*, s'emploie dans le même sens.

Marquer d'une pierre blanche «noter (un moment, un jour) de manière à s'en souvenir longtemps» (1660, Oudin). Var. : *marquer d'un caillou blanc*.

(Se) mettre une pierre au cou «s'embarrasser d'une chose très gênante, de nature à entraîner dans de graves ennuis». Variante du *boulet au pied*, qui suggère plutôt la noyade que l'empêchement des mouvements.

C'est une pierre dans son jardin «c'est une remarque, une allusion qui est dirigée contre lui, qui le critique». D'abord avec le verbe *jeter*, cf. ci-dessus *jeter la pierre, jeter des pierres* (dans le jardin de qqn). Le *jardin* figure la représentation spatialisée de la «propriété», de l'individualité (par une autre image, on a, au XVIe s., *c'est une pierre jetée dans le soulier*).

Pierre qui roule n'amasse pas mousse [LOC. PROV.] «une vie aventureuse, agitée, ne permet pas d'accumuler des biens (au propre : *richesses*, ou au fig.)». La forme du proverbe (assonance en *ou*, reprise du *r*, jeu vocalique sur *-masse* / *-mousse*) est plus efficace que son contenu. Celui-ci conseille la stabilité casanière et contredit ou complète : *les voyages forment la jeunesse.*

> Va, mon vieux, va comme j'te pousse,
> À gauche, à droit', va, ça fait rien,
> Va, pierr' qui roule amass' pas mousse,
> J'm'appell' pas Pierre et je l'sais bien.
> A. BRUANT, *Dans la rue*, p. 11.

PIERRE n. pr.

Vieilli. **Décoiffer (découvrir) saint Pierre pour coiffer (couvrir) saint Paul; déshabiller saint Pierre pour habiller saint Paul** «prélever d'un côté pour parer à un besoin ailleurs». L'expression (début XVIIe s.) viendrait de la parure des statues de saints : les églises pauvres ne pouvant posséder de vêtements et d'ornements pour chaque fête de saints, le même ornement servait à saint Pierre et à saint Paul. L'usage de vêtir les statues existait encore en France au début du XIXe s. et a survécu en Italie, en Espagne. On emploie encore l'expression sans *saint*, et avec des verbes plus abstraits (*prendre à Pierre pour donner à Paul*).

PIEU n. m.

Droit, raide... comme un pieu «très droit, très raide (d'une personne)». *Raide comme un pieu* est chez Balzac (1844).

Dormir comme un pieu, variante moins courante de *comme une souche*. *Pieu* connote ici l'inertie, l'immobilité absolue, mais l'idée d'horizontalité est combattue par l'usage du pieu fiché en terre (et donc vertical).

> Vous dites : répéter trente-six fois la même chose. Pourquoi particulièrement trente-six ? Pourquoi : dormir comme un pieu ? Pourquoi : Tonnerre de Brest ? Pourquoi : faire les quatre cents coups ? »   M. PROUST, *À la recherche du temps perdu*, t. II, p. 923.

PIF n. m. Équivalent expressif et populaire de *nez*. Voir ce mot.

Fam. *Avoir du pif* «avoir du flair».

Avoir dans le pif → AVOIR QQN DANS LE NEZ*.

PIGE n. f. Dérivé (déverbal) de *piger* «attraper, regarder», d'où «défier»; mot dialectal apparenté à *piège*, passé dans la langue populaire de Paris.

Faire la pige à (qqn, qqch.) «surpasser, faire mieux que...» (1890; a signifié «défier», 1867, Esnault).

> Les temples sont cernés et sentent le roussi
> Les magazines font la pige aux Évangiles.   L. FERRÉ, *Poète... vos papiers!*, p. 131.

PIGEON n. m. Les loc. prov. formées avec ce mot sont archaïques *(être logé comme les pigeons; il ne faut pas laisser de semer par crainte des pigeons; point de pigeon pour une obole...)*; quant aux sens métaphoriques et aux syntagmes *(gorge de pigeon, aile de pigeon)* ils font partie du lexique.

Plumer le pigeon «dépouiller un naïf, exploiter, voler une dupe». La métaphore semble postérieure à la lexicalisation de *pigeon* au sens de «dupe» (fin XVe s.).

Pigeon, vole! nom d'un jeu de gage, où l'on énumère rapidement des noms, parmi lesquels seuls ceux qui désignent des êtres volants doivent être salués par cette expression accompagnée d'un geste (XIXe s.).

PIGNON n. m.

Avoir pignon sur rue «être propriétaire d'une maison, d'un fonds de commerce dans une ville; par ext. «être honorablement connu dans un domaine d'activité», «faire partie de la classe possédante et socialement supérieure, dans une communauté». La figure prend la partie *(pignon)* pour le tout *(la maison);* il s'agit de la partie la plus visible des biens, le «sommet» de la «façade» et cette double valeur superlative explique l'élargissement symbolique : «posséder immeubles et biens» (depuis 1584), «être un riche commerçant» (Balzac), etc.

> Aucun de nous ne vient en son nom personnel ; nous ne nous présentons pas non plus de la part d'un comité reconnu, d'une association républicaine ayant pignon sur rue.
>   J. VALLÈS, *L'Insurgé*, p. 106.

> Ah! on ne cachait pas son jeu, en ce temps-là! On avait du coffre, on disait : «Voilà, j'ai pignon sur rue, je trafique des esclaves, je vends de la chair noire.» Vous imaginez quelqu'un, aujourd'hui, faisant connaître publiquement que tel est son métier? Quel scandale!   A. CAMUS, *La Chute*, p. 53.

1. PILE n. f.

Pile ou face «pari que l'on fait sur le côté que présentera en tombant une pièce lancée en l'air». La *pile* (latin *pila*) est la marque du coin — comparé à un petit «pilier» — avec lequel on frappait le revers des monnaies (XIIe s.); par extension, ce côté de la pièce qui portait autrefois une croix (d'où *croix ou pile*, avec la même acception). L'expression est attestée en 1842. **Fig.** *Jouer, décider à pile ou face* «*décider au hasard* (dans les cas où les possibilités sont réduites à deux : oui et non)». Le jeu lui-même donne lieu à des plaisanteries du type : *on va jouer à pile ou face ; face tu perds, pile je gagne !*

> Une seule pièce lui reste une chambre à coucher
> Et comme elle va la jouer à pile ou face avec le vain
> Espoir de gagner un peu de temps [...].   J. PRÉVERT, *Paroles*, p. 244.

2. PILE adv.

Tomber (arriver) pile «arriver exactement quand il faut, au bon moment». Loc. récente, provenant d'un sens concret attesté au XIXᵉ s. (Zola), «tomber sur le dos», métaphore du mot précédent (d'où le sens de «brusquement, exactement sur place» et «exactement»). *Tomber pile sur qqch.* «découvrir qqch. exactement à l'endroit où l'on cherchait», cf. *Tomber à pic*, qui s'est spécialisé pour signifier la convenance, la rencontre heureuse : on peut *tomber pile* d'une manière inopportune.

> Le trèfle qui a parfois quatre feuilles, et sans doute est-ce une des choses dont j'ai été
> le plus humilié dans ma vie, dès l'enfance, que tout le monde ma mère, des filles, des
> camarades se baissaient parfois ramenant un trèfle à quatre feuilles, tombés pile dessus,
> et jamais moi.   L. ARAGON, *Blanche ou l'Oubli*, p. 376.

PILIER n. m.

Pilier de cabaret, de café (et mots synonymes) «personne qui passe son temps dans les cabarets, etc.». L'emploi fig. de *pilier* pour désigner plaisamment une personne qui fréquente un lieu si assidûment qu'elle semble faire partie du décor et de l'architecture, date du XVIᵉ s. Chez Oudin (1640), on relève *pilier de salle, pilier de bordel.*

> Se trouvant derechef dorés sur tranche avec l'argent barboté, les trois associés oubliant
> leurs bonnes résolutions menèrent une vie de bâtons de chaise et passèrent des journées
> entières à se déguiser en piliers de cabaret pour remédier à la mévente des vins et
> autres spiritueux.   *L'Épatant*, 1909, p. 58.

PILON n. m.

Mettre au pilon «mettre au rebut, détruire (des ouvrages imprimés)». Le sens concret «écraser au pilon (du papier) pour en faire de la pâte» apparaît en 1723.

PILULE n. f.

Avaler la (une) pilule «supporter un désagrément, une insulte, un mauvais traitement... sans protester» (*in* Furetière).

Dorer la pilule à qqn «présenter qqch. sous des couleurs trompeuses, trop favorables». On trouve aussi la nominalisation : *doreur de pilule* (Pagnol, *La Gloire de mon père*, p. 154). La métaphore est glosée par Fleury de Bellingen (1656) comme une référence à une pratique d'apothicaire. L'emploi de *pilule ensucrée* (sucrée) au sens fig. «personne trompeuse, enjôleuse», utilise la même idée de masquage, appliquée non à l'apparence *(dorée)* mais au goût.

> L'activité de ma pensée me tuait. Il me sembla que de beaux airs de Mozart joués par
> un bon violon me charmeraient et me doreraient la pilule : et comme il y a ici par
> hasard un musicien plus que passable, j'allais le faire venir pour mourir en musique
> [...].   V. JACQUEMONT, *Correspondance*, t. II, p. 532.

Prendre la pilule (pour une femme) «prendre régulièrement un contraceptif oral». Sans constituer une loc., ce syntagme est probablement le premier emploi dans la langue d'une valeur spéciale aujourd'hui lexicalisée *(la pilule).*

PINACLE n. m. Mot du latin ecclésiastique *(pinnaculum)*, dérivé de *pinna* «plume, aile», et employé à propos du faîte du temple de Jérusalem, puis en architecture.

Littér. *Être au (sur le) pinacle, monter au pinacle* «être ou parvenir à la situation la plus élevée» (début XVIIIe s.).

Mettre, porter au pinacle, sur le pinacle (vieilli) «considérer comme supérieur, couvrir d'éloges» (*in* Sévigné).

PINCE n. f.

Fam. *À pinces* [LOC. PROV.] «à pied» (fin XIXe s., Macé). Équivalent expressif de *patte*.

Fam. *Chaud de la pince* «porté sur les plaisirs sexuels (d'un homme)» (1790). Calembour plaisant sur *chaud lapin*, *pince* signifiant déjà «main» et un peu plus tard «pied» (donc «membre») et étant pris pour «pénis» (1867, Delvau, déjà *pinche*, 1611).

> — Ça ne m'étonne pas, dit Mouilleminche, il n'y avait pas plus coureur que lui.
> — Qu'est-ce que vous insinuez? demanda Léonie.
> — Vous n'allez pas me dire que c'était pas un chaud-de-la-pince? s'exclama Mouilleminche. À preuve, c'est de ça qu'il est mort.   R. QUENEAU, *Pierrot mon ami*, p. 35.

Fam. *Serrer la pince à qqn* «serrer la main» (*pince* pour «main» date du milieu du XIXe s.); cf. *Avoir la pince forte* «serrer avec vigueur» (1798, Acad.).

> Maintenant [...] je suis prisonnier de tous ces bataillons qui arrivent, et dont les gradés veulent serrer la pince — ou la vis — au rédacteur en chef du *Cri du Peuple*, la seule écharpe écarlate qui traîne dans l'arrondissement.   J. VALLÈS, *L'Insurgé*, p. 265.

Vx. *Être sujet à la pince* «voleur» (au propre et au figuré); «qui fait payer trop cher» (1640, *in* Oudin). La *pince* est l'instrument du cambrioleur.

Fam. *Bonne pince* «bonne chance» ou «félicitations!».

PINCER v. **tr.** Outre les syntagmes verbaux, dont certains ont donné naissance à des mots composés (*pince-fesses, pince-maille, pince-sans-rire,* etc.), le verbe *pincer* s'emploie phraséologiquement dans *en pincer pour* (début XIXe s.) «aimer, être attiré par...» (à noter que *pinser* signifie «peloter, caresser», dès le XIIIe s.).

Vx. *Pincer sans rire* «railler, critiquer sans en avoir l'air» (XVIe s., Baïf). Il est difficile de savoir si cette expression métaphorique a donné naissance au jeu de *je te pince sans rire* (1579) ou si ce jeu fournit le point de départ de la métaphore. Il s'agissait de pincer légèrement le visage d'une personne avec des doigts barbouillés de suie; lorsqu'un des participants riait au spectacle, il devait se substituer au patient. Au XVIIe s., on trouve *pincer sans rire* «offenser ouvertement» (Oudin) et *pincer en riant* «offenser et faire semblant du contraire» *(ibid.)* : les deux loc. ne sont donc pas antonymiques. Le dérivé *pince-sans-rire* semble avoir tué la loc. verbale, encore employée au XIXe s. (ici, dans un sens étendu) :

> Le style me paraît ferme, net et singulièrement français. Il «pince sans rire», comme disent les bonnes gens.   G. FLAUBERT, *Correspondance*, IVe série, p. 414.

PINCETTE n. f.

N'être pas à prendre avec des pincettes, se dit d'une personne si sale, si répugnante (concret), si hargneuse, si désagréable ou si immorale (fig.) qu'on ne saurait la toucher, et fig., «traiter avec elle, sans se salir, malgré les précautions prises» (1835, Acad. au sens concret). Dans la citation suivante, la loc. est détournée de son sens et la négation correspond à «se traiter avec de grands égards».

> Les autres qui s'épient s'expliquent se justifient [...] qui se donnent en exemple et qui
> ne se prennent pas avec des pincettes.   J. PRÉVERT, *Histoires*, p. 185.

Fam. **Tricoter des pincettes** «courir, filer; s'enfuir» (1903).

PINSON n. m.

Gai comme un pinson «d'une gaieté vive et expansive» (1698, *in* Dancourt).
Allusion au chant du *pinson* oiseau dont le ramage — sauf en hiver — est varié et
qui peut imiter celui d'autres oiseaux; la comparaison s'appuie surtout sur le fait
que le pinson est élevé en cage.

> Il rentrait gai et galant comme un pinson.
> — Est-ce que ton amoureux est venu? demandait-il parfois à Gervaise pour la taqui-
> ner. On ne l'aperçoit plus, il faudra que j'aille le chercher.
>   É. ZOLA, *L'Assommoir*, t. I, p. 193.

> Faut être bête comme l'homme l'est si souvent
>   Pour dire des choses aussi bêtes
> Que bête comme ses pieds gai comme un pinson
>   Le pinson n'est pas gai
> Il est seulement gai quand il est gai   J. PRÉVERT, *Paroles*, p. 86.

PINTE n. f.

Pinte de bon sang (surtout avec les verbes *s'offrir, se donner, se payer...*)
«moment de gaieté, de rire» (*in* Littré).

Vx. **Il n'y a que la première pinte de chère** «il n'y a que le commencement qui
soit difficile, pénible» (*in* Oudin).

PIOCHE n. f.

Tête de pioche → TÊTE.

Vieilli. **Sourd comme une pioche** «complètement sourd» (*in* A. France).

PION n. m.

Damer le pion à qqn «avoir un avantage sur qqn, mieux réussir que...,
l'emporter sur...» (1661). Métaphore du jeu de dames, où un pion qui parvient à la
rangée de départ de l'adversaire est *damé* «transformé en dame».

> [...] damant pour une fois le pion à Céleste par une parole plus profonde : «Ah! voyez-
> vous. Monsieur, on ne peut jamais savoir ce qu'il peut y avoir dans une vie.»
>   M. PROUST, *À la recherche du temps perdu*, t. II, p. 848.

PIPE n. f.

Nom d'une pipe, juron innocent *euphémistique* (1790). → NOM* DE.

> Le soldat se dressa soudain en disant dans son langage de naïveté :
> «Ah! nom d'une pipe, je te suivrai au diable.»
>   H. de BALZAC, *Jésus-Christ en Flandres*, p. 259.

> — Joseph. mon petit, lui dit-il d'un air dégagé. j'ai bien besoin d'argent. Nom d'une
> pipe! je dois pour trente francs de cigares à mon bureau de tabac [...].
>   H. de BALZAC, *La Rabouilleuse*, p. 908.

Par tête de pipe → TÊTE.

Casser sa pipe «mourir». Emploi du XIXe s. mais on signale l'expression dans
les *Mazarinades* (1649), au sens de «enrager» (cf. *Crever de rage*).

> Je me rappelle que Jacques casse sa (ses) pipe par amour pour sa femme.
>   G. FLAUBERT, *Correspondance*, IVe série, p. 299.

> Il est toujours joli, le temps passé.
> Un' fois qu'ils ont cassé leur pipe,
> On pardonne à tous ceux qui nous ont offensés :
> Les morts sont tous des braves types.   G. BRASSENS, *Poésies et Chansons*, p. 201.

Se fendre la pipe «rire bruyamment»; par extension, «s'amuser aux dépens de qqn» (récent). Emploi de *pipe* au sens de «visage» (1867, *in* Delvau) aujourd'hui hors d'usage; *se fendre* correspond à la bouche fendue (de rire); cf. *Se fendre la gueule*, etc.

Vx. *Fumer sans pipe* «bouillir de colère» (1808). *Fumer,* au sens de «bouillir de colère», est ancien; mais l'ambiguïté créée par l'emploi de *fumer* pour «inhaler du tabac» incite à une formule de «levée d'ambiguïté» (ajout du complément *sans pipe*).

Fam. et vieilli. *Prendre une (la) pipe* «être puni; subir un échec» (1920, *in* Sainéan).

PIPI n. m. Toutes les loc. sont récentes (1936-1956); *faire pipi,* euphémisme pour *pisser* n'est d'ailleurs attesté qu'en 1900; la forme *pipi* existe depuis la fin du XVIIe s.

Du pipi de chat «liquide, boisson de mauvaise qualité»; fig. «chose sans valeur, sans importance». Variante : *pisse de chat.*

> LE COMMISSAIRE. — On croit que ça va être une belle affaire...
> ANTOINE. — Et ça finit comme d'habitude... en pipi de chat !...
>   H.-G. CLOUZOT et J. FERRY. Dialogue du film *Quai des Orfèvres,* p. 55.

Dame pipi «personne préposée aux toilettes, dans un établissement public».

(C'est) à faire pipi (dans sa culotte, par terre...) «(c'est) d'une drôlerie irrésistible».

PIQUE n. f.

Vx. *Être à cent piques de, au-dessus de...* «être très supérieur à...» (1676, Sévigné). On trouve aussi *être à cent piques au-dessous de...*

> Lisez, lisez le P. Le Bossu; il a fait un petit traité de l'art poétique, que Corbinelli met cent piques au-dessus de celui de Despréaux.
>   Mme de SÉVIGNÉ, *Lettres,* à Mme de Grignan, 2 octobre 1676, *in D.D.L.*

Vx. *Il (elle) a passé par les piques* «il (elle) a eu la petite vérole, son visage est piqué» (1640, *in* Oudin). Avec un sujet au féminin, l'expression avait surtout au XVIIe s. le sens de «être enceinte» (cf. *Tomber sur une pierre pointue*).

Vx. *C'est bien rentré de piques vertes (noires)* «c'est un discours absurde, hors de propos» (loc. fréquente chez Rabelais). Allusion à un ancien jeu de cartes.

PIQUER v. tr. et intr. Ce verbe, qui participe du sémantisme du «coup», en y joignant l'idée de «pénétration légère», produit de nombreuses expressions et donne lieu à diverses métaphores. La plupart des loc. sont à chercher au substantif.

Piquer les assiettes → ASSIETTE. — Au sens de «tomber, plonger» : *piquer une tête* «plonger»; *piquer du nez* → NEZ. — *Piquer,* avec un substantif exprimant une durée généralement brève de sommeil : *piquer un somme, un roupillon, un chien* (vx; 1862).

Se piquer le nez → NEZ.

(N'être) pas piqué des..., suivi d'un substantif désignant un insecte, une bête (→ HANNETON, VER; on trouve divers substituts plaisants : *sauterelle,* etc.), «(être) remarquable, parfait» (souvent ironique).

Piquer au vif «stimuler l'amour-propre de (qqn)». *Au vif* a la valeur métaphorique de «à l'endroit sensible» (→ VIF). On retrouve cette valeur figurée de piquer dans *se piquer de..., se piquer au jeu* «s'entêter, se faire un point d'honneur de...» (on disait aussi : *se piquer d'honneur,* au XVIIe s.).

> — Vous avez trop de *mémoire* et pas assez de reconnaissance... répliqua sèchement le ministre [...].
> — Cela est possible, dit Beaumarchais piqué au vif, mais j'ai des millions...
> M. de Calonne feignit de ne pas entendre...
>
> H. de BALZAC, *Les Deux Rêves*, in *Romans et Contes philosophiques*, Éd. de 1837, t. II, p. 78.

> Je lui ai dit un jour, contemplant l'inélégance de ses manières à table, qu'il « s'apprêtait à faire un riche cocu ». C'était pour le piquer au vif.   A. GIDE, *Journal*, t. II, p. 218.

Piquer des deux « se hâter, faire diligence » (fin XVIIIᵉ s.). Le sens concret « presser un cheval en donnant des *deux* éperons » date du XVIIᵉ s.

> Enfin un tournant de la route nous laissa voir le fort Galifet. Le drapeau tricolore flottait encore sur la plate-forme, et un feu bien nourri couronnait le contour de ses murs. Je poussai un cri de joie. — Au galop, piquez des deux ! lâchez les brides ! criai-je à mes camarades.   V. HUGO, *Bug-Jargal*, p. 51.

PIQUET n. m.

Droit comme un piquet. « droit et raide (d'une personne) » [1668].

> [...] à l'heure fixée, tout fut prêt, et les hommes, debout dans les espaces des lits, attendirent les événements, droits comme des piquets et beaux comme des astres.
> G. COURTELINE, *Les Gaîtés de l'escadron*, p. 131.

Être (rester) planté comme un piquet « se tenir debout et immobile » (alors qu'il serait normal de bouger, d'agir...) [Molière].

Mettre au piquet (un enfant) « le placer debout et seul et le forcer à rester immobile » (1842). Dans l'usage de cette loc., c'est le puni qui est comparé à un piquet. Initialement, il s'agissait d'une punition militaire où le puni devait se tenir debout, le pied sur un piquet de bois.

Vx. Planter le (son) piquet quelque part, chez qqn « s'installer, s'établir » (fin XVIᵉ-XVIIᵉ s.) ; cf., de nos jours, *planter sa tente*. Le sens opposé est réalisé dans *lever, remuer le piquet* (XVᵉ-XVIIᵉ s.).

PIRE n. m.

Vx. Avoir le pire, avoir du pire « avoir le dessous, perdre la partie » (XIVᵉ-XIXᵉ s., encore dans P.-L. Courier).

De pire en pire « de plus en plus mal » (1820) → PIS.

En mettant les choses au pire « en envisageant l'hypothèse la plus défavorable ».

PIRÉE n. pr. Port de Grèce, situé près d'Athènes.

Prendre le Pirée pour un homme « faire une erreur grossière, se tromper lourdement ; être ignorant ». Dans la *Fable* de La Fontaine, *Le Singe et le Dauphin*, le singe, qui ne veut pas laisser paraître son ignorance, prétend connaître le Pirée comme son ami.

> Ceux qui flottent et ne sombrent pas
> Ceux qui ne prennent pas le Pirée pour un homme...   J. PRÉVERT, *Paroles*, p. 8.

PIS adv. et n. m.

Littér. De pis en pis « de plus en plus mal » (la forme normale est *de mal en pis*).

Au pis aller « en supposant l'éventualité la plus fâcheuse » (fin XVᵉ s.). Aussi : *au pis. Le pis aller* a signifié « le pis qui puisse arriver ».

Qui pis est, en incise, signifie « et, chose encore plus désagréable, plus mauvaise... » (XVᵉ s. *in* Montaigne, cf. *Que pis est* « ce qui est le plus mauvais »).

Tant pis, construit comme *tant mieux,* s'emploie aussi en exclamation (pour enregistrer une chose désagréable, cf. *Dommage !*) et dans : *tant pis pour..., tant pis si...* « la chose est regrettable... ».

> — Eh bien ! s'il ne lit nulle part ces compliments ridicules, il les invente, et c'est encore tant pis pour lui.   STENDHAL, *Le Rouge et le Noir,* p. 339.

Dire pis que pendre de qqn → PENDRE.

Faire du pis (le pis) qu'on peut « faire tout le mal qu'on peut ; faire le plus mal possible » (... *du pis* dès le XIIIe s.). Renforcé en : *faire du sanglant pis qu'on peut* (XVIe s.), où *sanglant* a la même valeur métaphorique qu'a conservée l'anglais *bloody.*

Mettre (en mettant) les choses au pis « supposer (en supposant) que l'éventualité la plus fâcheuse, la plus désagréable, se produise » (début XVIIIe s.).

Mettre (qqn) à pis faire « le défier, quoi qu'il fasse, ne pas le craindre » (XVIe-XIXe s., encore chez Stendhal).

> Plus tard, sa hauteur dédaigneuse saura bien se venger. Je la mets à pis faire.
>   STENDHAL, *Le Rouge et le Noir,* p. 500.

PISSENLIT n. m.

Manger (bouffer) les pissenlits par la racine « être mort et enterré » (milieu XIXe s.). L'image du renversement, exprimée par la *racine,* n'est probablement pas seule en cause. Elle est exprimée par des variantes attestées un peu plus tard : *manger l'herbe par la racine* (1880), *manger des carottes* (1888 ; les carottes sont elles-mêmes des racines, l'idée doit être : manger les carottes sans les arracher). En effet, le verbe *manger* supporte de nombreuses métaphores de destruction et, au passif, des expressions comme *être mangé des vers,* etc., expriment la destruction du cadavre. L'ambiguïté *manger-être mangé* n'est pas plus étrange que l'ambiguïté lexicale de *fumer* dans *fumer les mauves.* Quant au *pissenlit,* il n'est pas explicable rationnellement, mais on peut noter que *pisser* a été mis en rapport avec l'idée de mort (*pisser sur la fosse de qqn* → FOSSE).

> Il [Gavroche] a ses jeux à lui, ses malices à lui dont la haine des bourgeois fait le fond ; ses métaphores à lui ; être mort, cela s'appelle manger des pissenlits par la racine [...].   V. HUGO, *Les Misérables,* Pléiade, p. 592.

> Madame Lerat gardait déjà, dans son armoire, le drap pour l'ensevelir, et elle le parfumait toujours d'un bouquet de lavande ; elle tenait à avoir une bonne odeur sous le nez, quand elle mangerait les pissenlits par la racine.
>   É. ZOLA, *L'Assommoir,* t. II, p. 92.

PISSER v. tr.

Vx. *S'écouter pisser,* s'est dit d'une fille qui « commence à avoir du ressentiment (sentiment de sa personnalité), ou opinion de soy mesme » (1640, Oudin). Cette image, attestée dans des dialectes (Dauphiné, Anjou) prend souvent des connotations sexuelles. Elle est à rapprocher de l'emploi de *pisseuse* « fille », et peut enrichir le dossier de la dépréciation féminine par la langue spontanée populaire.

Laisser pisser le mérinos « laisser aller les choses, laisser faire ». Cette loc. a fait couler plus d'encre que ne contiennent de liquide les vessies des moutons invoqués ; à une enquête faite par Pierre Guiraud, des réponses nombreuses sont venues attester « la diurèse des ovidés en général et celle du mérinos en particulier ». Or, selon Guiraud, que nous approuvons, il s'agit d'un à peu près sur *laisser passer,* motivé a posteriori par des images d'animaux pisseurs. On trouve en 1907 (Larousse) *laisser pisser la bête* et plus souvent, de nos jours, *laisser pisser,* syn. de *laisser courir,* par la métaphore du flot qui s'écoule naturellement. La loc. est à rapprocher de *envoyer pisser* (attesté du XVe au XIXe s.), variante expressive de *envoyer promener.*

Cette guerre, elle a été arrangée par des gars qui savent ce qu'ils veulent pour durer une paye. S'il n'y avait pas un jeu là-dessous, pourquoi les Fritz se seraient arrêtés aux Pyrénées, au lieu de coincer Gibraltar, ce qui foutait l'Angleterre sur le cul et terminait la bagarre en moins de deux? Allez, ne te casse pas la tête, laisse pisser le mérinos et tire ton épingle du jeu.   A. SERGENT, *Je suivis ce mauvais garçon*, p. 163.

Outre *pisser sa côtelette**, on a dit *pisser des os* (1640, Oudin) pour «accoucher».

   Pisser des lames de rasoir «endurer des choses très pénibles» (*faire pisser...*, 1867).

Vx.   *Pisser des yeux* «pleurer» (XVIIIe s.). Le jeu des excrétions met en rapport les larmes et d'autres fonctions (cf. *Chialer*, rapproché de *chier* [des yeux]).

   Pisser contre le vent «faire quelque chose dont les effets sont néfastes à celui qui agit» (1640); cf. le proverbe *à pisser contre le vent, on mouille sa chemise*. On a, chez Rabelais, *pisser contre le soleil*, et chez Furetière, *contre le ciel* «faire des efforts inutiles».

   Pisser sur la fosse de qqn → FOSSE.

   Pleuvoir comme vache qui pisse → VACHE.

   Prendre comme une envie de pisser «prendre brusquement (en parlant d'une impulsion, d'une envie, etc.)».

[...] les Fritz que l'idée de commencer la guerre pour de vrai pouvait prendre comme une envie de pisser [...].   A. SERGENT, *Je suivis ce mauvais garçon*, p. 143.

Locutions phrases :

   Ça ne pisse pas loin «ce n'est pas très fort, ça ne va pas loin».

   C'est comme si on pissait dans un violon → VIOLON.

Vx.   *Il n'en pissera pas plus raide* «cela ne lui servira à rien»; cf. *Ça lui fera une belle jambe.*

PISTE n. f.

   Sur la piste de... «sur la bonne voie pour..., en bonne situation pour obtenir un résultat». Métaphore de la chasse, d'abord appliquée aux personnes, puis aux choses abstraites.

   Brouiller les pistes «rendre les indices difficilement interprétables».

Elle n'est pas aviatrice, sauf sur les papiers qu'on lui avait faits en 1943. Des faux papiers. Bien faits. Mais faux. Je brouillais les pistes... propos de romancier. Tous les romans ne sont que des pistes brouillées.   L. ARAGON, *Blanche ou l'Oubli*, p. 203.

   Entrer (être) en piste «commencer à participer à l'action». Métaphore du cirque ou du music-hall, répandue récemment.

   Mettre sur la piste «mettre sur la bonne voie». Du chien au «limier», le passage est naturel.

   Suivre à la piste «suivre de près, ne pas laisser échapper» (1690; le sens concret [chasse] en 1655).

PISTOLE n. f.

Vx.   *Rogneur de pistole* «filou, qui triche sur les monnaies» (1690).

Vx.   *Être cousu de pistoles* «être très riche» (1668). On continue à utiliser cette métaphore dans *être cousu d'or*.

Vx.   *Avoir la pistole volante* «être riche» (début XVIIIe s.).

PISTOLET n. m.

   Drôle de pistolet, singulier pistolet «personnage bizarre» (XIXe s., George Sand, Sainte-Beuve).

Vous êtes de singuliers pistolets!!! Vous me faites aller dix fois à l'Opéra, et puis, au dernier moment, vous me dites que c'était inutile.

G. FLAUBERT, *Correspondance*, Vᵉ série, p. 171.

Vx. *Faire le coup de pistolet* «sortir brusquement après un mot vif, dans une dispute» (1690, sens propre *in* Retz). Au XIXᵉ s., a été interprété par «chercher à se faire remarquer par des extravagances».

PISTON n. m.

Vieilli. *Coup de piston* «aide plus ou moins occulte, destinée à favoriser qqn». Lexicalisé dans le verbe *pistonner*. Métaphore d'élève ingénieur sur le piston de la machine à vapeur, «qui fait marcher la machine».

Ce recours au trop fameux coup de piston — chose qui sur le moment m'avait paru toute naturelle — est devenu pour moi avec le temps comme une espèce de péché originel.   M. LEIRIS, *Biffures*, p. 228.

PITIÉ n. f.

Faire pitié «provoquer la pitié; être pitoyable» (XIIᵉ s.). *À faire pitié* «dérisoire, misérable» (1694).

Selon l'ordre du capitaine, les sous-officiers de semaine se le passaient l'un à l'autre en consigne, en sorte que, comme Petit-Jean dans *Les Plaideurs*, l'infortuné ne dormait plus, devenait maigre à faire pitié.   G. COURTELINE, *Les Gaîtés de l'escadron*, p. 40.

Prendre (regarder) en pitié «considérer avec une commisération parfois mêlée de mépris» (*regarder*, XIVᵉ s.).

Vx. *C'est (grand) pitié* «c'est une chose triste, lamentable» (XIVᵉ-XVIIIᵉ s.).

PIVOINE n. f.

Rouge comme une pivoine «très rouge, par honte, timidité, émotion» (vers 1880, A. France).

PLACE n. f.

Une place au soleil «une situation où l'on profite des avantages communs». *Avoir, obtenir... sa place au soleil.*

Vous le condamnez à la faim ou au crime. Il ne trouve pas d'ouvrage, il est poussé fatalement à recommencer son ancien métier qui l'envoie à l'échafaud. Ainsi, tout en voulant renoncer à une lutte avec la loi, je n'ai point trouvé de place au soleil pour moi.
H. de BALZAC, *Splendeurs et Misères des courtisanes*, p. 1137.

À la place de... «en remplacement de..., en (se) substituant à...» (milieu XVIIᵉ s.). Même effet de sens que dans *au lieu de...*, les deux loc. n'étant plus analysées dans leur valeur de substitution spatiale. On a dit (XVIIᵉ-XVIIIᵉ s.) *en (la) place de...* dans le même sens.

De place en place; par places «çà et là; d'une manière dispersée» (fin XIXᵉ s.).

En place (avec un nom de personne) «qui occupe une situation stable et importante». *Les gens en place* (fin XVIIᵉ s., La Bruyère). *Être, mettre en place* ne se dit que des choses : «être, mettre à l'endroit qui convient».

Sur place [LOC. ADV.] «à l'endroit même; sans pouvoir avancer ou sans avancer» (milieu XIXᵉ s.). Lexicalisé dans : du *surplace. Sur la place*, loc. adv., s'est employé au sens de «au sol, sur la terre». On le trouve encore chez Proust.

Elle arrivera en retard, car, heureuse d'être regardée, même par les plus humbles citoyens aquatiques, elle retient ses fringants hippocampes et les fait piaffer sur place, feignant de ne pouvoir obtenir qu'ils avancent.   C. CROS, *Le Coffret de santal*, p. 158.

Sur la place de... «dans le lieu, la ville de...». La *place,* en termes de commerce, désigne le marché financier et, par ext., l'ensemble des banquiers, négociants d'une *place* (fin XVIIe s.). L'emploi figuré est emprunté à la langue des commerçants.

> — Je parie, dit Léonie, je parie que vous avez connu He'lem-Bey.
> He'lem-Bey, c'est un fakir célèbre, natif de Rueil et prénommé Victor. Il est bien connu
> sur la place de Paris.   R. QUENEAU, *Pierrot mon ami,* p. 38.

Ne pas (pouvoir) durer (demeurer, rester, tenir...) en place «s'agiter, bouger sans arrêt» (avec *demeurer, in* Molière).

Faire place à (qqn) «se ranger, s'écarter pour laisser passer» (XIIIe s. «céder sa place»; XVIe s.); au fig. «être remplacé par (autre chose)».

Faire place nette «débarrasser un lieu des choses, des personnes qui gênent» (1690, Furetière, *rendre place nette* au sens de «enlever tous les meubles»; le sens fig. et moderne n'apparaît pas avant le XIXe s.).

Se mettre à la place de qqn «prendre la place qui lui revient»; fig., «envisager les choses de son point de vue» (fin XVIIe s., La Bruyère).

Prendre la place de «se substituer à...» (début XVIIIe s.). On a dit *tenir la place de...* (XVIe s.).

Prendre place (XIVe s.) «s'installer (à sa place)». Souvent à l'impératif : *prenez place!*

Vx. *Quitter la place* «s'en aller, en renonçant à disputer la place, la situation à qqn». Métaphore du langage militaire, où *place* signifie «place forte, ville assiégée».

Remettre (qqn) à sa place «rappeler qqn à un comportement plus modeste; lui faire remarquer avec sévérité sa prétention» (milieu XIXe s.).

Tenir (occuper) de la (une grande) place «être trop encombrant; (personnes), se comporter de manière à se faire remarquer».

Les places sont chères «la concurrence est âpre, difficile». Loc. qui semble récente et qui s'applique volontiers, au sens concret, en parlant du stationnement des véhicules («on trouve difficilement à se garer»).

Une place pour chaque chose et chaque chose à sa place [LOC. PROV.], cette expression cadastre l'univers à l'usage de l'homme, et constitue en fait une invite à la stabilité sociale.

Qui va à la chasse perd sa place, formule que l'on emploie pour se moquer d'une personne qui, ayant volontairement quitté une place (fig. un emploi, une situation...), la redemande alors qu'elle est prise. Variante régionale (Nord) : *qui va à la ducasse.* On disait dans le même contexte (Furetière) : *votre place est au cimetière.*

PLAFOND n. m.

(Être) bas de plafond «être inintelligent, borné» (1875, *in* Grand Larousse). Métaphore spatiale, portant sur «tête, crâne»; le *front bas* est censé signaler une faible intelligence (les mises en rapport physique-mental jouent sur l'identité des valeurs, au concret et dans l'abstrait).

Avoir une araignée au plafond → ARAIGNÉE.

Crever le plafond «dépasser ce qui était prévu, autorisé, escompté». L'expression s'est d'abord employée en finances, au sens de «dépasser le plafond d'émission autorisé ou prévu».

Se faire sauter le plafond «se suicider». *Plafond* est ici le substitut de *cervelle.*

PLAIDER v. tr.

Plaider la cause de qqn «le défendre» (1690, Furetière).

Plaider coupable « se défendre tout en reconnaissant sa culpabilité, sa responsabilité ». Emploi figuré d'une expression de droit pénal.

Plaider le faux pour savoir le vrai « dire une chose fausse, mentir délibérément pour inciter qqn à dévoiler la vérité » (1835, Acad.).

PLAIE n. f.

Les (dix) plaies d'Égypte « des ennuis insupportables, de véritables fléaux ».
Allusion biblique aux fléaux que Dieu fait s'abattre sur l'Égypte pour que le pharaon
libère les Israélites (Exode chap. 7 à 12). On dit aussi, au sing., *c'est une (vraie) plaie
d'Égypte,* pour qualifier une personne insupportable (la loc. renforce alors l'emploi
fig. de *plaie : quelle plaie !*).

**Ne chercher (n'aimer, ne demander, ne rêver, ne souhaiter...) que plaies et
bosses** « aimer les querelles, les disputes, la bagarre... » (1669, avec *ne demander*).
L'association de mots *plaies et bosses* (fin XVIᵉ s.) signifie « coups et blessures » ; c'est
un terme des barbiers-chirurgiens, qualifiant l'objet de leur art. La loc. verbale peut
s'appliquer à celui qui cherche les coups pour lui-même ou à celui qui a intérêt à
ce que des querelles éclatent : Gottschalk signale une forme complétée : *être comme
le chirurgien, ne demander que plaies et bosses,* le sens étant « chercher son profit
aux dépens d'autrui » (1787) ; mais cette valeur indirecte est aujourd'hui inconnue.

> Comme tous les fils de famille, il mouille entier son calsif dès que ça tourne autour du
> milieu... [...]. Il rêve plaies, bosses et anti-flics... vives fusillades !
>
> A. BOUDARD, *Cinoche*, p. 20.

Enfoncer, remuer un couteau (un poignard) dans la plaie → COUTEAU.

Mettre le doigt sur la plaie « indiquer, découvrir avec précision la cause d'une
situation pénible, fâcheuse » (1835, Acad.) → DOIGT.

Rouvrir une plaie « raviver une peine, une douleur passée et à demi
oubliée » (1672).

Plaie d'argent n'est pas mortelle [LOC. PROV.] « les difficultés financières,
matérielles, ne sont pas les plus graves » (1812). On a dit (fin XVIIIᵉ s.) : *plaie
d'argent peut guérir.*

PLAINDRE v. tr.

Ne pas être à plaindre « jouir d'une situation agréable, enviable (surtout sur
le plan financier) » [fin XVIIᵉ s., Furetière]. Litote, pour « être à envier », mais en supposant plus ou moins que le sujet cherche à se faire plaindre.

PLAINE n. f. Quelques syntagmes appartiennent à une rhétorique littéraire
usée, et constituent plutôt des clichés que des loc. : *la plaine azurée, céleste, étoilée*
« le ciel » ; *la plaine bleue, liquide, salée* « la mer » (la plupart de ces images littéraires datent du XVIIᵉ s.).

Battre la plaine « se répandre dans la campagne, la parcourir ». Variante de
battre la campagne*.

> Mais le départ convenu n'avait pu avoir lieu, une nouvelle se répandait, des dragons
> et des gendarmes battaient la plaine. On racontait qu'ils étaient arrivés de Douai pen-
> dant la nuit [...].   É. ZOLA, *Germinal*, t. II, p. 28.

PLAIRE v. tr.

Vx. **Comme il plaît à Dieu** → DIEU.

Cela vous plaît à dire « vous le dites, mais je ne suis pas d'accord » (1653).
Formule de dénégation qui attribue ce qui est dit au seul plaisir ou à la volonté du
locuteur (« vous ne le dites que parce que ça vous fait plaisir, non parce que c'est

vrai »). On laissera les psychologues méditer sur la disjonction plaisir-vérité du discours, thème il est vrai assez fascinant.

Plaît-il ? Formule de politesse servant à faire répéter ce que l'on n'a pas bien compris ou entendu (XVIIᵉ s., *in* Furetière) : « On dit aussi en terme de civilité, *Plaist*-il, Monsieur, quand on fait répéter une chose qu'on a mal entenduë ».

S'il vous plaît, s'il te plaît, formule de politesse servant à atténuer le caractère direct d'une demande, le côté impératif d'un ordre. La forme est attestée dès le Moyen Âge (XIIᵉ s.), avec son sens originel (« si c'est là votre désir, votre intention, et seulement dans ce cas ») ; elle en vient peu à peu à se vider et à devenir (au XVIIᵉ s.) une simple clause, parfois déformée ou abrégée en français moderne (*s'iou plaît; s.v.p.*). D'autre part, un emploi ironique en retourne la valeur initiale (*ah ! finis de nous casser les pieds, s'il te plaît !*) et un autre emploi convie l'allocutaire à s'étonner de la valeur ou de l'importance de ce qui est dit (*et il a gagné un million dans sa semaine, s'il vous plaît !*), ceci depuis le XVIIᵉ s.

PLAISANTERIE n. f. Le mot entre dans des expressions figées, mais sans évolution sémantique : *par plaisanterie* (LOC. ADV.), *tourner en plaisanterie,* etc.

Plaisanterie de corps de garde, de salle de garde → GARDE.

Plaisanterie de garçon de bains « plaisanterie de mauvais goût ».

Ne pas entendre la plaisanterie « être susceptible » (fin XVIIIᵉ s.) ou « sévère » (XIXᵉ s.). **Entendre la plaisanterie** « ne pas se formaliser des plaisanteries », est attesté en 1730.

> Si l'un d'eux, peu d'humeur à causer, n'entendait pas la plaisanterie, il se contentait
> de le signifier d'un rebondissement du derrière : un signe de vie tout de même.
>
> G. GUÈVREMONT, *Le Survenant,* p. 28.

Plaisanterie à part « sérieusement » (1694, Acad.), est la version académique de *blague à part,* qui l'a détrôné.

PLAISIR n. m.

Le bon plaisir (de qqn) « la volonté arbitraire ». D'abord appliquée au vouloir royal, l'expression fait survivre le sens initial de *plaisir* « volonté exprimée par le seul fait qu'elle agrée *(placet)* à celui qui parle ». Attestée chez Commynes ; réutilisée au XIXᵉ s. pour qualifier l'arbitraire de la royauté absolue, appelé *Régime, règne du bon plaisir. Tel est notre bon plaisir,* formule des décrets royaux à la fin du règne de Louis XVI, la formule antérieure étant simplement *Tel est notre plaisir,* atteste une tentative pour rendre l'arbitraire plus acceptable (le plaisir du roi ne peut être que bon).

Menus plaisirs, s'est appliqué aux petites dépenses d'agrément d'un souverain ou d'un grand, et par extension, d'un particulier (milieu XVIIᵉ s.).

À plaisir [LOC. ADV.] « sans autre mobile que la volonté, l'invention du moment ou l'inspiration ». De son sens originel et normal : « à loisir, d'une manière commode et agréable » (XVIᵉ s.), l'expression s'est appliquée à la gravité, parfois péjorativement, et même à l'absence de raison sérieuse, s'appliquant dès lors à des objets *déplaisants (se tourmenter à plaisir).* C'est que *plaisir* a ici son sens initial « ce qui convient, agrée », comme dans le *bon plaisir* (ci-dessus). *À plaisir* signifie « par une décision arbitraire », mais n'est pas à l'abri du sens dominant de *plaisir.* Le jeu des deux sens, à l'œuvre dans cette loc., peut être interprété analytiquement comme celui du surmoi et du ça.

> J'ai d'autres chats à peigner que d'inventer à plaisir des histoires de croquemitaines.
> Aussi ne dis-je que ce que j'ai vu, et, partant, que ce qui est vrai.
>
> G. COURTELINE, *Les Gaîtés de l'escadron,* p. 177-178.

À plaisir «extrêmement». *Il est bête à plaisir.* Extension de sens de la précédente, employée avec des participes passés *(fabriquer, inventer à plaisir,* d'où *fabriqué, inventé, fait à plaisir),* cette loc. est comprise comme un emploi ironique de *à faire plaisir* «excellemment».

Faire durer le plaisir «prolonger qqch.». S'emploie aussi ironiquement pour une chose déplaisante ou douloureuse *(le dentiste a fait durer le plaisir).*

> La jeune femme crédule était fort généreuse et paya quarante francs la première consultation. La diseuse de bonne aventure, qui n'avait pas souvent d'aussi bonnes clientes, chercha à faire durer le plaisir le plus longtemps possible.
> GORON, *L'Amour à Paris,* t. I, p. 588-589.

Faire le plaisir de..., s'emploie surtout à l'impératif, soit pour rendre plus agréable et polie une demande, soit ironiquement pour renforcer un ordre : *fais-moi le plaisir de te taire!* (cf. l'emploi ironique de *s'il vous plaît!,* où le plaisir est attribué non au locuteur, mais à l'allocutaire). Dans les formules d'invitation, *faire le plaisir (faites-nous le plaisir de venir le tant)* était réservé aux inférieurs; pour les égaux et supérieurs, il fallait de l'*honneur.*

Faire plaisir à... «être agréable à...» (1669); «convenir» (d'une chose).

Se faire un plaisir de..., forme polie exprimant la transformation d'une obligation en plaisir : *je me ferai un plaisir de vous reconduire en voiture.*

Prendre (du, beaucoup de...) plaisir à «faire avec agrément» (milieu XVe s.). On a dit (vx) *prendre plaisir de...*

> N'était l'obligation d'aller prendre le plus grand nombre de mes repas au restaurant (contrainte de mois en mois plus gênante), je resterais des jours et des semaines sans sortir. C'est au travail que je prends le plus de plaisir et je peste contre ce qui m'en distrait.
> A. GIDE, *Journal,* t. II, p. 301.

Prendre son plaisir où on le trouve «se contenter des circonstances imposées et en tirer parti; tirer du plaisir de tout».

Fam. *Au plaisir!* Formule qui s'emploie quand on quitte une personne, par abrègement de : *au plaisir de vous revoir.* Elle est considérée comme petite-bourgeoise ou populaire, en tout cas peu distinguée, pour des raisons qui nous sont obscures.

Tout le plaisir est pour moi, autre formule petite-bourgeoise par laquelle on répond à la déclaration de plaisir *(enchanté!)* d'une autre personne, lors d'une rencontre.

> [...] enfin la fête est réussie c'est le principal enchanté d'avoir fait votre connaissance mais non je vous assure tout le plaisir est pour moi j'espère que nous allons nous voir souvent mais bien sûr à très bientôt cher ami [...].   J. PRÉVERT, *Histoires,* p. 173.

1. PLAN n. m.

Premier plan «place, situation en vue». Métaphore de la représentation visuelle (peinture, théâtre, cinéma) → SUR LE PLAN...

Au premier plan «dans une situation éminente, supérieure».

De premier plan «très remarquable, de premier ordre». On emploie, dans un sens analogue, *second, troisième... plan.*

Sur le plan (de...) «dans le domaine (de...), du point de vue (de...)». *Sur tous les plans* «quelle que soit la façon dont on l'envisage». *Sur le même plan* «du même point de vue». *Mettre, placer sur le même plan* «considérer comme comparables, comme situés au même niveau». Toutes ces loc. dérivent d'une métaphore visuelle, et du sens de *plan* en perspective, qui correspond à la répartition des objets représentés — en peinture, puis au théâtre, en photo, au cinéma — selon la profondeur. Elles sont critiquées par les puristes, ainsi que la variante plus récente et plus relevée : *au plan de...*

2. PLAN n. m. Le mot n'a rien à voir avec *plan*, de *planus;* c'est une variante de *plant*, dérivé de *planter*, désignant d'abord la plantation de jeunes arbres (projet et disposition), et par ext., un projet organisé.

En plan (avec des verbes comme *laisser* ou *rester*) «abandonné, en attente». Esnault date l'expression de la fin du XVᵉ s. *(en plant)*, mais cette référence est douteuse, car *laisser* (1821), *rester en plan* ou *en plant* (1868) ne sont pas attestés antérieurement. D'abord argotique et populaire, la loc. est devenue familière, mais le dérivé de *plan*, *planquer* («mettre de côté») reste plus marqué. Il y a d'ailleurs confusion entre *plant* et *plan* (de *planus*) dans *mettre en plan* (spécialt «mettre en gage», 1808) qui signifie à la fois «mettre dans un lieu de sûreté (près du sol, à plat)» et «abandonner pour reprendre plus tard».

> — Les jurés m'ont condamné sans preuves, dit-il en terminant.
> — Enfant, tu discutes quand on va te couper les cheveux!...
> — Mais, je puis bien avoir été seulement chargé de mettre en plan les bijoux. Et voilà comme on juge, et à Paris encore!...
> H. DE BALZAC, *Splendeurs et Misères des courtisanes*, p. 1075.

Tirer des plans sur la comète «faire des projets sur des hypothèses peu vraisemblables, en comptant sur des événements prévus mais lointains».

> J'aime mieux te dire que, tout en cavalant, je n'avais pas arrêté de tirer des plans sur la comète. Je calcule que je devais avoir encore deux balles dans mon Mauser, un 7,65 au poil. Combien de mecs me suivaient, c'était le problème.
> A. SERGENT, *Je suivis ce mauvais garçon*, p. 218.

Fam. *Y a (y avait, y aura) pas plan pour...* «il n'y a pas moyen de» (1836).

> Eh ah! les aminches, gagnons dare dare les salons du premier. Ça nous donn'ra le temps de souffler... J'ai pigé un point d'côté qui m'fauche les pincettes... Y a pas plan pour que j'cavale plus loin...
> *L'Épatant*, 1910, p. 116.

PLANCHE n. f.

Planche pourrie «personne ou chose sur qui on ne peut pas compter» (fin XVIᵉ s.). La métaphore porte sur la traîtrise d'un appui rongé de l'intérieur et qui s'effondre inopinément; mais le choix du mot *pourri*, qui a de nombreux sens figurés, donne à l'expression une énergie dépréciative supplémentaire.

> Communication, authenticité, planches pourries que de pareils mots! Comme s'ils en disaient très long, il est rare que je les emploie sans un léger frémissement intérieur, alors que l'indécision de leurs contours pourrait à juste titre m'attirer de mon interlocuteur cette remarque accompagnée d'une moue de mépris : *Tu ne sais pas ce que tu dis!*
> M. LEIRIS, *Fibrilles*, p. 286.

Planche à pain, à repasser «femme maigre et plate, aux contours peu saillants» (XIXᵉ s., Balzac). Renforcements plaisants du sens métaphorique de *planche* (*maigre... comme une planche*, d'où *c'est une vraie planche*).

Planche de salut «ressource suprême». Renforcement assez tardif (XIXᵉ s.) de *planche*, employé seul dans ce sens (depuis le XVIᵉ s.), par métaphore de la planche à laquelle s'accroche un naufragé.

> Tu vois que [...] je n'ai pas besoin de ta science.
> Cette vigoureuse déclaration déconcerta le pauvre économiste ; il essaya pourtant encore une dernière planche de salut.
> — Mes études ne se sont pas bornées à l'éducation du bétail. J'ai d'autres connaissances spéciales qui peuvent vous être fort utiles.
> V. HUGO, *Bug-Jargal*, p. 99.
>
> Ici éclate, par conséquent, ce qu'il y a d'insoutenable dans ma position : prendre pour planche de salut une planche dont je sais pertinemment que c'est une planche pourrie, bonne seulement par temps calme et à coup sûr d'aucun secours quand je serai vraiment menacé de noyade.
> M. LEIRIS, *Biffures*, p. 294.

Entre quatre planches «mort, cloué dans un cercueil».

— Ah! tenez mon cher enfant, déclara-t-elle tout de suite, c'est moi qui devrais être en bas, clouée entre quatre planches!
Oui, le propriétaire était bien heureux, il en avait fini avec l'existence.

                                                            É. ZOLA, *Pot-Bouille*, t. II, p. 15.

Ah! non, ce serait trop fort, de tuer le père et de continuer ensuite à exploiter les enfants! En voilà assez, j'aime mieux vous voir tous emporter entre quatre planches, comme celui qui est parti déjà.

                                                            É. ZOLA, *Germinal*, t. II, p. 168.

Avoir du travail (boulot...) sur la planche « avoir beaucoup de travail à faire ». Réfection, avec un mot abstrait, de *avoir du pain sur la planche* → PAIN.

> GILBERT, *explosant*. — Alors, qu'est-ce que vous attendez?... Merde! [...] Tu te plains d'être sans un sou et tu as du boulot sur la planche depuis huit jours! [...] ... Y a un coffre, d'accord.... mais vous avez toute la nuit... et la maison est isolée!
>
>   J.-P. MELVILLE, Dialogue du film *Le Doulos*, p. 11.

Brûler les planches « jouer avec force, avec fougue ». Même emploi de *planches* que dans *monter sur les planches* (ci-dessous).

> Après l'élégant couple britannique placé dans un décor de verdure très poètes lakistes, après la vedette boulevardière qui toute sa vie avait brûlé les planches et, même retirée, brûlait encore d'un feu sacré, venait cet amateur besogneux essuyant ses semelles à tous les paillassons et jouant des coudes pour caser coûte que coûte une production si médiocre qu'elle ne pouvait intéresser quiconque.   M. LEIRIS, *Fibrilles*, p. 122.

Faire la planche « se maintenir à la surface de l'eau, sur le dos et sans presque bouger » (début XIXᵉ s.); fig. « rester inactif, passif pour passer un cap difficile, pour éviter de 'couler' ».

> Elle nageait avec bonheur, avec ivresse [...] puis, se tournant brusquement, elle fit la planche, les bras croisés, les yeux ouverts dans le bleu du ciel. Il regardait, allongée ainsi à la surface de la rivière, la ligne onduleuse de son corps...
>
>   G. DE MAUPASSANT, *Yvette*, p. 85.

Vx. **Faire la planche à qqn** « l'aider à franchir un obstacle; faciliter sa réussite » (début XVIIᵉ s., Pasquier).

Monter sur les planches « faire du théâtre, en tant que comédien » (1835, *in* Acad.). *Les planches* désignent la scène de théâtre depuis le XVIIIᵉ s.

PLANCHER n. m.

Le plancher des vaches « la terre ferme ». La métaphore est dans Rabelais. Comme *la montagne à vaches* des montagnards, elle assimile le terrien, pour le matelot, à un animal qui ne fait pas l'objet d'une grande admiration, sur le plan symbolique → VACHE.

> Ribouldingue et Filochard faisaient, entre le plancher des vaches et le pont du bateau, des comparaisons qui n'étaient point à l'avantage de ce dernier.
>
>   *L'Épatant*, 1909, p. 71.

Débarrasser le plancher « partir contraint et forcé; vider les lieux ». D'abord *décharger le plancher* (1718, Acad.). Le sujet peut être celui qui est chassé (cas le plus fréquent) ou celui qui chasse (l'exemple de Zola).

> Elles avaient mis Coupeau dehors pour débarrasser le plancher. Mais elles eurent quand même du monde sur le dos toute l'après-midi.
>
>   É. ZOLA, *L'Assommoir*, t. I, p. 254.

> Eh bien, Mathurine, dit Pierrot, débarrasse le plancher on a envie d'être tranquille. Compris? Quand on voudra la suite, on te sonnera.
>
>   R. QUENEAU, *Pierrot mon ami*, p. 166.

Avoir, mettre le pied au plancher « accélérer à fond » (l'accélérateur étant appuyé au maximum, contre le plancher de la voiture). D'où *rouler au plancher* « très vite, au maximum de vitesse ».

PLANTE n. f.

Belle plante «belle fille, belle femme». Loc. d'origine régionale (Dauphiné, Vaudois), mais l'emploi de *plante* au sens de «jeune personne qu'on éduque» existe en français central depuis le XVIIᵉ s. (Richelet).

Vx. *Être sous bonne plante* «en bonne condition» (1531). *Plante* signifie ici «action, fait de planter».

PLANTER v. tr.

Planter là «abandonner, laisser (qqn); renoncer à (qqch.)». Emploi ancien, fixé depuis le XVᵉ s. malgré sa brièveté. Du XVᵉ au XVIIᵉ s., une forme développée a eu cours : *planter là* (ou *laisser planté*) *qqn pour (à) reverdir*, c'est-à-dire «laisser comme une plante, jusqu'à ce qu'il lui pousse de nouvelles feuilles».

> [...] au risque de froisser celui qui parlait, Brichot, Cottard ou Charlus, et à qui je ne pouvais expliquer la raison de ma fuite, je me levais, les plantais là et, pour voir s'il ne s'y faisait rien d'anormal, passais à côté.
> M. PROUST, *À la recherche du temps perdu*, t. II, p. 1042.

Vx. *En planter à qqn* «le faire cocu» (lui planter des cornes) [depuis Molière].

Être (rester...) planté comme... «être (rester) immobile, debout» (comme un piquet, une souche, etc.).

Vx. *Arrive (vienne) qui plante!* [LOC. PROV.] «arrive, advienne que pourra!» (du XVIᵉ s., Baïf, au XIXᵉ s.). La nature de *qui* est peu explicable; le sens est : il arrivera ce qui doit arriver, il poussera ce qui a été planté (cf. *in* Acad., 1718 : *vienne qui plante; sont des choux*).

> Madame, où vous irez nous irons, répondit Parfondrupt, et arrive qui plante!
> A. THEURIET, *La Chanoinesse*, in *Ph. Sl.*

Vx. *Il est bien planté, il reviendra*, jeu de mots sur revenir (en un lieu) et *revenir* «reverdir (d'une plante)», cf. ci-dessus *planter là*.

PLAQUE n. f.

Plaque tournante au fig. «chose ou personne qui a une position de décision, dont dépendent de nombreux éléments qui ne peuvent communiquer que par elle» (milieu XXᵉ s.). Métaphore des chemins de fer.

À côté de la plaque «à côté de la question». *Mettre à côté de la plaque* «se tromper lourdement». Il peut s'agir d'une plaque formant cible, comme dans le régional *jouer à la plaque* «au bouchon» (Le Havre).

> Les assemblées, comme les hommes, peuvent se tromper : de Gaulle lui-même ne confiait-il pas, au lendemain de l'annonce d'un référendum-miracle, en mai 1968 — cette même consultation qui, repoussée d'un an, devait être finalement, le référendum-suicide —, qu'il avait «mis à côté de la plaque»?
> P. VIANSSON-PONTÉ, in *Le Monde*, «Au jour le jour».

> Toutes les fautes de goût enfilées les unes derrière les autres... un échantillonnage complet. Il s'arrangerait Luc, pour mettre toujours à côté de la plaque... les panards dans des grolles à la mauvaise pointure... tous les comédiens en dérive.
> A. BOUDARD, *Cinoche*, p. 275.

1. PLAT, PLATE adj.

Plat comme une galette, comme une limande «très maigre, sans contours (d'une personne)» → LIMANDE, PLANCHE* À PAIN.

Plat comme la main «sans intérêt, banal». On dit aussi : *plat comme un trottoir (de rue)*.

Plat comme une punaise «obséquieux et bas» (1640).

Vx. *Être bien plat* « avoir perdu son argent, être ruiné » (fin XVIIᵉ s.).

À plat [LOC. ADV.] « présenté horizontalement, en étant allongé, aplati, etc. ». Les valeurs figurées se spécialisent selon les verbes : « chute ; extrême fatigue ; vivacité (d'un refus) » → aussi *à plat ventre**.

Être à plat « être épuisé ». Signifie probablement : contraint à *se mettre à plat* à se coucher (cf. l'helvétisme *à plat de lit* attesté chez J.-J. Rousseau) ; mais cette image est recouverte par celle du pneu ou de la batterie *à plat*.

Mettre à plat (qqn) « fatiguer extrêmement, déprimer ». Dans l'usage populaire, *mettre à plat* (qqch.) « économiser ».

Refuser (nier) à plat, tout à plat « refuser (nier) tout net » (XVIᵉ s.).

Tomber à plat a) « échouer, n'avoir aucun retentissement, aucun succès public » (1738) ; b) (concret) « tomber de tout son long » (vx).

> Et puis, je commence déjà à être las de toutes les stupidités qui seront dites à l'occasion de ce livre, à moins qu'il ne tombe à plat, chose possible.
>   G. FLAUBERT, *Correspondance*, IVᵉ série, p. 449.

> [...] rien ne pouvait être plus attachant, séduisant, grisant, que la conversation de Charlie. Aucun propos, si j'en excepte les vulgaires, avec lui, ne tombait à plat.
>   A. GIDE, *Journal*, p. 327.

2. PLAT n. m. Emploi substantif de *plat*, adjectif, au sens de « partie plate » et fig. « banalité ». *Plat de la langue* a le sens de « bavardage » depuis la fin du XVIᵉ s.

Vx. *Donner (envoyer) du plat (de la langue)* « adresser de belles paroles, des bavardages ». Métaphore voisine de *faire de la lèche*, qui a un sens différent. *Plat* a eu le sens de « langue » dans *jouer, bailler du plat*. Voir la locution ci-dessous et *faire un plat*, sous *Plat* 3.

Faire du plat à qqn « flatter bassement » ; spécialt « faire la cour (à une femme) de manière insistante et généralement déplaisante » (1883, *in* Chautard). L'origine, *le plat de la langue*, est oubliée ; le locuteur moderne rattache l'expression à l'idée de *platitude*.

> [...] je suis sûr qu'il y a des tas de types qui viennent vous faire du plat, sous prétexte de s'amuser avec cet ustensile.
> — Ça c'est vrai. Il y en a qui sont collants...   R. QUENEAU, *Pierrot mon ami*, p. 25.

Faire du plat de qqch. → ci-dessous PLAT 3.

3. PLAT n. m.

Plat d'épinards « paysage aux verdures agressives » (1867).

Plat de résistance « élément principal ». Une métaphore donnant à l'élément essentiel du repas la valeur générale de « chose la plus importante » était assez normale dans la culture française.

Apporter (porter, donner...) qqch. à qqn sur un plat (d'argent) « sans qu'il ait à faire le moindre effort pour l'obtenir » (XXᵉ s.). Même sens avec *plateau*.

Donner (servir) à qqn un plat de son métier « lui jouer un tour » (1640, Oudin). On trouve aussi *donner un plat de son service*.

> Voyez un peu comme il sçavoit bien pratiquer les ordonnances de la Lesine, friponant sur ses disciples pour festoyer ses amis, Vous en aurez [...] ce dis-je en moi-mesme [...]. Je vous serviray d'un plat de mon mestier.
>   Ch. SOREL, *Histoire comique de Francion*, p. 175-176.

Échanger, vendre... contre un plat de lentilles, par allusion à Esaü, qui dans la Bible, vend son droit d'aînesse contre un plat de lentilles (Genèse 25, 29-34), « échanger qqch. d'important contre une chose insignifiante, se faire volontairement léser ».

Faire (tout) un plat de qqch. «donner trop d'importance à qqch.» (vers 1920). La loc. emprunte le sens de : *faire trois plats de qqch.* (c'est-à-dire tout un repas), attestée dès 1631, et la forme de *faire un plat de qqch.* «tout rapporter pour nuire à qqn» (même date), qui doit être rapprochée de *se mettre à table.* Certains lexicologues donnent à *plat,* dans cette loc., la valeur de «banalité, platitude» (cf. *Plat* 1).

Mettre les petits plats dans les grands «offrir (à qqn) un repas somptueux, en faisant beaucoup de frais» (1808); fig. «se mettre en frais pour plaire». On trouve une variante avec *pot*★. L'image de l'imbrication, peu rationnelle, implique ici l'accumulation; les adjectifs, loin d'être antonymiques, connotent tous deux la qualité, *grand* y joignant l'idée d'abondance. L'idée de départ doit être celle du *petit plat* «plat (nourriture) finement cuisiné», entraînant les *grands plats* et le passage du contenu au contenant (vaisselle luxueuse, service...).

> Les jours de fête. chez les Coupeau. on mettait les petits plats dans les grands : c'étaient des noces dont on sortait ronds comme des balles. le ventre plein pour la semaine.
> É. ZOLA. *L'Assommoir.* t. I, p. 250.

Mettre les pieds dans le plat → PIED.

Vx. *Servir qqn à plats couverts* «nuire à qqn sans y paraître» (1640). Le plat couvert dissimule son contenu. Une femme qui *se fait servir à plats couverts* se prostitue (1640, Oudin) : elle se fait *servir,* se met *à plat* et se fait *couvrir.* — Au XIXᵉ s., le *plat couvert* est un plat-surprise, ne figurant pas au menu; d'où un emploi figuré «surprise agréable» (vx), sans sous-entendu grivois.

PLATEAU n. m.

Le plateau de la balance (avec des verbes comme *jeter, mettre*) → BALANCE.

Apporter (donner...) qqch. à qqn sur un plateau, équivaut à *apporter sur un plat d'argent* → PLAT.

PLATE-BANDE n. f.

Marcher sur (empiéter sur, piétiner) les plates-bandes de qqn «agir sans se soucier des droits de qqn, léser» (début XXᵉ s.). À rapprocher de *charrier (cherrer) dans les bégonias* et autres métaphores horticoles.

PLÂTRE n. m.

Battre comme plâtre «battre très fort (une personne)». Métaphore ancienne (XVᵉ s.) portant sur le gâchage du plâtre, qui doit se faire avec énergie.

> Ce beau Musicien cy qui joüoit aveque moy m'a battu comme plastre apres m'avoir bien dit du latin. qui me froissoit autant l'âme que les coups de ses poings me froissoient les costes.   Ch. SOREL. *Histoire comique de Francion.* p. 200.

> À travers mes hontes et mes déceptions. j'avais gardé l'espoir que la place publique me vengerait un matin... Sur cette place publique. on vient de me rosser comme plâtre : j'ai les reins moulus et le cœur las!   J. VALLÈS. *L'Insurgé,* p. 138.

Essuyer les plâtres «éprouver les inconvénients d'une chose neuve, qui vient d'être faite». Les plâtres frais d'une construction, outre qu'ils produisent une humidité et une odeur peu confortables, laissent des traces à ceux qui s'y frottent. La loc. est encore métaphorique dans l'exemple suivant :

> Les deux grandes dames qui avaient l'habitude d'essuyer les plâtres dans les salons nouvellement ouverts.   M. PROUST. *À la recherche du temps perdu.* t. II. p. 871.

1. PLEIN adj.

Plein à craquer, à crever «rempli au maximum».

Les habitants aux costumes hétéroclites d'une Babylone ou d'une cité marchande comme Alexandrie, c'est ainsi que m'apparaissaient les gens de tous âges, sexes et autres catégories dont la cathédrale était pleine à craquer.

M. Leiris, *Fibrilles*, p. 214.

Plein aux as → As.

Plein comme un un œuf → Œuf.

Plein comme un boudin, une bourrique, un œuf, une outre «complètement soûl». La série des comparaisons est incohérente, sauf sur le plan formel (*bou-*, *ou-*). L'*œuf* et l'*outre* symbolisent le remplissage, la réplétion; *boudin*, outre qu'il évoque *boule* (même image) est aussi une préparation qui emplit une peau. *Bourrique* peut être une altération de *barrique* (cf. *Plein comme un fût, un tonneau*), mais peut aussi dériver de *saoul comme un âne* (→ Âne).

Les hommes que les agents amenaient au poste n'étaient pas des cambrioleurs, mais trois poivrots qui sortaient d'un bal masqué. Les trois masques, qui étaient pleins comme des boudins, furent mis dans la cellule située à côté de celle où se trouvaient Croquignol et Cᵉ. *L'Épatant*, 1908, p. 8.

(Gros) plein de soupe «homme, enfant gras» (1867).

À plein [LOC. ADV.] «complètement, parfaitement» (XIIᵉ s.). Variantes anciennes : *tout à plein, à pur et à plain* «complètement, sans réserve». A signifié aussi «librement, sans contrainte».

À plein, suivi d'un nom, sert d'intensif pour le verbe (*saisir à pleines mains, couler à pleins bords...*). Ce tour date du XIIᵉ s. → Main, Nez.

En plein «complètement» (XVIIIᵉ s.). *En plein sur, dans...* «au milieu, au centre de...». *Donner en plein* (dans le mysticisme, etc.) «complètement, à fond». La variante *tout en plein* est archaïque.

En plein (suivi d'un nom) «au milieu, au centre de...»; «dans la partie la plus caractéristique, la plus forte; au plus intense».

Tout plein «entièrement, beaucoup». Très familière, cette expression date du XIIIᵉ s. et s'est répandue dans les dialectes. Renforçant un adjectif : *il est tout plein mignon, mignon tout plein.*

2. PLEIN n. m.

Trop plein «quantité excessive, qui ne peut être assimilée, tolérée». *Un trop plein de passion,* etc.

Avoir son plein «être soûl» (1888). Équivaut à *être plein.*

— À votre aise! bougonnait alors le commandant. Et totalement insensible aux peines qu'il pouvait également encourir si, par malheur, ses prédictions se justifiaient, il se drapait dans les pans de sa blouse puis, très digne, s'étendait sur une natte où jusqu'à ce qu'il eût — comme il disait — son «plein», il ne desserrait plus les dents.

F. Carco, *Ombres vivantes*, p. 271.

Battre son plein «arriver à son point d'activité, d'intensité le plus grand». Au sens propre se dit, lors de la marée, de l'eau qui, ayant atteint le niveau le plus haut, reste étale avant de redescendre (les deux acceptions datent du milieu du XIXᵉ s.). Au fig. et dans un sens voisin, on trouve *être dans son plein,* qui fait référence au plein de la lune. Il s'agit bien de *plein,* substantif et de l'adjectif «possessif»; des cuistres, ayant imaginé qu'il s'agissait d'un instrument qui battait un *son plein,* écrivirent au pluriel : *les fêtes battaient son plein* et, fiers de cette élégance, accusaient de barbarisme ceux qui disaient très correctement : *battaient leurs pleins.*

Faire le plein «remplir complètement, faire toutes les réserves possibles» (métaphore du vocabulaire de l'automobile).

Vx. ***Mettre dans le plein, en plein*** «atteindre le centre de la cible; réussir parfaitement» (1718).

3. PLEIN adv.

En avoir plein... (suivi du nom d'une partie «creuse» du corps) «en avoir assez, être excédé» → CUL, DOS, et aussi ***En avoir plein les bottes*** → BOTTES (I), RAS* LE BOL, EN AVOIR PLEIN LA BOUCHE*.

S'en mettre plein la lampe → LAMPE.

En mettre plein la vue → VUE.

PLEUR n. m.

Fam. ***Le bureau des pleurs*** «le service des réclamations».

En pleurs [LOC. ADV.] «en train de pleurer».

Verser un pleur sur... «pleurer, regretter». L'emploi du singulier donne à cette loc. une allure faussement archaïque (*pleur* au sing. ne signifie pas «larme», mais «action de pleurer, plainte»).

> — Bah! fit-il joyeusement, en ramenant toutefois par précaution ses livres à portée de la main. Comme Mlle Joséphine Baker a deux pays, je possède deux pépins. Versons un pleur sur celui-ci et ne nous frappons pas.   F. CARCO, *Ombres vivantes*, p. 259.

PLEURER v. tr. et intr.

Pleurer à chaudes larmes, pleurer toutes les larmes de son corps... «pleurer beaucoup» → LARME, et aussi FONTAINE, MADELEINE, VACHE, VEAU.

À pleurer, à faire pleurer «d'une manière lamentable» (avec des adj. comme *maigre, triste...* ou encore *bête*).

> C'étaient des tripotées indignes, des trépignées pour un oui, pour un non, un loup enragé tombant sur un pauvre petit chat, craintif et câlin, maigre à faire pleurer, et qui recevait ça avec ses beaux yeux résignés, sans se plaindre.
>   É. ZOLA, *L'Assommoir*, t. II, p. 129.

Pleurer d'un œil et rire de l'autre «être à la fois triste et gai» (*in* La Bruyère).

Vx. ***Ne pleurer qqch. que d'un œil*** «ne regretter qu'à moitié» (1798, Acad.).

N'avoir plus que les yeux pour pleurer → ŒIL.

PLEUVOIR v. intr.

Comme s'il en pleuvait «en grande quantité» (1808).

Il pleut comme vache qui pisse → VACHE.

Pleuvoir à seaux, à verse «très fort».

> Il ne fait qu'y venter et brumasser, tandis qu'il pleut à seaux de l'autre côté.
>   V. JACQUEMONT, *Correspondance*, t. I, p. 226.

Vx. ***Il a plu dans son écuelle*** «il lui est arrivé qqch. d'utile, d'agréable».

> Il a bien plu dans l'écuelle de vos cadets; il faut espérer, ma bonne, qu'il pleuvra dans la vôtre.   Mme DE SÉVIGNÉ, *Lettres*, à Mme de Grignan, 23 février 1680, II, 615.

Vx. ***Il a (bien) plu sur sa mercerie (sa friperie)*** «il est ruiné; il est tombé malade» (1690, Furetière).

Vx. ***S'il pleut sur..., il dégouttera sur...*** «s'il arrive qqch. de bon ou de mauvais à l'un, l'autre en aura sa part» (1690). L'Académie de 1718 écrit, en forme proverbiale, *quand il pleut sur le curé, il dégoutte sur le vicaire;* l'idée est celle de la liaison des destins des personnes associées, souvent par une hiérarchie.

Il pleut il mouille, c'est la fête à la grenouille..., poème enfantin célébrant la pluie, traditionnellement associée dans notre folklore à la grenouille et à l'escargot.

Il pleut il mouille.
Aujourd'hui c'est la fête à la grenouille
Et la grenouille
C'est mon amie.   J. PRÉVERT, *Histoires*, p. 72.

PLI n. m.

Le pli de la rose (d'une feuille de rose) « inconvénient insignifiant », par allusion au sybarite qui, couché sur un lit de roses, aurait eu le sommeil troublé par
une feuille de rose pliée en deux.

Prendre le pli, son pli « prendre une habitude, et spécialement s'habituer à une
situation, un état... » (XIIIᵉ s.). Métaphore de l'habit qui, ayant pris une forme, s'est
adapté au corps de celui qui le porte. On a parlé du *bon, mauvais pli* pris par qqn
(1690). *Il a pris son pli* signifiait en particulier « il est à un âge où l'on ne change
plus de comportement, d'habitude ».

> Jacques, s'adressant au laboureur qui ne l'entendait pas, disait : « Pauvre diable, tou-
> che, touche tant que tu voudras : il [le cheval] a pris son pli, et tu useras plus d'une
> mèche de ton fouet avant que d'inspirer à ce maraud-là un peu de véritable dignité et
> quelque goût pour le travail... ».   DIDEROT, *Jacques le Fataliste*, p. 724.

> Il faut de l'argent pour *tout !* si bien qu'avec un revenu modeste et un métier impro-
> ductif, il faut se résigner *à peu*. Ainsi fais-je ! le pli est pris ; mais les jours où le tra-
> vail ne marche pas, ce n'est pas drôle.
>   G. FLAUBERT, *Correspondance*, Vᵉ série, p. 267.

Ne pas faire un pli « ne faire aucune difficulté » ; cf. *Aller tout seul* (1690) ; par
ext. « ne pas faire de doute, être sûr et certain ». Le sens concret de *ne pas faire un
pli* (1694, *in* Acad.) est « être bien ajusté, ne pas faire de faux pli » (d'un vêtement).

> Qui c'est qu'on accuse ?... Bien sûr c'est encore notre pomme. C'est nous qu'on
> écroue... ça faisait pas l'ombre d'un petit pli !   L.-F. CÉLINE, *Mort à crédit*, p. 484.

PLIER v. intr. et tr.

Mieux vaut plier que rompre « les concessions sont préférables à l'échec, à la
rupture ». Précepte banal de souplesse, illustré par la fable de La Fontaine *Le Chêne
et le Roseau* « qui plie mais ne rompt pas ».

PLOMB n. m.
Ce métal est le symbole de la lourdeur et du caractère fondamental, indifférencié et grossier, par rapport aux autres métaux. À ce symbole se
superpose, avec l'usage des armes à feu, celui de « projectile ».

À plomb « à la verticale » (fin XIIᵉ s.) ; au fig. (avec des verbes comme *tomber*)
« directement » (fin XVIIᵉ s.). L'utilisation d'une petite masse de plomb pour définir
la verticale (en construction, etc.) est très ancienne. La loc. adv. est lexicalisée dans *aplomb*.

De plomb [LOC. ADJ.] « accablant, écrasant » *(soleil, chaleur... de plomb) ;* « qui
donne une impression de lourdeur pénible » *(se sentir des jambes de plomb)*. Le plus
lourd des métaux courants symbolise évidemment la pesanteur.

Cul de plomb → CUL.

Sommeil de plomb « sommeil lourd et profond » (début XIXᵉ s.).

> Si vous avez envie de faire de la musique, ne vous gênez pas, les murs sont comme
> ceux d'une forteresse, vous n'avez personne à votre étage, et mon mari a un sommeil
> de plomb.   M. PROUST, *À la recherche du temps perdu*, t. II, p. 1044.

(Avoir) du plomb dans l'aile « être dans un état précaire, être menacé dans sa
santé, sa prospérité » (se dit des personnes, des entreprises, etc.). La loc. est dans le
dict. de l'Académie de 1878 ; elle provient d'une métaphore de la chasse. Cf. *« Un
poète sauvage, avec un plomb dans l'aile... »* (Corbière, *Les Amours jaunes*, 1873).
On disait auparavant *en avoir dans l'aile*.

> Le parleur n'aura point le piédestal de la tribune [...]. Dans cet amphithéâtre à gradins, chacun parlera de son banc, debout, dans la demi-lune de sa travée. D'avance, la déclamation a du plomb dans l'aile !
> J. VALLÈS, *L'Insurgé*, p. 238.

> Ça manque un peu de sérieux, ce qui est la qualité primitive (sans doute la qualité primordiale, la qualité la plus importante). Il faut qu'il ait un peu plus de plomb dans l'aile (mon interlocuteur voulait dire dans la tête).
> M. PROUST, *À la recherche du temps perdu*, p. 755.

(Avoir) du plomb dans la tête, dans la cervelle « être réfléchi et calme, raisonnable ». D'abord, *avoir du plomb en teste* (1611). *Avoir besoin d'un peu de plomb dans la tête* (1700), *n'avoir pas de plomb dans la tête* « être étourdi » (une métaphore plus élaborée est : *il aurait besoin d'une calotte de plomb*). *Mettre du plomb dans la tête à qqn* (in Sévigné) ne se dit plus, à cause de l'ambiguïté (l'expression s'emploie aussi pour « tuer d'un coup d'arme à feu » [1835]).

> Je ne vous ai parlé aussi longtemps que pour mettre un peu de plomb dans cette tête.
> STENDHAL, *Le Rouge et le Noir*, p. 441.

Dormir comme un plomb « dormir pesamment ». Même idée que dans : *sommeil de plomb*.

Vx. **Avoir mangé du plomb** « être tué par une arme à feu » (1888).

Vx. **Valoir son pesant de plomb** « être lourd et stupide » (1690).

PLONGEON n. m.

Faire le plongeon « faire faillite, subir une perte importante ». L'expression a eu des valeurs différentes : « disparaître, fuir, se cacher par peur » (1690) ; « céder par faiblesse ou peur » (fin XVIIe s.), « mourir » (1845), toutes archaïques, comme les emplois concrets (on dit *faire un*, et non plus *le plongeon* pour « s'enfoncer dans l'eau en se plongeant » et « faire une profonde révérence »).

PLUIE n. f.

Ennuyeux (et syn.)... **comme la pluie** « très ennuyeux » (in Littré).

Vx. **Être à couvert de la pluie** « avoir des économies, de la fortune, une situation solide » (1690).

Faire la pluie et le beau temps « être très puissant, décider de tout » (1732, Lesage).

Se mettre (se cacher) dans l'eau de peur de la pluie « se mettre dans une mauvaise situation pour éviter de moindres inconvénients » (XVIIe s.). Allusion à la fable de Gribouille.

> Je crains l'entre chien et loup quand on ne cause point, et je me trouve mieux dans ces bois que dans une chambre toute seule : c'est ce qui s'appelle se mettre dans l'eau de peur de la pluie.
> Mme de SÉVIGNÉ, *Lettres*, à Mme de Grignan, 13 novembre 1675, I, 910.

Parler (causer) de la pluie et du beau temps « parler de choses insignifiantes » (XVIIe s., *in* Sévigné). Le temps est un sujet de conversation important pour tous, surtout dans une civilisation rurale ; le jugement d'insignifiance concerne en fait les attitudes stéréotypées ou sottes devant ce phénomène. L'ordre des mots dans la loc. implique qu'on commence à parler de la pluie qui tombe, phénomène monotone et attristant. La symbolique de la pluie (influences célestes, fertilisation...) n'est guère mise en œuvre dans la phraséologie française.

Ne pas être tombé de la dernière pluie « avoir de l'expérience, être averti » (XXe s.). La métaphore concerne le caractère récent, « fraîchement tombé », de la dernière pluie, qui au lieu d'être positif comme la *nouvelle vague,* correspond à une innocence critiquée (cf. *béjaune,* etc.) → NÉ DE LA DERNIÈRE COUVÉE*.

Mme Tim n'est pas tombée de la dernière pluie. Et qu'est-ce qu'il y a d'extraordinaire que je me mette propre pour aller avec ces gens-là ? Est-ce qu'il n'était pas propre, lui ? Est-ce que Mme Tim ne l'était pas ? Vous auriez voulu que je sois comme une
tenancière ?   J. GIONO, *Un roi sans divertissement*, p. 162.

Après la pluie le beau temps [LOC. PROV.] «les circonstances défavorables,
mauvaises, peuvent changer rapidement» (*in* Littré).

[...] on brûle ce qu'on a adoré, on adore ce qu'on a brûlé, après la pluie le beau
temps, tel qui rit vendredi dimanche pleurera. Jeu de bascule, commandant mes envols
et retombées, marches et contremarches, faux départs et fausses sorties : moi, autrui ;
dedans, dehors ; poésie, morale ; goûts et manies, opinions et devoirs.
                                                                M. LEIRIS, *Fibrilles*, p. 273-274.

Petite pluie abat grand vent [LOC. PROV.] «il suffit souvent d'un événement
insignifiant pour apaiser une grande querelle, une affaire tumultueuse» (fin XVIIᵉ s. ;
le dicton s'emploie concrètement depuis le XVᵉ s.) ; le contraste entre *grand* (*vent*,
etc.) et *petite* (*pluie*) est exploité dans plusieurs proverbes : *les petites pluies gâtent les
grands chemins* «de petites causes répétées ont des effets importants» ; *de grand vent
petite pluie* «de grands éclats en parole peuvent n'aboutir qu'à de petits effets».

Pluie du matin n'arrête pas le pèlerin [LOC. PROV.] «une difficulté initiale ne
décourage pas l'homme d'entreprise».

1. PLUME n. f.

Vx. **Plume de quinze pieds** «rame de galère» (1640, *in* Oudin). L'ironie joue évidemment sur «légèreté-lourdeur», mais il se peut que le terme technique *plumer*
«ramener l'aviron en faisant friser l'eau», ait joué son rôle (ce terme n'étant attesté
que beaucoup plus tard, il n'y a là qu'une hypothèse sujette à vérification).

Léger comme une plume «très léger» (1640). Cette comparaison est lexicalisée dans : *c'est une plume* «une personne, une chose très légère». La *plume* symbolise la légèreté comme le *plomb* la lourdeur (par le jeu de l'opposition des signifiés
et de la ressemblance des signifiants). On trouve une loc. verbale analogue : *ne pas
peser plus qu'une plume*, et la même idée se trouve dans *enlever, porter, transporter... comme une plume*.

[...] il le serra comme une poupée sur son cœur, le baisa sur les deux joues, l'enleva
comme une plume, ouvrit la porte du cabinet, et le posa dehors, tout meurtri de cette
rude étreinte.   H. DE BALZAC, *Splendeurs et Misères des courtisanes*, p. 1133.

Le brigadier courut après madame la baronne, la saisit par le milieu du corps, et la
transporta comme une plume au milieu de cinq gendarmes qui s'étaient dressés comme
un seul homme.   H. DE BALZAC, *Splendeurs et Misères des courtisanes*, p. 957.

Vx. **Arracher (tirer, ôter) une plume de l'aile** «priver qqn de ce qu'il a de précieux» (fin XVIᵉ s.). *Avoir des plumes de qqn* signifiait « lui gagner de l'argent
au jeu ».

Vx. **Être au poil et à la plume** → POIL.

Laisser des plumes «ne pas se tirer d'une situation sans perdre (de l'argent,
notamment)». L'expression remonte au XVᵉ s. et est restée très vivante. La métaphore de la *volaille plumée* exprimant la perte financière a fourni le sens figuré
du verbe *plumer*.

Se parer des plumes du paon «tirer vanité des mérites d'autrui». Sous sa
forme actuelle, l'expression est empruntée aux *Fables* de La Fontaine (IV, 8 : « Le
Geai paré des plumes du Paon»), mais l'idée de la «parure», de l'«apparence flatteuse» était déjà exprimée par *plumes* dans : *les belles plumes font le bel oiseau* (Bonaventure des Périers), et *se parer des plumes d'autrui*.

«C'est la corneille d'Horace, qui est parée des plumes d'autrui». Se dit d'un auteur, qui
dérobe les pensées des autres.   LE ROUX, *Dictionnaire comique*.

> — Et c'est le monument de ce cuistre officiel qui pontifiait dans les milieux académi-
> ques de Paris et se pavanait jusqu'à Versailles en se parant des plumes du paon. c'est
> l'Histoire générale de l'Empire du Mogol du Père Catrou qui fut traduite trois fois en
> Angleterre...   B. CENDRARS. *Bourlinguer*, p. 16.

Vx. ***Passer la plume devant le nez (par le bec) de qqn*** «frustrer qqn de son
attente». Cette expression est encore dans des dictionnaires du XXe s., mais elle
n'appartient qu'à la langue du XVIe et du XVIIe s., avec diverses variantes : *passer la
plume devant la bouche, le nez...*

Perdre des plumes, variante de LAISSER DES PLUMES (ci-dessus), plus courante
de nos jours.

> Donc. nous nous tiendrons au milieu. en empêchant qu'on ne se batte trop fort. Mais
> l'Autriche perdra quelques plumes de son aile.
>   G. FLAUBERT, *Correspondance*, V[e] série. p. 216.

Vx. ***Tirer ses plumes*** «se tirer sans trop de dommages d'une situation dangereuse».

> Sylvie. malade. convoquée à l'instruction. lava la tête au magistrat. Il ne le prit pas
> bien. comme on pense. Si elle tira de là ses plumes. ce ne fut pas son bon droit qui
> l'y aida. mais les accrocs qu'elle avait pu faire [...] à «la vertu».
>   R. ROLLAND, *L'Âme enchantée*, in *Ph. Sl.*

Fam. ***Voler dans les plumes*** «se jeter (sur qqn) pour le battre». Variante récente :
voltiger dans les plumes.

> Et tu n'auras pas le temps de lui voler dans les plumes [à l'ange]
> ils se jetteront sur toi
> et il te frappera au-dessous de la ceinture   J. PRÉVERT. *Paroles*. p. 229.

> Le gars était assez grand. mais je lui vole dans les plumes et nous voilà partis à nous
> bagarrer.   F. GUILLO, *Le P'tit Francis*, p. 68.

2. PLUME n. f. Instrument pour écrire.

Homme, gens de plume «personne(s) dont le travail consiste à «faire des écritures» (fin XVIIe s.); par extension «écrivain».

> Pendant trois jours passés ensemble à bord nous avons beaucoup causé, ou plutôt il
> nous a beaucoup parlé. nous flairant gens de plume [...].
>   G. FLAUBERT. *Correspondance*. IIe série. p. 244.

Nom de plume «pseudonyme pris par un écrivain».

Au bout de la plume, se dit d'un mot venu spontanément en écrivant
(XVIIe s., Sévigné) ou (avec le verbe *rester*) d'un mot qu'on est sur le point d'écrire
mais qu'on omet (XVIIIe s., Voltaire). Métaphore analogue à celle du *bout de la langue* pour la parole.

Au courant de la plume «sans recherche, avec spontanéité», en parlant du
style écrit (XVIIe s., Racine).

> À quoi s'oppose le conseil que Barrès donnait à Maurice Martin du Gard (me racontait
> un jour ce dernier des derniers) de prendre l'habitude d'écrire «au courant de la
> plume ». sans chercher jamais à parfaire.   A. GIDE. *Journal*. t. II, p. 291.

Locutions verbales : de nombreux syntagmes verbaux fréquents s'emploient avec
plume, au sens d'«écriture». *Mettre la main à la plume, prendre la plume* «commencer à écrire»; *tenir la plume* «écrire effectivement»; *poser la plume* «cesser
d'écrire». Ces expressions datent du XVIIe s.

> Au lieu de le faire [de rendre une réponse favorable] elle tourna tout en gausseries. et
> ne mit point la main à la plume. pour rescrire a son Amant.
>   Ch. SOREL. *Histoire comique de Francion*. p. 265.

Vx. ***Passer la plume sur...,*** a eu deux sens contraires : « polir, parfaire » (1690) et
« rayer » (milieu XVIIIe s.).

PLUMEAU n. m.

Avoir son plumeau → PLUMET.

Fam. *Envoyer chez Plumeau* « renvoyer, éconduire » (1901). Chez *Plumeau*, altération de *Plumepatte*, c'est « nulle part » (selon Esnault). Le nom désigne un barbier légendaire, invoqué par plaisanterie.

PLUMET n. m.

Avoir son plumet (son plumeau) « être ivre » (1874). L'idée de l'ornement de tête se retrouve dans *pompon, pompette* (influencés par *pomper*) ; ici, c'est la « tête légère » qui est en cause.

PLUS adv.

De plus « en outre » (1636). *De plus en plus* « marque la progression régulière » (XIIᵉ s.).

(Tout) au plus « à l'extrême limite, au maximum » (*tout au plus*, XVIᵉ s.).

Ni plus ni moins « exactement comme il vient d'être dit ».

Il y a plus ; qui plus est, introduisent un membre de phrase en soulignant l'importance de ce qui va être dit (*ce que plus est*, XIIᵉ s.). *Bien plus* est à peu près synonyme.

On ne peut plus « extrêmement, beaucoup » (XIXᵉ s., *in* Littré).

Sans plus, s'ajoute à une phrase ou à un syntagme pour marquer que rien de plus, de mieux n'a été fait, alors qu'on pouvait s'y attendre.

Tant et plus « abondamment, en grande quantité » (XVIᵉ s.).

PLUTON n. pr.

L'empire, le royaume de Pluton « l'enfer, séjour des morts ».

Descendre chez Pluton « mourir » ; *descente chez Pluton* « mort ».

> Les Collier à ce sujet se sont aperçus à Trouville que nous n'aimions pas beaucoup la dynastie régnante, et cela parce que maman ne paraissait pas très affectée de la descente chez Pluton du prince royal.   G. FLAUBERT, *Correspondance*, Iʳᵉ série, p. 133.

POCHE n. f. *Poche* a d'abord signifié « sac », puis a pris le sens de « accessoire du vêtement pour contenir divers objets ». Les métaphores s'orientent vers les idées de secret, de familiarité, de facilité de disposition. *Poche* est en rapport avec l'idée d'« argent » et avec le mot *main*.

Dans sa poche « en secret, en se cachant » (ne s'emploie que dans quelques loc., dont : *manger son pain dans sa poche* « ne pas partager ») → aussi LAN-GUE, ŒIL, MAIN...

... de poche [LOC. ADJ.], a pris notamment deux valeurs particulières : « de petite dimension, qu'on peut mettre dans une poche *(livre de poche)* ou qui est beaucoup plus petit que les objets du même genre *(sous-marin de poche)* ; et « utilisable pour les petites dépenses courantes », dans le syntagme *argent de poche* (*argent de la poche*, 1798).

Acheter chat en poche → CHAT.

Avoir (ne pas avoir) les mains dans les poches → MAIN.

N'avoir pas les yeux dans sa poche → ŒIL.

Avoir en poche « avoir à sa disposition immédiate » ; « posséder (de l'argent, etc.) ». Au XVIIIe s., *avoir une affaire en poche,* « être assuré du succès » (vx : *tenir une affaire dans sa poche,* 1690).

Connaître comme sa poche « très bien connaître » (dans G. Sand). En parlant des choses, « connaître dans les détails ». Pour les personnes, la loc. a pris le sens de « connaître au point de pouvoir prévoir les réactions » (la citation de Proust ne donne à l'expression qu'une valeur intensive et imprécise).

> Mais c'est un cousin d'Oriane ! Je le connais comme ma poche. Il demeure rue Vaneau.
> Sa mère est Mlle d'Uzès.   M. PROUST. *À la recherche du temps perdu.* t. II. p. 534.

Y être (vx) ; **en être de sa poche** « subir une perte, avoir couvert une partie de dépenses qui devaient être à la charge de qqn d'autre » (1887, *in* Zola). *De sa poche* correspond à « avec de l'argent personnel » *(payer de sa poche).*

Faire les poches *(de qqn, à qqn)* « fouiller ses vêtements » ; « le voler ».

Mettre *(qqn)* **dans sa poche** « le dominer de manière à pouvoir le neutraliser, l'utiliser, en disposer » (1862, Hugo).

Mettre *(sa fierté, ses scrupules, son amour-propre)* **dans sa poche** *(avec son mouchoir par-dessus)* « y renoncer ».

Se remplir les poches « gagner beaucoup d'argent » (début XXe s. ; au XIXe s., *emplir sa, ses poches*). Implique le plus souvent une acquisition malhonnête.

C'est dans la poche « la chose est faite, la réussite est assurée ». La langue familière moderne utilise aussi le (pseudo) anglicisme *in the pocket.*

> — Y a moi. ma femme. Alfred et Jean. mes commis. ma belle-mère. mon grand-père
> et mes deux filles.
> Antoine cligna de l'œil. Eh eh. deux filles. c'était dans la poche.
>   R. FALLET. *Le Triporteur,* p. 109.

Rien dans les mains, rien dans les poches → MAIN.

POCHETTE-SURPRISE n. f.

Fam.   **Avoir eu son permis de conduire dans une pochette-surprise** « être très mauvais conducteur », c'est-à-dire se retrouver conducteur par le plus grand des hasards sans s'y être préparé par la pratique et sans aucune disposition.

1. POÊLE n. m.

Tuyau de poêle → TUYAU.

2. POÊLE n. f.

Vx.   **Avoir un œil à la poêle et l'autre au chat** « s'occuper de deux choses à la fois » (comme la personne qui fait la cuisine tout en surveillant le chat, susceptible de voler le contenu de la poêle).

Vx.   **Sauter (tomber) de la poêle en (dans) la braise (dans le feu)** « passer d'une situation mauvaise, désagréable, à une situation pire » (1579, *in* Huguet). Version ménagère et familière de *tomber de Charybde* en Scylla.*

> Je tombai par malheur de la poêle en la braise.   RÉGNIER. *Satire X.*

Tenir la queue de la poêle → QUEUE (variante ancienne *tenir la poêle par la queue,* XVe s.).

POÈME n. m.

(C'est) tout un poème « c'est une chose, une personne remarquable par sa bizarrerie, son ineptie, sa sottise ». L'expression s'est orientée vers le très péjoratif, par ironie ; à l'origine (début XIXe s.), elle souligne plutôt l'étrangeté, l'incongruité

et le caractère exceptionnel. Le rapport de la société bourgeoise de la Restauration
à la poésie est en effet d'abord un rapport de méfiance et d'incompréhension.

> Contenson, voyez-vous, était tout un poème ; un poème parisien. À son aspect, vous eus-
> siez deviné de prime abord que le Figaro de Beaumarchais, les Mascarille de Molière,
> les Frontin de Marivaux et les Lafleur de Dancourt sont quelque chose de médiocre
> en comparaison de ce colosse d'esprit et de misère.
>
> H. DE BALZAC, *Splendeurs et Misères des courtisanes*, t. I, p. 330.

POGNE n. f. Var. pop. de *poigne*, attestée en 1821. Les loc. sont familières ou argotiques.

Avoir les pognes retournées « être paresseux ».

Être à la pogne de qqn « être dans sa main, lui être complètement soumis,
dépendre de lui ».

> Le premier (film) serait c'est certain une réussite incomparable Zob (le producteur)
> ensuite il serait à notre pogne — l'aimable image ! — il nous financerait tout ce qu'on
> lui proposerait.   A. BOUDARD, *Cinoche*, p. 148.

Passer la pogne « passer la main ».

POIDS n. m.

Poids mort « élément, personne dont l'action est inutile, qui encombre, gêne
sans aider efficacement » (début XXe s. ; avant 1875 au sens concret).

Au poids de l'or « à un prix très élevé » (XVIe s.).

> Les jardins de M. de Rénal, remplis de murs, sont encore admirés parce qu'il a acheté,
> au poids de l'or, certains petits morceaux du terrain qu'ils occupent.
>
> STENDHAL, *Le Rouge et le Noir*, p. 219.

Avec poids et mesure « avec sagesse, retenue ; raisonnablement ». *Poids* signifie
ici « corps matériel de poids déterminé, servant d'étalon ». *Faire tout avec poids et
mesure* « avec mesure ».

Avoir deux poids et deux mesures « juger de manière différente deux choses
analogues, selon l'intérêt, les circonstances, etc. » (milieu XVIIIe s., Voltaire).

Enlever (ôter) un poids à qqn « soulager d'une inquiétude » (emploi fig. de
poids plutôt que locution ; mais plus fréquent que les autres réalisations de
ce sens figuré).

Faire bon poids « peser une marchandise en donnant un peu plus que le strict
nécessaire, pour un prix donné » ; fig. « être généreux dans un échange, un marché »
(1680 au sens concret ; fig. *in* Montesquieu).

> — Au moins j'espère que vous me ferez bon poids.
> — Comment, bon poids, reprit la marchande, la cruche contenait trois livres et plus
> d'une demi-once.   STENDHAL, *Lamiel*, p. 968.

Faire (ne pas faire) le poids « être de taille à affronter qqn ; avoir suffisamment d'importance, de renom, etc., pour qqch. ». Sans doute issu du langage de la
boxe et non de la loc. ancienne (XVIIe s.) *faire le poids* « ajouter la quantité nécessaire
pour parvenir au poids convenu ; être assez pesant pour mettre la balance
en équilibre ».

Vx. *Peser qqch. au poids du sanctuaire* « l'examiner avec scrupule, avec rigueur
et exactitude » (1694, *in* Acad.). Le *poids du sanctuaire* était l'étalon de poids conservé dans le Temple de Jérusalem ; l'expression figurée a gardé une valeur religieuse.

POIGNARD n. m.

Coup de poignard « action violente qui provoque une douleur intense chez qqn ». *Coup de poignard dans le cœur*, insiste sur l'aspect sentimental du mal qui est fait.

Coup de poignard dans le dos « trahison ; attaque violente par traîtrise ». Cette expression et les suivantes appartiennent à la rhétorique du XIXe s. ; elles sont démodées ou ironiques.

... le poignard dans le cœur (avec des verbes comme *enfoncer, mettre, plonger, retourner*), se dit d'un acte provoquant une peine, une douleur vive et profonde → Couteau. D'abord (XVIIe s.) sous la forme d'une comparaison :

> — si quelqu'un m'eût tourné un poignard dans le cœur, il ne m'auroit pas plus mortellement blessée que je l'étois de cette pensée.
>
> Mme DE SÉVIGNÉ, *Lettres*, à Mme de Grignan, 15 avril 1671, I, 258, in *D.D.L.*

> Ces sortes de plaisanteries, quand surtout elles portaient sur les maladies de ses enfants, retournaient le poignard dans le cœur de madame de Rênal.
>
> STENDHAL, *Le Rouge et le Noir*, p. 249.

Mettre (...) le poignard sur la gorge, var. plus rare du *couteau sur* (ou *sous*) *la gorge* → Gorge.

POIGNE n. f.

À poigne « qui exerce son pouvoir son autorité avec force, sans ménagement » (qualifiant des personnes, des entités politiques, etc.) [1875]. S'emploie adjectivement *(un homme à poigne).*

Avoir de la poigne, manquer de poigne « avoir, ne pas avoir d'autorité, de fermeté dans le commandement ».

POIGNÉE n. f.

À (par) poignées « en grande quantité ; d'une manière généreuse, prodigue (avec des verbes comme *donner, jeter, distribuer...*) » [fin XIIIe s.]. Le contenu de la main (remplie), pourtant d'une capacité réduite, exprime la quantité la plus grande que l'homme sans aucun instrument peut donner, lorsqu'il s'agit de matières fines ou très divisées.

POIGNET n. m.

Huile de poignet, var. rare de *huile de coude* → Coude.

Fam. *La veuve poignet* « la main », en tant qu'« épouse », dans la masturbation masculine.

Ne pas se fouler le poignet « ne pas se fatiguer ». Renforcement de *ne pas se fouler,* lexicalisé dans ce sens.

À la force du poignet « sans aide extérieure, par de grands efforts personnels » (XXe s.). Les *poignets* transmettent un effort (par ex. de traction) des mains aux avant-bras et aux bras.

POIL n. m.

Poil de carotte « poil roux ; personne rousse ». Popularisée par Jules Renard, cette expression prend *poil* au sens de « cheveux » (sens très fréquent en ancien français et dans les dialectes).

Vx. *Un brave à trois poils* « un homme, un soldat très brave ». Littré fait de cette expression, utilisée par Molière (1659), une image tirée du *velours à trois poils* (esp. *terciopelo*) « de meilleure qualité ». Mais la loc. *à tout le poil* (Rabelais) « brave » a dû jouer un rôle dans la genèse de l'expression et son origine est humaine et même virile (assimilation du poil sur le corps à la force, à la vaillance). Quoi qu'il en soit, l'explication anecdotique par les moustaches et la barbiche (trois pointes) des soldats sous Louis XIII est superflue (et fausse).

> — Vous savez que nous devons montrer la plus grande déférence moi comme vous, vis-à-vis des Inspecteurs généraux, qui sont d'anciens braves à trois poils...
>   B. VIAN, *Vercoquin et le Plancton*, p. 70.

Fam. **À poil** « tout nu », fait aujourd'hui partie du lexique, et s'emploie dans de nombreuses expressions (*être*, *mettre... à poil*). L'expression est assez récente (fin XIXe s.) et a éliminé son homonyme ancien, qui signifie « énergique, courageux » (dans Rabelais, sous la forme *à tout poil*, cf. ci-dessus). L'expression *monter un cheval à poil* (sur le poil, sans selle) date du début du XVIIe s.; il n'est pas prouvé que ce soit la source de l'expression moderne, sauf — peut-être — quant à la forme *à poil* (au singulier). En interjection, *à poil!* s'emploie pour conspuer.

> Elle le regardait avec sympathie et compassion. Lui n'avait que la tête au-dessus des draps : pour le reste, il était à poil.   R. QUENEAU, *Pierrot, mon ami*, p. 135.

À un (petit) poil près « presque, à quelques infimes détails près ». Loc. récente, où *poil* a le sémantisme de *cheveu*.

Au poil « très bien; avec précision » peut venir de l'idée de « petite dimension » ou de « supériorité, perfection » (par exemple, dans l'ancienne loc. *avoir le poil à qqn* « le surpasser »). Elle est renforcée dans *au petit poil* ou *au quart de poil* qui raffine sur la précision et évoque *couper les cheveux en quatre* (début XXe s.; 1967, d'après Esnault).

> [...] il a rédigé devant nous [...] une véritable proclamation!... C'était vibrant!... C'était sincère...! Et puis en même temps minutieux et probe!... Voilà comment il travaillait!... Il a situé tout le problème au poil... en moins de cinq minutes!
>   L.-F. CÉLINE, *Mort à crédit*, Livre de poche, p. 365.

> C'était une belle œuvre d'art, bien ressemblante sans doute, les cheveux et les cils bien dessinés au poil, aussi bien qu'une photo.   R. QUENEAU, *Pierrot mon ami*, p. 157.

Vx. **Au poil et à la plume** « capable de diverses activités, qui a plusieurs talents », vient évidemment de la chasse (*chien dressé au poil et à la plume*, dans Olivier de Serres). Saint-Simon donne à l'expression un sens érotique (cf. *À voile et à vapeur*, plus tard), mais elle s'employait dans la langue classique sans allusion grivoise.

> Le nom d'Angélique est au poil et à la plume, passant partout, bon en prose et bon en vers, et célèbre dans l'histoire et dans la fable.
>   A. FURETIÈRE, *Le Roman bourgeois*, p. 969.

De bon (mauvais) poil « de bonne (mauvaise) humeur ». Est à rapprocher de *changer de poil* « changer d'attitude, de caractère », attesté au XVIe s. et au XVIIe s. À noter que *poil*, dans certains dialectes, désigne la personne, avec une valeur péjorative (*un mauvais poil*, à Neuchâtel, c'est un garnement [Wartburg]).

De tout poil (tous poils) « de toutes sortes, de tous les genres ». La métaphore vient de la chasse (*gibier de tout poil*); elle est employée par La Fontaine.

> L'histoire entière de son mariage revenait, dans ses phrases courtes, lâchées par lambeaux : les trois hivers de chasse à l'homme, les garçons de tous poils aux bras desquels on la jetait, les insuccès de cette offre de son corps, sur les trottoirs autorisés des salons bourgeois [...].   É. ZOLA, *Pot-Bouille*, t. II, p. 174.

Avoir un poil dans la main « être très paresseux », apparaît au début du XIXe s. (var. vieillie chez Littré : *avoir du poil dans la main*). On a cherché à l'expliquer rationnellement : la main ne travaillant pas, le poil peut lui pousser dans la paume; mais l'apparition de la loc. sous la forme *un poil* (et non *du poil*) rend cette explication précaire, et la loc. reste obscure.

Gervaise s'amusa à suivre trois ouvriers, un grand et deux petits, qui se retournaient tous les dix pas : ils finirent par descendre la rue, ils vinrent droit à l'Assommoir du père Colombe.

— Ah bien ! murmura-t-elle, en voilà trois qui ont un fameux poil dans la main !

É. ZOLA, *L'Assommoir*, t. I, p. 47.

Vx. ***Avoir du poil aux yeux*** « être énergique, résolu » (1842). La valeur exacte de cette expression étrange, avec le passage au pluriel qui masque son origine, doit être donnée par la loc. vulgaire un peu ultérieure : *avoir du poil au cul* (*aux fesses, quelque part, aux couilles* sont des formes secondaires) ; en effet, le rapport œil-anus est constant.

Avoir qqn sur le poil « devoir le supporter ». Même métaphore que dans *tomber sur le poil*...

N'avoir plus un poil de sec « être complètement trempé » ; spécialement, « être trempé de sueur, par l'effet de la chaleur, de la frayeur, etc. ».

La situation était critique, je ne sais pas si tu te rends compte, le phalangiste tenait au moins un pétard à la main, avec de la place pour se remuer. Qu'est-ce que tu crois qu'on ressent dans un cas comme ça, enfin, ce que j'ai ressenti, moi ? D'abord, je n'avais plus un poil de sec. Et malgré tout, pas la moindre frousse.

A. SERGENT, *Je suivis ce mauvais garçon*, p. 98.

Ne pas (plus) avoir un poil sur le caillou « être complètement chauve ».

Carder le poil à qqn « le battre ». La métaphore du cardage, opération qui gratte violemment le poil (la laine), est très claire.

Chercher des poils sur un œuf « chercher une chose introuvable, essayer d'obtenir un avantage, un revenu infime alors que ce n'est pas possible » ; cf. *Tondre un œuf.*

Changer de poil « changer d'apparence ; spécialement, devenir beaucoup plus beau ». Cette expression existe depuis le XVIᵉ s. ; elle s'employait en parlant des personnes qui changent de parti ou d'attitude. De nos jours, elle se dit surtout des apparences matérielles, ainsi que des choses.

Vx. ***Donner (flanquer, ficher) un poil à qqn*** « le réprimander ». Dans le même sens, *subir un poil* (Goncourt). En usage au XIXᵉ s., depuis Mérimée (1849).

Elle m'a l'air de fiche un poil à ce pauvre monsieur de Saulxures qui est si gentil !

GYP, *La Guinguette*, in *Ph. Sl.*

Vieilli. ***Faire le poil à qqn*** « le dépouiller, le tromper pour le dépouiller » (1834, Balzac, où l'on trouve aussi : *refaire le poil*). Peut-être du vocabulaire hippique : *faire le poil à un cheval*, c'est lui tailler les poils et la crinière (idée de « tondre ») ; la forme date du XVIIᵉ s.

Reprendre du poil de la bête « se ressaisir, reprendre le dessus ». Cette loc., de par son obscurité, est une des vedettes de la phraséologie ; de nombreuses explications en ont été données, dont la plus fréquente est la suivante : selon la croyance populaire, le poil d'un animal qui avait mordu, appliqué sur la morsure qu'il avait faite, la guérirait. Cette médecine populaire, de nature homéopathique, est en effet très ancienne (Pline la mentionne) et, tant par le sens que par l'expression, rend bien compte de locutions italienne (*del can che morde el pelo sane* = du chien qui mord le poil guérit), anglaise (*to take a hair of the same dog that bit you* = prendre un poil du chien qui vous a mordu). Malheureusement, ceci n'explique ni *du poil* (au lieu de *un poil*), ni *reprendre* (au lieu de *prendre*), ni surtout le sens actuel. Celui-ci s'explique par l'influence des anciennes expressions signalées ci-dessus, telles *avoir le poil, du poil à qqn* « l'emporter sur lui », *refaire le poil à qqn* (Balzac), qui ont parallèlement joué pour conférer à *au poil* sa valeur majorative. Quant au sens initial (celui des locutions étrangères), le français le traduisait par *aller au poil de chien* « faire de nouveau ce qui a causé certaines incommodités » (*in* Wartburg).

Au XVIᵉ s. apparaît *prendre du poil de la bête*, dans le même sens et la formule développée, intéressante par son caractère de recette magique : *du poil de la beste qui te
mordit, ou de son sang seras guery* (1531, Bovelles). L'élément de sens « répétition »,
fait de chercher le remède dans la bête *même* qui a causé le mal » était absent de la
phrase abrégée : d'où le remplacement de *prendre* par *reprendre*, au XVIIᵉ s. (d'ailleurs, on trouve dans un dialecte l'idée exprimée par deux fois, sous la forme
grossièrement transcrite : *eurprend' du poal dol' meum' bêt'* « recommencer à faire
ribote »). Cette expression imagée a été utilisée en divers sens (« recommencer à travailler après un congé », « boire pour guérir une gueule de bois », etc.) et a été déviée
sur le plan érotique (*trop prendre du poil de la bête*, 1656, *in* Oudin). Elle aboutit à
sa valeur actuelle sous l'influence, on l'a vu, d'autres emplois du mot *poil*. Pour citer
P. Guiraud : « prendre du poil de la même bête est devenu en français *reprendre
du poil*, ce qui est un contre-sens, et un contre-sens particulièrement ambigu dans
notre langue où *reprendre* signifie à la fois « prendre encore, de nouveau » et « se
rétablir, retrouver de la vigueur [...] ».
Le sens originel de « guérir un mal » se trouve donc en français soumis à des conta-
minations lexicales que favorise par ailleurs l'ambiguïté de la construction syntaxique. *Prendre du poil* est senti comme « reprendre de la vigueur », image renforcée
dans *reprendre du poil* et dans l'ellipse du complément *(de la bête)*, ellipse impossible
en anglais où *to take a hair* (prendre un poil) n'a aucun sens.
L'idée, d'autre part, de *faire, avoir le poil* « avoir l'avantage », implique que cette
vigueur retrouvée vient au secours d'une situation dans laquelle on avait jusqu'ici le
dessous. D'où les deux significations modernes : « se remettre d'une maladie, d'une
mauvaise passe » et « prendre l'avantage sur un adversaire après un premier
échec [...] ».

> J'avais vécu. pendant dix ans. tel l'ivrogne qui a peur de l'affaissement. au lendemain
> de l'ivresse. et qui reprend du poil de la bête. saute sur le vin blanc dès son lever. et
> garde toujours une bouteille à portée de sa main qui tremble.
>
>   J. VALLÈS, *L'Insurgé*, p. 20.

> Au retour. pour parachever une bonne journée. quelques excellents chapitres de Rabe-
> lais. Fort amusé de trouver, dans le Vᵉ livre de Pantagruel, chap. XLVI, l'expression
> anglaise : « reprendra-t-il du poil de ce chien qui le mordit » — qui, chez nous, devint :
> « reprendre du poil de la bête », et prit bientôt un sens tout différent.
>
>   A. GIDE, *Journal*, t. II, p. 139.

Vx. **Souffler au poil de qqn** « poursuivre, suivre de très près ». Métaphore de la
chasse : les chiens qui sont sur le point d'attaquer le gibier lui *soufflent au poil* (*souffler le poil à un lièvre*, *in* Furetière).

   Tomber sur le poil de qqn « l'attaquer brusquement ». Il est intéressant de
noter que le *poil*, comme la *plume (voler dans les plumes)*, se substitue à la peau
humaine quand il s'agit d'exprimer les coups reçus. Par extension, « aborder inopinément et en importunant » (même sens dans : *être sur le poil de qqn* et *avoir qqn
sur le poil*).

   Poil à... (au...), rengaine cocasse par laquelle, à chaque fin de phrase, on
répond par un mot faisant rime et désignant une partie du corps, précédé de *poil à
(au...)*. Les rimes en *-u* sont évidemment privilégiées.

POING n. m. Le mot *poing*, du lat. *pugnus* (et ses équivalents dans d'autres
langues), présente une remarquable particularité sémantique. À la différence des termes désignant des parties du corps, délimitées par la perception commune ou l'imagination collective (voir les valeurs de *cœur*, par ex.), il désigne le résultat d'une
action : le poing apparaît à la suite d'un acte volontaire, là où était la *main*. Le fait
que ce ne soit pas un substantif verbal (et que le verbe *poigner* « attraper en fermant
le poing », n'existe pas en français général) montre la volonté de percevoir ce geste

d'une manière statique : tout comme si l'on avait un mot spécial pour « œil fermé », « genou plié », etc. C'est peut-être parce que le poing (quand il n'est pas pris pour *poignet*) est considéré comme une arme *(coup de poing)* ou un signe *(montrer le poing)*, dont l'homme dispose et qu'il peut créer.

Coup de poing « coup donné avec la main fermée », est un véritable mot composé, avec divers sens : *donner, recevoir... un coup de poing;* collectivement : *faire le coup de poing* « se battre à coups de poing » (1666); et désignant un instrument : *coup de poing américain.* Il est remarquable que, par rapport à *coup de main, coup de poing* se soit spécialisé dans la violence physique, concrète.

Donner un coup de poing sur la table « faire un éclat, manifester violemment son hostilité, son désaccord, etc. ».

Pieds et poings liés « dans une totale impossibilité d'agir ».

Pas plus gros que le poing « très petit ». L'influence de l'homonyme *point* et la forme ramassée, sphérique du poing (opposée implicitement à la main étendue) ont donné naissance à cette expression (var. : *gros comme un [le] poing*). De par la relativité des dimensions — les sémanticiens aiment à discuter sur les *grosses* puces et les *petites* baleines — l'expression peut aussi correspondre à « très gros ».

Vieilli. **Avoir (mettre...) le poing sur la gorge** « être menacé de manière pressante ». Var. moins dramatique de : *avoir le couteau sur* (ou *sous*) *la gorge* → GORGE.

Dormir à poings fermés « profondément ». Cette expression, qu'on trouve dans Balzac (1834), est assez illogique. Le dormeur profondément endormi aurait plus tendance à se détendre qu'à contracter ses muscles, semble-t-il. En outre *poing fermé* est une redondance.

Jouer des poings « se battre », et fig., « s'opposer violemment (pour réussir, l'emporter) ».

Vieilli. **Se ronger (manger, dévorer, mordre...) les poings** « enrager intérieurement » (XVIIIe s., Diderot). Les *poings* sont ici l'instrument naturel de la lutte, et *ronger* exprime métaphoriquement le refrènement (*in* Diderot).

Montrer (tendre) le poing « menacer », ne correspond pas du tout au symbole gestuel instauré par les communistes, et qui évoque la fraternité dans le combat. L'ambiguïté de ce symbole, due au sens de l'expression en français, était d'ailleurs ressentie comme une menace par les voyageurs bourgeois dans l'Espagne du front populaire (par exemple). En effet, l'expression est ancienne (1680, Richelet) et correspond simplement à la menace d'un coup. Elle a vieilli en emploi métaphorique. À ne pas confondre avec *donner, présenter le poing* qui, comme *mener sur le poing,* désigne une coutume de politesse aristocratique (XVIIe-XIXe s.) par laquelle un homme présentait son poing fermé à une dame, qui s'y appuyait sans subir un contact (de la main, du bras) considéré comme un peu indiscret.

POINT n. m. Bref et fréquent, polysémique, ce mot est une matrice phraséologique très active. Ses valeurs sont d'abord « portion d'espace précisément déterminée » (comme par la trace d'une fine piqûre, *punctum*) d'où « portion d'une durée » et « marque, signe très petit », puis, abstraitement « degré, état dans un processus évolutif » et « partie isolable d'un texte ou d'un raisonnement ». La phraséologie est donc en général abstraite et souvent grammaticale (loc. adv., prép.), donc peu pittoresque. Cependant la langue familière utilise les syntagmes avec des verbes métaphoriques (*point de chute,* etc.). On signalera ici les plus intéressants parmi les expressions métaphoriques.

1. Point, portion d'espace.

Point chaud « endroit où risquent de se produire des événements violents, un conflit » (adaptation d'une loc. anglaise). D'où « lieu, élément remarquable, intéressant ».

Point faible « endroit », et fig., « élément où la résistance est moindre ».

Point noir « élément négatif, dangereux, menaçant (dans un ensemble en général positif) ». A signifié « nuage noir » (début XIXᵉ s.) d'où l'idée de menace. A noter que *point noir* peut désigner l'anus, dans l'usage populaire parisien, après avoir signifié « comédon » (*in* Stendhal). Aujourd'hui *point noir* (comme *point chaud*) désigne l'endroit d'une route où se produisent de nombreux accidents.

Point mort « moment où une évolution s'arrête, où des événements ne se produisent plus » (fig., 1935, *in* Acad.). Métaphore temporelle d'un emploi spatial, désignant en mécanique la position particulière des organes d'une machine, telle qu'un arrêt du fonctionnement en résulte. Surtout au figuré dans : *être, mettre au point mort (la négociation est au point mort)*.

Point sensible « endroit, élément où la réaction est la plus vive », cf. *Point faible*.

Point de chute « endroit où une personne s'arrête, s'installe (après des déplacements, un voyage, etc.) ».

Point de mire « chose, personne qui est l'objet de l'attention générale ».

Point de non-retour « stade à partir duquel on ne peut plus ni renoncer ni revenir en arrière » (dans une décision, une entreprise). Attestée vers 1965, l'expression calquée sur l'anglo-américain *(point of no return)*, désigne à l'origine le point d'un itinéraire au-delà duquel un avion ne peut plus, faute de carburant, rejoindre sa base.

Point de repère « endroit, élément relativement fixe ou connu qui permet de se repérer ou de repérer d'autres éléments ».

Point de vue, mot composé, formé au milieu du XVIIᵉ s., et signifiant « lieu où se trouve un observateur ; endroit très bien situé pour observer » d'où « vision, paysage ». Au fig. (déjà au XVIIᵉ s.), « aspect sous lequel on peut considérer qqch. », et « opinion, façon particulière d'envisager les choses ». Des loc. prép. très courantes en sont issues *(du point de vue de...* et surtout *au point de vue de...*, discuté par les puristes et *au point de vue* + nom, condamné par la plupart des grammairiens).

Du point de vue de Sirius « en se plaçant de très haut, d'une manière théorique » (milieu XIXᵉ s.) dans *voir, juger les choses du point de vue de Sirius*. L'expression est chez Renan. L'étoile est le symbole de la distance extrême par rapport au monde terrestre et, métaphoriquement, du recul pris sur les choses. Le choix de *Sirius* (l'étoile du Grand Chien) s'explique peut-être par la découverte de cette étoile (1844), la plus lumineuse du ciel.

Les quatre points de l'horizon, les quatre points cardinaux : le Nord, le Sud, l'Est et l'Ouest, qui servent de repères à l'orientation.

Faire le point « se repérer en examinant sa situation par rapport aux faits, aux circonstances, à une évolution » (en marine, début XIXᵉ s. ; le sens métaphorique est dans Acad., 1935).

2. Point, marque servant à classer ; signe typographique.

Bon point « ce qui peut être retenu pour marquer l'avantage que qqn a pris ». Métaphore de l'enseignement, où des marques positives et négatives *(bons* et *mauvais points)* étaient attribuées aux élèves, parfois matérialisées par de petits rectangles de carton. Aussi l'emploi métaphorique *(c'est un bon, un mauvais point pour le gouvernement)* garde-t-il des connotations pédagogiques et condescendantes.

Point d'interrogation «question, difficulté». Métonymie du signe typographique à la question qu'il signale (la même figure ne fonctionne pas pour *point d'exclamation*, mais pour *parenthèses, guillemets*, ce qui est symptomatique).

Deux points (ouvrez les guillemets), formule annonçant un énoncé, comme s'il était écrit.

> Lorsque avec un bon sourire dans le métropolitain
> poliment vous nous demandiez
> deux points ouvrez les guillemets
> descendez-vous à la prochaine   J. PRÉVERT, *Paroles*, p. 73.

Frères trois points «francs-maçons», caractérisés par le symbole du maçonnisme, trois points en triangle.

Compter les points «assister à un affrontement, à une lutte, sans prendre parti, en décidant à qui appartient la victoire».

Marquer un point, des points «remporter un, des avantages». Métaphore du sport, comme la précédente.

Mettre les points sur les i «apporter des précisions; expliquer complètement (ce qui restait en partie obscur)». Loc. étrange, en ce que le point du *i* n'a aucune valeur oppositive (structurale) en français. Un *i* est perçu comme tel, même sans point. La locution, attestée en 1718 *(Dict. de l'Académie),* donne au point du *i* une valeur diacritique et signifiante qu'il n'a pas.

> GUÉRIN. — [...] Comprenez-vous bien la portée de cette clause?
> DESRONCERETS. — Parfaitement.
> GUÉRIN. — Mettons les points sur les i : c'est aujourd'hui le 17 septembre...
>   É. AUGIER, *Maître Guérin*, p. 195-196.

> As-tu de la fièvre? dis-je. Je ne sais pas, dit-il. Fixe-toi, dis-je. Il avait l'air de plus en plus abruti. Heureusement que j'aimais assez mettre les points sur les i. Va chercher le thermomètre minute, dis-je [...].   S. BECKETT, *Molloy*, p. 181.

Rendre des points à qqn «lui être supérieur, dans un domaine déterminé» (milieu XIXe s.; on disait dans un sens analogue *donner des points* [*in* Molière]). L'idée est celle du handicap; le joueur le plus fort rend des points au plus faible. Absolument (fam.) *rendre des points* «vieillir».

Un point c'est tout, s'emploie pour clore une discussion; renforcer une conclusion et refuser d'en débattre (XXe s.).

> — Qu'est-ce que tu as à expliquer, gronda Clarius, c'est comme ça, un point c'est tout. S'il n'est pas content, qu'il change!   J. GIONO, *Un de Baumugnes*, p. 70.

3. Point, temporel.

Point de départ «moment où commence une évolution, un changement» (au sens concret, «début d'un déplacement»).

Point du jour «moment où le jour commence à paraître, à *poindre*».

À point nommé «au moment adéquat, convenable» (*in* Montaigne). L'expression s'est employée avec une valeur spatiale, «exactement à l'endroit désigné». *À point* s'emploie dans le même sens, surtout dans *arriver, venir... à point*.

Vx. **Au point de...** «au moment immédiatement précédent, juste avant...». A disparu, au profit de la loc. suivante.

Sur le point de... [LOC PRÉP.] «tout près de...» (XIIIe s.). L'expression semble avoir acquis une valeur plus dynamique que *au point de...;* elle indique le moment où un processus va se déclencher et non plus seulement la proximité d'un point d'arrivée.

Vx. *Sur ce point* [LOC. ADV.] «à ce moment précis».

4. Point, élément abstrait : degré, état ; partie d'un discours ou d'un raisonnement.

Point d'honneur «élément essentiel en ce qui concerne l'honneur, la dignité, la réputation morale de qqn» (1580, Montaigne). Très probablement calquée de l'espagnol, l'expression sert à former plusieurs loc. verbales.

Être chatouilleux (ferme, ...) sur le point d'honneur «être intraitable, intransigeant quant aux questions d'honneur, de dignité».

Se faire un point d'honneur de..., mettre son point d'honneur à... «considérer comme essentiel pour sa dignité de...». Vx. *Prendre qqch. au point d'honneur.*

> Il prit cecy au poinct d'honneur, et une grosse querelle s'esmeut entre eux. Mon pere afin de le moins offencer, fit d'une attaque particuliere une attaque generale.
> Ch. SOREL, *Histoire comique de Francion*, p. 161.

> Les jeunes filles de ma génération ne se font pas un point d'honneur de ne capituler, comme on disait dans ton temps, qu'après un long siège.
> R. VAILLAND, *Bon pied, bon œil*, p. 45.

Au dernier point, au plus haut point «dans l'état ultime d'une évolution». Sert d'intensif.

À point «dans l'état souhaitable ou recherché». Surtout pour qualifier des opérations concrètes (dans le cas de la cuisson de la viande, signifie cuit normalement, moyennement (cf. l'adj. angl. *medium*) ; mais comme la norme française a évolué vers le «saignant», *à point* constitue en fait une atténuation de «bien cuit»). Au fig. *être à point* se dit d'une personne que l'on a conduit dans l'état requis (ex. *Le suspect est à point : il va avouer*).

À ce point «à un tel degré» (qualifie un adj. : *il est difficile d'être obtus à ce point*). *À ce point que...* (+ subst.), «à un tel degré, niveau que...».

À tel point que..., au point que... «tellement que..., au degré voulu pour que...» (introduit une conséquence) [Molière ; *à ce point que,* Froissart]. *Au point de...* (+ inf.) est dans La Fontaine et exprime la même idée.

Au point «dans l'état voulu pour un bon fonctionnement». *L'entreprise, le plan est au point, bien au point, pas tout à fait au point. Mettre, mise au point* «mettre dans l'état requis pour un bon fonctionnement ; régler parfaitement» (début XXe s. ; en optique, avant 1869, Littré). *Mettre les choses au point* «expliciter un problème ; poser nettement une question».

Vx. *Au point de qqn* «selon son vouloir, à son gré». Voir ci-dessous *venir au point de...*

De point en point «sans rien omettre ni oublier, en respectant tous les éléments» (XIIe s.).

En tout point, en tous points «complètement, dans tous ses éléments, parfaitement» (XIIIe s. ; concurrencé par *de tous points,* début XIVe s.).

Jusqu'à un certain point «de façon incomplète, partielle». *Il a raison jusqu'à un certain point* équivaut à «il a sans doute raison mais partiellement».

Mal en point «dans un état, une situation précaire (malade, ruiné, etc.); en mauvais état». L'expression n'est plus analysée ; elle est attestée dès le début du XIIIe s. et doit être ramenée à la forme : *en point* (bien en point «en bonne condition», début XVIe s. ; *en bon point,* XIIIe s., qui a donné *embonpoint*) «dans une condition, un état qui peut se modifier graduellement».

Vx. *Venir au point de qqn* «se conformer à ses volontés, à ses désirs». *Faire venir qqn à son point* «l'amener à faire ce que l'on veut» (*in* Sévigné, La Fontaine).

5. Point, suite de piqûres : sens étymologique du mot *point*.

Point de côté «douleur vive, névralgie intercostale». Alors que *point* signifie ici «douleur analogue à une piqûre», le mot n'est plus compris que comme «douleur localisée avec précision». Fig. et arg. *Avoir un point de côté* «être recherché par la police» (Caradec).

POINTE n. f.

Pointe d'aiguille, d'épingle «fait de peu d'importance» (XVIᵉ s., Calvin) → SUR LA POINTE DE...

À la pointe de... «en avance ou dans une position avancée (par rapport aux autres)». Parfois renforcé en : *à la fine pointe de...* (notamment avec des mots comme *progrès, technique,* etc.).

Vx. **À la pointe de l'épée** «avec les armes à la main» (milieu XVIIᵉ s.; *à la pointe des armes* est dans Corneille); au fig., «en se battant, avec difficulté et efforts».

De pointe [LOC. ADJ.] «à l'avant-garde (d'une évolution, technique ou autre)». *En pointe,* s'emploie dans un sens voisin (*en* marque la situation; *de* l'état).

Sur la pointe d'une aiguille, sur des pointes d'aiguille, d'épingle «sur des sujets insignifiants, des arguties». Déjà usuel au XVIIᵉ s. :

> Depuis que je suis avec elle, je n'ay pas eu un moment de repos, elle me fait ordinairement des querelles sur la pointe d'une aiguille, et crie si fort [...].
> Ch. SOREL, *Histoire comique de Francion,* p. 327.

Sur la pointe des pieds «en ne posant que l'extrémité du pied sur le sol de manière à se soulever ou à marcher doucement, sans bruit»; fig., «très discrètement» (1669).

> M. de Charlus marchait sur la pointe des pieds, dissimulait sa voix, suppliait Jupien de parler moins fort, de peur que, de l'intérieur, Morel les entendît.
> M. PROUST, *À la recherche du temps perdu,* t. II, p. 1079.

Fam. et vx. **Avoir sa pointe** «être légèrement ivre». Ellipse de *pointe* (petite quantité) *de vin. Être en pointe de vin* est plus ancien (début XVIIIᵉ s.) et s'employait dans le même sens.

> Ils étaient déjà soûls comme des tiques. Et les dames avaient leur pointe, oh! une culotte encore légère, le vin pur aux joues, avec un besoin de se déshabiller qui leur faisait enlever leur fichu [...].
> É. ZOLA, *L'Assommoir,* t. I, p. 280.

Fam. **Être de la pointe** «(pour un homme) être amateur de femmes»; cf. *Porté sur la chose.*

Pousser sa pointe «continuer énergiquement une attaque, une progression» (*in* Molière). On a dit aussi : *poursuivre, suivre sa pointe* (XVIᵉ s.). L'expression s'est notamment employée (au XIXᵉ s.) dans la rhétorique amoureuse avec la série des métaphores du combat.

> Si tu pousses ta pointe par là, cache tes manœuvres à notre ami, qui ne te le pardonnerait pas.
> G. FLAUBERT, *Correspondance,* IVᵉ série, p. 267.

Fam. **Pousser sa pointe** «forniquer». Concrétisation vulgaire et plaisante de la loc. précédente, manifestant l'à-propos de la créativité populaire.

Pousser une pointe jusqu'à... «aller jusqu'à un endroit qui n'était pas prévu dans un itinéraire».

POINTILLÉ n. m.

En pointillé(s) «par des indications sommaires, incomplètes» (*décrire,* etc., *en pointillés*).

POIRE n. f.

Bonne poire « dupe ». Sans doute issu du croisement entre *la poire est mûre* et l'assimilation « poire-personne » acquise dans le sens « visage » d'où « personne ». Lexicalisé en : *une poire* (1896, Delesalle).

Poire d'angoisse « bâillon en forme de poire ». D'où *avaler, manger des poires d'angoisse* (*in* Rabelais). On explique la loc. par un calembour sur le village d'Angoisse (Dordogne) dont les poires étaient particulièrement âpres (provençal *pera d'engoysso*, XIIIe s.). Une var. aux XVIe-XVIIe s. : *poire d'estranguillon* (*faire manger des poires d'estranguillon* « étrangler », 1640, Oudin).

Vx. *Poires molles*, s'employait avec une forme négative pour qualifier une chose remarquable, extraordinaire. La loc. (voir l'ex. de Flaubert) est dérivée de : *ne pas promettre poires molles* « promettre un traitement vigoureux, dur » (1640, Oudin).

> Je ferai revenir ce merveilleux Hassan-el-Bilbeis. Il me dansera *l'abeille* en particulier.
> Par un tel bardache, ce ne doit pas être poires molles.
>
> G. FLAUBERT, *Correspondance*, Ire série, p. 572.

Une poire pour la soif « des moyens, des ressources pour un emploi futur » (s'applique aux économies, aux réserves, etc.) [1640, Oudin].

> Or, avant de partir pour le grand voyage, le moribond, touché de repentir, avoua à son amie que les 45 000 francs qu'avait coûtés le voyage n'avaient point été perdus au jeu. Le pratique amoureux les avait gardés pour se constituer un petit capital, une poire pour la soif...   GORON, *L'Amour à Paris*, t. I, p. 397.

> Il est difficile de se garder une poire pour la soif ; mais il est plus difficile, en vieillissant, de se garder une soif pour la poire.   *Le Charivari*, Ier juillet 1892, p. 2.

Entre la poire et le fromage « à un moment de conversation libre et détendu, comme vers la fin d'un repas » (1640, Oudin : *entre la poire et le fourmage*). Le fromage se mangeait après les fruits (et la poire était, avec la pomme, le fruit type) ; la loc. signifie d'abord concrètement « vers la fin du repas », donc à un moment où l'on est repu et dans une atmosphère conviviale (ex. : *nous en parlerons à souper, entre la poire et le fromage*, C. Sorel, *Francion*, p. 155, la Pléiade). Les extensions concernent d'abord le discours parlé (cf. Balzac) ou écrit (cf. Flaubert). Aujourd'hui, la forme de la loc. *(entre...)* lui donne une autre valeur, plus temporelle : « entre deux événements ; de manière fortuite, à un moment perdu ». *Poire* et *fromage*, dans cet ordre, sont démotivés et deviennent de pures démarcations.

> Pour lors, entre la poire et le fromage, s'il vous parle de ses malheurs, des pontons, que vous aurez bien l'esprit de le mettre là-dessus, vous lui offrirez de demeurer ici...
> H. DE BALZAC, *La Rabouilleuse*, p. 982.

> Adieu, tout à toi, écris-moi entre la poire et le fromage.
> G. FLAUBERT, *Correspondance*, Ire série, p. 71.

> [...] ce fameux miracle, l'amour, le coup de foudre ; et il m'arrivait à moi, contre toute attente dans la ville la plus laide de France, au milieu d'une histoire de succession, rue Georges-Clemenceau, entre la poire et le fromage.
> C. ROCHEFORT, *Le Repos du guerrier*, p. 39.

Couper la poire en deux « transiger, partager les profits et les risques ; faire des concessions égales » (semble récent).

Fam. *Faire sa poire* « prendre un air important, prétentieux » (1878 ; « faire la moue », 1858). Du sens de *poire* « visage », peut-être issu de la célèbre caricature de Louis-Philippe en forme de poire.

Laisser mûrir la poire « attendre le moment favorable (pour obtenir quelque avantage) ». Dans le même sens : *la poire est mûre, n'est pas mûre*.

> Admirez la circonspection de cet homme ! Il ne se hâte pas, il laisse mûrir la poire avant que de secouer la branche : trop d'ardeur pouvait faire échouer son projet.
> DIDEROT, *Le Neveu de Rameau*, p. 477.

Se payer la poire de qqn. Var. fam. de *se payer la tête de...* « se moquer... ».

Fam. *Se sucer la poire* « s'embrasser avec insistance » (vers 1930). *Poire* au sens de « visage » s'emploie dans plusieurs loc. → FAIRE SA POIRE, et aussi (vieilli) *ma poire, sa poire...* « moi, lui » → POMME.

POIREAU n. m.

Faire le poireau « attendre longuement ». On a dit aussi *planter son poireau* (1866, Delvau) et la loc. dérive en effet du sens fig. de *être (rester) planté* (immobile, sans pouvoir bouger).

> — Ah ! zut ! cria Coupeau, mettons-nous à table. Vous allez le voir abouler ; il a le nez creux, il sent la boustifaille de loin... Dites-donc, il doit rire, s'il est toujours à faire le poireau sur la route de Saint-Denis !
> É. ZOLA, *L'Assommoir*, t. I, p. 103.

Fam. et vx. *Être comme le poireau (porreau) : la tête blanche et la queue verte.* Cette qualification métaphorique du « vert galant » relève d'une rhétorique trop élaborée et explicite pour dépasser la fonction de « bien bonne » ; elle n'est pas passée dans l'usage.

POIRIER n. m.

Faire le poirier « se tenir en équilibre sur les mains, la tête en bas et les jambes un peu écartées » ; cf. *Faire l'arbre fourchu* (XIIIe s. en picard).

Vx. *Je l'ai connu poirier* « je l'ai connu dans une situation modeste, moins brillante ». S'est dit notamment au XIXe s. d'un parvenu (d'où peut-être le nom de *Monsieur Poirier* dans la pièce d'Augier et Sandeau). On attribue la loc. à une anecdote : le remplacement dans une église de campagne, d'un saint Jean en bois vermoulu par une nouvelle statue en poirier. Le nouveau saint n'obtenant plus de marques de ferveur, le curé s'enquiert auprès des villageois qui lui confient : nous l'avons connu poirier ! (*in* Gottschalk).

POIS n. m. Le mot a donné naissance à de nombreuses loc., presque toutes disparues. La grande importance des pois dans l'alimentation (le mot désigne de nombreux légumes) jusqu'au XVIIIe s. explique son importance phraséologique ; de nos jours, seuls les *petits pois* (et autrement les *pois chiches*) restent significatifs (les *petits pois* donnent lieu à une rengaine, et à un slogan très répété : *il faut toujours avoir des petits pois chez soi*). Au milieu du XVIIe s. on disait par ex. : *ce ne sont que pois pilés* (« des choses sans importance »), *faire ses pois au lard* (« bien manger, réussir en affaires »), un goulu était un *avaleur de pois gris*, un hypocrite *faisait le pois véreux ;* à une personne qui semblait hostile, on pouvait répondre : *vous ai-je vendu des pois qui cuisent mal ?* (ex. dans Oudin, 1640). Certaines loc. ont vécu au XVIIe et au XVIIIe s.

La fleur des pois → FLEUR.

Vx. *Aller et venir (trotter) comme pois en pots* « filer à toute allure » (1593). Allusion aux mouvements rapides et désordonnés des pois dans un pot à moitié vide ; l'allitération *pois-pot* est déterminante.

Vx. *Donner un pois pour avoir une fève* « donner peu pour obtenir plus ». L'opposition *pois-fève* a fonctionné pour marquer l'équivalence (*s'il me donne des pois, je lui donnerai des fèves* « je lui rendrai la pareille », 1640, *in* Oudin). *Que ce soit pois ou fèves,* « c'est indifférent », est encore dans Acad., 1842.

Vx. *Manger des pois chauds* « être incapable de parler pour s'expliquer » (1679, *in* Sévigné). La loc. est encore enregistrée par les dict. au début du XXe s.

Vx. *Souffler des pois* « expirer par petits coups, avec un bruit répété des lèvres » (1690, Furetière).

POISSON n. m.

Poisson d'avril « plaisanterie, attrape qui se fait, par tradition, le 1er avril ». La coutume doit dater de la fin du XVIIe s. ; elle est attestée dans Acad., 1718. L'expression reprend un syntagme qui signifiait (depuis 1611) « jeune entremetteur », par jeu sur *poisson* « souteneur » (attesté au XVe s.) et sur *maquereau, poisson d'avril* désignant cette espèce. *Avril* est la saison privilégiée de la pêche au maquereau et le début du printemps, propice aux amours illégitimes.

> Poisson d'avril [...]. Albert Cousin observe que de son temps on appelait en France *poisson d'avril*, celui qui fait le métier infâme de débaucher les personnes du sexe, parce que le poisson, dont il porte le nom chez le bas peuple, est excellent à manger dans ce mois-là.   TUET, *Matinées senonaises*, p. 61.

De nos jours, l'expression est parfaitement innocente :

> [...] nous crûmes prudent, chacun de notre côté, de nous assurer que nous n'étions pas dupes de quelque poisson d'avril.
>   M. PROUST, *À la recherche du temps perdu*, t. II, p. 571.

> J'avais l'impression qu'ils m'avaient élu pour leur dupe et qu'ils allaient me coller dans le dos l'étiquette d'un poisson d'avril.   A. BLONDIN, *Quat' saisons*, p. 43.

Queue de poisson → QUEUE.

Comme un poisson dans l'eau « parfaitement à l'aise » ; cf. *Je ne suis pas si aise com le poisson qui noe* (nage), au XIIIe s. (Berte). Courant du XVIIe s. à nos jours, alors que *être comme le poisson hors de l'eau* « éloigné du lieu où l'on voudrait être », n'a pas vécu au-delà du XVIIIe s.

> — Enfin, murmura-t-elle, Achille continue à être heureux comme un poisson dans l'eau, et moi je n'ai plus rien à faire, absolument rien...
>   É. ZOLA, *Pot-Bouille*, t. II, p. 97.

> Aucun mot à double entente ne lui échappait. Elle en lâchait elle-même de raides, en les appuyant du menton, rengorgée et crevant d'aise. Elle était dans le vice comme un poisson dans l'eau.   É. ZOLA, *L'Assommoir*, t. II, p. 170.

Engueuler (attraper...) qqn comme du poisson pourri « l'accabler d'injures ». La comparaison est fictive et semble récente (1920, *in* Bauche) ; il s'agit probablement de traiter *de poisson pourri*, injure qui a pu se répandre dans le milieu, traditionnellement fort en gueule, des marchandes de poisson, cf. Céline : *traiter comme du pourri* (Mort à crédit, p. 35, 79).

> Ils nous fouillent d'abord pour voir si on est armé et se mettent à engueuler Métral comme du poisson pourri, surtout un, le genre de l'excité.
>   A. SERGENT, *Je suivis ce mauvais garçon*, p. 242.

Muet comme un poisson, plus muet qu'un poisson « complètement silencieux » (1611). Variante vieillie de *muet comme une carpe*.

Fam. *Changer le poisson d'eau* « uriner » (1878).

N'être ni chair ni poisson → CHAIR.

Des yeux de poisson frit → ŒIL ; et aussi MERLAN.

Faire une queue de poisson. Finir en queue de poisson → QUEUE.

Nager comme un poisson « nager à la perfection ».

Noyer le poisson « entretenir chez un adversaire un sentiment de confusion, l'embrouiller de manière à lui faire perdre pied et l'amener ainsi à céder » (XXe s.). Globalement, la loc. est perçue, soit comme une contradiction (on assimile fictivement le poisson à un animal aérien), soit comme une métaphore culinaire, où le poisson désignerait le véritable objet de la controverse, volontairement « noyé » comme le poisson est mis en sauce (cf. *La sauce fait passer le poisson*). En fait, la locution a originellement un sens technique très précis, propre au vocabulaire de la pêche : « épuiser un poisson pris à l'hameçon en le plongeant et en lui maintenant alternativement la tête dans l'eau et hors de l'eau », mais la métaphore initiale, « fatiguer l'adversaire », n'est plus perçue.

S'en soucier (s'en ficher...) comme un poisson d'une pomme « ne s'en soucier aucunement, s'en moquer ».

> C'est joli, n'est-ce pas, me dit-il d'un ton légèrement impertinent et qui pourtant rappelait un peu l'influence et l'accent de Swann. Mais vous vous en fichez comme un poisson d'une pomme. Vous voulez rentrer, quitte à manquer de respect à Beethoven et à moi. M. PROUST. *À la recherche du temps perdu*, t. II, p. 562.

Il avalerait (boirait) la mer et les poissons → MER.

Les gros poissons mangent les petits « les puissants oppriment les faibles ». Cet adage reste très vivant : il ramène à l'ordre naturel l'injustice sociale constatée.

Vieilli. *Poisson sans boisson est poison*, adage hygiénique uniquement fondé sur la forme linguistique : il aurait pu être forgé par un professeur de phonologie, pour démontrer la nature du « trait pertinent » sourd-sonore.

Le poisson commence à sentir (pourrir) par la tête « les organisations humaines se dégradent d'abord par leurs éléments dirigeants ».

La sauce fait passer (manger) le poisson → SAUCE.

Vx. *Si la mer bouillait, il y aurait bien des poissons cuits* [LOC. PROV.], se disait pour écarter une hypothèse irréaliste, un projet sans chances de réussite (cf. *Avec des si, on mettrait Paris en bouteille*).

POISSONNIER n. m.

Vx. *Se faire poissonnier la veille de Pâques* « faire une chose à contretemps », c'est-à-dire, se mettre à vendre du poisson après la période où l'on en mange, le Carême (1640, Oudin).

POIVRE n. m.

Vx. *Noir comme poivre* « très noir » (XVIe-XVIIIe s.).

Poivre et sel « mêlé de noir (de brun) et de gris ou de blanc, en parlant des cheveux, des poils » (1867).

Vx. *Cher comme poivre* « très cher ». Voltaire (1778) parle de cette loc. (qui n'est pas attestée avant 1718) comme d'un « ancien proverbe » ; les baies de poivrier avaient en effet cessé d'être une rareté au XVIIIe s. et le proverbe a disparu avec son objet.

Compter pour du poivre et du sel « compter pour rien, ne pas être pris en considération ». Cette loc. nous est inconnue ; elle semble être une variante de *compter pour du beurre*, peut-être régionale.

> Il arrivait, lorsqu'ils étaient un groupe de gamins et de filles à jouer, qu'un plus petit, ou un moins habile, se mêle à eux, et alors ils se soufflaient à l'oreille :
> — Il compte pour du poivre et du sel. G. SIMENON, *La Boule noire*, in *Ph. Sl.*

Chier du poivre (à qqn) « manquer à un engagement, à une promesse » (vx) ; « s'enfuir, échapper à une poursuite ». Le premier sens est attesté au XVIIIe s., le second chez Larchey (1878). *Envoyer du poivre, poivrer*, signifie comme *saler*, « faire payer trop cher », « rosser » (dialectal) « donner une maladie vénérienne » (dès le XVIIe s.), avec les valeurs métaphoriques de *assaisonner*. D'où l'idée de « jouer un mauvais tour » (définition du Dict. de P. Larousse en 1875) ; mais la spécialisation au sens de « fuite » peut faire allusion au poivre lancé pour aveugler les poursuivants.

> [...] c'est notre filleule, mais du moment où ils en font une fleuriste, nous ne voulons plus entendre parler d'elle. Encore une roulure pour les boulevards... Elle leur chiera du poivre, avant six mois. É. ZOLA, *L'Assommoir*, t. II, p. 119.

Vx.   **Piler du poivre** «s'agiter, tressauter sur son siège». Emprunt à la langue de l'équitation (l'expression, attestée en 1845, équivalait plus ou moins à *faire du tape-cul*). Elle avait signifié au XVIIIe s. «piétiner sans avancer»; d'où (1867) «attendre en marquant son impatience par son agitation, en allant et venant».

POIX n. f.

Comme (de la) poix, comparaison intensive qualifiant ce qui attache, colle, *poisse*. Au XVIIe s., on trouve : *il (cela) tient comme poix*.

Vx.   **Avoir de la poix aux doigts** «être avide d'argent, ou avare» (1640, Oudin).

PÔLE n. m.

Pôle d'attraction «ce qui attire». Renforce et explicite un sens de *pôle*, attesté au début du XVIIe s.

Aux deux pôles «aux deux extrémités».

POLI adj.

Mal poli «impoli» est attesté comme expression depuis 1636 (Monet) jus-qu'au XVIIIe s. et se trouve chez de grands écrivains; lexicalisée, la loc. est devenue un équivalent, considéré comme populaire, de *impoli*.

Trop poli pour être honnête «dont les manières exagérément courtoises font pressentir le désir de tromper».

Poli comme un caillou, une glace... «très poli» ou, ironiquement, «pas poli». Jeu sur les sens concret et abstrait de l'adjectif.

Sois poli, si t'es pas joli! Formule de reproche ironique à un impoli.

POLICHINELLE n. m. Emprunt du français à l'italien, à l'époque des *mazarinades* (1649). Du napolitain *pullicino,* du latin *pullicenus* (qui a donné pous-sin).

Secret de Polichinelle «faux secret, chose que l'on tente de dissimuler mais que tout le monde connaît» (1808). Le personnage de Polichinelle parle bruyam-ment, tort et à travers.

Vx.   **Vie de Polichinelle** «vie déréglée, de débauche» (XIXe s.). Allusion au sens initial du mot en français «bouffon, personnage peu sérieux» (la reprise du mot pour désigner la marionnette napolitaine est postérieure).

> Après tout, elle se trouvait trop bête de refuser un plaisir, lorsque son mari, depuis trois jours, menait une vie de polichinelle.   É. ZOLA. *L'Assommoir*. t. II, p. 46.

Voix de polichinelle «voix aiguë et nasillarde» (1835, *in* Acad.).

Vx.   **Avaler le polichinelle** «communier» (1867, Delvau).

Avoir un polichinelle dans le tiroir «être enceinte» (1867, Delvau). Var. : *un polichinelle sous le tablier* (M. Pagnol). L'expression utilise le sens diminutif de la «marionnette»; sans le vouloir, elle retrouve la valeur étymologique de «pous-sin dans l'œuf».

> [...] elle m'a insinué qu'elle avait un polichinelle dans le tiroir comme disait mon grand-père qui était lui aussi porté sur la chose, à preuve que j'ai au moins soixante-douze cousins illégitimes [...].   R. QUENEAU, *Les Fleurs bleues*, p. 77.

POLITESSE n. f.

Vx.   **Politesse de marchand** «politesse intéressée» (1842).

Brûler la politesse à qqn «partir sans dire au revoir; partir brusquement, ino-pinément»; «ne pas venir à un rendez-vous» (début XIXe s.).

> Tourgueneff, qui m'a fait revenir ici en toute hâte, m'a envoyé le lendemain de mon arrivée un télégramme m'annonçant qu'il était rappelé à Bade tout de suite et qu'il me brûlait la politesse, mais qu'au mois d'octobre il viendrait s'établir à Paris, définitivement.
>
> G. FLAUBERT, *Correspondance*, VIe série, p. 240.

POLONAIS n. m.

Soûl (gris, ivre...) comme un Polonais « complètement soûl » (XIXe s. : 1877, Zola *in* Robert ; d'abord *boire comme un Polonais*). Cette comparaison n'affecte pas le peuple de Pologne, probablement moins buveur que les Français, bien qu'il ait partagé avec les Russes, aux XVIIIe et XIXe s., une réputation de brutalité dans les mœurs et de sensualité. Il doit s'agir d'une référence aux soldats polonais, mercenaires appréciés sous l'Ancien Régime (les cavaliers dits *polacres* ou *polaques*), puis après les guerres de l'Empire.

> Ah çà, vous faites la noce ici depuis six mois, vous mangez comme des diplomates, vous buvez comme des Polonais, rien ne vous manque.
>
> H. de BALZAC, *Vautrin*, acte III, scène 3.

POMMADE n. f.

Passer de la pommade à qqn « le flatter bassement » (fin XIXe s. ; on a dit *jeter de la pommade*, 1880).

POMME n. f.

Fam. *Bonne pomme* (en apposition après un pronom : *et moi, lui... bonne pomme...*) « indulgent, naïf, trop bon ». Récent ; sans doute renouvellement de *bonne poire*, et croisement avec la loc. suivante.

Ma (ta, sa...) pomme « moi (toi, lui) ». La *pomme*, fruit sphérique, symbolise la tête et par métonymie, la personne. De l'argot (1890), l'expression s'est diffusée au langage familier, par exemple à travers la chanson célèbre de Maurice Chevalier.

Fam. *Pomme à l'eau* « imbécile ». Renforce *pomme,* pris au sens de « pomme de terre », et utilisé, comme *patate*, dans ce sens *(regarde l'autre pomme...).*

Pomme d'Adam « saillie du cou de l'homme, formée par le cartilage thyroïde » (1640, Oudin). On a dit au XVIIe s., *le morceau d'Adam;* la référence à la pomme est biblique.

Pomme de discorde « sujet de dispute, de discussion » (fin XVIe s., d'Aubigné). Il s'agit de la pomme du jugement de Pâris.

... comme une pomme, terme de comparaison pour qualifier la sphéricité, la couleur *(rouge comme une pomme d'api)* ou d'autres caractères *(ridé comme une vieille pomme).*

> Le père Bru, le corps voûté, la barbe blanche, la face ridée comme une vieille pomme, demeurait des heures sans rien dire, à écouter le grésillement du coke.
>
> É. ZOLA, *L'Assommoir*, t. I, p. 242.

> Regarde-nous Seigneur nous tournons tous en rond
> L'Univers même lui est rond comme une pomme
> Einstein te l'a croqué avec une équation !   L. FERRÉ, *Poète... vos papiers!*, p. 121.

Dans les pommes « évanoui » (surtout avec les verbes *être* et *tomber*). Attestée en 1889 selon Chautard, la loc. est devenue extrêmement fréquente. Faute d'en connaître l'origine, A. Dauzat avait suggéré qu'il s'agissait d'une corruption de *pâmes* « pâmoison » ; il fut suivi par d'autres (M. Rat, P. Guiraud, *Locutions françaises*). Mais *pâmer* a disparu au XVe s. et n'est jamais attesté anciennement sous la forme *être, tomber... dans les pâmes* (que l'on trouve par archaïsme stylistique, sous la plume de R. Queneau). Pour accepter cette hypothèse, il faudrait lui joindre celle d'un argotier philologue, spécialiste du moyen français, alors qu'il s'agit bien évidemment d'une création spontanée. Il est possible que la loc. *être dans les pommes cuites,* attestée dans George Sand (lettre à Mme M. Dupin), «être dans un état de fatigue, d'usure», très explicable par le sémantisme d'*être cuit,* soit à l'origine de la loc. moderne; avec, si l'on veut, l'influence de *se pâmer, être pâmé.*

> Le type venait d'arriver à cinq six mètres, de face, il avait allumé en vitesse sans me voir encore, puis éteint. Mon pétard était donc braqué dans sa direction. Dès qu'il ral-lume, j'envoie mes deux pastilles. Ô joie, ô bonheur, la lampe dégringole, elle reste allumée par terre et j'esgourde que le mec s'affalait. Alors, le gars Leduc est tombé dans les pommes.
> Quand j'ai rouvert les yeux, le grand jour venait [...].
> A. SERGENT, *Je suivis ce mauvais garçon,* p. 218-219.

Aux pommes «excellent, parfait» (1867). Intensif de l'*agréable,* très compa-rable à *(c'est) du gâteau, de la tarte,* ce qui donnerait une origine à cette expression *(tarte aux pommes).*

Haut comme trois pommes «tout petit (en parlant d'un enfant)» [début XXᵉ s.; 1910, *in* Colette]. Var. : *...comme trois pommes à genoux, comme deux pommes et demie,* etc. (toutes renforçant l'idée de petitesse).

> Extérieurement, c'était un petit homme haut comme deux pommes et demie, bien pro-portionné dans sa petitesse, tellement qu'on l'eût pris pour un garçonnet sans sa mou-che de barbiche blanche...   J. GIONO, *Un roi sans divertissement,* p. 110.

> On ouvrit la bouche, mais on n'eut pas le temps de protester. Julie se pencha vers le on, et la caisse était haute, et la drôlesse pas plus que trois pommes. On trembla.
> R. QUENEAU, *Le Dimanche de la vie,* p. 18.

Vx. **Donner (décerner) la pomme** «donner la prééminence, distinguer». De même que *emporter la pomme* «l'emporter», cette loc. est une allusion mythologique au jugement de Pâris, attestée au XVIIᵉ s.

> Cette peinture est grossière, dure et sèche, mais expressive. M. Loppin lui donne la pomme sur tout ce qu'il a vu; pour moi, j'en fus peu satisfait.
> C. DE BROSSES, *Lettres d'Italie,* t. I, p. 20.

Jeter des pommes cuites à qqn «le conspuer». La *pomme cuite* est rendue molle par la cuisson; comme la tomate, l'œuf (de préférence pourri), elle constitue un projectile inoffensif mais infamant. D'où la locution : *on abattrait (on jetterait bas) cette muraille, cette place forte à coups de (avec des) pommes cuites* (1691, Acad., 1835).

Se sucer la pomme «s'embrasser» → SE SUCER LA POIRE*.

> Très vite, ici, tout le monde se tutoie, s'aboie, se suce la pomme... fraternité hommes, femmes, enfants, animaux... même les domestiques [...].   A. BOUDARD, *Cinoche,* p. 42.

Tomber dans les pommes → ci-dessus DANS LES POMMES.

1. POMPE n. f.

En grande pompe «avec solennité» (XVIIᵉ s., *in* Pascal). Reste vivant, malgré le vieillissement du mot dans ce sens, qui, en dehors d'usages spécialisés, ne sert guère qu'à des plaisanteries homonymiques.

2. POMPE n. f.

Coup de pompe «brusque accès de fatigue» (vers 1920).

À toute pompe «à toute vitesse». D'abord «à toutes jambes», *pompe* ayant le sens de «chaussure» (1921, *in* Esnault). Dans l'usage actuel, cette loc. fait plutôt penser à la course rapide des pistons d'une machine; la notion de «pied» s'en est effacée.

Il envisagea tout d'abord, comme première possibilité immédiatement réalisable, de cavaler à toute pompe dans une direction opposée. Mais ayant réfléchi à l'origine féminine de cette clameur, il reprit courage et regarda.

R. QUENEAU, *Pierrot mon ami*, p. 181.

En attendant, ils faisaient marcher le pick-up à toute pompe.

E. TRIOLET, *Roses à crédit*, p. 140.

Être (marcher) à côté de ses pompes «être dans un état anormal (de rêve, d'inattention totale)». Exprime, écrit G. Saint-Bris (*le Monde*, 13 septembre 1978), «une angoisse existentielle, une difficulté à vivre, un décalage par rapport à l'époque, une impossibilité de s'adapter aux manières des autres, une démarche lunaire [...]». On admirera la poésie et l'économie de cette locution.

POMPER v. tr.

Fam. *Pomper l'air* «être importun (à qqn); ennuyer». Nous avons été surpris quand un correspondant érudit nous a signalé l'expression dans Saint-Simon (*Mémoires*, Pl., t. II, p. 150) : « *Je ne pus m'accoutumer aux grands airs du maréchal : je trouvois qu'il pompoit l'air de partout où il étoit, et qu'il en faisoit une machine pneumatique.* » Le contexte éclaire la valeur exacte de l'expression.

POMPIER n. m.

Fumer comme un pompier «fumer beaucoup» (1911). Var. de *fumer comme un sapeur* et, comme cette loc., emploi métonymique (fumer comme les foyers, les feux de cheminées, etc., que les pompiers sont chargés d'éteindre).

C'est le bal (comme au bal) des pompiers, ce sont toujours les mêmes qui dansent [LOC. PROV.] «les privilèges sont toujours pour les mêmes». Allusion vraisemblable au fait que le bal des pompiers, dans un village, une petite ville, est un lieu de rencontre publique où se manifestent les inégalités (tous les notables y assistent).

POMPON n. m.

Avoir le (son) pompon «être un peu ivre» (1888). Jeu sur *pomper* et *pompon* qui donne à l'ornement de tête la valeur symbolique d'ivresse légère (d'où AVOIR SON PLUMET★).

À lui (moi, toi...) le pompon! «à lui (moi, toi...) la première place». On trouve aussi dans ce sens *avoir le pompon* (1826, *in* Esnault).

Quel homme! quel exemple pour moi! à lui le pompon. (C'était un mauvais mot qu'il tenait du vieux chirurgien.)   STENDHAL, *Le Rouge et le Noir*, p. 396.

— Garçon, je dis, dans notre confrérie, d'habitude, on passe pour assez débrouillard, mais, toi, alors, tu es le président de la république des débrouillards : à toi le pompon!

J. GIONO, *Un de Baumugnes*, p. 150.

C'est le pompon! «c'est le comble». Cf. C'EST LE BOUQUET★.

PONT n. m.

Le pont aux ânes «chose évidente, connaissance requise et élémentaire que le plus ignorant doit connaître»; spécialement appliqué au théorème du carré de l'hypoténuse, dont la démonstration graphique est considérée comme élémentaire. À l'origine (fin XVI⁰ s.), la loc. signifie «la raison mal fondée d'un ignorant» (Oudin).

C'est ce qu'il avait essayé de dire, Gustave, un jour de sincérité peureuse, avec cette phrase qui est devenue le pont-aux-ânes des cons, l'explication de l'inexplicable, la référence du siècle, le soporifique des professeurs, *Madame Bovary, c'est moi...*

L. ARAGON, *Blanche ou l'Oubli*, p. 224.

Pont d'or «importants avantages matériels, rémunération importante (pour décider qqn à remplir un office)». Surtout avec *offrir, proposer, faire. Faire des ponts d'or* signifiait au XVIᵉ s. «faciliter la retraite à un ennemi battu pour éviter ses réactions désespérées » ; c'est la traduction d'une locution latine ; aussi, les premiers emplois de la locution actuelle supposent que les avantages offerts sont destinés à désintéresser qqn, à lui faire abandonner ses prétentions.

> Ce qui me charme, c'est que je forme deux sujets qui promettent beaucoup pour des préparations de zoologie : l'un est un chasseur de profession, l'autre un brodeur, aux doigts effilés. Je leur ferai un pont d'or pour les décider à me suivre dans l'Inde, où je n'ai encore trouvé aucun homme de basse caste qui voulût, à prix d'or, faire cette besogne.   V. JACQUEMONT, *Correspondance*, t. II, p. 59.

Comme le Pont-Neuf (avec des termes exprimant la bonne santé : *être solide,* etc.) « se porter très bien ». Le Pont-Neuf, à Paris, construit sous Henri IV, acquit rapidement une réputation de solidité ; au XIXe s., devenu l'un des plus anciens ponts parisiens, il l'avait conservée.

> — Et puis, ne vous laissez pas frapper par ces bêtises des médecins, que diable ! Ce sont des ânes. Vous vous portez comme le Pont-Neuf. Vous nous enterrerez tous !
> M. PROUST, *À la recherche du temps perdu*, t. II, p. 597.

Le Pont-Neuf, après avoir été le symbole d'une réussite architecturale remarquable (*faire le Pont-Neuf* « faire une chose très difficile, au-dessus de ses forces ») a évoqué dans la langue classique divers types humains peu recommandables : *officier du Pont-Neuf* « voleur » (1646), *ermite du Pont-Neuf* « coureur de rues » (XVIIIe s.), *demoiselle du Pont-Neuf* « prostituée ».

Fam. et vx. **Sur le pont** « à son poste, prêt pour l'action » (fin XIXe s.). Métaphore maritime.

> Fanny arrivait, soignée, coquette « sur le pont », comme elle disait.
> A. DAUDET, *Sapho*, in *Ph. Sl.*

Couper (rompre) les ponts « interrompre toute relation ». *Couper les ponts (derrière soi, avec le passé,* etc.) « agir de manière à ne pouvoir revenir en arrière » (début XXe s.).

> [...] Morel, voyant que tout le monde me faisait fête à la Raspelière et sentant qu'il s'excluait volontairement de la familiarité de quelqu'un qui était sans danger pour lui, puisqu'il m'avait fait couper les ponts et ôté toute possibilité d'avoir envers lui des airs protecteurs (que je n'avais, d'ailleurs, nullement songé à prendre), cessa de se tenir éloigné de moi.   M. PROUST, *À la recherche du temps perdu*, t. II, p. 1032.

> Pour mieux couper les ponts, c'était son idée. Antoinette offrit son pucelage à un pion du collège.   R. VAILLAND, *Bon Pied, Bon Œil*, p. 80.

Couper dans le pont (les ponts) « se laisser prendre à un piège » (milieu XIXe s., antérieurement : *faucher dans le pont*). Expression issue du jeu de cartes : le pont est une carte légèrement courbée qui impose la coupe du paquet et permet de préparer la donne par une tricherie.

> On venait de me confier une assiette de petits fours [...].
> — Ne t'empiffre pas ainsi, mon garçon !
> Je n'en avais pas mangé un seul, me contentant de les offrir aux invités. Mais le neveu du cardinal coupa dans le pont. [Il] me fit un cours mondain sur le péché de gourmandise.   H. BAZIN, *Vipère au poing*, p. 87.

Vx. **Envoyer sur le pont** « envoyer promener, chasser » (1640, Oudin).

Vx. **Faire le pont à qqn** « favoriser ses entreprises, aider » (fin XVIIe s., Saint-Simon). Variante de *faire la courte échelle.*

Jeter un pont « ménager une transition ». *Servir de pont,* s'emploie dans le même sens (milieu XIXe s.).

Il coulera (a coulé...) de l'eau sous les ponts → EAU.

PONTOISE n. pr.

D'ici à Pontoise « d'ici à un lieu éloigné ». La proximité de Pontoise, par rapport à Paris, rendrait cette expression étrange, si la forme du mot, contenant l'unité de longueur *toise*, ne connotait pas tout simplement la distance.

Avoir l'air de revenir de Pontoise « avoir l'air confus, troublé ; répondre avec embarras ». On trouve aussi *il vient de Pontoise* « il est naïf, ahuri ». Les explications « historiques » du XIXe s. (un seigneur féodal cruel qui menaçait les voyageurs ; les parlementaires qui, à leur retour de Pontoise où ils siégèrent au XVIe s. et au XVIIIe s., étaient assaillis de questions) ne valent rien. *Pontoise*, ici, n'est probablement que le nom du « lieu éloigné, perdu » (à cause de *toise*, comme *Pampelune* contient *lune*).

Avoir un œil à Paris et l'autre à Pontoise « loucher » ; « avoir l'œil à tout » (2e moitié du XIXe s.).

POPOTIN n. m.

Se manier (remuer...) le popotin « se dépêcher » (1928). Var de *se manier le pot, le train*.

PORC n. m.

Vx. *Porc du Roi* « financier ». *Porc de Notre-Seigneur* « prélat » (1640, les deux *in* Oudin).

PORT n. m.

À bon port (avec des verbes indiquant l'arrivée : *arriver, aborder, toucher...* et la conduite : *conduire, mener, ramener...*) « en lieu sûr ; dans l'endroit ou dans la situation que l'on désire atteindre, obtenir » (début XVIIe s.). On a dit en ancien français *arriver à droit port* (XIIIe s.).

> [...] il est même possible qu'on ne soit pas trop à cheval sur le chemin qu'il [Sisyphe] emprunte du moment qu'il arrive à bon port, dans les délais prévus.
>
> S. BECKETT, *Molloy*, p. 206.

PORTE n. f. Plusieurs métaphores où *porte* correspond à « seuil, entrée », relèvent de la stylistique : *les portes de l'enfer, du tombeau*, etc. Le mot, dans la phraséologie, sert de support aux idées d'accès — et d'interdit d'accès —, d'exclusion et de forclusion.

Porte de sortie, au fig. « moyen de résoudre une difficulté, d'échapper à une situation difficile ou délicate ». *Chercher, trouver une porte de sortie,* pour se tirer d'un mauvais pas (début XXe s.).

Aimable (gracieux, poli...) comme une porte de prison « très désagréable ; hargneux » (1788).

> Oui, la première fois qu'on le voit on lui donnerait le bon Dieu sans confession, mais il y a des jours où il est poli comme une porte de prison. Tout ça c'est des tire-sous.
>
> M. PROUST, *À la recherche du temps perdu*, t. II, p. 790.

À la porte (avec des verbes comme *laisser, mettre,* voir ci-dessous) « dehors (avec l'idée de forclusion imposée ou de renvoi) ». S'emploie exclamativement pour « renvoyer » (concret et figuré).

À la porte, aux portes de... « tout près » (XVIIe s.). Le pluriel s'emploie surtout métaphoriquement : *l'ennemi est à nos portes*.

Vx. *À portes ouvertes* « publiquement » (XVIIe s., Malherbe). On a dit au XVIe s. *à la porte ouverte*.

Vx. **À portes ouvrantes** «au moment où l'on ouvre les portes de la ville», *à portes fermantes* «au moment où on les ferme» (XVIe s. - fin XVIIIe s.).

La porte à côté «tout près» (avec le verbe *être,* des verbes comme *habiter, loger,* etc.).

Entre deux portes «rapidement, sans beaucoup d'égards, en parlant d'une personne reçue par une autre» (milieu XIXe s., Nerval).

Par la grande *« la bonne »* **porte** «par la voie la plus honorable» (XIXe s.; *par la belle porte,* 1692). **Par la petite porte** «par un moyen détourné». Les innocents, paraît-il, sortaient de la cour de justice de Paris par la grande porte, dite *belle porte.*

> [...] je constate qu'une notion entrait en moi par la petite porte, l'escalier dérobé des craintes que j'ai toujours nourries quant à la somme de bonheur qu'il m'est permis d'attendre de la vie.   M. LEIRIS, *Biffures*, p. 243.

Vx. **Porte à porte** «tout près» (1694). *Ils habitent porte à porte* (on dirait aujourd'hui : *il habite la porte à côté, à la porte de...*). — **Mod.** Du logement qui est le point de départ au point d'arrivée définitif. *Mettre trois heures porte à porte.*

De porte à porte, de porte en porte «de logement — maison, appartement, etc. — en logement» (XVe s.). Substantivé en *du porte-à-porte* «démarchage, visite systématique des logements (pour vendre, enquêter, etc.)».

Balayer devant sa porte → BALAYER.

Claquer la porte à qqn, au nez de qqn «le mettre brutalement dehors, lui refuser l'entrée sans ménagement» (XXe s.). Ajoute à l'idée de forclusion celle de brutalité.

Écouter aux portes, au fig. «être indiscret, chercher à surprendre des secrets» (fin XVIIIe s.). Correspond, sur le mode auditif, au *trou de la serrure.* On a dit (début XIXe s.) *il a écouté aux portes* pour «il a mal compris», mais cette valeur a disparu.

Enfoncer une porte ouverte «faire de grands efforts pour surmonter une difficulté fictive; tenter de démontrer difficilement une vérité connue, de découvrir une chose connue, etc.» (fin XVIIIe s.). La forme même est plus ancienne, dans un sens érotique : «*enfoncer* ou *rompre une porte ouverte*», autrement dit «coucher avec une nourrice, et croire qu'elle est pucelle» (1640, Oudin).

> Il a de soi que si un fait nouveau se produisait, une procédure de révision serait entamée [...]. Réclamer cela c'est enfoncer une porte ouverte.
>   M. PROUST, *À la recherche du temps perdu,* t. II, p. 245.

> Dire cela, il semble que ce soit enfoncer une porte ouverte. Toutefois, la manière même dont j'ai noté ce truisme montre combien un *Eurêka* était prématuré!
>   M. LEIRIS, *Fibrilles*, p. 244.

Entrer par la grande (par la petite) porte → PAR LA GRANDE (LA BONNE) PORTE.

Entrer par une porte et sortir par l'autre «passer rapidement avant de s'esquiver» (1619).

> [...] s'ils dînaient en ville, [ils] escamotaient leur café en disant qu'ils allaient revenir, comptant en effet «entrer par une porte et sortir par l'autre».
>   M. PROUST, *À la recherche du temps perdu,* t. II, p. 454.

Fermer sa porte à «interdire l'entrée, refuser de recevoir» (1690). *Fermer la porte à...* «exclure, refuser d'envisager» (1650).

Frapper (heurter) à toutes les portes «solliciter toutes les aides, tous les appuis; demander de l'aide à tous ceux qu'on connaît» (1694, Acad.). *Frapper à la bonne porte* «trouver un appui, une aide».

Laisser la porte ouverte à... «faire en sorte que certaines choses arrivent, se produisent». Correspond à «laisser entrer».

> Les tribunaux ont soin, en effet, le plus souvent, de ne pas désigner nominativement le complice, afin de laisser ta porte ouverte à la régularisation d'une situation qui existera en fait et aussi à la réhabilitation du conjoint en lui facilitant le moyen de se créer une nouvelle famille. GORON, *L'Amour à Paris*, t. I, p. 496.

Mettre (jeter, ficher, foutre...) à la porte « chasser, faire sortir par la menace, la contrainte » (XVIIᵉ s., La Fontaine).

> Je suis délivré de Malleux que j'ai presque l'autre jour foutu à la porte.
> G. FLAUBERT, *Correspondance*, Pléiade, p. 79.

Mettre la clé sous la porte → CLÉ.

Ouvrir la porte à..., au fig., « donner passage à..., permettre, autoriser... » (début XVIIᵉ s.).

Prendre la porte « quitter la pièce, l'appartement, la maison où l'on est, généralement par contrainte » (1798). *Faire prendre la porte à qqn* « chasser, renvoyer » → METTRE À LA PORTE.

Trouver porte close « ne trouver personne ou ne pas être reçu dans un lieu, une maison » (fin XVIIIᵉ s.).

Chassez-le par la porte, il rentrera (reviendra) par la fenêtre (si on le chasse...), se dit d'un importun, d'un obstiné qui revient malgré les rebuffades (1690, Furetière).

Il faut qu'une porte soit ouverte ou fermée [LOC. PROV.] « il faut choisir, prendre clairement parti » (1718, *in* Acad.); « il faut que la situation soit claire ». Utilisé par Musset comme titre.

PORTÉE n. f.

À la portée de qqn « accessible, compréhensible pour qqn ; correspondant aux capacités, notamment intellectuelles, de qqn ». *Mettre à la portée de qqn* (*in* Sévigné) « adapter pour rendre compréhensible ».

À la portée de toutes les bourses, formule commerciale vantant le caractère accessible à tous d'une marchandise.

> Ce sont des couturières qui travaillent à bon marché ; des marchandes revendeuses qui livrent à crédit ; des femmes qui se disent professeurs de déclamation ou de piano. Les prix qu'elles demandent mettent leurs services à la portée de toutes les bourses ; au besoin, elles font crédit. GORON, *L'Amour à Paris*, t. I, p. 266.

À portée « facilement accessible ». Métaphore du tir, comme la loc. suivante.

Hors de portée « inaccessible (en parlant d'un objet coûteux, de choses abstraites trop difficiles à appréhender) ». Correspond à : *à portée*; se construisait, comme cette dernière loc., avec *de...* et l'infinitif : *être hors de portée de faire qqch.*

À portée de la main « à une distance telle qu'on peut prendre, saisir sans se déplacer » (*à la portée de la main*, fin XVIIIᵉ s.); et fig., « facilement accessible » (début XXᵉ s.).

Être à portée; être (mettre) à la portée (de qqn) → À PORTÉE.

PORTEFEUILLE n. m.

Lit en portefeuille « lit dont un drap ou les draps sont repliés de manière à empêcher celui qui s'y met d'y entrer ». La métaphore fait allusion au sens initial de *portefeuille,* enveloppe ou serviette plate (cf. Portefeuille ministériel). Le mot a servi à désigner familièrement le lit (*in* Balzac).

> [...] j'ai très peur d'être étouffé ils tordent le drap en saucisson autour de moi ils me font casser du sucre contre le parquet ils me lancent sur un lit je tourne et tourne pour me dégager je pleurais je veux me coucher mon lit est en portefeuille.
> T. DUVERT, *Paysage de fantaisie*, p. 187.

PORTEMANTEAU n. m.

Épaules en portemanteau «tombantes, comme les branches d'un cintre (porte-manteau) pour suspendre les vêtements».

> J'ai retrouvé, au Figaro, un garçon que j'ai connu autrefois. [...] cette face étrange est
> juchée sur des épaules en portemanteau, et vissée dans un faux-col qui l'empêche de
> tourner.   J. VALLÈS, *L'Insurgé*, p. 55.

PORTER v. tr. La plupart des locutions sont à consulter au substantif complément.

Vx. *En porter* «être cocu»; *en faire porter* «faire cocu» (1867, Delvau) → CORNE.

Porter beau «avoir fière allure; avoir une apparence, une démarche assurée, gaillarde». Métaphore du vocabulaire hippique (XVIIᵉ s., *in* Richelet, 1680), s'appliquant plus ou moins ironiquement à un homme, à un vieillard.

Vx. *Porter haut qqch.* «exalter, faire valoir» (XVIIᵉ s., Corneille). Suivi d'un nom désignant une partie de l'individu : «redresser»; *au fig.*, qualifie une attitude digne, fière, noble.

> Je crois que nos dirigeants ont alors mésestimé le peuple français, tandis qu'il n'était
> pas malaisé de le convaincre que sa dignité, que le droit de porter haut tête et cœur,
> valaient bien les quelques macérantes restrictions [...].
>   A. GIDE, *Journal*, t. II, p. 63.

Se porter comme un charme → CHARME.

Vieilli. *L'un portant l'autre* «en faisant la moyenne, en compensant les différences» (1611). Syn. *Le fort portant le faible* → FORT. On dit aujourd'hui : *l'un dans l'autre*.

> LE MARQUIS, *s'asseyant.* — Combien vous rapportent vos deux métiers?
> GIBOYER. — Dix-huit cents francs, l'un portant l'autre [...].
>   É. AUGIER, *Le Fils de Giboyer*, p. 46.

PORTILLON n. m.

Ça se bouscule au portillon «il y a foule (de candidats, de personnes qui veulent entrer)»; «les paroles ne passent pas (d'une personne qui bafouille)». L'expression semble récente; elle fait allusion aux portillons d'entrée de certains lieux publics (notamment le métro parisien, vers 1920).

PORTION n. f.

Portion congrue «ressources minimes, insuffisantes» (surtout dans : *être réduit à la...*). Attesté au XVIIIᵉ s. (Voltaire) dans cette acception figurée : la *portion congrue* est la part que les ecclésiastiques à gros revenus étaient tenus de verser aux curés pour leur subsistance (1677). *Un curé à portion congrue* est un curé pauvre; d'où les emplois figurés.

> [...] qu'ils aient reçu l'hospitalité chez un curé de village à portion congrue, qui courut
> mettre à contribution les basses-cours de ses paroissiens.
>   DIDEROT, *Jacques le Fataliste*, p. 523.

PORTRAIT n. m.

Portrait-robot «portrait reconstitué artificiellement et diffusé par la police» (1964); par extension, «ensemble de caractères-types, permettant de définir qqn».

Abîmer (arranger...) le portrait «battre, rosser» (proprement «défigurer, donner des coups à la figure»).

> Mais à peine s'était-il assis que son poids, entraînant le véhicule en arrière, le fit bas-culer et Ribouldingue dégringolant vint s'abîmer le portrait sur le pavé.
>   *L'Épatant*, 1909, p. 72.

Vieilli. *Tirer le portrait de qqn* «prendre en photo» (XXᵉ s.). Probablement sans qu'on en ait eu conscience, cette loc. restitue l'étymologie de *portrait*, tiré de *portraire*, *pour traire*, «représenter» et composé de *traire* (lat. *trahere*), «tirer» au sens de dessiner (cf. *Tirer un trait*).

> Tiens, Marie, regarde-le boire son lait avec un recueillement qui me donne envie de
> faire ma prière. Quel air sérieux! On devrait bien tirer son portrait en ce moment.
> M. PROUST, *À la recherche du temps perdu*, t. II, p. 848.

PORTUGAISE n. f.

Fam. *Avoir les portugaises ensablées* «être dur d'oreille». Métaphore d'origine argotique, jouant sur *portugaise*, «huître plate», qui a pris le sens de «oreille» (d'abord «vaste pavillon d'oreille»), vers 1950.

POSE n. f.

Vieilli. *Être (le faire) à la pose* «avoir une attitude prétentieuse et affectée». Correspond au sémantisme de *poser*, *poseur*.

Garder (tenir) la pose «conserver la même attitude, sans bouger»; au fig., «rester dans la même attitude affectée; conserver la même image convenue». Mauriac écrit de Chateaubriand, que «cent dix ans après sa mort, il garde encore la pose». La métaphore repose sur l'attitude figée de la personne qui *pose* pour un peintre.

Prendre des poses «prendre une attitude affectée» (XIXᵉ s., *in* Flaubert).

POSER v. tr.

Vieilli. *Faire poser qqn* «faire attendre vainement», et fig., «décevoir en trompant l'attente» (1833, Balzac).

Ceci (cela) posé... «la chose étant admise».

POSITION n. f.

Dans une position intéressante → INTÉRESSANTE.

Être en position de... «être dans une situation où l'on peut...» (XIXᵉ s., Balzac).

Prendre position «prendre parti et faire connaître son opinion». Comme *prise de position* «opinion exposée», cette loc. apparaît au XXᵉ s. (vers 1920-1930).

(Se replier) sur des positions préparées à l'avance, formule des communiqués de guerre officiels, présentant de manière avantageuse un recul (qualifié de repli volontaire). On trouve la même idée exprimée par *repli stratégique*.

> [le public qui ne soupçonne pas] une défaite quand les Russes par un mouvement stra-
> tégique se replient devant les Japonais sur des positions plus fortes et préparées à
> l'avance [...]. M. PROUST, *À la recherche du temps perdu*, t. II, p. 474.

Rester sur ses positions «ne pas modifier ses convictions, ses attitudes (dans une discussion, etc.)».

POSSÉDÉ n. m.

Souffrir comme un possédé «souffrir atrocement». Syn. : *comme un damné*. *Comme un possédé* s'emploie aussi avec des verbes signifiant le bruit, l'agitation, comme intensif (*crier, hurler, se démener, s'agiter*, etc.) [début XVIIIᵉ s., *in* Lesage].

POSSESSION n. f.

Être en possession de... «posséder» (XIIIᵉ s.). Par extension et vx : *être en possession de faire qqch.* «avoir le droit de...» (fin XIVᵉ s.); «être sur le point de...» (1660), «avoir la possibilité, la liberté de...» (début XVIIᵉ s.).

Mettre qqn en possession « lui donner, lui transmettre la possession, le pouvoir » (XIIᵉ s.).

Prendre possession de... « s'assurer effectivement de la disposition de (ce que l'on possède en droit) » [fin XVIIᵉ s.; d'autres formes sont attestées antérieurement, ainsi qu'en provençal]. *Prise de possession* s'emploie dans le même sens.

POSSIBLE n. m.

Faire (tout) son possible « faire tout ce que l'on peut » (début XVIᵉ s.).

Autant que possible « dans la limite de ce que l'on peut faire » (milieu XIXᵉ s.). En réponse, sert familièrement à souligner le caractère très souhaitable de qqch. *(Je tâcherai de finir mon travail cette semaine. — Autant que possible !)*

Pas possible ! Exprime la surprise, l'incrédulité devant une nouvelle ou, simplement, une réaction devant le caractère inattendu de qqch. Renforcé (archaïque) dans *c'est pas Dieu possible* (XIXᵉ s.). Ellipse de *ce n'est pas possible !*

1. POSTE n. f.

Vieilli. *Courir la poste* « se hâter, se dépêcher (concret, en parlant d'un déplacement, ou fig.) » [1606]. La *poste* est ici l'étape entre deux relais sur le parcours des voitures assurant un service régulier (dit lui-même *poste*) [1563].

Passer comme une lettre à la poste → LETTRE.

2. POSTE n. m.

Fidèle au poste « fidèle, constant dans l'accomplissement d'une charge ; stable dans un travail ». *Solide au poste* « résistant ». Dans ces deux loc. adj., *au poste* fait allusion à l'endroit assigné à un soldat pour accomplir sa mission. On a d'abord dit, figurément, *ferme au poste* (1808).

> Notre vieille bonne Marie-Rose [...] est là, fidèle au poste, un chien tout neuf dans ses bras pour remplacer l'autre.　　　　　　　　　　J. PRÉVERT, *Paroles*, p. 36.

POSTURE n. f.

En posture de... « dans une situation où l'on peut... » (1640, Oudin).

Être en bonne (mauvaise) posture « dans une situation favorable (défavorable) pour accomplir qqch. » (milieu XVIIᵉ s., *in* Scarron).

1. POT n. m. Désignant de très nombreux récipients domestiques, ce mot

bref a eu un sort phraséologique exceptionnel. Mais nombre des locutions formées avec *pot*, faisant allusion à un stade matériel et technique disparu, ont vieilli. On ne traitera ici que les locutions métaphoriques, bien que de nombreux syntagmes, ayant pris des valeurs particulières et plus ou moins inattendues, puissent faire l'objet de commentaires (ex. *pot de chambre*).

Vx. *Le meilleur du pot* « le meilleur de l'affaire » (Brantôme). Il s'agit du pot où cuit la nourriture.

Le pot au lait (de Perrette). Se dit à propos de projets ambitieux (et fragiles), par allusion à la fable de La Fontaine, où Perrette échafaude divers projets avant de casser le pot contenant le lait qu'elle comptait vendre, et qui était le point de départ de ses ambitions.

> [...] que de jeunes abbés ont sur la tête le pot au lait de Perrette ! Comme l'ambition s'intitule aisément vocation [...].　　　　　　V. HUGO, *Les Misérables*, in *Ph. Sl.*

Pot au noir « situation inextricable, incompréhensible » (1718). Au sens concret, « zone de l'Atlantique où se produisent des pluies intenses, qui annulent la visibilité » (vocabulaire des marins, puis des aviateurs, XIXᵉ-XXᵉ s.).

Le pot aux roses (surtout avec les verbes *découvrir*, *dévoiler*, *trouver...*) «le secret, la réalité cachée». Attestée dès le XIIIᵉ s. (selon Wartburg), avec le verbe *découvrir*, la loc. est en concurrence avec *découvrir le pot* (XIVᵉ s.), parfois renforcée (XVIᵉ s.) en *découvrir le pot pourri* (cf. ci-dessous *pot pourri*). Selon toute probabilité, il s'agit d'une équivoque sur *découvrir* «soulever le couvercle» et «trouver (un secret)», appuyée sur *le pot* (nom du plus banal des récipients), et renforcée par *aux roses*, évoquant une préparation particulièrement rare (ou un secret, auquel les valeurs érotiques de *rose*, virginité, hymen, ne sont peut-être pas étrangères). Cette hypothèse (soutenue par P. Guiraud, *Les Locutions françaises*) est beaucoup plus raisonnable que celle des philologues du XIXᵉ s., qui pensaient que *le pot aux roses* était un pot de fard (mais *pot aux roses,* dans ce sens, est une expression tardive et éphémère). M. Rat, pour sa part, invente une motivation toute personnelle et romanesque : le *pot aux roses,* pot de fleur contenant des roses et sous lequel se cache un billet doux (ni *découvrir,* ni *pot aux roses* ne permettent d'envisager cette version, suggestive, mais entièrement imaginaire).

> [...] subitement calmé, il exposa son plan, expliqua qu'étant sûr de parler le premier, vu sa place près de la porte, il dévoilerait le pot aux roses, la qualité de la gamelle, les tripotages du fourrier et du brigadier d'ordinaire avec les marchands de la ville, etc., etc., laissant seulement aux autres le soin de le soutenir.
>
> G. COURTELINE, *Les Gaîtés de l'escadron,* p. 268.

> Mais je crois que vous connaissez Mme Alexandre, hein? Eh bien, imaginez-vous, imaginez-vous que son mari a découvert le pot-aux-roses... Le pot-aux-roses? Quel pot... Bon Dieu, je vous ai dit de ne pas fermer la bouche! Le temps que ça sèche... Le pot-aux-roses, bien entendu, qu'elle et Jacob Boehme... Mais non, il ne le savait pas!
>
> L. ARAGON, *Blanche ou l'Oubli,* p. 63.

Pot à tabac «personne petite et épaisse, râblée» (aussi dans des comparaisons) [1888].

> Elle a quinze ans la petite amie à Claude elle est boulotte pot à tabac grosses joues un duvet sous le pif des perles aux oreilles
>
> T. DUVERT, *Paysage de fantaisie,* p. 126.

Vx. **Pot-Bouille.** Le titre du roman de Zola est devenu assez obscur. *Pot-bouille,* formation «populaire» sur *bouillir,* désigne au XIXᵉ s. une cuisine modeste, souvent communautaire (*faire son pot-bouille,* puis *faire pot bouille avec qqn* «faire cuisine commune», est attesté en 1820 et dans Balzac). L'expression a eu des valeurs figurées («combinaisons secrètes», cf. *Mijoter*).

Pot de colle «personne ennuyeuse, importune».

Pot de vin «somme versée secrètement, illégalement à qqn en échange d'une faveur» (1586; a eu au début du XVIᵉ s. le sens plus innocent de «pourboire»). Payer à boire constitue, dans la culture française, un symbole privilégié de l'avantage supplémentaire accordé à qqn (cf. *Pourboire*).

> N'était-ce pas effroyable! un peuple d'hommes crevant au fond de père en fils, pour qu'on paie des pots de vin à des ministres, pour que des générations de grands seigneurs et de bourgeois donnent des fêtes ou s'engraissent au coin de leur feu!
>
> É. ZOLA, *Germinal,* t. I, p. 324.

Pot pourri «mélange d'éléments hétérogènes». La loc., qui a une valeur assez générale, ne s'emploie guère qu'en parlant de productions littéraires ou musicales. On a dit au XVIᵉ s. *découvrir le pot pourri* au sens où nous employons *le pot aux roses.* Au sens propre, il s'agit d'un plat de viandes et légumes mêlés (Rabelais), et *pourri* a le sens fig. d'«écrasé (par une cuisson prolongée)».

> ... il dist tant de tripes de Latin, que je pense qu'il desbagoula tout ce qui estoit dans le pot pourry de ses lieux communs sous le tiltre, *de Amore.*
>
> Ch. SOREL, *Histoire comique de Francion,* p. 192.

Pot sans anses «personne revêche, pointilleuse» (début XVIIIᵉ s.). L'idée est,
soit de «difficile à saisir, à manier», soit de «au contact duquel on se brûle».

À la fortune du pot «simplement, sans grands préparatifs» (en parlant d'un
repas offert) [1762, *in* Acad.]. **Syn.** *À la bonne franquette.* La loc. signifie exactement
«au hasard de la marmite».

Vx. ***À pot et à rôt*** «en partageant tout avec qqn» (surtout dans : *vivre à pot et à
rôt*, 1640). La loc. utilise la ressemblance entre les deux noms et la parenté de sens
(bouilli et rôti).

En deux coups de cuiller à pot → CUILLER.

... comme un pot. S'emploie surtout avec l'adjectif *sourd* et quelques verbes
qualifiant la voix (*... comme un pot fêlé*). D'autres comparaisons ont vieilli (*bête
comme un pot*, fin XVIIIᵉ s.). ***Sourd comme un pot*** «très dur d'oreille, à peu près
sourd». La comparaison est intensive, mais s'applique à un sens atténué de *sourd ;*
les explications habituelles sont peu convaincantes : sourd «comme une urne funé-
raire», «comme un sabot» (Quitard), «comme un pot à anses (figurant les oreilles)» [Gottschalk].

> — Je crois qu'il pourrait nous entendre, murmura la princesse en invitant la duchesse à
> parler plus bas.
> — Que Votre Altesse ne craigne rien, il est sourd comme un pot, dit sans baisser la
> voix la duchesse [...].   M. PROUST, *À la recherche du temps perdu*, t. II, p. 515.
>
> D'ailleurs pour moi la question ne se posait pas [...], je veux dire la question de l'appe-
> ler ma, Mag ou la comtesse Caca, car il y avait une éternité qu'elle était sourde comme
> un pot.   S. BECKETT, *Molloy*, p. 24.
>
> C'était une femme d'une soixantaine d'années, courte, grosse, «chantant comme un pot
> fêlé» [...].   V. HUGO, *Les Misérables*, p. 517.

Découvrir le pot aux roses → ci-dessus LE POT⋆ AUX ROSES.

Vx. ***On vous (on lui) en garde dans un petit pot à part*** «vous n'aurez (il n'aura)
rien». Phrase ironique en usage au XVIIᵉ s. (Oudin, Furetière) et au XVIIIᵉ s.

Faire son pot à part «faire ses affaires sans rien confier à personne» (XVIIᵉ s.).

Mettre les petits pots dans les grands «se préparer à déménager» (en dispo-
sant les récipients, les pots, les uns dans les autres, etc.). Milieu XIXᵉ s. L'expression a eu aussi le sens de *mettre les petits plats⋆ dans les grands.*

> Enfin, il y aura le meilleur dîner, un dîner comme pour l'archevêque de Bourges. On
> met les petits pots dans les grands, et tout est par place à la cuisine.
>   H. DE BALZAC, *La Rabouilleuse*, p. 1014.

Vx. ***Parler comme un pot cassé*** «être enroué» (1694). On a dit aussi : *voix de pot
cassé* (fin XVIIIᵉ s.). Cf. ci-dessus *Comme un pot.*

Payer les pots cassés «subir les inconvénients de qqch.» (début XVIIᵉ s.). À
rapprocher de QUI CASSE LES VERRES⋆ LES PAIE.

> je suis entièrement deshonoré : Ah! mon Dieu, quelle injustice, que l'honneur d'un
> homme dépend du devant de sa femme, tu en payeras les pots cassez je t'en responds.
>   Ch. SOREL, *Histoire comique de Francion*, p. 325-326.
> — Le pis est que, pour abaisser le prix de revient, il faudrait logiquement produire
> davantage : autrement, la baisse se porte sur les salaires, et l'ouvrier a raison de dire
> qu'il paie les pots cassés.   É. ZOLA, *Germinal*, t. I, p. 231.

Faire bouillir le pot «donner des moyens de subsistance (à un ménage)» →
MARMITE. On a dit aussi : *le pot bout.*

> Pour n'obtenir que la renommée de son père, il faut être plus habile que lui ; il faut
> avoir hérité de sa fibre. La fibre m'a manqué, mais le poignet s'est dégourdi, l'archet
> marche, et le pot bout. Si ce n'est pas de la gloire, c'est du bouillon.
>   DIDEROT, *Le Neveu de Rameau*, p. 496.

Tourner autour du pot « hésiter, tergiverser » (avant d'aborder un sujet, de dire qqch.) [1538 ; d'abord sous la forme *aller entour le pot*]. L'expression n'est attestée dans un emploi concret qu'au XIXe s. (Littré) mais doit cependant faire allusion à la marmite, l'idée de base étant « ne pas oser demander ce qu'il y a à manger ».

> [...] j'ai prononcé le plus naturellement du monde les mots qu'il fallait pour que Langlois ne s'emberlificote pas plus longtemps dans d'autres mots qui n'avaient rien à faire avec nous et pour lui faire comprendre que nous étions ses amies [...]. Avec des amies on ne doit pas avoir besoin de tourner autour du pot.
>
> J. Giono, *Un roi sans divertissement*, p. 171.

> Frousse panique devant les mots à enchaîner comme devant l'acte à accomplir. Toujours tourner autour du pot. Ondoyer. Biaiser. Tergiverser.　M. Leiris, *Biffures*, p. 292.

Vieilli.　*Il n'est si méchant pot qui ne trouve son couvercle* [LOC. PROV.] « toute personne, même laide, peut trouver un compagnon ». Le rapport du pot au couvercle est le même que celui de la chaussure au pied.

C'est dans les vieux pots qu'on fait les bonnes soupes [LOC. PROV.] « les personnes âgées, expérimentées, travaillent mieux, font mieux ». Adage consolateur, faisant partie des expressions valorisant l'expérience.

Dans les petits pots les bons onguents [LOC. PROV.] « la petitesse physique peut correspondre à de grandes qualités morales ».

Pot fêlé dure longtemps [LOC. PROV.] « les personnes infirmes, valétudinaires, peuvent vivre longtemps » (fin XVIIe s., avec quelques var. : *les pots fêlés durent le plus*).

2. POT n. m. La métaphore qui fait du *pot* « récipient » le fondement, le cul, est très banale. Elle pourrait avoir un rôle dans l'explication de certaines loc. traitées sous *Pot 1.* Ce sens métaphorique est en tout cas à l'origine de créations lexicales *(popotin)* et d'une série d'emplois où *pot* (comme *bol*) a le sens de « chance » : *avoir du pot, manquer de pot, coup de pot* sont les emplois fréquents, mais réguliers, de ce sens.

Triv.　*En avoir plein le pot* variante assez rare de *en avoir plein le cul★* (→ aussi RAS LE BOL).

Se casser le pot « faire de grands efforts, se décarcasser ». Le sens concret de *casser le pot* a été longuement commenté par Proust, quand le narrateur de *À la recherche du temps perdu* découvre avec horreur à la fois les mœurs et le vocabulaire d'Albertine.

Se manier le pot « se dépêcher » (moins usuel que *se manier le train★*).

Manque de pot ! S'emploie exclamativement pour « pas de chance ! ».

POTAGE n. m.

Vx.　*Pour renfort de potage* « en outre, en supplément » (1630). Voir le suivant.

Vieilli.　*Pour tout potage* « seulement ; en tout et pour tout » → TOUT. Attestée au XVe s. (d'abord *pour tous potages* vers 1452 au sens abstrait de « en définitive, tout bien considéré »), la locution correspond à « pour toute nourriture, subsistance (contenu du pot, de la marmite) ».

> Mais il nous bouscule de son autorité et de sa prétendue expérience de stratégie — le général qui fut marchef [Maréchal des logis chef] pour tout potage, il y a trente ans !
>
> J. Vallès, *L'Insurgé*, p. 184.

POTEAU n. m.

Au poteau ! « à mort ». Allusion au *poteau d'exécution* où l'on attache les condamnés à la fusillade (XXe s., Aragon, Aymé).

Être coiffé sur le poteau «être battu de justesse». Il s'agit ici du *poteau d'arrivée* des courses de chevaux. De même, on dit d'un cheval qu'il *reste au poteau* (ne prend pas le départ) mais cette locution ne semble pas employée métaphoriquement.

POTÉE n. f.

Vx. *Éveillé (vif) comme une potée de souris* «très vif, remuant» (1640, Oudin). *Potée* «contenu d'un pot», prend au XVIIe s. la valeur fig. de «grande quantité»; il équivaut ici à *nichée*.

POTRON —. Élément qui n'est représenté que dans des composés — parfois altérés en *patron* — aujourd'hui vieillis dont l'origine n'est plus comprise. Il s'agit d'un dérivé du latin *posterio* qui a donné l'ancien français *poistron*, *poitron* «cul» (XIIIe-XVe s.), appliqué par métaphore à des fruits, des baies, et aux composés en question.

Dès potron-jacquet, potron-minet «dès l'aube, dès le petit jour». *Potron-jacquet* (XVIIe s.) a vécu jusqu'au XIXe s.; son remplacement graduel par *potron-minet* date du début du XIXe s. (1835, Acad.). Les locutions signifient «dès que l'écureuil» (le *jacquet* ou «petit Jacques»), «dès que le chat» (le *minet*) se lève, montre son derrière. La littérature du XIXe s. (Balzac, Hugo) a popularisé la seconde forme et son altération *patron-minette* (due à l'incompréhension de *potron*), cette dernière forme ayant servi de dénomination à une association de malfaiteurs sous Louis-Philippe.

> Le Point-du-jour, la pointe du jour : fin fond d'orient, potron-minet, diable vauvert, district éperdument suburbain, confins où le jour qui commence se confond avec la nuit qui finit [...].   M. LEIRIS, *Biffures*, p. 33-34.

POU n. m.

Vx. *Pou affamé* «mendiant, gueux; nécessiteux qui cherche un gain» (XVIIe-XVIIIe s.).

Pou du ciel (1933), nom d'un très petit avion qui fut célèbre avant 1940.

Laid (moche) comme un pou «très laid» (fin XVIIIe s., *in* Acad., 1798). La mauvaise réputation du *pou* est globale; ce n'est probablement pas la constatation objective d'une forme déplaisante, au microscope, qui est à l'origine de la locution, mais tous les emplois péjoratifs du mot.

> Ma mère me disait toujours : «Tu es laide comme un pou.» «Tu as des yeux comme des trous de mite.» «Tu es trop cambrée. tu as des pieds trop grands. heureusement que tu as de jolies oreilles.»...   M. CARDINAL, *Les Mots pour le dire*, p. 246.
> Cette dame ignorait probablement qu'elle altérait une expression populaire → YEUX EN TROU*...

Fier comme un pou, orgueilleux comme un pou «très orgueilleux». L'expression correspond à une confusion entre le nom de l'insecte et *pou*, forme dialectale de l'ancien français *pouil*, *poul*, du latin *pullus* («coq» ou «poulet»). Il s'agit du coq qui règne sur la basse-cour. Le mot s'oubliant, et la forme *fier comme un pou sur son fumier* prêtant à confusion, on a interprété l'expression avec le nom de l'insecte, qu'on a motivée ensuite en *fier comme un pou sur un chignon* (Champagne) ou *sur une galle, une rogne*. On emploie aussi les comparaisons *être vexé comme un pou; râler, rouspéter comme un pou*, où les deux étymologies sont indiscernables, la mauvaise réputation métaphorique de l'insecte pouvant prendre de nombreuses directions (hargne, mesquinerie, etc.).

> — Il trouve les escaliers trop obscurs?...
> — Non. il trouve qu'il y a une bosse dans une marche. La vingt-huitième en partant de chez lui. Cette bosse il la sent sous le tapis. Elle la fait trébucher. Il râle comme un pou.   P. GUTH, *Le Naïf locataire*, p. 130.

Sale comme un pou «très sale». Naïve métonymie anthropomorphique (le pou est jugé sale parce que celui qui a des poux est tel).

Fam. *Bicher comme un pou* «être ravi, jubiler», trouve son origine sémantique dans *fier comme un pou*. Son incohérence, lorsque *pou* signifie «insecte», est peut-être atténuée par l'interprétation anthropomorphique de la malfaisance du pou.

Chercher des poux à qqn (dans la tête de qqn) «lui chercher querelle pour de mauvaises raisons». L'expression date du début du XIXᵉ s.; le *pou* y joue le rôle assuré antérieurement par la *mouche* («sujet de querelle insignifiant»), mais le contexte est plus nettement péjoratif et insultant. À noter que la même idée est exprimée dans la langue classique par le verbe *pouiller* «épouiller», puis «injurier», d'où vient *pouilles* (→ ce mot).

> Et puis alors tout le monde ça leur était égal mes idées sur la sémantique qui m'aurait cherché des poux dans la tête. pour savoir s'ils étaient conformes ou non au marxisme. les poux?
> L. ARAGON. *Blanche ou l'Oubli*. p. 408.

Vx. *Chercher des poux dans la paille* «s'occuper de choses insignifiantes; faire des critiques infimes et sordides» (XIXᵉ s., Sainte-Beuve, Proudhon).

Vx. *Écorcher les poux pour en avoir la peau* «être d'une avarice sordide». Comparaison du XVIIᵉ s. qui renforce l'image de *tondre un œuf*, par la connotation de saleté.

Vx. *Se laisser manger aux poux* «être très sale» (1690).

POUCE n. m.

Coup de pouce «action dernière et décisive». Cette expression assez récente (1874, au sens concret) témoigne de l'influence homonymique du verbe *pousser*. *Donner le coup de pouce*, qui a aussi voulu dire «étrangler» (serrer avec les pouces) s'est fixé au sens de «donner la dernière petite poussée nécessaire».

Et le pouce «avec quelque chose en supplément», s'est d'abord dit d'un prix qui subit une rallonge (1873). Cette expression vient du sens «petite unité de longueur». En ce qui concerne son domaine d'application (les prix, le commerce), on peut la rapprocher de la loc. archaïque : *marché fait au pouce de la chandelle* (du XVᵉ au XVIIIᵉ s.), «vente aux enchères limitée en durée par une marque faite sur une chandelle, qui devait se consumer jusqu'à un pouce de sa base».

> L'incompréhensible n'est pas que j'aie renoncé. cinq mois. ces derniers cinq mois et le pouce. à me ressusciter Blanche. non : mais comment m'y voilà remis. à me torturer. pour essayer de m'expliquer Blanche. ce qui m'a échappé d'elle.
> L. ARAGON. *Blanche ou l'Oubli*. p. 352.

Ne pas céder un pouce de terrain «être ferme sur ses positions, ne rien concéder» (1875). On dit plutôt *ne pas céder d'un pouce*.

Se fouler les pouces «se fatiguer» (fam.) surtout en emploi négatif. À la fin du XIXᵉ s., on appelait *malade du pouce* le paresseux qui refuse de travailler sous un mauvais prétexte (et aussi l'avare); cf. ci-dessous *se tourner les pouces*, et l'emploi (lexicalisé) de *(ne pas) se fouler*.

Manger sur le pouce «rapidement» (apparaît dans le Dictionnaire de l'Académie, 1815) doit faire référence au rôle des pouces dans le maniement du couteau et du pain tranché, et très probablement à la nourriture rapidement *poussée*.

> Quoique je n'aie pas besoin d'un grand établissement pour travailler. je ne sais pas le faire bien sur le pouce, comme les maçons déjeunent; un peu de tranquillité m'est nécessaire.
> V. JACQUEMONT. *Correspondance*. t. I. p. 51-52.

> Des litres, des quarts de pain, de larges triangles de brie sur trois assiettes. s'étalaient à la file. La société mangeait sur le pouce, sans nappe et sans couverts.
> É. ZOLA. *L'Assommoir*. t. II. p. 102.

> Mais, à trois heures j'entendis la clochette des chevaux. Elle avait dû le priver de café, ou bien ils l'avaient bu sur le pouce.   J. GIONO, *Un roi sans divertissement*, p. 224.

Mettre les pouces «s'avouer vaincu, céder» (1790); variante vieillie : *coucher les pouces*). Allusion à la coutume antique de diriger le pouce vers le bas pour signaler la défaite acceptée (ou la sanction de la défaite par la mise à mort).

> Le cheval marche au pas, car le guerrier entend signifier que, s'il doit mettre les pouces, il lui importe peu que son vainqueur s'impatiente.   M. LEIRIS, *Frêle Bruit*, p. 24.

Vieilli. Mettre les quatre doigts et le pouce «se servir malproprement d'un plat (depuis le début du XVIIIe s.); agir sans délicatesse». Croisée avec *se lécher les doigts*, produit la locution : *se lécher les quatre doigts et le pouce* «se régaler» (XIXe s., précédé par : *en manger ses pouces*, même sens, *in* Furetière, 1690).

Vx.   Se mordre les pouces de qqch. «s'en repentir vivement» (1611). L'expression a vécu jusqu'au XIXe s., cf. *S'en mordre les doigts**.

> Tout vient de la bêtise de l'Odéon, car leur intérêt est de jouer *Aïssé* [pièce de George Sand, dont la représentation était retardée] tout de suite. Ils le savent et se mordent les pouces.   G. FLAUBERT, *Correspondance*, VIe série, p. 81.

Vx.   Serrer les pouces à qqn «contraindre par la force» (1640; l'emploi concret attesté un peu plus tard). Avant les menottes, on enfermait les pouces dans des poucettes, et la mise à la question comportait des instruments de torture qui serraient ou déformaient les pouces.

> [...] il [le commissaire] se chargea d'appeler le père et la mère, de serrer les pouces à la fille, d'éclairer le magistrat...   DIDEROT, *Jacques le Fataliste*, p. 729.

Se tourner les pouces «ne rien faire» (1869). On a vu que *pouce* était associé à la paresse, dans la langue populaire du XIXe s. Déjà en 1611 (Cotgrave), *les poulces à la ceinture* qualifiaient un oisif. Il est intéressant de noter que l'expression linguistique est doublée par un geste codé (mains croisées et pouces tournant l'un autour de l'autre) exprimant l'oisiveté.

> Et puis, zut! elle demandait son plaisir, rester en tas, tourner ses pouces, bouger quand il s'agissait de prendre du bon temps, pas davantage.   É. ZOLA, *L'Assommoir*, t. II, p. 144.

POUDRE n. f. Outre les sens modernes (mélange explosif, substances pulvérulentes servant à divers usages), le mot a eu jusqu'au XVIII s. la valeur qu'a pris *poussière*.

Poudre aux yeux (avec les verbes *jeter, mettre* [vx], *envoyer, lancer,*...) «apparences plus ou moins trompeuses, mais flatteuses» (1606; d'abord *jeter la poudre dans les yeux*, XVIe s., Amyot). A d'abord signifié (selon Nicot), «l'emporter sur qqn», puis «l'éblouir par de fausses apparences». L'idée de base est celle de l'aveuglement (exploitée avec une valeur historique précise dans la citation ci-dessous) à laquelle se joint celle de «soulever de la poussière», c'est-à-dire de faire l'important (autres métaphores : *faire de la mousse, du bruit*...). On trouve chez Mme de Sévigné *faire de la poudre* «des embarras». Mais d'autres emplois de *poudre* «substance pulvérulente», comme *poudre d'or* (fin XVIIe s.), ont pu se superposer à la valeur première.

> [Jeter de la poudre aux yeux]. Ce proverbe prend son origine de ceux qui couroient aux jeux Olympiques [...]. Celuy des coureurs qui devançoit les autres, estoit dit jetter de la poudre aux yeux de ses compagnons concourans parce que la carriere estait semée de menu sable, qui estant agité par le mouvement de leurs pieds, faisoit une grande poussiere [...].
> [Celuy qui] empesche l'avancement de ses concurrans, est dit leur jetter de la poussiere aux yeux.   FLEURY de BELLINGEN, t. III, ch. 17, p. 321.
> Rem. : Cette explication est aussi celle de Furetière.

Vx. **N'avoir ni poudre ni plomb** « être sans aucun pouvoir ou sans moyens » (1771). *Démuni* réalise la même idée (privé de *munitions*).

Vx. **Être vif comme la poudre** « très vif » (fin XVIIIᵉ s.). On a dit au XIXᵉ s. : *être comme la poudre* et *c'est de la poudre,* dans le même sens.

Faire parler la poudre « recourir aux armes à feu, au conflit armé » (*in* Littré).

Ne pas avoir inventé la poudre « être peu intelligent ». D'abord explicite : *la poudre à canon* (1672, Sévigné). Le thème de la non-invention, qualifiant la bêtise, est fréquemment exploité → FIL *(le fil à couper le beurre)* ; il peut s'agir soit d'inventions négligeables, d'objets simples, soit — comme ici — d'inventions très anciennes.

> Ell' n'avait pas de tête, ell' n'avait pas
> L'esprit beaucoup plus grand qu'un dé à coudre,
> Mais pour l'amour on ne demande pas
> Aux filles d'avoir inventé la poudre...   G. BRASSENS, *Poèmes et Chansons*, p. 84.

Mettre le feu aux poudres → FEU.

Prendre la poudre d'escampette « filer, s'enfuir » (1688). *Escampette,* qui n'est employé que dans cette loc., est un diminutif de *escampe* « fuite » (XVIᵉ s.), du verbe *escamper* (XIVᵉ s.) : *faire escampe* et *escamper* « fuir », donnés comme « vulg. » [= familiers] dans Oudin. La *poudre* en question est généralement interprétée comme celle qui explose (et fait fuir), mais il pourrait s'agir de la poussière soulevée par une course rapide.

> Tant pis ! si elle prenait la poudre d'escampette un de ces jours ; ses parents pourraient
> bien faire leur *mea culpa* et dire qu'ils l'avaient eux-mêmes poussée dehors.
>   É. ZOLA, *L'Assommoir*, t. II, p. 180.

> Naturellement, Croquignol, Ribouldingue et Filochard ne se le firent pas dire deux fois
> et prirent vivement la poudre d'escampette.   *L'Épatant*, 1908, p. 8.

Vx. **Réduire (mettre) en poudre** « détruire, vaincre complètement » (XVIᵉ s.); au fig., « vaincre dans une discussion » (XVIIIᵉ s.). *Poudre* signifie « poussière ».

Vx. **Tenir sa poudre sèche** « se tenir prêt pour toute éventualité ». Précepte de sagesse si l'on veut que les coups de feu partent.

Tirer sa poudre aux moineaux « faire des efforts inutiles, se dépenser pour qqch. qui ne le mérite pas » (XVIIᵉ s., Scarron). La loc. se rencontre encore, mais n'est pas usuelle.

> Je sais que les guerriers de Sparte
> Plantaient pas leurs épé's dans l'eau,
> Que les grognards de Bonaparte
> Tiraient pas leur poudre aux moineaux...   G. BRASSENS, *Poèmes et Chansons*, p. 228.

POUF n. m.

Vx. **À pouf** « sans y avoir droit ; sans payer ». Signifie d'abord « à crédit ». Attesté en 1819 (Lettre de Laurence Balzac à Balzac, *in* D.D.L.).

POUILLES n. m. pl. Mot archaïque, signifiant « reproche injurieux » (milieu XVIᵉ s.) et dérivé de *pouiller* « chercher des poux » → POU.

Chanter pouilles à qqn « lui faire des reproches injurieux ; injurier » (début XVIIᵉ s.). On trouve aussi au XVIIᵉ s. *dire des pouilles.* P. Guiraud suppose une influence de *poule,* d'après une locution dialectale (Sologne, Saintonge) : *chanter le coq* « vouloir dominer le ménage (d'une femme) » ; cette hypothèse, appuyée sur un seul exemple de *chanter pouilles,* nous paraît gratuite.

> Alors, avec un visage comme enflammé de cholere, il me chanta mille poüilles : Com-
> ment putain, me dit-il [...].   Ch. SOREL, *Histoire comique de Francion*, p. 122.

> [Elle] fit une courte révérence et s'en alla chez elle. M. son fils l'y suivit incontinent,
> auquel sans donner le moment de lui dire comment la chose s'étoit passée, elle chanta
> pouilles avec un torrent de larmes, et le chassa de chez elle.
>
> SAINT-SIMON, *Mémoires*, t. I, p. 33.

Chercher des pouilles «chercher querelle; attaquer par des reproches injurieux». Croisement, apparu au XXe s., de *chanter pouilles* [vieilli], et de *chercher des poux* (dans la tête), les deux loc. ayant d'ailleurs même origine.

> Vous vous cherchez des faux-fuyants parce que vous faites tous dans vos frocs! C'est
> ça qu'il vaudrait mieux dire! Au lieu de me chercher des pouilles!
>
> L.-F. CÉLINE, *Mort à crédit*, Livre de poche, p. 347.

Traîner la pouille «traîner misère». *Pouille* signifie ici *pouillerie* (il s'agit donc, sinon du même mot, du moins d'un dérivé de même origine).

> Alors, comme ça : il est mort? Je m'étais toujours demandé ce qu'il était devenu. Je
> ne le voyais plus figurer sur les affiches. Je me disais qu'il devait traîner la pouille
> quelque part loin de Paris.   R. QUENEAU, *Pierrot mon ami*, p. 42.

POULE n. f.

Poule mouillée «lâche, peureux». La *poule* est associée à l'idée de peur, de lâcheté, dans l'expression *faire la poule* «se sauver» (XVIe-XVIIe s.). Par ailleurs, le syntagme *poule mouillée* apparaît dans la loc. *frisé comme une poule mouillée* (1640, Oudin) qui correspond à notre *frisé à plat*. Il y a évidemment contamination entre cette loc. plaisante, la valeur métaphorique de «peur, lâcheté» associée à *poule* et le sens figuré de *mollir* «rendre efféminé» (début XVIIe s.); une *poule mouillée* est en somme à la fois *une poule* (un peureux, cf. l'anglais *chicken* «poulet») et un ramolli.

> A cela s'ajoutait l'impression de lamentable déficience dont j'ai souffert dès avant cette
> époque : un Hamlet au petit pied, un amoureux poule mouillée, un réfractaire à la
> manque, telles étaient les images de moi que nul miroir n'avait besoin de me renvoyer
> pour que leur considération quotidienne engendrât un malaise qui bientôt toucherait à
> l'étouffement.   M. LEIRIS, *Fibrilles*, p. 65.

La poule aux œufs d'or → ci-dessous TUER LA POULE...

La poule au pot. Formule consacrée que l'on prêta (fin XVIIIe s., selon Littré) à Henri IV, souhaitant que chaque paysan puisse manger ce plat le dimanche. *Pouvoir mettre la poule au pot* correspond donc à «avoir des moyens suffisants, une aisance convenable».

Se coucher comme (avec) les poules «très tôt» (1829).

> Mais il la retint, il la supplia. Voyons, c'était pour ne pas avoir l'air bête devant Mou-
> quet auquel il avait promis. Un homme ne pouvait pas, tous les soirs, se coucher
> comme les poules.   É. ZOLA, *Germinal*, t. I, p. 135.

Être comme une poule qui a trouvé un couteau «déconcerté, embarrassé» (var. *comme une poule qui a couvé un canard, des œufs de cane* [1874]). On disait aussi en Côte-d'Or : *rire comme une poule qui a trouvé un couteau* «niaisement». Le comportement souvent affolé de l'oiseau a donné lieu à diverses formules : *embarrassé comme une poule à trois poussins* (1640), *qui n'a qu'un poussin* (début XVIIIe s.).

Bouche en cul de poule → CUL. — **Chair de poule** → CHAIR.

Vx. **Mener les poules pisser** «s'occuper de travaux insignifiants ou fictifs». D'abord, *c'est Jocrisse qui mène les poules pisser* (1640, Oudin), en parlant d'un homme qui a des activités ménagères.

Tuer la poule aux œufs d'or «se priver de profits importants à venir pour un petit intérêt immédiat; entamer un capital, etc.». Cette expression, assez récente (début XIXe s.), correspond pour le sens à *tuer la poule pour avoir l'œuf* (XVIIIe s.). La légende remonte à Ésope; La Fontaine l'a acclimatée en France (*Fables*, V, 13 : «La Poule aux œufs d'or»).

... Mais cette femme-là veut de l'argent, et rien que de l'argent. En sortant de chez Monsieur, Madame la baronne disait en riant :

— Si cela continue, cette fille-là me rendra veuve.

— Diable! répondit Asie, il ne faut jamais tuer la poule aux œufs d'or!

H. DE BALZAC, *Splendeurs et Misères des courtisanes*, p. 827.

Les petits princes orientaux ne les volent qu'avec ménagement [les marchands], c'est qu'ils sont de revue; si on leur laisse quelques-uns des profits de leur commerce, ils sont, pour les chefs sur le territoire desquels ils passent, comme la poule aux œufs d'or de l'avare, il y en a peu d'assez fous pour la tuer.

V. JACQUEMONT, *Correspondance*, t. II, p. 143.

La poule ne doit pas chanter devant le coq [LOC. PROV.] « le mari doit être le maître, dans son ménage » (*devant* signifie « avant »). On ne s'étonnera pas de ce dicton antiféministe chez Molière, qui adore utiliser la « sagesse populaire » (et rurale) pour railler tout ce qui lui paraît menacer le « bon ordre » social et intellectuel. Dans le recueil de Charles Bovelles (1531), on lit : *la géline* [ne doit pas] *chanter devant le coq*.

Une poule n'y retrouverait pas ses poussins. Se dit d'un désordre, d'un fouillis inextricable.

Quand les poules auront des dents « jamais ». Cette expression est attestée en 1791. *Quand les poules pisseront* (1884), s'est employé dans le même sens.

— Quand te marieras-tu, toi?

— Quand les poules auront des dents.

— Y en a qui en ont.

R. QUENEAU, *Le Dimanche de la vie*, p. 48.

POULIE n. f.

Rire comme une poulie mal graissée « rire de manière criarde, aiguë ». Aussi en loc. nominale :

— Sacré mâtin! jura Coupeau, qui piétinait derrière elle, avec une obstination d'ivrogne.

Il se haussait, riant d'un rire de poulie mal graissée.

É. ZOLA, *L'Assommoir*, t. I, p. 187.

POULS n. m.

Tâter (prendre) le pouls de qqn « s'informer de ses intentions »; *de qqch.* « s'informer de la façon dont une situation se présente, évolue » (début XVIIe s., d'Aubigné). Métaphore médicale, réalisée aussi dans le lexique (sens fig. de *diagnostic*).

POUMON n. m.

À pleins poumons (avec des verbes comme *respirer, chanter, crier...*) « avec force, en inspirant et expirant profondément » (1875).

Avoir du poumon, avoir de bons poumons « avoir une voix forte » → AVOIR DU COFFRE* (1694).

Fam. *Cracher ses poumons* « avoir de fortes expectorations, causées par la tuberculose » (1694, *in* Acad.).

ceux qui crachent leurs poumons dans le métro

ceux qui fabriquent dans les caves les stylos avec lesquels

d'autres écriront en plein air que tout va pour le mieux   J. PRÉVERT, *Paroles*, p. 17.

Vx. *Perdre son poumon à...* « se fatiguer vainement en paroles pour... » (1671, Sévigné).

S'user les poumons, user ses poumons à... « crier, parler inutilement » (1690; on a dit : *user son poumon*).

POUPE n. f.

Avoir le vent en poupe → Vent.

POUR n. m.

Le pour et le contre «les arguments en faveur de qqch. et ceux qui s'y opposent» (1675).

> Vous ne serez jamais heureux si le pour et le contre vous afflige également. Il faudrait prendre son parti, et y demeurer attaché.   Diderot, *Le Neveu de Rameau*, p. 430.

Fam. *Avoir du pour et du contre.* Se dit d'une femme qui a des avantages plantureux devant (cf. *Y a du monde au balcon, l'avant-scène,* etc.) et derrière.

POURCEAU n. m. Du lat. *porcellus,* diminutif de *porcus;* le mot est du registre littéraire, à la différence de *porc* et de *cochon.*

Pourceau d'Épicure «celui qui recherche les plaisirs sensuels» (XVIe s.). Trad. d'Horace, qui parle d'«un porc du troupeau d'Épicure» *(Epicuri de grege porcum).*

Jeter des perles aux pourceaux → Perle.

(Sale) comme un pourceau «très sale». Variante noble de ... *comme un cochon, un porc.*

> Ils étaient sales comme des pourceaux, les mains noires, les joues point rasées, le cou cerclé d'une cravate de crasse, pourrissant philosophiquement, depuis des mois, dans le même pantalon et dans la même blouse.
> G. Courteline, *Les Gaîtés de l'escadron*, p. 335.

POURPOINT n. m. Le mot, d'un composé latin hypothétique *perpunctus,* de *punctus* «piqué», désigne une réalité archaïque. Les loc. formées avec lui ont toutes vieilli, sauf *à brûle-pourpoint.*

Vx. *Pourpoint de muraille, de pierre de taille* «prison» (XVIIe s.).

Vx. *Moule de pourpoint* «le corps» (début XVIIe s.). A servi de base à plusieurs loc. verbales : *doubler le moule du pourpoint* «manger comme un goinfre», *y laisser, sauver le moule du pourpoint* «mourir; se sauver».

À brûle-pourpoint «brusquement, sans prévenir ou sans préparation (en parlant de la parole et des actes)» [début XVIIIe s.; dans un autre sens au XVIIe s. : *raison à brûle-pourpoint* «argument convaincant»]. La métaphore vient de *tirer à brûle-pourpoint* (1648, Scarron), synonyme imagé de *à bout portant,* qui évoque une telle proximité que la poudre du coup de feu brûle l'habit de la victime. La métaphore utilise d'abord l'idée d'efficacité (blesser ou tuer) puis de soudaineté, de surprise (pour tirer à brûle-pourpoint sur un ennemi, il faut le surprendre).

> [...] c'est l'œil brillant de satisfaction que M. de Guermantes avait écouté sa femme parler de Victor Hugo «à brûle-pourpoint» et en citer quelques vers.
> M. Proust, *À la recherche du temps perdu*, t. II, p. 497.

Vx. *Emplir (remplir, bien fournir) son pourpoint* «faire bonne chère, se remplir la panse» (XVe s., avec *bien fournir*).

Vx. *Se mettre en pourpoint, mettre pourpoint bas* «s'appliquer à une tâche» (1re moitié du XVIIe s.). L'image est celle de se mettre en bras de chemise, retrousser ses manches.

POURQUOI conj. et adv. (et n. m.).

Le pourquoi et le comment «toutes les raisons, les motifs».

Il faut que ça pète (que ça marche...) ou que ça dise pourquoi «il faut absolument que ça marche» → Péter.

POURRI adj.

Il y a quelque chose de pourri... La phrase d'Hamlet, qui s'applique à la situation dans « le royaume de Danemark », est souvent reprise pour qualifier une situation morale, politique, etc., exécrable.

POUSSER v. tr.

À la va comme je te pousse → ALLER.

En pousser une « chanter une chanson » (1883, selon Chautard).

Fam. *Faut pas pousser* « n'exagérez pas ». Métaphore sur « bousculer, forcer qqn ». Var. plaisante : *faut pas pousser mémé (mémère) dans les orties,* etc.

Pousser comme un champignon → CHAMPIGNON.

POUSSIÈRE n. f.

... et des poussières « en ajoutant de très petites quantités » (1938, Esnault) ; métonymie pour « grain de poussière ».

> Il avait dix-huit piges, Milo, lors de l'attaque à l'abordage du fiacre à Leca. Ça le situe maintenant dans les quatre-vingts ans et des poussières...
>
> A. BOUDARD, *Cinoche*, p. 15.

Vx. *Baiser la poussière* « faire des démonstrations d'humilité » (1689, Racine).

Vx. *Faire de la poussière* « agir, parler avec ostentation, vantardise ». Syn. plus récent (1794) de *faire de la poudre* → POUDRE.

Vx. *Jeter de la poussière aux yeux* « éblouir par de fausses apparences » (XVIᵉ-XVIIᵉ s.). → POUDRE.

Mettre (réduire) en poussière « détruire complètement, anéantir » (1690).

Mordre la poussière « être jeté à terre dans une lutte, un combat » ; fig., « être complètement battu, vaincu » (début XVIIᵉ s., Malherbe). A été en concurrence avec *mordre la terre* (1635, Corneille).

Secouer la poussière de ses souliers, de ses sandales « partir pour toujours ». Variante modernisée d'une formule biblique (*secouez la poussière de vos pieds,* Luc 9, 5) concernant un geste symbolique de malédiction contre ceux qui refusent d'accueillir les disciples. La terre étrangère est considérée comme impure.

> Mais est-ce que j'ai songé à partir, en secouant la poussière de mes souliers, quand j'ai vu, clair comme le jour, que nous serions dévorés, nous autres, par la majorité des Jacobins ? J. VALLÈS, *L'Insurgé*, p. 240.

Tomber en poussière « disparaître, s'anéantir ; être détruit ». *Faire tomber en poussière* → ci-dessus METTRE EN POUSSIÈRE.

POUSSIN n. m. → POULE.

POUTRE n. f. → PAILLE.

POUVOIR v.

N'en pouvoir plus « être à bout de forces, très fatigué » (XIVᵉ s., Froissart). S'emploie par métaphore pour signifier l'accablement, le désespoir.

Tant (autant) que faire se peut, se pourra « dans la mesure du possible ».

On ne peut plus... (+ adj.) « extrêmement » ; *on ne peut mieux* « parfaitement » (XVIIIᵉ s.). *On ne peut plus* est adjectif et adverbe ; *on ne peut mieux* seulement adverbe.

Mais oui. c'était très joli. on ne peut plus réussi. C'était vraiment ravissant.
                              M. PROUST, *À la recherche du temps perdu*, t. II, p. 201.

Qui peut le plus peut le moins [LOC. PROV.] «celui qui est capable d'une chose difficile, pénible, doit accomplir facilement une tâche moins dure» (1835, Acad.).

PRATIQUE n. f.

Mettre en pratique «appliquer concrètement, faire entrer dans la réalité de l'action (une chose abstraite, théorique)» [1626, d'Aubigné].

PRÉ n. m.

Pré carré «possession, domaine d'influence» (1673, Vauban). Métaphore cadastrale, peut-être féodale, reprise dans la langue politique en 1984.

Aller au pré «se battre en duel». Ce sens de *pré* vient du nom du *Pré-aux-clercs*, non loin de Saint-Germain-des-Prés, où de nombreux duels avaient lieu. *Sur le pré* se dit depuis la fin du XVIe s.

Vieilli.   **Faucher le grand pré** «ramer aux galères». *Pré* désigne le bagne depuis le début du XIXe s., en argot (Ansiaume).

PÈRE UBU — Quelle verdure, Mère Ubu! On se croirait sur le pâturage des vaches.
LES FORÇATS, *ramant* — Fauchons le grand pré.   A. JARRY, *Ubu enchaîné*, V, 8.

PRÉCAUTION n. f.

Précautions oratoires «moyens par lesquels on présente qqch. par la parole en évitant de choquer, de surprendre, etc.» (1798).

Prendre ses précautions «prendre des mesures, des dispositions en prévoyance de qqch.» (XVIIe s., Sévigné). L'expression est un emploi banal du mot, mais donne lieu à plusieurs euphémismes : «uriner, etc., avant une circonstance où la chose sera difficile» (cf. *Petits besoins*); «pratiquer le coïtus interruptus».

Trop de précautions nuit [LOC. PROV.] «il ne faut pas être trop prudent, vouloir penser à tout».

PRÊCHER v. intr.

Prêcher pour son saint → SAINT.

PRÉCIPICE n. m.

Marcher sur le (au bord du) précipice «être, plus ou moins consciemment, dans une situation de grand danger» (XVIIe s.). Il s'agit plutôt d'un cliché rhétorique, parfois renforcé en *marcher entre les précipices,* que d'une loc. On trouve de même *tomber dans le (un) précipice* (vx, *tomber au précipice*, 1636) «subir un désastre irrémédiable, complet».

PRÉFÉRENCE n. f.

De préférence [LOC. ADV.] «plutôt». — **De (par) préférence à...** [LOC. PRÉP.] «plutôt (que)».

Par ordre de préférence «en classant selon l'appréciation qu'on en fait» (XXe s.).

Donner la préférence à... «choisir, préférer...» (XVIIe s.).

PRÉJUDICE n. m.

Au préjudice de... «contre les intérêts de...» (fin XVIe s.); au sens fig., «au mépris de..., contrairement à...» (XVIIe s.).

Sans préjudice de... « sans entamer, sans toucher à qqch. » ; par extension, « sans compter ou prendre en considération » (1538, R. Estienne).

Porter préjudice à qqn « nuire, faire du tort à... » (XIVe s.).

PREMIER adj. et n. m.

Jeune premier « acteur qui joue les rôles de jeunes gens, d'amoureux » (1820) ; « personnage qui correspond à un tel rôle » (*un physique de jeune premier*, etc.). *Jeune première* (1870) est vieilli.

Le premier venu → VENIR. L'expression a eu au XVIIe s. des concurrents : *le premier offert, passant, le beau premier.*

Du premier coup → COUP. — *À la première heure* → HEURE. — *De première main* → MAIN.

Bon premier « effectivement le premier, dans une compétition » (surtout dans *arriver, être bon premier*).

En premier « avant les autres », a été précédé par des formes aujourd'hui disparues : *au premier, de premier* « d'abord ».

(Mieux vaut) être le premier au village (chez soi...) que le second à la ville [LOC. PROV.]. Cet adage fait prévaloir le statut hiérarchiquement dominant sur le contenu de la hiérarchie ; il correspond, sur le mode positif et évaluatif, à la constatation objective et critique : *au royaume des aveugles★, les borgnes sont rois.*

Les premiers seront les derniers. Allusion évangélique portant sur l'inversion des hiérarchies terrestres dans le royaume des cieux et, sur la Terre, soulignant la nécessité d'une attitude humble pour les puissants, qui doivent de la considération à ceux qui leur sont soumis. L'expression s'applique aussi à des modifications effectives de l'ordre social, ce qui change complètement son sens.

> — Une ère évangélique où les valets se substitueront aux maîtres et où les premiers seront les derniers, vieille balançoire attachée à un vieux balancier.
>
> A. BLONDIN, *Quat' Saisons*, p. 15.

Vx. *Premier vient, premier prend* [LOC. PROV.] « les occasions sont pour ceux qui savent les rencontrer ».

PREMIÈRE adj.

Fam. *De première* [LOC. ADJ.] « remarquable, exceptionnel ». Ellipse pour *de première qualité* → aussi BOURRE.

PRENDRE v. tr.

À tout prendre [LOC. ADV.] « tout bien considéré ». Syn. *Somme toute.*

Vx. *En prendre par où on peut* « être avide ou avare » (Furetière).

S'en prendre à... « attaquer comme étant le responsable ; incriminer » (*se prendre à qqn de qqch.,* 1549). *Ne savoir à qui s'en prendre* « ne pas pouvoir désigner un responsable à un événement désagréable ».

S'y prendre « agir d'une certaine manière pour obtenir un résultat ». « D'abord, il s'y prit mal, puis un peu mieux, puis bien » (La Fontaine). *Comment s'y prendre* « comment procéder ».

Prendre bien (mal) qqch. « accepter sans difficulté, sans trop de déplaisir (ne pas bien supporter) une chose désagréable ».

Se laisser prendre..., au fig., « se laisser séduire, convaincre (en étant trompé) ».

Prendre sur soi « se faire violence ; ne pas se laisser aller à une impulsion, en se dominant, en se retenant » (1674, Sévigné). On rencontre une loc. homonyme (mais avec compl.) : *prendre qqch. sur soi,* c'est (depuis le XIVe s.) « s'en porter garant, en répondre » (on trouve aussi *prendre sur sa vie, sur sa foi, sur son compte,* aux XVIe et XVIIe s.); de nos jours, *prendre qqch. sur soi,* c'est « en assumer la responsabilité ».

> Le médecin s'est indigné. « Vous voulez donc que le quartier soit jonché de cadavres et inondé de sang ? vous prenez cela sur vous !... »
> J. VALLÈS, *L'Insurgé,* p. 277.

Sortir d'en prendre « avoir subi, immédiatement avant, le même genre d'inconvénient, d'ennui ».

C'est à prendre ou à laisser « il faut s'accommoder de la situation telle qu'elle est ou renoncer » (1808, d'Hautel). S'est d'abord employé à propos d'une marchandise à prix fixe (1694, Acad.). *Il faut en prendre (il y a à prendre) et en laisser* « il y a du bon et du mauvais, du vrai et du faux » (→ À BOIRE* ET À MANGER). Dans les deux cas, une situation est définie comme un ensemble d'éléments positifs à exploiter *(à prendre)* et d'éléments négatifs *(à laisser)*.

> Je suis loin de tout admettre sans distinction dans les tableaux d'Elstir. Il y a à prendre et à laisser. Mais ce n'est toujours pas sans laisser.
> M. PROUST, *À la recherche du temps perdu,* t. II, p. 501.

> C'est pourquoi, quand on eut compris que c'était à prendre ou à laisser, qu'il n'y avait pas de chances de le voir jamais se détendre et que, ça devait être sa nouvelle façon à lui d'être détendu et de s'arrondir, on accepta la chose, comme on accepte ici toutes les choses qu'on est obligé d'accepter ; c'est-à-dire paisiblement.
> J. GIONO, *Un roi sans divertissement,* p. 94.

C'est autant de pris, c'est toujours ça de pris. S'emploie à propos d'un avantage, d'un gain peu important, mais dont on est assuré. Fam. : *C'est autant de pris sur l'ennemi* → ENNEMI.

Ça ne prend pas « la ruse, la tromperie n'a pas d'effet ».

Mal lui en prit (de...) « il a eu tort de..., son acte a entraîné pour lui des conséquences fâcheuses ». L'intérêt de cette loc. est dans sa syntaxe : comme dans tous les emplois où *prendre* a pour sujet une impulsion (cf. *Ça le prend comme une envie de pisser,* etc.) et pour compl. une personne, celle-ci est vue comme la proie, l'objet d'une force étrangère.

On ne m'y prendra plus « je ne me laisserai plus prendre, attraper, tromper ». S'emploie aussi avec le pronom de la troisième personne.

> Au beau milieu de ma rêverie ma mère était apparue, nette, un peu troublée : « Ah! Tu étais là. Je te cherchais partout. Mais que faisais-tu dans l'escalier! Quelqu'un t'a vue? Viens, partons, il va très bien. C'étaient des simagrées, comme d'habitude. On ne m'y prendra plus. Quelle comédie ridicule! »
> M. CARDINAL, *Les Mots pour le dire,* p. 69.

Pour qui me prenez-vous ? Se dit par reproche à qqn qui semble être méprisant, trompeur, qui paraît se moquer. Souvent, euphémisme pour *vous me prenez pour un idiot* (dès *La Farce de Pathelin,* 1465).

> Le Bailly [...] regardant mon père avec un œil sévère, luy dict, comment, Monsieur, pour qui me prenez vous. Moy qui suis juge royal dont la candeur [honnêteté] est cogneuë en tous lieux ?
> Ch. SOREL, *Histoire comique de Francion,* p. 157.

Qu'est-ce qui te (le...) prend ? Exprime l'étonnement devant un comportement inattendu, une réaction imprévue.

Vx. **Ce qui est bon à prendre est bon à rendre** [LOC. PROV.] « il vaut mieux s'approprier une chose sur laquelle on pense avoir un droit que de la laisser, quitte à la rendre le cas échéant » (1566).

Tel est pris qui croyait prendre. Vers de La Fontaine (dans « Le Rat et l'Huître » [VIII, 9] : ... *Que tel est pris...*) passé en proverbe : celui qui pensait tromper l'autre est en fait victime de sa machination. C'est la morale de l'arroseur arrosé.

> Nous descendons d'auto pour contempler ce cortège fantastique et Gidal prend, à la clarté du magnésium, quelques photos de certains de ces véhicules : ce sont des « paniers à salade » allemands. Est pris celui qui croyait prendre.
> A. GIDE, *Journal*, t. II, p. 239.

PRÈS adv.

À beaucoup près « avec un manque important » (XVe s.), cf. *Il s'en faut de beaucoup.* On a dit aussi : *de beaucoup près* (XVIe s.).

À peu près « d'une manière approximative ». Très fréquent et lexicalisé.

À cela près « la chose en question *(cela)* étant exceptée » (1652). *Il n'est pas à cela (il n'en est pas à ça) près* « ce n'est pas la première fois qu'il fait cela (erreur, faute) ; c'est peu pour lui (dépense, etc.) » [1718, Acad.]. Avec un autre compl. : *il n'en est pas à une erreur (bêtise..., escroquerie, etc.) près.*

Ni de près ni de loin « en aucune façon » (après un verbe à la forme négative).

De près (serrer, suivre..., surveiller, tenir...) « en gardant constamment près de soi, en vue... ».

Vx. (ou région.). *Ici près* « dans le voisinage immédiat » (*ci près*, XIIe s.).

Vx. *Près à près* « successivement, de manière rapprochée » (XIIe-XIXe s., *in* Acad., 1878).

N'en être pas à cela près → ci-dessus À CELA PRÈS. L'expression peut s'employer avec un compl. explicite, au lieu de *cela.*

PRÉSENCE n. f.

Présence d'esprit « le fait de réagir, de répondre avec à-propos » (1660). L'*esprit* est conçu dans cette loc. comme une facilité qui peut s'absenter du psychisme.

En présence de... « en face de..., en étant présent au même lieu que... ». D'abord employé en droit, au sens de « en comparaissant en même temps que (un adversaire, dans un procès) » [1549]. On a dit (fin XIIe-XVIIe s.) : *en la présence de...,* notamment dans les loc. de dévotion : *être, se mettre en la présence de Dieu. En présence de...,* avant de se restreindre à son emploi concret, s'est employé aussi, au fig., pour « en comparaison (en parlant de deux choses qu'on oppose) » (XVIIe s.) et « sous l'influence, la pression de... » (XIXe s.). La loc. adv. *en présence* (XIIIe s., réattestée au XVIIe s. et ensuite) au sens concret (dans *être, mettre en présence,* etc., « face à face ») a, elle aussi, des valeurs spéciales (en parlant de deux ennemis : *être en présence* correspond à « s'affronter »).

Faire acte de présence « se manifester en personne, être présent, sans participer activement ». Quand il s'agit d'une présence professionnelle (sans travail effectif), on dit : *faire de la présence.*

> Et je reçois par même courrier une lettre de Drieu qui tâche de me persuader qu'il serait bon que je fasse acte de présence à Paris... A. GIDE, *Journal*, t. II, p. 72.

PRÉSENT n. m.

À présent « maintenant, au moment considéré ». Cette forme très ancienne (XIe-XIIe s.) nous paraît évidente ; elle a pourtant eu d'autres valeurs (« en la présence de qqn ; qqn étant présent », « publiquement ») et a été concurrencée par *de présent,* jusqu'au XVIIe s. *Dès à présent* « depuis ce moment, sans plus attendre » (XIVe s.).

1. PRESSE n. f. « impression ».

Avoir (une) bonne, (une) mauvaise presse « être bien ou mal jugé, d'abord par les journaux, puis, par extension, par l'opinion en général » (fin XIXᵉ s.).

Être sous presse « être en cours d'impression » (1746) ; d'abord *sous la presse* (1630) et *sur la presse* (1606).

Vieilli. *Faire gémir la presse* « faire imprimer des ouvrages » (XVIIIᵉ -XIXᵉ s.). S'est employé par ironie, le verbe *gémir* entraînant l'idée d'une protestation désolée de la part de la presse.

Mettre sous presse « faire imprimer » (1835, Acad.). D'abord : *mettre sous la presse* (1636). Les prostituées utilisent l'expression imagée *être sous presse* « être avec un client », qui combine une métaphore très claire avec celle de la temporalité accélérée (les passes sont brèves).

2. PRESSE n. f. « Foule » correspond au même sémantisme (de *fouler*, comme *presse* de *[se] presser*), mais est beaucoup plus courant en français moderne. La rareté ou l'archaïsme de *presse,* employé seul, fait que certains emplois (actuels ou vieillis) peuvent être considérés comme phraséologiques.

Fendre la presse « se frayer un chemin dans la foule ».

Vieilli. *Il y a (de la) presse* « la chose est très demandée, il y a foule pour assister à cela, obtenir cela » (milieu XVIIᵉ s.). *Avoir la presse* (vx) « avoir un grand succès ».

Vx. *La presse y est* « c'est à la mode » (1680).

Vx. *À la presse vont les fous* [LOC. PROV.] « la foule attire les imbéciles » (1690, Furetière).

PRESSÉ n. m.

Aller (courir, ...) au plus pressé « se hâter de faire ce qui est le plus urgent » (XVIᵉ s., Montaigne). S'emploie avec d'autres verbes, notamment *parer au plus pressé,* l'idée essentielle étant alors d'éviter un danger, un inconvénient.

PRESSER v. tr.

Presser qqn comme un citron « l'exploiter au maximum » (avec l'idée du rejet après utilisation ; cf. *Jeter l'écorce*). *Se presser le citron* « réfléchir » (du sens fig. et argotique de *citron*). Dans les deux cas, le contenu est lexicalisé dans le composé *presse-citron* → CITRON.

PRÊT adj.

Fin prêt « complètement préparé », est l'un des rares emplois vivants en français général de *fin* adverbe (cf. aussi *fin saoul*). Il entraîne l'idée d'exactitude et, pour la loc. dans son ensemble, celle de possibilité immédiate de passage à l'action (départ, etc.).

PRÉTENTAINE n. f. Mot expressif, d'origine incertaine, qui ne vit que dans une loc. On l'a rapproché d'un mot régional (normand), *pertintaille,* désignant un petit ornement, une franfreluche, et la finale évoque des refrains de chansons.

Courir la prétentaine « faire des escapades » et, spécialement, « chercher des aventures érotiques » (1605). Synonyme d'une autre loc. devenue archaïque et qui correspond au même sémantisme (objet quelconque pris comme euphémisme, cf. *Truc*). *Courir la calabre* → CALABRE.

PRÊTÉ p. p. subst.

Un prêté pour un rendu «une représaille, une vengeance proportionnée, juste» (début XIXe s.).

PRÉTENTION n. f.

Avoir des prétentions «avoir une attitude vaniteuse; prétendre obtenir des avantages que l'on ne mérite pas». Emploi absolu de *prétention* pour «prétention exagérée».

PRÉTEXTE n. m.

Sous prétexte (de...) «en invoquant une fausse raison» (1539). La loc. conj. *sous prétexte que...* apparaît au XVIIe s. (Bossuet).

PRÊTRE n. m.

Vx. *Prêtre Martin* «celui qui fait à la fois les demandes et les réponses» (1690). Du sobriquet des chantres (milieu XVIe s.) qui chantent le verset, puis le répons.

Vieilli. *Il va tomber des prêtres* «il va tomber une grande averse» (*in* Littré). Allusion, teintée d'anticléricalisme, à la couleur sombre des nuages de pluie. On dit encore, régionalement : *c'est un temps à tomber des curés.*

Le prêtre doit vivre de l'autel → QUI SERT À L'AUTEL*...

PREUVE n. f.

À preuve, suivi d'un nom ou d'une phrase, signifie «en voici la preuve» (XXe s., *in* Acad., 1935). *À preuve que...* [LOC. CONJ.], s'emploie depuis le XIXe s. (G. Sand) et *preuve que...* depuis la fin du XVIIIe s.

Faire preuve de... «montrer, révéler (un caractère, une qualité) par son comportement, ses actions» (1549).

Faire ses preuves «se révéler comme apte, courageux, digne d'une réputation» (XVIIe s., Sévigné). Commence à s'employer dans le contexte historique des *preuves de noblesse,* par un passage de la preuve juridique et formelle à la démonstration par l'action. S'emploie aujourd'hui aussi pour les choses.

PRIER v. intr. et tr.

On ne sera pas étonné que ce verbe ait donné naissance à d'assez nombreuses loc., aujourd'hui archaïques; en effet, le sens initial («demander de manière pressante») et le sens fig. *(prier qqn à dîner)* ont vieilli. Seul le sens religieux reste usuel, mais son importance culturelle s'est considérablement restreinte; aussi, des expressions ironiques comme *prier Dieu* «jurer» (1690), ne s'emploient plus.

Je vous en prie, je t'en prie. Formule de politesse pour inciter à accepter. Le *en* reprend ou suggère le compl. du verbe, alors que la forme la plus ancienne est *je vous prie, je te prie* (fin XIIe s.); elle est aujourd'hui teintée de régionalisme. *Je vous en prie* s'emploie en outre pour répondre à un remerciement et équivaut pratiquement à *il n'y a pas de quoi* (les Québécois disent joliment, par un calque de l'anglais : *bienvenu*).

Vx. *Prier qqn de son déshonneur* «demander à (une femme) une faveur érotique» et fig. «faire une demande immorale, ou une requête désagréable pour la personne qui la reçoit» (milieu XVIe s. et XVIIe s.; la loc. est encore dans Acad., 1878, mais ne devait plus s'employer depuis longtemps).

PRIÈRE n. f.

Faire ses prières. S'emploie, surtout à l'impératif, comme formule de menace pour inciter à se préparer à la mort, à une sévère punition. Équivalent noble de NUMÉROTER SES ABATTIS*.

Courte prière monte au ciel [LOC. PROV.]. Valorise la sincérité de l'intention par rapport au développement des formules. L'idée sous-jacente est que Dieu est fatigué de ces formules et qu'une longue prière risque de ne plus correspondre à un contenu très ardent.

PRIME n. f.

Faire prime « apporter un avantage, réussir ». Malgré son apparence littéraire, la loc. est bien une métaphore tirée du langage des assurances (« produire un intérêt supplémentaire »).

> La terreur règne ou, du moins, s'efforce de régner. Il n'est plus de vérité qu'opportune : c'est-à-dire que le mensonge opportun fait prime et triomphe partout où il peut.
>
> A. GIDE, *Journal*, t. II, p. 282.

PRIMEUR n. f. Le mot, du latin *primor* « commencement », signifie d'abord

« caractère de nouveauté ». On est passé de (légumes, fruits) *dans leur primeur, en leur primeur* (2ᵉ moitié du XVIIᵉ s.) à *de primeur*, puis à *les primeurs* (milieu XVIIIᵉ s.).

Avoir la primeur de... « être le premier à recevoir (une information, une nouvelle) ».

Vieilli. *Dans la primeur* « nouveau, qui vient de paraître (livre, etc.) ». Cette métaphore (vers 1870) a rapidement vieilli.

PRINCE n. m. De nombreux syntagmes spécialisés ont (ou ont eu) cours.

Prince des apôtres, l'un des titres donnés à saint Pierre (1694, Acad.). *Prince* a ici la valeur de « premier parmi d'autres », comme dans *prince des poètes, des orateurs*, etc. (sens qui apparaît au début du XVᵉ s.).

Prince de l'Église « prélat, ecclésiastique qui a rang d'évêque, d'archevêque ou de cardinal » (1690).

Prince du sang « prince descendant par les mâles d'une maison régnante » (XVIᵉ s.). La métaphore porte sur *sang* (ici : « lignée directe par les mâles »).

Prince des ténèbres « le démon, Lucifer » (1690). Le démon a reçu diverses désignations avec *prince* (*prince de la mort, des vices, de ce monde ; prince des diables, de l'enfer,* etc.).

Bon prince « personne d'un caractère généreux, accommodant » (s'emploie en attribut). Surtout dans : *être bon prince.*

> Moi ! quand je n'aurai besoin de rien, je serai bon prince.
>
> H. DE BALZAC, *Vautrin*, acte III, scène 3.

Les (ces) princes qui nous gouvernent « les détenteurs du pouvoir ». Assimilation du pouvoir en démocratie au pouvoir absolu héréditaire, la formule est récente (titre d'un livre de Michel Debré).

... de prince. S'applique péjorativement à des actions relevant du « bon plaisir », de l'autorité sans contrôle. Au XVᵉ s., *paroles de prince* [vx] « promesse gratuite » → aussi JEUX* DE PRINCES.

... comme un prince, comparaison qui s'applique à l'apparence, aux vêtements, etc. (1690, Furetière), et correspond au sens du dérivé *princier.*

PRINCESSE n. f.

Vx. **Bonne princesse** «femme accommodante, généreuse» (1692). Le féminin de *bon prince* n'a pas vécu; on dira d'une femme qu'elle est *bon prince*. Au contraire, l'emploi péjoratif de *faire la (sa) princesse* «prendre des airs supérieurs», a survécu à *faire le prince* : symptômes de l'antiféminisme fondamental de la phraséologie.

Aux frais de la princesse «aux frais du gouvernement, d'une administration, d'une entreprise, etc.» (*in* Littré, *Suppl.*, 1877).

PRINCIPE n. m.

Vx. **Dans (dès) le principe** «au commencement» (*dans*, milieu XVIIIᵉ s.; *dès*, 1835).

De principe [LOC. ADJ.] «a priori».

En principe «théoriquement, d'après les principes» (sert fréquemment à suggérer une réserve quant à la réalité des faits évoqués).

Par principe «par une décision a priori».

PRISE n. f. Le substantif de *prendre* s'emploie surtout dans des syntagmes figés, qui font partie du lexique : on peut signaler *prise d'armes, prise de bec, prise de conscience, prise de corps, prise d'habit, prise de possession...*

Aux prises avec... «en s'affrontant, se disputant avec (qqn); en luttant contre (qqch.)» [Montaigne]. S'emploie avec les verbes *être, laisser, mettre, en venir*, etc.

En prise (directe) avec... «en ayant un contact étroit avec, une possibilité d'action sur...». S'emploie surtout avec *être, laisser, mettre*. Métaphore de la mécanique, qui rend incompréhensible l'ancienne loc. *être en prise* (XVIIᵉ s.) «subir les effets, l'influence de...; être exposé à être pris».

De bonne prise «qui mérite d'être pris». S'est d'abord dit des navires capturés «à bon escient», *bon* signifiant dans ce cas «juste» (1681). Le sens a évolué sous l'influence d'autres expressions, comme *en belle prise* «facile à prendre» (*in* Corneille). Déjà au XVIᵉ s. (Amyot) une fille *de bonne prise* désigne ce que l'argot moderne appelle *une affaire*, une fille capable de donner du plaisir (et d'en éprouver, pour l'expression moderne, témoin d'une évolution des mœurs).

> J'ai averti les sergents de ville, la préposée au vestiaire..., mais nul espoir de retrouver mon singe. Un gilet de laine aujourd'hui, c'est de trop bonne prise.
> A. GIDE, *Journal*, t. II, p. 103.

Vx. **Avoir prise avec qqn** «être aux prises avec lui» (1611).

Avoir prise sur... «avoir la possibilité d'exercer une action (action morale sur qqn, action sur qqch.)» [depuis le début du XVIIᵉ s.].

> Nous misions sur la durée, préoccupés uniquement de former une œuvre durable, comme celles que nous admirions, sur lesquelles le temps n'a que peu de prise et qui aspirent à paraître aussi émouvantes et aussi actuelles demain qu'aujourd'hui.
> A. GIDE, *Journal*, t. II, p. 322.

Donner prise à... «s'exposer à subir une attaque, une influence...» (1625).

Lâcher (vieilli : *perdre*) **prise** «cesser de tenir, de serrer» et fig., «d'appréhender, de maîtriser». Le sujet peut être un nom de chose (sentiment, pulsion, force, etc.).

> Les admirables leçons de Leriche, au Collège de France sur La Chirurgie de la douleur, que je souhaitais lire depuis longtemps (averti par Simenon!) mais ne parvenais pas à me procurer. Il va sans dire que, par ignorance, j'y perds prise sans cesse; mais le peu que j'en puis pourtant saisir et retenir est d'un tel profit!
> A. GIDE, *Journal*, p. 318.

Vx. et fam.   ***Prendre une prise*** « respirer une odeur infecte » (1896, Delesalle). Formule à complément de même nature que le verbe, et allusion à la prise de tabac.

PRIX n. m.

À aucun prix « en aucun cas ; pour rien au monde ». Sert à renforcer un refus.
Le sens métaphorique a fait vieillir le sens concret (*in* Balzac) : *ne vouloir vendre,*
céder... à aucun prix.

Au prix de... « en comparaison avec... » (XVᵉ s.). On a dit adverbialement *au*
prix « par rapport à cela », et *au prix que...* « à mesure que... » (XVIᵉ s.).

À prix d'or « en payant très cher » (*in* Littré). *À prix d'argent* « pour une
somme déterminée », est vieux (*in* Boileau).

> Les sténos-dactylos, raflées à prix d'or par les Khomités de Désorghanisation, se raré-
> fiaient sur le marché [...].   B. VIAN, *Vercoquin et le Plancton*, p. 99.

À tout prix « quoi qu'il puisse en coûter » (1762). Syn. *Coûte que coûte*. Au
sens concret, « à n'importe quel prix » (1683), la loc. ne s'emploie plus.

> La folie se porte mal dans une certaine classe, il faut la cacher à tout prix. La folie
> des aristocrates ou du peuple est considérée comme une excentricité ou une tare, elle
> s'explique.   M. CARDINAL, *Les Mots pour le dire*, p. 21.

À vil prix « très peu cher » (1538, Estienne). *Vil* est employé ici dans son
sens primitif de « bon marché, de peu de valeur ».

Dans les prix de qqn « abordable financièrement par qqn ». *C'est dans mes*
(ses...) prix équivaut à : *à la portée de la bourse.*

De prix « de grande valeur » (1636).

Hors de prix « trop cher » (1ʳᵉ moitié du XVIIᵉ s., Voiture). Le *prix* est parfois
conçu comme un milieu abstrait où l'acheteur peut ou non pénétrer (cf. *C'est*
dans mes prix).

> Quand les caissiers parisiens auront réfléchi à leur valeur intrinsèque, un caissier sera
> hors de prix.   H. DE BALZAC, *Melmoth réconcilié*, p. 268.

Vx.   ***Prix pour prix*** « en comparant les valeurs de... » (1640). Même évolution de
sens que dans *au prix de...*

Sans prix « de très grande valeur » (1646). Comme dans *hors de prix*, l'idée
est celle de prix impossible à fixer ; mais, outre que la loc. est d'usage littéraire, souvent métaphorique (*une amitié*, etc., *sans prix*), les connotations sont positives (« qui
excède toute valeur financière »). Ces expressions montrent que le prix est conçu
comme un rapport financier et non pas comme une valeur d'échange quelconque :
un prix aberrant, très élevé, sort de l'échelle implicite des prix.

Faire un (son) prix « fixer un prix de vente ou d'achat et, par métaphore, la
valeur d'échange (d'un service, etc.) ». La loc. suppose un système d'échange où les
valeurs ne sont pas fixées de l'extérieur.

Y mettre le prix « tenter d'obtenir qqch. en payant autant qu'il le faut et, par
métaphore, en faisant des sacrifices ». L'expression est récente : *mettre le prix* signifiait (XVIIᵉ-XVIIIᵉ s.), « fixer autoritairement le prix, taxer », et *mettre prix à qqch.* « évaluer » (XVIᵉ-XVIIᵉ s.).

Mettre à prix (la tête, la vie de qqn) « promettre une somme d'argent à qui
capturera ou tuera qqn ». Cette spécialisation de sens ne vient pas d'Amérique ni de
l'atmosphère morale un peu particulière du western ; elle est attestée en 1671 en
France. *Mettre qqch. à prix* signifie « vendre, mettre en vente » (XIVᵉ s.), puis « mettre
en vente à un prix fixé » (XVIIᵉ s.).

... c'est le même prix « cela se fera de toutes façons (sous-entendu ou
exprimé : que l'interlocuteur soit d'accord ou non, qu'il accepte ou non, etc.) ».

> [...] que ça te convienne ou que ça ne te convienne pas, c'est le même prix et la même mesure.   G. COURTELINE. *Les Gaîtés de l'escadron*. p. 206.

Chacun vaut son prix [LOC. PROV.] « on peut estimer la valeur de chacun et on doit le rémunérer ».

PRIX n. pr. (d'un saint). Évêque de Clermont, au VIIe s.

Vx. ***Être de saint-Prix, de la confrérie de saint-Prix*** « être pris au piège ». Marot, dans son épître *au roy, pour le délivrer de prison*, écrit : « Je fuz faict confrere au diocese de Saint Marry (équivoque sur Saint Merry), *en l'eglise Sainct Pris* ».

PROBLÈME n. m.

Y a pas de problème « la chose est facile, n'entraîne aucune difficulté ». En réponse : « certainement, sans difficulté ». Le succès foudroyant de cette formule, d'origine anglo-américaine et sans doute issue du milieu des ingénieurs et techniciens, a duré une dizaine d'années (1950-1960); progressivement, elle a pris, avec *sans problème, aucun problème*, etc., des connotations un peu vulgaires.

C'est ton (mon, votre, son...) problème « cela te (me, vous, le...) concerne ». Cet anglicisme tend à remplacer : *c'est ton (mon...) affaire*. Comme la précédente, l'expression atteste la technicisation superficielle de la culture. La forme négative *Ce n'est (c'est) pas mon (ton, son...) problème* « cela ne me (te, le...) regarde pas » est, elle aussi, très courante.

PROCÈS n. m.

Sans autre forme de procès « sans s'attarder à discuter des raisons, des motifs; sans plus attendre » (1609). Loc. juridique, à l'origine (1572); d'abord *sans figure de procès* (1505) qui, comme *sans forme de procès* (fin XVIIe s.), signifie « sans jugement ».

Faire le procès de... (à...) « attaquer systématiquement ». Métaphore du Droit, où la loc. signifie « poursuivre pour un délit ou un crime » (XVe s.).

PROCHE adj.

De proche en proche [LOC. ADV.] « par petites étapes; par une communication progressive entre lieux ou personnes proches (dans l'espace); peu à peu, par degrés (dans le temps) » [XVIIe s., au sens spatial].

> [...] ce serait vraiment curieux, dans un cadre aussi délimité que celui-ci, de remonter de proche en proche pour savoir comment cela s'est formé.   M. PROUST. *À la recherche du temps perdu*. t. II. p. 702.

Vx. ***Tout au proche*** « tout près » (XVIIe s.).

PROFESSION n. f.

Profession de foi « déclaration ouverte et publique de sa foi », et fig., « de ses croyances » (1690, au sens religieux; XVIIIe s. en politique : Rousseau).

Faire profession de... « témoigner, dire publiquement son opinion, sa croyance... » (XVIe s., Amyot). Surtout dans le contexte religieux, à l'origine.

PROFIL n. m.

(Adopter) un profil bas « se montrer discret, ne pas se faire remarquer » (pour des raisons stratégiques). Cette loc. est courante dans la presse politique. Elle semble venir de l'anglais *(low profile)*.

PROFIT n. m.

Vx. ***À profit de ménage*** « d'une manière utile et avantageuse » (1534).

Faire du profit « être d'un usage économique ; rendre beaucoup de services par rapport à son prix » (1690).

Faire son profit de qqch. « en tirer beaucoup d'avantages, l'utiliser pour son avantage » (XVIe s.). *Faites-en votre profit* se dit en particulier pour inciter à comprendre et à mettre en pratique un enseignement.

Mettre à profit « employer à son avantage (une chose qui n'était pas forcément destinée à avoir cet effet) » [1640].

(Passer) par profits et pertes « considérer comme définitivement perdu » (fin XIXe s. ; d'abord *passer au compte de profits et pertes,* 1869). Métaphore comptable : le compte *de profits et pertes* contient les bénéfices et les pertes de l'entreprise → PERTE.

Tirer profit de qqch. « s'en servir à son avantage ». Quasi synonyme de *mettre à profit* et de *faire son profit de...*

Plus de profit et moins d'honneur [LOC. PROV.] « mieux vaut rechercher des avantages réels que des satisfactions d'amour-propre ou l'approbation des autres ». Ce cynisme marque la fin des valeurs morales médiévales et le début de la morale bourgeoise, qui s'exprime alors avec franchise.

PROGRÈS n. m.

En progrès « en train de s'améliorer, de faire des progrès ».

Faire des progrès à l'envers « être de moins en moins compétent, cesser de connaître, de savoir ». Dans cette acception, *progrès* n'a que des antonymes trop généraux *(recul, régression)* et cette expression résout par la phraséologie une lacune lexicale.

PROIE n. f.

Lâcher (abandonner) la proie pour l'ombre « abandonner un avantage certain pour une espérance vaine » (milieu XVIIe s.). Allusion à la fable de La Fontaine : *Le Chien qui lâche la proie pour l'ombre* (*Fables,* VI, 7).

> Comme le lotissement du Voméro, beaucoup d'autres spéculations et inventions de mon père ne se sont réalisées ou n'ont trouvé leur application qu'au bout d'un quart de siècle et d'autres spéculateurs ou financiers en touchèrent les bénéfices, dont le photographe, mon père ayant depuis longtemps lâché la proie pour l'ombre.
> B. CENDRARS, *Bourlinguer,* p. 111.

> Pas lâcher la proie pour l'ombre, dit-il, sentencieux, le doigt en l'air, et presque rigolard.
> C. ROCHEFORT, *Le Repos du guerrier,* p. 61.

(Être) en proie à « être victime de, être livré à l'action violente de... ». L'expression s'est d'abord employée dans le contexte de la guerre et du pillage (1560) et métaphoriquement en parlant des passions et de leurs tourments (1587) ; puis elle s'est appliquée à d'autres actions violentes, plus ou moins pénibles. *Être la proie de...* suit la même évolution, depuis la fin du XVIe s. (avec une spécialisation : *être la proie des flammes,* début XIXe s.).

> Et je me sens comme emporté.
> Épave en proie au jeu des vagues [...]
> C. CROS, *Le Coffret de santal,* p. 104.

PROMENER v. tr. et pron.

Envoyer promener « se débarrasser de qqn avec brusquerie ; renvoyer brutalement » (XVIIe s. comme l'injonction : *aller vous (va te) promener !;* voir ci-dessous, Sévigné). Cette loc. est l'une des plus usuelles — et la moins forte — de la série utilisée pour « renvoyer » (cf. *Dînguer, paître, valser..., chier*).

> Allez vous promener, Madame la Comtesse, de me venir proposer de ne vous point écrire.   Mme DE SÉVIGNÉ, *Lettres,* à Mme de Grignan, 1er juin 1676, in *D.D.L.*

> Quoi! se disait-il, pas même cinq cents francs de rente pour terminer mes études! Ah! comme je l'enverrais promener!   STENDHAL, *Le Rouge et le Noir*, p. 269.

Va te promener! Adressé à soi-même (dans un récit, etc.), correspond à l'expression du dépit, de la désillusion.

PROMESSE n. f.

Vx. *Se ruiner en promesses* « faire de nombreuses promesses qu'on ne tient pas » (1718, Acad.).

Vx. *Promesse des grands n'est pas héritage* [LOC. PROV.] « il ne faut pas se fier aux promesses des grands ». Opposition entre le bon vouloir des grands, l'économie de clientèle, héritée de la féodalité, et la succession des propriétés qui, bien gérées, assurent la montée de la bourgeoisie.

PROMETTRE v. tr. Plusieurs loc. expriment la promesse inconsidérée et exagérée : *promettre la lune* (→ LUNE), *promettre monts et merveilles* (→ MONT) sont encore en usage. On a dit, en outre, *promettre monts et vaux* (ou *les monts et les vaux*) depuis le XIIIe s., *promettre chiens et oiseaux* (XVe s.), *promettre merveilles* (XVIe s.), *promettre plus de beurre que de pain* (1658). Cette variété d'expressions manifeste le peu de confiance dans les promesses, que l'on retrouve dans les loc. prov.

Ne pas promettre poires molles → POIRE.

Promettre et tenir sont deux (entre promettre et tenir, il y a du chemin...) [LOC. PROV.] « la promesse est plus facile à donner qu'à honorer » (début XVIIe s.).

Vx. *Il (...) se ruine à promettre et s'acquitte (s'enrichit) à ne rien tenir* « il fait de nombreuses promesses qu'il ne tient jamais » (XVIIe-XVIIIe s.).

PROPHÈTE n. m.

Prophète de malheur « personne qui annonce des catastrophes, des malheurs » (1688; on a dit, depuis le XIIIe s., *prophète de male aventure*) →   JOUER LES CASSANDRE*.

Nul n'est prophète en son pays [LOC. PROV.] « il est plus difficile d'être apprécié, reconnu, chez soi qu'à l'étranger » (milieu XVIIe s.). La formule est évangélique (Luc 4, 24, etc.). Se dit notamment à propos des personnes qui ont acquis leur notoriété à l'étranger.

PROPORTION n. f.

À proportion de... [LOC. PRÉP.] « selon une proportion convenable, régulière avec... » (XVIIe s.). — *À proportion que...* [LOC. CONJ.] « selon que ». — *En proportion* « proportionnellement »; *en proportion de...* n'apparaissent qu'au XVIIIe s. *À proportion* ne se dit plus. *Hors de proportion* « sans commune mesure ».

Toute(s) proportion(s) gardée(s) « en tenant compte des différences entre ce que l'on compare ».

PROPOS n. m. Le mot signifie d'abord « dessein, intention » (ce qu'on se propose de faire); dans ce sens, il ne vit plus que dans les formes *à propos* et *hors de propos*, et dans l'expression religieuse *ferme propos*.

Vieilli. *Propos interrompus, rompus* « conversation décousue » (XVIIe s.). *Jouer aux propos interrompus* a signifié « ne pas se comprendre » (début XVIIIe s.).

À propos [LOC. ADV.] « de manière opportune, au bon moment ou à bon escient » (fin XVe s.). Renforcé (XVIe-XVIIIe s.) en *tout à propos*. L'expression s'est appliquée au XVIIe s. au discours (*parler de qqch. à propos* « en s'en souvenant brusquement», ou «à l'occasion d'autre chose», cf. *À propos de...*). Malgré la fréquence de *propos* «discours», *à propos* a conservé une valeur plus générale, qui correspond à la survie du sens ancien «résolution, dessein», d'où «état (surtout favorable)». *Mal à propos* a le sens opposé. On a dit par plaisanterie : faire des liaisons *mal-t-à propos*.

À (ce) propos, employé en tête de phrase, sert à introduire dans la suite du discours une remarque, une question qui surgissent brusquement à l'esprit.

À propos de... [LOC. PRÉP.] «au sujet de..., puisqu'il en est question» (1636). Souvent avec des compl. impliquant un sujet fictif, une absence de relation rationnelle : *à propos de rien* (début XVIIIᵉ s.), *à propos de bottes* (→ BOTTE), *à propos de tout et de rien* («de n'importe quoi»).

À tout propos «à toute occasion; à tout moment» (fin XVᵉ s.).

De propos délibéré «volontairement» (XVᵉ s.).

Hors de propos «à un moment qui ne convient pas; de manière déraisonnable, sans bonne raison» (XVIᵉ s., Montaigne). S'emploie aussi comme adj.

Juger (trouver...) à propos de... «estimer bon de...».

> Mon serviteur juge à propos de se laisser pousser la barbe, ce qui le rend hideux.
>   G. FLAUBERT, *Correspondance*, VIᵉ série, p. 409.

1. PROPRE adj. et n. «Capable».

Propre à rien «personne sans aucune capacité, incapable de faire correctement qqch.; fainéant» (1690).

> [...] une fatigue qui altérait la santé de notre vieille servante (laquelle ne voulait pas, malgré cela, être aidée dans son travail, n'étant pas une «propre à rien») eût suffi à expliquer cet énervement, ces colères haineuses.
>   M. PROUST, *À la recherche du temps perdu*, t. III, p. 99.

En propre [LOC. ADV.] (avec des verbes comme *appartenir*, etc.) «en toute propriété»; par extension, «d'une manière spécifique».

Qui est propre à tout n'est propre à rien; propre à tout, propre à rien [LOC. PROV.] «celui qui prétend tout savoir faire n'est bon à rien; il faut avoir une spécialité» (1798, Acad.).

2. PROPRE adj. et n. «Contraire de sale».

Au propre (écrire, copier..., mettre...) «dans l'état définitif (de ce qui est destiné à être lu)». Alors que *au brouillon* correspond explicitement au sens complémentaire, l'absence de terme spécifique conduit à employer un adj. très général, connotant la correction matérielle (alors que *mettre... au net* correspond plutôt à la correction formelle, substance et contenu confondus).

Vx. *Propre comme une écuelle à chat.* A signifié à la fois «propre» (1640) et «sale» (1690). En effet, la comparaison porte sur les habitudes de «propreté» du chat (qui lèche soigneusement son écuelle), mais aussi sur l'opposition «récipient pour animaux» / «vaisselle pour l'homme», qui fait juger sales les premiers → CHAT.

Propre comme un sou neuf «très propre» → SOU.

Nous (le...) voilà propres! «nous sommes (il est) dans une mauvaise situation» (1808). Emploi ironique, comme *c'est du propre*, équivalant aux métaphores sur *sale* (*sale histoire*, *sale situation...*) et à la loc. *être dans de beaux draps* → DRAP. À côté de la métaphore morale (*propre* = moral; *sale* = immoral), il existe en effet une assimilation de la saleté à la difficulté (cf. aussi *Être dans la merde*, etc.).

Vx. *Être sur son propre* «être bien habillé» (1773). Même syntagme que dans : *être sur son trente-et-un*.

C'est du propre « c'est une chose inacceptable, peu convenable, immorale, etc. » (1830, H. Monnier). Emploi ironique du sémantisme moral de *propre-sale*.

PROPREMENT adv.

Proprement dit « au sens exact, *propre* du mot » (1694, Acad.).

À proprement parler « pour s'exprimer exactement, précisément » (1690, Furetière).

PROPRIÉTÉ n. f.

La propriété, c'est le vol, formule célèbre de Proudhon.

> Je dis à M. D*** : « La propriété, c'est le vol » (ce n'est pas de moi, ce n'est pas neuf,
> mais ça porte toujours) [...].   C. CROS, *Le Collier de griffes*, p. 228.

PROSE n. f.

Faire de la prose sans le savoir « avoir une activité particulière et appréciée, réussir dans qqch. ... sans l'avoir cherché et sans même le savoir ». Cette loc., attestée depuis Féraud (1788), reprend la célèbre scène du *Bourgeois gentilhomme* où monsieur Jourdain, apprenant que tout discours est, soit poésie, soit prose, se rend compte qu'il fait de la prose à tout moment, et s'en émerveille. La plaisanterie porte, comme il arrive souvent chez Molière, sur le langage : les mots *poésie* et *prose* étant mis sur le même plan, le second n'étant défini que négativement par rapport au premier, ses applications *normales* (sociales, langagières) concernent un usage rhétorique, littéraire, écrit, du langage, alors que ses applications *théoriques* (dans le système notionnel que reflètent les définitions) englobent des emplois où ce mot savant n'est pragmatiquement pas de mise. Le jeu des niveaux sémantiques est d'ailleurs un ressort comique d'une extraordinaire richesse et Molière est l'un des auteurs les plus attentifs à ses effets.

PROU adv.

Peu ou prou → PEU.

PROVERBE n. m.

Faire mentir le proverbe. Se dit d'une action, d'une situation contraire à la « sagesse des nations », au contenu d'un proverbe ou d'une locution proverbiale. On admirera que la phraséologie proverbiale contienne (au moins) un élément capable de démentir tous les autres ! La locution permet, par un effet de dénégation, de rappeler — de reciter — le proverbe comme menteur occasionnel, en supposant généralement que PROVERBE NE PEUT MENTIR.

Passer en proverbe « être cité, évoqué comme un proverbe et, par extension, comme un type, un exemple typique » (1671).

Vx. *Proverbe ne peut mentir* [LOC. PROV.]. Il fallait rappeler cet aphorisme, rare et archaïque, pour montrer que la contradiction est ce qui dérange le moins les structures de l'opinion commune. On pourra jouer sur : *cela fait mentir le proverbe, proverbe ne peut mentir*, à la manière des logiciens avec le paradoxe du menteur.

PROVISION n. f.

Vx. *Par provision* [LOC. ADV.] « pour commencer, en attendant » (1636) ; « par plaisanterie » (1835, Acad.). Métaphore du droit, où *par provision* signifie « en attendant le jugement définitif » donc, à la fois provisoirement et sans effets irrémédiables.

PROVISOIRE adj. et n.

Il n'y a que le provisoire qui dure [LOC. PROV.]. Adage ironique qui repose sur la contradiction entre le sens du mot et sa référence effective : les mesures *provisoires*, dans la société, sont souvent extrêmement durables, à cause de la lenteur et du retard chronique dans l'assimilation des faits par le système des valeurs institutionnelles. Cette idée est réalisée sous plusieurs formes : *«en France, le provisoire est éternel»* (Balzac), etc.

PRUDENCE n. f. Comme *prudent,* le mot concerne à l'origine une sagesse créée par l'expérience ; le fait de se garder des dangers est une spécialisation de sens.

La prudence du serpent «une habileté rusée, pour tromper, etc.» (1835) ; antérieurement : *la prudence des serpents,* 1670). Allusion à l'Évangile (Matthieu 10, 16) qui reprend une formule laudative de la rhétorique orientale. Cependant, dans l'usage moderne, on pense aussi à la ruse du démon qui prend la forme du serpent pour tenter Ève (le récit de la Genèse utilisant les valeurs symboliques attachées à cet animal → SERPENT).

Prudence est mère de sûreté [LOC. PROV.] «en étant prudent, prévoyant et méfiant, on évite le danger». Cet adage en forme de tautologie — les définitions de *prudence* et de *sûreté* («sécurité») sont interreliées —, malgré son apparence vénérable (absence d'article, donnant à *prudence* un statut de nom propre symbolique), n'est attesté que depuis Littré (1869).

PRUNE n. f.

Pour des prunes «pour très peu de choses ; inutilement» (1630). On a dit en moyen français *ne (pas) valoir prune* «ne rien valoir» ; depuis le XIIIe s. *prune* désigne figurément à la fois la bonne aubaine, la chance, et aussi la malchance, l'événement désagréable (acception en rapport avec celles de *coup,* cf. les sens correspondants de *prune, pruneau*). La spécialisation au sens de «chose de peu de valeur» se retrouve dans la loc. prov. *donner une prune pour deux œufs* «faire un marché de dupe». Divers noms de fruits (*cerise, guigne* pour la malchance ; *nèfle* pour l'insignifiance) ont le même sémantisme.

> URANIE. — [...] elle [Agnès] parle seulement d'un ruban qu'on lui a pris.
> CHIMÈNE. — Ah! ruban tant qu'il vous plaira ; mais ce *le* où elle s'arrête, n'est pas mis pour des prunes. Il vient sur ce *le* d'étranges pensées [...].
>   MOLIÈRE, *Critique de l'École des femmes,* sc. 3.

> Mais Mme de Grouchy n'était pas Guermantes «pour des prunes». Comme son mari s'excusait du retard :
> — Je vois, dit-elle en prenant la parole, que même pour les petites choses, être en retard c'est une tradition dans votre famille.
>   M. PROUST, *À la recherche du temps perdu,* t. II, p. 483.

> En somme, tu n'as rien vendu?... Tout ce mal c'était pour des prunes?... Ma pauvre amie!...   L.-F. CÉLINE, *Mort à crédit,* p. 52.

Vx. *Avoir sa prune* «être un peu ivre» (1867, Delvau ; certainement antérieur régionalement). Ce sens vient de l'usage de *prune* pour «coup» (cf. *Avoir, en avoir un coup* [dans l'aile], etc.).

PRUNELLE n. f. Diminutif de *prune,* désignant dès le XIIe s. la pupille de l'œil (*pupille* est lui-même un diminutif qui fait allusion à la petite image — la petite poupée — que l'on voit se former dans l'œil). Ces formes diminutives sont en relation avec la valeur affective du mot, utilisée dans les loc.

Jouer de la prunelle «faire des œillades» (XVIIe s.).

Tenir à qqch. comme à la prunelle de ses yeux « y tenir beaucoup » (milieu XVIᵉ s.). On dit aussi *conserver, soigner qqn* (ou *qqch.*) *comme la prunelle de son œil, de l'œil* (in Rousseau, Balzac...). La loc. s'emploie, moins souvent, avec d'autres verbes : *aimer, chérir; confier.*

> Il faut que je t'aime comme la prunelle de mon œil pour me mettre devant une table avec une grande feuille de papier toute blanche qu'il faut rendre toute noire.
>
> T. GAUTIER, *Mlle de Maupin, in Ph. Sl.*

Avec un adj. (rare) : *Sûr comme la prunelle de l'œil* (J. R. Bloch, *in* Ph. Sl.).

PRUNIER n. m.

Secouer (qqn, qqch.) comme un prunier « secouer vigoureusement; rabrouer (qqn) » *in* Acad., 1935. Le choix de *prunier*, plutôt que de tout arbre fruitier dont on peut claire tomber les fruits en le secouant, vient très probablement des emplois fig. de *prune*, qui signifie depuis le XIVᵉ s. et dans de nombreux usages régionaux « coup, blessure » (→ AVOIR SA PRUNE*).

> Là-dessus arriva la femme de Frédéric II, et celle-là se mit littéralement à hurler. Langlois quitta ses pistolets, la secoua comme un prunier, enfin, il lui décocha, le plus galamment du monde, une solide paire de claques.
>
> J. GIONO, *Un roi sans divertissement*, p. 79.

> Mais la chose est revenue sournoisement, par bouffées de peur. Jusqu'à ce qu'une nuit elle me saute dessus carrément, me secouant comme un prunier, agitant ma cervelle qui se cognait aux draps douteux [...].   M. CARDINAL, *Les Mots pour le dire*, p. 192.

Vx. *Sot comme un prunier* « tout à fait sot » (1690, Furetière). Littré rapproche l'expression de *pour des prunes*, mais cette loc. n'a jamais signifié « sottement »; on peut penser à une altération de *sot comme un panier.*

PRUSSE n. pr.

Pour le roi de Prusse → ROI.

PUCE n. f.

Avoir la puce à l'oreille « avoir l'attention éveillée, se méfier, se douter de qqch. »; et *mettre la puce à l'oreille* « éveiller l'attention, la méfiance ». Cette expression est vénérable, mais sa valeur a complètement changé. Depuis le premier exemple recueilli par Wartburg au XIIIᵉ s. *(mettre la puche en l'oreille)*, et jusqu'au XVIᵉ s., elle signifie « provoquer ou avoir un désir amoureux ». La Fontaine connaît encore ce sens (mais les *Contes* sont remplis d'archaïsmes) lorsqu'il écrit :

> Fille qui pense à son amant absent
> Toute la nuit, dit-on, a la puce à l'oreille.

Au XVIIᵉ s., *en l'oreille* devient *à l'oreille* et le sens change. *Avoir la puce à l'oreille* signifie « être inquiet, agité », et, de nos jours « se mettre à avoir des soupçons ». Dans cette loc., la *puce* représente l'insecte infime, insaisissable et qui cause des démangeaisons (cf. *Prendre la mouche*); mais la valeur métaphorique d'*oreille* est obscure (dans la mesure où les premiers emplois concernent des femmes, la symbolique en serait éclairée). Ce sens érotique initial est très vivant au moins jusqu'au XVIIᵉ s. :

> J'ay (respondit Panurge) la pusse en l'aureille. Je me veulx marier.
>
> F. RABELAIS, *Livre III*, ch. 7.

> La Didon que l'amour réveille,
> Et lui met la puce à l'oreille.   SCARRON, *Virgile travesti.*

> J'ai bien la puce à l'oreille
> Depuis trois ou quatre jours
> Cent fois la nuit je m'éveille
> Pour penser à mes amours.
>
> *Parnasse des Muses*, 1627, p. 127.

Le passage de «désir érotique» à «angoisse, inquiétude» semble se faire sur le terrain ambigu de la privation, de la frustration :

> La jalousie encor. qui jamais ne sommeille
> Ains, toujours soupçonneuse, a la puce en l'oreille
> Qui toujours est au guet, perd repos et repas.   DU BARTAS, *2ᵉ semaine, Furies.*

L'expression s'applique encore au soupçon jaloux aux XIXᵉ (Feydeau, *in* Ph. Sl.) et XXᵉ s., mais l'emploi moderne est beaucoup plus étendu.

> Comme on entrait dans Oraisons, je leur dis :
> — Les enfants. on va boire un café chaud.
> — Que non. fait l'Albin. tout drôle.
> Une envie qui n'osait pas dire oui ; c'est ce qui m'a mis la puce à l'oreille [...] je le confessai.   J. GIONO, *Un de Baumugnes*, p. 185.

> et des remonteurs de moral et des retardeurs de pendule
> des dompteurs de puce à l'oreille des traîneurs de gloire [...].
>   J. PRÉVERT, *Histoires*, p. 174.

Vieilli. **Charmer les puces (vx. Brider les puces)** «s'enivrer». Se disait encore au XIXᵉ s. (Zola).

Secouer les puces à qqn «lui faire de vigoureuses remontrances». *Remuer les puces à qqn*, s'employait pour «le battre» (XVIIᵉ s.). *Secouer ses puces* «s'ébrouer en se levant (comme un chien)».

> — Dis donc. Nana. criait tout d'un coup Pauline. voilà le père Coupeau !
> — Ah bien ! il n'est pas poivre. non. c'est que je tousse ! disait Nana embêtée. Moi. je m'esbigne. vous savez ! Je n'ai pas envie qu'il secoue mes puces...
>   É. ZOLA. *L'Assommoir*, t. II, p. 161.

> Il se levait tard. secouait ses puces sur les huit heures seulement ; et il crachait. traînaillait dans la boutique. ne se décidait pas à partir pour le chantier.
>   É. ZOLA, *L'Assommoir*, t. I, p. 191.

... comme une puce. S'emploie dans des comparaisons impliquant une activité brusque et désordonnée. *S'agiter, être excité... comme une puce.*

Marché aux puces → MARCHÉ.

PUER v. intr. et tr.

Vieilli. **Puer au nez** «dégoûter, rebuter (qqn)» [fin XVIIᵉ s.].

Puer la sueur. Syntagme banal, a donné récemment naissance à un composé nominal : *un pue-la-sueur,* désignant un prolétaire, un travailleur pauvre.

Vx. **Paroles ne puent point** [LOC. PROV.]. Se disait pour s'excuser de parler d'une chose ordurière (début XVIIᵉ s.).

PUISSANCE n. f.

En puissance «sans effet concret immédiat, de manière potentielle, virtuelle».

Vx. **Être en puissance de mari** «être sous l'autorité d'un mari» (1549, R. Estienne). La loc. est juridique ; elle a vieilli avec ce sens de *puissance,* puis avec l'évolution du droit civil dans ce domaine ; mais on l'emploie encore parfois, au sens affaibli de «être mariée ou sur le point de l'être».

> La poule ne possédait pas d'argent chez elle, ou elle voulait me voir moi-même. et j'aime mieux le dire qu'elle m'attend encore. ou bien j'avais tiré à côté de la cible. elle n'était pas en puissance de mari [...]. A. SERGENT, *Je suivis ce mauvais garçon,* p. 61.

Traiter de puissance à puissance «discuter d'égal à égal» (milieu XIXᵉ s.). Cette loc. diplomatique s'emploie pour qualifier les rapports entre «partenaires sociaux» ou, plus rarement, entre des individus.

PUITS n. m.

Vx. **Le puits de l'abîme** «l'enfer» (milieu XVIe s.). Formule biblique, où *puits* a son sens initial de «gouffre».

Puits de science «personne extrêmement savante». L'évolution du mot *science* tend à restreindre la valeur de cette loc. (attestée en 1718, Acad.), déjà précisée par rapport à l'usage ancien, qui disait : *un puits de science et de clergie* (XIVe s.), c'est-à-dire de savoir et de sagesse (celles du clerc).

> [...] un mot digne d'être, tout à la fois, appliqué à un monarque, lu dans des livres qui m'en imposaient, et prononcé par un maître jouissant d'une réputation de puits de science auprès de ses élèves. M. LEIRIS, *Biffures*, p. 73.

Vieilli. **Il se tirerait d'un puits** «il est très habile, il se tirerait des difficultés les plus graves». Dans La Fontaine, *Fables* III, 5 «Le Renard et le Bouc».

Vx. **Tomber dans le puits** «être complètement oublié» (1798, Acad.).

Vx. **Quand le puits est à sec, on sait ce que (qu'en) vaut l'eau** [LOC. PROV.] «pour évaluer correctement une situation, il faut qu'elle ait cessé».

PUNAISE n. f.

Punaise de sacristie «bigote» (XXe s.). En concurrence avec *grenouille de bénitier.*

Plat comme une punaise «aplati, vaincu» ou, plus souvent, «d'une bassesse morale absolue» (c'est le premier sens : Furetière, 1690). Apollinaire, dans *L'Hérésiarque,* renforce curieusement l'expression en : *tu es plat comme une punaise à genoux,* effaçant complètement la métaphore sur la forme de l'insecte. Au sens concret et sans forte péjoration, on a dit : *avoir le ventre plat comme une punaise* (1694, Acad.) pour «n'avoir pas mangé».

> Tu ne veux pas de ma peau :
> Venimeux comme un jésuite.
> Prends garde !... Je suis ensuite
> Jésuite comme un crapaud.
> Et plat comme la punaise [...]. T. CORBIÈRE, *Les Amours jaunes*, p. 752.

En locution verbale : *s'aplatir (devenir plat) comme une punaise.*

> Pour lui plaire je ne voulais pas me laisser prendre dans une situation héroïque [...]. Pour rien au monde je ne voulais être une Jeanne d'Arc ou une Blanche de Castille. Alors il ne me restait qu'à m'aplatir comme une punaise. Ce que j'ai fait jusqu'à devenir punaise. M. CARDINAL, *Les Mots pour le dire*, p. 238.

Vx. **Puer comme une punaise** «sentir extrêmement mauvais» (1801).

PUNIR v. tr.

Être puni par où on a péché «subir les conséquences désagréables d'un acte, d'un comportement condamnable» (1835, Acad.). La jubilation des bonnes consciences devant les malheurs attribuables à une cause à la fois rationnelle et morale a survécu à l'affaiblissement des aspects punitifs de l'éthique chrétienne du péché. On applique volontiers cette loc. aux effets de l'alcoolisme, du tabac, de la drogue, des plaisirs sexuels «déréglés», en considérant comme des punis les victimes d'une causalité psychophysiologique, de manière à valoriser l'abstention (jusqu'à inventer de pseudo-causalités, utilisant des mythes ou des explications prétendûment scientifiques).

PUR adj. et n.

Pur et simple « complet, sans restriction ni réserve ». Terme de droit (1538) passé dans la langue courante. De nos jours, s'emploie pour préciser la valeur d'emploi d'un nom, qui est ainsi identifié à sa signification exacte et complète.

Pur jus, pure laine « absolu, parfait, sans mélange » (en parlant de caractères abstraits). *Des socialistes pur jus.* La var. *pure laine* est un québécisme.

Vx. *À pur et à plein* [LOC. ADV.] « entièrement, complètement et sans réserve » (1391).

En pure perte → PERTE.

PURÉE n. f. Mot tiré de l'ancien verbe *purer,* qui signifie d'abord « nettoyer » (même racine que *pur*), puis « cribler », « passer (des légumes) ».

Purée de pois « brouillard épais » (XXᵉ s.). Adaptation modifiée de l'anglais *pea soup.*

> Derrière les docks, les grues, les mâts, les cheminées d'usines et par-dessus les toits
> se diluait un brouillard jaunâtre, véritable purée de pois qui gouttait de la suie mêlée
> à des emplâtres de neige tombés des fenêtres et à des tuiles et des ardoises soufflées
> des pignons par les premières rafales du suroît.   B. CENDRARS, *Bourlinguer,* p. 249.

Vx ou littér. *Purée septembrale* « le vin » (1534, Rabelais). Allusion à l'époque des vendanges et à l'écrasement du raisin dans la « râpoire ». Plusieurs loc. ont eu cette signification : *purée de Bourgogne* (XIVᵉ s.), *du raisin, de septembre* (1611) ; la spécialisation de *purée* (« légumes écrasés », avec l'idée de consistance pâteuse) les rend archaïques.

Fam. *Balancer la purée* « tirer ». Vient d'une valeur obscène du mot, selon toute vraisemblance.

Être (mettre...) dans la purée « dans une situation de gêne financière » (1878). Il semble que l'expression soit antérieure à l'emploi libre de *purée* au sens de « gêne, misère ».

> — Si, il gagne beaucoup d'argent, mais malheureusement, c'est un homme qui « boit » !
> — C'est égal, c'est bien triste de voir un homme de cette valeur-là dans cette purée !
>   A. ALLAIS, *Contes et Chroniques,* p. 77.

Purée (la purée) de nous autres (vous autres...) ! Interjection typique du Français d'Afrique du Nord (« pied-noir ») et qui correspond à « misère de nous ».

PUREMENT adv.

Purement et simplement « sans réserve, sans condition » ; par extension, « exactement et complètement » (milieu XVIᵉ s.). Adverbialement, de *pur et simple.*

PUTAIN n. f. Le mot est le seul témoin vivant d'une riche série issue du lat., *putidus* « puant, mauvais », avec *putois,* et dont le premier élément est l'adj. *put, pute.*

Fils, enfant de putain. Terme d'injure attesté dès le XIᵉ s. *(filz a putain).* Enfant de putain est récent.

Arg. vieilli. *Putain comme chausson* « tout-à-fait débauché » (Delvau, 1867).

Vx et péj. *Miroir à putain* « jeune homme séduisant » → MIROIR.

PUTOIS n. m.

Crier (gueuler, hurler...) comme un putois « protester d'une manière criarde, désagréable ; pousser des cris aigus » (XIXᵉ s. *in* P. Larousse). On dit aussi *des cris de putois.*

Il est mort du cœur finalement. [...] Il a bien tenu cent vingt secondes avec tous ses souvenirs classiques, ses résolutions, l'exemple à César... mais pendant dix-huit minutes il a gueulé comme un putois...   L.-F. CÉLINE, *Mort à crédit*, p. 515.

q

QUADRATURE n. f.

La quadrature du cercle « un problème impossible à résoudre ; une difficulté extrême » (fin XVIIᵉ s.). Le calcul de la surface d'un cercle étant toujours approché (du fait du nombre transcendant π), la réduction du cercle au carré est impossible.

QUAI n. m.

Vieilli. *Au bout du quai, les ballots!* Phrase par laquelle on renvoyait plaisamment des importuns, par jeu sur le sens de *ballot*, au fig. « imbécile, nigaud ».

QUALITÉ n. f.

Avoir qualité pour... « être fondé à..., avoir le droit de... » (XVIIIᵉ s.).

En qualité de... [LOC. PRÉP.] « avec le titre et les fonctions de..., en tant que... » (milieu XVIᵉ s.).

Ès qualités [LOC. ADV.] « en agissant à titre officiel, au titre d'une fonction officielle ». Cette loc. juridique, où *ès* (« dans les ») n'est peut-être pas identifié à la particule de « licence *ès* lettres », s'emploie parfois dans un sens extensif.

QUAND adv. et conj.

Quand même [LOC. ADV.] « cependant, néanmoins ». Qualifiant un adverbe ou un adjectif *(c'est quand même beaucoup, il est quand même fort!...),* quand même correspond à la reconnaissance d'un fait, quelles que soient les réserves ou les objections. Cette forme très courante n'est attestée qu'au XIXᵉ s. (1839, Stendhal) ; son emploi pour marquer la réprobation, l'indignation *(il a quand même du culot!)* est encore plus récent.

Vx. *Quand et quand* « en même temps » ; par extension : « également, aussi » (fin XVᵉ s.). *Quand et..., quand et quand...* se sont aussi employés comme loc. prép., au sens de « avec » (XIIIᵉ-XVIIᵉ s.). Ex. *Il est arrivé quand et nous, quand et quand nous.* Ces expressions sont devenues incompréhensibles.

> Mon Dieu, ce dis je. est il possible que Francion ait autrefois preféré de si sottes paroles. et quant et quant je jettay dans le feu cette horrible pièce.
>
> Ch. SOREL, *Histoire comique de Francion,* p. 185.

QUANT À loc. prép.

Quant à moi (soi). Emploi le plus fréquent de *quant à...* ; équivaut à « pour ce qui me (le) concerne ». C'est un calque direct du latin *quantum ad,* de *quantum* « combien », attesté dès le XIIIᵉ s. *Quant à soi* est devenu (XVIIIᵉ s.) un nom composé, désignant un comportement réservé, une discrétion en ce qui concerne les sentiments qu'on éprouve.

> [il] se vint mettre en son perron sur son quant à moy, comme s'il eust voulu boucher le passage.
> Ch. SOREL, *Histoire comique de Francion*, p. 163.

QUANTITÉ n. f. Sert à former une loc. adv., *en quantité*, et un déterminant de subst. pluriels : *quantité de...*, équivalant à *beaucoup de*.

Quantité industrielle « très grande quantité » (XXᵉ s.). S'emploie au sing., au plur. et en loc. adv. : *en quantité(s) industrielle(s)*.

Traiter (qqn, qqch.) en quantité négligeable; considérer, traiter (qqn, qqch.) comme une quantité négligeable « ne pas tenir compte de..., considérer comme nul, insignifiant » (1935, *in* Acad.).

QUARANTAINE n. f.

En quarantaine « dans l'isolement forcé » (avec des verbes comme *tenir, mettre, être...*). La *quarantaine*, on le sait, est une période d'isolement (de quarante jours, à l'origine) imposée aux personnes et aux marchandises en provenance d'un lieu où règne une épidémie.

1. QUART n. m.

Quart de brie « nez grand et busqué ». Le fromage de Brie se présente sous une forme circulaire et aplatie, de grande dimension : il est souvent débité en quarts.

> Tu l'vois tout d'un coup s'mett' à quat'pattes et pointer son quart de brie dans tous les coins.
> H. BARBUSSE, *Le Feu*, t. I, p. 35.

Vx. *Quart d'œil* « commissariat de police ». *Œil* signifie ici « surveillance »; le nombre de quatre commissariats par arrondissement (à Paris) explique en partie l'expression, mais le jeu sur *quart*, « service de surveillance », est évident (première moitié du XIXᵉ s., Balzac).

Au quart de poil « parfaitement, exactement ». Renforce, dans l'expression de la minutie, la loc. AU POIL.* (syn. : *au petit poil*). On trouve une variante, qui exprime l'extrême exactitude : *au quart du milli-poil*. À rapprocher de COUPER LES CHEVEUX* EN QUATRE.

Au quart de tour « sans la moindre difficulté ou hésitation; au moment même où l'impulsion est donnée » (avec des verbes comme *démarrer, partir*, etc.). Métaphore du langage de l'automobile, à propos d'un moteur à quatre temps qui fonctionne dès qu'un quart de tour (de manivelle ou, plus récemment, de la clé de contact) est donné.

De trois quarts « dans la position intermédiaire entre de face et de profil » (1763). Voltaire emploie l'expression métaphoriquement, avec la valeur de « d'une manière indirecte, biaisée ».

Vx. *Avoir son quart (dans une affaire)* « y avoir sa part » (1690).

Vx. *N'avoir pas un quart d'écu* « être démuni d'argent » (1680).

Battre son quart « racoler dans la rue, de manière à 'provoquer et attirer chez [soi] les passants' » (1875, *in* P. Larousse).

Être de quart « faire son service, être dans la période où l'on assure une surveillance, etc. ». Métaphore maritime : le *quart* est d'abord un quart de journée (6 heures), puis une période de quatre heures où l'on assure un service. On a d'abord dit *être au quart* (fin XVIᵉ s.); *être de quart* n'est pas attesté avant la seconde moitié du XIXᵉ s. D'autres emplois verbaux fréquents sont *prendre le quart, faire le quart* et (plus technique) *rendre le quart*; mais seul *être de quart* est passé dans la

langue générale. *Faire le quart* a eu une acception argotique, «racoler, faire le trottoir» (1866), cf. ci-dessus.

Se moquer du tiers comme du quart → TIERS.

Aux trois quarts [LOC. ADV.] «presque entièrement» (milieu XIXᵉ s.).

2. QUART n. m. Outre la phraséologie métaphorique, on peut signaler
l'usage le plus courant du mot, en français central, dans le décompte des heures :
n heures un quart ou *et quart* et *n heures moins le quart* (sauf dans quelques variantes
régionales, les autres combinaisons : *moins quart, et le quart,* etc., sont inusitées).

Les trois quarts du temps «presque tout le temps» (fin XVIIᵉ s.).

Quart d'heure. Véritable composé, sert à former plusieurs loc. nominales (ci-
dessous) et une loc. adv. *(pour le quart d'heure).*

Quart d'heure académique «le quart d'heure de retard par rapport à l'heure
théorique d'un cours d'université, dans certaines traditions (allemande, notamment)».

Quart d'heure de Rabelais «le moment où il faut payer, s'acquitter d'une
dette»; par extension, «moment final et déplaisant». La loc. n'est attestée qu'au
XVIIIᵉ s. et repose sur une anecdote que rien ne permet de contrôler. D'après le
Dictionnaire de Trévoux, Rabelais, ne pouvant payer son compte dans une auberge,
aurait eu recours à un subterfuge. Ayant confectionné de petits paquets ainsi
libellés : poison pour le Roi, etc., il se serait fait arrêter et reconduire sous bonne
escorte à Paris, où le Roi aurait beaucoup ri de la farce. Ce rapatriement gratuit constitue bien plutôt un pastiche des plaisanteries narrées dans le *Quart Livre*
(notamment celles que Rabelais attribue à Villon) qu'un détail biographique sérieux.
La loc. s'emploie encore, sans que sa signification soit toujours claire (cf. la citation de Proust).

> Quart d'heure de Rabelais : c'est-à-dire, mauvais moments à passer, semblables à ceux
> où se trouvoit Rabelais, quand il falloit compter dans les hôtelleries, et qu'il n'avoit pas
> de quoi payer sa dépense [...]. Après avoir payé certaine somme une fois pour tout, on
> est exempt de ce désagréable *quart d'heure de Rabelais,* et on a le plaisir de sortir du
> cabaret sans compter avec l'hôte.   *Lettres de Madame du Noyer,* t. II, p. 226.
>
> L'idée de la mort nous annonce un quart d'heure, qui est pour tout le monde, le *quart
> d'heure de Rabelais.*   *Le Petit Père André de retour de l'autre monde,*
>   1716, p. 2, in *Dictionnaire de Trévoux,* éd. de 1771.
>
> J'entends bien, répondit Brichot, que pour parler comme Maître François Rabelais, vous
> voulez dire que je suis moult sorbonagre, sorbonicole et sorboniforme [...]. Le quart
> d'heure de Rabelais, interrompit le docteur Cottard avec un air non plus de doute,
> mais de spirituelle assurance.
>   M. PROUST, *À la recherche du temps perdu,* t. II, p. 1051.

Dernier quart d'heure «moment ultime et décisif». La loc. sert à désigner
une période d'effort ultime, et a été rendue dérisoirement célèbre par la propagande
officielle française, assurant que la campagne militaire en Algérie n'avait plus qu'un
dernier quart d'heure à assurer.

Mauvais quart d'heure «moment désagréable, pénible (notamment par suite
d'un traitement infligé par qqn)». S'emploie surtout dans : *passer (faire passer) un
mauvais quart d'heure (à qqn).*

> Il n'y a point de principe de morale qui n'ait son inconvénient. Au pis aller, c'est un
> mauvais quart d'heure et tout est fini.   DIDEROT, *Le Neveu de Rameau,* p. 491.
>
> Franchement j'ai passé de mauvais quarts d'heure depuis 15 jours!
>   G. FLAUBERT, *Correspondance,* VIᵉ série, p. 309.

Pour le quart d'heure «pour le moment».

> Pour le quart d'heure, Paris est complètement épileptique. C'est le résultat de la con-
> gestion que lui a donnée le siège.   G. FLAUBERT, *Correspondance,* VIᵉ série, p. 229.

QUARTIER n. m.

Quartiers d'hiver « résidence d'hiver ». Métaphore du langage militaire, employée pour caractériser un séjour ou une installation d'hiver.

> Forcé de laisser aller sa terrible maîtresse à Londres sans l'y suivre, Philippe reprit ses quartiers d'hiver, pour employer ses expressions et revint rue Mazarine dans sa mansarde.
> H. DE BALZAC, *La Rabouilleuse*, p. 894.

Quartier libre « moment de liberté » (avec des verbes comme *avoir, donner...*) → CAMPOS.

> Le tableau est complet. Et maintenant, vous voilà avec une âme sur le dos. Mais vous pouvez toujours la foutre en l'air, dit-il. Elle ne vous demande rien, elle ne demande rien du tout à personne. Elle s'en fout. Vous m'avez aidé très gentiment à sortir de là-dedans. Merci. Mais maintenant, c'est quartier libre.
> C. ROCHEFORT, *Le Repos du guerrier*, p. 33.

Vx. **À (au) quartier** « à l'écart » (milieu XVe-XVIIIe s.).

> Cette considération m'estant venüe en l'esprit, je me retiray a quartier, mais la maudite engeance [...] s'en vint me persécuter.
> Ch. SOREL, *Histoire comique de Francion*, p. 219.

Une série de loc. verbales procèdent d'une extension de sens du XVIIe s. Du « cantonnement militaire », lieu de repos pour les troupes, on est passé à l'idée de « sécurité », de « bon traitement accordé à l'ennemi battu qui se rend ». Vx. **Demander quartier** « demander la vie sauve, demander grâce » (1673). Vx. **Donner quartier à qqn** « épargner, donner la vie sauve » (1611). Vx. **Être sans quartier (sur, quant à...)** « être impitoyable » (XVIIIe s., Marivaux). La seule loc. encore vivante dans cette série est : **Ne pas faire (de) quartier** « être impitoyable, n'épargner personne » (XVIIe s.). S'emploie aussi exclamativement : **pas de quartier!**

Vx. **Se mettre en (quatre) quartiers** « se dépenser pour rendre service, pour être agréable à qqn » (1691). Au sens concret, *mettre par quartiers* (1690), *à quatre quartiers* (fin XVIe s.), *en quatre quartiers* (XVIIIe s.) signifie « dépecer (un supplicié) », c'est-à-dire, lexicalement et étymologiquement *écarteler*. La loc. fig. correspond à *se décarcasser*.

QUASIMODO n. m. Nom du dimanche après Pâques, d'après les deux mots latins commençant le chant d'entrée de la messe de ce jour.

Vx. **Faire Quasimodo avant Pâques** « inverser l'ordre naturel »; spécialement « avoir des relations sexuelles avant le mariage ».

Vx. **Renvoyer à la Quasimodo** « renvoyer à une date très éloignée ou incertaine » (milieu XVe s.) → CALENDE. Le paiement des dettes à Pâques incitait les débiteurs insolvables à renvoyer leur créditeur à la Quasimodo, c'est-à-dire au dimanche d'après, pour les faire patienter.

QUATORZE adj. num.

Chercher midi à quatorze heures → MIDI.

Repartir comme en quatorze « recommencer avec ardeur ». Allusion ironique à la guerre de 1914-1918. *Partir comme en quatorze* signifierait « comme les combattants enthousiastes de 1914 ». Avec *repartir*, la loc. est illogique, mais suggère plus nettement le recommencement d'une situation (cf. *On remet ça*); elle suppose l'ardeur, les illusions, la naïveté de la « fleur au fusil ».

QUATRE adj. num. Exprimant une quantité en rapport avec la structure de notre organisme (l'homme, comme tout mammifère, est un tétrapode), le nombre *quatre* figure dans des loc. exprimant cette structure (→ FER, PATTE, PIED), mais aussi des objets artificiels organisant symétriquement l'espace (→ ÉPINGLE, PLAN-

CHE; CHEMIN, COIN) ou dans le temps (→ SAISON). Intermédiaire entre la notion de minimum *(un, deux)* et celle de pluralité nombreuse, *quatre* peut évoquer à la fois un nombre faible *(c'est à quatre pas, ça vaut quatre sous)* ou important (→ VÉRITÉ, VOLONTÉ). Parfois *quatre* correspond au redoublement d'organes doubles et signifie «deux personnes» (→ MAIN, ŒIL).

Quatre pelés et un tondu → PELÉ.

Quatre à quatre «précipitamment, en courant (d'abord en dévalant un escalier, en sautant trois marches sur quatre)». Fig. «en se dépêchant» (1692, au sens concret; emplois figurés au XIXᵉ s.).

> Ne perdez pas de vue une minute la porte de la maison, et pour peu que vous voyiez quelque chose, tout de suite ici! quatre à quatre! Vous avez une clef pour rentrer.
> V. HUGO, *Les Misérables*, Pléiade, p. 795.

> Ils la plaignaient d'avoir été tirée du sommeil et de la moiteur du lit, au milieu de la nuit, à son âge, obligée de se vêtir quatre à quatre, au risque de prendre une fluxion de poitrine.   M. PROUST, *À la recherche du temps perdu*, t. II, p. 735.

Comme quatre «beaucoup (autant que quatre personnes)» (XVIIᵉ s., *in* Molière). Surtout dans *manger, boire comme quatre*.

> Haudoin songeait à son vieux père qui mangeait comme quatre, et il se tournait vers sa femme pour lui faire observer que les plus à plaindre n'étaient pas ceux qui s'en allaient, mais ceux qui restaient.   M. AYMÉ, *La Jument verte*, p. 9.

Couper (fendre, scier) les cheveux (un cheveu, les fils, un fil...) en quatre «être très pointilleux» → CHEVEU.

Faire le diable à quatre → DIABLE.

Se mettre en quatre «faire tout son possible, se dépenser sans réserves (pour qqn)» (1640, Oudin). La métaphore est la même que dans *se décarcasser, se mettre en quartiers* (vx); *se couper en quatre* l'explicite.

> [...] les femmes songeaient à leur ménage, se coupaient en quatre dans la maison, se couchaient trop lasses, le soir, pour ne pas dormir tout de suite.
> É. ZOLA, *L'Assommoir*, t. I, p. 45.

> [...] elle travaillait toujours dur, se mettant en quatre pour ses pratiques, passant elle-même les nuits, les volets fermés, lorsque la besogne était pressée.
> É. ZOLA, *L'Assommoir*, t. I, p. 172.

Tenir (retenir) à quatre «retenir, contenir (qqn) en le maîtrisant par la force». La locution ne s'emploie guère sous cette forme; la langue classique connaît *se faire tenir à quatre* «être furieux, en colère», et l'usage moderne *se tenir (retenir) à quatre* «se faire violence (pour ne pas exprimer sa colère)».

> Comment, vous vous voudriez faire tenir a quatre? C'est bien envers moy qu'il faut estre farouche, a t'il repris.   Ch. SOREL, *Histoire comique de Francion*, p. 312.

> Me suis retenu à quatre pour ne pas le traiter de vieux melon et de canasson refroidi.
> M. AYMÉ, *Le Passe-Muraille*, La Carte, p. 78.

QUENOUILLE n. f.

Tomber en quenouille «être abandonné, laissé à l'abandon (en parlant d'un pouvoir, d'un privilège, d'un domaine)». L'expression est attestée au XVIᵉ s. dans son sens originel, mal identifié de nos jours : «passer, par succession, dans la propriété d'une femme». L'évolution de sens suppose que le *patrimoine* (le mot l'atteste) doit rester aux mains des hommes; le domaine appartenant à la femme — qui doit se consacrer aux travaux ménagers, à la quenouille — est forcément mal géré, quasiment à l'abandon. Il n'est pas exclu que le signifiant *(quenouille)* n'ait évoqué plus tard une autre locution signifiant la déréliction (→ COUILLE).

Ce Swann qui [...] était parfaitement «qualifié» pour être reçu par toute la «belle bour-geoisie», par les notaires ou les avoués les plus estimés de Paris (privilège qu'il sem-blait laisser tomber un peu en quenouille).

M. PROUST, *À la recherche du temps perdu*, t. I, p. 17.

[...] un de ces chapitres dont il [Balzac] avait le secret pour recréer l'atmosphère qui se dégage d'un vieil hôtel parisien, construit entre cour et jardin, tombé en quenouille [...].   B. CENDRARS, *Bourlinguer*, p. 340.

Vx. **Mêlez-vous de votre quenouille** «mêlez-vous de ce qui vous regarde» (1640, Oudin). Suppose une affectation à un travail subalterne, un «travail de femme».

Vx. **Tenir de la quenouille** «être efféminé» (1640, Oudin).

QUERELLE n. f.

Querelle d'Allemand (d'Allemagne, vx) → ALLEMAND.

Chercher querelle (à qqn) «chercher à avoir une dispute avec lui en étant agressif» (fin XVIIᵉ s.).

Embrasser (épouser, prendre) la querelle de... «soutenir qqn dans un diffé-rend, un conflit (avec un tiers)».

Vx. **Faire querelle (à qqn de qqch.)** «l'attaquer, s'opposer à lui au sujet de...».

Vx. **Prendre querelle (contre qqn), se prendre de querelle (contre qqn)** «entamer une dispute, une querelle (avec qqn)».

Trois jours auparavant il eût tué avec plaisir l'abbé Castanède, et si, à Strasbourg, un enfant se fût pris de querelle avec lui, il eût donné raison à l'enfant.

STENDHAL, *Le Rouge et le Noir*, p. 586.

QUESTION n. f. Ce nom abstrait entre dans divers syntagmes fréquents, comme *question de vie ou de mort, question de confiance*, etc., qui peuvent prendre des valeurs figurées. Au sens de «torture», *question* se trouve dans des syntagmes ver-baux comme *mettre, soumettre à la question, donner la question à,* qui ont eux aussi des usages métaphoriques («torturer»).

En question «en discussion, en débat» (XVIᵉ s., *mettre en question*). **Être en question** «être un objet de réflexion ou de discussion». **Mettre en question** «mettre en discussion, en contestant, en considérant comme incertain, non prouvé». **Remettre en question** «cesser de considérer comme sûr, évident ou acquis»; «reconsidérer (une situation, etc.)». *Il remet tout en question*, en cause.

À côté de la question «hors du sujet».

Faire question «poser un problème, une difficulté; être incertain». Syn. *Faire problème*.

Être hors de question «ne pas pouvoir être envisagé; être refusé sans discus-sion». Équivaut à : *il n'en est pas question* (→ ci-dessous).

Il est (il n'est pas) question de... «la chose est discutée, le problème est abordé (n'est pas...)»; par extension, «la chose est envisagée (ou non)».

Ce charmant F.V. Arnold est le premier Allemand (et le seul) à qui j'aie parlé en Tuni-sie. J'hésitais à le rencontrer, puis jugeai que ma réticence était absurde. Il ne fut pas question de la guerre entre nous.   A. GIDE, *Journal*, t. II, p. 213.

Pas question (de)... «la chose est écartée, ne sera pas envisagée». Formule de refus, souvent sous une forme elliptique et exclamative : *pas question!*

QUÊTE n. f.

En quête de «à la recherche de...» (XIIᵉ s.). Cette loc. prép., et la loc. verbale *se mettre en quête,* sont les témoins dans la langue générale du mot *quête* qui ne s'emploie plus que par archaïsme, effet stylistique ou dans des vocables spécialisés («recherche du gibier par le chien de chasse»; «collecte d'aumônes à l'église»).

QUEUE n. f. Le mot (du lat. *cauda*), qui désigne l'appendice postérieur de nombreux animaux, a évolué dans deux directions : d'une part, il désigne des appendices naturels ou des objets allongés, d'autre part il signifie l'«extrémité», la «fin», etc., d'une manière abstraite. La valeur symbolique de *queue* appliquée à l'homme s'est cristallisée dès le XVIe s. dans le sens érotique du mot; ce dernier est devenu courant et rend de nombreuses locutions anciennes inutilisables. Au XVIIe s., malgré la vitalité du sens érotique, on pouvait dire : *je suis bien aise de voir votre queue* (1640, Oudin), «je souhaite que vous partiez, que vous tourniez le dos». *Queue*, dans un sens concret, sert à former de nombreux composés désignant notamment des oiseaux (*blanche-queue, queue de poêle* «mésange», *hoche-queue*, etc.) et des plantes (*queue de renard*) et, avec un complément de nom désignant un animal, des objets fabriqués (*queue d'aronde, queue de morue, queue de pie, queue de rat, queue de cochon* «tarière», etc.), des éléments décoratifs (*queue de mouton, de paon*). Ces composés sont lexicalisés. Signalons cependant *queue de cheval* «longue mèche de cheveux à l'arrière de la tête» et *queue de vache*, employé adjectivement pour désigner une couleur roussâtre.

Queue de poisson. S'emploie avec deux valeurs :

a) *Finir en queue de poisson* «se terminer brusquement, sans donner les résultats attendus» (1833, Balzac); l'expression s'emploie plus rarement au sens concret :

> [...] je me souvenais d'un chemin pris à droite, en allant vers la mer, avec de grands joncs sur les bords, c'était là? Je m'engageais sur une piste qui semblait finir en queue de poisson, il y avait deux possibilités, à droite, à gauche.
>
> L. ARAGON, *Blanche ou l'Oubli*, p. 448.

b) *Queue de poisson* désigne, pour un véhicule, le fait de se rabattre brusquement, devant celui qu'il vient de dépasser (1926; surtout dans *faire une queue de poisson*), par une métaphore sur le mouvement ondoyant du coup de queue d'un poisson.

> [...] tu le doubleras et tu lui feras une queue de poisson, de façon à l'arrêter.
>
> BORNICHE, *Le Gang*, p. 146.

À la queue «derrière» (une série de personnes disposées en file). D'abord *à la queue de (qqn)* «à sa suite, à sa poursuite» (XVe s.). Puis *aller, se mettre à la queue*. Au sens fig. «parmi les derniers (d'un groupe)», *à la queue de...* est vieilli : on dit plutôt *(être) en queue (de...)*.

> [...] tandis qu'Octave, à la queue de la classe, pourrissait parmi les cancres, heureux et gras, se dépensait au dehors en plaisirs violents.
>
> É. ZOLA, *Au Bonheur des Dames*, t. I, p. 76.

À queue coupée [LOC. ADJ.] «court (d'une file, d'un cortège, etc.)».

> C'était un enterrement militaire. Une fourragère, conduite par un tringlot, portait un cercueil enveloppé dans un drapeau. À la suite, un piquet d'hommes, un adjudant, un aumônier et un civil.
>
> — L'pauvre petit enterrement à queue coupée! dit Lamuse.
>
> H. BARBUSSE, *Le Feu*, t. I, p. 36.

À la queue leu leu «l'un derrière l'autre». Ce n'est pas la forme *leu* qui est délicate à expliquer, mais la construction. Le latin *lupus* a donné en ancien français (XIe s.) les deux formes *lou* et *leu* (prononcé léw) et ce n'est que deux cents ans plus tard qu'un *p* étymologique a été ajouté au mot. La forme *leu* s'est employée jusqu'au XVIe s., et oralement bien plus tard (dans les dialectes); *leu*, c'est notre «loup». Mais *à la queue loup loup* ferait en français moderne une étrange phrase. La syntaxe de l'ancien français pouvait facilement rejeter le sujet en fin de proposition, se passer de déterminant (d'article), construire un complément de nom sans préposition (on dit encore l'*Hôtel-Dieu, Bourg-la-Reine*, qui signifient «l'hôtel de Dieu», «le bourg de la reine»). *À la queue leu leu* devrait donc se lire *à la queue [du] leu [le] leu*, et il est évident que l'expression n'est plus analysée par ceux qui l'emploient (ceux qui savent que *leu* signifie «loup» peuvent comprendre : à la queue, *le* loup; en Normandie, on dit *à la queue au loup*, à Metz, *à la queue du loup* [en patois], etc.). Voilà pour la forme. En ce qui concerne le contenu, on doit remarquer que, parmi les animaux pourvus de queues, le loup et le renard figurent en première place, dans les folklores européens. La queue du loup, d'ailleurs, donne lieu à une autre expression courante *(quand on parle du loup...)*. Les loups vont en bande de quelques individus, et il leur arrive sans doute fréquemment de se suivre un par un. Il faut noter qu'Étienne Pasquier, qui fut au XVIe s. l'un des premiers à commenter l'expression, lui donne une référence explicitement sexuelle (ci-dessous). Enfin, l'idée d'animaux se suivant est réalisée par d'autres loc., comme *aller à queue de vache* (XVIe s.) «se mettre l'un derrière l'autre».

> Le premier loup qui rencontre la louve, la flairant sous la queue, se met à sa suite ; un autre loup se met à suivre celui-ci, et le troisième à la queue du second, tellement que de queue en queue, ils font une grande traînée de loups... De là est venu *jouer à la queue leu leu*, par un ancien mot français.   É. PASQUIER, *in* Quitard.

> Ma plus grande passion était le dressage des escargots [...] je tendais des ficelles en l'air, d'une branchette à l'autre, en ligne droite, en diagonale, en zig-zag, en rond, en étoile, et quand les escargots étaient bien éveillés, on les plaçait à la queue-leu-leu, et leurs lentes et amusantes processions se déroulaient dans tous les sens [...].   B. CENDRARS, *Bourlinguer*, p. 127.

> Zanzi se rangea contre un chêne dont l'ombre généreuse couvrirait leurs agapes et, tel un commando, les pêcheurs sautèrent à terre à la queue leu leu.   R. FALLET, *Le Triporteur*, p. 295.

Vx. **Froide queue.** S'est dit d'un homme «de froide nature» (1640, Oudin). *Avoir froide queue* signifiait en fait «être impuissant».

Pas la queue d'un, d'une (après des verbes comme *avoir, il n'y en a, voir,* etc.) «pas un, pas une seul(e)». *Queue* signifie ici «bout, extrémité», et correspond à la fois à un intensif (il n'y en a pas le plus petit bout d'un) et à une caractérisation (la queue, l'extrémité, caractérise la chose ou l'être).

> [...] il montrait les filles qu'on peut toucher il se vantait il est voyou on ne l'aime pas tellement on l'écoute mais on devine que c'est du bidon les filles on n'en verra pas la queue d'une [...].   T. DUVERT, *Paysage de fantaisie*, p. 46.

La queue basse, la queue entre les jambes [LOC. ADJ. et ADV.] «honteux, déconfit; honteusement». Les expressions, qui font référence au chien, s'emploient moins de nos jours que dans la langue classique, *queue* ayant acquis des valeurs érotiques trop précises. Le dérivé *couard* (de *coue*, ancienne forme du mot) atteste la relation «port de queue» → «manque de courage». Quant à la locution antonyme qu'on trouve chez Nicot (1606) *s'en aller la queue levée* «content et joyeux», et qui n'évoquait rien de grivois, elle serait tout à fait déplacée (pour ne rien dire de *voir sa queue reluire* «éprouver de la fierté», qui date du XVe s. et qui ne suggérait qu'un beau poil luisant).

Vx. **Queue à queue** «l'un derrière l'autre» (XVe s.) → ci-dessus À LA QUEUE* LEU LEU.

Vx. **Sans queue** «sans addition (à un titre); tout court». *Monsieur sans queue* désignait populairement (XVIe-XVIIe s.) le maître de maison à qui l'on dit *monsieur*, tout court.

Sans queue ni tête. Se dit d'un récit «incohérent, sans début ni fin compréhensibles». Sous la forme verbale : *n'avoir ni queue ni tête* (Gautier, 1835).

> Chantent chantent sans cesse
> À tue-tête à cloche-pied
> Histoire de s'amuser

> Les mots sans queue ni tête
> Qui dansent dans leur tête
> Sans jamais s'arrêter.
> J. PRÉVERT, *Histoires*, p. 34.

Vieilli. **Ajouter des queues aux zéros** « falsifier un compte en augmentant une somme » (1808).

Vx. **Couper la queue à qqn** « abandonner » (XVIᵉ s.). *Couper la queue* a d'abord signifié « quitter le jeu quand on perd » (→ FAIRE CHARLEMAGNE*). La métaphore porte sur l'interruption d'une suite normale.

Vx. **Écorcher l'anguille par la queue** → ANGUILLE.

Faire la queue « attendre en file ». Ce sens de *queue* apparaît à la fin du XVIIIᵉ s. On a dit *faire queue* (vieilli); les emplois métaphoriques (ex. de Prévert) semblent récents.

> [...] se donner du mal pour qui? pour un roi! Faire la queue à la porte du spectacle depuis trois heures jusqu'à huit heures et demie, pour qui? pour un roi!
> G. FLAUBERT, *Correspondance*, Iʳᵉ série, p. 11.

> Je faisais la queue derrière quelques invités arrivés plus tôt que moi.
> M. PROUST, *À la recherche du temps perdu*, t. II, p. 636.

> On allait se coucher, le lendemain on se levait, ainsi, tous les jours, les jours faisaient la queue les uns derrière les autres, le lundi qui pousse le mardi, qui pousse le mercredi, et ainsi de suite les saisons.
> J. PRÉVERT, *Paroles*, p. 28.

Vx. **Faire la queue (à qqn)** « le tromper » (XIIIᵉ s.); « se moquer de qqn, l'entraîner à des actions qui le perdent » (début XIXᵉ s.).

Vx. **Faire des queues (à qqn)** « faire des infidélités amoureuses ». Cette expression familière n'avait aucun aspect indécent, et se disait tout autant des femmes que des hommes : la queue est ici un « acte caché, dans le *dos* de qqn ».

> [...] cette pauvre Caroline est joliment malheureuse avec ce garçon qui venait l'attendre le soir. [Nana s'écria :] — Pardi! un homme qui lui fait des queues tous les jours!
> É. ZOLA, *L'Assommoir*, t. II, p. 165.

Vx. **Marcher sur la queue de qqn** « l'humilier ».

> C'est l'allure du ver, c'est mon allure : nous la suivons l'un et l'autre quand on nous laisse aller; mais nous nous redressons quand on nous marche sur la queue. On m'a marché sur la queue, et je me redresserai. DIDEROT, *Le Neveu de Rameau*, p. 457.

Mettre un grain de sel sur la queue → GRAIN.

Se mordre la queue. Se dit d'une chose qui constitue un enchaînement sans fin, qui recommence sans cesse; d'une personne qui est entraînée dans une activité sans issue.

> [...] cette nuit où je suis encore là ma dernière nuit sans fin mes dernières heures qui n'ont pas d'après et se mordent la queue s'accrochent vivent fantasquement et je vis libre et léger enfin léger [...].
> T. DUVERT, *Paysage de fantaisie*, p. 151.

Tenir la queue de la poêle « être dans une situation où l'on décide, commande et tire profit ». Ce sens très vivant n'est pas le seul que l'expression a eu : Oudin (1640) glose « être complice »; par ailleurs, la valeur politique (« gouverner, avoir le pouvoir ») se dégage très tôt, notamment dans le dicton archaïque *il n'y en a pas de plus empêché* [embarrassé] *que celui qui tient la queue de la poêle.*

> Il n'y en a point de plus embarrassé que celui qui tient la queue de la poêle, pour dire, qu'un homme qui est chargé du soin principal d'une affaire, est celuy qui a plus de peine et d'embarras. Notre roi Henri IV a dit, au sujet de ce proverbe, un mot [...] dont on a fait une épigramme [...] :
> Dans le besoin pressant qui vous menace
> Sire, il faudroit recourir aux impôts.
> Ah, des impôts! laissons cela, de grâce :
> Mon pauvre peuple a besoin de repos [...].
> — Sire, songez quel est en tout ceci
> Mon embarras; Songez que de la poêle

> Qui tient la queue, est le plus mal loti.
> — Qui dit cela. — Qui? le proverbe, Sire.
> — Ventre-saint-gris! le proverbe a menti.
> Car, de par Dieu, c'est celui qu'on fait frire.
>
> TUET, *Matinées senonaises*, p. 262.

> Pour tenir la queue de la poêle et savoir comment frira le poisson, j'ai voulu être pro-
> priétaire en nom [...]. H. DE BALZAC, *César Birotteau*, p. 332.

> Que ce soit X... ou Z... qui tienne la queue de la poêle politique, c'est toujours à peu
> près le même fricot servi. *Le Charivari*, 16 novembre 1891.

Tirer le diable par la queue → DIABLE.

Vx. **La queue sera difficile à écorcher; il n'y a rien de si difficile à écorcher que
la queue** «les difficultés surgissent à la fin d'une affaire» (à rapprocher de *écorcher
l'anguille par la queue* → ANGUILLE). Milieu XVIe s.

Vx. **Vos mots n'ont point de queue** «vous êtes impoli, vous ne dites pas 'Monsieur',
'Madame', etc.» → ci-dessus SANS QUEUE *(Monsieur sans queue)*.

Dans la queue (gît) le venin «le danger réside dans la fin (d'une affaire)».
Adaptation française (fin XVe s.) de la loc. latine *in cauda venenum;* il s'agit de la
queue du scorpion.

Vx. **Vous n'en verrez plus ni queue ni oreille** «vous n'en verrez plus trace, la
chose est finie, a disparu...». S'est notamment dit d'une chose volée, perdue (1690).

Quand on parle du loup on en voit la queue «la personne dont on parle ne
tarde pas à se montrer» → LOUP.

QUIA (À quia) [LOC. ADV.]. Formée avec le latin *quia* «parce que», à la fin
du XVe s.

Être (être réduit, demeurer...) à quia «être, rester sans réponse, démuni».

> [...] un galimatias continuel, où le plus subtil esprit du monde fust demeuré a quia, s'il
> en eust voulu expliquer quelque chose.
>
> Ch. SOREL, *Histoire comique de Francion*, p. 189.

> [...] c'est pure tautologie et pur jeu de mots que de prétendre mettre en évidence un
> lien étroit entre tel fragment du monde et les lettres de l'alphabet. Si je suis réduit à
> quia, je pourrai toujours alléguer qu'ils ont cela de commun qu'ils sont des «signes».
>
> M. LEIRIS, *Biffures*, p. 44.

Mettre (réduire) à quia «mettre (qqn) dans l'impossibilité de répliquer,
de répondre».

QUILLE n. f.

Grand abatteur de quilles → ABATTEUR.

Vx. **En quille** «tout droit» (1690).

Fam. **En avoir plein les quilles** «être fatigué pour avoir trop marché».

Vieilli. **Être (se tenir), sur ses quilles** «se tenir droit; être solide, bien portant» (1875).
Appuyée sur le sens fig. de *quille* «jambe», la loc. reprend une ancienne comparaison : *se tenir droit comme une quille* (1690).

Jouer des quilles «partir, s'enfuir» (1875). A remplacé la suivante.

Vx. **Trousser ses quilles** «s'en aller rapidement, s'enfuir».

> Et a Dieu, luy repartit il par gausserie, en s'enfuyant, vous estes trop mauvaise, vous
> ne m'y tenez pas, je m'en vay trousser mes quilles.
>
> Ch. SOREL, *Histoire comique de Francion*, p. 84.

Comme un chien dans un jeu de quilles → CHIEN.

QUINE n. f. Mot du jeu de loto, « réunion de cinq numéros sur une même ligne », du latin *quini* « cinq ». Dans l'usage populaire du XVIIe s., signifie « membre viril ».

Vx.   *En avoir quine* « en avoir assez ».

Vx.   *C'est une quine à la loterie* « un avantage important, une réussite remarquable mais très difficile » (1835).

QUINQUET n. m. Ce mot (1785) est le nom de l'inventeur qui perfectionna la lampe d'Argand. Au fig., début XIXe s., « œil », dans la langue familière.

Allumer, ouvrir ses quinquets « regarder attentivement » (2e moitié du XIXe s.).

Amusez-vous bien : ouvrez de toutes vos forces vos grands quinquets et pensez à votre
vieux.   G. FLAUBERT, *Correspondance*, VIe série, p. 336.

QUINTE adj. num. et n. f.

Vx.   *Avoir quinte et quatorze* « avoir toutes les chances de succès » (1869, *in* Littré). Terme de jeu de piquet, désignant une réunion de cartes gagnantes.

Désœuvré, riche et célibataire, c'est quinte et quatorze au jeu de la galanterie.
                                        P. BOURGET, in *Grand Larousse de la langue française*.

L'expression a désigné populairement (début XXe s.) la syphilis (cf. *Gagner le gros lot*, ironiquement).

QUINZE adj. num. et n. m.

Vx.   *Avoir (donner) quinze et bisque sur (qqn)* « lui être très supérieur » (1640, Oudin, qui donne aussi : *il y a à dire quinze* [*et bisque*] « il y a beaucoup de différence »). Terme de jeu de paume : *quinze* est conservé au tennis ; *bisque* désigne un avantage donné au joueur le plus faible, et qu'il prenait (comme un coup gagné) une seule fois dans la partie, cf. *Rendre des points*. On disait aussi *je vous donne quinze* « je suis plus fort que vous, j'en sais bien plus ».

Vx.   *En faire passer quinze pour douze* « abuser, tromper ».

QUITTE adj.

Quitte à « au seul risque de... » (XVIIe s.) ; « en devant au moins faire (qqch.) ».

Vx.   *Quitte à quitte* « sans rien devoir à l'autre » (fin XVIe s.). *Faire quitte à quitte* « faire en sorte que chacun ne doive rien à l'autre » (fin XVIIe s.).

Quitte à quitte et bons amis, phrase convenue par laquelle on concluait un compte, un marché (cf. *Les bons comptes font les bons amis*) ; ironiquement, qualifiait une vengeance d'égale importance au tort causé.

Fam. et vieilli.   *Être quitte de (faire qqch.)* « avoir fini de... ».

J'ai voulu, moi, dit Cocon, quand on a été quitte de becqueter, entrer chez l'forgeron
pomper quelque chose de chaud, en l'achetant.   H. BARBUSSE, *Le Feu*, t. I, p. 58.

En être quitte pour « sortir d'une situation difficile ou dangereuse avec pour seul inconvénient... » (1538).

Mais à l'heure de l'attaque, l'hôtel était à peu près vide ; et du reste ses rares habitants
en ont été quittes pour la peur.   A. GIDE, *Journal*, t. II, p. 206.

En être quitte à bon compte (à bon marché, à bas prix) « s'en tirer sans trop de dommage ».

(Jouer) à quitte ou double « risquer le tout pour le tout » (XVe s., au fig.). Le sens propre (attesté un peu plus tard) concerne le jeu « jouer un dernier coup qui, si l'on gagne, rattrape toutes les pertes ».

Tenir quitte (qqn.) de (qqch.) « considérer que la chose suffit, que la personne en a fait assez ».

QUI-VIVE n. m. Tiré probablement de l'expression *homme qui vive* «personne quelconque; quelqu'un», cf. *Il n'y a âme qui vive.*

Sur le qui-vive «sur ses gardes, dans l'attente d'un danger, d'une attaque» (XVIIᵉ s.).

> Mon esprit ne parvient jamais, presque jamais à se détendre; il reste sur le qui-vive et branché sans cesse sur tout le monde extérieur.   A. GIDE, *Journal*, t. II, p. 21.

> [...] quitter ce harassant service où l'on est toujours sur le qui-vive de négociateur, de porteur de firman, d'ambassadeur blackboulé, d'agent secret à la merci d'un coup de poignard sous le manteau...   B. CENDRARS, *Bourlinguer*, p. 13.

QUOI pron. Le pronom entre dans des expressions figées à valeur grammaticale, qui ne sont plus analysables. Certaines ont donné naissance à un mot nouveau *(pourquoi)*, d'autres non *(sans quoi,* etc.). *Comme quoi* «d'où il s'ensuit que, ce qui prouve que...».

De quoi? Exprime qu'on n'a pas entendu ou compris ce qui vient d'être dit (1808), puis constitue une question menaçante (cf. *Qu'est-ce que c'est?*) quant au discours de l'autre. Dans cet emploi, il est souvent redoublé : *de quoi de quoi?*

Quoi que ce soit «une chose quelconque, de quelque nature que ce soit» (milieu XVIIᵉ s.).

Quoi qu'il en soit «quelles que soient les circonstances» (XVIᵉ s., Montaigne), cf. *De toutes façons.*

Fam. *Ni quoi ni qu'est-ce* (avec des verbes comme *dire, connaître, savoir,* etc., à la forme négative) «rien du tout». Cette loc. fam. est plus ancienne qu'il n'y paraît : on trouve *ne dire quoi ni qu'est-ce* chez Corneille. L'ancien français connaît *ne ço ne quei* (ni ça ni quoi) et La Fontaine emploie *ne connaître qui ni quoi.*

> Se trouver avec un demi-million de camelote à la traîne dans la nature, sans en savoir ni quoi ni qu'est-ce, y a de quoi couper le sommeil au plus robuste tempérament.
>   A. SIMONIN, *Hotu soit qui mal y pense*, p. 91.

Avoir de quoi «avoir une certaine aisance matérielle, des moyens d'existence» (milieu XVᵉ s.).

> Va-t'en voir maintenant! il n'y a que les gueux qui partent. Celui qui a de quoi reste au pays.   STENDHAL, *Le Rouge et le Noir*, p. 402.

Il n'y a pas de quoi. Réponse à des remerciements (1773). Formule de la politesse populaire, puis bourgeoise, généralement prononcée *y' a pas d' quoi.*

> l'assassin ouvre la fenêtre
> prend l'allumette
> Merci hirondelle
> et il allume sa cigarette
> Il n'y a pas de quoi dit l'hirondelle
> c'est la moindre des choses   J. PRÉVERT, *Paroles*, p. 49.

Quoi qu'il en ait «bien que cela lui soit désagréable» (milieu XIXᵉ s.).

QUOIQUE adj.

Fam. et région.   *Quoique ça* «néanmoins, cependant» (1790).

RABAIS n. m.

Au rabais «au-dessous du prix habituel; avec une réduction»; par métaphore, «d'une valeur faible, médiocre». Le sens concret, financier, est attesté en 1690; la métaphore semble récente.

> Merveilleux au rabais, mais un merveilleux malgré tout, alors qu'un jour, pour moi, il n'y aura plus de merveilleux du tout...   M. Leiris, *Frêle Bruit*, p. 398.

RABATTRE v. tr.

En rabattre «renoncer à (une bonne opinion, un projet, un souhait); se montrer plus modeste, moins exigeant...». Verbe complexe, qui survit à *rabattre de qqch.* «enlever, déduire» (début XVe s.; 1680 au fig.).

RABELAIS n. pr.

Le quart d'heure de Rabelais → QUART.

RÂBLE n. m. Mot assez tardif (XVIe s.), du lat. *rutolilum,* nom d'un instrument (qui a donné au sens propre *rouable*). Désigne le dos et les reins du lapin, du lièvre, puis, par plaisanterie, la partie correspondante du corps humain (d'où *râblé*).

Tomber, sauter sur le râble à (qqn) «l'attaquer brusquement, le battre» et, au fig., «l'insulter, lui faire des reproches». L'expression, assez récente, développe *tomber sur (qqn),* d'une manière expressive (→ aussi POIL). Avec un sujet désignant une chose, «arriver brusquement, en parlant d'un inconvénient, d'une difficulté» : *ça va lui tomber sur le râble; tu vas voir ce qui va te tomber sur le râble,* etc.

Se mettre qqch. sur le râble «en prendre la charge, la responsabilité» (1907).

RABOT n. m.

Vieilli. *Donner un coup de rabot, passer le rabot* «faire les dernières améliorations à [un travail]» (fin XVIIe s.).

RACA interj. Mot araméen, signifiant «tête fêlée, tête vide», employé pour exprimer le mépris, et repris tel dans *la Vulgate.*

Vx. *Crier (dire) raca sur (qqn)* «l'injurier». La traduction de la Bible par Lemaistre de Sacy (1672) conserve le mot de *la Vulgate,* dans la formule *dire raca* (Matthieu 5, 22).

RACCORD n. m.

(Se) faire un raccord « retoucher son maquillage ».

Elle a remis son manteau et, devant la glace, elle fait un raccord.

BERNSTEIN, in *G.L.L.F.*

RACCOURCI n. m.

En raccourci « sous une forme réduite, résumée, brève » (1631). On peut signaler une expression nominale figée, archaïque : *un monde en raccourci* « une représentation abrégée du monde, une création limitée qui constitue l'évocation de tout un monde ».

RACE n. f.

Avoir de la race « être plein de distinction naturelle » (xxe s., *in* Acad., 1932). L'intégration sociale aux valeurs reconnues est identifiée ici à la naissance ; le synonyme *avoir de la classe* enregistre le résultat, l'appartenance à un groupe restreint et valorisé.

Chasser de race « avoir une activité réussie par tradition familiale ». Surtout dans : *bon chien* chasse de race.*

La race en est éteinte « il n'y a plus de personne de cette qualité, de cette valeur ».

RACINE n. f.

À la racine « à la base, au principe premier ». Surtout dans : *attaquer, couper le mal à la racine* (1786).

Jeter des racines « s'implanter fortement » (1690). Comme la précédente, cette locution est tirée de l'expérience botanique et agricole.

Manger les pissenlits (l'herbe...) ; fumer les mauves par la racine → PISSENLIT.

Prendre racine « s'implanter, devenir fort et vivace ». Métaphore de la botanique, où la loc. signifie « commencer à se nourrir par les racines, après plantation ou transplantation » (1690). En parlant d'une personne : « rester debout et immobile ».

[...] les soupçons avaient trop fortement pris racine dans l'esprit de quelques entêtés ou de quelques philosophes pour être entièrement dissipés [...].

H. de BALZAC, *Le Réquisitionnaire*, p. 858.

RADE n. f.

En rade « laissé à l'abandon, à l'écart » (1914, Esnault). *Être, rester en rade.* Métaphore maritime : le navire *en rade* est à l'arrêt.

Avec nos avions qui dament le pion au soleil, avec nos magnétophones qui se souviennent de « ces voix qui se sont tues », avec nos âmes en rade au milieu des rues, nous sommes au bord du vide, ficelés dans nos paquets de viande, à regarder passer les révolutions. L. FERRÉ, *Poète... vos papiers !*, p. 11.

RADEAU n. m.

Radeau de la Méduse « lieu, (fig.) situation où l'on est presque perdu, où il faut lutter désespérément pour survivre » (1867 dans les dict.). La frégate *La Méduse* fit naufrage en 1816 ; les passagers et l'équipage, réfugiés sur un radeau, vécurent des jours horribles : sur 149 personnes, 15 seulement étaient en vie au bout de douze jours. Le récit frappa l'imagination : Géricault en fit le sujet d'un tableau célèbre (1819).

RADIS n. m.

Fam. **Radis noir** «prêtre en soutane». Métaphore plaisante fondée sur la couleur (cf. *Corbeau*).

Pas un radis «pas un sou» (avec les verbes comme *avoir, donner...*). *Sans un radis* «sans un sou, sans argent» (milieu XIXe s.).

> — T'es pas causant, l'Antoine ? s'inquiéta celui-ci.
> — La finale est pour bientôt et je n'aurai pas un radis ce jour-là.
> — Soucis d'argent ? s'écria Le Duc.   R. FALLET, *Le Triporteur*, p. 220.

RAFLE n. f.

Vx. **Faire rafle** «tout prendre». Correspond à *rafler*, qui date du XVIe s.

Vx. **Faire une rafle de cinq** «prendre avec la main (avec les cinq doigts); voler».

Vx. **Donner une rafle de cinq** «gifler» (1640, Oudin).

RAGE n. f.

Vx. **À la rage** «avec une énergie excessive; avec excès» (1718). Expression à la mode au XVIIIe s., où la force expressive du mot s'était bien atténuée.

La rage au ventre (au cœur...) «avec une colère intense et désespérée». S'emploie avec des verbes d'action (*faire* qqch., *accepter*, etc.) pour marquer une résignation pleine de colère à une situation subie et insupportable.

Vx. **Dire (la) rage contre qqn, de qqn** «en dire tout le mal possible» (milieu XVIIe s.).

Écumer de rage, être fou, ivre de rage, etc. «être dans une colère violente, irrépressible». *De rage,* dans cet emploi, est très ancien (XIIe s.).

Faire rage «faire des efforts terribles, déployer le maximum de force». Ne se dit aujourd'hui que des choses, notamment des forces de la nature (depuis 1690, où l'expression a une valeur plus forte qu'aujourd'hui : le vent qui *fait rage* détruit, ravage). Se disait aussi des personnes (XVe s.) avec *faire rage des pieds de derrière* (XVIIe s., allusion au cheval) «se démener», *faire la rage à quatre* «se livrer à la colère» (cf. *Diable à quatre*).

Qui veut noyer son chien l'accuse de la rage → CHIEN.

RAGOÛT n. m.

Arg. **Boîte à ragoût** «estomac, ventre».

RAIDE adj.

Sur la corde raide → CORDE.

En dire (entendre, voir...) de raides «dire (entendre, voir...) des choses scabreuses». Emploi spécial de l'adj. *raide,* d'abord «difficile à admettre, à supporter», plus ou moins contaminé par l'évocation physiologique et érotique.

Raide comme balle «directement, sans hésiter» (avec des verbes comme *envoyer, dire, répondre...* et à propos de la parole) [1833].

Raide comme... La raideur du corps humain implique soit une rigidité momentanée et pathologique, soit une attitude habituelle, suggérant la sévérité, la morgue, etc. **Raide comme la justice** «dont le maintien est raide et sévère», spécialement (vieilli) «ivre et affectant un maintien très digne» (1867, Delvau). *Raide comme un mort, une morte, un cadavre* évoque plutôt une attitude pathologique ou subie (peur, maladie...).

Je restais immobile dans mon lit, raide comme une morte, j'attendais le pire. Deux souvenirs d'épouvante revenaient à ma mémoire avec leurs moindres détails, deux débâcles, deux cauchemars que j'avais vécus éveillée.

M. CARDINAL, *Les Mots pour le dire*, p. 41.

Raide comme un passe-lacet «sans argent» (1919). Renforcement de *raide*
«malade, ivre» puis «sans argent», en argot (c'est-à-dire, dans les trois cas, «mort»)
par un élément aujourd'hui obscur (on pense à la petite tige) que Esnault éclaire
ainsi : le *passe-lacet*, à la fin du XIXᵉ s., c'est le gendarme (qui passe les menottes,
les liens), lequel est «sévère» *(raide)*... comme la justice.

RAIE n. f. Sillon.

Fam. **Gueule de raie,** formule injurieuse, s'appuyant sur la comparaison courante
entre *face* et *fesses*. Le poisson plat nommé *raie* ayant une tête peu sympathique, on
a rapidement compris l'expression comme une comparaison animale (d'où : *gueule
de raie ultra-plate!* chez Mac Orlan, *in* Robert).

Fam. **Pisser à la raie de qqn** «le mépriser profondément».

RAIL n. m.

Mettre (remettre) sur les rails «mettre (remettre) dans de bonnes conditions
de fonctionnement». Métaphore ferroviaire récente (1958).

Le pèlerinage de Colombes lava Maxime de quelques enfantillages. Les lointains
d'Argenteuil aux peupliers embrumés par les fumées d'usine, le plat vaisseau de béton
et de ferraille, certains fantômes amicaux, le remirent sur des rails raisonnables.

A. BLONDIN, *Quat'Saisons*, p. 205.

[...] il pense que ça va nous inspirer de voir les lieux, que ça va peut-être me décliquer, me mettre sur de bons rails imaginatifs.   A. BOUDARD, *Cinoche*, p. 241.

RAILLERIE n. f.

Vieilli. **Entendre (la) raillerie** «comprendre, supporter avec bonhomie les plaisanteries» (1640); dans un autre sens «savoir plaisanter» (fin XVIIᵉ s.). *Il n'entend pas
raillerie* «il est sévère et ne laisse pas passer les écarts».

Là dessus il la conduit dans une chambrette prochaine, et s'appreste a luy monstrer
sa vaillance. Alors faisant semblant de n'entendre point raillerie, elle luy dit, que s'il
la touche, elle criera, et qu'elle appellera son mary.

Ch. SOREL, *Histoire comique de Francion*, p. 287.

RAIPONCE n. f. Nom d'une plante cultivée pour ses feuilles, que l'on
mange en salade.

Vx. **Manger des raiponces** «se ruiner à donner des cautions pour les autres»
(1690).

Vx. **Nous ne manquons pas de raiponces** «nos inférieurs (valets, etc.) nous répondent avec insolence» (1640). Jeu de mot sur *réponse,* comme le précédent.

RAISIN n. m.

Mi-figue mi-raisin → FIGUE.

Raisin de Carême, ancienne désignation (début XVᵉ s.) des raisins secs, autrement dits *de Corinthe*.

Les raisins sont trop verts «la chose n'est pas assez bonne (pour la personne
dont il est question)», s'emploie ironiquement en parlant de ce qui est inaccessible
et que l'on fait mine de mépriser, par allusion à la fable «Le Renard et les Raisins»
(La Fontaine, *Fables*, III, 11). Les *Raisins verts* fut le titre d'une émission célèbre (et
acide) de Jean-Christophe Averty, à la Télévision française.

RAISON n. f. Ce substantif abstrait, désignant le « propre de l'homme », a reçu divers sens : « faculté de pensée ; opinion ; principe explicatif ; rapport, proportion » et donne lieu à une importante phraséologie.

Raison d'État « ce qui permet de justifier un acte apparemment illégal, une mesure anormale, par la sûreté de l'État » (1609).

Raison d'être « motif ou cause déterminante ». Renforcement de *raison* qui possède ce sens, par crainte d'une ambiguïté avec d'autres sens plus fréquents. En parlant d'une personne, « principale justification de son existence ».

> Pas une toile, de cette exposition que j'avais pu voir à Tiflis, qui n'eût une signification éducatrice et édifiante (j'allais dire édificatrice) : rien que des croûtes, mais actives, et qui, sans doute, à leurs yeux valaient mieux que toutes les productions de notre art gratuit. Elles trouvaient dans l'opportunité leur unique raison d'être.
>
> A. GIDE, *Journal*, t. II, p. 278.

Âge de raison « âge, plus ou moins arbitraire, où on considère que les enfants jouissent de la raison (souvent : sept ans) ». Attestée chez Bossuet (1689), cette expression attribue à *raison* le caractère global d'une faculté qui, d'abord absente de l'enfant, l'investit brutalement à un âge arbitraire pour lui conférer, notamment, la pleine responsabilité morale.

À bonne (juste) raison « d'une manière juste et raisonnable ».

Vx. ***De raison*** [LOC. ADV.] « à bon droit » (XIᵉ s.) ; [LOC. ADJ.] « juste, raisonnable ». Subsiste comme loc. adj. dans la formule juridique : *pour valoir ce que de raison*.

Comme de raison « comme il est juste » (1694, Acad.).

En raison de « proportionnellement à... » (XVIIIᵉ s.). ***En raison directe, inverse de...*** « proportionnellement ; inversement ».

> Ce qui reste de tabac le soir dans ma tabatière est en raison directe de l'amusement, ou inverse de l'ennui de ma journée.   DIDEROT, *Jacques le Fataliste*, p. 524.

En raison de... « en considération, à cause de... » (début XIXᵉ s.).

À plus forte raison « d'autant plus » (XVIᵉ s., Montaigne). Loc. très courante, qui a succédé à *par plus fort raison* (*raison* a aussi été du masculin).

Vieilli. ***Contre toute raison*** « d'une manière déraisonnable » (XVIIᵉ s., *in* La Fontaine).

Plus que de raison « plus qu'il n'est raisonnable ou convenable » (1549). Formule de style littéraire.

Raison de plus « c'est un motif de plus (pour...) ; la chose est d'autant plus utile, souhaitable, nécessaire... » (fin XIXᵉ s.).

> « Qu'ont-elles dit ? — Je ne sais pas, car j'ai profité de ce qu'Albertine n'était pas seule pour aller acheter de la laine. — Acheter de la laine ? — Oui, c'est Albertine qui me l'avait demandé. — Raison de plus pour ne pas y aller, c'était peut-être pour vous éloigner. — Mais elle me l'avait demandé avant de rencontrer son amie.
>
> M. PROUST, *À la recherche du temps perdu*, t. III, p. 60.

Sans raison « de manière arbitraire, aléatoire » ; *sans raison* a signifié « contre le bon droit et le bon sens, d'où, excessivement » (XVIᵉ s.). Cf. *Plus que de raison*.

Sans rime ni raison → RIME.

À tort ou à raison → TORT.

Avoir raison « être dans le vrai, avoir la vérité pour soi » (s'oppose à *avoir tort*). L'expression date du XIIᵉ s. ; à la différence de nombreux verbes complexes formés avec *raison*, elle est restée très usuelle. *Avoir raison contre qqn* est à comprendre dans ce sens, et à distinguer de *avoir raison de qqn*.

> Il croyait avoir raison : belle raison !   STENDHAL, *Le Rouge et le Noir*, p. 405.

Avoir (toute) sa raison « jouir de toutes ses facultés mentales » (début XIXᵉ s.).

Avoir raison de (qqn) « le dominer, en venir à bout » (dans une lutte, une compétition). Sous cette forme, l'expression est récente (Littré); on disait *avoir la raison de qqn* (XVIᵉ-XIXᵉ s.) et, en ancien français, *avoir sa raison de qqn* (XIVᵉ-XVIIᵉ s.). Cependant, on rencontre au XIVᵉ s. *avoir raison d'une femme* « la posséder », mais le sens est ici différent, *raison* signifiant « bon droit », dans un raisonnement très phallo-cratique. *Prendre la raison de...* a eu le même sens en moyen français.

Avoir des raisons avec (qqn) « contester avec lui » (1835). Emploi spécial de *raison* « discours explicatif », compris dans la langue fam. comme « avoir des motifs (raisons) de dispute ». La loc. signifie à la fin du XIXᵉ s., « se disputer ».

> Un laquais parut. C'était le jeune fiancé qui avait eu des raisons avec le concierge, jus-
> qu'à ce que la duchesse, dans sa bonté, eût mis entre eux une paix apparente.
> M. PROUST, *À la recherche du temps perdu*, t. II, p. 587.

Avoir ses raisons « avoir des motifs, le plus souvent inexprimés ». *Il a ses rai-sons pour agir ainsi. J'ai mes raisons* (que je n'ai pas à donner).

Vx. **Conter ses raisons à qqn** « lui expliquer son comportement, spécialement, parler à une femme de l'amour qu'on a pour elle » (1694, Acad.).

Demander raison de (qqn) « demander réparation d'un affront » (d'abord par les armes; XVIᵉ s., Montaigne); *demander raison de (qqch.)* « demander une explica-tion » (1549, R. Estienne).

Donner raison à qqn « estimer qu'il est dans la vérité ou dans son bon droit » (1775). *Raison* vaut ici pour « vérité », comme dans *avoir raison*.

> Sans doute Staline était-il fort habile de donner tous ses soins, d'abord et avant tout,
> à l'armée rouge; les événements lui ont donné raison de manière flagrante; et peu
> importe dès lors que ce fût en lâchant sur d'autres terrains.
> A. GIDE, *Journal*, t. II, p. 281.

Entendre raison « se laisser convaincre par des arguments rationnels; cesser d'avoir une attitude déraisonnable ». L'expression suppose un jugement a priori sur ce qui est ou non raisonnable : elle ne s'emploie guère, on s'en doute, à la pre-mière personne.

> J'espère d'ici sa venue vous faire entendre raison.
> M. PROUST, *À la recherche du temps perdu*, t. II, p. 1069.

Vx. **Faire raison à (qqn)** « lui faire réparation ». Dans un autre sens (celui de *avoir raison de...*), « lui tenir tête en buvant avec lui et autant que lui » (XVIᵉ-XVIIᵉ s.). L'expression s'est employée et s'emploie encore avec *raison* au sens de « bon droit, justice » : *faire raison à qqn* « lui rendre justice, reconnaître ses mérites » (XIVᵉ s.); spécialement (XVIIᵉ s.), « le payer ». *Se faire raison* « se faire justice soi-même » (XVIIᵉ-XIXᵉ s.).

Se faire une raison « accepter ce qui ne peut être changé, se résigner » (*in* Saint-Simon). Renforcé ironiquement *(se faire une douce raison)* pour exprimer l'acceptation empressée (d'un plaisir, etc.) après de feintes hésitations.

Laisser sa raison au fond du (d'un) verre « être ivre ».

Parler raison à (qqn) « chercher à convaincre par des arguments de bon sens » (1693); par extension « devenir accommodant, parler raisonnablement » (XVIIIᵉ s.).

Perdre la raison « devenir fou » (1680). La *raison* qui arrive brusquement aux hommes (*âge de raison*, ci-dessus) peut se « perdre » aussi brutalement. Dans cette loc., la *raison* est un bien possédé; ailleurs, elle est un milieu qu'on peut quitter (cf. *Revenir à la raison*).

Rendre raison de (qqch.) à (qqn) « lui en donner l'explication » et « donner satisfaction ». *Rendre raison à qqn* a signifié « se battre en duel avec lui » → DEMAN-DER RAISON.

Revenir à la raison «redevenir raisonnable». Quand la *raison* est un milieu, un lieu que l'on peut abandonner ou rejoindre, il s'agit, non pas de la faculté globale — comme dans *perdre la raison* — mais d'une attitude plus ou moins *conforme* à un *sens commun*.

Tirer raison de (qqn) «obtenir réparation d'un affront, etc., notamment par le duel» (1636).

Tirer la raison de (qqch.). A signifié au XVIᵉ s., «tirer profit» (*raison* ayant alors le sens de «compte, proportion»).

Pas (point) tant de raisons! «taisez-vous! ne discutez plus!» (1694). *Raison* a ici le sens de «discours de protestation» (comme dans *avoir des raisons*).

La raison du plus fort est toujours la meilleure. Vers de La Fontaine (Fables, I, 10, *Le Loup et l'Agneau*), utilisé sans modification comme loc. prov.

RAISONNEMENT n. m.

Raisonnement de femme saoule «raisonnement absurde, sans valeur». Expression antiféministe du mépris, la féminité et l'ivresse renvoyant de la même façon à la déraison. Cette loc. inacceptable et fréquente est pudiquement écartée par la plupart des recueils.

RAISONNER v. intr.

Raisonner comme... Une série de comparaisons désobligeantes expriment l'incohérence du raisonnement : *raisonner comme un cheval de carrosse, comme une femme soûle* (→ RAISONNEMENT). *Raisonner comme un coffre, comme une pantoufle* (→ PANTOUFLE), *comme un tambour (crevé)* impliquent un jeu avec *résonner*.

RÂLE n. m.

Vx. *Courir comme un râle* «très vite» (1842). Cet oiseau est un échassier qui a la réputation d'être extrêmement rapide.

RALLONGE n. f.

Nom à rallonge → NOM.

RAME n. f.

Avoir la rame «être paresseux» (1910, aussi au sens de «être très fatigué»); il s'agit en fait d'une variante abrégée de *ramée*, dérivée de *ramer*, au sens figuré.

Ne pas en ficher (foutre) une rame, une ramée «ne rien faire» (1892, *in* Esnault).

> En tout cas, au-dessus des lieutenants, il y a des capitaines et ceux-là alors ils ne foutent pas une rame car ils sont purement honorifiques.
>
> J. GIONO, *Un roi sans divertissement*, p. 108.

Vx. *Tirer (être) à la rame* «travailler dur; être dans une situation pénible de travail forcé» (1694). La loc. ne s'emploie plus, mais le verbe *ramer,* dans ce sens, est très à la mode; pourtant, l'image du galérien a perdu de son actualité.

RAMENER v. tr.

La ramener. Ellipse pour *ramener sa gueule, sa fraise, sa poire* «être prétentieux de manière démonstrative» (d'abord «rouspéter, protester», 1908, Esnault).

RAMPE n. f.

Les feux de la rampe → FEU.

Fam. *Lâcher la rampe* «mourir» (1875). On emploie aussi *tenir la rampe* «tenir bon, rester jeune».

Passer la rampe «produire de l'effet sur un public, un auditoire et par extension sur des lecteurs, etc.» (xxᵉ s., *in* Acad., 1935). La *rampe* est ici la rangée de lumières qui éclaire la scène, et sépare les comédiens du public, dans les théâtres à l'italienne (cf. *Les feux de la rampe*).

> À sa manière non sibylline la petite femme de chez Maxim's me donne elle aussi sa leçon, car elle m'apprend d'un simple tournoiement de sa jupe haut troussée que rien ne vaut, en art comme en littérature, que ce qui passe la rampe et frappe en pleine poitrine, comme le raccroc d'une prostituée faisant naître un désir subit.
>
> M. LEIRIS, *Fourbis*, p. 128.

RANCART n. m.

Au rancart (avec *mettre, jeter*) «au rebut». Seul emploi de ce substantif, dérivé de la forme normande *récarter* «mettre au rebut, à l'*écart*» (1755; milieu xixᵉ s. au fig.).

> [...] d'antiques jouets ou fétiches poussiéreux que je devrais plutôt mettre une bonne fois au rancart pour vivre enfin d'autre chose que de souvenir?
>
> M. LEIRIS, *Biffures*, p. 272.

RANCUNE n. f.

Garder (tenir) rancune à (qqn). Ne constitue pas une loc. originale, mais une formule particulière par l'absence d'article.

Sans rancune! Formule de réconciliation signifiant : «n'ayons plus de rancune l'un pour l'autre» (1718, précédé par *point de rancune*, 1690).

RANG n. m. Exprimant une relation d'ordre, le mot peut correspondre à la fois à une place spécifique (et notamment élevée) ou à une collectivité (*les rangs*).

Dans le rang «parmi la masse, les gens sans distinction particulière». De l'expression militaire : *servir dans le rang* «parmi les hommes de troupe» (→ Sortir du rang*).

De haut rang «d'un rang social et (fig.) d'une qualité élevés».

En rang d'oignons → Oignon.

Sur les rangs «parmi les combattants» (1636); puis, «parmi les candidats, les concurrents» (1678). *Se mettre sur les rangs* «faire acte de candidature parmi d'autres personnes».

> La mort de M. de Croisenois changea toutes les idées de Julien sur l'avenir de Mathilde; il employa plusieurs journées à lui prouver qu'elle devait accepter la main de M. de Luz. C'est un homme timide, point trop jésuite, lui disait-il, et qui, sans doute, va se mettre sur les rangs.
>
> STENDHAL, *Le Rouge et le Noir*, p. 693.

Vx. *Donner rang à (qqn)* «lui donner une place assignée, généralement importante, dans une hiérarchie». Loc. archaïque ou littéraire.

Grossir (rejoindre) les rangs de... «s'associer à un groupe nombreux».

Vx. *Mettre au rang des péchés oubliés, des vieux péchés* «ne plus s'en occuper» (fin xviᵉ s.) → Péché.

Prendre rang (parmi, dans) «être considéré, avoir sa place parmi d'autres personnes, dans un groupe» (1875). Loc. d'usage littéraire ou, du moins, écrit ou soutenu.

Rentrer dans le rang «renoncer à un statut extérieur ou exceptionnel; accepter la discipline d'un groupe», comme un soldat qui retourne à sa situation après avoir occupé une situation hiérarchique différente (xxᵉ s.). On trouve aussi *entrer dans le rang.*

> Cependant il s'agit aujourd'hui d'opposer une unité de front à une autre, et, partant,
> d'entrer dans le rang et de faire bloc.   A. Gide, *Journal*, t. II, p. 12.

Rompre les rangs « se séparer, en parlant des soldats *rangés ;* se disperser ». Ne semble guère avoir d'emploi métaphorique.

Serrer les rangs « se grouper, se rapprocher pour affronter un danger, une difficulté » (début xixᵉ s., Chateaubriand).

Sortir du rang « être arrivé à un poste élevé, après avoir été dans un rang inférieur » (fin xixᵉ s.). Métaphore militaire, d'abord appliquée aux officiers ayant obtenu leur grade après avoir été simples hommes de troupe (*« dans les rangs »*), sans être directement nommés à leur sortie d'une école militaire.

Tenir son rang « se comporter selon les exigences d'une situation importante, en vue… ».

RÂPE n. f.

Vx. **Être poli comme une râpe** « très impoli ». Jeu de mots portant sur *poli,* la râpe étant très rugueuse (1926, Gottschalk).

RAPPEL n. m.

Battre le rappel « faire appel avec énergie à toutes les personnes, à tous les moyens dont on a besoin » (1869, *in* Littré). Au sens propre, « faire la batterie de tambour appelée *rappel* » (1762, Acad.).

RAPPORT n. m. Le mot qui, dans son sens premier, exprime une abstraction fondamentale, donne lieu à plusieurs syntagmes très fréquents, figés, mais qui n'ont pas d'originalité sémantique. *N'avoir aucun rapport* « être indépendant », *être en rapport (avec…)* ont ainsi des valeurs verbales symétriques. *Sous le rapport de…, en rapport avec…, par rapport à…* et le familier *rapport à…* fonctionnent tous comme des « locutions prépositives ».

Sous tous (les) rapports « quel que soit le point de vue auquel on se place » (1835). S'emploie plus ou moins plaisamment dans le syntagme adjectif : *bien sous tous rapports,* utilisé dans le vocabulaire des affaires et du commerce, ou ironiquement.

RARE adj.

Oiseau rare → Oiseau.

Se faire rare « se manifester rarement, ne plus se montrer souvent » (fin xviiᵉ s.). La rareté des apparitions, des contacts avec autrui est assimilée à un caractère continu, interne (*le voir est chose rare* devient *il est rare*).

Vieilli. **Rare comme les beaux jours** « très rare ». L'idée de rareté extrême, assumée ici par un élément plus positif que *rare,* est plutôt exprimée par la loc. *le merle* blanc,* où l'assemblage de deux contenus généralement incompatibles correspond à une extrême improbabilité.

RAS adj. Sert à former un emploi adverbial (*à ras* « de très près ») et deux prépositions (*à ras de…, au ras de…* « très près de… », « au niveau de… »). Le Moyen Âge employait *au rez de…*

À ras bord « plein jusqu'aux bords (récipient, verre) » (fin xixᵉ s. ; on a d'abord dit *à ras de bord,* 1798).

Au ras des pâquerettes. Var. plaisante de *à ras de terre*. D'abord pour désigner un vol *«en rase-mottes»*. Les pâquerettes, comme les violettes, sont des fleurs
«modestes» (désignées par des diminutifs).

À ras de terre «avec des pensées, des préoccupations mesquines, sans envergure». Métaphore basée sur les valeurs figurées de *élevé, haut* et de leurs contraires
(début XXᵉ s.).

En avoir ras le bol «en avoir assez, en avoir marre». Cette loc. verbale a
eu, depuis les années 1960 et s., une extraordinaire fortune. Sa grande fréquence a
suscité un emploi exclamatif *(ras le bol!* «assez, ça suffit, j'en ai marre, etc.») puis
substantif *(le ras le bol,* écrit *ras-le-bol, ral'bol,* etc. pour souligner la lexicalisation).
L'histoire de la loc. est intéressante. Issue d'une métaphore obscène, où le «récipient» désigne l'anus (et figurément, la chance : *bol, pot, vase*), elle correspond à
«plein le cul», mais a été souvent comprise autrement, comme une variante de *la
coupe est pleine,* ou encore comme un équivalent de *par-dessus la tête,* le *bol* étant
alors la *tête* (cf. la coiffure *au bol,* qui a pu susciter la variante récente *en avoir ras la
frange*). Plusieurs synonymes tendent à former une série. On peut citer : *ras le cul*
(par retour à la véritable étymologie et, consciemment, par croisement entre *ras le
bol* et *plein le cul*). Par un transfert assez étrange (de «anus» à «verge»), on obtient
ras la bite, ras la banane. Quant au syntagme *ras le viol,* forgé pour stigmatiser les
agressions sexuelles visant des femmes, il témoigne plutôt d'une influence formelle
(bol-viol) que de cohérence sémantique (sauf si l'on entend par *viol* l'organe visé, par
une métonymie hardie). L'exemple suivant montre que l'interprétation par le sens
banal de *bol* est courante :

> [...] quand nous voulons exprimer que nous en avons «ras le bol». Il est étrange que
> pour indiquer les limites extrêmes de sa patience un homme excédé se réfère toujours
> à l'image plutôt agréable d'un appétit satisfait. C'est étrange et significatif d'une civili-
> sation.
>
> Au fond, s'il est vrai que les Français en ont «ras le bol», ils ont bien de la chance. Il
> y a de par le monde pas mal de gens qui en seraient fort heureux, même si ce n'était
> qu'un bol de riz.   R. ESCARPIT, in *Le Monde*, 19 septembre 1971.

RASOIR n. m.

Vx. *Le rasoir national* «la guillotine». La métaphore concerne évidemment le
rasoir à main, ou *sabre,* et met en œuvre l'équivoque entre *raser* (les poils de la
tête) et *couper* (la tête).

Couper comme un rasoir «être très affilé, tranchant» (1740). Peut s'employer
métaphoriquement.

Vx. *Marcher sur des rasoirs* «avancer, aller avec prudence» (1911); «être dans
une situation très délicate» (→ ÊTRE SUR DES CHARBONS* ARDENTS).

Pisser des lames de rasoir → PISSER.

RAT n. m. De nombreuses expressions métaphoriques sont formées avec *rat*
et un déterminant; elles correspondent à des sens figurés. Par exemple
rat d'hôtel «voleur ou voleuse qui pénètre par effraction dans les chambres d'hôtel»
est formé sur *rat* «voleur» en usage au XIXᵉ s.; *rat de l'Opéra* succède à *rat,* dont
Balzac a expliqué la valeur vers 1810, dans *Splendeurs et Misères des courtisanes.*
Rat de cave «employé des contributions indirectes (qui descend dans les caves vérifier les marchandises, le vin, etc.)» est un véritable nom composé. On peut signaler
rat d'église «bigot» (XVIIIᵉ s.), à rapprocher de *punaise de sacristie,* et *rat de bibliothèque* «érudit plongé dans les livres».

> [...] en un mot je parlais de Mécène, d'un rat de bibliothèque qui était ami d'Horace, de
> Virgile, d'Auguste.   M. PROUST, *À la recherche du temps perdu*, t. II, p. 952.

Face de rat. Terme d'insulte → FACE.

> [...] parce que ses veines charrient le mépris de l'humanité et que ce mépris tortille
> et fronce sa bouche menue : museau de rongeur, face de rat — de rat qu'on aurait
> pris par la queue et trempé dans un tonneau de Malvoisie.
>
> J. VALLÈS, *L'Insurgé*, p. 71.

Fesse de rat. Terme cocassement affectueux, formellement apparenté au précédent, et adressé à un enfant.

Vx. **Avoir un rat (des rats) dans la tête** «avoir des lubies, des idées saugrenues» (XVIIIᵉ s.). Comparaison fréquente entre la tête et un local (grenier, etc.) habité par de petits animaux (→ L'ARAIGNÉE* AU PLAFOND), ici choisis pour évoquer la rapidité, l'instabilité.

Être fait comme un rat «être pris, refait». *Rat* était déjà le terme de comparaisons défavorables dans *pauvre, gueux comme un rat*. L'expression est dans le *Voyage au bout de la nuit*, de Céline (1932).

Vx. **Être comme un rat en paille** «être à son aise, confortablement installé» (à rapprocher de *coq en pâte*), fin XVIᵉ s., Brantôme. Var. *Comme un rat dans un fromage* (où on passe du repos confortable à la nourriture assurée).

Vx. **Être gueux comme un rat** «être très pauvre» (1668). Il s'agit peut-être du *rat d'église* «bedeau, sacristain» (*gueux comme un rat d'église*, 1680).

S'ennuyer comme un rat (mort) «s'ennuyer beaucoup». Le *rat mort*, abandonné dans un grenier, est ici le symbole du délaissement (comme *la croûte* derrière une malle*).

> Non... Mon cœur te sent là, Petite,
> Qui dors pour me laisser plus vite
> Passer ma nuit, si longue encor,
> Sur le pavé comme un rat mort...   T. CORBIÈRE, *Les Amours jaunes*, p. 749.

Vx. **Prendre des rats par la queue** «couper des bourses» (XVIᵉ s.). Gottschalk signale un emploi relativement récent (début XXᵉ s.), «voler des montres» (la chaîne étant comparée à la queue du rat).

Les rats quittent le navire [LOC. PROV.] «en cas de danger, les gens lâches, intéressés, abandonnent tout», comme les rats abandonnent le navire qui va sombrer. Probablement ancienne, la loc. n'est pas attestée dans les dictionnaires.

RATE n. f. Ce viscère avait dans la médecine ancienne la réputation d'attirer l'humeur mélancolique, la bile — d'où l'expression *décharger sa rate* — mais aussi de «nettoyer le sang féculent» (Furetière, citant Galien) — d'où *dilater la rate*.

Vx. **Décharger sa rate** «laisser éclater sa mauvaise humeur».

Dilater sa rate «amuser, faire rire». Var. : *désopiler* (= déboucher) *la rate, épanouir la rate* (la dernière, attestée dès 1652). Souvent sous la forme d'une rengaine, commençant par *j'ai (je sens) ma rate qui s'dilate...*

> Blague à part! plaisantait ce farceur de Croquignol, je sens ma rate qui se dilate en
> voyant par la pensée la sale bobine que va faire Archibald à son réveil en s'aperce-
> vant qu'il a perdu du même coup épouse, beau-père, toquante et pognon.
>
> L. FORTON, *L'Épatant*, 1910, p. 136.

Se fouler la rate «faire des efforts». Surtout en emploi négatif : *il (elle) ne se foule pas la rate* «il (elle) ne se fatigue pas».

RÂTELIER n. m.

Manger à tous les râteliers «profiter de toutes les situations, de plusieurs sources de profit, sans aucun scrupule». D'abord sous la forme : *à deux, trois... râteliers* (Beaumarchais, *Mariage de Figaro*, III, 13).

Si mes ministres veulent se contenter de vingt-sept sinécures outre leur portefeuille, si
mes conseillers d'État ne mangent pas à plus de quinze râteliers.
            H. DE BALZAC, *La Comédie du diable*, in *Romans et Contes philosophiques*,
                                                            Éd. de 1837, t. I, p. 11.

Quand le foin manque (quand il n'y a plus de foin) au râtelier [LOC. PROV.]
« quand l'argent, les ressources manquent » (sous-entendu ou exprimé : *les chevaux se battent*).

RATER v. tr.

Ne pas en rater une « commettre toutes les maladresses, les erreurs possibles » (1932, Céline).

RAVIR v. tr.

À ravir [LOC. ADV.] « d'une manière parfaite, qui entraîne l'admiration »
(1627). Cette expression est désuète *(elle danse à ravir).*

1. RAYON n. m. Divers emplois métaphoriques (*rayon d'espoir*, etc.) ne constituent pas à proprement parler des locutions.

Rayon de soleil « personne (plus rarement événement, chose) qui réconforte,
donne de la joie » (1879, Flaubert).

En mettre un rayon « se dépenser, travailler, agir avec ardeur ». Origine incertaine : peut-être issu du « sillon » labouré *(rai, rayon)* qui demande un effort soutenu, avec jeu de mots sur le *rayon* de la roue, dans l'argot des cyclistes.

2. RAYON n. m. Dérivé de l'ancien français *rée*, d'origine germanique, appliqué à la disposition régulière des alvéoles d'une ruche.

En connaître un rayon « être très compétent (dans un domaine) ». Var. expressive de *en connaître un bout*. Le *rayon* est ici le département de ventes spécialisé, le
domaine spécifique, et la loc. devrait avoir la forme : *connaître son rayon*. L'emploi
actuel vient sans doute de l'influence de *en mettre un rayon* (→ RAYON 1).

Faites-moi confiance : la brousse, les truands cravatés et décorés [...], j'en connais un
rayon !   H. CHARRIÈRE, *Branco*, p. 515.

Ce n'est pas mon (ton, son...) rayon « ça ne me (te, le) concerne pas, ce n'est
pas mon (ton, son) affaire ». L'expression semble récente sous cette forme ; elle a été
précédée par : *être (ne pas être) du rayon de..., dans le rayon de...* (ex. de L. Daudet
et J. Romains dans *Le Robert*).

RAZ n. m. Mot normand, de l'anc. scandinave *ras* « courant ». *Raz de marée*
est devenu le seul emploi fréquent (1680, Richelet).

Raz de marée. Par métaphore, « phénomène violent et irrésistible, qui provoque des changements profonds » (1951, Malraux, in *Robert*).

REBOURS n. m. « Direction contraire au poil » (d'une fourrure, etc.). À
rebours a signifié concrètement (1611) « à contre-poil ».

À rebours [LOC. ADV.] « en sens opposé au sens habituel ou normal » (*a rebors*,
XIIe s.) ; ou « d'une manière aberrante, anormale » (XIIIe s.). S'emploie aussi en loc.
prép. (*à rebours*, ou *au rebours de...*).

Compte à rebours « comptage ou calcul fait à partir d'une date limite future,
et remontant jusqu'au présent ». Métaphore du langage de l'astronautique (vers
1960), très à la mode dans la langue des affaires et de la prévision.

REBROUSSER v. tr.

À rebrousse-poil « à rebours et de manière à choquer, à heurter » (1636, Peiresc, *à rebours de poil*). *Prendre qqn à rebrousse-poil.*

RECETTE n. f.

Faire recette « avoir un grand succès » (d'abord « rapporter beaucoup d'argent, en parlant d'un spectacle », début XXe s.).

RECEVOIR v. tr.

Fam.   *Se faire recevoir* « se faire réprimander ». Emploi ironique du verbe, parfois renforcé *(il s'est fait bien, drôlement... recevoir).*

RÉCIPROQUE n. f.

Rendre la réciproque à (qqn) « lui rendre la pareille ; notamment, se venger » (1836).

RÉCLAME n. f.

Faire de la réclame à... « parler avec éloge de..., faire connaître... ». *Se faire de la réclame* « faire son propre éloge, se faire avantageusement connaître ». La péjoration attachée à ces formes vient de leur origine commerciale. *Réclame,* dans ce type d'emploi, est vieilli par rapport à *publicité.*

> Un tas de gredins et de farceurs sont venus là pour se faire de la réclame.
>   G. FLAUBERT, *Correspondance*, VIe série, p. 441.

RECOURS n. m.   Le syntagme verbal *avoir recours à* équivaut exactement à *recourir.*

En dernier recours « comme ultime mesure, en dernière ressource ». Cette expression banale et familière n'apparaît que récemment (1967) dans les dictionnaires.

Sans recours [LOC. ADJ.] « contre quoi on ne peut rien, irrémédiable ».

RECUL n. m.

Prendre du recul « considérer avec un certain détachement, pour mieux apprécier impartialement ». Emploi métaphorique récent d'une expression concrète (début XXe s.) → RECULER.

RECULER v. intr.

Reculer pour mieux sauter « attendre, temporiser pour avoir plus de chances de réussir » (1611 ; au XIIIe s. : *reculer pour le plus loin saillir*). Métaphore sportive ancienne, dont la valeur s'est étendue en deux sens : a) retarder une décision inévitable ou chercher à échapper à un inconvénient ; b) *prendre du recul** pour rendre possible une évolution, une décision (voir la citation de M. Tournier). La base de la loc. est l'élan du sauteur :

> Ceux qui s'esbattent a sauter, lesquels ont desja le pied sur la ligne et marque d'où ils doyvent commencer le saut, ont de coustume de reculer quelques pas en arrière, pour mieux esbranler et lancer le corps.   Nicot, *Explications morales d'aucuns proverbes.*
> Or cela s'est fait en deux temps. D'abord, marche arrière, retour à Rennes, remise de mes pas dans leurs traces enfantines, adolescentes, etc. Cela s'appelle communément reculer pour mieux sauter.   M. TOURNIER, *Les Météores*, p. 37.

À reculons [LOC. ADJ.]. Tirée de *reculer,* au sens concret, au XIIIe s., l'expression a eu des valeurs métaphoriques dès le XVIe s. : ainsi, Rabelais emploie *gagner sa vie à reculons* pour « se ruiner » (nous dirions « à l'envers »). Outre son sens concret («en reculant ou en faisant reculer»), la forme *à reculons* a aujourd'hui la valeur métaphorique de «en sens inverse du temps, du progrès...».

REDINGOTE n. f.

Redingote de sapin «cercueil». La loc. a plusieurs var. *(paletot, manteau...)* et a la même valeur que *entre quatre planches**. Le *sapin* ajoute l'idée de cercueil pauvre.

> Il vaut mieux jouer des jambes à New York que de pourrir dans une redingote de sapin
> en France... H. DE BALZAC, *La Rabouilleuse*, p. 1076.

REDIRE v. tr. ind. Dans la loc. ci-dessous, *redire* a le sens de «dire contre» (et non pas «dire de nouveau»).

Avoir (trouver) à redire à «considérer d'une manière critique, négative» (XIIIe s.). Au XVIIe s., a signifié «regretter» ou «déplorer l'absence de...». Bussy-Rabutin écrit : *je vous ai trouvée bien à redire* «vous m'avez bien manqué». La négation *n'avoir rien à redire à...,* est courante.

REDRESSER v. tr.

À la redresse [LOC. ADJ.]. Attestée en 1875, cette loc. emploie le déverbal de *redresser,* pris métaphoriquement. Issue de l'argot, elle est restée familière, et signifie «qui est capable de corriger *(redresser)* ceux qui s'opposent à lui»; d'où «énergique, fort, courageux». *Un mec (gars, type...) à la redresse.* Plus rare en attribut :

> Son maquet, c'est mon camarade,
> I'veut ben que j'fade
> Avec eux.
> Aussi j' l'aim', mon beau-frère Ernesse,
> Il est à la r'dresse
> Pour nous deux. A. BRUANT, *Dans la rue*, p. 200.

REFAIRE v. tr.

Fam. et vx. *Être refait au même* «être trompé, dupé» (1846, Balzac). L'expression redoublait l'idée de réciprocité, de vengeance (re-faire, *au même*); elle a disparu au profit d'un sens familier de *refaire (refaire qqn).*

Si c'était à refaire, s'emploie pour exprimer qu'on regrette une expérience passée.

> La jeune femme venait de se laisser tomber sur une chaise, où elle murmurait à demi-voix :
> — Ah! grand Dieu! en voilà un que je n'épouserais pas si c'était à refaire!
> É. ZOLA, *Pot-Bouille,* t. II, p. 39.

REFLET n. m.

Vieilli. *Huit reflets* [LOC. ADJ.], qualifiait le chapeau haut de forme, dont l'étoffe très brillante produit des reflets. Le nombre de *huit* concerne les huit rayons du cercle que forme le fond de la coiffe, que l'on est censé distinguer. Lexicalisé comme nom *(un huit-reflets).*

> Je fus frappé au même instant par la vue d'un chapeau haute forme «huit reflets» sur
> une chaise avec une pelisse [...]. M. PROUST, *À la recherche du temps perdu,* t. II, p. 553.

REFUS n. m.

Ce n'est pas de refus. Formule d'acceptation empressée, mais polie. La locution, devenue familière, s'employait au XVIIe s., plus facilement qu'aujourd'hui, à d'autres temps qu'au présent, et aussi avec un nom comme sujet.

Pour prendre l'occasion qui s'offrait, il luy respondit que son honnesteté n'estoit pas de refus, et qu'il avoit beaucoup de lassitude [...].

Ch. SOREL, *Histoire comique de Francion*, p. 284.

Il lui dit avec un grand jurement : « Comment ! vous donnez cent escus pour un proces ! J'en ay deux que je vous veux donner pour rien. — Cela ne sera pas de refus [dit la demoiselle].   A. FURETIÈRE, *Le Roman bourgeois*, p. 1031-1032.

REGARD n. m.

Regard en coin, en coulisse « regard oblique, sournois ou à la dérobée » → COIN, COULISSE.

Littér. *Dérober, soustraire aux regards* « cacher, dissimuler » (début XXᵉ s., *se dérober...*).

Au regard de [LOC. PRÉP.]. a) Vx « au jugement de... cf. *Aux yeux de...* » (fin XVᵉ s.) ; b) Vx « à l'égard de..., en ce qui concerne... ; par rapport à... » (XIVᵉ s.). N'est plus employé que dans le domaine abstrait, au sens de « du point de vue de... » *(au regard de la conscience politique, de l'honnêteté...).*

En regard [LOC. ADV.] « dans une position qui fait face à qqch. ; en face » (début XIXᵉ s.). S'emploie aussi comme loc. prép., mais ne semble pas usité métaphoriquement, à la différence de *en face de...*

REGARDER v. tr.

Ce verbe figure dans de nombreuses constructions figées, avec une détermination adverbiale. Ces constructions ont souvent une valeur métaphorique : *regarder qqn en face* « sans honte » ; *regarder les choses en face* « sans se dissimuler les difficultés, les éléments pénibles » ; *regarder de haut en bas* « toiser » ; *regarder en dessous* « sournoisement » ; *regarder de travers* « avec suspicion, hostilité » ; *regarder* (intrans.) *derrière soi, en arrière* « considérer le passé » ; etc. Plusieurs loc. font intervenir le mot *œil** (*regarder d'un œil* + adj.).

1. V. tr.

Vous ne m'avez (tu ne m'as) pas regardé « vous voulez (tu veux) vous (te) moquer de moi (mais je ne me laisserai pas faire) » [1920]. Ce regard d'autrui est ici sollicité comme devant dissiper toute tentative de dérision.

2. V. tr. indirect ou intrans.

Y regarder à deux fois « considérer avec méfiance, circonspection » (2ᵉ moitié du XVIIIᵉ s., Rousseau).

Y regarder de près « considérer dans les plus petits détails » (1622). Souvent en emploi négatif : *il n'y regarde pas de si près* « il n'est pas très attentif, minutieux » ; *il ne faut pas y regarder de trop près* « cela ne supporte pas un examen approfondi ».

Regarder à la dépense « être économe ». L'idée est reprise et condensée dans l'adj. *regardant*.

RÉGIME n. m.

Régime sec « absence de liquides alcoolisés, dans l'alimentation ». La *sécheresse* concerne ici une soif très spécifique, qui ne s'étanche pas avec un liquide quelconque.

Vx. *Vivre de régime* « avoir une vie très réglée » (XVIIᵉ s.). *Régime* a ici le sens classique de « conduite de vie ».

RÈGLE n. f.

La plupart des loc. formées avec ce mot utilisent une ambiguïté fondamentale : la *règle* est conçue à la fois comme une prescription arbitraire (l'élément d'un code social) et comme une loi naturelle inéchappable, affirmée par la science.

Règle d'or «principes excellents, que l'on décide de suivre en toutes circonstances». Loc. récente, probablement sur le modèle de *nombre d'or*.

La règle du jeu «les conditions auxquelles on doit se soumettre dans une situation ou pour une activité déterminée» (xxᵉ s., au fig.). La loc. fait partie du champ métaphorique du *jeu*, pratique réglée, appliquée aux activités sociales.

De règle [LOC. ADJ.] «conforme aux usages» ou «requis, nécessité par les circonstances» (xviiiᵉ s.).

En règle «conformément aux règles, aux lois en usage» (1740) ou «systématique, parfait» *(une escroquerie en règle)*. La règle finit ici par être ce qui garantit la nature même de la chose concernée.

En règle générale «le plus souvent» (début xxᵉ s.).

Vx. **Par règle et par compas** «de manière rigoureuse, mathématique».

Pour la bonne règle «pour se conformer à l'usage» (xxᵉ s.). S'emploie souvent à propos d'un acte de pure forme.

Être en règle avec soi-même (avec sa conscience) «avoir satisfait aux obligations religieuses et morales».

Se faire une règle de «se faire une obligation de, s'imposer...».

L'exception confirme la règle → EXCEPTION.

RÉGLÉ, ÉE adj.

En coupes réglées → COUPE. — **Réglé comme du papier à musique** → PAPIER.

Réglé comme une horloge «d'une extrême ponctualité (personnes) ou régularité (phénomènes)».

RESPECT n. m.

Sauf votre respect, le respect que je vous dois, se dit pour atténuer un propos jugé trop libre par le locuteur (xviiᵉ s.), cf. RÉVÉRENCE* PARLER.

RÉSULTAT n. m.

Le résultat des courses «le résultat». L'incertitude est ici ramenée à celle du turf.

REVENIR v. tr.

Fam. **Un (petit) goût de revenez-y** «un goût agréable, qui incite à se resservir» (en parlant d'un plat). *Revenez-y,* lexicalisé, signifie ici «retour d'une sensation».

RÉVÉRENCE n. f.

Vieilli. **Révérence parler** «sauf votre respect*» (milieu xviiᵉ s., Molière). S'emploie en incise pour édulcorer un propos que le locuteur juge osé.

REVUE n. f.

Fam. **Être (gens) de revue** «être appelé à se revoir» (1775, Mme Roland).

Être de la revue «être frustré dans ses espérances», le soldat désigné pour la revue subissant divers désagréments (cf. Flaubert, 1848, *être de revue pour...* «désigné pour»).

RIDEAU n. m.

Grimper aux rideaux «manifester une exaltation, un plaisir extrêmes» (spécialt, un plaisir érotique).

(Être, tomber) en rideau «en panne». Vient de l'argot des coureurs automobiles (mais cette métaphore nous est obscure).

RIEN «nominatif indéfini», entre dans plusieurs expressions courantes qui le renforcent (*rien du tout*, cf. PAS DU TOUT★; *rien de rien*) ou constituent des tours syntactiques originaux. Certains (*pour rien au monde★; en moins de rien* «en très peu de temps»; *de rien (du tout)* «de peu d'importance») n'offrent guère de difficulté d'emploi.

Rien moins que... «aucunement, nullement», *Rien de moins que...* «vraiment, bel et bien». *Il n'est rien moins qu'intelligent* «il est moins intelligent que qui que ce soit, il est tout sauf intelligent». *Il n'est rien de moins qu'un savant* «il en est vraiment un». Un emploi inverse a existé au XVIIᵉ s. : *il ne s'agissait de rien moins que d'allumer le feu de la guerre civile*, écrivait Bossuet, voulant dire : «il s'agissait au moins, au minimum, vraiment». On dira aujourd'hui dans ce sens : rien *de* moins que...

Fam. *Comme un rien* «très facilement». *Il mange deux douzaines d'huîtres comme un rien.*

Moins que rien → MOINS.

Un rien de temps «très peu de temps» (XVIIᵉ s.). *En un rien de temps* «instantanément».

On n'a rien pour rien [LOC. PROV.] «on n'obtient aucune chose gratuitement, il faut toujours payer pour l'avoir» (début XIXᵉ s.).

RIME n. f.

Sans rime ni raison «sans aucune raison, sans rien de rationnel». *Raison* est ambigu et dénote à la fois la rationalité et la cause. Le rapprochement des deux termes est une constante de la rhétorique ancienne et classique, qui oppose ainsi la forme poétique (la *rime*) au contenu conceptuel ou narratif (la *raison*). Cf. *ne rimer★ à rien.*

RIMER v. intr.

Rimer comme hallebarde et miséricorde → HALLEBARDE.

Ne rimer à rien «n'avoir aucun sens, aucune valeur, aucune utilité réelle» (deuxième moitié du XVIIᵉ s.). On trouve de même *rimer à quoi*, dans des interrogations directes ou indirectes (*je ne sais, je ne vois pas à quoi ça rime*). *Rimer* se substitue en fait à «avoir une (de la) raison», d'abord en parlant d'un discours organisé, comme l'est la poésie, la *rime★.*

RINCER v. tr.

Se faire rincer «recevoir une forte pluie, être complètement trempé» (1740). Au fig. «tout perdre au jeu» (cf. *Lessiver*).

(Se) rincer le bec (vieilli), *le bocal* (vieilli), *le corridor* (vx), *la dalle, le gosier* (XVᵉ s.), *le gorlot* (vieilli), *la gueule* (rare), *le sifflet* (rare) «boire abondamment». On a dit dans le même sens *se rincer la bouche* au XVIIᵉ s. L'image de «nettoyer en mouillant» confère à l'ingestion de boissons (alcoolisées) une valeur bénéfique.

Se rincer l'œil → ŒIL.

RIPAILLE n. f. De *riper* «gratter». L'idée initiale est celle de «prélèvement (de nourriture)».

Faire ripaille «bien manger et bien boire, avec l'idée de grande abondance, mais aussi de qualité» (1585). *Faire la ripaille chez qqn* se disait au XVIe s. des soldats qui allaient se nourrir ou s'approvisionner chez l'habitant. La loc. reste le seul usage vivant du mot, avec quelques emplois isolés.

RIPE (ou RIP) n. f.

Fam. **Jouer rip(e)** «s'en aller, fiche le camp» (1918, Esnault), avec un sujet de personne ou de chose. On a d'abord dit *faire la ripe* (1905). *Ripe* (ou *rip*) est probablement un déverbal de *riper* «s'en aller» plutôt qu'une allusion à Rip van Winkle, célèbre héros de Washington Irving.

> Nous longions un petit bois sur la gauche, c'était facile de sauter dedans et de jouer Rip dans la nature, mais j'avais toujours des visions maintenant : les schupos qui repoussent la concierge et montent l'escalier, leurs bottes sur le paillasson, les gosses qui pleurent...   J. PERRET, *Le Caporal épinglé*, p. 71.

1. RIRE v. intr. Les expressions comportant un substantif sont en général traitées à ce mot. Certaines marquent l'intensité *(rire aux éclats, aux larmes*, à gorge* déployée)* ou le contraire *(rire du bout des dents*)*, d'autres les modalités *(rire jaune*, rire sous cape*)*.

Pour rire «pour s'amuser, en simulant, pour faire semblant» (XVIe s.) et adjectivement «peu sérieux» (Furetière). Var. familière (langage enfantin) : *pour de rire* (opposé à *pour de vrai*).

Le mot pour rire → MOT.

Histoire de rire, s'emploie comme loc. adv., au sens de «pour s'amuser, pour se moquer».

Rire comme... L'intensité du rire s'exprime par plusieurs comparaisons, certaines établies avec une certaine fréquence *(rire comme une baleine*, comme un bossu*, comme un fou*)*, d'autres moins prévisibles et dont on ne peut toujours dire si elles proviennent d'un usage collectif, régional, etc., ou de la fantaisie d'un locuteur (Flaubert : «rire comme trois cercueils ouverts»).

Crever, mourir de rire «rire très fort; s'amuser, se réjouir d'une manière intense» (1574, Jodelle).

À mourir, à crever de rire [LOC. ADV. et ADJ.] «d'un comique, d'un ridicule extrême; ou d'une manière très comique» (XVIIIe s.).

> [...] mais tandis que je parlais, il contrefaisait à mourir de rire les positions des personnages que je nommais.   DIDEROT, *Le Neveu de Rameau*, p. 501.

Se tordre de rire «rire aux éclats et sans pouvoir se maîtriser». Lexicalisé en *se tordre.*

> [...] de jolies actrices qui n'avaient pas été prévenues, mais qui lançaient aux autres des œillades de complicité méchante, se tordaient de rire, avec de violents éclats. [...].
> M. PROUST, *À la recherche du temps perdu*, t. II, p. 173.

Laissez-moi rire, vous voulez rire, vous me faites rire... «ce n'est pas sérieux, ce n'est pas vrai».

Il n'y a pas de quoi à rire «la chose est grave, la situation est mauvaise» (début XVe s.).

Vx. **Il ferait rire un tas de pierre** «il est extrêmement drôle» (Furetière, 1690).

Tel qui rit vendredi, dimanche pleurera [LOC. PROV.] marque la précarité des états affectifs, de l'humeur, et fait partie de la vaste série d'assertions concernant l'instabilité humaine :

> [...] après la pluie le beau temps, tel qui rit vendredi dimanche pleurera. Jeu de bas-
> cule, commandant mes envols et retombées, marches et contremarches, faux départs
> et fausses sorties [...].   .   M. LEIRIS, *Fibrilles*, p. 273-274.

Rira bien qui rira le dernier [LOC. PROV.] « l'affaire aura des suites et celui qui croit triompher sera lui-même puni » (le locuteur affirmant par là qu'il aura finalement le dessus et qu'il pourra rire de son adversaire), *in* Furetière, 1690.

Rire est le propre de l'homme. Formule mise en exergue par Rabelais dans le prologue de *Gargantua* :

> Mieux est de ris que de larmes écrire
> Pour ce que rire est le propre de l'homme.

La spécificité humaine, traditionnellement exprimée par la raison (l'animal raisonnable des Anciens, l'*homo sapiens*) ou le langage, parfois par l'ustensilité *(homo faber)*, l'est ici par l'expressivité, par un rapport entre activité physiologique et signification psychologique. L'animal humain possède en effet, outre le langage, des types expressifs spécifiques : l'hypothèse que le rire, et non les pleurs, en fait partie, a des implications positives que peuvent retourner l'ironie :

> Moi aussi je fis haha. Que cela fait du bien de rire, de temps en temps, dit-il. N'est-ce
> pas ? dis-je. C'est le propre de l'homme, dit-il. Je l'ai remarqué, dis-je.
>   S. BECKETT, *Molloy*, p. 156.

2. RIRE n. m.

Éclat de rire, éclater de rire → ÉCLATER.

Fou rire « rire qu'on ne peut maîtriser ». La place anormale de l'adj. n'est pas, comme on pourrait le croire, un fait d'archaïsme. En effet, le dict. de l'Académie, dans sa première édition, enregistre *rire fou* (1694) puis donne la forme *fou rire* (1718). Cette dernière a sans doute prévalu parce qu'elle formait une sorte de mot composé, ce qui assurait sa stabilité.

Le rire est le propre de l'homme [LOC. PROV.] → RIRE 1.

RISQUE n. m.

Aux risques et périls de... « de telle sorte que toutes les conséquences négatives soient assumées par (celui qui prend une initiative, entreprend qqch. et en prend la responsabilité) ».

Vx ou littér. **À tout risque** « en s'exposant au danger, à tous les périls » (XVIIIᵉ s., Rousseau ; *à toute risque* au XVIIᵉ s.).

Courir le (un) risque « s'exposer à un danger, un inconvénient pour parvenir à un résultat, pour obtenir qqch. » (*courir risque,* fin XVIᵉ s.). *Courir le risque* se construit avec *de* (et un infinitif ou un subst.) ; la loc. concerne plutôt le domaine abstrait.

Prendre des risques « agir de manière dangereuse, dans une activité concrète » (*prendre des risques en conduisant,* etc.).

RISQUER v. tr.

Risquer le coup, le paquet « tenter qqch. en acceptant tous les risques » → COUP, PAQUET.

Risquer le tout pour le tout « s'exposer à tout perdre, à subir tous les inconvénients pour obtenir le maximum ». Métaphore du langage du jeu (1694, Acad.).

Qui risque gagne [LOC. PROV.] « seule l'acceptation du risque donne des chances sérieuses de gagner ».

Qui ne risque rien n'a rien [LOC. PROV.] « on ne peut gagner, réussir, sans prendre de risques » (1798, Acad.).

RIVAGE n. m.

Littér. *Le rivage des morts, du Styx* «les Enfers, le royaume des morts». Ces loc. littéraires et vieillottes n'apparaissent dans les dictionnaires que vers la fin du XIXᵉ s. En revanche, *le noir, le sombre (les noirs...) rivage(s)*, se dit depuis le XVIIᵉ s. (ainsi que *rive sombre, infernale*, etc.). L'assimilation de la mort à un voyage marin et de l'au-delà à une terre à atteindre provient de la mythologie. Le mythe du passage, matérialisé par la barque de Charon, a donné lieu à plusieurs expressions plus rhétoriques que phraséologiques, la vision populaire étant plus «terrestre» (*bouffer les pissenlits★ par la racine*, etc.). En outre, le *rivage* est assimilé par métonymie au territoire, au royaume★.

RIVIÈRE n. f.

Porter de l'eau à la rivière → EAU. — *Les petits ruisseaux font les grandes rivières* → RUISSEAU.

ROBE n. f.

Vx. *Une bonne robe* «une belle femme» (*in* Gottschalk).

Vieilli. *Homme, gens de robe* «magistrat(s)» (1530, avec la var. ancienne : *gens de robe longue*). La robe caractéristique de certaines professions libérales et des religieux, dès le Moyen Âge, a donné naissance au sens métaphorique de *robe* «profession des gens de justice» (XVIIᵉ s.) et à des loc. archaïques comme *ancienne robe* «magistrature établie, dans une famille», *haute robe* «haute magistrature», *année de robe* «année judiciaire».

Vx. *Tailler la robe selon le corps* [LOC. PROV.] «adapter qqch. à la personne qui doit en bénéficier»; et fig. «adapter qqch. aux circonstances».

Fam. *Vieux comme mes robes.* Déformation plaisante de *vieux comme Hérode★* «très vieux».

Vx. *La robe ne fait pas le médecin.* Variante par analogie de *l'habit★ ne fait pas le moine.*

ROBINET n. m.

Fam. *Petit robinet* «la verge d'un petit garçon».

Un robinet d'eau tiède «personne qui parle ou écrit de manière intarissable et ennuyeuse, monotone» (1690, Furetière). L'image de l'écoulement continu *(robinet)* est renforcée par celle d'une température médiocre *(tiède),* qui ne stimule pas.

Vx. *Tenir le robinet* «disposer de qqch. à son gré» (*in* Saint-Simon).

ROC n. m.

Ferme comme un roc «inébranlable (au fig.)».

Solide comme un roc «très robuste, d'une santé robuste».

Bâtir sur le roc «faire une œuvre durable; fonder une entreprise sur des bases solides» (1694, *in* Acad.).

ROCAMBOLE n. f.

Vx. *Et toute la rocambole* «et tout le reste (d'une énumération quelque peu hétéroclite)». Attestée chez les Goncourt, dans Littré, cette loc. correspond pour le sens à *et tout le tremblement.* La *rocambole* est une sorte d'ail ou d'oignon et, figurément, une chose piquante (depuis 1705) ou futile, insignifiante (début XIXᵉ s.), comme les prunes ou les nèfles. Cette équivoque métaphorique a pu inciter Ponson du Terrail à nommer *Rocambole* son héros, et la loc. traitée ici fait probablement allusion au caractère incongru, varié, hétéroclite, des aventures *rocambolesques;* cependant, la valeur initiale d'«assaisonnement» est aussi présente.

ROCH n. pr. m. Saint ayant vécu de 1295 à 1327, surtout en Italie *(Rocco)*.

Vx. *Bénédiction de saint Roch* «malédiction». Attestée au XVIIIᵉ s. *(donner des bénédictions de saint Roch,* 1721), la loc. fait sans doute allusion à la peste, mal que saint Roch aurait soigné avant d'en être frappé.

Mal de saint Roch «peste» (→ ci-dessus).

Vx. *C'est saint Roch et son chien* «ils sont inséparables» (1721, *in* Gottschalk). Selon la légende, saint Roch frappé de la peste fut sauvé par son chien compatissant.

ROCHE n. f.

... *de roche* «d'une grande dureté» (avec des noms désignant les capacités affectives : *cœur,* notamment).

Vx ou littér. *De (la) vieille (d'ancienne, de l'ancienne) roche* «d'une qualité, d'une valeur garantie par la tradition, l'ancienneté» (fin XVIIᵉ s., Saint-Simon). *Noblesse de la vieille roche* «noblesse très ancienne, indiscutable». Il peut s'agir ici d'une métaphore technique, et non pas de l'exploitation rhétorique des caractères attachés à *roche* (dureté, caractère intangible); en effet, on parlait au XVIIᵉ s. de *turquoises de la vieille roche* (*in* Furetière) pour désigner les gemmes très estimées tirées des sites miniers les plus anciens.

... *sous roche* → ANGUILLE.

Clair comme de l'eau de roche → EAU.

ROCHER n. m.

Ferme... comme un rocher, var. plus rare de *ferme comme un roc* → ROC.

Rocher de Sisyphe «travail, tâche interminable», par allusion à la légende de Sisyphe, condamné à pousser, sur la pente d'une montagne, un rocher qui retombait sans cesse.

> Ce même caporal me parlait également de ce qui est, dans la vie du légionnaire, un rocher de Sisyphe : gagner péniblement un bout de galon, puis le perdre, à cause d'une saoulographie un peu trop fracassante ou d'une quelconque entorse donnée à la discipline ; le regagner, puis le reperdre.   M. LEIRIS, *Fourbis,* p. 189.

Vx. *Parler aux rochers* «s'adresser à des indifférents» (fin XVIIᵉ s.). On dirait aujourd'hui : *parler à un mur.*

RÔDEUR n. m.

Vieilli. *Rôdeur de barrière* «malfaiteur qui agresse et dévalise» (deuxième moitié du XIXᵉ s., expression rapportée par Hugo; Littré enregistre : *rôdeur de nuit).*

RODOMONT n. pr. m. Nom d'un héros du *Roland furieux* de l'Arioste *(Rodomonte),* païen (c'est le roi d'Alger) caractérisé par sa bravoure imprudente et quelque peu arrogante. Passé dans la langue comme nom commun à la fin du XVIᵉ s.

Vx. *Faire le rodomont* «faire étalage de bravoure; faire le bravache». L'expression, attestée en 1612, a été précédée par l'apparition de personnages de théâtre inspirés de l'Arioste (chez Rémy Belleau, Turnèbe...); elle doit être antérieure au XVIIᵉ s., puisque *rodomontade* est attesté dès 1587.

ROGNE n. f.

En rogne «en colère; de très mauvaise humeur». Emploi le plus usuel du mot : surtout dans *être, se mettre en rogne* (fin XIXᵉ s.).

ROGOMME n. m. Mot d'étymologie inconnue, attesté en 1700 chez Mme de Maintenon, sous la forme *rogum* qui suggère une origine exotique, et désignant une eau-de-vie.

Vx. *Voix de rogomme* «voix éraillée, rauque (d'abord, par l'effet de l'alcool)» [1829]. L'expression, comme l'adjectif *rogomme* «rude, revêche» et le dérivé *rogommeux*, était en usage dans la seconde moitié du XIXᵉ s.; elle est tombée en désuétude.

ROI n. m. Des syntagmes figés désignent soit des personnages historiques *(le Roi-Soleil, le roi de Rome)*, soit des personnages entrés dans la légende *(le roi d'Yvetot, le roi Pétaud*, le roi Dagobert)*. On ne traitera ici que les formes figurant dans une unité phraséologique ou ayant un contenu sémantique général (ce qui exclut les noms propres ci-dessus). *Les Rois,* absolument, désignent les trois *Rois mages* de la tradition chrétienne (d'où *fête, jour des Rois),* et les festivités de leur célébration *(galette des rois;* cf. ci-dessous *le roi de la fève, tirer les rois).* Le mot, bref et suggestif, entre dans de nombreuses locutions.

Le roi des cons «le plus bête des hommes». Alors que *le roi de...,* comme intensif, fonctionne avec de nombreux subst. (c'est *le roi des imbéciles,* etc.), ce syntagme a pris une valeur spéciale et une fréquence exceptionnelle, au point que l'on peut dire : *ah! lui, c'est vraiment le roi,* en évoquant à coup sûr cette expression.

> Il y a peu de chance qu'on
> Détrône le roi des cons.   G. BRASSENS, *Poèmes et Chansons,* p. 379.

Vx. *Le roi de la fève* «roi faible, sans pouvoir» (milieu XVᵉ s.). On a dit dans ce sens *roi de théâtre, roi en peinture.* De nos jours, *le roi (la reine) de la fève* ne désigne que la personne qui trouve la fève dans la galette des rois (cet emploi est attesté plus tard : milieu XVIᵉ s.).

Le roi des oiseaux «l'aigle» (1694, Acad.), «le phénix» (1690, Furetière), «le paon» (Buffon). Cette métaphore littéraire (cf. *Le roi des animaux)* a été réutilisée plaisamment, avec le sens pris par *oiseau* dans *un drôle d'oiseau,* pour désigner un original, un personnage bizarre et comique.

Le roi de la création «l'homme». Appartient au même registre pompeux que *le roi des animaux* «le lion», et que la loc. précédente.

> Un jour, les rois de la création (c'est comme ça que les hommes aiment à s'appeler
> entre eux) arrivèrent dans le pays des ânes [...].   J. PRÉVERT, *Histoires,* p. 164.

Le Roi des rois, calque du superlatif sémitique (= «roi suprême») utilisé pour désigner Dieu (XIIᵉ s., Chrestien de Troyes) et quelques grands souverains de l'Antiquité.

... de roi «excellent, parfait» se rencontre dans quelques loc. : *Souhait de roi* (vx) «désir d'avoir un garçon et une fille» (1685); *morceau de roi* «morceau exquis, digne de la table d'un roi» (XVIIᵉ s., La Fontaine); *plaisir de roi* «plaisir intense et raffiné» (1690). Équivaut sur le mode terrestre au *plaisir des dieux.*

Vx. *... en roi* «comme un roi, d'une manière autoritaire, impérieuse» *(parler en roi,* 1694) ou «dans les richesses et les plaisirs» *(vivre en roi,* id.).

Heureux comme un roi «très heureux». À la différence des précédentes, cette loc. est restée très vivante; la comparaison a perdu sa valeur initiale, et l'expression suggère plutôt un plaisir spontané, naïf et véritable, qu'un «plaisir de roi».

> Quoique je vous aie écrit hier, je vous dis toujours un petit mot pour vous dire que je
> suis chez M. Bazin, et que je me trouve aujourd'hui heureux comme un roi d'être sorti
> du lycée.   T. CORBIÈRE, *Lettres,* p. 929.

> L'éléphant de mer, quand on ne l'ennuie pas, est heureux comme un roi, beaucoup
> plus heureux qu'un roi, parce qu'il peut s'asseoir sur le ventre quand ça lui fait plaisir
> alors que le roi, même sur le trône, est toujours assis sur son derrière.
>   J. PRÉVERT, *Histoires,* p. 151.

Vx. ... *comme je suis (le) roi d'Espagne* «pas du tout». L'hypothèse plaisante a été remplacée par d'autres, mettant en scène d'autres grands personnages (le pape, etc.).

> Qui est ce qui vous a amené cet homme là? luy dit un de la troupe, le prenez vous pour le goutteux que vous nous demandons? Ce l'est autant là comme je suis Roy d'Espagne.   Ch. SOREL, *Histoire comique de Francion*, p. 394.

Plus royaliste que le roi → ROYALISTE.

Aller où le roi ne va qu'à pied, n'envoie personne, où le roi ne peut aller que pour soi.... «aller aux lieux d'aisance, aller satisfaire des besoins naturels» (1690, Furetière). Parmi tous les euphémismes exprimant les fonctions physiologiques, ceux-ci rappellent l'égalité des conditions devant les réalités cachées du corps; l'expression est voisine de celles qui mettent en scène le *trône* et le *derrière*.

Vx. *Manger le pain du roi* «être soldat» (1640). On disait aussi : *loger dans la maison du roi* «être en prison», où le contraste entre les suggestions positives de *roi* et la réalité peut impliquer une discrète satire.

Tirer les rois «se partager et manger le gâteau, la galette garnie d'une fève, à l'occasion de l'Épiphanie, fête commémorant la venue des *mages* (dits traditionnellement *rois mages*)», ce partage désignant «*le roi* ou *la reine de la fève*». On disait *faire les rois* (1680); la forme actuelle est dans Littré.

> Comme je dois rester ici jusqu'à la terminaison de mon roman (laquelle n'aura pas lieu avant la fin de l'hiver), il est convenu avec Charpentier que le petit Cénacle tirera les rois à Croisset [...].   G. FLAUBERT, *Correspondance*, VIIIe série, p. 317.

Travailler pour le roi de Prusse «travailler pour rien; ne pas être payé de ses peines, alors que d'autres en tirent profit» (1845, Bescherelle). On invoque une tradition selon laquelle les soldes payées aux mercenaires du royaume de Prusse, au début du XVIIIe s., étaient dérisoires. Mais une chanson de 1757, satirisant la défaite du prince de Soubise à Rossbach, contient l'expression : *il a travaillé pour le Roi... de Prusse* et pourrait être à l'origine de cette locution. Celle-ci a pu être remotivée, tant qu'on a parlé de la *Prusse* pour l'Allemagne.

> Politicien peu scrupuleux au demeurant, qui, avec des dédains de grand seigneur racé, ne se gênait pas de travailler à ses heures pour le roi de Prusse, c'est le cas de le dire [...].   M. PROUST, *À la recherche du temps perdu*, t. II, p. 883.

Le roi n'est (n'était...) pas son (mon) cousin «il (elle) était très fier(e), ne se sentait plus de vanité». L'expression signifie : «être cousin du roi ne suffisait plus à sa prétention (il lui faudrait au moins en être le frère ou la sœur)».

> Le temps de vous le raconter, j'étais installée. Et tant pis pour les plis. J'avais un gros nœud de faille sur le derrière mais le roi n'était pas mon cousin. J'avais gardé mon ombrelle à la main. Il me dit : «Ouvre-la et fais la duchesse.»
>   J. GIONO, *Un Roi sans divertissement*, p. 201-202.

... ou le roi n'est pas noble, après une affirmation, exprime la certitude absolue (*cela est vrai, ou...*) [1690, Furetière].

Au royaume des aveugles, les borgnes sont rois → AVEUGLE.

Vieilli. *Le roi dit : «nous voulons»,* se dit pour rappeler à plus de modestie une personne qui exprime trop directement sa volonté (1690, Furetière). Il s'agit en fait d'un conseil linguistique, plutôt que moral.

> Aussi nous sommes ravis que vous soyez venu, dit-il, en employant ce *nous* sans doute parce que le Roi dit : nous voulons.
>   M. PROUST, *À la recherche du temps perdu*, t. III, p. 219.

RÔLE n. m. Mot apparenté à *rouleau* (bas latin *rotulis*), désignant le rouleau de parchemin, de papier sur lequel on inscrit des actes juridiques, une liste de noms, etc.

Avoir le beau rôle « avoir, dans des circonstances où plusieurs personnes sont impliquées, une action qui inspire l'admiration, et ceci facilement, de par sa situation propre ». On trouve aussi *tenir le beau rôle* (XXe s.).

Jouer un rôle « avoir une action spécifique sur certains événements », en parlant d'une personne (on disait à l'époque classique : *faire un rôle*) ; « avoir un effet déterminé », en parlant d'une chose. *Jouer son rôle* « avoir l'action attendue ou un effet satisfaisant (personnes et choses) ».

À tour de rôle « chacun à son tour, à la suite » (fin XVe s.) ; l'expression *à son tour de rolle* (milieu XVe s.) est juridique : « dans l'ordre d'inscription au rôle ».

ROMAINE n. f. Abréviation de *laitue romaine* (XVIe s.), attestée au début du XIXe s.

Bon comme la romaine, a) « bon jusqu'à la faiblesse, d'une bienveillance extrême » ; b) s'emploie au sens fam. de *être bon* « être voué à un inconvénient, être fatalement destiné à une situation mauvaise (défaite, etc.) ». La genèse de la loc. est obscure ; le passage d'un sens à l'autre est illustré par la citation suivante d'Aragon : « celui qui est trop bon est facilement la proie des circonstances ».

> Bon pour la marche et pour la boue et pour les balles...
> Bon pour la peur pour la mitraille et pour les rats
> Bon comme le bon pain bon comme la romaine　　L. ARAGON, *Le Crève-Cœur, in* Robert.

> Ça avait tout de suite collé entre nous. Le Fallec, il me rappelait Pierrot Lavalanche,
> à cause des mêmes yeux bleus qui rigolaient toujours. Comme Pierrot, pas de défense
> pour un sou, bon comme la romaine avec les moujiks, les chiards, les bestioles.
> 　　　　　　　　　　　　　　　　A. SERGENT, *Je suivis ce mauvais garçon*, p. 208.

ROMAN n. m.

Commencer, prendre le roman par la queue « commencer une histoire, une aventure... par la fin ». Au XVIIe s., et notamment dans le langage précieux « commencer une histoire d'amour par le mariage ». La loc. n'implique, au niveau conscient, aucune équivoque grivoise.

La vie n'est pas un roman → VIE.

ROME n. pr. de ville.

Tous les chemins mènent à Rome → CHEMIN.

1. ROND adj. et adv.

Rond comme... Diverses comparaisons intensives s'emploient avec l'adj. *rond* « ivre » (attesté dès le moyen français ; le sens originel « bourré de nourriture, repu », ne se trouve qu'au XVIIe s.). *Rond comme une balle, une barrique, une bille, un disque, un boudin, une bûche, un œuf, une soucoupe...* (objets « ronds », cylindriques, sphériques ou circulaires) évoquent la plénitude (cf. *être plein*).

> H'u !... nom de Dieu ! me v'là cinglé.
> Depis tantôt que j'me trimballe
> C'est toujours moi qu'j'ai régalé.
> Et j'suis rond... mais rond comme eun' balle.　　　A. BRUANT, *Dans la rue*, p. 131.

> Le même personnage dit, un peu plus loin : *D'abord, ej'suis rond comme un disque.*

Être rond en affaires « être franc et direct dans les affaires, les mener avec énergie et efficacité » *(rondement)*.

Tourner rond « bien aller, bien fonctionner » (XXe s.). Métaphore d'une expression de l'argot des mécaniciens (1870) en parlant d'un moteur. Souvent sous la forme négative : *ça ne tourne pas rond.*

> Mme Denise s'étonnait de la réticence de Martine à les suivre, à s'amuser. Drôle de
> fille, une autre à sa place, avec ce mari à éclipses... Parce que Martine avait beau pré-
> tendre, ça ne tournait pas rond dans le ménage.   E. TRIOLET, *Roses à crédit*, p. 290.

> — Tout juste. Les femmes, tout de même, quelles drôles de brebis. Jamais des idées
> comme tout le monde. Nous, les hommes, ça tourne rond, tandis qu'elles : toujours
> des à-coups.   R. QUENEAU, *Pierrot mon ami*, p. 42.

2. ROND n. m. Nombreux syntagmes (*rond de serviette*, etc.) dont quelques-
uns ont eu un sort sémantique intéressant.

Rond de cuir « coussin circulaire, en forme de disque ou de couronne, sur
les sièges des employés de bureau ». L'emploi du terme par Courteline *(Messieurs
les Ronds-de-cuir)* lui a donné la valeur métonymique d'« employé de bureau ». Dès
son apparition, *rond de cuir* suggère une activité mécanique et indolente, avec tous
les contenus négatifs de *bureaucrate*.

> — Un beau poste, après plus de trente ans de service ! [...] Mais il fallait de l'initia-
> tive et de l'intelligence, il s'agissait de ne pas s'endormir sur son rond de cuir, comme
> un empoté.   É. ZOLA, *Pot-Bouille*, t. I, p. 35.

Ronds de jambe « manifestations de politesse exagérées pour essayer de
plaire » (milieu XXe s.). Nom d'une figure de danse, *rond de jambe* exprime la même
idée de politesse obséquieuse que les courbettes et les révérences. Surtout dans *faire
des ronds de jambe.*

Comme deux ronds de flan → FLAN.

En baver des ronds de chapeaux « être extrêmement surpris », puis « subir de
graves inconvénients, des circonstances pénibles ». Dans le premier sens, l'image
est celle de la bouche* ouverte, en rond (cf. Rester bouche bée). Dans le second, la
loc. ne fait que renforcer un emploi familier de *baver (en baver) ;* formellement,
l'expression est des plus obscures.

> Dire qu'y en a qui croyent que c'est du bluff ! Qu'les tables ça tourne pas ! Quand
> j'leur-z-y dirai que Napoléon... comme j'vous cause... qu'il est v'nu... ah ! elles vont en
> baver des ronds de chapeau, les rombières du marché...
>   M. MICHEL-BAHSI, *Poupoune*, p. 252.

...en rond [LOC. ADV.] « en faisant un, des cercles ». *Danser en rond* → EMPÊ-
CHEUR. *Tourner en rond,* au fig., « se trouver dans une situation sans issue ».

N'avoir pas le (un) rond « n'avoir pas un sou, être démuni d'argent » (1878).
On trouve aussi : *sans un rond, pour pas un rond* (« gratuitement »).

RONDE n. f.

À la ronde « à son tour, successivement, en parlant d'un groupe de personnes réunies » (milieu XVIIe s.). Au sens initial, *à la ronde* signifie « aux alentours,
dans l'espace qui entoure un lieu, dans toutes les directions » (XIIe s.), notamment
pour exprimer une surface (*à* + un nom de nombre et une unité de longueur + *à
la ronde : à cinq kilomètres à la ronde*).

Entrer dans la ronde « entrer dans le jeu, participer à une activité en rejoi-
gnant les autres » (XXe s.), cf. *Entrer dans la danse.*

Mener la ronde, var. plus rare de *mener la danse.*

ROQUEFORT n. m.

Fam. *C'est plus fort que le roquefort* « c'est excessif, exagéré, inadmissible ». Renforcement plaisant et allitéré de *c'est fort, c'est trop fort* au sens de « c'est exagéré »
→ FORT. L'assonance, moins poussée, se retrouve dans le slogan publicitaire récent
et connu qui incite à préférer *le (du) roquefort, d'abord !*

1. ROSE n. f.

Rose des vents «représentation en étoile des trente-deux aires de vent sur une boussole» (1678; on a dit simplement *rose*, dans ce sens, antérieurement). Le caractère poétique de ce syntagme lui donne une valeur suggestive particulière et permet des emplois rhétoriques.

Eau de roses → EAU. — *Le pli de la rose* → PLI. — *Pot aux roses* → POT.

Frais comme une rose «bien reposé, frais et dispos». La comparaison fige la rose dans son début d'épanouissement, comme s'il n'y avait pas de roses flétries. *Frais comme un bouton de rose* est mieux motivé, mais moins fréquent.

> On ne se doute pas combien ça désaltère les pochards, de quitter l'air de Paris, où il
> y a dans les rues une vraie fumée d'eau-de-vie et de vin. À son retour, il était frais
> comme une rose [...]. É. ZOLA, *L'Assommoir*, t. II, p. 107.

Cueillir la rose «prendre la virginité d'une fille». Cette métaphore érotique donne lieu à quelques loc. verbales : *perdre (garder) sa rose, avoir la rose de...*

> [...] un Baron ayant trouvé aux champs une Bergere qu'il aimoit donna son cheval a
> garder a son laquais, et la mena en un lieu escarté où il voulut cueillir la rose [...].
> Ch. SOREL, *Histoire comique de Francion*, p. 416.

Être couché sur des roses «être dans un état de confort parfait, dans une situation agréable et douce». *Être sur un lit de roses*, syn., est attesté au XVIIe s. (La Fontaine). En emploi négatif et ironique : *il n'est pas sur un lit de roses* «il est dans une situation désagréable, pénible».

Vieilli. *Être sur les roses* «être dans une situation désagréable». À la fois antiphrase ironique et allusion aux épines des roses. Repris dans la loc. très vivante : *envoyer sur les roses* «envoyer promener, se débarrasser de (qqn)».

Ne pas fleurer (sentir) la rose «sentir mauvais».

Vx. *Voir tout (toutes choses) couleur de rose* «tout considérer avec optimisme» (*in* Littré). On dit aujourd'hui : *voir tout en rose* (→ ROSE 2).

Vx. *C'est la plus belle rose de son chapeau* «c'est son plus grand honneur, avantage, succès...» (1640, Oudin; *perdre la plus belle rose...* est déjà dans Villon); cf. la loc. vieillie *Mériter la rose* «l'emporter sur plusieurs» (*in* Littré).

Vx. *Il n'est si belle rose qui ne devienne gratte-cul* [LOC. PROV.] «les plus belles choses se dégradent; les personnes perdent leur beauté». Le charme de l'expression vient évidemment du mot *gratte-cul*, plus que de la constatation d'un fait biologique.

Il n'y a pas de roses sans épines [LOC. PROV.] «aucune situation, si agréable soit-elle, n'est exempte d'inconvénients; aucun plaisir n'est absolu» (1690, Furetière). Var. ancienne : *nulle rose sans épines* (1611, Cotgrave).

2. ROSE adj. et n. m.

Voir tout en rose «tout considérer d'une manière optimiste, ne voir que le bon côté des choses» (*in* Littré). Une var., popularisée par une chanson, est *(voir) la vie en rose*.

Vx. *Être dans ses roses* «dans une période joyeuse, gaie».

> Mademoiselle est dans ses noires, disait Rosalie, qui causait toute seule. Elle ne peut
> pas être dans ses roses deux jours de suite. É. ZOLA, *Une page d'amour*, in *Ph. Sl.*

Tout n'est pas rose... «tout n'est pas agréable (dans une situation particulière)» [1835, Acad.].

ROSEAU n. m.

Roseau pensant « l'homme, caractérisé à la fois par sa faiblesse dans l'univers et par sa caractéristique, la pensée ». Célèbre formule de Pascal (*Pensées*, II, 72), souvent citée mais qui n'a pas donné naissance à une véritable unité phraséologique.

Vx. *S'appuyer sur un roseau* « se reposer sur un appui faible, peu sûr, insuffisant ».

Vx. *(C'est un) roseau qui plie à tous vents* « c'est une personne faible, qui subit toutes les influences » (*in* Littré).

ROSÉE n. f.

... comme la rosée, s'emploie pour qualifier la fraîcheur, par confusion semi-consciente avec *rose* (→ ROSE 1). *Frais comme la rosée. Tendre comme la rosée,* se dit d'une viande particulièrement tendre (depuis le XVIIe s.).

> À l'intérieur, tout près de l'entrée, une ravissante jeune fille, fraîche comme la rosée, [...].   A. ALLAIS, *Contes et Chroniques,* p. 110.

ROSSIGNOL n. m.

Vx. *Rossignol d'Arcadie* « âne » (1611, Cotgrave). Allusion au braiement de l'âne, implicitement et comiquement assimilé à un chant d'oiseau. L'expression provient de *Roussin d'Arcadie* désignant l'âne → ci-dessous ROUSSIN.

RÔTI n. m.

S'endormir sur le rôti « cesser d'agir, se reposer au moment où l'on profite d'un plaisir (et par voie de conséquence, risquer de ne pas en profiter longtemps) ».

> Coupeau refusant toujours d'aller se coucher, on lui permit de rester, mais il dut promettre de se tenir tranquille dans un coin, car il s'agissait à cette heure de ne pas s'endormir sur le rôti.   É. ZOLA, *L'Assommoir,* t. I, p. 184.

ROTIN n. m.

N'avoir pas un rotin « n'avoir pas un sou, être démuni d'argent ». On trouve aussi *sans un rotin.* Le mot n'a ici rien à voir (si ce n'est une assonance) avec *rotin* « tige d'une plante exotique ». On peut penser à un calembour sur *rond d'étain* → N'AVOIR PAS UN ROND *.*

> Je donne en dote 500 000 balles à ma fille, ajoutait Ribouldingue avec la folle prodigalité de ceux qui n'ont pas un rotin.   *L'Épatant,* 1910, p. 132-133.

ROUE n. f.

La roue de la Fortune « symbole de la destinée humaine, l'homme étant entraîné par le mouvement de cette roue qui le conduit soit vers le haut, soit vers le bas » (1680, *in* Furetière) → ci-dessous : *être au plus haut de la roue* et *la roue tourne.* La déesse de la Fortune (latin *Fortuna,* le sort) est représentée avec une roue sur laquelle elle pose le pied ; l'image d'un destin cyclique est fréquente dans beaucoup de cultures.

Vx et fam. *Roue de derrière* « pièce de cinq francs en argent » (plus grosse que les autres, comme la roue arrière d'un carrosse). Attesté en 1725.

La cinquième roue du carrosse, de la charrette « une personne inutile dans une entreprise, dans une activité ». Souvent dans : *traiter qqn, être considéré comme... la cinquième roue du carrosse.*

> Ce qui n'empêchait pas Pagnol, à l'occasion, à propos de la mécanique, de faire un mot d'auteur. Il disait : « La roue de secours est la réhabilitation de la cinquième roue du carrosse. »   R. CASTANS, *Marcel Pagnol m'a raconté,* p. 176.

En roue libre « sans se fatiguer, tranquillement (en parlant de l'accomplissement d'une tâche, d'une activité) ». Métaphore du cyclisme.

Vx. *Être au plus haut (au plus bas) de la roue* « être au sommet (au plus bas) de sa carrière ; avoir parfaitement réussi (complètement échoué) » ; *au plus de...*, milieu XVIIIᵉ s. ; *sur le haut de...*, début XVIIᵉ s.

Vx. *Être sur la roue* « souffrir de maux, de peines intenses » (fin XVIIIᵉ s.). La métaphore concerne le supplice de la roue (cf. *Rouer*).

Faire la roue « prendre une attitude avantageuse ». Allusion au paon, équivalant au verbe *se pavaner* (fin XIVᵉ s., Eustache Deschamps). S'emploie surtout en parlant d'un homme qui cherche à se faire valoir devant une femme (ne pas confondre avec *faire la roue* employé au concret pour l'exercice gymnastique qui consiste à tournoyer sur les pieds, puis sur les mains).

> Il vint dans la maison faire sa cour et faire la roue devant cette belle fille idiote, qui semblait lui plaire, d'ailleurs.   MAUPASSANT, *Berthe*, in *Yvette*, p. 306.

Vieilli. *Se graisser les roues* « boire (de l'alcool) ». Cette image, relativement rare parmi celles, si nombreuses, qui caractérisent la boisson, est issue d'un langage professionnel. Le vin, l'alcool, est assimilé à la graisse qui fait mieux avancer la charrette.

> Sans doute que j'ai bu un coup ! Quand l'ouvrage donne, faut bien se graisser les roues !
> É. ZOLA, *L'Assommoir*, t. I, p. 119.

Mettre des bâtons dans les roues → BÂTON.

Pousser à la roue « inciter à une action ». Renforcement de *pousser*, employé au fig., par une image concrète (on *pousse* une voiture *à la roue* quand elle est embourbée, pour monter une forte pente, etc.).

La roue tourne « les événements modifient, ont modifié la situation, de manière à faire passer qqn de la réussite à l'échec, etc. ». Allusion à la *roue de la Fortune* (ci-dessus).

ROUEN n. pr. de ville.

Vx. *Aller à Rouen* « être dans une situation délictueuse et misérable ». Jeu de mots d'un type fréquent avec *aller à...*, et calembour formel (*Rouen — rouer* et *ruiner*).

1. ROUGE adj.

Rouge comme... une cerise, un coq, un coquelicot, une écrevisse, un homard, une pivoine, une tomate « dont le teint est très rouge (personnes) ». Plusieurs de ces comparaisons sont dans Furetière (1690). Les comparaisons utilisent des noms d'objets naturels, plantes (fleurs, fruits) ou animaux ; la valeur de la comparaison est souvent « rouge de honte, de timidité, de pudeur ou de colère », parfois mais plus rarement « rouge pour une cause physique : chaleur, boisson..., étranglement ».

> Hum ! est-ce que mon mariage interrompait un petit roman ? [...] Elle est sortie rouge comme une cerise sur un mot [...].   É. AUGIER, *Le Fils de Giboyer*, p. 95.
> Les efforts que faisait M. de Froberville pour qu'on n'entendît pas son rire, l'avaient fait devenir rouge comme un coq, [...].
> M. PROUST, *À la recherche du temps perdu*, t. II, p. 684.

Chiffon rouge → CHIFFON. — *Lanterne rouge* → LANTERNE. — *Écrit en lettres rouges* → LETTRE. — *Talon rouge* → TALON. — *Méchant comme un âne rouge* → ÂNE. — *Tirer à boulets rouges* → BOULET.

2. ROUGE adv.

Se fâcher tout rouge « se mettre violemment en colère » (1784). *Tout*, adv., donne à l'expression une nuance familière, quasi enfantine, et il est notable que

cette forme seule s'emploie (on ne dit plus *se fâcher rouge*, attesté chez Flaubert —
et qui n'est peut-être qu'une var. individuelle —, ni *se fâcher très rouge*).

> Le curé était tellement effrayé qu'il s'est fâché tout rouge contre le capitaine, qui cher-
> chait à lui prouver qu'il n'y avait pas de danger...
> <div align="right">STENDHAL, <i>Mémoires d'un touriste</i>, t. I, p. 312.</div>

> Et c'est pour cela qu'il [le soleil] fait la gueule [...]
> et qu'il secoue en rugissant
> sa grande crinière crépusculaire
> sur les passants
> Et les passants se fâchent tout rouge
> et clignent des yeux
> <div align="right">J. PRÉVERT, <i>Histoires</i>, p. 28.</div>

Voir rouge «concevoir une vive colère» (milieu XIXᵉ s., E. Sue). La loc. procède d'une métonymie : la colère est censée injecter de sang les yeux, et la vision
est symboliquement colorée de rouge. Celui qui *voit rouge* projette ses sentiments
d'hostilité sur ce qui l'entoure. Très visuelle, cette loc. est sémantiquement ambiguë; elle n'a guère de rapport avec la vision *en rose* et procède plutôt d'expressions comme *être aveuglé par la colère*. En outre, le *rouge* connote assez clairement le sang.

> Des blessés? nous n'en faisons pas! m'a dit un adjudant [...].
> Il s'est tu heureusement! Je voyais rouge.
> <div align="right">J. VALLÈS, <i>L'Insurgé</i>, p. 298.</div>

> Je voyais rouge. Un couteau était là sur la table; je l'ai pris machinalement et
> je l'ai frappée dans le dos...
> <div align="right">GORON, <i>L'Amour à Paris</i>, t. I, p. 90.</div>

3. ROUGE n. m.

Vx. *Un pied de rouge (sur la figure)* «une couche épaisse de fard».

Du gros rouge (qui tache) «du vin rouge ordinaire». Un *coup de rouge* désigne
de même un verre de vin rouge (cf. *Boire un coup*), appelé dans la langue classique
un rouge bord.

> Un homme dans un bouge
> assommant à coups de rouge
> le mal du pays
> <div align="right">J. PRÉVERT, <i>Paroles</i>, p. 240.</div>

Le rouge est mis «les jeux sont faits, il n'y a plus rien à faire» (1923, *in*
Esnault). Métaphore du langage des courses, où un disque rouge placé sur le panneau d'affichage indique que la décision annonçant les gagnants est définitive
(l'expression *mettre le rouge* s'emploie aussi à propos de la lumière rouge indiquant
que l'émission est commencée, dans un studio de radio ou de télévision, et *le rouge
est mis* peut être interprété ainsi de nos jours).

ROUGIR v. intr. et tr.

Rougir comme une tomate, une carotte... Comparaisons intensives analogues
à celles que l'on trouve avec l'adj. *rouge**.

> J'ai été jusqu'à plus de vingt ans où je rougissais comme une carotte quand on me
> disait : « N'écrivez-vous pas ? »   G. FLAUBERT, <i>Correspondance</i>, IVᵉ série, p. 30.

Rougir jusqu'au blanc des yeux «devenir entièrement rouge (de honte,
de timidité)».

Vx. *Rougir ses mains dans le sang* «commettre un meurtre» (*in* Littré).

Propos à faire rougir... (un singe...) «propos obscènes».

ROULEAU n. m.

Rouleau compresseur «force militaire irrésistible»; par extension «personne
ou force qui avance irrésistiblement, que rien n'arrête». Expression créée en 1915 à
propos de l'armée russe, par les journalistes.

Être (se trouver...) au bout du (de son) rouleau « avoir épuisé toutes ses ressources ou ses forces ; être épuisé » (1828) ; on disait dans la langue classique : *au
bout de son rollet.*

> Deux mille francs !... Nous aurons beau remuer ciel et terre !... Ça ne se trouve pas
> sous le pied d'un cheval !... Ton père, tu le vois bien par toi-même, est tout au bout de
> son rouleau !... Pour moi, je suis rendue, fourbue, je ne dis rien devant lui, mais je suis
> prête à m'effondrer...   L.-F. CÉLINE, *Mort à crédit*, Livre de poche, p. 165.

ROULER v. tr.

Se les rouler « ne rien faire, paresser » (1916). Ellipse probable de *se rouler
les pouces,* var. de *se tourner les pouces* → POUCE.

> Ils se les roulent toute la journée à l'arrière, et ils ne sont pas fichus de monter à
> l'heure.   H. BARBUSSE, *Le Feu*, t. I, p. 12.

> C'était parfaitement exact que je me donnais au boulot !... J'avais pas de quoi me les
> rouler... du matin au soir...   L.-F. CÉLINE, *Mort à crédit*, Livre de poche, p. 297.

Rouler sa bosse → BOSSE. — *Rouler les mécaniques* → MÉCANIQUE. — *Rouler
qqn dans la farine* → FARINE.

ROULETTE n. f.

Aller (marcher...) comme sur des roulettes « aller, marcher, fonctionner parfaitement et avec facilité ; ne pas rencontrer de difficultés » (en parlant d'une affaire,
d'une entreprise) [1813].

> J'ai deux ou trois petites chicanes à vous faire, chère Madame. Mais à partir du premier
> dialogue entre le comte et sa femme, ça marche comme sur des roulettes, à merveille,
> très bien. Je ne doute pas qu'en temps ordinaire ce livre n'obtienne un grand succès.
>   G. FLAUBERT, *Correspondance*, VIe série, p. 334.

ROUPIE n. f.

De la roupie de sansonnet « une chose insignifiante » (Zola, *in* Robert ; d'abord
de la roupie de singe, 1864, Delvau). Souvent en emploi négatif, pour qualifier une
chose remarquable. Les dictionnaires rattachent la loc. à *roupie* « goutte d'humeur
nasale, morve » et on peut en effet comparer la *roupie de singe* à la *crotte de bique ;* le
mot *roupie,* vers la même époque, donne naissance au dérivé *roupiou* « étudiant en
médecine jouant le rôle d'externe », ce qui atteste son emploi fréquent et plaisant.
Mais l'influence de *roupie* « monnaie indienne » (donc exotique, inutilisable) et celle
du radical germanique *raupa* « choses déchirées » (ce dernier, par l'intermédiaire de
formes régionales) est probable. En outre, l'apparition du *sansonnet* est tout à fait
énigmatique, sinon que des à-peu-près formels (*sans sou ?* = sans valeur) peuvent
y être rattachés.

> [...] c'était Ribouldingue qui s'était... oublié, remplissant la huche d'un parfum auprès
> duquel le corylopsis de Japon n'était que de la roupie de sansonnet.
>   *L'Épatant*, 1908, p. 11.

ROUPILLON n. m.

Piquer un roupillon « faire un petit somme » (Barbusse). D'après *piquer
un somme,* etc.

ROUSSI n. m.

Sentir le roussi « devenir dangereux, menaçant (d'une situation) ; prendre
mauvaise allure (d'une évolution) ». Semble récent dans cette acception ; *sentir le
roussi* a d'abord signifié (début XIXe s.) « avoir des opinions hétérodoxes, des mœurs
condamnables (et être de ce fait menacé du bûcher de l'Inquisition) ». L'emploi

moderne fait allusion à l'odeur d'un plat qui commence à brûler, d'une odeur de brûlé qui annonce un danger d'incendie.

ROUSSIN n. m. Cheval entier, employé pour la guerre ou la chasse : mot employé surtout du XIIᵉ au XVIᵉ s. Sans doute éliminé par la valeur péjorative de *roux*, de *rosse*.

Roussin d'Arcadie « âne » (*in* La Fontaine, *Fables*, VIII, 17 : « L'Âne et le Chien »).

ROUTE n. f. Ce mot figure dans plusieurs syntagmes verbaux dont la valeur métaphorique est évidente *(barrer la route à qqn, se mettre en route, mise en route...)*, ou absente *(faire la route)*.

En cours de route « pendant l'opération ». Métaphore du spatial (« pendant le déplacement », désigné par *route*) au temporel.

Faire fausse route « se tromper dans la conduite d'une affaire, dans un raisonnement, etc. » (1835 ; XVIIᵉ s. au sens concret, comme terme de marine ; cf. *Faire route vers...*).

> Mais les exigences de mon écrasant travail me condamnent à une séparation que je maudis. Je commence à croire que j'ai fait fausse route dans la vie, mais étais-je libre de choisir ?   G. FLAUBERT, *Correspondance*, Vᵉ série, p. 160.

Fam. *Tenir la route* « marcher, fonctionner sans s'écarter du but » (en parlant d'un projet, d'une entreprise, d'une politique...). L'expression, qui semble récente, s'emploie surtout dans le discours politique et journalistique. Métaphore automobile.

ROUTIER n. m.

Vieux routier « personne qui a une longue expérience d'une profession, d'un milieu, et se conduit avec habileté » (1688, *in* La Fontaine). Le *routier* est d'abord le mercenaire qui court les routes en pillant la population ; la loc. en tire une certaine péjoration.

ROYALISTE adj.

Plus royaliste que le roi « plus extrême dans une opinion que ceux ou celui qu'elle soutient » (1816, Chateaubriand ; d'abord appliqué aux ultras). L'élément suffixé *-iste* signifie « partisan de... ». Il est linguistiquement paradoxal que l'opinion ainsi désignée soit assumée avec plus de force que par la personne qui l'incarne, mais chacun sait que les disciples dépassent souvent en intransigeance les maîtres, et les partisans, leur candidat. D'où un modèle d'expression, du type *plus marxiste que Marx*, etc.

ROYAUME n. m. Comme *roi*, le mot sert à former des syntagmes de sens transféré ou spécialisé *(le royaume des lis* « La France » ; *le royaume des cieux* « le paradis », *le royaume de Dieu*, etc.).

Le royaume des morts « les enfers » (milieu XVIᵉ s.). On trouve au XVIIᵉ s., *les sombres royaumes*, puis au XIXᵉ s., *le royaume de Pluton, les noirs royaumes* → RIVAGE.

Aller au royaume des taupes « mourir » (1611, Cotgrave). *Le royaume des taupes* est la terre que les *taupes* habitent, en y creusant des galeries. Cette métaphore, désignant spécifiquement le cimetière, est peut-être à l'origine des désignations plaisantes faisant allusion à la racine des plantes (→ PISSENLIT).

Au royaume des aveugles les borgnes sont rois → AVEUGLE.

Pas pour un royaume « en aucun cas, pour rien au monde (après une négation au futur) » (fin XVIIᵉ s.). Var. moins courante de *pas pour un empire*.

RUBICON n. pr.

Franchir (passer) le Rubicon « se décider de manière irrévocable ; commencer une action, par une décision irrévocable » (fin XVIIᵉ s.). *Rubicon* est le nom d'une petite rivière limitant la Gaule et l'Italie, que César franchit malgré l'interdiction faite à tout général romain d'entrer en armes en Italie : il s'agit donc d'une décision de nature politique, plus que militaire.

> On dirait une fête de la Haute, une cérémonie de gala, un *Te Deum* à Notre-Dame ; [...] Des vivats ! des cris !... Le sort en est jeté — ils ont passé le Rubicon !
>
> J. VALLÈS, *L'Insurgé*, p. 139.

RUBIS n. m.

Payer rubis sur l'ongle « payer comptant et jusqu'au dernier sou ». L'origine de cette expression est bien connue des spécialistes, mais n'est pas sentie par ceux qui l'emploient. *Faire rubis sur l'ongle* signifie d'abord « vider son verre jusqu'à la toute dernière goutte, qui tiendrait sur l'ongle sans s'écouler », d'où « finir jusqu'à la dernière goutte » et, par métaphore, « payer jusqu'au dernier sou ». On comprend généralement aujourd'hui seulement « payer comptant » et la loc. évoque quelque troc où la monnaie d'échange est une pierre précieuse (*l'ongle* est peut-être compris comme métonymique de la main). Les deux sens apparaissent au XVIIᵉ s. (Oudin et Furetière) et celui de « boire » était encore vivant au XIXᵉ s. (chez Barbey d'Aurevilly, *in* Robert). Le Roux note une coutume qui a pu jouer son rôle dans la conservation de l'expression jusqu'à nos jours :

> *Rubis sur l'ongle.* Cela se pratique en débauche, et lorsqu'on a bu une rasade à la santé d'une personne de la compagnie, ou d'une autre qui est absente et qu'on aime ou estime : on renverse la dernière goutte qui demeure dans le verre sur l'ongle du pouce, et ensuite on lèche cette même goutte, pour marquer l'attachement qu'on a pour la personne.
>
> LE ROUX, *Dictionnaire comique*, art. *Rubis*.

> [Le coiffeur] plaçait plus haut Saint-Loup qui payait rubis sur l'ongle, avait plusieurs voitures et des chevaux de selle.
>
> M. PROUST, *À la recherche du temps perdu*, t. II, p. 127.

> Nous eûmes tout cela illico !... Tout l'assortiment... Achats soldés rubis sur l'ongle bien entendu... mais quel barda !...
>
> L.-F. CÉLINE, *Le Pont de Londres*, p. 139.

RUE n. f.

Le mot, par delà sa signification, suggère plusieurs contenus caractéristiques que la phraséologie met tour à tour en œuvre.

Figure (gueule) en coin de rue « figure anguleuse, pointue ». Simple expansion intensive de *figure (gueule) en coin*.

Fille des rues « prostituée ». *Gamin des rues* « enfant abandonné, ou très pauvre, qui semble vivre dans la rue ». La *rue* est ici le milieu de la misère ou des activités proscrites, cf. *le trottoir*.

Le sirop de la rue → SIROP. — *Avoir pignon sur rue* → PIGNON.

Vieux comme les rues « très vieux et très banal » (1640, Oudin). Cette expression peut surprendre, les rues étant des passages aménagés dans les villes, dont l'ancienneté est celle de l'établissement humain organisé, de beaucoup postérieure à celle des passages dans la nature (les *chemins*). Mais le mot *rue* connotait une banalité sans cesse renouvelée (cf. *Courir les rues*) ; en outre, la loc. fait référence au caractère obligatoire des rues dans la ville et l'inclusion logique (pas de ville sans rue) implique une identité chronologique avec le milieu de référence.

Courir les rues « être extrêmement banal, connu de tous » (1660). Au sens concret, *courir les rues* (et *battre les rues*) signifie « parcourir la ville en tous sens » ; la loc. a eu la même valeur que *battre la campagne* « être fou » (var. *être fou à courir les rues*). L'expression de la banalité familière correspond au sentiment que la rue est le lieu de passage, le lieu parcouru par le plus grand nombre, cf. aussi *Les rues en sont pavées* (ci-dessous).

L'esprit court les rues → ESPRIT.

Descendre dans la rue «participer à des manifestations, à une révolte». Les rues des villes, notamment au XIXe s., sont le lieu privilégié de la révolte collective.

Jeter, mettre à la rue «jeter dehors et laisser sans ressources». Les connotations sont ici les mêmes que dans *gamin des rues*.

> Lorsque le soir, la Maheude sut que son homme en était, elle fut désolée, elle lui demanda s'il voulait qu'on les jetât à la rue. Maheu lui-même n'avait point accepté sans répugnance.   É. ZOLA, *Germinal*, t. I, p. 239.

Vx. *Loger rue du Croissant* «être cocu» (jeu sur *corne* et *croissant*).

Fam. *Ça fait la rue Michel* «ça fait le compte, et fig., ça suffit, c'est assez». Jeu de mots sur la rue *Michel-le-Comte*, à Paris (1912, *in* Gottschalk).

Fam. et vx. *Le bout de la rue fait le coin* «la chose est évidente et banale» (1787, *in* Gottschalk). Cette phrase est à la fois une lapalissade et une allusion à la banalité, par les valeurs du mot *rue*, cf. *Courir les rues, vieux comme les rues,* ci-dessus.

Les rues en sont pavées «il y en a autant qu'on en veut; la chose est courante, sans valeur». Var. descriptive et motivée de *cela court les rues* avec un transfert de ce qui encombre les rues quand on les parcourt à ce qui les garnit, en éléments nombreux *(les pavés)*.

La rue est à tout le monde [LOC. PROV.], se dit d'un lieu et par extension, d'un avantage qui appartient à tous, n'est pas réservé.

> «La rue est à tout le monde», reprenais-je en donnant à ces mots un sens différent et en admirant qu'en effet dans la rue populeuse souvent mouillée de pluie, et qui devenait précieuse comme est parfois la rue dans les vieilles cités de l'Italie, la duchesse de Guermantes mêlât à la vie publique des moments de sa vie secrète, se montrant ainsi à chacun, mystérieuse, coudoyée de tous, avec la splendide gratuité des grands chefs-d'œuvre.   M. PROUST, *À la recherche du temps perdu*, t. II, p. 145.

RUINE n. f.

Vx. *Battre en ruine* «réduire la position, la situation de qqn» (1691, Molière). Métaphore du langage militaire, où *battre en ruine* signifiait «détruire par l'artillerie», stade succédant à celui de BATTRE EN BRÈCHE★.

Courir à sa ruine «aller inéluctablement vers sa perte, sa fin». Variante stylistique de *courir à sa perte*.

Menacer ruine «être en passe de se défaire, de se détruire».

Tomber en ruine «être dans un état de dégradation complète», en parlant d'une construction, et par métaphore, d'une chose abstraite, institution, organisation, etc. (1690, Furetière).

RUISSEAU n. m.

Dans le ruisseau «dans la déchéance et le dénuement complet». S'emploie dans divers syntagmes verbaux *traîner, être, tomber, rouler... dans le ruisseau*. *Ramasser qqn dans le ruisseau* «le tirer d'une situation dégradante» (s'est appliqué notamment aux femmes dites de mauvaise vie épousées bourgeoisement). On trouve aussi *tirer du ruisseau, sortir du ruisseau*. Ces emplois du discours rhétorique bourgeois ont vieilli, sans produire de véritables unités phraséologiques.

Les petits ruisseaux font les grandes rivières «des éléments modestes additionnés, accumulés, finissent par produire une chose importante (surtout appliqué aux sommes d'argent)» [1690, Furetière]. Cette loc. prov. est si bien entrée dans les mémoires que sa forme a servi de schéma pour des phrases analogues, tel le slogan publicitaire d'une marque d'ampoules électriques : *les petites* Visseau *font les grandes* lumières.

RUPTURE n. f.

Rupture de bans «libération des préjugés, des contraintes». Métaphore d'une ancienne loc. juridique «rupture d'une interdiction de séjour», le *ban* étant une condamnation au bannissement (→ BAN). Surtout dans la loc. verbale *être en rupture de bans.*

> Ce deuxième départ — celui qu'en un certain sens je devrais dire le dernier, puisque aucun de ceux qui vinrent après ne revêtit la couleur romantique apte à légitimer l'emploi du beau mot de «départ» — ce deuxième départ, plus nettement encore que le premier, fut motivé par le besoin d'une rupture de ban.
>
> M. LEIRIS, *Fibrilles*, p. 81-82.

S

SABLE n. m.

Bâtir sur le (du) sable « se lancer dans une entreprise, faire des projets sans bases solides » (comme une maison bâtie sur un sol meuble). Attestée au XVIIe s., notamment dans les sermons de Bossuet et de Massillon, l'image est issue de l'Évangile (Matthieu 7, 26). Variante : *fonder sur le sable, sur le sable mouvant.*

Être sur le sable « être sans argent ou sans travail ». Attestée isolément en 1725, la loc. ne semble vivante qu'au XIXe s. (en 1827, d'après Esnault) dans l'argot des matelots où elle signifie « être à sec (d'argent) ». Une extension de sens conduit à « dans la misère », et, par contiguïté « en chômage » (1926). La métaphore maritime du bateau en difficulté, symbole de la détresse matérielle, est à peu près la même que dans *être à la côte* (→ CÔTE 2).

> Il avait encore attendu avant de lui parler de mon histoire... et cependant ça le démangeait... Il se sentait comme responsable... que je reste ainsi sur le sable... sans situation aucune...   L.-F. CÉLINE, *Mort à crédit*, Pléiade, p. 825.

Vieilli. **Semer sur le sable** « se donner une peine inutile » (XVIIIe s.).

SABOT n. m.

Comme un sabot « très mal », avec des verbes d'action comme *jouer, travailler*, etc. La loc., qui date de la première moitié du XIXe s., s'explique à partir de *saboter* « faire quelque chose vite et mal » (1808, Boiste) et du sens péjoratif familier de *sabot* « mauvais instrument de musique » (1835), puis « objet de mauvaise qualité ». C'est cette idée qui est à l'œuvre dans *saboter un morceau de musique, jouer comme un sabot*. Il est probable que l'expression ait été surdéterminée par *comme un pied.*

Les deux pieds dans le même sabot → PIED.

Vx. **Avoir cassé son sabot** « avoir perdu sa virginité », en parlant d'une jeune fille (XVIIIe s.). *Casser*, dans ce contexte métaphorique, correspond à *fendre.*

Vieilli. **Avoir du foin dans ses sabots** « être riche », en parlant d'un paysan (fin XVIIIe s.). Var. de *avoir du foin dans ses bottes* → FOIN.

Dormir comme un sabot « dormir profondément ». Attestée au XVe s. chez Villon, cette loc. n'est plus bien comprise. En effet, *sabot* (*çabot* au XIIe s., *chabot* en picard) désigne ici non pas la chaussure, mais une sorte de toupie, qui, à grande vitesse, donne l'impression d'immobilité (d'où la formule *le sabot dort* « il tourne sur place tellement vite qu'il paraît immobile »), cf. aussi *Ronfler comme une toupie*.*

> La patronne, qui se portait aussi bien que son mari, dormait auprès de lui comme un sabot.   LESAGE, trad. de *Guzman de Alfarache*, in Littré, article *Sabot.*

Voir qqn venir avec ses gros sabots «voir où il veut en venir, tellement il cache mal ses intentions» (1848, G. Sand). Expansion de *voir venir* «deviner les intentions de...». Les sabots expriment l'idée de naïveté et d'épaisseur; le bruit de la marche en sabots est suffisant pour révéler la direction et *voir* se substitue plus ou moins à *entendre*.

SABRE n. m.

Le sabre et le goupillon «l'Armée et l'Église» (début XXe s.), d'abord dans la formule *l'alliance du sabre et du goupillon* (A. France). Même genre de métonymie que dans *le trône et l'autel*.

Vieilli. **Traîneur de sabre** «militaire bravache» (XIXe s.). Encore usité dans la rhétorique politique pour stigmatiser un militaire.

Bouche en coup de sabre «bouche largement fendue et aux lèvres minces», par analogie de forme (XIXe s.), et image sadique.

Vieilli. **Sabre au clair** «hors du fourreau», avec les verbes *mettre* (sans article) et *tirer (son, le sabre...)*.

> [...] j'ai mon sabre au ceinturon.
> Je le tire au clair. Et sous la pluie [...] je mène une trentaine d'hommes du côté de
> la rue de Flandre.   J. VALLÈS, *L'Insurgé*, p. 187.

1. SAC n. m.

Fam. **Gros sac** «individu riche», et particulièrement «riche héritière» ou «mariage avantageux» (milieu XIXe s.). *Avoir le gros sac* «être riche» (1867, Delvau). Emploi métonymique de *sac* (d'argent).

> Ils espéraient se tirer d'affaire au moyen du fameux «riche mariage», dit encore «gros
> sac» [...].   M. PROUST, *À la recherche du temps perdu*, t. II, p. 403.

Fam. **Sac à charbon** «prêtre en soutane» (1884, Esnault). Analogie de forme (noire, comme *corbeau*, etc.).

Fam. **Sac à viande** «chemise», puis «sac de couchage» (1850), littéralement «ce qui enveloppe le corps» (syn. *Sac à puces*).

Fam. **Sac à vin** «ivrogne» (milieu XVe s.). *Sac* est ici le contenant, assez illogique s'agissant d'un liquide, mais connotant une grande capacité et une forme souple (bedaine, etc.).

Vx. **Sac à papier!** Juron sans contenu précis, exprimant l'indignation, l'impatience (XIXe s.). *Sac* est en fait un euphémisme pour *sacré; papier* est peu explicable.

Fam. **Sac de nœuds** «affaire confuse, embrouillée» (syn. *Sac d'embrouilles*).

> Le gros problème, le *sac de nœuds*, ce furent les locataires qui crachaient dans l'hôtel
> depuis la nuit des temps. [...] Je dus engager une procédure et, malgré mes efforts, je
> n'obtins gain de cause que pour treize de mes locataires. Deux irréductibles ne vou-
> laient pas partir.   M. ROLLAND, *La Rouquine*, p. 86-87.

Vieilli. **(Homme, individu, gens) de sac et de corde** [LOC. ADJ.] «(individu, gens) peu recommandable(s)» (XVIIe s.). Allusion à la façon dont étaient parfois traités les malfaiteurs, enfermés dans un sac noué d'une corde et noyés, ou bien à la pratique du vol (*le sac* avec jeu de mot possible sur *sac 2*) et à la pendaison. L'expression a donné lieu à des emplois plaisants : Furetière *(Roman bourgeois)* appelle *hommes de sac et de corde* les hommes de loi du Palais de justice.

> Quelle autre alliance pourroit faire un homme de sac et de corde, c'est-à-dire un voleur
> appelé homme de sac, parce que les larrons mettent leurs larrecins dans des sacs,
> et de corde, parce qu'ils mentent, et n'échappent pas ordinairement à la corde et la
> potence.   FLEURY de BELLINGEN, *Étymologie des proverbes*, I, 18, p. 70.

Fam. et vieilli.   *En avoir son sac* « être écœuré, en avoir assez » (1867, Delvau). Ellipse de *son sac plein*, métaphore exprimant la saturation (cf. *Plein le cul, plein le dos*).

> Il m'embrasse quand j'arrive.
> Heureusement, mon vieux, que Vaillant va venir, me dit-il, j'en ai mon sac !
> Que c'est embêtant d'être ministre !...   J. VALLÈS, *L'Insurgé*, p. 230.

Vx.   *Avoir la tête dans un sac* « être dans la plus totale ignorance », c'est-à-dire ne rien pouvoir distinguer (XVIIᵉ s.).

Vieilli.   *Éternuer dans le sac* → ÉTERNUER.

Être ficelé (fagoté) comme un sac « être mal habillé ».

Mettre dans le même sac « confondre, englober deux ou plusieurs individus (ou groupes) dans une même réprobation, un même mépris » (milieu XIXᵉ s.). Le *sac* est ici ce qui sert à classer, à ranger (métaphoriquement, dans une catégorie, ici celle du mépris). Secondairement, la locution reçoit les connotations négatives attachées à *sac* dans *(de sac et de corde)*.

> Je connais maintenant le fond du Parisien et j'ai fait dans mon cœur des excuses aux plus féroces politiques de 1793. Maintenant, je les comprends. Quelle bêtise ! quelle ignorance ! quelle présomption ! Mes compatriotes me donnent envie de vomir. Ils sont à mettre dans le même sac qu'Isidore.
>   G. FLAUBERT, *Correspondance*, VIᵉ série, p. 142.

Fam. et vx.   *Prendre (trousser) son sac et ses quilles* « déguerpir sans demander son reste » (XVᵉ s., Charles d'Orléans), c'est-à-dire « prendre ses affaires » (et s'en aller). La loc. est usuelle chez les marins. De même, *donner à qqn son sac et ses quilles* « le congédier », littéralement « lui rendre son sac » (cf. *Saquer*). Les *quilles* correspondent aux jambes, le *sac* au corps.

Vx.   *Tirer d'un sac deux moutures*, ou *Tirer deux moutures d'un sac* → MOUTURE.

Fam.   *Vider son sac* « dire sans détour et jusqu'au bout ce qu'on pense ». Attestée au XIXᵉ s. au sens métaphorique, la loc. a eu à l'époque classique un sens physiologique précis : « déféquer ou se purger » (*sac* = « ventre, estomac »). L'idée exprimée demeure la même et la loc. est généralement sentie comme liée à la notion de soulagement, d'extirpation hors de soi, la parole remplaçant métaphoriquement les produits de la digestion (cf. l'emploi métaphorique de *accoucher*★).

> L'envie d'avoir fini me ronge. Quant à l'ensemble, mes inquiétudes augmentent sur iceluy et l'exécution est de plus en plus difficile à mesure que j'avance, parce que j'ai vidé mon sac et qu'il doit avoir l'air encore plein.
>   G. FLAUBERT, *Correspondance*, Vᵉ série, p. 356.

> Comme il m'interrogeait sur mes occupations précises, je m'expliquai en quelques mots sur ma double profession, écrivain et ethnographe, puis je vidai à peu près tout mon sac.   M. LEIRIS, *Fibrilles*, p. 166.

L'affaire est dans le sac → AFFAIRE.

2. SAC n. m. De l'italien *sacco*, par l'ancien allemand *Sakman* « pillard », de *Sak* « pillage, saccage ».

Mettre à sac « piller, saccager » (XVᵉ s.). Seul emploi courant de ce mot, plus ou moins rattaché à *Sac* 1 par l'idée de « voler en mettant dans un sac le produit du pillage ».

SAFRAN n. m.

Vx.   *Aller au safran* « aller à la banqueroute » (1549, R. Estienne). Allusion à la couleur jaune dont était peinte, en signe d'ignominie, la maison des banqueroutiers (cf. *Être peint en jaune*★).

SAGE adj.

Sage comme une image → IMAGE.

SAGESSE n. f.

La sagesse des nations «la sagesse populaire, telle qu'elle s'exprime dans les proverbes».

SAIN adj.

Sain et sauf «indemne, en bon état physique, après avoir échappé à un danger». Très ancienne (milieu XIIᵉ s.) et toujours vivante, cette loc. est fondée sur le procédé traditionnel de couplage de deux synonymes allitérant (cf. *Peu ou prou, fort et ferme,* etc.).

> Maître Beauvouloir se promit alors intérieurement de décamper du pays, s'il avait le bonheur de se tirer sain et sauf de ce mauvais pas.
> H. de BALZAC, *L'Enfant maudit,* in *Romans et Contes philosophiques,*
> Éd. de 1837, t. II, p. 127.

SAINT, SAINTE adj. et n.

Sainte nitouche → NITOUCHE.

La Sainte Touche → TOUCHE.

Un petit saint «un individu exempt de tout reproche, innocent». Surtout employé négativement : *ce n'est pas un petit saint* «il a bien des choses à se reprocher» (cf. *Un enfant de chœur*). Par antiphrase, «hypocrite, tartuffe». On disait au XVIIᵉ s., *un petit saint de bois* (1690, *in* Furetière). Le sémantisme est voisin de celui de *sainte nitouche.*

> Ce roi asiatique modèle n'est pas un petit saint ; il s'en faut. Il n'a ni foi, ni loi, lorsque son intérêt ne lui commande pas d'être fidèle et d'être juste ; mais il n'est pas cruel.
> V. JACQUEMONT, *Correspondance,* t. I, p. 357.

Les Saints de glace «les 11, 12 et 13 mai, fête de saint Mamert, saint Pancrace et saint Servais», jours qui correspondent souvent, selon une tradition rurale, à un abaissement notable de la température.

Le Saint des Saints «la partie la plus secrète et la plus importante», qui, comme la partie du Temple où reposait l'Arche d'alliance, doit demeurer interdite et cachée au profane. Le superlatif à redoublement (nominatif sing. + génitif pluriel) est caractéristique de la rhétorique des langues sémitiques (cf. aussi *Le Roi des rois*) ; il se traduirait plus exactement par «le très saint».

Tout le (son) saint-frusquin → FRUSQUIN.

Jusqu'à la Saint-Glinglin → GLINGLIN. On trouve dans le même sens («date indéterminée») des équivalents plaisants : *à la Saint-Saucisson, à la Saint-trou-du-cul* (→ TROU), etc.

> Voyons, dit Filochard, y a pas à dire, faut trouver le moyen de croûter coûte que coûte, on n'peut tout d'même pas s'les caler avec des briques comme ça, jusqu'à la Saint-Ripolin.
> *L'Épatant,* 1908, p. 34.

> Heureusement qu'i'i nous parle pas des ouvriers d'usine qu'ont fait leur apprentissage à la guerre et d'tous ceux qui sont restés chez eux sous des prétextes de défense nationale mis sur pattes en cinq sec ! murmura Tirette. I'nous jamberait avec ça jusqu'à la Saint-Saucisson.
> H. BARBUSSE, *Le Feu,* t. I, p. 54.

Vieilli. *Être le Saint du jour* «le héros du jour», celui qu'on «fête», qu'on recherche (début XVIIIᵉ s.). Var. *Le nouveau saint du calendrier.*

Jurer (sacrer) par tous les saints du paradis «proférer force jurons». Littéralement «jurer par tous les noms des saints qui existent au paradis».

Prêcher pour son saint « vanter les mérites d'une chose quand on y a intérêt » (1823, Boiste), c'est-à-dire quand on est directement impliqué, comme par le prénom qu'on porte, qui est celui de son saint patron (qu'on est censé représenter).

Ne plus savoir à quel saint se vouer « être en plein désarroi, ne plus savoir quoi faire », c'est-à-dire ne plus savoir quel saint invoquer pour se sortir d'une situation difficile (début XVᵉ s., Commynes).

> Il comprenait que, par sa conduite savante de la veille, il avait gâté toutes les belles apparences du jour précédent, et ne savait réellement à quel saint se vouer.
>   STENDHAL, *Le Rouge et le Noir*, in *Ph. Sl.*

Comme on connaît ses saints, on les honore [LOC. PROV.] « on agit avec chacun selon les mérites qu'on lui connaît ».

Il vaut mieux s'adresser à Dieu qu'à ses saints [LOC. PROV.] « on a toujours avantage à s'adresser au responsable, au chef, plutôt qu'aux subordonnés » (fin XVIIᵉ s.).

Un saint triste est un triste saint [LOC. PROV.] « un saint chagrin donne une bien piètre idée de la sainteté ». Recueillie au XVIᵉ s. (1557, *Adages françois*), la formule, devenue proverbiale, est attribuée au roi de France Jean le Bon (XIVᵉ s.).

SAISON n. f.

Morte saison « période de déclin ou d'arrêt de l'activité dans un secteur de l'économie ». D'abord « saison où la terre est morte, ne produit rien ». La loc. est à peu près lexicalisée.

> Quand la morte saison d'été fut venue, un vent de panique souffla au *Bonheur des Dames*. C'était le coup de terreur des congés, les renvois en masse [...].
>   É. ZOLA, *Au Bonheur des Dames*, t. I, p. 184.

Marchand, voiture de(s) quatre saisons « marchand ambulant de fruits et de légumes, petite voiture qui les transporte ». Les produits de la terre varient selon la saison. Emploi poétique et métaphorique :

> Non la terre ne se saoule pas
> la terre ne tourne pas de travers
> elle pousse régulièrement sa petite voiture des quatre saisons
> la pluie... la neige...
> la grêle... le beau temps...   J. PRÉVERT, *Paroles*, p. 101.

Être de saison « être opportun, convenable, de circonstance » (vers 1220) ; surtout en emploi négatif. Survivance d'un ancien emploi de *saison* « moment favorable à une activité, temps convenable ». À l'opposé, on dit qu'une chose est *hors de saison* « déplacée, inopportune ». Cf. *Comme marée en Carême** (pour *de saison*).

SALADE n. f.

Fam. **Vendre sa salade** « chercher à convaincre, à soumettre un projet, à faire adopter un point de vue ». La loc. provient de l'argot du spectacle et s'est d'abord dit d'un artiste qui essaie d'être convaincant en public (1901, Esnault), comme un camelot qui fait son boniment. *Salade* a divers emplois figurés péjoratifs (« mensonge », etc.).

SALIVE n. f.

Avaler sa salive « se retenir de parler, taire ce qu'on était sur le point de dire » (1870). En emploi concret :

> Je vis la peau se tendre sur les maxillaires de Fulbert, puis sa pomme d'Adam monter et descendre. Il avalait sa salive. Il se maîtrisait.
>   R. MASSON, *Le Parlementaire vertueux*, in *Ph. Sl.*

Dépenser sa salive « parler beaucoup » (1867, Delvau).

Perdre sa salive « parler en pure perte » (1843, Balzac, *Splendeurs et Misères des courtisanes*).

SANG n. m.

Sang bleu « origine noble ». *Sang* désigne traditionnellement l'hérédité, la parenté (*être de sang à qqn* s'est dit au XVIᵉ s.), mais cette expression est récente en français, et doit être la traduction de l'espagnol *(sangre azul)*. Les grandes familles castillanes s'enorgueillissaient de leur ascendance exempte de « sang » maure ou juif. On a invoqué le fait que les personnes d'un teint plus clair ont des veines bleues apparentes.

> M. Izimbardi m'a fait remarquer que les femmes de la haute noblesse affectent de parler du nez. J'ai entendu l'une d'elles dire d'une autre femme : *A-t-elle du sang bleu ?* ce qui veut dire : *Est-elle vraiment noble ?* et j'ai eu la sottise de rire aux éclats [...].
>
> STENDHAL, *Rome, Naples et Florence*, p. 34.

Coup de sang « violent accès de colère » (au XIXᵉ s. « hémorragie cérébrale »).

> Tu parles comme grand-mère, quand elle voit tes filles se promener sans chapeau au soleil, c'est elle qui prend un coup de sang !   E. TRIOLET, *Roses à crédit*, p. 66.

Pur sang, demi-sang « chevaux de race », forment des mots composés.

Impôt du sang « service militaire » (→ IMPÔT).

De nombreuses associations d'un verbe avec le mot *sang* pour complément sont trop simples et modifiables pour être considérées comme de véritables locutions. On peut signaler dans le domaine du « sang versé » : *baigner, tremper dans le sang, répandre, faire couler le sang* (tuer), *être altéré de sang* (être sanguinaire, cruel), *verser le sang, son sang* (se sacrifier), *laver une injure dans le sang* (s'en venger en tuant l'offenseur).

> Était-ce sa faute ? Il aimait sa fille, il parlait de donner son sang pour elle ; mais il ne pouvait cependant pas faire que la maison marchât, quand elle ne voulait pas marcher.
>
> É. ZOLA, *Au Bonheur des Dames*, t. II, p. 21.

Allumer (fouetter) le sang « exciter, notamment la sensualité ». Les mouvements et l'échauffement du sang correspondraient métaphoriquement à l'impatience *(son sang bout)* → aussi FOUETTER.

Avoir (qqch.) dans le sang « avoir (une habitude, un goût, etc.) profondément ancré » (début XIXᵉ s.). On disait au XVIIIᵉ s. *être dans le sang* « être inné » (d'une chose). S'est dit en parlant des personnes : *(il l'a dans le sang)* mais *avoir dans la peau* l'a emporté → PEAU.

Avoir (n'avoir pas) de sang dans les veines « être énergique (sans énergie) » (fin XVIIIᵉ s.). Un patois dit *n'avoir ni sang ni sève* « être chétif ». *Avoir du sang de navet* exprime la même idée → NAVET. *Avoir du sang de poulet* « être poltron » joue sur l'identification du corps de l'animal au caractère qu'on lui prête.

> Étienne l'avait laissé parler, la parole coupée par l'indignation. Puis il cria :
> — Nom de Dieu ! tu n'as donc pas de sang dans les veines.
>
> É. ZOLA, *Germinal*, t. I, p. 267.

Vx. *Se battre (demander la vie...) au premier sang* « arrêter le duel à la première blessure ».

> À l'exemple des cavaliers qui se battent, je tiens aussi lâche celuy qui veut passer un arrest par appointé, que celuy qui, en combat singulier, demande la vie au premier sang.   A. FURETIÈRE, *Le Roman bourgeois*, p. 1060.

Se faire du mauvais sang « s'inquiéter » est du XVIIIᵉ s. (Rousseau). L'image est celle de *se faire de la bile*. L'expression s'est enrichie en *se faire un sang d'encre, de vinaigre...*, elle est restée très usuelle.

> Je viens, au contraire, vous dire tout ce que la présence de M. Arthur m'a forcé hier à garder pour moi. Je me suis fait assez de mauvais sang de ne pouvoir parler.
>
> É. AUGIER, *Maître Guérin*, III, 5, p. 265.

Ça t'arrivera, tu le sais, je le sais; tu peux t'y attendre, Écoute un conseil d'ami : ne t'occupe pas de ça... Pourquoi se faire du mauvais sang?

C. CROS, *Monologues*, p. 330.

Se faire (s'offrir, se donner, se payer) une pinte de bon sang « bien s'amuser », renforce *faire du bon sang,* plus ancien (XVIIIe s.) et vieilli.

Jusqu'à neuf heures, ils se firent du bon sang, l'air paisible, devant les maisons, tandis qu'ils suivaient des yeux, sur le pavé, les dos débonnaires des derniers gendarmes.

É. ZOLA, *Germinal*, t. II, p. 29.

Glacer le sang dans les veines (style pompeux), « faire éprouver un grand effroi » (1675, Racine).

Mettre à feu et à sang « ravager un pays ». On disait aussi dans la langue classique, *se faire la guerre à feu et à sang* « chercher à se nuire » → FEU.

Pleurer des larmes de sang → LARME.

Se ronger (se dévorer, se manger...) les sangs « s'inquiéter et s'impatienter à l'extrême ». Ce pluriel populaire (XIXe s.) renforce le déplacement des verbes, qui ont normalement pour complément des mots désignant une nourriture solide (on attendrait, dans ce contexte : *cœur, entrailles,* etc.). Comme dans *tourner les sangs,* il peut s'agir du *sang caillé,* familier dans une civilisation où le boudin est apprécié.

D'autres fois, Coupeau emmenait toute la coterie boire un canon, Boche, les peintres, avec les camarades qui passaient; c'était encore une après-midi flambée. Gervaise se mangeait les sangs.

É. ZOLA, *L'Assommoir*, t. I, p. 165.

Vieilli. **Sucer le sang** « exploiter sans pitié ». De même *s'engraisser du sang du peuple,* qui fut du vocabulaire révolutionnaire (la contre-révolution donnait de son côté du *buveur de sang* aux révolutionnaires).

Non! il fallait s'en mêler, autrement l'injustice serait éternelle, toujours les riches suceraient le sang des pauvres.

É. ZOLA, *Germinal*, t. I, p. 268.

Suer sang et eau « faire de grands efforts, se donner beaucoup de peine » (1588). L'eau est ici la sueur.

Vous le représentez-vous, la nuit, dans son cabinet, élaborant à loisir et de son mieux cette harangue qui fera dresser un échafaud dans six semaines? Le voyez-vous suant sang et eau pour emboîter la tête d'un accusé dans le plus fatal article du code?

V. HUGO, *Le Dernier Jour d'un condamné*, Préface de l'édition de 1832, p. XVI.

Bon sang ne peut mentir [LOC. PROV.] a eu deux acceptions : 1) « les parents par le sang conservent des relations amicales » (VX); 2) « les descendants ne dérogent pas, quand ils sont de famille honnête, noble, etc. ».

[...] elle me dit avec un sourire amène, sans tenir compte de mes dénégations au sujet de l'amiral Julien de la Gravière : « D'ailleurs qu'importe? Monsieur doit avoir le pied marin. Bon sang ne peut mentir. »

M. PROUST, *À la recherche du temps perdu*, t. II, p. 547.

Son sang ne fait qu'un tour « il est bouleversé », provient sans doute de *tourner les sangs,* par oubli de la valeur initiale de *tourner* et allusion à la « révolution » rapide du sang dans le corps (liée symboliquement au cœur qui bat plus vite).

Et v'là que je le pris, oui, Marius, qui colletait sur vos terres, monsieur, lui, mon neveu, moi, votre garde!
Le sang ne m'en a fait qu'un tour et j'ai failli le tuer sur place, tant j'ai tapé.

G. de MAUPASSANT, *Le Garde*, in *Yvette*, p. 281.

Faire tourner les sangs « causer une grande émotion ». L'expression est restée populaire, notamment rurale. *Tourner* correspond ici à « cailler » (cf. *Le lait tourne*).

Employé au pluriel, *sang,* dans cette locution, a parfois été confondu avec *sens :*

La mère eut une émotion, et, toute pâle, dit à son homme :
— Va li parler, Lévesque, pour qu'il ne nous guette point comme ça, parce que, mé, ça me tourne les sens.   G. de MAUPASSANT, *Le Retour*, in *Yvette*, p. 189.

Par le sang Dieu! (de Dieu). Loc. exclam. qui a donné lieu à de nombreux euphémismes, depuis *palsambleu* jusqu'à *sang bœuf!* en passant par les *palsanguié, palsanguienne* du théâtre moliéresque. *Bon sang!* constitue une ellipse de ces jurons, comme l'ancien *par le sang* (il est souvent renforcé par des euphémismes : *bon sang de bois!* etc.). D'ailleurs, la langue populaire, moins craintive, restitue le contenu en clair dans *bon sang de Bon Dieu!*

SANTÉ n. f.

Une petite santé « une santé fragile, délicate » (XVIIᵉ s.).

Une santé de fer « robuste, que rien n'altère » (fin XVIIᵉ s., Saint-Simon).

Boire à la santé de qqn « trinquer en son honneur » (1665, Boileau). *Porter une santé à qqn* a le même sens, mais est moins courant. *Santé,* par métonymie, désigne le toast qu'on porte à la santé, en l'honneur de qqn.

Se refaire une santé « se rétablir, retrouver ses forces ». La santé perdue est reconstituée. En emploi extensif, équivaut à « retrouver son équilibre, se refaire » :

> La vie en commun, c'est toujours ainsi : des coups d'épingles, des égratignures, des pincées de sel sur de menues plaies. Et à temps opportun, on se réfugie dans le silence afin de se refaire une santé.   SAN-ANTONIO, *Remets ton slip, gondolier!* p. 70.

Bonne année, bonne santé! Formules traditionnelles de souhait de nouvel an, exprimant que la santé est le premier des biens. Certains ajoutent *et le paradis à la fin de vos jours,* d'autres, plus sadiques, disent en exploitant la rime : *à la fin de l'année.*

Fam. *Comment va la (petite) santé?* « comment vous portez-vous? » (milllieu XVIIIᵉ s.). *Petite* a ici une valeur hypocoristique.

Santé passe richesse [LOC. PROV.] « la santé a plus de prix que la richesse ». Ce lieu commun fait partie de notre héritage culturel. On le trouve un peu partout sous diverses formes proverbiales (dans la Bible, chez les Grecs). L'universalité de l'idée qu'elle exprime rend possible l'ellipse : *(tant qu'on a la santé!)* ou le jeu d'esprit en forme de lapalissade *(mieux vaut être riche et en bonne santé que pauvre et malade).*

SAOUL → SOÛL.

SAPEUR n. m.

Fumer comme un sapeur « fumer beaucoup » (syn. *Comme un pompier*). Il s'agit d'une métonymie (le sapeur a affaire à des incendies) et non pas d'une constatation sociologique. On a de même : *fumer comme une locomotive.*

> [...] sans doute, fumait-il comme un sapeur ou comme le zouave barbu qui servait alors de réclame à la firme algérienne des cigarettes et papiers Job.
> M. LEIRIS, *Biffures,* p. 36.

SAPIN n. m.

Fam. *Sentir le sapin* « n'avoir plus longtemps à vivre » (fin XVIIᵉ s.). Allusion au bois de sapin dont on fait les cercueils (cf. les loc. fam. *Redingote de sapin, canadienne en sapin :* « cercueil »). Var. auditive : *Sonner le sapin.*

> [...] cet hiver, autour d'elle, on disait qu'elle ne sortirait plus de sa chambre que les pieds en avant; et elle avait, à la vérité, un fichu râle qui sonnait joliment le sapin.
> É. ZOLA, *L'Assommoir,* t. II, p. 78-79.

SARDINE n. f.

(Être serrés) comme des sardines (en boîte) « être entassés les uns contre les autres sans pouvoir bouger ». Syn. moderne de *comme des harengs (en caque).*

SAUCE n. f.

Fam. *Allonger la sauce* «alourdir un récit, un texte, de détails inutiles». La locution joue sur l'ambiguïté du verbe *allonger*, pris à la fois au sens général de «rendre plus long» et au sens culinaire. La même métaphore est à l'œuvre dans *délayer*, *faire du délayage*.

> Je dois toutefois en rester là. Avec de tels ajouts, que ferais-je, sinon allonger la sauce
> en maître queux truqueur?   M. Leiris, *Frêle Bruit*, p. 335.

Arg. *Balancer la sauce* «décharger une arme, envoyer une rafale» (milieu XXe s.) et par métaphore «éjaculer». Syn. *Balancer la purée*.

Mettre qqn à toutes les sauces «l'employer sans vergogne à toutes sortes de besognes» (1935, Acad.). On disait au XVIIe s. *à toutes sauces* (1690); *être bon à toutes sauces* (1694) «être utilisable de toutes les manières»; *on ne sait à quelle sauce le mettre* «il est inutilisable, propre à rien» *(ibid.)*. L'idée générale est l'utilisation maximale de compétences variées. L'analogie avec les préparations culinaires, les plats qu'on accommode de diverses façons donne à la loc. une coloration cynique (voir ci-dessous).

À quelle sauce sera-t-il mangé? «de quelle manière sera-t-il vaincu?» *Ne pas savoir à quelle sauce on sera mangé* «ne pas savoir ce qui vous attend de fâcheux».

Il n'est (de) sauce que d'appétit [LOC. PROV.] «quand on a faim, on trouve n'importe quel aliment à son goût» (1577, *in* Wartburg).

La sauce fait passer le poisson [LOC. PROV.] «ce sont les qualités secondaires qui permettent de s'accommoder de la médiocrité globale d'une chose, d'une situation» (1640, Oudin).

SAUCISSON n. m.

Fam. *Saucisson à pattes* «animal, chien gros et court, informe».

Être ficelé comme un saucisson «être engoncé dans des vêtements qui vont mal». L'image repose sur *ficelé* «habillé» et «serré» par une ficelle (comme le *saucisson*) et sur le sémantisme figuré et péjoratif de la série *saucisse, saucisson*.

SAUMÂTRE adj.

La trouver saumâtre «trouver désagréable la situation dans laquelle on est, se sentir victime de qqch.» (XXe s.). *Saumâtre* signifie ici «fâcheux, déplaisant»; *la* renvoie au contexte (la chose, la mésaventure).

> Valentin avait oublié la vie militaire. Qu'un homme lui donnât ainsi des ordres, il la
> trouvait saumâtre. Décidément, la guerre approchait bien vite.
>   R. Queneau, *Le Dimanche de la vie*, p. 220.

SAUT n. m.

Saut(s) de carpe «soubresauts nerveux et violents». Se dit surtout aujourd'hui d'un dormeur agité. Depuis le XVIIe s., l'expression désigne un type de saut acrobatique.

Au saut du lit «au réveil» (fin XVIe s., Montaigne). Emporte l'idée d'immédiateté, sinon de brusquerie.

Vx. *De plein saut* «brusquement, sans transition» (XVIe s.).

Vieilli *Aller par sauts et par bonds* «d'une manière capricieuse» (XVIIe s.).

Faire le saut «prendre une décision importante, qui implique totalement» (XIIIe s.). Spécialement, «commencer sa vie sexuelle» en parlant d'une femme, peut-être à cause des connotations de *sauter*. Le *saut* symbolise l'importance du choix qui fait passer «de l'autre côté», d'où le sens de «mourir» (cf. aussi *Franchir le pas*).

> [...] on n'entendit plus que le souffle ardent de l'homme.
> Étienne, cependant, avait écouté, sans bouger. Encore une qui faisait le saut !
>
> É. ZOLA, *Germinal*, t. I, p. 145.

SAUTER v. intr. et tr.

Fam. **La sauter** «avoir faim» (1914). D'abord «avoir faim, être frustré de nourriture», d'après *sauter* au sens de «passer, escamoter». *La* fait référence à la prise de nourriture.

> Et l'on s'en retournait en longeant les quais, à la recherche d'un gîte incertain. On n'avait pas le rond. On la sautait. La faim nous giclait des yeux [...].
>
> B. CENDRARS, *Bourlinguer*, p. 74.

Fam. **Et que ça saute!** «et que ce soit vite fait» (1912, Esnault).

SAUVER v. tr.

Sauve qui peut! Exclamation de panique évoquant la dispersion désordonnée d'une foule battant en retraite. Le verbe est formellement intransitif; en français moderne il correspondrait à un pronominal, et la locution (qui date du début du XVe s.) signifie «que se sauve celui qui peut». Elle est lexicalisée (*un sauve-qui-peut général* «une déroute, une débandade générale»).

> Nos lettres on les lisait plus... On en recevait beaucoup de trop!... On était devenu trop nerveux avec ces menaces judiciaires... Question d'ouvrir notre courrier, on prélevait seulement les fafiots... Pour le reste on laissait courir... C'était sauve qui peut!... ça se déclenche vite une panique!
>
> L.-F. CÉLINE, *Mort à crédit*, p. 334.

SAUVETTE (À LA) [LOC. ADV.] «à la hâte et sans soin» (vers 1920). On trouve l'expression dès 1867 chez Delvau dans *jouer à la sauvette* «jouer à courir l'un après l'autre», mais cet emploi a disparu.

> Ah ce n'est pas là-bas qu'on aurait rien mangé à la va vite. Elle voulait que ses domestiques soient bien nourris. Ici, encore ce matin, nous n'avons pas seulement eu le temps de casser la croûte. Tout se fait à la sauvette.
>
> M. PROUST, *À la recherche du temps perdu*, t. II, p. 26.

> Nulle représentation de l'œuvre de Moussorgski ne m'a fait autant impression que ces fragments attrapés à la sauvette, exécutants tout en vêtements de ville [...].
>
> M. LEIRIS, *Frêle Bruit*, p. 53.

On appelle *marchand à la sauvette* un marchand ambulant clandestin qui pratique la *vente* dite *à la sauvette*, c'est-à-dire «sans patente» (il doit se sauver lorsque la police se manifeste).

SAVATE n. f.

Comme une savate «très mal, n'importe comment», avec des verbes d'action (1656, Oudin). *Savate* s'emploie figurément comme injure envers un maladroit, la maladresse étant souvent exprimée par le pied (cf. *Comme un pied*) ou la chaussure (cf. *Comme une pantoufle, un sabot*) → PIED, PANTOUFLE, SABOT.

Traîner la savate «vivre chichement» (*in* Littré). La locution signifie d'abord «vivre comme un vagabond» (en traînant), puis par extension «dans la pauvreté».

> J'avais une grande disposition à traîner la savate et à courir les rues comme les autres.
>
> Comte de CAYLUS, *Mémoires des colporteurs*, in Littré, article *Savate*.

SAVOIR v. tr.

Qui vous savez, ce que vous savez. Formules elliptiques faisant référence à quelqu'un ou quelque chose connu de l'interlocuteur mais qu'on souhaite ne pas désigner par son nom.

Je ne sais qui (quoi) «quelqu'un, quelque chose». Ces locutions ont valeur d'indéfinis. *Je ne sais qui* avait au XVIe s. une valeur nettement péjorative, le fait d'omettre ou d'oublier le nom de quelqu'un étant le signe du peu de cas qu'on fait de lui. La locution s'emploie à la place du nom oublié, parfois précédé de *monsieur* ou *madame : Madame je ne sais qui (quoi).* Synonyme *Chose, machin* (parfois remplacé par un nom burlesque : *Tartempion, Duconneau,* etc.). *Je ne sais quoi* s'emploie couramment comme un substantif : *un (petit) je ne sais quoi. Je ne sais* fonctionne aussi avec une grande variété d'adverbes : *je ne sais comment (où, pourquoi, quand...).*

> Mme Gout [...] est une femme d'assez de goût. Nous avons rencontré chez elle une *littératrice* de Paris. Mme... je ne sais qui [...].   C. CROS, *Correspondance,* p. 600.

Ce je ne sais quoi est lexicalisé (Bossuet), sans aucune péjoration.

> Mais il aperçut quelque chose de diabolique dans cette figure, et surtout ce je ne sais quoi qui affriande les artistes.   H. de BALZAC, *Le Chef-d'œuvre inconnu,* p. 390.

Fam. **Tout ce qu'il sait (savait)** [LOC. ADV.] «énormément». La valeur intensive de cette expression familière est peut-être due à l'analogie avec *tout ce qu'il peut (pouvait)* «le plus possible». La confusion entre *pouvoir* et *savoir* est fréquente, notamment dans le nord-est de la France et en Belgique. *Elle pleurait tout ce qu'elle savait.*

À savoir [LOC. CONJ.] «c'est-à-dire» (XIIᵉ s.). Précède une énumération, un développement, une explication (parfois abrégée en *savoir*).

Ne rien vouloir savoir → JE NE VEUX* PAS LE SAVOIR (ci-dessous).

Je sais ce que je sais «j'ai mon opinion là-dessus» (milieu XVIIᵉ s., Molière). Formule familière de réticence équivalant à peu près à «mon idée est faite mais je ne dirai rien».

Je sais bien que «il est vrai que, je vous accorde que», exprimant la concession.

Je ne veux pas le savoir! «je refuse de connaître vos raisons, vous n'avez aucune excuse». Réponse traditionnelle du donneur d'ordre obtus.

Que je sache «autant que je puisse en juger». Cette formule, à valeur restrictive, s'emploie en incise.

> On a bien livré deux ou trois bâtisses au pétrole. Et après ? [...] Nous n'avons pas encore que je sache, enfourné de Versaillais dans une cave pour les y cuire tout vivants!   J. VALLÈS, *L'Insurgé,* p. 272.

> Il n'est pas défendu de fumer, que je sache ; quand on est malade, on n'a qu'à rester chez soi, dit le journaliste.   M. PROUST, *À la recherche du temps perdu,* t. II, p. 180.

Que sais-je (encore) ? «quoi d'autre» (XVIᵉ s.). Formule fréquente à la fin d'une énumération.

> Il ne faut pas rester si longtemps sans voir Paris. Moi j'y serai après-demain et je ne m'y amuserai pas de tout l'hiver, avec *Aïssé,* un volume de vers à imprimer [...], que sais-je encore ? une foule de choses peu drôles.   G. FLAUBERT, *Correspondance,* VIᵉ série, p. 306.

Qui sait ? «ce n'est pas impossible, peut-être». La formule marque l'éventualité par une question portant sur la nature de la personne qui détient la certitude («j'ignore qui le sait» vaut pour «cela peut être vrai»).

Reste à savoir si..., c'est à savoir! «on ne sait pas si..., ce fait n'est pas avéré». Ces formules expriment le doute, l'impossibilité d'apprécier correctement une situation, faute d'en connaître tous les éléments.

Fam. **Va savoir! Allez savoir!** «on ne sait pas ; le fait demeure obscur».

Savoir c'est pouvoir [LOC. PROV.]. Pensée de Bacon, soulignant, au moment où la connaissance scientifique prend son importance en Occident, les finalités sociopolitiques du savoir.

SAVON n. m.

Fam. ***Passer un savon à qqn*** «le réprimander». L'expression s'explique à partir d'autres locutions de même sens comme *savonner (laver) la tête à qqn,* attestées dès le milieu du XVIIᵉ s. (d'abord au sens de «battre»). *Savon* est lexicalisé dans ce sens depuis le début du XVIIIᵉ s., et s'emploie librement *(donner, recevoir... un savon).*

> C'est en toute vérité que le groom avait dit au baron qu'Aimé (qui lui avait passé un savon le lendemain) était couché (ou sorti), et l'autre fois en train de se servir.
> M. PROUST, *À la recherche du temps perdu,* t. II, p. 991.

> Croyez bien que ce n'est pas du tout pour vous passer un savon que je vous ai chambré. Je suis venu aux informations, simplement. M. AYMÉ, *Travelingue,* p. 132.

SAVONNETTE n. f.

Vx. ***Savonnette à vilain*** «charge qu'un roturier achetait pour s'anoblir» (1701, Furetière). L'expression joue sur l'ambiguïté de *vilain* («roturier» et «sale», moralement et physiquement).

SCARLATINE n. f.

Ça vaut mieux que d'attraper la scarlatine, refrain d'une chanson de Ray Ventura en vogue vers 1945, employé comme scie pour «ce n'est pas très grave».

> Et le voilà qui se fout à chialer en se frappant des grands coups sur la caisse. Ton petit pote était plutôt sidéré. «Il est cintré, le grand-père, je pense. Enfin à son âge, ça vaut mieux que d'attraper la scarlatine, comme dit la chanson».
> A. SERGENT, *Je suivis ce mauvais garçon,* p. 222.

SCEAU n. m.

Sous le sceau du secret «à la condition que le secret subsistera» (1691, Racine). *Sous le sceau de la confession,* même sens, est attesté dès 1546 (Rabelais).

SCÈNE n. f.

Scène de ménage «dispute entre conjoints» (1875).

Faire une scène (à qqn) «invectiver qqn, lui faire de violents reproches» (1782, Mme de Genlis). La dénonciation pseudo-objective des mauvais côtés du théâtre (emphase, outrance du ton) éclaire en fait sur la position du destinataire de l'éclat d'hostilité, qui refuse l'implication dangereuse de la prise à parti. On dit en effet : *il m'a fait une scène* beaucoup plus que : *je lui ai fait une scène.* La locution synonyme *jouer la grande scène du deux* (c'est-à-dire «de l'acte deux») relève de la même interprétation, et signifie «faire de grandes démonstrations, des reproches outrés, etc.».

Occuper le devant de la scène «occuper une position importante, de premier plan».

SCIE n. f.

En dents de scie [LOC. ADJ. ou ADV.] «qui a une forme découpée, dentelée»; par métaphore : «irrégulier» *(une évolution en dents de scie).*

Fam. et vieilli ***Monter (faire) une scie à qqn*** «exaspérer qqn en lui répétant inlassablement la même chose» (1867, Delvau).

> Demain je suis convié au mariage civil de Mme Hugo avec Lockroy et j'irai, bien entendu. Le père Hugo me semble de plus en plus charmant et, en dépit de tout, j'adore cet immense vieux. Il me fait une scie continuelle avec l'Académie française. Mais pas si bête! pas si bête! G. FLAUBERT, *Correspondance,* VIIIᵉ série, p. 25.

SÉANCE n. f.

Séance tenante « immédiatement, sans délai » (1871). Littéralement, « pendant que la séance se tient ».

> Leurs gogs ils fonctionnaient plus... Ils s'en plaignaient énormément... par toutes les fenêtres de la cambuse... Ils exigeaient qu'on leur débouche... Et séance tenante !...
> L.-F. CÉLINE, *Mort à crédit*, Livre de poche, p. 78.

SÉANT n. m. Participe présent substantivé du verbe *seoir* « s'asseoir ».

Sur son séant « assis », en parlant de qqn qui était couché. *Se mettre, se dresser sur son séant. En son séant* (XIIᵉ s.) ne se dit plus.

SEAU n. m.

À seaux « abondamment », en parlant d'un liquide qui s'écoule ; littéralement, « de quoi remplir des seaux » (1690, Furetière). *Pleuvoir, pleurer... à seaux.*

> C'était lamentable, l'enterrement de Jules de Goncourt. Théo y pleurait à seaux.
> G. FLAUBERT, *Correspondance*, VIᵉ série, p. 122.

SEC adj. et adv.

Fam. *Aussi sec* [LOC. ADV.] « immédiatement, sans attendre », en parlant d'une réaction, d'une répartie qui suit immédiatement ce qui l'a provoquée (1904, Esnault).

> Ah ! patron, si vous aviez vu ça, dit Paradis avec entrain. Le gros mec s'approche. Tu me cherches des crosses, qu'il me dit. Pan, pan, aussi sec, mon poing dans chaque œil, et toc, mon gauche dans le creux de l'estomac, total, voilà le gros par terre, sans dire ouf.
> R. QUENEAU, *Pierrot mon ami*, p. 17.

Fam. *L'avoir sec* « avoir soif » (1918, Dauzat). *L'* fait référence au gosier. Au fig., « éprouver une vive contrariété » (syn. *l'avoir mauvaise*).

> Il picolait encore la vache ! La bonne humeur ! la régalade ! le coup de rouquin général ! Tous gobelet en main... Il se tapait la cloche en tartines... Plus besoin de s'en faire... Il demandait pas de mes nouvelles !... Je l'avais sec... j'aime autant le dire !... Je la lui coupais la gaudriole !
> L.-F. CÉLINE, *Mort à crédit*, Livre de poche, p. 322.

Être à sec « être démuni d'argent » (fin XVIᵉ s., d'Aubigné). La sécheresse symbolise la pénurie, soit par l'image de l'assèchement, soit par celle de l'échouage (cf. *Sur le sable*, à la côte**). On disait de même au XVIIᵉ s., *réduire qqn à sec* (Scarron), *le mettre à sec* (Furetière) pour « le ruiner ».

> [M. de Merval nous dit...] qu'il avait été dans cette même matinée obligé de secourir un de ses amis pressé des besoins les plus urgents, et qu'il était tout à fait à sec.
> DIDEROT, *Jacques le Fataliste*, p. 693.

> Suivant une habitude qui semblait vouloir s'éterniser, Croquignol, Ribouldingue et Filochard se trouvaient derechef complètement à sec et tiraient des plans pour tâcher de se procurer, par les moyens les plus répréhensibles, de cette précieuse « galette » indispensable pour se payer les joyeuses bombes qu'ils comptaient s'offrir.
> *L'Épatant*, 1909, p. 62.

SECOND, SECONDE adj.

Vx. *Sans second, à nul autre second* [LOC. ADJ.] « unique, inégalable », c'est-à-dire qu'« il n'en existe pas un second ». Hérité du latin, ce tour marquant la superlation date du XVIᵉ s. et s'employait à l'époque classique dans la langue poétique, le plus souvent avec des substantifs féminins. La locution verbale *ne pas avoir de second* « être sans équivalent », en procède. On la rencontre encore au XIXᵉ s.

> S'agissait-il de blés, de farines, de grenailles, de reconnaître leur qualité, leur provenance, de veiller à leur conservation, Goriot n'avait pas son second.
> H. de BALZAC, *Le Père Goriot*, in *Ph. Sl.*

SECOUSSE n. f.

Par secousses «irrégulièrement, par à-coups» (XVIIIe s.). On disait *à secousse*, à la fin du XVIe s. (Montaigne) et au XVIIe s.

> Nous restâmes cachés dans une grange [...] dormant par secousses et par saccades, comme on dort quand on est rendu de fatigue.
>
> G. de MAUPASSANT, *Les Idées du colonel*, in *Yvette*, p. 225.

Fam. *Ne pas en fiche (foutre) une secousse* «ne rien faire» (fin XIXe s.). La forme négative est la seule employée aujourd'hui.

> — Mais..., dit Lefourcher hésitant.
>
> — Quoi, mais? interrompit le capitaine Marjalet, tu vas me répliquer maintenant?
>
> Non, mais c'est inouï, ma parole d'honneur : ces bougres-là sont épatants, ils n'en foutraient pas une secousse si on avait le malheur de les laisser faire!
>
> G. COURTELINE, *Les Gaîtés de l'escadron*, p. 35.

SECRET n. m.

Secret de Polichinelle → POLICHINELLE.

En secret «en cachette, à l'insu d'autrui» (1538, R. Estienne).

Être (mettre) qqn au secret «enfermer (un détenu) en sûreté, à l'écart de tout contact avec l'extérieur» (1734, Lesage). Le *secret* est la partie d'une prison complètement isolée de l'extérieur.

> Le communard, communiste et commun Cord'homme est au secret. Sa femme fait des démarches pour qu'on le relâche, en promettant qu'il émigrera en Amérique.
>
> G. FLAUBERT, *Correspondance*, VIe série, p. 231.

Être dans le secret des dieux «connaître les dessous d'une affaire». D'abord, «avoir reçu les confidences de personnages haut placés, influents, qui s'occupent d'affaires importantes».

> Suivant l'opération étape par étape, en connaître les engrènements, être dans le secret des dieux, à la façon de quelqu'un qui assiste à un spectacle, non de la salle mais des coulisses, là où s'ourdit ce dont les autres ne verront que des effets tout extérieurs.
>
> M. LEIRIS, *Frêle Bruit*, p. 61.

SEIGNEUR n. m.

Le seigneur et maître (d'une femme) «son mari». L'expression date de la féodalité et désigne «celui qui possède et a autorité absolue sur qqch. (ou qqn)», et spécialement le roi qui règne sur son pays et ses sujets. Elle s'emploie par plaisanterie depuis le XVIIe s. (on la trouve chez Molière), et de nos jours, avec une ironie de plus en plus marquée.

> Mon seigneur et maître, par un nouveau caprice, veut changer mon mobilier pour un neuf.   GORON, *L'Amour à Paris*, t. II, p. 664.

Faire le grand seigneur, vivre en grand seigneur «dépenser sans compter, vivre sur un grand pied» (souvent ironique).

À tout seigneur, tout honneur [LOC. PROV.] «il faut rendre à chacun selon son rang, son mérite, sa responsabilité». Début du XVIIe s. (1606, Nicot). Cotgrave (1611) lui donne une forme légèrement différente *(à tous seigneurs tous honneurs)*. L'assonance assure la durée de l'expression, qui peut donner lieu à un effet stylistique, s'agissant d'un véritable grand seigneur.

> Après avoir usé de la prostitution par goût, par entraînement. mademoiselle Fillon reconnut, aux offres brillantes qui lui étaient faites, qu'elle pourrait s'en faire une grande ressource.
>
> A tout seigneur, tout honneur; le duc d'Orléans, longtemps avant la régence, rechercha la belle courtisane. il en raffola pendant une année entière.
>
> GORON, *L'Amour à Paris*, t. I, p. 228.

SEIN n. m. La plupart des sens du mot sont archaïques ou littéraires, quand il ne signifie pas « mamelle de la femme ». Dans cette acception moderne, on ne relève guère que l'expression *le bout de (du) sein* qui fut à la mode un temps pour désigner la « rosette de la Légion d'honneur ».

Le sein d'Abraham. Signifie en termes bibliques « le lieu de repos des justes, avant la venue du Christ ». Les expressions *le sein de Dieu, le sein de l'Église* (Bossuet) sont postérieures.

Au sein de « au milieu de, dans le cadre de » (1664, Boileau).

Réchauffer (nourrir) un serpent dans son sein « accueillir, aider une personne ingrate » → SERPENT. *Sein* signifie ici « espace entre la poitrine et le vêtement » (sens courant en ancien français).

Vx. *Mordre le sein de sa nourrice* « nuire à qui vous a nourri, protégé, etc. ». Métaphore assez burlesque, qui semble avoir vécu jusqu'au XIXᵉ s. ; l'allusion au sadisme du nouveau-né y est explicite.

SEING n. m. Du latin *signum* « marque, signe, signature ».

Sous seing privé [LOC. ADJ. ou ADV.] « qui n'a pas été enregistré devant notaire », en parlant d'un acte juridique (fin XVIIᵉ s.).

SEL n. m.

Le sel de la terre « l'élément actif, le ferment, l'élite ». L'image est biblique.

    Supportez d'être appelée une nerveuse. Vous appartenez à cette famille magnifique et
    lamentable qui est le sel de la terre.
                M. PROUST, *À la recherche du temps perdu*, t. II, p. 305.

SELLE n. f.

Vx. *Selle à tous chevaux* « lieu commun, banalité », par analogie avec la selle adaptable à toutes sortes de montures (1594, *Satire Ménippée*). A rapprocher de la locution : ÉTABLE* À TOUS CHEVAUX.

Aller à la selle « déféquer » (1538, Estienne). Cette locution s'emploie dans un contexte médiéval et dans la langue soutenue ; *selle* y désignait la chaise percée.

    Les Syriens imaginèrent que l'homme et la femme ayant été créés dans le quatrième
    ciel, ils s'avisèrent de manger d'une galette au lieu de l'ambroisie qui était leur mets
    naturel. L'ambroisie s'exhalait par les pores ; mais, après avoir mangé de la galette, il
    fallait aller à la selle.   VOLTAIRE, *Dictionnaire philosophique*, in *Ph. Sl.*

Être bien en selle « être affermi dans sa position », à l'image du cavalier qui a une bonne assiette (fin XVIIᵉ s., Saint-Simon). *Rester, se tenir... en selle* ont des valeurs analogues.

Mettre qqn en selle « l'aider à commencer une entreprise » (fin XVIIᵉ s.). Procède de la même métaphore hippique que *mettre le pied à l'étrier**.

Se remettre en selle « se rétablir, reprendre un équilibre compromis » (fin XVIIᵉ s., Saint-Simon). Syn. *Remonter sur sa bête* (vx).

    Il restitue la grâce du XVIIIᵉ s., mais moderne, dit précipitamment Saniette, tonifié et
    remis en selle par mon amabilité.
                M. PROUST, *À la recherche du temps perdu*, t. II, p. 938.

    Après une bonne nuit, je me sens encore vivant. Une excellente lettre de Roger Martin
    du Gard achève de me remettre en selle.   A. GIDE, *Journal*, t. II, p. 128.

SELLETTE n. f.

Être sur la sellette « être exposé au jugement d'autrui, à la critique » (fin XVIᵉ s., d'Aubigné). D'abord « être interrogé longuement », en parlant d'un accusé. On appelait *sellette* le petit siège bas sur lequel on faisait asseoir un accusé pour l'interroger. *Mettre (tenir) qqn sur la sellette* « le soumettre à un interrogatoire serré » (1690, Furetière).

SEMAINE n. f.

Semaine anglaise « semaine de travail de cinq jours », laissant libres le samedi et le dimanche (1914). Ce sont en effet les Anglais qui ont été les premiers a en instaurer l'usage.

> C'était un samedi. Le Lutetia levait l'ancre à midi. Il était onze heures passées comme je sortais de la Trésorerie fédérale, une valise à la main. Il était trop tard. Les banques faisaient semaine anglaise. C'était la dernière nouveauté à Rio.
>
> B. CENDRARS, *Bourlinguer*, p. 41.

Semaine sainte, dans le calendrier religieux catholique, semaine précédant le dimanche de Pâques (1680, Richelet).

La semaine des quatre jeudis → JEUDI.

En semaine [LOC. ADV.] « pendant les jours ouvrables ». *Semaine* sous-entend ici « de travail » (alors que dans *à la semaine,* il s'agit de la pure durée).

Être de semaine « être affecté à une tâche donnée pour une période d'une semaine ». *Semaine,* au sens de « fonction qu'on exerce à tour de rôle pendant cette période », est attestée dès la fin du XVIIᵉ s. dans des locutions comme *entrer en, sortir de semaine, être en semaine,* notamment dans une communauté religieuse. *Être de semaine* s'est employé d'abord dans l'armée.

Prêter à la petite semaine « pour un temps très court et à un taux élevé » (1740, Dict. de l'Acad.). Par extension, la locution adverbiale et adjective *à la petite semaine* est courante au sens de « à court terme et sans idée directrice ». *Pratiquer une politique à la petite semaine.*

> [Dieu] se cache dans une bicoque
> tout en haut de son mont-de-piété
> et il prête à la petite semaine
> au mois au siècle et à l'éternité
>
> J. PRÉVERT, *Paroles*, p. 169.

SEMBLANT n. m. Dérivé de *sembler.*

Faux-semblant « apparence trompeuse ». Alors que *un semblant de...* correspond à une « apparence », une « très faible quantité de... » et correspond à une atténuation, le *faux-semblant* est actif dans la tromperie. La symbolique médiévale accorde à *Faux Semblant* un rôle déterminant.

Faire semblant (de + infinitif) « se donner l'apparence, simuler une attitude pour donner le change » (XIIIᵉ s.). Syn. *Faire mine de...* Très usuelle, cette locution forme un verbe complexe.

(Ne) faire semblant de rien « faire comme si de rien n'était, ne manifester délibérément aucune réaction » (fin XIIᵉ s.).

SEMELLE n. f.

De la semelle (de botte) « de la viande très dure ou trop cuite », c'est-à-dire dont l'apparence et la consistance font penser à du cuir de soulier. L'expression n'est pas absolument lexicalisée (*une semelle,* dans ce sens, exige un contexte précis).

Battre la semelle « frapper le sol de ses pieds pour les réchauffer » (1834, Landais), puis « attendre en marchant » (→ FAIRE LES CENT PAS). La locution signifiait au XVIIᵉ s. « aller à pied d'un lieu à un autre, vagabonder ». On disait aussi *courir la semelle* (1630, *in* Wartburg).

Il faisait la retape au « Vieux Paris », sur le quai, devant les tavernes en carton. Son cotillon, c'était des loques de toutes les couleurs. « Entrez voir le Moyen Âge ! »... Il se réchauffait en gueulant, il battait la semelle.

L.-F. CÉLINE, *Mort à crédit*, Pléiade, p. 548.

Ne pas céder (reculer) d'une semelle « rester fermement sur ses positions » (fin XVIe s., d'Aubigné). Au sens propre, *reculer, rompre d'une semelle* veut dire (en escrime), « reculer de la longueur d'un pied ». On dit plutôt métaphoriquement *ne pas céder d'un pouce*.

Un autre se serait lassé et aurait demandé grâce à l'ennemi. Moi je n'ai pas cédé d'une semelle — ce sont mes semelles qui ont cédé.   J. VALLÈS, *L'Insurgé*, p. 66.

Ne pas lâcher (quitter) qqn d'une semelle « le suivre partout, s'attacher obstinément à ses pas » (fin XIXe s.).

Le chameau ne l'abandonna pas. Cet étrange animal s'était pris pour son maître d'une tendresse inexplicable, et, le voyant sortir d'Orléansville, se mit à marcher religieusement derrière lui, réglant son pas sur le sien et ne le quittant pas d'une semelle.

A. DAUDET, *Tartarin de Tarascon*, in *Ph. Sl.*

SENS n. m. Du latin *sensus* « perception, jugement ».

1. Sens : signification et raison.

Sens commun « manière d'apprécier les choses, de porter des jugements, commune à tous les hommes » (XVIe s.). À peu près synonyme de *bon sens,* cette expression marque la valeur positive de l'adjectif *commun,* au sens de « collectif » (ce qui est *commun* est *bon*), valeur perdue peu à peu par l'effet du jugement hiérarchisant et antipopulaire. Alors que *lieu* commun* s'est dégradé, *sens commun* résiste à la dépréciation, mais l'idée de « banalité » s'y substitue cependant à celle de « garantie collective ».

Ça n'a pas le sens commun « c'est déraisonnable, c'est indéfendable rationnellement » (avant 1778, Rousseau).

Vieilli. *(Homme) de (bon) sens* « raisonnable, qui juge sainement ».

Quoique homme de sens, l'abbé était émerveillé de voir un vieillard parler si franchement de ses plaisirs.   STENDHAL, *Le Rouge et le Noir*, p. 414.

À double sens [LOC. ADJ.] « ambigu, équivoque ». Le *sens* est ici la signification du message (phrase, plaisanterie). S'emploie notamment en parlant de plaisanteries en apparence honnêtes, mais interprétables de manière grivoise.

À mon sens « à mon avis, selon moi » (XVIIe s., La Rochefoucauld). Précédé du possessif, *sens* désigne ici l'avis personnel, l'opinion individuelle qui n'engage que celui qui l'exprime (syn. *À mon gré, à mon goût, à mon sentiment*).

En ce sens que « c'est-à-dire que » (1859, G. Sand). Locution explicative qui développe ou précise une proposition qui vient d'être émise.

En dépit du bon sens → DÉPIT.

Abonder dans le sens de qqn → ABONDER.

Aller dans le sens de qqn (avec un sujet de chose) « être compatible ou assez proche de ce que cette personne croit, pense ». Le *sens* est l'avis de la personne à laquelle on fait référence, mais le verbe *aller* manifeste l'ambiguïté du mot : le *sens* est aussi « la direction vers ».

Il remuerait à la pelle, dans mes écrits, des phrases qui vont dans son sens (comme l'esprit même qui les anime). Il préfère ne retenir que ce contre quoi s'opposer.

A. GIDE, *Journal*, t. II, p. 280.

Être dans (tout) son (bon) sens « jouir normalement de ses facultés mentales » (1651, *in* Wartburg). Le *sens* désigne la raison comme dans *bon sens, sens commun* (d'où *être hors de sens* « être fou, déraisonner », *perdre le sens* « devenir fou »).

Tomber sous le sens «être évident, s'imposer spontanément à l'esprit» (fin XVIIᵉ s., Pascal). *Tomber sous* métaphorise la dépendance logique (cf. *Relever de*), et la forme verbale témoigne du crédit accordé à la solide évidence de la raison. En outre, ce qui ne *tombe* pas *sous* le sens «tombe», bascule «hors du sens», du côté de l'irrationnel.

2. Sens : direction.

Sens dessus dessous [LOC. ADV.] «à l'envers», et métaphoriquement «dans un grand désordre» (1562). Littéralement, «dans une position telle que ce qui était dessus soit dessous» et inversement. La locution est une altération graphique de *c'en dessus dessous.*

> — Il faudra mettre tout cen dessus dessous ici.
> — Que dis-tu donc avec ton cen dessus dessous? Mais tout sera rayé comme un papier de musique.   H. de BALZAC, *César Birotteau*, éd. de 1839, t. I, p. 47.

Sens devant derrière «dans une position telle que ce qui était devant soit derrière et inversement» (XIVᵉ s.). Comme dans la locution précédente, *sens* est une altération de *c'en.* L'expression est archaïque, régionale ou plaisante.

SENSATION n. f.

À sensation [LOC. ADJ.] «destiné à impressionner, à provoquer une forte impression».

> Elle arrivera en retard, un peu exprès, pour faire une entrée à sensation au milieu du discours officiel de M. Protée, organisateur zélé mais ennuyeux à entendre.
> C. CROS, *Le Coffret de santal*, p. 158.

SENTIER n. m.

Les sentiers battus «la voie du conformisme, de la facilité» (1835, Acad.). *Battu* signifie «foulé» (par tout le monde). Surtout courant en locution verbale : *suivre (sortir des) sentiers battus.* On dit aussi *les chemins* battus.*

> De sorte que, si bifurs ou biffures il y a encore, ils n'ont plus guère pour moi de justification que comme phénomènes étranges et assez déroutants, au sens propre du terme, pour faire sortir l'esprit de son ornière, le mener chercher fortune «hors des sentiers battus». [...].   M. LEIRIS, *Biffures*, p. 283.

Être sur le sentier de la guerre «se préparer au combat, à l'affrontement». Adaptation de l'anglais, à propos des Indiens d'Amérique.

SENTIMENT n. m.

Les grands sentiments «les manifestations affectives trop marquées» (fin XVIIIᵉ s., Rousseau). La «grandeur» des sentiments, semble dire cette locution, se marque plus par leur expression que par leur intensité réelle.

Faire du sentiment «mêler des éléments affectifs à une situation où ils n'ont pas à intervenir». La locution, volontiers péjorative, correspond au tabou qui pèse sur les manifestations affectives en suggérant que l'expression des affects ne correspond qu'à une production artificielle *(faire du...).*

Revenir (ramener qqn) à de meilleurs sentiments «changer ou faire changer qqn d'avis». Ce changement est considéré de l'extérieur selon le jugement du locuteur. *Sentiment* correspond à «jugement», mais la valeur moderne du mot y joint un contenu affectif.

> Malgré les tentatives de Miqueut et Touchebœuf pour les ramener à de meilleurs sentiments, les sept secrétaires partirent trois jours après pour ne plus revenir.
> B. VIAN, *Vercoquin et le Plancton*, p. 124.

Ça n'empêche pas les sentiments! «Cela n'exclut pas l'affectivité, ne retire pas d'affection». La formule s'emploie presque toujours ironiquement et dans un contexte où celui qui la prononce, sous un cynisme affiché, tente de se justifier, de mêler à des considérations d'intérêt une relation affective qu'il prétend préserver.

SENTINELLE n. f.

Vieilli. **Faire la sentinelle** « guetter, être en faction » (1636, Corneille). La forme *faire sentinelle* (XVIIᵉ s.) n'est plus en usage.

> Je jure, dict mon pere, que tous tant que vous estes, puis que vous me voulez faire accroire qu'il revient icy des esprits, vous ferez les nuicts la sentinelle a quelque fenestre...   Ch. SOREL, *Histoire comique de Francion*, p. 166.

SENTIR v. tr.

Le sentir passer → PASSER.

Ne pas pouvoir sentir qqn « ne pas le supporter, le détester » (fin XVIIIᵉ s.). L'antipathie éprouvée pour qqn est assimilée à une impossibilité physique : « ne pas supporter son odeur », cf. *Avoir dans le nez**.

SÉRIE n. f.

Série noire « suite d'événements pénibles ou de catastrophes se produisant à un rythme rapproché » (1895), comme si ces événements isolés obéissaient à une sorte de logique interne, assimilée à la « loi des séries » (qui est en fait un autre nom du « mauvais sort », de la « fatalité »). L'expression, par jeu sur *roman noir*, a servi à dénommer la célèbre collection de romans policiers fondée par Marcel Duhamel.

De série [LOC. ADJ.] « fabriqué à la chaîne ou en grande quantité », « de production courante », en parlant d'un objet manufacturé. *En série* (avec un adjectif ou un participe passé) a le même sens.

Hors série « de valeur exceptionnelle, hors du commun » (des personnes). *Une personnalité hors série.*

SÉRIEUX adj. et n. m.

Sérieux comme un pape → PAPE.

Prendre au sérieux « considérer comme important, digne d'intérêt » (1776, Rousseau). Au XVIIᵉ s., « se formaliser d'une plaisanterie » (variantes anciennes : *Prendre une chose dans le sérieux, donner de son sérieux dans une chose* « y croire ».

> Allons, lui dis-je assez légèrement pour n'avoir pas l'air de prendre trop au sérieux son malaise. puisque tu as un peu mal au cœur, si tu veux bien nous allons rentrer [...].   M. PROUST, *À la recherche du temps perdu*, t. II, p. 312.

> Il apportait à ces jeux d'esprit une sorte de génie : mais le plus admirable. c'est qu'il les prenait au sérieux...   A. GIDE, *Journal*, t. II, p. 327.

Se prendre au sérieux « être imbu de sa personne ». À rapprocher de *Esprit de sérieux*, syntagme lexicalisé.

SERINGUE n. f.

Chanter comme une seringue « chanter faux » (1808, Boiste). La péjoration est exprimée par l'inadéquation entre l'objet et sa destination, mais selon Gottschalk, le choix de *seringue* serait motivé par l'analogie phonique avec *sirène* et *serin*.

> [...] Poisson salua les dames d'un brusque signe de tête et entonna une chanson à boire, les Vins de France ; mais il chantait comme une seringue [...].   É. ZOLA, *L'Assommoir*, t. I, p. 288.

SERPE n. f.

Taillé à la serpe, en coup de serpe «aux lignes grossières, mal affinées», en parlant des traits du visage, cf. *À coups de hache*★. Image littéraire.

SERPENT n. m.

Le serpent de mer «animal fabuleux mal identifié, dont l'existence hypothétique fournit un thème inépuisable au journalisme à sensation». Par analogie, «sujet rebattu, cliché». Une variante précise que ce monstre (dragon ou tarasque) est le *monstre du loch Ness.*

Vx. *Un serpent caché sous des fleurs* «un danger dissimulé sous des dehors séduisants». L'image date de la fin du XVIᵉ s. (*le serpent est caché entre les belles fleurs,* 1572, *in* Wartburg), c'est une adaptation du *serpent caché dans l'herbe* de Virgile.

Serpent monétaire (européen) «marge de fluctuations des cours des monnaies européennes définies par des parités établies en commun» (1972). Le *serpent* désigne métaphoriquement la double courbe qui matérialise ces fluctuations.

Vieilli. *Réchauffer (nourrir) un serpent dans (sur) son sein* «aider un ingrat». Dans le bestiaire occidental, le serpent, notamment la vipère, est l'emblème de la trahison; cette locution proverbiale était connue des Latins (*Viperam nutricare sub ala,* Pétrone). Cette tradition est indo-européenne et s'est répandue sur le continent indien : un proverbe télougou dit même *nourrir de lait un serpent* (à noter que dans le folklore français, on ne compte pas les superstitions qui attribuent au serpent l'habitude de téter les vaches et qui leur attribuent toutes les maladies dont elles sont atteintes).

SERVICE n. m.

Rendre service (à qqn) «aider qqn, lui être utile» (1610, H. d'Urfé).

Rendre un mauvais service à qqn «lui nuire en croyant sincèrement l'aider» (1680, Richelet).

Être (mettre) en service «fonctionner», «mettre en état de marche», en parlant d'un appareil.

Hors service «hors d'usage». A donné lieu, sous la forme abrégée HS *(achèss)* à une métaphore militaire («fourbu, crevé», en parlant d'une personne).

Être service-service «être très pointilleux, très strict» (1901). Var. : À CHE-VAL★ SUR LE SERVICE.

Qu'y a-t-il pour votre service ? «à quoi puis-je vous être utile, que puis-je faire pour vous ?». La formule appartient au style familier.

> [...] Suzanne me fit signe et me dit :
> — Jacques, n'as-tu rien à faire ?
> — Non. voisine. qu'est-ce qu'il y a pour votre service ?
> — Je voudrais... je voudrais... [...] que tu prisses notre serpe et que tu vinsses dans la commune m'aider à couper deux ou trois bourrées [...].
>
> DIDEROT. *Jacques le Fataliste,* p. 678.

SERVIR v. tr.

Vieilli. *Pour vous servir,* formule de politesse témoignant des bonnes dispositions que l'on a envers quelqu'un. On la trouve au XVIIᵉ s. chez Voiture. Elle correspond à une réponse affirmative et ne s'emploie aujourd'hui que plaisamment.

On n'est jamais si bien servi que par soi-même [LOC PROV.] «il vaut mieux faire les choses soi-même qu'attendre que les autres les fassent». Dans des contextes particuliers, peut s'appliquer à un acte malhonnête (cf. le sens pris par *se servir,* «voler, détourner»).

SÉSAME n. m.

Sésame ouvre-toi! Mot de passe, formule magique qui permet d'obtenir qqch. (vers 1850). Allusion au célèbre conte des Mille et Une Nuits *Ali Baba et les Quarante Voleurs,* dans lequel le héros, en prononçant cette formule, se voit entrouvrir les parois de la caverne aux trésors. L'expression fonctionne en interjection et comme une locution nominale.

> Cette porte ne s'ouvrait qu'à la volonté de celui qui savait écrire le mot d'ordre dont les lettres de la serrure gardent le secret sans se laisser corrompre, belle réalisation du Sésame ouvre-toi! des Mille et Une Nuits. H. de BALZAC, *Melmoth réconcilié,* p. 270.

SEUL adj.

Seul à seul [LOC. ADV.] «en particulier, sans témoin» (milieu XIIᵉ s.). Syn. *En tête★-à-tête.*

Aller (marcher) tout seul «se faire facilement, bien se passer» (1679), en parlant des choses.

SEXE n. m.

Vx. *Le beau sexe* «les femmes» (vers 1640). *Le sexe fort* «les hommes».

> [elle ne parloit plus que...] du peu de conscience et de l'infidélité des hommes; des fourbes et artifices qu'ils employaient pour surprendre le beau sexe.
> A. FURETIÈRE, *Le Roman bourgeois,* p. 1019.

Le mot *sexe* définit aussi bien la notion de masculinité que celle de féminité. Pourtant, dans l'usage, hormis dans la locution *le sexe fort,* ce mot désigne les femmes. Il s'emploie, soit absolument («*le*» *sexe, les personnes du sexe* → PERSONNE), soit accompagné d'un qualificatif. La multiplicité des dénominations *(le beau, le souverain, le deuxième sexe, le sexe faible)* révèle une idéologie hiérarchique, ces dénominations étant toujours partielles ou relatives au concept de référence «sexe = virilité» *(le deuxième sexe).* Le même sort paraît réservé aux homosexuels dans une locution aussi ambiguë que *le troisième sexe.* L'absence d'une expression, *le premier sexe,* «les hommes», souligne le caractère fondamental (non marqué) du mâle.

1. SI adv.

Si bien que [LOC. CONJ.] «de sorte que»; cf. aussi *Tant★ et si bien que,* forme renforcée.

2. SI adv. substantivé (et autonyme : «le mot *si*»).

Des si et des mais «des objections» (milieu XVIᵉ s.) → MAIS.

Avec des si, on mettrait Paris en bouteille [LOC. PROV.] «tout est possible avec des suppositions qui ne tiennent pas compte des réalités» (fin XVIIIᵉ s.).

SIC adv. latin.

Sic transit gloria mundi, adage latin signifiant «ainsi passe la gloire du monde». Nominalisé :

> [...] il a dit dans une seule phrase, d'un seul trait : «Je ne connais pas d'exemple de *Sic transit gloria mundi* plus touchant».
> M. PROUST, *À la recherche du temps perdu,* t. II, p. 509.

SIÈCLE n. m.

Le siècle de..., suivi d'un déterminant, désigne une période historique déterminée, marquée par une personnalité ou certaines caractéristiques; par ex., *le Grand Siècle* «le XVIIᵉ siècle français», *le Siècle des Lumières* «le XVIIIᵉ s.», *le Siècle d'or* «le XVIᵉ s. espagnol du temps de Philippe II».

Mal du siècle «malaise existentiel de la jeunesse romantique» (1833, Sainte-Beuve).

Fin de siècle [LOC. ADJ.] «décadent, déliquescent», par référence à la littérature de la fin du XIXᵉ s. L'expression a été lancée ou répandue par une pièce de Jouvenot et Ricard, datant de 1888 et portant ce titre.

Le (la)... du siècle «le plus important, dans une longue période». Ainsi, le journalisme découvre chaque année plusieurs *contrats du siècle!*

Dans les siècles des siècles «indéfiniment, à tout jamais» (1672, Bible de Lemaître de Sacy). Traduite du latin *in* (ou *per*) *saecula saeculorum,* cette locution appartient au vocabulaire religieux. Le redoublement du substantif correspond au superlatif des langues sémitiques (cf. *le roi des rois,* etc.).

> [...] le sommeil régulier (qui sans cela n'aurait aucune raison de s'arrêter et durerait
> d'un mouvement pareil jusque dans les siècles des siècles) [...].
>   M. PROUST, *À la recherche du temps perdu,* t. II, p. 981.

De siècle en siècle «d'âge en âge»; c'est-à-dire, continûment dans l'Histoire.

Jusqu'à la consommation des siècles «jusqu'à la fin des temps».

Il y a un siècle «cela fait très longtemps», par hyperbole.

SIÈGE n. m.

Faire le siège de qqn «le poursuivre, l'importuner jusqu'à ce qu'il cède». L'expression s'est d'abord employée en parlant d'une femme dont un homme voulait obtenir les faveurs (1845, Bescherelle); elle met en œuvre la rhétorique de la guerre appliquée dans la langue classique au «combat» amoureux, où l'attaquant est évidemment toujours l'homme.

Vx. **Avoir son siège fait** «avoir une opinion définitivement arrêtée»; «persister dans une résolution» (1842, Gottschalk). Le *siège* symbolise la position stable, la persévérance dans le but qu'on s'est fixé; cependant, la formulation familière *il s'asseoit dessus* exprime le mépris et non la certitude.

SIEN, SIENNE adj. et pr. possessif.

Faire sien (sienne) «adopter, prendre à son compte (les goûts ou opinions d'autrui)».

Faire des siennes «commettre des maladresses, faire des bêtises» (1644, Scarron). *Les siennes* ont le sens implicite : «le genre de bêtises, de bévues dont il est coutumier».

Y mettre du sien «contribuer par ses efforts, ses concessions à faciliter une tâche commune», à rendre plus confortable une situation globale au sein d'un groupe. La locution a d'abord eu le sens de «y mettre de son argent».

SIFFLET n. m.

Couper le sifflet à qqn «le laisser coi, l'interloquer» (1740, Acad.). *Sifflet* a ici son sens familier de «gorge, gosier». *Couper le sifflet* au sens propre de «égorger» figure au XVIᵉ s. chez Brantôme. Le sens atténué s'est maintenu bien vivant depuis le XVIIIᵉ s., cf. aussi la variante abrégée *La couper* à qqn,* où l'ellipse laisse le champ libre à d'autres possibilités (mais *sifflet* n'a originellement pas de signification sexuelle, dans la locution); cf. aussi *Couper la chique, la parole,* etc.

SIGNAL n. m.

Donner le signal de (qqch.) «déclencher une réaction, marquer le début d'un processus, d'un événement» (1798, Acad.).

SIGNE n. m.

Signe des temps «ce qui caractérise l'époque où on vit» (début XXᵉ s.). *Signe du temps* «événement malheureux», attesté en 1872, ne s'est pas maintenu. Dans la Bible, *les signes* (et *les prodiges*) annonçaient, selon les Prophètes, la proximité des temps messianiques.

En signe de [LOC. PRÉP.] «pour manifester, exprimer (un sentiment, un désir)». *En signe de protestation, de mécontentement.*

Sous le signe de [LOC. PRÉP.] «sous l'influence, dans l'esprit de», suivi d'un substantif (XXᵉ s.). Référence aux signes zodiacaux qui ont, selon les astrologues, une influence déterminante sur le comportement et le destin de chacun.

Donner signe de vie «manifester qu'on est vivant», puis, couramment, «donner de ses nouvelles à qqn».

> [...] et soudain j'ai senti dans mes entrailles un tressaillement de colère. Il m'a fallu huit jours encore pour comprendre ce qui remuait en moi — un matin je l'ai su. C'était mon livre, le fils de ma souffrance, qui avait donné signe de vie devant le cercueil du bohème [...].   J. VALLÈS, *L'Insurgé*, p. 25.

Faire signe (à qqn) «manifester à qqn sa présence, entrer en contact avec lui». L'expression a donné lieu à un abominable calembour : *Léda à Jupiter : tu me feras un petit signe !*

C'est signe que... «cela veut dire, porte à croire que».

C'est bon (mauvais) signe «cela prouve que cela va bien (ou mal)». Le *signe* est ici le présage qu'on interprète d'une façon ou de l'autre.

SILENCE n. m.

Silence de mort «silence absolu et pesant». *... de mort* équivaut à *mortel*, au sens de «pénible à supporter».

> Les instruments et les rires cessaient de se faire entendre dans la salle de bal. Un silence de mort, interrompu par des gémissements, avait soudain remplacé la fête.
>   H. de BALZAC, *El Verdugo*, p. 868.

Silence de glace «silence hostile», avec les mêmes connotations que dans les adjectifs *glacé, glacial* → GLACE. Moins courant et plus stylistique que le précédent.

> — Des fois, insinua-t-il, y aurait pas un moyen pour me flanquer une bonne courante ?
> — Çà, dit froidement Laigrepin, ça dépend de ce que tu payerais.
> Immédiatement un silence de glace s'abattit sur toute la chambrée, qui flaira quelque chose d'énorme.   G. COURTELINE, *Les Gaîtés de l'escadron*, p. 217.

Loi du silence «obligation, dans les associations de malfaiteurs, de ne jamais donner de renseignements à la police sur les agissements de leurs associés».

> La loi du silence, si chère au Milieu, n'est qu'un mythe. Il s'en exhale toujours un petit soupir qui n'échappe pas aux oreilles policières.   BORNICHE, *Le Gang*, p. 227.

Minute de silence «silence (d'une minute) observé en hommage aux morts en restant debout et immobile, d'un air recueilli» (début XXᵉ s.). Peut s'employer métaphoriquement.

Imposer silence à (qqn) «l'empêcher de s'exprimer, lui défendre de parler» (1342). Avec un sujet inanimé abstrait, «rendre impossible». *Imposer silence aux médisances* (1675, Racine) «faire en sorte que les médisances ne trouvent plus de crédit».

Passer sous silence «taire, omettre délibérément qqch.» (1581). La forme verbale, avec la préposition *sous,* est à noter. Signalons qu'elle est légèrement antérieure à l'emploi transitif direct de *passer* au sens d'«omettre, ne pas parler de qqch.». Aujourd'hui, l'expression impose l'image spatiale de la mise sous une chape de silence :

> Si donc un écrivain a choisi de se taire sur un aspect quelconque du monde, ou selon
> une locution qui dit bien ce qu'elle veut dire, de le passer sous silence, on est en droit
> de lui poser une troisième question : pourquoi as-tu parlé de ceci plutôt que de cela [...].
> J.-P. Sartre, *Qu'est-ce que la littérature?* in *Situations II*, p. 75.

Réduire (qqn) au silence «l'empêcher de parler, de s'exprimer» (1762, in J.-J. Rousseau.

> Lucien sortit enfin, pâle de colère; car la mauvaise foi du colonel était évi-
> dente : mais notre sous-lieutenant éprouvait le vif plaisir de l'avoir réduit au
> silence sur tous les points de l'accusation.   Stendhal, *Lucien Leuwen*, p. 806.

La parole est d'argent (et) le silence est d'or → Parole.

SILLAGE n. m.

Dans le sillage de (qqn) «sur ses traces, à sa suite» (début XXe s.).

SINE DIE [LOC. ADV. LATINE], littéralement «sans jour (fixé)» [fin XIXe s.]. Appartient à la langue juridique et administrative. *Ajourner sine die une séance.*

SINE QUA NON [LOC. ADJ.]. Intégrée au français à la fin du XVIIIe s., cette expression assez courante signifie littéralement : «[condition] sans laquelle non» et équivaut à peu près à l'adjectif français «indispensable». On ne la trouve que dans le syntagme nominal *condition sine qua non*.

SINGE n. m. Le mot a de nombreux sens figurés, dépréciatifs ou injurieux. Le singe est l'animal du démon, pendant tout le Moyen Âge.

Vx. **Singe vert** «bête fantastique, ou chose invraisemblable» (*in* Rabelais).

Adroit comme un singe «très habile manuellement» (milieu XVIIe s.). L'adresse proverbiale du singe est fondée en partie sur l'observation (ces animaux, qui faisaient partie de la ménagerie traditionnelle des baladins, étaient dressés à faire des tours), mais correspond surtout au thème de l'animal imitateur (et image diabolique) de l'Homme.

> Cet amour de femme, grande comme un fagot, mince comme une anguille, adroite
> comme un singe, a passé par le haut du four et m'a ouvert la porte de la maison.
> H. de Balzac, *Splendeurs et Misères des courtisanes*, p. 1075.

Laid comme un singe «très laid» (XVIIe s.) → Comme un pou*. La laideur de l'animal se fonde moins sur l'observation objective que sur les nombreux points de ressemblance entre l'homme et le singe, l'animal étant l'image d'un petit homme et la caricature de la créature divine.

Malin comme un singe, cette loc. explicite le rapport *singe-diable* → Malin.

Des propos à faire rougir un singe → Rougir.

Faire le singe «faire des grimaces, des contorsions pour divertir les autres». Syn. *Faire des singeries*. La loc. signifie aussi «imiter» et correspond à *singer*.

Monnaie de singe «fausse monnaie». *Payer en monnaie de singe,* «se moquer, faire des plaisanteries au lieu de payer; payer en fausse monnaie». L'expression, au niveau anecdotique, est facilement expliquée. *Payer en monnaie de singe,* c'est payer en gambades et en grimaces, comme les anciens bateleurs qui, au lieu de payer le péage, faisaient gambader leurs singes devant le péager. Sainéan (*La Langue de Rabelais,* t. I, p. 389) note : «Dans l'ancien règlement du péage du petit Pont de Paris, au XIIIe siècle, on lit cette disposition : Li singes au marchant doit IIII deniers [...] et se li singes est à homes qui l'ait acheté pour son desduit, si est quites, et se li singes est au joueur, jouer en doit devant le paagier, et par son jeu doit estre quites... ».

> Frère Jean achepta deux rares et precieux tableaux [...] et les paya en monnoie de
> singe.   Rabelais, IV, II.

On ne donne pas d'amour mais on prétend mettre à sa place quelque chose de bien meilleur et de plus digne. C'est de la monnaie de singe.

GOBINEAU, *Les Pléiades*, p. 227.

Le singe imite l'homme, se dit pour exprimer l'agacement de se voir imité par quelqu'un.

> — Il en a vu des singes comme cela ?
> — Je crois bien qu'il en a vu au moins un.
> — Le singe imite l'homme, fit-elle machinalement.
> — Qu'est-ce que tu dis là ?
> — Ce qu'on dit entre camarades pour se faire enrager.
>
> A. BLONDIN, *Un singe en hiver*, p. 245.

On n'apprend pas à un vieux singe à faire la grimace « on n'a pas à enseigner la façon de procéder à un homme expérimenté ». Attesté au milieu du XIXᵉ s., ce proverbe connu a donné lieu à maintes variantes.

> Un vieux singe se connaît en grimace : j'ai offert mille francs par mois, une voiture [...] ; cinq cents francs de cadeaux, puis autant en quelques parties, des dîners, des spectacles [...]. Un homme de mon âge peut bien mettre mille écus à sa dernière fantaisie.   H. de BALZAC, *Splendeurs et Misères des courtisanes*, Éd. de 1845, t. III, p. 27.

D'autres loc. prov. archaïques faisaient allusion aux grimaces des singes, à leur malice. Ex. *Jouer des badigoinces comme un singe qui demande des écrevisses ; remuer les babines comme un singe qui cherche poux en tête ; onques* (jamais) *vieux singe ne fit belle moue.*

SIRE n. m.

Pauvre (triste) sire « individu pitoyable, médiocre ». *Sire* est ici employé par dérision.

Aller, venir comme de sire → COMME DE CIRE⋆.

SIRÈNE n. f.

Vx. ***Voix de sirène*** « enchanteresse, séduisante » (XVIIIᵉ s.). Allusion à l'épisode de l'Odyssée (ch. XII) dans lequel Ulysse et ses compagnons faillirent, au risque de leur vie, se laisser charmer par la douceur du chant de cet animal fabuleux, à voix exquise et à corps de femme.

SIRIUS n. pr.

Du point de vue de Sirius → POINT (1).

SIROP n. m. Dans la langue populaire, ce mot sert à former un assez grand nombre de loc. nominales désignant métaphoriquement certains liquides, comme l'eau *(sirop de canard, de grenouille, de parapluie, de robinet)*, le sperme *(sirop de corps d'homme)* ou le vin *(sirop de bois tortu, et, par ellipse, sirop, d'où coup de sirop, « cuite », attesté en 1833).

> [...] le chapelier [...] prit tranquillement la porte. Les camarades ne s'aperçurent même pas de son départ. Lui, avait déjà un joli coup de sirop. Mais, dehors, il se secoua, il retrouva son aplomb [...].   É. ZOLA, *L'Assommoir*, t. II, p. 45.

Vieilli. ***Sirop de la rue*** « l'atmosphère, l'ambiance de la rue », considérée comme une substance consommable qu'on absorbe. La loc. pourrait citer une chanson ou une poésie populaire ; elle fut courante dans les faubourgs parisiens, au début du XXᵉ s.

> Je pouvais comparer la sévérité avec laquelle les parents éduquaient leurs enfants et la liberté dont Michel et moi abusions. Ce « sirop de la rue » était notre carburant vital ! Je ne nous reconnaissais qu'un seul point commun avec ces petits forains : l'esprit de famille.   M. MICHEL-BAHSI, *Poupoune*, p. 93.

SITÔT adv.

Pas de sitôt → TÔT.

SITUATION n. f.

En situation [LOC. ADV.] «dans des conditions qui imitent ou reproduisent celles de la réalité» (1964, *in* Gilbert), par emprunt au vocabulaire de la psychologie expérimentale. En philosophie (notamment chez les existentialistes), la loc. qualifie le rapport dynamique d'un individu au monde et à autrui.

> Plutôt que de réaliser un simple reportage, j'ai trouvé plus intéressant de mettre mes personnages «en situation» au moyen d'une anecdote romanesque insérée dans un milieu réel, selon un procédé bien connu des psychologues.
> *Le Monde*, 20 mai 1964, in P. GILBERT, *Dictionnaire des mots contemporains.*

Être en situation de (+ infinitif) «être en mesure de, bien placé pour, ou en passe de» (XVIIIe s.).

Être dans une situation intéressante → INTÉRESSANTE.

SIX adj. numéral.

À la six-quatre-deux [LOC. ADV.] «très vite», ou «n'importe comment» (1867, Delvau). Loc. d'origine obscure : l'énumération inverse des trois premiers entiers pairs correspond peut-être à un jeu de hasard.

> Oh! maintenant, puisque rien ne pouvait le corriger, pas même la peur de sa crevaison prochaine, elle jurait de ne plus se gêner ; le ménage irait à la six-quatre-deux, elle s'en battait l'œil [...].   É. ZOLA, *L'Assommoir*, t. II, p. 142.

SŒUR n. f.

La main de ma sœur → MAIN.

Sœur de lait → LAIT.

Et ta sœur ? Formule familière employée par ironie pour se débarrasser d'un importun qui se mêle de ce qui ne le regarde pas. Attestée au milieu du XIXe s. (1861, Larchey). On rencontre une forme développée (fondée sur l'assonance) : *et ta sœur? Elle bat le beurre !*

> Restait Saturnin. Ça, on m'aurait dit : «C'est Saturnin qui déjeune dans la tasse bleue», j'aurais répondu : «Non, et ta sœur ?» et soutenu mordicus jusqu'à la dernière que ça ne pouvait pas aller ensemble [...].   J. GIONO, *Un de Baumugnes*, p. 80.

SOI-DISANT [LOC. ADV.] «à ce qu'on dit ; il paraît» (av. 1834, Béranger). La loc. conjonctive *soi-disant que* est condamnée par les puristes.

SOIE n. f.

Fam. *Péter dans la soie* «vivre dans l'opulence» (1932). D'abord «porter du linge fin», puis «des vêtements luxueux». La sagesse populaire rappelle la permanence des fonctions physiologiques dans toutes les situations sociales (cf. *Le trône et le cul*).

> C'est le seul moyen de prendre un paquet de gros pognon. Que tu découvres une bombe et te voilà riche. À toi les femmes qui fument et pètent dans la soie.
> H. CHARRIÈRE, *Banco*, p. 77.

Arg. *Sur la soie* «aux trousses». *Il a les flics sur la soie.* Jeu sur le mot *soie*, qui exprime une matière dont est fait le vêtement et homonyme de *soi* (la personne). *Tomber sur la soie* «tomber dessus».

> Il vous arrive, vous tombe sur la soie dans n'importe quelle pièce, quel recoin de son immense cambuse, à l'improviste ! Il adore surprendre les gens.
> A. BOUDARD, *Cinoche*, p. 155.

SOIF n. f.

Jusqu'à plus soif «à satiété, outre mesure» (1888, Villate). S'emploie figurément avec un verbe d'action.

> Les sauveteurs ravis, comblés, trépignants dans les émotions, arrimaient Courtial en
> héros sur leurs robustes épaules... Ils l'emportaient en triomphe... Ils partaient le fêter
> au «débit»... et jusqu'à plus soif!   L.-F. CÉLINE, *Mort à crédit*, Livre de poche, p. 321.

Fam.   *Il fait soif* «on a soif», par croisement entre *il fait chaud* et *on a soif.*

> Dites, vous ne trouvez pas qu'il fait soif? [...] Fefeu] se lève et disparaît dans le salon.
> Quand il en revient, il tient une bouteille de whisky.   R. BORNICHE, *Le Gang*, p. 57.

SOIGNER v. tr.

Ça se soigne! Il faut te faire soigner! Ces exclamations (= «tu es fou»)
s'emploient en réponse à l'agression que constitue toute manifestation comporte-
mentale un peu «déviante» par rapport au code social en vigueur. Elles équivalent
à de nombreuses autres expressions (*ça va pas, la tête?*, etc.) et à des gestes codés
(doigt frappé sur le front, etc.).

SOIN n. m.

Avoir, prendre soin de (et substantif) «s'occuper de, veiller au bien-être de
qqn, ou au bon état de qqch.» (XVIe s.). Suivi de l'infinitif, «se préoccuper de, veiller
à». *Avoir soin que* (et subjonctif), appartient à la langue littéraire.

Aux bons soins de (qqn) [LOC. CONJ.]. Cette formule consacrée, inscrite sur
une correspondance, indique que l'on confie cette dernière à un intermédiaire.

Être aux petits soins (pour qqn) «avoir des attentions délicates envers qqn,
veiller à son bien-être» (fin XVIIIe s.). Au XVIIe s., *les petits soins* désignaient les mille
attentions délicates dont on entourait l'être aimé. *Être aux petits soins avec*, ou *auprès
de qqn* sont les formes les plus anciennes mais les moins employées aujourd'hui. En
emploi absolu :

> Laporte est «aux petits soins» : quel bon garçon! Son activité brûlante me talonne pour
> que je finisse ma courte épître.   G. FLAUBERT, *Correspondance*, VIIIe série, p. 79.

SOIR n. m.

Le soir de la vie «la vieillesse» (XVIIe s.). Cette métaphore est traditionnelle
dans la rhétorique classique.

Le grand soir «la révolution», qui marquera la fin du capitalisme. La loc.
date de la fin du XIXe s. et fut employée par les anarchistes et les socialistes utopis-
tes, dans le même registre que : *les lendemains* qui chantent.*

> Encor s'il suffisait de quelques hécatombes
> Pour qu'enfin tout changeât, qu'enfin tout s'arrangeât!
> Depuis tant de «grands soirs» que tant de têtes tombent,
> Au paradis sur terre on y serait déjà.   G. BRASSENS, *Poèmes et Chansons*, p. 374.

SOLDE n. m.

Pour solde de tout compte «à la fin, pour terminer». L'emploi métaphorique
de *solde* précise celui de *compte* dans des loc. synonymes comme *en fin de compte,
tout compte fait*, etc.

> Ma mère, boursicoteuse dans l'âme, donna quelques coups de téléphone au cours de
> la matinée. Un mois plus tard, son mince portefeuille avait doublé. Sa nature chiméri-
> que ne s'en étonna pas. «La vérité sort de la bouche des enfants», avait-elle dit, pour
> solde de tout compte.   A. BLONDIN. *Quat' saisons*, p. 147.

SOLEIL n. m.

Rayon de soleil → RAYON.

Des biens (du bien) au soleil « des propriétés immobilières (d'abord, des terres et leurs bâtiments) » (1611, Cotgrave), avec le verbe *avoir* et ses synonymes. L'exposition *au soleil* symbolise la position sociale enviable, cf. aussi *Une place* au soleil,* qui développe la même idée.

> Le père Séchard a laissé deux cent mille francs de biens au soleil, comme on dit...
> H. de BALZAC, *Splendeurs et Misères des courtisanes,* Éd. de 1845, t. III, p. 145.

> Quelle différence ! reprit vivement le geôlier ; vous, monsieur le curé, on sait que vous avez 800 livres de rente, du bon bien au soleil...
> STENDHAL, *Le Rouge et le Noir,* p. 225.

Vx. *Être (pour, à qqn) comme le soleil aux aveugles* « n'avoir aucun intérêt, être indifférent à... ». Loc. ancienne.

> Luce, à qui les bons discours estoient comme le soleil aux aveugles.
> Ch. SOREL, *Histoire comique de Francion,* p. 249.

Faire un soleil « faire un tour complet sur soi-même », par analogie avec la forme de l'astre.

Fam. *Piquer un soleil* « rougir violemment » (1875), peut-être par ellipse de *coup de soleil,* cf. aussi *Fard (piquer un).*

Le soleil brille (luit) pour tout le monde « il est certains avantages dont tout le monde peut profiter ». Ce proverbe, traduit du latin, proclame l'égalité de droit, égalité théorique et fortement restreinte par l'inégalité de fait, comme en témoigne une version plus réaliste : *le soleil brille pour tout le monde, mais bien des gens sont à l'ombre.* Prévert, sur le mode de la critique sociale, développe ce thème :

> Le soleil brille pour tout le monde, il ne brille pas dans les prisons, il ne brille pas pour ceux qui travaillent dans la mine [...].   J. PRÉVERT, *Paroles,* p. 17.

Ôte-toi de mon soleil, célèbre repartie de Diogène à Alexandre qui lui offrait sa protection, et que l'on rappelle pour marquer l'impatience devant une présence gênante, cf. *Ôte-toi de là.*

SOLIDE adj.

Solide au poste « inébranlable, persévérant », comme le soldat qui se maintient à son poste malgré les attaques de l'ennemi.

1. SOMME n. f. Du lat. *summa* (de *summus* « qui est au point le plus haut »), « quantité de choses, de grandeurs qui s'ajoutent ».

En somme « finalement, en résumé » (1370). Traduction du latin *in summa*
→ TOUT COMPTE* FAIT.

Somme toute « après avoir fait le tour de la question, tout bien considéré » (1320). Ces deux expressions, presque synonymes, sont courantes à la fin d'un discours, d'une exposition détaillée de faits.

2. SOMME n. f. Du bas latin *sagma* « bât, charge ».

Bête de somme → BÊTE.

Travailler comme une bête de somme « travailler avec acharnement et sans répit à des tâches pénibles », cf. *Comme une bête.*

3. SOMME n. m.

Faire (piquer) un somme « dormir un temps assez court ».

> Tout est en ordre, mes mesures sont prises, et comme je tombe de fatigue, je vais piquer un somme dans ce coin.   J. VALLÈS, *L'Insurgé,* p. 252.

Vieilli. *Ne faire qu'un somme* « dormir tout d'une traite, sans s'éveiller » (milieu XVIIIe s.). *Faire la nuit tout d'un somme* est attesté dans Acad., 1694. Ces expressions reposent sur le sens originel de *somme* « sommeil ».

SOMMEIL n. m.

Le sommeil éternel, le dernier sommeil « la mort », par litote. *Dormir du (de son) dernier sommeil* « être mort ».

Sommeil de plomb → PLOMB.

Dormir du sommeil du juste → Juste.

Laisser, mettre (qqch.) en sommeil « ne pas s'en occuper pendant un temps, laisser en suspens » (XXᵉ s.), d'après le sens figuré de *sommeil* « période d'inactivité passagère ».

Tomber de sommeil « être très fatigué, avoir une invincible envie de dormir » (milieu XVIIIᵉ s.). L'hyperbole est la même, inversée, que dans *dormir debout*.

> LE MAÎTRE. — [...] Raconte-moi ton tableau, et sois bref, car je tombe de sommeil.
> DIDEROT. *Jacques le Fataliste*, p. 663.

> Je commence à vous prévenir que ce n'est pas pour que vous veniez, car, à cette heure-ci, vous me gêneriez beaucoup... lui dis-je, je tombe de sommeil.
> M. PROUST, *À la recherche du temps perdu*, t. II, p. 732.

SOMMET n. m.

Au sommet [LOC. ADJ.] « avec les dirigeants, les autorités les plus hautes » (d'un pays, d'un parti politique, d'un groupe représentatif). D'abord employé avec le substantif *conférence* (traduction de l'anglais *summit conference*), puis avec ses synonymes (*rencontre, réunion*, etc.). L'expression, apparue dans les années 1960 dans le vocabulaire politique, s'est largement diffusée grâce aux mass media. La forme elliptique *sommet* est courante.

SON n. m. → ÂNE.

SONGE n. m.

Songes, mensonges [LOC. PROV.] « il ne faut pas ajouter foi aux rêves » (début XVIIᵉ s.). La volonté rationaliste de réduire la vie psychique à la seule vie éveillée est en opposition avec la tradition antique qui accordait aux rêves un rôle de premier plan et où le monde onirique doublait et permettait d'interpréter le monde dit « réel ». Il faudra attendre Freud et la psychanalyse pour que soit réhabilité le rêve et que son incidence sur la vie consciente soit mise en lumière : mais le rêve, signe décodable de l'inconscient, reste un mensonge au niveau explicite et rationnel.

SONNANT, ANTE adj.

Vieilli. *Espèces sonnantes* « la monnaie métallique », dont le bon aloi est constaté par le son qu'elle rend (début XVIIIᵉ s.). Var. *espèces sonnantes et trébuchantes* → TRÉBU-CHANT. Aujourd'hui, ces deux expressions s'emploient plaisamment. Le tour adverbial *en espèces sonnantes* est aussi fréquent que la loc. nominale. L'épithète n'est plus analysée et *espèces sonnantes* est sentie généralement comme synonyme de *en espèces* → ESPÈCE.

> Quelques mois avaient suffi au demi-castor pour transformer en espèces sonnantes et faire passer dans sa caisse tout ce que possédait le malheureux.
> GORON, *L'Amour à Paris*, t. I, p. 467.

SONNER v. tr.

On ne vous a (je ne t'ai...) pas sonné! « Mêlez-vous (mêle-toi) de ce qui vous (te) regarde ». Formule énergique destinée à rabrouer qqn en le considérant comme un domestique qu'on sonne à volonté.

SONNEUR n. m.

Dormir (ronfler) comme un sonneur «dormir très profondément» (XXᵉ s.). L'explication traditionnelle est «comme le sonneur de cloches, que la sonnerie n'arrive même pas à réveiller, tant il y est habitué». La loc. adv. *comme un sonneur* avait déjà au XIXᵉ s. la valeur d'un intensif. *Boire comme un sonneur* «boire sans mesure, être ivrogne» est attesté en 1835 (Dict. de l'Académie), probablement parce que le sonneur de cloches servait aussi de sacristain, de servant de messe (ce sens figure dans l'éd. 1771 du Trévoux), d'où sa réputation de boire le vin de messe.

> On venait de coiffer le pitaine d'un commandant de réserve. Pas mauvais cheval, le cobra. Un vieux gars à cheveux blancs qui passait une moitié de son temps à digérer et l'autre à en écraser. Pendant les convois, il ronflait comme un sonneur dans sa V.L., se réveillant tout juste pour la croûte.
>
> A. SERGENT, *Je suivis ce mauvais garçon*, p. 147.

SOPHIE n. pr.

Faire sa Sophie «faire la mijaurée, affecter la pruderie» (1861, Larchey).

> Sans doute, il trouvait Lantier un peu fiérot, l'accusait de faire sa Sophie devant le vitriol, le blaguait parce qu'il savait lire et qu'il parlait comme un avocat.
>
> É. ZOLA, *L'Assommoir*, t. II, p. 31.

> D'abord ej'comprends pas qu'on s'gêne,
> Ej'suis ami d'la liberté,
> J'fais pas ma Sophi', mon Ugène,
> Quand ej'pète, ej'dis : j'ai pété.   A. BRUANT, *Dans la rue*, p. 13.

SORCIER adj.

Il ne faut pas être sorcier pour (faire qqch.) «ce n'est pas difficile de» (+ infinitif), milieu XVIIᵉ s.

SORCIÈRE n. f.

Chasse aux sorcières «poursuites organisées par un régime contre ses opposants». L'expression est traduite de l'américain et a d'abord désigné les persécutions maccarthystes des années 1950-1955 aux États-Unis pour éliminer les communistes.

SORT n. m.

Faire un sort à qqch. «régler, liquider sa situation de manière définitive, en finir avec», en particulier avec des objets de consommation. *Faire un sort à une bouteille* «la boire», *faire un sort à un gâteau* «le manger». Ce sens familier date de la fin du XIXᵉ s. (1896, Larchey, au sens d'«utiliser, de prendre pour soi»). L'expression n'avait à l'origine que le sens de «faire valoir, mettre en valeur» (1835, Acad.).

Le sort en est jeté! «Il n'y a plus à reculer, la décision est prise irrévocablement». Apparue en français au début du XVIIᵉ s. (chez Malherbe), cette formule est une traduction de la célèbre phrase prononcée par César franchissant en armes, malgré la défense du Sénat, le fleuve Rubicon (cf. *Alea jacta est*) → FRANCHIR LE RUBICON*.

> Ah! Bah! le sort en est jeté! Ça tournera comme ça voudra!
> Mais je vais tâcher que ça tourne au grave [...].   J. VALLÈS, *L'Insurgé*, p. 190.

> Elle va chercher l'escabeau et le place dans le jardin, près d'un des poteaux de ciment qui soutiennent le grillage. Elle retire ses chaussures à cause des talons hauts, et les lance dans le jardin du voisin. «Le sort en est jeté», dit-elle.
>
> R. VAILLAND, *Bon Pied, Bon Œil*, p. 109.

JURONS : Les jurons qui s'en prennent à l'entité impersonnelle du *sort*, du hasard, paraissent adoucis par rapport à ceux qui, mettant directement Dieu en cause, ont un caractère blasphématoire → DIEU. Ainsi de *coquin de sort!* (fréquent naguère dans le Midi), *bon sang de bon sort!* (parfois altéré en *bon sang de bonsoir!*). *Bon Dieu de sort!* a, quant à lui, un statut plus ambigu, mais n'est généralement pas perçu (malgré l'emploi du mot *Dieu*) comme blasphématoire.

SORTE n. f. Les loc. construites avec ce mot sont toutes lexicalisées et ont une valeur purement fonctionnelle.

Toute(s) sorte(s) de «de nombreux, une grande variété de». Cette loc. qui exprime la multiplicité, se rencontre avec des substantifs concrets dénombrables.

De toute(s) sorte(s) [LOC. ADJ.] (précédé de substantifs au pluriel) «qui appartiennent aux genres les plus variés».

Vx. *De la bonne (belle) sorte* «de la bonne manière, comme il faut». S'employait souvent ironiquement, avec une valeur intensive, au sens de «sévèrement, énergiquement» (1549, R. Estienne).

De la sorte «ainsi, de cette façon» (1545, *in* Huguet). Appartient au style soutenu.

En quelque sorte «pour ainsi dire, d'une certaine manière» (1650, Corneille). L'approximation est ici rendue par le procédé rhétorique de la réticence.

De sorte que (XIIIᵉ s.), *de telle sorte que* (milieu XVIᵉ s., Rabelais). Ces deux loc. conjonctives synonymes signifient «de manière que, si bien que» et introduisent des subordonnées consécutives. *En sorte que* (XIIIᵉ s.), vieilli en emploi isolé, ne s'emploie aujourd'hui que dans la loc. verbale *faire en sorte que* (+ subj.) ou *de* (+ infinitif), «s'arranger pour, tâcher de».

SORTIE n. f.

Fam. *Attendre qqn à la sortie* «attendre que qqn soit à un moment décisif, dans une période cruciale pour le juger ou le vaincre, lui prouver qqch.» → ATTENDRE QQN AU TOURNANT*.

> Quinze ans d'humiliation ravalée, quinze ans d'un médiocre «tempérament» refoulé, quinze ans de patience méritaient un paiement qui ne se pouvait point traduire en chiffres ou en chèque.
> Elle m'attendait à la sortie, comme disent les collégiens. Elle m'attendait à la sortie de la vie...
> M. DRUON, *Rendez-vous aux enfers*, p. 340.

Fam. *Être de sortie* (avec un sujet de personne) «sortir, aller se distraire». (Avec un sujet de chose) «manquer, faire défaut» (1925, *in* Esnault).

SORTIR v. tr. et intr.

Fam. *Sortir d'en prendre* «ne pas être près de recommencer» (une chose désagréable ou pénible). *Merci bien, je sors d'en prendre!*

Il n'y a pas à sortir de là! «Il faut s'en tenir là, ne pas varier sur ce point».

SOU n. m.

Gros sous «l'argent». Ce pluriel à valeur de collectif désigne péjorativement l'argent, l'intérêt, le profit. *Une question de gros sous. Parler gros sous.*

Vx. *Le sou du franc* «remise d'un sou par franc d'achat, consentie par les commerçants aux domestiques qui font les courses» (début XXᵉ s.). *Le sou pour (par) livre* «remise d'un sou par livre d'achat» est attesté chez Balzac.

> [...] il n'y avait jamais eu chez nous de domestiques si corrompus qui n'eussent vite modifié, épuré leur conception de la vie jusqu'à ne plus toucher le «sou du franc».
> M. PROUST, *À la recherche du temps perdu*, t. II, p. 321.

Propre comme un sou «très propre» (1845, Bescherelle), c'est-à-dire «brillant, reluisant comme une pièce de monnaie qui vient d'être frappée». La variante

comme un sou neuf, plus récente (fin XIXe s., Dict. général) et plus fréquente aujourd'hui, est plus explicite dans l'assimilation de la propreté à la nouveauté.

> [...] madame Fauconnier prenait la défense de Gervaise : on avait tort de se moquer d'elle, elle était propre comme un sou et abattait fièrement l'ouvrage, quand il le fallait.
>
> É. ZOLA, *L'Assommoir*, t. I, p. 92.

> Quelquefois, de ce temps, il les amusait d'un petit roucoulis de colombe, d'un petit pas espagnol, d'un mouvement de tête calculé pour faire mousser cette crinière soyeuse qu'il avait, toujours peignée recta et propre comme un sou.
>
> J. Giono, *Un roi sans divertissement*, p. 97.

De quatre sous (quat' sous) [LOC. ADJ.] «sans valeur, insignifiant, de rien». *Un bijou de quatre sous.* On a traduit le *Dreigroschenoper* [opéra *de trois groschen*] de Brecht (lui-même adaptation de *Beggars' opera* «l'opéra des gueux») par *opéra de quat' sous.*

Pas (et adj.) ***pour un (deux) sous*** «pas du tout, absolument pas». L'expression correspond à un intensif négatif.

> Et moi qui veux des rigolos! Vous ne l'êtes pas pour deux sous, vous savez! Non, vrai, vous n'êtes pas rigolo!
>
> J. VALLÈS, *L'Insurgé*, p. 64.

> Malade imaginaire, certes, mais pas invalide pour un sou. (Jolie expression financière. — entre parenthèses...).
>
> J.-A. NAU, *Force ennemie*, p. 106.

(Pas) pour un sou de. S'emploie aussi avec *avoir* suivi d'un substantif abstrait désignant une qualité, un trait de caractère qui fait défaut à la personne dont il est question.

Un sou (deux sous) de... «un peu de» (1668). *Pour* est souvent sous-entendu. *Il n'a pas un sou de jugeote.*

Rég. ***(Bâti) comme quatre sous*** «fait sans soin, très mal». L'expression paraît cantonnée à des emplois régionaux (pays nantais, région béarnaise où Wartburg enregistre la forme patoise *troussat' coum quoate sous* «mal accoutré»).

> [...] ils examinaient le boisage de la galerie dont les haveurs avaient l'entretien sur une longueur de dix mètres en arrière de la taille [...]. — Voyez ça, est-ce que ça tient?... C'est bâti comme quatre sous. Voilà un chapeau que les moutons ne portent déjà plus, tellement on l'a posé à la hâte...
>
> É. ZOLA, *Germinal*, t. I. p. 58.

Vieilli. ***(Être) sans sou ni maille*** «ne rien posséder, être très pauvre», littéralement «ne pas posséder un sou, ni même une maille» (fin XVIIe s.). On disait aussi *n'avoir ni sou ni maille* (1694, Acad.). Plus encore que le sou, vingtième du *franc,* la maille représente la plus petite unité monétaire possible, la moitié d'un denier. La première forme attestée (fin XIIe s.) est *sans maille ni denier.* Le mot *maille* étant archaïque, la loc. n'est plus clairement comprise.

> Pour un noble du quinzième siècle, c'était déjà la mort que de jouer le rôle d'un bourgeois sans sou ni maille, et de renoncer aux privilèges du rang.
>
> H. de BALZAC, *Maître Cornélius*, p. 917.

(Être) sans un sou «dépourvu d'argent», dans une circonstance particulière, à un moment donné (var. *sans un*).

> Que pouvait-elle faire sur les trottoirs, sans un sou, avec sa sauvagerie, et toujours inquiétée par la grande ville, où elle ne connaissait que les rues voisines du magasin?
>
> É. ZOLA, *Au Bonheur des Dames*, t. I, p. 152.

(Être) sans le sou «complètement démuni d'argent» (1845, Bescherelle). Le déterminant indique qu'il s'agit d'un état permanent (par opposition à l'emploi de l'indéfini, ci-dessus). *Sans-le-sou* correspond parfois à un simple adjectif, qu'on peut employer substantivement :

> Quand on épousait une femme, on s'arrangeait au moins pour l'habiller et la nourrir proprement. Plutôt mendier que de se résigner à cette vie de sans-le-sou!
>
> É. ZOLA, *Pot-Bouille*, t. II, p. 55.

Maintenant l'axiome est : Pas d'argent, pas de talent. Il y a de très rares exceptions
de gens sans le sou qui naissent avec de l'esprit [...].
C. CROS, Le Collier de griffes, p. 236.

Sou par sou, sou après sou (après des verbes comme *amasser, entasser, économiser*) «peu à peu, par petites sommes». On disait au XVIIIᵉ s. *sou à sou* (1709, *in*
Wartburg) et *sous sur sous* (*mettre sou sur sou*, 1718, Acad.).

Ne pas avoir un sou vaillant «être très pauvre» (1690, Furetière). Littéralement : «ne pas avoir un sou qui vaille», «n'avoir pas la valeur d'un sou». *Vaillant*
est le participe présent de *valoir* (= «qui vaut»).

Puis-je savoir, monsieur, où vous avez trouvé de l'argent? Car je ne vous connais pas
un sou vaillant.
É. AUGIER, Maître Guérin, Acte V, p. 338.

N'avoir pas le premier sou pour (faire qqch.) «ne pas avoir l'argent disponible pour acheter ou entreprendre qqch.» (1696).

Fam. **(S'ennuyer, s'embêter...) à cent sous de l'heure** «s'ennuyer mortellement»,
comme si on était payé pour cela. Var. : *à cent sous l'heure, à cent francs l'heure.*

Déjà un vieil homme retiré ici avec sa femme. Cette petite maison pleine de bouquins,
tout assez médiocre. Ils devaient s'embêter à cent sous l'heure.
L. ARAGON, Blanche ou l'Oubli, p. 446.

Variante plus tardive : *à cent francs de l'heure.*

Je l'ai vue au boulevard, avec un type. Elle avait des plumes comme ça ! et puis un
manchon avec ça ! et une gueule à s'emm...er à cent francs de l'heure !
COLETTE, La Vagabonde, p. 41.

Être près de ses sous «être très économe». Au XVIIᵉ s. (chez Molière) *être près
de ses pièces* signifiait «être très pauvre». Le sens actuel de la loc. s'explique peut-
être à la lumière du sens original «ne pas s'éloigner de son argent», dans la mesure
où on en a peu et qu'il en est rendu plus précieux. On pourrait comprendre aussi
l'expression à partir d'une confusion entre *près de* (= non loin) et *être à X sous près.*

Vx. **Valoir (qqch.) comme un sou** «le valoir amplement» (1700). Ellipse de *comme
cela vaut (vaudrait) un sou.*

Un sou est un sou [LOC. PROV.] «il ne faut pas gaspiller» (même la valeur d'un
sou). La tautologie n'est ici qu'apparente ; *sou* est en effet pris dans deux sens différents et désigne d'abord la pièce de monnaie, puis la valeur attribuée à cet objet. Ce
proverbe bien connu illustre l'un des grands principes de l'économie petite-bourgeoise, selon lequel, en matière financière, l'insignifiance n'existe pas. Cette glorification de l'épargne est à peu près la même dans *il n'y a pas de petites économies*★
mais contredit la loc. prov. sur *les économies de bouts de chandelle*★.

Il lui manque toujours dix-neuf sous pour faire un franc «il est toujours à
court d'argent». L'expression renverse plaisamment la proportion normale, et équivaut à : «il n'a guère que la première unité inférieure ; il lui manque presque tout».

SOUCHE n. f.

De vieille souche «d'une très ancienne famille». L'image de l'arbre généalogique symbolisant la lignée est habituelle. L'expression *de bonne souche* «de bonne
famille» est vieillie.

Faire souche «avoir des descendants» (1611, Cotgrave).

Rester comme une souche «demeurer inerte, sans bouger». Cette représentation végétale de l'inertie date du Moyen Âge. L'expression figure déjà chez Chrestien de Troyes (fin XIIᵉ s.) et chez Guillaume de Machaut (XIIIᵉ s.). On dit aussi
dormir comme une souche, c'est-à-dire «dans une immobilité totale» → COMME
UNE BÛCHE★.

SOUCI n. m.

Se faire du souci «s'inquiéter, se tourmenter».

SOUCOUPE n. f.

Faire (ouvrir) des yeux comme des soucoupes «les écarquiller d'étonnement» (1837, Balzac).

SOUDURE n. f.

Faire la soudure : a) «Disposer de juste assez de marchandises avant un nouvel approvisionnement ou d'assez d'argent avant une nouvelle rentrée de fonds» (d'où la loc. argotique *envoyer la soudure* «payer», *soudure* s'étant spécialisé au sens d'«argent monnayé» [1935, *in* Esnault]). L'expression s'est d'abord employée à propos d'une récolte de blé. *La soudure est faite* quand les besoins en céréales des consommateurs sont assurés au moment de la plus forte demande. b) Par extension, «assurer la transition entre deux situations».

SOUFFLE n. m.

Second (deuxième) souffle «regain d'énergie, d'activité, après une période de ralentissement». La métaphore, assez récente, est empruntée au domaine sportif et symbolise l'énergie récupérée.

À bout de souffle, métaphoriquement, «à court d'énergie ou d'inspiration».

Avoir le souffle coupé «être très étonné». Un arrêt momentané du rythme respiratoire marque la surprise.

> À Naples il n'y a pas seulement le peuple du Basso-Porto qui peine et qui souffre à en avoir le souffle coupé dans la cuisine du démon païen qu'est le dédale des sombres ruelles du vieux quartier [...]. B. CENDRARS, *Bourlinguer*, p. 25.

À couper le souffle «stupéfiant, extraordinaire».

> Belle! Belle à couper le souffle! Assez belle pour *Play Boy* ou pour la publicité des bas *Dim*. M. CARDINAL, *Les Mots pour le dire*, p. 188.

Ne pas manquer de souffle «montrer de la hardiesse, avoir du culot» → IL NE MANQUE PAS D'AIR★.

Reprendre souffle «retrouver ses forces». Même métaphore que dans *reprendre haleine*.

SOUFFLER v.

Souffler n'est pas jouer «le fait de souffler un pion ne constitue pas un coup et donne le droit de rejouer». La formule est propre au jeu de dames.

> «Jeux de mains, jeux de vilains», «souffler n'est pas jouer», aurait-elle pu me dire sur ce ton de petite fille modèle. M. LEIRIS, *Fourbis*, p. 218.

SOUFFRANCE n. f.

En souffrance [LOC. ADJ.] «en attente, en suspens», en parlant d'une affaire non encore conclue, d'une marchandise ou d'une lettre qui n'est pas parvenue à son destinataire. *Souffrance* a ici le sens ancien de «délai, attente» qui ne subsiste que dans cette locution.

SOUHAIT n. m.

À souhait [LOC. ADV.] «aussi bien ou autant qu'on peut le souhaiter» (XIIIe s., Godefroy). *Il est malin à souhait.* L'expression relève d'un usage «distingué».

> Forestier, souriant et sérieux, surveillait, échangeait avec sa femme des regards d'intelligence... à la façon de compères accomplissant ensemble une besogne difficile et qui marche à souhait. G. de MAUPASSANT, *Bel-Ami*, in *Ph. Sl.*

À vos souhaits! Formule traditionnelle qui salue une personne qui éternue.
Syn. *Dieu* vous bénisse!*

SOUHAITER v. tr.

Je vous en souhaite! «attendez-vous à bien des désagréments». Ellipse pour
je vous souhaite bien du plaisir! Ces deux formules antiphrastiques sont courantes
et appartiennent plutôt au code oral.

Je vous la souhaite bonne et heureuse! La renvoie à la nouvelle année. Cette
formule rituelle appartient au style très familier

SOÛL adj.

Soûl comme (un âne, une bourrique, un cochon, une grive, un Polonais), voir
chacun de ces mots.

Tout mon (ton, son...) soûl «à satiété, autant qu'on veut» (XVᵉ s.). Cette locution très vivante constitue le seul usage actuel de *soûl* au sens ancien de
«rassasié, saturé».

> [Collantine] taschoit de faire remplir le sien [son contrat de mariage] de termes obscurs
> et equivoques, mesme d'y mettre des clauses contradictoires, pour avoir l'occasion, et
> en suite le plaisir, de plaider tout son saoul.
>   A. FURETIÈRE, *Le Roman bourgeois*, p. 1103.

SOULIER n. m.

Être dans ses petits souliers «être mal à l'aise, avoir une impression d'inconfort (comme dans des souliers trop étroits, qui blessent les pieds)». L'image des vêtements étriqués, symboles de la gêne, du malaise est à l'œuvre dans d'autres locutions
(*être gêné aux entournures,* et à l'opposé dans la récente expression *à l'aise dans ses
baskets* «bien», décontracté»). *Être mal dans ses petits souliers* a d'abord eu le sens
d'«être malade» (1808, Boiste). Le motif du soulier qui blesse est attesté dès le
XVIIᵉ s., dans des formules comme *c'est là que le soulier me blesse,* chez Régnier (on
dit aujourd'hui *le bât*), *chacun sait où le soulier le blesse* «chacun connaît son mal
secret». L'expression est toujours très vivante.

> [...] pendant que votre comtesse riait, dansait, faisait ses singeries, elle était dans ses
> petits souliers, comme on dit, en pensant à ses lettres de change protestées, ou à cel-
> les de son amant.   H. de BALZAC, *Le Père Goriot,* in *Ph. Sl.*

Le mot *soulier* a donné naissance à plusieurs locutions devenues archaïques. *Soulier
à dormir debout* «soulier très grand» (XVIIᵉ s., Oudin). *Tenir pied en soulier* «être
raisonnable» (XVIIᵉ s.), *mettre son pied dans tous les souliers* «se mêler de tout»
(fin XVIIᵉ s., Saint-Simon); *mettre deux pieds dans un soulier* «être empoté, maladroit» → LES DEUX PIEDS* DANS LE MÊME SABOT); *mourir dans ses souliers* «mourir
debout»; *avoir mis son soulier en pantoufle* «se croire bien déguisé» (fin XVIIᵉ s.
in Furetière), *se soucier de qqn comme de ses vieux souliers* «n'en faire aucun cas»
(XVIᵉ s.) → CHEMISE *(comme de sa première chemise).*

Vx. *Il n'y a si beau soulier qui ne devienne savate* [LOC. PROV.] «même la plus
belle femme deviendra vieille et laide» (XVIᵉ s.), d'après l'emploi érotique du soulier qu'on chausse (et ses synonymes *sabot, savate, chaussure*), termes symbolisant la féminité.

SOUPAPE n. f.

Soupape de sûreté «exutoire».

SOUPÇON n. m.

Au-dessus (à l'abri) de tout soupçon «d'une honnêteté irréprochable».

SOUPE n. f. Le sens du mot a évolué de «tranche de pain trempée dans le bouillon» à «bouillon».

Soupe à la grimace «accueil hostile d'une épouse acariâtre, querelleuse». La locution impose l'image du visage maussade en face duquel on est attablé.

Soupe au lait [LOC. ADJ.] «de caractère violent, irascible». Lexicalisée au XIXᵉ s., à partir de la locution métaphorique *monter comme une soupe au lait* «se mettre en colère», attestée à la fin du XVIIIᵉ s., *la soupe au lait* impose l'image de la colère comme débordement. Le lait bouilli qui déborde de son récipient représente la bouffée de colère, puis par métonymie l'individu en colère, hors de lui.

> La grandeur de son dévouement! L'immensité de ses sacrifices! Non!... Seulement, elle est emportée! Violente au possible!... C'est le revers de son bon cœur! Impulsive même! Point méchante! Certes non! La bonté même!... Une soupe au lait! n'est-ce pas, mon Irène adorée?...   L.-F. CÉLINE, *Mort à crédit*, Livre de poche, p. 346.

Cracher dans la soupe «mépriser ce dont on tire avantage». L'expression, pourtant fort courante, n'est guère attestée dans les dictionnaires généraux. *Cracher dans* équivaut ici à *cracher sur*, la soupe symbolisant le profit (cf. PAR ICI LA BONNE SOUPE* !).

Fam. et vieilli. *Manger la soupe aux herbes (à l'herbe)* «coucher dans les champs, faire l'amour en plein air» (1867, Delvau). L'expression est basée à la fois sur les valeurs érotiques de *manger (la soupe)* «faire l'amour», et sur celles de *herbe*, qui impose l'image de la campagne, de l'amour bucolique (cf. *Aller aux fraises, voir la feuille à l'envers*, et autres euphémismes érotiques à thème végétal ou agreste).

Manger la soupe sur la tête de (à) qqn «être plus grand que lui, le dépasser en taille», de sorte que la tête du plus petit arrive à la poitrine du plus grand. L'expression est sans doute d'origine régionale. *Manger la soupe à qqn* est attesté dans ce sens à Liège et à Neuchâtel.

Être trempé comme une soupe «être complètement mouillé» (par la pluie). Cette locution qui date de la fin du XVIIIᵉ s. n'est plus comprise. L'idée perçue est celle du liquide qui mouille, mais l'expression n'est jamais analysée. Est-on «mouillé comme par une soupe» (qu'on recevrait sur soi) ou «aussi mouillé qu'une soupe»? En fait la soupe n'est pas ici le bouillon, mais la tranche de pain «trempée», c'est-à-dire plongée dans le potage.

> Ton Vieux a été hier soir trempé comme une soupe, mouillé jusqu'aux os, à ne pas remettre mes habits.   G. FLAUBERT, *Correspondance*, VIIIᵉ série, p. 289.
> Alors la pluie se met à tomber sérieusement. Toujours des murs. Où s'abriter? Enfin nous voilà chez le père Lamèche, trempés comme trois soupes, ou quatre en comptant le perroquet.   C. CROS, *Monologues*, p. 326.

Servir la soupe à (qqn) «lui dire ce qu'il attend pour le mettre en valeur».

Par ici, la bonne soupe! «À moi (à nous) l'argent, le bénéfice». Comme *l'assiette au beurre* ou *la part de gâteau*, la *soupe* symbolise le profit.

SOUPIR n. m.

Rendre le dernier soupir «mourir» (XVIIᵉ s.).

Fam. et vx. *Tirer des soupirs de ses talons* «pousser de profonds soupirs, le plus souvent avec affectation» (fin XVIIᵉ s., Saint-Simon).

SOURCE n. f.

Couler de source «aller de soi, être la conséquence normale d'un fait» (fin XVIIᵉ s., Mme de Sévigné). L'eau vive qui coule depuis sa source est analogue au raisonnement qui se développe sans rupture de son point de départ à ses ultimes conséquences.

Tenir (savoir) de bonne source (de source sûre) «être très bien informé» (vers 1875). La *source* est ici l'origine de l'information.

SOURD adj.

Dialogue de sourds «où chacun des deux interlocuteurs ne tient pas plus compte des raisons de l'autre que s'il était sourd».

Sourd comme un pot → Pot.

(Crier, frapper) comme un sourd «très fort, avec acharnement» (XVIIᵉ s.). Les sourds, en effet, ne peuvent percevoir ni le son de leur voix ni le bruit des coups qu'ils portent (dans un contexte où il s'agit de coups sonores).

> Dès que ça mugissait en tempête, ils gueulaient les mômes comme des sourds, ils s'entendaient plus...   L.-F. Céline, *Mort à crédit*, Pléiade, p. 707.

Toutefois, de plus en plus, la locution n'est perçue que comme un simple intensif et peut fonctionner avec d'autres verbes d'action où la notion de bruit n'apparaît pas. Ainsi, dans *foncer comme un sourd* «aller à toute vitesse», attestée dans le vocabulaire sportif (chez les cyclistes, notamment) :

> Je ne sais pas comment j'ai fait pour me tirer, un moment j'ai foncé comme un sourd, avec mon bus, dans un groupe de Fridolins qui étaient à pince et qui m'ont tiré dessus.
>   A. Sergent, *Je suivis ce mauvais garçon*, p. 150.

Il n'est pire sourd que celui qui ne veut (pas) entendre [LOC. PROV.] «on perd son temps à vouloir convaincre qqn qui refuse de comprendre et entend rester sur ses positions». L'obstination considérée comme une surdité morale est un thème biblique, généralement associé à celui de l'aveuglement («Vous qui avez des oreilles et n'entendez point», Jérémie, 5, 21) → Œil *(avoir des yeux pour ne pas voir)*. Ce thème se retrouve en français sous forme de proverbe au XIVᵉ s. *(Proverbes rurauz et vulgauz)*. *Entendre* est pris au sens intellectuel de «comprendre».

SOURIS n. f.

Se cacher (entrer, rentrer) dans un trou de souris «se cacher», surtout dans des phrases au conditionnel : *il voudrait se cacher, on le ferait se cacher...*

Jouer au chat et à la souris → Chat.

Vx. *Souris qui n'a qu'un trou est bientôt prise* [LOC. PROV.] «quand on n'a qu'un expédient, on risque d'échouer rapidement». Cette formule s'est employée du XIIᵉ au XVIIᵉ s., sous diverses formes, où l'on remarquera le souci rythmique et formel : *Quant ne sait qu'un seul trou, perdue est li soris* «la souris qui n'a qu'une entrée est incontinent happée» (Cotgrave). *Tôt attrapé est la souris qui n'a pour gite qu'un pertuis* (Cotgrave).

Quand le chat n'est pas là, les souris dansent → Chat.

La montagne accouche d'une souris «un projet ambitieux donne des résultats dérisoires». Cette formule imagée (→ Montagne) utilisée et répandue par La Fontaine, reprend une locution plus abstraite et plus brève : *de grand dessein une souris.*

Vx. *On entendrait une souris trotter.* Équivalent dans la langue classique de notre : *on entend(rait) une mouche* voler.

SOUTIEN-GORGE n. m.

Fam. *Menteur comme un soutien-gorge* «très menteur». Cet accessoire en effet non seulement protège, mais cache la poitrine, en lui conférant (parfois) une apparence trompeuse.

> Sournois et menteur comme toujours, comme une douzaine de soutiens-gorge... Il me
> racontait des tels bobards, que la nuit ça m'en remontait... Je me les racontais à nou-
> veau, tellement qu'ils étaient durailles! Crapules! Et pesants!...
>
> L.-F. CÉLINE, *Mort à crédit*, Pléiade, p. 837.

SOUVENT adv.

Plus souvent qu'à mon (ton, son) tour → TOUR.

Fam. *Plus souvent!* «sûrement pas, jamais de la vie» (1893, Reybaud). *Plus souvent que* (1880, Zola) exprime la dénégation ou le refus.

> Plus souvent, dit Lamuse, que tu m'voiras mett' mon quart dans m'poche. C't'une idée à
> la graisse d'hérisson et à la mords-moi l'doigt, ni plus ni moins.
>
> H. BARBUSSE, *Le Feu*, t. I, p. 74.

SPECTACLE n. m.

À grand spectacle «brillant, spectaculaire», en parlant d'une représentation théâtrale, d'une revue où les éléments visuels (décors, mise en scène) sont variés et importants (1835, Acad.). On disait aussi *à spectacle*. Le *spectacle* correspond à tout ce qui, dans une représentation, s'adresse à la vue.

Se donner en spectacle «s'exhiber, se faire remarquer de façon inopportune» (1669, Racine).

> — Oh! c'est trop gentil, ce coup de s'imiter soi-même, s'écria Rachel en battant
> des mains.
> — Je t'en supplie, mon petit, lui dit Saint-Loup d'une voix désolée, ne te donne pas
> en spectacle comme cela, tu me tues, je te jure que si tu dis un mot de plus, je ne
> t'accompagne pas à ta loge, et je m'en vais [...].
>
> M. PROUST, *À la recherche du temps perdu*, t. II, p. 178.

SPHÈRE n. f.

Les hautes sphères (de qqch.) «les instances dirigeantes» (1870, Goncourt), d'après le sens métaphorique de *sphère* «espace, zone où s'exerce une activité». Par jeu avec le sens concret:

> On y voyait en outre deux tables surchargées de friandises : pyramides de gâteaux,
> cylindres de phonographes, cubes de glace, triangles de francs-maçons, carrés magi-
> ques, hautes sphères politiques, cônes, riz, etc.
>
> B. VIAN, *Vercoquin et le Plancton*, p. 14.

SPORT n. m.

C'est du sport! «c'est une opération délicate ou très compliquée» (début XXe s.).

Fam. *Il va y avoir du sport!* «cela risque de tourner à la bagarre» (milieu XXe s.).

SQUELETTE n. m.

Un squelette ambulant «une personne très maigre», cf. *Sac d'os*.

SUBSTANCE n. f.

En substance «en gros, globalement», en parlant d'un discours rapporté, qu'on veut résumer (milieu XVIIe s.). L'expression s'emploie rarement pour qualifier un objet concret:

> On ne pouvait pas me monter le coup au sujet des «*ménagères*» que je rencontrais dans
> ces quartiers. C'était bien ce que je cherchais *en substance* comme on dit au Palais et
> même en belle gueule, mais en esprit, pas du tout.
>
> J. GIONO, *Un roi sans divertissement*, p. 243.

SUCRE n. m.

Fam. *Casser du sucre sur le dos de qqn* « dire du mal de lui en son absence » (1868, *in* Wartburg). L'expression est difficile à analyser. *Casser* impose assez facilement l'idée de « démolir, détruire », mais l'allusion au sucre est obscure ; en effet, le rapprochement avec l'emploi argotique de *sucrer* « maltraiter » n'explique rien, car il n'est attesté qu'en 1881 (Esnault).

> Alors, voyant ce travail, ses copains l'ont éjecté en moins de deux parce qu'il n'était pas dans la ligne. C'est pour ça que Doriot, pour se refaire la cerise — il fallait bien qu'il atterrisse quelque part — est devenu le premier fasciste de France. et qu'il a cassé du sucre sur le dos de ses anciens potes.
> A. SERGENT, *Je suivis ce mauvais garçon*, p. 75.

Être en sucre « être fragile », en parlant de qqn, le plus souvent à la forme négative. Le *sucre*, qui peut se casser ou fondre, symbolise la fragilité ; surtout, les emplois figurés hypocoristiques, basés sur le caractère de friandise, évoquent un traitement douillet et protecteur.

Être tout sucre tout miel « se donner une apparence de douceur ». Correspond au sens métaphorique de *sucré* (cf. infra) → MIEL.

Fam. (d'abord argotique) *C'est (ce n'est pas) du sucre!* « c'est facile, difficile » (1880, Esnault). Les aliments sucrés expriment en argot l'idée de facilité (cf. *C'est du gâteau, de la nougatine, de la tarte*).

> [...] Un dernier mot : Vous serez très bien payés : mille dollars par voyage de cinq cents kilomètres. Vous revenez à vide en douze heures. Rien que ce tarif vous dit suffisamment que ce n'est pas du sucre.   G. ARNAUD, *Le Salaire de la peur*, in *Ph. Sl.*

SUCRÉ, ÉE adj.

Faire le (la) sucré(e) « prendre un air doucereux, mielleux » (1490, *in* Wartburg). Variante : *Sainte sucrée* (XVIIᵉ s.), sous l'influence probable de *Sainte-Nitouche**.

> Il l'estoit venu accoster avec un ris badin, une reverence en tortillant les fesses [...] et disant : Comment vous en va, Robaine, vous faictes là la Sainte sucrée, je cuide que vous estes malade.   Ch. SOREL, *Histoire comique de Francion*, p. 273.

SUER v.

Faire suer qqn « fatiguer, embêter qqn » (1678). *Se faire suer* « s'ennuyer ». — *Faire suer le burnous** → BURNOUS.

Fam. *En suer une* « danser » (1888). *Une* est une ellipse pour « une danse ».

SUEUR n. f.

Avoir (donner) des sueurs froides « avoir très peur ». L'émission de sueurs froides constitue l'une des manifestations bien connues de l'angoisse, de la peur extrême.

À la sueur de son front « très durement » (avec des verbes comme *travailler, gagner son pain* → PAIN). Allusion au châtiment imposé par Dieu à Adam après sa faute. La *sueur* symbolise le travail, l'effort pénible. On disait autrefois *à la sueur de son visage* (début XIVᵉ s.), *de son corps* (XVᵉ s., A. Chartier).

> Maintenant, tu parles de dépenser en bêtises un argent gagné à la sueur de notre front, je peux dire le nôtre, j'ai toujours été assise dans ce comptoir par tous les temps [...].
> H. de BALZAC, *César Birotteau*, p. 331.

> Mon Adolf il a gagné ses sous à la sueur de son front. Eux, mes cousins, ils ont toujours vécu dans l'aisance, je le reconnais, mais ils croient que ça leur donne le droit de me traiter comme une rien-du-tout.   R. QUENEAU, *Un rude hiver*, p. 96.

S'engraisser de la sueur d'autrui « faire travailler les autres à sa place et s'enrichir à leurs dépens ». *S'engraisser de la sueur du peuple*.

SUI GENERIS [LOC. ADJ. LATINE]. La locution est lexicalisée en français et signifie «propre à une espèce, caractéristique» (1777). S'emploie notamment avec une valeur négative dans le syntagme *odeur sui generis* «mauvaise odeur corporelle».

SUISSE n. m.

Fam. **Boire en Suisse** «boire tout seul, sans inviter personne ou en cachette». Cette locution semble être apparue après 1850, peut-être par croisement avec d'autres expressions plus anciennes : *faire suisse* (1829) et *boire avec son suisse* (1841) attestées, d'après Esnault, chez les soldats, par allusion aux régiments de gardes suisses qui s'engageaient sous l'Ancien Régime dans l'armée française. On ne sait pas si les soldats suisses étaient à la hauteur de leur réputation de grands buveurs, capables de s'enivrer seuls (ou entre eux). Dans ce cas, l'expression serait en rapport avec *boire comme un Suisse*, c'est-à-dire «beaucoup», locution attestée dès le XVIIᵉ s. (chez Oudin). On peut aussi, comme le fait G. Esnault, expliquer l'expression par une différence socioculturelle entre les Suisses, qui, comme dans tout pays de tradition germanique, payaient chacun leur verre, et les Français, chez qui la tradition de la «tournée» est de rigueur. Variante : *Faire suisse.*

> Ça signifie purement et simplement que vous êtes un goinfre et un porc, qui cachez vos provisions dans un lit qui n'est même pas le vôtre, pour les dévorer sournoisement, à l'insu de vos camarades !
> À ces mots, un murmure s'éleva :
> — Hoû! hoû! Il fait Suisse! Il fait Suisse!
> — Parfaitement, reprit Marjalet, vous vous conduisez d'une façon ignoble [...].
> G. COURTELINE, *Les Gaîtés de l'escadron*, p. 77.

> Hill... vida le sien par petites gorgées. S'il avait été seul, s'il avait bu en suisse, il aurait aussitôt craché cette infecte mixture. VLAMINCK, *Le Garde-fou*, in *Ph. Sl.*

SUITE n. f.

À la suite (de) [LOC. PRÉP. ou ADV.] «l'un derrière l'autre, une chose après l'autre» (milieu XVIIᵉ s.). Exprime la succession, dans l'espace ou dans le temps.

(Et) ainsi de suite «en continuant de la même façon». Équivaut à *et caetera.*

Vieilli. **Dans la suite** [LOC. ADV.] «après cela, plus tard» (1678, La Rochefoucauld). Est remplacé aujourd'hui par **par la suite** (1739).

De suite [LOC. ADJ.] «d'affilée, l'un après l'autre, successivement». Synonyme *À la suite*. S'emploie souvent, dans la langue familière, à la place de *tout de suite*. Cet usage, considéré arbitrairement comme vulgaire, est celui des grands écrivains du XVIIIᵉ s.

Par suite de [LOC. PRÉP.] «à cause de, en conséquence de» (1835, Acad.).

Sans suite [LOC. ADJ.] «incohérent, décousu», avec des substantifs comme *mots, propos, phrases...*

Tout de suite «immédiatement, sans délai» (fin XVIIᵉ s.). Aux XVIᵉ et XVIIᵉ s., cette locution était sentie comme une forme emphatique de *de suite* et signifiait à peu près «sans interruption, coup sur coup»; elle a supplanté *de suite*, au point de sembler être la seule correcte.

Suite à «en réponse à» (votre lettre, votre demande). Locution propre à la correspondance administrative ou commerciale.

Avoir de la suite dans les idées «tenir à ses idées, être opiniâtre» (av. 1861, Scribe) → ESPRIT* DE SUITE. La locution a très souvent un emploi ironique et connote l'entêtement, l'obstination.

> — Alors, tonton, et cette réponse ?
> — Puisque je t'ai dit non, non et non.

— Elle a de la suite dans les idées, fit observer la dame qui croyait le jugement original.
— Une vraie petite mule, dit Gabriel avec attendrissement.
                                                R. QUENEAU, *Zazie dans le métro*, p. 103.

Donner suite à (qqch.) «assurer le développement, l'exécution d'une
demande, un projet» (1787, Wartburg).

Faire suite à «venir après, suivre», avec une valeur spatiale ou temporelle.

Prendre la suite de qqn «lui succéder».

La suite au prochain numéro «on reprendra cela plus tard, en voilà assez pour
l'instant». Cette formule familière considère le sujet du débat comme momentanément épuisé et l'assimile à une histoire à épisodes, sur le modèle des feuilletons
journalistiques qui se développent sur plusieurs numéros d'un périodique.

SUJET n. m.

Vieilli. **Bon sujet** «élève, enfant dont la conduite est irréprochable», selon le point
de vue des pédagogues et éducateurs (1690, Furetière). Les syntagmes *brillant sujet,
sujet d'élite* désignent plus particulièrement les dons intellectuels et l'application au travail.

M. le curé m'a dit que vous étiez un bon sujet, tout le monde vous traitera ici avec
honneur, et si je suis content, j'aiderai à vous faire par la suite un petit établissement.
                                                STENDHAL, *Le Rouge et le Noir*, p. 243.

L'antonyme **mauvais sujet** «vaurien, chenapan» est plus usuel de nos jours.

Au sujet de [LOC. PRÉP.] «à propos de, en ce qui concerne». On disait au
XVIIe s. *sur le sujet de, sur ce sujet* «là-dessus, sur ce point». Dans ces locutions, *sujet*
renvoie à ce dont il s'agit dans une conversation, un débat.

Sans sujet «sans raison, hors de propos».

Avoir, donner sujet de (+ infinitif) «avoir, donner matière à, fournir le prétexte de» (XVIIe s.).

C'est à quel sujet? «De quoi s'agit-il? qu'y a-t-il?». Formule très familière,
appartenant exclusivement au code oral.

SUPERLATIF n. m.

Au superlatif «extrêmement, au plus haut point» (1694, Acad.).

SUPPLICE n. m.

Supplice chinois «tourment moral particulièrement raffiné» (début XXe s.),
par allusion aux tortures pratiquées autrefois en Chine et qui se signalaient par leur
imagination dans la cruauté.

Supplice de Tantale «impossibilité d'atteindre, malgré sa proximité, l'objet
de ses désirs» (1842, Acad.). L'expression s'est imposée à la fois par sa motivation
phonétique (*Tantale* est à rapprocher des formes du verbe *tenter*) et culturelle. Dans
la mythologie grecque, le roi de Lydie, Tantale, fut condamné, par Zeus son père,
pour avoir dérobé le nectar et l'ambroisie, à voir fuir inlassablement l'objet de ses
désirs (l'eau du ruisseau, dans lequel il est plongé, s'abaisse dès qu'il essaie de boire;
la branche chargée de fruits s'écarte à chacune de ses approches).

Être (mettre) au supplice «être (mettre) dans une situation très pénible, être
(rendre) très vivement contrarié» (1661).

Elle souffrait étrangement; tous les sentiments de retenue et de timidité, si naturels à
une fille bien née, avaient repris leur empire, et la mettaient au supplice.
                                                STENDHAL, *Le Rouge et le Noir*, p. 537.

SUPPÔT n. m.

Suppôt de Satan (du diable) « démon, être malfaisant » (XVIIᵉ s.). Le mot *sup-pôt* (du latin *suppositus* « placé au-dessous ») signifiait autrefois « aide, acolyte », puis « partisan d'une mauvaise cause ». *Suppôt de Bacchus* « ivrogne », est vieux.

SÛR adj.

Sûr de soi « confiant dans ses possibilités, assuré du succès de ses entrepri-ses », et en mauvaise part « fat, imbu de soi » (XVIIᵉ s.).

Sûr de son fait « absolument assuré de réussir dans ses entreprises » ou « d'avoir raison » (fin XVIIᵉ s.).

Sûr et certain « absolument sûr » (XXᵉ s.). L'emploi de deux adjectifs synony-mes est un procédé d'emphase. *Sûr et certain que...* est considéré comme populaire.

Bien sûr! « cela va de soi, c'est évident, bien entendu » (milieu XIXᵉ s.). Cette locution correspond à une forme emphatique de l'affirmation. Elle s'emploie aussi parfois en tête de phrase, pour prévenir une objection.

Pour sûr! [LOC. ADV.], au XVIIᵉ s. d'un emploi familier, est aujourd'hui senti comme populaire ou régional (rural).

SURCROÎT n. m.

De surcroît « en plus, en outre » (XVᵉ s.). *Par surcroît*, attesté plus tard (1787) est plus rare. Ces deux locutions appartiennent au style soutenu.

Vx. **Pour surcroît de** « pour mettre le comble à » (1675, Racine).

SÛRETÉ n. f.

En sûreté « à l'abri, hors de danger » (XVIIᵉ s.). Syn. *En lieu sûr.*

> Je vous ai accusé de m'avoir pris un livre (c'est ma seule propriété) que j'ai cherché comme une aiguille, et que j'ai enfin découvert ce matin dans un coin, où je l'avais fourré moi-même pour le mettre en sûreté.
>
> P. MÉRIMÉE, *Lettres à une inconnue*, in *Ph. Sl.*

En parlant d'un malfaiteur, *en sûreté* a une valeur plus spéciale et signifie « hors d'état de nuire, en prison ».

Pour plus de sûreté « en prenant un maximum de précautions ».

SURFACE n. f.

En surface « superficiellement, sans aller au fond des choses ».

Fam. **Refaire surface** « réapparaître ou se manifester à nouveau après une période de retraite, de silence, etc., à l'image du sous-marin ou du nageur qui réapparaît à la surface de l'eau après avoir plongé ». *Faire surface* est moins usuel en emploi métaphorique.

Fam. **En boucher une surface à qqn** « l'étonner vivement » (milieu XXᵉ s.). Cette variante expressive de *en boucher un coin** semble être une forme intensive, le coin, ou angle, étant considéré comme étendu en une surface (ou secteur, ou trian-gle, etc.).

SURNOMBRE n. m.

En surnombre « en excédent, en trop » (1872, Littré).

SURPRISE n. f.

Fam. *La surprise du chef* « une chose tout à fait inattendue ». Emprunt à l'usage des restaurateurs, où la loc. désignait un plat, une préparation non écrite au menu, et dont le chef cuisinier réservait la surprise aux clients.

Par surprise « à l'improviste, de manière impromptue » (1549). D'abord « par une attaque brusque », avec le sens archaïque de *surprise* « assaut imprévu ».

SURSAUT n. m.

En sursaut « brusquement, soudainement », avec les verbes *(s') éveiller, (se) réveiller.*

> Mais, nom de Dieu ! vous m'avez dit « mon chéri » !
> — Oui, excusez-moi, dit Zizanie. Vous savez, j'ai été réveillée en sursaut.
> B. VIAN, *Vercoquin et le Plancton*, p. 51.

SUS adv.

Vieilli. *En sus, en sus de* « en plus, en plus de ». Ces expressions s'emploient encore parfois dans la langue officielle, administrative et comptable.

SUSPENS n. m.

En suspens « dans l'indécision, l'incertitude » (XVe s.), avec des verbes d'état (*être, rester, demeurer*, etc.). L'ancien adjectif *suspens* (du latin *suspensus*) signifie « dont le fonctionnement est interrompu ».

En suspens « en l'air », dans une position élevée (avec le sens concret de *suspendre*).

> Il alla droit dans son petit bureau, et s'approcha de l'appareil. Le canotier sur la nuque, la main en suspens, il demeura quelques secondes devant le récepteur, sans décrocher.
> R. MARTIN DU GARD, *les Thibault*, in *Ph. Sl.*

SUSPENSION n. f.

En suspension « en équilibre dans un liquide, en parlant de particules solides dans un milieu aqueux ou gazeux ». L'expression peut s'employer métaphoriquement.

SYSTÈME n. m.

Système D → D.

Être (entrer, rentrer) dans le système « être parfaitement intégré, partager les options d'un certain type de société, en général la société capitaliste de consommation ». L'expression correspond à la vague contestataire de 1968.

Fam. *Courir (porter, taper) sur le système* « exaspérer, énerver » (milieu XIXe s.) → COURIR SUR LE HARICOT★. Le *système* désigne ici elliptiquement le système nerveux, les nerfs → NERF.

> Le conseil municipal de Rouen, devant lequel est revenue la question de la fontaine Bouilhet, recommence à me taper sur le système. Quels idiots et quels envieux !
> G. FLAUBERT, *Correspondance*, VIIIe série, p. 25.

Fam. et vieilli. *S'en faire claquer (péter) le système* « s'énerver, s'exaspérer de qqch. » (1867, Delvau).

> Alors ne pouvant ni boire, ni manger, il voulut chanter (*gaiement*), chanter. Chanter (*triste*), oui, mais chanter quoi ? Pas de chansons, pas de romances, *mon cœur ! petite fleur !* Pas de cœur, pas de fleur, pas de *laï-tou : tu t'en ferais claquer le système !*
> C. CROS, *Monologues*, p. 297-298.

TABAC n. m. La plupart des locutions familières utilisent ce dérivé de *tabasser*, écrit *tabac* par influence de l'homonymie ; cependant, les deux homonymes ne sont pas distingués par le locuteur.

Fam. ***Coup de tabac*** « mauvais temps, tempête de mer ». Attestée en 1864 chez les marins, la loc. est formée sur la série *coup de mer, de vent,* et (fig.) *coup de chien*. *Coup* et *tabac* (déverbal de *tabasser*) expriment par deux fois la soudaineté et la violence.

Fam. ***Passer à tabac*** « rouer de coups ». Cette loc. apparaît dans le dernier quart du XIXe s. (1876, *in* Esnault ; 1886 chez Huysmans), avec la variante *passer au tabac*. Cette forme, comme *coquer du tabac* (1837), *foutre du tabac* (1867, Delvau), manifeste mieux le sens argotique de *tabac* « volée de coups, correction » (*tabasser* → *taba*[s], écrit *tabac*). La racine *tabb-* exprime l'action de « battre, frapper ». Quant à la forme verbale *passer à,* elle correspond à l'expression de la modification matérielle de l'objet due à une action mécanique (comme dans *passer au fil de l'épée, à la moulinette,* etc.).

> [...] Ils se recroquevillaient dans le malheur, ils se décomposaient, ils se mutilaient de désespoir, ils se morfondaient férocement pour opposer moins de surface... Ils essayaient de se faufiler par-dessous les catastrophes... Rien à faire ! Ils se faisaient cueillir quand même, passer à tabac, tous les coups.
>
> L.-F. CÉLINE, *Mort à crédit*, Livre de poche, p. 228.

Le dérivé ***passage à tabac*** date de 1888.

> Moyennant une légère surprime, la police assurerait contre les dangers de « l'idem » : passages à tabac, rafles et autres accidents auxquels on se trouve exposé dans la rue.
>
> A. ALLAIS, *Contes et Chroniques*, p. 223.

Du même tabac [LOC. ADJ.] « comparable, de la même sorte ». À rapprocher formellement de loc. voisines comme *de la même eau, de la même farine, du même tonneau* (de la même qualité).

C'est toujours le même tabac « c'est invariable, c'est toujours la même chose » (1888). *Tabac* semble désigner ici la poudre → FARINE.

> Il perdait énormément, il avait pas beaucoup de veine, martingale ou yeux fermés, il revoyait rien de ses paris... Sur Maisons, Saint-Cloud, Chantilly... C'était toujours le même tabac... C'était un véritable gouffre...
>
> L.-F. CÉLINE, *Mort à crédit*, Livre de poche, p. 293.

> — Je vous dis, madame Yolande, que le café me fait mal au cœur [...].
> — Et du thé, monsieur ?
> — Le thé c'est le même tabac. Ça me donne des palpitations...
>
> P. GUTH, *Le Naïf locataire*, p. 25.

Pot à tabac → POT.

table 1088

TABLE n. f.

Faire table rase de (qqch.) « considérer comme nulles et rejeter en bloc des idées, des conduites adoptées précédemment » (1835, Acad.). L'image du support sur lequel rien n'a encore été écrit, gravé, appartient à la tradition philosophique classique (Leibniz, Descartes, Locke) et même aristotélicienne. La *table rase* (en latin *tabula* [« planche, tablette »] *rasa*) symbolise l'esprit humain avant toute représentation et repose sur la conception de l'esprit comme un espace où s'inscrivent des signes. Dans la langue courante, la loc. verbale *faire table rase* équivaut à peu près à « changer radicalement ses idées ou son comportement antérieur », avec la valeur dynamique de renouvellement complet, de « départ à zéro ».

> J'ai cherché avec vous « non point tant la possession que l'amour ». J'ai fait une table rase pour être neuf à la loi nouvelle.
> A. GIDE, *Journal*, t. II, Lettre d'un de ses lecteurs, p. 294.

En emploi concret :

> On a l'impression d'avoir commis une vilaine action et que durant ces huit jours l'on a travaillé, à son insu, au service de la Mort tant le paysage est massacré, et ça vous donne le vertige d'avoir fait le vide autour de soi, table rase [...].
> B. CENDRARS, *Bourlinguer*, p. 166.

Fam. *Se mettre à table* « dénoncer ses complices, passer aux aveux » (1845). La locution, d'abord argotique, exploite l'équivalence *manger = avouer* (cf. *Manger, avaler le morceau*). Par ailleurs, l'image de la table se retrouve dans maintes locutions synonymes, au XIXe s. Ainsi, *monter sur la table* (1836, Vidocq), *mettre les pieds sous la table* (Malfrats, 1883), *manger à la grande table* (1899, Nouguier). Les locutions *mettre sur table* « exposer sans dissimulation » au XVIe s., chez d'Aubigné, *mettre sur la table*, au XVIIe s., chez le cardinal de Retz [on dirait aujourd'hui *sur le tapis*] peuvent avoir formellement fondé l'existence de la série. La loc. se trouve ainsi surdéterminée ; elle équivaut à « exposer » (mettre sur la table), « partager le secret » (par la convivialité avec la police, etc.) et « manger, c'est-à-dire détruire, le secret ou les complices ».

> Il faisait du zèle... Il nous traitait en farouche... Il voulait nous épouvanter !... sans doute pour qu'on se mette à table... qu'on lui fasse tout de suite des aveux !
> L.-F. CÉLINE, *Mort à crédit*, Livre de poche, p. 452.

Tenir table ouverte « recevoir à sa table sans invitation préalable » (1606, Nicot), explicite l'ancienne expression *tenir table* « inviter à un repas » (1382, *in* Wartburg). Elle appartient à la langue soutenue (dans l'exemple suivant, elle connote la haute société) :

> C'est le dandy moderne. Il doit balancer son fric par les fenêtres grillagées de son palais et tenir table ouverte pour ses petits follingues.
> SAN-ANTONIO, *Remets ton slip, gondolier !* p. 93.

Il se tient mieux à table qu'à cheval « il a un solide appétit ». Jeu sur les deux sens de *se tenir*.

TABLEAU n. m.

Vieux tableau « vieille femme trop fardée » (Larchey, 1899). Équivoque classique entre le fard et la peinture. Par extension « vieillard démodé et ridicule » (avec la valeur qu'avait prise au XIXe s. le mot *trumeau*).

Tableau de chasse « ensemble de succès ; notamment, somme des conquêtes féminines d'un don Juan », la femme étant comparée à un gibier, d'après le thème phallocratique de la « chasse amoureuse ».

Pour achever le tableau [LOC. ADV.] « pour comble », « pour clore une narration, un tableau ». Se dit d'une situation particulièrement pittoresque ou odieuse.

Miser (jouer) sur les deux (sur tous les) tableaux « se ménager un intérêt dans deux partis, de deux côtés opposés, de façon à ne pas perdre » (xxᵉ s.). L'expression est empruntée aux jeux d'argent ; le *tableau* est l'endroit où l'on dépose sa mise.

> — C'est assez juste... Ce qui est plus déconcertant encore, c'est... Comment dire ?... Le caprice, la variété, le changement brusque des moyens de la vie. Elle se joue des forces de toute échelle...
> — Elle joue sur tous les tableaux. Et elle se moque de perdre ou de gagner, change d'individu, et au besoin, d'espèce, comme de chemise...
>
> P. VALÉRY, *Œuvres*, t. II, p. 266.

Variante stylistique : *sur trois tableaux* « de trois côtés à la fois ».

> Ces accès de colère, de plus en plus fréquents, ne l'empêchaient pas d'être aussi orgueilleux et gourmand. Il péchait maintenant sur trois tableaux et Mme Duperrier faisait d'assez sombres réflexions sur l'indulgence infinie de Dieu.
>
> M. AYMÉ, *Le Vin de Paris*, p. 91.

TABLETTE n. f.

Marquer (écrire, mettre) sur ses tablettes « prendre bonne note de quelque chose pour ne pas oublier de le faire ». On disait déjà au xviᵉ s. *mettre en ses tablettes* (1522). Les tablettes correspondent à l'« aide-mémoire ». À l'opposé, on dit parfois *rayer* (qqch., qqn) *de ses tablettes* « l'oublier, en effacer volontairement le souvenir ».

TABLIER n. m.

Rendre son tablier « démissionner, se démettre d'une fonction » (1889 ; Larchey). S'est dit d'abord plus précisément d'un domestique qui quitte sa place, et ne s'emploie qu'ironiquement pour de hautes fonctions.

Aller à qqn comme un tablier à une vache « lui aller très mal » (variante : *comme un faux col à une vache*). L'image de l'animal habillé (cf. aussi *Comme des guêtres à un lapin*) exprime généralement le ridicule en matière vestimentaire et parfois l'absence de convenance entre deux objets. L'animal de référence est souvent dévalorisant (cf. *Une poule qui a trouvé un couteau*, etc.).

> Après m'avoir décervelée, après avoir vidé mon crâne de moi, on l'avait bourré de la pensée adéquate qui m'allait comme un tablier à une vache.
>
> M. CARDINAL, *Les Mots pour le dire*, p. 195.

TAC n. m.

Du tac au tac « avec vivacité et sur le même ton », après des verbes ayant le sens de « répondre, riposter » (début xxᵉ s.). La loc. est empruntée au vocabulaire de l'escrime et signifie « (riposter) instantanément à un assaut ». Le substantif *tac* désigne (depuis le xixᵉ s.) le bruit des fers entrechoqués.

> Mais ils étaient furieux, soupçonnèrent une cabale montée par Mme Verdurin, et, du tac au tac, quand celle-ci les réinvita à la Raspelière, M. de Cambremer, ne pouvant résister au plaisir de revoir sa maison et de se retrouver dans le petit groupe, vint, mais seul, en disant que la marquise était désolée, mais que son médecin lui avait ordonné de garder la chambre.   M. PROUST, *À la recherche du temps perdu*, t. II, p. 1093.

> Alors, c'est vous qui le jugerez ? qu'il m'a réfuté tac au tac... Vous vous sentez éternel ?...   L.-F. CÉLINE, *Mort à crédit*, Livre de poche, p. 353.

TACHE n. f.

Faire tache d'huile → HUILE.

TÂCHE n. f.

À la tâche « pour un travail donné » en parlant de la rémunération d'ouvriers, d'artisans (par opposition à : *à l'heure, à la journée, au mois, aux pièces*). Attesté en 1606 (Crespin). On dit : *je ne suis pas à la tâche* pour « laissez-moi du temps pour travailler ». La loc. est en partie remplacée par *aux pièces* → PIÈCE.

Vieilli. **Prendre à tâche de** « s'efforcer de, s'attacher à » (1640, Oudin).

— Mais qu'est-ce que ton frère Jean était allé chercher à Lisbonne ?
— Il me semble que vous prenez à tâche de le fourvoyer.

DIDEROT, *Jacques le Fataliste*, p. 537.

Au lieu de prévenir le hitlérisme, nous avons fait sorte de la rendre nécessaire au relèvement de l'Allemagne que nous prenions à tâche d'humilier, de mortifier.

A. GIDE, *Journal*, t. II, p. 77.

TAILLABLE adj.

Taillable et corvéable à merci [LOC. ADJ.] « bon pour toutes les corvées », comme l'était le serf au Moyen Âge. C'est le seul emploi vivant de ces deux adjectifs (cf. *À la taille et à la corvée*).

TAILLE n. f.

Taille de guêpe → GUÊPE.

De taille [LOC. ADJ.] « énorme, considérable ».

Fam. et vieilli. **En taille** « sans manteau » (1877). *Sortir, se promener en taille*, sans cacher la taille, par un vêtement ample qui recouvre.

Être de taille à (+ inf.) « être capable de ». *Il est, il n'est pas de taille*, s'emploie aussi absolument.

TAILLER v. tr.

Fam. **Tailler un costard (un costume), une veste à qqn** « dire du mal de lui ». Peu attestées dans la langue écrite, mais courantes dans la même langue parlée, ces loc. récentes réalisent l'image de « mettre sur le dos », comme *habiller qqn pour l'hiver* (→ HABILLER).

TALON n. m.

Le mot, qui désigne d'abord la partie postérieure du pied, signifie par métonymie la partie de la chaussure sur laquelle repose le talon. Il a eu en outre d'innombrables sens métaphoriques, jouant tous sur les éléments de sens du talon du pied (« partie arrière », « support », « fond »). Seuls les deux premiers sens donnent lieu à des locutions.

Talon d'Achille « partie vulnérable » (XVIIIe s., d'Alembert). Allusion mythologique au seul endroit où le bouillant héros de l'*Iliade* pouvait être blessé.

Vx. **Talon rouge** « personne qui a des prétentions aux belles manières ». Au XVIIIe s., désigne les chaussures à talon rouge que les nobles seuls pouvaient porter à la cour et, par extension, les courtisans à talons rouges.

Je l'estime, je la trouve très forte, pleine d'un bon petit chic, tout à fait Pompadour, talon rouge, Fort-l'Évêque, etc.   G. FLAUBERT, *Correspondance*, IVe série, p. 34.

Parmi d'autres expressions figurées, notons celle-ci, qui est en usage dans le canton de Vaud, sur un modèle de concision expressive : un morceau de viande trop dur (qui est dit ailleurs *semelle*) y est appelé *talon de facteur*.

Vx. **Avoir (de) l'esprit aux talons** « manquer d'esprit ou de repartie ». C'est avoir de l'esprit derrière soi (cf. *L'esprit de l'escalier*).

Avoir l'estomac dans les talons « avoir une faim extrême » → ESTOMAC.

Vieilli. *Avoir des ailes aux talons* «s'enfuir précipitamment». Cette utilisation irrespectueuse de l'image mythologique de Mercure, appliquant la rapidité à la fuite, provient de la fréquence d'autres locutions où *les talons* connotent la fuite → MONTRER, (TOURNER) LES TALONS, ci-dessous.

Vx. *Se donner du talon dans le derrière, le cul,* signifiait au XIXᵉ s. «courir en sautant, gambader». L'expression avait aussi, notamment au XVIIIᵉ s., des valeurs métaphoriques dont le point commun est la «liberté de mouvement», et l'«insouciance».

> On dit proverbialement et populairement, *se donner des talons dans le cul* pour dire, donner de grandes marques de joie, se moquer de tout ce qui peut arriver; et encore, vivre en toute liberté. *Dictionnaire de l'Académie française*, 5ᵉ éd., 1798.

Être, marcher sur les talons de qqn «le poursuivre, le suivre de près; être très proche de lui, par l'âge, la réussite, etc.». La langue classique employait aussi la préposition *à* (*être toujours aux talons de quelqu'un*, Richelet), mais *sur* l'a emporté.

Montrer (tourner) les talons «s'en aller», ou «s'enfuir». On a dit aussi *jouer des talons* ou *du talon*, et par un jeu de mots sur le *talon de l'épée* (la partie renforcée de la lame qui s'appuie sur la monture près de la garde), *jouer de l'épée à deux talons*. Dans un sens voisin, *voir les talons de qqn* signifiait «être débarrassé de sa présence».

> Ils commencerent a charger les Sergents de si bonne sorte, qu'ils furent contraints de lascher prise, et de monstrer les talons a leurs ennemys.
> Ch. SOREL, *Histoire comique de Francion*, p. 358.

> Aussi lorsque les dragons et les gendarmes reprirent tranquillement le chemin de Marchiennes, après s'être contentés d'assourdir les corons du trot de leurs chevaux sur la terre dure, les mineurs se moquèrent-ils de cet innocent de préfet, avec ses soldats qui tournaient le talons quand les choses allaient chauffer.
> É. ZOLA, *Germinal*, t. II, p. 28.

TAMBOUR n. m.

Sans tambour ni trompette «secrètement et sans bruit», comme des troupes qui décampent sans aucun signal militaire (XVIIᵉ s.). Le *tambour* et la *trompette* accompagnaient généralement les mouvements militaires, y compris les retraites. On a dit *sans trompette et sans tambour* (Pélisson), ou *sans tambour et sans trompette* (Voltaire) et parfois *sans trompette,* la coordination des deux substantifs ayant une fonction intensive.

> Ah! ça me travaillait la nénette! Je voyais plus que ça comme future chance!... Je me ferais la malle un beau matin... sans tambour ni trompette!... Ah! c'était mon projet fervent... j'avais plus que ça comme tonique [...].
> L.-F. CÉLINE, *Le Pont de Londres*, p. 287.

Tambour battant «énergiquement et rapidement» (XVIIᵉ s.). Comme la précédente, cette locution est d'origine militaire. Elle signifie littéralement «au son du tambour» qui accompagnait marches et charges.

> Et, d'ailleurs, se disait-il, si les Français ont du plaisir à être menés monarchiquement et tambour battant, pourquoi les déranger? STENDHAL, *Lucien Leuwen*, p. 736.

> À partir de Bruxelles, l'action (j'entends le développement motivé des sentiments) vous mène tambour battant, sans une minute de relâche.
> G. FLAUBERT, *Correspondance*, IVᵉ série, p. 414.

Raisonner comme un tambour «raisonner très mal», par jeu sur l'homophonie *raisonner/résonner.* L'expression signifie «raisonner mal, tout en résonnant fort bien», à la différence de *raisonner comme une pantoufle;* mais la loc. peut être ramenée à ce dernier cas : *raisonner comme un tambour crevé.*

TANGENTE n. f.

Fam. ***Prendre la tangente*** «s'échapper, s'enfuir» (1870) et par extension «se tirer d'affaire par un faux-fuyant». D'abord dans l'argot de Polytechnique au sens de «s'évader de l'école». La loc. a remplacé *s'échapper par la tangente* (1798, Acad.).

TANT adv.

Sert à former un grand nombre de locutions adverbiales (ou adjectivales) ou conjonctives. Les plus fréquentes sont :

En tant que «comme, en qualité de, sous le rapport de». Loc. à valeur restrictive, suivie d'un substantif, parfois d'un participe ou, plus rarement, d'une forme verbale.

Si tant est que (+ subjonctif) «si par hasard», marquant l'éventualité, la supposition (plutôt improbable).

Tant bien que mal «péniblement, avec difficulté, mais néanmoins effectivement». À comparer avec *à peu près*, qui illustre la même idée par la limite presque atteinte.

> Autrefois je pensais, je méditais, j'écrivais, je jetais tant bien que mal sur le papier la verve que j'avais dans le cœur : maintenant je ne pense plus, je ne médite plus, j'écris encore moins.   G. FLAUBERT, *Correspondance*, Iʳᵉ série, p. 41.

Tant et plus «en grande quantité, beaucoup» (1530, Palsgrave). Exprime la quantité et l'intensité.

Tant et si bien que «de sorte que, à tel point que», exprimant la conséquence par une redondance (1666, La Fontaine).

Tant il est vrai que → VRAI.

Tant mieux, tant pis → MIEUX, PIS.

Tant que «aussi longtemps que, pendant que». D'emploi familier, cette locution est fréquente avec le verbe *être* : *tant qu'on y est, tant que vous y êtes*, etc. On la trouve parfois devant un substantif avec le sens de *quant à*, et enfin devant un infinitif, notamment *faire : tant qu'à faire* (équivalent familier de *à tant faire que de*, «si on fait tout ce qu'il faut», très littéraire).

Tant s'en faut → FALLOIR.

(Un) tant soit peu [LOC. ADJ.] «un peu, si peu que ce soit», par rapport à une quantité minimale. Exprime la restriction. Variante stylistique et plaisante :

> Le vingt-cinq septembre douze cent soixante-quatre, au petit jour, le duc d'Auge se pointa sur le sommet du donjon de son château pour y considérer, un tantinet soit peu, la situation historique.   R. QUENEAU, *Les Fleurs bleues*, p. 13.

Tous tant que nous sommes (vous êtes) → TOUS.

TAPINOIS (EN) [LOC. ADV.]

«en cachette, sournoisement». Attestée en 1740, l'expression est une forme dérivée de *en tapin*, attestée en ancien français dès la fin du XIIᵉ s., et elle-même issue du verbe *tapir* «se cacher» (donc, très antérieur au *tapin*, «batterie de tambour», d'où «racolage»).

TAPIS n. m.

Aller (être); envoyer (mettre) au tapis «aller au sol; abattre». La locution est empruntée au vocabulaire de la boxe. Les connaisseurs ajoutent : *il est allé au tapis pour le compte.*

Amuser le tapis «divertir, faire rire les autres». En termes de jeu «jouer une petite mise». La signification métaphorique paraît dater de la fin du XVIIᵉ s. Chez le cardinal de Retz, la locution signifie déjà «distraire, en détournant l'attention de son adversaire par de vaines paroles».

> Mon but à moi n'étant pas d'amuser le tapis et de mystifier en créant un vain imbro-
> glio, il est temps que j'en sorte...   M. LEIRIS, *Fibrilles*, p. 196-197.

Dérouler le tapis rouge (devant qqn) « lui réserver un accueil chaleureux, empressé ». On déroule un tapis devant un invité officiel prestigieux, la couleur rouge étant ici le symbole des solennités.

Être (mettre) sur le tapis « être en question, faire l'objet d'un débat ; mettre en discussion ». Ces expressions sont anciennes (1570). Le *tapis* est celui du jeu et la loc. équivaut à *en jeu*.

> Je ferois une trop longue digression, et ce seroit trop differer le mariage qui est sur le
> tapis.   A. FURETIÈRE, *Le Roman bourgeois*, p. 970.
> [...] ce n'est pas ma vie seule que je joue. Elle ne m'a pas l'air bien en danger. C'est
> bel et bien mon honneur qui est sur le tapis [...].   J. VALLÈS, *L'Insurgé*, p. 189.

Dans un sens affaibli : *mettre, jeter sur le tapis* « évoquer ».

> Gidal me parle, avec une grande perspicacité, de Stefan George, à qui il préfère Rilke,
> et pour d'excellentes raisons. Les noms de Kafka, de Steinbeck, de Faulkner, de
> Ald. Huxley, etc., sont jetés sur le tapis.   A. GIDE, *Journal*, t. II, p. 239.

Se prendre les pieds dans le tapis → PIEDS.

TAPISSERIE n. f.

Faire tapisserie « dans une réunion, rester sans bouger le long du mur, sans prendre part à ce qui s'y passe » (1806). Les jeunes filles, qui, dans un bal, ne sont jamais invitées à danser, sont réduites à un rôle décoratif ; leur immobilité les assi-mile aux personnages d'un décor.

Vieilli. *Connaître l'envers de la tapisserie* « connaître les dessous d'une affaire ». *L'envers de la tapisserie*, au XVIIᵉ s. (Mme de Sévigné, Saint-Simon) désigne méta-phoriquement tout ce qui est caché. On dit plutôt *l'envers du décor*, en abandonnant un apport métaphorique important, celui du tissage, dont l'envers, sans les révéler directement, correspond aux figures de l'endroit.

> Voyons ? madame d'Espard obtiendra pour toi du Garde des Sceaux une audience où
> tu lui donneras le secret de l'affaire, et il en amusera le roi ; car tous les souverains
> aiment à connaître l'envers des tapisseries, et savoir les véritables motifs des événe-
> ments que le public regarde passer bouche béante.
>   H. de BALZAC, *Splendeurs et Misères des courtisanes*, p. 1020.

TARD adv. (substantivé).

Au plus tard « comme dernier délai » (1636). On disait au XVIᵉ s. *pour le plus tard* (1538, R. Estienne).

Sur le tard « tardivement » (1376). D'abord « à la fin de la journée », puis, par extension « à un âge avancé ».

Tôt ou tard → TÔT.

Il n'est jamais trop tard pour bien faire [LOC. PROV.]. Quasi synonyme de la locution suivante.

Mieux vaut tard que jamais [LOC. PROV.] « il vaut mieux parfois se décider à agir même à retardement, que de ne pas agir du tout ». Ce proverbe, comme le pré-cédent, mêle une morale de l'action méritoire, rendue indépendante de la durée, à une pointe d'ironie. La forme même a donné lieu à plaisanteries formelles (par con-trepèterie et à peu près : *vieux moutard que j'aimais*).

> Lecteur, j'avais oublié de vous peindre le site des trois personnages dont il s'agit ici
> [...] ; faute de cette attention, vous les avez entendus parler, mais vous ne les avez
> point vus ; il vaut mieux tard que jamais.   DIDEROT, *Jacques le Fataliste*, p. 611.
> Elle ne m'a pas seulement dit qu'elle était contrariée d'avoir fait attendre monsieur,
> elle m'a répondu d'un air de se fiche du monde : « Mieux vaut tard que jamais ».
>   M. PROUST, *À la recherche du temps perdu*, t. II, p. 735.

TARENTULE n. f.

Vieilli. *Être piqué (mordu) de la tarentule* «être dans une extrême agitation» (XVIIIᵉ s., Voltaire). La piqûre de cette araignée passait pour provoquer des troubles nerveux.

> [...] Narcisse Boucher, hier au soir, piqué d'une tarentule soudaine, a décidé de clore
> immédiatement la saison estivale et de réintégrer le palais de Péra.
>
> C. FARRÈRE, *L'Homme qui assassina*, in *Ph. Sl.*

La locution peut aussi être suivie d'un substantif et signifie alors «éprouver un vif engouement pour... ».

TARTE n. f.

Tarte à la crème «lieu commun, formule rebattue, vidée de son sens pour avoir été répétée à tout propos». L'expression a pour origine une scène de *L'École des femmes* de Molière, dans laquelle Arnolphe termine son portrait de la femme idéale ignorante du code des jeux de société, par :

> Et s'il faut qu'avec elle on joue au corbillon,
> Et qu'on vienne à lui dire à son tour : «Qu'y met-on?»
> Je veux qu'elle réponde : «Une tarte à la crème».
>
> MOLIÈRE, *L'École des femmes*, I, 1.
>
> *Corbillon* : jeu où il fallait répondre par une assonance en *-on*.

L'expression est reprise dans *La Critique de l'École des femmes* :

> — Ah! ma foi, oui, tarte à la crème! voilà ce que j'avais remarqué tantôt; tarte à la
> crème! que je vous suis obligé, Madame, de m'avoir fait souvenir de tarte à la crème! Y
> a-t-il assez de pommes en Normandie pour tarte à la crème?

Depuis, *tarte à la crème* est devenue le symbole des lieux communs les plus éculés; mais l'expression, qui évoque les batailles burlesques où le gâteau à la crème sert de projectile, n'est plus comprise par beaucoup de locuteurs.

> Les intellectuels, c'est la «tarte à la crème» de ces messieurs. Du reste cela a fait faire
> un assez joli jeu de mots, mais très méchant.
>
> M. PROUST, *À la recherche du temps perdu*, t. II, p. 239.

C'est de la tarte (rare); *c'est pas de la tarte!* «c'est facile; c'est difficile ou pénible» (milieu XXᵉ s., *in* Esnault). D'origine argotique, le partitif *de la tarte* se dit de quelque chose d'agréable ou de facile. Les desserts et nourritures sucrées expriment en argot la notion de facilité ou d'agrément (cf. *Du gâteau, du mille-feuilles, du nanan, du sucre* — *tarte* et *mille-feuilles* étant de nos jours les plus usuels).

> Elles [les punaises] grimpaient jusqu'au grillage qui nous servait de plafond et elles se
> laissaient tomber. Dormir dans ces conditions, ce n'était pas de la tarte. C'était un vrai
> soulagement, le matin, quand on pouvait sortir de nos cages à poules.
>
> F. GUILLO, *Le P'tit Francis*, p. 51.

TAS n. m.

Fam. *Tas de ferraille (de tôle)* «vieille automobile». *Tas de boue* «chose informe» peut s'appliquer au même objet, ou à tout autre objet déprécié.

Sur le tas «sur les lieux du travail» (fin XIXᵉ s.), dans des emplois comme *grève sur le tas, apprendre son métier sur le tas*. C'est à l'origine une expression de maçonnerie, le *tas* désignant l'endroit où sont taillées les pierres à bâtir, puis où les murs sont construits (*sur le tas* = à pied d'œuvre). En argot, *tas* désigne notamment le lieu de travail de la prostitution (*mettre une fille sur le tas* «lui faire faire du racolage»; *faire le tas* «racoler»).

Tirer (taper) dans le tas «tirer (cogner) au hasard, sans viser précisément quelqu'un». L'emploi de *tas* pour désigner un ensemble humain correspond à une péjoration.

> J' tap'rai dans l' tas d' ceux qu'a pas d' blouse,
> J' cass'rai la gueule aux proprios [...]
>
> A. BRUANT, *Dans la rue*, p. 195.

TASSE n. f.

La grande tasse « la mer, l'océan ».

Boire la tasse « avaler involontairement de l'eau en nageant » (cf. aussi *boire un bouillon*). On a d'abord dit *boire (à) la grande tasse*. Fig. « échouer » (métaphore sur se noyer, s'enfoncer).

> Nous affrontions les vagues, nous descendions vers elles, elles se dressaient, plus hautes que nous et, au dernier moment, nous y plongions. Je connaissais ce jeu depuis mon enfance, j'y étais très habile. Plus habile que les autres qui poussaient des cris, buvaient la tasse en riant [...].   M. CARDINAL, *Les Mots pour le dire*, p. 312-313.

Vieilli. *Ouvrir des yeux comme des tasses* « ouvrir de grands yeux étonnés ». Variante de *comme des soucoupes*.

> Ils avaient fermé la porte de la boutique, afin de ne pas être mouchardés par le quartier ; en face surtout, le petit horloger ouvrait des yeux comme des tasses, et leur ôtait les morceaux de la bouche, d'un regard si glouton, que ça les empêchait de manger.
> É. ZOLA, *L'Assommoir*, t. I, p. 271.

Ce n'est pas ma (ta, sa) tasse de thé « ce n'est pas mon (...) activité préférée », d'où « ça ne me (...) convient guère ». Traduction littérale d'une locution anglaise, qui prend en français une connotation snob.

TATA n. f.

Vieilli. *Faire sa tata* « se donner de l'importance » (vers 1875). Attesté dans Littré, *tata* désigne familièrement une femme bavarde. La locution ne s'emploie plus, *tata*, comme *tante*, ayant pris une autre acception.

> [...] elle est revenue me rejoindre sous une porte. Un vrai serpent ! gentille, et faisant sa tata, et vous lichant comme un petit chien.   É. ZOLA, *L'Assommoir*, t. II, p. 188.

TÂTONS (À) [LOC. ADV.] « en tâtonnant, à l'aveuglette » (fin XIIᵉ s., Chrétien de Troyes), et métaphoriquement « au hasard » (XVIᵉ s., Montaigne). Cette forme figée est, par substantivation, dérivée du verbe *tâtonner* et constitue une survivance de l'ancien système lexical français. C'est le modèle qui est appliqué dans *à califourchon, à croupetons, à foison*.

TAUPE n. f.

Myope comme une taupe « très myope », par référence à la vue très basse de cet animal.

Vieilli. *Noir comme une taupe* « tout noir ».

Littér. *Le royaume des taupes* « la mort ». À rapprocher de l'ancienne expression : *être où la taupe juche* « être mort » (XVIIIᵉ s.). Les galeries souterraines des taupes ont frappé l'imagination populaire et donné lieu à diverses légendes ; les dialectes et patois recèlent des expressions où la *taupe* représente la mort : *fouir aux taupes* « mourir » (*in* Rolland).

Péj. *Vieille taupe* « vieille femme ».

TAUREAU n. m.

Cou de taureau « cou très épais », en parlant d'un homme particulièrement robuste d'aspect (1798, Acad.).

... comme un taureau, se construit avec des adj. comme *fort, puissant* et implique fréquemment une allusion à la puissance sexuelle virile.

Prendre le taureau par les cornes « s'attaquer à la difficulté avec détermination », date de la fin du XVIIIᵉ s. sous la forme *attaquer le taureau par les cornes*. La locution suggère d'une façon assez claire l'image de l'attaque, de la détermination farouche.

Serait-ce à toi qu'il obéirait? Il faut toujours attaquer le taureau par les cornes, dit un proverbe castillan; une fois qu'il a vu l'inutilité de ses défenses et de sa force, il est dompté.   H. de BALZAC, *Le Contrat de mariage*, p. 165.

Ma thèse directrice, c'est que quand il arrive une catastrophe, le meilleur est encore de s'en arranger. Vous saisissez ma pensée? Je prends le taureau par les cornes et au lieu de lutter contre le chômage, je l'organise.   M. AYMÉ, *Travelingue*, p. 259.

TEIGNE n. f.

Méchant comme une teigne «méchant, hargneux» (1867). La même assimilation entre méchanceté et maladie est à l'œuvre dans *méchant comme une gale.* Comme ses synonymes *gale* et *peste, teigne* est lexicalisé *(c'est une petite teigne).*

[...] comme elle n'est pas intelligente, qu'elle est méchante comme une teigne et qu'elle a mauvaise façon, elle sent bien que, quand elle ne sera plus belle, il ne lui restera rien du tout.   M. PROUST, *À la recherche du temps perdu*, t. II, p. 719.

TEINT n. m.

Bon teint [LOC. ADJ.] «solide, convaincu», en parlant des opinions, de la «coloration» politique, intellectuelle ou morale d'un individu, qui «tiennent» comme la couleur d'un tissu résiste aux lavages.

Autrefois, même un républicain bon teint comme je l'étais, fuyait les fêtes du 14 juillet.
                                                           F. MAURIAC, *Le Nœud de vipères*, in *Ph. Sl.*

TÉLÉPHONE n. m.

Fam. ***Téléphone arabe*** «transmission très rapide, de bouche à oreille, d'une nouvelle». L'expression vient du contact avec une culture où l'information circule rapidement sans technologie élaborée. La forme *téléphone de brousse* ne semble plus employée.

Le téléphone arabe de la limonaderie a fonctionné le jour même. Le patron de l'hôtel des Princes gratifié, lui aussi, d'un chèque balourd!   A. BOUDARD, *Cinoche*, p. 214.

TELLEMENT adv.

Vx. ***Tellement quellement*** «approximativement; du mieux possible» correspond à *tant bien que mal* et à *à peu près.* Encore employé au XIXᵉ s.

La sagesse du moine de Rabelais est la vraie sagesse pour son repos et pour celui des autres ; faire son devoir tellement quellement... DIDEROT, *Le Neveu de Rameau*, p. 429.

TÉMOIN n. m.

Prendre à témoin «en appeler au témoignage d'un tiers» (1530, Palsgrave). *Témoin* conserve dans cette loc. sa valeur ancienne de «témoignage» et la préposition *à* équivaut ici à «comme» (cf. aussi *partie*, dans *prendre à partie*).

Il se donna bien de garde de separer ces combatans qui s'embrassoient fort peu amoureusement ; mais, disant aux assistans qu'il les prenoit à tesmoins, il escrivit cependant à la haste une requeste de plainte.   A. FURETIÈRE, *Le Roman bourgeois*, p. 1043.

TEMPÉRAMENT n. m.

À tempérament «en paiements successifs échelonnés dans le temps», en parlant d'un achat (1867). L'expression n'a pas de valeur métaphorique, son intérêt vient de ce qu'elle fait survivre un sens ancien (ou technique) du mot, celui du latin *temperamentum* «juste proportion», d'où «organisation qui tempère». La loc. s'emploie adjectivement et adverbialement.

Fam. ***Se tuer (s'esquinter) le tempérament*** «s'abîmer la santé», par exemple en se fatiguant. L'expression est ironique; elle correspond à peu près à *se tuer à* (faire qqch.).

TEMPÉRATURE n. f.

Fam. **Prendre la température** « se renseigner, prendre connaissance de la situation ambiante » (1940, Esnault). L'expression, d'origine argotique, exploite la métaphore du repérage thermique, destiné à apprécier un danger (*il fait chaud* « il y a du danger »). Aujourd'hui, s'emploie surtout à propos de l'état d'esprit d'un groupe humain dont on veut apprécier les réactions (cf. *Tâter le terrain, tâter l'eau*).

TEMPÊTE n. f.

Une tempête dans un verre d'eau « beaucoup d'agitation pour rien » (1849). L'image démesurément grossie du mouvement est la même que dans *se noyer dans un verre (un bol) d'eau*.

Une tempête sous un crâne « une agitation mentale extrême ». Citation des *Misérables* de Hugo, célèbre titre de chapitre concernant Jean Valjean.

TEMPLIER n. m.

Vieilli. **Boire comme un templier** « boire avec excès » (1534, Rabelais). L'ordre du Temple, devenu aux XIIIe et XIVe s. l'un des plus riches et des plus puissants, s'attira la haine et la jalousie. Les reproches d'intempérance et de luxure étaient d'ailleurs une manifestation de l'hostilité populaire à l'égard des ordres réguliers. *Jurer comme un templier* fait sans doute allusion aux mœurs militaires des Templiers.

> Il jura comme un templier puis, ayant rempli son verre d'absinthe, il l'avala.
> — À toi maintenant ou je cogne !
> Il remplit les deux verres et m'en apporta un en chancelant.
> F. CARCO, *Nostalgie de Paris*, p. 42.

TEMPS n. m.

1. Temps au sens chronologique.

Le bon temps « autrefois, jadis » (XVIe s., Marot). *Bon* valorise une période antérieure par rapport au présent, considéré comme moins « bon » pour celui qui parle ; c'est le temps de la jeunesse du locuteur.

> les cuillères à absinthe
> les omnibus à chevaux
> les épingles à cheveux
> les retraites aux flambeaux
> ah que c'était beau
> c'était le bon temps
> Bouclez-la vieillards   J. PRÉVERT, *Paroles*, p. 75.

Le partitif *du bon temps* signifie aussi « moments agréables » et s'emploie souvent dans des loc. verbales telles qu'*avoir, se donner (prendre) du bon temps* « se distraire, passer des instants agréables ».

> comme ses esprits se furent rechauffez, ayans perdus la peur passée qui les avoit glacez entierement, estant prest a se donner du bon temps pour ses pistolles, l'on heurta assez fort a nostre porte...   Ch. SOREL, *Histoire comique de Francion*, p. 121.
>
> Adieu, pauvre bibi. Continue à t'amuser, pendant que tu es jeune ; il faut prendre du bon temps quand on le peut, va !   G. FLAUBERT, *Correspondance*, V[e] série, p. 201.

Temps mort « moment, période d'inactivité ou de repos ». L'expression, d'origine sportive, désigne d'abord la période pendant laquelle l'arbitre interrompt un match.

L'air du temps « l'ambiance, l'atmosphère générale à un moment donné », c'est-à-dire « ce qui est dans l'air ».

> — Il y a des choses qui vont de soi.
> — Rien ne va de soi. Mais les règles de la clandestinité sont dans l'air du temps. Je crois à « l'air du temps ». Nous sommes entrés, en 1939 (et les Russes dès 1919) dans

une époque épique, et fille de ce temps vous vous comportez tout naturellement en combattante.   R. Vailland, *Bon Pied, Bon Œil*, p. 112.

L'expression signifie aussi, et plus souvent, « rien du tout », dans la loc. verbale *vivre de l'air du temps* « vivre de rien, subsister avec très peu de choses ». Cf. *Vivre d'amour et d'eau fraîche*.

Locutions adverbiales et conjonctives :

À temps « assez tôt, au moment adéquat » (xive s.). *Arriver à temps (pour...)*.

À temps perdu « dans les moments de loisir » (où l'on a du temps à « perdre », par opposition au temps réservé au travail) [1671, Pomey]. Les moments de liberté sont considérés comme perdus, dans une perspective d'utilité sociale.

Au temps où..., dans le temps où..., du temps où... « alors que, quand ». Ces expressions marquent l'antériorité et sont suivies de l'indicatif. On disait aussi *du temps que...*

Ces temps-ci, ces temps derniers « en ce moment, à l'époque où l'on parle ».

Dans le temps « autrefois, jadis », ellipse de *dans le temps passé* (1770, d'Alembert). L'ellipse de *passé* engendre une autre image, celle de l'enfoncement dans la dimension temporelle.

De mon (ton, son) temps « quand j'étais (tu étais, il était) jeune ». L'emploi du possessif fait référence au « temps » individuel de la personne en cause qui s'exclut (ou est exclue) par là du présent partagé avec les autres.

De temps à autre « parfois, occasionnellement ». Exprime la discontinuité temporelle, la ponctualité d'un événement isolé. *Temps* signifie « moment, instant ».

> Il était bien plus étonné qu'heureux. Le bonheur qui, de temps à autre, venait occuper son âme, était comme celui d'un jeune sous-lieutenant qui, à la suite de quelque action étonnante, vient d'être nommé colonel d'emblée par le général en chef ; il se sentait porté à une immense hauteur.   Stendhal, *Le Rouge et le Noir*, p. 541.

De temps en temps « parfois, épisodiquement ». *Temps* signifie « instant ».

De tout temps « depuis toujours » (milieu xve s.). Renforcé en : *de tout temps à jamais*.

> [...] le jeune duc de Guastalla n'a nul besoin de se faire présenter à moi, pour la raison qu'il est mon cousin et me connaît de tout temps.   M. Proust, *À la recherche du temps perdu*, t. II, p. 564.

En deux temps (et trois mouvements) « très rapidement » (1790), par allusion aux mouvements relatifs au maniement des armes, qui s'exécutent en plusieurs « temps » successifs. Variante : *en trois temps*.

> Paradis s'est penché pour regarder mieux les bottines, et, tout à coup, il tend la main vers elles.
> — Laissez ça, grand-mère, j'vas vous les astiquer en trois temps, les p'tits croq'nots de vot'jeune fille.   H. Barbusse, *Le Feu*, t. II, p. 7.

En même temps « simultanément » (fin xviie s., La Rochefoucauld). On a d'abord dit *en ce mesme temps, au même temps* (xvie s.), *a mesme temps* (xviie s.).

En (son) temps et lieu « au moment et à la place convenables » (1538, Estienne). On écrivait et disait au xiiie s. *en tans et en lieu*.

En temps normal (ordinaire) « ordinairement, d'habitude ».

En temps utile « au moment qui convient » (Acad.). D'abord « au moment prescrit ». *Utile* a ici le sens juridique de « dans un délai accordé, où une démarche peut encore avoir son effet ».

Entre temps « dans l'intervalle » (xve s.). Il s'agit là d'une confusion, par fausse étymologie, entre les homonymes *tant* et *temps*. On écrivait au xiie s. *entretant*, les deux mots ayant un sens temporel (*entre* = pendant ; *tant* « cela, ces événements »).

Il y a beau temps «il y a longtemps». *Beau* a ici le sens d' «important en quantité» (→ IL Y A BELLE LURETTE*). Syn. de *long temps,* qui s'est lexicalisé en *longtemps.*

> Ah! si j'avais seulement du pain sec à manger et du bois pour me chauffer l'hiver, il y
> a beau temps que je serais chez moi dans la pauvre maison de mon frère à Combray.
>   M. PROUST, *À la recherche du temps perdu,* t. II, p. 24.

Il est grand temps de... (et infinitif), ***que...*** (et subjonctif) «il est urgent, le moment est venu de..., que...». Renforce *il est temps* (pour *le temps est là, est venu*) par l'adjectif *grand,* qui implique que le temps écoulé a atteint son maximum.

La moitié du temps (les trois quarts du temps) «le plus souvent». Ces expressions ont une valeur intensive, et s'appliquent à des actes ou des situations normalement occasionnelles. Voir la loc. suivante.

La plupart du temps «presque toujours» (1538, Estienne). L'emploi de *la plupart* suivi d'un singulier collectif (ou abstrait) était normal au XVIe s. (*la plupart du monde,* etc.).

Par le temps qui court «en ce moment, à l'heure actuelle» (1798, Acad.). *Courir* a le sens de «suivre son cours» (en parlant du temps, des événements), par la même métaphore que *couler.* On disait au XVe s. *au temps qui court* (1426), et au XVIIe s. *au joli temps qui court* (1612). La loc. s'emploie volontiers au pluriel : ***par les temps qui courent*** «étant donné la conjoncture actuelle». La spécification du «temps» dont on parle est assez fréquente :

> Je vais donc gagner de l'argent; grande chose! chose fantastique! — et qui ne me
> sera pas désagréable par le temps de misère (et de misères) qui court.
>   G. FLAUBERT, *Correspondance,* IVe série, p. 133.

> Mais par le triste temps qui court, elle pourrait bien faire peser l'interdit sur mes écrits.
>   A. GIDE, *Journal,* t. II, p. 41.

Tout le temps «continuellement, de manière ininterrompue» (pour : *pendant tout le temps*).

Locutions verbales :

Avoir du temps devant soi «ne pas être pressé, avoir assez de temps pour faire ce qu'on a à faire». Le partitif *du* équivaut ici à «assez, suffisamment». Le temps (comme l'argent) qu'on a «devant soi» évoque une certaine sécurité. La même idée est rendue avec le possessif dans ***avoir tout son temps.***

> Quand Albertine eut bien montré sa toque et son voile aux Verdurin, elle me jeta
> un regard pour me rappeler que nous n'avions pas trop de temps devant nous pour
> ce que nous désirions faire.   M. PROUST, *À la recherche du temps perdu,* t. II, p. 1002.

Avoir fait son temps «être périmé, dépassé ou usagé», en parlant d'un objet (1640, Oudin). S'est d'abord dit en parlant d'un vieillard (1549, Estienne), dont le temps (c'est-à-dire la vie) arrive à sa fin :

> [...] l'homme de l'avenir, c'est l'ouvrier. La noblesse a fait son temps, la bourgeoisie
> n'a plus que quelques années dans le ventre.   A. DAUDET, *Jack,* in *Ph. Sl.*

N'avoir qu'un temps «être provisoire, ne pas durer» (1718, Acad.). L'indéfini (un temps, par rapport à d'autres) exprime la relativité.

Être de son temps «vivre en harmonie, en accord avec son époque sur le plan des idées, des goûts» (milieu XIXe s., Sainte-Beuve).

Trouver le temps long «s'ennuyer». L'expression s'appuie sur le sentiment relatif, subjectif de la durée.

> Je recommence à trouver le temps long, je passe des jours moroses, matelassée dans
> ma robe de chambre par-dessus deux pulls, assise au ras du feu, au ras du sol sur le
> tabouret nègre, le tisonnier aux doigts.   A. SARRAZIN, *La Traversière,* p. 240.

Passer le (son) temps à... « s'occuper à... ». Absolument : **Passer le temps** « avoir des activités destinées, paradoxalement, à ne pas sentir passer le temps ». Voir la loc. suivante.

> Antoinette n'est pas non plus une fille du peuple ; si son père ne lui faisait pas une pension, il est peu probable que « pour passer le temps », il lui serait nécessaire de « s'envoyer des types ». Mais c'est une toute petite pension ; combien reçoit-elle ?
> R. Vailland, *Bon Pied, Bon Œil*, p. 54.

Tuer le temps « échapper à l'ennui en s'occupant ou en se distrayant » (1608, Régnier). Comme dans *passer le temps*, mais de façon beaucoup plus énergique, cette loc. traduit le refus de la dimension temporelle comme pure durée. C'est le temps perçu comme insupportable vacuité qu'il s'agit de détruire, en le convertissant en fragments de vécu, en occupations multiples. Fragmentation et illusion de plénitude : le langage est ici le reflet d'une angoisse fondamentale :

> Comme la voiture traversait le bois, il la fit arrêter dans le voisinage d'un tir, disant qu'il lui serait agréable de tirer quelques balles pour tuer le Temps. Tuer ce monstre-là, n'est-ce pas l'occupation la plus ordinaire et la plus légitime de chacun ?
> Ch. Baudelaire, *Le Spleen de Paris*, p. 43.

> Lis-moi jusqu'au bout, lis ça comme un conte.
> Je me suis tué pour tuer le temps.
> Je te lègue tout : comme fin de compte
> Je laisse après moi : vingt ans, dont 20 francs.   T. Corbière, *Poèmes retrouvés*, p. 884.

Locutions phrases :

Il était temps ! « c'était le dernier moment » (au-delà duquel un événement fâcheux aurait pu se produire). Cette formule familière exprime le soulagement d'avoir échappé à un incident, pour avoir franchi la limite temporelle ultime qui l'aurait à coup sûr déclenché. Voir ci-dessus Il est grand temps de...

(Il faut) prendre le temps comme il vient [LOC. PROV.] « il faut s'accommoder des circonstances ».

Le temps c'est de l'argent. Traduction de l'adage américain *Time is money*, attribué à B. Franklin (*Advice to a young Tradesman*, 1748).

> Vous m'avez écouté, vous n'avez rien dit, vous m'avez fait perdre mon temps, (le temps, c'est de l'argent) vous me coûtez peut-être 500 francs d'intérêts qui ne courent pas, les intérêts, faut que ça coure.   C. Cros, *Monologues*, p. 291.

2. Temps : atmosphère (sens météorologique).

Temps de chien, de cochon... → Chien, Cochon.

Faire la pluie et le beau temps ; parler de la pluie et du beau temps → Pluie.

TENANT n. m.

Les tenants et aboutissants « tous les détails, depuis l'origine (d'une affaire) ». Surtout avec le verbe *connaître* (1640, Oudin). Aux xviᵉ s. (Estienne) et xviiᵉ s., ces mots désignaient les parcelles de terre qui délimitent une propriété (littéralement « ce à quoi elle tient et où elle aboutit »), et au fig. « la disposition des lieux » :

> Mon laquais qui estoit infiniment bien instruit aux commissions amoureuses me vint rapporter tous les tenans et aboutissans du logis de celle que j'appelois desja ma maistresse.   Ch. Sorel, *Histoire comique de Francion*, p. 95.

D'un seul tenant [LOC. ADJ.] « d'une seule pièce ». Le *tenant* est ici « ce qui n'est pas séparé », *tient en un tout*.

TENDANCE n. f.

Avoir tendance à (suivi de l'infinitif) « être enclin, être porté à ». Verbe complexe, correspondant à *tendre à...*

TENIR v. tr.

Avoir de qui tenir « être redevable à ses parents d'un trait de caractère ». *Tenir de qqn* signifie « lui ressembler, en vertu des rapports de filiation ». *Il a de qui tenir* peut-être péjoratif ou laudatif selon le contexte : dans la conversation mondaine et familiale, c'est évidemment des qualités qu'il est question.

N'avoir qu'à bien se tenir « se comporter de manière à ne pas subir de désagrément » (de la part de celui qui profère la menace). *Bien se tenir* signifie « rester tranquille, ne pas bouger ». La formule s'emploie parfois avec un sujet masculin (ou en parlant d'un homme) qui se croit irrésistible et avertit ses futures conquêtes de se préparer à résister à sa séduction :

> Garçon de belle prestance, il faisait l'orgueil de sa mère. «Avec la figure que je lui ai
> donnée, disait-elle, il se tirera toujours d'affaire. Les héritières n'ont qu'à bien se tenir.»
> G. CHEVALLIER, *Clochemerle*, in *Ph. Sl.*

Savoir à quoi s'en tenir « être fixé, renseigné sur une situation de manière à y adapter son comportement » (XVe s.).

Fam.   *Se tenir bien à table* « avoir un solide appétit ». *Se tenir bien* signifie « résister, bien se comporter ». On disait au XVIIe s. *se tenir mieux à table qu'à cheval* (Oudin) → TABLE.

Se tenir pour dit (que) → DIRE.

Tenir bon « résister, rester ferme sur ses positions ». L'archaïsme de *bon*, adverbial (pour *bien*), est masqué par la lexicalisation : *tenir bon* est un verbe complexe (ex. *tiens bon, j'arrive!*).

> Je vivais dans la crainte perpétuelle non seulement de voir ton frère tomber malade
> mais aussi de perdre toute ma fortune. J'ai tenu bon dans ma résolution. Je suis partie
> de chez ton père.   M. CARDINAL, *Les Mots pour le dire*, p. 160.

Fam.   *En tenir une bonne* « être ivre ». Formule elliptique pour « une bonne cuite » (ou tout synonyme). Var. : *en tenir une sévère*.

En tenir une couche → COUCHE. — *Tenir debout* → DEBOUT. — *Tenir la rampe* → RAMPE.

Il n'y a pas de (...) qui tienne « rien ne saurait prévaloir (même pas la chose en question) contre ». L'élément variable est extrait d'un autre discours (explicite ou allusif) et repris pour être contesté. Ex. *Mais je vais être en retard! — Il n'y a pas de retard qui tienne, fais d'abord la vaisselle!*

Qu'à cela ne tienne! « peu importe ; que cela ne soit pas un obstacle ». Sert à lever une objection, par le raisonnement selon lequel, si la difficulté ne tient qu'à cela, elle sera bientôt résolue.

Tiens-toi (tenez-vous) bien! Formule servant à renforcer une assertion qui doit susciter chez l'interlocuteur une vive réaction (étonnement, indignation). Var. : *assieds-toi!* et tout synonyme en discours (*prends une chaise, accroche-toi*, etc.).

Mieux vaut tenir que courir ou *Un tiens vaut mieux que deux tu l'auras* [LOC. PROV.] « la possession effective d'un bien est préférable à l'espoir de l'acquérir plus tard ». La première forme est évaluative, exprime un jugement ; la seconde est constative et correspond à une observation, *tiens* et *tu l'auras* y sont employés comme noms, par un emploi « autonyme » d'expressions qui sont en fait des phrases. *Tiens* et *tu l'auras*, mis en rapport au niveau des contenus référentiels, sont des actes de parole et la locution signifie aussi : « il vaut mieux s'entendre dire *tiens!* que *tu l'auras* » ; elle réintègre ainsi la dimension de l'échange, absente de la première loc. où seules deux attitudes (*tenir*, « prendre, avoir attrapé », et *courir*, « chercher à prendre ») sont opposées.

TENTE n. f.

Vieilli ou **littér.** *Se retirer sous sa tente* «abandonner une cause sous l'effet du dépit». Allusion à l'épisode de *l'Iliade* où Achille, invité à rencontrer Agamemnon qui l'avait offensé, se retire sous sa tente et abandonne pour dix ans la lutte contre Troie.

1. TERME n. m.

Moyen terme «solution intermédiaire, compromis». Le syntagme signifie d'abord «élément servant à établir une relation», en logique et en mathématique.

À court (long, moyen) terme [LOC. ADJ. ou ADV.] «à brève (longue, moyenne) échéance»; d'après le sens temporel de *terme* «délai fixé».

À terme «jusqu'a complet achèvement, jusqu'au bout», notamment dans la loc. verbale *mener à terme* «achever» (une tâche). L'expression a divers emplois qui dépendent du contexte. Dans le vocabulaire financier et commercial, *à terme* signifie «dont l'exécution ou l'extinction correspond à un terme (délai) fixé» : *vente, achat, marché à terme*. En obstétrique, où le *terme* est le moment normal de l'accouchement, après le temps de la grossesse, on dit : *enfant né à terme*. Cf. aussi *à court (long, moyen) terme*.

Dans (toute) la force du terme → FORCE.

Être en bons (mauvais) termes avec qqn «avoir de bonnes (mauvaises) relations avec lui» (1840). Au pluriel, *termes* désigne les modalités particulières des relations entre personnes. D'autres adjectifs évaluatifs sont possibles (*en excellents termes*, etc.).

Mettre un terme à «faire cesser». Loc. d'un style soutenu.

Vx. *Qui terme a, ne doit rien* [LOC. PROV.] «on ne peut être contraint de payer avant le terme échu» (1690, *in* Furetière).

Vx. *Le terme vaut l'argent* [LOC. PROV.] «quand on a beaucoup de temps devant soi, on peut faire face à ses engagements» (XVIe s., B. des Périers).

2. TERME n. m.

Vx. *Rester planté comme un terme* «ne pas bouger, rester planté là», comme la statue du dieu *Terme* qui servait de *borne* (→ ce mot). On disait au XVIIe s., *ne bouger non plus qu'une borne* (1678, La Fontaine).

TERRAIN n. m.

Terrain d'entente «ensemble de propositions communes sur lesquelles deux adversaires sont d'accord et qui servent de base à un débat, à une discussion». Surtout avec des verbes comme *chercher, trouver*.

Sur le terrain «sur place». À l'origine, avec le sens militaire de «sur le théâtre d'un combat, le champ de bataille». Jusqu'au XIXe s., l'expression évoque surtout le duel (*aller sur le terrain; synonyme sur le pré*).

> ARTHUR. — Je commence par vous dire que je me soucie d'aller sur le terrain comme de ça.
> LOUIS. — C'est pourquoi vous refusez d'y venir?
> ARTHUR. — Notez que je ne refuse rien; mais j'ai à vous proposer un moyen moins rigoureux de terminer notre rivalité; s'il ne réussit pas, nous aurons toujours le temps de nous couper la gorge. É. AUGIER, *Maître Guérin*, III, 3, p. 257.

Gagner, perdre du terrain «prendre ou perdre l'avantage», dans une compétition. S'emploie concrètement et abstraitement (*l'équipe de France, la droite, le marxisme, le structuralisme... gagne, perd du terrain*).

Tâter le terrain «mesurer avec prudence la situation avant d'agir» (fin XVIIᵉ s.). L'expression vient du vocabulaire hippique : un cheval *tâte le terrain* «marche avec hésitation sur un sol qu'il ne connaît pas encore, avant d'y poser franchement le sabot».

> Comme il arrive presque toujours en pareil cas, Marius, pour s'essayer, escarmoucha avant de livrer bataille. Cela s'appelle tâter le terrain.
> V. HUGO, *Les Misérables*, Pléiade, p. 1362.

> [...] M. de Charlus ne pensait plus au but de sa phrase, qui était de tâter le terrain pour savoir si, comme il le désirait, Morel consentirait à venir avec lui à Paris.
> M. PROUST, *À la recherche du temps perdu*, t. II, p. 1073.

Je ne vous suivrai pas sur ce terrain «je ne m'engagerai pas dans ce débat», d'après la métaphore spatiale du «terrain de discussion», renouvelée des *topoï* de la rhétorique aristotélicienne (→ LIEU).

TERRE n. f. Malgré son caractère monosyllabique et sa signification, symboliquement essentielle, le mot est plus pauvre en phraséologie que *ciel, air, feu*...

Terre à terre «prosaïque, qui ne se préoccupe ou qui ne concerne que des réalités matérielles» (milieu XVIIᵉ s.). Se réfère à la spatialisation des activités psychiques, mentales : *bas/élevé. Aller terre à terre* s'est dit à l'origine d'un cheval qui court aussi près que possible de la terre (cf. *Ventre à terre* → VENTRE).

> [...] à peine eus-je entendu prononcer le nom du prince qu'avant de m'être rappelé la station thermale il me parut diminuer, s'imprégner d'humanité, trouver assez grande pour lui une petite place dans ma mémoire à laquelle il adhéra, familier, terre à terre, pittoresque [...].   M. PROUST, *À la recherche du temps perdu*, t. II, p. 256.

Entre ciel et terre → CIEL.

Mettre qqn plus bas que terre «le condamner, le dénigrer». Expression spatialisée du mépris ou du peu d'estime qu'on éprouve à l'égard de qqn, selon le schéma *haut/bas* (cf. à l'opposé *Porter aux nues, au pinacle). Plus bas que*... reste abstrait et ne comporte pas les images liées à *sous terre* ; cf. l'opposition *enterrer* «plonger dans l'oubli, le néant», et cette loc. qui implique un jugement de valeur.

> Elle nous mit encore plus bas que terre. Je ne vous dirai pas comment elle nous a traités ; ce n'est pas que ça nous salisse mais, de sang-froid, nous n'aimons pas trop parler de cette façon. Sur un coup de colère, oui, mais jamais comme elle. Elle nous disait tout ça posément. Elle nous mâchonnait entre ses petites lèvres noires et ses piquantes moustaches de brochet.   J. GIONO, *Un roi sans divertissement*, p. 193.

Remuer ciel et terre → CIEL.

Vouloir rentrer sous (à cent pieds sous) terre «éprouver une grande honte», c'est-à-dire avoir tellement honte qu'on voudrait disparaître aux regards d'autrui, ne plus être vu → PIED.

Qui terre a, guerre a → GUERRE.

TÊTE n. f. Lat. *testa* «coquille», désignant un pot et par métaphore plaisante, la boîte crânienne. Partie du corps de l'homme et des animaux (souvent opposée à *queue*) qui correspond aux valeurs dominantes suivantes : «extrémité supérieure, siège de la pensée, de la raison» (chez l'homme), «extrémité antérieure, partie du corps capable de porter des coups» (animaux). Concrètement, *tête* signifie à la fois «boîte crânienne» et «visage» ; la première acception, interprétée culturellement comme «récipient à idées» et liée aux valeurs de *cerveau, cervelle*, l'emporte sur l'autre dans la genèse des locutions. En outre *tête* «partie externe et creuse du corps», englobe *cerveau, cervelle* «organe interne». La *tête* peut être qualifiée métaphoriquement en tant que partie du corps représentant une qualité morale (*il a une tête de cochon*) ou en tant que la personne elle-même (*c'est une tête de cochon*); l'expression formée par *tête* et un adj. ou un compl. de nom est ainsi ambiguë : elle

identifie paradoxalement *être* et *avoir*, attribut et complément, qualité et essence. *Quelle tête de mule, de linotte!*, etc., signifie en même temps «quel esprit...» et «quelle personne...». *Tête de pipe, de Turc* ont perdu la première valeur en passant directement de «visage concret» à «personnage», le sens de «visage» n'étant pas assez productif dans les loc. et l'ambiguïté «visage/esprit, personne» se résolvant en faveur du second terme. Les sémantismes de *tête-cervelle-crâne* interfèrent, mais celui de *figure, face* n'est pas exploité de la même façon dans les loc. figées comme *tête à claques, à gifles* «figure déplaisante» (les syntagmes libres : *il a une bonne tête, une tête d'assassin*, etc., utilisent au contraire *tête* au sens de *face*).
Oppositions réalisées dans la langue : *tête-pied (de la tête aux pieds*, etc.); *tête-cul, tête-queue* (opposition spatiale entre deux extrémités du corps : haut/bas; avant/arrière).
Synonymies occasionnelles : *tête-cerveau (cervelle)*. Ex. *Tête brûlée-cerveau brûlé. Tête-crâne (enfonce-toi ça dans le crâne* ou *dans la tête)*. En outre *tête* peut fonctionner comme *cou (sauter au cou, à la tête)* et comme *main* (dans : *donner sa... à couper*).

      Tête à + subst. qualifie, soit une caractéristique de l'esprit *(tête à l'évent)*, soit ce que la tête mérite de recevoir concrètement (sémantisme du coup : *tête à gifles, à claques)*.

> Se retournant
> Incontinent,
> Ell' souffleta, flic-flac!
> L' garçon d'honneur
> Qui, par bonheur,
> Avait un' tête à claqu'.   G. BRASSENS, *Poèmes et Chansons*, p. 186.

      Tête de + nom d'animal sert à former de nombreux composés désignant des animaux ou des plantes, par analogie de forme (trait commun à de nombreux mots désignant des parties du corps).

Sans métaphore, **tête** + adjectif forme des expressions figées dont le sens n'est pas toujours prévisible. **Faire sa mauvaise tête** «refuser d'obéir»; **forte tête** «esprit fort, raisonneur».

> Une telle innovation vaudrait à l'imprudent bâtisseur une éternelle réputation de mauvaise tête, et il serait à jamais perdu auprès des gens sages et modérés qui distribuent la considération en Franche-Comté.   STENDHAL, *Le Rouge et le Noir*, p. 220.

> Un petit esprit m'appelle forte tête, ce qui est évidemment pour lui la pire injure.
>   J.-P. SARTRE, *Qu'est-ce que la littérature?*, Préface.

      Tête de bois, de fer. Correspond à *avoir la tête dure*. On remarquera que la valeur initiale de *têtu* est «qui a une grosse tête» (cf. *Ventre-ventru)*. La valeur métaphorique s'est déplacée de la grosseur à la dureté. Celui qui ne change pas volontiers d'idée, de décision, est impénétrable aux influences : sa tête est une paroi étanche (cf. *Être bouché*, qui a un sémantisme analogue). Var. ancienne : *tête carrée* «esprit franc, rationnel, solide».

> [...] c'est un esprit sensé, un caractère droit, un bon cœur, des vues justes : c'est l'homme qui fait face pour nous lorsqu'il est question de doctrine. En un mot c'est une tête carrée, dont nous ferions bien de suivre les avis.
>   Ch. de BROSSES, *Lettres d'Italie*, t. I, p. 111.

      Tête chaude (vx), tête brûlée, «exalté, qui se jette dans des aventures dangereuses». *Tête*, au sens d'«esprit», n'est pas le seul mot à être qualifié métaphoriquement par la température *(garder la tête froide* et *son sang froid* rapprochant le calme attribué à la raison *[tête]* de celui qui vient des sens *[le sang])*. *Tête brûlée* date de Saint-Simon; le participe passé y est étrange, le sens commandant plutôt *brûlante*.

      Vx. Tête de choucroute (vers 1800) a désigné les Allemands. À la péjoration véhiculée par *tête de...* s'adjoint la qualification malveillante de l'étranger par ce que l'on croit être son plat favori. Cf. *Un spaghetti, un macaroni* ou *un mangeur de grenouilles.*

   Tête de cochon, de mule, de pioche «personne entêtée». Sans aucun doute, la relation entre «tête-esprit» et «refus de changer d'idées, d'opinion» est primaire en français, comme en témoigne la série de dérivés de *tête : têtu, entêté, entêtement.* Elle a entraîné dans cette acception des expressions inexplicables analytiquement; en effet le *cochon* n'est guère conçu comme un animal obstiné (alors que *tête de mule, de mulet* sont des loc. cohérentes) → COCHON. *Tête de pioche* a recours à un autre sens de *tête* (partie supérieure d'un objet) et représente un substitut pittoresque de *tête dure,* avec un transfert métonymique curieux. En effet, la *pioche* n'est pas un symbole de dureté, mais représente l'objet qui perce, détruit (ce qui est moins dur que lui); on trouve ici un premier témoignage du sémantisme fondamental qui lie «dureté» à «coup» (voir plus loin).

   Sacrée tête de pioche! cria Chaval, crève donc, je serai débarrassé!
                                                          É. Zola, *Germinal,* t. II, p. 23.

   Tête de lard, pose le même problème que *tête de cochon* (*lard* veut dire «cochon» au XVIe s. → LARD). Mais l'expression, peut-être à cause de son illogisme et évidemment de par l'étrangeté de cet emploi de *lard* (du moins en France, car l'usage s'en est conservé au Québec), s'est vidée de son sens initial («obstiné») pour ne plus emporter qu'une valeur péjorative qui en fait un excellent terme d'injure. On retrouve la valeur péjorative de *tête de...* dans plusieurs loc., de telle sorte que ces deux mots constituent une véritable matrice d'insultes, jouant sur les différents sens de *tête* (*tête de nœud,* etc.). Le même phénomène s'observe avec *face de...,* et aussi *peau de...*

   Tiens, enfant de malheur, tête de pied, rechasse ma veste. Ces deux poches-là, tu les as pas comptées!   H. BARBUSSE, *Le Feu,* t. I, p. 74.

   Tête de linotte «étourdi; esprit ou personne sans mémoire, changeant, etc.». La loc. combine la forme péjorative *tête de...* et l'attribution aux oiseaux d'une psychologie futile. On notera que *étourdi* vient du latin populaire *exturdire* qui signifierait proprement «avoir le cerveau étourdi comme une grive *(turdus)*» et que *étourneau* (lat. *sturnus, sturnellus*) a été influencé dans sa forme par *étourdi.* Dans la psychologie animale populaire, la linotte, l'étourneau sont aussi changeants et absurdes que le mulet est borné et têtu. La tête représentant la pensée, il était naturel que le mot *tête* se combine avec des noms d'animaux à comportement caractéristique.

   Tête d'œuf. Selon que *tête* signifie «crâne» ou «esprit», s'analyse en «crâne chauve», ou «esprit vide; imbécile». De la première valeur, et d'après l'américain *egghead* «intellectuel».

   Petite tête. Appellation familière, légèrement péjorative. Le contenu initial «qui n'a rien dans la tête» ou «qui a la tête trop petite», connotant l'inintelligence, n'est plus très net.

   — Quel âge avez-vous? demanda-t-elle.
   — Dix-neuf et demi.
   — Et demi? Alors, on est un homme, hein?
   — Ben...
   — Ça va, petite tête. Je serai votre frangine.
   Il l'admira, les yeux ouverts tout grands dans sa bonne balle ronde.
                                                          R. FALLET, *Le Triporteur,* p. 228.

   Tête de pipe. A d'abord voulu dire (au XIXe s.), «figure aux traits grossiers» (comme les figurines sculptées sur les pipes). *Tête de pipe* s'est vidée de son sens et ne sert plus qu'à compter des personnes, renforçant le sens de *tête* «unité d'un troupeau, etc.». *10 F par tête de pipe* n'a plus rien de péjoratif. *Par tête de pipe* est un croisement attesté récemment (Sartre) de *par tête* et *tête de pipe.*

Tête de Turc « souffre-douleur ». Le Turc, le More étant à l'époque classique l'ennemi par excellence, on a qualifié de *tête de Turc, de More* divers objets, par ex. un « billot carré » en marine (1690) et notamment des têtes de carton servant de cibles aux cavaliers. Cet exercice s'appelait *course de la tête* (Littré). La forme *tête de More* ayant été éliminée par suite de l'homonymie avec *tête de mort* (source d'ambiguïtés) et le Turc étant pris comme emblème de la force physique (→ TURC), à la fin du XIXᵉ s., on tapait dans les foires sur une « tête de Turc ». D'où l'expression *être la tête de Turc de qqn, servir de tête de Turc* (vers 1860).

> Ce Laigrepin était un loustic à froid, terreur des bleus et des naïfs, vivant dans la seule recherche d'une mystification nouvelle, d'une scie inédite à monter, et auquel Vergisson lui-même avait maintes fois servi de tête de turc.
> G. COURTELINE, *Les Gaîtés de l'escadron*, p. 217.

Tête sans cervelle « étourdi ». L'image anatomique de la tête vide (ou légère, remplie d'air : *tête à l'évent, en l'air*) se retrouve dans le mot *écervelé*. On remarquera que l'étymologie même de *teste* véhicule cette idée (→ CERVELLE, CERVEAU). Locutions où *tête* est le complément :

Bal, dîner de têtes « bal, dîner où les participants sont travestis et se sont fait la tête d'un personnage qu'ils représentent ».

> Ceux qui [...]
> Ceux qui volent et nous vengent, tous ceux là et beaucoup d'autres, entraient fièrement à l'Élysée [...] car il y avait un grand dîner de têtes et chacun s'était fait celle qu'il voulait.
> L'un une tête de pipe en terre, l'autre une tête d'animal anglais ; il y en avait avec [...] des têtes de fromage de tête, des têtes de pied [...]. J. PRÉVERT, *Paroles*, p. 8.

Coup de tête « décision brusque et irréfléchie, généralement imprévisible, dangereuse ». La relation entre *coup* (actif) et *tête* est souvent présente dans la phraséologie ; son utilisation métaphorique va dans le sens de la brusquerie, de l'irréflexion.

Locutions adjectives et adverbiales :

À tête reposée « de sang froid, calmement, après avoir réfléchi ».

À tue-tête « d'une voix si forte qu'elle étourdit, casse la tête » (XVIᵉ s.). En ancien français, *tuer* n'avait pas un sens aussi fort qu'aujourd'hui et voulait dire « frapper » (le plus souvent à la tête) et par extension, « fatiguer, exténuer » ; cf. *Casser la tête*. Malgré une forme qui en atteste aussi l'ancienneté, l'expression n'est pas du tout sentie comme archaïque ; elle est même très courante, alors que d'autres, qui ont exactement la même structure (*à tue-gorge* qu'on trouve chez Huysmans ; *à tue-chevaux* « très vite », attestée en 1517), n'ont pas eu la même fortune.

> [...] quelqu'un [...] siffle à tue-tête, et, invisible, m'oppose encore dans ce bruit sa *conception* de l'univers, qui est toute vulgarité.
> H. de MONTHERLANT, *Le Démon du bien*, p. 20.

... de tête [LOC. ADJ.] « qui a du bons sens » (avec *homme, femme*). La spécialisation de sens donne à *tête* « esprit » la valeur précise que *raisonnable* a acquise par rapport à *raison*. La loc. ne s'est pas étendue dans l'usage : on ne dit guère *c'est un garçon, des gens... de tête*.

> Oh ! une femme de tête, incapable d'un oubli, et beaucoup de cœur, des idées très saines ! É. ZOLA, *Pot-Bouille*, t. I, p. 247.

De derrière la tête « bizarre ou inattendu » (en parlant d'une idée, etc.). Cette loc. adj. introduit une métaphore nouvelle et intéressante, celle de la topographie de l'esprit, le devant correspondant à la conscience claire, à la raison commune, le derrière à l'incontrôlé (nous dirions, au subconscient), à ce qui est caché ou inavouable. En loc. adv. : *Avoir une idée derrière la tête*.

> [...] j'ai horreur des citations approximatives ou faites de travers [...]. C'est du galon que l'on se donne. C'est de la vanité. Comme une plume surnuméraire qu'une femme

plante dans son chapeau déjà trop bien garni de paradis, d'autruche, de coq de roche ou d'un couteau de corbeau. Madame a son idée. Une idée de derrière la tête. Elle veut plaire.
B. CENDRARS, *Bourlinguer*, p. 334.

En tête à tête «seul à seul, face à face» en parlant de deux personnes qui se trouvent sans témoins (XVIIᵉ s.). L'expression est lexicalisée et peut se substantiver (*un tête à tête amoureux*). *En tête à tête avec soi* «seul».

Soyez sûr qu'en tête à tête avec son collègue, ils s'avouent franchement qu'ils ne sont que deux insignes maroufles.   DIDEROT, *Le Neveu de Rameau*, p. 436.

Je voulais être en tête à tête avec moi un moment... À peine si je le puis!
Les gens qui sont là me supplient d'abandonner la partie.
J. VALLÈS, *L'Insurgé*, p. 270.

Tête-bêche [LOC. ADV.] «en sens inverse, en parlant de deux personnes couchées, l'une ayant les pieds où l'autre a la tête» (1820). La forme initiale est *à béchevet*, c'est-à-dire «à double tête» (de *bes* «deux», du latin *bis*, et de *chevet* [latin *capitium*]). Dans Rabelais *a teste a teste beschevel* est l'un des jeux de Gargantua. La loc. s'emploie par extension en parlant de choses.

Locutions verbales :

Avoir de la tête «de la raison, du bon sens». Même sens métaphorique que dans *homme, femme de tête*, ci-dessus.

Ma femme a réellement beaucoup de tête! se disait, le lendemain à six heures du matin, le maire de Verrières, en descendant à la scie du père Sorel.
STENDHAL, *Le Rouge et le Noir*, p. 228.

Avoir toute sa tête, sa tête à soi «sa raison». *Il n'a plus toute sa tête* peut donner lieu à des jeux de mots sur le thème de la décapitation, comme PERDRE LA TÊTE (ci-dessous).

Au bar des «faux-monnayeurs», Korzakow passait pour un escroc de mauvaise foi (car il y a des filous scrupuleux) et un fameux tricheur aux cartes (il n'était pas le seul!). D'une façon générale il était craint, car on prétendait qu'il n'avait pas toute sa tête.
B. CENDRARS, *Bourlinguer*, p. 69.

Cependant, j'engage avec Amrouche [...] une partie d'échecs où il triomphe de moi sans peine, car je n'ai plus la tête à moi.   A. GIDE, *Journal*, t. II, p. 244.

Ne pas (plus) avoir la tête à ce qu'on fait «être distrait». La *tête* est ici l'esprit dans son application à une tâche; *à* implique une métaphore spatiale.

Vieilli. **Avoir la tête fêlée** «être un peu fou», littéralement «avoir le crâne blessé» (même idée dans *être tombé sur la tête*).

Avoir la tête près du bonnet «être irascible, se mettre facilement en colère». Cette loc. ancienne (Bonaventure des Périers) a eu plusieurs sens et s'est conservée avec sa valeur initiale malgré son obscurité. Le rapprochement de sens avec *tête chaude* (ci-dessus) et *échauffer les oreilles* a fait échafauder des explications maladroites : le bonnet serrant la tête échaufferait les oreilles; on fait même appel à l'image du *bonnet de coton* de Joseph Prudhomme, alors que l'expression était courante au XVIᵉ s.! D'autres ont évoqué à meilleur escient le *bonnet* des fous, car *la colère est une courte démence* (Ch. Rozan).

Les auteurs qui ont expliqué cette locution pensent qu'elle est une variante de cette autre, *avoir la tête chaude*, et qu'elle signifie *être porté à la colère*, comme si l'on avait la tête chaude dans son bonnet, car la chaleur fait monter le sang à la tête et dispose à l'emportement. Pourtant, ces deux phrases ne présentent qu'une fausse analogie, ne pouvant être assimilées ni pour le fond ni pour la forme. Quand on dit d'un homme qu'*il a la tête près du bonnet*, on n'indique pas seulement qu'il est sujet à s'emporter, on indique aussi que ses emportements sont voisins de la folie, désignée par le *bonnet* qu'elle a ici comme attribut, ainsi que dans le vieux proverbe : *À chaque fou plaît son bonnet*.   QUITARD, *Dictionnaire*, p. 160.

En fait, dans cette comparaison, les deux termes concrets *(tête-bonnet)* représentent deux éléments abstraits. De même que la tête est près du bonnet, l'esprit, la décision est proche de sa manifestation extérieure (c'est le bonnet qui manifeste la forme de la tête). D'où le sens « sitôt l'idée, l'intention apparue, sitôt l'action correspondante ». Cette interprétation rend bien compte du premier sens attesté, mais comme l'allusion au bonnet de fou, elle n'explique pas la forme de l'expression. On peut imaginer aussi que *la tête près du bonnet* représente l'homme prêt à se coiffer (ou qui refuse de se découvrir). Des jeux de mots utilisent *a posteriori* cette image (cf. la première citation ci-dessous).

> Comme une personne du premier mérite et de la plus haute condition disputoit avec Benserade, on lui apporta le bonnet du cardinal. « Parbleu ! dit alors Benserade, j'étais bien fou de disputer avec un homme qui avait la tête si près du bonnet. »
>
> TUET, *Matinées senonaises*, p. 371.

> J'avoue que devant chez Lemaître, il y avait l'autre jour un grand arbuste rose qui m'a fait faire une folie. Mais par pudeur elle se refusa à donner des renseignements plus précis sur le prix de l'arbuste et dit seulement que le professeur « qui n'avait pourtant pas la tête près du bonnet » avait tiré flamberge au vent et lui avait dit qu'elle ne savait pas la valeur de l'argent. M. PROUST, *À la recherche du temps perdu*, t. I, p. 603.

Vieilli. **Avoir deux, trois têtes dans, sous un bonnet** « avoir exactement les mêmes idées ». Les *têtes* (esprits) sont étroitement réunies. L'image est plus claire que dans l'expression précédente, mais correspond à notre avis au même effet de sens : plusieurs têtes (idées), une seule manifestation extérieure.

Avoir la (sa) tête sur les épaules « être raisonnable, bien équilibré ». On retrouve ici l'idée de « bon sens », souvent associée à *tête*. À rapprocher de *perdre la tête, n'avoir plus sa tête,* où la position concrète de la tête symbolise l'équilibre de l'esprit.

Avoir la grosse tête « être vaniteux ». L'enflure, ici appliquée à la tête, symbolise traditionnellement la vanité (cf. *La Grenouille qui veut se faire aussi grosse que le Bœuf* [La Fontaine]). À ne pas confondre avec *une grosse tête* « un esprit très cultivé, savant ».

En avoir par-dessus la tête (1690) « en avoir assez ; être excédé », utilise l'élément de sens « partie la plus haute du corps ». Cf. *En avoir plein le dos* → Dos.

> Les grands événements, les grands hasards, les grandes aventures, les grands hommes, Dieu merci, on en a assez vu, on en a par-dessus la tête.
>
> V. HUGO, *Les Misérables*, Pléiade, p. 838.

Par-dessus la tête s'est employé en loc. adv. au sens de « excessivement ».

> Un ouvrier aurait battu la petite, et un employé se serait mis à lui faire des enfants par-dessus la tête. Avec M. Narcisse, au contraire, elle avait la chance de trouver une dot qui lui permettrait de se marier convenablement.
>
> É. ZOLA, *Pot-Bouille*, t. II, p. 136.

Casser la tête à qqn « le fatiguer par ses paroles, son agitation, le bruit qu'on fait », a une valeur différente de SE CASSER LA TÊTE (ci-dessous). Le sens en est si peu intellectuel que *casser la tête* et *casser les pieds de qqn* sont presque synonymes !

Se casser (se creuser) la tête « se fatiguer l'esprit par une recherche ». Bien qu'ayant la même valeur globale, ces deux expressions utilisent deux valeurs différentes de *tête,* « crâne » (sens étymologique) et « réceptacle du cerveau ». La première est à rapprocher de *tête dure, se taper la tête contre les murs,* la deuxième de *tête sans cervelle, vide.*

> [...] en voyant dans *le Figaro :* « Hier le prince et la princesse de Guermantes ont donné une grande soirée, etc. », elle s'exclame : « Comment ! j'ai, il y a trois jours, causé une heure avec Marie-Gilbert sans qu'elle m'en dise rien ! » et elle se casse la tête pour savoir ce qu'elle a pu faire aux Guermantes.
>
> M. PROUST, *À la recherche du temps perdu*, t. II, p. 647.

(Ne plus savoir où) donner de la tête « à quoi appliquer son esprit » (1611). La loc. n'a rien à voir avec les animaux qui se donnent des coups de tête, comme on l'a cru. La *tête* est ici métaphorisée au départ, et mise en rapport avec un espace mental (cf. *Où ai-je la tête?* ci-dessous).

> En ce moment le comte Octave de Bauvan ouvrit sans frapper, et dit au comte de Grandville :
> — Mon cher, je t'amène une jolie femme qui ne savait où donner de la tête, elle allait se perdre dans notre labyrinthe.
> H. de BALZAC, *Splendeurs et Misères des courtisanes*, p. 997.

> L'artiste ne sait plus où donner de la tête ou du cœur. Requis de toutes parts, et n'y pouvant suffire, il renonce, il est désemparé.　　　　A. GIDE, *Journal*, t. II, p. 60.

Donner (mettre) sa tête à couper que... «parler, affirmer avec assurance». Cf. *Mettre sa main* à couper.* Allusion lointaine au jugement de Dieu.

> Ça ne m'était jamais venu à l'idée seulement.
> — Non, elle est là, j'en mettrais ma tête à couper. Elle est dans ces murs-là, ça se sent, ça se voit dans les yeux de la maman Philomène.
> J. GIONO, *Un de Baumugnes*, p. 119.

> Mais je le suis, sûr! J'en donnerais ma tête à couper qu'il a cassé la remorque exprès [...].　　　　R. VERCEL, *Remorques*, p. 159.

Avec un jeu de mots sur le sens concret :

> Ça tourne à l'émeute, j'en donnerais ma tête à couper, dit imprudemment le jeune Mulligan en engageant son buste par une fenêtre, qui était justement une fenêtre à guillotine.　　　　A. BLONDIN, *Quat' Saisons*, p. 81.

Enfoncer (mettre) qqch. dans la tête de qqn «le persuader avec difficulté». L'expression recourt à l'image de la «boîte à idées» plus ou moins dure → CRÂNE. *Se mettre (s'enfoncer) dans la tête* «se persuader de...».

> Alors il se mit dans la tête (non, il n'y avait pas de tête), dans l'idée... Oui, c'est bien cela, dans l'idée de faire quelque chose.　　　　C. CROS, *Monologues*, p. 297.

Faire la tête «bouder». Cf. *Faire la moue, la gueule. Tête* a ici le sens de «visage, expression du visage».

N'en faire qu'à sa tête «n'agir qu'à sa fantaisie, sans tenir compte d'autrui» (vers 1460). On a d'abord dit *faire de sa teste* «se déterminer soi-même» (XIVᵉ s., Froissart). À rapprocher du picard *faire sa tête* «sa volonté».

Foncer (se jeter...) tête baissée sur... «avec violence». Ici, une image animale est à la base du syntagme *tête baissée.* Cette loc., avec d'autres, utilise le lien entre «partie du corps» et «coup que l'on peut donner avec elle» → ci-dessus COUP DE TÊTE.

> Quand il faut que je me livre à l'action, je me jette dedans tête baissée.
> G. FLAUBERT, *Correspondance*, VIᵉ série, p. 317.

Jeter (qqch.) à la tête de qqn «évoquer sans ménagement, en matière de reproche» (1672).

> Je n'aime pas à ce que mes sentiments soient connus du public et qu'on me jette ainsi à la tête, dans les visites, mes passions, en manière de conversation.
> G. FLAUBERT, *Correspondance*, IVᵉ série, p. 30.

Se jeter à la tête de qqn «lui faire des avances». Le code social traditionnel, qui impose à la femme la retenue en matière de relations érotiques, fait que cette loc. ne s'applique guère qu'à elle : le remarquer n'est pas l'approuver.

Laver la tête de qqn → LAVER.

Mettre la tête au carré «battre, frapper le visage — et la tête — comme pour changer la forme de la tête (crâne)», joue sur deux valeurs. L'expression est récente et équivaut à *passer à tabac* → TABAC.

Mettre sa tête à couper → ci-dessus DONNER SA TÊTE...

Se mettre martel en tête → MARTEL (→ aussi SE CASSER LA TÊTE, ci-dessus).

Se mettre la tête à l'envers «se tourmenter, réfléchir en 'retournant' sans cesse une idée».

Se monter la tête «s'illusionner, s'exalter» (1798, Acad.). *Se monter* a le sens de «s'exciter» (1608, Régnier). Cf. aussi *Se monter le bourrichon*. De même **monter la tête à qqn**, «l'exciter, et spécialement, exciter sa colère, sa jalousie contre qqn ou qqch.».

> Puis des malins sont toujours là, pour vous promettre que ça peut s'arranger, si l'on s'en donne seulement la peine... On se monte la tête, on souffre tellement de ce qui existe, qu'on demande ce qui n'existe pas.   É. ZOLA, *Germinal*, t. II, p. 170.

> [...] les concierges sont jaloux et ils montent la tête à la Duchesse.
>   M. PROUST, *À la recherche du temps perdu*, t. II, p. 23.

Se payer la tête de qqn «se moquer de lui» (fin XIXᵉ s. : 1896, Delvau). La *tête* est ici la «figure», représentation symbolique de l'individu; Prévert remotive l'expression.

> mais les gerbes sont liées
> le travailleur aussi
> avec leurs grands billets
> les grands favorisés
> se sont payés sa tête
> et son corps tout entier   J. PRÉVERT, *Paroles*, p. 94.

Perdre la tête «devenir fou, déraisonner». La *tête* est assimilée à la raison (cf., à l'opposé, *Avoir toute sa tête*).

> Julien ne remarqua pas cette nuance. Ce tutoiement lui fit perdre la tête, ou du moins ses soupçons s'évanouirent; il osa serrer dans ses bras cette fille si belle, et qui lui inspirait tant de respect.   STENDHAL, *Le Rouge et le Noir*, p. 539.

> Il prétend que Julie lui fait perdre la tête : elle se fait tant servir qu'il en deviendra fou.
>   G. FLAUBERT, *Correspondance*, IVᵉ série, p. 236.

Diverses plaisanteries macabres remotivent l'expression :

> Daix fut exécuté le premier. Quand sa tête fut tombée et qu'on délia le corps, le tronc d'où jaillissait un ruisseau de sang tomba sur l'échafaud entre la bascule et le panier. Les exécuteurs étaient éperdus. Un homme du peuple dit :
> — Cette guillotine! tout le monde y perd la tête, le bourreau aussi!
>   V. HUGO, *Choses vues*, t. XIV, p. 144.

Plier (courber) la tête «se soumettre».

> Mille francs ça ne se refuse pas... Vous irez tous. Partez donc, laissez-moi seul. Oui, seul, entendez-vous! Il y en aura un qui ne pliera jamais la tête... Et dites-leur que je gagnerai mon procès, quand je devrais y manger ma dernière chemise!
>   É. ZOLA, *Au Bonheur des Dames*, t. II, p. 24.

Littér. **Porter haut la tête** «être fier, arrogant». S'oppose à la loc. précédente. Le port de tête symbolise traditionnellement l'attitude morale (cf. *Se dresser, se redresser, s'abaisser*...).

> Leurs «complexes d'infériorité» s'affirment en arrogance et jamais ils [les Italiens] n'ont porté plus haut la tête que depuis qu'ils ont moins de raisons d'être fiers; mais bridés par les Allemands, qu'ils détestent d'autant plus que ceux-ci leur font davantage sentir leur mépris.   A. GIDE, *Journal*, t. II, p. 181.

Se taper (cogner...) la tête contre les murs «faire des efforts désespérés, inutiles». D'abord : *donner de la tête contre les murs* (1640, Oudin). L'association de *tête* avec *coup* ou avec des verbes exprimant un mouvement violent réalise une tendance commune aux mots désignant les parties extrêmes du corps (*tête, pied, poing, patte*...). *La Tête contre les murs*, roman d'Hervé Bazin, évoque le désespoir et la fureur du personnage enfermé arbitrairement dans un établissement psychiatrique.

> Je me serais souffleté; je me serais cogné la tête contre les murs; je me serais arraché les cheveux : il n'en aurait été ni plus ni moins, et mon bienfaiteur eût été cocu.
>   DIDEROT, *Jacques le Fataliste*, p. 509.

> De celui-là au moins je suis sûr : il ne refusera pas les munitions.
> Pardieu si ! il les a refusées [...].
> Oh ! c'est à se casser la tête contre les murs !   J. VALLÈS, *L'Insurgé*, p. 195.

Tenir tête « résister, s'opposer à » (milieu XVIe s., d'Aubigné). La première forme attestée est *faire tête*, en parlant d'un gibier forcé qui se présente « de face, de front » (cf. *Faire front*). Le sémantisme du « coup » est ici virtuel.

> L'un en voist maintenant des preuves, en ce que vous estes si opiniastre que vous vous essayez de tenir teste au combat de la langue a deux champions, qui vous peuvent facilement surmonter...   Ch. SOREL, *Histoire comique de Francion*, p. 286.

> [...] mais certes Johnson importe moins que Goethe ; on est plus amusé par lui qu'ins-truit, et Boswell a bien raison souvent de lui tenir tête et de n'accepter qu'avec force réserves ses opinions et ses avis.   A. GIDE, *Journal*, t. II, p. 174.

Faire tourner la tête de qqn « l'émouvoir ». Comme dans *monter la tête*, la métaphore fait de la position de la tête le signe d'un état mental (→ ci-dessus AVOIR LA TÊTE SUR LES ÉPAULES). On retrouve cette figure dans d'autres expressions (→ PORTER HAUT LA TÊTE, ci-dessus). La loc. a signifié aussi « étourdir, affoler, éton-ner à l'extrême ».

> Emprunter la robe et la perruque [...] du garde des Sceaux ! Se faire un masque qui lui ressemble ! Le masque surtout me fait tourner la tête.
>   DIDEROT, *Le Neveu de Rameau*, p. 462.

> [...] je m'inclinai profondément pour cacher mon émotion, mais aussi pour suivre des yeux sa robe froufroutante qui bouillonnait derrière elle, cascadant d'une marche à l'autre jusqu'au bas de l'escalier tournant, ce qui me remplissait d'un trouble fait d'admiration et de consternation et me faisait plus sûrement tourner la tête que le ver-tige de ses effluves tourbillonnant dans son sillage. Quelle belle frégate !...
>   B. CENDRARS, *Bourlinguer*, p. 58.

Locutions phrases : elles illustrent en général la mise en rapport de la *tête* et d'une partie du corps que l'on y oppose.

Où ai-je (où avais-je...) la tête ? « Comment se fait-il que je n'y aie pas pensé ? » *Tête* (esprit) est conçue non comme contenant des idées (image la plus banale) mais comme se déplaçant dans l'espace des idées. Cf. *Avoir la tête à soi, à ce qu'on fait*, etc.

Vx. **La tête a emporté le cul.** S'est dit de qqn qui tombe, *bascule* en avant. Méta-phore lexicalisée dans *culbuter*.

Vx. **Sa tête donne bien du mal (de l'exercice) à ses pieds** « il (ou elle) s'agite sous l'effet d'une excitation intellectuelle, psychique ».

Il a une tête qui ne me revient pas « il ne m'est pas sympathique ». *Revenir* est ici pris au sens ancien de « convenir, plaire » (XVe s.).

> Y a pas encore grand monde, dit Pierrot en essayant d'un sujet anodin, car il ne voulait pas que les éloges de Paradis amenassent Petit-Pouce à l'avoir dans le nez, lui Pierrot, et que sa petite tête, à lui Pierrot, finisse par ne plus lui revenir, oh ! mais plus du tout, à lui Petit-Pouce.   R. QUENEAU, *Pierrot mon ami*, p. 9.

Quand on n'a pas de tête il faut avoir des jambes [LOC. PROV.] « Quand on a oublié, omis de faire qqch., il faut retourner là où c'est nécessaire, faire deux fois le chemin ». Met en œuvre l'opposition « activité intellectuelle, raison » et « activité physique ». On remarque que l'opposition de base est topographique *(haut-bas ; tête-jambes)* alors que l'opposition *tête-main*, qui conviendrait mieux sémantiquement, n'est pas exploitée. Cette loc. est vieillie, mais le syntagme *la tête et les jambes* est, lui, très vivant, avec une valeur différente, comme l'a montré une célèbre émission télévisée, qui joignait des épreuves de mémoire à des épreuves sportives (d'abord grâce aux mollets d'un cycliste).

Mauvaise tête et (mais) bon cœur. Oppose deux syntagmes courants (alors que *bonne tête* s'est spécialisé dans le sens de « aimable physionomie ») en faisant de *tête* le support du caractère et de *cœur* celui de l'affectivité.

THÈME n. m.

Fort en thème «bon élève consciencieux, appliqué» (milieu XIXe s.), par allusion à la place éminente du thème (latin et grec) dans les études classiques traditionnelles. L'expression, en général péjorative, connote le manque d'originalité, le conformisme et le savoir convenu.

> Rien qui enlève et brille de loin. Je me fais l'effet d'être «fort en thème». Ce livre indique beaucoup plus de patience que de génie, bien plus de travail que de talent.
>
> FLAUBERT, *Correspondance*, IVe série. p. 130.

> Une fois mon bachot en poche, j'ai voulu faire mon droit. Mon père a pu me payer trois inscriptions : pas davantage! [...] Confiant dans ma réputation de fort en thème, j'ai couru les bahuts.
>
> J. VALLÈS, *L'Insurgé*, p. 147.

TICKET n. m.

Fam. *Avoir un (le) ticket avec (qqn)* «lui plaire manifestement, surtout physiquement» (milieu XXe s.). En argot, un *ticket* est une invite galante, une marque d'intérêt érotique. L'expression est aujourd'hui assez répandue et s'emploie volontiers de manière plus générale pour marquer l'intérêt ; elle remplace et renouvelle *avoir une touche*, plus convenu.

TIERS n. m.

Être en tiers «se trouver le troisième dans une rencontre à deux personnes» (fin XVIIe s.).

Se moquer (se soucier, se ficher, se foutre) du tiers comme du quart «se moquer de tout le monde, de tout». *Le tiers et le quart* désignent d'abord «la troisième et la quatrième personne quelconque», puis «n'importe qui, tout un chacun».

> Faut pas quitter les bonnes convenances, je le dis toujours et n'importe où!... dès qu'on se permet des latitudes, qu'on s'en fout du tiers comme du quart!... on sait plus!... On sait plus comment ça se déroule... aucune surprise aux pires excès!...
>
> L.-F. CÉLINE, *Le Pont de Londres*, p. 224.

L'expression est analysée étymologiquement dans l'exemple suivant, et pourvue d'un synonyme :

> Je ne suis pas un féodal comme lui, je me promènerais avec un nègre s'il était de mes amis, et je me soucierais de l'opinion du tiers et du quart comme de l'an quarante, mais enfin tout de même [...].
>
> M. PROUST, *À la recherche du temps perdu*, t. II, p. 238.

TIGE n. f.

Fam. *Brouter la tige* «pratiquer la fellation». L'image est particulièrement transparente (var. : *faire une tige, in* P. Guiraud, *Dict. érotique*, Payot, 1978).

> Une locution douée du charme idyllique dont sont empreintes si souvent les locutions argotiques désignant les actes obscènes — locution qui, précisément, m'avait été révélée alors que j'étais aux armées pendant la drôle de guerre — «se faire brouter la tige» — me permettra d'indiquer, en style précieux, le service qui justifia aux yeux de Khadidja ma présence dans la chambre où elle se retirait pour le repos ou pour l'exercice de la partie ésotérique de son métier.
>
> M. LEIRIS, *Fourbis*, p. 195.

TIGRE n. m.

Jaloux comme un tigre «extrêmement jaloux» (XVIe s., Rabelais). La référence à cet animal symbolise l'absence de contrôle, la force instinctive et inhumaine comme l'est la sauvagerie du fauve.

> C'est la fille d'un ministre, elle parle le français comme si c'était sa langue maternelle [...]. On lui a dit que si elle te plaisait, elle pourrait te manger des millions ; mais que tu étais jaloux comme un tigre, et on lui a donné le programme de l'existence d'Esther.
>
> H. de BALZAC, *Splendeurs et Misères des courtisanes*, p. 767.

L'expression existe aussi au féminin : *jalouse comme une tigresse.*

> Madame F... n'avait qu'un défaut, mais il était complet. Elle était jalouse comme tou-
> tes les tigresses de l'Hindoustan.   GORON, *L'Amour à Paris*, t. I, p. 443.

Avoir (mettre) un tigre dans le (son) moteur. Un slogan publicitaire et pétrolier, adaptant, sans en respecter les caractères formels, l'américain (*put a tiger in
your tank*) disait non pas «mettez un tigre dans votre réservoir» mais «dans votre
moteur», par une métaphore plus efficace : pour donner à la voiture la force et la
rapidité, le tigre se devait de passer du réservoir au moteur. L'idée de dynamisme a
fait utiliser ce slogan (propriété exclusive de la société Shell — celle qu'on est invité
à aimer) dans d'autres contextes.

> [...] ses sous, son compte en banque, nourrir lui aussi ses Porsche et ses Jagues... le
> tigre dans son moteur... et ses tigresses petites amies dans son pageot !
>   A. BOUDARD, *Cinoche*, p. 88.

TILT n. m.

Fam. *Faire tilt* «comprendre brusquement, avoir une illumination subite». Le mot
tilt (de l'anglais, «action de basculer») signale la fin ou l'interruption d'une partie
de billard électrique, d'où le premier sens qu'a eu l'expression : «échouer». *Faire tilt*
signifie aujourd'hui «comprendre tout d'un coup» (*ça a fait tilt* «je viens de comprendre, de réaliser») par allusion à l'apparition soudaine du signal lumineux
sur le flipper.

TIMBALE n. f.

Fam. *Décrocher la timbale* «obtenir un objet convoité, parvenir à ses fins» (1877).
Allusion à la timbale d'argent suspendue au sommet des mâts de cocagne, qu'il fallait décrocher pour avoir un prix.

> Marie-Madeleine Leclerc, l'héroïne de ce procès, n'aurait aucune chance de décrocher
> la timbale... à Nanterre. Voici bientôt quinze ans qu'elle fait l'ornement des cabarets à
> la mode de Lyon, de Saint-Étienne et de Grenoble [...].
>   GORON, *L'Amour à Paris*, t. I, p. 413.

> — Quel cauchemar !... Et l'Homme, donc !...
> — Et la Femme, donc !...
> — Et ces redites, cette écholalie qu'est la reproduction !... les bancs de harengs !...
> — Et cent millions de spermatozoïdes pour un qui décroche la timbale !...
>   P. VALÉRY, *Œuvres*, t. II, p. 266.

S'emploie assez souvent par antiphrase au sens de «subir le résultat de sa maladresse» → LOT *(gagner le gros lot).*

TINTIN onomatopée.

Fam. *Faire tintin* «être privé, frustré» (1935, Esnault). Le mot *tintin,* qui a la
même origine (lat. *tintimare*) que *tinter, tintouin, tintamarre,* etc., évoque un bruit
métallique, habituellement celui d'une cloche, et en l'occurrence, celui des pièces
de monnaie. Wartburg atteste dès 1503, en Dauphiné, la loc. *faire tintin,* au sens de
«payer en espèces sonnantes». Ce n'est qu'en 1918 (Esnault) que l'argot redécouvre
tintins au sens de «monnaie»; la loc. *faire tintin* réapparaît en 1935. Le retournement de sens pourrait s'expliquer par une allusion à un signal sonore marquant
l'échec (analogue à *faire tilt*) ou par une allusion au bruit de la monnaie seul, sans
la possibilité d'y toucher (cf. *La fumée du rot).*

> Tout le monde a raison, voilà tout... [...] les goinfres de becter et les ascètes de faire
> tintin.   A. BOUDARD, *Cinoche*, p. 43.

TIQUE n. f.

Vx. **Soûl comme une tique** « complètement soûl », c'est-à-dire gorgé de vin comme la tique l'est de sang (1872). La paronymie, *tique-trique,* entraînant le sémantisme du coup (coup sur la tête) a pu jouer.

> Les yeux de Boche se rapetissaient, ceux de Lorilleux devenaient pâles, tandis que Poisson roulait des regards de plus en plus sévères dans sa face bronzée d'ancien soldat. Ils étaient déjà soûls comme des tiques.　É. ZOLA, *L'Assommoir,* t. I, p. 280.

TIRE- élément.

À tire-d'aile, c'est-à-dire « à grands coups d'ailes », « très rapidement », en parlant du vol d'un oiseau (XVIᵉ s.). L'élément *tire* est issu d'un croisement entre *tirer,* « aller vers » et l'ancien substantif *tire,* « distance parcourue ». En ancien français, *voler à tire (a grant tire)* voulait dire « voler sans s'arrêter, couvrir une distance d'une seule traite » (le mot est à rapprocher du moderne *tirée*).

À tire-larigot « en grande quantité, énormément » (début XVIᵉ s.). D'abord associée au verbe *boire,* l'expression est attestée dès le XVIᵉ s. (chez Rabelais ; antérieurement, dans un sermon de Menot sur les noces de Cana, rapporté par H. Estienne) ; *larigot* est un refrain populaire de chansons à boire, dont on trouve trace dès le XVᵉ s. (Christine de Pisan, *Dit de la Pastoure,* 1503) ; le *larigot* est une flûte. *Tirer* appartient au traditionnel vocabulaire bacchique et signifie « faire sortir un liquide de son contenant », en l'occurrence du vin de la bouteille, comparée à une flûte (ou « comme on fait sortir des sons d'une flûte »). Le sens littéral est « à tire-flûte », senti comme un intensif qui fonctionnera non seulement avec *boire,* mais avec toutes sortes de verbes d'action.

TITRE n. m.

À juste titre « à bon droit, avec raison » (milieu XVᵉ s.), c'est-à-dire en ayant justement la qualité qui donne le droit de faire telle chose.

> Aussi haut, méprisant et dur avec les hommes qu'il était humble avec le docteur, aussi chien couchant avec l'un que chien hargneux avec les autres, l'infirmier, à juste titre, jouissait de l'exécration générale [...].
> 　　　　G. COURTELINE, *Les Gaîtés de l'escadron,* p. 153.

À titre de [LOC. PRÉP.] « comme, en qualité de » (1643, Corneille). **À ce titre** « pour cette raison, pour cela ».

En titre [LOC. ADJ.] « qui a le titre de la fonction qu'il exerce ». Correspond à *titulaire.*

TOAST n. m.

Porter un toast à « boire à la santé, en l'honneur de qqn » (milieu XVIIIᵉ s.). Le mot *toast,* emprunt à l'anglais par l'ancien français *tostée* « tranche de pain grillé trempée dans du vin » (XIIIᵉ s.) désigne, en anglais d'abord, puis en français (vers 1700) la dame à la santé de qui on boit et « dont le nom est censé parfumer la rasade comme une rôtie dans la boisson » *(Oxford English Dictionary,* art. *toast). Porter un toast* (Voltaire, en 1750, écrivait *toster*) c'est par extension « lever son verre à quelqu'un ».

> [...] lundi je fais mes paquets, et le soir dîner chez Magny où l'on portera des toasts au père Sainte-Beuve, sénateur. Voilà mon programme.
> 　　　　G. FLAUBERT, *Correspondance,* Vᵉ série, p. 174.

> Antoine porta un toast au R.C. Pommard et la vision des portes fermées de Colombes lui arracha un sanglot.　　　R. FALLET, *Le Triporteur,* p. 310.

TOCSIN n. m.

Vieilli. *Sonner le tocsin* « ameuter les foules, faire du bruit autour d'un événement ». Le tocsin est une sonnerie (de cloche) d'alarme.

TOILE n. f.

Toile de fond « décor, ce sur quoi se détache une description », par analogie avec le théâtre.

> L'histoire, ce n'est pas autre chose que le résumé de toutes les aventures vécues, la vie des quelques hommes illustres qui ont, à divers moments, changé la face du monde. Avec, en toile de fond, l'anonymat infini des peuples.
>
> J.-P. CHABROL, *La Dernière Cartouche*, in *Ph. Sl.*

TOILETTE n. f.

Vx. *Marchande (revendeuse) à la toilette* « femme qui revendait des toilettes d'occasion, des objets de parure et qui souvent pratiquait l'usure » (début XVIIᵉ s.).

TOISE n. f.

Vieilli. *Mesurer (qqch.) à sa toise* « juger d'une chose d'après ses propres critères » (fin XVIIIᵉ s.). Cf. *À son aune.*

TOIT n. m.

Le toit du monde « la région de l'Himalaya », la plus haute du monde (1877). Hyperbole caractéristique d'une époque où la prise de connaissance de la totalité de la planète (le « monde fini ») incitait à des classifications hiérarchiques.

Crier qqch. sur les toits « le clamer publiquement, le divulguer partout » (XVIᵉ s., Marguerite de Navarre). Expression biblique (Luc 12, 3) due à l'usage oriental de monter sur la terrasse des maisons et de parler d'un toit à l'autre.

TOMATE n. f.

Être rouge (rougir) comme une tomate « être très rouge, rougir (de honte, de timidité) ».

Envoyer des tomates (pourries) à qqn « conspuer ». De même : *recevoir des tomates* « être conspué ».

TOMBE n. f.

Muet (silencieux) comme la tombe « complètement silencieux », notamment « capable de garder un secret ». La *tombe* est l'espace clos, souterrain, habité par un éternel muet ; par métonymie, la loc. fait allusion au rapport vie humaine-parole.

> Mais rien ne pouvait « faire parler » Marius. On lui eût arraché les ongles plutôt qu'une des trois syllabes sacrées dont se composait ce nom ineffable, *Cosette*. L'amour vrai est lumineux comme l'aurore et silencieux comme la tombe.
>
> V. HUGO, *Les Misérables*, Pléiade, p. 1035.

Il doit se retourner dans sa tombe (sous-entendu « en entendant cela »). Se dit familièrement d'un défunt qu'on imagine profondément indigné ou perturbé par des propos qui le concernent. La formule témoigne d'une impossibilité (ou d'un refus) d'envisager la mort.

TOMBEAU n. m.

À tombeau ouvert [LOC. ADV.] « à une vitesse folle » (fin XVIIIᵉ s.), après des verbes indiquant le déplacement *(galoper, rouler, aller...)*. À proprement parler « à une vitesse tellement folle qu'on y risque sa vie et que le tombeau s'ouvre pour recevoir l'imprudent ». — Parfois sans *à* :

> Il faut qu'il se dépêche encore, qu'il rampe de plus en plus vite, à cause des cent
> automobiles... Les Reines Serpollet du salon. Elles mitraillent l'Arc de Triomphe. Elles
> dévalent tombeau ouvert, sur notre déroute.
>
> L.-F. CÉLINE, *Mort à crédit*, Pléiade, p. 580.

TOMBER v. tr. et intr.

Fam. *Laisser tomber* «ne plus s'occuper de, abandonner» (début XXᵉ s.) avec un
complément de personne ou de chose. En emploi absolu, *laisse tomber !* «ne t'occupe
plus de cela». S'emploie avec diverses expansions (*c'est de la briquette*, etc.).

Tomber bien (mal) «arriver, se produire au bon (ou au mauvais) moment»;
en emploi personnel *(vous tombez bien !)* cf. aussi *À pic, pile, à point nommé*) ou
impersonnel *(ça tombe bien !* «tant mieux»).

> C'était comme une grosseur poussée en son gosier, embarrassante, barrant le passage
> à la salive. Il se dit : «Tiens, ça tombe bien !» et il alla à la visite,.
>
> G. COURTELINE, *Les Gaîtés de l'escadron*, p. 24.

TON n. m.

De bon (mauvais) ton «convenable, comme il faut (ou inconvenant)» (milieu
XVIIIᵉ s.), c'est-à-dire conforme (ou non) aux convenances, aux manières de la bonne
société (cf. *Goût :* de bon, mauvais goût).

> Vous avez la mine d'un trappiste, dit-il à Julien, vous outrez le principe de la gravité
> que je vous ai donné à Londres. L'air triste ne peut être de bon ton ; c'est l'air ennuyé
> qu'il faut.   STENDHAL, *Le Rouge et le Noir*, p. 588.

Dire (répéter) sur tous les tons «dire de toutes les façons possibles ; répéter
sans se lasser».

> On a répété sur tous les tons que cette guerre avait, beaucoup moins que la précé-
> dente, fait appel aux sentiments profonds de la nation...
>
> M. BLOCH, *L'Étrange Défaite*, in *Ph. Sl.*

Donner le ton «fixer les normes de comportement à l'intérieur d'un groupe»
(1718, Acad.). Même métaphore musicale que dans DONNER LE LA★.

Être (se mettre) dans le ton «être (se mettre) en accord avec les normes de
comportement d'une société, d'un groupe». Même thème de l'harmonie musicale
que *être dans la note,*★ *se mettre au diapason*★.

TONNE n. f.

En faire des tonnes «en faire beaucoup trop», *des tonnes* évoquant une très
grosse unité, une quantité énorme.

TONNEAU n. m.

Le tonneau des Danaïdes, vx (mil. XVIIIᵉ s.) «individu dépensier»
(→ PANIER★ PERCÉ) par allusion au tonneau percé que, selon la légende grecque, les
filles de Danaos étaient condamnées à remplir à l'infini, pour avoir tué leur époux la
nuit même de leurs noces. L'expression s'emploie au sens de «tâche interminable,
toujours à recommencer» → PÉNÉLOPE.

> Je ne vous parlerai pas des habitudes dépensières de M. Arthur ; c'est le tonneau des
> Danaïdes... Que vous dirai-je ? c'est un panier percé. Le million que vous lui laissez
> ne durera pas dix ans [...].   É. AUGIER, *Maître Guérin*, III, 6. p. 266.

Du même tonneau «du même genre, comparable». Le tonneau est une
ancienne mesure de capacité (encore utilisée dans la marine pour le jaugeage des
bateaux). La locution *d'un* (certain) *tonneau*, qui d'abord n'avait qu'une valeur quantitative, a dû rapidement s'appliquer à une évaluation qualitative, puisqu'on trouve,
chez Rabelais (1552), *d'un autre tonneau* au sens abstrait de «d'une autre sorte».
→ DU MÊME TABAC★.

C'est que, voyez-vous, quand on a entendu ça pendant huit mois, trois fois par semaine
— le bonhomme (que Dieu me préserve jamais de le revoir!) et sa femme, et sa bonne
(tout ça du même tonneau), on comprend — ou plutôt on ne comprend pas — que je
sois encore en vie.   C. CROS, *Monologues*, p. 346.

À présent certaines télévises, bon nombre de films sont du même tonneau, de préten-
dues créations débridées où l'incohérence simule la profondeur...
                                                               A. BOUDARD, *Cinoche*, p. 136.

TONNERRE n. m.

Coup de tonnerre «événement brutal et imprévu» (milieu XVIIe s.). Une rhétorique banalisée produit : *comme un coup de tonnerre dans un ciel serein,* pour caractériser une catastrophe inattendue.

Du tonnerre (de Dieu) «très grand, extraordinaire; admirable». Comme le
mot *formidable,* la locution marque le passage du sens de «terrible» au sens intensif.

Devenir un ami? Franchement, non, mais un compagnon de route, pas un compagnon
de route ordinaire, mais un compagnon de route du tonnerre de Dieu, et dont il y
aurait un jour à se garer...   B. CENDRARS, *Bourlinguer*, p. 73.

Le mot figure dans plusieurs jurons et évoque globalement la violence verbale,
d'abord définie comme manifestation bruyante (comme dans : voix *tonitruante, ton-
ner* contre...). Ainsi, *tonnerre de Dieu* (→ DIEU), *tonnerre de Brest* (juron de marin),
mille tonnerres!

Oui, elle *sait tout* depuis ce matin, dit la princesse, on n'a *pas pu lui cacher*. — Ah!
mille tonnerres de Zeus, s'écria Brichot, ah! ça a dû être un coup terrible, un ami de
vingt-cinq ans!   M. PROUST, *À la recherche du temps perdu,* t. II, p. 898.

TORCHETTE n. f.

Vieilli. *Net comme torchette* «très propre» (1874). *Torchette,* mot dialectal de la
famille de *torchon,* désigne un linge à nettoyer. L'image est métonymique, mais facilitée par le suffixe diminutif *-ette* qui reprend la rime de *net* (alors que *torchon*
est plus péjoratif).

Elle bouffait tout, elle aurait bientôt fait d'achever sa baraque. Oui, oui, plus que trois
ou quatre bouchées, la place serait nette comme torchette.
                                                             É. ZOLA, *L'Assommoir*, t. II, p. 70.

TORCHON n. m. Comme avec *tabac*,* il y a ici confusion entre le substan-
tif connu et un déverbal de *torcher,* au figuré.

Pop. *Coup de torchon* «bagarre, rixe» (1869, en argot de caserne). Le mot *torchon*
a dès le XVe s. le sens de «coup»; il dérive de l'ancien verbe *torcher* (*torchier* au
XIIIe s.), qui a donné aussi *torchée* «volée de coups». La loc. a aussi le sens de «épu-
ration radicale, coup de balai». C'est par assimilation avec son homonyme (au sens
de linge) que l'on a ajouté *coup de,* sans que le pléonasme soit senti. La locution est
remotivée sur *torchon* «linge».

C'est vrai, nous ne donnons pas à ce travail le temps nécessaire, mais, si nous le don-
nions, notre journée se trouverait réduite encore, et comme elle n'arrive déjà pas à
nous nourrir, ce serait donc la fin de tout, le coup de torchon qui nettoierait vos hommes.   É. ZOLA, *Germinal*, t. I, p. 243.

Ce que le général de Gaulle a épargné aux Français jusqu'à ce jour, c'est le règlement
de comptes entre le Parti Communiste, les forces de gauche d'une part, et de l'autre
l'Armée, c'est trop peu dire que beaucoup ne lui en savent aucun gré. Je discerne
même à gauche, chez certains, comme une nostalgie du coup de torchon.
                                                             MAURIAC, *Le Nouveau Bloc-Notes*, p. 291.

Le torchon brûle (entre deux personnes) «il y a désaccord, l'atmosphère est à
la dispute» (fin XVIIIe s.). L'interprétation qui s'impose spontanément est celle d'une
querelle domestique, symbolisée par l'image du torchon de ménage (syn. *Il y a de*

l'eau dans le gaz). En fait, le mot est à prendre dans son acception ancienne de « petite torche ».

> Les jours où le torchon brûlait, elle criait qu'on ne le lui rapporterait donc jamais sur une civière. Elle attendait ça, ce serait son bonheur qu'on lui rapporterait. À quoi servait-il, ce soûlard ? à la faire pleurer, à lui manger tout, à la pousser au mal.
>
> É. ZOLA, *L'Assommoir*, t. II, p. 123.

Il ne faut pas mélanger les torchons avec les serviettes « il ne faut pas confondre les choses, les gens de qualité différente » (milieu XIXᵉ s., Gyp). Le souci de différenciation manifesté par l'opposition *torchon/serviette* prétend fonder et imposer un ordre hiérarchique, évidemment de nature sociale : le torchon appartient au monde des domestiques, la serviette à l'usage bourgeois ou mondain.

TORSE n. m.

Bomber le torse, faire des effets de torse « prendre une pose, un air avantageux ».

TORT n. m.

À tort « de façon contraire au droit ou à la vérité ».

À tort ou à raison « avec ou sans motif valable » (1835, Acad.). On a d'abord dit *à tort ou à droit* (XVIᵉ s., chez Estienne).

> Je deviens fou et injuste, se dit Julien en se frappant le front. Je suis isolé dans ce cachot ; mais je n'ai pas vécu isolé sur la terre ; j'avais la puissante idée du devoir. Le devoir que je m'étais prescrit, à tort ou à raison... a été comme le tronc d'un arbre solide auquel je m'appuyais pendant l'orage ; je vacillais, j'étais agité.
>
> STENDHAL, *Le Rouge et le Noir*, p. 689.

À tort et à travers « sans discernement ; n'importe comment » (milieu XVIIᵉ s.). La graphie initiale est *à tors et à travers* (XVIᵉ s.), littéralement « en détours et en traverses, dans tous les sens ». Les deux substantifs expriment métaphoriquement l'idée de « voie détournée ». Avec des verbes d'action, l'expression a une valeur d'intensif et évoque une activité décousue, sans unité.

> Ne manquez pas, à tort et à travers, dans toute occasion, de vous déchaîner contre le philosophe ; criez que Voltaire est l'Antéchrist [...].
>
> DIDEROT, *Jacques le Fataliste*, p. 609.

> [...] je ne puis me résoudre à me taire et j'opte pour une solution qui est, de ce que m'avait dicté, peut-être, une méritoire mais éphémère lucidité, l'absolu contre-pied : parler à tort et à travers, ce qui doit me permettre en tout cas de rompre le cercle enchanté dans lequel m'ont enfermé la raison raisonnante, le discours discoureur, l'écriture écrivante [...].
>
> M. LEIRIS, *Biffures*, p. 294.

Avoir tort « ne pas avoir le droit ou la vérité de son côté ; se tromper » (fin Xᵉ s.). S'oppose à *avoir raison*.

Donner tort (à qqn) « déclarer que qqn s'est comporté de manière préjudiciable au droit ou à la vérité » (fin XVIIᵉ s.). Cf. *Donner raison*.

Être (se mettre) dans son tort, en tort « être (se mettre) en infraction vis-à-vis de la loi ; se conduire de façon à nuire à autrui » (milieu XVIIᵉ s.).

Faire tort à (qqn) « nuire à qqn ».

Le tort tue. Exécrable calembour par lequel on agrémente une phrase se terminant par *tort*.

TORTILLER v. tr.

Fam. **Y a pas à tortiller** « il est inutile d'hésiter, de tergiverser » (milieu XVIIIᵉ s.). *Tortiller* signifie fréquemment « chercher des détours, des subterfuges » (milieu du XVIIᵉ s.). Le jeu de redondances donne lieu à quelques variations, du type : *y a pas* *à tortiller du cul (et des fesses), y a pas à tortiller du cul pour chier droit (dans une bouteille)* → aussi CHIER *(y a pas à chier).*

> S'il avait été tué, on lui aurait trouvé son corps, on l'aurait en vue d'l'observatoire. Y a pas à tortiller du cul et des fesses.   H. BARBUSSE, *Le Feu*, t. II, p. 23.

TORTUE n. f.

Aller comme une tortue, à pas de tortue «très lentement» (fin XVIIe s.). Comme celle de l'escargot, la réputation de lenteur de cet animal reste proverbiale. La fable de La Fontaine *(Le Lièvre et la Tortue)* y ajoute une connotation d'efficacité dans l'obstination.

TORTURE n. f.

Être (mettre) à la torture «être (mettre) dans un grand embarras, profondément mal à l'aise». L'image se rattache à la série d'*être au supplice, sur le gril, sur des charbons ardents,* exprimant l'inconfort moral.

Se mettre l'esprit à la torture «faire de violents efforts pour résoudre un problème difficile, se soumettre à une discipline intellectuelle ardue» (syn. *Se torturer l'esprit, les méninges).*

TÔT adv.

Au plus tôt «sans délai, immédiatement» (milieu XVIe s.). Comme *le plus tôt possible,* cette locution exprime l'imminence.

Pas de si tôt (parfois orthographié *pas de sitôt)* «dans un avenir hypothétique, peut-être jamais».

Tôt ou tard «à un moment futur ou à un autre, inéluctablement» (milieu XVIe s.).

Avoir tôt fait de (et inf.) «mettre peu de temps à faire qqch., l'avoir très vite fait». Exprime au passé l'exécution rapide d'une action.

> Mais le jeune goret du Périgord avait le groin du chasseur de truffes. Il eut tôt fait de comprendre que la politique était l'arbre aux pieds duquel les truffes poussaient.
>   R. ROLLAND, *L'Âme enchantée*, in *Ph. Sl.*

Le plus tôt sera le mieux; mieux vaut plus tôt que plus tard [LOC. PROV.] «il est préférable de ne pas attendre», en parlant d'une action qui doit être engagée sans délai.

Ce n'est pas trop tôt! «Cela s'est longtemps fait attendre». Exprime l'impatience devant un fait qui a tardé à se produire, un changement qui a été longtemps attendu.

> Mais Étienne les fit taire d'un geste de sourde violence.
> — Ça finira, nous serons les maîtres, un jour!
> Maheu resté muet depuis les enchères, parut s'éveiller. Il répéta :
> — Les maîtres... Ah! foutu sort! ce ne serait pas trop tôt!
>   É. ZOLA, *Germinal*, t. I, p. 163.

TOTON n. m.

Vieilli. *Faire tourner (et virer) qqn comme un toton* «le gouverner totalement, le faire agir comme on veut». Un *toton* est une petite toupie ainsi appelée à cause du *T* (abréviation du latin *totum* «tout») inscrit sur l'une de ses faces, qui rapportait au joueur toute la mise. *Toton,* lexicalisé, s'est dit d'un homme sans caractère que l'on peut manier à sa guise.

TOUCHE n. f.

La Sainte-Touche «le jour de la paie», par dérivation de *toucher* sa paie.

Fam. **Touche de piano** «incisive très grande», par analogie de forme, de couleur et de matière avec les touches de l'instrument (1858, *in* Wartburg). Parfois explicité en *dents en touches de piano*.

Être (être mis, rester) sur la touche «être (être mis, rester) à l'écart de l'activité générale» (v. 1925). Dans certains jeux de ballon (football, rugby), la *ligne de touche* (ou *touche*) délimite latéralement le terrain et le joueur qui *est sur la touche* est en dehors du jeu, ne peut plus intervenir dans la partie.

Fam. **Faire une touche** «recevoir de qqn une marque évidente d'intérêt érotique», par analogie avec le poisson qui mord à l'hameçon (vers 1925). D'où *avoir la (une) touche* «plaire à qqn» → TICKET.

TOUCHER v. tr.

Ne pas avoir l'air d'y toucher «faire qqch. hypocritement, sans qu'il y paraisse» (fin XVIIIᵉ s.). *Y toucher* est à comprendre au sens de «s'en mêler». *N'y toucher* «être dissimulé», est attesté dès le XVIᵉ s. (cf. *Sainte-Nitouche*). Depuis le milieu du XVIIᵉ s., *l'air de ne pas y toucher* exprime la duplicité. **Sans avoir l'air d'y toucher** [LOC. ADV.] «avec un air faussement innocent».

> [...] des amis de Saint-Loup, gens élégants de la région, propriétaires du château de Gourville et qui représentaient un peu plus que le gratin normand, dont Mme Verdurin, sans avoir l'air d'y toucher, était friande [...].
>
> M. PROUST, *À la recherche du temps perdu*, t. II, p. 1088.

Pas touche! «Défense de toucher». Formule de défense. La simplification et l'inversion syntaxique prétendent imiter le langage enfantin.

> Voici la brunette elle est bien polie bien religieuse ses parents sont aux chemins de fer elle danse le french-cancan toi pas touche mec fais gaffe j'suis pas une poule.
>
> T. DUVERT, *Paysage de fantaisie*, p. 104.

Fam. **À touche-touche** [LOC. ADV.] «très proche les uns des autres, jusqu'à se toucher» (en parlant de personnes, de véhicules qui se suivent).

TOUJOURS adv.

On ne fera que mentionner des locutions adverbiales comme *depuis toujours, presque toujours, comme toujours, pour toujours*, sans originalité sémantique ni formelle.

Toujours est-il que [LOC. CONJ.] «il s'avère de façon certaine que; il n'en demeure pas moins que». La formule sert à introduire un fait que l'on qualifie de certain, par opposition à d'autres, évoqués précédemment.

> Le type la considérait un peu comme sa fille. Il était veuf et il avait perdu une fille qui lui ressemblait. Toujours est-il qu'il m'a ouvert son cœur, et c'était triste.
>
> J. COCTEAU, *Les Parents terribles*, in Ph. Sl.

TOUPIE n. f.

Vieilli. **Ronfler comme une toupie d'Allemagne** «ronfler bruyamment» (XIXᵉ s.). Creuse et percée à une extrémité, cette toupie émet en tournant un ronflement caractéristique.

> Le valet, assis derrière, ronflait comme une toupie d'Allemagne, pays des petites figures de bois sculpté, des Reinganum et des toupies.
>
> H. de BALZAC, *Splendeurs et Misères des courtisanes*, Éd. de 1845, t. I, p. 232.

> Le poêle, bourré jusqu'à la gueule, ronflait comme une toupie d'Allemagne.
>
> G. COURTELINE, *Les Gaîtés de l'escadron*, p. 345.

1. TOUR n. m.

Bon tour, mauvais (sale, vilain) tour (notamment avec le verbe *jouer*) «action par laquelle une personne se moque, se joue de qqn». Si le *mauvais tour* cherche à nuire et se caractérise toujours négativement, le *bon tour* n'est généralement apprécié que par celui qui le joue : du point de vue de la victime, les deux expressions peuvent être synonymes (→ ci-dessous JOUER UN TOUR).

Tour de... Suivi d'un nom désignant l'auteur métaphorique d'une espèce de tours, correspond à *mauvais tour*. *Tour de cochon* (→ COCHON), *de con, de salaud*, etc., ont une valeur identique : « mauvais tour ».

Tour de force. D'abord « ce qui exige de la force » (fin XVIIIᵉ s.), puis « exercice difficile à réussir, qui exige beaucoup de celui qui s'y essaie ».

> Tout s'est parfaitement passé. J'avais une robe de soie rose, le buffet (presque entièrement fait maison) était délicieux, il y avait juste ce qu'il fallait de luxe discret, de beauté délicate, de gaieté distinguée, de simplicité, de raffinement. C'était un tour de force, une prouesse que j'avais réalisés là.   M. CARDINAL, *Les Mots pour le dire*, p. 259.

Tour de main « habileté, savoir-faire » (→ COUP DE MAIN★), c'est-à-dire « façon de tourner la main » propre à faire acquérir la maîtrise d'une technique. **En un tour de main** [LOC. ADV.] « très vite » (1640, Oudin), littéralement « dans le temps qu'il faut pour tourner la main ». La forme verbale *en un tournemain* (1566), faute d'être immédiatement analysée, est devenue archaïque ou prétentieuse.

> Et alors ?... Voici, en tout cas, la Poésie justifiée... En un tour de main, ou tournemain. Il faut parler à la mode. Les journaux maintenant disent : tournemain.
> P. VALÉRY, *Œuvres*, t. II, p. 223.

Tour de table « ensemble des actionnaires les plus importants d'une entreprise ». La loc. très courante dans la presse, depuis 1987, évoque notamment l'image de la table d'un conseil d'administration.

À double tour « hermétiquement », avec le verbe *fermer* et des synonymes (en donnant un double tour de clé).

> Cornélius ferma la porte à double tour, en emporta la clef, et descendit en laissant le gentilhomme aussi sot qu'un fondeur de cloches qui ne trouve rien dans son moule.
> H. de BALZAC, *Maître Cornélius*, p. 923.

À tour de bras → BRAS.

À tour de rôle « chacun à son tour, à son rang » (début XVIIᵉ s.). En termes juridiques, le *rôle* désigne le registre sur lequel sont portées les affaires en instance, dans l'ordre où elles devront se plaider. Le premier sens de la locution est « quand le tour d'une affaire inscrite au rôle est venu » (milieu XVIᵉ s.); il n'est plus compris, mais la locution est sentie globalement comme exprimant l'idée d'un ensemble ordonné dans le sens de la successivité, à cause du sens temporel de *tour* « moment précis où une personne est habilitée à accomplir une action » (cf. aussi *Tour à tour*).

Au quart de tour → QUART.

Plus souvent qu'à son tour « très souvent » ou « trop souvent » (1854, H. Monnier).

> [...] il est bien entendu qu'un soldat est aussi brave qu'insouciant, et grossier plus souvent qu'à son tour.   CÉLINE, *Voyage au bout de la nuit*, p. 87.

Tour à tour « l'un après l'autre, alternativement » (1538), c'est-à-dire selon un ordre de succession valable pour chacun.

> Mme Théo serait merveilleuse. Dorothy Bussy, courageuse et résolue, mais trop émotive; Simon, parfait sans doute; Élisabeth et Catherine, j'imagine, parfaitement à la hauteur... Je les évoque chacun tour à tour... et me sens seul.
> A. GIDE, *Journal*, t. II, p. 164.

Avoir plus d'un tour dans son sac « être particulièrement malin, débrouillard ». Allusion au « sac à malice » du faiseur de tours, qui sort de celui-ci des objets inattendus. Le sac symbolise ici les ressources dans lesquelles on puise pour faire face, l'inventivité qui permet de parer à toute éventualité.

> Toutes ces canailles-là ont plus d'un tour dans leur sac. Je ne doute pas qu'ils soient finalement vaincus, mais enfin ils sont très puissants, ils ont des appuis partout.
>
> M. PROUST, *À la recherche du temps perdu*, t. II, p. 714.

Faire le tour de (qqch.) «examiner complètement; saisir le fonctionnement, épuiser l'intérêt de...» (XIXᵉ s., Sainte-Beuve). L'expression est surtout employée au passé composé *(j'ai fait le tour de la question)*. Le tour symbolise à la fois les contours de l'objet et l'activité de connaissance (le regard circulaire).

> Et puis, je voudrais bien ne pas répéter sans cesse les mêmes choses. Or, j'ai fait le tour de moi depuis longtemps; du moins il me semble; et l'inventaire de mon ameublement spirituel.   A. GIDE, *Journal*, t. I, p. 260.

> Non, vous croyiez seulement cela parce que vous le connaissiez depuis moins longtemps que moi. Au fond on en avait très vite fait le tour. Moi, il m'assommait.
>
> M. PROUST, *À la recherche du temps perdu*, t. II, p. 971.

Faire le tour du cadran → CADRAN.

Faire un tour «faire une courte sortie, une promenade, un petit voyage» (1660).

Jouer un tour à qqn «user envers autrui d'un procédé destiné à le berner» (XVᵉ s.). *Tour* est très souvent qualifié (→ ci-dessus TOUR DE...). On disait *jouer un tour de son métier* (XVᵉ-XVIIIᵉ s.).

> Depuis que j'ai à me battre contre les huissiers, je sais que le gredin recherche mes créances, histoire sans doute de me jouer un vilain tour.
>
> É. ZOLA, *Au Bonheur des Dames*, t. II, p. 198.

Le tour est joué! «c'est terminé, réussi». La variante avec *faire* est plus rare.
> Quel gaillard! il vous pose au jeune homme qui a des moyens, il est gentil, il gazouille très bien, l'héritière s'y prend, le tour est fait, et nous partageons!
>
> H. de BALZAC, *Vautrin*, Acte III, scène 1.

Prendre un bon (mauvais) tour «évoluer dans un bon (un mauvais) sens, en parlant d'une situation» (cf. *Tournure, tourner*).

2. TOUR n. m.

Vx. **Fait au tour** «bien fait; de proportions harmonieuses» (en parlant du corps humain) [fin XVIIᵉ s.]. Le tour sert à façonner des pièces de bois, d'ivoire, des poteries, et la pièce faite au tour est régulière.

3. TOUR n. f.

Tour d'ivoire «position indépendante de celui qui se tient à l'écart de l'action et de l'agitation du monde». On a retenu l'emploi de l'expression par Sainte-Beuve à propos de Vigny. L'image avait un tout autre contenu dans la tradition biblique : *Collum tuum sicut turris eburnea* «ton cou, comme une tour d'ivoire» (Cantique des cantiques 7, 5).

> Quand le peuple ne croira plus à l'Immaculée Conception, il croira aux tables tournantes. Il faut se consoler de cela et vivre dans une tour d'ivoire. Ce n'est pas gai, je le sais; mais avec cette méthode, on n'est ni dupe ni charlatan.
>
> G. FLAUBERT, *Correspondance*, Vᵉ série, p. 197.

TOURNANT n. m.

Fam. **Attendre (rattraper) qqn au tournant** «se venger de lui à la prochaine occasion». L'image est moins nette dans *avoir qqn au tournant;* la locution suppose que le tournant permet une attaque imparable, imprévisible; *au tournant* signifie «au moment où il ne s'y attendra pas (plus)».

> [...] M. Thureau-Dangin ne se serait pas risqué de rien refuser à votre oncle, qui l'aurait repincé au tournant.   M. PROUST, *À la recherche du temps perdu*, t. II, p. 1057.

Prendre le tournant «opérer une reconversion, manifester un important changement d'orientation», d'après le sens métaphorique de *tournant* «moment décisif marquant un changement, une évolution».

> L'année 1944 fut abominable. La peur croissante de son père, les explications qu'il donna à table, le jour où il donna sa démission de la Légion de Pétain : «Il faut prendre le tournant; j'aurais eu raison si l'Allemagne avait gagné la guerre; inutile d'être le martyr d'une cause perdue» [...].   R. VAILLAND, *Bon Pied, Bon Œil*, p. 81.

TOURNÉE n. f.

Tournée des grands-ducs «le tour des cabarets luxueux, des boîtes de nuit», que, paraît-il, faisaient les grands-ducs de Russie quand ils venaient à Paris. Cette image d'une «belle époque» conventionnelle est utilisée par extension au sens de «sortie luxueuse, coûteuse».

> Soucieuse de m'endoctriner, une Providence avait peut-être profité de ma vaine tournée des grands-ducs pour me prouver l'inanité d'une effusion qui ne va pas au-delà de quelques gestes symboliques : chaude poignée de mains, *abrazo* à l'espagnole, cela assaisonné de beaux sourires et de bonnes paroles.   M. LEIRIS, *Fourbis*, p. 174-175.

TOURNER v. tr.

Ce verbe sert à former un grand nombre de locutions verbales *(tourner bride, tourner casaque, tourner le dos, tourner de l'œil, se tourner les pouces, tourner les talons, tourner la tête, tourner autour du pot)* à consulter au substantif. De même, les locutions comme *tourner mal, tourner rond, tourner court, tourner à vide* figurent au second élément.

TOURNIQUET n. m.

Passer au tourniquet «être traduit en conseil de guerre», en argot militaire (1888, *in* Esnault).

> «[...] passer au falot, au tourniquet» : ce sont des expressions que j'ai apprises plus tard. Il n'y avait alors pas d'autre tourniquet que les tourniquets du champ de courses et ceux des marchands d'oublies [...].   M. LEIRIS, *Biffures*, p. 28.

TOURNURE n. f.

Prendre tournure «se dessiner, prendre forme, avancer», en parlant d'une tâche en voie de réalisation. La spécification positive ou négative *(une bonne, une mauvaise tournure)* est associée à l'idée de l'évolution globale d'une situation et signifie alors «évoluer, s'engager dans un sens positif ou négatif».

> Puisque voilà la paix, nos affaires doivent prendre une bonne tournure. Je vous assure que j'ai autant envie que vous de les voir réussir.
> G. FLAUBERT, *Correspondance*, VIe série, p. 263.

TOUT (TOUTE, pl. TOUS, TOUTES).

Ce mot sert à former un grand nombre de locutions figées, dont les plus caractéristiques seront traitées soit ici même, soit à l'autre terme de l'expression.

1. TOUT adj.

Tout le monde → MONDE. — **À toute force** → FORCE. — **À tous égards** → ÉGARDS. — **À tous les coups** → COUP. — **De tout cœur** → CŒUR. — **De toute éternité** → ÉTERNITÉ. — **De tous temps** → TEMPS. — **De toutes façons** → FAÇON. — **En tout cas** → CAS. — **En tout bien tout honneur** → BIEN. — **En toutes lettres** → LETTRE. — **Somme toute** → SOMME. — **Tout son soûl** → SOÛL.

2. TOUT pronom.

Locutions adverbiales et adjectivales :

À tout casser → CASSER. — *À tout prendre* → PRENDRE. — *Comme tout*
→ COMME. — *Envers et contre tous* → ENVERS. — *Pour tout dire* → DIRE. — *Voilà*
tout → VOILÀ.

Après tout « après avoir tout envisagé, finalement ». S'emploie en incise.

> Après tout, que l'homme soit incurablement méchant et malfaisant, le mal n'est pas
> grand dans l'univers...   A. FRANCE, *Le Mannequin d'osier*, in *Ph. Sl.*

En tout (et pour tout) [LOC. ADJ.] « au total ». À l'origine, l'expression avait
une valeur beaucoup plus abstraite et signifiait à peu près « en toutes choses et en
toutes circonstances ». Elle sert plutôt aujourd'hui à dénombrer exhaustivement
des objets concrets.

> La fin de l'entretien ne fut que protestations les plus tendres d'un intérêt d'une amitié
> éternelle, et de me servir en tout et pour tout de son conseil...
>   SAINT-SIMON, *Mémoires*, in *Ph. Sl.*

> Il me reste en tout et pour tout de la fortune, une certaine pratique de la vie, une
> absence de préjugés assez complète...   G. de MAUPASSANT, *Yvette*, p. 110.

Fam.   *Et tout et tout* « et cetera, et le reste » (fin XIVe s.), à la fin d'une énumération.

> — Comment que je le sais ? Par son ordonnance, pardi !
> — Tu parles qu'en voilà un qui ne doit pas être malheureux !
> — Je comprends ! Il a plus de braise que moi, pour sûr ! Et encore il lui donne tous
> ses effets, et tout et tout.   M. PROUST, *À la recherche du temps perdu*, t. II, p. 94.

Par-dessus tout « d'abord, en premier, le plus ». L'expression exprime la priorité dans le domaine des goûts personnels.

Ce n'est (c'est) pas tout de (et infinitif) « il ne suffit pas de » (1668,
La Fontaine).

> « Ce n'est pas tout de se perdre, mais c'est qu'on ne se retrouve pas ». La justesse de
> cette pensée frappa le patron parce qu'il l'avait déjà entendue exprimer plusieurs fois ce
> soir.   M. PROUST, *À la recherche du temps perdu*, t. II, p. 406.

Fam.   *C'est pas tout ça!* « il y a autre chose (à dire, à faire), la question n'est pas
réglée ». Cette formule de restriction sert à indiquer que, malgré l'intervention d'un
élément nouveau, la situation dans son ensemble demeure la même (cf. aussi *C'est*
pas le tout!).

> Un autre est intervenu dans le débat.
> « C'est pas tout ça ! Vous voulez garder vos pattes nettes pour quand vous serez devant
> le tribunal ou devant la postérité ! Et c'est nous, c'est le peuple, l'ouvrier, qui doit tou-
> jours faire la sale besogne... »   J. VALLÈS, *L'Insurgé*, p. 263.

Il faut de tout pour faire un monde → MONDE.

Tout est bien qui finit bien → FINIR.

3. TOUT n. m.

Du tout au tout « complètement, entièrement » (fin XVIIe s.), en parlant d'un
changement complet, du bouleversement d'une situation.

Pas du tout « absolument pas, nullement » (XIVe s.). Attestée au XIIe s., avec
une négation *(ne... pas du tout)*, c'est une forme négative renforcée où *du tout* joue
un rôle d'adverbe (comme dans *rien du tout*). La forme elliptique : *du tout* (1803,
Boiste) s'emploie comme réponse négative à une question ; elle est parfois redoublée.

Risquer le tout pour le tout « prendre un maximum de risques pour tenter
d'échapper à une situation désespérée » (fin XVIIe s.). La première forme attestée est
mettre le tout pour le tout, ce qui dans un jeu d'argent consistait à miser tout ce qu'on
a pour tenter de gagner le maximum. Le second *tout* désigne la troisième partie, la
« belle » où le joueur malchanceux, après avoir perdu successivement les deux premières manches, décide, pour se renflouer, de risquer autant d'argent qu'il en a
perdu dans les parties précédentes.

Ce n'est (c'est) pas le tout de (et infinitif) «il ne suffit pas de...». *Le tout* équivaut à «l'important, l'essentiel». Variante de *ce n'est pas tout de...* (XVIIe s.). La forme avec *que* est archaïsante.

> Ce n'était pas le tout que de découvrir la fraude, il fallait partir : c'est à quoi Géro-
> nimo et son ami ne purent réussir.   STENDHAL, *Le Rouge et le Noir*, p. 584.

En emploi absolu, *ce n'est (c'est) pas le tout* «la situation demeure inchangée, le plus important reste à faire» (cf. aussi *C'est pas tout ça !*).

4. TOUT adv.

Tout à coup → COUP. — *Tout à l'heure* → HEURE.

Tout à fait «complètement» (XVe s.), a remplacé l'ancienne locution *à fait* «à mesure que» → FAIT.

Tout de même → MÊME. — *Tout au moins* → AU MOINS★. — *Tout au plus* → PLUS. — *Tout de suite* → SUITE. — *Tout plein* → PLEIN.

À tout faire «capable de tout faire» (notamment dans le syntagme *bonne à tout faire*), «utilisable en toutes circonstances, à usages multiples».

> La familiarité de cette servante à tout faire, débarquée tout droit de chez Fresneau, du
> village d'Auvergne dont il était le professeur, et installée dans la maison depuis quinze
> ans comme chez elle, amusait toujours Claude Larcher.
>   P. BOURGET, *Mensonges*, in *Ph. Sl.*

Être tout yeux tout oreilles → ŒIL, OREILLE.

TOUTIM(E) n. m.

Arg. *Et tout le toutim(e)* «et tout le reste».

TOUTOU n. m.

Peau de toutou. Signifie analytiquement «peau de chien», mais s'emploie en fait, dans le domaine concret, pour renforcer de manière ironique *peau* («*leurs gants en peau de toutou*», Forton, *les Pieds-Nickelés*), et, métaphoriquement, comme atté-nuatif de locutions formées avec *peau*, au figuré (*peau de toutou* correspond sur le mode ironique à *peau de vache*, etc.).

> [...] ils se partagèrent les bijoux et le saint-frusquin du passager gobeur qui, suivant
> leur pittoresque expression, s'était laissé nettoyer à la peau de toutou...
>   *L'Épatant*, 1909, p. 71.

TRAC n. m.

Tout à trac «brusquement, sans réfléchir», avec des verbes de parole (*dire, demander,* etc.). L'expression, attestée en 1549 chez H. Estienne, est formée avec *trac* «trace, piste d'un animal» (XVe s.) qui n'est plus compris et appartient à la même famille étymologique que *traquer* et *traque*. *Tout* a ici le sens de «tout à fait». La locution est littéraire, mais encore très vivante.

> Irène sourit d'un air céleste.
> Voyez-vous, lui confia tout à trac le docteur, malgré mes soixante ans, s'il en était
> besoin, je reprendrais du service.   F. CARCO, *Les Belles Manières*, p. 18.

> Tant pis, je n'osais pas regarder le prêtre à travers la grille en bois et je débitais tout
> à trac : «J'ai menti, j'ai désobéi, j'ai été gourmande, j'ai dit des vilains mots.»
>   M. CARDINAL, *Les Mots pour le dire*, p. 95.

TRACE n. f.

Suivre à la trace «suivre en se guidant sur les traces de», comme un chien fait avec le gibier. L'emploi métaphorique, qui correspond à *suivre les traces de* (qqn) ne paraît pas être le plus fréquent aujourd'hui.

> Ce brave chevalier dont nous suivons les aventures à la trace, arriva enfin à la porte
> du Chasteau de l'Avare.   Ch. SOREL, *Histoire comique de Francion*, p. 343.

L'emploi actuel, qui appartient au registre familier, concerne surtout les traces
matérielles que laisse quelqu'un (ou quelque chose) sur son passage.

Suivre (marcher, aller sur) les traces de (qqn) « l'imiter » (XVIIe s.), surtout
dans un sens positif : « faire aussi bien ».

> Le professeur l'avait félicité et lui avait prédit qu'il marcherait sur les traces de mon-
> sieur Villemain. Flaubert avait fait la grimace, car le compliment ne lui avait point paru
> sans amertume.   M. DU CAMP, *Souvenirs littéraires*, in *Ph. Sl.*

TRAFALGAR n. pr.

Coup de Trafalgar « accident désastreux » (1892, Sainéan), par allusion à la
célèbre défaite navale essuyée par la marine de Napoléon au large du cap Trafalgar, en Espagne méridionale, le 21 octobre 1805.

> Attendez, dit-il en montrant son adversaire, je lui prépare un coup de Trafalgar. Et le
> coup devait être excellent pour le docteur, car dans sa joie il se mit en riant à remuer
> voluptueusement les deux épaules, ce qui était dans la famille, dans le « genre » Cot-
> tard, un trait presque zoologique de la satisfaction.
> M. PROUST, *À la recherche du temps perdu*, t. II, p. 974.

TRAIN n. m.

1. « Manière d'évoluer » (choses), ou « manière d'être » (personnes).

Vieilli. **Train de maison** « ensemble des commodités matérielles, signes extérieurs
du niveau de vie des habitants d'une maison » (cf. *Mener grand train*). L'expression
s'est d'abord appliquée à la domesticité d'une maison.

Train de sénateur « allure lente et majestueuse » ; expression popularisée par
La Fontaine dans *Le Lièvre et la Tortue*.

Train de vie « genre de vie, du point de vue matériel, en rapport avec la
situation sociale et financière de qqn ». L'expression a eu, au début du XVIIe s., une
acception beaucoup plus large et se disait du style, de la manière de vivre en général.

> La desbauche de ma jeunesse m'avoit fait sortir de la maison de mon père pour me
> mettre en la compagnie de ces larrons là : mais je me delibere il y a quelques jours
> de quitter leur miserable train de vie.
> Ch. SOREL, *Histoire comique de Francion*, p. 76-77.

> [Telle autre] me comblait de toutes ces amabilités qui formaient le riche train de vie
> moral des Guermantes [...].   M. PROUST, *À la recherche du temps perdu*, t. II, p. 569.

À fond de train → FOND. — **À un train d'enfer** → ENFER.

Au (du) train où (l')on va, du train où vont les choses « à la vitesse où les
choses vont ». Le *train* est ici l'allure d'un cheval, d'une monture, puis la vitesse à
laquelle les choses évoluent.

> Oui, tout cela pourrait bien disparaître, cet effort de culture qui nous paraissait admi-
> rable (et je ne parle pas seulement de la française). Du train dont on va, il n'y aura
> bientôt plus grand monde pour en sentir le besoin, pour la comprendre ; plus grand
> monde pour s'apercevoir qu'on ne la comprend plus.   A. GIDE, *Journal*, t. II, p. 9.

Le diable et son train → DIABLE.

Aller bon (grand) train « filer à bonne allure » et métaphoriquement « aller,
évoluer vite », en parlant d'une situation (milieu XVIe s.).

Vieilli. **Être dans le train** « être dans le mouvement, au courant de ce qui se passe,
en accord avec son temps » (fin XIXe s.). La locution développe la même image que
dans la course, au courant, qui, contrairement à elle, se sont maintenues.

> Les masseuses, les manucures ont fait leur temps.
> Tout cela est un peu vieux jeu.

Mais ce qui est bien dans le train, ce qui est, comme disait la spirituelle Gyp, *du dernier bateau*, c'est le petit truc inventé par une propriétaire de maison de rendez-vous.
GORON, *L'Amour à Paris*, t. I, p. 345.

Être en train «être dans de bonnes dispositions physiques ou psychiques» (début XVIIᵉ s., d'Aubigné). *Train* signifie dans ce contexte «mouvement, dynamisme», et a généralement des connotations positives (cf. *En forme*). *Être mal en train*, attesté chez les Goncourt, n'est pas courant; on préfère généralement la tournure négative. *Être en train de* «être disposé à, en humeur de», est devenu archaïque du fait de l'homonymie avec la locution suivante.

Allé beaucoup au théâtre, Scala malheureusement fermée, mais au Teatro del Verme, vu jouer le *Ballo in maschera* de Verdi et *Gli Ugonotti* de Meyerbeer. Je ne suis pas beaucoup en train de raconter aujourd'hui et l'heure me presse.
C. CROS, *Correspondance*, p. 624.

Être en train de (et infinitif) «être occupé à faire telle chose» (fin XVIIIᵉ s.). Cette locution très courante exprime l'aspect duratif d'une action considérée dans le présent *(il est en train de)* ou dans une perspective passée (avec l'imparfait). Elle correspond partiellement à la «forme progressive» anglaise.

Toute une classe moyenne de travailleurs intellectuels, à l'ancienne mode, la meilleure part, la plus honnête et désintéressée de la bourgeoisie libérale, était en train de mourir à petit feu, ruinée et décimée par la guerre... R. ROLLAND, *L'Âme enchantée*, in *Ph. Sl.*

Mener grand train «vivre d'une façon luxueuse» → GUIDE, PIED.

Je puis bien dire qu'en un sens ils *étaient* la richesse, insignes visibles de l'homme riche, incarnation de son prestige comme le trône, le sceptre et la couronne incarnent le pouvoir du roi; signes incertains, pourtant, car je n'ignorais pas ce que c'est qu'un *rasta* et qu'il est des gens qui mènent grand train sans en avoir ce qu'on appelle le «moyen». M. LEIRIS, *Biffures*, p. 205.

Mettre en train (un travail) «commencer, mettre en chantier».

Mettre (qqn) en train «mettre dans de bonnes dispositions pour, en humeur de» (1611, Cotgrave).

[...] il avait à cette époque-là pour besogne la translation en français d'une célèbre querelle d'Allemands, la controverse de Gans et de Savigny; il prenait Savigny, il prenait Gans, lisait quatre lignes, essayait d'en écrire une, ne pouvait, voyait une étoile entre son papier et lui, et se levait de sa chaise en disant :
— Je vais sortir. Cela me mettra en train. V. HUGO, *Les Misérables*, Pléiade, p. 890.

Suivre son train «évoluer normalement, sans surprise» (cf. *Suivre son cours*). *Train* a ici le sens abstrait de «fonctionnement, développement normal». L'image exprimée est celle d'un mouvement égal, d'une allure soutenue.

Rien de neuf ici; tout suit son train. Ma mère toujours triste.
G. FLAUBERT, *Correspondance*, IIᵉ série, p. 11.

2. «Véhicule».

Comme une vache qui regarde passer un train «d'un air abruti, passif».

Monter dans (prendre) le train en marche «s'associer tardivement à une action déjà en cours». Locution récente, attestée en 1966 (P. Gilbert, *Dictionnaire des mots nouveaux*), et qui reprend, en la modernisant (en la mécanisant), la métaphore concrétisant l'évolution des événements.

Arg. **Prendre le train onze** «aller à pied» (fin XIXᵉ s., *in* Sainéan). En argot, *le train onze* (ou plus simplement *onze*) désigne la paire de jambes (1833, *in* Esnault).

(Attention) un train peut en cacher un autre «une chose apparente peut cacher une circonstance, une cause réelle». La phrase est inscrite aux passages à niveau. On l'emploie figurément, parfois avec un autre substantif.

3. «Derrière, postérieur» (par ellipse probable d'*arrière-train*). Ce sens a donné lieu à quelques locutions familières.

Botter le train «donner un coup de pied au derrière» (littéralement, «faire avancer qqn à coups de bottes au derrière» → Botter) et par suite «le forcer à se remuer».

Se manier le train «se dépêcher, se remuer».

> La cliente elle s'émoustille dans le trésor des tessons. Le tas se reforme derrière elle. Ça culbute, ça clinque, ça tournoie. [...] Quand elle en a marre, elle se barre avec une promesse. Il faut se manier le train alors pour rassembler toute la bricole. À genoux on s'étale au plus bas, on racle sous les meubles. L.-F. Céline, *Mort à crédit*, p. 44.

Filer le train à qqn «le suivre, le filer».

> Filant le train au vioc, Johnny, puis Paulo, très subalternes accompagnant le taulier, passèrent le seuil de ce rassurant bouclard de fleuriste.
> A. Simonin, *Hotu soit qui mal y pense*, p. 18.

TRAÎNE n. f.

À la traîne «en arrière (d'un groupe qui avance); en retard (avec un sujet de personne)». *Rester à la traîne* «ne pas pouvoir suivre». Lorsque le sujet désigne une chose, *traîne* est senti comme un déverbal de «traîner, être en désordre».

TRAÎNÉE n. f.

Se répandre (se propager) comme une traînée de poudre «se répandre très rapidement, gagner de proche en proche», en parlant d'une nouvelle, comme l'amorce communique le feu à la poudre et comme le feu se propage par un cordon de poudre.

TRAÎNER v. tr.

Traîner dans la boue → Boue. — **Traîner la jambe, la patte** → Patte. — **Traîner ses guêtres** → Guêtre.

Ça traîne les rues, ça traîne partout «c'est très répandu». L'expression est familière et péjorative et s'emploie à propos d'objets que l'on trouve partout, d'idées éculées, etc.

TRAIT n. m. Ce mot polysémique se trouve dans un assez grand nombre de locutions où le mot a des valeurs très variables.

Trait de caractère «façon d'être (sur un point précis), caractère psychique d'un individu». *Trait* a ici le sens de «marque distinctive».

Trait d'esprit «remarque spirituelle». Le *trait* est ici ce qui dénote, ce qui est le signe de (l'esprit, la vivacité).

Trait de génie «idée géniale, illumination subite».

À longs traits (avec le verbe *boire*) «à grandes gorgées, avec avidité» (milieu XVIe s.). Le *trait* est le fait d'aspirer un liquide d'une seule haleine.

D'un trait «en une seule fois, d'un coup» (1681, Mme de Sévigné). *Trait* a ici la nuance temporelle de «laps de temps». On trouve parfois la forme intensive *d'un seul trait* (*tout d'un même trait, tout d'un trait*, attestées au XVIe s., ne se disent plus).

> Je viens pour me battre avec vous, monsieur, et il expliqua d'un trait toute l'affaire.
> Stendhal, *Le Rouge et le Noir*, p. 470.

Littér. **D'un trait de plume** «d'un seul coup, rapidement» (1690, Furetière). L'expression, qui s'employait avec des verbes d'action aussi divers que *enrichir, ruiner, décider*, signifie d'abord «en écrivant ou en rayant quelques mots», mais assez vite, sous l'influence de la locution *d'un trait* (ci-dessus), elle a été comprise comme «très vite, sans attendre».

Trait pour trait «exactement» (fin XVIIᵉ s.). D'abord avec des verbes comme *copier, reproduire,* au sens de «avec un souci de grande exactitude», en cherchant la conformité, élément par élément, entre le modèle (graphique, pictural) et sa reproduction. L'emploi analogique, avec des verbes comme *ressembler,* exprime une ressemblance constatée entre deux objets.

Avoir trait à «se rapporter à, concerner» (1579). Le mot *trait,* issu de l'ancien verbe *traire à* «ressembler à» (l'origine latine, *trahere,* se retrouve dans *portrait*), correspond ici à ce qui permet de relier, de mettre en relation, un élément isolé à l'ensemble auquel il appartient.

> Fagon était l'un des beaux et des bons esprits de l'Europe, curieux de tout ce qui avait trait à son métier, grand botaniste, bon chimiste, habile connaisseur en chirurgie, excellent médecin et grand praticien.   SAINT-SIMON, *La Cour de Louis XIV,* in *Ph. Sl.*

Avoir le trait «jouer le premier coup, dans une partie d'échecs ou de dames». *Trait* a le sens métaphorique de «coup» (1690, *in* Furetière). Le sens figuré : *avoir le trait sur qqn* «l'emporter sur lui», est archaïque ou régional (l'exemple ci-dessous est québécois).

> C'est égal, Provençal m'a parlé le premier. J'ai le trait sur lui. À c't'heure, je chasserai tant que je voudrai.   G. GUÈVREMONT, *Le Survenant,* p. 29.

Vieilli. *Partir (filer) comme un trait* «à grande vitesse». *Trait,* au sens de projectile (javelot, lance, flèche), est archaïque. La même idée est rendue avec *dard* et *flèche* (→ PARTIR COMME UNE FLÈCHE*, FILER COMME UN DARD*).

Tirer un trait sur (qqch.) «abandonner, renoncer à» (un projet, une entreprise, à quelque chose qui tenait à cœur), comme ce qu'on annule sur le papier.

TRAITE n. f.

Traite des blanches «détournement d'Européennes en vue de les prostituer (notamment en Amérique du Sud, au Moyen Orient)» [milieu XIXᵉ s.]. Le mot *traite* signifie «transport d'un point à un autre», puis «trafic (de marchandises)»; il est spécialisé au XVIIIᵉ s. au sens de «trafic des esclaves noirs», et la locution ci-dessus a probablement servi à effacer la mauvaise conscience en prétendant dénoncer le trafic des femmes blanches — de manière xénophobe — avec le mot qui désignait le commerce des esclaves noirs.

> Il n'y a pas d'affront pour moi à rester garçon, surtout en faisant, comme vous le voyez, la traite des blanches avec de pareils bénéfices.
> H. de BALZAC, *Splendeurs et Misères des courtisanes,* Éd. de 1845, t. III, p. 50.

D'une (seule) traite «sans s'arrêter» (milieu XVᵉ s.). La *traite* est ici la distance à parcourir d'un seul coup, en une fois, puis le laps de temps, la durée. Vx. *À longue traite, d'une longue traite* «lentement, peu à peu» (XVᵉ-XVIᵉ s.). *Tout d'une traite* est un peu archaïque.

TRAÎTRE adj. ou n. m.

Pas un traître mot «pas un seul mot» (fin XVIIIᵉ s.). L'adjectif *traître* fonctionne comme un intensif de la négation : *pas un mot.* Dans un sens affaibli et global, *traître* correspond ici à «pauvre, malheureux» dans des emplois analogues *(pas un seul, pas un malheureux mot);* analytiquement, la locution signifie : «pas un seul mot, fût-il, comme c'est souvent le cas, traître à l'idée, à l'intention».

Vx. *N'être pas traître à son corps* «bien se soigner, ne se refuser aucune commodité» (milieu XVIIᵉ s., *in* Oudin).

Prendre qqn en traître «se comporter envers lui de manière perfide, déloyale» (XVIIᵉ s.).

TRALALA n. m. Mot d'origine onomatopéique, probablement refrain de chanson, exprimant une idée de luxe voyant et d'inutiles complications. S'emploie isolément, comme substantif, et dans quelques expressions comme :

En grand tralala «en grande pompe, d'une façon luxueuse, compliquée» (milieu XIXᵉ s.). *Recevoir en grand tralala.*

Et tout le tralala «et tout ce qui s'ensuit» avec l'idée de complications matérielles, d'accumulation d'objets inutiles ou trop luxueux. L'idée de profusion est la même que dans *et tout le tremblement.*

TRAMONTANE n. f.

Vx. *Perdre la tramontane* «être désorienté, ne plus savoir où on en est». Attestée au XVIIᵉ s. (notamment chez Voiture, Scarron et Molière), la locution est l'équivalent de PERDRE LE NORD★, LA BOUSSOLE★. Le mot *tramontane* y est pris dans son sens initial «étoile polaire» (de l'italien *tramontana stella* «étoile d'au-delà des monts»). Avant l'invention de la boussole et du compas, cette étoile servait de point de repère, notamment aux navigateurs. L'expression ne s'emploie plus guère, sauf dans une intention archaïsante (par ex. la chanson de G. Brassens «Je suis un voyou» : *J'ai perdu la tramontane en trouvant Margot...*).

TRANCHANT n. m.

À double tranchant «dont l'emploi peut provoquer des effets opposés (en parlant d'un argument)». *C'est une arme à double tranchant,* s'emploie métaphoriquement dans ce sens. On parlait au XVIIᵉ s. d'*épée (arme, arguments) à deux tranchants.*

TRANCHE n. f.

Tranche de vie «une reproduction fidèle de la réalité quotidienne» (fin XIXᵉ s.). L'expression, due à l'auteur dramatique Jean Jullien (1854-1919), caractérisait à l'origine l'esthétique naturaliste en matière théâtrale. S'emploie parfois encore aujourd'hui, surtout ironiquement, à propos de toute œuvre de fiction (roman, pièce de théâtre, film) d'un réalisme strict.

Vieilli. *Doré sur tranche* «très riche» (XIXᵉ s.), par jeu sur la *tranche* d'un livre, et sur *or,* symbole de l'opulence (cf. *Cousu d'or*).

> Au-dessous de la canaille dorée sur tranche, je n'ai trouvé que les noirs esclaves, ou les gens de couleur affranchis, propriétaires d'esclaves, et les pires de tous.
> V. JACQUEMONT, *Correspondance,* t. I, p. 27.

Fam. *S'en payer une tranche* «s'amuser beaucoup» (début XXᵉ s.). Ellipse de : *tranche de gâteau,* c'est-à-dire «part», «portion». → 3. PIED.

> J'aime pas tellement les compliquées. Parlez-moi d'une bonne petite travailleuse qui se met au boulot avec la volonté (j'allais dire inébranlable) de s'en payer une tranche et de ne pas oublier le bonhomme dans ses prières !
> SAN-ANTONIO, *Au suivant de ces messieurs,* p. 42.

TRANQUILLE adj.

Tranquille comme Baptiste «très tranquille» (1808, Boiste). Il est douteux que l'expression ait un rapport avec le célèbre mime Jean-Baptiste Deburau (le *Baptiste* du film de Carné, *les Enfants du Paradis*). Celui-ci, né en 1796, n'avait sans doute pas, au moment où la locution apparaît, acquis la célébrité dont il a joui plus tard. D'une façon plus générale, le prénom de Baptiste était souvent donné au niais de comédie qui jouait dans les parades. Ce dernier restait passif sous la grêle de coups qui lui était infligée, pour la plus grande joie de l'assistance.

> Le papa Coupeau, disait-il, s'est cassé le cou, un jour de ribotte. Je ne puis pas dire
> que c'était mérité, mais enfin la chose s'expliquait... Moi, à jeun, tranquille comme Bap-
> tiste, sans une goutte de liquide dans le corps, et voilà que je dégringole en voulant
> me tourner pour faire une risette à Nana !...   É. ZOLA, *L'Assommoir*, t. I, p. 154.

TRAPPE n. f.

À la trappe « dans l'oubli ». L'expression est encore concrète chez Jarry *(Ubu roi)*. *Passer à la trappe* s'emploie pour « être relégué, mis au rebut » (projet). Cf. *Au placard*.

TRAVAIL n. m.

Un travail d'Hercule « une rude tâche », par allusion au caractère pénible des douze exploits dont le héros triompha (Syn. *Travail de Romain*).

> D'abord c'était des folies de contracter encore des dettes... Même avec mon oncle
> Édouard ! Que déjà rembourser Gorloge, ça serait un travail d'Hercule !... En plus
> du terme ! des contributions !   L.-F. CÉLINE, *Mort à crédit*, Pléiade, p. 681.

TRAVAILLER v. tr. et intr.

Travailler du chapeau (de la touffe) → CHAPEAU.

TRAVERS n. m.
Mentionnons pour mémoire quelques locutions adverbiales ou prépositives lexicalisées : *à travers, au travers, de travers, en travers, par le travers*. Nous ne retiendrons que celles qui, en général associées à un élément verbal, prennent une valeur métaphorique.

À tort et à travers → TORT.

Aller de travers « mal fonctionner », en parlant d'une situation qui, objectivement ou du point de vue du locuteur, n'est pas conforme à ce qu'elle devrait être (fin XVIIe s.).

> Je trouve que tout va de travers chez nous, que personne ne sait ni quel est son rang,
> ni quelle est sa charge, ni ce qu'il fait, ni ce qu'il doit faire...
>   VOLTAIRE, *Candide*, in *Ph. Sl.*

Comprendre (raisonner) de travers, tout de travers « comprendre mal ou autre chose que ce qu'il aurait fallu ». La position oblique indique, soit une déficience des facultés intellectuelles, soit une mauvaise appréciation des intentions de celui qui s'adresse à lui. Dans le premier cas, on parlait au XVIIe s. d'*esprit chaussé de travers*, de *bonnet mis de travers*.

Se mettre en travers de (qqch.) « faire obstacle à, gêner la réalisation d'un projet » (milieu XIXe s.). La direction transversale est ici le signe de l'obstacle, de l'arrêt dans la progression, par rapport à la direction vers l'avant qui représente le cours normal des choses.

Passer au travers « échapper (à un danger, à une sanction...) ». On trouve parfois *à travers*, dans le même sens. L'image évoque la traversée heureuse d'un milieu dangereux ou hostile (→ Y COUPER*).

Rester en travers (de la gorge) « être inacceptable, être un sujet de rancune ». Le morceau qu'on n'arrive pas à avaler exprime de manière claire l'impossibilité à supporter qqch., à assumer une situation.

> [...] Imagine-toi que les bourgeois de la Piolaine ne m'ont pas fichu un sou. Oh ! ils
> sont aimables, ils ont habillé les petits, et j'avais honte de les supplier, car ça me reste
> en travers, quand je demande.   É. ZOLA, *Germinal*, t. I, p. 127.

Regarder qqn de travers « le considérer avec suspicion, animosité » (milieu XIVe s., G. de Machaut). Le regard louche, torve, exprime les mauvaises intentions ou l'hostilité (et, originellement, l'hypocrisie, la fourberie, opposée à la franchise du regard droit, direct).

> Elle se leva, et, tout en ayant l'air de suivre de l'œil quelqu'un qui passait dans la rue, elle vint se placer rapidement entre lui et le billard :
> — Gardez-vous de regarder de travers ce monsieur, c'est mon beau-frère.
> STENDHAL, Le Rouge et le Noir, p. 371.

TRAVERSE n. f.

Vx. **À la traverse (de qqch.)** « à l'encontre de, en opposition à » (milieu XVIe s.), notamment dans la locution verbale *venir à la traverse (de)* « troubler un projet, une affaire » (Furetière, 1690).

> Mon volume va me remettre un peu de monnaie dans l'escarcelle, car on me paye très cher. Si je pouvais tous les ans en faire un semblable, je me trouverais fort à l'aise. Plus que jamais j'ai envie d'écrire *la Bataille des Thermopyles !* Encore un rêve qui vient à la traverse des autres ! G. FLAUBERT, Correspondance, VIIIe série, p. 26.

De traverse « transversal », surtout dans le syntagme *chemin de traverse*.

TRAVERSÉE n. f.

Traversée du désert « éclipse temporaire d'un homme politique hors de toute vie publique ». L'expression, attestée vers 1969, s'est d'abord employée à propos de la retraite du général de Gaulle entre 1946 et 1958. C'est probablement une référence à la traversée que, durant 40 ans et sous la conduite de Moïse, le peuple juif effectua, selon la Bible, à travers le désert, d'Égypte à la Terre Promise. L'expression évoque tout à la fois l'image de solitude, de retraite, de temps de réflexion entre deux périodes d'action.

> Le général de Gaulle vient de quitter l'Élysée pour sa première traversée du désert. Le baromètre s'est figé à − 6° [...]. BORNICHE, Le Gang, p. 42.

TRAVERSIN n. m.

Avoir un colloque (discuter...) avec son traversin « réfléchir la nuit avant de prendre une décision », le temps de sommeil passant pour être favorable à la réflexion et à la prise d'une décision importante (cf. *La nuit porte conseil*). Des métaphores analogues existent avec *oreiller*.

> J'avoue qu'avant de le mettre au collège, j'ai eu plus d'un colloque avec mon traversin. É. AUGIER, Le Fils de Giboyer, I, 7, p. 42.

Sur le traversin « dans l'intimité sexuelle du lit ».

TRAVIOLE (DE) loc. adv. « de travers » (1866). Altération populaire de la finale de *de travers*.

TRÉBUCHANT, ANTE adj.

Espèces sonnantes et trébuchantes « argent liquide » → ESPÈCE. *Trébuchant* signifie « de bon poids » et vient de *trébucher* « peser l'or ou l'argent » au moyen d'une petite balance dite *trébuchet*.

TREILLE n. f.

Le jus de la treille « le vin ».

TREIZE adj. num.

Fam. **Treize à la douzaine** « un grand nombre, beaucoup » (1750, *in* Gottschalk), par allusion à l'habitude qu'ont certains commerçants de donner treize articles pour le prix de douze. S'emploie dans un sens plutôt péjoratif avec la nuance de « beaucoup trop, à ne savoir qu'en faire», avec les verbes *avoir* ou *être* et un sujet dénombrable.

TREMBLEMENT n. m.

Fam. *(Et) tout le tremblement* «et tout le reste, tout ce qui s'ensuit» (1828). *Tremblement* est ici pris au sens d'«accumulation, grande quantité» (attesté régionalement, par ex. en Normandie).

> Et ç'a été des dîners, des voitures, le théâtre, une montre pour lui, une robe de soie pour moi; car il n'a pas mauvais cœur, quand il a de l'argent. Vous comprenez, tout le tremblement, si bien qu'au bout de deux mois nous étions nettoyés.
>
> É. ZOLA, *L'Assommoir*, t. I, p. 20.

> Cette fois, j'étais de la louée des foulaisons à Marigrate, un gros ménage sur les bords de la Durance, une campagne avec des blés à perte de vue, des bois chasseurs, des vignes, tout le tremblement. Un gros ménage, quoi.
>
> J. GIONO, *Un de Baumugnes*, p. 9.

TREMPETTE n. f.

Fam. *Faire trempette* «tremper du pain dans un liquide»; par analogie, «se baigner, se tremper rapidement dans la mer».

TRENTE-ET-UN n. m.

Être (se mettre) sur son trente-et-un «avoir (mettre) ses plus beaux habits» (1867, Delvau). On a prétendu que *trente-et-un* était une altération du mot *trentain*, qui du XIIᵉ au XVᵉ s., a désigné un drap de qualité supérieure dont la trame était formée de *trente* centaines de fils, ou bien encore que ce chiffre était en rapport avec le jeu de cartes du même nom, où il fallait totaliser *trente et un* points pour gagner. Ces deux explications sont peu satisfaisantes : *trentain* était archaïque depuis trois siècles au moins; *trente et un* n'est pas sûr. Larchey, dans son dictionnaire d'argot de 1872, fait état d'une variante *trente-six,* attestée dès 1833 et rien ne prouve donc que la forme *trente et un* ait été la première. Les explications du type anecdotique, qui ne tiennent pas compte de telles variantes, ne peuvent être retenues. On trouve : *être sur son trente-deux* (Journal des Goncourt, 1885), *sur ses cinquante et un* (Balzac, 1842) : tous ces nombres fonctionnent comme des intensifs et sont peu explicables.

> Il y a comme des fleurs dans la soie et des trous que vous diriez une dentelle, on voit sa chair rose à travers. Enfin elle est sur ses cinquante et un! avec un petit tablier si gentil devant elle, que la Védie m'a dit que ce tablier-là valait deux années de nos gages...
>
> H. de BALZAC, *La Rabouilleuse*, t. III, p. 1014.

> Et quand enfin ce fut Johnny... Il avait rappliqué des garçons avec les cheveux en pluie sur le front, des filles sur leur trente-et-un, tout ça par terre dans les travées, le poing sous le menton, les coudes sur les genoux, l'œil tendu.
>
> ARAGON, *Blanche ou l'Oubli*, p. 144.

TRENTE-SIX adj. num. et n. m. La valeur générale de ce multiple de *douze* est celle d'un intensif.

En voir trente-six chandelles → CHANDELLE.

Tous les trente-six du mois «jamais, très peu souvent» (1888, Sachs-Villate). Littéralement, «aussi peu souvent qu'un mois à trente-six jours», par référence plaisante à une division imaginaire du temps, basée cependant sur 12, c'est-à-dire «jamais». (Syn. *Calendes* grecques, la semaine des quatre jeudis*, la Saint-Glinglin*.*)

> Elle était toute rose de la voir s'amuser de si bon cœur, elle y prenait même du plaisir pour son compte, ce qui lui arrivait le trente-six de chaque mois.
>
> É. ZOLA, *L'Assommoir*, t. II, p. 132.

> « Excusez-moi, maréchal des logis ! Je bande tous les trente-six du mois » me confia le
> doyen des légionnaires pour décliner l'offre qu'à lui, l'ancien, le cénobite placide aux
> saouleries légendaires, je faisais d'une passe avec Khadidja.
>
> M. LEIRIS, *Fourbis*, p. 200.

TRENTE-SIXIÈME adj.

Fam. *Être au (dans le) trente-sixième dessous* « être dans une mauvaise situation »
→ DESSOUS. *Trente-sixième* correspond à une forme intensive de *troisième*.

TRÉPAS n. m.

Passer de vie à trépas → VIE.

TRÉTEAU n. m.

Monter sur les tréteaux « embrasser la carrière théâtrale » (fin XVIIIᵉ s.).

TRÊVE n. f.

Trêve des confiseurs « arrêt de l'activité politique et diplomatique pendant les
fêtes de fin d'année » (au moment où les confiseurs travaillent le plus).

Ni paix ni trêve → PAIX. On dit parfois *ni trêve ni repos.*

Sans trêve « sans arrêt, sans relâche ».

Trêve de... « assez de ». *Trêve de plaisanteries, de bavardages ! Trêve à*
est vieilli.

Vx. *Faire trêve à* « suspendre, arrêter » (début XVIIᵉ s., d'Aubigné). *Faire trêve de*
figure chez Montaigne.

TRIBUT n. m.

Payer son tribut à la nature → NATURE.

TRINGLE n. f.

Fam. *Avoir la tringle* « être en état d'érection », par une métaphore évidente (→ ci-
dessous TRIQUE).

Fam. *Se mettre la tringle* « se priver, se passer de » (1905, Esnault). Syn. de *se
mettre la ceinture, faire tintin. Tringle* (ou *tringue*) est attesté dès 1866 chez Delvau
au sens de « rien du tout » ; à la fin du XIXᵉ s. dans quelques expressions comme *travailler pour la tringle* « travailler gratuitement », *ne devoir que tringle* « acquitter ses
dettes » (1895, Chautard).

> Ta bouche, mon gros ! dit Barque, dont le toupet est directement menacé par cette con-
> signe. Tu m'as pas ar'gardé. Tu peux t'mettre la tringle.
>
> H. BARBUSSE. *Le Feu*, t. I, p. 20.

TRIPE n. f.

Les tripes à l'air (au soleil) « le ventre ouvert ». *Mettre les tripes à l'air* (à
qqn) « éventrer ».

Avoir la tripe républicaine « être républicain jusqu'aux entrailles », c'est-à-
dire complètement, sans partage.

Remuer les tripes « émouvoir violemment ». Comme les *entrailles* (→ ce
mot), les *tripes* symbolisent dans la langue familière la sensibilité ; l'image rend bien
compte de l'aspect somatique de l'émotion. On dit aussi *prendre (saisir) aux tripes.*

> C'était un beau garçon qui avait une voix splendide. Il chantait à la Boîte à Dix Sous,
> un ténor c'était, et qui poussait la romance à vous en remuer les tripes.
>
> R. QUENEAU, *Pierrot mon ami*, p. 96.

Vomir (rendre) tripes et boyaux « vomir tout le contenu de l'estomac » (milieu XVIIᵉ s.). La coordination des deux synonymes a valeur d'intensif (« tout ce qu'on peut vomir »). On trouve au XVIᵉ s. *avoir de qqn tripes et boyaux* « en tirer le maximum, tout ce qu'on peut » (chez Ronsard). *Tripes et boudins* (mot du style burlesque, pour « boyaux, tripes »), attesté au XVIIᵉ s. (Furetière), ne se dit plus.

> [...] en ayant trouvé parmy des vieux papiers quelques fragments il y a deux mois, je pensay vomir tripes et boyaux, tant cela me fist mal au cœur : mon Dieu, ce dis-je, est-il possible que Francion ait autrefois proféré de si sottes paroles [...].
>
> Ch. SOREL, *Histoire comique de Francion*, p. 185.

TRIPETTE n. f.

Fam. *Ne pas valoir tripette* « ne rien valoir » (1743, Trévoux). Contrairement à *tripe*, chargé de contenu affectif, le diminutif *tripette* exprime l'absence de valeur.

TRIQUE n. f.

Fam. *Sec comme un coup de trique, comme une trique* « très maigre ». Ces expressions ne paraissent pas antérieures à la fin du XIXᵉ s. (elles ne figurent pas dans Littré). On peut les rapprocher de *sec comme un cotret**, qui exploite exactement la même image. *Sec comme un coup de trique* est plus étrange, et provient à la fois d'une métonymie (de l'instrument au coup) et d'un jeu sur *coup sec*. Une motivation supplémentaire réside dans la ressemblance phonétique entre *cotret* et *coup de trique*.

> [...] un grand diable, sec comme une trique, s'expliquait d'une voix pleurnicharde, parlait d'écorchures aux cuisses, de chairs mises à vif, de douleurs cuisantes.
>
> G. COURTELINE, *Les Gaîtés de l'escadron*, p. 12.

Pop. *Avoir la trique* « être en érection », par une métaphore banale de la raideur (avec le sémantisme implicite de « coup »). Syn. *Avoir le bâton*, la tringle**.

TRISTE adj.

Triste comme un bonnet de nuit → BONNET. — *Triste comme un lendemain de fête* → LENDEMAIN. — *Triste comme la mort* → MORT.

TROGNON n. m.

Fam. *Jusqu'au trognon* « jusqu'au bout, complètement ». S'emploie surtout avec des verbes comme « se faire avoir, être possédé », *trognon* étant un euphémisme pour « cul ».

> Clemenceau, la vieille noix, Llyod George l'avait possédé jusqu'au trognon. Et cette vieille salope de Briand, qui s'était laissé enfariner par Stresemann ! Maintenant, on allait comprendre notre douleur !   A. SERGENT, *Je suivis ce mauvais garçon*, p. 136.

TROMPE n. f.

À son de trompe « à grand bruit » (1657, Pascal), en parlant d'une nouvelle, avec des verbes comme *annoncer, divulguer*. Au XVIᵉ s., la loc. s'employait dans son sens propre, à propos de proclamations publiques faites avec autorisation d'un magistrat.

TROMPETTE n. f.

Nez en trompette → NEZ. — *Sans tambour ni trompette* → TAMBOUR.

TRÔNE n. m.

Le Trône et l'Autel « l'autorité du Roi et celle de l'Église ». Ce couple symbolique est plus littéraire que *le sabre et le goupillon**.

> Les religieux, revenus d'exil, grâce à la guerre et à la victoire de 1918. n'avaient plus le même esprit. Toutes les équivoques qui liaient le trône à l'autel, le goupillon au sabre, furent sinon détruites, du moins fixées [...].   F. MAURIAC, *Bloc-Notes*, p. 54.

TROP adv.

Être de trop «être indésirable; *spécialement :* imposer sa présence de manière inopportune».

Trop, c'est trop «l'excès est nuisible». *Trop est trop* (XVIIIᵉ s.) est vieilli :

> J'aime les chairs quand elles sont belles, mais aussi trop est trop, et le mouvement est si essentiel à la matière!   DIDEROT, *Le Neveu de Rameau*, p. 459.

TROT n. m.

Au trot «très vite». Cf. aussi *au galop.* En exclamation : *au trot!* «dépêchez-vous!»

TROTTOIR n. m.

Vx. **Être sur le trottoir** «être en évidence», et spécialement, d'une fille, «être bonne à marier». Courant au XVIIᵉ s. (Furetière), cet emploi honnête du mot *trottoir* n'est plus possible (FAIRE LE TROTTOIR*, ci-dessous, et ÊTRE SUR LE PAVÉ*).

Fam. **Faire le trottoir** «racoler les clients dans la rue», en parlant d'une prostituée.

> Là, sa pauvre Muse pucelle
> Fit le trottoir en *demoiselle.*
> Ils disaient : qu'est-ce qu'elle vend?
> — Rien. — Elle restait là, stupide,
> N'entendant pas sonner le vide
> Et regardant passer le vent...   T. CORBIÈRE, *Les Amours jaunes*, p. 705.

> C'est lâche, c'est lâche, ce que tu viens de dire, répondit Sylvaine. Je n'avais pas de quoi bouffer, j'étais sur le pavé...
> — Il y a d'autres manières de sortir du pavé qu'en faisant le trottoir...
>   M. DRUON, *Rendez-vous aux enfers*, p. 128.

Vx. **Se jeter (se mettre) sur le trottoir** «se mettre en vue, en évidence» (XVIᵉ s. Montaigne).

TROU n. m.

Trou noir «état dépressif, dans lequel on 'tombe', le fond du désespoir». *Noir* est habituellement associé à la tristesse ou à la dépression.

Trou normand «verre d'alcool consommé pour 'se creuser' à nouveau l'appétit au milieu d'un repas» (1867). Allusion à l'usage du calvados en intermède au milieu du repas.

Trou perdu «endroit isolé, de peu de ressources». La loc. est lexicalisée dans *c'est un trou, un petit trou.*

> Renoncer à ses réceptions, s'enfuir dans un trou perdu était pour elle un suicide.
>   É. ZOLA, *La Joie de vivre*, in *Ph. Sl.*

Un petit trou pas cher «un lieu de villégiature, de vacances, peu onéreux».

Trou de balle «anus». Désignation plaisante d'après le nom de la blessure infligée par *balle,* mais aussi par comparaison du derrière à une *balle,* dans un autre sens («paquet, ballot» → PANIER) ou même au sens de «sphère».

> Claude a façonné un trou rond bien ourlé et entièrement cerclé de poils de chien elle n'a pas d'trou d'balle?
> je lui ai pas fait de vrai cul c'est trop dur   T. DUVERT, *Paysage de fantaisie*, p. 132.

Trou du cul «anus», et figurément, appellation injurieuse sans contenu précis (parfois abrégée en *trouduc*). Dans la loc. adverbiale *jusqu'à la saint trou du cul* «jusqu'à un point, une limite indéfinie, jamais», le saint burlesquement nommé exprime l'indétermination, comme dans *Saint-Glinglin.*

Trou de mémoire «oubli partiel et momentané». Le *trou* correspond ici à la place «en creux» du souvenir manquant.

Fam. **Yeux en trou de bite** «yeux tout petits». Parfois altéré pudiquement (ou naïvement) en *yeux en trous de mite* («petit trou»), cf. aussi *En trou de vrille.*

Boire comme un trou «boire immodérément, être ivrogne» (milieu XVIIᵉ s.). L'image de l'absorption est voisine de celle de l'éponge (→ Boire, ÊTRE IMBIBÉ COMME UNE ÉPONGE*).

> Sa carafe est vide il boit toujours comme un trou il ne touche pas au vin il se lève en tenant la carafe d'une main il va la remplir dans la cuisine.
>
> T. DUVERT, *Paysage de fantaisie,* p. 195.

Vx. **Boucher un trou** «acquitter une vieille dette». Le composé lexicalisé *bouche-trou,* appliqué à tout ce qui comble une lacune, a fait vieillir cette métaphore.

Être, rester dans son trou «être, rester à sa place, sans bouger», par une métaphore empruntée au monde animal.

> Quant à l'idée chinoise, je viens d'indiquer qu'elle vit maintenant tranquille dans son trou, comme l'honnête personne dont on apprend qu'après ses multiples tribulations elle file enfin des jours paisibles dans sa petite maison de campagne.
>
> M. LEIRIS, *Fibrilles,* p. 276.

S'en mettre (s'empiffrer...) jusqu'aux trous de nez, s'en mettre plein les trous de nez «manger gloutonnement». *Jusqu'aux trous de nez* a valeur d'intensif et signifie «un maximum, le plus possible».

> Certain, qu'ils se régalent à la cuistance [...]. Ils s'empiffrent plein les trous de nez!
>
> A. BOUDARD, *Cinoche,* p. 172.

Sortir par les trous de nez. Se dit d'une chose qu'on ne peut plus supporter (dont on est rempli, dont on a «plein le cul»).

Arg. puis fam. **Être au trou** «être en prison» (milieu XIXᵉ s.). Ce sens spécial de *trou* est ancien (1725, Granval, *Cartouche ou le Vice puni*).

Fam. et vieilli. **Être dans le trou** «être enterré» (1878, Larchey).

Faire son trou «se faire une situation stable, faire sa place» (début XIXᵉ s. Vigny). L'expression met en œuvre l'image des animaux qui creusent patiemment leur terrier. Le possessif exprime l'idée de sécurité matérielle individuelle (syn. *se faire une place au soleil*) mais aussi de protection. Avec un complément de lieu :

> On ne reconnaît le talent que quand il vous passe sur le ventre et il faut des milliers d'obus pour faire son trou dans la Fortune.
>
> G. FLAUBERT, *Correspondance,* IVᵉ série, p. 92.

Vx. **Faire un trou à la nuit (à la lune)** «s'enfuir furtivement sans payer ses créanciers». Ces expressions, courantes au XVIIᵉ s., ont d'abord eu le sens de «partir sans être vu, et de préférence la nuit».

> Pour remédier à ce mal [être chassé honteusement] je me deliberay de faire un coup de ma main, qui me payast de mes gages, et de faire un trou a la nuict, comme dit le proverbe.
>
> Ch. SOREL, *Histoire comique de Francion,* p. 111.

N'avoir pas les yeux en face des trous → ŒIL.

N'être jamais sorti de son trou «n'avoir rien vu, ne rien connaître hors de son cadre habituel d'existence».

Vouloir disparaître dans un trou (de souris) «être confus, honteux» (Syn. *Vouloir être à cent pieds sous terre*).

TROUSSE n. f.

Aux trousses de (qqn) « à sa poursuite » (vers 1500) [surtout dans : *avoir qqn à ses trousses, être aux trousses de qqn*].

> Il a son compte, ton matelot... D'un coup de savate, v'lan dans le canal... La police est à mes trousses... Je me sauve... bonsoir !   A. DAUDET, *Jack*, in *Ph. Sl.*

TRUIE n. f.

Une truie n'y (re)trouverait pas ses petits « c'est un désordre incroyable ». L'image a diverses variantes, par allusion aux femelles qui ont des portées nombreuses (*chatte*, etc.).

> Qu'est-ce qui m'a bâti un brigadier comme ça ! Vous n'avez pas honte, de laisser votre peloton dans un état pareil ? Ce n'est pas une chambre, c'est un fumier ; une truie n'y trouverait pas ses petits !   G. COURTELINE, *Les Gaîtés de l'escadron*, p. 31.

TU pron. pers.

Être à tu et à toi avec qqn « être très lié avec lui », le tutoiement étant une marque d'intimité (1798, être *de tu à toi*).

TUBE n. m.

Fam. *Déconner à pleins tubes* « dire ou faire des bêtises » (XXᵉ s.). *À pleins tubes* « un maximum, autant que possible » signifie à l'origine « avec toute la puissance du moteur » (cf. *À pleins gaz, toute la gomme*).

> Le voilà partie !... Et je me monte !... Et je me tarabuste !... Et je bafouille !... Et j'en perds la tête !... Et je te déconne à pleins tubes !...
> L.-F. CÉLINE, *Mort à crédit*, Livre de poche, p. 350.

TURC n. m.

Tête de Turc « objet des railleries, des plaisanteries d'autrui » (1867, Delvau). Très exactement « ce sur quoi on frappe », par allusion au dynamomètre qui se trouve dans les foires et dont la partie qu'on frappe représente une tête ornée d'un turban. On disait aussi *tête de More* (→ TÊTE).

Fort comme un Turc « doué d'une grande vigueur physique » (1658, Scarron). Neutre aujourd'hui, cette loc. avait à l'origine des connotations négatives. Comme le More, le Turc symbolisait aux XVIIᵉ et XVIIIᵉ s., et peut-être depuis les Croisades, l'incroyant, l'ennemi brutal → TÊTE. « Quand on veut injurier un homme, le taxer de barbarie, de cruauté, d'irréligion, on dit que *c'est un Turc, un vrai Turc*, un homme inexorable, qu'*il vaudroit autant avoir à faire à un Turc*. » (Leroux, *Dict. comique*, 1752.)

> Les petits me regardaient avec de grands yeux, et ils allaient jouer dans leur coin. Pauvres moutards ! ça me faisait de la peine, — mais ils sont forts comme des Turcs : ils me doivent leur santé.   C. CROS, *Monologues*, p. 329.

À la turque « à la manière des Turcs », notamment dans les expressions *assis, accroupi à la turque* « en tailleur, sans siège » ; d'où *cabinets à la turque* « sans siège », où l'on doit s'accroupir.

> Cette partie du château n'est plus entretenue l'eau coule encore on apporte du papier les chiottes sont à la turque il y a longtemps que le trou est bouché enseveli sous les crottes qui parsèment tout le ciment du réduit
> T. DUVERT, *Paysage de fantaisie*, p. 142.

Vx. *Traiter qqn de Turc à More* « traiter avec rudesse, en ennemi, impitoyablement ». Bien que tous deux ennemis des chrétiens, les Turcs et les Mores (Arabes) se combattaient, avec la férocité que l'on prête généreusement à tout ennemi (→ ci-dessus FORT COMME UN TURC).

Vx. ***Travailler pour le grand Turc*** «travailler gratuitement» (→ aussi Pour le
roi de Prusse*)

TUYAU n. m.

Fam. et vulg. ***La famille tuyau de poêle*** «une famille dont les membres ont entre
eux des relations sexuelles» (1926, Chautard). Les tuyaux de poêle s'emmanchent
les uns dans les autres.

> Antoine. il bossait presque plus. Quand il s'était bien amusé avec la rombière, ils reve-
> naient blaguer avec nous. On chambardait tout l'atelier. Entre temps, ils en écrasaient
> l'après-midi pendant des heures... C'était la famille «tuyau de poêle!»
>   L.-F. Céline, *Mort à crédit*, Pléiade, p. 666.

Dire (couler) qqch. dans le tuyau de l'oreille → Oreille.

UN, UNE adj. et n. Des formes très usuelles et intérieurement lexicalisées
comme *un à un, un par un, l'un et (ou) l'autre, l'un l'autre*, etc., ont leur place dans
les dictionnaires généraux. On ne traitera ici que celles où *un* a une valeur spécifique et qui méritent un commentaire particulier.

Comme pas un «plus ou mieux que quiconque» (1876, *in* Wartburg). Précédée soit d'un adj. *(adroit comme pas un)*, soit d'un verbe *(il fait le café comme pas
un)*, la loc. correspond à une ellipse de «comme pas un ne l'est» ou «ne le fait».

Fam. ***Sans un*** [LOC. ADJ.] «démuni d'argent» (1899, Esnault). Ellipse de *sans
un sou*.

> Et puis j'ai prêté — qu'elle dit! — cinquante balles à Myriam pour payer sa pelure. et
> puis il y a l'une, y a l'autre qui rappliquent, qui disent qu'elles sont sans un... Est-ce
> que je sais!...   Colette, *La Vagabonde*, p. 60.

L'un dans l'autre «tout bien considéré, en définitive» (1812, *in* Wartburg).
Cette loc. familière est un constat porté sur une situation globale jugée, après comparaison, plutôt avantageuse ou équilibrée. La comparaison est exprimée par l'image
d'un emboîtement qui permet de juger des dimensions respectives.

> L'un dans l'autre, avec un peu de veine, j'arrivais à me faire vingt-cinq points! C'était
> une somme pour l'époque.   L.-F. Céline, *Mort à crédit*, Pléiade, p. 868.

> Les Anglais, ce sont des mastars, les Fritz ne vont pas les posséder si rapidement qu'ils
> croient. Et si ça sent trop le brûlé. les Américains se réveilleront. L'un dans l'autre, ça
> doit s'équilibrer.   A. Sergent, *Je suivis ce mauvais garçon*, p. 159.

Dans des loc. familières du type *s'en jeter un, en griller une, ne pas en rater une, en
suer une*, l'indéfini a une valeur elliptique et renvoie respectivement à *verre, cigarette, gaffe, danse*.

Être à la une (faire la une) des journaux «être l'événement dont on parle
dans les journaux». C'est en effet sur «la une», la première page des journaux que
sont relatés les événements qui font l'actualité → Cinq colonnes* à la une.

> Finis la détente, les aventures et son air de glycine exotique. Elles serait à la une des
> journaux. La télévision fréterait une goélette et Onassis en ferait une invitée sur son
> yacht...   J. Cayrol, *Histoire de la mer*, p. 174.

Fam. ***Ne faire ni une ni deux*** «ne pas hésiter avant d'agir», c'est-à-dire «ne pas
prendre le temps de compter jusqu'à deux» (milieu XIXᵉ s.). La loc. exprime la rapidité d'exécution en faisant l'économie du temps de réflexion préalable.

> J'ai donné un coup de gueule et ça n'a pas traîné! On a ordonné à Girardin d'abattre
> son chien. Il n'a fait ni une ni deux, et m'a dépêché son gérant, pour m'attacher la
> pierre au cou et me jeter à la rivière.   J. Vallès, *L'Insurgé*, p. 59.

> Et puis ça passe dans l'idée de tout le monde, comme ça, tout d'un coup, sans qu'on
> sache pourquoi, sans explication, de mettre le feu à la baraque. Ni un, ni deux, c'est
> merveille la rapidité du travail : une petite flambée vient nous satisfaire tous.
>   R. Queneau, *Pierrot mon ami*, p. 116.

Ne faire qu'un avec (qqn ou *qqch.)* «être profondément uni à», jusqu'à se confondre avec lui ; être parfaitement semblable à qqch.

C'est tout un «c'est la même chose», cela revient au même ou «c'est indifférent, sans importance» (XVIe s.).

Encore un (une) que les Anglais (les Allemands,...) n'auront pas! Se dit familièrement quand on mange ou boit, en faisant mine de croire que l'objet (un repas, un verre, une bouteille...) risquerait d'être confisqué par l'ennemi, les Anglais puis les Allemands assumant ce rôle traditionnel. La formule est une var. de *autant de pris sur l'ennemi* → ENNEMI, PRENDRE.

Et d'un! (et d'une!) «et voilà la première chose», dans une énumération de raisons, de griefs dont on attend la suite *(et de deux, et de trois!).*

Certains gens ont le sens du malheur. Celle-ci en est.
— Ah ! bien !..., J'avais pensé que vous aviez peut-être quelqu'un de malade... Et d'une !
G. SIMENON, *Les Petits Cochons sans queue,* in *Ph. Sl.*

Un (une) de perdu(e), dix de retrouvé(e)s! [LOC. PROV.]. Ce proverbe prétend consoler de la perte ou de l'abandon de l'être aimé en le considérant comme simple élément d'une série. L'amour y est représenté comme un jeu de hasard où l'on peut perdre, mais aussi regagner jusqu'à dix fois sa mise, laquelle est de nature identique et indifférente.

Tu apprendras que le proverbe «un de perdu, dix de retrouvés», ne s'applique pas aux types bien. Si tu en perds un, tu n'as pas beaucoup de chances d'en dégoter un autre.
R. QUENEAU, *Pierrot mon ami,* p. 99.

UNION n. f.

L'union fait la force [LOC. PROV.] «on est plus fort lorsqu'on est uni, en accord».

UNISSON n. m.

Être (se mettre) à l'unisson «en conformité de sentiments, ensemble» (1752, Trévoux) → AU DIAPASON*.

Il vint à Jack une idée folle, une de ces idées d'enfant heureux qui veut mettre autour de lui tout à l'unisson de son bonheur.
A. DAUDET, *Jack,* in *Ph. Sl.*

URGENCE n. f.

D'urgence «sans délai, en toute hâte». Formes renforcées : *de toute urgence, de première urgence.*

URNE n. f.

Aller aux urnes «aller voter».

US n. m. pl.

Les us et coutumes «les habitudes, les traditions d'un milieu donné» (fin XIIe s.). *Us,* «usage, habitude» ne subsiste que dans cette loc. assez courante. Le couplage de substantifs synonymes est un procédé habituel de la rhétorique traditionnelle, dont on trouve de nombreux exemples dans la phraséologie. Cf. *Bel et bien, Peu ou prou.*

Suivant les us et coutumes du commerce, la caisse était située dans la partie la plus sombre d'un entresol étroit [...]. H. de BALZAC, *Melmoth réconcilié,* p. 269.

USAGE n. m.

À l'usage «lorsqu'on s'en sert, lorsqu'on utilise (qqch.)». *Vêtement qui se déforme à l'usage.*

À *l'usage de (qqn)* [LOC. PRÉP.] «destiné à, pour». *Catéchisme à l'usage des paroissiens.*

À *usage* (et adj.) «destiné à être utilisé de telle façon». *Médicament à usage externe.*

D'*usage* «conforme à l'usage habituel et reconnu; normal». *Échanger les politesses d'usage.* S'emploie aussi avec le verbe *être*, surtout dans le tour impersonnel : *il est d'usage.*

En *usage* «encore employé, utilisé». La loc. fonctionne aussi bien avec des substantifs concrets qu'abstraits, alors que *hors d'usage* «qui ne peut plus fonctionner», s'emploie plutôt avec des substantifs concrets.

Littér. *Avoir l'usage de (qqch)* «pouvoir se servir de».

Faire *usage de* «se servir de, utiliser» (avec un compl. concret ou abstrait). *Faire bon usage des conseils d'autrui,* «en tenir compte, en faire son profit» (XVIIe s., Mme de Sévigné, La Rochefoucauld).

Faire *de l'usage* «pouvoir être utilisé longtemps sans se détériorer, sans s'user», en parlant d'un objet (1872). La loc. s'emploie parfois métaphoriquement (*une plaisanterie qui a fait de l'usage,* «éculée»).

USURE n. f.

Fam. *Avoir qqn à l'usure* «avoir raison de lui, prendre l'avantage sur lui, en 'usant' ses forces» (XXe s.).

V Z

VACCINER v. tr.

Être majeur et vacciné « être adulte, être assez grand pour prendre ses décisions et ses responsabilités tout seul ». Cette formule s'emploie familièrement à l'adresse d'une personne qui se mêle inopportunément des affaires de qqn, en le traitant comme un enfant. L'allusion à la vaccination confère ironiquement à la reconnaissance de l'état adulte une garantie administrative → aussi Cuti *(virer sa cuti)*.

Fam. *Être vacciné avec une aiguille de phono* « être intarissablement bavard ». Pour un observateur naïf, c'est l'aiguille qui, en tournant sur les sillons du disque, paraît produire le son, d'où l'hypothèse que le son peut être « inoculé » par cette aiguille. Le sujet ainsi « vacciné » est alors assimilé à un objet mécanique sonore. La métaphore est voisine de celle qui a donné *changer de disque :* le bavardage est assimilé soit à l'animal qui ne comprend pas ce qu'il dit *(parler comme un perroquet),* soit à la machine.

VACHE n. f.

Vx. *La vache et le veau* « la femme et l'enfant », dans quelques expressions : *laisser la vache et le veau* « abandonner une femme enceinte » ; *prendre la vache et le veau, donner à qqn la vache et le veau* « faire épouser une fille enceinte » (XIXᵉ s.). L'expression était probablement moins péjorative qu'elle ne le serait aujourd'hui, encore que peu flatteuse ; son aspect phallocratique peut alimenter à bon escient la réprobation.

Fam. *Vache à lait* « personne qu'on exploite, qui est une source de profit pour d'autres » (XVIIᵉ s.).

> Ces femmes sortent de prison avant ces hommes. Et que font-elles ? elles les nourrissent. En style noble : providences ; en style énergique : vaches à lait.
> V. Hugo, *Choses vues,* nouvelle série, t. XIV, p. 44.

Fam. *Vache à roulettes* « agent cycliste ». Le sens argotique de *vache* « agent de police », date de 1880 environ.

Arg. *La croix des vaches* (1915) « marque au couteau, faite au visage d'une *vache,* d'un traître ». Expression argotique qui évoque les bandes rivales d'apaches et leurs combats.

> Fatima a gagné, elle part à Fresnes se faire faire la croix des vaches qu'elle n'a pas méritée, au fond ; mais sûr que « pour ces gens-là » les grands Patrons ne vont pas prendre tant de précautions : ils vont lui ouvrir sa gueule pourrie en deux coups de bistouri et ça lui apprendra à faire des simagrées. A. Sarrazin, *La Cavale,* p. 107.

Vx. *La vache à Colas* « les protestants » (début XVIIᵉ s.). Selon Gottschalk, un paysan huguenot nommé Colas aurait pendant le Carême partagé une vache avec ses correligionnaires, pour braver les catholiques. Selon Littré (et Wartburg), il s'agirait plutôt de la vache d'un certain Colas, paysan catholique, qui étant entrée dans un temple protestant au moment du prêche, fut dépecée et mangée par les huguenots. Vraie ou fausse, l'anecdote a été rapportée par l'Estoile en 1605 et son souvenir perpétué jusqu'au XIXᵉ s. dans des chansons. Le succès de la loc. réside dans sa fonction de péjoration, due aux connotations de *vache* appliqué aux humains ; elle a dû être sentie comme injurieuse envers les protestants.

Montagne à vaches « zone montagneuse assez facile d'accès, où paissent les vaches ». Ainsi appelée par opposition à la *haute montagne,* celle des alpinistes.

Peau de vache « personne méchante, dure, qui ne passe rien à autrui ». Se dit indifféremment d'un homme ou d'une femme. Croisement entre les valeurs péjoratives de *peau* et celle de *vache* (qui connote la méchanceté, après avoir au XIXᵉ s., impliqué la mollesse, la veulerie).

> Angèle avait une autre sœur, Sophie la grande nouille, à Londres, établie là-bas. Et Mireille ici, la petite nièce, elle a le vice de toutes les autres, une vraie peau de vache, une synthèse.   L.-F. CÉLINE, *Mort à crédit,* Livre de poche, p. 14.

> On m'a fichu une gardienne en or. Dommage, lorsque j'ai un mauvais coup de tête, j'aime autant l'exécuter sous la surveillance d'une peau de vache.
> A. SARRAZIN, *La Cavale,* p. 341.

Plancher des vaches « la terre (opposée à la mer) ». On a dit *pays de vache* pour « pays natal » (Marot, Rabelais).

Queue de vache, se dit d'une couleur roussâtre. On disait au XVIIᵉ s. *poil de vache* « poil roux » (1694, Acad.) et *roux comme une vache* (ibid.). Cette désignation est péjorative, comme toutes celles qui comparent l'être humain à ce pacifique et utile animal.

Les vaches grasses, les vaches maigres « période d'abondance, temps de pénurie », par allusion aux sept vaches grasses et aux sept vaches maigres qui, dans le rêve de Pharaon, symbolisaient une période d'opulence de sept ans suivie d'un temps de disette de même durée (Genèse, ch. 41).

Comme une vache, sert de terme de comparaison intensive dans les loc. anciennes : *dormir comme une vache* (fin XVᵉ s.), *s'enfuir comme une vache* (« à toutes jambes »). *Sorcier comme une vache,* se disait ironiquement d'un maladroit, d'un niais (→ ci-dessous PLEURER COMME UNE VACHE, PLEUVOIR COMME VACHE QUI PISSE ; cf. aussi *Comme une vache qui regarde passer un train**). — **Gros comme une vache** « très gros ».

Coup de pied en vache « coup en traître » (vers 1860). Au sens propre, le *coup de pied en vache* est une ruade de côté (opposée à la ruade en arrière des chevaux), qui, en termes de manège, s'exprime par *ruer en vache* (fin XVIIᵉ s.). On trouve la variante condensée : *coup en vache.*

> Si ma veine est pauvre, si j'ai le sang blanc, mieux valaient les coups de pied en vache de la misère, les portions à quatre sous, les faux-culs en carton, les humiliations innombrables !   J. VALLÈS, *L'Insurgé,* p. 227.

> Je lui bourrai les côtes avec la noix du poing et je lui collai de la tête dans le menton et je lui trépignai les pieds en même temps : tous les coups en vache, quoi, mais, quand la vie est au bout !...   J. GIONO, *Un de Baumugnes,* p. 157.

Veau, vache, cochon, couvée, → VEAU.

Aller à qqn comme un tablier à une vache → TABLIER.

Pleurer comme une vache « abondamment » (XVIᵉ s., Rabelais) est en concurrence avec *comme un veau.*

Pleuvoir comme vache qui pisse « à verse » (milieu XIXᵉ s.). L'expression paraît s'expliquer à partir de *pleurer comme une vache,* le passage de la première loc. à la seconde est motivé à la fois par le contenu (rapports métaphoriques entre *pleurer* et *pleuvoir*) et par la forme phonique (allitération des syllabes initiales). *Comme (une) vache* est senti comme un intensif renforcé par une image caractérisant un trait physiologique aisément observable *(vache qui pisse)*. Le choix de ce dernier verbe a pu être surdéterminé par des valeurs figurées et des loc. comme *pisser des yeux*.

Manger de la vache enragée « mener une vie de dures privations » (début XVIIIe s.). Littéralement, être dans un tel état de dénuement et de faim qu'on en est réduit à manger de la viande de bêtes tuées par raison d'hygiène (bêtes malades). On a pu passer de l'idée de « consommer de la vache malade » à cette expression par emploi d'un adj. qui désignait la vie difficile *(mener une vie enragée)*.

> La vie devint sévère pour Marius. Manger ses habits et sa montre, ce n'était rien. Il mangea de cette chose inexprimable qu'on appelle *de la vache enragée*. Chose horrible, qui contient les jours sans pain, les nuits sans sommeil. les soirs sans chandelle, l'âtre sans feu, les semaines sans travail, l'avenir sans espérance [...].
> V. HUGO, *Les Misérables*, Pléiade, p. 693.

> [...] j'ai un estomac d'autruche, grâce à Dieu ! j'ai mangé de la vache enragée... dans les bons jours, des cailloux dans les mauvais. É. AUGIER, *Le Fils de Giboyer*, p. 43.

Parler français comme une vache espagnole « le parler très mal ». Attestée en 1640 chez Oudin, cette loc. est traditionnellement expliquée à partir d'une altération de *vasces*, c'est-à-dire « Gascon, Basque ». La forme correcte serait alors *parler (le) français comme un Basque espagnol*, c'est-à-dire « comme un Basque (espagnol) parle le français, très mal ». Mais cette version semble postérieure à celle de la « vache ». Pour d'autres, *vache* serait une forme altérée de *basse*, ancien mot désignant une servante et dont on ne trouve nulle trace, sauf dans des formes régionales comme *baissotter*, *bassoter* « faire de menus travaux de ménage, bricoler », ou *bassoteuse* « femme de ménage ». En fait, l'hypothèse d'une altération n'est pas indispensable. En effet, la loc. comparative *comme une vache* fonctionne comme un intensif souvent négatif. C'est ce que montre la curieuse interférence entre *parler comme une vache espagnole* et l'ancienne loc. : *être sorcier comme une vache*, qui donne : *il est sorcier comme une vache espagnole* « il est maladroit, incapable » (dans Rolland, *Faune populaire*). Les valeurs négatives que l'adj. *espagnol (payer à l'espagnole* « en coups ou en rodomontades », *espagnolade*, trait d'Espagnol « fanfaronnade ») a eues au XVIIe s., sembleraient confirmer cette hypothèse. *Comme une vache espagnole* serait alors un intensif négatif, variante renforcée de *comme une vache* « très médiocrement », ou une façon insultante de dire *comme un Espagnol*.

> Il faut faire observer ici que Jacques Collin parlait le français comme une vache espagnole, en baragouinant de manière à rendre ses réponses presque inintelligibles et à s'en faire demander la répétition.
> H. de BALZAC, *Splendeurs et Misères des Courtisanes*, p. 964.

Les locutions proverbiales formées avec *vache* sont pour la plupart archaïques, et correspondent à des images banales. Ex. *Où la vache est attachée il faut qu'elle broute* « il faut se résigner à sa condition » ; *viendra un temps où les vaches auront besoin de leurs queues* « tout finit par trouver son utilité » ; *aussitôt meurt vache que veau* « les vieux et les jeunes meurent aussi facilement » ; *chercher une vache noire dans un bois brûlé* (dans Rabelais) « chercher une chose impossible » ; *la vache est à nous* « le succès est acquis ».

À chacun son métier et les vaches seront bien gardées → MÉTIER.

1. VAGUE n. f.

La nouvelle vague « la génération montante ». L'expression fut employée pour la première fois en 1958 (journal *L'Express*) et s'appliqua ensuite à la nouvelle génération de créateurs (surtout de cinéastes) au début des années 1960.

Vague de fond, par métaphore «phénomène de grande ampleur qui s'étend irrésistiblement», à la manière de la vague d'un raz de marée.

Être au (dans le) creux de la vague «être dans une mauvaise situation (psychique, économique)». En parlant d'un artiste, «être au plus bas de sa popularité, de sa réussite». Le creux de la vague correspond métaphoriquement à la perte du dynamisme, par opposition à la crête, où l'élan est maximal.

2. VAGUE adj. et n. m.

Vague à l'âme «malaise psychique mal défini, sorte de mélancolie» (1833, Gautier). La spécification du siège du malaise est relativement tardive (on disait : *le vague,* au début du XIXe s.).

Dans le vague «dans l'imprécision» (1765, Acad.), avec des verbes d'état *(être, rester, demeurer)* et en parlant d'idées, de pensées de projets.

VAIN adj.

En vain «inutilement, sans résultat» (XIIe s.).

> Julien partit seul et arriva sans autre incident auprès du grand personnage. Il perdit toute une matinée à solliciter en vain une audience.
> STENDHAL, *Le Rouge et le Noir*, p. 585.

Vieilli. *Prendre le nom de Dieu en vain, jurer Dieu en vain* «employer sans nécessité le nom de Dieu dans un serment» (fin XIVe s.).

VAISSEAU n. m.

Brûler ses vaisseaux «s'engager dans une entreprise, prendre une décision en s'interdisant de revenir en arrière» (1835, Acad.). Ce fut, paraît-il, la tactique de certains grands capitaines (Guillaume le Conquérant, Cortès) de brûler sur les rives ennemies les embarcations qui les avaient amenés, de manière à rendre impossible à leurs troupes toute velléité de retraite.

> Examen de baccalauréat :
> — Voulez-vous me dire d'où vient la phrase «brûler ses vaisseaux»?
> L'élève, *après avoir réfléchi.* — Ça vient de l'habitude qu'on a prise de boire de l'alcool.
> *Le Charivari*, 2 juillet 1892, p. 2.

VAL n. m.

À vau-l'eau → VAU.

Par monts et par vaux → MONT.

VALEUR n. f.

Mettre en valeur «faire ressortir, mettre en relief» (XVIIIe s.). S'emploie dans les domaines concret et abstrait, par métaphore du sens «exploiter, tirer profit de...» → VALOIR *(faire valoir).*

> Gibbon met en valeur une des causes, dont je ne m'étais pas avisé, de l'assombrissement de la société par le christianisme. A. GIDE, *Journal*, t. II, p. 225.

VALISE n. f.

Fam. *Bourré comme une valise* «complètement ivre», par jeu sur *bourré* «plein» et «ivre» (cf. *Plein comme,* qui exploite aussi le double sens de l'adj.). L'expression paraît être une expansion stylistique de *être bourré.*

> A onze heures, Mammouth était ivre mort, bourré comme une valise à un départ de vacances. R. FALLET, *Le Triporteur*, p. 312.

Fam. *Bête (con) comme une valise, comme une valise sans poignée* «totalement inepte (d'une personne)». L'image qui s'impose est celle d'un objet totalement inuti-

lisable qu'on ne sait comment prendre, mais le rapport entre l'adj. *con* et le sémantisme du contenant est sous-jacent. Cf. *Con comme une malle.*

Se faire la valise «s'en aller». Var. de *se faire la malle* → MALLE. *Faire sa
(ses) valise(s),* qui a le même sens, appartient à la langue plus soutenue.

> — Ça fait tout juste une petite valise que j'emporte à la gare en taxi ; je la fais voya-
> ger par le train cependant que je me fais moi-même la valise en stop en direction de
> Troyes [...].   A. SARRAZIN, *La Traversière,* p. 66.

VALLÉE n. f.

Vallée de larmes, de misère «le monde terrestre», considéré, par opposition
au séjour céleste, comme un lieu de souffrance, dans la rhétorique religieuse.

> C'est peu de chose que l'homme ah ! oui peu de chose vous pouvez le dire peu de
> chose et nous traversons une vallée de larmes une vallée de larmes c'est le mot enfin
> la fête est réussie c'est le principal.   J. PRÉVERT, *Histoires,* p. 173.

VALOIR v. tr.

À valoir (sur...) «en déduction d'une somme globale» (début XVIIIe s.).
Expression du vocabulaire comptable.

Autant vaut → AUTANT. — **Rien qui vaille** → RIEN.

Vaille que vaille «tant bien que mal» (XIIIe s.). Signifie d'abord : «que la
chose vaille la peine ou non, peu ou beaucoup». Malgré sa syntaxe, aujourd'hui
peu claire, la loc. est restée vivante.

Faire valoir, loc. verbale qui correspond aux emplois de *mettre en valeur.*
a) «exploiter, tirer profit d'un capital» qui représente une valeur.

> Cette demoiselle, grande Franc-Comtoise, fort bien faite, et mise comme il faut pour
> faire valoir un café, avait déjà dit deux fois, d'une petite voix qui cherchait à n'être
> entendue que de Julien : Monsieur ! monsieur !   STENDHAL, *Le Rouge et le Noir,* p. 368.

b) Avec un complément abstrait : *argument, raison,* ou une complétive introduite
par *que,* «représenter, faire ressortir».
c) *Se faire valoir* «donner aux autres la conscience de sa propre valeur», puis «se
mettre en avant, s'imposer».

Mieux vaut → MIEUX.

VAPES n. f. pl.

. Fam. **Dans les vapes** «dans l'abrutissement causé par la fatigue, l'abus d'alcool ou
de drogue». *Vapes* est une abréviation familière de *vapeurs. Être, tomber dans les
vapes.* Le sing. *(dans la vape, en pleine vape)* est plus rare.

VAPEUR n. f.

À toute vapeur «à toute vitesse» (1872), c'est-à-dire comme une machine
qui, pour fonctionner à plein rendement, utiliserait toute la vapeur disponible. *À la
vapeur* n'est plus guère employé.

Renverser la vapeur «arrêter net une action et la mener dans un sens opposé ;
changer radicalement d'orientation». La métaphore est empruntée à la mécanique ;
au sens propre, *renverser la vapeur* veut dire «faire agir l'autre face d'un piston
pour inverser le sens de la marche», ce qui a pour effet, dans un premier temps, de
freiner le mouvement.

VASE n. m.

En vase clos «sans contact avec l'extérieur, en milieu fermé».

> Regard sur une immensité en vase clos, au sein de ce monde à l'envers qu'est le
> monde souterrain.   M. LEIRIS, *Fourbis,* p. 39.

VATAN n. pr.

Fam. *Envoyer à Vatan* «congédier». Calembour sur *va-t'en*. Ce genre de jeux de mots géographiques est fréquent dans la langue populaire avec les verbes *aller* et *envoyer* → CACHAN (ALLER À).

VA-TOUT n. m.

Jouer son va-tout «tout risquer». La loc. vient des jeux de cartes et signifie d'abord «tout miser en une seule fois». La métaphore s'apparente à celle de *jouer, risquer le tout pour le tout* (→ TOUT), *jouer sa dernière carte*.

VAU (A) loc. prép.

À vau-l'eau «péricliter, aller à sa perte» (1676). Au milieu du XVIᵉ s., l'expression avait son sens concret de «suivre le fil de l'eau» (Rabelais, 1552). *À val* (ou *à vau*) *de...* signifiait «en descendant le long, en suivant la pente de» (attestée vers 1150). On disait ainsi *à vau le vent, à vau le pays*. Toutefois, à la fin du XVIᵉ s., la loc. prépositive, tout en gardant son sens primitif, prend des valeurs plus abstraites. On trouve ainsi *à val de route* «en déroute, en déconfiture» et déjà *être à vau-l'eau* «mal fonctionner», en parlant d'une entreprise (1594). Les valeurs concrètes s'expriment maintenant par *en aval de*.

VA-VITE (À LA) loc. adv.

À la va-vite «rapidement et sans aucun soin».

VEAU n. m.

Vx. *Adorer le veau d'or* «avoir le culte de l'argent; faire la cour aux puissances d'argent». L'expression *le veau d'or* apparaît en français avant même les premières traductions de la Bible.

Vx. *Faire le veau* «faire le nigaud» ou «se *vautrer*». Cet animal connotait au XVIIᵉ s. la bêtise. Son emploi lexicalisé *(c'est un vrai veau! quel veau!)* exprime aujourd'hui la nonchalance, la mollesse, valeurs qui furent exprimées par *vache*, au XIXᵉ s. (*être vache* signifiait «être ramolli, paresseux, etc.»).

> L'enfant met pied à terre, et puis le vieillard monte;
> Quand trois filles passant, l'une dit : C'est grand'honte
> Qu'il faille voir ainsi clocher ce jeune fils,
> Tandis que ce nigaud, comme un évêque assis,
> Fait le veau sur son âne, et pense être bien sage.
>
>   La FONTAINE, *Fables*, III, 1 : Le Meunier, son Fils et l'Âne.

Vx. *Faire le pied de veau* «faire une révérence ridicule» ou «s'abaisser devant qqn».

Pleurer comme un veau «pleurer sans retenue» (1606) est une var. de *pleurer comme une vache*. Dans Rabelais, Gargantua *rit comme un veau* et *pleure comme une vache*.

> [...] et il l'embrassait, il pleurait comme un veau, avec de si grosses larmes, qu'il mouillait le drap en s'essuyant les joues. Gervaise s'était remise à sangloter, très touchée de la douleur de son mari, raccommodée avec lui [...].
>
>   É. ZOLA, *L'Assommoir*, t. II, p. 83.

> Il y avait un individu qui courtisait cette femme. Jean est venu chez moi pleurer comme un veau. Il a eu un duel avec l'individu, il s'est battu avec des armes, lâchement.
>
>   C. CROS, *Monologues*, p. 321.

Tuer le veau gras «se réjouir de qqch. en faisant bonne chère». La parabole biblique de l'enfant prodigue (Luc 15, 11-32) a donné naissance à cette expression au XVIIᵉ s.

— Chers enfants, s'écria-t-il, vous avez tué le veau gras pour le retour du père prodigue.   H. de BALZAC, *La Recherche de l'absolu*, t. IX, p. 643.

Adieu, veau, vache, cochon, couvée... Vers de La Fontaine (*Fables*, « Perrette et le pot au lait ») que l'on rappelle pour signifier la perte d'illusions.

VEDETTE n. f. Le mot désigne d'abord un soldat placé en observateur, dans une position dominante ou, en tout cas, particulière. Il vient de l'italien *vedetta* « observatoire ».

Mettre en vedette « mettre en évidence, en relief » (milieu XIXᵉ s.). Un nom, un titre est *mis en vedette* quand il est écrit en gros caractères, sur une seule ligne, de manière à attirer immédiatement l'attention. L'idée est la même que dans *tenir la vedette* et le sens moderne (« artiste célèbre ») en est dérivé.

VEILLE n. f.

À la veille de [LOC. PRÉP.] « juste avant » un événement (XVIIᵉ s.). *Être à la veille de* « sur le point de », exprime l'imminence, le futur proche.

Fam. ***Ce n'est (c'est) pas demain la veille !*** « cela n'arrivera jamais ».

VEILLEUSE n. f.

Se mettre en veilleuse « réduire son activité », par analogie avec la lampe dont on a réduit l'intensité.

> Honoré promit sur l'honneur. Alors le vieux eut un sourire en pensant qu'il gagnait encore bien sa vie, puis il se mit en veilleuse pour trois semaines, à compter du lendemain dimanche après midi.   M. AYMÉ, *La Jument verte*, p. 90.

Fam. ***(La) mettre en veilleuse*** « se taire, baisser le ton ». La transposition métaphorique se fait du lumineux au sonore. Pour la grande majorité des locuteurs, l'expression met en œuvre l'idée générale de « baisse d'intensité ». Dans la var. populaire, *la* renvoie à la parole.

> Je me demandais ce qui se passerait si le scandale éclatait. Serais-je exclu du Parti?
> Il était plus vraisemblable qu'on me retirât mes responsabilités, qu'on me « mît en veilleuse », qu'on laissât venir l'oubli.   R. VAILLAND, *Bon Pied, Bon Œil*, p. 59.

VEINE n. f. Du latin *vena*. Le mot a deux séries de sens métaphoriques : l'une concrète, dont les valeurs sont « écoulement ; partie intérieure ; couche intérieure » ; l'autre abstraite (*veine* signifie en ancien français « inspiration ») aboutit par diverses loc., au sens actuel de « chance ».

1. « Vaisseau qui amène le sang au cœur ».

N'avoir pas de sang dans les veines « manquer de courage, de fierté » → SANG.

Se saigner aux quatre veines « se priver pour qqn ». L'expression ne semble pas ancienne. Elle fait sans doute allusion aux veines des quatre membres (on dit en Normandie : *se saigner aux quatre membres*), c'est-à-dire à une saignée complète.

> Il [...] finit par croire que l'instruction était le Souverain Bien, et il s'imagina que les gens les plus instruits étaient ceux qui enseignaient les autres. Il se « saigna » donc « aux quatre veines », pour établir ses six enfants dans l'enseignement, et c'est ainsi que mon père, à vingt ans, sortit de l'École Normale d'Aix-en-Provence, et devint instituteur public.   M. PAGNOL, *La Gloire de mon Père*, p. 20.

2. « Chance ».

Le sens moderne de *veine* « chance » a été précédé par des expressions en usage au XVIIIᵉ s., du genre *tomber sur une bonne veine* (cf. Filon), *être dans une bonne veine*, d'où *être en veine* (1801). *Avoir de la veine* apparaît vers la fin du XIXᵉ s., mais devait se dire avant 1857, date où l'on trouve *veinard* (Esnault).

Fam. **Une veine de cocu, de pendu** «une chance insolente». La tradition veut que la chance au jeu du mari trompé soit, peut-être par compensation, à la mesure de ses infortunes conjugales. Cf. le proverbe *Heureux au jeu, malheureux en amour*. Quand au pendu, sa corde avait, paraît-il, la vertu de porter chance aux autres → CORDE *(Avoir de la corde de pendu)*.

VELOURS n. m.

Jouer sur le velours «agir sans risques et avec la plus grande facilité» (1872), La loc. vient des jeux d'argent et signifiait dans ce contexte, au XVIIIᵉ s., «jouer avec de l'argent déjà gagné, sans entamer sa mise initiale» (1740, Acad.). Le *velours* est celui du tapis de jeu.

> [...] si vous êtes obligé de reconnaître désormais qu'il y a réellement des aventures, vous voyez à combien peu de chose, en définitive, elles se réduisent. Celle-ci me coûte cinquante louis ; mais le rajah m'en a donné cinq cents : je joue donc sur le velours.
> V. JACQUEMONT, *Correspondance*, t. II, p. 42.

> — Voulez-vous prendre et porter à l'ambulance un troupier endommagé ?
> Si je veux ! [...]
> Nous trottons sur le velours maintenant.
> Chaque fois qu'on a à doubler un cap plein de soldats, je fais l'ange gardien avec mon fantassin.
> J. VALLÈS, *L'Insurgé*, p. 300.

C'est du velours (pour l'estomac) «c'est très bon, très délicat», en parlant d'un mets (1872). L'image de la douceur d'un vin, exprimée par le *velours*, se retrouve dans l'expression burlesque : *c'est le petit Jésus en culotte de velours (qui vous descend dans le gosier*, etc.).

VENANT, ANTE n. m. Cet ancien participe présent substantivé subsiste encore dans quelques loc. figées :

Vx. **Les allants et venants** «tous ceux qui passent», littéralement «tous ceux qui vont et viennent» (1560).

À tout venant «au premier venu, à tout le monde», puis «à tout propos» (1380, *à tous venans*). Les «venants» désignent globalement tous ceux qui se présentent. *Le tout-venant* «n'importe quoi, tout ce qui se présente» est lexicalisé. Ces loc. sont encore relativement courantes.

VENGEANCE n. f.

La vengeance est un plat qui se mange froid [LOC. PROV.] «il vaut mieux attendre longtemps avant de se venger». C'est l'un des rares proverbes qui soit en désaccord aussi net avec la morale chrétienne qui préconise le pardon. La vengeance est ici considérée du point de vue de l'offensé comme une source de plaisir particulièrement raffinée, dépassant de loin sa valeur objective de compensation.

> Chacun son tour, monsieur le proviseur ! La vengeance est un plat que l'on mange froid !
> Et ne croyez surtout pas à mon repentir ! P. MODIANO, *La Place de l'étoile*, p. 91.

VENIN n. m.

Cracher son venin «dire des méchancetés dans un accès de colère» (1690, Furetière).

VENIR v. intr.

Voir venir (les événements) «attendre l'évolution d'une situation».

Voir venir (qqn) «deviner ses intentions» (milieu XVIIᵉ s.). À *je te vois venir*, on ajoute souvent *avec tes gros sabots* → SABOT.

Le premier venu « n'importe qui » (1640, Oudin), d'abord « le premier que le hasard amène » (1538, Estienne) → aussi Premier.

D'où vient que ? « pourquoi ? » (début XVIIIᵉ s.).

Tout vient à point à qui sait attendre [LOC. PROV.] « tout finit par arriver avec le temps ou la patience ». La syntaxe initiale de cette expression est : *tout vient à point qui sait attendre.*

VENT n. m.

Contre vents et marées « envers et contre tout » (d'Aubigné, début XVIIᵉ s.). L'expression, assez usuelle, s'emploie seule ou avec des verbes comme *aller, poursuivre,* exprimant une application opiniâtre, qui résiste à tous les obstacles (à l'image du bateau qui doit avancer malgré le vent et la marée contraires). A l'opposé, *avoir vent et marée* « être favorisé par les circonstances », usuel aux XVIᵉ et XVIIᵉ s., ne s'est pas maintenu. La forme au singulier *contre vent et marée* est plus rare que l'autre.

> C'était beau ! C'était la leçon de la vie. Voilà ce que, malgré tout, contre vent et marée, elle avait fait.   J. GIONO, *Un de Baumugnes,* p. 166.

Dans le vent [LOC. ADJ. OU ADV.] « à la mode, au goût du jour ». Attestée vers 1965, cette loc. utilise la métaphore de « l'air du temps » et a pu être préparée par des expressions plus anciennes comme *sentir, voir d'où vient le vent, souffler dans le sens du vent* (ci-dessous). Le vent, comme la vague, symbolise à la fois la direction générale et l'élément dynamique qui véhicule les options, les goûts d'un milieu à un moment donné. La notion de milieu ambiant est exprimée par la préposition *dans.* (Cf. *Dans la course, le mouvement, le train, le ton,* loc. métaphoriques qui ont à peu près la même structure morpho-sémantique.)

En coup de vent « très rapidement », après des verbes de mouvement *(entrer, sortir...).* Syn. *Comme un courant d'air.* L'idée exprimée est celle de la vitesse qui rend invisible.

> Ivre, c'était une autre histoire. Il entrait comme un coup de vent, le feu aux joues, le képi de travers, et, tout de suite, du pet!...
>   G. COURTELINE, *Les Gaîtés de l'escadron,* p. 30.

Être coiffé en coup de vent « être décoiffé », comme par le vent.

Ouvert aux quatre vents, à tous les vents « de tous côtés, de partout » (fin XVIIᵉ s.). *Être logé aux quatre vents* « habiter dans une maison ouverte de tous côtés, mal protégé » *(in* Furetière). *Jeter, disperser à tous les vents* « de tous côtés, dans toutes les directions ». *Les quatre vents* représentent toutes les directions, celles des quatre points cardinaux.

> Le palais n'est qu'une grande salle ouverte à tous les vents, quand il leur plaît de souffler, et dont le plafond est supporté par des colonnes d'un style bizarre enlevées de quelque antique pagode.   V. JACQUEMONT, *Correspondance,* t. II, p. 126.

Fam. *Aller comme (plus vite que) le vent* « aller très vite » (milieu XVIᵉ s.). *Aller comme vent* est attesté isolément au XIVᵉ s., et a rapidement vieilli.

Avoir vent de « être informé de, apprendre » (milieu XVᵉ s.). *Vent* est à comprendre ici au sens de « rumeur, nouvelle ». La loc. s'emploie surtout au passé composé *(avoir eu vent de).*

> Mais entre-temps, Chacha faisait irruption dans ma chambre, ayant eu vent, je ne sais comment, de mes intentions de départ [...]. « Je vous en prie, monsieur Gide, ne partez pas, ne m'abandonnez pas! Qu'est-ce que je deviendrais ? » A. GIDE, *Journal,* p. 197.

Avoir le vent en poupe « être favorisé par les circonstances, aller vers le succès » (fin XVᵉ s.). Le *vent en poupe* est le vent arrière qui pousse le voilier vers l'avant.

Fam. ***Avoir du vent dans les voiles*** « être ivre, ne pas marcher droit », comme le voilier soumis aux caprices du vent, poussé tantôt dans une direction, puis dans une autre.

> J'aurais donné dix louis pour un verre de porto qui eût mis quelque peu de vent dans mes voiles...
> V. JACQUEMONT, *Correspondance*, t. I, p. 245.

> Tout de même, dit-il d'une voix embarrassée de sommeil, y en avait du vent dans les voiles cette nuit-là ! Ah ! quelle nuit ! Toutes ces troupes, des compagnies, des régiments entiers qui hurlaient et chantaient en montant tout le long de la route !
> H. BARBUSSE, *Le Feu*, t. II, p. 26.

Vieilli. ***N'avoir ni vent ni voie*** (de qqn, de qqch.) « ne plus en avoir de nouvelles ». *Ne vent ne voie* « aucune nouvelle » est attesté au XIIᵉ s. On a dit aussi ***n'avoir ni vent ni nouvelles***. La loc. est empruntée à la vénerie. Le vent et la voie sont respectivement l'odeur et la trace du gibier perdues par le chien.

Fam. ***Faire du vent*** « se dépenser en vaine activité ». Même sens que *brasser (remuer) de l'air*. En emploi partitif *(ce n'est que du vent !)*, *vent* symbolise, depuis le XIIᵉ s., la vanité, le vide.

Vx. ***Humer le vent, du vent*** « rester sans manger » (la forme *humer du vent* est dans Oudin, 1640). Le sémantisme de *vent* (souffle d'air, mais aussi respiration, air, odeur...) et le rapprochement formel avec *vide,* font que ce mot suggère souvent l'absence d'une réalité substantielle. *Humer* « respirer », est associé à la frustration alimentaire (en relation avec *la fumée du rôt*, etc.). En outre, le sens initial, « respirer, absorber le vent », renvoie à l'action impossible et inutile, à la fois démesurée (le vent est inépuisable) et inepte (le vent ne nourrit pas).

Prendre le vent « s'informer, se faire une idée de l'état d'esprit d'un groupe de personnes ou de l'état d'une situation ». En termes de chasse, le *chien qui prend le vent,* flaire pour deviner dans quelle direction se trouve le gibier. La métaphore n'est plus comprise et l'expression est spontanément rapprochée de loc. apparemment semblables, comme *prendre la température.*

Sentir le vent tourner « s'apercevoir de l'évolution d'une situation » (souvent au détriment du sujet).

> — Bois un peu, me dit Renaud, ça te remettra.
> — Ah ! non ! criai-je avec dégoût.
> C'était ma première allusion, elle m'avait échappé. Il eut un sourire amer. Il sentait le vent tourner, les mauvais jours venir.
> C. ROCHEFORT, *Le Repos du guerrier*, p. 88.

Le vent tourne « les choses changent ».

> Quand on le vit regarder dans les yeux son supérieur [...] et lui dire d'un ton qui n'admettait pas la réplique : « Voyons, mon colonel, vous savez bien que je n'ai jamais menti, vous savez bien qu'en ce moment comme toujours, je dis la vérité », le vent tourna, M. Picquart eut beau remuer ciel et terre dans les audiences suivantes, il fit bel et bien fiasco.
> M. PROUST, *À la recherche du temps perdu*, t. II, p. 240.

Bon vent ! « au revoir ». Formule de souhait adressé à un navire à voile, à des marins en partance et, par extension, formule d'adieu.

Quel bon vent vous amène ? « quelle est la cause de votre visite ? ». Cette formule d'accueil ne s'emploie guère que plaisamment.

> « Est-ce votre jeune maître qui vous amène ici, dit Jupien à Françoise, est-ce vous qui me l'amenez, ou bien est-ce quelque bon vent et la fortune qui vous amènent tous les deux ? »
> M. PROUST, *À la recherche du temps perdu*, t. II, p. 308.

Autant en emporte le vent [LOC. PROV.] « rien ne restera, tout sera emporté (comme par le vent) » [milieu XVIᵉ s.]. Ce proverbe a servi de titre à la traduction française du célèbre roman de Margaret Mitchell *Gone with the wind* (1936).

Qui sème le vent récolte la tempête [LOC. PROV.] «celui qui incite à la violence doit s'attendre à en subir les conséquences logiques». Proverbe d'origine biblique (Osée 8, 7).

VENTRE n. m.

À plat ventre «couché sur le ventre». Au figuré, *Être à plat ventre devant qqn* «lui faire une cour servile» (1767). La posture est celle de la soumission, de l'humiliation (cf. aussi *à genoux*).

> Le gargotier considérait cet homme comme il eût flairé un sac d'argent. Cela ne dura que le temps d'un éclair. Il s'approcha de sa femme et lui dit bas :
> — Cette machine coûte au moins trente francs. Pas de bêtises. A plat ventre devant l'homme.   V. HUGO, *Les Misérables*, Pléiade, p. 425.

Ventre à terre «très vite» (avec des verbes comme *courir, accourir...*). Cette expression signifiait depuis le XVIIᵉ s. «en s'aplatissant contre terre» *(demander pardon ventre à terre)* : elle a cédé la place à la métaphore hippique, le galop rapide du cheval donnant l'illusion que le *ventre* se rapproche de la terre, relativement aux pattes (cf. *Prendre ses jambes à son cou*). Les deux sens ne pouvant coexister, le premier *ventre à terre* a été remplacé par *à plat ventre* (ci-dessus).

> Les cuirassiers se ruèrent sur les carrés anglais. Ventre à terre, brides lâchées, sabre aux dents, pistolets au poing, telle fut l'attaque.
> V. HUGO, *Les Misérables*, Pléiade, p. 345.
> Le capitaine Carpentier lui soufflera dans l'oreille que je fais venir de Paris une femme dont la jeunesse et la beauté sont un peu mignonnes, dit Philippe Bridau, et la drôlesse reviendra ventre à terre.   H. de BALZAC, *La Rabouilleuse*, p. 1073.

Fam. et vieilli. *À ventre déboutonné* «avec excès» (avec *manger, boire*, etc.). Métonymie où *ventre* désigne ce qui couvre le ventre. On dit aussi *rire à ventre déboutonné* (cf. *À gorge déployée*) et *parler, se confier à ventre déboutonné* «avec franchise, sans se contraindre».

Avoir du cœur au ventre → CŒUR.

Avoir la peur, la rage... au ventre «être saisi d'une peur (d'une rage...) violente et profonde.» *Ventre* a ici une partie des valeurs de *cœur* et correspond au support physiologique des manifestations affectives. Il est de plus exact que la peur peut perturber le fonctionnement de l'estomac (on a «l'estomac noué») ou de l'intestin (on a *la colique*, on *fait dans sa culotte*, de peur).

Avoir la reconnaissance du ventre «être reconnaissant pour qui vous a nourri, aidé matériellement». L'expression a parfois reçu d'autres valeurs, et André Breton a vilipendé la bassesse d'un juge qui, s'adressant à une femme, lui avait reproché de manquer de cette reconnaissance à l'égard d'un ancien amant.

Avoir les yeux plus grands que le ventre → ŒIL.

Bouder contre son ventre «refuser par dépit ce dont on a envie (notamment la nourriture)». On a dit : *se fâcher contre son ventre, se dépiter contre son ventre*, aux XVIIᵉ et XVIIIᵉ s.

Vieilli. *Se brosser le ventre* «ne rien avoir à manger», puis «se passer, se priver de qqch.». L'expression date des années 1880. *Ventre* fait allusion à l'estomac vide. *Se brosser le ventre* ne s'emploie plus guère aujourd'hui, mais *tu peux te brosser!* «tu t'en passeras, tu n'auras rien», est encore usuel dans la langue familière. Il semble que, dans certains emplois populaires locaux (à Paris, notamment), *brosser* et *brosse* aient exprimé au début du XIXᵉ s. le refus et le manque. *Ça fait brosse!* attesté en 1808 (Boiste), s'employait comme formule de refus à une demande et paraissait correspondre à nos actuels *tu peux te brosser! (te fouiller!)*. L'exemple de Zola ci-dessous, en porte encore la trace :

> — Ah! les hommes! [...]. Et elle conclut.

> — Enfin, tout pour ces vilains moineaux, et, pour nous, une brosse, si le ventre nous démange... É. ZOLA, *Pot-Bouille*, t. I, p. 101.

> J'ai eu faim si longtemps! [...] j'ai tant de fois brossé mon ventre sans faire reluire l'espoir d'un dîner, que je trouve une volupté d'ours couché dans une treille à pommader de sauce chaude mes boyaux secs. J. VALLÈS, *L'Insurgé*, p. 10.

Variante : *Se frotter le ventre.*

> La librairie Charpentier, qui vend ordinairement 300 volumes par jour, en a vendu samedi dernier 5! — Quant à mon pauvre bouquin, il est complètement rasé. Je n'ai plus qu'à me frotter le ventre! G. FLAUBERT, *Correspondance*, VIIIᵉ série, p. 39.

Vx. *Faire rentrer les paroles dans le ventre de qqn.* Variante de FAIRE RENTRER DANS LA GORGE*.

Marcher (passer) sur le ventre à qqn «parvenir, réussir à ses dépens, en lui nuisant» (milieu XVIIᵉ s.). C'est la même image que dans les emplois figurés de *piétiner;* on disait dans la langue classique : *danser les (à) deux pieds sur le ventre de qqn.*

> Assurément, il était homme à se couper en quatre et, en cas de besoin, à passer sur le ventre d'une famille innombrable, pour procurer à son neveu les bottes dont il aurait envie. M. AYMÉ, *Le Passe-Muraille*, p. 221.

Prendre du ventre «devenir gros».

> Lui, s'était rouillé, à travailler au bureau [...]; son teint était devenu blafard et il avait même commencé à prendre du ventre [...]. R. VAILLAND, *Bon Pied, Bon Œil*, p. 41.

Savoir ce que qqn a dans le ventre «ce qu'il pense vraiment, ou encore ce qu'il peut faire, quelles sont ses capacités, ou ses intentions secrètes» (1640, Oudin). On disait jadis *savoir ce que qqn a au ventre* (1463, *in* Wartburg). Il y a ici un transfert métonymique entre la *tête* et le *ventre.*

> — Laissez-nous.
> L'idée de Deneulin était de voir ce que ce gaillard avait dans le ventre. Dès les premiers mots, il le sentit vaniteux, dévoré de passion jalouse. É. ZOLA, *Germinal*, t. II, p. 9.

> Pourquoi, diable, vous occupez-vous de politique! Avec ce que vous avez dans le ventre, si vous faisiez seulement de la littérature, l'avenir serait si beau pour vous! tandis que c'est la misère, la prison... Tenez, vous êtes toqué! J. VALLÈS, *L'Insurgé*, p. 77.

Se serrer le ventre «se priver, faire des économies». Variante de *Se serrer la ceinture*.

> Parbleu! tout le monde aimait ses aises; mais, n'est-ce pas? quand on n'avait pas su mettre un sou de côté, on faisait comme les camarades, on se serrait le ventre. É. ZOLA, *L'Assommoir*, t. I, p. 201-202.

Taper sur le ventre à qqn «être très familier avec lui».

Cela me fait (ferait) mal au ventre! «cela me serait très désagréable». Les maux d'estomac ou d'intestin sont en effet très souvent imputables aux contrariétés → MAL (FAIRE).

Vx. (au sens de «sein maternel»). *C'est le ventre de ma mère, je n'y retourne plus.* Se dit d'une chose dont on est peu satisfait, qu'on ne veut pas recommencer.

Ventre affamé n'a pas d'oreilles [LOC. PROV.] «celui qui a faim (ou qui est dans le besoin) n'écoute pas». Adaptation d'un proverbe latin : *il est difficile de discuter avec le ventre, car il n'a pas d'oreille* (Caton le Censeur, IIᵉ s. av. J.-C.). Sa grande fréquence a parfois donné lieu à des emplois facétieux.

> Mme de l'Eclin portant les cheveux en bandeaux qui lui cachaient entièrement les oreilles, on ne l'appelait jamais que «ventre affamé». M. PROUST, *À la recherche du temps perdu*, t. II, p. 432.

VENU, UE p. passé ou adj.

Être mal venu de (à) (et infinitif) «ne pas être fondé à, ne pas avoir de raison de» (XIIᵉ s.). La graphie *malvenu* semble moins fréquente aujourd'hui.

VENUE n. f.

Littér. *D'une seule venue, tout d'une venue* «d'un seul jet, sans interruption», en parlant de la forme générale d'un objet (milieu XVIᵉ s.). *Texte d'une seule venue.*

VÉNUS n. pr. f.

Vieilli et littér. *Sacrifier à Vénus* «faire l'amour». *Vénus* est en effet la déesse latine de l'amour, et l'acte *vénérien* lui est dédié.

> Parmi les habitudes que j'ai prises dans ma vie de Paris, enserré peu à peu entre leurs rets sans pouvoir dire au juste comment cela s'est fait, il y a celle, comme le veut la périphrase vulgaire, de «sacrifier à Vénus» le dimanche dans la matinée.
> M. LEIRIS, *Biffures*, p. 249.

VER n. m.

Ver de terre amoureux d'une étoile «individu médiocre amoureux de qqn d'extraordinaire ou d'inaccessible». L'expression est due à Hugo, dans *Ruy Blas.*

> Ce malheureux Othello de la boucherie, ver de terre amoureux d'une étoile, était tombé éperdument épris de sa patronne, une veuve plantureuse, qui n'avait pas tardé à couronner sa flamme.
> GORON, *L'Amour à Paris*, t. I, p. 184.

Nu comme un vert → NU.

Fam. *Pas piqué des vers* «remarquable en son genre» (1837, Balzac). Un meuble ou un livre *piqué des vers* est vermoulu ou endommagé : d'où l'expression de l'excellence par la forme négative. Toutefois, le passage au sens métaphorique reste obscur. On trouve aussi : *pas piqué des hannetons (des sauterelles)* → PIQUER. La variante *pas à piquer des vers* est difficilement analysable.

> Jean Marin Courtial des Pereires il crânouillait plus beaucoup... Il faisait même assez morose... Il prenait peur des phénomènes, des enragés du Concours... Il recevait des lettres anonymes qu'étaient pas à piquer des vers !...
> L.-F. CÉLINE, *Mort à crédit*, Livre de poche, p. 360.

Tirer les vers du nez à qqn «lui arracher adroitement des secrets». La locution figure déjà chez Rabelais. Son caractère suggestif a inspiré les commentaires les plus divers et parfois les plus arbitraires. Au XVIIIᵉ s. déjà, les Encyclopédistes font état de *vers rinaires* ou *nasicles*, parasites de l'appendice nasal humain, ce qui prête aujourd'hui à sourire. Mais c'est au XIXᵉ s. qu'ont fleuri les plus étranges tentatives d'explication. Littré, le plus sérieusement du monde, identifie ces vers de nez aux comédons. Les autres commentateurs, renonçant à trouver à cette expression une base scientifique d'observation, adoptent un point de vue plus «linguistique», sans pour autant convaincre. P. Larousse rapproche la locution de TUER LE VER (ci-dessous), pratique usuelle des charlatans qui prétendaient guérir leurs patients infectés par un hypothétique ver. Pour d'autres (Quitard, Nisard), *ver* viendrait du latin *verum* «le vrai» et serait un doublet ancien de *vrai*, *tirer les vers* correspondant alors à «tirer le vrai». Malgré des attestations assez nombreuses de cette ancienne forme *ver*, entre la fin du IXᵉ et le XIIIᵉ s. (Wartburg, Godefroy), cela ne suffit pas à expliquer ni le passage au pluriel ni l'allusion au nez. En outre, la même métaphore existant aussi en anglais (*to worm a secret out of somebody* «faire parler qqn» ; *worm* = ver de terre), l'interprétation au sens de «vrai» semble très peu vraisemblable. La locution reste donc mal expliquée.

> Elle se montrait trop tolérante, chatouillée parmi ces petites qui avaient de la rigolade plein les yeux, les prenant à part pour leur tirer les vers du nez sur leurs amants [...].
> É. ZOLA, *L'Assommoir*, t. II, p. 166.

Mes mandants m'adjurèrent de sonder la loi. Mais la loi avait parlé. On ne pouvait
plus lui tirer les vers du nez. D'ailleurs, où trouver le nez de la loi?

P. GUTH, *Le Naïf locataire*, p. 235.

Se tordre comme un ver « se contorsionner ».

Fam.   ***Tuer le ver*** « boire à jeun un verre d'alcool » (1850, *in* Wartburg). Une superstition populaire attribuait en effet à l'alcool des propriétés vermifuges.

Dès qu'Isidore fut sorti pour aller tuer le ver chez les mastroquets voisins, comme il
en avait l'habitude, elle commença par se donner un léger coup de poignard à la main
gauche, de façon à laisser tomber quelques gouttes de sang sur un bout de papier où
elle écrivit d'une écriture toute tremblée : « Mon assassin, c'est mon mari. »

GORON, *L'Amour à Paris*, t. I, p. 517.

Le ver est dans le fruit [LOC. PROV.] « la situation ne peut qu'empirer, se
dégrader ». On dit aussi qu'elle « pourrit », comme un fruit qui se gâte. Le ver symbolise ici le principe de la détérioration.

Tout en plaignant Honoré dans son cœur, il se félicitait que le diable portât pierre à
l'édifice chrétien de Claquebue. Le ver était dans le fruit et le scandale allait cesser
de ce mécréant qui jouissait en paix des biens du bon Dieu.

M. AYMÉ, *La Jument verte*, p. 70.

VERBE n. m.

Avoir le verbe haut « parler fort » (1835, Acad.); a signifié « parler avec hauteur et présomption » (fin XVIIᵉ s., Saint-Simon). Le *verbe* est ici le ton de la voix.

VERGE n. f.

Vx.   ***Donner des verges pour se faire fouetter*** « fournir des armes contre soi-même »
(XVIᵉ s., Montaigne).

VÉRITÉ n. f.

Vérité de La Palice → LA PALICE.

Minute (heure) de vérité « le moment où la vérité ne peut plus être esquivée ».
S'applique — par calque de l'espagnol — au moment où le torero affronte le taureau dans l'arène.

Savoir mourir était la pierre de touche du grand acteur. Aujourd'hui, je suis tout prêt
à croire qu'il trouve là son « heure de vérité » : quelque chose qui, toutes proportions gardées, rappelle ce qu'est l'estocade pour le torero.   M. LEIRIS, *Fourbis*, p. 44.

À la vérité « il est vrai, il faut dire que... » (1670, Molière). En tête de phrase
ou en incise, introduit une restriction à une affirmation. La loc. signifiait au XVIᵉ s.
« conformément à la vérité » (Estienne).

En vérité « assurément, certes » (vers 1460). On a d'abord dit *en bonne
vérité* (Froissart).

Dire à qqn ses (quatre) vérités « lui dire ce qu'on pense de lui avec une franchise brutale » (1549, Estienne). Ces vérités personnelles sont toujours désobligeantes
pour celui dont il s'agit. Le pluriel correspond à « choses vraies » dites sur le compte
de qqn et qui paraissent justifiées (vraies) du point de vue de l'attaquant. *Quatre* a
une valeur intensive, mais ne s'explique pas spécifiquement, sinon par l'image implicite du cadran, totalité divisée en quatre secteurs (cf. les *quatre points cardinaux,
aux quatre vents,* etc.).

Dire la vérité, toute la vérité, rien que la vérité. Formule consacrée, intimant
l'ordre aux témoins et à toute personne citée dans un procès de ne rien cacher
à la justice.

Déplaisante et dérisoire parodie
où le mensonge assermenté
intime à la misère l'ordre de dire la vérité
toute la vérité rien que la vérité   J. PRÉVERT, *Histoires*, p. 17.

(À) chacun sa vérité [LOC. PROV.] «ce qui est valable pour l'un ne l'est pas forcément pour un autre». Titre français d'une célèbre pièce de Pirandello, la formule, passée à l'état proverbial, met en relief l'aspect subjectif des valeurs et des jugements.

Il n'y a que la vérité qui blesse (offense) [LOC. PROV.] «on n'est jamais autant affecté que par les reproches justifiés». D'origine italienne, ce proverbe a été acclimaté en français par Napoléon Ier (*Journal* de O'Meara, 14 mars 1817). Proférée de l'extérieur, la critique a toujours un aspect menaçant, par le conflit entre l'image de soi et l'image (négative) perçue et renvoyée par autrui.

La vérité sort de la bouche des enfants [LOC. PROV.]. L'idée fondatrice est celle de la naïveté, de l'innocence des enfants, qui, à la différence des adultes, n'ont jamais appris la dissimulation et le calcul et disent tout ce qu'ils pensent. Cette idée est elle-même d'une naïveté étonnante quant à la vérité observable ; c'est qu'il s'agit d'une réalité toute symbolique.

Toute vérité n'est pas bonne à dire [LOC. PROV.] «il vaut mieux parfois s'abstenir de dire la vérité, quand elle peut blesser inutilement autrui, produire des effets regrettables, etc.».

> Être sincère envers quelqu'un c'est lui donner une preuve élégante de l'estime dans laquelle on tient son intelligence. Toute la vérité n'est point bonne à dire, uniquement quand on a affaire à des sots, eux seuls s'en offensent.
>
> GORON, *L'Amour à Paris*, t. I, p. 143.

Vérité en-deçà des Pyrénées, erreur au-delà. Cette formule proverbiale que l'on doit à Pascal met en évidence le caractère relatif de la notion de vrai. Le contenu est à rapprocher de À CHACUN SA VÉRITÉ (ci-dessus), sur le plan collectif des notions.

VÉROLE n. f.

Fam. *Comme la vérole sur le bas clergé (espagnol)* «brusquement et avec violence», c'est-à-dire comme une épidémie, en parlant d'un désagrément, d'un ennui. L'expression s'emploie avec des verbes comme *s'abattre sur, tomber sur*. Elle reflète l'anticléricalisme de l'époque classique, mêlé au mépris hiérarchique.

VERRE n. m.

Avoir un verre dans le nez → NEZ.

Mettre sous verre «protéger d'une manière excessive», comme un objet d'art précieux et fragile. Var. : *mettre sous globe* → GLOBE.

> Voilà ce que c'était que le Jardin d'Hiver. Un poète l'avait peint d'un mot : *On a mis l'été sous verre.*   V. HUGO, *Choses vues*, nouvelle série, t. XIV, p. 139.

Se noyer dans un verre d'eau → NOYER (SE).

Qui casse les verres les paie [LOC. PROV.] «ceux qui causent des dommages ou des déprédations sont tenus de les réparer» (XIXe s.). C'est l'illustration du thème de la responsabilité individuelle face à la collectivité. Syn. *Les casseurs seront les payeurs* → CASSEUR.

VERROU n. m.

Sous les verrous «en prison», par métonymie. *Mettre un malfaiteur sous les verrous* «l'enfermer, l'emprisonner» (se trouve aussi avec des verbes comme *être, rester ; garder, maintenir...*).

VERSAILLES n. pr.

Vx. *Aller à Versailles* « verser, culbuter dans le fossé » en parlant d'une voiture. Calembour sur *verser,* sur le modèle de *aller à Cachan*,* etc.

VERSE n. f. Ancien déverbal de *verser.*

À verse [LOC. PROV.] « tomber abondamment », en parlant de la pluie (XVIIᵉ s.). On a d'abord dit *à la verse* (Oudin, Bossuet).

VERT adj.

Fruit vert, habit vert, vert galant → FRUIT, HABIT, GALANT.

La langue verte « l'argot ». Il s'agit à l'origine du jargon des joueurs. La couleur ferait allusion au tapis vert. Elle fait surtout penser aux hardiesses de langage qui sont souvent le fait de l'argot (cf. *Des vertes et des pas mûres*). L'expression est datée par Esnault de 1852. Le *Dictionnaire de la langue verte* de Delvau date de 1866.

Au diable vert → DIABLE *(au diable vauvert).*

(En dire, en entendre, en voir) des vertes et des pas mûres « (dire, entendre, voir) des choses très choquantes, incongrues, excessives ». On a d'abord dit *bailler de belles, des vertes et des mûres* (1430, les Quinze Joyes de Mariage). Les *vertes* font référence, selon le contexte, soit à des plaisanteries, des histoires lestes, soit à des propos ou choses désagréables. Syn. *De toutes les couleurs.* L'amplification synonymique *et des pas mûres* est un procédé rhétorique habituel qui, par redondance, appuie l'emploi de *vert :* les fruits verts sont des fruits non encore mûrs.

> J'ai vécu, moi. J'en ai vu des vertes et des pas mûres.
>
> J. GIONO, *Un roi sans divertissement,* p. 161.

Vx. *Employer le vert et le sec* « utiliser tous les moyens, toutes les ressources dont on dispose pour mener à bien une entreprise » (1856). *Le vert et le sec* désignent par ellipse le fourrage vert ou sec que l'on donne, selon l'époque, en nourriture au bétail. Syn. *Employer toutes les herbes de la saint-Jean.*

Se mettre au vert « aller se reposer, se refaire à la campagne » (fin XIXᵉ s.). *Mettre un cheval au vert,* c'est « le nourrir de fourrage frais ». L'expression n'est plus analysée. *Le vert* correspond à « lieu campagnard retiré ».

Vieilli. *Prendre (qqn) sans vert* « prendre au dépourvu ». Cette expression du XVIᵉ s., qu'on trouve chez Rabelais, n'est plus comprise et n'est guère employée aujourd'hui. Elle fait référence à la coutume, qui a donné lieu à divers jeux, de porter sur soi du vert le jour du premier mai. *Jouer au je vous prends sans vert* consistait à porter sur soi un rameau fraîchement cueilli et à surprendre les autres en prononçant la formule consacrée.

> On dit aussi *Laisser sur le vert,* Régnier, parlant des poëtes, qui s'occupent plus des mots que des choses, dit qu'ils prennent garde
> ... Si la voyelle à l'autre s'unissant
> Ne rend point à l'oreille le vers trop languissant ;
> Et *laissent sur le vert* le noble de l'ouvrage. TUET, *Matinées senonaises,* p. 110.

VERTU n. f.

Vx. *Femme de petite vertu* « femme de mœurs légères ». *Vertu* fait évidemment référence à la conduite imposée aux femmes par les conventions sociales, notamment en ce qui concerne le domaine sexuel. Dans un contexte où *vertueux, honnête* ne signifiaient que *chaste, abstinent,* la vertu ne tolère aucune modération : elle est absolue. Aussi tout qualificatif, particulièrement celui de *petit,* ne pouvait être que péjoratif. On trouve par euphémisme la var. *de moyenne vertu,* soulignant que la vraie vertu ne peut être que « grande », absolue.

Le premier jour que nous y parumes, nous en fumes quittes pour essuier les compliments de quelques Demoiselles de moienne vertu, et les invitations qu'elles nous firent
de prendre le plaisir de la promenade avec elles.

Abbé PRÉVOST, *Mémoires et Aventures d'un homme de qualité*, t. III, p. 54.

En vertu de [LOC. PRÉP.] «au nom de, en conséquence de» (1668, La Fontaine). Expression d'origine juridique signifiant «par le pouvoir de».

Avoir (bien) de la vertu de (faire telle chose) «avoir du mérite, du courage
à...». S'emploie toujours ironiquement. On dit de même : *il faut de la vertu!* (pour
faire, supporter qqch.).

Parer qqn de toutes les vertus «lui attribuer toutes les qualités».

VESSIE n. f. Lat. pop. *vessica*, de *vesica* (qui a donné *vesicule*). Le mot signifie dès l'ancien français la vessie d'animal desséchée et gonflée d'air (XIIIᵉ s.).

Prendre des vessies pour des lanternes «se tromper grossièrement». Sous cette
forme, l'expression date du XIXᵉ s. ; elle altère une locution très ancienne : *vendre
vessie pour lanterne*, puis *faire de vessies lanternes*. Selon P. Guiraud, la clé n'est
pas dans la confusion entre deux objets si différents (en fait, au XIIIᵉ s., une vessie
de porc gonflée d'air et une lanterne ronde étaient bien similaires) mais dans les
valeurs métaphoriques de *vessie* et de *lanterne*. Au XVIᵉ s., et sans doute bien avant,
des lanternes, ce sont des «absurdités, des balivernes» ; un *lanternier*, donc un
«vendeur de lanternes» était un «raconteur de balivernes» (cependant, ces acceptions semblent postérieures à notre locution). Quant à *vessie*, il faut noter l'expression *donner d'une vessie par le nez, nazarder avec la vessie de porc* (Rabelais)
«rabrouer», et enfin la parenté avec l'ancien mot *vessée*, illustré par cet exemple
dans le dictionnaire de Godefroy :

[...] Aubrée
Qui li a vendut la vessée
Et pour vessie et pour lanterne.

L'ancien verbe *vessier, vescier*, signifiait «faire gonfler», ou «gonfler comme une
vessie» ; *vessée* est donc l'air qui gonfle la vessie et *vendre la vessée*, c'est «vendre du
vent». *Vendre vessie, vendre lanterne*, bien que non attestés seuls, devaient signifier
«vendre ce qui contient du vent», les trois termes de la tromperie étant la *vessée* (le
vent), la *vessie* (l'enveloppe de peu de valeur) et enfin la *lanterne*, dont les emplois
figurés, bien que plus tardifs, impliquent une valeur péjorative (la même que dans
blague «vessie pour mettre le tabac», puis «plaisanterie», comme le fait remarquer
Guiraud). Un autre jeu de mots a pu obscurément se superposer au premier ; c'est
le sens de *lanterne* «pénis», que l'on trouve chez Rabelais, qui le suggère. Dans la
langue classique (XVIIᵉ-XVIIIᵉ s.) la loc. est comprise comme «confondre deux choses
différentes», mais l'idée de crédulité perpétue le sens initial de tromperie :

On dit en parlant d'un crédule, qu'on lui ferait croire que des vessies sont des lanternes et que les nuées sont poêles d'airain.   LE ROUX, 1752.

Enfin la forme actuelle se moule sur la construction *prendre... pour...*, utilisée par
maintes loc. (PRENDRE SON CUL* POUR SES CHAUSSES, etc.).

[...] dans *vendre vessies pour lanternes*, la préposition *pour* oppose les deux mots en
les rendant à leur sens concret, alors que cet sont des synonymes dans leur acception
métaphorique où la sottise de l'acheteur n'est pas de confondre deux objets différents
mais de se laisser prendre au même piège et d'accepter une sornette pour une autre
qui ne vaut pas mieux.
[...] prendre des vessies pour des lanternes [...] n'est qu'un très ancien calembour qui
en perdant son sel trouve une cocasserie qui en renouvelle la saveur.

P. GUIRAUD, *Les Locutions françaises*, p. 87.

On a vu plus haut que nous n'irons pas aussi loin que P. Guiraud. La *vessie*, en
tout état de cause, vaut encore moins que la *lanterne*, même si la métaphore péjo-

rative est contemporaine de l'expression. En tout cas, la « concrétisation » des deux termes était faite au XVIᵉ s., comme le montre l'exemple suivant :

> Leur office serait de ne permettre point leur povres subjects estre ainsi seduictz, non seulement par faulse doctrine, mais visiblement en leur faisant croire que vessies de bélier sont lanternes, comme dit le proverbe.
>
> CALVIN, *Traicté des Reliques*, VI, 414, *in* Huguet.

VESTE n. f.

Prendre (ramasser, remporter) une veste « subir un échec » (1867, Delvau). La plupart des commentateurs expliquent cette expression à partir de la loc. *être capot* « être ruiné, vaincu », empruntée aux jeux de cartes (→ CAPOT), d'où *capote* « coup par lequel on fait un adversaire capot », qui, confondu avec son homonyme, a permis le glissement à *veste*. *Prendre une capote* n'est pas attesté, mais l'explication est vraisemblable et plaisante. *Prendre une veste* a d'abord voulu dire « échouer aux élections », mais s'est rapidement étendu à d'autres contextes.

> Diable ! dit-il dans le corridor de la cuisine, devant le tableau noir où le menu était inscrit, on voit bien que c'est l'inventaire. Fête complète ! Poulet ou émincé de gigot, et artichauts à l'huile !... Leur gigot va remporter une jolie veste !
>
> É. ZOLA, *Au Bonheur des Dames*, t. II, p. 95.

Retourner sa veste « changer brusquement et totalement d'opinion, de parti » (1888, Villate).

VEUVE n. f.

Pop. *La veuve poignet* « la masturbation (pour un homme) ».

Vieilli. *Défenseur de la veuve et de l'orphelin* « avocat » et, par extension, « défenseur des opprimés » (XIXᵉ s.). La formule est aujourd'hui quelque peu ironique.

> Les gendarmes, nourris dans le respect dû aux défenseurs de la veuve et de l'orphelin, connaissant d'ailleurs les privilèges de la robe, tolérèrent pour quelques instants la présence d'une baronne accompagnée d'un avocat.
>
> H. de BALZAC, *Splendeurs et Misères des courtisanes*, p. 956.

Pop. *Épouser la veuve* « être pendu ou guillotiné » (1628, Chéreau). La *veuve* désigne ici la potence.

> Ils m'apprennent à parler argot, à *rouscailler bigorne*, comme ils disent. C'est toute une langue entée sur la langue générale comme une espèce d'excroissance hideuse, comme une verrue. Quelquefois une énergie singulière, un pittoresque effrayant : [...] *épouser la veuve* (être pendu), comme si la corde du gibet était veuve de tous les pendus.
>
> V. HUGO, *Le Dernier Jour d'un condamné*, t. VI, p. 9.

VIANDE n. f. Dans la langue populaire, le mot désigne par métonymie tout individu « en chair et en os ». D'où des loc. du type *sac à viande saoule,* « individu aviné ». :

> C'est curieux et bizarre, me dit Marthereau, on monte demain aux tranchées, et il n'y a pas encore de viande saoule ni d'futur bois, ce soir et — 'coute ! — pas de disputes encore.   H. BARBUSSE, *Le Feu*, t. I, p. 77.

Amener sa viande « venir, arriver ». *Pousser sa viande* « se pousser ». *Montrer sa viande* « se dénuder ».

Vx. *Se repaître de viande creuse* « se bercer d'illusions », c'est-à-dire de choses peu substantielles pour l'esprit, l'imagination, comme l'est une nourriture insuffisante (XVIIᵉ s.). *Viande* a gardé ici son sens ancien et plus général de « nourriture ».

VICTOIRE n. f.

Victoire à la Pyrrhus « victoire chèrement obtenue ». Allusion aux victoires sanglantes que Pyrrhus, roi d'Epire, remporta sur les Romains à Héraclée (280 av. J.-C.) et à Ausculum (279).

Voilà une belle victoire, docteur, dit le marquis.

— Une victoire à la Pyrrhus, dit Cottard en se tournant vers le marquis et en regardant par-dessus son lorgnon pour juger de l'effet de son mot.

M. PROUST, *À la recherche du temps perdu*, t. II, p. 975.

Chanter (crier) victoire «se glorifier d'une réussite de façon tapageuse» (1798, Acad.).

N'empêche que la radio anglaise chante victoire un peu trop vite. Il y a là présomption imprudente et que les faits pourraient bien ne pas accompagner de si tôt.

A. GIDE, *Journal*, t. II, p. 193.

VIDE adj. et n. m.

À vide «de manière inopérante, sans avoir son effet normal», en parlant du fonctionnement cérébral momentanément perturbé ou interrompu (ex. *Passage à vide* → PASSAGE). *Tourner à vide* (en parlant du cerveau, de l'esprit) «ne plus fonctionner normalement».

Il s'assit derrière son grand bureau de palissandre, essuya ses lunettes avec ses pouces, tortilla entre ses doigts une cigarette, sans l'allumer. Son cerveau, un instant, tourna à vide, comme un moteur qui n'accroche pas sa vitesse.

M. DRUON, *Rendez-vous aux enfers*, p. 91.

Faire le vide autour de qqn «le fuir, l'abandonner à sa solitude» (1872). *Faire le vide autour de soi* «s'isoler».

Parler dans le vide «parler sans être écouté, en pure perte». Le vide symbolise l'absence d'effet.

Tourner à vide → ci-dessus *À vide*.

VIE n. f.

Vie de bâton de chaise → BÂTON.

Vie de bohème «vie irrégulière et sans souci» (1710, Fénelon), comme celle qu'on prête traditionnellement aux artistes.

Vie de château «vie confortable et oisive». Certaines punitions sont scandées d'une manière ironique et parfois sadique, par le refrain : «C'est la vie de château, pourvu que ça dure!».

Vie de chien → CHIEN.

La grande vie «une vie très confortable et très agréable». Syn. *Vie de château* (ci-dessus).

Vie de patachon → PATACHON.

Femme de mauvaise vie «femme de mœurs libres; spécialement prostituée» (milieu XVIe s.). Il est à noter que l'équivalent masculin, qui existait aussi dans la phraséologie du XVIe s., n'a pas vécu, contrairement à son homologue du sexe opposé! Cette évolution indiquerait une attitude plus égalitaire quant à la morale sexuelle, avant le XVIIe s.

Une question de vie ou de mort «question très grave, capitale au sens plein du terme, c'est-à-dire de nature à mettre en cause la vie de qqn», puis, par extension, «problème d'une gravité toute particulière».

Je suis arrivé à un moment décisif : il faut reculer ou avancer, tout est là pour moi.
C'est une question de vie ou de mort.   G. FLAUBERT, *Correspondance*, Ire série, p. 94.

À la vie (et) à la mort [LOC. ADJ. et ADV.] «pour toujours» (début XIXe s.). La mise en parallèle des deux termes exprime l'attachement indéfectible que même la mort ne saurait interrompre. Il est à noter que les deux termes étaient à l'origine, et jusqu'à la fin du XVIIe s., intervertis. Furetière emploie encore *à la mort et à la vie*.

[...] j'entre en lutte avec le destin, voulez-vous être de la partie, obéissez!

TOUS. — À la vie, à la mort!   H. de BALZAC, *Vautrin*, Acte III, sc. 3.

Au dessert, Cadet-Cassis et la Gueule-d'Or se posèrent chacun deux gros baisers sur les joues. Maintenant, c'était à la vie à la mort.   É. ZOLA, *L'Assommoir*, t. I, p. 137.

[...] il a été d'une tendresse telle que je ne peux pas me montrer ingrat envers un tel ami. Entre nous, de sa part au moins, je sens bien que c'est à la vie, à la mort.

M. PROUST, *À la recherche du temps perdu*, t. II, p. 275.

À vie [LOC. ADJ. et ADV.] «durant tout le temps de la vie (de qqn)» [XIIIᵉ s.]. *Être élu président à vie.*

De la vie, de ma (ta, sa) vie «à aucun moment de la vie, jamais» (1540). Ellipse pour *jamais de la vie* → JAMAIS.

Entre la vie et la mort «dans un état de santé critique», tel que la différence entre les deux états paraisse nulle.

Avoir la vie dure «être résistant à la maladie, à la mort» (1690, Furetière). *Dur* est à comprendre comme «qu'on n'interrompt pas facilement». Peut-être y a-t-il eu en outre interférence avec les formes du verbe *durer* (= vie qui dure).

Mener la vie dure à qqn «le tourmenter, lui rendre la vie difficile».

Faire la vie «mener une vie dissipée» (1649, Scarron). Dans ce contexte, avec le verbe *faire* et précédé de l'article défini, le mot s'est spécialisé au sens de «dissipation». On disait au XVIIᵉ s. *faire bonne vie* et encore au XIXᵉ s. *faire la petite vie* (1808, Boiste) dans ce sens.

Ces hommes-là savaient-ils qui partageait leur lit pour quelques instants? Jamais aucun n'a deviné que ce qui comptait pour moi c'était de faire tout ce qui m'avait été défendu jusque-là. Je ne cherchais rien d'autre, mais je le cherchais avec une avidité extrême. C'était donc ça «faire la vie»?   M. CARDINAL, *Les Mots pour le dire*, p. 190.

Vieilli. **Faire (mener) une vie (terrible, du diable, une de ces vies) à qqn** «le tourmenter, le maltraiter» (1382). Syn. *Mener la vie dure à qqn, rendre la vie impossible à qqn.*

Gagner sa vie «assurer sa subsistance en travaillant». *Vie* est à comprendre ici comme «de quoi vivre, subsister matériellement». Syn. *Gagner sa croûte, son bifteck.*

Littér. **Passer de vie à trépas** «mourir» (deuxième moitié du XIXᵉ s.; *aller de vie à trépas*, XVᵉ s.). Le changement d'état est exprimé par le changement de lieu. *Passer* signifie métaphoriquement «mourir». Étymologiquement, le *trépas* est en effet le «passage» de la vie à la mort.

[...] depuis une semaine, une épidémie de dysenterie s'était abattue sur l'escadron. Deux hommes avaient été enlevés brusquement, passant de vie à trépas sous le nez du major avant seulement que ce cancre ahuri eût le temps de se reconnaître.

G. COURTELINE, *Les Gaîtés de l'escadron*, p. 210.

Prendre la vie comme elle vient «supporter tout ce qui arrive d'une humeur égale».

— Allons, mignonne, c'est comme ça, que veux-tu! On n'y peut rien changer maintenant. Il faut prendre la vie comme elle vient.   G. de MAUPASSANT, *Yvette*, p. 129.

Refaire sa vie «se remarier», après un deuil ou un abandon. La loc. s'est spécialisée dans le domaine sentimental, et plus précisément matrimonial. Même en emploi absolu, on ne refait pas sa vie seul(e).

Vivre sa vie «mener la vie qu'on a choisie de manière indépendante» (début XXᵉ s.).

Tant qu'il y a de la vie, il y a de l'espoir [LOC. PROV.] «on peut encore espérer sauver même un moribond» et aussi : «malgré les difficultés, les dangers, on peut toujours espérer».

On s'attend d'un moment à l'autre à ce que M. le Marquis ne passe.
Ah! il est vivant, s'écria le duc avec un soupir de soulagement. On s'attend, on s'attend! Satan vous-même. Tant qu'il y a de la vie il y a de l'espoir, nous dit le duc d'un air joyeux. On me le peignait déjà comme mort et enterré. Dans huit jours il sera plus gaillard que moi.   M. PROUST, *À la recherche du temps perdu*, t. II, p. 588.

VIERGE n. f.

Amoureux des onze mille vierges «amoureux de toutes les femmes» (1623). *Les onze mille vierges* est couramment interprété comme «le plus grand nombre possible de femmes». Selon la légende, l'expression ferait référence au massacre de sainte Ursule et de onze mille vierges, ses suivantes, exterminées à Cologne par les Huns (834). En fait, cette allusion résulterait d'une mauvaise interprétation de l'inscription «XI. M. V.» gravée sur la pierre tombale de la supposée Ursule. Il faut lire, non pas «onze mille», mais «onze martyres vierges». Apollinaire s'est servi de l'expression dans le titre de son ouvrage érotique *Les onze mille verges*.

VIEUX, VIEILLE adj. et n. m.

Vieux adj. entre dans la formation de très nombreuses locutions :
a) des loc. nominales *(vieille noix, vieux tableau, vieux garçon, vieille fille, le plus vieux métier du monde,* etc.);
b) des loc. adjectivales (du type *vieux jeu, de vieille souche)* ou comparatives *(vieux comme Hérode, comme Mathusalem, vieux comme les chemins, les rues, le monde);*
c) des loc. verbales (par ex. *dépouiller le vieil homme, faire de vieux os)* qui seront à consulter au substantif.

Vieux de la vieille «un vétéran, une personne d'expérience» dans une profession, un domaine particulier (attesté au milieu du XIXᵉ s.). L'expression est une ellipse de *vieux* (soldat) *de la vieille* (garde [impériale]).

> Convenez que, pour ne pas en perdre la tête, pour ne pas devenir fou de rage et de douleur, il faut être un vieux de la vieille dans cette horrible profession de librettiste de l'Académie de Musique.   G. DESNOIRETERRES, in *La Mode*, 15 mai 1853.

VIF, VIVE adj. et n. m.

1. Adj. Plus mort que vif → MORT. — *De vive voix* → VOIX.

2. Forme substantivée de vif, vive, adj.

Avoir les nerfs, la sensibilité à vif «être sensible à tout, s'irriter facilement de la moindre chose». L'hypersensibilité, la nervosité excessive est exprimée par la même image que dans *les nerfs à fleur de peau* → NERF.

Vieilli.   *Couper (trancher) dans le vif* «prendre des mesures décisives, particulièrement énergiques» (1675, Mme de Sévigné). Image de l'amputation, *vif* désignant ici «la chair vivante».

Entrer dans le vif du sujet «aller directement à l'essentiel», dans une discussion. Le *vif* désigne le cœur, le fond du débat, du problème.

Piquer (atteindre, toucher) au vif «affecter profondément», notamment «mettre en colère, irriter» → PIQUER. Le *vif* correspond au point le plus sensible.

Prendre (surprendre) qqn sur le vif «prendre qqn (notamment en photo) à l'état naturel, sans qu'il s'en aperçoive». En peinture, le *vif* désignait le modèle vivant (par opposition à la nature morte, aux objets inertes).

VIF-ARGENT n. m.

Avoir du vif-argent dans les veines «être très agité, très actif» (1656). Le *vif-argent* est l'ancien nom du mercure, corps extrêmement mobile.

VIGNE n. f.

Être dans les vignes (du seigneur) «être ivre» (1718). La forme *vignes du seigneur* est issue de l'expression biblique *la vigne du seigneur* qui n'a pas de rapport quant au sens. *Mettre le pied dans la vigne du seigneur* figure dans le Furetière (1690).

> Et Dieu chassa Adam à coups de canne à sucre
> Et ce fut le premier rhum sur la terre
> Et Adam et Ève trébuchèrent
> dans les vignes du seigneur.   J. PRÉVERT, *Histoires*, p. 211.

Vx. ***Travailler à la vigne du seigneur*** «convertir les âmes» (1553, Bible de J. Gérard). Expression créée par les orateurs religieux à partir d'une forme biblique appliquée à divers contenus symboliques.

> Pour travailler dignement à la vigne du Seigneur, et n'être pas tout à fait indigne de tant de savants collaborateurs, il fallait l'instruction; il fallait passer au séminaire de Besançon deux années bien dispendieuses; il devenait donc indispensable de faire des économies [...].   STENDHAL, *Le Rouge et le Noir*, p. 344.

VIGUEUR n. f.

En vigueur [LOC. ADJ.] «en application actuellement» (1681), en parlant d'une loi, d'un règlement, etc., puis, par extension et en dehors de tout contexte juridique, «en usage». La loc. s'emploie seule ou forme des loc. verbales avec les verbes *être, entrer* ou *mettre*.

VILAIN n. m. (adj. substantivé).

Il va y avoir du vilain, cela va faire du vilain «les choses vont mal tourner».

> — Ne viens pas plus loin. S'il te voyait, ça ferait encore du vilain.   É. ZOLA, *Germinal*, t. II, p. 135.

VILLE n. f.

Vieilli. *Avoir ville gagnée* «avoir gagné la partie, surmonté les difficultés d'une entreprise» (XVe s.). Métaphore du vocabulaire militaire, faisant allusion au siège d'une ville.

> [...] le jour même où la chambre criminelle sera saisie, si vous ne vous laissez pas embrigader par les pêcheurs en eau trouble vous aurez ville gagnée.   M. PROUST, *À la recherche du temps perdu*, t. II, p. 246.

Ville qui parlemente est à moitié rendue [LOC. PROV.] «une fille qui commence à écouter les propositions qu'on lui fait est déjà disposée à céder». Var. : *villes et filles qui parlementent sont à moitié rendues; ville prise, château rendu.* Ces proverbes sont de bons exemples d'une vision masculine et archaïque des rapports amoureux, illustrés par les métaphores guerrières de l'assaut viril suivi de l'inévitable capitulation féminine; la paronymie ou plus exactement «parographie» — *ville* — *fille* a servi ce genre de rhétorique.

VIN n. m.

Avoir le vin gai (triste) «être gai (triste) après avoir bu» (fin XVIIe s.). *Vin*, par métonymie, correspond à «ivresse». Variante :

> Elle voulut rire, le coucher comme elle faisait les jours où il avait le vin bon enfant. Mais il la bouscula, sans desserrer les lèvres, et, en passant, en gagnant de lui-même son lit, il leva le poing sur elle.   É. ZOLA, *L'Assommoir*, t. I, p. 249.

Cuver son vin «dissiper son ivresse en se reposant, en dormant» (1611, Cotgrave). *Cuver* signifie «laisser reposer comme à l'intérieur d'une cuve». La personne ivre est considérée comme un «récipient à vin». Cf. *Sac à vin*.

Être entre deux vins « être un peu ivre », c'est-à-dire dans un état intermédiaire entre la lucidité et l'ivresse complète. *Vin* correspond ici à « absorption de vin ».

Mettre de l'eau dans son vin → Eau.

(Quand) le vin est tiré, il faut le boire [LOC. PROV.] « quand on est engagé dans une entreprise, on ne peut plus reculer » (Baïf, *Mimes, Enseignements et proverbes*, 1576). À rapprocher par le contenu de BOIRE LE CALICE* JUSQU'À LA LIE.

> — Vois-tu. mon ami, quand le vin est tiré...
> — S'il est mauvais, il ne faut pas le boire.   H. de BALZAC. *Vautrin*, Acte V. sc. 2.

VINAIGRE n. m.

Fam. *Faire vinaigre* « se dépêcher ». Par allusion au mouvement rapide de la corde à sauter des enfants qui jouent en sautant « à l'huile » (lentement) ou *au vinaigre* (rapidement). L'opposition se base sur les qualités métaphoriques des deux liquides, onction, douceur, pour l'huile (qui s'écoule lentement), vivacité acide pour le vinaigre.

Fam. *Tourner vinaigre* « mal tourner ». Métaphoriquement « tourner à l'aigre » comme le vin qui s'aigrit et se transforme en vinaigre. *Vinaigre* est ici adverbial (« à la manière du vinaigre »).

> Je le prenais à ses mensonges !... Ça tournait vinaigre !... Il me regardait tout de travers !... Mais moi qui l'avais le plus affreux j'allais encore faire du malheur !...
> L-F. CÉLINE, *Le Pont de Londres*, p. 72-73.

VIOLENCE n. f.

Faire violence à qqn « le faire agir contre sa volonté, abuser de lui par la force ou l'intimidation » (1538, Estienne). *Se faire violence* (à soi-même) « adopter une attitude opposée à celle qu'on aurait eue spontanément, se contraindre à faire qqch. » (XVIIᵉ s., Pascal). *Se faire une douce violence* « feindre de céder après avoir résisté à qqch. qu'on trouve agréable » (1740).

> Le vétérinaire se congestionna de fureur et l'oncle Honoré, mesurant le sacrifice de son neveu, les représailles auxquelles il l'exposait, se fit violence pour ne pas exploiter son avantage.   M. AYMÉ, *La Jument verte*, p. 162.

VIOLON n. m.

Violon d'Ingres « activité artistique, talent qu'une personne exerce en dehors de son activité principale ». L'expression s'est d'abord employée (XXᵉ s.) à propos d'un artiste qui pratiquait un art qui n'était pas le sien, en plus de son activité artistique principale, comme le peintre Ingres pratiquait le violon, puis à propos de toute activité seconde, choisie par goût.

> C'est en jouant médiocrement du violon qu'Ingres nous a donné une formule si commode qu'on se demande de quelle autre on se servait auparavant.
> J. COCTEAU, *Journal d'un inconnu*, p. 12.

L'expression donne lieu à des variantes ; ici, elle est retournée, à propos d'un violoniste professionnel (Morel) :

> Mais Bergotte, qui est vraiment simple et serviable, doit faire passer au *Gaulois*, ou je ne sais plus où, ces petites chroniques, moitié d'un humoriste et d'un musicien, qui sont vraiment très jolies, et je serais vraiment très content que Charlie ajoute à son violon ce petit brin de plume d'Ingres.
> M. PROUST, *À la recherche du temps perdu*, t. III, p. 221.

Accorder ses violons « se mettre d'accord ». *Accorder* est compris à la fois au sens musical « mettre plusieurs instruments au même diapason » et au sens général de « se mettre d'accord, s'entendre », en parlant de personnes. Notamment en injonction : *accordez vos violons*.

Aller plus vite que les violons « aller trop vite, précipiter les choses », c'est-à-dire « ne pas suivre le rythme » (1854, H. Monnier). Var. : *aller plus vite que la musique.*

> Il y a des gens auxquels on n'est pas obligé de serrer bien fort la gorge. A peine l'on fait mine d'y mettre la main, ils se sentent étouffer. Ce sont des exagérants. Leur système va plus vite que les violons.   P. VALÉRY, *Œuvres*, t. II, p. 241.

Vx. **Se donner les violons** « se vanter à tout propos » (1740, Acad.). Le concert de violons est un hommage coûteux adressé à un grand personnage.

> Votre première lettre vient de m'être renvoyée de Rome [...]. Elle vient d'arriver tout essouflée d'une si longue traite. Il me semble, mon petit ami, que vous vous donnez assez joliment les violons ; la modestie vous siérait cependant mieux qu'à personne.
>   Ch. de BROSSES, *Lettres d'Italie*, t. I, p. 144.

Vx. **Payer les violons** « faire tous les frais de qqch, sans en retirer aucun avantage » (XVIIᵉ s.). Spécialement, « donner la sérénade à une belle, lui offrir un bal », pour tenter de la séduire. En cas d'échec, on disait comme l'atteste Furetière : *il paye les violons et les autres dansent.*

C'est comme si on pissait dans un violon « il n'y a rien à faire, tout est complètement inutile ». L'opération désignée est évidemment incongrue et inefficace, s'il s'agit d'obtenir un son harmonieux. Mais l'inadéquation de l'acte à l'objet est exprimée de manière imprévisible, et l'on peut imaginer un stade antérieur, plus cohérent, où l'on aurait dit : *c'est comme si on soufflait, sifflait....* par confusion entre les instruments de musique. Dans cette hypothèse, *pisser* se serait substitué à *siffler* par souci d'un effet comique.

VIRGINITÉ n. f.

Refaire une virginité à... « redonner (à une femme) une réputation de 'femme honnête' » (1830, Hugo). Au figuré, *se refaire une virginité* « effacer le souvenir d'une faute ».

> Ce sont des commis voyageurs femelles qui exploitent Paris, Genève et Bruxelles, et lui ramènent de ces dernières villes, et en échange de Parisiennes usées qu'elles avaient emmenées, des femmes auxquelles le changement de pays refera une virginité.
>   GORON, *L'Amour à Paris*, t. I, p. 264.

VIS n. f.

Fam. **Serrer la vis à qqn** « le traiter avec sévérité », par analogie avec l'objet qu'on visse, qu'on fixe et immobilise dans une position déterminée. *Visser (qqn)* s'emploie aussi métaphoriquement.

VISAGE n. m. Dérivé de l'ancien mot *vis,* (conservé dans *vis-à-vis*) du latin *visus*. Plusieurs locutions burlesques désignent ainsi le « derrière » : *visage sans nez* (Duez, 1659), *le gros visage* (1718).

À visage découvert « sans masque, sans voile », et par métonymie, « franchement, sans rien cacher » (1660, Corneille).

Faire bon visage à qqn « lui faire bon accueil » (1549, Estienne). À l'opposé, *faire mauvais visage* attesté au XVIIᵉ s., ne s'est pas maintenu.

> Mon gouvernement va m'obliger à de longues absences [...] : ainsi, ma mignonne, au moins faites-moi bon visage pendant mon séjour ici.
>   H. de BALZAC, *L'Enfant maudit*, p. 688.

Vieilli. **Faire visage de bois à qqn** « lui fermer la porte au nez » (fin XVᵉ s.). On disait aussi : *trouver visage de bois* (in *Furetière*).

> Nous prenions l'omnibus — trois sous de fichus ! — et promenions mélancoliquement notre requête ou notre ultimatum à travers des corridors mal éclairés : trouvant

visage de bois quand nous arrivions au cabinet d'Arago, visage de fer quand nous nous
fâchions.   J. VALLÈS, *L'Insurgé*, p. 173.

VISIERE n. f.

Rompre en visière à (avec) qqn «attaquer de front et sans ménagement,
contredire violemment» (1651, Scarron). Au sens propre, «rompre sa lance dans la
visière de son adversaire». La loc. est d'un emploi très littéraire, et son origine
est mal identifiée.

> [...] un imbécile capable de se mettre à la suite d'un gentilhomme d'occasion, assez
> niais pour rompre en visière aux Montsorel avec un semblant de grand seigneur...
>   H. de BALZAC, *Vautrin*, Acte III, sc. 8.

VISU (DE) Loc. adv. d'origine latine qui signifie «pour l'avoir vu person-
nellement». Elle est attestée en 1721 (Dict. de Trévoux) et vient du vocabulaire
juridique; s'oppose à *ex auditu*.

> Il [...] s'assura ensuite de visu que le pantalon qu'il portait était bien maintenu à l'aide
> de bretelles [...].   G. COURTELINE, *Les Gaîtés de l'escadron*, p. 272.

VITE adv.

Au plus vite «dans le plus bref délai». Syn. *Au plus tôt.*

Vite fait [LOC. ADV.] «rapidement», avec des verbes qui ont le sens d'«expédier, bâcler». Cf. *À la va-vite.* La var. *vite fait, bien fait* est courante depuis peu.
Ces deux loc. appartiennent au registre très familier.

> Il est 11 h 32. Le Crédit Lyonnais a perdu trois millions. Un sacré magot. Cinquante
> mille francs à la seconde!
> Vite fait, bien fait, dit Attia.   R. BORNICHE, *Le Gang*, p. 39.

(Et) plus vite que ça! Formule familière servant à renforcer une exhortation
à l'action immédiate. Elle s'emploie généralement avec l'impératif.

Aller un peu vite «agir de manière expéditive, sans prendre le temps de la
réflexion» (XVIIᵉ s.). *Un peu vite* est une litote pour *trop vite* → BESOGNE
(ALLER VITE EN).

Avoir vite fait de (+ infinitif) «ne pas tarder à». La loc. exprime l'extrême
rapidité dans l'exécution d'une action → AVOIR TÔT* FAIT DE.

VITESSE n. f.

À deux vitesses [LOC. ADV.] se dit métaphoriquement d'un système dont
l'application varie selon les types d'usagers, créant une disparité injuste *(retraite,
sécurité sociale à deux vitesses).*

En vitesse, à toute vitesse «le plus vite possible, très vite». *En quatrième
vitesse* fait référence aux vitesses des automobiles, la quatrième étant (lors de la
genèse de l'expression) le rapport qui permet la plus grande vitesse.

Vitesse grand V «grande vitesse», est formellement comparable à des expressions du type *heure H, jour J.*

Gagner (prendre) qqn de vitesse «aller plus vite que lui, le devancer». Au
propre et en emploi métaphorique (1787).

VITRE n. f.

Fam.   *Casser les vitres* «faire du scandale». Attesté à la fin du XVIIIᵉ s. (1798, Acad.)
au sens de «parler avec une franchise brutale». La loc. évoque la violence, la brutalité accompagnée de bruit.

Ça ne casse pas les vitres! «cela n'a rien de remarquable», s'explique à partir
du sens de *casser* dans *cela ne casse rien, à tout casser* → CASSER.

VITRIER n. m.

Ton père n'est (n'était) pas vitrier ! formule destinée à faire bouger qqn qui est dans le champ visuel. C'est une glose de *tu n'es pas transparent* (donc, « pousse-toi, tu m'empêches de voir »).

VITRINE n. f.

Lécher les vitrines « flâner dans la rue en regardant les étalages des magasins ». Cette loc. utilise un sens métaphorique de *lécher* « lécher des yeux, regarder de près et avec convoitise ». Le dérivé *lèche-vitrine (faire du lèche-vitrine)* témoigne de la fréquence de l'expression.

> Mais les femmes, qui lisent d'ailleurs ces mêmes journaux, ne cherchent leurs références qu'à travers un système de princesses, de mannequins, d'actrices, de divorcées à dix millions par mois, bref découvrent chaque jour dans l'existence une nouvelle vitrine à lécher.
>
> A. BLONDIN, *Un singe en hiver*, p. 171.

VIVRE v. tr.

Facile, difficile à vivre (avec un sujet de personne) « accommodant ou non ».

Apprendre à vivre à qqn → APPRENDRE.

Il a vécu « il est mort » (XVIIe s.). Usuelle à l'âge classique, cette litote d'origine latine ne s'emploie guère, sauf dans la langue très littéraire.

Il faut bien vivre, formule servant à justifier une activité ou des procédés moralement répréhensibles, justifiés par un gain nécessaire.

Qui vivra verra [LOC. PROV.] « seul l'avenir permettra de juger ». Attesté à la fin du XVe s. (cité par J. de La Véprie, *Proverbes communs*, 1498), ce proverbe doit sa fortune et sa très large diffusion, à la fois à son contenu suffisamment général qui le rend adaptable aux situations les plus variées, mais plus encore à sa forme. Une structure proverbiale banale (du type *qui m'aime me suive*) prend ici un caractère exemplaire par l'équilibre entre le jeu rhétorique sur l'allitération-assonance des deux verbes, et l'extrême concision de la forme (5 syllabes).

> Soudain il donna un violent coup de poing sur la table et gueula :
> — Or ça, Empoigne ! nous laisserions-nous amollir ? Non, certes ! Malgré tout ce que peut raconter monsieur Cidolin, ce soir nous capturons le graffitomane et qui vivra verra !
>
> R. QUENEAU, *Les Fleurs bleues*, p. 240.

VIVRE n. m.

Vieilli. *Le vivre et le couvert* « la nourriture et le gîte » (XVIIe s., La Fontaine). *Vivre* est pris dans son ancien sens de « subsistance » et *couvert* dans celui de « toit, abri ». C'est le glissement de sens de ce mot, compris comme « ustensiles de table », qui a suscité la création du pléonasme *le gîte et le couvert,* remotivant une loc. qui n'était plus comprise. *Le vivre et le couvert* s'emploie encore dans le code écrit et le style soutenu, mais on y comprend en général *couvert* comme une redondance ou une spécification de *vivre* (« nourriture servie permettant de [mieux] vivre »).

Couper les vivres à qqn « ne plus lui donner de subsides » (1740, Acad.). Les *vivres* sont les moyens de subsistance. Au milieu du XVIe s. (1553, selon Wartburg), la loc. s'employait dans un contexte militaire au sens de « couper les voies d'accès d'une ville assiégée pour empêcher son ravitaillement », les *vivres* étant en effet les provisions assurant la subsistance des armées (sens attesté dès le XVIe s. et qu'on retrouve dans : *les vivres et les munitions*).

> Ma famille (de braves gens, pourtant), vexée de ne pas me voir passer plus d'examens brillants..., m'avait coupé les vivres comme avec un rasoir.
>
> A. ALLAIS, *Contes et Chroniques*, p. 46.

VOGUE n. f.

En vogue « à la mode ».

VOIE n. f.

1. Sens concret.

Voie de garage. Dans le domaine professionnel ou, plus largement, dans n'importe quel secteur d'activité, cette loc. devenue très usuelle est synonyme de « mise à l'écart », par allusion aux wagons qui ne sont pas en circulation et qu'on gare sur les parties de voies affectées à cet effet. Métaphoriquement, l'expression signifie aussi plus généralement « situation sans issue » et a en gros les mêmes connotations que « cul-de-sac ».

> [...] cette plongée que j'effectue dans mon passé devenant insensiblement refuge, voie
> de garage, après avoir été simple inspection de mon sol intérieur en vue de prendre
> mon élan d'une façon plus sûre.   M. LEIRIS, *Biffures*, t. I. p. 273-274.

N'avoir ni vent ni voie → VENT.

Être (toujours) par voies et par chemins « être toujours en chemin, jamais au même endroit ». L'emploi coordonné de deux termes synonymes est un héritage de la rhétorique médiévale dont nombre de loc. portent la trace. L'expression ne s'emploie plus beaucoup ; elle est souvent remplacée par : *par monts et par vaux*.

Être (mettre) sur la voie « donner à qqn des indications pour l'aider à deviner qqch. ». Bien qu'empruntée au vocabulaire de la vénerie (la *voie* est le chemin emprunté par la bête qu'on chasse), cette loc., pourtant très usuelle, n'est pratiquement jamais analysée ainsi. Pour la plupart des locuteurs, *voie* est compris au sens le plus courant de « chemin, direction ».

2. Sens abstrait : « conduite ».

Voie de fait « violence ou acte insultant dirigé contre qqn » (XIVe s.). En termes juridiques, *voie* est à comprendre comme ellipse de *voie de justice*, c'est-à-dire « recours à la justice » et *fait* désigne ici « l'action passible d'effet juridique ». Cette loc. est passée dans le vocabulaire général.

Voies et moyens « moyens de tous genres servant à financer le budget de l'État » (1835, Acad.). Les deux substantifs ont tous deux le sens général de « procédé, moyen », mais la loc. s'est spécialisée dans le vocabulaire administratif et fiscal.

En voie de (et subst.) « en cours de, en passe de » (1283, Ph. de Beaumanoir). La métaphore du chemin exprime l'idée de mutation en cours, de modification d'une situation. *Problème en voie de règlement, pays en voie de développement.* La loc. fonctionne aussi avec un infinitif à sens passif *(accord en voie de se conclure).*

En bonne voie « sur le point de réussir », paraît résulter d'un croisement entre *en voie de* et *la bonne voie* « la bonne direction » (ou « le bon moyen »).

Par la voie (et adj.) « par l'intermédiaire ». *Faire une réclamation par la voie hiérarchique.*

Par voie de conséquence « en conséquence ».

Être dans sa voie, trouver sa voie « dans la situation professionnelle qui convient le mieux à qqn ». Précédé du possessif, *voie* désigne le domaine de prédilection de qqn, où il a le plus de chances de réaliser ses possibilités.

VOILÀ prép.

En veux-tu, en voilà → VOULOIR.

(Ne) voilà-t-il pas que. Formule exprimant dans une narration la surprise devant un événement inattendu. Elle est considérée aujourd'hui comme apparte-

nant à la langue «populaire», mais on la trouve déjà chez Molière sous les formes *voilà-t-il pas, ne voilà-t-il pas que*. Les formes *voilà-ti-pas, v'la ti-pas* appartiennent au code oral.

Voilà ce que c'est (de..., et infinitif) «c'est ce qui arrive» (sous-entendu «quand on fait cela»). Les conséquences désagréables d'un acte sont considérées comme normales et inévitables ; ce rapport de causalité étant rendu absolu par une expression ontologique (verbe *être* au présent et infinitif).

En voilà assez! «cela suffit».

Nous y voilà! «nous abordons le problème».

Et voilà tout! «c'est terminé, c'est tout, il n'y a rien d'autre à ajouter». La formule sert à conclure, par une constatation objective, une énumération chargée d'affectivité (griefs, etc.).

1. VOILE n. m.

Prendre le voile «se faire religieuse». Le costume des religieuses comporte généralement un voile qui leur couvre la tête. La loc. constitue la version féminine de *prendre l'habit* → HABIT.

Littér. *Jeter (étendre, tirer) un voile sur* «dissimuler qqch., passer sous silence» (1730, Voltaire). Cet emploi métaphorique de *voile* date du XVII⁰ s. La loc. correspond au contenu du verbe *voiler*. À l'opposé, on dit de la même façon *lever le voile sur qqch.* «révéler». Le verbe *dévoiler* utilise la même métaphore. Dans un contexte particulier, on trouve : *Jeter* (etc.) *un voile pudique, discret, sur...*

2. VOILE n. f.

Être (marcher) à voile et à vapeur «être à la fois homo- et hétérosexuel (d'un homme)» [XX⁰ s.]. L'idée de double activité est rendue par celle de «double fonctionnement», que l'on retrouve dans d'autres loc. comme *thème à deux façons, cordonnier de campagne*, citées par P. Guiraud (*Dict. érotique*, Payot, 1978), ou encore *(être) bique* et bouc*, qui illustrent le thème de la bisexualité. Le choix du contexte maritime serait, selon Guiraud, à mettre en rapport avec les usages érotiques des mots *corvette* et *frégate*, «femme», puis «homosexuel passif».

Fam. *Mettre les voiles* «s'éclipser» (vers 1900, Chautard). La métaphore est beaucoup plus ancienne. On trouve déjà *bander ses voiles*, dans le même sens, chez Furetière (1690).

> Je retrouve mes copains et je leur explique l'affaire à ma façon, que mon gars avait été buté par les phalangistes. Ça m'a fait monter dans leur estime. Après ce coup-là, il ne restait plus qu'à mettre les voiles. A. SERGENT, *Je suivis ce mauvais garçon*, p. 93.

Vieilli. *Mettre toutes voiles dehors* «employer tous les moyens pour obtenir qqch.» (fin XVIII⁰ s.).

VOIR v. tr.

Ce verbe, aux emplois très diversifiés, a donné lieu à la formation de nombreuses loc., surtout verbales, qui sont à consulter à l'autre élément (ex. : *voir loin, voir le jour, voir 36 chandelles, ne voir que par les yeux de, ne pas voir plus loin que le bout de son nez*). Seules seront traitées ici les loc. verbales analysables à partir d'un emploi particulier du verbe *voir*, ainsi que les locutions-phrases.

Avoir assez vu qqn «ne plus pouvoir supporter qqn, souhaiter son départ». La stabilité formelle (temps du verbe, emploi de *assez*) confère à cette séquence le statut de locution.

En voir (en faire voir à qqn) «supporter de qqn ; faire supporter (à qqn) toutes sortes d'avanies, de tourments» (1888, Villate). Il s'agit d'emplois spécifiques du verbe *voir*. L'équivalence *voir* = *supporter* se retrouve dans d'autres formules plus développées : *en faire voir (à qqn) de belles, de dures, des vertes et des pas mûres* (→ VERT), *de toutes les couleurs* (→ COULEUR).

Ne rien avoir à voir avec *(qqn, qqch.)* « n'avoir pas de relation avec, ne pas concerner qqn ». Ce type d'expression s'emploie pour affirmer l'absence de rapport entre deux choses d'ordre différent, confondues à tort. Avec un sujet neutre : *cela n'a rien à voir* « cela n'a rien de commun, c'est très différent (de ce qui a été évoqué précédemment) ». *Rien* peut être remplacé par *pas grand chose, peu (de chose)*. Avec un sujet de personne : *je n'ai rien à voir dans cette affaire (là-dedans)* « cela ne me regarde pas », ou bien « je refuse d'être mêlé à cela ».

Ne pas (plus) pouvoir voir *qqn* « être excédé par qqn », c'est-à-dire « être incommodé par sa seule présence physique ». Variante : *ne pas pouvoir voir (qqn) en peinture* → PEINTURE. On dit aussi *ne pas pouvoir sentir qqn* (→ SENTIR), l'antipathie étant exprimée par la perturbation des fonctions sensorielles.

Pour voir « pour se faire une opinion ». La formule s'emploie couramment, dans la langue familière, pour accentuer une défense, une menace, après un verbe à l'impératif. *Essaie un peu, pour voir !* (sous-entendu « ce qui va se passer, la réaction violente qui s'ensuivra inévitablement »).

Locutions-phrases :

C'est à voir ! « ce n'est pas sûr, pas évident, pas gagné ». La formule exprime le doute, met en cause une assertion jugée prématurée, excessive. *On verra bien !* exprime l'indétermination face à une situation dont l'intéressé ne maîtrise pas (encore) tous les éléments (cf. *Qui vivra verra* → VIVRE).

C'est tout vu ! « c'est décidé une fois pour toutes, il n'y a pas à revenir là-dessus » (1760, Beaumarchais). A l'opposé de la précédente, cette loc. très courante a une valeur assertive marquée et exprime la détermination ou l'idée définitive.

Il faudrait voir à (plus infinitif) « il faudrait veiller à, songer à » (XVIIᵉ s.). *Voir à* signifie ici « s'occuper de, faire attention à ». On disait aussi *voir que* faire telle chose (Malherbe), et *voir que* + subjonctif (Furetière). Les formes correspondaient à une mise en garde pouvant aller, selon le contexte, jusqu'à la menace. La langue relâchée emploie parfois la forme *(il) faudrait voir à voir !* « il faudrait faire attention », où la redondance de l'infinitif a une fonction intensive.

Littér. **Il ferait beau voir !** « il serait incroyable que (telle chose arrive) : ce serait trop facile, ce serait le comble ». La formule exprime globalement l'impossibilité (ou le refus) d'envisager une hypothèse contraire aux souhaits du locuteur. Elle s'emploie comme menace pour dissuader l'éventuel contrevenant. Le vieux tour *il fait (ferait) beau* signifie « il est (serait) trop facile de » (et infinitif) → BEAU.

> Il ferait beau voir, pensai-je, que je fusse pusillanime, quand le théâtre d'opérations est simplement notre propre cour [...].
>   M. PROUST, *À la recherche du temps perdu*, t. II, p. 608.

> — Joseph, dit ma mère, tu vas me promettre que toi aussi tu monteras sur l'arbre, et sans tirer un seul coup de fusil.
> — Il ferait beau voir ! s'écria l'oncle. Je vous ai dit que Malbousquet n'avait pas de chevrotines. Mais nous, nous en avons.   M. PAGNOL, *La Gloire de mon Père*, p. 186.

(J'ai) vu, de mes yeux vu « je l'ai vraiment vu ». Ce pléonasme a été popularisé par une scène du *Tartuffe* de Molière. Le témoignage oculaire, exprimé avec redondance, est destiné à accréditer un fait peu croyable.

Je vois ! « j'imagine, je me représente fort bien ce dont il s'agit, ce que vous me dites ». S'emploie en général sur le mode ironique. Variante : *je vois ça d'ici !* — *Tu vois, tu vois bien !* « j'avais raison, je te l'avais dit », se dit pour convaincre l'interlocuteur de la justesse de son appréciation de la réalité et l'amener à la partager. À distinguer de *vois-tu, tu vois,* en incise (cf. ci-dessous).

Ni vu ni connu! «personne n'en saura rien» (XIXᵉ s., Béranger). La formule exprime chez celui qui l'emploie le soulagement et la satisfaction d'avoir réussi à dissimuler une action (en général de moralité douteuse) et d'avoir pu profiter de l'absence de témoin, ce qui implique que son méfait ne sera pas «connu». Renforcé dans la langue familière en : *ni vu ni connu je t'embrouille.* La variante *pas vu, pas pris* y ajoute la nuance de l'impunité satisfaite, faute d'un témoin qui aurait pu parler.

> Eh! bien, vous ne ferez pas travailler cet homme-là, voyez-vous, à moins de dix billets de mille francs... pensez-y... Mais votre affaire sera faite, et bien faite. Ni vu, ni connu, comme on dit.   H. de BALZAC, *Splendeurs et Misères des courtisanes,* t. V, p. 749.

> Le crime qu'il venait d'accomplir ne le tourmentait pas. C'était cette foule plutôt qui lui donnait à réfléchir. [...] Bédame, grommela-t-il, je me tire. Pas vu, pas pris.
>   F. CARCO, *Rue Pigalle,* p. 248-249.

On aura tout vu! «c'est invraisemblable». La formule exprime à la fois l'incrédulité devant une réalité qui dépasse l'imagination et l'indignation devant ce que cet aspect insoupçonné du réel a de scandaleux. *Il faut le voir pour le croire,* s'emploie à peu près dans le même sens.

Va (allez) te (vous) faire voir! «Va, allez au diable» [si tu (vous) n'es (n'êtes) pas content(s)]. *Se faire voir* est ici un euphémisme évoquant la sodomie. On ajoute parfois *chez, par les Grecs* (→ GREC), ou d'autres noms de peuples; cf. ci-dessous, la citation de Queneau. Il faut signaler à ce propos les valeurs érotiques du verbe *voir* : *voir une femme, se voir* (en parlant d'amant), qui font directement allusion aux relations sexuelles; des loc. métaphoriques comme *voir le loup* (→ LOUP), *voir la feuille à l'envers* (→ FEUILLE), *voir les anges* (vx), «jouir», doivent en partie leurs connotations érotiques à ces valeurs.

> Vous feriez mieux d'aller faire marcher le métro que de venir emmerder les bons citoyens. Vous êtes pas contents avec ça? Eh bien, allez vous faire voir par les Marocains.   R. QUENEAU, *Zazie dans le métro,* p. 109.

Va (allez) voir là-bas (ailleurs) si j'y suis «va-t-en, allez vous-en». Formule assez énergique destinée à se débarrasser d'un importun en exploitant jusqu'à l'absurde sa crédulité.

> Et il la reprit, et il la serra, par bravade, lui écrasant sur la bouche ses moustaches rouges, continuant :
> — Fiche-nous la paix, hein! Fais-nous le plaisir de voir là-bas si nous y sommes.
>   É. ZOLA, *Germinal,* t. II, p. 237.

Voir Naples et mourir. Formule consacrée exprimant le souhait ultime. La baie de Naples passe pour l'un des plus beaux paysages du monde et, dans la vision touristique petite-bourgeoise de la fin du XIXᵉ s., fait partie de ces lieux qu'il faut «avoir vus avant de mourir».

Vois-tu, voyez-vous. En incise, ces formules, usuelles surtout dans la langue parlée, sont destinées à inviter l'interlocuteur à considérer ce qui vient d'être dit ou à réfléchir à ce qui va être dit. Elles sont placées en tête de phrase. Sans inversion, *tu vois* est devenu un tic de langage.

Voyons voir! «réfléchissons, examinons de près ce dont il s'agit». Condamnée par les puristes, cette formule familière est une invite à l'examen approfondi : la redondance des deux emplois de *voir* fonctionne comme intensif.

VOITURE n. f.

Fam. **Se ranger (être rangé) des voitures** «mener une vie plus régulière ou moins dissipée que précédemment» (1881, Rigaud; d'abord attesté à la forme passive : *être* *rangé...*, 1873). La forme de la loc. est curieuse, et l'emploi de *des* est obscur. On ne voit pas pourquoi elle a été préférée à *ranger sa voiture*, attestée à la même époque (1875, *in* P. Larousse). En ce qui concerne le contenu, il paraît s'agir d'un jeu sur *se ranger*, « s'assagir », sens déjà attesté au XVIIIᵉ s. (1787, Féraud). On peut aussi évoquer un calembour à partir d'une expression comme *changer de conduite*, qui a pu introduire formellement *les voitures*. L'idée est celle de « mise hors circulation ».

> J'ai licencié mon employé en lui conseillant plus d'assiduité à son école commerciale.
> Tu vois si je m'amollissais ; j'en venais moi aussi au prêchi-prêcha, puis je me suis rangé des voitures pour quelque temps.
>
> A. SERGENT, *Je suivis ce mauvais garçon*, p. 62.

VOIX n. f. Certaines loc. nominales caractérisent un timbre vocal, ainsi : *voix blanche, voix de crécelle, voix de rogomme* (à consulter au déterminant), *voix de fausset* ou *de tête* « fausse et suraiguë ». Un second groupe est formé de loc. métaphoriques, aisément compréhensibles, où *voix* a le sens abstrait d'« appel intérieur », dans des syntagmes comme *la voix de la conscience, la voix de la raison, la voix du sang.*

À haute voix (à mi-voix ; à voix basse) « très fort (bas ; très bas) ».

À pleine voix « très fort ». S'est spécialisé pour qualifier le chant ou la déclamation, par rapport à : *à haute voix,* moins marqué.

De vive voix « oralement, en parlant » (XVIIᵉ s., Scarron ; a *vois vive* est attesté en 1204 *in* Wartburg). L'expression est une traduction du latin *viva voce*. Elle est très vivante et s'emploie avec les verbes comme *dire, raconter.* Elle s'oppose à *par écrit.*

> Je ne compte donc que sur vous, mon cher Lemerre. Aussi écrivez-moi vos conditions en tenant compte de ce que nous avons arrêté de vive voix l'été dernier.
>
> C. CROS, *Correspondance*, p. 627.
>
> Je vais donc écrire ici ce qu'il eût été plus aisé de vous dire de vive voix.
>
> M. PROUST, *À la recherche du temps perdu*, t. II, p. 991.

Vieilli ou littér.   **Tout d'une voix** « à l'unisson, d'une belle voix ».

Avoir des larmes dans la voix → LARME.

Avoir voix au chapitre → CHAPITRE.

Entendre des voix « avoir des hallucinations auditives », par allusion, notamment, à Jeanne d'Arc. Son emploi est ironique.

Être en voix « être dans de bonnes dispositions pour chanter ».

Faire la grosse voix « élever la voix pour effrayer, rappeler à l'ordre (le plus souvent un enfant) » → GROS.

Voix du peuple, voix de Dieu [LOC. PROV.]. Traduction de l'adage latin *vox populi, vox dei,* érigeant en autorité suprême la volonté populaire qui fonde l'idéal démocratique, mais la cautionnant par la théologie.

VOL n. m. Action de *voler* en l'air.

À vol d'oiseau [LOC. ADV.] « en ligne droite, directement » (1771, Trévoux). C'est l'expression consacrée et courante pour évaluer la distance la plus courte d'un point à un autre.

Au vol [LOC. ADV.] « au passage, très vite », surtout en loc. verbale avec des verbes, comme *saisir, attraper,* en emploi figuré. Syn. *Saisir* (une occasion) *par les cheveux.*

> [...] un esprit vif et calculateur, prompt à prendre une décision, apte à saisir l'occasion au vol [...].   B. CENDRARS, *Bourlinguer*, p. 382.

De haut vol [LOC. ADJ.] « de grande envergure », Littéralement « qui peut voler haut », en parlant des oiseaux de proie. Métaphoriquement, cette loc., concurrencée par son doublet *de haute volée* (→ VOLÉE), définit un haut niveau de compétence dans un domaine quelconque, mais est souvent péjorative (par ex. *Un bandit, un escroc de haut vol*), peut-être à cause de l'homonymie avec *vol* « action de dérober ».

Prendre son vol « améliorer sa situation ». Même métaphore que dans *prendre son envol, son essor*. Spécialisation du thème du « mouvement vers le haut », du « décollage ». On disait au XVIIIe s. *parvenir de plein vol* (1740, Acad.).

VOLCAN n. m.

Être (danser, se tenir,...) sur un volcan « dans une situation instable et dangereuse » (XIXe s.). Célèbre formule de Salvandy, à la veille de la Révolution de 1830 *(« Nous dansons sur un volcan »)*. D'après Gottschalk, l'image aurait déjà été employée antérieurement par Robespierre et Napoléon. Signalons aussi la fameuse métaphore de Joseph Prudhomme : *le char de l'État navigue sur un volcan*, souvent citée comme exemple de rhétorique grotesque. Dans toutes ces formules, le volcan évoque une situation (politique) « explosive », lourde de menaces.

VOLÉE n. f.

À la volée « au passage, rapidement » (XIIIe s.). Syn. *Au vol*.

> Enfin, vers huit heures et demie, le départ s'effectua. Ce fut une minute de bousculade confuse, un concert d'adieux jetés à la volée, tandis qu'un vacarme de chaussures énormes emplissait les corridors et la cage d'escalier.
>
> G. COURTELINE, *Les Gaîtés de l'escadron*, p. 247.

Dans certains jeux (tennis, par exemple), on dit qu'*on rattrape une balle à la volée* quand on la renvoie avant qu'elle touche terre.

À toute (pleine) volée « très fort, en faisant un mouvement très ample, avec beaucoup d'élan ». *Lancer qqch à toute volée*. La loc. vient de *sonner une cloche à volée* (XIVe s., Froissart), *à toute volée* (1762, Acad.) « la mettre complètement en branle ». La *volée* désigne l'appareil de suspension des cloches, qui transmet le branle. L'expression a acquis depuis une plus grande extension et s'emploie en parlant de tout mouvement exécuté avec une grande amplitude dans le geste :

> Comme il achevait de parler, onze heures trois quarts sonnèrent, aussitôt la grosse cloche se fit entendre. Elle sonnait à pleine volée [...].
>
> STENDHAL, *Le Rouge et le Noir*, p. 397.

De haute volée [LOC. ADJ.]. Le mot *volée* définit globalement une vision hiérarchisée des personnes et des choses. La locution signifie :

a) « de grande envergure » (personnes), « de haut niveau » (choses). Syn. *De haut vol ;*

b) au XVIIe s., elle signifiait plus spécialement « de haute naissance, de haut rang ». La *volée* désignait l'« extraction ».

Donner (recevoir) une volée, une bonne volée « infliger (ou recevoir) une correction ». Depuis le XVIIe s., *volée* désigne elliptiquement une suite de coups (en général, coups de bâton). La var. *volée de bois vert* ne paraît dater que du milieu du XIXe s. (1876, P. Larousse). *Bois vert* fait référence au bâton, à la partie du bois coupé qui est encore humide de sève, et qui doit par conséquent, étant jeune, remplir parfaitement son office, à la différence du vieux bois qui risquerait de se casser. Cette explication rationnelle n'exclut pas que *vert* n'entraîne ses connotations (*une verte réprimande, semonce*, etc.).

1. VOLER v. intr. Voler en l'air.

Voler au secours de la victoire « agir trop tard, une fois que la victoire est assurée ».

Fam. **Voler bas** « être d'un faible niveau intellectuel » (d'un discours, d'une œuvre, etc.).

 Voler dans les plumes → PLUME. — **Voler de ses propres ailes** → AILE.

 Voler en éclats « se briser en menus morceaux » (1643), littéralement, « éclater de manière à ce que les éclats volent au loin ». On disait au XIVᵉ s. *voler par esclas.*

Vieilli. **Vouloir voler avant d'avoir des ailes** [LOC. PROV.] « vouloir entreprendre qqch. avant d'en être capable » (1688, Miège). L'image de l'oisillon encore malhabile de ses ailes est très ancienne. On la trouve déjà au XIVᵉ s. *(voler ainçois qu'il ait des ailes,* chez Froissart).

 On entendrait une mouche voler « le silence est total » → MOUCHE. L'expression a donné lieu à des variantes cocasses concernant des animaux sans ailes :

> Blanche de Pastille clame : « Au secours ! » La situation est pathétique... On entendrait voler un cochon d'Inde.   *L'Épatant,* 1909, p. 53.

2. VOLER v. tr. Dérober.

Être volé comme dans un bois → BOIS.

Il ne l'a pas volé « il l'a bien mérité, c'est bien fait pour lui ».

On n'est pas volés ! « on en a pour notre argent ». Cette litote s'emploie souvent ironiquement pour signifier que qqch. dépasse tout ce qu'on attendait.

Qui vole un œuf vole un bœuf [PROV.] → ŒUF.

VOLET n. m.

Trier sur le volet « choisir avec un soin minutieux » (1542, Rabelais). Un *volet* était une sorte de sas, de tamis en forme de claie destiné à trier les graines (ainsi appelé à cause de sa légèreté qui le fait « voler » au vent). Puis le mot a désigné la petite planche ou tablette qui servait au tri des graines et de menus objets. La métaphore date du XVIᵉ s. On la trouve chez Rabelais, Montaigne, Brantôme :

> Il faut que ce soient des harquebuziers tres bons et triez sur le vollet (comme on dit), et surtout bien conduits.
>   BRANTÔME, *Vie des hommes illustres et des grands capitaines,*
>   *in* Godefroy, t. X, art. *volet.*

VOLEUR n. m.

Voleur comme une pie → PIE.

Se sauver (s'enfuir) comme un voleur « prestement, comme en ayant peur d'être vu et appréhendé ». L'adverbe *furtivement* correspond exactement à cette idée.

> Qui a remis ce paquet ? dit Octave. — C'est un mystère, on veut se cacher de M. le Vicomte ; mais c'est tout simplement le vieux Perrin qui l'a déposé chez le portier et s'est sauvé comme un voleur.   STENDHAL, *Armance,* p. 50.

VOLONTÉ n. f.

Bonne volonté « disposition à faire le bien, à rendre service à autrui ». Dans l'Évangile, *les hommes de bonne volonté* désignent « ceux qui sont animés de bonnes intentions, portés à faire le bien ». Dans le langage courant, *les bonnes volontés* s'appliquent, par métonymie, à tous ceux qui sont disposés à rendre service, à aider qqn à faire qqch. *(J'ai besoin de quelques bonnes volontés pour m'aider à déplacer ce meuble !)* Les hommes de bonne volonté de l'*unanimisme* (Jules Romains) ont eu leur heure de gloire littéraire.

Mauvaise volonté « disposition plus ou moins consciente et assumée à se dérober à un ordre ou à un devoir, ou à l'exécuter de mauvaise grâce ». *Il y met vraiment de la mauvaise volonté !* La formule usuelle *ce n'est pas mauvaise volonté de ma* *part, mais...* «ce n'est pas que je ne veuille pas, même si je le voulais...» introduit une réticence et équivaut à une proposition concessive.

Les dernières volontés de qqn «ses derniers souhaits avant sa mort» (1701, Furetière). L'expression s'employait initialement au singulier (dès 1275, selon Wartburg). *L'acte de dernière volonté* désigne par périphrase le testament (*in* Furetière), qu'on appelait au XVIe s. *disposition de dernière volonté* (1538, Estienne).

À volonté [LOC. ADV.] «autant et comme on veut» (1701, Furetière). Syn. *À discrétion*. Cf. dans le vocabulaire militaire, la formule : *feu à volonté!* qui suppose chez le tireur une volonté de carnage sans restriction. *À la volonté de (qqn)* s'employait jadis au sens de «au gré, à la guise de».

Faire les quatre (trente-six) volontés de qqn «obéir à tous ses caprices» (début XXe s.). L'emploi du numéral correspond à un intensif et semble relativement récent. La loc. a d'abord existé avec le substantif au singulier : *faire la volonté de qqn* (sous-entendu : «quelle qu'elle soit, à n'importe quel moment») est attesté en 1165 (*in* Wartburg); *faire les volontés de qqn* (d'autre que soi) ne date que du XVIIIe s.

VOLTE-FACE n. f.
Emprunt à l'italien *voltafaccia*, littéralement «tourne face» (de volta, impératif de *voltare* «tourner», et *faccia* «face»). Attesté en français en 1654, *volte-face* est lexicalisé, mais ne s'emploie qu'avec le verbe *faire*. L'expression signifie «se retourner complètement, faire demi-tour».

VOMISSEMENT n. m.
Vieilli. *Retourner à son vomissement* «retomber dans les mêmes erreurs» (1455, Wartburg), par allusion au prov. biblique : «comme le chien revient à son vomissement, le sot retourne à ses erreurs» (Proverbes, XXVI, 11).

VÔTRE pr. et adj. poss.
À la vôtre, à la bonne vôtre! (1756, Vadé). Formule de souhait (dans un toast). Ellipse pour *à votre santé!*

> Le verre tendu, si le cafetier relevait trop vite le pichet à bec, je savais commander : «Bord à bord!» et ajouter : «A la vôtre», trinquer et lever le coude [...].
>
> COLETTE, *La Maison de Claudine*, p. 56.

VOULOIR v. tr.
En veux-tu, en voilà [LOC. ADV.] «autant qu'on veut, à profusion» (1750).

> Il ne se rendait pas compte qu'il agaçait notre tante avec ses «sublimes» donnés en veux-tu en voilà. Bref, la tante Madeleine, qui n'a pas sa langue dans sa poche, lui a riposté : «Hé, monsieur, que gardez-vous alors pour M. de Bossuet?»
>
> M. PROUST, *À la recherche du temps perdu*, t. II, p. 505.

Fam. *En vouloir* «y mettre de l'ardeur, de l'énergie», surtout employé à la 3e pers. du singulier. *Il en veut!*

En vouloir à qqch. (appartenant à autrui) «avoir des visées sur, s'en prendre à» (1549, Estienne). *En vouloir au porte-monnaie, à la vie de qqn.* Plus couramment, *en vouloir à qqn* «avoir de la rancune à l'égard de qqn» (XVIIe s.).

S'en vouloir de «se reprocher, se repentir de» (1820), surtout au conditionnel : *je m'en voudrais de...* «je ne le ferai certainement pas».

Vouloir dire → DIRE.

Je veux! Formule de vive approbation, dans le style familier.

(Moi) je veux bien! Si tu veux (si vous voulez, si on veut). Ces formules marquent la concession qu'on fait à l'interlocuteur et exprime aussi l'approximation.

Que voulez-vous ? En incise, la formule exprime l'embarras, l'incertitude, ou la résignation. *Que voulez-vous que je vous dise ? Que voulez-vous que j'y fasse ?* « c'est ainsi, il n'y a rien à dire, à faire ».

Veux-tu, veux-tu bien (et infinitif). Expriment la défense. *Veux-tu te taire !* « tais-toi ». Récemment, on rencontre aussi *tu veux*, dans cet emploi *(tu vas nous foutre la paix, tu veux ?).*

Si vous voulez bien. Correspond à un ordre atténué. *Si vous voulez bien me suivre* « suivez-moi, s'il vous plaît ».

Tu l'as (l'auras) voulu ! « c'est bien fait pour toi ». La formule s'emploie pour signifier à qqn que ce qui lui arrive est de sa faute. Allusion à la célèbre réplique du *George Dandin* de Molière : *Vous l'avez voulu, George Dandin !*

Vouloir, c'est pouvoir [LOC. PROV.] « la détermination est la meilleure garantie de réussite ».

VOUS pron.

De vous à moi « confidentiellement » (sous-entendu « je vous le dis »). Précaution oratoire placée généralement en tête de phrase, qui annonce à l'interlocuteur qu'on va lui confier un secret (syn. *Entre nous*).

VOYAGE n. m.

Le grand voyage « la mort » (fin XVIIᵉ s.). Cette désignation métaphorique est parfois plus précise *(le voyage sans retour, in* Furetière). *Faire le voyage*, « mourir », figure chez La Fontaine.

Les gens du voyage « les gens du cirque » ou « les nomades ».

VRAC (EN) loc. adv.

Du néerlandais *wrac (wraec)* « mal salé, mauvais, en parlant du hareng jeté à même les barils, sans être empaqueté ». L'expression signifie :
a) « pêle-mêle, sans être rangées ni emballées, en parlant de marchandises » ;
b) « au poids » (par opposition à « en paquet ») : *thé en vrac ;*
c) « en désordre », en parlant d'objets concrets *(vêtement jetés en vrac sur une chaise),* ou même d'abstractions *(jeter des idées en vrac sur le papier).*

VRAI adj. et n. m.

1. Adjectif :

C'est pas vrai ! « ce n'est pas possible ! sans blague ! ». S'emploie dans le code oral pour exprimer la surprise, l'étonnement, et par extension l'admiration ou la vive désapprobation, selon les contextes. La fréquence de cette expression, depuis 1968-1970, est devenue très élevée.

Cela est si vrai que... La formule sert à maintenir et à renforcer une affirmation énoncée précédemment.

Il est vrai que... Introduit une concession ou ajoute une précision à ce qu'on vient de dire. En incise, *il est vrai (c'est vrai)* est une formule d'assentiment.

N'est-il pas vrai ? « n'est-ce pas ? », est aujourd'hui affecté. *Pas vrai ?* elliptiquement, est familier et un peu vieilli.

2. Nom masculin :

Au vrai « en vérité, au fond » (1538, R. Estienne). Cette loc. adverbiale appartient au registre très littéraire. *De vrai* (1340, *in* Wartburg) ne s'emploie plus.

À vrai dire (1538, Estienne) *à dire vrai* (1671, Pomey) et *à dire le vrai*, à peu près synonymes, introduisent une restriction. Seule la première loc. est d'usage courant.

Fam.   **Pour de vrai** «vraiment» (1876). L'expression, qui appartient au vocabulaire enfantin, est à rapprocher formellement de *pour de rire* et *pour de bon*.

> Il me fait l'effet de ne pas avoir saigné beaucoup... et même... si vous voulez que je vous ouvre mon cœur... ses blessures... ça n'a pas l'air d'être pour de vrai.
> P. d'IVOI, *Le Docteur Mystère*, p. 196.

Plaider le faux pour savoir le vrai → FAUX.

Vrai de vrai [LOC. ADJ.] «authentique, véritable». En argot, *un vrai de vrai* désigne un «homme» véritable, un dur.

VRILLE n. f.

En vrille (en trou de vrille) «petits et perçants», en parlant d'yeux, d'un regard vif. On a d'abord parlé d'*yeux percés avec une vrille* (1808, Boiste).

> J'fus pincé dans un quadrille
> Par ses yeux noirs en trous d'vrille,
> Ses ch'veux qu'elle app'lait des crins
> Étaient tout jaun's comm' des s'rins.   C. CROS, *Œuvres diverses*, p. 392-393.
> Elle était laide et avait de petits yeux en trous de vrille. mais «elle plaisait aux hommes» disait Bolbeau.   GORON, *L'Amour à Paris*, t. I, p. 9-10.

1. VU, VUE p. p., adj. et nom.

Au vu et au su de «ouvertement, au grand jour» *(au veu et sçeu de,* 1549, Estienne), littéralement «au regard et à la connaissance de». La substantivation des formes verbales (ici, celle des participes passés *vu* et *su*) était un procédé usuel en ancien et moyen français. Le complément le plus courant est *tout le monde,* mais l'expression peut fonctionner avec d'autres compléments.

> Au vu et au su de tout le quartier, il venait très régulièrement chaque soir chez la veuve et on ne le voyait ressortir souvent que le lendemain matin.
> GORON, *L'Amour à Paris*, t. I, p. 492.

C'est du déjà vu! «ce n'est pas une nouveauté».

C'est tout vu → VOIR. — **Ni vu ni connu** → VOIR.

2. VU prép.

Vu que [LOC. CONJ.] «étant donné que, puisque» (1421). Cette loc. est d'origine juridique (syn. *Attendu que*) et appartient plutôt à la langue administrative.

VUE n. f. On ne fera que signaler quelques syntagmes nominaux d'usage courant comme *double (seconde) vue* «voyance», *vue de l'esprit* «vision théorique ou utopique du réel». *Vue d'ensemble* et *échange de vues, changement à vue,* parfaitement clairs, sont de véritables substantifs composés.
Locutions adverbiales (et loc. adj., prépos. ou conj.) :

À vue «en ayant toujours sous les yeux l'objet qu'on regarde ou qu'on surveille» (XVIIe s.). L'expression est empruntée à la vénerie. *Chasser à vue* signifie «chasser sans perdre de vue l'animal». Cette loc. s'emploie habituellement en loc. verbale dans *tirer à vue* «tirer sur toute cible visible», par extension, «tirer sans sommations, dès qu'on voit l'ennemi», et dans *garder à vue* «surveiller de près, ne pas quitter des yeux» (1680, Richelet).

> Il faut vite nous constituer un magot et l'investir dans des affaires saines pendant que les poulets se plument entre eux, affirme Loutrel. Ils continuent toujours à s'épurer, mais une fois qu'ils seront réorganisés, ça ne sera plus le même tabac. Ça va tirer à vue.
> R. BORNICHE, *Le Gang*, p. 56.

> Là, un domestique le gardait à vue, et si l'honneur de la noble famille exigeait que l'aventure eût une fin tragique, il était facile de tout finir avec ses poisons qui ne laissent point de traces ; alors, on disait qu'il était mort de maladie, et on le transportait mort dans sa chambre.   STENDHAL, *Le Rouge et le Noir*, p. 534.

À la vue de (et substantif) «en voyant, à l'aspect de» (fin XVIIᵉ s., La Rochefoucault). La loc. sert à marquer l'instantanéité de la vision, du regard porté sur un objet. *À la vue de tous* «en public, ouvertement» (→ AU VU* ET AU SU DE).

À vue de nez → NEZ. — **À vue d'œil** → ŒIL. — **À vue de pays** → PAYS. — **À perte de vue** → PERTE.

À première vue «au premier regard, avant d'avoir eu le temps d'en juger» (milieu XIXᵉ s.). On a d'abord dit *à la première vue* (1690, Furetière).

> Tu es le plus charmant mortel que je connaisse ; et j'ai eu bien raison de t'aimer à première vue.   G. FLAUBERT, *Correspondance*, IXᵉ série, p. 214.

À courte vue «qui manque d'ampleur, qui voit les choses de trop près». *Une politique à courte vue*. On dit aussi *avoir la vue courte* «manquer de prévoyance, de sagacité». Au sens propre, la *courte vue* désigne la myopie et, métaphoriquement, le manque de perspicacité. L'image du champ visuel (intellectuel) rétréci est transposable dans d'autres dimensions (on parle de *manque de hauteur* ou de *largeur de vues*).

De vue «uniquement pour l'avoir vu» (1538, R. Estienne), dans la loc. *connaître qqn de vue* «ne connaître que son visage, ne pas entretenir de relations avec lui».

En vue, a) au sens propre, avec sujet de chose, «visible, offert au regard» (1552, R. Estienne). Ex. *La côte est en vue* «on commence à la distinguer» ; b) par métaphore, «brillant, qui ne passe pas inaperçu» (1876, P. Larousse). *Un personnage en vue* «marquant». *Une situation en vue*.

En vue de «pour, dans l'intention de» (fin XVIIᵉ s., Retz), suivi d'un substantif ou d'un infinitif. *La vue* (ou *les vues*) a ici le sens de «dessein, intention». D'où, les loc. verbales *avoir (qqch.) en vue* «se proposer de» et, avec une autre syntaxe, *avoir des vues sur qqn* «songer à lui pour un projet», notamment en parlant de projets matrimoniaux.

Locutions verbales :

Fam. **En mettre plein la vue (à qqn)** «l'impressionner vivement, l'éblouir» (XVIIᵉ s., Bossuet, avec une toute autre valeur sociale, on s'en doute, que l'emploi actuel). Cette métaphore du choc visuel se retrouve dans d'autres loc. synonymes. On disait au XVIIᵉ s. *donner dans la vue à qqn* (Guez de Balzac, Corneille), d'abord au sens de «frapper par un éclat agréable»(en parlant de l'éclat chatoyant d'une étoffe), puis «exercer une grande séduction sur». L'idée exprimée est celle de l'éblouissement comme résultat d'un choc (qu'on retrouve dans *taper dans l'œil* → ŒIL). En ce qui concerne la forme, la loc. paraît se rapprocher d'expressions comme *mettre en (dans le) plein* «atteindre le milieu d'une cible» (XVIIᵉ s.). Il est curieux que cette loc. classique soit devenue au XIXᵉ s. nettement familière, peut-être à cause de loc. voisines (*en avoir plein le dos,* etc.).

> L'autre était un bohème fort quelconque, qui m'en mettait plein la vue pour des raisons tout à fait opposées à celles qui me faisaient apprécier la société du premier.
>   M. LEIRIS, *Biffures*, p. 210.

La variante **en boucher plein la vue** semble être un amalgame de *En mettre plein la vue* et *En boucher un coin* (→ COIN).

> Elle proposa :
> — Va seul.
> — Non, dit Jojo. Il faut que tu m'accompagnes. On lui en bouchera plein la vue.
> — A ton père ?
> — Et comment !   F. CARCO, *Rue Pigalle*, p. 192.

Perdre qqn de vue «cesser d'être en relation avec lui».

> Toutes leurs combinaisons tombèrent devant l'entêtement du jeune homme à ne pas
> mettre le pied dehors et à ne pas perdre de vue une seule minute, la place que le
> fourrier lui avait désignée pour passer sa première nuit.
> G. COURTELINE, *Les Gaîtés de l'escadron*, p. 75.

En perdre la vue «être choqué de». S'emploie familièrement, surtout à la forme négative : *tu n'en perdras pas la vue!* «tu n'as pas lieu de te choquer, de te formaliser (d'un tel spectacle)».

VULGUM PECUS loc. nominale pseudo-latine signifiant «le commun des mortels, la masse», de *vulgus* «foule», et *pecus* «troupeau» (deuxième moitié du XIXᵉ s.).

> Mais si vous tenez au succès, il faudra des choses moins hautes — ce à quoi, du reste, je
> ne vous engage pas. Cependant, il y a peut-être moyen d'appliquer vos facultés poéti-
> ques, qui sont éminentes, à des sujets flattant plus le *vulgum pecus*.
> G. FLAUBERT, *Correspondance*, VIIIᵉ série, p. 221.

ZÉBI n. m. De l'arabe *zebbi (zobi, zob)* «membre viril».

Peau de zébi «pas question, rien du tout» (1870, chez les zouaves). Le recours à l'obscénité correspond à une énergique formule de refus, variante arabisante de *peau de balle* ou *peau de nœud*, «ces intimités masculines à ne pas dilapider» (Esnault) → PEAU. On trouve aussi des formes emphatiques du genre *peau de balle et peau de zébi*. En fait, bien souvent, l'origine n'est plus perçue et *en peau de zébi* (ou *de zeb*) est employé au sens de *en peau de lapin*.

ZÈBRE n. m.

Filer (courir) comme un zèbre «s'enfuir avec une grande rapidité», par référence au galop rapide de cet équidé d'Afrique.

> J'ai dit : «Madame, une indisposition... subite... je me sauve...
> — Restez! Paul, j'ai de l'eau de fleurs d'oranger.
> — Non, non, non! Il me faut de l'air aussi à moi! De l'air, de l'air, de l'air!...» Et
> j'ai filé comme un zèbre. C. CROS, *Monologues* p. 350.

ZÈLE n. m.

Grève du zèle «application minutieuse des moindres consignes et règlements, de façon à paralyser complètement le déroulement normal d'un travail».

Faire du zèle «mettre une application exagérée et ostensible dans l'exécution d'une tâche» (1872).

ZÉRO n. m.

Degré (point) zéro «défini par l'absence des caractères d'un autre état pris comme référence». L'expression, issue des sciences exactes, s'est étendue aux sciences humaines et paraît avoir été diffusée par l'ouvrage de R. Barthes, *Le Degré zéro de l'écriture* (1953).

À zéro [LOC. ADV.] «à néant, au plus bas». Très courante, l'expression est empruntée au domaine des sciences expérimentales, où *zéro* définit sur une échelle graduée la mesure ou la quantité minimale et, par métaphore, «l'absence», avec des valeurs diverses selon le contexte : absence de tonus, d'énergie dans *avoir le moral à zéro, être à zéro;* peur, dans *avoir le trouillomètre à zéro, les avoir à zéro*. Au contraire, dans la loc. verbale *repartir à zéro* «recommencer à partir de rien», *zéro* désigne métaphoriquement le point de départ. On dit aussi *partir de zéro*.

ZEST interj.

Entre le zist et le zest [LOC. ADJ.] « ni bon ni mauvais, en parlant d'une chose »
(1718), « flottant, hésitant, en parlant de qqn » (1835). L'expression paraît issue d'un
radical onomatopéique. Au XVIIe s., l'interjection *zest* marquait soit la dénégation, le
refus, soit la promptitude d'une action. L'emploi coordonné des termes allitérés *zist*
et *zeste* date du XVIIe s. : *faire zist et zeste* « agiter vivement çà et là (une arme) » est
attesté en 1682 *in* Wartburg.

> Il n'est pas franc, c'est un monsieur cauteleux, toujours entre le zist et le zest. Il veut
> toujours ménager la chèvre et le chou. Quelle différence avec Forcheville! Voilà au
> moins un homme qui vous dit carrément sa façon de penser. Ça vous plaît ou ça ne
> vous plaît pas. Ce n'est pas comme l'autre qui n'est jamais ni figue ni raisin.
>
> M. PROUST, *À la recherche du temps perdu*, t. I, p. 265.

ZIZANIE n. f.

Fam. ***Semer la zizanie*** « faire naître la discorde, le trouble » (1616, Crespin). Au
sens propre, *zizanie* désigne l'ivraie, la mauvaise herbe, mais ce mot ne subsiste
aujourd'hui que dans son emploi figuré de « discorde, désunion ».

BIBLIOGRAPHIE

établie par Chantal Paillet

1. Références linguistiques et philologiques

ACADÉMIE FRANÇAISE *Dictionnaire*, éditions de 1694, 1718, 1740-1743, 1762, 1798, 1835 et 1935.

BESCHERELLE *Dictionnaire national ou Dictionnaire universel de la langue française*, 1845-1846, 2 vol.

BLOCH (A.) et WARTBURG (W. von) *Dictionnaire étymologique*, P.U.F., 1960.

BRUNOT (F.) *Histoire de la langue française des origines à 1900*, A. Colin, 1916-1938, 13 vol.
— Rééd. 1966-1972.

CAILLOT *Nouveau Dictionnaire proverbial*, Paris, 1826.

CARADEC (F.) *Dictionnaire du français argotique et populaire*, Larousse, 1977.

CELLARD (J.) et REY (A.) *Dictionnaire du français non conventionnel*, Hachette, 1980.

CHAUTARD (É.) *La Vie étrange de l'argot*, Denoël et Steele, 1931.

COTGRAVE *Dictionnaire*, 1611.

CRAMAIL (Comte de) *La Comédie des proverbes*, 1616.

DAUZAT (A.) *L'Argot de la guerre*, A. Colin, 1918.
— *Les Argots*, Delagrave, 1928.

D.D.L Datations et Documents lexicographiques - *Matériaux pour l'histoire du vocabulaire français*, sous la direction de B. QUÉMADA, Didier, puis (t. 9 sq.), KLINCKSIECK (notamment le t. 19 par P. ENCKELL).

DELESALLE (G.) *Dictionnaire argot-français et français-argot*, Paris, 1896.

DELVAU (A.) *Dictionnaire de la langue verte*, 2ᵉ éd., 1867.

DUBOIS (J.) et LAGANE (R.) *Dictionnaire de la langue française classique*, Paris, Larousse, 1960.

DUPRÉ *Encyclopédie du bon français*, Trévise, 1972, 3 vol.

ESNAULT *Dictionnaire historique des argots*, Larousse, 1965.

FLEURY DE BELLINGEN *L'Étymologie ou Explication des proverbes français divisés en trois livres, par chapitre, en forme de dialogue*, La Haye, 1656.

Le Français moderne, revue de linguistique française, Éd. d'Artrey, depuis 1933.

FURETIÈRE (A.) *Dictionnaire universel,* 1690. - Réédition préfacée, illustrée et indexée, Paris, S.N.L. - Le Robert, 1978, 3 vol.

GILBERT (P.) *Dictionnaire des mots nouveaux,* Tchou - Hachette 1968. - *Dictionnaire des mots contemporains,* Les Usuels du Robert, 1979.

G.L.L.F. *Grand Larousse de la langue française,* 1971-1978, 7 vol.

GODEFROY (Fr.) *Dictionnaire de l'ancienne langue française,* 1881-1902, 10 vol.

GOTTSCHALK (Dr. Phil.) *Die Sprichwörtlichen Redensarten der französischen Sprache, ein Beitrag zur französischen Stylistik, Kultur und Wesenkunde,* Heidelberg, 1930.

GUIRAUD (P.) *Dictionnaire érotique,* Payot, 1978.
— *Le Français populaire,* P.U.F., Que sais-je?, 1973.
— *Les Locutions françaises,* P.U.F., Que sais-je?, 1962.

HUGUET *Dictionnaire de la langue française du XVIᵉ s.,* 1925-1961.

LAROUSSE (P.) *Grand Dictionnaire universel,* 1866-1890, 15 vol., 2 suppl.

LE ROUX (P.-J.) *Dictionnaire comique,* 1718, rééd. 1752.

LEROUX DE LINCY *Le Livre des proverbes français,* Paulin, 1842, 2 vol. - Rééd., Genève, Slatkine, 1968, 2 vol.

LITTRÉ (É.) *Dictionnaire de la langue française,* 1863-1872, 4 vol. et 1877, suppl.

MALOUX (M.) *Dictionnaire des proverbes, sentences et maximes,* Larousse, 1970.

MERCIER *La Néologie,* Moussard et Moradon, 1801.

MEURIER (G.) *Thrésor des sentences,* 1617.

NICOT *Explications morales d'aucuns proverbes français,* 1606.

OUDIN *Curiosités françaises ou Recueil de plusieurs belles propriétés avec une infinité de proverbes et de quolibets,* 1640, rééd., 1649, 1656, etc. - Rééd., Genève, Slatkine, 1971.

Petit Robert, éd. augmentée, Paris, Le Robert, 1977.

Ph. Sl. RETSKER (Ia, I.), GAK (V.G.), KUNINA (I.A.), LALAEV (I.P.), MOVCHOVIĆ (N.A.), KHORTIK (O.A.), *Frantsuzko-Russkii phrarzēologičeskii Slovar'* [Dictionnaire phraséologique français-russe], Moscou, Éd. d'État, 1963.

PINEAUX (J.) *Proverbes et Dictons français,* P.U.F., Que sais-je?, 1956.

QUITARD (P.-M.) *Dictionnaire des proverbes,* 1842. - Rééd. Genève, Slatkine, 1968.
— *Études historiques, littéraires et morales sur les proverbes français et le langage proverbial,* 1860.

RAT (M.) *Dictionnaire des locutions françaises,* Larousse, 1957.

RICHELET *Nouveau Dictionnaire français,* 1680, rééd. 1719 et 1732.

RIFFATERRE (M.) *Essais de stylistique structurale,* Flammarion, 1971.

RIGAUD *Dictionnaire du jargon parisien,* Paris, 1878.

ROBERT (P.) *Dictionnaire alphabétique et analogique de la langue française*, 1966, 7 vol. et 1970, suppl. — Voir aussi *Petit Robert*.

ROLLAND (E.) *Faune populaire de la France*, 1877-1909, 12 vol.

ROLLAND (P.) *Flore populaire ou Histoire naturelle des plantes dans leurs rapports avec la linguistique et le folklore*, 1896-1914, 2 t. en 8 vol.

ROZAN (Ch.) *Petites Ignorances de la conversation.*

SAINÉAN (L.) *L'Argot parisien*, Champion, 1907.
— *Le Langage parisien au XIXᵉ s.*, De Boccard, 1920.
— *La Langue de Rabelais*, De Boccard, 1922 et 1923, 2 vol.

T.L.F. *Trésor de la langue française*, Paris, Éd. du C.N.R.S., t. I à VI parus en 1979.

TRÉVOUX *Dictionnaire universel français et latin*, 1704, 3 vol.; 1771, 6 vol.

TUET (J.-C.) *Matinées senonaises ou Proverbes français suivis de leur origine*, Sens, 1789.

WARTBURG (W. von) *Französisches Etymologisches Wörterbuch* [F.E.W.], à partir de 1948.

2. Corpus des citations

ABLANCOURT (N. Perrot d') *Lucien* [Dialogues de], *de la traduction de M. Perrot d'Ablancourt*, Paris, 1707, 3 vol.

ALLAIS (A.) *L'Affaire Blaireau*, Calmann-Lévy, Nouvelle Collection illustrée.
— *Contes et Chroniques*, Rouen, Henri Defontaine, 1948.

AMBRIÈRE (Fr.) *Les Grandes Vacances : 1939-1945*, Club des Éditeurs, 1958.

ARAGON (L.) *Les Beaux Quartiers*, Denoël, 1950.
— *Blanche ou l'Oubli*, Gallimard, 1967.
— *Le Fou d'Elsa*, Gallimard, 1963.

ARNOUX (A.) *Suite variée*, Grasset, Les Cahiers verts, 1925.

AUBIGNÉ (A. d') *Le Baron de Fœneste*, Jannet, 1855.
— *Histoire universelle*, in *Œuvres complètes*, Lemerre, 1873-1892.

AUGIER (É.) *Le Fils de Giboyer*, in *Théâtre*, Calmann-Lévy, 1877, t. V.
— *Le Gendre de M. Poirier et Autres Comédies*, Calmann-Lévy et Nelson.
— *Maître Guérin*, in *Théâtre*, Calmann-Lévy, 1877, t. V.

AYMÉ (M.) *La Jument verte*, Gallimard, 1950.
— *Maison basse*, Gallimard, 1935.
— *Le Passe-Muraille*, Gallimard, 1943.
— *Travelingue*, Gallimard, 1943.
— *Le Vin de Paris*, Gallimard, 1947.

BAÏF (J. A. de) *Œuvres*, Marty-Laveaux, 1881-1890.

BALZAC (H. de) Pour certains titres, plusieurs éditions ont été utilisées ; nous avons indiqué la page lorsqu'il s'agissait de la Pléiade (1940-1950). Pour les autres éditions, nous avons ajouté la date de parution.

Adieu, in *Romans et Contes philosophiques*, Bruxelles, Meline, Caus et Cie, 1837, t. II.
Adieu, Pléiade, 1950, t. IX.

Le Chef-d'œuvre inconnu, in *Romans et Contes philosophiques*, Bruxelles, Meline, Caus et Cie, 1837, t. I.

Le Chef-d'œuvre inconnu, Pléiade, 1950, t. IX.

La Comédie du diable, in *Romans et Contes philosophiques*, Bruxelles, Meline, Caus et Cie, 1837, t. I.

Le Contrat de mariage, Pléiade, 1947, t. III.

La Cousine Bette, Pléiade, 1950, t. VI.

Le Député d'Arcis, in *Romans et Contes philosophiques*, Bruxelles, Meline, Caus et Cie, 1837, t. II.

Le Député d'Arcis, Pléiade, 1950, t. VII.

Les deux Rêves, in *Romans et Contes Philosophiques*, Bruxelles, Meline, Caus et Cie, 1837, t. II.

L'Élixir de longue vie, in *Romans et Contes philosophiques*, Bruxelles, Meline, Caus et Cie, 1837, t. I.

L'Élixir de longue vie, Pléiade, 1950, t. X.

El Verdugo, in *Romans et Contes philosophiques*, Bruxelles, Meline, Caus et Cie, 1837, t. II.

El Verdugo, Pléiade, 1950, t. IX.

L'Enfant maudit, in *Romans et Contes philosophiques*, Bruxelles, Meline, Caus et Cie, 1837, t. II.

L'Enfant maudit, Pléiade, 1950, t. IX.

Étude de femmes, in *Romans et Contes philosophiques*, Bruxelles, Meline, Caus et Cie, 1837, t. I.

Étude de femmes, Pléiade, 1940, t. I.

Eugénie Grandet, Pléiade, 1947, t. III.

Histoire de la grandeur et de la décadence de César Birotteau, Paris, 1838, 2 vol.

Histoire de la grandeur et de la décadence de César Birotteau, Pléiade, 1948 t. V.

Jésus-Christ en Flandres, in *Romans et Contes philosophiques*, Bruxelles, Meline, Caus et Cie, 1837, t. II.

Jésus-Christ en Flandres, Pléiade, 1950, t. X.

Maître Cornélius, in *Romans et Contes philosophiques*, Bruxelles, Meline, Caus et Cie, 1837, t. II.

Maître Cornélius, Pléiade, 1950, t. IX.

Melmoth réconcilié, in *Romans et Contes philosophiques*, Bruxelles, Meline, Caus et Cie, 1837, t. II.

Melmoth réconcilié, Pléiade, 1950, t. IX.

La Rabouilleuse, Pléiade, 1947, t. III.

La Recherche de l'absolu, Pléiade, 1950, t. IX.

Le Réquisitionnaire, in *Romans et Contes philosophiques*, Bruxelles, Meline, Caus et Cie, 1837, t. II.

Le Réquisitionnaire, Pléiade, 1950, t. IX.

Splendeurs et Misères des courtisanes, Paris, C. de Potter, 1845, 3 vol.

Splendeurs et Misères des courtisanes, Pléiade, 1948, t. V.

Ursule Mirouet, Pléiade, 1947, t. III.

Vautrin, drame, Paris, Delloye et Tresse, 3e éd., 1840.

BARBEY D'AUREVILLY (J.) *Les Diaboliques*, A. Lemerre, 1950.

BARBUSSE (H.) *Le Feu (journal d'une escouade)*, Flammarion, 1917, 2 t.

BARTAS Voir DU BARTAS.

BAUDELAIRE (Ch.) *Le Spleen de Paris*, in *Œuvres*, Pléiade, 1951.

BAZIN (H.) *Vipère au poing*, Grasset, 1957.

BEAUMARCHAIS *Le Barbier de Séville*, in *Théâtre*, Pléiade.
— *Le Mariage de Figaro*, ibid.

BEAUVOIR (S. de) *Les Belles Images*, Gallimard, 1966.
— *La Force de l'âge*, Gallimard, 1960.
— *Les Mandarins*, Gallimard, 1959.

BECKETT (S.) *Molloy*, Éd. de Minuit, 1951.

BERNARD (A.) *L'Algérie*, F. Alcan, 1929.

BLOCH (J.-R.) *La Nuit kurde*, La Bibliothèque française, 1925.

BLONDIN (A.) *Quat'saisons*, Gallimard, Folio, 1977.
— *Un singe en hiver*, La Table ronde, 1959.

BOILEAU (N.) *Satires*, in *Œuvres complètes*, Garnier, 1870, t. II.

BORNICHE (R.) *Le Gang*, Fayard, 1975.

BOUDARD (A.) *Cinoche*, Gallimard, Folio, 1975.

BOURSAULT (E.) *Théâtre de feu M. Boursoult*, Paris, 1725, 3 vol. (*in* Littré).

BRASSENS (G.) *Poèmes et Chansons*, Éditions musicales 57, 1973.

BRETON (G.) *Le Cabaret de l'histoire*, Presses de la cité, 1973.
— *Histoires d'amour de l'histoire de France*, Presses Pocket, 1965-1969, 8 vol.

BROSSES (Ch. de) *Lettres d'Italie*, Éd. du Raisin, 1928, 2 vol.

BRUANT (A.) *Dans la rue*, édité par A. Bruant, *s. d.*

BUFFON (G. de) *Œuvres complètes*, Garnier, 12 vol.

CAMUS (A.) *La Chute*, Gallimard, 1960.

CANGUILHEM (G.) *La connaissance de la vie. - Essai sur les problèmes concernant le normal et le pathologique*, Paris, Vrin, 1965 (2e éd.).

CARCO (Fr.) *Les Belles Manières*, Ferenczi et Fils, 1947.
— *Nostalgie de Paris*, suivi de *Ombres vivantes*, Gallimard, 1952.
— *Rue Pigalle*, Albin Michel, 1928.

CARDINAL (M.) *Autrement dit*, Livre de poche, 1978.
— *Les Mots pour le dire*, Livre de poche, 1977.

CASTANS (R.) *Marcel Pagnol m'a raconté*, Éd. de Provence et de la Table ronde, 1975.

CAVROL (J.) *Histoire de la mer*, Seuil, 1973.

CÉLINE (L.-F.) *L'École des cadavres*, Denoël, 1938.
— *Féérie pour une autre fois*, Gallimard, Folio.
— *Mort à Crédit*, Livre de Poche, 1966 ; ou Pléiade, 1973. [L'éd. utilisée est spécifiée.]
— *Le Pont de Londres*, Gallimard, Folio, 1972.
— *Voyage au bout de la nuit*, Pléiade, 1973.

CENDRARS (Bl.) *Bourlinguer*, Denoël, 1948.
— *L'Or*, Grasset, 1947.

CHARRIÈRE (H.) *Banco*, Livre de Poche, 1976.

CHAUVELOT *Scènes de la vie de campagne*, 1861.

CHEVALLIER (G.) *Clochemerle*, P.U.F., 1934.

CHOLLIÈRES *Les Après Disnée du Seigneur de Cholières*, Paris, Jean Richer, 1587.

CLOUZOT (H.-G.) et FERRY (J.) [Dialogues du film] *Quai des Orfèvres*, « L'Avant-scène », 1947, n° 29.

COCTEAU (J.) *La Fin du Potomak*, Gallimard, 1939.
— *La Machine infernale*, Livre de poche, 1962.
— *Les Monstres sacrés*, Gallimard, 1940.

COLETTE *Le Blé en herbe*, Flammarion, 1943.
— *L'Envers du music-hall*, Flammarion, 1954.
— *La Maison de Claudine*, Ferenczi, 1949.
— *La Vagabonde*, Albin Michel, 1949.

COLLINS (L.) et LAPIERRE (D.) *...Ou tu porteras mon deuil*, Livre de poche.

CORBIÈRE (T.) *Les Amours jaunes, Lettres et Poèmes retrouvés*, in *Œuvres complètes*, Pléiade, 1970.

CORNEILLE (P.) *Le Cid*, in *Théâtre complet*, Pléiade.
— *Cinna*, ibid.
— *Le Menteur*, ibid.

COTIN *Advis à un jeune magistrat*, in *Œuvres galantes*.

COURIER (P.-L.) *Lettres*, Paris, 1828, 2 vol.

COURTELINE (G.) *Les Gaîtés de l'escadron*, Flammarion, 1925.

— *Le Train de 8 h 47*, Flammarion, 1950.

CROS (C.) *Le Coffret de santal, Le Collier de griffes, Correspondance, Monologues et Œuvres diverses*, in *Œuvres complètes*, Pléiade, 1970.

CUREL (R.) *Brancula*, Laffont, 1969.

DANINOS (P.) *Un certain Monsieur Blot*, Hachette, 1960.

DIDEROT (D.) *Jacques le Fataliste*, in *Œuvres*, Pléiade, 1946.
— *Le Neveu de Rameau*, ibid.
— *La Religieuse*, ibid.

DORGELÈS (R.) *Le Marquis de la Dèche*, Livre de poche, 1974.

DRUON (M.) *Rendez-vous aux enfers*, Livre de poche, 1967.

DU BARTAS (G. de SALUSTE) *Les Œuvres de G. de Saluste, Sʳ du Bartas*, Paris, Claude Rigaud, 1611.

DUCHAT (J. Le) *Ducatiana*, 1738.

DURAND (L.) *Le Caïd*, Livre de poche.

DUVERT (T.) *Paysage de fantaisie*, Éd. de Minuit, 1973.

L'Épatant : Voir FORTON.

ESTIENNE (H.) *Apologie pour Hérodote*, publiée par P. Ristelhuber, Paris, Lisieux, 1879.
— *Deux Dialogues du nouveau langage français italianisé*, publiés par P. Ristelhuber, Paris, Lemerre, 1885, 2 vol.
—— *La Précellence du langage français*, publiée par É. Huguet, Paris, A. Colin, 1896.

FAIL (du) *Contes d'Eutrapel*, Rennes, 1603.

— *Treize Propos rustiques*, 1547.

FALLET (R.) *Le Triporteur*, J'ai lu, 1958.

FERLET (R.) *Les Contes de ma Mère le Rail*, Paris, Société d'éditions internationales, 1966.

FERRÉ (L.) *Poète... vos papiers*, La Table ronde, 1956.

FLAUBERT (G.) *Correspondance*, Conard, 1926-1951, 9 séries et suppl., 4 séries.
— *Correspondance*, Pléiade (l'utilisation de cette édition est indiquée pour chaque citation s'y référant).

FORTON (L.) *La Bande des Pieds-Nickelés*, Paris, H. Veyrier, 1972 (reproduction de *L'Épatant*, juin-novembre 1908 ; avril-octobre 1909 ; août 1910 - janvier 1912).

FRANCE (A.) *Crainquebille, Putois, Riquet et Plusieurs autres récits profitables*, Calmann-Lévy, Coll. Zodiaque.

FURETIÈRE (A.) *Furetieriana* (Ana d'A. Furetière publiés après sa mort), 1696.
— *Le Roman bourgeois*, in *Romanciers du XVIIᵉ s.*, sous la direction d'A. Adam, Pléiade, 1958.
— *Le Voyage de Mercure*, Paris, 1653.

GAUTIER (T.) *Les Grotesques*, Michel Lévy, 1856.
— *Mademoiselle de Maupin*, Garnier, 1930.

GENET (J.) *Journal du voleur*, Gallimard.
— *Miracle de la rose*, in *Œuvres complètes*, Gallimard, 1953, t. II.
— *Notre-Dame-des-Fleurs*, in *Œuvres complètes*, Gallimard, 1953, t. II.
— *Pompes funèbres*, in *Œuvres complètes*, Gallimard, 1953, t. III.

— *Querelle de Brest*, in *Œuvres complètes*, Gallimard, 1953, t. III.

GENEVOIX (M.) *Raboliot*, Grasset, 1952.

GÉNIN (F.) *Récréations philologiques*, 1856.

GIBEAU (Y.) *Allons z'enfants*, Livre de poche.

GIDE (A.) *Journal, 1889-1939*, Pléiade, 1941, t. I.
— *Journal, 1939-1949, Ainsi soit-il, Si le grain ne meurt, Voyage au Congo*, Pléiade, 1954, t. II.

GIL (G.) *Plantain, L'Herbier et Cie*, Foret, 1951.

GIONO (J.) *Regain*, Grasset, 1947.
— *Un de Baumugnes*, Livre de poche, 1967.
— *Un roi sans divertissement*, Livre de poche, 1966.

GIRAUDOUX (J.) *Siegfried et le Limousin*, Grasset, 1922.

GOBINEAU (J.-A. de) *Les Pléiades*, Monaco, Éd. du Rocher, 1946.

GONCOURT (E. et J. de) *Journal*, Flammarion et Fasquelle, 1935-1936, 9 vol.

GORON *L'Amour à Paris*, J. Rouff, 4 vol.

GRAMMONT (Ch. de) *Mémoires*, cité par Littré.

GROULT (B.) *Ainsi soit-elle*, Livre de poche, 1978.

GUÉVREMONT (G.) *Le Survenant*, Montréal, Bibliothèque canadienne-française, 1945.

GUILLO (F.) *Le P'tit Francis*, Laffont, 1977.

GUTH (P.) *Le Naïf locataire*, Livre de poche, 1966.

HAMILTON *Mémoires de la vie du comte de Grammont*, La Haye, 1731 (éd. originale 1715).

HAMP (P.) *La Peine des hommes.*

HUGO (V.) *Burg-Jargal*, in *Œuvres complètes*, Ollendorf, t. VI.
— *Choses vues et Choses vues «Nouvelle série»*, in *Œuvres complètes*, Ollendorf, t. XIV.
— *Claude Gueux*, in *Œuvres complètes*, Ollendorf, t. VI.
— *Le Dernier Jour d'un condamné*, Ollendorf, t. VI.
— *Han d'Islande*, in *Œuvres complètes*, Ollendorf, t. VI.
— *Lucrèce Borgia*, in *Œuvres complètes*, Ollendorf, t. IV.
— *Les Misérables*, in *Œuvres complètes*, Ollendorf, t. VIII, IX et X ; ou Pléiade, 1951.

IVOI (P. d') *Le Docteur Mystère*, Fayard.

JACQUEMONT (V.) *Correspondance*, Garnier et H. Fournier, 1841, 2 vol.

JARRY (A.) *Les Contes de l'histoire*, « Le Canard sauvage », 28 juin-4 juillet 1903.
— *Ubu enchaîné*, in *Œuvres complètes*, Monte Carlo, Éd. du Livre.

LA BRUYÈRE (J. de) *Les Caractères*, in *Œuvres*, Pléiade.

LA FONTAINE (J. de) *Contes*, in *Œuvres*, Pléiade.
— *Fables*, ibid.

LARIVEY *Les Écoliers*, in *Ancien Théâtre français* publié par Viollet le Duc, P. Jaunet, 1854-1867.
— *Les Jaloux*, ibid.
— *Le Morfondu*, ibid.
— *Nuit de Straparole*, ibid.
— *La Veuve*, ibid.

LEIBNIZ *Nouveaux Essais sur l'entendement humain*, 1704.

LEIRIS (M.) *Biffures*, in *La Règle du jeu*, Gallimard, 1948, t. I.
— *Fibrilles*, in *La Règle du jeu*, Gallimard, 1966, t. III.
— *Fourbis*, in *La Règle du jeu*, Gallimard, 1955, t. II.
— *Frêle bruit*, in *La Règle du jeu*, Gallimard, 1976, t. VI.

LEROUX (G.) *Le Mystère de la chambre jaune*, Livre de poche.

LEVI-STRAUSS (Cl.) *Tristes tropiques*, Plon, 1955.

LYAUTEY (L.-H.) *Paroles d'action*, A. Colin, 1948.

MACÉ (G.) *Mes lundis en prison*, G. Charpentier et Cie, Paris, 1889.

MALRAUX (A.) *La Condition humaine*, in *Romans*, Pléiade, 1947.

MATORÉ (G.) *La Muselière*, La Pensée universelle, 1975.

MAUPASSANT (G. de) *Yvette*, Ollendorf, 1909.

MAURIAC (F.) *Bloc-Notes, 1952-1957*, Flammarion, 1961.
— *Le Nouveau Bloc-Notes, 1958-1960*, Flammarion, 1961.

MEILHAC (H.) et HALÉVY (L.) *Les Brigands*, 1870.
— *La Périchole*, 1868.

MELVILLE (J.-P.) [Dialogue du film] *Le Doulos*, « L'Avant-scène », 1963, n° 24.

MERLE (R.) *Week-end à Zuydcoote*, Gallimard, 1950.

MICHAUX (H.) *Un barbare en Asie*, Gallimard, 1948.

MICHEL-BAHSI (M.) *Poupoune*, Albin Michel, 1975.

MIRBEAU (O.) *Le Journal d'une femme de chambre*, Fasquelle, 1945.

MODIANO (P.) *La Place de l'Étoile*, Gallimard, Folio, 1976.

MOLIÈRE *Le Bourgeois gentilhomme*, in *Théâtre complet*, Pléiade.
— *La Critique de l'École des femmes*, ibid.
— *Les Fourberies de Scapin*, ibid.
— *George Dandin*, ibid.
— *Le Médecin malgré lui*, ibid.
— *Monsieur de Pourceaugnac*, ibid.
— *Le Tartuffe*, ibid.

MONTAIGNE *Essais*.

MONTESQUIEU *Les Lettres persanes*.

MONTHERLANT (H. de) *Le Démon du bien*, Grasset, 1942.
— *Pitié pour les femmes*, Grasset, 1947.

MUSSET (A. de) *Carmosine*.
— *Il ne faut jurer de rien*.

NAU (J.-A.) *Force ennemie*, 1903.

NERVAL (G. de) *Mes prisons*, *La Pandora* et *Petits Châteaux de Bohême*, in *Œuvres*, Pléiade, 1952, t. I.

NODIER (Ch.) *Contes*, Charpentier, 1841.

NOURISSIER (F.) *Le Maître de maison*, Grasset, 1968, p. 94.

NOYER (Mme du) *Lettres*.

ORLÉANS (Ch. d') *Poésies*, Champion, 1923-1927, 2 vol.

ORMESSON (J. d') *Au plaisir de Dieu*, Gallimard, 1974.

PAGNOL (M.) *La Gloire de mon Père*, Éd. de Provence, 1966.

— *Marius*, Fasquelle, 1951.

PASQUIER (É.) *Œuvres* contenant ses *Recherches de la France...* ses *Lettres*, ses *Œuvres mêlées*, Amsterdam, Compagnie des libraires associés, 1723, 2 vol.

PERRAULT (Ch.) *Histoires ou Contes du temps passé*, Éd. de Cluny, 1948.

PERRET (J.) *Les Bâtons dans les roues*, Gallimard, 1953.
— *Le Caporal épinglé*, Livre de poche.

PRÉVERT (J.) *Histoires*, Gallimard, Folio. 1977.
— [Dialogue du film] *Le jour se lève*, 1939, « L'Avant-scène », 1965, nᵒ 53.
— *Paroles*, Gallimard. Folio, 1977.

PRÉVOST (Abbé) *Mémoires et Aventures d'un homme de qualité*, Paris, 1738.

PRINCE (St.) *L'Esprit français*, Librairie académique Perrin, 1961.

PROUDHON (P.-J.) *La Révolution sociale démontrée*.

PROUST (M.) *À la recherche du temps perdu*, Pléiade, 1954, 3 t.
I. *Du côté de chez Swann* — *À l'ombre des jeunes filles en fleurs*.
II. *Le Côté de Guermantes* — *Sodome et Gomorrhe*.
III. *La Prisonnière* — *La Fugitive* — *Le Temps retrouvé*.

QUENEAU (R.) *Le Chiendent*, Gallimard, Folio.
— *Le Dimanche de la vie*, Gallimard. 1951.
— *Les Fleurs bleues*, Gallimard, Folio, 1965.
— *Loin de Rueil*, Gallimard, 1946.

— *Pierrot, mon ami*, Livre de poche, 1961.

— *Un rude hiver*, Gallimard, L'Imaginaire.

— *Zazie dans le métro*, Gallimard, Folio, 1972.

RABELAIS (F.) *Œuvres complètes*, Pléiade, 1942.

RACINE (J.) *Britannicus*.

— *Lettres*, in *Œuvres*, Nouv. Éd. Hachette, 1865-1923.

— *Phèdre*.

— *Les Plaideurs*.

REGNARD (J.-F.) *Les Menechmes*, in *Théâtre*, Nouv. Éd. Boivin et Cie, 1904.

RÉGNIER (M.) *Satires*, in *Œuvres complètes*, Garnier, 1931.

RESTIF DE LA BRETONNE (N.) *La Vie de mon père*, Bossard, 1924.

REVEL (J.-F.) *Pourquoi des philosophes ?* J.-J. Pauvert, Coll. Libertés, n° 1.

ROCHEFORT (Ch.) *Le Repos du guerrier*, Livre de poche, 1966.

ROLLAND (M.) *La Rouquine*, Hachette, 1976.

ROLLAND (R.) *Jean-Christophe*, Albin Michel, 1949.

ROMAINS (J.) *Les Hommes de bonne volonté*, Flammarion, 1947, 27 vol.

ROMI *Gros Succès et Petits Fours La Chanson, du café chantant au microsillon*, Serg, 1967.

RONSARD (P. de) *Œuvres Complètes*, Pléiade, 1950, 2 vol.

ROUSSEAU (J.-J.) *Julie ou la Nouvelle Héloïse*, Garnier, 1935, 2 vol.

SAINTE-BEUVE *Causeries du lundi*, Garnier, 15 vol.

— *Nouveaux lundis*, Lévy, 1870, 13 vol.

SAINT-SIMON *Mémoires*, Pléiade, 7 vol.

SAN-ANTONIO *Au suivant de ces messieurs*, Fleuve noir, 1967.

— *Remets ton slip gondolier*, Fleuve noir, 1977.

SARRAUTE (N.) *Le Planétarium*, Gallimard, 1959.

SARRAZIN (A.) *La Cavale*, J.-J. Pauvert, 1965.

— *La Traversière*, J.-J. Pauvert, 1966.

SARTRE (J.-P.) *La Mort dans l'âme*, Gallimard, 1949.

— *Situations II*, Gallimard, 1948.

SCARRON (P.) *Gigantomachie*, 1644.

— *Le Roman comique*, in *Romanciers du XVIIᵉ s.*, sous la direction d'A. Adam. Pléiade, 1958.

SERGENT (A.) *Je suivis ce mauvais garçon*, La Jeune Parque, 1946.

SÉVIGNÉ (Mme de) *Lettres*, Hachette, 1862. 18 vol.

SIMON (Cl.) *Le Vent, Tentative de restitution d'un retable baroque*, Éd. de Minuit, 1962.

SIMONIN (A.) *Hotu soit qui mal y pense*, Gallimard, 1971.

SOREL (Ch.) *Histoire comique de Francion*, in *Romanciers du XVIIᵉ s.*, sous la direction d'A. Adam, Pléiade, 1958.

STENDHAL *Armance, Lucien Leuwen, Le Rouge et le Noir*, in *Romans et Nouvelles*, Pléiade, 1947, t. I.

— *De l'amour*, Éd. de Cluny, 1947.

— *Lamiel*, in *Romans et Nouvelles*, Pléiade. 1952. t. II.
— *Mémoires d'un touriste*, Calmann-Lévy, 1953, 2 vol.
— *Rome, Naples et Florence*, Paris. Delaunay, 1817.

THEVET (A.) *La Cosmographie universelle*, 1575, 2 vol.

THOREZ *Fils du Peuple*, Éd. sociales internationales, 1937.

TOURNIER (M.) *Les Météores*, Gallimard, Folio, 1977.

TRIOLET (E.) *Roses à crédit*, Livre de poche, 1966.

TROYAT (H.) *La Tête sur les épaules*, Ferenczi, 1941.

TURNÈBE *Les Contens*, in Huguet, *Dictionnaire*.

VAILLAND (R.) *Bon Pied, Bon œil*, Livre de poche, 1966.

VALÉRY (P.) *Autres Rhumbs, L'Idée fixe. Mauvaises pensées et Autres, Monsieur Teste*, in *Œuvres*, Pléiade. 1960. t. II.
— *Variété*, in *Œuvres*, Pléiade, 1957. t. I.

VALLÈS (J.) *L'Insurgé*, La Fenêtre ouverte, Le Bel Aujourd'hui, 1953.

VAUGELAS (P.) *Traduction de Quinte Curce*, 1647.

VERNE (J.) *La Maison à vapeur*, Hetzel, 1880.

VIAN (B.) *Vercoquin et le Plancton*, E. Losfeld, 1965.

VIGNY (A. de) *Œuvres en vers*, in *Œuvres complètes*, Pléiade, 1948, t. I.
— *Servitude et Grandeur militaires*, Éd. de Cluny, 1948.

VILLENEUVE *Johny Bungalow, Chronique québécoise 1937-1963*, Montréal, Éd. du Jour, 1974.

VOLTAIRE *Candide*, in *Romans et Contes*, Pléiade.

ZOLA (É.) *L'Assommoir*, Fasquelle, 1951, 2 vol.
— *Au Bonheur des Dames*, Fasquelle, 1921, 2 vol.
— *Germinal*, Fasquelle, 2 vol.
— *Pot-Bouille*, Fasquelle, 2 vol.

Nous avons également utilisé des articles du *Charivari*, de *Libération*, du *Magazine littéraire*, du *Monde* et du *Nouvel Observateur*.

INDEX

établi par Sylvette Robson et Isabelle Châtelet

Cet index est destiné à faciliter la consultation du dictionnaire. L'organisation générale de l'ouvrage, expliquée p. IX de l'Introduction, est telle que les locutions sont classées et commentées dans l'ordre alphabétique des premiers substantifs, «à moins que l'effet de sens ne porte sur un verbe, un adjectif ou sur le second substantif».

Or, la nomenclature de cet index (mots en majuscules dits ENTRÉES) est constituée des mots compris dans une locution à la place alphabétique desquels on ne la trouvera pas explicitée. Le mot indiquant la place de la locution est alors imprimé en gras.
Ex. : Pour la locution «*Entrer* comme un âne dans un moulin» répertoriée à ÂNE, le mot *entrer* en gras indique la place dans l'ouvrage.

S'il s'agit d'une forme verbale irrégulière ou d'un mot étranger à la locution, l'infinitif du verbe ou le nom, sous lequel la locution est commentée, est alors imprimé en PETITES CAPITALES précédées d'une flèche.
Ex. : Pour la locution «Parler comme un Basque l'espagnol» répertoriée à PARLER, le mot VACHE précédé d'une flèche indique sa place dans l'ouvrage.

Cette nomenclature n'a pas tenu compte des mots grammaticaux (articles, déterminants) : à, en, et, il, ou, pour, qui, que, sans, si..., sauf s'ils interviennent en tête de locution.
Ex. : «À père avare, fils prodigue.»
«Qui trop embrasse mal étreint.»

A

À *Dieu* vat → ALLER
À tout va → ALLER
À laver la tête d'un *âne,* on perd sa lessive
À l'*article* de la mort
À vous la *balle*
À toute *bise*
À toute *biture*
À plein *bord*
À propos de *bottes* (1)
À *boule* vue
À *bout*
À *bout* de...
À *bout* portant
À tout *bout* de champ
À bout de *bras*
À *bras*
À *bras* le corps
À *bras* ouverts
À *bras* raccourcis
À tour de *bras*
À *brebis* tondue, Dieu mesure le vent
À la mode de *Bretagne*
À *bride* abattue
À toute *bride*
À petit *bruit*
À la *brutale*
À *bureaux* fermés
À fond de *cale*
À bas la *calotte*
À la *cantonade*
À vingt-quatre *carats*
À tout *casser*
À petite *cause,* grands effets
À *cent* pour cent
À la *chaîne*
À *charge* (1) de revanche
À la *charnière* de...
À bon *chat,* bon rat
À *chaud*
À *cheval*
À *cheval* sur les principes, sur le service
À un *cheveu* de...
... à la *chien*
À *clé*
À la *clé*

À contre*cœur*
À votre bon *cœur*
À *cœur* joie
À tous les *coins* de rue
À plein *collier*
À dépêche-*compagnon*
À bon *compte*
À ce *compte*-là
À la fin du *compte* !
À tout bon *compte* revenir
À *compter* de...
À la *con*
À *condition* que...
À la *coque*
À la venue des *coquecigrues*
À *cor* et à cris
À *corps* perdu
À son *corps* défendant
À la *côte* (2)
À *côté* de
À la *coule*
À la *couleur* → À LA COULE*
À *coups* de...
À *coup* sûr
À tous *coups*
À tout *coup,* à tous les coups
À *couper* au couteau
À *course* de plume
À *court*
À *couvert*
À la *cravache*
À *crédit*
À grands *cris*
À tous *crins*
À l'en *croire*
À *cul*
À *cul* ouvert
À vous le *dé*
À la *débandade*
À *dormir* debout
À *découvert*
À *défaut* de...
À bref *délai*
À *demeure*
À malin, malin et *demi*
À beaux *deniers* comptants
À la *dérive*
À la *dérobée*

À **dessein**
À nous **deux** !
À la **diable**
À tous les **diables**
À coups de **dictionnaire**
À qui le **dites**-vous !
À **discrétion**
À **distance**
À bon **droit**
À la **droite** du père, de Dieu
À chacun (selon) son **dû**
À la **dure**
À l'**eau** de rose
À grande **eau**
À l'**écart** (de)
À brève **échéance**
À (une) grande **échelle**
À tous les **échos**
À **éclipses**
À bonne **école**
À l'**égard** de...
À bon **entendeur**, salut !
À qui se **fier** !
À la (en) **file** indienne
À la **fortune** du pot
À chaque **fou** sa marotte
À la Saint-**Glinglin**
À la **grâce** de Dieu
À la **graisse** d'oie
À la **guerre** comme à la guerre
À la **griffe**, on reconnaît le lion
À perdre **haleine**
À perte d'**haleine**
À cette **heure**
À la bonne **heure**
À vous l'**honneur** !
À **hue** et à dia
À **huis** clos
À l'**impossible** nul n'est tenu
À **jet** continu
À deux de **jeu**
À beau **jeu**, beau retour
À vous de **jouer** !
À chaque **jour** suffit sa peine
À petites **journées**
À longueur de **journées**
À laver la tête d'un âne, on n'y perd
  (que) sa **lessive**
À son **lit** de mort
À pas de **loup**

À quelque chose **malheur** est bon
À **malin**, malin et demi
À beau **mentir** qui vient de loin
À chacun son **métier**
À la **mie** de pain
À qui **mieux** mieux
À l'article de la **mort** (1)
À réveiller un **mort** (2)
À pied d'**œuvre**
À vol d'**oiseau**
À prix d'**or**
À la **papa**
À **Pâques** ou à la Trinité
À qui croyez-vous **parler** ?
À quatre **pattes**
À bas les **pattes** !
À vue de **pays**
À tout **péché** miséricorde
À qui **perd** gagne
À **père** avare, fils prodigue
À cent (à six) **pieds** (3) sous terre
À la force du **poignet**
À un (petit) **poil** près
À **point** (3) nommé
À tel **point** (4) que...
À la **pointe** de...
À toute **pompe** (1)
À lui le **pompon** !
À la **portée** de qqn
À la **portée** de toutes les bourses
À **portée** de la main
À la fortune du **pot** (1)
À **pot** (1) et à rôt
À pleins **poumons**
À brûle-**pourpoint**
À **prendre** ou à laisser
À tout **prendre**
À beaucoup **près**
À peu **près**
À cela **près**
À la **presse** (2) vont les fous
À aucun **prix**
À **prix** d'or
À tout **prix**
À vil **prix**
À **profit** de ménage
À (ce) **propos**
À tout **propos**
À **proprement** parler
À **pur** et à plein

À côté de la *question*
À la *queue* leu leu
À bonne (juste) *raison*
À plus forte *raison*
À *rebrousse*-poil
À tout *risque*
À tour de *rôle*
À quelle *sauce* sera-t-il mangé?
À la *sauvette*
À nul autre *second*
À tout *seigneur*, tout honneur
À double *sens* (1)
À mon *sens* (1)
À la *six*-quatre-deux
À bout de *souffle*
À couper le *souffle*
À l'abri de tout *soupçon*
À grand *spectacle*
À la *sueur* de son front
À la *tâche*
À *temps* perdu
À court (long, moyen) *terme* (1)
À tue-*tête*
À *tire*-d'aile
À *tire*-larigot
À juste *titre*
À *tombeau* ouvert
À *tort* ou à raison
À *tort* et à travers
À touche-touche → TOUCHER
À double-*tour* (1)
À *tour* (1) de rôle
À *tout* (4) faire
À double *tranchant*
À la *traverse* (de qqch.)
À son de *trompe*
À la turque → TURC
À toute *vapeur*
À la *va-vite*
À tout *venant*
À plat *ventre*
À la *vérité*
(À) chacun sa *vérité*
À la *vie* (et) à la mort
À *visage* découvert
À toute *vitesse*
À deux *vitesses*
À haute *voix*; à mi-voix; à voix basse
À pleine *voix*

À *vol* (1) d'oiseau
À toute (pleine) *volée*
À la *vôtre*, à la bonne vôtre!
À *vrai* dire
À première *vue*
À courte *vue*

ABANDONNER
Être abandonné du *ciel*
Abandonnez toute *espérance*, vous qui entrez
Abandonner la *partie*
Abandonner la *proie* pour l'ombre

ABATTRE
Abattre l'*arbre* pour avoir le fruit
Abattre de la *besogne*
Abattre du *bois* (1)
Abattre le *brouillard*
Abattre ses *cartes*

ABÎMER
Être abîmé de *dettes*
Abîmer le *portrait*

ABORDER
Aborder à bon *port*

ABOYER
Les *chiens* aboient, la caravane passe
Aboyer aux *chausses* de qqn
Chien qui aboie ne mord pas

ACCEPTER
Accepter pour *argent* comptant
Accepter l'*augure* de

ACCOMMODER
Accommodez-vous, le *pays* est large

ACCORDER
Accorder les *Écritures*
Accorder ses *flûtes*
Accorder *foi* à...
Accorder ses *violons*

ACCOUCHER
La *montagne* qui accouche d'une souris

ACCROCHER
S'accrocher aux *basques* de qqn
S'accrocher aux *branches*

ACCUEILLIR
Accueillir qqn comme le *Messie*

ACCUSER
Accuser son **chien** de la rage
Accuser le **coup**

ACHETER
Acheter **chat** en poche
Acheter une **conduite**

ACHEVER
Achever de **peindre**

ACQUÉRIR
Bien mal acquis ne profite jamais

ACTE
Avaler son acte de naissance

ADIEU
Adieu **paniers,** vendanges sont faites
Adieu, **veau,** vache, cochon, couvée...

ADOPTER
Adopter un **profil** bas

ADORER
Brûler ce qu'on a adoré
Adorer le **veau** d'or

ADROIT
Adroit comme un prêtre **normand**
Adroit comme un **singe**

AFFAIRE
Toutes affaires cessantes → CESSER
Affaire d'**État**

AFFREUX
Affreux à faire **peur**

ÂGE
Âge d'**airain**
L'âge d'**argent**
Âge de **fer**
Âge de **raison**

AGILE
Agile comme un **écureuil**

AGIR
Agir à la **coule**
Agir à l'**étourdie**
Agir comme en **pays** conquis

AH!
Ah, le bon **billet** qu'a La Châtre !

AIDER
Aide-toi le **ciel** t'aidera
Aider à la **lettre**

AIGUISER
Aiguiser les **couteaux**

AILE
Aile de **corbeau**

AIMABLE
Aimable comme un **chardon**
Aimable comme une **porte** de prison

AIMER
Aimer d'**amour**
Aimer la **bagatelle**
Aimer **besogne** faite
Aimer comme ses petits **boyaux**
Aimer comme (du) **chicotin**
Aimer comme la **colique**
Aimer mieux être en **enfer** que...
S'aimer comme des **frères**
N'aimer que **plaies** et bosses

AINE
Il en a dans l'aine → En avoir
dans l'aile*

AINSI
Ainsi va le **monde** !

AIR
Baptême de l'air
Un **bol** d'air
Prendre l'air du **bureau**
Air de **déterré**
L'air des **lampions**
Pomper l'air
L'air du **temps**

AJOUTER
Ajouter **foi** à...
Ajouter à la **lettre**
Ajouter des **queues** aux zéros

ALFRED n. propre
T'as le **bonjour** d'Alfred !

ALLER
N'aller que d'une **aile**
S'en aller à l'**anglaise**
Aller à **Angoulême**
Aller aux **asperges**
Aller de l'**avant**
Aller comme un **Basque**
Quand le **bâtiment** va, tout va
Aller à/en **Bavière**
Aller vite en **besogne**
Aller du **blanc** au noir

Aller au **bois** (3) sans cognée

Aller son **bonhomme** de chemin

S'en aller en eau de **boudin**

Il faut aller selon sa **bourse**

Aller **bride** en main

S'en aller en **brioche**

Aller sur les **brisées** de qqn

Aller à **Cachan**

S'en aller de la **caisse**

Aller à **Canossa**

Aller au **charbon**

Qui va à la **chasse** perd sa place

Aller comme un **chat** maigre

Laisser aller le **chat** au fromage

Aller son **chemin**

Ne pas y aller par quatre **chemins**

Ne pas aller à la **cheville** de qqn

Aller (droit) au **cœur**

Y aller de bon **cœur**

Aller sur la haquenée d'un **cordelier**

Y aller de cul et de tête comme une **corneille** qui abat des noix

Aller en **Cornouailles**

Aller **coucher**

S'en aller en **couille**

Aller à **Cracovie**

Aller au **cri**

Tant va la **cruche** à l'eau...

Ne pas y aller avec le dos de la **cuiller**

Aller de **cul** et de tête

Aller à **dame**

Aller dans le **décor**

Aller au **devant** de...

Il ne faut pas aller au **devin** pour être instruit

Aller au **diable**

À **Dieu** vat

Cela va sans **dire**

L'**eau** va à la rivière

Aller comme une **écrevisse**

Aller à l'**envers**

Aller sur son **erre**

Aller comme un **escargot**

Aller (droit) au **fait**

N'y aller que d'une **fesse**

Qui a peur des **feuilles** n'aille pas au bois

(Allez-vite), la **foire** est sur le pont

Aller aux **fraises**

S'en aller en **fumée**

Y aller **gaiement**

Qu'allait-il faire dans cette **galère** ?

Aller comme un **gant**

Ne pas aller au **genou** de qqn

Aller en **Germanie**

Aller se faire voir chez les **Grecs**

N'aller que d'une jambe → PATTE

Aller se faire **lanlaire**

Aller **loin**

Aller trop (un peu) **loin**

J'irai (même) plus **loin**

Ne pas y aller de **main**-morte

Il ne va pas sans ses **mains**

Ça va mal pour son **matricule**

Aller à la **montagne**

Aller à **Montretout**

Aller cueillir la **noisette**

Va te faire cuire un **œuf** !

Aller de **pair** avec..

Aller à **Pampelune**

N'aller que d'une **patte**

Aller se faire **pendre** ailleurs

Aller au **persil**

Aller à sa **perte**

Aller du **pied**, de son **pied** (1)

S'en aller les **pieds** (1) devant

Aller et venir comme **pois** en pots

Aller au **pré**

Aller au plus **pressé**

Va te **promener** !

Aller à la **queue**

Aller à la **queue**-leu-leu

Aller où le **roi** ne va qu'à pied

Aller à **Rouen**

Aller comme sur des **roulettes**

Aller au **royaume** des taupes

Aller au **safran**

Aller par **sauts** et par bonds

Allez **savoir** !

Aller à la **selle**

Aller dans le **sens** de qqn

Aller tout **seul**

Aller à qqn comme un **tablier** à une vache

Aller au **tapis**

Aller sur le **terrain**

Aller comme une **tortue**

Aller sur les **traces** de (qqn)

Aller bon (grand) **train** (1)

Aller de *travers*
Aller aux *urnes*
Aller à *vau*-l'eau
Aller comme (plus vite que) le *vent*
Aller à *Versailles*
Aller plus vite que les *violons*
Aller un peu *vite*
Aller vous faire *voir!*
Allez *voir* là-bas (ailleurs) si j'y suis

ALLONGER
Le *boulevard* des allongés
Allonger le *compas*
Allonger la *courroie*
Allonger les *étrivières*
Allonger le *pas*

ALLUMER
Allumer ses *quinquets*
Allumer le *sang*

ALLURE
Allure de *déesse*

ALMANACH
Faiseur d'almanachs

AMANT, AMANTE
Amant de *cœur*

AMASSER
Amasser des *charbons* ardents sur la
   tête de son ennemi

ÂME
(Comme) une âme en *peine*

AMENDE
Les *battus* paient l'amende

AMENER
Amener à *composition*
Amener la *couverture* à soi
Amener de l'eau au *moulin*
Amener sa *viande*

AMI, AMIE
Ami jusqu'à la *bourse*
Être amis comme *cochons*
Ami de *cœur*
Les bons *comptes* font les bons amis

AMOUR
Pour l'amour de l'*art*

AMOUREUX
Amoureux des onze mille *vierges*

AMUSER
S'amuser comme une *croûte* de pain
Amuser le *tapis*

AN
Cent ans *bannière* cent ans civière
Bout de l'an

ÂNE
L'âne du commun est toujours le
   plus mal *bâté*
Bonnet d'âne
Il est bien âne de nature qui ne peut
   lire son *écriture*
Entrer quelque part comme un âne
   dans un moulin

ANGE
Faiseuse d'anges

ANNÉE
L'année de la *comète*
Année de *foin,* année de rien

ANNONCER
Annoncer la *couleur*

APLATIR
S'aplatir comme une *carpette*
S'aplatir comme une *punaise*

APPELER
L'*abîme* appelle l'abîme
Il y a plus d'un *âne* à la foire qui
   s'appelle Martin
Appeler le *ban* et l'arrière-ban
Appeler un *chat* un chat
Appeler les *choses* par leur nom

APPLAUDIR
Applaudir des deux *mains*

APPORTER
Apporter de l'eau au *moulin* de
   (qqn)
Apporter sa *pierre* (à l'édifice)
Apporter qqch. à qqn sur un *plat*
   (d'argent)
Apporter qqch. à qqn sur un *pla-
   teau*

APPRENDRE
On apprend à tout *âge*
En apprendre de belles → BEAU
Apprendre à ses *dépens*

APPROCHER
S'approcher de l'*autel*

APPUYER
Appuyer sur le *champignon*
Appuyer sur la *chanterelle*
S'appuyer sur un *roseau*

APRÈS
Après *coup*
Après moi le *déluge*
Après *mûre* réflexion
Après la *pluie* le beau temps
Après *tout* (2)

ARME
Représenter les armes de *Bourges*
Arme à double *tranchant*

ARMER
Armé jusqu'aux *dents*

ARRACHER
S'arracher les *cheveux*
S'arracher le blanc des yeux → ŒIL
Arracher une *plume* (1) de l'aile

ARRANGER
Arranger le *portrait*

ARRÊTER
Arrête ton *char*
Arrêter les *frais*

ARRIÈRE
Arrière-*pensée*

ARRIVER
Arriver en trois *bateaux*
Il arrive beaucoup de choses entre la
    bouche et le verre
Arriver comme un *boulet*
Arriver comme les *carabiniers*
Arriver comme mars en *carême*
Ne pas arriver à la *ceinture* de qqn
Cela arrive comme un *cheveu* sur
    la soupe
Ne pas arriver à la *cheville* de qqn
Arriver comme un *chien* dans un jeu
    de quilles
Arriver sur le *clou*
Arriver la *gueule* enfarinée
Arriver *marée* en Carême
Arriver *pile* (2)
Arrive qui plante → PLANTER

Arriver à bon *port*
Arriver bon *premier*

ARRONDIR
Arrondir les *angles*

ASSEMBLER
Il a bientôt assemblé son *conseil*

ASSEOIR
Scier la *branche* sur laquelle on
    est assis
S'asseoir *dessus*

ASSIETTE
Assiette au *beurre*

ASSURER
Assurer les grands *devants*

ATTACHER
Attacher un *bidon*
S'attacher un *boulet* aux pieds
Attacher qqn au *carcan*
Attacher une (la) *casserole*
Attachez vos *ceintures* !
S'attacher au *char* de qqn
Ne pas attacher son *chien* avec des
    saucisses
Attacher le *grelot*
S'attacher un *pavé* au cou

ATTAQUER
Attaquer à la *racine*

ATTEINDRE
C'est là que les *Athéniens* s'atteigni-
    rent (s'éteignirent)
La *bave* du crapaud n'atteint pas la
    blanche colombe
Atteindre au *vif*

ATTELER
S'atteler au *char* de qqn

ATTENDRE
(Attendre que) les *alouettes* tombent
    toutes rôties
Attendre le *boiteux*
Attendre qqn comme le *Messie*
Attendre qqn comme les *moines* font
    l'abbé
Attendre sous l'*orme*
Attendre qqn à la *sortie*
Attendre qqn au *tournant*

ATTRAPER

Attraper la **balle** au bond
Attraper le **ballon**
Attraper une **culotte**
Attraper qqn par la **peau** du dos
Attraper qqn comme du **poisson**
  pourri

AU, AUX

Aux **armes** !
Au bout de l'**aune** faut le drap
Au royaume des **aveugles,** les bor-
  gnes sont rois
Au bout du quai les **ballots**
Au **ban** de...
Au temps que les **bêtes** parlaient
Au coin d'un **bois** (3)
Au pays des culs-de-jattes, les **boi-
teux** sont rois
Au petit **bonheur** (la chance)
Au bord des lèvres → LÈVRE, CŒUR
Au **bout** de ses peines
Au **bout** le bout
Au **bras** de qqn
Au **centuple**
Au (premier) **chant** du coq
Au pas de **charge** (2)
Au premier **chef**
Aux **chiottes** !
Au **clou**
Au **coin** d'une rue
Au **coin** d'un bois
Au **comble** de...
Au (grand) **complet**
Au bout du **compte**
Au **compte-gouttes**
Au chant du **coq**
Aux **côtés** de qqn
Au **courant**
Au temps pour les **crosses** !
Au **danger** on connaît les braves
Au **déballage**
Au **débotté**
Aux **derniers** les bons
Au-**dessous** de tout
Au **diable**
Au **diable** vauvert
Au **doigt** et à l'œil
Au-delà de toute **expression**
Au **fil** de...
Au **fil** de l'eau

Au plus **fort** de...
Au bout du **fossé** la culbute !
Au **fur** et à mesure
Au pas de **gymnastique**
Aux **innocents** les mains pleines
Au grand **jour**
Au **jour** le jour
Au **jour** d'aujourd'hui
Au bord des **larmes**
Au pied de la **lettre**
Au **nom** de la loi
Aux grands maux les grands remèdes
  → 3. MAL
Au **marc** le franc
Au **pas** et à l'heure
Au petit **pied** (3)
Au **pis** aller
Au premier **plan**
Au courant de la **plume** (2)
Au **poids** de l'or
Au **poil** et à la plume
Au **point** (3) de...
Au dernier, au plus haut **point** (4)
Au **point** (4) de qqn
Aux deux **pôles**
Aux frais de la **princesse**
Au bout du **quai** les ballots !
Au **quart** (1) de poil
Au **quart** (1) de tour
Aux trois **quarts** (1)
Aux **risques** et périls de...
Au **saut** du lit
Aux bons **soins** de (qqn)
Au-dessus de tout **soupçon**
Au plus **tard**
Au **temps** où
Au plus **tôt**
Au quart de **tour** (1)
Au **train** où (l') on va, du **train** (1)
  où vont les choses
Au plus **vite**
Au **vu** (1) et au su de

AUBE

L'aube des **mouches**

AUJOURD'HUI

Aujourd'hui en **chère** et demain en
  bière

AUMÔNE

Demander l'aumône au **coin** d'un
  bois

AUSSI
Aussi *sec*

AUTANT
Autant pour les *crosses!*
Autant *dire*
Autant de pris sur l'*ennemi*
Autant que *possible*
Autant que faire se peut → POUVOIR
Autant en emporte le *vent*

AUTRE
Être de l'autre côté de la *barricade*
De l'autre côté de la *barrière*
Le *bonheur* des uns fait le malheur
  des autres

AUTREMENT
Autrement *dit*

AVALER
Avaler le *calice* jusqu'à la lie
Avoir avalé sa *canne*
Avaler sa *chique*
Avaler des *couleuvres*
Avaler des *crapauds*
Avaler la *dragée*
Avoir avalé un *échalas*
Avoir avalé sa *gaffe* (1)
Avaler sa *langue*
Il avalerait la *mer* et les poissons
Avaler le *morceau*
Avaler la (une) *pilule*
Avaler des *poires* d'angoisse
Avaler le *polichinelle*
Avaler sa *salive*

AVALEUR
Un avaleur de *charrettes* ferrées
Avaleur de *crapauds*

AVANCE
Avance à *l'allumage*

AVANCER
Avancer comme une *écrevisse*
Avancer comme un *escargot*
Avancer *pays*

AVANT
Avant l'*heure,* c'est pas l'heure,
  après l'heure, c'est plus l'heure
Avant la *lettre*

AVEC
Avec *armes* et bagages

Avec *délices* et orgues
Avec tous les *honneurs* dus à son
  rang
Avec *pertes* et fracas
Avec *poids* et mesure
Avec des *si,* on mettrait Paris en
  bouteille

AVOIR
N'avoir pas fait une panse d'*A*
Avoir une *absence,* des absences
Les *absents* ont toujours tort
Avoir, faire un *accroc* (des accrocs)
  à (la réputation, la conscience)
Avoir à son *actif*
Avoir *affaire* à (qqn)
Avoir *affaire* de (qqch.)
Avoir ses *affaires*
Ceux qui n'ont point d'*affaires* s'en
  font
Il y a bel *âge* que...
Chaque *âge* a ses plaisirs
Avoir un coup dans l'*aile*
En avoir dans l'*aile*
L'oiseau en a dans l'*aile*
Il en a dans l'*aine* → En avoir
  dans l'aile*
Il en a dans le *L* → En avoir
  dans l'aile*
Quand on n'a pas ce que l'on *aime,*
  il faut aimer ce que l'on a
Avoir l'*air*
N'avoir l'*air* de rien
Sans en avoir l'*air*
Avoir un faux *air* de
Avoir l'*air* fin, idiot
Avoir un *air* d'en avoir deux
Ça m'en a (tout) l'*air*
Avoir grand *air*
Avoir grande allure → Se donner,
  prendre des airs, des grands airs*
Avoir l'*air* à la danse
Avoir ses *aises*
Si le ciel tombait, il y aurait bien des
  alouettes prises
Avoir un cœur d'*amadou*
Avoir l'*âme* chevillée au corps
Fier comme un *âne* qui a un bât
  neuf
Faire l'*âne* pour avoir du bran

Faire l'*âne* pour avoir du son (du chardon...)

Il y a plus d'un *âne* à la foire qui s'appelle Martin

Il y a *anguille* sous roche

Avoir des *antennes*

Avoir bon *appétit* (de l'appétit)

N'avoir rien *appris,* rien oublié

Avoir une *araignée* au plafond, dans le cerveau

Couper (abattre) l'*arbre* pour avoir le fruit

Avoir une *ardoise*

En avoir pour son *argent*

Avoir le drap de l'*argent*

L'*argent* (trouvé) n'a pas de maître

L'*argent* n'a pas d'odeur

Avoir un cœur d'*artichaut*

Avoir (mettre) tous les *atouts* dans son jeu

Avoir une (dix, vingt) *aune(s)* de boyaux vides

L'avoir dans le *baba*

(Avoir) pour tout *bagage*

Il n'y a qu'à se *baisser* (pour le prendre...)

Il y a du monde au *balcon*

Avoir la *balle*

Avoir le *ballon*

Avoir le coup de *bambou*

Avoir un *bandeau* sur les yeux

Avoir *barre* sur qqn

Avoir le *bâton*

L'avoir belle → Beau

Avoir *beau*...

Avoir le *bec* fin

Avoir *bec* et ongles

Avoir le *bec* salé

Avoir des mains de *beurre*

Il n'y en a pas plus que de *beurre* en branche

Avoir un pied dans la *bière*

Ah, le bon *billet* qu'a La Châtre !

Avoir un *bœuf* sur la langue

Qui a bu *boira*

Il y a à *boire* et à manger

Avoir du *bol*

(En avoir) ras le *bol*

Avoir tout *bon*

T'as le *bonjour* d'Alfred !

Avoir à la *bonne*

En avoir de *bonnes*

Avoir le *bonnet* sur l'oreille

Avoir toujours la main au *bonnet*

Ne plus avoir de *bornes*

Il n'y en a pas des *bottes* (2)

Avoir la *bouche* en cœur

En avoir plein la *bouche*

Avoir de la *bouillie* dans la bouche

Il a l'esprit aigu comme une *boule*

Avoir le *bouquet* sur l'oreille

Avoir son *bout* de bois

Avoir de la *bouteille*

Avoir toujours un *boyau* de vide

Avoir de la *branche*

Avoir le *bras* long

Avoir les *bras* retournés

Avoir qqn sur les *bras*

En avoir par-dessus les *bretelles*

Avoir la *bride* sur le cou

Avoir de la *brioche*

Avoir qqch. dans le *buffet*

Avoir du *cachet*

Avoir un *cadavre* dans le placard

Il y a un *cadavre* entre eux

Avoir à la *caille*

N'avoir pas un poil sur le *caillou*

Avoir son *cardinal*

Avoir une *case* en moins

Avoir le (son) *casque*

Avoir gain de *cause*

N'avoir pas un *centime*

Avoir la *cerise*

N'avoir pas de *cesse* que...

Il y a bien des *chambres* à louer dans sa tête

Avoir le *champ* libre

Avoir voix au *chapitre*

Avoir *charge* (1) d'âme

Avoir d'autres *chats* à fouetter

Avoir un *chat* dans la gorge

Il n'y a pas un *chat*

Avoir *chaud*

N'avoir pas de *chausses*

Avoir un, deux (trois) *chevaux* tués sous soi

Avoir un *cheveu* pour une femme

Avoir un *cheveu* sur la langue

Avoir mal aux *cheveux*

Il y a un *cheveu*

Avoir d'autres **chiens** à fouetter

Avoir du **chien**

Avoir du crédit comme un **chien** à la boucherie

Il a de l'esprit, il a couché au **cimetière**

En avoir sa **claque**

Faire ses **classes**

Avoir sa **cocarde**

Avoir le **cœur** bien accroché

Avoir mal au **cœur**

Cet homme a bon **cœur,** il ne rend rien

Avoir qqch. à **cœur**

Avoir le **cœur** à l'ouvrage

En avoir le **cœur** net

Avoir le **cœur** (2) au bord des lèvres

Avoir le **cœur** (3) sur les lèvres

Avoir le **cœur** sur la main

Avoir du **coffre**

Avoir un bon **coffre**

Avoir la **colique**

Il y a (un) **commencement** à tout

N'avoir rien de **commun** avec...

Qui a **compagnon** a maître

Avoir le **compas** dans l'œil

Avoir son **compte**

Avoir qqch. sur la **conscience**

Avoir la **conscience** large, élastique

Avoir son **content**

Avoir de la **conversation**

Avoir les **copeaux**

Avoir une **coquetterie** dans l'œil

Avoir de la **corde** de pendu

Avoir la conscience large comme la manche d'un **cordelier**

Avoir plusieurs **cordes** à son arc

Avoir le diable au **corps**

Avoir la **cosse**

Avoir la **cote**

Avoir les **côtes** (1) en long

En avoir une **couche**

Il y a loin de la **coupe** aux lèvres

Avoir la **courante**

Avoir les deux bouts de la **courroie**

Avoir son **couvert** mis chez qqn

Ne plus avoir de **cresson** sur la fontaine

Avoir les **crocs**

N'avoir ni **croix** ni pile

Avoir la **cuisse** légère

Avoir au **cul**

Avoir des couilles au **cul**

Avoir le **cul** bordé de nouilles

Avoir le **cul** rond et faire des étrons carrés

Avoir le **cul** sur la selle

Avoir le feu au **cul**

En avoir, l'avoir dans le **cul**

N'avoir **cure** de...

Avoir affaire au **curé** et aux paroissiens

Avoir la **dalle** (1) en pente

Avoir une **danse**

Avoir le cœur à la **danse**

Vous n'avez rien à **déclarer ?**

Y'a comme un **défaut**

Avoir (ne pas avoir) de **défense**

Avoir la **dent**

Avoir une **dent** contre qqn

Avoir la **dent** dure

Avoir les **dents** longues

Avoir les **dents** qui rayent le plancher

Avoir qqch. à se mettre sous la **dent**

Il n'y en a pas pour sa **dent** creuse

Il n'a plus mal aux **dents**

Avoir le **derrière** au vent (à l'air)

Avoir le feu au derrière → CUL

Avoir une bonne **descente**

N'avoir plus rien à **désirer**

Avoir le **dessous**

Avoir le **dessus**

Avoir le **diable** au corps

Avoir le **diable** dans sa bourse

Avoir le **diable** à ses trousses

Avoir un **diamant** dans le gosier

Il y a un **dieu** pour les ivrognes

Il n'y a pas de bon **dieu**

Avoir beau dire et beau faire → BEAU (avoir beau)

Il n'y a pas à **dire**

Avoir son **dit** et son dédit

Avoir bon **dos**

En avoir plein le **dos**

L'avoir dans le **dos**

Avoir le **dos** tourné

Avoir le **dos** au chaud, le ventre à table

En avoir une **dose**

Avoir besoin d'une *douche*

Avoir le *drap* et l'argent

Avoir *droit* à...

Avoir l'*eau* à la bouche

(Il) y a de l'*eau* dans le gaz

Il n'y a pas d'*eau* à boire

Avoir l'*échine* souple

Il n'y a pas de petites *économies*

Avoir des *écus* moisis

N'avoir pas un *écu* vaillant

Il n'y a pas d'*effet* sans cause

N'avoir pas son *égal*

N'avoir d'*égal* que...

Avoir *égard* à...

Avoir des *égards* pour (qqn)

Avoir besoin de deux grains d'*ellébore*

Avoir le physique de l'*emploi*

Avoir ses *entrées*

Avoir (l'esprit, la tête) à l'*envers*

N'avoir rien à *envier* à...

En avoir par-dessus les *épaules*

Avoir une *éponge* dans le gosier, dans l'estomac

Avoir l'*esprit* aux talons

Avoir de l'*esprit* comme quatre, comme un démon

Avoir qqn en haute (grande) *estime*

Avoir un *estomac* d'autruche

Avoir qqn à l'*estomac*

Avoir l'*estomac* bien accroché

Avoir l'*estomac* dans les talons

Avoir un trou à l'*estomac*

Avoir l'*étoffe* de...

Avoir de l'*étoffe*

Avoir le pied à l'*étrier*

Avoir son *fade*

Avoir un *faible* pour...

Avoir à *faire* (qqch.) avec qqn

Avoir à *faire* à qqn

Avoir mieux (autre chose) à *faire* que...

Avoir fort à *faire* pour...

Avoir un gosier de *fauvette*

Avoir tout *faux*

Avoir des doigts de *fée*

En avoir dans les *fesses*

Avoir chaud aux *fesses*

Avoir son coup de *feu*

N'avoir ni *feu* ni lieu

Avoir le *feu* au derrière

Avoir le *feu* à la tête

Qui a peur des *feuilles* n'aille pas au bois

Avoir la *fibre* sensible, paternelle...

Ne pas (ne plus) avoir *figure* humaine

Avoir un *fil* à la patte

N'avoir ni *fin* ni cesse

Avoir le *fion*

Avoir la *fleur* de qqch.

N'avoir ni *foi* ni loi

Avoir les *foies* blancs

Avoir du *foin* dans ses bottes

Avoir un bon *fond*

Avoir *force* de loi

Avoir qqch. au *four*

Avoir des *fourmis* (dans les jambes...)

Avoir le mal Saint-*François*

Avoir le nez tourné à la *friandise*

Avoir la *frite*

Avoir *froid* dans le dos

Ne pas avoir *froid* aux yeux

Avoir le *front* d'airain

Avoir des jambes de *fuseau*

Ne pas avoir la *gale*

Ne pas avoir la *gale* aux dents

Avoir les *gants* de (qqch.)

N'avoir *garde* de

Avoir part au *gâteau*

Avoir (de l'argent) à *gauche*

Avoir bon (mauvais) *genre*

(Avoir) la *gorge* serrée

Avoir le couteau sous la *gorge*

Avoir le cœur dans la *gorge*

Avoir le *gosier* en pente

Avoir le *gosier* blindé

Avoir du *goût* pour (qqn)

Avoir mauvaise *grâce* à (de)

En avoir pour son *grade*

Avoir un *grain*

Avoir en *gré* qqch.

Avoir les *grelots*

Avoir des *grenouilles* dans le ventre

En avoir *gros* sur le cœur

Avoir de la *gueule*

Avoir la *gueule* de bois

Avoir la *guigne*

Avoir ses *habitudes*

Avoir *habitude* avec (qqn)

Avoir un coup de *hache*

Avoir un *hanneton* dans le plafond

Avoir *hâte* de

Avoir l'*heur* de plaire

Avoir des yeux de *hibou*

Avoir une *hirondelle* dans le soliveau

Avoir l'*honneur* de...

Avoir de l'*humeur*

Avoir *idée* (que)

N'avoir pas la moindre *idée* de

Avoir la science *infuse*

Avoir l'*intention* de...

Avoir les *jambes* en coton, en pâté de foie

Avoir les *jambes* coupées

Avoir encore ses *jambes* de quinze (vingt) ans

Avoir les *jetons*

Avoir beau *jeu* de (pour)

Avoir les *joues* cousues

Avoir du *jus* de navet dans les veines

En avoir jusque-*là*

Avoir (un mot) sur le bout de la *langue*

Avoir un cheveu sur la *langue*

Avoir la *langue* bien pendue

Ne pas avoir la *langue* dans sa poche

Avoir la *lanterne*

Avoir les idées *larges*

Avoir toujours la *larme* à l'œil

Avoir des *larmes* dans la voix

Avoir le don des *larmes*

Avoir toute *latitude* pour...

Avoir la main *leste*

Avoir un mot sur le bord des *lèvres*

N'avoir pas un *liard*

(Ne pas avoir) pour un (deux) *liard(s)* de...

Avoir *lieu*

Avoir *lieu* de

Avoir la *ligne*

Avoir son *linge* lavé

Avoir le *lit* et le couvert chez qqn

Avoir vu le *loup*

Avoir le cœur *lourd*

Avoir la main *lourde*

Avoir *maille* à partir avec qqn

Avoir la *main* donnante

Avoir la *main* légère, heureuse, malheureuse

Avoir la *main* leste

Avoir sous la *main*

Avoir la haute *main* sur qqch.

Avoir les *mains* libres

Avoir les *mains* liées

Avoir les *mains* de beurre

Avoir les *mains* faites en chapon rôti

Avoir l'esprit *mal* (2) tourné

Avoir le *malheur* de

Avoir la *manière*

Avoir qqn dans sa *manche*

Avoir du *marbre*

Avoir le pied *marin*

En avoir *marre*

Avoir *matière* à

L'avoir *mauvaise*

Avoir le *meilleur*

Avoir la *mémoire* courte

Avoir qqn à sa *merci*

Avoir de la *merde* dans les yeux

Avoir les *miches* qui font bravo, les miches à zéro

Avoir bonne (mauvaise) *mine*

N'avoir pas un *moment* à soi

Avoir le *moral*

Avoir son *mot* à dire

Avoir le dernier *mot*

Avoir des *mots* avec qqn

Avoir du sang de *navet*

Avoir les *nerfs* en boule, en pelote

Avoir les *nerfs* à fleur de peau

Avoir ses *nerfs*

Avoir du *nez*, avoir le nez creux

Avoir qqn dans le *nez*

Avoir un verre (un coup) dans le *nez*

Avoir un trou sous le *nez*

Avoir le *nez* sur

Vous aurez de mes *nouvelles!*

Avoir le coup d'*œil*

Avoir l'*œil* américain

Avoir à l'*œil*

Avoir un *œil* qui dit merde (zut) à l'autre

Avoir un *œil* qui joue au billard

Avoir le compas dans l'*œil*

Avoir les yeux plus grands que le ventre → ŒIL

Avoir les yeux en face des trous
→ ŒIL

Avoir les yeux qui sortent de la tête
→ ŒIL

Avoir des yeux pour ne pas voir
→ ŒIL

Ne pas avoir les yeux dans sa poche
→ ŒIL

N'avoir plus que ses yeux pour pleurer → ŒIL

Avoir des *œillères*

Avoir un appétit d'*ogre*

Avoir peur de son *ombre*

Avoir les *ongles* crochus

Avoir l'*oreille* basse

En avoir par-dessus les *oreilles*

L'avoir dans l'*os*

Ne pas avoir le temps de faire (dire)
ouf

Avoir ses *ours*

Avoir une *paille*

Avoir son *pain* cuit

Avoir du *pain* sur la planche

Avoir la *paix*

Avoir le *paquet* de qqch.

Avoir son *paquet*

N'avoir pas son *pareil*

N'avoir qu'une *parole*

Avoir *part* à...

Avoir la *part* belle

Avoir affaire à forte *partie*

Avoir la *partie* belle

Avoir *partie* liée avec qqn

Avoir le *pas* sur qqn

Avoir la tête comme une *passoire*

En avoir gros sur la *patate*

En avoir plein les *pattes*

Avoir la *peau* de qqn

Avoir qqn dans la *peau*

Avoir la *peau* dure

N'avoir que la *peau* et les os

Avoir la *peau* trop courte

Avoir l'œil à la *pêche*

Avoir toutes les *peines* du monde
à...

Avoir du goût pour la *peinture*

Avoir une *pente* à qqch., pour qqn

Avoir une *pente*

Avoir avalé un *pépin*

N'avoir rien à *perdre*

Avoir du *persil* (dans les oreilles,
entre les doigts de pieds)

Avoir du *persil*

Avoir toujours un *pet* (1) de travers

Avoir plus de *peur* que de mal

Avoir le *pied* (1) à l'étrier

Avoir le *pied* (1) marin

Avoir un *pied* (1) dans la tombe

Avoir toujours un *pied* (1) en l'air

Avoir les *pieds* (1) chauds

Avoir les quatre *pieds* (1) blancs

Avoir du *pif*

Avoir *pignon* sur rue

Avoir le *pire*, du pire

Avoir la *pistole* volante

Avoir du travail (boulot) sur la *planche*

Avoir le pied au *plancher*

Avoir son *plein* (2)

Avoir du *plomb* dans l'aile

Avoir du *plomb* dans la tête, dans
la cervelle

Avoir mangé du *plomb*

Avoir son *plumet* (plumeau)

Avoir en *poche*

Avoir eu son permis de conduire
dans une *pochette-surprise*

Avoir un œil à la *poêle* (2) et l'autre
au chat

Avoir les *pognes* retournées

Avoir deux *poids* et deux mesures

Avoir de la *poigne*

Avoir un *poil* dans la main

Avoir du *poil* aux yeux

Avoir qqn sur le *poil*

N'avoir plus un *poil* de sec

Avoir le *poing* sur la gorge

Avoir sa *pointe*

Avoir de la *poix* aux doigts

Avoir un *polichinelle* dans le tiroir

Avoir le (son) *pompon*

Avoir l'air de revenir de *Pontoise*

Avoir un œil à Paris et l'autre à
Pontoise

Avoir les *portugaises* ensablées

En avoir plein le *pot* (2)

N'avoir ni *poudre* ni plomb

Avoir du *poumon*, de bons poumons

Avoir du *pour* et du contre

Avoir (une) bonne, (une) mauvaise
presse (1)

Avoir des **prétentions**
Avoir la **primeur** de...
Avoir **prise** avec qqn
Avoir **prise** sur...
Avoir sa **prune**
Avoir la **puce** à l'oreille
Avoir **qualité** pour...
Avoir son **quart** (1)
N'avoir pas un **quart** (1) d'écu
Avoir froide **queue**
N'avoir ni **queue** ni tête
En avoir plein les **quilles**
En avoir **quine**
Avoir **quinte** et quatorze
Avoir **quinze** et bisque sur (qqn)
Avoir de **quoi**
Avoir de la **race**
Avoir **raison**
Avoir (toute) sa **raison**
Avoir **raison** de (qqn)
Avoir des **raisons** avec (qqn)
Avoir ses **raisons**
Avoir la **rame**
En avoir **ras** le bol
Avoir un **rat** dans la tête
Avoir à **redire** à
Avoir le beau **rôle**
N'avoir pas le (un) **rond** (2)
N'avoir pas un **rotin**
Avoir du foin dans ses **sabots**
En avoir son **sac** (1)
Avoir la tête dans un **sac** (1)
Avoir (qqch.) dans le **sang**
Avoir du **sang** dans les veines
L'avoir **sec**
Avoir son **siège** fait
Avoir **soin** de...
Ne pas avoir un **sou** vaillant
N'avoir pas le premier **sou** pour
    (faire qqch.)
Avoir le **souffle** coupé
Avoir des **sueurs** froides
Avoir de la **suite** dans les idées
Avoir **sujet** de...
Avoir (de) l'esprit aux **talons**
Avoir l'estomac dans les **talons**
Avoir des ailes aux **talons**
Avoir du bon **temps**
Avoir du **temps** devant soi
Avoir fait son **temps**

N'avoir qu'un **temps**
Avoir **tendance** à...
Avoir de qui **tenir**
N'avoir qu'à bien se **tenir**
Avoir de la **tête**
Avoir toute sa **tête**
Ne pas (plus) avoir la **tête** à ce
    qu'on fait
Avoir la **tête** fêlée
Avoir la **tête** près du bonnet
Avoir deux, trois **têtes** dans, sous
    un bonnet
Avoir la **tête** sur les épaules
Avoir la grosse **tête**
En avoir par-dessus la **tête**
Avoir un (le) **ticket** avec (qqn)
Avoir un **tigre** dans le (son) moteur
Avoir **tort**
Avoir **tôt** fait de...
Ne pas avoir l'air d'y **toucher**
Avoir plus d'un **tour** (1) dans son
    sac
Avoir **trait** à
Avoir le **trait**
Avoir un colloque avec son **traversin**
Avoir la **tringle**
Avoir la **tripe** républicaine
Avoir la **trique**
Avoir qqn aux **trousses**
Avoir l'**usage** de (qqch.)
Avoir qqn à l'**usure**
N'avoir pas de sang dans les **veines**
Avoir **vent** de...
Avoir le **vent** en poupe
Avoir le **vent** dans les voiles
N'avoir ni **vent** ni voie
Avoir la peur, la rage... au **ventre**
Avoir la reconnaissance du **ventre**
Avoir le **verbe** haut
Avoir (bien) de la **vertu** de...
Avoir la **vie** dure
Avoir les nerfs, la sensibilité à **vif**
Avoir du **vif**-argent dans les veines
Avoir **ville** gagnée
Avoir le **vin** gai (triste)
Avoir **vite** fait de...
Avoir assez vu qqn → VOIR
Ne rien avoir à **voir** avec (qqn,
    qqch.)

AVOUER
Avouer la **dette**

B

BADINER
On ne badine pas avec l'*amour*

BAIGNER
Baigner dans l'*huile*

BÂILLER
Bâiller comme une *carpe*
Bâiller *foin* en corne
Bâiller comme une *huître*
Bâiller à se décrocher les *mâchoires*

BAISER
Baiser le *babouin*
Baiser le *cul* (à, de qqn)
Baiser le *cul* de (à) la vieille
Baiser (la) *Fanny*
Baiser la *poussière*

BAISSER
Ses *actions* baissent (montent)
Baisser les *bras*
Faire baisser la *chanterelle*
Baisser d'un *cran*
Baisser *culotte*
Baisser le *diapason*
Baisser dans l'*estime* de qqn
Baisser son *froc*
Baisser *pavillon*

BAL
C'est le bal des *pompiers*
Bal de *têtes*

BALANCER
Balancer la *purée*
Balancer la *sauce*

BALAYER
Balayer l'*église*

BALLE
Enfant de la balle

BANDIT
Bandit de grands *chemins*

BANNIÈRE
La *croix* et la bannière

BARBOUILLER
Barbouiller du *papier*

BARDER
Ça va barder pour son *matricule*

BAS, BASSE
Le bas *bout* de la table
Bas sur *pattes*
Bas les *pattes* !
Bas de *plafond*

BÂTIR
Bâti de *boue* et de crachat
Bâtir sur le *roc*
Bâtir sur le (du) *sable*
(Bâti) comme quatre *sous*

BATTANT
Battant *neuf*

BATTRE
N'aller que d'une *aile*
Battre de l'*aile*
Se battre à *armes* égales
Donner des *bâtons* pour se faire battre
Battre en *brèche*
Battre en *breloque*
Battre le *briquet*
Battre les *buissons*
Battre la grosse *caisse*
Battre la *calabre*
Battre la *campagne*
Battre le *carton*
Battre la *chamade*
Battre les *champs*
Se battre comme des *chiffonniers*
Battre des *cils*
Battre sa *coulpe*
Battre à plates *coutures*
Battre la *dèche*
Battre *dos* et ventre
Battre l'*eau*
Se battre à fer *émoulu*
Battre l'*estrade*
Battre le *fer* (1)
Battre le *fer* (1) quand il est chaud
S'en battre les *fesses*
Se battre les *flancs*
Se battre comme un *lion*
Battre *monnaie*
Se battre contre les *moulins* à vent
Battre à *Niort*
Se battre l'*œil* de qqch.

Battre le *pavé*
Battre le *pays*
Battre la *plaine*
Battre comme *plâtre*
Battre son *plein* (2)
Battre son *quart* (1)
Battre le *rappel*
Battre en *ruine*
Se battre au premier *sang*
Battre la *semelle*

BAVARD
Bavard comme une *pie*

BAVER
En baver des *ronds* de chapeaux

BEAU(X), BELLE(S), BEL
La belle *affaire* !
Le bel *âge*
Il y a bel *âge* que...
Le bel *air*
Beau comme un *astre*
La *bailler* belle
Belle au *bois* (3) dormant
Sur le beau *bout*
Un beau *brin* de fille
Beau comme un *chérubin*
Beau comme un *cœur*
La Belle *Époque*
Bel *esprit*
Les beaux *esprits* se rencontrent
Beau *garçon*
Beau comme le *jour*
Beau *parler* (2) n'écorche pas la
    langue
Beau *parleur*
Belles *paroles*
Le beau *sexe*

BEAUCOUP
Beaucoup d'*appelés,* mais peu d'élus
Beaucoup de *bruit* pour rien

BEAUTÉ
La beauté du *diable*

BÉNÉDICTION
Bénédiction de Saint *Roch*

BERTHE n. propre
Adieu Berthe !

BÊTE
Bête comme un veau rouge

→ Méchant comme un âne* rouge
Qui *bâte* la bête la monte
Bête à manger des *chardons*
Bête comme *chou*
Bête comme une *cruche*
Bête à manger du *foin*
Bête comme une *oie*
Bête comme un *panier*
Bête comme ses *pieds* (1)
Bête comme une *valise*

BEUGLER
Beugler comme un *âne*

BEURRE
Baigner dans le beurre
Beurré comme un petit beurre

BICHER
Bicher comme un *pou*

BIEN
Un peu d'*aide* fait grand bien
Bien *assailli,* bien débattu
Bel et bien
Une bien *bonne*
Bien en *chair*
(Être) bien de *chez* (soi)
Bien de *chez* nous
Bien des *choses*...
Bien *entendu*
Bien faire et laisser dire
(Bien) fol qui s'y fie → Fou
Bien *joué* !
Bien *pensant*
Bien (fait) de sa *personne*
Bien sous tous (les) *rapports*
Bien *sûr* !

BIEN subst.
Abondance de biens ne nuit pas
Arbre de la science du bien et du
    mal
Le bien vient en dormant → Dormir
Des biens au *soleil*

BLANC
Armes blanches
Blanc comme un cachet d'*aspirine*
Bâton blanc
La *bave* du crapaud n'atteint pas la
    blanche colombe
Blanc-*bec*

C'est **bonnet** blanc et blanc bonnet
Blanc comme un (pied de) **lavabo**
Blanc comme un **linge**
Blanc comme **neige**

BLANCHIR

Blanchi sous le **harnais**
À blanchir la tête d'un âne, on (n') y
perd (que) sa **lessive**

BLOND, ONDE

La **brune** et la blonde

BOHÈME

Vie de bohème

BOIRE

Boire un **bouillon**
Boire le **calice** jusqu'à la lie
Compte là-dessus (et bois de l'eau
fraîche)
Boire un **coup**
Boire du petit **lait**
Boire la coupe jusqu'à la **lie**
Il boirait la **mer** et les poissons
Boire les **paroles** de qqn
Boire comme **quatre**
Boire à la **santé** de qqn
Boire en **Suisse**
Boire la **tasse**
Boire comme un **templier**
Boire à longs **traits**
Boire comme un **trou**
Boire à **ventre** déboutonné

BOIS

Un grand **abatteur** de bois
(Il ne faut pas) juger de l'**arbre** (du
bois) par l'écorce
Avoir son **bout** de bois
Bois d'**ébène**
Bois de **justice**
Langue de bois

BOÎTE

La boîte de **Pandore**
Boîte à **ragoût**

BON, BONNE

Bon droit a besoin d'**aide**
De bon (mauvais) **aloi**
Bonne **âme**
Bon **ami,** bonne amie
Bon **an,** mal an

Bon jour (et) bon **an**
Bon **ange**
Faire le bon **apôtre**
Être né sous un bon (mauvais) **astre ;**
sous une bonne (mauvaise) **étoile**
De bon (mauvais) **augure**
La bonne **aventure**
Un bon **averti** en vaut deux
La **balle** au bon joueur
Bête à bon dieu
Bonne **bête**
Dans les petites **boîtes,** les bons
onguents
Courir le bon **bord**
Garder qqch. pour la bonne **bouche**
Bonne **bourre !**
Sur le bon **bout**
Prendre par le bon **bout**
Tenir le bon **bout**
Pour la bonne **cause**
Bonne renommée vaut mieux que
ceinture dorée
Bonne **chère**
Bon **chic** bon genre
N'être pas bon à jeter aux **chiens**
Bon **chien** chasse de race
Le bon **combat**
Bonne **conscience**
Bonne **continuation !**
Bon **courage !**
Bon **débarras !**
Bon **diable**
Bon **droit** a besoin d'aide
Bon **enfant**
Bon **esprit**
Bonne **foi**
À la bonne **franquette**
Bon **garçon**
Bon **génie**
Bonne **grâce**
Bonnes **grâces**
Bon **gré** mal gré
Bonne **humeur**
Bonne **main**
Un bon **mouvement**
Bons **offices**
Bon comme du (bon) **pain**
Bonne **passe**
Bonne **pâte**
Bonne **pièce**

Bon *pied* (1) bon œil
Bonne *pince*
Le bon *plaisir* (de qqn)
Bon *point* (2)
Bonne *poire*
Bonne *pomme*
Bon *prince*
Bonne *princesse*
Une bonne *robe*
Bon comme la *romaine*
Bon *sang* ne peut mentir
Bonne année, bonne *santé!*
Bon *sujet*
Bon *teint*
Le bon *temps*
Bon *vent!*
Bonne *volonté*

BONDIR
Bondir sur le *paletot*

BONIMENT
Des boniments à la *graisse* de chevaux de bois

BONNET
Bonnet d'*âne*

BONSOIR
Bonsoir la *compagnie!*

BORGNE
Au royaume des *aveugles,* les borgnes sont rois

BOTTER
Botter le *cul* à...
Botter le *train* (3)

BOUCHE
Avoir de la *bouillie* dans la bouche
Selon ta *bourse* gouverne ta bouche
Bouche en coup de *sabre*

BOUCHER
Boucher la *bouteille*
En boucher un *coin*
On lui boucherait le *cul* d'un grain
de millet
Bouché à l'*émeri*
En boucher une *fissure* à qqn
En boucher une *surface* à qqn
Boucher un *trou*
En boucher plein la *vue*

BOUCLER
Boucler le *bec* à qqn
Boucler la *bouche*

BOUDER
Bouder contre son *ventre*

BOUFFER
Bouffer des *briques*
Bouffer comme un *chancre*
Bouffer du *curé*
Bouffer du *lion*
Bouffer le *nez* à qqn, de qqn
Bouffer les *pissenlits* par la racine

BOUFFI, BOUFFIE
Bouffi du vent de la *huche*

BOUGER
Ne pas bouger plus qu'une *bûche*
Ne pas bouger un *cil*
Ne bouger du *coin* du feu
Ne pas bouger le petit *doigt*
Ne bouger ni *pied* (1) ni patte

BOUGONNER
Bougonner entre ses *dents*

BOUILLIR
Bouillir du *lait* à qqn

BOUILLON
Bouillon *aveugle*

BOUILLONNER
Bouillonner du *couvercle*

BOULE
Boule de *graisse*

BOURRER
Bourré à *bloc*
Bourrer la *cervelle* à qqn
Bourrer les *côtes* à qqn
Bourrer le *crâne*
Bourrer le *mou* (2) (à qqn)
Bourré comme une *valise*

BOUT
Au bout de l'*aune* faut le drap
Au bout du quai les *ballots*
À bout de *bras*
Un bout de *causette*
Bout de *chemin*
Bout de *chou*
Économies de bouts de *chandelle*

Avoir (un mot) sur le bout de la ***langue***
Le bout de la ***rue*** fait le coin

BRANLER
Branler dans le ***manche*** (1)

BRAVE
Brave comme une ***épée***
Brave ***garçon***
Un brave à trois ***poils***

BRIDER
Brider l'***âne*** par la queue
Brider les ***puces***

BRILLER
Briller par son ***absence***
Briller comme des ***escarboucles***

BRIN
Un brin de ***causette***

BRISER
Briser les ***os*** à qqn

BROSSER
Se brosser le ***ventre***

BROUILLER
Brouiller les ***cartes***
Brouiller les ***pistes***

BROUTER
Brouter la ***tige***

BROYER
Broyer du ***noir***

BRUIT
Bruit de ***bottes*** (1)
Bruit de ***ferraille***
Cela fera du bruit dans ***Landerneau***

BRÛLER
Se brûler les ***ailes***
(Se) brûler la ***cervelle***
Se brûler à la ***chandelle***
Brûler la ***chandelle*** par les deux bouts
Brûler un ***cierge*** à qqn
Brûler de l'***encens*** à qqn
Brûler le ***fagot***
Brûler la ***langue*** à qqn
Brûler les ***lèvres***
Brûler les ***planches***
Brûler la ***politesse*** à qqn
Brûler ses ***vaisseaux***

BULLETIN
Avaler son bulletin de naissance

BUREAU
Le bureau des ***pleurs***

BURIDAN n. propre
L'***âne*** de Buridan

BUVEUR
Un buveur de la première ***cuvée***

C

ÇA
Ça m'en a (tout) l'***air***
Ça va → ALLER
Ça va tout seul → ALLER
Ça y va! ça y va à la manœuvre → ALLER
Ça s'***arrose***
Ça ***baigne***
Ça fait un ***bail***
Ça fait ma ***balle***
Ça fait mon ***blot***
Ça glisse comme sur les plumes d'un ***canard***
Ça ne ***casse*** rien

Ça en prend, ça n'en prend pas le ***chemin***
Ça va ***chier***
Ça fait ***deux***
Ça ***durera*** ce que ça durera
Ça ne peut plus ***durer***
Ça lui fait une belle ***jambe***
Ça vaut le ***jus***
Ça lui servira de ***leçon***
Ça la fout ***mal*** (3)
Ça devient mauvais pour son ***matricule***
Ça lui pend au ***nez***
Ça n'est pas tombé dans l'***oreille*** d'un sourd

Ça ne mange pas de *pain*
Ça ne vaut pas la peine d'en *parler*
 (1)
Ça, c'est *parler!* (1)
Ça lui passera → PASSER
Ça ne vaut pas un *pet* (1) de lapin
Ça ne me fait pas *peur*
Ça ne *pisse* pas loin
Ça se bouscule au *portillon*
Ça ne *prend* pas
Ça fait la *rue* Michel
Ça vaut mieux que d'attraper la
 scarlatine
Ça n'a pas le *sens* (1) commun
Ça n'empêche pas les *sentiments*
Ça se soigne! → SOIGNER
Ça traîne les rues, ça traîne partout
 → TRAÎNER
Ça ne casse pas les *vitres*

CACA
Caca *boudin*

CACHER
Va te cacher → ALLER
Les *arbres* (qui) cachent la forêt
Cacher la *chandelle* sous le bois-
 seau
Cacher son *jeu*
Se cacher dans l'eau de peur de
 la *pluie*
Se cacher dans un trou de *souris*
Un *train* peut en cacher un autre

CACHET
Blanc comme un cachet d'*aspirine*

CAISSE
À *fond* la caisse

CALER
Se caler les *amygdales*
Une gueule à caler des roues de *cor-
 billard*
Se caler les *joues*

CALMER
Calmer le *jeu*

CAMARADE
Être camarades comme *cochons*

CANDEUR
Une candeur d'*agneau*

CANNE
Avoir *avalé* sa canne, son parapluie
Canne *blanche*

CAPITAINE
Capitaine de *bateau*-lavoir

CAPORAL
Un caporal et quatre *hommes*

CAQUET
Les caquets de l'*accouchée*

CARACTÈRE
Caractère de *chien*

CARDER
Carder le *poil* à qqn

CARESSER
Caresser la *bouteille*
Caresser l'*échine* à qqn

CARON n. propre
Passer dans la *barque* (de Caron)

CARRÉ
Pré carré

CAS
Cas de *force* majeure
Cas de *figure*

CASSER
Casser la *baraque*
Casser du *bois* (1) sur le dos de qqn
Casser le *bonnet* à qqn
Casser *bras* et jambes à qqn
Casser la cabane → BARAQUE
Casser des *cailloux*
Il n'a pas cassé trois pattes à un
 canard
Casser sa *canne*
Se casser les *côtes* (1)
Se casser le *cou*
Casser les *couilles* à qqn
Casser la *croûte*
Casser le *cul* à qqn
Se casser le *cul*
Se casser les *dents* sur qqch.
Casser l'*encensoir* sur le nez de qqn
Casser (qqn) aux *gages*
Casser la *graine*
Casser la *gueule*
Se casser la *gueule*

Casser le *moral* à qqn
Casser un *morceau*
Se casser le *nez*
Casser son *œuf*
Casser les *oreilles* (à qqn)
Casser les *os* à qqn
Ça *passe* ou ça casse
Casser les *pieds* (1) à qqn
Casser sa *pipe*
Se casser le *pot*
Avoir cassé son *sabot*
Casser du *sucre* sur le dos de qqn
Casser la *tête* à qqn
Se casser la *tête*
Casser les *vitres*

CASSEUR
Casseur d'*assiettes*

CAUSER
Causer de la *pluie* et du beau temps

CAVALER
Cavaler sur le *ciboulot*

CE
Ce *bloc* enfariné ne me dit rien
    qui vaille
Ce que l'on conçoit bien... → CON-
    CEVOIR
Ce qu'il fallait *démontrer*
Ce qui est *écrit* est écrit
Ce que *femme* veut, Dieu le veut
Ce qui vient de *fifre* retourne au
    tambour
Ce qui vient de la *flûte* s'en revient
    par le tambour
Ce qui tombe dans le *fossé* est pour
    le soldat
Ce n'est pas la *mer* à boire
Ce que *parler* (1) veut dire
Ce qui est bon à *prendre* est bon
    à rendre
Ce n'est pas mon *rayon* (2)
Ce n'est pas de *refus*
Ce que vous savez → SAVOIR
Ce n'est pas trop *tôt* !
Ce n'est pas *tout* (2) de...

CECI
Ceci *posé*...

CÉDER
Céder le *pas* à

Ne pas céder un *pouce* de terrain
Ne pas céder d'une *semelle*

CELA
Cela s'appelle parler → APPELER
Cela n'est pas de mon *bail*
Cela repose sur les *brouillards* de...
Cela arrive comme un *cheveu* sur
    la soupe
Cela ne vaut pas un *clou* à soufflet
Cela est bientôt *dit*
Cela va sans *dire*
Cela m'est *hoc*
Cela fera du bruit dans *Landerneau*
Cela lui donnera une (bonne) *leçon*
Cela ne fait pas l'*ombre* d'un doute
Cela ne vaut pas le *pet* d'un âne
    mort
Cela vous *plaît* à dire
Cela *posé*...
Cela me fait mal au *ventre* !
Cela va faire du *vilain*
Cela est si *vrai* que...

CENT
(Pendant) cent sept *ans*
Cent ans *bannière*, cent ans civière
Maigre comme un cent de *clous*
Les cent *coups*
Les deux cents *familles*
Être à cent *lieues* de...

CERTAIN, AINE
D'un certain *âge*
Sous un certain *angle*

CERVEAU
Avoir une *araignée* au plafond, dans
    le cerveau

CERVELLE
Se creuser la cervelle
Cervelle de *lièvre*

CESSANT, CESSANTE
Toutes *affaires* cessantes

CESSER
Et le *combat* cessa faute de combat-
    tants

CET, CETTE
Cet homme est *fou* ou le roi n'est
    pas noble

CEUX, CELLES
Ceux qui n'ont point d'*affaires* s'en font

CHACUN
Chacun son *écot*
Chacun ses *goûts*
Chacun vaut son *prix*
(À) chacun sa *vérité*

CHAGRIN
Araignée du matin, chagrin ; ...araignée du soir, espoir

CHAISE
Mener une vie de *bâton* de chaise

CHANCE
Au petit *bonheur* (la chance)
Chance de *cocu*

CHANGER
Changer d'*air*
Changer d'*attelage* au milieu du gué
Changer son *bâton* d'épaule
Changer ses *batteries*
Changer du noir au *blanc*
Changer de *bord*
Changer (de qqch.) comme de *chemise*
Changer son *cheval* borgne pour un aveugle
Changer de *crémerie*
Changer de *disque*
Changer son fusil d'*épaule*
Changer la *face* de...
Changer de *gamme*
Changer sa *gamme* à qqn
Changer de *peau*
Changer de *poil*
Changer le *poisson* d'eau

CHANSON
L'*air* et la chanson

CHANT
Le chant du *cygne*

CHANTER
Chantez à l'*âne*, il vous fera des pets
Chanter la même *chanson*
Chanter à *gorge* déployée
Chanter toujours sur la même *note*
Chanter la *palinodie*

Chanter *pouilles* à qqn
Chanter comme une *seringue*
Chanter *victoire*

CHAQUE
Chaque *âge* a ses plaisirs
Chaque *chose* en son temps
Une *place* pour chaque chose et chaque chose à sa place

CHARDON
Faire l'*âne* pour avoir du chardon

CHARGER
L'*âne* chargé de reliques
Être chargé d'*argent* comme un crapaud de plumes
Être chargé comme un *baudet*
Charger à *blanc*
Charger qqn de *bois* (1)
Être chargé de *cuisine*
Chargé comme un *mulet*

CHARLES n. propre
Charles *attend*

CHARMER
Charmer les *puces*

CHARRIER
Charrier dans les *bégonias*

CHASSE
Chasse aux *sorcières*

CHASSER
Chasser le *brouillard*
Un *clou* chasse l'autre
Chasser deux *lièvres* à la fois
La faim chasse le *loup* du bois
Chasser le *naturel*, il revient au galop
Chassez-le par la *porte*, il rentrera par la fenêtre
Chasser de *race*

CHAT
C'est de la *bouillie* pour les chats
Chats *fourrés*

CHÂTIER
Qui *aime* bien châtie bien

CHATOUILLER
Chatouiller les *côtes* (1) à qqn
Chatouiller l'*épiderme*

CHATOUILLEUX
Être chatouilleux sur le *point* (4) d'honneur

CHAUD
Chaud comme *braise*
Chaud comme une *caille*
Chaude *journée*
Chaud de la *pince*

CHAUFFER
Un *bain* qui chauffe
Chauffer à *blanc*
Montrer de quel *bois* (1) on se chauffe
Chauffer le *cœur*
Faites chauffer la *colle!* (1)

CHAUFFEUR
Chauffeur du *dimanche*

CHAUVE
Chauve comme un *genou*

CHEF
Quand les *andouilles* voleront, il sera chef d'escadrille
La *surprise* du chef

CHEMIN
Aller son *bonhomme* de chemin
Faire un *bout* de chemin avec qqn
Chemin de *chèvre*
Chemin de *Damas*
Le chemin des *écoliers*
Chemin de *traverse*

CHEMISE
En *bras* de chemise
Être comme *cul* et chemise

CHER
(Être) cher comme *chrême*
Chère *épice*
Cher comme *poivre*

CHERCHER
Chercher une *aiguille* dans une botte de foin
Chercher la petite *bête*
Chercher *chicane*
Chercher des *crosses*
Cherchez la *femme*
Chercher le *filon*
Chercher *midi* à quatorze heures

Chercher *noise*
Ne chercher que *plaies* et bosses
Chercher des *poils* sur un œuf
Chercher des *pouilles*
Chercher des *poux* à qqn (dans la tête de qqn)
Chercher des *poux* dans la paille
Chercher *querelle* (à qqn)

CHEVAL, AUX
L'*âge* n'est pas fait que pour les chevaux
Un cheval de *carrosse*
Cheval de *foin,* cheval de rien

CHEVALIER
Chevalier de la courte *épée*

CHEVEU
Avoir un cheveu sur la *langue*

CHIEN
Qui m'*aime,* aime mon chien
N'être pas *bon* à jeter aux chiens
Il n'est *chasse* que de vieux chiens
Être comme chien et *chat*

CHIER
Chat qui chie dans la braise
En chier une *pendule*
Chier du *poivre* (à qqn)

CHIFFONNER
Chiffonner la *cervelle* à qqn

CHIQUE
Avaler sa chique

CHOSE
Appeler les choses par leur nom
Il arrive beaucoup de choses entre la *bouche* et le verre
Il voit les choses par le trou d'une *bouteille*
Toutes choses cessantes → CESSER
Une *place* pour chaque chose et chaque chose à sa place

CHOU, CHOUX
Bout de chou
Ménager la *chèvre* et le chou

CIEL, CIEUX
Aide-toi, le ciel t'aidera
Un ciel d'*airain*

Si le ciel tombait, il y aurait bien des
alouettes prises

CIMENT
Bâtir à chaux et à ciment

CINQ
Cinq **colonnes** à la une
Les cinq **doigts** de la main ne se
ressemblent point
Les cinq **lettres**

CINQUIÈME
Cinquième **colonne**
La cinquième **roue** du carrosse, de
la charrette

CIVIÈRE
Cent ans **bannière,** cent ans civière

CLAIR adj.
Clair comme de l'**eau** de roche

CLAIR subst.
Bijoutier du clair de lune

CLAQUER
Claquer du **bec**
Claquer des **dents**
Claquer dans les **mains**
Claquer la porte au **nez** (à qqn)
Claquer la **porte** à qqn, au nez de
qqn
S'en faire claquer le **système**

CLOCHER
Il ne faut pas clocher devant les **boiteux**

CLOUER
Clouer le **bec**

CLOWN
Bille de clown

COCU
Appeau de cocu
Battu, cocu et content

CŒUR
D'**abondance** de cœur
Le cœur bien **accroché**
Avoir un cœur d'**amadou**
Ami de cœur — Bon ami*
Avoir un cœur d'**artichaut**
Être comme le **bénitier**, près de la
porte et loin du cœur

Avoir la **bouche** en cœur
Bourreau des cœurs
Avoir le cœur **lourd**
Cœur de **pierre**

COGNÉE
Aller au **bois** (3) sans cognée

COGNER
Cogner au-dessous de la **ceinture**
Cogner le **fêtu**
Se cogner la **tête** contre les murs

COIFFER
Coiffer sainte **Catherine**
Être coiffé en coup de **vent**

COIFFURE
Coiffure à la **caisse** d'escompte

COIN
Blague dans le coin
Au coin d'un **bois** (3)
Coin du **feu**

COINCER
Coincer la **bulle**

COLLER
Coller la main sur la **gueule** à (de)
qqn
Coller (qqn) au **mur**

COLOMBE
La **bave** du crapaud n'atteint pas la
blanche colombe

COMBATTRE
Combattre à **armes** égales

COMBLER
Combler la **mesure**

COMMANDER
Commander à la **baguette**

COMME
Comme tu y vas (comme vous y
allez)! → ALLER
Comme une **âme** en peine
Comme un **ange**
Comme dit l'**autre**
Comme une **bête**
Comme dans du **beurre**
Comme du **bois** (1)
Comme un **bossu**
Comme une **bourrique**

Comme un *cataplasme* sur une jambe de bois

Comme un *chantre*

Comme un *charretier*

... comme un *chien*

Comme un jeune *chien*

... comme un *chien* mouillé

Comme *ci,* comme ça

Comme de *cire*

Comme la *cire* fond au feu

... comme un *cochon*

Comme une *concierge*

Comme un *crin*

Comme de sa première *culotte*

Comme un *démon*

Comme il se doit → DEVOIR

Comme le *diable,* comme tous les diables

Comme un (beau) *diable*

Comme un *diable* dans un bénitier

Comme le bon *Dieu* nous a faits

Comme il plaît à *Dieu*

Comme un *dieu*

Comme on dit → DIRE

Comme dirait → DIRE

Comme les *doigts* de la main

Comme une *écumoire*

Comme un *éléphant* dans un magasin de porcelaine

Comme un *enfant*

Comme de bien *entendu*

Comme à l'*envi*

Comme il faut → FALLOIR

Comme une *flèche*

Comme une *fleur*

Comme un *fou*

Comme la *foudre*

Comme par *hasard*

Comme un seul *homme*

Comme de *juste*

Comme on fait son *lit,* on se couche

Comme dans les *livres*

Comme un *malpropre*

Comme une *masse* (1)

Comme la *mort* (1)

Comme un *mouton*

Comme un *ours* en cage

Comme un *pape*

Comme par le *passé*

Comme une âme en *peine*

Comme *père* et mère

Comme la *peste*

Comme un *pet* (1) sur une toile cirée

Comme un *pied* (1)

Comme s'il en *pleuvait*

Comme un *poisson* dans l'eau

Comme (de la) *poix*

Comme au bal des *pompiers,* ce sont toujours les mêmes qui dansent

Comme le *Pont-Neuf*

... comme un *prince*

Comme de *raison*

... comme je suis (le) *roi* d'Espagne

Comme un *sabot*

Comme on connaît ses *saints,* on les honore

Comme une *savate*

... comme un *taureau*

Comme une vache qui regarde passer un *train* (2)

Comme pas *un*

Comme une *vache*

Comme la *vérole* sur le bas clergé [espagnol]

COMMENCER

Que Messieurs les *assassins* commencent

Ne pas savoir par quel *bout* commencer

Commencer la *danse*

Commencer le *roman* par la queue

COMMENT

Comment dirais-je ? → DIRE

Comment l'*entendez-*vous ?

Comment peut-on être *Persan ?*

Comment va la (petite) *santé ?*

COMMENTER

Commenter les œuvres de *Cujas*

COMMUN

L'âne du commun est toujours le plus mal *bâté*

COMPRENDRE

Comprendre sa *douleur*

Comprendre le *français*

N'y comprendre *goutte*

Comprendre ce que *parler* (1) veut dire

Comprendre de *travers*

COMPTE
Compte d'*apothicaire*
Compte de *fonds* et fruits
Compte à *rebours*

COMPTER
Compter pour du *beurre*
Compter les *clous* de la porte
On lui compte les *côtes* (1)
Compter les *coups*
Compte là-*dessus !*
Compter qqch. sur ses *doigts*
Compter les *étoiles*
Ses *jours* sont comptés
Ne pas compter ses *peines* et ses
    pas
Compter les *points* (2)
Compter pour du *poivre* et du sel

CON
Con comme un *balai*
Con comme la *lune*
Con comme un *panier*
Piège à cons
Con comme une *valise*

CONCILIER
Concilier les *Écritures*

CONDUIRE
Si un *aveugle* conduit un aveugle
    (en conduit un autre), ils tombe-
    ront tous deux
Conduire la *barque*
Conduire à *bien*
Se conduire comme en *pays* conquis

CONFESSER
Confesser la *dette*

CONFIRMER
L'*exception* confirme la règle

CONNAISSANCE
En connaissance de *cause*

CONNAÎTRE
C'est au fruit qu'on connaît l'*arbre*
Ne pas connaître son *bonheur*
Connaître la *chanson*
Connaître qqn par *cœur*
Connaître dans les *coins*
Connaître la *couleur* de...
Connaître la *coupure*
Connaître sur le bout du *doigt*

Ne connaître qqn ni d'*Ève* ni
    d'Adam
Connaître le *fourbi*
Ne connaître qqn ni des *lèvres* ni
    des dents
Connu comme le *loup* blanc
Connaître la *musique*
Connaître comme sa *poche*
Je l'ai connu *poirier*
En connaître un *rayon* (2)
Connaître l'envers de la *tapisserie*

CONSCIENCE
Par *acquit* de conscience
En mon *âme* et conscience

CONSERVER
Conserver une *dent* contre qqn
Conserver ses *distances*

CONSIDÉRER
Ne considérer pas plus que la *boue*
    de ses souliers

CONSTITUER
Constituer un *État* dans l'État

CONTEMPLER
Contempler son *nombril*

CONTENT
Battu, cocu et content

CONTENTER
Contenter son *envie*
Contenter tout le monde et son *père*

CONTER
En conter de belles → BEAU
Conter des *fagots*
Conter *fleurette*

CONTINUER
Continuer son *bonhomme* de chemin
Continuer sur son *erre*

CONTRAT
Donner un coup de *canif* dans le
    contrat
(Le contrat) du *siècle*

CONTRE
Contre toute *attente*
Contre *nature*
Contre *vents* et marées
Contre toute *raison*

CONVOQUER
Convoquer le *ban* et l'arrière-ban

COPAIN
Être copains comme *cochons*

COPIER
Copier au *propre* (2)

COQ
Au (premier) *chant* du coq

CORBEAU
Corbeau de mauvais *augure*

CORNEILLE
Bayer aux corneilles

CORNER
Corner les *oreilles* (à qqn)

CORPS
Avoir l'*âme* chevillée au corps
Mettre son corps en *bière*
Faire un *bouclier* de son corps
À *bras* le corps
Le corps du *délit*

COSTARD
Tailler un costard à qqn

CÔTÉ
Être de l'autre côté de la *barricade*
Être de l'autre côté de la *barrière*

COU
Avoir la *bride* sur le cou
Cou de *taureau*

COUCHER
Se coucher en *chapon*
Être couché en *chien* de fusil
Il a de l'esprit, il a couché au *cimetière*
Coucher sur la *dure*
Coucher à l'*enseigne* de la lune
Coucher comme l'*épée* du roi
Coucher en *joue*
Se coucher comme (avec) les *poules*

COUDRE
Bouche cousue
Être *cousu* d'or
Être *cousu* avec qqn
Être cousu de *dettes*
Cousu de *fil* blanc
Être cousu de *pistoles*

COULER
Coulé en *bronze*
Couler entre les *doigts*
Se la couler *douce*
Il coulera de l'*eau* sous les ponts
Couler à *fond*
Couler *pavillon* haut
Couler de *source*

COULEUR
Couleur de *muraille*

COUP
Coup d'*accélérateur*
Avoir un coup dans l'*aile*
Le coup de pied de l'*âne*
Coup d'*arrosoir*
Coup de *baguette* magique
Coup de *balai*
Avoir le coup de *bambou*
Coup de *barre*
À coups de *bâton*
Coup de *bélier*
Coup de *bonnet*
Coup de *boutoir*
Coup de *caveçon*
Coup de *chapeau*
Coup de *chien*
Coup au *cœur*
Coup de *cœur*
Coup de *collier*
Coup de pied au *cul*
Coup de *dé*
Coup de *dent*
Coup de pied au derrière → CUL
À coups de *dictionnaire*
Coup d'*éclat*
Coup d'*encensoir*
Coup d'*envoi*
Un coup d'*épée* dans l'eau
Coup d'*épingle*
Coup d'*essai*
Coup d'*État*
Le coup de l'*étrier*
Coup de pied aux *fesses*
Coup de *feu*
Coup de *fil*
Coup de *filet*
Coup de *flan*
Coup de *foudre*
Coup de *fouet*
Coup de *fourchette*

Coup *fourré*
Coup du père *François*
Coup de *fusil*
Coup de *grâce*
Coup de *griffe*
Coup de *gueule*
Coup de *Jarnac*
Le coup du *lapin*
Le dernier coup de *lime*
Coup de *main*
Coup de *massue*
Coup de *pied* (1)
Coup de *pied* (1) de Vénus
Coup de *piston*
Coup de *poignard*
Coup de *poignard* dans le dos
Coup de *poing*
Coup de *pompe* (2)
Coup de *pouce*
Coup de *sang*
Coup de *tabac*
Coup de *tête*
Coup de *tonnerre*
Coup de *torchon*
Coup de *Trafalgar*
Coup de pied de *vache*

COUPER

Rogner, couper les *ailes* à qqn
Couper l'*appétit*
Couper (abattre) l'*arbre* pour avoir
  le fruit
Couper *bras* et jambes à qqn
Couper le *câble*
Couper les *cheveux* en quatre
Couper la *chique* à qqn
Se couper de son propre *couteau*
Couper ses *effets* à qqn
Ne pas avoir inventé le *fil* à couper
  le beurre
Couper comme un *genou*
Couper l'*herbe* sous le pied (à qqn)
Couper un *liard* en deux, en quatre
Se couper la *main* plutôt que de...
Couper la *musette* à qqn
Couper dans le *panneau*
Couper la *parole*
Couper la *poire* en deux
Couper dans le *pont* (les ponts)
Couper les *ponts*

Couper la *queue* à qqn
Couper le mal à la *racine*
Couper comme un *rasoir*
Couper le *sifflet* à qqn
À couper le *souffle*
Couper dans le *vif*
Couper les *vivres* à qqn

COUR

N'en *jetez* plus (la cour est pleine)
C'est la cour du roi *Pétaud*

COURBER

Courber l'*échine*
Courber la *tête*

COURIR

Courir l'*aiguillette*
Courir la *bague*
Courir comme un *Basque*
Courir *bord* sur bord
Courir le bon *bord*
Courir une *bordée*
Courir le *cachet*
Courir la *calabre*
Courir les *champs*
Courir sa *chance*
Courir comme un *chat* maigre
Courir aux *chausses* de qqn
Courir sur le *ciboulot*
Courir comme un *dératé*
Courir sur son *erre*
Courir après l'*esprit*
Courir le grand *galop*
Courir la *gueuse*
Courir le *guilledou*
Courir sur le (l') *haricot* (à qqn)
Courir comme un *lapin*
Courir comme un *lièvre*
Courir le même *lièvre*
Courir deux *lièvres* à la fois
Courir après les *papillons*
Courir à sa *perte*
Courir la *poste* (1)
Courir au plus *pressé*
Courir la *prétentaine*
Courir comme un *râle*
Courir le (un) *risque*
Courir les *rues*
Courir à sa *ruine*
Courir sur le *système*
Courir comme un *zèbre*

COURONNE
Couronne d'*épines*

COURSE
Course contre la *montre* (2)

COURT, COURTE
Faire la courte *échelle* à qqn
Courte *honte*
Courte *prière* monte au ciel

COURTISER
Courtiser les *muses*, la Muse

COÛTER
Le premier *accroc* coûte X francs
Coûter les yeux de la tête → ŒIL

COUVER
Couver sous la *cendre*
Couver des yeux → ŒIL

COUVRIR
Se couvrir la *face*
Couvrir (qqn) d'*or*

CRACHAT
Bâti de *boue* et de crachat

CRACHER
Cracher au *bassinet*
Cracher contre le *ciel*
Cracher ses *poumons*
Cracher dans la *soupe*
Cracher son *venin*

CRAINDRE
Chat échaudé craint l'eau froide
Ne craindre ni *Dieu* ni diable

CRAPAUD
Être chargé d'*argent* comme un crapaud de plumes
La *bave* du crapaud n'atteint pas la blanche colombe

CRAQUER
Craquer dans les *mains*

CRÊPER
Se crêper le *chignon*

CREUSER
Creuser un *abîme* (entre..., sous...)
Se creuser le *cerveau*
Se creuser le *ciboulot* → TÊTE
Creuser sa *fosse* avec ses dents
Se creuser la *tête*

CREVER
Crever l'*abcès*
Crever la *dalle* (1)
Crever l'œil au *diable*
Crever l'*écran*
Crever de *faim*
Crever la *gueule* ouverte
Crever comme des *mouches*
Crever les yeux → ŒIL
Crever la *paillasse* (à qqn)
Crever la *panse* à qqn
Crever le *plafond*
Crever de *rire* (1)

CRIBLER
Être criblé de *dettes*

CRIER
Il fait comme les *anguilles* de Melun qui crient avant qu'on ne les écorche
Crier comme un *aveugle* qui a perdu son bâton
Crier à pleine *bouche*
Crier au *charron*
Crier comme un *damné*
Crier dans le *désert*
Il crie comme si on l'*écorchait*
Crier *famine*
Crier *famine* sur un tas de blé
Crier au *feu*
Crier *grâce*
Crier *haro* sur (qqn, qqch.)
Crier *merci*
Crier (au) *miracle*
Crier *misère*
Crier aux petits *pâtés*
Crier comme un *putois*
Crier *raca* sur (qqn)
Crier comme un *sourd*
Crier qqch. sur les *toits*
Crier *victoire*

CRIN
Balai de crin → PEAU* DE BALLE

CROIRE
Croire que c'est *arrivé*
Croire au *barbu*
Croyez cela et buvez de l'eau fraîche → BOIRE

Se croire sorti de la *cuisse* de Jupiter

Ne croire ni à *Dieu* ni à diable

Il ne croit pas si bien *dire*

Se croire dans une *écurie*

Croire qqch. comme l'*Évangile*

Croire sa dernière *heure* arrivée

Se croire le premier *moutardier* du pape

Croire au père *Noël*

Ne pas en croire ses yeux → *ŒIL*

Se croire tout *permis*

Croire que *vessies* de bélier sont lanternes

CROISER

Croiser les *bras*

Croiser le *fer* (II)

CROIX

La croix des *vaches*

CROQUER

Croquer à belles *dents*

Croquer le *marmot*

Croquer la *pie*

CROTTER

Être crotté en *archidiacre*

CUEILLIR

Cueillir la *rose* (1)

CUIR

Entre cuir et *chair*

CUIRE

Les *carottes* sont cuites

Laisser qqn cuire dans son *jus*

CUISSE

À qui veut jouer d'*aile*, il (lui) faut lever la cuisse

CUL

Dans le cul la *balayette*

Bas du cul

Au pays des culs-de-jatte, les *boiteux* sont rois

Bouche en cul de poule

CULTIVER

Il faut cultiver notre *jardin*

CUVER

Cuver son *vin*

D

DAME

Dame *pipi*

DAMER

Damer le *pion* à qqn

DAMNÉ

Âme damnée de qqn

DANDINER

Dandiner du *cul* comme un sonneur de cloches

DANS

Dans le plus simple *appareil*

Dans tous les *azimuts*

Dans les petites *boîtes*, les bons onguents

Dans le *cadre* de...

Dans la *coulisse*

Dans la *course*

Dans le *cul* !

Dans le *désordre*

Dans le *doute*, abstiens-toi

Dans l'*ensemble*

Dans les petits sacs sont les bonnes *épices*

Dans un *fauteuil*

Dans le *feu* de

Dans la *foulée*

Dans les *langes*

Dans les grandes *largeurs*

Dans la *ligne*

Dans les *limbes*

Dans la *mesure* de (où)

Dans une certaine *mesure*, dans la mesure du possible

Dans un *mouchoir*

Dans le tuyau de l'*oreille*

Dans la *panade*

Dans les petits *pots* (1) les bons onguents

Dans la *primeur*

Dans le *principe*

Dans les **prix** de qqn
Dans la **queue** (gît) le venin
Dans les **siècles** des siècles
Dans le **sillage** de (qqn)
Dans le **temps** où
Dans le **temps**
Dans la **vague** (2)
Dans les **vapes**
Dans le **vent**

DANSE
Avoir l'**air** à la danse

DANSER
Faire danser l'**anse** du panier
Danser devant le **buffet**
Danser le branle du **loup**
Danser sur un **volcan**

DE
De **balle**
De plus belle → BEAU
De toute **beauté**
De **bond** ou de volée
De haut **bord**
De **bouche** à oreille
De la **bouillie** pour les chats
De première **bourre**
De **bout** en bout
De **bric** et de broc
De **bronze**
De **but** en blanc
De même **calibre**
De **cape** et d'épée
De la **cave** au grenier
De **chair** et d'os (de sang)
De son (propre) **chef**
... de **cheval**
... de **chien**
... de **choc**
De deux **choses** l'une
De **circonstance**
... de **cochon**
... de **cœur**
De bon **cœur**
De grand **cœur**
De tout (mon) **cœur**
De gaieté de **cœur**
De **commande**
De **compagnie**
De bonne **compagnie**
De bonne **composition**

De **compte** à demi
De **concert**
De **connaissance**
De bon **conseil**
De **conserve**
De **côté**
De mon **côté**
De **côté** et d'autre
De tous **côtés**
De l'huile de **cotret**
De la **crotte** de bique
De mon **cul**
De la même **cuvée**
De fraîche **date**
De longue **date**
De mes **deux**
De **deux** choses l'une
De tous les **diables**
(De) par le **diable**!
De (plein) **droit**
De quel **droit**?
De **droite** et de gauche
De la même **eau**
De la plus belle **eau**
De **fil** en aiguille
De **fond** en comble
De plein **fouet**
De **gré** ou de force
De longue **haleine**
De courte **haleine**
De bonne **heure**
De fou **juge** brève sentence
De près ou de **loin**
De **long** en large
De **mal** (3) en pis
De toute **nécessité**
De l'**or** en barre
De premier (second, dernier) **ordre**
De **pair** à compagnon
De deux **paroisses**
De **pièces** et de morceaux
De toutes **pièces**
De **pied** (1) en cap
De **pied** (1) ferme
De plain-**pied** (2)
De premier **plan** (1)
De bon (mauvais) **poil**
De tout **poil** (tous poils)
De bonne **prise**
De **propos** délibéré
De trois **quarts** (1)

De haut *rang*
De (la) vieille *roche*
De la *roupie* de sansonnet
De plein *saut*
De la *semelle* (de botte)
De toute(s) *sorte(s)*
De la bonne (belle) *sorte*
De *sorte* que, de telle sorte que...
De quatre *sous* (quat'sous)
De vieille *souche*
De mon *temps*
De *temps* à autre
De *temps* en temps
De tout *temps*
De derrière la *tête*
De bon (mauvais) *ton*
De toute *urgence,* de première
  urgence
De *visu*
De vive *voix*
De haut *vol* (1)
De haute *volée*
De *vous* à moi

DÉBARQUER
Les *Anglais* ont débarqué

DÉBARRASSER
Débarrasser le *plancher*

DÉBATTRE
Bien *assailli,* bien débattu (ou : bien
  défendu)
Débattre de la *chape* de l'évêque
Se débattre de la *chape* à l'évêque

DÉBITER
Débiter son *chapelet*

DÉBORDER
Être débordé par les *événements*

DÉBROUILLER
Débrouiller l'*écheveau*
Se débrouiller comme un *manche*
  (1)

DÉCERNER
Décerner la *palme* à qqn
Décerner la *pomme*

DÉCHARGER
Décharger sa *bile*
Décharger sa *rate*

DÉCHIRER
Déchirer le *cœur*
Déchirer les *oreilles*

DÉCLARER
Déclarer *forfait*

DÉCOFFRAGE
Brut de décoffrage

DÉCOIFFER
Décoiffer saint *Pierre* pour coiffer
  saint paul

DÉCOLLER
Décoller son *billard*

DÉCONNER
Déconner à pleins *tubes*

DÉCORNER
Un vent à décorner les *bœufs*

DÉCOUVRIR
En *avril* ne quitte (ne te découvre)
  pas (d') un fil, en mai fais ce qu'il
  te plaît
Découvrir la *mèche* (1)
Découvrir saint *Pierre* pour couvrir
  saint paul

DÉCROCHER
Décrocher la *lune*
Décrocher la *timbale*

DÉFAUT
Le défaut de la *cuirasse*

DÉFENDRE
Bien *assailli,* bien défendu

DÉFENSEUR
Défenseur de la *veuve* et de l'orphelin

DÉFIER
Défier toute *concurrence*

DÉFRAYER
Défrayer la *chronique*

DEGRÉ
Degré *zéro*

DÉGUISER
Se déguiser en *cerf*
Se déguiser en *courant* d'air

DÉJÀ
J'ai déjà *donné*

DÉJEUNER
Déjeuner à la *fourchette*

DÉLÂCHER
Délâcher la *croupière*

DEMAIN
À demain les *affaires* (sérieuses)
Aujourd'hui en *chère* et demain en bière

DEMANDER
Demander l'*aman*
Demander l'aumône au *coin* d'un bois
Demander des *comptes*
Demander le *cordon*
Demander *excuse*
Demander *grâce*
Je ne vous demande pas l'*heure* qu'il est
Se demander si c'est du *lard* ou du cochon
Demander la *lune*
Demander la *main* de qqn
Demander *merci*
Ne demander que *plaies* et bosses
Demander la vie au premier *sang*

DÉMASQUER
Démasquer ses *batteries*

DÉMÊLER
Démêler l'*écheveau*
Démêler sa (la) *fusée*

DÉMÉNAGER
Déménager à la *cloche* de bois
Déménager à la *ficelle*

DEMEURER
Demeurer sur son *appétit*
Demeurer *coi*
Ne pas (pouvoir) demeurer en *place*
Demeurer à *quia*

DÉMONTRER
Démontrer par *A* + B

DÉNOUER
Dénouer la *ceinture*

DENT
Mentir comme un *arracheur* de dents

DÉPART
Jouer l'*air* du Départ → En jouer un air*

DÉPASSER
Dépasser les *bornes*
Dépasser un *cap*
Être dépassé par les *événements*

DÉPENSER
Dépenser sa *salive*

DÉPIT
En dépit qu'il en ait → AVOIR

DÉPLACER
Déplacer ses *batteries*

DÉPLOYER
Déployer l'*étendard*

DÉPOSER
Déposer les *armes*
Déposer son *bilan*

DÉPOUILLER
Dépouiller le vieil *homme*

DEPUIS
Depuis le *cèdre* jusqu'à l'hysope

DERNIER
Aux derniers *abois*
Ancre de dernier répit
De la dernière *averse*
Être du dernier *bateau*
Dernière *cartouche*
Le dernier *combat*
Dernier *cri*
La dernière *demeure*
Les dernières *faveurs*
Dernière *heure*
Les derniers *honneurs*
Le dernier coup de *lime*
Les derniers *moments* de qqn
Dernier *mot*
Les derniers *outrages*
Dernier *quart* d'heure
Le dernier *sommeil*
Les dernières *volontés* de qqn

DÉROBER
Dérober aux *regards*

DÉROULER
Dérouler le *tapis* rouge (devant qqn)

DERRIÈRE
Derrière la *cravate*
De derrière les *fagots*

DES
Des *clous* !
Des *dattes* !
Des *goûts* et des couleurs, on ne discute pas
Des *hauts* et des bas
Des *mille* et des cents
Des *si* (2) et des mais
Des biens au *soleil*

DÈS
Dès *potron*-jaquet, potron-minet
Dès le *principe*

DESCENDRE
Descendre dans l'*arène*
Descendre au *cercueil*
Descendre en *feuille* morte
Descendre en *flammes*
Descendre la *pente*
Descendre chez *Pluton*
Descendre dans la *rue*

DESCENTE
Descente en *feuille* morte
Descente chez *Pluton*

DÉSESPOIR
En désespoir de *cause*

DÉSHABILLER
Déshabiller saint *Pierre* pour habiller saint Paul

DÉSIRER
Cœur qui soupire n'a pas ce qu'il désire

DESSERRER
Ne pas desserrer les *dents*

DESSOUS
Le dessous des *cartes*

DESSUS
Le dessus du *panier*

DEUIL
Porter le deuil de sa *blanchisseuse*

DEUX
Entre deux *âges*
Avoir un *air* d'en avoir deux

Un bon *averti* en vaut deux
Si un *aveugle* conduit un aveugle (en conduit un autre), ils tomberont tous deux
En *avoir* deux
Bête à deux dos
Par les deux *bouts*
Joindre les deux *bouts*
Brûler la *chandelle* par les deux bouts
(En) deux *coups* les gros
En deux coups de *cuiller* à pot
Être comme les deux *doigts* de la main
En deux *fils* de coton
Les deux font la *paire*
Une deux *pattes*
Les deux *pieds* (1) dans le même sabot (soulier)
Deux *points* (2) (ouvrez les guillemets)
À deux *vitesses*

DEUXIÈME
Deuxième *couteau*
Deuxième *souffle*

DEVENIR
Devenir *chèvre*
Il deviendra quelqu'un si les *cochons* ne le mangent pas
Devenir d'*évêque* meunier
Devenir plat comme une *punaise*

DÉVIDER
Dévider son *chapelet*
Dévider l'*écheveau*

DEVINER
Deviner les *fêtes* quand elles sont passées

DÉVISSER
Dévisser son *billard*
Dévisser le *coco*

DÉVOILER
Dévoiler ses *batteries*

DEVOIR
Fais ce que dois, *advienne* que pourra
Qui sert à l'*autel* doit vivre de l'autel

Devoir une fière **chandelle** à qqn

Devoir un **cierge** à...

DÉVORER

Dévorer à belles **dents**

Dévorer des yeux → ŒIL

Se dévorer les **poings**

Se dévorer les **sangs**

DIABLE

Vendre son **âme** au diable

Avocat du diable

Banquet du diable

Donner une **chandelle** à Dieu et une au diable

Devoir à Dieu et au diable et au monde

Ne craindre ni **Dieu** ni diable

Ne croire ni à **Dieu** ni à diable

DIALOGUE

Dialogue de **sourds**

DIEU n. propre

Dieu **aide** à trois personnes : aux fous, aux enfants et aux ivrognes

Recommander son **âme** à Dieu

Faire la **barbe** de paille (de feurre) à Dieu

Bête à bon dieu

À **brebis** tondue, Dieu mesure le vent

Il ne faut pas prendre les enfants du bon Dieu pour des **canards** sauvages

Chacun pour soi (et) Dieu pour tous

Donner une **chandelle** à Dieu et une au diable

Dieu sait **comme**

Dépourvu du bon Dieu

Devoir à Dieu et au diable et au monde

À la **droite** de Dieu

Dieu est pour les gros **escadrons** (bataillons)

Ce que **femme** veut, Dieu le veut

L'homme propose (et) Dieu dispose

Tous les **jours** que (le bon) Dieu (a) faits

C'est la **maison** du bon Dieu

Seul **maître** à bord (après Dieu)

Dieu **merci**

Qui donne aux **pauvres** (2) prête à Dieu

Comme il **plaît** à Dieu

Par le **sang** Dieu ! (de Dieu !)

Du **tonnerre** (de Dieu)

DIFFICILE

Difficile à **vivre**

DILATER

Dilater sa **rate**

DÎNER

Dîner avec les **chevaux** de bois

Dîner par **cœur**

Dîner de **têtes**

DIRE

Dire **adieu** à qqch.

Dire qqch. en l'**air**

Dire (répondre) **amen** à qqch.

Aussitôt dit, aussitôt fait

Comme dit l'**autre**

En dire de belles → BEAU

Dire **blanc** et (puis) noir

Ce **bloc** enfariné ne me dit rien qui vaille

Ne dire ni œuf ni **bœuf**

Tu l'as dit **bouffi** !

Dire qqch. à la **cantonade**

Je vais vous dire une bonne **chose**

Si le **cœur** vous en dit

Qui ne dit mot **consent**

Dire le **droit**

En dire de **dures**

(Dire) à qui veut l'**entendre**

Dire son **fait** à qqn

Dites-le avec des **fleurs**

Dire qqch. des **lèvres**

Dire son mea culpa

Dire **merveille** de

Dire des **messes** basses

Dire deux **mots** à qqn

Vous m'en direz des **nouvelles** !

Soit dit sans **offense**

Se dire les sept **péchés** mortels

Dire pis que **pendre**

Dire **peste** et rage de qqn

Dire **raca** sur (qqn)

Dire (la) **rage** contre qqn, de qqn

En dire de **raides**

Dire sur tous les **tons**

Dire à qqn ses (quatre) **vérités**

(Dire) la *vérité,* toute la vérité, rien
　que la vérité
En dire des *vertes* et des pas mûres

DISCORDE
Brandon de discorde

DISCOURIR
Discourir sur des *pointes* d'aiguille

DISCUTER
Discuter sur le sexe des *anges*
Discuter le *bout* de gras
Discuter le *coup*
Discuter sur la *pointe* d'une épingle
Discuter avec son *traversin*

DISEUR
Diseur de *phébus*

DISPUTER
Disputer sur des *pointes* d'aiguille
Disputer de la *chape* de l'évêque

DIVE
La dive *bouteille*

DIX
Les (dix) *plaies* d'Égypte

DODO
Métro, boulot, dodo

DOIGT
Doigt d'*araignée*
Mettre le doigt entre l'*arbre* et
　l'écorce
La *bague* au doigt
Mettre le doigt entre le *bois* (1)
　et l'écorce
Les doigts lui *démangent*

DONNER
Donner *acte* à qqn (de qqch.)
Donner du bec et de l'*aile*
Donner des *ailes* à qqn
Se donner de l'*air*
Se donner des *airs*, des grands airs
Donner l'*alarme*
Donner l'*aubade*
S'en donner par les *babines*
Donner un (le) *bal* à qqn
Donner douze *balles* dans la peau
Donner des *bâtons* pour se faire
　battre
Bien donné ne se reprend plus

En donner son *billet*
Se donner une *biture*
Se donner une *bosse* de...
Donner le *bouquet* à qqn
Donner le *branle*
Donner *campos*
Donner le *canard* à moitié
Donner un coup de *canif* dans le
　contrat
Donner *carrière* à...
Donner sur le *casaquin*
S'en donner dans le *casque*
S'en donner plein la *ceinture*
Donner le *champ* libre
Donner une *chandelle* à Dieu et
　une au diable
Donner le *change*
Donner du pain de *chapitre* à qqn
Donner la *chasse* à qqn
Donner sa part au *chat*
Donner du *chien*
Ne pas donner sa part aux *chiens*
Donner du *cœur* au ventre
Donner la *colique*
Donner la *comédie*
Se donner la *comédie*
Donner son *compte*
Donner *congé* à...
Se donner une *contenance*
Donner *corps* à (qqch.)
Se donner *corps* et âme
Se donner une belle *couche*
Donner *cours* à
Se donner une *culotte*
On lui donnerait le bon *Dieu* sans
　confession
Donnant *donnant*
Donner de l'*encens* à qqn
Donner de l'*encensoir* par le nez
Donner à *entendre*
Donner une *entorse* à...
Donner un coup d'*épaule* à qqn
Donner de l'*éperon*
Ne pas donner une *épingle* de qqch.
Donner les *étrivières*
Donner l'*éveil*
Donner l'*exemple*
Donner le *fait* à qqn
On n'en donnerait pas un *fer* (II)
　d'aiguillette

Donner sur les *fesses*
Donner un pois pour une *fève*
Donner le *fil* à qqch.
Donner du *fil* à retordre
Donner le *fion*, le (dernier) coup de fion
Donner les *foies* à qqn
(Se) donner à *fond* dans...
Donner un coup de pied dans la *fourmilière*
Donner *froid* dans le dos
Donner de la *gabatine* à qqn
Se donner les *gants* de (qqch.)
Se donner de *garde* de
Se donner du *genre*
Donner ses *huit* jours
Donner des *idées* à qqn
Donner les *Innocents*
Donner le *la*
Donner sa *langue* au chat
Donner toute *latitude* à qqn pour
Donner une *leçon*
Cela lui donnera une (bonne) *leçon*
Il donnerait des *leçons* à...
Donner *lieu* à...
Donner à qqn du *long* et du large
Donner la dernière *main* à (qqch.)
Donner la *main* à qqch.
Se donner la *main*
Donner *matière* à
Je vous le donne en *mille*
Se donner le *mot*
Se donner du *mouvement*
Donner sur les *nerfs*
Donner la *note*
Donner un *œuf* pour avoir un bœuf
Donner à qqn des noms d'*oiseau*
Donner un *os* à ronger à qqn
Donner la *palme* à qqn
Donner dans le *panneau*
Donner son *paquet* à qqn
Donner en *pâture*
Donner un coup de *peigne* à...
Donner à *penser*
Donner de sa *personne*
Donner sur (dans) le *phébus*
Donner à manger à la *pie*
Ne pas se donner de coup de *pied* (1)
Donner du *plat* (2) (de la langue)

Donner à qqn un *plat* (3) de son métier
Donner qqch. à qqn sur un *plat* (3) (d'argent)
Donner qqch. à qqn sur un *plateau*
Donner en *plein* (1)
Donner un *poil* à qqn
Donner un coup de *poing* sur la table
Donner un *pois* pour une fève
Donner la *pomme*
Donner la *préférence* à...
Donner *prise* à...
Donner *quinze* et bisque sur (qqn)
Donner un coup de *rabot*
Donner une *rafle* de cinq
Donner *raison* à qqn
Donner le *signal* de (qqch.)
Donner *signe* de vie
Se donner en *spectacle*
Donner des *sueurs* froides
Donner *suite* à (qqch.)
Donner *sujet* de...
Se donner du *talon* dans le derrière
Se donner du bon *temps*
Donner sa *tête* à couper
Donner le *ton*
Donner des *verges* pour se faire fouetter
Se donner les *violons*
Donner à qqn une *volée* (de bois vert)

DORER
Être doré comme un *calice*
Dorer la *pilule* à qqn
Doré sur *tranche*

DORMIR
Belle au *bois* (3) dormant
Dormir en *chien*
Dormir en *chien* de fusil
Il n'est pire *eau* que l'eau qui dort
Dormir en *gendarme*
Dormir du sommeil du *juste*
Dormir sur ses *lauriers*
Dormir comme une *marmotte*
Ne dormir que d'un *œil*
Dormir sur ses deux *oreilles*
Dormir comme un *pieu*
Dormir comme un *plomb*

Dormir à **poings** fermés
Dormir comme un **sabot**
Dormir du (de son) dernier **sommeil**
Dormir comme un **sonneur**

DOS
Dans le dos la **balayette**
Bête à deux dos
Casser du **bois** (1) sur le dos de qqn
Ne pas y aller avec le dos de la
   cuiller

DOUBLE
Mettre les **bouchées** doubles
La double **colline**

DOUCEMENT
Doucement les **basses** !

DOULEUR
Accoucher sans douleur
Douleur **exquise**

DOUX, DOUCE
Doux, tendre comme un **agneau**
Billet doux
Doux comme une espousée → ÉPOU-
   SÉE

DOUZE
Donner douze **balles** dans la peau

DRAP
Avoir le drap de l'**argent**
Au bout de l'**aune** faut le drap

DRESSER
Dresser ses **batteries**
Dresser le **bilan** de...
Dresser la **crête**
Se dresser sur ses **ergots**
Dresser l'**oreille**
Se dresser sur son **séant**

DROIT adj.
Faire l'arbre droit → Faire l'arbre*
   fourchu
Le **bras** droit de qqn
Le droit **chemin**
(Être) droit comme un **cierge**

Droit comme une **faucille**
Droit comme un **I**
Droit comme un **jonc**
Droit comme un **pieu**
Droit comme un **piquet**

DROIT subst.
Bon droit a besoin d'**aide**
Droit de vaine **pâture**

DRÔLE
Un drôle de **corps**
La drôle de **guerre**
Drôle d'**oiseau**
Drôle de **pistolet**

DRU
Dru comme **mouches**

DU
Du temps que les **bêtes** parlaient
Du même **bord**
Du **coin** de l'œil
Du **côté** gauche
Du **cru** de qqn
Du bout des **dents**
Du **diable**
Du **jour** au lendemain
Du beau **linge**
Du cousu **main**
Du **matin** au soir et du soir au
   matin
Du gros **rouge** (3) (qui tache)
Du même **tabac**
Du **tac** au tac
Du même **tonneau**
Du **tonnerre** (de Dieu)
Du tout au **tout** (3)

DUR
Dur à **avaler**
Dur à la **détente**
Dur comme le **diamant**
Dur de la **feuille**
Noyau dur

DURER
Ne pas (pouvoir) durer en **place**

E

EAU
Vivre d'*amour* et d'eau fraîche
Prendre une *ardoise* (à l'eau)
Jeter le *bébé* avec l'eau du bain
Être le *bec* dans l'eau
Eau de *bidet*

ÉCARTER
Écarter la *dragée*

ÉCHANGER
Échanger contre un *plat* (3) de lentilles

ÉCHAPPER
Échapper comme une *anguille*

ÉCHAUFFER
Échauffer la *bile* à qqn

ÉCOLE
Sur les *bancs* (de l'école)

ÉCONOMIE
Économies de bouts de *chandelle*

ÉCORCE
Mettre le doigt entre l'*arbre* et l'écorce
(Il ne faut pas) juger de l'*arbre* (du bois) par l'écorce
Mettre le doigt entre le *bois* (1) et l'écorce

ÉCORCHER
Écorcher l'*anguille* par la queue
Il fait comme les *anguilles* de Melun qui crient avant qu'on ne les écorche
Écorcher les *poux* pour en avoir la peau

ÉCOUTER
N'écouter que son *courage*
N'écouter que d'une *oreille*
S'écouter *pisser*
Écouter aux *portes*

ÉCRIRE
Les *bienfaits* s'écrivent sur le sable
Écrire comme un *chat*
Écrire au *courant* de la plume
Écrire de sa bonne *encre*

Écrire de (la) même *encre*
Écrire qqch. en *lettres* d'or
Écrit en *lettres* de feu
Être écrit sur le *livre* rouge
Écrire au *propre* (2)
Écrire sur ses *tablettes*

ÉCUMER
Écumer la *marmite*
Écumer de *rage*

EFFEUILLER
Effeuiller la *marguerite*

EFFRONTÉ, EFFRONTÉE
Effronté comme un *page* (2)

ÉGAL, ÉGALE
Se battre (combattre, etc.) à *armes* égales
Tenir la *balance* (égale)

ÉGRENER
Égrener son *chapelet*

ÉLÉPHANT
Le *cimetière* des éléphants

ÉLEVER
Élever *autel* contre autel
Élever dans du *coton*

ÉLIRE
Élire *domicile*

EMBARQUER
S'embarquer sans *biscuit*

EMBÊTER (S')
S'embêter à cent sous de *l'heure*

EMBOÎTER
Emboîter le *pas* à (qqn)

EMBRASSER
Embrasser *Fanny*
Embrasser la *querelle* de

EMMÊLER
S'emmêler les *pieds* (1)

EMMENER
Emmener qqn en *bateau*
Emmener qqn à la *campagne*

EMPIÉTER
Empiéter sur les **plates-bandes** de qqn

EMPIFFRER
S'empiffrer jusqu'aux **trous** de nez

EMPIRE
L'empire de **Pluton**

EMPLIR
S'emplir la **panse**
Emplir son **pourpoint**

EMPLOYER
Employer toutes les **herbes** de la Saint-Jean
Employer le **vert** et le sec

EMPORTER
Prendre (emporter...) d'**assaut**
Emporter la **balance**
Emporter le **chat**
Emporter le **devant**
Le **diable** t'emporte !
Le **diable** m'emporte si...
Le plus riche en mourant n'emporte qu'un **drap**
Emporter la **gueule**
Emporter le **morceau**
Emporter la **paille**
Il ne l'emportera pas au **paradis**
Emporter la **pièce**

EMPRUNTER
Emprunter un **pain** sur la fournée

EN
En mon **âme** et conscience
En **avoir** contre qqn
En **avoir**, en avoir deux
En **avril** ne quitte (ne te découvre) pas (d') un fil, en mai fais ce qu'il te plaît
En **baver**
En apprendre de belles → BEAU
En conter de belles → BEAU
En **beauté**
En tout **bien** tout honneur
En donner son **billet**
En être au **bleu**
En voir de **bleues**
En **bloc**
En oublier le **boire** et le manger

(En avoir) ras le **bol**
En avoir de **bonnes**
En avoir plein la **bouche**
En plein **boum**
En **bras** de chemise
En avoir par-dessus les **bretelles**
En **cachette**
En **cadence**
En **camp** volant
En **campagne**
En rase **campagne**
En **capilotade**
En **catastrophe**
En **catimini**
En connaissance de **cause**
En désespoir de **cause**
En tout état de **cause**
En **cause**
En **chair**
En **chair** et en os
En **chaleur**
En **chambre**
En **charpie**
En beau (bon) **chemin**
En mettant les **choses** au mieux
En **cinq** sec
En avoir sa **claque**
En un **clin** d'œil
En avoir le **cœur** net
En **coin**
En boucher un **coin**
En **colimaçon**
En petit **comité**
En **compagnie**
En **compote**
En fin de **compte**
En **confidence**
En **connaissance** de cause
En **conscience**
En **conter** de belles
En **contrepoids**
En avoir une **couche**
En conter de toutes les **couleurs**
En jeter un **coup**
(En) deux **coups** les gros
En **croc**
En **croupe**
En trois coups de **cuiller** à pot
En **cuire** à qqn
En avoir dans le **cul**
En avoir plein le **cul**

En *danseuse*
En *dépit* du bon sens
En *désespoir* de cause
En *dessous*
En *détail*
En moins de *deux*
En *diable*
En *dire* de belles, de bonnes, de for-
    tes, de raides, de vertes, de toutes
    les couleurs
En *douce*
En *douceur*
En *écharpe*
En un *éclair*
En *écraser*
En deux *fils* de coton
En *honneur* de (qqn ou qqch.)
S'en *jeter* un
N'en *jetez* plus (la cour est pleine)
En avoir jusque-*là*
En toutes *lettres*
En *lettres* de sang
En *lieu* et place de qqn
En droite *ligne*, en ligne directe
En *long* et en large
En venir aux *mains*
En aucune *manière*
En quelque *manière*
En avant la *musique* !
En rang d'*oignons*
En *paroles* couvertes
J'en passe et des meilleures → Pas-
    ser
En avoir gros sur la *patate*
En avoir plein les *pattes*
En *pays* de connaissance
En *peau* de lapin
En (père) *peinard*
En faire une *pendule*
En (bon) *père* de famille
En pure *perte*
En mettant les choses au *pire*
En avoir *plein*... (3)
En tout point, en tous *points* (4)
En avoir plein le *pot* (2)
En *pousser* une
N'en *pouvoir* plus
En *prendre* par où on peut
S'en *prendre* à...

N'en être pas à cela *près*
En *prise* (directe) avec...
En avoir plein les *quilles*
En avoir *quine*
En faire passer *quinze* pour douze
En être *quitte* pour
En être *quitte* à bon compte (à bon
    marché, à bas prix)
En avoir *ras* le bol
En mettre un *rayon* (1)
En connaître un *rayon* (2)
En dernier *recours*
En baver des *ronds* de chapeau
En *roue* libre
En cours de *route*
En avoir son *sac* (1)
En dents de *scie*
En quelque *sorte*
En *suer* une
En boucher une *surface* à qqn
En *tapinois*
En deux *temps* (et trois mouvements)
En (son) *temps* et lieu
En *temps* normal (ordinaire)
En *temps* utile
En avoir par-dessus la *tête*
N'en faire qu'à sa *tête*
En faire des *tonnes*
En un *tour* (1) de main
En *tout* (2) (et pour tout)
En grand *tralala*
S'en payer une *tranche*
S'en mettre jusqu'aux *trous* de nez
En coup de *vent*
En conter des *vertes* et des pas
    mûres
En quatrième *vitesse*
En bonne *voie*
En faire *voir* à qqn
En veux-tu, en voilà → Vouloir
En *vrac*
En *vrille* (en trou de vrille)
En mettre plein la *vue* (à qqn)
En boucher plein la *vue*
En perdre la *vue*

ENCEINTE adj.
Enceinte jusqu'aux yeux → Œil

ENCHAÎNER
S'enchaîner au *char* de qqn

ENCORE
Encore un *coup*
Encore *un* (une) que les Anglais (les Allemands) n'auront pas !

ENCRE
La *bouteille* à l'encre

ENCULEUR
Enculeur de *mouches*

ENDORMIR
S'endormir sur la *besogne*
S'endormir sur le *fricot*
S'endormir sur ses *lauriers*
S'endormir sur le *manche* (1)
Endormir le *mulot*
S'endormir sur le *rôti*

ENDOSSER
Endosser le *harnais*

ENFANT
Dieu *aide* à trois personnes : aux fous, aux enfants et aux ivrognes
Bourreau d'enfants
Il ne faut pas prendre les enfants du bon dieu pour des *canards* sauvages
Enfant de la *main* gauche
Enfant *naturel*
Enfant de *putain*

ENFARINER
Ce *bloc* enfariné ne me dit rien qui vaille

ENFERMER
S'enfermer dans son *cocon*
Enfermer le *loup* dans la bergerie

ENFERRER
S'enferrer jusqu'à la *garde*

ENFILER
Enfiler des *perles*

ENFLER
Avoir les *chevilles* qui enflent
Enflé du vent de la *huche*
Enfler le *jabot*

ENFONCER
Enfoncer son *chapeau*
Enfoncer le *clou*
Enfoncer le *couteau* dans la plaie

Enfoncer un *couteau* dans le cœur
Enfoncer qqch. dans le *crâne* à qqn
Enfoncer le *poignard* dans le cœur
Enfoncer une *porte* ouverte
Enfoncer qqch. dans la *tête* de qqn

ENFOURCHER
Enfourcher un *dada*

ENFUIR
S'enfuir comme un *voleur*

ENGAGER
Engager le *fer* (II)

ENGENDRER
Ne pas engendrer la *mélancolie*

ENGRAISSER
S'engraisser de la *sueur* d'autrui

ENGUEULER
Engueuler qqn comme du *poisson* pourri

ENLEVER
Enlever le *ballon*
Enlevez le *bœuf* !
S'enlever les morceaux de la *bouche* pour qqn
Enlever qqn comme un *corps* saint
Enlever ses *effets* à qqn
Enlever le *morceau*
Enlever à qqn les *morceaux* de la bouche
Enlever le *pain* de la bouche à qqn
Enlever un *poids* à qqn

ENNUYER
S'ennuyer comme une *croûte* de pain
S'ennuyer comme un *rat* (mort)
S'ennuyer à cent *sous* de l'heure

ENNUYEUX, EUSE
Ennuyeux comme la *fumée*
Ennuyeux comme la *mort* (1)
Ennuyeux comme la *pluie*

ENSEIGNE
Enseigne à *bière*

ENTASSER
Entasser *Pélion* sur Ossa

ENTENDRE
C'est une *affaire* entendue
S'entendre comme chien et *chat*

Il s'y entend comme à ramer des
   choux
N'entendre qu'une *cloche*
Il s'y entend comme à faire un *coffre*
N'entendre ni à *dia* ni à hue
En entendre de *drôles*
En entendre de *dures*
Entendre les *écritures*
N'y entendre *goutte*
S'entendre comme *larrons* en foire
Ne pas entendre *malice* à qqch.
Ne pas l'entendre de cette *oreille*
Ne pas entendre la *plaisanterie*
En entendre de *raides*
Entendre (la) *raillerie*
Entendre *raison*
En entendre des *vertes* et des pas
   mûres
Entendre des *voix*

ENTERRER
Enterrer sa vie de *garçon*

ENTÊTÉ
Entêté comme une *mule*

ENTRAVER
N'entraver que *dalle* (2)

ENTRE
Entre deux *âges*
Entre *autres*
Entre cuir et *chair*
Entre deux *chaises*
Entre *chien* et loup
Entre *ciel* et terre
Entre nous soit dit → DIRE
Entre deux *eaux*
Entre deux *feux*
Entre *guillemets*
Entre deux *maux* (3) il faut choisir
   le moindre
Entre quatre *murs*
Entre quat'zyeux → ŒIL
Entre *parenthèses*
Entre quatre *planches*
Entre la *poire* et le fromage
Entre deux *portes*
Entre *promettre* et tenir, il y a du
   chemin...
Entre *temps*

Entre la *vie* et la mort
Entre le zist et le *zest*

ENTRÉE
Entrée en *matière*

ENTRER
Entrer en *action*
Entrer dans l'*arène*
Entrer dans la (en) *balance*
Entrer dans la *carrière*
Entrer dans le *chou*
Entrer en *concurrence* avec...
Entrer en *condition*
Entrer en, dans la *danse*
Entrer dans le *décor*
Entrer quelque part comme dans une
   écurie
Entrer en *exercice*
Entrer en *garde*
Etrer dans le *jeu*
Entrer en *jeu*
Entrer en *ligne* de compte
Entrer pour *moitié* dans (qqch.)
Entrer par une *oreille* et sortir par
   l'autre
Entrer en *piste*
Entrer par la grande (bonne) *porte*
Entrer par une *porte* et sortir par
   l'autre
Entrer dans la *ronde*
Entrer dans un trou de *souris*
Entrer dans le *système*
Entrer dans le *vif* du sujet
Entrer en *vigueur*

ENTRETENIR
Les petits *cadeaux* entretiennent
   l'amitié
(S') entretenir de, avec ses *pensées*

ENVOYER
S'envoyer en l'*air*
Envoyer au *bain*
Envoyer à la *balançoire*
Envoyer *chier*
Envoyer qqch., qqn au *cul* de qqn
Envoyer à *dache*
Envoyer au *diable*
Envoyer *dinguer*
Ne pas l'envoyer *dire* à qqn
Envoyer qqn à l'*école*
Envoyer dans les *gencives* de qqn

Envoyer qqn se faire **lanlaire**
Envoyer qqn dans l'autre **monde**
Envoyer **paître** qqn
Envoyer aux **pelotes** (1)
Envoyer du **plat** (2) (de la langue)
Envoyer chez **Plumeau**
Envoyer sur le **pont**
Envoyer de la **poudre** aux yeux
Envoyer **promener**
Envoyer sur les **roses** (1)
Envoyer au **tapis**
Envoyer des **tomates** pourries à qqn
Envoyer à **Vatan**

ÉPANCHER
Épancher sa **bile**

ÉPARGNER
N'épargner ni **Gautier** ni Garguille

ÉPAULE
Changer son **bâton** d'épaule
Des épaules en **bouteille** de Saint-
Galmier
Épaules en **portemanteau**

ÉPERVIER
D'une **buse** on ne saurait faire un
épervier

ÉPINARD
(Mettre) du **beurre** dans les épinards

ÉPLUCHER
Éplucher des **écrevisses**

ÉPOUSER
Épouser la **querelle** de...
Épouser la **veuve**

ERUDITION
Érudition de première **main**

ESCADRILLE
Quand les **andouilles** voleront, il
sera (tu seras...) chef d'escadrille

ESCRIMER (S')
S'escrimer du bec et de l'**aile**

ESPAGNOL
Auberge espagnole
Parler français comme un Basque
espagnol → VACHE

ESPÈCE
Espèces **sonnantes**
Espèces sonnantes et **trébuchantes**

ESPOIR
Araignée du matin, chagrin ;...arai-
gnée du soir, espoir

ESPRIT
Il a l'esprit aigu comme une **boule**
Il a de l'esprit, il a couché au **cime-
tière**
Esprit de **clocher**
Esprit de **contradiction**
L'esprit de l'**escalier**

ESQUINTER
S'esquinter le **tempérament**

ESSUYER
Essuyer les **plâtres**

ESTOMAC
L'estomac bien **accroché**

ET
Et tout le **bordel**
Et toute la **boutique**
Et pour **cause**
Et le **combat** cessa faute de combat-
tants
Et **comment !**
...et **compagnie**
...et **consorts**
(Et) mon **cul**, c'est du poulet !
Et tout ce qui s'**ensuit**
Et la **fête** continue !
Et **patati** et patata
...et des **poussières**
Et toute la **rocambole !**
Et que ça **saute !**
Et ta **sœur ?**
(Et) ainsi de **suite**
Et tout et **tout** (2)
Et tout le **toutim(e)**
Et tout le **tralala**
(Et) tout le **tremblement**
Et d'**un !** (et d'une !)
(Et) plus **vite** que ça !
Et **voilà** tout !

ÉTAT
En tout état de **cause**
État de **choses**
État de **nature**

ÉTÉ
Été des **Indiens,** été indien

ÉTEINDRE
C'est là que les ***Athéniens*** s'éteignirent (s'atteignirent)

ÉTENDRE
Étendre un ***voile*** (1) sur

ÉTOILE
Être né sous une bonne (mauvaise) étoile → ASTRE
Étoile du ***berger***

ÉTOUFFER
Étouffer un ***perroquet***

ÉTOURDIR
Être (encore tout) étourdi du ***bateau***
Étourdi comme un ***hanneton***

ÉTRANGLER
Étrangler un ***perroquet***

ÊTRE
En être à l'***ABC*** de...
Les os sont pour les absents → Les absents* ont toujours tort
Être en ***action***
Être l'***affaire*** de
Être à son ***affaire***
Être hors d'***affaire***
Être sûr de son ***affaire***
L'***affaire*** est dans le sac
Ce n'est pas une petite (mince) ***affaire***
C'est son (mon, votre...) ***affaire***
C'est une ***affaire*** entendue, faite
C'est toute une ***affaire***
Être rond en ***affaires***
Les ***affaires*** sont les affaires
Être à l'***affiche***
Être à l'***affût*** de...
Être dans la force de l'***âge***
Ce n'est plus de mon (ton, son) ***âge***
Ce n'est pas un ***aigle***
Être dans l'***air***
Être à son ***aise***
Être bien ***aise*** (de, que...)
C'est de l'***algèbre***
C'est de l'***allemand,*** du haut allemand
Être d'***amadou***
Ce n'est pas de l'***amour,*** c'est de la rage

Quand les ***andouilles*** voleront, il sera (tu seras...) chef d'escadrille
Le plus ***âne*** des trois n'est pas celui qu'on pense
Être aux ***anges***
Être aux ***antipodes*** de...
Être l'***antipode*** de...
L'***appétit*** est le meilleur assaisonnement
C'est au fruit qu'on connaît l'***arbre***
C'est l'***arche*** sainte, l'***arche*** du Seigneur
C'est un grand ***architecte*** de fourbes
Être ferme sur ses ***arçons***
Le temps c'est de l'***argent***
Être fort sur l'***article***
Être plein aux ***as***
Être (ne pas être) dans son ***assiette***
Être dans l'***atmosphère***
Être d'***attaque***
Être à son ***avantage***
N'être pas ***aveugle***
En être ***baba***
Cela n'est pas de mon ***bail***
Être dans le ***bain***
Être du ***balai***
Être en ***balance***
C'est ma ***balle***
(Être) au ***banc*** des accusés
Être au-dessous de la ***barre***
Être à la ***barre***
Être de l'autre côté de la ***barricade***
Être bien ***bas***
Être bien (à l'aise) dans ses ***baskets***
Être du (même) ***bateau***
Être du dernier ***bateau***
Être du ***bâtiment***
Être à la ***bavette***
C'est trop ***beau*** pour être vrai
Sois ***belle*** et tais-toi !
Être dans son ***beau***
Être en ***beauté***
Être le ***bec*** dans l'eau
Il n'est bon ***bec*** que de Paris
Être comme le ***bénitier,*** près de la porte et loin du cœur
Être jaloux de qqch. comme un gueux de sa ***besace***
Être (n'être pas) ***bête*** de ses mains
C'est du ***bidon***

Un *bienfait* n'est jamais perdu

C'est (ce n'est pas) de la petite *bière*

C'est du *billard*

En être au *bleu*

Être au *bleu*

Être *blond(e)* comme les blés

C'est mon *blot*

On n'est pas des *bœufs* !

N'être pas de *bois* (1)

Être du *bois* (1) dont on fait les flûtes

(C'est) dans la *boîte*

Au pays des culs-de-jatte, les *boiteux* sont rois

Être en *bombe*

Elle est bien *bonne* !

Être *bon* pour...

N'être pas *bon* à jeter aux chiens

Être *bon* comme le (du) bon pain

C'est *bonnet* blanc et blanc bonnet

Être du *bord* de qqn

(Être) à la *botte* (1) de qqn

Être à *bouche* que veux-tu

Être sur sa *bouche*

C'est plus fort que de jouer au *bouchon*

C'est de la *bouillie* pour les chats

Être rond comme un *boudin*

Être *boulot* boulot

C'est le *bouquet* !

Être en *bourgeois*

Être à *bout*

C'est le *bout* du monde

Être dans la *bouteille*

Être de la *boutique*

Être sur la *braise*

Être dans les *brancards*

Être dans les *bras* de Morphée

Être sur la *brèche*

Être *bronzé* comme un cachet d'aspirine, un pied de lavabo, un petit suisse

Être dans le *brouillard*

Il est *bruit* que...

Être en *butte* à...

C'est comme *ça*

C'est (ce n'est pas) un *cadeau*

C'est le *cadet* de mes soucis

C'est un peu fort de *café*

Ce n'est pas un saint de votre *calendrier*

Il est comme le *camelot* (1), il a pris son pli

Être *capot*

Être au *capricorne*

C'est le *cas* de le dire !

Les *casseurs* seront les payeurs

Ce n'est pas (très) *catholique*

Être au *cercueil*

Rendez à *César* ce qui est à César

Chacun le sien n'est pas trop

La *chair* est faible

C'est bien ma *chance* !

(Être) toujours la même *chanson*

C'est comme si on *chantait*

C'est bien *chanté*

Être sur le *chantier*

Ce sont deux *chapons* de rente

Être sur des *charbons* ardents

Charbonnier est maître chez soi

Être à *charge* (1) à qqn

Être sous le *charme* de

Il n'est *chasse* que de vieux chien

Être comme chien et *chat*

La nuit, tous les *chats* sont gris

Quand le *chat* n'est pas là, les souris dansent

N'être pas très *chaud* pour...

Être aux *chausses* de qqn

Être toujours sur les *chemins,* par voies et chemins

Être dans la même *chemise*

Il n'est *chère* que de vilain

Être à *cheval* sur qqch.

Être sur ses grands *chevaux*

C'est pas le mauvais *cheval*

La *chevêche* est engluée

Être tiré par les *cheveux*

Être en *cheville* avec...

(Être) bien de *chez* (soi)

C'est bien *chié*

Être malade comme un *chien*

Être comme le *chien* du jardinier

Être comme un *chien* à l'attache

Être malheureux comme un *chien* qui se noie

N'être pas bon à jeter aux *chiens*

N'être pas fait pour les *chiens*

Ce sont deux *chiens* après un os

C'est du *chinois*

Être *chocolat*

Être porté sur la *chose*

C'est pas des *choses* à faire

C'est *chose* faite

(C'est) la moindre des *choses*

(Être) tout *chose*

Être dans les *choux*

Être larron comme une *chouette*

Être cher comme *chrême*

Être au *ciel*

Être au septième *ciel*

Être écrit au *ciel*

(Être) droit comme un *cierge*

Être dans le *cirage*

Ne plus être dans le *circuit*

Être au *clair*

Être de la *classe*

Être grand *clerc*

Être à la *cloche*

Être amis comme *cochons*

Il est *cocu*, le chef de gare

Être de (tout) *cœur* avec qqn

Le *cœur* n'y est pas

Être belle au *coffre*

Être *coi*

Être *coiffé* de...

La *colère* est mauvaise conseillère

Être à la *colle* (1)

C'est le *comble* !

Être dans la *comédie*

Être aux *commandes*

Être d'un *commerce* agréable

C'est (trop) *commode*

Il n'est si bonne *compagnie* qu'on
    ne quitte

Comparaison n'est pas raison

C'est *complet*

Il est *complet*

Il (ce) serait *complet*

Être de *compte*

Être loin du *compte*

N'être pas du *compte*

Son *compte* est bon

Être laissé pour *compte*

Être en *concurrence* avec...

Être en *condition*

Être dans la *confidence*

C'est bien *connu*

Une *conscience* pure est un bon
    oreiller

Les *conseilleurs* ne sont pas les
    payeurs

(Être) à cheval sur la *consigne*

Être comme un *coq* en pâte

Être en *coquetterie* avec qqn

Être à la *corde*

Être sur la *corde* raide

Être dans les *cordes* de qqn

N'être pas digne de dénouer les *cor-
    dons* des souliers de qqn

Les *cordonniers* sont toujours les
    plus mal chaussés

Être folle de son *corps*

Être de la *côte* (1) de Saint-Louis

Être sur le *côté*

Être (profès) de l'ordre des *côteaux*

Être dans qqch. jusqu'au *cou*

Être à la *coule*

Être sous la *couleuvrine*

Être dans le *coup*

Être hors du *coup*

Être au *coup*

Être bien en *cour*

C'est *couru*

(Être) à bout de *course*

Être de la *Courtille*

Être à *couteaux* tirés

Être né de la dernière *couvée*

Être à *cran*

Être laid comme un *crapaud*

Crédit est mort, les mauvais payeurs
    l'ont tué

Être dans la prison de saint-*crépin*

Être à *crins*

La *critique* est aisée

Être aux *crochets* de qqn

C'est à ne pas *croire*

Être comme un *croquet*

Être à ramasser à la (petite) *cuiller*

(C'est) du tout *cuit*

Être comme *cul* et chemise

La *curiosité* est un vilain défaut

Être le premier en *date*

Être dans la *débine*

Être en *déconfiture*

Être en *défaut*

C'est là le moindre *défaut*

C'est pas *dégueulasse*

N'être pas *dégoûté*

Être en *délicatesse* avec qqn

Être de *déluge*

Être sur les *dents*

C'est l'histoire de la *dent* d'or

Être sur le *départ*

Les *derniers* seront les premiers

Être (toujours) *derrière* qqn

Être le *derrière* par terre

Être au *désespoir* de.... que...

Être dans le troisième *dessous*

Être au-*dessous*

Être au-*dessus* de...

Je ne suis pas *devin*

Être à la *dévotion* de qqn

Quand le *diable* y serait...

N'être pas si *diable* qu'on est noir

C'est le *diable* pour...

C'est le *diable* qui bat sa femme (et marie sa fille)

Le *diable* est aux vaches

C'est un *diamant* sous le marteau

Ce n'est pas *Dieu* possible !

Être le *dindon* de la farce

C'est *dit* !

C'est beaucoup (trop) *dire*

Ce n'est pas assez *dire*

C'est tout *dire*

Ce n'est pas pour *dire*

C'est (bien) le cas de le *dire*

C'est moi qui vous le *dis* !

Les grands *diseurs* ne sont pas les grands faiseurs

Être d'une humeur de *dogue*

Être à deux *doigts* de...

Être comme les deux *doigts* de la main

C'est (bien) *dommage*

(Être) le *dos* au mur

Être sur le *dos* de qqn

Être sur le *dos*

Être dans les *douleurs*

La *dragée* est amère

Être dans de beaux *draps*

Être en *droit* de...

C'est le *droit* du jeu

Être tout *drôle*

Il est bien neuf, il *durera* longtemps

Être à l'*eau*

C'est l'*eau* et le feu

Il n'est pire *eau* que l'eau qui dort

Être dans les *eaux* de qqn

Être dans les mêmes *eaux*

Les *eaux* sont basses

Être aux *écoutes*

Être *écrit* sur le livre

C'est *écrit*

Il est bien âne de nature qui ne peut lire son *écriture*

Être *égal* à soi-même

C'est *égal*

Être à *égalité* (avec...)

Être dans son *élément*

En être aux *éléments*

Être dans l'*enfance*

Être en *enfance*

Être aux espées et aux couteaux → ÉPÉE

Être sur les (des) *épines*

Être dans les limites de l'*épure*

Erreur n'est pas compte

Être hors d'*escrime*

Être au-dessus de son *état*

Être un *État* dans l'État

Être d'une autre *étoffe*, de (la) même étoffe

Être à l'*étroit*

Être en *éveil*

Être en *exercice*

Être à la dernière *extrémité*

Être la *fable* de...

N'être pas le *fait* de qqn

Être dans les *fers* (II)

Être difficile à *ferrer*

N'être pas bien *fessu*

Ce n'est pas tous les jours *fête*

Être à la *fête*

Être tout *feu* tout flamme

C'est le *feu* et l'eau

En être comme deux ronds de *flan*

Être sur le *flan*

Être à *flot*

Être en *fonds*

C'est en forgeant qu'on devient forgeron → FORGER

C'est plus *fort* que moi

C'est (trop, un peu) *fort* !

Être *fort* de...

Être l'artisan de sa *fortune*

Être sur le bord de sa *fosse* (de sa tombe)

Être une bonne (belle) *fourchette*

Être *frais*

En être pour ses *frais*

Être en *froid* avec qqn

C'est au *fruit* qu'on connaît l'arbre

Être dans le (en plein) *gâchis*

Être aux *gages* de qqn

Être un peu *gai*

C'est *gai* !

Être hors de *gamme*

Être *garant* de qqch.

Être de (bonne, mauvaise) *garde*

Être sur ses *gardes*

Être hors de *garde*

C'est du *gâteau* !

Ce n'est pas un *génie* !

Être aux *genoux* de qqn

Être sur les *genoux*

Ce n'est pas mon *genre*

Être de *glace*

Ce n'est pas la *gloire* !

Être dans la *gloire* de Bacchus

Être hors de ses *gonds*

Être dans le, en plein *goudron*

Être au *goût*, du goût de qqn

C'est une *goutte* d'eau dans la mer

Être assez *grand* pour

Ne pas en être plus *gras*

N'être pas *gras* à (de) lécher les murs

Être *grec* en (qqch.)

C'est le *greffier* de Vaugirard qui ne peut écrire quand on le regarde

Être en *grève*

Être sous la *griffe* de qqn

Être sur le *gril*

L'*habitude* est une seconde nature

C'est de l'*hébreu*

Ne pas être né d'*hier*

C'est toujours la même *histoire* !

C'est de l'*histoire* ancienne !

C'est une autre *histoire* !

C'est toute une *histoire*

Être *homme* à

Être à l'*honneur*

Être (tout) à l'*honneur* de (qqn)

Être en *honneur*

Impossible n'est pas français

Un bon *Indien* est un Indien mort

Être dans un état *intéressant*

C'est de l'*iroquois*

C'est le moment ou *jamais*

Être dans les *jambes* de qqn

Être de la *jaquette* flottante

Être ferme sur ses *jarrets*

Être peint en *jaune*

Être Gros-*Jean* comme devant

C'est *Jean* de Lagny qui n'a point hâte

C'est Gros-*Jean* qui en remontre à son curé

C'est le mariage de *Jean* des Vignes, tant menu, tant payé

Être en *jeu*

Ce n'est (c'est) pas de *jeu*

C'est un *jeu* d'enfant

C'est du *joli* !

C'est bien *joli,* mais...

Être à *jour*

Être comme le *jour* et la nuit

Être dans un bon (un mauvais) *jour*

Être *juge* et partie

C'est *jus* vert ou vert jus

C'est *kif*-kif

Être un peu *là*

N'être ni *lard* ni cochon

Être *large* des épaules

Être au *large*

Être *large* d'idées

Être ému (jusqu') aux *larmes*

Être au bout de son *latin*

C'est du *latin*

Être en *lecture*

Être à cent, à mille *lieux* de

C'est là que (où) gît le *lièvre*

Être sur un *lit* de roses

Être aux premières *loges*

C'est une dure *loi,* mais c'est la loi

Être *loin* de...

Être bien, mal *loti*

Être dans la gueule du *loup*

L'homme est un *loup* pour l'homme

Ce n'est pas une *lumière*

Être dans une bonne (mauvaise) *lune*

Être dans la *lune*

Ce n'est pas du *luxe*

C'est *maigre,* c'est un peu maigre

Être (bien) en *mains*

C'est la *maison* du bon Dieu

Être *maître* de soi

Être *maître* à une couleur

Être *maître* de faire qqch.

Être *maître* de qqch.

Être **mal** (2) avec qqn

Être au plus **mal** (3)

Être du côté du **manche** (1)

Ne pas être **manchot**

Ce n'est pas **mardi**-gras aujourd'hui !

Être (fait, paumé) **marron**

Être entre le **marteau** et l'enclume

Être à la **masse**

Être de **mèche** (2)

Être au-dessus de la **mêlée**

Être à **même** de...

Être en **ménage** avec...

C'est (bien) vrai, ce **mensonge** ?

Ce n'est pas la **mer** à boire

Être à la **merci** de

Être dans la **merde** jusqu'au cou

C'est **merveille** de (que)

Être en **mesure** de

Être dans ses **meubles**

C'est **midi** (sonné)

Être tout **miel,** tout sucre tout miel

Être de **mise**

Être corrompu (pourri) jusqu'à la **moelle**

C'est bien le **moins**

Être pour **moitié** dans (qqch.)

C'est un mauvais **moment** à passer

Ne plus être de ce **monde**

C'est le **monde** à l'envers (renversé)

C'est un **monde** !

C'est **monnaie** courante

C'est à se les **mordre**

Ce n'est pas la **mort** ! (1)

Être **mort** (2) dans le dos

Elle est morte ! c'est **mort** ! (2)

Être coulé, jeté dans le même **moule**

Être dans le **mouvement**

C'est du **nanan**

Être à bout de **nerfs**

Être sur les **nerfs**

Être comme le **nez** au milieu de la figure

C'est le chien de Jean de **Nivelle,** qui s'enfuit quand on l'appelle

Ne pas être à la **noce**

Être dans le **noir**

Être décolletée jusqu'au **nombril**

C'est comme si tous les **notaires** y avaient passé

Être dans la **note**

C'est du **nougat** !

C'est **nouveau,** ça vient de sortir

Être dans les **nuages**

Ne pas être en **odeur** de sainteté

Être sur l'**œil** avec (qqn)

Être tout yeux tout oreilles → ŒIL

Être égal (à qqn) comme deux **œufs**

C'est (ce n'est pas) mes **oignons**

Être comme l'**oiseau** sur la branche

Être comme l'**ombre** et le corps

Être l'**ombre** de (qqn)

Être (n'être plus que) l'**ombre** de soi-même

C'est dans l'**ordre** (des choses)

Être tout **oreilles**

Être **orfèvre** en la matière

Vous êtes **orfèvre,** Monsieur Josse

Être trempé (mouillé, percé, glacé, transi) jusqu'aux **os**

Être tout **ouïe**

Être monté sur l'**ours**

Être plein comme une **outre**

Être hors de **page** (1)

(C'est) **pain** bénit

Être dans les petits **papiers** de qqn

C'est du **pareil** au même

(Être) au **parfum**

La **parole** est d'argent

Être de la **partie**

C'est (ce n'est) que **partie** remise

C'est parti, mon kiki ! → PARTIR

Être en **passe** de...

Être à **payer**

Être **payé** pour..., pour le savoir

Être bien de son **pays**

Être comme en **pays** conquis

Être dans la **peau** de qqn

Être dans la **peau** du personnage

Être bien (mal) dans sa **peau**

Être de la **pédale**

(Être) à **peindre,** fait à peindre

Être à la **peine**

Être (ne pas être) en **peine** de...

En être pour sa **peine**

C'est bien la **peine** (de...)

Ce n'est pas la **peine** de...

Ne pas être au bout de ses **peines**

Être sec (roide) comme un **pendu**

Être en **pénitence**

Être sur la mauvaise **pente**

N'être pas **perdu** pour tout le monde

Ce n'est pas le **Pérou**

Ce n'est pas une grande **perte**

C'est la cour du roi **Pétaud**

Être dans un beau (joli) **pétrin**

C'est **peu** que..., de...

Ce n'est pas **peu** dire

Être un **peu** là

(En être) quitte pour la **peur**

Être au **pèze**

Être en **phase**

Être aux **pièces**

Être sur **pieds** (1)

C'est bien fait pour ses **pieds** (1)

C'est une **pierre** dans son jardin

Être de **pierre**

Être au (sur le) **pinacle**

Être sujet à la **pince**

N'être pas à prendre avec des **pincettes**

(C'est) à faire **pipi** (dans sa culotte, par terre)

Être à cent **piques** de, au-dessus de...

C'est bien rentré de **piques** vertes (noires)

(N'être) pas **piqué** des...

Être planté comme un **piquet**

Être en **piste**

C'est (grand) **pitié**

(Être) bas de **plafond**

Plaie d'argent n'est pas mortelle

Ne pas être à **plaindre**

Être sous bonne **plante**

Être **planté** comme...

Être bien **plat** (1)

Être à **plat** (1)

Être à couvert de la **pluie**

Y être, en être de sa **poche**

C'est dans la **poche**

(C'est) tout un **poème**

Être à la **pogne** de qqn

Être chatouilleux sur le **point** (4) d'honneur

Être de la **pointe**

Être comme le **poireau** (porreau) : la tête blanche et la queue verte

Être dans les **pommes**

Être à côté de ses **pompes** (2)

C'est le bal des **pompiers,** ce sont toujours les mêmes qui dansent

Être à **portée ;** être à la portée (de qqn)

Être à la **pose**

Être en **position**

Être en **possession**

Être en bonne (mauvaise) **posture**

C'est dans les vieux **pots** (1) qu'on fait les bonnes soupes

Être coiffé sur le **poteau**

Être vif comme la **poudre**

Ce n'est pas à la **poule** à chanter devant le coq

Être comme une **poule** qui a trouvé un couteau

Être bon **premier**

C'est à **prendre** ou à laisser

C'est autant de pris, c'est toujours ça de pris → PRENDRE

N'en être pas à cela **près**

Être sous **presse** (1)

... c'est le même **prix**

Être de saint-**Prix,** de la confrérie de saint-Prix

C'est ton **problème**

(Être) en **proie** à

Être sur son **propre** (2)

C'est du **propre** (2)

Être en **puissance** de mari

Être **puni** par où on a péché

Être dans la **purée**

Être en **quarantaine**

Être de **quart** (1)

Être hors de **question**

Il est (il n'est pas) **question** de...

Être en **question**

(Être) en **queue** (de...)

Être (réduit) à **quia**

Être sur ses **quilles**

C'est une **quine** à la loterie

Être **quitte** de (faire qqch.)

En être **quitte** pour

En être **quitte** à bon compte (à bon marché, à bas prix)

Être en **rade**

Être à la **rame**

Être poli comme une **rape**

Être fait comme un **rat**

Être gueux comme un **rat**

Ce n'est pas mon **rayon** (2)

Être refait au même → REFAIRE

Ce n'est pas de **refus**

Être en **règle**
Être (gens) de **revue**
Être de la **revue**
Être en **rideau**
C'est saint **Roch** et son chien
Être **rond** (1) en affaires
C'est plus fort que le **roquefort**
Être couché sur des **roses** (1)
Être sur les **roses** (1)
C'est la plus belle **rose** (1) de son
  chapeau
Être dans ses **roses** (2)
(C'est un) **roseau** qui plie à tous
  vents
Être au plus haut, au plus bas de
  la **roue**
Être sur la **roue**
Être au bout du (de son) **rouleau**
Être dans le **ruisseau**
Être en **rupture** de bans
Être sur le **sable**
Être le **saint** du jour
Être de **saison**
(Être serrés) comme des **sardines**
  (en boîte)
Être ficelé comme un **saucisson**
Être à **sec**
Être au **secret**
Être dans le **secret** des dieux
Être bien en **selle**
Être sur la **sellette**
Être de **semaine**
Être dans (tout) son (bon) **sens** (1)
Être sur le **sentier** de la guerre
Être en **service**
Être **service**-service
C'est **signe** que...
Être en **situation** de...
Être aux petits **soins** (pour qqn)
Être (pour, à qqn) comme le **soleil**
  aux aveugles
Être de **sortie**
(Être) sans **sou** ni maille
(Être) sans un **sou**
(Être) sans le **sou**
Être près de ses **sous**
Être dans ses petits **souliers**
Être **soupe** au lait
Être trempé comme une **soupe**
C'est du **sport** !

Être en **sucre**
Être tout **sucre** tout miel
C'est (ce n'est pas) du **sucre** !
C'est à quel **sujet** ?
Être au **supplice**
Être dans le **système**
C'est toujours le même **tabac**
Être sur les **talons** de qqn
Être de **taille** à...
Être au **tapis**
Être sur le **tapis**
Être piqué de la **tarentule**
C'est de la **tarte** ; c'est pas de la
  tarte !
Le **temps** c'est de l'argent
Être de son **temps**
Être en bons (mauvais) **termes** (1)
  avec qqn
Être en **tiers**
Être dans le **ton**
Être dans son **tort**, en tort
Être à la **torture**
Être sur la **touche**
C'est pas **tout** (2) ça !
Être dans le **train** (1)
Être en **train** (1)
Être en **train** (1) de...
N'être pas **traître** à son corps
Être sur son **trente-et-un**
Être au (dans le) **trente-sixième**
  dessous
Être de **trop**
Être sur le **trottoir**
Être dans son **trou**
Être au **trou**
Être dans le **trou**
N'être jamais sorti de son **trou**
Être aux **trousses** de qqn
Être à **tu** et à toi avec qqn
Être à la **une** des journaux
C'est tout **un**
Être à l'**unisson**
Être majeur et **vacciné**
Être **vacciné** avec une aiguille de
  phono
Être au (dans le) creux de la
  vague (1)
Être dans les **vapes**
Être à la **veille** de
Ce n'est (c'est) pas demain la **veille** !

C'est du **velours** (pour l'estomac)

Être à plat **ventre** devant qqn

C'est le **ventre** de ma mère, je n'y retourne plus

Être mal **venu** de (à)

Croire que **vessies** de bélier sont lanternes

Être dans les **vignes** (du seigneur)

Être en **vigueur**

Être entre deux **vins**

C'est comme si on pissait dans un **violon**

Être sur la **voie**

Être dans sa **voie**

Être (toujours) par **voies** et chemins

C'est à **voir**

C'est du tout vu ! → Voir

Être rangé des **voitures**

Être à **voile** (2) et à vapeur

Être en **voix**

Être sur un **volcan**

C'est pas **vrai** !

N'est-il pas **vrai** ?

C'est du déjà **vu** ! (1)

ÉTRILLER
Étriller qqn comme un **chien** courtaud

ÉVANOUIR
S'évanouir dans le **brouillard**

ÉVEILLER
Éveiller le **chat** qui dort

Éveillé comme une **potée** de souris

ÉVENTAIL
Les **doigts** de pied en éventail

F

FACE
Face d'**abbé**

Face de **carême**

Face d'**empeigne**

Face de **lune**

Face de **pet** (1)

Face de **rat**

FÂCHER
Se fâcher tout **rouge** (2)

FACILE
Facile à **vivre**

FAÇON
Façon de **parler** (1)

FAGOT
Fagot d'**épines**

FAGOTER
Être fagoté comme un **sac** (1)

FAILLIR
J'ai failli **attendre**

Au bout de l'**aune** faut le drap

FAIM
La faim chasse le **loup** du bois

Une faim de **loup**

FAIRE
N'avoir pas fait une panse d'**A**

Faire l'**accordéon**

Faire l'**accouchée**

Faire, avoir un **accroc** (des accrocs) à (la réputation, la conscience)

En faire **accroire** à qqn

Faire **acte** de présence

Fais ce que dois, **advienne** que pourra

Faire l'**affaire**

Faire son **affaire** de qqch.

Faire son **affaire** à qqn

L'**affaire** est faite

C'est une **affaire** entendue, faite

Cela ne fait rien à l'**affaire**

Faire ses **affaires**

Faire des **affaires**

Ceux qui n'ont point d'**affaires** s'en font

Faire l'**affiche**

L'**âge** n'est fait que pour les chevaux

Un peu d'**aide** fait grand bien

Ne pas savoir faire un point d'**aiguille**

Faire de l'*air*

Faire des *almanachs*

Faire *amende* honorable

Faire *ami*-ami

Faire l'*amour*

Faites l'*amour,* pas la guerre

Ne pas se faire d'*ampoules* (aux mains)

Faire l'*âne* pour avoir du son (du chardon...)

Faire l'*âne* pour avoir du bran

Chantez à l'*âne,* il vous fera des pets

Il fait comme les *anguilles* de Melun qui crient avant qu'on ne les écorche

Faire danser l'*anse* du panier

Faire le pot (le panier) à deux *anses*

Faire le bon *apôtre*

Faire *appel* à (la générosité, etc.)

Faire appel à ses souvenirs → Faire appel* à

Faire l'*arbre* fourchu

Faire l'*arbre* droit → Faire l'*arbre** fourchu

Faire *argent* de tout

L'*argent* ne fait pas le bonheur

Faire *arme* de tout

Faire ses premières *armes*

Faire l'*article*

Faire l'*asphalte*

Faire *assaut* de...

Aussitôt dit, aussitôt fait

N'en faire jamais d'*autres*

Faire *avec*

N'*avoir* que faire de...

Faire comme les *bahutiers*

Faire un *bail* (un nouveau bail) avec la vie

Ça fait un *bail*

Faire *balai* neuf

Faire pencher la *balance*

Faire la *balle* élastique

Faire *balle*

Ça fait ma *balle*

Faire *ballon*

Faire son *balluchon*

Faire *bande* à part

Faire *bannière* de qqch.

Faire *banqueroute* à...

Faire *banquette*

Faire la *barbe* à qqn

Faire la *barbe* de paille (de feurre) à Dieu

Faire *barre* à...

Donner des *bâtons* pour se faire battre

Se faire *beau*

Il fait *beau*

Faire le *beau*

Se faire une *beauté*

Faire la *bête*

Faire du *béton*

Faire du *bien*

Grand *bien* lui fasse !

Faire le *bilan* de...

Se faire de la *bile*

Faire *bloc*

Ça fait mon *blot*

Faire son *bœuf*

Faire flèche de tout *bois* (1)

Faire feu de tout *bois* (1)

Être du *bois* (1) dont on fait les flûtes

Faire la *bombe*

Ne faire qu'un *bond*

Faire faux *bond* à qqn

Faire qqch. du second *bond*

Faire le *bonheur* de qqn

Le *bonheur* des uns fait le malheur des autres

Faire la *bouche* en cœur

Faire la fine, la petite *bouche*

Ne faire qu'une *bouchée* de...

Faire sauter le *bouchon*

Faire un *bouclier* de son corps

Faire du *boudin*

Faire un *boudin*

Ne pas faire plus de cas que la *boue* de ses souliers

Faire *bouillir* la marmite

Faire un *bout* de chemin avec qqn

Faire *bout* de table

Faire *bravo*

Qui se fait *brebis,* le loup le mange

Faire du *bruit*

Faire plus de *bruit* que de besogne

Faire *buisson* creux

Faire suer le *burnous*

Faire la *cabriole*

Faire des *cabrioles*

Ne pas faire de **cadeau**
Faire le tour du **cadran**
Se faire sauter le **caisson**
Faire la **cane**
Faire **capot**
Faire **cardinal**
Faire danser la **carmagnole** à qqn
Faire l'œil de **carpe**
Faire **carrière**
Faire un **carton**
Faire **cas** de...
Faire le **catalogue** de...
Faire **cause** commune
Faire la **causette**
Faire **cavalier** seul
Faire **cercle** autour de qqn
Faire le **cerf** de qqch.
Faire deux (trois) morceaux d'une **cerise**
Faire la **chaîne**
Faire **chambre** à part
Faire le **chandelier**
Faire chanter (à qqn) une autre **chanson**
Les mots font la **chanson**
Le ton fait la **chanson**
Faire **chanter** qqn
Faire baisser la **chanterelle**
Faire **chapelle**
Faire petite **chapelle**
Faire **Charlemagne**
Faire du **charme**
Ne faire ni **chaud** ni froid
Il fait comme les **chaudronniers,** il met la pièce à côté du trou
Faire son **chemin**
Faire voir du **chemin** à qqn
Faire **chère** lie
Faire dresser les **cheveux** sur la tête
Se faire des **cheveux**
Faites comme **chez** vous
N'être pas fait pour les **chiens**
Faire le **chien** couchant
Être fait comme un **chien** fou
Faire **chier**
Faire **chorus**
Faire bien les **choses**
Faire **chou** blanc
Faire ses **choux** gras de...
Faire les **cimetières** bossus

Se faire un **cinéma**
Cinq et trois font huit
Faire un nez de **cire**
Faire ses **classes**
Faire un pas de **clerc**
Faire contre mauvaise fortune bon **cœur**
Faire le joli **cœur**
Faire battre le **cœur**
Faire **coin** du même bois
Faites chauffer la **colle** !
Faire **compagnie**
Faire le **compagnon**
Faire qqch. par **compas** et par mesure
Faire le **compte** de qqn
Faire bon **compte** à...
Les bons **comptes** font les bons amis
Faire un bout de **conduite** à qqn
Faire **connaissance** (avec...)
Faire bonne **connaissance**
S'en faire **conter**
Faire **contrepoids** à...
Faire les **cornes** à qqn
Faire commerce de son **corps**
Faire **corps** avec
Faire **corps** neuf
Faire litière de son **corps**
Faire **coucou**
Faire **couic**
Faire les yeux en **coulisse**
Faire **coup** double
Se faire **couper** en quatre
Faire en deux **coups** six trous
Faire la **cour**
Faire **courroie** du dos de qqn
Faire des yeux de **crapaud** mort d'amour
Faire **crédit** à qqn
Faire **crédit** depuis le matin jusqu'à la bourse
Ne faire que **croître** et embellir
Faire une **croix** à la cheminée
Faire une **croix** sur...
Faire du **cuir** d'autrui large courroie
Avoir le **cul** rond et faire des étrons carrés
Faire **cul** sec
Faire la **culbute**
Faire **danser** qqn

Faire *danser* qqch.

Faire *date*

Faire ses *débuts*

Faire *défaut*

Faire le *dégoûté*

Faire le *dehors*

Faire les *délices* de qqn

Demain il fera jour

Ne pas faire dans la *dentelle*

Faire le *départ* entre deux choses

Faire *descendre* (un gosse)

Faire le *désert*

Faire un *dessin*

Faire le *détail*

Ne pas faire le *détail*

Faire *deuil* à qqn

Faire son *deuil* de qqch.

Ne faire ni une ni *deux*

Ça fait *deux*

C'est clair comme *deux* et deux font
quatre

Fais ce que dois, advienne que
pourra → ADVENIR

Faire d'un *diable* deux

Faire le *diable* à quatre

Faire comme le valet du *diable*

Faire la *différence*

Faire *diligence*

Ne pas se le faire *dire* deux fois

Avoir beau *dire* et beau faire

Je ne vous le fais pas *dire*

Faire *diversion*

Ne rien faire de ses dix *doigts*

Faire le gros *dos*

Faire un enfant dans le *dos* (à qqn)

Se faire tondre la laine sur le *dos*

Faire *droit* à (une demande)

Faire *eau*

Faire de l'*eau*

Faire une pleine *eau*

Ne faire que de l'*eau* claire

Faire *échec* à...

Faire la courte *échelle* à qqn

Faire *écho* à...

Faire un *éclat*

Faire *éclat*

Faire *école*

Faire une *école*

L'*écoutant* fait le médisant

Faire une *écurie* de ses chausses

Faire de l'*effet*

Faire *effort* (sur soi-même)

Faire un *effort*

Faire l'*éloge* de qqn

Faire de l'*embarras*

Faire double *emploi*

Faire couler beaucoup d'*encre*

Faire l'*enfant*

Faire un *enfant*

Faire *entendre*

Faire l'*entendu*

Faire une *entorse* à..

Faire son *entrée*

Faire une *entrée* de ballet quelque
part

Ne faire qu'*entrer* et sortir

Faire de l'*épate*

Faire qqch. par-dessus l'*épaule*

Se faire blanc de son *épée*

Faire *erreur*

Faire de l'*esprit*

Faire *étalage* de...

Faire *état* de...

Faire des *étincelles*

Faire voir des *étoiles* en plein midi
(à qqn)

Faire *événement*

Se faire d'*évêque* meunier

Faire *excuse*

Faire un *exemple*

Faire l'*exercice*

Faire un *extra*

Faire *face*

Faire *face* à une dépense

Faire *fanfare*

Faire *faute*

Ne pas se faire *faute* de...

Faire *fête* à qqn

Faire la *fête*

Se faire de *fête*

Se faire une *fête* de...

Faire *feu* de tout bois

Faire *feu* de tous bords

Faire *feu* qui dure

Faire *feu* des quatre fers, des quatre
pieds

Faire long *feu*

Ne pas faire long *feu*

Faire *feu* violet

Va te faire fiche ! → FICHER

Faire le *fier*

Faire la *figue* à qqn

Faire bonne *figure* à qqn

Faire d'une *fille* deux gendres

Faire une *fin*

Faire un *flan*

Faire *flanelle*

Faire une *fleur* à qqn

Faire *florès*

Faire *foi*

Faire du (un) *foin*

Faire la *foire*

Faire *folie* de son corps

Faire une *folie,* des folies

Faire *fond* sur...

Faire *force* de loi

Faire *force* de (trames, voiles...)

Se faire *fort*

Faire un *four*

Faire des *frais*

Faire ses *frais*

Faire les *frais* de...

Faire *froid* dans le dos

Faire de qqch. (en faire) un *fromage*

Faire *front*

Faire *fureur*

Faire bruire ses *fuseaux*

Faire *gaffe* (2)

Faire une, des *gaffes* (3)

Faire des *galipettes*

Faire des *gammes*

Faire la *garde*

Faire bonne *garde*

Faire le *gendarme*

Faire du *genou*

Faire du *genre*

Faire *Gille*

Faire qqch. pour la *gloire*

Se faire *gloire* de

Faire une *gorge* chaude

Faire rentrer les mots dans la *gorge*

Faire passer le *goût* du pain

Faire *grâce* à (qqn) de (qqch.)

Faire *gras*

Faire sonner son *grelot*

Faire la *grève*

Faire *grief* (à qqn de qqch.)

Faire la *grimace*

Faire du *gringue*

Faire *grise* mine à (qqn)

Faire le pied de *grue*

Faire la *guerre* à (contre) qqn ou qqch.

Faire la *gueule*

L'*habit* ne fait pas le moine

Fait à coups de *hache*

Se faire *hacher* en morceaux pour...

Une *hirondelle* ne fait pas le printemps

Faire des *histoires*

Faire *honneur* à (qqch.)

Faire (à qqn) les *honneurs* de la maison

(Faire un) tour d'*horizon*

Faire tache d'*huile*

Se faire une *idée* de

Se faire des *idées*

Le (la) faire à l'*influence*

Faire *Jacques* Desloges (ou Déloge)

Faire le *Jacques*

Faire la belle *jambe*

Faire *jambe* de bois

Faire *jambe* de vin

Ça lui fait une belle *jambe*

Faire des contes *jaunes*

En faire une *jaunisse*

Faire comme saint *Jean* qui donnait le baptême sans l'avoir reçu

Faire le *jeu* de qqn

Se faire *jeu* de...

Faire bonne mine à mauvais *jeu*

Faire son *Joseph*

Se faire *jour*

Faire tant par ses *journées* que...

Faire venir à *jubé*

Faire *justice* à qqn

Se faire *justice*

Faire du *lard*

Faire de la *lèche* à qqn

Faire la *leçon* à qqn

Faire la *lessive* du Gascon

Faire le *lézard*

Faire la *lippe*

Faire le *lit* de...

Ne faire qu'un *lit*

Faire *litière* de (qqch.)

Faire (toute) la *lumière* sur qqch.

Faire *lundi*

Faire voir la *lune* en plein midi

Faire *machine* arrière

Faire *maigre*
Faire *main* basse sur...
Se faire la *main*
Faire *mal* (3) (au cœur, au ventre, aux seins...)
En faire une *maladie*
Faire le *malheur* de qqn
Faire un *malheur*
Se faire la *malle*
Faire la *manche* (3)
Faire des *manières*
Faire valoir sa *marchandise*
Faire bon *marché* de (qqch., qqn)
Faire bouillir la *marmite*
Faire la grasse *matinée*
Faire son *mea culpa*
Faire bon (mauvais) *ménage* avec
Faire *mentir* le proverbe
Faire *merveille*
Faire des *messes* basses
Faire bonne *mesure*
Faire partie des *meubles*
Faire la rue *Michel*
Faire *mieux* de
Faire du *millimètre*
Faire *mine* de...
Faire bonne (mauvaise) *mine* à qqn
Faire bonne *mine* à mauvais jeu
Faire grise *mine*
Faire *miracle*
Faire des *misères* à qqn
Ne pas faire les choses à *moitié*
Se faire (tout) un *monde* de qqch.
Faire battre des *montagnes*
Faire une *montagne* de qqch.
Faire *montre* (1) de
Faire le *mort* (2)
Faire d'une *mouche* un éléphant
Faire *mouche*
Il ne ferait pas de mal à une *mouche*
Se faire du *mouron*
Se faire de la *mousse*
Faire le *mur*
Faire de la *musique*
Faire un *mystère* de (qqch.)
Faire la *navette*
Faire de *nécessité* vertu
Faire comme le *nègre*
Faire boule de *neige*

Faire un pied de *nez*
Faire un (long) *nez*
Faire la *nique* à qqn
Faire un *nœud* à son mouchoir
Il fait *noir* (1) comme dans un four, un tunnel
Se faire un *nom*
Faire *nombre*
Faire la *nouba*
Faire de l'*œil* à qqn
Faire les yeux doux à qqn → ŒIL
Faire les gros yeux à qqn → ŒIL
Faire *œuvre* de
Faire son *office*
Faire *office* de
Faire sa mademoiselle jordonne → ORDONNER
Faire la sourde *oreille*
Se faire tirer l'*oreille*
Faire donner les grandes *orgues*
Ne pas faire de vieux *os* quelque part
La faire à l'*oseille*
Faire l'*ours* en cage
Faire passer (perdre) le goût du *pain*
Les deux font la *paire*
Se faire la *paire*
Faire la *paix* (avec)
Se faire porter *pâle*
Faire sa *panthère*
Faire des *papillotes* de...
Faire son (ses) *paquet(s)*
Faire *parade* de qqch.
Faire *part* de qqch. à qqn
Faire la *part* des choses
Faire la *part* du feu
Faire un mauvais *parti* à qqn
Faire bien sa *partie*
Faire les cent *pas*
Faire *passer* (un enfant)
Ne faire que *passer*
Faire *patte* de velours
Faire aux *pattes*
Faire voir du *pays* à qqn
Faire bien (mal) dans le *paysage*
Faire *peau* neuve
Se faire trouer la *peau*
Faire *peine*, de la *peine* à
Faire sa *pelote* (2)
Faire *pénitence*

Faire comme les *perdrix*
Faire son *persil*
Faire *persil*
Faire *peste* et rage
Faire le *pet* (2)
Faire du *pet* (2)
Faire du *pétard*
Se faire tout *petit* (1)
Faire des *petits* (2)
Faire des *phrases*
Faire *pièce* à qqn
Faire du *pied* (1) à qqn
Faire les *pieds* (1) à qqn
Faire (des) *pieds* (1) neufs
Faire des *pieds* et des mains
Faire d'une *pierre* deux coups
Faire la *pige* à (qqn, qqch.)
(C'est) à faire *pipi* (dans sa culotte, par terre)
Faire du *pis* (le pis) qu'on peut
Faire le coup du *pistolet*
Faire *pitié*
Faire *place* à (qqn)
Faire *place* nette
Se faire sauter le *plafond*
Faire durer le *plaisir*
Faire le *plaisir* de...
Faire *plaisir* à...
Se faire un *plaisir* à...
Faire la *planche*
Faire la *planche* à qqn
Faire (tout) un *plat* (3) de qqch.
Faire le *plein* (2)
Ne pas faire un *pli*
Faire le *plongeon*
Faire la *pluie* et le beau temps
Faire les *poches* (de qqn, à qqn)
Faire bon *poids*
Faire (ne pas faire) le *poids*
Faire le *poil* à qqn
Faire le *point* (1)
Se faire un *point* (4) d'honneur de...
Faire sa *poire*
Faire le *poireau*
Faire le *poirier*
Se faire *poissonnier* la veille de Pâques
Faire le *pont* à qqn
Le faire à la *pose*
Faire *poser* qqn

Faire (tout) son *possible*
Faire son *pot* (1) à part
Faire bouillir le *pot* (1)
Faire de la *poussière*
Faire acte de *présence*
Faire gémir la *presse* (1)
Faire *preuve* de...
Faire ses *preuves*
Faire ses *prières*
Faire *prime*
Faire la (sa) *princesse*
Faire un (son) *prix*
Faire le *procès* de... (à...)
Faire *profession* de...
Faire du *profit*
Faire son *profit* de qqch.
Faire son *progrès* à l'envers
Faire de la *prose* sans le savoir
Faire mentir le *proverbe*
Faire passer un mauvais *quart* d'heure à qqn
Faire *Quasimodo* avant Pâques
Faire *querelle* (à qqn de qqch.)
Faire *question*
Faire une *queue* de poisson
Faire la *queue*
Faire la *queue* (à qqn)
Faire des *queues* (à qqn)
En faire passer *quinze* pour douze
(Se) faire un *raccord*
Faire *rafle*
Faire une *rafle* de cinq
Faire *rage*
Faire *raison* à (qqn)
Se faire une *raison*
Se faire *rare*
Faire *recette*
Se faire *recevoir*
Faire de la *réclame* à...
Se faire une *règle* de
Se faire *rincer*
Faire *ripaille*
Il ferait *rire* (1) un tas de pierres
Faire le *rodomont*
Faire des *ronds* de jambe
Faire la *roue*
Faire fausse *route*
Se faire du mauvais *sang*
Se faire une pinte de bon *sang*
Faire tourner les *sangs*

Faire le **saut**
Faire une **scène** (à qqn)
Faire le grand **seigneur**
Faire **semblant**
(Ne) faire **semblant** de rien
Faire du **sentiment**
Faire la **sentinelle**
Faire le **siège** de qqn
Faire **sien** (sienne)
Faire des **siennes**
Faire **signe** (à qqn)
Faire le **singe**
Il fait **soif**
Faire un **soleil**
Faire un **somme** (3)
Ne faire qu'un **somme** (3)
Faire sa **Sophie**
Faire un **sort** à qqch.
Faire **souche**
Se faire du **souci**
Faire des yeux comme des **soucoupes**
Faire la **soudure**
Faire le (la) **sucré(e)**
Faire **suer** qqn
Faire **suite** à
S'en faire claquer le **système**
Faire **table** rase de (qqch.)
Faire **tapisserie**
Faire sa **tata**
Faire sa mauvaise **tête**
Faire la **tête**
N'en faire qu'à sa **tête**
Faire tourner la **tête** de qqn
Faire **tilt**
Faire **tintin**
Faire **tort** à (qqn)
Faire tourner qqn comme un **toton**
Faire une **touche**
Faire le **tour** (1) de (qqch.)
Faire un **tour** (1)
Faire **trempette**
Faire **trêve** à...
Faire le **trottoir**
Faire son **trou**
Faire un **trou** à la nuit (à la lune)
Faire la **une** des journaux
Ne faire ni **une** ni deux
Ne faire qu'**un** avec (qqn ou qqch.)
Faire **usage** de...

Faire de l'**usage**
Se faire la **valise**
Faire **valoir**
Faire le pied de **veau**
Faire du **vent**
Faire le **vide** autour de qqn
Faire la **vie**
Faire une **vie** (terrible, du diable, une de ces vies) à qqn
Faire **vinaigre**
Faire **violence** à qqn
Faire bon **visage** à qqn
Faire **visage** de bois à qqn
En faire **voir** à qqn
Faire la grosse **voix**
Faire les quatre (trente-six) **volontés** de qqn
Faire du **zèle**

FAIT pp.
Fait au **moule**
Fait au **tour** (2)

FAIT subst.
Prendre fait et **cause** (pour...)

FALLOIR
À qui veut jouir d'**aile**, il (lui) faut lever la cuisse
(Il ne faut pas) juger de l'**arbre** (du bois) par l'écorce
Il faut aller selon sa **bourse**
Il fallait un **calculateur...**
Il ne faut pas prendre les enfants du bon Dieu pour des **canards** sauvages
Il faut quatre hommes et un **caporal** pour...
Il ne faut pas réveiller le **chat** qui dort
Faut pas **chercher** à comprendre
Il s'en faut d'un **cheveu**
Il ne faut pas **clocher** devant les boiteux
Il faut mourir, petit **cochon...**
Il ne faut pas parler de **corde** dans la maison d'un pendu
(Il) faut **croire**
S'il faut l'en **croire**
Ce qu'il fallait **démontrer**
Il s'en est fallu d'un **doigt** que...

Il faut ce qu'il *faut*

Il ne faut pas dire : *fontaine* je ne boirai pas de ton eau

Il faut se lever de bonne *heure*

Il faut cultiver notre *jardin*

Il faut que *jeunesse* se passe

Il ne faut pas remettre au lendemain ce qu'on peut faire le *jour* même

Il ne faut *jurer* de rien

Il faut de tout pour faire un *monde*

Il faut laisser les *morts* ensevelir les morts

Il ne faut pas vendre le peau de l'*ours*

Il faut que ça *pète* ou que ça casse

Il s'en faut de *peu*

Il faut qu'une *porte* soit ouverte ou fermée

Il faut te faire *soigner !*

Il ne faut pas être *sorcier...*

Il faut prendre le *temps* comme il vient

Il ne faut pas mélanger les *torchons* avec les serviettes

Il faut bien *vivre*

Il faudrait *voir* à

FAMEUX
Fameux *lapin*

FAMILLE
Album de famille
Bijoux de famille
La famille *tuyau* de poêle

FAMINE
Crier famine sur un tas de *blé*

FARDER
Farder sa *marchandise*

FAUCHER
Fauché comme les *blés*
Faucher le grand *pré*

FAUFILER
Se faufiler comme une *anguille*

FAUSSER
Fausser *compagnie* à...

FAUTE
Faute de *grives,* on mange des merles

FAUX, FAUSSE
Avoir un faux *air* de
Faire faux *bond* à qqn
Jouer un faux *bond*
Faux *bonhomme*
Faux-*col* (1)
Faux *cul*
Faux *départ*
Faux *frais*
Faux *frère*
Fausse *honte*
Faux comme un *jeton*
Faux *ménage*
Fausse *note*
Faux *pas*
Faux-*semblant*

FEMME
La femme à *abattre*
Bout de femme
La femme de *César* ne doit pas (même) être soupçonnée
Ciel pommelé, femme fardée ne sont pas de longue durée
Femme *galante*
Femme de *journée*
(Femme) en *mal* (3) d'enfant
Femme du *monde*
Femme de petite *vertu*
Femme de mauvaise *vie*

FENDRE
À fendre l'*âme*
Fendre le *cœur*
Fendre l'*eau* (avec une épée)
Se fendre la *gueule*
Fendre l'*oreille* à qqn
Se fendre la *pipe*
Fendre la *presse* (2)

FENÊTRE
Jeter l'*argent* par les fenêtres

FER
Ne tenir ni à fer ni à *clou*

FERME adj.
Être ferme sur ses *arçons*
Être ferme sur ses *étriers*
Être ferme sur le *point* (4) d'honneur
Ferme comme un *roc*
Ferme comme un *rocher*

FERMER
Fermer le *bec* à qqn
Fermer la *bouche* à qqn
Fermer la *boutique*
Fermer à *clé*
Fermer l'*écurie* quand les chevaux
    sont dehors
Ferme ta *gueule!*
Fermer la porte au *nez* (à qqn)
Fermer l'*œil*
Fermer les yeux → ŒIL
Fermer une (la) *parenthèse*
Fermer sa *porte* à...

FERRER
Ferrer la *mule*

FESSE
Fesse de *rat*

FÊTE
Il pleut il mouille, c'est la fête à la
    grenouille → PLEUVOIR

FEU
Baptême du feu
Faire feu de tout *bois* (1)
C'est l'*eau* et le feu
Le feu des *enchères*
Par le *fer* (1) et par le feu

FEUILLE
Feuille de *chou*

FICELER
Être ficelé comme un *sac* (1)
Être ficelé comme un *saucisson*

FICHER
Ficher de l'*air*
Va te faire fiche → ALLER
S'en ficher comme de l'*an* quarante
En ficher son *billet*
Ficher le *camp*
S'en ficher comme de sa première
    chemise
Ne pas en ficher un *clou*
Se ficher comme de sa première
    culotte
Ne pas en fiche une *datte*
Ficher *dedans*
Ficher *dehors*
Ficher le camp au *diable*
Se fiche à l'*eau*

Ficher son pied aux *fesses*
Ficher les *foies* à qqn
Se ficher du *monde*
Ficher la *paix*
Ficher au *panier*
Ficher un *pétard*
Se ficher dans un beau (joli) *pétrin*
Ficher un *poil* à qqn
S'en ficher comme un *poisson* d'une
    pomme
Ficher à la *porte*
Ne pas en ficher une *rame*
Ne pas en fiche une *secousse*
Se ficher du *tiers* comme du quart

FIDÈLE
Fidèle au *poste* (2)

FIER
Se fier (ne pas se fier) aux *apparences*

FIER, FIÈRE
Fier comme un *âne* qui a un bât neuf
Fier comme *Artaban*
Fier comme un *paon*
Fier comme un *pet* (1)
Fier comme un *pou*

FIGURE
Chevalier à la triste figure
Figure à *claque*
Figure en *coin*
Figure d'*enterrement*
Figure de *papier* mâché
Figure en coin de *rue*

FIL
Pourvu (garni, fourni) de fil et
    d'*aiguille*
En *avril* ne quitte (ne te découvre)
    pas (d') un fil, en mai fais ce qu'il
    te plaît

FILER
Filer le parfait *amour*
Filer à l'*anglaise*
Filer son *câble*
Filer le *câble*
Filer son *câble* par le bout
Filer la *comète*
Filer sa *corde*
Filer un mauvais *coton*

Filer comme un **dard**
Filer entre les **doigts**
Filer **doux**
Filer le **dur** à qqn
Filer son **nœud**
Filer le **train** (3) à qqn
Filer comme un **trait**
Filer comme un **zèbre**

FILS, FILLE
La fille de l'**air**
Jouer la fille de l'**air**
Un beau **brin** de fille
Fille d'**Ève**
Fils de quatre **fesses**
À **père** avare, fils prodigue
Fils de **putain**
Fille des **rues**

FIN, FINE adj.
Fin comme l'**ambre**
Fin **bec**
Avoir le **bec** fin
Faire la fine **bouche**
La fine **équipe**
Le fin **fond**
Il est fin comme **Gribouille** (qui se
    jette dans l'eau par crainte de la
    pluie)
Fine **gueule**
Fine **lame**
Une fine **mouche**
Fin **prêt**
Fin de **siècle**

FIN subst.
La fin des **haricots**

FINIR
Tout finit par des **chansons**
Finir sa **destinée**
Finir en **queue** de poisson

FIXER
Fixer ses **pénates**

FLAGRANT
Flagrant **délit**

FLAMBANT
Flambant **neuf**

FLANQUER
Flanquer douze **balles** dans la peau
Se flanquer une **biture**

Flanquer la **colique**
Se flanquer une **culotte**
Flanquer **dehors**
Flanquer son pied aux **fesses**
Flanquer dans les **gencives** de qqn
Flanquer un **poil** à qqn

FLATTER
Flatter le **dé**

FLÈCHE
Faire flèche de tout **bois** (1)

FLEURER
Ne pas fleurer la **rose** (1)

FLOTTER
Le **drapeau** noir flotte sur la marmite

FLÛTE
Jouer un air de **flûte**
Être du **bois** (1) dont on fait des flû-
tes

FOIN
Chercher une **aiguille** dans une
    botte (un tas, etc.) de foin
Bête à manger du foin

FOIRE
Il y a plus d'un **âne** à la foire qui
    s'appelle Martin

FONCER
Foncer dans le **brouillard**
Foncer **tête** baissée sur...

FOND
À fond de **cale**

FONDERIE
Brut de fonderie

FONDRE
Comme la **cire** fond au feu
Fondre la **cloche**
Fondre comme **neige** au soleil
Fondre comme la **pauvreté** sur le
    monde

FORCE
La force de l'**âge**
Force des **choses**
Force de **dissuasion**
Force d'**inertie**

FORCER
Forcer la **main** à qqn
Forcer la **note**

FORMER
Former un **État** dans l'État

FORT, FORTE
Fort comme un **bœuf**
Fort comme un **chêne**
Fort en **gueule**
Fort des **halles**
Forte **tête**
Fort en **thème**
Fort comme un **Turc**

FORTUNE
La fortune vient en **dormant**

FOU, FOL, FOLLE
Dieu **aide** à trois personnes : aux fous, aux enfants et aux ivrognes
Folle **enchère**
Folle **farine**
Fou de **rage**
Fou **rire** (2)

FOUETTER
Fouette, **cocher !**
Fouetter qqn comme un **page** (2)
Fouetter le **sang**

FOULER
Fouler aux **pieds** (1)
Ne pas se fouler le **poignet**
Se fouler les **pouces**
Se fouler la **rate**

FOURCHER
Faire l'**arbre** fourchu
La **langue** lui a fourché

FOURCHETTE
Fourchette d'**Adam**

FOURNIR
Pourvu (garni, fourni) de fil et d'**aiguille**
Fournir de **fil** et d'aiguille à qqn
Fournir des **verges** pour se faire fouetter
Fournir **matière** à
Bien fournir son **pourpoint**

FOURRER
Fourrer au **bloc**

Fourrer **dedans**
Se fourrer le **doigt** dans l'œil
Se fourrer dans les **draps**
Fourrer son **grain** de sel
Fourrer son **nez** dans...
Se fourrer dans un beau (joli) **pétrin**

FOUTRE
Foutre en l'**air**
Foutre douze **balles** dans la peau
En foutre son **billet**
Foutre au **bloc**
(Se) foutre en **bombe**
Foutre le **bordel**
Foutre le **camp**
S'en foutre comme de sa première **chemise**
Foutre qqch., qqn au **cul** de qqn
Se foutre qqch. sur le **cul**
Se foutre qqch. au **cul**
Foutre **dedans**
Foutre **dehors**
Se foutre à l'**eau**
Foutre son pied aux **fesses**
Foutre les **foies** à qqn
Foutre la main sur la **gueule** à (de) qqn
S'en foutre plein la **lampe**
Ça la fout **mal** (3)
Foutre la **merde**
Se foutre du **monde**
Foutre la **paix**
Foutre au **panier**
Foutre à la **porte**
Ne pas en foutre une **rame**
Ne pas en foutre une **secousse**
Se foutre du **tiers** comme du quart

FRAIS, FRAÎCHE
Vivre d'**amour** et d'eau fraîche
Beurre frais
Croyez cela et **buvez** de l'eau fraîche
Frais **émoulu**
Frais comme un **gardon**
Frais comme l'**œil**
Frais comme une **rose** (1)
Frais comme la **rosée**

1. **FRANC** subst.
Le premier **accroc** coûte X francs

2. **FRANC** adj.
Franc du **collier**

Franche *lippée*
Franc comme l'*or*
Franc comme l'*osier*

FRANÇAIS
Parler français comme un Basque
   espagnol → VACHE

FRANCHIR
Franchir un *cap*
Franchir le *pas*
Franchir le *Rubicon*

FRAPPER
Être frappé du vent de *bise*
Frapper au-dessous de la *ceinture*
Être frappé au *coin* de...
Être frappé à tel *coin*
Frapper un grand *coup*
Frapper les trois *coups*
Frapper à toutes les *portes*
Frapper comme un *sourd*

FRAUDER
Frauder la *gabelle*

FRÈRE
Frère de *lait*
Frères trois *points* (2)

FRISER
Friser la *cabriole*

FRISSONNER
Frissonner du *couvercle*

FROID
Battre froid à qqn
Froid de *canard*
Un froid de *loup*
Froide *queue*

FRONT
Un front d'*airain*
Front de *bandière*

FROTTER
L'*âne* frotte l'âne
Frotter l'*échine* à qqn
Se frotter les *mains*
Frotter les *oreilles*
Se frotter le *ventre*

FRUIT
Couper (abattre) l'*arbre* pour avoir
   le fruit
C'est au fruit qu'on connaît l'*arbre*

FUMER
Fumer le *calumet* de la paix
Fumer comme une *cheminée*
Fumer comme une *locomotive*
Fumer sans *pipe*
Fumer comme un *pompier*
Fumer comme un *sapeur*

G

GÂCHER
Gâcher le *métier*

GAGNER
Gagner son *bifteck*
Gagner son *bœuf*
Gagner sa *croûte*
Ne pas gagner l'*eau* que l'on boit
Gagner ses *éperons*
Gagner sa *journée*
Gagner le gros *lot*
Gagner son *pain* à la sueur de son
   front
Gagner *pays*
Gagner au *pied* (1)
Gagner du *terrain*

Gagner sa *vie*
Gagner qqn de *vitesse*

GAI, GAIE
Gai comme un *enterrement*
Gai comme un *pinson*

GAIN
Avoir gain de *cause*

GAMIN
Gamin des *rues*

GARDER
Garder les *apparences*
Garder sous le *boisseau*
Garder qqch. pour la bonne *bouche*
Garder qqch. pour le *bouquet*

Garder la *chambre*
Garder à qqn un *chien* de sa chienne
Garder le *décorum*
Garder les *dehors*
Garder une *dent* contre qqn
Garder ses *distances*
Garder le *drap* et l'argent
Garder la *ligne*
Garder *rancune* à (qqn)

GARER
Gare tes *fesses* !

GARNIR
Garni de fil et d'*aiguille*

GÂTER
Gâter du *papier*

GAUCHE
Passer l'*arme* à gauche

GELER
Se geler le *cul*
Geler à *pierre* fendre

GÊNER
Gêné aux *entournures*

GÉNÉROSITÉ
Faire *appel* à (la générosité, etc.)

GENOU
Rompre l'*andouille* au genou
Rompre l'*anguille* au genou

GENS
Argent ard [brûle] gens
Gens de delà l'*eau*
Gens de *plume* (2)
Gens de *robe*
Gens de *sac* (1) et de corde
Les gens du *voyage*

GENTIL, GENTILLE
Gentil comme un *cœur*
Gentil à *croquer*

GENTILHOMME
Gentilhomme de la courte *épée*

GLACER
Glacer le *sang* dans les veines

GLISSER
Glisser comme une *anguille*

Ça glisse comme sur les plumes d'un
 canard
Se glisser comme une *couleuvre*
Glisser sur son *erre*

GLORIEUX
Glorieux comme un *pet* (1)

GOBER
Gober le *bouillon*
Gober l'*hameçon*

GONFLER
Gonflé à *bloc*
Gonfler le *jabot*
Être gonflé comme une *outre*

GOULÉE
Brebis qui bêle perd sa goulée

GOÛT
Un (petit) goût de revenez-y
 → REVENIR

GOUVERNER
Selon ta *bourse* gouverne ta bouche

GRACIEUX
Gracieux comme un *chardon*
Gracieux comme une *porte* de prison

GRAINE
Graine d'*épinard*

GRAISSER
Graisser les *bottes* (1) à qqn
Graisser ses *bottes* (1)
Graisser le *marteau*
Graisser la *patte* à qqn
Se graisser les *roues*

GRAND, GRANDE
Un grand *abatteur* de bois
Grand *air*
Se donner, prendre des *airs*, des
 grands *airs*
Avoir grand *air*
Avoir grande allure → AIR (se don-
 ner des grands airs)
Grand *Argentier*
Grand *bien* lui fasse !
La grande *bleue*
Grands *chemins*
Le grand *chemin* des vaches
Être grand *clerc*

Grand *commis* de l'État
Grande *coquette*
La *cour* des grands
Au grand *dam* de
Grand *diable*
Grand *écart*
Grand *échalas*
Grand *ensemble*
Les grands *esprits* se rencontrent
Grand comme un *four*
Grande *gueule*
Grand comme un *mouchoir* (de poche)
Les grands *moyens*
La grande *muette*
Les grandes douleurs sont *muettes*
Les grandes *occasions*
Grand comme un jour sans *pain*
Grande *perche*
Grande *personne*
Les grands *sentiments*
Le grand *soir*
La grande *tasse*
La grande *vie*
Le grand *voyage*

GRAS
Gras comme une *caille*
Gras comme un *chanoine*

GRAVER
Graver qqch. en *lettres* d'or

GRAVIR
Gravir son *calvaire*

GREC
Va te faire voir chez les Grecs → ALLER

GRÈVE
Ange de grève
Grève du *zèle*

GRIMPER
Grimper aux *rideaux*

GRINCER
Grincer des *dents*

GRIS, GRISE
Gris comme un âne → Saoul comme un âne*

Gris comme un *cordelier*
Gris comme un *Polonais*

GROS, GROSSE
À la grosse *aventure*
Gros comme une *barrique*
Les gros *bataillons*
Gros *bleu*
Gros *bonnet*
Les gros *bras*
Gros comme le *bras*
La grosse *cavalerie*
Avoir le *cœur* gros
Grosse *commission*
La grosse *corde*
Gros *lard*
Grosse *légume*
Gros comme deux *liards* de beurre
Gros comme une *maison*
(Gros) *plein* (1) de soupe
Du gros *rouge* (3) (qui tache)
Gros *sous*

GROSSIER
Grossier comme le *pain* d'orge

GROSSIR
Grossir la *liste* de...
Grossir les *rangs* de...

GUEULE
Artillerie de gueule
Gueule en *coin*
Une gueule de *déterré*
Gueule d'*empeigne*
Avoir la gueule de l'*emploi*
Gueule d'*enterrement*
Gueule en coin de *rue*

GUEULER
Gueuler comme un *âne*
Gueuler au *charron*
Gueuler comme un *putois*

GUERRE
Faites l'*amour*, pas la guerre
La *drôle* de guerre

GUEUX, GUEUSE
Être jaloux de qqch. comme un gueux de sa *besace*

H

HABIT
Habit de *lumière*

HABITANT subst.
Les habitants de l'*air*

HACHER
Hacher de la *paille*

HARDI, HARDIE
Hardi comme un *page* (2)

HARENG
Être serrés comme (des) harengs en *caque*
La *caque* sent toujours le hareng

HASARDER
Hasarder le *paquet*

HAUSSER
Se hausser le *col* (2)
Hausser d'un *cran*
Hausser le *diapason*
Hausser les *épaules*

HAUT, HAUTE
C'est de l'*allemand,* du haut allemand
De haut *bord*
Haut comme ma *botte* (1)
Sur le haut *bout*
Haut les *cœurs !*
Haut en *couleur*
Haute *école*
Hauts *faits*
Haut de *gamme*
Haut la *main*
Haut les *mains*
Le haut du *pavé*
Haut le *pied* (1)
Haut comme trois *pommes*
Les hautes *sphères* (de qqch.)

HERBE
Manger son *blé* en herbe

HÉRITER
Le *diable* pourrait mourir que je n'hériterais pas de ses cornes

HEURE
Attendre son heure

L'heure du *berger*
Bouillon d'onze heures
Heure de *gloire*
Heure *H*
Une heure d'*horloge*
Remettre les *pendules* à l'heure

HEUREUX
Heureux comme un *enfant* légitime
Heureux au *jeu,* malheureux en amour
Heureux comme un *roi*

HEURTER
Heurter à toutes les *portes*

HISTOIRE
Histoire de *brigand*
C'est l'histoire de la *dent* d'or
Histoire de *fesse*
Histoire de *rire* (1)

HIVER
Habiller qqn pour l'hiver

HOMME
L'homme à *abattre*
Les *affaires* font les hommes
Un homme *averti* en vaut deux
Les hommes en *blanc*
Homme des *bois* (3)
Bout d'homme
Homme de *cabinet*
Cet homme a bon *cœur,* il ne rend rien
Homme de *consigne*
Homme d'*effet*
Homme à bonnes *fortunes*
Homme de *journée*
L'homme d'un seul *livre*
L'homme est un *loup* pour l'homme
Homme de *main*
Homme du *monde*
Homme de *paille*
Homme de *plume* (2)
Homme de *robe*
Homme de *sac* (1) et de corde
(Homme) de (bon) *sens* (1)

HONNEUR
En tout *bien* tout honneur

Bras d'honneur
Les honneurs de la *guerre*

HORS
Être hors d'*affaire*
Hors de *cause*
Mettre hors de *combat*
Hors du *commun*
Hors *concours*
Hors d'*haleine*
Hors *ligne*
Hors *pair*
Hors de *prix*
Hors de *propos*
Hors *série*
Hors *service*
Hors d'*usage*

HUILE
Baigner dans l'huile
Huile de *bras*
De l'huile de *cotret*

HUIT
Huit *reflets*

HUITIÈME
La huitième *merveille* du monde

HUMECTER
S'humecter les *amygdales*
Humecter le *lampas*

HUMER
Humer le *vent,* du vent

HUMEUR
Humeur de *chien*

HURLER
Hurler à *gorge* déployée
Hurler avec les *loups*
Hurler à la *mort* (1)
Hurler comme un *putois*

HYSOPE
Depuis le *cèdre* jusqu'à l'hysope

I

ICI
Ici, on *loge* à pied et à cheval
Ici *près*

IDIOT, IDIOTE
Avoir l'*air* idiot

IGNORANT
Ignorant comme une *carpe*

IL
Il y va de... → ALLER
Il y a plus d'un *âne* à la foire qui s'appelle Martin
Il y a *anguille* sous roche
Il fait comme les *anguilles* de Melun qui crient avant qu'on ne les écorche
(Il ne faut pas) juger de l'*arbre* (du bois) par l'écorce
Il n'y a qu'à se *baisser* (pour le prendre)...
Il fait *beau*
Il n'est bon *bec* que de Paris
Il n'y en a pas plus que de *beurre* en branche

Il y a à *boire* et à manger
Il n'y en a pas des *bottes* (2)
Il arrive beaucoup de choses entre la *bouche* et le verre
Il a l'esprit aigu comme une *boule*
Il faut aller selon sa *bourse*
Il va (lui, leur...) arriver des *bricoles*
Il est *bruit* que...
Il y a un *cadavre* entre eux
Il fallait un *calculateur*...
Il ne faut pas prendre les enfants du bon dieu pour des *canards* sauvages
Il faut quatre hommes et un *caporal* pour...
Il y a bien des *chambres* à louer dans sa tête
Il n'est *chasse* que de vieux chien
Il n'y a pas un *chat*
Il ne faut pas réveiller le *chat* qui dort
Il n'y a pas de quoi fouetter un *chat*
Il fait comme les *chaudronniers,* il met la pièce à côté du trou
Il n'est *chère* que de vilain

Il y a un **cheveu**

Il s'en faut d'un **cheveu**

Il ne faut pas **clocher** devant les boiteux

Il faut mourir, petit **cochon**, il n'y a plus d'orge

Il est **cocu**, le chef de gare

Il y a (un) **commencement** à tout

Il n'est si bonne **compagnie** qu'on ne quitte

Il ne faut pas parler de **corde** dans la maison d'un pendu

Il y a loin de la **coupe** aux lèvres

Il va sans **dire**

Il vaut mieux faire **envie** que pitié

Il y a **fagot** et fagot

Il n'y a rien à **faire**

Il faut ce qu'il faut → FALLOIR

Il y a bien de la différence entre une **femme** et un fagot

Il n'y a pas le **feu** (à la maison)

Il n'y a que la **foi** qui sauve

Il était une **fois**...

Il ne faut pas dire : **fontaine**, je ne boirai pas de ton eau

Il n'y a pas de **fumée** sans feu

Il n'y a pas **gras** à manger

Il n'y a de **grenouille** qui ne trouve son crapaud

Il y a **gros** à parier que

Il faut se lever de bonne **heure** pour...

(Il n') y a pas d'**heure** pour les braves

Il faut quatre **hommes** et un caporal pour (faire qqch.)

Il n'y a plus d'**huile** dans la lampe

Il faut cultiver notre **jardin**

Il faut que **jeunesse** se passe

Il ne faut pas remettre au lendemain ce qu'on peut faire le **jour** même

(Il y a) les **jours** avec et les jours sans

Il ne faut **jurer** de rien

Il n'y a pas de **justice**

Il n'y a pas de bonne fête sans **lendemain**

Il y a loin de la coupe aux **lèvres**

Il n'y a plus personne au **logis**

Il y a belle **lurette**

Il y en a autant que sur la **main**

Il n'y a que la **main**

Il n'y a pas de **mal** (3)

Il y a **maldonne**

Il ne **manquait** plus que ça !

Il n'y a pas si vieille **marmite** (si vieux pot) qui ne trouve son couvercle

Il n'y a pas **mèche** (2)

Il n'y a pas de sot **métier** (il n'y a que de sottes gens)

Il n'y a pas de **milieu**

Il faut de tout pour faire un **monde**

Il y a du **monde** au balcon

Il n'y a que les **montagnes** qui ne se rencontrent pas

(Il n'y a) pas de **montagnes** sans vallée

Il faut laisser les morts ensevelir les **morts** (2)

Il vaut mieux laisser son enfant **morveux** que de lui arracher le nez

Il y a, il n'y a pas **moyen** de...

(Il n'y a) pas **moyen** de moyenner

(Il fait) **noir** (1) comme dans un four, un tunnel

Il n'y a rien de **nouveau** sous le soleil

Il n'y a pas d'**offense**

Il n'y a pas l'**ombre** d'un doute

(Il y a) une **ombre** au tableau

Il y a de l'**orage** dans l'air

Il ne faut pas vendre la peau de l'**ours**...

Il n'y a qu'un **pas** (de... à...)

Il n'y a que le premier **pas** qui coûte

Il en sort dé dessous les **pavés**

Il y a une **paye** que...

Il y a (il n'y a pas) **péril** en la demeure

Il faut que ça **pète** ou que ça casse, ou que ça dise pourquoi

Il s'en faut de **peu** que...

Il n'y a que la première **pinte** de chère

Il a plu dans son écuelle → PLEUVOIR

Il pleut, il mouille, c'est la fête à la grenouille → PLEUVOIR

Il y a **plus**...

Il faut qu'une **porte** soit ouverte ou fermée

Il n'est si méchant **pot** (1) qui ne trouve son couvercle

Il y a quelque chose de **pourri**

Il y a (de la) **presse** (2)

Il va tomber des **prêtres**

Il n'y a que le **provisoire** qui dure

Il est (il n'est pas) **question** de...

Il n'y a rien de si difficile à écorcher que la **queue**

Il n'y a pas de **quoi**

Il n'y a pas de quoi **rire** (1)

Il n'est si belle **rose** (1) qui ne devienne gratte-cul

Il n'y a pas de **roses** (1) sans épines

Il vaut mieux s'adresser à Dieu qu'à ses **saints**

Il n'est (de) **sauce** que d'appétit

Il y a un **siècle**

Il fait **soif**

Il faut te faire **soigner**

Il ne faut pas être **sorcier** pour (faire qqch.)

Il n'y a pas à **sortir** de là !

Il n'y a si beau **soulier** qui ne devienne savate

Il n'est pire **sourd** que celui qui ne veut (pas) entendre

Il va y avoir du **sport** !

Il n'est jamais trop **tard** pour bien faire

Il y a beau **temps**

Il est grand **temps** de...

Il était **temps** !

(Il faut) prendre le **temps** comme il vient

Il n'y a pas de (...) qui **tienne**

Il ne faut pas mélanger les **torchons** avec les serviettes

Il n'y a que la **vérité** qui blesse

Il va y avoir du **vilain**

Il faut bien **vivre**

Il faudrait **voir** à...

Il ferait beau **voir** !

Il est **vrai** que...

IMBIBER
Être imbibé comme une **éponge**

IMPOSER
Imposer **silence** à (qqn)

INAUGURER
Inaugurer les **chrysanthèmes**

INCONNU
Inconnu au **bataillon**

INDIVIDU
Individu de **sac** (1) et de corde

INGRAT, INGRATE
Âge ingrat

INJURE
Une **bordée** d'injures

INSCRIRE
Inscrit en **lettres** de feu

INSTALLER
S'installer dans ses **meubles**
Installer ses **pénates**

INTÉRÊT
Intérêts de **clocher**

INVENTER
N'avoir pas inventé l'**eau** chaude
Ne pas avoir inventé le **fil** à couper le beurre
Ne pas avoir inventé la **poudre**

INVITER
Inviter qqn en **cure-dent(s)**

IRRITER
Irriter les **frelons**

IVRE
Ivre comme un **Polonais**
Ivre de **rage**

IVROGNE
Dieu **aide** à trois personnes : aux fous, aux enfants et aux ivrognes

J

JACQUES n. propre
Jacques **Bonhomme**

JALOUX
Être jaloux de qqch. comme un
gueux de sa **besace**
Jaloux comme un **tigre**

JAMAIS
Jamais **deux** sans trois

JAMBE
Bras et jambes
Couper **bras** et jambes à qqn
Un **cautère** sur une jambe de bois
Jambes de **coq**
Jambes en **coton**
Les jambes en **flanelle**
Jambe de **laine**
Jambes **Louis-XV**

JAUNE
Jaune comme de la **cire**
Jaune comme un **citron**
Jaune comme un **coing**

JE
Je t'**aime,** moi non plus

JETER
Jeter de l'**affiche**
Jeter, mettre l'**alarme** au camp
Jeter l'**ancre,** lever l'ancre
Jeter l'**ancre** sacrée
Jeter l'**argent** par les fenêtres
Jeter dans (sur le plateau) de la
balance
Jeter le **bébé** avec l'eau du bain
N'être pas **bon** à jeter aux chiens
Jeter son **bonnet** par-dessus les
moulins
Y jeter son **bonnet**
Jeter par-dessus **bord**
Jeter le **chat** aux jambes de qqn
Jeter du **cœur** sur le carreau
Se jeter au **cou** de qqn
En jeter un **coup**
Jeter des hauts **cris**
Jeter à **cul**
Les **dés** en sont jetés
Jeter son **dévolu** sur qqn, qqch.

Jeter le **discrédit**
Se jeter à l'**eau**
Se jeter à l'eau de peur de la pluie
→ GRIBOUILLE
Jeter des **éclairs**
Jeter tout par **écuelles**
Jeter l'**éponge**
Jeter qqch. à la **face** de qqn
Jeter... par les **fenêtres**
Se jeter dans le **feu** pour éviter la
fumée
Il se jetterait dans le **feu** pour lui
Jeter **feu** et flammes
Jeter des **fleurs** à qqn
Jeter le (son) **froc** aux orties
Jeter un **froid**
Jeter le **gant**
Jeter hors de ses **gonds**
Jeter sa **gourme**
Jeter de l'**huile** sur le feu
Jeter un (son) **jus**
Jeter du **lest**
Se jeter dans la gueule du **loup**
Jeter le **manche** après la cognée
Jeter le **masque**
Jeter le **mouchoir** (à une femme)
Jeter aux **oubliettes**
Jeter la **paille** au vent
Jeter au **panier**
Jeter en **pâture**
Jeter avec les **péchés** oubliés
Jeter des **perles** aux cochons
Jeter la **pierre** à qqn
Jeter une **pierre** dans le jardin de
qqn
Jeter des **pommes** cuites à qqn
Jeter un **pont**
Jeter à la **porte**
Jeter de la **poudre** aux yeux
Jeter de la **poussière** aux yeux
Jeter des **racines**
Jeter au **rancart**
Jeter à la **rue**
Jeter sur le **tapis**
Se jeter **tête** baissée sur...
Jeter (qqch.) à la **tête** de qqn
Se jeter à la **tête** de qqn

Se jeter sur le *trottoir*
Jeter un *voile* (1) sur

JEU
Jeu de *bascule*
Le jeu n'en vaut pas la *chandelle*
Jeu de *dupe*
Jeux *innocents*

JEUNE
Jeune *loup*
Jeune *personne*
Jeune *premier*

JOINDRE
Joindre les deux *bouts*

JOLI, JOLIE
Joli comme un *chérubin*
Joli comme un *cœur*
Joli à *croquer*
Joli *garçon*

JOUE
Se *caler* les joues
Des joues (...) comme des *fesses*

JOUER
Jouer la fille de l'*air*
En jouer un *air*
Jouer un *air* de flûte
Jouer l'*air* du Départ
Jouer devant les *banquettes*
Jouer un faux *bond*
C'est plus fort que de jouer au *bouchon*
Jouer une *carte*
Jouer *cartes* sur table
Jouer les *Cassandre*
Jouer des *castagnettes*
Jouer à la *chapelle*
Jouer au *chat* et à la souris avec qqn
Jouer la *comédie*
Jouer au *con*
Jouer du *couteau*
Jouer aux *dames* rabattues
Jouer des *dominos*
Jouer de l'*épée* à deux talons
Jouer une *fable*
Jouer avec le *feu*
Jouer au plus *fin*
Jouer des *flûtes*

Jouer des *gambettes*
Jouer le *jeu*
Jouer double *jeu*
Jouer franc *jeu*
Jouer gros *jeu*
(Jouer) bon *jeu* bon argent
Jouer des *mâchoires*
Jouer de *malheur*
Jouer des *mandibules*
Avoir un *œil* qui joue au billard
Jouer des *poings*
Jouer de la *prunelle*
Jouer des *quilles*
(Jouer) à *quitte* ou double
Jouer *rip(e)*
Jouer un *rôle*
Jouer sur les deux (sur tous les) *tableaux*
Jouer un *tour* (1) à qqn
Jouer son *va-tout*
Jouer sur du *velours*

JOUIR
À qui veut jouir d'*aile*, il (lui) faut lever la cuisse

JOUR
Bon jour (et) bon *an*
L'*auteur* de mes (ses) jours
Jour *J*

JUDAS n. propre
Baiser de Judas

JUGER
(Il ne faut pas) juger de l'*arbre* (du bois) par l'écorce
Juger de qqch. comme un *aveugle* des couleurs
Juger sur l'*étiquette*
Juger les gens sur la *mine*
Juger à *propos* de...

JURER
Jurer ses grands *dieux*
Jurer comme un *grenadier*
Jurer comme un *païen*
Jurer par tous les *saints* du paradis
Jurer Dieu en *vain*

JUS
Pur jus
Le jus de la *treille*

JUSQUE

Jusqu'à *concurrence* de...

Jusqu'à la *corde*

Jusqu'à la *gauche*

Jusqu'à plus ample *informé*

Jusqu'au bout des *ongles*

Jusqu'à nouvel *ordre*

Jusqu'à un certain *point* (4)

Jusqu'à la *Saint-Glinglin*

Jusqu'à la consommation des *siècles*

Jusqu'à plus *soif*

Jusqu'au *trognon*

JUSQUES

Jusques à *amen*

L

L

Il en a dans le L → En avoir

dans l'aile*

LA

La *bailler* belle

La *couper* à qqn

La trouver *mauvaise*

La faire à l'*oseille*

La sentir *passer*

La *péter*

La trouver *saumâtre*

(La) mettre en *veilleuse*

LÂCHER

Lâcher l'*aiguillette*

Lâche-moi les *baskets!*

Lâcher la *bonde* à...

Lâcher les *cataractes*

Lâcher la *croupière*

Lâcher les *dés*

Lâcher les *écluses*

Les lâcher avec des *élastiques*

Lâcher du *lest*

Lâcher le *morceau*

Lâcher le *mot*

Lâcher le *paquet* à qqn

Lâcher une *perle*

Lâcher qqn comme un *pet* (1)

Lâcher *pied* (1)

Lâcher *prise*

Lâcher la *proie* pour l'ombre

Lâcher la *rampe*

Ne pas lâcher qqn d'une *semelle*

LAID

Laid comme les sept *péchés* capitaux

Laid à faire *peur*

Laid comme un *pou*

Laid comme un *singe*

LAINE

Pure laine

LAISSER

Ne pas se laisser *abattre*

Sans laisser d'*adresse*

Laisser passer l'*averse*

Laisser ses *bottes* (1) quelque part

Laisser rouler la *boule*

Laisser le *champ* libre

Laisser aller le *chat* au fromage

Y laisser ses *chausses*

Laisser *choir*

Laisser pour *compte*

S'en laisser *conter*

Laisser la *corde* longue

Se laisser *couper* en quatre

Laisser *courir*

Laisser (libre) *cours* à

Laisser qqn *cuire* dans son jus

Ne pas laisser rouiller ses *dents*

Laisser à *désirer*

Laisser *dire*

Je me suis laissé *dire*

Laisser les *écailles*

Laisser à *entendre*

Laisser en (pour) *gage*

Y laisser ses *grègues*

Laisser ses *guêtres* (quelque part)

(Y) laisser ses *houseaux*

Laisser en *jachère*

Laisser qqn cuire (mijoter) dans son *jus*

Laisser *lieu* à...

Laisser entrer le *loup* dans la bergerie

Se laisser manger dans la *main*

Laisser les *mains* libres

Ne laisser que les quatre *murs*

Laisser passer le bout de l'*oreille*

Laisser un *os* à ronger à qqn
~~Laisser *passer*~~
Laisser à *penser*
Laisser tomber une *perle*
Ne pas laisser *pierre* sur pierre
Laisser *pisser* le mérinos
Laisser en *plan* (2)
Laisser des *plumes* (1)
Laisser mûrir la *poire*
Laisser la *porte* ouverte à...
Se laisser manger aux *poux*
Se laisser *prendre*
Laisser sa *raison* au fond du (d'un) verre
Laisser-moi *rire* (1)
Laisser (qqch.) en *sommeil*
Laisser *tomber*

LANCER
Lancer le *bouchon* un peu loin
Lancer des *éclairs*
Lancer de la *poudre* aux yeux

LANGUE
Avoir *avalé* sa langue
La langue *verte*

LARGE
Accommodez-vous, le pays est large

LARME
Larmes de *crocodile*

LAVER
Laver l'*écuelle* à une femme
À laver la tête d'un âne, on (n')y perd (que) sa *lessive*
Laver son *linge* sale en famille
Je m'en lave les *mains*

LÉCHER
Se lécher, se sucer les *amygdales*
Se lécher les *babines*
Se lécher les *barbes*
Lécher les *bottes* (1) à qqn
Lécher le *cul*
À se lécher les *doigts*
Lécher les *vitrines*

LÉGER
Léger comme une *plume* (1)

LÉGITIME
Légitime *défense*

LENDEMAIN
~~Il ne faut pas remettre au lendemain~~
ce qu'on peut faire le *jour* même

LEVÉE n. f.
Levée de *boucliers*
Levée du *corps*

LEVER
À qui veut jouir d'*aile,* il (lui) faut lever la cuisse
Jeter l'*ancre,* lever l'ancre
À *bannière* levée
Lever les *bras*
Lever le *camp*
Se lever la *chemise* pour qqn
Lever la *crête*
Lever la *crosse* en l'air
Lever le *cul*
Se lever le *cul* devant
Ne pas lever le petit *doigt*
Lever l'*étendard*
Il faut se lever de bonne *heure* pour...
Lever un *lièvre*
Lever les yeux (sur, vers, jusqu'à...)
→ ŒIL
Lever la *paille*
Se lever la *peau* pour qqn
Lever le *pied* (1)
Se lever du *pied* (1) gauche

LIBRE
Libre comme l'*air*
Libre *arbitre*
Libre *examen*

LIMITER
Limiter les *dégâts*

LIRE
Lire dans les *astres*
Lire en *diagonale*
Lire dans le *jeu* de
Lire entre les *lignes*
Lire à *livre* ouvert

LIT
Lit en *portefeuille*

LIVRER
Livrer *passage*

LOGER
Loger le *diable* dans sa bourse
Loger, être logé à la même *enseigne*
Logèr à l'*enseigne* de la lune
Loger *rue* du Croissant

LOI
La loi des *contrastes*
Loi du *silence*

LOIN
Être comme le *bénitier,* près de la porte et loin du cœur
Loin des yeux, loin du *cœur*

LONG, LONGUE
Long d'une *aune*
Avoir le *bras* long

Long comme *carême*
Long comme un jour sans *pain*
Long comme d'ici à *Pâques*

LOUCHER
Loucher du *cerveau*

LOUP
Qui se fait *brebis,* le loup le mange
Brebis comptées, le loup les mange
Entre *chien* et loup

LOUPER
Louper le *coche*
Louper la *commande*

LUTTER
Lutter à main *nue*

M

MÂCHER
Mâcher la *besogne* à qqn
Mâcher les *morceaux* à qqn
Ne pas mâcher ses *mots*

MAIGRE
Maigre comme un *clou*
Maigre comme un *coucou*
Maigre comme un *échalas*
Maigre comme un *hareng* (saur)

MAIN
Ne pas se faire d'*ampoules* (aux mains)
Être (n'être pas) *bête* de ses mains
Avoir des mains de *beurre*
Avoir toujours la main au *bonnet*
Les mains lui *démangent*

MAINTENIR
Maintenir le *décorum*

MAÎTRE
L'*argent* (trouvé) n'a pas de maître
Maître à *bord*
Qui a *compagnon* a maître
Ni *Dieu* ni maître

MAJEUR
Être majeur et vacciné → VACCINER

1. MAL subst.
Arbre de la science du bien et du mal
Mal de *chien*
Le mal (de) Saint-*Eutrope*
Le mal saint *Fiacre*
Mal Saint-*Genou*
Mal de saint *Roch*
Mal du *siècle*

2. MAL adv.
Mal à l'*aise*
Mal *embouché*
Mal *famé*
Mal *ficelé*
Mal *pensant*
Mal (fait) de sa *personne*
Mal en *point* (4)
Mal *poli*
Mal lui en prit (de...) → PRENDRE
Tant bien que mal

3. MAL adj.
Bon *an,* mal an

MALGRÉ
Malgré qu'il en *ait*

MALHEUR
Le *bonheur* des uns fait le malheur des autres

MALHEUREUX

Malheureux comme une *pierre*

MALIN

À malin, malin et *demi*

Le malin *esprit*, l'esprit malin

Malin comme un *singe*

MANCHE

Manche à *balai*

MANGER

L'*appétit* vient en mangeant

Bête à manger du foin

Manger son *blé* en herbe

Il y a à *boire* et à manger

En oublier le *boire* et le manger

Être réglé comme le *boire* et le
  manger

Manger à pleine *bouche*

Manger du *boudin*

Manger de la *bouillie*

Qui se fait *brebis*, le loup le mange

Brebis comptées, le loup les mange

Manger comme un *chancre*

Manger son *chapeau*

Qui *chapon* mange, chapon lui vient

Manger avec les *chevaux* de bois

Manger par *cœur*

Manger la *consigne*

Manger des *côtelettes*

Manger son *coup*

Manger du *curé*

Manger du bout des *dents*

Il mangerait le *diable* et ses cornes

Manger le bon *Dieu*

Se laisser manger la laine sur le *dos*

Manger à la même *écuelle*

Il a mangé de l'endormie → ENDOR-
  MIR

(Ne pas) manger à sa *faim*

On en mangerait sur la tête d'un
  galeux

Manger la *grenouille*

Manger du *lard*

Manger du *lion*

Manger comme un *moineau*

Manger le *morceau*

Manger un *morceau*

Manger la moitié des *mots*

Se manger le *nez*

Manger des yeux → ŒIL

Se manger le blanc des yeux →
  ŒIL

Manger comme un *ogre*

Manger comme un *oiseau*

Manger jusqu'à l'*os*

Manger le *pain* de...

Manger son *pain* blanc le premier

Je ne mange pas de ce *pain*-là

Manger de plus d'un *pain*

Manger les *pissenlits* par la racine

Avoir mangé du *plomb*

Se manger les *poings*

Manger des *poires* d'angoisse

Manger des *pois* chauds

Manger sur le *pouce*

Manger comme *quatre*

Manger des *raiponces*

Manger à tous les *râteliers*

Manger le pain du *roi*

Se manger les *sangs*

Manger la *soupe* aux herbes

Manger la *soupe* sur la tête de (à)
  qqn

Manger de la *vache* enragée

Manger à *ventre* déboutonné

MANIER

Manier la *brosse* à reluire

Se manier le *popotin*

Se manier le *pot* (2)

Se manier le *train* (3)

MANIÈRE

Par manière d'*acquit*

L'*art* et la manière

Manière de *parler* (1)

MANŒUVRE

Ça y va! ça y va à la manœuvre
  → ALLER

Marge de manœuvre

MANQUER

Acte manqué

Il ne manque pas d'*air*

Manquer de *bras*

Manquer le *coche*

Ne pas manquer non plus que l'*eau*
  à la rivière

Il a encore manqué l'*occasion* de
  se taire!

Il ne lui manque que la *parole*

Manquer de **poigne**
Manque de **pot** (2)
Nous ne manquons pas de **raiponces**
Ne pas manquer de **souffle**
Il lui manque toujours dix-neuf **sous**
  pour faire un franc

MARCHAND, MARCHANDE
Marchand de **chair** humaine
Marchand d'**orviétan**
Marchand de(s) quatre **saisons**
Marchande à la **toilette**

MARCHÉ
Marché de **dupe**

MARCHER
Faire marcher à la **baguette**
Marcher comme un **Basque**
Marcher sur les **brisées** de qqn
Marcher sur des **charbons** ardents
Marcher sur le **corps** à qqn
Marcher en **crabe**
Marcher sur les (des) **épines**
Marcher en espousée → ÉPOUSÉE
Marcher comme un **escargot**
Marcher sur des **œufs**
Marcher de **pair** avec...
Marcher sur les trois **pattes**
Marcher à sa **perte**
Marcher sur le **pied** (1), les pieds
  de qqn
Marcher d'un bon **pied** (1)
Marcher sur les **plates-bandes** de
  qqn
Marcher à côté de ses **pompes** (2)
Marcher sur le (au bord du) **préci-**
  pice
Marcher sur la **queue** de qqn
Marcher sur des **rasoirs**
Marcher comme sur des **roulettes**
Marcher tout **seul**
Marcher sur les **talons** de qqn
Marcher sur les **traces** de (qqn)
Marcher sur le **ventre** à qqn
Marcher à **voile** (2) et à vapeur

MARE
La mare aux **harengs**

MARIAGE
Mariage **blanc**

C'est le mariage de **Jean** des Vignes,
  tant tenu, tant payé
Mariage de la **main** gauche

MARIE n. propre
Une Marie couche-toi là → COUCHER

MARIN
Marin d'**eau** douce

MARQUER
Être marqué à l'**A**
Être marqué au **B**
Être marqué au **coin** de...
Être marqué du bon **coin**
Marquer le **coup**
Marquer **midi**
Marquer le **pas**
Marquer d'une **pierre** blanche
Marquer un **point** (2), des points
Marquer sur ses **tablettes**

MARS
Arriver comme mars en **carême**

MARTEAU
Il faut être **enclume** ou marteau

MARTIN n. propre
Il y a plus d'un **âne** à la foire qui
  s'appelle Martin

MÂT
Mât de **cocagne**

MAUVAIS, MAUVAISE
De mauvais **aloi**
Mauvais comme un **âne** rouge
Mauvais **ange**
Être né sous un mauvais **astre** ; sous
  une mauvaise **étoile**
De mauvais **augure**
Mauvais **cas**
C'est pas le mauvais **cheval**
Mauvais **chien**
Mauvaise **conscience**
Mauvais **coucheur**
Mauvais **coup**
Mauvais **diable**
Mauvais **esprit**
Mauvaise **foi**
Mauvais comme la **gale**
Mauvais **génie**
Mauvaise **graine**

Mauvaises **habitudes**
Mauvaise **herbe**
Mauvaise **herbe** croît toujours
Mauvaise **humeur**
Mauvaise **langue**
Les mauvaises **nouvelles** ont des ailes
Le mauvais **œil**
Les mauvais **ouvriers** ont toujours de mauvais outils
Mauvais **pas**
Mauvaise **passe**
Mauvaises **pensées**
Mauvais **sujet**
Mauvaise **tête** et (mais) bon cœur
Mauvaise **volonté**

MÉCHANT
Méchant comme un **âne** rouge
Bête et méchant
Méchant comme la **gale**
Méchant comme une **teigne**

MEILLEUR
Le meilleur du **pot** (1)

MÊLER
Cordonnier, mêle-toi de ta pantoufle !
Mêlez-vous de votre **quenouille**

MELUN n. propre
Il fait comme les **anguilles** de Melun qui crient avant qu'on ne les écorche

MÊME
Mettre dans le même **bain**
Être du (même) **bateau**
Du même **bord**
Même **motif,** même punition

MÉMOIRE
Mémoire d'**apothicaire**
Mémoire d'**éléphant**
Mémoire de **lièvre**

MENACER
Menacer **ruine**

MÉNAGER
Ménager la **chèvre** et le chou
Ménager son **effet**

MENER
Mener à la **baguette**
Mener la **barque**
Mener en **barque**
Mener qqn en **bateau**
Mener une vie de **bâton** de chaise
Mener à **bien**
Mener une vie de **chanoine**
Mener qqn dans un **chemin** où il n'y a pas de pierres
Tous les **chemins** mènent à Rome
Mener la **danse**
Mener la vie à grandes **guides**
Mener en **laisse**
Ne pas en mener **large**
Mener qqn par le bout du **nez**
Mener **peste** et rage
Mener les **poules** pisser
Mener la **ronde**
Mener grand **train** (1)
Mener une **vie** terrible à qqn
Mener la **vie** dure à qqn

MENEUR
Meneur d'**ours**

MENTEUR
Menteur comme un **soutien-gorge**

MENTIR
Mentir comme un **arracheur** de dents

MENTON
Menton à double (triple) **étage**
Menton en **galoche**

MENU
Menu comme **mouches**
Menus **plaisirs**

MER
Mer d'**huile**

MERCI
Merci, mon **chien !**

MÈRE
Avoir **assassiné** (être capable d'assassiner) père et mère

MESSIEURS
Que Messieurs les **assassins** commencent

MESURER

Mesurer à son *aune*

À *brebis* tondue, Dieu mesure le vent

Mesurer ses *ergots*

Mesurer (qqch.) à sa *toise*

MÉTIER

L'*ABC* du métier

Métier de *chien*

METTRE

Ficher (foutre), mettre en l'*air*

Se mettre à l'*aise*

Mettre (ou tirer) à l'*alambic*

Jeter, mettre l'*alarme* au camp

Mettre qqn à l'*amende*

(Se) mettre en *appétit*

Mettre le doigt entre l'*arbre* et l'écorce

Mettre *argent* sous corde

Avoir (mettre) tous les *atouts* dans son jeu

Mettre dans le même *bain*

Mettre dans la *balance*

Se mettre sous la *bannière* de...

Mettre des *bâtons* dans les roues

Mettre un *baume* sur la plaie

Se mettre au *beau*

Mettre un *bémol*

Mettre à la *besace*

Vous n'avez pas (bien) mis vos *besicles*

(Mettre) du *beurre* dans les épinards

Mettre son corps en *bière*

Mettre au *billon*

Mettre au *bloc*

Mettre le doigt entre le *bois* (1) et l'écorce

Mettre sous le *boisseau*

Mettre en *boîte*

Mettre son *bonnet* de travers

Mettre les *bouchées* doubles

Y mettre un *bouchon*

Mettre en *bouillie*

(Se) mettre en *boule*

Se mettre le *bouquet* sur l'oreille

Mettre qqn à *bout*

Mettre le *bouton* haut à qqn

Mettre les *bouts* de bois

Mettre en *branle*

Mettre qqn en *brassière*

Y mettre un *cadenas*

Mettre qqn hors de *cadence*

Mettre qqn au pli du *camelot* (1)

Se mettre en *campagne*

Mettre (qqn) en *cannelle*

Mettre le *cap* sur...

S'en mettre plein la *ceinture*

Se mettre la *ceinture*

Mettre en *cendres*

Se mettre la *cervelle* à l'envers

Mettre qqn aux *champs*

Mettre en *chantier*

Mettre son *chapeau* de travers

Mettre la *charrette* devant les bœufs

Mettre la *charrue* avant les bœufs

Mettre la main à la *charrue*

Se mettre en *chasse*

Mettre qqch. dans l'oreille d'un *chat*

Il fait comme les *chaudronniers,* il met la pièce à côté du trou

Se mettre en *chemin*

Se mettre sur le *chemin* de qqn

Mettre qqn en *chemise*

(Se) mettre en *cheville* avec...

En mettant les *choses* au mieux

Mettre *cinq* et retirer six

Mettre au *clair*

Mettre la *clé* sous la porte

Mettre les *clefs* sur la fosse

Mettre qqn sous *cloche*

Mettre au *clou*

Mettre un *clou* à sa roue

Mettre le *cœur* sur le carreau

Mettre du *cœur* au ventre

Mettre la *cognée* à l'arbre

Mettre hors de *combat*

Mettre le *comble* à qqch.

Mettre qqn en *condition*

Mettre dans la *confidence*

Mettre à *contribution*

Se mettre la *corde*

Se mettre dans le *cornet*

Se mettre qqch. dans le *cornet*

Mettre de *côté*

Mettre la corde au *cou* à qqn

Mettre la bride sur le *cou*

Y (en) mettre un *coup*

Mettre au *coup*

Mettre en *coupes* réglées

Mettre le *couteau* sur la gorge
Mettre *couteaux* sur table
Mettre qqn sur la *couverture*
Mettre au *croc*
Mettre une *croix* sur...
Mettre son esprit en *croix*
Mettre la *crosse* en l'air
Mettre qqch., qqn au *cul* de qqn
Se mettre qqch. sur le *cul*
Se mettre qqch. au *cul*
Mettre *debout*
Mettre *dedans*
Mettre qqn au *défi* de...
Mettre *dehors*
Mettre en *demeure* (2)
Avoir qqch. à se mettre sous la *dent*
Mettre au *désespoir*
Mettre au-*dessous*
Mettre au-*dessus* de...
Se mettre en *devoir* de...
Se mettre au *diapason*
Se mettre en *dimanche*
Mettons que je n'ai rien dit ! →
   DIRE
Se mettre le *doigt* dans l'œil
Mettre le *doigt* dans l'engrenage
Mettre le *doigt* entre l'arbre et
   l'écorce
Mettre le *doigt* sur qqch.
Y mettre les quatre *doigts* et le
   pouce
Se mettre à *dos*
Mettre qqch. sur le *dos* de qqn
Mettre en *doute*
Se mettre dans les *draps*
Se mettre dans les mêmes *draps*
Mettre son *drapeau* dans sa poche
Se mettre à l'*eau*
Se mettre à l'eau de peur de la pluie
   → GRIBOUILLE
Mettre de l'*eau* dans son vin
Mettre à l'*écart*
Mettre en *échec*
Mettre un *écriteau* à une femme
Mettre *écu* sur écu
Mettre tout par *écuelles*
Mettre les *écureuils* à pied
Mettre en *effigie*
Mettre l'*embargo* sur...
Mettre à l'*encan*

Mettre à l'*enchère*
Mettre sur l'*enclume*
Mettre l'âme à l'*envers*
Mettre dehors par les *épaules*
Mettre à l'*épée,* au tranchant de
   l'épée (qqn)
Mettre l'*épée* à la main
Mettre l'*épée* dans les reins
Mettre à l'*épreuve*
Se mettre qqch. dans l'*esprit*
Mettre à l'*essai*
Mettre qqn hors d'*état* de nuire
Se mettre dans (tel ou tel) *état*
Mettre en *évidence*
Se mettre à l'*évidence*
Mettre à *exécution*
Mettre au *fait*
Mettre le nez à la *fenêtre*
Mettre les *fers* (II) au feu
Mettre son pied aux *fesses*
Mettre le *feu* aux poudres
Mettre le *feu* sous le ventre à qqn
(Mettre) à *feu* et à sang
Il mettrait le *feu* à la maison du voi-
   sin pour faire cuire un œuf
Mettre en *fil* de..., se mettre au
   fil de...
Mettre *fin* à ses jours
Mettre *flamberge* au vent
Mettre à *flot*
Mettre au *frais*
Se mettre au *frais*
Se mettre en *frais*
Mettre au *frigidaire*
Mettre hors de *gamme*
Mettre des *gants*
Mettre sur ses *gardes*
Mettre (de l'argent) à *gauche*
Mettre sous *globe*
Mettre toute la *gomme*
Mettre hors de ses *gonds*
Mettre l'épée sous la *gorge* à qqn
Mettre son *grain* de sel
Mettre un *grain* de sel sur la queue
   (d'un oiseau...)
Mettre le *grappin* sur (qqch. ou
   qqn)
Mettre sur le *gril*
Mettre la main sur la *gueule* à (de)
   qqn

Mettre le **holà** à (qqch.)

Mettre en **honneur**

Mettre de l'**huile** sur le feu

Mettre de l'**huile** dans les rouages

Se mettre dans l'**idée**

Mettre à l'**index**

Mettre en **jeu**

Mettre en **joue**

Mettre au **jour**

S'en mettre plein la **lampe**

Se mettre dans la gueule du **loup**

Mettre en **lumière**

Mettre la dernière **main** à qqch.

Mettre la **main** au collet à qqn

Mettre la **main** à la pâte

En mettre sa **main** au feu, sa main à couper

Mettre à **mal** (3) qqn

Se mettre du côté du **manche** (1)

Mettre à qqn le **marché** en main

Se mettre **martel** en tête

Mettre à **même** de...

Se mettre en **ménage** avec

Se mettre dans ses **meubles**

Mettre dans le **mille**

Se mettre le dos au **mur**

Mettre au pied du **mur**

Mettre dans la **naphtaline**

Mettre au **net**

Mettre son **nez** dans...

Mettre à qqn le **nez** dans son caca

Mettre le **nez** dehors

Mettre dans le **noir** (2)

Mettre (du) **noir** sur (du) blanc

Mettre tous les **œufs** dans le même panier

Mettre bon **ordre** à (une situation)

Mettre aux **oubliettes**

Mettre la **paille** au vent

Mettre au **panier**

Mettre le **paquet**

Mettre (qqn) au **pas**

Mettre les **pattes** en l'air à...

Se mettre un **pavé** au cou

Mettre **pavillon** bas

Se mettre dans la **peau** de qqn

Se mettre dans la **peau** du personnage

Mettre avec les **péchés** oubliés

Mettre la **pédale**

Se mettre en **peine** de, pour qqn

Mettre en **pénitence**

Se mettre dans un (beau, joli...) **pétrin**

Mettre en **pièces**

Mettre à qqn le **pied** (1) à l'étrier

Mettre à **pied** (1)

Mettre un **pied** (1) devant l'autre

Mettre sur **pied** (1)

Mettre au **pied** (2) du mur

Mettre les **pieds** (1) dans, chez...

Mettre les **pieds** (1) dans le plat

Se mettre sur **pieds** (1)

(Se) mettre une **pierre** au cou

Mettre au **pilon**

Mettre au **pinacle,** sur le pinacle

Mettre au **piquet** (un enfant)

En mettant les choses au **pire**

Mettre les choses au **pis**

Mettre (qqn) à **pis** faire

Mettre sur la **piste**

Se mettre à la **place** de qqn

Mettre le doigt sur la **plaie**

Mettre sur le même **plan** (1)

Mettre le pied au **plancher**

Mettre à côté de la **plaque**

Mettre à **plat** (1) (qqn)

Mettre les petits **plats** (3) dans les grands

Mettre dans le plein, en **plein** (2)

Se mettre dans l'eau de peur de la **pluie**

Mettez ça dans votre **poche**, et votre mouchoir par-dessus

Mettre (qqn) dans sa **poche**

Mettre le **poignard** dans le cœur

Mettre le **poing** sur la gorge

Mettre son **point** (3) d'honneur à...

Mettre les **points** (2) sur les i

Mettre à la **porte**

Mettre à la **portée** de (qqn)

Mettre qqn en **possession**

Mettre les petits **pots** (1) dans les grands

Mettre les quatre doigts et le **pouce**

Mettre les **pouces**

Mettre de la **poudre** aux yeux

Mettre en **poudre**

Se mettre en **pourpoint**, mettre pourpoint bas

Mettre en *poussière*
Mettre en *pratique*
Mettre sous *presse* (1)
Y mettre le *prix*
Mettre à *prix* (la tête, la vie de qqn)
Mettre à *profit*
Mettre au *propre* (2)
Mettre la *puce* à l'oreille
Mettre dans la *purée*
Mettre en *quarantaine*
Se mettre en (quatre) *quartiers*
Se mettre en *quatre*
Mettre en *question*
Se mettre en *quête*
Se mettre à la *queue*
Mettre à *quia*
Se mettre qqch. sur le *râble*
Mettre sur les *rails*
Mettre au *rancart*
Mettre au *rang* des péchés oubliés,
    des vieux péchés
Se mettre sur les *rangs*
En mettre un *rayon* (1)
Mettre à la *rue*
Mettre dans le même *sac* (1)
Mettre à *sac* (2)
Mettre qqn à toutes les *sauces*
Se mettre sur son *séant*
Mettre qqn au *secret*
Mettre qqn en *selle*
Mettre qqn sur la *sellette*
Mettre en *service*
Avec des *si,* on mettrait Paris en
    bouteille
Y mettre du *sien*
Mettre (qqch.) en *sommeil*
Mettre au *supplice*
Se mettre à *table*
Mettre sur ses *tablettes*
Mettre au *tapis*
Mettre sur le *tapis*
Mettre un *terme* (1) à
Mettre qqn plus bas que *terre*
Mettre sa *tête* à couper que...
Mettre qqch. dans la *tête* de qqn
Mettre la *tête* au carré
Se mettre la *tête* à l'envers
Mettre un *tigre* dans le (son) moteur
Se mettre dans le *ton*
Se mettre dans son *tort,* en tort

Mettre à la *torture*
Se mettre l'esprit à la *torture*
Être mis sur la *touche*
Mettre (qqn) en *train* (1)
Mettre en *train* (1) (un travail)
Se mettre en *travers* de (qqch.)
Se mettre sur son *trente-et-un*
Se mettre la *tringle*
Mettre les *tripes* à l'air (à qqn)
Se mettre sur le *trottoir*
S'en mettre jusqu'aux *trous* de nez
Se mettre à l'*unisson*
Mettre en *valeur*
Mettre en *vedette*
Se mettre en *veilleuse*
(La) mettre en *veilleuse*
Mettre sous *verre*
Se mettre au *vert*
Mettre en *vigueur*
Mettre sur la *voie*
Mettre les *voiles* (2)
Toutes *voiles* (2) dehors
En mettre plein la *vue* (à qqn)

MIEUX

Mieux vaut un sage *ennemi* qu'un
    ignorant ami
Mieux vaut *plier* que rompre
(Mieux vaut) être le *premier* au vil-
    lage (chez soi...) que le second à
    la ville
Mieux vaut *tard* que jamais
Mieux vaut *tenir* que courir
Mieux vaut plus *tôt* que plus tard

MIGNON, MIGNONNE

Mignon comme un *cœur*
Mignon à *croquer*

MILLE

Être à mille *lieues* de...

MINCE

Ce n'est pas une petite (mince)
    affaire
Mince comme une *anguille*

MINE

Une mine de *chat* fâché
Mine de *déterré*
Mine de *papier* mâché

MINUTE
Minute de *silence*
Minute de *vérité*

MIROIR
Miroir à *putain*

MISER
Miser sur les deux (sur tous les)
tableaux

MOCHE
Moche comme un *pou*

MODE
À la mode de *Bretagne*
Mode d'*emploi*

MOINDRE
C'est la moindre des *choses*
Le moindre *effort*

MOINS
Moins *cinq*

MOITIÉ
La moitié du *temps*

MOLLET
Mollets de *coq*

MOMENT
C'est le moment ou *jamais*

MONDE
C'est le *bout* du monde
Il voit le monde par le trou d'une
bouteille

MONNAIE
Monnaie de *singe*

MONSIEUR
Monsieur tout le *monde*

MONTAGNE
Montagne à *vaches*

MONTER
Ses *actions* montent
Monter à l'*arbre*
Une *asperge* montée
Monter un *bateau* à qqn
Qui *bâte* la bête la monte
Monter sur le *billard*
Se monter la *bobèche*
Se monter le *bonnet*

(Se) monter le *bourrichon*
Monter le *bourrichon* à qqn
Monter en *chandelle*
Monter sur ses grands *chevaux*
Monter le *coco*
Monter une *colonne* à qqn
Monter le *coup*
Monter d'un *cran*
Monter au *créneau*
Monter à *cru*
Être monté sur (des) *échasses*
Monter à l'*échelle*
Monter en *épingle*
Monter sur ses *ergots*
Monter au *filet*
Monter la *garde*
Monter en *grade*
Monter en *graine*
Monter le *job* à (qqn)
Monter au *pinacle*
Monter sur les *planches*
Monter une *scie* à qqn
Se monter la *tête*
Monter la *tête* à qqn
Monter dans le *train* (2) en marche
Monter sur les *tréteaux*

MONTRER
Montrer à qqn son *bec* jaune
Montrer son *béjaune* à qqn
Montrer de quel *bois* (1) on se
chauffe
Montrer ses *cartes*
Montrer la *corde*
Montrer les *cornes*
Montrer son *cul*
Montrer les *dents*
Montrer du *doigt*
Se montrer *égal* à soi-même
Montrer les *griffes*
Montrer la *lune* en plein midi
Montrer (le bout de) son *nez*
Montrer le bout de l'*oreille*
Montrer *patte* blanche
Il veut montrer à son *père* à faire
des enfants
Montrer le *poing*
Montrer les *talons*
Montrer sa *viande*

MOQUER

S'en moquer comme de l'*an* quarante

S'en moquer comme de sa première *chemise*

S'en moquer comme de **Colin-Tampon**

S'en moquer comme de sa première *culotte*

Se moquer de **Gautier** et Garguille

Se moquer du *monde*

Se moquer du *tiers* comme du quart

MORAL

Moral d'*acier*

MORCEAU

S'enlever les morceaux de la *bouche* pour qqn

Brebis qui bêle perd un morceau

MORDRE

Mordre à pleine *bouche*

Mordre à belles *dents*

Se mordre les *doigts* de qqch.

Mordre à la *grappe*

Mordre à l'*hameçon*

Se mordre la *langue*

Se mordre les *lèvres*

Se mordre les *poings*

Se mordre les *pouces*, de qqch.

Mordre la *poussière*

Se mordre la *queue*

Mordre le *sein* de sa nourrice

Être mordu de la *tarentule*

MORT, MORTE

Elle est morte **Adèle**

Morte *saison*

MORT subst.

La mort du petit *cheval*

Ne pas vouloir la mort du *pécheur*

MOT

Le mot de **Cambronne**

Les mots font la *chanson*

Mot d'*ordre*

MOU

Mou comme une *chiffe*

Mou comme une *chique*

Mou comme une *limace*

Mou comme une *loche*

MOUCHER

Moucher la *chandelle*

MOUILLER

Se mouiller la *dalle* (1)

MOULE n. m.

Moule de *pourpoint*

MOURIR

Tirer un pet d'un *âne* mort

Il faut mourir, petit *cochon*, il n'y a plus d'orge

Mourir sur le *coffre*

Mourir *debout*

Mourir d'une belle *épée*

Mourir de *faim*

Mourir au *lit* d'honneur

Mourir dans son *lit*

Mourir de sa belle *mort* (1)

Mourir à la *peine*

Cela ne vaut pas le *pet* d'un âne mort

Mourir de *peur*

Mourir de *rire* (1)

MOUSTACHE

Baiser sans moustache

MOYEN

Moyen *terme* (1)

MUET

Muet comme une *carpe*

Muet comme un *francolin* pris

Muet comme un *poisson*

Muet comme la *tombe*

MUSIQUE

Une musique à porter le *diable* en terre

MYOPE

Myope comme une *taupe*

N

NAGER
Nager dans le **bleu**
Nager comme un **chien** de plomb
Nager contre le **courant**
Nager comme un **fer** (II) à repasser
Nager dans les **huiles**
Nager comme un **poisson**

NAÎTRE
Être né sous un bon (mauvais) **astre**
Être né sous une bonne (mauvaise)
    étoile → ASTRE
Être né **coiffé**
Ne pas être né d'**hier**

NAVIRE
Les **rats** quittent le navire

NE
Ne faire qu'un **bond**
Ne plus avoir de **bornes**
Ne faire qu'une **bouchée** de...
Ne considérer pas plus que la **boue**
    de ses souliers
Ne vivre que de ses **bras**
Ne faire ni **chaud** ni froid
Ne pas y aller par quatre **chemins**
Ne pas toucher à un **cheveu** (de la
    tête) de qqn
Ne pas arriver à la **cheville** de qqn
Ne pas (pouvoir) **encadrer** qqn
Ne pas être **né** d'hier
Ne pas se trouver sous les **pas** d'un
    cheval
Ne pas compter ses **peines** et ses
    pas
Ne pas être au bout de ses **peines**
Ne pas pouvoir voir en **peinture**
Ne rien **perdre** de qqch.
Ne rien **perdre** pour attendre
Ne pas **peser** lourd
Ne pas bouger d'un **pet** (1)
Ne pas se donner de coups de **pied**
    (1)
Ne pas (pouvoir) rester en **place**
Ne chercher que **plaies** et bosses
Ne pas être à **plaindre**
Ne pas faire un **pli**

Ne pas être tombée de la dernière
    pluie
Ne pas se fouler le **poignet**
Ne pas (plus) avoir un **poil** sur le
    caillou
Ne pas céder un **pouce** de terrain
Ne pas avoir inventé la **poudre**
Ne savoir à qui s'en **prendre**
Ne pas en ficher (foutre) une **rame**,
    une ramée
Ne pas en **rater** une
Ne **rimer** à rien
Ne pas fleurer la **rose** (1)
Ne plus savoir à quel **saint** se vouer
Ne pas savoir à quelle **sauce** on
    sera mangé
Ne pas en fiche une **secousse**
Ne pas céder d'une **semelle**
Ne pas pouvoir **sentir** qqn
Ne pas avoir un **sou** vaillant
Ne pas manquer de **souffle**
Ne pas (plus) avoir la **tête** à ce
    qu'on fait
(Ne plus savoir où) donner de la **tête**
Ne pas avoir l'air d'y **toucher**
Ne pas valoir **tripette**
Ne faire qu'**un** avec (qqn ou qqch.)
Ne faire ni **une** ni deux
(Ne) **voilà**-t-il pas que...
Ne rien avoir à **voir** avec (qqn,
    qqch.)
Ne pas (plus) pouvoir **voir** qqn

NÈGRE
Un combat de **nègres** dans un tunnel

NET
Net comme un **denier**
Net comme **torchette**

NEZ
Au nez et à la **barbe** de qqn

NI
Ni **chair** ni poisson
Ni **Dieu** ni maître
Ni vu ni connu je t'**embrouille**
Ni **fleurs** ni couronnes
Ni **paix** ni trêve

Ni **plus** ni moins
Ni de **près** ni de loin
Ni **quoi** ni qu'est-ce
Ni vu ni connu ! → Voir

NID
Nid d'**hirondelles**

NIER
Nier la **lumière** en plein midi
Nier à plat, tout à **plat** (1)

NOBLE
Le noble **art**

NOÉ n. propre
Arche de Noé

NOËL n. propre
Bûche de Noël

NOIR, NOIRE
La **bête** noire de quelqu'un
Œil au **beurre** noir
Aller du noir au **blanc**
Dire **blanc** et (puis) noir
Blouson noir
Noir comme un **charbonnier**
Noir comme l'**ébène**
Noir comme l'**encre**
Noir comme dans un **four**
Noir comme du **jais**
Noir comme **poivre**
Noir comme une **taupe**

NOIRCIR
Se noircir le **nez**
Noircir du **papier**

NOM
Appeler les choses par leur nom
Nom d'un petit **bonhomme** !
Traîner le nom de qqn dan la **boue**

Nom d'un **chien**
Un nom à **coucher** dehors
Nom de **guerre**
Nom d'une **pipe**
Nom de **plume** (2)

NOTER
Être noté sur le **livre** rouge

NOUER
Nouer l'**aiguillette**

NOURRIR
Nourrir un serpent dans son **sein**

NOUVEAU, NOUVELLE
Le Nouveau **Monde**
La nouvelle **vague** (1)

NOYER
Se noyer dans un **crachat**
Se noyer dans une goutte d'**eau**
Noyer le **poisson**

NUIRE
Abondance de biens ne nuit pas

NUIT
Nuit **blanche**
Boîte de nuit
Bonnet de nuit
Triste comme un **bonnet** de nuit
La nuit, tous les **chats** sont gris
Nuit et **jour**

NUL, NULLE
Nul **bien** sans peine
Nul ne peut servir deux **maîtres**
Nulle **part**
Nul n'est **prophète** en son pays

NUMÉROTER
Numéroter ses **abattis**

O

O
Ô **combien** !

OBSERVER
Observer les **longues** et les brèves

OCCUPER
Occuper de la (une grande) **place**
Occuper le devant de la **scène**

ODEUR
Odeur **sui generis**

ŒIL, YEUX
L'œil (l'oreille) aux *aguets*
Avoir un *bandeau* sur les yeux
Œil au *beurre* noir
Des yeux en *boutons* de bottine
Faire l'œil de *carpe*
Des yeux de *chèvre* morte
Des yeux de *cochon*
Loin des yeux, loin du *cœur*
Œil à la *coque*
Yeux en *coulisse*
Au *doigt* et à l'œil
Yeux de *gazelle*
Yeux en boules de *loto*
Des yeux de *lynx*
Avoir un œil à Paris et l'autre à *Pontoise*
Yeux en *trou* de bite

ŒUF
Ne dire ni œuf ni *bœuf*

OFFICIER
Officier de *fortune*

OFFRE
Offre de saint-*crépin*
Offre de *Gascon*

OFFRIR
S'offrir le *luxe* de...
Offrir en *pâture*

OHÉ!
Ohé, du *canot!*

OISEAU
L'oiseau en a dans l'*aile*
Oiseau de mauvais *augure*

OMÉGA
L'*alpha* et l'oméga

ON
On n'est pas sorti de l'*auberge*
On ne peut pas avoir le *beurre* et l'argent du beurre
On n'est pas des *bœufs!*
On lui compte les *côtes* (1)
On dirait..., → DIRE
On ne peut pas *être* et avoir été
On a tiré un beau *feu* d'artifice à sa naissance
On ne peut (pas) être à la fois au *four* et au moulin

On ne peut *mieux*
On ne peut *moins*
On ne prend pas les *mouches* avec du vinaigre
On entendrait une *mouche* voler
On ne *meurt* qu'une fois!
On ne fait pas d'*omelette* sans casser des œufs
On tirerait plutôt un *pet* (1) d'un âne mort
On ne peut *plus*
On ne peut plus → POUVOIR
On ne m'y prendra plus → PRENDRE
On n'a *rien* pour rien
On n'est jamais si bien servi que par soi-même → SERVIR
On n'apprend pas à un vieux *singe* à faire la grimace
On ne vous a pas *sonné*
On entendrait une *souris* trotter
On aura tout vu! → VOIR
On n'est pas *volés!* (2)

ONGLE
Ongles en *deuil*
À l'ongle on reconnaît le lion → GRIFFE

ONGUENT
Dans les petites *boîtes,* les bons onguents

ONZE
Bouillon d'onze heures
Amoureux des onze mille *vierges*

OPINER
Opiner du *bonnet*

OR
Des *affaires* d'or
Âge d'or

OREILLE
L'oreille aux *aguets*
Avoir le *bonnet* sur l'oreille
De *bouche* à oreille
Se mettre le *bouquet* sur l'oreille

ORGUE
Avec *délices* et orgues

ORGUEILLEUX, EUSE
Orgueilleux comme un *paon*
Orgueilleux comme un *pou*

ORNER
Orné(e) comme une *châsse*

OS
Les os sont pour les absents → Les
absents* ont toujours tort
De *chair* et d'os
En *chair* et en os

OSER
Il n'ose *cracher* de peur d'avoir soif

ÔTER
Ôter à qqn l'*envie* de (faire qqch.)
Ôter le *pain* de la bouche à qqn
Ôter de ses *papiers*
Ôter un *poids* à qqn
Ôte-toi de mon *soleil*

OÙ
Où il n'y a pas de quoi, le roi perd
son *droit*
Où (il) y a de la *gêne*, (il n') y a pas
de plaisir
Où ai-je (où avais-je...) la *tête?*

OUBLIER
En oublier le *boire* et le manger
Il n'oublie jamais ses *mains*

OUVERT p. p.
Ouvert aux quatre *vents*, à tous les
vents

OUVRAGE
Ouvrage de première *main*
Ouvrage de *Pénélope*

OUVRIR
Ouvrir l'*appétit*
Ouvrir la *bouche*
Ouvrir les *bras* à qqn
Ouvrir le *chemin*
Ouvrir son *cœur*
Ouvrir l'*écaille*
Ouvrir les *écluses*
Ouvrir l'*esprit*
Ouvrir l'*estomac*
Ouvrir le *feu* sur...
Ouvrir des *horizons*
Ouvrir l'*œil*
Ouvrir les yeux à qqn sur (qqch.)
→ ŒIL
Ouvrir une (la) *parenthèse*
Ouvrir la *porte* à...
Ouvrir ses *quinquets*
Ouvrir des yeux comme des *soucou-*
pes
Ouvrir des yeux comme des *tasses*

P

PAIN
Promettre plus de *beurre* que de
pain
Être *bon* comme le (du) bon pain
Pour une *bouchée* de pain
Donner du pain de *chapitre* à qqn

PAIRE
Une autre paire de *manches* (2)

PAIX
Baiser de paix
Fumer le *calumet* de la paix
Paix *fourrée*
Si tu veux la paix, prépare la *guerre*

PANEM
Panem et circenses → PAIN (du pain
et des jeux)

PANIER
Faire danser l'*anse* du panier
Faire le panier à deux *anses*

PANSE
N'avoir pas fait une panse d'*A*

PÂQUES
Noël au balcon, Pâques au tison

PAQUET
Un paquet de *nerfs*

PAR
Par *acquit* de conscience
Par *bécarre* et par bémol
Par *bonds* et par sauts
Par le bon *bout*
Par les deux *bouts*
Par *chance*

Par *cœur*
(De) par le *diable,* (de) par tous
les diables!
Par le *fer* (1) et par le feu
Par le gros bout de la *lorgnette*
Par *mégarde*
Par *monts* et par vaux
Par l'*opération* du Saint-Esprit
Par *ouï-dire*
Par ordre de *préférence*
Par *règle* et par compas
Par le *sang* bleu! (de Dieu)
Par ici, la bonne *soupe!*
Par la *suite*
Par le *temps* qui court
Par *tête* de pipe
Par-dessus la *tête*
Par-dessus *tout* (2)
Par *voie* de conséquence

PARAÎTRE
Paraître à son *avantage*

PARALYTIQUE
L'*aveugle* et le paralytique

PARAPLUIE
Avoir *avalé* son parapluie

PARENT
Il est parent du roi *David*

1. PARER
Parée comme une *accouchée*
Paré(e) comme une *châsse*
Être parée comme une *épousée* (de
village)
Se parer des *plumes* (1) du paon
Parer qqn de toutes les *vertus*

2. PARER
Parer à toute *éventualité*
Parer au plus *pressé*

PARESSEUX
Paresseux comme une *couleuvre*
Paresseux comme une *loche*
Être paresseux comme un *loir*

PARFAIT
Filer le parfait *amour*

PARIS n. propre
Il n'est bon *bec* que de Paris
Avec des *si,* on mettrait Paris en
bouteille

PARLER
Parler d'*abondance*
En parler à son *aise*
Cela s'appelle parler → APPELER
Armes parlantes
Parler de qqch. comme un *aveugle*
des couleurs
Parler par *B* et F
Parler français comme un Basque
espagnol → VACHE
Au temps que les *bêtes* parlaient
Parler à son *bonnet*
Parler *boutique*
Tu parles, *Charles!*
Parler *cheval*
Parler de *choses* et d'autres
Parler au *cœur*
Parler à *cœur* ouvert
Parle à mon *cul,* ma tête est malade
Parler du bout des *dents*
Parler entre ses *dents*
Parler dans le *désert*
Parlez à votre *écot!*
Parler *français*
Parler dans son *gilet*
Parler *gras*
Trop parler nuit, trop *gratter* cuit
Parler *latin* devant les Cordeliers
Parler comme un *livre*
Parler petit *nègre*
Parler du *nez*
Parler d'*or*
Parler comme un *perroquet*
Parler de la *pluie* et du beau temps
Parler comme un *pot* (1) cassé
Parler *raison* à (qqn)
Parler aux *rochers*
Parler français comme une *vache*
espagnole

PAROLE
Parole d'*Évangile*
Paroles de *prince*
Paroles ne *puent* point

PART
Faire *bande* à part
Bander à part
Blague à part
La part du *lion*

PARTAGER
Partager en *frères*

PARTIE
Parties d'*apothicaire*
Partie de *jambes* en l'air

PARTIR
Partir sans laisser d'*adresse*
Partir à l'*anglaise*
Partir en eau de *boudin*
Partir en *brioche*
Partir de la *caisse*
Partir en *couille*
Partir en *guerre* contre (qqch., qqn)
Partir un *pied* (1) chaussé et l'autre
   nu
Partir du bon, du mauvais *pied* (1)
Partir du *pied* (1) gauche
Partir les *pieds* (1) devant
Partir comme un *trait*

1. PAS négation
Pas (point) d'*argent*, pas (point) de
   Suisse
Pas si *bête*
Pas de *ça*
Pas de *discussion*
Pas folle, la *guêpe* !
Pas un *iota*
Pas de ça, *Lisette* !
(Qui n'est) pas dans une *musette*
Pas de *nouvelles*, bonnes nouvelles
(N'être) pas piqué des... → PIQUER
Pas plus gros que le *poing*
Pas *possible* !
Pas *question* (de)...
Pas la *queue* d'un, d'une
Pas un *radis*
Pas tant de *raisons* !
Pas pour un *royaume*
(Pas) pour un *sou* de...
Pas de si *tôt*
Pas touche ! → TOUCHER
Pas du *tout* (3)
Pas un *traître* mot
Pas piqué des *vers*

2. PAS subst.
Un pas d'*ambassadeur*
Au pas de *charge* (2)
Au pas (de) *gymnastique*

PASSAGE
Passage à l'*acte*
Passage à *tabac*

PASSER
Passer à l'*acte*
Avoir passé l'*âge*
Passer par (à) l'*alambic*
Un *ange* passe (a passé)
Passer l'*arme* à gauche
Passer par les *armes*
Passer qqch. à l'*as*
Passer par les *baguettes*
Passer dans la *barque* (de Caron)
Passer sous le *bec* (1) de qqn
Passer sur le *billard*
Passer du noir au *blanc*
Passer qqch. au *bleu*
Passer les *bornes*
Passer la *brosse* à reluire
Passer à la *caisse*
Passer un *cap*
Passez-moi la *casse,* je vous passerai
   le séné
Passer à la *casserole*
Passer au *caviar*
Passer de la *charrue* à la chaire
Passer sur qqch. comme *chat* sur
   braise
Passer son *chemin*
Les *chiens* aboient, la caravane
   passe
Passer sa *colère*
Passer du *coq* à l'âne
Passer sur le *corps* à qqn
Passer les *dés*
Passer la main dans le *dos*
Il passera de l'*eau* sous les ponts
Passer son *envie*
Se passer son *épée* au travers du
   corps
Passer l'*éponge* (sur qqch.)
Passer par l'*étamine*
Passer à l'*état* de...
Passer d'un *extrême* à l'autre
Se passer le *flambeau*
Passer sous les *fourches* caudines
Passer devant la *glace*
Passer au *laminoir*
Passer comme une *lettre* à la poste
Passer la *main*

Être passé devant (monsieur) le
  maire
Passer *maître* en, dans qqch.
Passer de *mode*
Passez, *muscade*!
Passer sous le *nez*
Ne pas passer le *nœud* de la gorge
Passer chez le *notaire*
Passer *outre* (à qqch.)
Passer la *parole* à qqn
Passer entre les *pattes* de qqn
Passer au *peigne* fin
Passer qqch. par *pertes* et profits
Il a passé par les *piques*
Passer la *plume* (1) devant le nez
  de qqn
Passer la *plume* (2) sur...
Passer la *pogne*
Passer de la *pommade* à qqn
(Passer) par *profits* et pertes
Passer en *proverbe*
Passer un mauvais *quart* (2) d'heure
Passer le *rabot*
Passer la *rampe*
Passer le *Rubicon*
Passer un *savon* à qqn
Passer sous *silence*
Passer à *tabac*
Passer le *temps* à...
Passer au *tourniquet*
Passer au *travers*
Passer par le *trou* d'une aiguille
Passer sur le *ventre* à qqn
Passer de *vie* à trépas

  PATIENCE
Patience d'*ange*
Patience des *anges*!

  PATTE
Il n'a pas cassé trois pattes à un
  canard
Patte folle → FOU
Pattes de *lapin*
Patte de *mouche*

  PAUVRE
Pauvre comme *Job*
Pauvre *sire*

  PAYER
Payer d'*audace*

Les *battus* paient l'amende
Se payer une *bosse* de...
Se payer de *chansons*
Payer en *chats* et en rats
Je te paie des *dattes*
Payer son *écot*
Payer de la *gabatine* à qqn
Payer en *gambades*
Se payer un *jeton*
Se payer le *luxe* de...
Ne pas payer de *mine* (1)
Se payer de *mots*
Payer en *nature*
Payer son tribut à la *nature*
Se payer de *paroles*
Payer de sa *personne*
Se payer la *poire* de qqn
Payer les *pots* (1) cassés
Payer *rubis* sur l'ongle
Se payer une pinte de bon *sang*
Se payer la *tête* de qqn
S'en payer une *tranche*
Payer les *violons*

  PAYEUR
Les *casseurs* seront les payeurs

  PAYS
Accommodez-vous, le pays est large

  PEAU
Une peau d'*amadou*
L'*âne* vêtu de la peau du lion
Donner douze *balles* dans la peau
Peau de *banane*
Peau de *toutou*
Peau de *vache*
Peau de *zébi*

  PÊCHER
Pêcher en *eau* trouble

  PEIGNE
Peigne d'*Adam*

  PEIGNER
Peigner la *girafe*

  PEINE
Comme une *âme* en peine
Nul *bien* sans peine
Au *bout* de ses peines

  PELER
Peler des *châtaignes* à qqn

PENCHER
Airs penchés
Faire pencher la *balance*
Pencher du *côté* où on va tomber

PENDANT
(Pendant) cent sept *ans*
Pendant que j'y *pense*

PENDRE
Être pendu aux *basques* de qqn
Être pendu à la *ceinture* de qqn
Pendre la *crémaillère*

PÉNÉTRER
Pénétrer jusqu'à la *moelle* des os

PENSER
Le plus *âne* des trois n'est pas celui
  qu'on pense
Ne penser qu'à la *bagatelle*
Penser sa dernière *heure* arrivée
Penser à la *mort* (1) de Louis XVI

PERCER
Percer le *cœur*
Percer à *jour*

PERDRE
Perdre le trot pour l'*amble,* perdre
  les ambles
À laver la tête d'un *âne,* on perd
  sa lessive
Vider (perdre) les *arçons*
Crier comme un *aveugle* qui a
  perdu son bâton
Balle perdue
Un *bienfait* n'est jamais perdu
Perdre la *bobèche*
En perdre le *boire* et le manger
Perdre la *boule*
Perdre la *boussole*
Brebis qui bêle perd sa goulée
Perdre la *carte*
Ne pas perdre un *centimètre* (de
  sa taille)
Qui va à la *chasse* perd sa place
Avoir perdu la *clé*
Perdre *contenance*
(Se perdre) *corps* et biens
Il perdrait son *cul* s'il ne le tenait
Être perdu de *dettes*
Se perdre dans les *espaces*
Perdre l'*esprit*

Perdre les *étriers*
Perdre la *face*
Perdre le *fil* de...
Avoir perdu ses *gants*
Perdre le *goût* du pain
Sans perdre *haleine*
Perdre sa *langue*
Y perdre son *latin*
Perdre le *nord*
Il a encore perdu l'*occasion* de se
  taire
Perdre les *pédales*
Perdre *pied* (1)
Perdre les *pieds* (1) pour une femme
Perdre des *plumes* (1)
Perdre son *poumon* à...
Perdre *prise*
Perdre la *raison*
Perdre sa *salive*
Perdre du *terrain*
Perdre la *tramontane*
En perdre la *vue*
Perdre qqn de *vue*

PÈRE
Avoir *assassiné* (être capable
  d'assassiner) père et mère
Costume d'Adam, du père Adam
Le père du *mensonge*
En (père) *peinard*
Ton père n'est pas *vitrier*

PERFIDE
La perfide *Albion*

PERRETTE n. propre
Boîte à Perrette

PERSONNAGE
Personnage de *carton*

PERSONNE
Dieu aide à trois personnes : aux
  fous, aux enfants et aux ivrognes
  → AIDER

PESER
Peser qqch. au *poids* du sanctuaire

PET
Tirer un pet d'un *âne* mort

PÉTER
Péter plus haut que son *cul*
Péter le *feu*

Péter dans les **mains**
Péter dans sa **peau**
Péter dans la **soie**
S'en faire péter le **système**

PETIT, PETITE
Ce n'est pas une petite (mince) **affaire**
Les petits **besoins**
Chercher la petite **bête**
Beurré comme un petit beurre
C'est (ce n'est pas) de la petite **bière**
Petit **bleu**
Dans les petites **boîtes,** les bons onguents
Au petit **bonheur** (la chance)
Aller son (petit) **bonhomme** de chemin
Nom d'un petit **bonhomme !**
Petit **bonhomme** vit encore
Faire la petite **bouche**
Les petits **cadeaux** entretiennent l'amitié
Le petit **coin**
Le petit **collet**
En petit **comité**
Petite **commission**
Le petit **doigt** en l'air
Le petit **doigt** sur la couture du pantalon
Mon petit **doigt** me l'a dit
Le petit **écran**
Petite **église**
Le petit **endroit**
La petite **histoire**
Boire du petit **lait**
Le petit bout de la **lorgnette**
La petite **mort** (1)
Petite **nature**
La petite **oie**
Petit à petit, l'**oiseau** fait son nid
Le petit **oiseau** va sortir
Petite **personne**
Les petits **pieds** (1) font mal aux grands
Petite **pluie** abat grand vent
Petit **robinet**
Les petits **ruisseaux** font les grandes rivières
Un petit **saint**

Une petite **santé**
Petite **tête**

PEU
Un peu d'**aide** fait grand bien
Beaucoup d'**appelés,** mais peu d'élus
Peu de **choses**
Peu s'en faut → FALLOIR

PHILOSOPHIE
Arbre des philosophes

PHYSIQUE
Avoir le physique de l'**emploi**

PIÈCE
Accommoder de toutes pièces
La pièce de **bœuf**

PIED
Le coup de pied de l'**âne**
Appel du pied
L'**arme** au pied
Bain de pieds
Avoir un pied dans la **bière**
S'attacher un **boulet** aux pieds
Le pied à l'**étrier**
Au pied de la **lettre**
Pied de **nez**
Pieds et **poings** liés
Un pied de **rouge** (3) (sur la figure)

PIÉTINER
Piétiner les **plates-bandes** de qqn

PIEUX
Pieux **mensonge**

PIGER
N'y piger que **dalle** (2)

PILER
Piler du **poivre**

PINCER
Pincer les **fesses** de... ; se pincer les fesses

PIQUER
Piquer les **assiettes**
Piquer le **bahut**
Piquer le **coffre**
Piquer un **fard**
Piquer un **galop**
N'être pas piqué des **hannetons**
Se piquer d'**honneur**

Se piquer au *jeu*
Se piquer le *nez*
Piquer du *nez*
Piquer un *roupillon*
Piquer un *soleil*
Piquer un *somme* (3)
Être piqué de la *tarentule*
N'être pas piqué des *vers*
Piquer au *vif*

PIQÛRE
Piqûre d'*épingle*

PISSER
Pisser une *côtelette*
Pisser au *cul* de qqn
Pisser sur la *fosse* de qqn
Pisser à la *raie* de qqn

PLACER
Placer sur le même *plan* (1)

PLAFOND
Avoir une *araignée* au plafond

PLAIDER
Plaider le *faux* pour savoir le vrai

PLAINDRE
Se plaindre que la *mariée* est trop belle
Ne pas plaindre ses *peines* et ses pas

PLAISANTERIE
Plaisanterie de corps de *garde,* de salle de garde

PLANCHER
Plancher des *vaches*

PLANTER
Être planté comme une *borne*
Planter ses *choux*
Planter son *clou*
Planter des *cornes* à qqn
Planter le *cresson*
Planter un *drapeau*
Planter des *jalons*
Planter le (son) *piquet* quelque part, chez qqn

PLAT
Être plat comme une *carpette*
Un plat d'*épinards*
Plat comme une *limande*
Plat comme une *punaise*

PLATEAU
Jeter dans (sur) le plateau de la *balance*

PLEIN
En plein *air*
Plein comme une *barrique*
À plein *bord*
En avoir plein la *bouche*
Être plein comme un *boudin*
Plein comme une *huître*
Plein comme un *œuf*
Être plein comme une *outre*

PLEUR
Pleurs de *crocodile*

PLEURER
Pleurer comme une *fontaine*
Pleurer dans son *gilet*
Pleurer toutes les *larmes* de son corps
Pleurer à chaudes *larmes*
Pleurer comme une *Madeleine*
Pleurer *misère*
Pleurer à *seaux*
Pleurer comme une *vache*
Pleurer comme un *veau*

PLEUVOIR
Il a bien plu dans son *écuelle*
Pleuvoir des *hallebardes*
Pleuvoir à *seaux*
Pleuvoir comme *vache* qui pisse
Pleuvoir à *verse*

PLI
Il est comme le *camelot* (1), il a pris son pli
Mettre qqn au pli du *camelot* (1)

PLIER
Plier *bagage*
Plier l'*échine*
Plier la *tête*

PLOMB
Avoir du plomb dans l'*aile*

PLONGER
Plonger le *poignard* dans le cœur

PLUME
Ça glisse comme sur les plumes d'un *canard*

PLUMER
Plumer la *fauvette*
Plumer le *pigeon*

PLUS
Dans le plus simple *appareil*
Plus *bas* que terre
Plus ça *change,* plus c'est la même chose
Plus fait *douceur* que violence
Plus on est de *fous,* plus on rit
Plus on remue la *merde* et plus elle pue
Le plus vieux *métier* du monde
Plus ... que moi, tu *meurs*
Plus *mort* (2) que vif
(Avoir) plus de *peur* que de mal
Plus muet qu'un *poisson*
Plus de *profit* et moins d'honneur
Plus de *raison*
Plus *royaliste* que le roi
Le plus *tôt* sera le mieux
Plus souvent qu'à son *tour* (1)
(Et) plus *vite* que ça !

PLUSIEURS
Plusieurs *peu* font un beaucoup

PLUTÔT
Plutôt deux *fois* qu'une

POCHE
Rien dans les *mains,* rien dans les poches

POIL
Bonnet à poils
N'avoir pas un poil sur le *caillou*
Carder le poil

POING
Les poings lui *démangent*

1. POINT négation
Point d'*affaires* !
Point d'*argent,* point de Suisse
Point tant de *raisons* !

2. POINT subst.
Ne pas savoir faire un point d'*aiguille*
Les points du *compas*
Point d'*honneur*
Point de *mire*
Point *zéro*

POINTE
À la pointe de l'*épée*

POIRE
Entre la poire et le *fromage*

POIS
Donner un pois pour une *fève*

POLI
Poli comme une *porte* de prison

POLITIQUE
La politique de l'*autruche*

PORT
Port de *déesse*

PORTER
Porter les *armes*
Être porté sur la *bagatelle*
Porter son *bât*
Porter le deuil de sa *blanchisseuse*
Porter bien son *bois* (2)
Porter haut son *bois* (2)
Porter du *bois* (2)
Porter *bonheur*
Porter une *botte* (3) à qqn
Être porté sur la *bouche*
Porter des *bouteilles*
Porter *chance*
Porter le *chandelier*
Porter le *chapeau*
Se porter comme un *charme*
Porter les *chausses*
Porter qqn dans son *cœur*
Porter des *cornes*
Porter un grand *coup*
Porter *coup*
Porter sa *croix*
Porter la *culotte*
Porter le *deuil* de qqch.
Porter le *diable* en terre
Porter de l'*eau* à la mer (à la rivière)
Porter les *éperons* au coude
Porter à *faux*
Porter des *feuilles* au bois
Porter qqch. sur la *figure*
Se porter *garant* de qqch.
Porter la *guigne* (1)
Porter la *hache*
Porter *malheur*
Porter l'eau à la *mer*

Porter sur les *nerfs*
Porter (qqch., qqn) aux *nues*
Porter *ombrage*
Porter ses *pénates*
Porter le *pet* (2)
Porter au *pinacle*
Porter qqch. à qqn sur un *plat* (3) d'argent
Porter *préjudice* à qqn
Porter sur le *système*
Porter haut la *tête*
Porter un *toast* à...

POSER
Poser sa *chique*
Poser une *colle* (2)
Poser *culotte*
Poser ses *fesses*
Poser des *jalons*
Poser un *lapin*

POT
Faire le pot à deux *anses*
Faire *bouillir* le pot, la marmite
Un vrai pot de *peinture*

POUDRE
Poudre de *perlimpinpin*

POULE
Bouche en cul de poule

POUR
Pour l'amour de l'*art*
Pour (sur) l'*article* de...
(Avoir) pour tout *bagage*
Pour de *bon*
Pour une *bouchée* de pain
Pour des *briques*
Pour la bonne *cause*
Pour *comble* de...
Pour le *compte* de
Pour le *coup*
Pour ainsi *dire*
Pour mieux *dire*
Pour un *empire*
Pour une *fois*
Pour la *frime*
Pour la *galerie*
Pour ma *gouverne*
Pour le *meilleur* et pour le pire
Pour un *moine* l'abbaye ne se perd pas

Pour rien (tout) au *monde*
Pour le bon *motif*
Pour le coup d'*œil*
Pour les beaux yeux de qqn → ŒIL
Pour tout l'*or* du monde
Pour un *oui*, pour un non
Pour les *péchés* de...
Pour la *peine*
Pour *peu* que..
Pour un *peu*
Pour renfort de *potage*
Pour tout *potage*
Pour qui me prenez-vous ?
    → PRENDRE
Pour des *prunes*
Pour le *quart* (2) d'heure
Pour la bonne *règle*
Pour *rire* (1)
Pour vous *servir*
Pour *solde* de tout compte
Pour *sûr* !
Pour *surcroît* de...
Pour plus de *sûreté*
Pour achever le *tableau*
Pour de *vrai*

POURLÉCHER
Se pourlécher les *babines*

POURSUIVRE
Poursuivre deux *lièvres* à la fois

POURVOIR
Pourvu de fil et d'*aiguille*

POURVU
Pourvu que ça *dure*

POUSSER
Va comme je te pousse → ALLER
Pousser son *bidet*
Pousser le *bois* (1)
Pousser une *botte* (3) à qqn
Pousser le *bouchon* un peu loin
Pousser à *bout*
Pousser comme un *champignon*
Se pousser du *col* (2)
Pousser le *coude* à qqn
Pousser des hauts *cris*
Pousser au *cul*
Pousser l'*épée* dans les reins
Pousser des cris de *Mélusine*
Pousser au *noir* (2)

Pousser des cris d'*orfraie*
Pousser des cris de *paon*
Pousser sa *pointe*
Pousser une *pointe* jusqu'à...
Pousser à la *roue*
Pousser sa *viande*

POUVOIR

Tu peux te l'*accrocher*
Advienne que pourra → ADVENIR
Fais ce que dois, advienne que
    pourra → ADVENIR
Tu peux toujours *courir*
On ne peut pas *être* et avoir été
Tu peux (toujours) te *gratter*
N'en pouvoir *mais*
Ne pas (pouvoir) voir en *peinture*

PRÊCHER

Prêcher comme un *apôtre*
Prêcher dans le *désert*
Prêcher d'*exemple*
Prêcher pour sa *paroisse*
Prêcher pour son *saint*

PRÉCIEUX

Être précieux comme *chrême*

PREMIER

Le premier *accroc* coûte X francs
Faire ses premières *armes*
De première *bourre*
Au (premier) *chant* du coq
À la première *heure*
Du premier *lit*
De première *main*
Se croire le premier *moutardier* du
    pape
Le premier *mouvement*
Première *nouvelle*
Premier *pas*
Premier *plan* (1)
Le premier venu → VENIR

PRENDRE

Prendre *acte* de qqch.
Prendre qqn sous son *aile*
Prendre l'*air*
Se donner, prendre des *airs*, des
    grands airs
En prendre à son *aise*
Prendre ses *aises*
Je ne prendrai pas vos *almanachs*

Si le ciel tombait, il y aurait bien des
    alouettes prises
Prendre une *ardoise* (à l'eau)
Prendre pour *argent* comptant
Prendre les *armes*
Prendre d'*assaut*
Il en prendrait sur le grand *autel*
Tu me prends (vous me prenez) pour
    un *autre*
Prendre la *balle* au bond
Prendre par la *bande*
Prendre la *barre*
Prendre (qqn) au *berceau*
Prendre qqn de *biais*
Prendre le *biais*
Prendre qqn au *biberon*
Prendre son *bien* où on le trouve
Prendre un *billet* de parterre
Prendre une *biture*
Être pris comme dans un *blé*
Prendre sous son *bonnet*
Prendre du *bouchon*
Prendre un *bouillon*
Prendre par le bon *bout*
Prendre par (tel, le même, un
    autre...) *bout*
On ne sait par quel *bout* le prendre
Prendre de la *bouteille*
Prendre *bren* (bran) pour farine
Prendre une *bûche*
Prendre l'air du *bureau*
Prendre son *café*
Il est comme le *camelot* (1), il a
    pris son pli
Prendre la *casaque*
Prendre fait et *cause* (pour...)
Prendre du *champ*
Prendre le *change*
Prendre à sa (en) *charge* (1)
Se prendre aux *cheveux*
Prendre l'occasion par les *cheveux*
Prendre la *chèvre*
Prendre les *choses* comme elles
    viennent
Prendre le *ciel* à témoin
Prendre ses *cliques* et ses claques
Prendre qqch. à *cœur*
Prendre au *collet*
Prendre le *collier*
Prendre *congé* de...

Prendre **conseil** de...
Prendre le **contre-pied** de...
Prendre **corps**
Prendre les choses du bon **côté**
Prendre **couleur**
Prendre un bon **coup** dans (les dents, les gencives)
Prendre son **courage** à deux mains
Prendre de **court**
Prendre la voiture de saint-**crépin**
Prendre son **cul** pour ses chausses
Prendre une **culotte**
Prendre **date**
Prendre en **défaut**
Prendre qqn au **dépourvu**
Prendre le **dessus**
Prendre les **devants**
Prendre en **écharpe**
Prendre son **élan**
Prendre pour un **enfant**
Ça l'a pris comme une **envie** de pisser
Prendre son plein **essor**
Pris comme dans un **étau**
Prendre **exemple** sur...
Prendre son **fade**
Prendre qqn par son **faible**
Prendre qqn sur le **fait**
Prendre **fait** et cause pour...
Prendre en **faute**
Prendre **feu**
Prendre le **frais**
Prendre du **galon**
Prendre une **gamelle**
Prendre des **gants**
Prendre **garde**
Prendre **Gautier** pour Garguille
Prendre à la **gorge**
En prendre pour son **grade**
En prendre de la **graine**
Prendre en **gré** qqch.
Prendre en **grippe**
Prendre l'**habit**
Le prendre de **haut** (2)
Prendre de l'**humeur**
Prendre ses **jambes** à son cou
Prendre un **jeton**
Se prendre au **jeu**
Prendre **langue** (avec)
Prendre le **large**

Prendre une chose à la **lettre**
Prendre la **liberté** de...
Prendre des **libertés** avec qqn
Prendre **loi** de qqn
Prendre une **longitude**
Prendre la **lune** avec les dents
Prendre la **main** dans le sac
Prendre (du) **mal** (3)
S'y prendre comme un **manche** (1)
Prendre le **maquis**
Prendre **martre** pour renard
Prendre le **meilleur**
Ne pas se prendre pour une **merde**
Prendre le **mors** aux dents
Prendre (qqn) au **mot**
Prendre la **mouche**
Prendre du **mouvement**
Prendre son **nez** pour ses fesses
Prendre (bonne) **note**
Prendre **ombrage** de (qqch.)
Prenez mon **ours**
Prendre un **pain** sur la fournée
Prendre la **parole**
Prendre **part** à...
Prendre en bonne (mauvaise) **part**
Prendre un **parterre,** un billet de parterre
Prendre **parti** (pour, contre)
Prendre le **parti** de...
Prendre son **parti** de qqch.
Prendre à **partie**
Prendre son mal en **patience**
Prendre les **patins** de qqn
Prendre qqn par la **peau** du dos (du cul)
Prendre la **peine** de...
Prendre une **pelle**
Prendre **peur**
Prendre **pied** (1)
Prendre son **pied** (3)
Prendre à **Pierre** pour donner à Paul
Prendre la **pilule**
Prendre avec des **pincettes**
Prendre une (la) **pipe**
Prendre le **Pirée** pour un homme
Prendre (qqn) comme une envie de **pisser**
Prendre en **pitié**
Prendre la **place** de...
Prendre **place**

Prendre du *plaisir* à...
Prendre son *plaisir* où on le trouve
Prendre le *pli*
Prendre du *poil* de la bête
Prendre la *porte*
Prendre des *poses*
Prendre *position*
Prendre *possession* de...
Prendre la *poudre* d'escampette
Prendre le *pouls* de qqn
Prendre ses *précautions*
Prendre une *prise*
Prendre *querelle* (contre qqn), se
    prendre de *querelle* (contre qqn)
Prendre la *querelle* de...
Prendre *racine*
Prendre *rang* (parmi, dans)
Prendre des *rats* par la queue
Prendre du *recul*
Prendre des *risques*
Prendre le *roman* par la queue
Prendre son *sac* (1) et ses quilles
Prendre au *sérieux*
Prendre *soin* de
Prendre la *suite* de qqn
Prendre à *tâche* de...
Prendre la *tangente*
Prendre le *taureau* par les cornes
Prendre à *témoin*
Prendre la *température*
Prendre du bon *temps*
Prendre un bon (mauvais) *tour* (1)
Prendre le *tournant*
Prendre *tournure*
Prendre le *train* (2) onze
Prendre le *train* (2) en marche
Prendre qqn en *traître*
Prendre le nom de Dieu en *vain*
Prendre le *vent*
Prendre du *ventre*
Prendre (qqn) sans *vert*
Prendre des *vessies* pour des lanter-
    nes
Prendre une *veste*
Prendre la *vie* comme elle vient
Prendre qqn sur le *vif*
Prendre qqn de *vitesse*
Prendre le *voile* (1)
Prendre son *vol* (1)

PRÈS
Être comme le *bénitier,* près de la
    porte et loin du cœur

PRÉSENCE
Faire *acte* de présence
Présenter ses *devoirs*
Présenter des *noisettes* à ceux qui
    n'ont plus de dents

PRESSER
Presser qqn comme un *citron*
Presser l'*orange* (et jeter l'écorce)

PRÊT
Être prêt à toute *éventualité*

PRÊTER
Prêter une *charité* à qqn
Prêter l'*épaule* à qqn
Prêter le *flanc* à...
Ne pas prêter son *lard* aux chiens
Prêter la *main* à qqn
Prêter *main* forte
Prêter qqch. sur la (bonne) *mine* (1)
    de qqn
Prêter à la petite *semaine*

PRIER
Je vous prie de *croire* (que...)

PRIME
De prime *abord*

PRISE
Prise de *bec* (1)

PROCÉDÉ
Échange de bons procédés

PROCÈS
Procès d'*intention*

PROFIT
Passer qqch. par profits et *pertes*

PROFITER
Bien mal acquis ne profite jamais

PROMENER
Va te promener → ALLER
Promener qqn comme le *bœuf* gras
Promener sa *carcasse*
Promener son *ennui*

PROMETTRE
Promettre plus de *beurre* que de
    pain

Promettre à qqn un **chien** de sa chienne
Promettre la **lune**
Promettre **monts** et merveilles

PROMPT
Prompt comme l'**éclair**

PROPAGER
Se propager comme une **traînée** de poudre

PROPOS
À propos de **bottes** (1)
Propos à faire **rougir**...

PROPOSER
Proposer la **botte**

PROPRE
Propre comme une écuelle à **chat**
Propre comme un **sou** (neuf)

PROUVER
Prouver par *A* + *B*

PUER
Puer comme une **punaise**

PUR
Pur **esprit**

Q

QUAND
Quand on n'a pas ce que l'on aime, il faut **aimer** ce que l'on a
Quand les **andouilles** voleront, il sera (tu seras...) chef d'escadrille
Quand il n'y en a plus, il y en a encore → AVOIR
Quand le **bâtiment** va, tout va
Quand le **chat** n'est pas là, les souris dansent
Quand le **diable** y serait...
Quand il dort, le **diable** le berce
Quand le **diable** devient vieux, il se fait ermite
Quand le **foin** manque au râtelier, les chevaux se battent
Quand on parle du **loup**, on en voit la queue
Quand **même** !
Quand les **poules** auront des dents
Quand le **puits** est à sec, on sait ce que vaut l'eau
Quand le foin manque au **râtelier** (les chevaux se battent)
Quand on n'a pas de **tête,** il faut avoir des jambes
(Quand) le **vin** est tiré, il faut le boire

QUARANTE
S'en moquer comme de l'**an** quarante
Le quarante et unième **fauteuil**

QUATORZIÈME
Être dans le quatorzième **dessous**

QUATRE
Arriver en quatre **bateaux**
Un **caporal** et quatre hommes
Les quatre **coins** de...
Les quatre **fers** (II) en l'air
Quatre **pelés** et un tondu
Les quatre points de l'horizon, les quatre **points** (1) cardinaux

QUE
Que Messieurs les **assassins** commencent
Que **couic**
Que **dalle** (2)
Que **diable** !
Que voulez-vous que je vous dise ! → DIRE
Qu'en dira-t-on ? → DIRE
Que celui qui est sans **péché** lui jette la première pierre
Que je sache → SAVOIR
Que sais-je (encore) ? → SAVOIR

QUEL, QUELLE
Quel **dommage** !
Quelle **mouche** le pique ?
Quel bon **vent** vous amène ?

QUELQUE
Quelque **part**

QUERELLE
Querelle d'*allemand*
Querelles *byzantines*
Querelles de *clocher*

QUESTION
Question de *vie* ou de mort

QUEUE
Tirer le *diable* par la queue
Queue de *vache*

QUI
Qui m'aime, aime mon chien → AIMER
Qui aime bien châtie bien → AIMER
Qui m'aime me suive! → AIMER
Qui sert à l'*autel* doit vivre de l'autel
Qui *bâte* la bête la monte
Qui a bu boira → BOIRE
Qui se fait *brebis,* le loup le mange
Qui *chapon* mange, chapon lui vient
Qui va à la *chasse* perd sa place
Qui veut noyer son *chien* l'accuse de la rage
Qui a *compagnon* a maître
Qui ne dit mot consent → CONSENTIR
Qui craint le *danger* ne doit pas aller en mer
Qui paie ses *dettes* s'enrichit
Qui donne tôt, *donne* deux fois
Qui dort dîne → DORMIR
Qui de *droit*
Qui veut *durer* doit endurer
Qui trop *embrasse* mal étreint
Qui peu endure, bien peu dure → ENDURER
Qui épouse la femme (le corps) épouse les dettes → ÉPOUSER
Qui s'*excuse* s'accuse → EXCUSER
Qui se *fâche* a tort → FÂCHER
Qui a peur des *feuilles* n'aille pas au bois
Qui veut la *fin* veut les moyens
Qui s'y frotte s'y pique → FROTTER
Qui se sent *galeux* se gratte
Qui terre a, *guerre* a

Qui *mieux* est
Qui se sent *morveux,* (qu'il) se mouche
(Qui n'est) pas dans une *musette*
Qui n'a pas de *nom*
Qui vole un *œuf* vole un bœuf
Qui donne aux *pauvres* (2) prête à Dieu
Qui va *piano* va sano
Qui *pis* est
Qui va à la chasse perd sa *place*
Qui *plus* est
Qui peut le plus peut le moins → POUVOIR
Qui est *propre* (1) à tout n'est propre à rien
Qui risque gagne → RISQUER
Qui ne risque rien n'a rien → RISQUER
Qui vous savez, ce que vous savez → SAVOIR
Qui sait! → SAVOIR
Qui *terme* (1) a, ne doit rien
Qui sème le *vent* récolte la tempête
Qui casse les *verres* les paie
Qui vivra verra → VIVRE

QUICONQUE
Quiconque se sert de l'*épée* périra par l'épée

QUINTE
Abstracteur de quinte essence

QUIPROQUO
Quiproquo d'*apothicaire*

QUITTER
En *avril* ne quitte (ne te découvre) pas (d')un fil, en mai, fais ce qu'il te plaît
Quitter l'*habit*
Quitter la *partie*
Quitter la *place*
Ne pas quitter qqn d'une *semelle*

QUOIQUE
Quoi qu'il en ait → AVOIR
Quoi qu'on dise → DIRE

R

RABAISSER
Rabaisser le *caquet* à qqn

RABATTRE
Rabattre le *caquet* à qqn
Rabattre la *chanterelle*

RACONTER
Raconter des *balançoires*
En raconter de belles → BEAU
En raconter de *drôles*

RAFRAÎCHIR
Rafraîchir la *mémoire* (à qqn)

RAGE
Ce n'est pas de l'*amour*, c'est de
la rage
Bisque! bisque! rage! → BISQUER

RAIDE
Raide comme (une) *balle*
Raide comme un *échalas*
Raide comme la *justice*
Raide comme un *pieu*

RAISON
Raison d'*État*

RAISONNER
Raisonner comme une *coquecigrue*
Raisonner comme une *pantoufle*
Raisonner comme un *tambour*
Raisonner de *travers*

RAMASSER
Ramasser des *balais*
Ramasser un *billet* de parterre
Ramasser une *bûche*
Ramasser à la (petite) *cuiller*
Ramasser un *gadin*
Ramasser une *gamelle*
Ramasser un *parterre*, un billet de
parterre
Ramasser une *pelle*
Ramasser qqn dans le *ruisseau*
Ramasser une *veste*

RAMENER
Ramener au *bercail*
Ramener sa *fraise*
Ramener qqn à de meilleurs *senti-
ments*

RAMER
Il s'y entend comme à ramer des
choux

RANGER
Se ranger sous la *bannière* de...
Bataille rangée
Se ranger des *voitures*

RAPIDE
Rapide comme l'*éclair*

RASER
Demain on rase gratis

RAT
Les *beurrières* et les rats
À bon *chat*, bon rat
Payer en *chats* et en rats

RATER
Rater le *coche*

RATTRAPER
Rattraper qqn au *tournant*

RAVALER
Ravaler sa *gaffe* (3)

RAYER
Rayer de son *catalogue*
Rayer de ses *papiers*

REBATTRE
Rebattre les *oreilles* à qqn

REBROUSSER
Rebrousser *chemin*

RECEVOIR
Recevoir *cinq* sur cinq
Recevoir une *danse*
Recevoir en *gré* qqch.
Recevoir une *leçon*
Recevoir son *paquet*
Recevoir des *tomates*
Recevoir une *volée*

RECHARGER
Recharger les *accus*

RÉCHAUFFER
Réchauffer le *cœur*
Réchauffer un serpent dans son *sein*

RÉCITER
Réciter une (sa) *leçon*

RECOLLER
Recoller les *morceaux*

RECOMMANDER
Recommander son *âme* à Dieu

RECOMMENCER
Recommencer *dix* fois la même chose

RECULER
Ne pas reculer d'une *semelle*

REDORER
Redorer son *blason*

RÉDUIRE
Réduire à la *besace*
Réduire en *cendres*
Réduire au *désespoir*
Réduire à sa plus simple *expression*
Réduire à *néant*
Réduire au *pied* (2) du mur
Réduire en *poudre*
Réduire en *poussière*
Réduire à *quia*
Réduire (qqn) au *silence*

REFAIRE
Se refaire une *beauté*
Se refaire le *cadavre*
Se refaire la *façade*
Refaire son *nez*
Refaire *surface*
Refaire sa *vie*
Refaire une *virginité* à...

RÉFORMER
Réformer le *calendrier*

REFUSER
Refuser à plat, tout à *plat* (1)

REGARD
Un regard d'*aigle*
Regards en *coulisse*

REGARDER
Se regarder en *chiens* de faïence
Un *chien* regarde bien un évêque
Regarder en *coulisse*
Ne pas regarder à la *dépense*
Regarder la *feuille* à l'envers

Ne pas regarder plus loin que le bout de son *nez*
Regarder qqn sous le *nez*
Regarder d'un œil *noir* (2)
Regarder d'un *œil*
Regarder en *pitié*
Regarder qqn de *travers*

RÈGLE
Les règles de l'*art*

RÉGLER
Être réglé comme le *boire* et le manger
Réglé comme un *chronomètre*
Régler son *compte*
Réglé comme une *horloge*
Réglé comme du *papier* à musique

REJOINDRE
Rejoindre les *rangs* de...

RELEVER
Relever le *gant*

RELIQUE
L'*âne* chargé de reliques

REMBOURRER
Rembourré avec des *noyaux* de pêche

REMETTRE
Remettre qqn à l'*ABC*
Remettre aux *calendes* (grecques)
Remettre du *cœur* au ventre à qqn
Remettre le Christ (Jésus) en *croix*
Ne remettons pas à *demain* ce que nous pouvons faire le jour même
Remettre sur l'*enclume*
Remettre à *flot*
Remettre le *glaive* au fourreau
Remettre à *huitaine*
Remettre les *pendules* à l'heure
Remettre les *pieds* (1)
Remettre (qqn) à sa *place*
Remettre sur les *rails*
Se remettre en *selle*

REMISER
Remiser son *fiacre*

REMONTER
Remonter sur sa *bête* (1)
Remonter les *bretelles*

Remonter le *courant*
Remonter au (avant le) *déluge*
Remonter sur l'*eau*
Remonter la *pente*

REMONTRER
(Vouloir) en remontrer à son *évêque*

REMPLIR
(Se) remplir le *bocal*
Se remplir le *jabot*
Remplir son *office*
Se remplir la *panse*
Se remplir les *poches*
Remplir son *pourpoint*

REMPORTER
Remporter une *veste*

REMUER
Ne pas remuer plus qu'une *bûche*
Remuer les *cendres*
Remuer *ciel* et terre
Ne pas remuer un *cil*
Remuer le *couteau* dans la plaie
Ne pas remuer le petit *doigt*
Remuer les *écus* à la pelle
Ne remuer ni *pied* (1) ni patte
Se remuer le *popotin*
Remuer les *tripes*

RENAÎTRE
Renaître de ses *cendres*

RENCONTRER
Rencontrer l'*âme* sœur

RENDRE
Rendre l'*âme*
Rendre les *armes*
Rendre la *bride* à qqn
Rendez à *César* ce qui est à César
Rendre *compte*
Se rendre *compte*
Rendre des *comptes*
Rendre ses *devoirs*
Rendre les derniers *devoirs* à un mort
Rendre l'*esprit*
Rendre pois pour *fèves*
Rendre *gloire* à (qqch. ou qqn)
Rendre *gorge*
Rendre *hommage* à (qqch. ou à qqn)

Rendre *justice* à qqn
Se rendre *maître* de qqch.
Rendre le mal pour le *mal* (3)
Rendre à qqn la *monnaie* de sa pièce
Rendre la *pareille* à...
Rendre des *points* (2) à qqn
Rendre *raison* de (qqch.) à (qqn)
Rendre la *réciproque* à (qqn)
Rendre *service* (à qqn)
Rendre un mauvais *service* à qqn
Rendre le dernier *soupir*
Rendre son *tablier*
Rendre *tripes* et boyaux

RENIER
Renier *chrême* et baptême

RENTRER
Rentrer au *bercail*
Rentrer dans le *chou*
Rentrer dans sa *coquille*
Rentrer *dedans*
Rentrer dans l'*escarcelle*
Rentrer les *griffes*
Rentrer dans le *lard* (à qqn)
Rentrer dans le *mou* (2) (à qqn)
Rentrer dans le *rang*
Rentrer dans un trou de *souris*
Rentrer dans le *système*

RENVERSER
Renverser la *vapeur*

RENVOYER
Renvoyer qqn à l'*ABC*
Renvoyer la *balle*
Renvoyer *dos* à dos
Renvoyer par les *épaules*
Renvoyer à la *Quasimodo*

REPAÎTRE
Se repaître de *viande* creuse

RÉPANDRE
Se répandre comme une *traînée* de poudre

REPARTIR
Repartir du bon, du mauvais *pied* (1)
Repartir comme en *quatorze*

RÉPÉTER
Répéter *dix* fois la même chose

Répéter comme un **perroquet**
Répéter sur tous les **tons**

REPLIER
Se replier sur des **positions** préparées à l'avance

RÉPONDRE
Répondre **amen** à qqch.
Répondre en **normand**

RÉPONSE
La réponse du **berger** à la bergère

REPOSER
Cela repose sur les **brouillards** de..
Se reposer sur ses **lauriers**

REPOUSSER
Repousser du **goulot**

REPRENDRE
Bien (1) donné ne se reprend plus
Reprendre ses **billes**
Reprendre ses **cartes**
Reprendre **haleine**
Reprendre sa **liberté**
Reprendre du **poil** de la bête
Reprendre **souffle**

REPRÉSENTER
Représenter les armes de **Bourges**

RÉSERVER
Réserver qqch. pour le **bouquet**

RÉSIDU
Résidu de **bidet**

RÉSISTER
Ne pas résister à l'**examen**

RESSEMBLER
Il ressemble au **camelot** (1), il a pris son pli
Il ressemble aux **chaudronniers,** il met la pièce à côté du trou
Se ressembler comme des **frères**
Se ressembler comme deux **gouttes** d'eau

RESSERRER
Resserrer les **boulons**

RESTE
Le reste (le restant) de mon **écu**

RESTER
En rester à l'**ABC** de...

Rester sur son **appétit**
En rester **baba**
Rester le **bec** (1) dans l'eau
En rester **bleu** (1)
Rester en **bobine**
Rester sous le **boisseau**
Rester comme une **borne**
Rester en **carafe**
Rester dans les **cartons**
Rester **coi**
Rester pour **compte**
Rester dans sa **coquille**
Rester **court**
En rester sur le **cul**
Rester le **derrière** par terre
Rester aux **écoutes**
Ça lui est resté sur l'**estomac**
Rester sur sa **faim**
En rester comme deux ronds de **flan**
Rester en **jachère**
Rester au-dessus de la **mêlée**
Rester de **pierre**
Rester planté comme un **piquet**
Ne pas (pouvoir) rester en **place**
Rester en **plan** (2)
Rester planté comme... → PLANTER
Rester sur ses **positions**
Rester en **rade**
Reste à **savoir** si...
Rester comme une **souche**
Rester sur la **touche**
Rester à la **traîne**
Rester en **travers** (de la gorge)
Rester dans son **trou**

RETARD
Retard à l'**allumage**
(Avoir) un **métro** de retard

RETENIR
Donner et retenir ne vaut
Retenir qqn par la **peau** du dos (du cul)
Retenir à **quatre**

RETIRER
Se retirer dans son **cocon**
Retirer son **épingle** du jeu
Se retirer dans un **fromage**
Retirer le **pain** de la bouche à qqn
Se retirer sous sa **tente**

RETOMBER
Retomber comme un *chat* sur ses
  pattes
Retomber en *enfance*
Retomber sur le *nez* à qqn
Retomber sur ses *pattes*
Retomber sur ses *pieds* (1)

RETOUR
Retour de *bâton*
Retour à la *case* départ
Retour de *manivelle*

RETOURNER
Retourner à la *charge* (2)
Retourner le *couteau* dans la plaie
Retourner son *éventail*
Retourner (qqn) comme un *gant*
Retourner sur ses *pas*
Il doit se retourner dans sa *tombe*
Retourner sa *veste*
Retourner à son *vomissement*

RETROUSSER
Retrousser ses *manches* (2)

RETROUVER
Retrouver ses *jambes* de quinze
  (vingt) ans

RÉVEIL
Réveil en *fanfare*

RÉVEILLER
Réveiller le *chat* qui dort

RÉVÉLER
Révéler les secrets (les nouvelles) de
  l'*école*

REVENDEUSE
Revendeuse à la *toilette*

REVENIR
Revenir *bagues* sauves
Revenir au *bercail*
Revenir à la *case* départ
Revenir à la *charge* (2)
Ne pas revenir comme le *corbeau*
  de l'arche
Revenir sur l'*eau*
Revenir de *loin*
Revenir à ses *moutons*
Revenir sur ses *pas*

Revenir à la *raison*
Revenir à de meilleurs *sentiments*

RÊVER
Ne rêver que *plaies* et bosses

REVERS
Le revers de la *médaille*

REZ-DE-CHAUSSÉE
Élevé comme un rez-de-chaussée

RICHE
Riche comme *Crésus*
Riche à *millions*

RIDÉ
Ridé comme une vieille *pomme*

RIDEAU
Rideau de *fer*

RIEN
Rien que *ça*
Rien ne sert de *courir*
Rien dans les *mains,* rien dans les
  poches
Il n'y a rien de *nouveau* sous le
  soleil

RIMER
Rimer comme *hallebarde* et miséricorde

RINCER
Se rincer le *bec* (1)
Se rincer la *cornemuse*
Se rincer le *corridor*
Se rincer la *dalle* (1)
Rincer la *dalle* (1) à qqn

RIRE
Rire aux *anges*
Rire comme une *baleine*
Rire dans sa *barbe*
Rire comme un *cul*
Rire aux *éclats*
Rire à *gorge* déployée
Rire *jaune*
Rire aux *larmes*
Rire à se décrocher les *mâchoires*
Rire comme un *peigne*
Rire comme une *poulie* mal graissée

RISQUER
Risquer le *coup*

Risquer le **paquet**
Risquer sa **peau**
Risquer le **tout** (3) pour le tout

RIVER
River son **clou** à qqn

ROGNER
Rogner les **ailes** à qqn

ROGNEUR
Rogneur de **pistole**

ROI
Au pays des culs-de-jatte, les **boîteux** sont rois

ROIDE
Être roide comme un **pendu**

ROMPRE
Rompre l'**andouille** au genou
Rompre l'**anguille** au genou
Rompre le **ban,** son ban
À **bâtons** rompus
Rompre le **charme**
Rompre les **chiens**
Rompre le col → Cou
Rompre l'**eau** à qqn
Rompre l'**échine** à qqn
Rompre le **fétu** avec qqn
Rompre la **glace**
Rompre une, des **lances** avec (contre) qqn
Rompre les **oreilles** (à qqn)
Rompre les **os** à qqn
Rompre la **paille** (le fétu)
Rompre le **pain** avec qqn
Rompre les **ponts**
Rompre les **rangs**
Rompre en **visière** à (avec) qqn

ROND
Rond comme une **balle**
(Être) rond comme un **boudin**
Rond comme un **chanoine**

RONFLER
Ronfler comme un **orgue**
Ronfler comme un **sonneur**
Ronfler comme une **toupie** d'Allemagne

RONGER
Ronger son **frein**
Se ronger les **moelles**

Ronger jusqu'à l'**os**
Se ronger les **poings**
Se ronger les **sangs**

ROSE
Le **pli** de la rose

RÔTIR
Rôtir le **balai**

ROUGE
Rouge comme une **cerise**
Rouge comme un **coq**
Rouge comme un **coquelicot**
Rouge comme une **écrevisse**
Rouge comme un **homard**
Kil de rouge
Rouge comme une **pivoine**
Rouge comme une **pomme** d'api
Rouge comme une **tomate**

ROUGIR
Rougir jusqu'aux **oreilles**
Rougir comme une **tomate**

ROULER
Rouler sa **bosse**
Rouler **carrosse**
Rouler dans la **farine**
Rouler les **mécaniques**
Rouler sur l'**or**
Rouler un **patin**, une **pelle**
Rouler dans le **ruisseau**

ROUSSEAU n. propre
C'est la **faute** à Voltaire, c'est la faute à Rousseau

ROUVRIR
Rouvrir une **plaie**

ROYAUME
Au royaume des **aveugles,** les borgnes sont rois
Le royaume de **Pluton**
Le royaume des **taupes**

RUDE
Rude **lapin**

RUER
Ruer dans les **brancards**

RUINER
Se ruiner en **promesses**
Il se ruine à **promettre** et s'acquitte à ne rien tenir

S

SABLE
Bâtir à chaux et à sable
Les *bienfaits* s'écrivent sur le sable

SABLER
Sabler le *champagne*

SAC
L'*affaire* est dans le sac
Sac d'*os*

SACRER
Sacrer par tous les *saints* du paradis

SACRIFIER
Sacrifier à *Vénus*

SAGE
Sage comme une *image*

SAIGNER
Saigner à *blanc*
Saigner comme un *bœuf*
Saigner comme un *cochon*
Se saigner aux quatre *veines*

SAINT
C'est l'arche sainte, l'*arche* du Sei-
gneur
Ce n'est pas un saint de votre *calen-
drier*
Sainte *Nitouche*
La Sainte *Touche*

SAISIR
Saisir la *balle* au bond
Saisir à *bras* le corps
Saisir l'occasion par les *cheveux*
Saisir jusqu'à la *moelle* des os
Saisir qqn par la *peau* du dos (du
cul)

SALAIRE
Salaire de *famine*

SALE
Sale *coup*
Sale comme un *peigne*
Sale comme un *pou*
(Sale) comme un *pourceau*

SALIR
Se salir les *mains*
Salir du *papier*

SALLE
Salle des *pas* perdus

SANG
Baptême de sang
De *chair* et de sang

SANS
Sans en avoir l'*air*
Sans *appel*
Sans *aveu*
Sans *barguigner*
Sans *bavures*
Sans *blague*
Sans *bourse* délier
Sans fin ni *cesse*
Sans *cœur*
Sans *commentaire!*
Sans *commune* mesure
Sans *compter* que...
Sans *coup* férir
Sans *crier* gare
Sans *débander*
Sans *délai*
Sans *désemparer*
Sans *dételer*
Sans *écho*
Sans *encombre*
Sans *esprit* de retour
Sans *fard*
Sans *feu* ni lieu
Sans crier *gare* (2)
Sans perdre *haleine*
Sans changer un *iota*
Sans aller (chercher) plus *loin*
Sans *mot* dire
Sans y *penser*
Sans *plus*
Sans *prix*
Sans autre forme de *procès*
Sans *queue* ni tête
Sans un *radis*
Sans *rancune!*
Sans *rime* ni raison
Sans *second*
Sans *sou* ni maille
Sans *suite*
Sans *tambour* ni trompette

Sans *trêve*
Sans *un*

SAOUL (SOÛL)
Saoul comme un *âne*
Soûl comme un *Anglais*
Saoul comme une *grive*
Soûl comme un *Polonais*
Soûl comme une *tique*

SATURNE n. propre
Arbre de Saturne

SAUF
Sauf votre *respect,* le respect que je
vous dois

SAUT
Par *bonds* et par sauts
Sauts de *chèvre*

SAUTER
Sauter le *bâton*
Faire sauter le *bouchon*
Sauter de *branche* en branche
Se faire sauter le *caisson*
Sauter sur le *casaquin*
Sauter au *cou* de qqn
Sauter comme un *crapaud*
Sauter le *fossé*
Sauter aux yeux → ŒIL
Sauter sur le *paletot*
Sauter le *pas*
Sauter de la *poêle* (2) en (dans) la
braise (dans le feu) → TOMBER
Sauter sur le *râble* à (qqn)

SAUTILLER
Sautiller comme un *crapaud*

SAUVER
Se sauver à l'*anglaise*
Sauver les *apparences*
Sauver les *dehors*
Sauver la *face*
Sauver les *meubles*
Sauver la *mise* à qqn
Se sauver un *pied* (1) chaussé et
l'autre nu
Se sauver comme un *voleur*

SAVOIR
Ne savoir ni *A* ni *B*
Ne pas savoir faire un point
d'*aiguille*

Savoir ce qu'en vaut l'*aune*
Savoir où le *bât* blesse
En savoir de belles → BEAU
On ne sait par quel *bout* le prendre
Ne pas savoir par quel *bout* com-
mencer
Savoir la *carte*
Je ne sais *comment*
Ne savoir de quel *côté* tourner
(aller...)
Savoir à ses *dépens*
Savoir jusqu'au bout des *doigts*
Ne savoir que faire de ses dix *doigts*
Ne pas savoir troubler l'*eau*
Ne savoir auquel *entendre*
Savoir bien prendre les *entours*
Ne plus savoir où se *fourrer*
Savoir *gré* à (qqn) de (qqch.)
Savoir qqch. sur le bout des *ongles*
Savoir ce que *parler* (1) veut dire
Ne pas savoir sur quel *pied* (1) danser
Ne savoir à qui s'en *prendre*
Ne plus savoir à quel *saint* se vouer
Savoir de bonne *source*
Savoir à quoi s'en *tenir*
Ne plus savoir où donner de la *tête*
Savoir ce que qqn a dans le *ventre*
Tout *vient* à point à qui sait attendre

SCIENCE
Arbre de la science du bien et du
mal

SCIER
Scier le *boyau*
Scier la *branche* sur laquelle on
est assis
Scier le *dos* à qqn

SCINTILLER
Scintiller comme des *escarboucles*

SEC, SÈCHE
Sec comme un *échalas*
Sec comme un *hareng* (saur)
Être sec comme un *pendu*
Sec comme un coup de *trique*

SÉCHER
Sécher sur *pied* (2) (comme une
plante)

SECOND
Faire qqch. du second **bond**
Second **couteau**
Du second **lit**
Seconde **nature**
Second **souffle**

SECOUER
Secouer la **bride** à qqn
Secouer le **cocotier**
Secouer le **jarret**
Secouer la **poussière** de ses souliers, de ses sandales
Secouer (qqn, qqch.) comme un **prunier**
Secouer les **puces** à qqn

SECRET
Secret de **polichinelle**

SEIGNEUR n. propre
C'est l'arche sainte, l'**arche** du Seigneur

SELON
Selon ta **bourse** gouverne ta bouche

SEMAINE
La semaine des quatre **jeudis**

SEMBLER
Sembler sortir d'une **boîte**
Il me semble que j'ai dîné → DÎNER

SEMER
Semer la **merde**
Semer sur le **sable**
Semer la **zizanie**

SENSIBILITÉ
Une sensibilité d'**écorché** vif

SENTIR
Sentir son **bien** (1)
Sentir le **brûlé**
Sentir le **cadavre**
La **caque** sent toujours le hareng
Se sentir les **coudes**
Se sentir tout(e) **drôle**
Sentir l'**école**
Sentir l'**écurie**
Sentir le **fagot**
Sentir l'**huile**
Sentir le **lapin**
Sentir (qqch.) d'une **lieue**

La sentir **passer**
Ne pas sentir la **rose** (1)
Sentir le **roussi**
Sentir le **sapin**
Sentir le **vent** tourner

SÉPARER
Séparer le bon **grain** de l'ivraie

SEPT
Bottes de sept lieues

SEPTIÈME
Le septième **art**
Être au septième **ciel**

SÉRIEUX
Sérieux comme un **pape**

SERMENT
Serment d'**ivrogne**

SERRER
Serrer la **botte** (3)
Serrer le **bouton** à qqn
Serrer la **bride** à...
Être serrés comme (des) harengs en **caque**
Se serrer la **ceinture**
Serrer le **cœur**
Se serrer les **coudes**
Serrer la **courroie** à qqn
Serrer la **cuiller**
Serré comme dans un **étau**
Serrer les **fesses**
Serrer la **pince** à qqn
Serrer les **pouces** à qqn
Serrer de **près**
Serrer les **rangs**
Être serrés comme des **sardines** (en boîte)
Se serrer le **ventre**
Serrer la **vis** à qqn

SERVIR
Qui sert à l'**autel** doit vivre de l'autel
Servir de **cobaye**
Servir un plat de **figues** d'Espagne
Ça lui servira de **leçon**
Servir son **paquet** à qqn
Servir à qqn un **plat** (3) de son métier
Servir qqn à **plats** (3) couverts

SEUL

Seul *maître* à bord (après Dieu)

SI

Si le ciel tombait, il y aurait bien des *alouettes* prises

Si un *aveugle* conduit un aveugle (en conduit un autre), ils tomberont tous deux

Si cela me *chante*

Si tu me *cherches,* tu me trouves

Si le *ciel* tombait...

Si le *cœur* vous en dit

Si vous n'aimez pas ça, n'en *dégoûtez* pas les autres

Si j'ose *dire*...

Si on lui pressait le *nez,* il en sortirait encore du lait

Si tu veux la *paix,* prépare la guerre

Si la mer bouillait, il y aurait bien des *poissons* cuits

Si c'était à *refaire*

Si *tant* est que

SIÈCLE

Siècle de *fer* (1)

Le Siècle des *lumières*

SIFFLER

Siffler un *glass*

Siffler comme un *merle*

SILENCE

La *parole* est d'argent mais (et) le silence est d'or

SILENCIEUX

Silencieux comme la *tombe*

SIMPLE

Dans le plus simple *appareil*

Simple comme *bonjour*

SINGULIER

Singulier *pistolet*

SIRIUS

Du *point* de vue de Sirius

SIROP

Sirop de *grenouille*

SITÔT

Sitôt dit. sitôt fait → DIRE

SIX

Six *colonnes* à la une

SOBRE

Sobre comme un *chameau*

SŒUR

Sœur de *lait*

SOIR

Araignée du matin, chagrin ;...araignée du soir, espoir

SOLDAT

Soldat de la courte *épée*

Soldat de *fortune*

SOLIDE

Solide comme un *chêne*

Solide comme le *Pont*-Neuf

Solide comme un *roc*

SOMMEIL

Dormir du sommeil du *juste*

Sommeil de *plomb*

SON n. m.

Faire l'*âne* pour avoir du son

SONNER

Sonner l'*alarme*

Sonner le *glas* (de qqch.)

Sonner l'*hallali*

Sonner le *tocsin*

SORTIR

Sortir de son *amble*

Sortir de son *assiette*

On n'est pas sorti de l'*auberge*

Sortir *bagues* sauves

Sembler sortir d'une *boîte*

Sortir en *bourgeois*

S'en sortir les *braies* nettes

Être sorti de la côte de *Charlemagne*

Sortir de la *coque*

Se croire sorti de la *cuisse* de Jupiter

Sortir de l'escaille → ÉCAILLE

Sortir de l'*épure*

Sortir de l'*escarcelle*

Sortir de ses *gonds*

Sortir les *griffes*

La faim fait sortir le *loup* du bois

Sortir par les yeux à qqn → ŒIL

Sortir les *pieds* (1) devant (en avant)

Sortir par la grande (bonne) *porte*

Sortir d'en *prendre*

Sortir du **rang**
Sortir par les **trous** de nez

SOT

Sot en trois **lettres**
Sot comme un **panier**

SOUCIER

Se soucier de qqch. comme d'une **guigne** (2)
S'en soucier comme de **Jean** de Vert (Wert)
S'en soucier comme un **poisson** d'une pomme
Se soucier du **tiers** comme du quart

SOUFFLER

Souffler comme un **bœuf**
Souffler sur les **braises**
Souffler comme un **cachalot**
Souffler le **chaud** et le froid
Souffler sur le **feu**
Souffler comme une **forge**
Souffler comme une **locomotive**
Souffler **mot**
Souffler comme un **phoque**
Souffler au **poil** de qqn
Souffler des **pois**

SOUFFRIR

Souffrir comme un **damné**
Souffrir mille **morts** (1)
Souffrir comme un **possédé**

SOUHAITER

Ne souhaiter que **plaies** et bosses

SOULEVER

Soulever le **cœur**
Soulever un **lièvre**
Soulever des **montagnes**

SOUPER

Souper par **cœur**

SOUPLE

Souple comme une **anguille**
Souple comme un **gant**

SOURD

Sourd comme une **pioche**
Sourd comme un **pot** (1)

SOURIRE

Sourire aux **anges**
Sourire comme une **baleine**

SOURIS

Jouer au **chat** et à la souris
Quand le **chat** n'est pas là, les souris dansent
La **montagne** qui accouche d'une souris

SOUS

Sous un certain **angle**
Sous les **armes**
Sous **bénéfice** d'inventaire
Sous d'autres cieux → CIEL
Sous **clé**
Sous **couleur** de...
Sous le **coup** de...
Sous la **coupe** de...
Sous le **couvert** de...
Sous les **drapeaux**
Sous la **férule** de...
Sous **prétexte** (de...)
Sous le **sceau** du secret
Sous **seing** privé
Sous le **signe** de...
Sous les **verrous**

SOUSTRAIRE

Soustraire aux **regards**

SOUTENIR

Soutenir la **gageure**
Soutenir le **périnée** à qqn

SOUVENT

Souvent **femme** varie, bien fol qui s'y fie

SPÉCIAL

Spécial **copinage**

SUBSTANTIFIQUE

La substantifique **moelle**

SUCER

Se sucer les **amygdales**
Sucer (qqch.) avec le **lait**
Sucer les **moelles**
Sucer jusqu'à l'**os**
Se sucer la **pomme**
Sucer le **sang**

SUCRE

Être tout sucre tout **miel**

SUCRER

Sucrer les **fraises**

SUER
Suer dans son *harnais*
Suer *sang* et eau

SUISSE n. propre
Pas (point) d'*argent*, pas (point) de
    Suisse

SUIVRE
Qui m'*aime* me suive !
Suivre les *brisées* de qqn
Suivre comme un *caniche*
Suivre sa *pente*
Suivre à la *piste*
Suivre de *près*
Je ne vous suivrai pas sur ce *terrain*
Suivre à la *trace*
Suivre les *traces* de qqn
Suivre son *train* (1)

SUJET
Sujet à *caution*

1. SUR
Sur cet *article*
Sur les *barricades*
Sur le bord des lèvres → LÈVRE,
    CŒUR
Sur les *bords*
Sur le haut, beau, bon *bout*
Sur le bi du *bout* du
Sur le *carreau*
Sur le *champ*
Sur les *chapeaux* de roues
Sur *commande*
Sur le *compte* de qqn

Sur le *coup*
Sur le *coup* de... heures
Sur toutes les *coutures*
Sur le (son) *déclin*
Sur le bout des *doigts*
Sur une grande *échelle*
Sur le coin de la *gueule*
Sur son *lit* de mort
Sur la *paille*
Sur les *pas* de (qqn)
Sur le *pavé*
Sur le *pavois*
Sur un *pied* (3) de
Sur le *point* (3) de...
Sur ce *point* (3)
Sur la *pointe* d'une aiguille
Sur la *pointe* des pieds
Sur le *pont*
Sur le *qui-vive*
Sur la *soie*
Sur le *tard*

2. SÛR, SÛRE
Sûr comme la *prunelle* de l'œil

SURPRENDRE
Surprendre en *défaut*
Surprendre qqn sur le *vif*

SURVEILLER
Surveiller de *près*

SUSPENDRE
Être suspendu aux *basques* de qqn
Être suspendu aux *lèvres* de qqn

SYSTÈME
Système *D*

T

TABLE
Table d'*abbé*
Tour (1) de table

TÂCHER
Tâcher *moyen*

TAILLE
Taille de *guêpe*

TAILLER
Tailler une *bavette*
Tailler la *bavette*

Tailler des *croupières* à qqn
Tailler en plein *drap*
Taillé à coups de *hache*
Tailler en *pièces*
Tailler la *robe* selon le corps
Taillé à la *serpe*

TAIRE
Sois belle et tais-toi ! → BEAU

TAMBOUR
Le tambour des *escargots*

TAMPONNER
Se tamponner le *coquillard* de...

TANNER
Tanner le *cuir* à qqn

TANT
Tant va la *cruche* à l'eau...
Tant s'en faut → FALLOIR
Tant crie-t-on *Noël* qu'il vient
Tant soit *peu*
Tant *pis*
Tant de *plus*
Tant que faire se peut → POUVOIR
Tant qu'il y a de la *vie,* il y a
   de l'espoir

TAPER
Se taper la *cloche*
Taper sur la *cocarde*
Se taper sur les *cuisses*
Taper sur les *nerfs*
Taper dans l'*œil*
Taper sur le *système*
Taper dans le *tas*
Se taper la *tête* contre les murs
Taper sur le *ventre* à qqn

TAQUINER
Taquiner la *dame* de pique
Taquiner le *goujon*

TARIR
Ne pas tarir d'*éloges*

TAS
Chercher une *aiguille* dans un tas
   de foin

TÂTER
Tâter l'*eau*
Tâter le *pouls* de qqn
Tâter le *terrain*

TEINT
Teint de *lait*
Teint de *lis*

TEL
Tel *maître,* tel valet
Tel *père,* tel fils
Tel est pris qui croyait *prendre*
Tel qui rit vendredi, dimanche pleu-
   rera → 1. RIRE

TEMPS
Vivre de l'*air* du temps
Le temps des *assassins*
Bénéfice du temps
Au temps que les *bêtes* (1) parlaient
Temps de *chien*

1. TENDRE verbe
Tendre les *bras*
Tendre l'*échine*
Tendre la *gorge*
Tendre l'autre *joue* (la joue gauche)
Tendre l'*oreille*
Tendre un *panneau* à qqn
Tendre la *perche* à qqn
Tendre le *poing*

2. TENDRE adj.
Âge tendre
Tendre comme un *agneau*
Tendre *enfance*
Tendre comme la *rosée*

TÉNÉBREUX
Un *beau* ténébreux

TENIR
Tenir l'*affiche*
Tenir la *barre*
Se tenir pour *battu*
Tenir sous le *boisseau*
Tenir le bon *bout*
Tenir *boutique*
Ne tenir qu'à un *bouton*
Tenir qqn en *brassière*
Tenir la *bride* à...
Tenir un *bureau* de...
Se tenir à *carreau*
Tenir le *chandelier*
Tenir la *chandelle*
Ne tenir ni à fer ni à *clou*
Tenir à *cœur*
Tenir (bien) son *coin*
Tenir les *commandes*
Tenir *compagnie* à...
Tenu comme un *compte* de cuisi-
   nière
Tenir *compte* de...
Tenir la *corde*
Se tenir les *côtes* (1) (de rire)
Se tenir les côtés → CÔTES (se tenir
   les)

En tenir une **couche**
Se tenir les **coudes**
Tenir le **coup**
Tenir les deux bouts de la **courroie**
Tenir le bout de la **courroie**
Tenir le **crachoir**
Tenir au **cul** et aux chausses
Tenir le **dé**
Tenir **debout**
Se tenir pour dit que... → DIRE
Tenir à **distance**
Tenir la **distance**
En tenir une **dose**
Tenir la **dragée** haute à qqn
Tenir à l'**écart**
Tenir en **échec**
Tenir l'**échelle**
Se tenir aux **écoutes**
Tenir qqn en haute (grande) **estime**
Tenir son **état** à qqn
Tenir l'**étrier** à qqn
Tenir en **éveil**
Ne tenir ni à **fer** (II) ni à clou
Tenir la **ficelle**
Ne tenir qu'à un **fil**
Se tenir sur ses **gardes**
Tenir (qqn) en **haleine**
Se tenir par le cul, comme des **hannetons**
Tenir la **jambe** à qqn
Tenir en **joue**
Tenir en **laisse**
Tenir sa **langue**
Tenir en **lisière(s)**
Tenir le **loup** par les oreilles
Tenir du **miracle**
Tenir à l'**œil**
Tenir une **paille**
Tenir **parole**
Tenir bien sa **partie**
Tenir à sa **peau**
Ne pas (pouvoir) tenir en **place**
Tenir de la (une grande) **place**
Tenir la **pose**
Tenir sa **poudre** sèche
Tenir de **près**
Tenir à qqch comme à la **prunelle** de ses yeux
Tenir en **quarantaine**
Tenir à **quatre**

Tenir de la **quenouille**
Tenir la **queue** de la poêle
Se tenir sur ses **quilles**
Tenir **quitte** (qqn) de (qqch.)
Tenir la **rampe**
Tenir **rancune** à (qqn)
Tenir son **rang**
Tenir le **robinet**
Tenir la **route**
Tenir qqn sur la **sellette**
Tenir de bonne **source**
Tenir **table** ouverte
Il se tient mieux à **table** qu'à cheval
Tenir **tête**
Se tenir sur un **volcan**

TENTER
Tenter le **coup**

TERNIR
Ternir son **blason**

TERRE
Terre de **beurre**
Braconner sur les terres d'autrui

TÊTE
À laver la tête d'un **âne,** on perd sa lessive
La tête sur le **billot**
Tête sans **cervelle**
Tête de **chou**
Tête à **claque**
La tête emporte le **cul**
Parle à mon **cul,** ma tête est malade
Avoir la tête de l'**emploi**
Tête d'**enterrement**
Tête à l'**évent**
Tête à **gifle(s)**
Tête de **lard**
Tête de **mule**
Tête de **Turc**

TÉTER
Téter la **bouteille**

TÊTU
Têtu comme une **mule**
Têtu comme un **mulet**

THÉ
Ce n'est pas ma **tasse** de thé

TIRER
Tirer qqn d'**affaire,** se tirer d'affaire

Tirer en l'*air*
Tirer à l'*alambic*
Tirer sur l'*ambulance*
Tirer un pet d'un *âne* mort
Tirer au court *bâton*
Tirer au *billet*
Tirer à *blanc*
Tirer une *bordée*
Tirer à *boulets* rouges sur qqn
Tirer une *carotte* à qqn
Tirer les *cartes* à qqn
Tirer son *chapeau* (à qqn, qqch.)
Tirer les *châtaignes* du feu
Tirer ses *chausses*
Tirer au *clair*
Tirer à *conséquence*
Tirer sur la *corde*
Tirer sur la même *corde*
Tiré au *cordeau*
Tirer sa *cosse*
Tirer un *coup*
Tirer la *couverture* à soi
Tirer sa *crampe*
Tirer au *cul*
Tirer le *diable* par la queue
Tirer dans le *dos*
Tirer l'*échelle*
Tirer l'*épée*
Tirer à qqn une *épine* du pied
Tirer son *épingle* du jeu
Tiré à quatre *épingles*
On a tiré un beau *feu* d'artifice à sa
   naissance
Tirer les *ficelles*
Tirer sur la *ficelle*
Tirer au *flanc*
Tirer sa *flemme*
Se tirer des *flûtes*
Tirer le *glaive*
Tirer ses *grègues*
Tirer ses *guêtres*
Tirer à *hue* et à dia
Tirer dans les *jambes* de qqn →
   PATTE
Tirer la *langue*
Tirer la *ligne*
Tirer les *marrons* (1) du feu
Tirer sa poudre aux *moineaux*
Tirer deux (dix) *moutures* d'un
   même sac

Tirer le bon *numéro*
Tirer à la courte *paille*
Tirer *parti* de...
Tirer la *patte*
Se tirer les (des) *pattes*
Tirer *pays*
Tirer *pied* (1) ou aile
Tirer des *plans* (2) sur la comète
Tirer ses *plumes*
Tirer le *portrait* à qqn
Tirer *profit* de qqch.
Il se tirerait d'un *puits*
Tirer *raison* de (qqn)
Tirer la *raison* de (qqn)
Tirer à la *rame*
Tirer les *rois*
Tirer des *soupirs* de ses talons
Tirer dans le *tas*
Tirer un *trait* sur (qqch.)
Tirer les *vers* du nez à qqn
Tirer un *voile* (1) sur...

TOILE
Toile de *Pénélope*

TOILETTE
Une toilette de *chat*

TOMBER
(Attendre que) les *alouettes* tombent
   toutes rôties
Si le ciel tombait, il y aurait bien des
   alouettes prises
Tomber sur un *bec* (2)
Tomber sur la *bosse* de qqn
Tomber sur ses *bottes* (1)
Les *bras* m'en tombent
Tomber en *carafe*
Tomber sur le *casaquin*
Tomber du *ciel*
Le *ciel* tombera que...
Tomber des *cordes*
Tomber sur le *cul*
Tomber dans la *débine*
Tomber en *déconfiture*
Tomber le *derrière* par terre
Tomber dans le troisième (quator-
   zième, trente-sixième) *dessous*
Tomber en *discrédit*
Tomber dans le *domaine* public
Tomber à l'*eau*
Les *écailles* lui tombent des yeux

Tomber en **enfance**
Tomber à l'**envers**
Tomber dans l'**escarcelle**
Tomber de **fièvre** en chaud mal
Tomber dans les **filets** de...
Tomber dru comme **grêle**
Tomber des **hallebardes**
Tomber de **haut** (2)
Tomber dans le **lac**
Tomber sous le coup de la **loi**
Tomber dans la gueule du **loup**
Tomber de la **lune**
Tomber sous la **main**
Tomber en de bonnes (mauvaises) **mains**
Tomber sur un **manche** (1)
Tomber comme des **mouches**
Tomber des **nues**
Ça n'est pas tombé dans l'**oreille** d'un sourd
Tomber sur un **os**
Tomber sur le **paletot**
Tomber dans le **panneau**
Tomber sous la **patte,** entre les pattes de qqn
Tomber comme la **pauvreté** sur le monde
Tomber du côté où l'on **penche**
Tomber en **pièces** (détachées)
Tomber sur ses **pieds** (1)
Tomber **pile** (2)
Tomber à **plat** (1)
Tomber de la **poêle** (2) en (dans) la braise (dans le feu)
Tomber sur le **poil** de qqn
Tomber dans les **pommes**
Tomber en **poussière**
Tomber dans le **puits**
Tomber en **quenouille**
Tomber sur le **râble** à (qqn)
Tomber en **rideau**
Tomber en **ruine**
Tomber dans le **ruisseau**
Tomber sous le **sens** (1)
Tomber de **sommeil**

TON n. m.
Le ton fait la **chanson**

TONDRE
Se laisser tondre la laine sur le **dos**
Tondre un **œuf**

TORDRE
Tordre le **nez** sur (qqch.)
Se tordre de **rire** (1)
Se tordre comme un **ver**

TORT
Les **absents** ont toujours tort

TORTILLER
Tortiller de la **croupe**

TOUCHER
Toucher sa **bille**
Toucher du **bois** (1)
Ne pas toucher à un **cheveu** (de la tête) de qqn
Toucher la **corde** de pendu
Toucher au **doigt**
Toucher les **épaules**
Toucher à sa **fin**
(En) toucher un **mot** à (qqn)
Toucher à bon **port**
Toucher au **vif**

TOUR
Tour de **bâton**
Faire le tour du **cadran**
Tour de **cochon**

TOURMENTER
Il n'est pas tourmenté par ses **pensées**

TOURNER
Se tourner la **bile**
Tourner en eau de **boudin**
Tourner en **bourrique**
Tourner **bride**
Tourner **casaque**
Tourner le **cœur**
Tourner **court**
Tourner en **dérision**
Tourner le **dos** à qqn
Tourner comme un **écureuil** en cage
Tourner sept fois sa **langue** dans sa bouche
Tourner au **noir** (2)
Tourner de l'**œil**
Tourner comme un **ours** en cage
Tourner la **page** (1)
Tourner autour du **pot** (1)
Se tourner les **pouces**
Tourner **rond** (1)

Tourner les **talons**
Tourner à **vide**
Tourner **vinaigre**

TOUT invariable

Tout **beau**
Tout d'un **bloc**
Tout un **chacun**
Tout finit par des **chansons**
Tout **chaud** tout bouillant
(Être) tout **chose**
Tout **comme**
Tout **compte** fait
Tout bien compté → COMPTER
Tout **court**
Tout craché → CRACHER
Tout le saint-**crépin**
Tout est dit → DIRE
Tout **doux** !
Tout **état** est viande à vers
Tout ce qui est exagéré est insigni-
    fiant → EXAGÉRER
Tout est bien qui **finit** bien
Tout son saint-**frusquin**
Tout de **go**
(Tout) d'une **haleine**
Tout à l'**heure**
Tout **juste** !
Tout de **même** !
Tout est pour le mieux dans le meil-
    leur des **mondes** possibles
Tout **nouveau**, tout beau
Tout ce qui brille n'est pas (d') **or**
Tout **passe**, tout lasse, tout casse
Tout est **perdu**, fors l'honneur
Tout bien pesé → PESER
Tout d'une **pièce**
Tout le **plaisir** est pour moi
(Tout) au **plus**
(C'est) tout un **poème**
Tout au **proche**
Tout n'est pas **rose** (2)
Tout ce qu'il sait → SAVOIR
Tout mon **soûl**
Tout de **suite**
Tout le **temps**
Tout à **trac**
Tout d'une **traite**
(Et) tout le **tremblement**
Tout **vient** à point à qui sait attendre
Tout d'une **voix**

TOUT, TOUTE ; TOUS, TOUTES

Toutes **affaires** cessantes
De toute **beauté**
Tous les **chemins** mènent à Rome
Toutes choses **égales** d'ailleurs
Tous les **jours** que (le bon) Dieu
    (a) fait(s)
Toute la sainte **journée**
Toute la **lyre**
Tous les **moyens** sont bons
Toute **peine** mérite salaire
Toute(s) **proportion(s)** gardée(s)
Tous les **trente-six** du mois
Toute **vérité** n'est pas bonne à dire

TRACER
Tracer le **chemin**

TRAIN
Un train peut en **cacher** un autre

TRAÎNER
Traîner qqn dans la **boue**
Traîner le **boulet**
Traîner sa (vieille) **carcasse**
Traîner qqn sur la **claie**
Traîner qqn à écorche-cul → ÉCOR-
    CHER
Traîner son **ennui**
Traîner aux **gémonies**
Traîner ses **guêtres**
Traîner la jambe → PATTE
Traîner en **longueur**
Traîner qqn dans la **merde**
Traîner la **patte**
Traîner la **pouille**
Traîner dans le **ruisseau**
Traîner la **savate**

TRAÎNEUR
Traîneur de **sabre**

TRAITE
Traite de **cavalerie**

TRAITER
Traiter qqn comme un **chien**
Traiter qqn en **enfant** de bonne mai-
    son
Traiter qqn de **haut** (2) en bas, du
    haut de sa grandeur
Traiter qqn par-dessous la **jambe**
Traiter qqn de tous les **noms**

Traiter qqn comme un **page** (2)
Traiter en **parent** pauvre
Traiter de **puissance** à puissance
Traiter (qqn, qqch.) en **quantité** négligeable
Traiter qqn de **Turc** à More

TRAÎTRE

Traître comme un **âne** rouge

TRANCHER

Trancher le **mot**
Trancher le **nœud** gordien
Trancher dans le **vif**

TRANSFORMER

Se transformer en **courant** d'air

TRANSMETTRE

Transmettre le **flambeau**

TRANSPORTER

Transporter ses **pénates**

TRAVAIL

Travail de **bénédictin**

TRAVAILLER

Travailler comme un **bœuf**
Travailler du **chapeau**
Travailler comme un **cheval**
Travailler qqn au **corps**
Travailler les **côtes** (1) à qqn
Travailler sans **filet**
Travailler pour la **gloire**
Travailler des **mâchoires**
Travailler comme un **mercenaire**
Travailler comme un **nègre**
Travailler aux **pièces**
Travailler d'arrache-**pied** (1)
Travailler pour le **roi** de Prusse
Travailler comme une bête de **somme** (2)
Travailler pour le grand **Turc**
Travailler à la **vigne** du Seigneur

TRAVERSER

Traverser l'**esprit**

TREMBLER

Trembler dans sa **culotte**
Trembler comme une (la) **feuille**
Trembler de tous ses **membres**

TREMPER

Tremper son **biscuit**

Tremper son **pain** de larmes
Être trempé comme une **soupe**

TRENTE

À trente-six **carats**
Voir trente-six **chandelles**
Les trente **deniers** (de Judas)
Être dans le trente-sixième **dessous**

TRESSER

Tresser des **couronnes** à qqn

TRICOTER

Tricoter des **gambettes**
Tricoter des **pincettes**

TRIER

Trier sur le **volet**

TRISTE

Triste comme un **bonnet** de nuit
Triste comme un **lendemain** de fête
Triste jusqu'à (comme) la **mort** (1)
Triste **sire**

TROIS

Dieu **aide** à trois personnes : aux fous, aux enfants et aux ivrognes
Arriver en trois **bateaux**
Cinq et trois font huit
Les trois **coups**
En trois coups de **cuiller** à pot
Trois **déménagements** valent un incendie
Les trois **huit**
Trois **pelés** et un tondu
Les trois **pièces**
Les trois **quarts** (2) du temps

TROISIÈME

Le troisième **âge**
Être dans le troisième **dessous**
Le troisième **larron**

TROMPER

Tromper la **faim**

TROP

Trop parler nuit, trop **gratter** cuit
Trop **poli** pour être honnête
Trop de **précautions** nuit

TROQUER

Troquer son (un) **cheval** borgne pour un aveugle

TROTTER
Trotter comme un *Basque*
Trotter comme *pois* en pots

TROU
Il voit les choses par le trou d'une *bouteille*
Trou du *cul*

TROUER
Trouer la *paillasse* (à qqn)

TROUSSER
Trousser ses *quilles*
Trousser son *sac* (1) et ses quilles

TROUVER
L'*argent* (trouvé) n'a pas de maître
Trouver le *biais*
Prendre son *bien* (1) où on le trouve
Trouver *chaussure* à son pied
Trouver (qqn, qqch.) sur son *chemin*
Trouver son *compte*
Se trouver *court*
Se trouver dans de beaux *draps*
Ne pas trouver d'*eau* à la rivière (au lac, à la mer)
Trouver le *filon*
Trouver *grâce* aux yeux de (devant) qqn
Trouver le (un) *joint*
Trouver le *lièvre* au gîte
Trouver son *maître*
Se trouver *mal* (2)

Se trouver entre le *marteau* et l'enclume
La trouver *mauvaise*
Trouver *moyen* de...
Trouver à qui *parler* (1)
Ne pas se trouver sous le *pas* d'un cheval (d'une mule)
Trouver la *pie* au nid
Trouver chaussure à son *pied* (1)
Ne pas se trouver sous le *pied* (1) de...
Trouver *porte* close
Trouver à *propos* de...
Trouver à *redire* à...
Se trouver au bout du *rouleau*
La trouver *saumâtre*
Trouver le *temps* long
Trouver sa *voie*

TU
Tu l'as dit *bouffi* !
Tu peux (toujours) te *gratter* !

TUER
Tué à l'*ennemi*
Tuer les *mouches* à quinze pas
Tuer comme des *mouches*
Tuer la *poule* aux œufs d'or
Se tuer le *tempérament*
Tuer le *temps*
Tuer le *veau* gras

TUNNEL
Le *bout* du tunnel

U

UN, UNE
D'*abord* et d'une
Un bon *averti* en vaut deux
Le *bonheur* des uns fait le malheur des autres
Un *caporal* et quatre hommes
Un *chaud* et froid
Une *chaumière* et un cœur
Une *chaussure* à tous pieds
Un bon *Indien* est un Indien mort
Un beau *matin,* un de ces quatre matins

Un peu, mon *neveu* !
Un de *perdu* (deux, dix) de retrouvés
Un *point* (2) c'est tout
L'un portant l'autre → PORTER
Un *prêté* pour un rendu
Un *tant* soit peu
Un *tiens* vaut mieux que deux tu l'auras

USER
User ses *fonds* de culotte
S'user les *poumons*

V

VALOIR

Savoir ce qu'en vaut l'**aune**

Un bon **averti** en vaut deux

Ce **bloc** enfariné ne me dit rien qui vaille

Ne pas valoir un **bouton**

Bonne renommée vaut mieux que **ceinture** dorée

Le jeu n'en vaut pas la **chandelle**

Ne pas valoir les quatre fers d'un **chien**

Un **chien** vivant vaut mieux qu'un lion mort

Ne pas valoir un **clou**

Cela ne vaut pas un **clou** à soufflet

Il ne vaut pas la **corde** pour le pendre

Valoir le **coup**

Il vaut mieux faire **envie** que pitié

Ne pas valoir les quatre **fers** (II) d'un chien

Ne pas valoir un **fifrelin**

Ne pas valoir un **liard**

Il vaut mieux laisser son enfant **morveux** que de lui arracher le nez

Valoir la **peine**

Valoir son **pesant** de...

Cela ne vaut pas le **pet** d'un âne mort

Valoir son pesant de **plomb**

Il vaut mieux s'adresser à Dieu qu'à ses **saints**

Valoir (qqch.) comme un **sou**

Ne pas valoir **tripette**

VANITEUX

Vaniteux comme un **paon**

VEAU

Bête comme un veau rouge
→ Méchant comme un âne* rouge

VEILLER

Veiller à l'**as**

Veiller au **grain**

VENDEUR

Vendeur d'**orviétan**

VENDRE

Vendre son **âme** au diable

Vendre du **beurre**

Vendre le (un) **canard** à (la) moitié

Se vendre comme un **cercueil** à deux places

Bien vendre ses **coquilles**

Vendre un cheval **crins** et queue

Vendre la **fumée**

Vendre la **mèche** (1)

Il ne faut pas vendre la peau de l'**ours** (avant qu'on ne l'ait pris, avant de l'avoir tué)

Vendre contre un **plat** (3) de lentilles

Vendre sa **salade**

VENIN

Morte la bête, **mort** (2) le venin

VENIR

Aller et venir

L'**appétit** vient en mangeant

Venir à **bout** de qqch.

Venir de la **boutique** de qqn

Venir comme mars en **carême**

Venir comme un **champignon**

Venir de la **charrue** à la chaire

Cela vient comme un **cheveu** sur la soupe

Ne pas venir à la **cheville** de qqn

Venir comme un **chien** dans un jeu de quilles

Venir à **composition**

Venir aux **couteaux**

Venir à l'**esprit**

Venir la **gueule** enfarinée

Venir à l'**idée**

Venir à son **jour** et à son heure

Venir à **jubé**

En venir aux **mains**

Vienne qui **plante** !

Venir au **point** (4) de qqn

VENT

Être frappé du vent de **bise**

Vent **blanc** (1)

Un vent à décorner les **bœufs**

À **brebis** tondue, Dieu mesure le vent

Petite **pluie** abat grand vent

VENTRE
Bouder contre son ventre

VENUE
À la venue des *coquecigrues*

VERGE
Donner des verges pour se faire
battre → BÂTON

VÉRITÉ
Vérité de *La Palice*

VERRE
Il arrive beaucoup de choses entre la
bouche et le verre

VERSER
Verser un *baume* sur la plaie
Se verser dans la *cornemuse*
Se verser dans le *cornet*
Verser de l'*huile* sur le feu
Verser un *pleur* sur...

VERT
Billet vert
Vert *galant*
Donner à qqn une *volée* de bois vert

VÊTIR
L'*âne* vêtu de la peau du lion

VEUF, VEUVE
La veuve *poignet*

VIDER
Vider l'*abcès*
Vider les *arçons*
Vider son *carquois*
Vider les *étriers*
Vider (qqn) comme un *lapin*
Vider les *lieux*
Vider les *moelles*
Vider son *sac* (1)

VIE
Mener une vie de *bâton* de chaise
La *bourse* ou la vie !
Mener une vie de *chanoine*
Vie de *chien*
Une vie de *galérien*
Vie de *patachon*
Vie de *polichinelle*

VIEUX, VIEILLE
Vieille *barbe*
Vieux *beau*

Ma vieille *branche*
Vieux comme les *chemins*
Vieille *fille*
Vieux *garçon*
La vieille *garde*
Vieux comme *Hérode*
Vieux *jeton*
Vieux *jeu*
Un vieux *loup* de mer
Vieilles *lunes*
Vieille *noix*
Vieille *peau*
Vieux comme mes *robes*
De (la) vieille *roche*
Vieux *routier*
Vieux comme les *rues*
Vieux *tableau*
Vieille *taupe*

VIF, VIVE
Vif comme un *écureuil*
Vif comme une *potée* de souris

VILAIN
Vilain comme *lard* jaune
Vilain *oiseau*

VINGT
À vingt-quatre (vingt-trois) *carats*
La *mairie* du XXIᵉ (arrondissement)

VIOLON
Accordez vos violons

VIRER
Virer de *bord*
Virer sa *cuti*
Faire tourner (et virer) comme un
toton

VISAGE
Visage en *lame* de couteau

VISITE
Visite de *digestion*

VITE
Vite *fait,* bien fait

VIVRE
Vivre de l'*air* du temps
Vivre d'*amour* et d'eau fraîche
Apprendre à vivre à qqn
Qui sert à l'*autel* doit vivre de
l'autel

Petit **bonhomme** vit encore
Ne vivre que de ses **bras**
Vivre comme un **chanoine**
Vivre de ses **charmes**
Vivre comme chien et **chat**
Vivre à la **colle** (1)
Vivre comme un **coq** en pâte
Vivre aux **crochets** de qqn
Vivre comme **Dieu** en France
Vivre en **ermite,** comme un ermite
Vivre d'**expédients**
Vivre sur (de) sa **graisse**
Vivre comme une **larve**
Vivre comme un **moine**
Vivre sur les **nerfs**
Vivre de **régime**
Vivre en grand **seigneur**
Vivre de l'air du **temps**
Vivre sa **vie**

VOGUER
Vogue la **galère** !

VOICI
Voici l'**homme**

VOIE
Être par voies et par **chemins**
N'avoir ni **vent,** ni voie

VOILÀ
En voilà une **affaire** !
Voilà (c'est, c'est bien) le **chien-dent** !
Voilà qui est dit ! → DIRE
Voilà le **hic**
Voilà pourquoi votre fille est **muette**
Voilà qui est **parlé**

VOILER
Se voiler la **face**

VOIR
Va te faire voir → ALLER
Va te faire voir chez les Grecs → ALLER
Voir (les choses, tout) en **beau**
N'y voir que du **bleu** (2)
En voir de **bleues** (2)
Voir le **bout** de qqch.
Il voit les choses par le trou d'une **bouteille**
Voir trente-six **chandelles**
N'avoir vu que son **clocher**

On verra beau jeu, si la **corde** ne rompt
Voir ce qu'un homme a dans le **corps**
Voir la **couleur** de...
En faire voir (à qqn) de toutes les **couleurs**
En voir de **dures**
En voir la **farce**
Voir ça par la **fenêtre**
N'y voir que du **feu**
Voir la **feuille** à l'envers
En voir de **grises**
Je vois cela d'**ici**
Voir (le) **jour**
Voir **loin**
Voir venir qqch. de **loin**
Voir qqch. par le petit bout de la **lorgnette**
Se voir comme le **nez** au milieu de la figure
Ne pas voir plus loin que le bout de son **nez**
Voir les choses en **noir** (2)
Voir d'un **œil**
Voir du **pays**
Vous n'en verrez plus ni **queue** ni oreille
En voir de **raides**
Voir tout couleur de **rose** (1)
Voir tout en **rose** (2)
Voir **rouge** (2)
Voir qqn venir avec ses gros **sabots**
Voir **venir**
En voir des **vertes** et des pas mûres

VOITURE
Voiture de(s) quatre **saisons**

VOIX
Voix blanche → 1. BLANC
Avoir voix au **chapitre**
Voix de **polichinelle**
Voix de **rogomme**
Voix de **sirène**

VOL
Vol à la **fourchette**

VOLÉE
De **bond** ou de volée

1. VOLER

Voler de ses propres *ailes*

Quand les *andouilles* voleront, il
sera (tu seras) chef d'escadrille

Voler en *éclat*

Voler après les *papillons*

Voler dans les *plumes* (1)

2. VOLER

Qui vole un œuf vole un *bœuf*

Être volé comme dans un *bois* (3)

Voler comme une *chouette*

Être volé comme dans une (la) *forêt*
(de Bondy)

Ne pas voler ses *gages*

VOLEUR

Voleur comme une *pie*

VOLTAIRE n. propre

C'est la *faute* à Voltaire, c'est la
faute à Rousseau

VOMIR

Vomir *tripes* et boyaux

VOUER

Vouer aux *gémonies*

VOULOIR

À qui veut jouir d'*aile,* il (lui) faut
lever la cuisse

Vouloir tout *avaler*

Être à *bouche* que veux-tu

Tu l'as voulu, George *Dandin*

Vouloir *dire*

Vouloir en remonter à son *évêque*

Vouloir blanchir un *nègre*

Ne pas vouloir la mort du *pécheur*

Je veux bien être pendu si...
→ PENDRE

Vouloir *péter* plus haut qu'on a le
derrière (le cul)

Vous voulez *rire* (1)

Vouloir rentrer sous (à cent pieds
sous) *terre*

Vouloir disparaître dans un *trou* (de
souris)

Vouloir *voler* (1) avant d'avoir des
ailes

VRAI

C'est trop *beau* pour être vrai

Un vrai *grenadier*

Un vrai pot de *peinture*

VUE n. f.

Vue de l'*esprit*

W

WAGON

Accrochez les wagons !

X

[...] ou je ne m'*appelle* plus X

Y

Y jeter son *bonnet*

Y mettre un *bouchon*

Y mettre un *cadenas*

Y laisser ses *chausses*

Y a pas à *chier*

Y aller de bon *cœur*

Y *être* pour quelque chose ; n'y être
pour rien

Y laisser ses *grègues*

Y perdre son *latin*

Y laisser ses *os*
Y aller de sa *personne*
Y a pas *plan* (2) pour...
Y être de sa *poche*
Y mettre le *prix*

Y a pas de *problème*
Y *regarder* à deux fois
Y *regarder* de près
Y mettre du *sien*
Y a pas à *tortiller*

Z

De *A* à Z

Ouvrages édités par les DICTIONNAIRES LE ROBERT
107, avenue Parmentier - 75011 PARIS (France).

■ Grand Robert ■

GRAND ROBERT DE LA LANGUE FRANÇAISE (deuxième édition)

Dictionnaire alphabétique et analogique de la langue française (9 vol.).
Une étude en profondeur de la langue française : 80 000 mots.
Une anthologie littéraire de Villon à nos contemporains : 250 000 citations.

GRAND ROBERT DES NOMS PROPRES

Dictionnaire universel des noms propres.
(5 vol., 3 450 pages, 42 000 articles, 4 500 illustrations couleurs et noir, 210 cartes).
Le complément culturel indispensable du *Grand Robert de la langue française.*

DICTIONNAIRE UNIVERSEL d'Antoine Furetière

(édition de 1690, préfacée par Bayle).
Réédition anastatique (3 vol.), avec illustrations du XVIIe siècle
et index thématiques.
Le premier grand dictionnaire français.

DICTIONNAIRE UNIVERSEL DE LA PEINTURE

(6 vol., 3 000 pages, 3 500 articles, 2 700 illustrations couleurs).

■ Petit Robert ■

PETIT ROBERT 1 [P. R. 1.]

Dictionnaire alphabétique et analogique de la langue française
(1 vol., 2 200 pages, 59 000 articles).
Le classique pour la langue française : 8 dictionnaires en 1.

PETIT ROBERT 2 [P. R. 2.]

Dictionnaire des noms propres
(1 vol., 2 000 pages, 36 000 articles, 2 200 illustrations couleurs et noir, 200 cartes).
Le complément, pour les noms propres, du *Petit Robert 1.*

LE ROBERT DES SPORTS

Dictionnaire de la langue des sports
(1 vol., 580 pages, 2 780 articles, 78 illustrations et plans cotés),
par Georges PETIOT.

■ Dictionnaires pédagogiques ■

ROBERT MÉTHODIQUE [R. M.]

Dictionnaire méthodique du français actuel
(1 vol., 1 650 pages, 34 300 mots et 1 730 éléments).
Le seul dictionnaire alphabétique de la langue française qui analyse les mots et les regroupe par
familles en décrivant leurs éléments.

MICRO-ROBERT*

Dictionnaire d'apprentissage de la langue française
Nouvelle édition entièrement revue et augmentée (1 vol,, 1 470 pages, 35 000 articles).

MICRO-ROBERT PLUS

Micro-Robert langue française *plus* noms propres, chronologie, cartes.
(1 vol., 1 650 pages, 46 000 articles, 108 pages de chronologie, 54 cartes en couleurs).

* Existe aussi en format poche.

LE PETIT ROBERT DES ENFANTS [P. R. E.]
Dictionnaire de la langue française
(1 vol., 1 220 pages, 16 500 mots, 80 planches encyclopédiques en couleurs).
Le premier Robert à l'école.

LE ROBERT ORAL-ÉCRIT
L'orthographe par la phonétique
(1 vol., 1 400 p., 17 000 mots et formes).
Le premier dictionnaire d'orthographe et d'homonymes, fondé sur l'oral.

■ Dictionnaires bilingues ■

LE ROBERT ET COLLINS
Dictionnaire français-anglais/english-french
(1 vol., 1 730 pages, 225 000 « unités de traduction »).

LE « JUNIOR » ROBERT ET COLLINS
Dictionnaire français-anglais/english-french
(1 vol., 960 pages, 105 000 « unités de traduction »).

LE « CADET » ROBERT ET COLLINS
Dictionnaire français-anglais/english-french
(1 vol., 620 pages, 60 000 « unités de traduction »).

LE ROBERT ET SIGNORELLI
Dictionnaire français-italien/italiano/francese
(1 vol., 3 400 pages, 339 000 « unités de traduction »).

LE ROBERT ET VAN DALE
Dictionnaire français-néerlandais/néerlandais-français
(1 vol., 2 400 pages, 200 000 « unités de traduction »).

GRAND DICTIONNAIRE FRANÇAIS-JAPONAIS
SHOGAKUKAN-LE ROBERT
(1 vol., 1 600 pages, 100 000 entrées).

Photocomposition M.C.P. - Orléans

IMPRIMÉ EN FRANCE PAR BRODARD ET TAUPIN
Usine de La Flèche (Sarthe), le 31-05-1990.
6494C-5 - Dépôt légal, mai 1990.